ECONOMICS

VOLKSWIRTSCHAFTSLEHRE

Übersetzung der

15. amerikanischen Ausgabe

Paul A. Samuelson
Emeritierter Professor am MIT

William D. Nordhaus
Inhaber der A. Whitney Griswold Professur
für Volkswirtschaftslehre an der Universität Yale

Unter Mitarbeit von

Michael J. Mandel
Publizist
Business Week

Ueberreuter

Die Deutsche Bibliothek – CIP-Einheitsaufnahme

Samuelson, Paul A.:
Volkswirtschaftslehre: Übersetzung der 15. Auflage/Paul A. Samuelson; William D. Nordhaus.
Mit einem Vorwort von Carl Christian von Weizsäcker – Wien: Ueberreuter, 1998
Einheitssacht.: Economics <dt.>
ISBN 3-7064-0415-X Hardcover
ISBN 3-7064-0414-1 Paperback

M 0258 Hardcover 4 5 6 / 2001 2000 1999
M 0257 Paperback 4 5 6 / 2001 2000 1999

Aus dem Amerikanischen von Regina und Helmut Berger
Fachlektorat: Carl Christian von Weizsäcker
Originaltitel: „Economics", erschienen bei McGraw-Hill, Inc.

Umschlag: Kurt Rendl
Printed in Austria

DIE AUTOREN

PAUL A. SAMUELSON, Gründer des weltweit anerkannten postgradualen Universitätslehrgangs für Volkswirtschaft am MIT, erhielt seine Ausbildung an der University of Chicago und in Harvard. Bereits in jungen Jahren erwarb er sich mit zahlreichen wissenschaftlichen Publikationen Ruhm und Anerkennung, und 1970 hieß der erste Amerikaner, der den Nobelpreis für Wirtschaftswissenschaften erhielt, Paul Samuelson. Als einer der ganz wenigen unter den Wissenschaftlern, die ihr Wissen auch Studienanfängern und Laien vermitteln können, bestritt er lange Zeit hindurch die Wirtschaftsspalte der *Newsweek*. Er wird häufig zu Beratungen des amerikanischen Kongresses nach Washington berufen und stellt seine Dienste der Federal Reserve Bank, dem US-Finanzministerium, aber auch zahlreichen privaten gemeinnützigen Organisationen zur Verfügung. Präsident John F. Kennedy schätzte ihn als wirtschaftlichen Ratgeber. Was Professor Samuelson zwischen seiner Forschungstätigkeit am MIT, einer Gastprofessur an der New York University und seinem liebsten Hobby, dem Tennis, an Zeit verbleibt, verbringt er im Kreise seiner Familie mit seinen sechs Kindern (darunter Drillinge) und 15 Enkelkindern.

WILLIAM D. NORDHAUS gilt zu Recht als einer der bedeutendsten Ökonomen Amerikas. Der in New Mexico geborene und aufgewachsene Nordhaus studierte an der Universität Yale und am MIT, wo er in Wirtschaftswissenschaften promovierte. Heute ist Professor Nordhaus Inhaber der A. Whitney Griswold Professur für Volkswirtschaft in Yale und leitender Mitarbeiter der Cowles-Stiftung für volkswirtschaftliche Studien. Seine Forschungstätigkeit umfaßt eine breite Palette an Themen – darunter Fragen der Ökologie, Inflation, Energie und des technologischen Wandels, staatliche Reglementierung, Ressourcenbewirtschaftung sowie Entwicklung der Unternehmensgewinne und Produktivitätstrends. Darüber hinaus nimmt Professor Nordhaus intensiven Anteil an wirtschaftspolitischen Fragen. Er war von 1977 bis 1979 während der Präsidentschaft von Jimmy Carter Mitglied des „Weisenrates“, von 1986 bis 1988 Rektor an der Universität Yale und er schreibt gelegentlich für die *New York Times* und andere bedeutende US-Blätter. In Yale hält Professor Nordhaus regelmäßig die Einführungsvorlesung in Volkswirtschaftslehre. Bill Nordhaus lebt mit seiner Familie in New Haven, Connecticut, wo er seinen Hobbys, Musik, Wandern und Skilaufen, nachgeht.

INHALTSVERZEICHNIS

INHALTSÜBERSICHT

VORWORT

Paul Anthony Samuelson ist nach meiner Ansicht der bedeutendste lebende Wirtschaftstheoretiker. Seine eigenen Beiträge zum Fortschritt in dieser Wissenschaft sind in einer kaum überschaubaren Zahl von Beiträgen in wissenschaftlichen Zeitschriften erschienen. Seit Jahrzehnten wirkt er am Massachusetts Institute of Technology (MIT). Er ist der Begründer der MIT-Schule der Volkswirtschaftslehre. Zahlreiche bedeutende Wissenschaftler und Regierungsberater sind aus dieser Schule hervorgegangen. Fast alle wichtigen volkswirtschaftlichen Beraterpositionen in Washington – sei es bei der dortigen Regierung, sei es bei der Weltbank und dem Internationalen Währungsfonds – sind heute von den Absolventen der MIT-Schule besetzt. Der Forschungsstil des MIT ist die einmalige Mischung zwischen mathematisch-theoretischer Exaktheit und Gespür für die praktische Relevanz der Forschungsprobleme. Ein Beispiel derartiger Forschung sind die Beiträge des MIT-Absolventen William Nordhaus, heute Professor an der Yale University, zur ökonomischen Analyse des Weltklimaproblems.

Als noch junger, aufstrebender Wissenschaftler hat sich Paul Samuelson wenige Jahre nach dem Zweiten Weltkrieg entschlossen, ein einführendes Lehrbuch in die Volkswirtschaftslehre zu schreiben. Stil und Methode dieses Lehrbuchs waren damals vollkommen neuartig. Dem Lehrbuch wurde ein überwältigender Erfolg, zuerst in den USA und dann weltweit, beschieden. So hatte Samuelson die Möglichkeit, sein Lehrbuch alle paar Jahre in einer Neuauflage auf den neuesten Stand zu bringen. Seit einigen Jahren ist William Nordhaus Mitautor. So wie sein Lehrer Samuelson verbindet auch er die Fähigkeit zur originären theoretischen und angewandten Forschung mit einer umfassenden Kenntnis der wirtschaftspolitischen Praxis und mit einem außergewöhnlichen didaktischen Geschick.

Die Volkswirtschaftslehre ist einerseits zwar heute eine recht exakte wissenschaftliche Disziplin, sie ist aber andererseits der aktuellen Politik benachbart. Es besteht immer die Gefahr, daß die politischen Vorurteile die Objektivität des Volkswirts als Wissenschaftler beeinträchtigen. Diesen Vorwurf kann man den Autoren des vorliegenden Lehrbuchs nicht machen. In bewundernswerter Weise verstehen Samuelson und Nordhaus es, Analyse und Werturteil voneinander zu trennen. So kann das Lehrbuch verwendet werden, ohne daß der Leser Angst haben müßte, politisch indoktriniert zu werden.

Was Samuelson seinerzeit mit seinem Lehrbuch als erstem Autor gelang, war eine didaktisch gelungene Integration der damals noch neuen Ideen von John Maynard Keynes in das Theoriegebäude der herkömmlichen, der sogenannten neoklassischen Wirtschaftstheorie. Diese war durch ihre Hilflosigkeit gegenüber der großen Weltwirtschaftskrise von 1929 bis 1936 diskreditiert worden. Durch Keynes entstand ein erweitertes Theoriegebäude, das mit dem Phänomen der Unterbeschäftigung und Deflation fertig zu werden versprach. Samuelsons „neoklassische Synthese" machte durch sein Lehrbuch diese neue Gedankenwelt einem breiten Publikum zugänglich. Später sind andere Lehrbuch-Autoren den Spuren Samuelsons gefolgt. So hat sich mit Hilfe dieser Lehrbücher die Lehre von der makroökonomischen staatlichen Steuerung der Marktwirtschaft verbreitet und politisches Gewicht bekommen.

Aber der Staat ist kein Allheilmittel für die Marktwirtschaft. Professor Karl Schiller, selbst ein begnadeter Lehrer der Volkswirtschaftslehre, führte als deutscher Wirtschaftsminister die von Keynes inspirierte „Globalsteuerung" der Volkswirtschaft in die Praxis ein. Das gelang ihm durch ein Stimulierungsprogramm 1967/68, mit dessen Hilfe die damalige Rezession schneller überwunden werden konnte. Als er aber, ganz im Sinne der Globalsteuerung, 1971 und 1972 zwecks Abdämpfung der Inflation und der überschäumenden Konjunktur die Steuern erhöhen wollte, da war es mit seiner Popularität vorbei und er verlor seinen Posten. Die Globalsteuerung geriet unter die Räder der Kurzfrist-Orientierung der Politik. Dies nicht nur in Deutschland, sondern auch in den meisten anderen westlichen Ländern. In den siebziger Jahren erntete man überall die bitteren Früchte des Versagens staatlicher Politik: hohe Inflation und steigende Arbeitslosigkeit.

Auch in der Wirtschaftstheorie war unter der Führung von Milton Friedman und der „Chicago-Schule" eine stärkere Distanzierung zu Keynes erfolgt. Der Friedmansche Monetarismus und sein Rezept der konjunkturpolitischen Enthaltsamkeit des Staates gewannen eine wachsende Anhängerschaft. Das Prinzip einer unabhängigen Zentralbank, deren Hauptziel die Preisstabilität ist, verschaffte sich durch die Erfolge insbesondere der Deutschen Bundesbank immer mehr Anhänger. Der Staat funktioniert nicht optimal. Die Politik unterliegt ihren eigenen populistischen Zwängen. Heute hat die Wirtschaftstheorie diese Erkenntnisse auch zum Gegenstand ihrer Forschung gemacht. Einer der Pioniere auf diesem Forschungsgebiet ist William Nordhaus mit seinen Arbeiten aus den siebziger Jahren über den „politischen Konjunkturzyklus". Konsequenz dieser Überlegungen ist eine wesentlich eingeschränktere Rolle des Staates für ein Gedeihen der Wirtschaft.

Unsere gegenwärtige Krise auf dem Arbeitsmarkt kann mit den traditionellen Methoden der Globalsteuerung nicht bekämpft werden. Sie ist ja auch, im Gegensatz zur großen Weltwirtschaftskrise der dreißiger Jahre, kein weltweites, sondern ein spezifisch kontinentaleuropäisches Problem. In den USA hat man diese Arbeitsmarktprobleme nicht. Umso produktiver ist die Lektüre eines Lehrbuchs aus den USA, das uns die Augen öffnet dafür, daß auch der Arbeitsmarkt ein Markt ist, der, trotz aller Besonderheiten, genau wie andere Märkte vielleicht dann am besten funktioniert, wenn der Staat sich um ihn möglichst wenig kümmert.

Wer Samuelson persönlich kennt, weiß, daß er einer der geistreichsten und humorvollsten Gesprächspartner ist. Sein Esprit, seine umfassende Bildung, sein unerschöpflicher Schatz an Anekdoten sind die Basis für ein Lehrbuch, das bei aller wissenschaftlichen Strenge doch spritzig und anschaulich ist. Wie wenige hat es dazu beigetragen, einem größeren Publikum die Faszination zu vermitteln, die die Wissenschaft von der Wirtschaft für denjenigen ausübt, der sich mit ihr näher befaßt.

Köln, März 1998 Carl Christian von Weizsäcker

TEIL EINS

DIE GRUNDLAGEN

KAPITEL 1

DIE GRUNDLAGEN DER VOLKSWIRTSCHAFT

Nicht durch das Wohlwollen des Fleischers, des Brauers oder des Bäckers dürfen wir erwarten, uns zu sättigen, sondern durch die Wahrung ihrer Eigeninteressen.

Adam Smith, Der Reichtum der Nationen (1776)

A. EINLEITUNG

Seit der Zeit, als der große Ökonom Adam Smith diese Worte vor mehr als 200 Jahren schrieb, haben weite Teile der Welt eine Ära nie gekannten Wohlstandes erlebt. In den USA und anderen industrialisierten Ländern können sich die Leute heute viel mehr leisten, als sie dringend an Nahrung, Bekleidung und Behausung benötigen. Hightech-Sportausrüstungen, Waschmaschinen, für jedermann erschwinglich, rasche Flugverbindungen zu jedem größeren Ort der Erde und vieles mehr sind nur Bespiele aus einer ganz erstaunlichen Palette an Gütern und Dienstleistungen, die uns im täglichen Leben zur Verfügung stehen. Sogar abseits des reichen Nordens konnten sich einige Schwellenländer in den letzten Jahren über einen rapide ansteigenden Lebensstandard freuen.

Hat nun der verbreitete Wohlstand den Menschen in den reichen Ländern auch ein glückliches und erfülltes Leben beschert? Keineswegs. Die meisten Leute wollen ihren Lebensstandard weiter verbessern. Unternehmen stehen in einem erbitterten Wettkampf um den letzten kaufwilligen Kunden, erfinden neue Produkte oder machen alte besser und billiger. Die arbeitende Bevölkerung kämpft um Jobs, strebt nach akademischen Abschlüssen und Weiterbildung, also nach möglichen Vorteilen auf dem Arbeitsmarkt. Auch die einzelnen Länder stehen in einem Wettkampf untereinander und entwickeln in Wirtschaftspolitik und Handel Strategien, die ihnen im Wettbewerb einen möglichst großen wirtschaftlichen Vorsprung verschaffen sollen.

Wenn sich etwas verändert hat, so ist es dieser immer härter werdende Wettbewerb. Wir leben in einem Zeitalter der globalen Märkte, in dem Geld und Waren nationale Grenzen viel leichter überschreiten als jemals zuvor. Hat man früher seine Konkurrenten in derselben Straße oder in der nächsten Stadt vermutet, konnen sie sich nun ebensogut am anderen Ende der Welt, in Malaysia, China oder Südafrika, befinden. Und erstmals spielen alle nach denselben Spielregeln, den Regeln der globalen Marktwirtschaft. Wer paßt sich am besten an die sich verändernden Märkte an? Wer surft am geschicktesten auf den Wellen der neuen Technologien? Es steht viel auf dem Spiel. Den Siegern winken immer höhere Gewinne und Gehälter, während die Verlierer das Nachsehen haben.

Wem die Stunde schlägt

Daß sie die Mechanismen des globalen Marktes verstehen wollen, ist nur ein Grund, warum Leute heutzutage Wirtschaft studieren. Manche hoffen sicher auf das schnelle Geld. Andere würden sich wie Analphabeten fühlen, hätten sie keine Ahnung von den Gesetzen des Angebotes und der Nachfrage. Und schließlich gibt es auch Wirtschaftsstudenten, die verstehen wollen, wie wir ökologische Verbesserungen erreichen können, oder warum Rußland und China von der Plan- zur Marktwirtschaft umschwenken.

Alle genannten Gründe, sich für das Studium der Volkswirtschaft zu entscheiden, und dazu auch noch viele andere, sind absolut sinnvoll. Und doch, das haben wir festgestellt, gibt es einen Hauptgrund, die Grundlagen der Ökonomie kennenzulernen. Unser ganzes Leben lang – sozusagen von der Wiege bis zur Bahre – haben wir mit den brutalen Wahrheiten der Ökonomie zu kämpfen. Als Wähler treffen wir Entscheidungen über bestimmte Sachfragen – über das Budgetdefizit und die Steuerpolitik, über die Beseitigung von Handelsschranken, über Inflation und Arbeitslosigkeit – die wir nur verstehen können, wenn uns die Grundlagen der Volkswirtschaft geläufig sind.

Die Berufswahl ist die wichtigste wirtschaftliche Entscheidung unseres Lebens. Unsere Zukunft hängt nicht nur von unseren Fähigkeiten ab, sondern auch von den ökonomischen Kräften, die, ohne daß wir darauf Einfluß nehmen können, etwa unser Gehalt bestimmen. Ein ökonomisches Verständnis kann beispielsweise sehr hilfreich sein, wenn wir die Ersparnisse, die von unserem Einkommen übrigbleiben, anlegen. Natürlich werden wir durch das Studium der Volkswirtschaft nicht gleich zum Genie. Aber ohne wirtschaftliches Verständnis sind die Würfel gegen uns bereits gefallen.

Es sollte nicht notwendig sein, diesen Punkt noch einmal zu erläutern. Wir, die Autoren, hoffen jedoch, daß Sie das Studium der Volkswirtschaft nicht nur als nützlich, sondern auch als persönlich faszinierend erleben werden. Ganze Generationen von Studenten haben, häufig sehr zu ihrer Überraschung, festgestellt, wie stimulierend die Volkswirtschaftslehre sein kann.

KNAPPHEIT UND EFFIZIENZ: SIE KOMMEN IMMER IM DOPPEL

Was ist denn eigentlich die Volkswirtschaftslehre? Ihr Inhalt ist in den vergangenen 30 Jahren enorm angewachsen und umfaßt heute eine ganze Reihe von Themenstellungen. Wie lauten nun die wichtigsten Definitionen dieses sich nach wie vor entwickelnden Faches? Den bedeutendsten Erklärungen zufolge ist die Volkswirtschaftslehre[1] ...

- das Studium, wie sich die Preise für Arbeit, Kapital sowie Grund und Boden im Rahmen einer Volkswirtschaft bilden, und wie diese Preise der Ressourcenallokation dienen;
- die Wissenschaft über das Verhalten der Geldmärkte und die Analyse, wie über diese die Kapitalallokation in die übrigen Bereiche der Wirtschaft erfolgt;
- das Studium der Auswirkungen staatlicher Eingriffe auf die Effizienz der Märkte;
- die Untersuchung der Einkommensverteilung und Ausarbeitung von Vorschlägen, wie man den Bedürftigen ohne Beeinträchtigung der Wirtschaftsleistung helfen kann;
- die Untersuchung der Auswirkungen staatlicher Ausgaben, Steuern und Budgetdefizite auf das Wachstum;
- das Studium der Auf- und Abwärtsbewegungen von Arbeitslosenrate und Produktionsleistung, die die Konjunktur ausmachen, sowie der Entwicklung staatlicher Strategien zur Verbesserung des Wirtschaftswachstums;
- die Untersuchung der Handelsstrukturen zwischen den Staaten und die Analyse der Auswirkungen von Handelsschranken;
- die Beobachtung des Wachstums in den Entwicklungs- und Schwellenländern und die Erarbeitung von Vorschlägen für einen effizienten Einsatz der Ressourcen.

Diese Auflistung ist sicher gut durchdacht, und trotzdem könnte man sie ohne weiteres um ein Vielfaches erweitern. Wenn wir aber nach der Quintessenz all der Erklärungen suchen, erkennen wir ein gemeinsames Thema:

Volkswirtschaftslehre ist die Wissenschaft vom Einsatz knapper Ressourcen durch die Gesellschaft zur Produktion wertvoller Wirtschaftsgüter und von der Verteilung dieser Güter unter ihren Mitgliedern.

Hinter dieser Definition stecken zwei wesentliche, immer wiederkehrende Themen der Wirtschaft: Güter sind knapp, und die Gesellschaft muß ihre Ressourcen effizient einsetzen. Die Volkswirtschaftslehre ist gerade auf Grund der Knappheit und des Wunsches nach Effizienz ein wichtiger Gegenstand. Betrachten wir vorerst die **Knappheit**. Welche Folgen hätte es, könnte man unbegrenzte Mengen aller Güter herstellen, oder wären die Bedürfnisse der Menschheit zur Gänze befriedigt? Die Leute hätten keine Sorgen mit der Erstellung ihres Haushaltsbudgets, denn sie könnten ohnehin alles bekommen, was sie wollen; auch die Unternehmen müßten sich nicht mit Arbeitskosten oder Krankenversicherungen herum-

1 In dieser Auflistung finden Sie mehrere Fachausdrücke aus der Volkswirtschaftslehre, und um sie richtig zu verstehen, müssen Sie die Terminologie kennen. Sollten Sie ein Wort oder einen Satz unverständlich finden, sehen Sie doch bitte im Glossar hinten in diesem Buch nach. Es sind darin die wichtigsten ökonomischen Termini enthalten, die in diesem Buch verwendet werden. Alle fettgedruckten Begriffe können Sie im Glossar nachschlagen.

schlagen; dem Staat bliebe die Sorge über die Steuern oder Staatsausgaben erspart, weil sie ohnehin jedermann gleichgültig wären. Ja, mehr noch, weil wir alles haben könnten, was wir nur wollen, würde sich kein Mensch Gedanken über die Einkommensverteilung zwischen den verschiedenen Leuten oder Klassen machen.

In einem solchen Paradies des Überflusses gäbe es überhaupt keine *Wirtschaftsgüter* – also keine knappen Güter oder Güter, deren Angebot beschränkt wäre. Alle Güter wären frei, wie etwa der Sand in der Wüste oder das Wasser im Meer. Preise und Märkte wären bedeutungslos. Ja, die Volkswirtschaftslehre wäre absolut uninteressant und zu nichts nütze.

Allerdings hat bisher keine einzige Gesellschaft dieses Utopia der unbegrenzten Möglichkeiten erreicht. Die Güter sind weiterhin knapp, während gleichzeitig die Bedürfnisse grenzenlos scheinen. Sogar die Produktivität der Vereinigten Staaten ist viel zu gering, um jedermanns Bedürfnisse zu befriedigen. Betrachtet man die Summe aller Wünsche und Bedürfnisse, stellt man sehr schnell fest, daß es einfach nicht genügend Güter und Dienstleistungen gibt, um auch nur einen Bruchteil der Konsumbedürfnisse aller Leute zu befriedigen. Unsere nationale Produktionsleistung müßte um ein Vielfaches größer sein, wollten alle Amerikaner den derzeitigen durchschnittlichen Lebensstandard eines Arztes oder Rechtsanwaltes erreichen. Und außerhalb der USA, vor allem in Afrika und Asien, gibt es Hunderte Millionen von Menschen, die unter akutem Hunger und großer Armut leiden.

Angesichts der grenzenlosen Bedürfnisse ist es wichtig, daß eine Wirtschaft das Optimum aus ihren knappen Ressourcen herausholt. Damit kommen wir zum entscheidenden Begriff der **Effizienz**. Effizienz bedeutet die völlige Vermeidung von Verschwendung oder die größtmögliche Effektivität beim Ressourceneinsatz zur Befriedigung der Bedürfnisse und Wünsche der Menschen.

Etwas prägnanter könnte man sagen, die Wirtschaft produziert effizient, wenn sie nicht *mehr* von einem Gut produzieren könnte, ohne zugleich *weniger* von einem anderen zu produzieren.

Das Wesen des Wirtschaftens besteht in der Anerkennung der Knappheit als Realität und in der Folge in der Erkenntnis, wie die Gesellschaft gestaltet werden muß, so daß sie zu einem möglichst effizienten Ressourceneinsatz gelangt. Und genau hier kann die Volkswirtschaftslehre ihren entscheidenden Beitrag leisten.

Das Studium der Volkswirtschaft

Wo und wann ist eigentlich dieser große Strom, als den wir uns die heutige Volkswirtschaftslehre vorstellen können, entsprungen? Der Ursprung, die Quelle der modernen Ökonomie, läßt sich mit dem Jahr 1776 genau datieren, jenem Jahr also, in dem Adam Smith seinen Klassiker *An Inquiry into the Natures and Causes of the Wealth of Nations* (Untersuchung über die Natur und die Ursachen des Nationalreichtums) herausbrachte. In diesem Buch legte Smith ganz richtig die Grundprinzipien einer Marktwirtschaft dar. Es kann kein Zufall sein, daß dieses Buch im selben Jahr wie die amerikanische Unabhängigkeitserklärung erschien: Die Freiheitsbewegung weg von den tyrannischen Monarchien Europas entstand zugleich mit den ersten Versuchen einer Emanzipation des Handels und der Industrie von den langlebigen und zähen Resten der feudalen Aristokratie.

Wir können Smith zurecht als den Begründer der **Mikroökonomie** bezeichnen, jenes Zweiges der Volkswirtschaft, der sich heute mit dem Verhalten der einzelnen Wirtschaftseinheiten, also mit Märkten, Unternehmen und Haushalten, beschäftigt. Im schon erwähnten *The Wealth of Nations* (Der Reichtum der Nationen) legte Smith dar, wie einzelne Preise entstehen, er studierte, wie die Preise für Grund und Boden, Arbeit und Kapital gebildet werden und forschte nach den Starken und Schwächen des Marktmechanismus. Was uns heute besonders bedeutend erscheint – Smith erkannte das bemerkenswerte Effizienzpotential der Märkte, „die unsichtbare Hand", durch die das vom Eigeninteresse bestimmte Handeln des einzelnen zu Vorteilen für die gesamte Gesellschaft gerät. All diese Themen sind auch heute noch wichtig und interessant, und obwohl das Studium der Mikroökonomie seit den Tagen Adam Smiths enorme Fortschritte gemacht hat, wird er nach wie vor von Politikern und Ökonomen gleichermaßen zitiert.

Im Gegensatz dazu existierte die **Makroökonomie**, jener Zweig der Volkswirtschaftslehre, der sich mit der Gesamtleistung einer Volkswirtschaft beschäftigt, in ihrer modernen Form bis 1936 überhaupt nicht. In diesem Jahr publizierte John Maynard Keynes sein revolutionäres Werk *General Theory of Employment, Interest and Money* (Allgemeine Theorie der Beschäftigung, des Zinses und des Geldes). England und die Vereinigten Staaten steckten damals noch in der Großen Depression der dreißiger Jahre, und die Arbeitslosenrate stieg auf ein Viertel der arbeitsfähigen Bevölkerung. Auf der Suche nach einem Ausweg wies Keynes darauf hin, daß Marktwirtschaften auch durchaus schlecht funktionieren können. Er entwickelte in seinem Buch eine Theorie der Ursachen für Arbeitslosigkeit und wirtschaftlichen Abschwung, legte dar, wie Investitionen und Konsum angeregt werden, wie die Zentralbanken Einfluß auf Geld und Zinssätze nehmen, und warum einige Nationen blühen und gedeihen, während in anderen die Wirtschaft stagniert. Keynes führte auch aus, daß der staatlichen Verwaltung beim Ausgleich der konjunkturellen Schwankungen eine wichtige Rolle zukommt. Obwohl heute viele Ökonomen seine konkreten Theorien und Anweisungen nicht mehr teilen, bestimmen die Fragen, die Keynes erstmals stellte, nach wie vor das Studium der Makroökonomie.

Bildlich gesprochen machen diese beiden Zuflüsse – Mikroökonomie und Makroökonomie – zusammen den Strom der modernen Volkswirtschaft aus. Es gab Zeiten, in denen man zwischen beiden eine scharfe Grenzlinie ziehen konnte. In letzter Zeit allerdings verschwimmt diese Grenze zunehmend, wenn etwa Volkswirte die Werkzeuge der Mikroökonomie zur Erforschung makroökonomischer Problemstellungen wie der Arbeitslosigkeit und Inflation heranziehen. Für ein umfassendes Verständnis der Volkswirtschaft ist es jedoch nach wie vor nötig, beide Zuflüsse des Stromes zu erkunden. Und genau das wollen wir in dieser Einführung in die Volkswirtschaftslehre tun.

B. DIE DREI GRUNDFRAGEN DES WIRTSCHAFTENS

Da der Produktivität einer Volkswirtschaft durch ihre Ressourcen und die vorhandenen technologischen Möglichkeiten Grenzen gesetzt sind, muß jede Gesellschaft, ganz egal, wie reich oder arm sie ist, Entscheidungen treffen: etwa zwischen Gesundheitswesen und dem Bau von Luxusjachten, zwischen Autobahnen und Panzern, zwischen Bildungswesen und einer üppigen Gastronomie. Das bedeutet, daß jede Gesellschaft die Möglichkeit haben muß, zu bestimmen, *welche* Güter produziert werden, *wie* diese Güter produziert werden und *für wen* sie produziert werden.

Und diese drei grundlegenden Fragen wirtschaftlicher Organisation – *was, wie und für wen* – sind heute noch ebenso entscheidend, wie sie es in den ersten Tagen menschlicher Zivilisation waren. Betrachten wir sie ein wenig näher:

- *Welche* Güter werden produziert und in welchen Mengen? Eine Gesellschaft muß festlegen, wieviel von den zahlreichen möglichen Gütern und Dienstleistungen sie produzieren will, und wann diese produziert werden sollen. Sollen wir heute Tiefkühlpizzas oder Hemden herstellen? Wenige, dafür aber qualitativ hochwertige Hemden oder viele billige? Werden wir die knappen Ressourcen dazu heranziehen, viele Konsumgüter herzustellen (wie etwa Tiefkühlpizza)? Oder entscheiden wir uns eher für weniger Konsum- und mehr Investitionsgüter (beispielsweise für die Maschinen, mit denen man Tiefkühlpizzas herstellt), die in Zukunft Produktion und Konsum ankurbeln sollen?
- *Wie* werden die Güter produziert? Eine Gesellschaft muß festlegen, wer die Produktion übernehmen soll, mit welchen Ressourcen, und welche Produktionstechniken er dazu verwenden soll. Wer bestellt den Boden und wer unterrichtet? Wird Strom aus Erdöl, Kohle oder Atomkraft erzeugt? Wird die Luft stark oder wenig verschmutzt?
- *Für wen* werden die Güter produziert? Eine der Hauptaufgaben jeder Gesellschaft ist die Entscheidung, wer die Früchte der Bemühungen der Wirtschaft genießen soll. Oder, um es ein wenig formeller auszudrücken: Wie wird das Bruttosozialprodukt zwischen den einzelnen Haushalten aufgeteilt? Sind viele Leute arm und einige wenige reich? Wer bekommt die hohen Einkommen – Manager, Arbeiter oder Großgrundbesitzer? Haben Kranke und Alte genügend zu essen, oder bleiben sie sich selbst überlassen?

Achtung: *Wenn Leute über wirtschaftliche Themen sprechen, verwechseln sie häufig Fakten mit Fragen der Fairness. Die* ***positive oder beschreibende Ökonomie*** *beschreibt die Fakten einer Wirtschaft – das Was, Wie und Für wen – und ihr Verhalten. Die beschreibende Ökonomie behandelt daher Fragen wie folgende: Warum verdienen Ärzte mehr als Türsteher? Bewirkt der Freihandel für den durchschnittlichen Amerikaner ein höheres oder niedrigeres Einkommen? Welche wirtschaftlichen Auswirkungen haben Steuererhöhungen? So schwierig diese Fragen teils auch zu beantworten sind, sie können unter Zuhilfenahme analytischer Methoden und durch empirischen Nachweis beantwortet werden. Deshalb ge-*

hören sie in den Bereich der beschreibenden oder positiven Ökonomie.

Die ***normative Ökonomie*** *befaßt sich mit ethischen Konzepten und Werturteilen bezüglich des Was, Wie und Für wen einer Wirtschaft. Sollte der Verkauf bestimmter Gewehre oder Drogen verboten werden? Sollte die Arbeitslosenrate noch weiter steigen, damit die Inflation eingedämmt werden kann? Sollten die USA ihre Importe aus Japan einschränken, weil die Japaner einen zu großen Außenhandelsüberschuß gegenüber den USA haben? Sollten wir die Sozialhife abschaffen? Auf diese Fragen gibt es keine richtigen oder falschen Antworten, weil hier Ethik und Wertvorstellungen, nicht so sehr Fakten eine Rolle spielen. Sie lassen sich nur in der politischen Debatte und mit politischen Entscheidungen lösen, die ökonomische Analyse ist hier überfordert.*

MARKTWIRTSCHAFT, PLANWIRTSCHAFT UND MISCHSYSTEME

Eine wesentliche Aufgabe der Ökonomie ist die Erforschung und Erklärung der unterschiedlichen Arten, wie eine Gesellschaft die Fragen des *Was, Wie und Für wen* beantworten kann. Verschiedene Gesellschaften verfügen über *alternative Wirtschaftssysteme*, und die Volkswirtschaftslehre beschäftigt sich mit den diversen Mechanismen, die einer Gesellschaft zur Lösung des Problems des Einsatzes ihrer knappen Ressourcen zur Verfügung stehen.

Wir unterscheiden heute zwischen zwei grundlegend verschiedenen Organisationsformen einer Wirtschaft. Das eine Extrem bedeutet, daß der Staat den Großteil der wirtschaftlichen Entscheidungen trifft, wobei einige an der Spitze der Hierarchie stehen und den anderen weiter unten auf der Leiter ihre Befehle geben. Am anderen Ende des Spektrums fallen die Entscheidungen auf den Märkten, wo sich Einzelpersonen (Haushalte) oder Unternehmen freiwillig über den Einsatz von Ressourcen (Input) und das Produktionsergebnis (Output) einigen, im allgemeinen durch eine Bezahlung in Form von Geld. Untersuchen wir einmal kurz jede dieser beiden Formen wirtschaftlicher Organisation.

In den Vereinigten Staaten und in den meisten demokratischen Ländern werden wirtschaftliche Fragen überwiegend über den Markt gelöst. Deshalb heißen diese Wirtschaftssysteme auch Marktwirtschaften. Eine **Marktwirtschaft** ist eine Wirtschaft, in der Haushalte und private Unternehmen die wichtigsten Entscheidungen über Produktion und Konsum treffen. Ein System der Preise, Märkte, Gewinne und Verluste, Anreize und Belohnungen bestimmt das *Was, Wie und Für wen*. Unternehmen produzieren die Güter, die den höchsten Gewinn erwarten lassen (*was*), mit den kostengünstigsten Produktionsmethoden (*wie*). Der Konsum wird durch die Entscheidung der Haushalte darüber bestimmt, wie sie ihr Einkommen aus Arbeit und Vermögen ausgeben (*für wen*). Der Extremfall einer Marktwirtschaft, in der der Staat praktisch keine wirtschaftliche Rolle spielt, wird als **Laissez-faire**-Wirtschaftssystem bezeichnet.

Im Gegensatz dazu ist eine **Planwirtschaft** oder Zentralverwaltungswirtschaft ein System, in dem der Staat alle Entscheidungen über Produktion und Verteilung trifft. In einer Planwirtschaft, wie sie in diesem Jahrhundert in der Sowjetunion die längste Zeit über betrieben wurde, besitzt der Staat den Großteil der Produktionsmittel (Grund und Boden sowie Kapital); er besitzt in den meisten Wirtschaftsbereichen die Unternehmen und leitet auch deren Betrieb; er selbst ist der größte Arbeitgeber und sagt den Leuten, wie sie ihre Arbeit zu verrichten haben; und der Staat entscheidet in einer Planwirtschaft auch darüber, wie das Produktionsergebnis der Gesellschaft zwischen den verschiedenen Gütern und Dienstleistungen aufzuteilen ist. Kurz zusammengefaßt – eine Planwirtschaft bedeutet, daß es der Staat ist, der die drei wichtigsten wirtschaftlichen Fragen durch sein Eigentum an Ressourcen und seine Macht, Entscheidungen durchzusetzen, beantwortet.

Keine Gesellschaft unserer Zeit läßt sich vollständig der einen oder der anderen dieser beiden diametral entgegengesetzten Kategorien zuordnen. Alle Gesellschaften verfügen eigentlich über ein **Mischsystem** mit Elementen aus Markt- und Planwirtschaft. Es hat noch niemals eine hundertprozentige Marktwirtschaft gegeben (wobei das England des neunzehnten Jahrhunderts dem Ideal schon sehr nahe kam). Heute werden in den USA die meisten Entscheidungen durch den Markt gefällt. Trotzdem spielt der Staat eine gewichtige Rolle, indem er die Funktionsweise des Marktes laufend modifiziert; der Staat erläßt Gesetze und Richtlinien zur Regelung des Wirtschaftslebens, er produziert Bildungs- und Polizeidienstleistungen, er erläßt ökologische Regelungen und legt wirtschaftliche Rahmenbedingungen fest. Rußland und die anderen früheren sozialistischen Wirtschaften Osteuropas, die mit der Leistung ihrer Planwirtschaften nicht glücklich waren, sind heute auf der Suche nach einem für sie maßgeschneiderten gemischten Wirtschaftssystem.

***Ökonomen, die den Lauf der Geschichte verändert haben**: Keine Abhandlung über die Planwirtschaft wäre komplett ohne die Erwähnung von Karl Marx (1818 – 1883). Marx war der einflußreichste und scharfsinnigste Kritiker der Marktwirtschaft aller Zeiten. In seinen Publikationen, die er um die Mitte des vorigen Jahrhunderts verfaßte, beschrieb Marx die Verbreitung von Fabriken und Eisenbahnen in Europa und erkannte, daß diese Entwicklung eine enorme Unruhe unter der Bevölkerung mit sich brachte. Er argumentierte, daß ohne entsprechende Kontrolle die produktiven Kräfte der Märkte und des Wettbewerbs unausweichlich Amok laufen und zu verheerenden Depressionen und wachsendem Elend unter den arbeitenden Klassen führen würden. Marx proklamierte den Untergang des Kapitalismus, der seiner Meinung nach durch revolutionären Aufruhr und Sozialismus abgelöst werden würde.*

In den folgenden Jahrzehnten schien die Geschichte zunächst einige der Marxschen Vorhersagen zu bestätigen. Die wirtschaftlichen Ängste und die tiefe Depression um 1890 und 1930 führten viele Intellektuelle des zwanzigsten Jahrhunderts zu der Frage, ob der Kapitalismus der Privatunternehmen überhaupt ein gangbarer Weg sei. Die Sozialisten begannen 1917 mit der Realisierung ihres Modells in der Sowjetunion, und zu ihrer Blütezeit wurde beinahe ein Drittel der gesamten Welt von marxistischen Doktrinen beherrscht. Heute ist natürlich die Anzahl jener Länder, die sich selbst als marxistisch bezeichnen, drastisch gesunken. Marx hatte in vielen Dingen unrecht – vor allem, was die Überlegenheit des Sozialismus als Wirtschaftssystem betrifft – aber dies tut seiner Bedeutung als großer Ökonom keinen Abbruch.

C. DIE TECHNOLOGISCHEN MÖGLICHKEITEN DER GESELLSCHAFT

Jedes Gewehr, jedes neue Kriegsschiff und jede abgefeuerte Rakete bedeutet in letzter Konsequenz einen Diebstahl von den Hungernden, die nicht gespeist werden können.

Präsident Dwight D. Eisenhower

Jede Wirtschaft verfügt über einen begrenzten Bestand an Ressourcen – Arbeitskraft, technologisches Wissen, Fabriken und Maschinen, Grund und Boden, Energie. Bei der Entscheidung, *was und wie* erzeugt werden soll, befindet die Wirtschaft in Wahrheit darüber, wie ihre Ressourcen angesichts einer Unzahl völlig unterschiedlicher Möglichkeiten zur Produktion von Gütern und Dienstleistungen eingesetzt werden können. Wieviel Grund und Boden wird für die Produktion von Weizen verwendet? Wie viel zur Errichtung von Wohnungen für die Menschen? Wie viele Fabriken sollen Computer erzeugen? Wie viele Pizzas? Wie viele Kinder werden zu Berufssportlern und wie viele zu professionellen Ökonomen, oder wie viele sollen mit der Entwicklung und dem Bau von Kampfbombern beschäftigt sein?

Angesichts der nicht zu übersehenden Tatsache, daß die Güter im Gegensatz zu den Bedürfnissen knapp sind, muß eine Wirtschaft Entscheidungen bezüglich des Einsatzes der beschränkten Ressourcen treffen. Sie muß unter verschiedenen Bündeln von Wirtschaftsgütern (*was*) entscheiden und darüber befinden, wer diese Güter konsumieren soll (*für wen*).

INPUT UND OUTPUT

Um diese drei wichtigen Fragen zu beantworten, hat jede Gesellschaft Entscheidungen über Input und Output ihrer Wirtschaft zu treffen. Als **Input** werden jene Güter oder Dienstleistungen bezeichnet, die von den Unternehmen in ihren Produktionsprozessen genutzt werden. Eine Wirtschaft setzt die ihr zur Verfügung stehende *Technologie* ein, um mit Hilfe der Inputs Outputs zu erzeugen. **Outputs** sind all die nützlichen Güter und Dienstleistungen, die aus der Produktion hervorgehen und die entweder konsumiert oder im weiteren Produktionsprozeß verwendet werden. Betrachten wir doch die „Produktion" eines Omelettes. Wir könnten sagen, daß Eier, Salz, Hitze, Bratpfanne und der Arbeitseinsatz des Kochs der Input sind. Das luftige Omelett ist der Output. An einer Universität zählen der Zeitaufwand in der Fakultät, die Labors und Hörsäle, die Skripten und dergleichen mehr zu den Inputs, während der gebildete, informierte Bürger, der Absolvent, als Output zu betrachten ist.

Ein Synonym für Inputs ist der Begriff *Produktionsfaktoren*. Die Produktionsfaktoren lassen sich in drei

Hauptkategorien unterteilen: Grund und Boden, Arbeit und Kapital.

- *(Grund und) Boden* – oder allgemeiner natürliche Ressourcen – stellen das Geschenk der Natur dar, das sie in unsere Produktionsprozesse einbringt. Zum Produktionsfaktor Boden gehören die Felder, auf denen wir unsere Landwirtschaft betreiben, oder die Grundstücke für unsere Häuser, Fabriken und Straßen; in diese Kategorie fallen aber auch Energieressourcen für unsere Autos, Heizungen oder Haushalte sowie Bodenschätze wie Kupfer oder Erz oder Sand. In einer immer dichter besiedelten Welt müssen wir die Palette natürlicher Ressourcen zusätzlich erweitern und auch Umweltressourcen wie Luft, Wasser, Boden und Klima mit einschließen.
- *Arbeit* als Produktionsfaktor bedeutet die Zeit, die Menschen für die Produktion einsetzen – wenn sie in Automobilfabriken, in der Landwirtschaft, als Lehrer in den Schulen oder als Köche unserer Omeletts arbeiten. Tausende von Berufen und Aufgaben mit völlig verschiedenen Schwierigkeitsgraden werden von arbeitenden Menschen verrichtet. Arbeit ist zugleich der vertrauteste und auch wichtigste Produktionsfaktor einer fortgeschrittenen Industriegesellschaft.
- *Kapital*-Ressourcen bilden die dauerhaften Güter einer Wirtschaft, die produziert werden, damit weitere Güter produziert werden können. Zu den Kapital- oder Investitionsgütern gehören Maschinen, Straßen, Computer, Hämmer, LKWs, Stahlwerke, Autos, Waschmaschinen und Gebäude. Wie wir später noch sehen werden, ist es für die wirtschaftliche Entwicklung unabdingbar, einen Grundstock an Investitionsgütern anzusammeln.

Wenn wir die drei Hauptfragen der Wirtschaft unter dem Gesichtspunkt von In- und Output noch einmal wiederholen, muß eine Gesellschaft folgende Entscheidungen treffen: (1) *welche* Outputs sie produzieren soll und in welcher Menge; 2) *wie* sie sie produzieren soll – also welche Technologien herangezogen werden sollen, um mit den Inputs die gewünschten Outputs zu produzieren; und (3) *für wen* die Outputs zu produzieren sind und wie sie verteilt werden sollen.

DIE TRANSFORMATIONS- ODER PRODUKTIONSMÖGLICHKEITSKURVE

Gesellschaften können bekanntlich nicht alles bekommen, was sie wollen. Durch die vorhandenen Produktionsfaktoren und die verfügbare Technologie sind ihnen Grenzen gesetzt. Nehmen Sie beispielsweise die Verteidigungsausgaben. Staaten stehen immer unter dem Zwang, zu entscheiden, wieviel von ihren begrenzten Ressourcen sie in militärische Ausgaben stecken sollen und wieviel in andere Aktivitäten (beispielsweise in neue Fabriken oder in ihr Bildungswesen). Manche Staaten, wie etwa Japan, wenden rund 1 Prozent ihres Nationalprodukts für Militärausgaben auf. Die USA geben 5 Prozent ihres nationalen Outputs für Verteidigung aus, während eine Sicherheits- und Festungswirtschaft wie jene Nordkoreas bis zu 20 Prozent des gesamten nationalen Outputs in ihr Militär pumpt. Je mehr in die Verteidigung fließt, desto weniger steht für Konsum und Investitionen zur Verfügung.

Treiben wir doch diese Entscheidungsnotwendigkeit auf die Spitze und stellen wir uns eine Wirtschaft vor, die nur zwei Wirtschaftsgüter hervorbringt, nämlich Kanonen und Butter. Kanonen stehen hier für die Militärausgaben, Butter für zivile Ausgaben. Nehmen wir einmal an, unsere Wirtschaft beschließt, ihre gesamte Energie für die Produktion ziviler Güter einzusetzen, in unserem Fall Butter. Jährlich kann davon eine maximale Menge produziert werden. Diese Höchstmenge hängt von Quantität und Qualität der Ressourcen der betreffenden Wirtschaft und von der Produktivität ab, mit der sie eingesetzt werden. Wir gehen hier davon aus, daß unsere Wirtschaft mit der verfügbaren Technologie und den ihr zur Verfügung stehenden Ressourcen maximal 5 Millionen Pfund Butter jährlich erzeugen kann.

Stellen Sie sich nun im Gegensatz dazu vor, daß alle Ressourcen in die Produktion von Kanonen gehen. Auch in diesem Fall kann die Wirtschaft wegen der erwähnten Beschränkungen nur eine begrenzte Menge produzieren. Nehmen wir beispielsweise eine Menge von 15.000 Kanonen einer bestimmten Art an, die produziert werden können, wenn gar keine Butter erzeugt wird.

Das sind die beiden Extreme. Dazwischen liegt ein breites Feld an Kombinationsmöglichkeiten. Wenn wir auf ein wenig Butter verzichten, können wir zumindest ein paar Kanonen erzeugen. Wenn wir auch mit noch weniger Butter das Auslangen finden, werden es eben mehr Kanonen sein.

Alternative Produktionsmöglichkeiten		
Möglichkeiten	Butter (Millionen Pfund)	Kanonen (in Tausend)
A	0	15
B	1	14
C	2	12
D	3	9
E	4	5
F	5	0

Tabelle 1-1: Die Knappheit der Ressourcen impliziert die Notwendigkeit einer mengenmäßigen Entscheidung zwischen Kanonen und Butter

Auf unserem Weg von Position A zu B bis schließlich zu F verschieben wir die Produktionsfaktoren Arbeit, Maschinen und Boden von der Kanonenindustrie in die Butterproduktion.

In Tabelle 1-1 finden Sie eine Übersicht der bestehenden Möglichkeiten. Punkt F zeigt das eine Extrem, bei dem nur Butter, jedoch keine Kanonen produziert werden, während A für das gegenteilige Extrem steht, bei dem die gesamten Ressourcen in die Kanonenproduktion fließen. Dazwischen – also in den Punkten E, D, C und B – wird zugunsten der Kanonen auf immer mehr Butter verzichtet.

Wie, werden Sie nun fragen, kann eine Nation aus Butter Kanonen machen? Butter wird natürlich nicht physisch, sondern durch den alchemistischen Prozeß der Umleitung wirtschaftlicher Ressourcen von einem Zweck zu einem anderen in Kanonen verwandelt.

Wir können die Produktionsmöglichkeiten unserer Wirtschaft in dem Diagramm in Abbildung 1-1 anschaulicher darstellen. In diesem Diagramm wird Butter auf der horizontalen Achse und werden Kanonen auf der vertikalen Achse aufgetragen. (Sollten Sie mit den verschiedenen Graphiken oder Diagrammen nicht zurechtkommen oder nicht wissen, wie man aus einer Tabelle eine Graphik macht, sehen Sie bitte im Anhang zu diesem Kapitel nach.) Wir ermitteln Punkt *F* in Abbildung 1-1 aus den Daten in Tabelle 1-1, indem wir auf der horizontalen Achse fünf Buttereinheiten nach rechts und auf der vertikalen Kanonenachse 0 Einheiten nach oben rücken; *E* erhalten wir, indem wir 4 Buttereinheiten nach rechts und 5 Kanoneneinheiten nach oben gehen; *A* wird schließlich ermittelt, indem wir Butter auf 0 setzen und bei den Kanonen 15 Einheiten nach oben gehen.

Wenn wir alle dazwischenliegenden Positionen im Diagramm einzeichnen, die die möglichen Kombinatio-

Abbildung 1-1: Die Produktionsmöglichkeiten im Diagramm

In dieser Abbildung sehen Sie die alternativen Produktions-Kombinationspaare aus Tabelle 1-1.

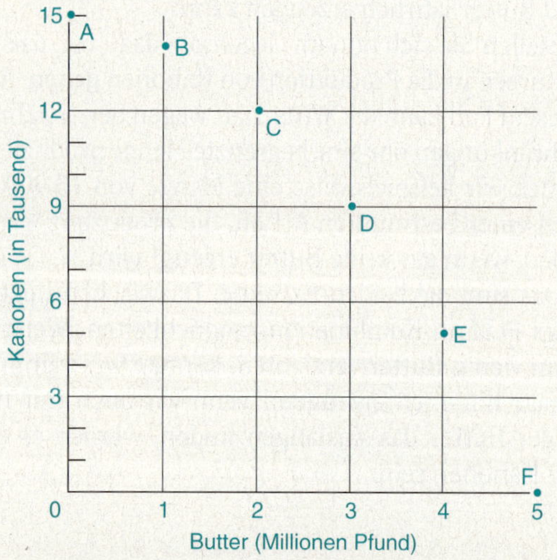

Abbildung 1-2: Eine fortlaufende Kurve verbindet die eingezeichneten Punkte der numerischen Produktionsmöglichkeiten

Diese Kurve zeigt die Funktion, nach der die Gesellschaft Kanonen durch Butter ersetzen kann. Es wird ein bestimmter Stand der Technologie und eine fixe Inputmenge angenommen. Punkte, die außerhalb der Kurve liegen (wie Punkt I) sind nicht erreichbar. Jeder Punkt innerhalb der Kurve, etwa U, zeigt an, daß Ressourcen nicht oder nicht bestmöglich genützt werden.

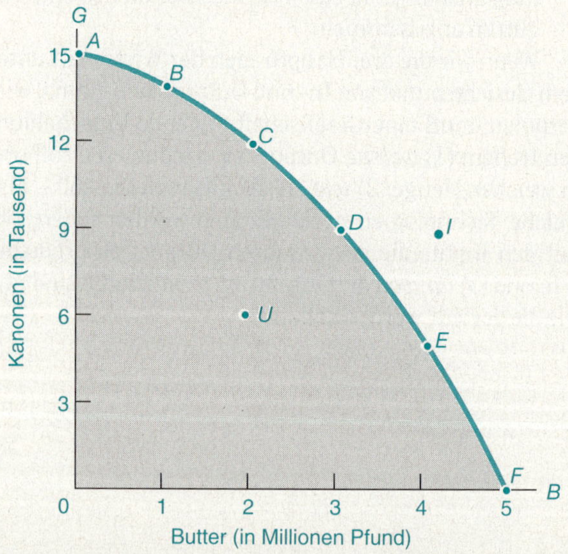

nen zwischen Kanonen und Butter darstellen, erhalten wir als Verbindung zwischen diesen Punkten die *Transformations- oder Produktionsmöglichkeitskurve* oder *PMK* in Abbildung 1-2.

Die **Produktionsmöglichkeitskurve oder *PMK*** zeigt die maximalen Produktionsmengen, die eine Wirtschaft angesichts ihres technologischen Know-hows und der verfügbaren Menge an Produktionsfaktoren erzielen kann. Die *PMK* stellt die Gesamtheit der für eine Gesellschaft verfügbaren Möglichkeiten dar.

Die *PMK* in der Praxis

Die *Produktionsmöglichkeitskurve* in Abbildung 1-2 bezieht sich auf Kanonen und Butter, aber dieselbe Analyse ist natürlich für jede Auswahl von Gütern zulässig. Je mehr Ressourcen der Staat einsetzt, um Autobahnen zu errichten, desto weniger wird für die Produktion von privaten Gütern (wie etwa Wohnungen) übrigbleiben; je mehr wir uns für unsere Ernährung auszugeben entschließen, desto weniger bleibt uns für Bekleidung; je mehr eine Gesellschaft sofort konsumiert, desto weniger Kapitalgüter kann sie produzieren, um sie für die Produktion von zusätzlichen Konsumgütern in der Zukunft heranzuziehen.

Die Diagramme der Abbildungen 1-3 bis 1-5 stellen einige wichtige praktische Anwendungen der *PMK* dar. Die Abbildungen 1-3 zeigen die Auswirkungen des Wirtschaftswachstums auf die Produktionsmöglichkeiten eines Landes. Als Ergebnis des zunehmenden Einsatzes von Kapital und Arbeit und einer verbesserten Technologie verschiebt sich die *PMK* nach außen. Von *allen* Gütern stehen einem Land nur dann mehr zur Verfügung, wenn seine Wirtschaft wächst. Die Abbildung zeigt auch, daß arme Länder den Großteil ihrer Ressourcen in die Produktion von Nahrungsmitteln stecken müssen, während sich reiche Länder mit wachsendem Produktionspotential größeren Luxus erlauben können.

Abbildung 1-4 zeigt, daß eine Wirtschaft ihre Wahl auch zwischen privaten Gütern (die zu einem bestimmten Preis gekauft werden) und öffentlichen Gütern (die durch Steuern bezahlt werden) treffen muß. Arme Län-

Abbildung 1-3: Auswärtsverschiebung der *PMK* durch das Wirtschaftswachstum

(a) Vor dem Einsetzen einer Entwicklung ist die Gesellschaft arm. Sie muß alle ihre Ressourcen für die Ernährung einsetzen und kann sich nicht Luxus leisten.

(b) Die Zunahme der Produktionsfaktoren und der technische Wandel verschieben die *PMK* nach außen. Mit einsetzendem Wirtschaftswachstum bewegt sich ein Land von A nach B und steigert so seinen Nahrungskonsum im Vergleich zum erhöhten Konsum an Luxusgütern nur wenig. Es kann nach Wunsch aber auch beide Güter vermehrt konsumieren.

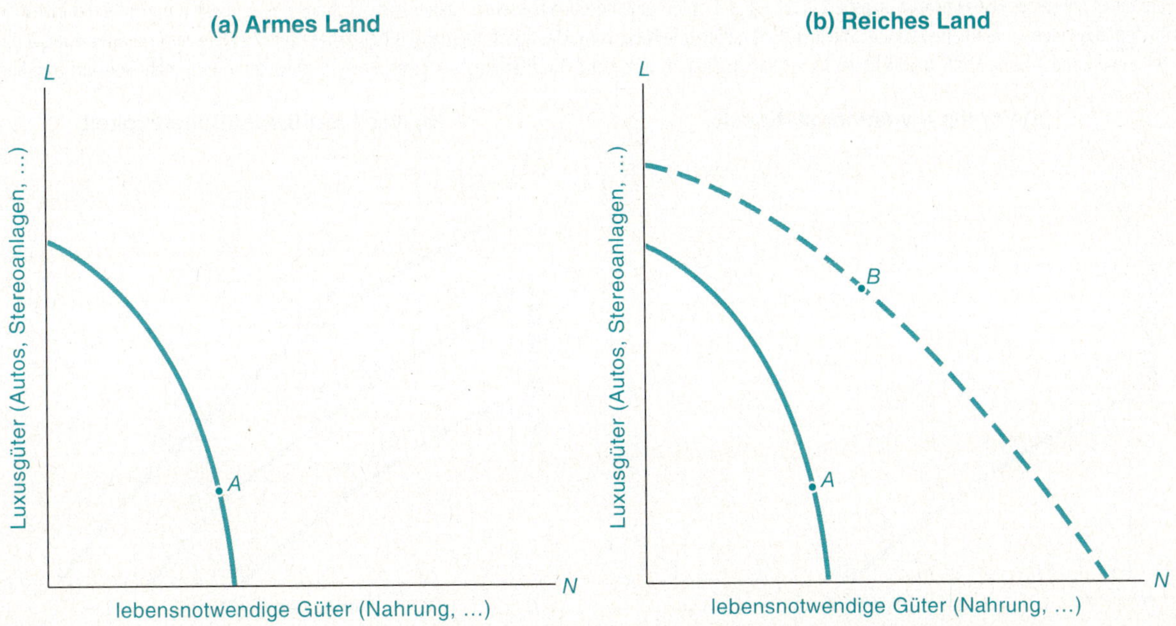

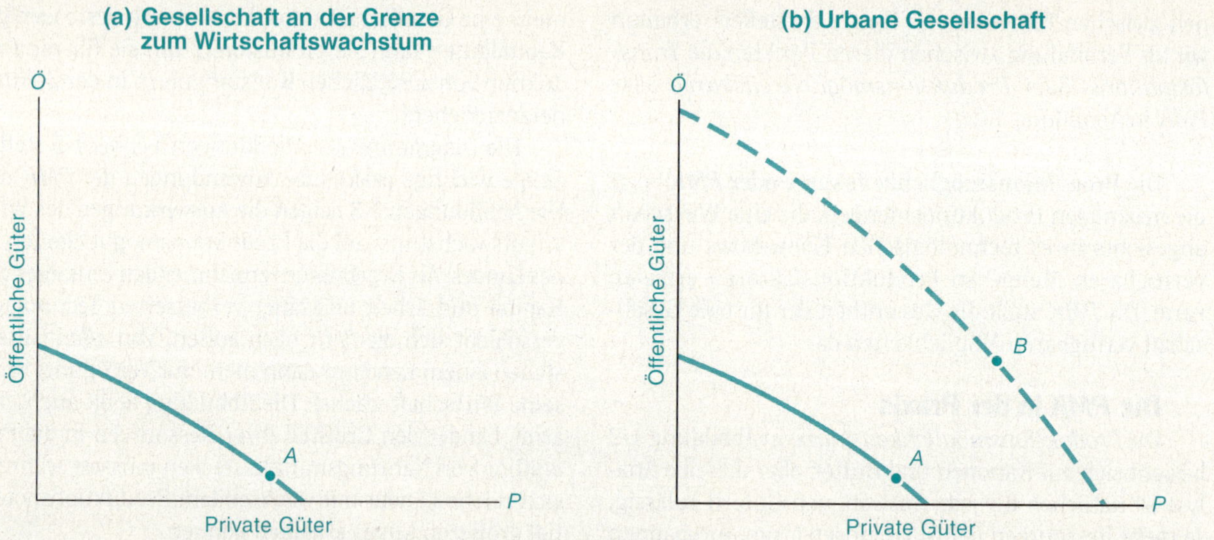

Abbildung 1-4: Eine Wirtschaft muß zwischen öffentlichen und privaten Gütern wählen

(a) Ein armes Land lebt von der Hand in den Mund, und für Luxus wie Autos oder öffentliche Güter wie Autobahnen, ein staatliches Gesundheitswesen oder die Wissenschaft bleibt nur wenig übrig.

(b) Ein moderner Industriestaat ist reicher und kann sich dafür entscheiden, einen größeren Einkommensanteil für öffentliche Güter oder staatliche Dienstleistungen (Straßen, die nationale Verteidigung, Umweltschutz, Gesundheitswesen und Bildungswesen) auszugeben.

Abbildung 1-5: Investitionen zugunsten eines zukünftigen Konsums erfordern Opfer beim gegenwärtigen Konsum

Ein Land kann entweder Güter zum sofortigen Konsum (Pizzas und Konzerte) oder Investitionsgüter (LKW und Häuser) produzieren.

(a) Drei Länder beginnen aus derselben Ausgangsposition. Sie haben dieselbe *PMK*, wie Sie der linken Abbildung entnehmen können, aber ihre Investitionsraten sind unterschiedlich. Land 1 investiert nicht in seiner Zukunft und bleibt in A_1 (Maschinen werden nur ersetzt). Land 2 verzichtet auf einen Teil seines Konsums und investiert in A_2. Land 3 opfert einen großen Teil seines gegenwärtigen Konsums zugunsten umfassender Investitionen.

(b) In den folgenden Jahren haben Länder, die investiert haben, die Nase vorn. Das sparsame Land 3 hat daher seine *PMK* weit nach außen verschoben, während Land 1 seine *PMK* gar nicht verändert hat. In Zukunft wird Land 3 weiterhin stark investieren, zugleich aber auch mehr konsumieren können.

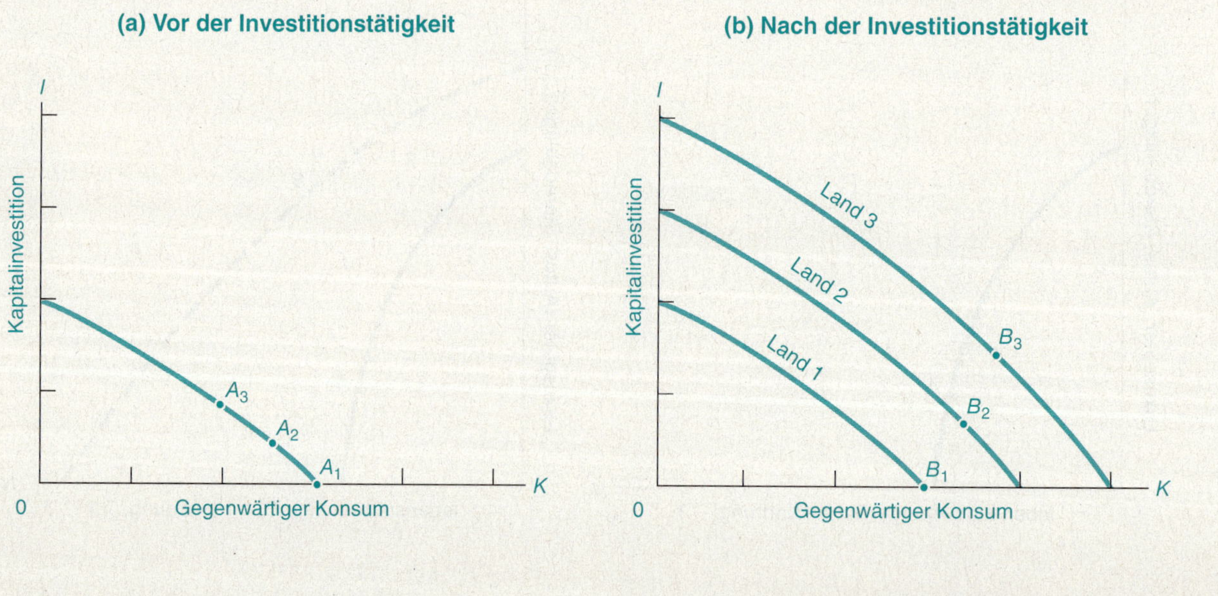

der können sich nur wenige öffentliche Güter wie ein staatliches Gesundheitswesen und wissenschaftliche Forschung leisten. Aber mit steigendem Wirtschaftswachstum nimmt der Anteil der öffentlichen Güter ebenso wie die Bedeutung der Umweltqualität am Output zu.

Abbildung 1-5 stellt eine Wirtschaft dar, die zwischen (a) gegenwärtigen Konsumgütern und (b) Investitions- oder Kapitalgütern (Maschinen, Fabriken etc.) entscheiden muß. Indem beim laufenden Konsum Opfer gebracht und größere Mengen an Investitionsgütern erzeugt werden, kann die Wirtschaft eines Landes rascher wachsen und so in Zukunft die Produktion einer größeren Menge *beider* Arten von Gütern (Konsum und Investition) ermöglichen.

Die *PMK* kann auch den in der Volkswirtschaftslehre ganz wesentlichen Begriff der Tradeoffs verdeutlichen. Um nur ein Beispiel anzuführen – Zeit ist knapp. Jedem Menschen steht nur eine begrenzte Zeit zur Verfügung, um seinen verschiedenen Aktivitäten nachzugehen. Nehmen wir einen Studenten, der 10 Stunden Zeit für die Vorbereitung zweier Prüfungen aus Volkswirtschaft und Geschichte hat. Studiert er nur Geschichte, wird er voraussichtlich eine gute Note in diesem Fach bekommen, während seine Ergebnisse in Volkswirtschaft zu wünschen übrig lassen werden. Umgekehrt funktioniert es genauso. Behandeln wir die Noten in diesen beiden Fächern als den Output der zehn möglichen Stunden Studium, läßt sich die *PMK* für die in Anbetracht der nur begrenzt zur Verfügung stehenden Zeit erzielbaren Noten darstellen. Wie würde die *PMK* aussehen, wenn die alternativen Güter des Studenten „Noten" und „Vergnügen" hießen? Wo auf dieser Kurve stehen Sie selbst? Wo würden Sie Ihre weniger fleißigen Freunde einreihen?

Effizienz

Bei all den vorangegangenen Erläuterungen sind wir implizit von der Annahme ausgegangen, daß die Wirtschaft effizient arbeitet – das bedeutet, daß sie sich *auf der* anstatt *innerhalb der PMK* befindet. Denken Sie daran, daß Effizienz bedeutet, die Ressourcen einer Wirtschaft so effektiv wie möglich einzusetzen, um die Wünsche und Bedürfnisse der Menschen zu befriedigen. Auf den Punkt gebracht: Die Wirtschaft produziert dann effizient, wenn sie nicht mehr von einem Gut erzeugen kann, ohne zugleich bei einem anderen Abstriche machen zu müssen – wenn sie sich also auf ihrer *PMK* befindet.

Warum bedeutet eine Position auf der *PMK* Effizienz? Beginnen wir bei der Situation, die durch Punkt *D* in Abbildung 1-2 dargestellt wird. Nehmen wir an, der Markt verlangt, daß noch eine weitere Million Pfund Butter erzeugt wird. Würden wir die durch die *PMK* auferlegte Beschränkung einfach ignorieren, hielten wir vielleicht eine Produktionssteigerung bei Butter ohne Einschränkung der Kanonenproduktion für möglich, etwa, indem wir uns zu Punkt *I* rechts von Punkt *D* bewegen. Aber Punkt *I* befindet sich außerhalb der Grenzlinie im Bereich der „Unmöglichkeit". Ausgehend von *D* können wir keinesfalls mehr Butter produzieren, ohne zugleich auf einige Kanonen zu verzichten. Daher ist Punkt *D* effizient, Punkt *I* aber unmöglich.

Produktionseffizienz ist dann gegeben, wenn eine Gesellschaft den Output eines Gutes nicht ohne Verzicht auf ein anderes Gut erhöhen kann. Eine effiziente Wirtschaft befindet sich auf ihrer *PMK*.

Ein weiterer Punkt zum Thema Produktionseffizienz läßt sich anhand der *PMK* illustrieren: Auf der *PMK* zu stehen bedeutet, daß Produktionssteigerungen bei einem Gut unweigerlich zum Verzicht auf andere Güter führen. Wenn wir also mehr Kanonen herstellen, ersetzen (substituieren) wir Butter durch Kanonen. Die Substitution ist eines der unabänderlichen Gesetze bei der Vollbeschäftigung einer Volkswirtschaft, und die *PMK* zeigt die gesamte Palette der Wahlmöglichkeiten einer Gesellschaft.

Ungenutzte Ressourcen und Ineffizienz

Selbst flüchtigen Beobachtern des modernen Lebens dürfte es nicht entgangen sein, daß es in der Gesellschaft ungenutzte Ressourcen wie unbeschäftigte Arbeitskräfte, stillstehende Fabriksanlagen und brachliegendes Land gibt. Wenn Ressourcen nicht genutzt werden, befindet sich die Wirtschaft nicht auf ihrer *PMK*, sondern irgendwo dahinter, innerhalb der *PMK*. In Abbildung 1-2 stellt Punkt *U* einen Punkt innerhalb der *PMK* dar. Im Punkt *U* produziert die Gesellschaft nur 2 Einheiten Butter und 6 Einheiten Kanonen. Ein Teil der Ressourcen wird nicht genutzt, und indem wir sie ebenfalls nutzen, können wir unseren Output an sämtlichen Gütern steigern; die Wirtschaft kann sich so von Punkt *U* zu Punkt *D* bewegen und daher mehr Butter und mehr Kanonen produzieren und somit ihre Effizienz verbessern. Wir können unsere Kanonen bekommen und trotzdem noch mehr Butter essen.

Eine Quelle der Ineffizienz sind die Konjunkturzyklen. Zwischen 1929 und 1933, während der Großen Depression, sank der Gesamtoutput der amerikanischen Produktion um beinahe ein Viertel. Dies konnte passieren, nicht weil die *PMK* nach innen verschoben worden wäre, sondern weil die Geld- und Fiskalpolitik und auch andere Faktoren zu einer Reduzierung der Ausgaben führten und so die Wirtschaft an einen Punkt innerhalb der *PMK* zurückstießen. Dann heizten die Kriegsvorbereitungen vor dem Eintritt in den Zweiten Weltkrieg die Nachfrage an, und der Output stieg umgehend, wodurch die Wirtschaft auf ihre *PMK* zurückkehrte. Ähnliche Kräfte waren zwischen 1989 und 1993 in einem Großteil der industrialisierten Welt am Werk, als makroökonomische Faktoren Europa, Japan und Nordamerika hinter ihre *PMK* zurückwarfen.

Depressionsphasen im Konjunkturzyklus sind jedoch nicht der einzige Grund dafür, daß sich eine Wirtschaft innerhalb ihrer *PMK* befinden kann. Wirtschaften haben auch dann unter Ineffizienz oder Störungen zu leiden, wenn es zu Streiks, politischen Veränderungen oder Revolutionen kommt. Dies passierte zu Beginn dieses Jahrzehnts in Rußland, nachdem das Land seine sozialistische Planwirtschaft abgeschüttelt und durch eine freie Marktwirtschaft ersetzt hatte. Auf Grund der drastischen Veränderungen im Wirtschaftssystem sank die Produktionsleistung, während gleichzeitig die Arbeitslosigkeit in die Höhe schnellte und die Leute versuchen mußten, irgendwie mit den neuen Preisen, Gesetzen und Einkommen zurechtzukommen.

Russische und westliche Ökonomen hoffen, daß diese Ineffizienz nur einen zeitweiligen Rückschlag bedeutet. Sie prognostizieren für den neu entstehenden freien Markt eine Fülle von Anreizen zur effizienten Produktion. Sollten sie recht behalten, wird Rußland schon bald wieder auf seine *PMK* zurückkehren, und die *PMK* selbst wird sich nach außen verschieben, wenn nämlich die russische Wirtschaft rapide zu wachsen beginnt.

Zum Abschluß dieses Einleitungskapitels sollten wir kurz auf das Eröffnungsthema – warum überhaupt Volkswirtschaftslehre studieren – zurückkommen. Die beste Antwort auf diese Frage liefert uns möglicherweise Keynes in den letzten Zeilen seiner *General Theory of Employment, Interest and Money*:

> *Die Ideen der Ökonomen und politischen Philosophen sind, ob richtig oder falsch, viel einflußreicher, als gemeinhin angenommen. Eigentlich wird die Welt kaum von etwas anderem beherrscht. Praktiker, die meinen, sie seien weitgehend frei von intellektuellen Einflüssen, können zumeist als treu ergebene Sklaven irgendeines bereits verstorbenen Ökonomen gelten. Verrückte in Amt und Würden, die auf Stimmen und Einflüsterungen hören, geraten ob der Ergüsse irgendeines akademischen Schreiberlings der Vergangenheit in Exstase. Ich bin mir absolut sicher, daß die Macht der Interessensgruppen im Gegensatz zur graduellen Ideeninfiltration stark übertrieben wird. Diese erfolgt natürlich nicht unmittelbar, sondern erst nach einer gewissen Zeit; denn unter den Philosophen in Wirtschaft und Politik gibt es nicht viele, die sich nach einem Alter von fünfundzwanzig oder dreißig noch von neuen Theorien beeinflussen lassen, so daß die Ideen, die Beamte und Politiker, ja sogar politische Agitatoren, angesichts der laufenden Ereignisse entwickeln, kaum als neu zu bezeichnen sein dürften. Aber wie man es auch dreht und wendet, es sind die Ideen, nicht die Interessensgruppen, die in jeder Hinsicht so gefährlich sind.*

Zu verstehen, wie die mächtigen Ideen der Volkswirtschaftslehre auf die Probleme unseres persönlichen Lebens ebenso wie auf nationale Anliegen angewendet werden können, das ist es wohl schließlich, wofür wir das Studium der VWL auf uns nehmen.

ZUSAMMENFASSUNG

A. Einleitung

1. Was ist Volkswirtschaftslehre? Volkswirtschaftslehre ist das Studium der Entscheidungen, die Gesellschaften treffen, um ihre knappen Produktionsressourcen für alternative Verwendungszwecke einzusetzen, um verschiedene Wirtschaftsgüter zu erzeugen und unter den verschiedenen Gruppen zu verteilen.
2. Die Güter sind knapp, weil die Bedürfnisse der Menschen die Produktionsmöglichkeiten der Wirtschaft übersteigen. Wirtschaftsgüter sind knappe, keine freien Güter, und die Gesellschaft muß ihre Entscheidungen zwischen beschränkt verfügbaren Gütern treffen, die sie mit den vorhandenen Ressourcen produzieren kann.
3. Die Mikroökonomie befaßt sich mit dem Verhalten der einzelnen Wirtschaftseinheiten, also der Märkte, Unternehmen und Haushalte. Die Makroökonomie steht hingegen für eine weiter gefaßte volkswirtschaftliche Perspektive.

B. Die drei Grundfragen der Wirtschaft

4. Jede Gesellschaft muß drei wesentliche Fragen beantworten: *was, wie und für wen*? *Was* und in welchen Mengen wird aus der breiten Palette aller möglichen Güter und

Dienstleistungen produziert? *Für wen* werden die Güter produziert (das heißt, wie werden Einkommen und Konsum zwischen den verschiedenen Einzelpersonen und Klassen verteilt)?

5. Die Gesellschaften beantworten diese Fragen auf ganz unterschiedliche Art und Weise. Die heute bedeutendsten Formen wirtschaftlicher Organisation sind *Plan- und Marktwirtschaft*. Die Plan- oder Zentralverwaltungswirtschaft unterliegt einer zentralistischen staatlichen Kontrolle; im Gegensatz dazu wird die Marktwirtschaft durch ein informelles System von Preisen und Gewinnen bestimmt, in dem die meisten Entscheidungen von Privatpersonen und Unternehmen getroffen werden. Alle Gesellschaften verfügen über eine ganz spezifische Kombination aus Plan- und Marktwirtschaft; alle Gesellschaften sind *gemischte* Wirtschaften.

C. Die technologischen Möglichkeiten einer Gesellschaft

6. Angesichts vorgegebener Ressourcen und Technologien läßt sich die Produktionsentscheidung zwischen zwei Gütern, wie etwa Butter und Kanonen, in der *PMK* (Produktionsmöglichkeiten- oder Transformationskurve) zusammenfassen. Die *PMK* zeigt uns, wie die Produktion eines Gutes (beispielsweise Kanonen) gegen die Produktion eines anderen Gutes (etwa Butter) abgetauscht wird.

7. Die Produktion gilt als effizient, wenn die Produktion eines Gutes nicht ohne Zurücknahme der Produktion eines anderen Gutes gesteigert werden kann. Dieses Prinzip wird durch die *PMK* anschaulich dargestellt. Wenn eine Wirtschaft effizient arbeitet – sich also auf ihrer *PMK* befindet –, kann sie nur dann mehr von einem Gut produzieren, wenn sie Abstriche bei einem anderen macht.

8. *PMK*s veranschaulichen eine Vielzahl grundlegender ökonomischer Prozesse: wie das Wirtschaftswachstum die *PMK* nach außen drückt, wie ein sich entwickelnder Staat vergleichsweise immer weniger Nahrungsmittel und andere lebensnotwendige Güter erzeugt, wie ein Land zwischen privaten und öffentlichen Gütern zu wählen hat, und wie sich Gesellschaften zwischen Konsumgütern und Kapitalgütern, die den zukünftigen Konsum ankurbeln, entscheiden müssen.

9. Die Gesellschaften befinden sich bisweilen innerhalb ihrer *PMK*. Bei hoher Arbeitslosigkeit oder wenn Revolutionen oder ineffiziente staatliche Maßnahmen die Wirtschaftsaktivitäten hemmen, ist die Wirtschaft ineffizient und daher hinter ihrer *PMK*.

BEGRIFFE ZUR WIEDERHOLUNG

Grundlegende Konzepte

Knappheit und Effizienz
freie Güter im Gegensatz zu Wirtschaftsgütern
Makroökonomie und Mikroökonomie
normative und beschreibende Ökonomie

Die drei Grundfragen der Wirtschaft

was, wie und für wen
alternative Wirtschaftssysteme: Plan und Marktwirtschaft
Laissez-faire
Mischsysteme

Wahl zwischen Produktionsmöglichkeiten

Input und Output
PMK
Effizienz und Ineffizienz

FRAGEN UND BEISPIELE

1. Definieren Sie Wirtschaftsgüter und freie Güter. Führen Sie jeweils mehrere Beispiele an. Kennen Sie Beispiele für Güter, die früher frei waren, jetzt jedoch Wirtschaftsgüter sind?
2. Geben Sie an, welche der folgenden Aussagen normativ und welche positiv oder beschreibend sind:
   a. Die großen Überschwemmungen des Jahres 1993 haben zu einem Anstieg der Lebensmittelpreise geführt.
   b. Arme Leute sollten, wenn sie schuldlos in Armut geraten sind, keine Steuern bezahlen müssen.
   c. Wäre die Sozialversicherung für arme Leute gratis, würde dies ihre Produktivität erhöhen.
   d. Steigende Lebensmittelpreise waren mit ein Auslöser der Französischen Revolution.
3. Definieren Sie jeden der folgenden Begriffe sorgfältig und führen Sie jeweils Beispiele an: *PMK*, Knappheit, Effizienz, Input, Output.
4. Nehmen Sie an, das Land Ökonomien produziert Haarschnitte und Hemden mit einem gewissen Input an Arbeit. Ökonomien stehen dazu 1.000 Arbeitsstunden zur Verfügung. Ein Haarschnitt erfordert etwa eine halbe Arbeitsstunde, während für ein Hemd 5 Arbeitsstunden aufgewendet werden müssen. Erstellen Sie eine *PMK* für Ökonomien.
5. Zeichnen Sie die *PMK* in Abbildung 1-2 noch einmal unter der Annahme, daß neue wissenschaftliche Erkenntnisse die Produktivität der Ressourcen in der Butterproduktion verdoppelt haben, ohne daß dies die Kanonenproduktion beeinträchtigt.
6. Zahlreiche Wissenschaftler sind sich darüber einig, daß wir im Begriff stehen, unsere natürlichen Ressourcen zu plündern. Nehmen Sie an, daß es nur zwei Inputs (Arbeit und natürliche Ressourcen) zur Produktion zweier Güter (Konzerte und Benzin) gibt, wobei sich während der angenommenen Zeit die Technologie der fiktiven Gesellschaft nicht verbessert. Zeigen Sie, welchen Verlauf die *PMK* nehmen würde, nachdem die natürlichen Ressourcen erschöpft sind. Was würde sich an Ihrer Antwort durch neue Erfindungen und technologischen Fortschritt ändern? Erklären Sie ausgehend von diesem Beispiel, warum immer wieder behauptet wird, das „Wirtschaftswachstum sei ein Wettrennen zwischen Ausbeutung und Erfindung".
7. Nehmen Sie an, daß Herr Fleißig 10 Stunden Zeit für sein Studium der Fächer Volkswirtschaft und Geschichte hat. Zeichnen Sie eine *PMK* der Noten angesichts der begrenzten zeitlichen Ressourcen von Herrn Fleißig. Wenn Fleißig ineffizient studiert, indem er beispielsweise laute Musik hört und immer wieder mit seinen Freunden in die Kneipe geht, wie sieht es dann mit seinem Output bezogen auf seine *PMK* aus? Wie würde sich die Noten-*PMK* von Herrn Fleißig verändern, könnte er seinen Studieninput von 10 auf 15 Stunden erhöhen?

ANHANG 1

DIAGRAMME RICHTIG LESEN

Ein Bild sagt mehr als tausend Worte.

Chinesisches Sprichwort

Um sich in der Volkswirtschaft zurechtzufinden, benötigt man erst eine gewisse Grundkenntnis von Diagrammen und Kurven. Diese sind als Werkzeuge für den Ökonomen ebenso wichtig wie Hammer und Säge für den Tischler. Sollten Sie also bisher noch nie mit Diagrammen zu tun gehabt haben, nehmen Sie sich doch gleich zu Beginn ein wenig Zeit dafür – Sie werden sehen, eine sinnvolle Investition!

Was ist überhaupt ein *Diagramm*? Ein Diagramm zeigt uns, in welcher Beziehung zwei oder mehrere Datenreihen oder Variable zueinander stehen. In der Volkswirtschaft sind Diagramme deshalb so wichtig, weil sie es uns unter anderem ermöglichen, ökonomische Konzepte zu analysieren und historische Trends zu untersuchen.

Sie werden in diesem Buch eine ganze Reihe verschiedener Diagramme finden. Einige zeigen, wie sich gewisse Variable im Laufe der Zeit verändern, aus anderen wird die Beziehung zwischen verschiedenen Variablen untereinander ersichtlich (ein solches Beispiel werden Sie gleich kennenlernen). Jedes Diagramm in diesem Buch soll Ihnen das Verständnis für ein bedeutendes ökonomisches Gesetz oder einen wichtigen Trend erleichtern.

DIE TRANSFORMATIONS- ODER PRODUKTIONSMÖGLICHKEITSKURVE *PMK*

Das erste Diagramm, dem Sie in diesem Buch begegnet sind, war die Transformations- oder Produktionsmöglichkeitskurve *PMK*. Wie wir bereits erörtert haben, stellt die *PMK* die maximale Menge zweier Güter oder Dienstleistungen dar, die angesichts der in einer Wirtschaft vorhandenen beschränkten Ressourcen, sofern diese zur Gänze ausgelastet werden, zugleich produziert werden können.

Betrachten wir eine wichtige Anwendung dieses Beispiels, nämlich die Entscheidung zwischen der Produktion von Nahrungsmitteln und Maschinen. Die für die *PMK* nötigen Daten sind Tabelle 1A-1 zu entnehmen, die dem Beispiel in Tabelle 1-1 weitgehend gleicht. Erinnern Sie sich? Die verschiedenen angegebenen Möglichkeiten entsprechen einer bestimmten Produktionsmenge an Nahrungsmitteln und einem bestimmten Ausstoß an Maschinen. Bei steigender Nahrungsmittelmenge sinkt die Maschinenproduktion. Wurde also die Wirtschaft in unserem Beispiel 10 Nahrungsmitteleinheiten produzieren, könnte sie maximal 140 Maschinen herstellen, während bei einem Nahrungsmitteloutput von 20 Einheiten nur 120 Maschinen vom Band laufen würden.

Alternative Produktionsmöglichkeiten		
Möglichkeiten	**Nahrung**	**Maschinen**
A	0	150
B	10	140
C	20	120
D	30	90
E	40	50
F	50	0

Tabelle 1A-1: Nahrung und Maschinen: die möglichen Produktionskombinationen

Die Tabelle zeigt sechs potentielle Produktionskombinationen, die mit den gegebenen Ressourcen eines Landes produziert werden können. Das Land kann zwischen den sechs möglichen Kombinationen wählen.

Diagramm der vorhandenen Produktionsmöglichkeiten

Die in Tabelle 1A-1 enthaltenen Daten lassen sich auch in Diagrammform darstellen. Um das Diagramm zu zeichnen, stellen wir jedes einzelne Datenpaar der Tabelle 1A-1 in Form eines Punktes in einer zweidimensionalen Ebene dar. Abbildung 1A-1 zeigt die Beziehung zwischen Nahrungsmittel- und Maschinenproduktion aus Tabelle 1A-1, dargestellt als Diagramm. Jedes Zahlenpaar wird durch einen Punkt in diesem Diagramm eingetragen. Die in Tabelle 1A-1 mit *A* bezeichnete Reihe wird in Abbildung 1A-1 als Punkt *A* dargestellt, und ebenso wird mit den Reihen *B*, *C* etc. verfahren.

In Abbildung 1A-1 entsprechen die vertikale Linie links und die horizontale Linie unten den beiden Variablen – Nahrungsmitteln und Maschinen. Eine *Variable* ist ein Untersuchungsgegenstand, der sich definieren und messen läßt und zu verschiedenen Zeiten oder an verschiedenen Orten unterschiedliche Werte annimmt. Wichtige, in der Volkswirtschaft untersuchte Variable sind beispielsweise Preise, Mengen, Arbeitsstunden, Bodenflächen, Einkommen in Dollar etc.

Die horizontale Linie auf dem Diagramm wird als die *horizontale Achse* oder auch als *x-Achse* bezeichnet. In Abbildung 1A-1 wird der Nahrungsmitteloutput auf der horizontalen Achse gemessen. Die vertikale Linie trägt die Bezeichnung *vertikale Achse* oder *y-Achse*. In Abbildung 1A-1 wird auf ihr die Anzahl der produzierten Maschinen gemessen. Punkt *A* auf der vertikalen Achse steht für 150 Maschinen. Die Ecke links unten, in der die beiden Achsen einander schneiden, wird als *Ursprung oder Nullpunkt* bezeichnet. In Abbildung 1A-1 bedeutet er 0 Einheiten Nahrungsmittel und 0 Einheiten Maschinen.

Die durchgezogene Kurve. Bei den meisten ökonomischen Beziehungen können sich die Variablen entweder nur geringfügig oder auch in so großen Schritten ändern, wie in Abbildung 1A-1 dargestellt. Wir zeichnen daher im allgemeinen ökonomische Beziehungen als kontinuierliche Kurven. Abbildung 1A-2 zeigt die *PMK* als verlaufende Kurve, mit der die Punkte von *A* bis *F* verbunden wurden.

Durch den Vergleich von Tabelle 1A-1 und Abbildung 1A-2 können wir erkennen, warum in der gesamten Wirtschaftswissenschaft Diagramme so häufig verwendet werden. Die kontinuierlich verlaufende *PMK* spiegelt die Auswahl wider, die der Wirtschaft in der Produktion zur Verfügung steht. Sie veranschaulicht bildlich,

Abbildung 1A-1: Sechs mögliche Produktionskombinationen Nahrung-Maschinen

In dieser Abbildung sehen Sie die Daten aus Tabelle 1A-1 graphisch aufbereitet. Es handelt sich um exakt dieselben Daten, die jedoch deutlicher werden, wenn man sie graphisch darstellt.

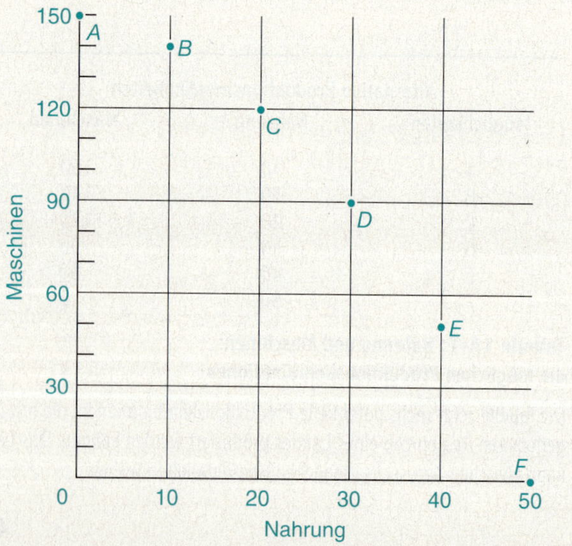

Abbildung 1A-2:

Eine durchgezogene Kurve, die Transformations- oder Produktionsmöglichkeitskurve, verbindet die eingetragenen Produktionskombinationen.

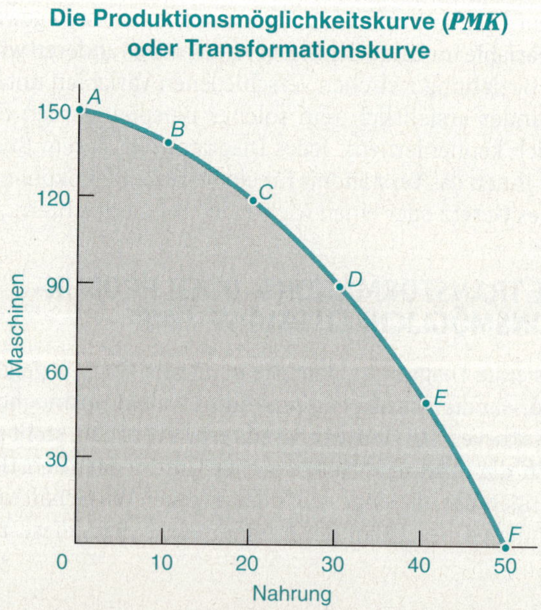

welche Arten von Gütern jeweils in welcher Menge vorhanden sind. Wir können aus ihr mit einem Blick das Verhältnis zwischen Maschinen- und Nahrungsmittelproduktion erkennen.

Steigung und Kurven

Abbildung 1A-2 zeigt das Verhältnis zwischen der maximalen Nahrungsmittel- und Maschinenproduktion. Eine ganz wichtige Methode, um das Verhältnis zwischen zwei Variablen zu beschreiben, steht uns mit der Steigung der Kurve zur Verfügung.

Der **Anstieg oder die Steigung** einer Kurve gibt die Veränderung einer Variablen wieder, die eintritt, wenn sich eine andere Variable verändert. Genauer gesagt handelt es sich um die Veränderung der Variablen *y* auf der vertikalen Achse pro Einheit Veränderung der Variablen *x* auf der horizontalen Achse. Nehmen wir an, in Abbildung 1A-2 sei die Nahrungsmittelproduktion von 25 auf 26 Einheiten gestiegen. Die Steigung der Kurve in Abbildung 1A-2 zeigt uns die präzise Veränderung der Maschinenproduktion, die infolgedessen stattfinden würde. *Die Steigung ist ein exaktes numerisches Maß der Beziehung zwischen der Veränderung von y und der Veränderung von x.*

Wir können Abbildung 1A-3 benützen, um zu zeigen, wie wir die Steigung einer Geraden, sagen wir die Steigung der Geraden *BD*, messen. Stellen wir uns die Bewegung von *B* nach *D* in zwei Schritten vor. Als erstes erfolgt eine horizontale Bewegung von *B* nach *C*, die einen Anstieg des x-Wertes um eine Einheit (ohne Veränderung von y) zeigt. Danach kommt eine kompensierende vertikale Bewegung nach oben oder unten, die in Abbildung 1A-3 als *s* aufscheint. (Die erste, horizontale Verschiebung um eine Einheit dient nur der Bequemlichkeit. Die Formel gilt aber für Bewegungen jeder Größenordnung.) Die Bewegung in zwei Schritten bringt uns von einem Punkt zu einem anderen Punkt auf der Geraden.

Da die Bewegung *BC* eine Steigung von *x* um eine Einheit bedeutet, zeigt die Länge von *CD* (scheint in Abbildung 1A-3 als *s* auf) die Veränderung von *y* pro veränderter Einheit von *x* an. In einem Diagramm heißt diese Veränderung *Steigung* der Linie *ABDE*.

Anstieg oder Steigung läßt sich als „Δy durch Δx" definieren. Δy ist der vertikale Abstand, in Abbildung 1A-3 beispielsweise der Abstand von *C* nach *D*. *Dx* ist der horizontale Abstand, in Abildung 1A-3 also *BC*. Δy durch Δx wäre in diesem Fall *CD* durch *BC*. Die Steigung von *BD* ist daher *CD*/*BC*.

Bei der Steigung kommt es auf das Verständnis folgender Punkte an:

1. Eine Steigung kann als Zahl ausgedrückt werden. Sie mißt die Veränderung von *y* pro Änderung einer Einheit *x* oder „Δy durch die Δx".
2. Bei einer Geraden ist die Steigung überall konstant.
3. Die Steigung einer Kurve zeigt an, ob die Beziehung zwischen *x* und *y* direkt oder invers ist. *Direkte Be-*

Abbildung 1A-3: Berechnung der Steigung von Geraden (gerade verlaufender Kurven)

Die Steigung einer Gerade ist sehr einfach als „Δy dividiert durch Δx" zu berechnen. So entspricht sowohl bei **(a)** als auch bei **(b)** der numerische Wert der Steigung $\Delta y/\Delta x = CD/BC = s/1 = s$. Bitte beachten Sie, daß in **(a)** *CD* negativ ist, was eine negative Steigung oder ein inverses Verhältnis zwischen *X* und *Y* anzeigt.

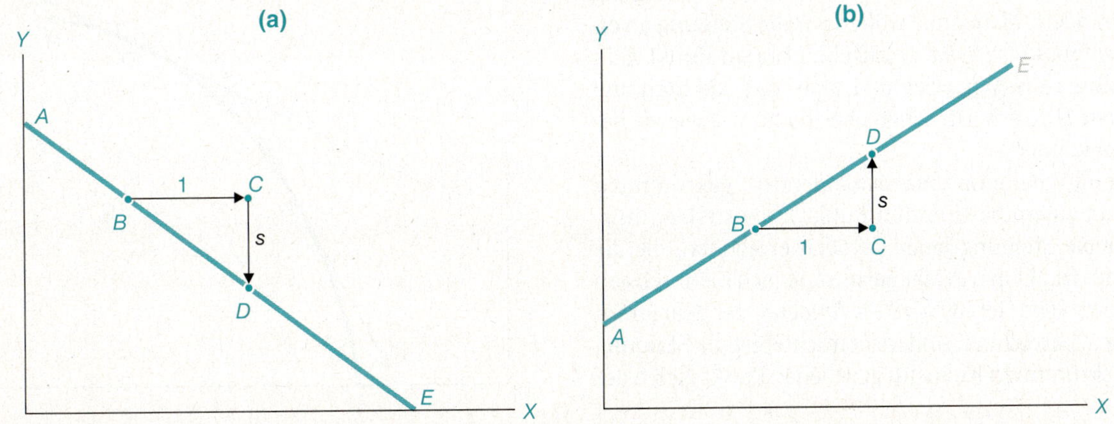

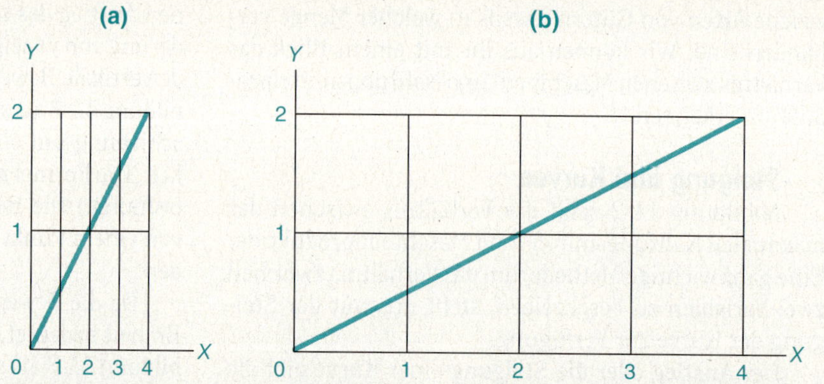

Abbildung 1A-4: Steilheit ist nicht dasselbe wie Steigung

Bitte beachten Sie, daß obwohl **(a)** steiler aussieht als **(b)**, beide Kurven genau dasselbe Verhältnis darstellen. Die Steigung beträgt in beiden Fällen $1/2$, aber die x-Achse wurde in **(b)** gestreckt.

ziehungen bedeuten, daß sich die Variablen in dieselbe Richtung bewegen (sie steigen oder fallen also gemeinsam), während man von *inversen Beziehungen* spricht, wenn sich die Variablen in entgegengesetzter Richtung entwickeln (wenn eine steigt, während die andere fällt).

Eine negative Steigung bedeutet daher, daß die x-y-Beziehung invers ist, etwa wie in Abbildung 1A-3(a). Warum? Weil eine Steigung von x einen Abfall von y nach sich zieht.

Manche Leute verwechseln Steigung mit Steilheit. Dieser Schluß mag manchmal zulässig sein, er ist es allerdings nicht immer. Die Steilheit hängt von dem im Diagramm verwendeten Maßstab ab. Die Bilder *(a)* und *(b)* in Abbildung 1A-4 zeigen exakt dasselbe Größenverhältnis. Aber bei *(b)* ist der horizontale Maßstab im Vergleich zu *(a)* gestreckt. Wenn Sie genau rechnen, werden Sie entdecken, daß die Steigung in beiden Fällen ident (nämlich 1/2) ist.

Steigung einer gekrümmten Kurve. Eine gekrümmte oder nichtlineare Kurve ist eine Linie, deren Steigung sich verändert. Manchmal wollen wir die Steigung an *einem bestimmten Punkt* ermitteln, etwa an Punkt B in Abbildung 1A-5. Wir erkennen zwar, daß die Steigung am Punkt B positiv ist, sehen aber nicht, wie wir sie berechnen können.

Um die Steigung einer verlaufenden, gekrümmten Kurve an einem bestimmten Punkt festzustellen, müssen wir die Steigung jener Geraden errechnen, die die Kurve am fraglichen Punkt berührt, jedoch nicht schneidet. Eine solche Gerade wird als *Tangente* der gekrümmten Kurve bezeichnet. Anders betrachtet ist die Steigung einer gekrümmten Kurve im gegebenen Punkt gleich der Steigung der an diesen Punkt angelegten Tangente. Wenn wir die Tangente zeichnen, können wir die Steigung der Tangente mit der üblichen Meßtechnik (rechter Winkel) ermitteln, die bereits besprochen wurde.

Um in Abbildung 1A-5 die Steigung in Punkt B ermitteln zu können, konstruieren wir einfach die Gerade FBJ als Tangente zur gekrümmten Kurve in Punkt B. Anschließend berechnen wir die Steigung der Tangente als NJ/MN. Ebenso gibt die Tangente GH die Steigung der gekrümmten Kurve in Punkt D an.

Abbildung 1A-5: Tangente als Steigung einer gekrümmten Kurve

Durch Anlegen einer Tangente läßt sich die Steigung einer gekrümmten Kurve in einem gegebenen Punkt berechnen. So bildet die Linie $FBMJ$ die Tangente zur verlaufenden ABD-Kurve in Punkt B. Die Steigung in B wird als Steigung der Tangente berechnet, also als NJ/MN.

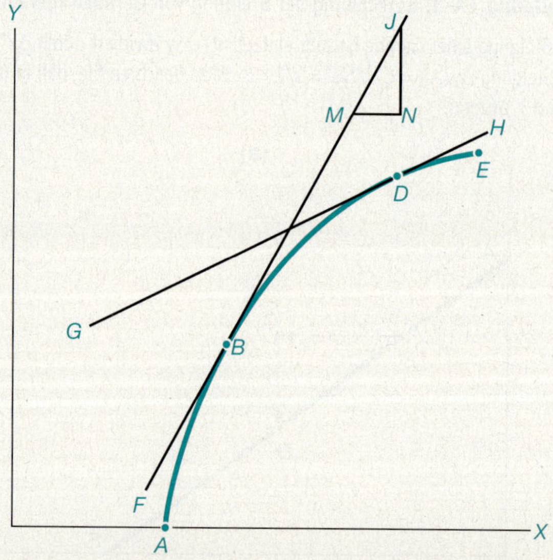

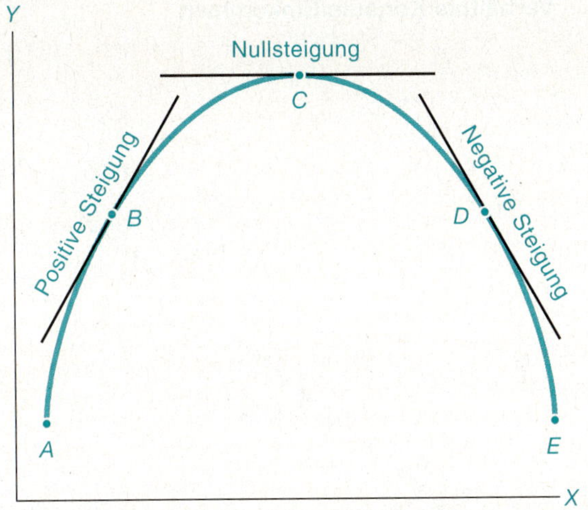

Abbildung 1A-6: Unterschiedliche Steigungen nichtlinearer Kurven

In der Volkswirtschaft stoßen wir immer wieder auf Kurven, die erst ansteigen, irgendwo einen Höhepunkt erreichen und dann wieder abfallen. Im ansteigenden Bereich von *A* nach *C* ist die Steigung positiv (siehe Punkt *B*). Im abfallenden Bereich von *C* nach *E* ist die Steigung negativ (siehe Punkt *D*). Am höchsten Punkt der Kurve, in *C*, beträgt die Steigung Null. (Wie verhält es sich mit einer U-förmigen Kurve? Wie lautet die Steigung am tiefsten Punkt?)

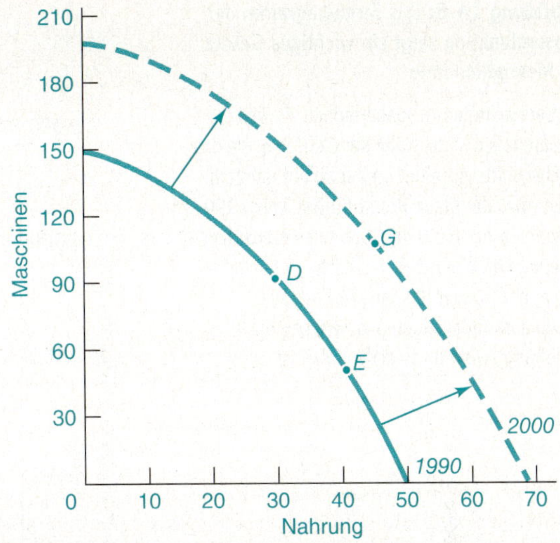

Abbildung 1A-7: Verschiebung von Kurven oder Bewegung entlang von Kurven

Bei der Verwendung von Diagrammen ist unbedingt darauf zu achten, daß zwischen einer *Bewegung entlang der Kurve* (wie vom investitionsintensiven Punkt *D* zum investitionsschwachen Punkt *E*) und einer *Verschiebung der Kurve* (wie von *D* in einem früheren Jahr zu *G* in einem späteren Jahr) unterschieden wird.

Ein weiteres Beispiel für die Steigung einer nichtlinear verlaufenden Kurve sehen Sie in Abbildung 1A 6. Diese zeigt einen für die Mikroökonomie typischen Fall: Es handelt sich um eine glockenförmige Kurve mit einem Maximum im Punkt C. Wir konnen unsere Methode der Ermittlung des Anstiegs als Steigung der Tangente benützen und sehen, daß die Steigung der Kurve im ansteigenden Bereich der Kurve immer positiv ist, ebenso wie sie im abfallenden Bereich immer negativ ist. Am Höhepunkt oder im Maximum der Kurve ist die Steigung genau Null. Eine Steigung von Null bedeutet, daß eine geringfügige Bewegung der Variablen *x* rund um das Maximum keinerlei Auswirkungen auf den Wert der Variablen *y* hat.[1]

Verschiebung von und Bewegungen entlang von Kurven

Eine in der Volkswirtschaftslehre wichtige Unterscheidung betrifft die Verschiebung von Kurven und die Bewegung entlang von Kurven. Wir können den Unterschied in Abbildung 1A-7 erkennen. Die innere Transformationskurve gibt die *PMK* in Abbildung 1A-2 wieder. Am Punkt *D* hat sich die Gesellschaft dafür entschieden, 30 Einheiten Nahrungsmittel und 90 Einheiten Maschinen zu erzeugen. Sollte sie plötzlich beschließen, *bei gegebener PMK* mehr Nahrungsmittel zu erzeugen, kann sie sich entlang der *PMK* zu Punkt *E* bewegen. Diese Bewegung entlang der Kurve bedeutet die Entscheidung für mehr Nahrungsmittel und weniger Maschinen.

Nehmen Sie nun an, daß die innere *PMK* die Produktionsmöglichkeiten der Gesellschaft für das Jahr 1990 darstellt. Betrachten wir dasselbe Land im Jahr 2000, erkennen wir, daß sich die *PMK* von der inneren Kurve des Jahres 1990 zur äußeren Kurve des Jahres 2000 *verschoben* hat (diese Verschiebung ist auf technologische Änderungen oder zusätzliche Kapazitäten der Produktions-

---

[1] Alle jene, die sich für Algebra interessieren, merken sich die Steigung einer Linie am besten wie folgt: Eine gerade Linie (oder eine lineare Beziehung) wird mit der Formel $y=a+bx$ angegeben. Für diese Linie ist die Steigung der Kurve *b*, und sie mißt die Veränderung von *y* bei Änderung von *x* um eine Einheit.
Eine gekrümmte Kurve oder ein nichtlineares Verhältnis beinhaltet andere Termen als Konstante und den *x*-Term. Ein Beispiel für ein nichtlineares Verhältnis ist die quadratische Gleichung $Y=(x-2)^2$. Sie können problemlos erkennen, daß die Steigung dieser Gleichung negativ ist, wenn $x < 2$, und daß sie positiv ist, wenn $x > 2$. Welche Steigung ergibt sich für $x = 2$?

Abbildung 1A-8: Das Streudiagramm der Konsumfunktion zeigt ein wichtiges Gesetz der Makroökonomie

Die beobachteten Ausgabenhöhen für den Konsum fallen in die Nähe der *CC*-Linie, die das Durchschnittsverhalten im Zeitablauf darstellt. So ist etwa der blaue Punkt für das Jahr 1990 so nahe an der *CC*-Linie, daß er sich aus dem Linienverlauf ohne weiteres hätte vorhersagen lassen, noch bevor das Jahr zu Ende war. Streudiagramme zeigen uns, wie eng die Beziehung zwischen zwei Variablen ist.

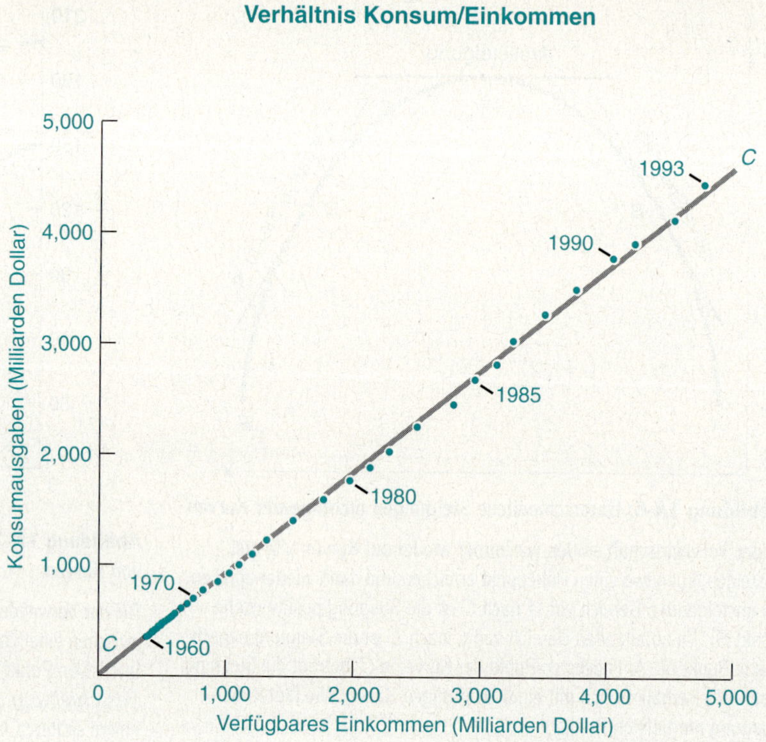

faktoren Arbeit oder Kapital zurückzuführen). Im Jahr 2000 entscheidet sich diese Gesellschaft vielleicht für Punkt *G*, was bedeutet, daß mehr Nahrungsmittel und Maschinen erzeugt werden, als dies sowohl bei *D* als auch bei *E* der Fall war.

Das Entscheidende an diesem Beispiel ist, daß wir in einem Fall (bei der Bewegung von *D* zu *E*) eine Bewegung entlang einer Kurve beobachten, während im zweiten Fall (von *D* zu *G*) eine Verschiebung der Kurve vorliegt.

Spezielle Diagramme

Die *PMK* ist ein Beispiel für eines der wichtigsten Diagramme in der Volkswirtschaft, weil sie das Verhältnis zwischen zwei volkswirtschaftlichen Variablen (wie Nahrungsmitteln und Maschinen oder Kanonen und Butter) darstellt. Sie werden jedoch auf den folgenden Seiten auch noch mit zahlreichen anderen Diagrammen Bekanntschaft machen.

Zeitreihen. Einige Diagramme zeigen, wie sich eine bestimmte Variable im Zeitablauf verhält. Betrachten wir beispielsweise die Diagramme im Graphikanhang am Ende dieses Buches. Die eine Graphik zeigt die Zeitreihe einer seit der Amerikanischen Revolution signifikanten makroökonomischen Varialblen, nämlich das Verhältnis des amerikanischen Haushaltsdefizits zum gesamten Bruttoinlandsprodukt oder BIP, mit anderen Worten das „Schulden-BIP-Verhältnis. Bei Zeitreihendiagrammen wird die Zeit auf der horizontalen Achse aufgetragen, während die untersuchten Variablen (in diesem Fall das Schulden-BIP-Verhältnis) auf der vertikalen Achse stehen. Dieses Diagramm zeigt, daß die Schulden-BIP-Relation während jedes größeren Krieges dramatisch angestiegen ist.

Streudiagramme. Manchmal werden einzelne zusammengehörige Punkte dargestellt, zu sehen etwa in Abbildung 1A-1. Sehr häufig begegnen uns allerdings auch Variablen-Kombinationen für verschiedene Jahre. Ein wichtiges Beispiel für ein Streudiagramm aus der Makroökonomie ist die *Konsumfunktion*, die in Abbildung 1A-8 dargestellt ist. Dieses Streudiagramm zeigt das gesamte verfügbare Volkseinkommen auf der horizontalen und den gesamten Konsum (die Ausgaben der

Haushalte für Güter wie Nahrungsmittel, Bekleidung und Wohnen) auf der vertikalen Achse. Beachten Sie, daß der Konsum sehr eng mit dem Einkommen zusammenhängt, was für das Verständnis der Veränderungen in den Bereichen Volkseinkommen und Produktion ganz wesentlich ist.

Diagramme mit mehr als einer Kurve. Häufig erweist es sich als sinnvoll, zwei Kurven im selben Diagramm einzuzeichnen, was ein sogenanntes „Multikurvendiagramm" ergibt. Wichtigstes Beispiel ist das *Angebots- und Nachfragediagramm* in Kapitel 3 (Seite 76, Abb. 3-5). Diese Diagramme können zwei verschiedene Beziehungen gleichzeitig darstellen, etwa die Reaktion der Kaufbereitschaft der Konsumenten auf den Preis (Nachfrage) und die Reaktion der Produktion auf den Preis (Angebot). Durch die Darstellung beider Verhältnisse in einem Diagramm können wir Preis und Produktionsmenge ermitteln, die sich auf einem bestimmten Markt einstellen werden.

Und damit ist unser kurzer Exkurs über Diagramme auch schon abgeschlossen. Sie werden sehen, sobald Sie mit den hier erklärten, grundlegenden Prinzipien zurechtkommen, werden Sie die Diagramme in diesem Buch und anderswo durchaus lustbetont und informativ erleben.

ZUSAMMENFASSUNG DES ANHANGS

1. Diagramme sind ein wichtiges Hilfsmittel in der modernen Volkswirtschaft. Sie sorgen für die praktische und übersichtliche Darstellung von Daten oder Beziehungen zwischen Variablen.
2. Folgende wichtige Punkte sind für das Verständnis von Diagrammen unerläßlich: Was wird auf den beiden Achsen (der horizontalen und der vertikalen Achse) aufgetragen? In welchen Einheiten wird auf jeder Achse gemessen? Welches Verhältnis wird mit der Kurve oder den Kurven des Diagramms dargestellt?
3. Die Beziehung zwischen den beiden Variablen einer Kurve ergibt sich durch ihren Anstieg oder ihre Steigung. Die Steigung wird als „Δy durch Δx" oder als Zunahme von y durch Zunahme einer Einheit von x definiert. Bei einer positiven Steigung besteht eine direkte Beziehung zwischen den beiden Variablen; sie bewegen sich zugleich nach oben oder unten. Bei einer negativen Steigung besteht eine inverse Beziehung zwischen den beiden Variablen.
4. Außerdem begegnen uns bisweilen spezielle Diagramme: Zeitreihen, die zeigen, wie sich eine bestimmte Variable im Zeitablauf verhält; Streudiagramme, die uns Beobachtungen über ein Variablenpaar ermöglichen und Mehrkurvendiagramme, die zwei oder mehrere Beziehungen in einer einzigen Darstellung vereinen.

BEGRIFFE ZUR WIEDERHOLUNG

Die Elemente der Diagramme

horizontale oder X-Achse
vertikale oder Y-Achse
Anstieg oder Steigung als „$\Delta y/\Delta x$"
Steigung (negativ, positiv, Null)
Tangente als Steigung der gekrümmten Kurve

Diagrammbeispiele

Zeitreihendiagramme
Streudiagramme
Mehrkurvendiagramme

FRAGEN UND BEISPIELE

1. Überdenken Sie einmal folgendes Problem eines Studenten. Nach einem achtstündigen Schlaf bleiben ihm insgesamt 16 Stunden für Freizeit und Studium. Sagen wir, die Freizeit sei die Variable x, während die Studienzeit als y-Variable angenommen wird. Zeichnen Sie eine lineare Beziehung zwischen allen Kombinationen von x und y in Ihrem Diagramm ein. Achten Sie auf die Bezeichnung der Achsen und des Ursprungs.
2. Wie sieht in Frage 1 die Steigung der Linie aus, die die Beziehung zwischen Studien- und Freizeit darstellt? Handelt es sich um eine Gerade?
3. Nehmen wir einmal an, unser Student benötigt genau sechs Stunden Freizeit täglich, nicht mehr und nicht weniger. Markieren Sie im Diagramm den Punkt, der den 6 Stunden Freizeit entspricht. Achten Sie nun auf die *Bewegung entlang der Kurve*: Zeichnen Sie den nächsten Punkt unter der An-

nahme, daß nur 4 Stunden Freizeit täglich nötig sind.

4. Führen Sie auch eine *Verschiebung der Kurve* durch: Sie stellen fest, daß auch weniger Stunden Schlaf ausreichend sein müßten, so daß 18 Stunden täglich für Freizeit und Studium zur Verfügung stehen. Zeichnen Sie die neue (verschobene) Kurve.

5. Führen Sie eine Woche lang Aufzeichnungen über Ihre eigenen Freizeit- und Studiengewohnheiten. Zeichnen Sie daraus ein Zeitreihendiagramm der täglichen Freizeit- und Studienstunden. Zeichnen Sie als nächstes ein Streudiagramm der Freizeit- und Studienstunden. Erkennen Sie eine Beziehung zwischen den beiden Variablen?

KAPITEL 2

MARKT UND STAAT IN DER MODERNEN WIRTSCHAFT

Ob es Ihnen gefällt oder nicht, die Geschichte ist auf unserer Seite. Wir werden noch an Ihrem Grab stehen.

Nikita Chruschtschow, Vorsitzender der Kommunistischen Partei der Sowjetunion (1956)

Wie hat sich Chruschtschow doch geirrt! In den letzten zehn Jahren wurden wir alle Zeugen einer dramatischen Rückbesinnung auf den Markt, und zwar überall auf diesem Planeten. Nach Jahrzehnten der Verherrlichung zentralistischer Planung und einer staatsgesteuerten Wirtschaft machten sich Rußland und die meisten der anderen Länder Osteuropas auf den steinigen Weg hin zu einer dezentralen Marktwirtschaft. China wird zwar nach wie vor von der Kommunistischen Partei regiert, erlebt aber seit dem Ende der achtziger und Anfang der neunziger Jahre, als das Entstehen privatwirtschaftlich organisierter Märkte gestattet wurde, einen erstaunlichen Wirtschaftsboom. Schwellenländer wie Mexiko, Chile und Thailand durften sich über ein rapide steigendes Volkseinkommen freuen, nachdem sie sich für den Kapitalismus und eine Zurücknahme der Rolle des Staates in ihren Wirtschaftssystemen entschieden hatten.

Aber auch die hochentwickelten Industriestaaten des Westens konnten sich der Welle der Marktkräfte, die über den gesamten Globus hereinbrach, nicht entziehen. In vielen industrialisierten Ländern stimmten die Wähler für Politikertypen wie Ronald Reagan, der versprach, endlich mit dem lange vorherrschenden Trend zu immer mehr Staat zu brechen. Damit entschied man sich für Steuersenkungen und geringere Staatsausgaben, Deregulierungsmaßnahmen in Gewerbe und Industrie und für die Privatisierung staatlicher Unternehmen.

Daß Märkte starke Wachstumsmotoren sind, ist eine unleugbare Tatsache. Trotzdem dürfen wir nicht so weit gehen, zu glauben, der Staat sei heute nur noch ein unnötiges Relikt aus der Vergangenheit. Immerhin spielt er nach wie vor eine Schlüsselrolle bei der Schaffung jenes Klimas der Sicherheit, in dem Märkte erst gedeihen, und er verhindert die schlimmsten Exzesse der ungezügelten Marktwirtschaft. Das Funktionieren einer modernen Wirtschaft hängt davon ab, wie gut es gelingt, die richtige Ausgewogenheit und Aufgabenverteilung zwischen den Märkten und dem Staat zu finden.

Aber was genau ist eine Marktwirtschaft und wodurch wird sie so schlagkräftig? Was bedeutet das „Kapital" in „Kapitalismus"? Warum ist manchmal der Staat aufgerufen, die Märkte zu unterstützen? Betrachten wir einmal die Prinzipien, die hinter der Marktwirtschaft stehen, und beleuchten wir die Rolle des Staates im Wirtschaftsleben.

A. WAS IST EIN MARKT?

Wirtschafts*ordnung*, nicht Chaos

Es ist natürlich einfach, es als gegeben hinzunehmen, daß die Wirtschaft wie selbstverständlich funktioniert. Wenn wir in den Supermarkt gehen, finden wir dort alles, was wir brauchen – Brot, Hähnchen oder Bananen – in den Regalen. Wir bezahlen dafür, nehmen den Einkauf mit nach Hause und essen uns satt. Die einfachste Sache der Welt! Oder doch nicht?

Erst bei näherer Betrachtung erkennen wir das dicht gewobene Netz wirtschaftlicher Aktivitäten, die erforderlich sind, um die Regale zu füllen. Die Lebensmittel, die wir kaufen, sind vielleicht schon durch fünf oder zehn „Hände" gegangen, bevor sie uns erreichen, sie sind tage- oder monatelang aus allen Staaten und Ecken dieser Erde zu uns unterwegs gewesen und haben dabei eine Reihe von Stationen – von den Landwirten über die Lebensmittelindustrie, die Verpacker, Spediteure, Großhändler bis hin zu den Einzelhändlern – passiert. Die Mengen, um die es hier geht, sind ehrfurchtgebietend: 6 Milliarden Hähnchen, 3 Milliarden Kilo Bananen etc. So betrachtet grenzt es an ein Wunder, daß unsere Nahrung in der richtigen Menge produziert und an den richtigen Ort transportiert wird, und daß sie schließlich in genießbarer Form auf unseren Tellern landet.

Das eigentliche Wunder aber besteht darin, daß dieses ganze System ohne Zwang oder zentrale Lenkung funktioniert. Man bedenke: Hier beteiligen sich buchstäblich Millionen von Unternehmen und Konsumenten an freiwilligen Geschäftsbeziehungen, und ihre Handlungen und Interessen werden unsichtbar von einem System von Preisen und Märkten koordiniert. Niemand entscheidet konkret darüber, wie viele Hähnchen produziert werden sollen, wohin all die Großtransporter zu fahren haben, wo neue Supermärkte eröffnet werden. Und dennoch finden wir schließlich unsere Nahrungsmittel im Geschäft, genau dort, wo wir sie suchen.

Selbstverständlich geht es hier nicht nur um Lebensmittel: Die Märkte vollbringen ähnliche Wunder in allen Bereichen überall rund um uns – wir müssen uns nur die Mühe machen, unsere Wirtschaft sorgfältig zu beobachten. Tausende verschiedener Güter werden von Millionen Menschen produziert, freiwillig, ohne zentrale Lenkung oder umfassenden Plan. Tatsächlich funktioniert der Großteil unseres Wirtschaftslebens, von wenigen Ausnahmen wie Militär, Polizei oder Schulwesen abgesehen, ohne staatliche Intervention, und gerade das macht die Stärke der Marktwirtschaft aus.

Der Marktmechanismus

Eine Marktwirtschaft ist ein überaus komplexer Mechanismus zur Koordinierung von Menschen, Handlungen und Geschäftsbeziehungen durch ein System der Preise und Märkte. Zugleich stellt der Marktmechanismus ein Kommunikationsmedium zur Sammlung des Wissens und der Aktivitäten von Milliarden unterschiedlicher Einzelpersonen dar. Ohne jede zentrale „Intelligenz" und ohne Vorausberechnung löst er die Probleme der Produktion und Verteilung mit ihren Milliarden unbekannter Variabler und Beziehungen, Probleme, die jeden der schnellsten Supercomputer unserer Tage bei weitem überfordern würden. Niemand hat den Markt geplant, und doch funktioniert er. *In einer Marktwirtschaft ist kein einzelner Mensch und auch keine einzelne Organisation für Produktion, Konsum, Verteilung und Preisgestaltung verantwortlich.*

Wie aber bilden und ermitteln die Märkte Preise, Löhne, Gehälter und Produktionsmengen? Ursprünglich war ein Markt einfach ein Ort, an dem Käufer und Verkäufer einander physisch, von Angesicht zu Angesicht, gegenübertraten. Der *Marktplatz* – man stelle sich ruhig Butterberge, Käsepyramiden, Frischfisch und Kisten voll von Gemüse vor – war in vielen Dörfern und Städten ein gewohnter Anblick, ein Ort, an dem die Landwirte ihre Waren zum Verkauf anboten. In den USA gibt es auch heute noch bedeutende Märkte, auf denen sich zahlreiche Händler einfinden, um ihre Geschäfte abzuwickeln. So werden etwa Weizen und Mais am Board of Trade in Chicago, Öl und Platin hingegen an der New Yorker Warenbörse gehandelt, während Edelsteine im Diamantenbezirk von New York City ihren Eigentümer wechseln.

Man kann sich einen Markt allgemein als einen Mechanismus vorstellen, mit dessen Hilfe Käufer und Verkäufer Preise ermitteln und Waren und Dienstleistungen austauschen. Und es gibt für beinahe alles einen Markt, von der Kunst bis zum Abfall (oder zu den Recyclingstoffen, wie sie heute heißen). Ein Markt kann – Beispiel Börse! – zentralisiert oder dezentralisiert sein, wie wir es vom Immobilien- oder Arbeitsmarkt kennen. Ein Markt kann ausschließlich elektronisch existieren, was für viele Finanzgeschäfte und -dienstleistungen gilt, die über Computer und Telefon abgewickelt werden. Bestehen bleibt in allen Fällen die Eigenschaft des Marktes, Käufer und Verkäufer zusammenzubringen, so daß sie über Preise und Produktionsmengen bestimmen können.

Ein **Markt** ist ein Mechanismus, mit dessen Hilfe Käufer und Verkäufer miteinander in Beziehung treten, um Preis und Menge einer Ware oder Dienstleistung zu ermitteln.

In einem Marktsystem hat alles seinen **Preis**, nämlich den Wert der Ware, ausgedrückt in Geld (die Rolle des Geldes wird in Abschnitt B dieses Kapitels behandelt). Die Preise stellen dabei jene Bedingungen dar, zu welchen die Haushalte und Unternehmen bereit sind, bestimmte Waren auszutauschen. Wenn ich einwillige, einen gebrauchten Ford vom Händler um 4050 Dollar zu kaufen, bedeutet das, daß der Ford für mich mehr als 4050 Dollar wert ist, während dem Händler 4050 Dollar mehr wert sind als der von mir gekaufte Ford. Der Gebrauchtwagenmarkt hat den Preis für diesen Wagen festgesetzt und ihn auf dem Weg des freiwilligen Handels jener Person zugesprochen, für die er den höchsten Wert darstellt.

Zusätzlich haben Preise für Produzenten wie auch für Konsumenten *Signalwirkung*. Wenn die Konsumenten mehr von einer Ware wünschen, steigt deren Preis, wodurch ein Signal an die Produzenten gesandt wird, ihr Angebot an dieser Ware zu erhöhen. So brechen beispielsweise in jedem Sommer die Familien in den USA zu ihren Urlaubsreisen auf, und die Nachfrage nach Benzin erhöht sich dadurch drastisch. Was passiert? Der Benzinpreis steigt. Das führt dazu, daß einerseits die Ölgesellschaften die Benzinproduktion ankurbeln, während andererseits die Reisenden von allzu langen Autofahrten Abstand nehmen.

Wenn jedoch von einer Ware, beispielsweise von Autos, zu große Mengen produziert wurden, senken Händler und Autoproduzenten ihre Preise, um Lagerbestände abzubauen. Angesichts des niedrigeren Preises entsteht nun bei vielen Konsumenten plötzlich eine Nachfrage nach Autos, während bei den Produzenten weniger Autos vom Band laufen. So wird schließlich ein Ausgleich, ein Gleichgewicht zwischen Käufern und Verkäufern wieder hergestellt.

Was für die Verbrauchsgütermärkte gilt, läßt sich ebenso auf Faktormärkte anwenden, etwa auf Grund und Boden oder Arbeit. Werden mehr Programmierer als Fabrikarbeiter benötigt, eröffnen sich in der Computerbranche die besseren Berufsmöglichkeiten. Der Preis für Programmierer (das heißt, ihr Stundenlohn) steigt aller Wahrscheinlichkeit nach, während der Preis für Fabrikarbeiter fällt, eine Erscheinung, die wir während der achtziger Jahre beobachten konnten. Die Verschiebungen im Preisgefüge führen zu einem Abfluß der Arbeitskräfte in Richtung des wachsenden Berufszweigs.

Dieselbe Entwicklung war beispielsweise im Bereich der Krankenpflege zu beobachten. Während der achtziger Jahre führte der enorme Boom auf dem Gesundheitssektor zu einem rasanten Anwachsen der Pflegedienste, wobei es anfangs überall an ausgebildeten Krankenpflegern fehlte. Die Krankenhäuser boten arbeitswilligen Krankenschwestern daher verschiedenste Anreize, darunter Wohnungszuschüsse, billige Kindergartenplätze und Einstiegsprämien bis zu 10.000 Dollar. In einem Krankenhaus bot man sogar eine Krankenschwestern-Lotterie an, bei der ein größerer Einkaufsgutschein für das nahegelegene Warenhaus zu gewinnen war. Was aber die Arbeit für Krankenschwestern besonders attraktiv machte, das waren die höheren Löhne. Zwischen 1983 und 1992 stieg die Bezahlung diplomierter Krankenschwestern um beinahe 70 Prozent, bis ihr Gehalt an das Niveau eines durchschnittlichen Betriebswirts oder Architekten herankam. Diese Gehälter waren es schließlich, die den Krankenpflegermangel in den USA beendeten. Im Jahr 1992 konnte der Engpaß beinahe überall als behoben gelten.

Die Preise koordinieren die Entscheidungen von Produzenten und Konsumenten auf einem Markt. Höhere Preise dämpfen zumeist die Nachfrage bei den Konsumenten und kurbeln gleichzeitig die Produktion an. Geringere Preise hingegen fördern die Kauflust der Leute und wirken sich hemmend auf die Produktion aus. Preise sind also das ausgleichende Moment im Marktmechanismus.

Marktgleichgewicht. Zu jedem Zeitpunkt kaufen gewisse Leute, während andere verkaufen; erfinden Unternehmen neue Produkte, während zugleich die Staaten Gesetze zur Regelung dieser Produkte erlassen; eröffnen ausländische Unternehmen Betriebe in den USA, während amerikanische Unternehmen ihre Produkte im Ausland absetzen. Und dabei, mitten in all diesem Trubel, lösen die Märkte selbsttätig die Probleme des *Was, Wie und Für wen.* Weil sie einen Ausgleich zwischen allen in der Wirtschaft wirkenden Kräften herstellen, bewirken die Märkte ein **Gleichgewicht zwischen Angebot und Nachfrage**.

Was aber ist das Marktgleichgewicht? Das Marktgleichgewicht stellt den *Ausgleich zwischen all den verschiedenen Käufern und Verkäufern* dar. Alle Haushalte und Unternehmen wollen – je nach dem herrschenden Preis – bestimmte Gütermengen kaufen oder verkaufen. Der Markt ermittelt den Gleichgewichtspreis, der sowohl die Wünsche der Käufer als auch jene der Verkäufer berücksichtigt. Ein überhöhter Preis würde eine Übersättigung mit Gütern und damit ein überhöhtes Produktionsvolumen bedeuten; ein zu geringer Preis hingegen hätte lange Schlangen in den Geschäften und einen Mangel an Gütern zur Folge. Preise, bei denen die Käufer genau jene Menge zu kaufen wünschen, die die Verkäufer verkaufen wollen, implizieren ein Gleichgewicht von Angebot und Nachfrage.

Wie lösen Märkte die drei Hauptfragen der Volkswirtschaft?

Wir haben gesehen, wie die Preise dazu führen, daß auf einem bestimmten Markt ein Gleichgewicht zwischen Konsum und Produktion (man könnte auch sagen zwischen Nachfrage und Angebot) gefunden wird. Aber wie verhält es sich, wenn wir die diversen Märkte gemeinsam betrachten – Benzin, Autos, Grund und Boden, Arbeit, Kapital und was es sonst noch gibt? Diese Märkte wirken zusammen und führen zu einem *umfassenden Gleichgewicht* zwischen Preisen und Produktion.

Indem dieser Ausgleich zwischen Verkäufern und Käufern (Angebot und Nachfrage) hergestellt wird, löst eine Marktwirtschaft gleichzeitig die drei Probleme des *Was, Wie und Für wen*. Hier eine grobe Erläuterung des Marktgleichgewichts:

1. *Was* produziert wird (also welche Güter und Dienstleistungen), entscheiden letztlich die Konsumenten, deren Geldausgaben als Stimmzettel fungieren – natürlich nicht nur alle zwei oder vier Jahre anläßlich politischer Wahlen, sondern in den täglichen Kaufentscheidungen. Das Geld, das die Konsumenten in die Kassen der Unternehmen fließen lassen, sorgt für Gehälter, Mieten und Dividenden, die die Konsumenten als Arbeitnehmer, die sie ja auch sind, als Einkommen erhalten.
   Die Unternehmen werden ihrerseits von dem Wunsch nach Gewinnmaximierung angetrieben – wobei unter **Gewinn** der Nettoertrag oder die Differenz zwischen der Summe aller Verkäufe und der Summe aller Kosten zu verstehen ist. Unternehmen geben Bereiche auf, in denen sie Geld verlieren; zugleich aber werden sie von den hohen Gewinnen angezogen, die ihnen durch die Produktion stark nachgefragter Güter winken. Das klassische Beispiel dafür ist Hollywood. Entpuppt sich ein Film als unerwarteter Kassenschlager – etwa ein Horrorfilm über einen irren Massenmörder –, können die anderen Studios gar nicht schnell genug mit abgekupferten Versionen desselben Themas auf den Markt drängen.
2. *Wie* produziert wird, entscheidet sich durch den Wettbewerb zwischen verschiedenen Produzenten. Die beste Möglichkeit für die Produzenten, die Preiskonkurrenz zu bestehen und die eigenen Gewinne zu maximieren, besteht in einer Minimierung ihrer Kosten durch den Einsatz möglichst effizienter Produktionsmethoden. Manchmal bedeuten Veränderungen einfach eine Verbesserung, also vielleicht nur eine minimale Nachjustierung der Produktionsanlagen oder eine neue Zusammenstellung der Einsatzfaktoren, um so einen geringfügigen Kostenvorteil herauszuschlagen, der auf einem wettbewerbsorientierten Markt oft entscheidend sein kann. Daneben kam und kommt es jedoch immer wieder zu ganz entscheidenden technologischen Fortschritten, etwa als die Dampfmaschine das Pferd ablöste, weil Dampf pro Arbeitseinheit einfach billiger war, oder als man anstatt mit der Bahn auch mit dem Flugzeug reisen konnte, was sich als effizienteste Fortbewegungsmöglichkeit auf Langstrecken erweisen sollte. Gegenwärtig scheinen wir übrigens wieder in einem sehr dramatischen Wandel begriffen zu sein: Vor unseren Augen vollzieht sich der Übergang zu einer radikal neuen Technologie, mit deren Einführung Schreibmaschinen, Papier und eine ganze Reihe von Büroberufen praktisch über Nacht durch den Computer ersetzt werden.
3. *Für wen* produziert wird – also wer konsumiert und wieviel –, hängt großteils von Angebot und Nachfrage auf den Faktormärkten ab. Faktormärkte bestimmen die Gehälter wie auch die Höhe der Pachten, Zinssätze und Gewinne – und die zugehörigen Preise heißen daher *Faktorpreise*. Derselbe Mensch kann ein Gehalt aus seiner Arbeit, Dividenden aus seinen Aktien, Zinsen aus einem Sparguthaben und zusätzlich noch Miete von einem Grundstück oder einer Eigentumswohnung beziehen. Aus allen diesen Erträgen von Produktionsfaktoren können wir die Markteinkommen der Wirtschaftssubjekte, der Menschen, ermitteln. Die Verteilung der Einkommen in der Bevölkerung ergibt sich daher durch die *Faktormengen* (Arbeitsstunden, Hektar Land etc.) und durch die *Faktorpreise* (Stundenlohn, Pachthöhe etc.).

Achtung: Die Einkommensverteilung wird nicht ausschließlich durch die Marktkräfte bestimmt. *Ein Mensch, der 10 Millionen Dollar erbt, verfügt aller Voraussicht nach über ein höheres Einkommen als ein anderer, dessen Eltern arm waren. Ein männlicher Weißer hat in den USA auch heute noch bessere*

Chancen, mehr zu verdienen als ein Angehöriger einer Minderheit oder eine Frau, und dies selbst bei gleicher Ausbildung und Berufserfahrung. Zusätzlich spielt in diesem Bereich die staatliche Steuer- und Transferpolitik, wie beispielsweise das Sozialsystem, eine wichtige Rolle. Alle diese Faktoren wirken sich im Rahmen des Marktes aus und beeinflussen die Verteilung der Einkommen.

Wer regiert den Markt?

Wer zieht eigentlich die Fäden in der Marktwirtschaft? Geben die ganz Großen unter den Unternehmen, etwa General Electric oder AT&T, den Ton an? Oder müßte man eher auf den Kongreß und den amerikanischen Präsidenten tippen? Denkbar wären doch auch die Werbemogule von Madison Avenue? Bei sorgfältiger Untersuchung der Marktstruktur erkennen wir eine duale Beherrschung der Märkte, nämlich einerseits durch *die Konsumenten* und andererseits durch *die Technologie*. Die Konsumenten entscheiden durch ihre angeborenen und erworbenen Präferenzen – wobei sie ihre Wahl durch den Einsatz ihrer Kaufkraft zum Ausdruck bringen – über die definitive Verwendung der Ressourcen einer Wirtschaft, über ihre Kanalisierung. Sie bestimmen den jeweiligen Punkt auf der Produktionsmöglichkeitskurve (*PMK*).

Aber die Konsumenten können nicht allein diktieren, *was* produziert werden soll. Die vorhandenen Ressourcen und der Stand der Technologie stellen eine ganz wesentliche Beschränkung ihrer Entscheidungsmöglichkeit dar. Die Wirtschaft kann nicht einfach aus ihrer *PMK* heraustreten. Wir können zwar nach Hongkong fliegen, aber es gibt leider noch keinen Flug zum Mars. Die Ressourcen einer Wirtschaft sowie die verfügbaren wissenschaftlichen und technischen Möglichkeiten setzen den Wahlmöglichkeiten der Konsumenten Grenzen. Die Konsumnachfrage muß genau mit dem Güterangebot der Unternehmen übereinstimmen. Deshalb bestimmen die Kosten- und Angebotsentscheidungen der Unternehmen in Verbindung mit der Nachfrage der Konsumenten darüber, was produziert werden soll.

Nicht jede Technologie findet schließlich einen Abnehmer. Vom Stanley Steamer (einem dampfbetriebenen Auto) bis zur rauchfreien Premiere-Zigarette, die leider nicht nur rauch-, sondern auch geschmacklos war, berichtet die Wirtschaftsgeschichte immer wieder von Produkten, die nie einen Markt fanden. Allerdings benötigt man keinen zentralen Planungsmechanismus, um nutzlose Produkte oder Technologien wieder loszuwerden. Es sind die Gewinne, die zugleich Belohnung und Strafe für die Unternehmen darstellen und den Marktmechanismus lenken. Wie ein Bauer, der mit Hilfe eines Stockes und einer Karotte seinen Esel antreibt, hält das Marktsystem Gewinne und Verluste bereit, um die Firmen zur effizienten Produktion der erwünschten Güter zu bewegen.

Die Märkte agieren als Vermittler, die die Wünsche und Vorlieben der Konsumenten mit den technologischen Möglichkeiten der Unternehmen abstimmen.

Preise und Märkte bildlich betrachtet

Wir können das Wirtschaftsleben als Kreislauf wie jenen darstellen, den Sie in Abbildung 2-1 vor sich sehen. Auf diese Weise erhalten wir eine übersichtliche Darstellung davon, wie Konsumenten und Produzenten interagieren, wenn es darum geht, Preise und Produktionsmengen jeweils auf der Input- und Outputseite zu bestimmen. Beachten Sie die zwei Arten von Märkten im Wirtschaftskreislauf. Oben finden Sie die Gütermärkte oder den Produktionsoutput, sagen wir Tee oder Schuhe; unten in der Abbildung sehen Sie die Input- oder Faktormärkte wie Boden und Arbeit. Weiters können Sie erkennen, wie bestimmte Entscheidungen durch die zwei wesentlichen Akteure getroffen werden, nämlich durch Haushalte und Unternehmen.

Die Haushalte kaufen Güter und verkaufen Produktionsfaktoren; die Unternehmen verkaufen Güter und kaufen Produktionsfaktoren. Haushalte verwenden ihr Einkommen aus dem Verkauf ihrer Arbeitskraft und anderer Inputs zum Einkauf von Gütern, die von den Unternehmen hergestellt werden; die Unternehmen bestimmen die Preise ihrer Güter anhand der Kosten für Arbeit und Produktionsanlagen. Die Preise auf den Warenmärkten werden festgesetzt, indem die Nachfrage der Konsumenten mit dem Angebot der Unternehmen in ein Gleichgewicht gebracht wird.

All das klingt sehr kompliziert. Aber es vermittelt uns ein Gesamtbild des eng verwobenen Netzes voneinander abhängiger Angebote und Nachfragen, die durch den Marktmechanismus so verbunden sind, daß die volkswirtschaftlichen Hauptprobleme des *Was, Wie und Für wen* gelöst werden können. Studieren Sie diese Abbildung möglichst gründlich. Schon nach einigen Minuten werden Sie die Funktionsweise der Marktwirtschaft besser verstehen.

Die unsichtbare Hand und der „vollständige Wettbewerb"

Die Ordnung hinter dem Marktsystem erkannte erstmals Adam Smith, dessen Klassiker *The Wealth of Nations* (Der Reichtum der Nationen, 1776) auch heute noch

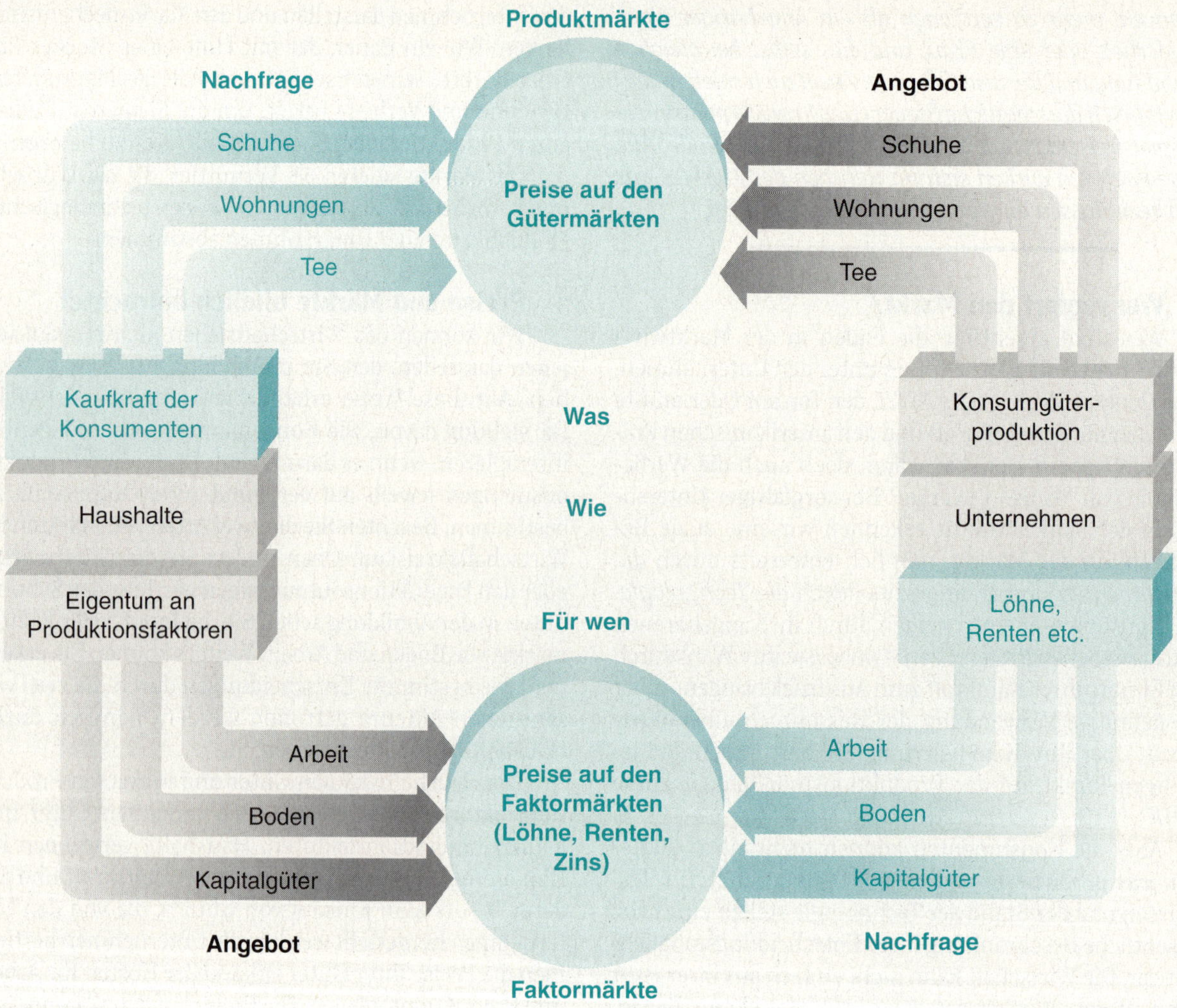

Abbildung 2-1: Im Marktsystem lösen Angebot und Nachfrage die drei wesentlichen volkswirtschaftlichen Probleme des Was, Wie und Für wen

Wir sehen hier die Kreislaufströme einer Marktwirtschaft. Der Einsatz der Kaufkraft der Haushalte mit ihrer Nachfrage steht in Wechselwirkung zum Angebot der Unternehmen auf den Gütermärkten (siehe oben in der Abbildung), wodurch die Produktionsfrage des *WAS* gelöst wird. Weiters besteht ein Zusammenhang zwischen der Faktornachfrage der Unternehmen und dem Angebot an Arbeit und anderen Produktionsfaktoren der Öffentlichkeit auf den Faktormärkten bei der Bildung der Löhne, Renten und des Zinses (siehe unten in der Abbildung); die Einkommen üben so einen Einfluß auf das *FÜR WEN* der Produktion aus. Und schließlich bestimmt der Wettbewerb der Unternehmen beim Kauf von Produktionsfaktoren und beim Verkauf der Güter auf die billigstmögliche Weise, *WIE* Güter produziert werden.

gelesen wird. Smith proklamierte das Prinzip der „**unsichtbaren Hand**". Dieses Prinzip besagt, daß jedes Individuum durch die egoistische Verfolgung seines eigenen, persönlichen Vorteils wie durch eine unsichtbare Hand so gelenkt wird, daß es zum Wohle aller tätig wird. In einer der berühmtesten Textpassagen der gesamten Volkswirtschaftslehre erkannte Smith die Harmonie zwischen privaten und öffentlichen Interessen:

Jeder einzelne wird sich darum bemühen, sein Kapital so anzulegen, daß es den höchsten Wert erzielt. Im allgemeinen wird er weder im Sinne haben, das öffentliche Wohl zu fördern, noch wird er wissen, inwieweit er es fördert. Er interessiert sich lediglich für seine eigene Sicherheit und seinen eigenen Gewinn. Und dabei wird er von einer unsichtbaren Hand geleitet, ein Ziel zu verfolgen, das keineswegs in seiner Absicht lag. Indem er seinen eigenen Interessen dient, fördert er das Wohl der Allgemeinheit oft auf weit wirksamere Weise, als hätte es in seiner wahren Absicht gelegen, das Gemeinwohl zu fördern.[1]

Smiths Erkenntnis, was das Funktionieren des Marktmechanismus betrifft, hat die moderne Volkswirtschaft immer wieder von neuem inspiriert – und zwar sowohl die Bewunderer als auch die Kritiker des Kapitalismus. Nach zwei Jahrhunderten der Erfahrung und des Nachdenkens, die seit diesen Worten verstrichen sind, erkennen wir schließlich Tragweite und realistische Grenzen dieser Doktrin. Wir wissen sehr gut, daß uns der Markt bisweilen im Stich läßt, daß es zu „Marktversagen" kommt, und daß die Märkte nicht immer zu den effizientesten Ergebnissen führen. Ein ganz wesentlicher Bereich, in dem der Markt versagt, sind die Monopole und andere Formen des unvollständigen Wettbewerbs. Ein zweites Versagen der unsichtbaren Hand zeigt sich, wenn es zu Spillovers oder externen Effekten (Externalitäten) außerhalb des Marktes kommt. Positive Externalitäten, etwa wissenschaftliche Entdeckungen, sind hier ebenso zu nennen wie negative Spillovers, beispielsweise die Umweltverschmutzung. Ein letzter Vorbehalt bezieht sich schließlich auf die Einkommensverteilung, die aus politischen oder ethischen Gründen häufig nicht akzeptabel erscheint. Sollte auch nur irgendeines dieser Elemente auftreten, bricht die Doktrin der unsichtbaren Hand des geschätzten Adam Smith leider zusammen, und der Staat mag hier zum Eingreifen aufgerufen sein, um die beschädigte unsichtbare Hand zu reparieren.

Zusammenfassend:

Adam Smith hat eine ganz bemerkenswerte Eigenschaft der wettbewerbsorientierten Marktwirtschaft entdeckt. Unter den Bedingungen des vollständigen Wettbewerbs, und sofern es nicht zu einem Marktversagen kommt, schaffen es die Märkte, das Maximum an nützlichen Gütern und Dienstleistungen aus den vorhandenen Ressourcen herauszuholen. Wo jedoch Monopole, Umweltverschmutzung oder ähnliche Formen von Marktversagen auftreten, kann dies die wundersamen Eigenschaften der unsichtbaren Hand zunichte machen.

B. HANDEL, GELD UND KAPITAL

Seit den Tagen Adam Smiths haben sich die Marktwirtschaften ganz enorm entwickelt. Reife, entwickelte kapitalistische Volkswirtschaften, wie jene der Vereinigten Staaten, Westeuropas und Japans, zeichnen sich vor allem durch drei wesentliche Merkmale aus: Handel und Spezialisierung, Geld und Sachkapital.

- Eine entwickelte Volkswirtschaft ist durch ein komplexes *Handelsnetz* zwischen den agierenden Personen und Ländern gekennzeichnet, das erst durch eine weitgehende *Spezialisierung* und eine ausgeklügelte Arbeitsteilung möglich wird.
- Die heutige Wirtschaft macht intensiven Gebrauch von *Geld*. Der Geldfluß ist sozusagen der Blutkreislauf unseres Systems. Geld liefert die Meßlatte für den wirtschaftlichen Wert von Dingen und sorgt für die Finanzierung des Handels.
- Die modernen Industrietechnologien beruhen auf dem Einsatz riesiger Mengen an *Sachkapital*: Präzisionsmaschinen, Großraumfabriken, Lagerbestände. Die Kapitalgüter machen die menschliche Arbeitskraft zu einem weitaus effizienteren Produktionsfaktor und ermöglichen eine im Vergleich zu früheren Zeiten um ein Vielfaches erhöhte Produktivität.

HANDEL, SPEZIALISIERUNG UND ARBEITSTEILUNG

Im Gegensatz zu den Wirtschaften des achtzehnten Jahrhunderts hängen unsere heutigen Volkswirtschaften von der Spezialisierung der Haushalte und der Unternehmen in Verbindung mit einem weitläufigen Handelsnetz ab. Die westlichen Wirtschaften kamen in den Genuß eines raschen Wirtschaftswachstums, weil die Spezialisierung es ermöglichte, daß die einzelnen Arbeiter in ihren spezialisierten Jobs enorm produktiv werden konnten, und daß ihre Produktionsleistung gegen die von ihnen benötigten Güter eingetauscht werden konnten.

[1] Adam Smith, *The Wealth of Nations* (1776).

Spezialisierung tritt ein, wenn Menschen ihre Bemühungen auf ganz bestimmte Aufgaben konzentrieren – sie erlaubt es jedem einzelnen und jedem Land, die eigenen, ganz speziellen Fähigkeiten und Ressourcen möglichst vorteilhaft einzusetzen. Eine der „Wahrheiten" des Wirtschaftslebens besagt, daß nach Möglichkeit nicht jeder alles – mittelmäßig – erledigen sollte, sondern daß es besser wäre, eine *Arbeitsteilung* einzuführen, also den Produktionsprozeß in eine Reihe kleiner, hochspezifischer Schritte oder Aufgaben zu zerlegen. Die Arbeitsteilung legt es beispielsweise nahe, daß große Leute Basketball spielen, während Leute mit Interesse an Zahlen vielleicht Wirtschaft unterrichten oder Buchhalter werden sollten, und Leute mit besonderer Überzeugungskraft eher die Karriere des Verkäufers einschlagen sollten.

In unserem Wirtschaftssystem dauert es bisweilen viele Jahre lang, bis die Ausbildung für einen speziellen Beruf abgeschlossen ist – ein Neurochirurg studiert in den USA beispielsweise 14 Jahre lang bis zur Berufszulassung. Zugleich sind auch Kapital sowie Grund und Boden hoch spezialisiert. Ja, Grund und Boden können tatsächlich spezialisiert sein, wie dies die Weinfelder in Kalifornien und Frankreich zeigen, deren Bebauung und Pflege Jahrzehnte in Anspruch nimmt. Die Entwicklung des Computerprogramms, das es uns ermöglicht hat, dieses Buch zu schreiben und zu gestalten, dauerte mehr als ein Jahrzehnt, aber trotzdem eignet es sich überhaupt nicht, um eine Erdölraffinerie zu managen oder schwierige Zahlenprobleme zu lösen. Eines der eindrucksvollsten Spezialisierungsbeispiele sind jene hochspezialisierten Computerchips, die heute das Motormanagement unserer Autos übernehmen.

Die unglaubliche Effizienz der Spezialisierung hat erst das komplexe Handelsnetz zwischen den Menschen und Staaten ermöglicht, das wir heute alle kennen. Nur sehr wenige von uns produzieren etwas zur Gänze. Wir zerlegen alles in winzige Einzelschritte. So unterrichten wir beispielsweise einen sehr kleinen Bruchteil des gesamten Lehrprogramms an einem College, entleeren die Parkuhren oder wir analysieren die DNA der Fruchtfliege. Im Gegenzug bekommen wir für unsere spezialisierte Arbeit ein Einkommen, mit dem wir Waren aus allen Bereichen und von überall auf der Welt einkaufen können.

Die Idee der *Vorteilhaftigkeit von Handelsbeziehungen* stellt eine der zentralen Erkenntnisse in der Volkswirtschaft dar. Verschiedene Leute oder Länder spezialisieren sich zumeist auf bestimmten Gebieten und tauschen anschließend ihre Produkte freiwillig gegen benötigte Güter. Japan ist so enorm produktiv geworden, als es sich auf die Herstellung von Konsumgütern wie Autos und Unterhaltungselektronik spezialisierte; dieses Land exportiert einen Großteil seiner Produktion, um für seine Importe an Rohmaterialien bezahlen zu können. Im Gegensatz dazu mußten Länder, die es mit einer Strategie der Autarkie versuchten, die bittere Erfahrung machen, daß dieses Konzept nicht aufgeht. Der Handel bereichert *alle* Länder und erhöht den Lebensstandard *aller*.

Zusammenfassend:

Entwickelte Volkswirtschaften bemühen sich um Spezialisierung und Arbeitsteilung, wodurch sie die Produktivität ihrer Ressourcen erhöhen. Einzelpersonen und einzelne Länder tauschen freiwillig jene Güter, auf deren Produktion sie sich spezialisiert haben, gegen die Produkte anderer, was sowohl die Bandbreite als auch die Menge der konsumierten Güter ganz außerordentlich erhöht und den Lebensstandard aller hebt.

GELD: DAS SCHMIERMITTEL IM GÜTERTAUSCH

Während die Spezialisierung es den Menschen ermöglicht, sich auf bestimmte Aufgaben zu konzentrieren, können wir mit Hilfe des Geldes unsere spezialisierten Leistungen und Produkte gegen eine breite Palette an Gütern und Dienstleistungen eintauschen, die von anderen produziert werden. Um diese These zu überprüfen, stellen wir uns einen *Tauschhandel* vor, bei dem ein Gut direkt gegen ein anderes eingetauscht wird. In primitiven Volkswirtschaften kann man tatsächlich Nahrungsmittel gegen Bekleidung eintauschen oder Hilfe beim Hausbau des Nachbarn durch Hilfe beim Abernten des eigenen Feldes bezahlen lassen. Aber der Gütertausch findet heute in beinahe allen Volkswirtschaften nur noch mittelbar, mit Hilfe des Geldes statt.

Was ist Geld? **Geld** ist ein Zahlungsmittel. Darüber hinaus ist Geld ein Schmiermittel, das den Tausch von Gütern erleichert. Wenn die Leute dem Geld als Zahlungsmittel für Waren und zur Tilgung von Schulden trauen und es akzeptieren, erleichtert dies den Handel ganz beträchtlich. Stellen Sie sich doch vor, wie kompliziert das Wirtschaftsleben wäre, müßten wir ständig Ware gegen Ware tauschen, sobald wir nur eine Pizza essen oder in ein Konzert gehen möchten. Welche Güter oder Dienstleistungen könnten Sie überhaupt der Pizzeria Santa Lucia anbieten? Womit würden Sie Madonna bezahlen? Und erst die Ausbildung – welche Leistung wollten Sie Ihrem College andienen, die für dieses interessant sein könnte? Da aber mittlerweile jedermann Geld als Tauschmittel akzeptiert, konnte die wechselseitige Abstimmung von Angebot und Nachfrage enorm vereinfacht werden.

Was für Schmiermittel typisch ist, passiert bisweilen leider auch dem Geld: es „verklumpt". In einer Tauschwirtschaft bleibt mir, wenn ich hungrig bin und du durstig bist, immer noch die Möglichkeit, Wasser zu holen, während du etwas Eßbares besorgst. Aber ein Marktsystem läuft in einer Geldwirtschaft von Zeit zu Zeit Amok. Geld verliert etwa durch hohe Inflation oder eine Finanzkrise sehr rasch an Wert. Wenn das passiert, wollen die Leute ihr Geld lieber möglichst rasch ausgeben, bevor es wertlos wird, und sie vermeiden es, Geld in Zukunftsprojekte zu investieren. Genau das geschah während der achtziger Jahre in einigen lateinamerikanischen Staaten, als deren Inflationsraten auf über 1.000 Prozent, ja sogar bis auf 10.000 Prozent jährlich kletterten. Stellen Sie sich einmal vor, Sie bekommen Ihr Gehalt und schon am nächsten Wochenende hat es 20 Prozent seines Wertes verloren!

KAPITAL

Einer entwickelten industriellen Volkswirtschaft wie jener der Vereinigten Staaten steht eine Unzahl an Gebäuden, Maschinen, Computern und dergleichen mehr zur Verfügung. All diese Dinge sind die Produktionsfaktoren, die **Kapital** genannt werden. Es handelt sich dabei um einen Faktor für die Produktion, der seinerseits ebenfalls produziert wurde, um einen dauerhaften Input der Wirtschaft, der zugleich auch ihr Output ist.

Die meisten von uns haben gar keine Vorstellung davon, wie sehr unser tägliches Leben direkt oder indirekt vom Kapital abhängig ist. Dieses schließt die Autobahnen, auf denen wir fahren, die Kabel, über die wir Strom und Kabel-TV beziehen, und sogar die Häuser, in denen wir wohnen, ein. Das gesamte in der amerikanischen Wirtschaft eingesetzte Kapital beläuft sich auf etwa 22 Billionen Dollar, rechnet man die staatlichen Unternehmen und das im Wohnungsbau gebundene Kapital hinzu. Dies bedeutet, daß auf den Durchschnittsamerikaner beinahe 100.000 Dollar an Kapital entfallen.

Wie wir bereits gesehen haben, ist Kapital einer der drei Haupt-Produktionsfaktoren. Die anderen beiden, Boden und Arbeit, werden häufig als *primäre Produktionsfaktoren* bezeichnet. Damit soll ausgedrückt werden, daß das Angebot an diesen Produktionsfaktoren zumeist von nichtwirtschaftlichen Faktoren abhängt, etwa von der Fruchtbarkeit und der Geographie eines Landes. Kapital hingegen muß, bevor man es nutzen kann, erst erzeugt werden. So bauen beispielsweise einige Unternehmen Textilmaschinen, die anschließend eingesetzt werden, um Hemden zu produzieren. Andere konstruieren und erzeugen Traktoren, die benötigt werden, um Mais anzubauen.

Beachten Sie bitte, daß Kapital immer auch mit dem Einsatz zeitraubender, indirekter Produktionsmethoden zusammenhängt. Tatsächlich haben die Leute schon vor langer Zeit die Erfahrung gemacht, daß indirekte und über Umwege führende Produktionstechniken häufig effizienter sind als direkte Methoden. So wäre die direkteste Fischfangmethode die, bis zu den Knien in einen Fluß zu waten und dort die Forellen eigenhändig herauszufischen. Aber damit würde man sich wohl mehr Frust als Fische einhandeln. Mit Hilfe einer Angel (die uns als Kapitalgut dient) nutzen wir die Zeit, die wir mit dem Fischen verbringen, sehr viel produktiver, indem wir täglich viel mehr Fische fangen. Entschließen wir uns dazu, noch mehr Kapital einzusetzen und uns Netze und ein Fischerboot zuzulegen, wird unser Fischen plötzlich so produktiv, daß wir damit viele Leute ernähren und den Leuten, die die spezialisierten Netze und die gesamte Ausrüstung bedienen können, ein angemessenes Einkommen bezahlen können.

Wachstum durch Konsumverzicht. Wenn die Leute bereit sind zu *sparen*, also auf sofortigen Konsum zugunsten eines zukünftigen Konsums zu verzichten, dann kann die Gesellschaft ihre Ressourcen in neue Kapitalgüter investieren. Ein größerer Kapitalstock verhilft der Wirtschaft zu schnellerem Wachstum, weil er die *PMK* nach außen verschiebt. Erinnern Sie sich an Abbildung 1-5 und Sie werden verstehen, wie ein Verzicht auf sofortigen Konsum zugunsten von Investitionen die zukünftigen Produktionsmöglichkeiten erhöht. Hohe Spar- und Investitionsraten erklären unter anderem, wie Japan, Korea und andere asiatische Länder so rasch wachsen konnten. Im Vergleich dazu, so meinen viele Ökonomen, hinkt die amerikanische Wirtschaft im Wachstumswettlauf hinterher, weil in den USA so wenig gespart und investiert wird.

Aber sicherlich gibt es auch bei der Höhe des nützlichen Kapitals Grenzen. Wir können zwar die Produktivität durch zusätzliches Kapital steigern, indem wir *alle* direkten Prozesse durch produktivere Umwegprozesse sowie alle bestehenden Umwegprozesse durch noch indirektere Produktionsmethoden ersetzen. Aber die Sache hat einen Haken: Zuviel Investition in Umwegproduktion würde zu einem allzu starken Rückgang des Konsums führen. Eine Investition unserer Ressourcen in die Verbreiterung aller Autobahnen um weitere zwei Spuren würde zwar die Kosten für Benzin und Reparaturen senken und unsere Fahrzeiten verkürzen, aber im Endergebnis würde sich die Sache nicht lohnen. Man könnte wohl fordern, daß unsere Studenten fünf oder zehn Jahre länger zur Schule gehen und sich immer höher spezialisierte Fertigkeiten aneignen sollten, aber sie würden danach niemals mehr genügend Geld verdienen, um diese zusätzliche Ausbildung zu finanzieren.

Zusammenfassend:

Ein Großteil der wirtschaftlichen Aktivitäten besteht im Verzicht auf sofortigen Konsum zugunsten einer Vermehrung des Kapitals. Immer wenn wir etwas investieren – eine neue Fabrik oder Straße bauen, die Ausbildung verlängern oder ihre Qualität verbessern oder unsere Bestände an nutzbarer Technologie und Know-how erhöhen –, fördern wir die zukünftige Produktivität unserer Wirtschaft und damit auch den zukünftigen Konsum.

Kapital und Privateigentum

In einer Marktwirtschaft befindet sich das Kapital zumeist in Privateigentum, und der einzelne bezieht ein Einkommen aus diesem Kapital. Für jeden Flecken Land gibt es eine Übertragungsurkunde oder einen Eigentumstitel; beinahe jede Maschine und jedes Gebäude gehört einem einzelnen Menschen oder einem Unternehmen. *Eigentumsrechte* verleihen den Eigentümern die Möglichkeit, ihre Kapitalgüter nach ihrem Ermessen zu verwenden, auszutauschen, anzustreichen, auszugraben, anzubohren oder auszubeuten. Kapitalgüter haben auch einen Marktwert und man kann sie zu jedem beliebigen erzielbaren Preis auf dem Markt kaufen und verkaufen. *Diese Möglichkeit des einzelnen, Kapital zu besitzen und daraus Nutzen zu ziehen, gibt dem Kapitalismus seinen Namen.*

Doch obwohl unsere Gesellschaft auf der Grundlage des Privateigentums aufgebaut ist, sind die Eigentumsrechte beschränkt. Die Gesellschaft bestimmt, wieviel von „Ihrem“ Eigentum Sie Ihren Erben überlassen dürfen und welcher Teil davon in Form von Erbschafts- und Vermögenssteuer dem Staat zufließen soll. Die Gesellschaft legt fest, wie sehr Ihre Fabrik die Umwelt verschmutzen darf und wo Sie Ihr Auto parken dürfen und wo nicht. Auch Ihr Heim ist nur scheinbar Ihre Burg. Sie müssen sich an die Bauordnung halten und möglicherweise sogar etwas von Ihrem eigenen Grund und Boden abtreten, damit dort eine Straße errichtet werden kann.

Interessanterweise läßt sich unsere wertvollste wirtschaftliche Ressource, die Arbeit, nicht in eine Ware umwandeln, die man als Privateigentum kaufen und verkaufen kann. Seit der Abschaffung der Sklaverei verstößt es gegen das Gesetz, die menschliche Erwerbskraft wie alle anderen Kapitalgüter zu behandeln. Niemandem steht es frei, sich selbst zu verkaufen; man kann lediglich seine Arbeitskraft gegen ein Gehalt zur Verfügung stellen.

Eigentumsrechte geben dem einzelnen oder dem Unternehmen die Möglichkeit, Kapitalgüter und andere Vermögenswerte in einer Marktwirtschaft zu besitzen, zu kaufen, zu verkaufen und zu nutzen.

Volkswirtschaft in der Praxis: *Eigentumsrechte lassen sich mit Hilfe des* rechtlichen Ordnungsrahmens, *jenes gesetzlichen Regelungswerks, innerhalb dessen die Wirtschaft tätig ist, durchsetzen. Effiziente und akzeptable rechtliche Rahmenbedingungen für eine Marktwirtschaft beinhalten eine Definition der Eigentumsrechte, vertragsrechtliche Regelungen und ein System zur Beilegung von Rechtsstreitigkeiten. Wie heute auch alle früher kommunistischen Länder entdecken, ist es kaum möglich, eine Marktwirtschaft aufrecht zu erhalten, wenn es keine Gesetze zur Durchsetzung von Verträgen oder keine gesetzlichen Zusicherungen gibt, wonach ein Unternehmen die erwirtschafteten Gewinne auch behalten darf. Wenn irgendwo der Rechtsrahmen zusammenbricht, wie wir es im früheren Jugoslawien oder manchmal auch in verarmten Gebieten Amerikas erlebt haben, müssen die Menschen um ihr Leben fürchten, und sie haben daher wenig Zeit oder Neigung, langfristige Investitionen in die Zukunft zu tätigen. Die Produktion geht zurück, und die Lebensqualität leidet zusehends. Tatsächlich werden sogar viele der schrecklichsten Hungersnöte in Afrika eher durch Bürgerkriege und den Zusammenbruch bestehender Rechtssysteme als durch Klimakatastrophen ausgelöst.*

Wir erkennen heute, daß Spezialisierung, Handel, Geld und Kapital die Schlüssel zur Produktivität einer entwickelten Volkswirtschaft sind. Wichtig ist es auch, zu verstehen, daß alle diese Faktoren untereinander eng verknüpft sind. Die Spezialisierung steigert die Effizienz, während Produktionssteigerungen erst den Handel ermöglichen. Der Einsatz des Geldes beschleunigt seinerseits den Handel und macht ihn effizienter. Ohne die Möglichkeiten, die uns das Geld für den Handel und den Austausch von Gütern eröffnet, wäre eine sinnvolle Arbeitsteilung undenkbar. Und Geld und Kapital sind insofern miteinander verbunden, als die Mittel zum Ankauf von Kapitalgütern über die Finanzmärkte fließen, auf denen die Ersparnisse der Leute in das Kapital anderer Leute umgewandelt werden. Nur so ist die Bewegung derart gewaltiger Mengen an Gütern und Dienstleitungen durch den Wirtschaftskreislauf möglich.

C. DIE ROLLE DES STAATES IN DER WIRTSCHAFT

In einer idealen Marktwirtschaft werden alle Güter und Dienstleistungen freiwillig zum Marktpreis gegen Geld getauscht. Mit einem solchen System läßt sich der größte Nutzen aus den Ressourcen einer Gesellschaft ziehen, ohne daß der Staat eingreift. In der realen Welt entspricht jedoch keine Wirtschaft zur Gänze diesem idealisierten Szenario einer problemlos funktionierenden unsichtbaren Hand. Stattdessen hat jede Marktwirtschaft unter Unzulänglichkeiten zu leiden, die Mißstände wie Umweltverschmutzung, Arbeitslosigkeit und extremen Reichtum oder extreme Armut hervorrufen.

Aus diesem Grund hält sich auch kein einziger Staat auf der ganzen Welt, wie konservativ er auch immer regiert sein mag, völlig aus der Wirtschaft heraus.[2] In den modernen Wirtschaften übernimmt der Staat eine beinahe unbegrenzte Anzahl an Aufgaben, um den Mängeln des Marktmechanismus gegenzusteuern. Militär, Polizei, nationale Wetterdienste und Autobahnbau sind heute typischerweise staatliche Bereiche. Gesellschaftlich wünschenswerte Aufgaben, wie die Erkundung des Weltraums und die wissenschaftliche Forschung, profitieren von staatlicher Subventionierung. Der Staat reguliert auch einige Wirtschaftszweige (beispielsweise Bankenwesen oder Abfallwirtschaft), und er gewährt anderen Subventionen (der Landwirtschaft und gewissen Hochtechnologien). Und – der Staat hebt von seinen Bürgern Steuern ein und gibt einen Teil des so eingenommenen Geldes an die Alten und Bedürftigen weiter.

Bei all den möglichen Aktivitäten lassen sich in einer Marktwirtschaft drei wesentliche wirtschaftliche Funktionen des Staates erkennen: Der Staat soll die Effizienz steigern, die soziale Gerechtigkeit fördern und volkswirtschaftliche Stabilität und Wirtschaftswachstum gewährleisten.

1. Der Staat versucht, Marktmängel wie Monopolbildung und Umweltverschmutzung zu korrigieren, um die *Effizienz* zu steigern.
2. Staatliche Programme zur Förderung größerer *sozialer Gerechtigkeit* können auf Steuern und Staatsausgaben zurückgreifen, um eine Umverteilung der Einkommen hin zu bestimmten Gruppen vorzunehmen.
3. Der Staat stützt sich auf die Steuer-, Ausgaben- und Geldpolitik, um *Wachstum und Stabilität in der Volkswirtschaft* zu fördern, um Arbeitslosigkeit und Inflation möglichst gering zu halten und um zugleich das Wirtschaftswachstum anzukurbeln.

Jede dieser Funktionen wollen wir uns nun ein wenig näher ansehen.

EFFIZIENZ

Adam Smith erkannte, daß die Vorteile des Marktmechanismus nur bei **vollständigem Wettbewerb** ganz zur Geltung kommen können. Was aber versteht man unter vollständigem Wettbewerb? Dieser Begriff bedeutet, daß alle Güter und Dienstleistungen einen Preis haben und auf Märkten gehandelt werden. Er bedeutet auch, daß kein Unternehmen oder kein Konsument so mächtig ist, den Marktpreis zu beeinflussen. So ist beispielsweise der Weizenmarkt ein vollständiger Markt oder Wettbewerbsmarkt, weil ja sogar die größte Weizenfarm nur einen winzigen Bruchteil des gesamten auf der Welt produzierten Weizens erzeugen und daher keinen spürbaren Einfluß auf den Weizenpreis nehmen kann.

Die Doktrin von der unsichtbaren Hand gilt für Wirtschaften, in denen alle Märkte einem Ausgleich durch den vollständigen Wettbewerb unterworfen sind. Unter diesen Umständen führt der Markt zu einer effizienten Ressourcenallokation, so daß sich die Wirtschaft auf ihrer Produktionsmöglichkeitskurve befindet. Wenn alle

[2] Im neunzehnten Jahrhundert gab es tatsächlich einige westliche Regierungen, die einer Philosophie des **Laissez faire** huldigten. Diese Doktrin, zu übersetzen etwa mit „einfach in Ruhe lassen“, besagt, daß der Staat so wenig wie möglich in wirtschaftliche Angelegenheiten eingreifen und wirtschaftliche Entscheidungen dem Zusammenspiel von Angebot und Nachfrage auf dem Markt überlassen solle. Aber gegen Ende des vorigen Jahrhunderts veranlaßten die ungezügelten Auswüchse des Kapitalismus die USA und die industrialisierten Staaten Westeuropas dazu, diese Laissez-faire-Politik wieder aufzugeben. Statt dessen nahmen die Staaten eine immer aktivere Rolle im Wirtschaftsleben ein, regelten die Monopole, hoben Einkommensteuern ein und übernahmen dafür Aufgaben wie die Altersvorsorge (soziale Sicherheit).

Wirtschaftszweige den Prüfungs- und Ausgleichsmechanismen des vollständigen Wettbewerbs unterworfen sind, produzieren die Märkte, wie wir später in diesem Buch noch nachweisen werden, das effizienteste Bündel an Outputs mit den effizientesten zur Verfügung stehenden Techniken und unter Einsatz der geringstmöglichen Inputmengen.

Aber die Märkte können sich in vielerlei Hinsicht vom vollständigen Wettbewerb entfernen. Zu den drei bedeutendsten Gründen dafür zählen unvollständige Wettbewerbsbedingungen, etwa durch Monopole, externe Effekte wie die Umweltverschmutzung und schließlich die öffentlichen Güter wie die Verteidigung oder das Autobahnnetz eines Landes. In jedem dieser Fälle führt das Marktversagen zu Ineffizienzen in Produktion oder Konsum, und der Staat kann bei der Korrektur dieser Mißstände wertvolle Dienste leisten.

Unvollständiger Wettbewerb

Eine schwerwiegende Abweichung vom effizienten Markt stellt der *unvollständige Wettbewerb* oder das *Monopol* dar. Während im vollständigen Wettbewerb weder einzelne Unternehmen noch einzelne Konsumenten Einfluß auf die Preisbildung nehmen können, bedeutet es **unvollständigen Wettbewerb**, wenn ein Käufer oder Verkäufer in der Lage ist, auf den Preis einer Ware Einfluß zu nehmen. Wenn beispielsweise eine Telefongesellschaft oder eine Gewerkschaft groß genug ist, um den Preis für Telefongespräche oder für Arbeitskräfte zu beeinflussen, besteht hier ein bis zu einem gewissen Maß unvollständiger Wettbewerb. Diese Situation kann die Gesellschaft unter ihre Produktionsmöglichkeitskurve drücken. Das könnte beispielsweise der Fall sein, wenn ein einzelner Verkäufer (ein Monopolist) den Preis für ein Wirtschaftsgut unverhältnismäßig in die Höhe treibt, um zusätzliche Gewinne erzielen zu können. Der Output dieses Wirtschaftsgutes würde dadurch unter das effizienteste Niveau gedrückt, die Volkswirtschaft erlitte einen Schaden. In einer solchen Situation wird das Marktmerkmal der unsichtbaren Hand beeinträchtigt.

Welche Auswirkungen hat aber der unvollständige Wettbewerb, und welche Möglichkeiten haben die großen Unternehmen, die Preisbildung auf einem bestehenden Markt zu beeinflussen? Unvollständiger Wettbewerb führt zu Preisen, die über den Gestehungskosten liegen, während die Einkäufe durch die Konsumenten unter das Effizienzniveau sinken. Das Muster des überhöhten Preises und des zu geringen Outputs ist sozusagen das Markenzeichen der mit einem unvollständigen Wettbewerb verbundenen Ineffizienzen.

In der Praxis treffen wir in beinahe allen Wirtschaftszweigen ein gewisses Maß an unvollständigem Wettbewerb an. So gibt es beispielsweise auf manchen Flugrouten absolut keine Konkurrenten für die dort fliegenden Gesellschaften, während auf anderen Strecken der Konkurrenz- und Preisdruck überaus hart ist. Das Extrembeispiel eines unvollständigen Wettbewerbs stellt der *Monopolist* dar – ein einziger Anbieter, der allein den Preis für ein bestimmtes Wirtschaftsgut oder eine Dienstleistung bestimmt.

In unserem Jahrhundert haben die meisten Staaten Maßnahmen gegen extreme Auswüchse unvollständigen Wettbewerbs gesetzt. In manchen Fällen regelt der Staat Preise und Gewinne von Monopolbetrieben, was derzeit bei vielen lokalen Versorgungsunternehmen geschieht. Zusätzlich verhindern meist kartellrechtliche Bestimmungen des Staates (Antitrustgesetze) Maßnahmen wie Preisdiktate oder Absprachen über die Aufteilung von Märkten.

Externe Effekte (Externalitäten)

Eine zweite mögliche Ineffizienz ergibt sich durch Spillover- oder externe Effekte, die eine unerwünschte Verlagerung von Kosten oder Nutzen mit sich bringen. Markttransaktionen bedeuten freiwilligen Tausch, wobei Leute Güter oder Dienstleistungen gegen Geld tauschen. Wenn etwa ein Unternehmen ein Hähnchen kauft, um daraus ein Fertiggericht herzustellen, kauft es das Hähnchen von seinem Eigentümer auf dem Hähnchenmarkt, und der Verkäufer erhält den vollen Wert des Hähnchens erstattet. Wenn man einen Haarschnitt kauft, bezahlt man dafür dem Friseur den vollen Wert für seine Zeit, seine beruflichen Fähigkeiten und die Lokalmiete.

Allerdings finden zahlreiche Interaktionen abseits der Märkte statt. Obwohl etwa Flughäfen eine ganze Menge Lärm produzieren, bezahlen sie in der Regel die Anwohner nicht für die Nutzung des Luftraums über ihren Häusern. Andererseits geben manche Unternehmen Unsummen für Forschung und Entwicklung aus, die in Form positiver Spillovereffekte der gesamten restlichen Gesellschaft zugute kommen. So haben Forscher der AT&T den Transistor erfunden. In all den genannten Fällen hat eine wirtschaftliche Aktivität Menschen genützt oder geschadet, die außerhalb des jeweiligen Marktes stehen. Dies bedeutet, daß es offensichtlich auch wirtschaftliche Transaktionen ohne entsprechende wirtschaftliche Abgeltung in Form einer Bezahlung gibt.

Externe Effekte (oder Spillovereffekte) treten auf, wenn die wirtschaftliche Aktivität von Unternehmen oder einzelnen Personen zu Kosten oder Nutzen bei anderen

Wirtschaftssubjekten führt, die außerhalb des Marktes stehen.

Die Staaten haben heute zumeist mehr mit negativen als mit positiven externen Effekten zu kämpfen. Je höher die Bevölkerungsdichte und je größer das Produktionsvolumen an Energie, Chemikalien und anderen Materialien, desto eher entwickeln sich negative Externalitäten oder Spillovereffekte von einer geringfügigen Belästigung bis hin zur ernsthaften Bedrohung. Hier tritt nun der Staat auf den Plan. Staatliche *Regulierungen* sollen externe Effekte wie Luft- und Wasserverschmutzung, Tagbau, Sondermüll, gesundheitsgefährdende Substanzen und Nahrungsmittel oder radioaktives Material in den Griff bekommen.

Staaten agieren in vielerlei Hinsicht wie Eltern, die immer nur „nein" sagen, etwa in der Art: Du darfst Deine Arbeiter keinen gefährlichen Situationen aussetzen. Du darfst keinen giftigen Rauch durch Deine Kamine blasen. Verkaufe keine gefährlichen Drogen. Fahre niemals Auto, ohne den Sicherheitsgurt anzulegen. Und so weiter. Herauszufinden, welche staatlichen Regulierungen richtig und angebracht sind, ist keine einfache Aufgabe. Entscheidungen über staatliche Interventionen erfordern ein komplexes wissenschaftliches und wirtschaftliches Verständnis und müssen immer wieder unter starkem politischen Druck gefällt werden. Trotzdem findet man heute kaum noch jemanden, der sich für die Rückkehr zum unregulierten wirtschaftlichen Dschungel aussprechen würde, in dem vorbehaltlos das Recht des Stärkeren gilt.

Öffentliche Güter

Obwohl negative externe Effekte wie die Umweltverschmutzung oder der Treibhauseffekt immer wieder für Schlagzeilen sorgen, können positive externe Effekte wirtschaftlich oft stärker ins Gewicht fallen. Bedeutende Beispiele für positive Externalitäten sind etwa die Errichtung des Straßennetzes, ein nationaler Wetterdienst, staatliche Subventionierung der Grundlagenforschung oder Maßnahmen zur Förderung der öffentlichen Gesundheit. Alle diese Güter kann man nicht auf Märkten kaufen und verkaufen. Es würde gar nie zur Produktion dieser öffentlichen Güter auf dem privaten Sektor kommen, weil der Nutzen in der Bevölkerung so breit gestreut ist, daß ein einzelnes Unternehmen oder ein einzelner Konsument keinen wirtschaftlichen Anreiz darin sähe, die Dienstleistung zu erbringen und eine Gegenleistung dafür einzutreiben.

Das Extrembeispiel für einen positiven externen Effekt ist das öffentliche Gut. **Öffentliche Güter** sind Güter, bei denen die Ausweitung der Leistung auf eine weitere Person nichts kostet und von deren Nutzung man niemanden ausschließen kann.[3] Bestes Beispiel für ein öffentliches Gut ist die nationale Verteidigung. Wenn ein Staat seine Freiheit und seine Lebensart schützt, tut er dies für alle seine Bewohner, ob diese einen solchen Schutz wünschen oder nicht.

Da die private Bereitstellung öffentlicher Güter in der Regel unzureichend ist, muß der Staat einspringen und die Produktion dieser öffentlichen Güter fördern. Indem er öffentliche Güter wie die nationale Verteidigung oder Leuchttürme kauft, verhält er sich genau wie jeder andere, der große Ausgaben tätigt. Indem er genügend Kaufkraft in eine bestimmte Richtung einsetzt, bewirkt er, daß entsprechende Ressourcen in diese Richtung fließen. Sobald der Staat seine Entscheidung durch den Einsatz seiner Mittel zum Ausdruck gebracht hat, übernimmt schon der Marktmechanismus und kanalisiert die Ressourcen hin zu den Unternehmen, die dann die Leuchttürme oder Panzer produzieren.

Steuern. Der Staat muß die Einnahmen, mit denen er die öffentlichen Güter und Umverteilungsprogramme bezahlen kann, irgendwoher beziehen. Er bekommt diese Einnahmen aus den Steuern, die von Einkommen und Unternehmenserträgen, von Gehältern, vom Verkauf von Verbrauchsgütern und aus anderen Quellen eingehoben werden. Der Staat hebt auf all seinen Ebenen – Gemeinden, Länder, Bund – Steuern ein, um seine Ausgaben bezahlen zu können.

Steuern, das klingt eigentlich wie eine andere Art von „Preis". In diesem Fall handelt es sich um jenen Preis, den wir für öffentliche Güter zu bezahlen haben. Aber die Steuern unterscheiden sich in einem ganz wesentlichen Aspekt von den Preisen. Man bezahlt sie nicht freiwillig. Jeder einzelne unterliegt den Steuergesetzen; wir alle sind verpflichtet, einen Teil der Kosten für die öf-

3 Leuchttürme sind ein typisches Beispiel für ein öffentliches Gut, das der Staat zur Verfügung stellt. Sie retten Leben und Schiffsladungen. Aber die Betreiber der Leuchttürme können keine Gebühren von den Nutznießern einheben. Und selbst wenn sie dazu in der Lage wären, würde es keinem effizienten sozialen Zweck dienen, Schiffe, die ihre Dienste in Anspruch nehmen, wirtschaftlich zu belasten. Am effizientesten wird das Licht des Leuchtturms gratis zur Verfügung gestellt, denn es würde überhaupt nicht mehr kosten, 100 Schiffe zu warnen, als es kostet, ein einzelnes Schiff von der Annäherung an die Felsklippen abzuhalten. Wir haben hier ein Beispiel für einen positiven externen Effekt, eine Divergenz zwischen privatem und gesellschaftlichem Nutzen. Philosophen und Politiker haben die notwendige Rolle des Staates als Bereitsteller derartiger öffentlicher Güter stets anerkannt.

fentlichen Güter zu tragen. Natürlich entscheiden wir durch unsere demokratischen Prozesse als Bürger über die öffentlichen Güter ebenso wie über die Steuern, mit denen sie bezahlt werden. Aber es fehlt einfach die enge Verbindung zwischen Ausgabe und Konsum, die wir von privaten Gütern kennen. Ich zahle schließlich nur dann für einen Hamburger, wenn ich ihn auch essen möchte, aber meine Steuern zur Finanzierung der Verteidigungsausgaben und des öffentlichen Schulwesens muß ich selbst dann leisten, wenn ich mir überhaupt nichts aus diesen Anliegen mache.

SOZIALE GERECHTIGKEIT

Unsere Erörterung des möglichen Versagens der Märkte, etwa infolge von Monopolen oder externen Effekten, hat sich bisher auf Mängel in der Allokationsfunktion der Märkte konzentriert – Mängel, die sich durch staatliche Eingriffe korrigieren lassen. Nehmen Sie aber bitte für einen Augenblick an, die Wirtschaft funktioniere absolut effizient – immer auf und niemals innerhalb der Produktionsmöglichkeitskurve, immer richtig in ihren Entscheidungen zwischen öffentlichen und privaten Gütern etc. Selbst wenn das Marktsystem so perfekt wie eben skizziert funktionierte, könnte das Ergebnis nach wie vor unbefriedigend sein.

Die Märkte führen nicht unbedingt zu einer Einkommensverteilung, die als sozial fair oder gerecht empfunden wird. Eine Marktwirtschaft kann sogar ein unerträgliches Maß an Ungleichheit hervorbringen, sowohl was Einkommen, als auch was Konsum betrifft.

Wie kommt es dazu, daß der Marktmechanismus das Problem des *Für wen* oft nur völlig unzureichend löst? Der Grund liegt darin, daß die Einkommen von einer Vielzahl von Faktoren abhängen, etwa von den Bemühungen des einzelnen, von seiner Ausbildung, ererbtem Vermögen, Faktorpreisen und wohl auch von einer gewissen Portion Glück, die man hat oder eben nicht. Die sich daraus ergebende Einkommensverteilung mutet im Endeffekt nicht immer gerecht an. Aber mehr noch – Sie erinnern sich bestimmt: Die Güterproduktion richtet sich nach der Kaufkraft, nicht nach den dringlichsten Bedürfnissen der Menschen. So kann es dazu kommen, daß die Katze der Reichen genau die Milch trinkt, die für die Gesundheit der Kinder der Armen so dringend nötig wäre. Aber passiert dies deshalb, weil der Markt versagt? Keineswegs, der Marktmechanismus tut schon das seine – er verschafft den Leuten mit der entsprechenden Kaufkraft alle gewünschten Güter. Wenn ein Land mehr Geld für Kleintierfutter als für die Studienförderung der Bedürftigen ausgibt, hat die Einkommensverteilung, nicht aber der Markt versagt. Ja, sogar das effizienteste Marktsystem kann eine himmelschreiende Ungerechtigkeit hervorbringen.

Häufig ist die Einkommensverteilung in einem Marktsystem bereits bei der Geburt vorgezeichnet. Alljährlich listet das *Forbes Magazine* die 400 reichsten Amerikaner auf, und es kann einen schon beeindrukken, zu sehen, wieviele von ihnen ihren Reichtum entweder ererbt oder aus dem geerbten Vermögen erwirtschaftet haben, weil sie dieses als Sprungbrett zu noch größerem Reichtum nutzen konnten. Würde irgendjemand diesen Umstand als gerecht oder gar ideal betrachten? Ich glaube wohl nicht. Sollte es einem Menschen gestattet sein, Milliardär zu werden, nur weil er 5.000 Quadratmeilen Farmland oder den gesamten Familienbestand an Ölquellen erbt? Und genau daran krankt es unter dem Laissez-faire-Kapitalismus. Wir verzeichnen eine echte gesellschaftliche Kluft angesichts der Frage, ob sehr hohe Einkommen auch besonders hoch besteuert werden sollten.

In der amerikanischen Geschichte wirkte das Wirtschaftswachstum zumeist wie die Flut, die alle Boote hebt, also die Einkommen der Armen ebenso wie jene der Reichen steigen läßt. Aber während der letzten beiden Jahrzehnte haben Veränderungen in der Familienstruktur und die sinkenden Löhne nicht oder schlecht ausgebildeter Arbeitskräfte diesen Trend umgekehrt. Mit der Rückbesinnung auf den Markt kam ein Anstieg der Zahl der Obdachlosen, boomte die Kinderarmut ebenso wie die Verelendung der Innenstädte in unserem Land.

Einkommensungleichheiten können politisch oder ethisch inakzeptabel sein. Ein Land muß das Ergebnis der Wettbewerbsmärkte nicht einfach als vorherbestimmt und unabänderlich hinnehmen. Die Leute können sich über die Einkommensverteilung Gedanken machen und sie schließlich als unfair befinden. Wenn eine demokratische Gesellschaft mit der Verteilung der Kaufkraft unter einem Laissez-faire-Marktsystem nicht zufrieden ist, kann sie Schritte setzen, um die bestehende Einkommensverteilung zu verändern.

Nehmen wir an, die Wähler beschließen, die Einkommensunterschiede zu verringern. Welche Werkzeuge stehen dazu dem Staat zur Verfügung? Erstens kann er sich für eine *progressive Besteuerung* entscheiden, also hohe Einkommen höher als niedrige besteuern. Die staatlichen Einkommens- und Erbschaftssteuern sind Beispiele einer solchen progressiven Besteuerung mit Umverteilungswirkung.

Da jedoch niedrige Steuersätze jenen, die über gar kein Einkommen verfügen, herzlich wenig nützen, kann der Staat zusätzlich *Transferleistungen* vorsehen, also den Leuten direkt Gelder auszahlen. Zu diesen Transferleistungen gehören heute beispielsweise Unterstützungen für Alte, Blinde, Behinderte und Familien mit Kindern ebenso wie Arbeitslosenunterstützung für Leute ohne Job. Dieses System von Transferzahlungen sorgt für ein „soziales Sicherheitsnetz", das die weniger vom Glück Begünstigten vor der Verelendung bewahren soll. Und schließlich gewährt der Staat den niedrigen Einkommensgruppen bisweilen Unterstützungen in Form von Lebensmittelbons, subventionierten Gesundheitsdiensten und Mietzuschüssen – obwohl sich etwa in den Vereinigten Staaten die Ausgaben für diese Dienste im Rahmen der staatlichen Gesamtausgaben vergleichsweise bescheiden ausnehmen.

Was kann nun die Volkswirtschaft zur Diskussion über die soziale Gerechtigkeit beitragen? Die Volkswirtschaft als Wissenschaft kann diese normativen Fragen, also etwa, welcher Anteil unseres Markteinkommens – wenn überhaupt – in Form von Transferleistungen armen Familien zugute kommen soll, überhaupt nicht beantworten. Es handelt sich hierbei um eine politische Frage, die auch nur auf dem Umweg über die Wahlurnen zu beantworten ist.

Die Volkswirtschaft kann jedoch sehr wohl Kosten und Nutzen verschiedener Umverteilungssysteme analysieren. Ökonomen haben eine Menge Zeit auf die Frage verwendet, ob und inwieweit die verschiedenen Einkommens-Umverteilungs-Instrumentarien (wie Steuern und Lebensmittelbons) zur Verschwendung führen (also dazu, daß die Begünstigten weniger arbeiten oder sich lieber Drogen als Lebensmittel kaufen). Sie haben auch darüber nachgedacht, ob man armen Leuten eher Geld- als Sachleistungen zukommen lassen sollte, und ob sich dadurch die Armut effizienter bekämpfen ließe. Die Volkswirtschaft kann die Frage, wieviel Armut erträglich und gerechtfertigt ist, nicht beantworten. Sie kann aber helfen, effektivere Programme zur Einkommensanhebung unter den ärmsten Bevölkerungsschichten zu entwickeln.

WACHSTUM UND STABILITÄT IN DER VOLKSWIRTSCHAFT

Schon seit seinen Anfängen wird der Kapitalismus von zeitweiligen Inflationsschüben (steigenden Preisen) und Rezessionen (hoher Arbeitslosigkeit) erschüttert. Allein seit dem Zweiten Weltkrieg waren beispielsweise in den Vereinigten Staaten neun Rezessionen zu verzeichnen, die bisweilen Millionen von Amerikanern arbeitslos machten.

Dank der geistigen Beiträge von John Maynard Keynes und seiner Nachfolger wissen wir heute, wie wir die schlimmsten Auswüchse des Wirtschaftskreislaufs vermeiden können. Durch den sorgfältigen Einsatz fiskal- und geldpolitischer Maßnahmen können die Staaten Produktivität, Beschäftigung und Inflation wirksam beeinflussen. Unter der *Fiskalpolitik* eines Staates versteht man dessen Möglichkeiten, Steuern einzuheben und Ausgaben zu tätigen. *Geldpolitik* umfaßt die Festlegung der Geldmenge und der Zinssätze; diese Instrumentarien wirken sich auf Investitionen in Kapitalgüter und andere zinssensible Ausgaben aus. Durch den Einsatz dieser beiden für die Makroökonomie grundlegenden Werkzeuge können die Staaten Einfluß auf das Gesamtausgabenniveau, die Wachstumsrate und die Produktionsmenge ebenso wie auf den Beschäftigungsstand und die Arbeitslosigkeit, auf das Preisniveau und die Inflationsrate einer Wirtschaft nehmen.

In fortgeschrittenen industrialisierten Ländern hat der Staat die Erkenntnisse der Keynesianischen Revolution während der letzten fünfzig Jahre teilweise sehr erfolgreich angewandt. Durch eine stark expansionsorientierte Geld- und Fiskalpolitik angetrieben, erlebten die Marktwirtschaften nach dem Zweiten Weltkrieg eine Periode bisher unbekannten Wachstums. Trotzdem wurden in den siebziger Jahren, als es verbreitet zu Wirtschaftskrisen – einer hohen Inflation und steigenden Arbeitslosenzahlen sowie einer Verlangsamung des Produktivitätszuwachses – kam, manche doch ein wenig skeptisch, was die Möglichkeiten der Geld- und Fiskalpolitik betrifft, die Wirtschaft zu stabilisieren.

In den achtziger Jahren waren die Staaten zunehmend darauf bedacht, weitere makroökonomische Strategien zu entwerfen, mit denen langfristige Ziele verfolgt werden konnten, etwa das Wirtschaftswachstum und die Produktivität betreffend. (*Wirtschaftswachstum* – dieser Begriff bezeichnet das Wachstum des gesamten Outputs eines Landes, während sich *Produktivität* auf den Output pro Inputeinheit oder die Effizienz bezieht, mit der die Produktionsmittel eingesetzt werden.) So wurden beispielsweise die Steuersätze in den meisten Industrieländern gesenkt, um die Spargesinnung zu heben und Produktionsanreize zu schaffen. Es wurden Versuche unternommen, die ausufernden Staatsausgaben einzudämmen, weil diese nach Ansicht zahlreicher Ökonomen durch den Absaugeffekt bei privaten Ersparnissen die Investitions- und Innovationsfreudigkeit dämpfen. Manche sprachen sich nun sogar dafür aus, daß der Staat bei der Unterstützung und beim Schutz neuer Wirtschaftszweige eine wichtige Rolle einnehmen solle, wie er dies in Japan und einigen anderen ostasiatischen Staaten auch tut.

Makroökonomische Strategien zur Stabilisierung und Förderung wirtschaftlichen Wachstums beinhalten die Fiskalpolitik (Steuereinnahmen und Staatsausgaben) ebenso wie die Geldpolitik (Einfluß auf die Zinssätze und Kreditkonditionen). Seit der Entwicklung der Makroökonomie in den dreißiger Jahren ist es den Staaten doch weitgehend gelungen, die schlimmsten Exzesse von Inflation und Arbeitslosigkeit in den Griff zu bekommen.

In Tabelle 2-1 ist die heutige wirtschaftliche Rolle des Staates zusammengefaßt. Sie zeigt die wichtigen Funktionen des Staates bei der Effizienzförderung, einer gerechteren Einkommensverteilung und bei der Verfolgung der makroökonomischen Ziele des Wirtschaftswachstums und der Stabilität. In allen entwickelten Industriestaaten haben wir heute ein gemischtes Wirtschaftssystem, in dem der Markt Produktionsoutput und Preise in den meisten Einzelsektoren bestimmt, während der Staat mit Steuerprogrammen, staatlichen Ausgaben und Geldmarktregulierungen die Gesamtwirtschaft lenkt. Beide Seiten – Markt und Staat – sind für eine vernünftig funktionierende Wirtschaft unbedingt nötig. Eine moderne Wirtschaft ohne eine der beiden Seiten zu betreiben, hieße mit einer Hand zu klatschen zu wollen.

Versagen der unsichtbaren Hand	staatlicher Eingriff	Beispiele für staatliche Wirtschaftspolitik
Ineffizienz:		
Monopole	Intervention auf Märkten	Kartellrecht
externe Effekte	Intervention auf Märkten	Umweltschutzgesetze, Antiraucher-Maßnahmen
öffentliche Güter	Förderung nützlicher Aktivitäten	nationale Verteidigung, Leuchttürme
Ungleichheit:		
inakzeptable Ungleichheiten bei Einkommen und Vermögen	Einkommens-Umverteilung	progressive Besteuerung von Einkommen und Vermögen
		Programme zur Einkommenssicherung (z.B. Lebensmittelbons)
Makroökonomische Probleme:		
Konjunkturzyklen (hohe Inflation und Arbeitslosigkeit)	Stabilisierung durch wirtschaftspolitische Maßnahmen	geldpolitische Maßnahmen (z.B. Änderungen der Geldmenge und der Zinssätze)
		fiskalpolitische Maßnahmen (z.B. Steuern und Ausgabenprogramme)
langsames Wirtschaftswachstum	Stimulierung des Wachstums	Investition in Bildung
		Reduzierung des Budgetdefizits und Steigerung der nationalen Sparquote

Tabelle 2-1: Der Staat kann Marktmängel beheben

ZUSAMMENFASSUNG

A. Was ist ein Markt?

1. In einer Wirtschaft wie jener der USA werden die meisten Entscheidungen auf den Märkten getroffen. Der Marktmechanismus bringt Käufer und Verkäufer zueinander, so daß sie Handel treiben und Preise und Produktionsmengen bestimmen können. Adam Smith stellte die Behauptung auf, die *unsichtbare Hand* der Märkte sorge für das optimale wirtschaftliche Ergebnis, und zwar einfach, indem der einzelne seine eigenen Interessen verfolge. Und obwohl die Märkte alles andere als vollkommen sind, haben sie sich doch als bemerkenswert effektiv erwiesen, wenn es darum ging, die drei Grundfragen der Wirtschaft, nämlich das *Was, Wie und Für wen*, zu lösen.
2. Der Marktmechanismus zur Beantwortung der Fragen des *Was* und des *Wie* funktioniert wie folgt: Die durch den Einsatz ihrer Geldmittel zum Ausdruck gebrachten Präferenzen der Leute wirken sich auf die Warenpreise aus; diese Preise dienen als Richtlinie für die Mengen der diversen zu produzierenden Güter. Wenn die Leute größere Mengen eines Gutes nachfragen, können die Unternehmen davon profitieren, indem sie die Produktion des betreffenden

Wirtschaftsgutes erhöhen. Unter vollständigen Wettbewerbsbedingungen ist ein Unternehmen gezwungen, die kostengünstigste Produktionsmethode zu wählen, indem es Arbeit, Grund und Boden sowie andere Faktoren möglichst effizient einsetzt. Andernfalls wird es Verluste erleiden und vom Markt verschwinden.

3. Zugleich mit den Problemen des *Was* und *Wie* wird auch die Frage des *Für wen* einer Lösung über den Preismechanismus zugeführt. Die Einkommensverteilung wird durch das Eigentum an Produktionsfaktoren (Grund und Boden, Arbeit und Kapital) und durch die Faktorpreise bestimmt. Leute, die fruchtbares Land oder die Fähigkeit, besonders viele Fußballtore zu schießen, besitzen, erwerben sich damit hohe Kaufkraft, mit der sie Verbrauchsgüter kaufen können. Leute ohne Besitz oder mit Fähigkeiten, einer Hautfarbe oder einem Geschlecht, die der Markt nicht schätzt, erzielen hingegen nur geringe Einkommen.

B. Handel, Geld und Kapital

4. Im Laufe ihrer Entwicklung spezialisieren sich die Wirtschaften zunehmend. Die Arbeitsteilung ermöglicht die Zerlegung einer Aufgabe in eine ganze Reihe kleinerer Aufgaben, die dann jeweils von einer bestimmten Arbeitskraft rascher erledigt werden können. Die Spezialisierung ergibt sich aus der steigenden Tendenz, Produktionsumwegmethoden anzuwenden, die viele spezialisierte Fähigkeiten und Kenntnisse erfordern. Mit zunehmender Spezialisierung des einzelnen und der Länder konzentrieren sich diese vornehmlich auf bestimmte Waren und tauschen ihren Produktionsüberschuß gegen Güter, die von anderen produziert werden. Freiwilliger Handel auf der Grundlage der Spezialisierung nützt allen.

5. Der Handel mit spezialisierten Gütern und Dienstleistungen basiert heute auf Geld als Zahlungs- und Schmiermittel für die Zahnrädchen im Getriebe des Handels. Geld ist das universell akzeptierte Tauschmittel – Bargeld ebenso wie Schecks. Es wird zur Bezahlung aller möglichen Dinge, vom Apfelkuchen bis zum Zebrafell, verwendet. Indem sie Geld annehmen, können sich Einzelpersonen wie auch Staaten auf die Produktion weniger Güter spezialisieren, die sie dann gegen andere tauschen; ohne Geld würden wir ziemlich viel Zeit mit der ständigen Suche nach Tauschobjekten vergeuden.

6. Kapitalgüter – produzierte Produktionsmittel wie Maschinen, Bauten und Lagerbestände an Halbfertigwaren – ermöglichen Produktionsumwegmethoden, die viel zum Output eines Landes beitragen. Diese Methoden brauchen Zeit und Ressourcen, bis sie in Gang kommen, und sie erfordern daher einen zeitweiligen Verzicht auf sofortigen Konsum zugunsten eines größeren zukünftigen Konsums. Die Eigentumsordnung einer Wirtschaft ergibt sich aus den Regeln, die festlegen, wie Kapital und andere Vermögenswerte gekauft, verkauft und verwendet werden können. Ein Wirtschaftssystem, in dem die Eigentumsrechte völlig unbeschränkt sind, gibt es allerdings nirgendwo.

C. Die Rolle des Staates in der Wirtschaft

7. Obwohl der Marktmechanismus eine bewundernswerte Methode zur Güterproduktion und -allokation darstellt, führt Marktversagen bisweilen zur Beeinträchtigung des wirtschaftlichen Ergebnisses. Hier kann der Staat einspringen und dieses Versagen korrigieren. Die Rolle des Staates in einer modernen Volkswirtschaft besteht darin, die Effizienz sicherzustellen, eine ungerechte Einkommensverteilung zu kompensieren und Wirtschaftswachstum und Stabilität zu fördern.

8. Es gelingt den Märkten nicht, eine effiziente Ressourcenallokation zu erreichen, wenn unvollständiger Wettbewerb herrscht oder wenn externe Effekte auftreten. Der unvollständige Wettbewerb, etwa in Form von Monopolen, führt zu erhöhten Preisen und geringerem Output. Um dagegen anzukämpfen, regelt der Staat die einzelnen Wirtschaftsbereiche oder erlegt ihnen kartellrechtliche Beschränkungen auf. Externe Effekte treten auf, wenn Aktivitäten anderen außerhalb des Marktes Kosten verursachen oder einen Nutzen einbringen. Der Staat kann sich dafür entscheiden, einzuschreiten und diese Spillovereffekte zu regeln (wie im Fall der Luftverschmutzung) oder für die Bereitstellung *öffentlicher Güter* zu sorgen (wie im Fall der Landesverteidigung).

9. Märkte führen nicht notwendigerweise zu einer gerechten Einkommensverteilung; sie schaffen bisweilen sogar eine unannehmbar hohe Ungleichheit, was Einkommensverteilung und Konsummöglichkeiten betrifft. Als Reaktion darauf können die Staaten die Einkommensstrukturen verändern (das *Für wen*), die sich durch die Gehälter, Mieten, Zinsen und Dividenden am Markt ergeben. Moderne Staaten setzen Steuerprogramme ein, um die Erträge für Transfer- oder Sozialprogramme hereinzubringen und um ein finanzielles Sicherheitsnetz unter den Bedürftigen zu spannen.

10. Seit der Entwicklung der Makroökonomie in den dreißiger Jahren übernimmt der Staat auch noch eine dritte Rolle: Mit Hilfe seiner Fiskal- (Einhebung von Steuern und Staatsausgaben) und Geldpolitik (Einflußnahme auf Kredite und Zinssätze) wirkt er im Sinne einer Förderung des langfristigen Wirtschaftswachstums und der Produktivität sowie zu einer Eindämmung der Auswüchse des Wirtschaftskreislaufs, also der Inflation und Arbeitslosigkeit.

11. Das vorherrschende Wirtschaftssystem in modernen, entwickelten industriellen Wirtschaften ist das *gemischte Wirtschaftssystem*, bei dem der Markt die meisten Einzelpreise und Produktionsmengen bestimmt, während der Staat die Gesamtwirtschaft durch Steuerprogramme, Ausgabenpolitik und Geldmarktregulierungen lenkt.

BEGRIFFE ZUR WIEDERHOLUNG

Der Marktmechanismus

Markt, Marktmechanismus
Güter- und Faktormärkte
Signalwirkung von Preisen
Marktgleichgewicht
vollständiger und unvollständiger Wettbewerb
Adam Smiths Doktrin von der unsichtbaren Hand

Kennzeichen einer modernen Ökonomie

Spezialisierung und Arbeitsteilung
Geld
Produktionsfaktoren (Grund und Boden, Arbeit, Kapital)
Kapital und Privateigentum

Die wirtschaftliche Rolle des Staates

Effizienz, Gerechtigkeit, Stabilität
Ineffizienz: Monopole und externe Effekte
Einkommensungleichheit auf den Märkten
makroökonomische Strategien: Fiskal- und Geldpolitik
Stabilisierung und Wachstum

FRAGEN UND BEISPIELE

1. Stellen Sie sich eine Wirtschaft vor, in der die Landwirtschaft der einzige Wirtschaftszweig ist, und in der Grund und Boden und Arbeit nur einen einzigen Output hervorbringen, nämlich Mais. Beschreiben Sie kurz die Lösung des *Was, Wie und Für wen* in dieser ländlichen Wirtschaft. Zeichnen Sie den konkreten Wirtschaftskreislauf – siehe Abbildung 2-1 – als Flußdiagramm.
2. Stellen Sie sich folgende Fälle eines staatlichen Eingriffs in die Wirtschaft vor: Beschränkung der Luftverschmutzung; Forschung an einem AIDS-Impfstoff; Einkommenszuschüsse für die Alten; Preisregelung des lokalen Wassermonopols; geldpolitische Maßnahmen zur Eindämmung der Inflation. Welche Rolle übt dieser Staat dabei jeweils aus?
3. Wenn nur begrenzte Mengen eines Gutes verfügbar sind, muß eine Methode gefunden werden, um dieses knappe Gut entsprechend zu verteilen. Einige Beispiele für mögliche Verteilungsmethoden wären etwa „wer zuerst kommt, malt zuerst“, Versteigerungen oder Rationierungsbons. Welche Stärken und Schwächen hat jedes dieser Systeme? Erklären Sie genau, in welchem Sinn ein Marktmechanismus knappe Güter und Dienstleistungen „rationiert“.
4. Dem Kreislauf der Güter und Produktionsfaktoren, wie er in Abbildung 2-1 dargestellt ist, entspricht auch ein Einkommens- und Ausgabenfluß. Zeichnen Sie ein Kreislauf-Flußdiagramm des Geldflusses in dieser fiktiven Wirtschaft und stellen Sie dabei einen Vergleich mit dem Kreislauf der Güter und Produktionsfaktoren her. Welche Rolle spielt das Geld im Geldkreislauf?
5. In diesem Kapitel werden zahlreiche „Mängel“ oder Fehler des Marktes erörtert, Gebiete, auf denen die unsichtbare Hand ein schlechter Führer der Wirtschaft ist, und es wird auch die Rolle des Staates besprochen. Aber könnte es nicht auch sein, daß der Staat Fehler begeht, wenn er versucht, das Marktversagen zu kompensieren, die möglicherweise sogar schlimmer sind als das ursprüngliche Marktversagen? Überlegen Sie sich einige Beispiele für ein „Versagen des Staates“. Können Sie sich einen Fall vorstellen, in dem der Staat so schwerwiegende Fehler begeht, daß es besser wäre, die Mängel des Marktes einfach hinzunehmen, als daran herumzubasteln?
6. Führen Sie drei Ihnen bekannte Beispiele für Spezialisierung und Arbeitsteilung an. Auf welchen Gebieten spezialisieren Sie und Ihre Freunde sich? Was haben Sie vor? Welche Gefahren birgt die „Überspezialisierung“?
7. „Lincoln hat die Sklaven befreit. Mit einem einzigen Federstrich hat er so einen Großteil des im Süden über viele Jahre hindurch akkumulierten Kapitals vernichtet.“ Kommentieren Sie diese Aussage.
8. Die untenstehende Tabelle zeigt einige der größten Ausgabenpositionen der amerikanischen Bundesregierung. Erklären Sie, wie sich jede zur wirtschaftlichen Rolle des Staates verhält.

Größte Ausgabenpositionen der US-Bundesregierung

Budgetkategorie	Bundesausgaben 1995 (In Mia. US$)
Sozialsystem	337
Verteidigung	271
Einkommenstransfers	221
Zinsen für Staatsverschuldung	213
Natürliche Ressourcen und Umwelt	22
Justiz	17
Wissenschaft und Technologie	17

Quelle: Office of Management and Budget, *Budget of the United States Government*, Steuerjahr 1995.

KAPITEL 3

DIE GRUNDPRINZIPIEN DES ANGEBOTS UND DER NACHFRAGE

Das zentrale Problem der Volkswirtschaftstheorie ist die Erforschung des Ausgleichs zweier entgegengesetzter Klassen von Motiven, wobei die eine aus dem Wunsch nach bestimmten Quellen der Zufriedenheit und der Freude, die andere aber aus der Abneigung gegenüber bestimmten Formen des Opfers und der Mühsal besteht.

„Supply and Demand" aus Palgrave's Dictionary of Political Economy (1899)

Es entspricht der Natur von Marktwirtschaften, daß sie nie zur Ruhe kommen und sich ständig und unbarmherzig in Bewegung befinden. So konnten wir während der letzten 15 Jahre eine explosionsartige Vermehrung jener Konsumenten und Unternehmen feststellen, die über einen Computer verfügen. Oder am Beispiel des Ölpreises: dieser ist mit den Höhen und Tiefen des Ölkartells infolge von Revolutionen, Embargos, Preis- und auch echten Kriegen von drei auf vierzig Dollar pro Barrel in die Höhe geschnellt. Die Immobilienpreise verzeichneten während des Großteils der achtziger Jahre einen steten Anstieg, sackten aber dann in vielen Gegenden der USA wieder drastisch ab. Und der Arbeitsmarkt entwickelte sich für Hochschulabgänger bis 1990 geradezu paradiesisch, bis er plötzlich während der Rezession nach 1990 die Jungakademiker vor große Probleme stellte.

Die Wirtschaftswissenschaft verfügt über ein ausgezeichnetes Instrumentarium zur Erklärung dieser und zahlreicher anderer Veränderungen in unserer Wirtschaftswelt. Es handelt sich dabei um die *Theorie von Angebot und Nachfrage*. Diese Theorie zeigt uns, daß die Präferenzen der Konsumenten für die Güternachfrage verantwortlich sind, während die Produktionskosten, die den Unternehmen erwachsen, das Warenangebot bestimmen. Wenn Sie beispielsweise einen Preissturz bei Öl feststellen, so erklärt sich dieses Phänomen entweder durch einen Rückgang der Ölnachfrage oder durch ein höheres Ölangebot. Dasselbe gilt für jeden Markt, vom Computer bis hin zu Diamanten und Immobilien: Veränderungen in Angebot und Nachfrage führen zu Veränderungen der Produktionsmengen und der Preise. Wenn man erkennt, wie Angebot und Nachfrage funktionieren, versteht man damit schon eine ganze Menge von unserer Marktwirtschaft.

In diesem Kapitel wollen wir die Theorie von Angebot und Nachfrage erörtern und zeigen, wie sie sich auf vollständigen Märkten auf *einzelne Waren* auswirkt. Als erstes wollen wir dazu eine Nachfragekurve und anschließend eine Angebotskurve definieren. Nachdem wir uns diese grundlegenden Instrumente erarbeitet haben, können wir untersuchen, wie sich der Marktpreis im Schnittpunkt der beiden Kurven bildet (oder sein Wettbewerbsgleichgewicht erreicht): genau an jenem Punkt, an dem sich die Kräfte von Angebot und Nachfrage im Gleichgewicht befinden. Es ist die Veränderung der Preise, der Preismechanismus, der zum Gleichgewicht zwischen Angebot und Nachfrage führt. Anschließend wollen wir einige praktische Beispiele angewandter Angebots- und Nachfrageanalysen betrachten.

A. DIE NACHFRAGEFUNKTION

In einer Marktwirtschaft hängt die Gütermenge, die die Leute kaufen, vom Preis ab. Je höher der Preis eines Artikels unter sonst gleichen Bedingungen[1] ist, desto weniger sind die Konsumenten gewillt, von diesem Artikel zu kaufen. Je niedriger der Marktpreis ist, desto mehr wird gekauft.

Es gibt eine genau definierte Beziehung zwischen dem Marktpreis einer Ware und der nachgefragten Menge dieser Ware, sofern eben alles andere unverändert bleibt. Die Beziehung zwischen Preis und gekaufter Menge wird als **Nachfragefunktion** oder **Nachfragekurve** bezeichnet.

Diese allgemein verständliche Beobachtung ist für die Theorie von Angebot und Nachfrage absolut entscheidend. Sie besagt, daß man, sobald der Preis einer Ware bekannt ist, daraus ableiten kann, wie hoch die Nachfrage der Konsumenten sein wird. Wenn beispielsweise das Preisniveau für Flugtickets bekannt ist, läßt sich vorhersagen, wie viele Leute diese Tickets kaufen werden, sofern alle anderen Faktoren gleich bleiben[2]. Dasselbe gilt für den Konsum von Soda, Zigaretten, Haarschnitten oder was auch immer.

Betrachten wir ein ganz einfaches Beispiel. In Tabelle 3-1 sehen Sie eine hypothetische Nachfragefunktion für Corn-flakes. Wir können für jeden Preis die Corn-flakes-Menge bestimmen, die die Konsumenten kaufen. So würden die Konsumenten beispielsweise für 5 Dollar pro Packung 9 Millionen Corn-flakes-Packungen kaufen.

Zu einem niedrigeren Preis werden plötzlich mehr Corn-flakes gekauft. Sie sehen, der Preis von 4 Dollar pro Packung führt zum Verkauf von 10 Millionen Packungen. Wird der Preis noch einmal gesenkt *(P)*, nämlich auf 3 Dollar, steigt die nachgefragte Menge *(Q)* wieder an, und zwar auf 12 Millionen Packungen. Und so weiter. Wir können die nachgefragte Menge für jeden in Tabelle 3-1 angegebenen Preis bestimmen.

Nachfragefunktion für Corn-flakes

	(1) Preis pro Schachtel *P*	(2) nachgefragte Menge (Millionen Packungen pro Jahr) *Q*
A	5	9
B	4	10
C	3	12
D	2	15
E	1	20

Tabelle 3-1: Die Nachfragefunktion setzt die nachgefragte Menge in Relation zum Preis

Die Konsumenten wollen zu jedem Marktpreis eine bestimmte Menge Corn-flakes kaufen. Bei sinkendem Corn-flakes-Preis steigt die nachgefragte Corn-flakes-Menge.

Abbildung 3-1: Eine fallende Nachfragekurve setzt die nachgefragte Menge in Relation zum Preis

Bei der Nachfragekurve für Corn-flakes wird der Preis auf der Y-Achse und die nachgefragte Menge auf der X-Achse aufgetragen. Jedes Zahlenpaar (*P,Q*) aus Tabelle 3-1 wurde als Punkt in das Diagramm eingetragen, wonach durch alle diese Punkte eine Kurve, die Nachfragekurve *DD*, gezogen wurde. Die negative Steigung der Nachfragekurve illustriert das Gesetz des negativen Nachfrageverlaufs.

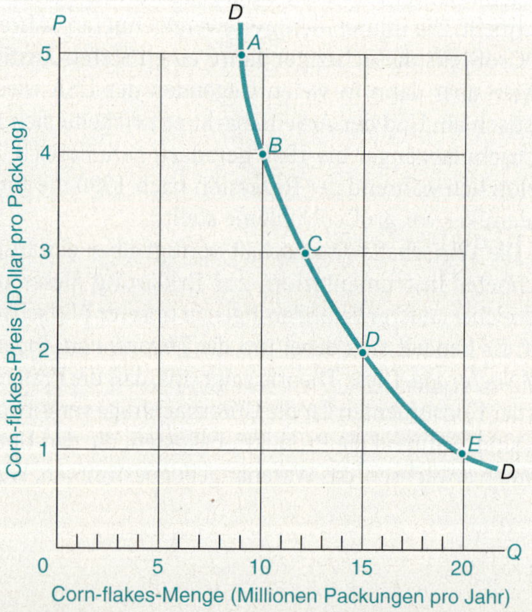

[1] Ceteris-paribus-Klausel.

[2] Weiter hinten in diesem Kapitel werden wir die anderen Faktoren besprechen, die einen Einfluß auf die Nachfrage haben, einschließlich des Einkommens und des Geschmacks der Leute. Mit „sofern alle anderen Faktoren gleich bleiben" (Ceteris-paribus-Klausel) soll nur ausgesagt werden, daß wir den Preis variieren, ohne daß eine der anderen Nachfragedeterminanten verändert wird.

DIE NACHFRAGEKURVE

Die graphische Darstellung der Nachfragefunktion ist die *Nachfragekurve*. Wir zeigen diese Nachfragekurve in Abbildung 3-1, einem Diagramm, bei dem die nachgefragte Corn-flakes-Menge auf der horizontalen, und der Corn-flakes-Preis auf der vertikalen Achse aufgetragen ist. Beachten Sie bitte, daß Menge und Preis in einem inversen Verhältnis zueinander stehen, wobei *Q* ansteigt, wenn *P* fällt. Die Steigung der Kurve ist negativ, sie verläuft sozusagen von Nordwesten nach Südosten. Diese wichtige Eigenschaft wird als das *Gesetz des negativen (fallenden) Nachfrageverlaufs* bezeichnet. Es basiert ebenso auf dem gesunden Menschenverstand wie auf wirtschaftstheoretischen Überlegungen, und es wurde an praktisch allen Gütern empirisch getestet und verifiziert – ob es sich nun um Corn-flakes, Benzin, Autos oder illegale Drogen handelt.

Das Gesetz des negativen Nachfrageverlaufs: Wenn der Preis für eine Ware angehoben wird (und alles andere gleich bleibt), neigen die Käufer dazu, weniger von dieser Ware zu kaufen. Ebenso erhöht sich, wenn der Preis gesenkt wird und alle anderen Einflußfaktoren unverändert bleiben, die nachgefragte Menge.

Warum aber geht die nachgefragte Menge im Regelfall zurück, sobald der Preis steigt? Es gibt dafür zwei Gründe. Der erste ist der **Substitutionseffekt**. Sobald der Preis einer Ware steigt, werde ich versuchen, diese Ware durch eine andere zu ersetzen (bei überhöhten Rindfleischpreisen steige ich eben auf Hähnchen um). Ein zweiter Grund für den dämpfenden Einfluß von Preiserhöhungen auf die Nachfrage ist der **Einkommenseffekt**. Dieser kommt ins Spiel, weil jeder Mensch ein wenig ärmer wird, sobald der Preis eines Gutes steigt. Mit einem, sagen wir, verdoppelten Bezinpreis sinkt mein Realeinkommen, und ich werde daher natürlich versuchen, weniger Benzin und auch weniger andere Güter zu verbrauchen.

Marktnachfrage

Unsere bisherige Diskussion hat sich einfach auf „die" Nachfragekurve bezogen. Aber um wessen Nachfrage handelt es sich hier eigentlich? Meine? Ihre? Die aller Leute? Der bestimmende Faktor für die Nachfrage sind Geschmack und Bedürfnisse des einzelnen. Trotzdem beziehen wir uns in diesem Kapitel immer auf die *Marktnachfrage*, die die Summe aller individuellen Nachfragefunktionen darstellt. Die Marktnachfragekurve läßt sich durch Addition der von allen Leuten zu jedem Preis nachgefragten Mengen ermitteln. Die Marktnachfrage ist das, was wir in der realen Welt beobachten können.

Gehorcht nun die Marktnachfragekurve ebenso dem Gesetz des negativen Nachfrageverlaufs? Ja, absolut. Wenn beispielsweise die Preise fallen, ziehen diese geringeren Preise wegen des Substitutionseffektes neue Kunden an. Außerdem bewegt der geringere Preis auch bereits bestehende Kunden zu zusätzlichen Käufen, was sowohl auf den Einkommens- als auch auf den Substitutionseffekt zurückzuführen ist. Und ebenso wird ein Preisanstieg bei einer Ware einige von uns veranlassen, sie weniger nachzufragen.

Wir können das Gesetz des negativen Nachfrageverlaufs anhand der Entwicklung auf dem PC-Markt erläutern. Zu Beginn der achtziger Jahre waren die Preise für PCs unerschwinglich hoch, und man fand sie daher auch nur in wenigen Unternehmen und noch weniger Haushalten. Die Leute verwendeten eben Schreibmaschinen oder Kugelschreiber zum Schreiben, und sie rechneten im Kopf oder mit dem Taschenrechner.

Im letzten Jahrzehnt sind die PC-Preise drastisch gefallen. Als sich nun immer mehr Leute einen eigenen Computer leisten konnten, waren diese Geräte plötzlich in den Unternehmen, Schulen, ja auch für Freizeitzwekke weit verbreitet. Die niedrigen Preise lockten neue Käuferschichten an. Aber die Computerrevolution ist noch keineswegs abgeschlossen. Die Preise für PCs purzeln weiter, und es werden sich noch mehr Leute dazu entschließen, ihren Erst- oder Zweitcomputer anzuschaffen.

Bestimmungsgründe der Nachfragekurve

Was entscheidet nun eigentlich über die Marktnachfragekurve für Corn-flakes oder Autos oder Computer? Hier ist eine ganze Reihe von Einflußfaktoren zu nennen, die bestimmen, wieviel bei einem gegebenen Preis tatsächlich nachgefragt wird: das durchschnittliche Einkommensniveau, die Bevölkerungszahl, Preise und Verfügbarkeit ähnlicher Produkte, der Geschmack des einzelnen und der Allgemeinheit und andere spezielle Einflußfaktoren.

- Das *Durchschnittseinkommen* der Konsumenten ist ein für die Nachfrage ganz wesentlicher Faktor. Bei steigenden Einkommen neigt der einzelne dazu, mehr von beinahe allen Gütern zu kaufen, auch wenn die Preise gleich bleiben.
- Die *Marktgröße* – gemessen, sagen wir, anhand der Bevölkerungsanzahl, wirkt sich ebenfalls deutlich auf die Marktnachfragekurve aus. Die 30 Millionen Kalifornier beispielsweise kaufen normalerweise dreißigmal so viele Äpfel und Autos wie die eine Million Bewohner von Rhodes Island.

Faktoren mit Einfluß auf die Nachfragekurve	Beispiel Auto
1. Durchschnittseinkommen	Mit steigendem Einkommen kaufen die Leute mehr Autos
2. Bevölkerungszahl	Eine höhere Bevölkerungszahl bedeutet mehr Autokäufe
3. Preise verwandter Güter	Niedrigere Benzinpreise steigern die Nachfrage nach Autos
4. Präferenzen	Ein neues Auto wird zum Statussymbol
5. Spezielle Einflüsse	Unter speziellen Einflüssen versteht man etwa das Vorhandensein von U-Bahnen, die Qualität des Straßen- und Eisenbahnnetzes, die Erwartungshaltung bezüglich zukünftiger Preiserhöhungen etc.

Tabelle 3-2: Die Nachfragekurve hängt von zahlreichen Faktoren ab

- Auch Preise und Verfügbarkeit *untereinander in Beziehung stehender Güter* beeinflussen die Nachfrage. Eine besonders wichtige Beziehung besteht zwischen Substitutionsgütern – die mehr oder weniger dieselbe Funktion haben, etwa Corn-flakes und Haferflocken, Kugelschreiber und Bleistifte, Baumwolle und Wolle, Erdöl und Erdgas. Die Nachfrage nach Gut A ist zumeist niedrig, wenn der Preis für das Substitutionsgut B niedrig ist. (Wenn beispielsweise der Erdgaspreis steigt, was meinen Sie: Wird daraufhin mehr oder weniger Erdöl nachgefragt?)

Abbildung 3-2: Nachfragesteigerung bei Autos

Verändern sich die für die Nachfrage ausschlaggebenden Faktoren, verändert sich auch die Nachfrage nach Autos. Hier sehen wir die Auswirkungen steigender Durchschnittseinkommen, einer steigenden Bevölkerungszahl und niedrigerer Benzinpreise auf die Autonachfrage. Warum bewirken diese Faktoren eine gesteigerte Nachfrage?

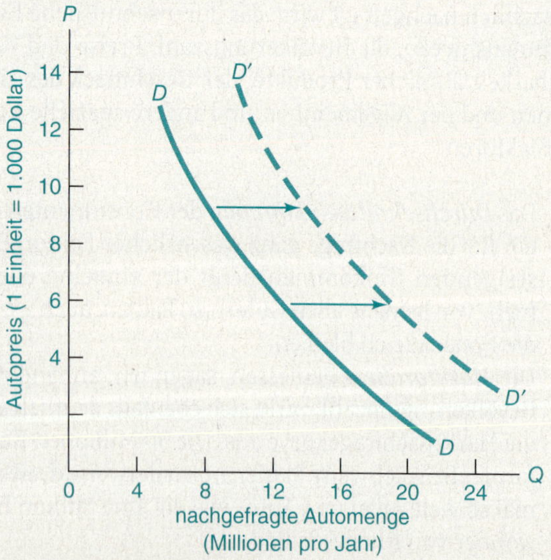

- Zusätzlich zu diesen objektiven Elementen müssen wir eine ganze Reihe subjektiver Elemente berücksichtigen, die wir als *Geschmäcker und Präferenzen* bezeichnen. Dabei handelt es sich um eine Vielzahl kultureller und historischer Einflüsse. Sie können echte psychologische oder physiologische Bedürfnisse widerspiegeln (nach Flüssigkeit, Liebe, Spannung). Und sie können sich auch auf künstlich erzeugte Bedürfnisse beziehen (nach Zigaretten, Drogen oder Modesportarten). Oft enthalten sie ein gewichtiges Traditions- oder religiöses Element (das Essen von Rindfleisch ist in den USA sehr beliebt, in Indien aber verpönt; oder wir nehmen staunend zur Kenntnis, daß Quallencurry in Japan eine Delikatesse ist).
- Und schließlich stehen hinter der Nachfrage nach einzelnen Gütern im allgemeinen auch ganz *spezifische Einflußfaktoren* – starke Niederschläge erhöhen die Nachfrage nach Regenschirmen, Schnee wirkt sich auf den Schiverkauf aus, und Strömungs- und Wellenverhältnisse beeinflussen die Nachfrage nach Surfbrettern. Dazu kommen noch die Erwartungen bezüglich zukünftiger wirtschaftlicher Entwicklungen, insbesondere was die Preise betrifft, die einen gewichtigen Einfluß auf die Nachfrage haben können.

Die für die Nachfrage bestimmenden Faktoren sind in Tabelle 3-2 zusammengefaßt.

Veränderungen der Nachfrage

Mit der Entwicklung des Wirtschaftslebens verändert sich auch die Nachfrage ununterbrochen. Nachfragekurven gibt es heute wie ehedem nur in Büchern.

Aber warum verschiebt sich die Nachfragekurve? Nun, es ändern sich andere Einflußfaktoren als die Preise. So gibt es beispielsweise viele mögliche Gründe dafür, daß die Autonachfrage in den USA von 1950 bis 1990 enorm angestiegen ist. Das Durchschnittseinkommen der Amerikaner hat sich in dieser Zeit verdoppelt. Die Bevölkerungszahl, und hier sind nur die Erwachsenen berücksichtigt, ist um die Hälfte angestiegen. Und zusätzlich gab es immer weniger alternative Transportmittel (Überland- und städtische Busse, Bahnlinien). Auf Grund all dieser Veränderungen wurde schließlich die Nachfragekurve für Autos kräftig nach rechts verschoben.

Der Nettoeffekt, den all die genannten Veränderungen zugrundeliegender Einflußfaktoren letztlich bewirkt haben, bezeichnen wir als *Nachfrageanstieg*. Ein Anstieg der Autonachfrage ist in Abbildung 3-2 als Verschiebung der Nachfragekurve nach rechts dargestellt. Bitte beachten Sie: Diese Verschiebung bedeutet, daß unabhängig vom Preis mehr Autos gekauft werden.

Testen Sie sich doch bitte selbst, indem Sie folgende Fragen beantworten: Wird ein warmer Winter die Nachfragekurve für Heizöl nach links oder nach rechts verschieben? Warum? Wie stünde es um die Nachfrage nach Baseball-Tickets, sollten auf einmal alle jungen Amerikaner das Interesse an dieser Sportart verlieren und sich stattdessen für Basketball interessieren? Wie wird sich ein drastischer Preissturz bei Computern auf die Nachfrage von Schreibmaschinen auswirken? Wie sieht es mit der Nachfrage nach universitärer Ausbildung aus, wenn die Gehälter für Bürojobs, für die kein akademischer Abschluß benötigt wird, auf einmal fallen?

Verwechseln Sie keinesfalls eine Bewegung entlang einer Kurve mit einer Verschiebung der Kurve! *Hier ist absolute Vorsicht geboten: Unterscheiden Sie zwischen einer* Veränderung der Nachfrage *(die eine Verschiebung der Nachfragekurve bedeutet) und einer* Veränderung der nachgefragten Menge *(die eine Bewegung hin zu einem anderen Punkt auf derselben Nachfragekurve infolge einer Preisänderung bedeutet).*

Eine Nachfrageänderung ergibt sich, sobald sich einer der Faktoren, die der Nachfragekurve zugrundeliegen, verändert. Nehmen wir als Beispiel die Pizza. Bei steigendem Einkommen werden die Konsumenten mehr Pizzas kaufen, auch wenn sich der Pizzapreis nicht verändert. Mit anderen Worten, die höheren Einkommen erhöhen die Nachfrage und verschieben die Nachfragekurve für Pizzas nach rechts.

Dagegen werden die Konsumenten auch dann mehr Pizzas kaufen, wenn der Pizzapreis fällt, während alle anderen Einflußfaktoren konstant bleiben. Aber die höheren Verkaufszahlen ergeben sich in diesem Fall nicht aus einem Nachfrageanstieg, sondern aus dem Preisverfall. Diese Veränderung bedeutet eine Veränderung entlang der Nachfragekurve, *nicht eine* Verschiebung der Nachfragekurve. *Eine Bewegung entlang der Nachfragekurve sagt aus, daß „alles andere gleich geblieben ist", während sich der Preis verändert hat.*

B. DIE ANGEBOTSFUNKTION

Wenden wir uns nun von der Nachfrage ab und dem Angebot zu. Zur Angebotsseite eines Marktes gehören typischerweise jene Bedingungen, zu denen die Unternehmen ihre Produkte produzieren und verkaufen. Oder genauer ausgedrückt, die Angebotsfunktion setzt die angebotene Menge eines Gutes mit seinem Marktpreis in Beziehung, wenn alles andere, also etwa Produktionskosten, Preise verwandter Güter und staatliche Wirtschaftspolitik, gleich bleibt.

Die **Angebotsfunktion** und die **Angebotskurve** eines Gutes stellen die Beziehung zwischen seinem Marktpreis und der Menge dieses Gutes dar, die die Produzenten zu produzieren und zu verkaufen gewillt sind, wenn alles andere gleich bleibt.

DIE ANGEBOTSKURVE

Tabelle 3-3 zeigt eine hypothetische Angebotsfunktion für Corn-flakes, und in Abbildung 3-3 sind die Daten aus der Tabelle in die Form einer *Angebotskurve* übertragen. Diese Daten zeigen, daß bei einem Corn-flakes-Preis von einem Dollar pro Packung überhaupt keine Corn-flakes produziert werden. Bei einem derart niedrigen Preis setzen die Lebensmittelhersteller ihre Fabriken und Anlagen nach Möglichkeit für die Produktion anderer Getreideprodukte (etwa Haferflocken) ein, die gewinnträchtiger erscheinen als Corn-flakes. Mit steigendem Corn-flakes-Preis werden jedoch laufend größere Mengen dieses Gutes produziert. Je höher die Corn-flakes-Preise klettern,

Angebotsfunktion für Corn-flakes

	(1) Preis $ pro Packung *P*	(2) angebotene Menge (Millionen Packungen pro Jahr) *Q*
A	5	18
B	4	16
C	3	12
D	2	7
E	1	0

Tabelle 3-3: Die Angebotsfunktion setzt die angebotene Menge in Relation zum Preis

Die Tabelle zeigt die bei jedem Preis von den Corn-flakes-Produzenten freiwillig angebotene und verkaufte Menge. Bitte beachten Sie die positive Beziehung zwischen Preis und angebotener Menge.

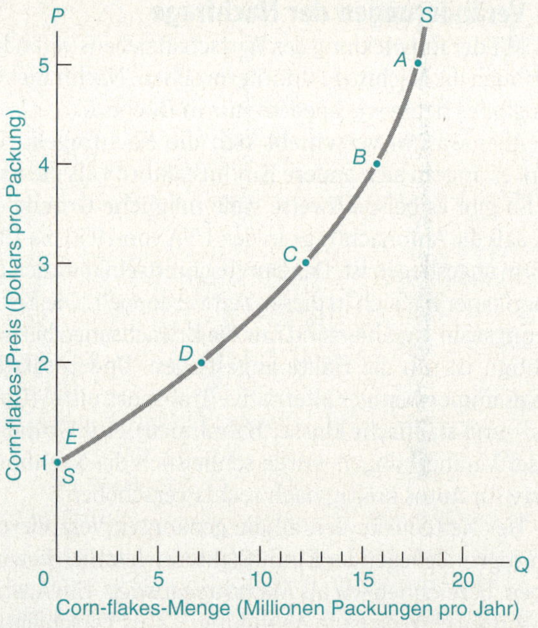

Abbildung 3-3: Die Angebotskurve setzt die angebotene Menge in Relation zum Preis

Die Angebotskurve stellt die Preis-Mengenkombinationen aus Tabelle 3-3 graphisch dar. Eine fortlaufende Kurve wird durch die aufgetragenen Punkte gelegt, und wir erhalten die steigende Angebotskurve *SS*.

desto lohnender finden es die Nahrungsmittelproduzenten, mehr Arbeitskräfte und Maschinen einzusetzen, um Corn-flakes zu erzeugen und abzupacken, und desto mehr Corn-flakes-Produktionsstätten werden errichtet. Und all das führt zu einem zunehmenden Output an Corn-flakes bei diesem höheren Marktpreis.

Abbildung 3-3 zeigt den typischen Fall einer aufsteigenden Angebotskurve einzelner Waren. Ein wichtiger Grund für die positive Steigung der Kurve besteht in dem, was wir später als „Gesetz der abnehmenden Ertragszuwächse" oder Ertragsgesetz kennenlernen werden. Wir können dieses wichtige Gesetz anhand eines Gutes wie Wein illustrieren. Wenn die Gesellschaft mehr Wein konsumieren will, müssen zusätzliche Arbeitskräfte auf denselben, in ihrer Größe begrenzten Rieden, die sich für die Produktion von Wein eignen, eingesetzt werden. Die zusätzliche Produktionsmenge einer jeden neuen Arbeitskraft nimmt laufend ab. Der Preis für die zusätzliche Weinproduktion muß daher steigen. Die Gesellschaft „überzeugt" nun die Weinproduzenten mit dem Preisargument, daß sie mehr Wein produzieren und verkaufen sollten. Die Angebotskurve für Wein weist daher eine positive Steigung auf. Übrigens: dieselben Überlegungen gelten auch für viele andere Güter.

Bestimmungsgründe der Angebotskurve

Wenn wir die Kräfte untersuchen, die den Verlauf der Angebotskurve bestimmen, so ist der entscheidende Punkt im Angebotsverhalten der Unternehmen darin zu sehen, daß die Produzenten Güter wegen der Gewinne, nicht aber zum Spaß oder zu wohltätigen Zwecken produzieren. Ein Nahrungsmittelkonzern bietet mehr Corn-flakes zu höheren Preisen an, weil ihm das Gewinne verspricht; und genauso wird derselbe Konzern, wenn der Preis für Corn-flakes unter die Produktionskosten abfällt, nach Möglichkeit auf ein anderes Produkt umstellen.

Ein der Angebotskurve zugrundeliegender, gewichtiger Faktor sind die *Produktionskosten*. Wenn die Produktionskosten für ein Gut im Verhältnis zum Marktpreis niedrig sind, ist es für die Produzenten gewinnträchtig, große Mengen davon auf den Markt zu bringen. Bei Produktionskosten, die im Vergleich zum Marktpreis eines Gutes hoch sind, produzieren die Unternehmen wenig, stellen auf andere Produkte um oder verschwinden vielleicht einfach vom Markt.

Die Produktionskosten werden vor allem durch die *Faktorpreise* und durch den *technologischen Fortschritt* bestimmt. Die Faktorpreise, etwa für Arbeit, Energie und Maschinen, wirken sich aus naheliegenden Gründen stark auf die Produktionskosten aus. Als beispielsweise in den siebziger Jahren der Ölpreis kräftig anzog, stiegen in der Folge auch die Energiepreise für die Produzenten, was ihre Produktionskosten in die Höhe trieb und die Angebotsmengen drückte. Dagegen sanken, als zu Beginn der neunziger Jahre in den USA die Zinsen fielen, auch die Produktionskosten vieler Unternehmer, die Fremdkapital in ihrem Betrieb eingesetzt hatten.

Ein für die Produktionskosten ebenso wichtiger Faktor ist der *technologische Fortschritt*, den man mit jenen Veränderungen umschreiben kann, die bei gegebenem Output den dafür benötigten Input verringern. Das gilt für alle Bereiche von aufsehenerregenden wissenschaftlichen Neuerungen über verbesserte Anwendungsmöglichkeiten bestehender Technologien bis hin zu einer Umgestaltung der Arbeitsprozesse. So war etwa während des letzten Jahrzehnts ein rapider Anstieg der Produktivität der Unternehmen zu beobachten. Heute sind sehr viel weniger Arbeitsstunden nötig, um ein Auto zu produzieren als noch vor zehn Jahren. Dieser Fortschritt macht es möglich, daß die Autohersteller zum selben Preis mehr Autos produzieren können. Oder, um Ihnen ein weiteres Beispiel zu nennen, Umstrukturierungsmaßnahmen in einer Bank führen dazu, daß zur Eröffnung eines neuen Girokontos nur noch ein einziges, kurzes Formular anstelle der früher benötigten sechs oder sieben unübersichtlichen Zettel ausgefüllt werden muß – auch das senkt die Produktionskosten.

Nur sind die Produktionskosten keineswegs der einzige für die Angebotskurve bestimmende Faktor. Die Unternehmen suchen ständig nach neuen Möglichkeiten, um ihr Produktionskapital bestmöglich zu nutzen. Deshalb wird das Angebot auch durch die *Preise miteinander in Beziehung stehender Güter* beeinflußt: vor allem jener Güter, die sich als möglicher Output des Produktionsprozesses problemlos substituieren lassen. Sobald der Preis für ein Substitutionsgut steigt, wird weniger von einem anderen Substitutionsgut angeboten. So bauen Autohersteller zumeist mehrere verschiedene Modelle im selben Werk. Steigt die Nachfrage nach einem Modell und damit auch sein Preis, wird einfach ein größerer Teil der Fertigungsstraßen auf das verstärkt nachgefragte Produkt umgestellt, und zugleich geht das Angebot an den anderen Modellen zurück. Oder es besteht die Möglichkeit – ausgelöst durch eine erhöhte Nachfrage und höhere Preise –, ein ganzes Autowerk auf LKW-Produktion umzustellen, was natürlich einen geringeren PKW-Ausstoß zur Folge hat.

Staatliche Politik übt ebenfalls großen Einfluß auf die Angebotskurve aus. So entscheiden ökologische und gesundheitspolitische Überlegungen staatlicher Stellen darüber, welche Technologien eingesetzt werden dürfen, während zugleich die Steuergesetzgebung und Bestimmungen über Mindestlöhne die Produktionskosten drastisch in die Höhe treiben. In einem Wirtschaftszweig wie dem Kabel-TV hat die staatliche Reglementierung nicht nur Einfluß auf die Anzahl der Unternehmen, die auf einem Markt konkurrieren können, sondern sie entscheidet auch über die Art der Dienstleistungen, die diese Unternehmen anbieten dürfen. Zusätzlich übt die Handelspolitik eines Staates einen gewichtigen Einfluß auf das Angebot aus; sobald ein Freihandelsabkommen den amerikanischen Markt für mexikanische Güter öffnet, steigt automatisch das Angebot.

Faktoren mit Einfluß auf die Angebotskurve	Beispiel Auto
1. Technologie	CAD und CAM senken die Produktionskosten und erhöhen das Angebot.
2. Faktorpreise	Eine Senkung der Löhne der Autoarbeiter senkt die Produktionskosten und erhöht das Angebot.
3. Preise verwandter Güter	Bei steigenden LKW-Preisen geht das PKW-Angebot zurück.
4. wirtschaftspolitische Maßnahmen	Die Beseitigung von Importquoten und Zöllen auf ausländische Autos erhöht das Autoangebot.
5. Spezielle Einflüsse	Wenn der Staat die Umweltstandards lockert, kann diese Maßnahme das Autoangebot steigern.

Tabelle 3-4: Das Angebot wird durch die Produktionskosten und andere Faktoren bestimmt

Und schließlich sind noch *ganz spezifische Einflußfaktoren* zu nennen, die sich auf die Angebotskurve auswirken. Unbestritten sind dabei die Auswirkungen des Wetters auf die Landwirtschaft und die Schiindustrie. Oder denken Sie an den beeindruckenden Innovationsgeist in der Computerindustrie, der uns einen kontinuierlichen Fluß neuer Produkte beschert.

Auch die Marktstruktur wirkt sich auf die Angebotssituation aus, und Erwartungen bezüglich zukünftiger Preisentwicklungen finden ebenfalls ihren Niederschlag in den Angebotsentscheidungen der Wirtschaft.

Tabelle 3-4 faßt die für die Angebotskurve bestimmenden Faktoren anhand des Beispiels Auto zusammen.

Angebotsverschiebungen

Die Unternehmen wechseln bekanntlich laufend ihren Produkt- und Dienstleistungsmix. Aber was steckt denn eigentlich hinter den unaufhörlichen Veränderungen im Angebotsverhalten?

Das Angebot ändert sich, wenn sich andere Einflußfaktoren als der Preis eines Produktes ändern. Auf die Angebotskurve bezogen läßt sich sagen, daß das Angebot zunimmt (bzw. abnimmt), wenn die angebotene Menge zu jedem beliebigen Marktpreis steigt (sinkt).

Wenn sich die Autopreise verändern, ändern die Produzenten ihre Produktion und die angebotenen Mengen, doch das Angebot und die Angebotskurve verschieben sich dadurch nicht. Wenn sich jedoch andere Einflußfaktoren verändern, ändert sich auch das Angebot und die Angebotskurve verschiebt sich.

Betrachten wir doch eine Verschiebung des Angebots auf dem Automobilmarkt. Das Angebot würde steigen, wenn die Einführung eines kostensparenden CAD-Systems und automatisierter Herstellungsmethoden die Arbeitskosten für die Herstellung von Autos gesenkt hätte; ebenso, wenn sich die Arbeiter mit Lohnkürzungen einverstanden erklärt hätten, wenn japanische Autohersteller mehr Autos in die USA exportieren dürften oder wenn die staatlichen Beschränkungen für diesen Industriezweig gelockert würden. Jedes dieser Elemente würde das Autoangebot in den USA zu jedem beliebigen Marktpreis erhöhen. Beachten Sie dazu Abbildung 3-4 mit einem Anstieg des Autoangebots.

Wenn Sie nun testen wollen, ob Sie die Verschiebung der Angebotskurve bereits verstanden haben, denken Sie doch einmal folgende Beispiele durch: Wie würde sich die Angebotskurve für Erdöl weltweit verhalten, wenn auf Grund politischer Turbulenzen die Ölproduktion in Rußland gedrosselt werden müßte? Was geschähe mit der Tomaten-Angebotskurve in den USA, sobald ein Freihandelsabkommen alle Importzölle und Einführungsbeschränkungen abschaffen würde? Wie verhält sich die Angebotskurve für Flugzeuge, wenn die Löhne der Flugzeugmechaniker steigen?

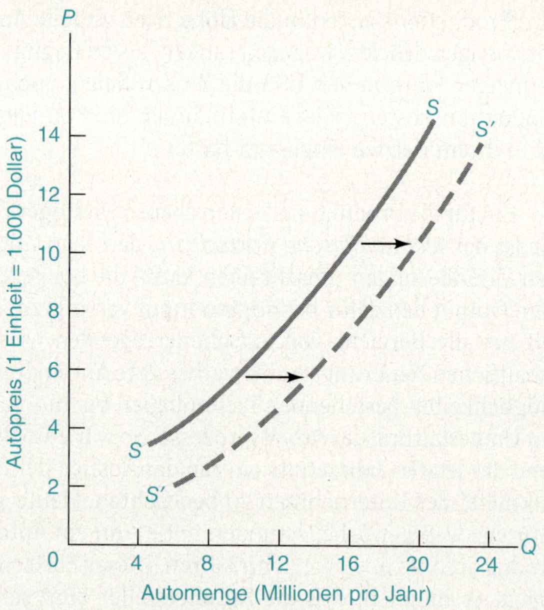

Abbildung 3-4: Erhöhtes Autoangebot

Mit sinkenden Produktionskosten oder zunehmendem Wettbewerb aus Japan steigt das Autoangebot. Die heimischen und internationalen Autohersteller bieten zu jedem Preis mehr Fahrzeuge an, und daher verschiebt sich die Angebotskurve nach rechts. (Wie würde sich die Angebotskurve bei Einführung einer restriktiven Importquote durch den Kongreß verhalten?)

Zur Beachtung: Eine Verschiebung der Angebotskurve ist nicht mit einer Bewegung entlang der Angebotskurve gleichzusetzen: *Achten Sie bei der Beantwortung der im vorigen Absatz gestellten Fragen darauf, daß ein Unterschied zwischen einer Bewegung entlang der Angebotskurve und einer Verschiebung der Kurve selbst besteht. Wenn infolge einer Preiserhöhung mehr Hähnchen angeboten werden, stellen wir eine Bewegung entlang der Angebotskurve fest. Steigt die Hähnchenproduktion jedoch, weil der Preis für Hähnchenfutter gesunken ist, bedeutet dies eine Verschiebung der Angebotskurve.*

C. GLEICHGEWICHT VON ANGEBOT UND NACHFRAGE

Bisher haben wir Angebot und Nachfrage unabhängig voneinander betrachtet. Wir kennen die Mengen, die zum jeweiligen Preis freiwillig gekauft beziehungsweise verkauft werden. Wir haben gesehen, daß die Konsumenten je nach den Preisen dieser Güter unterschiedliche Mengen an Corn-flakes, Autos und Computern nachfragen. Aber wie passen die beiden Hälften des Marktes eigentlich zusammen?

Und hier die Antwort: Angebot und Nachfrage produzieren gemeinsam ein Preis- und Mengengleichgewicht bzw. ein Marktgleichgewicht. Das **Marktgleichgewicht** stellt sich bei jenem Preis und jener Menge ein, bei denen die Kräfte von Angebot und Nachfrage ebenfalls im Gleichgewicht sind. Zum Gleichgewichtspreis entspricht jene Menge, die die Käufer kaufen wollen, genau der, die die Verkäufer auch zu verkaufen wünschen. Wir bezeichnen diesen Zustand deshalb als Gleichgewicht, weil bei einem ausgeglichenen Verhältnis von Angebot und Nachfrage keinerlei Grund für ein Steigen oder Sinken der Preise besteht, solange alle anderen Einflußfaktoren unverändert bleiben.

Gehen wir doch das Corn-flakes-Beispiel in Tabelle 3-5 durch, um zu verstehen, wie Angebot und Nachfrage ein Marktgleichgewicht herstellen; die Zahlen in dieser Tabelle sind den Tabellen 3-1 und 3-3 entnommen. Um den Marktpreis und die Marktmenge zu ermitteln, stellen wir jenen Preis fest, an dem die nachgefragte und die verkaufte Menge übereinstimmen. Versuchen wir es einmal mit einem Preis von 5 Dollar pro Schachtel. Kann das lange gutgehen? Wohl eher nicht. Wie wir aus Reihe A in Tabelle 3-5 ersehen können, wollen zwar die Produzenten bei einem Preis von 5 Dollar pro Schachtel 18 Millionen davon absetzen, die Käufer jedoch würden nur 9 Millionen nachfragen. Die bei einem Preis von 5 Dollar angebotene Menge übersteigt die nachgefragte Menge beträchtlich, und man kann die Corn-flakes-Türme in den Regalen förmlich wachsen sehen. Wenn zu viele Corn-flakes hinter zu wenigen Käufern her sind, muß der Corn-flakes-Preis wohl oder übel sinken, wie in Spalte (5) unserer Tabelle 3-5 klar zu sehen ist.

Nun, dann probieren wir es noch einmal mit 2 Dollar. Räumt dieser Preis den Markt? Ein rascher Blick in Zeile D zeigt uns, daß beim Preis von 2 Dollar die Nachfrage das Angebot übersteigt. Die Corn-flakes-Berge werden rasch wieder abgebaut, und bald sind die Regale leer. Auf der verzweifelten Suche nach seinen Corn-flakes gibt der Käufer schließlich klein bei und bietet ein wenig mehr für sein Lieblingsfrühstück – siehe Spalte (5), Tabelle 3-5.

Wir könnten noch diverse andere Preise durchprobieren, aber es ist deutlich erkennbar, daß der Gleichgewichtspreis bei 3 Dollar liegt, siehe Zeile C in Tabelle 3-5. Bei einem Preis von 3 Dollar entspricht die Nachfrage der Konsumenten genau jener Menge, die die Produzenten zu erzeugen gewillt sind, also jeweils 12 Einheiten. Nur bei einem Preis von 3 Dollar können Konsumenten *und* Produzenten konsistente Entscheidungen treffen.

Beim Gleichgewichtspreis von 3 Dollar zieht der Preis weder nach oben noch nach unten, die Lagerbestände an Corn-flakes nehmen nicht überhand, schwinden aber auch nicht. Wir können unseren Preis von 3 Dollar auch als

Kombination von Nachfrage und Angebot bei Corn-flakes

	(1) Mögliche Preise ($ pro Packung)	(2) Nachfrage-Menge (Millionen Packungen pro Jahr)	(3) Angebots-Menge (Millionen Packungen pro Jahr)	(4) Zustand des Marktes		(5) Druck auf die Preise
A	5	9	18	Überschuß	↓	nach unten
B	4	10	16	Überschuß	↓	nach unten
C	3	12	12	Gleichgewicht		neutral
D	2	15	7	Mangel	↑	nach oben
E	1	20	0	Mangel	↑	nach oben

Tabelle 3-5: Der Gleichgewichtspreis stellt sich auf dem Niveau ein, auf dem die nachgefragte der angebotenen Menge entspricht

Nur bei einem Gleichgewichtspreis von $ 3 pro Packung entspricht die angebotene der nachgefragten Menge. Ist der Preis zu niedrig, kommt es zu einer Knappheit, und der Preis tendiert wieder nach oben. Bei einem zu hohen Preis entsteht ein Überschuß, der den Preis drückt.

Markträumungspreis bezeichnen. Damit soll ausgedrückt werden, daß bei diesem Preis alle Angebots- und Nachfragevorstellungen befriedigt werden, daß die Auftragsbestände in den Büchern ausgeglichen sind, und daß Konsumenten wie auch Produzenten rundum zufrieden sind.

DAS MARKTGLEICHGEWICHT ANHAND DER ANGEBOTS- UND NACHFRAGEKURVE

Sehr gut läßt sich das Marktgleichgewicht mit Hilfe des Angebots- und Nachfragediagramms in Abbildung 3-5 erläutern. In dieser Abbildung wird die Angebotskurve aus Abbildung 3-3 mit der Nachfragekurve aus Abbildung 3-1 kombiniert. Voraussetzung dafür ist natürlich, daß beide Kurven im selben Maßstab gezeichnet sind.

Das Marktgleichgewicht können wir ermitteln, indem wir nach dem Preis suchen, bei dem die nachgefragte Menge genau der angebotenen Menge entspricht. *Der Gleichgewichtspreis ergibt sich aus der Schnittstelle zwischen Angebots- und Nachfragekurve in Punkt* C.

Abbildung 3-5: Das Marktgleichgewicht stellt sich im Schnittpunkt von Angebots- und Nachfragekurve ein

Der Marktgleichgewichtspreis und die Gleichgewichtsmenge stellen sich im Schnittpunkt von Angebots- und Nachfragekurve ein. Bei einem Preis von $ 3 in Punkt *C* bieten die Unternehmen freiwillig ebensoviel an, wie die Konsumenten nachfragen. Ist der Preis zu niedrig (beträgt er beispielsweise $ 2), so übersteigt die nachgefragte die angebotene Menge, es kommt zu einer Knappheit, und die Preise ziehen an, bis sie den Gleichgewichtspreis erreichen. Womit hätten wir bei einem Preis von $ 4 zu rechnen?

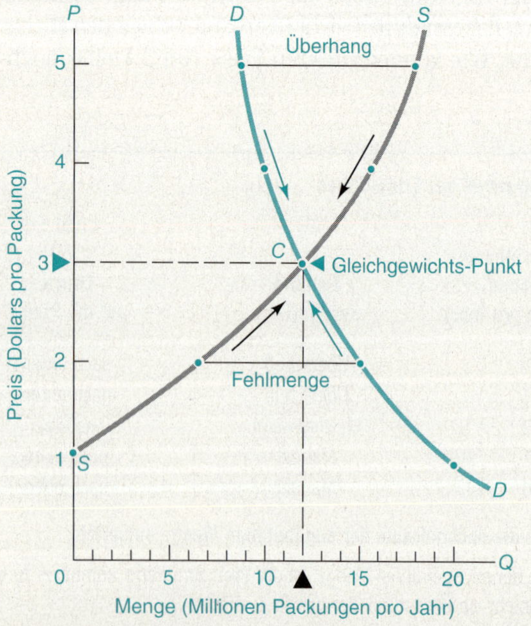

Woher wir wissen, daß das Marktgleichgewicht im Schnittpunkt zwischen Angebots- und Nachfragekurve liegt? Nun, wiederholen wir unser früheres Experiment. Beginnen wir mit dem überhöhten Preis von 5 Dollar pro Schachtel, oben auf der Preisachse in Abbildung 3-5. An diesem Punkt wollen die Produzenten mehr verkaufen, als die Konsumenten zu kaufen gewillt sind. Das Ergebnis ist ein *Angebotsüberhang* oder ein Übersteigen der nachgefragten durch die angebotene Menge, in der Abbildung durch den schwarzen Strich mit der Aufschrift „Überhang" gekennzeichnet. Die Pfeile entlang der Kurven zeigen die Richtung, in die der Preis tendiert, wenn ein Überhang vorliegt.

Beim niedrigen Preis von 2 Dollar pro Schachtel entsteht auf dem Markt eine *Fehlmenge* oder ein Überhang der Nachfrage gegenüber dem Angebot, hier gekennzeichnet durch die schwarze Linie mit der Aufschrift „Fehlmenge". Bei einer Knappheit führt der Wettbewerb um die knappen Güter zwischen den Konsumenten zu einem Preisanstieg, wie in der Abbildung durch die nach oben gerichteten Pfeile erkennbar ist.

Wir sehen nun deutlich, daß sich das Gleichgewicht zwischen Angebot und Nachfrage genau in Punkt *C* einstellt, jenem Punkt, *an dem sich die Angebots- und die Nachfragekurve kreuzen*. Im Punkt *C* – hier beträgt der Preis 3 Dollar pro Schachtel, während die Menge 12 Einheiten ausmacht – wird ebenso viel angeboten wie nachgefragt. Es gibt weder Überhänge noch Fehlmengen; der Preis tendiert weder nach oben noch nach unten. In Punkt *C*, und nur in Punkt *C*, befinden sich die Kräfte von Angebot und Nachfrage im Gleichgewicht, und der Preis hat sich auf einem dauerhaften Niveau eingependelt.

Der Gleichgewichtspreis und die Gleichgewichtsmenge stellen sich auf jenem Niveau ein, auf dem die freiwillig angebotene der freiwillig nachgefragten Menge entspricht. Auf einem vollkommenen Markt tritt das Gleichgewicht im Punkt der Überschneidung von Angebots- und Nachfragekurve ein. Zum Gleichgewichtspreis gibt es weder einen Überhang noch eine Fehlmenge.

Auswirkungen einer Verschiebung von Angebot oder Nachfrage

Eine Analyse des Angebots- und Nachfragemechanismus bringt uns viel weiterreichende Erkenntnisse als nur eine Bestimmung des Preis-Mengengleichgewichts. Sie kann uns auch helfen, vorherzusagen, welche Auswirkungen Veränderungen der wirtschaftlichen Rahmenbedingungen auf Preise und Mengen haben werden. Nehmen wir etwa an, daß eine permanente Schlechtwetterfront

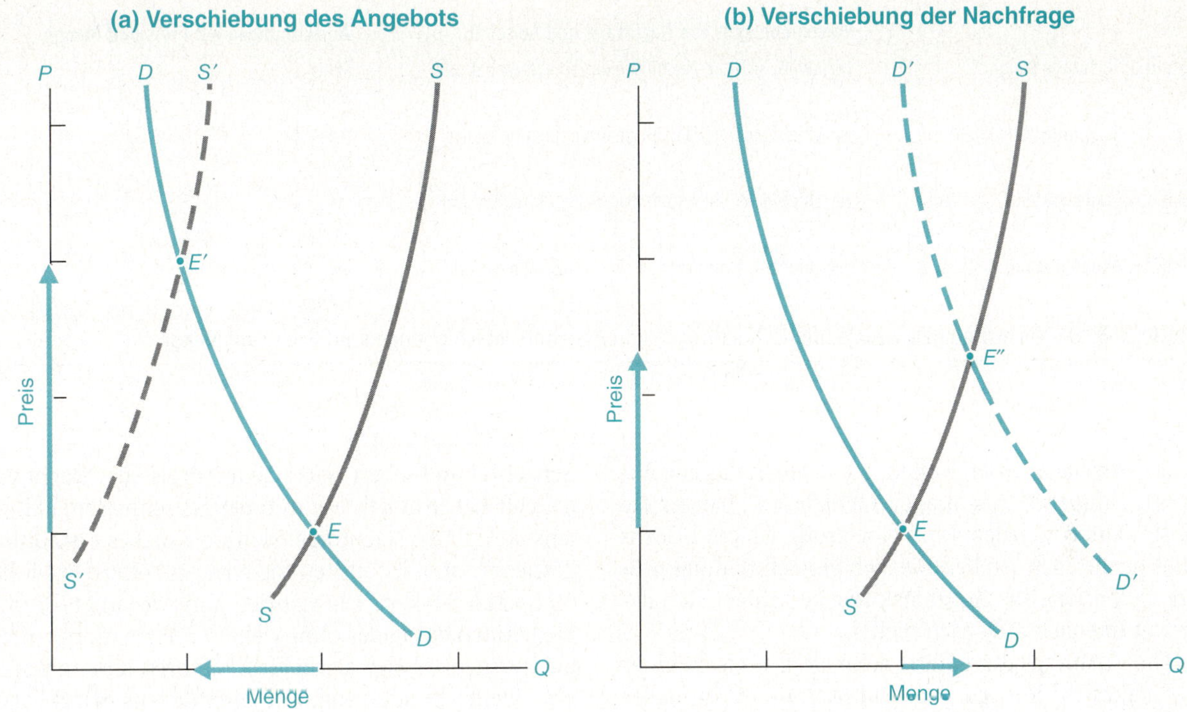

Abbildung 3-6: Verschiebungen im Angebot oder in der Nachfrage führen zu einer Änderung des Gleichgewichtspreises und der Gleichgewichtsmenge

(a) Verschiebt sich das Angebot nach links, kommt es beim ursprünglichen Preis zu einer Knappheit. Der Preis steigt, bis die freiwillig nachgefragte mit der freiwillig angebotenen Menge im neuen Gleichgewichtspunkt *E'* wieder übereinstimmt.
(b) Eine Verschiebung der Nachfragekurve führt zu einem Nachfrageüberhang. Der Preis steigt, und Gleichgewichtspreis wie auch Gleichgewichtsmenge verschieben sich nach oben, nach *E"*.

den Preis für Mais in die Höhe treibt, ohne den man Corn-flakes leider nicht erzeugen kann. Damit wird die Angebotskurve für Corn-flakes nach links verschoben. Zu sehen ist diese Entwicklung in Abbildung 3-6(*a*), in der sich die Corn-flakes-Angebotskurve von *SS* zu *S'S'* verschoben hat. Dagegen hat sich die Nachfragekurve nicht verschoben: Die Leute bestehen auf ihrem gewohnten Frühstück, ob die Ernte nun gut oder schlecht war.

Was geschieht nun auf dem Corn-flakes-Markt? Durch die schlechte Ernte bedingt erzeugen die Corn-flakes-Produzenten weniger zum gleichen Preis, so daß die nachgefragte Menge die angebotene übersteigt. Dadurch aber steigt der Preis für die Schachtel Corn-flakes, – ein Anreiz, mehr Corn-flakes zu produzieren. Das steigert die Angebotsmenge, während gleichzeitig weniger Anreiz zum Konsum besteht, was die Nachfragemenge senkt. Der Preis steigt genau so lange, bis Angebots- und Nachfragemenge einander beim neuen Gleichgewichtspreis wieder entsprechen.

Wie Abbildung 3-6(*a*) zeigt, stellt sich das neue Gleichgewicht am Schnittpunkt *E'* der neuen Angebotskurve *S'S'* und der ursprünglichen Nachfragekurve ein. Eine schlechte Ernte (oder jede Linksverschiebung der Angebotskurve) erhöht die Preise und verringert – entsprechend dem Gesetz des negativen Nachfrageverlaufs – die Nachfragemenge.

Wie sieht die Sache aus, wenn durch eine Verbesserung der Corn-flakes-Produktionsmethode die Kosten gesenkt werden können und so das Angebot steigt? Die Angebotskurve verschiebt sich nach unten und nach rechts. Zeichnen Sie die neue Kurve *S"S"* und das neue Gleichgewicht *E"* ein. Warum ist der Gleichgewichtspreis niedriger, die Gleichgewichtsmenge aber größer?

Wir können die Angebots- und Nachfragefunktion auch für die Untersuchung nutzen, wie sich Veränderungen in der Nachfrage auf das Marktgleichgewicht auswirken. Wenn wir von einem drastischen Anstieg der Haushaltseinkommen ausgehen, ergibt sich daraus, daß alle

	Verschiebungen von Nachfrage und Angebot	Auswirkungen auf Preis und Menge
Wenn die Nachfrage steigt, ...	verschiebt sich die Nachfragekurve nach rechts und	Preis ↑ Menge ↑
Wenn die Nachfrage zurückgeht, ...	verschiebt sich die Nachfragekurve nach links und	Preis ↓ Menge ↓
Wenn das Angebot steigt, ...	verschiebt sich die Angebotskurve nach rechts und	Preis ↓ Menge ↑
Wenn das Angebot zurückgeht, ...	verschiebt sich die Angebotskurve nach links und	Preis ↑ Menge ↓

Tabelle 3-6: Die Auswirkungen verschiedener Nachfrage- und Angebotsverschiebungen auf Preis und Menge

mehr Corn-flakes essen wollen. Sie ersehen das aus Abbildung 3-6(*b*) als „Nachfrageverschiebung", bei der die Konsumenten zu jedem Preis eine größere Menge Cornflakes nachfragen (stellen Sie sich einfach bildlich größere Teller vor). Die Angebotskurve verschiebt sich daher von *DD* nach *D'D'* nach rechts.

Die Nachfragekurve führt beim alten Preis zu einer Corn-flakes-Fehlmenge. Die Jagd nach den Corn-flakes wird immer wilder, die Massen stauen sich vor den leeren Regalen. Damit treiben sie die Preise in die Höhe, bis Angebot und Nachfrage bei einem höheren Preis wieder im Gleichgewicht sind. In der Graphik 3-6(*b*) hat die erhöhte Nachfrage zu einer Verschiebung des Marktgleichgewichts von *E* nach *E"* geführt.

In beiden Beispielen einer Verschiebung – einer Verschiebung des Angebots und einer Verschiebung der Nachfrage – hat sich eine der Angebots- oder Nachfragekurve zugrundeliegende Variable verändert. Im Fall des Angebots kann es sich dabei um technologische Neuerungen, geänderte Produktionskosten oder eine neue Lohn- und Gehaltspolitik handeln. Bei der Nachfragekurve hat einer der Einflußfaktoren auf die Konsumentennachfrage – Einkommen, Bevölkerungszahl, Preise miteinander in Beziehung stehender Güter, persönlicher Geschmack – zu einer Veränderung der Nachfragefunktion geführt, er hat sie verschoben.

Sobald sich die der Nachfrage oder dem Angebot zugrundeliegenden Faktoren verändern, führt dies zu einer Verschiebung der Nachfrage oder des Angebots und zu Veränderungen im Marktgleichgewicht von Preisen und Mengen.

Die Interpretation von Preis- und Mengenschwankungen

Bemühen wir noch einmal unser Corn-flakes-Beispiel. Nehmen wir an, Sie greifen nach Ihrer Corn-flakes-Schachtel und sehen, daß sich der Preis über Nacht verdoppelt hat. Können Sie nun daraus schließen, daß offensichtlich die Nachfrage nach Corn-flakes erstaunlich gestiegen ist, oder sollten Sie eher an höhere Produktionskosten denken? Die richtige Antwort lautet – nun – Sie können das leider ohne weitere Informationen nicht herausfinden. Jeder der beiden Faktoren könnte schuld sein, vielleicht auch eine Kombination aus beiden. Oder ein anderes Beispiel: Ist ein Rückgang im Verkauf von Flugtickets auf die gestiegenen Preise oder auf eine geringere Nachfrage nach Flugreisen insgesamt zurückzuführen? Die Fluglinien würden in einem solchen Fall viel dafür geben, dahinter zu kommen!

Ökonomen haben eigentlich ständig mit derartigen Fragen zu tun. Welche Schlüsse sollen sie ziehen, wenn sich die Preis- oder Mengenverhältnisse auf einem Markt ändern – liegt die Veränderung im Bereich des Angebots oder der Nachfrage? In seltenen und nur in ganz einfachen Fällen gibt einem die gleichzeitige Betrachtung von Preis und Menge Aufschluß darüber, ob sich nun die Angebots- oder die Nachfragekurve verschoben hat. So könnte beispielsweise ein Anstieg des Corn-flakes-Preises bei einem gleichzeitigen Rückgang der Menge bedeuten, daß sich die Angebotskurve nach links verschoben hat (ein Angebotsrückgang), während ein Preisanstieg bei einem gleichzeitigen *Anstieg* der Menge bedeuten könnte, daß sich die Nachfragekurve für Corn-flakes nach rechts verschoben hat (größere Nachfrage).

Ein weiteres Beispiel entnehmen Sie bitte Abbildung 3-7. In beiden Abbildungen, 3-7(*a*) und 3-7(*b*), steigt die Menge. Aber in (*a*) steigt der Preis, während er in (*b*) fällt. Abbildung 3-7(*a*) zeigt den Fall einer erhöhten Nachfrage oder einer Verschiebung der Nachfragekurve. Infolge dieser Verschiebung erhöht sich die nachgefragte Gleichgewichtsmenge von 10 auf 15 Einheiten. Dagegen wird in Abbildung 3-7(*b*) der Fall einer Bewegung entlang der

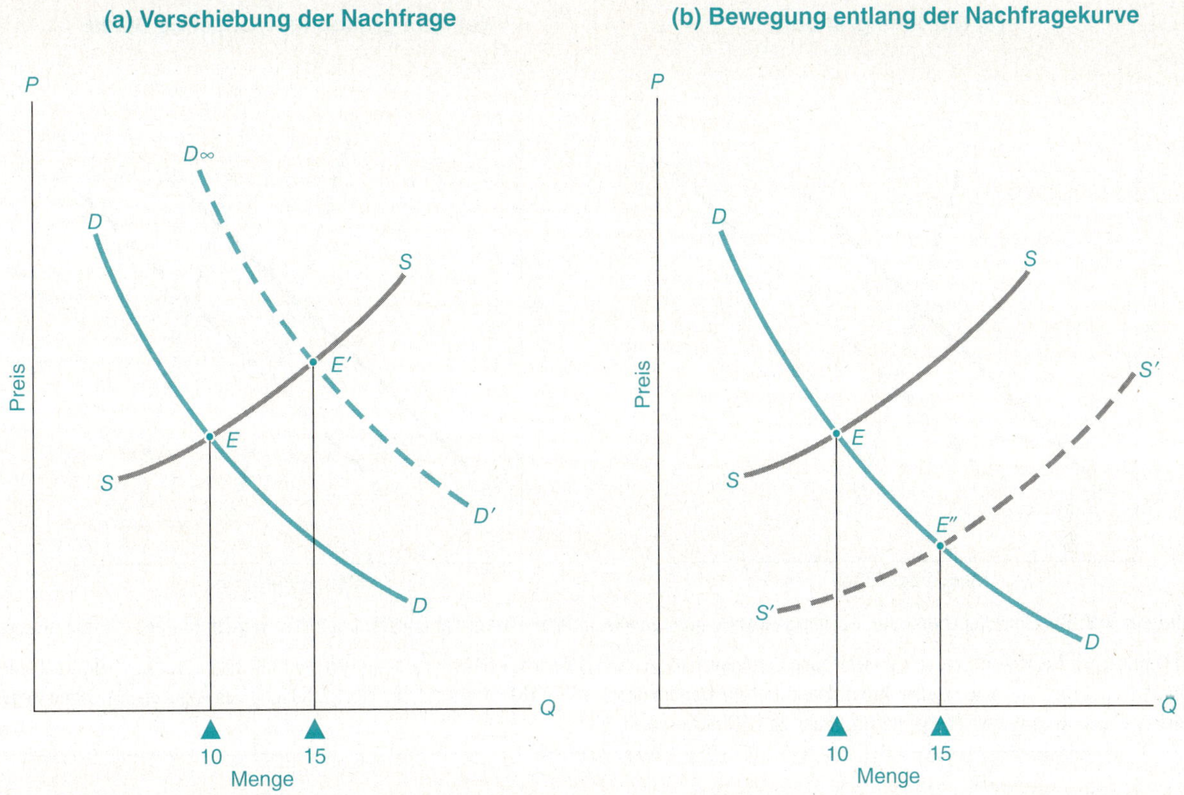

Abbildung 3-7: Verschiebung von und Bewegung entlang von Kurven

Beginnen wir mit einem ursprünglichen Gleichgewicht in E und einer Menge von 10 Einheiten. In **(a)** produziert eine Nachfragesteigerung (also eine Verschiebung der Nachfragekurve) ein neues Gleichgewicht von 15 Einheiten in E'. In **(b)** führt eine Angebotsverschiebung zu einer Bewegung entlang der Nachfragekurve von E nach E''.

Nachfragekurve dargestellt. In diesem Fall verändert eine Verschiebung des Angebots das Marktgleichgewicht von Punkt E zu Punkt E''. In der Folge steigt die nachgefragte Menge von 10 auf 15 Einheiten. Aber die Nachfrage verändert sich in diesem Fall nicht; stattdessen erhöht sich die nachgefragte Menge, weil sich die Konsumenten als Reaktion auf eine Preisänderung entlang ihrer Nachfragekurve von E hin zu E'' bewegen.

Gleichzeitige Verschiebung von Angebots- und Nachfragekurve

Die meisten realen wirtschaftlichen Situationen sind natürlich viel komplizierter als diese grob vereinfachten Beispiele. Sie umfassen mehrere zugleich wirksame Kräfte, die erst einmal erkannt werden müssen. Häufig treten Verschiebungen der Nachfrage- und der Angebotskurve sogar gleichzeitig auf, was die einfache, zuvor aufgestellte Faustregel leider ungültig macht.

Betrachten wir beispielsweise ein wichtiges politisches Thema – die Auswirkungen der Einwanderungsbewegungen auf die Löhne. Abbildung 3-8(a) zeigt eine einfache Angebots-/Nachfrageanalyse der Immigration. Neuzuwanderer verschieben die Angebotskurve für Arbeit nach rechts, was aller Voraussicht nach die Löhne senken wird. Und natürlich würden Ihnen das die meisten Ökonomen auch bestätigen.

Trotzdem haben aber mehrere, durchaus sorgfältig durchgeführte Studien keinerlei Hinweis darauf erbracht, daß Neuzuwanderer ein Lohndumping auslösen. Städte wie Miami und New York, die gerade während der letzten Jahre enorme Zuwanderungswellen geschluckt haben, sind gegenüber Städten, die für Zuwanderer weniger attraktiv sind, nicht eben als Billiglohngegenden bekannt. Dazu befragt, haben manche Wirtschaftswissenschaftler gemeint, Zuwanderer würden von sich aus eher jene Städte anpeilen, die größere Jobchancen bieten, Städte, in

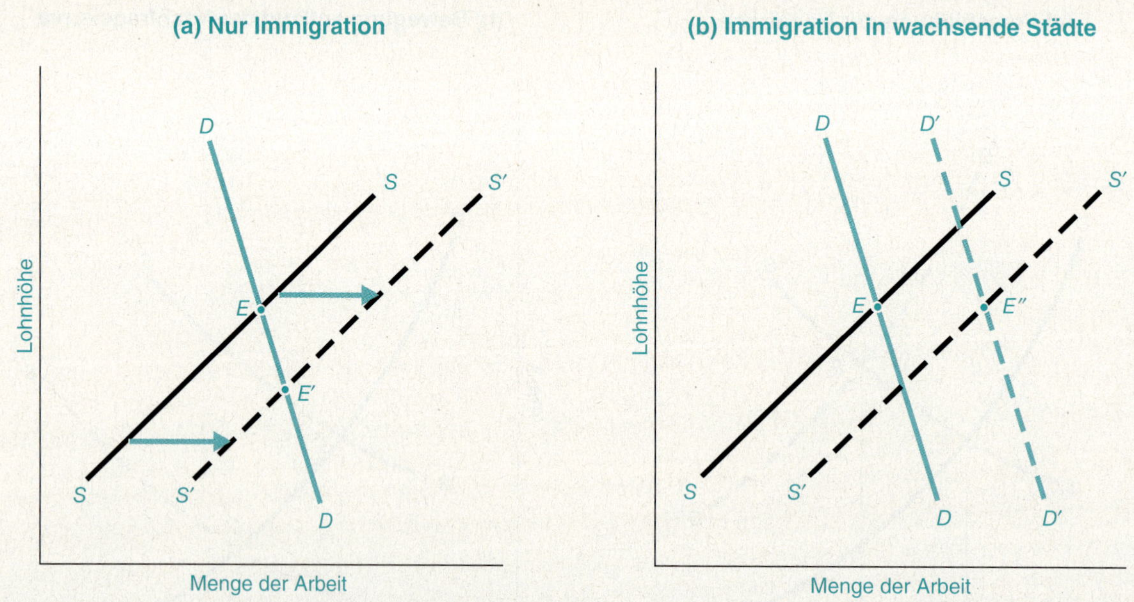

Abbildung 3-8: Bei einer Angebots- und Nachfrageanalyse müssen alle anderen Parameter konstant gehalten werden (Ceteris-paribus-Klausel)

In **(a)** verursachen Neuzuwanderer eine Verschiebung der Angebotskurve von *SS* nach *S′S′*. Wie hat man sich die Entwicklung vorzustellen, wenn alle Immigranten in Städte mit wachsendem Arbeitsmarkt ziehen? Dann müßten, wie in **(b)** dargestellt, bei einer Erhöhung des Angebots die Löhne wegen der gleichzeitigen Rechtsverschiebung der Nachfrage zu *D′D′* nicht sinken.

denen die Nachfrage nach Arbeitskräften durch die starke lokale Wirtschaft im Steigen begriffen ist. Sie finden diese Entwicklung in Abbildung 3-8(b) abgebildet, wobei sich die Nachfragekurve nach rechts verschiebt und das neue Gleichgewicht *E"* auf demselben Lohnniveau wie das alte Gleichgewicht *E* eintritt. (Wie hätte wohl die Lohnentwicklung ohne den Zuzug der Neuankömmlinge ausgesehen?)

Eine weitere Interpretationsmöglichkeit könnte dahin gehen, daß die ursprünglichen Bewohner die Stadt verlassen, sobald die Zuwanderer einziehen, so daß das Gesamtangebot an Arbeitskräften unverändert bleibt. Das ließe die Angebotskurve für Arbeit ebenso wie die Löhne unverändert. Und schließlich (erinnern Sie sich aus Tabelle 3-2 noch daran, daß die Bevölkerungszahl Auswirkungen auf die Nachfrage hat?) wäre es doch auch möglich, daß eine Welle von Zuwanderern, die ja die Bevölkerungszahl einer Stadt erhöht, auch die Nachfrage nach Arbeitskräften erhöht. (Können Sie ein Diagramm zeichnen, aus dem eine solche Entwicklung hervorgeht?)

Wie aber schaffen wir es, die Auswirkungen der Zuwanderung auf die Löhne so herauszuarbeiten, daß wir sie als isoliertes Problem erfassen können? Des Rätsels Lösung heißt: **Alle anderen Einflußfaktoren unverändert** belassen, **ceteris paribus**. Mit diesem sehr wichtigen Begriff des Ceteris paribus wollen wir sagen, daß sich zwar die jeweils untersuchte Variable verändert, alle anderen Variablen jedoch gleich belassen werden. Wenn wir daher den Einfluß der Zuwanderung auf die Löhne messen wollen, müssen wir die Auswirkungen von Neuzugängen bei gleichbleibender Stärke der lokalen Wirtschaft und bei unveränderter Anzahl an ursprünglichen Bewohnern prüfen – das heißt, daß „alles andere gleich" bleibt. Solange es nicht gelingt, die Auswirkungen anderer sich verändernder Variabler herauszufiltern, lassen sich die Auswirkungen der Zuwanderung nicht genau messen.

Dasselbe gilt für jede Angebots- und Nachfrageanalyse jedes Marktes. Wenn Sie daher die Auswirkungen einer Angebots- oder Nachfrageverschiebung untersuchen, achten Sie darauf, alle anderen Faktoren gleich zu belassen.

RATIONIERUNG ÜBER DEN PREIS

Machen wir einmal eine Bestandsaufnahme dessen, was der Marktmechanismus zu leisten imstande ist. Indem er den Gleichgewichtspreis und die Gleichgewichtsmenge aller Produktionsfaktoren und Güter regelt, kommt es zu einer Allokation oder Rationierung der knappen Güter der Gesellschaft unter allen möglichen Verwendungen. Aber wer übernimmt die Verteilung? Ein Planungskomitee oder ein Gesetzgeber? Nein. Der Markt erledigt durch die Wechselwirkung von Angebot und Nachfrage auch die Verteilung. Eine Verteilung über die Brieftasche sozusagen.

Welche Güter, *was*, wird produziert? Dieses Problem wird durch die Signalwirkung der Marktpreise gelöst. Hohe Erdölpreise stimulieren die Förderung, während niedrige Lebensmittelpreise der Landwirtschaft Ressourcen entziehen. Die Leute mit der höchsten Kaufkraft üben den größten Einfluß auf die Entscheidung darüber aus, welche Güter produziert werden sollen.

Für wen wird produziert? Die Macht der Brieftasche diktiert die Verteilung der Einkommen und des Konsums. Leute mit höheren Einkommen bekommen die größeren Häuser, die schöneren Kleider und den längeren Urlaub. Mit der Unterstützung durch ausreichende Barmittel lassen sich die dringendsten Bedürfnisse durch die Nachfragekurve problemlos befriedigen.

Und sogar die Frage des *Wie* wird von Angebot und Nachfrage entschieden. Wenn der Maispreis im Keller ist, zahlt es sich für die Landwirte nicht aus, ihre teuren Traktoren und Bewässerungssysteme dafür einzusetzen, und nur das allerbeste Land wird bebaut. Sobald die Ölpreise steigen, bohren die Ölgesellschaften eben auch in schwierigen Offshorelagen und leisten sich bei ihrer Suche nach neuen Lagerstätten kostspielige seismische Geräte und Techniken.

Durch diese Einführung in die Kräfte von Angebot und Nachfrage erhalten wir einen ersten Überblick darüber, welche Wechselwirkung zwischen unserem Bedürfnis nach Gütern, ausgedrückt durch die Nachfrage, und den Kosten der Güter, ausgedrückt durch das Angebot, besteht. Wir werden in der Folge noch Gelegenheit haben, unser Verständnis dieser Mechanismen zu vertiefen und einige praktische Anwendungen näher zu betrachten. Aber schon dieser erste Einblick liefert uns ein sehr wertvolles Werkzeug zur Interpretation der Wirtschaft, in der wir leben.

ZUSAMMENFASSUNG

1. Ein Markt stellt die Wechselwirkung zwischen Nachfrage (Konsumenten, die ihr Einkommen zwischen verfügbaren Gütern und Dienstleistungen aufteilen) und Angebot (sprich den Produkten der Unternehmen, die jene Menge und Qualität an Gütern herstellen, mit denen sie ihren Gewinn maximieren) dar. Eine Analyse von Angebot und Nachfrage zeigt, wie der Marktmechanismus die drei grundlegenden ökonomischen Probleme in den Griff bekommt, nämlich das *Was, Wie* und das *Für wen*. Sie zeigt, wie mit den Ausgaben der Konsumenten über Preis und Menge der verschiedenen Güter entschieden wird.

A. Die Nachfragefunktion

2. Die Nachfragefunktion stellt das Verhältnis zwischen der nachgefragten Menge und dem Preis eines Wirtschaftsgutes dar, wenn alle anderen Einflußfaktoren gleich bleiben (ceteris paribus). Eine solche Nachfragefunktion, graphisch dargestellt durch die Nachfragekurve, beläßt die anderen Faktoren, wie Haushaltseinkommen, persönlichen Geschmack und Preise der anderen Güter, unverändert. Beinahe alle Güter gehorchen dem *Gesetz des negativen Nachfrageverlaufs*, das besagt, daß die nachgefragte Menge bei steigenden Preisen abnimmt. Dieses Gesetz wird durch die negative Steigung der Nachfragekurve dargestellt.
3. Zahlreiche Einflüsse liegen der Nachfragefunktion für den Markt als ganzen zugrunde: durchschnittliche Haushaltseinkommen, Bevölkerungszahl, Preise zueinander in Beziehung stehender Güter, persönliche Vorlieben und spezifische Einflußfaktoren. Bei einer Änderung dieser Einflußfaktoren verschiebt sich die Nachfragekurve.

B. Die Angebotsfunktion

4. Die Angebotsfunktion (oder Angebotskurve) weist das Verhältnis zwischen der Menge eines Wirtschaftsgutes, das die Produzenten verkaufen wollen – ceteris paribus, also wenn alles andere gleich bleibt –, und dem Preis dieses Gutes aus. Im allgemeinen reagiert die angebotene Menge positiv auf den Preis, das heißt, daß die Angebotskurve nach rechts oben verläuft.
5. Aber das Angebot wird auch noch durch andere Faktoren als den Preis des Gutes beeinflußt. Der wichtigste Einflußfaktor ist in den Produktionskosten zu sehen, die ihrerseits vom Stand der Technologie und von den Faktorpreisen abhängen. Weitere Elemente, die sich auf das Angebot auswirken, umfassen die Preise miteinander in Beziehung stehender Güter, staatliche Eingriffe und spezifische Einflußfaktoren.

C. Gleichgewicht von Angebot und Nachfrage

6. Das Gleichgewicht von Angebot und Nachfrage auf einem vollkommenen Markt ergibt sich bei jenem Preis, bei dem

sich die Kräfte von Angebot und Nachfrage im Gleichgewicht befinden. Der Gleichgewichtspreis ist jener Preis, bei dem die nachgefragte Menge genau der angebotenen Menge entspricht. Graphisch aufbereitet finden wir das Gleichgewicht im Schnittpunkt zwischen Angebots- und Nachfragekurve. Bei einem Preis über dem Gleichgewicht wollen die Produzenten mehr erzeugen, als die Konsumenten zu kaufen gewillt sind, was zu einem Güterüberhang führt und einen Druck auf die Preise auslöst. Ein zu geringer Preis führt zu einer Fehlmenge, und die Konsumenten treiben den Preis ihrerseits in die Höhe, bis das Gleichgewicht wieder hergestellt ist.

7. Verschiebungen der Angebots- und der Nachfragekurve verändern das Preis- und Mengengleichgewicht. Eine Steigerung der Nachfrage, die die Nachfragekurve nach rechts verschiebt, erhöht sowohl den Gleichgewichtspreis als auch die Gleichgewichtsmenge. Ein höheres Angebot, das die Angebotskurve nach rechts verschiebt, bedeutet eine Senkung der Preise und eine Steigerung der nachgefragten Menge.
8. Will man eine Angebots- und Nachfrageanalyse korrekt durchführen, ist (a) eine Änderung in der Nachfrage oder im Angebot (die zu einer Verschiebung der Kurve führt) von einer Veränderung der nachgefragten oder angebotenen Menge (die einer Bewegung entlang der Kurve entspricht) zu unterscheiden; und außerdem ist (b) darauf zu achten, daß alle anderen Einflußfaktoren unverändert bleiben, was eine Unterscheidung zwischen den Auswirkungen einer Preisänderung und den Auswirkungen einer Veränderung anderer Faktoren erfordert.
9. Die auf dem Markt gebildeten Preise sorgen auch für die Verteilung des knappen Angebots an Gütern unter den Nachfragern.

BEGRIFFE ZUR WIEDERHOLUNG

Angebots- und Nachfrageanalyse

Nachfragefunktion oder -kurve, *DD*
Gesetz des negativen Nachfrageverlaufs
Einflußfaktoren auf die Nachfragekurve
Angebotsfunktion oder -kurve, *SS*
Einflußfaktoren auf die Angebotskurve
Gleichgewichtspreis und -menge
Verschiebung der Angebots- und Nachfragekurven
Ceteris-paribus-Klausel: „Wenn alles andere gleich bleibt“
Verteilung über den Preis

FRAGEN UND BEISPIELE

1. Definieren Sie genau, was man unter einer Nachfragefunktion oder -kurve versteht. Erklären Sie das Gesetz des abnehmenden Nachfrageverlaufs. Illustrieren Sie dieses Gesetz anhand zweier Fälle aus ihrer eigenen Erfahrung.
2. Definieren Sie das Konzept der Angebotsfunktion oder -kurve. Weisen Sie nach, daß ein Angebotszuwachs eine Verschiebung der Angebotskurve nach rechts und nach unten bedeutet. Stellen Sie dem eine Verschiebung der Nachfragekurve nach rechts und nach oben gegenüber, die durch eine gesteigerte Nachfrage ausgelöst wird. Erklären Sie den Unterschied.
3. Was könnte die Nachfrage nach Hamburgern steigern? Wodurch könnte sich das Angebot erhöhen? Welche Auswirkungen hätten Tiefkühl-Billigpizzas auf das Marktgleichgewicht bei Hamburgern? Auf die Löhne der Studenten, die bei McDonald's arbeiten?
4. Erklären Sie, warum sich der Preis auf einem vollkommenen Markt im Gleichgewichtsschnittpunkt zwischen Angebot und Nachfrage einpendelt. Erklären Sie, was passiert, wenn sich der Marktpreis als zu hoch oder zu niedrig erweist.
5. Erklären Sie, warum jede der folgenden Aussagen falsch ist:
   a. Frost in den Kaffeeplantagen Brasiliens senkt den Kaffeepreis.
   b. Der hohe Rohölpreis durch das politische Chaos in Rußland wird die amerikanische Nachfrage nach Erdöl dämpfen.
   c. Die enorme Steigung der Studiengebühren senkt die Nachfrage nach einem Collegestudium.
   d. Der Krieg gegen die Drogenmafia, der es möglich macht, immer mehr importiertes Kokain abzufangen, senkt den Preis für einheimisches Marihuana.
6. Die vier Gesetze von Angebot und Nachfrage lauten wie folgt:
   a. Eine Steigerung der Nachfrage führt im allgemeinen zu einer Erhöhung der Preise und erhöht die nachgefragte Menge.
   b. Ein Rückgang der Nachfrage führt im allgemeinen zu .... der Preise und .... die nachgefragte Menge.
   c. Eine Steigerung des Angebots führt im allgemeinen zu einer Senkung der Preise und erhöht die nachgefragte Menge.
   d. Ein Rückgang des Angebots führt im allgemeinen zu .... der Preise und ....die nachgefragte Menge.

Setzen Sie die richtigen Zeitwörter ein. Veranschaulichen Sie jedes Gesetz mit einem Angebots- und Nachfragediagramm.

7. Erklären Sie für jede der folgenden Aussagen, ob sich die nachgefragte Menge wegen einer Verschiebung der Nachfrage oder einer Preisänderung verändert, und zeichnen Sie ein Diagramm, um Ihre Antwort zu veranschaulichen:
   a. Infolge der Kürzungen der Militärausgaben sinken die Preise für Armeestiefel.
   b. Die Fischpreise fallen, seit der Papst seinen Katholiken gestattet, auch am Freitag Fleisch zu essen.
   c. Höhere Erdölsteuern dämpfen den Benzinverbrauch.
   d. Nach der verheerenden Flutkatastrophe ist der Verkauf von Brot zurückgegangen.
   e. Nach der verheerenden Flutkatastrophe werden mehr Konzertkarten verkauft.
   f. Der schwarze Tod im Europa des vierzehnten Jahrhunderts hat die Arbeitskraft verteuert.

8. „Der Staat sollte die Schuhindustrie vor dem ruinösen Wettbewerb mit ausländischen Konkurrenten schützen. Damit dient er auch den Konsumenten, deren Nachfrage auf Grund der höheren inländischen Preise zurückgehen wird, was letztlich doch eine Preissenkung herbeiführt.“ Zeigen Sie anhand eines Diagramms, warum diese Aussage falsch ist. Führen Sie eine korrekte Analyse der angebotsseitigen Auswirkungen einer Importbeschränkung für ausländische Schuhe auf dem Schuhmarkt durch.

9. Zeichnen Sie anhand der folgenden Daten die Angebots- und Nachfragekurve und ermitteln Sie Gleichgewichtspreis und -menge.

Preis ($/Pizza)	Angebot und Nachfrage von Pizza nachgefragte Menge (Pizzas/Halbjahr)	angebotene Menge (Pizzas/Halbjahr)
10	0	40
8	10	30
6	20	20
4	30	10
2	40	0
0	125	0

Was geschähe wohl, würde sich die Nachfrage nach Pizzas bei jedem Preis verdreifachen? Was geschähe, würde der Pizzapreis ursprünglich 4 Dollar betragen?

10. Wie würden sich die Gebrauchtwagenpreise während einer Rezession entwickeln, wenn die Haushaltseinkommen zurückgehen? Fragen Sie sich zuerst, was mit der Angebotskurve für Gebrauchtwagen geschieht, wenn die wirtschaftlichen Bedingungen härter werden. (Woher kommen Gebrauchtwagen?) Verschiebt sich die Nachfragekurve für Gebrauchtwagen in einer Rezession ebenso?

TEIL ZWEI

MIKROÖKONOMIE: ANGEBOT, NACHFRAGE UND GÜTERMÄRKTE

KAPITEL 4

ANWENDUNGSMÖGLICHKEITEN DER ANGEBOTS- UND NACHFRAGEANALYSE

Der Meeresspiegel wird nicht sicherer in seiner Position gehalten als das Gleichgewicht der Werte in der Gesellschaft durch Nachfrage und Angebot; und Eingriffe oder gesetzliche Regelungen strafen sich durch rückläufige Entwicklungen, Überangebot und Bankrott selbst.

Ralph Waldo Emerson (1860)

Nachdem wir uns zur Einleitung einen groben Überblick über die Volkswirtschaft verschafft haben, wollen wir nun mit dem Studium der Mikroökonomie oder des Verhaltens einzelner Märkte beginnen, die in ihrer Gesamtheit die Wirtschaft ausmachen. Der Bleistiftmarkt kann zwar ganz anders beschaffen sein als der Automarkt, der sich seinerseits in vielerlei Hinsicht vom Markt für professionelle Basketballspieler unterscheidet, aber alle diese Märkte haben bestimmte wesentliche Merkmale gemeinsam, und sie zu verstehen und zu deuten ist das erklärte Ziel der Mikroökonomie.

Für unsere Zwecke wollen wir das Fachgebiet der Mikroökonomie in drei Teile gliedern. Im vorliegenden, ersten Teil konzentrieren wir uns dabei auf das Verhalten der *Gütermärkte*, das sind die Märkte für alle Waren und Dienstleistungen, die von den Unternehmen produziert werden. In den entsprechenden Kapiteln untersuchen wir, woher die Nachfrage der Konsumenten kommt, wie Unternehmen Entscheidungen treffen und wie Preise und Gewinne die Allokation der knappen wirtschaftlichen Ressourcen auf einem vollkommenen Markt effizient koordinieren. Des weiteren – im zweiten Teil – werden wir jene Formen des Marktversagens behandeln, die sich ergeben, wenn die Wirtschaft durch Monopole oder andere Ausprägungen unvollständigen Wettbewerbs beeinflußt wird.

Im dritten Teil schließlich wenden wir uns dem Studium der Faktormärkte zu, also den Märkten für Produktionsfaktoren wie Arbeit, Kapital und Boden. Diese Märkte sind äußerst wichtig und betreffen uns alle ohne Ausnahme, weil sich die Faktorpreise – Löhne, Zinsen und Pachten – auf das Einkommen von Arbeitern, Investoren und Grundbesitzern auswirken. Wir werden sehen, wie die Preisbildung auf den Faktormärkten vor sich geht und wie sie sich auf die Einkommensverteilung in einer Marktwirtschaft auswirkt.

Wenn wir noch ein wenig weiter nach vorne schauen, folgt schließlich Teil Vier mit einer Untersuchung der entscheidenden Rolle des Staates in einer modernen Marktwirtschaft. Dabei werden wir feststellen, daß der Staat in seiner Steuer- und Ausgabenpolitik ein Gleichgewicht zwischen *Effizienz* und *Fairness bzw. Gerechtigkeit* finden muß. Außerdem werden wir uns damit befassen, wie staatliche Eingriffe entweder Öl oder Sand im Getriebe der Wirtschaft sein können und wie staatliche Politik wirksame Maßnahmen gegen Armut und Elend treffen kann, die auf Grund der Einkommensverteilung über den Markt entstehen. Zuletzt wollen wir unsere Aufmerksamkeit den umweltpolitischen Aspekten der Wirtschaft zuwenden und Wege aufzeigen, wie dem Raubbau an unserer Umwelt ohne Beeinträchtigung des Wirtschaftswachstums Einhalt geboten werden kann.

A. ELASTIZITÄT VON NACHFRAGE UND ANGEBOT

Mit diesem Thema wollen wir unser Studium der Gütermärkte beginnen. Wie wir bereits in Kapitel 3 gesehen haben, ergeben Angebot und Nachfrage zusammen das Marktgleichgewicht. Die Theorie von Angebot und Nachfrage läßt sich dazu benützen, eine ganze Reihe wichtiger und interessanter Fragen zu beantworten. Wenn beispielsweise eine neue Erdölsteuer eingehoben wird, wer trägt die Kosten? Autofahrer oder Ölgesellschaften? Nützt oder schadet den Arbeitern eine Anhebung des Mindestlohnes? Sollten die Fluglinien die Flugpreise anheben, um möglichst gute Erträge zu erzielen, oder wären sie besser beraten, mit dem Preis herunterzugehen, um die größtmögliche Auslastung zu erzielen?

Damit aus den Angebots- und Nachfragekurven wirklich brauchbare Werkzeuge werden, müssen wir wissen, *wie stark* Angebot und Nachfrage auf Preisänderungen reagieren. Ein Markt für Luxusgüter wie Fernreisen, bei denen die Konsumenten auf Preisänderungen äußerst sensibel reagieren, verhält sich völlig anders als ein Markt für lebensnotwendige Güter wie Nahrungsmittel, auf dem die Konsumenten ihr Kaufverhalten nach Preiserhöhungen kaum ändern. Und der Markt für Grund und Boden, auf dem die Angebotsmenge unabhängig von allen Preiserhöhungen fix ist, verhält sich wiederum anders als der Computermarkt, auf dem sich im Bedarfsfall umgehend mehr produzieren läßt.

Wir wenden uns damit dem Thema der Elastizität zu, um quantifizieren zu können, wie stark Angebot und Nachfrage auf Preisänderungen reagieren. Der Lohn für unsere Mühe winkt dann in der zweiten Hälfte des Kapitels, wo wir das neue Werkzeug gleich benutzen wollen, um die mikroökonomischen Auswirkungen von Steuern und anderen Arten staatlicher Eingriffe zu untersuchen.

PREISELASTIZITÄT DER NACHFRAGE

Betrachten wir als erstes die Reaktion der Konsumentennachfrage auf Preisänderungen:

Die **Preiselastizität der Nachfrage** (manchmal einfach als „**Preiselastizität**" bezeichnet) mißt, inwieweit sich die nachgefragte Menge eines Gutes infolge von Preisänderungen verändert. Die genaue Definition der Preiselastizität lautet: prozentuelle Änderung der nachgefragten Menge dividiert durch prozentuelle Änderung des Preises.

Die Güter variieren enorm in ihrer Preiselastizität oder Empfindlichkeit auf Preisänderungen. Bei hoher Preiselastizität eines Gutes sprechen wir von einer „elastischen" Nachfrage, was bedeutet, daß die nachgefragte Menge auf Preisänderungen stark reagiert. Wenn die Preiselastizität eines Gutes gering ist, bezeichnen wir es als „unelastisch", und seine nachgefragte Menge reagiert nur schwach auf Preisänderungen.

Bei lebensnotwendigen Gütern wie Nahrungsmitteln, Treibstoffen und Schuhen ist die Nachfrage zumeist unelastisch. Solche Güter braucht man unbedingt zum Leben, man kann auf sie nicht verzichten, nur weil ihr Preis steigt. Im Gegensatz dazu lassen sich Luxusgüter, wie etwa ein Schiurlaub in Utah, ein 17 Jahre alter Scotch Whiskey oder italienische Designeranzüge, problemlos ersetzen, sollten sie im Preis steigen.

Zusätzlich weisen Güter, die man problemlos substituieren kann, zumeist eine elastischere Nachfrage auf als jene, für die es keinerlei Ersatz gibt. Würden alle Nahrungsmittel- oder Schuhpreise morgen um 20 Prozent steigen, käme trotzdem keiner auf die Idee, die Leute sollten eben nicht mehr essen oder barfuß umherlaufen, und deshalb ist die Nachfrage nach Lebensmitteln und Schuhen preisunelastisch. Würde jedoch die Maul- und Klauenseuche unsere Rinderherden dezimieren und die Rindfleischpreise ebenso wie die Preise für Lederschuhe in die Höhe treiben, könnten die Leute ihren Fleischbedarf ebensogut mit Lammfleisch oder Geflügel decken und Schuhe aus einem anderen Material kaufen. Deshalb erweisen sich Rindfleisch und Lederschuhe als stark preiselastisch.

Ein weiterer wichtiger Faktor für die Preiselastizität eines Gutes ist die Zeit, die den Leuten bleibt, um auf Preisänderungen zu reagieren. Ein gutes Beispiel dafür ist Benzin. Stellen Sie sich vor, Sie machen gerade eine Reise quer durch die USA, und plötzlich steigt der Benzinpreis. Würden Sie in dieser Situation auf die Idee kommen, Ihr Auto zu verkaufen und den Urlaub abzubrechen? Doch wohl eher nicht, würde ich sagen. Kurzfristig gesehen kann deshalb die Nachfrage nach Benzin sehr unelastisch sein.

Langfristig passen Sie aber wahrscheinlich Ihr Verhalten an die gestiegenen Benzinpreise an. Sie könnten sich ein kleineres, sparsameres Auto kaufen, mit dem Fahrrad fahren, die Bahn nehmen, sich näher an Ihrem Arbeitsplatz niederlassen oder einer Fahrgemeinschaft beitreten. Bei vielen Gütern führt die Möglichkeit, die Konsummuster anzupassen, dazu, daß die Nachfrageelastizität langfristig gesehen höher ist als kurzfristig.

Wirtschaftliche Faktoren bei den Konsumenten bestimmen den überwiegenden Teil der Preiselastizitäten privater Güter: So ist die Elastizität tendenziell bei Luxusgütern, für die zumeist auch Ersatzgüter zur Verfügung stehen, höher, und sie ist ebenfalls höher, wenn den Konsumenten mehr Zeit bleibt, ihr Verhalten entsprechend anzupassen.

Berechnung der Elastizität

Wenn es uns gelingt, zu beobachten, wie sehr sich die nachgefragte Menge angesichts einer Preisänderung verändert, können wir die Elastizität berechnen. Die genaue Definition der Preiselastizität E_D lautet: Die prozentuelle Änderung der Nachfragemenge dividiert durch die prozentuelle Änderung des Preises.

Numerisch läßt sich der Koeffizient der Preiselastizität nach folgender Formel berechnen:

$$\text{Nachfragepreiselastizität} = E_D = \frac{\text{prozentuelle Änderung der Nachfragemenge}}{\text{prozentuelle Änderung des Preises}}$$

Wenden wir uns nun den verschiedenen Kategorien der Preiselastizität im Detail zu:

- Wenn eine einprozentige Preisänderung eine mehr als einprozentige Änderung der nachgefragten Menge nach sich zieht, spricht man von einer **preiselastischen Nachfrage**. Aus einem fünfprozentigen Nachfragerückgang angesichts einer einprozentigen Preissteigerung würden wir beispielsweise eine starke Preiselastizität der Nachfrage ableiten.
- Führt eine einprozentige Preisänderung zu einem Nachfragerückgang von weniger als einem Prozent, handelt es sich um eine **preisunelastische Nachfrage.** Dieser Fall tritt beispielsweise ein, wenn ein einprozentiger Preisanstieg die Nachfrage um nur 0,2 Prozent senkt.
- Ein wichtiger Sonderfall liegt vor, wenn die **Elastizität der Nachfrage den Wert 1 annimmt**, wenn also die prozentuelle Mengenänderung genau so groß ist wie die prozentuelle Preisänderung. In diesem Fall führt ein einprozentiger Preisanstieg zu einem ebenfalls einprozentigen Nachfragerückgang. Wie wir später noch sehen werden, ist damit impliziert, daß die Gesamtausgaben für das betreffende Wirtschaftsgut (= P x Q) trotz Preisänderung gleich bleiben.

Um die Elastizitätsberechnung zu veranschaulichen, betrachten wir den einfachen Fall einer Reaktion auf eine Preiserhöhung, wie er in Abbildung 4-1 dargestellt wird. In der Ausgangssituation betrug der Preis 90, die nachgefragte Menge 240 Einheiten.

Eine Preiserhöhung von 90 auf 110 bewirkte bei den Konsumenten, daß nur noch 160 Einheiten gekauft wurden. In Abbildung 4-1 befinden sich die Konsumenten ursprünglich auf Punkt A und bewegen sich, sobald der Preis steigt, entlang ihrer Nachfragefunktion hin zu Punkt B.

Abbildung 4-1: Eine elastische Nachfrage reagiert auf Preiserhöhungen mit einem Rückgang der nachgefragten Menge

Ursprünglich liegt das Marktgleichgewicht in Punkt A. Als Reaktion auf eine zwanzigprozentige Preissteigerung geht die nachgefragte Menge um 40 Prozent zurück zu Punkt B. Die Preiselastizität beträgt $E_D = 40/20 = 2$. Die Nachfrage ist daher im Bereich von A bis B elastisch.

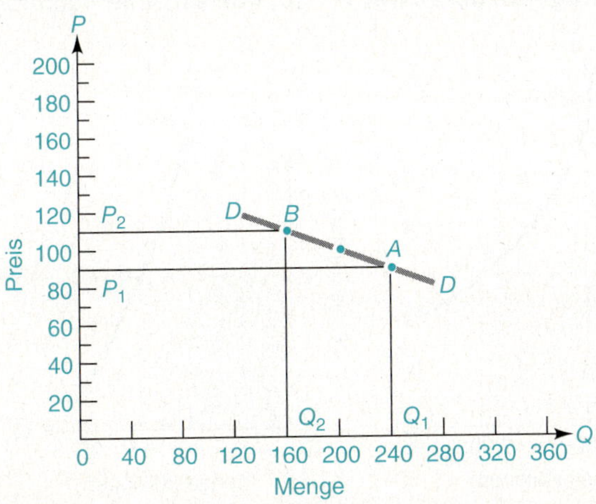

Fall A: Preis = 90 und Menge = 240
Fall B: Preis = 110 und Menge = 160

prozentuelle Preisänderung: $\Delta P/P$ = 20/100 = 20%

prozentuelle Mengenänderung: $\Delta Q/Q$ = –80/200 = –40%

Preiselastizität = E_D = 40/20 = 2

Tabelle 4-1: Beispiel eines Gutes mit elastischer Nachfrage

Stellen wir uns eine Situation vor, in der der Preis eines Gutes von 90 auf 100 angehoben wird. Entsprechend der Nachfragekurve geht die nachgefragte Menge von 240 auf 160 zurück. Die Preiselastizität ist das Prozentverhältnis der Mengenänderung dividiert durch das Prozentverhältnis der Preisänderung. Das Minuszeichen vor den Zahlen wird weggelassen, denn Elastizitäten sind immer positiv.

Tabelle 4-1 zeigt, wie wir die Preiselastizität berechnen. Die Preissteigerung beträgt 20 Prozent, der daraus resultierende Nachfragerückgang 40 Prozent. Die Preiselastizität der Nachfrage beträgt damit offensichtlich $E_D = 40/20 = 2$. Die Preiselastizität ist größer als 1, daher weist dieses Gut im Bereich von *A* nach *B* eine preiselastische Nachfrage auf.

Bei der Berechnung der Elastizität sind drei wichtige Punkte zu beachten. Erstens wird das Minuszeichen immer weggelassen, indem alle prozentuellen Änderungen als positive Zahlen behandelt werden. Deshalb muß die Elastizität immer positiv sein, auch wenn sich Preise und Nachfragemengen auf Grund des Gesetzes des negativen Nachfrageverlaufs in entgegengesetzte Richtungen bewegen.

Beachten Sie bitte zweitens, daß sich die Elastizitätsdefinition auf prozentuelle, also relative Änderungen von Preis und Nachfrage stützt, nicht auf die absoluten Änderungen. Das bedeutet, daß eine Änderung der Maßeinheiten ohne Auswirkung auf die Elastizität bleibt. In der Praxis: ob wir in unserer Berechnung den Preis in Cents oder Dollar messen, ist für die Preiselastizität gleichgültig.

Ein dritter wichtiger Punkt betrifft die konkrete Vorgangsweise zur Berechnung prozentueller Veränderungen von Preis und Menge. Die Formel für eine prozentuelle Änderung lautet $\Delta P/P$. Der Wert von ΔP in Tabelle 4-1 beträgt eindeutig 20 = 110-90. Nicht so offensichtlich ist hingegen, welchen Wert wir für *P* im Nenner einsetzen sollen. Ist es der ursprüngliche Wert von 90, der Endwert von 110 oder irgendein Wert dazwischen?

Bei sehr geringen prozentuellen Änderungen, etwa von 99 auf 100, ist es ziemlich egal, ob wir 99 oder 100 als Nenner einsetzen. Bei einer größeren Differenz hingegen ergibt sich hier ein signifikanter Unterschied. Um Unklarheiten möglichst zu vermeiden, verwenden wir daher immer den *Durchschnittspreis* als Basispreis für die Berechnung der Preisänderung. In Tabelle 4-1 wählen wir den Durchschnittswert der beiden Preise [P = (90 + 110)/2 = 100] als Basis oder Nenner für die Elastizitätsformel. Und entsprechend verwenden wir die *Durchschnittsmenge* [Q = (160 + 240)/2 = 200] als Grundlage für die Messung der prozentuellen Mengenänderung. Die exakte Formel zur Berechnung der Elastizität lautet daher:

$$E_p = \frac{\Delta Q}{(Q1+Q2)/2} + \frac{\Delta P}{(P1+P2)/2}$$

wobei P1 und Q1 den ursprünglichen Preis und die ursprüngliche Menge und P2 und Q2 den neuen Preis und die neue Menge darstellen.

Preiselastizität in Diagrammen

Die Preiselastizität läßt sich auch in Diagrammen darstellen. Abbildung 4-2 zeigt die drei möglichen Fälle von Elastizitäten. In jedem der angegebenen Fälle halbiert sich der Preis, und die Konsumenten ändern in der Folge die nachgefragte Menge von A nach B.

In Abbildung 4-2(a) führt die Halbierung des Preises zu einer Verdreifachung der nachgefragten Menge. Wie in Abbildung 4-1 zeigt dieser Fall eine preiselastische Nachfrage. In Abbildung 4-2(c) hat die Halbierung des Preises einen nur fünfzigprozentigen Anstieg der

Abbildung 4-2: Die Preiselastizität der Nachfrage zerfällt in drei Kategorien

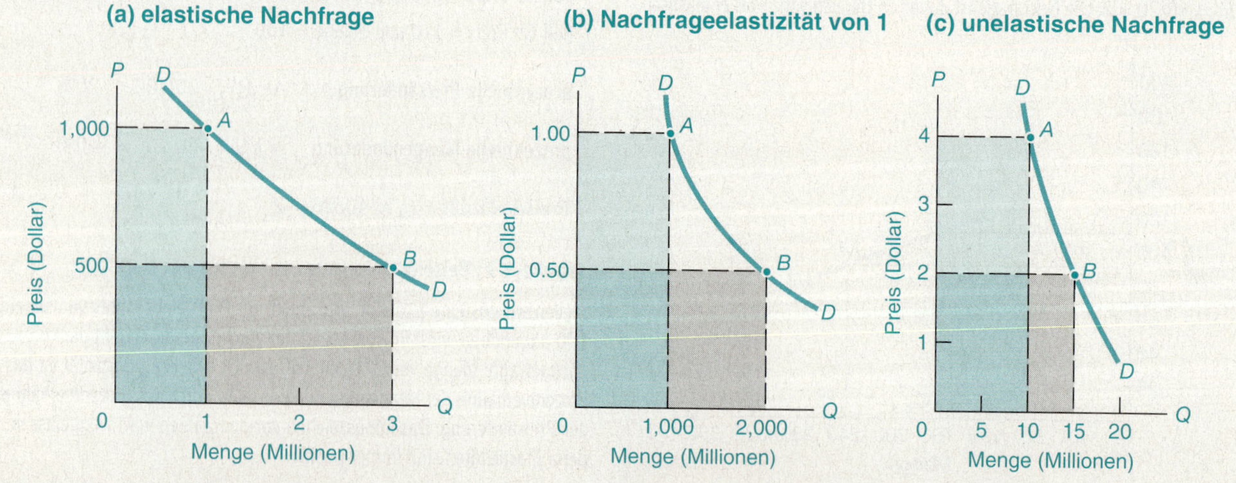

Numerische Berechnung des Elastizitätskoeffizienten

Q	ΔQ	P	ΔP	$\frac{Q_1+Q_2}{2}$	$\frac{P_1+P_2}{2}$	$E_D = \frac{\Delta Q}{(Q_1+Q_2)/2} \div \frac{\Delta P}{(P_1+P_2)/2}$
0		6				
	10		2	5	5	$\frac{10}{5} \div \frac{2}{5} = 5 > 1$
10		4				
	10		2	15	3	$\frac{10}{15} \div \frac{2}{3} = 1$
20		2				
	10		2	25	1	$\frac{10}{25} \div \frac{2}{1} = 0{,}2 < 1$
30		0				

Tabelle 4-2: Berechnung der Preiselastizität entlang einer linearen Nachfragekurve

ΔP bezeichnet die Preisänderung, d.h. $\Delta P = P2 - P1$, während die Mengenänderung $\Delta Q = Q2 - Q1$. Die Elastizität wird als numerischer Wert berechnet, indem die prozentuelle Preisänderung als ΔP dividiert durch den Durchschnittspreis errechnet wird; danach wird die prozentuelle Mengenänderung als $\Delta Q/Q$ berechnet, wobei Q die Durchschnittsmenge darstellt. Das daraus resultierende Verhältnis gibt als Ergebnis die numerische Preiselastizität der Nachfrage, E_D, an, wobei negative Vorzeichen wegzulassen sind. Bitte beachten Sie, daß auf der Geraden die Elastizität im oberen Bereich hoch, unten gering und in der Mitte 1 ist.

nachgefragten Menge zur Folge, es handelt sich daher um eine preisunelastische Nachfrage. Der Grenzfall mit einer Nachfrageelastizität von 1 wird in Abbildung 4-2(b) aufgezeigt: In diesem Beispiel entspricht die Verdoppelung der nachgefragten Menge genau der Halbierung des Preises.

Abbildung 4-3: Die vollkommen elastische und die vollkommen unelastische Nachfrage

Die beiden Extreme der Nachfrageelastizität sind einerseits vertikale Nachfragkurven, die eine absolut unelastische Nachfrage darstellen ($E_D = 0$), und andererseits horizontale Nachfragekurven, die eine absolut elastische Nachfrage darstellen ($E_D' = \infty$).

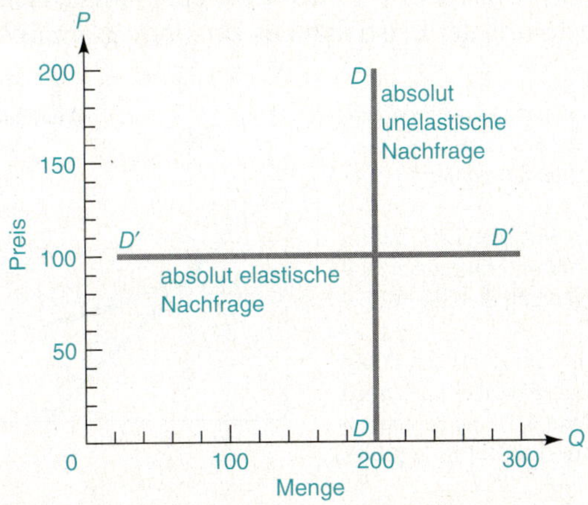

Abbildung 4-3 zeigt die wichtigen entgegengesetzten Extreme der vollkommen (unendlich) elastischen und der vollkommen unelastischen (starren) Nachfrage. Eine vollkommen unelastische oder starre Nachfrage bedeutet, daß die nachgefragte Menge auf die Preisänderung überhaupt nicht reagiert. Diese Form der Nachfrage entspricht einer *vertikalen* Nachfragekurve. Bei einer im Gegensatz dazu vollkommen elastischen Nachfrage führt hingegen eine geringfügige Preisänderung bereits zu einer unendlich großen Änderung der nachgefragten Menge, wie in der *horizontalen* Nachfragekurve in Abbildung 4-3 dargestellt.

Achtung: Elastizität und Steigung dürfen nicht verwechselt werden*. Volkswirte zeichnen Nachfragekurven häufig als lineare oder gerade Linien, und zwar hauptsächlich deshalb, weil dies einfacher ist. Nun drängt sich die Frage auf: Wie sieht eigentlich die Preiselastizität einer geraden Nachfragekurve aus?*

Die Antwort auf diese Frage ist einigermaßen überraschend. Entlang einer geraden Nachfragekurve variiert die Preiselastizität von Null bis unendlich! Tabelle 4-2 weist eine detaillierte Reihe von Elastizitätsberechnungen aus, wobei dieselbe Technik wie in Tabelle 4-1 verwendet wurde. Diese Tabelle zeigt, daß lineare Nachfragekurven mit einer hohen Preiselastizität beginnen, wobei der Preis hoch und die Nachfragemenge gering ist, und mit einer geringen Elastizität enden, wobei der Preis niedrig und die Nachfragemenge groß ist.

Damit wird ein wichtiger Punkt angesprochen. Wenn Sie eine Nachfragekurve in einem Diagramm sehen, dürfen Sie im allgemeinen nicht *davon ausgehen, daß eine steile Steigung der Nachfragekurve eine unelastische Nachfrage, eine flache Steigung jedoch eine elastische Nachfrage bedeutet. Die Steigung ist nicht dasselbe wie die Elastizität, weil die Steigung der Nachfragekurve von den absoluten Veränderungen von* P *und* Q*, die Elastizität hingegen von ihrer* prozentuellen *Veränderung abhängt. Die einzige Ausnahme sind die entgegengesetzten Extreme der vollkommen elastischen und der vollkommen unelastischen Nachfrage.*

Sie haben die Möglichkeit, hier ein wenig tiefer zu gehen und Abbildung 4-2(b) zu studieren. Diese Nachfragekurve ist klar erkennbar keine gerade Linie mit konstanter Steigung. Trotzdem hat sie eine konstante Nachfrageelastizität von $E_D = 1$*, weil die prozentuelle Preisänderung überall genau der prozentuellen Mengenänderung entspricht. Denken Sie also immer daran: Elastizität ist etwas ganz anderes als Steigung.*

Abbildung 4-4 zeigt die Falle, in die wir tappen können, wenn wir Steigung und Elastizität verwechseln. Sie sehen hier eine lineare oder gerade Nachfragekurve. Weil sie linear ist, ist ihre Steigung an jeder Stelle dieselbe. Aber der obere Teil der Linie weist in der Nähe von A eine sehr geringe prozentuelle Preisänderung bei äußerst großer prozentueller Mengenänderung auf, und die Elastizität ist daher extrem groß. Die Preiselastizität ist also hoch, wenn wir uns ganz oben auf der linearen *DD*-Kurve befinden. Dagegen sinkt die Preiselastizität bei einem niedrigen Preis schon beinahe auf den Nullpunkt.

Allgemeiner ausgedrückt: die Nachfrage ist oberhalb des Mittelpunktes *M* jeder geraden Linie elastisch, wobei $E_D > 1$. Im Mittelpunkt entspricht die Nachfrageelastizität dem Grenzfall, wobei $E_D = 1$. Unter dem Mittelpunkt ist sie hingegen unelastisch, wobei $E_D < 1$.

Während also die Extremfälle der vollkommen elastischen und der vollkommen unelastischen Nachfage aus der Steigung der Nachfragekurve allein ermittelt werden können, können die Elastizitäten für alle anderen, dazwischenliegenden Fälle – und dies trifft auf beinahe alle Güter zu – nicht durch die Steigung allein ermittelt werden (in Abbildung 4-5 finden Sie eine Möglichkeit zur Berechnung der Elastizität aus einem Diagramm).[1]

Die Elastizität auf der Gerade

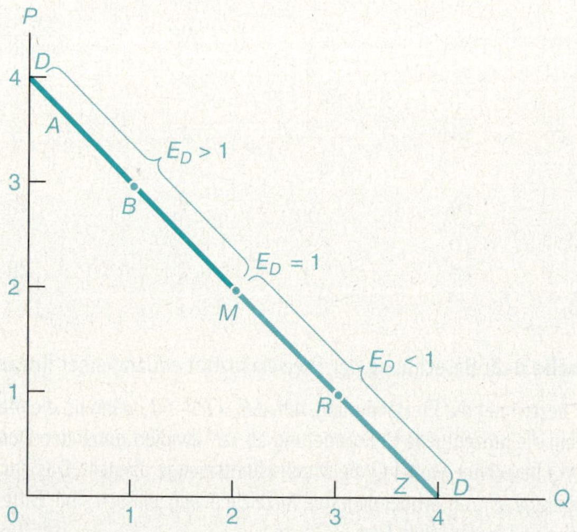

Abbildung 4-4: Steigung und Elastizität sind nicht dasselbe
Alle Punkte auf der gerade verlaufenden Nachfragekurve haben dieselbe Steigung. Hingegen ist die Nachfrage oberhalb von Punkt *M* elastisch, darunter jedoch unelastisch. Direkt in Punkt *M* ist die Nachfrageelastizität 1. Nur im Falle vertikal oder horizontal verlaufender Geraden wie in Abbildung 4-3 läßt sich die Preiselastizität allein aus der Steigung ableiten.

[1] Mit einem einfachen Trick läßt sich die Preiselastizität einer Nachfragekurve ganz einfach berechnen. Die Regel besagt, daß *die Elastizität einer geraden Linie an einem bestimmten Punkt durch das Verhältnis der Länge des Liniensegmentes unter dem Punkt zur Länge des Liniensegmentes über dem Punkt ermittelt wird.*
Um dies zu erkennen, betrachten Sie zunächst Abbildung 4-4. Dabei werden Sie feststellen, daß im Mittelpunkt *M* die Länge des darüberliegenden Segmentes (*AM*) und jene des darunterliegenden Segmentes (*MZ*) genau gleich sind; daher ist die Elastizität $MZ/AM = 1$. In Punkt *B* ergibt dieselbe Formel $E_D = BZ/AB = 3$, in R $E_D = 1/3$.
Sobald man weiß, wie E_D für eine gerade Linie berechnet wird, kann man sie auch für jeden Punkt entlang der gekrümmten Nachfragekurve berechnen, wie in Abbildung 4-5 gezeigt wird. (1) Zeichnen Sie die geradlinige Tangente zur Kurve in Ihrem Punkt (z.B. in *B* in Abbildung 4-5) und berechnen Sie anschließend (2) die E_D für die gerade Linie in diesem Punkt (z.B. E_D in $B = 3$). Das Ergebnis entspricht der korrekten Elastizität der Kurve im Punkt *B*.

Abbildung 4-5

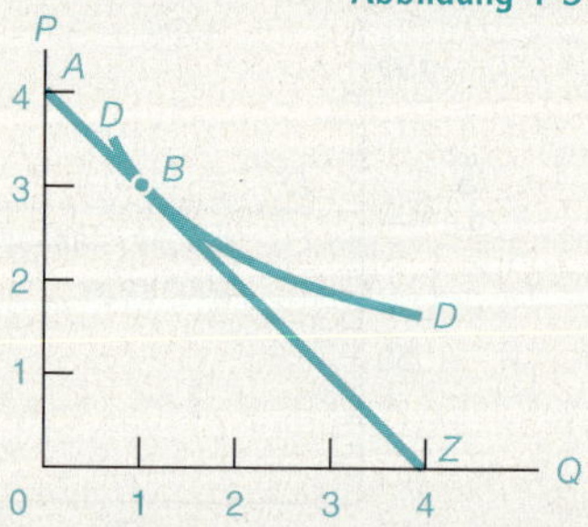

ELASTIZITÄT UND ERTRAG

Der Begriff der Preiselastizität eignet sich ausgezeichnet zur Analyse von Angebot und Nachfrage. Eine wichtige Anwendung der Elastizität ist dabei die Klärung der Frage, ob eine Preiserhöhung den Ertrag steigern oder senken wird. Diese Frage hat für die Unternehmen natürlich entscheidende Auswirkungen, egal ob es sich um Fluglinien, Restaurants oder Zeitungen handelt. Sie alle müssen darüber entscheiden, ob es sich lohnen könnte, die Preise anzuheben, und ob die höheren Preise die geringere Nachfrage überhaupt kompensieren würden. Betrachten wir zunächst die Beziehung zwischen Preiselastizität und Gesamtertrag.

Die Definition des **Gesamtertrages** lautet Preis mal Menge (oder *P* x *Q*). Unter der Annahme, daß 5 Einheiten eines Gutes zu je 3 Dollar gekauft werden, beträgt der Gesamtertrag 15 Dollar. Wenn Sie die Preiselastizität der Nachfrage kennen, wissen Sie jetzt auch, wie sich der Gesamtertrag nach einer Preisänderung entwickeln wird:

1. Bei preisunelastischer Nachfrage verringert eine Preissenkung den Gesamtertrag.
2. Bei preiselastischer Nachfrage erhöht eine Preissenkung den Gesamtertrag.
3. Im Grenzfall der Nachfrageelastizität von 1 bewirkt eine Preissenkung keinerlei Veränderung des Gesamtertrages.

So erweist sich die Nachfrage von Geschäftsreisenden nach Flugreisen beispielsweise unelastisch, und eine Preiserhöhung steigert daher bei Business-Tickets aller Voraussicht nach auch den Ertrag. Im Gegensatz dazu ist die Nachfrage nach Flugreisen bei Urlaubern viel elastischer, weil Urlauber frei wählen können, wohin und wann sie reisen wollen. Deshalb deutet alles darauf hin, daß eine Anhebung der Preise für Touristentickets den Ertrag schmälert.

Beispiel: Fliegen Sie am Finanzhimmel der „Air Elastizität“. *Die Nachfrageelastizität bei Passagierreisen zu kennen, ist den amerikanischen Fluglinien alljährlich Milliarden Dollar wert. Im Idealfall würden die Fluglinien Geschäftsreisenden natürlich gern den höchstmöglichen Preis verrechnen, während sie den Preis für Urlauber und Freizeitreisende niedrig genug halten würden, um eine maximale Auslastung zu garantieren. Auf diese Weise wäre eine Maximierung von Erträgen und Gewinnen garantiert.*

Mit ihrer Absicht, von den unelastisch reagierenden Geschäftsreisenden einen hohen Preis und von den überaus elastisch reagierenden Freizeitreisenden einen geringeren Preis zu verlangen, stehen die Fluglinien vor einem schwierigen Problem: Sie müssen die beiden Klassen von Passagieren getrennt halten. Wie können sie überhaupt die Geschäftsreisenden davon abhalten, die billigen Touristentickets zu kaufen, und es zugleich den Urlaubsreisenden verwehren, einfach jene Sitze zu besetzen, die die Geschäftsreisenden einnehmen hätten sollen? Die Fluglinien haben ihr Problem mit einem vielschichtigen, komplizierten Tarifsystem gelöst. Für viele Flugreisen zum Diskontpreis ist beispielsweise ein Aufenthalt über das Wochenende erforderlich, was die Mehrzahl der Geschäftsreisenden davon abhält, diese Tickets zu kaufen, weil sie ja das Wochenende zu Hause bei ihrer Familie verbringen möchten. Zusätzlich wird auf jedem Flug die Zahl der Billigtickets mit Hilfe ausgeklügelter Computerprogramme genau kontrolliert. Und deshalb machen viele Reisewillige immer wieder die frustrierende Erfahrung, daß ein besonders günstiges Angebot bereits ausverkauft ist.

Betrachten wir ein anderes Beispiel. Die wichtigen Nahrungsmittelmärkte, etwa für Weizen und Mais, sind in der Regel unelastisch; bei diesen lebensnotwendigen Gütern hängt der Verbrauch kaum vom Preis ab. Aber das bedeutet auch, daß die Farmer insgesamt bei einer guten Ernte einen schlechteren Gesamtertrag erzielen als bei einer Mißernte. *Paradoxerweise wirkt sich gutes Wetter auf die bäuerlichen Einkommen negativ aus.* Das zusätzliche Angebot durch üppige Ernten drückt den Preis. Aber der geringere Preis bewirkt zumeist keinen Anstieg der Nachfrage. Daraus läßt sich ableiten, daß eine geringe Preiselastizität bei Nahrungsmitteln bedeutet, daß gute Ernten (hoher Wert *Q*) einen geringen Ertrag (geringer Wert *P* x *Q*) zur Folge haben.

Um uns diesen Zusammenhang zu verdeutlichen, gehen wir zu Abbildung 4-2 zurück. Wir zeigen eingangs, wie der Ertrag im Diagramm selbst zu messen ist. Der Gesamtertrag ist das Produkt von Preis mal Menge, *P* x *Q*. Weiters lautet die Flächenformel für Rechtecke Produkt aus Länge mal Breite. Deshalb läßt sich der Gesamtertrag für jeden Punkt einer Nachfragekurve durch die Berechnung der Fläche des Rechtecks ermitteln, das durch die Werte von *P* und *Q* für diesen Punkt gebildet wird.

Als nächstes sehen wir uns die Beziehung zwischen Elastizität und Ertrag für den Fall in Abbildung 4-2(b) an, bei dem die Elastizität genau 1 beträgt. Beachten Sie

Wert der Nachfrageelastizität	Beschreibung	Definition	Auswirkung auf die Erträge
Größer als 1 ($E_D > 1$)	elastische Nachfrage	prozentuelle Änderung der nachgefragten Menge ist größer als die prozentuelle Preisänderung	Bei sinkendem Preis kommt es zu höheren Erträgen
Gleich 1 ($E_D = 1$)	Nachfrageelastizität von 1	prozentuelle Änderung der nachgefragten Menge ist gleich der prozentuellen Preisänderung	Bei sinkendem Preis bleiben die Erträge unverändert
Kleiner als 1 ($E_D < 1$)	unelastische Nachfrage	prozentuelle Änderung der nachgefragten Menge ist kleiner als die prozentuelle Preisänderung	Bei sinkendem Preis kommt es zu geringeren Erträgen

Tabelle 4-3: Aus der Übersichtstabelle über die verschiedenen Formen der Elastizität sind die wichtigsten Grundprinzipien ersichtlich

bitte, daß der schattierte Ertragsbereich (P x Q) für beide Punkte A und B 1000 Dollar beträgt. Die schattierten Flächen, die den Gesamtertrag darstellen, sind wegen der einander ausgleichenden Veränderungen der Basis Q und der Höhe P gleich groß. Und genau das ist es, was wir für den Grenzfall einer Nachfrage mit der Elastizität von 1 erwartet haben.

Überdies ist ersichtlich, daß sich Abbildung 4-2(a) auf eine elastische Nachfrage bezieht. In dieser Abbildung erweitert sich das Ertragsrechteck von 1000 Millionen Dollar auf 1500 Millionen, sobald der Preis halbiert wird. Da der Gesamtertrag steigt, sobald der Preis gesenkt wird, kann die Nachfrage als elastisch bezeichnet werden.

In Abbildung 4-2(c) schrumpft das Ertragsrechteck von 40 Millionen Dollar auf 30 Millionen Dollar, wenn der Preis halbiert wird, die Nachfrage ist also unelastisch.

Welches Diagramm zeigt nun den Fall der Landwirtschaft, in der eine Superernte geringere Gesamterträge für die Farmer bedeutet? Nun, es handelt sich offensichtlich um Abbildung 4-2(c). Welches Diagramm stellt den Fall der Urlaubsreisen dar, bei denen ein geringerer Preis höhere Erträge gewährleisten würde? Richtig, Abbildung 4-2(a).

In Tabelle 4-3 finden Sie die wichtigsten Punkte, die Sie sich im Zusammenhang mit der Preiselastizität merken sollten.

PREISELASTIZITÄT DES ANGEBOTS

Natürlich ist der Konsum, die Nachfrage, nicht das einzige, was sich verändert, wenn die Preise steigen oder fallen. Auch die Angebotsentscheidungen der Unternehmen zeigen eine mehr oder weniger drastische Reaktion auf Preisänderungen. Wirtschaftswissenschafter definieren die Preiselastizität des Angebots als das Ausmaß der Veränderung der angebotenen Menge eines Gutes in Abhängigkeit von seinem Marktpreis.

Die **Preiselastizität des Angebots** mißt daher die prozentuelle oder relative Änderung der angebotenen Menge dividiert durch die prozentuelle oder relative Änderung des Preises.

Nehmen wir einmal an, die angebotene Menge ist absolut fix, beispielsweise, weil es sich um verderblichen Fisch handelt, der zu jedem erzielbaren Preis verkauft werden muß. Damit haben wir den Extremfall eines vollkommen unelastischen (starren) Angebots oder einer vertikalen Angebotskurve.

Am anderen Ende des Spektrums führt eine minimale Preissenkung zu einem Rückgang der angebotenen

Abbildung 4-6: Die Angebotselastizität hängt von der Reaktion der Produzenten auf den Preis ab

Bei fixem Angebot beträgt die Angebotselastizität wie in Kurve (a) 0. Kurve (c) zeigt eine unbeschränkt starke Reaktion der Menge auf Preisänderungen. Der dazwischenliegende Fall (b) tritt ein, wenn Mengen- und Preisänderung prozentuell gleich stark ausfallen.

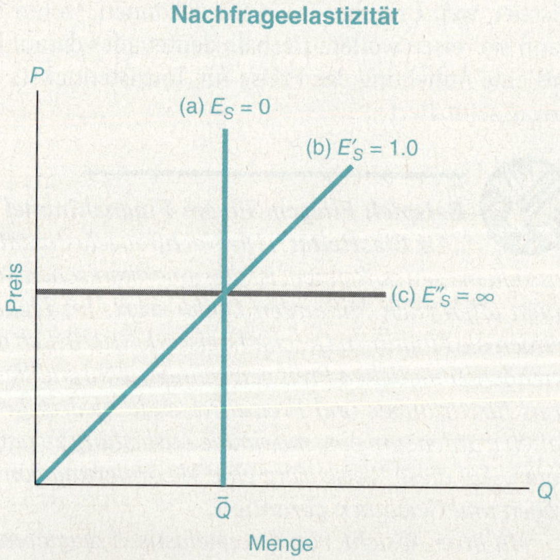

Menge auf Null, während der geringste Preisanstieg das Angebot unendlich vermehrt. Hier ist das Verhältnis zwischen der prozentuellen Änderung der angebotenen Menge und der prozentuellen Preisänderung extrem groß und führt zu einer horizontalen Angebotskurve. Es handelt sich daher um den entgegengesetzten Extremfall eines vollkommen oder unendlich elastischen Angebots.

Zwischen diesen beiden Extremen ist das Angebot mehr oder weniger elastisch bzw. unelastisch, je nachdem, ob die prozentuelle Mengenänderung größer oder kleiner ist als die prozentuelle Preisänderung. Im Grenzfall, in dem die Preiselastizität des Angebots den Wert 1 annimmt, entspricht der prozentuelle Anstieg der angebotenen Menge genau dem prozentuellen Preisanstieg.

Sie sehen also deutlich, daß die Preiselastizität des Angebots genauso definiert wird wie die Preiselastizität der Nachfrage. Der einzige Unterschied besteht darin, daß beim Angebot die Reaktion der Menge auf den Preis positiv ausfällt, bei der Nachfrage hingegen ist sie negativ.

Die exakte Definition der Preiselastizität des Angebots, E_s, lautet wie folgt:

$$E_s = \frac{\text{prozentuelle Änderung der angebotenen Menge}}{\text{prozentuelle Änderung des Preises}}$$

In Abbildung 4-6 sehen Sie die drei besonderen Falle der Angebotselastizität: Die vertikale Angebotskurve zeigt ein vollkommen unelastisches Angebot, die horizontale Angebotskurve ein vollkommen elastisches Angebot und der dazwischenliegende Fall einer durch den Ursprung verlaufenden geraden Linie zeigt den Grenzfall der Elastizität von 1 auf[2].

Welche Faktoren wirken sich auf die Angebotselastizität aus? Der wichtigste Faktor ist die Leichtigkeit, mit der sich die Produktion steigern läßt. Wenn Produktionsfaktoren problemlos zu den gängigen Marktpreisen aufgetrieben werden können, wie dies etwa in der Textilindustrie der Fall ist, läßt sich der Produktionsoutput schon bei einer geringen Preissteigerung kräftig erhöhen. Dies bedeutet, daß hier die Preiselastizität relativ groß ist. Wenn jedoch andererseits die Produktionskapazität begrenzt ist, was beispielsweise für die südafrikanischen Goldminen gilt, löst auch eine starke Erhöhung des Goldpreises nur eine minimale Reaktion auf die Fördermengen aus – ein anschauliches Beispiel für ein unelastisches Angebot.

Ein weiterer wichtiger Faktor im Zusammenhang mit der Angebotselastizität ist die Zeit. Bei einer gegebenen Preisänderung scheint die Wirkung auf die angebotenen Mengen umso stärker auszufallen, je länger die Anbieter Zeit haben zu reagieren. Unmittelbar nach einem Preisanstieg sind die Unternehmen häufig nicht in der Lage, ihren Produktionsinput, also Arbeit, Materialien und Kapital, zu vermehren, so daß das Angebot sehr unelastisch auf den Preis reagiert. Im Laufe der Zeit werden die Unternehmen aber neue Mitarbeiter aufnehmen, neue Fabriken bauen und ihre Kapazitäten ausbauen, sprich, die Angebotselastizität steigt.

B. ANWENDUNG DER ANGEBOTS- UND NACHFRAGEFUNKTION

Nun haben wir mit unserer Erörterung der Elastizität sozusagen das erforderliche Fundament gelegt und können uns einigen wichtigen Anwendungen der Angebots- und Nachfrageanalyse zuwenden. Vor allem wollen wir unsere neuen Kenntnisse dazu nützen, um die Auswirkungen verschiedener staatlicher Eingriffe in die Märkte zu studieren.

DIE AUSWIRKUNGEN VON STEUERN AUF PREIS UND MENGE

Staaten belegen bekanntlich eine ganze Reihe von Gütern mit Steuern – Zigaretten und Alkohol, Löhne und Gewinne. Mit Hilfe der Angebots- und Nachfrageanalyse können wir voraussagen, wer letztlich die Lasten einer Steuer trägt und wie sich die Steuer auf die Produktionsleistung auswirkt.

Konkret betrachten wir dazu den Fall einer Benzinsteuer, und wir wollen aufzeigen, wie sie Produktionsoutput und Marktpreise beeinflußt. Obwohl die staatliche Benzinsteuer in den USA im Jahr 1993 angehoben wurde, ist die Besteuerung von Erdölderivaten in den USA nach wie vor viel geringer als in den meisten europäischen Ländern, wo zwischen einem halben und einem Dollar pro Liter aufgeschlagen werden. Man hört immer wieder Forderungen nach einer Anhebung auch in den USA, um die Steuer nach und nach an das europäische

[2] Sie können die Elastizität einer Angebotskurve, die keine Gerade darstellt, in derselben Weise berechnen, die für die Nachfragekurve in der zugehörigen Fußnote 1 beschrieben wurde, indem Sie die gerade Linie zeichnen, die an einem bestimmten Punkt die Tangente bildet, und dann die Elastizität der geraden Tangentenlinie an dem Punkt messen.

Niveau heranzuführen. Eine höhere Steuer hätte dämpfende Wirkung auf den Verbrauch, was sich auf die Umweltqualität ebenso positiv auswirken könnte wie auf unsere Abhängigkeit von unverläßlichen ausländischen Ölquellen. Die höheren Erträge aus einer solchen Benzinsteuer könnten überdies dazu beitragen, das Bundesbudgetdefizit zu senken oder staatliche Programme besser zu dotieren.

Aber natürlich würde jeder umsichtige Präsident oder Senator zögern, die Benzinsteuer drastisch anzuheben, ohne zuvor klar die möglichen Folgen eines solchen Schritts absehen zu können. Bedienen wir uns daher unseres Werkzeugs, der Angebots- und Nachfrageanalyse, um die Inzidenz einer Benzinsteuer von einem Viertel Dollar pro Liter festzustellen. Unter **Inzidenz** versteht man die tatsächlichen wirtschaftlichen Auswirkungen oder Belastungen durch eine Steuer. Nur weil die Tankstellenbesitzer allmonatlich dem Staat einen Scheck mit ihren Benzinsteuereinnahmen zukommen lassen, bedeutet das noch nicht, daß diese Steuer die Einkommen der Tankstellenbesitzer verringert. Mit der Durchführung der Inzidenzanalyse möchten wir feststellen, wer die Steuer letztlich *tatsächlich* bezahlt. Es könnte ja durchaus sein, daß die Steuerbelastung auf den Konsumenten überwälzt wird und der Verbraucherpreis für Benzin tatsächlich um einen Viertel Dollar pro Liter in die Höhe schnellt. Ebensogut wäre es möglich, daß die Konsumenten plötzlich viel weniger Benzin kaufen und somit die Ölgesellschaften gezwungen wären, ihren Benzin-Großhandelspreis um einen Viertel Dollar zu senken, so daß der Endverbraucherpreis auf der alten Höhe gehalten werden könnte. Das würde bedeuten, daß die Steuerlast vollständig auf die Ölgesellschaften überwälzt wird. Wer jedoch angesichts der angesprochenen Extremlösungen die Steuerlast wirklich trägt, läßt sich nur mit Hilfe der Angebots- und Nachfrageanalyse feststellen.

Abbildung 4-7 liefert den Schlüssel dazu. Sie zeigt das ursprüngliche Gleichgewicht vor Einführung der Steuer bei *E*, im Schnittpunkt der Kurven *SS* und *DD*, bei einem Benzinpreis von einem Viertel Dollar pro Liter und einem Gesamtverbrauch von 400 Milliarden Litern jährlich. Wir stellen die Einführung der genannten Steuer in Höhe von einem Viertel Dollar pro Liter auf dem Benzin-Verbrauchermarkt als Verschiebung der Angebotskurve nach oben dar, wobei die Nachfragekurve unverändert bleibt. Die Nachfragekurve verschiebt sich nicht, weil die nachgefragte Menge für jeden Einzelhandelspreis nach der Steuererhöhung unverändert bleibt. Beachten Sie bitte, daß die Nachfagekurve für Benzin relativ unelastisch ist.

Im Gegensatz dazu verschiebt sich die Angebotskurve ganz deutlich um einen Viertel Dollar nach oben. Dies deshalb, weil die Produzenten eine gegebene Menge (sagen wir 400 Milliarden Liter) nur dann zu verkaufen gewillt sind, wenn sie denselben *Netto*preis dafür erhalten wie zuvor. Das bedeutet, daß bei jeder angebotenen Menge der Marktpreis genau in Höhe der neuen Steuer angehoben werden muß. Wären die Produzenten ursprünglich bereit gewesen, 320 Milliarden Liter zu 22 Cents je Liter zu verkaufen, möchten sie zwar dieselbe Menge weiterhin verkaufen, allerdings zu einem Preis von 47 Cents (wodurch nach Abzug der Steuer den Produzenten wie zuvor 22 Cents je Liter verbleiben).

Wo wird der neue Gleichgewichtspreis liegen? Die Antwort finden wir im Schnittpunkt der neuen Angebots- mit der neuen Nachfragekurve, also in *E'*, dort, wo *S'S'* und *DD* aufeinandertreffen. Wegen der Verschiebung der Angebotskurve ist der Preis höher. Auch die angebotene und nachgefragte Menge ist zurückgegangen. Wenn wir das Diagramm sorgfältig studieren, stellen wir fest, daß der neue Gleichgewichtspreis von einem Viertel auf etwa einen halben Dollar gestiegen ist. Die neue Produktionsmenge, bei der sich Angebot und Nachfrage im Gleichgewicht befinden, ist von 400 Milliarden auf etwa 320 Milliarden Liter gefallen.

Abbildung 4-7: Die Benzinsteuer trifft Konsumenten und Produzenten

Eine Benzinsteuer von $ 1 verschiebt die Angebotskurve überall um $ 1 nach oben, was eine neue Angebotskurve, *S'S'*, parallel zur ursprünglichen Angebotskurve, *SS*, ergibt. Diese neue Angebotskurve schneidet *DD* im neuen Gleichgewichtspunkt *E'*, wo der von den Konsumenten zu zahlende Preis um 90 Cent gestiegen und der von den Produzenten zu erzielende Preis um 10 Cents gefallen ist. Die blauen Pfeile zeigen Veränderungen von *P* und *Q* an.

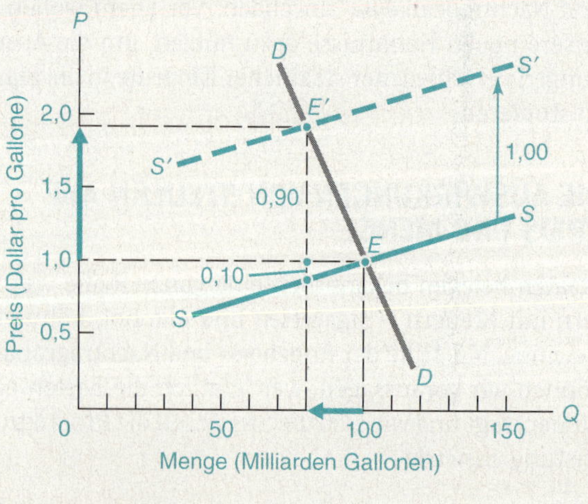

Wer aber bezahlt letztlich die Steuer? Wie steht es um die Inzidenz? Offensichtlich entfällt ein kleiner Teil auf die Ölindustrie, weil sie nur noch 22 Cents (47 Cents abzüglich 25 Cents Steuer) anstatt des früheren Viertel Dollars erhält. Aber den Großteil der Belastung hat der Konsument zu tragen, weil der Einzelhandelspreis um 25 Cents anzieht, was auf die Tatsache zurückzuführen ist, daß das Angebot zwar einigermaßen preiselastisch, die Nachfrage jedoch relativ preisunelastisch ist.

Dieselbe Analyse läßt sich bei vielen anderen Steuern ebenso anwenden. Mit diesem neuen Hilfsmittel können wir verstehen, wie sich Zigarettensteuern sowohl auf die Preise als auch auf den Verbrauch an Zigaretten auswirken; welchen Einfluß Importsteuern oder -zölle auf den Außenhandel ausüben und wie Grundsteuern, Sozialversicherungsabgaben und Körperschaftssteuern Grundstückspreise, Löhne und Zinsniveau beeinflussen. Hier eine allgemeine Regel zur Ermittlung der Steuerinzidenz:

Die Inzidenz einer Steuer wird durch die Auswirkung auf Preise und Mengen im Angebots- und Nachfragegleichgewicht bestimmt. Im allgemeinen trifft eine Steuer entweder die Konsumenten oder die Produzenten am härtesten, und zwar je nach ihrer Nachfrage- und Angebotselastizität. Eine Steuer wird nach vorne auf die Konsumenten überwälzt, wenn die Nachfrage im Verhältnis zum Angebot unelastisch ist; eine Steuer wird nach hinten auf die Produzenten rückgewälzt, wenn das Angebot weniger elastisch ist als die Nachfrage.

GESETZLICHE PREISFESTSETZUNG

In manchen Fällen verfügt der Staat, anstatt ein Wirtschaftsgut zu besteuern, Preisober- und -untergrenzen. Zu den bekanntesten Beispielen für derartige staatliche Maßnahmen gehören Mindestlöhne für Arbeitnehmer und Höchstgrenzen für Zinssätze, die Darlehensgeber maximal verlangen dürfen (sogenannte Wuchergesetze). In Kriegszeiten verfügt der Staat häufig Lohn- und Preiskontrollen, um die Inflationsspirale zu durchbrechen.

Diese staatlichen Eingriffe in die Gesetze von Angebot und Nachfrage unterscheiden sich ganz wesentlich von den Steuern, auf die der Markt über Angebot und Nachfrage ja reagieren kann. Obwohl jederzeit ein politischer Druck besteht, die Preise möglichst niedrig und die Löhne und Gehälter möglichst hoch zu halten, lehrt die Erfahrung, daß sektorspezifische Preis- und Lohnkontrollen zu schwerwiegenden wirtschaftlichen Verzerrungen führen. Wie schon Adam Smith wußte, als er gegen den Merkantilismus seiner Zeit ankämpfte, leiden die meisten Wirtschaftssysteme unter Ineffizienzen, ausgelöst durch wohlgemeinte, aber nicht hinreichend durchdachte Eingriffe in die Mechanismen von Angebot und Nachfrage. Die Festlegung von Preisober- oder -untergrenzen auf einem Markt führt immer wieder zu überraschenden, oft auch zu perversen wirtschaftlichen Effekten. Wollen Sie wissen, warum?

Preisober- und -untergrenzen

Die beiden in Abbildung 4-8 dargestellten Beispiele staatlicher Eingriffe – verordnete Mindestlöhne und Höchstzinssätze – zeigen die sehr überraschenden Nebenwirkungen, die sich aus Eingriffen des Staates in die Preis- und Mengenbildung durch den Markt ergeben können.

- *Mindestlöhne*. Es kommt immer wieder vor, daß Staaten eine Untergrenze für die meisten Löhne und Gehälter festsetzen. Zwar regt sich kaum je Widerspruch, wenn höhere Löhne zur Bekämpfung der Armut gefordert werden, aber wissenschaftliche Studien zeigen ohne jeden Zweifel, daß hohe Mindestlöhne häufig gerade jenen schaden, die eigentlich von ihnen profitieren sollten, weil dadurch die Anzahl der freien Stellen zurückgeht. Abbildung 4-8(a) zeigt, wie ein hoher Mindestlohn zu hoher Arbeitslosigkeit führt.
  Eine Anhebung der Mindestlöhne kann manchmal sogar die Armut verschärfen, wenn nämlich die Gesamteinnahmen der schlecht ausgebildeten Arbeitskräfte in Niedriglohnbranchen zurückgehen. Die bereits erwähnten Studien lassen den Schluß zu, daß die Preiselastizität der Nachfrage nach schlecht ausgebildeten Arbeitskräften über 1 liegt, weil die Unternehmen eher auf besser ausgebildete Arbeitskräfte, auf Kapital und auf ausländische Niedriglohn-Arbeiter zurückgreifen, als weiterhin einheimische Hilfsarbeiter zu beschäftigen. Da die Nachfrage nach Niedriglohnarbeitskräften offensichtlich elastisch ist – können Sie sagen, warum eine Anhebung des Mindestlohnniveaus die Gesamteinnahmen der Arbeiter, die diesen Mindestlohn erhalten, *senkt* (siehe Frage 6 am Ende dieses Kapitels)?

- *Höchstzinssätze*. Zinsen sind der Preis, der zu bezahlen ist, um Geld für einen bestimmten Zeitraum zu borgen. Wenn Sie beispielsweise ein Darlehen von 5.000 Dollar aufnehmen, um Ihre Ausbildung zu finanzieren, bezahlen Sie dafür möglicherweise 10 Prozent jährlich (das sind 500 Dollar/Jahr) an Zinsen auf das aufgenommene Kapital.
  Schon seit biblischen Zeiten wird das Verrechnen von Zinsen mit Mißtrauen betrachtet, weil es Menschen

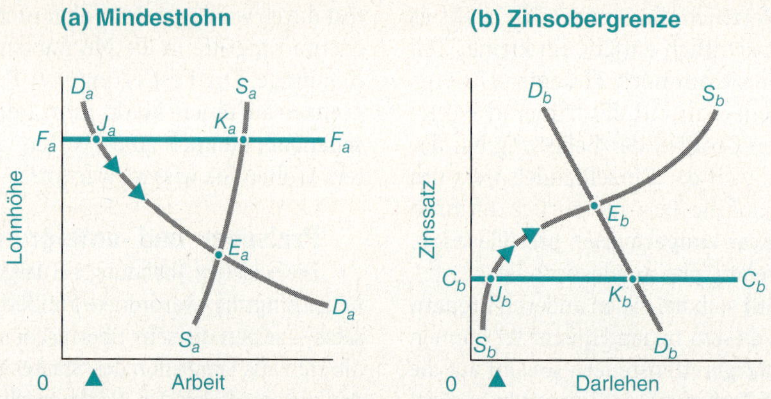

Abbildung 4-8: Auswirkungen staatlicher Preiskontrollen

(a) Wird der Mindestlohn bei F_aF_a festgesetzt, also weit über dem Gleichgewichtslohn E_a unter Bedingungen des freien Marktes, so führt dies zu einem erzwungenen Gleichgwicht in J_a. Der zu hohe Mindestlohn zwingt Arbeitskräfte in die Arbeitslosigkeit von J_a zu K_a. Eine Senkung des Mindestlohnes führt uns entlang der D_aD_a-Kurve nach unten, wie durch die blauen Pfeile angezeigt wird, wodurch die Beschäftigung wieder steigt. **(b)** Die Festsetzung einer Zinsenobergrenze in C_bC_b, also weit unterhalb des Gleichgewichtszinssatzes E_b unter Bedingungen des freien Marktes, führt zu einem Rückgang der verfügbaren Darlehensgelder. Verzweifelte Darlehensinteressenten zwischen J_b und K_b sind gezwungen, sich an Kredithaie zu wenden. Eine Anhebung der vorgeschriebenen Höchstzinssätze kann die von vielen tatsächlich bezahlten Zinsen senken.

im allgemeinen widerstrebt, dem Darlehensgeber für die Nutzung des Geldes etwas zu bezahlen, obwohl er doch keine sichtbare Dienstleistung erbringt. Es gab Zeiten, in denen das Verleihen von Geld gegen Zinsen als *Wucher* bezeichnet und als Verbrechen bestraft wurde, aber auch heute noch legen manche Staaten den Höchstzinssatz gesetzlich fest.

In Hochzinsphasen, in den USA beispielsweise zu Beginn der achtziger Jahre, kann die Zinsobergrenze auch weit unter dem auf dem freien Markt erzielbaren Satz liegen. Ein Zinssatz von 12 Prozent jährlich mag für eine Kreditkarte oder einen Autokredit überzogen erscheinen, und doch deckt er vielleicht nicht einmal die Darlehens- und Verwaltungskosten sowie das Verlustrisiko. Abbildung 4-8(b) zeigt die Auswirkung einer zu niedrig angesetzten Obergrenze für Zinssätze. Die Darlehen werden knapp. Banken und andere Finanzinstitute weigern sich, nicht gewinnträchtige Darlehen zum gesetzlichen Zinssatz zu vergeben. Diejenigen, die eigentlich durch den staatlichen Eingriff profitieren sollten, stellen fest, daß sie nur noch von Kredithaien Geld bekommen, die ihnen vielleicht „sechs für fünf" oder 600 Dollar Rückzahlung für einen Kredit von 500 Dollar, zahlbar in einer Woche, verrechnen. Ein billiges Darlehen hilft auch nicht weiter, wenn man es gar nicht bekommt.

Energiepreis-Obergrenzen. Da Energie für unsere Wirtschaft so immens wichtig ist, entsteht immer wieder ein Druck, Preiskontrollen einzuführen, sobald der Energiepreis steigt. Nehmen wir an, wir beginnen in einer Situation, in der der Benzinpreis 1 Dollar pro Gallone beträgt. Auf einmal – infolge eines Krieges oder einer Revolution – kommt es zu einer dramatischen Erdölknappheit. Nun schnellt aller Voraussicht nach der Ölpreis in die Höhe, und der Benzinpreis beträgt, weil der Markt das Angebot an die Nachfrage anpaßt, plötzlich 2 Dollar pro Gallone.

Die Politiker, die diesen drastischen Preisanstieg natürlich mit Argusaugen beobachtet haben, greifen korrigierend ein. Sie behaupten, die Konsumenten würden durch die Profitgier der Ölgesellschaften „übervorteilt". Sie sind besorgt, die steigenden Preise könnten eine Inflationsspirale bei den Lebenshaltungskosten in Gang setzen. Sie beklagen die schlimmen Auswirkungen der steigenden Preise auf arme und alte Mitbürger. Sie rufen die Regierung auf, „doch etwas zu unternehmen". Angesichts steigender Preise sind die staatlichen Stellen diesen Argumenten gegenüber häufig sehr aufgeschlossen und setzen Höchstpreise für Erdöl fest, wie das etwa die amerikanische Regierung zwischen 1973 und 1981 getan hat. Aber eine solche Preisobergrenze kann auch ihre unerwünschten Nebenwirkungen haben.

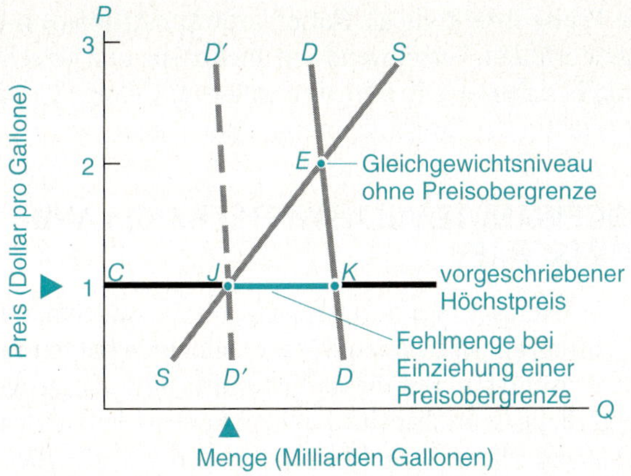

Abbildung 4-9: Ein gesetzlich vorgeschriebener Höchstpreis bewirkt ohne Rationierung eine Kluft zwischen Nachfrage und Angebot

Ohne Preisobergrenze müßte der Preis auf *E* steigen. Beim vorgeschriebenen Höchstpreis von $ 1 sind Angebot und Nachfrage jedoch nicht ausgeglichen, und deshalb ist irgendeine Art der – offiziellen oder inoffiziellen – Rationierung erforderlich, um eine Allokation des zu geringen Angebots vorzunehmen und die tatsächliche Nachfrage auf *D′D′* zu senken.

Betrachten wir einmal den Benzinmarkt nach der Ölkrise. In Abbildung 4-9 liegt das Gleichgewicht nach der Krise bei Punkt *E*. Nehmen wir an, daß die Regierung ein Gesetz verabschiedet, das den Höchstpreis für Benzin auf dem alten Niveau, nämlich bei 1 Dollar, festschreibt. Wir können diesen gesetzlich verordneten Höchstpreis als Preisobergrenze *CJK* in Abbildung 4-9 darstellen. Angesichts des gesetzlichen Höchstpreises passen jedoch angebotene und nachgefragte Menge nicht mehr zusammen. Die Konsumenten fragen viel mehr Benzin nach, als die Produzenten zum vorgeschriebenen Preis anzubieten bereit sind. Dies zeigt sich durch die Kluft zwischen *J* und *K*. Diese Kluft ist so groß, daß die Förderanlagen schon bald stillstehen werden. Irgendjemand bekommt dann eben kein Benzin mehr. Könnte hier der freie Markt sein Werk tun, würde der Markt bei einem Preis von 2 Dollar oder darüber zum Ausgleich kommen und geräumt werden. Die Konsumenten würden zwar schimpfen, aber, wie man sagt: „Wer schimpft, der kauft." Jedenfalls dann, wenn die einzige Alternative lauten würde, auf Benzin zu verzichten.

Der Markt kann jedoch nicht geräumt werden, weil die Produzenten mit einem höheren Preis gegen die Gesetze verstoßen würden. Was folgt, ist daher eine Phase enttäuschter Konsumentenhoffnungen und *Warenknappheit* – ein Spiel wie der Sesseltanz, bei dem schließlich irgendjemand ohne Benzin ausscheidet, weil die Förderanlagen stillstehen. Das unzureichende Benzinangebot muß nun irgendwie rationiert werden. Zu Beginn läßt sich die Rationierung vielleicht nach dem Grundsatz „Wer zuerst kommt, mahlt zuerst" regeln, wobei allenfalls auch beim einzelnen Käufer die Menge rationiert werden kann. Aber es bilden sich Schlangen, und der Zeitaufwand zur Beschaffung des gewünschten Treibstoffs steigt.

Rationierung. Schließlich entwickelt sich eine Form von *Rationierungsmechanismus abseits des Preises*. Bei Benzin und anderen lagerfähigen Gütern läßt sich die Knappheit beispielsweise verwalten, indem man die Leute sich anstellen läßt – Rationierung über die Warteschlange. Oder jene, die Zugang zum rationierten Gut haben, gehen auf *Schwarzmarktpraktiken* über, entscheiden sich also für gesetzwidrige Verkäufe über dem vorgeschriebenen Preis. Es herrscht ein hohes Maß an Verschwendung, weil die Leute ihre kostbare Zeit damit verbringen müssen, ihre Bedürfnisse zumindest notdürftig zu befriedigen. Glücklich ist mit einer solchen Situation niemand, am wenigsten sicherlich der geplagte Verkäufer. Und schließlich wird der Staat gezwungen, eine effizientere Methode der nicht preisbestimmten Rationierung über die offizielle Zuteilung bestimmter Benzinmengen oder Gutscheine zu wählen.

Bei einer *Gutscheinrationierung oder -bewirtschaftung* muß jeder Käufer sowohl über einen Gutschein als auch über die erforderlichen finanziellen Mittel verfügen, um die Güter kaufen zu können – in Wirklichkeit existieren hier also zwei Zahlungsmittel. Mit der Einführung der Rationierung und Vergabe der Gutscheine je nach Größe der Familie, nach beruflichen Erfordernissen oder anderen Kriterien wird die Warenfehlmenge zum Verschwinden gebracht, weil die Nachfrage durch die Gutscheine beschränkt wird.

Aber wie verändern Rationierungsgutscheine eigentlich das Bild von Angebot und Nachfrage? Natürlich muß der Staat genau soviele Gutscheine ausgeben, daß die Nachfragekurve auf *D′D′* in Abbildung 4-9 gesenkt wird, wo Angebot und neue Nachfrage beim vorgeschriebenen Höchstpreis ausgeglichen sind. Werden zu viele Gutscheine ausgegeben, ist die Nachfrage zu groß, und Warenknappheit und Warteschlangen sind die Folge, wenn auch in geringerem Ausmaß. Werden jedoch zu wenige Gutscheine ausgegeben, bilden sich große Lagerbestände, und der Preis fällt unter den vorgeschriebenen Höchstpreis. Das ist zugleich das Signal zur Ausgabe einer größeren Anzahl von Gutscheinen.

Zu Friedenszeiten ist die Gutscheinbewirtschaftung in den meisten Marktwirtschaften aus der Mode gekommen. In Krisensituationen von Wirtschaftssystemen, insbesondere in den früheren sozialistischen Ländern, die sich im Übergang zur Marktwirtschaft befinden, federn Preisobergrenzen und Gutscheinbewirtschaftung die Ungerechtigkeiten und das Elend ab, die im Gefolge allzu rascher Veränderungen oder einer Hyperinflation auftreten. Bei tieferer Analyse reichen die Erfahrungen, die sich aus Rationierung und Preiskontrolle ergeben, weit über in Kriegszeiten oder in Energiekrisen auftretende Probleme hinaus, weil derartige abnorme Situationen die Funktion der Preise in normalen Zeiten deutlich machen.

Der wesentliche Punkt ist der, daß die Güter immer knapp sind; die Gesellschaft kann niemals sämtliche Wünsche aller ihrer Mitglieder erfüllen. *Zu normalen Zeiten rationiert der Preis das knappe Angebot.* In Perioden der Warenknappheit steigen die Marktpreise und verhindern so exzessiven Konsum, während sie zugleich die Produktion ankurbeln; in Zeiten des Güterüberschusses fallen die Preise, was den Konsum steigert und die Produktion dämpft. Sobald der Staat auf den Plan tritt und sich in Angebot und Nachfrage einmengt, können die Preise ihre Rolle als Rationierungsinstrument nicht mehr erfüllen. Verschwendung, Ineffizienz und Verschärfung bestehender Krisen sind daher im Gefolge derartiger staatlicher Eingriffe immer anzutreffen.

ANGEWANDTE VOLKSWIRTSCHAFT: LANDWIRTSCHAFT

Unser letztes Anwendungsbeispiel für die Angebots- und Nachfrageanalyse wollen wir der Landwirtschaft entnehmen. Im ersten Teil dieses Abschnitts sind einige wirtschaftliche Grundbegriffe aus dem Bereich der Landwirtschaft zu klären. Anschließend wollen wir die Theorie von Angebot und Nachfrage dazu verwenden, um die Auswirkungen staatlicher Eingriffe auf die Märkte für landwirtschaftliche Produkte zu untersuchen.

Der langsame und stetige Rückgang der Landwirtschaft

Landwirtschaft war einmal unser wichtigster Wirtschaftszweig. Noch vor hundert Jahren lebte die halbe

Abbildung 4-10: Sinkende Preise für landwirtschaftliche Produkte in den USA

Seit dem Zweiten Weltkrieg ist die Produktivität der amerikanischen Landwirtschaft enorm gestiegen. Wir erkennen das, wenn wir die Nahrungsmittelpreise mit den Einkommen und anderen Preisentwicklungen der Periode vergleichen. Die Preise, die die Farmer erzielen, sind viel langsamer gestiegen als sowohl die Konsumentenpreise als auch das durchschnittliche Haushaltseinkommen. Mit Hilfe von Angebot und Nachfrage läßt sich diese dramatische Entwicklung erklären. (Quelle: Census Bureau, U.S. Arbeitsministerium)

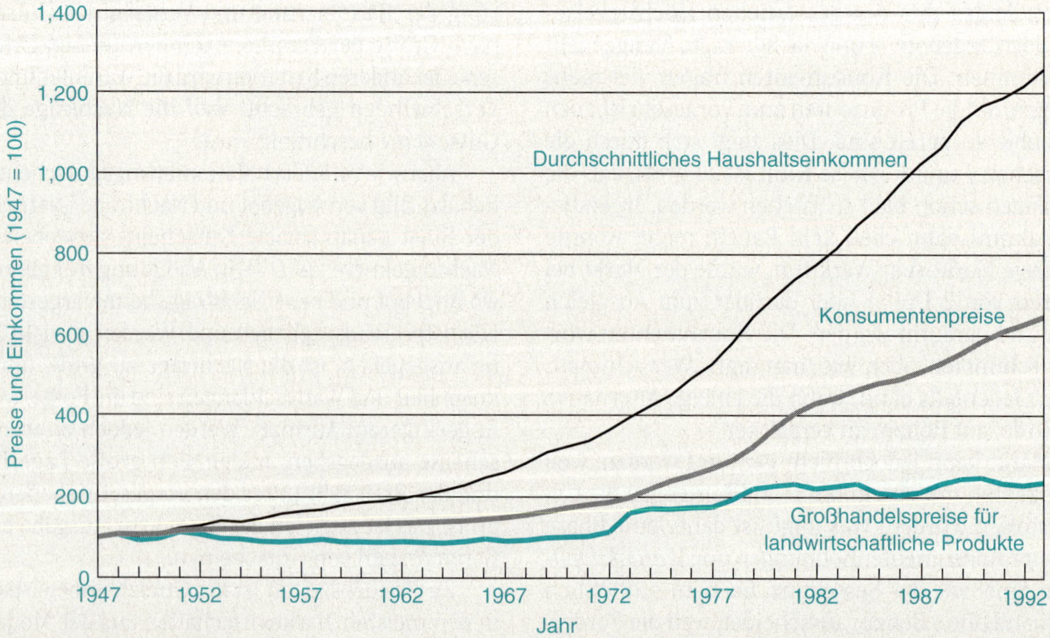

amerikanische Bevölkerung von der Landwirtschaft und arbeitete auf Farmen, aber diese Zahl hat sich bis zum heutigen Tag auf magere 3 Prozent verringert. Zugleich sind die Preise für landwirtschaftliche Produkte im Vergleich zu den Einkommen und zu anderen Preisen drastisch gesunken. Wie uns Abbildung 4-10 zeigt, stiegen zwischen 1947 und 1992, als sich das Durchschnittseinkommen der Familien um 5,7 Prozent jährlich und die Konsumentenpreise um 4,2 Prozent jährlich erhöhten, die durchschnittlichen Preise für landwirtschaftliche Produkte jährlich um nur 1,9 Prozent.

Ein einfaches Diagramm kann die Ursache des Zurückbleibens landwirtschaftlicher Preise besser erklären als ganze Bibliotheken von Büchern und Zeitschriften. Abbildung 4-11 zeigt ein ursprüngliches Gleichgewicht bei hohen Preisen in Punkt *E*. Bitte beachten Sie, was mit der Landwirtschaft im Laufe der Jahre geschieht. Die Nachfrage nach Lebensmitteln steigt mit dem Wachstum der Bevölkerung, aber auch durch Exporte ins Ausland. Da jedoch die meisten Nahrungsmittel lebensnotwendige Güter sind, fällt die Nachfrageverschiebung im Vergleich zu den wachsenden Durchschnittseinkommen bescheiden aus.

Und wie steht es mit dem Angebot? Obwohl immer wieder fälschlicherweise behauptet wird, der Beruf des Landwirts sei konservativ und technisch zurückgeblieben, zeigen statistische Studien ganz deutlich, daß die Produktivität (Output pro Einheit Input) in der Landwirtschaft rascher angestiegen ist als in beinahe allen anderen Sparten. Es gab im Zuge der Mechanisierung bedeutende Fortschritte durch den Einsatz von Traktoren, Bearbeitungs- und Erntemaschinen. Ebenso wirkten sich Düngung und Bewässerung, aber auch spezielle Züchtungen und die Entwicklung neuen Saatgutes aus. Durch all diese Innovationen konnte die Produktivität in der Landwirtschaft enorm erhöht werden. Der rasche Anstieg der Produktivität sorgte seinerseits für ein immer größeres Angebot, wie der Verschiebung der Angebotskurve von *SS* nach *S'S'* in Abbildung 4-11 zu entnehmen ist.

Wie sieht daher das neue Wettbewerbsgleichgewicht in Punkt *E'* aus? Bedeutende Angebotszuwächse übersteigen deutlich die bescheidenen Nachfragezuwächse und

Abbildung 4-11: Die Schwierigkeiten in der Landwirtschaft rühren aus dem vermehrten Angebot und der preisunelastischen Nachfrage her

Das Gleichgewicht in *E* stellt jene Bedingungen in der Landwirtschaft dar, die vor Jahrzehnten galten. Die Nachfrage nach landwirtschaftlichen Produkten steigt langsamer als die durch den technologischen Fortschritt ermöglichte enorme Vermehrung des Angebotes. Aus diesem Grund sinken die Wettbewerbspreise in der Landwirtschaft. Wegen der preisunelastischen Nachfrage sinken außerdem bei steigendem Angebot die Einkommen der Landwirte.

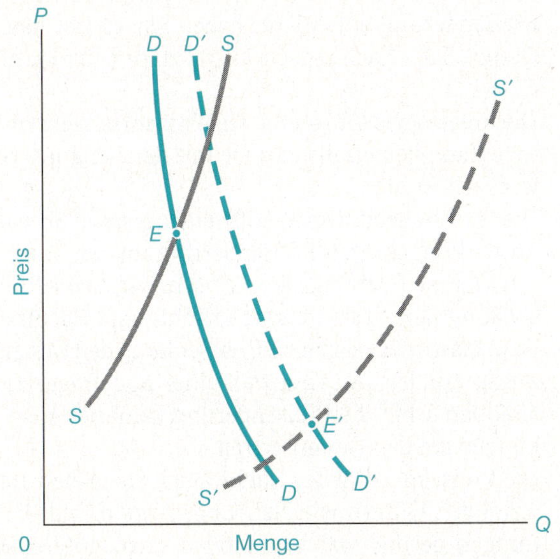

Abbildung 4-12: Erntebeschränkungen erhöhen Preise und landwirtschaftliche Einkommen

Vor Einführung von Erntebeschränkungen führt der vollkommene Markt zu einem Gleichgewicht bei einem sehr niedrigen Preis in Punkt *E*. Wenn der Staat die Produktion beschränkt, verschiebt sich die Angebotskurve nach links hin zu *S'S'*, wodurch sich auch das Gleichgewicht zu *E'* verschiebt und der Preis auf *B* angehoben wird. Vergewissern Sie sich, daß bei unelastischer Nachfrage das neue Ertragsrechteck *0BE'S'* größer ist als das ursprüngliche Rechteck *0AES*.

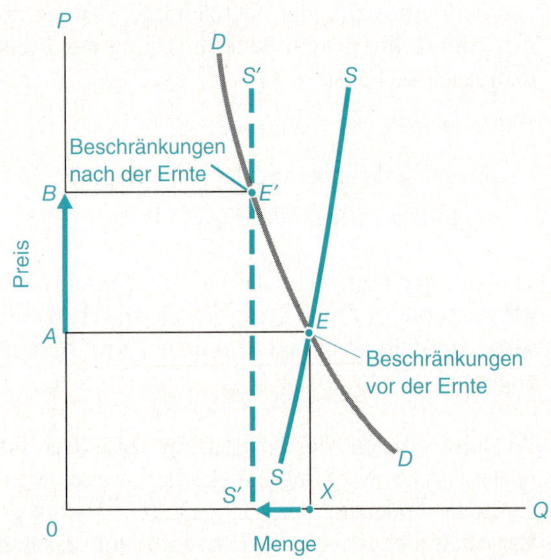

führen zu einem Abwärtstrend bei den Preisen für landwirtschaftliche Produkte im Vergleich zu anderen Gütern. Und genau diese Entwicklung konnten wir in den letzten Jahrzehnten beobachten, wie Abbildung 4-10 zu entnehmen ist.

Anbaubeschränkungen. Wegen ihrer sinkenden Einkommen ersuchten die Farmer die Bundesregierung um wirtschaftliche Unterstützung. Im Laufe der Jahre hat so unsere Regierung – wie übrigens viele andere Staaten auch – umfangreiche Maßnahmen zur Unterstützung der Farmer ergriffen. Der Staat hebt die Preise über den Umweg von Stützungen an; er erschwert Importe durch Zölle und Einfuhrbeschränkungen; manchmal greift er als letzte Maßnahme auch zur Direktsubventionierung jedes einzelnen Bushels Weizen oder Mais zurück.

Eines der umstrittensten staatlichen Programme für die Landwirtschaft verpflichtet die Landwirte zu Produktionsbeschränkungen. Abbildung 4-12 zeigt die wirtschaftlichen Auswirkungen dieser politischen Maßnahme. Wenn das Landwirtschaftsministerium jeden einzelnen Landwirt dazu auffordert, 20 Prozent seiner Mais-Anbaufläche des letzten Jahres brach zu legen, erzielt es damit die Wirkung, daß die Angebotskurve für Mais nach links oben verschoben wird. Da aber die Nahrungsmittelnachfrage unelastisch ist, erhöhen die Erntebeschränkungen nicht nur den Preis für Mais und andere Produkte, sondern sie erhöhen tendenziell auch die Gesamterträge und -einnahmen der Farmer. Dies trifft natürlich die Konsumenten, die durch Erntebeschränkungen und höhere Preise „bestraft" werden – Zustände, als hätte eine Naturkatastrophe zu einer Lebensmittelknappheit geführt. Aber diesen Preis muß eine Gesellschaft eben zahlen, wenn sie ihre Landwirte unterstützen will, indem produktive Ressourcen stillgelegt werden.

Mit diesem Exkurs in die Landwirtschaft haben wir unseren Überblick über die Angebots- und Nachfrageanalyse abgeschlossen. In den nächsten Kapiteln wollen wir die in den Wahlmöglichkeiten der Konsumenten und den Kosten der Unternehmen gelegenen Grundlagen von Nachfrage und Angebot untersuchen. Diese Kapitel sollen die Preisbildung auf Wettbewerbs- und Monopolmärkten erklären und zeigen, warum Wettbewerbsmärkte zu einer effizienten (wenn auch möglicherweise ungerechteren) Ressourcenallokation führen.

ZUSAMMENFASSUNG

A. Elastizität von Nachfrage und Angebot

1. Die Preiselastizität der Nachfrage mißt die quantitative Reaktion der Nachfrage auf eine Preisänderung. Die Preiselastizität der Nachfrage (E_D) wird als prozentuelle Änderung der nachgefragten Menge dividiert durch die prozentuelle Änderung des Preises definiert. Das heißt:

   Preiselastizität der Nachfrage = E_D

   $$= \frac{\text{prozentuelle Änderung der nachgefragten Menge}}{\text{prozentuelle Änderung des Preises}}$$

   In dieser Rechnung wird das Vorzeichen stets positiv gesetzt, und für P und Q werden die Durchschnittswerte aus dem alten und dem neuen Wert herangezogen.

2. Wir unterscheiden bei der Preiselastizität drei Kategorien: (*a*) Die Nachfrage ist elastisch, wenn die prozentuelle Änderung der nachgefragten Menge größer ist als die prozentuelle Preisänderung; das heißt $E_D > 1$. (*b*) Die Nachfrage ist unelastisch, wenn die prozentuelle Änderung der nachgefragten Menge geringer ist als die prozentuelle Preisänderung; hier ist also $E_D < 1$. (*c*) Wenn die prozentuelle Änderung der nachgefragten Menge genau der prozentuellen Preisänderung entspricht, haben wir es mit jenem Grenzfall der Nachfrageelastizität zu tun, für den gilt: $E_D = 1$.

3. Die Preiselastizität ist eine aus Prozentsätzen ermittelte Zahl; keinesfalls darf sie mit der Steigung verwechselt werden.

4. Die Nachfrageelastizität trifft eine Aussage über die Auswirkungen einer Preisänderung auf den Gesamtertrag. Eine Nachfrage ist elastisch, wenn eine Preissenkung den Gesamtertrag erhöht; eine Nachfrage ist unelastisch, wenn eine Preissenkung den Gesamtertrag mindert; im Grenzfall einer Nachfrageelastizität von 1 hat die Preisänderung keinerlei Auswirkungen auf den Gesamtertrag.

5. Die Preiselastizität der Nachfrage ist bei lebensnotwendigen Gütern wie Nahrungsmitteln und Wohnungen gering, während sie bei Luxusgütern wie

Schneescootern und Flugreisen hoch ist. Weitere Faktoren, die sich auf die Preiselastizität auswirken, sind die Verfügbarkeit von Substitutionsgütern, die Zeit, die den Konsumenten bleibt, um auf Preisänderungen zu reagieren, und der prozentuelle Anteil am Haushaltsbudget der Konsumenten, den sie für das jeweilige Gut ausgeben.

6. Die Preiselastizität des Angebots mißt die prozentuelle (relative) Änderung der durch die Produzenten angebotenen Menge, wenn sich der Marktpreis um einen gegebenen Prozentsatz verändert.

B. Angebot und Nachfrage in der Praxis

7. Eine Produktsteuer (Verbrauchssteuer auf ein Wirtschaftsgut) verschiebt das Angebots- und Nachfragegleichgewicht. Die Steuerlast (oder Steuerinzidenz) trifft die Konsumenten in dem Ausmaß stärker als die Produzenten, in dem die Nachfrage im Vergleich zum Angebot unelastisch ist.
8. Die Staaten greifen von Zeit zu Zeit in die Mechanismen der Wettbewerbsmärkte ein, indem sie Höchst oder Mindestgrenzen für Preise festsetzen. In einer solchen Situation muß die angebotene Menge nicht mehr der nachgefragten Menge entsprechen; Preisobergrenzen führen zu einem Nachfrageüberschuß, während Preisuntergrenzen einen Angebotsüberschuß zur Folge haben. Verzerrungen und Ineffizienz sind die Folge. Müssen die Diskrepanzen zwischen Angebot und Nachfrage durch offizielle Zuteilung oder Gutscheinbewirtschaftung beseitigt werden, kann es zu Spannungen und zur Entstehung von Schwarzmärkten kommen.
9. Ein besonders anschauliches Gebiet für die Wirkungsweise von Angebot und Nachfrage ist die Landwirtschaft. Verbesserungen der technischen Möglichkeiten bedeuten, daß das Angebot stark steigt, während die Nachfrage nach Lebensmitteln weniger zunimmt, als den Einkommenssteigerungen der Konsumenten entsprechen würde. Daher fallen die Preise für Nahrungsmittel auf dem freien Markt tendenziell. Kein Wunder also, daß die Staaten eine ganze Reihe von Programmen eingeführt haben, etwa Flächenstillegungen, um die Einkommen ihrer Landwirte anzuheben.

BEGRIFFE ZUR WIEDERHOLUNG

Elastizitätskonzepte

Preiselastizität der Nachfrage, des Angebots
elastische, unelastische Nachfrage und Nachfrageelastizität mit dem Wert 1
E_D = % Änderung von Q/ %-Änderung von P

Bestimmende Faktoren der Elastizität
Gesamtertrag = $P \times Q$
Beziehung zwischen Elastizität und Ertragsänderung

Anwendungsmöglichkeiten der Angebots- und Nachfrageanalyse

Inzidenz von Steuern
Rationierung über den Preis
Verzerrungen durch Preiskontrollen
Rationierung über den Preis gegenüber Kuponrationierung

FRAGEN UND BEISPIELE

1. „Eine gute Ernte senkt in den meisten Fällen die Einkommen der Farmer." Illustrieren Sie diese Behauptung mit Hilfe eines Angebots- und Nachfragediagramms.
2. Geben Sie für jedes der nachfolgenden Güterpaare an, welches Gut Ihrer Meinung nach preiselastischer ist und begründen Sie Ihre Meinung: Parfum und Salz; Penicillin und Eiscreme; Autos und Autoreifen; Eiscreme und Schoko-Eiscreme.
3. „Der Preis fällt um 1 Prozent, was die nachgefragte Menge um 2 Prozent in die Höhe treibt. Die Nachfrage ist daher elastisch, weil $E_D > 1$." Wenn Sie nun im obigen Satz 2 auf ½ ändern, welche beiden anderen Dinge müssen in dem Zitat verändert werden?
4. Betrachten Sie einen vollkommenen Markt für Wohnungen. Welche Auswirkungen auf das Gleichgewicht zwischen Menge und Preis wären nach den folgenden Änderungen (ceteris paribus) zu erwarten? Erklären Sie Ihre Antwort in jedem einzelnen Fall mit Hilfe von Angebot und Nachfrage.
   a. Einkommenssteigerungen bei den Konsumenten.
   b. Eine Steuer auf Wohnungsmieten von 10 Dollar monatlich.
   c. Eine staatliche Verordnung, wodurch die Preisobergrenze für Wohnungsmieten mit 200 Dollar monatlich festgelegt wird.
   d. Eine neue Bautechnik, die es ermöglicht, Wohnungen zu den halben Kosten zu errichten.

   - **e.** Eine zwanzigprozentige Steigerung der Löhne der Bauarbeiter.

5. Erklären Sie und zeigen Sie auch graphisch, wie sich das Irak-Ölembargo der Jahre 1990-1991 auf Angebot und Nachfrage und somit auch auf das Gleichgewicht zwischen Ölpreis und -menge ausgewirkt hat.
6. Ein konservativer Kritiker staatlicher Wirtschaftsprogramme hat folgenden Satz geschrieben: „Der Staat kann vor allem eines gut: Er weiß, wie man Warenengpässe und Überschüsse produziert." Erklären Sie, was er damit meint und verwenden Sie dazu Beispiele wie Mindestlöhne oder Zinsenobergrenzen. Zeigen Sie graphisch, daß die Wirkung von Mindestlöhnen darin besteht, daß die Gesamteinnahmen (Löhne mal nachgefragter Arbeitskraft) der ungelernten Arbeiter sinken, wenn die Nachfrage nach diesen ungelernten Arbeitskräften preiselastisch ist.
7. Überlegen Sie sich, was geschähe, würde eine Abgabe von 2.000 Dollar auf importierte Autos eingehoben. Zeigen Sie die Auswirkungen dieses Importzolls auf Angebot und Nachfrage sowie auf das Gleichgewicht zwischen Preis und Menge bei amerikanischen Autos. Erklären Sie, warum sich die amerikanischen Autohersteller und Arbeiternehmer in der Automobilbranche für Importbeschränkungen stark machen.
8. Elastizitätsprobleme:
   - **a.** Die Nachfrage nach Rohöl weist schätzungsweise eine kurzfristige Preiselastizität von 0,05 auf. Wenn der ursprüngliche Ölpreis 3 Dollar pro Barrel beträgt, welche Auswirkungen eines Embargos ergeben sich auf Ölpreis und -menge, wenn dadurch das weltweite Rohölangebot um 5 Prozent sinken würde?
   - **b.** Um zu zeigen, daß die Elastizitäten unabhängig von den verwendeten Maßeinheiten sind, blättern Sie bitte zu Tabelle 3-1 zurück. Berechnen Sie die Elastizitäten zwischen jedem der angegebenen Nachfragepaare. Ändern Sie die Preiseinheit von Dollar auf Cents; ändern Sie die Mengenangaben von Millionen Schachteln auf Tonnen und als Umrechnungsmaßstab verwenden Sie 10.000 Schachteln = 1 Tonne. Berechnen Sie nun die Elastizitäten in den ersten beiden Reihen neu. Erklären Sie, warum Sie zum selben Ergebnis gelangen.
   - **c.** Nachfragestudien kommen zu dem Schluß, daß die Preiselastizität der Nachfrage nach der Droge Crack 0,1 ist. Nehmen Sie an, daß die Hälfte der Crack-Abhängigen in New York City kriminellen Aktivitäten nachgeht, um ihre Sucht befriedigen zu können. Zeigen Sie die Auswirkung auf die Kriminalität in New York City anhand der Angebots- und Nachfrageanalyse, wenn Sie ein strenges Drogenprogramm zugrundelegen, in dessen Folge es gelingt, das Crackangebot auf dem Markt New York um 50 Prozent zu senken. Welche Auswirkungen auf kriminelle Aktivitäten und Drogenmißbrauch hätte eine Legalisierung von Crack, wenn dadurch der Preis von Crack um 90 Prozent gesenkt würde? Welche Auswirkungen auf Preis und Drogenabhängigkeit wären festzustellen, wenn durch ein gezieltes Programm die Hälfte der Crack-Abhängigen geheilt werden könnte?

KAPITEL 5

NACHFRAGE UND KONSUMVERHALTEN

Was ist ein Zyniker? Ein Mensch, der nur den Preis, nicht aber den Wert der Dinge des Lebens kennt.

Oscar Wilde

Tagtäglich treffen wir alle unzählige Entscheidungen darüber, wofür wir unser knappes Geld und unsere knappe Zeit verwenden wollen. Sollen wir frühstücken oder lieber ein wenig länger schlafen? Am Vormittag für die Volkswirtschaftsprüfung lernen oder lieber Musik hören? Ein neues Auto kaufen oder das alte reparieren lassen? Unser gesamtes Geld ausgeben oder etwas für die Zukunft zurücklegen? Indem wir einen Ausgleich zwischen den konkurrierenden Bedürfnissen und Wünschen herstellen, treffen wir jene Entscheidungen, die unser gesamtes tägliches Leben ausmachen.

Die Summe all unserer Einzelentscheidungen ist das, was den Nachfragekurven und Preiselastizitäten, von denen wir in den vorigen Kapiteln gesprochen haben, zugrunde liegt. In diesem Kapitel werden wir daher das Thema Nachfrage durch einen Blick auf die Grundprinzipien der Auswahlentscheidungen und Verhaltensweisen der Konsumenten erweitern. Wir werden sehen, wie das Verhalten des einzelnen beim Streben nach dem von ihm bevorzugten Bündel an Gütern die beobachteten Muster der Marktnachfrage erklärt, und wir werden erfahren, wie sich die Vorteile messen lassen, die wir alle aus der Teilnahme an einer Marktwirtschaft haben.

AUSWAHLVERHALTEN UND NUTZENTHEORIE

Bei der Erklärung des Konsumverhaltens *stützt sich die Volkswirtschaft auf die fundamentale Prämisse, daß der einzelne jene Güter und Dienstleistungen auswählt, die ihm am wertvollsten erscheinen.* Um zu beschreiben, wie die Konsumenten zwischen den verschiedenen Konsummöglichkeiten wählen, haben die Ökonomen vor hundert Jahren den Begriff des Nutzens eingeführt. Mit Hilfe dieses Begriffs konnten sie die Nachfragekurve ableiten und ihre Merkmale erklären.

Was aber meinen wir mit dem Begriff Nutzen? Mit einem Wort: **Nutzen** bedeutet Bedürfnisbefriedigung. Genauer gesagt bezieht sich dieser Nutzen darauf, wie sehr Güter und Dienstleistungen von einem Konsumenten bevorzugt werden. Wenn der Warenkorb A für Herrn Müller einen höheren Nutzen hat als der Warenkorb B, so zeigt das an, daß Herr Müller A gegenüber B präferiert. Nutzen mag Assoziationen von subjektivem Vergnügen oder subjektiver Nützlichkeit wecken, die den Menschen durch den Konsum eines Gutes oder einer Dienstleistung bereitet werden. Aber hüten Sie sich vor der Vorstellung, Nutzen sei ein psychologischer Begriff oder ein Gefühl, das sich beobachten und messen läßt. Nutzen ist ein wissenschaftliches Konstrukt, das Ökonomen verwenden, um verstehen zu können, wie rational handelnde Konsumenten ihre beschränkten Ressourcen auf die Güter aufteilen, die ihre Bedürfnisse befriedigen. *Im Sinne der Nachfragetheorie sagen wir, daß die Menschen danach trachten, ihren Nutzen zu maximieren, was bedeutet, daß sie jenes Bündel an Konsumgütern wählen, das sie unter allen Möglichkeiten präferieren.*

Grenznutzen und das Gesetz des abnehmenden Grenznutzens

Wie läßt sich der Begriff des Nutzens auf die Nachfragetheorie anwenden? Angenommen, durch den Konsum der ersten Einheit eines Gutes wie Eiscreme erreichen Sie ein bestimmtes Maß an Zufriedenheit oder Nutzen. Stellen Sie sich vor, sie konsumieren nun eine zweite Einheit. Ihr Gesamtnutzen steigt, weil Ihnen die zweite Einheit des Gutes zusätzlichen Nutzen verschafft. Was aber passiert, wenn Sie sich danach noch für eine dritte oder vierte Einheit desselben Gutes entscheiden? Irgendwann erhöhen Sie ihren Nutzen damit nicht mehr, sondern es wird Ihnen übel!

Das bringt uns zu dem in der Volkswirtschaft äußerst wichtigen Konzept des Grenznutzens. Durch eine zusätzliche Portion Eiscreme erhalten Sie einen bestimmten zusätzlichen Nutzen. Dieser zusätzliche Nutzen wird als **Grenznutzen** bezeichnet.

Der Begriff „Grenz-" ist in der Volkswirtschaft von größter Bedeutung, und er wird immer im Sinne von „zusätzlich" verwendet.

Vor einem Jahrhundert, als sich die Ökonomen über den Begriff des Nutzens den Kopf zerbrachen, verkündeten sie das **Gesetz des abnehmenden Grenznutzens**. Dieses Gesetz besagt, daß der zusätzliche Nutzen oder der Grenznutzen immer mehr abnimmt, je mehr ein Mensch von einem bestimmten Gut konsumiert.

Warum? Der Nutzen steigt doch, wenn wir mehr von einem Gut konsumieren! Und dennoch, nach dem Gesetz des abnehmenden Grenznutzens steigt der Nutzen in immer geringerem Ausmaß, wenn wir mehr von einem Gut konsumieren. Der Anstieg des Gesamtnutzens verlangsamt sich, weil der Grenznutzen (der zusätzliche Nutzen durch die letzte von einem Gut konsumierte Einheit) geringer wird, wenn wir mehr von diesem Gut konsumieren. Der abnehmende Grenznutzen ergibt sich aus der Tatsache, daß Ihre Freude und Befriedigung durch das betreffende Gut nachläßt, wenn sie mehr und mehr davon konsumieren.

Das Gesetz des abnehmenden Grenznutzens besagt, daß mit zunehmender Menge eines konsumierten Gutes der Grenznutzen grundsätzlich abnimmt.

Ein Zahlenbeispiel

Wir können den Nutzen in Tabelle 5-1 numerisch darstellen. Die Tabelle zeigt in Spalte (2), daß der Gesamtnutzen (*U*) wächst, wenn der Konsum (*Q*) steigt, aber daß sein Wachstum geringer wird. Spalte (3) mißt den Grenznutzen als zusätzlich gewonnenen Nutzen, wenn eine zusätzliche Einheit des Gutes konsumiert wird. So beträgt der Grenznutzen, wenn jemand 2 Einheiten konsumiert, 7 – 4 = 3 Einheiten an zusätzlichem Nutzen (bezeichnen wir diese als Nutzeneinheiten oder kurz „Nutzen").

(1) Menge eines konsumierten Gutes *Q*	(2) Gesamtnutzen *U*	(3) Grenznutzen *MU*
0	0	
		4
1	4	
		3
2	7	
		2
3	9	
		1
4	10	
		0
5	10	

Tabelle 5-1: Der Nutzen steigt mit dem Konsum

Wenn von einem Gut wie Pizza oder Eiscreme mehr konsumiert wird, steigt auch der Gesamtnutzen. Die Nutzensteigerung von einer Einheit zur nächsten wird als „Grenznutzen" bezeichnet – als jener zusätzliche Nutzen, der durch die letzte zusätzliche Einheit des jeweiligen Gutes erzielt wird. Auf Grund des Gesetzes des abnehmenden Grenznutzens sinkt der Grenznutzen mit steigendem Konsumniveau.

Konzentrieren Sie sich nun auf Spalte (3). Die Tatsache, daß der Grenznutzen mit zunehmendem Konsum abnimmt, illustriert das Gesetz des abnehmenden Grenznutzens.

Abbildung 5-1 stellt die Daten zum Gesamt- und Grenznutzen aus Tabelle 5-1 graphisch dar. In Teil (*a*) summieren sich die einzelnen Blöcke zum Gesamtnutzen für jede konsumierte Menge. Zusätzlich zeigt die geglättete schwarze Kurve den geglätteten Nutzenverlauf für die jeweiligen Konsumeinheiten. Sie zeigt einen – allerdings immer langsamer – wachsenden Nutzen. Abbildung 5-1 (*b*) stellt die unterschiedlichen Grenznutzen dar. Jeder der grau unterlegten Blöcke des Grenznutzens ist gleich groß wie der entsprechende Block des Gesamtnutzens in (*a*). Die gerade schwarze Linie in (*b*) ist die geglättete Kurve des Grenznutzens.

Das Gesetz des abnehmenden Grenznutzens impliziert, daß die Grenznutzenkurve (*MU*) in Abbildung 5-1 (*b*) nach unten verlaufen muß. Das entspricht genau der Aussage, wonach die Gesamtnutzenkurve in Abbildung 5-1(*a*) konkav, glockenförmig aussehen muß.

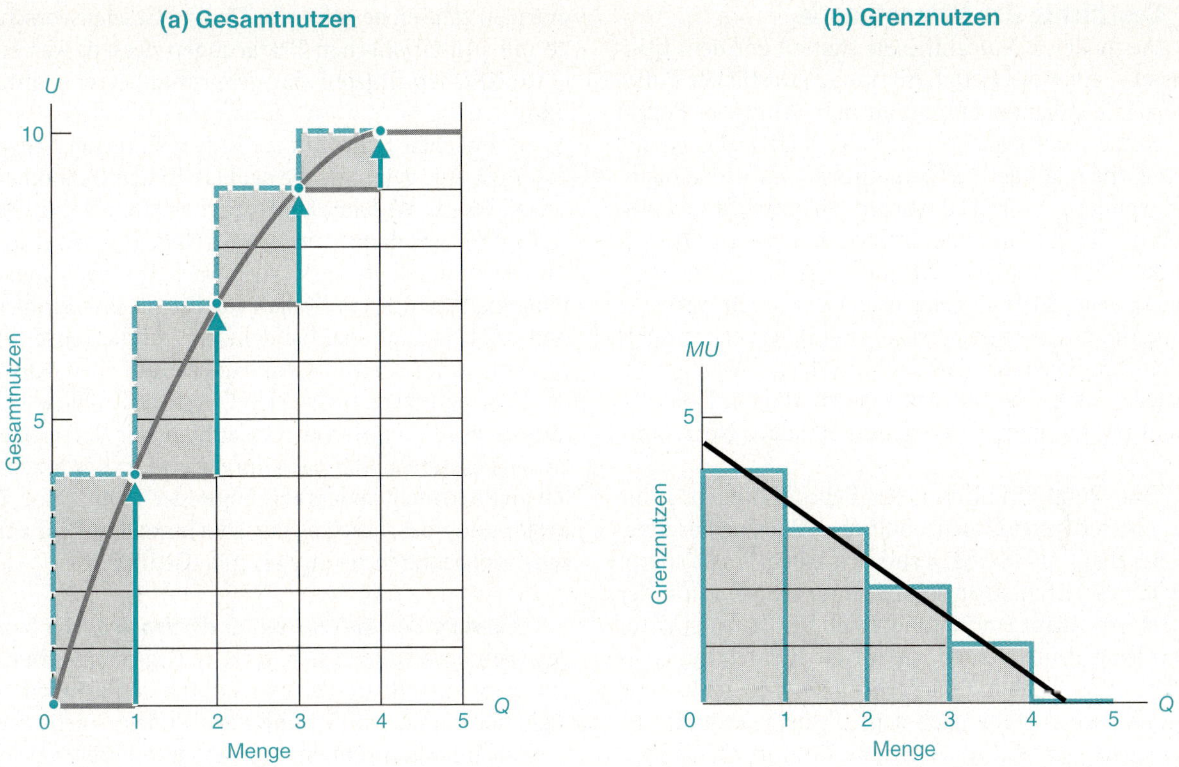

Abbildung 5-1: Das Gesetz des abnehmenden Grenznutzens

Der Gesamtnutzen in (a) steigt mit dem Konsum, aber er steigt nicht ebenso stark wie der Konsum, was den abnehmenden Grenznutzen signalisiert. Diese Beobachtung hat die Ökonomen früherer Zeiten dazu bewogen, das Gesetz des negativen Nachfrageverlaufs zu formulieren.
Die grauen Blöcke zeigen den durch jede neu hinzukommende Einheit bewirkten Zusatznutzen. Die Tatsache, daß der Gesamtnutzen in immer geringerem Maß steigt, wird in (b) durch die abwärts verlaufenden Stufen des Grenznutzens dargestellt. Wenn wir unsere Einheiten immer kleiner machen, werden die Stufen letztlich geglättet, so daß der Gesamtnutzen zu der durchgehenden schwarzen Kurve in (a) wird. Außerdem laßt sich der durchgehende Grenznutzen, der in (b) durch die schwarze abfallende Kurve dargestellt wird, von der Steigung der durchgehenden Kurve in (a) nicht unterscheiden.

Beziehung zwischen Gesamt- und Grenznutzen. Anhand von Abbildung 5-1 läßt sich leicht erkennen, daß der Gesamtnutzen durch den Konsum einer bestimmten Menge genau der Summe der Grenznutzen bis zu diesem Punkt entspricht. Nehmen Sie beispielsweise an, 3 Einheiten seien konsumiert worden. Spalte (2) in Tabelle 5-1 zeigt, daß der Gesamtnutzen 9 Einheiten beträgt. In Spalte (3) erkennen wir, daß die Summe der Grenznutzen der ersten 3 Einheiten ebenfalls 4 + 3 + 2 = 9 Einheiten beträgt.

In Abbildung 5-1 (*b*) sehen wir, daß der gesamte Bereich unter der Grenznutzenkurve bei einer konkreten konsumierten Menge – gemessen entweder durch die Blöcke oder durch den Bereich unter der geglätteten Grenznutzenkurve *MU* – ebenso hoch sein muß wie die Höhe der Gesamtnutzenkurve für dieselbe Anzahl von Einheiten in Abbildung 5-1(*a*).

Ob wir nun Tabellen oder Diagramme benützen, um diese Beziehung zu untersuchen, wir erkennen in jedem Fall, daß der Gesamtnutzen der Summe aller addierten Grenznutzen entspricht.

Geschichte der Nutzentheorie

Die moderne Nutzentheorie stammt aus dem Utilitarismus, einer der Hauptströmungen westlicher Philosophie in den letzten beiden Jahrhunderten. Der Begriff des Nutzens entstand schon bald nach 1700, als die Grundprinzipien der mathematischen Wahrscheinlichkeitsrechnung entwickelt wurden. So beobachtete Daniel Bernoulli, Mitglied einer brillanten Schweizer Mathematikerfamilie, im Jahr 1738, daß sich der einzelne verhält, als wäre der Dollar, den er in einer fairen Wette gewinnen könnte, weniger wert als jener Dollar, den er selbst verliert. Das bedeutet, daß der Mensch eine Aversion gegen jedes Risiko hat, und daß jeder zusätzliche Dollar an Reichtum ihm immer weniger zusätzlichen Nutzen beschert.[1]

Eine frühe Einführung des Begriffs Nutzen in die Sozialwissenschaft ist dem englischen Philosophen Jeremy Bentham (1748-1831) zuzuschreiben. Nach seinen Studien der Rechtstheorie und unter dem Einfluß der Lehren von Adam Smith wandte sich Bentham dem Studium jener Prinzipien zu, die für die Entstehung einer sozialen Gesetzgebung maßgebend sind. Er schlug vor, die Gesellschaft sollte nach dem „Prinzip des Nutzens" organisiert werden, das er als „Besitz eines Objektes ... zur Erzeugung von Freude, Vorteil oder Glück oder zur Vermeidung von .... Schmerzen, Nachteilen oder Unglück" definierte.[2] Nach Meinung von Bentham sollten alle Gesetze nach *utilitaristischen* Prinzipien gestaltet werden, um „das größte Glück für die größtmögliche Anzahl" zu fördern. Unter seinen weiteren gesetzgeberischen Vorschlägen befanden sich einige modern anmutende Ideen über Verbrechen und Bestrafung, in denen er meinte, eine Zufügung von „Schmerzen" durch strenge Bestrafung könnte auf Kriminelle abschreckend wirken.

Benthams Ansichten über den Nutzen erscheinen heute vielen Leuten als allzu stark vereinfacht. Aber vor 200 Jahren waren sie revolutionär, weil sie betonten, daß sozial- und wirtschaftspolitische Maßnahmen so beschaffen sein sollten, daß bestimmte praktische Resultate zu erwarten sein würden, während frühere Rechtfertigungen sich zumeist auf die Tradition, den Willen des Königs oder religiöse Lehrmeinungen beriefen. Heute begründen zahlreiche politische Denker Gesetzesvorschläge mit utilitaristischen Erklärungen dessen, was zum bestmöglichen Ergebnis für die größte Personenanzahl führt.

Der nächste Schritt in der Entwicklung der Nutzentheorie wurde getan, als die neoklassischen Ökonomen – beispielsweise William Stanley Jevons (1835-1882) – das Nutzenkonzept Benthams erweiterten und damit auch das Konsumverhalten erklärten. Nach Ansicht Jevons ist Wirtschaftstheorie ein „Kalkül von Freude und Schmerz" und zeigt, wie rational handelnde Menschen ihre Konsumentscheidungen auf Grund des zusätzlichen Nutzens oder Grenznutzens eines jeden Gutes treffen. Viele Utilitaristen des 19. Jahrhunderts glaubten, der Nutzen stelle eine seelische Realität dar – direkt und in Kardinalzahlen meßbar, nicht anders als Länge oder Temperatur. Zur Bestätigung des Gesetzes des abnehmenden Grenznutzens beobachteten sie ihre eigenen Gefühle.

Messung des Nutzens mit Ordinalzahlen. Die heutigen Ökonomen fühlen sich mit dem Begriff eines in Kardinalzahlen meßbaren Nutzens durch den Konsum alltäglicher Güter, wie Schuhe oder Nudeln, nicht recht wohl. Schließlich können wir problemlos Nachfragekurven erstellen, ohne den Begriff des Nutzens überhaupt jemals ins Spiel zu bringen. Was in der modernen Nachfragetheorie zählt, ist die Frage, ob der Konsument bestimmte Güterbündel anderen vorzieht, ein Ansatz, der durch Aussagen wie „A wird B vorgezogen" charakterisiert ist. Nicht mehr als dieser „in Ordinalzahlen meßbare Nutzen" ist erforderlich, um die allgemeinen Eigenschaften der Markt-Nachfragekurven zu ermitteln, die wir in diesem Kapitel und im zugehörigen Anhang beschreiben wollen.[3]

---

[1] Die wirtschaftliche Risiko-, Unsicherheits- und Spieltheorie wird in Kapitel 11 behandelt.

[2] *An Introduction to the Principles of Morals [and Legislation]* (1789). Beachten Sie, daß der Begriff „Nutzen" von Bentham ganz anders gebraucht wurde, als er heute – nämlich zumeist für etwas Nützliches – verwendet wird.

[3] Eine Aussage wie „Situation A wird Situation B vorgezogen", – für die wir gar nicht zu wissen brauchen, *wie sehr* A B vorgezogen wird – wird als „ordinale" Aussage bezeichnet, wir sprechen von einem ordinalen Nutzen. Ordinalzahlen geben eine gewisse Reihenfolge an – erstens, zweitens, drittens –, für die es jedoch kein Maß eines quantitativen Unterschieds zwischen den einzelnen Schritten gibt. Wir könnten die Bilder in einer Galerie nach der Reihenfolge ihrer Schönheit ordnen, ohne ein quantitatives Maß für Schönheit zur Verfügung zu haben.
In bestimmten, ganz speziellen Situationen ist allerdings auch das Konzept des „kardinalen" Nutzens von Vorteil. Ein Beispiel für eine Messung in Kardinalzahlen ist etwa dann gegeben, wenn wir sagen, daß eine Substanz bei 100 K (Kelvin) zweimal so heiß ist wie bei 50 K. Das Verhalten von Menschen unter unsicheren Bedingungen wird heute häufig unter Heranziehung des kardinalen Nutzenkonzeptes analysiert. Mit diesem Thema werden wir uns jedoch in Kapitel 11 auseinandersetzen.

GLEICHGEWICHTSBEDINGUNG: GLEICHER GRENZNUTZEN PRO GELDEINHEIT FÜR SÄMTLICHE GÜTER

Wir wollen nun die Nutzentheorie dazu verwenden, um die Konsumnachfrage zu erklären und zu verstehen, woher Nachfragekurven eigentlich kommen. Zu diesem Zweck müssen wir die Voraussetzung kennen, die gegeben sein muß, daß ich als Konsument mit meinem Warenkorb an Konsumgütern das größte Maß an Bedürfnisbefriedigung erziele. Wir sagen, daß ein Konsument versucht, seinen Nutzen zu maximieren, was bedeutet, daß er jenen Warenkorb wählt, den er allen anderen verfügbaren Möglichkeiten vorzieht. Läßt sich eine Regel für eine solche optimale Entscheidung aufstellen und können wir diese Regel erkennen? Nun, ich würde nicht davon ausgehen, daß mir das letzte Ei, das ich kaufe, genau denselben Grenznutzen einbringt wie das letzte Paar Schuhe, das ich kaufe, weil Schuhe pro Einheit ja auch mehr kosten als Eier. Die korrekte Regel lautet daher, daß ich ein Gut, das pro Einheit doppelt soviel kostet wie ein anderes Gut, nur dann kaufen sollte, wenn es mir auch genau den doppelten Grenznutzen einbringt.

Diese Regel führt uns zu der Schlußfolgerung, daß ich meinen Konsum nach Möglichkeit so gestalten werde, daß mir jedes einzelne Gut denselben Grenznutzen pro Geldeinheit erbringt. In einer solchen Situation erreiche ich die größtmögliche Zufriedenheit oder den größtmöglichen Nutzen aus meinen Käufen.

Die grundlegende Bedingung für die größtmögliche Bedürfnisbefriedigung oder den größtmöglichen Nutzen lautet daher wie folgt: Ein Konsument wird mit einem gegebenen Einkommen und angesichts gegebener Marktpreise die größtmögliche Bedürfnisbefriedigung oder den größtmöglichen Nutzen erzielen, wenn der Grenznutzen der letzten für jedes Gut ausgegebenen Geldeinheit genau derselbe ist wie der Grenznutzen der letzten für ein anderes Gut ausgegebenen Geldeinheit.

Warum muß diese Bedingung erfüllt sein? Ergäbe irgendein Gut mehr Grenznutzen pro Geldeinheit, würde ich meinen Nutzen erhöhen, indem ich Geld von anderen Gütern abziehe und mehr für dieses Gut ausgebe – bis durch das Gesetz vom abnehmenden Grenznutzen der Grenznutzen pro Geldeinheit so weit sinkt, daß ein Gleichgewicht zum Grenznutzen anderer Güter hergestellt ist. Ergäbe irgendein Gut weniger Grenznutzen pro Geldeinheit, als durchschnittlich zu erzielen ist, würde ich einfach weniger davon kaufen, bis der Grenznutzen der letzten dafür ausgegebenen Geldeinheit wieder auf das Durchschnittsniveau angestiegen ist.[4] Der durchschnittliche Grenznutzen pro Geldeinheit aller Güter im Konsumgleichgewicht wird als der „Einkommens-Grenznutzen" bezeichnet. Er mißt den zusätzlichen Nutzen, der erreicht würde, könnte der Konsument den Konsumgegenwert einer zusätzlichen Geldeinheit genießen.

Diese grundlegende Bedingung des Konsumgleichgewichts läßt sich mit Hilfe von Grenznutzen (MU_s) und Preisen (P_s) der verschiedenen Güter folgendermaßen knapp dargestellen:[5]

$$\frac{MU_{\text{Gut 1}}}{P_1} = \frac{MU_{\text{Gut 2}}}{P_2}$$

$$= \frac{MU_{\text{Gut 3}}}{P_3} = \ldots$$

$$= MU \text{ pro \$ Einkommen}$$

Warum die Nachfragekurve abwärts gerichtet ist

Durch die Anwendung der genannten Grundregel auf das Konsumentenverhalten sehen wir umgehend, warum die Nachfragenkurven nach unten gerichtet sind. Aus Vereinfachungsgründen halten wir den durchschnittlichen Grenznutzen pro Dollar Einkommen konstant. Dann erhöhen wir den Preis von Gut 1. Ohne Änderung der konsumierten Menge liegt das erste Verhältnis (d.h.

[4] In einigen Bereichen der Volkswirtschaft ist die Unteilbarkeit von Einheiten wichtig und kann nicht einfach übergangen werden. So lassen sich Cadillacs – anders als beispielsweise Apfelsaft – nicht in willkürlich kleine Teile zerteilen. Nehmen wir an, ich kaufe einen, bestimmt jedoch nicht zwei Cadillacs. Dann ist der Grenznutzen des ersten Autos um so vieles größer als der Grenznutzen derselben Anzahl von Dollars, die ich anderswo ausgeben könnte, daß ich dadurch zum Kauf dieser ersten Einheit angeregt werde. Der Grenznutzen, den der zweite Cadillac erbringen würde, ist jedoch um so vieles geringer, daß ich ihn auf keinen Fall kaufen werde. Wenn bei einem Gut Unteilbarkeit eine Rolle spielt, kann unsere Gleichgewichtsbedingung als Ungleichgewichtsbedingung neu formuliert werden.

[5] Der kritische Leser fragt sich nun sicher, ob die folgende mathematische Gleichung einen kardinalen Nutzen impliziert (siehe Fußnote 3). Die Antwort ist nein. Ein Ordinalmaß für den Nutzen läßt sich dehnen, während wir zugleich immer dieselbe Beziehung des Größer als oder Kleiner als beibehalten (als würden wir ein Gummiband messen). Wenn die Nutzenskala gedehnt wird (etwa durch Verdoppelung oder Multiplikation mit 3,14159), können Sie erkennen, daß alle Zähler in der Gleichung um denselben Betrag verändert werden, so daß die Konsum-Gleichgewichtsbedingung nach wie vor erfüllt ist. Dies wird im Anhang näher ausgeführt, wenn wir uns der Indifferenzkurve bedienen.

MU Gut 1/*P* 1) unter dem *MU* pro Dollar aller anderen Güter. Der Konsument muß daher den Konsum von Gut 1 neu anpassen. Er tut dies aller Wahrscheinlichkeit nach durch (*a*) eine Senkung seines Konsums von Gut 1; (*b*) wodurch er den *MU* von Gut 1 hebt; bis (*c*) beim neuen, geringeren Konsumniveau von Gut 1 der neue Grenznutzen pro Dollar, der für Gut 1 ausgegeben wird, wieder gleich ist dem *MU* pro Dollar, der für andere Güter ausgegeben wird.

Ein höherer Preis für ein Gut reduziert daher den vom Konsumenten gewünschten Konsum dieses Gutes; dies zeigt, warum die Nachfragekurve negativ verläuft und daher nach unten gerichtet ist.

Freizeit und optimales Zeitmanagement

Ein spanischer Trinkspruch wünscht dem Freund: „Gesundheit, Reichtum und die Zeit, beides zu genießen". Dieser Spruch zeigt, daß wir unser Zeitbudget ebenso verwalten müssen wie unser Geldbudget. Tatsächlich ist unser Zeitbudget sogar noch stärker eingeschränkt als unser Geldbudget, weil wir unabhängig von unserer Armut oder unserem Reichtum an Geld immer nur 24 Stunden Zeit täglich zur Verfügung haben. Sehen wir einmal, inwieweit sich die bereits durchgeführte Allokationsanalyse knapper Geldmittel auch auf unser Zeitbudget anwenden läßt.

Betrachten wir dazu die Freizeit, eine Zeit, die häufig als „Zeit, in der wir tun können, was wir wollen" bezeichnet wird. In der Freizeit kommen unsere persönlichen exzentrischen Vorlieben zum Vorschein. Francis Bacon, Philosoph des siebzehnten Jahrhunderts, war überzeugt davon, daß die reinste der menschlichen Vergnügungen die Gartenarbeit sei. Der Staatsmann Winston Churchill, ein Mann unseres Jahrhunderts, schrieb über seinen Urlaub: „Ich verbrachte einen herrlichen Monat mit dem Bauen einer Hütte und dem Diktieren eines Buches: 200 Ziegel und 2000 Wörter täglich."

Aber ganz egal, welche Vorlieben *Sie* haben, das Prinzip der Nutzentheorie läßt sich in jedem Fall darauf anwenden. Nehmen wir an, daß Ihnen nach allen Verpflichtungen täglich drei Stunden Zeit bleiben, die Sie mit Gärtnern, Mauern oder dem Schreiben eines Geschichtsbuches verbringen können. Wie teilen Sie Ihre Zeit am besten ein? Lassen wir dabei die Möglichkeit außer acht, daß Sie mit einer dieser genannten Tätigkeiten eventuell auch Ihr zukünftiges Einkommen aufbessern könnten. Nehmen wir stattdessen an, daß Sie damit ausschließlich Konsum- und sonstige Zwecke verfolgen, die Ihnen einen Nutzen einbringen. Die Prinzipien des Konsumentenverhaltens bei Auswahlentscheidungen würden den Schluß nahelegen, daß Sie den besten Gebrauch von Ihrer Zeit machen, indem Sie die Grenznutzen der jeweils letzten Minute, die Sie für jede der genannten Aktivitäten aufwenden, ausgleichen.

Um ein weiteres Beispiel anzuführen, nehmen wir an, Sie wollten Ihr Wissen in Ihren Universitätskursen maximieren, haben jedoch nur ein begrenztes Maß an Zeit dafür zur Verfügung. Sollen Sie alle Gegenstände genau gleich lang studieren? Doch wohl eher nicht. Sie werden feststellen, daß dieselbe Studienzeit für Volkswirtschaft, Geschichte und Chemie in der letzten Minute nicht denselben Wissenszuwachs ergibt. Wenn die letzte Minute in Chemie ein größeres Grenzwissen bewirkt als in Geschichte, werden Sie Ihr Gesamtwissen dadurch vermehren, daß Sie zusätzliche Minuten von Geschichte abziehen und für Chemie verwenden, und so weiter, bis die letzte Minute in jedem Fach auch dasselbe zusätzliche Wissen erbringt.

Dieselbe Regel des maximalen Nutzens pro Stunde läßt sich auf viele verschiedene Lebensbereiche anwenden, einschließlich sozialer Hilfsdienste, Umweltschutzmaßnahmen oder Gewichtsabnahme. Es handelt sich dabei nicht nur um ein ökonomisches Gesetz. Dies ist ein Gesetz der rationalen Entscheidung.

Konsumenten als Hexenmeister? *Eine Mahnung zur Vorsicht bei der Betrachtung des Konsumenten sei hier geäußert. Wir dürfen nicht stillschweigend annehmen, daß Konsumenten zaubern können. Die meisten Entscheidungen treffen sie wahrscheinlich eher routinemäßig und ohne nachzudenken. Was hingegen wohl angenommen werden darf, ist die weitgehende Beständigkeit des Konsumenten in seinen Vorlieben und Handlungsweisen – daß er also nicht wie wild um sich schägt, daß er sich nicht selbst unglücklich machen will, indem er laufend falsch urteilt oder rechnet. Wenn eine ausreichend große Anzahl von Menschen folgerichtig und vorhersehbar handelt, wenn sie Fehlgriffe in ihrem Kaufverhalten vermeidet und im allgemeinen die jeweils präferierten Güter wählt, führt unsere wissenschaftliche Theorie zu einer durchaus passablen Annäherung an die Fakten.*

EIN ALTERNATIVER ANSATZ: SUBSTITUTIONS- UND EINKOMMENSEFFEKT

Das Konzept des Grenznutzens hat sich bei der Erklärung des wichtigen Gesetzes des negativen Nachfrageverlaufs als sehr nützlich erwiesen. Aber im Laufe der letzten Jahrzehnte haben Ökonomen einen alternativen Ansatz in der Nachfrageanalyse entwickelt – einen Ansatz, in dem der Grenznutzen nicht mehr gebraucht wird. Dieser Alternativansatz funktioniert mit Hilfe von „Indifferenzkurven“, die im Anhang zu diesem Kapitel erläutert werden, um die wichtigsten Annahmen im Zusammenhang mit dem Konsumentenverhalten klar und folgerichtig herauszuarbeiten. Der neue Ansatz hat sich auch bei der Erklärung jener Faktoren bewährt, die das Ausmaß der Veränderung der nachgefragten Menge in Abhängigkeit vom Preis – die Preiselastizität der Nachfrage – bestimmen.

Die Indifferenzanalyse fragt nach dem Substitutionseffekt und dem Einkommenseffekt einer Preisänderung. Durch Betrachtung dieser Faktoren können wir erkennen, warum die nachgefragte Menge eines Gutes abnimmt, wenn sein Preis steigt.

Substitutionseffekt

Der erste Faktor, der den negativen Verlauf der Nachfragekurve erklärt, liegt klar auf der Hand. Wenn der Preis für Kaffee erhöht wird, während die anderen Preise gleich bleiben, ist Kaffee relativ teurer geworden.

Wenn das Aufputschmittel Kaffee relativ teurer geworden ist, wird weniger Kaffee, dafür aber mehr Tee oder Cola gekauft. Wenn Videokassetten im Vergleich zu Kinokarten immer billiger werden, verbringen wir eben einen größeren Teil unserer Freizeit mit dem billigeren Vergnügen. Allgemeiner ausgedrückt: der **Substitutionseffekt** besagt, daß bei steigendem Preis eines Gutes der Konsument dazu tendiert, dieses teurere Gut durch andere Güter zu ersetzen, um seine Bedürfnisse auf billigere Weise zu befriedigen.

Die Konsumenten verhalten sich hier wie Unternehmen, wenn sie durch Preiserhöhungen bei einem Produktionsmittel dazu veranlaßt werden, billigere anstelle der verteuerten Produktionsmittel einzusetzen. Durch diesen Substitutionsprozeß gelingt es den Unternehmen, dieselbe Produktionsleistung bei geringeren Gesamtkosten zu erbringen. Und auch die Konsumenten können, wenn sie teurere durch billigere Güter ersetzen, dieselbe Zufriedenheit zu geringeren Kosten erwerben.

Einkommenseffekt

Eine Erhöhung der Preise ist bei gleichbleibendem Einkommen gleichbedeutend mit einer Senkung des „Realeinkommens“, was bedeutet, daß die tatsächliche Menge an Gütern und Dienstleistungen, die man mit dem Einkommen kaufen kann, geringer geworden ist. Wenn bei fixem Einkommen ein Preis steigt, sinkt das Realeinkommen der Konsumenten, und wahrscheinlich werden sie von beinahe allen Gütern (einschließlich jenes Gutes, dessen Preis gestiegen ist) weniger kaufen. Das führt zum sogenannten **Einkommenseffekt**, der die Auswirkungen einer Preisänderung auf die nachgefragte Menge eines Gutes bezeichnet, die infolge der Realeinkommensveränderung der Konsumenten eintritt. Da ein geringeres Realeinkommen im allgemeinen zu geringerem Konsum führt, verstärkt der Einkommenseffekt normalerweise den Substitutionseffekt in seiner Auswirkung, nämlich der Abwärtsneigung der Nachfragekurve.

Um ein quantitatives Maß für den Einkommenseffekt zu erhalten, untersuchen wir die **Einkommenselastizität** eines Gutes. Einkommenselastizität bedeutet die relative, also prozentuelle Änderung der nachgefragten Menge dividiert durch die prozentuelle Einkommensänderung, wobei alle anderen Faktoren, beispielsweise die Preise, unverändert bleiben. Hohe Einkommenselastizitäten, die unter anderem bei Flugreisen oder Videorekordern auftreten, weisen darauf hin, daß die Nachfrage nach diesen Gütern mit steigendem Einkommen rapide zunimmt. Geringe Einkommenselastizitäten, etwa bei Nahrungsmitteln und Zigaretten, deuten auf eine schwache Reaktion der Nachfrage auf Einkommenssteigerungen hin.

Einkommens- und Substitutionseffekt bestimmen über die wichtigsten Merkmale verschiedener Güter. Unter bestimmten Umständen ist die sich ergebende Nachfragekurve stark preiselastisch, etwa in Bereichen, in denen der Konsument viel für ein bestimmtes Gut ausgegeben hat, dieses jedoch problemlos substituiert werden kann. In diesem Fall ist sowohl der Einkommens- als auch der Substitutionseffekt stark ausgeprägt, und die nachgefragte Menge reagiert auf Preiserhöhungen sehr empfindlich. Wenn jedoch ein Gut wie etwa Salz nur einen kleinen Teil des Budgets des Konsumenten beansprucht, kaum durch andere Güter ersetzt werden kann und in kleinen Mengen benötigt wird, um wichtige Güter zu ergänzen, fallen sowohl der Einkommens- als auch der Substitutionseffekt schwach aus, und die Nachfrage ist daher preisunelastisch.

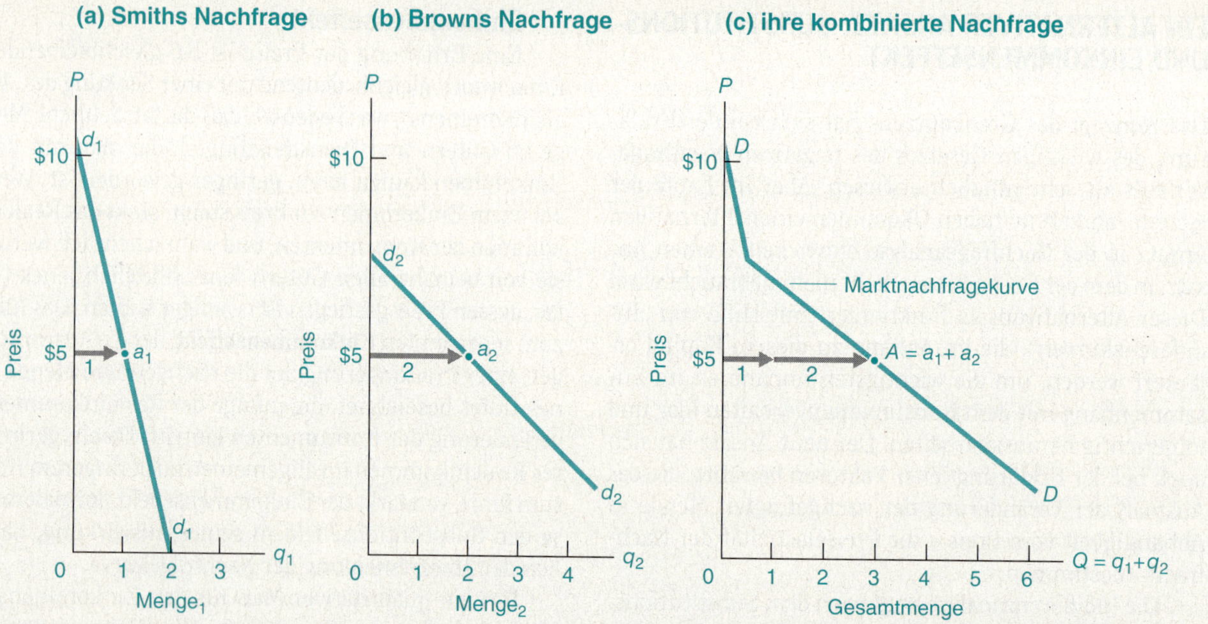

Abbildung 5-2: Die Marktnachfrage wird von der Nachfrage des einzelnen abgeleitet

Wir addieren alle einzelnen Nachfragekurven der Konsumenten und erhalten so die Marktnachfragekurve. Dann addieren wir bei jedem Preis, beispielsweise bei $ 5, die von jedem einzelnen nachgefragte Menge, um die Marktnachfrage zu ermitteln. Die Abbildung zeigt, wie wir bei einem Preis von $ 5 die eine Einheit von Smith horizontal zu den zwei Einheiten von Brown addieren und so die Marktnachfrage von drei Einheiten erhalten.

VON DER NACHFRAGE DES EINZELNEN ZUR MARKTNACHFRAGE

Nach der Analyse der Prinzipien, die der Nachfrage des einzelnen nach Kaffee oder Videokassetten zugrundeliegen, wollen wir als nächstes untersuchen, wie sich die Markt-Gesamtnachfrage aus der Nachfrage des einzelnen ableitet. Die Nachfragekurve eines Gutes für den gesamten Markt ergibt sich durch Summierung der einzelnen von allen Konsumenten nachgefragten Mengen. Jeder Konsument hat eine Nachfragekurve, entlang derer die zum jeweiligen Preis nachgefragte Menge eingetragen werden kann. Im allgemeinen ist sie abwärts und nach rechts gerichtet. Wäre die Nachfrage aller Konsumenten absolut gleich und gäbe es eine Million Konsumenten, müßten wir uns die Marktnachfragekurve als millionenfache Vergrößerung der Nachfragekurve jedes einzelnen Konsumenten vorstellen.

Aber die Leute sind nicht alle ganz gleich. Manche haben ein hohes Einkommen, andere verdienen nur wenig. Manche sind ganz verrückt nach Kaffee, während andere doch lieber zur gewohnten Cola greifen. Um die Kurve für den gesamten Markt ermitteln zu können, brauchen wir nur die Gesamtsumme dessen zu berechnen, was all die einzelnen Konsumenten zu einem gegebenen Preis nachfragen werden. Wir tragen anschließend diese Gesamtsumme als einen Punkt auf der Marktnachfragekurve ein. Wenn wir wollen, können wir auch eine numerische Nachfragetabelle anfertigen, indem wir die nachgefragten Mengen für alle Einzelpersonen zu jedem gegebenen Marktpreis summieren.[6]

Die Marktnachfragekurve ist die Summe der Einzelnachfragen zu jedem Preis. Abbildung 5-2 zeigt, wie die einzelnen Nachfragekurven *dd* horizontal zu addieren sind, um die Marktnachfragekurve *DD* zu erhalten.

Nachfrageverschiebungen

Wir wissen, daß Preisänderungen bei Kaffee Auswirkungen auf die nachgefragte Kaffeemenge haben. Wir können dies aus Budgetstudien, aus unserer Erfahrung und aus der Beobachtung unseres eigenen Verhaltens ab-

[6] Hier und auch in anderen Kapiteln bezeichnen wir die Nachfrage- und Angebotskurven des *einzelnen* mit Kleinbuchstaben (*dd* und *ss*), während wir für die Marktnachfrage- und -angebotskurven Großbuchstaben (*DD* und *SS*) verwenden.

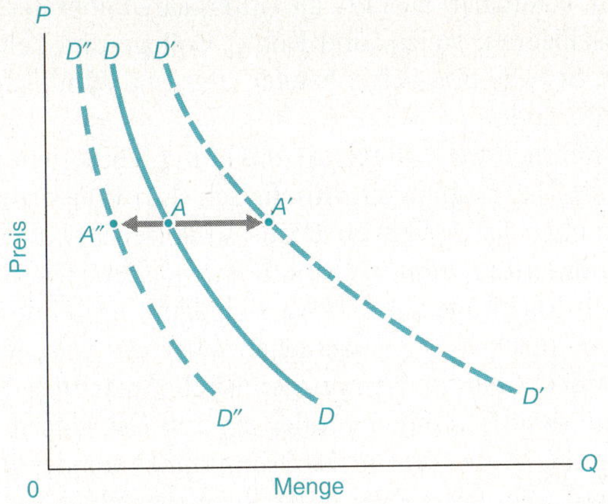

Abbildung 5-3: Die Nachfragekurve verschiebt sich mit einer Änderung des Einkommens oder anderer Güterpreise

Mit steigenden Einkommen wollen die Konsumenten im allgemeinen mehr von einem Gut erwerben und erhöhen oder verschieben daher die Nachfragekurve nach außen (erklären Sie, warum höhere Einkommen *DD* zu *D′D′* verschieben). Ebenso erhöht oder verschiebt ein Preisanstieg bei einem Substitutionsgut die Nachfragekurve (z.B. von *DD* nach *D′D′*). Erklären Sie, warum ein Einkommensrückgang im allgemeinen die Nachfrage hin zu *D″D″* verschieben müßte. Warum würde ein Rückgang des Hähnchenpreises die Hamburgernachfrage nach *D″D″* verschieben?

leiten. Wir haben in Kapitel 3 einige der wichtigen nicht preisbestimmten Einflußfaktoren auf die Nachfrage kurz besprochen. Nun wollen wir diese frühere Diskussion im Lichte unserer Analyse des Konsumentenverhaltens neu aufnehmen.

Eine Einkommenssteigerung erhöht im allgemeinen die Menge, die wir von den meisten Gütern zu kaufen gewillt sind. Lebensnotwendige Güter sind davon allerdings weniger betroffen als die meisten anderen Güter, die Nachfrage nach Luxusgütern steigt überdurchschnittlich. Zusätzlich gibt es einige Güter, die ganz aus der Norm fallen, sie werden als inferiore Güter bezeichnet, deren Kaufmenge bei steigenden Einkommen sinken kann, weil die Leute es sich nun leisten können, sie durch andere, als besser empfundene Güter zu ersetzen. Billige Wurst, Suppenknochen und Kitschgegenstände sind heute beispielsweise für viele Amerikaner inferiore Güter.

Was bedeutet das in bezug auf die Nachfragekurve? Die Nachfragekurve erklärt ja, wie die nachgefragte Menge eines Gutes auf eine Preisänderung reagiert. Zusätzlich wirken sich auf die Nachfrage auch noch die Preise anderer Güter, die Einkommen der Konsumenten und spezifische Einflußfaktoren aus. Die Nachfragekurve wurde unter der Annahme gezeichnet, daß alle diese anderen Faktoren konstant bleiben (ceteris paribus). Was aber, wenn sich diese anderen Einflußfaktoren ebenfalls ändern? Dann verschiebt sich die gesamte Nachfragekurve nach rechts oder nach links.

Abbildung 5-3 zeigt Veränderungen jener Faktoren, die sich auf die Nachfrage auswirken. Bei gegebenen Einkommen und Preisen für andere Güter können wir die Nachfragekurve für Kaffee – *DD* – einzeichnen. Nehmen wir an, Preis und Menge befinden sich in Punkt *A*. Angenommen, die Einkommen steigen, während die Preise für Kaffee und andere Güter unverändert bleiben. Da Kaffee ein normales Gut mit einer positiven Einkommenselastizität ist, werden die Leute mehr Kaffee kaufen. Die Nachfragekurve für Kaffee wird sich daher nach rechts verschieben, sagen wir nach *D'D'*, wobei *A'* die nun nachgefragte Kaffeemenge darstellt. Sollten die Einkommen sinken, müßten wir mit einem Rückgang der Nachfrage und der gekauften Menge rechnen. Diese Verschiebung nach unten zeigen wir durch *D"D"* und *A"*.

Das Einkommen ist nur einer von vielen Faktoren, die sich auf die Position der Nachfragekurve auswirken. Wenn Studenten plötzlich ein dringendes Bedürfnis nach volkswirtschaftlichen Kenntnissen entwickeln und mehr Kaffee trinken, um länger wach bleiben zu können, verschiebt sich die *DD*-Kurve für Kaffee nach außen. Auch wenn jeder einzelne eine gleichbleibende Menge eines Gutes konsumiert, hat ein Bevölkerungswachstum zur Folge, daß die gesamte Marktnachfrage nach diesem Produkt ansteigt. Wenn die Leute eine große Inflation auf sich zukommen fühlen, kann das ihr Kaufverhalten ändern – sie werden wahrscheinlich Käufe vorziehen, um der Preissteigerung zuvorzukommen.[7] Aber auch noch andere Faktoren sind ständig wirksam und verschieben die Nachfrage.

[7] Wenn die Konsumenten erfahren, daß im Persischen Golf ein Krieg ausbrechen könnte, und wenn sie sehen, daß die Energiepreise steigen, beeilen sich viele, um noch rasch möglichst viel Heizöl einzukaufen. Das mag als Ausnahme vom Gesetz der abnehmenden Nachfrage erscheinen, bestätigt in Wirklichkeit jedoch dieses Gesetz, weil wir feststellen, daß die Konsumenten nun mehr kaufen, um Ölkäufe später, wenn der Preis noch höher ist, zu vermeiden. Trotz des dynamischen Effekts von Preisänderungen trifft nach wie vor zu, daß die Konsumenten bei gleichbleibend hohem Ölpreis weniger als bei gleichbleibend niedrigem Preis konsumieren.

Substitutions- und Komplementärgüter

Jedermann weiß, daß eine Preiserhöhung bei Rindfleisch die Nachfrage nach diesem Fleisch dämpft. Wir haben aber gesehen, daß sie sich auch auf die Nachfrage nach anderen Gütern auswirkt. So erhöht beispielsweise ein höherer Rindfleischpreis die Nachfrage nach Substitutionsgütern wie Hähnchen. Ein höherer Rindfleischpreis kann die Nachfrage nach Gütern wie Hamburgerbrötchen und Ketchup verringern, die häufig zusammen mit Hamburgern aus Rindfleisch verzehrt werden. Aller Voraussicht nach wird er aber kaum Auswirkungen auf die Nachfrage nach Lehrbüchern der Volkswirtschaft haben.

Wir sagen daher, daß Rindfleisch und Hähnchen Substitutionsgüter sind. Die Güter A und B sind **Substitutionsgüter**, wenn eine Preiserhöhung bei A die Nachfrage nach dem Substitutionsgut B erhöht. Hamburger und Hamburgerbrötchen oder Autos und Benzin sind jedoch Komplementärgüter. Sie werden deshalb als **komplementär** bezeichnet, weil eine Preiserhöhung bei A zu einem Nachfragerückgang bei B führt. Dazwischen liegen die **unabhängigen** Güter, etwa Rindfleisch und Lehrbücher, wo eine Preisänderung bei A keinerlei Auswirkungen auf B hat. Versuchen Sie nun, die Güterpaare Rehbraten und Preiselbeeren, Heizöl und Kohle, College und Lehrbücher, Schuhe und Schuhbänder, Salz und Schuhbänder einzuordnen.

Nehmen wir einmal an, Abbildung 5-3 beziehe sich auf die Nachfrage nach Rindfleisch. Ein Preissturz bei Hähnchen kann sich durchaus so auswirken, daß die Konsumenten weniger Rindfleisch kaufen. Die Rindfleisch-Nachfragekurve würde sich damit nach links, sagen wir nach *D"D"*, verschieben. Aber was wäre, wenn auch der Preis für Hamburgerbrötchen nachgäbe? Die daraus resultierende Veränderung von *DD*, sofern eine eintreten sollte, läge in Richtung zunehmender Rindfleischkäufe, das heißt, einer Rechtsverschiebung der Nachfragekurve. Warum die völlig unterschiedliche Reaktion? Nun, Hähnchen sind ein Konkurrenz- oder Substitutionsgut zu Rindfleisch, wohingegen Hamburgerbrötchen ein Komplementärgut zu Rindfleisch darstellen.

Empirische Schätzungen von Preis- und Einkommenselastizität

In zahlreichen Anwendungsbeispielen der Volkswirtschaft kommt es darauf an, eine numerische Schätzung

Ware	Preiselastizität
Tomaten	4,6
Zuckererbsen	2,8
legales Glücksspiel	1,9
Marihuana	1,5
Taxifahrten	1,2
Möbel	1,0
Kino	0,87
Schuhe	0,70
Anwaltliche Vertretung	0,61
Zigaretten	0,51
Krankenversicherung	0,31
Busreisen	0,20
Strom für die Haushalte	0,13

Tabelle 5-2: Ausgewählte Preiselastizitäten der Nachfrage (geschätzt)

Schätzungen von Preiselastizitäten der Nachfrage zeigen eine breite Variationsbandbreite. Im allgemeinen ist die Elastizität bei Gütern, für die jederzeit Substitutionsgüter erhältlich sind, beispielsweise Tomaten oder Erbsen, groß. Eine geringe Preiselastizität finden wir hingegen bei Gütern wie dem elektrischen Strom, die wir für unser tägliches Leben benötigen und für die es keine entsprechenden Substitutionsgüter gibt. [Quelle: Heinz Kohler, *Intermediate Microeconomics: Theory and Applications*, 2. Ausg. (Scott Foresman, New York, 1986).]

Ware	Einkommenselastizität
Autos	2,5
Wohnen, Eigentum	1,5
Möbel	1,5
Bücher	1,4
Essen im Restaurant	1,4
Bekleidung	1,0
ärztliche Dienste	0,75
Tabak	0,64
Eier	0,37
Margarine	–0,20
Produkte aus Schweinefleisch	–0,20
Mehl	–0,36

Tabelle 5-3: Die Einkommenselastizität ausgewählter Produkte

Die Einkommenselastizität ist bei Luxusgütern, deren Konsum im Vergleich zum Einkommen relativ rasch zunimmt, groß. Negative Einkommenselastizitäten finden wir hingegen bei „inferioren Gütern", deren Nachfrage mit steigenden Einkommen zurückgeht. Die Nachfrage nach Massenware wie Bekleidung steigt proportional zum Einkommen. [Quelle: Heinz Kohler, *Intermediate Microeconomics: Theory and Applications*, 2. Ausg., (Scott Foresman, New York, 1986).]

der Preiselastizität vorzunehmen. So möchte beispielsweise ein Autohersteller zu gern wissen, welche Auswirkungen höhere Neuwagenpreise auf die Nachfrage haben, wenn der Einbau kostspieliger Abgaskontrollanlagen Neuwagen verteuert. Ein College muß einfach wissen, wie sich höhere Studiengebühren auf die Studienneuzugänge auswirken werden. Und ein Herausgeber muß die Folgen von Preiserhöhungen bei Lehrbüchern für seine Verkaufszahlen errechnen. Alle diese Anwendungen erfordern eine numerische Schätzung der Preiselastizität.

Ähnliche Entscheidungen hängen auch von der Einkommenselastizität ab. Ein Staat, der sein Straßen- oder Eisenbahnnetz plant, muß die Auswirkungen steigender Einkommen auf den Autoverkehr abschätzen; er muß einkalkulieren, wie sich höhere Einkommen auf den Energieverbrauch auswirken, wenn er Maßnahmen gegen Luftverschmutzung oder gegen den Treibhauseffekt plant; oder wenn ermittelt wird, welche Investitionen in Stromnetz und Energieversorgung zu tätigen sind, müssen zuvor die Einkommenselastizitäten zur Schätzung des Stromverbrauchs bekannt sein.

Ökonomen haben sehr nützliche statistische Techniken entwickelt, um Preis- und Einkommenselastizitäten zu ermitteln. Die quantitativen Schätzungen leiten sich von Marktdaten über nachgefragte Mengen, Preise, Einkommen und andere Variable ab. Die Tabellen 5-2 und 5-3 zeigen einige ausgewählte Schätzungen von Elastizitäten.

DAS PARADOXON DES WERTES

Vor mehr als zwei Jahrhunderten beschrieb Adam Smith in seinem *Reichtum der Nationen* das *Paradoxon des Wertes*. Er schrieb: „Nichts ist nützlicher als Wasser; aber man kann damit kaum etwas kaufen. Ein Diamant hingegen ist kaum als nützlich zu bezeichnen; trotzdem erhält man häufig eine große Menge anderer Güter im Austausch für ihn." Mit anderen Worten, wie kann es sein, daß Wasser, das doch absolut lebenswichtig ist, nur geringen Wert hat, während Diamanten, die im allgemeinen für reinen Geltungskonsum verwendet werden, einen überaus hohen Preis erzielen?

Dieses Paradoxon machte Adam Smith vor 200 Jahren zu schaffen. Heute wissen wir, wie wir es zu lösen haben – nämlich wie folgt: „Die Angebots- und Nachfragekurven für Wasser schneiden einander bei einem sehr niedrigen Preis, während Angebot und Nachfrage nach Diamanten einen sehr hohen Gleichgewichtspreis aufweisen." Nachdem das festgestellt ist, müßten wir natürlich weiter fragen: „Aber *warum* schneiden einander Angebot und Nachfrage bei einem derart niedrigen Preis?" Die Antwort lautet, daß Diamanten sehr selten sind, und daß der Preis, um sie zu gewinnen, außerordentlich hoch ist, während Wasser relativ häufig vorkommt und in vielen Gegenden dieser Erde nur wenig kostet.

Und doch kann diese Antwort die Kosteninformation nicht mit der ebenso gültigen Tatsache in Einklang bringen, daß die weltweiten Wasserressourcen um vieles nützlicher sind als die weltweiten Diamantenvorkommen. Um diesen Bezug herzustellen, müssen wir zusätzlich zu den Kostenbetrachtungen ein zweites Faktum berücksichtigen: Die Nützlichkeit des Wassers als ganzes bestimmt nicht seinen Preis oder seine Nachfrage. Der Wasserpreis wird vielmehr durch seinen Grenznutzen bestimmt; durch die Nützlichkeit des *letzten* Glases Wasser. Da es so viel Wasser gibt, ist dieses letzte Glas schon sehr günstig zu haben. Obwohl die ersten Tropfen so unendlich viel wert sind wie das Leben selbst, werden die letzten Tropfen desselben Wassers nur dazu benötigt, um den Rasen zu sprengen oder das Auto zu waschen. Wir stellen daher fest, daß ein immens wertvolles Gut wie Wasser für einen Pappenstiel verkauft wird, weil der letzte Wassertropfen auch nur einen Pappenstiel wert ist.

Ein Student drückte es so aus: Das volkswirtschaftliche Wertkonzept ist ganz leicht zu verstehen, wenn man sich vorstellt, daß in der Volkswirtschaft der Schwanz mit dem Hund wedelt. Der Schwanz des Grenznutzens wedelt mit dem Hund der Preise und Mengen.

Wir können das Paradoxon des Wertes folgendermaßen lösen: Je mehr es von einem Gut gibt, desto geringer wird die letzte Einheit dieses Gutes geschätzt. Es ist daher klar, warum eine große Menge Wasser einen geringen Preis erzielt, und warum etwas absolut Lebensnotwendiges wie Luft überhaupt ein freies Gut werden konnte. In beiden Fällen sind es die großen vorhandenen Mengen, die den Grenznutzen derart gering machen und so den Preis dieser lebenswichtigen Güter niedrig halten.

KONSUMENTENRENTE

Das oben ausgeführte Wertparadoxon unterstreicht, daß der ausgewiesene Geldwert eines Gutes (gemessen als Preis x Menge) als Indikator für den wirtschaftlichen Gesamtwert dieses Gutes äußerst irreführend sein kann. Der gemessene wirtschaftliche Wert der Luft, die wir einatmen, ist null, und doch ist der Beitrag, den die Luft zu unserem Wohlstand leistet, unschätzbar groß.

Die Kluft zwischen dem Gesamtnutzen eines Gutes und seinem Gesamt-Marktwert wird als Konsumentenrente bezeichnet. Dieser „Gewinn“ entsteht, weil wir „mehr bekommen, als wir bezahlen“, und das als Ergebnis unseres Gesetzes des abnehmenden Grenznutzens.

Wir genießen die Konsumentenrente vor allem deshalb, weil wir für jede Einheit eines Gutes, das wir kaufen, denselben Betrag bezahlen, von der ersten bis zur letzten Einheit. Wir bezahlen für jedes Ei oder jedes Glas Wasser denselben Preis. Deshalb kostet uns *jede* Einheit eigentlich genau soviel, wie die *letzte* Einheit wert ist. Aber wegen des fundamentalen Gesetzes des abnehmenden Grenznutzens sind die ersten Einheiten für uns mehr wert als die letzten. Wir genießen daher einen Gewinn bei jeder dieser früheren Einheiten.

Abbildung 5-4 zeigt das Konzept der Konsumentenrente anhand einer Einzelperson, die Wasser konsumiert.

Abbildung 5-4: Auf Grund des abnehmenden Grenznutzens ist die Kundenbefriedigung größer, als dem bezahlten Betrag entsprechen würde

Die sinkende Nachfrage nach Wasser spiegelt den abnehmenden Grenznutzen von Wasser wider. Bitte beachten Sie, wieviel zusätzliche Zufriedenheit oder Konsumentenrente sich aus den früheren Einheiten ergibt. Addiert man all die grauen Konsumentenrenten ($ 8 für Einheit 1 + $ 7 für Einheit 2 +...+ $ 1 für Einheit 8), erhalten wir die gesamte Konsumentenrente von $ 36 für Wasserkäufe.

Im dargestellten, vereinfachten Fall stellt der Bereich zwischen der Nachfragekurve und der Preiskurve die gesamte Konsumentenrente dar.

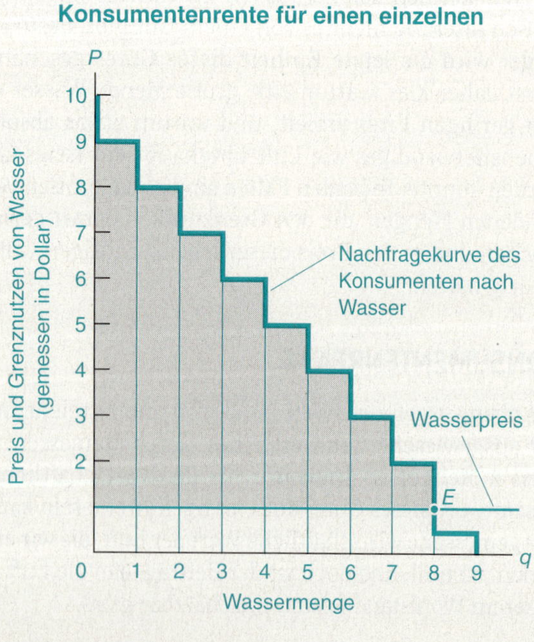

Nehmen wir an, der Wasserpreis beträgt einen Dollar pro Gallone. Gezeigt wird das durch die horizontale Linie bei 1 Dollar in Abbildung 5-4. Der Konsument überlegt, wie viele Gallonen er zu diesem Preis kaufen soll. Die erste Gallone ist sehr viel wert, sie soll seinen extremen Durst stillen, und der Konsument wäre sogar bereit, dafür 9 Dollar zu bezahlen. Aber diese erste Gallone kostet nur den Marktpreis von 1 Dollar, also hat der Konsument einen Gewinn von 8 Dollar erzielt.

Betrachten wir die Sache anhand der zweiten Gallone. Sie wäre dem Konsumenten 8 Dollar wert, aber auch sie kostet nur 1 Dollar, der Gewinn beträgt 7 Dollar. Und immer so weiter bis zur neunten Gallone, die dem Konsumenten nur noch 50 Cents wert ist, und die er daher nicht kauft. Das Konsumgleichgewicht stellt sich bei Punkt *E* ein, jenem Punkt, an dem 8 Gallonen Wasser zum Preis von jeweils 1 Dollar gekauft werden.

Aber an dieser Stelle machen wir eine wichtige Entdeckung: Obwohl der Konsument insgesamt nur 8 Dollar bezahlt hat, beträgt der Gesamtwert des Wassers 44 Dollar. Dieser Wert ergibt sich durch Addition der Grenznutzen (= $ 9 + $ 8 ...+ $ 2). Der Konsument kann sich daher über einen Gewinn von 36 Dollar gegenüber dem bezahlten Betrag freuen.

Abbildung 5-4 untersucht den Fall eines einzelnen Konsumenten, der Wasser einkauft. Wir können das Konzept der Konsumentenrente aber auch auf den Markt als ganzen anwenden. Die Markt-Nachfragekurve in Abbildung 5-5 ist die horizontale Summierung der einzelnen Nachfragekurven. Die Logik der einzelnen Konsumentengewinne überträgt sich auf den Markt als ganzen. Der Bereich der Marktnachfragekurve über der Preislinie, in Abbildung 5-5 *NER*, stellt den gesamten Konsumenten-Zusatznutzen dar.

Da die Konsumenten für alle konsumierten Einheiten nur den Preis der letzten Einheit bezahlen, genießen sie einen Nutzengewinn gegenüber den Kosten. Der Konsumenten-Zusatznutzen mißt den zusätzlichen Nutzen, den die Konsumenten über den für ein Gut bezahlten Preis hinaus genießen.

Anwendungsmöglichkeiten der Konsumentenrente

Das Konzept der Konsumentenrente kann uns helfen, zahlreiche staatliche Entscheidungen zu bewerten. Wie kann beispielsweise der Staat zu einer Entscheidung über den Wert einer neuen Autobahn oder der Bewahrung eines Erholungsortes gelangen? Nehmen wir an, ein Plan für eine neue Autobahn liegt vor. Da jeder sie gebührenfrei benützen kann, wird sie keine Einnahmen

Konsumentenrente für einen Markt

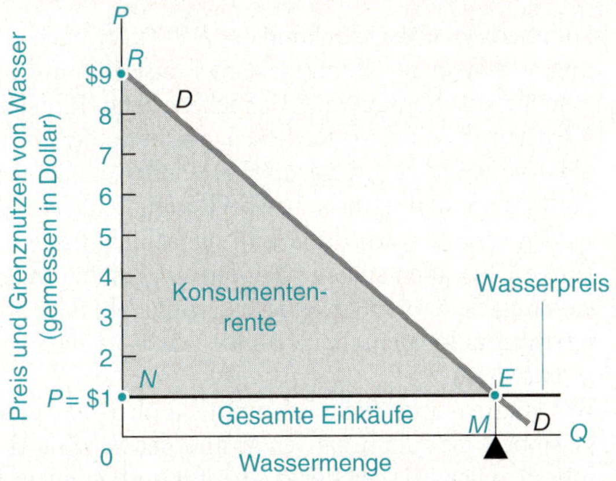

Abbildung 5-5: Die gesamte Konsumentenrente entspricht dem Bereich unter der Nachfrage- und über der Preiskurve

Die Nachfragekurve mißt die Höhe dessen, was die Konsumenten für jede konsumierte Einheit bezahlen würden. So zeigt der gesamte Bereich unter der Nachfragekurve (0*REM*) den Gesamtnutzen durch den Konsum von Wasser. Substrahiert man die Marktkosten für Wasser für die Konsumenten (entsprechend 0*NEM*), erhalten wir die Konsumentenrente aus dem Wasserkonsum als das Dreieck *NER*.

erbringen. Der Wert für die Nutzer ergibt sich durch die Zeiteinsparung oder durch vermehrte Sicherheit und läßt sich als Zusatznutzen (Konsumentenrente) des einzelnen Konsumenten messen. Um schwierigeren Problemen des Nutzenvergleichs zwischen verschiedenen Personen aus dem Weg zu gehen, begnügen wir uns mit der Annahme, es gäbe 10.000 Nutzer, die in jeder Hinsicht absolut ident sind.

Durch umsichtiges Experimentieren ermitteln wir eine individuelle Konsumentenrente von 350 Dollar für die Autobahn. Die Konsumenten sollten sich demnach für die Errichtung der neuen Straße aussprechen, wenn die Gesamtkosten unter 3,5 Millionen Dollar liegen (10.000 x $ 350). Und Ökonomen, die *Kosten-Nutzenrechnungen* anstellen, empfehlen üblicherweise den Bau einer Straße, sofern der Nutzengewinn der Konsumenten die Kosten übersteigt. Ähnliche Analysen und Berechnungen wurden in Umweltfragen angewandt, beispielsweise in der Frage, ob man Naturschutzgebiete erhalten oder ob man neue Umweltauflagen erteilen sollte.

Das Konzept der Konsumentenrente weist uns auch auf das enorme Privileg hin, das wir Bürger der modernen Gesellschaften genießen. Jeder von uns kann eine große Menge enorm wertvoller Güter nutzen, die er zu günstigen Preisen kaufen kann. Diese Erkenntnis macht sehr bescheiden. Sollten Sie Menschen kennen, die sich auf ihre wirtschaftliche Produktivität oder ihr Einkommen allzuviel einbilden, fordern Sie sie doch auf, einmal nachzudenken. Würde man sie auf eine unbewohnte Insel ohne Trinkwasser verbringen, wie lange könnten sie dort wohl von ihrem Fachwissen leben? Wieviel könnte denn einer von uns ohne Maschinenkapital, ohne die Mitarbeit anderer und ohne die technischen Kenntnisse, die jede Generation von der vorherigen erbt und übernimmt, produzieren? Es ist nur zu klar, daß wir alle die Konsumentenrente einer Wirtschaftswelt genießen, die wir selbst gar nicht geschaffen haben. Wie sagte doch L.T. Hobhouse?

> *Der Industriekapitän, der meint, er habe seine Karriere und sein Unternehmen selbst „aufgebaut", findet doch in Wahrheit ein fertiges Sozialsystem in Form von ausgebildeten Arbeitern, Maschinen, einem Markt, Frieden und Ordnung vor, einen riesigen Apparat und eine allgegenwärtige Atmosphäre, das gemeinsame Werk von Millionen von Menschen und vielen, vielen Generationen. Würden wir den gesamten sozialen Faktor weglassen, [wären] wir nur ... ein paar Wilde, die sich von Wurzeln, Beeren und Würmern ernähren müßten.*

Damit haben wir unseren Überblick darüber beendet, wie die Präferenzen der Konsumenten in einer Wechselwirkung zu Preisen und Einkommen stehen und so die Nachfrage nach Gütern und Dienstleistungen bestimmen. Aber wie steht es mit den Unternehmen? Wie mit Produktion und Angebot von Gütern, die die Konsumenten nachfragen? In den nächsten beiden Kapiteln wollen wir uns diesem ebenso wichtigen Aspekt des Themas Angebot und Nachfrage zuwenden. Wenn wir schließlich unseren Überblick über die Entscheidungen der Unternehmen abgeschlossen haben, werden wir die Kräfte hinter diesen beiden Kurven, die quer durch dieses Lehrbuch und durch das gesamte Wirtschaftsleben immer wieder auftauchen, schon besser verstehen.

ZUSAMMENFASSUNG

1. Marktnachfrage oder Nachfragekurven werden als ein Mechanismus erklärt, der sich aus dem Auswahlprozeß der Einzelpersonen ergibt, die sich für jenes Bündel an Gütern und Dienstleistungen entscheiden, dem sie persönlich den Vorzug geben.
2. Ökonomen erklären die Konsumentennachfrage anhand des Nutzenkonzepts, wie die relative Zufriedenheit bezeichnet wird, die ein Konsument durch die Nutzung der verschiedenen Güter erfährt. Das zusätzliche Maß an Zufriedenheit, die er aus dem Konsum einer zusätzlichen Einheit eines Gutes bezieht, wird als *Grenznutzen* bezeichnet, wobei „Grenz-" in diesem Zusammenhang den zusätzlichen oder vermehrten Nutzen bedeutet. Das Gesetz des abnehmenden Grenznutzens besagt, daß bei zunehmender Menge eines konsumierten Gutes der Grenznutzen durch die jeweils letzte konsumierte Einheit abnimmt.
3. Ökonomen gehen von der Annahme aus, daß die Konsumenten ihre knappen Einkommen so verwenden, daß sie daraus die größte Zufriedenheit oder den größtmöglichen Nutzen schöpfen. Um seinen Nutzen zu maximieren, muß ein Konsument die Grenznutzen der letzten Geldeinheiten, die er für jedes einzelne Gut bezahlt, ausgleichen.
   Erst wenn der Grenznutzen pro eingesetzter Geldeinheit für Äpfel, Schinken, Kaffee und alles andere gleich ist, erreicht der Konsument die größte Bedürfnisbefriedigung aus seinem knappen Geldeinkommen. Aber achten Sie darauf, daß der Grenznutzen eines kleinen Flakons Parfum zu 50 Dollar nicht dem Grenznutzen eines Glases Cola für 50 Cents entspricht. Nein, ihr jeweiliger Grenznutzen dividiert durch ihren Einheitspreis ist bei optimalem Mitteleinsatz des Konsumenten gleich. Das bedeutet, der Grenznutzen pro jeweils letzter eingesetzter Geldeinheit, MU/P, muß gleich sein.
4. Derselbe Grenznutzen pro Einheit einer Ressource ist eine fundamentale Grundregel, die weit über die Nachfragetheorie und die Analyse des Mitteleinsatzes hinausgeht. Wenn Sie knappe Ressourcen unter konkurrierenden Einsatzmöglichkeiten aufteilen möchten, können Sie durch eine Verlagerung von einem geringen Grenznutzen pro Einheit der Ressource zu einem hohen profitieren, und zwar so lange, bis schließlich ein Gleichgewicht hergestellt ist, bei dem jeder einzelne Grenznutzen pro Einheit Ressource gleich hoch ausfällt. Eine sehr wichtige Anwendung dieser Regel ist das optimale Zeitmanagement.
5. Die Marktnachfragekurve für alle Konsumenten wird abgeleitet, indem die individuellen Nachfragekurven jedes einzelnen Konsumenten horizontal addiert werden. Eine Nachfragekurve kann sich aus vielerlei Gründen verschieben. So bewirkt beispielsweise eine Erhöhung des Einkommens eine Verschiebung der *DD*-Kurve nach rechts und erhöht so die Nachfrage; eine Preiserhöhung bei einem Substitutionsgut (z.B. Hähnchen anstatt Rindfleisch) führt ebenso zu einer Rechtsverschiebung der Nachfragekurve. Eine Preissteigerung bei einem Komplementärgut (z.B. Hamburgerbrötchen bei Rindfleisch) verursacht jedoch eine Abwärts- und Linksverschiebung der *DD*-Kurve. Aber auch andere Faktoren – der sich wandelnde Geschmack der Leute, die Bevölkerungszahl oder die Erwartungen der Menschen – können sich auf die Nachfrage auswirken.
6. Wir können zusätzliche Erkenntnisse über die Faktoren gewinnen, die zum negativen Anstieg der Nachfragekurve führen, indem wir den Effekt einer Preiserhöhung in Substitutions- und Einkommenseffekt aufspalten. (a) Der Substitutionseffekt tritt auf, wenn ein höherer Preis zu einer Substitution durch andere Güter führt, um die Bedürfnisse zu befriedigen; (b) der Einkommenseffekt bedeutet, daß eine Preiserhöhung die Realeinkommen senkt, wodurch die Konsumnachfrage bei den meisten Gütern zurückgeht. Bei der Mehrzahl der Güter verstärken Substitutions- und Einkommenseffekte einer Preiserhöhung einander und führen zum Gesetz des negativen Nachfrageverlaufs. Wir messen die quantitative Reaktion der Nachfrage auf das Einkommen mit Hilfe der Einkommenselastizität, also der prozentuellen Änderung der nachgefragten Menge dividiert durch die prozentuelle Einkommensänderung.
7. Merken Sie sich als Grundregel, daß es der Schwanz in Form des Grenznutzens ist, der mit dem Markthund der Preise und Mengen wedelt. Diese Tatsache wird durch das Konzept der *Konsumentenrente* unterstrichen. Wir bezahlen denselben Preis für jeden Liter Milch, den wir im Laden kaufen; dieser Preis entspricht dem Grenznutzen der letzten gekauften Einheit. Das bedeutet letztlich, daß wir bei allen früher erworbenen Einheiten einen Nutzengewinn über den Preis hinaus für uns verbuchen können, weil der Grenznutzens der früheren Einheiten größer ist als jener der letzten Einheit, was durch das Gesetz des abnehmenden Grenznutzens belegt wird. Der gesamte zusätzliche Nutzen gegenüber dem Marktpreis wird als Konsumentenrente bezeichnet. Diese Konsumentenrente ist das Maß für den Vorteil, den wir daraus gewinnen, daß wir alle Einheiten zum selben, niedrigen Preis erwerben können. Bei grober Vereinfachung können wir die Konsumentenrente als den Bereich zwischen der Nachfragekurve und der Preislinie messen. Dieses Konzept gilt für zahlreiche öffentliche Entscheidungen – etwa wann eine Gemeinde die hohen Kosten für eine Straße oder Brücke auf sich nehmen oder wann sie Gebiete zu Naturschutzzonen umwidmen sollte.

BEGRIFFE ZUR WIEDERHOLUNG

Nutzen, Grenznutzen
Utilitarismus
Gesetz des abnehmenden Grenznutzens
Verschiebungen der Nachfrage durch Einkommensänderungen und andere Faktoren
Ausgleich des Grenznutzens der zuletzt ausgegebenen Geldeinheit für jedes Gut: $MU_1/P_1 = MU_2/P_2 = ...$
MU pro Einkommenseinheit
Marktnachfrage gegenüber Einzelnachfrage
Einkommenselastizität
Substitutions-, Komplementär-, voneinander unabhängige Güter
Substitutionseffekt und Einkommenseffekt
Wertparadoxon
Konsumentenrente

FRAGEN UND BEISPIELE

1. Erklären Sie die Bedeutung des Begriffes Nutzen. Worin besteht der Unterschied zwischen dem Gesamtnutzen und dem Grenznutzen? Erklären Sie das Gesetz des abnehmenden Grenznutzens und führen Sie ein numerisches Beispiel an.
2. Tom Wu kauft allwöchentlich zwei Hamburger zu jeweils 2 Dollar, acht Coladosen zu je 50 Cents und acht Pizzaschnitten zu je einem Dollar, aber er kauft keine Hot dogs zu je 1,50 Dollar. Was können Sie daraus bezüglich Toms Grenznutzen bei jedem der vier Güter ableiten?
3. Bilden Sie Güterpaare aus den im folgenden aufgezählten Gütern, die Sie als Komplementär-, Substitutions- oder als voneinander unabhängige Güter einstufen können. Rindfleisch, Ketchup, Lammfleisch, Zigaretten, Gummi, Schweinefleisch, Radio, Fernsehen, Flugreisen, Busreisen, Taxis und Taschenbücher. Zeigen Sie die sich ergebende Verschiebung der Nachfragekurve für ein Gut, wenn der Preis eines anderen Gutes erhöht wird. Wie würde sich eine Einkommensänderung auf die Nachfragekurve für Flugreisen auswirken? Auf die Nachfragekurve für Busreisen?
4. Warum ist es falsch zu sagen: „Im Gleichgewicht muß der Grenznutzen aller Güter genau derselbe sein?“ Korrigieren Sie diese Aussage und erklären Sie die Änderung, die Sie vornehmen.
5. Wieviel wären Sie bereit, alljährlich zu bezahlen, bevor Sie auf alle Kinofilme verzichten würden? Wieviel geben Sie persönlich fürs Kino aus? Versuchen Sie eine grobe Schätzung Ihrer Konsumentenrente.
6. Betrachten Sie folgende Tabelle, die den Nutzen verschieden langer, alljährlicher Schiurlaube ausweist:

Anzahl der Schiurlaubstage	Gesamtnutzen ($)
0	0
1	30
2	55
3	73
4	88
5	98
6	98

Erstellen Sie eine Tabelle, die den Grenznutzen für jeden einzelnen Schitag ausweist. Nehmen Sie an, daß es eine Million Leute mit exakt denselben Präferenzen wie jenen in der Tabelle gibt – wie würde die Marktnachfrage nach Schiurlauben aussehen? Bei einem Liftkartenpreis von 20 Dollar pro Tag – wie hoch wären Gleichgewichtspreis und Gleichgewichtsmenge der Schiurlaubstage?
7. Berechnen Sie für jedes der in Tabelle 5-2 angeführten Güter die Auswirkungen einer Preisverdoppelung auf die nachgefragte Menge. Ebenso für die Güter in Tabelle 5-3: welche Auswirkungen hätte eine 50prozentige Erhöhung der Konsumenteneinkommen?
8. Wenn Sie die identischen Nachfragekurven von immer mehr Leuten addieren (ähnlich wie in dem Verfahren in Abbildung 5-2), wird die Marktnachfragekurve bei gleichem Maßstab immer flacher und flacher. Zeigt diese Tatsache an, daß die Nachfrageelastizität immer größer wird? Erklären Sie Ihre Antwort gründlich.
9. Wie sieht die Nachfrage nach einer süchtigmachenden Substanz wie Zigaretten oder Drogen charakteristischerweise aus? Studien weisen darauf hin, daß eine Sucht typischerweise eine geringe Preiselastizität in der Nachfrage bedingt. Schätzungen am Beispiel der Zigarettennachfrage kommen beispielsweise zu einer Preiselastizität von etwa 0,5. Nehmen Sie an, das Zigarettenangebot ist absolut elastisch und bei einem Gleichgewichtspreis ohne Steuern von 1 Dollar pro Packung beträgt die nachgefragte Menge 10 Milliarden Packungen jährlich. Wenn die Regierung nun eine Steuer von 10 Cents pro Packung einhebt, welche Auswirkungen auf den Zigarettenverbrauch und auf den Zigarettenpreis wären zu erwarten? Wie hoch wären die zu erwartenden Steuereinnahmen? Bereiten Sie Ihre Antwort auch graphisch auf.
10. Nehmen wir an, Sie sind sehr reich und sehr dick. Ihr Arzt hat Ihnen empfohlen, Ihre Energiezufuhr auf täglich 2000 Kalorien zu beschränken. Wie sieht Ihr Konsumgleichgewicht für Lebensmittel aus?

ANHANG 5

GEOMETRISCHE ANALYSE DES NACHFRAGEVERHALTENS

Vor einem Jahrhundert entdeckte der Ökonom Vilfredo Pareto (1848-1923), daß alle wichtigen Elemente der Nachfragetheorie auch ohne das Nutzenkonzept analysiert werden können. Pareto entwickelte das, was wir heute als Indifferenzkurve bezeichnen. Dieser Anhang soll die moderne Indifferenzanalyse erklären und dann mit Hilfe dieses neuen Werkzeugs die wichtigsten Schlußfolgerungen für das Konsumverhalten ableiten.

DIE INDIFFERENZKURVE

Beginnen Sie mit der Annahme, Sie seien ein Konsument, der verschiedene Kombinationen zweier Güter, sagen wir, von Nahrungsmitteln und Kleidung, zu gegebenen Preisen kauft. Nehmen Sie nun für jede Kombination dieser beiden Güter an, daß Sie entweder eine der anderen vorziehen, oder daß Sie den beiden Güterpaaren indifferent

Eine Konsumenten-Indifferenzkurve

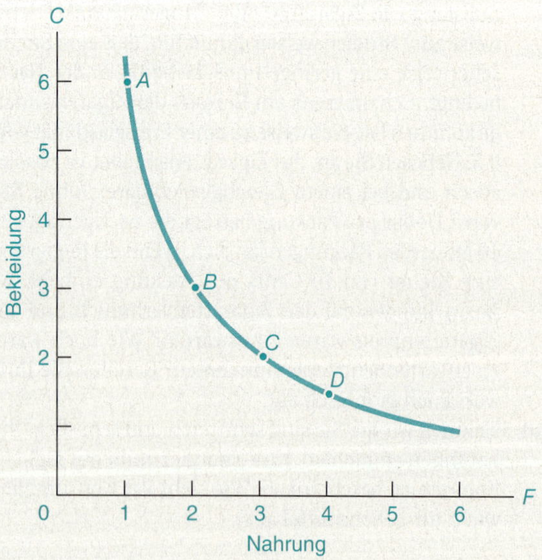

Gleichwertige Kombinationen

	Nahrung	Bekleidung
A	1	6
B	2	3
C	3	2
D	4	$1^1/_2$

Abbildung 5A-1: Indifferenzkurven für ein Güterpaar

Erhält man mehr von einem Gut, so kompensiert dies für den Verzicht auf einen Teil eines anderen Gutes. Für den Konsumenten sind die Situationen *A*, *B*, *C* und *D* gleichwertig. Alle jene Nahrungs-Bekleidungskombinationen, die dieselbe Befriedigung ergeben, werden als durchgängige Indifferenzkurve gezeichnet. Diese ist konvex von unten entsprechend dem Substitutionsgesetz, das besagt, daß das Substitutionsverhältnis oder die Steigung der Indifferenzkurve umso geringer ausfällt, je mehr man von einem Gut erhält.

gegenüberstehen. Werden Sie etwa gebeten, zwischen Kombination A mit 1 Einheit Nahrungsmitteln und 6 Einheiten Kleidung und Kombination B mit 2 Einheiten Nahrung und 3 Einheiten Kleidung zu wählen, könnten Sie (1) A B vorziehen, (2) B A vorziehen oder (3) A und B gleichwertig empfinden.

Nehmen wir nun an, daß A und B für Sie völlig gleichwertig sind – daß es Ihnen also gleichgültig ist, welche von beiden Kombinationen Sie erhalten. Betrachten wir nun einige weitere Güterkombinationen, denen Sie ebenso indifferent gegenüberstehen, wie in der Tabelle zu Abbildung 5A-1 angegeben.

Abbildung 5A-1 zeigt diese Kombinationen in einem Diagramm. Wir tragen Kleidungseinheiten auf einer Achse und Nahrungseinheiten auf der anderen auf. Jede unserer vier Güterkombinationen wird durch die einzelnen Punkte *A, B, C* und *D* dargestellt, und natürlich gibt es noch viele andere, die nur nicht eingetragen sind. Die Kurve in Abbildung 5A-1, die die vier Punkte verbindet, ist eine Indifferenzkurve. Die Punkte auf der Kurve stellen jeweils Güterkombinationen dar, denen der Konsument indifferent gegenübersteht, die für ihn also gleichwertig sind; sie alle erscheinen ihm im selben Maß wünschenswert.

Substitutionsgesetz

Die Indifferenzkurven erscheinen als schüsselförmige oder zum Ursprung hin konvexe Kurven. Wenn Sie sich daher nach rechts unten entlang der Kurve bewegen – eine Bewegung, die zunehmende Mengen an Nahrung und geringere Mengen an Kleidung bedeutet, wird die Kurve flacher. Die Kurve wird so gezeichnet, um eine Eigenschaft aufzuzeigen, die sich in der Realität zumeist bewahrheitet, und die als *Substitutionsgesetz* bezeichnet wird:

Je knapper ein Gut ist, desto größer ist sein relativer Substitutionswert; sein Grenznutzen steigt im Verhältnis zum Grenznutzen jenes Gutes, das in großen Mengen vorhanden ist.

Wenn Sie daher in Abbildung 5A-1 von *A* nach *B* gehen, tauschen Sie 3 der 6 Kleidungseinheiten für 1 zusätzliche Lebensmitteleinheit ein. Aber von *B* nach *C* opfern Sie nur noch eine Einheit ihres verbleibenden Bekleidungsangebotes, um eine dritte Lebensmitteleinheit zu bekommen – ein Tausch eins zu eins also. Für eine vierte Lebensmitteleinheit würden Sie schließlich nur noch eine halbe Einheit von Ihrem schwindenden Bekleidungsvorrat hergeben.

Wenn wir die Punkte *A* und *B* in Abbildung 5A-1 verbinden, stellen wir fest, daß die Steigung der sich daraus ergebenden Linie (unter Vernachlässigung des negativen Vorzeichens) einen Wert von 3 hat. Verbinden Sie *B* und *C*, und der Anstieg ist 1; verbinden Sie *C* und *D*, und der Anstieg beträgt ½. Diese Zahlen – 3, 1, ½ – sind die *Substitutionsraten* (manchmal auch *als Grenzrate der Substitution* bezeichnet) zwischen den beiden Gütern. Je kleiner die einzelnen Schritte entlang der Kurve werden, desto näher kommt die Substitutionsrate an der tatsächlichen Steigung der Indifferenzkurve heran.

Die Steigung der Indifferenzkurve ist das Maß für den relativen Grenznutzen der Güter oder für die Substitutionsbedingungen, zu denen der Konsument – bei sehr kleinen Veränderungen – bereit wäre, ein bißchen weniger von einem Gut für ein bißchen mehr von einem anderen Gut zu tauschen.

Eine konvexe Indifferenzkurve wie in Abbildung 5A-1 entspricht dem Gesetz der Substitution. In dem Maß, in dem die Menge an Nahrungsmitteln, die Sie konsumieren, steigt – und immer weniger Bekleidung zur Verfügung steht –, müssen Nahrungsmittel relativ billiger und immer billiger werden, um Sie gewissermaßen dazu zu überreden, noch ein wenig mehr Nahrung für ein bißchen weniger Kleidung zu akzeptieren. Der genaue Verlauf und die Steigung einer Indifferenzkurve variieren natürlich von Verbraucher zu Verbraucher, aber typischerweise nimmt sie eine Form, wie in Abbildung 5A-1 und 5A-2 dargestellt, an.

Abbildung 5A-2: Ein ganzes Set von Indifferenzkurven

Die als U_1, U_2, U_3 und U_4 bezeichneten Kurven stellen Indifferenzkurven dar. Welche Indifferenzkurve ist die für den Konsumenten günstigste?

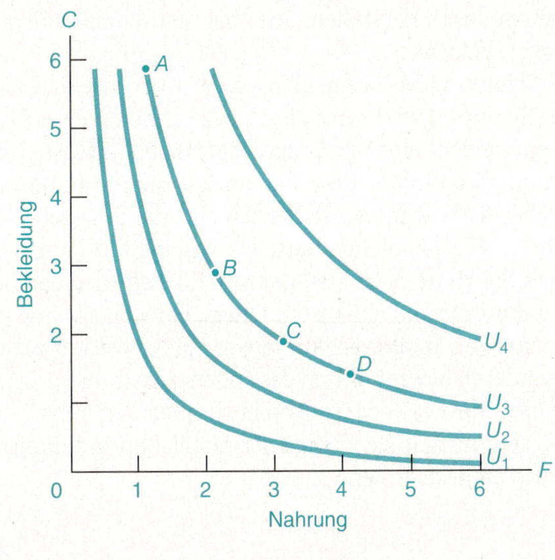

Die Budgetkurve eines Konsumenten

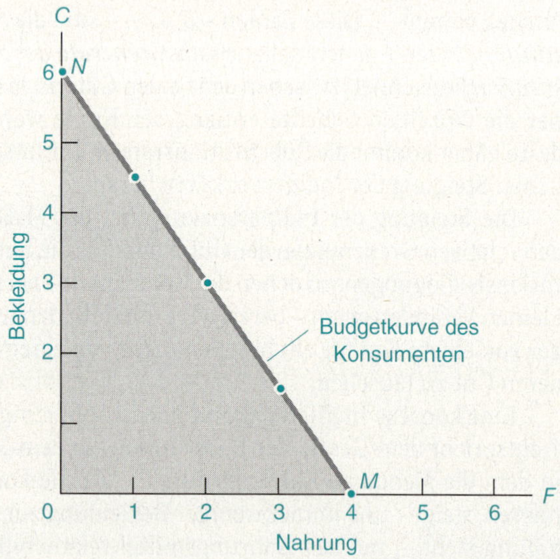

Alternative Konsummöglichkeiten

	Nahrung	Bekleidung
M	4	0
	3	$1^1/_2$
	2	3
	1	$4^1/_2$
N	0	6

Abbildung 5A-3: Das Einkommen setzt den Ausgaben des Konsumenten Grenzen

Die Grenzen des Ausgabenbudgets lassen sich einer numerischen Tabelle entnehmen. Das Gesamtbudget (zusammengesetzt aus Nahrungseinheiten à \$ 1,50 *F* und Bekleidungseinheiten à \$ 1 *C*) ergibt immer genau \$ 6 an Einkommen. Wir können die Budgetgrenze als eine Gerade zeichnen, deren absolute Steigung dem Verhältnis *PF/PC* entspricht. *NM* ist die Budgetkurve des Konsumenten. Wenn das Einkommen \$ 6 ausmacht und der Nahrungs- und Bekleidungspreis jeweils \$ 1,50 und \$ 1 beträgt, kann sich der Konsument für jeden beliebigen Punkt auf seiner Budgetkurve entscheiden. (Warum ist die Steigung \$ 1,50 / \$ 1 = 3/2?)

Die Indifferenzenkarte

Die Tabelle in Abbildung 5A-1 stellt nur eine Möglichkeit unter unendlich vielen möglichen Tabellen dar. Wir könnten mit einer stärker präferierten Verbrauchssituation beginnen und einige der verschiedenen Kombinationen auflisten, die dem Verbraucher dieses hohe Befriedigungsniveau bringen. Eine solche Tabelle könnte mit 2 Einheiten Nahrung und 7 Einheiten Bekleidung begonnen haben; eine andere mit 3 Einheiten Nahrung und 8 Einheiten Bekleidung. Jede dieser Tabellen läßt sich graphisch darstellen. Jede hat eine entsprechende Indifferenzkurve.

Abbildung 5A-2 zeigt vier solcher Kurven. Die Kurve aus Abbildung 5A-1 wird als U_3 bezeichnet. Dieses Diagramm gleicht einer geographischen Landkarte mit Höhenschichtenlinien. Eine Person, die sich entlang des durch eine bestimmte Höhenschichtlinie angegebenen Pfades auf einer solchen Karte bewegt, klettert dabei weder in die Höhe noch steigt sie ab. Ebenso wird das Befriedigungsniveau des Verbrauchers, der sich entlang einer einzigen Indifferenzkurve von einer Position zu einer anderen bewegt, durch das anders zusammengesetzte Konsumpaket weder steigen noch sinken. In Abbildung 5A-2 sind nur einige wenige der möglichen Indifferenzkurven eingezeichnet.

Beachten Sie bitte, daß, wenn wir die Menge beider Güter erhöhen und uns auf unserer Höhenkarte daher immer weiter nach Nordosten bewegen, wir damit die aufeinanderfolgenden Indifferenzkurven queren. Wir erreichen so zunehmend ein immer größeres Maß an Bedürfnisbefriedigung (unter der Annahme, daß der Konsument durch zunehmende Mengen beider Güter größere Befriedigung empfindet). Daher steht die Kurve U_3 für ein höheres Maß an Befriedigung als U_2; U_4 gewährleistet ein höheres Befriedigungsniveau als U_3 usw.

BUDGETGERADE ODER BUDGETBESCHRÄNKUNG

Legen wir nun für einen Augenblick die Höhenkarte mit den speziellen Verbraucher-Indifferenzkurven beiseite und weisen wir unserem Verbraucher ein fixes Einkommen zu. Nehmen wir an, er kann täglich 6 Dollar ausgeben und ist mit fixen Preisen für jede einzelne Lebensmittel- und Bekleidungseinheit konfrontiert – 1,50 Dollar für Nahrung, 1 Dollar für Kleidung. Es ist klar, daß er sein Geld für jede mögliche Kombination von Nahrung und Kleidung ausgeben könnte. Im einen Extremfall könnte er 4 Einheiten Nahrung und überhaupt keine Kleidung kaufen; im anderen könnte er sich für 6 Einheiten Kleidung entscheiden und auf Nahrung verzichten. Die Tabelle zu Abbildung 5A-3 zeigt einige der Möglichkeiten, wie unser Verbraucher seine 6 Dollar anlegen könnte.

Abbildung 5A-3 stellt diese fünf Möglichkeiten dar. Beachten Sie, daß alle Punkte auf einer Geraden liegen, die als *NM* bezeichnet wird. Die Budgetgerade *NM* vereinigt alle möglichen Kombinationen der beiden Güter, die das gesamte Einkommen des Verbrauchers verschlingen würden.[1] Der Anstieg von *NM* (unter Vernachlässigung des Vorzeichens) beträgt $^3/_2$ und kennzeichnet das Verhältnis des Nahrungspreises zum Kleidungspreis. Dieser Anstieg bedeutet, daß angesichts der gegebenen Preise der Verbraucher jedesmal, wenn er auf 3 Kleidungseinheiten verzichtet (wodurch er im Diagramm 3 vertikale Einheiten nach unten wandert) 2 Nahrungseinheiten dazugewinnt (d.h. 2 horizontale Einheiten nach rechts gehen kann).

Wir bezeichnen die Gerade *NM* als *Budgetgerade* oder *Budgetbeschränkung* des Verbrauchers.

DIE GLEICHGEWICHTSPOSITION IM TANGENTIALPUNKT

Nun können wir unsere beiden Puzzleteile zusammensetzen. Die Achsen in Abbildung 5A-3 entsprechen jenen der Abbildungen 5A-1 und 5A-2. Wir können die schwarze Budgetgerade *NM* über diese blaue Verbraucher-Indifferenzkurvenkarte legen, wie in Abbildung 5A-4 gezeigt ist. Dem Verbraucher steht es frei, sich irgendwo entlang der *NM* zu bewegen. Positionen rechts und über *NM* sind nicht möglich, weil sie ein Einkommen von mehr als 6 Dollar erfordern würden; Positionen links und unter *NM* sind hingegen irrelevant, weil wir davon ausgehen, daß der Verbraucher seine gesamten 6 Dollar ausgibt.

Wohin wird sich der Verbraucher bewegen? Nun ganz offensichtlich an jenen Punkt, der ihm die größte Befriedigung verspricht, also zur höchstmöglichen Indifferenzkurve – die in seinem Fall im blauen Punkt *B* liegen muß.

In *B* berührt die Budgetgerade die Indifferenzkurve U_3, ohne sie zu schneiden. An diesem Tangentialpunkt, an dem die Budgetgerade eine Indifferenz-Höhenschichtlinie berührt, aber nicht durchquert, befindet sich die höchste Nutzen-Höhenschichtlinie, die der Konsument erreichen kann.

Geometrisch findet der Verbraucher dort seine Gleichgewichtsposition, wo die Steigung der Budgetgeraden (die dem Verhältnis von Nahrungs- zu Kleidungspreis entspricht) genau der Steigung der Indifferenzkurve entspricht (die mit dem Verhältnis der Grenznutzen dieser beiden Güter gleichzusetzen ist).

Das Konsumgleichgewicht wird in dem Punkt erreicht, wo die Budgetgerade eine Tangente zur höchsten Indifferenzkurve bildet. An diesem Punkt entspricht das Verbraucher-Substitutionsverhältnis genau dem Anstieg der Budgetgeraden.

Abbildung 5A-4: Die vom Konsumenten am stärksten präferierte und erreichbare Güterkombination wird in *B* erreicht

Wir können nun die Budgetkurve und die Indifferenzkurve in einem Diagramm verbinden. Die für einen Konsumenten mit fixem Einkommen erreichbare höchste Indifferenzkurve ergibt sich aus Punkt *B*, dem Tangentialpunkt zwischen Budgetkurve und höchstliegender Indifferenzkurve. Im Tangentialpunkt *B* entspricht das Substitutionsverhältnis dem Preisverhältnis P_F/P_C. Das bedeutet, daß der Grenznutzen aller Güter deren Preis entspricht, wobei der Grenznutzen des letzten für jedes Gut ausgegebenen Dollars jeweils gleich hoch ist.

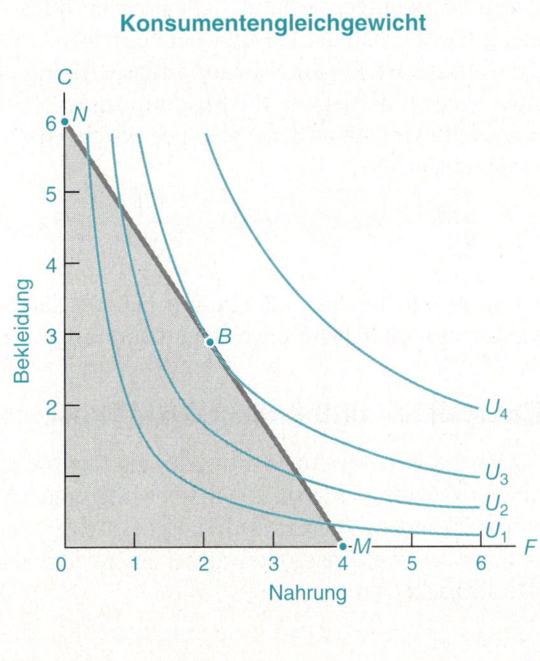

[1] Dies deshalb, weil, wenn wir die Mengen an gekaufter Nahrung und Bekleidung als *F* und *C* bezeichnen, sich die Gesamtausgaben für Nahrung auf \$ $1^1/_2 F$ und die Gesamtausgaben für Kleidung auf \$ 1 *C* belaufen müssen. Wenn sich das tägliche Einkommen und die täglichen Ausgaben auf 6 Dollar belaufen, gilt folgende Gleichung: \$ 6 = \$ $1^1/_2$F + \$ 1*C*. Dabei handelt es sich um eine lineare Gleichung, die Gleichung der Budgetgeraden *NM*. Beachten Sie:

Arithmetischer Anstieg von *NM* = \$ $1^1/_2$: \$ 1
= Nahrungspreis : Kleidungspreis

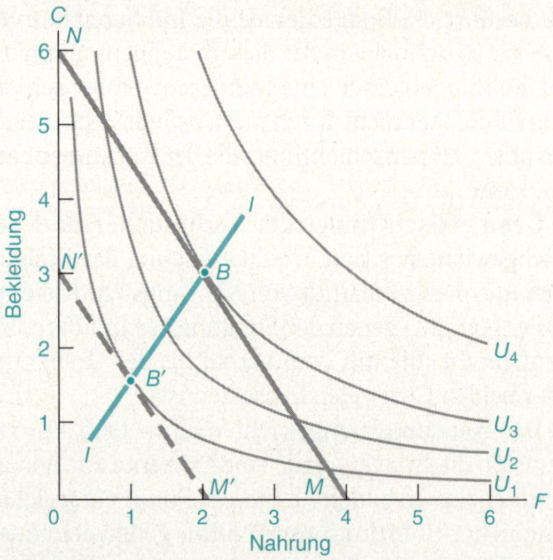

Abbildung 5A-5: Die Auswirkung von Einkommensänderungen auf das Gleichgewicht

Eine Einkommensänderung verschiebt die Budgetkurve parallel. So verschiebt eine Halbierung des Einkommens auf $ 3 die *NM* zu *N'M'* und damit das Gleichgewicht zu Punkt *B'*. (Zeigen Sie, wie sich eine Einkommenserhöhung auf $ 8 auf das Gleichgewicht auswirken würde. Schätzen Sie, wo der neue Tangentialpunkt liegen müßte.)

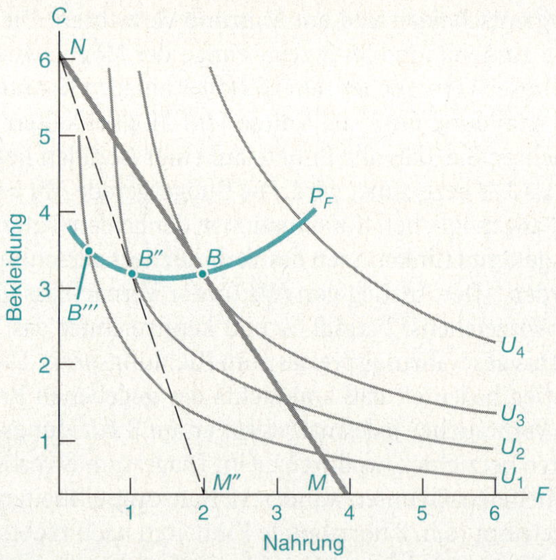

Abbildung 5A-6: Die Auswirkungen von Preisänderungen auf das Gleichgewicht

Eine Preissteigerung bei Nahrungsmitteln läßt die Budgetkurve bei einer Rotation um *N* von *NM* zu *NM''* wandern. Das neue Tangentialgleichgewicht stellt sich in *B''* bei weniger Nahrung und entweder mehr oder weniger Bekleidung ein.

Anders ausgedrückt entspricht die Substitutionsrate oder die Steigung der Indifferenzkurve dem Verhältnis des Nahrungs-Grenznutzens zum Kleidungs-Grenznutzen. Deshalb ist unsere Tangentialbedingung nur eine andere Möglichkeit auszudrücken, daß das Preisverhältnis dem Grenznutzenverhältnis entsprechen muß; im Gleichgewicht erhält der Verbraucher denselben Grenznutzen aus der letzten für Nahrung ausgegebenen Geldeinheit wie von der letzten für Kleidung ausgegebenen Geldeinheit. Wir können daher folgende Gleichgewichtsbedingung ableiten:

$$\frac{P_F}{P_C} = \text{Substitutionsrate} = \frac{MU_F}{MU_C}$$

Und genau dieselbe Bedingung haben wir auch im Hauptteil des Kapitels für die Nutzentheorie abgeleitet.

EINKOMMENS- UND PREISÄNDERUNGEN

Zwei bedeutende Anwendungsmöglichkeiten von Indifferenzkurven werden häufig dazu herangezogen, um die Auswirkungen (a) einer Änderung des Geldeinkommens und (b) einer Preisänderung bei einem der beiden Güter abzuschätzen.

Einkommensänderung

Nehmen wir zunächst an, das tägliche Einkommen unseres Verbrauchers würde auf die Hälfte schrumpfen, während die beiden Preise unverändert bleiben. Wir könnten eine neue Tabelle erstellen, ähnlich jener für Abbildung 5A-3, in der die neuen Konsummöglichkeiten angegeben werden. Übertragen wir diese Punkte in ein Diagramm wie in Abbildung 5A-5, werden wir feststellen, daß die neue Budgetgerade die Position *N'M'* in Abbildung 5A-5 einnimmt. Die Gerade hat eine Parallelverschiebung nach innen erfahren.[2] Dem Verbraucher steht es nun frei, sich entlang dieser neuen (tiefer liegenden) Budgetgeraden zu bewegen; im Sinne seiner größtmöglichen Befriedigung wird er sich zur höchstmöglichen Indifferenzkurve oder zu Punkt *B'* bewegen. Eine Tangentialbedingung für das Konsumgleichgewicht gilt hier ebenso wie zuvor. Die blaue, als II bezeichnete Kurve stellt eine sogenannte *Engel-Kurve* dar, die zeigt, wie sich der Verbrauch angesichts von Einkommensänderungen verändert.

[2] Die Bedingung für die neue Budgetgerade *N'M'* heißt nun: $ 3 = $ $1\frac{1}{2}F$ + $ 1 *C*.

Preisänderung bei einem Gut

Nun geben wir unserem Verbraucher wieder sein früheres Einkommen von 6 Dollar, nehmen jedoch an, daß der Nahrungsmittelpreis von $ 1,50 auf $ 3 steigt, während der Bekleidungspreis weiterhin unverändert bleibt. Auch hier müssen wir die Änderungen der Budgetgeraden untersuchen. Diesmal stellen wir fest, daß sie auf Punkt *N* gedreht hat und nun auf *NM"* liegt, wie in Abbildung 5A-6 dargestellt ist.[3]

Die praktische Bedeutung einer solchen Verschiebung ist klar. Da der Kleidungspreis unverändert bleibt, kann Punkt *N* nach wie vor erreicht werden. Aber der Lebensmittelpreis ist gestiegen, und daher ist Punkt *M* (er stellt 4 Lebensmitteleinheiten dar) außer Reichweite. Bei Lebensmittelkosten von $ 3 pro Einheit können maximal 2 Einheiten täglich gekauft werden, wenn das Tageseinkommen $ 6 beträgt. Die neue Budgetgerade geht also nach wie vor durch *N*, muß jedoch in *N* gedreht werden und durch *M"* verlaufen, einem Punkt, der links von *M* liegt.

Das Gleichgewicht liegt nun in *B"*, und wir stehen vor einer neuen Tangentialsituation. Der höhere Nahrungsmittelpreis hat ganz offensichtlich den Nahrungskonsum verringert, während der Kleidungsverbrauch sowohl steigen als auch sinken kann. Wenn Sie diese Mechanismen besser verstehen wollen, arbeiten Sie doch die Fälle einer Einkommenserhöhung und eines Preisverfalls bei Kleidung oder Nahrung an einem Beispiel heraus!

ABLEITUNG DER NACHFRAGEKURVE

Wir können nun bereits die Nachfragekurve ableiten. Sehen Sie sich Abbildung 5A-6 sehr genau an. Beachten Sie, daß wir gemäß der Ceteris-paribus-Klausel vorgegangen sind, als wir den Nahrungsmittelpreis von $1,50 pro Einheit auf $ 3 pro Einheit angehoben haben. Die durch die Indifferenzkurven dargestellten Präferenzen wurden nicht verändert, und auch das Einkommen und die Bekleidungspreise wurden unverändert belassen. Wir befinden uns daher in der idealen Situation, um die Nachfragekurve für Nahrung nachzuverfolgen. Bei einem Preis von $ 1,50 kauft der Verbraucher 2 Einheiten Nahrung, was zu einem Gleichgewichtspunkt in *B* führt. Wenn der Preis auf 3 Dollar pro Einheit steigt, wird eine Einheit Nahrung gekauft, und der Gleichgewichtspunkt liegt in *B"*. Wenn Sie die Budgetgerade entsprechend einem Nahrungsmittelpreis von 6 Dollar pro Einheit zeichnen, liegt das Gleichgewicht in *B'"* und der Nahrungskauf sinkt auf 0,45 Einheiten.

Zeichnen Sie nun den Nahrungsmittelpreis im Verhältnis zu den Nahrungskäufen ein und belassen Sie weiterhin alles andere unverändert. Sie haben damit klar und deutlich eine abwärts gerichtete Nachfragekurve aus den Indifferenzkurven abgeleitet. Beachten Sie, daß dies möglich war, ohne den Begriff „Nutzen" auch nur einmal zu gebrauchen – wir haben unsere Ableitung ausschließlich auf die meßbaren Indifferenzkurven gestützt.

ZUSAMMENFASSUNG DES ANHANGS

1. Eine Indifferenzkurve stellt die Punkte gleichermaßen wünschenswerter Güterkombinationen dar. Die Indifferenz-Höhenschichtlinien werden üblicherweise konvex gezeichnet (in Form einer Schüssel), was dem Gesetz vom abnehmenden relativen Grenznutzen entspricht.
2. Wenn ein Konsument über ein fixes Einkommen verfügt, das er vollständig ausgibt, und wenn er mit den Marktpreisen zweier Güter konfrontiert ist, zwingt ihn das, sich entlang einer Geraden zu bewegen, die als Budgetgerade oder Budgetbeschränkung (auch Budgetrestriktion) bezeichnet wird. Der Anstieg dieser Geraden hängt vom Verhältnis der beiden Marktpreise ab; wie weit außen sie liegt, hängt von der Höhe des Einkommens des Konsumenten ab.
3. Der Verbraucher bewegt sich entlang seiner Budgetgeraden, bis er die höchste für ihn erreichbare Indifferenzkurve erreicht. An diesem Punkt berührt die Budgetgerade eine Indifferenzkurve, schneidet diese jedoch nicht. Das Gleichgewicht ist daher im Berührungspunkt erreicht, dort, wo der Anstieg der Budgetgeraden (Verhältnis der Preise) genau dem Anstieg der Indifferenzkurve (Substitutionsrate oder Verhältnis der Grenznutzen zweier Güter) entspricht. Damit haben wir einen zusätzlichen Beweis dafür, daß im Gleichgewicht die jeweiligen Grenznutzen proportional zu den Preisen sind.
4. Ein Einkommensrückgang verschiebt die Budgetgerade parallel nach innen, was zumeist dazu führt, daß von beiden Gütern weniger gekauft wird. Eine Preisänderung bei einem Gut allein wird, ceteris paribus, dazu führen, daß sich die Budgetgerade dreht und ihre Steigung ändert. Nach einer Preis- oder Einkommensänderung wird der Verbraucher neuerlich einen Tangentialpunkt mit dem

[3] Die Budgetgleichung für *NM"* lautet nun: $\$ 6 = \$ 3 F + \$ 1 C$

höchsten Befriedigungsniveau erreichen. An jedem einzelnen Tangentialpunkt ist der Grenznutzen pro Geldeinheit für jedes Gut gleich. Durch Vergleich zwischen altem und neuem Gleichgewichtspunkt können wir die üblicherweise abwärts gerichtete Nachfragekurve zeichnen.

BEGRIFFE ZUR WIEDERHOLUNG

Indifferenzkurven
Anstieg oder Substitutionsrate
Budgetgerade oder Budgetbeschränkung (auch Budgetrestriktion)

Konvexer Verlauf von Indifferenzkurven und Gesetz des abnehmenden relativen Grenznutzens

Tangentialbedingung im Optimum:
P_F/P_C = Substitutionsrate
$= MU_F/MU_C$

KAPITEL 6

PRODUKTION UND IHRE ORGANISATION IM UNTERNEHMEN

The business of America is business.

Calvin Coolidge

Die Voraussetzungen für jeden Konsum sind Produktion und Angebot. Will man die wirtschaftliche Stärke eines Landes messen, tut man dies am besten anhand seiner Produktionskapazitäten: Know-how, Organisation und Kapital, die dazu herangezogen werden können, eine Fülle von Gütern zu erzeugen, die die Bürger des betreffenden Landes verkaufen und konsumieren können. Der Lebensstandard ist heute in den industrialisierten Ländern in erster Linie deshalb so hoch, weil die durchschnittliche Produktivität der Arbeitskräfte so hoch ist.

Wir wollen nun untersuchen, wie die Marktkräfte das Güter- und Dienstleistungsangebot bestimmen. In den folgenden drei Kapiteln werden wir die drei wesentlichen Konzepte Produktion, Kosten und Angebot darlegen und zeigen, wie sie untereinander verbunden sind. Als erstes wollen wir die Grundlagen der Produktionstheorie erörtern und erklären, wie die Unternehmen aus den Produktionsfaktoren erstrebenswerte Güter erzeugen. Die Produktionstheorie läßt uns auch verstehen, warum Produktivität und Lebensstandard im Laufe der Zeit gestiegen sind, und wie Unternehmen ihre internen Abläufe gestalten.

Aufbauend auf unserem Wissen über die Produktion werden wir in Kapitel 7 die wichtigen Konzepte der Unternehmenskosten entwickeln. Die Unternehmen entscheiden auf Grund der Kosten und der Produktivität der einzelnen Inputs darüber, welche Produktionsfaktoren sie im Produktionsprozeß verwenden wollen. Und schließlich wollen wir die Produktions- und Kostentheorie anwenden und aufzeigen, wie Unternehmen über ihre Produktionsmengen entscheiden. Damit erarbeiten wir uns die Grundlage für die Angebotskurve, die wir zuvor in unserer Grobanalyse von Angebot und Nachfrage behandelt haben.

A. PRODUKTIONSTHEORIE UND GRENZPRODUKTIVITÄT

GRUNDKONZEPTE

Produktion kann vielerlei Formen annehmen. In der Landwirtschaft werden mit Hilfe von Düngern, Saatgut, Boden und Arbeitseinsatz etwa Weizen oder Mais erzeugt. In einer modernen Fabrik verwendet man Produktionsfaktoren wie Energie, Rohmaterialien, komplizierte elektronische Maschinen und Arbeitskräfte, um einen Traktor, ein Fernsehgerät oder eine Tube Zahnpaste zu erzeugen. Eine Fluglinie braucht ihre Flugzeuge, Treibstoff,

Arbeitskräfte und Buchungscomputer, und sie kann damit den Fluggästen die Möglichkeit anbieten, schnell von Großstadt zu Großstadt, von Land zu Land zu fliegen. Eine Wirtschaftsprüferkanzlei setzt Kugelschreiber, Computer, Papier, Bürofläche und Arbeit ein und macht daraus Bilanzprüfungen oder Steuererklärungen für ihre Kunden.

Wir gehen nun davon aus, daß die Landwirtschaft, die Fabrik, die Fluglinie oder die Wirtschaftsprüferkanzlei immer danach trachten, möglichst effizient oder zu geringstmöglichen Kosten zu produzieren. Das heißt, alle diese Unternehmen versuchen, zu jeder Zeit den größtmöglichen Output aus den gegebenen Inputs herauszuholen und jede Verschwendung tunlichst zu vermeiden. Später, wenn es um die Entscheidung geht, welche Güter oder Dienstleistungen produziert und verkauft werden sollen, müssen wir zusätzlich davon ausgehen, daß Unternehmen ihre Gewinne maximieren wollen.

Die Produktionsfunktion

Wir haben über Inputs wie Boden und Arbeit und über Outputs wie Weizen und Zahnpaste gesprochen. Aber welches Produktionsergebnis können Sie aus einer gegebenen Menge an Produktionsfaktoren herausholen? In der Praxis hängt die Antwort auf diese Frage vom Stand der Technik und vom Produktions-Know-how ab. Zu jeder Zeit kann angesichts bestimmter Vorgaben an technischem Know-how, Boden, Maschinenbestand etc. nur eine bestimmte Menge an Traktoren oder Zahnpaste durch eine gegebene Menge an Arbeitskraft produziert werden. Die Beziehung zwischen dem erforderlichen Maß an Input und dem zu erreichenden Output wird als Produktionsfunktion bezeichnet.

Die **Produktionsfunktion** sagt aus, welche maximale Produktionsmenge bei gegebenem Faktoreinsatz erzeugt werden kann. Sie gilt jeweils für einen gegebenen Stand der Technik und des technologischen Know-hows.

Stellen wir uns doch ein Handbuch mit technischen Spezifikationen vor, das die Produktionsfunktion für die Erzeugung von Elektrizität angibt. Auf einer Seite sehen wir die Spezifikationen verschieden dimensionierter Gasturbinen mit ihren Inputs (Anfangskapitalkosten, Treibstoffverbrauch, erforderliche Arbeitskräfte zum Betrieb der Turbine) und ihren Outputs (erzeugte Elektrizitätsmenge). Auf der nächsten Seite finden wir Beschreibungen verschieden großer kohlebefeuerter Heizkraftwerke mit ihren Inputs und Outputs. Auf wieder einer anderen Seite sind Kernkraftwerke beschrieben, dann Sonnenkraftwerke usw. Zusammen ergeben sie die Produktionsfunktion für die Erzeugung von elektrischem Strom.

Oder denken Sie an die schlichte Arbeit des Künetenaushebens. Die Länge der Künetten, die täglich ausgehoben werden kann, hängt von der verfügbaren Anzahl der Arbeiter (Arbeitskraft) und vom Kapital ab, mit dem sie arbeiten können. Die Produktionsfunktion des Künettenaushebens könnte Sie beispielsweise darüber informieren, daß fünf Arbeiter ohne Werkzeuge, nur mit ihren bloßen Händen, die Künette täglich um 20 Zentimeter weitertreiben können. Dieselben fünf Arbeiter schaffen mit Schaufeln 8 Meter. Haben sie einen Schaufelbagger zur Verfügung, bringen sie an einem einzigen Tag 150 Meter und mehr zustande.

Es gibt also viele Millionen verschiedener Produktionsfunktionen – für jedes Produkt und jede Dienstleistung jeweils eine. Die meisten von ihnen suchen wir in der wissenschaftlichen Literatur vergeblich. In Bereichen, in denen die Technologie einen raschen Wandel durchmacht, etwa im Bereich der Telekommunikation und der Biotechnologie, sind Produktionsfunktionen schon bald nach ihrer Erstellung veraltet. Trotzdem vertreten Ökonomen die Ansicht, Produktionsfunktionen seien eine nützliche Methode, um die Produktionsmöglichkeiten eines Unternehmens darzustellen.

Gesamt-, Durchschnitts- und Grenzprodukt

Wenn wir von der Produktionsfunktion eines Unternehmens ausgehen, können wir die drei wichtigen Produktionskonzepten entsprechenden Daten berechnen: das Gesamt-, das Durchschnitts- und das Grenzprodukt. Wir beginnen mit der Berechnung der gesamten physischen Produktionsmenge oder des **Gesamtproduktes**, das die Gesamtanzahl der produzierten Outputs in physischen Einheiten wie Bushels (Weizen) oder Tuben (Zahnpaste) ausweist. Abbildung 6-1(*a*) und Spalte (2) der Tabelle 6-1 zeigen das Konzept des Gesamtproduktes. In diesem Beispiel zeigt sich, wie sich das Gesamtprodukt verändert, sobald die Zahl der Arbeitskräfte erhöht wird. Das Gesamtprodukt beginnt bei Null, wenn keine einzige Arbeitskraft eingesetzt wird, und es erhöht sich mit zunehmendem Arbeitseinsatz bis zu einem Maximum von 3.900 erzeugten Einheiten, wenn 5 Arbeitseinheiten beschäftigt werden.[1]

1 In diesem Kapitel sprechen wir von Arbeitseinheiten als Input im Produktionsprozeß. Wie aber mißt man „Arbeitseinheiten"? Normalerweise wird Arbeitskraft mit der Anzahl der Arbeiter gemessen, wie auch in diesem Beispiel. Aber manchmal führt die Praxis der Teilzeitarbeit und der Überstunden auch dazu, daß nicht alle Mitarbeiter eines Unternehmens gleich lange arbeiten. In solchen Fällen läßt sich der Arbeitsinput am besten als Gesamtanzahl der Arbeitsstunden messen.

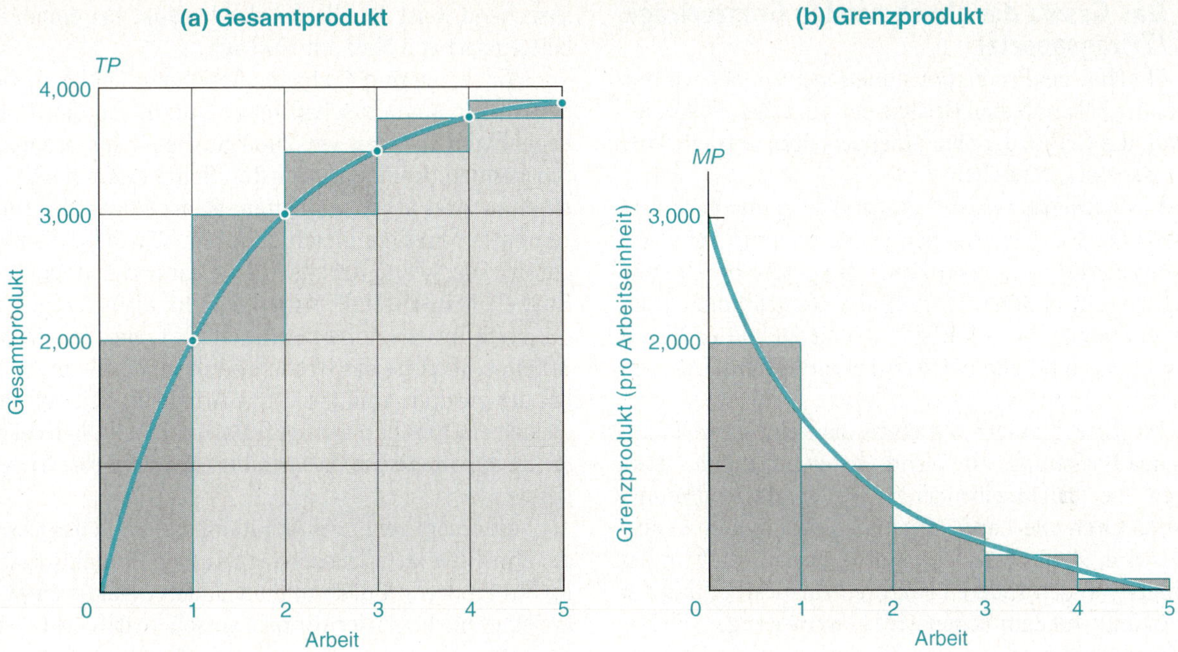

Abbildung 6-1: Das Grenzprodukt als Ableitung vom Gesamtprodukt

Diagramm **(a)** zeigt die Gesamtproduktkurve, die ansteigt, wenn zusätzliche Arbeitsinputs hinzukommen, während alles andere konstant bleibt. Trotzdem steigt das Gesamtprodukt um immer kleinere Einheiten, wenn zusätzliche Arbeitseinheiten hinzukommen (vergleichen Sie die Zunahme durch den ersten und den fünften Arbeiter). Durch eine Verbindung der Punkte erhalten wir die blaue Gesamtproduktkurve.

Diagramm **(b)** zeigt die kleiner werdenden Stufen des Grenzproduktes. Überzeugen Sie sich, ob Sie verstanden haben, warum jedes dunkle Rechteck in **(b)** seinem Gegenstück in **(a)** entspricht. Der Bereich unter der blauen Grenzproduktkurve (oder die Summe der dunklen Rechtecke) in **(b)** summiert sich zum Gesamtprodukt in **(a)**.

Sobald wir das Gesamtprodukt kennen, läßt sich ein ebenso wichtiges Konzept, nämlich das des Grenzprodukts, problemlos daraus ableiten. Denken Sie daran, wir haben bereits darauf hingewiesen, der Begriff „Grenz-" bedeutet für unsere Zwecke immer „zusätzlich".

Das **Grenzprodukt oder die Grenzproduktivität** eines Inputs oder Produktionsfaktors ist die zusätzliche Menge oder der zusätzliche Output, der durch eine zusätzlich eingesetzte Inputeinheit erzeugt werden kann, während alle anderen Faktoren konstant bleiben.

Nehmen wir beispielsweise an, daß Boden, Maschinen und alle anderen Inputs konstant gehalten werden. Dann ist das Grenzprodukt der Arbeit der durch eine zusätzliche Arbeitseinheit zu erreichende zusätzliche Output. In der dritten Spalte von Tabelle 6-1 wird das Grenzprodukt berechnet. Das Grenzprodukt der Arbeit beginnt bei 2000 für die erste Arbeitseinheit und fällt dann auf nur noch 100 Einheiten für die fünfte Arbeitseinheit. Berechnungen der Grenzproduktivität wie diese erweisen sich für das Verständnis der Lohnbildung und der Bildung anderer Faktorpreise als wesentlich.

Das letzte Konzept, das wir in diesem Zusammenhang besprechen möchten, ist das des **Durchschnittsprodukts**, das den Gesamtoutput dividiert durch die gesamten Inputeinheiten darstellt. Die vierte Spalte in Tabelle 6-1 weist das durchschnittliche Arbeitsprodukt mit 2000 Einheiten pro Arbeiter bei einem Arbeiter, 1500 Einheiten pro Arbeiter bei zwei Arbeitern usw. aus. In diesem Beispiel fällt das Durchschnittsprodukt bei zusätzlichem Arbeitsinput laufend.

Abbildung 6-1 zeigt die in Tabelle 6-1 ausgewiesenen Gesamt- und Grenzprodukte. Studieren Sie diese Abbildung gründlich, damit Sie sicher sein können, zu verstehen, in welcher Beziehung die eingezeichneten Blöcke der Grenzprodukte in (*b*) zu den Veränderungen in der Gesamtproduktkurve in (*a*) stehen.

Das Gesetz der abnehmenden Grenzerträge (Ertragsgesetz)

Mit Hilfe der Produktionsfunktionen können wir nun eines der bekanntesten Gesetze der gesamten Volkswirtschaft, das Gesetz der abnehmenden Grenzerträge, kurz Ertragsgesetz, verstehen:

Das **Ertragsgesetz** besagt, daß wir immer geringere zusätzliche Erträge erhalten, wenn wir einen Input bei unveränderten sonstigen Faktoreinsätzen zunehmend erhöhen. Mit anderen Worten, das Grenzprodukt jeder Inputeinheit sinkt, wenn sich die Menge dieses Inputs erhöht, während alle anderen Faktoreinsätze konstant bleiben.

Das Ertragsgesetz sagt etwas über eine ganz grundlegende Beziehung aus. Wenn von einem Input – etwa Arbeit – bei gleichbleibender Menge der anderen Produktionsfaktoren wie Land, Maschinen etc. – mehr eingesetzt wird, steht dieser vermehrten Arbeitskraft immer weniger von den anderen Faktoren zur Bearbeitung zur Verfügung. Auf dem Boden wird es immer enger, die Maschinen sind überlastet und die Grenzproduktivität des Faktors Arbeit nimmt ab.

Das Ertragsgesetz läßt sich griffiger fassen, wenn wir uns vorstellen, wir müßten als Landwirte das in Tabelle 6-1 dargestellte Experiment durchführen. Bei einer bestimmten Größe der landwirtschaftlichen Fläche und gleicher Menge der anderen Inputs gehen wir erst einmal davon aus, es würde überhaupt keine Arbeit eingesetzt. Ohne Arbeitsinput auch kein Maisoutput. Dementsprechend weist Tabelle 6-1 das Produkt bei einem Arbeitseinsatz von Null mit Null aus.

Wir setzen nun doch eine Arbeitseinheit bei derselben Größe landwirtschaftlicher Nutzfläche ein. Dabei beobachten wir, daß wir 2000 Bushels Mais produzieren können. In einem nächsten Schritt gehen wir von einer zu zwei Arbeitseinheiten, während wir alle anderen Faktoreinsätze gleich belassen. Was bewirken wir damit? Die zweite Arbeitseinheit kann nur noch 1000 Bushels Mais zusätzlich produzieren, also weniger, als die erste Arbeitseinheit gebracht hat. Bei der dritten Arbeitseinheit ist das Grenzprodukt noch niedriger als bei der zweiten, und die vierte Arbeitseinheit erbringt wieder ein bißchen weniger. Das in Tabelle 6-1 dargestellte hypothetische Beispiel illustriert also das Ertragsgesetz.

Außerdem zeigt uns Abbildung 6-1 auch das Gesetz der abnehmenden Grenzerträge für den Produktionsfaktor Arbeit, wenn Boden und die anderen Faktoreinsätze konstant bleiben. Hier können wir sehen, daß die Grenzproduktkurve bei steigendem Arbeitseinsatz fällt, und genau das ist die Bedeutung der abnehmenden Grenzerträge. In Abbildung 6-1(*a*) ergeben die abnehmenden Grenzerträge eine konkave oder kuppelförmige Gesamtproduktkurve.

Was für die Arbeit gilt, trifft ebenso auf Boden und die anderen Produktionsfaktoren zu. Wir können Boden und Arbeit vertauschen, also die eingesetzte Arbeitskraft konstant belassen, während die zur Verfügung stehende

(1) Arbeiteinheiten	(2) Gesamtprodukt	(3) Grenzprodukt	(4) Durchschnittsprodukt
0	0		
		2.000	
1	2.000		2.000
		1.000	
2	3.000		1.500
		500	
3	3.500		1.167
		300	
4	3.800		950
		100	
5	3.900		780

Tabelle 6-1: Gesamtprodukt, Grenzprodukt und Durchschnittsprodukt

Die Tabelle zeigt das Gesamtprodukt, das sich für verschiedene Arbeitsinputs ergibt, wenn die anderen Inputs (Kapital, Boden etc.) und der Stand des technischen Know-hows unverändert bleiben. Aus dem Gesamtprodukt können wir die wichtigen Prinzipien des Grenz- und Durchschnittsprodukts ableiten.

Fläche variiert. Die Grenzproduktivität des Bodens entspricht der Änderung der Gesamtproduktionsmenge, der sich aus einer zusätzlichen Bodeneinheit ergibt, wenn alle anderen Faktoreinsätze unverändert bleiben. Das Grenzprodukt jedes Inputs (Arbeit, Boden, Maschinen, Wasser, Dünger etc.) läßt sich berechnen. Und dieses Grenzprodukt läßt sich auf jeden Output (Weizen, Mais, Stahl, Sojabohnen usw.) anwenden. Wir würden feststellen, daß auch alle anderen Inputs dem Gesetz der abnehmenden Grenzerträge entsprechen.

Volkswirtschaft in der Praxis: Abnehmende Grenzerträge. *Das Ertragsgesetz ist wirtschaftlich praktisch und sinnvoll. Im Falle der Landwirtschaft können wir durch den Einsatz von Arbeit den Output drastisch erhöhen – Bearbeitung und Kultur der Felder können gründlicher erledigt werden, die Bewässerung funktioniert besser, auch Schädlinge können wirkungsvoller ferngehalten werden. Irgendwann jedoch werden zusätzliche Arbeitskräfte immer weniger produktiv. Das dritte Aushacken am selben Tag oder die vierte Schmierung derselben Maschine trägt nur noch wenig zur Steigerung der Produktionsleistung bei. Schließlich wird der Output nur noch geringfügig ansteigen, wenn sich immer mehr Arbeitskräfte auf der Farm drängen. Zu viele Bauern verderben den Erntebrei.*

Die abnehmenden Grenzerträge sind ein wesentlicher Faktor zur Erklärung der Tatsache, warum so viele asiatische Länder so arm sind. Der Lebensstandard in den überbevölkerten Ländern China und Indien ist niedrig, weil so viele Arbeiter einen Hektar landwirtschaftlicher Nutzfläche bewirtschaften, und nicht weil die Bauern in diesen Ländern zu dumm sind oder auf wirtschaftliche Anreize nicht reagieren würden.

Wir können auch das Beispiel des Lernens heranziehen, um das Ertragsgesetz zu illustrieren. Sie werden vielleicht feststellen, daß die erste Stunde des Volkswirtschaftsstudiums an einem bestimmten Tag sehr produktiv war – Sie haben neue wirtschaftliche Gesetze und Fakten kennengelernt, haben Einsichten gewonnen und sich über die geschichtliche Entwicklung informiert. In der zweiten Stunde hat ihre Aufmerksamkeit dann noch ausgereicht, um ein wenig im Buch zu blättern, allerdings haben Sie nicht mehr allzuviel aufgenommen. In der dritten Stunde ist schließlich das Gesetz der abnehmenden Grenzerträge schon voll zum Tragen gekommen, und am nächsten Tag können Sie sich an absolut nichts erinnern, was Sie in dieser dritten Stunde gelesen oder studiert haben. Aber läßt das Ertragsgesetz auch einen Rückschluß darauf zu, warum die Lernstunden möglichst breit gestreut werden sollten, anstatt an einem einzigen Tag, womöglich unmittelbar vor der Prüfung, zusammengedrängt zu werden?

Das Ertragsgesetz ist eher eine weithin beobachtete empirische Gesetzmäßigkeit als eine universelle Wahrheit wie das Gesetz der Schwerkraft. Man findet es in zahlreichen empirischen Studien wieder, aber es wurden auch durchaus schon jene Ausnahmen gefunden, die die Regel bestätigen. Außerdem gelten die abnehmenden Grenzerträge nicht für jedes Produktionsniveau. Die ersten Arbeitsinputs könnten in Wirkichkeit sehr wohl das Grenzprodukt erhöhen, weil ein Mindestmaß an Arbeitsinput notwendig sein kann, nur um überhaupt zum Feld zu gelangen und dort eine Schaufel in die Hand zu nehmen. Aber trotz dieser Einschränkungen gilt das Ertragsgesetz in den allermeisten Situationen.

SKALENERTRÄGE

Abnehmende Erträge und Grenzprodukte beziehen sich auf die Veränderung des Produktionsergebnisses bei einer Erhöhung eines *einzelnen* Inputs, wenn alle anderen Inputs konstant bleiben. Wir haben gesehen, daß zunehmender Arbeitseinsatz bei einer gegebenen Fläche verfügbaren Ackerlandes den Lebensmitteloutput in zunehmend geringerem Maß steigert.

Aber manchmal interessieren uns die Auswirkungen *aller* zusätzlich eingesetzten Inputs. Wie beispielsweise würde sich die Weizenproduktion entwickeln, könnte man Boden, Arbeit, Wasser und andere Inputs im selben Ausmaß steigern? Oder wie stünde es um die Produktion von Traktoren, würden die jeweiligen Mengen an Arbeit, Computern, Robotern, Stahl und Produktionsfläche verdoppelt? Diese Fragen beziehen sich auf die *Skalenerträge* (auch Niveauerträge genannt) oder auf die Auswirkungen einer Vervielfachung der Inputs auf die produzierte Menge. Um es ein wenig anders auszudrücken, die Ertragsänderungen spiegeln die Auswirkungen auf das Gesamtprodukt wider, wenn *alle* Faktoreinsätze im selben Ausmaß erhöht werden. Dabei können drei wichtige Fälle unterschieden werden:

- **Konstante Skalenerträge** beziehen sich auf Fälle, in denen eine Änderung aller Inputs zu einer Veränderung des Outputs im selben Verhältnis führt. Wenn beispielsweise Boden, Kapital und die anderen Faktoreinsätze verdoppelt werden, würde sich bei konstanten Skalenerträgen auch die Produktionsmenge verdoppeln. Zahlreiche Gewerbebetriebe (beispielsweise Handwebstühle in einem Entwicklungsland) weisen konstante Ertragsänderungen auf.

- **Abnehmende Skalenerträge** treten ein, wenn eine gleichmäßige Erhöhung aller Inputs zu einer unterproportionalen Erhöhung des Gesamtoutputs führt. Nehmen wir an, in einem landwirtschaftlichen Betrieb werden die Faktoren Boden, Saatgut, Arbeit, Maschinen etc. um 50 Prozent erhöht. Wenn sich das Produktionsergebnis danach nur um 40 Prozent erhöht, sprechen wir von abnehmenden Skalenerträgen. Zahlreiche Produktionsaktivitäten, bei denen natürliche Ressourcen eine Rolle spielen, etwa die Bearbeitung eines Weinberges oder die Versorgung einer Stadt mit sauberem Trinkwasser, weisen abnehmende Skalenerträge auf.
- **Zunehmende Skalenerträge** treten ein, wenn eine Erhöhung aller Inputs zu einem überproportionalen Anstieg des Outputs führt. So könnte beispielsweise ein Techniker, der einen kleinen chemischen Betrieb plant, im allgemeinen zu der Erkenntnis gelangen, daß eine Vermehrung des Einsatzes von Arbeit, Kapital und Material um 10 Prozent das Produktionsergebnis um mehr als 10 Prozent in die Höhe schraubt. Technische Studien haben gezeigt, daß sich bei zahlreichen industriellen Produktionsprozessen bis zu den größten heute üblichen Anlagen leicht steigende Skalenerträge ergeben.

Außerdem können es moderne Techniken der Massenproduktion erforderlich machen, Fabriken nicht unter einer gewissen Mindestgröße zu bauen. In Kapitel 2 haben wir darauf hingewiesen, daß Unternehmen bei steigender Produktionsleistung den Produktionsprozeß häufig in einzelne Arbeitsschritte unterteilen und sich so Spezialisierung und Arbeitsteilung zunutze machen. Außerdem ermöglicht eine Produktion im größeren Maßstab eine intensivere Nutzung spezialisierter Kapitalausstattung und Automation sowie die Anwendung von CAD- und CAM-Methoden, um einfache und Routinearbeiten rasch erledigen zu können.

Die Produktion weist konstante, abnehmende oder zunehmende Skalenerträge auf, je nachdem, ob eine gleichmäßige Erhöhung aller Faktoreinsätze zu einem überproportionalen, unterproportionalen oder proportionalen Anstieg der Produktionsmenge führt.

Welche der drei genannten Arten von Ertragsänderungen ist in der Produktion heute am häufigsten anzutreffen? Ökonomen kommen oft zu dem Schluß, daß in der Mehrzahl aller Produktionsaktivitäten eine konstante Ertragsänderung möglich sein müßte. Ihrer Meinung nach müßte der Produzent, wenn die Produktion durch einfachen Nachbau bestehender Werke angepaßt werden kann, auch nur Input und Output im selben Maß erhöhen. In diesem Fall wären bei jedem Produktionsniveau konstante Skalenerträge zu verzeichnen.

Produktivität. Skaleneffekte und Massenproduktion bildeten während des letzten Jahrhunderts den Treibsatz, der für einen Großteil unseres explosiven Wirtschaftswachstums verantwortlich ist, finden doch heute die meisten Produktionsprozesse in einem viel größeren Maßstab als noch im neunzehnten Jahrhundert statt. Ein großes Schiff konnte um die Mitte des neunzehnten Jahrhunderts 2000 Tonnen Güter befördern, während die heutigen Supertanker mehr als eine Million Tonnen Öl laden und befördern können.

Welche Auswirkungen hätte wohl ein allgemeiner Übergang zu größeren Einheiten in der Wirtschaft? Bei zunehmenden Skalenerträgen würden steigende Inputs und höhere Produktion zu einer Steigerung der Produktivität führen – wobei **Produktivität** das Verhältnis der gesamten Produktionsmenge zum gewichteten Durchschnitt der Faktoreinsätze darstellt. Wenn beispielsweise die Inputs eines typischen Unternehmens um 4 Prozent angehoben werden und dies einen Outputzuwachs von 10 Prozent zur Folge hat, können wir daraus folgern, daß die Produktivität (Output pro Inputeinheit) um 6 Prozent gestiegen ist. Dieses Beispiel legt den Schluß nahe, daß sich Erhöhungen des Pro-Kopf-Outputs und des Lebensstandards eines Landes teilweise aus der Nutzung der zunehmenden Skalenerträge in der Produktion ergeben.

Während es in vielen Bereichen ein großes Potential für zunehmende Skalenerträge gibt, kommt es trotzdem zu einem Punkt, an dem abnehmende Skalenerträge Platz greifen können. Wenn die Unternehmen immer größer und größer werden, entstehen zugleich immer komplexere Probleme in Management und Koordination. Im rücksichtslosen Streben nach immer höheren Profiten kann ein Unternehmen auf immer neue geographische Märkte und in neue Produktnischen vorstoßen und sich schließlich mehr aufbürden, als es bewältigen kann. Ein Unternehmen kann nur einen Geschäftsführer haben, ebenso nur einen Finanzchef und einen Vorstand. Da nun weniger Zeit für Marktsondierung und Entscheidungsfindung zur Verfügung steht, stellen die Topmanager dieses Großunternehmens möglicherweise eines Tages fest, daß sie sich bereits allzu weit von den Tagesentscheidungen entfernt haben, und daß sich nach und nach Fehler einschleichen. Wie Großreiche, die im Zuge ihrer Ausdehnung gewissermaßen immer dünner zu werden scheinen, stellen solche Kolosse unter den Unternehmen irgendwann fest, daß ihnen kleinere und flexiblere Konkurrenten stark zusetzen. Während also die Technologie konstante oder zunehmende Skalenerträge im Idealfall durchaus zulassen würde, können Management- und Kontrollerfordernisse gerade in Riesenunternehmen schließlich zu sinkenden Ertragsänderungen führen.

KURZ- UND LANGFRISTIGE BETRACHTUNGSWEISE

Die Produktion erfordert nicht nur Arbeit und Boden, sondern auch Zeit. Riesige Pipelinesysteme werden nicht über Nacht errichtet, wenn sie aber einmal in Betrieb sind, halten sie jahrzehntelang. Landwirte können nicht mitten in der Saison ihren Anbauplan ändern. An großen Elektrizitätswerken wird vielleicht ein Jahrzehnt lang geplant, gebaut, getestet und kommissioniert. Aber sobald die Kapitalausstattung in die konkrete Form eines Elektrizitätswerks am Tennessee River oder einer Raffinerie in Mexiko gebracht wurde, kann dieses Kapital wirtschaftlich nicht mehr herausgelöst und an einen anderen Standort gebracht oder einer anderen Verwendung zugeführt werden.

Um auch die Rolle der Zeit bei Produktion und Kosten zu berücksichtigen, unterscheiden wir eine kurz- und eine langfristige Betrachtungsweise. Als **kurzfristig** wird eine Zeitdauer beschrieben, in der die Unternehmen ihre Produktion durch eine Änderung variabler Faktoren wie diverser Rohmaterialien oder der eingesetzten Arbeitskräfte anpassen können, während sie fixe Faktoren, wie beispielsweise das Kapital, nicht verändern können. Als **langfristig** wird jener Zeitraum beschrieben, der lang genug ist, um alle Faktoren einschließlich des Kapitals anpassen zu können.

Um diese beiden Konzepte besser verstehen zu können, wollen wir einmal überlegen, wie die Stahlproduktion auf Nachfrageänderungen reagieren könnte. Sagen wir, Nippon Steel fährt seine Hochöfen mit 70prozentiger Auslastung, und plötzlich tritt eine unerwartete Nachfragesteigerung nach Stahl ein, weil etwa das Werk eines Konkurrenten stillgelegt werden mußte. Um sich an die gestiegene Stahlnachfrage anzupassen, kann das Unternehmen seine Produktion ankurbeln, indem es die Arbeiter Überstunden machen läßt und indem es seine Anlagen und Maschinen intensiver nutzt. Die Faktoren, die kurzfristig vermehrt eingesetzt werden können, bezeichnen wir als *variable* Faktoren. Wir definieren kurzfristig als jenen Zeitraum, in dem die Produktion durch eine Veränderung der variablen Faktoreinsätze angepaßt werden kann.

Sollte nun die vermehrte Nachfrage nach Stahl längere Zeit hindurch anhalten, mehrere Jahre oder sogar Jahrzehnte hindurch, würde Nippon Steel wohl auch seinen Kapitaleinsatz überprüfen und beschließen, daß das Unternehmen seine Produktionskapazität erhöhen sollte. Allgemeiner ausgedrückt, es würde wohl auch alle seine *fixen* Faktoren überprüfen, Faktoren, die sich kurzfristig nicht ändern lassen, weil die physikalischen Bedingungen oder rechtliche Bindungen dies nicht zulassen. Der Zeitraum, der erforderlich ist, um alle Faktoreinsätze, fixe wie variable, ändern zu können, wird als langfristig bezeichnet. Langfristig könnte Nippon neue und effizientere Produktionsverfahren einführen, eine Bahnanbindung anstreben oder ein neues computerisiertes Kontrollsystem einführen, oder das Unternehmen könnte ein neues Werk in Brasilien eröffnen. Wenn alle Faktoren angepaßt werden können, steigt die Stahl-Gesamtproduktionsmenge, und die Effizienz kann gesteigert werden.

Für eine effiziente Produktion sind sowohl Zeit als auch konventionelle Faktoren wie Arbeit erforderlich. Wir unterscheiden daher in der Produktion und in der Kostenanalyse zwischen zwei Zeitperioden. Als kurzfristig wird dabei jene Periode betrachtet, in der nur manche, nämlich die variablen Faktoreinsätze angepaßt werden können. Kurzfristig lassen sich fixe Faktoren wie Anlagen und Ausstattung nicht vollständig ändern oder anpassen. Als langfristig wird daher ein Zeitraum bezeichnet, in dem alle fixen und variablen Faktoren einschließlich Arbeit, Material und Kapital, deren sich das Unternehmen bedient, verändert werden können.

TECHNOLOGISCHER FORTSCHRITT

Die Wirtschaftsgeschichte zeigt, daß die Gesamtproduktion seit der Jahrhundertwende um mehr als das Zehnfache angestiegen ist. Ein Teil dieses Zuwachses ist den vermehrten Inputs, beispielsweise Arbeit und Maschinen, zuzuschreiben. Aber einen großen Teil des Outputzuwachses verdanken wir dem technologischen Fortschritt, der zu Verbesserungen in Produktion und Lebensstandard geführt hat.

Technologischer Fortschritt bezeichnet Verbesserungen in den Produktionsprozessen von Gütern und Dienstleistungen, Veränderungen bestehender Produkte oder die Einführung neuer Produkte. Es gibt wirklich drama-

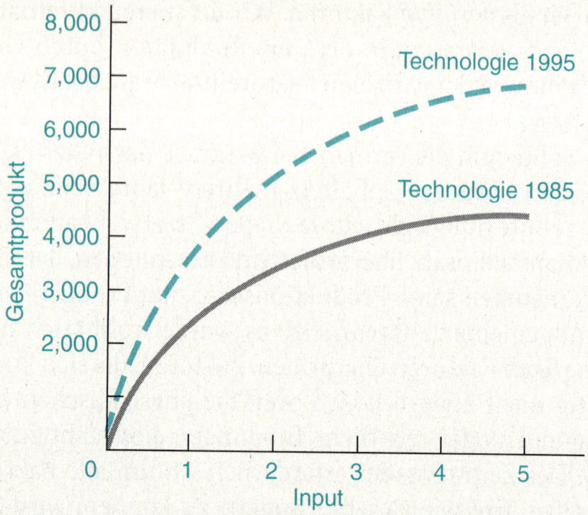

Abbildung 6-2: Der technologische Wandel verschiebt die Produktionsfunktion nach oben

Die durchgängige Linie stellt die maximal erreichbare Produktionsleistung für jedes Inputniveau bei gegebenem Stand der Technik für das Jahr 1985 dar. Als Ergebnis technologischer und organisatorischer Verbesserungen verschiebt der technologische Wandel die Produktionsfunktion nach oben und ermöglicht in diesem Fall für das Jahr 1995 bei jedem Inputniveau einen um 50 Prozent höheren Output.

tische Beispiele für den technologischen Fortschritt: Großraumjets haben die Anzahl der Passagiermeilen pro Inputeinheit um beinahe 50 Prozent erhöht. Glasfasern haben im Bereich der Telekommunikation die Kosten gesenkt und gleichzeitig die Verläßlichkeit erhöht. Und Verbesserungen in der Computertechnologie steigern die Rechnergeschwindigkeit alljährlich um 15 Prozent, und das seit mittlerweile 30 Jahren. In anderen Bereichen tritt der technologische Wandel subtiler zutage, beispielsweise wenn die Unternehmen ihre Produktionsmethoden ändern, um Vergeudung von Ressourcen zu vermeiden und den Output zu erhöhen.

Wir unterscheiden zwischen *Prozeßinnovation*, die dann gegeben ist, wenn neues technisches Know-how die Produktionstechnik für bestehende Produkte verbessert, und *Produktinnovation*, wenn neue oder verbesserte Produkte auf den Markt gebracht werden. Eine Prozeßinnovation ermöglicht es beispielsweise den Unternehmen, bei gleichbleibendem Faktoreinsatz mehr zu produzieren, oder aber sich mit derselben Produktionsmenge zu begnügen, dafür aber weniger an Input aufwenden zu müssen. Mit anderen Worten, eine Prozeßinnnovation entspricht einer Verschiebung der Produktionsfunktion.

Abbildung 6-2 zeigt, wie technologischer Fortschritt in Form einer Prozeßinnovation die Gesamtproduktionskurve verschiebt. Die untere Kurve stellt den möglichen Output oder die Produktionsfunktion eines Produktionsbetriebs im Jahr 1985 dar. In den letzten Jahren ist die Produktivität in den Produktionsbetrieben oder der Output pro Einheit Input alljährlich durchschnittlich um rund drei Prozent angestiegen. Würden wir uns daher ein Jahrzehnt später wieder derselben Branche zuwenden, könnten wir wahrscheinlich feststellen, daß die Veränderungen im technischen und praktischen Know-how zu einer Erhöhung der Produktionsmenge pro Inputeinheit um rund ein Drittel geführt haben. In manchen Branchen wie der Computerindustrie ist ein noch viel massiverer Anstieg zu verzeichnen, während er in anderen bescheidener sein mag.

Betrachten wir nun jenen technologischen Fortschritt, der uns völlig neue Produkte beschert. Produktinnovationen sind sehr viel schwieriger zu quantifizieren als Prozeßinnovationen, aber sie sind für die Hebung des Lebensstandards langfristig wahrscheinlich von noch größerer Bedeutung. Die heute verfügbaren Güter und Dienstleistungen unterscheiden sich ganz erheblich von dem, was vor 50 Jahren angeboten wurde. Bei der Produktion des Lehrbuches, das Sie in Händen halten, konnten die Autoren auf Computer-Mikroprozessoren, Software, Faxgeräte und Farbmonitore zurückgreifen, die sie noch nicht zur Verfügung hatten, als die letzte Ausgabe geschrieben wurde. Medizin, Kommunikation und Unterhaltungsindustrie sind weitere Gebiete, auf denen enorme Produktinnovationen gelangen. Schon der Begriff Handy wäre vor 20 Jahren unverständlich gewesen. Nur so zum Spaß und um sich etwas vorstellen zu können, sollten Sie versuchen, Produkte oder Produktionsprozesse zu finden, die sich nicht verändert haben, seit Ihre Großeltern die Schulbank gedrückt haben!

Abbildung 6-2 zeigt den glücklichen Fall eines technologischen Fortschritts. Ist der gegenteilige Fall – ein technologischer Rückschritt – überhaupt möglich? In einer gut funktionierenden Marktwirtschaft lautet die Antwort auf diese Frage schlicht nein. Und das ist tatsächlich einer der größten Vorteile einer Marktwirtschaft gegenüber einer von Staat oder Tradition gelenkten Wirtschaft. In einer Marktwirtschaft erledigen sich minderwertige Technologien sozusagen von selbst, während als brauchbar und vorteilhaft erkannte Technologien – solche, die die Produktivität erhöhen – freudig begrüßt werden, weil sie die Gewinne der Unternehmen, die die Innovation tragen, erhöhen. Sollte also irgendjemand eine neue Art von Kopiergerät erfinden, das das Doppelte der derzeit erhältlichen Geräte kostet, würde sich kein vernünftiges gewinnorientiertes Unternehmen bereit finden, ein solches Gerät herzustellen, und fände sich tatsächlich irgendein fehlgeleiteter Betrieb, wäre sicherlich kein Käufer dafür aufzutreiben.

Abnorme Sonderfälle können jedoch zu einem technologischen Rückschritt führen, und das auch in einer Marktwirtschaft. Ein Unternehmen, dessen Produktion keinen ausreichenden staatlichen Regelungen unterworfen ist, könnte beispielsweise einen sozial schädlichen Prozeß einführen, sagen wir, es könnte toxische Abwässer in einen Fluß einleiten, weil dieses Verfahren einfach billiger wäre. Hier stellt sich der wirtschaftliche Vorteil nur ein, weil die *sozialen Kosten* der Umweltverschmutzung nicht in die Kalkulationen der Produktionskosten dieses Unternehmens mit eingehen. Könnte man die Kosten, die diese Flußvergiftung verursacht, in die Unternehmensrechnung einbringen, entweder durch strenge Beachtung des Verursacherprinzips oder durch drastische steuerliche Maßnahmen, wäre ein solcher technologischer Rückschritt einfach nicht mehr gewinnträchtig. Auf Wettbewerbsmärkten ergeht es schlechten Produkten wie einst den Dinosauriern – sie sterben aus.

DIE AGGREGIERTE PRODUKTIONSFUNKTION FÜR DIE USA

Da wir nun die Prinzipien der Produktionstheorie untersucht haben, können wir sie praktisch anwenden und die gesamte amerikanische Wirtschaftsleistung untersuchen. Dazu müssen wir uns mit Fragen der Gesamtproduktion, den Mengen an eingesetzten Produktionsfaktoren (wie Arbeit, Kapital und Boden) und der Gesamtproduktivität auseinandersetzen. Da wir es dabei mit gravierenden Problemen der Meßbarkeit zu tun haben, müssen wir jede einzelne Größe sehr sorgfältig errechnen. In jedem Fall aber sind die ermittelten Zahlen wertvoll, weil sie uns ein breites Bild von der allgemeinen Situation der Wirtschaft vermitteln.

Empirische Studien der aggregierten Produktionsfunktion gehen auf die zwanziger Jahre dieses Jahrhunderts zurück, als Paul Douglas (er war Professor an der Universität Chicago und später Senator) die Daten für den Bereich der verarbeitenden Industrie untersuchte. In den vergangenen dreißig Jahren haben die besten Köpfe unter den Ökonomen an diesem Thema gearbeitet, darunter John Kendrick, Edward Denison und Robert Solow, ein Nobelpreisträger. Ziel ihrer Studien war das Verständnis der Auswirkungen von Kapital, Arbeit und Produktivitätssteigerungen auf das Wirtschaftswachstum. Erinnern Sie sich aus unseren früheren Erörterungen – die Produktivität mißt den Gesamtoutput pro Inputeinheit. **Produktivitätssteigerungen** beziehen sich daher auf die Wachstumsrate der Produktivität. Wenn beispielsweise der Output pro Arbeiter 1993 100 Einheiten und 1994 102,5 Einheiten betragen hat, bedeutet dies eine Jahresproduktivitätssteigerung von 2,5 Prozent.

Bei der Messung der Produktivität definieren wir Arbeitsproduktivität als die Menge an Output pro Arbeitseinheit, Kapitalproduktivität als Output pro Kapitaleinheit und Gesamtfaktorproduktivität als Output pro Einheit der gesamten Inputs an Kapital und Arbeit.

Empirische Feststellungen. Zu welchem Schluß sind nun die ökonomischen Studien gelangt? Im folgenden finden Sie einige der interessantesten Studienergebnisse:

- Die Gesamtproduktivität ist in diesem Jahrhundert gestiegen, was auf den technologischen Fortschritt und die bessere Ausbildung der Arbeitskräfte zurückzuführen ist. Die durchschnittliche Steigerung der Gesamtproduktivität lag in diesem Jahrhundert knapp unter 1 1/2 Prozent pro Jahr. Der durchschnittliche Realoutput pro Arbeiter ist ein wenig rascher gestiegen als die Gesamtproduktivität.
- Der Kapitalbestand ist stärker gestiegen als die Anzahl der Arbeitsstunden. Den Arbeitern stehen daher mehr Kapitalgüter zur Verfügung. In der Folge sind Arbeitsproduktivität und Löhne jährlich um mehr als die 1 1/2 Prozent des Produktivitätswachstums angestiegen.
- Bezüglich der Kapitalrendite (Gewinnrate) wäre eigentlich zu erwarten gewesen, daß sie sinkende Erträge aufweist, weil jeder einzelnen Kapitaleinheit nun weniger Arbeitsleistung gegenübersteht. Tatsächlich aber ist die Kapitalrendite konstant geblieben.
- Während der letzten beiden Jahrzehnte wurde bei allen Produktivitätsmessungen eine deutliche Verlangsamung des Wachstums festgestellt. In den siebziger und achtziger Jahren mußten wir uns mit einem Wachstum der Gesamtproduktivität in Höhe von 3/4 Prozent jährlich zufriedengeben. Infolge der schleppenden Produktivitätszuwächse war in den USA seit den frühen siebziger Jahren eine Stagnation der Reallöhne wie auch des Lebensstandards zu verzeichnen. Zwar vermuten einige Ökonomen, daß die Produktivitätszuwächse in den neunziger Jahren wieder angezogen haben könnten, aber es ließ sich diese Ansicht statistisch noch nicht schlüssig nachweisen.

B. UNTERNEHMENSORGANISATION

DAS WESEN DES UNTERNEHMENS

Bisher haben wir über Produktionsfunktionen gesprochen, als handle es sich um Maschinen, die völlig selbständig, ohne Zutun von außen, funktionieren: Man nehme ein Schwein und erhalte eine Wurst. Tatsächlich aber erfolgt der Großteil der gesamten Produktion durch spezialisierte Unternehmen, all jene Klein-, Mittel- und Großbetriebe, die die Landschaft der modernen Volkswirtschaft bevölkern. Warum aber findet eigentlich Produktion im allgemeinen eher in Unternehmen als in unserem privaten Keller statt?

Daß es Unternehmen gibt, hat zahlreiche Gründe, wobei als wichtigste wohl die Nutzung der Massenproduktion, die Möglichkeit, Geldmittel aufzutreiben, und die Organisation des Produktionsprozesses zu nennen sind. Der einleuchtendste Faktor, warum die Organisation der Produktion in Unternehmen vernünftig erscheint, liegt in der *Wirtschaftlichkeit der Massenproduktion*. Effiziente Produktionsmethoden erfordern hochspezialisierte Maschinen und Betriebe, Fertigungsstraßen und Arbeitsteilung mit zahlreichen kleinen Arbeitsschritten. Zahlreiche Studien belegen, daß die effiziente Produktion von Autos beispielsweise Produktionsraten von zumindest 300.000 Einheiten jährlich erfordert. Es ist wohl kaum zu erwarten, daß sich irgendwo Arbeiter spontan zusammenschließen, um jeden einzelnen Arbeitsschritt korrekt und in der richtigen Abfolge durchzuführen; stattdessen koordinieren Unternehmen den Produktionsprozeß, kaufen oder mieten Boden, Kapitalgüter, Arbeit und Material. Bestünde keine Notwendigkeit zu Spezialisierung und Arbeitsteilung, könnte jeder von uns seinen eigenen elektrischen Strom, seine eigene Digitaluhr und Musik-CD in der hauseigenen Werkstatt herstellen. Daß wir das nicht können, wundert wohl niemanden. Wir dürfen daher mit Fug und Recht behaupten, daß eine Produktion in großem Maßstab in den Unternehmen ganz im Sinne der Effizienz ist.

Eine damit zusammenhängende Funktion der Unternehmen besteht in der *Beschaffung von Ressourcen* für die Massenproduktion. Die Entwicklung eines neuen Passagierflugzeugs kostet einiges mehr als eine Milliarde Dollar; die Kosten für Forschung und Entwicklung eines neuen Prozessors für PCs, beispielsweise des Pentium von Intel, liegen ebenso hoch. Woher sollen diese immensen Geldmittel kommen? Im neunzehnten Jahrhundert war es noch häufig möglich, daß reiche und risikofreudige Einzelpersonen die Unternehmen finanzierten. Aber die Tage dieser sagenumwobenen Industriemagnaten sind einfach vorbei. Die heutige Wirtschaft mit ihren Privatunternehmen muß die Mittel für die Produktion aus den Unternehmensgewinnen oder aus Darlehen, die auf den Finanzmärkten aufgenommen werden, beziehen. Eine privat finanzierte Produktion wäre praktisch unmöglich, könnten die Unternehmen nicht alljährlich Milliarden von Dollars für ihre neuen Projekte auftreiben.

Ein dritter Grund für die Organisationsform des Unternehmens besteht in ihrem *Management*. Der Manager ist jene Person, die die Produktion organisiert, die neue Ideen oder Produkte oder Prozesse einführt, die Geschäftsentscheidungen trifft und auch für Erfolg oder Mißerfolg verantwortlich zeichnet. Schließlich wäre es zuviel verlangt, müßte sich die Produktion selbst organisieren. Irgendjemand muß den Bau einer neuen Fabrik überwachen, muß mit den Gewerkschaften verhandeln und den Einkauf des benötigten Materials übernehmen. Wollten Sie sich als Präsident eines erstklassigen Fußballteams versuchen, müßten Sie die Verhandlungen um ein geeignetes Stadion führen, neue Spieler einkaufen, sich um Sponsoren kümmern, Spieltermine organisieren und Tickets verkaufen. Sobald alle diese Produktionsfaktoren vorhanden sind, muß noch irgendjemand die täglichen Aktivitäten überwachen, damit auch sichergestellt ist, daß die Arbeit effektiv und ehrlich erledigt wird.

Die Produktion wird in Unternehmen organisiert, weil Effizienz im Regelfall Produktion in großem Maßstab, das Auftreiben bedeutender finanzieller Ressourcen und die Überwachung des laufenden Betriebs erfordert.

GROSSE, KLEINE UND WINZIGE UNTERNEHMEN

Produktion findet in einer Marktwirtschaft in einer Unzahl verschieden organisierter Unternehmen statt: von der winzigen Einzelfirma hin zu den Industriegiganten, die das Wirtschaftleben in einer kapitalistischen Wirtschaft dominieren. Gegenwärtig gibt es in den USA mehr als 18 Millionen verschiedene Unternehmen. Die Mehrzahl von ihnen sind Kleinstbetriebe, die einer einzigen Person gehören – sogenannte Einzelfirmen. Andere sind Personengesellschaften im Eigentum von zwei oder vielleicht auch zweihundert Partnern. Die größten Unternehmen sind zumeist Kapitalgesellschaften.

Der Zahl nach überwiegen die kleinsten Einheiten. Was jedoch Umsatz und Kapital der Unternehmen, ihre politische und wirtschaftliche Macht, Beschäftigtenstand und Lohnzahlungen betrifft, dominieren einige hundert wirklich große Kapitalgesellschaften unsere Wirtschaft.

Die Einzelfirma

Am einen Ende des Spektrums befindet sich die Einzelfirma, der klassische Kleinbetrieb, den wir alle kennen. In einem kleinen Laden werden vielleicht ein paar Hundert Dollar täglich umgesetzt, und er ernährt seinen Besitzer nur mit Mühe.

Von diesen Unternehmen gibt es eine Unzahl, aber ihr Gesamtumsatz fällt kaum ins Gewicht. Die meisten dieser Klein- und Winzigbetriebe erfordern jedoch ein Übermaß an persönlichem Engagement und Einsatz. Und obwohl ein Selbständiger nicht selten 50 oder 60 Stunden wöchentlich arbeitet und auf jeden Urlaub verzichtet, beträgt die durchschnittliche Lebensdauer eines solchen Betriebes gerade eben ein Jahr. Trotzdem finden sich immer wieder Leute, die es auf eigene Faust versuchen wollen. Vielleicht gehen sie irgendwann als Gründer einer wirklich erfolgreichen Firma in die Geschichte ein, die für Millionen Dollar aufgekauft wird.

Die Personengesellschaft

Ein Unternehmen verlangt häufig nach einer entsprechenden Kombination von Begabungen – etwa nach Rechtsanwälten oder Ärzten, die sich auf unterschiedlichen Gebieten spezialisiert haben. Wenn sich zwei oder mehr Personen zusammentun, können sie eine Personengesellschaft gründen. Jeder von ihnen stimmt zu, einen bestimmten Anteil an Arbeit und Kapital einzubringen, einen gewissen Prozentsatz des Gewinns für sich zu beanspruchen und natürlich Verluste oder Schulden gemeinsam mit seinen Partnern zu tragen.

Heute machen die Personengesellschaften nur noch einen kleinen Teil der gesamten wirtschaftlichen Aktivität aus. Der Grund liegt darin, daß diese Unternehmensform bestimmte Nachteile mit sich bringt, die sie für Großbetriebe ungeeignet macht. Ihr Hauptnachteil ist die *unbeschränkte Haftung*. Die Gesellschafter haften ohne jede Beschränkung für alle Schulden, die die Personengesellschaft eingeht. Wenn Ihnen ein Prozent der Personengesellschaft gehört und die Firma Pleite geht, müssen Sie ein Prozent aller Rechnungen bezahlen, und die anderen Partner zahlen die restlichen 99. Wenn jedoch Ihre Partner zahlungsunfähig sind, haften Sie auch für deren Schulden, und Sie müssen schließlich all Ihre geliebten Besitztümer verkaufen.[2]

Die Gefahr der unbeschränkten Haftung und die Schwierigkeit, Kapital beschaffen zu können, erklären, warum Personengesellschaften praktisch immer klein sind, kleine Privatbetriebe wie Landwirtschaften oder Kleinhandelsbetriebe. Für die meisten anderen Geschäftsfelder sind Personengesellschaften einfach zu riskant.

Die Kapitalgesellschaft

Der Großteil aller wirtschaftlichen Aktivitäten in einer entwickelten Marktwirtschaft findet in privaten Kapitalgesellschaften statt. In früheren Jahrhunderten wurden Unternehmenssatzungen durch besondere Akte des Monarchen oder des Gesetzgebers verliehen. Die britische East India Company war eine mit besonderen Privilegien ausgestattete Kapitalgesellschaft und beherrschte als solche über ein Jahrhundert lang Indien. Im neunzehnten Jahrhundert mußten Eisenbahngesellschaften häufig ebenso viel Geld aufwenden, um eine Satzung vom Gesetzgeber zu erlangen, wie es kostete, die Gleisanlagen zu errichten. Im letzten Jahrhundert wurden allerdings nach und nach Gesetze erlassen, die beinahe jedermann das Privileg zugestehen, eine Kapitalgesellschaft für beinahe jeden Unternehmenszweck zu gründen.

Heute ist die amerikanische **Kapitalgesellschaft** eine Unternehmensform mit eigener Satzung und eigenem Sitz in einem der fünfzig Bundesstaaten oder im Ausland, und sie gehört einer gewissen Zahl von Aktionären. Die Kapitalgesellschaft hat eine eigene Rechtspersönlichkeit und kann als solche in eigenem Namen ein- und verkaufen, Darlehen aufnehmen, Güter und Dienstleistungen produzieren und Verträge abschließen. Außerdem bietet die Kapitalgesellschaft den Vorteil der *beschränkten Haftung*, so daß das Investment der Eigentümer in die Gesellschaft strikt auf einen bestimmten Betrag beschränkt bleibt.

Die moderne Kapitalgesellschaft zeichnet sich durch folgende wichtige Eigenschaften aus:

- Das Eigentum an der Kapitalgesellschaft ergibt sich aus dem Eigentum an den Stammaktien der Gesellschaft. Gehören Ihnen 10 Prozent der Anteile an einer Gesellschaft, sind Sie ihr zehnprozentiger Eigentümer. Publikumsgesellschaften werden an Börsen – wie etwa der New Yorker Börse – bewertet. Und auf diesen Aktienbörsen werden die Titel der größten Kapitalgesellschaften gehandelt und daher große Teile des nationalen Risikokapitals investiert.

[2] Entspricht nicht der Rechtslage im deutschsprachigen Raum.

- Im Prinzip kontrollieren die Aktionäre die Kapitalgesellschaften, die sich in ihrem Eigentum befinden. Sie erhalten Dividenden entsprechend den Gesellschaftsanteilen, die sie besitzen, sie ernennen die Direktoren und stimmen über wichtige Fragen ab. In der Praxis üben jedoch die Millionen Aktionäre unserer riesigen Kapitalgesellschaften – IBM, GM oder Exxon – aber eigentlich keine Kontrolle aus, weil der Aktienbesitz einfach zu stark gestreut ist, um die geschlossene Phalanx der Manager zu überstimmen.
- Die Manager und Direktoren der Kapitalgesellschaften verfügen über die rechtliche Befugnis, Entscheidungen für die Gesellschaft zu treffen. Sie beschließen, was wie produziert wird. Sie verhandeln mit den Gewerkschaften und entscheiden, ob sie das Unternehmen verkaufen sollten, wenn sich ein Käufer dafür interessiert. Wenn die Zeitungen melden, irgendeine Kapitalgesellschaft habe wieder 20.000 Arbeiter auf die Straße gesetzt, wurde diese Entscheidung von den Managern getroffen. Die Kapitalgesellschaft gehört den Aktionären, wird jedoch von den Managern geleitet und betrieben.

Vor- und Nachteile von Kapitalgesellschaften. Warum beherrschen die Kapitalgesellschaften die Marktwirtschaft in einem solchen Ausmaß? Nun, einfach, weil es sich bei dieser Unternehmensform um eine besonders effiziente Methode zum Betrieb eines Unternehmens handelt. Eine Kapitalgesellschaft ist eine Rechtspersönlichkeit, die Geschäfte abschließen kann. Außerdem ist in einer Kapitalgesellschaft eine durchgängige Nachfolge in der Geschäftsführung und ein kontinuierliches Bestehen möglich, unabhängig davon, wie oft die Eigentümer, die Aktionäre, wechseln. Geschäftliche Entscheidungen können von den Managern rasch getroffen werden, ganz im Gegensatz zu wirtschaftlichen Entscheidungen, die der Gesetzgeber zu treffen hat.

Außerdem dürfen sich die Aktionäre der Kapitalgesellschaften über eine beschränkte Haftung freuen, die sie vor der Übernahme von Schulden oder Verlusten der Gesellschaft über ihre Kapitaleinzahlung hinaus schützt. Wenn wir Aktien für 1000 Dollar kaufen, können wir damit nicht mehr als unsere ursprüngliche Investition verlieren.

Kapitalgesellschaften haben aber auch einen bedeutenden Nachteil: Ihre Gewinne werden zusätzlich besteuert. Bei einem nicht in dieser Rechtsform geführten Unternehmen gilt jedes Einkommen nach Abzug der Ausgaben als normales persönliches Einkommen und wird dementsprechend besteuert. Kapitalgesellschaften aber werden in dieser Beziehung anders behandelt, weil sie doppelt besteuert werden – zuerst die Unternehmensgewinne und dann das Dividendeneinkommen der einzelnen Aktionäre. Diese Doppelbesteuerung der Kapitalgesellschaften wurde zwar in den letzten Jahren auch von Ökonomen wiederholt heftig kritisiert, aber nach wie vor betrachten die meisten Staaten die Erträge der Kapitalgesellschaften als bequeme Steuerquelle.

Da eine effiziente Produktion häufig große Unternehmenseinheiten erfordert – hier sind oft Milliarden Dollar an Kapital vonnöten –, müssen die Investoren einen Weg finden, um ihre Gelder in einen Pool einzubringen. Die Kapitalgesellschaften mit ihrer beschränkten Haftung und einer praktischen Managementstruktur können sehr viel privates Kapital anziehen, eine ganze Palette verwandter Güter produzieren und auch das Risiko poolen.

ORGANISATIONSLEHRE

Dieser Überblick über die im modernen Kapitalismus vorherrschenden Unternehmensformen ist trotz allem nur ein stark verkürzter Abriß der bunten Vielfalt der *wirtschaftlichen Organisationslehre.* In den letzten Jahren war unter den Ökonomen der gemeinsame Wunsch spürbar, zu verstehen, warum Unternehmen genau jene Rechtsform annehmen, die sie annehmen, und warum Entscheidungen in der kontrollierten Hierarchie der Unternehmen anstatt durch Verträge auf dem Markt getroffen werden. Ökonomen wie Ronald Coase, Kenneth Arrow, Herbert Simon und Oliver Williamson weisen auf die Bedeutung der Transaktionskosten bei der Entscheidung zwischen Unternehmen und Markt hin. Wahrscheinlich konzentriert man sich in dieser beliebten Diskussion zu sehr auf die Produktinnovation und zu wenig auf die organisatorische Innovation, wenn es um die Analyse des Reichtums der Nationen geht. Die Geschichte beweist, wie wichtig Organisationen sind, wenn es darum geht, menschliche Ziele zu erreichen. Wie die traurige Geschichte der Zentralverwaltungswirtschaft hinreichend zeigt, führt der Einsatz von Boden, Arbeit und Kapital ohne den organisatorischen Geist des modernen, privatwirtschaftlich organisierten Unternehmens ins Nichts.

ZUSAMMENFASSUNG

A. Produktionstheorie und Grenzproduktivität

1. Die Beziehung zwischen der Produktionsmenge (wie Weizen, Stahl oder Autos) und den Mengen an eingesetzten Produktionsfaktoren (Arbeit, Boden und Kapital) wird als Produktionsfunktion bezeichnet. Das Gesamtprodukt entspricht der gesamten Produktionsleistung. Das Durchschnittsprodukt erhält man, wenn man den Gesamtoutput durch die gesamte Menge an Inputs dividiert. Wir können das Grenzprodukt oder die Grenzproduktivität eines Faktors als den zusätzlichen Output berechnen, der durch jede zusätzlich eingesetzte Inputeinheit erzeugt wird, wenn alle anderen Inputs konstant belassen werden.
2. Entsprechend dem Gesetz der abnehmenden Grenzerträge nimmt die Grenzproduktivität jedes Inputs im allgemeinen ab, wenn sich – ceteris paribus – die Menge dieses Inputs erhöht.
3. Skalenerträge beziehen sich auf die Auswirkungen einer gleichmäßigen Anhebung aller Inputs auf den Output. Eine Technologie, bei der eine Verdoppelung aller Faktoreinsätze exakt zu einer Verdoppelung der Produktionsmenge führt, bedeutet konstante Skalenerträge. Sollte die Verdoppelung der Inputs zu weniger als einer Verdoppelung (mehr als einer Verdoppelung) der Outputmenge führen, spricht man von abnehmenden (zunehmenden) Skalenerträgen.
4. Da die Umsetzung von Entscheidungen Zeit beansprucht, und da Kapital und andere Faktoren häufig recht langlebig sind, kann sich die Anpassung der Produktion im Zeitablauf unterschiedlich gestalten. Als kurzfristig wird dabei ein Zeitraum bezeichnet, in dem die variablen Faktoren, beispielsweise Arbeit oder Materialinputs, problemlos verändert werden können. Langfristig kann auch der Kapitalbestand (die Maschinen und Anlagen eines Unternehmens) abgeschrieben und ersetzt werden. Langfristig lassen sich daher alle Inputs, fixe ebenso wie variable, anpassen.
5. Technologischer Fortschritt bezieht sich auf eine Veränderung der der Produktion zugrundeliegenden Techniken, beispielsweise wenn ein neues Produkt oder ein neues Produktionsverfahren erfunden oder ein altes Produkt oder ein altes Vefahren verbessert wird. In solchen Situationen wird dieselbe Produktionsmenge mit geringeren Faktoreinsätzen produziert, oder aber es läßt sich mit denselben Faktoreinsätzen die Produktionsmenge erhöhen. Technologischer Fortschritt verschiebt die Produktionsfunktion nach oben.
6. Versuche zur Messung einer aggregierten Produktionsfunktion am Beispiel der amerikanischen Wirtschaft bestätigen tendenziell die Theorien der Produktion und der Grenzproduktivität. In diesem Jahrhundert hat der technische Fortschritt zu einer Produktivitätssteigerung sowohl von Arbeit als auch von Kapital geführt. Die Gesamtfaktorproduktivität (gemessen als Verhältnis zwischen Gesamtoutput und Gesamtinput) konnte in diesem Jahrhundert alljährlich um etwa 1 1/2 Prozent gesteigert werden, obwohl seit 1970 die Produktivitätssteigerungen merklich langsamer verlaufen und die Reallöhne stagnieren.

B. Unternehmensorganisation

7. In einer Marktwirtschaft ist die Produktion in Unternehmen organisiert – manchmal in winzigen Einzelfirmen, manchmal in Personengesellschaften, zumeist jedoch in Kapitalgesellschaften.
8. Jede Rechtsform hat ihre Vor- und Nachteile. Kleine Unternehmen sind flexibel, können neue Produkte vermarkten und verschwinden möglicherweise auch wieder rasch. Sie leiden allerdings unter dem grundlegenden Nachteil, keine großen Kapitalbeträge von weit verstreuten Investoren binden zu können. Die heutigen Großunternehmen, die Kapitalgesellschaften, deren Eigentümern der Staat eine beschränkte Haftung zubilligt, können hingegen Milliarden Dollar an Kapital durch Darlehensaufnahme bei Banken, Anleihegläubigern sowie auf dem Aktienmarkt auftreiben.
9. In einer modernen Wirtschaft produzieren die Unternehmen die meisten Güter und Dienstleistungen, weil die wirtschaftlichen Vorteile der Massenproduktion es erforderlich machen, daß der Output in großen Mengen produziert wird. Die Produktionstechnik erfordert mehr Kapital, als ein einzelner freiwillig einem solchen Risiko aussetzen würde. Und die effiziente Produktion erfordert ein sorgfältiges Management und die Koordination der Aufgaben durch eine zentral geleitete Organisationseinheit.

BEGRIFFE ZUR WIEDERHOLUNG

Produktionstheorie

Inputs, Outputs, Produktionsfunktion
Gesamt-, Durchschnitts- und Grenzprodukt
abnehmende Grenzproduktivität und Ertragsgesetz
konstante, zunehmende und abnehmende Skalenerträge
Kurzfristigkeit im Gegensatz zu Langfristigkeit
technologischer Fortschritt
Prozeßinnovation
Produktinnovation
Produktivität
aggregierte Produktionsfunktion

Das Unternehmen

Gründe für das Entstehen von Unternehmen: Skaleneffekte, finanzielle Notwendigkeiten, Management
wichtigste Unternehmensformen: Einzelfirma, Personengesellschaft, Kapitalgesellschaft
unbeschränkte und beschränkte Haftung

FRAGEN UND BEISPIELE

1. Erklären Sie das Konzept der Produktionsfunktion. Beschreiben Sie die Produktionsfunktion für Hamburger, Konzerte, Haarschnitte und eine Collegeausbildung.
2. Setzen Sie in der folgenden Tabelle, die die tatsächliche Produktionsfunktion für Ölpipelines beschreibt, die fehlenden Werte für die Grenzprodukte und Durchschnittsprodukte ein:
3. Zeichnen Sie anhand der Daten aus Frage 2 die Produktionsfunktion der Förderungsmenge im Verhältnis zur Leistung in PS. Zeichnen Sie im selben Diagramm die Kurven für das Durchschnitts- und das Grenzprodukt ein.
4. Angenommen, Sie erhalten die Cateringkonzession für die Sportveranstaltungen an Ihrem College. Sie verkaufen Würstchen, Getränke und Kartoffelchips. Welche Inputs an Kapital, Arbeit und Materialien müssen Sie einbringen? Welche Schritte würden Sie unternehmen, sollte die Nachfrage nach Würstchen zurückgehen, um den Output kurzfristig zu senken? Was könnten Sie sich langfristig überlegen?
5. Eine in der Volkswirtschaft wichtige Unterscheidung betrifft Verschiebungen der Produktionsfunktion und Bewegungen entlang der Produktionsfunktion. Nennen Sie anhand der Cateringkonzession aus Frage 4 ein Beispiel für eine Verschiebung und für eine Bewegung entlang der Produktionsfunktion. Illustrieren Sie beide Beispiele in einem Diagramm, das das Verhältnis zwischen Würstchenproduktion und dazu eingesetzter Arbeit illustriert.
6. Von Substitution spricht man, wenn die Unternehmen einen Input durch einen anderen ersetzen, beispielsweise wenn ein Farmer bei steigenden Löhnen Traktoren anstelle von Arbeitskräften einsetzt. Überlegen Sie sich die folgenden Änderungen im Verhalten eines Unternehmens. Welche Veränderungen sind dabei auf eine Substitution eines Faktors durch einen anderen bei unverändertem Stand der Technik und welche auf einen technologischen Fortschritt zurückzuführen? Illustrieren Sie jedes Beispiel durch eine graphisch dargestellte Produktionsfunktion.
   a. Bei steigendem Ölpreis ersetzt ein Unternehmen die Ölfeuerung in seinen Anlagen durch eine Gasfeuerung.

(1)	(2)	(3)	(4)
	18-inch-Rohr		
Pumpleistung PS	Gesamtprodukt (Barrels pro Tag)	Grenzprodukt (Barrels pro Tag pro PS)	Durchschnittsprodukt (Barrels pro Tag pro PS)
10.000	86.000		____
		____	
20.000	114.000		____
		____	
30.000	134.000		____
		____	
40.000	150.000		____
		____	
50.000	164.000		____

b. Eine Chemiefirma beschließt, ihre alten kohlebetriebenen Stromgeneratoren durch eine nunmehr erhältliche Gasturbine zu ersetzen, was eine Kostensenkung von 20 Prozent bedeutet.
c. Im Zeitraum zwischen 1970 und 1995 baut eine Druckerei 200 Drucker ab, stellt jedoch zugleich 100 Leute ein, die die neuen Computer bedienen.
d. Nach einer erfolgreichen Gewerkschaftskampagne für Büroarbeitskräfte kauft ein College neue Computer für die Fakultät und baut Sekretärinnen ab.

7. Stellen Sie sich ein Unternehmen vor, das unter Einsatz von Boden und Arbeit Weizen produziert. Definieren und vergleichen Sie die abnehmenden Grenzerträge und die sinkenden Skalenerträge. Erklären Sie, wie es möglich sein kann, daß sinkenden Grenzerträge bei einem Input und konstante Skalenerträge bei beiden Inputs auftreten.
8. Zeigen Sie, daß das Durchschnittsprodukt bei stetig abnehmendem Grenzprodukt immer über dem Grenzprodukt liegt.
9. Zählen Sie 10 Produkte auf, die Ihnen heute wichtig sind. Beschreiben Sie, wie sich Produkt-, Prozeßinnovationen oder Organisationsinventionen im letzten Jahrhundert auf diese Produkte ausgewirkt haben.

KAPITEL 7

KOSTENANALYSE

Kosten spiegeln lediglich miteinander konkurrierende Anreize wider.

Frank Knight, Risk, Uncertainty, and Profit (1921)

In welche Richtung sich die Produktion auch immer hinbewegt, die Kosten folgen ihr wie ein Schatten. In einer Welt der Knappheit müssen die Unternehmen für ihre Produktionsfaktoren bezahlen, egal ob es sich dabei um Stahl, Schrauben, Lösungsmittel, Ingenieure, Sekretärinnen, Computer, Telefone, Lampen oder Bleistifte handelt. In Unternehmen, die Gewinne abwerfen, ist man sich bei der Planung von Produktions- und Verkaufszielen der einfachen Tatsache bewußt, daß jeder Dollar an unnötigen Kosten die Gewinne des Unternehmens um eben diesen Betrag schmälert. Tatsächlich kann ein Zuviel an Produktion ebenso gefährlich sein wie ein Zuwenig. Die Geschichte zeigt, daß übertriebene Expansion ein rasch wachsendes Unternehmen in den Bankrott treiben kann, weil der Kostenanstieg die zusätzlichen Gewinne übersteigt.

Aber die Rolle der Kosten geht weit darüber hinaus, nur das Ausmaß der Produktion zu beeinflussen. Umsichtige Unternehmer achten auch im operativen Bereich auf die Kostenentwicklung. Ist es kostengünstiger, weitere Arbeitskräfte einzustellen oder Überstunden zu bezahlen? Soll ein neuer Betrieb eröffnet oder ein bestehender ausgebaut werden? Lohnt sich eine Investition in neue Maschinen im bestehenden Werk oder sollte die Produktion ins Ausland ausgelagert werden? Die Unternehmen sind bestrebt, die für sie effizienteste Produktionsmethode zu wählen, mit der sie möglichst viel zu möglichst geringen Kosten produzieren können.

In diesem Kapitel wollen wir eine gründliche Kostenanalyse vornehmen. Zu Beginn befassen wir uns dabei mit der ganzen Bandbreite der volkswirtschaftlichen Kosten, darunter auch mit dem wichtigen Begriff der Grenzkosten. Danach wollen wir untersuchen, wie Buchhalter in einem Unternehmen die Kosten in der Praxis bestimmen. Und schließlich werden wir uns noch mit dem Begriff der Opportunitäts- oder Alternativkosten befassen, einem sehr weit gefaßten Konzept, das sich auf eine Vielzahl von Entscheidungen anwenden läßt. Diese ausgiebige Erörterung der Kosten soll schließlich unsere Grundlage zum Verständnis der Angebotsentscheidungen der Unternehmen bilden.

A. DIE VOLKSWIRTSCHAFTLICHE KOSTENANALYSE

GESAMTKOSTEN: FIXKOSTEN UND VARIABLE KOSTEN

Stellen Sie sich ein Unternehmen vor, das eine Produktionsleistung q erbringt, wozu es die Produktionsfaktoren Kapital, Arbeit und Material verwendet. Das Unternehmen kauft seine Produktionsfaktoren auf den Faktormärkten. Ein gewinnorientiertes Unternehmen wird stets einen wachsamen Blick auf die Kosten werfen, um profitabel zu bleiben. Den Kostenrechnern des Unternehmens kommt dabei die Aufgabe zu, die bei jeder möglichen Produktionsmenge q entstehenden Kosten zu errechnen.

(1) Menge q	(2) Fixkosten ($) *FC*	(3) Variable Kosten ($) *VC*	(4) Gesamtkosten ($) *TC*
0	55	0	55
1	55	30	85
2	55	55	110
3	55	75	130
4	55	105	160
5	55	155	210
6	55	225	280

Tabelle 7-1: Fixe, variable und Gesamtkosten

Die Kosten eines Unternehmens setzen sich im wesentlichen aus den Fixkosten (die auf eine Änderung der Produktionsmenge nicht reagieren) und den variablen Kosten (die sich mit Steigerung der Produktionsmenge erhöhen) zusammen. Die Gesamtkosten entsprechen demnach fixen plus variablen Kosten: $TC = FC + VC$

Tabelle 7-1 zeigt die Gesamtkosten (*TC*) für alle Produktionsmengen *q*. Bei Betrachtung der Spalten (1) und (4) sehen wir, daß *TC* steigt, wenn *q* steigt. Kein Wunder, denn schließlich ist ein Mehr an Arbeit und anderen Inputs erforderlich, um größere Mengen zu produzieren; und zusätzliche Produktionsfaktoren bedeuten auch zusätzliche Kosten. Zwei Einheiten zu produzieren kostet insgesamt 110 Dollar, drei Einheiten kosten 130 Dollar usw.

Fixkosten

In den Spalten (2) und (3) der Tabelle 7-1 sind die Gesamtkosten in zwei Komponenten aufgegliedert: in die gesamten Fixkosten (*FC*) und in die gesamten variablen Kosten (*VC*).

Was sind die **Fixkosten** eines Unternehmens? Fixkosten, auch als „Overheadkosten" oder „Sunk Costs" (versunkene Kosten) bezeichnet, sind Positionen wie die Mietkosten für die Fabriksanlagen oder die Bürofläche, vertraglich vereinbarte Zahlungen für die Betriebsausstattung, der Zinsendienst für die Verbindlichkeiten des Unternehmens, die Gehälter der fix angestellten Mitarbeiter usw. Diese Kosten fallen selbst dann an, wenn das Unternehmen nichts produziert, und sie verändern sich mit steigender Produktionsmenge nicht. Eine Anwaltskanzlei hat beispielsweise einen Büromietvertrag über fünf oder zehn Jahre, aus der ihr auch dann dieselben Verpflichtungen erwachsen, wenn die Kanzlei plötzlich aus irgendeinem Grund nur noch halb soviel Umsatz machen sollte. Da die Fixkosten *FC* in jedem Fall und unabhängig von der Produktionsmenge bezahlt werden müssen, bleiben sie mit 55 Dollar in Spalte (2) konstant.

Variable Kosten

Spalte (3) der Tabelle 7-1 zeigt die variablen Kosten (*VC*). Als **variable Kosten** werden jene Kosten bezeichnet, die sich verändern, wenn sich die Produktionsmenge ändert. Als Beispiele lassen sich die zur Produktion eingesetzten Materialen (beispielsweise Stahl für Autos), die an den Fertigungsstraßen beschäftigten Arbeitskräfte, die zum Antrieb der Maschinen benötigte Energie usw. anführen. In einem Supermarkt verursachen etwa die Kassierinnen variable Kosten, weil das Management ihre Arbeitszeit je nach Kundenzustrom variieren kann.

Per Definition beginnen *VC* bei Null, wenn *q* ebenfalls Null ist. Es handelt sich um jenen Teil der Gesamtkosten *TC*, der mit zunehmender Produktionsmenge wächst. Tatsächlich entspricht der Sprung in den *TC* zwischen zwei Produktionsmengen genau dem Sprung in den *VC*. Warum? Nun, die *FC* bleiben mit $ 55 bei allen Produktionsmengen konstant und können beim Kostenvergleich zwischen verschiedenen Produktionsmengen daher weggekürzt werden. Fassen wir die besprochenen Kostenkonzepte zusammen:

Gesamtkosten stellen die geringstmöglichen, in Geld ausgedrückten Gesamtausgaben dar, die benötigt werden, um eine bestimmte Produktionsmenge *q* zu erzielen. Die *TC* steigen, wenn *q* steigt.

Fixkosten stellen den gesamten, in Geld ausgedrückten Ausgabenbetrag dar, der selbst dann aufgewendet werden muß, wenn keine Produktionsleistung erzielt wird. Fixkosten bleiben durch Änderungen der Produktionsmenge unbeeinflußt.

Variable Kosten sind Ausgaben, die mit der Produktionsmenge variieren. Dazu gehören Rohmaterialen, Löhne und Treibstoffe, eben alle Kosten, die keine Fixkosten sind.

Definition:

$$TC = FC + VC$$

***Achtung:** Jeder, der jemals ein Unternehmen geleitet hat, weiß, daß ein Kostenplan wie in Tabelle 7-1 nur eine grobe Vereinfachung darstellt. Warum? Hinter Tabelle 7-1 verbirgt sich eine Menge harter Arbeit. Um das niedrigste mögliche Kostenniveau zu errechnen, müssen Unternehmensleiter dafür sorgen, daß sie jeweils den geringstmöglichen Betrag für die erforderlichen Einsatzstoffe wie beispielsweise Energie bezah-*

len. Sie müssen darauf achten, daß die kostengünstigsten Fabrikationstechniken schon in der Betriebsplanung mit berücksichtigt wurden, daß nur ehrliche, aufrichtige Mitarbeiter eingestellt werden, und sie haben in diesem Zusammenhang noch unzählige weitere Entscheidungen zu treffen. Als Folge ihrer unternehmerischen Bemühungen entsprechen dann die in Tabelle 7-1 dargestellten fixen und variablen Kosten den Mindestkosten, die für das Unternehmen bei einer bestimmten Produktionsmenge anfallen.

DEFINITION DER GRENZKOSTEN

Die Grenzkosten sind eines der wichtigsten Konzepte der gesamten Volkswirtschaft. Mit diesem Begriff, **Grenzkosten**, werden alle zusätzlichen Kosten oder Extrakosten bezeichnet, die bei Erzeugung einer zusätzlichen Produktionseinheit anfallen. Produziert ein Unternehmen beispielsweise 1000 CDs um einen Gesamtbetrag von $ 10.000 und kostet es $ 10.006, 1001 CDs herzustellen, so liegen die Grenzkosten für die Produktion der 1001. CD bei 6 Dollar.

Manchmal sind die Grenzkosten für die Herstellung einer zusätzlichen Produktionseinheit sehr gering. Für eine Fluglinie, die mit leeren Flugzeugen unterwegs ist, beschränken sich die Kosten für einen zusätzlichen Passagier auf das, was Verpflegung und ein Freigetränk ausmachen; es ist weder zusätzliches Kapital (Flugzeuge) noch zusätzliche Arbeit (Piloten und Stewardessen) erforderlich. In anderen Fällen hingegen sind die Grenzkosten für eine zusätzliche Produktionseinheit hoch. Denken Sie etwa an ein Strom-Versorgungsunternehmen. Unter normalen Umständen kann es genügend Strom produzieren, indem es seine kostengünstigsten und effizientesten Anlagen nützt. Aber an einem heißen Sommertag, wenn jedermann seine Klimaanlage eingeschaltet hat und der Stromverbrauch in die Höhe schnellt, müssen auch die teuren und ineffizienten Generatoren angeworfen werden. Diese zusätzliche Stromleistung verursacht daher hohe Grenzkosten für das Versorgungsunternehmen.

(1) Produktionsmenge q	(2) Gesamtkosten ($) *TC*	(3) Grenzkosten ($) *MC*
0	55	
		30
1	85	
		25
2	110	
		20
3	130	
		—
4	160	
		50
5	210	

Tabelle 7-2: Berechnung der Grenzkosten

Kennen wir erst einmal die Gesamtkosten, ist die Berechnung der Grenzkosten einfach. Um die *MC* für die fünfte Einheit zu berechnen, subtrahieren wir die Gesamtkosten für vier Einheiten von den Gesamtkosten für fünf Einheiten, d.h. *MC* = $ 210 – $ 160 = $ 50. Setzen Sie nun bitte selbst die Grenzkosten für die vierte Einheit ein.

In Tabelle 7-2 sind die Daten aus Tabelle 7-1 aufbereitet, um zu zeigen, wie wir die Grenzkosten errechnen. Die blauen *MC*-Zahlen in Spalte (3) der Tabelle 7-2 ergeben sich aus der Subtraktion der *TC* in Spalte (2) von den *TC* der vorherigen Produktionsmenge. Deshalb betragen die *MC* der ersten Einheit $ 30 = $ 85 – $ 55. Die Grenzkosten der zweiten Einheit liegen bei $ 25 = $ 110 – $ 85. Und so weiter.

Anstatt die *MC* aus der *TC*-Spalte zu ermitteln, könnten wir die *MC*-Werte auch durch Subtraktion jedes *VC*-Wertes in Spalte (3) von Tabelle 7-1 vom Wert der *VC* in der darunterliegenden Zeile ermitteln. Warum? Nun, weil variable Kosten immer genau im selben Ausmaß wie die Gesamtkosten steigen, und der einzige Unterschied darin besteht, daß die *VC* definitionsgemäß bei Null anstatt beim konstanten *FC*-Niveau beginnen. (Überprüfen Sie das anhand von 30 – 0 = 85 – 55 und 55 – 30 = 110 – 85 etc.)

Die Grenzkosten der Produktion sind die zusätzlichen Kosten, die bei Herstellung einer zusätzlichen Produktionseinheit anfallen.

Grenzkosten in Diagrammen. Abbildung 7-1 zeigt die Gesamt- und die Grenzkosten. Wir sehen, daß die *TC* in derselben Beziehung zu den *MC* stehen wie das Gesamtprodukt zum Grenzprodukt oder der Gesamtnutzen zum Grenznutzen.

Welche Form könnte wohl die *MC*-Kurve annehmen? Empirische Studien sind zu dem Schluß gelangt, daß die Grenzkostenkurven bei den meisten Produktionstätigkeiten kurzfristig betrachtet (also bei fixem Kapitalbestand), aber ebenso in der Landwirtschaft und bei vielen Kleinunternehmen, U-förmig verlaufen wie in Abbildung 7-1(*b*) dargestellt. Diese U-förmige Kurve fällt zu Beginn ab, erreicht einen Tiefpunkt und beginnt dann wieder anzusteigen.

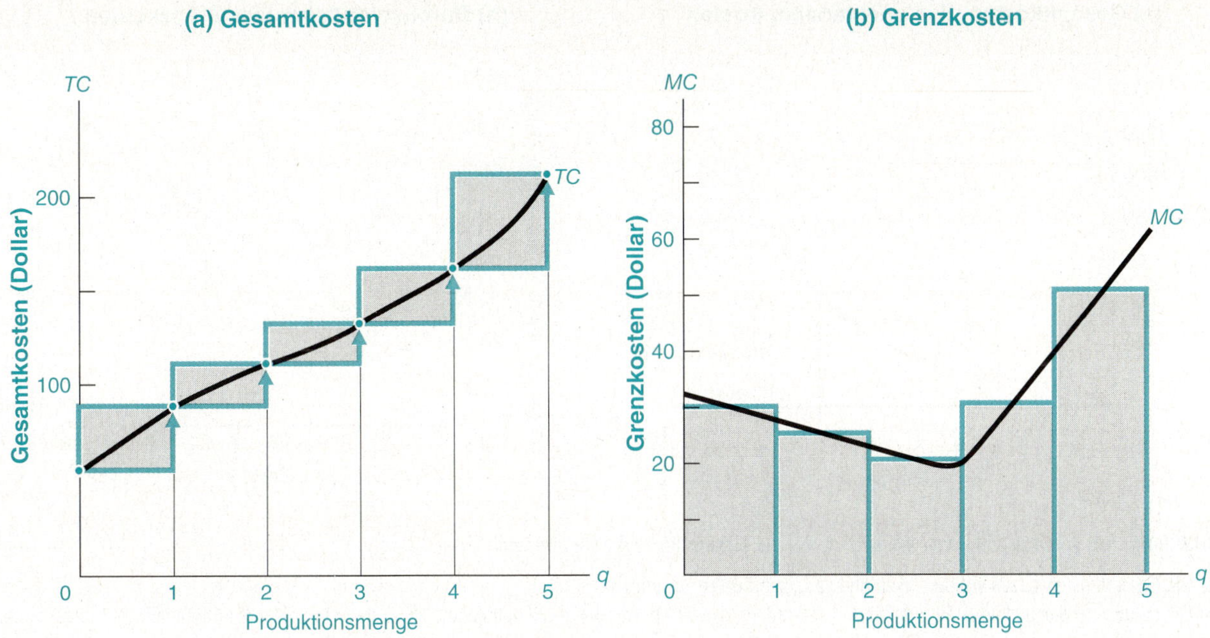

Abbildung 7-1: Die Beziehung zwischen Gesamtkosten und Grenzkosten

In der vorliegenden Abbildung sind die Daten aus Tabelle 7-2 im Diagramm dargestellt. Die Grenzkosten in **(b)** werden berechnet, indem man die Zusatzkosten, die laut **(a)** für jede zusätzliche Produktionseinheit anfallen, feststellt. Um daher die Produktions-*MC* für die fünfte Einheit ermitteln zu können, subtrahieren wir \$ 160 von \$ 210 und erhalten MC = \$ 50. Eine durchgängige schwarze Kurve wurde in **(a)** durch die einzelnen *TC*-Punkte gezogen, und eine durchgängige schwarze Kurve verbindet auch in **(b)** die unterschiedlichen *MC*-Stufen.

DURCHSCHNITTSKOSTEN

Wir beenden unsere Auflistung der Kostenkonzepte, die in der Volkswirtschaft wie auch in der Betriebswirtschaft von Bedeutung sind, mit einer Erörterung der verschiedenen Arten von Durchschnitts- oder Stückkosten. Tabelle 7-3 erweitert die Daten aus den Tabellen 7-1 und 7-2, indem hier drei neue Meßgrößen eingeführt werden: Durchschnittskosten, durchschnittliche Fixkosten und durchschnittliche variable Kosten.

Durchschnitts- oder Stückkosten

Wie die Grenzkosten sind auch die Durchschnittskosten ein Konzept, das in der Praxis des Geschäftslebens laufend Anwendung findet. Durch den Vergleich der Durchschnittskosten mit dem Preis oder dem Durchschnittsertrag können die Unternehmen feststellen, ob sie Gewinne erzielen oder nicht. **Durchschnittskosten**, das bedeutet Gesamtkosten dividiert durch die Gesamtanzahl der produzierten Einheiten, wie in Spalte (6) der Tabelle 7-3 ausgewiesen. Daher:

$$\text{Durchschnittskosten} = \frac{\text{Gesamtkosten}}{\text{Produktionsmenge}} = \frac{TC}{q} = AC$$

In Spalte (6), hier wird nur 1 Einheit produziert, müssen die Durchschnittskosten gleich den Gesamtkosten sein, oder \$ 85/1 = \$ 85. Aber für $q = 2$ gilt $AC = TC/2$ = \$ 110/2 = \$ 55, wie wir gezeigt haben. Beachten Sie bitte, daß die Durchschnittskosten zunächst immer weiter sinken. (Warum, das werden wir in Kürze erklären.) *AC* erreicht einen Mindestwert von \$ 40 bei $q = 4$ und steigt dann langsam wieder an.

Abbildung 7-2 bildet die Kostendaten aus Tabelle 7-3 ab. Abbildung 7-2(*a*) stellt die Gesamt-, Fix- und variablen Kosten bei unterschiedlichen Produktionsmengen dar. Abbildung 7-2(*b*) zeigt die verschiedenen Durchschnittskostenkonzepte in Verbindung mit einer geglätteten Grenzkostenkurve. Diagramm (*a*) zeigt, wie sich die Gesamtkosten mit den variablen Kosten verändern, während die Fixkosten unverändert bleiben.

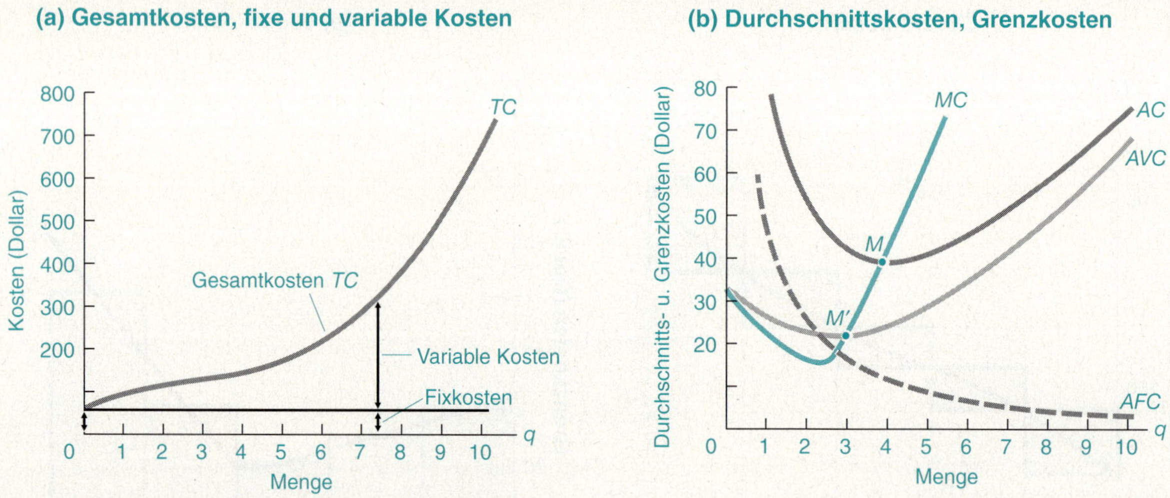

Abbildung 7-2: Alle Kostenkurven lassen sich aus der Gesamtkostenkurve ableiten

(a) Die Gesamtkosten setzen sich aus fixen und variablen Kosten zusammen.

(b) Die blaue Grenzkostenkurve fällt erst ab und steigt dann wieder an, wie durch die hellblauen *MC*-Zahlen in Spalte (5) der Tabelle 7-3 angegeben. Die drei Durchschnittskostenkurven in **(b)** werden durch Division der Gesamtkosten, der fixen und der variablen Kosten durch die Gesamtproduktionsmenge ermittelt:

$$AC = TC/q \qquad AVC = VC/q \quad und \quad AFC = FC/q$$

Ebenso gilt: $AC = AVC + AFC$

Bitte beachten Sie, daß *MC* die *AC*-Kurve in ihrem Minimum schneidet.

Nun sehen Sie bitte Diagramm (*b*) an. Es stellt die U-förmig gekrümmte *AC*-Kurve dar, die aus der *TC*-Kurve abgeleitet wird.

Abbildung 7-3 zeigt schließlich, in welcher Beziehung die Grenzkosten zum Anstieg der Gesamtkostenkurve stehen.

Durchschnittliche Fix- und variable Kosten

Genauso, wie wir die Gesamtkosten in fixe und variable Kosten unterteilt haben, können wir auch die Durchschnittskosten in fixe und variable Komponenten gliedern. Die **durchschnittlichen Fixkosten** (*AFC*) werden als *FC*/*q* definiert. Da die gesamten Fixkosten konstant sind, ergibt ihre Teilung durch eine steigenden Produktionsmenge eine kontinuierlich abfallende Kurve der durchschnittlichen Fixkosten [siehe Spalte (7) in Tabelle 7-3]. Mit anderen Worten, wenn ein Unternehmen größere Produktionsmengen verkauft, kann es seine Overheadkosten auf eine größere Zahl von produzierten Einheiten aufteilen. Eine Softwarefirma könnte beispielsweise einen großen Stab von Programmierern beschäftigen, die neue Versionen ihres Spreadsheet-Programms entwickeln. Die Anzahl der verkauften Kopien des Programms wirkt sich nicht direkt darauf aus, wie viele Programmierer benötigt werden, weshalb diese für das Unternehmen Fixkosten darstellen. Wenn das Programm ein Verkaufserfolg wird, sind die *AFC* für die Programmierer niedrig. Ist das Programm ein Fehlschlag, liegen die *AFC* dagegen hoch.

Die strichlierte schwarze *AFC*-Kurve in Abbildung 7-2(*b*) sieht wie eine Hyperbel aus, und sie nähert sich beiden Achsen: Sie fällt immer weiter ab bis knapp vor die Horizontalachse, wenn die konstanten *FC* sich auf immer mehr Einheiten verteilen. Wenn wir für *q* Bruchzahlen zulassen, beginnt die *AFC* unendlich hoch, indem begrenzte *FC* auf einen immer geringeren Wert von *q* verteilt werden.

Durchschnittliche variable Kosten (*AVC*) entsprechen den variablen Kosten dividiert durch die Produktionsmenge oder *AVC* = *VC*/*q*. Wie Sie aus Tabelle 7-3 ebenso wie aus Abbildung 7-2(*b*) entnehmen können, fallen in diesem Beispiel die *AVC* zuerst ab und steigen dann wieder an.

Durchschnittskosten minimieren

Verwechseln Sie bitte keinesfalls Durchschnitttskosten mit Grenzkosten – ein Fehler, den man nur allzu leicht begeht. Die Durchschnittskosten können sehr viel höher oder niedriger als die Grenzkosten liegen, wie Abbildung 7-2(*b*) zeigt.

Aber Abbildung 7-2(*b*) zeigt auch, daß eine wichtige Beziehung zwischen *MC* und *AC* besteht: Wenn die *MC* einer zusätzlichen Outputeinheit unter ihren *AC* liegen, sinken die *AC*. Und wenn die *MC* über den *AC* liegen, steigen die *AC*. An dem Punkt, an dem *MC* und *AC* gleich sind, hat die *AC*-Kurve eine Steigung von 0. Bei der typischen U-förmigen *AC*-Kurve ist der Punkt, an dem *MC* *AC* entspricht, zugleich jener Punkt, an dem die *AC* ihr niedrigstes Niveau erreichen. Überprüfen Sie das bitte selbst im Diagramm.

Zusammenfassend:

Wenn die Grenzkosten niedriger liegen als die Durchschnittskosten, bedeutet dies eine Senkung der Durchschnittskosten; wenn *MC* genau *AC* entsprechen, kommt es weder zu einem Anstieg noch zu einem Abfall von *AC*, die auf ihrem Mindestwert angelangt ist. Wenn *MC* über

(1) Menge q	(2) Fixkosten *FC* ($)	(3) Variable Kosten *VC* ($)	(4) Gesamtkosten *TC = FC + VC* ($)	(5) Grenzkosten pro Einheit *MC* ($)	(6) Durchschnittskosten pro Einheit $AC = \frac{TC}{q}$ ($)	(7) Durchschnittl. Fixkosten pro Einheit $AFC = \frac{FC}{q}$ ($)	(8) Durchschnittl. variable Kosten pro Einheit $AVC = \frac{VC}{q}$ ($)
0	55	0	55	33	unendlich	unendlich	nicht definiert
				30			
1	55	30	85	27	85	55	30
				25			
2	55	55	110	22	55	27 1/2	27 1/2
				20			
3	55	75	130	21	43 1/3	18 1/3	25
				30			
4*	55	105	160	40*	40*	13 3/4	26 1/4
				50			
5	55	155	210	60	42	11	—
				—			
6	55	225	280	80	46 4/6	9 1/6	37 3/6
				90			
7	55	—	370	100	52 6/7	7 6/7	45
				110			
8	55	—	480	120	60	6 7/8	53 1/8
				130			
9	55	555	610	140	67 7/9	6 1/9	61 6/9
				150			
10	55	705	760		76	5 5/10	70 5/10

*Mindestniveau der Durchschnittskosten

Tabelle 7-3: Alle Kostenkonzepte sind Ableitungen aus der Gesamtkostenstruktur

Wir können alle anderen Kostenkonzepte aus den *TC* in Spalte (4) ableiten. Wir müssen uns dazu auf die Spalten (5) und (6) konzentrieren: Zusätzliche Kosten oder Grenzkosten lassen sich durch Subtraktion der angrenzenden *TC*-Reihen berechnen und sind in unserer Tabelle blau. Die hellblauen Zahlen der geglätteten Grenzkostenwerte stammen aus Abb. 7-2(b). Bitte beachten Sie in Spalte (6) den Minimalkostenpunkt von $ 40 aus der U-förmigen *AC*-Kurve in Abbildung 7-2(b). (Können Sie erkennen, warum die mit einem Stern gekennzeichneten *MC* den mit einem Stern gekennzeichneten *AC* im Minimum entsprechen? Bitte berechnen Sie auch alle fehlenden Werte und tragen Sie sie ein.)

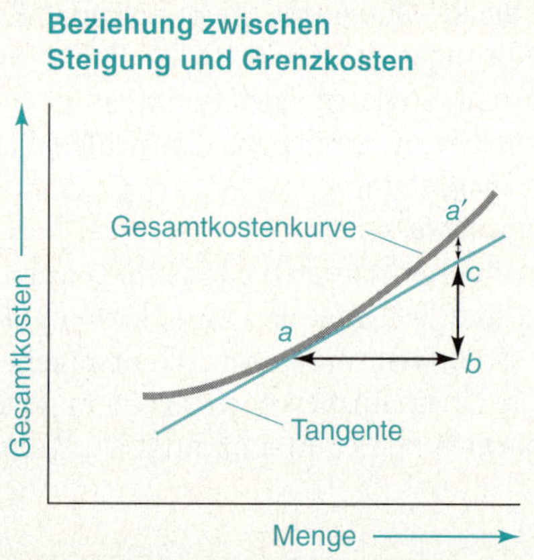

Abbildung 7-3: Beziehung zwischen Steigung und Grenzkosten

Betrachten Sie die Gesamtkostenkurve unter dem Mikroskop und untersuchen Sie den Kostensprung von 3.999 (tausend) q zu 4.000 (tausend) q. Die Abbildung zeigt den Unterschied zwischen (1) MC als Kostensteigerung für einen begrenzten Schritt zwischen zwei Punkten von q und (2) MC als Kosten für eine winzige Mengenveränderung, die durch die Tangentialsteigung in einem gegebenen q-Punkt gemessen wird. Die Entfernung von a nach b stellt eine zusätzliche Mengeneinheit dar. Die Entfernung von b nach a' zeigt den daraus resultierenden Gesamtkostenanstieg, die erste und einfachste Definition der Grenzkosten.
Die zweite Definition der Grenzkosten ist jene als Steigung der Gesamtkostenkurve. Die Steigung der Kurve in Punkt a ist durch die Tangentialsteigung in Punkt a gegeben, die ihrerseits durch die Entfernung von b zu c dividiert durch die Einheitsdistanz a zu b gegeben ist. Im Grenzbereich, wo die Zusatzeinheiten immer kleiner werden und wir die Verhältnisse im neuen, kleineren Dreieck neu berechnen müssen, wird die Diskrepanz zwischen den beiden Definitionen vernachlässigbar gering. (Das bedeutet, ba'/bc nähert sich 1, wenn sich a' a nähert.)

AC liegen, bedeutet das eine Aufwärtsentwicklung der *AC*. Daher gilt:

Am tiefsten Punkt einer U-förmigen *AC*-Kurve ist $MC = AC = AC$-Minimum.

Diese Beziehung ist äußerst wichtig. Sie heißt nichts anderes, als daß ein Unternehmen, das sich um möglichst niedrige Durchschnitts-Produktionskosten bemüht, jene Produktionsmenge wählen muß, bei der die Grenzkosten den Durchschnittskosten entsprechen.

Warum ist das so? Wenn die *MC* unter den *AC* liegen, kostet die letzte produzierte Einheit weniger als die Durchschnittskosten aller zuvor produzierten Einheiten. Kostet die letzte Einheit weniger als die vorherigen, müssen die neuen *AC* (d.h. die *AC* einschließlich der letzten Einheit) geringer sein als die alten *AC*, weshalb *AC* fallend ist. Was aber gilt, wenn die *MC* über den *AC* liegen? In diesem Fall liegen die Kosten für die letzte Einheit über den Durchschnittskosten der früheren Einheiten. Daher müssen die neuen Durchschnittskosten (die *AC* einschließlich der letzten Einheit) höher als die alten *AC* sein. Wenn schließlich die *MC* genau den *AC* entsprechen, liegen die Kosten für die letzte Einheit genau in derselben Höhe wie die Durchschnittskosten für alle vorherigen Einheiten. Daher sind die neuen *AC*, bei denen auch schon die letzte Einheit mit eingeschlossen ist, und die alten *AC* gleich hoch; die *AC*-Kurve hat eine Steigung von 0, wenn *AC* *MC* entspricht.

Um die Beziehung zwischen *MC* und *AC* besser verstehen zu können, studieren Sie bitte die Kurven in Abbildung 7-2(*b*) und die Zahlen in Tabelle 7-3. Beachten Sie, daß die *MC* bei den ersten drei Einheiten unter den *AC* liegen und daß die *AC* daher fallen. Exakt bei 4 Einheiten sind *AC* und *MC* gleich hoch. Über 4 Einheiten liegen die *MC* über den *AC* und ziehen diese stetig nach oben. Graphisch bedeutet das, daß die ansteigende *MC*-Kurve die *AC*-Kurve genau in jenem Punkt schneidet, in dem sie sich nach oben kehrt: *Die* AC-*Kurve wird von der ansteigenden* MC-*Kurve immer in ihrem Minimum geschnitten.* Was nun unsere Kostenkurven betrifft, muß die *AC*-Kurve abfallen, wenn die *MC*-Kurve unter der *AC*-Kurve liegt.

Grenzwerte, Durchschnittswerte und Noten: *Wir können die Beziehung zwischen* MC *und* AC *anhand der Durchschnittswerte von College-Noten darstellen. Nehmen wir an,* AG *sind Ihre Durchschnittsnoten (oder der kumulierte Notendurchschnitt bis zum heutigen Zeitpunkt, und* MG *ist Ihre Abschlußnote in diesem Jahr, die wir als „Grenznotendurchschnitt" bezeichnen, weil sie die letzte Beurteilung darstellt. Wenn die* MG *unter der* AG *liegt, zieht sie die neue* AG *nach unten. Wenn Ihre* AG *für ihre ersten 2 Collegejahre daher 3 ist und Ihre* MG *für das dritte Jahr 2, ist die neue* AG *(am Ende des dritten Jahres) 2 ²/₃. Ebenso wird Ihre neue* AG *nach oben gezogen, wenn die* MG *für das dritte Jahr besser als Ihre bisherige* AG *ist. Sobald* MG *gleich* AG *ist, verläuft* AG *entlang der Zeitlinie eben, das heißt unverändert. Dieselbe Beziehung gilt für die Durchschnitts- und Grenzkosten.*

(1) Produktion (Tonnen Weizen)	(2) Faktorinput Boden (Acres)	(3) Faktorinput Arbeit (Arbeiter)	(4) Bodenpacht ($ pro Acre)	(5) Arbeitslohn ($ pro Arbeiter)	(6) Gesamtkosten ($)
0	10	0	5.5	5	55
1	10	6	5.5	5	85
2	10	11	5.5	5	110
3	10	15	5.5	5	130
4	10	21	5.5	5	160
5	10	31	5.5	5	210
6	10	45	5.5	5	280
7	10	63	5.5	5	370
8	10	85	5.5	5	480
9	10	111	5.5	5	610
10	10	141	5.5	5	760

Tabelle 7-4: Die Kosten lassen sich aus Produktionsdaten und Faktorkosten ableiten

Bauer Smith pachtet 10 Acres Weizen-Anbaufläche und stellt zur Bearbeitung Landarbeiter (variable Kosten) ein. Nach der landwirtschaftlichen Produktionsfunktion ermöglicht der umsichtige Einsatz von Arbeit und Boden Inputs und Erträge, wie in den Spalten (1) bis (3) derTabelle ausgewiesen. Unter der Annahme von Inputpreisen in Höhe von $ 5,5 pro Acre Boden und $ 5 pro Arbeiter erhalten wir die Produktionskosten Smiths in Spalte (6). Alle anderen Kostenkonzepte (wie jene ausTabelle 7-3) lassen sich aus den Gesamtkostendaten errechnen.

DIE BEZIEHUNG ZWISCHEN PRODUKTION UND KOSTEN

Was bestimmt eigentlich den Verlauf der Kostenkurve eines Unternehmens? Offensichtlich sind die Inputpreise für Arbeit und Boden wichtige Faktoren, die sich auf die Kosten auswirken. Höhere Mieten und Löhne bedeuten auch höhere Kosten, was Ihnen sicherlich jeder Unternehmer bestätigen wird.

Aber die Kostenkurve eines Unternehmens hängt auch ganz wesentlich von seiner Produktionsfunktion ab. Um diesen Zusammenhang zu verstehen, denken Sie bitte daran, daß die Kosten des Unternehmens sinken, wenn durch technologische Fortschritte derselbe Output mit geringerem Input erzeugt werden kann und sich die Kostenkurve daher nach unten verschiebt.

Sobald Sie die Faktorpreise und die Produktionsfunktion kennen, können Sie die Kostenkurve berechnen. Nehmen wir an, ein Unternehmen möchte eine bestimmte Produktionsmenge erzeugen. Die Produktionsfunktion (unter Berücksichtigung der Faktorpreise) sagt uns, wie die kostengünstigste Inputkombination für die gewünschte Produktionsleistung dieses Unternehmens aussehen muß. (Warum wählt ein auf Gewinnmaximierung bedachtes Unternehmen die kostengünstigste Inputkombination?) Berechnen Sie zuerst die Gesamtkosten des kostengünstigsten Inputbündels. Wenn wir dieselbe Berechnung für alle möglichen Produktionsmengen anstellen, erhalten wir die Gesamtkosten, die in den Tabellen 7-1 bis 7-3 ausgewiesen sind.

Wir können die Ableitung der Kosten aus den Produktionsdaten anhand eines einfachen numerischen Beispiels veranschaulichen, wie in Tabelle 7-4 dargestellt. Nehmen wir an, der Bauer Smith pachtet 10 Acres[1] Land und stellt die erforderlichen Arbeitskräfte ein, um Weizen anbauen zu können. Die Jahrespacht kostet ihn $ 5,5 pro Acre, die Arbeit $ 5 pro Arbeiter. Wenn er moderne landwirtschaftliche Methoden einsetzen kann, wird Bauer Smith entsprechend der in den ersten drei Spalten der Tabelle 7-4 dargestellten Produktionsfunktion produzieren. In diesem Beispiel stellen die Ausgaben für den Boden Fixkosten dar (weil Bauer Smith seinen Pachtvertrag auf 10 Jahre abgeschlossen hat), während Arbeit zu den variablen Kosten zählt (weil Landarbeiter, anders als Universitätsprofessoren, jederzeit eingestellt und wieder entlassen werden können).

Mit Hilfe der Produktionsdaten und Faktorkosten berechnen wir für jede Produktionsmenge die Gesamtpro-

[1] Acre: Flächenmaß, 4.046,8 m^2.

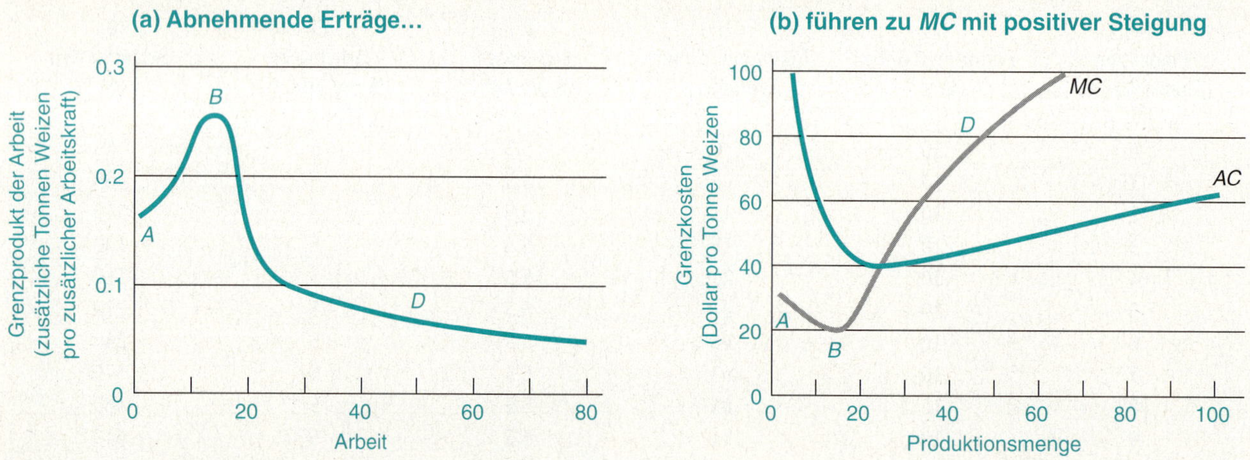

Abbildung 7-4: Abnehmende Erträge und U-förmige Kostenkurven

Die U-förmige Grenzkostenkurve in **(b)** ergibt sich aus dem Verlauf der Grenzproduktkurve in **(a)**. Wenn der Boden fix, die Arbeit jedoch variabel ist, steigt das Grenzprodukt der Arbeit in **(a)** zuerst links von *B* an, findet seinen Höhepunkt in *B* und fällt dann wieder bei *D* ab, wenn die abnehmenden Erträge durch den Faktor Arbeit einsetzen.
Die Grenzkostenkurve leitet sich aus den Produktionsdaten ab. Im Bereich links von *B* in Abbildung **(b)** – beispielsweise in Punkt *A* – bedeutet ein steigendes Grenzprodukt, daß die Grenzkosten sinken; in *B* erreicht das Grenzprodukt seinen Höhepunkt bei minimalen Grenzkosten; im Bereich rechts von *B*, beispielsweise in *D*, erhöhen sich die Grenzkosten der Produktion bei sinkendem Grenzprodukt der Arbeit.
Insgesamt führt das zuerst steigende und dann sinkende Grenzprodukt der variablen Faktoren zu einer U-förmigen Grenzkostenkurve.

duktionskosten, die in Spalte (6) der Tabelle 7-4 eingetragen sind. Betrachten wir beispielsweise die Gesamtproduktionskosten für eine Produktionsmenge von 3 Tonnen Weizen. Entsprechend der gegebenen Produktionsfunktion kann Smith diese Menge mit 10 Acres Land und 15 Arbeitseinheiten produzieren. Die Gesamtkosten für die Produktion von 3 Tonnen Weizen betragen (10 Acres x $ 5,8 pro Acre) + (15 Arbeiter x $ 5 pro Arbeiter) = $ 130. Mit derselben Berechnungsmethode erhalten wir alle anderen Gesamtkostenzahlen in Spalte (6) der Tabelle 7-4.

Beachten Sie bitte, daß die so ermittelten Gesamtkosten identisch mit jenen sind, die in den Tabellen 7-1 bis 7-3 angegeben sind, so daß die anderen Kostenberechnungen in den Tabellen (z.B. *MC, FC, VC, AC, AFC* und *AVC*) ebenfalls auf das Beispiel der Produktionskosten von Bauer Smith angewandt werden können.

Abnehmende Erträge und U-förmige Kostenkurven

Die Beziehung zwischen Kosten und Produktion erklärt, warum Kostenkurven zumeist U-förmig sind. Wie Sie sich wahrscheinlich noch erinnern, haben wir in der Produktionsanalyse in Kapitel 6 zwischen Kurz- und Langfristigkeit unterschieden. Dasselbe gilt auch für die Kosten:

- *Kurzfristig* bedeutet einen Zeitraum, der lang genug ist, um die variablen Produktionsfaktoren wie Material und Arbeit anzupassen, jedoch zu kurz, um alle Produktionsfaktoren variieren zu können. Kurzfristig können fixe oder Overhead-Faktoren wie Anlagen und Betriebsausstattung nicht zur Gänze verändert oder angepaßt werden. Deshalb sind die Arbeits- und Materialkosten im Normalfall variable Kosten, während die Kapitalkosten zu den Fixkosten gehören.
- *Langfristig* lassen sich alle Produktionsfaktoren anpassen – einschließlich Arbeit, Material und Produktionskapital; deshalb sind langfristig alle Kosten variable Kosten, und es gibt langfristig keine Fixkosten.[2]

Ob Kosten nun zu den Fixkosten oder zu den variablen Kosten gehören, hängt vom jeweils betrachteten Zeitraum ab. Kurzfristig gelten beispielsweise die Flugzeuge, die eine Fluglinie besitzt, als Fixkosten. Langfristig hingegen kann eine Fluggesellschaft die Größe ihrer Flotte beeinflussen, indem sie Flugzeuge abstößt oder kauft. Es gibt einen regen Markt für gebrauchte Flugzeuge, und es stellt für die Fluglinien kein Problem dar,

[2] Die Begriffe lang- und kurzfristig sind in Kapitel 6 detailliert erörtert.

unerwünschte Maschinen zu verkaufen. Normalerweise zählt das Produktionskapital kurzfristig zu den Fixkosten, Arbeit jedoch zu den variablen Kosten. Diese Regel trifft zwar nicht immer zu (denken Sie an das Beispiel mit den Computerprogrammierern oder an eine Anstellung als Universitätsprofessor), aber im allgemeinen lassen sich Arbeitsinputs leichter anpassen als Kapital.

Warum aber ist die Kostenkurve U-fömig? Betrachten wir einmal einen kurzfristigen Zeitraum, in dem Kapital zu den Fixkosten, Arbeit hingegen zu den variablen Kosten zu zählen ist. Eine solche Situation ist durch abnehmende Erträge des variablen Faktors, der Arbeit, gekennzeichnet, weil jeder zusätzlichen Arbeitseinheit weniger Kapital gegenübersteht. In der Folge steigen die Grenzkosten der Produktion, weil die von jeder zusätzlichen Arbeitseinheit erbrachte Leistung immer geringer wird. Mit anderen Worten, die abnehmenden Grenzerträge beim variablen Faktor implizieren steigende kurzfristige Grenzkosten. Das zeigt, warum abnehmende Erträge irgendwann zu steigenden Grenzkosten führen.

Abbildung 7-4, die exakt dieselben Daten enthält wie Tabelle 7-4, illustriert diese Tatsache. Sie zeigt, daß der Bereich des zunehmenden Grenzprodukts den sinkenden Grenzkosten entspricht, während der Bereich der abnehmenden Grenzerträge steigende Grenzkosten impliziert.

Wir können die Beziehung zwischen den Gesetzen der Produktivität und den Kostenkurven wie folgt zusammenfassen:

Kurzfristig, wenn bestimmte Faktoren wie das Kapital fix sind, weisen die variablen Faktoren eine erste Phase steigender Grenzerträge auf, worauf eine Phase abnehmender Erträge folgt. Die entsprechenden Kostenkurven zeigen eine erste Phase abnehmender Grenzkosten, die von steigenden Grenzkosten gefolgt wird, sobald die Grenzerträge sinken.

WIE UNTERNEHMEN IHRE PRODUKTIONSFAKTOREN AUSWÄHLEN

Wir können nun schon die wichtigsten Kostenkonzepte in der Praxis anwenden, wenn wir die wesentliche Frage der Auswahl der Produktionsfaktoren durch die Unternehmen beleuchten. Mit diesem Abschnitt schließen wir die Lücke zwischen Produktion und Kosten, indem wir mit Hilfe des Grenzkostenkonzepts darstellen, wie Unternehmen die kostengünstigsten Kombinationen an Produktionsfaktoren bei gegebenen Faktorpreisen auswählen.

Grenzproduktivität und die Kostenoptimierungsregel (Least-cost-Regel)

Jedes Unternehmen muß entscheiden, wie es seine Produktion gestalten will. Soll Strom mit Öl oder Kohle erzeugt werden? Sollen Autos in den USA oder in Mexico gefertigt werden? Sollen Schüler von Studenten oder von fertigen Akademikern unterrichtet werden? Wir werden in unserer Analyse von der ganz wesentlichen Annahme ausgehen, daß *Unternehmen bestrebt sind, ihre Produktionskosten zu minimieren*. Diese Annahme einer Kostenminimierung erscheint nicht nur für Unternehmen sinnvoll, die im vollständigen Wettbewerb stehen, sondern ebenso für Monopolisten und sogar für gemeinnützige Organisationen wie Universitäten oder Spitäler. Sie besagt nur, daß das Unternehmen danach trachten sollte, seine Produktion möglichst kostengünstig zu gestalten, damit ein möglichst hoher Anteil des Ertrages für Gewinne oder andere Ziele erhalten bleibt.

Ein einfaches Beispiel zeigt, wie ein Unternehmen zwischen verschiedenen Kombinationen von Produktionsfaktoren wählen könnte. Nehmen wir an, die Techniker eines Unternehmens haben errechnet, daß das angestrebte Produktionsvolumen von 9 Einheiten auf zwei mögliche Arten erreicht werden kann. In beiden Fällen kostet die Energie (E) \$ 2 pro Einheit, während die Arbeitskosten (L) mit \$ 5 pro Stunde zu veranschlagen sind. Gemäß Option 1 besteht der Inputmix aus $E = 10$ und $L = 2$. Option 2 lautet dagegen $E = 4$ und $L = 5$. Welche der beiden Möglichkeiten ist vorzuziehen? Zum Marktpreis dieser Produktionsfaktoren betragen die Gesamtproduktionskosten für Option 1 (\$ 2 x 10) + (\$ 5 x 2) = \$ 30, während sich die Gesamtkosten für Option 2 auf (\$ 2 x 4) + (\$ 5 x 5) = \$ 33 belaufen. Die erste Möglichkeit wäre dementsprechend als preisgünstigere Inputkombination vorzuziehen.

In der Praxis gibt es zumeist mehrere, nicht nur zwei mögliche Inputkombinationen. Wir müssen aber gar nicht die Kosten jeder einzelnen Kombination errechnen, um herauszufinden, welche die kostengünstigste ist, sondern es gibt dazu eine ganz einfache Methode: Beginnen Sie, indem Sie das Grenzprodukt jedes Inputs berechnen, wie wir das in Kapitel 6 getan haben. Dividieren Sie anschließend das Grenzprodukt jedes Inputs durch seinen Faktorpreis – so erhalten Sie das Grenzprodukt pro Dollar Input. Die kostenoptimale Kombination von Produktionsmitteln ist gefunden, wenn die Grenzproduktivität für alle Inputs gleich ist. Das bedeutet, daß der zusätzliche Beitrag zur Produktionsleistung jedes einzelnen Dollars in Form von Boden, Erdöl usw. genau gleich hoch sein muß.

Führt man diesen Gedankengang fort, so kann ein Unternehmen seine Gesamtproduktionskosten minimieren, wenn das Grenzprodukt pro Dollar Input für jeden Produktionsfaktor ausgeglichen werden kann. Diesen Umstand bezeichnen wir als Least-cost- oder Kostenoptimierungsregel.

Least-cost-Regel: Um eine bestimmte Produktionsleistung mit den geringstmöglichen Kosten erzielen zu können, muß ein Unternehmen bei der Beschaffung der Produktionsfaktoren darauf achten, daß das Grenzprodukt pro Geldeinheit, die für jeden einzelnen Produktionsfaktor ausgegeben wird, gleich hoch ist. Das heißt:

$$\frac{\text{Grenzprodukt von } L}{\text{Preis von } L} = \frac{\text{Grenzprodukt von } A}{\text{Preis von } A}$$

Diese Regel für Unternehmen entspricht haargenau dem, was auch die Konsumenten tun, wenn sie ihren Nutzen maximieren, wie wir in Kapitel 5 gesehen haben. Bei der Analyse der Auswahlentscheidungen der Konsumenten haben wir gesehen, daß Konsumenten im Sinne der Nutzenoptimierung ihre Kaufentscheidungen so treffen sollten, daß der Grenznutzen pro ausgegebenem Dollar für jedes Gut gleich hoch ist.

Worin besteht nun die logische Grundlage für die Least-cost-Regel? Sagen wir, ein Acre Boden kostet $ 800, und Arbeit kostet $ 8 pro Stunde. Kein erfahrener Unternehmer würde glauben, seine Kosten optimieren zu können, indem er Boden und Arbeit in dem Verhältnis auswählt, bei dem ihre *physischen* Grenzprodukte (Grenzprodukte in physischen Einheiten) gleich sind. Ergeben die Grenzprodukte von Boden und Arbeit in Form von Weizen jeweils einen Wert von $ 100, würden gleiche Grenzprodukte bedeuten, daß $ 800 zusätzlichen Bodens Weizen für $ 100 produzieren, während $ 8 zusätzliche Arbeit ebenfalls Weizen für $ 100 produzieren. Dies wäre ganz offensichtlich ein ineffizienter Inputmix, und das Unternehmen müßte versuchen, seinen Anteil an Boden zugunsten des Arbeitseinsatzes zu reduzieren. Denken Sie hingegen eine Situation durch, in der $ 800 zusätzlichen Bodens $ 1.200 Weizen produzieren, während $ 8 zusätzlicher Arbeit $ 12 zusätzlichen Weizens hervorbringen. Dieser Inputmix ist offensichtlich effizient, weil die Grenzprodukte pro Dollar Boden und Arbeit gleich hoch sind und das Unternehmen so seine Produktionskosten minimiert.

Aber die Least-cost-Regel läßt sich auch folgendermaßen verstehen: Teilen Sie jeden Produktionsfaktor in Untereinheiten zu einem Dollar auf (in unserem obigen Beispiel mit Energie und Arbeit entspricht etwa 1 Dollar für Arbeit einem Fünftel einer Arbeitsstunde, während 1 Dollar für Energie eine halbe Energieeinheit darstellt). Die Least-cost-Regel besagt nun, daß das Grenzprodukt jeder Dollareinheit für die Produktionsfaktoren gleich sein muß.

Substitutionsregel. Als eine logische Folge aus der Least-cost-Regel ergibt sich die Substitutionsregel.

Wenn der Preis für einen Produktionsfaktor sinkt, während alle anderen Faktorpreise gleich bleiben, profitieren die Unternehmen davon, den nun billigeren Faktor anstelle aller anderen einzusetzen.

Ziehen wir als Beispiel die Arbeit (L) heran. Ein Sinken der Arbeitskosten führt zu einer Erhöhung des Verhältnisses MP_L/P_L gegenüber dem MP/P-Verhältnis der anderen Produktionsfaktoren. Ein vermehrter Einsatz von Arbeit verringert nach dem Gesetz der abnehmenden Grenzerträge MP_L und senkt daher MP_L/P_L. Ein niedrigerer Preis und ein niedrigeres MP der Arbeit bewirken wieder einen Ausgleich zwischen dem Grenzprodukt pro Dollar für den Faktor Arbeit und diesem Verhältnis für die anderen Produktionsfaktoren.

B. VOLKSWIRTSCHAFTLICHE KOSTEN UND BETRIEBLICHES RECHNUNGSWESEN

Von General Motors bis hin zum kleinen Laden um die Ecke verwenden die Unternehmen mehr oder weniger komplexe Systeme zur Kostenkontrolle. Viele Kostenkategorien im betrieblichen Rechnungswesen gleichen weitgehend den volkswirtschaftlichen Kostenkonzepten, die wir zuvor dargelegt haben. Trotzdem gibt es einige wesentliche Unterschiede, wenn es darum geht, wie Unternehmen die Kosten bestimmen und wie Volkswirte an dieselbe Aufgabe herangehen. In diesem Abschnitt werden wir die Grundlagen des betrieblichen Rechnungswesens darlegen und auf die Unterschiede und Ähnlichkeiten zur volkswirtschaftlichen Kostenberechnung hinweisen.

DIE GEWINN- UND VERLUSTRECHNUNG

Beginnen wir mit einem kleinen Unternehmen, nennen wir es Hot Dog Ventures, Inc. Wie der Name verrät, verkauft dieser Betrieb köstliche Würstchen in einem kleinen Laden, und zwar vor allem an Studenten. Die Geschäftstätigkeit umfaßt den Ankauf von Material (Würstchen, Semmeln und Brot, teurem Senf und Kaffee für die Espressomaschine) und die Anstellung von Mitarbeitern, die die Snacks herstellen und verkaufen. Außerdem mußte das Unternehmen einen Kredit in Höhe von $ 100.000 für Küchengeräte und andere Einrichtungen des kleinen Restaurants aufnehmen, und es bezahlt für das Geschäftslokal Miete. Die Gründer der Hot Dog Ventures haben hochfliegende Pläne, also haben Sie das Unternehmen als Kapitalgesellschaft eintragen lassen und Stammaktien ausgegeben (siehe Kapitel 6 über die verschiedenen Rechtsformen der Unternehmen).

Um festzustellen, ob die Hot Dog Ventures einen Gewinn erwirtschaften, müssen wir in ihrer **Gewinn- und Verlustrechnung** nachsehen, die Tabelle 7-5 zu entnehmen ist. Dort sehen wir folgendes: (1) die Verkaufserlöse der Hot Dog Venture für 1994, (2) die Aufwendungen, die diesen Erlösen gegenüberstehen, und (3) den Nettoertrag oder die Gewinne, die nach Abzug der Aufwendungen verbleiben. Das bedeutet:

Nettoertrag (oder Gewinn) =
Gesamtertrag – Gesamtaufwendungen

– womit klipp und klar ausgedrückt ist, was die Gewinn- und Verlustrechnung eigentlich aussagt.

Diese Definition ergibt die berühmte „bottom line", das Endergebnis an Gewinnen, das Unternehmen maximieren wollen. Diese Unternehmensgewinne sind in vielerlei Hinsicht der volkswirtschaftlichen Definition von Gewinnen sehr ähnlich. Studieren wir nun die Gewinn- und Verlustrechnung ein bißchen genauer, wofür wir oben beginnen wollen. In der ersten Zeile sind die Umsatzerlöse mit $ 250.000 ausgewiesen. Die Zeilen 2 bis 9 geben die Aufwendungen für verschiedene Produktions-

Gewinn- und Verlustrechnung der Hot Dog Ventures, Inc.
(1. Januar 1994 bis 31. Dezember 1994)

(1)	***Nettoerlöse (nach Abzug aller Preisnachlässe und Rabatte)***		***$ 250.000***
	abzüglich Aufwendungen		
(2)	*Material*	*$ 50.000*	
(3)	*Löhne*	*90.000*	
(4)	*Sonstige Betriebsaufwendungen (Strom, Gas, Wasser etc.)*	*10.000*	
(5)	*Entspricht: Umsatzaufwendungen*		
(6)	*Verkaufs- und Verwaltungsaufwand*	*15.000*	
(7)	*Miete für Geschäftsräumlichkeiten*	*5.000*	
(8)	*Abschreibung*	*15.000*	
(9)	*Betriebsaufwendungen*	*$ 185.000*	*$ 185.000*
(10)	*Nettoerlöse*		*$ 65.000*
	Abzüglich:		
(11)	*Zinsaufwendungen für Geschäftsausstattungsdarlehen*		*6.000*
(12)	*Bundes- und Gemeindesteuern*		*4.000*
(13)	*Nettoerträge (oder Gewinne) vor Einkommensteuer*		*$ 55.000*
(14)	*Abzüglich: Körperschaftssteuer*		*18.000*
(15)	***Nettoerträge (oder Gewinne) nach Steuern***		***$ 37.000***
(16)	*Abzüglich: Ausbezahlte Dividenden [für Stammaktien]*		*15.000*
(17)	*Zuführung zu einbehaltenen Gewinnen*		*$ 22.000*

Tabelle 7-5: Die Gewinn- und Verlustrechnung weist die gesamten Erträge und Aufwendungen für einen bestimmten Zeitraum, im allgemeinen für ein Geschäftsjahr, aus.

faktoren wieder. So stellen beispielsweise die Löhne die jährlichen Kosten für die Beschäftigten dar, während Mietaufwendungen den jährlichen Kosten für die Gebäudenutzung entsprechen. Die Position Verkaufs- und Verwaltungsaufwand umfaßt die Aufwendungen für Werbung und Büro, während „sonstige Betriebsaufwendungen" unter anderem die Stromkosten beinhalten.

Die ersten drei Aufwandskategorien – Material, Löhne und sonstige Betriebsaufwendungen – entsprechen im wesentlichen den variablen Kosten des Unternehmens oder seinen *Umsatzaufwendungen*. Die nächsten drei Positionen, die Zeilen 6 bis 8, entsprechen den Fixkosten des Unternehmens, da sie kurzfristig nicht verändert werden können.

In Zeile 8 finden wir einen Begriff, den wir bisher noch nicht besprochen haben, nämlich die *Abschreibung*. Und in diesem Punkt unterscheidet sich das betriebliche Rechnungswesen von den Gepflogenheiten in der Volkswirtschaft. Bei unserer Behandlung der Kapitalkosten sind wir davon ausgegangen, daß das Unternehmen seine Kapitalgüter mietet, genauso wie man ein Auto oder eine Wohnung für einen bestimmten Zeitraum mieten kann. Und unser Unternehmen mietet auch tatsächlich das Gebäude zur betrieblichen Nutzung.

Im Gegensatz dazu bezeichnet **Abschreibung** eine Methode zur Messung der jährlichen Aufwendungen für ein Kapitalgut, das im Eigentum des Unternehmens selbst steht – in diesem Fall die Ausstattung der Restaurantküche und die Lokaleinrichtung. Nehmen wir an, die Küchenausstattung hat eine geschätzte Lebensdauer von 10 Jahren und ist danach nutz- und wertlos. Tatsächlich wird ja alljährlich im Zuge des Produktionsprozesses ein Teil der Küchenausstattung „verbraucht". Wir nennen diese verbrauchte Menge „Abschreibung" und berechnen damit die Aufwendungen für den Kapitalinput in diesem Jahr.

Dieselbe Überlegung gilt für sämtliche Kapitalgüter eines Unternehmens. Lastwagen gehen kaputt, Computer veralten und sogar Gebäude fallen irgendwann einmal in sich zusammen. Für all das berechnet das Unternehmen eine Wertminderung. Es gibt zahlreiche verschiedene Formeln zur Berechnung der jährlichen Abschreibung, aber sie alle folgen zwei wichtigen Prinzipien: (*a*) Die Abschreibung des betreffenden Wertes muß den historischen Kosten oder dem Anschaffungspreis entsprechen; und (*b*) die Abschreibung wird in Form jährlicher Aufwendungen während der buchhalterischen Nutzungsdauer, die sich an der tatsächlichen Nutzungsdauer orientiert, verbucht.

Wir wissen damit auch schon, wie die Abschreibung für die Hot Dog Ventures zu berechnen wäre. Die Geschäftsausstattung wird über eine Nutzungsdauer von zehn Jahren abgeschrieben, so daß der Wert von $ 150.000 für die Geschäftsausstattung unter Zugrundelegung der einfachsten Abschreibungsmethode eine jährliche Abschreibung von $ 15.000 bedingt. Besäße die Hot Dog Ventures ihr Geschäftsgebäude selbst, so müßte sie auch dieses abschreiben.

Die Addition aller bisherigen Kosten oder Aufwendungen ergibt die Betriebsaufwendungen (Zeile 9). Das Netto-Betriebsergebnis stellt die Nettoerlöse abzüglich der Betriebsaufwendungen (Zeile 1 abzüglich Zeile 9) dar. Aber haben wir damit schon alle Produktionsaufwendungen berücksichtigt? Nein, noch nicht. Zeile 11 weist die jährlichen Zinsaufwendungen für den Kredit von $ 100.000 aus. Diese sind als die Kosten für die Aufnahme von Kapital zur Unternehmensfinanzierung anzusehen. Obwohl es sich dabei um Fixkosten handelt, wird diese Position zumeist getrennt von den anderen Fixkostenpositionen ausgewiesen. Bundes- und Gemeindesteuern, beispielsweise Vermögenssteuer, stellen weitere Aufwendungen dar. Zieht man die Zeilen 11 und 12 ab, erhält man einen Gesamtbetrag von $ 55.000 an Gewinnen vor Einkommensteuern. Wie teilen sich diese Gewinne auf? Etwa $ 18.000 gehen in Form der Körperschaftssteuer an den Staat. Danach verbleibt ein Gewinn von $ 37.000 nach Steuern. Die Dividenden in Höhe von $ 15.000 wurden ausbezahlt, so daß ein Betrag von $ 22.000 verbleibt, der als einbehaltener Gewinn in das Unternehmen rückgeführt wird. Beachten Sie bitte auch hier wieder, daß sich der Gewinn als Restbetrag aus den Umsatzerlösen abzüglich der Aufwendungen ergibt.

DIE BILANZ

Im betrieblichen Rechnungswesen geht es jedoch um mehr als nur Gewinne und Verluste, die Antriebskräfte der Wirtschaft. So gehört zum betrieblichen Rechnungswesen auch die **Bilanz**, die ein Bild von der jeweiligen finanziellen Situation eines Unternehmens zu einem bestimmten Zeitpunkt gibt. In der Bilanz wird der Wert eines Unternehmens, einer Person oder eines Staates zu einem bestimmten Zeitpunkt ausgewiesen. Auf der einen Seite der Bilanz stehen die **Aktiva** (Vermögenswerte und Rechte des Unternehmens). Auf der anderen, der Passivseite, finden sich zwei Positionen, nämlich die **Verbindlichkeiten** (Schulden und sonstige Verpflichtungen des Unternehmens) und das **Eigenkapital** (der Nettowert, der den Gesamtvermögenswerten abzüglich der gesamten Verbindlichkeiten entspricht).

Die fundamentale Gleichung oder ausgleichende Beziehung einer Bilanz besteht darin, daß die gesamten Vermögenswerte eines Unternehmens den gesamten Verbindlichkeiten zuzüglich Eigenkapital entsprechen. Das heißt:

Gesamtvermögenswerte (Aktiva)
= Gesamtverbindlichkeiten + Eigenkapital

Wir können diese Gleichung auch umstellen und erhalten:

Eigenkapital
= Vermögen (Aktiva) – Verbindlichkeiten

Sehen wir uns dazu Tabelle 7-6 mit einer einfachen Bilanz für die Hot Dog Ventures, Inc. an. Links stehen die Aktiva, rechts die Passiva – Verbindlichkeiten und Eigenkapital. Neben dem Eintrag für das Eigenkapital wurde bewußt etwas Platz freigelassen, weil hier gemäß unserer fundamentalen Bilanzgleichung nur eine einzige Zahl eingetragen werden kann, nämlich $ 200.000. *Die beiden Seiten einer Bilanz müssen immer ausgeglichen sein, weil das Eigenkapital als jener Restwert definiert ist, der sich aus der Subtraktion der Verbindlichkeiten von den Vermögenswerten ergibt.*

Um zu illustrieren, daß das Eigenkapital immer einen Ausgleich zwischen den beiden Seiten der Bilanz herstellt, nehmen wir einmal an, daß Hot dogs im Wert von $ 40.000 verdorben sind. Der Buchhalter berichtet das folgendermaßen: „Die Unternehmensaktiva haben sich um $ 40.000 verringert; die Verbindlichkeiten bleiben unverändert. Das bedeutet einen Rückgang des Eigenkapitals um $ 40.000, und ich muß daher die Position Eigenkapital von zuvor $ 200.000 auf $ 160.000 berichtigen." So sehen die Aufzeichnungen von Buchhaltern aus.

Bilanzierungsgrundsätze

Beim Studium der Bilanz in Tabelle 7-6 könnten Sie sich beispielsweise folgende Frage stellen: „Wie wird denn der Wert der verschiedenen Positionen bestimmt? Wie weiß ein Buchhalter, daß die Gebäude eines Unternehmens einen Wert von $ 100.000 darstellen?"

Die Antwort lautet, daß sich Buchhalter einer Reihe allgemein anerkannter Regeln oder Bilanzierungsgrundsätze bedienen, um die meisten dieser Fragen zu lösen. Die wichtigste Annahme, die jeder Bilanz zugrunde gelegt wird, lautet, daß der Wert beinahe jeder Position deren *Anschaffungskosten (historischen Kosten)* entspricht. Dies unterscheidet sich vom volkswirtschaft-

Bilanz der Hot Dog Ventures, Inc. (31.Dezember 1995)[3]

Aktiva		Passiva	
		Verbindlichkeiten	
Umlaufvermögen:		**Kurzfristige Verbindlichkeiten**	
Barbestände	**20.000**	**Verbindlichkeiten aus Lieferungen und Leistungen**	**20.000**
Lagerbestand	**80.000**	**Wechselverbindlichkeiten**	**30.000**
Anlagevermögen:		**Langfristige Verbindlichkeiten:**	
Maschinen	**150.000**	**Anleiheverbindlichkeiten**	**100.000**
Gebäude	**100.000**		
		Eigenkapital	
		Aktienkapital:	
		Stammaktien	
Gesamt	350.000	Gesamt	350.000

Tabelle 7-6: Die Bilanz weist die gesamten Aktiva und Passiva sowie das Eigenkapital eines Unternehmens zu einem bestimmten Zeitpunkt aus

[3] Bilanzen sind in Europa umgekehrt angeordnet.

lichen „Wert-"Prinzip, das wir im nächsten Abschnitt behandeln werden. So wird beispielsweise der Bestand an Hot-dog-Brötchen zu jenem Preis bewertet, der für diese Brötchen bezahlt wurde. Ein gerade erst gekauftes Anlagegut – irgendein Teil der Geschäftsausstattung oder ein Gebäude – wird zum Kaufpreis bewertet (entsprechend dem Bilanzierungsgrundsatz, wonach die Anschaffungskosten maßgeblich sind). Ältere Kapitalgüter werden zum Kaufpreis abzüglich der Abschreibungen bis zum jeweiligen Zeitpunkt bewertet, was der abnehmenden Nutzbarkeit dieser Güter Rechnung trägt. Buchhalter bedienen sich der Anschaffungskosten als Bewertungsmaßstab, weil sie damit zu einer objektiven Evaluierung gelangen, die sich zudem jederzeit überprüfen läßt.

In Tabelle 7-6 ist das Umlaufvermögen jenes Vermögen, das innerhalb eines Jahres umgesetzt wird, während das Anlagevermögen die Kapitalgüter sowie Grund und Boden darstellt. Die einzelnen Positionen brauchen kaum näher erläutert zu werden. Barbestände bezeichnen die vorhandenen Münzen, Papiergeld und Bankeinlagen. Barbestände sind die einzige Aktivposition, deren Wert exakt ermittelt wird und keinen Schätzwert darstellt.

Auf der Seite der Passiva stellen die Verbindlichkeiten aus Lieferungen und Leistungen sowie die Wechselverbindlichkeiten jene Beträge dar, die anderen für gekaufte Güter oder Gelddarlehen geschuldet werden. Anleiheverbindlichkeiten bezeichnen langfristige Darlehen, die auf dem Markt gehandelt werden. Die letzte Position in der Bilanz ist jeweils das Reinvermögen oder Eigenkapital. Sie bezeichnet den Nettowert der Aktiva des Unternehmens abzüglich der Verbindlichkeiten, wobei die Bewertung anhand der Anschaffungskosten erfolgt. Das Eigenkapital muß in unserem Fall $ 200.000 betragen.

Wir fassen unsere Analyse der Bilanzierungsgrundsätze zusammen wie folgt:

1. Die Gewinn- und Verlustrechnung zeigt den Fluß der Verkäufe, Aufwendungen und Erträge während des Jahres oder der Buchhaltungsperiode. Sie mißt den Geldfluß in das und aus dem Unternehmen – den Fortschritt des Unternehmens während des Jahres.
2. Die Bilanz zeigt eine Momentaufnahme der Finanzsituation des Unternehmens. Sie gleicht einem Wasserstandsmesser in einem See. Ihre wichtigsten Bestandteile sind die Vermögenswerte (Aktiva), die Verbindlichkeiten und das Eigenkapital.

C. OPPORTUNITÄTSKOSTEN

In diesem Abschnitt wollen wir uns dem Thema Kosten aus einem weiteren Blickwinkel nähern. Denken Sie daran, daß einer der Kardinalsätze der Volkswirtschaft lautet: Ressourcen sind knapp. Dies bedeutet, daß wir uns jedesmal, wenn wir uns dazu entscheiden, eine Ressource in einer bestimmten Weise einzusetzen, die Möglichkeit nehmen, dieselbe Ressource auf eine andere Weise zu nutzen. Wir können das in unserem Leben immer wieder beobachten, wenn wir ständig darüber entscheiden müssen, was wir mit unserer beschränkten Zeit und unserem beschränkten Einkommen anfangen wollen. Gehen wir ins Kino oder lernen wir für den Test in der kommenden Woche? Wollen wir lieber eine Reise nach Mexiko unternehmen oder ein neues Auto kaufen? Möchten wir nach dem Universitätsabschluß noch ein postgraduales Studium absolvieren oder gleich zu arbeiten beginnen?

In jedem dieser Fälle kostet uns die getroffene Entscheidung etwas, nämlich die Möglichkeit, stattdessen etwas anderes zu tun. Die entgangene Alternative entspricht den sogenannten Opportunitätskosten oder Alternativkosten. Die direkten monetären Kosten, wenn wir ins Kino gehen, anstatt zu lernen, bestehen in dem Preis, den wir für die Kinokarte ausgeben, während hingegen die Opportunitätskosten zusätzlich die Möglichkeit berücksichtigen, daß wir beim Test schlechter abschneiden könnten. Zu den Opportunitätskosten einer Entscheidung gehören sämtliche Konsequenzen dieser Entscheidung, ob sie nun Geldtransaktionen betreffen oder nicht.

Beim Treffen von Entscheidungen fallen Opportunitätskosten an, weil die Auswahl einer Möglichkeit in einer Welt der Knappheit bedeutet, daß wir auf andere Möglichkeiten zu verzichten haben. **Opportunitätskosten** bezeichnen den Wert des entgangenen Gutes oder der entgangenen Dienstleistung.

Ein wichtiges Beispiel für Opportunitätskosten sind die Kosten einer universitären Ausbildung. Besuchen Sie eine amerikanische öffentliche Universität, so könnten Sie sich ausrechnen, daß die Gesamtkosten für Unterricht, Bücher und Fahrtkosten für das Schuljahr 1993 vielleicht $ 12.000 ausmachen. Aber haben Sie da schon die Opportunitätskosten für Ihre Ausbildung berücksichtigt? Absolut nicht! Sie müssen zusätzlich die Opportunitätskosten für die *Zeit* mit einrechnen, die Sie mit Ihrem Studium und dem Besuch der Vorlesungen verbringen. Ein Ganztagsjob für einen neunzehnjährigen Schulabgänger mit High-School-Abschluß würde im Jahr 1993 ein Jahresgehalt von durchschnittlich \$ 16.000 einbringen. Addieren wir nun die eigentlichen Geldausgaben und das entgangene Einkommen, stellen wir fest, daß die Opportunitätskosten für den Collegebesuch \$ 28.000 (entsprechend \$ 12.000 + \$ 16.000) und nicht nur \$ 12.000 betragen.

Auch die Entscheidungen von Unternehmen verursachen Opportunitätskosten. So müssen beispielsweise Autohersteller ihre Produktlinien laufend aktualisieren, indem sie neue Autos entwerfen. Ein teurer Spaß: Ford gab Ende der achtziger Jahre an die 600 Millionen Dollar aus, nur um das meistverkaufte Modell des Unternehmens, den Taurus, neu herauszubringen. Wenn ein Autohersteller beschließt, einen neuen Sportwagen zu bauen, wird dadurch möglicherweise die Entwicklung eines neuen Kombiwagens verzögert. Deshalb müssen die Opportunitätskosten für die Entwicklung eines neuen Sportwagens die eigentlichen Entwicklungskosten und zusätzlich den Gewinnentgang durch den nicht verwirklichten neuen Kombi berücksichtigen.

Lassen sich Opportunitätskosten in jedem Fall aus der Gewinn- und Verlustrechnung herauslesen? Nicht unbedingt. Im allgemeinen enthalten die Buchhaltungsunterlagen der Unternehmen nur jene Transaktionen, bei denen Geldbewegungen stattfinden. In dem oben erwähnten Beispiel aus der Automobilbranche würden die direkten Kosten für die Produktentwicklung in der Gewinn- und Verlustrechnung als Produktionsaufwendungen ausgewiesen, während man den Gewinnentgang vergeblich suchen würde.

Der Betriebswirt möchte alle Transaktionen erfassen. Im Gegensatz dazu bemühen sich Volkswirte stets, den „Schleier des Geldes zu lüften“, um die eigentlichen Folgen klarzulegen, die hinter Geldflüssen stehen, und den echten *Ressourcenverbrauch* einer Aktivität zu messen. Aus diesem Grund berücksichtigen Volkswirte in ihren Überlegungen sämtliche Kosten – ob sie monetäre Transaktionen betreffen oder nicht.

Es gibt mehrere wichtige Opportunitätskosten, die einer Gewinn- und Verlustrechnung nicht zu entnehmen sind. So kann beispielsweise in einem Kleinbetrieb die Familie zahlreiche unbezahlte Arbeitsstunden einbringen, ohne daß diese irgendwo als Kosten aufscheinen. Auch finden sich in den Firmenbüchern keine Kapitalkosten für finanzielle Beiträge des Eigentümers selbst. Ebensowenig sind die Kosten für Umweltschäden berücksichtigt, die auftreten, wenn ein Unternehmen toxische Abwässer in einen Fluß einleitet. Vom volkswirtschaftlichem Gesichtspunkt sind jedoch alle diese Positionen echte Kosten, die der Wirtschaft entstehen.

Illustrieren wir das Konzept der Opportunitätskosten anhand des Eigentümers der Hot Dog Ventures. Dieser Eigentümer steckt allwöchentlich 60 Arbeitsstunden in sein Unternehmen, erhält aber kein „Gehalt“. Zum Jahresende haben die Hot Dog Ventures, wie aus Tabelle 7-5 ersichtlich, einen Gewinn von \$ 22.000 erwirtschaftet – gar nicht schlecht für ein so junges Unternehmen.

Oder doch? Ein Volkswirt würde darauf hinweisen, daß der Wert eines Produktionsfaktors zu berücksichtigen ist, gleichgültig, wem er nun gehört. Wir müßten daher auch die Eigenleistung des Eigentümers als Kosten bewerten, und zwar selbst dann, wenn der Eigentümer nicht direkt bezahlt, sondern in Form von Gewinnen entlohnt wird. Da dem Eigentümer ja auch andere Arbeitsmöglichkeiten offenstünden, müssen wir seine Arbeitsleistung im Sinne entgangener Gelegenheiten bewerten.

Eine sorgfältige Untersuchung könnte dabei ergeben, daß der Eigentümer von Hot Dog Ventures einen ähnlichen und ebenso interessanten Job finden könnte, in dem er für jemand anderen arbeiten und dabei \$ 45.000 verdienen würde. Diese \$ 45.000 stellen die Opportunitätskosten oder die deshalb nicht erzielten Einkünfte dar, weil der Eigentümer beschlossen hat, unbezahlter Eigentümer eines kleinen Unternehmens zu werden und auf eine Arbeit als bezahlter Mitarbeiter eines anderen Unternehmens zu verzichten.

Aus diesem Grund, würde der Volkswirt fortfahren, müssen wir die tatsächlichen Gewinne der Hot Dog Ventures erst noch berechnen. Wir ziehen dazu von den ermittelten Gewinnen von \$ 22.000 die Opportunitätskosten in Höhe von \$ 45.000 für die Arbeit des Eigentümers ab, wodurch sich ein Netto*verlust* von \$ 23.000 ergibt. Das heißt, obwohl ein Betriebswirt zu der Ansicht gelangen kann, die Hot Dog Ventures seien wirtschaftlich zu führen, sieht es für den Volkswirt so aus, als sei dasselbe Unternehmen ein unrentabler Verlustbetrieb.

OPPORTUNITÄTSKOSTEN UND MÄRKTE

Ich kann mir vorstellen, daß Sie nun vielleicht seufzen und stöhnen: „Da kennt man sich doch überhaupt nicht mehr aus! Zuerst heißt es, der Preis sei ein gutes Maß für die wahren volkswirtschaftlichen Kosten auf dem Markt. Dann wird einem weisgemacht, die Opportunitätskosten seien das eigentlich richtige Konzept. Können sich Volkswirte eigentlich nie zu einer klaren Aussage durchringen?“

Nun, darf ich Ihnen eine schlichte Erklärung für dieses Dilemma anbieten? *Auf gut funktionierenden Märkten entsprechen die Preise den Opportunitätskosten.* Nehmen wir an, ein Gut wie Kohle wird auf einem vollkommenen, dem Wettbewerb ausgesetzten Markt gekauft und verkauft. Wenn ich meine Tonne Kohle auf den Markt bringe, erhalte ich eine Reihe von Angeboten möglicher Käufer: $ 25,02, $ 24,98, $ 25,01. Diese Preise stellen den Wert meiner Kohle dar, den beispielsweise drei Kohlekraftwerke zu bezahlen bereit sind. Ich entscheide mich für den höchsten gebotenen Preis: $ 25,02. Die Opportunitätskosten dieses Verkaufs entsprechen dem Wert der besten vorhandenen Alternative – das wäre in diesem Fall das zweithöchste Angebot von $ 25,01 – beinahe in derselben Höhe wie der Preis, den ich schließlich akzeptiert habe. Je stärker sich der Markt an den vollständigen Wettbewerb annähert, desto näher beieinander liegen auch die Angebote, bis schließlich das zweithöchste Angebot (das unserer Definition nach den Opportunitätskosten entspricht), genau dem Höchstgebot (dem Preis) entspricht. Auf Wettbewerbsmärkten konkurrieren zahlreiche Käufer um die Ressourcen, bis jener Preis geboten wird, der der bestmöglichen Alternative und daher auch den Opportunitätskosten entspricht.

Opportunitätskosten außerhalb der Märkte. Das Konzept der Opportunitätskosten spielt vor allem bei der Analyse jener Transaktionen eine entscheidende Rolle, die außerhalb der Märkte stattfinden. Wie mißt man den Wert einer Straße oder eines Parks? Einer Gesundheits- oder Sicherheitsvorschrift? Sogar wie Studenten ihre Zeit einteilen, kann mit Hilfe der Opportunitätskosten erklärt werden.

- Der Begriff der Opportunitätskosten erklärt, warum Studenten in der Woche nach den Prüfungen zumeist länger vor dem Fernsehgerät sitzen als in der Woche vor den Prüfungen. Für das Fernsehen vor der Prüfung sind die Opportunitätskosten deshalb hoch, weil die alternative Nutzung der Zeit (das Studieren) wegen des besseren Studienerfolges einen hohen Wert darstellt. Nach den Prüfungen hat Zeit geringere Opportunitätskosten.
- Nehmen wir an, der amerikanische Staat möchte vor der kalifornischen Küste nach Öl bohren. Sofort erhebt sich ein Proteststurm. Ein Verfechter der Bohrungen sagt: „Warum diese Aufregung? Dort draußen gibt es wertvolles Öl, und Meerwasser bleibt immer noch genügend übrig. Dieses Öl ist sehr billig für unser Land.“ Und doch könnten die Opportunitätskosten ziemlich hoch sein. Wenn durch die Bohrungen Öl austritt und die Strände verunreinigt werden, könnte das den Erholungswert der Region beeinträchtigen. Auch wenn sich Opportunitätskosten nicht immer problemlos messen lassen, sind sie trotzdem ebenso real wie der Wert des Öls unter dem Wasser.

Der nicht beschrittene Weg. Opportunitätskosten sind daher ein Maß für das, was aufgegeben wird, wenn wir eine Entscheidung treffen. Was dachte sich wohl der bedeutende amerikanische Dichter Robert Frost dabei, als er schrieb:

Zwei Wege trennten sich im Wald und ich –
wählte den weniger begangnen.
Ein Unterschied wie Tag und Nacht.

An welchen anderen Weg hatte Frost wohl gedacht? An ein städtisches Leben? Einen Beruf, in dem es ihm nicht möglich gewesen wäre, von Wegen und Mauern und Birken zu schreiben? Stellen Sie sich die unermeßlichen Opportunitätskosten für uns alle vor, hätte sich Robert Frost für den häufiger begangenen Weg entschieden!

Aber kehren wir doch von der Poesie wieder zum praktischen Kostenkonzept zurück. Der wesentliche Punkt dabei ist der:

Die volkswirtschaftlichen Kosten umfassen zusätzlich zu den tatsächlichen Geldausgaben auch jene Opportunitätskosten, die entstehen, weil Ressourcen auch anderweitig eingesetzt werden könnten.

ZUSAMMENFASSUNG

A. Volkswirtschaftliche Kostenanalyse

1. Die Gesamtkosten (*TC*) lassen sich in Fixkosten (*FC*) und variable Kosten (*VC*) unterteilen. Fixkosten werden durch Produktionsentscheidungen nicht verändert, während variable Kosten bei Positionen wie Arbeit oder Material anfallen, die mit dem Produktionsvolumen steigen.
2. Grenzkosten (*MC*) sind jene zusätzlichen Gesamtkosten, die durch eine zusätzliche Produktionseinheit entstehen. Die durchschnittlichen Gesamtkosten (*AC*) sind die Summe aus den stetig abnehmenden durchschnittlichen Fixkosten (*AFC*) und den durchschnittlichen variablen Kosten (*AVC*). Die kurzfristigen Durchschnittskosten ergeben im allgemeinen eine U-förmige Kurve, die in ihrem Minimum immer von der ansteigenden *MC*-Kurve geschnitten wird.
3. Einige nützliche Formeln, die Sie sich merken sollten:

$$TC = FC, \quad AC = \frac{TC}{q}, \quad AC = AFC + AVC$$

Am tiefsten Punkt der U-förmigen *AC*-Kurve ist $MC = AC = AC$-Minimum.
4. Kosten und Produktivität sind wie Spiegelbilder. Gilt das Gesetz der abnehmenden Grenzerträge, sinkt die Grenzproduktivität, und die *MC*-Kurve steigt. In einer ersten Phase steigender Erträge fällt die *MC*-Kurve zu Beginn ab.
5. Wir können Kosten- und Produktionskonzepte anwenden, wenn wir verstehen wollen, wie ein Unternehmen die jeweils bestmögliche Kombination an Produktionsfaktoren auswählt. Unternehmen, die ihre Gewinne maximieren möchten, versuchen, ihre Produktionskosten für ein bestimmtes Produktionsvolumen so gering wie möglich zu halten. Das Unternehmen folgt in diesem Fall der Least-cost-Regel: Es werden die verschiedenen Produktionsfaktoren so ausgewählt, daß das Grenzprodukt pro Dollar Input für alle Inputs gleich hoch ist. Das bedeutet: $MP_L/P_L = MP_A/P_A = \ldots$

B. Volkswirtschaftliche und betriebswirtschaftliche Kostenrechnung

6. Um die betriebswirtschaftliche Kostenrechnung verstehen zu können, muß man folgende wichtige Grundsätze kennen:
   a. Das Wesen der Gewinn- und Verlustrechnung (oder Erfolgsrechnung); die Ermittlung des Gewinns als Restwert; die Abschreibung des Anlagevermögens.
   b. Die wesentliche Beziehung zwischen Vermögen (Aktiva), Verbindlichkeiten und Eigenkapital in einer Bilanz; die weitere Unterteilung in Finanz- und Sachanlagevermögen bzw. kurz- und langfristige Positionen; Eigenkapital als Restwert.

C. Opportunitätskosten

7. Die volkswirtschaftliche Definition der Kosten ist breiter gefaßt als die buchhalterische, betriebswirtschaftliche Definition. Volkswirtschaftlich erfaßte Kosten enthalten nicht nur die tatsächlichen Ausgaben, sondern auch die subtileren Opportunitätskosten, wie beispielsweise den möglichen Ertrag aus der Arbeitskraft des Eigentümers. Diese Opportunitätskosten sind sehr eng an das Angebot und die Nachfrage auf Märkten, die dem Wettbewerb ausgesetzt sind, geknüpft, so daß der Preis im allgemeinen nahe an den Opportunitätskosten für marktgängige Güter und Dienstleistungen liegt. Die wichtigste Anwendung der Opportunitätskosten ergibt sich bei nicht auf Märkten gehandelten Gütern – wie etwa reiner Luft oder Gesundheit oder einem bestimmten Erholungswert –, häufig sehr wertvollen Gütern also, die allerdings nicht auf dem Markt gekauft oder verkauft werden können.

BEGRIFFE ZUR WIEDERHOLUNG

Kostenanalyse

Gesamtkosten = Fixkosten und variable Kosten
$TC = FC + VC$

$$AC = \frac{TC}{q} = AFC + AVC$$

Grenzkosten

Least-cost-Regel:

$$\frac{MP_L}{P_L} = \frac{MP_A}{P_A} = \frac{MP_{jeder\ Faktor}}{P_{jeder\ Faktor}}$$

Buchhaltungskonzepte:

Gewinn- und Verlustrechnung
Umsatz, Kosten, Gewinne
fundamentale Bilanzgleichung
Vermögen (Aktiva), Verbindlichkeiten und Eigenkapital
Opportunitätskosten
Kostenkonzepte in der Volks- und in der Betriebswirtschaft

FRAGEN UND BEISPIELE

1. Erklären Sie den Unterschied zwischen Grenzkosten und Durchschnittskosten. Warum sollten die *AVC* immer ganz ähnlich wie die *MC* aussehen? Warum ergeben sich dieselben *MC*, wenn sie von den *VC*, und wenn sie von den *TC* berechnet werden?
2. Addieren Sie zu den $ 55 Fixkosten aus Tabelle 7-3 $ 90 zusätzliche *FC* hinzu. Berechnen Sie nun die gesamte Tabelle neu, wobei die *VC* gleich bleiben, aber die *FC* einen neuen Wert, nämlich $ 145, haben. Was passiert mit den *MC, AVC*? Was mit den *TC, AC, AFC*? Können Sie nachvollziehen, daß das *AC*-Minimum nun bei $q^* = 5$ liegt, wobei *AC* = $ 60 = *MC*?
3. Erklären Sie, warum *MC AC* und *AVC* am tiefsten Punkt Ihrer U-Form schneidet.
4. „Die allgemeine Wehrpflicht ermöglicht es dem Staat, sich selbst und das Volk über die tatsächlichen Kosten einer großen Armee zu täuschen." Vergleichen Sie die Budgetkosten und die Opportunitätskosten eines Berufsheeres (in dem die Bezahlung gut ist) und eines Heeres mit allgemeiner Wehrpflicht (und schlechter Entlohnung der Soldaten). Wie wirkt sich das Konzept der Opportunitätskosten auf die Kostenanalyse aus?
5. Betrachten Sie die Daten in der untenstehenden Tabelle, die eine ähnliche Situation wie in Tabelle 7-4 beschreibt.
   a. Berechnen Sie die *TC, VC, FC, AC, AVC* und *MC*. Zeichnen Sie die *AC*- und *MC*-Kurve auf Millimeterpapier.
   b. Nehmen Sie an, die Arbeitskosten verdoppeln sich. Berechnen Sie die neuen *AC* und *MC*. Zeichnen Sie die neuen Kurven und vergleichen Sie sie mit jenen aus lit. **a.**
   c. Nehmen Sie nun an, die gesamte Faktorproduktivität würde sich verdoppeln (d.h., die Produktionsleistung verdoppelt sich für jede Produktionsfaktoren-Kombination). Wiederholen Sie die Übung unter lit. **b.** Können Sie zwei wesentliche Faktoren erkennen, die den Verlauf der Kostenkurven von Unternehmen beeinflussen?

(1) Produktionsmenge (in Tonnen Weizen)	(2) Faktor Boden (Acres)	(3) Faktor Arbeit (Arbeiter)	(4) Bodenrente ($ pro Acre)	(5) Löhne ($ pro Arbeiter)
0	15	0	12	5
1	15	6	12	5
2	15	11	12	5
3	15	15	12	5
4	15	21	12	5
5	15	31	12	5
6	15	45	12	5
7	15	63	12	5

6. Erklären Sie die Fehler in jeder der folgenden Aussagen:
   a. Die Durchschnittskosten werden minimiert, wenn die Grenzkosten möglichst niedrig sind.
   b. Da sich Fixkosten nie ändern, sind die durchschnittlichen Fixkosten bei jeder Produktionsmenge eine Konstante.
   c. Die Durchschnittskosten steigen immer, wenn die Grenzkosten steigen.
   d. Die Opportunitätskosten einer Ölbohrung im Yosemite Park sind Null, weil kein Unternehmen dort irgendetwas produziert.
   e. Ein Unternehmen minimiert seine Kosten, wenn es für jeden Produktionsfaktor denselben Betrag aufwendet.
7. Im Jahr 1994 macht ein Unternehmen einen Nettoumsatz von $ 10 Millionen, wobei Kosten aller Art in Höhe von $ 9 Millionen anfallen (einschließlich Steuern, Mieten etc.). Dieses Unternehmen mietet die benötigten Anlagen und die maschinelle Ausstattung. In diesem Jahr verändert sich der Lagerbestand nicht. Es zahlt keine Dividenden aus. Stellen Sie eine vereinfachte Gewinn- und Verlustrechnung dieses Unternehmens für 1994 auf.
8. Zum Jahresende 1993 besitzt das Unternehmen aus Frage 7 keinerlei Geldbestände, die Finanzierung erfolgte zur Gänze über Stammaktien. Erstellen Sie die Jahres-Endbilanz für 1993 mit Hilfe der unten angegebenen Daten. Füllen Sie anschließend mit Hilfe der Daten und der Gewinn- und Verlustrechnung aus Frage 7 den Bilanzvordruck für 1994 aus.

Vermögen (Aktiva) (Jahresende)			Verbindlichkeiten und Eigenkapital (Jahresende)		
	1993	1994		1993	1994
			Verbindlichkeiten	*0*	*0*
			Eigenkapital	______	______
Gesamt $ 50 Mio.		______	*Gesamt*	______	______

ANHANG 7

PRODUKTION, KOSTENTHEORIE UND ENTSCHEIDUNGSPROZESSE IN DEN UNTERNEHMEN

Die in Kapitel 6 beschriebene Produktionstheorie und die Kostenanalyse im vorliegenden Kapitel gehören zu den fundamentalen Bausteinen der Mikroökonomie. Ein gründliches Verständnis von Produktion und Kostentheorie ist nötig, um zu erkennen, wie die volkswirtschaftliche Knappheit schließlich zur Preisbildung auf dem Markt führt. Dieser Anhang soll die genannten Konzepte noch ein wenig weiter entwickeln und führt als neuen Begriff die „Kurve gleicher Produktionsmenge“ oder Isoquante ein.

EINE NUMERISCHE PRODUKTIONSFUNKTION

Produktion und Kostenanalyse haben ihre Wurzeln im Konzept der Produktionsfunktion, mit der die maximale, durch verschiedene Inputkombinationen erzielbare Produktionsmenge ermittelt werden kann. Tabelle 7A-1 beginnt mit einem Zahlenbeispiel einer konstanten Skalenertrags-Produktionsfunktion, in der die Inputmengen entlang der Achsen und die Produktionsmengen in den Gitterpunkten der Tabelle eingetragen sind.

Auf der Y-Achse sind die diversen Faktormengen an Boden in Einheiten von 1 bis 6 eingezeichnet, während entlang der X-Achse die Mengeneinheiten des Faktors Arbeit ebenfalls von 1 bis 6 aufgetragen sind. Die Produktionsmengen, die den eingesetzten Boden- und Arbeitsmengen entsprechen, können den Angaben in der Tabelle entnommen werden.

Sind wir an der exakten Produktionsmenge interessiert, die erzeugt werden kann, wenn 3 Einheiten Boden und 2 Einheiten Arbeit zur Verfügung stehen, zählen wir 3 Bodeneinheiten hinauf und gehen dann 2 Arbeitseinheiten nach rechts. Wie wir sehen, lautet die Lösung 346 Produkteinheiten. (Können Sie noch weitere Inputkombinationen ablesen, die ebenfalls $q = 346$ ergeben?) Ebenso sehen wir, daß 3 Bodeneinheiten und 6 Arbeitseinheiten eine Produktionsmenge von $q = 600$ ergeben. Denken Sie bitte daran, daß die Produktionsfunktion die *maximale* Produktionsmenge bei einem gegebenen Stand von Technologie und technischem Wissen zu einer bestimmten Zeit darstellt.

Boden \ Arbeit	1	2	3	4	5	6
6	346	490	600	692	775	846
5	316	448	548	632	705	775
4	282	400	490	564	632	692
3	245	346	423	490	548	600
2	200	282	346	400	448	490
1	141	200	245	282	316	346
0						

Tabelle 7A-1: Tabellarische Darstellung einer Produktionsfunktion, die eine bestimmte Produktionsmenge mit den zu ihrer Erzeugung benötigten verschiedenen Faktorkombinationen in Beziehung setzt.

Sind 3 Einheiten Boden und 2 Einheiten Arbeit verfügbar, so lassen sich damit nach Aussage des Produktionstechnikers 346 Einheiten erzeugen. Bitte beachten Sie, auf welche sonstigen Arten sich die 346 Einheiten erzeugen lassen. Überlegen Sie sich danach die möglichen Faktorkombinationen für eine Produktion von 490 Einheiten. (Die in der vorliegenden Tabelle dargestellte Produktionsfunktion ist ein Spezialfall einer „Cobb-Douglas Produktionsfunktion“, die durch die Formel $Q = 100\sqrt{2LA}$ definiert ist.)

DAS GESETZ DER ABNEHMENDEN GRENZPRODUKTIVITÄT

Tabelle 7A-1 zeigt uns das Gesetz des abnehmenden Grenzertrags recht anschaulich. Denken Sie bitte daran, daß das Grenzprodukt der Arbeit jene zusätzliche Produktionsmenge darstellt, die sich durch den Einsatz einer zusätzlichen Arbeitseinheit ergibt, wenn Grund und Boden und die anderen Produktionsfaktoren konstant bleiben. In jedem Punkt der Tabelle 7A-1 können wir das Grenzprodukt der Arbeit ermitteln, indem wir das Produktionsergebnis von jener Zahl subtrahieren, die in derselben Reihe eine Position weiter rechts steht. Daher liegt das Grenzprodukt eines zusätzlichen Arbeiters bei 2 Einheiten Boden und 4 Einheiten Arbeit bei 48, ermittelt durch 448 minus 400.

Unter dem „Grenzprodukt oder der Grenzproduktivität des Bodens" verstehen wir jene zusätzliche Produktionsmenge, die aus einer zusätzlichen Bodeneinheit entsteht, wenn der Arbeitsinput konstant bleibt. Es wird durch den Vergleich mit der darüberliegenden Position in der jeweiligen Spalte ermittelt. Wenn wir daher 2 Einheiten Boden und 4 Einheiten Arbeit haben, wird das Grenzprodukt des Bodens aus der Spalte vier als 490–400 oder 90 ermittelt.

Wir können das Grenzprodukt jedes unserer beiden Produktionsfaktoren problemlos ermitteln, indem wir jeweils übereinanderliegende Einträge in vertikalen Spalten oder nebeneinanderliegende Werte in horizontalen Reihen der Tabelle 7A-1 miteinander vergleichen.

Nachdem wir uns die Definition des Grenzproduktes eines Produktionsfaktors erarbeitet haben, können wir nun ganz einfach das Gesetz des abnehmenden Grenzertrags ableiten: Das Gesetz des abnehmenden Grenzertrags besagt, daß bei steigendem Input eines Produktionsfaktors, wenn die anderen Faktoren konstant bleiben, das Grenzprodukt des vermehrten Inputs – zumindest irgendwann – abnehmen wird.

Um dies zu illustrieren, halten wir den Faktor Boden in Tabelle 7A-1 konstant, indem wir einfach in einer bestimmten Reihe bleiben – beispielsweise bei 2 Einheiten Boden. Nun erhöhen wir den Input an Arbeit von 1 auf 2 Einheiten, von 2 zu 3 Einheiten und so weiter. Wir wirkt sich das jeweils auf die Produktionsmenge q aus?

Bei Erhöhung von 1 auf 2 Einheiten Arbeit steigt die Produktionsmenge von 200 auf 282, also um 82 Einheiten. Mit der nächsten zusätzlichen Arbeitseinheit erhalten wir nur noch 64 zusätzliche Produktionseinheiten, berechnet als 346–282. Die Grenzerträge sinken. Kommt eine weitere Arbeitseinheit hinzu, können noch 54 zusätzliche Produktionseinheiten erzielt werden, dann 48 Einheiten und schließlich nur noch 42 Einheiten. Sie werden sicherlich feststellen, daß dieses Gesetz auch in den anderen Reihen seine Gültigkeit behält, und daß es ebenso bei variierender Bodenmenge gilt, wenn die Arbeitseinheiten konstant gehalten werden.

Wir können anhand dieses Beispiels überprüfen, ob unsere intuitive Erklärung für das Gesetz der abnehmenden Grenzerträge – nämlich die Annahme, daß das Gesetz deshalb gilt, weil der fixe Faktor im Vergleich zum variablen abnimmt – auch gerechtfertigt ist. Danach stehen jeder zusätzlichen Einheit des variablen Faktors immer geringere Mengen des fixen Faktors zur Verfügung. Und so ist es auch nicht verwunderlich, daß der Grenzertrag zurückgeht.

Wenn diese Erklärung nun tatsächlich und absolut zutrifft, müßte eigentlich die Produktionsmenge proportional ansteigen, wenn beide Faktoren zugleich erhöht werden. Wird der Arbeitsinput von 1 auf 2 Einheiten und der Bodeninput *zugleich* von 1 auf 2 Einheiten erhöht, sollten wir eigentlich dieselbe Steigerung der Produktionsmenge wie bei einer Erhöhung von 2 auf 3 Einheiten verzeichnen. Dies läßt sich anhand unserer Tabelle 7A-1 bestätigen. Im ersten Schritt vollzieht sich eine Steigerung der Produktionsmenge von 141 auf 282 Einheiten, im zweiten Schritt von 282 auf 423, also jeweils ein Anstieg um 141 Einheiten.

	(1) Faktorkombinationen		(3) Gesamtkosten, wenn gilt $P_L = \$2$ $P_A = \$3$ (\$)	(4) Gesamtkosten, wenn gilt $P_L = \$2$ $P_A = \$1$ (\$)
	Arbeit L	(2) Boden A		
A	1	6	20	–
B	2	3	13	7
C	3	2	12	–
D	6	1	15	–

Tabelle 7A-2: Faktorinput und Produktionskosten bei gegebener Produktionsmenge

Nehmen Sie an, ein Unternehmen hätte sich für die Erzeugung von 346 Produktionseinheiten entschieden. Damit kann es jede der vier möglichen Inputkombinationen wählen, die als A, B, C und D ausgewiesen sind. Weiter unten in der Auflistung wird die Produktion immer arbeitsintensiver und weniger bodenintensiv. Bitte setzen Sie selbst die fehlenden Zahlen ein. Die Entscheidung des Unternehmens zwischen den diversen Kombinationsmöglichkeiten hängt von den Faktorpreisen ab. Versuchen Sie zu verifizieren, daß die kostenminimale Lösung C lauten muß, wenn $P_L = \$ 2$ und $P_A = \$ 3$. Weisen Sie nach, daß eine Preissenkung bei Boden von \$ 3 auf \$ 1das Unternehmen zur Wahl der bodenintensiveren Kombination B veranlassen müßte.

KOSTENOPTIMALE KOMBINATION VON PRODUKTIONSFAKTOREN BEI GEGEBENER PRODUKTIONSMENGE

Die numerische Produktionsfunktion gibt die verschiedenen Möglichkeiten an, wie sich eine bestimmte Produktionsmenge erzielen läßt. Aber auf welche der zahlreichen Möglichkeiten sollte die Wahl des Unternehmens fallen? Wenn die erwünschte Produktionsmenge $q = 346$ ist, stehen nicht weniger als vier verschiedene Kombinationen von Boden- und Arbeitsinput, ausgewiesen als A, B, C und D, in Tabelle 7A-2, zur Verfügung.

Was nun die Beurteilung dieser verschiedenen Möglichkeiten durch den Techniker betrifft, so sind, wenn es darum geht, eine Produktionsmenge von 346 Einheiten zu erzeugen, alle möglichen Kombinationen gleichwertig. Aber der Betriebswirt, der ja nach Kostenoptimierung strebt, sucht nach der kostengünstigsten Kombination.

Nehmen wir an, der Preis für Arbeit beträgt $ 2, während Boden $ 3 pro Einheit kostet. Die Gesamtkosten sind bei diesen gegebenen Inputpreisen der dritten Spalte von Tabelle 7A-2 zu entnehmen. Bei Kombination A betragen die Gesamtkosten für Arbeit und Boden $ 20, entsprechend (1 x $ 2) + (6 x $ 3). Die Kosten für B, C und D betragen jeweils $ 13, $ 12 und $ 15. Bei den genannten Inputpreisen bezeichnet C die kostengünstigste Möglichkeit zur Erzeugung der vorgegebenen Produktionsmenge.

Verändert sich einer der beiden Inputpreise, so verändert sich auch die Gewichtung der Inputs, so daß nach Möglichkeit weniger von dem Input verwendet wird, dessen Preis gestiegen ist. (Sie müssen sich das wie beim Substitutionseffekt in Kapitel 5 vorstellen, als es um die Konsumnachfrage ging.) Sind die Faktorpreise bekannt, läßt sich die kostengünstigste Produktionsmethode durch Berechnung der Kosten verschiedener Inputkombinationen errechnen.

Kurven gleicher Produktionsmenge oder Isoquanten

Die einfache numerische Analyse dessen, wie ein Unternehmen seine Produktionsfaktoren kombinieren kann, um seine Kosten zu minimieren, wird im Diagramm noch anschaulicher. Wir verwenden daher den Diagramm-Ansatz und zeichnen zwei neue Kurven: die Kurve gleicher Produktionsmenge oder Isoquante und die Isokostenlinie.

Wandeln wir Tabelle 7A-1 in eine kontinuierliche Kurve um, indem wir eine geglättete Kurve durch alle jene Punkte ziehen, für die gilt: $q = 346$. Diese Kurve, die in Abbildung 7A-1 zu sehen ist, gibt alle möglichen Kombinationen von Arbeit und Boden an, die zu einer Produktionsmenge von 346 führen. Wir bezeichnen sie als **Kurve gleicher Produktionsmenge oder Isoquante**, und sie verhält sich analog der Konsumenten-Indifferenzkur-

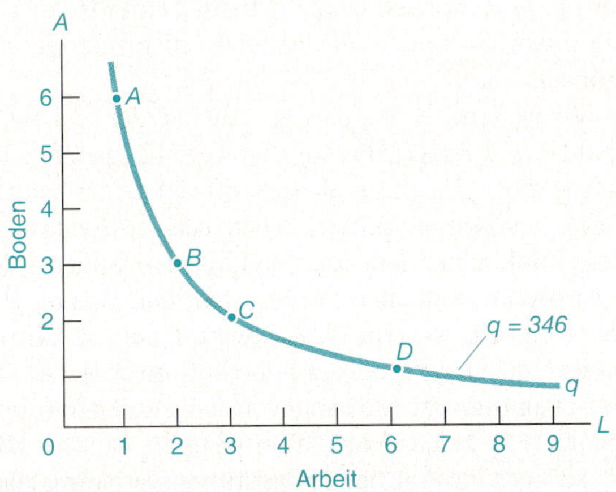

Abbildung 7A-1: Isoquanten

Die Punkte auf der Isoquante stellen die verschiedenen möglichen Faktorkombinationen aus Boden und Arbeit dar, die zur Produktion von 346 Einheiten benötigt werden.

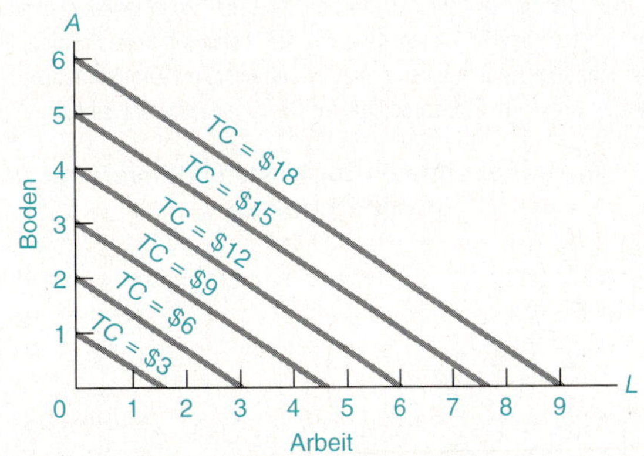

Abbildung 7A-2: Isokostenkurven

Jeder Punkt auf einer gegebenen Isokostenkurve steht für Gesamtkosten in gleicher Höhe. Die Linien verlaufen deshalb als Gerade, weil die Faktorpreise konstant sind, sie alle weisen eine negative Steigung auf, die dem Verhältnis Arbeitspreis-Bodenpreis, $ 2/$ 3, entspricht, und sie verlaufen daher auch parallel.

ve, die wir im Anhang zu Kapitel 5 erörtert haben. Sie sollten nun in der Lage sein, die entsprechende Isoquante für eine Produktionsmenge von 490 Einheiten in Abbildung 7A-1 einzuzeichnen, indem Sie die Daten aus Tabelle 7A-1 zugrundelegen. Eigentlich könnte man sogar eine unbegrenzte Anzahl dieser Isoquanten einzeichnen.

Isokostenlinien

Bei vorgegebenen Arbeits- und Bodenpreisen kann das Unternehmen die Gesamtkosten für die Punkte *A, B, C* und *D* oder für jeden anderen Punkt auf der Isoquante ermitteln. Das Unternehmen minimiert seine Kosten, wenn es jenen Punkt auf seiner Isoquante auswählt, bei dem die niedrigsten Gesamtkosten entstehen.

Eine einfache Methode, um die kostenoptimale Produktions-Inputkombination zu erkennen, besteht in der Konstruktion von **Isokostenlinien**. Wir sehen sie in Abbildung 7A-2, in der die Gruppe paralleler Geraden eine Reihe von Isokostenkurven bei einem Arbeitspreis von $ 2 und einem Bodenpreis von $ 3 darstellt.

Abbildung 7A-3: Die Faktorkombination mit den geringsten Kosten ergibt sich in *C*

Das Unternehmen möchte seine Produktionskosten bei einer gegebenen Produktionsmenge von 346 Einheiten minimieren. Es ist deshalb bestrebt, entlang der blauen Isoquante die kostengünstigste Inputkombination zu wählen. Gesucht wird nach jener Inputkombination, die auf den Isokostenkurven am tiefsten liegt. Wo die Isoquante die tiefste Isokostenkurve berührt, ohne sie zu schneiden, befindet sich die die kostenminimale Position. In diesem Tangentialpunkt entsprechen Faktorpreise und Grenzprodukte einander, wobei die Grenzprodukte pro Dollar gleichgesetzt sind.

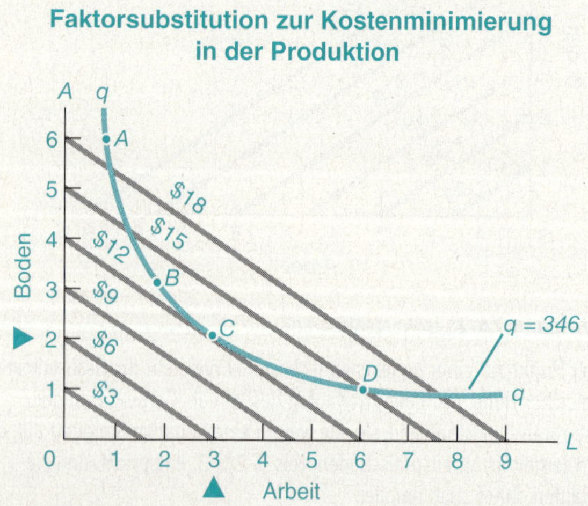

Um die Gesamtkosten für jeden Punkt zu ermitteln, lesen wir einfach die Zahl über jener Isokostenlinie ab, die durch den betreffenden Punkt verläuft. Die Linien sind alle gerade und parallel, weil wir von der Annahme ausgehen, daß das Unternehmen von jedem Input bei konstanten Preisen kaufen kann, soviel es will. Die Linien sind etwas flacher als 45°, weil der Preis für Arbeit P_L etwas geringer ist als der Preis für Boden P_A. Wir können daher sagen, daß der arithmetische Wert der Steigung einer jeden Isokostenlinie dem Verhältnis des Arbeitspreises zum Bodenpreis entsprechen muß – in diesem Fall $P_L/P_A = 2/3$.

Isokostenlinie als Tangente der Isoquante: Ermittlung des Least-cost-Punktes (Minimalkostenkombination)

Durch die Verbindung von Isoquanten und Isokostenlinien können wir die optimale, die kostenminimierende Position des Unternehmens ermitteln. Beachten Sie, daß die optimale Inputkombination bei jenem Punkt gegeben ist, an dem der gegebene Output von $q = 346$ zu den geringsten Kosten produziert werden kann. Um diesen Punkt zu ermitteln, legen Sie einfach die einzelne blaue Isoquante über die Reihe von schwarzen Isokostenlinien, wie Sie es in Abbildung 7A-3 sehen. Das Unternehmen bewegt sich, solange es ihm möglich ist, auf niedrigere Kostenlinien zu wechseln, entlang der blauen, konvexen Kurve in Abbildung 7A-3. Das Gleichgewicht stellt sich daher in Punkt *C* ein, wo die Isoquante die niedrigste Isokostenlinie berührt (aber nicht schneidet). Das ist der Tangentialpunkt, in dem der Anstieg der Isoquante genau dem Anstieg einer Isokostenlinie entspricht und wo die beiden Kurven einander nur berühren.

Wir wissen bereits, daß der Anstieg der Isokostenkurven P_L/P_A beträgt. Aber welchen Wert hat die Steigung der Isoquante? Erinnern Sie sich bitte an den Anhang zu Kapitel 1, wo wir ausgeführt haben, daß die Steigung an einem Punkt einer gekrümmten Linie der Tangente dieser Kurve am fraglichen Punkt entspricht. Was die Isoquante betrifft, so stellt diese Steigung die „Substitutionsrate" (oder Grenzrate der Substitution) zwischen den beiden Faktoren dar. Sie hängt von den jeweiligen Grenzprodukten der beiden Produktionsfaktoren, nämlich MP_L/MP_A, ab – genauso wie beim Substitutionsverhältnis zweier Güter entlang einer Konsumenten-Indifferenzkurve, von dem wir zuvor nachgewiesen haben, daß es dem Verhältnis der Grenznutzen der beiden Güter entspricht (siehe Anhang zu Kapitel 5).

Least-cost- oder Minimalkosten-Bedingungen

Mit Hilfe des Diagramms haben wir damit die Bedingungen abgeleitet, unter denen ein Unternehmen seine Produktionskosten minimiert:

1. Das Verhältnis der Grenzprodukte zweier beliebiger Produktionsfaktoren muß dem Verhältnis ihrer Faktorpreise entsprechen.

   Substitutionsrate

   $$= \frac{\text{Grenzprodukt der Arbeit}}{\text{Grenzprodukt des Bodens}}$$

   $$\text{Steigung der Isoquante} = \frac{\text{Preis der Arbeit}}{\text{Preis des Bodens}}$$

2. Wir können Bedingung 1 aber auch anders und verständlicher formulieren. Aus der letzten Gleichung ergibt sich, daß das Grenzprodukt pro Geldeinheit, das aus der letzten für jeden Produktionsfaktor ausgegebenen Geldeinheit erwirtschaftet wurde, gleich sein muß.

   $$\frac{\text{Grenzprodukt von } L}{\text{Preis von } L}$$

   $$= \frac{\text{Grenzprodukt von } A}{\text{Preis von } A} = \ldots$$

Aber geben Sie sich mit abstrakten Erklärungen nicht zufrieden. Behalten Sie stets die allgemein verständliche volkswirtschaftliche Erklärung im Kopf, die uns zeigt, wie ein Unternehmen seine Ausgaben auf die diversen Produktionsfaktoren so aufteilt, daß das Grenzprodukt pro ausgegebener Geldeinheit ausgeglichen wird.

ZUSAMMENFASSUNG

1. Eine Produktionsfunktions-Tabelle zeigt uns die möglichen Produktionsmengen, die bei jeder Spalte (Arbeit) in Verbindung mit jeder Zeile (Boden) erzielt werden können. Abnehmende Grenzerträge lassen sich, wenn die anderen Faktoren fix oder konstant gehalten werden, bei einem variablen Faktor nachweisen, indem man die Abnahme des Grenzprodukts in jeder beliebigen Zeile oder Spalte ausrechnet.
2. Eine Kurve gleicher Produktionsmenge oder Isoquante stellt die alternativen Inputkombinationen dar, mit denen jeweils dieselbe Produktionsmenge erzeugt werden kann. Die Steigung oder die Substitutionsrate entlang einer solchen Isoquante entspricht den relativen Grenzprodukten (z.B. MP_L/MP_A). Die Kurven mit gleichen Gesamtkosten lassen sich als parallele Linien mit einer Steigung darstellen, die den Faktorpreisverhältnissen (P_L/P_A) entspricht. Das kostenoptimale oder Least-cost-Gleichgewicht stellt sich ein, wo eine Isoquante die niedrigste *Isokostenlinie* berührt, aber nicht schneidet. Im kostenoptimalen Gleichgewicht sind die Grenzprodukte proportional zu den Faktorpreisen, wobei die Grenzprodukte pro Dollar, der für jeden einzelnen Produktionsfaktor ausgegeben wird, gleich sind (d.h. gleiche MP_i/P_i).

BEGRIFFE ZUR WIEDERHOLUNG

Kurven gleicher Produktionsmenge oder Isoquanten
Parallele Isokostenlinien
Substitutionsrate = MP_L/MP_A
P_L/P_A als Steigung paralleler Isokostenlinien
Kostenoptimaler Tangentialpunkt: $MP_L/MP_A = P_L/P_A$ oder $MP_L/P_L = MP_A/P_A$

FRAGEN UND BEISPIELE

1. Weisen Sie nach, daß durch eine Erhöhung der Löhne bei konstanten Bodenrenten die schwarzen Isokostenlinien steiler werden und der Tangentialpunkt *C* in Abbildung 7A-3 nach Nordwesten (also nach links oben) in Richtung *B* verschoben wird, wobei der billiger gewordene Produktionsfaktor den anderen, teureren Faktor substituiert. Erklären Sie das Ergebnis, wenn wir Kapital durch Arbeit substituieren. Wie werden wohl Gewerkschaftsführer dazu stehen?

2. Wie sieht die Least-cost-Kombination von Produktionsfaktoren aus, wenn die Produktionsfunktion durch Tabelle 7A-1 vorgegeben ist und die Faktorpreise in Abbildung 7A-3 angegeben sind, wobei $q = 346$? Was wäre das Least-cost-Verhältnis für dieselben Inputpreise, wenn die Produktionsmenge auf $q = 692$ verdoppelt würde? Was ist mit der „Faktorintensität" oder dem Boden-Arbeitsverhältnis geschehen? Können Sie erkennen, warum dieses Ergebnis bei konstanten Skalenerträgen für jede Änderung der Produktionsmenge gelten muß?

KAPITEL 8

ANGEBOT UND ALLOKATION AUF WETTBEWERBSMÄRKTEN

Die Produktionskosten hätten keinen Einfluß auf den Marktpreis, würden sie sich nicht auf das Angebot auswirken.

John Stuart Mill

Wir kommen nun zu einem der wichtigsten Themen der Volkswirtschaft überhaupt: zur Frage, wie Unternehmen auf die Preissignale des Marktes reagieren. Schon unser praktischer Verstand sagt uns, daß eine kluge Geschäftsfrau ihre Produktionsmenge erhöht, sobald sie mit ihrem Produkt einen höheren Preis erzielen kann. Klettert der Goldpreis in die Höhe, ist es nur natürlich, daß die Betreiber von Goldminen eifriger nach Goldadern suchen und tiefer graben lassen. Würde der Preis für Turnschuhe von 20 auf 150 Dollar in die Höhe schnellen, wäre kaum jemand über den dann einsetzenden Zulauf zu dieser Branche überrascht.

Aber wir können – bewaffnet mit unserem Wissen über Produktion und Kosten – das Angebotsverhalten der Unternehmen und der einzelnen Wirtschaftszweige im Wettbewerb noch viel genauer ergründen. In diesem Kapitel wollen wir dazu drei wesentliche Themen behandeln. Eingangs werden wir sehen, daß die Angebotsentscheidungen von Unternehmen stark durch die Produktions-Grenzkosten beeinflußt werden. Dann wollen wir zeigen, daß auf einem vollkommenen Markt immer neue Unternehmen auftauchen, bis die Gewinne langfristig gegen Null gehen. Und schließlich, drittens, wollen wir noch nachweisen, daß Wirtschaftszweige mit vollständigem Wettbewerb effizient sind, was impliziert, daß es keine Möglichkeit gibt, die Produktion so umzugestalten, daß es allen noch besser geht.

A. ANGEBOTSVERHALTEN DES UNTERNEHMENS BEI VOLLSTÄNDIGEM WETTBEWERB

Die erstaunliche Fähigkeit privatwirtschaftlich organisierter Unternehmen, neue Produkte zu entwickeln und zu erzeugen, unterstreicht die Leistungsfähigkeit der Marktwirtschaft. Aber wie genau verhält sich denn ein Unternehmen? Wieviel sollte ein Unternehmen im vollständigen Wettbewerb produzieren?

VERHALTEN DES UNTERNEHMENS BEI VOLLSTÄNDIGEM WETTBEWERB

Wieviel Weizen sollte Bauer Smith produzieren, wenn das Bushel Weizen einen Preis von $ 3 erzielt? Wieviele Paar Schuhe sollte der winzige Schuhladen Fabiola's Fabulous

Formfitters bei einem Marktpreis für Schuhe von $ 40 herstellen und verkaufen? Diese Fragen haben mit dem Angebotsverhalten des Unternehmens im vollständigen Wettbewerb zu tun. Im vorliegenden Kapitel gehen wir von der Annahme aus, daß unser Unternehmen nach *Gewinnmaximierung* strebt, wobei Gewinne als die Gesamteinnahmen abzüglich der Gesamtkosten definiert sind. Die Gewinnmaximierung erfordert ein effizientes Management der internen Abläufe in einem Unternehmen (Verschwendung vermeiden, Arbeitsmoral heben, effiziente Produktionsprozesse wählen etc.) und kluge Marktentscheidungen (Ankauf der richtigen Menge an Produktionsfaktoren zu geringstmöglichen Kosten und Auswahl der optimalen Produktionsmenge).

Warum möchte ein Unternehmen seine Gewinne maximieren? Gewinne haben dieselbe Funktion wie das Nettoeinkommen oder das, was vom Gehalt übrigbleibt, eben nur für Unternehmen. Sie stellen jenen Geldbetrag dar, den ein Unternehmen in Form von Dividenden an seine Eigentümer ausbezahlt, den es in neue Anlagen und maschinelle Ausstattung reinvestieren oder mit dem es selbst Finanzinvestitionen tätigen kann. Alle diese Aktivitäten erhöhen den Wert des Unternehmens für seine Eigentümer.

Achtung – wichtige Begriffe! *Da für die Höhe der Gewinne sowohl die Kosten als auch die Erlöse eine Rolle spielen, muß das Unternehmen seine Kostenstruktur gut im Griff haben, um Gewinne erzielen zu können. Sehen Sie noch einmal in Tabelle 7-3 im vorigen Kapitel nach, um sicherzugehen, daß Sie die wichtigen Begriffe der Gesamtkosten, Durchschnittskosten und Grenzkosten verstanden haben. Denken Sie außerdem daran, daß die Welt des vollständigen Wettbewerbs eine Welt der Mengenanpasser ist. Ein Mengenanpasser oder Preisnehmer ist ein Unternehmen, das im Verhältnis zu dem von ihm belieferten Markt so klein ist, daß es keinen Einfluß auf den Marktpreis ausüben kann, sondern den erzielbaren Preis einfach als gegeben hinnehmen muß. Wenn Bauern ein homogenes Produkt wie Weizen verkaufen, können sie mit zahlreichen potentiellen Käufern rechnen, die gewillt sind, den Marktpreis von $ 3 pro Bushel zu bezahlen. Wie ja auch die meisten Haushalte die Preise akzeptieren müssen, die im Lebensmittelhandel oder an der Kinokasse verlangt werden, akzeptieren Unternehmen zwangsläufig die Marktpreise für Weizen, Öl oder Schuhe, die sie produzieren.*

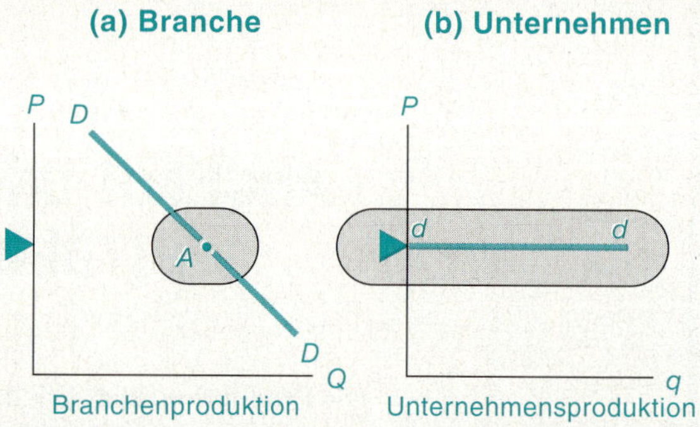

Abbildung 8-1: Die Nachfragekurve erscheint für ein Unternehmen im vollständigen Wettbewerb horizontal

Die Branchennachfragekurve links zeigt die unelastische Nachfrage in Punkt *A*. Das Unternehmen im vollständigen Wettbewerb verfügt jedoch nur über einen so kleinen Marktanteil, daß die Nachfrage absolut horizontal erscheint (d.h. absolut elastisch). Unternehmen im vollständigen Wettbewerb können zum Marktpreis jede gewünschte Menge verkaufen.

Wir können uns einen Mengenanpasser (Preisnehmer) im vollständigen Wettbewerb besser vorstellen, wenn wir untersuchen, wie der Markt für ein im Wettbewerb stehendes Unternehmen aussieht. Abbildung 8-1 zeigt den Gegensatz zwischen der gesamten Branchen-Nachfragekurve (der *DD*-Kurve) und der Nachfragekurve, mit der es ein einzelnes, im Wettbewerb stehendes Unternehmen zu tun hat (der *dd*-Kurve). Da ein Wirtschaftszweig unter Wettbewerbsbedingungen von Unternehmen bevölkert wird, die gemessen am gesamten Markt klein sind, entspricht die Nachfragekurve dieses Unternehmens nur einem winzigen Segment der Nachfragekurve der gesamten Branche. Graphisch dargestellt ist der Anteil des einzelnen Unternehmens an der Nachfragekurve so gering, daß aus der Froschperspektive des Mitspielers im vollständigen Wettbewerb die Nachfragekurve *dd* absolut horizontal und unbegrenzt elastisch erscheint. Abbildung 8-1 zeigt, daß die Elastizität der Nachfrage für einen einzelnen Mitbewerber viel größer erscheint als für den gesamten Markt.

Da Unternehmen im Wettbewerb keinen Einfluß auf die Preisbildung nehmen können, ist der Preis jeder verkauften Einheit einfach der zusätzliche Erlös, den das Unternehmen damit einnimmt. Bei einem Marktpreis von $ 40 pro Einheit kann das im Wettbewerb stehende Unternehmen jede gewünschte Menge zu $ 40 verkaufen. Wenn es daher beschließt, plötzlich anstatt 100 Einheiten 101 Einheiten zu verkaufen, steigen die Erlöse exakt um $ 40.

Angebotsentscheidung eines Unternehmens im vollständigen Wettbewerb

(1) Menge q	(2) Gesamtkosten TC (\$)	(3) Grenzkosten pro Einheit MC (\$)	(4) Durchschnittskosten AC (\$)	(5) Preis P (\$)	(6) Gesamterlös TR (\$)	(7) Gewinn π (\$)
0	55.000					
1.000	85.000	27	85	40	40.000	– 45,000
2.000	110.000	22	55	40	80.000	– 30,000
3.000	130.000	21	43,33	40	120.000	– 10,000
3.999	159.960,01	39,98	40,0001	40	159.960	– 0,01
		39,99				
4.000	**160.000**	40	**40**	**40**	**160.000**	**0**
		40,01				
4.001	160.040,01	40,02	40,0001	40	160.040	– 0,01
5.000	210.000	60	42	40	200.000	– 10.000

Tabelle 8-1: Die gewinnmaximale Produktionsmenge ergibt sich dort, wo gilt: Grenzkosten = Preis

Die vorliegende Tabelle bedient sich der Kostendaten aus dem vorigen Kapitel (siehe Tabelle 7-3). Wir haben jedoch eine geringfügige Anpassung der Menge vorgenommen, um die Kosten rund um den Punkt der Mindestdurchschnittskosten bei 4.000 Einheiten zu ermitteln. Die dunkelblauen Grenzkostenzahlen in Spalte (3) sind jene Zahlen, die sich aus der durchgehenden *MC*-Kurve ablesen lassen. Die hellblauen *MC*-Zahlen in Spalte (3) zwischen den Zeilen beziehen sich auf die exakten *MC*, die zwischen den verschiedenen Mengen in Spalte (1) ermittelt wurden.

Merken Sie sich bitte folgende wichtige Punkte:

1. Unter den Bedingungen des vollständigen Wettbewerbs gibt es zahlreiche kleine Unternehmen, die ein identes Produkt erzeugen und jeweils zu klein sind, um auf den Marktpreis Einfluß zu nehmen.
2. Für das Unternehmen im vollständigen Wettbewerb gilt eine absolut horizontale Nachfragekurve (*dd*-Kurve).
3. Der zusätzliche Erlös aus jeder zusätzlich verkauften Einheit entspricht daher dem Marktpreis.

Angebot unter Wettbewerbsbedingungen: Grenzkosten entsprechen dem Preis

Wenn nun Kosten und Nachfrage fix sind und die Unternehmen Gewinne erzielen möchten – wie kann ein Unternehmen im Wettbewerb zu einer Entscheidung über die anzubietende Menge gelangen? Natürlich hängt die angebotene Produktionsmenge von den Produktionskosten ab. Nehmen wir als Beispiel das Angebot an Fahrrädern. Kein vernünftiges Unternehmen würde je Fahrräder im Dutzend für einen Dollar verkaufen, weil damit nicht einmal die Kosten für den Sattel gedeckt wären. Würden Fahrräder hingegen zu 10 Millionen Dollar pro Stück verkauft, könnte bestimmt kein Mensch der Versuchung widerstehen, rasch ein Fahrradgeschäft zu eröffnen. Leider liegen die Entscheidungen der Unternehmen über ihre Produktionsmenge normalerweise nicht so klar auf der Hand, und es müssen dazu die Grenzkosten der Produktion betrachtet werden. Sehen wir, wie das funktioniert.

Nehmen wir an, *Sie* wären Inhaberin des Schuhladens Fabiola's Fabulous Formfitters und müßten über die Produktionsmenge entscheiden, bei der Ihr Gewinn maximiert wird.

Die Daten in Tabelle 8-1 helfen uns, jene Faktoren zu verstehen, die für die Angebotsentscheidung eines im Wettbewerb stehenden Unternehmens wie des Ihren entscheidend sind. (Beachten Sie bitte, daß diese Tabelle dieselben Kostendaten mal tausend enthält, die bereits in Tabelle 7-3 im vorigen Kapitel enthalten waren.) Bei diesem Beispiel nehmen wir an, daß der Marktpreis für Schuhe bei \$ 40 pro Paar liegt. Zu Beginn verkauft Fabiola

3000 Paar Schuhe. Das bringt ihr einen Gesamterlös von $ 40 x 3000 = $ 120.000 bei Gesamtkosten von $ 130.000, also einen Verlust von $ 10.000.

Fabiola – also Sie – nehmen nun Ihren Betrieb unter die Lupe und erkennen, daß der Erlös aus dem Verkauf jedes zusätzlichen Paars Schuhe $ 40 beträgt, während die Grenzkosten nur $ 21 betragen. Das bedeutet, daß Ihnen der Verkauf weiterer Schuhe mehr einbringt, als er kostet. Deshalb erhöhen Sie Ihre Produktion auf 4000 Paar. Bei dieser Produktionsmenge erzielt das Unternehmen einen Gesamterlös von $ 40 x 4000 = $ 160.000 bei Kosten von $160.000, der Break-even-Point oder die Gewinnschwelle ist erreicht.

Stolz auf Ihren Erfolg beschließen Sie nun, noch ein wenig mehr zu erzeugen, sagen wir 5000 Paar Schuhe. Bei dieser Produktionsmenge ergeben sich Erlöse von $ 40 x 5000=$ 200.000 bei Kosten von $ 210.000. Sie verzeichnen also schon wieder einen Verlust von $ 10.000. Was ist da wohl schiefgelaufen?

Bei Überprüfung Ihrer Bücher sehen Sie, daß bei einer Produktionsmenge von 5000 Einheiten die Grenzkosten $ 60 betragen, also höher sind als der Preis von $ 40, und daß Sie daher mit jeder zusätzlich produzierten Einheit $ 20 (entspricht dem Preis abzüglich *MC*) verlieren. Nun geht Ihnen und Ihrem Buchhalter ein Licht auf: *Der maximale Gewinn ergibt sich bei jener Produktionsmenge, bei der die Grenzkosten dem Preis entsprechen.*

Der dieser Aussage zugrundeliegende Gedanke ist der, daß das Unternehmen solange zusätzliche Gewinne machen kann, als der Preis über den Grenzkosten der letzten Einheit liegt. Der Gesamtgewinn erreicht seinen höchsten Wert – wird also maximiert –, sobald durch den Verkauf zusätzlicher Mengen kein zusätzlicher Gewinn mehr erzielt werden kann. Am Punkt des höchsten Gewinns erbringt die letzte produzierte Einheit einen Erlös, der genau den Kosten dieser Einheit entspricht. Wie hoch ist nun dieser zusätzliche Erlös? Er entspricht dem Preis pro Einheit. Und was sind die zusätzlichen Kosten? Es sind die Grenzkosten.

Überprüfen wir diese Regel, indem wir uns Tabelle 8-1 näher ansehen. Beginnen wir mit der gewinnträchtigsten Produktionsmenge von 4000 Paar Schuhen. Verkauft Fabiola ein einziges Paar mehr, erhält Sie dafür einen Preis von $ 40, während die Grenzkosten für diese Einheit $ 40,01 betragen. Das Unternehmen verliert also bei der 4001. Einheit Geld. Ebenso käme es für das Unternehmen zu einem Verlust von $ 0,01, würde es eine Einheit weniger produzieren. Das beweist, daß die gewinnträchtigste Produktionsmenge für das Unternehmen genau bei $q = 4000$ liegt, an jenem Punkt also, an dem der Preis den Grenzkosten entspricht.

Regel für die Angebotsmenge eines Unternehmens unter Bedingungen vollständigen Wettbewerbs: Ein Unternehmen, das nach Gewinnmaximierung strebt, wählt eine Produktionsmenge, bei der die Grenzkosten dem Preis entsprechen:

Grenzkosten = Preis oder $MC = P$

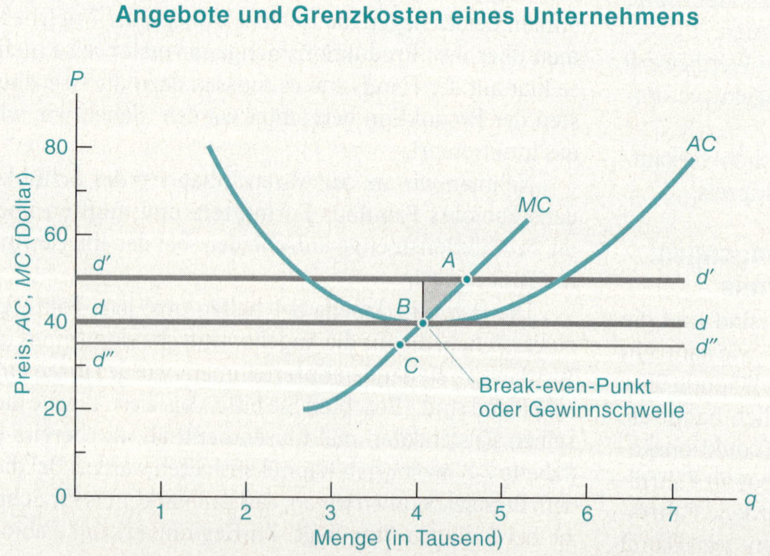

Abbildung 8-2: Die Angebotskurve des Unternehmens entspricht seiner steigenden Grenzkostenkurve

Für ein gewinnmaximierendes Unternehmen im vollständigen Wettbewerb entspricht die ansteigende Grenzkostenkurve (*MC*) der Angebotskurve. Bei einem Marktpreis auf *d'd'* bietet das Unternehmen eine Produktionsmenge an, die im Schnittpunkt *A* liegt. Erklären Sie, warum die Schnittpunkte *B* und *C* das Gleichgewicht für *d* bzw. *d''* darstellen.

Abbildung 8-2 illustriert die Angebotsentscheidung eines Unternehmens im Diagramm. Wenn der Marktpreis \$ 40 beträgt, kontrolliert das Unternehmen seine Kostendaten in Tabelle 8-1 und stellt fest, daß die Produktionsmenge, die den Grenzkosten entspricht, bei 4000 Einheiten liegt. Bei einem Marktpreis von \$ 40 entscheidet sich das Unternehmen daher für eine Produktionsmenge und für den Verkauf von 4000 Einheiten, eine Menge, die dem Schnittpunkt der Preisgeraden bei \$ 40 mit der *MC*-Kurve im Punkt *B* entspricht.

Im allgemeinen läßt sich die Grenzkostenkurve eines Unternehmens dazu benützen, um seine optimale Produktionsmenge zu ermitteln: Die Gewinnmaximierung wird bei jener Produktionsmenge erreicht, bei der Preis und Grenzkostenkurve einander schneiden.

Beachten Sie bitte in Tabelle 8-1 auch, daß bei einer Produktionsmenge von 4000 Einheiten die Durchschnittskosten oder Kosten pro Einheit ebenso \$ 40 betragen, daß also der Break-even des Unternehmens an dem Punkt liegt, an dem die Gesamterlöse den Gesamtkosten entsprechen. Punkt *B* ist der **Break-even-Punkt oder die Gewinnschwelle**, jene Produktionsmenge, bei der das Unternehmen keine Gewinne erzielt; im Break-even-Punkt entspricht der Preis den Durchschnittskosten, daher decken die Erlöse gerade die Kosten ab.

Was aber, wenn ein Unternehmen eine falsche Entscheidung über seine Produktionsmenge trifft? Läge beispielsweise der Marktpreis bei \$ 50, müßte das Unternehmen seine Produktionsmenge entsprechend dem Schnittpunkt *A* in Abbildung 8-2 wählen. Wir können mit Hilfe des grau unterlegten Dreiecks in Abbildung 8-2 den Gewinnentgang berechnen, sollte das Unternehmen fälschlicherweise bei einem Preis von \$ 50 seine Produktionsmenge in *B* wählen. So erkennen wir den Preisüberhang gegenüber *MC* bei einer Produktion zwischen *B* und *A*. Zeichnen Sie ein ähnliches Dreieck über *A* ein, um den Verlust durch Überproduktion zu veranschaulichen.

Die allgemeine Regel lautet daher:

Ein Unternehmen, das auf Gewinnmaximierung bedacht ist, entscheidet sich für jene Produktionsmenge, bei der die Grenzkosten dem Preis entsprechen. Im Diagramm bedeutet das, daß die Grenzkostenkurve eines Unternehmens seiner Angebotskurve entspricht.

Gesamtkosten und die Betriebseinstellungsbedingung

Unsere allgemeine Regel für die Angebotsmenge eines Unternehmens läßt eine Möglichkeit offen – daß nämlich der Preis so niedrig ist, daß das Unternehmen es vorzieht, den Betrieb einzustellen. Wäre es nicht möglich, daß beim Gleichgewicht von $P = MC$ Fabiolas Schuhladen eine ganze Menge Geld verliert und Fabiola es daher vorzieht, dichtzumachen? Im allgemeinen wird ein Unternehmen den Betrieb dann schließen, wenn kurzfristig die variablen Kosten nicht mehr gedeckt werden können.

Nehmen wir beispielsweise an, das Unternehmen sieht sich mit einem Marktpreis von \$ 35 konfrontiert, dargestellt durch die horizontale Linie *d"d"* in Abbildung 8-2. Damit entsprechen die *MC* dem Preis in Punkt *C*, einem Punkt, an dem der Preis unter den durchschnittlichen Produktionskosten liegt. Wird das Unternehmen den Entschluß fassen, weiter zu produzieren, auch wenn es sich damit einen Verlust einhandelt?

Überraschenderweise lautet die richtige Antwort ja. Das Unternehmen muß danach trachten, seine *Verluste zu minimieren*, was bedeuten kann, daß es weiter produzieren sollte. Da die Fixkosten des Unternehmens bei \$ 55.000 liegen, würde die Produktion in Punkt *C* zu einem Verlust von nur \$ 20.000 führen. In dieser Situation könnte die Weiterführung des Betriebes einen Verlust von \$ 20.000 gegenüber Verlusten von \$ 55.000 bei einer Betriebsschließung erbringen. Daher wäre das Unternehmen gut beraten, mit der Produktion fortzufahren.

Um diesen Gedankengang zu verstehen, denken Sie bitte daran, daß ein Unternehmen, selbst wenn es gar nichts produziert, nach wie vor seinen vertraglichen Verpflichtungen nachkommen muß. Kurzfristig bleibt dem Unternehmen nichts anderes übrig, als seine Fixkosten wie etwa Kreditzinsen an die Bank, Miete für die Schuhfabrik, Lizenzgebühren an Fabiola und das Gehalt der Geschäftsführerin weiterhin zu bezahlen. Die restlichen Kosten des Unternehmens bestehen aus den variablen Kosten wie jenen für Material, Arbeitskräfte und Treibstoff. Es wäre von Vorteil, die Produktion mit $P = MC$ aufrecht zu halten, solange die Erlöse abzüglich der variablen Kosten einen Teil der Fixkosten decken.

Und das ergibt die Betriebseinstellungsregel:

Betriebsschließungsregel: Wenn der Preis so weit fällt, daß die Gesamterlöse unter den variablen Kosten liegen und der Preis geringer ist als die durchschnittlichen variablen Kosten, kann das Unternehmen seine Verluste durch Betriebseinstellung minimieren.

Die kritische Marktpreisuntergrenze, bei der die Erlöse genau den variablen Kosten entsprechen (oder bei der die Verluste genau den Fixkosten entsprechen), wird als **Betriebsminimum** bezeichnet. Bei Preisen über dem Betriebsminimum produziert das Unternehmen entlang seiner Grenzkostenkurve, weil das Unternehmen dadurch zwar Geld verlieren könnte, durch die Schließung jedoch

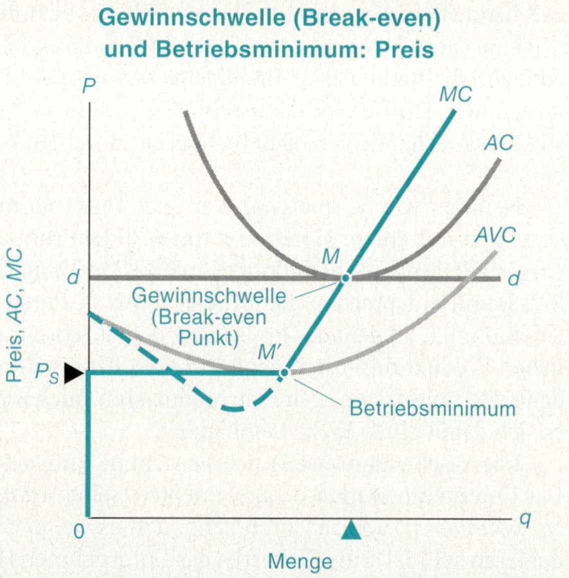

Abbildung 8-3: Die Angebotskurve des Unternehmens bewegt sich die *MC*-Kurve entlang nach unten zum Betriebsminimum

Die Angebotskurve des Unternehmens entspricht seiner *MC*-Kurve, solange der Erlös höher ist als die variablen Kosten. Sobald der Preis unter *PS*, das Betriebsminimum, fällt, fallen die Verluste höher aus als die Fixkosten, und das Unternehmen stellt die Produktion ein. Daher stellt die durchgängige blaue Kurve die Angebotskurve des Unternehmens dar.

noch größere Verluste in Kauf nehmen müßte. Bei Preisen, die unter dem Betriebsminimum liegen, produziert das Unternehmen überhaupt nichts mehr, weil es durch eine Schließung den Verlust auf die Fixkosten begrenzt.

Abbildung 8-3 zeigt das *Betriebsminimum* und die *Gewinnschwelle* (Break-even-Punkt) eines Unternehmens. Der Break-even-Punkt liegt dort, wo der Preis den *AC* entspricht, während das Produktionsniveau für die Betriebseinstellung dann erreicht wird, wenn der Preis den *AVC* entspricht. Deshalb entspricht die Angebotskurve des Unternehmens der durchgehenden blauen Linie in Abbildung 8-3. Sie verläuft entlang der vertikalen Achse bis zu dem Preis, der dem Betriebsminimum entspricht, springt zum Betriebsminimum in *M'*, wo *P* dem Niveau der *AVC* entspricht und verläuft dann weiter die *MC*-Kurve hinauf, wenn die Preise über dem Betriebsminimum liegen.

Die Analyse der Betriebseinstellungsbedingungen führt zu dem überraschenden Schluß, daß Unternehmen, die nach Gewinnmaximierung trachten, kurzfristig ihren Betrieb vielleicht auch dann weiter betreiben, wenn sie Verluste schreiben. Diese Bedingung gilt insbesondere für Unternehmen mit viel Kapital und hohen Verbindlichkeiten (beispielsweise Fluglinien), die aus diesem Grund hohe Fixkosten haben. Für diese Unternehmen ist es häufig günstiger, die Produktion aufrecht zu erhalten, als zu schließen und nach wie vor die hohen Fixkosten bezahlen zu müssen.

Beispiel: Schließung von Bohrstätten. *Ein anschauliches Beispiel für die praktische Bedeutung der Betriebseinstellungsregel kommt aus der Ölindustrie. Im Jahr 1985, als der Preis für Rohöl $ 27 pro Barrel betrug, gab es in den USA etwa 35.000 Bohrstätten. Schon im nächsten Jahr allerdings fiel ihre Zahl auf unter 19.000, also um beinahe die Hälfte. Waren plötzlich die Vorkommen ausgebeutet? Wohl kaum. Was tatsächlich geschah: der Durchschnittspreis für Rohöl fiel dramatisch bis auf $ 14 pro Barrel. Die Gewinne, nicht die Ölquellen, waren versiegt. In der Folge legten die Ölgesellschaften einfach ihre Bohrungen still. Dasselbe funktioniert natürlich genauso in der umgekehrten Richtung. Während des Golfkrieges in den neunziger Jahren stieg der Ölpreis, und die Bohrungen wurden forciert, weil die Ölgesellschaften durch die höheren Gewinnerwartungen entsprechend motiviert waren.*

B. ANGEBOTSVERHALTEN GANZER WIRTSCHAFTSZWEIGE BEI VOLLSTÄNDIGEM WETTBEWERB

Bislang haben wir uns in unserer Erörterung des Themas auf das Einzelunternehmen beschränkt. Aber ein vollkommener Markt besteht aus vielen Unternehmen, und wir interessieren uns für das Verhalten all dieser Unternehmen, nicht nur für eines von ihnen. Nur: Wie gelangen wir vom Einzelfall zur Gesamtheit? Von Fabiolas Schuhladen zur gesamten Schuhindustrie?

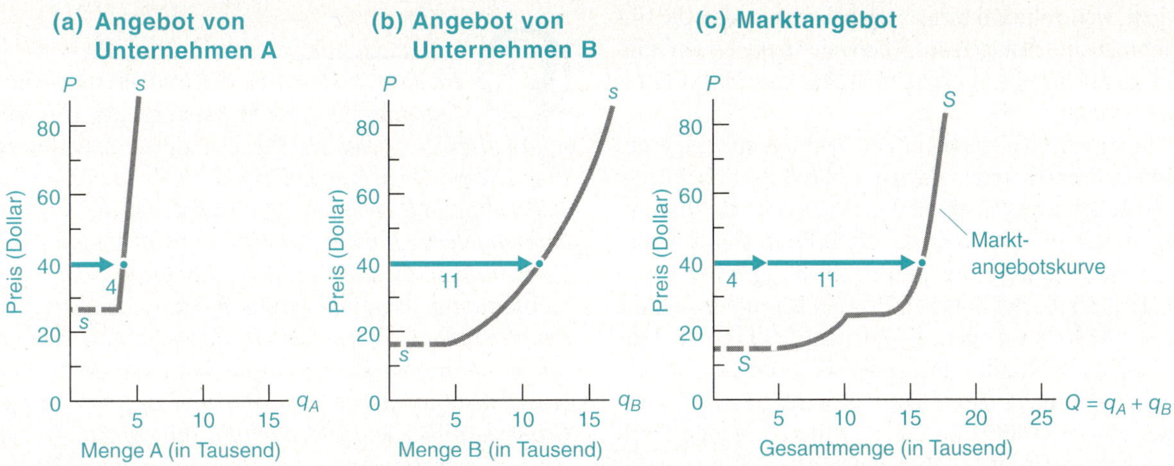

Abbildung 8-4: Durch Addition aller Angebotskurven der Unternehmen können wir das Marktangebot ableiten

Die Diagramme zeigen, daß die Marktangebotskurve (*SS*) aus zwei Einzel-Angebotskurven (*ss*) zusammengesetzt ist. Wir addieren die von jedem Unternehmen bei einem Preis von $ 40 angebotenen Mengen horizontal und erhalten das Marktangebot beim Preis von $ 40. Dasselbe gilt für jeden Preis und jede beliebige Anzahl von Unternehmen. Gäbe es 1.000 Unternehmen, die mit A identisch sind, würde die Marktangebotskurve aussehen wie die Angebotskurve von Unternehmen A bei einer tausendfachen Vergrößerung des Maßstabs auf der X-Achse.

ERMITTLUNG DES MARKTANGEBOTES DURCH ADDITION DER ANGEBOTSKURVEN ALLER UNTERNEHMEN

Nehmen wir an, wir hätten es mit einem vollkommenen Markt für Schuhe zu tun. Unternehmen A bringt zu einem gegebenen Preis eine bestimmte Anzahl an Schuhen auf den Markt, Unternehmen B eine andere Menge, ebenso die Unternehmen C, D etc. In jedem Fall ergibt sich die angebotene Menge durch die Grenzkosten des Unternehmens. Die *gesamte*, zu einem bestimmten Preis auf den Markt gebrachte Angebotsmenge entspricht daher der *Summe* der einzelnen Mengen, die die Unternehmen zu diesem Preis anbieten.

Diese Überlegung führt uns zu folgender Beziehung zwischen individuellem und Marktangebot:

Um die Marktangebotskurve für ein Gut zu ermitteln, müssen wir die Angebotskurven aller einzelnen Produzenten dieses Gutes horizontal addieren.

Abbildung 8-4 zeigt das anhand zweier Unternehmen. Um zur Branchen-Angebotskurve *SS* zu gelangen, haben wir beim selben Preis die Angebotskurven der einzelnen Firmen *ss* horizontal zu addieren. Bei einem Preis von $ 40 bietet Unternehmen A 4000 Einheiten an, während Unternehmen B mit 11.000 Einheiten auf den Markt drängt. Daher addiert man für die Branchen-Angebotskurve (Abbildung 8-4(*c*)) die beiden Angebote und erhält die Angebotsmenge für die Gesamtbranche bei einem Preis von $ 40 mit 15.000 Einheiten. Umfaßt eine Branche zwei Millionen anstatt nur zwei Unternehmen, läßt sich der Output der gesamten Branche ebenso bestimmen, indem wir alle 2 Millionen Einzelmengen zum gegebenen Preis addieren. Die horizontale Addition der Produktionsmengen beim jeweiligen Preis ergibt die Branchen-Angebotskurve.

KURZ- UND LANGFRISTIGES GLEICHGEWICHT

Alfred Marshall, ein großer Ökonom, der um die Jahrhundertwende in Cambridge lehrte, trug zur Entwicklung der Instrumentarien bei, mit denen wir uns heute den Themenbereichen von Angebot und Nachfrage nähern. Er stellte fest, daß Nachfrageverschiebungen kurzfristig größere Preisanpassungen und geringere Mengenanpassungen verusachen als langfristig. Wir können diese Beobachtung besser verstehen, wenn wir bei der Betrachtung des Marktgleichgewichtes zwei Zeiträume unterscheiden, die den verschiedenen Kostenkategorien entsprechen: (1) ein *kurzfristiges* Gleichgewicht, wenn jeder Steigerung oder jedem Rückgang der Produktionsmenge immer dieselbe fixe Menge an Anlagen und Ausstattung gegenübersteht, und (2) ein *langfristiges* Gleichgewicht, wenn alle Faktoren variabel sind, so daß die Unternehmen alte Anlagen aufgeben oder neue bauen können und auch neue Unternehmen auf den Markt kommen können.

Illustrieren wir diese Unterscheidung anhand eines Beispiels. Betrachten wir dazu den Markt für Frischfisch, dessen Angebot aus einer lokalen Fischereiflotte stammt. Nehmen wir an, die Nachfrage nach Fisch steigt; dieser Fall ist in Abbildung 8-5(*a*) als Verschiebung von *DD* nach *D'D'* dargestellt. Bei höheren Preisen bemühen sich die Fischer, mehr zu fangen. Kurzfristig können sie zwar keine neuen Boote auftreiben, aber sie können mehr Leute einstellen und länger arbeiten. Ein höherer Input variabler Faktoren führt zu einer größeren Menge Fisch entlang der *kurzfristigen Angebotskurve* $S_S S_S$, die wir in Abbildung 8-5(*a*) sehen. Die kurzfristige Angebotskurve schneidet die neue Nachfragekurve in Punkt *E'*, dem Punkt des kurzfristigen Gleichgewichts.

Langfristig führen die höheren Preise zur Anschaffung zusätzlicher Boote, sie ziehen weitere Fischer an, und neue Unternehmen stoßen zu der Branche. Damit erhalten wir die *langfristige Angebotskurve* $S_L S_L$ in Abbildung 8-5(*b*) und das langfristige Gleichgewicht im Punkt *E"*. Der Schnittpunkt der langfristigen Angebotskurve mit der neuen Nachfragekurve führt zu dem langfristigen Gleichgewicht, das wir erhalten, wenn sich *alle* wirtschaftlichen Bedingungen (einschließlich der Anzahl der Boote, der Werften und Unternehmen) an das neue Nachfrageniveau angepaßt haben.

Im Jahr 1990 wurde der hundertste Geburtstag eines der großen Klassiker der Volkswirtschaftsliteratur gefeiert: The Principles of Economics (Band 1) *von Alfred Marshall (1842-1924). In seinem Werk stellte Marshall viele jener Konzepte vor, die Sie schon kennengelernt haben: das Gesetz vom abnehmenden Grenznutzen, die Elastizität der Nachfrage, die Konsumentenrente sowie die Unterscheidung der Kurz- und Langfristigkeit. Er wies bereits darauf hin, daß bei der Analyse eines Marktes sinnvollerweise die Ceteris-paribus-Klausel anzuwenden ist. Marshall, der in Cambridge, Großbritannien, lehrte, beeinflußte mit seinem Werk eine ganze Generation britischer Ökonomen, darunter auch den jungen John Maynard Keynes. Aber trotz seines ungeheuren Erfolges kam der zweite Band seiner* Principles *– in dem er sich mit Außenhandel, Geld und Besteuerung befassen wollte – nie heraus.*

Langfristiges Gleichgewicht eines Wirtschaftszweiges unter Wettbewerbsbedingungen (langfristiges Konkurrenzgleichgewicht)

Langfristig sind *alle* Kosten variabel. Das bedeutet, daß ein Unternehmen, das Verluste schreibt, seine Darlehen zurückzahlen, seine Manager entlassen und seine Mietverträge auslaufen lassen kann. Es gibt daher einen kritischen *Break-even-Punkt*, unter dem der langfristige

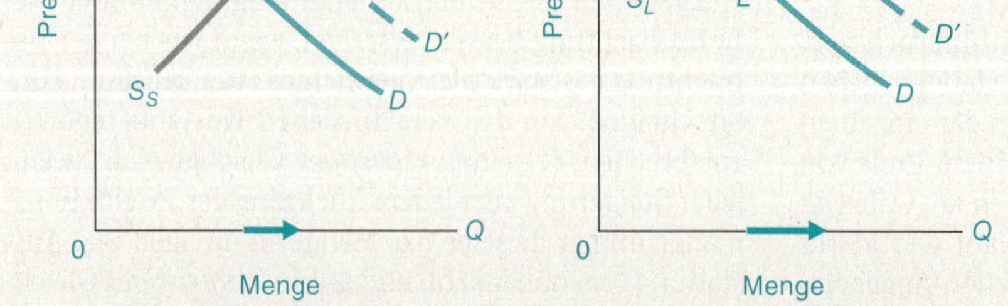

Abbildung 8-5: Die Auswirkungen einer Nachfragesteigerung auf den Preis fallen je nach Zeitdauer verschieden aus

Wir unterscheiden zwischen Perioden, in denen die Unternehmen nur für **(a)** Anpassungen beim Einsatz des Faktors Arbeit und der anderen variablen Faktoren (kurzfristiges Gleichgewicht) genügend Zeit haben, und **(b)** Perioden, in denen die vollständige Anpassung des Faktoreinsatzes, und zwar der fixen wie der variablen Faktoren, möglich ist (langfristiges Gleichgewicht). Je mehr Zeit für Anpassungen zur Verfügung steht, desto größer fällt die Elastizität der Angebotsreaktion und desto geringer die Preissteigerung aus.

Preis nicht zu liegen kommen kann, sollen die Unternehmen auf dem Markt bleiben. Das bedeutet, daß der langfristige Preis die variablen Kosten wie Arbeit, Material, Ausstattung, Steuern und andere Ausgaben, aber auch die Opportunitätskosten wie eine marktgängige Rendite für das vom Eigentümer investierte Kapital, dekken muß. Um im Geschäft zu bleiben, muß ein Unternehmen einen *volkswirtschaftlichen Gewinn* von Null oder darüber aufweisen, wobei sowohl die monetären als auch die Opportunitätskosten und -erlöse zu berücksichtigen sind. Das bedeutet, daß der Preis langfristig auf dem Niveau der langfristigen durchschnittlichen Gesamtkosten oder darüber liegen muß.

Was geschieht nun, wenn der langfristige Preis unter die Gewinnschwelle dieses kritischen Break-even-Niveaus fällt, das alle Kosten des Betriebes abdeckt? Unternehmen, die keinen Gewinn machen, werden die Branche nach und nach wieder verlassen. Die Markt-Angebotskurve verschiebt sich nach links, und der Preis steigt (zeichnen Sie das Diagramm bitte selbst). Irgendwann zieht der Preis schließlich wieder so sehr an, daß der Geschäftszweig nicht mehr unprofitabel ist.

Aber derselbe Vorgang funktioniert auch in die entgegengesetzte Richtung. Nehmen wir an, der langfristige Preis liege über den langfristigen durchschnittlichen Gesamtkosten, was dazu führt, daß die Unternehmen Gewinne schreiben. Nun können wir davon ausgehen, daß der Zugang zur Branche langfristig absolut frei ist, so daß jede beliebige Anzahl gleicher Unternehmen sich zu der gewinnträchtigen Branche gesellen und zu denselben Kosten wie die bereits in der Branche befindlichen Unternehmen produzieren kann. In dieser Situation werden neue Unternehmen von der Aussicht auf Gewinne angezogen, und die Angebotskurve verschiebt sich nach rechts, während der Preis fällt. Schließlich sinkt der Preis so weit, daß es für keinen weiteren Mitbewerber mehr gewinnträchtig wäre, in die Branche zu drängen.

Wir können daraus den Schluß ziehen, daß sich der Preis in einem Wirtschaftszweig langfristig auf jenen kritischen Punkt zubewegt, an dem identische Unternehmen gerade ihre gesamten Kosten im Wettbewerb abdekken können. Unter diesem kritischen langfristigen Preis würden Unternehmen die Branche verlassen, bis der Preis wieder auf die langfristigen Durchschnittskosten steigt. Über diesem langfristigen Preis würden neue Mitbewerber auf den Markt drängen und so eine Senkung des Marktpreises auf den langfristigen Gleichgewichtspreis erzwingen, bei dem unter Wettbewerbsbedingungen eine Kostendeckung gerade noch erreicht werden kann.

Wenn eine im Wettbewerb stehende Branche von Unternehmen mit identischen Kostenkurven beliefert wird, und wenn es keine Beschränkungen für Unternehmen gibt, in die Branche einzutreten oder sie zu verlassen, besagt die langfristige Gleichgewichtsbedingung: Der Preis ist gleich den Grenzkosten ist gleich den langfristigen Mindest-Durchschnittskosten für jedes identische Unternehmen:

$$P = MC = \text{minimale langfristige } AC = \text{Break-even-Preis}$$

Und das ist auch die Bedingung, wonach die volkswirtschaftlichen Gewinne langfristig gegen Null tendieren („zero-economic-profit").

Langfristiges Branchenangebot. Welche Form hat die langfristige Angebotskurve für eine bestimmte Branche? Nehmen wir an, es bestünde freier Marktzugang für gleiche Unternehmen. Wenn diese gleichen Unternehmen sich allgemein verfügbarer Inputs wie ungelernter Arbeiter bedienen, die sie aus den zahlreichen anderen Einsatzmöglichkeiten abwerben können, ohne damit die Preise dieser Inputs zu verändern, erhalten wir den Fall

Abbildung 8-6: Das langfristige Branchenangebot hängt von den Kostenbedingungen ab

Bei freiem Marktzutritt und -abgang und in einer Situation, in der jede beliebige Zahl von Unternehmen nach identischen, unveränderten Kostenkurven produzieren kann, fällt die langfristige *SLSL*-Kurve bei den Mindestdurchschnittskosten jedes Unternehmens oder beim Break-even-Preis horizontal aus. Wird in einer Branche ein spezieller Faktor eingesetzt, beispielsweise knappe Immobilien in Strandlage, muß die langfristige Angebotskurve eine positive Steigung wie *SLSL′* aufweisen, weil größere Produktionsmengen mit weniger geeigneten Produktionsfaktoren hergestellt werden müssen.

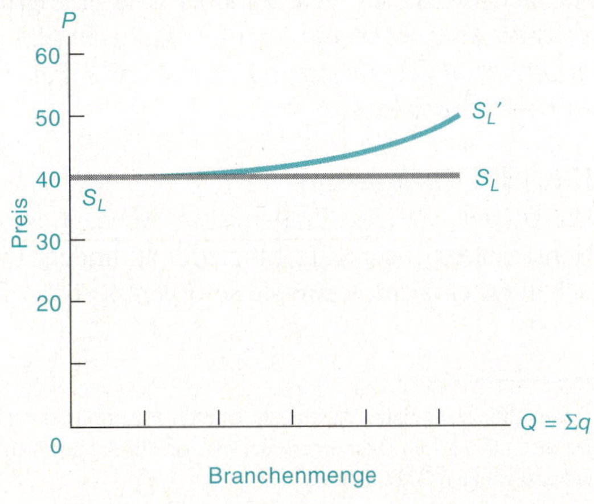

konstanter Kosten, der durch die horizontale S_LS_L Angebotskurve in Abbildung 8-6 dargestellt ist.

Im Gegensatz dazu können wir aber auch annehmen, daß manche der in dieser Branche eingesetzten Inputs relativ knapp sind – z.B. fruchtbare Weingärten in der Weinbranche oder knappe Strände für die Sommerurlaube. Deshalb weist die Angebotskurve für Wein oder Tourismus einen positiven Anstieg auf, wie durch S_LS_L' in Abbildung 8-6 gezeigt wird.

Warum muß die langfristige Angebotskurve in Branchen, die knappe Produktionsfaktoren einsetzen, eigentlich ansteigen? Denken wir an das Gesetz der abnehmenden Grenzerträge. Im Fall des knappen Gutes Weingärten verwenden die Unternehmen einen Inputmix mit mehr Arbeit und weniger vom knappen Boden, und sie erzielen damit immer geringere Grenzerträge. Trotzdem sind alle Arbeitseinheiten gleich teuer, und deshalb steigen die *MC* für Wein. Diese langfristig steigende *MC*-Kurve bedeutet, daß auch die langfristige Angebotskurve ansteigen muß.

Was können wir über die langfristige Rentabilität des wettbewerbsorientierten Kapitalismus aussagen? Wir haben festgestellt, daß die Wettbewerbskräfte die Unternehmen langfristig in Richtung Nullgewinn treiben. Gewinnträchtige Branchen ziehen neue Unternehmen an, was zu Preissenkungen und niedrigeren Gewinnen führt, bis sich die Gewinne gegen Null bewegen. Jene Branchen hingegen, in denen Verluste geschrieben werden, stoßen im allgemeinen Unternehmen ab, die sich dann Branchen mit besseren Gewinnchancen suchen. Damit steigen die Preise ebenso wie die Gewinne. *Im langfristigen Gleichgewicht einer dem Wettbewerb unterworfenen Branche werden daher keine volkswirtschaftlichen Gewinne erzielt.*

C. EFFIZIENZ UND VERTEILUNGSGERECHTIGKEIT AUF VOLLKOMMENEN MÄRKTEN

EVALUIERUNG DES MARKTMECHANISMUS

Eine der bemerkenswerten Erscheinungen des letzten Jahrzehnts war die „Wiederentdeckung des Marktes“. In zahlreichen Ländern überall auf der Welt gab man die massiven Interventionen der „Kommandowirtschaft“ und staatlichen Reglementierung auf, um Raum für die subtilere Koordination durch die unsichtbare Hand zu schaffen. Nun, nachdem wir die grundlegende Funktionsweise vollkommener Märkte bereits erörtert haben, fragen wir uns doch, wie gut sie in der Praxis funktionieren! Welche Noten können wir ihnen für die Befriedigung der wirtschaftlichen Bedürfnisse der Menschen geben? Bekommt die Gesellschaft viele Kanonen und eine große Menge Butter bei gegebenen Inputs? Oder schmilzt die Butter schon auf dem Weg zum Laden, während die Kanonenrohre durchhängen?

Das Effizienzkonzept

Die Antwort auf diese Fragen ist im Konzept der Allokationseffizienz (oder kurz Effizienz) zu finden. Eine Wirtschaft ist effizient, wenn sie so organisiert ist, daß sie ihren Konsumenten bei gegebenen Ressourcen und technologischen Möglichkeiten den von ihnen am meisten gewünschten Warenkorb beschert.[1] Das heißt:

Von **Allokationseffizienz** (oder **Effizienz**) kann man sprechen, wenn niemand durch eine andere Organisation der Produktion besser gestellt werden kann, ohne daß dadurch zugleich ein anderer schlechter gestellt wird. Unter den Bedingungen allokativer Effizienz läßt sich eine Steigerung der Bedürfnisbefriedigung oder des Nutzens einer Person nur durch Schmälerung des Nutzens einer anderen Person erreichen.

Wir können uns das Effizienzkonzept ganz ähnlich wie die Produktionsmöglichkeitskurve vorstellen. Eine Wirtschaft ist ineffizient, wenn sie sich innerhalb ihrer *PMK* befindet. Wenn wir uns hin zur *PMK* bewegen, bedeutet dies, daß niemand eine Beeinträchtigung seines Nutzens hinzunehmen braucht. Eine effiziente Wirtschaft befindet sich daher zumindest auf ihrer *PMK*. Aber das Effizienzkonzept geht noch darüber hinaus und verlangt nicht nur die richtige Zusammensetzung der zu produzierenden Güter, sondern auch die entsprechende Allokation unter den Konsumenten, so daß deren Bedürfnisbefriedigung maximiert wird.

Effizienz des Wettbewerbsgleichgewichts

Eine der wichtigsten Aussagen der gesamten Volkswirtschaft lautet, daß die Ressourcenallokation über die

[1] Dieses Effizienzkonzept wird nach Vilfredo Pareto (1848-1923), jenem italienischen Ökonomen, der es eingeführt hat, auch als „Pareto-Effizienz“ bezeichnet.

Wettbewerbsmärkte effizient ist. Diese wichtige Erkenntnis setzt voraus, daß alle Märkte vollkommene Märkte sind, d.h., daß sie dem vollständigen Wettbewerb ausgesetzt sind. Sie setzt weiters voraus, daß es keine externen Effekte wie etwa die Umweltverschmutzung gibt, und sie sagt nichts über die Gerechtigkeit der Einkommensverteilung über den Markt aus. In diesem Abschnitt wollen wir ein vereinfachtes Beispiel dazu verwenden, das allgemeine Prinzip zu beleuchten, das der Effizienz vollkommener Märkte zugrundeliegt.

Stellen Sie sich die abstrakte Situation vor, daß alle Menschen gleich sind. Nehmen Sie weiterhin an: (a) Alle Menschen arbeiten in der Nahrungsmittelproduktion. Je mehr sie arbeiten und je weniger Freizeit ihnen daher bleibt, desto mühevoller wird jede zusätzliche Arbeitsstunde. (b) Jede zusätzlich konsumierte Lebensmitteleinheit erbringt nur noch einen geringeren Grenznutzen (*MU*)[2]. (c) Da die Nahrungsmittelproduktion auf vorgegebenen Flächen erfolgt, ergibt gemäß dem Gesetz der abnehmenden Grenzerträge jede zusätzliche Arbeitsminute immer weniger an zusätzlicher Nahrung.

Abbildung 8-7 zeigt Angebot und Nachfrage für unsere vereinfachte Wettbewerbswirtschaft. Wenn wir die identischen Angebotskurven unserer indentischen Bauern horizontal addieren, erhalten wir die nach oben hin ansteigende *MC*-Kurve. Wie wir bereits früher in diesem Kapitel gesehen haben, ist die *MC*-Kurve zugleich auch die Angebotskurve dieser Branche, was in der Abbildung durch *MC* = *SS* zum Ausdruck gebracht wird. Außerdem ist die Nachfragekurve einfach die horizontale Addition gleicher Grenznutzen der einzelnen Grenznutzen- (oder Nahrungsmittelnachfrage-)Kurven. Sie wird durch die *MU* = *DD*-Kurve für Nahrungsmittel mit negativer Steigung in Abbildung 8-7 dargestellt.

Der Schnittpunkt der Kurven *SS* und *DD* ergibt das Wettbewerbsgleichgewicht für Nahrung. Im Punkt *E* bieten die Bauern genau das an, was die Konsumenten zum Marktgleichgewichtspreis zu kaufen wünschen. Jeder Bauer arbeitet bis zu dem kritischen Punkt, an dem sich die absteigende Nahrungsmittelkonsum-Grenzkostenkurve mit der ansteigenden Nahrungsmittelanbau-Grenznutzenkurve schneidet.

[2] Um die Analyse zu vereinfachen, nehmen wir ein „metrisches Geldmaß" für den Nutzen an. Das heißt, wir passen unseren Nutzen-Maßstab an, so daß der Grenznutzen einer zusätzlichen Stunde Freizeit bei einem Wert von \$ 1 immer konstant bleibt. Wir können nun alle Preise in Freizeit-Dollareinheiten angeben, so daß ein „Nutzen" in diesem metrischen Geldmaßsystem einer Nutzeneinheit entspricht.

Eine gründliche Analyse dieses Wettbewerbsgleichgewichts zeigt, daß der ablaufende Prozeß effizient ist. Im Wettbewerbsgleichgewicht *E* in Abbildung 8-7 hat der repräsentative Konsument einen größeren Nutzen als bei jeder anderen möglichen Ressourcenallokation. Dies deshalb, weil im Wettbewerbsgleichgewicht *E* der Grenznutzen des konsumierten Gutes (*MU*) dem Preis (*P*) entspricht, der seinerseits den Grenzkosten der Produktion des Gutes entspricht (*MC*). Wie der folgende Dreistufenprozeß zeigt, ist die Allokation effizient, wenn *MU* = *P* = *MC*.

1. *P* = *MU*. Die Konsumenten entscheiden sich für den Kauf von Nahrungsmitteln bis zu jenem Betrag, bei dem gilt: *P* = *MU*. Infolgedessen gewinnt jede beteiligte Person *P* Nutzen(einheiten) oder Utils an Bedürfnisbefriedigung aus der letzten konsumierten Nahrungsmitteleinheit.

Abbildung 8-7: Im Wettbewerbsgleichgewicht *E* sind Grenzkosten und Nutzen von Nahrungsmitteln exakt ausgeglichen

Viele identische Bauern-Konsumenten bringen ihre Nahrungsmittel auf den Markt. Die in Stufen aufwärts verlaufende *MC* = *SS*-Kurve addiert die Grenzkostenkurven, während die stufenweise abwärts verlaufende *MU* = *DD*-Kurve die Bewertung der Nahrungsmittel durch die Konsumenten darstellt. Im Wettbewerbs-Marktgleichgewicht *E* entspricht der Grenzgewinn aus der letzten Nahrungsmitteleinheit genau den bei der Produktion der letzten Nahrungsmitteleinheit in *FF* aufgewendeten Arbeits-Grenzkosten. Die Kosten der Nahrungsmittelproduktion (der negative Nutzen der Arbeit) sind durch die dunkelgrauen Bereiche dargestellt. Die vertikalen blauen Bereiche unter *MU* und über *MC* sind die Nettohandelsgewinne oder der Überhang des Nahrungsmittelnutzens gegenüber den Kosten. Die Handelsgewinne werden in *E* maximiert. Der hellgraue Bereich rechts von *E* zeigt den wirtschaftlichen Verlust durch die Produktion von zu großen Mengen an Nahrungsmitteln in *FF*.

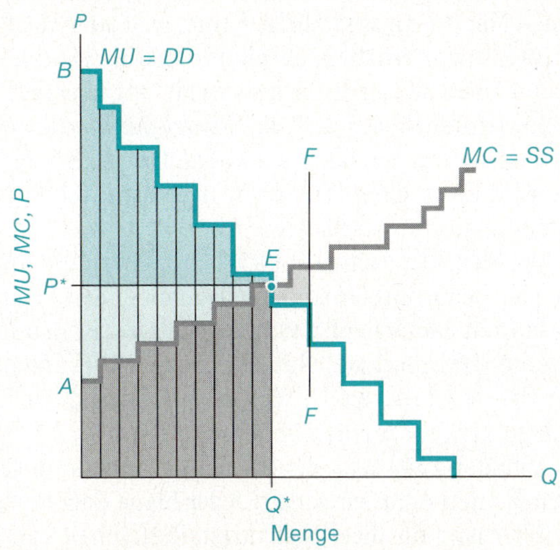

2. $P = MC$. Als Produzent bietet jede der Personen aus unserem Beispiel ihre Arbeitskraft bis zu dem Punkt an, an dem der Nahrungsmittelpreis genau den *MC* der letzten angebotenen Nahrungsmitteleinheit entspricht (wobei hier die *MC* die Kosten bezogen auf den Nutzen der Freizeit und den negativen Nutzen der anstrengenden Arbeit darstellen, die zur Produktion der letzten Nahrungsmitteleinheit erforderlich sind). Der Preis entspricht dann den Nutzeneinheiten, die an Bedürfnisbefriedigung durch den Arbeitseinsatz dieser letzten kleinen Einheit an Zeit, die benötigt wird, um die letzte Nahrungsmitteleinheit anzubauen, entgangen sind.
3. Wenn wir diese beiden Gleichungen zusammenfügen, sehen wir, daß $MU = MC$. *Das bedeutet, daß die durch die letzte konsumierte Nahrungsmitteleinheit gewonnenen Nutzen(einheiten) exakt den durch die Produktion der letzten produzierten Nahrungsmitteleinheit verlorenen Nutzen entsprechen.* Und genau diese Bedingung, wonach der Grenzgewinn aus der letzten konsumierten Einheit genau den Grenzkosten der Gesellschaft für die letzte produzierte Einheit entspricht, ist es, die uns garantiert, daß ein Wettbewerbsgleichgewicht effizient ist.

Handelsgewinne

Wir können dieses Beispiel dazu verwenden, um die Handelsgewinne zu ermitteln, die eigentlich eine Verallgemeinerung der Konsumentenrente darstellen. Vielleicht erinnern Sie sich noch aus Kapitel 5 daran: Die Konsumentenrente ist jener zusätzliche Wert oder Grenznutzen eines Gutes, den die Konsumenten über den für das Gut bezahlten Preis hinaus genießen. In den meisten Situationen ergibt sich aus einem gut funktionierenden Markt eine zusätzliche Rente, weil auch die Produzenten mehr erhalten, als die Produktion kostet. Der gesamte Überhang an Bedürfnisbefriedigung über die Produktionskosten hinaus stellt die *Handelsgewinne* dar oder jenen Gesamtnutzen oder jene Gesamt-Bedürfnisbefriedigung, die von einer Wirtschaft über die Produktionskosten hinaus erwirtschaftet wird.

Die **Handelsgewinne** stellen den Überhang an Nutzen oder Bedürfnisbefriedigung gegenüber den Produktionskosten dar. Sie entsprechen genau der Konsumentenrente (Überhang des Nutzens für die Konsumenten über den bezahlten Preis) plus dem Überhang der Einnahmen der Produzenten über die Kosten.

Abbildung 8-7 zeigt die Handelsgewinne in unserer vereinfachten Agrarwirtschaft. Jeder blaue Balken stellt den Überhang für diese Nahrungsmitteleinheit dar, gemessen als die Differenz zwischen dem *MU* und den *MC* für die Produktion dieser Nahrungsmitteleinheit. Der gesamte blau schattierte Bereich zwischen der *MU*-Linie und der *MC*-Linie entspricht den gesamten Handelsgewinnen. In Punkt *E* erreicht der blaue Bereich seinen Maximalwert, was bedeutet, daß hier die gesamten Handelsgewinne aus der Wirtschaft am größten sind.

Bitte beachten Sie, daß die Wirtschaft, sofern sie sich an irgendeinem anderen Punkt als am Wettbewerbsgleichgewicht *E* in Abbildung 8-7 befindet, ineffizient ist. Nehmen wir an, der Output würde aufgrund einer Störung von *E* auf das durch die dünne Linie *FF* eingezeichnete Niveau ansteigen. Da die *MC*-Kurve bei einem über *E* gelegenen Output über der *MU*-Kurve liegt, würde den beteiligten Personen ein Nutzen entgehen, weil die zusätzlich produzierten Nahrungsmitteleinheiten die zusätzlichen Stunden anstrengender Arbeit zur Produktion der Nahrungsmittel nicht wert wären. Der hellgraue Bereich zwischen der *MC*- und der *MU*-Kurve und zwischen *E* und der *FF*-Linie ist ein Maß für den Verlust an Nutzen, der sich aus einer zu großen Produktionsmenge ergibt.

Wir können daher die fundamentale Aussage treffen: Die Handelsgewinne werden im Wettbewerbsgleichgewicht $P = MU = MC$ maximiert.

Gleichgewicht bei einer Vielzahl von Märkten

Wenden wir uns nun nach unserer stark vereinfachten Geschichte über die identischen Bauern und Konsumenten einer Wirtschaft zu, in der es Millionen unterschiedlicher Unternehmen, Hunderte Millionen von Menschen und unzählige Güter gibt. Kann auch in dieser komplexen Welt eine Wirtschaft unter den Bedingungen des vollständigen Wettbewerbs effizient sein?

Die Antwort lautet, vorbehaltlich einiger wichtiger Aussagen, die wir später in diesem Kapitel machen werden, ja. In Branchen, in denen es zahlreiche entsprechend informierte Konsumenten, viele untereinander konkurrierende Produzenten und keine Externalitäten gibt, werden die Handelsgewinne durch ein System wirklich vollkommener Märkte maximiert, und diese Branchen dürfen sich sicher sein, daß ihnen die Ökonomen den ersten Preis in Sachen Allokationseffizienz zuerkennen werden.

Abbildung 8-8 zeigt, wie ein Wettbewerbssystem ein Gleichgewicht zwischen Nutzen und Kosten für ein einzelnes Wirtschaftsgut bei nicht identischen Unternehmen und Konsumenten hervorbringt. Links addieren wir die Nachfragekurven aller Konsumenten horizontal und erhalten so die Marktkurve *DD* in der Mitte. Rechts addieren wir alle *MC*-Kurven der einzelnen Unternehmen und erhalten ebenso in der Mitte die Branchenkurve *SS*.

Im Wettbewerbsgleichgewicht in Punkt *E* erhalten die Konsumenten links die Menge, die sie von dem Gut genau zu dem Preis kaufen wollen, der die effizienten sozialen *MC* repräsentiert. Rechts sorgt der Gleichgewichts-Marktpreis auch für eine effiziente Produktionsallokation unter den Unternehmen. Der graue Bereich unter *SS* in der Mitte stellt die minimierte Summe der grauen Kostenbereiche rechts dar. Jedes Unternehmen richtet seine Produktionsmenge so ein, daß $MC = P$. Die Produktionseffizienz kann deshalb erreicht werden, weil keine andere Organisation der Produktion möglich ist, bei der dieselbe Produktionsmenge von der Branche zu geringeren Kosten hergestellt werden könnte.

Viele Güter. Unsere Wirtschaft produziert nicht nur Nahrungsmittel, sondern natürlich auch Kleidung, Filme, Urlaube und viele, viele andere Güter. Wie läßt sich unsere Analyse anwenden, wenn die Konsumenten zwischen vielen Produkten wählen können?

Die Prinzipien sind auch hier exakt gleich, aber es ist eine weitere Bedingung zu nennen: Konsumenten, die ihren Nutzen optimieren wollen, verteilen ihre Geldausgaben so auf verschiedene Güter, daß der Grenznutzen der letzten Geldeinheit für jedes konsumierte Gut gleich hoch ist. Nur wenn den zuvor genannten Bedingungen entsprochen wird, ist eine Wettbewerbswirtschaft, in der es eine Vielzahl von Gütern und Produktionsfaktoren gibt, effizient.

Mit anderen Worten: Eine Wirtschaft mit vollständigem Wettbewerb ist dann effizient, wenn private und soziale Kosten und Nutzen einander entsprechen. Jede Branche muß einen Ausgleich zwischen *MC* und *MU* finden. Wenn beispielsweise Filme doppelt so hohe *MC* wie Hamburger aufweisen, müssen auch *P* und *MU* von Filmen doppelt so hoch sein wie jene von Hamburgern. Erst dann werden die *MU*, die den *P* entsprechen, dasselbe Niveau wie die *MC* aufweisen.

Durch den Ausgleich von Preis und Grenzkosten sorgt der Wettbewerb dafür, daß eine Wirtschaft Allokationseffizienz erreichen kann.

Der vollkommene Markt ist ein Instrument zur Verbindung (a) der Bereitschaft der Haushalte mit entsprechender Kaufkraft, für Güter zu bezahlen, die durch die Nachfrage repräsentiert wird, mit (b) den Grenzkosten dieser Güter, die durch das Angebot der Unternehmen repräsentiert werden. Unter bestimmten Bedingungen

Abbildung 8-8: Unter vollständigen Wettbewerbsbedingungen kommt es zu einer Zusammenführung von Konsumentennachfrage und Produzentenkosten

(a) Die Einzelnachfragen sind links dargestellt. Wir addieren die *dd*-Kurven der Konsumenten horizontal und erhalten so die Marktnachfragekurve *DD* in der Mitte.
(b) Der Markt bringt alle Konsumentennachfragen und Unternehmensangebote zusammen und bewirkt die Erreichung des Marktgleichgewichtes in *E*. Die horizontale Nahrungsmittelpreislinie zeigt, wo jeder Konsument links und jeder Produzent rechts das Gleichgewicht erreicht. In P^* läßt sich feststellen, wie der *MU* aller Konsumenten mit den *MC* jedes Unternehmens gleichgesetzt wird, was Allokationseffizienz zur Folge hat.
(c) Für jedes im Wettbewerb stehende Unternehmen kommt es zu einer Gewinnmaximierung, wenn die Angebotskurve durch die ansteigende *MC*-Kurve gegeben ist. Der graue Bereich stellt die Produktionskosten jedes Unternehmens für die Herstellung der Menge in *E* dar. Bei Preisen, die den Grenzkosten entsprechen, erzeugt die Branche zu geringstmöglichen Gesamtkosten.

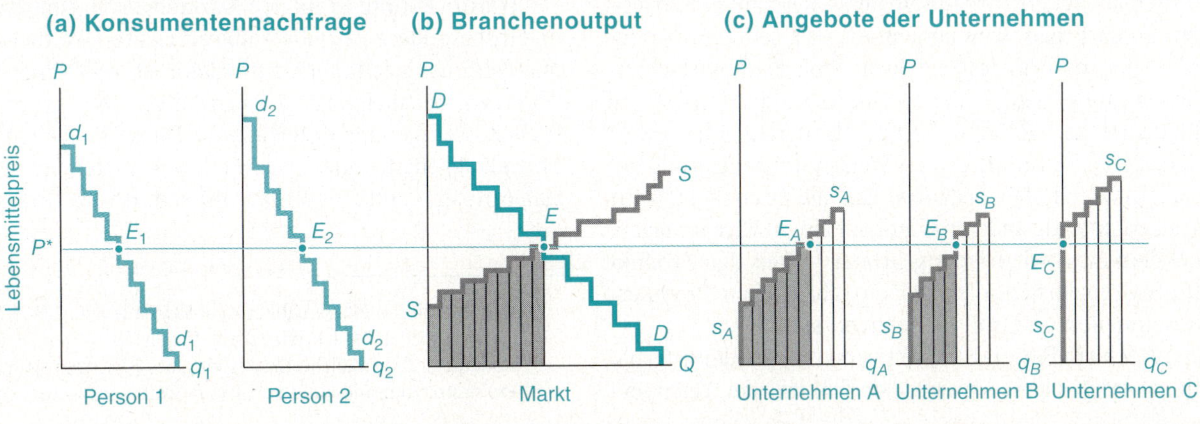

garantiert der Wettbewerb Effizienz, was bedeutet, daß kein zusätzlicher Nutzen eines Konsumenten erzielbar ist, ohne zugleich den Nutzen eines anderen Konsumenten zu schmälern. Das trifft auch in einer Welt mit unzähligen Produktionsfaktoren und Produkten zu.

Die zentrale Rolle der Preis-Grenzkosten-identität

In diesem Kapitel wird besonders auf die zentrale Rolle des Wettbewerbs und der Grenzkosten für eine effiziente Ressourcenallokation hingewiesen. Aber die Bedeutung der Grenzkosten reicht weit über den vollständigen Wettbewerb hinaus. Jede Gesellschaft oder Organisation, die danach strebt, ihre Ressourcen möglichst effektiv einzusetzen, orientiert sich an den Grenzkosten, um ihre Produktionseffizienz zu steigern – gleichgültig, ob es sich dabei um eine kapitalistische oder kommunistische Wirtschaft, eine gewinnorientierte oder gemeinnützige Organisation, eine Universität oder eine Kirchengemeinschaft, ja sogar eine Familie handelt.

Die essentielle Rolle der Grenzkosten in einer Marktwirtschaft erklärt sich wie folgt: Nur wenn die Preise den Grenzkosten entsprechen, holt diese Wirtschaft den maximalen Output und die größtmögliche Bedürfnisbefriedigung aus ihren knappen Ressourcen an Grund und Boden, Arbeit und Kapital heraus. Erst wenn jedes Unternehmen seine Grenzkosten an die Grenzkosten jedes anderen Unternehmens angleicht – was der Fall ist, wenn alle *MC* dem marktüblichen Preis entsprechen – erzeugt der gesamte Wirtschaftszweig seinen Gesamtoutput zu geringstmöglichen Gesamtkosten. Und erst wenn der Preis den Grenzkosten aller Unternehmen entspricht, schöpft die Gesellschaft ihr Produktionspotential optimal aus und befindet sich auf ihrer Produktionsmöglichkeitenkurve.

Alle wirtschaftlichen Organisationsformen, nicht nur gewinnorientierte Unternehmen, verwenden die Grenzkosten als Benchmark für effiziente Ressourcenallokation. So darf man wohl annehmen, daß selbst Anhänger einer neuen Form des Sozialismus mit marktwirtschaftlichen Komponenten, der die russische oder chinesische Planwirtschaft ablösen könnte, sehr darauf achten werden, daß ihre Unternehmen Weizen effizient produzieren. Effizienz aber bedeutet, daß die Grenzkosten für Weizen und alle anderen Güter auf einem Niveau liegen, bei dem ein – wie immer gearteter – Preis den Produktions-Grenzkosten aller landwirtschaftlichen Produktionseinheiten und Unternehmen entspricht.[3]

Noch ein Beispiel: Ein fiktiver national oder international tätiger Umweltpapst, der sich mit der Verhinderung des Treibhauseffektes oder der Reinhaltung der Meere beschäftigt, wird feststellen, daß die Grenzkosten für die effiziente Verwirklichung seiner Ziele von größter Bedeutung sind. Wenn nämlich sichergestellt ist, daß die Grenzkosten der Emissionsreduktion oder diverser Entsorgungsmaßnahmen in allen Sektoren identisch sind, garantiert dies zugleich, daß die genannten ökologischen Anliegen zu den jeweils niedrigsten Kosten erreicht werden. Auch für ausgesprochen hehre Ziele sollte in einer Welt der Knappheit der effizienteste Weg beschritten werden.

EFFIZIENZGRENZEN VON WETTBEWERBS-MÄRKTEN

Achtung: Wirtschaftssysteme leben nicht vom Markt allein. *In diesem Kapitel werden die beachtlichen Effizienzvorteile von Wettbewerbsmärkten erörtert. Aber die USA verfügen über ein ökonomisches Mischsystem, das privatwirtschaftlich organisierte Märkte mit Elementen staatlicher Interventionsmaßnahmen verbindet. Wie ist es möglich, daß auch marktwirtschaftlich orientierte Länder nach wie vor auf staatliche Lenkmechanismen zurückgreifen? Es gibt dafür zwei Gründe: Erstens ist Effizienz in zahlreichen realen Situationen nur schwer zu erreichen, weil zugleich Faktoren wie beispielsweise die Umweltverschmutzung oder andere externe Effekte eine wesentliche Rolle spielen, oder weil Märkte nicht vollkommen sind. Zweitens führen Wettbewerbsmärkte bisweilen trotz ihrer Effizienz zu Zuständen, die als sozial nicht wünschenswert betrachtet werden müssen.*

Ineffiziente Märkte

Warum könnte es auf den Märkten am vollständigen und insbesondere am vollständig effizienten Wettbewerb mangeln? Ein wichtiger Grund dafür ist in externen Effekten wie beispielsweise der Umweltverschmutzung zu suchen. Wenn einige Unternehmen Dioxin einfach in die Umwelt abgeben, ohne für die dadurch entstehenden sozialen Kosten aufkommen zu müssen, ist das Ergebnis

[3] Der sowjetische Mathematiker und Akademiker L.V. Kantorowitsch erhielt 1975 den Wirtschafts-Nobelpreis für seine eigenständige und gründliche Erforschung des Einsatzes optimaler Preisfestsetzungsmechanismen in einer zentralen Planwirtschaft.

ein Überangebot an kontaminierter Umwelt. In diesem Fall entspricht der Preis zwar den individuellen Grenzkosten des Unternehmens, nicht aber den sozialen Grenzkosten. Vorerst soll dieses wichtige Thema jedoch nicht näher behandelt werden, weil Kapitel 19 eine umfassende Analyse der Umweltökonomie bietet.

Aber auch bei Monopolen oder Oligopolen kann die Effizienz verlorengehen, wenn nämlich die Märkte von einer kleinen Anzahl von Unternehmen kontrolliert werden. In diesen Fällen entspricht der Preis nicht notwendigerweise den Grenzkosten für die jeweiligen Güter. In den nächsten beiden Kapiteln werden wir darlegen, daß Monopole und Oligopole im typischen Fall weniger als die effiziente Produktionsmenge hervorbringen. Dies ist besonders dann zu erwarten, wenn in einem Wirtschaftszweig zunehmende Skalenerträge auftreten, so daß die Durchschnittskosten mit steigendem Produktionsvolumen fallen. Je größer das Unternehmen, desto billiger kann es produzieren, wodurch ihm einen Vorteil gegenüber kleineren Konkurrenten erwächst.

Dazu gibt es auch noch andere wichtige Abweichungen vom vollkommenen Markt. So werden einige Güter – man denke nur an das Gesundheitswesen – nicht auf den üblichen Märkten gehandelt, und in der Folge kann dadurch natürlich die Effizienz auf der Strecke bleiben. Andere Märkte, wie etwa der Gebrauchtwagenmarkt, können durch unzureichende Information beeinträchtigt sein, weil der Käufer schwerlich erkennt, ob es sich bei einem Auto um ein brauchbares Vehikel oder ein ausrangiertes Wrack handelt. Auch darunter leidet die Effizienz.

Übrigens sind die genannten Probleme als ganz normale Schwierigkeiten zu betrachten, die in jedem Wirtschaftssystem auftreten. Es soll damit keinesfalls behauptet werden, daß die amerikanische Wirtschaft hoffnungslos ineffizient ist – das wäre schlicht falsch, weil die Marktkräfte in den USA zu stark ausgeprägt sind. Zugleich aber sollte man nicht außer acht lassen, daß nur wenige Märkte alle Kriterien für einen vollständigen und effizienten Wettbewerb erfüllen.

Effizienz versus Verteilungsgerechtigkeit

Und nun eine zweite Warnung, was die Segnungen der Marktwirtschaft betrifft. Sogar wenn es in einer Wirtschaft nur vollkommene Märkte gäbe, wäre es ein Trugschluß, anzunehmen, daß ein Laissez-faire-Wettbewerb zum größtmöglichen Glück der größtmöglichen Anzahl von Menschen führt. Ja, er könnte nicht einmal die fairste Nutzung der Ressourcen gewährleisten. Warum nicht? Nun, die Menschen verfügen einfach nicht alle über dieselbe Kaufkraft. Manche sind ohne eigenes Verschulden sehr arm, während gleichzeitig andere ohne ihr Zutun über große Reichtümer verfügen. Deshalb mag das Gewicht, das in der individuellen Nachfragekurve zum Ausdruck kommt, durchaus ungerecht erscheinen.

Ein System von Preisen und Märkten kann so beschaffen sein, daß wenige Leute über den Großteil der Einkommen und Reichtümer verfügen. Vielleicht haben sie den in der Gemeinschaft ohnehin knappen Grund und Boden geerbt, vielleicht besitzen sie wertvolle Patente oder Ölfelder. Eine Wirtschaft kann sehr effizient sein und beispielsweise ein Maximum an Gewehren und Butter aus den vorhandenen Ressourcen herausholen, aber nur wenige Reiche essen die Butter oder verfüttern sie an ihre Schoßhündchen, während die produzierten Gewehre dazu dienen, die Butter der Reichen zu schützen.

Eine Gesellschaft lebt nicht von der Effizienz allein. Philosophen wie auch die Bevölkerung fragen sich: Effizienz *wofür*? Und *für wen*? So kann eine Gesellschaft ganz bewußt die Entscheidung treffen, das Laissez-faire-Gleichgewicht aufzugeben, der Gerechtigkeit ein wenig nachzuhelfen und eine ausgeglichenere Verteilung von Einkommen und Wohlstand sicherzustellen. Eine Gesellschaft kann die maximale Effizienz zugunsten der Verteilungsgerechtigkeit aufgeben.

Der Konflikt zwischen Effizienz und Gerechtigkeit stellt eine der tiefgreifendsten Wertefragen dar, mit denen Gesellschaften konfrontiert sind. Ist ein Ergebnis schon dann befriedigend, wenn nur die größtmögliche Menge an Brot produziert wird? Oder muß eine moderne Demokratie den Reichen einige Brotwecken wegnehmen und sie an die Armen verteilen?

Auf diese Fragen kann es keine „richtigen" Antworten geben. Es handelt sich hierbei um normative Fragen, die auf politischem Boden von demokratischen Wählern oder autokratischen Planungsbehörden entschieden werden. Die positive Ökonomie kann nicht vorschreiben, welche Schritte ein Staat unternehmen sollte, um Gerechtigkeit herzustellen. Aber die Volkswirtschaft kann immerhin Einblicke in die Effizienz verschiedener staatlicher Maßnahmen gewähren, die sich auf die Einkommensverteilung und den Konsum auswirken.

Zahlreiche Direkteingriffe in den Markt stellen den Versuch dar, Gerechtigkeit herzustellen oder bestimmte Gruppen gegen die unpersönlichen Kräfte von Angebot und Nachfrage zu schützen. Die, denen geholfen wird, sind manchmal arm, manchmal aber auch reich. So heben beispielsweise Landwirtschaftsprogramme, die Mengenbeschränkungen auferlegen und den Getreidepreis erhöhen, das Einkommen aller Farmer, ob diese nun arm oder reich sind. Eine staatliche Verordnung, wonach die Unternehmen für alle ihre Mitarbeiter eine Krankenversicherung abschließen müssen, klingt eigentlich gerecht. Aber sie kann auch bedeuten, daß die Arbeitskosten so sehr steigen, daß die Unternehmen keine Teilzeitkräfte, Hilfsarbeiter oder Arbeitnehmer, die an AIDS erkrankt sind, mehr anstellen wollen. In manchen Fällen greift der Staat in den Markt ein, um eine bestimmte Gruppe zu schützen, aber er schafft damit Ineffizienz oder sogar absolut unerwünschte Resultate.

Die Ökonomen glauben, daß zahlreiche direkte Eingriffe des Staates in den Marktmechanismus eine durchaus ineffiziente Methode sind, korrigierend in die Einkommensverteilung einzugreifen. Dasselbe Ziel kann häufig sehr viel effizienter erreicht werden, wenn man sich für die Zwecke der Einkommensverteilung der *Steuern und Transferzahlungen* bedient. Anstatt direkt in den Arbeitsmarkt oder den Weizenmarkt einzugreifen, indem die Mindestlöhne angehoben oder Subventionen für Brot vergeben werden, kann der Staat die Einkommensungleichheiten verringern, indem er seine einkommensstarken Bürger besteuert und die Löhne der anderen, einkommensschwachen Bürger durch Direktzahlungen anhebt.

Die Entscheidung, sich bei staatlichen Eingriffen primär der Instrumente Steuern und Transferzahlungen zu bedienen, ist doppelt vorteilhaft. Erstens ermöglicht dieser Ansatz den Wettbewerbsmärkten die effiziente Produktion, und diese Märkte werden nicht durch Preis- oder Mengenbeschränkungen unflexibel gemacht. Und zweitens können die Kosten auf jenes Minimum beschränkt werden, das erforderlich ist, um den konkreten Zielgruppen zu helfen, indem die Transferzahlungen nur jenen zugebilligt werden, die sie auch tatsächlich benötigen.

ZUSAMMENFASSUNG

A. Angebotsverhalten des Unternehmens bei vollständigem Wettbewerb

1. Bei vollständigem Wettbewerb kann ein Unternehmen zum gängigen Marktpreis jede von ihm gewünschte Produktionsmenge verkaufen. Ein im Wettbewerb stehendes Unternehmen ist bestrebt, seine Gewinne zu maximieren. Dazu wird es jene Produktionsmenge wählen, bei der der Preis den Produktions-Grenzkosten entspricht, d.h. $P = GK$. Im Diagramm ergibt sich das Gleichgewicht eines im vollständigen Wettbewerb stehenden Unternehmens dort, wo die aufsteigende *MC*-Kurve die horizontale Nachfragekurve schneidet.
2. Die variablen (oder vermeidbaren) Kosten dienen als Grundlage für die Ermittlung des kurzfristigen Betriebsminimums eines Unternehmens. Unterhalb dieses Minimums übersteigen die Verluste des Unternehmens seine Fixkosten. Es wird daher zusperren und gar nichts mehr produzieren, sobald der Preis unter den Betriebseinstellungspreis fällt.
3. Bei der langfristigen Angebotskurve S_LS_L eines im vollständigen Wettbewerb stehenden Wirtschaftszweiges müssen der Marktzutritt neuer und das Ausscheiden alter Unternehmen mit berücksichtigt werden. Langfristig laufen alle Geschäftsbeziehungen eines Unternehmens aus. Es bleibt nur dann im Rennen, wenn die Preise zumindest ebenso hoch sind wie die langfristigen Durchschnittskosten. Zu diesen Kosten gehören die Ausgaben für Arbeitskräfte, Kredite, Lieferanten oder Mieten, aber auch die Opportunitätskosten wie mögliche Renditen aus den Vermögenswerten des Unternehmens.

B. Angebotsverhalten ganzer Wirtschaftszweige bei vollständigem Wettbewerb

4. Die ansteigende *MC*-Kurve jedes Unternehmens entspricht seiner Angebotskurve. Will man die Angebotskurve einer ganzen Gruppe von Unternehmen am Markt ermitteln, müssen ihre jeweiligen Angebotskurven horizontal addiert werden. Die Angebotskurve des Wirtschaftszweiges ist daher zugleich die Grenzkostenkurve für den im vollständigen Wettbewerb stehenden Wirtschaftszweig.
5. Da die Unternehmen ihre Produktionsmenge im Laufe der Zeit anpassen können, unterscheiden wir zwei verschiedene periodenbezogene Betrachtungsweisen: (a) ein kurzfristiges Gleichgewicht, bei dem die Produktionsmenge in einem durch bestehende Produktionsanlagen und Unternehmen gesetzten Rahmen variiert, und (b) ein langfristiges Gleichgewicht, bei dem sich die Anzahl der Unternehmen und Produktionsanlagen und alle anderen Bedingungen vollständig an die jeweils neuen Nachfragebedingungen anpassen.
6. Langfristig sorgt der Wettbewerb, wenn die Unternehmen freien Zutritt zum Markt haben und ebenso frei wieder aus dem Markt ausscheiden können und wenn kein Unternehmen einen spezifischen Vorteil in bezug auf Know-how oder Standort hat, dafür, daß die Unternehmen in der Branche keine überhöhten Gewinne machen können. Deshalb bedeutet freies Ausscheiden einerseits, daß der Preis nicht unter den Break-even-Punkt fallen kann, und bedeutet freier Marktzutritt andererseits, daß der Preis im langfristigen Gleichgewicht die langfristigen Durchschnittskosten nicht überschreiten kann.

7. Wenn ein Wirtschaftszweig einfach durch Vervielfachung seiner Produktion expandieren kann, ohne die Preise seiner Produktionsfaktoren in die Höhe zu treiben, verläuft die daraus resultierende Angebotskurve horizontal. Wenn ein Wirtschaftszweig branchenspezifische Produktionsfaktoren benützt, weist seine Angebotskurve langfristig einen positiven Anstieg auf.

C. Effizienz und Verteilungsgerechtigkeit auf vollkommenen Märkten

8. Die Analyse vollkommener Märkte beleuchtet die effiziente Organisation einer Gesellschaft. Allokationseffizienz ist gegeben, wenn keine Möglichkeit besteht, Produktion und Verteilung so umzugestalten, daß dadurch das Befriedigungsniveau aller steigen würde. Anders ausgedrückt, Allokationseffizienz besteht, wenn es keinem einzelnen besser gehen kann, ohne daß dadurch zugleich ein anderer schlechter gestellt wird.
9. Unter idealen Bedingungen erreicht eine Wettbewerbswirtschaft Allokationseffizienz. Diese Bedingungen lauten: (*a*) Wenn die Konsumenten ihre Bedürfnisbefriedigung maximieren, entspricht der Grenznutzen jeweils dem Preis. (*b*) Wenn konkurrierende Produzenten Güter anbieten, wählen sie die Produktionsmenge so, daß die Grenzkosten genau dem Preis entsprechen. (*c*) Da gilt $MU = P$ und $MC = P$, folgt daraus, daß $MU = MC$. So entsprechen die sozialen Grenzkosten für die Produktion eines Gutes unter Bedingungen des vollständigen Wettbewerbs genau der Bewertung ihres Grenznutzens.
10. Es gibt drei Gründe, warum Märkte ineffizient sein können. Dazu können erstens Spillovereffekte oder Externalitäten beitragen, wobei ein Unternehmen soziale Kosten verursacht (oder einen Nutzen bewirkt), ohne daß der davon Betroffene dafür entschädigt wird (oder bezahlen muß). Zweitens kann es zu einem unvollständigen Wettbewerb kommen, was bedeutet, daß einzelne Produzenten Einfluß auf die Preisbildung nehmen können. Drittens können Informations- oder sonstige Probleme auftreten, die dazu führen, daß sich die Märkte vom vollständigen Wettbewerb entfernen.
11. Die Auswirkungen vollkommener Märkte können auch bei größter Effizienz bisweilen sozial unerwünscht sein. Wettbewerbsmärkte sorgen nicht unbedingt für eine Situation, in der die Ideale einer Gesellschaft hinsichtlich gerechter Einkommensverteilung und Konsummöglichkeiten verwirklicht sind. Der Staat greift daher hier zumeist ein, um das nach dem Laissez-faire-Prinzip entstandene Gleichgewicht so zu modifizieren, daß auf die Einkommensverteilung Einfluß genommen werden kann. Die effizienteste Umverteilungsmethode besteht in der Regel zumeist aus einem entsprechenden System von Steuern und Transferleistungen.

BEGRIFFE ZUR WIEDERHOLUNG

Angebot unter Bedingungen vollständigen Wettbewerbs

$P = MC$ als Bedingung für Gewinnmaximierung
Angebots- und *MC*-Kurve eines Unternehmens
Break-even-Punkt (Gewinnschwelle), wobei $P = MC = AC$
Betriebsminimum, wobei $P = MC = AVC$
Addition einzelner *ss*-Kurven, um eine *SS*-Kurve des betreffenden Wirtschaftszweigs zu erhalten
kurz- und langfristiges Gleichgewicht
langfristiges Gewinniveau von Null („zero-economic-profit")

Effizienz und Verteilungsgerechtigkeit

Allokations-(Pareto-)Effizienz
Bedingungen für eine Allokationseffizienz: $MU = P = MC$
Effizienz von vollkommenen Märkten
Handelsgewinne
ineffiziente Märkte
Effizienz versus Verteilungsgerechtigkeit

FRAGEN UND BEISPIELE

1. Erklären Sie, warum jede der folgenden Aussagen über Unternehmen, die ihren Gewinn maximieren wollen und im Wettbewerb stehen, falsch ist. Formulieren Sie jede Aussage neu, indem Sie sie korrigieren:
   a. Ein Unternehmen strebt bei vollständigem Wettbewerb nach einer Produktionsmenge, bei der der Preis den durchschnittlichen variablen Kosten entspricht.
   b. Das Betriebsminimum eines Unternehmens liegt dort, wo der Preis unter das Durchschnittskostenminimum absinkt.
   c. Die Angebotskurve eines Unternehmens hängt nur von seinen Grenzkosten ab. Jedes andere Kostenkonzept ist für die Angebotsentscheidung irrelevant.
   d. Die Regel $P = MC$ für Wirtschaftszweige im vollständigen Wettbewerb gilt für *MC*-Kurven mit positiver, horizontaler und negativer Steigung.

e. Das Unternehmen setzt bei vollständigem Wettbewerb Preis gleich Grenzkosten.

2. Erklären Sie, warum ein Unternehmen seine Güterproduktion möglicherweise aufrecht erhalten möchte, auch wenn es Verluste schreibt.
3. Eine der wichtigsten Regeln in der Volkswirtschaft, aber überhaupt in der Wirtschaft und im Leben ist das Prinzip der *versunkenen Kosten*, etwa nach dem Motto: „Was vorbei ist, ist vorbei." Damit soll ausgesagt werden, daß versunkene Kosten (versunken in dem Sinn, daß sie unwiederbringlich verloren sind) beim Treffen neuer Entscheidungen zu ignorieren sind. Will man rationale Entscheidungen treffen, sollten nur zukünftige Kosten, und zwar unter Einbeziehung der Grenz- und variablen Kosten, Berücksichtigung finden.
   Um das zu verstehen, überlegen Sie folgendes: Wir können die Fixkosten in Tabelle 8-1 als Kostenniveau bei einer Produktionsmenge von Null berechnen. Wie hoch sind die Fixkosten? Bei welcher Produktionsmenge für das Unternehmen in Tabelle 8-1 können wir von Gewinnmaximierung sprechen, wenn der Preis \$ 40 beträgt und die Fixkosten bei \$ 0 liegen? \$ 55.000? 100.000? 1.000.000.000? Minus \$ 30.000? Erklären Sie die Implikationen, die sich ergeben, wenn ein Unternehmen darüber zu entscheiden hat, ob es zumachen sollte.
4. Untersuchen Sie die Kostendaten in Tabelle 8-1. Berechnen Sie die Angebotsentscheidung eines gewinnmaximierenden Unternehmens unter Bedingungen des vollständigen Wettbewerbs, wenn der Preis \$ 21, \$ 40 und \$ 60 beträgt. In welcher Höhe würde für jeden der drei Preise der Gesamtgewinn liegen? Was würde sich langfristig bei jedem der drei genannten Preisniveaus in bezug auf den Neueintritt oder das Ausscheiden von identischen Unternehmen ergeben?
5. Berechnen Sie bitte anhand der Kostendaten aus Tabelle 8-1 die Preiselastizität des Angebots zwischen $P = 40$ und $P = 40{,}02$ für das einzelne Unternehmen. Gehen Sie dabei von der Annahme aus, daß es 2.000 identische Unternehmen gibt und erstellen Sie eine Tabelle, die das Angebot des Wirtschaftszweiges angibt. Wie ist die Preiselastizität des Angebotes für den gesamten *Wirtschaftszweig* zwischen $P = 40$ und $P = 40{,}02$?
6. Studieren Sie Abbildung 8-8, und Sie werden erkennen, daß der Mitbewerber C überhaupt nichts produziert. Erklären Sie, warum die Produktionsmenge, bei der Unternehmen C seinen Gewinn maximiert, bei $q_c = 0$ liegt. Wie würden sich die Produktionskosten für den gesamten Wirtschaftszweig entwickeln, würde Unternehmen C eine Einheit produzieren, Unternehmen B jedoch eine Einheit weniger als die Produktionsmenge unter Bedingungen vollständigen Wettbewerbs?
   Nehmen wir an, Unternehmen C sei ein kleiner Tante-Emma-Laden. Warum wird C von den Supermärkten A und B vom Markt verdrängt? Wie stehen Sie zur Frage, ob Unternehmen C auf dem Markt bleiben soll? Welche volkswirtschaftlichen Folgen hätte es, würde der Staat über gesetzliche Bestimmungen den Markt zu gleichen Teilen auf den Tante-Emma-Laden und die Supermärkte A und B aufteilen?
7. Häufig hängt die Nachfrage der Konsumenten nach einem Gut von der Nutzung dauerhafter Güter ab, beispielsweise in den Bereichen Wohnen oder Transport. Dann zeigt die Nachfrage ein mit dem Zeitablauf unterschiedliches Reaktionsmuster, ähnlich dem Angebotsmuster. Ein gutes Beispiel dafür ist Benzin. Kurzfristig ist der Automobilbestand fix, während die Konsumenten langfristig auch neue Autos oder Fahrräder kaufen können.
   Welche Beziehung besteht zwischen Kurz- oder Langfristigkeit und der Preiselastizität der Nachfrage für Benzin? Zeichnen Sie die kurz- und langfristigen Nachfragekurven für Benzin. Zeigen Sie die Auswirkungen eines Angebotsrückgangs bei Benzin während beider Perioden. Beschreiben Sie die kurz- und langfristigen Auswirkungen einer Erdölknappheit auf den Benzinpreis und die nachgefragte Menge.
8. Interpretieren Sie folgenden Dialog:
   A: „Wie ist es möglich, daß der Gewinn unter Wettbewerbsbedingungen langfristig bei Null liegt? Wer, um alles in der Welt, arbeitet umsonst?"
   B: „Durch den Wettbewerb werden nur *übermäßige* Gewinne verhindert. Bei einem Gleichgewicht und unter Bedingungen des vollständigen Wettbewerbs wird das Management für seine Arbeit bezahlt, und auch die Eigentümer erhalten ihre normale Kapitalrendite – nicht mehr und nicht weniger."
9. Stellen Sie sich drei Unternehmen vor, die giftiges Quecksilber in den Eriesee einleiten. Jedes Unternehmen verfügt über einen Kostenplan für die erforderlichen Umweltmaßnahmen, und wir werden darauf hinweisen, daß sich dieser Plan aus den *MC*-Kurven der Unternehmen A, B und C in Abbildung 8-8 ergibt.
   a. Interpretieren Sie den in der Mitte von Abbildung 8-8 dargestellten *MC*-Plan des Gesamtmarktes zur Reduktion der Quecksilberverunreinigung.
   b. Gehen Sie von der Annahme aus, die Umweltschutzbehörde würde beschließen, daß eine Quecksilberreduktion um 10 Einheiten anzustreben ist. Wie sieht die effiziente Allokation von Umweltschutzmaßnahmen zwischen den drei Unternehmen aus?
   c. Nehmen Sie an, die Umweltschutzbehörde würde beschließen, daß die ersten beiden Unternehmen jeweils eine Quecksilberreduktion von 5 Einheiten vorzunehmen haben. Wie hoch sind die dadurch entstehenden Zusatzkosten?
   d. Nehmen Sie an, die Umweltbehörde hätte über eine „Verschmutzungsgebühr" zu befinden. Können Sie anhand von Abbildung 8-8 sagen, wie hoch diese Gebühr sein müßte? Können Sie sagen, wie jedes Unternehmen darauf reagieren würde? Wären die daraus abzuleitenden Umweltschutzmaßnahmen effizient?
   e. Erklären Sie die Bedeutung der Grenzkosten für die effiziente Eindämmung der Umweltverschmutzung anhand dieses Falles.

ANHANG 8

SONDERFÄLLE VOLLKOMMENER MÄRKTE: ANGEBOT UND NACHFRAGE IN DER PRAXIS

Eine erste, grundlegende Analyse der Angebots- und Nachfragemechanismen liegt mit den Kapiteln 4 bis 8 vor. Aber bevor wir uns dem unvollständigen Wettbewerb zuwenden, sollten wir mit diesem Anhang unser Studium von Angebot und Nachfrage noch ein wenig vertiefen. Als erstes nehmen wir uns dazu bestimmte allgemeine Aussagen über Wettbewerbsmärkte vor und wollen uns anschließend einigen Sonderfällen zuwenden.

ALLGEMEINE REGELN

Erinnern Sie sich aus Kapitel 3 noch an die allgemeinen Regeln darüber, wie sich Verschiebungen von Nachfrage und Angebot auf vollkommenen Märkten auswirken? Diese Regeln gelten praktisch für jeden vollkommenen Markt, ob es sich nun um Kabeljau, Braunkohle, Douglastannen, den japanischen Yen, IBM-Aktien oder Erdöl handelt. Anhand der folgenden Aussagen wollen wir die Auswirkungen einer Verschiebung von Angebot oder Nachfrage auf die Preise und auf die Kauf- und Verkaufsmengen betrachten. Denken Sie bitte immer daran, daß wir unter einer Verschiebung von Nachfrage und Angebot eine Verschiebung der Nachfrage- bzw. Angebotskurve oder -funktion verstehen, nicht aber eine Bewegung entlang der jeweiligen Kurve.

Aussage 1: (a) Als Allgemeingrundsatz läßt sich festhalten, daß eine Erhöhung der Nachfrage nach einem Gut bei unveränderter Angebotskurve den Preis dieses Gutes in die Höhe treibt. (b) Bei den meisten Gütern erhöht eine Nachfragesteigerung auch die angebotene Menge. (Ein Rückgang der Nachfrage hat die gegenteilige Wirkung.)

Aussage 2: Ein vermehrtes Angebot eines Gutes (bei konstanter Nachfragekurve) führt im allgemeinen zu einer Preissenkung und erhöht die Kauf- und Verkaufsmenge. Ein Angebotsrückgang hat den gegenteiligen Effekt.

Diese beiden zentralen Ausagen stellen eine Zusammenfassung der *qualitativen* Effekte von Verschiebungen des Angebots und der Nachfrage dar. Die *quantitativen* Auswirkungen auf Preis und Menge hängen jedoch vom genauen Verlauf der Angebots- und Nachfragekurve ab. In den nun folgenden Fällen werden wir die Reaktion in einigen wichtigen Kosten- und Angebotssituationen untersuchen.

FALL 1: KONSTANTE KOSTEN

Stellen Sie sich bitte ein Wirtschaftsgut wie beispielsweise Bleistifte vor, deren Produktion durch bloße Vermehrung der benötigten Fabriken, Maschinen und eingesetzten Arbeitskräfte ausgeweitet werden kann. Die Produktion von 100.000 Bleistiften täglich erfordert keine anderen Zutaten als die Herstellung von 1000 Bleistiften, allerdings jeweils in der hundertfachen Menge. Als weitere Voraussetzung nehmen Sie bitte an, daß die Bleistiftindustrie Boden, Arbeitskräfte und weitere Inputs im selben Verhältnis wie die restliche Wirtschaft benötigt.

In diesem Fall verläuft die langfristige Angebotskurve *SS* in Abbildung 8A-1 bei konstanten Kosten pro Einheit horizontal. Ein Nachfragezuwachs von *DD* auf *D'D'* verschiebt den Schnittpunkt auf *E'*, wobei *Q* erhöht wird, *P* jedoch gleich bleibt.

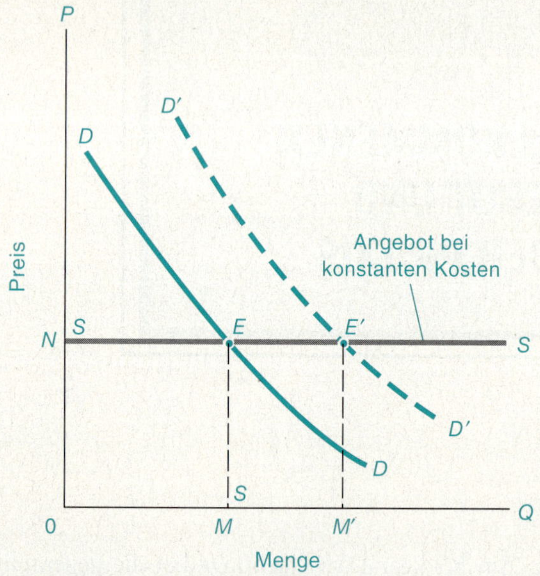

Abbildung 8A-1: Der Fall konstanter Kosten

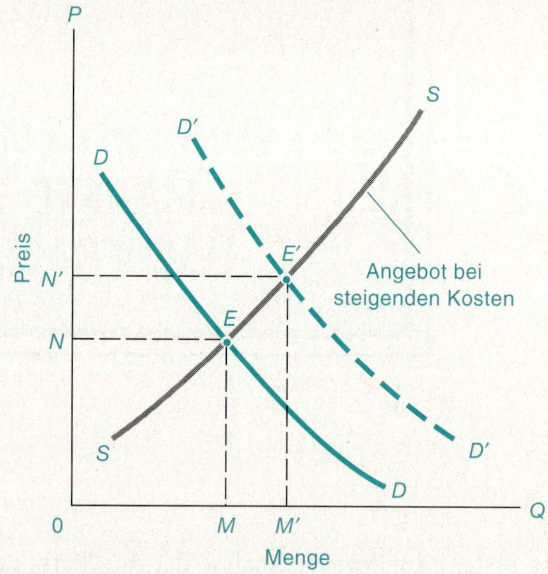

Abbildung 8A-2: Der Fall steigender Kosten

FALL 2: STEIGENDE KOSTEN UND ABNEHMENDE ERTRÄGE

Stellen Sie sich nun bitte einen Wirtschaftszweig wie den Weinbau vor, der eine bestimmte Art des Bodens und Klimas voraussetzt. Davon gibt es nur eine begrenzte Menge. Die jährliche Weinproduktion kann in einem gewissen Ausmaß erhöht werden, indem man mehr Arbeitskräfte und Düngemittel pro Hektar einsetzt. Aber wie wir schon in Kapitel 6 gesehen haben, kommt schließlich das Gesetz der abnehmenden Grenzerträge zur Anwendung, wenn den variablen Produktionsfaktoren wie Arbeit und Düngemitteln fixe Mengen eines Faktors wie Boden gegenüberstehen.

Deshalb steigen auch die Grenzkosten für die Produktion von Wein bei zunehmender Menge. Abbildung 8A-2 zeigt die ansteigende Angebotskurve *SS*. Wie wird der Preis durch die zunehmende Nachfrage beeinflußt? Die Abbildung zeigt, daß eine höhere Nachfrage den Preis dieses Gutes bei identischen Unternehmen und freiem Marktzutritt und -abgang auch langfristig erhöht.

FALL 3: VOLLKOMMEN UNELASTISCHES ODER FIXES ANGEBOT UND VOLKSWIRTSCHAFTLICHE RENTE

Manche Güter oder Produktionsfaktoren sind hinsichtlich ihrer Mengen absolut fix, und zwar unabhängig vom Preis. Es gibt eben nur eine *Mona Lisa* von Leonardo da Vinci. Auch die ursprüngliche Ausstattung mit Grund und Boden durch die Natur kann als fixe Größe betrachtet werden. Und sogar eine weitere Anhebung des Quadratmeterpreises kann das Viertel um die Kreuzung zwischen

Abbildung 8A-3: Der Fall der reinen Rente

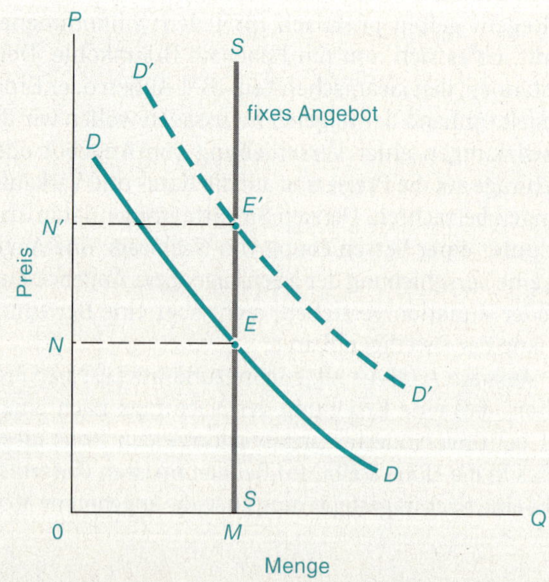

State und Madison in Chicago nicht vergrößern. Bessere Bezahlung würde Spitzensportler sicher nicht dazu motivieren, täglich noch mehr Trainingsstunden zu absolvieren.

In all diesen Fällen ist die Angebotskurve im relevanten Bereich vertikal. In Abbildung 8A-3 führt ein höherer Preis zu keiner Produktionssteigerung. Der Beitrag des Bodens zur Produktionsmenge ist unabhängig von seinem Preis. Da unabhängig vom Preis immer dieselbe Menge an Boden zur Verfügung steht, wird der Preis für einen derartigen Produktionsfaktor als **reine volkswirtschaftliche Rente** bezeichnet.

Eine steigende Nachfrage nach einem fixen Produktionsfaktor wirkt sich nur auf dessen Preis aus. Die angebotene Menge bleibt unverändert. Und die Preissteigerung entspricht exakt der Aufwärtsbewegung der Nachfrage.

Wenn auf ein mengenunelastisches Gut eine Steuer eingehoben wird, wirkt sich das in einer Senkung des Preises aus, den der Anbieter dafür erhält, und zwar genau um die Höhe der Steuer. Die Steuer wird in ihrer vollen Höhe vom Anbieter (beispielsweise vom Grundbesitzer) bezahlt (auf ihn überwälzt). Der Anbieter hat also die gesamte Steuer aus der volkswirtschaftlichen Rente zu tragen. Der Konsument kauft exakt dieselbe Menge des Gutes oder der Dienstleistung wie zuvor, und zu keinem höheren Preis.

FALL 4: RÜCKWÄRTS GEKRÜMMTE ANGEBOTSKURVE

Unternehmen in armen Ländern müssen häufig die Erfahrung machen, daß ihre Arbeiter nach Lohnerhöhungen nur noch kürzere Zeit arbeiten. Bei einer Verdoppelung der Löhne entscheiden sich die Arbeiter nicht etwa dafür, sechs Tage zu arbeiten, um ihren kargen Lohn ein wenig aufzubessern, sondern sie kommen oft nur noch drei Tage pro Woche zur Arbeit und gehen drei Tage fischen. Denselben Effekt konnte man bisweilen auch in Hochlohnländern feststellen. Wenn die Reallöhne durch den Einsatz verbesserter Technologien steigen, entsteht bei den Arbeitnehmern das Bedürfnis, einen Teil ihrer Einkommenssteigerung in Form längerer Freizeit und früheren Pensionsgenusses zu konsumieren. In Kapitel 5 wurden Einkommens- und Substitutionseffekte beschrieben, die erklären, warum die Angebotskurve für Arbeit rückwärts gekrümmt sein kann.

Abbildung 8A-4 zeigt, wie eine Angebotskurve für Arbeit möglicherweise aussieht. Zu Beginn steigt das Arbeitsangebot, wobei höhere Löhne zu größerem Arbeitseinsatz führen. Aber nach dem Wendepunkt *T* führen die höheren Löhne dazu, daß die Arbeitnehmer weniger arbeiten, dafür aber mehr Freizeitstunden in Anspruch nehmen. Eine gestiegene Nachfrage erhöht die Arbeitspreise, wie wir in Aussage 1 zu Beginn dieses Anhangs

Abbildung 8A-4: Die rückwärts gekrümmte Angebotskurve

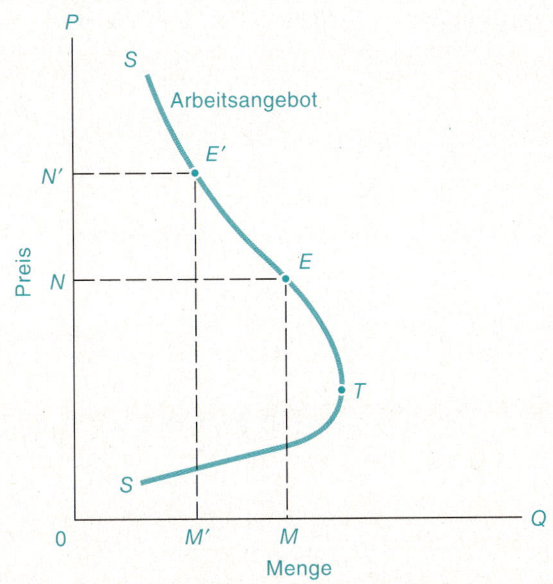

Abbildung 8A-5: Der Fall des sich verschiebenden Angebots

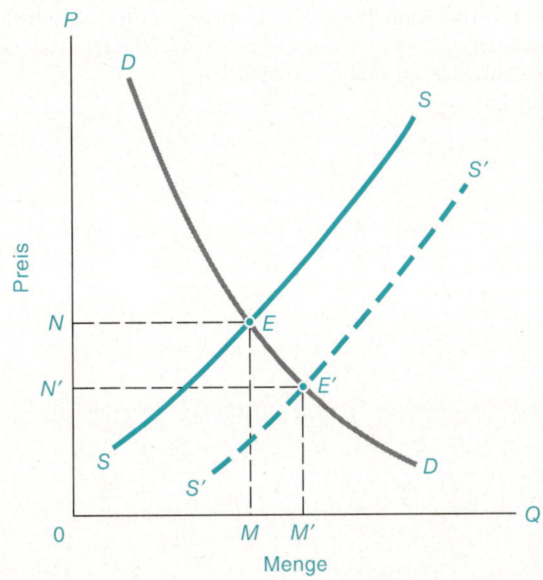

festgehalten haben. Beachten Sie aber bitte, warum wir in Aussage 1 (*b*) so vorsichtig waren, die Einschränkung „bei den meisten Gütern" anzubringen, weil eben nun die erhöhte Nachfrage zu einem Angebotsrückgang an Arbeit führt.

Diese rückwärts gekrümmte Angebotskurve läßt sich auf zahlreichen Gebieten feststellen. Eines der interessantesten Beispiele konnten wir beobachten, als die ölfördernden Länder ihre Ölproduktion drosselten, nachdem sich der Preis für Rohöl zu Beginn der siebziger Jahre vervierfacht hatte.

FALL 5: ANGEBOTSVERSCHIEBUNGEN

Alle obigen Diskussionen bezogen sich auf eine Verschiebung der Nachfrage, nicht jedoch des Angebotes. Um Aussage 2 nachvollziehen zu können, müssen wir uns nun eine Angebotsverschiebung bei konstanter Nachfrage ansehen. Das geschieht in Abbildung 8A-5.

Wenn das Gesetz des negativen Nachfrageverlaufs gilt, muß ein erhöhtes Angebot zu sinkenden Preisen und größeren Gütermengen führen. Sie können nun folgende quantitative Folgerungen aus Aussage 2 verifizieren:

(*a*) Ein vermehrtes Angebot senkt *P* dann am stärksten, wenn die Nachfrage unelastisch ist.

(*b*) Ein vermehrtes Angebot erhöht *Q* dann am wenigsten, wenn die Nachfrage unelastisch ist.

Welche naheliegenden Gründe können wir für diese Regeln anführen? Wählen Sie als Beispiel einer elastischen Nachfrage das Auto und als Beispiel einer unelastischen Nachfrage die Stromversorgung.

ZUSAMMENFASSUNG DES ANHANGS

Fassen Sie den vorliegenden Anhang noch einmal zusammen und:

1. wiederholen Sie die Aussagen 1 und 2 zusammen mit den darin enthaltenen logischen Schlüssen noch einmal;
2. überprüfen Sie selbst, ob Sie wichtige Sonderfälle, wie konstante und steigende Kosten, ein vollkommen unelastisches Angebot, rückwärts gekrümmte Angebotskurven oder gemeinsame Verschiebungen der Angebots- und Nachfragekurven auch wirklich verstehen.

BEGRIFFE ZUR WIEDERHOLUNG

Preisanstieg durch eine Erhöhung von *DD* und Wahrscheinlichkeit eines Mengenanstiegs

Konstante Kosten und horizontale Angebotskurve

Steigende Kosten und steigende *SS*

Unelastisches Angebot, vertikale *SS*, Rente

Rückwärts gekrümmte Angebotskurve

Erhöhtes *SS* und Senkung von *P*

KAPITEL 9

UNVOLLSTÄNDIGER WETTBEWERB UND DAS MONOPOLPROBLEM

Indem sie den Markt laufend unterversorgt halten, ... verkaufen die Monopolisten ihre Güter weit über dem natürlichen Preis und erhöhen so ihre Einkünfte, gleichgültig, ob es sich dabei um Löhne oder Gewinne handelt.

Adam Smith, Der Reichtum der Nationen

In der heutigen Wirtschaft sind vollkommene Märkte so etwas wie eine Idealvorstellung: von allen ersehnt, aber kaum anzutreffen. Wenn Sie sich einen Ford oder Toyota kaufen, wenn Sie Ihre Hamburger von McDonald's oder Wendy's oder Ihren Computer von IBM oder Apple beziehen, haben Sie es in jedem Fall mit Unternehmen zu tun, die groß genug sind, um Einfluß auf den Marktpreis zu nehmen. Zahlreiche Märkte in unserer Wirtschaft werden von einer Handvoll großer Unternehmen, häufig sogar von nur zwei oder drei Unternehmen, dominiert. Was solls: Willkommen in der Welt, in der wir leben, der Welt des unvollständigen Wettbewerbs.

A. DIE FORMEN DES UNVOLLSTÄNDIGEN WETTBEWERBS

In diesem und im nächsten Kapitel wollen wir die wichtigsten Ausformungen des unvollständigen Wettbewerbs beleuchten – Monopole, Oligopole und den monopolistischen Wettbewerb. Wir werden sehen, daß unter Bedingungen eines unvollständigen Wettbewerbs bei gegebener Technologie die Preise höher und die Produktionsmengen geringer ausfallen als im vollständigen Wettbewerb. Trotzdem hat der unvollständige Wettbewerb nicht nur Nachteile, sondern auch einige gewichtige Vorteile, weil große Unternehmen in ihrer Produktion die Skaleneffekte nutzen und sich einen Großteil all jener Innovationen zugute halten können, die das langfristige Wirtschaftwachstum ankurbeln. Wenn Sie einen Einblick in die Funktionweise von Märkten mit unvollständigem Wettbewerb gewinnen, verstehen Sie schon eine Menge von der modernen industriellen Wirtschaft.

Zur Erinnerung: Was ist vollständiger Wettbewerb: *Sie haben bereits erfahren, daß ein vollkommener Wettbewerbsmarkt ein Markt ist, auf dem jedes einzelne Unternehmen zu klein ist, um Einfluß auf den Marktpreis nehmen zu können. Das bedeutet, daß jedes Unternehmen, unabhängig davon, wieviel es produziert, seine gesamte Produktionsmenge zum gängigen Marktpreis verkaufen kann. Deshalb besteht für ein Unternehmen auf einem vollkommenen Wettbewerbsmarkt kein Grund, den Marktpreis zu unterschreiten. Ebenso wird es seine Preise nicht über den Marktpreis anheben, weil es so nichts verkaufen könnte – die Konsumenten würden einfach zum günstigeren Preis bei der Konkurrenz kaufen.*

Nach dieser doch eher strengen Definition sind nur wenige Märkte der amerikanischen Wirtschaft vollkommene Wettbewerbsmärkte. Denken Sie doch an die lange Liste der angebotenen Güter und Dienstleistungen wie beispielsweise Luftfahrt, Aluminium, Autos, Batterien, Corn-flakes und verwandte Getreideprodukte, Kaugummi, Zigaretten, Strom, Kühlschränke, Weizen. Wie viele dieser genannten Güter werden auf vollkommenen Märkten verkauft? Flugzeuge, Aluminium oder Autos ganz sicherlich nicht. Bis zum Zweiten Weltkrieg gab es überhaupt nur einen einzigen Aluminiumproduzenten in den USA, nämlich Alcoa. Aber auch heute produzieren die vier größten US-Produzenten drei Viertel des gesamten in den USA erzeugten Aluminiums. Der Markt für Flugzeuge in der Zivilluftfahrt wird von nur zwei Unternehmen, nämlich Boeing und Airbus, kontrolliert. Auch in der Autoindustrie geben die Top Fünf (darunter Toyota und Honda) mit beinahe 80 Prozent der amerikanischen Produktion im Bereich PKW und Klein-LKW den Ton an.

Wie steht es aber um die Wirtschaftsgüter Batterien, Haferflocken und Corn-flakes, Kaugummi und Kühlschränke? Diese Märkte werden von relativ wenigen Unternehmen sogar noch stärker dominiert. Aber auch der Strommarkt entspricht keinesfalls der Definition des vollständigen Wettbewerbs. In den meisten Städten erzeugt und verkauft ein einziger Versorgungsbetrieb den gesamten Strom für die ansässige Bevölkerung. Kaum jemand kann sich einen eigenen Generator oder ein eigenes Windkraftwerk leisten.

Bei Betrachtung unserer Güterliste stellen wir fest, daß nur Weizen der strengen Definition des vollständigen Wettbewerbs entspricht. Alle anderen Güter, von Autos bis Zigaretten, fallen durch den Wettbewerbstest, und zwar aus einem einfachen Grund: Einige wenige Unternehmen der Branche können den Marktpreis durch Steuerung der Verkaufsmengen beeinflussen. Um es anders auszudrücken: sie kontrollieren in einem gewissen Ausmaß den Preis der von ihnen erzeugten Güter.

Definition des unvollständigen Wettbewerbs

Ein Unternehmen, das den Marktpreis für seine Produktion merkbar beeinflussen kann, wird als „Marktteilnehmer im unvollständigen Wettbewerb" bezeichnet.

Unvollständiger Wettbewerb herrscht in einem Wirtschaftszweig immer dann, wenn einzelne Anbieter ein gewisses Maß an Kontrolle über den Preis ihrer Produkte haben.

Unvollständiger Wettbewerb impliziert jedoch nicht, daß ein Unternehmen die absolute Kontrolle über seine Preise hat, sondern daß es die Preise innerhalb eines Spielraums gestalten kann. Nehmen wir etwa den Markt für Erfrischungsgetränke, auf dem Coca-Cola und Pepsi zusammen den größten Marktanteil haben, und auf dem ganz offensichtlich ein unvollständiger Wettbewerb herrscht. Wenn der gängige Preis für eine Dose Coca-Cola 75 Cents beträgt, kann Pepsi den Dosenpreis problemlos bei 70 oder 80 Cents festsetzen, ohne daß dies das Unternehmen gefährdet. Der Getränkeerzeuger wird natürlich den Preis kaum mit 40 Dollar oder 10 Cents pro Dose festsetzen können, da er sich damit selbst die wirtschaftliche Grundlage entziehen würde. Das führt uns zu dem Schluß, daß ein Unternehmen bei unvollständigem Wettbewerb innerhalb eines gewissen Rahmens Einfluß auf die Preisbildung nehmen kann.

Zusätzlich hängt das Ausmaß der Preiskontrolle vom jeweiligen Wirtschaftszweig ab. In manchen Branchen mit unvollständigem Wettbewerb erscheint die Macht der Monopole sehr gering. Im Computer-Einzelhandel beispielsweise entscheiden oft schon einige wenige Prozentpunkte Preisunterschied über den Verkaufserfolg eines Unternehmens. Im Fall der monopolistischen Elektrizitätsgesellschaften wirken sich andererseits Preisschwankungen von 10 Prozent und mehr – zumindest kurzfristig – kaum auf den Umsatz aus.

Bitte beachten Sie, daß das Auftreten unvollständiger Wettbewerbsbedingungen eine erbitterte Konkurrenz auf dem Markt nicht ausschließt. Unternehmen, die miteinander in unvollständigem Wettbewerb stehen, kämpfen oft verbissen darum, ihren Marktanteil zu erhöhen, und heftige Konkurrenz ist daher nicht mit vollständigem Wettbewerb zu verwechseln. Konkurrenz bezeichnet eine große Bandbreite von Verhaltensweisen, von Werbemaßnahmen, die die Nachfragekurve nach außen drücken sollen, bis hin zur Verbesserung der Produktqualität. Der vollständige Wettbewerb sagt nichts über das Konkurrenzverhalten aus, sondern stellt nur fest, daß jedes Unternehmen in der Branche jede beliebige Menge zum gängigen Marktpreis verkaufen kann.

Graphische Darstellung. In Abbildung 9-1 ist der Unterschied zwischen vollständigem und unvollständigem Wettbewerb graphisch dargestellt. Abbildung 9-1(*a*) erinnert uns daran, daß ein Unternehmen im vollständigen Wettbewerb mit einer horizontalen Nachfragekurve konfrontiert ist, was bedeutet, daß es jede gewünschte Menge zum gängigen Marktpreis verkaufen kann. Ein Unternehmen im unvollständigen Wettbewerb hat es hingegen mit einer abwärts geneigten Nachfragekurve zu tun. Wie wir in Abbildung 9-1(*b*) sehen, drückt ein Un-

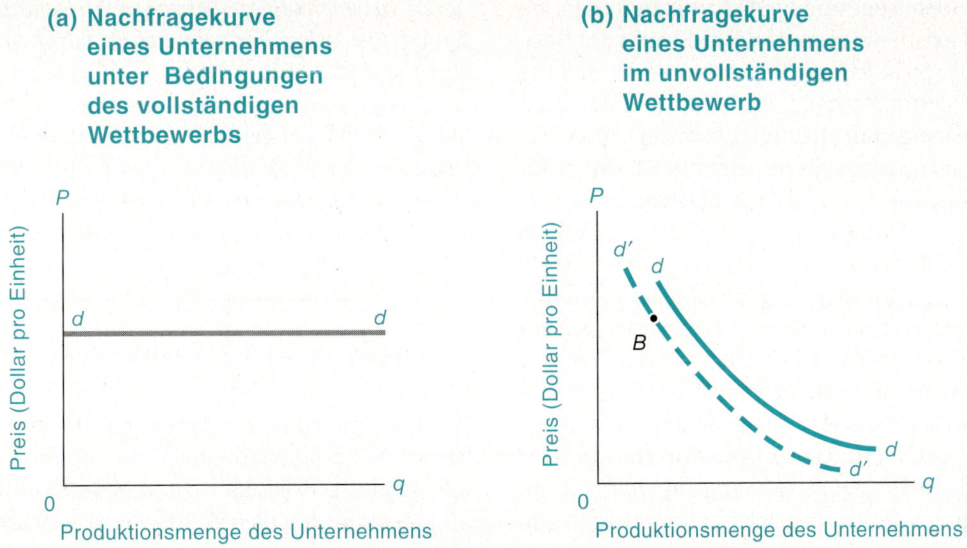

Abbildung 9-1: Die Feuerprobe für unvollständige Wettbewerbsbedingungen ist die abwärtsgeneigte Nachfragekurve des Unternehmens

(a) Das Unternehmen im vollständigen Wettbewerb kann entlang seiner horizontalen *dd*-Kurve jede beliebige Menge verkaufen, ohne den Marktpreis zu drücken.

(b) Das Unternehmen im unvollständigen Wettbewerb muß hingegen feststellen, daß seine Nachfragekurve abwärts gerichtet ist, wenn höhere Preise den Umsatz senken. Und sofern es sich bei einem solchen Unternehmen nicht um einen geschützten Monopolisten handelt, wird eine Preiskürzung bei der Konkurrenz die eigene Nachfragekurve merklich nach links, nach *d′d′* verschieben.

ternehmen im unvollständigen Wettbewerb durch Erhöhung seines Umsatzes den Marktpreis für sein Produkt, weil es zu einer Abwärtsbewegung auf *dd* kommt.

Wir können den Unterschied zwischen vollständigem und unvollständigem Wettbewerb auch anhand der Preiselastizität feststellen. Die Nachfrage des Unternehmens im vollständigen Wettbewerb ist vollkommen elastisch. Für das Unternehmen im unvollständigen Wettbewerb ist die Elastizität begrenzt. Mißt man nach, so zeigt sich, daß die Preiselastizität in Punkt *B* von Abbildung 9-1(*b*) bei etwa 2 liegt.

UNTERSCHIEDLICHE AUSFORMUNGEN UNVOLLSTÄNDIGEN WETTBEWERBS

Eine reife industrielle Wirtschaft wie jene in den Vereinigten Staaten muß man sich wie einen Tiergarten voll unterschiedlichen Formen der Spezies unvollständiger Wettbewerbsteilnehmer vorstellen. Die Dynamik der PC-Branche, hervorgerufen durch rapide technologische Fortschritte bei Computern, unterscheidet sich deutlich von den Wettbewerbsmustern der weniger lebendigen Sargindustrie. Trotzdem kann man einiges über einen Wirtschaftszweig erfahren, indem man genau auf die *Marktstruktur* achtet, insbesondere auf Anzahl und Größe der Anbieter und darauf, welchen Prozentsatz dieses Marktes der größte Anbieter kontrolliert. Ökonomen teilen unvollständige Wettbewerbsmärkte nach der jeweiligen Marktstruktur in drei unterschiedliche Kategorien ein.

Monopol

Wie unvollständig kann der unvollständige Wettbewerb eigentlich werden? Den Extremfall stellt das **Monopol** dar: ein einziger Anbieter, der die umfassende Kontrolle über einen Wirtschaftszweig ausübt.[1] Er ist der einzige Produzent in seiner Branche, und es gibt keinen verwandten Wirtschaftszweig, der ein entsprechendes, ähnliches Substitutionsgut erzeugen würde.

1 Der Begriff „Monopolist“ leitet sich aus den griechischen Wörtern *mono* für „ein“ und *polist* für „Anbieter“ ab

Echte Monopolisten sind heute kaum zu finden. Im typischen Fall existieren sie unter dem Schutz des Staates. So erhält beispielsweise ein Pharmaunternehmen, das ein neues Wundermedikament entdeckt, ein Patent, das es einige Jahre lang zum alleinigen Anbieter dieses Medikamentes macht. Ein weiteres wichtiges Beispiel für das Monopol sind lokale Versorgungsbetriebe wie die regionalen Telefongesellschaften, Kabel-TV, Gaswerke und Elektrizitätsgesellschaften. Hier haben wir es tatsächlich mit einem einzigen Anbieter einer Dienstleistung zu tun, für die keine entsprechenden Substitutionsleistungen zur Verfügung stehen. Aber in der harten Konkurrenz der heutigen Wirtschaft müssen sich sogar geschützte Monopolisten dem Wettbewerb stellen. Manch ein Pharmaunternehmen stellt fest, daß ein Konkurrent ein ganz ähnliches Medikament auf den Markt gebracht hat; Handys machen dem traditionellen Telefon Konkurrenz; Anbieter von Heizöl kämpfen mit den Gaswerken um Marktanteile. Langfristig ist kein Monopolist gegen die Angriffe von Mitbewerbern gefeit.

Oligopole

Der Terminus **Oligopol** bedeutet „wenige Anbieter". In diesem Zusammenhang kann „wenige" eine Zahl zwischen 2 und etwa 10 bis 15 Unternehmen bedeuten. Wichtig ist dabei nur, daß die Maßnahmen einzelner Unternehmen Auswirkungen auf den Marktpreis haben. In der Luftfahrt kann die Entscheidung einer einzigen Airline, ihre Ticketpreise zu senken, einen Preiskrieg auslösen, der auch zu einer Senkung der Flugpreise aller Konkurrenten führt.

Oligopolistische Wirtschaftszweige sind in der amerikanischen Wirtschaft häufig anzutreffen, vor allem in den Bereichen Produktion, Transport und Kommunikation. So gibt es beispielsweise nur einige wenige Autohersteller, obwohl diese zahlreiche verschiedene Modelle verkaufen. Dasselbe gilt für den Haushaltsgerätemarkt: Die Läden sind voll von zahlreichen verschiedenen Kühlschrank- und Geschirrspülermodellen, die jedoch von wenigen Herstellern produziert werden. Es mag Sie überraschen, zu hören, daß auch die Branche der Müsli- und Corn-flakes-Produzenten ein Oligopol darstellt, obwohl man doch meinen könnte, daß eine Unzahl verschiedener Frühstücksmüslis auf dem Markt ist.

Wettbewerb versus Konkurrenz: *Wenn wir uns mit Oligopolen beschäftigen, ist zu beachten, daß unvollständiger Wettbewerb nicht bedeutet, daß die Unternehmen untereinander überhaupt nicht konkurrieren. In vielen oligopolistischen Wirtschaftszweigen ist der Wettbewerb sogar sehr heftig. Wirklich harte Konkurrenz findet man gerade auf Märkten, auf denen es nur wenige konkurrierende Unternehmen gibt. Betrachten Sie doch etwa den mörderischen Konkurrenzkampf zwischen den Fluglinien, wo häufig nur zwei oder drei Linien eine bestimmte Destination anfliegen, die sich aber trotzdem in regelmäßigen Abständen einen erbitterten Preiskrieg liefern.*

Monopolistischer Wettbewerb

Im Fall dieser letzten Kategorie unvollständigen Wettbewerbs, zumeist als **monopolistischer Wettbewerb** bezeichnet, produziert eine große Anzahl von Anbietern differenzierte Produkte. Diese Marktstruktur hat viele Züge des vollständigen Wettbewerbs, weil zahlreiche Anbieter auftreten, von denen keiner einen größeren Marktanteil hat. Sie unterscheidet sich allerdings auch vom vollständigen Wettbewerb, weil die von den verschiedenen Unternehmen angebotenen Produkte nicht identisch sind. Da die Unternehmen leicht unterschiedliche Produkte verkaufen, können sie sie auch zu geringfügig unterschiedlichen Preisen verkaufen.

Der klassische Fall eines monopolistischen Wettbewerbs ist das Tankstellen-Vertriebssystem. Vieleicht fahren Sie ja immer wieder zu Ihrer lokalen Exxon-Tankstelle, obwohl diese ein wenig teurer ist, einfach weil sie auf Ihrem Weg zur Arbeit liegt. Sollte jedoch der Preis bei Exxon so anziehen, daß er um mehr als ein paar Groschen über dem des Konkurrenten Merit liegt, werden Sie schließlich doch zu Merit wechseln, auch wenn das einen kleinen Umweg bedeutet.

Dieses Beispiel zeigt uns, daß eine wichtige Ursache für die Produktdifferenzierung im Standort gelegen ist. Menschen sind einfach bestrebt, mit ihrer Zeit möglichst sparsam umzugehen, wenn sie sich auf den Weg zu einer Bank, einem Supermarkt, dem Friseur etc. begeben müssen, und sie bevorzugen den Anbieter gleich um die Ecke. Deshalb operieren die meisten Einzelhändler unter Bedingungen eines monopolistischen Wettbewerbs.

Aber die Produktdifferenzierung kann sich auch durch Unterschiede der Qualität, einzelner Produkteigenschaften oder sogar nur der subjektiven Wahrnehmung ergeben. Heute läuft auf den allermeisten IBM-kompatiblen PCs dieselbe Software wie auf dem Original, und auf dem Markt gibt es zahlreiche Anbieter. Trotzdem herrscht in der PC-Branche ein monopolistischer Wettbewerb, weil die Hersteller behaupten, ihre jeweiligen Modelle seien verläßlicher, schneller oder kleiner. Und dazu widmen

Verschiedenartige Marktstrukturen				
Struktur	Anzahl der Produzenten und Ausmaß der Produkt-Differenzierung	Teil der Wirtschaft, in dem die entsprechende Struktur vorherrscht	Das Ausmaß der Preiskontrolle durch das Unternehmen	Vermarktungsmethode
Vollständiger Wettbewerb	Viele Produzenten, identische Produkte	Finanzmärkte und bestimmte landwirtschaftliche Produkte	Nicht gegeben	Marktaustausch oder Auktion
Unvollständiger Wettbewerb				
Monopolistischer Wettbewerb (viele differenzierte Anbieter)	Viele Produzenten, viele echte oder empfundene Unterschiede zwischen Produkten	Einzelhandel (Benzin, PCs, ...)		
Oligopol	Wenige Produzenten, wenig oder kein Unterschied zwischen Produkten	Stahl, Chemikalien	ein wenig	Werbung und Wettbewerb über die Qualität; Preisfestsetzung
	Wenige Produzenten, eine gewisse Produktdifferenzierung	Autos, Flugzeuge, ...		
Monopol	Ein einziger Produzent; Produkt ohne nahe Substitutionsgüter	Lokale Telefon-, Strom- und Gasgesellschaften („natürliche Monopole“)	beträchtlich, Bereich ist jedoch zumeist reguliert	Werbung und Verkaufsförderung über Service

Tabelle 9-1: Verschiedenartige Marktstrukturen

In den meisten Branchen herrscht unvollständiger Wettbewerb. Hier finden Sie die wichtigsten Merkmale der verschiedenen Marktstrukturen zusammengefaßt.

auch noch vielgelesene Computermagazine der Erläuterung möglicher Unterschiede zwischen den Geräten sehr viel Raum.

Tabelle 9-1 zeichnet ein Bild der verschiedenen möglichen Kategorien unvollständigen und vollständigen Wettbewerbs. Sie stellt eine wichtige Zusammenfassung der unterschiedlichen Marktstrukturen dar, und es empfiehlt sich, sie gründlich zu studieren.

Wer glaubt, Ökonomen seien fade, blasse Typen, hat sich wohl noch nie mit Joan Robinson (1903-1983) beschäftigt, die gemeinsam mit Edward Chamberlin in den dreißiger Jahren die Theorie des unvollständigen Wettbewerbs entwickelte. Von einigen „magnificent Joan“ genannt, von anderen mit nicht unbedingt druckreifen Attributen versehen, war Robinson – sie war Professorin in Cambridge, England – besonders für ihre kontroversen Standpunkte berühmt. Erstmals Eindruck machte sie im Jahr 1933 mit ihrer Publikation The Economics of Imperfect Competition, *in der sie sich von den damals in der Volkswirtschaftslehre dominierenden Thesen zum Thema vollständiger Wettbewerb löste. Später verwickelte sich Frau Robinson als eine der frühesten und spektakulärsten Befürworter der Keynesianischen Makroökonomie in heftige Dispute mit mehreren zeitgenössischen amerikanischen Ökonomen über die Bedeutung des Kapitals und die Tauglichkeit des Kapitalismus. Gegen Ende ihrer Karriere galt ihre Sorge zunehmend der Einkommensverteilung und der Instabilität des kapitalistischen Systems, wobei sie völlig auf die in der Volkswirtschaft üblich gewordenen mathematischen Methoden verzichtete. Manche meinen, sie hätte für ihre bilderstürmerische Art einen hohen beruflichen Preis bezahlt, weil sie trotz ihres umfassenden und vielfältigen Beitrags zur wissenschaftlichen Volkswirtschaftslehre nie für den Nobelpreis vorgeschlagen wurde.*

URSACHEN FÜR DIE UNVOLLKOMMENHEITEN DES MARKTES

Warum stellen wir in bestimmten Wirtschaftszweigen einen nahezu vollständigen Wettbewerb fest, während andere von einer Handvoll Unternehmen kontrolliert werden? Die meisten Fälle unvollständigen Wettbewerbs lassen sich auf zwei wesentliche Gründe zurückführen.

Branche	(1) Anteil des US-Outputs, der von einem einzelnen Unternehmen benötigt wird, um von Skalenerträgen profitieren zu können (%)	(2) Tatsächlicher Durchschnitts-Marktanteil der größten drei Unternehmen der Branche (%)	(3) Hauptgründe für einen Betrieb in großen Einheiten
Bierbrauereien	10–14	13	Notwendigkeit, ein nationales Markenimage aufzubauen und die Investitionen zu koordinieren
Zigaretten	6–12	23	Werbung und Imagedifferenzierung
Glasflaschen	4–6	22	Notwendigkeit zentral organisierter Planungs- und Produktionsstrukturen
Zement	2	7	Notwendigkeit der Risikostreuung und Kapitalaufbringung
Kühlschränke	14–20	21	Markterfordernisse und Länge der Produktionsdurchgänge
Erdöl	4–6	8	Risikostreuung bei Rohölgeschäften und Koordinierung von Investitionen

Tabelle 9-2: Der Branchenwettbewerb hängt von den Kostenstrukturen ab

In einer klassischen Studie wurden verschiedene Produkte dahingehend untersucht, ob die Kostenstrukturen hinter den bestehenden Konzentrationsmustern stehen könnten. In Spalte (1) wird jener Punkt geschätzt, an dem die langfristige Durchschnittskostenkurve zu steigen beginnt, und zwar als Anteil am gesamten Branchenoutput. Vergleichen Sie diesen Wert mit dem Durchschnitts-Marktanteil jedes der größten drei Unternehmen der jeweiligen Branche in Spalte (2). [Quelle: F. M. Scherer, Alan Beckenstein, Erich Kaufer und R.D. Murphy, *The Economics of Multi-Plant Operation: An International Comparisons Study* (Harvard University Press, Cambridge, Mass., 1975).]

Erstens gibt es in einem Wirtschaftszweig tendenziell weniger Anbieter, wenn Skaleneffekte und eine damit einhergehende Kostensenkung in der Produktion eine besondere Bedeutung haben. Unter diesen Bedingungen können große Unternehmen einfach billiger produzieren und damit die Kleinen unterbieten, die das häufig nicht überleben.

Zweitens tendieren Märkte zum unvollständigen Wettbewerb, wenn es für neue Mitbewerber schwierig ist, den Marktzutritt zu schaffen. Eine sogenannte „Marktzutrittsbarriere“ kann durch gesetzliche Vorschriften oder durch Reglementierung geschaffen werden, wodurch die Zahl der Bewerber begrenzt wird. In anderen Fällen mag es für neue Mitbewerber einfach zu teuer sein, auf einem Markt Fuß zu fassen. Wir werden beide Ursachen des unvollständigen Wettbewerbs aber noch näher untersuchen.

Kosten und Marktunvollkommenheit

Technologie und Kostenstruktur eines Wirtschaftszweiges können die Feststellung erleichtern, wie viele Unternehmen in diesem Zweig Platz haben und wie groß sie sein sollen. Die entscheidende Frage lautet, welche Bedeutung Skaleneffekte in einem bestimmten Wirtschaftszweig haben. Kommen Skaleneffekte zur Wirkung, kann ein Unternehmen seine Durchschnittskosten durch Anhebung der Produktionsmenge zumindest in einem gewissen Ausmaß senken. Das bedeutet, daß größere Unternehmen gegenüber kleinen Mitkonkurrenten einen Kostenvorteil haben.

Und was ist das Ergebnis? Wenn Skaleneffekte eine wichtige Rolle spielen, werden ein oder mehrere Unternehmen ihre Produktionsmengen bis zu einem Niveau erhöhen, bei dem sie schließlich einen bedeutenden Teil der Gesamtproduktion herstellen. Vielleicht dominiert dann ein einziger Anbieter die gesamte Branche. Eher wahrscheinlich ist es jedoch, daß wenige große Anbieter den Hauptteil des Outputs kontrollieren, oder daß viele Unternehmen, mit jeweils geringfügig verschiedenen Produkten den Ton angeben. Aber gleichgültig wie die Branchenstruktur auf Grund von Skaleneffekten aussieht, wir müssen in jedem Fall eine Art des unvollständigen Wettbewerbs anstelle einer atomistischen Konkurrenz im vollständigen Wettbewerb der Preisnehmer und Mengenanpasser konstatieren.

Branchen mit Skaleneffekten sind nicht selten anzutreffen. Zahlreiche, durchaus gründliche ökonometrische und technische Studien bestätigen die Annahme, daß viele Wirtschaftszweige mit Ausnahme der Landwirt-

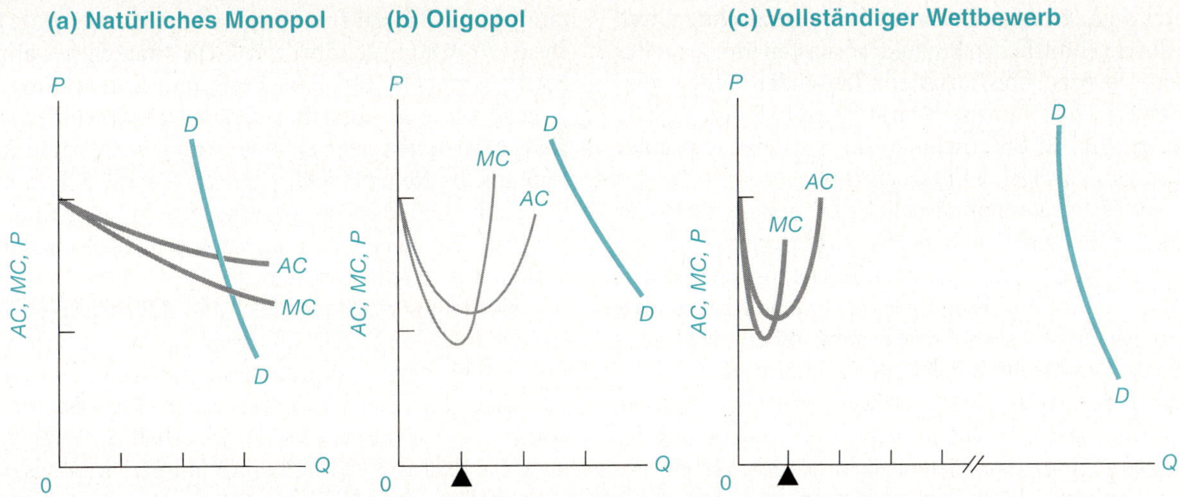

Abbildung 9-2: Die Marktstruktur hängt von den jeweiligen Kosten- und Nachfragefaktoren ab

Kosten- und Nachfrageverhältnisse wirken sich auf die Marktstrukturen aus. In **(c)** ist die Branchengesamtnachfrage im Vergleich zur effizienten Größe des einzelnen Anbieters so groß, daß der Markt die Koexistenz zahlreicher Unternehmen unter vollständigen Wettbewerbsbedingungen zuläßt. Hier haben wir es also mit dem vollständigen Wettbewerb zu tun. In **(b)** steigen die Kosten bei einer im Verhältnis zur Branchen-Gesamtnachfrage *DD* höheren Produktionsmenge an. Die Koexistenz zahlreicher Wettbewerber ist hier unmöglich und es wird sich ein Oligopol bilden. Wenn die Kosten unbeschränkt fallen, wie es im Fall des natürlichen Monopols in **(a)** zutrifft, kann ein Unternehmen zum Branchenmonopol expandieren.

schaft langfristig sinkende Durchschnittskosten aufweisen. So zeigt beispielsweise Tabelle 9-2 die Ergebnisse einer Studie über sechs amerikanische Wirtschaftszweige. Diese läßt den Schluß zu, daß in vielen Wirtschaftszweigen jener Punkt, an dem die geringsten Durchschnittskosten erzielt werden können, bei einem beträchtlichen Anteil an der Produktionsleistung des gesamten Wirtschaftszweiges – bei 10, 20 oder sogar 50 Prozent – liegt. Diese Wirtschaftszweige sind zumeist oligopolistisch organisiert, das heißt, daß in ihnen nur wenige große Produzenten agieren.

Um des weiteren verstehen zu können, welchen Einfluß die Produktionskosten auf die Marktstruktur haben können, betrachten wir doch einen Fall, der sich positiv auf den vollständigen Wettbewerb auswirkt. Abbildung 9-2(*c*) zeigt einen Wirtschaftszweig, bei dem der Punkt der geringsten Durchschnittskosten schon bei einer relativ geringen Produktionsmenge erreicht wird. Jedes Unternehmen, das seine Produktionsmenge darüber hinaus erhöhen möchte, sieht sich mit rapide steigenden Produktionskosten konfrontiert. Deshalb verträgt dieser Wirtschaftszweig eine große Zahl effizient operierender Unternehmen, was ja eine Voraussetzung für den vollständigen Wettbewerb darstellt.

Studieren wir nun Abbildung 9-2(*b*), die einen Wirtschaftszweig zeigt, in dem die Unternehmen bis zu einem gewissen Punkt von den Skaleneffekten profitieren, oberhalb dessen allerdings durch Steigerung der Produktionsmenge keine Vorteile mehr erzielt werden können, weil ab diesem Punkt die Durchschnittskosten zu steigen beginnen. Trotzdem verläuft die *AC*-Kurve nicht rasch genug nach oben, um einen Zusammenbruch des vollständigen Wettbewerbs zu verhindern. Die Gesamtnachfragekurve *DD* dieses Wirtschaftszweiges ist nur groß genug, um am Punkt der Mindestdurchschnittskosten einer relativ geringen Zahl an Unternehmen eine gemeinsame Existenzgrundlage zu ermöglichen. Eine solche Kostenstruktur führt zu einem Oligopol. Zahlreiche Wirtschaftszweige in den USA weisen eine Nachfrage- und Kostenstruktur auf, die jener in Abbildung 9-2(*b*) weitgehend gleicht.

Schließlich wollen wir auch noch Abbildung 9-2(*a*) näher betrachten, die den extremen Fall des *natürlichen Monopols* zeigt. In Abbildung 9-2(*a*) sehen wir das Beispiel eines Unternehmens, dessen Durchschnitts- und Grenzkosten immer weiter fallen. Sie zeigt kontinuierlich zunehmende Skaleneffekte. Bei steigender Produktionsmenge kann das Unternehmen seine Preise immer weiter senken und trotzdem Gewinne verzeichnen, weil die durchschnittlichen Produktionskosten immer weiter fallen. Die friedliche Koexistenz Tausender Mitbewerber auf einem vollkommenen Markt ist deshalb unmöglich, weil ein großes Unternehmen um so vieles effizienter wirtschaftet als kleine Unternehmen.

Ob es tatsächlich natürliche Monopole gibt oder nicht, ist eine strittige Frage. In der Vergangenheit wurden Versorgungsunternehmen wie Telefon- oder Elektrizitätsgesellschaften als natürliche Monopole betrachtet. Dies deshalb, weil sie hohe Fixkosten und relativ geringe Grenzkosten für die Bereitstellung eines weiteren Telefongesprächs oder einer zusätzlichen Kilowattstunde Strom aufweisen. Außerdem wäre eine Verdoppelung der Netze von Strom- und Telefonkabeln die reine Verschwendung, weil es nicht sinnvoll sein kann, zwei Telefonkabeln in einen Haushalt einzuleiten.

Die technologischen Fortschritte der jüngeren Zeit schwächen jedoch die Position der natürlichen Monopole. Die meisten amerikanischen Städte verfügen heute über Mobiltelefonnetze, die Funkwellen anstelle von Kabeln benützen. Und auch zahlreiche Entwicklungsländer stellen fest, daß die Mobiltelefonnetze billiger und einfacher zu installieren sind als die konventionellen Telefon-Kabelsysteme.

Marktzutrittsbarrieren

Obwohl unterschiedliche Produktionskosten der wichtigste Faktor hinter den Marktstrukturen sind, erhöhen auch Marktzutrittsbarrieren die Konzentration in einzelnen Branchen. **Marktzutrittsbarrieren** sind Faktoren, die es neuen Unternehmen schwer machen, in einem Wirtschaftszweig Fuß zu fassen. Ist die Schwelle hoch, gibt es wahrscheinlich nur einige wenige Unternehmen und einen beschränkten Konkurrenzdruck. Skaleneffekte sind häufige Marktzutrittsbarrieren, aber es gibt auch noch weitere Faktoren, wie beispielsweise gesetzliche Beschränkungen, hohe Zutrittskosten, Werbung und Produktdifferenzierung.

Gesetzliche Beschränkungen. Bisweilen schränkt der Staat den Wettbewerb in bestimmten Wirtschaftszweigen ein. Zu den wichtigen gesetzlichen Beschränkungen gehören Patente, Marktzutrittsbeschränkungen sowie Außenhandelszölle und Mengenbeschränkungen. Ein *Patent* wird einem Erfinder gewährt, um eine zeitlich begrenzte exklusive Nutzung (oder ein Monopol) des patentierten Produktes oder Verfahrens zu gestatten. So kann beispielsweise ein Pharmaunternehmen ein Monopol auf ein bestimmtes neues Medikament für einen Zeitraum von 17 Jahren erwerben, weil der Patentschutz für diesen Zeitraum gewährt wird. Die Staaten gewähren Patentmonopole, um Forschung und Entwicklung zu fördern. Ohne die Aussicht auf Patentschutz würden sich die Unternehmen oder Erfinder sträuben, Zeit und Ressourcen für Neuentwicklungen zu opfern. Schlimmer noch – der Erfinder könnte versucht sein, seine Entdekkung für sich zu behalten, wodurch der Gesellschaft ihre Vorteile vorenthalten würden.

Die Staaten verhängen auch *Marktzutrittsbeschränkungen* in vielen Wirtschaftszweigen. Im typischen Fall wird bestimmten Versorgungsbetrieben wie Telefon-, Gas- und Kabel-TV-Gesellschaften *ein Lizenz-Monopol* für ein bestimmtes Gebiet gewährt. Damit erhält das Unternehmen das Exklusivrecht, eine bestimmte Dienstleistung zu erbringen, und willigt im Gegenzug ein, seine Gewinne zu beschränken und allen Kunden seine Dienstleistungen zur Verfügung zu stellen. Der Staat beschränkt durch derartige Lizenzvergaben allerdings auch den Marktzutritt in Wirtschaftszweigen wie Radio und Fernsehen, Flugverkehr und Mobiltelefonie.

Und schließlich kann der Staat auch *Importbeschränkungen* verhängen, mit der Wirkung, daß ausländische Mitbewerber draußen gehalten werden. Es könnte sehr wohl möglich sein, daß der Markt eines einzigen Landes für ein Produkt so klein ist, daß er nur zwei oder drei Unternehmen einer bestimmten Branche verträgt, während der Weltmarkt groß genug ist, um eine sehr große Anzahl von Unternehmen aufnehmen zu können. Schließlich könnte eine protektionistische Politik die Branchenstruktur aus Abbildung 9-2(*c*) hin zu (*b*) oder sogar (*a*) verändern. Im Gegensatz dazu wird durch eine Verbreiterung der Märkte und die Abschaffung von Zöllen in einer großen Freihandelszone ein lebendiger und effektiver Wettbewerb gefördert, und die Monopole verlieren so ihre Macht. Eines der eindrucksvollsten Beispiele eines verstärkten Wettbewerbs läßt sich derzeit anhand der Europäischen Union studieren, die während der letzten drei Jahrzehnte konsequent die Zölle zwischen den Mitgliedsstaaten abgebaut und so von den größeren Märkten für die Unternehmen ebenso wie von einer geringeren Branchenkonzentration profitiert hat.

Hohe Marktzutrittskosten. Zusätzlich zu den gesetzlich auferlegten Marktzutrittsbarrieren gibt es auch ökonomische Barrieren. In einigen Wirtschaftszweigen kann einfach der Eintrittspreis sehr hoch sein. Nehmen wir die Flugzeugindustrie als Beispiel. Die hohen Kosten für Planung, Entwicklung und Tests neuer Flugzeuge wirkt auf potentielle Neuzugänge abschreckend. Nur eine sehr kleine Anzahl von Unternehmen kann sich die 10 bis 15 Milliarden Dollar leisten, die die Entwicklung der nächsten Flugzeuggeneration kostet.

Zusätzlich profitieren die arrivierten Unternehmen von immateriellen Investitionen, und gerade diese können für potentielle Neulinge in der Branche sehr teuer werden. Denken Sie an die Software-Industrie. Sobald ein Spreadsheetprogramm (wie Lotus 1-2-3) oder ein Textverarbeitungsprogramm (wie WordPerfect) auf breite Akzeptanz gestoßen ist, wird es für potentielle Mitbewerber schwierig, auf diesem Markt Fuß zu fassen. Die Benutzer, die den Umgang mit einem Programm erlernt haben, zögern zumeist, auf ein anderes umzusteigen. Um daher die Computerbenutzer dazu zu bringen, ein neues Programm auszuprobieren, muß jedes neue Unternehmen auf diesem Markt eine enorm aufwendige Werbekampagne starten, die einerseits teuer ist, und deren Erfolg, nämlich zu einer Rentabilität des beworbenen Produktes beizutragen, nicht gesichert erscheint.

Werbung und Produktdifferenzierung. Manchmal gelingt es einzelnen Unternehmen, mit Hilfe von Werbung und Produktdifferenzierung Marktzutrittsbarrieren gegen potentielle Konkurrenten zu errichten. Werbung kann die Bekanntheit eines Produktes sehr fördern und stärkt die Loyalität zu bekannten Marken. So geben beispielsweise Coca-Cola und Pepsi zusammen Hunderte Millionen Dollar jährlich für die Bewerbung der jeweiligen Marke aus, was den Marktzutritt für mögliche Rivalen auf dem Cola-Getränkemarkt außerordentlich teuer macht.

Zusätzlich kann auch die Produktdifferenzierung – entweder als solche oder mit Hilfe breit gestreuter Werbung – eine Marktzutrittsbarriere errichten und die Macht der Produzenten auf ihrem Markt stärken. In vielen Branchen, wie bei Müslis, Autos, Haushaltsgeräten und Zigaretten, ist es üblich, daß eine geringe Anzahl von Herstellern eine riesige Palette an verschiedenen Marken, Modellen und Produkten auf den Markt bringt. Teilweise soll die Verschiedenartigkeit der Produkte eine möglichst breite Kundenschicht ansprechen. Aber die enorme Anzahl differenzierter Produkte dient auch dazu, potentielle Mitbewerber abzuhalten. Die Nachfrage nach jedem der individuell differenzierten Produkte ist so gering, daß es dadurch nur wenigen Unternehmen möglich ist, am tiefsten Punkt ihrer U-förmigen Kostenkurve zu operieren. In der Folge verschiebt sich die *DD*-Kurve des vollständigen Wettbewerbs in Abbildung 9-2(*a*) so weit nach links, daß sie schließlich genauso aussieht wie die Nachfragekurven des Monopols und des Oligopols, wie in Abbildung 9-2(*a*) und (*b*) dargestellt. So führt also die Differenzierung ebenso wie die Zölle zu einer vermehrten Konzentration und einem zunehmend unvollständigen Wettbewerb.

B. GRENZERLÖS UND MONOPOL

In diesem Abschnitt werden wir die extremste Form des unvollständigen Wettbewerbs untersuchen, nämlich das Monopol. Unsere Analyse wird die wichtigsten Nachteile des unvollständigen Wettbewerbs beleuchten, die darin bestehen, daß es zu einer Mengeneinschränkung und zu einer Anhebung der Preise kommt. Als einen wesentlichen Teil dieser Analyse wollen wir ein neues Konzept, nämlich den Grenzerlös, einführen, der für Oligopolisten ebenso wie für Unternehmen im vollständigen Wettbewerb von großer Bedeutung ist.

DAS KONZEPT DES GRENZERLÖSES

Preis, Menge und Gesamterlös

Nehmen Sie an, ein Unternehmen hätte das alleinige Monopol für seinen Wirtschaftszweig. Bei diesem Unternehmen könnte es sich um den glücklichen Eigentümer eines Patentes für ein neues Medikament gegen Krebs oder vielleicht auch um einen Exklusiv-Lizenznehmer für Kabel-TV handeln. Welchen Preis sollte der Monopolist, unter der Annahme, daß er seine Gewinne maximieren möchte, für seine Produkte oder Dienstleistungen verlangen und für welche Produktionsmenge sollte er sich entscheiden?

Um diese Fragen zu beantworten, lohnt es sich, die zusätzlichen oder die Grenzkosten einer weiteren Verkaufseinheit mit dem Grenzerlös aus dieser letzten Einheit zu vergleichen. Alle relevanten Kostenkonzepte wurden bereits in Kapitel 7 entwickelt, als wir Gesamtkosten, Durchschnittskosten, Grenzkosten etc. kennenlernten. Nun wollen wir uns die analogen Ertragskonzepte ansehen. Aus der Nachfragekurve eines Unternehmens erkennen wir das Verhältnis zwischen Preis (*P*) und verkaufter Menge (*q*). Die Spalten (1) und (2) in Tabelle 9-3 zeigen die Nachfragefunktion eines hypothetischen Monopolisten. Außerdem stellt Abbildung 9-3(*a*) schwarz die Nachfragekurve *dd* dieses Monopolisten dar.

Nun kalkulieren wir den Gesamterlös bei jeder Produktionsmenge durch Multiplikation von Preis mal Menge. Spalte (3) in Tabelle 9-3 zeigt, wie der **Gesamterlös** (*TR*) zu berechnen ist, nämlich einfach *P* mal *q*. Demnach erbringen 0 Einheiten einen *TR* von 0; 1 Einheit ergibt *TR*= \$ 180 x 1 = \$ 180; 2 Einheiten ergeben \$ 160 x 2 = \$ 320; und so weiter.

Gesamt- und Grenzerlös

(1) Menge q	(2) Preis $P = AR = TR/q$ (\$)	(3) Gesamterlös $TR = P \times q$ (\$)	(4) Grenzerlös MR (\$)
0	200	0	+200
			+180
1	180	180	+160
			+140
2	160	320	+120
			+100
3	140	420	+80
			—
4	120	480	+40
			+20
5	100	500	0
			−20
6	80	480	−40
			−60
7	60	—	−80
			−100
8	40	320	—
			−140
9	—	180	−160
			−180
10	0	0	

Tabelle 9-3: Der Grenzerlös leitet sich von der Nachfragefunktion ab

Der Gesamterlös (*TR*) in Spalte (3) ergibt sich durch Multiplikation von *P* mal *q*. Um den Grenzerlös (*MR*) zu ermitteln, erhöhen wir *q* um eine Einheit und berechnen die Änderung des Gesamterlöses. *MR* ist geringer als *P*, was auf den entgangenen Erlös infolge der Notwendigkeit, zum Verkauf einer weiteren Einheit *q* den Preis für die früheren Einheiten zu senken, zurückzuführen ist. Bitte beachten Sie, daß *MR* zuerst positiv ist, solange die Nachfrage elastisch ist. Warum aber wird *MR* bei unelastischer Nachfrage negativ, obwohl doch der Preis nach wie vor positiv ist?

In diesem Beispiel einer geradlinigen oder linearen Nachfragekurve steigt der Gesamterlös zunächst mit der Produktionsmenge, weil eine Senkung von *P*, die notwendig ist, um zusätzliche Mengen *q* verkaufen zu können, in diesem oberen, elastischen Bereich der Nachfragekurve gering ist. Aber wenn wir den Mittelpunkt der geradlinigen Nachfragekurve erreichen, so weist der *TR* sein Maximum auf. Das tritt bei $q = 5$, $P =$ \$ 100 ein, wobei $TR =$ \$ 500. Eine weitere Erhöhung von *q* über diesen Punkt hinaus führt dazu, daß das Unternehmen in den unelastischen Nachfragebereich kommt. Bei unelastischer Nachfrage führt eine einprozentige Preissenkung zu einer Umsatzsteigerung unter 1 Prozent, so daß der Gesamterlös bei Senkung des Preises zurückgeht. Abbildung 9-3(*b*) zeigt, daß der *TR* eine glockenförmige Kurve bildet, die von Null bei einem sehr hohen Preis bis zu einem Maximum von \$ 500 ansteigt und dann wieder auf Null abfällt, wenn sich der Preis dem Nullpunkt nähert.

Nehmen wir an, Ihr Abteilungsleiter beschließt, die Umsatzerlöse zu maximieren. Sie würden ihm zuerst erklären, daß das nicht im Interesse der Aktionäre liegt, weil diese nur an Gewinnen interessiert sind. Dann würden Sie anhand von Tabelle 9-3 feststellen, daß *TR* maximiert wird, wenn $q = 5$ und $P = 100$. Das ist jener Punkt, bei dem die Nachfrageelastizität genau 1 beträgt.

Beachten Sie bitte, daß der Preis pro Einheit als Durchschnittserlös (*AR*) bezeichnet werden kann, um ihn vom Gesamterlös zu unterscheiden. Wir erhalten daher $P = AR$, indem wir *TR* durch *q* dividieren (genauso, wie wir zuvor *AC* durch Division von *TC* durch *q* erhalten haben). Überzeugen Sie sich, daß, wäre Spalte (3) *vor* Spalte (2) aufgeschrieben worden, wir Spalte (2) durch Division hätten errechnen können.

Grenzerlös und Preis

Um das für einen Monopolisten gewinnmaximale Gleichgewicht zu ermitteln, müssen wir die Auswirkungen des Verkaufs einer zusätzlichen Einheit seines Produktes auf den Gesamterlös kennen. Dazu benötigen wir das Konzept des Grenzerlöses.

Grenzerlös (*MR*) ist die Erhöhung des Gesamterlöses, die daraus resultiert, daß der Umsatz um 1 Einheit gesteigert wird. *MR* kann dabei positiv oder negativ sein.

Die blauen Zahlen des Grenzerlöses sind aus Spalte (4) der Tabelle 9-3 ersichtlich. Und so werden sie berechnet: Subtrahieren Sie den *TR*, den wir durch Verkauf von *q* Einheiten erhalten, vom *TR*, den wir durch Verkauf von $q + 1$ Einheit erhalten. Die Differenz ist der Zusatzerlös oder Grenzerlös *MR*. So erhalten wir von $q = 0$ zu $q = 1$

MR = $ 180 – $ 0. Von *q* = 1 zu *q* = 2, *MR* = $ 320 – $ 180 = $ 140.

MR ist positiv, bis wir bei *q* = 5 ankommen, ab hier wird er negativ. Was bedeutet eigentlich dieser seltsame Begriff des negativen Grenzerlöses? Besagt er vielleicht, daß das Unternehmen die Konsumenten dafür bezahlt, daß sie die Güter überhaupt abnehmen? Nein, keineswegs. *Der negative Grenzerlös* MR *bedeutet, daß das Unternehmen, um weitere Einheiten verkaufen zu können, den Preis für frühere Einheiten so weit senken muß, daß der Gesamterlös abnimmt.*

Wenn beispielsweise das Unternehmen 5 Einheiten verkauft, erhält es:

TR (5 Einheiten) = 5 x $ 100 = $ 500

Sagen wir nun, unser Unternehmen möchte eine weitere Produktionseinheit verkaufen. Es kann seine verkaufte Menge nur noch weiter steigern, indem es den Preis senkt, weil dieses Unternehmen unter unvollkommenen Wettbewerbsbedingungen agiert. Um daher 6 Einheiten zu verkaufen, senkt es den Preis von $ 100 auf $ 80. Es erzielt durch die sechste verkaufte Einheit einen Erlös von $ 80, aber erhält nur 5 x $ 80 für die ersten 5 Einheiten, woraus sich folgendes ergibt:

TR (6 Einheiten) =
5 x $ 80 + 1 x $ 80 = $ 400 + $ 80 = $ 480

Der Grenzerlös zwischen 5 und 6 Einheiten beträgt $ 480 – $500 = –$ 20. Die für die ersten fünf Einheiten

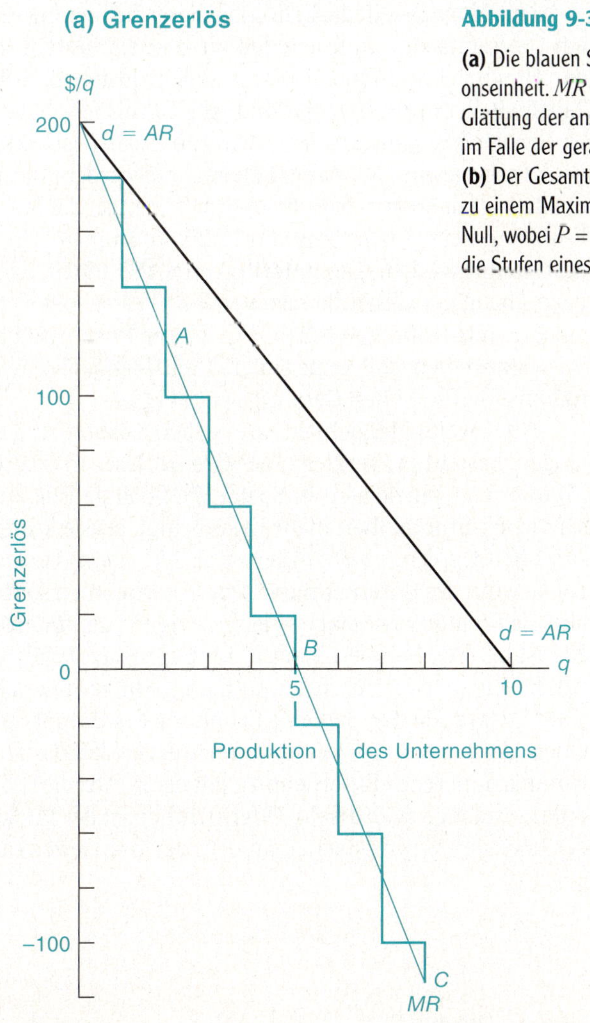

Abbildung 9-3: Die Grenzerlöskurve stammt aus der Nachfragekurve

(a) Die blauen Stufen zeigen die Anstiege des Gesamterlöses aus jeder zusätzlichen Produktionseinheit. *MR* fällt von Anfang an unter *P* und *MR* wird mit unelastischer *dd* negativ. Eine Glättung der ansteigenden *MR*-Stufen ergibt die durchgängige, dünne blaue *MR*-Kurve, die im Falle der geradlinigen *dd* immer eine doppelt so hohe Steigung wie dd haben wird.
(b) Der Gesamterlös weist eine glockenförmige Kurve auf – Anstieg von Null, wobei *q* = 0, bis zu einem Maximum (wo *dd* eine Elastizität von 1 aufweist), und dann neuerlicher Abfall auf Null, wobei *P* = 0. Die Steigung von *TR* ergibt die geglätteten *MR*, wie Sprünge von *TR* durch die Stufen eines zusätzlichen *MR* gegeben werden. (Quelle: Tabelle 9-3).

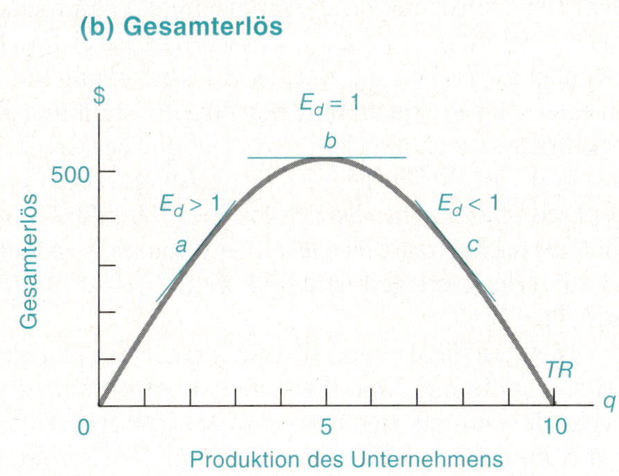

erforderliche Preissenkung war so groß, daß sogar nach dem Verkauf einer weiteren, sechsten Einheit der Gesamterlös fallen mußte. Und genau das geschieht, wenn der *MR* negativ ist. Um Ihre Kenntnisse zu testen, füllen Sie bitte die freigelassenen Stellen in Spalte (2) bis (4) aus.

Beachten Sie bitte, daß – obwohl *MR* negativ ist – der *AR* oder Preis nach wie vor positiv ist. Verwechseln Sie den Grenzerlös nicht mit dem Durchschnittserlös oder Preis. Tabelle 9-3 zeigt, daß hier ein Unterschied besteht. Außerdem sind in Abbildung 9-3(*a*) die Nachfragekurve (*AR*) und die Grenzerlöskurve (*MR*) eingezeichnet. Studieren Sie Abbildung 9-3(*a*), um zu erkennen, daß die eingezeichneten blauen Stufen der *MR* klar unter der schwarzen *dd*-Kurve des *AR* liegen. Tatsächlich wird *MR* negativ, sobald *AR* den halben Weg bis zum Nullpunkt zurückgelegt hat.

Zusammenfassend:

Angesichts der abwärtsgerichteten Nachfragekurve gilt
$P > MR$ (= P – geringerer Erlös für alle vorherigen q).

Elastizität und Grenzerlös. Welche Beziehung besteht zwischen der Preiselastizität der Nachfrage und dem Grenzerlös?

Der Grenzerlös ist positiv, wenn die Nachfrage elastisch ist, Null, wenn die Nachfrageelastizität den Wert 1 hat, und negativ, wenn die Nachfrage unelastisch ist.

Dieses Ergebnis ist eigentlich nur eine andere Art der Elastizitätsdefinition, die wir in Kapitel 4 besprochen haben. Erinnern Sie sich: Die Nachfrage ist elastisch, wenn eine Preissenkung zu einer Erlössteigerung führt. In einer solchen Situation steigert eine Preissenkung die Nachfrage so sehr, daß der Erlös steigt und der Grenzerlös positiv ist. In Tabelle 9-3 steigt beispielsweise, wenn der Preis im elastischen Bereich von P = $ 180 auf P = $ 160 fällt, die nachgefragte Menge immerhin so stark, daß der Gesamterlös gesteigert wird und der Grenzerlös positiv ausfällt.

Was geschieht, wenn die Nachfrageelastizität den Wert 1 annimmt? Eine Preissenkung entspricht dann genau der Outputsteigerung, und der Grenzerlös ist daher Null. Können Sie erkennen, warum der Grenzerlös im unelastischen Bereich immer negativ ist? Warum ist der Grenzerlös im Falle der unendlich elastischen Nachfragekurve des Unternehmens im vollständigen Wettbewerb immer positiv?

WIE MAXIMIERT EIN MONOPOLIST SEINE GEWINNE ?

Wir können nun jenes Gleichgewicht ermitteln, das für den Monopolisten zum Gewinnmaximum führt. Was kann der Monopolist angesichts einer gegebenen Nachfragekurve tun, um seinen Gesamtgewinn (*TP*) zu maximieren? Definitionsgemäß läßt sich sagen: Gesamtgewinn = Gesamterlös – Gesamtkosten oder $TP = TR - TC = (P \times q) - TC$.

Um seine Gewinne zu maximieren, muß das Unternehmen jenen Gleichgewichtspreis und jene Gleichgewichtsmenge, P^* und q^*, finden, die den größten Gewinn oder die größte Differenz zwischen *TR* und *TC* ergeben. Daraus leitet sich die Schlußfolgerung ab, daß *das Gewinnmaximum dann erreicht wird, wenn die Produktionsmenge so groß ist, daß der Grenzerlös des Unternehmens seinen Grenzkosten entspricht.*

Eine Möglichkeit, die Erfüllung dieser Bedingung für ein Gewinnmaximum feststellen zu können, besteht in der Heranziehung einer Kosten- und Erlöstabelle wie Tabelle 9-4. Um jene Menge und jenen Preis festzustellen, bei denen ein maximaler Gewinn zu erzielen ist, muß der Gesamtgewinn in Spalte (5) berechnet werden. Diese Spalte sagt dann aus, daß die optimale Menge, die bei 4 Einheiten liegt, einen Preis von $ 120 pro Einheit erfordert. Damit wird ein Gesamterlös von $ 480 erzielt, und nach Abzug der Gesamtkosten von $ 250 errechnet sich ein Gesamtgewinn von $ 230. Ein kurzer Blick genügt, um festzustellen, daß keine andere Preis-Mengenkombination einen so hohen Gesamtgewinn ergibt.

Eine zweite Möglichkeit, zur selben Lösung zu gelangen, besteht im Vergleich des Grenzerlöses in Spalte (6) mit den Grenzkosten in Spalte (7). Solange jede zusätzliche Outputeinheit mehr Erlös bringt, als sie kostet – das heißt, solange *MR* größer ist als *MC* –, erhöht sich der Gewinn des Unternehmens. Das Unternehmen sollte also die Produktionsmenge so lange steigern, als *MR* größer ist als *MC*. Nehmen Sie nun im Gegensatz dazu an, daß bei einer bestimmten Outputmenge *MR* geringer ist als *MC*. Das bedeutet, daß eine Erhöhung des Outputs zu einem *geringeren* Gewinn führen würde, so daß das gewinnmaximierende Unternehmen gut daran täte, die Produktionsmenge zu drosseln. Offensichtlich ist der Punkt der höchsten Gewinne jener, an dem der Grenzerlös ex-

Übersicht über die gewinnmaximale Situation eines Unternehmens

(1) Menge *q*	(2) Preis *P* ($)	(3) Gesamterlös *TR* ($)	(4) Gesamtkosten *TC* ($)	(5) Gesamtgewinn *TP* ($)	(6) Grenzerlös *MR* ($)	(7) Grenzkosten *MC* ($)	
0	200	0	145	−145	+200	34	
					+180	**30**	$MR > MC$ ↓
1	180	180	175	+5	+160	27	
					+140	**25**	
2	160	320	200	+120	+120	22	
					+100	**20**	
3	140	420	220	+200	+80	21	
					+60	**30**	
4*	**120**	**480**	**250**	**+230**	**+40**	**40**	$MR = MC$
					+20	**50**	
5	100	500	300	+200	0	60	
					−20	**70**	
6	80	480	370	+110	−40	80	
					−60	**90**	
7	60	420	460	−40	−80	100	
					−100	**110**	↑ $MR < MC$
8	40	320	570	−250			

* gewinnmaximales Gleichgewicht

Tabelle 9-4: Die gewinnmaximalen *q* und *P* eines Unternehmens ergeben sich durch Gleichsetzung der Grenzkosten mit dem Grenzerlös

Die Gesamt- und die Grenzkosten der Produktion werden nun mit dem Gesamt- und dem Grenzerlös kombiniert. Die gewinnmaximale Bedingung stellt sich ein, wo $MR = MC$, wobei $q^* = 4$, $P^* = \$ 120$ und Maximum $TP = \$ 230 = (\$ 120 \times 4) - \$ 250$. (Der Bequemlichkeit halber wurden die hellen *MR*- und *MC*-Daten eingefügt, um die verlaufenden Werte bei jedem *q*-Punkt anzugeben.)

akt den Grenzkosten entspricht, wie durch die Daten in Tabelle 9-4 gezeigt wird. (Diese zweite Methode, um den optimalen Punkt zu ermitteln, indem nämlich Grenzkosten und Grenzerlös verglichen werden, ist weder besser noch schlechter als die erste. Die Antwort, die wir erhalten, ist auch exakt die gleiche.) Die Regel zur Ermittlung des Maximalgewinns lautet daher:

Das Gewinnmaximum eines Monopolisten wird bei jenem Preis und jener Menge erreicht, bei denen der Grenzerlös genau den Grenzkosten entspricht:

$MR = MC$, bei P^* und q^* mit dem größtmöglichen Gewinn.

Die angeführten Beispiele zeigen die Logik der Regel $MC = MR$ zur Maximierung der Gewinne, aber was läßt sich rein intuitiv dazu sagen? Betrachten wir einen Augenblick lang Tabelle 9-4 und nehmen wir an, der Monopolist produziere $q = 2$. An diesem Punkt ist sein *MR* aus der Produktion einer zusätzlichen Einheit +$ 100, während seine *MC* $ 20 ausmachen. Wenn er daher eine zusätzliche Einheit produziert, erzielt das Unternehmen damit zusätzliche Gewinne von $MR - MC = \$ 100 - \$ 20 = \$ 80$. Und tatsächlich zeigt uns Spalte (5) in Tabelle 9-4, daß der zusätzliche Gewinn durch die Erhöhung von 2 auf 3 Einheiten genau $ 80 beträgt.

Wenn daher *MR* über *MC* liegt, lassen sich durch eine Anhebung der Produktionsmenge zusätzliche Gewinne erzielen; wenn dagegen *MC* größer ist als *MR*, sind höhere Gewinne nur zu erreichen, indem *q* gedrosselt wird. Nur wenn $MR = MC$, kann das Unternehmen seine Gewinne maximieren, weil sich an diesem Punkt durch eine Änderung der Produktionsmenge die Gewinne nicht mehr erhöhen lassen.

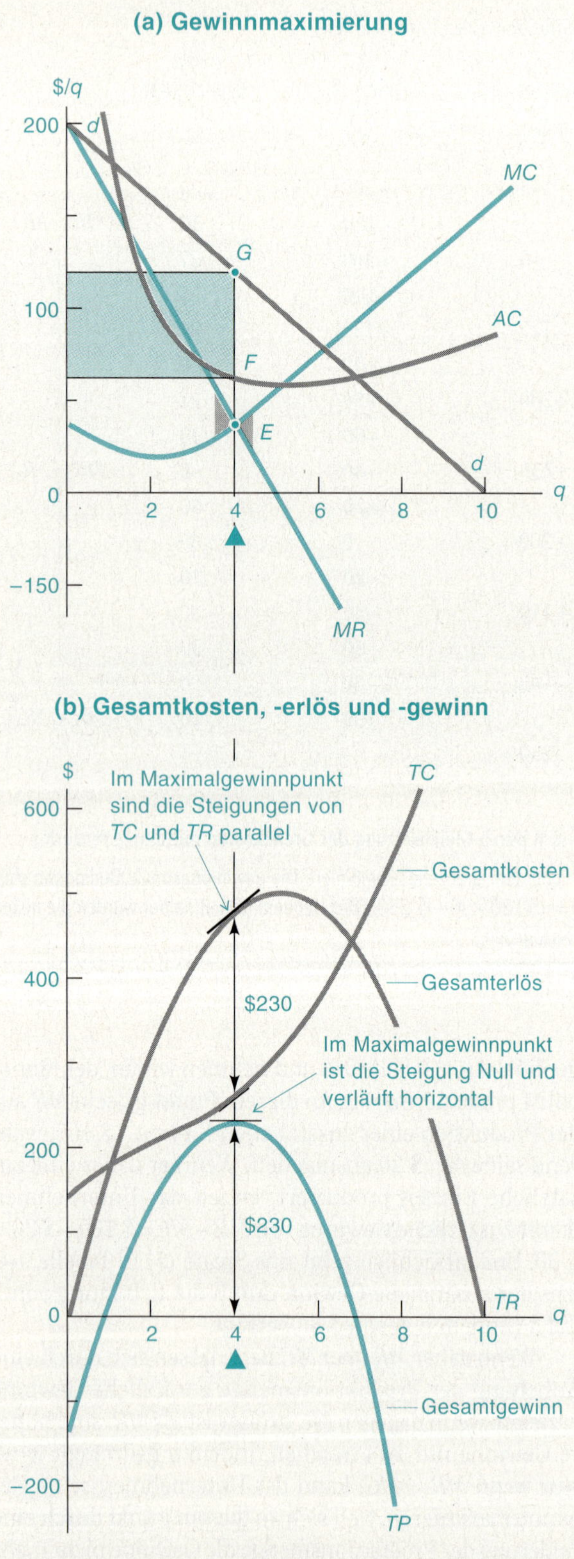

Das Monopolgleichgewicht im Diagramm

Abbildung 9-4 zeigt das Monopolgleichgewicht. Teil (*a*) kombiniert die Kosten- und Erlöskurve des Unternehmens. Der Punkt des maximalen Gewinns ist bei einer Produktionsmenge erreicht, bei der *MC MR* entspricht; das ist an ihrem Schnittpunkt in *E* der Fall. Das Monopolgleichgewicht oder der Punkt des maximalen Gewinns wird bei einer Produktionsmenge von $q^* = 4$ erreicht. Um den gewinnmaximierenden Preis zu ermitteln, gehen wir von *E* vertikal nach oben zur *DD*-Kurve nach *G*, wonach *P* = $ 120. Die Tatsache, daß der Durchschnittserlös in *G* über den Durchschnittskosten im Punkt *F* liegt, garantiert einen positiven Gewinn. Die tatsächliche Gewinnhöhe ergibt sich durch die blauschattierte Fläche in Abbildung 9-4(*a*).

Dieselbe Geschichte erzählt uns auch Teil (*b*) mit Gesamterlös-, Gesamtkosten- und Gesamtgewinnkurve. Die Gesamterlöskurve verläuft glockenförmig. Die Gesamtkosten steigen an. Die vertikale Differenz zwischen den beiden entspricht dem Gesamtgewinn, der negativ beginnt und auch negativ endet. Dazwischen ist *TP* positiv und erreicht seinen Maximalwert bei $ 230, wenn $q^* = 4$. Bei der gewinnmaximalen Produktionsmenge verlaufen die schwarzen *TR*- und *TC*-Kurven (die in den betreffenden Punkten *MR* und *MC* entsprechen) parallel und daher gleich. Würden die jeweiligen Kurven nicht parallel stehen, sondern auseinander weisen, (wie bei $q = 2$), würde das Unternehmen zusätzliche Gewinne erwirtschaften, indem es *q* erhöht. Bei $q^* = 4$ sind Grenzkosten und Grenz-

Abbildung 9-4: Das gewinnmaximale Gleichgewicht läßt sich entweder anhand der Gesamt- oder anhand der Grenzkurven zeigen

(a) In *E*, wo die *MC*- die *MR*-Kurve schneidet, liegt die Gleichgewichtsposition des Maximalgewinns. Jede Bewegung weg von *E* bedeutet einen Rückgang des Gewinns. Der Preis liegt in Punkt *G* über *E*; und da *P* über *AC* liegt, ist der Maximalgewinn ein positiver Gewinn. (Können Sie verstehen, warum das blau unterlegte Rechteck den Gesamtgewinn mißt? Und warum die grauen Dreiecke des unterlegten Bereichs auf jeder Seite von *E* den Rückgang des Gesamtgewinns ausweisen, der sich aus einer Abweichung von *MR* = *MC* ergeben würde?)
(b) Das erinnert uns an die Gewinnmaximierung, wie oben ausgeführt, aber hier werden die Gesamtkonzepte anstelle der Grenzkonzepte verwendet. Der Gesamtgewinn (*TP*) wird durch den Vertikalabstand von *TC* hinauf zu *TR* angegeben. *TP* befindet sich in einem Maximum, wo seine schwarz eingezeichnete Steigung Null beträgt. An diesem Punkt haben die Gesamterlös- und die Gesamtkostenkurven gleiche und parallele Steigungen, *MR* = *MC*.

erlös ausgeglichen. An diesem Punkt erreicht der Gesamtgewinn (*TP*) seinen Maximalwert, weil eine zusätzliche Kosteneinheit genau einer zusätzlichen Erlöseinheit entspricht.

Ein Monopolist maximiert seine Gewine, indem er die Produktionsmenge in einer Höhe festlegt, bei der *MC* = *MR*. Da die Nachfragekurve des Monopolisten abwärtsgerichtet ist, bedeutet dies, daß *P* > *MR*. Da der Preis für den gewinnmaximierenden Monopolisten über den Grenzkosten liegt, drosselt er die Produktionsmenge unter jenes Niveau, das wir bei vollständigem Wettbewerb zu erwarten hätten.

Vollständiger Wettbewerb als Grenzfall des unvollständigen Wettbewerbs

Obwohl wir die *MR*- und *MC*-Regel nur auf Monopolisten angewandt haben, die ihre Gewinne maximieren möchten, läßt sich diese Regel weit über die vorliegende Analyse hinaus anwenden. Wenn wir ein wenig nachdenken, erkennen wir ganz klar, daß die Regel *MC* = *MR* ebenso für ein gewinnmaximierendes Unternehmen im vollständigen Wettbewerb gilt. Wir gehen dazu in zwei Schritten vor:

1. MR *für Unternehmen im vollständigen Wettbewerb*. Die erste Frage lautet: Wir sieht der *MR* für ein Unternehmen im vollständigen Wettbewerb aus? Wenn im unvollständigen Wettbewerb *MR* geringer ist als *P* – gilt dasselbe auch für den vollständigen Wettbewerb? Nun, eigentlich nicht. Im vollständigen Wettbewerb drückt der Verkauf zusätzlicher Einheiten niemals den Preis, und der „Erlösentgang für alle vorherigen *q*“ ist daher Null. Preis und Grenzerlös sind für Unternehmen im vollständigen Wettbewerb identisch.

   Unter Bedingungen des vollständigen Wettbewerbs entspricht der Preis dem Durchschnittsererlös, der seinerseits dem Grenzerlös entspricht (*P* = *MR* = *AR*). Die *dd*-Kurve und die *MR*-Kurve eines Unternehmens im vollständigen Wettbewerb fallen als horizontale Linien zusammen.

2. *MR* = *P* = *MC für ein Unternehmen im vollständigen Wettbewerb*. Außerdem können wir erkennen, daß die Logik, die beim Monopolisten zur Gewinnmaximierung führt, ebenso für Unternehmen im vollständigen Wettbewerb gilt, daß jedoch das Ergebnis ein wenig abweicht. Für ein Unternehmen im vollständigen Wettbewerb ergibt sich der Grenzerlös genau in gleicher Höhe wie der Preis. Wenn es daher nicht erforderlich ist, *P* zu senken, um zusätzliche Einheiten *q* verkaufen zu können, entspricht der Grenzerlös genau *P* für die letzte verkaufte Einheit, ohne daß ein Verlust für die vorherigen Einheiten in Abzug zu bringen wäre. Daher führt *P* – *MR* zu folgender spezieller Regel für die Gewinnmaximierung im vollständigen Wettbewerb:

   Da ein Unternehmen im vollständigen Wettbewerb jede beliebige Menge zum Marktpreis verkaufen kann, gilt am Punkt des maximalen Gewinns *P* = *MR*.

Sie können dieses Resultat auch anschaulich machen, wenn sie Abbildung 9-4(*a*) nachzeichnen. Gilt das Diagramm für ein Unternehmen im vollständigen Wettbewerb, verläuft die *DD*-Kurve horizontal zum Marktpreis und fällt mit der *MR*-Kurve zusammen. Der Schnittpunkt und der Punkt der Gewinnmaximierung *MR* = *MC* ergibt sich daher auch bei *P* = *MC*. Wir erkennen daraus, daß die allgemeine Regel zur Gewinnmaximierung für den vollständigen Wettbewerb ebenso gilt wie für den unvollständigen Wettbewerb.

DAS MARGINALPRINZIP (GRENZBETRACHTUNG): WAS VORBEI IST, IST VORBEI, ODER „DIE VERGANGENHEIT IST ALLEN ALTERNATIVEN GLEICH“

Wir beschließen dieses Kapitel mit einer allgemeinen Aussage über den Nutzen der Marginal- oder Grenzanalyse in der Volkswirtschaft. Zwar sollten Sie sich lieber nicht darauf verlassen, mit Hilfe der volkswirtschaftlichen Theorien große Reichtümer erwerben zu können, aber Sie können immerhin darauf bauen, daß Sie einige neue Erkenntnisse über Kosten und Nutzen gewinnen werden. *Eine der wichtigsten Lehren der Volkswirtschaft besagt, daß man immer die Grenzkosten und den Grenznutzen aller Entscheidungen betrachten und frühere oder versunkene Kosten einfach ignorieren sollte.* Wir könnten es auch so formulieren:

> *Was vorbei ist, ist nun einmal vorbei. Blicken Sie nie zurück. Es ist sinnlos, über einmal vergossene Milch Tränen zu vergießen oder dem gestrigen Verlust nachzutrauern. Stellen Sie lieber kühle Berechnungen über die Zusatzkosten an, die Ihnen durch jede Entscheidung entstehen, und wägen Sie diese gegen zusätzliche Vorteile ab. Treffen Sie Ihre Entscheidungen aufgrund von Grenzkosten und Grenznutzen.*

Ein wenig formeller ausgedrückt handelt es sich hierbei um das *Marginalprinzip*, das besagt, daß jedermann seine Gewinne oder seine Bedürfnisbefriedigung maximiert, indem er nur Grenzkosten und Grenznutzen einer Entscheidung berücksichtigt. Es gibt unzählige Situationen, in denen sich dieses Marginalprinzip anwenden läßt. So steht es ganz offensichtlich hinter einer erfolgreichen Gewinnmaximierung in den Unternehmen. Ein weiteres Anwendungsbeispiel sind kluge Investitionsentscheidungen. Wenn eine Entscheidung getroffen werden muß, beispielsweise ob man in ein Unternehmen investieren oder ein Haus verkaufen sollte, lohnt es sich immer, frühere Gewinne oder Verluste außer acht zu lassen und nur aufgrund der Grenzerträge und -kosten zu entscheiden.

Volkswirtschaft in der Praxis: Das Marginalprinzip*. Ein wichtiges Beispiel für das Marginalprinzip stellt die Kernkraft dar. In den sechziger und siebziger Jahren haben zahlreiche amerikanische Elektrizitätsgesellschaften in den Bau von Atomkraftwerken investiert. Doch zu Beginn der neunziger Jahre kamen Zweifel an der Klugheit dieser Entscheidung auf. Die Stromnachfrage hinkte allen Prognosen hinterher, Bau und Betrieb der Kernkraftwerke erwies sich als teurer als angenommen, Erdöl und andere alternative Energiequellen waren sehr viel billiger als erwartet, und große Teile der Öffentlichkeit glaubten nicht mehr an die Sicherheit der nuklearen Anlagen. Diese Veränderungen des wirtschaftlichen Umfelds stellten die Betreiber, die zudem noch neue derartige Kraftwerke in Bau hatten, vor große Probleme. Sollten einmal begonnene Atomkraftwerke fertig gebaut werden oder nicht?*

Besonders knifflig erwies sich diese Frage im Fall der Anlage in Shoreham, Long Island Sound, New York. Im Jahr 1989 sollte das Kraftwerk, dessen Bau bereits über 5 Milliarden Dollar verschlungen hatte, eröffnet werden. Wegen des heftigen lokalen Widerstandes wurde die Betriebsgenehmigung nicht erteilt. Die Gegner argumentierten, das Kernkraftwerk sei in Anbetracht der bereits ausgegebenen 5 Milliarden Dollar Baukosten einfach viel teurer als alle alternativen Lösungen. Befürworter hielten dagegen, daß eine Schließung der Anlage zum Verlust der 5 Milliarden Dollar Baukosten führen würde, die somit verloren wären.

Nach dem Marginalprinzip sind beide Argumentationsweisen falsch. Aus volkswirtschaftlicher Sicht sind die bereits ausgegebenen 5 Milliarden Dollar irrelevant. Wichtig sind nur die zukünftigen wirtschaftlichen Kosten und der zu erwartende Nutzen aus dem Strom, der im Kernkraftwerk Shoreham produziert werden könnte. Studien ergaben, daß bei Außerachtlassung der bereits investierten 5 Milliarden die zukünftigen Kosten für den Betrieb der Anlage geringfügig unter jenen der nächstbesten Alternative liegen würden, obwohl die Gesamtkosten (inklusive der 5 Milliarden) sehr viel höher wären. Wären Sicherheitsfragen bedeutungslos, müßte eine volkswirtschaftliche Analyse daher zu dem Schluß kommen, daß die effizienteste Vorgangsweise in der Inbetriebnahme von Shoreham läge. Tatsächlich wurde die Anlage wegen der heftigen Proteste in der Bevölkerung jedoch nie in Betrieb genommen.

ZUSAMMENFASSUNG

A. Die Formen des unvollständigen Wettbewerbs

1. Der Großteil aller heute anzutreffenden Marktstrukturen liegt irgendwo im Spektrum zwischen vollständigem Wettbewerb und reinem Monopol. Unter Bedingungen unvollständigen Wettbewerbs kann ein Unternehmen eine gewisse Kontrolle auf die Preisbildung ausüben, was sich in der abwärts gerichteten Nachfragekurve nach den Produkten dieses Unternehmens widerspiegelt.
2. Wichtige Marktformen sind: (*a*) Das Monopol, bei dem ein einziges Unternehmen den gesamten Output eines Wirtschaftszweiges erzeugt; (*b*) das Oligopol, bei dem einige wenige Anbieter ähnlicher oder differenzierter Produkte die Produktion in einem bestimmten Wirtschaftszweig dominieren; (*c*) der monopolistische Wettbewerb, bei dem eine große Anzahl kleiner Unternehmen verwandte, aber geringfügig differenzierte Produkte erzeugt; und (*d*) der vollständige Wettbewerb, in dem eine große Anzahl kleiner Unternehmen das gleiche Produkt herstellt. In den ersten drei Fällen haben es die jeweiligen Unternehmen mit abwärts gerichteten Nachfragekurven zu tun.
3. Skaleneffekte oder mit zunehmender Größe sinkende Durchschnittskosten sind eine wichtige Ursache des unvollständigen Wettbewerbs. Wenn die Unternehmen durch Erhöhung der Produktionsmengen ihre Kosten senken können, verhindert dies den vollständigen Wettbewerb deshalb, weil nur wenige Unternehmen in der Lage sind, in diesem Wirtschaftszweig besonders effizient zu produzieren. Wenn die für größtmögliche Effizienz notwendige Mindestgröße eines Unternehmens bezogen auf den na-

tionalen oder regionalen Markt bedeutend ist, führt diese Kostenstruktur zu einem unvollständigen Wettbewerb.

4. Zusätzlich zu sinkenden Kosten führen auch Marktzutrittsbarrieren zu einem unvollständigen Wettbewerb, wobei diese die Form von gesetzlichen Beschränkungen (Patente oder staatliche Reglementierung), hohen Marktzutrittskosten, Werbung und Produktdifferenzierung annehmen können.

B. Grenzerlös und Monopol

5. Wir können den Gesamterlös eines Unternehmens aus seiner Nachfragekurve ableiten. Aus der Gesamterlösfunktion oder -kurve läßt sich der Grenzerlös ableiten, also der zusätzliche Erlös durch den Verkauf einer zusätzlichen Mengeneinheit. Für das Unternehmen im unvollständigen Wettbewerb liegt der Grenzerlös unter dem Preis, weil dabei der Erlösentgang für alle vorherigen Outputeinheiten zu berücksichtigen ist, der sich ergibt, wenn das Unternehmen gezwungen ist, seinen Preis zu senken, um eine zusätzliche Outputeinheit verkaufen zu können. Das heißt: Bei abwärts gerichteter Nachfragekurve:
$P = AR > MR = P$ – geringerer Erlös für alle vorherigen q.

6. Ein Monopolist ermittelt den Punkt seiner Gewinnmaximierung bei $MR = MC$, das heißt, wenn die letzte verkaufte Einheit genau denselben Zusatzerlös wie die entstandenen Zusatzkosten erbringt. Dasselbe Ergebnis $MR = MC$ läßt sich auch graphisch durch den Schnittpunkt der *MR*- und *MC*-Kurve oder durch die gleiche Steigung der Gesamterlös- und der Gesamtkostenkurve ableiten. In jedem Fall muß in der Gleichgewichtsposition des Gewinnmaximums gelten, daß *Grenzerlös = Grenzkosten*.

7. Für Unternehmen im vollständigen Wettbewerb entspricht der Grenzerlös dem Preis. Deshalb ergibt sich die gewinnmaximale Produktionsmenge bei $MC = P$.

8. Volkswirtschaftliche Überlegungen führen uns zum äußerst wichtigen *Marginalprinzip*. Beim Treffen von Entscheidungen sind zukünftiger Grenznutzen und zukünftige Grenzkosten zu berücksichtigen, während versunkene Kosten, die bereits zu tragen waren, irrelevant sind.

BEGRIFFE ZUR WIEDERHOLUNG

Die Formen des unvollständigen Wettbewerbs

vollständiger versus unvollständiger Wettbewerb
Monopol, Oligopol, monopolistischer Wettbewerb
Produktdifferenzierung
Marktzutrittsbarrieren (staatlich und wirtschaftlich bedingte)

Grenzerlös und Monopol

Grenz- (oder Zusatz-)Erlös *MR*
$MR = MC$ bei gewinnmaximaler Produktionsmenge
$MR = P$, $P = MC$ im vollständigen Wettbewerb
natürliches Monopol
das Marginalprinzip (Grenzbetrachtung)

FRAGEN UND BEISPIELE

1. Zählen sie die Unterschiede zwischen vollständigem und unvollständigem Wettbewerb auf. Welche Hauptformen unvollständigen Wettbewerbs gibt es? In welche Kategorie würden Sie General Motors einordnen? Ihre Telefongesellschaft? Die Handelskette Sears? Den Bauern Smith? Ihr College oder Ihre Universität?
2. „Monopolisten maximieren den Umsatz. Sie produzieren daher mehr als Unternehmen im vollständigen Wettbewerb, und die Preise im Monopol sind niedriger." Erklären Sie, warum der erste Satz im Falle von gewinnmaximierenden Monopolisten falsch ist. Erklären Sie, warum sich der zweite Satz aus dem ersten ergibt. Was schließen Sie bezüglich der Gültigkeit des zweiten Satzes?
3. Wie lautet der numerische Wert des *MR*, wenn die *dd* eine Elastizität von 1 aufweist? Erklären Sie Ihre Antwort.
4. Abbildung 9-4 zeigt die Position des Gewinnmaximierungs-Gleichgewichts. Erklären Sie im Detail, warum sie tatsächlich zwei verschiedene Wege aufzeigt, um genau dieselbe Tatsache zu beschreiben: nämlich, daß ein Unternehmen seine Produktionsmenge ab jenem Punkt nicht weiter erhöht, bei dem die Zusatzkosten für eine höhere Produktionsmenge genau seinem Zusatzerlös entsprechen.
5. Zeichnen Sie Abbildung 9-4(*a*) noch einmal für ein Unternehmen im vollständigen Wettbewerb. Warum verläuft *dd* horizontal? Erklären Sie, warum die horizontale *dd*-Kurve mit dem *MR* zusammenfällt. Stellen Sie anschließend den Schnittpunkt von *MR* und *MC* fest, in dem das Gewinnmaximum erreicht wird. Warum ergibt das die Wettbewerbsbedingung $MR = P$? Zeichnen Sie nun Abbildung 9-4(*b*) noch einmal für ein Unternehmen im vollständigen Wettbewerb. Zeigen Sie, daß die Steigungen von *TR* und *TC* auch für ein Unternehmen im vollständi-

gen Wettbewerb im Gleichgewichtspunkt des Gewinnmaximums ident sind.

6. Das Computerunternehmen Pear hat Produktionsfixkosten von \$ 100.000, wobei jede Arbeitseinheit \$ 600, jede Material- und Treibstoffeinheit \$ 400 kostet. Die Konsumenten würden bei einem Preis von \$ 3000 keine Pear-Computer kaufen, aber pro \$ 10 Preissenkung erhöht sich der Umsatz an Pear-Computern um 1000 Einheiten. Berechnen Sie die Grenzkosten und den Grenzerlös für das Unternehmen Pear-Computer und bestimmen Sie den Monopolpreis und die Monopolmenge für dieses Unternehmen.
7. Weisen Sie nach, daß ein nach Gewinnmaximierung strebender Monopolist niemals im preisunelastischen Bereich seiner Nachfragekurve operiert.
8. Erklären Sie den Fehler in folgender Aussage: „Ein Unternehmen, das sich um Gewinnmaximierung bemüht, verlangt immer den höchsten Preis, den der Markt trägt." Formulieren Sie die Aussage richtig und verwenden Sie das Konzept des Grenzerlöses, um den Unterschied zwischen richtiger und falscher Aussage zu erklären.

KAPITEL 10

OLIGOPOL UND MONOPOLISTISCHER WETTBEWERB

***Putnam (Braniff)*: Haben Sie mir einen Vorschlag zu machen?**
***Crandall (American)*: Ja. Ich hätte da schon einen Vorschlag: Heben Sie Ihre [nicht druckreifer Kraftausdruck] Ticketpreise um 20% an, und ich ziehe schon am nächsten Morgen nach.**
***Putnam*: Robert, wir ...**
***Crandall*: Da haben Sie was davon und ich auch.**
***Putnam*: Wir können doch hier nicht über unsere Preisgestaltung reden.**
***Crandall*: Oh, [Kraftausdruck] Howard. Wir können über jedes [Kraftausdruck] Thema reden, über das wir reden wollen.**

Ein 1982 zwischen Howard Putnam, dem damaligen Chef von Braniff Airlines, und Robert Crandall, dem damaligen Chef von American Airlines, aufgenommenes Gespräch.

Sehen Sie sich doch in der Welt der Wirtschaft um, und Sie werden lauter Unternehmen erkennen, die auf zunehmend wettbewerbsorientierteren Märkten um ihr Überleben kämpfen. Ganz sicher sind die meisten von ihnen keine Monopolisten – Konkurrenten gibt es in Hülle und Fülle. Aber sie sind auch keinem vollständigen Wettbewerb ausgesetzt, weil sie zu groß sind und selbst Einfluß auf die Preise nehmen können. Und nun die Frage: Wie verhalten sich Unternehmen bei unvollständigem Wettbewerb?

Um diese Frage beantworten zu können, sehen wir uns erst einmal genauer an, was im Oligopol und bei monopolistischem Wettbewerb geschieht, wobei wir besonders darauf achten wollen, welche Rolle Konzentrationen und strategische Interaktion in diesem Zusammenhang spielen. Im nächsten Abschnitt wenden wir uns insbesondere den großen Unternehmen zu, weil diese häufiger eine dominante Marktposition einnehmen, und wir stellen uns die Frage, wer denn eigentlich diese Mammutorganisationen leitet und welche Zwecke er dabei verfolgt. Im dritten Abschnitt schließlich geht es uns darum, die volkswirtschaftlichen Kosten und den Nutzen des unvollständigen Wettbewerbs abzuwägen.

A. DAS VERHALTEN VON UNTERNEHMEN BEI UNVOLLSTÄNDIGEM WETTBEWERB

Blättern Sie bitte zu Tabelle 9-1 zurück, die folgende Hauptformen des Marktes aufzählt: (1) Den *vollständigen Wettbewerb*, in dem eine große Anzahl von Unternehmen ein identisches Produkt erzeugt – so viele Un-

Konzentration der US-Erzeugungsbetriebe, gemessen am Wert des jeweiligen Liefervolumens, 1987

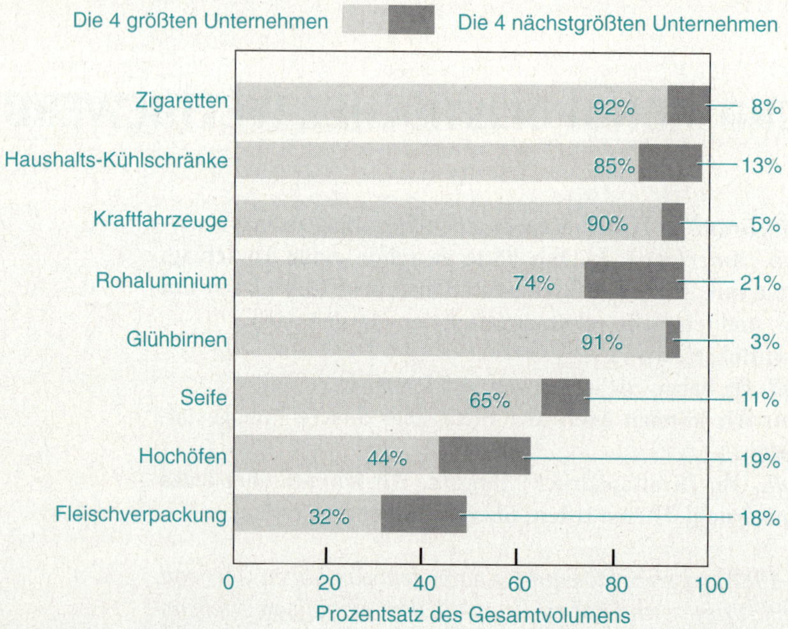

Abbildung 10-1: Konzentrationsverhältnisse geben an, inwieweit einige wenige Unternehmen eine Branche dominieren

Im Fall von Kühlschränken, Autos und in vielen anderen Branchen sorgen einige wenige Unternehmen für den Großteil der heimischen Produktion. Vergleichen Sie diesen Zustand mit dem Ideal des vollständigen Wettbewerbs, bei dem jedes einzelne Unternehmen zu klein ist, um den Marktpreis beeinflussen zu können. (Quelle: Bureau of the Census, Daten aus 1987)

ternehmen, daß kein einziges von ihnen Einfluß auf die Bildung des Marktpreises nehmen kann. Diese Marktform ist hauptsächlich unter Landwirten und auf Finanzmärkten wie dem Devisen- oder Rentenmarkt anzutreffen; (2) den *monopolistischen Wettbewerb*, der dann auftritt, wenn eine große Anzahl von Unternehmen geringfügig differenzierte Produkte erzeugt; während (3) das *Oligopol* eine Sonderform des unvollständigen Wettbewerbs darstellt, bei der ein Wirtschaftszweig von einigen wenigen Unternehmen dominiert wird; und schließlich wird (4) das *Monopol* genannt, bei dem die gesamte Produktion eines Wirtschaftszweiges von einem einzigen Unternehmen erzeugt wird. Diese Form des unvollständigen Wettbewerbs haben wir jedoch bereits im vorigen Kapitel behandelt.

Ökonomen benötigen häufig – vor allem jedoch zur Beantwortung der Frage, ob der Staat auf einem Markt eingreifen sollte oder nicht – ein quantitatives Maß zur Messung der Marktmacht. **Marktmacht** ist das Ausmaß der Kontrolle, die ein einzelnes Unternehmen oder eine kleine Anzahl von Unternehmen auf die Preis- und Produktionsentscheidungen eines Wirtschaftszweiges ausüben kann. Das häufigste Maß für die Marktmacht ist die *Konzentrationsrate* in einem Wirtschaftszweig, wie in Abbildung 10-1 dargestellt. Die **Vier-Unternehmens-Konzentrationsrate** wird als jener Prozentsatz der gesamten Produktionsmenge (oder der Lieferungen) des jeweiligen Wirtschaftszweiges definiert, der auf die vier größten Unternehmen entfällt. Dementsprechend bezieht sich die Acht-Unternehmens-Konzentrationsrate auf den Prozentsatz der von den acht größten Unternehmen erzeugten Produktionsmenge. Bei einem reinen Monopol läge die Vier- oder Acht-Unternehmens-Konzentrationsrate bei 100 Prozent, während sie sich im vollständigen Wettbewerb an Null nähert.

Wie stark ist die Konzentrationsrate unter den amerikanischen Erzeugungsbetrieben? Die Daten für 1977 zeigen beispielsweise, daß damals rund ein Fünftel der Produktionsmengen aus stark konzentrierten Wirtschaftszweigen (mit Vier-Unternehmens-Konzentrationsraten über 60 Prozent) stammte, während ein weiteres Fünftel der amerikanischen Produktion in Branchen mit geringer Konzentration (mit Vier-Unternehmens-Konzentrationsraten unter 20 Prozent) hergestellt wurde. Ökonomen beobachten darüber hinaus auch die historischen Trends der Gesamtkonzentration. Die Daten für den Zeitraum seit dem Zweiten Weltkrieg ergeben, daß die durchschnittliche Vier-Unternehmens-Konzentrationsrate unter den amerikanischen Produktionsbetrieben zwischen 1947 und 1972 leicht angestiegen und dann von 39,2 Prozent im Jahr 1972 auf 37,1 Prozent im Jahr 1982 abgefallen ist.

Warnhinweis für Konzentrationsmessungen: *Die traditionellen Konzentrationsmessungen erübrigen sich zunehmend, weil sich die Wirtschaft dem internationalen Handel öffnet. Tatsächlich hat die Konzentration wahrscheinlich noch viel stärker abgenommen, als statistische Zahlen vermuten lassen, weil in den herkömmlichen Meßmethoden nur die Inlandsproduktion unter Ausschluß aller Importe berücksichtigt wird, wobei jedoch gerade die Importe in letzter Zeit signifikant zugenommen haben. Deshalb überschätzen die ausgewiesenen Konzentrationsraten in Wirtschaftszweigen, die einem internationalen Wettbewerb ausgesetzt sind, die tatsächliche Marktmacht. Auch sind in diesen Konzentrationsmessungen die zunehmenden Auswirkungen der Konkurrenz zwischen unterschiedlichen Branchen nicht berücksichtigt. Konzentrationsraten werden zumeist jeweils für einen eng gefaßten Wirtschaftszweig ermittelt, etwa für die lokalen Telefongesellschaften. Dabei kommt der rauhe Wind des Wettbewerbs manchmal aus einer ganz anderen Ecke. Handys stellen eine ernstzunehmende Bedrohung für das konventionelle verkabelte Telefon dar, obwohl es sich dabei um eine andere Branche handelt. Seien Sie also bei der Interpretation quantitativer Marktmachtmessungen möglichst vorsichtig!*

TROTZDEM: KONZENTRATIONEN SIND WICHTIG

Bei der Analyse der für die Konzentration in einer Branche entscheidenden Elemente sind Ökonomen zu dem Schluß gekommen, daß das Ausmaß der Konzentration von drei wichtigen Faktoren abhängt. Diese Faktoren

	Auswirkungen der Konzentration			
(1) Art der Branche (mit Beispielen)	(2) 4-Unternehmens-Konzentrationsrate, 1981 (in %)	(3) Werbeausgaben, 1982 (in % des Umsatzes)	(4) Forschung und Entwicklung, 1980-1982 (in % des Umsatzes)	(5) Gewinnrate, 1960-1979 (als % des Aktienkapitals)
Hohe Konzentration (Kraftfahrzeuge, Tabak, nicht eisenhältige Metalle)	71	2,4	3,2	12,0
Mäßig hohe Konzentration (Papier, Stein, Ton, Glas, Chemikalien)	14	2,1	3,0	10,7
Geringe Konzentration (Apparate, Druck, Möbel)	9	1,5	0,3	10,5
Vollständiger Wettbewerb (Mais- und Weizenanbau)	~ 0,01	~ 0	~ 0	keine Angaben

Tabelle 10-1: Die Abhängigkeit der Werbung, der Forschung und der Rentabilität vom Grad der Branchenkonzentration

Wir können vier Hauptgruppierungen unterscheiden: Branchen mit hoher, mäßig hoher und geringer Konzentration und Branchen mit vollständigem Wettbewerb. Für jede Kategorie wurden einige repräsentative Branchen ausgewählt.

Die Tabelle zeigt uns, daß die Gewinnraten in konzentrierten Branchen nur leicht erhöht sind, während Forschung und Entwicklung sowie Werbeausgaben in Branchen mit vollständigem Wettbewerb und geringer Konzentration signifikant niedriger ausfallen. (Quellen: US Bureau of the Census, *Census of Manufacturing*; National Science Foundation; Federal Trade Commission, *Quarterly Financial Report; Economic Report of the President*; Internal Revenue Service, *Corporation Income Tax*.)

sind, wie wir bereits im letzten Kapitel gesehen haben, Technologie und Kosten, Marktzutrittsbarrieren und strategische Interaktion. Warum, könnten Sie nun fragen, interessieren wir uns denn überhaupt für die Konzentration in den diversen Wirtschaftszweigen? Die Antwort lautet, daß in Branchen mit stärkerer Konzentration zumeist (wenn auch nicht immer) ungesunde Symptome eines unvollständigen Wettbewerbs zu finden sind. Tabelle 10-1 macht deutlich, daß jene Wirtschaftszweige, bei denen wir die größte Konzentration antreffen, also Branchen mit einem hohen Maß an unvollständigem Wettbewerb, zumeist sehr viel höhere Werbekosten pro Dollar Umsatz aufweisen. Überlegen Sie doch einmal, wie oft Sie Ihr Fernsehgerät einschalten und als erstes mit irgendeiner Auto- oder Softdrinkwerbung berieselt werden. In diesen beiden Wirtschaftszweigen kontrollieren jeweils die zwei größten Unternehmen 50 Prozent des Umsatzes oder mehr. Hoch konzentrierte Wirtschaftszweige weisen überdies die höchsten Kosten im Bereich Forschung und Entwicklung pro Dollar Umsatz auf, weil sie ständig bestrebt sind, einen technologischen Vorsprung vor ihren Konkurrenten zu erreichen.

Dagegen müssen Wirtschaftszweige mit geringer Konzentration sehr viel weniger für Werbung und F&E aufwenden. Für einen kleinen bäuerlichen Betrieb oder eine kleine Schraubenfabrik ist es sinnlos, mit einer Werbeeinschaltung bei irgendeiner Weltmeisterschaft oder einem wichtigen Ereignis präsent zu sein. Diese Unternehmen haben einen so kleinen Marktanteil, daß ihnen eine derartige Werbung keinen Nutzen brächte. Außerdem besteht in kleinen Unternehmen nur sehr selten der wirtschaftliche Anreiz, oder es fehlt auch das notwendige Geld, um in Forschung und Entwicklung zu investieren.

Doch trotz der unbestrittenen Bedeutung der Konzentration erklärt diese nicht, warum einige Unternehmen mehr Gewinn abwerfen als andere. Spalte (5) zeigt, daß kaum eine Beziehung zwischen der Konzentration in einem Wirtschaftszweig und seiner durchschnittlichen Gewinnrate hergestellt werden kann. Hoch konzentrierte Branchen erwirtschaften kaum höhere Gewinne als Branchen mit geringer Konzentration. Das ist eine verblüffende Feststellung, und sie hat insbesondere die Kritiker des Big Business überrascht, die eigentlich erwartet hätten, daß die größten Unternehmen auch die fettesten Gewinne machen.

Abbildung 10-2: Kollusionsmonopole sind Monopolen sehr ähnlich

Sofern sie Erfahrungen mit verheerenden Preiskriegen haben, werden Unternehmen sicherlich wissen, daß auf jede Preissenkung eine Preissenkung der Konkurrenz folgt. Deshalb kann Oligopolist A seine Nachfragekurve mit D_AD_A veranschlagen, weil er davon ausgeht, daß die anderen ähnliche Preise verrechnen werden. Wenn die Firmen Absprachen treffen, um gemeinsam einen gewinnmaximalen Preis festzulegen, so wird dieser Preis ganz nahe dem Preis eines einzelnen Monopolisten liegen. Können Sie erkennen, warum die Gewinne dem grauen Rechteck entsprechen?

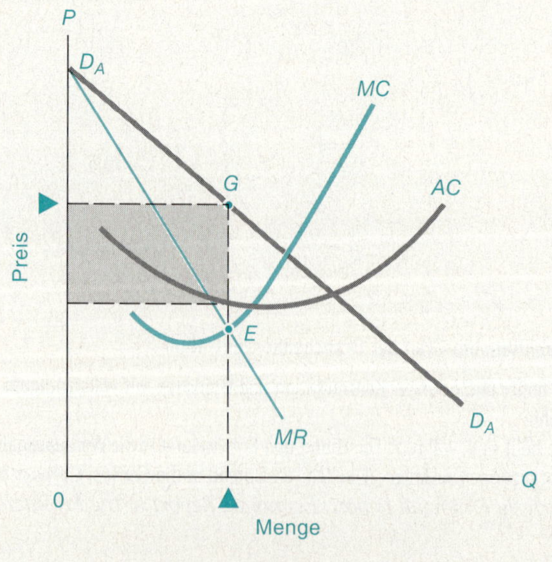

THEORIEN ZUM UNVOLLSTÄNDIGEN WETTBEWERB

So wichtig die Konzentration in einem Wirtschaftszweig sein mag, sagt sie doch nicht alles aus. Um die vielfältigen Ausformungen des unvollständigen Wettbewerbs zu erklären, mit denen wir in der realen Welt konfrontiert sind, haben Ökonomen einen ganzen Studienzweig entwickelt, der als *Industrieökonomik* bezeichnet wird. Wir können uns mit dieser Fachrichtung hier natürlich nicht erschöpfend befassen, wollen uns aber drei der wichtigsten Fälle unvollständigen Wettbewerbs näher ansehen – das Kollusionsoligopol, den monopolistischen Wettbewerb und das Oligopol mit kleiner Mitbewerberanzahl.

Zusammenarbeit im Oligopol (Kollusionsoligopol)

Das Ausmaß unvollständigen Wettbewerbs auf einem Markt hängt nicht nur von der Zahl und Größe der dort agierenden Unternehmen, sondern auch von ihrem Verhalten ab. Wenn nur einige wenige Unternehmen auf einem Markt tätig sind, sehen sie genau, was ihre Konkurrenten tun, und sie können reagieren. Wenn beispielsweise nur zwei Fluglinien eine Strecke befliegen, und eine von ihnen die Flugpreise erhöht, muß die andere entscheiden, ob sie nachziehen oder den niedrigeren Ticketpreis beibehalten möchte, um den Konkurrenten zu unterbieten. Mit dem Begriff **strategische Interaktion** wird die Abhängigkeit der Geschäftsstrategie eines Unternehmens vom Verhalten seiner Konkurrenten beschrieben.

Auf einem Markt, auf dem nur wenige Unternehmen agieren, haben diese die Wahl zwischen einem *kooperativen* und einem *unkooperativen* Verhalten. Unternehmen agieren nicht kooperativ, wenn sie nur im eigenen Interesse handeln, und wenn weder ein explizites noch ein implizites Abkommen mit anderen Unternehmen besteht. Dieses Verhalten führt zum Entstehen von Preiskriegen. Unternehmen operieren kooperativ, wenn sie versuchen, den Wettbewerb untereinander möglichst auf ein Minimum zu beschränken. Wenn Unternehmen in einem Oligopol aktiv zusammenarbeiten, betreiben sie die sogenannte **Kollusion**. Dieser Begriff bezeichnet ein Verhalten, bei dem zwei oder mehrere Unternehmen gemeinsam ihre Preise oder Produktionsmengen festlegen, den Markt untereinander aufteilen oder Geschäftsentscheidungen gemeinsam treffen.

In den Anfängen des amerikanischen Kapitalismus, noch bevor es wirksame Antitrust-Gesetze gab, sprachen sich die Oligopolisten häufig untereinander ab und bildeten einen Trust oder ein Kartell. Ein **Kartell** ist eine Organisation unabhängiger Unternehmen, die ähnliche Produkte erzeugen, und die zusammenwirken, um die Preise hoch und die Produktionsmengen gering zu halten. Von wenigen Ausnahmen abgesehen ist heute eine Kollusion von Unternehmen zur gemeinsamen Preisfestsetzung oder Aufteilung der Märkte in den Vereinigten Staaten und in den meisten anderen Marktwirtschaften absolut verboten. (Die Antitrustgesetze, die sich mit einem solchen Verhalten beschäftigen, sind in Kapitel 18 beschrieben.) Trotzdem fühlen sich Unternehmen häufig versucht, eine stillschweigende *Kollusion* einzugehen, indem sie ohne explizite Vereinbarungen auf allzu harten Wettbewerb verzichten. Wenn Unternehmen stillschweigend zusammenarbeiten, verlangen diese häufig dieselben (überhöhten) Preise, steigern so ihre Gewinne und vermindern das Geschäftsrisiko. Eine neuere Untersuchung hat ergeben, daß von etwa 9 Prozent der großen Unternehmen – zugegebenermaßen oder nicht – untereinander illegale Preisabsprachen getroffen werden. In den vergangenen Jahren wurden unter anderem gegen die Produzenten von Babynahrung, Scheuerlappen und koscheren Nahrungsmitteln für das jüdische Pessach-Fest Untersuchungen wegen möglicher Preisabsprachen eingeleitet, und Fluglinien werden bekanntlich immer wieder der Kollusion beschuldigt.

Eine Kollusion, sollte sie gelingen, kann sich durchaus lohnen. Stellen Sie sich einen Wirtschaftszweig mit vier Unternehmen vor – nennen wir sie die Unternehmen A, B, C und D – die den ruinösen Preiskrieg untereinander satt haben. Sie kommen stillschweigend überein, denselben Preis zu verlangen und einander nicht zu unterbieten. In einer solchen Situation streben die Unternehmen nach dem Gleichgewicht des **Kollusionsoligopols**, indem sie jenen Preis ermitteln, mit dem sie ihre jeweiligen Gewinne gemeinsam maximieren. Abbildung 10-2 illustriert die Situation des Oligopolisten A. Die Nachfragekurve von A, $D_A D_A$ wurde unter der Annahme eingezeichnet, daß alle anderen Unternehmen A bei Preiserhöhungen und Preissenkungen folgen. Daher hat die Nachfragekurve dieses Unternehmens dieselbe Elastizität wie die *DD*-Kurve der gesamten Branche. Auf Unternehmen A entfällt ein Viertel des gemeinsamen Marktes, solange alle Unternehmen denselben Preis verlangen.

Das gewinnmaximale Gleichgewicht für das Kollusionsoligopol liegt in Abbildung 10-2 im Punkt *E*, also im Schnittpunkt zwischen der *MC*- und der *MR*-Kurve des Unternehmens. Die entsprechende Nachfragekurve ist unter Berücksichtigung der Tatsache, daß die anderen Unternehmen denselben Preis wie A verlangen, $D_A D_A$. Der für das Kollusionsoligopol optimale Preis liegt in Punkt *C* auf $D_A D_A$, also genau oberhalb von Punkt *E*. Dieser Preis ist identisch mit dem Monopolpreis: Er liegt weit über den Grenzkosten und beschert den Kollusionsoligopolisten einen hübschen Monopolgewinn.

Wenn es Oligopolisten gelingt, zur Maximierung ihrer Gewinne zusammenzuarbeiten, wobei auch die wechselseitige Abhängigkeit zu bedenken ist, erzielen sie damit den Preis, die Menge und den Gewinn eines Monopolisten.

So entzückt natürlich viele Oligopolisten über derart hohe Gewinne wären, bestehen in der Realität doch zahlreiche Hindernisse auf dem Weg zur Kollusion. Erstens sind Kollusionen verboten. Zweitens können einzelne der beteiligten Unternehmen aus der Vereinbarung ausscheren und gewissen Kunden günstigere Preise gewähren, was ihren Marktanteil vergrößert. Heimliche Preisnachlässe sind vor allem auf jenen Märkten wahrscheinlich, auf denen die Preise geheim gehalten werden, wo die Produktdifferenzierung groß ist und mehr als nur ein paar Unternehmen agieren, oder auf denen sich ein rascher technologischer Wandel vollzieht. Drittens führt der zunehmende internationale Handel dazu, daß viele Unternehmen einem intensiven Wettbewerb durch ausländische ebenso wie durch inländische Unternehmen ausgesetzt sind.

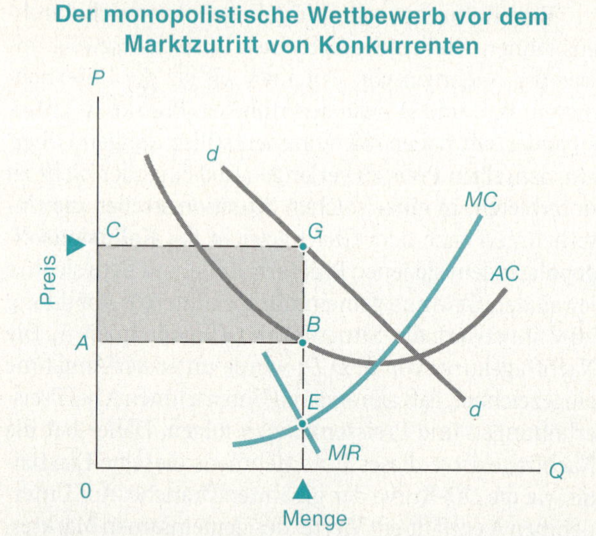

Abbildung 10-3: Unternehmen im monopolistischen Wettbewerb produzieren viele ähnliche Güter

Im monopolistischen Wettbewerb verkaufen zahlreiche kleine Unternehmen differenzierte Produkte und weisen daher abwärts verlaufende Nachfragekurven auf. Jedes Unternehmen nimmt die Preise seiner Konkurrenten als gegeben an (Preisnehmer). Das Gleichgewicht liegt in $MR = MC, E$, und der Preis in G. Da der Preis über AC liegt, erzielt das Unternehmen einen Gewinn in Höhe des Bereichs $ABGC$.

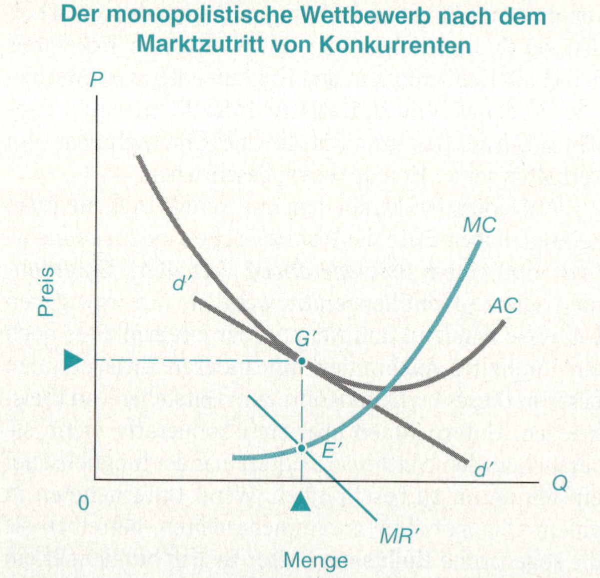

Abbildung 10-4: Freier Marktzutritt für eine Vielzahl monopolistischer Wettbewerber verhindert Gewinne

Die typische ursprüngliche gewinnträchtige dd-Kurve des Anbieters in Abbildung 10-3 wird durch den Marktzutritt neuer Konkurrenten nach links unten verschoben. Der Marktzutritt neuer Mitbewerber kann erst gestoppt werden, wenn jeder Anbieter auf eine langfristige, nicht gewinnträchtige Tangente wie in G' gedrückt wird. Im langfristigen Gleichgewicht bleibt der Preis über MC und jeder Produzent befindet sich auf dem linken, absteigenden Ast seiner langfristigen AC-Kurve.

Die Erfahrung lehrt eigentlich, daß ein erfolgreiches, dauerhaftes Kartell heute kaum noch gebildet werden kann, und zwar unabhängig davon, ob die zugehörigen Vereinbarungen ausdrücklich oder stillschweigend getroffen werden. Die geringen Gewinnspannen hochkonzentrierter Wirtschaftszweige in Tabelle 10-1 lassen darauf schließen, daß es tatsächlich nur wenigen Branchen gelingt, ihre Gewinne weit über das Wettbewerbsniveau hinaus zu steigern.

In diesem Zusammenhang sind zwei wichtige Beispiele mißlungener Kollusionen zu nennen. So versucht die Organisation erdölexportierender Länder, OPEC, seit 1973, ein Ölkartell zu bilden. Diese Strategie ging zwar in den Jahren 1973-1975 auf, als die Preise förmlich explodierten. Aber zu einem erfolgreichen Kartell gehören auch Mitglieder, die bereit sind, ihre Produktion zu drosseln, um die Preise hoch zu halten. Von Zeit zu Zeit agiert die OPEC recht erfolgreich, aber alle paar Jahre bricht der Preiswettbewerb erneut aus, wenn ein oder mehrere OPEC-Länder die Fördermengen erhöhen. Ein besonders spektakuläres Beispiel dafür lieferte Saudi-Arabien im Jahr 1986, als es die Preise von $ 28 pro Barrel auf unter $ 10 pro Barrel in den Keller rasseln ließ. In letzter Zeit überschreiten vor allem die kleineren Mitglieder die vorgeschriebenen Fördermengen und senken so die Preise.

Die zivile Luftfahrt ist ein weiteres Beispiel für einen Markt mit immer wiederkehrenden – und gescheiterten – Versuchen einer Kollusion. Fluglinien wären eigentlich ideale Kandidaten für eine solche Zusammenarbeit. Schließlich gibt es nur einige wenige große Fluglinien, und viele Strecken werden nur von einer oder zwei Linien beflogen. Aber lesen Sie noch einmal das Gespräch ganz oben in diesem Kapitel – ganz offensichtlich ein Kollusionsversuch – nach. Seit diesem Gespräch hat Braniff zweimal Konkurs angemeldet, und American Airlines, eine Mitte der achtziger Jahre durchaus erfolgreiche Gesellschaft, mußte zwischen 1990 und 1993 über $ 10 Milliarden Verluste einstecken. Wenn es daher unter den Fluggesellschaften eine Kollusion gibt, so hat sie ganz offensichtlich die Gewinne nicht erhöht. Die Erfahrung lehrt, daß eine Fluglinie eigentlich nur dann die Preise in die Höhe treiben kann, wenn sie de facto ein Monopol auf alle Flüge in eine bestimmte Stadt hat.

Monopolistischer Wettbewerb

Stehen an dem einen Ende des Spektrums die Kollusionsoligopole, so befindet sich der **monopolistische Wettbewerb** am anderen Ende. Der monopolistische Wettbewerb gleicht dem vollständigen Wettbewerb in dreifacher Hinsicht: Es treten zahlreiche Käufer und Verkäufer auf, Marktzutritt und -abgang sind einfach, und die Unternehmen nehmen die Preise ihrer Mitbewerber als gegeben an. Der Unterschied zum vollständigen Wettbewerb besteht darin, daß die Produkte unter Bedingungen des vollständigen Wettbewerbs gleich sind, während sich der monopolistische Wettbewerb durch Produktdifferenzierung auszeichnet.

Monopolistischer Wettbewerb ist ein überaus weit verbreitetes Phänomen. Sehen Sie sich doch einmal die Regale in den Supermärkten an, und sie werden eine überwältigende Anzahl unterschiedlicher Marken von Müslis, Shampoos und Tiefkühlnahrung vorfinden. Innerhalb jeder Produktgruppe sind zwar die Produkte oder Dienstleistungen verschieden, aber doch ähnlich genug, um miteinander zu konkurrieren. Einige weitere Beispiele für den monopolistischen Wettbewerb: In einem Bezirk kann es mehrere Lebensmittelhändler geben, die die gleichen Produkte führen, allerdings an verschiedenen Standorten. Auch Tankstellen verkaufen das gleiche Produkt, aber sie konkurrieren über ihren Standort und den Markennamen. Die mehreren Hundert Magazine im Zeitschriftenregal sind genauso Akteure im monopolistischen Wettbewerb wie die etwa fünfzig miteinander konkurrierenden PC-Marken. Die Liste ist unendlich lang.

Für unsere Belange interessiert uns folgendes: Die Produktdifferenzierung gibt jedem Anbieter einen gewissen Spielraum, seine Preise zu erhöhen oder zu senken, und zwar in stärkerem Ausmaß als bei vollständigem Wettbewerb. Auf Grund der Produktdifferenzierung kommt es zu einer Abwärtsneigung der Nachfragekurve für jeden Verkäufer. Abbildung 10-3 könnte sich etwa auf einen Lebensmittelhandel im monopolistischen Wettbewerb beziehen, der sich in seinem kurzfristigen Gleichgewicht in *G* befindet. Seine Nachfragekurve *dd* zeigt das Verhältnis zwischen den verkauften Mengen und dem Preis, wenn die Preise anderer Unternehmen unverändert bleiben. Die Nachfragekurve des Unternehmens ist abwärts geneigt, weil sein Produkt sich von dem der anderen ein wenig unterscheidet, wenn auch nur hinsichtlich des Standortes. Der gewinnmaximale Preis liegt in *G*. Da der Preis in *G* über den Durchschnittskosten liegt, macht das Unternehmen einen ansehnlichen Gewinn, der durch die Fläche *ABGC* dargestellt wird.

Aber unser Lebensmittelhändler hat kein Monopol auf Boden oder grünen Salat. Andere Unternehmen können auf den Markt drängen, indem sie Boden kaufen oder ein entsprechendes Geschäftslokal mieten, Lieferanten finden und Arbeitskräfte einstellen. Da der Geschäftszweig gewinnträchtig ist, zieht er andere Unternehmen an. Mit dem Marktzutritt neuer Unternehmen verschiebt sich die Nachfragekurve für die Produkte der bereits auf dem Markt befindlichen und in monopolistischem Wettbewerb stehenden Akteure nach links, weil nach und nach neue differenzierte Produkte den Markt unseres Lebensmittelhändlers erobern.

Das Ergebnis ist, daß immer neue Lebensmittelhändler auf den Markt drängen, bis der gesamte volkswirtschaftliche Gewinn (einschließlich der Opportunitätskosten für Zeit, Know-how und Kapital des Eigentümers) auf Null reduziert wird. Abbildung 10-4 zeigt das endgültige langfristige Gleichgewicht für den typischen Anbieter. Im Gleichgewicht wird die Nachfrage verringert bzw. nach links verschoben, bis die neue Nachfragekurve *d'd'* die *AC*-Kurve des Unternehmens berührt (aber niemals über diese hinausgeht). Punkt *G'* stellt ein langfristiges Gleichgewicht für den Wirtschaftszweig dar, weil die Gewinne auf Null reduziert sind und niemand einen Anreiz hat, auf den Markt zu drängen, oder gezwungen wird, den Markt zu verlassen.

Diese Analyse läßt sich am Beispiel der PC-Industrie gut darstellen. Ursprünglich machten die Computerhersteller wie Apple oder Compaq große Gewinne. Aber es stellte sich heraus, daß die Marktzutrittsbarrieren in der PC-Branche gering sind, und eine ganze Reihe von Nachahmern trat auf den Plan. Das Ergebnis ist eine große Anzahl von Unternehmen, die jeweils über einen geringen Marktanteil verfügen und trotz ihrer Bemühungen keine entsprechenden Gewinne erwirtschaften können.

Das Modell des monopolistischen Wettbewerbs eröffnet eine wichtige Erkenntnis, den amerikanischen Kapitalismus betreffend: Die Gewinnrate ist bei der angeführten Form des unvollständigen Wettbewerbs langfristig Null, weil immer neue Unternehmen mit differenzierten Produkten auf den Markt drängen.

Das langfristige Gleichgewicht unter Bedingungen monopolistischen Wettbewerbs sieht so aus, daß die Preise über den Grenzkosten liegen, die volkswirtschaftlichen Gewinne jedoch auf Null geschrumpft sind.

Manche Kritiker meinen, der monopolistische Wettbewerb sei per se ineffizient, obwohl die Gewinne bei Null liegen. Sie argumentieren, daß der monopolistische Wettbewerb ein Übermaß an neuen Produkten hervorbringt, und daß ein Verzicht auf unnötige neue Produktdifferenzierungen die Kosten wie auch die Preise senken könnte. Um diese Überlegungen verstehen zu können, sehen Sie sich bitte noch einmal den langfristigen Gleichgewichtspreis in *G'* aus Abbildung 10-4 an. In diesem Punkt liegt der Preis über den Grenzkosten, und daher wird die Produktionsmenge unter das ideale Wettbewerbsniveau gedrückt.

Dieses Argument gegen den monopolistischen Wettbewerb hat etwas für sich. Sicherlich läßt sich die große Anzahl an Müslis oder das Bestehen von vier Tankstellen an derselben Kreuzung schwerlich rechtfertigen. Aber obwohl Abstriche von der übertriebenen Differenzierung im monopolistischen Wettbewerb die Kosten der Anbieter senken könnten, wären die Konsumenten damit sicherlich nicht einverstanden, weil sie nun auf die breite, vielfältige Produktpalette verzichten müßten. In sozialistischen Ländern mit zentraler Planwirtschaft gab es ja den Versuch, die Produktion zu standardisieren und nur ein Mindestmaß an Produktdifferenzierung zuzulassen, aber die Konsumenten in diesen Ländern waren damit alles andere als glücklich. Es scheint, als wären wir Menschen bereit, eine Menge für unsere Wahlfreiheit als Konsumenten zu bezahlen.

Konkurrenz zwischen wenigen Mitbewerbern

Für unser drittes Beispiel eines unvollständigen Wettbewerbs wenden wir uns wieder den Märkten zu, auf denen nur einige wenige Unternehmen miteinander konkurrieren. Diesmal konzentrieren wir uns jedoch nicht auf mögliche Kollusionen, sondern wir betrachten den allgemeineren Fall der strategischen Interaktion. Strategische Interaktion ist auf zahlreichen Märkten festzustellen, auf denen es relativ wenige Anbieter gibt. Wie beispielsweise jeder Tennisspieler muß sich auch ein Unternehmen fragen, wie seine Gegenspieler auf Veränderungen in wichtigen Geschäftsbelangen reagieren werden. Sollte Wrigley, das Unternehmen, das 50 Prozent des gesamten Kaugummimarktes beherrscht, mit den Preisen heruntergehen – was macht dann die Konkurrenz? Falls General Electric ein neues Kühlschrankmodell herausbringt – wie reagiert Whirlpool als Hauptrivale auf dem amerikanischen Markt?

Auf diese Fragen gibt es zumeist keine einfache Antwort. Unterschiedliche Situationen, unterschiedliche Wirtschaftszweige, sogar unterschiedliche Temperamente der Unternehmensleiter führen zu jeweils anderen Antworten. Und Unternehmen können bisweilen auch nach dem Zufallsprinzip reagieren und so die Konkurrenz aus der Fassung bringen.

Der Wettbewerb zwischen einer geringen Anzahl von Mitbewerbern führt ein ganz neues Element in die Wirtschaft ein: Er zwingt die Unternehmen, die Reaktionen von Mitbewerbern auf Preis- und Mengenänderungen zu berücksichtigen, und er bedingt strategische Überlegungen auf diesen Märkten.

Spieltheorie. Das Geschäftsleben ist voll von strategischen Interaktionen unter Konkurrenten. Um das Ergebnis dieser Interaktionen zu analysieren, bedienen sich die Ökonomen einer faszinierenden Technik im Rahmen der Wirtschaftstheorie, der sogenannten **Spieltheorie.** Es handelt sich dabei um die Analyse von Situationen mit zwei oder mehr Entscheidungträgern, die entgegengesetzte Ziele verfolgen. Die Spieltheorie wurde in den vierziger Jahren von J. von Neumann und O. Morgenstern in ihrem bahnbrechenden Werk *The Theory of Games and Economic Behavior*[1] entwickelt und in den fünfziger Jahren dazu benützt, um Strategien für die Austragung eines nuklearen Krieges zu entwickeln. In neuerer Zeit haben Ökonomen die Spieltheorie dazu herangezogen, um die Interaktionen von Dyopolisten, Konflikte zwischen Gewerkschaften und Arbeitgebern, die Außenhandelspolitik von Staaten, internationale Umweltschutzabkommen, die Bedeutung des Firmenwertes und eine ganze Reihe anderer Situationen zu analysieren. Auf dem Gebiet des unvollständigen Wettbewerbs sind dabei folgende wichtige Resultate zu nennen:

- Bei einer zunehmenden Zahl nicht kooperativer oder konkurrierender Oligopolisten nähern sich Preise und Mengen im jeweiligen Wirtschaftszweig einer Produktion unter vollständigen Wettbewerbsbedingungen.
- Entscheiden sich die Unternehmen eher für die Kollusion als für den Wettbewerb, entsprechen Marktpreise und -mengen weitgehend den im Monopol anzutreffenden Bedingungen. Aber Experimente lassen darauf schließen, daß mit zunehmender Zahl der Unternehmen Kollusionsabsprachen schwieriger werden, und daß die Häufigkeit eines Ausscherens einzelner und eines nicht kooperativen Verhaltens zunimmt.
- In vielen Situationen gibt es für das Oligopol kein stabiles Gleichgewicht. Die strategische Interaktion kann

[1] 3. Ausgabe (Princeton University Press, Princeton, N.J., 1953).

zu instabilen Ergebnissen führen, wenn die Unternehmen einander drohen, bluffen, Preiskriege vom Zaun brechen, vor stärkeren Unternehmen kapitulieren, schwache Gegner sanktionieren, ihre Absichten signalisieren oder einfach vom Markt verschwinden.

Die Spieltheorie eröffnet neue Erkenntnisse in so völlig unterschiedlichen Bereichen wie Politik, Kriegsführung und Alltagsleben. Sie führt unter anderem zu dem Schluß, daß unter ganz bestimmten Umständen ein Verhaltensmuster nach einem sorgfältig überlegten Zufallsprinzip die beste Strategie sein kann. So sollte ein Wachdienst seine Runden nach dem Zufallsprinzip drehen, keinesfalls aber immer nach demselben Zeitplan. Und Sie sollten von Zeit zu Zeit beim Pokern bluffen, nicht nur, um ein Vermögen mit einem schlechten Blatt zu gewinnen, sondern auch, um sicherzustellen, daß die anderen Mitspieler nicht aussteigen, wenn Sie mit einem guten Blatt hoch pokern. Im nächsten Kapitel wollen wir die Spieltheorie genauer beleuchten.

B. DAS VERHALTEN GROSSER UNTERNEHMEN

Zwar könnten mehrere kleine Unternehmen, sollte sich die Möglichkeit dazu ergeben, problemlos eine Kollusion eingehen, aber in den meisten Fällen beherrschen doch die großen Unternehmen den Markt. Deshalb ist keine Abhandlung über den unvollständigen Wettbewerb komplett ohne die größten Unternehmen einer Wirtschaft. Wirtschaftsriesen wie General Electric und IBM unterscheiden sich stark von kleineren Unternehmen, mit denen wir uns in Kapitel 8 beschäftigt haben. Sie verfügen über enorme Ressourcen, und sie agieren global und auf vielen Märkten gleichzeitig. Bei großen Unternehmen läßt sich die Wettbewerbssituation nicht einfach anhand der Gewinnentwicklung ablesen, sondern sie ist im Lichte der Entwicklung neuer Produkte, neuer Technologien und neuer Märkte zu sehen, die sich erst in späteren Jahren bezahlt machen werden.

Diesen Abschnitt beginnen wir, indem wir uns mit der Struktur der großen Unternehmen auseinandersetzen. Wir werden erkennen, daß es eine Interessensdivergenz zwischen Eigentümern und Geschäftsführung gibt, was den Schluß zuläßt, daß große Unternehmen neben der Gewinnmaximierung auch noch andere Ziele verfolgen. Außerdem wollen wir überprüfen, ob möglicherweise große Unternehmen und unvollständiger Wettbewerb eher Produkt- und Prozeßinnovationen hervorbringen, ein Argument, das erstmals von Joseph Schumpeter ins Spiel gebracht wurde.

TRENNUNG VON EIGENTÜMERSCHAFT UND LEITUNG IM GROSSEN UNTERNEHMEN

Der erste Schritt zum Verständnis des Verhaltens großer Unternehmen besteht in der Erkenntnis, daß es sich bei diesen zumeist um Publikumsgesellschaften handelt. Die Aktien dieser Unternehmen können von jedermann gekauft werden, und das Eigentum am betreffenden Unternehmen verteilt sich auf zahlreiche Investoren. Nehmen wir ein Unternehmen wie AT&T. Im Jahr 1990 gab es über 2 Millionen AT&T-Aktionäre, von denen jedoch 92 Prozent weniger als 500 Anteile hielten, und es gab keinen einzigen Eigentümer, der auch nur ein Prozent des ganzen Unternehmens besessen hätte. Ein derart breit gestreutes Eigentum ist typisch für die großen Publikumsgesellschaften. Obwohl Pensions- und Investitionsfonds immer größere Anteile an vielen Unternehmen halten, besitzt jeder einzelne von ihnen doch nur einen kleinen Teil des Ganzen.

Da das Aktieneigentum an den großen Unternehmen so breit gestreut ist, sind im typischen Fall Eigentum und Leitung bei diesen Unternehmen getrennt. Es können nicht einfach einzelne Eigentümer Einfluß auf die Geschäftstätigkeit der großen Unternehmen ausüben. Und obwohl die Aktionäre eines Unternehmens dessen Vorstand oder Board of Directors – eine Gruppe von Leuten aus dem Unternehmen und qualifizierten Kandidaten von außen – wählen, ist es zumeist das bezahlte Management, das die wichtigsten Entscheidungen über die Unternehmensstrategie und die täglichen Geschäfte trifft. Das Management verfügt über eine spezielle Ausbildung und die notwendigen Managementfähigkeiten, und es ist mit allen internen Angelegenheiten und Details des Unternehmens viel besser vertraut.

In den meisten Fällen kommt es zu keiner Zielkollision zwischen Management und Aktionären. Höhere Gewinne nützen schließlich jedermann. Und doch gibt es drei wichtige potentielle Interessenskonflikte zwischen Managern und Aktionären. Erstens können sich die Manager selbst hohe Gehälter, Spesenkonten, Bonuszahlungen und großzügige Pensionsregelungen zuschanzen, die auf Kosten der Aktionäre gehen. Natürlich würde niemand verlangen, daß die Geschäftsführer großer Unternehmen für ein Mindestgehalt arbeiten, aber in den letzten Jahren haben die Top-Manager einiger wirtschaftlich nicht sehr erfolgreicher Unternehmen immerhin Gehälter und Bonuszahlungen in einer Gesamthöhe von 10 Millionen Dollar oder mehr kassiert.

Ein zweiter Interessenskonflikt ergibt sich im Zusammenhang mit der Auszahlung von Dividenden. Das Management eines Unternehmens versucht aus verständlichen Gründen, Gewinne nach Möglichkeit einzubehalten und in die Expansion des Unternehmens zu investieren, anstatt sie in Form von Dividenden auszubezahlen. Und es gibt zahlreiche Situationen, in denen die Gewinne, die in ein Unternehmen zurückgeführt werden, eigentlich außerhalb des Unternehmens gewinnträchtiger eingesetzt werden könnten. In manchen Fällen wäre es für die Aktionäre günstiger, ließe sich das Unternehmen bereitwillig von einem anderen Unternehmen aufkaufen oder würde es sich selbst liquidieren und den Erlös auszahlen. Aber es sind nur wenige Beispiele von Geschäftsführern großer Unternehmen bekannt, die sich selbst arbeitslos machen und das Unternehmen schließen.

Der dritte Interessenskonflikt entsteht, weil das Management häufig vor allem an einem reibungslosen Betrieb des Unternehmens interessiert ist und größeren Risiken und revolutionären Veränderungen ablehnend gegenübersteht. Vermeidet ein Unternehmen chancenreiche, aber riskante Investitionen, weil das Management Angst vor möglichen Verlusten hat, können dadurch Erfindungsgeist und Innovation gehemmt werden. Für die gesamte Wirtschaft eines Landes könnte eine übertriebene Risikoaversion seiner Manager Produktivitätsverluste bedeuten und so den Lebensstandard langfristig senken. Es gibt Ökonomen, die glauben, dies sei ein bedeutender Grund dafür, daß es der amerikanischen Wirtschaft Ende der achtziger und zu Beginn der neunziger Jahre nicht allzu gut erging.

Die genannten Interessenskonflikte verschärfen sich, je größer das betroffene Unternehmen ist. Sobald ein Unternehmen an Marktmacht gewinnt, eröffnet es sich damit die Möglichkeit, Ziele über die bloße Gewinnmaximierung hinaus anzupeilen. Ein Monopolist kann seinen Preis ein wenig unter dem gewinnmaximalen Niveau ansetzen, ohne gleich in Konkurs zu gehen. Der bedeutende britische Ökonom J.R. Hicks schrieb: „Der wertvollste aller Monopolgewinne ist ein ruhiges Leben." Damit ist ausgesagt, daß die Marktmacht es dem Management ermöglicht, *alternative Ziele* anzustreben, die nicht unbedingt der Gewinnmaximierung dienen.

Trotzdem dürfen die Entscheidungen des Managements nicht allzu weit vom Ziel der Gewinnmaximierung wegführen. Trifft ein Unternehmen seine Kosten-, Ertrags- und Gewinnentscheidungen leichtfertig, werden die Marktkräfte dieses Unternehmen, oder jedenfalls sein Management, schließlich vom Platz verdrängen. Das hat sich vor allem in den letzten Jahren gezeigt, als immer mehr Unternehmen mit einem harten Wettbewerb durch ausländischen Konkurrenten konfrontiert waren. Um zu überleben, müssen die Unternehmen daher auch auf die Rentabilität ihrer Entscheidungen achten. Unternehmen treffen vielleicht nicht immer optimale, gewinnmaximierende Entscheidungen, aber sie können dabei doch nicht völlig willkürlich vorgehen.

***Rationalität und Daumenregeln**: Ökonomen haben kein Problem, Theorien über das optimale Verhalten von Unternehmen zu formulieren. Aber im wirklichen Leben stehen uns allen eben nur beschränkte Ressourcen und Informationen zur Verfügung, und unsere Entscheidungen können daher nur auf der Grundlage unzureichender Informationen oder Analysen getroffen werden. Das ständige Streben nach dem absolut höchsten Gewinn oder Nutzen würde einfach zu viel Zeit in Anspruch nehmen. Konsumenten haben nicht den lieben langen Tag Zeit, um nach dem allerbilligsten Salat zu suchen. Ein Konzern kann nicht Millionen Dollar dafür ausgeben, daß Ökonomen die Preiselastizität jedes einzelnen seiner zahlreichen Produkte berechnen. Stattdessen haben wir es, wie Nobelpreisträger Herbert Simon betonte, mit Unternehmen oder Konsumenten zu tun, die* nur mit eingeschränkter Rationalität *vorgehen. Das heißt, sie versuchen einfach, gute Entscheidungen zu treffen, anstatt ewig der allerbesten Entscheidung hinterherzujagen.*

In gewissen Situationen kann die Anwendung einer „Daumenregel" oder einer anderen vereinfachten Vorgangsweise die wirtschaftlich sinnvollste Möglichkeit darstellen, Entscheidungen zu treffen. So ist es beispielsweise in Unternehmen – und dabei vor allem in solchen, die auf Märkten mit unvollständigem Wettbewerb tätig sind – eine häufig geübte Praxis, die Preise nach der Methode „Produktionskosten plus Gewinnaufschlag" (Ermittlung des Verkaufspreises durch Aufschlag eines Gewinnanteils auf die Selbstkosten) festzulegen. Und das funktioniert folgendermaßen: Anstatt die Preise durch einen Vergleich zwischen MR *und* MC *zu ermitteln, schlagen die Unternehmen auf die errechneten Durchschnittskosten eines Produktes einen fixen Prozentsatz – sagen wir 20 Prozent der Durchschnittskosten – auf. Der so ermittelte Betrag ergibt den Verkaufspreis. Beachten Sie bitte, daß dieser Preis, sollte alles wie geplant ablaufen, alle direkten Kosten und die Overheadkosten deckt und dem Unternehmen noch eine Gewinnspanne verschafft. Mit dieser Methode der Preisbildung soll eine Annäherung an die Gewinnmaximierung erzielt werden.*

SCHUMPETERS HYPOTHESE

Große Unternehmen mit wenigen Konkurrenten und einem hohen Maß an Marktmacht können für vieles kritisiert werden: Sie tendieren dazu, die Preise zu hoch und die Mengen zu gering anzusetzen; sie erwirtschaften zu hohe Gewinne; sie verhalten sich risikoavers usw. Aber es gibt trotz allem ein sehr stichhältiges Argument für den unvollständigen Wettbewerb, das erstmals von dem großen, aus Österreich stammenden Ökonomen Joseph Schumpeter (1883-1950) ins Spiel gebracht wurde. Er meinte, Innovation und technologischer Wandel würden eher von Monopolen und Oligopolen vorangetrieben als von Unternehmen, die im vollständigen Wettbewerb stehen. Wiewohl es zutrifft, daß der unvollständige Wettbewerb Ineffizienzen bewirkt, indem die Preise über die Grenzkosten angehoben werden, meinte Schumpeter, daß all die Innovationen der großen Unternehmen den Verlust durch die überhöhten Preise mehr als wettmachen.

Wir haben bereits in Tabelle 10 1 gesehen, daß Forschung und Entwicklung eher in konzentrierten Wirtschaftszweigen als bei vollständigem Wettbewerb anzutreffen sind. Das klassische Beispiel zur Untermauerung dieser These sind die Bell Telephone Labs. Diese gigantische Forschungseinrichtung wurde mit Unterstützung des weltgrößten Monopols betrieben – der AT&T. Innerhalb eines Zeitraums von vierzig Jahren, bevor Bell zerschlagen wurde, kamen aus den Bell Labs außerordentlich wichtige Erfindungen im Bereich Telekommunikation und Elektronik: Transistoren und Halbleiter, Mikrowellen und Glasfaseroptik, Blasenspeicher und das UNIX Betriebssystem, Satelliten und elektronische Schaltungen. Während der siebziger Jahre fanden beachtliche zehn Prozent der gesamten industriellen Forschung der USA in den Bell Labs statt. Die sehr aufwendigen F&E-Bemühungen bei du Pont, RCA, IBM, GE, GM und vielen anderen Unternehmen haben ebenfalls zu respekteinflößenden Ergebnissen geführt.

Worin liegt denn das spezielle volkswirtschaftliche Problem im Zusammenhang mit Innovationen? Warum ist eine Investition in Forschung und Entwicklung etwas anderes als die Produktion konventioneller Güter und Dienstleistungen? Innovationen sind deshalb anders, weil sie signifikante *externe Effekte* bewirken. Diese treten auf, wie wir in Kapitel 2 beschrieben haben, wenn von einer Wirtschaftseinheit verursachte Kosten oder Nutzen bei anderen zur Wirkung kommen. Als die Bell Labs den Transistor erfanden, profitierten zahlreiche Unternehmen überall auf der Welt davon: Japanische TV-Geräte, deutsche Autos und amerikanische Computer bedienten sich dieser Erfindung. Die Konsumenten dieser Güter hatten einen enormen Nutzen durch die Transistoren und Halbleiter, aber der Erfinder dieser segensreichen Einrichtung, also die Bell Labs, erhielten nur eine minimale finanzielle Abgeltung in Form der Lizenzgebühren für ihre Erfindungen.

Seit langem wissen die Staaten um die Notwendigkeit des Schutzes von Erfindungen. Die meisten erteilen dem Erfinder eines neuen Produktes oder Verfahrens ein Patent; so erhält man in den Vereinigten Staaten durch ein Patent das Monopolrecht zur Nutzung oder wirtschaftlichen Ausbeutung der patentierten Erfindung während eines Zeitraumes von 17 Jahren. Indem in dieser speziellen Situation ein Monopol zugelassen wird, verstärkt der Staat den Anreiz, Erfindungen zu machen, und zwar vor allem für die kleinen Erfinder. Als Beispiele für erfolgreiche Patente sind jene für das Telefon, die Xerox-Kopiermaschine und die Polaroid-Kamera zu nennen.

Aber mit Patenten gelingt es nur teilweise, Innovationen abzugelten, weil diese häufig von anderen Unternehmen nachgeahmt werden können. Man sagt, Erfindungen seien zwar teuer zu produzieren, aber billig zu reproduzieren. Daß Unternehmen nicht den vollen finanziellen Wert ihrer Erfindungen ausschöpfen können, bezeichnet man als **Nichtinternalisierbarkeit**. Fallstudien von Edwin Mansfield und anderen kamen zu dem Ergebnis, daß die soziale Rentabilität einer Erfindung (also der Wert von Erfindungen für alle Konsumenten und Produzenten) dreimal höher ist als der internalisierbare private Gewinn für den Erfinder (das heißt, der finanzielle Wert der Erfindung für den Erfinder).

Man müßte daher erwarten, daß private Forschung und Entwicklung in dem Ausmaß, in dem die Erträge aus Erfindungen nicht internalisierbar sind, finanziell unterdotiert sind, wobei sich ein Investitionsmangel vor allem in der Grundlagenforschung bemerkbar macht. Nichtinternalisierbarkeit und hohe soziale Rentabilität der Forschung führen dazu, daß die meisten Länder Grundlagenforschung im Gesundheitswesen und in der Wissenschaft staatlich subventionieren.

Die Nichtinternalisierbarkeit von Erfindungen erklärt auch, warum F&E-Bemühungen viel eher von großen als von kleinen Unternehmen zu erwarten sind. Wenn AT&T 95 Prozent der gesamten elektronischen Telefonschaltungen in den USA verkauft, muß jede Erfindung in diesem Bereich für AT&T außerordentlich nützlich sein, und AT&T ist daher stark motiviert, in diesem Bereich Forschung und Entwicklung voranzutreiben. Die Motivation für kleinere Unternehmen ist hingegen viel geringer.

Diese Einsicht ließ Joseph Schumpeter seine gewagte Hypothese formulieren:

> *Der moderne Lebensstandard der Massen hat sich während der Periode des relativ unbehinderten „Big Business" entwickelt. Wollten wir alle Güter aufzählen, die im Budget eines heutigen Arbeiters ihre Dekkung finden, und würden wir die Preisentwicklung der einzelnen Positionen seit dem Jahr 1899 verfolgen, ... so wären wir wohl von dem enormen Fortschritt überwältigt, der angesichts der spektakulären Qualitätsverbesserungen nicht kleiner, sondern größer als jemals zuvor erscheint.*
>
> *Aber damit nicht genug. Wenn wir uns auf jene Gebiete konzentrieren, in denen der Fortschritt besonders augenfällig war, so führt uns die Spur nicht vor die Tore jener Unternehmen, die unter Bedingungen eines relativ freien Wettbewerbs tätig sind, sondern genau vor die Tore der großen Konzerne – die, wie im Falle der landwirtschaftlichen Mechanisierung, auch viel zum Fortschritt in dem Wettbewerb ausgesetzten Sektoren beigetragen haben – und plötzlich taucht der schockierende Verdacht auf, das Big Business könnte womöglich mehr zur Schaffung unseres Lebensstandards als zu seiner Vereitelung beigetragen haben.*[2]

Was ist eigentlich aus dieser gewagten Schumpeterschen Hypothese während der letzten vier Jahrzehnte geworden? Eingangs läßt sich sagen, daß heute die meisten Ökonomen die der Schumpeterschen Annahme zugrundeliegende Wahrheit eingestehen. Es ließe sich auch schwerlich argumentieren, daß unser Lebensmittelhändler ums Eck oder der Tomatenbauer große F&E-Abteilungen unterhalten. Im Jahr 1988 sorgten Unternehmen mit mehr als 25.000 Mitarbeitern, in denen insgesamt nur 7 Prozent der in der Privatwirtschaft Beschäftigten tätig sind, für 55 Prozent der gesamten privat finanzierten Forschung und Entwicklung. Von den Produktionsbetrieben mit unter 1000 Mitarbeitern hatten nur 4 Prozent eine eigene F&E-Abteilung, verglichen mit 91 Prozent der großen Unternehmen.

Aber nach diesem Eingeständnis, daß sehr kleine Unternehmen nur wenig Forschung betreiben, ziehen die meisten Ökonomen eine Grenze. Kritiker weisen beispielsweise darauf hin, daß viele Unternehmen mit nur geringem Marktanteil bedeutende und erfolgreiche F&E-Programme betreiben. Außerdem stellten John Jewkes und seine Kollegen, als sie die Geschichte der wichtigsten Erfindungen unseres Jahrhunderts aufzeichneten, fest, daß weniger als die Hälfte dieser Erfindungen aus den Labors der großen Unternehmen stammen. Die Bedeutung der kleinen Erfinder bestätigte sich schließlich in den letzten Jahren, als sehr bedeutende neue Produkte aus dem Nichts aufzutauchen schienen – wie beispielsweise im Fall von Apple Computer, jenem Unternehmen, das die Mikrocomputer-Revolution der frühen achtziger Jahre einleitete.

Zusammenfassend läßt sich feststellen, daß eine komplexe Beziehung zwischen Innovation und Marktmacht besteht. Da große Unternehmen wesentliche Beiträge zu Forschung und Innovation geleistet haben, sollten wir mit Behauptungen vorsichtig sein, wonach Größe in jeder Beziehung schlecht sein müsse. Gleichzeitig aber ist anzuerkennen, daß kleine Unternehmen und sogar Einzelpersonen einige der revolutionärsten technologischen Durchbrüche geschafft haben. Zur Förderung laufender und rascher Innovationen müssen die Staaten dafür sorgen, daß diese durch eine Vielzahl von Ansätzen und Organisationsformen getragen wird.

C. EINE BILANZ DES UNVOLLSTÄNDIGEN WETTBEWERBS

Politiker neigen dazu, „Kleinbetriebe" und den „bäuerlichen Familienbetrieb" in den Himmel zu loben, während das „Big Business" mit seinen „schändlichen Gewinnen" verdammt wird. Aber rechtfertigt die volkswirtschaftliche Analyse dieses romantische Bild? Im vorliegenden Abschnitt wollen wir die Auswirkungen des unvollständigen Wettbewerbs auf die heutige Wirtschaft behandeln.

[2] J.A. Schumpeter, *Capitalism, Socialism and Democracy* (Harper, New York, 1942), S 81.

Wir beginnen damit, aufzuzeigen, wie der unvollständige Wettbewerb die Ressourcenallokation verzerrt. Anschließend wollen wir eine quantitative Schätzung der durch unvollständigen Wettbewerb bedingten Ineffizienzen durchführen. Wir schließen mit einer Analyse der politischen Maßnahmen, die der Staat treffen kann, um Nachteile durch den unvollständigen Wettbewerb möglichst hintanzuhalten.

DIE VOLKSWIRTSCHAFTLICHEN KOSTEN DES UNVOLLSTÄNDIGEN WETTBEWERBS

Die Kosten überhöhter Preise und unzureichender Produktionsmengen

Unsere Analyse hat gezeigt, wie Unternehmen bei unvollständigem Wettbewerb die Produktionsmengen senken und die Preise erhöhen und somit weniger produzieren, als bei einem vollkommenen Markt der Fall wäre. Dies läßt sich am besten anhand der Monopole aufzeigen, die die extremste Form des unvollständigen Wettbewerbs darstellen. Um zu erkennen, wie und warum das Monopol die Produktionsmenge zu gering hält, stellen Sie sich vor, die Kaufkraft wäre angemessen verteilt, und alle Wirtschaftszweige mit Ausnahme eines einzigen funktionierten nach den Bedingungen des vollständigen Wettbewerbs, so daß *MC P* entspricht und keine Externalitäten zur Wirkung kommen. In einer solchen Welt ist der Preis der korrekte wirtschaftliche Standard oder das richtige Maß für die Knappheit: Der Preis mißt sowohl den Grenznutzen des Konsums für die Haushalte als auch die Grenzkosten der Güterproduktion durch die Unternehmen.

Nun tritt die Firma „Monopol" auf den Plan. Ein Monopolist ist kein böses Unternehmen – es beraubt niemanden und zwingt auch die Konsumenten nicht, seine Produkte zu konsumieren. Nein, die „Monopol" nützt die Tatsache aus, daß sie der einzige Anbieter eines Gutes oder einer Dienstleistung ist. Indem sie ihre Produktionsmenge ein wenig knapp hält, erhöht sie ihre Preise über die Grenzkosten hinaus. Die Gesellschaft erhält also weniger Output von unserem Monopolisten, als sie es sich auf Grund der Grenzkosten und des Grenzwertes für die Konsumenten wünschen würde. Dasselbe gilt übrigens auch für Oligopole und monopolistischen Wettbewerb, wenn die Unternehmen die Preise über den Grenzkosten ansetzen.

Abbildung 10-5: Monopolisten bewirken durch Mengenbeschränkungen Effizienzverluste

Monopolisten halten die Produktionsmenge knapp und treiben so die Preise wie auch ihre Gewinne in die Höhe. Würde in der Branche vollständiger Wettbewerb herrschen, läge das Gleichgewicht in Punkt *E*, wo die sozialen *MC* dem sozialen *MU* entsprechen und der volkswirtschaftliche Nutzen maximiert wird.
Bei der monopolistischen Produktionsmenge in Punkt *B* (wobei $Q^* = 3$ und $p^* = 150$) liegt der soziale *MU* über den sozialen *MC*, und die Konsumentenrente geht verloren. Durch Addition aller Verluste an Konsumentenrenten zwischen $Q = 3$ und $Q = 6$ ergibt sich eine monopolbedingte Ineffizienz im Ausmaß des grau unterlegten Bereichs *ABE*. Zusätzlich erwirtschaftet der Monopolist Gewinne, die durch den blau unterlegten Bereich *GBAF* dargestellt sind.

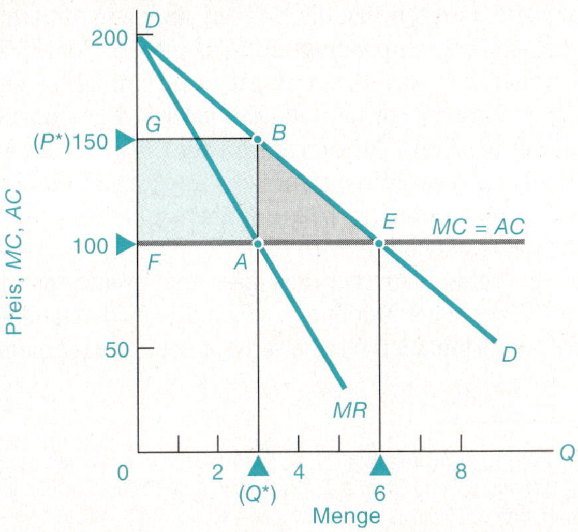

Messung der Ineffizienzen durch unvollständigen Wettbewerb

Wir können die Effizienzverluste durch den unvollständigen Wettbewerb mit einer vereinfachten Version unseres Monopoldiagramms darstellen, wie sie in Abbildung 10-5 vorliegt. Bei vollständigem Wettbewerb würde das Gleichgewicht in jenem Punkt erreicht, in dem *MC* = *P*, also in Punkt *E*. Bei einem universellen vollständigen Wettbewerb läge die Produktionsmenge in diesem Wirtschaftszweig bei 6, der Preis bei 100.

Nun kommt das Monopol ins Spiel. Vielleicht sind die monopolistischen Bedingungen durch Verhängung eines Zolls, vielleicht durch Importbeschränkungen entstanden, oder vielleicht hat der Staat den Marktzutritt anderer Unternehmen durch Regulierung unterbunden oder es einer Gewerkschaft gestattet, die Arbeit in dieser Branche zu monopolisieren. Aber gleichgültig, warum das Monopol besteht, der Monopolist gleicht seine *MC* dem *MR* (nicht dem *P* der Branche) an, wodurch sich das Gleichgewicht in Abbildung 10-5 auf $Q = 3$ und $P = 150$ verlagert. Der blaue Bereich *GBAF* stellt den Gewinn des

Monopolisten dar, der einem Gewinn von Null im Wettbewerbsgleichgewicht gegenüberzustellen ist.

Mit Hilfe unserer Werkzeuge zur Ermittlung der Konsumentenrente (siehe Kapitel 5) können wir die Ineffizienz infolge des Monopols messen. Ökonomen messen einen wirtschaftlichen Schaden durch Ineffizienz mit Hilfe der **Nettowohlfahrtsverluste**; dieser Begriff bezeichnet den Verlust an Realeinkommen (oder an dem, was wir als Handelsgewinne bezeichnet haben), der durch Monopole, Zölle und Handelsbeschränkungen, Steuern oder andere Verzerrungen entsteht. Erinnern Sie sich daran, für jede Mengeneinheit unter *E* entspricht der Effizienzverlust dem vertikalen Abstand zwischen der Nachfragekurve und der *MC*-Kurve. Der gesamte Nettowohlfahrtsverlust durch die Mengenbeschränkung des Monopolisten entspricht der Summe aller derartigen Verluste, dargestellt durch das graue Dreieck *ABE* in Abbildung 10-5. Um das zu verstehen, erinnern Sie sich bitte daran, daß die *DD*-Kurve den Grenznutzen des Verbrauchers bei jeder Produktionsmenge darstellt, während die *MC*-Kurve die Opportunitätskosten für die Produktion gerade dieses Gutes anstelle eines anderen darstellt. Bei $Q = 3$ steht beispielsweise die vertikale Differenz zwischen *B* und *A* für den Nutzen, der durch eine geringfügige Erhöhung der Menge *Q* entstünde. Die horizontale Addition des gesamten Verlustes an Nutzen für die Allgemeinheit bei $Q = 3$ anstatt $Q = 6$ ergibt die schattierte Fläche *ABE*.

Diese Technik, die Kosten von Marktmängeln durch „kleine Dreiecke" von Nettowohlfahrtsverlusten wie in Abbildung 10-5 zu messen, läßt sich auch in anderen Bereichen anwenden. Auch bei Außenhandelszöllen und Importbeschränkungen, bei Steuern und Subventionen sowie bei Externalitäten kann man ähnlich vorgehen.

EMPIRISCHE STUDIEN ÜBER DIE KOSTEN VON MONOPOLEN

Die Ökonomen haben die Analyse von Nettowohlfahrtsverlusten für die Messung der Gesamtkosten des unvollständigen Wettbewerbs in den Vereinigten Staaten herangezogen. Im wesentlichen schätzen diese Studien den Wohlfahrtsverlust an Konsumentenrente im Ausmaß der Fläche *ABE* in Abbildung 10-5 für die gesamte Wirtschaft. Frühere Studien haben die gesamten Nettowohlfahrtsverluste durch Monopole mit weniger als 0,1 Prozent des BIP veranschlagt. Damit würden sie entsprechend der heutigen Wirtschaftsleistung nur etwa 7 Milliarden Dollar betragen. Ein Wirtschaftswissenschaftler meinte spitz, Ökonomen könnten der Gesellschaft einen nützlicheren Dienst erweisen, würden sie sich in der Feuerwehr engagieren oder gegen Termiten ankämpfen, als Monopole zu bekämpfen.

Neuere Studien kommen zu dem Schluß, daß die gesamten Nettowohlfahrtsverluste durch monopolistische Fehlallokationen der Ressourcen in den USA zwischen 0,5 und 2 Prozent des BIP liegen.[3] Einige Kritiker vertreten die Meinung, die Effizienzverluste könnten in Wirklichkeit jedoch höher sein, weil sich die höheren Preise jeweils von einer Produktionsstufe zur nächsten kumulieren.

Der wichtigste Vorbehalt hinsichtlich des oben vorgestellten Ansatzes besteht darin, daß er die Auswirkungen der Marktstruktur auf den technologischen Fortschritt oder die „dynamische Effizienz" vernachlässigt. Dem Nettowohlfahrtsverlust, der in Abbildung 10-5 gemessen wird, liegt die Annahme zugrunde, daß die Kostenkurven bei vollständigem und bei unvollständigem Wettbewerb gleich sind. Aber manche Ökonomen weisen darauf hin, daß entsprechend der Schumpeterschen Hypothese, die im vorigen Abschnitt erörtert wurde, der unvollständige Wettbewerb Erfindungen und technologische Veränderungen eigentlich *fördert* und die Kosten senkt. Das würde den Schluß zulassen, daß die Gewinne durch Erfindungen die Effizienzverluste durch zu hohe Preise möglicherweise ausgleichen.

Diesem Argument würde allerdings nicht jedermann zustimmen. So gibt es eine Replik skeptischer Wirtschaftswissenschaftler, wonach Monopole in erster Linie ein allzu ruhiges Leben, schlechte Qualität und mangelnde Kundenfreundlichkeit fördern. Eine häufige Klage über Unternehmen mit dominanter Marktposition geht dahin, daß sie kaum auf die Qualität ihrer Produkte achten. Solange AT&T ein Monopol auf Telefongeräte und Zubehör hatte, mußten sich die Kunden jahrelang mit einfachen schwarzen Apparaten zufriedengeben. Sobald die Konkurrenz auf den Plan trat, gab es auf einmal Telefone in allen Farben, Formen und mit jeder Menge Zubehör (wie beispielsweise Anrufbeantwortern). Auch in der Autoindustrie zwang die ausländische Konkurrenz die amerikanischen Erzeuger dazu, haltbarere und sicherere Autos herzustellen.

Und schließlich ignoriert diese Analyse auch das gesamte Thema der Monopolgewinne. Der Widerstand gegen unvollständigen Wettbewerb richtet sich aber haupt-

[3] F.M. Scherer und David Ross, *Industrial Market Structure and Economic Performance*, 3. Ausg. (Houghton Mifflin, Boston 1990) S. 667.

sächlich gegen die überhöhten Gewinne, die Monopolisten erzielen können (siehe Abbildung 10-5) und mit denen sie sich auf Kosten der unglücklichen Konsumenten bereichern. Dazu ist zu sagen, daß zwar in manchen Sektoren exzessive Gewinne anfallen, daß jedoch insgesamt auf Märkten mit starker Konzentration keine allzu hohen Gewinne erzielt werden, wie aus Tabelle 10-1 hervorgeht.

INTERVENTIONSSTRATEGIEN

In seiner Erörterung des unvollständigen Wettbewerbs schrieb Milton Friedman, Nobelpreisträger und wahrscheinlich der führende konservative Ökonom der Neuzeit überhaupt: „Hier besteht nur die Wahlmöglichkeit zwischen drei Übeln: dem privaten, unreglementierten Monopol, dem vom Staat reglementierten Monopol und staatlichen Eingriffen." In diesem letzten Unterabschnitt möchten wir die sechs wichtigsten Ansätze untersuchen, die dem Staat in einer Marktwirtschaft offenstehen, um sich mit dem unvollständigen Wettbewerb auseinanderzusetzen. Die dabei genannten ersten drei politischen Maßnahmen bilden den Kern einer modernen Wirtschaftspolitik gegenüber dem Big Business. Die nächsten drei wurden zwar versucht, werden aber in modernen Marktwirtschaften wie jener der USA nur selten angewandt.

1. Die wichtigste Maßnahme zur Bekämpfung der Marktmacht ist die *Antitrustpolitik*. Man versteht darunter gesetzliche Vorschriften, die eine bestimmte Art des Verhaltens verbieten (wie etwa Preiskartelle) oder bestimmte Marktstrukturen verhindern (beispielsweise reine Monopole und Oligopole mit hoher Marktkonzentration). Diesen wichtigen politischen Eingriff werden wir detailliert in Kapitel 18 besprechen.
2. Ganz allgemein lassen sich Mißbräuche durch Wettbewerbsbeschränkungen durch eine gezielte *Förderung des Wettbewerbs* bekämpfen. Es gibt zahlreiche staatliche Maßnahmen, mit denen eine heftige Konkurrenz auch zwischen großen Unternehmen gefördert werden kann. Insbesondere kommt es darauf an, die Marktzutrittsbarrieren so niedrig wie möglich zu halten. Dazu gehört die Förderung und Ermutigung kleiner Unternehmen und die Unterbindung der Abschottung der heimischen Märkte gegenüber dem Wettbewerb aus dem Ausland.
3. Während der letzten 100 Jahre hat der amerikanische Staat ein neues Instrumentarium zur staatlichen Lenkung der Wirtschaft entwickelt: die *Regulierung*. Die Regulierung der Wirtschaft ermöglicht es speziellen Behörden, sich einen Überblick über Preise, Produktionsmengen, Marktzutritt und -abgang von Unternehmen in den regulierten Wirtschaftszweigen wie im Bereich der öffentlichen Versorgungsbetriebe und der öffentlichen Verkehrsmittel zu verschaffen. Anders als in der Antitrustpolitik, die den Unternehmen sagt, was sie *nicht* tun dürfen, wird den Unternehmen durch die staatliche Regulierung verordnet, was sie tun müssen und welche Preise sie für ihre Produkte verlangen dürfen. Es handelt sich dabei eigentlich um eine staatliche Kontrolle, ohne daß der Staat Eigentumsrechte an den kontrollierten Bereichen hat. Dieses sehr wichtige Instrumentarium zur Monopoleinschränkung wird vor allem im Bereich der lokalen natürlichen Monopole genutzt. Wir werden uns damit in Kapitel 18, in unserer Untersuchung über die Rolle des Staates bei der Beschränkung der Marktmacht, auseinandersetzen.
4. *Staatliches Eigentum* an Monopolen ist ein Ansatz, der außerhalb der Vereinigten Staaten früher sehr häufig gewählt wurde. Bei einigen natürlichen Monopolen wie Wasser, Erdgas, Stromversorgung geht man davon aus, daß eine effiziente Produktion durch einen einzigen Anbieter gewährleistet ist. In solchen Fällen besteht das eigentliche Dilemma in der Entscheidung, ob der Staat diese Unternehmen besitzen oder nur regulieren sollte. Die meisten Marktwirtschaften haben sich für die Regulierung entschieden, und in den letzten Jahren sind viele Staaten dazu übergegangen, früher verstaatlichte Wirtschaftszweige zu privatisieren.
5. *Preiskontrollen* für einen Großteil der Güter und Dienstleistungen stellen eine Methode dar, die besonders in Kriegszeiten zum Einsatz kam, einerseits als eine Möglichkeit, die Inflationsentwicklung einzudämmen, andererseits aber auch, um die Preise in Wirtschaftszweigen mit starker Konzentration niedrig zu halten. Studien weisen darauf hin, daß es sich dabei um eine eher plumpe Methode handelt: Dieser Ansatz führt zu zahlreichen Verzerrrungen und Umgehungshandlungen, die die Effizienz einer Wirtschaft untergraben. Die letzte Erfahrung mit Preiskontrollen in den USA während der siebziger Jahre hat uns gelehrt, daß es zu langen Warteschlangen vor den Tankstellen kam, als der Preis zu niedrig angesetzt wurde, und daß andererseits bei Rindfleisch, Erdgas und sogar unverzichtbaren Gütern wie Toi-

lettenpapier Engpässe auftraten. Wollte man die gesamte Wirtschaft einer Preiskontrolle unterwerfen, um gegen einige wenige Monopolisten vorzugehen, wäre dies so, als wollte man einen ganzen Garten vergiften, nur um ein paar kleine Käfer loszuwerden.

6. Auch *Steuern* wurden bisweilen dazu eingesetzt, um die Effekte auf die Einkommensverteilung zu lindern. Indem er Monopolisten besteuert, kann ein Staat die Monopolgewinne reduzieren, wodurch die sozial unerwünschten Auswirkungen des Monopols ein wenig gemildert werden. Aber wenn eine Besteuerung auch jene Einwände gegen Monopole entkräften kann, die vor allem auf die Gerechtigkeit abzielen, so sind Steuern doch schlecht geeignet, die Verzerrungen bei den Produktionsmengen zu verhindern. Eine Steuer, die keinen lenkenden Effekt hat, zieht zwar die Gewinne vom besteuerten Unternehmen ab, hat jedoch keinerlei Auswirkungen auf die Produktionsmenge. Führt die Steuer zu einer Erhöhung der Grenzkosten, entfernt sich dadurch der Monopolist aller Voraussicht nach nur noch weiter von der effizienten Produktionsmenge – weil er nämlich seine Preise anhebt und die Produktionsmenge noch weiter drosselt.

Die Bilanz. Wie sieht eigentlich eine Bilanz der Vor- und Nachteile aus dem unvollständigen Wettbewerb aus? Zu Beginn wollen wir gleich darauf hinweisen, daß die Frage „Monopol oder Wettbewerb" zu stark vereinfacht ist und daher wenig sinnvoll erscheint, ebenso wie etwa die Frage, ob große Tiere eigentlich schöner oder effizienter als kleine Tiere sind. Wie in unserem obigen Überblick dargelegt, gibt es eine große Zahl unterschiedlicher Ausformungen des unvollständigen Wettbewerbs. Die meisten von ihnen haben sich als Versuche zur Lösung der als besonders unangenehm empfundenen Probleme der jeweiligen Märkte entwickelt – Automobilwerke sind große Publikumsgesellschaften, weil sie Kapital beschaffen müssen, um die Effizienzvorteile der Massenproduktion zu nutzen; Rechtsanwälte dagegen sind eher in Form von Gemeinschaftskanzleien organisiert, so daß sie ihre jeweiligen Fähigkeiten in einen Pool einbringen und ihren Klienten Vertrauenswürdigkeit vermitteln können; Universitäten sind gemeinnützige Organisationen, weil sich Gewinne und Lehrtätigkeit nur schlecht vertragen; Bauernhöfe werden von Familien betrieben, weil hier eine ganze Palette verschiedener Fertigkeiten gefordert ist und sie sich zumeist in dünn besiedelten Gegenden befinden.

In beinahe allen Fällen, wie wir dem Zitat von Milton Friedman auf Seite 221 entnehmen können, müssen wir im Umgang mit exzessiver Marktmacht zwischen mehreren Übeln wählen. Nach zwei Jahrhunderten, in denen ganz verschiedene Marktstrukturen zu beobachten waren, sind viele Ökonomen zu dem Schluß gelangt, daß die Förderung eines lebendigen Wettbewerbs zwischen nicht regulierten Unternehmen nach wie vor das geringste dieser Übel ist. Aus jahrzehntelangen Marktstudien ziehen wir die Lehre, daß die Beseitigung von Marktzutritts- und -abgangsbarrieren und strenge Kollusionsverbote die sicherste Formel darstellen, um Monopol-Preisbildung zu verhindern und Innovationskraft zu fördern. Die wesentlichen Punkte dieser Strategie könnte man zu folgenden Merksätzen zusammenfassen:

Merke: „Der Zoll ist die Mutter des Monopols."
Fördere einen lebendigen Wettbewerb durch ausländische Konkurrenten.
Setze überall, wo es möglich erscheint, Versteigerungen und Ausschreibungsverfahren ein.
Versuche zukünftige technologische Trends nicht abzuqualifizieren.
Beseitige gesetzliche oder andere Wettbewerbshindernisse.
Ermutige kleine Unternehmen, den Wettbewerb mit bereits bestehenden Unternehmen aufzunehmen.

ZUSAMMENFASSUNG

A. Das Verhalten von Unternehmen bei unvollständigem Wettbewerb

1. Die Marktkonzentration ist ein Hilfsmittel zur Messung des Ausmaßes an Marktmacht in einem Wirtschaftszweig bei unvollständigem Wettbewerb. Wirtschaftszweige mit starker Konzentration zeichnen sich durch mehr Werbung und höhere F&E-Kosten aus, ihre Rentabilität liegt jedoch nicht über dem Durchschnitt.
2. Wenn Marktzutrittsbarrieren hoch sind und vollständige Kollusion erreicht wird, führt dies zum Kollusionsoligopol. Bei einer solchen Marktstruktur entsteht ein Preis-Mengenverhältnis ähnlich jenem in einem monopolistischen Wirtschaftszweig.

3. Eine weitere verbreitete Struktur ist der monopolistische Wettbewerb, den wir in zahlreichen Einzelhandelsbranchen finden. Er ist gekennzeichnet durch eine große Zahl kleiner Unternehmen mit geringen Unterschieden in der Produktqualität (beispielsweise verschiedene Arten von Benzin oder Lebensmitteln). Diese Produktdifferenzierung bedeutet für jedes Unternehmen eine abwärts gerichtete *dd*-Nachfragekurve. Langfristig führt der freie Marktzugang zu einem Versiegen der Gewinne, weil diese Branchen ihr Gleichgewicht dort erreichen, wo die *AC*-Kurven der Unternehmen eine Tangente zu ihren *dd*-Nachfragekurven bilden. In diesem Tangentialgleichgewicht liegen die Preise über den Grenzkosten, aber die Branche zeigt eine größere Qualitäts- und Leistungsvielfalt als unter Bedingungen des vollständigen Wettbewerbs.
4. Als letztes ist hier noch die strategische Interaktion zu nennen, bei der ein Wirtschaftszweig nur aus einer Handvoll Unternehmen besteht. Wenn eine kleine Anzahl von Unternehmen auf einem Markt zueinander in Konkurrenz tritt, muß jedes dieser Unternehmen auf strategische Interaktionen achten. Durch den Wettbewerb zwischen einigen wenigen Unternehmen kommt ein völlig neues Element des Wirtschaftslebens ins Spiel: Die Unternehmen sind gezwungen, auch die Reaktionen ihrer Mitbewerber auf Preis- und Mengenschwankungen zu berücksichtigen und strategische Überlegungen in diese Märkte einzubringen. Die Spieltheorie beschäftigt sich mit der Art und Weise, wie die Unternehmen ihre Strategien so wählen, daß sie damit die Reaktionen ihrer Gegenspieler vorwegnehmen.

B. Das Verhalten großer Unternehmen

5. Mit der Expansion börsennotierter Unternehmen, deren Eigentümer im Zuge des Wachstumsprozesses bei zunehmend breiter Streuung immer zahlreicher werden, ergibt sich das Phänomen einer Trennung von Eigentum und Leitung. Dieser Trend kann zu Interessenskonflikten zwischen Aktionären und Management führen – wenn beispielsweise das Management das Risiko scheut oder sich selbst eine allzu großzügige Entlohnung zubilligt.
6. Eine gründliche Studie des tatsächlichen Verhaltens von Oligopolisten zeigt bestimmte Verhaltensweisen auf, die von den üblichen volkswirtschaftlichen Annahmen über Gewinnmaximierung abweichen. So stellt die eingeschränkte Rationalität eine Einschränkung der möglichen Gewinnmaximierung dar. Dieses Prinzip besagt, daß es teuer ist, perfekte Entscheidungen zu treffen, weshalb sich das Management auch mit suboptimalen Entscheidungen zufriedengibt und häufig eine praktikable Daumenregel anwendet, um möglichst wenig Zeit für Sondierung und Entscheidungsfindung einsetzen zu müssen. Auf Grund der Interessensdivergenzen zwischen Eigentümern und Management können große Unternehmen auch andere Ziele als den bloßen Gewinn anpeilen. Ein wichtiges Beispiel für eine Handlungsweise, die nicht zu einer Gewinnmaximierung führen dürfte, ist die Praxis der Preisbildung durch Gewinnaufschlag – eine Daumenregel, mit der im Zuge der Preisbildung einfach ein bestimmter Prozentsatz auf die Produktionskosten aufgeschlagen wird.
7. Obwohl es zutrifft, daß Monopol und Oligopol die Preise über die Grenzkosten anheben und so kurzfristig volkswirtschaftliche Ineffizienzen bewirken, besagt die Schumpetersche Hypothese, daß diese traditionelle Theorie die Dynamik des technologischen Wandels völlig außer acht läßt. Dieser Ansicht zufolge sind Monopole und Oligopole die bedeutendste Quelle der Innovation und unseres steigenden Lebensstandards. Die Zerschlagung großer Unternehmen könnte zwar kurzfristig zu Preissenkungen führen, würde aber die Gefahr mit sich bringen, daß im Zuge dieser Fragmentierung auch der technologische Fortschritt gebremst wird.

C. Eine Bilanz des unvollständigen Wettbewerbs

8. Die Ausübung der Monopolmacht führt zu wirtschaftlichen Ineffizienzen, wenn die Preise über die Grenzkosten ansteigen, wobei es zusätzlich auch zu Einbußen in der Qualität kommen kann. Empirische Studien lassen allerdings den Schluß zu, daß der Nettowohlfahrtsverlust oder Effizienzverlust durch den unvollstandigen Wettbewerb gemessen am Sozialprodukt gering ist.
9. Um den Mißbrauch durch unvollständigen Wettbewerb abzustellen, haben Staaten in früheren Zeiten häufig auf Besteuerung, Preiskontrollen und Verstaatlichung zurückgegriffen. Heute kommen diese Methoden in entwickelten Marktwirtschaften kaum noch zur Anwendung. Die drei wichtigsten Instrumente in der amerikanischen Wirtschaftspolitik sind gegenwärtig Regulierung, Antitrustgesetze und die Förderung des Wettbewerbs. Unter diesen drei Möglichkeiten erscheint die Förderung des Wettbewerbs durch eine Senkung der Marktzutrittsbarrieren, wo immer dies möglich erscheint, am wichtigsten.

BEGRIFFE ZUR WIEDERHOLUNG

Unvollständiger Wettbewerb

Konzentration
Marktmacht
strategische Interaktion
stillschweigende und ausdrückliche Kollusion
unvollständiger Wettbewerb:
Kollusionsoligopol
monopolistischer Wettbewerb
Oligopol mit kleiner Mitbewerberanzahl
Spieltheorie
Gleichgewicht bei einem Gewinniveau von Null im monopolistischen Wettbewerb
Ineffizienz bei $P > MC$

Das Verhalten großer Unternehmen

Trennung von Eigentum und Unternehmensleitung
Grenzen der Gewinnmaximierung:
eingeschränkte Rationalität
alternative Ziele
Preisbildung durch Gewinnaufschlag
Schumpetersche Hypothese

Eine Bilanz des unvollständigen Wettbewerbs

Nettowohlfahrtsverlust
Ältere Ansätze:
Besteuerung, Preiskontrolle, Verstaatlichung
Heutige Ansätze:
Regulierung, Antitrustpolitik, Förderung des Wettbewerbs

FRAGEN UND BEISPIELE

1. Gehen Sie die ersten beiden Theorien über den unvollständigen Wettbewerb noch einmal durch, die in Abschnitt A dieses Kapitels analysiert werden. Erstellen Sie eine Tabelle, in der sie den vollständigen Wettbewerb, das Monopol und die beiden Theorien hinsichtlich folgender Charakteristika vergleichen: (*a*) Anzahl der Unternehmen; (*b*) Ausmaß der Kollusion; (*c*) Verhältnis Preis zu Grenzkosten; (*d*) Verhältnis Preis zu langfristigen Durchschnittskosten; (*e*) Effizienz.
2. Die Marktanteile der amerikanischen Fluglinien waren im Jahr 1986 verteilt wie folgt:

Unternehmen	Marktanteil (%)	Unternehmen	Marktanteil (%)
United	17	Northwest	9
American	14	TWA	8
Delta	12	PanAm	7
Eastern	12	Acht weitere	jeweils 2

Quelle: US Transportministerium, *Air Carrier Financial Statistics* (Dezember 1986).

Berechnen Sie die Vier- und Acht-Unternehmens-Konzentrationsrate. Was würde sich bei einer Fusion von Delta und United verändern?
3. „Das Schlimme an den meisten Branchen, in denen ein monopolistischer Wettbewerb herrscht, sind nicht die exzessiven Gewinne. Nein, Gewinne werden ja nicht erwirtschaftet, aber die Preise sind überhöht und die Ressourcen werden für zu geringe Produktionsmengen geplündert." Erklären Sie, was der Verfasser dieser Zeilen im Hinblick auf das langfristige Gleichgewicht, wie in Abbildung 10-4 gezeigt, meinen könnte. Treten Sie als Verteidiger des monopolistischen Wettbewerbs auf, indem Sie erklären, wie er zu einer größeren Produktvielfalt führt.
4. „Es ist doch naiv, die Monopole zu mehreren effektiv konkurrierenden Einheiten zerschlagen zu wollen, auch wenn es nur eine Handvoll Unternehmen wäre, weil die Hauptursache für die Bildung von Monopolen in den bei Massenproduktion möglichen geringeren Produktionskosten liegt. Und sogar wenn es plötzlich wirklich mehr Unternehmen geben sollte, bewegt sich der Preis immer nahe an den Grenzkosten." Diskutieren Sie beide Teile dieser Aussage.
5. In einer Zeit, als Ford einen hohen Marktanteil an der Autoproduktion hatte, sagte Henry Ford über seinen legendären Ford-T: „Sie können ihn in jeder beliebigen Farbe bestellen, solange er schwarz ist." Können Sie die Diagramme in diesem Kapitel neu zeichnen, indem Sie als X-Achse Qualität anstelle der Quantität zugrundelegen? Was läßt sich über die Qualität von Produkten bei verschiedenartigen Marktstrukturen aussagen? Wenden Sie Ihre Kenntnisse auf die zitierte Aussage von Henry Ford an.
6. Erklären Sie folgende Aussagen:
   a. Im Drogerie-Einzelhandel hat jeder einzelne Laden zwar ein klein wenig Marktmacht, erzielt aber trotzdem keine wirtschaftlichen Gewinne.
   b. Nach der Theorie der eingeschränkten Rationalität bedeutet Effizienz für General Electric, den Preis für Kühlschränke nicht anzupassen, so daß immer und überall gilt: $MC = MR$.
7. Der Staat beschließt, einen Monopolisten mit einem konstanten Steuersatz von \$ x pro Einheit zu besteuern. Erläutern Sie die Auswirkungen auf Produktionsmenge und Preis. Befindet sich das Gleichgewicht nach Steuern näher am Idealgleichgewicht von $P = MC$, oder ist es weiter entfernt?

8. Die Unternehmen betreiben häufig Lobbying für Zölle oder Einfuhrbeschränkungen, um sich vor dem Wettbewerb durch Importe zu schützen.
   a. Nehmen wir an, der Monopolist aus Abbildung 10-5 hätte einen ausländischen Mitbewerber, der seine Produktionsmenge ganz elastisch zu einem Preis anbieten kann, der leicht über dem $AC = MC$ des Monopolisten liegt. Erläutern Sie die Auswirkungen des Marktzutritts des ausländischen Mitkonkurrenten.
   b. Welche Auswirkungen auf Preis und Menge wären zu erwarten, würde ein prohibitiv hoher Zoll auf ein ausländisches Gut eingehoben? (Prohibitiv ist ein Zoll dann, wenn er Importe de facto verhindert.) Welche Wirkung hätte ein weniger hoher Zoll? Verwenden Sie Ihre Analyse, um folgende Aussage zu erklären: „Der Zoll ist die Mutter des Monopols."
9. Erklären Sie mit Worten und mit Hilfe eines Diagramms, warum ein monopolistisches Gleichgewicht verglichen mit Unternehmen im vollständigen Wettbewerb zu volkswirtschaftlicher Ineffizienz führt. Warum ist die Bedingung $MC = P = MU$ aus Kapitel 8 für diese Analyse ganz wesentlich?
10. Im langfristigen Gleichgewicht erreichen sowohl vollkommene als auch monopolistische Märkte eine Tangentialbeziehung zwischen der *dd*-Nachfragekurve des Unternehmens und seiner *AC*-Durchschnittskostenkurve. Abbildung 10-4 zeigt die Tangentialbeziehung eines Unternehmens bei monopolistischem Wettbewerb, während Abbildung 10-6 die Tangentialbeziehung eines Unternehmens bei vollständigem Wettbewerb darstellt. Erörtern Sie Ähnlichkeiten und Unterschiede der beiden Situationen im Hinblick auf:
    a. die Elastizität der Nachfragekurve nach dem Produkt des Unternehmens;
    b. das Ausmaß der Divergenz zwischen Preis und Grenzkosten;
    c. die Gewinne;
    d. die volkswirtschaftliche Effizienz.

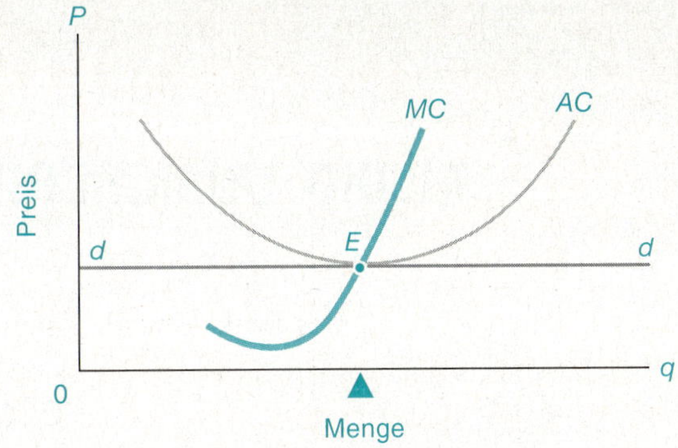

Abbildung 10-6: Vollständiger Wettbewerb

KAPITEL 11

RISIKO, UNSICHERHEIT UND SPIELTHEORIE

Das Risiko verändert sich umgekehrt proportional zum Wissen.

Irving Fisher: Die Theorie des Zinses (1930)

In der Phase des wirtschaftlichen Umbruchs zu Beginn der neunziger Jahre ging die russische Ölproduktion stark zurück. Rußland fiel von seiner Position als weltgrößter Ölproduzent auf Platz drei zurück. Westliche Ölgesellschaften wurden eingeladen, sich an Investitionen und Modernisierungsmaßnahmen auf den russischen Ölfeldern zu beteiligen. Stellen Sie sich vor, Sie wären mit dem Aufbau eines Joint Venture von Texaco in der westsibirischen Region Tjumen betraut. Auf welche Hindernisse müßten Sie vorbereitet sein?

Nun, natürlich birgt der Aufbau eines Texaco-Joint-Ventures in Tjumen dieselben Risiken in sich, denen sich jeder Ölproduzent weltweit gegenübersieht – ein Preissturz, ein Embargo oder ein Angriff auf einen Ihrer Tanker durch ein feindliches Regime sind jederzeit denkbar. Darüber hinaus aber beschäftigt Sie die Unsicherheit des Operierens in einem völlig neuen Gebiet. Sie und Ihr Stab sind mit den geologischen Gegebenheiten, mit dem Gelände, durch das das Öl transportiert werden muß, mit den Erfolgsaussichten der Bohrungen sowie mit dem Ausbildungsstand der Arbeitskräfte nicht vertraut. Zusätzlich zu diesen Schwierigkeiten bedrückt Sie eine Reihe von politischen Risiken in der Zusammenarbeit mit einer schwachen und gespaltenen Zentralregierung in Moskau, mit autonomen Regionen, lokalen Behörden und der berüchtigten russischen Mafia. Sie operieren schließlich in einem Land, in dem die Eigentumsverhältnisse, das Steuersystem, die Notwendigkeit zu bestechen sowie die Möglichkeit Gewinne zu erzielen einerseits von Ihrer Fähigkeit zu schachern und andererseits von der Launenhaftigkeit irgendeines Gogolschen Bürokraten abhängen können.

Die Probleme, die ein solches Texaco-Unternehmen hätte, verdeutlichen, daß wirtschaftliche Aktivitäten oft unter komplexen Bedingungen stattfinden, die in den grundlegenden volkswirtschaftlichen Theorien nicht berücksichtigt werden. Die eigentlichen Komplikationen erwachsen aus den Unsicherheiten des Wirtschaftslebens. Unsere Ölgesellschaft muß sich mit Unsicherheiten bezüglich der Bohrungen, der Kosten und Preise und des Marketings auseinandersetzen. Auch Haushalte sind gezwungen, die Unsicherheit der zukünftigen Beschäftigungssituation, des zukünftigen Einkommens sowie der Erfolgsaussichten einer Investition in eine weitere Ausbildung oder in Vermögenswerte in ihrer Planung zu berücksichtigen. Mitunter haben Menschen unter Naturkatastrophen wie Feuer, Sturm und Überflutung zu leiden. Unternehmen müssen sich mit unsicheren Produkt- und Faktorpreisen oder im Falle eines Auslandsengagements mit politischen Umbrüchen, mit dem technischen Fortschritt in ihrem Bereich und mit der Stärke der in- und ausländischen Konkurrenz auseinandersetzen. Die Analyse dieses ersten Bereiches wird als die *ökonomische Theorie der Unsicherheit* bezeichnet.

Eine zweite Schwierigkeit ergibt sich aus dem Umstand, daß ein Großteil des Wirtschaftslebens aus Feilschen, Verhandeln und strategischem Vorgehen besteht. Auf vollkommenen Märkten sind alle Akteure Preisnehmer, die in ihr Kalkül nicht mit einzubeziehen brauchen, wie die anderen Akteure auf ihr Vorgehen reagieren. Trotzdem sind in vielen Fällen strategische Entscheidungen unverzichtbar. Unsere Ölgesellschaft muß sich z.B. darum sorgen, ob große Gewinne vielleicht einfach von der russischen Regierung abgeschöpft werden könnten. Näher am eigenen Markt und innerhalb eines oligopolistischen Wirtschaftssektors muß jedes Unternehmen berücksichtigen, wie andere Unternehmen auf seine Preis- und Mengenentscheidungen reagieren. Wird eine Preissenkung in einen Preiskrieg münden? Kann dieser Preiskrieg das Unternehmen in den Bankrott treiben? Die meisten großen Unternehmen führen Tarifverhandlungen mit den Gewerkschaften, um Löhne und Arbeitsbedingungen festzulegen. Könnte eine zu starre Haltung nicht auch lähmende Streiks zur Folge haben?

Elemente des Verhandelns finden wir auch in der Makroökonomie. Den Entscheidungen eines Staates über Steuern und Ausgaben gehen oft schwierige Verhandlungen voraus: etwa zwischen politischen Parteien, dem Präsidenten und dem Kongreß oder auch zwischen den verschiedenen Interessensgruppen im Kongreß. Der Haushaltsplan der Clinton-Administration wurde im Jahr 1993 erst durch den Kongreß bestätigt, nachdem der Präsident tagelang mit Mitgliedern des Kongresses, die für ihre Zustimmung Gefälligkeiten und Zugeständnisse verlangten, verhandelt hatte. Ja, sogar innerhalb der Familien wird verhandelt und strategisch agiert, wenn es etwa darum geht, die Hausarbeit zu verteilen und das Familieneinkommen aufzuteilen. In jedem Bereich der Ökonomie wird um das *Was*, das *Wie* und das *Für wen* verhandelt.

Die Theorie über die wirtschaftlichen Spiele der Haushalte, Unternehmen und Staaten wird als *Spieltheorie* bezeichnet. Zu einer vollständigen Behandlung des realen Wirtschaftslebens gehört unbedingt auch eine eingehende Erforschung des faszinierenden Zusammenwirkens von Unsicherheit und Strategie.

A. DIE ÖKONOMISCHE THEORIE DES RISIKOS UND DER UNSICHERHEIT

Unseren bisherigen Markttheorien haben wir immer die Annahme zugrunde gelegt, daß vollkommene Information über Kosten und Nachfragemengen herrscht und daß die Unternehmen das Verhalten anderer Unternehmen voraussehen konnen. In der Realität aber herrschen Unsicherheit und Risiko vor. Lassen Sie uns kurz zu unserem russischen Joint Venture zurückkehren und untersuchen, wie sich das Bild bei Einbeziehung des Faktors Risiko verzerrt. Nehmen wir an, Sie haben sich entschlossen, eine Bohrung durchzuführen. Zu Beginn veranschlagen Sie die Kosten für die Errichtung eines Bohrloches mit $ 100 Millionen. Hierbei handelt es sich jedoch nur um eine Schätzung, da Sie nicht wissen können, wie tief gebohrt werden muß, um auf Öl zu stoßen. Auch ist fraglich, ob die Ausrüstung hält oder nicht und wieviel Zeit die Mannschaft benötigt. Außerdem können aufgrund der Unsicherheit über Preise und Fördermengen keine Aussagen über die Rentabilität der Bohrung gemacht werden. Die Preisunsicherheit ist angesichts der stark schwankenden Ölpreise verständlich, die in den letzten 15 Jahren einmal bei $ 10 pro Barrel und dann wieder bei $ 38 lagen. Die größere Sorge gilt jedoch zweifellos der Fördermenge, da diesbezüglich noch größere Unsicherheit herrscht. Es muß sich erst zeigen, ob das Bohrloch trocken ist, ob es zu unergiebig ist, um die Kosten zu decken, oder ob es sich als lukrative, sprudelnde Ölquelle entpuppt.

Diese Probleme betreffen natürlich nicht nur die Öl-Branche. Für praktisch alle Unternehmen ändern sich die Output-Preise monatlich: Die Faktorkosten für Arbeit, Grundstücke, Maschinen und Rohstoffe unterliegen starken Schwankungen, und das Verhalten von Konkurrenten läßt sich nicht vorhersehen. Es ist das Wesen des Geschäftslebens, heute zu investieren, um den zukünftigen Output steigern zu können, man könnte auch sagen, Vermögen anzuhäufen, das dann gegen zukünftige Unsicherheiten als Sicherheit eingesetzt werden kann. Wirtschaft ist ein riskantes Geschäft.

Die moderne Volkswirtschaftslehre bezieht die Unsicherheit in ihre Analyse des Verhaltens von Unternehmen und Haushalten mit ein. Der folgende Abschnitt beschäftigt sich daher mit der Rolle des Marktes bei der zeitlichen und räumlichen Risikostreuung, er stellt eine Theorie des individuellen Verhaltens bei Unsicherheit vor und illustriert die wesentlichen Theorieelemente anhand des Versicherungsmarktes.

SPEKULATION: DIE VERTEILUNG VON GÜTERN ÜBER ZEIT UND RAUM

Einleitend wollen wir die Rolle spekulativer Märkte beleuchten, die einer Gesellschaft insofern Nutzen bringen, als sie einen Ausgleich zwischen Angebot und Nachfrage zu verschiedenen Zeiten und an verschiedenen Orten schaffen. Spekulation bedeutet, daß Güter mit dem Ziel, Gewinne zu erwirtschaften, heute gekauft und später wieder verkauft werden (bisweilen auch heute verkauft und später gekauft werden). Bei diesen Gütern kann es sich um Getreide, Öl, Eier oder auch ausländische Währungen handeln. Spekulanten haben kein Interesse daran, das jeweilige Gut zu nutzen oder irgendwo zu verwenden. Sie wollen vorzugsweise billig kaufen und teuer verkaufen. Das letzte, wovon ein Spekulant träumt, ist ein Eierlieferant, der mit der ganzen Fracht direkt vor seinem Haus vorfährt!

Wie kann Spekulation für die Gesellschaft von Nutzen sein? Die volkswirtschaftliche Funktion des Spekulanten liegt darin, Güter über Zeit und Raum und in unsicheren Situationen so zu verteilen, daß ein Ausgleich zwischen Perioden der Knappheit und des Überflusses geschaffen wird. Obwohl der Spekulant nie eine Tonne Rohöl oder ein Bushel Weizen zu Gesicht bekommt, gleicht er räumliche wie zeitliche Preisdifferenzen aus, indem er das entsprechende Gut auf einem Markt, auf dem ein Überangebot herrscht, zu einem niedrigen Preis kauft und auf einem anderen Markt, auf dem ein Nachfrageüberhang herrscht, zu einem höheren Preis verkauft.

Arbitrage und ortsgebundene Preisstrukturen

Im einfachsten Fall beseitigen oder verringern spekulative Aktivitäten regionale Preisunterschiede, indem der Händler unter Ausnutzung eines regionalen Preisgefälles gleichzeitig auf einem Markt kauft und auf einem anderen Markt verkauft. Diese risikofreie Form der Spekulation wird als Arbitrage bezeichnet.

Nehmen wir an, der Preis für ein Bushel Weizen ist in Chicago um 50 Cent höher als in Kansas City. Nehmen wir weiters an, daß für Versicherung und Transport Kosten in Höhe von 10 Cent anfallen. Das bedeutet, ein Arbitrageur (jemand, der Arbitrage-Geschäfte durchführt) kann pro Bushel Weizen 40 Cent Gewinn erwirtschaften, indem er den Weizen in Kansas kauft, nach Chicago bringt und dort wieder verkauft. In der Folge werden sich die Preise angleichen und der Preisunterschied wird zu keinem Zeitpunkt mehr als 10 Cent pro Bushel betragen.

Die Preise identischer Güter, die auf unterschiedlichen Märkten gehandelt werden, finden einen Ausgleich durch das bekanntermaßen wilde Agieren der Spekulanten: das gleichzeitige Sprechen an mehreren Telefonen mit verschiedenen Brokern, um Preisunterschiede zu erfahren und mit billigem Einkauf und teurem Verkauf entsprechende Gewinne zu erzielen. Auch hier können wir wieder die unsichtbare Hand bei ihrer Arbeit beobachten. Die Verlockung des Geldes schafft den Anreiz, Preisunterschiede über alle Märkte hinweg zu glätten und somit die Effizienz der Märkte zu steigern.

Spekulation und Preisverhalten im Zeitablauf

Mit Hilfe des Drucks, den Spekulanten auf die Märkte ausüben, werden sowohl zeitlich als auch räumlich ganz spezielle Preisstrukturen geschaffen. Jedoch sind diese Strukturen aufgrund der Schwierigkeit, Prognosen für die Zukunft zu erstellen, nicht perfekt: Das Marktgleichgewicht wird konstant gestört, bildet sich jedoch auch immer wieder neu – vergleichbar etwa der Oberfläche eines Sees, auf den der Wind bläst.

Betrachten wir ein landwirtschaftliches Produkt wie Weizen, der nur einmal pro Jahr geerntet wird und mehrere Jahre lang in Silos gelagert werden kann. Um Knappheiten zu vermeiden, muß dafür gesorgt sein, daß der Weizen das ganze Jahr über ausreicht. Wie erreicht der Markt ohne staatliche Regulierung effiziente Preis- und Allokationsstrukturen? Nun, das Gleichgewicht wird durch die Aktivitäten der gewinnorientiert handelnden Spekulanten herbeigeführt.

Ein gut informierter Weizenhändler weiß, daß der Weizen, sollte im Herbst die gesamte Menge auf einmal auf den Markt gebracht werden, wegen des Überangebotes nur einen sehr niedrigen Preis erzielen würde. Einige Monate später wäre der Weizen jedoch bereits knapp und es könnten hervorragende Preise erzielt werden. Also kann ein Spekulant Gewinne machen, indem er (1) im Herbst Weizen kauft, solange er billig ist, (2) diesen lagert und (3) ihn zu einem späteren Zeitpunkt, wenn der Preis gestiegen ist, verkauft.

Und genauso agiert ein Spekulant. Als Ergebnis seiner Vorgangsweise steigen der Herbstpreis und das Angebot im Frühling, während der Frühlingspreis sinkt. Diese spekulativen Käufe und Verkäufe führen dazu, daß das Angebot und somit auch der Preis über das Jahr gleichmäßig verteilt werden.

Herrscht starker Wettbewerb zwischen den Spekulanten, sind zudem keine übertriebenen Gewinne zu erzielen. Das Einkommen der Spekulanten setzt sich aus dem für das investierte Kapital gezahlten Zins, einem angemessenen Lohn für ihren Zeitaufwand und einer Risikoprämie je nach dem zu tragenden Risiko zusammen. Ein solcher Spekulant selbst hat wahrscheinlich in seinem ganzen Leben noch keinen Weizen durch seine Finger rieseln lassen, er weiß nichts über Lagerwirtschaft oder Logistik. Er kauft und verkauft lediglich auf dem Papier.

Es gibt eine und nur eine monatliche Preisstruktur, die für konkurrierende Spekulanten zu einem Nullgewinn führt. Bei kurzem Nachdenken wird verständlich, daß es sich dabei nicht um konstante Preisstrukturen handeln kann. Vielmehr bewirkt eine unter Wettbewerbsbedingungen auf dem Spekulationsmarkt entstandene Preisstruktur tiefe Preise nach der Herbsternte mit anschließenden allmählichen Preissteigerungen, bis kurz vor der nächsten Ernte ein Spitzenwert erreicht wird. Die Lager- und Zinskosten durch die Weizenlagerung lassen in der Regel den Preis von Monat zu Monat in die Höhe klettern – so wie ja auch die Transportkosten mit der Entfernung, über die ein Gut transportiert werden muß, steigen. Abbildung 11-1, zeigt wie sich der Preis über einen hypothetischen jährlichen Zyklus verhält.

Wir haben gesehen, wie Spekulanten Angebot und Preise ausgleichen. Dient dieser Prozeß der volkswirtschaftlichen Effizienz oder schadet er ihr? Heute ist klar ersichtlich, daß Spekulation die volkswirtschaftliche Effizienz tatsächlich erhöht. Die Güter werden von Perioden des Überschußangebotes zu Perioden des Nachfrageüberhangs verteilt. So kauft der Spekulant zu einem Zeitpunkt, an dem Preis und Grenznutzen des Gutes niedrig sind, und verkauft zu einem Zeitpunkt, an dem Preis und Grenznutzen des Gutes hoch sind.

Wir haben es hier mit einem einprägsamen Beispiel für das Prinzip der unsichtbaren Hand zu tun: Indem Spekulanten ihre Eigeninteressen verfolgen (Gewinne), steigern sie gleichzeitig die gesamte ökonomische Wohlfahrt (Gesamtnutzen).

Risikostreuung durch Hedging

Eine weitere Funktion der Spekulanten ist es, Risiken zu tragen, die andere nicht tragen wollen. Nehmen wir als Beispiel an, die geschäftsführende Eigentümerin eines 2 Millionen Bushel Weizen fassenden Getreidelagers kauft im Herbst in Kansas Weizen mit dem Vorsatz, diesen im Frühling nach Japan zu verkaufen. Sie ist Expertin auf dem Gebiet der Weizenlagerung, hat das neueste computergesteuerte Managementsystem erworben und verdient ihren Lebensunterhalt damit, Weizen für eine Charge von 10 Cent pro Bushel zu lagern. Sie würde mit einem vollen Lager $ 200.000 netto verdienen. Damit könnte sie die Zinsen decken, die Löhne der Arbeiter bezahlen und hätte zusätzlich eine ordentliche Rendite für das investierte Kapital sowie ein angemessenes Gehalt erwirtschaftet.

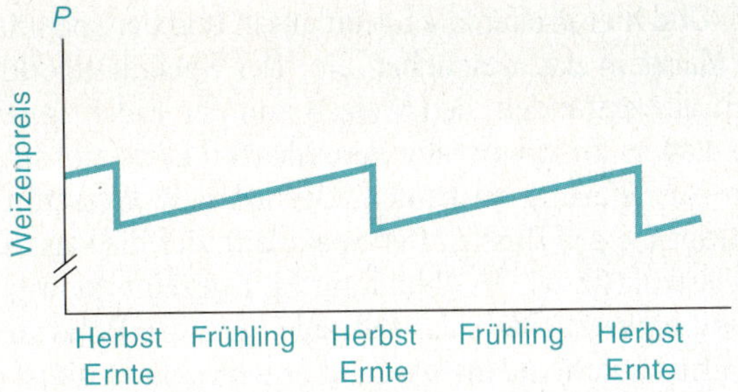

Abbildung 11-1: Spekulanten bewirken im Zeitablauf einen Preisausgleich der Güter

Bei Lagerung eines Gutes muß der erwartete Preisanstieg auch die Lagerkosten berücksichtigen. Im Gleichgewicht ist der Preis zur Erntezeit am niedrigsten, wonach er durch Lagerhaltung, Versicherungskosten und Zinszahlungen bis zur nächsten Ernte ansteigt. Dieses flexible Muster gleicht den Konsum übersaisonal aus. Andernfalls hätte eine reichliche Ernte extrem niedrige Herbst- und enorm hohe Frühlingspreise zur Folge.

Diese Frau hat jedoch ein Problem: Der Weizenpreis schwankt oftmals innerhalb der sechs Monate zwischen Kauf und Verkauf um bis zu $ 1 in beide Richtungen. Steigt der Preis für Weizen, macht sie unerwartete Zusatzgewinne. Sinkt der Preis jedoch, muß sie einen hohen Verlust tragen, der ihre Lagergewinne zur Gänze schlucken oder sie sogar in den Bankrott treiben könnte. Die Eigentümerin des Warenlagers möchte ihr Geld aber mit der Einlagerung von Weizen und nicht mit Spekulationen über den Weizenpreis verdienen. Wie wird ihr das gelingen?

Sie kann das Preisrisiko umgehen, indem sie ihre Investitionen aufteilt. Solche sogenannten Kurssicherungsgeschäfte, die auch als Hedging bezeichnet werden, helfen Risiko zu vermeiden, indem man gegenläufige Geschäfte betreibt. Auf unser Beispiel angewandt bedeutet das für die Eigentümerin, daß sie den Weizen in dem Moment, in dem sie ihn von den Bauern kauft, weiterverkauft, ohne auf den Zeitpunkt zu warten, an dem er tatsächlich nach Japan verkauft wird. Gleichzeitig mit dem Kauf von 2 Millionen Bushel Weizen im September verkauft sie diesen zu einem zu vereinbarenden Preis, der gerade die 10 Cent pro Bushel für die Lagerung abdeckt und ihr das Risiko der Preisschwankungen erspart.

Und hier greifen die Spekulanten und der spekulative Markt in das Geschehen ein. Der Spekulant erklärt sich einverstanden, den Weizen von der Eigentümerin des Lagers zu einem jetzt vereinbarten Preis zur späteren Auslieferung zu kaufen. Der aktuelle Weizenpreis beträgt $ 4 pro Bushel. Der Spekulant, der die saisonale Preisstruktur, wie in Abbildung 11-1 gezeigt, kennt, ist damit einverstanden, das Getreide für einen Preis von $ 4,10 zu kaufen und im Mai zu übernehmen. Damit ist die Eigentümerin des Lagers von ihrem Risiko entbunden. Unabhängig davon, wie sich während der nächsten Monate der Preis entwickelt, hat sie dieselben Einnahmen (2 Millionen Bushel x ($ 4,10 – $ 4,00) = 200.000), ohne ein Preisrisiko tragen zu müssen.

Sie werden sich nun fragen, warum eigentlich der Spekulant bereit ist, das Risiko zu übernehmen. Nun, vielleicht erwartet er enorme Preissteigerungen und hofft so einen Traumgewinn zu erzielen; vielleicht hat er aber auch den Warenterminkontrakt an willige Käufer verkauft – an einen Rinderbauern oder eine japanische Gesellschaft, die den Preis bereits festlegen wollten, bevor er zu steigen beginnen würde; vielleicht hat er ihn an Investoren verkauft, die einen Teil ihres Vermögens an der Warenbörse in Weizen anlegen wollten. Worauf es in diesem Zusammenhang ankommt, ist nur, daß irgendwo irgendjemand ein wirtschaftliches Interesse daran hat, das Risiko der Weizenpreisfluktuation zu tragen.

Spekulationsmärkte dienen sowohl der Verbesserung der Preis- und Allokationsstrukturen über Zeit und Raum als auch der Risikoübertragung. Diese Funktionen werden von Spekulanten übernommen, die, angetrieben von ihrem Willen, billig zu kaufen und teuer zu verkaufen, der unsichtbaren Hand zum Durchbruch verhelfen, indem sie Güter von Perioden des Überschusses (wenn die Preise niedrig sind) zu Perioden des Mangels (wenn die Preise hoch sind) hin umverteilen.

Nutzensteigerung durch den stabilisierenden Effekt von Spekulationen

Unsere bisherige Diskussion hat gezeigt, daß ideale Spekulationsmärkte die wirtschaftliche Effektivität steigern können. Sehen wir doch einmal, wie das funktioniert. Wir gehen davon aus, daß identische Konsumenten identische Nutzenfunktionen aufweisen, wobei der Nutzen, der in einem Jahr erreicht werden kann, unabhängig ist von dem in allen anderen Jahren erzielbaren Nutzen. Nun lassen Sie uns annehmen, daß im ersten von zwei Jahren eine gute Ernte erzielt wird, etwa 3 Einheiten pro Person. Im zweiten Jahr führt eine schlechte Ernte dazu, daß auf jede Person nur eine Einheit entfällt. Wie sollte – unter der Annahme, daß man diesen Ausfall exakt voraussehen könnte – der Konsum der insgesamt vier Einheiten auf die beiden Jahre verteilt werden? Wenn wir Lager-, Zins- und Versicherungkosten außer acht lassen, so können der *Gesamtnutzen und die wirtschaftliche Effizienz für beide Jahre nur dann maximiert werden, wenn der Konsum in beiden Jahren gleich hoch ist.*

Warum hat ein gleichmäßiger Konsum Vorteile gegenüber anderen möglichen Verteilungen des zur Verfügung stehenden Ganzen? Die Antwort gibt uns das Gesetz des sinkenden Grenznutzens, wie sich argumentieren läßt: „Nehmen Sie an, ich konsumiere im ersten Jahr mehr als im zweiten. Mein Grenznutzen (*MU*) ist im ersten Jahr niedrig und im zweiten hoch. Wenn ich nun einen Teil der Ernte des ersten Jahres in das zweite Jahr hinüberrette, verlagere ich Konsum aus Zeiten mit niedrigem Grenznutzen in Zeiten mit hohem Grenznutzen. Bei angeglichenem Konsumniveau sind die Grenznutzen gleich und ich maximiere meinen Gesamtnutzen."

Und damit haben wir beschrieben, was durch ein ideales Spekulationsverhalten erreicht wird. Können Spekulanten die schlechte Ernte des nächsten Jahres vorhersehen, erkennen sie, daß es sich lohnen müßte, einen Teil der diesjährigen Rekordernte in der Hoffnung, sie nächstes Jahr zu einem höheren Preis verkaufen zu können, zurückzuhalten. Was aber geschieht, wenn jeder Spekulant einen Teil des diesjährigen Angebotes auf das nächste Jahr überträgt? Ein Gleichgewicht kann nur erreicht werden, wenn auch die Preise angeglichen werden. Deshalb besteht ab einem gewissen Punkt kein Anreiz mehr, weiterhin Getreide zurückzuhalten.[1]

Eine Grafik veranschaulicht dieses Argument. Wenn Nutzen in Geldeinheiten gemessen werden kann und jede Geldeinheit denselben Grenznutzen aufweist, muß die Nachfragekurve für risikobehaftete Güter genauso aussehen wie die Grenznutzenfunktion in Abbildung 5-1. Die beiden Kurven in Abbildung 11-2 (*a*) zeigen, was passiert, wenn keine Übertragungen stattfinden – die Preisbildung erfolgt zuerst in A_1, im Schnittpunkt von S_1S_1 und DD, und dann in A_2, wo das geringere Angebot S_2S_2 DD schneidet. Der durch die grauschattierten Flächen dargestellte Gesamtnutzen ergibt sich durch die Addition von (4 + 3 + 2) + 4 oder $ 13 pro Kopf.

[1] In der Praxis muß der Spekulant auf den Preis der nächsten Periode die Lagerhaltungskosten, Zinsen, Versicherung und eine angemessene Bezahlung für die Arbeit aufschlagen. Wir ignorieren hier der Einfachheit halber all diese Kosten.

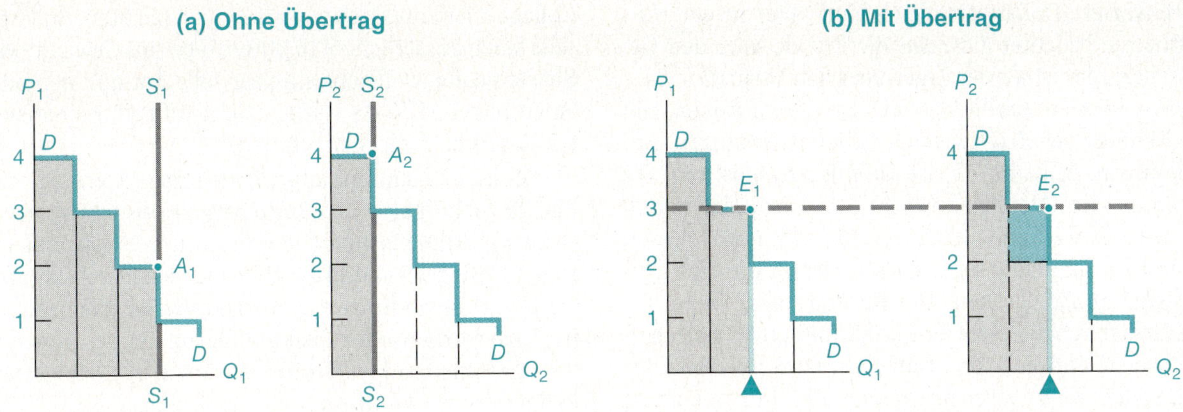

Abbildung 11-2: Lagerung aus Spekulationsgründen kann die Effizienz steigern

Der graue Bereich stellt den Gesamtnutzen dar, der jedes Jahr entsteht. Wird eine Einheit in ein zweites Jahr übertragen, gleicht dies Q sowie auch P und MU aus und erhöht den Gesamtnutzen um den Bereich des dunkelblauen Blocks. Dieses Diagramm gilt gleichermaßen für eine ganze Reihe von Situationen. Es könnte als „**(a)** ohne Arbitrage quer über die Regionalmärkte" und „**(b)** Mit Arbitrage quer über die Märkte" bezeichnet werden. Manche könnten sogar eine Erweiterung in Erwägung ziehen, indem man annimmt, daß alle Individuen gleich sind, und das vorliegende Diagramm „**(a)** ohne Steuern mit Umverteilungswirkung" und „**(b)** mit umverteilend wirkenden Steuern" übertiteln.

Wird jedoch eine Einheit, wie in Abbildung 11-2 (*b*) dargestellt, in das zweite Jahr übertragen, werden die Preise und Mengen in E_1 und E_2 ausgeglichen und der durch die grauschattierten Flächen dargestellte Gesamtnutzen addiert sich zu (4 + 3) + (4 + 3) oder $ 14 pro Kopf. Eine kurze Analyse zeigt, daß der Nutzenzuwachs von $ 1 durch den dunkelblauen Block in Abbildung 11-2(*b*) gemessen wird, der übrigens nichts anderes darstellt als den zusätzlichen Grenznutzen der zweiten Einheit gegenüber der dritten. Auf diese Weise läßt sich nachweisen, daß der Ausgleich der Grenznutzen optimal ist.

Das ideale Spekulationsverhalten erfüllt die sehr wichtige Funktion einer Verringerung der Konsumschwankungen und (in einer Welt, in der der einzelne mit einem sinkenden Grenznutzen konfrontiert ist) einer Mehrung des Gesamtnutzens und der Allokationseffizienz.

RISIKO UND UNSICHERHEIT

Warum versuchen die Menschen eigentlich, wirtschaftlichen Risiken aus dem Weg zu gehen? Welche Institutionen einer Marktwirtschaft helfen dem einzelnen, Risiken auf eine größere Gemeinschaft zu verteilen oder zu streuen? Warum versagen Märkte, wenn es darum geht, ganz bestimmte Situationen zu versichern? Diesen Fragen wollen wir uns nun zuwenden.

Immer wenn wir Auto fahren, ein Haus bewohnen, Getreide einlagern, eine Investition tätigen oder einfach nur die Straße überqueren, riskieren wir unser Leben, unsere Gesundheit oder unser Vermögen. Und wie verhalten sich Menschen angesichts von Risiken? Im allgemeinen stellt sich heraus, daß Menschen nach Möglichkeit Unsicherheiten in bezug auf Einkommen und Konsum vermeiden. Wenn wir Risiko und Unsicherheit aus dem Weg gehen wollen, verhalten wir uns *„risikoavers"*.

Eine Person ist **risikoavers**, wenn die Verringerung des Nutzens, die dadurch entsteht, daß man eine gegebene Menge an Einkommen verliert, größer ist als der Nutzen, der entsteht, wenn man dieselbe Menge an Einkommen hinzugewinnt. Nehmen wir als Beispiel eine Wette, bei der wir $ 1.000 gewinnen, wenn eine Münze auf Kopf fällt, und $ 1.000 verlieren, sollte sie auf Zahl fallen. Dieses Spiel hat einen Erwartungswert von Null (entsprechend einer Wahrscheinlichkeit von 1/2 mal $ 1.000 plus einer Wahrscheinlichkeit von 1/2 mal -$ 1.000). Ein Spiel mit einem Erwartungswert von Null wird als *fair* bezeichnet. Menschen, die alle fairen Spiele ablehnen, sind risikoavers.

Im Sinne der Nutzendefinition aus Kapitel 5 ist Risikoaversion gleichbedeutend mit einem sinkenden Grenznutzen des Einkommens. Risikoavers zu sein bedeutet, daß der Nutzenzuwachs aus zusätzlichem Einkommen nicht so hoch bewertet wird wie die Verringerung des Nutzens bei Verlust der gleichen Höhe an Einkommen. Im Fall gleicher Ergebnisse ist, wie beim Münzenwerfen, der erwartete Dollarwert gleich Null. Aber in der Nutzentheorie bedeutet dies, daß die Freude über den Gewinn geringer ist als der Ärger über den Verlust.

Wir können Abbildung 11-2 dazu heranziehen, um das Konzept der Riskoaversion näher zu erläutern. Angenommen, Situation (*b*) ist die Ausgangsposition. Sie haben dieselbe Menge an Konsum in Zustand 1 und 2, also jeweils zwei Einheiten. Eine „risikofreudige" Person kommt zu Ihnen und sagt; „Lassen Sie uns um eine Einheit eine Münze werfen." Der Risikofreudige bietet Ihnen tatsächlich die Chance an, zu Situation (*a*) zu gelangen, wo sie entweder drei Einheiten konsumieren können, sollte „Kopf" erscheinen, oder aber nur noch eine Einheit, sollte die Münze auf „Zahl" fallen. Wenn sie vorsichtig kalkulieren, sehen Sie, daß der Erwartungsnutzen, sollten sie die Wette ablehnen und in Situation (*b*) bleiben, 7 Nutzeneinheiten beträgt (= 1/2 x 7 Einheiten + 1/2 x 7 Einheiten) und 6 1/2 Nutzeneinheiten (1/2 x 9 Einheiten + 4 Einheiten), sollten Sie die Wette annehmen. Dieses Beispiel zeigt, daß Sie als risikoaverses Individuum mit sinkendem Grenznutzen Handlungen vermeiden werden, die die Unsicherheit vergrößern, ohne einen entsprechenden Gewinn erwarten zu lassen. (Zeichnen Sie die Nutzenfunktion des risikofreudigen Individuums als Funktion mit steigendem Grenznutzen; erklären Sie anschließend, warum der Risikofreudige diese Wette gern annehmen wird.)

Oder stellen Sie sich vor, Sie wären ein Getreidebauer. Als Landwirt haben Sie selbstverständlich mit den Launen der Natur zu kämpfen. Aber wollen Sie zusätzlich ein Preisrisiko eingehen? Nehmen Sie an, der erwartete Weizenpreis läge bei $ 4 pro Bushel. Dieser Erwartungswert setzt sich aus zwei möglichen und jeweils gleich wahrscheinlichen Zuständen, also entweder einem Preis von $ 3 oder einem Preis von $ 5 pro Bushel, zusammen. Wenn Sie das Preisrisiko nicht umgehen können, sind Sie dazu gezwungen, in einer Lotterie mitzuspielen, die es Ihnen ermöglicht, Ihre Ernte von 10.000 Bushel entweder für $ 30.000 oder für $ 50.000 zu verkaufen, nur abhängig davon, auf welche Seite die Getreidepreismünze fällt.

Aufgrund Ihrer Risikoaversion und Ihres sinkenden Grenznutzens wollen Sie lieber auf Nummer sicher gehen. Das heißt, Sie gleichen das Risiko lieber aus, indem Sie Ihr Getreide für den erwarteten Preis von $ 4 verkaufen und somit $ 40.000 erwirtschaften. Warum? Weil ein Verlust von $ 10.000 mehr schmerzt als ein Gewinn von $ 10.000 Ihnen an zusätzlichem Nutzen bringt. Schrumpft Ihr Einkommen auf $ 30.000, sind Sie gezwungen, auf wichtige Ausgaben wie Unterrichtsstunden am College oder eine Dachreparatur zu verzichten. Andererseits fallen zusätzliche $ 10.000 weniger ins Gewicht, weil Sie sich dafür vielleicht ein paar tolle Antiquitäten oder einen neuen, 100 PS starken, achtstufigen, klimatisierten Rasenmäher leisten würden.

Menschen sind im allgemeinen risikoavers. Sie ziehen die Sicherheit einem unsicheren Konsumniveau vor – das heißt, Menschen bevorzugen Ergebnisse mit geringer Unsicherheit und gleichbleibenden Durchschnittswerten. Deshalb führt eine Vorgangsweise, die geeignet ist, Unsicherheit oder Risiko in bezug auf den Konsum von Wirtschaftssubjekten zu reduzieren, zu gesteigertem ökonomischen Wohlstand.

VERSICHERUNG UND RISIKOSTREUUNG

Risikoaverse Individuen wollen Risiken vermeiden. Das läßt sich jedoch nicht so leicht bewerkstelligen. Wenn ein Haus bis auf die Grundmauern abbrennt, wenn jemand bei einem Verkehrsunfall getötet wird oder wenn der Mississippi Amok läuft und sich über die Felder der Bauern ergießt, muß irgend jemand irgendwo die Kosten tragen.

Märkte bewältigen Risiken mit Hilfe der Risikostreuung. Nach dieser Methode wird ein Risiko, das für den einzelnen sehr hoch ist, so verteilt, daß es zu einem kleinen Risiko für eine große Anzahl von Menschen wird. Risikostreuung wird hauptsächlich mit Hilfe von Versicherungen betrieben, wodurch das Spiel sozusagen umgekehrt wird.

So scheinen Hausbesitzer, die eine Feuerversicherung abgeschlossen haben, mit der Versicherungsgesellschaft zu wetten, daß ihr Haus abbrennt. Sollte es nicht abbrennen, büßt der Hausbesitzer nur eine geringe Versicherungsprämie ein. Brennt es jedoch tatsächlich ab, ist die Versicherungsgesellschaft verpflichtet, dem Hausbesitzer den Verlust bis zu einer vereinbarten Höhe zu ersetzen. Was für die Feuerversicherung gilt, gilt gleichermaßen für Lebens-, Unfall-, Kfz- und jede andere Art von Versicherung.

Die Versicherungsgesellschaft streut ihrerseits das Risiko, indem sie viele verschiedene Risiken zusammenfaßt: Sie versichert Millionen Häuser, Leben oder Autos, Tausende Fabriken oder Hotels. Der Vorteil für die Versicherungsgesellschaft liegt darin, daß man für die gesamte Bevölkerung statistisch sehr genau vorhersagen kann, was für ein Individuum nicht vorhersagbar ist. Angenommen, die Inland Feuerversicherungsgesellschaft versichert 1 Million Häuser, die jeweils einen Wert von $ 100.000 repräsentieren. Die Wahrscheinlichkeit, daß ein Haus abbrennt, liegt bei 1:1000 pro Jahr. Der erwartete

Schaden für Inland beträgt somit 0,001 x \$ 100.000 = \$ 100 je Haus. Die Versicherung verrechnet daher jedem Hausbesitzer \$ 100 für das Risiko und zusätzlich \$ 100 für Administration und als Rücklage.

Die Hauseigentümer haben die Wahl zwischen einem sicheren Verlust von \$ 200 und dem mit einer Wahrscheinlichkeit von 1:1.000 eintretenden verheerenden Verlust von \$ 100.000. Aufgrund ihrer Risikoaversion entschließen sich die Hauseigentümer, um auch die – geringe – Wahrscheinlichkeit eines verheerenden Verlustes auszuschließen, dazu, eine Feuerversicherung abzuschließen, obwohl die Kosten dafür den zu erwartenden Verlust übersteigen.

Versicherungsgesellschaften können ihre Prämien so festsetzen, daß sie einen Gewinn erwirtschaften. Zugleich aber erzielen auch die Versicherten einen Gewinn gegenüber dem Erwartungswert. Woraus stammt dieser Gewinn? Nun, er ergibt sich durch den sinkenden Grenznutzen, der bewirkt, daß der Vorteil aus den Gewinnen niedriger bewertet wird als der Nachteil aus einem Verlust in gleicher Höhe.

Abbildung 11-3, die eine große Ähnlichkeit zu Abbildung 11-2 aufweist, macht deutlich, warum die Risikostreuung durch Versicherungen wirtschaftlich vorteilhaft ist. Die beiden linken Diagramme zeigen, was geschieht, wenn ein Haushalt keine Versicherung abschließt. In jeder Situation sind zwei „natürliche Zustände" möglich: das erste und das dritte Diagramm zeigen die Situation ohne den Ausbruch eines Feuers (natürlicher Zustand 1), das zweite und vierte Diagramm zeigen die Situation beim Ausbruch eines Feuers (natürlicher Zustand 2).

Indem die Haushalte Versicherungen abschließen, können sie das Feuerrisiko für sich vermeiden und somit ihr Konsumniveau in jedem natürlichen Zustand ausgleichen. Beachten Sie etwa in Abbildung 11-3(*a*), daß Zustand 1, kein Feuer, viel Konsum und Zustand 2, Ausbruch eines Feuers, wenig Konsum zur Folge hat. In Abbildung 11-3(*b*) ist dargestellt, daß der Haushalt durch Abschluß einer Versicherung seinen Konsum in Zustand 1 nur geringfügig zu reduzieren braucht, während er in Zustand 2 seinen Konsum erheblich erhöhen kann. Auf Grund des sinkenden Grenznutzens stellt es für die Haushalte einen Vorteil dar, eine nicht allzu teure Versicherungsprämie zu bezahlen, um einen konstanten Lebensstandard (in Form eines Hauses, Autos oder der eigenen

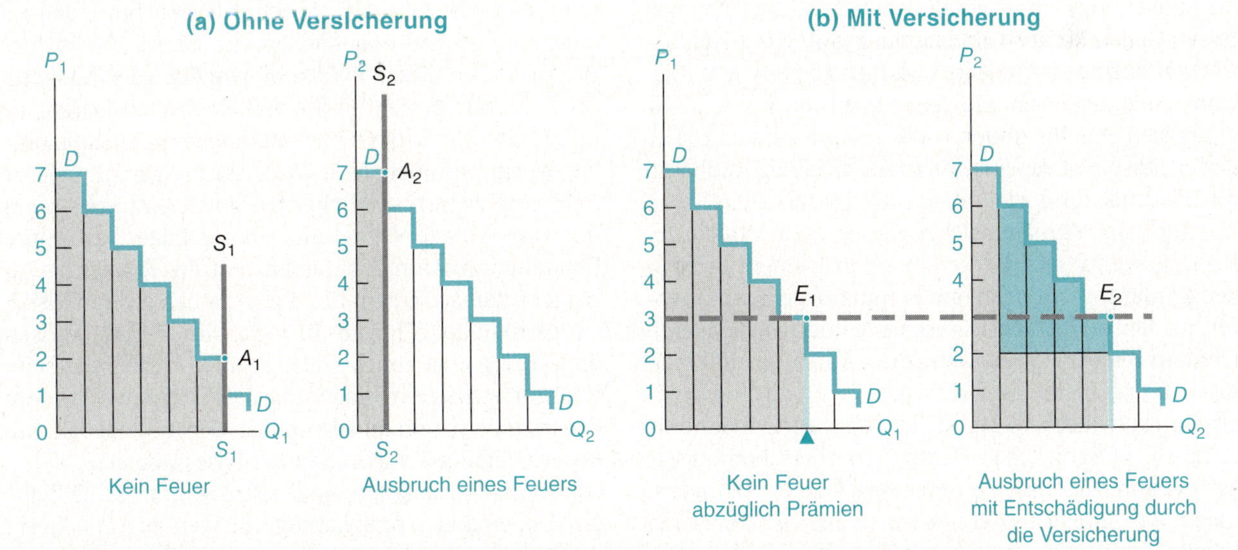

Abbildung 11-3: Versicherungen erhöht den Nutzen für risikoaverse Individuen

Diese Abbildung zeigt den Nutzen in verschiedenen Situationen. Das linke Diagramm jedes Paares stellt ein normales Jahr dar, während das rechte Diagramm die Auswirkungen eines verheerenden Feuers mit und ohne Versicherung zeigt. In (a) ist der Nutzen ohne Versicherung und ohne Feuer groß, nach einem Feuer und ohne Versicherung kommt es jedoch zu sehr großen Einbußen. In (b) opfert der Haushalt zwar ohne Feuer einen kleinen Teil seines Konsums, hat im Fall des Ausbruchs eines Feuers jedoch einen großen Gewinn. Der Zugewinn an erwartetem Nutzen wird je nach Höhe durch die dunkelblauen Blöcke dargestellt. Die Grenznutzen werden in beiden Situationen angeglichen, wodurch sich der optimale Konsum für ein versichertes Individuum ergibt.

Gesundheit) sicherzustellen, und zwar unabhängig davon, wie der Zufall so spielt.

Das System der Versicherung, das eigentlich nur eine weitere Facette der Spieltheorie verkörpert, hilft uns, den Unwägbarkeiten des Lebens gegenzusteuern. Versicherungen verringern und streuen unser Risiko.

Kapitalmärkte und Risikoverteilung

Eine andere Form der Risikoteilung finden wir auf dem marktwirtschaftlich organisierten Kapitalmarkt, wo das *finanzielle* Eigentum an *physischem* Kapital durch das gemeinschaftliche Eigentum an einem Unternehmen unter vielen Miteigentümern gestreut werden kann.

Denken Sie etwa an eine Investition zur Entwicklung eines neuen Zivilflugzeugs. Hier ist für eine umfassende Neuplanung inklusive Forschung und Entwicklung mit $ 1 Milliarde an Investitionen innerhalb von 10 Jahren zu rechnen. Es kann jedoch keine Absatzgarantie für dieses neue Flugzeug geben, niemand kann wissen, ob er die investierten Mittel auch wieder herausbekommen wird. Und so verwundert es nicht, daß nur wenige Menschen das Vermögen oder die Bereitschaft zu einem derart riskanten Wagnis aufbringen.

In einer Marktwirtschaft läßt sich ein solches Ziel durch eine breite Streuung des Eigentums erreichen. Ein Unternehmen wie Boeing gehört zahlreichen Aktionären, die jeweils nur geringe Anteile am Gesamtunternehmen halten. Teilen Sie doch einmal rein hypothetisch den Besitz von Boeing gleichmäßig zwischen 10 Millionen Individuen auf. Bei einem Projektvolumen von $ 1 Milliarde ergibt sich eine Investition von $ 100 pro Person. Dieses geringe Risiko ist der einzelne zu tragen bereit, wenn ihm die Dividende für Boeing-Aktien attraktiv erscheint.

Auch auf internationaler Ebene findet das Prinzip der Risikostreuung seine Anwendung. So können die Risiken großer Investitionen und Produktionen auf Investoren aus Japan, England, Deutschland und vielen anderen Ländern verteilt werden, wenn diese Anteile an amerikanischen Unternehmen erwerben. Ebenso wie eine Versicherungsgesellschaft das Risiko verringert, indem sie Häuser in verschiedenen Städten versichert, können wir als Investoren das Risiko unserer Portefeuilles verringern, indem wir Anteile an Gesellschaften aus verschiedenen Ländern erwerben. Kapitalvermögen oder im einzelnen riskante Investitionen lassen sich zwischen einer Vielzahl an Eigentümern aufteilen.

Die Kapitalmärkte sind so in der Lage, Risiko zu streuen und sehr viel höhere und riskantere Investitionen zu ermöglichen, als für den einzelnen Eigentümer akzeptabel wären.

MARKTVERSAGEN AUF GRUND UNVOLLKOMMENER INFORMATION

In unserer bisherigen Analyse sind wir davon ausgegangen, daß Investoren und Konsumenten über die Risiken, denen sie gegenüberstehen, bestens informiert sind und daß die Risikomärkte effektiv funktionieren. In vielen Fällen mag dies zutreffen, in manchen Bereichen treten jedoch auch Formen eines Marktversagens auf. Darunter sind vor allem das Risiko unehrlichen oder fahrlässigen Verhaltens (moral hazard) und die negative Auslese (adverse selection) zu nennen. Im Falle eines solchen Marktversagens können die Märkte falsche Signale aussenden, wirtschaftliche Anreize werden verzerrt, oder der entsprechende Markt existiert de facto nicht. In einer solchen Situation kann der Staat beschließen, zu intervenieren, indem er seinerseits eine Sozialversicherung anbietet.

Moral hazard und adverse selection: Das Risiko unehrlichen oder fahrlässigen Verhaltens und die Gefahr der negativen Auslese

Obwohl Versicherungen zweifellos eine nützliche Einrichtung zur Risikostreuung sind, läßt sich nicht leugnen, daß es nicht gegen alle Risiken des Lebens eine Versicherung gibt und daß manchmal Versicherungen zu teuer sind, als daß irgendjemand sie abschließen wollte. Der Grund für diese Unvollkommenheiten des Versicherungsmarktes besteht darin, daß ein solcher Markt nur unter ganz speziellen Voraussetzungen gedeihen kann.

Worin bestehen diese Voraussetzungen? Zunächst muß eine Vielzahl ähnlicher Ereignisse eintreten, denn nur dann sind Unternehmen in der Lage, bestimmte Umstände zusammenzufassen und die Risiken so zu streuen, daß aus einem für den einzelnen großen Risiko ein geringfügiges Risiko für viele wird. Ferner müssen diese Ereignisse voneinander relativ unabhängig sein. Keine umsichtige Versicherungsgesellschaft wird all ihre Feuerpolicen in ein und demselben Gebäude oder all ihre Erdbebenpolicen nur in San Francisco anbieten. Versicherungsgesellschaften sind bestrebt, unterschiedliche und voneinander unabhängige Risiken zu versichern. Zusätzlich müssen genügend empirische Daten über diese Ereignisse zur Verfügung stehen, die es den Versicherungsgesellschaften ermöglichen, die zu erwartenden Verluste zuverlässig zu schätzen. Und schließlich darf keine Gefahr eines unehrlichen oder fahrlässigen Verhaltens bestehen, so daß ein Versicherter nach Abschluß der Versicherung keinen Anreiz mehr hat, das Risiko zu minimieren oder zu vermeiden. Erst wenn all diese Voraussetzungen erfüllt sind – also wenn es viele, voneinander relativ unabhängige Risiken gibt, für die sich die Wahrscheinlichkeit ihres Eintreffens genau abschätzen läßt, und bei denen nicht die Gefahr eines Mißbrauchs durch Eigennutz besteht –, werden die privaten Versicherungsmärkte gedeihen können.

In gewissen Fällen spielt die Gefahr des unehrlichen oder fahrlässigen Verhaltens keine Rolle. So wird kaum jemand das Schicksal herausfordern, nur weil er eine hohe Lebensversicherung abgeschlossen hat – einerseits, weil ihm das Leben kostbar erscheint, und wohl auch deshalb, weil er die Versicherungssumme nicht mit ins Grab nehmen kann. In anderen Bereichen hingegen wird die Gefahr des unehrlichen oder fahrlässigen Verhaltens zum Problem. Studien belegen, daß sich Krankenversicherungen auf die Anzahl kosmetischer Operationen und die Inanspruchnahme einer Dauerpflege auswirken, wie sie von Pflegeheimen angeboten wird. Krankenversicherungspolicen schließen daher diese Leistungen zumeist aus. Würden Studenten versuchen, eine „Notendurchschnitts-Versicherung" abzuschließen, die sie für einen allfälligen Einkommensausfall auf Grund schlechter Noten entschädigen sollte, fänden sie wohl kaum eine Versicherungsgesellschaft, die zu einer solchen Versicherung bereit wäre, weil Noten zu sehr von der individuellen Leistung abhängen. Wir können also sagen, daß die Gefahr eines unehrlichen oder fahrlässigen Verhaltens im Falle der medizinischen Versorgung oder der Benotung von Studenten zu unvollkommenen Märkten bzw. zum Fehlen von Märkten führt, weil sich Angebot und Nachfrage bei Null oder auf einem äußerst niedrigen Niveau einpendeln würden.

Manchmal ist eine private Versicherung auch wegen des Problems der negativen Auslese nicht erhältlich oder mit hohen Prämien behaftet. Dieses Problem stellt sich dann ein, wenn vor allem Personen mit hohem Risiko eine bestimmte Versicherung abschließen. Nehmen wir an, die Bevölkerung würde sich zu gleichen Teilen aus gesunden und kranken Menschen zusammensetzen. Die Gesunden benötigen medizinische Versorgung im Wert von $ 2.000, die Kranken jedoch im Wert von $ 8.000 pro Jahr. Können beide Bevölkerungsgruppen versichert werden, betragen die Durchschnittskosten $ 5.000 pro Jahr.

Nehmen Sie an, „Blue Cross" hätte für alle Versicherten eine einheitliche Prämie festgesetzt, entweder weil die gesetzlichen Bestimmungen eine Diskriminierung von Versicherten ausschließen, oder aber weil keine gesicherten Informationen bezüglich der Zugehörigkeit zu Risikogruppen vorliegen. Der Versicherungsnehmer weiß, daß er krank ist, die Versicherungsgesellschaft weiß es nicht. Kranke werden sich sicherlich gern bei Blue Cross versichern, gesunde Familien hingegen werden sich in Anbetracht der Prämienhöhe eher dazu entschließen, das Risiko einer Nichtversicherung in Kauf zu nehmen, als ihren Konsum empfindlich einzuschränken. Der Versicherungsgesellschaft bleiben daher als Kunden nur die Kranken, und die Prämie muß auf $ 8.000 erhöht werden, damit die Kosten gedeckt sind. Aus eben diesen Gründen muß heute eine vierköpfige Familie in New York bei Blue Cross für eine Krankenversicherung tatsächlich mehr als $ 8.000 bezahlen.

Wir sehen hier, daß die einheitliche Behandlung einer Krankenversicherung auf freiwilliger Basis zu einer negativen Auslese führt. Dadurch steigen die Prämien, der Deckungsgrad sinkt und es entsteht ein unvollkommener Markt. Ein derartiges Marktversagen finden wir bei der Kfz-Versicherung, Unfallversicherung und Pflegeversicherung.

Sozialversicherung

Die Sozialversicherung ist eine vom Staat angebotene Pflichtversicherung, die bei drastischem Marktversagen durchaus ihre Berechtigung hat, wenn private Anbieter nicht für ein entsprechendes Angebot sorgen. Unter diesen Umständen kann der Staat mit einer allgemeinen und weitgefaßten Versicherung eingreifen. Die wirkungsvollen Steuer- und Regulierungsinstrumente des Staates sowie die Aussicht, durch die umfassende Dekkung der Gefahr der negativen Auslese zu entgehen, machen die staatliche Sozialversicherung zu einer sozialpolitisch durchaus sinnvollen Maßnahme.

Wir können heute beobachten, daß alle wohlhabenden Staaten über irgendeine Form einer Arbeitslosenversicherung verfügen. Hierbei haben wir es mit einem Beispiel für einen fehlenden privaten Markt zu tun. Die Versicherungsgesellschaften weigern sich wegen der großen Gefahr eines unehrlichen oder fahrlässigen Verhaltens (bei hohen Arbeitslosengeldern könnte sich manch einer freiwillig in die Arbeitslosigkeit begeben), eine Arbeitslosenversicherung anzubieten. Auch die ausgeprägte negative Auslese (von Arbeitslosigkeit besonders stark betroffene Gruppen würden das Angebot wohl verstärkt wahrnehmen) und das gehäufte Auftreten von Arbeitslosigkeit (die in Zeiten einer Rezession drastisch zunimmt) halten die auf dem Markt tätigen Versicherungsgesellschaften davon ab, eine Arbeitslosenversicherung anzubieten. In wohlhabenden Ländern herrscht jedoch heute die Überzeugung, daß die Menschen ein Netz sozialer Sicherheit benötigen, wenn sie ihren Arbeitsplatz verlieren, und daher werden Arbeitslosenversicherungen von seiten des Staates angeboten. Das Problem des unehrlichen und fahrlässigen Verhaltens kann auch der Staat nicht lösen, und viele Ökonomen machen die allzu großzügigen Arbeitslosenunterstützungen für die gegenwärtig hohe Arbeitslosigkeit in Europa verantwortlich. Dagegen können die Probleme des gehäuften Auftretens und der negativen Auslese durch die Sozialversicherung gemildert werden.

B. SPIELTHEORIE

„Strategisches Denken ist die Kunst, den Gegner zu übertreffen, wohl wissend, daß dieser dasselbe vorhat."

Avinash Dixit und Barry Nalbuff,
Thinking Strategically (1991)

Das Wirtschaftsleben ist voll von Situationen, in denen Menschen, Unternehmen oder Länder um eine Vormachtstellung kämpfen. So brechen in Oligopolen, die wir im letzten Kapitel behandelt haben, bisweilen richtiggehende Wirtschaftskriege aus. Ein solcher Konkurrenzkampf war beispielsweise im vorigen Jahrhundert zu beobachten, als Vanderbilt und Drew auf ihren jeweiligen Eisenbahnlinien die Frachtgebühren abwechselnd unterboten. In den letzten Jahren versuchte die Continental Airlines, Kunden durch Flugpreise von den größeren Konkurrenten abzuwerben, die weit unter dem marktüblichen Preis angeboten wurden. Bei ihrer Reaktion mußten die großen Fluglinien wie American oder United bedenken, wie Continental wohl auf ihre Reaktion reagieren würde, und so weiter. Eine solche Situation ist typisch für jenen Bereich der Ökonomie, der als Spieltheorie bezeichnet wird.

Die **Spieltheorie** beschäftigt sich mit der Art und Weise, wie zwei oder mehr Spieler oder Parteien ihre Handlungen und Strategien wählen, die auf alle Teilnehmer Auswirkungen haben. Diese Theorie mag mit ihrer aus Schach, Bridge und sogar aus Kriegen entlehnten Sprache etwas befremdlich klingen, ist aber voller relevanter Anwendungsmöglichkeiten. In groben Zügen entwickelt wurde sie von John von Neumann, einem aus Ungarn stammenden genialen Mathematiker. Wir werden im folgenden die wichtigsten Bestandteile der Spieltheorie und ihre bedeutendsten wirtschaftlichen Anwendungen grob umreißen.[2]

Beginnen wir am besten mit der Dynamik von Preiswettkämpfen. Stellen Sie sich vor, Sie wären der Chef von Berney's, einem New Yorker Einkaufszentrum, dessen Motto lautet: „Wir lassen uns preislich nicht unterbieten." Ihr schärfster Konkurrent, Max aus der Fifth Avenue, wirbt mit dem Slogan: „Wir sind um 10% billiger". Abbildung 11-4 zeigt die Dynamik, die sich aus dieser Vorgabe entwickelt. Die senkrechten blauen Pfeile stellen die Preissenkungen bei Max dar, die waagrechten blauen Pfeile zeigen Berney's strategische Reaktion, nämlich jede Preiskürzung mitzumachen.

Wenn wir die Struktur von Reaktion und Gegenreaktion nachzeichnen, erkennen wir, daß diese Form der Konkurrenz bei einem Preis von Null im beiderseitigen Ruin endet. Warum? Der einzige Preis, der beiden Stra-

Abbildung 11-4: Was geschieht, wenn zwei Unternehmen einander unbedingt unterbieten wollen?

Hier werden die einzelnen Schritte nachvollzogen, die durch eine dynamische Unterbietung die Preise für die Konkurrenten immer weiter senken.

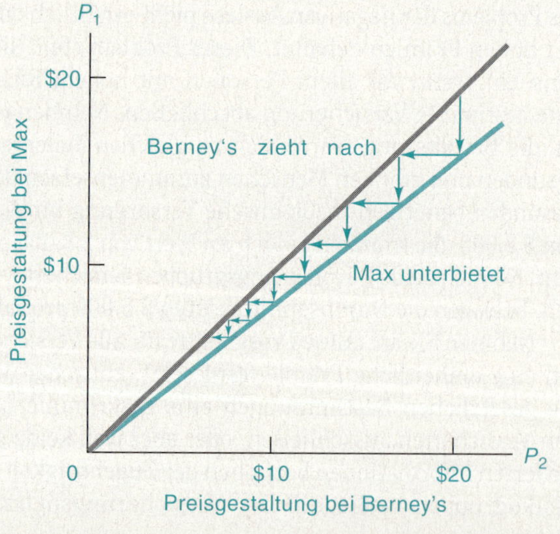

2 Eine kluge und gut lesbare Einführung in die Spieltheorie mit vielen Beispielen aus Wirtschaft und täglichem Leben findet sich in Avinash Dixit und Barry Nalbuff, *Thinking Strategically* (Norton, New York 1991)

tegien gerecht wird, ist Null: 90 Prozent von Null sind schließlich immer noch Null.

Sie bei Berney's werden schlußendlich erkennen, daß Max offenbar mit allen Preissenkungen unerbittlich nachzieht. Sie müßten also schon ziemlich kurzsichtig sein, zu glauben, daß Sie einen solchen Konkurrenten auf Dauer unterbieten können. Also werden Sie sich fragen, wie Max wohl auf Preis A reagieren würde, wie auf Preis B und so weiter. Sobald Sie sich darüber Gedanken machen, wie andere auf Ihre Vorgangsweise reagieren könnten, haben Sie auch schon das Reich der Spieltheorie betreten.

DIE GRUNDLAGEN

Wir wollen zu Beginn die Hauptelemente der Spieltheorie anhand eines **duopolistischen Preiskrieges** erarbeiten. In dieser Situation ist der Markt zwischen zwei Unternehmen aufgeteilt, die vor der Entscheidung stehen, ob sie einen ruinösen Preiskampf beginnen sollten. Der Einfachheit halber nehmen wir an, daß beide Unternehmen dieselbe Kosten- und Nachfragestruktur besitzen. Weiters können sich beide Unternehmen frei entscheiden, ob sie ihren bisherigen Preis beibehalten oder einen niedrigeren Preis, der unter ihren Grenzkosten liegt, wählen und so nach Möglichkeit den Konkurrenten aus dem Markt drängen sollten. Das Neue an diesem duopolistischen Spiel ist die Abhängigkeit der Unternehmensgewinne sowohl von der eigenen Strategie als auch von der Strategie des Konkurrenten.

Ein nützliches Hilfsmittel zur Darstellung der Interaktion zwischen zwei Unternehmen oder Menschen ist eine zweiseitige sogenannte Auszahlungsmatrix (Payoff table). Diese stellt eine Möglichkeit dar, die Strategien und Ergebnisse eines Spieles zwischen zwei Spielern aufzuzeigen. Abbildung 11-5 zeigt die Auszahlungsmatrix im duopolistischen Preisspiel unserer beiden Warenhäuser. Danach kann ein Unternehmen zwischen den in den Spalten bzw. Reihen aufgelisteten Möglichkeiten wählen. So hat Max die Wahl zwischen seinen zwei Spalten und Berney zwischen seinen zwei Reihen. In unserem Beispiel muß sich jedes Unternehmen für die Beibehaltung des bisherigen Preises oder für den Beginn eines Preiskrieges durch die Wahl eines niedrigeren Preises entscheiden.

Die Kombination der beiden Entscheidungen jedes der beiden Duopolisten führt zu vier möglichen Ergebnissen, die in den vier Feldern der Matrix dargestellt sind. Feld A, links oben, zeigt das Ergebnis für den Fall, daß beide Unternehmen den bisherigen Preis beibehalten; in D ist das Resultat für den Fall des Preiskrieges dargestellt; B und C zeigen schließlich, was geschieht, wenn ein Konkurrent den bisherigen Preis und der andere den Preiskrieg wählt.

Die Zahlen in den einzelnen Feldern zeigen die sogenannten **Auszahlungen oder Payoffs** der beiden Unternehmen, also den Gewinn, den jeder von ihnen beiden in jedem der vier möglichen Fälle erzielt. Die blauen Zahlen links unten zeigen die Auszahlungen an den Spieler links (Berney); die schwarzen Eintragungen rechts oben stehen für die Auszahlungen an den Spieler oben (Max). Da es sich um identische Unternehmen handelt, sind die Resultate gespiegelt.

Ein Preiskrieg

Preisgestaltung bei Berney's	Preisgestaltung bei Max: bisheriger Preis*	Preisgestaltung bei Max: Preiskrieg
bisheriger Preis*	A† — Max: $10; Berney's: $10	B — Max: –$100; Berney's: –$10
Preiskrieg	C — Max: –$10; Berney's: –$100	D — Max: –$50; Berney's: –$50

* dominante Strategie
† dominantes Gleichgewicht

Abbildung 11-5: Auszahlungsmatrix für einen Preiskrieg

Die Auszahlungsmatrix zeigt die mit verschiedenen Strategien assoziierten Auszahlungsfunktionen. Berney's hat die Wahl zwischen zwei Strategien, die als seine zwei Reihen dargestellt sind. Max kann zwischen seinen Strategien wählen, die in den beiden Spalten angegeben sind. Die Einträge in die jeweiligen Felder zeigen die Gewinne für die beiden Mitspieler. So spielt beispielsweise in Feld C Berney's „Preiskrieg" und Max spielt „bisheriger Preis". Das Ergebnis ist, daß Berney's einen Gewinn von – $ 100 (blau) und Max einen Gewinn von – $ 10 (schwarz) macht. Denkt man die besten Strategien für jeden Spieler durch, so erhält man das Dominanzgleichgewicht in Feld A.

Alternativstrategien

Nachdem wir nun die Grundstruktur eines Spieles kennengelernt haben, überlegen Sie sich doch einmal, wie Sie als Spieler in einem Duopol oder einem anderen Spiel agieren müßten. In der Volkswirtschaft gehen wir davon aus, daß Unternehmen ihre Gewinne und Konsumenten ihren Nutzen maximieren. Das neue Element in der Spieltheorie besagt, daß die Ziele und Handlungen der Konkurrenten in die Überlegungen mit einzubeziehen und die eigenen Entscheidungen auf Basis dieser Überlegungen zu treffen sind. Aber denken Sie stets daran, daß ihr Konkurrent Ihre Strategie ebenso analysiert. Anders ausgedrückt, wählen Sie Ihre Strategie so, daß Sie sich fragen, welche Lösung für Sie unter der Annahme, daß Ihr Konkurrent strategisch unter bestmöglicher Wahrung seiner eigenen Interessen handelt, die sinnvollste ist.

Und nun wenden wir diese Maxime auf unser duopolistisches Beispiel an. Zuerst sollten Sie beachten, daß unsere beiden Unternehmen den höchsten *gemeinsamen* Gewinn bei Ergebnis A erzielen. Beide verdienen $ 10, wenn sie die Preise belassen, wie sie sind. Das andere Extrem wäre ein Preiskrieg, in dem beide die Preise senken und starke Verluste hinnehmen müssen.

Dazwischen liegen zwei interessante Strategien, bei denen sich nur ein Unternehmen am Preiskrieg beteiligt. So verfolgt im Fall C Max eine konservative Preispolitik, während Berney's einen Preiskrieg anzettelt. Berney's kann zwar den Großteil des Marktes übernehmen, das Unternehmen verliert dabei aber sehr viel Geld, da es unter seinen Gestehungskosten verkauft. Max ist in dieser Situation eigentlich besser dran, wenn das Unternehmen seine bisherige Preispolitik beibehält und die Preiskürzungen nicht nachvollzieht.

Dominante Strategie. Von allen möglichen Strategien ist die sogenannte **dominante Strategie** der einfachste Fall. Der Begriff bezeichnet eine Situation, in der einer der Spieler eine in jedem Fall beste Strategie besitzt, *gleichgültig, wie sich der Konkurrent verhält*. Denken Sie doch einmal die Möglichkeiten von Berney's in unserem Rechenbeispiel durch. Sollte Max die alten Preise beibehalten, macht Berney's $ 10 Gewinn, wenn auch hier weiterhin die alten Preise gelten, und verliert $ 100, wenn das Unternehmen einen Preiskrieg beginnt. Andererseits verliert Berney's $ 10 bei Beibehaltung der alten Preise, sollte Max einen Preiskrieg anzetteln, und $ 50, wenn sich das Unternehmen auf den Preiskrieg einlassen sollte. Daher besteht die beste Strategie, unabhängig davon, welche Strategie das andere Unternehmen wählt, darin, den Preis auf dem bisherigen Niveau zu belassen. *Die Beibehaltung des bisherigen Preises ist für beide Unternehmen die dominante Strategie in unserem Preiskriegspiel.*

Verfügen beide (oder alle) Spieler über eine dominante Strategie, so bezeichnen wir das Ergebnis **als dominantes Gleichgewicht**. Das Ergebnis in Abbildung 11-5 stellt ein dominantes Gleichgewicht dar, weil hier beide Unternehmen ihre dominante Strategie spielen.

Nash-Gleichgewicht: In den meisten interessanten Situationen stellt sich jedoch kein dominantes Gleichgewicht ein, und wir müssen daher in unserer Überlegung fortfahren. Verwenden wir doch unser Duopolbeispiel, um

Das Konkurrenzspiel

Berney's \ Max	Erhöhter Preis	Bisheriger Preis*
Erhöhter Preis	A — Max: $200; Berney's: $100	B — Max: $150; Berney's: −$20
Bisheriger Preis*	C — Max: −$30; Berney's: $150	D* — Max: $10; Berney's: $10

* Nash-Gleichgewicht

Abbildung 11-6: Sollte es ein Duopolist mit dem Monopolpreis versuchen?

Im Konkurrenzspiel kann jedes Unternehmen $ 10 verdienen, indem es bei seiner bisherigen Preisgestaltung bleibt. Erhöhen beide die Preise auf Monopolniveau, werden ihrer beider Gewinne maximiert. Die Versuchung für jedes Unternehmen, den anderen zu „betrügen" und die eigenen Gewinne zu erhöhen, stellt sicher, daß das Nash-Gleichgewicht des bisherigen Preises aufrecht erhalten wird, sofern keine Kollusion vorliegt.

einen solchen Fall zu illustrieren. In diesem Beispiel, das wir als **Konkurrenzspiel** bezeichnen, überlegt jedes Unternehmen, ob es den bisherigen Preis beibehalten oder den Preis auf ein monopolistisches Niveau anheben und einen Monopolpreis ansetzen sollte.

Das Konkurrenzspiel ist in Abbildung 11-6 dargestellt. Die Unternehmen können bei ihrem bisherigen Preis im Gleichgewicht bleiben, das ja das Ergebnis des vorangegangenen Preiskriegspieles war. Sie können aber ebenso versuchen, den Preis zu erhöhen, um monopolistische Gewinne zu erzielen. Zunächst halten wir fest, daß die beiden Unternehmen den höchsten gemeinsamen Profit gemäß Feld A erzielen, wo sie insgesamt \$ 300 Gewinn erzielen, indem sie beide der Hochpreisstrategie folgen. In Fall A verhalten sich die Unternehmen mit ihren überhöhten Preisen wie Monopolisten. Der andere Extremfall ist der bisherige Preis, mit dem jedes Unternehmen mittels seiner Wettbewerbsstrategie \$ 10 Gewinn erzielt.

Dazwischen liegen zwei interessante mögliche Strategien, wenn ein Unternehmen weiterhin den bisherigen Preis und das andere einen hohen Preis wählt. So verfolgt etwa in Feld C Max eine Hochpreisstrategie, die jedoch von Berney's unterboten wird. Berney's übernimmt den größeren Marktanteil und erzielt unter allen möglichen Situationen den höchsten Gewinn, während Max Geld verliert. In Feld B setzt Berney's auf hohe Preise, aber die weiterhin niedrigen Preise von Max machen diese Strategie für Berney's zu einem Verlustgeschäft.

In diesem Beispiel des Konkurrenzspieles verfügt Berney's über eine dominante Strategie. Das Unternehmen profitiert durch die Entscheidung für die Beibehaltung des niedrigen Preisniveaus auf jeden Fall, gleichgültig, wie sich Max verhält. Max verfügt jedoch über keine dominante Strategie, weil Max auf die bisherigen Preise setzt, wenn Berney's ebenfalls beim alten Preisniveau bleibt, und eine Hochpreispolitik betreibt, wenn Berney's hoch spielt.

Max steht also vor einem interessanten Dilemma. Soll das Unternehmen hoch spielen und hoffen, daß Berney's ihm folgt? Oder auf Sicherheit setzen und beim alten Preisniveau verharren? Bei Betrachtung der Auszahlungsmatrix wird klar, daß sich Max für den bisherigen Preis entscheiden sollte, und zwar aus einem einfachen Grund. Versetzen Sie sich doch einmal in Berney's Lage. Sie erkennen sofort, daß Berney's bei den alten Preisen bleiben muß, gleichgültig, was Max tut, weil das Berney's dominante Strategie ist. Max muß seine bestmögliche Strategie daher unter der Annahme finden, daß Berney's seine dominante Strategie wählt. Folgerichtig wird Max auf die konservative Preispolitik setzen. Dies weist uns wieder auf die grundlegende Spielregel hin, wonach man seine Strategien auf der Annahme aufbauen sollte, daß der Gegner in jedem Fall im eigenen Interesse handeln wird.

Die Lösung, die wir gerade entdeckt haben, hat in der Praxis weitreichende Gültigkeit und wird als **Nash-Gleichgewicht** (nach dem Mathematiker John Nash) bezeichnet. *Ein Nash-Gleichgewicht tritt ein, wenn kein Spieler bei einer gegebenen Strategie der anderen Spieler seine Auszahlungsfunktion verbessern kann.* Das heißt, daß sich bei einer gegebenen Strategie von Spieler A Spieler B nicht mehr verbessern kann und umgekehrt. Jede Strategie ist die jeweils beste Reaktion auf die Strategie des anderen Spielers.[3]

Das Nash-Gleichgewicht wird manchmal auch als **nichtkooperatives Gleichgewicht** bezeichnet, da jede Partei die eigene Strategie ohne Absprache oder Kooperation mit den anderen wählt. Die eigene Strategie wird allein unter dem Gesichtspunkt der Eigeninteressen und ohne Rücksicht auf das Gemeinwohl oder eine andere Partei gewählt.

Wir können nachweisen, daß die mit Sternchen markierten Strategien in Abbildung 11-6 ein Nash-Gleichgewicht darstellen. Weder Max noch Berney's können also ihre Auszahlungsfunktion durch das Gleichgewicht (bisherige Preise – bisherige Preise) noch verbessern. Sobald Berney's zu seinem Hochpreisgleichgewicht wechselt, steigen die Unternehmensgewinne von \$ 10 auf \$ 30. (Weisen Sie nach, daß das dominante Gleichgewicht in Abbildung 11-5 ebenfalls ein Nash-Gleichgewicht darstellt.)

WICHTIGE BEISPIELE AUS DER SPIELTHEORIE

Kollusion oder nicht – das ist die Frage

Abbildung 11-6 weist uns auf einen wichtigen Umstand hin: Das Nash-Gleichgewicht in Feld D bringt den Duopolisten insgesamt weniger Gewinn als jede andere Lösung. Das beste gemeinsame Ergebnis wäre A, wenn beide Duopolisten auf den hohen Preis setzen und einen Gesamtgewinn von \$ 300 erzielen würden. Das schlechteste Ergebnis wäre das Nash-Gleichgewicht mit einem Gesamtgewinn von \$ 20.

---

3 Nehmen wir an, Unternehmer A wählt Strategie P_A und Unternehmer B Strategie P_B. Das Strategiepaar (P_A*, P_B*) stellt ein Nash-Gleichgewicht dar, wenn kein Spieler eine bessere Strategie finden kann, sofern der andere Spieler bei seiner Strategie bleibt. Das heißt, solange A bei P_A* bleibt, kann B sich nicht besser stellen als mit P_{B*} und umgekehrt.

Wie kann ein Nash-Gleichgewicht überhaupt vernünftig sein, wenn beide Oligopolisten damit weniger verdienen als mit jeder anderen Entscheidungskombination? Erinnern wir uns an Adam Smiths Maxime: „Menschen desselben Gewerbes treffen selten zusammen ... und doch münden die Gespräche immer ... in irgendeine Idee, wie man die Preise erhöhen könnte." Warum sprechen sich diese Leute nicht einfach ab und erhöhen die Preise auf Monopolniveau?

Duopolisten können sich durchaus absprechen, was heißt, daß sie sich kooperativ verhalten. Ein **kooperatives Gleichgewicht** bildet sich, wenn die Parteien gemeinsam nach Strategien suchen, die ihre gemeinsame Auszahlungsfunktion verbessern. Sie können sich für eine Form des Kartells entscheiden, einen überhöhten Preis festsetzen und den Gewinn untereinander aufteilen. Selbstverständlich sind die Duopolisten somit auf Kosten der Konsumenten begünstigt. Im Konkurrenzspiel finden wir das kooperative Gleichgewicht in Feld A, wo der gemeinsame Gewinn maximiert wird.

Welche Hindernisse bestehen nun eigentlich auf dem Weg zu einer kooperativen, monopolistischen Lösung? Nun, Kartelle und Absprachen, die den Wettbewerb beschränken, sind einmal in den meisten Marktwirtschaften illegal. Aber es gibt ein noch bedeutenderes Hindernis für unabhängige Unternehmen, nämlich die Versuchung, im Kartell zu schummeln oder einfach auszuscheren. Nehmen wir an, die Preisbildung wäre gemäß Feld A (hoch – hoch) in Abbildung 11-6 erfolgt. Sollte sich Berney's nun insgeheim entschließen, einen kleinen Teil seines Outputs zu einem niedrigeren Preis zu verkaufen, und gelänge das auch ohne Wissen von Max, so könnte das Unternehmen auf diese Weise sogar noch mehr als im kooperativen Gleichgewicht verdienen, nämlich $ 150 in C anstatt $ 100 in A.

Aber irgendwann käme Max dahinter, daß die Unternehmensgewinne schwinden. Max würde dann wohl seine Strategie überdenken, zu dem Schluß gelangen, daß der Zusammenhalt im Kartell nicht mehr besteht und seine Preise wieder auf das alte Niveau senken. Ist das kooperative Gleichgewicht nicht durchsetzbar, bewegen sich die Unternehmen rasch zum nichtkooperativen oder Nash-Gleichgewicht gemäß Resultat D.

Wir können diese Überlegungen auch im Hinblick auf einen vollkommenen Markt anstellen. *Ein vollkommenes Wettbewerbsgleichgewicht ist ein Nash- oder nichtkooperatives Gleichgewicht, was bedeutet, daß jedes Unternehmen und jeder Konsument bei seinen Entscheidungen die Preise aller anderen Mitspieler als gegeben annimmt.* In diesem Gleichgewicht maximiert jedes Unternehmen seine Gewinne und jeder Konsument seinen Nutzen, was zu einem Nullgewinn führt, bei dem die Preise den Grenzkosten entsprechen.

Erinnern wir uns an Adam Smiths Lehre von der unsichtbaren Hand: „Durch die Verfolgung seiner (individuellen) Eigeninteressen fördert der Mensch die Interessen der Gesellschaft oftmals besser, als hätte er dies beabsichtigt." Das Paradoxon der unsichtbaren Hand besteht gerade darin, daß – obwohl sich jeder einzelne nicht kooperativ verhält – das wirtschaftliche Ergebnis sozial effizient ist. Außerdem ist das Wettbewerbsgleichgewicht ein Nash-Gleichgewicht in dem Sinn, daß sich ein einzelner durch Veränderung seiner Strategien niemals besser stellen kann, wenn alle anderen an ihrer Strategie festhalten.

Das Verschmutzungsspiel

		U.S. Steel: Geringe Verschmutzung	U.S. Steel: Starke Verschmutzung*
Oxy Steel	Geringe Verschmutzung	A: $100 / $100	B: $120 / −$30
	Starke Verschmutzung*	C: −$30 / $120	D*: $100 / $100

* Nash-Gleichgewicht

Abbildung 11-7: Nichtkooperatives Verhalten führt zu mehr Umweltverschmutzung

Im tödlichen Verschmutzungsspiel emittiert jedes nicht regulierte gewinnmaximierende Stahlunternehmen Schadstoffe in Flüsse und Luft. Versucht ein einzelnes Unternehmen, Umweltschutzmaßnahmen im eigenen Bereich einzuführen, steigen die Preise dieses Unternehmens, es verliert an Marktanteil und leidet unter den rückläufigen Gewinnen. Das nichtkooperative Nash-Gleichgewicht in D führt zur verschmutzungsintensiven Lösung rechts unten. Der Staat kann dies verhindern, indem er das kooperative Gleichgewicht in A erzwingt, wo die Gewinne ebenso hoch sind und die Umwelt sauberer gehalten werden kann.

In einer vollkommenen Wettbewerbswirtschaft führt nichtkooperatives Verhalten zu einem sozial wünschenswerten Zustand wirtschaftlicher Effizienz.

Dagegen wäre die wirtschaftliche Effizienz beeinträchtigt, sollten einige Parteien (wie unsere zwei Duopolisten) *kooperieren* und eine Preiserhöhung auf Monopolniveau wie in Feld A beschließen. Das erklärt auch, warum Staaten kartellrechtliche Bestimmungen erlassen wollen, die harte Strafen für Preisabsprachen oder Marktaufteilungen vorsehen.

Das Umweltverschmutzungsspiel

Die Spieltheorie kann uns auch die Notwendigkeit einer Kooperation im Wirtschaftsleben vor Augen führen. In unserem Beispiel einer Preisunterbietung in Abbildung 11-6 haben wir besprochen, daß der Wettbewerb zwischen den Unternehmen zu einem Niedrigpreisergebnis führt. Darüber hinaus haben wir gesehen, wie ein wunderähnlicher Umstand des Wirtschaftslebens, Adam Smiths unsichtbare Hand, unter vollkommenen Marktbedingungen allein aus dem Nutzen- oder Gewinnstreben des einzelnen heraus eine effiziente Ressourcenallokation bewirkt.

In vielen Bereichen führt nichtkooperatives Verhalten jedoch zu wirtschaftlicher Ineffizienz und sozialem Elend. Ein bemerkenswertes Beispiel dafür stellt etwa der Rüstungswettlauf dar, bei dem das nichtkooperative Verhalten der USA und der Sowjetunion zu massiven Rüstungsausgaben und einem Arsenal von beinahe 100.000 nuklearen Sprengköpfen, von denen heute noch viele in der ehemaligen Sowjetunion gelagert sind, geführt hat. Einige Leute befürchten, daß der problemlose Zugang zu Schußwaffen in den USA einen privaten Rüstungswettlauf auslösen könnte, weil sich die Menschen bewaffnen, um sich vor der Bedrohung durch die Waffen anderer zu schützen. Solche dynamischen Abläufe entstehen durch die durchaus sichtbare Hand des zerstörerischen Wettbewerbs und haben nichts mit Adam Smiths unsichtbarer Hand zu tun.

Ein weiteres wichtiges Beispiel für ein unerwünschtes Ergebnis ist das **Umweltverschmutzungsspiel**, das in Abbildung 11-7 dargestellt ist. Stellen Sie sich eine Wirtschaft mit Externalitäten wie einer massiven Umweltverschmutzung vor. In dieser Welt der staatlich nicht regulierten Unternehmen würde es jedes gewinnmaximierende Unternehmen vorziehen, die Umwelt zu verpesten, anstatt teure Umweltschutzinvestitionen zu tätigen. Unternehmen, die in einer solchen Welt altruistisch agieren und ihren Abfall entsorgen wollten, hätten mit höheren Produktionskosten, daher auch mit höheren Preisen und in der Folge mit weniger Kunden zu rechnen. Wären die Kosten sehr hoch, würde ein solches Unternehmen sogar in Konkurs gehen. Der Druck des darwinistisch harten Wettbewerbs zwingt alle Unternehmen dazu, im Nash-Gleichgewicht von Feld D in Abbildung 11-7 zu verharren; hier kann kein Unternehmen seine Gewinne durch die Vermeidung von Umweltverschmutzung steigern.

Das Umweltverschmutzungsspiel führt uns beispielhaft eine Situation vor Augen, in der der Mechanismus der unsichtbaren Hand zur Herstellung eines effizienten vollkommenen Wettbewerbes zusammenbricht. *Wir haben es hier mit einer Situation zu tun, in der sich das Nash-Gleichgewicht als ineffizient erweist.* Wenn die Märkte oder dezentrale Gleichgewichtssituationen gefährlich ineffizient werden, ist der Staat zum Eingreifen aufgerufen. Durch effiziente Regulierungen oder Emissionsabgaben kann er die Unternehmen dazu anhalten, zum Ergebnis A (also zum Zustand geringe Verschmutzung/geringe Verschmutzung) zu wechseln. In diesem Gleichgewicht machen die Unternehmer dieselben Gewinne wie in der Situation mit hoher Umweltverschmutzung, aber zugleich wird unsere Erde wieder ein gesünderer Platz zum Leben.

Das geld- und fiskalpolitische Spiel

Ein Beispiel aus der Makroökonomie zeigt, wie nützlich sich die Spieltheorie auch zum besseren Verständnis der US-Wirtschaftspolitik erweist. Wirtschaftswissenschaftler und Politiker haben darauf hingewiesen, daß sich Geld- und Fiskalpolitik in unerwünschter Weise gegensätzlich verhalten: Die Fiskaldefizite sind zu hoch und senken die gesamtwirtschaftliche Sparquote, während die Geldpolitik Zinssätze in investitionshemmender Höhe bewirkt. Dieses geld- und fiskalpolitische Phänomen war in den USA über ein Jahrzehnt lang das hervorstechende Charakteristikum der wirtschaftspolitischen Landschaft. Aber wie läßt sich erklären, daß die USA in einer Politik verhaftet blieben, die eigentlich niemand will?

Wir können zur Erklärung dieses Phänomens die Spieltheorie zur Hilfe nehmen. In modernen Volkswirtschaften ist es heute üblich, geld- und fiskalpolitische Funktionen zu trennen. Die US-Zentralbank, die sogenannte Federal Reserve Bank, bestimmt die Geldpolitik – also den Zinssatz –, kann dabei aber unabhängig von allen anderen Behörden vorgehen. Die Fiskalpolitik – d.h. Steuern und Staatsausgaben – wird durch Legislative und Exekutive bestimmt. Die Verantwortlichen der Geld- und Fiskalpolitik verfolgen zudem unterschiedliche Ziele. Die Zentralbank steht für strenge Budgetdisziplin und eine niedrige

Das geld-fiskalpolitische Spiel

Geldpolitik	Fiskalpolitik: hohe Defizite*	Fiskalpolitik: geringe Defizite†
niedrige Zinssätze	A Sehr niedrige Arbeitslosigkeit Sehr hohe Inflation Mäßig hohe Investitionen	B† Mäßig hohe Arbeitslosigkeit Mäßig hohe Inflation Hohe Investitionen
hohe Zinssätze*	C Mäßig hohe Arbeitslosigkeit Mäßig hohe Inflation Geringe Investitionen	D Hohe Arbeitslosigkeit Geringe Inflation Mäßig hohe Investitionen

*Nash-Gleichgewicht
†Kooperatives Gleichgewicht

Abbildung 11-8: Mangelnde Koordination bewirkt einen Mangel an Investitionen

Im geld-fiskalpolitischen Spiel würde die kooperative Strategie in B eine geringfügige Inflation und Arbeitslosigkeit bei hohen Investitionen zur Ankurbelung des Wirtschaftswachstums anstreben. Aber der Wunsch, die Arbeitslosigkeit zu senken und Sozialprogramme zu fördern, veranlaßt die fiskalpolitischen Entscheidungsträger, das Fiskaldefizit zu erhöhen, während die Zentralbank durch ihre Inflationsaversion dazu veranlaßt wird, die Zinssätze anzuheben. Das nichtkooperative Gleichgewicht in C ergibt die von allen Möglichkeiten geringste Investitionstätigkeit.

Inflationsrate. Wie Arthur Burns, Konjunkturspezialist und früherer Vorsitzender der Federal Reserve, schreibt: „Durch ihre Ausbildung, vielleicht auch durch ihr Temperament, neigen Zentralbanker dazu, der Preisstabilität allergrößten Wert beizumessen, und ihre Abscheu gegen inflationäre Entwicklungen wird zusätzlich durch den ständigen engen Kontakt untereinander und mit gleichgesinnten Vertretern der privatwirtschaftlichen Finanzkreise bestärkt." Die Sorge der fiskalpolitisch Verantwortlichen hingegen gilt eher der Vollbeschäftigung, der eigenen Popularität, möglichst niedrigen Steuern, der Beibehaltung von Ausgabenprogrammen und ihrer Wiederwahl.

Abbildung 11-8 zeigt das Ergebnis dieser gegensätzlichen Ziele. Fiskalpolitiker streben die geringstmögliche Arbeitslosenrate, steigende Staatsausgaben und niedrige Steuern an, kümmern sich jedoch nur wenig um Inflation oder Investitionsverhalten. Ihre Entscheidung lautet: „hohes Defizit". Die Zentralbank möchte die Inflationsrate auf ein Minimum senken, sie agiert abgekoppelt vom politischen Druck der Gewerkschaften und Lobbyisten und ihre Entscheidung lautet: „hohe Zinsen". *Die Folge ist das nichtkooperative Gleichgewicht in C mit einer moderaten Inflation und Arbeitslosenrate, aber auch den geringsten Investitionen unter allen möglichen Ergebnissen.*

Vielleicht war es dieses geld- und fiskalpolitische Spiel, das Präsident Clinton vor Augen hatte, als er die versteinerten Strukturen anprangerte und seinen Wirtschaftsplan zur Senkung der Defizite und Zinsen sowie zur Ankurbelung der Investitionen vorstellte.[4]

Spiele, Spiele, überall

Die Erkenntnisse der Spieltheorie finden wir heute überall, quer durch die Wirtschaftswissenschaften, die Sozialwissenschaften, das Geschäftsleben und den Alltag. So kann beispielsweise in der Volkswirtschaftslehre die Spieltheorie Handelskriege ebenso gut erklären wie Preiskriege (einige erläuternde Beispiele finden Sie unter der

4 Eine kundige Analyse dieses Spiels von Präsident Clintons makroökonomischem Berater Alan Blinder von der Princeton University finden Sie in „Issues in the Coordination of Monetary and Fiscal Policy" in Federal Reserve Bank of Kansas City, *Monetary Policy Issues in the 1980s* (Federal Reserve Bank, Kansas City), S. 3-34.

Rubrik Fragen und Beispiele am Ende dieses Kapitels). Auch meinen einige Beobachter, das Phänomen der „zähen" Preise hätte seine Wurzeln in der Spieltheorie. Danach haben die Unternehmen eine Art stillschweigender Übereinkunft über das vorherrschende Preisniveau erreicht (etwa in der Automobil- oder Stahlindustrie). Sobald diese stillschweigende Übereinkunft zur Wirkung kommt, sind die Unternehmen nicht mehr bereit, ihre Preise zu ändern, weil die Konkurrenz dies als Kriegserklärung auffassen könnte.

Die Spieltheorie bietet auch Erklärungen dafür, warum der Wettbewerb aus dem Ausland zu einem schärferen Preiskampf führt. Was geschieht denn eigentlich, wenn japanische Unternehmen auf einen US-Markt drängen, auf dem eine stillschweigende Absprache der Unternehmen über die Preisstrategie zu hohen oligopolistischen Preisen geführt hat? Nun, die ausländischen Unternehmen können sich einfach weigern mitzuspielen. Sie haben diese Spielregeln nicht mitgestaltet, also können sie die Preise nach Belieben senken und einen größeren Marktanteil erlangen. Die gesamte Kollusion bricht zusammen.

Wenn einzelne Teilnehmer versuchen, das Spiel zu verändern, indem sie hart agieren oder die Auszahlungsfunktionen ändern, gelangen wir auf eine völlig neue Ebene der Komplexität. Ein Unternehmen kann die Auszahlungsmodalitäten für einen potentiellen Neueinsteiger verändern, indem es größere Kapazitäten aufbaut, als benötigt werden. Damit sollen die etablierten Unternehmen auf sehr niedrige Preise „eingeschworen" werden, die es für den potentiellen Neueinsteiger nicht mehr gewinnträchtig erscheinen lassen, auf diesen Markt zu drängen. Das abschreckendste Beispiel dieser Art von Spielen stellt übrigens die gegenseitige nukleare Bedrohung der Supermächte dar. In diesem Spiel droht die eine Supermacht der anderen mit gegenseitiger nuklearer Vernichtung, sollte diese einen – wenn auch weniger drastischen – Schritt der Aggression setzen.

Anhand dieser wenigen Beispiele haben wir uns einen ersten Einblick in die vielfältigen Anwendungsmöglichkeiten der Spieltheorie verschafft. Sie hat sich für Ökonomen und andere Sozialwissenschafter als äußerst nützlich zur Analyse von Situationen erwiesen, in denen wenige gut informierter Mitspieler agieren, die sich wechselseitig auf Märkten, in der Politik oder in militärischer Strategie zu überlisten versuchen.

ZUSAMMENFASSUNG

A. Die ökonomische Theorie des Risikos und der Unsicherheit

1. Das Wirtschaftsleben ist voll von Unwägbarkeiten. Konsumenten stehen sowohl unsicheren Einkommens- und Beschäftigungsverhältnissen als auch der Gefahr katastrophaler Verluste gegenüber; Unternehmer müssen mit unsicheren Kosten und unsicheren Preis- und Produktionsentwicklungen im Zusammenhang mit ihren Erträgen rechnen.
2. Auf gut funktionierenden Märkten helfen die Mechanismen der Arbitrage, der Spekulation und des Versicherungswesens, unvermeidliche Risiken abzufangen. Spekulanten sind Menschen, die Waren kaufen und verkaufen, um durch die Ausnutzung der unterschiedlichen Preise auf verschiedenen Märkten Gewinne zu erzielen. Sie bewegen Güter räumlich von Niedrigpreis- zu Hochpreismärkten, zeitlich von Perioden des Überschusses zu Mangelzeiten und über unsichere natürliche Zustände in Perioden mit guten Ertragschancen.
3. Die gewinnorientierten Handlungen der Spekulanten und Arbitrageure schaffen über Raum und Zeit hinweg eine gewisse Gleichgewichtsstruktur der Preise. Diese Art des Marktgleichgewichtes ist letztlich durch einen Gewinn von Null gekennzeichnet, weil die Grenzkosten dem Grenznutzen in den unterschiedlichen Regionen, Zeiten und unsicheren Umweltzuständen entsprechen. In dem Ausmaß, in dem Spekulanten Preis- und Konsumschwankungen ausgleichen, sind sie Bestandteil des Mechanismus der unsichtbaren Hand, der die sozial wünschenswerte Funktion einer Umverteilung von Gütern weg von den fetten (Niedrigpreisperioden) und hin zu den mageren Zeiten (Hochpreisperioden) übernimmt.
4. Spekulationsmärkte erlauben es dem einzelnen, sich gegen unerwünschte Risiken abzusichern. Das volkswirtschaftliche Prinzip der Risikoaversion, das sich aus dem sinkenden Grenznutzen ableiten läßt, impliziert, daß Individuen keine riskanten Situationen mit einem Erwartungswert von Null akzeptieren. Die Risikoaversion bewegt die Haushalte und Unternehmen zum Abschluß von Versicherungen, um verheerende Nutzeneinbußen durch Feuer, Tod oder andere Schadensfälle zu verringern.
5. Versicherungen und Risikostreuungen stabilisieren die Konsummuster unter verschiedenen Umständen. Die Versicherungen übernehmen hohe individuelle Risiken und streuen diese so breit, daß sie für eine große Anzahl von Menschen akzeptabel werden. Versicherungen sind nützlich, weil sie das Konsumniveau über diverse unsichere

natürliche Zustände hinweg auszugleichen in der Lage sind und so das erwartete Nutzenniveau erhöhen.

6. Damit der Versicherungsmarkt optimal funktionieren kann, müssen ganz spezielle Bedingungen erfüllt sein: Es muß eine große Anzahl voneinander möglichst unabhängiger Risikoumstände vorliegen, wobei die Wahrscheinlichkeit eines unehrlichen oder fahrlässigen Verhaltens der Versicherten sowie auch die Gefahr einer negativen Auslese möglichst gering sein müssen. Wenn es tatsächlich zu einem Marktversagen kommt, kann dies zu Preisverzerrungen oder zum Fehlen eines entsprechenden Marktes führen. Versagt der private Versicherungsmarkt, so sollte der Staat einspringen und beispielsweise eine Sozialversicherung anbieten. Heute finden wir sogar in hochentwickelten Marktwirtschaften mit starker Laissez-faire-Komponente staatliche Versicherungen gegen Arbeitslosigkeit oder Armut im Alter.

B. Spieltheorie

7. Im Wirtschaftsleben treten immer wieder Situationen auf, in denen sich Unternehmen, Haushalte, Regierungen oder andere „Spieler" strategisch verhalten. Die Spieltheorie analysiert die Art und Weise, in der zwei oder mehr Parteien, die in einem gemeinsamen Bereich, etwa auf dem Markt, agieren, ihre Handlungen und Strategien wählen, die dann Auswirkungen auf alle Beteiligten haben.
8. Zur Grundstruktur eines Spieles gehören die Spieler, denen verschiedene Vorgangsweisen und Strategien offenstehen, und die sogenannten Auszahlungsfunktionen, also die erzielbaren Gewinne oder andere Belohnungen, die die Spieler beim jeweiligen Spielausgang erhalten.
9. Die Spieler haben bei der Wahl ihrer Strategie sowohl die eigenen Ziele als auch jene des Gegners zu berücksichtigen und sie dürfen nicht vergessen, daß die Gegner ebenso handeln werden. Sollten Sie an einem wirtschaftlichen oder anderen Spiel teilnehmen, gehen Sie immer davon aus, daß ihr Konkurrent alle seine Möglichkeiten ausschöpfen wird. Wählen Sie Ihre Strategie so, daß Sie damit ihren eigenen Vorteil maximieren. Bedenken Sie jedoch, Ihr Gegner wird natürlich ebenso alle Ihre möglichen Spielzüge analysieren.
10. Bisweilen gibt es eine dominante Strategie, die, gleichgültig, was die Mitspieler tun, die bestmögliche ist. Häufiger jedoch stellt sich ein Nash-Gleichgewicht (nichtkooperatives Gleichgewicht) ein. Ein Nash-Gleichgewicht bezeichnet einen Gleichgewichtszustand, in dem kein Spieler bei gegebener Strategie der anderen besser aussteigen kann. Manchmal gelingt es den Parteien auch, sich abzusprechen oder zu kooperieren, was zu einem kooperativen Gleichgewicht führt.
11. Ein Nash-Gleichgewicht führt auf perfekten Wettbewerbsmärkten ohne Externalitäten zu günstigen Resultaten, wo gemäß dem Gesetz der unsichtbaren Hand Unternehmen ohne Kollusion zu Preisen produzieren, die ihren Grenzkosten entsprechen, was zu einem effizienten allgemeinen Gleichgewicht führt. Nichtkooperatives Verhalten kann allerdings auch zu sozial unerwünschten Resultaten führen, etwa wenn Konkurrenten die Umwelt verschmutzen oder einen Rüstungswettlauf beginnen. In diesem Fall muß soziale Kooperation an die Stelle des privaten Wettbewerbs treten.

BEGRIFFE ZUR WIEDERHOLUNG

Risiko und Unsicherheit

räumlicher Preisausgleich
ideale saisonale Preisstruktur
Spekulation, Arbitrage, Hedging
Risikoaversion und abnehmender Grenznutzen
stabiles und instabiles Konsumniveau
Versicherung und Risikostreuung
Marktversagen bei unzureichender Information, unehrlichem oder fahrlässigem Verhalten, negativer Auslese und auf unvollkommenen Märkten
Sozialversicherung

Spieltheorie

Spieler, Strategien, Payoffs
Auszahlungsmatrix, Auszahlungsfunktion
dominante Strategie und Gleichgewicht
Nash-Gleichgewicht
kooperatives und nichtkooperatives Gleichgewicht
effizientes vs. ineffizientes Nash-Gleichgewicht

FRAGEN UND BEISPIELE

1. Wie kann eine ideale Spekulation saisonale Preise ausgleichen?
2. Frühe Sozialreformer waren der Ansicht, alle Menschen hätten im wesentlichen dieselben Nutzenfunktionen. Erklären Sie unter der Annahme, daß die einzelnen Teile in Abbildung 11-2 unterschiedliche Individuen vor und nach einer Einkommensumverteilung darstellen, wie der Ausgleich der Einkommen zu einer Maximierung des Gesamtnutzens führt.
3. Zählen Sie die wesentlichen Unterschiede zwischen privaten Versicherungen und staatlichen Sozialversicherungen auf.
4. Im frühen 19. Jahrhundert wurde nur ein kleiner Teil der landwirtschaftlichen Produktion über Märkte verkauft. Zudem waren damals die Transportkosten sehr hoch. Welche Variationshöhe der Preise zwischen den Regionen und Saisonen würden sie in dieser Situation erwarten?
5. Nehmen Sie an, ein Unternehmen tätigt eine riskante Investition (z.B. die Einführung eines neuen Supercomputers um $ 100 Millionen). Können Sie erklären, warum die breit gefächerte Eigentumsstruktur eines solchen Unternehmens eine nahezu perfekte Risikostreuung der Computerinvestition ermöglicht?
6. In den späten achtziger Jahren haben Händler, die durch die illegale Nutzung von Insiderinformationen reich wurden, dem Ruf von Spekulation und Arbitrage sehr geschadet. Stellen Sie sich vor, Spekulation und Arbitrage würden verboten (wie es bis vor kurzem in Rußland der Fall war). Erklären Sie, welcher wirtschaftliche Schaden aus einer solchen Maßnahme entstehen könnte.
7. Supermacht A strebt eine Überlegenheit über Supermacht R an; R will Gleichheit mit A. Im Jahr t stationiert A um 10 Prozent mehr Raketen, als R im Jahr t-1 hatte; im nächsten Jahr zieht R mit seinen Raketen wieder nach. Zeigen Sie, warum eine solche Strategie zu einem Rüstungswettlauf führt. Benutzen Sie dazu einen ähnlichen Ansatz wie in Abbildung 11-4. Welche Funktion hat ein Rüstungskontrollabkommen, das beide Seiten auf 1.000 Raketen beschränkt? Stellen Sie graphisch dar, wie ein solches Abkommen die Situation verändert.
8. „In einer Welt ohne Spillovers oder Externalitäten schaden Kollusionen dem öffentlichen Interesse. In einer Welt voll von Umweltverschmutzung, Kriminalität und Seuchen sind sie jedoch notwendig.“ Interpretieren Sie diese Aussage unter Verwendung Ihrer Kenntnis der Spieltheorie.
9. Betrachten Sie das Dilemma der Aufrechterhaltung des Freihandels anhand der Auszahlungsmatrix in Abbildung 11-9, die das Volkseinkommen (in Milliarden) für zwei Staaten als eine Funktion der Außenhandelspolitik angibt. Jedes Land kann entweder eine Politik des Freihandels ohne Zölle und Einfuhrquoten oder eine protektionistische Politik mit strikten Importquoten für Güter und Dienstleistungen wählen. Die Auszahlungsfunktionen entsprechen den Volkseinkommen in beiden Ländern.
   a. Reihen Sie die vier Ergebnisse und berechnen Sie das Einkommen jeder Region sowie das Welteinkommen.

Abbildung 11-9: Staaten gewinnen durch Außenhandel und verlieren durch Handelskriege

Japan und die USA können sich auf das kooperative Gleichgewicht in A einigen, wobei sie alle Zölle und Einfuhrquoten abbauen und die Vorteile des Freihandels genießen. Jedes der beiden Länder wäre jedoch auch versucht „zu betrügen“, indem es Handelsrestriktionen auf Importe verhängt, die Einkommen im Inland erhöht und das gesamte Welteinkommen mindert, indem es zu einer Bewegung nach B oder C kommt. Vergeltungsmaßnahmen würden zum schlechtesten aller möglichen Zustände, zu D führen.

Freihandel oder Protektionismus

Japan \ USA	Freihandel†	Protektionismus*
Freihandel†	A† $6000 / $3000	B $6100 / $1900
Protektionismus*	C $4800 / $3200	D* $5000 / $2000

*Nash-Gleichgewicht
†Kooperatives Gleichgewicht

b. Zeigen Sie, daß das nichtkooperative Verhalten der Länder (ohne Absprachen und nur an den Eigeninteressen orientiert) zu einem Handelskrieg beim Nash-Gleichgewicht in Feld D führt. Welche Auswirkungen hat der Handelskrieg auf das Welteinkommen?

c. Wie wirkt sich ein Handelsabkommen, das alle Handelshemmnisse beseitigt und den Freihandel garantiert, auf die Einkommen aus?

d. Gibt es einen Anreiz für die einzelnen Länder, das Handelsabkommen zu umgehen? Was geschieht, wenn eine solche Umgehung Vergeltungsmaßnahmen provoziert und zu hohen Zöllen führt?

10. Manchmal verlieren Spekulanten den Blick für die Fakten und vertrauen Gerüchten, Hoffnungen und Ängsten. Immer wieder verfallen Spekulanten in eine Massenhysterie. Als Beispiele ließen sich hier die holländische Tulpenmanie, die den Preis einer einzelnen Tulpenzwiebel über den Preis eines Hauses steigen ließ, oder die sogenannte South Sea Bubble, in deren Verlauf Unternehmen Aktien von Firmen, die erst später „genannt" werden sollten, zu Phantasiepreisen verkaufen konnten, anführen. Aus wirtschaftlicher Sicht sind solche destabilisierenden Ereignisse ineffizient. Erklären Sie, warum es dazu kommen kann, daß Konsum wie in Abbildung 11-3 aus einem versicherten in einen unversicherten Bereich abgleitet, so daß es zu einem Rückgang des ökonomischen Wohlstandes kommt.

11. **Problemstellung aus dem Versicherungsbereich**: Überdenken Sie einmal das Problem eines Konsumenten, der vor der Entscheidung steht, eine Feuerversicherung, wie in Abbildung 11-3 illustriert, abzuschließen. Die in der Abbildung aufscheinenden *DD*-Kurven, die den Grenznutzen aus der Nutzung des Hauses darstellen, bleiben in jeder Situation gleich. Der Haushalt kann ohne Versicherung und ohne Feuer 6 Einheiten konsumieren, während der Ausbruch eines Feuers seine Konsumption um 5 Einheiten verringern würde. Berechnen Sie den *Erwartungsnutzen ohne Versicherung*, wenn die Wahrscheinlichkeit eines Feuers ein Fünftel beträgt. Der Erwartungsnutzen errechnet sich aus der jeweiligen Wahrscheinlichkeit des Eintretens einer Situation (Feuer – kein Feuer) multipliziert mit ihrem jeweiligen Nutzen (entsprechend dem zum jeweiligen Konsumniveau gehörigen Bereich unter der *DD*-Linie). Erklären Sie, warum Abbildung 11-3(*a*) den Nichtversicherungsfall beschreibt.

Als nächstes nehmen Sie bitte an, daß der Haushalt eine günstige Feuerversicherung mit voller Schadensdeckung erwirbt; damit schließt er sozusagen eine faire Wette ab, weil die Versicherungsprämie dem Erwartungswert des Verlustes entspricht. Erklären Sie, warum Abbildung 11-3(*b*) den Versicherungsfall darstellt. Berechnen Sie anschließend den Erwartungsnutzen für den Versicherungsfall.

Weisen Sie abschließend nach, daß der blau schattierte Bereich im Diagramm rechts außen den Zugewinn an Erwartungsnutzen darstellt.

TEIL DREI

FAKTORMÄRKTE UND EINKOMMENSVER-TEILUNG

KAPITEL 12

EINKOMMEN UND PREISBILDUNG BEI PRODUKTIONSFAKTOREN

Wie Du weißt, Ernest, sind die Reichen ganz anders als wir.
F. Scott Fitzgerald

Ja, ich weiß. Sie haben mehr Geld.
Ernest Hemingway

Amerika ist, was Einkommen und Reichtum betrifft, ein Land der Extreme. Als typischer Vertreter der „Forbes 400" wären Sie ein 63jähriger Weißer, männlich, sie wären zum 1,4. Mal verheiratet, hätten Ihren akademischen Abschluß an der Ivy League School gemacht und ein Reinvermögen von 750 Millionen Dollar vorzuweisen. Wahrscheinlich hätten Sie dieses Vermögen als Industrieller oder mit Immobilien gemacht. Ihr zielstrebiges Aufsteigen zur Spitze wäre ebenso Ihrer Herkunft wie Ihrer Intelligenz zu verdanken, denn wahrscheinlich hätte Ihnen Ihr Herr Papa den Start mit ein paar Millionen oder auch ein wenig mehr aus dem Familienunternehmen versüßt. Vielleicht hätten Sie es aber auch ganz allein bis an die Spitze geschafft, indem Sie bahnbrechende Entwicklungen im Bereich der Computer-Software eingeleitet oder Diskontläden in Kleinstädten eröffnet hätten.

Am anderen Extrem finden wir die Vergessenen, die es nie auf die Titelblätter von *Forbes* oder *People* schaffen. Da ist beispielsweise die Geschichte von Robert Clark, obdachlos und arbeitslos. Der Dachdecker und Vietnam-Heimkehrer übersiedelte von Detroit nach Miami, wo er nach den Verwüstungen durch den Hurrican Andrew im Jahr 1992 Arbeit suchte. Heute schläft er auf der Straße auf einem Stück Pappe und deckt sich mit einer gestohlenen Decke zu. Jeden Tag kriecht er wie die anderen Obdachlosen aus dem städtischen Kanalsystem, um sich mit Zeitarbeit wenigstens ein paar Dollar zu verdienen. Die Firmen, die diese Arbeiten vergeben, verlangen von ihren Kunden 8-10 Dollar die Stunde, zahlen ihren Leuten aber nur den Mindestlohn von $ 4,25, wovon sie ihnen aber den Großteil für Transport und Werkzeug wieder abnehmen. Robert Clarks Lohnzettel weist Einkünfte von $ 31,28 für 31 Stunden Arbeit aus.[1]

Wie sollen wir derartige Diskrepanzen hinsichtlich Einkommen und Vermögen verstehen? Warum bekommen manche 1 Million Dollar jährlich, während andere mit einem Dollar pro Stunde nach Hause gehen? Warum sind Immobilien in Tokio oder Manhattan mehrere Tausend Dollar pro Quadratmeter wert, während man Grund und Boden in der Wüste schon um wenige Dollar pro Hektar bekommt? Und woher kommen eigentlich die Milliarden Dollar Gewinne, die die großen Konzerne wie Exxon oder Toyota erwirtschaften? Diese Fragen werden im Rahmen der **Theorie der Einkommensverteilung** behandelt, mit der analysiert wird, wie sich Einkommen und Vermögen in einer Gesellschaft verteilen.

Die Frage nach der Einkommensverteilung gehört zu den kontroversesten Themen der gesamten Volkswirtschaft. Manchmal wird argumentiert, hohe Einkommen

[1] Artikel: „In Miami, Wretchedness Is Side by Side with Glitz," Montreal *Gazette*, 13. Juli 1993.

seien das durch nichts zu rechtfertigende Ergebnis aus dem Erbe der Vergangenheit und glücklichen Zufällen, während Armut durch Diskriminierung und mangelnde Chancen entstehe. Andere vertreten jedoch die Meinung, jeder bekomme eben, was er verdient, und Eingriffe in die Verteilungsmechanismen des Marktes würden nur die Effizienz untergraben und schlußendlich alles noch schlimmer machen. Zwischen diesen Extrempositionen befindet sich das breite Spektrum all derer, die meinen, der Staat solle ein soziales „Sicherheitsnetz" spannen, um zu verhindern, daß Menschen unter den Mindest-Lebensstandard absinken können.

A. DIE VERTEILUNG VON EINKOMMEN UND VERMÖGEN

EINKOMMEN

Um die wirtschaftliche Lage einer Person oder den Zustand eines Staates zu messen und zu beschreiben, benützt man als Maßstab im allgemeinen das Einkommen und das Vermögen. Mit **Einkommen** sind die gesamten baren und unbaren Einkünfte gemeint, die eine Person oder ein Haushalt während einer bestimmten Zeit (üblicherweise in einem Jahr) verdient. Die aggregierten Einkommen in einem Land werden als *Volkseinkommen* bezeichnet, das sich aus den in Tabelle 12-1 angegebenen Positionen zusammensetzt. Der größte Teil des Volkseinkommens entfällt auf Arbeit, entweder in Form von Löhnen und Gehältern oder in Form von Sach- und Sozialleistungen. Der Rest entfällt auf die verschiedenen Arten von Besitzeinkommen: Mieten, Nettozinsen, Unternehmensgewinne und Unternehmerlohn (Einkünfte aus selbständiger Tätigkeit). Diese letzte Kategorie beinhaltet im wesentlichen die Gewinne der Eigentümer von Kleinbetrieben.

Die Erträge aus einer Marktwirtschaft werden an die Eigentümer der Produktionsfaktoren dieser Wirtschaft in Form von Gehältern, Gewinnen, Mieten und Zinsen verteilt.

Alles in allem entfallen etwa drei Viertel des Volkseinkommens auf Arbeit, während sich der Rest auf Rückflüsse aus Kapitalbesitz verteilt. Wie hat sich diese Aufteilung im Laufe der Zeit verändert? Betrachtet man Abbildung 12-1, sieht man, daß sich die Einkommensanteile, die auf Arbeit und Kapital entfallen, während der letzten Jahrzehnte überraschenderweise kaum verändert haben. Diese gleichbleibende Aufteilung gehört zu den bemerkenswert stabilen Charakteristika der amerikanischen Wirtschaft.

Einkommensart	Betrag (Mia $)	Anteil am Volkseinkommen (%)	Beispiele
Erwerbseinkommen:			
Löhne und Gehälter	3.100,4	60,5	Löhne der Arbeiter in der Autoindustrie; Lehrergehälter
Sozialleistungen und sonstige	671,8	13,1	Arbeitgeberbeiträge zu den Pensionsfonds
Besitzeinkommen:			
Einkünfte aus Beteiligungen	442,1	8,6	Einkünfte aus eigenen Unternehmen; Anteilseinkommen aus einer gemeinsamen Anwaltskanzlei
Nettomieten	13,0	0,3	Wohnungsmiete nach Abzug von Kosten und Wertminderung
Unternehmensgewinne	452,9	8,8	Gewinne von Microsoft
Nettozinsen	446,0	8,7	Zinszahlungen auf Bankguthaben
Gesamt	5.126,2	100,0	

Tabelle 12-1: Die Aufteilung des Volkseinkommens der USA 1993

Beinahe zwei Drittel des Volkseinkommens werden in irgendeiner Form an die Arbeitskräfte ausbezahlt. (Quelle: US-Handelsministerium)

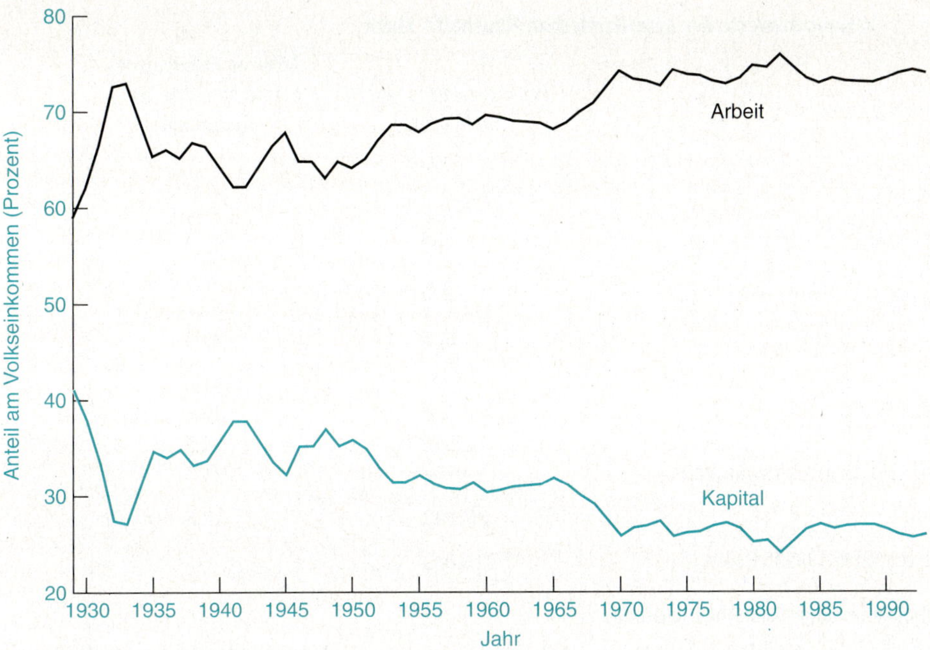

Abbildung 12-1:
Die Anteile von Kapital und Arbeit am Volkseinkommen sind während der letzten 64 Jahre bemerkenswert stabil geblieben.

Quelle: US-Handelsministerium

Die Rolle des Staates

Wie paßt nun der Staat in dieses Bild? Die Bundes-, Landes- und Kommunalverwaltungen sind die wichtigste Einkommensquelle für Millionen von Menschen. Hier sind etwa 20 Prozent aller US-Arbeitnehmer angestellt, und von der öffentlichen Verwaltung werden jährlich $ 600 Milliarden an Löhnen und Gehältern ausbezahlt. Im Jahr 1992 bezahlte die öffentliche Hand beinahe $ 300 Milliarden Zinsen an die Zeichner staatlicher Anleihen und an andere Darlehensgläubiger. Außerdem hat der Staat Millionen Quadratmeter Büroflächen gemietet und ist direkt und indirekt für viele Milliarden Dollar an Gewinnen verantwortlich, die Unternehmen durch Geschäfte mit dem Staat erzielen. Alle diese Direktzahlungen an Produktionsfaktoren spiegeln sich in Tabelle 12-1 wider.

Aber der Staat spielt im Zusammenhang mit den Einkommen auch eine ganz direkte Rolle, die sich aus Tabelle 12-1 nicht herauslesen läßt. So heben Bund, Länder und Gemeinden einen ganz beachtlichen Teil des Volkseinkommens in Form von Steuern und Abgaben ein. Im Jahr 1992 waren es rund 28 Prozent des amerikanischen Volkseinkommens, die von den Behörden über die diversen Steuern und Abgaben wieder vereinnahmt wurden, wobei hier vor allem Einkommensteuer, Körperschaftssteuer und Sozialversicherungsbeiträge zu nennen sind. Zusätzlich nimmt der Staat weitere Milliarden an indirekten Unternehmenssteuern wie Umsatz- und Verbrauchsteuern ein, die aus technischen Gründen nicht zum Volkseinkommen gezählt werden. Würde man auch diese indirekten Steuern berücksichtigen, beliefen sich die staatlichen Einnahmen aus Steuern und Abgaben auf rund 34 Prozent des Volkseinkommens.

Was jedoch der Staat mit der einen Hand nimmt, das gibt er mit der anderen wieder aus. Behörden auf allen Ebenen leisten über $ 800 Milliarden an **Transferzahlungen**, worunter staatliche Direktzahlungen an Einzelpersonen zu verstehen sind, die nicht für Güter oder Dienstleistungen aufgewendet werden. Die größte Einzelposition unter den Transferzahlungen sind die Sozialversicherungsleistungen für ältere US-Bürger, aber es fallen auch Zahlungen an Kriegsveteranen, Subventionen für die Landwirtschaft, Leistungen im Rahmen von Wohlfahrtsprogrammen und des Gesundheitswesens darunter.

Verteilung von Faktoreinkommen und Verteilung persönlicher Einkommen

Zwischen der Verteilung von Faktoreinkommen und der Verteilung persönlicher Einkommen besteht ein Unterschied, der unbedingt zu beachten ist. Aus Tabelle 12-1 können Sie die Verteilung der Faktoreinkommen ablesen – wieviel jeweils auf Gehälter, Gewinne etc. entfällt. Aber ein und derselbe Mensch kann viele verschiedene Produktionsfaktoren besitzen. So bezieht vielleicht ein

Vermögenswerte der amerikanischen Haushalte 1989

Art des Vermögens	Höhe des Vermögens (in Mia $)	Anteil im Eigentum des reichsten 1% der Haushalte
Sachwerte		
Eigenheim	6.415	8,4
Sonstige Immobilien	2.907	43,0
Kfz	773	7,6
Investitionen in Unternehmen	3.719	67,7
Sonstige Sachwerte	815	39,2
Finanzanlagen		
Giro-, Spar- und Geldmarktkonten	2.630	19,9
Aktien und Anleihen	2.056	54,5
Sonstige Finanzanlagen (wie Lebensversicherungen)	772	35,0
Gesamt	**20.092**	**32,8**
Durchschnittliches Haushaltsvermögen 1989 in Dollar:	216.043	

Tabelle 12-2: Sach- und Finanzvermögen der amerikanischen Haushalte

Das Vermögen der Haushalte besteht aus Sachwerten (wie Häusern und Autos) und Finanzanlagen (wie Sparguthaben und Aktien). Obwohl das Durchschnittsvermögen pro Haushalt mehr als $ 216.000 ausmacht, konzentriert sich der Großteil in einigen wenigen Haushalten. (Quelle: Arthur Kennickell und R. Louise Woodburn, „Schätzung der Haushaltsvermögen", April 1992.)

45jähriger leitender Mitarbeiter bei IBM ein Gehalt, Zinsen von seinen Sparguthaben, Dividenden aus Aktien mehrerer Unternehmen und Miete aus einer Immobilieninvestition. Volkswirtschaftlich gesprochen setzt sich das Markteinkommen eines Menschen aus der Gesamtheit der Produktionsfaktoren zusammen, die dieser Mensch besitzt, multipliziert mit dem Preis jedes Faktors. Zusätzlich erhalten viele Leute, vor allem Rentner, die von der staatlichen Sozialversicherung leben, irgendeine Art von Direktzahlung oder Einkommen vom Staat. *Markteinkommen plus staatliche Transferleistungen ergeben das persönliche Einkommen.*

Ihr persönliches Einkommen hängt daher großteils davon ab, welche Produktionsfaktoren Sie besitzen. Jedermann besitzt die eigene Arbeitskraft, die mehr oder weniger großen Wert haben kann, und zwar abhängig von den Fähigkeiten und der Ausbildung des betreffenden Menschen. Viele Haushalte besitzen auch ein eigenes Haus und Auto, aber das Eigentum an einkommensschaffenden Finanzanlagen, also beispielsweise an Aktien oder Anleihen, ist sehr viel stärker konzentriert.

VERMÖGEN

Das führt uns zum zweiten wichtigen volkswirtschaftlichen Begriff, dem **Vermögen**. Mit Vermögen bezeichnen wir den Nettogeldwert der Vermögenswerte, die jemand zu einem bestimmten Zeitpunkt besitzt. Beachten Sie, daß das Vermögen eine Bestandsgröße ist (wie etwa der Inhalt eines Sees), während Einkommen eine Flußgröße (wie das Fließen eines Stromes) darstellt. Das Vermögen eines Haushalts beinhaltet Sachpositionen (Häuser, Autos und andere dauerhafte Verbrauchsgüter sowie Grund und Boden) und Geldpositionen (wie Bargeld, Sparguthaben, Anleihen und Aktien). Alle diese Positionen gemeinsam werden als *Vermögenswerte* bezeichnet, während all das, was anderen geschuldet wird, *Verbindlichkeiten* darstellt. Die Differenz zwischen Gesamtvermögenswerten und Gesamtverbindlichkeiten wird als *Reinvermögen* oder *Eigenkapital* bezeichnet.

Tabelle 12-2 stellt eine Aufgliederung der Vermögenswerte der US-Amerikaner dar. Der wichtigste Vermögenswert der Mehrzahl aller amerikanischen Haushalte ist das

Eigenheim: 64 Prozent aller Familien besitzen eigene Häuser; im Vergleich dazu: noch vor einer Generation waren es nur 55 Prozent. Die meisten Haushalte verfügen auch über ein bescheidenes Geldvermögen in Form von Sparguthaben und Aktien. Allerdings befindet sich der Großteil des Geldvermögens in unserem Land in den Händen eines kleinen Teils der Gesamtbevölkerung. Die Tabelle zeigt, daß rund ein Drittel des gesamten US-Vermögens im Besitz des reichsten Hundertstels (1 Prozent) aller Haushalte ist.

Wir erkennen, daß praktisch alle Amerikaner den weitaus überwiegenden Teil ihres Einkommen aus Löhnen und Gehältern beziehen, während eine kleine, relativ wohlhabende Minderheit den Großteil ihres Einkommens aus Pacht-, Gewinn- und Zinseinnahmen schöpft. Und deshalb können Veränderungen der Faktorpreise enorme Auswirkungen auf den Wohlstand des einzelnen haben.

Faktorpreise und persönliches Einkommen. *Preisschwankungen bei Produktionsfaktoren können enorme Auswirkungen auf die persönlichen Einkommen haben. So haben sich beispielsweise zahlreiche bereits pensionierte Amerikaner Rücklagen geschaffen, weil sie ein Leben lang gespart haben. Sie beziehen einen wesentlichen Teil ihres Einkommens aus den Zinsen, die sie für ihre angesammelten Ersparnisse erhalten. Als zwischen 1990 und 1993 die Zinsen von 8 auf 4 Prozent fielen, halbierte diese Entwicklung das Einkommen der Pensionisten aus ihren Sparguthaben in nur drei Jahren – keine angenehme Erfahrung für Menschen, die versuchen müssen, von ihrer Rente irgendwie zu überleben.*

B. GRENZPRODUKTIVITÄT UND FAKTORPREISE

Was entscheidet über die Erträge aus unterschiedlichen Produktionsfaktoren in einer dem Wettbewerb unterworfenen Marktwirtschaft? Wir beginnen mit der Feststellung, daß die Theorie der Einkommensverteilung eigentlich nur eine Sonderform der Preistheorie ist. Löhne und Gehälter sind der Preis für Arbeit, Mieten der Preis für Boden und Zinsen der Preis für Kapital. Die Preisbildung bei den Produktionsfaktoren erfolgt durch die Wechselwirkung von Angebot und Nachfrage der verschiedenen Produktionsfaktoren, genauso wie auch die Güterpreise durch Angebot und Nachfrage nach Gütern bestimmt werden.

DAS WESEN DER FAKTORNACHFRAGE

Die Nachfrage nach Produktionsfaktoren unterscheidet sich von jener nach Verbrauchsgütern in zweierlei Hinsicht: (1) Faktornachfragen sind *abgeleitete Nachfragen*, und (2) Faktornachfragen weisen eine Interdependenz (wechselseitige Abhängigkeit) auf.

Die Faktornachfrage ist eine abgeleitete Nachfrage

Betrachten wir dazu die Nachfrage nach Bürofläche, die ja für viele Unternehmen einen wichtigen Produktionsfaktor darstellt. Nehmen wir an, eine Softwaregesellschaft, die Computerspiele herstellt, mietet Bürofläche für ihre Programmierer, Kundenbetreuer und ihr Servicepersonal, während eine Bank Büroflächen für Hunderte Leute anmietet, die sie zur Scheckbearbeitung eingesetzt hat. In jeder Region gibt es überdies eine abwärts geneigte Nachfragekurve nach Bürofläche, die sich aus dem Zusammenspiel der von den Eigentümern verlangten Mieten und der von den Unternehmen nachgefragten Bürofläche ergibt – je niedriger die Miete, desto mehr Fläche wollen die Unternehmen anmieten.

Aber hier besteht ein wesentlicher Unterschied zwischen der Nachfrage der Konsumenten nach Verbrauchsgütern und der Nachfrage der Unternehmen nach Produktionsfaktoren. Konsumenten fragen Endprodukte wie Computerspiele wegen der direkten Bedürfnisbefriedigung oder des direkten Nutzens nach, den der Konsum dieser Güter bietet. Im Gegensatz dazu bezahlt ein Unternehmen für Produktionsfaktoren wie Bürofläche jedoch nicht etwa deshalb, weil dadurch eine unmittelbare Bedürfnisbefriedigung zu erwarten wäre. Nein, es kauft Produktionsfaktoren wegen der Produktion und des Ertrages, die durch den Einsatz dieser Produktionsfaktoren ermöglicht werden.

Bedürfnisbefriedigung spielt auch bei Produktionsfaktoren eine Rolle – allerdings auf einer anderen Ebene. Die Bedürfnisbefriedigung, die die Verbraucher durch ihre Computerspiele erreichen, bestimmt, wie viele derartige Spiele die Softwaregesellschaft verkaufen kann, wie viele Kundenbetreuer sie benötigt und wieviel Bürofläche sie

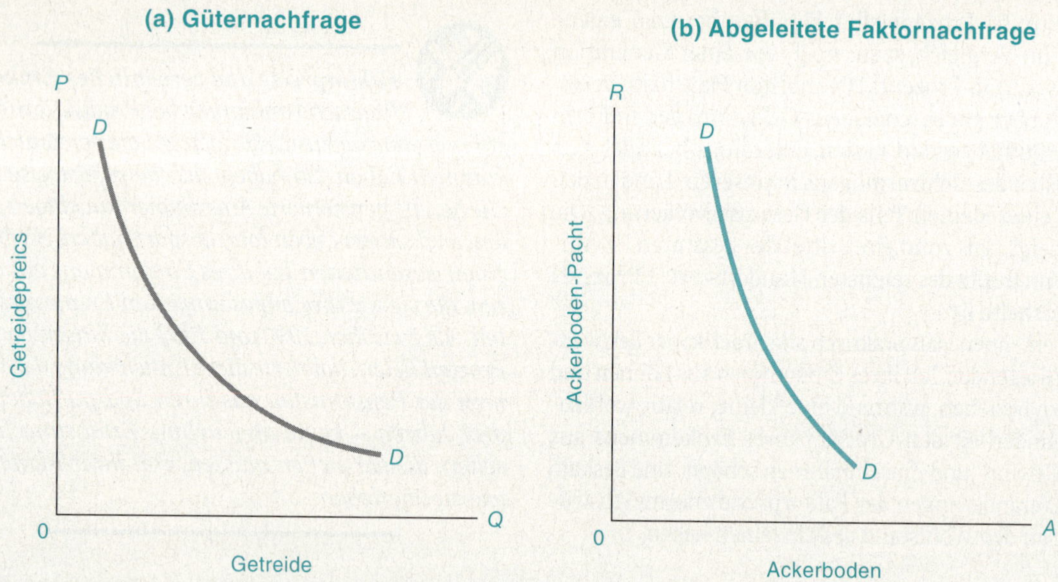

Abbildung 12-2: Die Faktornachfrage wird aus der Güternachfrage abgeleitet

Die blaue Kurve der abgeleiteten Ackerbodennachfrage ergibt sich aus der schwarzen Getreide-Nachfragekurve. Verschiebt man die schwarze Kurve nach außen, bewegt sich auch die blaue Kurve nach außen. Wird die schwarze Güternachfragekurve unelastischer, geschieht dasselbe mit der blauen Faktornachfragekurve.

anmieten muß. Je erfolgreicher die Software, desto weiter verschiebt sich die Nachfragekurve nach Bürofläche nach rechts. Eine genaue Analyse der Faktornachfrage muß daher berücksichtigen, daß *letztendlich* die Verbrauchernachfrage über die Unternehmensnachfrage nach Bürofläche entscheidet.

Das gilt natürlich nicht nur für Bürofläche. Die Verbrauchernachfrage bestimmt über die Nachfrage nach allen Produktionsfaktoren einschließlich landwirtschaftlich nutzbarer Böden, Erdöl, Pizzaöfen und sogar Universitätsprofessoren.

Die Faktornachfrage eines Unternehmens leitet sich indirekt aus der Verbrauchernachfrage nach den Endprodukten des Unternehmens ab.

Ökonomen sprechen daher von der Faktornachfrage als von einer **abgeleiteten oder derivativen Nachfrage**. Damit soll ausgedrückt werden, daß ein Unternehmen, wenn es einen Produktionsfaktor nachfrägt, dies tut, um ein Gut zu produzieren, das die Verbraucher jetzt oder später nachfragen. Abbildung 12-2 zeigt, wie die Nachfrage nach einem bestimmten Produktionsfaktor, also etwa nach fruchtbarem Ackerland, als von der Verbraucher-Nachfragekurve nach – in diesem Fall – Mais abhängt. Ebenso ist die Nachfrage nach Bürofläche von der Verbrauchernachfrage nach Software und allen anderen Produkten und Dienstleistungen abgeleitet, die jene Unternehmen, die Bürofläche mieten, anbieten.

Die Interdependenz (wechselseitige Abhängigkeit) von Faktornachfragen

Produktion ist Teamsache. Eine Kettensäge allein nützt mir gar nichts, wenn damit eine riesige Douglastanne umgesägt werden soll. Ein Arbeiter ohne Werkzeug ist ebenso nutzlos. Aber Arbeiter und Säge zusammen können meinen Baum problemlos umschneiden. Mit anderen Worten, die Produktivität eines Faktors wie etwa der Arbeit hängt davon ab, welche anderen Faktoren uns in welcher Menge zur Verfügung stehen. Das bedeutet, daß es im allgemeinen unmöglich ist, zu sagen, welche Produktionsmenge durch einen einzelnen der verschiedenen Produktionsfaktoren allein geschaffen wurde. Es besteht eine Wechselwirkung zwischen den verschiedenen Produktionsfaktoren.

Sir William Petty sieht das wie folgt: Die Arbeit ist die Mutter des Produktes und Boden der Vater. Wir können nicht sagen, welcher von beiden für die Produktion des Babys wichtiger ist – die Mutter oder der Vater. Ge-

Wertgrenzprodukt				
(1) Arbeitseinheiten (Arbeitskräfte)	(2) Gesamtprodukt (in Bushels)	(3) Grenzprodukt der Arbeit (Bushels pro Arbeitskraft)	(4) Güterpreis ($ pro Bushel)	(5) Wertgrenzprodukt der Arbeit ($ pro Arbeitskraft)
0	0			
		20.000	3	60.000
1	20.000			
		10.000	3	30.000
2	30.000			
		5.000	3	15.000
3	35.000			
		3.000	3	9.000
4	38.000			
		1.000	3	3.000
5	39.000			

Tabelle 12-3: Berechnung des Wertgrenzproduktes für ein Unternehmen im vollständigen Wettbewerb

Das Wertgrenzprodukt der Arbeit wird in Spalte (3) ausgewiesen; es wird berechnet, indem man bei konstanten sonstigen Faktoreinsätzen eine zusätzliche Einheit Arbeit hinzufügt. Die abnehmenden Erträge erkannt man an dem mit steigender Zahl der Arbeitskräfte sinkenden Wertgrenzprodukt der Arbeit, wenn die sonstigen Faktoreinsätze unverändert bleiben.

Mit Hilfe der Produktionsdaten und des Güterpreises können wir das Wertgrenzprodukt der Arbeit problemlos berechnen. Das Wertgrenzprodukt der Arbeit zeigt, wieviel an zusätzlichem Ertrag ein Unternehmen mit einer zusätzlichen Arbeitseinheit erzielt. Es entspricht dem Grenzprodukt in Spalte (3) multipliziert mit dem Wettbewerbs-Güterpreis in Spalte (4).

nauso unmöglich ist es, zu sagen, welche Produktionsmenge durch einen einzelnen der diversen eingesetzten Produktionsfaktoren erzeugt wurde.

Es ist diese *Interdependenz* der Produktivität von Boden, Arbeit und Kapitalgütern, die die Einkommensverteilung so komplex macht. Nehmen wir einmal an, wir müßten den gesamten Output eines Landes auf einmal verteilen. Hätte der Boden allein genommen soviel und die Arbeit allein so viel produziert, und wäre der Rest durch Maschinen produziert worden, gäbe es mit der Verteilung keine Probleme. Nach den Gesetzen des Angebots und der Nachfrage müßten dann jedem Faktor, wenn er selbständig eine bestimmte Produktionsmenge erzielen könnte, die Früchte seiner eigenen Arbeit uneingeschränkt zugeschrieben werden.

Aber lesen Sie doch den vorigen Absatz noch einmal und unterstreichen Sie Begriffe wie „allein“ und „allein produziert“. Sie beschreiben eine nicht existierende Welt voneinander unabhängiger Produktionsfaktoren, die nirgendwo anzutreffen ist. Wenn zur Herstellung eines Omeletts die Arbeit des Küchenchefs, Hühnereier, Kuhmilch und Erdgas benötigt werden, wie sollte man die Teigmasse so trennen, daß der Beitrag all dieser Produktionsfaktoren wieder einzeln zu erkennen ist?

Um eine Antwort darauf zu finden, müssen wir uns die Wechselwirkung zwischen den Grenzproduktivitäten (mit Folgen für die Nachfrage) und den Faktorangeboten ansehen, die gemeinsam Wettbewerbspreis und -menge bestimmen.

RÜCKBLICK AUF DIE PRODUKTIONSTHEORIE

Hier soll als wesentlicher Punkt dargelegt werden, daß *die Nachfrage nach den diversen Produktionsfaktoren von den Erträgen aus dem Grenzprodukt jedes einzelnen Produktionsfaktors abgeleitet ist.* Bevor wir diese Aussage erläutern, wollen wir jedoch zunächst die Produktionstheorie aus Kapitel 6 in groben Zügen wiederholen und zusammenfassen.

Zu Beginn der Produktionstheorie steht der Begriff der Produktionsfunktion. Die *Produktionsfunktion* gibt die maximale Produktionsmenge an, die bei einem bestimmten Stand technologischen Know-hows mit jeder Kombination von Produktionsfaktoren erzeugt werden kann. Das Konzept der Produktionsfunktion führt zu einer strengen Definition des Grenzproduktes. Erinnern Sie sich: Das *Grenzprodukt* eines Produktionsfaktors ist die zusätzliche Menge oder der zusätzliche Output, der durch eine zusätzlich eingesetzte Einheit dieses Produktionsfaktors erzeugt werden kann, wenn alle anderen Produktionsfaktoren konstant bleiben.[2] Die ersten drei Spalten in Tabelle 12-3 erläutern, wie das Grenzprodukt berechnet wird.

Zum Schluß unserer Zusammenfassung wollen wir noch einmal auf das *Gesetz des abnehmenden Grenzertrags* (Ertragsgesetz) hinweisen. Spalte (3) in Tabelle 12-3 zeigt, daß auf jede zusätzliche Arbeitseinheit ein geringeres Grenzprodukt entfällt. „Abnehmendes Grenzprodukt" ist nur ein anderer Ausdruck für abnehmenden Grenzertrag. Wir können in der Tabelle jederzeit Boden gegen Arbeit austauschen und die verfügbare Bodenmenge variieren, während Arbeit und die anderen Produktionsfaktoren konstant gehalten werden, und werden die Auswirkungen des Ertragsgesetzes beim Faktor Boden ebenso wie beim Faktor Arbeit beobachten.

Wertgrenzprodukt

Nehmen wir nun die Produktionstheorie zu Hilfe, um ein wichtiges Konzept der Verteilungstheorie zu behandeln, nämlich das der *Wertgrenzproduktivität (MRP)*. Nehmen wir an, wir wären Geschäftsführer einer riesigen Hemdenfabrik. Wir wissen, wie viele Hemden jeder zusätzliche Arbeiter produziert. Aber als Manager des Unternehmens wollen wir die in Geldeinheiten gemessenen Gewinne maximieren, weil wir unsere Gehälter ja auch in Geld und nicht in Hemden auszahlen. Die Arbeiter selbst wollen schließlich lieber mit Geld als mit Hemden entlohnt werden. Wir brauchen daher ein Konzept, mit dem wir die zusätzlichen *Geldeinheiten* messen können, die jede zusätzliche Faktoreinheit produziert. Ökonomen bezeichnen mit dem Begriff „Wertgrenzprodukt" den Geldwert der zusätzlichen Produktionsmenge, die durch eine zusätzliche Faktoreinheit erzeugt wird.

[2] Beachten Sie bitte, daß das Grenzprodukt eines Faktors in *physischen* Mengeneinheiten pro zusätzlich eingesetzter Inputeinheit ausgedrückt wird. Deshalb verwenden Ökonomen auch manchmal den Begriff „physisches Grenzprodukt" anstelle von „Grenzprodukt", vor allem, wenn sie eine mögliche Verwechslung mit einem Konzept vermeiden wollen, das sich „Wertgrenzprodukt" nennt und mit dem wir schon bald Bekanntschaft machen werden. Im Sinne der gebotenen Kürze lassen wir jedoch das Wort „physisch" aus und kürzen das Grenzprodukt mit *MP* ab.

Das **Wertgrenzprodukt** des Produktionsfaktors A ist der zusätzliche Erlös, der durch eine zusätzliche Faktoreinheit A erzielt wird.

Bei vollständigem Wettbewerb. Es ist sehr einfach, das Wertgrenzprodukt zu berechnen, wenn die Produkt- oder Gütermärkte dem vollständigen Wettbewerb unterliegen. In diesem Fall kann jede Grenzprodukteinheit eines Arbeiters (MP_L) zum Wettbewerbspreis des entsprechenden Gutes (P) verkauft werden. Da wir es ja mit einem vollständigen Wettbewerb zu tun haben, wird der Güterpreis außerdem nicht durch die Produktionsmenge des Unternehmens beeinflußt, und er entspricht daher dem Grenzerlös (MR). Wenn wir das MP_L von 10.000 Bushel Weizen und einen Preis sowie einen Grenzerlös MR von $ 3 haben, entspricht der Geldwert der vom letzten Arbeiter produzierten Produktionsmenge – das Wertgrenzprodukt der Arbeit (MRP_L) – $ 30.000 (nämlich 10.000 x $ 3). Wir sehen dies in Spalte (5) unserer Tabelle 12-3. Unter Bedingungen vollständigen Wettbewerbs entspricht daher der Wert eines jeden Arbeiters für das Unternehmen dem Geldwert des Grenzproduktes seines letzten Arbeiters; der Wert jedes Hektars Boden ergibt sich aus dem Grenzprodukt des Bodens mal dem Preis des produzierten Wirtschaftsgutes; und dasselbe gilt für jeden einzelnen Produktionsfaktor.

Bei unvollständigem Wettbewerb. Wie aber sieht die Sache unter Bedingungen unvollständigen Wettbewerbs mit einer abwärts gerichteten Nachfragekurve des einzelnen Unternehmens aus? Hier liegt der Grenzerlös für jede zusätzlich verkaufte Produktionseinheit unter dem Preis, weil das Unternehmen auch seinen Preis für die vorherigen Produktionseinheiten senken muß, um eine zusätzliche Produktionseinheit verkaufen zu können. Jede Einheit des Grenzproduktes hat daher für das Unternehmen einen Wert von $MR < P$.

Um unser vorheriges Beispiel wieder aufzunehmen, legen wir MR mit $ 2 fest, während der Preis $ 3 beträgt. Dann läge das MRP des zweiten Arbeiters in Tabelle 12-3 bei $ 20.000 (entsprechend dem MP_L von 10.000 mal dem MR von $ 2), und nicht bei $ 30.000 wie unter vollständigen Wettbewerbsbedingungen.

Zusammenfassend können wir sagen, daß der Zusatzerlös, den ein Unternehmen durch eine zusätzliche Faktoreinheit erhält, als Wertgrenzprodukt bezeichnet wird. Dieses wird in Geldeinheiten gemessen und berechnet, indem man den Grenzerlös mit dem Grenzprodukt des Produktionsfaktors multipliziert.

Das Wertgrenzprodukt stellt den zusätzlichen Erlös dar, den ein Unternehmen durch den Einsatz einer zusätzlichen Faktoreinheit erzielt, wenn die anderen Produktionsfaktoren unverändert belassen werden. Es wird definiert als das Grenzprodukt des jeweiligen Faktors multipliziert mit dem Grenzerlös, der durch den Verkauf einer zusätzlichen Produktionseinheit erzielt wird. Dies gilt ebenso für die Arbeit (L) wie für den Boden (A) und alle anderen Produktionsfaktoren:

$$\text{Wertgrenzprodukt der Arbeit } (MRP_L) = MR \times MP_L$$

$$\text{Wertgrenzprodukt des Bodens } (MRP_A) = MR \times MP_A$$

und so weiter.

Unter Bedingungen vollständigen Wettbewerbs, weil $P = MC$:

$$\text{Grenzerlösprodukt } (MRP_i) = P \times MP_i$$

für jeden Produktionsfaktor.

DIE FAKTORNACHFRAGE

Nach unserer Analyse der Grundkonzepte wenden wir uns nun den Bestimmungsgründen für die Faktornachfrage zu. Anschließend wollen wir zeigen, wie Unternehmen mit dem Ziel der Gewinnmaximierung über die optimale Faktorkombination entscheiden, was uns ermöglichen wird, die Faktornachfrage abzuleiten.

Die Faktornachfrage gewinnmaximierender Unternehmen

Woher kam eigentlich die Nachfrage nach Ackerboden in Abbildung 12-2? Und wenn wir schon dabei sind, was entscheidet über die Nachfrage nach allen anderen Produktionsfaktoren? Um diese Fragen verstehen und beantworten zu können, müssen wir erst analysieren, wie ein gewinnorientiertes Unternehmen seine optimale Faktorkombination auswählt.

Stellen Sie sich vor, Sie wären ein Bauer, der seinen Gewinn maximieren möchte. In Ihrer Gegend bekommen Sie jede Menge Ackerland, die Sie pachten möchten, für $ 20.000 pro Jahr. Ihr Buchhalter übergibt Ihnen eine Aufstellung mit den Daten aus Tabelle 12-3. Wie gehen Sie nun vor?

Sie können natürlich verschiedene Möglichkeiten ausprobieren. Wenn Sie einen Arbeiter anstellen, beträgt der zusätzliche Erlös (das *MRP*) $ 60.000, während die Grenzkosten des Arbeiters $ 20.000 betragen – Ihr Zusatzgewinn ist daher $ 40.000. Ein zweiter Arbeiter bringt Ihnen ein *MRP* von $ 30.000, also einen zusätzlichen Gewinn von $ 10.000. Der dritte Arbeiter produziert eine Produktionsmenge, die Ihnen nur noch $ 15.000 einbringt, dabei aber $ 20.000 kostet. Es wäre daher nicht mehr profitabel, diesen dritten Arbeiter einzustellen. Tabelle 12-3 zeigt, daß Sie Ihr Gewinnmaximum durch den Einsatz von zwei Arbeitskräften erzielen. Und auf dem Weg über Versuch und Irrtum sind wir zusätzlich auf eine interessante Regel gestoßen:

Ein Unternehmen maximiert seine Gewinne, indem es solange zusätzliche Produktionsfaktoren einsetzt, als das *MRP* des jeweiligen Faktors über den Zusatzkosten liegt, die er verursacht.

Durch diese Überlegung können wir die Regel zur Auswahl der optimalen Faktorkombination folgendermaßen ableiten: Um Gewinne zu maximieren, müssen solange zusätzliche Produktionsfaktoren zugeführt werden, als das Wertgrenzprodukt des jeweiligen Faktors die Grenzkosten oder den Preis dieses Faktors übersteigt.

Auf vollkommenen Faktormärkten ist diese Regel sogar noch einfacher. Bedenken Sie, daß unter Wettbewerbsbedingungen das Wertgrenzprodukt dem Preis mal dem Grenzprodukt entspricht ($MRP = P \times MP$).

Die gewinnmaximale Faktorkombination ist für ein Unternehmen bei vollkommenem Wettbewerb dann erreicht, wenn das Grenzprodukt mal dem Produktpreis dem Faktorpreis entspricht:

$$\text{Grenzprodukt der Arbeit} \times \text{Produktpreis} = \text{Arbeitspreis} = \text{Lohn}$$

$$\text{Grenzprodukt des Bodens} \times \text{Produktpreis} = \text{Bodenpreis} = \text{Pacht}$$

und so weiter.

Wir können diese Regel anhand folgender Überlegung verstehen: Nehmen wir an, der Input für die Produktion von Mais (dasselbe gilt aber natürlich auch für jeden anderen Wirtschaftszweig im vollständigen Wettbewerb) wäre in Mengeneinheiten zu $ 1 unterteilt – Arbeitseinheiten zu $ 1, Bodeneinheiten zu $ 1 usw. Das Unternehmen möchte genau jene Menge an $ 1-Einheiten von jedem Faktor einsetzen, für die der Erlös aus der letzten Einheit ebenfalls genau $ 1 ist. Der Zusatzerlös ist das Mais-*MP* des Produktionsfaktors mal dem Maispreis *P*. Wenn so viele Produktionsfaktoren hinzugefügt wurden, daß *MP* x *P* genau den Wert von $ 1 erreicht, entspricht der $ 1 an zusätzlichen Faktorkosten genau dem $ 1 an zusätzlichem Erlös.

Minimalkostenregel (Least-cost-Regel). Wir können unsere Bedingung noch einmal und allgemeiner so formulieren, daß sie sowohl bei vollständigem als auch bei unvollständigem Wettbewerb auf Produktmärkten gilt (allerdings nur, wenn die Faktormärkte Wettbewerbsmärkte sind). Durch eine Umgruppierung der weiter oben in dieser Spalte blau dargestellten Grundbedingungen erhalten wir:

$$\frac{\text{Grenzprodukt der Arbeit}}{\text{Arbeitspreis}} = \frac{\text{Grenzprodukt des Bodens}}{\text{Bodenpreis}} = \ldots = \frac{1}{\text{Grenzerlös}}$$

Nehmen wir einmal an, Sie hätten ein Kabel-TV-Monopol für Denver. Wenn Sie Ihre Gewinne maximieren wollen, werden Sie versuchen, die optimale Faktorzusammenstellung aus Arbeitern, Bodennutzungsrechten für Ihre Kabel, aus LKW und Testequipment zusammenzustellen, um Ihre Kosten zu minimieren. Wenn die Leasingraten für LKWs monatlich $ 8000 betragen, während die Löhne pro Arbeiter $ 800 ausmachen, lassen sich die Kosten minimieren, wenn die jeweiligen Grenzprodukte *pro Geldeinheit Input* gleich sind. Da LKWs hier zehnmal soviel wie Arbeit kosten, muß auch das *MP* der LKWs zehnmal so hoch sein wie das *MP* der Arbeit.

Die **Minimalkostenregel** besagt, daß die Kosten minimiert werden, wenn das Grenzprodukt pro Geldeinheit Input für alle Produktionsfaktoren gleich hoch ist. Diese Regel gilt für Unternehmen auf Produkt- oder Gütermärkten mit vollständigem Wettbewerb ebenso wie auf Produktmärkten mit unvollständigem Wettbewerb.

Wertgrenzprodukt und Faktornachfrage

Nachdem wir nun das *MRP* für die diversen Produktionsfaktoren abgeleitet haben, können wir die Faktornachfrage verstehen. Wir haben soeben gesehen, daß ein auf Gewinnmaximierung ausgerichtetes Unternehmen

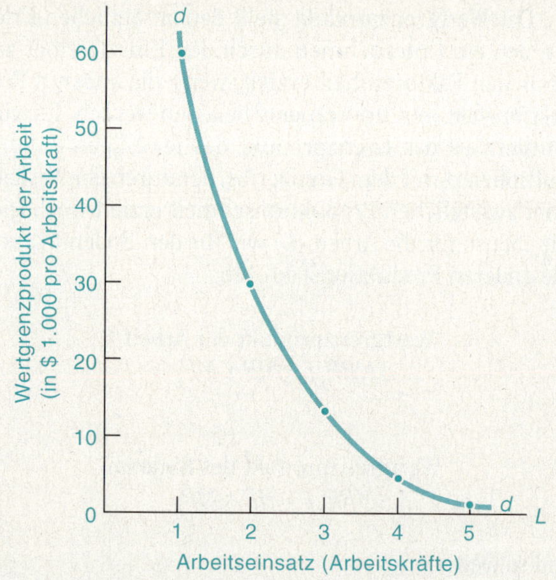

Abbildung 12-3: Die Faktornachfrage wird anhand der Wertgrenzprodukte abgeleitet

Die Arbeitsnachfrage ergibt sich aus dem Wertgrenzprodukt der Arbeit. Der Abbildung wurden die in Tabelle 12-3 angegebenen Daten für ein Unternehmen im Wettbewerb zugrundegelegt.

seine Faktormengen so wählt, daß der Preis jedes einzelnen Produktionsfaktors dem *MRP* dieses Faktors entspricht. Das bedeutet, daß wir von der *MRP*-Funktion eines Produktionsfaktors unmittelbar die Beziehung zwischen dem Faktorpreis und der nachgefragten Faktormenge ableiten können. Diese Beziehung bezeichnen wir als die Nachfragekurve.

Werfen Sie noch einen Blick auf Tabelle 12-3. Diese Tabelle zeigt uns in der letzten Spalte das *MRP* für Arbeit auf unserer Maisfarm. Durch die Gewinnmaximierungsbedingung wissen wir, daß sich das Unternehmen bei Lohnkosten von $ 60.000 für 1 Arbeiter entscheiden würde, bei Lohnkosten von $ 30.000 für 2 etc.

Die *MRP*-Funktion für jeden Produktionsfaktor ergibt die Nachfragefunktion des Unternehmens für diesen Faktor.

Wir haben dieses Ergebnis in Abbildung 12-3 dazu benützt, eine Arbeitsnachfragekurve für unsere Maisfarm zu zeichnen, wobei wir die in Tabelle 12-3 angegebenen Daten zugrundegelegt haben. Außerdem haben wir durch die einzelnen Punkte eine geglättete Kurve gezogen, um zu zeigen, wie die Nachfragekurve aussähe, könnte man Arbeit sozusagen „stufenlos" kaufen.

Substitutionsregel. Als logische Folge aus der Minimalkostenregel ergibt sich die **Substitutionsregel**: Wenn der Preis eines Produktionsfaktors steigt, während die anderen Faktorpreise konstant bleiben, ergibt sich für das Unternehmen im allgemeinen ein Vorteil, wenn es den teureren Faktor durch eine größere Menge der anderen Faktoren substituiert. Ein Anstieg der Lohnkosten P_L führt zu einer Reduktion von MP_L/P_L. Die Unternehmen reagieren durch eine Zurücknahme der Arbeit und zunehmenden Einsatz von Boden, bis die Gleichheit der Grenzprodukte pro aufgewendetem Boden für die Produktionsfaktoren wieder hergestellt ist – was bedeutet, daß weniger Arbeit L und mehr Boden A eingesetzt wird. Eine alleinige Erhöhung des Preises für Boden, P_A, führt entsprechend dieser Logik zu einer Substitution des teuren Bodens durch mehr Arbeitskraft. Wie bei der Minimalkostenregel gelten die Substitutionsregel und die daraus abgeleitete Nachfrage nach Produktionsfaktoren sowohl bei vollständigem wie auch bei unvollständigem Wettbewerb auf den Produkt- oder Gütermärkten.

ANGEBOT AN PRODUKTIONSFAKTOREN

Eine vollständige Analyse dessen, wie Faktorpreise und Einkommen bestimmt werden, umfaßt nicht nur die soeben beschriebene Faktornachfrage, sondern auch das Angebot an den diversen Produktionsfaktoren. Die allgemeinen Angebotsprinzipien unterscheiden sich von Faktor zu Faktor, und wir werden uns diesem Thema in den folgenden zwei Kapiteln noch genauer widmen. Hier nur einige einleitende Bemerkungen.

In einer Marktwirtschaft befindet sich der Großteil der Produktionsfaktoren in Privatbesitz. Der einzelne „besitzt" seine Arbeitskraft in dem Sinn, daß er über ihren Einsatz verfügen kann. Das heute so wesentliche „Humankapital" kann man nur mieten, nicht aber kaufen. Kapital und Boden befinden sich im allgemeinen im Privatbesitz von Haushalten und Unternehmen.

Entscheidungen über das *Arbeits*angebot hängen von wirtschaftlichen und nichtwirtschaftlichen Faktoren ab. Die für das Arbeitsangebot entscheidenden Faktoren sind der Arbeitspreis (also das Lohnniveau) und demographische Faktoren wie Alter, Geschlecht, Ausbildung und Familienstruktur. Die Menge an *Boden* und anderen natürlichen Ressourcen wird durch geologische Gegebenheiten bestimmt und läßt sich nicht wesentlich verändern, obwohl die Qualität des Bodens natürlich durch seine Bebauung, durch Siedlungsstrukturen und andere Bearbeitungsmöglichkeiten beeinflußt wird. Das Angebot an *Kapital* hängt von früheren Investionen durch Unternehmen, Haushalte und Staaten ab. Kurzfristig ist der Kapitalbestand ebenso fix wie der Boden, aber langfristig reagiert das Angebot an Kapital auf wirtschaftliche Faktoren wie Einkommen und Zinssätze durchaus sensibel.

Läßt sich irgendetwas über die Elastizität des Faktorangebotes aussagen? Tatsächlich kann die Angebotskurve einen positiven Anstieg aufweisen, sie kann vertikal verlaufen oder sogar eine negative Steigung haben. Bei den meisten Faktoren ist zu erwarten, daß das Angebot auf steigende Faktorpreise langfristig positiv reagiert. In diesem Fall wäre die Angebotskurve nach rechts oben gerichtet. Normalerweise ist weiterhin davon auszugehen, daß das Angebot an Grund und Boden vom Preis nicht beeinflußt wird; in diesem Fall ist das Bodenangebot demnach absolut unelastisch, was bedeutet, daß die Angebotskurve vertikal verläuft. In manchen Sonderfällen können die Eigentümer ihr Angebot an einem Faktor auch reduzieren, wenn die Einkünfte aus diesem Faktor steigen. Entsteht beispielsweise das Gefühl, man könne es sich leisten, bei steigenden Gehältern kürzer zu arbeiten, könnte die Angebotskurve für Arbeit bei hohen Lohnsätzen rückläufig werden, anstatt eine positive Steigung aufzuweisen.

Die verschiedenen möglichen Elastizitäten für das Faktorangebot sind in der *SS*-Angebotskurve in Abbildung 12-4 dargestellt.

FAKTORPREISBILDUNG DURCH ANGEBOT UND NACHFRAGE

Eine umfassende Analyse der Einkommensverteilung muß das Angebot von und die Nachfrage nach Produktionsfaktoren in Beziehung setzen. Weiter oben in diesem Abschnitt haben wir Ihnen die Grundlagen der Nachfrageanalyse vorgestellt und noch eine kurze Analyse der Angebotsseite folgen lassen. Wir haben gezeigt, daß bei gegebenen Faktorpreisen Unternehmen, die nach Gewinnmaximierung streben, ihre Faktorkombinationen entsprechend den jeweiligen Wertgrenzprodukten wählen. Bei fallenden Preisen für Boden substituiert etwa jeder Bauer nach Möglichkeit andere Produktionsfaktoren wie Arbeit, Maschinen und Dünger durch Boden. Die Nachfragekurve aller Bauern nach Ackerland würde daher aussehen, wie in Abbildung 12-2(*b*) gezeigt.

Wie bestimmen wir nun die *Marktnachfrage* nach Produktionsfaktoren (gleichgültig, ob es sich um Ackerland, ungelernte Arbeitskräfte oder Computer handelt)? Wir addieren die einzelnen nachgefragten Mengen aller Unternehmen. So addieren wir also bei einem gegebenen Bodenpreis alle einzelnen Nachfragemengen nach

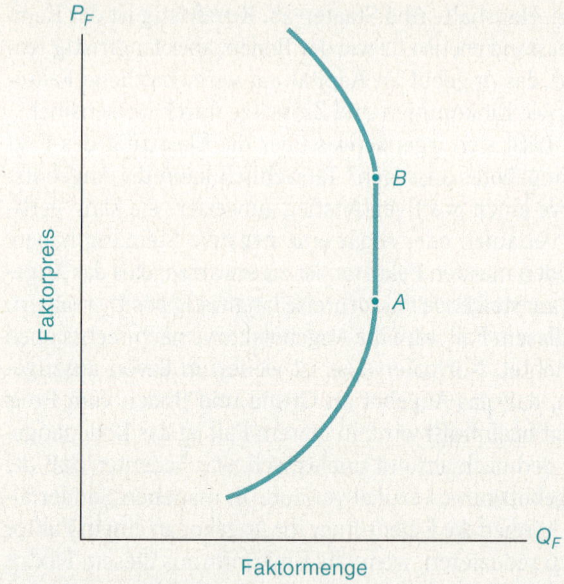

Abbildung 12-4: Angebotskurve für Produktionsfaktoren

Das Angebot an Produktionsfaktoren hängt von den besonderen Merkmalen dieser Produktionsfaktoren und den Präferenzen ihrer Eigentümer ab. Im allgemeinen reagiert das Angebot positiv auf Preiserhöhungen, wie im Bereich unter *A*. Bei Produktionsfaktoren mit fixem Angebot wie Boden ist die Angebotskurve absolut unelastisch wie von *A* nach *B*. In speziellen Fällen, in denen ein höherer Faktorpreis das Einkommen des Faktoreigentümers stark erhöht, beispielsweise im Fall von Arbeit oder Öl, kann die Angebotskurve rückwärts gekrümmt sein, wie im Bereich oberhalb von *B*.

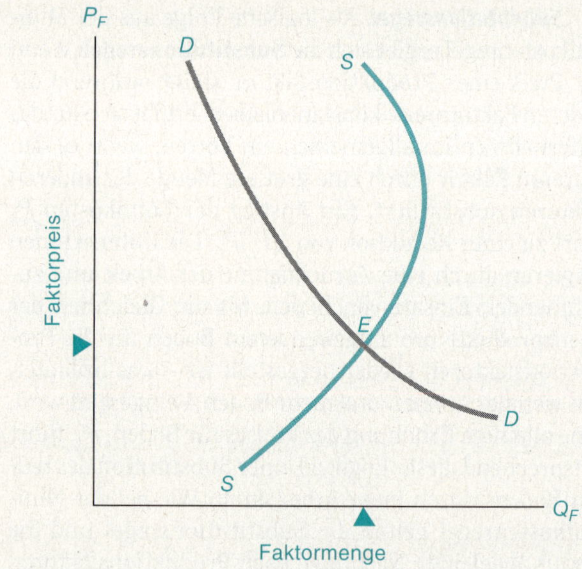

Abbildung 12-5: Faktorangebot und abgeleitete Nachfrage wirken bei der Bildung der Faktorpreise und der Einkommensverteilung zusammen

Die Faktorpreise werden durch die Wechselwirkung zwischen Faktorangebot und -nachfrage gebildet. Steigt die Nachfrage nach einem Produktionsfaktor mit unelastischem Angebot, steigt auch das Gesamteinkommen aus diesem Faktor. Ebenso wirken sich Angebot und Nachfrage nach LKW, Computerprogrammierern oder Bürogebäuden auf deren Preise und die verkauften Mengen aus. An welchem Punkt senkt eine Nachfragesteigerung sowohl die angebotene Menge als auch das Gesamteinkommen aus diesem Produktionsfaktor?

Boden aller Unternehmen zu diesem Preis; und ebenso verfahren wir für jeden anderen Bodenpreis. Mit anderen Worten, *wir addieren alle Nachfragekurven der einzelnen Unternehmen, um die Marktnachfragekurve für einen Produktionsfaktor zu erhalten.*[3] Nach derselben Methode gehen wir bei allen Produktionsfaktoren vor und addieren alle abgeleiteten Nachfragemengen sämtlicher Branchen, um die Marktnachfrage nach jedem Produktionsfaktor zu ermitteln. Und in jedem Fall basiert die abgeleitete Nachfrage nach Traktoren oder Hilfsarbeitern oder nach allen anderen Produktionsfaktoren auf dem Wertgrenzprodukt des betreffenden Faktors. Abbildung 12-5 zeigt eine allgemeine Nachfragekurve für einen Produktionsfaktor als *DD*-Kurve.

Wir können dasselbe Verfahren auch für alle einzelnen Anbieter auf dem Markt anwenden. Das bedeutet, daß wir bei jedem Preisniveau des Produktionsfaktors *alle einzelnen angebotenen Mengen horizontal addieren, um das Marktangebot zu ermitteln.* Die hypothetische Produktionsfaktor-Angebotskurve ist in Abbildung 12-5 als *SS* dargestellt.

Der Gleichgewichtspreis eines Produktionsfaktors auf einem vollkommenen Markt stellt sich auf jenem Niveau ein, auf dem die angebotenen und die nachgefragten Mengen identisch sind. Das wird in Abbildung 12-5 illustriert, wo sich die abgeleitete Nachfragekurve eines Produktionsfaktors mit dessen Angebotskurve in Punkt *E* schneidet. Bei diesem Preis, und nur bei diesem Preis, ist die Menge, die die Eigentümer des Produkti-

[3] Bitte beachten Sie, daß dieses Verfahren der horizontalen Addition der Nachfragekurven exakt dasselbe ist, das wir bereits zur Ermittlung der Marktnachfragekurven für Konsumenten in Kapitel 5 angewandt haben.

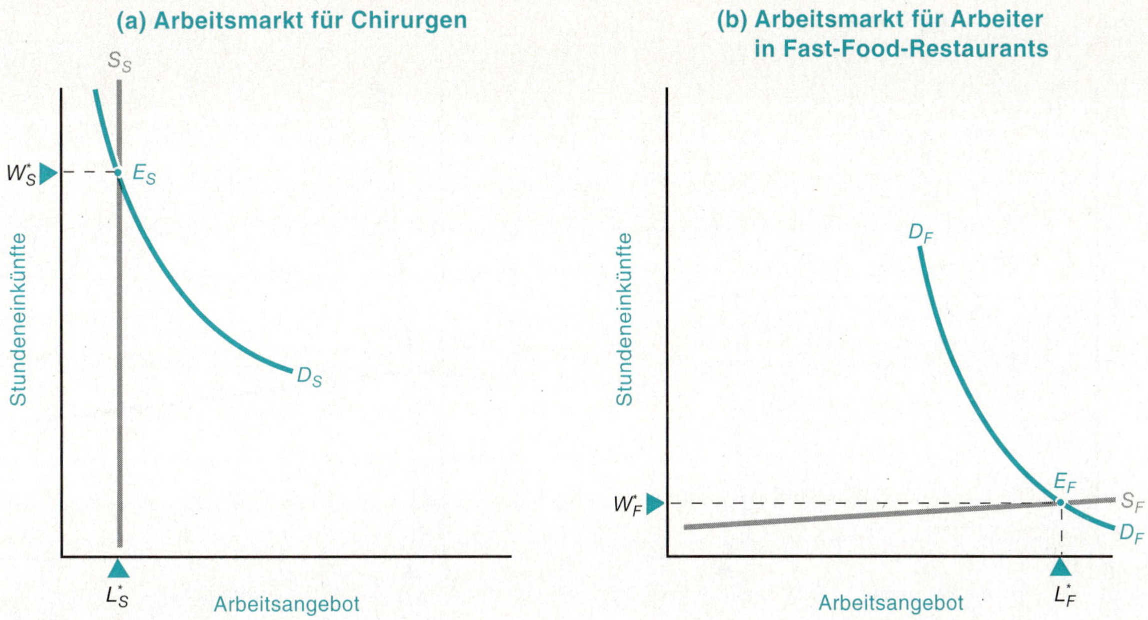

Abbildung 12-6: Der Arbeitsmarkt für Chirurgen und Arbeiter in Fast-Food-Restaurants

In **(a)** sehen wir die Auswirkungen eines begrenzten Angebots an Chirurgen: geringe Zahl und hohe Einkünfte der Chirurgen. Welche Auswirkungen auf die Gesamteinkünfte von Chirurgen und den Preis für eine Operation hätte wohl eine Gesundheitsreform, die das Chirurgenangebot erhöht?
In **(b)** ermöglichen der offene Marktzutritt und die geringen Ausbildungserfordernisse ein besonders elastisches Angebot. Die Löhne werden gedrückt, und der Beschäftigungsstand ist hoch. Welche Auswirkungen auf Löhne und Beschäftigungsstand würden sich bei vermehrtem Zustrom von Teenagern zu diesen Jobs ergeben?

onsfaktors anzubieten gewillt sind, im Gleichgewicht mit der Menge, die die Käufer kaufen wollen. Bei einem niedrigeren Preis wird die heftige Nachfrage den Preis nach oben drücken. Und was geschieht, wenn der Preis über dem Gleichgewicht liegt?

Skalpell und Fritteuse. Wenden wir doch die bisher erörterten Konzepte auf zwei Faktormärkte an, um zu sehen, warum die Einkommensdisparitäten eigentlich so groß sind. Abbildung 12-6 zeigt die Marktsituation für zwei Arten von Arbeit – die von Chirurgen und die von Arbeitern in Fast-Food-Restaurants. Das Angebot an Chirurgen ist infolge der hohen Anforderungen für diesen Beruf, wie Praxiszulassung sowie Länge und Kosten des Studiums und der Ausbildung, stark eingeschränkt. Aus diesem Grund gibt es im gesamten Staatsgebiet der USA nur etwa 50.000 praktizierende Chirurgen. Die Nachfrage nach chirurgischen Eingriffen steigt ebenso wie jene nach anderen Gesundheitsdiensten rapide an. Die Folge davon ist, daß Chirurgen ein durchschnittliches Jahreseinkommen von $ 300.000 erhalten. Und die weiter steigende Nachfrage wird das Einkommen von Chirurgen auch in Zukunft drastisch in die Höhe treiben, während beim Output nur wenig Zuwachs zu erwarten ist.

Am anderen Ende der Einkommensskala stehen beispielsweise die Niedriglohnjobs in Fast-Food-Ketten. Diese Jobs erfordern keine besondere Fähigkeit oder Ausbildung und stehen praktisch jedermann offen. Das Angebot ist in diesem Bereich sehr elastisch, und die Zahl der in Fast-Food-Ketten Beschäftigten ist von 1,5 Millionen 1970 auf 2,5 Millionen 1993 angestiegen. Die Löhne liegen hier knapp über dem Mindestlohn, was auf den problemlosen Marktzutritt zurückzuführen ist, und der durchschnittliche Vollzeitbeschäftigte in einem Fast-Food-Restaurant verdient $ 12.000 jährlich. Was aber sind die Gründe für diese enorme Einkommensdifferenz zwischen Chirurgen und Hamburgerverkäufern? Hauptsächlich wohl die Qualität der Arbeit, nicht die Anzahl der Arbeiterstunden.

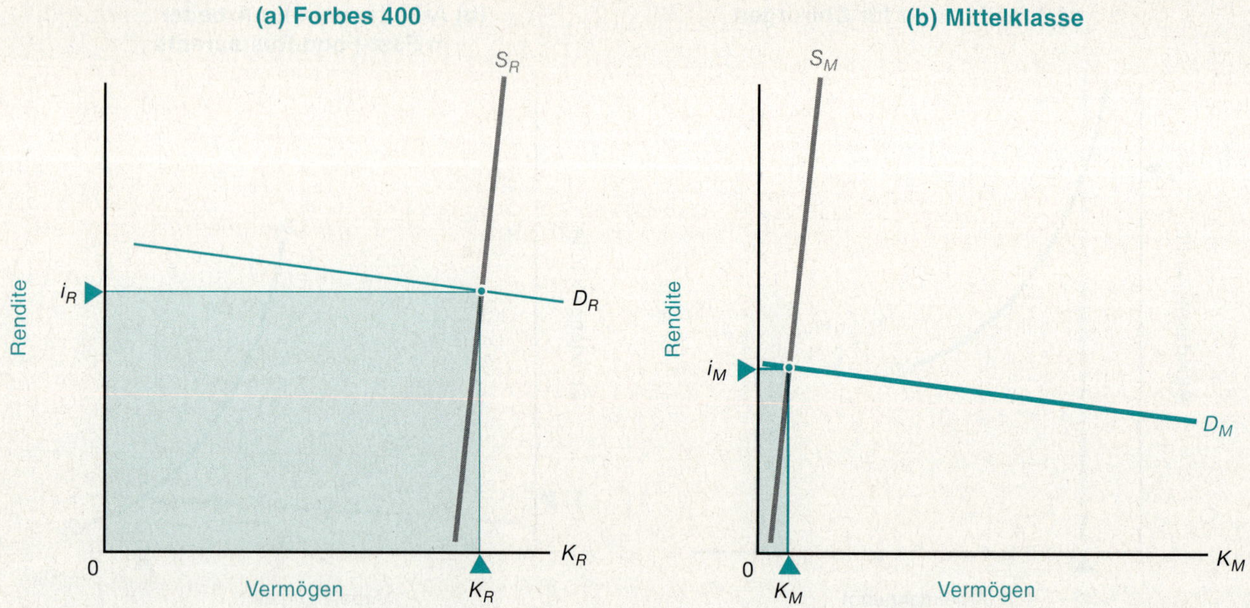

Abbildung 12-7: Unterschiede bei den Besitzeinkünften

Die wirklich Reichen in **(a)** verfügen über viel mehr Vermögen. Weil sie ihre Investitionen in riskanteren Bereichen tätigen, ergibt die Nachfrage nach ihren Investitionen eine etwas höhere Rendite als die Nachfrage nach Investitionen der Mittelklasse. Die blau unterlegten Rechtecke sind das Produkt aus Vermögen und Rendite und ergeben das jährliche Besitzeinkommen.

Die Mittelklasse in **(b)** verfügt über weniger Besitz und investiert diesen konservativ. Das gesamte Besitzeinkommen fällt demnach bescheiden aus.

Die Reichen und die anderen. Ein Mitglied der reichen Forbes 400 verfügt vielleicht über ein Einkommen von $ 50 Millionen aus Zinsen, Dividenden und anderen Besitzeinkünften, während der durchschnittliche amerikanische Haushalt aus seinem Geldvermögen weniger als $ 1000 jährlich verdient. Abbildung 12-7 erklärt diesen Unterschied. Zwar sind die Renditen, die die Reichen aus ihren Aktien oder Anleihen erhalten, gar nicht so viel höher als jene der Mittelklasse, aber die Vermögensbasis der Reichen ist um so vieles größer. Die schattierten Rechtecke in Abbildung 12-7 zeigen die Kapitaleinkommen der beiden Gruppen. Können Sie erkennen, warum es die Höhe des Vermögens und nicht so sehr die Höhe der Rendite ist, die das Rechteck der Reichsten so groß macht?

Diese beiden Beispiele zeigen, daß Faktorpreise und Einkommen der Menschen nicht nur eine Frage von Glück oder Pech sind. Nein, die Kräfte von Angebot und Nachfrage wirken dahingehend, daß hohe Faktorrenditen dort zu erwarten sind, wo Produktionsfaktoren entweder beschränkt angeboten oder stark nachgefragt werden, was sich im hohen Wertgrenzprodukt widerspiegelt. Wird ein Produktionsfaktor wie beispielsweise Chirurgen knapper, etwa weil größere Einkommensanteile für chirurgische Maßnahmen aufgewendet werden, während das Angebot an Chirurgen beschränkt ist, steigt der Preis für diesen Faktor, und Chirurgen dürfen sich über hohe Einkommen freuen. Wenn die Nachfrage auf einem Gebiet wie etwa der Psychiatrie jedoch zurückgeht – vielleicht weil der Kongreß und die Versicherungsgesellschaften beschließen, ab sofort nur noch einen geringeren Kostenanteil zu übernehmen, oder weil ein vergleichbares Substitutionsangebot durch Sozialarbeiter und Psychologen Patienten von ihnen abziehen, oder einfach, weil Psychiater weniger häufig aufgesucht werden –, fallen die Einkommen der Psychiater. Der Wettbewerb gibt und der Wettbewerb nimmt.

DIE VERTEILUNG DES VOLKSEINKOMMENS

Mit unserem neuen Verständnis der Grenzproduktivitätstheorie können wir uns nun erneut der Frage zuwenden, die wir zu Beginn dieses Kapitels gestellt haben. Wie sorgen in einer Welt intensiven Wettbewerbs die Märkte für die Aufteilung der nationalen Produktionsleistung auf zwei oder mehrere Produktionsfaktoren?

Eine vereinfachte Theorie der Faktoreinkommensverteilung wurde erstmals von John Bates Clark, einem renommierten Ökonomen, der um die Jahrhundertwende an der Columbia University tätig war, vorgestellt. Sie läßt sich auf eine ganze Reihe von Wirtschaftsgütern und Produktionsfaktoren auf vollkommenen Märkten anwenden. Am besten ist sie jedoch zu verstehen, wenn wir uns eine vereinfachte Welt mit nur einem einzigen Produkt vorstellen, in der die Buchführung in Sachwerten erfolgt. Bei diesem Produkt könnte es sich um Mais oder einen Warenkorb handeln, wir nennen es auf jeden Fall *Q*. Indem wir darüber hinaus seinen Preis mit 1 festsetzen, können wir die gesamte Diskussion in Sachwerten abführen, wobei der Produktionswert *Q* entspricht und die Löhne dem Sachlohn in Form von Gütern oder *Q* entsprechen. In dieser Situation zeigt uns eine Produktionsfunktion an, wieviel *Q* mit jeder Menge Arbeitsstunden *L* und wieviel mit jeder Flächenmenge homogenen Bodens *A* produziert wird. Bitte beachten Sie folgendes:

Weil $P = 1$, gilt bei vollständigem Wettbewerb $MRP = MP \times P = MP \times 1 = MP$ und der Lohn $= MP_L$.

Clark argumentiert folgendermaßen: Ein erster Arbeiter erwirtschaftet ein hohes Grenzprodukt, weil er eine sehr große Menge an Boden zu bearbeiten hat. Arbeiter 2 weist schon ein geringfügig kleineres Grenzprodukt auf. Aber die beiden Arbeiter sind gleichwertig, sie müssen also denselben Lohn bekommen. Welchen Lohn? Das *MP* von Arbeiter 1? Das geringere *MP* von Arbeiter 2? Oder den Durchschnitt aus diesen beiden Werten?

Unter Bedingungen vollständigen Wettbewerbs, unter denen es den Grundeigentümern freisteht, so viele oder so wenige Arbeiter einzustellen, wie sie wollen, ist die Antwort einfach: Die Grundeigentümer werden den zweiten Arbeiter niemals freiwillig einstellen, wenn der Marktlohn, den sie ihm zu zahlen hätten, über dem Grenzprodukt dieses Arbeiters liegt. Deshalb sorgt die Nachfragekurve der Arbeit dafür, daß *alle* Arbeiter einen Lohn erhalten, der dem Grenzprodukt des letzten Arbeiters entspricht.

Aber es entsteht ein Überschuß des Gesamtproduktionsergebnisses gegenüber den Löhnen, weil die früheren Arbeiter höhere *MP*s hatten als der letzte Arbeiter.

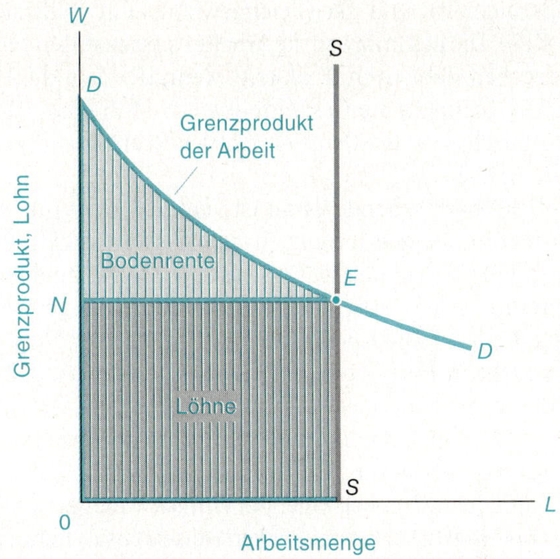

Abbildung 12-8: Die Grenzproduktkurve bestimmt die Einkommensverteilung auf die Produktionsfaktoren

Jeder vertikale Streifen stellt das Grenzprodukt der jeweiligen Arbeitseinheit dar. Man ermittelt die gesamte nationale Produktion demnach durch Addition aller vertikalen Streifen bis zum Arbeitsgesamtangebot in *S*. Die Produktionsverteilung ergibt sich aus der Grenzproduktkurve. Die Gesamtlöhne bilden das untere Rechteck (entsprechend Lohn 0*N* mal Arbeitsmenge 0*S*). Das verbleibende Dreieck *NDE* oben ergibt die Bodenrente.

Was passiert mit den höheren *MPs*, die von allen früheren Arbeitern erarbeitet werden? Dieser Überschuß verbleibt dem Grundeigentümer als Residualeinkommen, das wir später als *Rente* bezeichnen werden. Warum verdienen die Grundeigentümer, die ja ihre Martinis ebensogut Tausende von Meilen weit weg schlürfen können, überhaupt etwas mit ihrem Boden? Beuten sie die Arbeiter aus oder verfügen sie über irgendeine Art von Monopol? Eigentlich nicht. Jeder Grundeigentümer ist ein Marktteilnehmer auf dem Wettbewerbsmarkt für Grund und Boden, und er verpachtet seinen Boden zum besten Preis. So wie die Arbeiter untereinander um Jobs konkurrieren, konkurrieren die Grundeigentümer untereinander um die Arbeiter. In Clarks Welt gibt es keine Absprachen, keine Arbeitgeberverbände und keine Gewerkschaften.

Abbildung 12-8 zeigt, daß die Grenzproduktkurve der Arbeit die *DD*-Nachfragekurve aller Arbeitgeber zu Sachlöhnen (in Mais oder Markt-Warenkörben oder *Q*-Einheiten) ergibt. Die Bevölkerung oder das Arbeitskräftepotential versorgt uns mit dem Angebot an Arbeit (als *SS* eingezeichnet), und der Gleichgewichtslohn stellt sich bei *E* ein. Die gesamten an die Arbeiter ausbezahlten Löhne ergeben sich durch $W \times L$ (z.B. wenn $W = 5$ und $L = 1$ Million, betragen die Gesamtlöhne = 5 Millionen); dies wird durch den dunklen Bereich des Rechtecks dargestellt, 0*SEN*.

Das Überraschende daran ist, daß wir nicht nur die Arbeitslöhne, sondern zugleich auch das Renteneinkommen aus dem Grundbesitz ermittelt haben. Das hellblaue Rentendreieck *NDE* in Abbildung 12-8 mißt das gesamte zusätzliche Produktionsergebnis, das zwar produziert, aber nicht in Form von Löhnen ausbezahlt wurde. Die Größe des Rentendreiecks bestimmt sich daraus, wie sehr das *MP* der Arbeit abnimmt, wenn zusätzliche Arbeitsleistung eingesetzt wird – das heißt durch das Ausmaß der abnehmenden Grenzerträge. Bei einigen wenigen qualitativ hochwertigen Grundstücken weisen zusätzliche Arbeitseinheiten drastisch abnehmende Grenzerträge auf, und der Anteil der Grundeigentümerrente ist groß. Wenn dagegen eine große Fläche homogenen Waldbodens zur Verfügung steht, der erst gerodet werden muß, ist die Tendenz zur Abnahme der Grenzerträge gering, und die Rente für dieses noch ungerodete Land kann winzig klein sein.

In Abbildung 12-8 haben wir die Löhne etwa dreimal so hoch wie die Grundeigentümerrente eingezeichnet. Dieses Verhältnis 3 zu 1 zwischen Arbeitseinkommen und arbeitslosem Einkommen spiegelt die Tatsache wider, daß Löhne und Gehälter etwa drei Viertel des Volkseinkommens ausmachen.

Grenzproduktivitätstheorie bei einer Vielzahl von Produktionsfaktoren

Die Grenzproduktivitätstheorie ist ein wichtiger Schritt auf dem Weg zum Verständnis der Preisbildung bei den verschiedenen Produktionsfaktoren. Bitte beachten Sie außerdem, daß die Positionen Boden und Arbeit auch vertauscht werden können, so daß man zu einer umfassenden Verteilungstheorie gelangt. Um die Funktionen von Arbeit und Boden zu vertauschen, hält man die Arbeit konstant und fügt zusätzliche variable Einheiten an Boden zu einem fixen Arbeitseinsatz hinzu. Berechnen Sie die Grenzprodukte für jede zusätzliche Bodeneinheit.

Zeichnen Sie nun eine Nachfragekurve, aus der ersichtlich wird, wie viele Flächeneinheiten Boden die Inhaber des Faktors Arbeit bei der jeweiligen Rentenhöhe nachfragen werden. Bestimmen Sie bitte in der neuen Version der Abbildung 12-8, die Sie zeichnen, einen neuen Gleichgewichtspunkt *E'*. Ermitteln Sie das Rentenrechteck des Bodens, das durch sein *MP* bestimmt wird, sowie das Dreieck für das Residualeinkommen aus den Arbeitslöhnen. Und beachten Sie schließlich bitte auch die vollkommene Symmetrie der Faktoren. Dieses neue Diagramm zeigt uns, daß wir uns die Verteilungs-Anteile jedes einzelnen Produktionsfaktors als von deren wechselseitig abhängigen Grenzprodukten bestimmt vorstellen müssen.

Doch damit nicht genug. Anstelle von Arbeit und Boden können wir auch annehmen, daß die einzigen beiden Faktoren Arbeit und einige flexible Kapitalgüter wären. Nehmen wir an, eine geglättete Produktionsfunktion setzt *Q* in eine Beziehung zu Arbeit und Kapital, die durch dieselben generellen Eigenschaften bestimmt ist wie in Abbildung 12-8. In diesem Fall können Sie Abbildung 12-8 neu zeichnen, und Sie erhalten ein gleiches Bild für die Einkommensverteilung zwischen Arbeit und Kapital. Ja, wir können dieselbe Vorgangsweise bei drei, vier und jeder beliebigen Anzahl von Produktionsfaktoren anwenden.

Auf vollkommenen Märkten wird die Inputnachfrage durch die Grenzprodukte der Produktionsfaktoren bestimmt. Im vereinfachten Fall, in dem die Faktoren in Form des einzigen Outputs bezahlt werden, erhalten wir folgende Gleichung:

Lohn = Grenzprodukt der Arbeit
Rente = Grenzprodukt des Bodens

und so weiter für jeden Produktionsfaktor. Damit werden genau 100 Prozent des Produktionsergebnisses bzw. der produzierten Menge unter allen Produktionsfaktoren verteilt, nicht mehr und nicht weniger.

Wir erkennen, daß die Theorie der gesamtwirtschaftlichen Einkommensverteilung mit der Preisbildung jeder beliebigen Anzahl von Gütern, die mit jeder beliebigen Anzahl von Produktionsfaktoren erzeugt werden, unter vollständigen Wettbewerbsbedingungen in Einklang steht. Diese so einfache, aber bedeutende Theorie zeigt uns, daß die Einkommensverteilung in einer vollkommenen Marktwirtschaft an die Produktivität gebunden ist.

Da wir nun die allgemeinen Prinzipien verstehen, die der Preisbildung der Produktionsfaktoren und der Einkommensverteilung zugrunde liegen, können wir uns einer eingehenderen Diskussion der drei wichtigsten Faktormärkte – Boden, Arbeit und Kapital – zuwenden.

ZUSAMMENFASSUNG

A. Die Verteilung von Einkommen und Vermögen

1. Die Verteilungstheorie befaßt sich mit der grundlegenden Frage, *für wen* die Wirtschaftsgüter denn erzeugt werden. Bei der Untersuchung, wie sich die Preise der diversen Produktionsfaktoren – Boden, Arbeit, Kapital und Risikoübernahme – auf dem Markt bilden, interessiert sich die Verteilungstheorie dafür, wie Faktorangebot und -nachfrage miteinander verbunden sind und wie dadurch alle Arten von Löhnen, Renten, Zinssätzen und Gewinnen bestimmt werden.
2. Der Begriff Einkommen bezeichnet die gesamten baren und unbaren Einkünfte einer Einzelperson oder eines Haushaltes während eines bestimmten Zeitraums (üblicherweise ein Jahr). Das Einkommen setzt sich aus Einkünften aus Arbeit, Besitz und staatlichen Transferzahlungen zusammen. Das Vermögen besteht aus dem Nettogeldwert der Vermögenswerte, die jemand zu einem bestimmten Zeitpunkt besitzt. Beachten Sie bitte, daß Vermögen eine Bestandsgröße (vergleichbar mit Wasser in einem Staudamm) ist, während das Einkommen eine Flußgröße pro Zeiteinheit darstellt (man denke an das Wasser in einem Fluß).
3. Das Volkseinkommen besteht aus sämtlichen Einkünften aus Arbeit und Besitz, die durch die Wirtschaft in einem Jahr erwirtschaftet wurden. Der Staat hebt einen gewissen Teil dieses Volkseinkommens in Form von Steuern ein und gibt diese Einnahmen teilweise in Form von Transferzahlungen wieder zurück. Das persönliche Einkommen einer Einzelperson nach Steuern umfaßt die Erträge aus allen Produktionsfaktoren – Arbeit und Besitz –, die dieser Person gehören, zuzüglich der vom Staat erhaltenen Transferzahlungen, abzüglich Steuern.

B. Grenzproduktivität und Faktorpreise

4. Um die Nachfrage nach Produktionsfaktoren verstehen zu können, müssen wir die Produktionstheorie und die daraus abgeleitete Faktornachfrage analysieren. Die Nachfrage nach Inputs ist eine derivative oder abgeleitete Nachfrage: Wir fragen Öfen und Ackerboden nicht um ihrer selbst willen nach, sondern wegen der Kuchen und Brötchen, die damit für die Konsumenten produziert werden können. Die Faktornachfragekurven werden aus den Güternachfragekurven abgeleitet. Eine Aufwärtsverschiebung der Nachfragekurve nach dem Endprodukt verursacht eine entsprechene Aufwärtsverschiebung der abgeleiteten Faktornachfragekurve; eine geringere Elastizität in der Güternachfrage führt zu einer geringeren Elastizität der derivativen Faktornachfrage.
5. Wir haben uns bereits in früheren Kapiteln mit den Konzepten der Produktionsfunktion und der Grenzprodukte auseinandergesetzt. Die Nachfrage nach einem Faktor wird aus dem Wertgrenzprodukt (*MRP*) abgeleitet, das als jener zusätzliche Erlös definiert wird, der aus dem Einsatz einer zusätzlichen Faktoreinheit erzielt wird. Auf jedem Markt entspricht das *MRP* dem Grenzerlös, der durch den Verkauf einer zusätzlichen Produkteinheit mal dem Grenzprodukt eines Produktionsfaktors erzielt wird ($MRP = MR \times MP$). In Unternehmen, die im vollständigen Wettbewerb agieren, kann diese Formel, weil der Preis dem Grenzerlös entspricht, auf $MRP = P \times MP$ vereinfacht werden.
6. Ein Unternehmen strebt nach Gewinnmaximierung (und Kostenminimierung), wenn es das *MRP* jedes Produktionsfaktors mit den Faktorgrenzkosten, also dem Faktorpreis, gleichsetzt. Dasselbe läßt sich auch als Bedingung formulieren, wobei das *MRP* pro Geldeinheit-Input für jeden Produktionsfaktor gleichgesetzt wird. Diese Bedingung muß im Gleichgewicht gelten, weil ein Arbeitgeber, der sich um Gewinnmaximierung bemüht, jeden Produktionsfaktor bis zu jenem Ausmaß einsetzt, bei dem das Grenzprodukt des Produktionsfaktors soviel an wertmäßigem Grenzerlös einbringt, wie der Faktor kostet.
7. Um die Marktnachfragekurve für einen Faktor zu ermitteln, addieren wir die Nachfragekurven aller Unternehmen horizontal. Diese bestimmt zusammen mit der speziellen Angebotskurve des einzelnen Faktors das Angebots- und Nachfragegleichgewicht. Zum Marktpreis des Produktionsfaktors sind nachgefragte und angebotene Mengen absolut gleich – nur im Gleichgewicht ist der Faktorpreis stabil und tendiert zu keinerlei Veränderungen.
8. Die Grenzproduktivitätstheorie der Einkommensverteilung analysiert die Art und Weise, wie das gesamte Volkseinkommen auf die verschiedenen Produktionsfaktoren verteilt wird. Der Wettbewerb unter den zahlreichen Grundbesitzern und Arbeitern führt zu einer Faktorpreisentwicklung in Richtung ihrer jeweiligen Grenzprodukte. Dieser Prozeß bewirkt die Verteilung der gesamten 100 Prozent des Produktionsergebnisses. Jeder Produktionsfaktor, nicht nur Arbeit, kann ein variabler Faktor sein. Da jede Faktoreinheit nur in Höhe des *MP*s der *letzten* eingesetzten Einheit bezahlt wird, kommt es zu einem Residualüberschuß an Output, der von den *MP* früherer Inputs übrigbleibt. Dieser Restwert entspricht bei einer Preisbildung nach der Grenzproduktivität genau den Einkommen der anderen Produktionsfaktoren. Daher ergibt die Grenzproduktivitätstheorie der Einkommensverteilung, auch wenn es sich um ein vereinfachtes Modell handelt, ein logisch komplettes Bild der Verteilung des Volkseinkommens unter Bedingungen vollständigen Wettbewerbs.

BEGRIFFE ZUR WIEDERHOLUNG

Einkommensverteilung
Einkommen, Vermögen
Volkseinkommen
Transferzahlungen
persönliches Einkommen
Grenzprodukt, Wertgrenzprodukt
abgeleitete (derivative) Nachfrage

Wertgrenzprodukt des Produktionsfaktors i
$= (MRP_i) = MR \times MP_i$
$= P \times MP_i$ bei Unternehmen im vollständigen Wettbewerb
gesamtwirtschaftliche Verteilungstheorie
MP-Rechteck, Dreieck der Residualrente
Faktornachfrage bei vollständigem Wettbewerb:

$MP_i \times P = \text{Faktorpreis}_i$
woraus sich die Minimalkostenregel ableitet:

$$\frac{MP_L}{P_L} = \frac{MP_A}{P_A} = \ldots$$

$$= \frac{1}{\text{Grenzerlös}}$$

FRAGEN UND BEISPIELE

1. Definieren Sie Grenzprodukt und Wertgrenzprodukt für einen Maisbauern. Welche Einheiten gelten für die beiden Produkte? Erklären Sie in einfachen Worten, warum das Ziel der Gewinnmaximierung es erforderlich macht, daß das Wertgrenzprodukt jedes einzelnen Produktionsfaktors dessen Preis entsprechen muß.
2. Benennen Sie für jeden der folgenden Produktionsfaktoren das Endprodukt, aus dem sich seine abgeleitete Nachfrage ergibt: Ackerland, Benzin, Friseur, Produktionswerkzeuge für die Skierzeugung, Weinpresse, Volkswirtschafts-Lehrbuch.
3. Setzen Sie in der Grenzproduktivitätstheorie in Abbildung 12-8 Boden anstelle von Arbeit als variablen Input ein. Zeichnen Sie die Abbildung neu und erklären Sie die Grenzproduktivitätstheorie mit Hilfe dieses neuen Diagramms. Was ist der Residualfaktor?
4. Erklären Sie, was an den folgenden Aussagen falsch ist:
   a. Das Grenzprodukt wird als Produktionsmenge pro Arbeitskraft berechnet.
   b. Die Verteilungstheorie ist einfach. Man stellt einfach fest, wieviel mit jedem einzelnen Produktionsfaktor produziert werden kann und weist ihm dann seinen Produktionsanteil zu.
   c. Unter Wettbewerbsbedingungen bestimmt sich der Lohn der Arbeitskraft anhand der von ihnen erzeugten Produktionsmenge abzüglich der Kosten für die Rohmaterialien.
5. Nehmen Sie an, die Produktionsmenge eines Landes wächst in jedem Jahrzehnt rascher als der gesamte eingesetzte Faktor Arbeit. Weisen Sie nach, daß bei etwa gleich hohem Lohnanteil an der Produktion die Reallöhne steigen müssen.
6. Arbeiterführer haben immer wieder verlangt: „Ohne Arbeit keine Produktion. Daher muß die *gesamte* Produktion den Arbeitern zugute kommen." Vertreter des Kapitals könnten einwenden: „Ohne Kapitalgüter brächte die vereinigte Arbeiterschaft überhaupt nichts zustande. Eigentlich gebührt dem Kapital die gesamte Produktion." Analysieren Sie, was an den beiden Aussagen jeweils falsch ist. Weisen Sie nach, daß, müßten wir uns diesen Argumenten anschließen, 200 oder 300 Prozent der Produktion auf zwei oder drei Produktionsfaktoren entfallen müßten, obwohl es doch nur 100 Prozent zu verteilen gibt. Wie kann die Grenzproduktivitätstheorie von Clark diesen Streit schlichten?
7. Zeichnen Sie die Angebots- und Nachfragekurven für den Ölmarkt. Nehmen wir nun an, ein neues Elektroauto würde die Nachfrage nach Rohöl verringern. Zeichnen Sie die neue Nachfragekurve und das neue Gleichgewicht ein. Beschreiben Sie das Ergebnis einer solchen Entwicklung anhand des Ölpreises, des Ölverbrauchs und des Gesamteinkommens der Ölproduzenten.
8. Studieren Sie die Grenzproduktivitätstheorie der Einkommensverteilung in Abbildung 12-8. Steigt das Arbeitsangebot wegen einer starken Einwanderungsbewegung, wandert die Wirtschaft entlang der Arbeitsnachfragekurve nach unten. Sinken damit auch die Lohnkosten im betreffenden Land? (Beweisen Sie, daß die Antwort ja lauten muß.) Steigen die Bodenrenten? (Beweisen Sie auch hier, daß die Antwort ja lauten muß.) Können Sie sagen, was mit dem absoluten Gesamtwert des Bodenrechtecks sowie mit dem Anteil der Arbeitseinkommen am Gesamteinkommen passiert? (Beweisen Sie, daß die Antworten jeweils ja und nein lauten.)
9. Studieren Sie Abbildung 12-6. Gehen Sie davon aus, daß eine Gesundheitsreform die aggregierte Nachfrage weg von Hamburgern und hin zum Gesundheitswesen verschiebt. Zeichnen Sie die neuen Nachfragekurven und die neuen Gleichgewichtspunkte. Beschreiben Sie das Ergebnis anhand von Löhnen, Beschäftigungsstand und Gesamteinkommen von Chirurgen und Arbeitern in Fast-Food-Ketten.

KAPITEL 13

LÖHNE UND ARBEITSMARKT

Arbeit ist der Fluch der trinkenden Klasse.

Oscar Wilde

Arbeitende Menschen sind mehr als abstrakte Produktionsfaktoren. Sie sind lebende Wesen mit Familien, Wünschen und Bedürfnissen, die weit über die Bereitstellung ihres Arbeitsinputs für die Wirtschaft hinausgehen. Deshalb denken wir auch über Qualität und Quantität von Arbeitsplätzen nach, deshalb ist die Arbeitslosenrate ein zentrales soziales Problem, und deshalb werden auf dem Arbeitsmarkt ständig heftige Auseinandersetzungen und soziale Konflikte ausgetragen, die eine Menge politischen Sprengstoffs in sich bergen. Im letzten Jahrhundert fanden zwischen Arbeit und Kapital erbitterte Kämpfe um Löhne, Arbeitsbedingungen und das Recht auf gewerkschaftliche Organisation statt. Heute kämpfen Frauen und Minderheiten um gute Arbeitsplätze und gleiche Entlohnung.

In diesem Kapitel wollen wir uns damit beschäftigen, wie die Löhne in einer Marktwirtschaft gebildet werden. In Abschnitt A untersuchen wir noch einmal die Lohnbildung unter Bedingungen des vollständigen Wettbewerbs, wobei wir uns in erster Linie auf die Arbeitsnachfrage konzentrieren wollen. In Abschnitt B folgt das heikle Problem der auf dem Arbeitsmarkt festzustellenden Diskriminierung durch Arbeitgeber aufgrund rassischer oder Geschlechtsmerkmale. Der dritte Abschnitt, C, behandelt dann die wichtigsten Aspekte des Arbeitsangebotes auf Wettbewerbsmärkten. Wir schließen mit einem kurzen Überblick über das Thema Gewerkschaften, die eine der Möglichkeiten der Arbeiternehmer darstellen, ihr Arbeitsangebot kollektiv zu steuern.

A. LOHNBILDUNG BEI VOLLSTÄNDIGEM WETTBEWERB

DAS ALLGEMEINE LOHNNIVEAU

Obwohl es in jeder Wirtschaft eine große Bandbreite verschiedener Einkommen gibt, interessieren sich Ökonomen für den Durchschnittslohn als Indikator für die Ertragskraft der Arbeit im allgemeinen. Nach diesem Maßstab geht es den amerikanischen Arbeitern heute um vieles besser als noch vor 100 Jahren. In Abbildung 13-1 finden Sie die inflationsbereinigten durchschnittlichen Stundenlöhne der in der Produktion beschäftigten Arbeitnehmer seit 1890.

Die Arbeiternehmer aller Industriestaaten konnten drastische Zugewinne verzeichnen. Überall in Westeuropa, Japan und in den sich rasch industrialisierenden Län-

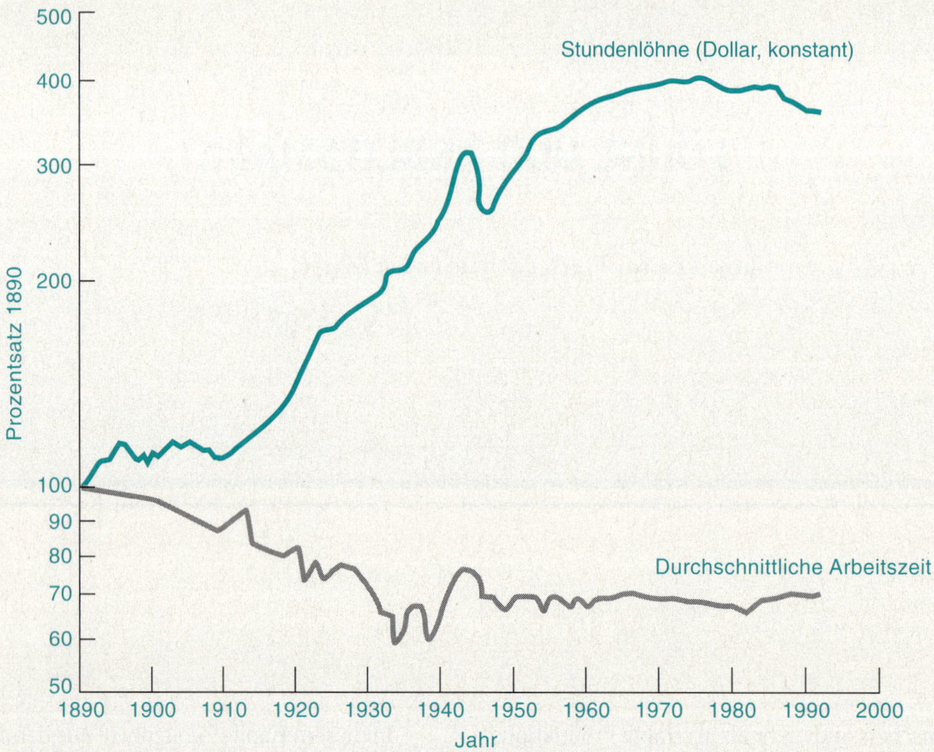

Abbildung 13-1: Die Löhne sind bei sinkender Arbeitszeit gestiegen

Angesichts der heute fortschrittlicheren Technologien und verbesserten Kapitalgüter genießen amerikanische Arbeitnehmer höhere Löhne, obwohl ihre Arbeitszeiten verkürzt werden konnten. Die langsameren Produktivitätszuwächse der letzten beiden Jahrzehnte haben zu einer Stagnation der Reallöhne geführt.

dern des Fernen Ostens läßt sich eine kontinuierliche, langfristige Erhöhung der Kaufkraft von Arbeitnehmern feststellen, die sich heute mehr Nahrung, Kleidung und Wohnraum kaufen, gesünder leben und sich über eine höhere Lebenserwartung freuen können als in der Vergangenheit. In Europa und in den USA zeichneten sich diese Fortschritte erstmals in der zweiten Hälfte des achtzehnten Jahrhundert ab, als sich im Gefolge der Industriellen Revolution mit ihrer enorm gesteigerten Produktionsleistung tiefgreifende technologische und soziale Veränderungen einstellten. Im Vergleich dazu war die Reallohnentwicklung vor der Industriellen Revolution durch ein ständiges Auf und Ab ohne echte langfristige Zugewinne gekennzeichnet.

Es soll hier nicht ausgesagt werden, daß sich die Industrielle Revolution für die Arbeiter als reine Wohltat erwies, vor allem, wenn man die Laissez-faire Periode im neunzehnten Jahrhundert im Auge hat. Nicht einmal die Novellen von Charles Dickens werden den entsetzlichen Bedingungen der Kinderarbeit, den Gefahren auf dem Arbeitsplatz und den erbärmlichen sanitären Bedingungen gerecht, die in den Fabriken des neunzehnten Jahrhunderts anzutreffen waren. Eine 84-Stunden-Arbeitswoche war die Regel, wobei Pausen nur für das Frühstück und gelegentlich für ein Mittagessen gewährt wurden. Ein großer Teil der benötigten Arbeit ließ sich schon aus Sechsjährigen herauspressen, und wenn eine Frau an einem Webstuhl zwei Finger verlor, blieben ihr immerhin noch acht. Obwohl auch heute in manchen amerikanischen Industriezweigen die Verletzungsgefahr groß ist und sogar Todesfälle bisweilen vorkommen, ist ein Vergleich mit den Zuständen im neunzehnten Jahrhundert absolut unzulässig.

Wie schwer es ein heutiger Industriearbeiter auch haben mag, sein Lebensstandard ist unvergleichlich höher, als es zu Zeiten des Agrarfeudalismus möglich gewesen wäre. Die Industrielle Revolution war für die Arbeiterklasse ein Riesenschritt nach vorne, keinesfalls ein Rückschritt. Erging es den Leuten auf den Bauernhöfen tatsächlich besser als in den Fabriken? Wohl kaum. In den Städten war die Armut allerdings deutlicher sichtbar. Das idyllische Bild des gesunden, fröhlichen Landlebens, bevölkert von kraftstrotzenden Freibauern und stets lustigem Gesinde, ist ein historischer Mythos, der praktisch für keine Region dieser Erde durch die statistischen Daten belegt wird.

ARBEITSNACHFRAGE

Läßt sich der enorme Sprung im allgemeinen Lohnniveau anhand einer sich verändernden Angebots- und Nachfragesituation erklären? Wie jeder andere Preis auch steigt der Lohn, wenn das Arbeitsangebot zurückgeht oder die Arbeitsnachfrage steigt. Daß das Arbeitsangebot nicht zurückgegangen sein kann, erscheint sicher, weil sich die Erwerbsbevölkerung in den USA seit 1890 vervierfacht hat, also schneller als die Gesamtbevölkerung gewachsen ist.

Um daher eine Erklärung für den enormen Sprung im Lohnniveau zu finden, müssen wir unsere Aufmerksamkeit auf jene Faktoren lenken, die die Arbeitsnachfrage bestimmen. Die dazu notwendigen Werkzeuge haben wir uns im letzten Kapitel erarbeitet, als wir erkannten, daß die Nachfrage nach einem Produktionsfaktor die Grenzproduktivität dieses Inputs widerspiegelt. Abbildung 13-2 illustriert die Grenzproduktivitätstheorie. Zu einer bestimmten Zeit und bei einem bestimmten Stand der Technologie gibt es eine Beziehung zwischen der Quantität der eingesetzten Arbeit und der Produktionsmenge. Auf Grund des Gesetzes der abnehmenden Grenzerträge wird durch jede zusätzliche Arbeits-Inputeinheit ein zunehmend geringerer Anstieg der Produktionsmenge erzielt. In dem Beispiel in Abbildung 13-2 liegt das unter Wettbewerbsbedingungen gebildete Lohnniveau bei einer Menge von 10 Arbeitseinheiten bei $ 20 pro Einheit.

Land	Löhne und Sozialleistungen auf dem Produktionssektor ($ pro Stunde, 1992)
Westdeutschland	26,90
Japan	19,23
Italien	19,00
USA	15,81
Großbritannien	14,61
Südkorea	4,93
Mexiko	2,35
Indien	0,80

Tabelle 13-1: Das allgemeine Lohnniveau variiert von Land zu Land enorm

Die westeuropäischen Länder, Japan und die Vereinigten Staaten sind Hochlohnländer, während die Stundenlöhne in Indien nur einen Bruchteil des amerikanischen Niveaus erreichen. Das allgemeine Lohnniveau wird durch Angebot und Nachfrage gebildet, aber hinter Angebot und Nachfrage steht die relative Verfügbarkeit der Produktionsfaktoren Arbeit, Kapital und Ressourcen sowie der Ausbildungs- und Technologiestand. (Quelle: U.S. Bureau of Labor Statistics; Amt für Arbeit der BRD. Die Zahlen weisen die Gesamt-Stundenkosten für die Arbeitgeber anhand der marktüblichen Wechselkurse aus.)

Abbildung 13-2: Die Arbeitsnachfrage spiegelt die Grenzproduktivität wider

Die Arbeitsnachfrage wird von ihrer Grenzproduktivität im Verhältnis zur nationalen Produktionsleistung bestimmt. Die hellgrauen, vertikal verlaufenden Streifen stellen die durch die erste, zweite … Arbeitseinheit erzielte zusätzliche Produktionsleistung dar. Das im Wettbewerb gebildete allgemeine Lohnniveau beträgt – entsprechend der Grenzproduktivität der zehnten Einheit – bei 10 Arbeitseinheiten $ 20 pro Einheit. Die Arbeits-Nachfragekurve verschiebt sich im Zeitablauf mit zunehmender Kapitalakkumulation, technologischem Fortschritt und Verbesserungen der Arbeitsqualität nach rechts oben

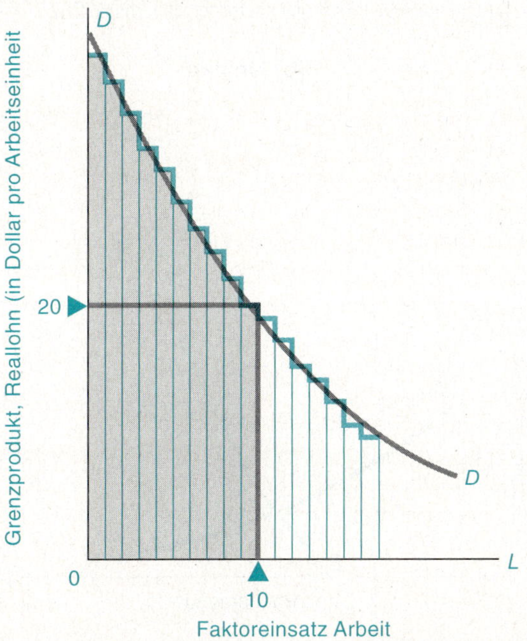

Aber haken wir hier noch nach. Es gibt grob gesprochen zwei Möglichkeiten, um die Grenzproduktivität und damit auch den Lohn eines Arbeitnehmers anheben zu können. So steigt erstens die Grenzproduktivität, wenn Arbeitnehmer über mehr oder bessere Kapitalgüter verfügen, mit denen sie arbeiten können. Man vergleiche dazu nur die Produktivität eines Deichgräbers, der einen Bulldozer verwendet, mit der Grableistung eines anderen, der mit seinem Spaten ans Werk geht; der Vergleich zwischen der Kopierleistung eines mittelalterlichen Schreibers und jener einer heutigen Sekretärin bestätigt dieses Ergebnis. Und zweitens ist die Grenzproduktivität gut aus- und weitergebildeter Arbeitnehmer im allgemeinen höher als jene von Arbeitern mit geringerem „Humankapital“.

Wir können nun verstehen, warum die Löhne und der Lebensstandard im letzten Jahrhundert so rapide angestiegen sind. Sie sind in den USA und anderen Staaten mit gut entwickelter Volkswirtschaft deshalb heute so hoch, weil hier beträchtliche Kapitalbestände akkumuliert wurden: dichte Straßen-, Eisenbahn- und Telekommunikationsnetze, Anlagenbestand, vielfältige maschinelle Ausstattung und entsprechende Lagerbestände an Ersatzteilen stehen heute den Arbeitnehmern zur Verfügung. Seit dem Ende des Zweiten Weltkrieges hat sich der Durchschnittsbetrag an Kapitalgütern pro Person mehr als verdoppelt. Aber, und das ist noch wichtiger, der technologische Fortschritt – beginnend bei der Stromversorgung über das Radio bis hin zum Computer und dergleichen – hat unsere Kapitalbestände viel produktiver gemacht.

Zur selben Zeit fand auch eine Verbesserung der Arbeitsqualität statt. Gleichgültig, welchen Maßstab man anlegt – Alphabetisierung, Schulbildung, berufliche Fortbildung –, die amerikanischen Arbeitskräfte des Jahres 1995 sind jenen des Jahres 1895 enorm überlegen. Eine Ausbildung von vielen Jahren ist erforderlich, um einen Ingenieur hervorzubringen, der Präzisionsgeräte entwerfen und bauen kann. Ein volles Jahrzehnt ist nötig, bis ein Mensch in der Lage ist, erfolgreich Gehirnoperationen durchzuführen. Insgesamt ist der Anteil derer, die eine abgeschlossene Collegeausbildung vorweisen können, von 6 Prozent im Jahr 1950 auf über 24 Prozent 1992 angestiegen. Eine derartige Akkumulationen von Humankapital stellt einen beachtlichen Antrieb für die Arbeitsproduktivität dar.

Abbildung 13-3: Die günstige Ressourcenlage, der hohe Ausbildungsstand der Arbeitskräfte, das professionelle Management sowie Kapitalausstattung und Stand der Technologie erklären die hohen US-Löhne

Angebot und Nachfrage führen in den USA zu einem höheren Wettbewerbslohn als in Mexiko. Die wichtigsten für die höheren US-Löhne ausschlaggebenden Faktoren sind die besser geschulten und ausgebildeten Arbeitskräfte, die Kapitalausstattung pro Arbeitskraft und die modernen Technologien.

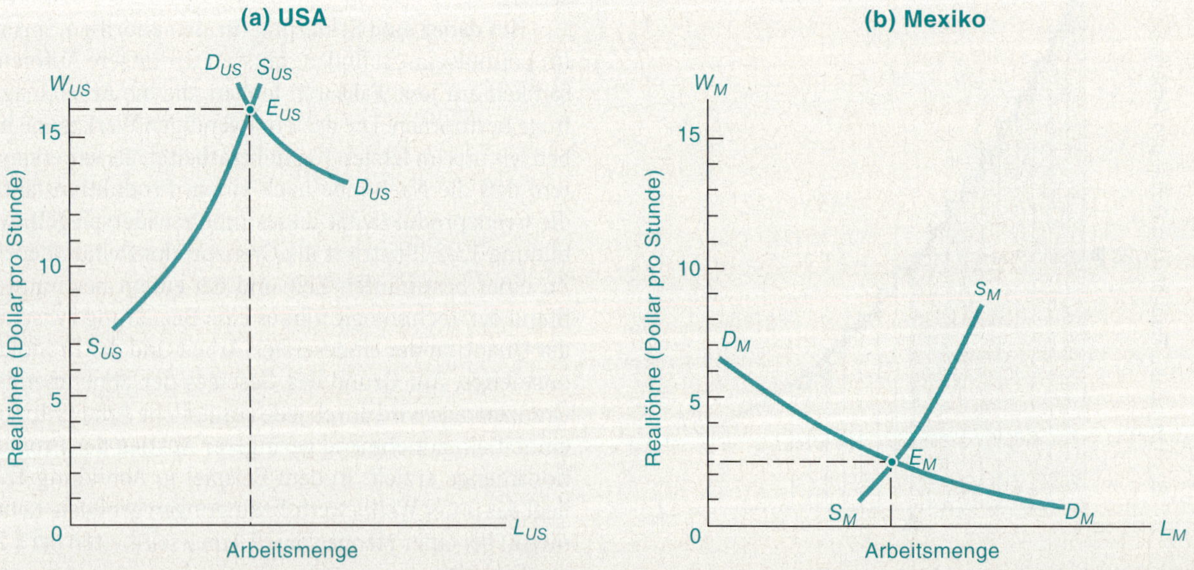

Internationaler Vergleich

Mit denselben Überlegungen läßt sich auch erklären, warum es weltweit derartige Unterschiede im Lohnniveau gibt. Betrachten wir Tabelle 13-1, in der die Durchschnittslöhne einschließlich Sozialleistungen auf dem industriellen Produktionssektor für acht Staaten ausgewiesen werden. Die Löhne sind in den USA siebenmal so hoch wie in Mexiko, in Japan viermal so hoch wie in Südkorea, in Großbritannien beinahe zwanzigmal so hoch wie in Indien. Wir sehen auch, daß das Entlohnungsniveau in Westeuropa und Japan über jenem in Nordamerika liegt.

Wie kommen derart enorme Unterschiede zustande? Es sind nicht die mexikanische und die indische Regierung, die sich gegen Lohnerhöhungen sperren, obwohl die staatliche Politik schon einen gewissen Einfluß auf Mindestlöhne und andere Aspekte des Arbeitsmarktes hat. Nein, die Reallöhne variieren zwischen den verschiedenen Ländern vor allem deshalb, weil die Kräfte von Arbeitsangebot und Arbeitsnachfrage ihre Wirkung entfalten. Betrachten wir etwa Abbildung 13-3. Nehmen wir an, Abbildung 13-3(*a*) beziehe sich auf die Situation in den USA, während Abbildung 13-3(*b*) die mexikanische Situation widerspiegelt. In Abbildung 13-3(*a*) wird das Angebot an US-Arbeitern durch die Angebotskurve $S_{US}S_{US}$ dargestellt, während sich die Nachfrage nach Arbeitskräften aus $D_{US}D_{US}$ ablesen läßt. Der Gleichgewichtslohn stellt sich auf dem Niveau E_{US} ein. Läge das Lohnniveau unter E_{US}, käme es zu einer Arbeitskräfteknappheit, und die Arbeitgeber würden höhere Löhne bieten, bis das Niveau E_{US} und damit auch das Gleichgewicht wieder erreicht wäre. Und ähnliche Kräfte bestimmen auch E_M, das Lohnniveau in Mexiko.

Wir erkennen, daß das mexikanische Lohnniveau vor allem deshalb unter jenem der USA liegt, weil die mexikanische Nachfragekurve nach Arbeit aufgrund der geringen Grenzproduktivität in Mexiko weit links liegt. Verglichen mit den USA verfügt ein Land wie Mexiko über sehr viel weniger Kapital, mit dem sich arbeiten läßt. Viele der Straßen in Mexiko sind staubige Pisten, es gibt nur wenige Computer und Faxgeräte, und ein Großteil der maschinellen Ausstattung ist alt und befindet sich in einem schlechten Zustand. Außerdem liegt das durchschnittliche Ausbildungsniveau in Mexiko unter jenem der USA, und ein gar nicht so kleiner Prozentsatz der Bevölkerung kann nach wie vor nicht lesen und schreiben. Damit bleibt auch die Grenzproduktivität niedrig.

Aber die Zahlen in Tabelle 13-1 könnten in zwanzig Jahren ganz anders aussehen. Wenn die Produktivität in Ländern wie Südkorea und Mexiko aufholt und den Stan-

Entlohnung nach Branchen

Branche	Durchschnittslohn eines Vollzeitbeschäftigten ($/Jahr)	Durchschnitts-Stundenlohn ($/Stunde)
Landwirtschaft	13.702	–
Bergbau	39.661	14,21
Industrie	30.926	11,18
Stahlwerke	–	16,52
Kommunikation	39.558	13,98
Einzelhandel	16.765	7,00
Gemischtwarenhandlungen	–	5,77
Dienstleistungen	25.700	10,24
Staat	29.167	–
Finanzinstitute und Immobilien	33.067	10,42

Tabelle 13-2: Die Entlohnung in den verschiedenen Branchen

Die durchschnittlichen Jahreslöhne und -gehälter, gegliedert nach Wirtschaftszweigen, bewegen sich zwischen einem Maximum im Bergbau von $ 39.700,– und einem Minimum in der Landwirtschaft von $ 13.700,–. Bei weiterer Untergliederung erkennen wir, daß die durchschnittlichen Stundeneinkünfte zwischen Stahlindustrie und Gemischtwarenhandlungen um den Faktor 3 schwanken. (Quelle: US-Arbeitsministerium, Bureau of Labor Statistics, *Employment and Earnings*; US-Handelsministerium)

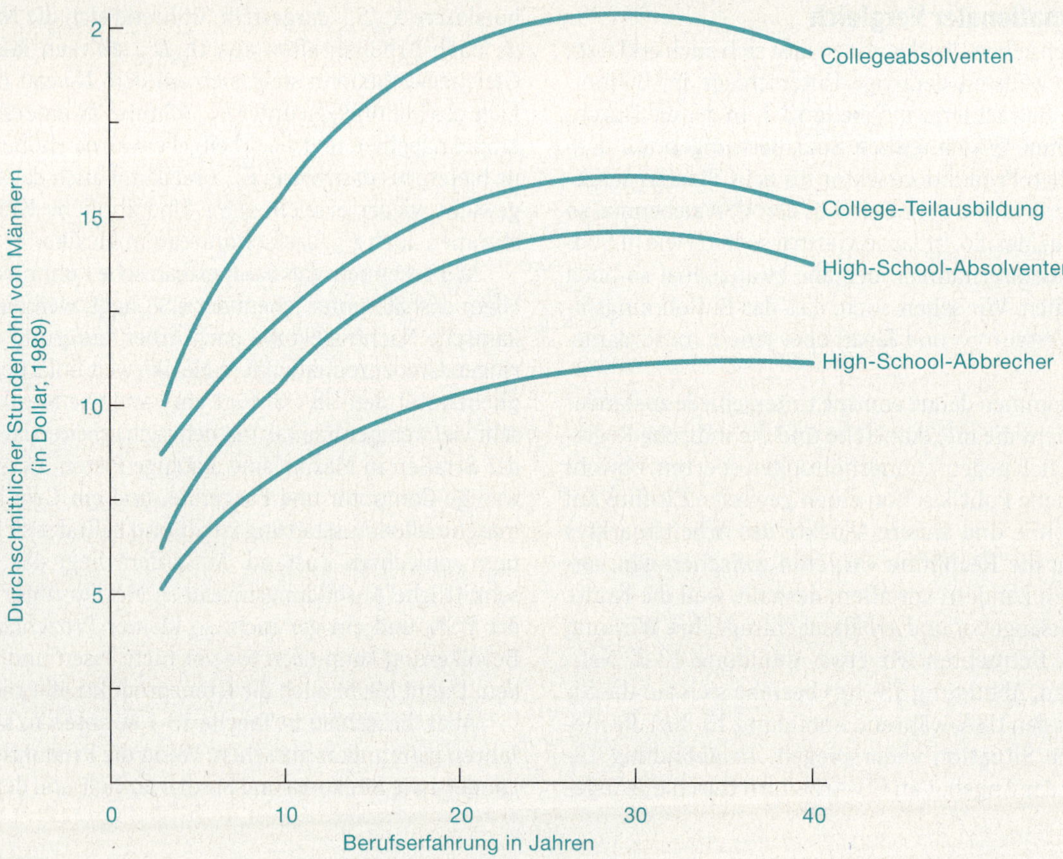

Abbildung 13-4: Einkommensvorsprung durch Ausbildung und Berufserfahrung

Die Einkommensprofile männlicher Arbeitnehmer zeigen, daß deren Einkünfte sowohl mit besserer Ausbidung als auch mit längerer Berufserfahrung steigen. (Adaptiert nach Kevin M. Murphy und Finis Welch, „The Structure of Wages", *Quarterly Journal of Economics* (Februar 1992).)

dard der industrialisierten Welt erreicht, werden auch die Reallöhne mit den Löhnen in den derzeitigen Hochlohnländern mithalten können.

LOHNUNTERSCHIEDE ZWISCHEN BERUFSGRUPPEN

Das allgemeine Lohnnniveau mag für den Vergleich zwischen verschiedenen Ländern und Perioden nützlich sein, aber es verschweigt ebensoviel, wie es erklärt. In der Praxis differieren die Löhne enorm.[1] Der Durchschnittslohn läßt sich ebensowenig ermitteln wie die Durchschnittsperson. Ein Angehöriger der Chefetage in einem Autokonzern verdient vielleicht 4 Millionen Dollar jährlich, während zugleich eine Bürohilfskraft mit $ 15.000 und ein Landarbeiter mit $ 12.000 das Auslangen finden muß. Ein Arzt kann fünfzehn- oder zwanzigmal so viel verdienen wie ein Rettungsschwimmer, obwohl beide die Aufgabe haben, Leben zu retten. In derselben Fabrik geht womöglich ein ausgebildeter Maschinist wöchentlich mit $ 500 nach Hause, während ein ungelernter Portier nur $ 200 erhält. Viele Frauen mit Berufserfahrung werden vielleicht mit $ 300 pro Woche entlohnt, während vergleichbare Männer ohne Berufserfahrung $ 400 erhalten.

Zusätzlich gibt es noch die große Bandbreite an unterschiedlich hohen Löhnen zwischen den verschiedenen Wirtschaftszweigen. Tabelle 13-2 zeigt, daß kleinere Branchen ohne gewerkschaftlichen Einfluß, wie die Landwirt-

[1] In diesem Kapitel werden wir den Begriff „Löhne" zusammenfassend für „Löhne, Gehälter und andere Formen der Entlohnung" verwenden.

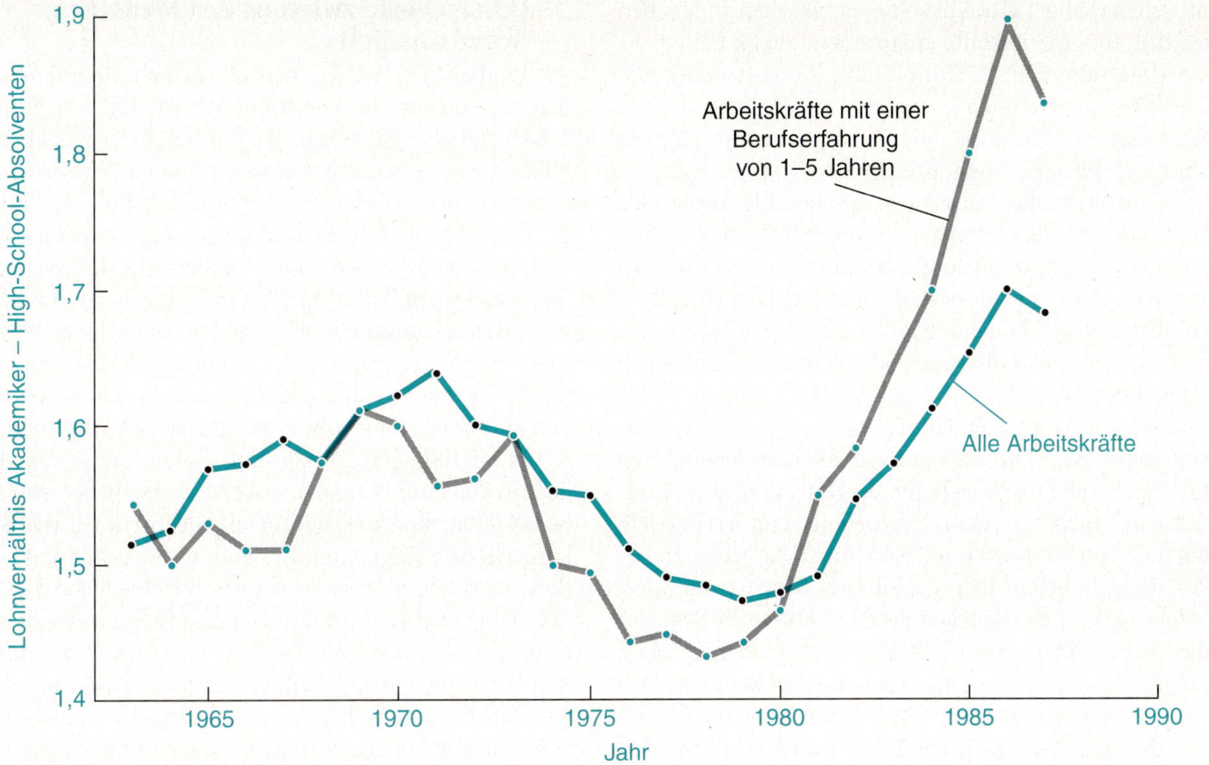

Abbildung 13-5: Die relativen Einkommenszugewinne waren für College-Absolventen sehr hoch

Die Einkommensprofile haben sich in den turbulenten achtziger Jahren dramatisch verändert. So sind die Einkommen von College-Absolventen im Vergleich zu jenen von High-School-Absolventen stark angestiegen, und die größten Zugewinne überhaupt waren bei jungen Arbeitnehmern zu verzeichnen. [Adaptiert von Lawrence F. Katz und Kevin M. Murphy, „Changes in Relative Wages: 1963-87", *Quarterly Journal of Economics* (Februar 1992).]

schaft oder der Einzelhandel, zumeist relativ wenig bezahlen, während die Löhne in den großen Industrie- und Kommunikationskonzernen zwei- bis dreimal so hoch sind.

Wie lassen sich diese großen Lohnunterschiede erklären? Betrachten wir zuerst einen *vollkommenen Arbeitsmarkt* mit einer großen Anzahl von Arbeitnehmern und Arbeitgebern, von denen niemand die Macht hat, ernsthaft Einfluß auf das Lohnniveau zu nehmen.[2] Wenn auf einem vollkommenen Arbeitsmarkt alle Jobs und alle Mitspieler gleich sind, führt der Wettbewerb dazu, daß alle Stundenlöhne exakt gleich hoch sind. Kein Arbeitgeber würde einem Mitarbeiter mehr bezahlen als seinem identischen Gegenstück oder einem anderen, der dieselben Fähigkeiten besitzt.

Das bedeutet, daß wir zur Erklärung der enormen Lohndifferenzen quer durch die Wirtschaftszweige und von Person zu Person entweder auf Unterschiede zwischen den Jobs, auf Unterschiede zwischen den Arbeitnehmern oder auf Wettbewerbsmängel auf dem Arbeitsmarkt zu achten haben.

Unterschiede zwischen den Jobs: Kompensatorische Lohndifferentiale

Manche der enormen Lohnunterschiede, die wir im täglichen Leben beobachten, ergeben sich aus der unterschiedlich empfundenen Jobqualität. Jobs unterscheiden sich in ihrer Attraktivität, und so müssen die Löhne in

---

[2] In Wirklichkeit gibt es kaum vollkommene Arbeitsmärkte, aber einige (etwa der Markt für jugendliche Hilfsarbeiter oder Büroarbeitskräfte in einer Großstadt) kommen dem Ideal immerhin nahe.

manchen weniger attraktiven Bereichen eben angehoben werden, um Arbeitskräfte anzuziehen und zu halten.

Unterschiede in der Entlohnung, die dazu dienen, die jeweilige Attraktivität oder nicht monetäre Unterschiede zwischen verschiedenen Jobs auszugleichen, werden als **kompensatorische Lohnunterschiede** bezeichnet.

Fensterwäscher müssen besser bezahlt werden als Portiere, weil das Klettern auf Wolkenkratzern ein Risiko in sich birgt. Arbeitskräfte erhalten zumeist Lohnzuschläge für die Abend- oder für die Nachtschicht. Überstunden und Wochenend- oder Ferienarbeit werden häufig mit dem eineinhalbfachen oder doppelten Grundlohn abgegolten. Arbeiten, die schwere körperliche Arbeit, Eintönigkeit, geringes Sozialprestige, unregelmäßige Arbeitszeiten, Saisonarbeit oder Gesundheitsrisiken mit sich bringen, sind einfach weniger attraktiv, und es verwundert daher nicht, daß etwa Unternehmen jährlich $ 50.000 bis $ 80.000 aufwenden müssen, um Mitarbeiter zu bekommen, die gefährliche und einsame Arbeiten auf Bohrinseln verrichten. Dagegen sind die Löhne in Berufen, die als besonders erfreulich oder seelisch befriedigend empfunden werden, wie die Arbeit des Parkwächters oder des Geistlichen, zumeist entsprechend bescheiden.

Um zu testen, ob ein bestehender Lohnunterschied zwischen zwei Jobs ein kompensatorisches Lohndifferential darstellt, fragen Sie jemanden, der prinzipiell für beide Arbeiten geeignet wäre: „Würden Sie den besser bezahlten Job lieber als den schlechter bezahlten annehmen?" Wenn der Befragte nicht unbedingt darauf erpicht zu sein scheint, kann man ohne weiteres darauf schließen, daß unter Berücksichtigung aller finanziellen und nichtfinanziellen Aspekte der besser bezahlte Job nicht zugleich auch der attraktivere ist.

Unterschiede zwischen den Menschen: Arbeitsqualität

Wir haben bereits gesehen, daß manche Lohndifferentiale dazu dienen, die mangelnde Attraktivität bestimmter Arbeiten zu kompensieren. Aber blicken Sie sich doch um. Müllmänner verdienen viel weniger als Rechtsanwälte, dabei hat die Juristerei doch sicherlich ein höheres Prestige, und auch die Arbeitsbedingungen erscheinen für den Anwalt angenehmer. Wir können unzählige Beispiele dafür anführen, daß manche Jobs nicht nur besser bezahlt, sondern auch angenehmer als andere sind. Das bedeutet, daß wir zusätzlich zum kompensatorischen Lohndifferential noch weitere Faktoren suchen müssen, die als Begründung für die großen Lohnunterschiede gelten können.

Ein Schlüssel zur Erklärung von Lohnunterschieden liegt in den enormen qualitativen Unterschieden von Arbeitskräften, die auf verschiedene angeborene geistige und körperliche Fähigkeiten, Erziehung, Schulbildung und Berufsausbildung sowie auch auf unterschiedliche Berufserfahrung zurückzuführen sind. Ein Biologe würde uns vielleicht alle unter die Spezies *Homo sapiens* einordnen, aber ein Personalberater bestünde sicherlich darauf, daß sich Menschen in ihrer Fähigkeit, zum Unternehmensergebnis beizutragen, enorm unterscheiden.

Zwar sind viele der Unterschiede in der Arbeitsqualität nicht durch wirtschaftliche Faktoren bestimmt, aber die Entscheidung, *Humankapital* zu akkumulieren, läßt sich ökonomisch durchaus bewerten. Der Begriff „Humankapital" bezieht sich auf den Bestand nützlicher und wertvoller Kenntnisse, die von Leuten während ihrer Erziehungs- und Ausbildungszeit akkumuliert werden. Ärzte, Anwälte und Ingenieure investieren viele Jahre in ihre Ausbildung und berufliche Fortbildung. Sie wenden

Zusammenfassung: Lohnbildung im Wettbewerb

Arbeitssituation	Lohnsituation
1. Alle Menschen sind gleich – alle Jobs sind gleich	Keine Lohnunterschiede
2. Alle Menschen sind gleich – die Jobs sind aber unterschiedlich attraktiv	Es kommt zu sogenannten kompensatorischen Lohndifferentialen
3. Die Menschen sind verschieden, aber das Arbeitsangebot bleibt in jeder Sparte gleich (nicht konkurrierende Gruppen)	Die Lohndifferentiale sind „reine volkswirtschaftliche Renten"
4. Die Menschen sind verschieden, aber zwischen den Gruppen herrscht ein gewisses Maß an Mobilität (teilweise konkurrierende Gruppen)	Allgemeines Gleichgewichtsmuster der Lohndifferentiale, wie es durch allgemeine Nachfrage und Angebot gebildet wird (beinhaltet die Punkte 1-3 als Sonderfälle)

Tabelle 13-3: Die Lohnstruktur auf dem Markt zeigt unter Wettbewerbsbedingungen eine große Bandbreite

große Beträge für Ausbildung aus und nehmen einen Verdienstentgang in Kauf, investieren $ 100.000 bis $ 200.000 in ihre universitäre und nachuniversitäre Ausbildung und arbeiten häufig länger als acht Stunden täglich. Ein Teil der hohen Gehälter dieser ausgebildeten Fachkräfte ist als Rendite ihrer Humankapitalinvestition zu betrachten – eine Ausbildungsrendite, die diesen hochgebildeten Arbeitskräften eine Sonderstellung verschafft.

Volkswirtschaftliche Studien über die Beziehung Einkommen – Ausbildung zeigen, daß Humankapital im Durchschnitt betrachtet eine gute Investitionsform darstellt. Abbildung 13-4 zeigt die Einkommensprofile verschiedener Gruppen als Funktion ihrer Ausbildung und Berufserfahrung. Gruppen mit besserer Ausbildung beginnen mit höheren Einkommen und dürfen auch raschere Gehaltserhöhungen erwarten als schlechter Ausgebildete.

Abbildung 13-5 zeigt das Verhältnis zwischen den Stundenlöhnen von Akademikern und jenen von High-School-Absolventen. In den achtziger Jahren stiegen mit dem „Preis für Fachkenntnisse" die relativen Einkünfte der Akademiker stark an. Studien von Richard Murnane und Alan Krueger haben gezeigt, daß Personen mit besserem Zahlenverständnis oder guten Computerkenntnissen auf dem heutigen Arbeitsmarkt einen Wettbewerbsvorteil genießen.

Beispiel: Ausbildungsunterschiede – lohnt sich eine universitäre Ausbildung? *Was bedeutet eine Humankapitalinvestition? Ein Hochschulstudent bezahlt für seine Ausbildung vielleicht alljährlich $ 10.000 an Studiengebühren und $ 15.000 an Opportunitätskosten wegen des Verdienstentgangs. Für vier Jahre macht das insgesamt Auslagen in Höhe von $ 100.000. Im Gegenzug für diese große Investition kann das Einkommen eines Collegeabsolventen $ 10.000 und mehr über dem Gehalt eines High-School-Absolventen liegen.*

Zahlt sich das College also aus? Die Praxis beweist es: Ja, eine universitäre Ausbildung lohnt sich. Die Rentabilität eines Studiums hat sich in den letzten zehn Jahren sogar drastisch erhöht. Während zum Ende der siebziger Jahre ein Collegeabgänger 45 Prozent mehr als ein High-School-Absolvent mit vergleichbarem Background verdiente, hat sich dieser Unterschied ein Jahrzehnt später auf 85 Prozent vergrößert (siehe Abbildung 13-5). In unserer heutigen Dienstleistungsgesellschaft mit ihren Computern und ihrem Rechnungswesen ist eine universitäre Ausbildung häufig Voraussetzung für einen gutbezahlten Job. Jugendliche, die schon das High-School-Studium abgebrochen haben, müssen mit gravierenden Nachteilen im Berufsleben rechnen.

Selbst wenn man für seine Ausbildung ein Darlehen aufnehmen, jahrelang auf eine einträgliche Berufstätigkeit verzichten, weit weg von zu Hause leben und für Verpflegung und Bücher selbst aufkommen muß, kann das Lebenseinkommen in einem Beruf, den nur ein Akademiker ausüben kann, wahrscheinlich all diese Nachteile aufwiegen. Neuere Daten belegen, daß ein Akademiker von seinem 18. bis zu seinem 65. Geburtstag im Durchschnitt ein Gesamteinkommen von $ 3.600.000 (beim Preis- und Einkommensniveau von 1993) erzielt, während es ein High-School-Absolvent in derselben Zeit auf nur $ 2.400.000 bringt. High-School-Abbrecher liegen mit $ 1.700.000 noch einmal weit darunter.

Häufig wird auf die Rolle des Glücks als bestimmender Faktor für wirtschaftliche Lebensumstände hingewiesen. Aber, wie schon Louis Pasteur sagte, „winkt das Glück dem Tüchtigen". In einer Welt rascher technologischer Veränderungen bereitet die Ausbildung Menschen darauf vor, sich auf neue Situationen einstellen und sie nutzen zu können.

Unterschiede zwischen den Menschen: Löhne für außergewöhnliche Begabungen

Einige wenige Glückliche verdanken ihrer Berühmtheit, daß ihr Einkommen astronomische Höhen erreicht. Entertainer wie Bill Cosby, Basketballstars wie Michael Jordan, Sängerinnen wie Whitney Houston und sogar akademische Schreiberlinge, die als Berater von Präsidenten fungieren durften, verdienen märchenhafte Gagen für ihre Arbeit. Diese Menschen verfügen über irgendeine besondere Begabung, die im heutigen Wirtschaftsleben offensichtlich geschätzt wird. Wären sie auf einem anderen Gebiet tätig, könnten sie damit wahrscheinlich nur ein Zehntel ihres tatsächlichen Einkommens erzielen.

Manche Ökonomen meinen, daß es der technologische Fortschritt heute in vielen Berufszweigen möglich macht, daß einzelne wenige Topleute ein größeres Publikum ansprechen und damit einen größeren Marktanteil abdecken – und daß sie so auch ein größeres Stück vom Kuchen ergattern. So kann beispielsweise ein Entertainer mit einer einzigen Vorstellung, die über Satellit oder eine andere Kommunikationstechnologie übertragen wird, einen Großteil der gesamten Weltbevölkerung erreichen, was noch vor wenigen Jahren unmöglich gewesen wäre. Oder einem Managementberater der Spitzenklasse stehen schnellere Transportmittel und fortgeschrittenere Kommunikationsmethoden wie Faxgeräte und Handys zur Verfügung, um einen größeren Kundenstock als je zuvor betreuen zu können. Sollte dieser Trend anhalten, wird die Einkommenskluft zwischen einigen wenigen Topleuten und der gemeinen Mittelklasse mit zunehmendem technologischen Fortschritt noch weiter vertieft werden.

Unvollständiger Wettbewerb auf dem Arbeitsmarkt: Nicht konkurrierende Gruppen

Wir haben gesehen, daß auch in einer dem vollständigen Wettbewerb unterworfenen Welt Lohnunterschiede notwendig wären, um den unterschiedlichen Ausbildungskosten oder der mangelnden Attraktivität bestimmter Berufe Rechnung zu tragen oder um besondere Talente abzugelten. Aber selbst nach Berücksichtigung all dieser Gründe für eine unterschiedliche Entlohnung bleibt eine große Lohndisparität bestehen. Der Hauptgrund für diesen Unterschied liegt in der Tatsache, daß sich die Arbeitsmärkte auf untereinander *nicht konkurrierende Gruppen* aufteilen.

Denkt man nur einen Augenblick nach, wird klar, daß Arbeit kein homogener Produktionsfaktor ist, sondern eigentlich aus vielen verschiedenen, wenn auch eng verwandten Produktionsfaktoren besteht. Ärzte und Mathematiker beispielsweise sind nicht konkurrierende Gruppen, weil es für Mitglieder jedes dieser Berufsstände schwierig und teuer wäre, in die andere Branche zu wechseln. Und ebenso, wie es viele verschiedene Arten von Häusern mit unterschiedlichen Preisen gibt, bestehen auch viele verschiedene Berufe und Fähigkeiten nebeneinander, die nur in einem sehr allgemeinen Sinn miteinander konkurrieren. Wenn wir die Existenz vieler verschiedener Submärkte des Arbeitsmarktes anerkennen, wird verständlich, warum es zwischen den verschiedenen Gruppen derart drastische Einkommensunterschiede geben kann.

Warum gliedert sich der Arbeitsmarkt in so viele untereinander nicht konkurrierende Gruppen? Der Hauptgrund ist der, daß für Berufe, die eine spezielle Ausbildung erfordern, große zeitliche und finanzielle Investitionen nötig sind. Ein Volkswirt sollte sich gar keine Hoffnung machen, sein Glück über Nacht plötzlich als Herzchirurg versuchen zu können. Sobald sich ein Mensch auf ein Gebiet spezialisiert, wird er Teil eines speziellen Subarbeitsmarktes. Er unterliegt damit der Angebots- und Nachfragefunktion für diesen Beruf und stellt fest, daß sein eigenes Gehalt mit der Situation in seinem Beruf und in seinem Wirtschaftszweig steigt oder fällt. Durch diese Segmentierung kann es zu großen Lohndiskrepanzen zwischen verschiedenen Berufen kommen.

Unsere Theorie von den nicht konkurrierenden Gruppen hilft uns aber auch, die auf dem Arbeitsmarkt herrschende Diskriminierung zu verstehen. Wir werden im nächsten Abschnitt sehen, daß ein Großteil der beruflichen Diskriminierung deshalb entsteht, weil aufgrund von Gewohnheiten, gesetzlichen Bestimmungen oder Vorurteilen Arbeitskräfte nach ihrem Geschlecht, ihrer Hautfarbe oder nach ihrem ethnischen Hintergrund in untereinander nicht konkurrierende Gruppen unterteilt werden.

Aber obwohl die Theorie der nicht konkurrierenden Gruppen einen wichtigen Aspekt der Arbeitsmärkte zu beleuchten vermag, müssen wir erkennen, daß langfristig Marktzutritt und Marktausscheiden diese Unterschiede wieder verringern werden. Es ist sicher richtig, daß Bergleute in Kupferminen kaum Computerprogrammierer werden, auch wenn Computer und Glasfaserkabel Wählscheiben und Kupferdrähte verdrängen. Und aus diesem Grund entstehen ja auch die beobachteten Lohnunterschiede zwischen den beiden Berufsgruppen. Aber langfristig, wenn sich schließlich mehr junge Leute für den Beruf des Informatikers als für den Beruf des Kumpels entscheiden, verwischen durch den Wettbewerb diese Unterschiede zwischen den nicht konkurrierenden Gruppen teilweise wieder.

Tabelle 13-3 faßt die unterschiedlichen Kräfte zusammen, die für die Bildung der Lohnniveaus unter Wettbewerbsbedingungen verantwortlich sind.

B. DISKRIMINIERUNG AUF GRUND VON HAUTFARBE UND GESCHLECHT

Gewisse Einkommensunterschiede ergeben sich aus Unterschieden in der Erziehung, aus unterschiedlicher beruflicher Erfahrung oder aus anderen Faktoren; Einkommensdisparitäten sind in einer Marktwirtschaft einfach unvermeidlich. Aber selbst wenn man all diese Unterschiede in Betracht zieht, bleibt nach wie vor eine Kluft zwischen den Löhnen männlicher Weißer und den Löhnen aller anderen Bevölkerungsgruppen. Im reichsten Land

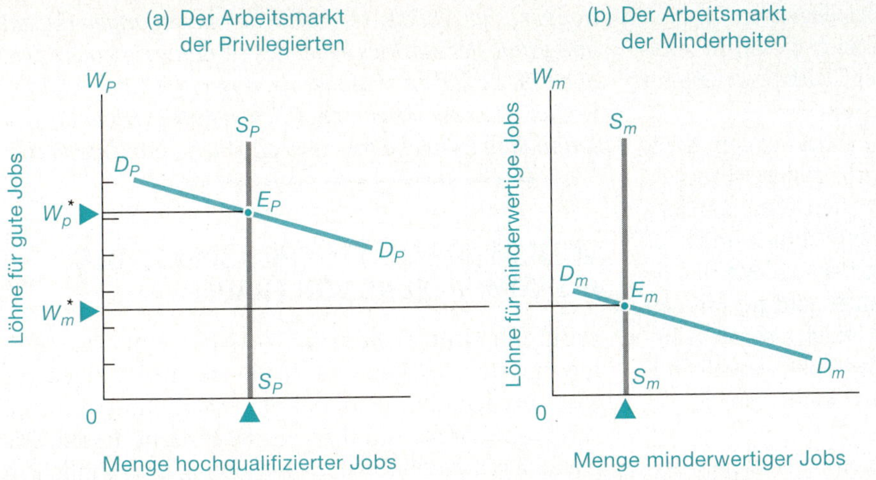

Abbildung 13-6: Diskriminierung durch Ausschluß senkt die Löhne der ausgeschlossenen Minderheiten

Diskriminierung erfolgt häufig auf dem Wege des Ausschlusses bestimmter Gruppen von privilegierten Arbeitsplätzen. Wenn Minderheiten auf Markt (a) von guten Jobs ausgeschlossen werden, müssen sie minderwertigen Arbeiten auf Markt (b) nachgehen. Die privilegierte Gruppe genießt die höheren Löhne in E_p, während sich die Minderheiten mit dem niedrigen Lohnniveau in E_m auf Markt (b) zufriedengeben müssen.

der Welt, den USA, müssen Afroamerikaner und Hispanics seit langem ein deutlich niedrigeres Einkommensniveau und geringeren Wohlstand als andere Gruppen hinnehmen. Und das Gehalt einer Frau liegt nach wie vor durchschnittlich 20 Prozent unter jenem eines Mannes mit derselben Ausbildung, derselben Leistungsbeurteilung und demselben sozialen Hintergrund. In diesem Abschnitt wollen wir uns damit beschäftigen, wie sich diese Art der Diskriminierung auf Arbeitsmärkte und Einkommen auswirkt.

VOLKSWIRTSCHAFTLICHE ASPEKTE DER DISKRIMINIERUNG

Einkommensunterschiede sind in einer Marktwirtschaft überall anzutreffen. Wenn jedoch ein Einkommensunterschied einzig und allein auf ein für den Beruf irrelevantes Persönlichkeitsmerkmal wie Rasse, Geschlecht oder Religion zurückzuführen ist, so sprechen wir von **Diskriminierung**.

Ökonomen, die sich mit dem Problem der Diskriminierung beschäftigt haben, weisen darauf hin, daß trotz bestehender Vorurteile mancher Arbeitgeber diese doch nicht so groß sind, daß deshalb das Einkommensniveau der betroffenen Gruppen niedriger sein müßte. Nehmen wir an, daß eine Gruppe von Unternehmen auf einem vollkommenen Markt zu dem Entschluß kommt, blauäugigen Arbeitern mehr als ebenso tüchtigen braunäugigen zu bezahlen. Das gäbe einer anderen Gruppe nicht diskriminierender Unternehmen die Möglichkeit, auf den Markt zu drängen und Kosten und Preise der diskriminierenden Konkurrenzunternehmen zu unterschreiten, indem vorwiegend braunäugige Arbeiter eingestellt werden. Damit würden die diskriminierenden Unternehmen vom Markt verdrängt. Wir wollen hier keineswegs das Problem der wirtschaftlichen Diskriminierung herunterspielen, sondern darauf hinweisen, daß für eine Diskriminierung in irgendeiner Form die Tendenz vollkommener Märkte umgangen werden muß, auf eine Kostenminimierung hinzuwirken.

Im letzten Jahrhundert erfolgte die Diskriminierung durch das Fernhalten farbiger und weiblicher Arbeitskräfte von gut bezahlten Arbeitsplätzen. Obwohl die Sklaverei in den USA schon mit dem Bürgerkrieg abgeschafft wurde, hatten Afroamerikaner auch danach keinen Zugang zu den besten Jobs, weil ihre Ausbildung nicht entsprach, oder weil sie durch Gewerkschaften, Sozialgesetze oder Gebräuche von besser bezahlten Berufen ausgeschlossen waren. Infolgedessen wurden sie in niedrige, schlecht angesehene Jobs mit geringen Ausbildungsanforderungen abgedrängt, so daß es sich bei ihnen effektiv um nicht konkurrierende Gruppen handelte.

Angebot und Nachfrage können plastisch darstellen, wie dieser Ausschluß von bestimmten Tätigkeiten das Einkommen von Gruppen beschneidet, die Ziel einer Diskriminierung werden. Bei der Diskriminierung bleiben bestimmte Jobs der privilegierten Gruppe vorbehalten, wie in Abbildung 13-6(*a*) dargestellt ist. Auf diesem Arbeitsmarkt wird das Angebot an privilegierten Arbeitskräften durch S_pS_p, die Nachfrage nach diesen Arbeitskräften durch D_pD_p repräsentiert. Der Gleichgewichtslohn stellt sich auf dem hohen Niveau E_p ein.

Dagegen zeigt Abbildung 13-6(*b*), was auf dem Niedriglohnsektor oder in Jobs ohne Ausbildungserfordernis geschieht. Arbeitskräfte aus Minderheiten leben in Wohngegenden mit schlechten öffentlichen Schulen und können sich Privatschulen nicht leisten, so daß sie nie die geforderte Ausbildung für gutbezahlte Jobs bekommen können. Bei schlechter Ausbildung erzielen sie als Hilfsarbeiter nur ein geringes Wertgrenzprodukt, weshalb ihre Löhne auf das Niedriglohn-Gleichgewicht von E_m gedrückt werden.

Beachten sie bitte den Unterschied zwischen den beiden Märkten. Der erwähnte Ausschluß hat diskriminierende Wirkung auf die Verdienstmöglichkeiten der Arbeitskräfte aus Minderheiten. Da Minderheiten von guten Jobs ausgeschlossen bleiben, bewirken die Marktkräfte, daß sie viel geringere Löhne bekommen als privilegierte Arbeitskräfte. Man hört bisweilen sogar das Argument, Minderheiten würden deshalb niedrigere Löhne „verdienen", weil ihr Wertgrenzprodukt im Wettbewerb geringer ist. Dabei wird allerdings übersehen, wie das Lohngefälle zustandekommt; nämlich dadurch, daß bestimmte Gruppen von guten Jobs ausgeschlossen blieben, weil sie nicht die entsprechende Erziehung und Ausbildung genießen konnten, und weil Gebräuche, gesetzliche Bestimmungen oder Kollusionen einen Zugang dazu verhindert haben.

Volkswirtschaftslehre als Hilfsmittel zum besseren Verständnis sozialer Anliegen*: Eine Analyse der volkswirtschaftlichen Aspekte beruflicher Diskriminierung wurde erstmals von Gary Becker von der Universität Chicago in seiner Dissertation vorgenommen. Becker, der 1992 mit dem Nobelpreis für Volkswirtschaft ausgezeichnet wurde, war ein eifriger Vertreter der Ansicht, man könne mit Hilfe volkswirtschaftlicher Überlegungen eine ganze Palette soziologischer Fragestellungen besser verstehen. Unter anderem untersuchte Becker, welchen Einfluß volkswirtschaftliche Kräfte auf die Kinderzahl der Familien haben und wie sich wirtschaftliche Anreize auf das Verhalten Krimineller auswirken. Becker war auch ein Pionier der Humankapitaltheorie, wobei er die Ansicht vertrat, daß ein Mensch sich ebenso entschließt, in seine Ausbildung zu investieren, wie ein Unternehmen beschließt, in eine neue maschinelle Ausstattung zu investieren. Ursprünglich lehnten die Ökonomen es ab, volkswirtschaftliche Überlegungen auf ein außerhalb des Marktes liegendes Verhalten anzuwenden, doch heute haben sich die Ideen Beckers über eine Erweiterung der volkswirtschaftlichen Ansätze über die traditionellen Bereiche hinaus weitgehend durchgesetzt.*

VOLKSWIRTSCHAFTLICHE ASPEKTE DER DISKRIMINIERUNG VON FRAUEN

Die größte Gruppe, die in der Wirtschaft unter Diskriminierung zu leiden hat, sind die Frauen. Auch Frauen, die das ganze Jahr über eine Vollzeitbeschäftigtung ausüben, verdienen durchschnittlich nur 80 Prozent dessen, was Männer mit vergleichbarer Ausbildung und ähnlichem Background nach Hause bringen.

Die Einkommensmuster sind klar. Akademikerinnen verdienen etwa soviel wie männliche High-School-Absolventen. Während männliche Weiße mit zunehmendem Alter mit jährlichen Einkommenszuwächsen rechnen können, zeigen die Einkommensprofile der Frauen, daß diese mit Ende zwanzig ungefähr dasselbe verdienen wie ältere Frauen.

Was steckt nun tatsächlich hinter den Einkommensunterschieden zwischen Männern und Frauen? Die Grün-

Die Segmentierung des Arbeitsmarktes 1993

Beruf	Prozentsatz der Frauen
Gutbezahlte Berufe:	
Ingenieure	8,6
Ärzte	21,8
Anwälte	22,9
Schlecht bezahlte Berufe:	
Kinderbetreuung	99,0
Sekretariatsjobs	98,9
Hilfskrankenpfleger	87,9

Tabelle 13-4: Zahlreiche gutbezahlte Berufe sind nach wie vor Männern vorbehalten

Heute erfolgt Diskriminierung kaum so, daß Frauen für denselben Job weniger bezahlt bekommen als Männer, sondern weiblichen Arbeitnehmern bleiben auch heute noch die schlecht bezahlten Jobs vorbehalten. Insgesamt beträgt im Ganztagsjobsegment das durchschnittliche Wocheneinkommen der Frauen nur 75 Prozent des durchschnittlichen Männereinkommens. (Quelle: US-Arbeitsministerium, Bureau of Labor Statistics, „Employment and Earnings," Januar 1993.)

de sind komplex und auf soziale Gebräuche und Erwartungen ebenso wie auf wirtschaftliche Faktoren, beispielsweise Schul- und Berufsausbildung und Berufserfahrung, zurückzuführen. Im allgemeinen erhalten Frauen gar nicht weniger Lohn für denselben Job. Nein, das niedrigere Lohnniveau von Frauen kommt daher, daß Frauen von bestimmten gutbezahlten Jobs weitgehend ausgeschlossen bleiben, wie etwa von den Berufen des Ingenieurs, des Baumeisters und des Bergbauexperten. Dazu kommt, daß Frauen ihre Berufskarriere häufig wegen der Kinder und des Haushaltes unterbrechen. Die wirtschaftliche Ungleichheit der Geschlechter wurde auch dadurch aufrechterhalten, daß bis vor kurzem nur wenige Frauen in den Vorständen großer Unternehmen saßen, führende Gesellschafter in den großen Anwaltsbüros waren oder mit einer Professur an den Spitzenuniversitäten betraut wurden.

Wie die Minderheiten sind auch Frauen häufig in schlecht bezahlten, nicht konkurrierenden Gruppen anzutreffen. Das Ausmaß der Segmentierung des Arbeitsmarktes wird detailliert in Tabelle 13-4 wiedergegeben, in der der Frauenanteil in hochbezahlten und in schlecht bezahlten Jobs ausgewiesen ist. Um die Mechanismen der Diskriminierung verstehen zu können, sollten wir uns vor vereinfachten Erklärungen wie der Vorstellung, die Arbeitgeber würden einfach die Lohnforderungen von Frauen oder Afroamerikanern oder Hispanics ignorieren, hüten. Diskriminierung beinhaltet subtile Ausschließungsmechanismen, die bestimmte Gruppen von einer vollen Teilnahme an allen Berufen fernhalten.

Lohnunterschiede 1990

Gruppe	Gruppeneinkünfte (als Prozentsatz vom Einkommen männlicher Weißer europäischer Abstammung) Männer	Frauen
Weiße europäischer Abstammung (mit Ausnahme von Hispanics)	100	67
Hispanics	73	57
Asiaten	94	71
Schwarze	73	56
Amerikaner indianischer Abstammung	71	53

Tabelle 13-5: Minderheiten und Frauen verdienen wesentlich weniger als männliche Weiße

Wie schneiden die verschiedenen ethnischen Gruppen und die Geschlechter auf dem Arbeitsmarkt ab? Dazu wurden die Daten über die Gesamt-Jahreseinkünfte von Männern und Frauen verschiedener Gruppen in den USA untersucht, die ganzjährig einem Ganztagsjob nachgehen. Diese Daten wurden hinsichtlich Ausbildung, Status oder früherer Arbeitserfahrung nicht bereinigt. Die am stärksten benachteiligte Minderheitengruppe der Männer erhält nur 71 Prozent des Einkommens männlicher Weißer. Frauen verdienen sogar noch weniger. (Quelle: Census 1990. Erstellt von Ann Green vom Yale Stat Lab mit Hilfe des Explorer Programms des Public Use Sample aus 1990, das von CIESIN über Internet zur Verfügung gestellt wird.)

Empirischer Nachweis

Nach der Analyse der Mechanismen, mit denen im politischen Prozeß und durch die Marktwirtschaft die Diskriminierung von Frauen und Minderheiten verstärkt wird, wollen wir das Ausmaß der tatsächlichen Einkommensunterschiede untersuchen. Tabelle 13-5 zeigt uns das Verhältnis der aggregierten Jahreseinkünfte von Männern und Frauen verschiedener Minderheitengruppen zu den Einkommen männlicher Weißer. Durchschnittlich zeichnet sich das größte Lohngefälle bei Frauen und Minderheiten ab. Beachten Sie bitte, daß Frauen auf dem Arbeitsmarkt im allgemeinen nur einmal benachteiligt werden – viele weibliche Mitglieder von Minderheiten verdienen ebenso viel oder wenig wie weiße Frauen.

Ökonomen haben festgestellt, daß die herrschenden Einkommensunterschiede zwischen verschiedenen Gruppen nicht zur Gänze auf Diskriminierung zurückzuführen sind. Im ersten Abschnitt dieses Kapitels haben wir darauf hingewiesen, daß es auch Unterschiede in der Arbeitsqualität gibt. Afroamerikanische Arbeitskräfte erhalten traditionellerweise eine schlechtere Ausbildung als Weiße. Frauen verbringen üblicherweise mehr Zeit ohne Erwerbsarbeit als Männer. Da sowohl Ausbildung als auch ununterbrochene Berufstätigkeit einen Zusammenhang mit dem Einkommensniveau aufweisen, kann ein *gewisses* Einkommensgefälle wohl kaum überraschen.

In den letzten Jahren haben Volkswirte zahlreiche empirische Studien durchgeführt, mit denen die Einkommensunterschiede infolge meßbarer Charakteristika (wie Ausbildung, berufliche Erfahrung, durchgängige Berufstätigkeit und langfristige Karriereplanung) von anderen Faktoren wie Diskriminierung und dergleichen getrennt werden sollten. Diese Studien weisen explizit darauf hin, daß nur die Hälfte bis drei Viertel des Lohngefälles zwischen Männern und Frauen auf unterschiedliche Ausbildung und verschieden lange Berufserfahrung zurückgeführt werden kann. Wir können daraus schließen, daß etwa ein Viertel bis die Hälfte der Einkommensdisparitäten durch Diskriminierung und andere nicht meßbare Ursachen zu erklären ist.

MASSNAHMEN ZUR VERRINGERUNG DER DISKRIMINIERUNG AUF DEM ARBEITSMARKT

Während der letzten 25 Jahre haben die Staaten zahlreiche Maßnahmen ergriffen, um den herrschenden diskriminierenden Praktiken ein Ende zu bereiten. Aber trotz allem konnte in den Vereinigten Staaten die Diskriminierung aufgrund von Hautfarbe, Geschlecht und anderen Persönlichkeitsmerkmalen bis heute nicht beseitigt werden.

Welche Möglichkeiten stehen uns im Kampf gegen die Diskriminierung zur Verfügung? Die wichtigsten Schritte waren gesetzliche Eingriffe wie der Civil Rights Act aus 1964 (mit dem die Diskriminierung bei Einstellungen, Entlassungen und Beschäftigung von Mitarbeitern gesetzlich verboten wurde) und der Equal Pay Act aus 1963 (mit dem die Arbeitgeber dazu angehalten werden, Männer und Frauen für gleiche Arbeit gleich zu entlohnen).

Diese Gesetze haben dazu beigetragen, die krassesten Diskriminierungspraktiken abzuschaffen, aber subtilere Barrieren bestehen nach wie vor. Um diesen zu begegnen, wurden aggressivere und auch umstrittenere politische Maßnahmen gesetzt, darunter die „Affirmative Action“ (Verpflichtung zur Ergreifung von Maßnahmen zur Beseitigung und Verhütung von Diskriminierung). Damit wird der Arbeitgeber gesetzlich zum Nachweis gezwungen, daß er spezielle Maßnahmen setzt, um unterrepräsentierte Gruppen festzustellen und zu beschäftigen. Entsprechende Studien zeigen allerdings, daß dieser Ansatz, der von Kritikern als „umgekehrte Diskriminierung“ bezeichnet wurde, nur geringfügige Auswirkungen auf den Status von Frauen auf dem Arbeitsmarkt hatte.

Gleichwertigkeitsprinzip

Um die Mitte der achtziger Jahre wurde ein neuer Ansatz zur Verringerung der Einkommenskluft zwischen Männern und Frauen vorgeschlagen: der „comparable worth“ oder die Vergleichbarkeit verschiedener Arbeiten. Diese Idee geht über die Vorstellung des „gleichen Lohns für die gleiche Arbeit“ hinaus und verlangt „gleichen Lohn für gleichwertige Arbeit“. Um sie verstehen zu können, sollten wir die Lohnstrukturen analysieren und untersuchen, wie man mit Hilfe der Gleichwertigkeit versuchen könnte, einen Lohnausgleich für verschiedenartige Jobs herzustellen.

Lohnstrukturen. Die meisten großen Unternehmen setzen für ihren internen Arbeitsmarkt eine Reihe verschiedener Jobkategorien oder Einstufungen fest – beispielsweise 10 verschiedene Einstufungen von Bürokräften, 15 in der Produktion, 12 bei den Technikern etc. Für jede Kategorie existiert eine Jobbeschreibung, die sich

Gleiche und gleichwertige Jobs				
	Gleiche Jobs		Gleichwertige Jobs	
Jobmerkmale	Schalterbeamte in Bank	Sekretärin	Sekretärin	LKW-Fahrer
Kenntnisse	80	80	80	80
Ausbildung	90	90	90	60
Verantwortung	150	150	150	60
Arbeitsbedingungen	30	30	30	150
Punkte gesamt	350	350	350	350

Tabelle 13-6: Sollten Arbeitnehmer mit gleichwertigen Jobs gleich entlohnt werden?

Bank-Schalterjobs und Sekretariatsjobs werden als „gleich“ betrachtet, und Beschäftigte in diesen Bereichen müssen daher gleiche Bezahlung erhalten. Die Jobs einer Sekretärin und eines LKW-Fahrers unterscheiden sich zwar, sind jedoch nach dem Punktebewertungssystem eines Unternehmens „gleichwertige Jobs“. Entsprechend der Gleichwertigkeitsdoktrin sollten Arbeitnehmer in Jobs mit vergleichbarem Wert wie Sekretärinnen und LKW-Fahrer denselben Lohn erhalten, auch wenn Angebot und Nachfrage auf dem Markt unterschiedliche Löhne ergeben würden.

nach konkreten Jobmerkmalen wie Kenntnissen, Erfahrung, Ausbildung, Arbeitsbedingungen etc. unterscheiden.

Im allgemeinen sind Unternehmen bestrebt, sich beim Lohnniveau an den Gepflogenheiten für vergleichbare Jobs auf dem entsprechenden externen Arbeitsmarkt zu orientieren. So erhalten beispielsweise Bürokräfte mehr oder weniger dasselbe Gehalt wie vergleichbare Kollegen in derselben Stadt, während sich die Gehälter neu angeworbener Collegeprofessoren für Volkswirtschaft am Inlandsmarkt für Volkswirte orientieren.

Wenn kein externer Vergleich möglich ist, tendieren die Unternehmen dazu, die Löhne für bestimmte Jobs auf jenem Niveau festzulegen, das für ähnliche interne Jobs bezahlt wird. Wie wir schon bald sehen werden, bewerten Unternehmen die Ausbildung und die Berufserfahrung, die für einen Job erforderlich sind, manchmal nach einer numerischen Punkteskala. Diese Punkteskalen werden zur Ermittlung der Löhne für extern nicht vergleichbare Jobs herangezogen. Durch die Kombination externer Vergleiche mit einer eigenen internen Evaluierung entwickelt ein Unternehmen eine Lohnstruktur für die verschiedenen Jobkategorien.

Mit der Einführung des Begriffes Lohnstruktur können wir nun den Unterschied zwischen Jobs mit „gleichem Wert" und Jobs mit „vergleichbarem Wert" erkennen. Nehmen wir an, wir müßten die Lohnstruktur in einer großen Bank untersuchen. Tabelle 13-6 zeigt drei Jobs – Schalterbeamter, Sekretariatskraft, LKW-Fahrer; die ersten beiden werden zumeist von Frauen ausgeübt, während LKW-Fahrer typischerweise Männer sind. Die Positionen des Schalterbeamten und der Sekretariatskraft werden nach den vier Job-Charakteristika gleich bewertet (Kenntnisse, Ausbildung, Verantwortlichkeit und Arbeitsbedingungen). Sie werden als „gleiche Jobs" bezeichnet, und nach dem Equal Pay Act von 1963 müssen diese Jobs gleich bezahlt werden. Würde man der Schalterbeamten der Bank $ 250 pro Woche, der Sekretärin aber $ 300 bezahlen, wäre dies eine gesetzwidrige Diskriminierung.

Viele Leute, die sich für die Abschaffung diskriminierender Praktiken aussprechen, sprechen sich dafür aus, gleiche Jobs auch gleich zu bezahlen. Die beiden letzten Spalten von Tabelle 13-6 zeigen zwei Jobs mit derselben Anzahl an Gesamtpunkten, aber im einzelnen doch mit unterschiedlichen Merkmalen. Eine Sekretärin trägt größere Verantwortung für die Buchhaltung und arbeitet in einer angenehmen Umgebung, während der LKW-Fahrer nur wenig Ausbildung und Kenntnisse braucht, dafür aber einen gefährlichen Job hat, weil LKWs häufig Unfälle haben oder überfallen werden. Aus dem in einer Region üblichen Lohnniveau könnte ein Wochenlohn von $ 250 für Sekretärinnen und von $ 400 für LKW-Fahrer abgeleitet werden. Nach den derzeitigen Gesetzen und auch nach der derzeitigen Praxis wäre es absolut in Ordnung, würde ein Unternehmen diese verschiedenen, von der Marktsituation abgeleiteten Löhne für zwar vergleichbare, aber doch unähnliche Jobs bezahlen.

Und hier setzt die Doktrin der Gleichwertigkeit von Jobs ein. Sie besagt, daß sich die Bezahlung eines Jobs nach dessen Wert orientieren sollte. Inhaber von Jobs mit vergleichbarem Wert – beispielsweise die Sekretärin und der LKW-Fahrer in Tabelle 13-6 – sollten gleich bezahlt werden, und Unternehmer, die sich an diese Richtlinie nicht halten, machen sich nach dieser Ansicht einer unmoralischen und ungesetzlichen Diskriminierung schuldig. Nach diesem Ansatz kann die Gesellschaft durch die Gleichsetzung von Löhnen für Jobs mit vergleichbaren allgemeinen Merkmalen nach Jahrzehnten der Diskriminierung das Steuer herumreißen und die Kluft zwischen den Löhnen von Männern und Frauen beseitigen.

Viele Ökonomen fühlen sich jedoch mit dem Konzept der Gleichwertigkeit, wie in Tabelle 13-6 veranschaulicht, anstelle des Marktes als Entlohnungsgrundlage ziemlich unwohl. Diese Kritiker wenden ein, daß das Punktesystem keine adäquate Grundlage für die Festlegung von Löhnen darstelle. Als mögliche Unzulänglichkeiten dieses Punktesystems wird auf die Unvollständigkeit der Punktelisten und die Schwierigkeiten bei der Meßbarkeit auf dem Markt verwiesen; oder darauf, daß je nach dem Arbeitgeber die Jobmerkmale unterschiedlich bewertet werden, und daß die Unannehmlichkeiten eines Arbeitsplatzes und die daher erforderlichen kompensatorischen Lohndifferentiale von Mensch zu Mensch sehr unterschiedlich empfunden werden.

Am meisten Anlaß zur Sorge gibt jedoch, daß bei gründlicher Untersuchung der Auswirkungen dieser gemessenen Jobmerkmale auf die Löhne noch einiges an Erklärungen offen bleibt. Sogar wenn sich die Studien auf eine einzige Rasse oder nur ein Geschlecht beschränken, erklären sie selten mehr als ein Drittel der Lohnabweichungen zwischen verschiedenen Beschäftigten. Die Verwendung dieses Punktesystems als Grundlage für Aussagen über den Wert eines Arbeitnehmers ist so, als wollte man die Torbilanz eines Fußballers auf Grund seiner Größe, seines Gewichtes, Alters und seiner Schulbildung vorhersagen.

Welches Ergebnis wäre zu erwarten, wollte man das Konzept der Gleichwertigkeit zur Festlegung der Löhne auf den heutigen Arbeitsmärkten einführen? In erster Linie kann als gesichert angenommen werden, daß die Lohnmuster sehr rigide würden und auf die Marktkräfte

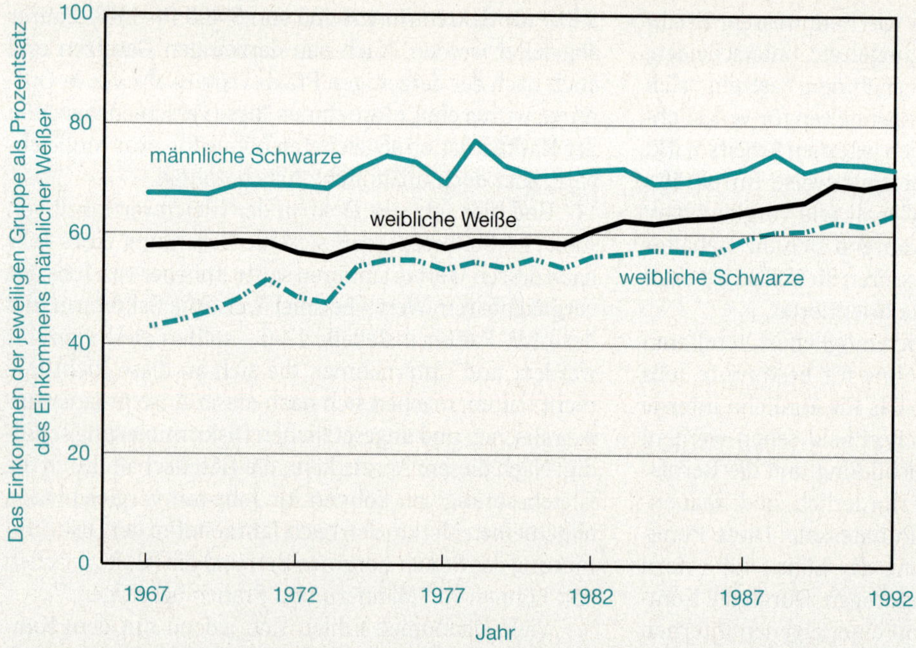

Abbildung 13-7: Die Lohnkluft verringert sich bei Minderheiten und Frauen nicht mit derselben Geschwindigkeit

Die Lohnkluft zwischen männlichen Weißen und den anderen Gruppen hat sich im Verlauf der letzten 50 Jahre doch signifikant verkleinert. Schwarze Frauen haben zu den weißen Frauen aufgeschlossen, aber Frauen und männliche Schwarze verdienen immer noch wesentlich weniger als männliche Weiße. [Quelle: G.D. Jaynes und R.M. Williams Jr., Hrsg., *A Common Destiny: Blacks and American Society* (National Academy Press, Washington, 1989), S. 295.]

nicht mehr reagieren könnten. Triebe eine plötzlich auftretende Energiekrise die Energiepreise in die Höhe, könnten die Ölgesellschaften die Löhne ihrer Leute auf den Bohrinseln und die Minengesellschaften die Löhne der Kohlekumpel nicht nach oben anpassen. Zwar zeigen Lohnniveau und Gehaltsstrukturen in einer modernen Wirtschaft kurzfristig ohnehin eine ganz beachtliche „Zähigkeit", aber langfristig kann mit einer Anpassung der Löhne an den zunehmenden Arbeitskräfteüberschuß oder -mangel auf den einzelnen Arbeitsmärkten gerechnet werden. Die Anwendung des Konzeptes der Gleichwertigkeit würde die bereits sehr schwerfälligen Lohnstrukturen noch weiter lähmen.

Es sollte darauf hingewiesen werden, daß das Konzept der Gleichwertigkeit keine geheimnisvolle Idee ist, die man außerhalb der Volkswirtschafts-Lehrbücher vergebens sucht. Viele Gewerkschaften, insbesondere jene, in denen Frauen stark vertreten sind, tragen das Banner des Gleichwertigkeitsprinzips als Verhandlungsthema vor sich her. Und auch Gerichte haben schon entschieden, daß das Gleichwertigkeitsprinzip eine angemessene Lösung für die hartnäckig bestehende Kluft zwischen den Löhnen männlicher und weiblicher Mitarbeiter darstellt. Wir dürfen also erwarten, daß dieses Arbeitsmarktprinzip noch jahrelang ein zentrales Thema der öffentlichen politischen Diskussion bleiben wird.

Ungleichmäßige Fortschritte

Diskriminierung ist ein komplexer sozialer und ökonomischer Prozeß. Sie wurzelt in sozialen Gebräuchen und wurde mit Hilfe von Gesetzen vollstreckt, die benachteiligten Gruppen eine entsprechende Ausbildung und gute Jobs verwehrten. Aber selbst nach der Herstellung der gesetzlichen Gleichstellung perpetuierte die Trennung der Rassen und Geschlechter die soziale und wirtschaftliche Ungleichheit.

Obwohl Fortschritte erzielt wurden, sind die Ergebnisse nicht in allen Bereichen gleich. In den letzten Jahren fanden die Mitglieder benachteiligter Gruppen in großer Zahl Zugang zu den besten Bildungsinstitutionen und den bestbezahlten Berufen. Bei jungen Arbeitskräften unter 35 stellen Frauen heute 41 Prozent der Mathematiker und Computerwissenschafter, 29 Prozent der Anwälte und Richter und die Hälfte der Führungskräfte und Facharbeiter in Unternehmen. Abbildung 13-7 zeigt den langsamen Fortschritt in Richtung einer Schließung der Lohnkluft zwischen Farbigen und Weißen in der Bevölkerung.

Trotzdem gibt es nach wie vor bedeutende Unterschiede in der Einkommens-, Vermögens- und Berufssituation. Das soziale Gefüge in den großen Städten, das sich nachteilig auswirkt, die Auflösung der traditionellen Kleinfamilie, die abnehmende Großzügigkeit staatlicher

Sozialprogramme und der Rückgang der Löhne ungelernter Arbeitskräfte bewirken einen sinkenden Lebensstandard in zahlreichen Minderheitengruppen. Frauen und Minderheiten haben es zwar bis zur Wahlurne geschafft, aber auf dem Markt hinkt ihr Lohnniveau nach wie vor hinterher.

C. DAS ARBEITSANGEBOT

Bestimmende Faktoren für das Arbeitsangebot

Bisher haben wir uns auf die Nachfrageseite des Arbeitsmarktes konzentriert. Nun wenden wir uns seiner Angebotsseite zu. Der Begriff *Arbeitsangebot* bezieht sich auf die Stundenanzahl, die die Bevölkerung mit Erwerbstätigkeit in Fabriken, auf Bauernhöfen, in Unternehmen, im öffentlichen Sektor oder in gemeinnützigen Organisationen zubringen möchte. Die drei wesentlichen Elemente im Zusammenhang mit dem Arbeitsangebot sind Arbeitszeit, Teilnahme am Arbeitsmarkt und Immigration.

Arbeitszeit. Obwohl in manchen Bereichen eine flexible Arbeitszeit möglich ist, arbeiten die meisten Amerikaner ohne großen Flexibilitätsspielraum zwischen 35 und 45 Stunden wöchentlich. Trotzdem können die meisten sehr wohl auf die Zahl ihrer Lebensarbeitsstunden Einfluß nehmen. Die Entscheidung, ein postgraduales Studium zu absolvieren, frühzeitig in Pension zu gehen, oder eine Teilzeitarbeit anzunehmen – all das senkt die gesamte Lebensarbeitszeit vieler Menschen drastisch. Andererseits kann der Entschluß, Überstunden zu machen oder noch einen zweiten Job anzunehmen, die in Stunden ausgedrückte Lebensarbeitszeit deutlich erhöhen.

Nehmen wir nun an, die Löhne steigen. Führt diese Entwicklung zu einer Erhöhung oder zu einem Rückgang der Lebensarbeitszeit? Betrachten wir die Arbeitsangebotskurve in Abbildung 13-8. Beachten Sie bitte, wie sie zuerst nach rechts oben ansteigt; dann, am kritischen Punkt *C*, vollzieht sie eine Wende und beginnt sich zurückzubiegen. Wie läßt sich erklären, daß höhere Löhne das Arbeitsangebot erst in die Höhe schrauben und dann wieder senken?

Versetzen Sie sich doch in die Lage eines Arbeiters, dem gerade ein höherer Stundenlohn angeboten wurde, und der selbst entscheiden kann, wie lange er arbeiten möchte. In dieser Situation fühlt er sich hin- und hergerissen. Einerseits steht er unter dem Einfluß des *Substitutionseffektes*, der ihm rät, doch länger zu arbeiten, weil ja jetzt jede einzelne Stunde besser bezahlt wird. Jede Stunde Freizeit wird damit teurer, und es besteht ein gewisser Anreiz, Freizeit gegen Arbeit zu tauschen.

Der dem Substitutionseffekt entgegenwirkende Effekt ist der *Einkommenseffekt*.[3] Höhere Löhne steigern das Einkommen. Ein höheres Einkommen weckt den Wunsch, mehr Güter und Dienstleistungen zu kaufen, und außerdem entsteht das Bedürfnis nach mehr Freizeit. Man kann es sich nun leisten, im Winter eine Woche Urlaub zu nehmen, im Sommer eine Woche länger zu verreisen oder früher in Pension zu gehen, als dies bei niedrigerem Lohn möglich gewesen wäre.

Abbildung 13-8: Mit steigendem Lohn arbeiten manche Arbeitnehmer weniger

Oberhalb des kritischen Punktes C verringern Lohnsteigerungen die angebotene Arbeitsmenge, weil der Einkommenseffekt gegenüber dem Substitutionseffekt überwiegt. Warum? Nun, bei höheren Löhnen können sich die Arbeitnehmer mehr Freizeit leisten, obwohl jede zusätzliche Freizeitstunde immer mehr an Lohnentgang kostet.

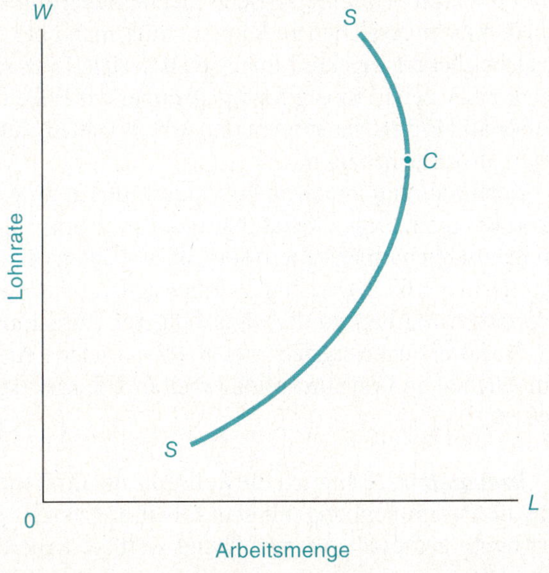

[3] Siehe Kapitel 5, in dem Substitutions- und Einkommenseffekt in Zusammenhang mit dem Konsum erörtert werden.

Reaktionen des Arbeitsangebotes			
	Erwerbsanteil (in Prozent der Bevölkerung)		
Gruppe	1960	1992	Reaktionen des Arbeitsangebotes auf Reallohnerhöhungen
männliche Erwachsene	86	77	Die meisten Studien ergeben eine rückwärts gekrümmte Angebotskurve. Der Einkommenseffekt überwiegt also gegenüber dem Substitutionseffekt. Die Angebotselastizität ist relativ gering, etwa im Bereich von –0,1 bis –0,2; das bedeutet, daß ein zehnprozentiger Anstieg der Reallöhne zu einem Rückgang des Arbeitsangebotes um 1 bis 2 Prozent führt.
weibliche Erwachsene	38	58	Aus den meisten Studien ergibt sich eine positive Reaktion des Arbeitsangebotes auf höhere Reallöhne.
Teenager	46	52	Stark schwankende Reaktion. Insgesamt scheint das Arbeitsangebot auf höhere Löhne im allgemeinen positiv zu reagieren.
Gesamtbevölkerung ab 16 Jahren	59	66	Die Elastizität des gesamten Arbeitsangebotes liegt nahe Null, wobei der Einkommenseffekt den Substitutionseffekt gerade ausgleicht. Die geschätzte Arbeits-Angebotselastizität für die Gesamtbevölkerung liegt zwischen 0 und 0,2.

Tabelle 13-7: Empirische Schätzungen zur Reaktion des Arbeitsangebotes auf die Reallohnhöhe

Die Ökonomen haben sich eingehend mit der Reaktion des Arbeitsangebotes auf die Reallöhne beschäftigt. Bei Männern erscheint die Angebotskurve deutlich rückwärts gekrümmt, während Teenager und erwachsene Frauen im allgemeinen auf höhere Löhne positiv reagieren. Was die gesamte Volkswirtschaft betrifft, so verläuft die Arbeits-Angebotskurve beinahe vollständig unelastisch oder vertikal. (Quelle: *Monthly Labor Review*, April 1993, Tabelle 4, S. 64.)

Aber welcher Effekt, der Substitutions- oder der Einkommenseffekt, behält schließlich die Oberhand? Darauf gibt es keine absolut richtige Antwort. Jeder Mensch entscheidet hier anders. In unserem Fall aus Abbildung 13-8 erhöht ein höherer Lohn bis zum Punkt *C* das Arbeitsangebot. Der Substitutionseffekt ist also stärker als der Einkommenseffekt. Aber ab Punkt *C* überwiegt offensichtlich der Einkommenseffekt, und das Arbeitsangebot nimmt mit weiterhin steigenden Löhnen wieder ab.

Teilnahme am Arbeitsmarkt. Zu den dramatischsten Entwicklungen während der letzten Jahrzehnte gehörte der ungeheure Ansturm der Frauen auf den Arbeitsmarkt. Seit der Mitte der sechziger Jahre erhöhte sich die Frauenarbeitsrate (also der Anteil der Frauen über 15, die entweder arbeiten oder aktiv eine Arbeit suchen) von 40 Prozent auf beinahe 60 Prozent. Diese Entwicklung ist sicherlich teilweise auf die steigenden Reallöhne zurückzuführen, die das Arbeiten für Frauen attraktiver gemacht haben. Trotzdem läßt sich eine Veränderung dieser Größenordnung nicht allein durch volkswirtschaftliche Faktoren erklären. Um eine so tiefgreifende Änderung der Arbeitsmuster verstehen zu können, muß man über die wirtschaftlichen Aspekte hinaus auch soziale Prozesse, die zu einer neuen Einstellung gegenüber der Rolle der Frauen als Mütter, Hausfrauen und Arbeitskräfte geführt haben, im Auge behalten.

Doch während immer mehr Frauen auf den Arbeitsmarkt drängten, sank die Beschäftigungsrate unter älteren männlichen Amerikanern stark ab, vor allem bei den Männern über 65. Der wahrscheinlichste Grund für diese Veränderung liegt in der großzügigeren Auszahlung von Sozialversicherungsleistungen, die es vielen Leuten ermöglichen, in Ruhe und ohne Arbeit ihre Rente zu genießen.

Immigration. Aber auch die Rolle, die die Einwanderung im Zusammenhang mit dem Arbeitsangebot spielt, darf heute keinesfalls vernachlässigt werden. Experten schätzen, daß die jährliche Zuwanderung in die USA rund 1 Million, und darunter 200.000 illegale Einwanderer, beträgt. Die Immigration macht 39 Prozent des Bevölkerungswachstums der achtziger Jahre aus, und Immigranten stellen auch einen zunehmenden Anteil an der arbeitenden Bevölkerung.

Der Einwandererzustrom wird durch ein kompliziertes Quotensystem geregelt, das gut ausgebildete Arbeitskräfte und ihre Familien, aber auch enge Verwandte amerikanischer Staatsbürger und Leute mit einer permanenten Aufenthaltsgenehmigung bevorzugt. Zusätzlich gibt es spezielle Quoten für politische Flüchtlinge. In den letzten Jahren entfielen die größten Gruppen legaler Einwanderer auf Länder wie Mexiko, China, die frühere Sowjetunion, Korea, die Philippinen, Vietnam und einige der mittelamerikanischen und karibischen Länder. Viele der Immigranten der letzten Zeit sind erstaunlich gut ausgebildet: etwa 25 Prozent aller kürzlich ins Land gekommenen männlichen Einwanderer verfügen über einen College-Abschluß, ein Anteil, der jenem der durchschnittlichen amerikanischen männlichen Bevölkerung entspricht.

Die Berufswahl der Neuzuwanderer ist ein klassisches Beispiel für nicht konkurrierende Gruppen. Anstatt sich auf dem offenen Arbeitsmarkt zu bewerben, neigen Immigranten aus einem bestimmten Land zumeist dazu, jeweils in ganz bestimmte Berufe zu drängen. So ist beispielsweise in vielen Städten wie Los Angeles und New York eine große Anzahl der Lebensmittelläden in der Hand von Koreanern. Der Grund für diese Entwicklung liegt wohl darin, daß diese Leute von Freunden und Verwandten, die ihrerseits bereits einen Lebensmittelladen betreiben, Rat und Hilfe bekommen. Sobald Einwanderer in den USA mehr Erfahrung und zusätzliche Ausbildung erwerben und sobald sie fließend englisch sprechen, verbessern sich auch ihre Berufschancen, und sie gliedern sich in das allgemeine Arbeitsangebot ein.

Empirische Feststellungen

Aus der Theorie läßt sich nicht ableiten, ob das Arbeitsangebot einer bestimmten Gruppe auf Lohnänderungen positiv oder negativ reagieren wird. Bringt eine höhere Besteuerung der oberen Einkommensklassen – die sich als Senkung des Einkommens nach Steuern auswirkt – die Leute dazu, ein bißchen weniger zu arbeiten? Erhöht oder senkt die Subventionierung der Löhne ärmerer Bevölkerungsgruppen deren Angebot an Arbeitsstunden? Diese wichtigen Fragen müssen sich Politiker und Gesetzgeber stellen, wenn sie sich Gedanken über Verteilungsgerechtigkeit und Effizienz machen. Allerdings ist es zu ihrer Beantwortung zumeist erforderlich, den genauen Verlauf oder die Elastizität der Arbeitsangebotskurve zu kennen.

Tabelle 13-7 stellt eine Zusammenfassung einer Reihe verschiedener Studien zu diesem Gegenstand dar. In dieser Übersicht sehen wir, daß die Arbeitsangebotskurve erwachsener Männer leicht rückwärts gebogen ist, während die Reaktion der anderen demographischen Gruppen mehr oder weniger der konventionellen aufwärtsgerichteten Angebotskurve entspricht. Auf die Gesamtbevölkerung bezogen scheint das Arbeitsangebot nur schwach auf Reallohnänderungen zu reagieren.

D. DIE AMERIKANISCHE ARBEITERBEWEGUNG

Bisher haben wir uns mit den Arbeits-Angebotsentscheidungen des einzelnen befaßt. Aber für jene 16 Millionen Amerikaner, die Mitglieder einer Gewerkschaft sind, wird ein Teil der Arbeits-Angebotsentscheidungen kollektiv getroffen. Die Gewerkschaften handeln Kollektivverträge aus, in denen zumeist geregelt wird, wer bestimmte Arbeiten übernehmen darf, wie diese zu entlohnen sind und welche Regeln jeweils dafür gelten. Und Gewerkschaften können auch den Beschluß fassen, einen Streik auszurufen, also ihr Arbeitsangebot den Unternehmen vollständig zu entziehen, um ihren Verhandlungen mit den Unternehmen Nachdruck zu verleihen.

Eine gewisse Kenntnis der Arbeiterbewegung und der Gewerkschaften ist einfach unumgänglich, will man die Dynamik des amerikanischen Arbeitsmarktes verstehen können. Einerseits ist immer noch ein Siebentel der US-Arbeitnehmer in Gewerkschaften organisiert, obwohl dieser Prozentsatz einen wesentlichen Rückgang während der letzten Jahre widerspiegelt. Und andererseits sprechen die Gewerkschaften in ihren Kollektivvertragsverhandlungen Themen an, die für alle Arbeitnehmer von Bedeutung sind, darunter beispielsweise Pensionsregelungen, Gesundheitssystem und Arbeitszeit.

GEWERKSCHAFTEN EINST UND JETZT

Wo liegt der Ursprung der amerikanischen Arbeiterbewegung? Obwohl Gewerkschaften bereits vor dem Bürgerkrieg erste Aktivitäten entfalteten, begann die Revolte der Arbeitnehmer gegen das Big Business im eigentlichen Sinn erst im ausgehenden neunzehnten Jahrhundert. Im Jahr 1981 nahm die heutige Arbeiterbewegung mit der Gründung der American Federation of Labor (AFL) schließlich Gestalt an. Beinahe ein halbes Jahrhundert lang, bis zu seinem Tod im Jahr 1924, beherrschte Samuel Gompers diese Organisation und verlieh der Bewegung ihre charakteristische Struktur. Ursprünglich interessierte sich Gompers für sozialistische Bewegungen, zog aber schon bald den Schluß, daß keine Bewegung, die sich in Opposition zum Kapitalismus befindet, auf amerikanischem Boden gedeihen könne.

Gompers' Strategie war einfach: Er bestand auf dem sogenannten *Business- oder Bread and Butter-Unionism*, einer rein ökonomisch orientierten Gewerkschaftsarbeit. Nach diesem Prinzip beschäftigten sich amerikanische Gewerkschaften hauptsächlich damit, den wirtschaftlichen Status der Arbeitnehmer (im Kampf um höhere Löhne, kürzere Arbeitszeiten, längeren Urlaub, bessere Arbeitsbedingungen und verbesserte Sozialleistungen) zu heben. Sie taten damit genau das Gegenteil von dem, was die Arbeiterbewegungen in zahlreichen anderen Ländern anstrebten, die bisweilen die großen politischen Parteien beherrschten und einen erbitterten Klassenkampf führten, um die Regierungsform ihres Landes zu ändern oder dem Sozialismus zum Durchbruch zu verhelfen.

Zu Beginn gliederte sich die Arbeiterbewegung in *Fachgewerkschaften*, denen die Arbeiter nach ihren speziellen Fertigkeiten, beispielsweise Tischlerei oder Maurerarbeit, zugehörten. Durch diese Strategie wurde die Organisation riesiger Wirtschaftszweige mit Massenproduktion in einer einzigen Gewerkschaft verhindert. In den dreißiger Jahren begannen kluge Gewerkschaftsvertreter die Zeichen der Zeit zu erkennen: *Industriegewerkschaften* (in denen ein ganzer Wirtschaftszweig, etwa Stahl oder Kohle, zusammengefaßt ist) schienen das gewerkschaftliche Zukunftsbild zu prägen. Die Industriegewerkschaften wurden erstmals im Jahr 1935 mit der Gründung des Congress of Industrial Organizations (CIO) eingeführt. Heute sind die einzelnen amerikanischen Gewerkschaften in der AFL-CIO, der größten nationalen Arbeitnehmerorganisation der Vereinigten Staaten, organisiert.

Löhne und Sozialleistungen gewerkschaftlich organisierter Arbeitnehmer werden in **Kollektivverträgen** festgelegt. Dabei handelt es sich um das Ergebnis von Verhandlungen zwischen Arbeitgeber- und Arbeitnehmervertretern zum Zweck der Vereinbarung beidseitig vorteilhafter Arbeitsbedingungen. Wir alle haben schon von den nächtelang dauernden Sitzungen mit einer Einigung über den Kollektivvertrag erst in allerletzter Minute gehört. Aber was steht eigentlich in einem solchen Kollektivvertrag? Der wichtigste Teil ist verständlicherweise das *Tarifpaket*. Es legt die Höhe des Basislohns für verschiedene Jobkategorien sowie Richtlinien für Urlaube und Arbeitspausen fest. Außerdem enthält der Vertrag Bestimmungen über Sozialleistungen wie Pensionspläne, Krankenversicherung und ähnliches. In Zeiten hoher Inflation findet man in Kollektivverträgen zumeist auch eine Klausel über eine entsprechende Inflationsanpassung, die sogenannten COLA-Klausel (cost-of-living-adjustment), durch die die Löhne bei einem raschen Anstieg der Verbraucherpreise an die steigenden Lebenshaltungskosten angepaßt werden.

Ein zweiter wichtiger und häufig auch umstrittener Teil des Kollektivvertrages betrifft die *Regelung der Arbeitsbedingungen*. Er bezieht sich auf die Arbeitsanweisungen und die Zuweisung von Aufgabenbereichen, die Arbeitssicherheit und die zulässige Arbeitsbelastung. Vor allem in rückläufigen Branchen sind die Personalerfordernisse ein wesentliches Thema, weil die Arbeitsnachfrage zurückgeht. So kam es beispielsweise bei den Eisenbahnen zu jahrzehntelangen Streitigkeiten darüber, wie viele Eisenbahner auf einem Zug mitzufahren hätten. Und schließlich beinhaltet der Kollektivvertrag auch noch *Verfahrensbestimmungen*. Dazu gehören Regelungen hinsichtlich des Senioritätsprinzips (wer zuerst und wer zuletzt entlassen wird) ebenso wie ein Schlichtungsverfahren über Verletzungen der Dienstpflicht oder sonstige Streitfälle. Die Dauer eines Kollektivvertrages beträgt im Regelfall 3 Jahre.

Die Aushandlung der Kollektivverträge ist eine schwierige Aufgabe, bei der es ebenso um Geben wie um Nehmen geht. Es werden große Anstrengungen zur Aushandlung der tariflichen Aspekte, zur Verteilung des Kuchens zwischen den Löhnen und den Gewinnen unternommen. Manchmal geraten die Verhandlungen im Streit um die Befugnisse des Managements ins Stocken, beispielsweise über die Frage, ob es zulässig ist, einen Arbeitnehmer zu versetzen oder die vereinbarten Arbeitsbedingungen zu verändern. Letztendlich haben aber sowohl die Vertreter der Arbeitnehmer als auch jene der Arbeitgeber ein starkes Interesse an zufriedenen und leistungsfähigen Mitarbeitern.

Staat und Kollektivverträge

Die Geschichte der Gewerkschaften ruft uns in Erinnerung, daß die gesetzlichen Rahmenbedingungen für die Organisation einer Wirtschaft von großer Bedeutung sind. Vor zweihundert Jahren, als es in Europa und Amerika erste Versuche einer Organisation der Arbeitnehmer gab, wurden Doktrinen des Common Law gegen eine „Konspiration zur Beschränkung des Handels" dazu herangezogen, um Gewerkschaftsmitglieder zu bekämpfen. Gewerkschaften und ihre Mitglieder wurden sogar noch weit in das zwanzigste Jahrhundert hinein von den Gerichten verfolgt, mit Geldstrafen belegt, inhaftiert und durch einstweilige Verfügungen behindert. Der Oberste Gerichtshof hob immer wieder Gesetze, die die Arbeitsbedingungen für Frauen und Kinder verbessern sollten, sowie auch andere Reformgesetze über Arbeitszeiten und Löhne auf.

Erst als das Pendel in Richtung einer Akzeptanz und Unterstützung von Gewerkschaften und von ihnen ausgehandelten Kollektivverträgen ausschlug, begann die explosive Verbreitung der Gewerkschaften. Ein wesentlicher Meilenstein war dabei der Clayton Act (1914), der als die „Magna Charta der Arbeitnehmer" gefeiert wurde und der die Arbeitnehmer von der Verfolgung nach den Antitrust-Bestimmungen bewahren sollte. Der Fair Standards Act (1938) brachte ein Verbot der Kinderarbeit, forderte einen fünfzigprozentigen Lohnaufschlag für Arbeitszeiten über 40 Wochenstunden hinaus und legte einen bundesweiten Mindestlohn für die meisten Berufsgruppen mit Ausnahme der Landwirtschaft fest.

Am interessantesten erscheint jedoch der Wagner Act oder National Labor Relations Act aus 1935. Dieses Gesetz verfügt wie folgt: „Arbeitnehmer haben das Recht, ... Arbeitnehmerorganisationen ... beizutreten, Kollektivverträge abzuschließen ... und sich an gemeinschaftlichen Aktionen zu beteiligen." Im Zuge dieser arbeitnehmerfreundlichen Gesetzgebung bekamen die Gewerkschaften regen Zulauf, und die Mitgliederzahl stieg von unter 10 Prozent in den zwanziger Jahren bis zum Ende des Zweiten Weltkrieges auf ein Viertel aller Arbeitnehmer an. Seit Beginn der siebziger Jahre werden jedoch durch die Deregulierung zahlreicher Branchen und den ständig zunehmenden internationalen Wettbewerb die Monopole der Gewerkschaften ausgehöhlt, und der Prozentsatz der Arbeitnehmer, die in den USA einer Gewerkschaft angehören, schwindet stetig.

Abbildung 13-9: Die Gewerkschaften verhandeln hohe Standardlöhne aus und verringern die Arbeitsnachfrage

Die Anhebung der Standardlöhne auf rr erhöht die Löhne und verringert den Beschäftigungsstand auf dem gewerkschaftlich kontrollierten Arbeitsmarkt. Wegen des Ungleichgewichtes zwischen Angebot und Nachfrage können Arbeiter zwischen E' und F auf diesem Markt keine Arbeit finden. Wenn die Gewerkschaften die Reallöhne für die gesamte Wirtschaft zu sehr nach oben treiben, fragen die Unternehmen nur E' nach, während die Arbeitskräfte F anbieten. So stellt der schwarze Pfeil von E' nach F die Höhe der klassischen Arbeitslosigkeit dar. Diese Ursache der Arbeitslosigkeit ist vor allem dann bedeutsam, wenn ein Land keinen Einfluß auf sein Preisniveau oder seinen Wechselkurs nehmen kann, und ist zu unterscheiden von einer Arbeitslosigkeit, die durch eine unzureichende Gesamtnachfrage bedingt ist.

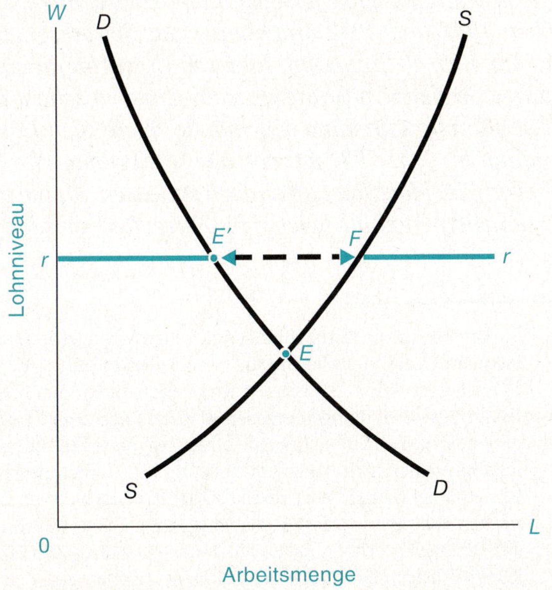

WIE GEWERKSCHAFTEN LOHNERHÖHUNGEN DURCHSETZEN

Gewerkschaften bemühen sich darum, Löhne und Arbeitsbedingungen für die Arbeitnehmer zu verbessern. Überlegen wir doch einmal, wie sie dazu vorgehen. Die Gewerkschaft erwirbt eine Marktmacht, indem ihr ein legales Monopol für die Bereitstellung von Arbeitsleistungen an ein bestimmtes Unternehmen oder eine bestimmte Branche eingeräumt wird. Mit Hilfe dieses Monopols zwingt sie die Unternehmen, Löhne, Sozialleistungen und Arbeitsbedingungen zu gewähren, die über jenen im vollständigen Wettbewerb liegen. Nehmen wir an, daß nicht gewerkschaftlich organisierte Gas-Wasser-Installateure in Alabama $ 15 pro Stunde verdienen, so könnte eine Gewerkschaft mit einem großen Bauunternehmen einen Stundenlohn von $ 25 für die Installateure dieser Firma aushandeln.

Ein solcher Vertrag ist jedoch für die Gewerkschaft nur dann von Wert, wenn es ihr gelingt, zu verhindern, daß das Unternehmen Zugriff auf ein anderwärtiges Arbeitsangebot bekommt. Daher stimmen in einem typischen Kollektivvertrag die Unternehmen zu, nur gewerkschaftlich organisierte Installateure einzustellen, keine Installationsarbeiten an Drittfirmen und keine Subaufträge an gewerkschaftlich nicht organisierte Unternehmen zu vergeben. Mit jeder dieser Bestimmungen wird der Erosion des gewerkschaftlichen Monopols auf das Installateurangebot für das betreffende Unternehmen entgegengewirkt. In manchen Bereichen, etwa in der Stahl- und Automobilbranche, versuchen die Gewerkschaften sogar, den gesamten Wirtschaftszweig gewerkschaftlich zu organisieren, so daß die organisierten Arbeitnehmer in Unternehmen A nicht mit den nicht organisierten Arbeitnehmern des Unternehmens B in Wettbewerb treten müssen. All das ist nötig, um die höheren gewerkschaftlich ausverhandelten Löhne durchsetzen zu können.

Abbildung 13-9 zeigt die Auswirkungen der hohen Kollektivvertragslöhne, wenn die Gewerkschaft die Unternehmen zwingt, Löhne in jener Standardhöhe auszuzahlen, die durch die horizontale Linie *rr* dargestellt ist. Das Gleichgewicht liegt in *E'*, wo *rr* die Nachfragekurve der Arbeitgeber schneidet. Bitte beachten Sie, daß die Gewerkschaft das Arbeitsangebot nicht direkt verringert, wenn sie die hohen Kollektivvertragslöhne festlegt. Wie reagiert der Markt, wenn die Löhne über dem Markträumungsniveau liegen? Bei den hohen Kollektivvertragslöhnen wird die Arbeitnehmerzahl durch die Nachfrage des Unternehmens nach Arbeit begrenzt. Die Anzahl der Arbeitsuchenden übersteigt die Nachfrage um das Segment *E'F'*. Diese überschüssigen Arbeitskräfte können nun arbeitslos bleiben und auf freie Stellen auf dem gutbezahlten, gewerkschaftlich organisierten Sektor warten, oder sie lassen sich entmutigen und suchen nach Jobs in anderen Sektoren. Die Arbeiter zwischen *E'* und *F* werden ebenso von möglichen Jobs ferngehalten, als hätte die Gewerkschaft den Zugang direkt beschränkt.

Die Notwendigkeit, jeden von außerhalb der Gewerkschaften kommenden Wettbewerb zu verhindern, erklärt auch viele der politischen Ziele der nationalen Arbeiterbewegung. Sie erklärt, warum die Gewerkschaften die Einwanderung beschränken wollen, warum sie eine protektionistische Gesetzgebung unterstützen, um ausländische Güter fernzuhalten, die ja nicht von Mitgliedern amerikanischer Gewerkschaften hergestellt werden; warum Quasi-Gewerkschaften wie Ärztekammern darum kämpfen, die Zulassung anderer Gruppen zu den medizinischen Diensten zu verhindern, und warum die Gewerkschaften manchmal gegen die Deregulierung in Branchen wie jener der Fernfahrer, im Kommunikationsbereich und bei den Fluglinien auftreten.

Unvorhersehbarkeit von Kollektivvertragsverhandlungen durch die volkswirtschaftliche Theorie

Bei den meisten Kollektivvertragsverhandlungen drängen die Arbeitnehmer auf höhere Löhne, während die Arbeitgeber natürlich geringere Lohnkosten im Auge haben. Kann die volkswirtschaftliche Theorie die Ergebnisse von Kollektivvertragsverhandlungen zwischen Arbeitnehmer- und Arbeitgeberseite verläßlich vorhersagen? Interessanterweise handelt es sich gerade dabei um eine Frage, die keine volkswirtschaftliche Theorie mit einiger Zuverlässigkeit beantworten kann. Die Situation ist unter dem Begriff *bilaterales Monopol* bekannt – es gibt nur einen Käufer und einen Verkäufer. Das Ergebnis hängt daher von psychologischen, politischen und zahlreichen anderen, nicht so recht greifbaren Faktoren ab. Der Volkswirt kann jedenfalls das Ergebnis eines bilateralen Monopols allein aus den Kosten und der Nachfrage nicht ableiten.[4]

Beispiel: Der Rückgang der Streiks. *Die letzte Drohung im Zuge von Kollektivvertragsverhandlungen ist immer der Streik. In den siebziger Jahren bedienten sich die amerikanischen Gewerkschaften dieser Waffe regelmäßig, und im Durchschnitt verzeichneten wir damals beinahe 300 Streiks jährlich. In letzter Zeit sind Streiks hingegen eher unüblich geworden. Zwischen 1987 und 1992 brachten es die Gewerkschaften auf nur etwa 40 Streiks pro Jahr. Der Grund für die rückläufige Streikentwicklung ist wohl darin zu sehen, daß diese Kampfmaßnahme sehr häufig auch nach hinten losging. Im Jahr 1981 wurden alle streikenden Fluglotsen von Präsident Reagan einfach entlassen. Als die professionellen Football-Spieler 1987 streikten, wurden sie*

[4] Situationen wie die Verhandlungen zwischen Arbeitgeber- und Arbeitnehmerseite sind Gegenstand der Spieltheorie, die in Kapitel 11 analysiert wird. Die theoretischen Unwägbarkeiten der Kollektivvertragsverhandlungen ergeben sich aus folgendem Ergebnis der Spieltheorie: Ein nichtkooperatives Zweipersonenspiel führt im allgemeinen nicht zu einem eindeutig bestimmten Ergebnis. Wie etwa bei Kriegen oder Streiks hängt das Ergebnis von zahlreichen Faktoren wie dem Verhandlungsgeschick, dem Prestige, der Fähigkeit, auch einmal zu bluffen, und sogar vom Eindruck jeder der beiden Seiten über die Stärke des Gegners ab.

zurück aufs Spielfeld gezwungen, indem die Eigentümer die Spiele einfach mit Ersatzleuten spielen ließen. Im Jahr 1992 mußten die Beschäftigten der Caterpillar Inc., eines Riesen der Baumaschinenbranche, nach sechs Monaten ihren Streik abbrechen, als Caterpillar drohte, sie alle einfach zu entlassen und durch andere Arbeitskräfte zu ersetzen. Die Unfähigkeit, die Unternehmen durch Streiks ernsthaft zu bedrohen, hat während der letzten beiden Jahrzehnte die Macht der Gewerkschaften insgesamt sehr geschwächt.

AUSWIRKUNGEN AUF LÖHNE UND BESCHÄFTIGUNG

Verfechter der Gewerkschaften reklamieren es als ihren Erfolg, daß durch die Arbeit der Gewerkschaften Löhne und Sozialleistungen der Arbeitnehmer angehoben wurden. Kritiker wiederum behaupten, das Ergebnis der steigenden Löhne sei nur eine höhere Arbeitslosigkeit, Inflation und eine verzerrte Ressourcenallokation. Aber wie sehen die Fakten aus?

Hat die Gewerkschaftsbildung tatsächlich die Löhne angehoben?

Beginnen wir mit einer Betrachtung der Auswirkungen gewerkschaftlicher Arbeit auf die Löhne. Ökonomen haben die volkswirtschaftlichen Folgen der Gewerkschaftstätigkeit durch eine Analyse gewerkschaftlich organisierter und nicht organisierter Branchen untersucht. Ausgehend von dieser Analyse kamen sie zu dem Schluß, daß organisierte Arbeitnehmer um durchschnittlich 10 bis 15 Prozent mehr verdienen als ihre nicht organisierten Kollegen. Die Unterschiede bewegen sich in einem Rahmen von einem vernachlässigbar geringen Unterschied bei Hotelangestellten und Friseuren bis hin zu den um 25 und 30 Prozent höheren Einkünften der Bau-Facharbeiter und der Kumpel im Kohlebergbau. Die erzielten Ergebnisse lassen darauf schließen, daß die Gewerkschaften dort in ihren Lohnverhandlungen am erfolgreichsten sind, wo sie (wie beispielsweise in der Autoindustrie) das Arbeitsangebot monopolisieren und den Zutritt zum Arbeitsmarkt effektiv kontrollieren können.

Ein anderer Ansatz untersucht die Löhne einzelner Arbeitnehmer, wobei Korrekturen je nach den besonderen Eigenschaften des einzelnen und danach, ob der Arbeitnehmer in einem gewerkschaftlich organisierten Bereich arbeitet oder nicht, vorgenommen werden. Orley Ashenfelter von der Universität Princeton hat eine Gruppe von Arbeitnehmern während der Jahre 1967 – 1975 beobachtet. Unter Berücksichtigung des Einflusses von Geschlecht, Rasse, Ausbildung und anderer persönlicher Merkmale dieser Arbeitnehmer stellte Ashenfelter fest, daß die gewerkschaftlich organisierten Arbeitnehmer Löhne erhielten, die um 17 Prozent über jenen ihrer nicht organisierten Kollegen lagen. Außerdem fand er heraus, daß männliche Schwarze, die einer Gewerkschaft angehörten, einen noch höheren Lohnvorteil als andere Gruppen genossen: Ihre Löhne lagen um 23 Prozent höher gegenüber 16 Prozent bei den männlichen Weißen.

Allgemeine Auswirkungen. Nun, da wir gesehen haben, daß die Gewerkschaften höhere Löhne für ihre Mitglieder herausholen, könnten wir fragen, ob es ihnen nicht auch gelingt, für die gesamte Wirtschaft höhere Reallöhne zu erreichen. Die Mehrzahl der Ökonomen ist heute der Ansicht, daß die Tätigkeit der Gewerkschaften nicht zu einer Umverteilung der Einkommen vom Kapital zur Arbeit führt, sondern daß diese Umverteilung von den nicht gewerkschaftlich organisierten Arbeitnehmern zu Gewerkschaftsmitgliedern hin erfolgt. Mit anderen Worten, wenn es den Gewerkschaften gelingt, die jeweiligen Löhne über das Wettbewerbsniveau anzuheben, gehen diese Gewinne zu Lasten der Löhne nicht gewerkschaftlich organisierter Kollegen.

Diese Annahme wird auch durch empirische Feststellungen untermauert, wonach sich jener Anteil am Volkseinkommen, der in die Arbeit fließt, während der letzten sechs Jahrzehnte nur geringfügig verändert hat. Berücksichtigt man die konjunkturzyklischen Einflüsse auf den Anteil der Arbeitseinkommen, läßt sich kein merklicher Einfluß der gewerkschaftlichen Tätigkeit auf die allgemeine Höhe der Reallöhne in den USA feststellen. Erfahrungen im gewerkschaftlich stark organisierten Europa legen den Schluß nahe, daß Gewerkschaften, wenn es ihnen gelingt, das allgemeine Lohnniveau anzuheben, manchmal eine inflationstreibende Lohn-Preis-Spirale in Gang setzen, so daß auch hier nur geringe oder jedenfalls keine bleibenden Auswirkungen auf die Reallöhne festzustellen sind.

Auswirkungen auf die Beschäftigungssituation

Wenn nun die Gewerkschaften das allgemeine Reallohnniveau nicht nachhaltig beeinflussen können, läßt dies den Schluß zu, daß sie in erster Linie auf die *relativen* Löhne einwirken können. Das bedeutet, daß die Löhne in gewerkschaftlich organisierten Branchen im Verhältnis zu jenen in nicht organisierten Bereichen ansteigen. Außerdem kommt es zu einer geringeren Beschäftigung in den organisierten und zu höheren Beschäftigungszahlen in den nicht organisierten Branchen.

Ökonomen meinen, daß starke Gewerkschaften die Reallöhne in einigen Fällen auf ein künstlich hohes Niveau angehoben haben, was ein exzessives Arbeitsangebot zur Folge hatte, das als *klassische Arbeitslosigkeit* bezeichnet wird. Dies läßt sich durch Abbildung 13-9 zeigen. Nehmen wir an, die Gewerkschaften könnten eine Lohnerhöhung über den Markträumungslohn in *E* auf ein höheres Reallohnniveau *r* erreichen. Dann stellt, wenn Arbeitsangebot und -nachfrage im allgemeinen unverändert bleiben, der Pfeil zwischen *E'* und *F* die Anzahl jener Arbeiter dar, die zu einem Lohn *r* arbeiten wollen, jedoch keine Arbeit finden. Diese Situation wird als klassische Arbeitslosigkeit bezeichnet, weil sie durch überhöhte Reallöhne ausgelöst wird.

Ökonomen stellen im allgemeinen die klassische Arbeitslosigkeit der konjunkturell bedingten Arbeitslosigkeit gegenüber, die als Keynesianische Arbeitslosigkeit bezeichnet wird und sich aus einer unzureichenden Gesamtnachfrage ergibt. Die Auswirkungen überhöhter Reallöhne konnte man nach der wirtschaftlichen Wiedervereinigung der beiden Teile Deutschlands im Jahr 1990 feststellen. Die EU fixierte die ostdeutschen Löhne auf einem Niveau, das geschätztermaßen zumindest zweimal so hoch war, als sich durch das Grenzertragsprodukt der Arbeit rechtfertigen ließ. Das Ergebnis war eine hohe Arbeitslosigkeit im wiedervereinigten Deutschland.[5]

Unsere Analyse führt uns zu dem Schluß, daß es, wenn sich ein Land mit überhöhten Reallöhnen konfrontiert sieht, zu einer höheren Arbeitslosigkeit kommt. Diese Arbeitslosigkeit reagiert nicht auf die traditionellen makroökonomischen Maßnahmen, also auf eine Erhöhung der gesamtwirtschaftlichen Ausgaben, sondern erfordert konkrete Schritte zur Senkung der Reallöhne.

ZUSAMMENFASSUNG

A. Lohnbildung bei vollständigem Wettbewerb

1. Die Nachfrage nach Arbeit wird, wie bei jedem Produktionsfaktor, durch das Grenzprodukt der Arbeit bestimmt. So ist das allgemeine Lohnniveau in den industrialisierten Ländern im letzten Jahrhundert stark angestiegen, weil die Grenzproduktivität der Arbeit drastisch zugenommen hat. Heute sind die Arbeitnehmer in diesen Ländern im allgemeinen sehr viel besser ausgebildet, und es stehen ihnen in ihrer Arbeit mehr und bessere Kapitalgüter zur Verfügung als jemals zuvor in der Vergangenheit. Das erklärt auch die Lohnunterschiede zwischen verschiedenen Staaten und Regionen auf dieser Welt.
2. Bei vollständigem Wettbewerbsgleichgewicht und unter der Annahme, daß alle Arbeitnehmer und alle Arbeiten exakt gleich sind, gäbe es keine Lohnunterschiede. Das Gleichgewichtslohnniveau, das jeweils durch Angebot und Nachfrage bestimmt wird, wäre genau gleich. Aber sobald wir uns von den unrealistischen Annahmen über die Gleichheit von Menschen und Arbeiten verabschieden, stellen wir ganz beachtliche Lohnunterschiede fest; und das auch auf einem vollkommenen Arbeitsmarkt. Kompensatorische Lohndifferentiale zum Ausgleich nichtmonetärer qualitativer Unterschiede verschiedener Arbeiten erklären einen Teil der Lohnunterschiede. Eine weitere wichtige Erklärung sind Unterschiede in der Qualität der Arbeit des einzelnen. Außerdem besteht der Arbeitsmarkt aus unzähligen Kategorien untereinander nicht konkurrierender oder nur teilweise konkurrierender Gruppen.

B. Diskriminierung auf Grund von Hautfarbe und Geschlecht

3. Durch die Zufälligkeiten der Geschichte genießt eine Minderheit männlicher Weißer weltweit den größten Wohlstand. Selbst ein Jahrhundert nach der Abschaffung der Sklaverei läßt sich mit Hilfe der Instrumentarien von Angebot und Nachfrage im vollständigen Wettbewerb noch nachweisen, daß Chancenungleichheit und Diskriminierung auf Grund wirtschaftlicher, rassischer und geschlechtlicher Merkmale zu einem Einkommensverlust bei den unterprivilegierten Gruppen führen.
4. Es gibt viele Ursachen für Diskriminierung, aber die wichtigste ist wohl die Entstehung und das Fortbestehen un-

[5] Eine faszinierende Studie über die Auswirkungen der deutschen Wiedervereinigung finden sie in George Akerlof, Andrew Rose, Janet Yellen und Helga Hessenius, „Germany in From the Cold", *Brookings Papers on Economic Activity*, Bd.1, 1991.

tereinander nicht konkurrierender Gruppen. Durch die Segmentierung des Arbeitsmarktes, auf dem leitende Positionen männlichen Weißen vorbehalten bleiben, während Frauen und Minderheiten auf niedrige Dienste, die karrieremäßig in eine Sackgasse führen, zurückverwiesen werden, können Einkommensungleichheiten in einer Wirtschaft jahrzehntelang bestehen bleiben.

5. Maßnahmen zur Verringerung der Diskriminierung auf dem Arbeitsmarkt wurden in viele verschiedene Richtungen hin unternommen. Frühe Ansätze konzentrierten sich vor allem auf das Brandmarken von Verhaltensweisen, die eine Diskriminierung implizieren, während man die Unternehmen später eher zu firmenpolitischen Maßnahmen zur Beseitigung und Verhütung von Diskriminierung wie der „Affirmative Action" verpflichtete. In letzter Zeit haben Verfechter des Konzeptes des Gleichwertigkeitsprinzips darauf hingewiesen, daß Arbeitnehmer mit gleichwertigen, aber inhaltlich unterschiedlichen Jobs dieselbe Bezahlung erhalten sollten, auch wenn Angebot und Nachfrage etwas anderes geboten erscheinen lassen. Kritiker dieser Theorie des vergleichbaren Wertes von Jobs wenden ein, daß bei ihrer Anwendung der Arbeitsmarkt rigide und unflexibel wird, wenn es zu Verschiebungen von Angebot und Nachfrage kommt.

C. Das Arbeitsangebot

6. Bei gegebener Bevölkerungszahl hängt das Arbeitsangebot von drei wesentlichen Faktoren ab: von der durchschnittlichen Arbeitszeit, von der Teilnahme am Arbeitsmarkt und von der Einwanderungsrate.

7. Bei steigenden Löhnen ergeben sich zwei entgegengesetzte Effekte auf das Arbeitsangebot. Der Substitutionseffekt drängt jeden Arbeitnehmer dazu, wegen der besseren Bezahlung der Arbeitszeit länger zu arbeiten. Der Einkommenseffekt hat die gegenteilige Wirkung, weil höhere Löhne auch bedeuten, daß sich der Arbeitnehmer nun mehr Freizeit und andere Annehmlichkeiten leisten kann. Ab einem kritischen Lohnniveau kann die Angebotskurve daher rückwärts gebogen sein. Das Arbeitsangebot hochbegabter, in irgendeiner Beziehung einzigartiger Menschen ist weitgehend unelastisch: Hier entsprechen die Löhne praktisch einer reinen volkswirtschaftlichen Rente.

D. Die amerikanische Arbeiterbewegung

8. Gewerkschaften spielen in der US-Wirtschaft zwar eine wichtige, aber zunehmend geringere Rolle, sowohl was ihre Mitgliederzahl als auch was ihren Einfluß anlangt. Arbeitgeber- und Arbeitnehmervertreter setzen sich zu Kollektivvertragsverhandlungen an einen Tisch. Die so ausverhandelten Verträge enthalten im Normalfall Tarifbestimmungen, Regelungen der Sozialleistungen und der Arbeitsbedingungen. Die Gewerkschaften nehmen auf die Löhne Einfluß, indem sie kollektivvertragliche Standardlöhne ausverhandeln. Um jedoch die Reallöhne über das durch den Markt vorgegebene Niveau anzuheben, müssen die Gewerkschaften im allgemeinen verhindern, daß nicht gewerkschaftlich organisierte Arbeitskräfte auf den Arbeitsmarkt drängen oder in einen Wettbewerb mit den Gewerkschaftsmitgliedern treten.

9. Mit volkswirtschaftlichen Theorien läßt sich das Ergebnis von Kollektivvertragsverhandlungen nicht mit Sicherheit vorhersagen. Ein sogenanntes bilaterales Monopol, wie es die Verhandlungen zwischen Arbeitgeber- und Arbeitnehmerseite (vergleichbar der Situation im Kriegsfall oder bei Zweipersonenspielen) darstellen, weist keine theoretisch eindeutig bestimmte Lösung auf. Empirische Studien haben ergeben, daß die Gewerkschaften die Löhne ihrer Mitglieder im Vergleich zu nicht gewerkschaftlich organisierten Arbeitnehmern anheben konnten. Es wird geschätzt, daß Gewerkschaftsmitglieder einen um 10 bis 30 Prozent höheren Lohn erhalten als Nichtmitglieder mit derselben Qualifikation. Dieser „Gewerkschaftsbonus" ist im letzten Jahrzehnt durch den Wettbewerbsdruck von seiten nicht gewerkschaftlich organisierter und ausländischer Arbeitskräfte wahrscheinlich geringer geworden.

10. Zwar gelingt es den Gewerkschaften häufig, die Löhne ihrer eigenen Mitglieder in die Höhe zu treiben, aber bisherigen Analysen zufolge können sie die Reallöhne insgesamt und somit auch den auf die Arbeit entfallenden Anteil am Volkseinkommen nicht erhöhen. Es darf angenommen werden, daß die gewerkschaftliche Tätigkeit die Arbeitslosigkeit unter den Gewerkschaftsmitgliedern erhöht, weil sie es vorziehen, auf einen neuen gutbezahlten Arbeitsplatz zu warten, anstatt schlechter bezahlte Arbeit in einer anderen Branche anzunehmen. Und in Ländern mit unflexiblem Preisgefüge können überhöhte Reallöhne die sogenannte klassische Arbeitslosigkeit auslösen.

BEGRIFFE ZUR WIEDERHOLUNG

Lohnbildung bei vollständigem Wettbewerb

Bestimmende Elemente der Nachfrage nach Arbeit: Arbeitsqualität, Verfügbarkeit und Qualität anderer Produktionsfaktoren
Kompensatorische Lohndifferentiale
Arbeitsqualität als Lohnfaktor
Volkswirtschaftliche Rente als Lohnfaktor
Segmentierte Märkte und untereinander nicht konkurrierende Gruppen

Diskriminierung auf dem Arbeitsmarkt

Diskriminierung
gleiche Arbeit versus Gleichwertigkeit der Arbeit
Einkommensunterschiede: Qualitätsunterschiede oder Diskriminierung

Arbeitsangebot

Bestimmende Elemente des Angebots an Arbeit: Arbeitszeit, Teilnahme am Arbeitsmarkt, Immigration
Gegensatz Einkommenseffekt – Substitutionseffekt

Einfluß der Gewerkschaften

Kollektivvertragsverhandlungen
Gewerkschaften als Monopole
Standardlöhne
Zutrittskontrolle durch die Gewerkschaften
Einfluß der Gewerkschaften auf die Reallöhne
Klassische Arbeitslosigkeit

FRAGEN UND BEISPIELE

1. Die Gewerkschaften sprechen sich für eine gesetzliche Festlegung von Mindestlöhnen für niedrig entlohnte, gewerkschaftlich nicht organisierte Arbeitnehmer aus. Würde unter Berücksichtigung des Konzeptes von der Diskriminierung auf segmentierten Märkten zum erhöhten Mindestlohn weniger oder mehr Arbeit von Gewerkschaftsmitgliedern nachgefragt werden? Könnten schlecht bezahlte Arbeitskräfte und Hilfsarbeiter durch einen angehobenen Mindestlohn auch benachteiligt und über den Preis vom Markt verdrängt werden?
2. Erklären Sie in Worten und anhand eines Angebots- und Nachfragediagramms die Auswirkungen folgender Situationen auf die Löhne und die Beschäftigungssituation am jeweiligen Arbeitsmarkt:
   a. *Bei gewerkschaftlich organisierten Maurern:* Die Maurergewerkschaft hat eine niedrigere Arbeitsvorgabe, anstatt 26 Ziegel nur noch 20 Ziegel pro Stunde, ausgehandelt.
   b. *Bei Piloten:* Nach der Deregulierung der Luftfahrt konnten gewerkschaftlich nicht organisierte Fluglinien wie Continental ihren Marktanteil um 20 Prozent steigern.
   c. *Bei Ärzten:* In vielen Staaten überträgt man heute den Krankenschwestern mehr Verantwortung.
   d. *Bei Arbeitern der amerikanischen Automobilbranche:* Japan hat zugestimmt, seine Autoexporte in die USA zu drosseln.
3. Erklären Sie, wie sich folgende Situationen auf die bestehenden Lohnunterschiede (Lohndifferentiale) auswirken könnten:
   a. Eine Verteuerung der Collegeausbildung.
   b. Freie Migrationsmöglichkeiten zwischen verschiedenen Regionen eines Landes.
   c. Einführung einer kostenlosen öffentlichen Schulbildung in einem Land, in dem Schulen zuvor privat und teuer waren.
   d. Geringere Beliebtheit von Sportübertragungen im Fernsehen und von Unterhaltungsprogrammen mit prominenten Stars.
4. Neben den offiziellen Gewerkschaften gibt es zahlreiche „De-facto-Gewerkschaften", die nur die Beschäftigung ihrer eigenen Mitglieder zulassen. So wird beispielsweise die staatliche Zulassung zur medizinischen und anwaltlichen Praxis auf jene Anwärter beschränkt, die eine strenge Prüfung bestehen; manche Universitäten bestellen nur promovierte Akademiker zu Professoren; die Sozialarbeiter in einigen amerikanischen Bundesstaaten drängen darauf, nur noch Inhaber eines staatlichen Zeugnisses zur Praxis zuzulassen; Ärzte haben versucht, die Praxisgenehmigungen für Chiropraktiker einzuschränken.
   Erklären Sie mit Hilfe der Angebots- und Nachfragetheorie, wie diese Vorgangsweisen das Angebot beschränken und die Preise in den betreffenden Berufen in die Höhe treiben. Unter welchen Nachfragebedingungen würden diese Beschränkungen die Einkommen in den genannten Berufen erhöhen?
5. Es kommt zu Diskriminierungen, wenn benachteiligte Gruppen wie Frauen oder Afroamerikaner auf dem Weg einer Segmentierung in Niedriglohnmärkte abgedrängt werden. Erklären Sie, wie jede der folgenden Usancen, die

in manchen Fällen noch bis vor kurzem anzutreffen waren, dazu beigetragen hat, die diskriminierende Arbeitsmarktsegmentierung aufrecht zu erhalten.

a. An vielen Schulen war es Frauen verboten, Technik zu studieren.
b. An zahlreichen Spitzen-Colleges waren Frauen nicht zugelassen.
c. Farbige und Weiße wurden in unterschiedlichen Schulsystemen ausgebildet.
d. In elitären Clubs waren Frauen, Afroamerikaner oder Katholiken nicht zugelassen.
e. Viele gutbezahlte Arbeiten (Kohlebergbau, Feuerwehr, Baubranche etc.) wurden als für Frauen zu „hart" eingestuft.

6. Was könnte man unternehmen, um die in Tabelle 13-4 dargestellte Segmentierung der Märkte zu unterbinden?
7. In Zeiten hoher Arbeitslosigkeit meinen viele, die gleichmäßige Verteilung der vorhandenen Arbeit sei des Rätsels Lösung. So kam beispielsweise in den neunziger Jahren der Vorschlag von mehreren europäischen Staaten, als Mittel gegen die steigende Arbeitslosigkeit die Wochenarbeitszeit zu verkürzen, um die rückläufige Beschäftigung auf mehr Arbeitnehmer aufzuteilen. Die Ansicht, wonach die Gesamtmenge an Arbeit, die verrichtet werden muß, fix ist, wird als „Trugschluß von der fix vorgegebenen Arbeitsmenge" (lump-of-labor-fallacy) bezeichnet. Erklären Sie anhand eines Diagramms die Auswirkungen einer Arbeitszeitverkürzung auf einem vollkommenen Markt und auf einem Markt mit klassischer Arbeitslosigkeit.
8. Zahlreiche Ökonomen sind besorgt, hohe Steuersätze könnten das Arbeitsangebot verringern. Überlegen Sie sich die Auswirkungen höherer Steuern bei einer rückwärts gebogenen Arbeitsangebotskurve wie folgt: Bezeichnen Sie den Lohn vor Steuern als W, den Lohn nach Steuern als W_p und den Steuersatz als t. Erklären Sie die Beziehung $W_p=(1-t)W$. Erstellen Sie eine Tabelle, in der Sie die Löhne vor und nach Steuern angeben, wenn der Lohn vor Steuern $ 10 pro Stunde und der Steuersatz 0, 15, 25 und 40 Prozent beträgt. Zeichnen Sie als nächstes eine Angebots- und Nachfragekurve in Abbildung 13-8 ein. Zeigen Sie für die Bereiche über und unter Punkt C die Auswirkungen eines geringeren Steuersatzes auf das Arbeitsangebot. Erklären Sie anhand Ihrer Tabelle die Beziehung zwischen Steuersatz und staatlichen Steuereinnahmen.

KAPITEL 14

BODEN UND KAPITAL

Im ersten Stein, den [ein Mensch] nach dem Tier, das er erlegen möchte, wirft, im ersten Stock, mit dem er eine Frucht zu Boden schlägt, die außer seiner Reichweite hängt, ... entdecken wir den Ursprung des Kapitals.

Robert Torrens, An Essay on the Production of Wealth (1821)

Das Wirtschaftssystem der USA ist „kapitalistisch". Wir meinen damit, daß sich Kapital, Boden und Vermögenswerte weitgehend in privater Hand befinden. Im Jahr 1990 betrug der Nettokapitalbestand in den USA $ 52.800 pro Kopf, wovon sich 47 Prozent im Besitz privater Unternehmen, 33 Prozent im Besitz von Privatpersonen und 20 Prozent in staatlichem Besitz befanden. Außerdem war eine weitgehende Konzentration des Volksvermögens bei den reichsten Amerikanern festzustellen. Im Gegensatz dazu gehörte in sozialistischen Ländern wie der Sowjetunion vor 1991 der Großteil an Boden und Kapital dem Staat, und es gab dort auch keine Superreichen wie die Rockefellers oder die Gettys. Im Kapitalismus entfällt der größte Brocken aller Ersparnisse auf Einzelpersonen und privat geführte Unternehmen, die den Großteil des Vermögens besitzen und aus diesen Investitionen die größten Gewinne ziehen.

Der Unterschied zwischen armen und reichen Ländern ergibt sich teilweise dadurch, wie effektiv die nicht in menschlicher Arbeit bestehenden Produktionsfaktoren eingesetzt werden. Sozialistische Länder haben auf Grund ihrer Aversion gegen den Kapitalismus ihr Kapital häufig mit falschen Preisen versehen und Fehler in der Allokation begangen, und sie sind deshalb im internationalen Wettbewerb zurückgefallen. Entwicklungsländer hingegen konzentrieren ihre Energien häufig auf kurzsichtige landwirtschaftliche Anbaumethoden, die den Ackerboden unfruchtbar machen oder die Grundwasservorräte erschöpfen.

In diesem Kapitel wollen wir die Funktionsweise der Faktormärkte für die beiden wichtigsten, nicht in menschlicher Arbeit bestehenden Produktionsfaktoren, Boden und Kapital, untersuchen. Diese beiden stellen dauerhafte Vermögenswerte dar, die auf Märkten gekauft und verkauft werden, beziehungsweise die man für eine bestimmte Zeit „mieten" kann. Wir beginnen mit einer Betrachtung des Marktes für Boden, der einen vollkommen unelastischen (fixen) und selbst nicht produzierten Produktionsfaktor darstellt. Anschließend wollen wir uns der entscheidenden Frage zuwenden, wie Angebot und Nachfrage nach Kapital, das ja sowohl Output als auch Input der Produktion darstellt, funktionieren. Wir vertiefen damit unser Verständnis einiger wesentlicher Merkmale der Marktwirtschaft.

A. BODEN UND BODENRENTE

Rente als Ertrag eines vollkommen unelastischen (fixen) Produktionsfaktors

Wenn Sie nicht vorhaben, Ihr Unternehmen von einem Ballon aus zu betreiben, ist Boden für jedes Unternehmen ein ganz wesentlicher Produktionsfaktor. Vor zweihundert Jahren wurde der Boden insbesondere für landwirtschaftliche Zwecke genutzt. Heute dient er vornehmlich als Standort für Wohnhäuser, Büros und Geschäfte. Trotzdem bleibt aus der Sicht des Ökonomen das wesentliche Merkmal des Faktors Bodens unverändert. Anders als Arbeit oder Kapital läßt sich nämlich der Boden folgendermaßen charakterisieren: „Zwar kann man Boden bisweilen durch Trockenlegung oder Urbarmachung gewinnen, aber im allgemeinen läßt sich die verfügbare Bodenmenge weder durch Preiserhöhungen vermehren noch durch rückläufige Preise verringern.[1] Will Rogers hat das einmal nett ausgedrückt, als er meinte: „Boden ist eine gute Investition: Den macht heute keiner mehr."

Der Preis für die Nutzung eines Stücks Land während eines bestimmten Zeitraums wird als **Rente** oder – formeller – als **reine wirtschaftliche Rente** bezeichnet. Die Bodenrente wird in Geldeinheiten pro Zeiteinheit berechnet. Rente bezahlt man übrigens nicht nur für Boden, sondern für jeden Produktionsfaktor, dessen Angebotsmenge fix ist. So kann man beispielsweise die *Mona Lisa* von Leonardo da Vinci sicherlich als einzigartig bezeichnen: Sollten Sie sie für eine Ausstellung benötigen, müßten Sie für diese zeitlich begrenzte Nutzung Rente bezahlen.

Als Rente bezeichnet man Zahlungen, die für die Nutzung von Produktionsfaktoren mit vollkommen unelastischer (fixer) Angebotsmenge zu leisten sind.

Marktgleichgewicht. Die Angebotskurve für Boden ist vollkommen unelastisch – also vertikal –, weil das Bodenangebot fix ist. In Abbildung 14-1 schneiden einander die Nachfrage- und die Angebotskurve im Gleichgewichtspunkt *E*. Die Bodenrente muß sich daher in Richtung dieses Faktorpreises bewegen. Warum?

Würde die Rente über den Gleichgewichtspreis ansteigen, wäre die von allen Unternehmen nachgefragte Bodenmenge geringer als das bestehende Angebot. Manche Immobilienbesitzer könnten daher ihr Land gar nicht verpachten. Sie müßten es billiger anbieten und so die Bodenrente senken. Ebenso könnte die Rente nicht längere Zeit hindurch unter dem Gleichgewichts-Schnittpunkt bleiben, denn dann würden die Angebote von Unternehmen, die ihre Nachfrage nicht befriedigen können, den Faktorpreis nach oben, zum Gleichgewichtsniveau hin treiben. Nur bei einem Wettbewerbspreis, bei dem die gesamte nachgefragte Bodenmenge genau dem fixen Bodenangebot entspricht, befindet sich der Markt im Gleichgewicht.

Beachten Sie bitte, daß die Bodenrente, weil das Bodenangebot fix ist, ausschließlich von der Nachfragekurve nach Boden abhängt. Nehmen wir an, irgendein Stück Land eigne sich nur für den Anbau von Mais. Wenn die Nachfrage nach Mais steigt, bewegt sich die Nachfragekurve nach Ackerland für Mais nach rechts oben, und die Rente steigt.

Abbildung 14-1: Das fixe Bodenangebot arbeitet zu jedem beliebigen Faktorpreis

Ein absolut unelastisches Angebot gilt für den Fall der „Bodenrente", manchmal auch als „reine volkswirtschaftliche Rente" bezeichnet. Wir verfolgen die *SS*-Kurve nach oben bis zur Faktornachfrage, um die Rente zu bestimmen. Abgesehen vom Boden lassen sich Renten-Überlegungen auch auf reichhaltige Öl- und Goldbestände, auf große Basketballspieler und alle anderen Produktionsfaktoren mit fixem Angebot anwenden.

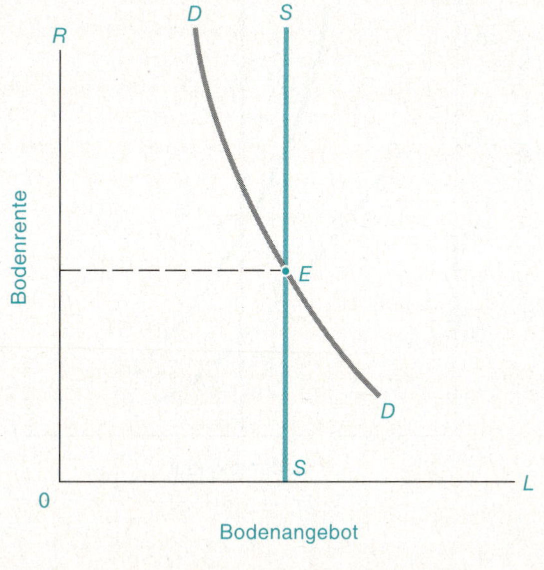

[1] Manchmal werden Bodenschätze auch zum Boden gezählt. Wir wollen unsere Analyse der volkswirtschaftlichen Aspekte von Bodenschätzen jedoch auf Kapitel 19 verschieben.

Da das Bodenangebot unelastisch ist, arbeitet der Boden immer; und zwar zu jenem Preis, der dem Wettbewerb entsprechend geboten wird. Daher leitet sich der Wert des Bodens ausschließlich vom Wert des Produktes ab, nicht aber umgekehrt.

Die Besteuerung des Bodens

Die Tatsache, daß das Bodenangebot vollkommen unelastisch oder fix ist, hat eine äußerst wichtige Konsequenz. Betrachten wir den Bodenmarkt in Abbildung 14-2 und nehmen wir an, der Staat hätte eine 50prozentige Steuer auf alle Bodenrenten verhängt, wobei zu beachten ist, daß Gebäude oder Sanierungsmaßnahmen nicht besteuert werden, weil dadurch zweifellos die Bautätigkeit negativ beeinflußt würde. Alles was daher besteuert wird, ist das Einkommen oder die Rente aus dem fixen Angebot an landwirtschaftlich genutzten und städtischen Baugrundstücken.

Nach Einhebung der Steuer verändert sich die Bodennachfrage nicht. Bei einem Preis (inklusive Steuer) von $ 200 in Abbildung 14-2 wird weiterhin das gesamte fixe Angebot an Boden nachgefragt. Daher bleibt bei fixem Bodenangebot der Marktpreis für Boden (inklusive Steuern) unverändert und muß im ursprünglichen Marktgleichgewicht in Punkt *E* liegen.

Was aber geschieht mit der Bodenrente, die die Grundbesitzer einnehmen? Nachfrage und angebotene Menge bleiben unverändert, daher wirkt sich die Steuer nicht auf den Marktpreis aus, sondern ist zur Gänze aus den Einnahmen des Grundbesitzers zu bestreiten.

Diese Situation läßt sich in Abbildung 14-2 anschaulich darstellen. Was der Bauer bezahlt und was der Grundbesitzer erhält, sind zwei ganz unterschiedliche Beträge. Für den Grundbesitzer sind die Auswirkungen, wenn der Staat auf den Plan tritt und einen Anteil von 50 Prozent fordert, dieselben, als hätte sich die Nettonachfrage nach dem Grundbesitz von *DD* nach unten, nach *D'D'*, verschoben. Der Gleichgewichtsertrag für den Grundbesitzer liegt nun nur noch bei *E'* oder bei der Hälfte von *E*. *Die gesamte Steuer wird bei unelastischem Angebot auf den Eigentümer des Produktionsfaktors rückgewälzt.*

Sicherlich, die Grundeigentümer werden sich beschweren. Aber unter vollständigen Wettbewerbsbedingungen können sie eigentlich gar nichts unternehmen, denn sie können das Gesamtangebot an Boden nicht verändern, und der Boden muß für den jeweils erzielbaren Ertrag arbeiten. Ein halber Kuchen ist immer noch besser als gar keiner.

Vielleicht fragen Sie sich nun, welche Auswirkungen eine solche Besteuerung des Bodens auf die volkswirtschaftliche Effizienz hat. Das erstaunliche Ergebnis: *Eine Besteuerung von Grund und Boden führt zu keinerlei Verzerrungen oder volkswirtschaftlichen Ineffizienzen.* Warum nicht? Nun, eine ausschließliche Besteuerung der Bodenrente führt zu keinerlei Veränderung im wirtschaftlichen Verhalten. Das Verhalten der Anbieter bleibt, wie es ist, weil das Angebot an Boden fix ist und daher nicht verändert werden kann. Die Wirtschaft funktioniert also nach Einführung der Steuer genauso wie zuvor – ohne Verzerrungen oder Ineffizienzen durch die Besteuerung von Grund und Boden.

Eine Steuer auf eine reine wirtschaftliche Rente führt zu keinen volkswirtschaftlichen Verzerrungen oder Ineffizienzen.

Abbildung 14-2: Eine Besteuerung des fixen Bodenangebotes wird auf die Eigentümer des Bodens rückgewälzt, während der Staat die reine volkswirtschaftliche Rente abschöpfen kann

Eine Besteuerung des fixen Bodenangebotes läßt die von den Nutzern bezahlten Bodenpreise unverändert und verringert nur die von den Bodeneigentümern eingenommene Rente auf *E'*. Was sollten die Eigentümer auch anderes tun, als den geringeren Ertrag zu akzeptieren? Diese Überlegung stellt die Grundlage für Henry Georges Einsteuerbewegung dar, die bestrebt war, den durch die Urbanisierung erhöhten Bodenwert der Gesellschaft zugute kommen zu lassen.

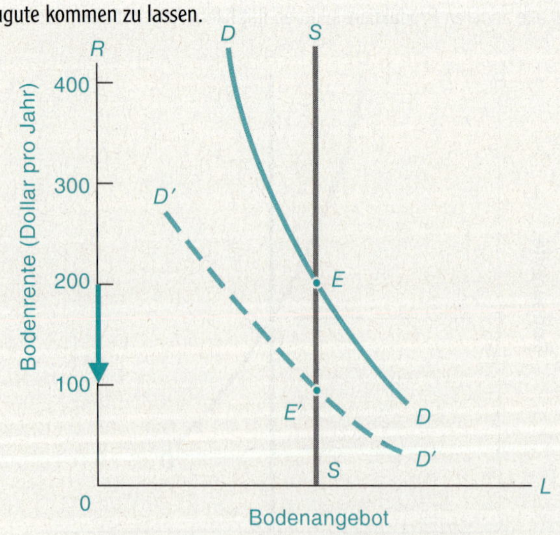

Beispiel: Bodenrente und die Einsteuerbewegung. *Die Theorie der reinen wirtschaftlichen Rente stand hinter der Einsteuer- oder Alleinsteuerbewegung am Ende des neunzehnten Jahrhunderts. Damals expandierte die amerikanische Bevölkerung durch den Zuzug aus allen Kontinenten sehr rasch. Bevölkerungswachstum und Verbreitung der Eisenbahnen bis in den amerikanischen Westen brachten einen Boom der Bodenrenten und sorgten für satte Gewinne derjenigen, die das Glück gehabt hatten oder klug genug waren, frühzeitig Grund und Boden zu erwerben.*

Warum also, so fragte sich mancher, sollte es diesen glücklichen Grundbesitzern gestattet sein, laufend „arbeitslose Bodeneinkommen" zu beziehen? Henry George (1839-1897), ein Journalist, der sich auch Gedanken über die Volkswirtschaft machte, verdichtete diese Idee zu einem Buch, das zum Bestseller wurde: Poverty and Progress *(1879). In diesem Werk forderte er die Finanzierung des Staates hauptsächlich über Grundsteuern, wohingegen er alle anderen Steuern auf Kapital, Arbeit und Bodenaufwertung abschaffen wollte. George meinte, eine solche Steuer könnte zu einer gerechteren Einkommensverteilung führen, ohne die volkswirtschaftliche Produktivität zu beeinträchtigen. Und obwohl die US-Wirtschaft keine großen Anstalten machte, dieses Einsteuerideal anzustreben, wurden doch viele der Ideen von Henry George von späteren Generationen politischer und wirtschaftlicher Reformer gern übernommen.*

Faktorpreisbildung und Effizienz: Bodenrenten und Faktorpreise als Instrumente zur Rationierung knapper Ressourcen

Wir haben bereits gesehen, daß Angebot und Nachfrage nach Produktionsfaktoren die Einkommensverteilung beeinflussen und das Problem des *Für wen* lösen. Wir können mit der Höhe der Löhne und Renten, wie sie sich auf dem Markt herausbilden, einverstanden sein oder auch nicht. In jedem Fall aber müssen wir anerkennen, daß im Wettbewerb gebildete Marktpreise zur Lösung der Frage beitragen, *wie* Güter effizient produziert werden können. Dieser Mechanismus spielt eine Rolle bei der Auswahl der effizientesten Kombination von Produktionsfaktoren.

Sehen Sie sich beispielsweise die verschiedenen Faktorkombinationen von Boden und Arbeit in den verschiedenen Ländern an. Als Folge von Angebot und Nachfrage stellen wir in Amerika, wo sehr viel Grund und Boden, aber wenig Arbeit zur Verfügung steht, fest, daß im Verhältnis Boden – Arbeit der Boden weit überwiegt. In Hongkong, wo es verglichen mit dem vorhandenen Boden ein großes Angebot an Arbeitskräften gibt, schlägt das Verhältnis zugunsten der Arbeit aus. Ergeben sich die Verhältniszahlen zwischen Arbeit und Boden aus sorgfältig durchdachter staatlicher Planung und bewußter Allokation? Absolut nicht. In einer Marktwirtschaft stellen die von den Faktorpreisen ausgehenden Signale sicher, daß es zu einer effizienten Kombination von Boden und Arbeit kommt. In Amerika muß Grund und Boden zu einem niedrigen Preis gehandelt werden, Arbeit dagegen ist teuer. Deshalb substituiert auch der amerikanische Bauer, der Ausschau nach der für ihn kostengünstigsten Faktorkombination hält, Arbeit durch Boden. In Hongkong hingegen bewirken die hohen Grundstückspreise, daß Grund und Boden in erster Linie für Industrie- und Dienstleistungsbetriebe und kaum für die flächenintensive Landwirtschaft genutzt wird.

Zusammenfassend:

Die Preise dienen als Knappheitsindikatoren: Sie senden Signale über die Knappheit des jeweiligen Produktionsfaktors an die Produzenten und helfen diesen so, die für den Faktoreinsatz einer Gesellschaft am besten geeigneten Inputkombinationen auszuwählen.

B. KAPITAL, ZINSEN UND GEWINNE

You can have your cake and eat it too: Lend it out at interest!
Du willst Deinen Kuchen essen *und* behalten? Verleihe ihn als gut verzinstes Darlehen!

Anonym

GRUNDBEGRIFFE

In der volkswirtschaftlichen Analyse werden Produktionsfaktoren traditionellerweise in drei Kategorien unterteilt: Boden, Arbeit und Kapital. Die ersten beiden werden als *primäre* oder *ursprüngliche Produktionsfaktoren* bezeichnet, die schon vor Beginn der Produktionstätigkeit zur Verfügung stehen. Dazu gesellt sich ein *produzierter oder abgeleiteter Produktionsfaktor*, nämlich das Kapital beziehungsweise die Kapitalgüter.

Kapital besteht aus jenen dauerhaften, ihrerseits produzierten Gütern, die als Produktionsinputs für die zukünftige Produktion eingesetzt werden. Manche Kapitalgüter haben eine Lebensdauer von wenigen Jahren, während andere auch ein Jahrhundert oder mehr überdauern. Aber das wesentliche Merkmal von Kapitalgütern besteht darin, daß sie sowohl Input als auch Output darstellen.

Die Kapitalgüter lassen sich in drei Hauptkategorien einteilen: Gebäude (wie Fabriken und Wohnhäuser), maschinelle Ausstattung (darunter sind dauerhafte Konsumgüter wie Autos und dauerhafte Produktionsgüter wie Maschinen und Computer zu verstehen) und Lagerbestände an Input- und Outputgütern (beispielsweise die Autos, die ein Autohändler auf Lager hat).

Preis und Zins von Kapitalgütern

Kapitalgüter werden auf Kapital- oder Investitionsgütermärkten gekauft und verkauft. IBM verkauft beispielsweise Computer an Unternehmen, die diese nutzen, um die Effizienz ihrer Lohnbuchhaltung zu verbessern oder die Produktion effizienter zu gestalten. Beim Verkauf beobachten wir die *Preise der Kapitalgüter.*

Die meisten Kapitalgüter befinden sich im Eigentum des Unternehmens, das sie nutzt. Manche Kapitalgüter werden jedoch von ihren Eigentümern auch vermietet. Eine Zahlung für die zeitlich beschränkte Nutzung von Kapitalgütern wird als *(Miet-)Zins* bezeichnet. So könnte etwa eine Wohnung, die Frau Hausbesitzer gehört, für die Dauer eines Jahres an einen Studenten vermietet werden, wobei die monatliche Zahlung von $ 400 den für die Wohnung zu entrichtenden Zins darstellt. (Wir unterscheiden zwischen Rente für vollkommen unelastische oder fixe Produktionsfaktoren wie Boden und Zins für dauerhafte Produktionsfaktoren wie Kapital).

Die Rendite von Kapitalgütern

Eine der wichtigsten Aufgaben jeder Wirtschaft, jedes Unternehmens und jedes Haushaltes besteht in der richtigen Allokation des Kapitals auf die verschiedenen Investitionsmöglichkeiten. Sollte ein Staat eher in Stahlwerke oder in Computer investieren? Wäre es für IBM besser, ein neues Werk zur Erzeugung von PCs zu errichten oder mehr Produktionskapazität für die Herstellung von Großrechnern zur Verfügung zu stellen? Sollte Familie Gomez, die ihre privaten Aufzeichnungen und das zugehörige Ablagesystem verbessern möchte, sich für einen IBM-kompatiblen PC oder für einen Apple Macintosh entscheiden? All diese Fragen stellen sich im Zusammenhang mit kostspieligen Investitionen – mit gegenwärtigen Geldausgaben in der Hoffnung, einen zukünftigen Ertrag zu erzielen.

Um über die bestmögliche Investition entscheiden zu können, benötigen wir jedoch auch ein Maß für den zu erzielenden Ertrag oder Rückfluß. Ein wichtiges Maß stellt die **Kapitalrendite** dar, die uns den jährlichen Nettoertrag jeder in Kapitalgüter investierten Geldeinheit angibt.

Betrachten wir nun das Beispiel einer Leihwagenfirma. Die Ugly Duckling Rental Company kauft einen gebrauchten Ford für $ 10.000 und vermietet ihn für $ 2.500 pro Jahr. Unter Berücksichtigung aller Ausgaben (für Wartung, Versicherung, Abschreibung[2] etc.) und bei Außerachtlassung möglicher Autopreisänderungen erwirtschaftet die Ugly Duckling Nettomietzinseinnahmen von $ 1.200 jährlich. Wir können daher sagen, daß die Kapitalrendite für den Ford bei 12 Prozent jährlich liegt (= $ 1.200 : $ 10.000). Beachten Sie auch, daß die Kapitalrendite nur eine einfache Zahl pro Zeiteinheit darstellt. Sie bezeichnet daher (Geldeinheiten pro Periode)/(Geldeinheiten) und

[2] *Abschreibung* ist ein Schätzwert in Geldeinheiten für den Verlust bei einem Kapitalgut infolge Veralterung oder Verschleiß während einer bestimmten Zeitspanne.

wird üblicherweise als Zinssatz, nämlich als Prozentsatz pro Jahr, ausgewiesen.

Sie überlegen nun vielleicht verschiedene Investitionen: Mietautos, Ölquellen, Wohnungen, Ausbildung usw. Ihr Finanzberater sagt Ihnen jedoch, daß sie zu knapp bei Kasse sind, um in all das zu investieren – wie können Sie eine sinnvolle Entscheidung treffen?

Nun, es wäre sicherlich nützlich, die Kapitalrendite der verschiedenen ins Auge gefaßten Investitionen auszurechnen. Berechnen Sie dazu die Kosten des jeweiligen Kapitalgutes. Schätzen Sie dann die jährlichen Geldeinnahmen oder den Zins, den Ihnen diese Güter einbringen würden. Das Verhältnis von jährlichem Zins zu den Kosten ergibt die Kapitalrendite. Sie sagt Ihnen, wieviel Geld Sie für jede investierte Geldeinheit zurückerhalten, und zwar gemessen als jährlicher Geldbetrag pro investiertem Geldbetrag.

Die Kapitalrendite entspricht der jährlichen Nettorendite (Zins abzüglich Kosten) pro Geldeinheit Kapitalinvestition. Es handelt sich um eine einfache Zahl – Prozent pro Jahr –, die mit Geld oder anderen Wertgrößen nichts zu tun hat.

Von Wein, Bäumen und Bohrern. Hier einige Beispiele für die Kapitalrendite:

- Ich kaufe Traubensaft für $ 10 und verkaufe ihn ein Jahr später als Wein für $ 11. Entstehen keine weiteren Kosten, beträgt die Kapitalrendite aus dieser Investition $ 1 / $ 10 oder 10 Prozent pro Jahr.
- Ich pflanze eine Kiefer, und es entstehen mir Arbeitskosten von $ 100. Nach 25 Jahren kann ich das Holz des Baums für $ 430 verkaufen. Die Rendite dieses Projektes beträgt damit 330 Prozent pro Viertel Jahrhundert, was, wie Ihnen Ihr Taschenrechner jederzeit bestätigen wird, einem Ertrag von 6 Prozent jährlich entspricht. Sie erhalten daher $(1{,}06)^{25} = 4{,}330$.
- Ich kaufe eine Ölbohrausrüstung für $ 20.000. Diese erbringt zehn Jahre lang einen jährlichen Zins von $ 30.000, allerdings erwachsen mir auch alljährlich Kosten von $ 26.000 für Treibstoff, Versicherung und Abschreibung. Wie hoch ist die Kapitalrendite meiner Bohrausrüstung? Es ist die Rendite einer $ 20.000-Investition, die 10 Jahre lang Zinsen und Kapitalrückzahlungen in einer jährlichen Höhe von $ 4.000 erbringt. Eine Zinstabelle zeigt, daß der Bohrer eine Kapitalrendite von 15 Prozent jährlich aufweist.

Gewinne als Kapitalrenditen. Wo könnten Sie nachsehen, wenn Sie etwas über Kapitalrenditen in der amerikanischen Wirtschaft erfahren möchten? Allgemein ausgedrückt: Besitzt ein Unternehmen Kapital, so ist dessen Ertrag im betriebswirtschaftlichen Gewinn enthalten. *Gewinne* stellen ein Residualeinkommen dar und entsprechen den Gesamterlösen abzüglich der Gesamtaufwendungen. Wenn Sie daher Anteile am Aktienkapital eines Unternehmens besitzen, ist die Kapitalrendite Ihr Anteil an den Gesamtgewinnen des Unternehmens. Obwohl diese Rendite anders, nämlich als Gewinn, bezeichnet wird und riskanter ist als die Rendite aus vielen anderen Investitionen, handelt es sich trotzdem um eine Kapitalrendite, die den Geldeinnahmen pro Jahr dividiert durch die Geldinvestition entspricht. Und der Großteil der Kapitalrenditen in der heutigen amerikanischen Wirtschaft entfällt auf Unternehmensgewinne.

Wir werden uns am Ende dieses Kapitels noch näher mit Gewinnen beschäftigen.

Finanzanlagen und Zinsen

Wir haben bisher von Kapitalgütern wie Autos gesprochen. Aber woher stammen eigentlich die Ressourcen, die benötigt werden, um Kapital zu produzieren? Irgendjemand muß *sparen* oder auf sofortigen Konsum verzichten, um die realen Ressourcen für den Ankauf von Kapitalgütern zur Verfügung stellen zu können. In einer modernen Marktwirtschaft wie jener der USA kanalisieren Haushalte und Unternehmen Gelder in Kapitalgüter, indem sie Geld in zahlreichen Formen von Finanzanlagen sparen. Die Menschen kaufen Anleihen und Aktien; sie legen ihr Geld auf Sparbüchern an; sie vertrauen ihr Geld einem Pensionsfonds an, um für die Zeit nach ihrem Austritt aus dem Erwerbsleben versorgt zu sein. All das dient als Vehikel, um Gelder der Sparer auf jene Investoren zu übertragen, die dann die Kapitalgüter kaufen.

Wenn Menschen sparen, erwarten sie sich dafür natürlich etwas, einen Ertrag. Es sind dies die **Zinsen**, der Finanzertrag aus ihren Geldern oder die jährliche Rendite auf die gegebenen Darlehen. Der Ertrag, den man durch die befristete Einlage von Geld auf ein Sparkonto bei einer Geschäftsbank erzielt, wäre ein Beispiel für Zinsen. Nehmen wir einmal an, der Jahreszinssatz beträgt für 1995 5 Prozent. Wenn Sie am 1. Januar 1995 $ 1.000 Dollar einzahlen, erhalten Sie am 1. Januar 1996 $ 1.050 zurück.

Normalerweise werden die Zinsen (der Zinssatz) als *x* Prozent pro Jahr angegeben. Das bedeutet, daß an Zinsen genau dieser Satz ausbezahlt würde; bei längerer oder

Anlageart	Periode	Realrendite (in % pro Jahr)
USA		
Unternehmensanleihen:		
Sicher (Aaa)	1926–1983	0,5
Riskant (Baa)	1926–1983	2,0
Unternehmens-Stammaktien	1925–1992	6,5
Konsumentendarlehen:		
Hypotheken	1975–1988	4,8
Kreditkarten	1975–1988	6,8
Neuwagenkredite	1975–1988	11,2
Einkommensstarke Industrieländer		
Anleihen	1960–1984	1,6
Aktien	1960–1984	5,4

Tabelle 14-1: Realzinssätze größerer Investitionen

Die Realzinssätze für Finanzierungen hängen vom gewählten Finanzierungsinstrument ab. Erstklassige Schuldverschreibungen erbringen die niedrigsten Erträge, während die Konsumenten die höchsten Zinssätze bezahlen. Alle angegebenen Zinssätze verstehen sich inflationsbereinigt. [Quelle: Roger G. Ibbotson und Gary P. Brinson; United Nations Development Program; US Bureau of Economic Affairs; Daten von den Autoren aktualisiert.]

kürzerer Einlagedauer verändert sich der zu erwartende Zinsertrag proportional.

Es gibt viele verschiedene Arten von Zinssätzen. Wir unterscheiden lang- und kurzfristige Zinssätze, abhängig von der Laufzeit eines Darlehens oder einer Anleihe; es gibt festverzinste Darlehen ebenso wie Darlehen mit variablem Zinssatz; für besonders sichere Anleihen gelten eigene Zinssätze (etwa für US-Staatsschuldverschreibungen) und für äußerst riskante „Junk Bonds" wiederum andere.

Zusammenfassend:

Haushalte und andere Sparer stellen die finanziellen Ressourcen oder Geldmittel jenen zur Verfügung, die Sachkapitalgüter erwerben möchten. Der Zinssatz stellt dabei den Preis dar, den eine Bank oder ein anderes Finanz-Vermittlungsinstitut einem Darlehensgeber für die Nutzung seiner Gelder über einen bestimmten Zeitraum bezahlt; Zinssätze werden als ein bestimmter Prozentsatz pro Jahr angegeben.

Real- oder Nominalzinssätze

Die oben erwähnten Zinssätze werden in Geldeinheiten oder als *Nominal*wert, nicht aber in Form von Bäumen, Wein oder Autos angegeben. Zinssätze bezeichnen den jährlichen Ertrag einer Investition in Geldeinheiten pro investiertem Geldbetrag. Aber diese Geldeinheiten stellen bisweilen sehr verzerrte Meßlatten dar, weil sich die Preise für Fisch, Bäume, Wein und andere Güter alljährlich ändern, wenn das allgemeine Preisniveau durch die Inflation steigt.[3] Wir müssen daher auch einen *Realwert* für die Kapitalrendite ermitteln, mit der wir jene Gütermenge messen können, die wir morgen für den heutigen Güterverzicht erhalten.

Tabelle 14-1 zeigt die in den letzten Jahren mit verschiedenen Sparformen erzielten Realzinssätze.

Nehmen Sie etwa an, Sie hätten Anfang 1980 $ 1.000 in eine staatliche Anleihe mit einjähriger Laufzeit investiert. Für diese Anleihe erhielten Sie 11,4 Prozent; am Jahresende bezahlte man Ihnen also $ 1.140, was eigentlich nach einer sehr hübschen Rendite aussieht. Hätten Sie Ihr Geld jedoch anschließend verwendet, um dafür Verbrauchsgüter zu kaufen, so hätten Sie feststellen müssen, daß die Preise im Jahr 1980 um 9,2 Prozent gestiegen waren. Real konnten Sie daher nur um 2 Prozent mehr (1,02 = 1,114/1,092) kaufen, als Sie zu Beginn des Jahres bekommen hätten. Mit anderen Worten: Hätten Sie zu Beginn des Jahres 1980 100 Warenkörbe anstatt

[3] Die *Inflationsrate* wird als die Rate der Preisänderungen von einer Periode bis zur nächsten definiert.

Geld verliehen, hätten Sie damit ein Jahr danach nur 102 Warenkörbe erzielen können. Bei hoher Inflation besteht ein drastischer Unterschied zwischen Real- und Nominalzinsen.

Wir bezeichnen den realen Ertrag aus Geldmitteln als **Realzins(satz)**, im Gegensatz zum **Nominalzins(satz)**, der die Rendite in Geldeinheiten aus dem investierten Geldbetrag ausdrückt. Bei niedrigen Zins- und Inflationsraten liegt der Realzinssatz sehr nahe am Nominalzinssatz abzüglich der Inflationsrate.[4]

Der Realzinssatz ist der Ertrag aus eingesetzten Geldmitteln gemessen in Gütern und Dienstleistungen; wir berechnen den Realzinssatz im allgemeinen als Nominalzinssatz abzüglich Inflationsrate.

DER ZEITWERT VON KAPITALGÜTERN

Kapitalgüter sind dauerhafte Vermögenswerte, die im Zeitablauf einen Zins- oder Ertragsstrom produzieren. Sollte Ihnen ein Wohnhaus gehören, so können Sie daraus während der gesamten Lebensdauer dieses Hauses Mieten einnehmen, genauso wie der Besitzer eines Obstgartens alljährlich Früchte von seinen Bäumen ernten kann.

Nehmen wir an, Sie haben es satt, Ihr Wohnhaus zu vermieten und beschließen, es zu verkaufen. Um einen fairen Preis festsetzen zu können, müßten Sie den Zeitwert des gesamten Stroms zukünftiger Erträge ermitteln können. Der Wert dieses Ertragsstroms wird als Zeit- oder Gegenwartswert des Kapitalgutes bezeichnet.

Der **Zeitwert (Gegenwartswert)** ist der heutige Geldwert des gesamten im Zeitablauf erzielten Ertragsstroms. Er wird ermittelt, indem man berechnet, wieviel Geld man heute zum gängigen Zinssatz investieren müßte, um den zukünftigen Ertragsstrom aus dem Kapitalgut zu erzielen.

Beginnen wir mit einem ganz einfachen Beispiel. Sagen wir, irgendjemand bietet Ihnen an, Ihnen eine Flasche Wein zu verkaufen, die noch genau ein Jahr reifen muß und für die Sie dann \$ 11 erzielen können. Unter der Annahme, daß der gängige Zinssatz 10 Prozent jährlich beträgt, stellt sich nun die Frage, wieviel Sie heute für den Wein bezahlen sollten, wie hoch sein Zeitwert ist. Bezahlen Sie genau \$ 10, denn eine heutige Investition von \$ 10 wird bei einem Marktzinssatz von 10 Prozent in einem Jahr einen Wert von \$ 11 darstellen. Daher beträgt der Zeitwert des Weines, der in einem Jahr um \$ 11 gehandelt wird, heute \$ 10.

Der Zeitwert ewiger Renten

Wir stellen die erste Methode zur Errechnung des Zeitwertes anhand des Falls einer *ewigen Rente* vor, die sich auf ein Kapitalgut wie Boden bezieht, das ewig bestehen bleibt und alljährlich, von jetzt an bis in alle Ewigkeit, $\$ N$ erbringt. Wir wollen den Zeitwert (V) ermitteln, wenn der Zinssatz i Prozent jährlich beträgt, wobei der Zeitwert der heute investierte Geldbetrag ist, der genau $\$ N$ pro Jahr ergeben würde.
Die Sache ist einfach:

$$V = \frac{\$ N}{i}$$

wobei V = Zeitwert des Bodens (\$)
$\$ N$ = laufende jährliche Einnahmen (\$/Jahr)
i = Zinssatz in Dezimalzahlen (z.B. 0,05 oder $^5/_{100}$ pro Jahr)

Das heißt, daß bei einem konstanten Zinssatz von 5 Prozent jährlich ein Kapitalgut, das einen konstanten Ertragsstrom erbringt, für genau 20 (= 1 : $^5/_{100}$) mal seinem jährlichen Ertrag verkauft werden kann. Wie hoch wäre in diesem Fall der Zeitwert einer ewigen Rente, die alljährlich \$ 100 erbringt? Bei einem Zinssatz von 5 Prozent läge der Zeitwert bei \$ 2000 (= \$ 100 : 0,05).

Allgemeine Formel für den Zeitwert

Nachdem wir als erstes den einfachen Fall einer ewigen Rente betrachtet haben, wollen wir uns nun dem allgemeinen Fall des Zeitwertes eines Kapitalgutes zuwenden, dessen Ertragsstrom sich im Laufe der Zeit verändert. Das Wichtigste im Zusammenhang mit dem Zeitwert ist die Erkenntnis, daß zukünftige Zahlungen weniger wert sind als gegenwärtige, und daß man sie daher *diskontieren (abzinsen)* muß. Zukünftige Zahlungen sind weniger wert als gegenwärtige Zahlungen, so wie entfernte Gegenstände immer kleiner aussehen als nahe. Der Zinssatz bewirkt eine ähnliche Schrumpfung durch die zeitliche Perspektive.

Wenden wir uns nun einem theoretischen Beispiel zu. Nehmen wir an, irgendjemand würde vorschlagen, an Ihre Erben in 999 Jahren \$ 1 Million auszuzahlen. Wieviel müßten Sie dafür heute auf den Tisch legen? Gemäß der allgemeinen Zeitwertregel müssen Sie sich, um den heu-

---

[4] Mit anderen Worten (wenn π die Inflationsrate darstellt, ist i der Nominalzinssatz und r der Realzinssatz): Die genaue Berechnung des Realzinssatzes erfolgt nach der Formel $1 + r = (1+i)/(1+\pi)$. Bei kleinen Werten für i und P gilt jedoch $r = i - \pi$.

tigen Wert von \$ *P*, die in *t* Jahren ab heute zahlbar sind, zu ermitteln, fragen, wieviel Sie heute investieren müssen, um nach *t* Jahren \$ *P* zu erhalten. Nehmen wir an, der Zinssatz betrage 6 Prozent jährlich. Wenn wir diesen Zinssatz alljährlich auf den wachsenden Betrag anwenden, steigt ein Kapitalbetrag von \$ *P* in *t* Jahren auf $P \times \$ (1 + 0{,}06)^t$. Wir brauchen diese Formel daher nur umzukehren, um den Zeitwert ermitteln zu können: Der Zeitwert von in *t* Jahren ausbezahlten \$ *P* beträgt nur $\$ P/(1 + 0{,}06)^t$. Mit dieser Formel können wir ermitteln, daß der Zeitwert von \$ 1 Million, die in 999 Jahren ausbezahlt werden soll, \$ 0,00000000000000000052 beträgt.

Zumeist enthält der Ertragsstrom eines Kapitalgutes mehrere Teilbeträge. Bei Zeitwertberechnungen muß jede Geldeinheit gesondert betrachtet werden. Berechnen Sie den Zeitwert jedes Teils des zukünftigen Ertragsstroms, wobei Sie die durch das Auszahlungsdatum erforderliche Diskontierung genau beachten. Dann addieren Sie einfach alle einzelnen Zeitwerte. Das Ergebnis ergibt den gesamten Zeitwert des Kapitalgutes.

Die genaue Formel für den Zeitwert lautet:

$$V = \frac{N_1}{1 + i} + \frac{N_2}{(1 + i)^2} + \ldots + \frac{N_t}{(1 + i)^t}$$

In dieser Gleichung ist *i* der Marktzinssatz für eine Periode als konstant angenommen. Weiters bezeichnet N_1 die Nettoeinnahmen (positiv oder negativ) in Periode 1, N_2 die Nettoeinnahmen in Periode 2, N_t die Nettoeinnahmen in Periode *t*, usw. Daher ergeben die Zahlungsströme (N1, N2..., Nt...) den Zeitwert V, ermittelt mit der genannten Formel.

Nehmen wir beispielsweise an, der Zinssatz betrage zehn Prozent jährlich und ich solle im nächsten Jahr \$ 100 und in 3 Jahren \$ 470 erhalten. Der Zeitwert dieses Ertragsstroms ist:

$$V = \frac{100}{(1{,}10)^1} + \frac{470}{(1{,}10)^3} = 444{,}03$$

In Abbildung 14-3 sehen Sie die Berechnung des Zeitwertes für eine Maschine, mit der sich über 20 Jahre ein kontinuierlicher Jahresnettomietzins von \$ 100 erzielen läßt, wobei zum Schluß kein Schrottwert mehr bleibt, graphisch aufbereitet. Der Zeitwert beträgt nicht \$ 2.000, sondern nur \$ 1.157. Beachten Sie bitte, wie sehr die späteren Einnahmen auf Grund der zeitlichen Perspektive schrumpfen bzw. diskontiert werden. Der ganze nach der Diskontierung verbleibende Bereich (die blau schattierte Fläche) stellt den gesamten Zeitwert der Maschine – den heutigen Wert aller zukünftigen Ertragsströme – dar.

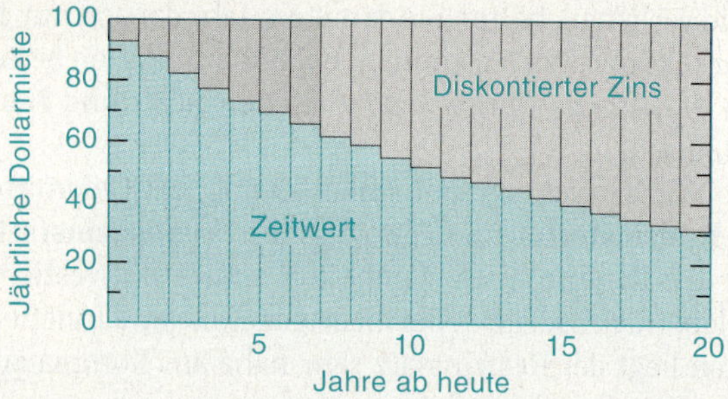

Abbildung 14-3: Der Zeitwert von Kapitalgütern

Der untere, blaue Bereich zeigt den Zeitwert einer Maschine und ergibt eine Jahres-Nettomiete von \$ 100 über 20 Jahre mit einem Zinssatz von 6 Prozent jährlich. Der obere, graue Bereich wurde diskontiert. Erklären Sie, warum eine Steigerung des Zinssatzes den grauen Bereich vergrößert und daher den Marktpreis eines Kapitalgutes drückt!

Maßnahmen zur Maximierung des Zeitwertes

Die Zeitwertformel sagt uns, wie wir den Wert eines Kapitalgutes berechnen können, wenn wir die Einnahmen kennen. Aber beachten Sie bitte auch, daß die zukünftigen Einnahmen aus einem Kapitalgut im Normalfall von bestimmten Unternehmensentscheidungen abhängen: Sollen wir einen LKW 8 oder 9 Jahre lang nutzen? Sollen wir ihn einmal monatlich oder einmal jährlich warten lassen? Wäre es besser, ihn durch einen billigen, nicht sehr langlebigen LKW oder durch einen teuren, aber haltbareren zu ersetzen?

Es gibt eine Regel, die uns sagt, wie Investitionsentscheidungen richtig getroffen werden: Wir müssen jeden einzelnen Zeitwert berechnen, der sich aus jeder möglichen Entscheidung ergibt. Dann müssen wir so vorgehen, daß dieser Zeitwert maximiert wird. Mit dieser Methode erzielen wir den größeren Ertrag, den wir schließlich wieder investieren können, wann und wie wir wollen.

Wiederholung

Wiederholen wir noch einmal die bisher besprochenen Begriffe, bevor wir sie anwenden:

- Eine moderne, industrialisierte Wirtschaft hat große Bestände an *Kapital* oder Kapitalgütern akkumuliert. Es handelt sich dabei um die Maschinen, Gebäude und Lagerbestände, die für die Produktivität der Wirtschaft so wichtig sind.

- Die jährlichen Kapitalerträge in Geldeinheiten werden als *Zins* bezeichnet. Wenn wir die Nettoeinkünfte (Zins abzüglich Kosten) durch den Geldwert des Kapitalgutes, das uns diesen Zins erbringt, dividieren, erhalten wir die *Kapitalrendite* (gemessen in Prozent pro Jahr).
- Kapital wird von Sparern finanziert, die *Geldmittel* verleihen und Finanzanlagen halten. Der Geldertrag dieser Finanzanlagen ist der *Zinssatz*, gemessen in Prozent pro Jahr.
- *Gewinne* stellen ein Residualeinkommen dar und entsprechen dem in Geldwerten ausgedrückten Ertrag abzüglich der Gesamtkosten. Bei großen Unternehmen mit entsprechender Eigenkapitalausstattung sind die Unternehmensgewinne die Einnahmen nach Abzug von Löhnen, Mieten und anderen direkten Faktorkosten.
- Kapital- und Finanzanlagen erbringen im Zeitablauf einen Ertragsstrom. Aus diesem Ertragsstrom läßt sich ein *Zeit- oder Gegenwartswert* ableiten, also das, was der Ertragsstrom heute wert wäre. Wir fragen uns dazu, welche Geldmenge heute ausreichen würde, um den erwarteten Ertragsstrom des Kapitalgutes bei den gängigen Markzinsen hervorzubringen.

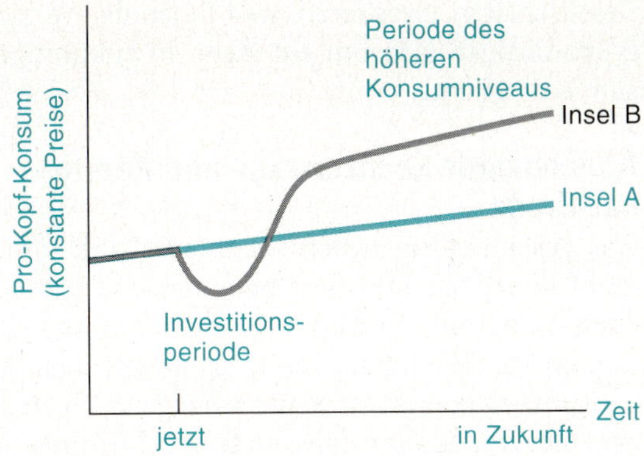

Abbildung 14-4: Heutige Investitionen erhöhen das zukünftige Konsumniveau

Zwei Inseln haben dieselbe Ausgangsposition, was Arbeitsangebot und natürliche Ressourcen betrifft. Die ausgabenfreudige Insel A investiert nichts und kann ihren Pro-Kopf-Konsum nur geringfügig steigern. Die sparsame Insel B hingegen investiert zu Beginn intensiv, verzichtet damit auf sofortigen Konsum und kann anschließend die Früchte ihrer Sparsamkeit in Form eines sehr viel höheren zukünftigen Konsums genießen.

DIE KAPITALTHEORIE

Nachdem wir nun die wichtigsten Grundbegriffe der Kapitaltheorie besprochen haben, wollen wir uns einer Analyse der *klassischen Kapitaltheorie* zuwenden. Diesen Ansatz haben unabhängig voneinander der Österreicher E.V. Böhm-Bawerk, der Schwede Knut Wicksell und der Amerikaner Irving Fisher von der Yale University entwikkelt.

Der Umweg

In Kapitel 2 haben wir darauf hingewiesen, daß eine Investition in Kapitalgüter zu einer indirekten Produktion oder einem Produktionsumweg führt. Anstatt Fische mit bloßen Händen zu fangen, erscheint es uns praktischer, Boote zu bauen und Netze zu knüpfen – und diese anschließend zu verwenden, um mehr Fische zu fangen, als dies mit bloßen Händen jemals möglich gewesen wäre.

Anders ausgedrückt bedeutet die Investition in Kapitalgüter einen Verzicht auf sofortigen Konsum, um dafür mehr zukünftigen Konsum zu ermöglichen. Wenn wir heute weniger Fische fangen, setzen wir Arbeitskapazitäten für die Erzeugung von Netzen frei und können so morgen umso mehr Fische fangen. Ganz allgemein formuliert ist Kapital produktiv, weil der Verzicht auf sofortigen Konsum uns mehr Konsum in der Zukunft beschert.

Um dieses Konzept besser verstehen zu können, stellen Sie sich bitte zwei absolut gleiche Inseln vor. Auf jeder steht dieselbe Menge an Arbeitskraft und natürlichen Ressourcen zur Verfügung. Insel A verwendet ihre primären Produktionsfaktoren direkt, um Konsumgüter wie Nahrung und Bekleidung herzustellen; hier werden keinerlei Kapitalgüter eingesetzt. Im Gegensatz dazu verzichtet die sparsame Insel B auf sofortigen Konsum und verwendet ihre Ressourcen und Arbeitszeit dazu, um Kapitalgüter zu erzeugen, also etwa Pflüge, Schaufeln und Webstühle. Durch diesen kurzfristigen Verzicht auf Konsum sorgt Insel B für einen großen Bestand an Kapitalgütern.

Abbildung 14-4 zeigt uns, welchen Vorsprung B vor A erzielt. Messen Sie den Konsum pro Person, der bei Aufrechterhaltung des bestehenden Kapitalbestandes auf jeder Insel möglich ist. Da Insel B so sparsam ist und sich zu ihrer Produktion einer kapitalintensiven Umwegmethode bedient, kann sie in Zukunft mehr konsumieren als Insel A. Insel B erhält für ihren Verzicht auf 100 Einheiten gegenwärtigen Konsums in Zukunft mehr als nur die 100 Konsumeinheiten.

Gesellschaften investieren, weil ihnen der Verzicht auf gegenwärtigen Konsum ein Mehr an zukünftigem Konsum ermöglicht.

Abnehmende Grenzerträge und Kapitalnachfrage

Was geschieht eigentlich, wenn ein Land immer mehr auf sofortigen Konsum verzichtet und stattdessen Kapital akkumuliert, wobei es zu einer immer stärkeren indirekten Produktion, einem zunehmenden Produktionsumweg kommt? Wir müssen eigentlich erwarten, daß hier irgendwann das Gesetz der abnehmenden Grenzerträge zur Wirkung kommt. Nehmen wir als Beispiel Computer. Die ersten dieser Geräte waren teuer und wurden intensiv genutzt. In den sechziger Jahren rauften die Wissenschaftler buchstäblich um jede Stunde, die ihnen an den damaligen Großrechnern zur Verfügung stand, die übrigens kaum die Rechenleistung der heute allgegenwärtigen PCs hatten. Jetzt, Mitte der neunziger Jahre, verfügen die in unserem Land eingesetzten Computer über die millionenfache Rechen- und Speicherkapazität. Aber das Grenzprodukt der Computerleistung – der Wert des letzten Rechenvorgangs oder der letzten gespeicherten Dateneinheit – ging, als die Computerinputs im Verhältnis zu Arbeit, Boden und anderen Kapitalgütern immer mehr zunahmen – stark zurück. Allgemeiner ausgedrückt, wenn Kapital akkumuliert wird, gehen die Grenzerträge zurück, und die Rendite von Investitionen sinkt.

Sofern sie nicht durch den technologischen Wandel kompensiert werden, senken die abnehmenden Erträge aus einer rapiden Investitionstätigkeit die Rentabilität dieser Investitionen. Überraschenderweise ist jedoch im Verlauf der letzten 150 Jahre die Kapitalrendite nicht wesentlich gesunken, obwohl die Kapitalbestände um ein Vielfaches zugenommen haben. Die Rendite ist nach wie vor hoch, weil Innovation und technologische Veränderungen gewinnträchtige neue Möglichkeiten ebenso rasch eröffnet wie frühere Investitionen diese zunichte gemacht haben.

Zinsbildung und Kapitalrendite

Die klassische Kapitaltheorie kann uns helfen, die Zinsbildung besser zu verstehen. Da sind einmal die Haushalte, die das *Angebot* an Geldmitteln für die Investitionen bereitstellen, indem sie auf sofortigen Konsum verzichten und im Laufe der Zeit Ersparnisse akkumulieren. Gleichzeitig besteht eine *Nachfrage* der Unternehmen nach Kapitalgütern – in Form von LKW, Gebäuden und Lagerbeständen – die sie gemeinsam mit Arbeit, Boden und anderen Inputs einsetzen. Und schließlich wird die Nachfrage der Unternehmen nach Kapital durch ihr Gewinnstreben bestimmt, das sie befriedigen können, indem sie Güter produzieren.

Oder wie hat doch gleich Irving Fisher diesen Prozeß zu Beginn des Jahrhunderts gesehen:

> *Kapitalmenge und Kapitalrendite werden durch die Wechselwirkung zwischen (1) der Ungeduld der Menschen, die lieber sofort konsumieren, als Kapitalgüter für den zukünftigen Konsum (vielleicht für die Pension oder für die sprichwörtlichen mageren Jahre) anzuhäufen, und (2) den Investitionsmöglichkeiten mit ihren mehr oder weniger hohen Renditen für das akkumulierte Kapital bestimmt.*

Um verstehen zu können, wie sich Zinssätze und Kapitalrenditen herausbilden, sollten Sie sich eine Welt mit vollständigem Wettbewerb und ohne Inflationsrisi-

Abbildung 14-5: Kurzfristige Bildung von Zinssätzen und Kapitalrendite

Kurzfristig hat die Wirtschaft einen bestimmten Kapitalbestand aus der Vergangenheit übernommen, was als die vertikale *SS*-Kapitalangebotskurve dargestellt ist. Der Schnittpunkt zwischen der kurzfristigen Angebotskurve und der Kapitalnachfragekurve ergibt die kurzfristige Kapitalrendite und den kurzfristigen Realzinssatz von 10 Prozent jährlich.

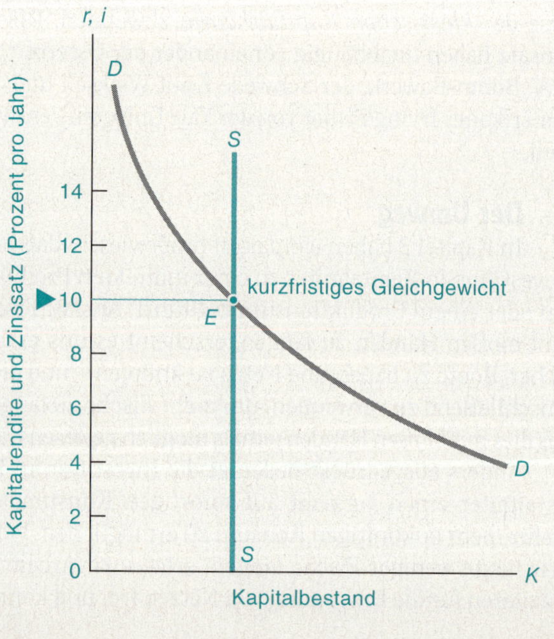

ko vorstellen. Bei der Entscheidung, ob eine Investition vorgenommen werden soll oder nicht, muß ein Unternehmen, das seine Gewinne maximieren möchte, immer seine Finanzierungskosten mit der Kapitalrendite vergleichen. Ist die Rendite der Investition höher als der Marktzinssatz für Darlehen, wird ein solches Unternehmen die beabsichtigte Investition tätigen. Ist hingegen der Darlehenszinssatz höher als die Investitionsrendite, verzichtet das Unternehmen wohlweislich auf diese Investition.

Und wohin führt dieser Prozeß? Die Unternehmen werden schlußendlich all jene Investitionen tätigen, deren Rentabilität höher ist als der Marktzinssatz. Das Gleichgewicht ist erreicht, sobald der Wettbewerb zwischen den Unternehmen die Investitionsrendite auf das Niveau des Marktzinssatzes drückt.

In einer Wettbewerbswirtschaft ohne Inflationsrisiko entspricht die Kapitalrendite dem Marktzinssatz. Der Marktzinssatz hat zwei Funktionen: Er teilt das knappe Angebot an Kapitalgütern einer Gesellschaft jenen Zwecken zu, die die höchste Rentabilität versprechen, und er bringt die Menschen dazu, auf sofortigen Konsum zu verzichten, um die Kapitalbestände zu vermehren.

Graphische Analyse der Kapitalrendite

Wir können die klassische Kapitaltheorie bildlich darstellen, wenn wir uns einen einfachen, fiktiven Fall vor Augen halten, in dem alle physischen Kapitalgüter gleich sind. Zusätzlich nehmen wir an, daß sich die Wirtschaft in einem gleichbleibenden Zustand ohne Bevölkerungswachstum und ohne technologischen Wandel befindet.

In Abbildung 14-5 stellt *DD* die Kapital-Nachfragekurve dar; sie zeigt die Beziehung zwischen der nachgefragten Kapitalmenge und der Höhe der Kapitalrendite. Woraus leitet sich die Kapitalnachfrage ab? Erinnern Sie sich an Kapitel 12, in dem wir nachgewiesen haben, daß die Nachfrage nach Arbeit aus der Grenzproduktivitätskurve der Arbeit abgeleitet wurde. Und ebenso ist die Nachfrage nach Kapital eine „abgeleitete Nachfrage". Letztlich wird sie von der *Grenzproduktivität des Kapitals* abgeleitet, die den zusätzlichen Output darstellt, der durch zusätzliches Kapital geschaffen wird.

Das Gesetz der abnehmenden Grenzerträge (Ertragsgesetz) läßt sich anhand der Tatsache belegen, daß die Kapitalnachfragekurve in Abbildung 14-5 abwärts gerichtet ist. Bei sehr knappem Kapital gibt es einige äußerst gewinnträchtige Projekte für eine indirekte Produktion, die jährlich 15, 20 oder sogar 40 Prozent Rendite abwerfen. Aber wenn nach und nach mehr Kapital akkumuliert wird und die Wirtschaft bereits alle einträglichen Projekte durchführt, beginnen bei einer fixen Faktormenge an Arbeit und Boden die Grenzerträge zu schrumpfen. Die Gesellschaft ist somit gezwungen, in weniger gewinnträchtige Projekte zu investieren, indem sie sich entlang der Kapitalnachfragekurve abwärts bewegt.

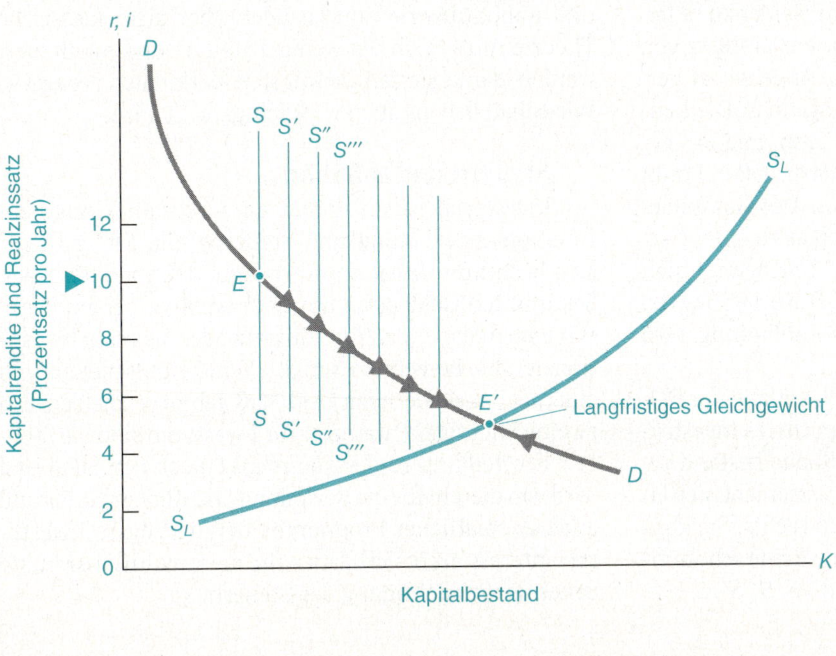

Abbildung 14-6: Das langfristige Gleichgewicht von Kapitalangebot und -nachfrage

Langfristig akkumuliert eine Gesellschaft Kapital, und die Angebotskurve verläuft nicht mehr vertikal. Wie hier dargestellt ist, reagiert das Kapitalangebot auf die höheren Zinssätze. Im ursprünglichen Gleichgewicht *E* kommt es zu Nettoinvestitionen, so daß sich die Wirtschaft entlang der *DD*-Nachfragekurve nach unten bewegt, was durch die schwarzen Pfeile angezeigt ist. Das langfristige Gleichgewicht stellt sich in *E′* ein, wo die Nettoersparnis abnimmt.

Kurzfristiges Gleichgewicht. Wir können nun erkennen, in welcher Beziehung Angebot und Nachfrage stehen. In Abbildung 14-5 haben frühere Investitionen zu einem bestimmten Kapitalbestand geführt, der als die vertikale kurzfristige Angebotskurve *SS* dargestellt ist. Die Unternehmen fragen immer weniger Kapitalgüter auf eine Art und Weise nach, wie sie durch die abwärts gerichtete Nachfragekurve *DD* zum Ausdruck gebracht wird.

Im Schnittpunkt zwischen Angebot und Nachfrage, im Gleichgewichtspunkt *E*, wird der Kapitalmarkt von den nachfragenden Unternehmen geräumt. In diesem kurzfristigen Gleichgewicht sind die Unternehmen bereit, 10 Prozent pro Jahr zu bezahlen, um Darlehen für den Ankauf von Kapitalgütern aufzunehmen. Und in diesem Punkt geben sich auch die Darlehensgeber mit 10 Prozent pro Jahr für ihr Kapitalangebot zufrieden.

So entspricht in unserer vereinfachten, risikolosen Welt die Kapitalrendite genau dem Marktzinssatz. Jeder höhere Zinssatz würde dazu führen, daß die Unternehmen keine Darlehen für ihre Investitionen aufnehmen würden; jeder niedrigere Zinssatz hätte zur Folge, daß die Unternehmen Kämpfe um das zu knappe Kapital ausfechten würden. Nur beim Gleichgewichtszinssatz von 10 Prozent sind Angebot und Nachfrage ausgeglichen.

Aber das Gleichgewicht in *E* bleibt nur kurzfristig bestehen. Warum? Nun, bei einem solchen hohen Zinssatz wollen die Leute weiter sparen. Abbildung 14-6 zeigt uns daher, wie sich Zinssätze langfristig entwickeln. Das langfristige Kapitalangebot, in Abbildung 14-6 als S_LS_L eingezeichnet, weist eine positive Steigung auf und zeigt an, daß die Menschen bereit sind, mehr Gelder zu höheren Realzinssätzen anzubieten. Bei einem Zinssatz von 10 Prozent übersteigt das langfristige Angebot an Vermögen oder Kapital die Kapitalnachfrage in *E*. Die Leute wollen also mehr Kapital akkumulieren, und das bedeutet weiterhin sparen. So kommt es dazu, daß in Punkt *E* eine Nettokapitalbildung stattfindet. Der Kapitalbestand wird daher ein wenig größer, weil es zu einer Nettoinvestition kommmt. Im Laufe der Zeit bewegt sich die Gesellschaft langsam entlang der *DD*-Kurve abwärts, wie dies durch die schwarzen Pfeile in Abbildung 14-6 dargestellt ist.

Die Gesellschaft marschiert deshalb entlang der *DD*-Kurve nach unten, weil ein per Saldo positives Investitionsverhalten bedeutet, daß sich der Kapitalbestand erhöht. Die kurzfristige Angebotskurve verschiebt sich in der Folge alljährlich immer weiter nach rechts. Sie können deshalb in Abbildung 14-6 auch eine Reihe sehr dünner kurzfristiger Kapitalangebotskurven – *S, S', S", S'"*, ... – sehen. Diese Kurven zeigen an, wie das kurzfristige Kapitalangebot mit der Kapitalakkumulation steigt.

Zugleich bewegen sich auf Grund des Ertragsgesetzes Rentabilität und Zinssatz nach unten. Bei zunehmendem Kapital – wenn andere Faktoren wie Arbeit, Boden und technologische Möglichkeiten unverändert bleiben – sinkt die Rendite für die erhöhten Kapitalbestände auf ein zunehmend niedrigeres Niveau ab.

Langfristiges Gleichgewicht. Aber wo stellt sich das langfristige Gleichgewicht ein? In Abbildung 14-6 finden wir es in *E'*. Hier schneidet sich das langfristige Kapitalangebot (als S_LS_L eingezeichnet) mit der Kapitalnachfrage. Das langfristige Gleichgewicht ist erreicht, wenn der Zinssatz auf jenen Punkt gefallen ist, an dem der Kapitalbestand der Unternehmen sich so weit erhöht hat, daß er mit der von den Haushalten gewünschten Angebotsmenge zusammenfällt.

An diesem Punkt gibt es keine Nettoersparnis mehr, die Kapitalakkumulation beträgt Null und die Kapitalbestände wachsen nicht weiter an. Zinssatz und Kapitalrendite stellen sich im langfristigen Gleichgewicht auf jenem Niveau ein, an dem der Wert der Finanzanlagen, die die Leute langfristig besitzen möchten, genau der Kapitalmenge entspricht, die die Unternehmen bei diesem Zinssatz halten wollen.

ANWENDUNGEN DER KLASSISCHEN KAPITALTHEORIE

Wir haben unseren Überblick über die grundlegende Zins- und Kapitaltheorie nun beendet. Aber diese klassische Theorie muß noch ein wenig erweitert und modifiziert werden, damit sie den wichtigsten Merkmalen des realen Wirtschaftslebens auch wirklich gerecht wird.

Steuern und Inflation

Investoren haben immer ein wachsames Auge auf Inflationsentwicklung und Steuerpolitik. Sie erinnern sich bestimmt: Inflation führt dazu, daß man für einen bestimmten Geldbetrag nur noch weniger kaufen kann. Wir wollen daher den Realzinssatz oder die reale Investitionsrendite berechnen, um den Verzerrungseffekt durch einen sich verändernden Geld-Maßstab zu vermeiden. Ein zweiter wichtiger Parameter für Investoren sind die Steuern. Ein Teil unseres Einkommens fällt an den Staat und wird von diesem für die Bezahlung öffentlicher Güter und anderer staatlicher Programme herangezogen. Investoren interessieren sich daher für die Investitionsrendite unter Berücksichtigung der Steuern.

Kapitalklasse	Zeitraum	Kapitalrendite (als Prozentsatz pro Jahr)
Privates Kapital gesamt (USA):		
Rendite vor Steuern	1963–1985	5,7
Unternehmenskapital (USA)		
Rendite nach Steuern:		
Alle Unternehmen	1963–1985	5,7
Große Unternehmen	1963–1985	6,1
Rendite vor Steuern:		
Große Unternehmen	1963–1985	12,3
Immobilien	1969–1984	5,5
Landwirtschaftliche Flächen	1947–1984	5,5
Humankapital:		
USA	80er Jahre	6–12
Entwicklungsländer	70er–80er Jahre	13–26
Dauerhafte Konsumgüter	70er–80er Jahre	48
Energie	70er–80er Jahre	19
Kapitalbestände Ausland (7 größte Industriestaaten)	1975 1990	15

Tabelle 14-2: Die Rendite verschiedener Kapitalgüter

Die Rendite von Sachwerten, Boden und Humankapital variiert real je nach Land und Risiko beträchtlich. [Quelle: Die Tabelle wurde von den Autoren aus einer Vielzahl von Quellen zusammengestellt, darunter Roger G. Ibbotson und Gary P. Brinson, *Investment Markets* (Mc Graw-Hill, New York, 1987); UN-Entwicklungsprogramm; Weltbank; und Studien des privaten Sektors.]

Technologische Anstöße

Komplexer sind Probleme im Zusammenhang mit dem technologischen Wandel. Historische Evaluierungen zeigen, daß Erfindungen und Entdeckungen die Kapitalrendite steigern und so einen Einfluß auf den Gleichgewichtszinssatz ausüben. Und tatsächlich wurde die Tendenz zu sinkenden Zinssätzen durch abnehmende Grenzerträge immer wieder durch Erfindungen und technologischen Fortschritt ausgeglichen.

Einige Ökonomen (beispielsweise Joseph Schumpeter) haben den Investitionsprozeß mit einer gezupften Geigensaite verglichen: In einer Welt mit unveränderter Technologie kommt die Saite nach und nach zur Ruhe, wenn die Kapitalakkumulation die Kapitalrendite senkt. Doch bevor sich die Wirtschaft in einen Ruhezustand begibt, führt irgendein Vorfall von außen oder eine neue Erfindung dazu, daß die Saite wieder gezupft wird und die Investitionskräfte wieder in Gang kommen.

Unsicherheit und Erwartungen

Die letzte Einschränkung betrifft Risiko und Unsicherheit, die bei Investitionsentscheidungen eine Rolle spielen. Im realen Leben verfügt kein Mensch über die berühmte Kristallkugel, aus der sich die Zukunft ablesen läßt. Alle Investitionsentscheidungen, die ja auf Annahmen über zukünftige Einnahmen beruhen, bleiben reine Schätzungen – in manchen Fällen genaue Schätzungen basierend auf gründlicher Überlegung und umfassender Information, in anderen wiederum grobe Schätzungen nach einer Pi-mal-Daumen-Regel, in jedem Fall aber unsichere Schätzungen. Wir wachen täglich auf und stellen fest, daß unsere Erwartungen nicht hundertprozentig eingetroffen sind und daß wir sie revidieren müssen. Wir gehen allabendlich zu Bett und wissen bereits, daß auch der folgende Morgen wieder einige Überraschungen bieten wird.

Welchen Einfluß hat diese Unsicherheit auf unsere Kapitaltheorie? Wir sind in unserer Erörterung weiter oben von der Annahme ausgegangen, daß es kein Risiko

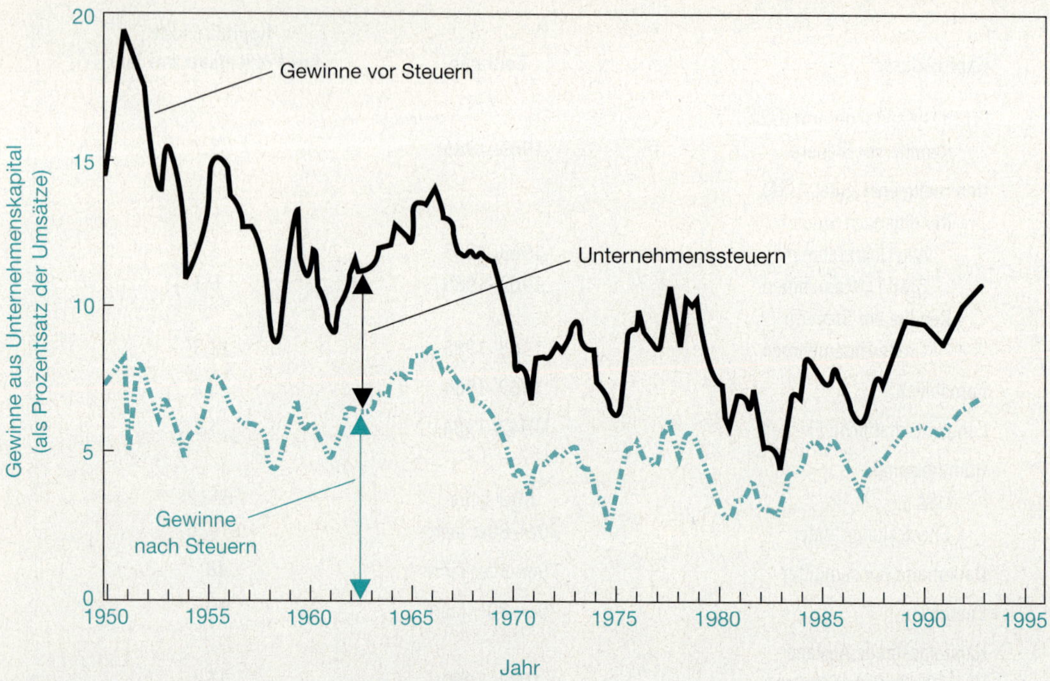

Abbildung 14-7: Die Unternehmensgewinne weisen eine langsame relative Abwärtsentwicklung auf

Nach dem Zweiten Weltkrieg betrugen die Unternehmensgewinne vor Steuern beinahe 20 Prozent des Bruttounternehmensproduktes (entsprechend Umsatz abzüglich Materialkosten). Bis in die frühen neunziger Jahre war dieser Gewinnanteil auf unter 10 Prozent des Bruttounternehmensproduktes zurückgegangen. Auch die Steuerbelastung ließ in diesem Zeitraum nach. (Quelle: US-Handelsministerium.)

gäbe. Aber beinahe jedes Darlehen oder jede Investition birgt auch ein Risikoelement in sich. Maschinen versagen; eine Ölquelle kann versiegen; Ihr bevorzugter Computerhersteller geht vielleicht in Konkurs. Der Risikograd von Investitionen ist natürlich unterschiedlich, aber Investitionen sind niemals völlig gefahrlos.

Investoren haben im allgemeinen etwas gegen riskante Investitionen, sie sind risikoavers. Sie bevorzugen Vermögenswerte, die ihnen garantiert 10 Prozent einbringen, und hüten sich vor anderen, bei denen sie einen Ertrag zwischen 0 und 20 Prozent zu erwarten haben. Man muß ihnen daher einen Zusatzertrag oder eine *Risikoprämie* anbieten, damit sie sich für riskante Investitionen entscheiden.

So birgt beispielsweise die Rinderzucht einige Risiken in sich, während der Verkauf von elektrischem Strom relativ risikoarm ist. Nehmen wir an, Investitionen in Dienstleistungsbetriebe seien risikolos, und die übliche Rendite für diese risikolosen Investitionen betrage 10 Prozent jährlich. Dagegen ist in unserem Beispiel die Rinderzucht eine äußerst risikoreiche Investition; schlechtes Wetter, Krankheiten und andere Faktoren führen dazu, daß man das investierte Geld entweder verdoppeln oder ganz verlieren kann. Die durchschnittliche Rendite in der Rinderzucht beträgt 25 Prozent jährlich.[5] Diese zusätzlichen 15 Prozent Rendite über die risikolosen 10 Prozent hinaus sind die Risikoprämie, die erforderlich ist, um Rinderbauern dazu zu bewegen, die zusätzlichen Risiken und schlaflosen Nächte in einem unsicheren Geschäft auf sich zu nehmen.

Empirische Studien über Kapitalrenditen bestätigen, daß riskantere Investitionen auch höhere Erträge abwerfen. Tabelle 14-2 zeigt eine Zusammenfassung der jüngeren Studien über die Kapitalrendite auf verschiedenen Gebieten.

5 Der Durchschnittswert oder erwartete Wert entspricht der Rendite in jeder möglichen Situation, gewichtet nach der Wahrscheinlichkeit ihres Eintreffens. Da die Rendite in der einen Situation 100 Prozent, in der anderen aber minus 50 Prozent beträgt, wobei jede Situation mit fünfzigprozentiger Wahrscheinlichkeit eintreffen kann, beträgt die erwartete Rendite $^1/_2\,(100) + {}^1/_2\,(-50) =$ 25 Prozent.

GEWINNE

Außer über Löhne, Zinsen und Renten unterhalten sich Ökonomen häufig auch über eine vierte Einkommenskategorie, die *Gewinne*. Was sind Gewinne? Wie unterscheiden sie sich ganz allgemein von Zinsen und Kapitalrenditen?

Entwicklung der ausgewiesenen Gewinne

Betriebswirte definieren **Gewinne** als die Differenz zwischen den gesamten Erlösen und den gesamten Aufwendungen. Bei der Berechnung des Gewinns beginnen wir mit den Gesamterlösen aus Lieferungen und Leistungen. Nun ziehen wir alle Aufwendungen (Löhne, Gehälter, Mieten, Material, Zinsen, Verbrauchsteuern und alle übrigen) ab. Was verbleibt, ist der Saldo oder Gewinn.[6]

Wie hoch sind eigentlich Unternehmensgewinne? Aus Tabelle 14-2 geht hervor, daß große Unternehmen im Zeitraum 1963-1985 durchschnittlich 12,3 Prozent pro Jahr an dem von ihnen investierten Kapital verdient haben; nach Steuern sind davon rund 6 Prozent jährlich verblieben. Abbildung 14-7 zeigt die Gewinne vor und nach Steuern für nicht im Finanzbereich tätige Unternehmen als Prozentsatz des Bruttounternehmensprodukts (Umsatzerlöse abzüglich Materialkosten). Dieser Anteil ist im Laufe der Nachkriegszeit zunehmend gesunken.

WESENTLICHE GEWINNFAKTOREN

Was entscheidet über die Höhe der Unternehmensgewinne in einer Marktwirtschaft? Hier die wichtigsten Faktoren:

1. *Gewinne als kalkulatorische Faktorerträge*. Für den Volkswirt sind Gewinne ein Konglomerat verschiedener Elemente. Ein Großteil der im Geschäftsbericht eines Unternehmens ausgewiesenen Gewinne besteht aus nichts anderem als den Erträgen der Unternehmenseigentümer für ihre eigene Arbeit und die von ihnen investierten Gelder, also den Einkommen für die von ihnen bereitgestellten Produktionsfaktoren.
So stellen beispielsweise einige Gewinne den Ertrag für die persönliche Arbeit dar, die Unternehmensinhaber leisten – denken Sie an einen Arzt oder Rechtsanwalt, der in einer kleinen Praxis oder Kanzlei arbeitet. Ein weiterer Teil ist der Mietzins für natürliche Ressourcen im Eigenbesitz. In großen Unternehmen entfällt jedoch der Großteil aller Gewinne auf Opportunitätskosten des investierten Kapitals. Diese Erträge werden *kalkulatorische (Faktor)erträge* genannt, eine Bezeichnung für die Opportunitätskosten von Produktionsfaktoren, die im Eigentum des Unternehmens selbst stehen.
Das bedeutet, daß manches, was vereinfachend als Gewinn bezeichnet wird, tatsächlich nichts anderes darstellt als Zinsen, Renten und Löhne unter einem anderen Namen. Als „kalkulatorische Zinsen", „kalkulatorische Renten" und „kalkulatorische Löhne" bezeichnen Volkswirte jene Einkünfte, die ein Unternehmen aus seinen eigenen Produktionsfaktoren bezieht.
2. *Gewinne als Lohn für Risikobereitschaft und Innovation*. Vor einem halben Jahrhundert erklärte Frank Knight, ein Volkswirt aus Chicago, daß jeder echte Gewinn in einem Zusammenhang mit Unsicherheiten oder unvollständigen Informationen stehe. Er meinte damit, daß nach Abzug der kalkulatorischen Erträge der reine Gewinn verbleibt und daß dieser die Belohnung für Investitionen mit unsicherem Ergebnis darstellt.
Wenn wir den Lohn für Risikobereitschaft analysieren, berücksichtigen wir im allgemeinen Ausfallrisiken oder versicherbare Risiken nicht. Eine Vorsorge für Ausfallrisiken würde die Möglichkeit berücksichtigen, daß ein Darlehen oder eine Investition nicht rückbezahlt werden kann, weil der Darlehensnehmer in Konkurs geht. Ein versicherbares Risiko, wie wir es in Kapitel 11 untersucht haben, stellt ein Risiko dar, gegen das man sich durch Abschluß einer Versicherung schützen kann. Diese beiden Risikotypen gehören zu den ganz normalen Risken einer Geschäftstätigkeit und stellen gewöhnliche Kosten dar.

---

[6] Bei der Analyse von Gewinnen müssen *betriebswirtschaftliche* von *volkswirtschaftlichen* Gewinnen unterschieden werden. Ein betriebswirtschaftlicher Gewinn entspricht dem Einkommenssaldo, der sich aus Umsatzerlösen abzüglich Kosten, wie sie im Rechnungswesen erfaßt werden, ergibt. Betriebswirtschaftliche Gewinne umfassen eine implizite Kapitalrendite auf das Eigenkapital des Unternehmens. Volkswirtschaftliche Gewinne hingegen sind gleich den Einkommen nach Abzug aller Kosten – und zwar sowohl der tatsächlich ausbezahlten Kosten als auch der kalkulatorischen oder Opportunitätskosten. In großen Unternehmen entsprechen daher die volkswirtschaftlichen Gewinne den betriebswirtschaftlichen Gewinnen, abzüglich einer impliziten Kapitalrendite für das Eigenkapital des Unternehmens zuzüglich aller anderen Kosten (wie unbezahlte Arbeitszeit des Unternehmers), die nicht vollständig über den Marktpreis abgegolten werden.

Eine Risikoart, die jedoch schon in Gewinnberechnungen zu berücksichtigen ist, ist das *nicht versicherbare Investitionsrisiko*. Ein Unternehmen kann sensibel auf Konjunkturschwankungen reagieren, was dazu führt, daß seine Einkünfte bei Auf- oder Abwärtsbewegungen der aggregierten Produktionsmenge stark schwanken. Da sich Investoren durch eine starke Risikoaversion auszeichnen, lassen sie sich ihre Risikoaversion durch eine Risikoprämie für unsichere Investitionen abgelten.

Die Unternehmensgewinne sind die am stärksten schwankende Komponente des Volkseinkommens, weshalb das Unternehmenskapital eine entsprechend hohe Risikoprämie enthalten muß, um Investoren anzuziehen. Empirische Studien, die in Tabelle 14-2 angeführt sind, lassen den Schluß zu, daß zwischen 3 und 6 Prozentpunkte an jährlicher Rendite auf Aktien als Risikoprämie nötig sind, um Investoren dazu zu bewegen, in diesen risikoreichen Bereich zu gehen.

Unsicherheit wirkt sich auch noch in anderer Weise auf die Gewinnhöhe aus, nämlich in Form einer *Belohnung für Innovation und Unternehmergeist*. Stellen Sie sich dazu vor, daß die jeweiligen Kosten für Ausfall- sowie für versicherbare und nicht versicherbare Risiken von den Gewinnen abgezogen wurden. In einer Welt mit vollständigem Wettbewerb ohne jeden technologischen Wandel gäbe es keine weiteren Gewinne. In dieser Welt bekämen die Eigentümer für ihre Produktionsfaktoren und das übernommene Risko genau das, was diese Dienste auf dem freien Markt wert sind. Mit anderen Worten, der freie Zutritt für zahlreiche Konkurrenten würde in einer statischen Welt ohne jeden technologischen Fortschritt den Preis auf das Kostenniveau senken. Die einzigen nachhaltigen Gewinne in einer statischen Welt wären die marktgängigen Löhne, Zinsen, Renten und Renditen für die Übernahme von Risiken.

Aber wir leben nicht in dieser fiktiven Welt. In unserer Welt kann ein Mensch mit einer neuen Idee oder einem Patent ein neues Produkt einführen oder die Produktionskosten eines alten Produktes senken. Nennen wir die Person, die so handelt, einen *Innovator* oder *Unternehmer*. Wir können „Innovationsgewinne" feststellen, die sich als eine zeitweilige zusätzliche Rendite für Innovatoren oder Unternehmer erweisen.

Was aber verstehen wir unter „Innovatoren"? Man darf sie nicht mit Managern verwechseln, jenen Leuten, die kleine und große Unternehmen betreiben, denen jedoch kein wesentlicher Anteil am Eigenkapital des Unternehmens gehört. Innovatoren sind etwas anderes. Diese Leute haben die Visionen, die Originalität und den Mut, neue Ideen in einem Unternehmen umzusetzen. In der Geschichte kennen wir große Innovatoren wie Alexander Graham Bell (Telefon), Thomas Edison (Glühbirne) und Chester Carlson (Xerographie). Manche Erfinder häufen durch ihren Unternehmergeist große Reichtümer an. In letzter Zeit konnten wir Steven Jobs mit Apple Computers und Bill Gates bewundern, der durch seine visionäre Führung von Microsoft Software an die Spitze der reichsten Amerikaner vorstieß. Auf jeden dieser erfolgreichen Innovatoren kommen jedoch zahlreiche andere, die den Weg zu Ruhm und Reichtum verpassen. Viele versuchen es, doch nur wenige haben Erfolg.

Jede erfolgreiche Innovation schafft ein zeitweiliges Monopol. Während kurzer Zeit lassen sich Innovationsgewinne verdienen. Diese Gewinne sind nur vorübergehend möglich und gehen durch die Konkurrenz von Rivalen und Nachahmern bald verloren. Aber gerade dann, wenn eine Quelle von Innovationsgewinnen verschwindet, taucht eine andere auf. Innovationsgewinne wird es geben, solange es den technologischen Wandel gibt.

3. Gewinne als *Monopolrendite*. Innovationsgewinne leiten zu unserer letzten Kategorie über. Viele Menschen hegen Gewinnen gegenüber ein mehr oder weniger verstecktes Mißtrauen. Die Kritiker von Gewinnen sehen diese nicht als kalkulatorische Zinsen oder als Rendite für ein Risiko, das man auf vollkommenen Märkten zu tragen hat. Sie betrachten Gewinne oder Profite eher als die Einkünfte gerissener Rechner, die ihre Umgebung ausbeuten. Und woran denken diese Leute bei ihrer Kritik an den Gewinnen? Sie meinen eine dritte, völlig andersartige Kategorie von Gewinnen: *Gewinne als Einkünfte aus einem Monopol*.

Wie kommt es zu Monopolgewinnen? Sobald sich ein Markt merklich vom vollständigen Wettbewerb entfernt, können die darin agierenden Unternehmen durch Preisanhebungen überhöhte Gewinne erzielen. Wären Sie Alleineigentümer eines wertvollen Patents für ein Medikament oder hätten Sie die Alleinlizenz für Kabel-TV in einer Stadt, könnten Sie die Preise über die Grenzkosten hinaus anheben, das Angebot beschränken und Monopolgewinne aus Ihrer Investition herausholen.

Und was soll damit ausgesagt werden? Es bedeutet, daß manches von dem, was als Gewinn bezeichnet wird, jener Ertrag ist, den Markt- oder Monopolmacht mit sich bringen.

Also Gewinne, überall wohin man sieht?

Aus unserer kurzen Aufstellung geht hervor, daß es tatsächlich zahlreiche Quellen für Gewinne gibt. Angesichts all der Möglichkeiten, die ein Unternehmen in einer entwickelten Marktwirtschaft hat, Gewinne zu machen – als kalkulatorische (Faktor)erträge, Lohn für Risikobereitschaft oder in Form von Erträgen aus Monopolmacht – müßten wir eigentlich erwarten können, daß die Tresore der amerikanischen Unternehmen von Gewinnen förmlich überquellen.

Aber, oh Wunder, das ist nicht der Fall. In den letzten 30 Jahren konnten die Unternehmen nur kleine Investitionsrenditen einfahren – bescheidene 6 Prozent Realgewinn nach Steuern. Jener Anteil an den Unternehmens-Gesamterlösen, der auf Gewinne nach Steuern entfällt, ist von 8,9 Prozent in den sechziger Jahren auf 5,3 Prozent in den achtziger Jahren gesunken. Diese statistischen Daten geben uns einen Hinweis darauf, daß amerikanische Unternehmen langfristig kaum überdurchschnittliche Erträge erwarten dürfen. Diese Erkenntnis läßt wohl den Schluß zu, daß einige der Argumente gegen die exzessive Monopolmacht großer Konzerne übertrieben sind und daß der Wettbewerb auf jenen Märkten, auf denen die amerikanischen Unternehmen tätig sind, stark genug ist, um die Kapitalrenditen nahe an den Darlehenskosten zu halten.

Die Gewinndebatten können aber auch den Blick auf den wesentlichen Punkt, die Rolle des Kapitals in einer Marktwirtschaft betreffend, verschleiern: Es gibt zwei wichtige Kräfte, die die Kapitalakkumulaton und den daraus resultierenden Ertrag stimulieren. Erstens: die Kapitalnachfrage resultiert aus der Tatsache, daß indirekte oder Umweg-Produktionsprozesse produktiv sind; durch Verzicht auf sofortigen Konsum kann die Gesellschaft ihren zukünftigen Konsum erhöhen. Zweitens: die Leute müssen auch gewillt sein, auf Konsum zu verzichten, um Finanzanlagen anzuhäufen und den Unternehmen Darlehen zur Verfügung zu stellen, die dann produktive Investitionen in Umweg-Produktionsprozesse ermöglichen. Diese beiden Kräfte der Technologie und der Ungeduld werden durch den Zinssatz in ein Gleichgewicht gebracht, das sicherstellt, daß die Kapitalakkumulation in der Gesellschaft genau in jener Höhe erfolgt, die dem Konsumverzicht der Haushalte durch Sparen entspricht.

ZUSAMMENFASSUNG

A. Boden und Bodenrente

1. Der Ertrag mengenmäßig vollkommen unelastischer oder fixer Produktionsfaktoren wie Boden wird als reine wirtschaftliche Rente oder kurz Rente bezeichnet. Da die Angebotskurve für Boden vertikal und absolut unelastisch ist, hängt die Bodenrente ausschließlich von der Nachfragekurve ab.
2. Ein Produktionsfaktor wie Boden, dessen Angebot unelastisch ist, arbeitet auch dann genauso intensiv weiter, wenn sich der Faktorertrag verringert. Deshalb hat Henry George darauf hingewiesen, daß Renten eher die Natur eines Gewinnes als die einer notwendigen Entlohnung zur Vergütung des Faktoreinsatzes haben. Das war auch die Grundlage für seinen Vorschlag eines Einsteuersystems, mit dem er ausschließlich den als arbeitsloses Einkommen betrachteten Wertzuwachs des Bodens besteuern wollte: eine Steuer, die nicht auf die Konsumenten überwälzt würde oder die Produktion verzerren könnte.

B. Kapital, Zinsen und Gewinne

3. Ein dritter Produktionsfaktor ist das Kapital – produzierte, dauerhafte Güter, die ihrerseits für die zukünftige Produktion eingesetzt werden. Ganz allgemein ausgedrückt bedeuten Kapitalinvestitionen aufgeschobenen Konsum. Durch die Verschiebung des sofortigen Konsums auf später und die Herstellung von Gebäuden oder Maschinen erhöht die Gesellschaft ihre zukünftigen Konsummöglichkeiten. Es ist eine technologische Tatsache, daß Produktionsumwege eine positive Rendite nach sich ziehen.
4. Merken Sie sich bitte folgende Definitionen:

   Kapitalgüter: dauerhafte, produzierte Güter, die für die zukünftige Produktion eingesetzt werden.
   Zinsen: jährliche Netto-Gelderträge von Kapitalgütern.
   Kapitalrendite: jährlicher Nettoertrag des Kapitals, dividiert durch seinen Geldwert (ausgedrückt als Prozentsatz pro Jahr).

Zinssatz: Ertrag einer Veranlagung, ausgedrückt als Prozentsatz pro Jahr.
Realzinssatz: inflationsbereinigter Ertrag einer Veranlagung, ebenfalls als Prozentsatz pro Jahr angegeben.
Zeit- oder Gegenwartswert: Heutiger Wert eines zukünftigen Ertragsstroms, den ein Vermögenswert auslöst.
Gewinne: Residualeinkommen, das den Erträgen abzüglich den Aufwendungen entspricht.

5. Vermögenswerte schaffen zukünftige Einkommensströme. Durch Berechnung des Zeitwertes können wir aus dem zukünftigen Ertragsstrom den aktuellen Wert ableiten. Das geschieht in der Weise, daß wir uns fragen, welche Geldmenge heute erforderlich ist, um diesen zukünftigen Ertragsstrom zu bewirken, wenn sie zum Marktzinssatz investiert wird.
6. Die genaue Zeitwertformel lautet: Jeder in t Jahren ab heute zahlbare Dollar hat einen Zeitwert (V) von \$ $1/(1+i)^t$. Daher ergibt sich für jeden Nettoertragsstrom ($N_1, N_2, \ldots N_t \ldots$), wobei N_t den Geldwert von Erträgen in t Jahren darstellt:

$$V = \frac{N_1}{1+i} + \frac{N_2}{(1+i)^2} + \ldots + \frac{N_t}{(1+i)^t} + \ldots$$

7. Zinsen sind ein Instrumentarium, das in der Wirtschaft zwei Funktionen ausübt. Einerseits sind Zinsen ein Motivationsinstrument, weil sie einen Anreiz schaffen, damit Leute sparen und Vermögen anhäufen. Als Rationierungs- oder Zuteilungsinstrument ermöglichen Zinsen es der Gesellschaft, nur jene Investitionsprojekte auszuwählen, die die höchste Rentabilität versprechen. Wenn jedoch zunehmend mehr Kapital akkumuliert wird, und wenn das Ertragsgesetz zur Wirkung kommt, werden Kapitalrendite und Zinssatz durch den Wettbewerb nach unten gedrückt. Sinkende Zinssätze sind ein Signal für die Gesellschaft, kapitalintensivere Projekte mit geringeren Renditen in Angriff zu nehmen.
8. Sparen und Investieren bedeutet, auf zukünftigen Konsum zu hoffen, anstatt sofort zu konsumieren. Diese Sparsamkeit steht in Beziehung zur Netto-Kapitalproduktivität, durch die die Zinssätze, die Kapitalrendite und der Kapitalbestand bestimmt werden. Die Gelder oder Finanzmittel, die benötigt werden, um Kapital zu erwerben, werden von den Haushalten zur Verfügung gestellt, die bereit sind, auf sofortigen Konsum zu verzichten und dafür in Zukunft mehr zu konsumieren. Die Kapitalnachfrage kommt von Unternehmen, die in eine Vielzahl von Produktionsumwegprojekten investieren. Im langfristigen Gleichgewicht wird der Zinssatz so durch die Wechselwirkung zwischen der Netto-Kapitalproduktivität und der Bereitschaft der Haushalte bestimmt, auf sofortigen zugunsten eines späteren Konsums zu verzichten.
9. Zu den wesentlichen Aussagen der klassischen Kapitaltheorie gehören folgende: Technologischer Wandel bewirkt eine Veränderung der Kapitalproduktivität; unsere mangelnde Fähigkeit, in die Zukunft zu blicken, bewirkt, daß Kapitalrenditen mit großer Unsicherheit behaftet sind. Und Investoren müssen auch die Auswirkungen von Steuern und Inflation mit berücksichtigen.
10. Gewinne sind Erträge abzüglich Aufwendungen. Die in den Geschäftsberichten ausgewiesenen Gewinne sind im wesentlichen Unternehmenseinkünfte. Volkswirtschaftlich müssen wir drei Kategorien von Gewinnen unterscheiden, die aus verschiedenen Quellen stammen: (*a*) Die wahrscheinlich bedeutendste Quelle von Gewinnen sind kalkulatorische (Faktor)erträge. Unternehmen besitzen im allgemeinen viele ihrer Produktionsfaktoren mit Ausnahme der Arbeit selbst – Kapital, Rohstoffe und Patente. In diesen Fällen sind die kalkulatorischen Erträge oder unbezahlten Inputs Teil der Gewinne. (*b*) Eine weitere Quelle von Gewinnen ist die Unsicherheit – verbunden mit dem Ertrag, der nötig ist, um nicht versicherbare Risiken abzudecken, sowie die Gewinne, die jene unternehmerisch denkenden Menschen verdienen, die neue Produkte oder Innovationen einführen. (*c*) Schließlich können Gewinne auch durch die Ausübung von Monopolmacht durch ein Unternehmen entstehen – Macht auf Grund eigener Patente, durch spezielle Privilegien oder infolge staatlicher Regulierung.

BEGRIFFE ZUR WIEDERHOLUNG

Boden

Rente
unelastisches Bodenangebot
Besteuerung fixer (unelastischer) Produktionsfaktoren

Kapital

Kapital, Kapitalgüter
Zins, Kapitalrendite, Zinssatz, Gewinne
Investitionen als Konsumverzicht
Real- oder Nominalzinssatz
Zeit- oder Gegenwartswert
Kalkulatorische Faktorerträge in Gewinnen
Die zwei für die Zinsbildung verantwortlichen Elemente: Erträge aus Produktionsumweg und Ungeduld
Unsicherheit und Gewinne: Ausfallsrisiko, versicherbare und nicht versicherbare Risiken, Innovation

FRAGEN UND BEISPIELE

1. Definieren Sie den Fall der „reinen wirtschaftlichen Rente“. Weisen Sie nach, daß eine Erhöhung des Angebots des rentenerbringenden Produktionsfaktors dessen Ertrag verringert und die Preise von Gütern, für die eine große Menge von dem betreffenden Faktor benötigt wird, senkt.
2. Wie würde sich Ihrer Meinung nach eine Besteuerung der Einkünfte von weltbekannten Rockstars oder Baseballspielern auswirken?
3. Nennen sie einige Beispiele effizienter Produktionsumwege und einige der dauerhaften „produzierten Produkte“ oder „Zwischenprodukte“, die ihrerseits als Inputs dienen.
4. Vergleichen Sie die folgenden vier Erträge aus dauerhaften Vermögenswerten: (*a*) Bodenrente, (*b*) Zins für ein Kapitalgut, (*c*) Rendite aus einem Kapitalgut und (*d*) Realzinssatz. Geben Sie jeweils ein Beispiel an.
5. Erklären Sie anhand der Angebots- und Nachfrageanalyse des Zinses, wie sehr jeder der folgenden Umstände nach der klassischen Analyse die Zinssätze beeinflussen würde:
   a. Eine Innovation, die die Kapital-Grenzproduktivität auf jedem Kapitalniveau erhöht.
   b. Eine Abnahme der erwünschten Vermögensakkumulationen der Haushalte.
   c. Eine fünfzigprozentige Steuer auf Kapitalerträge.
6. Betrachten Sie jede der folgenden Arten von ausgewiesenen Gewinnen. Entscheiden Sie anhand seiner Quelle, in welche der Kategorien (oder Unterkategorien) von Gewinnen er jeweils fällt:
   a. Der Gewinn, den ein Pharmaunternehmen im vollständigen Wettbewerb erzielt.
   b. Der Gewinn, den ein Unternehmen macht, das relativ wenig Kapital investiert hat, jedoch extrem konjunktursensibel ist.
   c. Der Gewinn eines Unternehmens, das $ 100.000 jährlich mit einer neuen TV-Armbanduhr einnimmt, wobei erwartet wird, daß schon bald Konkurrenten auftauchen und alle weiteren Gewinne vereiteln werden.
   d. Der Gewinn eines landwirtschaftlichen Betriebes, der im Besitz eines erstklassigen Weinbergs in Kalifornien ist.
7. Sehen Sie sich die Abbildungen 14-5 und 14-6 noch einmal an und überlegen Sie, wie sich die Wirtschaft vom kurzfristigen Gleichgewichts-Zinssatz von 10 Prozent jährlich zum langfristigen Gleichgewicht hin bewegt hat. Erklären Sie nun, was jeweils lang- und kurzfristig geschähe, würden Innovationen die Kapitalnachfragekurve nach *oben* verschieben. Was würde passieren, wenn wir ein sehr hohes staatliches Defizit hätten und ein Großteil des Kapitalangebotes abfließen würde, um diese staatlichen Schulden zu bezahlen?
8. Erklären Sie die Regel zur Berechnung des diskontierten Zeitwertes einer ewigen Rente. Was wäre eine ewige Rente, die $ 100 jährlich ergibt, bei einer Verzinsung von 5 Prozent wert? Was wäre sie bei einem jährlichen Ertrag von $ 200 Dollar wert? Bei $ *N* jährlich? Wie hoch wäre der Wert einer ewigen Rente, die $ 100 jährlich erbringt, bei 10 oder 8 Prozent Zinssatz? Was bewirkt eine Verdoppelung des Zinssatzes für den kapitalisierten Wert einer ewigen Rente – beispielsweise einer Annuitätenanleihe?
9. Merken Sie sich die algebraische Formel für eine progressive geometrische Reihe:

$$1 + K + K^2 + \dots = \frac{1}{1-K}$$

für jede Bruchzahl kleiner als K = 1. Wenn Sie $K = 1/(1+i)$ setzen, können Sie damit die Zeitwertformel für einen permanenten Einkommensstrom überprüfen, $V = \$N/i$? Führen Sie zusätzlich einen anderen Beweis mit Hilfe des praktischen Verstandes an. Welchen Zeitwert hätte bei einem Zinssatz von 6 Prozent pro Jahr ein Lottogewinn, der Ihnen und Ihren Erben auf ewig $ 5.000 jährlich einbringen würde?

TEIL VIER

EFFIZIENZ, GERECHTIGKEIT, UMWELT UND STAAT

KAPITEL 15

MÄRKTE UND VOLKSWIRTSCHAFTLICHE EFFIZIENZ

Die Marktwirtschaft ... ist das einzig natürliche Wirtschaftssystem, das einzig sinnvolle Wirtschaftssystem, das einzige, das zu Wohlstand führt, weil es auch das einzige ist, das die Natur des Lebens selbst widerspiegelt. Das Wesen des Lebens ist unendlich und geheimnisvoll vielgestaltig, und es kann daher in seiner Fülle und Wandelbarkeit auch nicht von einer zentralen Intelligenz beherrscht oder geplant werden.

Václav Havel, Sommermeditationen (*1993*)

In den ausgehenden achtziger Jahren lagen das kommunistische Europa wie auch das sowjetische Reich in Trümmern. Vor den Läden dieser Länder bildeten sich endlose Käuferschlagen, die sich um Brot und andere Dinge des täglichen Lebens anstellten. Der ohnehin niedrige Lebensstandard sank kontinuierlich weiter ab. Die in den kommunistischen Ländern verwendeten Technologien waren veraltet, und die Umweltbedingungen verschlechterten sich laufend. Diese große und einst blühende Region war – nicht durch Krieg oder Seuchen, sondern durch ein ehrgeiziges gesellschaftspolitisches Experiment namens *Sozialistische Planwirtschaft*, erfunden von Wladimir Iljitsch Lenin und seinen kommunistischen Gefolgsleuten – lahmgelegt. Als die Kommunisten in den Jahren 1989-1991 ihrer Ämter enthoben wurden, kamen die neuen Führer, Leute wie der Schriftsteller-Präsident Václav Havel in der Tschechoslowakei (heute Tschechische Republik), zu der festen Überzeugung, die Einführung der Marktwirtschaft würde in den meisten Bereichen einen ersten Schritt in Richtung wirtschaftlicher Gesundung bedeuten.

Warum wandten sich die Führer dieser Länder mit ihrer Zentralplanung plötzlich dem Markt zu? Wie das Zitat oben in diesem Kapitel zeigt, waren sie offenbar überzeugt davon, daß eine Marktwirtschaft, die auf den Prinzipien dezentralisierter Angebots- und Nachfragemechanismen beruht, den sichersten Weg hin zu einer gesunden Wirtschaft darstellt. Sie hatten das Beispiel Westdeutschland vor Augen, das sich zum Zugpferd ganz Europas entwickelt hatte, während in Ostdeutschland Stagnation herrschte. Sie lebten in einer Tschechoslowakei, die sehr unter nicht oder schlecht entsorgten toxischen Abfällen zu leiden hatte, wohingegen ihr südlicher Nachbar, Österreich, mit seinem gemischt kapitalistischen System eher einer ländlichen Idylle glich. Das heißt, sie lernten einfach aus ihren geschichtlichen Erfahrungen.

Wir als Volkswirte sollten aber jenseits der historischen Erfahrungen dieser Länder nach den Gründen fragen, warum die gemischt kapitalistischen Systeme derart erfolgreich waren. Wir müssen zu diesem Zweck die Effizienz vollkommener Märkte beleuchten. Ebenso aber müssen wir auch die eigentliche Rolle des Staates verstehen, denn der Staat ist natürlich nirgendwo von der wirtschaftlichen Bühne verschwunden. Ja, zur gleichen Zeit, als man in Osteuropa den Sozialismus abschüttelte, flossen in den großen Industriestaaten nach wie vor dreißig bis fünfzig Prozent der nationalen Wirtschaftsleistung in staatliche Ausgaben. Alle Staaten, gleich wo auf der Welt, kämpfen darum, die optimale Mischung aus Markt und Staat zu finden.

Die Kapitel in Teil vier dieses Buches sind daher einigen Grundfragen unserer Zeit gewidmet: Was leistet der Markt, und wann und wie soll der Staat in die Wirtschaft eingreifen? Unsere Erörterung dieser Fragen beginnt im vorliegenden Kapitel mit einer Erklärung der bemerkenswerten Effizienz des wettbewerbsorientierten Kapitalismus. Anschließend sollen Fälle von Marktversagen besprochen werden, in denen der Markt nicht in der Lage ist, die richtigen Signale auszusenden, in denen es zu Ineffizienzen kommt.

Das nächste Kapitel beschäftigt sich mit der Rolle des Staates in einer entwickelten industriellen Wirtschaft. Welche vernünftigen Ziele kann sich die Wirtschaftspolitik in einer Marktwirtschaft stecken, und welche Instrumentarien stehen zur Verfügung, um sie zu verfolgen? Wir werden uns die Gründe ansehen, warum staatliche Interventionen bisweilen mehr Probleme schaffen, als sie zu lösen imstande sind. Und schließlich wollen wir unsere Erkenntnisse auf die komplexe Materie der amerikanischen Gesundheitsreform anwenden.

Anschließend sollen die Grundmuster staatlicher Intervention in der Wirtschaft näher beleuchtet werden, wozu wir uns in den Kapiteln 17 bis 19 den Themen Steuern und Staatsausgaben, Antitrustpolitik und staatliche Regulierungsmaßnahmen sowie dem Umweltschutz zuwenden wollen. In Kapitel 20 stellen wir die Realität des Marktes dem Bedürfnis nach Mitmenschlichkeit gegenüber. Der ungebremste Markt führt zu extremer Armut und Mangel, Mißstände, die eine humane Gesellschaft nach Möglichkeit abfedern möchte. Trotzdem verringern Versuche einer Einkommensverteilung weg von den Reichen und hin zu den Armen einige der Anreize, die zum Florieren einer Marktwirtschaft beitragen. Dieses Dilemma liegt heute zahlreichen heftig geführten politischen Debatten zugrunde.

A. EFFIZIENZ DES VOLLSTÄNDIGEN WETTBEWERBS

Vor zwei Jahrhunderten proklamierte Adam Smith, daß infolge des Wirkens der unsichtbaren Hand all jene, die in einer wettbewerbsorientierten Gesellschaft im Eigeninteresse handeln, dem Gemeinwohl am effektivsten dienen. Diese Theorie – daß das rauhe Klima des Wettbewerbs am Markt eine wirkungsvolle Kraft zur Hebung von Produktion und Lebensstandard darstellt – gehört zu den profundesten und stärksten Thesen der Geistesgeschichte.

Eine der großen Errungenschaften der modernen Volkswirtschaft ist das Verständnis der genauen Bedeutung dieser Behauptung Smiths. Wir werden im vorliegenden Abschnitt die Gedankengänge hinter der Doktrin von der unsichtbaren Hand ergründen. Zuerst jedoch müssen wir uns einmal klar vor Augen halten, was wir unter Gemeinwohl oder öffentlichem Interesse überhaupt verstehen. Jeder Mensch hat natürlich so seine eigenen Ansichten darüber, was für die Gesellschaft gut ist, aber Volkswirte achten dabei insbesondere auf die Effizienz. Effizienz ist nach volkswirtschaftlicher Definition ein Zustand, in dem die größtmögliche Bedürfnisbefriedigung mit den in einer Gesellschaft vorhandenen Ressourcen erreicht wird. Genauer ausgedrückt: **Allokationseffizienz** (oft auch als „Paretoeffizienz", „Pareto-Optimum" oder einfach nur „Effizienz" bezeichnet) ist gegeben, wenn keine Möglichkeit besteht, Produktion oder Konsum so zu gestalten, daß dadurch die Bedürfnisbefriedigung eines Menschen gehoben werden kann, ohne zugleich die eines anderen Menschen zu beeinträchtigen. Als effizient kann eine Situation bezeichnet werden, in der es niemandem besser gehen könnte, ohne daß ein anderer schlechter gestellt würde. Oder noch anders ausgedrückt: Wenn eine Wirtschaft effizient ist, ist es nicht möglich, Produktion und Konsum so umzugestalten, daß sich dadurch jeder besser stellt.

Wir wissen heute folgendes:

Unter bestimmten Bedingungen, und dazu gehört insbesondere der vollständige Wettbewerb, kommt es in einer Marktwirtschaft zur Pareto- oder Allokationseffizienz. In einem solchen System ist die gesamte Wirtschaft effizient, und niemand kann in ihr besser gestellt werden, ohne daß zugleich jemand anderer schlechter gestellt wird.

Das ist eine wahrhaft erstaunliche Aussage über die Fähigkeit des Wettbewerbes, die erwünschten Ergebnisse hervorzubringen. Sie bedeutet, daß angesichts der vorgegebenen Ressourcen und Technologien in einer Gesellschaft nicht einmal der findigste Planer, ausgestattet mit Supercomputer oder einem genialen Reorganisationsplan, eine bessere Lösung finden könnte, als durch den vollkommenen Markt herbeigeführt wird. Es ist unmöglich, durch Umorganisation eine für jedermann günstigere Situation zu erreichen. Und dieses Ergebnis trifft zu, gleichgültig, ob es in der Wirtschaft einen, zwei oder zwei Millionen vollkommene Güter- und Faktormärkte gibt.

ALLGEMEINES GLEICHGEWICHT UND DIE THEORIE DER UNSICHTBAREN HAND

Nach dieser fundamentalen Aussage über vollkommene Märkte werden wir die Gründe für ein derart bemerkenswertes Ergebnis untersuchen. Wiederholen wir eingangs, was wir in den früheren Kapiteln über das Verhalten einzelner Märkte besprochen haben:

1. Unter Wettbewerbsbedingungen bestimmen Angebot und Nachfrage auf den einzelnen Märkten Preise und Mengen.
2. Die Marktnachfragekurven leiten sich vom Grenznutzen der diversen Güter ab.
3. Die Grenzkosten der unterschiedlichen Wirtschaftsgüter bestimmen unter Wettbewerbsbedingungen die Angebotskurven.
4. Die Unternehmen berechnen die Grenzkosten der Produkte und die Wertgrenzprodukte der Produktionsfaktoren und wählen danach ihre Produktionsfaktoren und die zu erzeugenden Produkte im Sinne einer Gewinnmaximierung aus.
5. Summiert man die Wertgrenzprodukte für alle Unternehmen, erhält man die daraus abgeleitete Faktornachfrage.
6. Es besteht eine Wechselwirkung zwischen diesen abgeleiteten Nachfragen nach Boden, Arbeit oder Kapitalgütern und dem Marktangebot, die zur Preisbildung bei den Produktionsfaktoren in Form von Rente, Lohn und Zins führt.
7. Faktorpreise und -mengen bestimmen die Einkommen, die nun den Kreislauf zu den Schritten 1 und 2 wieder schließen, indem sie ihrerseits die Nachfrage nach bestimmten Wirtschaftsgütern bestimmen.

All diese Aussagen sind das Ergebnis der **Theorie des partiellen Gleichgewichts**, die sich mit dem Verhalten eines einzelnen Marktes, Haushaltes oder Unternehmens beschäftigt, während das Verhalten aller anderen Märkte und der restlichen Wirtschaft als gegeben angenommen wird. Im Gegensatz dazu untersucht die **Theorie des allgemeinen (oder totalen) Gleichgewichts**, wie (und wie erfolgreich) das gleichzeitige Wechselspiel aller Haushalte, Unternehmen und Märkte die Fragen des *Wie, Was und Für wen* zu lösen imstande ist.

Interaktion aller Märkte nach der Theorie des allgemeinen Gleichgewichts

Es ist die dichte Vernetzung des Wirtschaftslebens, die eine derart verflochtene und faszinierende Komplexität hervorbringt. Wie war es möglich, daß eine Revolution im Iran des Jahres 1979 weltweit zu einem Preisanstieg bei Erdöl führte, somit die Nachfrage nach Autos dämpfte und schließlich Tausende von Arbeitnehmern in der Automobilbranche den Job kostete? Warum konnte eine Verordnung aus dem Jahr 1990, die die gefleckte Eule an der nördlichen Pazifikküste unter Naturschutz stellte, die Preise für Bauholz in die Höhe treiben – und so die Holzpreise insgesamt und die Baukosten steigern – was zu höheren Wohnungsmieten in Seattle und einem Nachlassen des Zuzugs in diese Region führte? Diese und zahllose andere wirtschaftliche Wirkmechanismen lassen sich durch die Wechselwirkung zwischen den oben ausgeführten sieben Schritten erklären.

Beachten Sie bitte, daß unsere Liste der sieben Schritte einen logischen Ablauf von Schritt zu Schritt nachzeichnet. In den Kapiteln dieses Buches werden sie übrigens beinahe in derselben Reihenfolge behandelt. Aber wie ist das im realen Leben – was kommt da zuerst? Ist auch hier eine ordentliche Abfolge festzustellen, so daß beispielsweise montags die Preisbildung auf einzelnen Märkten stattfindet, am Dienstag die Evaluierung der Verbraucherpräferenzen, am Mittwoch jene der Unternehmenskosten, während die Grenzprodukte am Donnerstag ermittelt werden? Selbstverständlich nicht. *Alle diese partiellen Gleichgewichtsprozesse laufen zur gleichen Zeit ab.*

Aber damit nicht genug. Die verschiedenen Aktivitäten finden nicht unabhängig voneinander statt, sozusagen jede einzelne in ihrer eigenen kleinen Welt, immer darauf bedacht, den anderen nicht in die Quere zu kommen. Alle Prozesse im Zusammenhang mit Angebot und Nachfrage, Kosten und Präferenzen, mit Faktorproduktivität und -nachfrage sind nur verschiedene Aspekte eines großen, simultan stattfindenden und vernetzten Prozesses.

Der Wirtschaftskreislauf. Die zahlreichen Input- und Outputmärkte sind wie ein unsichtbares Netz in einem interdependenten System verknüpft, das wir als allgemeines Gleichgewicht bezeichnen. Abbildung 15-1 gibt die umfassende Struktur eines allgemeinen Gleichgewichts wieder. Die äußeren Kreise stellen Nachfrage und Angebot aller Güter und Produktionsfaktoren dar. Hier handelt es sich nicht um ein einzelnes Wirtschaftsgut oder einen einzelnen Produktionsfaktor, sondern um *alle* verschiedenen Produkte (Mais, Gesundheitswesen, Konzerte, Pizzas etc.), die mit Hilfe einer riesigen Palette von Produktionsfaktoren hergestellt werden (Ackerboden, Chirurgen, Studios, LKWs etc.).

Jedes Wirtschaftsgut oder jeder Produktionsfaktor wird auf einem Markt getauscht, und das Gleichgewicht von Angebot und Nachfrage bestimmt Preis und Menge dieses Gutes oder Faktors. Die Ehe zwischen Angebot und Nachfrage wird täglich millionenfach geschlossen, unter allen Arten von Wirtschaftsgütern, von Aalen bis Zylinderköpfen. Beachten Sie bitte in Abbildung 15-1, daß der obere Kreis Güterangebot und -nachfrage darstellt, während sich der untere Kreis auf Faktorangebot und -nachfrage bezieht. Achten Sie auch darauf, wie die Verbraucher Güter und Produktionsfaktoren nachfragen; Haushalte kaufen ihre Verbrauchsgüter mit dem Einkommen, das sie durch die von ihnen angebotenen Produktionsfaktoren verdienen. Ebenso kaufen Unternehmen Fakto-

Abbildung 15-1: Produktionsfaktoren, Produktion, Güter und Konsum bilden zusammen den Wirtschaftskreislauf

Das allgemeine Gleichgewicht einer Wirtschaft verbindet Angebot und Nachfrage einer enormen Zahl von Produktionsfaktoren und Gütern. Beachten Sie bitte, wie die um Gewinnmaximierung bemühten Unternehmen und die um Nutzenmaximierung bemühten Haushalte auf Gütermärkten in A und auf Faktormärkten in E zusammenwirken. Und achten Sie auch darauf, daß der Geldfluß innerhalb des Kreislaufes gegenläufig zum Güter- und Faktorfluß erfolgt. (Pfeile)

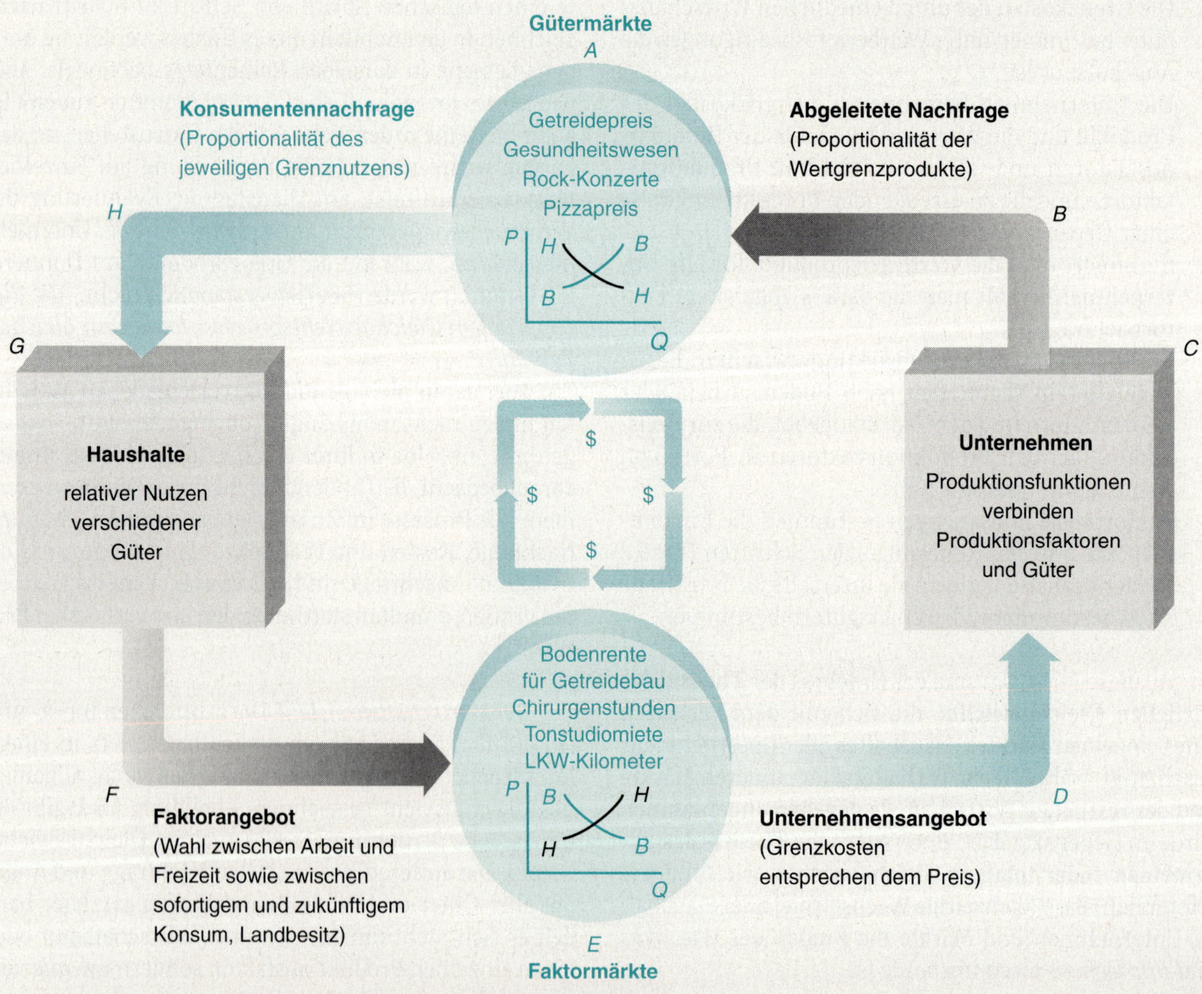

ren und bieten Produkte an, wobei sie Faktoreinkommen und Gewinne aus den Erträgen jener Güter bezahlen, die sie verkaufen.

Wir sehen also eine logische Struktur hinter den Millionen von Märkten, die Preise und Produktion bestimmen: (1) Die Haushalte mit ihrem Angebot an Produktionsfaktoren und ihren Präferenzen für bestimmte Konsumgüter treten in eine Wechselwirkung mit den (2) Unternehmen, die – geleitet von ihrem Gewinnstreben – die den Haushalten abgekauften Produktionsfaktoren in Produkte umwandeln, die ihrerseits wieder an die Haushalte verkauft werden. Die logische Kreislaufstruktur eines allgemeinen Gleichgewichtssystems ist damit geschlossen.

Merkmale eines allgemeinen Wettbewerbsgleichgewichts

Daß die Durchführung einer allgemeinen Gleichgewichtsanalyse komplizierter ist als eine partielle Gleichgewichtsanalyse, die sich nur mit einem einzigen Markt beschäftigt, sollte uns nicht überraschen. Ein allgemeines Gleichgewichtssystem stellt eine Wirtschaft in ihrer Gesamtheit dar, nicht nur einen Teil dieser Wirtschaft. Es kann viele verschiedene Arten von Arbeit, maschineller Ausstattung und Boden umfassen, die als Produktionsfaktoren zur Herstellung zahlreicher verschiedener Arten von Computern, Hunderter unterschiedlicher Autotypen, Tausender verschiedener Bekleidungsartikel etc. dienen. Es beinhaltet Dienstleistungen wie die Ausstrahlung von TV-Programmen, die Abhaltung von Universitätslehrgängen oder Reisen nach Disneyland ebenso wie Baumaschinen, Pizzas und Zahnpaste.

Woher aber wissen wir, daß eine vollkommene Marktwirtschaft effizient ist? Zur Beantwortung dieser Frage gehen wir wie folgt vor: Als erstes beschreiben wir die unserem allgemeinen wirtschaftlichen Gleichgewicht zugrundeliegenden Annahmen. Es folgt eine zusammenfassende Beschreibung der Merkmale eines allgemeinen Gleichgewichtes. Als nächstes werden – zugegebenermaßen ein wenig technisch – die Merkmale dieses allgemeinen Gleichgewichtes in allen Einzelheiten skizziert. Und schließlich weisen wir noch nach, warum ein allgemeines Gleichgewicht im vollständigen Wettbewerb effizient ist.

Die Grundprinzipien. Wir gehen von einer Wirtschaft aus, in der alle Märkte vollkommen und dem uneingeschränkten Wettbewerb zahlreicher Käufer und Verkäufer ausgesetzt sind. Jeder Preis, ob nun für einen Produktionsfaktor oder ein Produkt, ist elastisch genug, um jederzeit einen Ausgleich zwischen Angebot und Nachfrage herstellen zu können. Die Unternehmen maximieren ihre Gewinne, während die Konsumenten sich für den Warenkorb ihrer Präferenz entscheiden. Weiterhin fehlen in diesem Szenario natürliche Monopole, und jedes Gut wird unter Bedingungen konstanter oder abnehmender Skalenerträge hergestellt. Keine Umweltverschmutzung, keine Marktzutrittsbeschränkungen oder monopolistischen Gewerkschaften stören diese Wettbewerbslandschaft. Eine solche Wirtschaft, gäbe es sie, wäre tatsächlich so beschaffen, daß die unsichtbare Hand Adam Smiths ohne Behinderung durch Externalitäten oder unvollständigen Wettbewerb in ihr regieren könnte.

Wir können nun das Konsumentenverhalten wie auch das Produzentenverhalten für diese Wirtschaft beschreiben und dann nachweisen, wie sie ineinander greifen und so ein allgemeines Gleichgewicht herstellen. Zuerst teilen die Konsumenten ihre Einkommen so auf verschiedene Güter auf, daß sie damit ihre Bedürfnisbefriedigung maximieren. Sie treffen ihre Güterauswahl so, daß der Grenznutzen pro Geldeinheit Ausgabe für die jeweils letzte Einheit eines jeden Gutes gleich hoch ist.

Wie sehen nun die Bedingungen für die Gewinnmaximierung der Produzenten aus? Auf den Gütermärkten wird jedes Unternehmen seine Produktionsmenge so wählen, daß Produktions-Grenzkosten und Produktpreis gleich hoch sind. Da das bei jedem Gut und jedem Unternehmen geschieht, folgt daraus, daß der Wettbewerbs-Marktpreis für jedes Gut den Grenzkosten dieses Gutes für die Gesellschaft entspricht.

Durch die Kombination dieser beiden Aussagen ergibt sich die Bedingung für ein allgemeines Wettbewerbsgleichgewicht. Für jeden Konsumenten gilt, daß der Konsumgrenznutzen aus jedem Gut den Grenzkosten jedes dieser Güter entspricht. Außerdem ist der Grenznutzen der letzten ausgegebenen Geldeinheit für jedes Gut für alle Güter gleich.

Wir können dieses Ergebnis durch ein Beispiel verdeutlichen. Nehmen wir an, wir hätten es mit zwei Einzelpersonen, Frau Schmidt und Herrn Ricardo, und mit zwei Arten von Gütern, Pizza und Bekleidung, zu tun. Den Nutzenmaßstab wählen wir so, daß 1 Nutzen einer Geldeinheit entspricht. Im Sinne des Konsumentengleichgewichts kauft Frau Schmidt Pizza und Bekleidung, bis der *MU* pro Geldeinheit jedes Gutes 1 (Schmidt) Nutzen beträgt. Ebenso teilt Herr Ricardo sein Einkommen so auf, daß er 1 (Ricardo) Nutzen pro Geldeinheit Ausgabe erzielt. Die Produzenten von Pizza und Bekleidung wählen ihre Produktionsmenge so, daß der Preis den Grenzkosten entspricht, was bedeutet, daß Pizza für eine

Geldeinheit für jeden Produzenten Produktionsgrenzkosten in Höhe von ebenfalls 1 Geldeinheit verursacht; ebenso verhält es sich mit Bekleidung für eine Geldeinheit. Würde die Gesellschaft Pizza für eine weitere Geldeinheit produzieren, so würde dies die Gesellschaft genau den Wert einer Geldeinheit eines Korbes knapper Ressourcen, bestehend aus Arbeit, Boden und Kapital, kosten.

Durch die Verbindung dieser Bedingungen erkennen wir, daß jeder zusätzliche Konsum in Höhe einer Geldeinheit Frau Schmidt oder Herrn Ricardo genau 1 zusätzlichen Nutzen an Befriedigung erbringt, unabhängig davon, ob es sich um Pizzas oder Bekleidung handelt. Und ebenso führt jede zusätzliche Ausgabeneinheit für die Gesellschaft zu Grenz- oder Zusatzkosten an Ressourcen in Höhe einer zusätzlichen Geldeinheit, und das unabhängig davon, ob diese zusätzliche Geldeinheit von Frau Schmidt oder Herrn Ricardo ausgegeben wird. *Das allgemeine Gleichgewicht der Märkte bestimmt daher die Preise und Produktionsmengen so, daß der Grenznutzen jedes Gutes für die Konsumenten genau den Grenzkosten jedes Gutes für die Gesellschaft entspricht.*

Detailliertere Analyse des allgemeinen Gleichgewichts

Betrachten wir nun die *Bedingungen eines allgemeinen Wettbewerbsgleichgewichts* näher. Bei diesen Bedingungen sind natürlich zwei Kategorien zu unterscheiden: Die erste, die sich auf die Konsumenten bezieht, entspricht dem oberen Kreisbogen in Abbildung 15-1, während die zweite, die sich auf die Produktion bezieht, durch den unteren Kreisbogen dargestellt wird.

1. Konsumentengleichgewicht. Unsere Analyse des Konsumentenverhaltens in Kapitel 5 hat ergeben, daß die Konsumenten bei der Wahl zwischen verschiedenen Gütern ihren Nutzen maximieren, wenn der Grenznutzen pro ausgegebener Geldeinheit jeweils gleich ist. Bei Anwendung dieser Regel sehen wir, daß das Verhältnis der Grenznutzen zweier Güter, technisch als *Grenzrate der Substitution* zwischen den beiden Gütern (oder $MRS_{1,2}$ für das Substitutionsverhältnis zwischen Gut 1 und Gut 2) bezeichnet, folgende Bedingung erfüllt:

$$MRS_{1,2} = \frac{MU_1}{MU_2} = \frac{P_1}{P_2}$$

In Worten: Das Verhältnis zwischen den jeweiligen Grenznutzen der beiden Güter oder die jeweilige zusätzliche Bedürfnisbefriedigung, die man aus den beiden Gütern ziehen kann, entspricht dem Verhältnis ihrer Preise. Diese Bedingung muß für jeden einzelnen Konsumenten gelten, der die beiden Güter kauft.

2. Produzentengleichgewicht. Das Verhalten der Unternehmen mit ihrem Streben nach Gewinnmaximierung führt zu einem analogen, wenn auch in gewisser Weise komplexeren Geflecht an Bedingungen, die in den Kapiteln 6 bis 8 behandelt wurden. In diesen Kapiteln haben wir festgestellt, daß Unternehmen unter Wettbewerbsbedingungen Ihre Produktionsfaktoren (Input) und Produktionsmengen (Output) wie folgt wählen:

a. Die *Outputbedingung* der Produzenten besagt, daß die Produktionsmenge so gewählt wird, daß der Preis jedes Gutes den Grenzkosten dieses Gutes entspricht. Bei entsprechender Umformung der Gleichung ergibt sich:

$$\frac{MC_1}{MC_2} = \frac{P_1}{P_2}$$

Diese Gleichung besagt, daß das Verhältnis der Grenzkosten zweier Endprodukte bei vollständigem Wettbewerb ihrem Preisverhältnis entspricht. Dieses Gleichgewicht gilt für alle Güter, die produziert werden, und für alle Unternehmen, die diese Güter produzieren. Wir können das Verhältnis der Grenzkosten auch als jenen Satz (Preis) interpretieren, zu dem die Gesellschaft ein Gut in ein anderes umwandeln kann (manchmal wird das Verhältnis der Grenzkosten als *Grenzrate der Transformation* oder *MRT* bezeichnet). Wenn die Grenzkosten für eine Pizza $ 1 betragen, und wenn die Grenzkosten für einen Haarschnitt $ 10 betragen, kann die Gesellschaft durch Verlagerung von Ressourcen weg von den Friseuren hin zu den Bauern einen Haarschnitt in 10 Einheiten Pizza umwandeln.

Der wesentliche Punkt, der im Zusammenhang mit einer Wettbewerbswirtschaft zu beachten ist, ist die Tatsache, daß die Wettbewerbspreise die volkswirtschaftlichen Kosten oder Knappheiten widerspiegeln. Wir haben gerade darauf hingewiesen, daß das Verhältnis der Grenzkosten oder die *MRT* zwischen zwei Gütern das Verhältnis wiedergibt, zu dem die Gesellschaft ein Gut in ein anderes umwandeln kann. Da jedoch das Preisverhältnis zwischen den beiden Gütern der *MRT* zwischen ihnen entspricht, folgt daraus, daß die relativen Preise die jeweilige volkswirtschaftliche Knappheit unter Bedingungen des vollständigen Wettbewerbs widerspiegeln. Es ist diese fundamentale Tatsache – daß Wettbewerbspreise ein verläßliches Signal für die relative Knappheit verschiedener Güter darstellen –, die die Gültigkeit des Gedankens zeigt, der hinter dem Prinzip von der unsichtbaren Hand steht, wonach nämlich vollkommene Wettbewerbsmärkte zu Allokations- oder Paretoeffizienz führen.

b. Der Wettbewerb führt auch zu bestimmten *Inputbedingungen* für die Produzenten. Wir haben gesehen, daß die Unternehmen mit ihrem Bedürfnis nach Gewinnmaximierung die Menge jedes Inputfaktors so wählen, daß der Wert seines Grenzproduktes dessen Preis entspricht. Daher:

Grenzprodukt des Bodens bei Gut 1
x Preis von Gut 1 = Bodenrente

Grenzprodukt des Bodens bei Gut 2
x Preis von Gut 2 = Bodenrente

Grenzprodukt der Arbeit bei Gut 1
x Preis von Gut 1 = Arbeitslohn

und so weiter.
Aus diesen Beziehungen resultieren mehrere wichtige Implikationen. Erstens: Da jedes Unternehmen eines bestimmten Wirtschaftszweiges mit denselben Faktor- und Güterpreisen konfrontiert ist, ist das Grenzprodukt des Produktionsfaktors A für jedes Unternehmen in diesem Wirtschaftszweig gleich.
Durch Umformung der einzelnen Terme in der obigen Gleichung läßt sich ersehen, daß das Verhältnis der Grenzprodukte der Produktionsfaktoren dem Verhältnis ihrer Preise entspricht:

$$\frac{\text{Grenzprodukt des Bodens bei Gut 1}}{\text{Grenzprodukt der Arbeit bei Gut 1}} = \frac{\text{Preis des Bodens}}{\text{Preis der Arbeit}}$$

Weiters gilt diese Beziehung für alle Unternehmen, die Boden und Arbeit verwenden, um Gut 1 herzustellen. Und sie gilt auch für alle Produktionsfaktoren (Kapital, Öl, Hilfsarbeiter etc.) und für alle erzeugten Güter.
Die Inputbedingungen sind deshalb wichtig, weil sie implizieren, daß die Verhältnisse der Grenzprodukte der Produktionsfaktoren für alle Inputs und für alle Unternehmen bei jeder Verwendung gleich sind. Wenn im amerikanischen Südwesten Arbeit im Verhältnis zu Boden knapp ist, sind die Bodenrenten im Vergleich zu den Löhnen niedrig. Das niedrige Renten-Lohnverhältnis signalisiert den Farmbetrieben, daß sie wenige Arbeitskräfte auf großen Farmen einsetzen sollten, und es bewirkt größere Häuser, breite Straßen und geringere Auspendelzeiten der Arbeitnehmer. In Hongkong, wo die Bodenpreise im Verhältnis zu den Löhnen viel höher sind, werden die Häuser hoch gebaut, es gibt nur wenig Grünflächen und sehr schmale Straßen, und Farmen sind in Hongkong überaus arbeitsintensive Betriebe.

Zusammenfassend:

Bei einem allgemeinen Gleichgewicht unter Bedingungen vollständigen Wettbewerbs gilt unter der Annahme, daß die Konsumenten ihren Nutzen und die Unternehmen ihre Gewinne maximieren möchten:

- Die Verhältnisse der Grenznutzen verschiedener Güter für alle Konsumenten entsprechen den relativen Preisen dieser Güter.
- Die Verhältnisse der Grenzkosten der von den Unternehmen erzeugten Güter entsprechen den relativen Preisen dieser Güter.
- Die relativen Grenzprodukte aller Produktionsfaktoren sind für alle Unternehmen und alle Güter gleich und entsprechen den relativen Preisen dieser Produktionsfaktoren.

Die lange Geschichte der Effizienz: *Einem aufmerksamen Leser drängt sich vielleicht an dieser Stelle die Frage auf: „Können wir sicher sein, daß wir genau die richtige Anzahl an Gleichungen für alle unbekannten Preise und Mengen einsetzen, so daß sie ein komplettes und in sich stimmiges Paket an Angebots- und Nachfragegleichgewichten für alle Inputs und Outputs ergeben? Obwohl Adam Smith vor mehr als zwei Jahrhunderten das Wesen des vollkommenen Marktes erkannte, war sehr viel geistige Arbeit von Mathematikern und Volkswirten vonnöten, um diese Fragen konkret und sicher beantworten zu können.*
Volkswirte haben sich mit diesen sehr tiefgehenden Fragen beinahe ein Jahrhundert lang beschäftigt. Léon Walras, einem französischen Ökonomen des neunzehnten Jahrhunderts, wird häufig die Ehre zuteil, als Entdecker

der Allgemeinen Gleichgewichtstheorie und der zugehörigen Gleichungen genannt zu werden. Allerdings konnte er keinen schlüssigen Nachweis erbringen, daß im Wettbewerbssystem tatsächlich ein Gleichgewicht eintritt. Erst um die Mitte unseres Jahrhunderts konnte die Lösung nachgewiesen werden, wobei der geniale Mathematiker John von Neumann und die amerikanischen Nobelpreisträger Kenneth Arrow und Gerard Debreu komplexe mathematische Methoden wie Topologie und Mengenlehre anwenden mußten. Ihre revolutionäre Entdekkung zeigte, daß unter bestimmten, eingeschränkten Bedingungen immer zumindest eine Preiskombination möglich ist, die Angebot und Nachfrage für alle Inputs und Outputs exakt ausgleicht – sogar, wenn es sich um Millionen von Inputs und Outputs in vielen verschiedenen Regionen handelt, und sogar dann, wenn die Güter zu verschiedenen Zeiten produziert und verkauft werden.

DIE ALLGEMEINE GLEICHGEWICHTSTHEORIE IN DER PRAXIS

Nun erst können wir verstehen, wie und warum die unsichtbare Hand ihr Werk tut.

Ein im allgemeinen Gleichgewicht befindliches Marktsystem zeichnet sich durch Pareto- oder Allokationseffizienz aus, wenn vollständiger Wettbewerb und umfassende Information gegeben sind und wenn keine externen Effekte zur Wirkung kommen. In einem solchen System entspricht der Preis jedes Gutes seinen Grenzkosten, und jeder Faktorpreis entspricht dem Wert seines Grenzproduktes. Wenn daher jeder Produzent seinen Gewinn und jeder Konsument seinen Nutzen maximiert, ist die Wirtschaft als ganze effizient, und es kann keiner besser gestellt werden, ohne daß zugleich ein anderer schlechter gestellt würde.

Aber welchen Grund gibt es für diese überraschende Übereinstimmung von Gemeinwohl und Privatinteressen? Wir können die dahinterstehende Logik anhand eines Beispiels gleich erkennen. Nehmen wir an, irgendein selbsternannter Wirtschaftsfachmann stünde auf und sagte: „Ich habe eine Möglichkeit gefunden, wie wir unsere im vollkommenen Wettbewerb befindliche Marktwirtschaft so verändern können, daß es jedem von uns besser geht. Wir erzeugen zu wenige Pizzas. Geben wir einfach jedem mehr Pizzas und weniger Hemden, und jeder wird davon profitieren."

Aber dieser vermeintliche Fachmann irrt sich. Nehmen wir an, der gegenwärtige Hemdenpreis betrage \$ 15, während der Pizzapreis bei \$ 5 liegt. Auf der Konsumentenseite hat jeder einzelne sein Budget so eingesetzt, daß der Grenznutzen der letzten Pizza genau ein Drittel des Grenznutzens des letzten Hemdes ausmacht. Die Konsumenten wollen also sicherlich nicht noch mehr Pizzas und dafür weniger Hemden, außer sie könnten drei Pizzas für jedes Hemd, auf das sie verzichten müssen, bekommen.

Kann die Wirtschaft mehr als drei Pizzas für jedes Hemd, auf das verzichtet wird, herausholen? Nicht unter Bedingungen des vollständigen Wettbewerbs. Im vollständigen Wettbewerb ist das Verhältnis des Hemdenpreises zum Pizzapreis gleich dem Verhältnis der Grenzkosten der beiden Güter. Daher können die Produzenten, wenn ihr Preisverhältnis \$ 15/\$ 5 = 3 beträgt, eben auch nur drei Pizzas für jedes nicht produzierte Hemd herausholen. Ist die Transformations- oder Produktionsmöglichkeitskurve nach außen gebogen, erhalten die Produzenten tatsächlich sogar ein bißchen weniger als drei Pizzas für jedes nicht produzierte Hemd.

Wir erkennen also, warum sich unser Fachmann irrt. Die Konsumenten wollen nur dann mehr Pizzas essen und weniger Hemden kaufen, wenn sie ihre Bedürfnisbefriedigung steigern können, was aber bedeutet, daß sie mehr als drei Pizzas für jedes Hemd, auf das sie verzichten, bekommen müssen. Das ist jedoch nicht möglich, weil gewinnmaximierende Produzenten durch den Verzicht auf die Produktion eines Hemdes nicht mehr als drei Pizzas erzeugen können. Und genau aus diesem Grund ist es nicht möglich, daß die von unserem „Fachmann" vorgeschlagene Änderung die wirtschaftliche Bedürfnisbefriedigung aller verbessert.

Dieser Gedankengang gilt natürlich nicht nur für Pizzas und Hemden. Bei kurzem Nachdenken können Sie erkennen, daß er für alle Verbrauchsgüter gilt. Wenn Sie sich noch ein wenig mehr Mühe geben, werden Sie sehen, daß er sogar für die Reorganisation des Inputeinsatzes und der produzierten Outputs quer über alle Unternehmen gilt. Und es ist gar nicht schwierig, zu erkennen, daß er sich auch auf den zwischenstaatlichen und innerstaatlichen Handel anwenden läßt. Der wesentliche Punkt ist der: Da die Preise als Signale wirtschaftlicher Knappheit für die Produzenten und sozialen Nutzens für die Konsumenten dienen, ermöglicht der Preismechanismus unter Bedingungen vollständigen Wettbewerbs die Produktion der bestmöglichen Kombination von Gütern und Dienstleistungen aus den vorhandenen Ressourcen und mit den gegebenen technologischen Mitteln einer Gesellschaft.

Graphischer Nachweis

Die eben erörterten Punkte lassen sich mit Hilfe eines Instruments, das als *Nutzenmöglichkeitskurve (UPF)* bezeichnet wird, nachweisen. Diese Kurve zeigt die Außengrenze des Nutzens oder der Bedürfnisbefriedigung, die eine Gesellschaft erreichen kann. Ein solches Konzept ist gedanklich ganz ähnlich dem der Produktionsmöglichkeitskurve. Der Hauptunterschied besteht darin, daß bei der *UPF* auf den beiden Achsen der Nutzen oder das Ausmaß an Bedürfnisbefriedigung aufgetragen wird, wie in Abbildung 15-2 zu sehen ist. Die *UPF* ist abwärts gerichtet, was uns anzeigt, daß auf der Kurve die Bedürfnisbefriedigung des einen sinken muß, sobald die Befriedigung des anderen steigt.

Beachten Sie bitte, daß die *UPF* ein wenig gewellt ist. Dieser Verlauf zeigt an, daß der Maßstab des individuellen Nutzens willkürlich ist. Dabei ist jedoch die Tatsache, daß es nicht möglich ist, den Nutzen für den einzelnen zu messen und mit dem eines anderen zu vergleichen, für die Analyse der Effizienz ohne Bedeutung. Wichtig ist nur, daß das Ausmaß an Bedürfnisbefriedigung einer Person steigt, wenn der Nutzenindex ansteigt. Auf Grund dieses positiven Verhältnisses zwischen Nutzen und gewünschtem Konsumniveau ist garantiert, daß jeder Mensch sich auf seiner Nutzenachse möglichst weit nach außen bewegen möchte.

Und jetzt kommt das Entscheidende: Wenn sich eine Wirtschaft auf ihrer Nutzenmöglichkeitskurve befindet, weist sie Allokations- oder Paretoeffizienz auf. Einen derartigen Pareto-Effizienzpunkt sehen Sie in Abbildung 15-2 in Punkt *A*. Warum ist Punkt *A* paretoeffizient? Weil es nicht möglich ist, die Wirtschaft so umzugestalten, daß irgendjemand besser gestellt wird, ohne daß zugleich ein anderer schlechter gestellt wird. Wir können uns natürlich hin zu Punkt *C* bewegen. Das würde Maier sicherlich gefallen, der damit seinen Konsum und seine Bedürfnisbefriedigung steigern könnte. Aber Maiers Freud wäre Müllers Leid. Wenn jeder mögliche Gewinn von Maier auf Kosten von Müller geht, befindet sich die Wirtschaft auf ihrer *UPF* und funktioniert effizient.[1]

Eine Wirtschaft ist effizient, wenn sie sich auf ihrer Nutzenmöglichkeitskurve befindet.

Abbildung 15-2: Allokationseffizienz befördert uns auf unsere Nutzenmöglichkeitskurve

Volkswirtschaftliche Effizienz tritt ein, wenn sich niemandes Bedürfnisbefriedigung erhöhen läßt, ohne daß ein anderer dadurch Einbußen erleidet. Das bedeutet, daß ein effizientes Ergebnis auf der Nutzenmöglichkeitskurve (*UPF*) der Gesellschaft liegen muß. Durch die Bewegung von Ergebnis *A* zu Ergebnis *C* erhöht sich die Bedürfnisbefriedigung von Meier auf Kosten von Müller; beide Punkte zeigen eine effiziente Allokation. Punkt *B* liegt innerhalb der *UPF* und ist ineffizient, weil Müller, Meier oder sogar beide eine höhere Bedürfnisbefriedigung erreichen könnte, ohne dem jeweils anderen zu schaden.

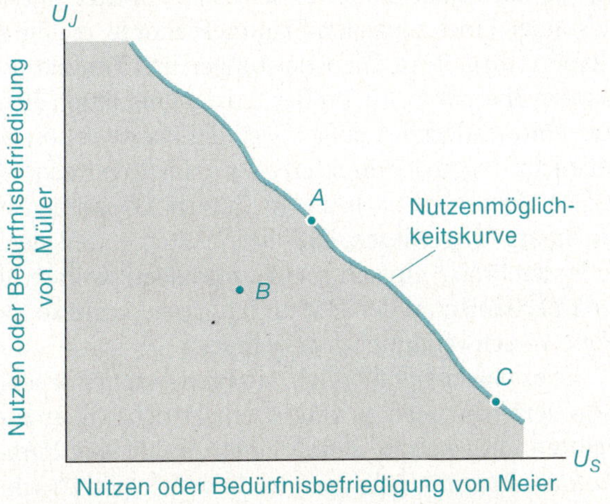

Effizienz im internationalen Freihandel. Anhand der hier dargelegten allgemeinen Prinzipien läßt sich auch eine der wichtigsten Aussagen der gesamten Volkswirtschaft näher beleuchten: die Effizienz eines freien und offenen internationalen Handelssystems. Ein Freihandelssystem ist ein System, bei dem es keine Zölle, Importkontingentierungen oder andere Beschränkungen von Import und Export gibt. Im Freihandel beschränken sich die Kosten fur den Kauf von Gütern aus Brasilien oder Rußland auf die echten Grenzkosten und enthalten keinerlei künstliche Kostenbestandteile, die von den Staa-

[1] In unserer Erörterung haben wir das erste Theorem von Wettbewerbssystemen behandelt. Diesem ersten entspricht aber auch noch ein zweites Theorem, das dessen Umkehr darstellt. Stellen Sie sich eine Wirtschaft vor, in der Präferenzen und Technologie „normal" verlaufen, also in der die Konsumgrenznutzen abnehmen und in der keine zunehmenden Produktionserträge auftreten. Unter diesen und auch noch unter einigen anderen Bedingungen kann jede effiziente Ressourcenallokation durch ein vollständiges Wettbewerbsgleichgewicht erreicht werden. Mit anderen Worten: Wenn der Staat ein ganz bestimmtes effizientes Ergebnis anstrebt, wie in Punkt *A* in Abbildung 15-2, kann er dies im Prinzip durch die Umverteilung der ursprünglichen Einkommen (sagen wir durch entsprechende Pauschalsteuern und Transferzahlungen) bewirken, und indem er es anschließend der unsichtbaren Hand ermöglicht, die Wirtschaft zum gewünschten Punkt zu führen. In solchen Wirtschaftssystemen genügt eine Kombination aus effizienter Einkommensumverteilung und Wettbewerb, um jedwede effiziente Ressourcenallokation zu erreichen.

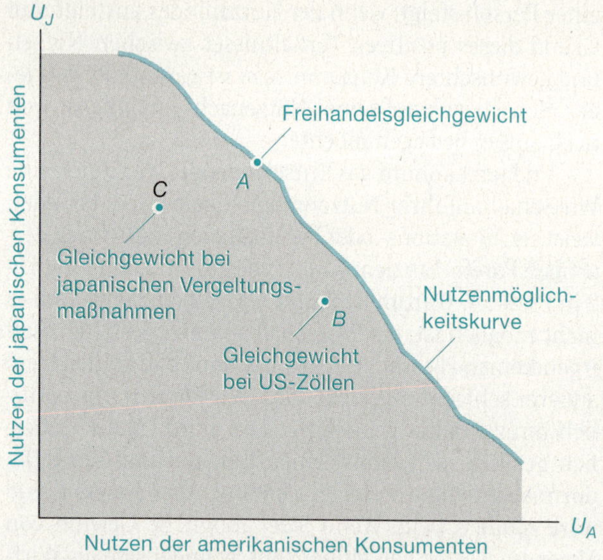

Abbildung 15-3: Freihandel oder staatliche Eingriffe

Ein freier und offener internationaler Handel zwischen Volkswirtschaften im vollständigen Wettbewerb sichert das effiziente Gleichgewicht in Punkt *A*. Würden die USA durch Zölle oder Einfuhrbeschränkungen in ihren Außenhandel eingreifen, könnte sich das Gleichgewicht zu *B* verschieben, was die Position der USA auf Kosten der japanischen Konsumenten verbessern würde. Würde Japan sich jedoch revanchieren oder seine Exporte beschränken, können beide Länder verlieren, weil Handelsrestriktionen die Preise erhöhen und in Punkt *C* die Realeinkommen für alle senken.

ten aufgeschlagen werden, um die einheimischen Unternehmen und Arbeitnehmer zu „schützen".

Der internationale Handel unterscheidet sich de facto nicht vom Binnenhandel innerhalb eines Staates, was bedeutet, daß sich eine *Wirtschaft unter Wettbewerbsbedingungen auf der weltweiten Nutzenmöglichkeitskurve* befände. Die Effizienz des Freihandels ist in Abbildung 15-3 dargestellt. Wir haben dazu die Welt in zwei Länder, Amerika und Japan, eingeteilt und die Bedürfnisbefriedigung der Konsumenten der beiden Länder auf den beiden Achsen aufgetragen. Punkt *A* stellt ein effizientes, vollkommenes Freihandelsgleichgewicht im Wettbewerb dar.

Nehmen wir nun an, ein amerikanischer Politiker betritt die Bühne und sagt: „Wir müssen unsere Auto- und Computerindustrie gegen den unfairen Wettbewerb von außen schützen. Beschränken wir die Importe von Autos und Computerchips!" Diese Maßnahmen würden die Preise verzerren und die Wirtschaft *unter* die Welt-*UPF* drücken. Wären die Handelsbeschränkungen klug durchdacht, könnte Amerika die wirtschaftliche Position seiner Konsumenten verbessern, etwa durch eine Bewegung hin zu Punkt *B* in Abbildung 15-3. Das wäre ganz offensichtlich eine Politik zu Lasten der Nachbarn, bei der Amerika auf Kosten von Japan gewinnen würde.

Wahrscheinlicher aber wäre eine Situation, in der derartige Maßnahmen beiden Ländern Schaden zufügen würden. Irgendein japanischer Bürokrat könnte folgendermaßen reagieren: „Wenn Sie sich durch unsere Autoindustrie bedroht fühlen, werden wir eben die zugestandenen Exporte unter unseren Unternehmen aufteilen." Damit könnte Japan sogar an Marktmacht gewinnen, die Exportpreise anheben und so den Wohlstand der amerikanischen Bürger beschneiden. Eine weitere Möglichkeit wäre, daß Japan – was Europa bisweilen schon getan hat – auf amerikanische Importe Zölle einheben könnte. Derartige unerwünschte Ergebnisse werden durch Punkt *C* dargestellt, wo sich Eingriffe in den freien Handel für beide Länder negativ ausgewirkt haben.

Preisbildung im Sozialismus. In unserer Erörterung der Beziehung zwischen Preisen, Konsumenten und Produzenten haben wir bisher die Wirtschaftsordnung außer acht gelassen, nämlich die Frage, ob sich die Unternehmen in Staats- oder in Privateigentum befinden. Damit eine Wirtschaft effizient funktionieren kann, müssen bestimmte Bedingungen zwischen Grenznutzen und Grenzkosten verschiedener Güter gelten. *Diese Effizienzbedingungen gelten in einem sozialistisch ausgerichteten Wirtschaftssystem ebenso wie in einem kapitalistischen.*

Unter den meisten sozialistischen Systemen, wie jenen in der Sowjetunion oder in den anderen osteuropäischen Ländern in den achtziger Jahren, wurden Preise als Mittel zur Ressourcenallokation weitgehend mißachtet. Die Wirtschaftsplaner dieser Länder setzten auf Anweisungen einer zentralen Planungsbehörde, die die Allokation von Gütern, Dienstleistungen und Produktionsfaktoren übernahm. Ein großer Teil der Produktion diente der Schwerindustrie, einfach weil die Planer es so wollten, nicht wegen der direkten oder indirekten Nachfrage der Konsumenten nach diesen Gütern. Ökonomen haben darauf hingewiesen, daß diese Systeme, weil sie die Rolle der Preise einfach nicht wahrhaben wollten, die Lenkmechanismen der Märkte ignorierten und so eine große Verschwendung verursachten.

Ist es überhaupt möglich, ein Preissystem mit sozialistischen Prinzipien zu verbinden? Manche Ökonomen meinten, dies könnte durch einen Ansatz mit Namen *Marktsozialismus* gelingen. In diesem hypothetischen

System wären die Produktionsmittel im Besitz des Staates, der jedoch sein Kapital an staatliche Unternehmen verleihen würde, die sich verhalten müßten, „als ob" sie Mitspieler im vollständigen Wettbewerb wären. Im Prinzip würde ein solches System der effizienten privaten Marktwirtschaft entsprechen; ob es außerhalb der Lehrsäle bestehen könnte, wird in hitzigen Diskussionen erörtert, doch bisher sind keine Fälle bekannt, in denen ein voll funktionierendes Preissystem mit sozialistischen Prinzipien verbunden wurde.

B. EINSCHRÄNKUNGEN

Wir haben unsere Diskussion bisher auf der Grundlage einiger unrealistischer Annahmen geführt: keine Monopole, keine Spillovereffekte oder Externalitäten, keine staatlichen Fehlgriffe etc. Die vollkommen wettbewerbsorientierte Welt der Ökonomen ist wie ein physikalisches Modell unter Außerachtlassung der Reibung. Sie ist kein Abbild der realen Welt, der wir begegnen, sobald wir die Bibliothek verlassen und uns unter die Leute auf der Straße mischen. Ja, sogar wenn es den vollständigen Wettbewerb uneingeschränkt gäbe, könnten die Menschen immer noch mit der von diesem System hervorgebrachten ungleichen Einkommensverteilung unzufrieden sein.

Wiederholen wir daher die beiden wichtigsten Einschränkungen, die bei der Markteffizienz zu berücksichtigen sind: Marktversagen und eine inakzeptable Einkommensverteilung.

MARKTVERSAGEN

Marktversagen in einer Reihe unterschiedlicher Ausprägungsformen verdirbt das idyllische Bild des vollständigen Wettbewerbs, von dem wir in unserer Erörterung der effizienten Märkte ausgegangen sind: unvollständiger Wettbewerb, Externalitäten und unzureichende Information. Wir haben diese Themen bereits in früheren Kapiteln behandelt, und wir werden sie auch in unserer Analyse der Rolle des Staates im Wirtschaftsleben noch einmal besprechen.

Unvollständiger Wettbewerb. Wenn ein Unternehmen auf einem speziellen Markt Marktmacht erwirbt (wenn es beispielsweise auf Grund eines patentierten Medikamentes oder einer Lizenz als lokale Elektrizitätsgesellschaft ein Monopol hat), kann das Unternehmen den Preis seines Produktes über die Grenzkosten hinaus anheben. Die Konsumenten kaufen dann entsprechend weniger von diesen Gütern, als sie unter Wettbewerbsbedingungen kaufen würden, und die Bedürfnisbefriedigung der Konsumenten wird verringert. Diese Art der Reduktion von Bedürfnisbefriedigung ist für die Ineffizienzen, die durch den unvollständigen Wettbewerb verursacht werden, typisch.

Externalitäten. Ein zweites Marktversagen sind die Externalitäten. Erinnern Sie sich: Es kommt zu Externalitäten, wenn gewisse Neben- oder Spillovereffekte der Produktion oder des Konsums nicht in den Marktpreisen berücksichtigt sind. So könnte beispielsweise ein Energieversorgungsbetrieb Schwefelemissionen und damit Schäden an benachbarten Häusern und an der Gesundheit der Anrainer verursachen. Wenn dieser Betrieb dafür nicht bezahlt, werden durch das Ausmaß der Umweltverschmutzung Ineffizienzen entstehen, und das Wohl der Konsumenten leidet.

Aber nicht alle Externalitäten sind negativ. Manche sind durchaus nützlich, wie etwa jene, die sich aus wissenserweiternden Aktivitäten ergeben. Als beispielsweise Chester Carlson das Kopierverfahren erfand, erhielt er dafür nur eine bescheidene Entlohnung, obwohl er damit den Sekretärinnen und Studenten der Welt Milliarden mühseliger Arbeitsstunden ersparte. Ein anderer positiver externer Effekt ergibt sich aus den öffentlichen Gesundheitsprogrammen, bei denen eine vorgenommene Impfung nicht nur die geimpfte Person schützt, sondern auch andere, die sich infizieren könnten, würde der nunmehr Geimpfte eine ansteckende Krankheit übertragen.

Unzureichende Information. Ein drittes, sehr bedeutendes Marktversagen ist die unzureichende Information. Die Theorie der unsichtbaren Hand geht von der Annahme aus, daß Käufer und Verkäufer über die Güter und Dienstleistungen, die sie kaufen und verkaufen, umfassend informiert sind. Es wird einfach angenommen, daß die Unternehmen alles über die optimale Betriebsführung in ihrer Sparte wissen; daß Konsumenten bestens über die Preise aller Produkte informiert sind, daß sie wissen, wie alle Speisen schmecken, wie verläßlich alle Geräte und Maschinen funktionieren, und wie gut Medikamente oder gefäßchirurgische Eingriffe wirken.

Nun, die Realität ist klarerweise weit von dieser idealisierten Welt entfernt. Es stellt sich die entscheidende Frage, welchen Schaden denn dieser Informationsmangel anrichtet. In manchen Fällen kommt es nur zu einem geringfügigen Effizienzverlust. Der Nachteil, den ich erleide, wenn ich mir ein Schokoladeeis kaufe, das etwas zu süß ist, oder wenn ich die genaue Temperatur des Biers, das ich bestellt habe, nicht kenne, ist nicht allzu groß. In anderen Fällen kommt es hingegen zu schwerwiegenden Verlusten. Nehmen wir den Fall des Stahlbarons Eben Byers, der zu Beginn dieses Jahrhunderts Radithor einnahm, das als Aphrodisiakum und Allheilmittel verkauft wurde, um seine Leiden zu kurieren. Spätere Analysen zeigten, daß Radithor in Wahrheit destilliertes Wasser war, das mit Radium angereichert wurde. Die Käufer starben einen qualvollen Tod, weil sich ihr Kiefer und andere Knochen auflösten. Diese Art der unsichtbaren Hand brauchen wir sicherlich nicht.

Zum Glück haben wir nur über wenige Produkte ein so geringes Wissen, wie das bei Radithor der Fall war. Eine der wichtigen Aufgaben des Staates besteht darin, jene Gebiete zu ermitteln, in denen signifikante Informationsdefizite bestehen, und entsprechend Abhilfe zu schaffen.

Volkswirtschaft im Vakuum?

Wir haben bereits zahlreiche andere Beispiele für Marktversagen oder einen Zusammenbruch des Wettbewerbs kennengelernt. Wir haben gesehen, daß viele Preise – ganz anders als die auf der Suche nach dem Gleichgewicht von Minute zu Minute wechselnden Wettbewerbspreise – oft recht starr reagieren. Wir haben erfahren, daß zwei gleichermaßen gut ausgebildete Leute in vergleichbaren Jobs unterschiedlich entlohnt werden. Wir haben gesehen, wie Oligopole und Monopole die Produktionsmengen gering halten können, um Preise und Gewinne zu erhöhen. In späteren Kapiteln werden wir Umweltprobleme wie den Treibhauseffekt oder Informationsdefizite untersuchen, die den Markt für medizinische Versorgung beeinträchtigen.

Nach dem Lesen dieser Liste an Einschränkungen werden Sie sich vielleicht fragen, ob sich die volkswirtschaftliche Theorie von der effizienten unsichtbaren Hand auf die Welt, in der wir leben, überhaupt anwenden läßt. Wörtlich genommen besteht überhaupt kein Zweifel, daß es einen perfekten und absolut effizienten Wettbewerbsmechanismus niemals gegeben hat und niemals geben wird. Aber bei einer breiter gefaßten Betrachtungsweise besitzen die Erkenntnisse aus der Wettbewerbstheorie doch ihre Gültigkeit. Obwohl Techniker wissen, daß es ihnen niemals gelingen wird, ein absolutes Vakuum herzustellen, hat sich die Verhaltensanalyse von Gegenständen im Vakuum als außerordentlich wertvoll erwiesen und hat Licht in viele physikalische Problemstellungen gebracht. Dasselbe trifft auch auf unser Marktmodell zu. Langfristig erweisen sich viele Unvollkommenheiten als zeitlich begrenzt, wenn Monopole etwa durch Konkurrenztechnologien aufgebrochen werden. Obwohl es natürlich stark vereinfacht, erschließt uns das Wettbewerbsmodell wichtige Hypothesen über wirtschaftliches Verhalten, und diese Hypothesen haben vor allem langfristig großen Wert.

Nehmen wir beispielsweise an, eine Revolution in Rußland würde das Ölangebot auf den Weltmärkten stark verringern. Die Wettbewerbsanalyse besagt, daß der Ölpreis unter diesen Bedingungen steigen wird, und daß weniger Öl nachgefragt werden wird. Manche Verfechter der n-Personen-Spieltheorie werden nun etwas überspitzt darauf hinweisen, daß der Weltölmarkt eben nicht dem vollständigen Wettbewerb unterliegt, und daß sich daher auch keine eindeutigen und sicheren Schlüsse ziehen lassen. Aber setzen Sie Ihr Geld trotzdem lieber auf das Wettbewerbsmodell und schließen Sie Wetten ab, daß es zu einem kurzfristigen Anstieg der Ölpreise kommen wird, und Sie werden sehen, im Gegensatz zum spitzfindigen Skeptiker werden Sie als reicher Mann oder reiche Frau aussteigen.

URSPRÜNGLICHE EINKOMMENSVERTEILUNG

Schließen wir für einen Moment unsere Augen vor den unzähligen möglichen Formen von Marktversagen. Was bedeuten ideale Wettbewerbsmärkte für die Einkommensverteilung? Gibt es eine unsichtbare Hand auf dem Markt, die sicherstellt, daß jene, die es verdienen, ihre gerechte Belohnung erhalten? Oder daß die, die sich täglich lange Zeit hindurch abkämpfen müssen, damit einen einigermaßen erträglichen Lebensstil finanzieren können? Nein. Wettbewerbsmärkte garantieren nicht, daß Einkommen und Konsum auf jeden Fall den Bedürftigsten oder denen, die es am meisten verdienen, zugute kommen. Stattdessen spiegeln Einkommensverteilung und Konsum in einer Marktwirtschaft die ursprüngliche Ausstattung mit ererbten Talenten und Reichtum zusammen mit einer Vielzahl von Faktoren wie Rasse, Geschlecht, Standort, Engagement, Gesundheit und Glück wider.

Unter Laissez-faire-Bedingungen könnte der vollständige Wettbewerb ein massives Ungleichgewicht, unterernährte Kinder, die, wenn sie erwachsen sind, wieder unterernährte Kinder aufziehen werden, und eine Perpetuierung der Einkommens- und Vermögensungleichheiten über Generationen hinweg bewirken. Wenn hingegen Reichtum, vererbte Fähigkeiten, Ausbildung und Berufsbildung ursprünglich weitgehend gleichmäßig verteilt sind, könnte der vollständige Wettbewerb zu einer Gesellschaft führen, die durch beinahe gleich hohe Löhne, Einkommen und Besitztümer gekennzeichnet wäre.

Kurz gesagt, Adam Smiths Aussagen lassen sich nicht vollinhaltlich rechtfertigen, wenn er behauptet, die unsichtbare Hand könnte erfolgreich Einzelpersonen, die eigensüchtig ihre eigenen Interessen wahren, dazu bringen, das „öffentliche Interesse" zu fördern – wenn das öffentliche Interesse auch eine gerechte Einkommens- und Besitzverteilung einschließt. Smith hat nichts dergleichen bewiesen, und seit 1776 ist dies auch nach ihm keinem Ökonomen gelungen.

EIN LETZTES WORT ZUR WIRTSCHAFTSPOLITIK

In den folgenden Kapiten werden wir mit einigen der ganz wesentlichen ethischen und politischen Themen moderner Gesellschaften konfrontiert werden. Wir werden uns überlegen, ob der Staat teure Maßnahmen treffen sollte, um den Treibhauseffekt zu verlangsamen, ob das Steuersystem eine Einkommensumverteilung von den Reichen hin zu den Armen anstreben sollte, ob der Staat im Bereich des Gesundheitswesens den Markt ersetzen sollte. Bei der Behandlung dieser Fragen werden wir weiterhin das Instrumentarium von Angebot und Nachfrage benützen, uns aber auch auf die technisch subtileren Analysen zeitgenössischer Ökonomen stützen.

Volkswirte werden jedoch in diesen kontroversen Fragen sicherlich nicht das letzte Wort haben können. Immerhin liegen all diesen Themen normative Annahmen und Bewertungen darüber zugrunde, was gut, richtig und gerecht ist. Der Volkswirt kann daher nichts weiter tun, als sich sehr zu bemühen, die positive Wissenschaft fein säuberlich von normativen Urteilen zu trennen, um nach Möglichkeit auch dann einen kühlen Kopf zu bewahren, wenn ihm persönlich das Herz übergeht.

Die Trennung von beschreibender und vorschreibender Vorgangsweise bedeutet jedoch nicht, daß professionelle Ökonomen privat blutleere Roboter sind. Ökonomen hängen ebenso wie der Rest der Bevölkerung verschiedenen politischen Richtungen an. Konservative Ökonomen treten immer wieder mit ihrem Ruf nach weniger Staat hervor, während liberale Ökonomen häufig verbesserte Sozialprogramme und eine aktive makroökonomische Politik fordern.

Die wissenschaftlich betriebene Volkswirtschaft wird uns letzten Endes nicht sagen können, welche Ansicht richtig und welche falsch ist. Sie versorgt uns nur mit den Argumenten für den großen politischen Disput.

ZUSAMMENFASSUNG

A. Effizienz des vollständigen Wettbewerbs

1. Unter bestimmten Bedingungen, und dazu gehört insbesondere der vollständige Wettbewerb, kommt es in einer Marktwirtschaft zur *Allokations- oder Paretoeffizienz*. Allokations- oder Paretoeffizienz bedeutet, daß niemand besser gestellt werden kann, ohne zugleich einen anderen schlechter zu stellen.
2. Diese überraschende Feststellung läßt sich durch die Analyse des *allgemeinen Gleichgewichts* aller Märkte belegen. Das allgemeine Gleichgewicht aller Märkte ist durch einen Kreislauf gekennzeichnet, in dem über die Preise ein Netz wechselseitiger Beziehungen besteht. Die Haushalte bieten dabei Produktionsfaktoren an und fragen die erzeugten Güter nach; die Unternehmen kaufen Produktionsfaktoren und wandeln sie in jene Endprodukte um, die die Haushalte nachfragen.
3. Das wesentlichste Ergebnis der allgemeinen Gleichgewichtsanalyse besagt folgendes: Da die Preise als Signale der wirtschaftlichen Knappheit für die Produzenten und des sozialen Nutzens für die Konsumenten dienen, ermöglicht der Preismechanismus unter Bedingungen vollständigen Wettbewerbs die maximale Produktionsmenge und die maximale Bedürfnisbefriedigung aus jenen Ressourcen und Technologien, die einer Gesellschaft zur Verfügung stehen. In einer solchen Situation befindet sich die Wirtschaft sowohl auf ihrer Produktionsmöglichkeitskurve als auch auf ihrer Nutzenmöglichkeitskurve.

B. Einschränkungen

4. Es gibt strikte Einschränkungen hinsichtlich der Bedingungen, unter denen ein effizientes Wettbewerbsgleichgewicht erreicht werden kann: Es darf weder Externalitäten noch unvollständigen Wettbewerb noch nicht versicherbare Risken geben; und Konsumenten und Produzenten müssen über umfassende Information verfügen. Werden diese Bedingungen nur unvollkommen erfüllt, führt dies

zu einem Zusammenbruch des *Preis* = *Grenzkosten* = *Grenznutzenverhältnisses*, also zu Ineffizienz.

5. Sogar wenn es die genannten idealen Bedingungen für den effizienten vollständigen Wettbewerb gäbe, bliebe ein wesentlicher Vorbehalt gegen das Ergebnis des Laissez-faire-Wettbewerbs bestehen. Es gibt keinen Grund, anzunehmen, daß es unter Laissez-faire-Bedingungen zu einer gerechten Einkommensverteilung käme. Das Ergebnis könnten enorme Einkommens- und Vermögensdisparitäten sein, die sich über Generationen hinweg fortpflanzen würden. In den meisten Marktwirtschaften tritt in dieser Situation der Staat auf den Plan, um gegen das Übel Armut anzukämpfen.

BEGRIFFE ZUR WIEDERHOLUNG

partielles Gleichgewicht und allgemeines Gleichgewicht
Allokations- oder Paretoeffizienz
Nutzenmöglichkeitskurve (*UPF*)
Theorie von der unsichtbaren Hand: in der Lehre Adam Smiths und in der heutigen allgemeinen Gleichgewichtstheorie
Einschränkungen der Doktrin von der unsichtbaren Hand
Marktversagen: unvollständiger Wettbewerb, Externalitäten, unzureichende Information
willkürliche Einkommensverteilung
zwei Theoreme über die Wettbewerbswirtschaft

FRAGEN UND BEISPIELE

1. Fassen Sie zusammen, wie ein Preisbildungssystem im Wettbewerb die drei fundamentalen volkswirtschaftlichen Fragen löst.
2. Listen Sie die Bedingungen für die Gültigkeit der Theorie von der unsichtbaren Hand auf. Belegen Sie jede Bedingung durch ein Beispiel, das Sie selbst erfahren oder von dem Sie gelesen haben.
3. Listen Sie die Bedingungen für das allgemeine Wettbewerbsgleichgewicht auf, das im Text unter dem Titel „Detaillierte Analyse des allgemeinen Gleichgewichts" beschrieben ist. Erklären Sie jede Bedingung mit ein, zwei Sätzen. Erklären Sie, warum Monopole oder Externalitäten wie Umweltverschmutzung zur Nichterfüllung dieser Bedingungen führen.
4. Erklären Sie die beiden Theoreme über die Wettbewerbswirtschaft ganz genau. Wie wären sie auf folgende Aussagen anzuwenden?
   a. „Der vollständige Wettbewerb sorgt für die ideale Bedingung zur Verteilung des Wohlstandes." (Francis Walker, 1892)
   b. „Die unsichtbare Hand, sollte es sie tatsächlich irgendwo geben, ist wahrscheinlich ein Taschendieb unter den Armen." (Edward Nell, 1982)
   c. Das Zitat über die unsichtbare Hand von Adam Smith (siehe Kapitel 2).
   d. „Pareto ... meinte, daß der Wettbewerb zu einer Situation führe, in der es unmöglich sei, die Bedürfnisbefriedigung eines Konsumenten im Rahmen der verfügbaren Ressourcen und des technologischen Knowhows zu erhöhen, ohne zugleich die Bedürfnisbefriedigung zumindest eines anderen Konsumenten zu beeinträchtigen." (Tjalling Koopmans, 1957)
   e. „Der vollständige Wettbewerb kann all das erreichen, was der Sozialismus zu erreichen imstande ist."
5. Die Analyse der Effizienz von Wirtschaftssystemen, die dem Wettbewerb unterworfen sind, geht von der Annahme aus, es gäbe keinen technologischen Fortschritt. Erinnern Sie sich an die Schumpeter-Hypothese aus Kapitel 10. Was bedeutet dieses Aussage im Hinblick auf die volkswirtschaftliche Effizienz des Wettbewerbsmechanismus? Für welche Art eines Marktversagens können Erfindungen als Beispiel gelten? Weisen Sie mit Hilfe von Produktionsmöglichkeitskurven in einer Welt eines raschen potentiellen technologischen Wandels nach, wie eine innovative Wirtschaft langfristig im unvollständigen Wettbewerb ein höheres Konsumniveau hervorbringt als eine effiziente, dabei jedoch technologisch stagnierende Wettbewerbswirtschaft.
6. **Problemstellung für Fortgeschrittene:** „Das zweite Theorem über die Wirtschaft im vollständigen Wettbewerb (Fußnote 1) besagt auch, daß alle hitzigen Debatten Sozialismus gegen Kapitalismus eigentlich müßig sind. Alles, was der ideale Sozialismus mit Zentralplanung zuwege bringt, kann nach dem zweiten Theorem von Wettbewerbsmärkten unter Zugabe der richtigen Dosis an umverteilenden Steuermaßnahmen auch geleistet werden." Kommentieren Sie die Gedankengänge hinter dieser Aussage. Erklären Sie, ob Sie sich mit dieser Aussage identifizieren können oder nicht, und verteidigen Sie Ihre Position.

KAPITEL 16

DER STAAT, DIE ENTSCHEIDUNGEN DER ÖFFENTLICHEN HAND UND DAS GESUNDHEITSWESEN

Demokratie ist die ständige Vermutung, daß mehr als die Hälfte der Bevölkerung in mehr als der Hälfte der Fälle recht hat.

E.B. White

Wie weit staatliche Kontrolle über die Wirtschaft gehen darf, diese Frage ist seit Jahrhunderten Gegenstand heftigster Kontroversen. Die heutige Situation sieht so aus, daß sich die Liberalen wünschen, der Staat solle den durch den Marktmechanismus ausgelösten unerwünschten Entwicklungen gegensteuern und die sozialen Probleme benachteiligter Gruppen lösen. Dagegen fordern die Konservativen, der Staat möge uns nicht länger „im Nacken sitzen", damit die Märkte endlich ihre Wunder vollbringen und den allgemeinen Lebensstandard verbessern können. Nun, über welche unerwünschten Entwicklungen und sozialen Probleme machen sich die Liberalen denn Sorgen, und stimmt es überhaupt, daß der Staat hier Abhilfe schaffen kann? Wie kann eine von den Staatsbürgern gewählte Regierung diesen selben Staatsbürgern, für die sie arbeitet, „im Nacken sitzen"? Das sind nur einige der Fragen, die eine laufende volkswirtschaftliche Analyse der Rolle des Staates im Wirtschaftsleben möglichst nüchtern zu behandeln hat.

Die Märkte haben sich in den vergangenen beiden Jahrhunderten als kraftvoller Motor für die Wirtschaft der industrialisierten Länder erwiesen. Trotzdem ist es seit rund hundert Jahren in praktisch allen Ländern Europas und Nordamerikas gang und gäbe, daß der Staat in die Wirtschaft eingreift, um als nachteilig empfundene Auswirkungen der Marktwirtschaft zu korrigieren und zu kompensieren. Seine zunehmende wirtschaftliche Involvierung hat dem Staat weitreichenden Einfluß auf das Wirtschaftsleben verschafft, was sich sowohl in einem gestiegenen Anteil am Nationaleinkommen, der für Transferzahlungen und einkommensstützende Maßnahmen aufgewendet wird, als auch in gesetzlichen und regulierenden Eingriffen in wirtschaftliche Aktivitäten äußert.

Das staatliche Vordringen in den privaten Sektor darf man sich nicht als kontinuierlichen Prozeß vorstellen. Entsprechend dem Auf und Ab der Politik gehen kapitalistische Wirtschaftssysteme auf ihrem Weg in Richtung zunehmender Involvierung des Staates in wirtschaftliche Vorgänge immer zwei Schritte vorwärts und dann wieder einen zurück. Vor gar nicht allzu langer Zeit wurden wir Zeugen einer *Auferstehung des Marktes*, die sich in kapitalistischen ebenso wie in sozialistischen Ländern vollzog. Der Kampagne für „weniger Staat", die in den USA während der Reagan- und Bush-Ära (1981-1993) geführt wurde, schlossen sich nach und nach auch zahlreiche andere Staaten an. Dann jedoch schlug das Pendel wieder in die andere Richtung aus, als Bill Clintons

Regierung Programme beschloß, die eine stärkere staatliche Kontrolle über den gigantischen Sektor des Gesundheitswesens vorsehen. Während dieser ganzen Zeit blieb die Wählerschaft hinsichtlich ihrer Meinung über die richtig verstandene Rolle des Staates gespalten. Manche befürworten eine Ausweitung der staatlichen Einflußnahme; andere halten weiterhin das Banner der konservativen Revolution hoch und wollen die Rolle des Staates in Zukunft beschneiden.

Es ist unbestritten, daß der Staat einen großen Einfluß auf die wirtschaftlichen Aktivitäten ausübt. Dieses Kapitel wollen wir daher mit einer Analyse der Rolle des Staates im Wirtschaftsleben beginnen. Welche Ziele kann eine staatliche Wirtschaftspolitik verfolgen, und welche Instrumentarien stehen ihr dazu zur Verfügung? Wir wollen anschließend die Theorie der öffentlichen Entscheidung untersuchen, die beschreibt, wie demokratisch legitimierte Regierungen unter verschiedenen, ihren Gesellschaften offenstehenden Programmen auswählen. Im letzten Abschnitt untersuchen wir das Gesundheitswesen als wichtiges Beispiel für staatliche Eingriffe und überlegen uns mehrere Ansätze, die dem Staat zur Verfügung stehen, um das Funktionieren dieses äußerst wichtigen Marktes zu gewährleisten.

A. STAATLICHE EINGRIFFE IN DIE WIRTSCHAFT

Seit den Tagen Platos debattieren Philosophen über die Rolle des Staates und präsentieren dabei verschiedene Ansätze, nach denen sich ein Staat regieren läßt. Wir wollen unsere Erörterung in diesem Abschnitt mit einer Analyse der *normativen* Rolle des Staates beginnen, indem wir die volkswirtschaftlichen Grundlagen eines staatlichen Eingreifens in die Wirtschaft beleuchten.

Abbildung 16-1: Der Anteil des Staates an der Wirtschaft ist in diesem Jahrhundert stark gestiegen

Zu den staatlichen Ausgaben gehören Ausgaben für Güter, Dienstleistungen sowie Transferprogramme auf staatlicher, bundesstaatlicher und kommunaler Ebene. Bitte beachten Sie, wie rasch die Ausgaben in Kriegszeiten jeweils angestiegen sind, ohne jedoch nach dem Krieg wieder auf ihr Vorkriegsniveau zu sinken. Die Differenz zwischen Ausgaben und Steuern ist das staatliche Budgetdefizit oder der Budgetüberschuß. (Quelle: US-Handelsministerium.)

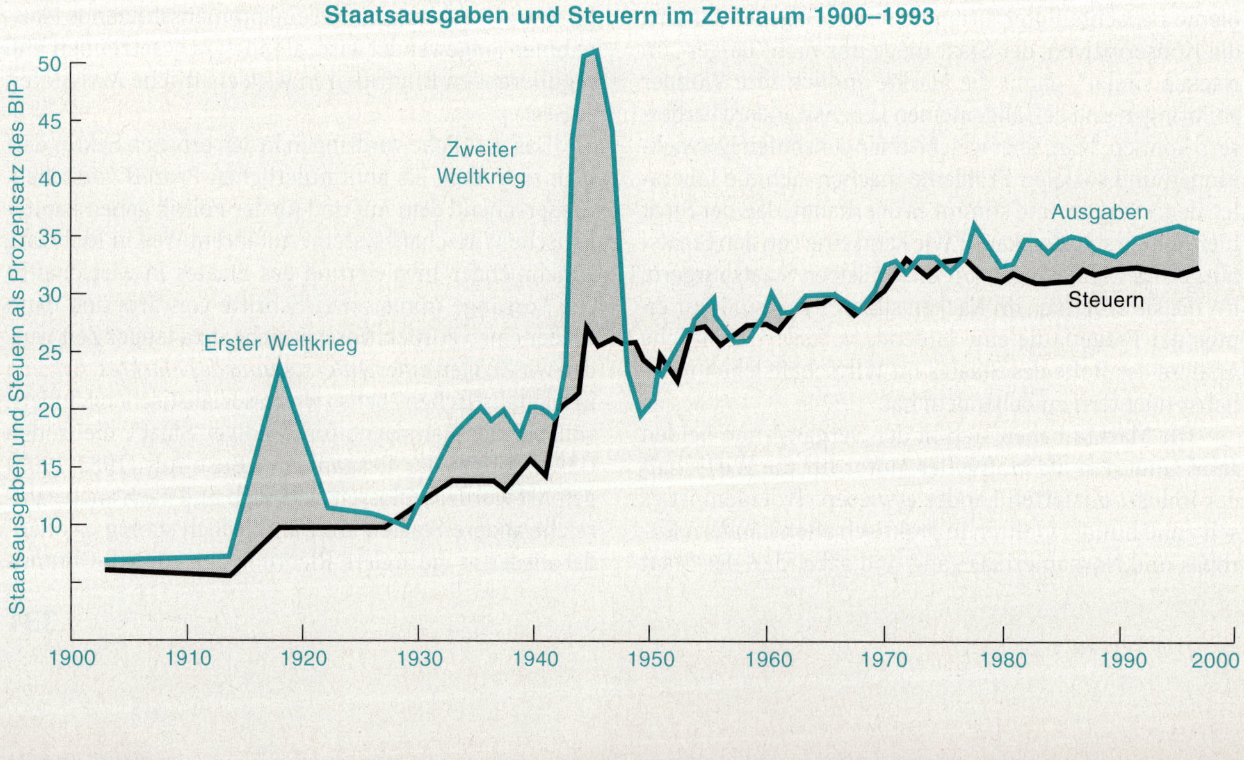

DIE INSTRUMENTE STAATLICHER WIRTSCHAFTSPOLITIK

In einer modernen industriellen Wirtschaft bleibt kein Aspekt des wirtschaftlichen Lebens völlig unberührt vom Staat. Dabei sind drei wesentliche Methoden oder Werkzeuge zu unterscheiden, die Staaten zur Verfügung stehen, wenn sie auf private wirtschaftliche Aktivitäten Einfluß nehmen wollen, und zwar:

1. *Steuern*, die die Privateinkommen und dadurch auch die Privatausgaben (etwa für Autos oder Restaurantbesuche) senken, dafür jedoch Ressourcen für öffentliche Ausgaben (Güter wie Brücken, Müllabfuhr, „intelligente" Bomben etc.) erschließen. Das Steuersystem eines Staates wird auch gegen bestimmte unerwünschte Aktivitäten (etwa das Zigarettenrauchen) eingesetzt, die stärker besteuert werden, während geringer besteuerte Bereiche (beispielsweise der Erwerb von Wohnungseigentum) indirekt gefördert werden;
2. *öffentliche Ausgaben*, die Unternehmen oder Arbeitskraft dazu anregen, bestimmte Güter oder Dienstleistungen zu erzeugen (beispielsweise Panzer, Bildung oder Polizeischutz) und *Transferzahlungen* (wie Sozialversicherung und Sozialhilfezahlungen), die den einzelnen Staatsbürgern ein Einkommen verschaffen; und schließlich
3. *Regulierungs- oder staatliche Aufsichtsmaßnahmen*, die die Staatsbürger dazu anhalten, bestimmte wirtschaftliche Aktivitäten auszuüben oder zu unterlassen. (Als Beispiele sind hier etwa Grenzwerte für Emissionen und andere Umweltschädigungen durch Unternehmen, die Regelung der zulässigen Arbeitsbedingungen oder die Vorschrift, Lebensmittel auf ihrer Verpackung entsprechend zu kennzeichnen, zu nennen.)

Die Geschichte staatlicher Steuer- und Ausgabenpolitik

Seit mehr als einem Jahrhundert verzeichnen wir in allen industrialisierten Wirtschaftssystemen eine Steigerung der Volkseinkommen und der Produktionsleistung. Im gleichen Zeitraum sind in den meisten Ländern die staatlichen Ausgaben jedoch noch stärker gestiegen. Notzeiten – wirtschaftliche Depression, Krieg oder Sorgen mit sozialen Problemen wie Armut oder Umweltverschmutzung – bewirken immer eine Zunahme staatlicher Aktivität. Ist die Krise schließlich überwunden, erreicht die staatliche Kontroll- und Ausgabenpolitik nie mehr das alte, niedrigere Vorkrisenniveau.

In der Zeit vor dem Ersten Weltkrieg beliefen sich Bundes-, Landes- und Kommunalausgaben bzw. -steuern auf kaum mehr als ein Zehntel des gesamten Volkseinkommens. Die Mühen des Zweiten Weltkriegs zwangen die USA, die Staatsausgaben auf rund die Hälfte der bereits stark angewachsenen gesamten Wirtschaftsleistung zu erhöhen. Zu Beginn der neunziger Jahre machten die öffentlichen Ausgaben auf allen Ebenen der Verwaltung etwa 35 Prozent des Bruttoinlandsproduktes aus.

Abbildung 16-1 stellt die Steuer- und Ausgabentrends für die gesamte öffentliche Verwaltung in den USA dar. Die ansteigenden Kurven zeigen uns, daß sich der Anteil der Steuern und öffentlichen Ausgaben im Verlauf dieses Jahrhunderts kontinuierlich erhöht hat.

Diese Entwicklung hat jedoch durchaus auch Widerspruch erregt, ja, jede neue Erhöhung der Staatsausgaben und der Steuern hat sogar überaus heftige Reaktionen hervorgerufen. Als in den USA im Jahr 1935 das Sozialversicherungssystem eingeführt wurde, verdammten Gegner dieser Politik den Schritt als ein deutliches An-

Abbildung 16-2: In einkommensstarken Ländern sind die Staatsausgaben besonders hoch

Arme Länder können nur geringfügige Steuereinnahmen verbuchen und ebenso nur einen kleinen Teil ihres Volkseinkommens ausgeben. Mit zunehmendem Reichtum steigt die Nachfrage nach öffentlichen Gütern und einer umverteilend wirkenden Besteuerung, um einkommensschwachen Familien zu helfen. (Quelle: Internationaler Währungsfonds.)

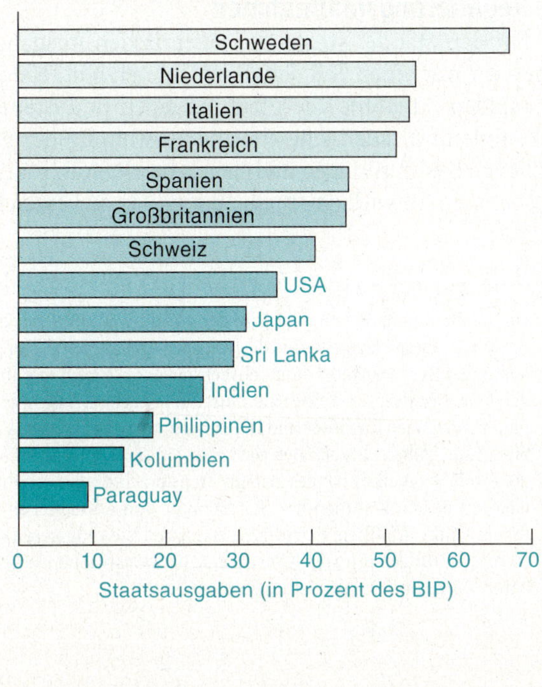

zeichen für eine sozialistische Denkweise, und dabei ist das Sozialversicherungssystem aus der politischen Landschaft des heutigen Amerika gar nicht mehr wegzudenken. Auch als in den sechziger Jahren Präsident Lyndon B. Johnson ein System zur medizinischen Versorgung der älteren Bevölkerung namens Medicare ins Leben rief – ein Programm, für das heute jährlich etwa $ 150 Milliarden aufgewendet werden –, wurde er dafür heftig attackiert. Aber im Laufe der Zeit tritt ein politischer Gewöhnungseffekt ein. Die radikale Doktrin einer Ära wird bald zum überall nachgebeteten Evangelium der nächsten. So verteidigte Präsident Reagan in den achtziger Jahren das früher wütend kritisierte Medicare-System beispielsweise als Teil des „sozialen Sicherheitsnetzes".

Abbildung 16-2 zeigt, wie die als prozentueller Anteil am Bruttoinlandsprodukt ausgedrückten staatlichen Ausgaben in den verschiedenen Staaten variieren. Reiche Länder tendieren dazu, einen größeren Anteil ihres BIP für Steuern und staatlichen Ausgaben heranzuziehen als arme Länder. Läßt sich ein allgemeines Muster unter den wohlhabenden Ländern erkennen? Leider gibt es kein Gesetz, mit dessen Hilfe sich eine Beziehung zwischen der Steuerbelastung und dem Wohlstand der Bürger in diesen Ländern herstellen läßt, das zugleich der Verschiedenheit der jeweiligen steuerlichen Situation Rechnung trägt.[1] So sind beispielsweise das Bildungs- und das Gesundheitswesen, zwei der wichtigsten Positionen unter den Staatsausgaben, in den einzelnen Ländern sehr unterschiedlich organisiert.

Die Zunahme staatlicher Eingriffe und Regulierungsmaßnahmen

Mit den ständig steigenden öffentlichen Ausgaben haben wir nur einen Teil der Geschichte erzählt. Neben der rapiden Zunahme von Staatsausgaben und Steueraufkommen war auch eine enorme Ausweitung der gesetzlichen Bestimmungen und staatlichen Regulierungsmaßnahmen für wirtschaftliche Aktivitäten zu verzeichnen.

[1] Die Abbildungen 16-1 und 16-2 zeigen die Gesamtausgaben der Staaten. In diesen Angaben sind die Ausgaben für Güter und Dienstleistungen (etwa Raketen und Lehrer) sowie für Transferzahlungen (wie Sozialversicherung und Zinsen für Staatsschulden) enthalten. Ausgaben für Güter und Dienstleistungen werden als „Verbrauchsausgaben" bezeichnet, weil hier ein direkter Zugriff auf die Produktion eines Landes erfolgt, Transferzahlungen erhöhen dagegen die Einkommen der Staatsbürger und ermöglichen es ihnen, Güter und Dienstleistungen zu kaufen, sie reduzieren die Menge der für den privaten Konsum und für Investitionen verfügbaren Güter und Dienstleistungen nicht direkt.

Die amerikanische Wirtschaft des neunzehnten Jahrhunderts kam dem Extrem der reinen Laissez-faire-Gesellschaft relativ am nächsten, jenem System, von dem der britische Historiker Thomas Carlyle gesagt hat, es sei nichts weiter als eine Kombination aus „Anarchie und Polizei". Diese politische Philosophie ließ den Menschen große persönliche Freiheit bei der Verfolgung ihrer wirtschaftlichen Interessen und führte zu einem Jahrhundert rapiden materiellen Fortschritts. Aber Kritiker sahen in diesem Laissez-faire-Idyll gravierende Mängel. So berichten Historiker über periodisch auftretende Wirtschaftskrisen, extreme Armut und Ungleichheit, tiefsitzende rassische Diskriminierung und die Vergiftung von Wasser, Boden und Luft durch rücksichtslose Umweltverschmutzung. Skandalblätter ebenso wie progressive Kräfte riefen nach Zügeln für den Kapitalismus, damit sich diese ungezähmte Bestie schließlich in eine humanere Richtung treiben lassen würde.

Zu Beginn der neunziger Jahre des vorigen Jahrhunderts wandten sich die Vereinigten Staaten nach und nach von der Vorstellung ab, daß „jene Regierung die beste ist, welche am wenigsten regiert". Die Präsidenten Theodore Roosevelt, Woodrow Wilson und Franklin Roosevelt erweiterten – allerdings konfrontiert mit heftigem Widerstand – die staatlichen Eingriffe in das Wirtschaftsleben, sie führten neue Regulierungsmaßnahmen und Steuerinstrumente zur Bekämpfung der Mißstände ihrer Zeit ein.

Die verfassungsmäßigen Befugnisse des Staates wurden weiter interpretiert und dazu eingesetzt, um „das öffentliche Interesse zu wahren" und das Wirtschaftsleben einer „Kontrolle zu unterwerfen". Im Jahr 1887 kam es zur Gründung der Federal Interstate Commerce Commission (ICC), die den die Grenzen der einzelnen Bundesstaaten überschreitenden Eisenbahnverkehr regelte. Schon bald danach sorgten der Sherman Antitrust Act und andere Gesetze dafür, daß monopolistischen Zusammenschlüssen zur „Beschränkung des Handels" der Kampf angesagt wurde.

Während der dreißiger Jahre dieses Jahrhunderts wurde eine ganze Reihe von Branchen einer *staatlichen Wirtschaftslenkung* unterworfen, was bedeutete, daß der Staat Preise, Marktzutritts- und -abgangsbedingungen und Sicherheitsstandards festlegte. In jüngerer Zeit gehören Fluglinien, LKW-Verkehr sowie Boots- und Schiffsverkehr, Strom-, Gas- und Telefongesellschaften, die Finanzmärkte sowie Erdöl und Erdgas mit zugehörigen Pipelines zu den regulierten Bereichen.

Über die Regulierung von Preisen und allgemeine Standards für das Wirtschaftsleben hinaus versuchte der

Staat auch, Gesundheit und Sicherheit unter seine Fittiche zu nehmen, indem laufend strengere Vorschriften für den *Sozialbereich* erlassen wurden. Nachdem zu Beginn des Jahrhunderts mehrere Skandale ans Licht kamen, wurden gesetzliche Bestimmungen über die Reinhaltung von Lebens- und Arzneimitteln erlassen. In den sechziger und siebziger Jahren verabschiedete der Kongreß eine Reihe von Gesetzen zur Regelung der Sicherheit im Bergbau und schließlich der Arbeitsplatzsicherheit im allgemeinen. Er sorgte für Rahmenbedingungen, die die Luft- und Wasserverschmutzung eindämmen sollen, und er regelte den Umgang und Handel mit gefährlichen Substanzen. Der Staat genehmigte Sicherheitsstandards für Autos und Verbrauchsgüter und er regelte den Tagebau ebenso wie den Umgang mit Kernkraft und Sonderabfall. Die gesetzgeberischen Bemühungen der letzten Zeit konzentrierten sich wegen der Sorge um das wachsende Ozonloch vor allem auf weltweite Maßnahmen gegen die Bedrohung unserer Umwelt durch ozonschädigende Chemikalien.

Im vergangenen Jahrzehnt hörte man immer wieder Einwände und Befürchtungen, wonach sichergestellt sein müsse, daß die Vorteile staatlicher Regulierung die durch sie entstehenden Kosten überwiegen. Trotzdem ist heute die Rückkehr zu den alten Laissez-faire-Zeiten sehr unwahrscheinlich. In der Öffentlichkeit finden staatliche Vorschriften und Verbote, die das Gesicht des Kapitalismus gründlich verändert haben, mittlerweile breite Akzeptanz. Privateigentum ist immer weniger wirklich privat, freies Unternehmertum zunehmend unfrei. Diese irreversible Entwicklung ist Teil der Geschichte.

DIE FUNKTIONEN DES STAATES

Wir können uns nun nach und nach ein Bild davon machen, wie der Staat die Wirtschaft lenkt und wie das Wechselspiel zwischen Staat und Wirtschaft vor sich geht. Welche sinnvollen wirtschaftlichen Ziele können mit staatlichen Eingriffen in eine moderne Mischwirtschaft verfolgt werden? Untersuchen wir einmal die vier wichtigsten Funktionen staatlicher Regulierung:

1. Verbesserung der volkswirtschaftlichen Effizienz,
2. Herstellung einer gerechteren Einkommensverteilung,
3. Stabilisierung der Wirtschaft durch wirtschaftspolitische Maßnahmen,
4. internationale Vertretung des Staates.

Verbesserung der volkswirtschaftlichen Effizienz

Ein zentrales wirtschaftspolitisches Ziel des Staates ist es, auf eine sozial wünschenswerte Ressourcenallokation hinzuwirken. Das ist die *mikroökonomische* Seite der staatlichen Politik; sie konzentriert sich auf das *Was* und das *Wie* des Wirtschaftslebens. Mikroökonomische wirtschaftspolitische Maßnahmen haben in unterschiedlichen Ländern jeweils eine verschiedenartige Ausprägung, je nach den historischen Gegebenheiten und den vorherrschenden politischen Philosophien. Manche Länder betonen einen Laissez-faire-Ansatz des „Hände weg" und überlassen Entscheidungen überwiegend dem Markt. Andere Länder neigen zu drastischen staatlichen Regulierungsmaßnahmen oder sogar zum Betrieb staatlicher Unternehmen, deren Produktionsentscheidungen von staatlichen Planern getroffen werden.

Die USA sind grundsätzlich eine Marktwirtschaft. Um welche mikroökonomische Frage es auch immer geht, die meisten Leute sind jedenfalls der Ansicht, der Markt solle selbst und werde das anstehende wirtschaftliche Problem schon lösen. Aber bisweilen sprechen auch gute Gründe dafür, dem Staat in Allokationsentscheidungen Vorrang vor Angebot und Nachfrage auf dem Markt einzuräumen.

Die Grenzen der unsichtbaren Hand. In Kapitel 15 wurde dargelegt, wie die unsichtbare Hand des vollständigen Wettbewerbs zu einer effizienten Ressourcenallokation führt. Trotzdem gilt dieses Ergebnis nur unter sehr eingeschränkten Bedingungen. Alle Wirtschaftsgüter müßten demnach von Unternehmen unter vollständigen Wettbewerbsbedingungen vollkommen effizient erzeugt werden. Die Güter müßten sich wie eine aufgeschnittene Torte verhalten. Je mehr Stücke ich esse, umso weniger kannst Du davon konsumieren. Es dürften auch keine Externalitäten wie etwa die Luftverschmutzung auftreten, und die Konsumenten müßten ebenso wie die Unternehmen über Preise und Eigenschaften der Güter umfassend informiert sein.

Träfen alle diese Idealbedingungen zu, könnte die unsichtbare Hand zu einer vollkommen effizienten Herstellung und gerechten Verteilung der Produktionsleistung eines Landes führen, und staatliche Eingriffe in die Wirtschaft wären tatsächlich verzichtbar.

Aber sogar in dem genannten hypothetischen Fall und wenn es bei funktionierendem Preismechanismus eine Arbeitsteilung zwischen Menschen und Regionen gäbe, käme dem Staat eine bedeutende Rolle zu. Gerichte und Polizei wären weiterhin nötig, um die Erfüllung von Verträgen sicherzustellen, Betrug und Gewalt zu vereiteln, Diebstähle und Aggressionen von außen zu verhindern und um die gesetzlich gewährleisteten Eigentumsrechte zu schützen.

Unvermeidliche Interdependenzen. Ein Laissez-faire-System mit minimaler Einmischung des Staates könnte sich durchaus bewähren, gäbe es irgendwo auf der Welt die oben beschriebenen hypothetischen Bedingungen. Tatsächlich aber tritt jede einzelne der genannten Idealbedingungen in allen menschlichen Gesellschaften nur teilweise auf. In vielen Bereichen kann eine wirklich effiziente Produktion nur in Einheiten stattfinden, die für den vollständigen Wettbewerb zu groß sind. Staatlich nicht regulierte Betriebe tendieren dazu, Luft, Wasser und Erdreich zu verschmutzen. Bisweilen können auch ansteckende Krankheiten ausbrechen, für die privaten Märkte ist jedoch nur ein geringer Anreiz gegeben, im Rahmen eines Gesundheitssystems wirksame Programme dagegen zu entwickeln. Konsumenten sind über die Merkmale der Güter, die sie kaufen, nur sehr mangelhaft informiert. Mit einem Wort, der Markt ist nicht ideal und Marktversagen ein häufig auftretendes Problem.

Man könnte auch sagen, der Staat setzt seine Waffen häufig ein, um insbesondere die folgenden Formen von gravierendem Marktversagen zu korrigieren:

- *Zusammenbruch des vollständigen Wettbewerbs.* Zur Verhinderung eines Kollusionsmonopols oder -oligopols, bei dem Konkurrenz vermieden oder andere Unternehmen vom Markt verdrängt werden sollen, kann der Staat zu Antitrust- oder Regulierungsmaßnahmen greifen.
- *Externalitäten und öffentliche Güter.* Ein unregulierter Markt produziert möglicherweise zu viel Luftverschmutzung und Treibhauseffekt und investiert zu wenig in Volksgesundheit und Bildung. Wie wir in Kapitel 19 sehen werden, kann in einer solchen Situation der Staat seinen Einfluß dazu benutzen, nachteilige Externalitäten einzudämmen oder Wissenschaftsprojekte und öffentliches Gesundheitswesen finanziell zu unterstützen, wenn diese von der Privatindustrie nicht ausreichend finanziert werden. Der Staat könnte Steuern auf Aktivitäten einheben, die externe öffentliche Kosten verursachen (wie etwa das Rauchen), oder Aktivitäten unterstützen, die als sozial wertvoll betrachtet werden (etwa Forschung und Entwicklung).
- *Unzureichende Information.* Unregulierte Märkte bieten Konsumenten bisweilen nur mangelhafte Information, die nicht ausreicht, um gut informiert Entscheidungen treffen zu können. Deshalb werden Pharmaunternehmen dazu angehalten, dem Staat umfassende Daten über Sicherheit und Zweckmäßigkeit neuer Medikamente vorzulegen, bevor diese auf den Markt gebracht werden dürfen. Das ist auch der Grund, warum der Staat von den Unternehmen verlangt, daß sie die Inhaltsstoffe von Nahrungsmitteln oder den Stromverbrauch und andere technische Daten von Haushaltsgeräten wie Kühlschränken und Boilern bekanntgeben. Außerdem kann der Staat seine durch die Höhe seiner Ausgaben gegebene Marktmacht einsetzen und selbst die benötigte Information einholen und weitergeben, wie er dies bei Autocrash- und Sicherheitsdaten übrigens auch tut.

Selbstverständlich ist die Palette der Aufgaben des Staates im Zusammenhang mit möglichen Allokationsproblemen groß.

Eine gerechtere Einkommensverteilung.

Auch wenn die unsichtbare Hand tatsächlich funktioniert und enorm effizient ist, kann sie trotzdem eine sehr ungleichmäßige Einkommensverteilung hervorbringen. Unter Laissez-faire-Bedingungen wird der Reichtum oder die Armut der Leute durch ihr ererbtes Vermögen, ihre Talente und ihren Fleiß, durch das Glück, das sie bei Ölbohrungen haben, oder durch einen Grundbesitz am richtigen Ort, durch ihr Geschlecht oder ihre Hautfarbe bestimmt. Manchen Leuten erscheint die Einkommensverteilung, die sich aus dem unregulierten Wettbewerb ergibt, ebenso willkürlich wie die Verteilung von Nahrung und Beute unter den wilden Tieren des Urwalds nach Darwin.

In den ärmsten Gesellschaften gibt es sehr wenig überschüssiges Einkommen, das man den Bessergestellten wegnehmen und den weniger vom Glück Begünstigten zukommen lassen könnte. Aber je reicher eine Gesellschaft wird, desto mehr Ressourcen werden dazu verwendet, den Armen gewisse Dienstleistungen zur Verfügung zu stellen; die so herbeigeführte Einkommensumverteilung ist die zweite wesentliche wirtschaftliche Funktion des Staates. Die Sozialstaaten Nordamerikas und Westeuropas geben heute einen beträchtlichen Teil ihrer Einkünfte dafür aus, Mindeststandards im Gesundheitswesen, in der Ernährung und bei der Einkommenshöhe zu gewährleisten.

Einkommensumverteilung erfolgt zumeist über eine gezielte Steuer- und Ausgabenpolitik, obwohl bisweilen auch die staatliche Regulierungsfunktion eine gewisse Rolle spielt. Die meisten modernen Staaten treten heute dafür ein, daß Kinder nicht auf Grund der wirtschaftlichen Situation ihrer Eltern hungern sollen, daß man Arme nicht einfach sterben lassen darf, nur weil ihnen das Geld für die entsprechende medizinische Versorgung fehlt, und daß die Alten ihre letzten Jahre mit einem Mindesteinkommen ungestört verbringen können. In den USA kommt der Staat diesen Aufgaben in erster Linie durch Sozialleistungen wie Lebensmittelmarken, das Programm Medicaid und das Sozialversicherungssystem nach. Zusätzlich aber ist während der letzten 30 Jahre noch eine ganze Reihe von Gesetzen und Verordnungen erlassen worden, um gerechte Jobbedingungen, menschenwürdige Wohnungen und Bildungsmöglichkeiten für alle Mitglieder der Gesellschaft zu gewährleisten.

Wirtschaftspolitische Stabilisierungsmaßnahmen

Als der Kapitalismus noch in den Kinderschuhen steckte, war er für wirtschaftliche Probleme wie Inflation und Depression überaus anfällig, und die traumatische Erinnerung an die Große Depression der dreißiger Jahre ist unter älteren Amerikanern nach wie vor lebendig. Heute trägt der Staat die Verantwortung dafür, daß sich eine wirtschaftliche Krisensituation mit derart weitreichenden negativen Folgen nicht wiederholt, und als Instrumente stehen ihm dazu eine umsichtige Geld- und Fiskalpolitik sowie eine strikte Regulierung des Finanzsystems zur Verfügung. Zusätzlich bemüht sich der Staat, Höhen und Tiefen der Konjunkturzyklen auszugleichen, um das Auftreten von Massenarbeitslosigkeit im konjunkturellen Tief und von um sich greifender Inflation im konjunkturellen Hoch zu verhindern. In letzter Zeit streben die Staaten nach wirtschaftspolitischen Maßnahmen, die ein langfristig anhaltendes Wirtschaftswachstum auslösen sollen. Mit diesen Themenstellungen beschäftigt sich sehr ausführlich ein Hauptzweig der Volkswirtschaftslehre, die Makroökonomie.

Internationale Vertretung des Staates

Die letzten Jahre sind in den USA insbesondere durch die zunehmende Bedeutung des internationalen Handels und Finanzwesens gekennzeichnet. Das bedeutet, daß dem Staat heute eine entscheidende Rolle bei der Vertretung der nationalen Interessen auf der internationalen Bühne sowie bei der Aushandlung von Verträgen mit anderen Ländern über eine ganze Reihe von Fragestellungen zukommt. Dabei lassen sich die wirtschaftspolitischen Themen in vier Hauptgebiete einteilen:

- *Abbau von Handelsbeschränkungen*. Ein wesentlicher Bereich der Wirtschaftspolitik beschäftigt sich mit der Harmonisierung von Gesetzen und mit dem Abbau von Handelsschranken, um so eine vorteilhafte internationale Spezialisierung und Arbeitsteilung voranzutreiben. In den letzten Jahren haben die Staaten eine ganze Reihe von Handelsvereinbarungen getroffen, um Zölle und andere Handelsbarrieren für landwirtschaftliche und industrielle Produkte sowie Dienstleistungen abzubauen (erinnern Sie sich daran, daß wir in Kapitel 15 erörtert haben, wie der Freihandel unter Wettbewerbsbedingungen die Länder auf ihre internationale Nutzenmöglichkeitskurve bringt). Im Jahr 1993 wurde beispielsweise zwischen den USA, Mexiko und Kanada das Nordamerikanische Freihandelsabkommen NAFTA abgeschlossen, mit dem die Zollschranken in dieser florierenden Region abgebaut werden sollen, um Handel und Wirtschaftswachstum zu fördern.
  Derartige Abkommen rufen auch sehr viel Widerstand hervor. Sie schaden mitunter einzelnen Gruppen, wenn beispielsweise durch die Abschaffung von Zöllen auf Textilien der Beschäftigungsstand in der Textilbranche zurückgeht. Außerdem verlangen internationale Abkommen in manchen Bereichen die Aufgabe der nationalen Souveränität als Preis für die zu erwartenden steigenden Einkommen. Oder nehmen wir an, in einem Land gibt es gesetzliche Bestimmungen zum Schutz geistiger Eigentumsrechte, also etwa von Patenten und Copyrights, während die Gesetze eines anderen Landes das freie Kopieren von Büchern, Videos oder Computersoftware zulassen. Wessen Gesetze sollen in einer solchen Situation gelten?
- *Hilfsprogramme*. Reiche Staaten verfügen über zahlreiche Programme zu Verbesserung der Situation der mittellosen Bevölkerung in den ärmeren Ländern. Dazu gehören direkte Hilfe vor Ort, Unterstützung bei Katastrophen und technische Hilfestellungen, oder auch die Einrichtung von Institutionen wie der Weltbank, damit an arme Länder niedrig verzinste Kredite vergeben werden können, sowie günstige Bedingungen für Exporte in diese Länder.
- *Koordinierung makroökonomischer Maßnahmen*. Unter den Staaten hat sich die Meinung herausgebildet, daß infolge der zunehmenden wechselseitigen Abhängigkeiten im wirtschaftlichen Bereich makroökonomische Maßnahmen koordiniert werden müssen, um Inflation und Arbeitslosigkeit zu bekämpfen. Die Wechselkurse (die relativen Preise der Währungen verschiedener Staaten) regeln sich nicht von

selbst; die Errichtung eines problemlos funktionierenden Devisensystems stellt eine Vorbedingung für einen effizienten internationalen Handel dar. Die einzelnen Staaten haben erkannt, daß die Fiskal- und Geldpolitik anderer Staaten sich auf ihre heimische Wirtschaftssituation auswirkt. Als die USA im Jahr 1979 die Zinssätze anhoben, um gegen die Inflation anzukämpfen, führte die Verknappung der Geldmenge zu einer weltweiten Rezession und der internationalen Schuldenkrise der achtziger Jahre. Vor allem in Regionen mit sehr starker wirtschaftlicher Integration wie Westeuropa bemühen sich die Staaten darum, ihre Fiskal- und Geldpolitik so zu koordinieren, daß Inflation oder Arbeitslosigkeit eines Landes nicht auf die gesamte Region überspringen.

- *Internationaler Umweltschutz.* Die neueste Facette internationaler Wirtschaftspolitik ist die Zusammenarbeit von Staaten auf ökologischem Gebiet, wenn einzelne Länder Spillovers verursachen oder wenn Staaten von den Umweltproblemen anderer betroffen sind. Vor gar nicht allzu langer Zeit arbeitete man vor allem bei der Verbesserung der Wasserqualität der Flüsse und beim Schutz der Fischgründe international zusammen. Neuerdings, seit sich die Wissenschaft wegen des Ozonlochs, der Abholzung der Wälder, der Erderwärmung und des Artensterbens zunehmend besorgt zeigt, sucht die Staatengemeinschaft insbesondere nach Möglichkeiten, die von diesen Problemen betroffenen globalen Ressourcen zu schützen und zu bewahren. Selbstverständlich können internationale Umweltprobleme nur gemeinsam gelöst werden.

Sogar eingefleischte Konservative würden der Aussage zustimmen, daß der Staat in der Vertretung nationaler Interessen im Konzert der Nationen eine äußerst wichtige Rolle spielt.

B. THEORIE DER ÖFFENTLICHEN ENTSCHEIDUNG

Ökonomen sehen die Rolle des Staates in der Wirtschaft nicht allzu optimistisch. Regierungen können durchaus auch schlechte Entscheidungen treffen oder gute Entscheidungen schlecht umsetzen. Ebenso wie es ein Versagen des Marktes – etwa Monopole und Umweltverschmutzung – gibt, kann es auch zu einem „Versagen" des Staates kommen, wenn staatliche Eingriffe zu Verschwendung oder einer unerwünschten Einkommensumverteilung führen.

Mit diesen Themenbereichen beschäftigt sich die **Theorie der öffentlichen Entscheidung** *(Public Choice Theory), PCT,* also jener Zweig der Volkswirtschaft, der erforscht, wie die Entscheidungsstrukturen in Staaten beschaffen sind. Hier wollen wir uns fragen, wie der Staat über die Höhe der Steuern und des öffentlichen Konsums sowie über die Höhe von Transferzahlungen entscheidet. Die Theorie der öffentlichen Entscheidung fragt nach dem *Wie*, dem *Was* und dem *Für wen* im öffentlichen Sektor, so wie die Angebots- und Nachfragetheorie die Entscheidungen im privaten Sektor untersucht.

Die wirtschaftliche Seite der Politik*: Seit den Zeiten Adam Smiths beschäftigen sich Ökonomen hauptsächlich mit den Funktionsweisen des Marktes. Ernsthafte Denker haben dabei jedoch auch die Rolle des Staates in der Gesellschaft nicht außer acht gelassen. Joseph Schumpeter war der erste, der sich in seinem Buch* Capitalism, Socialism, and Democracy (Kapitalismus, Sozialismus und Demokratie, *1942) mit öffentlichen Entscheidungskriterien auseinandersetzte, und die mit dem Nobelpreis ausgezeichnete Studie von Kenneth Arrow über soziale Entscheidungsprozesse (die später in diesem Kapitel analysiert werden soll) brachte mathematische Ordnung in dieses Fach. Aber es war die richtungsweisende Studie von Anthony Downs,* An Economic Theory of Democracy *(1957), in der er eine aussagekräftige neue Theorie entwickelte, wonach Politiker wirtschaftspolitische Maßnahmen einfach nur deshalb setzen, um wiedergewählt zu werden. Downs wies nach, daß politische Parteien dazu tendieren, sich in Richtung Mitte des politischen Spektrums zu bewegen, und er proklamierte das „Abstimmungsparadoxon", das besagt, es sei irrational, daß Menschen wählen, wenn man bedenkt, wie unwahrscheinlich es ist, daß ein einzelner das Ergebnis beeinflussen kann.*

Weitere Studien von James Buchanan und Gordon Tullock in The Calculus of Consent *(1959) verteidigten eine wechselseitige Kontrolle zur Verhinderung von Machtmißbrauch (checks and balances) und sprachen sich für das Einstimmigkeitsprinzip bei politischen Entscheidungen aus – mit dem Argument, daß Einstimmig-*

keit für niemanden einen Zwang bedeutet und daher auch keine Kosten verursache. Für diese und andere Arbeiten erhielt Buchanan im Jahr 1986 den Nobelpreis. Seine volkswirtschaftlichen Theorien wurden von konservativen Politikern zu Beginn der achtziger Jahre sehr sorgfältig studiert. So fanden seine Ideen beispielsweise Eingang in die Landwirtschaftspolitik, diverse Regulierungsmaßnahmen und in die Gerichtsbarkeit, und sie bildeten die theoretische Grundlage eines Vorschlags für eine Änderung der Verfassung, in die das Erfordernis eines ausgeglichenen Budgets aufgenommen werden sollte.

WIE STAATLICHE ENTSCHEIDUNGSPROZESSE ABLAUFEN

Auf dem privaten Sektor drücken Menschen ihre Präferenzen mit Hilfe ihrer Kaufkraft aus, die sie für die von ihnen gewünschten Güter einsetzen. Im politischen Leben wählen sie direkt Volksvertreter und Präsidenten. Überlegen wir doch einmal, wie Menschen wählen und welche Folgen das hat.

Das Politikspiel

Das Spiel der Politik hat wie der Markt seine eigenen Spielregeln und Mitspieler. Politische Entscheidungsfindung erfolgt im Rahmen bestimmter *Regeln*: Es handelt sich dabei um die Grundlagen der Verfassung und des Wahlsystems. Die für unsere Zwecke wichtigste Spielregel lautet, Entscheidungen sind von gewählten Volksvertretern zu treffen.

Wer aber sind die *Mitspieler*? Die Wähler entsprechen Konsumenten, deren Wünschen eine Demokratie letztlich dienen soll. Die zweite Gruppe wichtiger Mitspieler sind die gewählten Volksvertreter oder die Politiker. Diese Gruppe erfüllt eine Funktion, die jener eines Unternehmens in einer Marktwirtschaft nicht unähnlich ist: Sie sind jene Unternehmer, die die öffentliche Nachfrage nach Kollektivgütern interpretieren und Methoden finden müssen, um die nachgefragten Güter anbieten zu können.

Was motiviert einen Politiker? Bei den meisten gewählten Funktionären stammt die Motivation aus einer Kombination von Pragmatismus und Ideologie – die ihre Bemühungen um ein politisches Überleben nach den Wahlen mit ihren grundsätzlichen Vorstellungen darüber, wie das Land regiert werden sollte, verbindet. Manche ändern immer wieder rasch ihre Position, sobald sich der politische Wind dreht. Andere sind von ihren ideologischen Anliegen so felsenfest überzeugt, daß sie für die Verteidigung der von ihnen vertretenen Ideale sogar eine Niederlage hinnehmen. Aber die Theorie der öffentlichen Entscheidung schneidet mitten durch dieses Dickicht aus komplexen Motiven, indem sie von einer ganz einfachen Annahme ausgeht: *Politiker verhalten sich so, daß sie damit ihre Chance auf Wiederwahl maximieren.* Es ist davon auszugehen, daß Politiker bestrebt sind, Stimmen zu maximieren, wie Unternehmen nach Möglichkeit ihre Gewinne maximieren.

Irgendwo zwischen Wählern und Politikern sind Organisationen anzusiedeln, die unter der Bezeichnung *Interessensgruppen* bekannt sind und die Menschen oder Unternehmen vertreten, für deren Interessen oder Anliegen sie Lobbying betreiben. So verteidigt etwa die amerikanische National Rifle Association (der Verband amerikanischer Waffenhändler) das Recht der Bürger, Waffen zu tragen; das Iron and Steel Institute (der Verband der Schwerindustrie) versucht, Stahlimporte zu erschweren; der Environmental Defense Fund (Umweltfonds) kämpft um strengere Umweltauflagen. Bisweilen erhalten Interessensgruppen ein Ausmaß an politischer Macht, das sich durch die Anzahl ihrer Mitglieder nicht mehr erklären läßt. Wenn Interessensgruppen normsetzende Behörden oder gesetzgebende Körperschaften „übernehmen", haben wir es mit einer *nicht repräsentativen Regierungsform* zu tun.

Aber es gibt auch noch andere Mitspieler. Eine wichtige Gruppe sind etwa die Leute, die die Verwaltungsbehörden leiten (wie die Generäle im Pentagon oder die Bauernvertreter im Landwirtschaftsministerium). Obwohl diese auf Grund ihres Fachwissens und ihrer langjährigen Erfahrung große politische Macht ausüben, müssen sie sich letztlich den Entscheidungen der Politiker beugen.

Zusammenfassend:

Die Theorie der öffentlichen Entscheidung beschreibt, wie die Entscheidungsprozesse von staatlichen Organen über Steuern, Ausgaben, staatliche Regulierungsmaßnahmen und andere politische Maßnahmen ablaufen. Wie im Spiel der Märkte muß auch im Spiel der Politik die Nachfrage der Menschen nach Kollektivgütern mit den gegebenen wirtschaftlichen Möglichkeiten, diese anzubieten, befriedigt werden. Der Hauptunterschied liegt dabei in der Tatsache, daß die entscheidenden Mitspieler in der Politik – also die Politiker – in erster Linie darauf bedacht sind, Wahlen zu gewinnen, während die Hauptspieler auf den Märkten – die Unternehmen – Gewinne maximieren möchten.

Mechanismen öffentlicher Entscheidungsfindung

In jedem Land herrscht ein bestimmtes politisches System zur kollektiven Entscheidungsfindung. Wie aber funktioniert dieses System in Theorie und Praxis? Wir konzentrieren uns hier auf Entscheidungsprozesse – und dabei vor allem auf die Wahlsysteme – in demokratischen Ländern.

Die öffentliche Entscheidungsfindung ist jener Prozeß, durch den einzelne Präferenzen zu kollektiven Entscheidungen gebündelt werden. Eine demokratische Gesellschaft betont die Wichtigkeit individueller Wertvorstellungen und Präferenzen in der Gemeinschaft – der Grundsatz „ein Mann, eine Stimme" gibt diesen individualistischen Grundzug unseres politischen Systems recht gut wieder.

Doch nun taucht ein kniffliges Problem auf, weil wir ein Konglomerat von Millionen Meinungen zu einer einzigen Entscheidung verschmelzen müssen. In den USA gibt es 250 Millionen Ansichten über das Verteidigungsbudget oder das Gesundheitswesen. Aber letztlich kann es nur eine einzige Entscheidung darüber geben, ob das Land in einen Krieg eintreten soll, es kann nur eine Gesundheitspolitik geben etc. Eine rote Ampel bedeutet eben „Stop" für alle, weil politische Entscheidungen *unteilbar* sind. Diese Entscheidungen sind im Gegensatz zu privaten Entscheidungen über Eiscreme, Brot oder Konzerte, für die die Entscheidung des Nachbarn, Eiscreme zu essen oder auch nicht, keinen Einfluß auf meine Konsumentscheidungen hat, für alle zwingend.

Anders als bei privaten Entscheidungen ist ein wesentliches Element kollektiver Entscheidungsprozesse die Unteilbarkeit, die Notwendigkeit, in jeder Frage zu einem einzigen Ergebnis zu gelangen.

Ergebnisse kollektiver Entscheidungen

Welche Auswirkungen haben kollektive Entscheidungen? Abbildung 16-3 stellt die verschiedenen Möglichkeiten dar. Dieses Diagramm geht von einer Gesellschaft aus, in der es zwei Arten von Menschen, Gruppe A und Gruppe B, gibt. Es kann sich dabei je nach Belieben um Reiche und Arme, Republikaner und Demokraten, Land- und Stadtbewohner handeln. Für unsere Zwecke stellen Sie sich bitte jede der beiden Gruppen als homogen mit gemeinsamen Interessen und Präferenzen vor.

Betrachten Sie zuerst eine Gesellschaft, die auf jede Art von Regierung verzichtet. Diese Welt wurde von Thomas Hobbes, einem Philosophen des siebzehnten Jahrhunderts, als ein Zustand der Natur beschrieben, in dem „kein Platz für Fleiß ist, denn die Früchte des Fleißes

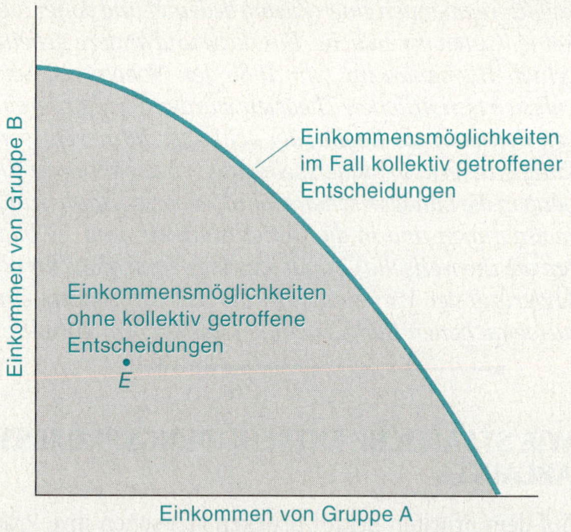

Abbildung 16-3: Die Sinnhaftigkeit kollektiver Entscheidungen

Die Graphik zeigt die Wirtschaftsleistung mit und ohne kollektive Entscheidungen. Punkt E markiert das Ergebnis einer reinen Laissez-faire-Politik, bei der der Staat keine Straßen baut, keine Kinder impft und „den Dingen ihren Lauf läßt".
Sobald kollektive Entscheidungen wie etwa der Bau von Straßen, die Förderung der Wissenschaft, die bewußte Steuerung der Geldmenge etc. getroffen werden, läßt sich das wirtschaftliche Ergebnis verbessern, und die Gesellschaft bewegt sich weg von E in Richtung ihrer Möglichkeitskurve.

sind ungewiß; kein Platz für Ackerbau, Seefahrt, Kunst; wo ständige Angst vor einem gewaltsamen Tod herrscht und wo des Menschen Leben einsam, elend, abstoßend, primitiv und kurz verläuft."[2] In dieser regierungslosen Welt wäre die Gesellschaft in einen unzivilisierten und gefährlichen Dschungel gestoßen, und die Einkommen wären niedrig, wie in Punkt E in Abbildung 16-3 dargestellt.

Überlegen Sie sich als nächstes, welches Potential sich einer Gesellschaft erschließt, wenn sie vernünftige kollektive Maßnahmen zu treffen in der Lage ist. Eine solche Gesellschaft könnte Autobahnen bauen und Daten-Superhighways fördern. Das öffentliche Gesundheitswesen würde Krankheiten wie Malaria, Pocken und Pest ausrotten. Staatliche Unterstützung für Bildung und Wissenschaft würde für ein gut ausgebildetes Arbeitskräftepotential sorgen, könnte Vorstöße in den Weltraum und

[2] Thomas Hobbes, *Leviathan* (1651). Dieses Zitat ist gekürzt und in eine modernere Sprache übertragen.

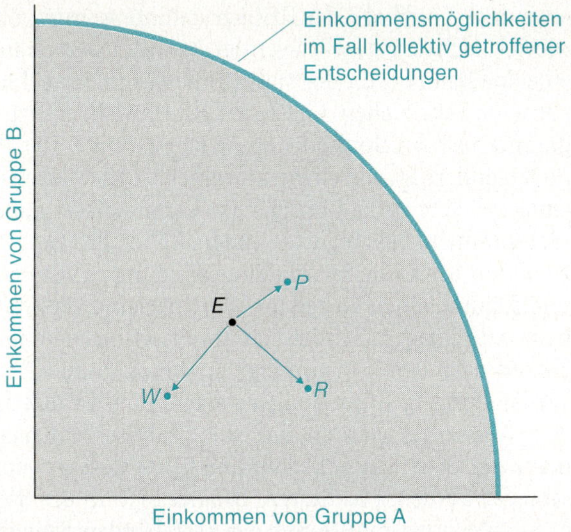

Abbildung 16-4: Kollektive Entscheidungen können allen helfen, allen schaden oder einfach umverteilend wirken

Ausgehend von Laissez-faire-Punkt E können wir drei verschiedene Ergebnisse durch die Einführung kollektiver Entscheidungen erzielen. Eine Pareto-Verbesserung stellt alle besser und bringt eine Verschiebung zu Punkt P. Es könnte aber auch zu einem massiven Versagen des Staates kommen (etwa einem Atomkrieg), der jedermann schlechter stellt und die Gesellschaft von E zu W bewegt. Häufig wirken kollektive Programme umverteilend und bewegen die Gesellschaft von E zu R.

in die Molekularmedizin ermöglichen und damit einen rapiden Produktivitätszuwachs bewirken. Geldpolitische Maßnahmen könnten ein funktionierendes Währungs- und Bankensystem gewährleisten und so den Menschen dieser Gesellschaft effiziente Investitionen ermöglichen. Die Polizei könnte Straßen und Wohnungen sichern, Umweltprogramme würden für Luft- und Gewässerreinhaltung sorgen und die Volksgesundheit verbessern. Einkommenssichernde Maßnahmen würden auch eine ausreichende Ernährung und ärztliche Versorgung für jene ermöglichen, die nicht für sich selbst zu sorgen in der Lage sind.

Ein erfolgreiches Agieren des öffentlichen Sektors verschiebt die Produktionsmöglichkeitskurve der Wirtschaft nach außen. Die Produktionsmöglichkeitskurve einer Gesellschaft, die kollektiv handelt, ist in Abbildung 16-3 dargestellt.

Sind öffentliche Entscheidungen effizient?

Wenn wir an die zahlreichen Bereiche denken, in denen staatliche Aktivitäten ihre nutzbringende Wirkung entfalten, könnte sich die Frage stellen, ob denn kollektiv getroffene Entscheidungen immer zu mehr Effizienz führen. Natürlich fände man kaum jemanden, der die Ausrottung der Pocken oder der Kinderlähmung nicht als segensreiche Errungenschaften betrachten würde. Aber gibt es vielleicht so etwas wie ein Theorem der „sichtbaren Hand", demzufolge staatliche Maßnahmen die Wirtschaft immer in Richtung einer volkswirtschaftlich effizienten und gerechten Allokation öffentlicher Güter und Einkommen treiben?

Wie wir später noch sehen werden, lautet die Antwort auf diese Frage nein. Abbildung 16-4 zeigt, daß sich die Auswirkungen kollektiver Entscheidungen in drei Hauptkategorien einteilen lassen – schädlich, umverteilend und effizient:

1. Selten kommt es wahrscheinlich durch kollektive Entscheidungen zu *schädlichen* Ergebnissen, von denen man sprechen kann, wenn ein Staat Maßnahmen trifft, die sich für jedermann ungünstig auswirken. Sollte eine ganz bestimmte Strategie geradewegs in den Atomkrieg führen, wäre sie sicherlich als glatter Fehlschlag zu beurteilen. Derartige schädliche Entscheidungen sind in der Abbildung 16-4 durch die Bewegung vom ursprünglichen Punkt E hin zu Punkt W dargestellt.
2. Möglich sind auch einfache *Umverteilungsresultate*, die durch den Pfeil von E zu R dargestellt sind. In diesen Fällen kann die Gesellschaft eine Gruppe besteuern und die so eingenommenen Gelder einer anderen Gruppe zugute kommen lassen, oder sie kann Zölle auf ein Produkt einheben, was sich zwar auf die Produktionsfaktoren der betroffenen Branche günstig auswirkt, zugleich aber den Konsumenten schadet.
3. Und schließlich können kollektiv beschlossene Maßnahmen auch zu *Verbesserungen im Sinne von Pareto* führen, die sich positiv auf die Bedürfnisbefriedigung aller auswirken. Sie sind für jedermann von Vorteil und für niemanden von Nachteil. Eine solche Pareto-Verbesserung ist durch den nach links oben gerichteten Pfeil von Punkt E zu P dargestellt. Als Beispiele für eine solche Pareto-Verbesserung wären beispielsweise die staatliche Förderung wissenschaftlicher Projekte (etwa von Nachrichtensatelliten) oder von Maßnahmen zur Hebung der Volksgesundheit (Impfungen gegen Pocken oder Kinderlähmung) zu nennen.

Diesen eben skizzierten Unterschied zwischen den drei möglichen Ergebnissen kollektiver Entscheidungen müssen wir uns immer vor Augen halten, weil es einfach keine absolut sicheren Regeln dafür gibt, wie eine Entscheidung zum Vorteil aller getroffen werden kann.

UNTERSCHIEDLICHE ENTSCHEIDUNGSMODELLE

Verschiedene Gesellschaften haben unterschiedliche Mechanismen der Entscheidungsfindung hervorgebracht: Manche orientieren sich an der Tradition, andere am Herrscherhaus, während die meisten westlichen Länder ihre Entscheidungen über eine repräsentative Regierung treffen. Nach der Theorie der öffentlichen Entscheidung müssen wir uns unabhängig von der jeweiligen Regierungsform auf die zugrundeliegenden Entscheidungsprozesse konzentrieren. Führen Entscheidungssysteme, die sich auf den Konsens oder das Einstimmigkeitsprinzip stützen, zu effizienten und konsistenten Resultaten? Was ist unter dem „Willen der Mehrheit" tatsächlich zu verstehen? Unter welchen Umständen fallen kollektiv getroffene Entscheidungen unfair oder ineffizient aus?

Das Einstimmigkeitsprinzip

Immer wieder haben Gesellschafts- und Wirtschaftsphilosophen auf die Vorteile von Konsens- oder Einstimmigkeitsentscheidungen hingewiesen. Das Prinzip der Einstimmigkeit erfordert, daß jedermann den kollektiven Entscheidungen zustimmt. Abbildung 16-5(*a*) zeigt, wie die Entscheidungsfindung im Konsens abläuft. Es kann keine Entscheidung ohne die Zustimmung aller getroffen werden, deshalb muß jede Entscheidung unweigerlich auch das Einkommen (oder allgemeiner ausgedrückt, das Maß an Bedürfnisbefriedigung) jedes einzelnen heben. Die Gesellschaft muß sich daher auf ihrer Einkommensmöglichkeitskurve in Abbildung 16-5(*a*) nach rechts oben bewegen – ein Vorgang, der durch die Pfeile angedeutet ist. Wahlsysteme, die auf dem Einstimmigkeitsprinzip beruhen, garantieren, daß alle Entscheidungen Pareto-Verbesserungen mit sich bringen, weil keine Entscheidung irgendjemanden schlechter stellt. Außerdem muß jeder Wähler mit der getroffenen Entscheidung einverstanden sein, so daß auch die Minderheit nicht von einer Mehrheit unterdrückt werden kann.

Leider weist das Einstimmigkeitsprinzip gravierende Mängel auf. Wie jedermann weiß, der jemals versucht hat, eine Gruppe von Menschen auf eine bestimmte Entscheidung einzuschwören, ist zur Erzielung eines Konsenses enorm viel Zeit und Energie nötig. Irgendein Skeptiker kann jede Maßnahme jederzeit torpedieren, gleichgültig, wie gut und sinnvoll sie auch ist. Schlimmer noch – wenn erst einmal jeder Kritiker dahinterkommt, über wieviel Macht er eigentlich verfügt, kann er jederzeit auch einzelne Befürworter der Maßnahme durch Bestechung auf seine Seite ziehen. Ließe sich ein Umweltschutzprogramm oder ein Straßenbauprojekt, das mit $ 100 Millionen dotiert ist, von einem einzelnen Gegner durch ein einfaches Veto zu Fall bringen, so könnte dieser auf die Idee kommen, beliebig viele andere kleine Projekte aufzugreifen, um so die Entscheidungsfindung zu verzögern und dadurch einen Vorteil für sich und seine Mitstreiter herauszuschlagen. Schließlich wäre ein Entscheidungsprozeß nach dem Einstimmigkeitsprinzip durch all die Verhandlungen, Erpressungsversuche und Verzögerungen so sehr festgefahren, daß sich praktisch gar nichts mehr umsetzen ließe. Es könnten keine Gesetze verabschiedet werden. Das System befände sich in der Sackgasse oder man müßte mit der bestehenden Situation vorlieb nehmen. Anstatt sich also vom Punkt *E* nach rechts oben zu begeben, würde die Gesellschaft einfach am Punkt *E* stagnieren (wo auch immer *E* läge).

Eine Regierung nach dem Einstimmigkeitsprinzip würde aller Voraussicht nach auf dem Status quo verharren, wie gut oder schlecht dieser auch immer ist.

Das Mehrheitsprinzip

Praktisch alle Wahlgremien stützen sich in ihren Entscheidungen auf das Mehrheitsprinzip. In diesem System kann ein Gesetz oder eine Regel beschlossen werden, wenn sich mehr als die Hälfte der Abstimmenden dafür ausspricht. In den USA fallen die Entscheidungen im Kongreß, im Obersten Gerichtshof, in der bundesstaatlichen und lokalen Verwaltung sowie in den meisten Unternehmensvorständen und Clubs nach dem Mehrheitsprinzip.

Eine vereinfachte Darstellung des Mehrheitsprinzips finden Sie in Abbildung 16-5 rechts. Nehmen wir an, Gruppe A hätte die Mehrheit. Sie wird sich bei einer rein wirtschaftlichen Betrachtungsweise für jede Maßnahme aussprechen, die ihr Realeinkommen erhöht. Daher würde nach dem Mehrheitsprinzip jeder der eingetragenen drei Punkte *L, M* oder *N* Punkt *E* vorgezogen werden. *M* führt von allen drei möglichen Punkten zum höchsten Einkommen für Gruppe A, und auf diesen Punkt würde daher auch die Wahl der Mehrheit, die unter den vier Möglichkeiten zu entscheiden hat, fallen.

Die in Abbildung 16-5 (*b*) dargestellten Ergebnisse weisen auf einige wichtige Merkmale des Mehrheitsprinzips hin. Erstens ist das Mehrheitsprinzip keine Garantie für eine Pareto-Verbesserung. Die Mehrheit würde Punkt *M* vor *E* den Vorzug geben, aber Punkt *M* stellt die Min-

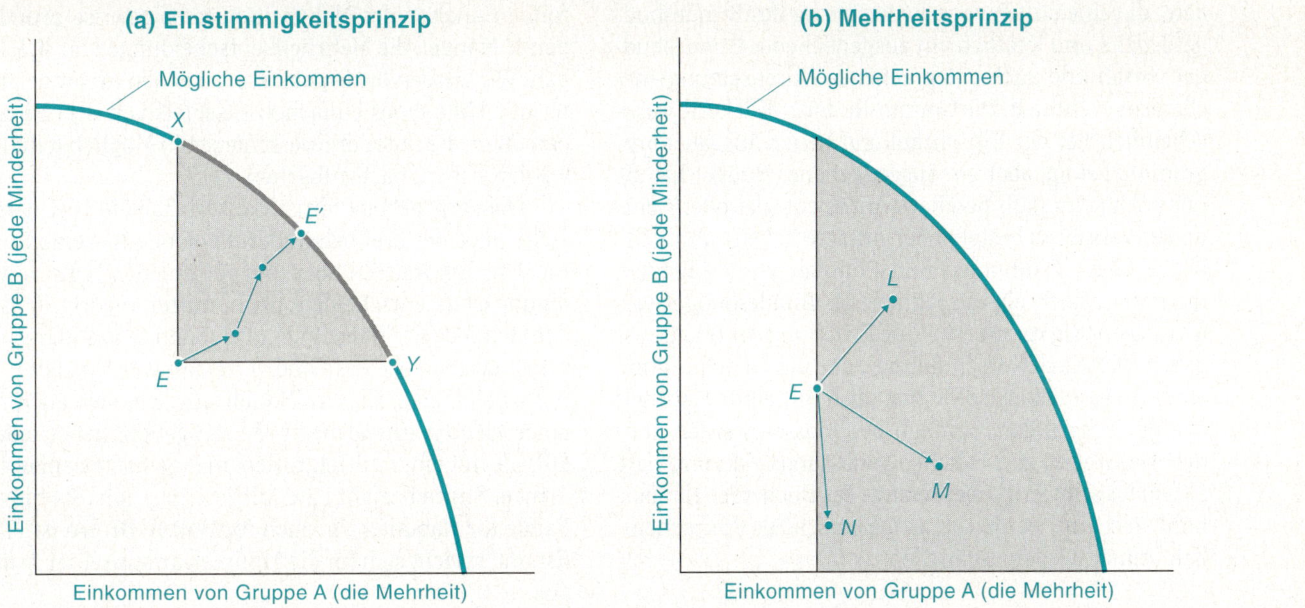

Abbildung 16-5: Kollektive Entscheidungen nach dem Einstimmigkeits- und nach dem Mehrheitsprinzip

Die linke Abbildung zeigt uns die möglichen Ergebnisse, wenn eine Entscheidung einstimmig getroffen werden muß: Muß jedermann jeder Entscheidung zustimmen, kann keiner schlechter gestellt werden. Ausgehend von E müssen daher alle Ergebnisse im Bereich EXY liegen.
Nach dem Mehrheitsprinzip, das in der rechten Abbildung dargestellt ist, kann die Mehrheitsgruppe A die Entscheidungen treffen und würde für jeden Vorschlag stimmen, der das eigene Einkommen hebt (und so eine Rechtsverschiebung in den grau unterlegten Bereich bewirkt). Entscheidungen können effizient und fair sein (wie bei einer Bewegung zu L) oder sie können ineffizient und unfair sein (wie im Falle einer Bewegung zu N).

derheit (Gruppe B) schlechter. Zweitens kann das Mehrheitsprinzip zu einer „Diktatur der Mehrheit" führen; Mehrheiten werden so in die Lage versetzt, ihren politischen Willen den Minderheiten durch Diskriminierung, Umverteilung von Einkommen oder repressive gesetzliche Bestimmungen aufzuzwingen. Diese Art der Beherrschung einer Gruppe wäre nach dem Einstimmigkeitsprinzip nicht möglich.

Vermeidung einer Diktatur der Mehrheit. Die Möglichkeit einer diktatorischen Ausübung von Macht durch die Mehrheit beschäftigt politische Denker bereits seit vielen Jahrhunderten. Da Philosophen wie James Madison und Alexander Hamilton sich des Problems des Zwanges im politischen System bewußt waren, schlugen sie in zahlreichen wichtigen Belangen das Prinzip der *qualifizierten Mehrheit* vor (beispielsweise für eine Abänderung der Verfassung). Qualifizierte Mehrheit bedeutet, daß sich mehr als die einfache Stimmenmehrheit für die Annahme eines Antrags aussprechen muß, beispielsweise zwei Drittel der Stimmberechtigten, damit dieser beschlossen werden kann.

In letzter Zeit wurde immer wieder der Vorschlag gemacht, auch das Bundesbudget solle mit qualifizierter Mehrheit beschlossen werden. Kritiker der derzeitigen Budgetierung wenden nämlich ein, daß es Mehrheiten immer wieder gelingt, außerordentliche Ausgaben durchzusetzen, die staatlichen Aktivitäten in neue Bereiche zu erweitern und so tatsächlich eine Minderheit zu tyrannisieren, nämlich all jene, die hoch besteuert und zur Teilnahme an einem System gezwungen werden, das von staatlichen Planern beherrscht wird.

Ein Lösungsvorschlag sieht vor, qualifizierte Mehrheiten für die Verabschiedung jener Wirtschaftsgesetze zu verlangen, die zu Budgetdefiziten oder zu einer Ausweitung der staatlichen Ausgabenprogramme führen würden. Für diesen Ansatz entschied sich der Kongreß, als er im Jahr 1985 die *Gramm-Rudman-Bill* verabschiedete, die eine stufenweise Reduzierung des Bundesbudgetdefizits und letztlich ein ausgeglichenes Bundesbudget vorsah und auch entsprechende Durchsetzungsmechanismen enthielt. Die Gramm-Rudman-Bill hatte wahrscheinlich bei der Einschränkung neuer Ausgabenprogramme Erfolg, aber ein ausgeglichenes Budget hat sie uns noch keinesfalls beschert. Angesichts des offensichtlichen Versagens bestehender Ansätze haben zahlreiche konservative Ökonomen und Politiker vorgeschlagen, man möge doch ein ausgeglichenes Bundesbudget verfassungsmäßig verankern. Eine Erhöhung der Staatsausgaben, der Staatsverschuldung oder die Genehmigung eines Budgetdefizits sollte nur noch mit einer Mehrheit von 60 Prozent der Stimmen beschlossen werden können. Der Weg zu einer solchen Verfassungsänderung wäre zweifellos schwierig, aber solange das Budgetdefizit überhöht erscheint, werden derartige Vorschläge wahrscheinlich immer wieder auftauchen.

Zyklisches Abstimmungsverhalten und das Abstimmungsparadoxon. Wir hören immer wieder vom „Willen der Mehrheit" und man solle „der Mehrheit folgen". Kenneth Arrow, mit dem Nobelpreis ausgezeichneter Ökonom der Stanford Universität, zeigte anhand einer profunden Analyse des Mehrheitssystems gewisse grundlegende Mängel, die Mehrheitsentscheidungen an sich haben. Wir werden die Ergebnisse, zu denen Arrow gelangte, mit Hilfe eines einfachen Beispiels von drei Einzelpersonen, die unter drei verschiedenen Möglichkeiten zu wählen haben, nachvollziehen.

Die vorgegebene Situation ist in Tabelle 16-1 dargestellt. Jede der drei beteiligten Personen hat eine Stimme. Die drei müssen über drei verschieden hohe Verteidigungsetats entscheiden: hoch, mittel, niedrig. Außerdem hat jede der handelnden Personen eine andere Meinung darüber, wie das Land verteidigt werden sollte. Jones ist ein Falke, aber im Notfall würde er sich auch mit einer kleinen Elitearmee zufriedengeben, lieber jedenfalls als mit einer mittelgroßen, mangelhaft finanzierten Armee. Smith bezieht eine mittlere Position. Sie hat ein Faible für Kanonen wie auch für Butter. Brown ist Pazifist und spricht sich für die Minimalvariante einer Armee aus.

Nun sondieren Sie einmal die Lage und versuchen Sie, die Frage der Verteidigungsausgaben mit Hilfe des Mehrheitsprinzips zu entscheiden. Kein einziges der genannten Programme bekommt in der Abstimmung gegen die beiden anderen eine Mehrheit. Wir stehen vor dem sogenannten Abstimmungsparadoxon:

Von einem *Abstimmungsparadoxon* sprechen wir, wenn kein einziges der angestrebten Programme gegen die anderen eine Mehrheit erringen kann.

Sie könnten nun überlegen, ob es nicht möglicherweise irgendein ausgeklügeltes Verfahren geben könnte, mit dem sich ein zyklisches Abstimmungsverhalten vermeiden ließe. Kenneth Arrow jedenfalls setzte sich mit dieser Frage auseinander, und er stellte fest, daß *kein Mehrheits-Wahlsystem, das auf individuelle Präferenzen Rücksicht nimmt, in jeder Situation Effizienz garantiert*. Mit anderen Worten: Es wurde noch niemals ein Wahlsystem gefunden – und Arrow hat sogar bewiesen, daß es gar nicht möglich wäre, eines zu finden –, das garantieren würde, daß das Mehrheitswahlrecht konsistent ist und die Gesellschaft in ihre optimale Position bringt.

Die Theoretiker der öffentlichen Entscheidung weisen auf zwei wichtige Implikationen des Abstimmungsparadoxons für Organisationen oder gesetzgebende Körperschaften hin. Eine besagt, daß das Ergebnis von der *Tagesordnung* oder der Reihenfolge der Abstimmungsfragen abhängt. Auf Grund der Notwendigkeit, Zeit zu sparen, müssen die Organisationen für bestimmte Verfahrensabläufe sorgen. Sie können sich nicht darauf einlassen, daß Fragen, zu denen es geteilte Meinungen gibt, endlos im Kreis diskutiert werden. Aber das Abstim-

	Die Präferenz der Abstimmenden unter verschieden hohen Verteidigungsbudgets		
Abstimmender	Niedrige Verteidigungsausgaben	Mäßige Verteidigungsausgaben	Hohe Verteidigungsausgaben
Jones	2	3	1
Smith	3	1	2
Brown	1	2	3

Tabelle 16-1: Wie kommt es zu zyklischem Abstimmungsverhalten oder zum Abstimmungsparadoxon?

Jones will entweder eine starke Armee oder nur eine minimale Verteidigung. Smith vertritt die mittlere Position und wünscht sich eine einigermaßen brauchbar ausgestattete Armee. Brown ist Pazifist.
Nach dem Mehrheitsprinzip stimmt jeder für die von ihm präferierte Lösung. Bei der Abstimmung über diese Lösungen gewinnen die niedrigen Ausgaben über das mäßige Verteidigungsbudget mit 2:1; die mäßigen Ausgaben übertreffen die hohen Ausgaben mit 2:1; und die hohen Ausgaben schlagen die niedrigen Ausgaben mit 2:1. Wie ein Hund, der seinem eigenen Schwanz hinterherjagt, führt das Mehrheitsprinzip in diesem Fall zu einem endlos zyklischen Abstimmungsverhalten. Es gibt auch keine Möglichkeit, dieses Paradoxon zu lösen, außer durch ein willkürlich festgelegtes Abstimmungsverfahren.

mungsparadoxon zeigt, daß die Tagesordnung entscheidenden Einfluß auf das Ergebnis haben kann: Die Abstimmungsreihenfolge kann darüber entscheiden, welches Programm schließlich beschlossen wird.

Kehren wir zu unserem Beispiel aus Tabelle 16-1 zurück. Nehmen wir an, der Kongreß müßte über die zukünftige Verteidigungspolitik abstimmen, wäre jedoch in drei gleich mächtige Gruppen gespalten, deren Präferenzen jenen der Einzelpersonen in Tabelle 16-1 entsprechen. Und hier wird das sogenannte Rules Committee, der Verfahrensausschuß, wichtig. Durch Eingriffe in die Abstimmungsreihenfolge kann das Rules Committee tatsächlich darüber entscheiden, wer aus der Abstimmung siegreich hervorgehen wird. Nehmen wir an, die Ultraliberalen hätten im Rules Committee die Mehrheit, und sie seien überzeugt davon, daß nun nach Beendigung des Kalten Krieges die USA auf hohe Verteidigungsausgaben verzichten könnten. Das Committee kann die Tagesordnung so festlegen, daß das gewünschte Ergebnis erzielt wird. Begonnen wird mit der Abstimmung zwischen hohen und mittelhohen Ausgaben: Die Entscheidung fällt mit zwei zu einer Stimme für letztere. Der Sieger aus dieser Abstimmung, also die Verfechter der mittelhohen Ausgaben, treten nun gegen den Befürworter niedriger Militärausgaben an, und diese gewinnen. Die Entscheidung für die niedrigen Militärausgaben ist auf Grund der Reihenfolge der Abstimmungen gefallen. (Können Sie sich nun vorstellen, wie ein militärbegeistertes Rules Committee vorgehen müßte, um hohe Verteidigungsausgaben durchzusetzen?) Dieses Beispiel zeigt, warum Vorsitzende bei Abstimmungen und Rules Committees in der Gesetzgebung einen derart hohen Stellenwert haben: Die Macht, die Tagesordnung festzulegen, bedeutet häufig auch die Entscheidung über das Ergebnis.

Die zweite Implikation des Abstimmungsparadoxons bezieht sich auf die *Instabilität von Koalitionen in Umverteilungsfragen*. Situationen, bei denen die Einkommensumverteilung eine Rolle spielt, gleichen dem zyklischen Abstimmungsverhalten, das in Tabelle 16-1 dargestellt ist. Nehmen wir an, eine Torte, die in zehn Stücke aufgeschnitten wurde, muß nach dem Mehrheitsprinzip auf drei Leute aufgeteilt werden. Dagwood und Blondie stimmen dafür, jeweils selbst 5 Tortenstücke zu bekommen, so daß für Popeye nichts übrigbleibt. Aber dann überredet Popeye Blondie, doch anders abzustimmen, indem er sagt: „Warum nimmst Du Dir nicht 6 Tortenstücke, ich nehme mir 4, und der doofe Dagwood kann sehen, wo er bleibt!" Anhand weniger Beispiele können Sie erkennen, daß keine wie immer geartete Koalition von auf ihre Einkommensmaximierung bedachten Einzelpersonen dagegen gefeit ist, von einer anderen Koalition überstimmt zu werden. Dieses Beispiel läßt sich auch verallgemeinern, um nachzuweisen, warum für politische Problemstellungen mit bedeutender umverteilender Wirkung immer nur instabile Lösungen gefunden werden können.

ANWENDUNGSMÖGLICHKEITEN DER THEORIE DER ÖFFENTLICHEN ENTSCHEIDUNG

Die PCT läßt uns unter anderem verstehen, wie politische Kräfte Einfluß auf das Budget und andere Entscheidungen nehmen können, die Auswirkungen auf die wirtschaftlichen Aktivitäten eines Landes haben. Obwohl der Staat in modernen Wirtschaftssystemen eine zentrale Rolle spielt, haftet ihm dennoch immer der Makel der Unvollkommenheit an. So wie Wirtschaftssysteme in der Realität niemals zur Perfektion vollkommener Wettbewerbsmärkte gelangen, gelingt es auch Demokratien bisweilen nicht, auf soziale Anforderungen in der effizientestmöglichen Weise zu reagieren. Ebenso wie ein Versagen des Marktes gibt es auch ein Versagen des Staates:

Versagen des Staates liegt vor, wenn es mit Hilfe staatlicher Maßnahmen nicht gelingt, die wirtschaftliche Effizienz zu steigern, oder wenn der Staat eine ungerechte Einkommensumverteilung zu verantworten hat.

Staatsversagen hat zwei Hauptgründe: den bürokratischen Imperativ und die kurzfristigen Zeithorizonte.

Der bürokratische Imperativ

Wenige widerstehen der Versuchung, die eigene Macht oder den eigenen Einfluß zu steigern. Mit dem Staat ist es nicht anders. Staaten tun oft zu viel und das zu lange. Ein Grund für die Tendenz zur übertriebenen Ausweitung des staatlichen Bereiches ist darin zu suchen, daß keine Überprüfung des Nutzens einzelner Projekte vorgenommen wird (dessen, was Geschäftsleute als „Ergebnis unter dem Strich" bezeichnen). Baut ein Staat zu viele Dämme oder zu viele U-Boote, liegt keine Gewinn- und Verlustrechnung vor, mit der man den volkswirtschaftlichen Nutzen dieser Projekte berechnen könnte. Solche Projekte benötigen nur die Unterstützung einer gesetzgebenden Mehrheit, und die läßt sich häufig durch die Finanzierung der Wahlkampagne einer kleinen Gruppe wichtiger Politiker erkaufen. Sobald ein Programm ins Leben gerufen wird, entwickelt es häufig ein starkes Eigenleben und wird von jenen, die an ihm arbeiten oder von ihm profitieren, unterstützt.

Wenn Projekte einmal begonnen wurden, haben Staaten oft große Schwierigkeiten, diese wieder einzustellen.

Ein klassisches Beispiel dafür ist der „Schnelle Brüter". Dieses Projekt betraf ein technisch fortschrittliches Kernreaktorsystem, das, als Uran knapp wurde, die damalige Reaktorgeneration ersetzen sollte. Der Staat gab daher gegen Ende der sechziger Jahre die Planung des Clinch-River-Reaktors in Auftrag, als noch jedermann der Ansicht war, die Kernkraft würde sich bald zu einem boomenden Wirtschaftszweig entwickeln. Aber um die Mitte der siebziger Jahre zeigte sich, daß der Schnelle Brüter wirtschaftlich gesehen ein Unding war. Schon Ende der siebziger Jahre war sonnenklar, daß niemand mehr Kernkraftwerke in Auftrag geben würde, und viele Stromgesellschaften stornierten sogar bereits begonnene Projekte. Trotzdem investierte unser Staat bis ins Jahr 1983 weiterhin Hunderte Millionen von Dollar in das Clinch-River-Projekt.

Ein weiteres staatliches Programm, das praktisch nicht umzubringen war, sind die in Verruf geratenen „Mohair"-Subventionen. Mohair, es handelt sich dabei um Angorawolle von Ziegen, wurde im Jahr 1954 zum strategisch wichtigen Material erklärt, weil damals Soldaten noch Wolluniformen trugen. Aus diesem Grund wurden alle Angoraziegenbauern zu stolzen Empfängern staatlicher Subventionen, was die Mohairversorgung sichern sollte. Dreißig Jahre später betrug die jährliche Rechnung für die Mohairsubventionenen noch immer $ 48 Millionen, obwohl Mohair mittlerweile strategisch etwa ebenso wichtig war wie Hufeisen für die Kavallerie. Ein Präsident nach dem anderen versuchte, das Mohairprogramm zu Fall zu bringen, aber dieses Programm gibt es bis zum heutigen Tag.

Kurzfristige Zeithorizonte

In den USA müssen sich gewählte politische Vertreter in kurzen Abständen einer Wahl stellen – nämlich alle 2, 4 oder 6 Jahre – und sie treten zu diesen Wahlen häufig in heftig umkämpften Wahlkreisen an. Der Wahldruck kann daher durchaus zu kurzsichtigen Entscheidungen führen.

Das Problem kurzfristig angelegter politischer Entscheidungen zeigte sich während des letzten Jahrzehnts anhand der amerikanischen Debatten über das Bundesbudgetdefizit immer wieder. Beinahe alle waren sich einig, daß das hohe Budgetdefizit der Wirtschaft schade. Beinahe jedermann gestand ein, daß Produktivität und Wirtschaftswachstum darunter leiden könnten, würde man das Budgetdefizit nicht verringern. Und doch verschob die Bundesregierung die nötigen Schritte zur Beseitigung des Defizits immer und immer wieder, und gerade eben konnte mit knapper Not das Defizit-Senkungspaket der Clinton-Administration im Kongreß durchgebracht werden.

Warum diese Probleme? Nun, eine Verringerung des Budgetdefizits erfordert schmerzhafte Maßnahmen, die *heute* getroffen werden müssen, um die Wirtschaftsleistung der *Zukunft* zu sichern. Um Sparverhalten, Investitionen und Produktivität anzukurbeln, müssen entweder die Steuern erhöht oder die Ausgaben gesenkt werden, und zwar jetzt. Aber Kongreßmitglieder, die sich Wahlen zu stellen haben, zögern sehr, Maßnahmen zu setzen, die ihnen kurzfristig schaden könnten: Ihnen liegt die Sorge um ihre Wiederwahl in der Gegenwart mehr am Herzen als die wirtschaftlichen Probleme des Landes in der Zukunft. Und die Anwärter auf politische Ämter meinen, die Wähler würden stärker auf unmittelbare Steuererhöhungen oder Ausgabenkürzungen reagieren als auf die langfristigen Vorteile einer Reduzierung des staatlichen Defizits.

Die Tendenz, sich ausschließlich auf die nächsten Wahlen zu konzentrieren, kann Staaten dazu führen, Programme einzuführen und beizubehalten, die kurzfristige Erfolge zeitigen, während sie andere vermeiden, die zwar unmittelbar Kosten verursachen, aber nur wenig greifbare zukünftige Vorteile versprechen. Die Konzentration auf die kurzfristige Wirkung führt zu einem Konsumdilemma staatlicher Projekte. Programme werden vorzugsweise dann befürwortet, wenn sie den gegenwärtigen, nicht aber den zukünftigen Konsum ankurbeln, und langfristige Investitionen (Forschung, bauliche Erhaltungsmaßnahmen und Schutz der Umwelt) kommen vor allem in der Zeit vor politischen Wahlen zu kurz.

Manche Beobachter und Analytiker der Situation haben darauf hingewiesen, daß die Theorie der öffentlichen Entscheidung eine eher pessimistische Sicht vom Verhaltens des Staates darstellt, während geschichtliche Studien derart zynische Schlußfolgerungen eigentlich nicht bestätigen. Die Geschichtsbücher sind voll von politischen Führungspersönlichkeiten, die weitblickende und kluge, dabei aber durchaus auch unpopuläre Entscheidungen getroffen haben. Doch die Theorie der öffentlichen Entscheidung führt uns vor Augen, daß kollektive Entscheidungsprozesse in Demokratien nicht immer zum optimalen oder auch nur zu einem effizienten Ergebnis führen. Es waren demokratische Länder, die Hitler, Mussolini und Perón, andererseits aber auch Lincoln, Churchill und Kennedy an die Macht gebracht haben.

C. DAS LEIDIGE PROBLEM DES GESUNDHEITSWESENS

Wir mögen zwar recht haben, wenn wir darauf vertrauen, daß die Bäcker uns ein besseres Brot backen, weil sie davon profitieren, aber es wäre doch verrückt, Chirurgen ein pekuniäres Motiv zu bieten, damit sie uns ein Bein absägen.

George Bernard Shaw

Das Schlachtfeld, auf dem um die Rolle des Staates in der Wirtschaft gekämpft wird, sieht für jede Generation anders aus. In früheren Jahrzehnten wurden die heftigsten Debatten über Einkommenssteuer, Pensionen, Umweltschutz und die Umverteilungswirkung von Steuern geführt. Zu Beginn der neunziger Jahre verstrickten sich die Amerikaner in hartnäckige politische Grabenkämpfe darüber, wie das US-Gesundheitsweisen organisiert und finanziert werden solle. Unter der Führung Bill Clintons wollten die Liberalen die staatliche Kontrolle über das riesige und nach wie vor wachsende Gesundheitssystem ausdehnen und seine Segnungen allen Amerikanern zukommen lassen. Die Konservativen äußerten die Sorge, es könnte durch die unsensible Hand des Staates zu Ineffizienzen kommen, und sie warnten insbesondere vor den Gefahren von Preiskontrollen. Auf diesem Schlachtfeld der Meinungen wurden alle erdenklichen Argumente bezüglich der eigentlichen Rolle des Staates vorgebracht – das Für und Wider von Regulierungsmaßnahmen, des Preismechanismus, externer Effekte, einer Einkommens-Umverteilung und der Korrektur von Marktversagen, wie etwa der unzureichenden Information.

In diesem letzten Abschnitt befassen wir uns mit den volkswirtschaftlichen Aspekten des öffentlichen Gesundheitswesens. Es handelt sich hier nicht nur um ein wirtschaftlich sehr bedeutsames Gebiet, sondern das Thema an sich ist wirklich faszinierend, und außerdem können wir uns anhand der Analyse des Gesundheitswesens gleich auch unsere Gedanken darüber machen, in welcher Form und inwieweit die Rolle des Staates in der Wirtschaft ausgedehnt werden sollte.

Vor welchem Hintergrund spielt sich die Debatte über das amerikanische Gesundheitssystem überhaupt ab?

In den USA wie in den meisten anderen Industriestaaten sind an der Organisation des Gesundheitswesens sowohl marktwirtschaftliche Mechanismen als auch der Staat beteiligt. In den letzten Jahren wurde auf diesem Gebiet doch einiges erreicht. Viele heimtückische Krankheiten wie Pocken und Kinderlähmung sind heute ausgerottet. Die Lebenserwartung, und sie ist schließlich ein ganz wesentlicher Indikator für die Volksgesundheit, konnte zwischen 1950 und 1990 in den Schwellenländern stärker angehoben werden als während der gesamten bekannten Geschichte davor. Fortschritte in der Me-

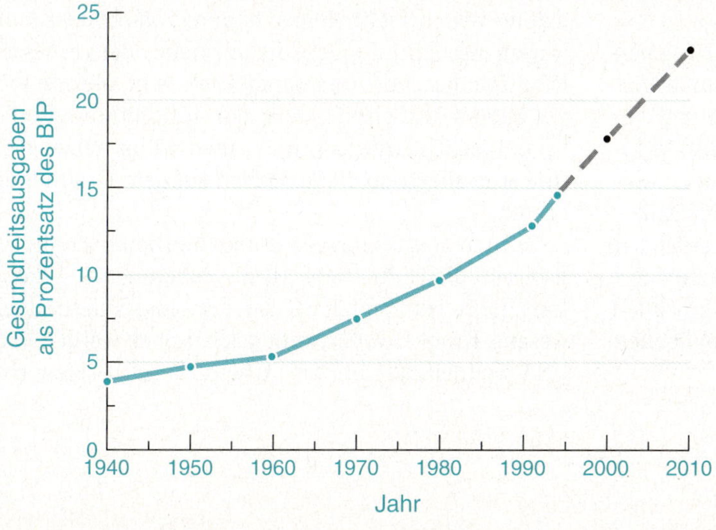

Abbildung 16-6: Der Anteil des Gesundheitswesens am BIP steigt laufend

Ins Gesundheitswesen fließen anstatt 4 Prozent, wie noch im Jahr 1940, im Jahr 1993 bereits 14 Prozent des BIP – ein Aufwärtstrend, der weiterhin anhalten dürfte. [Quelle: J.P. Newhouse, „Medical Care Costs", *Journal of Economic Perspectives* (Sommer 1992); *Economic Report of the President*, 1993.]

dizintechnik, von mikrochirurgischen Eingriffen bis zu neuesten, das Zellwachstum hemmenden Medikamenten gegen Krebs, haben es immer mehr Leuten ermöglicht, ein schmerzfreies und aktives Leben zu führen.

Aber trotz all dieser Errungenschaften waren zu Beginn der neunziger Jahre in den USA immer noch wesentliche Probleme des Gesundheitswesens ungelöst. Die Kindersterblichkeit lag über der von Ländern mit geringerem Einkommensniveau; 15 Prozent aller Amerikaner hatten keine Krankenversicherung; es gab große Unterschiede in der Behandlung von Reichen und Armen; und ansteckende Krankheiten wie AIDS und Tuberkulose beeinträchtigten die Volksgesundheit.

Was die Öffentlichkeit, die Wirtschaft und die politische Führung in diesem Zusammenhang jedoch am stärksten beschäftigte, das waren die explodierenden Kosten des Gesundheitswesens. Die dafür getätigten Ausgaben stiegen von 4 Prozent des BIP im Jahr 1940 auf 7 Prozent 1970 und erreichten 1993 14 Prozent. Staatliche Wirtschaftsexperten haben errechnet, daß bei gleichbleibendem Trend bis zum Jahr 2010 die Kosten des Gesundheitswesens auf beinahe ein Viertel des gesamten Volkseinkommens ansteigen würden (siehe Abbildung 16-6). Eine Betrachtung der Budgettrends ergibt, daß die „Friedensdividende“ durch das Ende des Kalten Krieges, die im letzten Jahrzehnt eine Senkung der Militärausgaben um 2 Prozent des BIP ermöglicht hat, im selben Zeitraum beinahe vollständig in die gestiegenen staatlichen Gesundheitsausgaben geflossen ist. Es herrschte die beinahe einhellige Meinung, das amerikanische Gesundheitssystem habe zwar zur Volksgesundheit sehr viel beigetragen, es sei jedoch unbezahlbar geworden. Diese Entwicklungen führten zu einem mutigen, jedoch erfolglosen Versuch in den Jahren 1993-94, den Gesundheitssektor zu reformieren.

In diesem Abschnitt sollen die volkswirtschaftlichen Themenkreise im Zusammenhang mit dem Gesundheitswesen behandelt werden. Wir werden feststellen, daß dieser Sektor in vielerlei Hinsicht für das Dilemma Marktversagen – staatliche Intervention typisch ist. Zuerst wollen wir die wichtigsten volkswirtschaftlichen Merkmale dieses Wirtschaftszweiges betrachten. Danach werden wir Formen des Marktversagens besprechen, die zum Ruf nach staatlicher Intervention führen. Schließen wollen wir mit einer Übersicht über Organisationsmöglichkeiten in diesem Bereich.

SPEZIELLE MERKMALE DES GESUNDHEITSWESENS

Gesundheit ist ein überaus wichtiges Element wirtschaftlichen Wohlergehens, und sie wird für die Menschen immer wichtiger, je mehr sie verdienen. Was das US-Gesundheitswesen betrifft, gibt es drei Gründe, die zum rapiden Wachstum des Sektors während der letzten Jahre beigetragen haben: eine hohe Einkommenselastizität, rascher technologischer Fortschritt und die zunehmende Abkoppelung der Konsumenten von den Preisen.

Das Gesundheitsweisen weist eine hohe Einkommenselastizität auf, – ein Hinweis, daß ein langes und gesundes Leben immer wichtiger wird, je eher die Leute in der Lage sind, für ihre wichtigsten anderen Bedürfnisse aufzukommen. Tendenziell und ceteris paribus fließt in Güter mit hoher Einkommenselastizität ein immer größerer Anteil der Konsumausgaben.

Zusätzlich zum Faktor der hohen Einkommenselastizität ist die rasche Entwicklung der Medizintechnik zu nennen, die in diesem Jahrhundert zu verzeichnen war. Fortschritte im biomedizinischen Grundlagenwissen, Entdeckung und Anwendung einer großen Anzahl von Impfungen und Medikamenten, ein besseres Verständnis dessen, wie sich ansteckende Krankheiten verbreiten, und ein zunehmendes öffentliches Bewußtsein, was die Bedeutung des individuellen Verhaltens, wie etwa des Rauchens, Trinkens oder Autofahrens angeht, all das hat zu einer bemerkenswerten Verbesserung der US-Volksgesundheit beigetragen.

Diese Fortschritte hatten die ungewöhnliche Konsequenz einer Stimulierung der Ausgaben auf dem Gesundheitssektor. Der Grund dafür ist darin zu sehen, daß die neuen Technologien häufig *Produktinventionen* waren, also Erfindungen, die uns neue oder verbesserte Produkte beschert und daher auch neue Märkte eröffnet haben. Als beispielsweise das Antibiotikum Penicillin entdeckt wurde, schuf es einen völlig neuen Markt und stimulierte so die Ausgaben auf dem Gesundheitssektor.

Ein drittes sektorspezifisches Merkmal, das die Ausgaben in die Höhe treibt, ist die zunehmende Abkoppelung der Konsumenten von den Preisen des Gesundheitswesens. Krankenversicherungsleistungen werden in den USA weitgehend von den Arbeitgebern als steuerfreie

Sozialleistung angeboten.[3] Der Status der Steuerfreiheit ist eigentlich nichts anderes als eine staatliche Subvention. Noch 1960 wurde ein Großteil der Kosten des Gesundheitswesens direkt von den Konsumenten getragen. 1990 hingegen kamen die Konsumenten nur noch für 23 Prozent dieser Ausgaben direkt auf. Für Krankenhausaufenthalte bezahlen Dritte wie etwa Versicherungsgesellschaften oder der Staat 95 Prozent der Kosten, während auf die Konsumenten selbst nur noch rund 5 Prozent entfallen. Dieses Phänomen wird bisweilen als das „Drittzahlersyndrom" bezeichnet, womit darauf hingewiesen werden soll, daß sich der Konsument um die Kosten nicht kümmert, solange er sie nicht selbst zu tragen hat.

Alle diese Kräfte (hohe Einkommenselastizität, Entwicklung neuer Technologien und zunehmende Finanzierung durch Dritte), aber auch noch einige andere (beispielsweise die höhere Lebenserwartung der Bevölkerung) tragen zur Ausgabenexplosion auf dem Gesundheitssektor bei.

DIE ROLLE DES STAATES IM GESUNDHEITSWESEN

Ein steigendes Ausgabenniveau im Gesundheitswesen reicht nicht aus, um massive staatliche Eingriffe zu rechtfertigen, denn steigende Ausgaben könnten schließlich auch ein Indikator für die wirtschaftliche Vitalität einer Branche sein (siehe Computer). Was also sind die Gründe für eine staatliche Intervention im Gesundheitswesen? Tatsächlich ist das Streben nach Effizienz und Gerechtigkeit das Motiv staatlicher Gesundheitspolitik.

Ein Anlaß zur Sorge liegt darin begründet, daß die Eindämmung von Seuchen und die Bekämpfung ansteckender Krankheiten sowie die Entwicklung der Grundlagenforschung öffentliche Güter sind, die der Markt nicht effizient bereitstellt. Erinnern Sie sich bitte: **Öffentliche Güter** sind jene, deren Nutzen unteilbar der gesamten Gemeinschaft zugute kommt, ob der einzelne das öffentliche Gut nun in Anspruch nimmt oder nicht. **Private Güter** sind dagegen jene, bei denen weder externe Kosten noch externer Nutzen anfällt. Die Ausrottung der Pocken nützte Milliarden potentieller Opfer, und doch konnte kein Unternehmen auch nur einen kleinen Bruchteil des Nutzens in Form von Geld gewinnen. Wenn jemand zu rauchen aufhört, weil er die damit zusammenhängenden Gefahren kennt, oder wenn ein anderer ein Kondom verwendet, weil er erfährt, wie AIDS übertragen wird, hindert er andere damit nicht, sich ebenfalls zu informieren. In diesen Situationen können staatliche Forschungs- und Gesundheitsprogramme das Marktversagen ausgleichen, das dadurch entsteht, daß in hohem Ausmaß externe Effekte auftreten und öffentliche Güter betroffen sind.

Eine zweite Gruppe von Marktversagen entsteht durch Unsicherheit und das Versagen der Versicherungsmärkte. Ein signifikantes Problem ist der *ungleiche Informationsstand* der Patienten, Ärzte und Versicherungsgesellschaften. Medizinische Befunde sind für die Patienten häufig etwas Unbekanntes, Unverständliches, weshalb Patienten von den Ratschlägen der Ärzte bisweilen völlig abhängig sind, wenn es um das Ausmaß der medizinisch notwendigen Maßnahmen geht. In manchen Fällen, beispielsweise wenn ein Patient zur Operation in den Operationssaal gerollt wird, ist dieser Patient gar nicht in der Lage, sich selbst für eine Behandlungsstrategie zu entscheiden, und deshalb hängt die Nachfrage von den Empfehlungen der Anbieter ab. Hier ist ein spezieller Schutz erforderlich, damit sichergestellt ist, daß die Konsumenten nicht unwissend unnötige, qualitativ schlechte oder teure Dienstleistungen kaufen.[4]

Eine weitere Quelle der Ineffizienz entsteht durch die ungleiche Information zwischen Patient und dem Drittzahler, also beispielsweise einer Versicherungsgesellschaft. Die Verrechnung an die Versicherung erfolgt üb-

[3] Der Ursprung der Krankenversicherung durch den Arbeitgeber ist durchaus aufschlußreich: Während des Zweiten Weltkrieges und danach unterlagen Sozialleistungen, die nicht dem Lohn zugerechnet werden konnten, nicht den staatlichen Preis- und Lohnkontrollen. Das schuf einen Anreiz für die Unternehmen, diese Sozialleistungen auszuweiten, und die Krankenversicherung über den Arbeitgeber wurde geboren. Hier haben wir es mit einem anschaulichen Beispiel des „Gesetzes der unbeabsichtigten Folgewirkungen" zu tun, das aussagt, daß eine Maßnahme, die für einen bestimmten Zweck gedacht war, dauerhafte und ganz überraschende Folgen auf anderen Gebieten haben kann.

[4] Die Gesellschaft hat zahlreiche Mechanismen für den Umgang mit Situationen entwickelt, in denen große Informationsunterschiede zwischen Käufer und Verkäufer bestehen. Einer dieser Mechanismen ist der Markenname. Wenn Sie ein relativ einfaches Gut wie Autos oder Erfrischungsgetränke von Toyota bzw. Coca-Cola kaufen, bezahlen Sie einen Preis für die Qualitätskontrolle dieser Unternehmen. Auf komplizierteren Gebieten wie der medizinischen Versorgung oder der anwaltlichen Vertretung gibt es keinen Standard, auf den man sich berufen kann, und bei Problemen bietet sich nicht immer eine Sofortlösung an. Die Gesellschaft ist daher vom „Experten" abhängig, der die Wissenslücke schließen muß. Experten nehmen per Gesetz und nach altem Brauch eine besondere Vertrauensposition ein, wenn sie ihre Dienstleistungen erbringen. Vergleichen Sie doch, wieviel Vertrauen Konsumenten den Empfehlungen der Ärzte und wie wenig Vertrauen sie Gebrauchtwarenhändlern entgegenbringen.

licherweise auf der Grundlage der Durchschnittskosten, nicht der Grenzkosten. Das führt direkt zu Ineffizienz, weil die Leute selbst im allgemeinen mehr über ihren Gesundheitszustand wissen als die Versicherungsgesellschaften. Angesichts von Prämien, die zu Durchschnittskosten verrechnet werden, entscheidet sich jemand mit geringem Gesundheitsrisiko vielleicht dafür, die Versicherung nicht abzuschließen. Das führt zu einer *negativen Auslese* und erhöht das Durchschnittsrisiko und die Kosten für die Teilnehmer. Es überrascht daher nicht, daß gesunde Leute um die zwanzig die größte Gruppe der Unversicherten stellen.

Eine zusätzliche Komplikation ergibt sich für die Versicherung durch das *Risiko unehrlichen oder fahrlässigen Verhaltens*, das auftritt, wenn die Versicherung die Anreize für Einzelpersonen verringert, durch vernünftiges Verhalten Risiko und Ausgaben zu vermeiden. Ein neueres volkswirtschaftliches Experiment hat die Höhe dieses durch Unehrlichkeit oder Fahrlässigkeit entstehenden Risikos gemessen, indem einem zufällig ausgewählten Sample von Familien volle Versicherungsdeckung und einer anderen Gruppe ein Versicherungsmodell mit hohem *Selbstbehalt* (der einzelne teilt dabei die Kosten mit dem Versicherer) angeboten wurde. Die voll versicherten Familien benötigten um 30 Prozent mehr medizinische Dienste, aber die Follow-up-Studien nach drei und fünf Jahren ergaben keinen Unterschied im Gesundheitszustand der beiden Gruppen. Die Tatsache, daß der geringere Preis die Nachfrage erhöht, ist natürlich für einen Volkswirt keine besondere Überraschung. Sie zeigt nur die Gültigkeit des Nachfragegesetzes.

Ein drittes Anliegen staatlicher Politik ist die *Gerechtigkeit*: Auch Armen soll ein Mindeststandard an medizinischer Versorgung geboten werden. Einerseits wird in reichen Ländern ein guter Gesundheitszustand zunehmend als Grundrecht betrachtet. Aber die Gesundheit der Armen ist zugleich auch ein gutes Geschäft. Unzureichende medizinische Versorgung ist besonders für Bedürftige schädlich, nicht nur, weil sie im allgemeinen einen schlechteren Gesundheitszustand aufweisen als wohlhabende Menschen, sondern auch, weil ihre Einkommen beinahe zur Gänze aus ihrer Erwerbstätigkeit stammen. Eine gesündere Bevölkerung ist produktiver, weil gesunde Menschen höhere Einkünfte haben und weniger medizinische Versorgung benötigen. Aber nirgendwo ist eine inadäquate medizinische Versorgung teurer als bei Kindern. Der Gesundheitszustand der Kinder von Armen und Minderheiten hat sich in mancher Hinsicht in den letzten Jahren sogar verschlechtert. Kranke Kinder werden schon am Start ins Leben behindert: Sie können die Schule nicht durchgehend besuchen, die Schulleistungen sind schlechter, die Ausfallsraten höher, und wenn diese Kinder einmal erwachsen sind, ist es eher unwahrscheinlich, daß sie gute Jobs mit entsprechender Bezahlung finden. Kein Land kann blühen und gedeihen, wenn ein beträchtlicher Teil seiner Kinder medizinisch nicht ausreichend versorgt ist.

Alternative Ansätze einer Gesundheitsreform

Die soeben beschriebenen drei Gruppen von Marktversagen haben Regierungen überall auf der Welt dazu bewogen, ihre Gesundheitssysteme in die Hände des Staates zu legen: Obwohl die USA pro Kopf weit mehr für medizinische Dienstleistungen ausgeben als jedes andere Land, hinkt der Gesundheitszustand ihrer Bevölkerung dem anderer reicher Staaten hinterher.

Die Kombination aus steigenden Kosten, einer wachsenden Anzahl Unversicherter und dem relativ schlechteren Gesundheitszustand der Bevölkerung hat den vielfachen Ruf nach einer grundlegenden Gesundheitsreform für die USA laut werden lassen. Welche Alternativen stehen im wesentlichen zur Verfügung? Als ein Extrem bietet sich die *reine Marktlösung* an. Nach diesem Ansatz, der noch bis in dieses Jahrhundert herein in den meisten Staaten gang und gäbe war, hat jede Familie ihre Gesundheitskosten zu 100 Prozent selbst zu tragen, und es gibt keinerlei staatliche Programme, die öffentliche Güter bereitstellen oder den Armen die Bürde der Kosten ihrer Gesundheitsvorsorge abnehmen. Wie Tabelle 16-2 zeigt, beseitigt die reine Marktlösung zwar das Marktversagen in Form der negativen Auslese und des Risikos unehrlichen oder fahrlässigen Verhaltens, das aber ganz eindeutig auf Kosten des einzelnen, der mit den hohen medizinischen Kosten allein gelassen wird. Ja, schlimmer noch, eine reine Marktlösung kann das Angebot an öffentlichen Gütern wie der Grundlagenforschung oder der Seucheneindämmung nicht sicherstellen. Denkt man an die negativen Folgen des reinen Marktmodells, überrascht es kaum, daß nur wenige Volkswirte oder Politiker dieses Modell befürworten.

Am anderen Extrem finden wir den *staatlichen Gesundheitsdienst*, der allen medizinische Dienstleistungen in gleicher Weise zur Verfügung steht. Dieses Modell ist durch einen einzigen Zahler gekennzeichnet und wird daher auch als „Single-payer-System“ bezeichnet. Es beseitigt viele der wichtigsten Formen von Marktversagen. Da das Gesundheitswesen jedermann gleichermaßen zugänglich ist, kommt es zu keiner negativen Auslese, und der Staat kann auch die öffentlichen Güter der In-

Problembereich	Gegenwärtiger Ansatz	Alternativen: Reine Marktlösung	Alternativen: staatlich geregelter Wettbewerb	Alternativen: staatliches Gesundheitswesen
Öffentliche Güter (ansteckende Krankheiten, Grundlagenforschung, Konsumenteninformation)	Über das öffentliche Gesundheitswesen, sofern abgedeckt.	Stellt keine öffentlichen Güter zur Verfügung.	Über das öffentliche Gesundheitswesen, sofern abgedeckt.	Über das öffentliche Gesundheitswesen.
Marktversagen:				
Risiko unehrlichen oder fahrlässigen Verhaltens (Drittzahlersyndrom)	Wegen der geringen Kostenkontrolle eine wesentliche Quelle der Kosteneskalation und Verschwendung.	Nicht gegeben, weil Konsument für die Dienstleistung bezahlt.	Potentiell hohes Risiko, weil die Dienstleistungen gratis sind. Verringert sich, wenn Zugang zu Dienstleistungen limitiert wird.	Sehr hohes Risiko, weil alle abgedeckten Dienstleistungen gratis sind. Kann durch Rationierung und lange Wartezeiten auf medizinische Dienste verringert werden.
Negative Auslese	Ernsthaftes Risiko für nicht versicherten Teil der Bevölkerung	Kein Risiko, weil der Konsument selbst für die Dienstleistung bezahlt.	Wegen der umfassenden Deckung kein Problem.	Wegen der umfassenden Deckung kein Problem.
Schlechte Verteilung der medizinischen Dienstleistungen	Problem ist ungleich verteilt: Arbeitende Menschen ab der mittleren Einkommensschicht, arme und alte Leute sind versichert; arme Erwerbstätige und Arbeitslose hingegen nicht.	Hohes Maß an Ungleichheit: die Verteilung der medizinischen Dienstleistungen erfolgt über den Markt.	Universelle Versicherung, wobei allerdings die Reichen eine bessere medizinische Versorgung erhalten können.	Universell und gleich für alle.

Tabelle 16-2: Mögliche Alternativlösungen bei Marktversagen auf dem Gesundheitssektor

Das gegenwärtige Gesundheitswesen in den USA bewirkt hohe Kosten, weil die starke staatliche Subventionierung ohne Budgetbeschränkung trotzdem einer großen Anzahl von Menschen keinen entsprechenden Schutz bietet. Eine alternative Lösung müßte Möglichkeiten zur effizienten und gerechten Rationierung medizinischer Leistungen eröffnen, dabei aber auch weiterhin Anreize für einen technologischen Fortschritt bieten.

formation und Seuchenbekämpfung anbieten. Kritiker eines staatlichen Gesundheitsdienstes weisen jedoch auf eine Reihe recht unsympathischer Züge dieser Lösung hin. Erstens wird ein solcher Gesundheitsdienst mit Steuern und Zwangsbeiträgen finanziert, was Steuererhöhungen notwendig macht und die Unternehmenskosten erhöht sowie den Anreiz zu arbeiten und zu sparen verringert. Zweitens wäre das Unehrlichkeits- und Fahrlässigkeitsrisiko groß, weil die medizinische Versorgung in diesem Modell gratis ist und die Konsumenten nur wenig Anreiz haben, sich bei der Inanspruchnahme der angebotenen Dienstleistungen zurückzuhalten. Die Kosten des Gesundheitssystems müssen auf diese Weise nur umso rascher steigen.

Single-payer-Systeme bringen noch ein anderes Problem mit sich, weil sie die Kosten durch die Einziehung von Obergrenzen bei Honoraren und Ärzteeinkommen künstlich niedrig halten und auch das auswählbare Angebot an Dienstleistungen einschränken. Die Kombination aus Preisobergrenzen und subventionierten Diensten erzeugt einen chronischen Nachfrageüberhang auf vielen medizinischen Märkten. Hindert man die Marktkräfte, auf dem Markt für medizinische Versorgung ihre Wirkung zu entfalten, treten Engpässe auf, und die Nachfrage muß auf irgendeine Weise eingedämmt werden. Dieses Phänomen ist als nicht über den Preismechanismus erfolgende *Rationierung* bekannt. Diese Rationierung äußert sich zumeist so, daß bei vielen Dienstleistungen mit Wartezeiten zu rechnen ist. In anderen Fällen rationiert der Anbieter des Gesundheitsdienstes seine Leistung, indem er darüber befindet, welcher Patient sie am dringendsten benötigt. Beispiele für Angebotsrationierung sind der britische und der kanadische Gesundheitsdienst, wo die Patienten auf spezielle Behandlungen im allgemeinen lange warten müssen; eine ähnliche Situation finden wir in den USA in den Notaufnahmen der zentralen städtischen Krankenhäuser vor, die bedürftigen Patienten gratis ihre Dienste anbieten, so daß die Wartezimmer häufig mit Patienten überfüllt sind, die eigentlich nur auf eine Routinebehandlung warten, obwohl einige Patienten wirklich schwer erkrankt sind und eine medizinische Erstversorgung brauchen.[5] Was geschieht hier? Da der Preis nicht so weit steigen darf, bis Angebot und Nachfrage ausgeglichen sind, muß ein anderer Mechanismus gefunden werden, um den „Markt zu räumen".

Abbildung 16-7 illustriert die nicht über den Preismechanismus erfolgende Rationierung auf dem Gesundheitsmarkt. Es stehen nur Q_0 Einheiten an medizinischer Dienstleistung zur Verfügung. Der Markträumungspreis würde sich bei *C* einstellen, wo die angebotenen und die nachgefragten Mengen einander entsprechen. Allerdings bezahlt der Staat 80 Prozent aller Kosten im Gesundheitswesen. Da der Konsument infolgedessen nur für 20 Prozent der Kosten aufzukommen braucht, beträgt die nachgefragte Menge Q_1. Das Segment von *A* nach *B* stellt die nicht befriedigte Nachfrage dar, die der Rationierung unterliegt. Je höher der Anteil der Subventionierung,

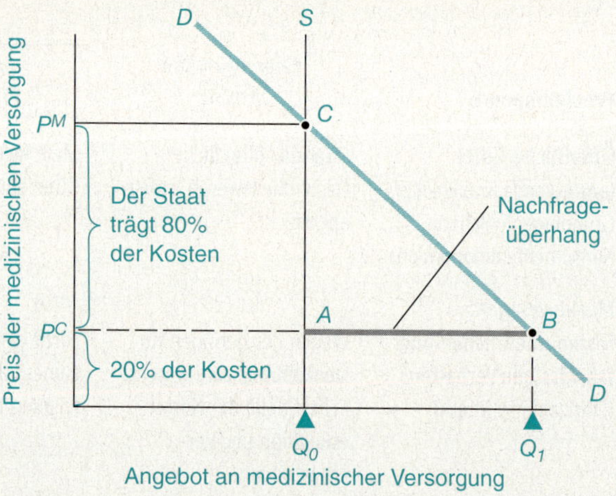

Abbildung 16-7: Die medizinische Gratisversorgung garantiert, daß die Rationierung nicht über den Preis erfolgt

Wenn ein Staat den Zugang zum Gesundheitswesen gratis ermöglicht oder subventioniert, müssen die nur begrenzt verfügbaren Dienstleistungen irgendwie rationiert werden. Im Falle staatlicher Subventionen, wenn mehr nachgefragt als angeboten wird, wird der Nachfrageüberhang *AB* durch irgendeinen anderen Mechanismus als den Preis zurückgedrängt. Meistens müssen die Patienten, sofern es sich nicht um dringende Fälle handelt, lange Wartezeiten in Kauf nehmen, die manchmal Stunden, manchmal aber auch Monate betragen können.

desto stärker muß die Rationierung über andere Mechanismen als den Preis erfolgen.

In dem Bestreben, diese Probleme zu lösen, mühten sich Präsident Clinton und der Kongreß in den Jahren 1993-1994 tapfer, aber erfolglos ab, um eine Mittelposition zwischen dem reinen Marktansatz und dem Single-payer-System zu finden. Ein solcher Vorschlag, der unter die Rubrik *staatlich geregelter Wettbewerb* fällt, setzt die Regulierungsbefugnis des Staates dazu ein, Gesundheitspolitik zu standardisieren, auch jenen Leuten eine Krankenversicherung zu gewähren, die bisher keine hatten, und zu verlangen, daß die Arbeitgeber für ihre Mitarbeiter eine Krankenversicherung abschließen. Der ursprüngliche Clinton-Vorschlag sah vor, daß jeder Bürger ein Recht auf Standard-Gesundheitsdienste zu einem Fixpreis haben sollte. Bei Leuten, die einer Erwerbsarbeit nachgehen, würde die Krankenversicherung dafür aufkommen. Arbeitslose sollten Anspruch auf staatlich finanzierte medizinische Versorgung erhalten, die mit Geldern aus neuen Steuern und aus Budgetkürzungen bei bestehenden Programmen hätte finanziert werden sollen. Jeder einzelne sollte seine medizinische Versorgung

[5] Ein interessantes Beispiel für eine Rationierung konnte man in Kriegszeiten beobachten, als die Ärzte nach der sogenannten *Triage* vorgingen. Der Begriff stammt aus dem Französischen und wurde während des Ersten Weltkriegs geprägt, weil man damals die Verwundeten in drei Kategorien einteilte: (1) Verwundete, denen mit ärztlicher Behandlung geholfen werden konnte, (2) Verwundete, die auch ohne ärztliche Behandlung überleben würden, und (3) Verwundete, die aller Voraussicht nach trotz aller medizinischer Behandlung sterben würden. Medizinische Versorgung wurde vorrangig Gruppe 1 angeboten. Verstehen Sie, wie „kosteneffektiv" diese hartherzige Methode ist, weil sie die Anzahl der geretteten Leben maximiert? Dieselbe Strategie wurde auch von der Weltbank in ihrem *World Development Report* 1993 vorgeschlagen. Darin empfiehlt die Weltbank den Ländern, medizinische Behandlung vor allem jenen zukommen zu lassen, bei denen die Aussicht besteht, daß in der Folge der größte zahlenmäßige Zugewinn an „erwerbsfähigen Lebensjahren" pro Dollar Ausgaben zu erwarten ist. Dieser Ansatz gleicht der Nutzenmaximierung der Konsumenten oder der Gewinnmaximierung der Unternehmen. Einige amerikanische Bundesstaaten (beispielsweise Oregon) haben bereits damit begonnen, ihre Gesundheitsdienstleistungen nach diesem Prinzip zu rationieren.

über Patientengenossenschaften (die im Clinton-Plan von 1993 als „Regional Health Alliances" bezeichnet werden) oder große Unternehmen bekommen. Das Argument für die Schaffung dieser neuen Organisationen lautete, sie sollten sich als Einkaufsgenossenschaften um günstige Preise für eine qualitativ gute medizinische Versorgung bemühen, wie ja auch große Krankenhäuser für Medikamente weniger bezahlen.

Tabelle 16-2 zeigt, daß der staatlich geregelte Wettbewerb im Prinzip viele Marktversagen im Gesundheitswesen ausgleicht. Dieser Ansatz vermeidet wie das Modell des staatlichen Gesundheitswesens die negative Auslese, kann die wichtigen öffentlichen Güter bereitstellen und sichert zusätzlich die medizinische Versorgung der Armen in der Gesellschaft. Außerdem glauben Verfechter des staatlich geregelten Wettbewerbs, daß dieses System sehr wirkungsvolle Instrumentarien zur Kosteneindämmung bietet. Der Clinton-Plan sah übrigens einen relativ hohen Selbstbehalt vor, wodurch das Unehrlichkeits- und Fahrlässigkeitsrisiko gemildert werden sollte, und er wollte auch die private Vorsorge weiterhin eingebunden wissen, wodurch auch Marktanreize für neue und verbesserte Technologien gewährleistet wären.

Kritiker des staatlich geregelten Wettbewerbs befürchten, mit diesem System könnten die Kosten des Gesundheitswesens explodieren. Die verbesserte und erweiterte Versicherungsdeckung würde die Nachfrage anheizen und so den Druck auf das beschränkte Angebot erhöhen. Und obwohl das Gesundheitsbudget im Prinzip eine Obergrenze erhalten sollte, stellen viele in Frage, ob verordnete Obergrenzen ein effektives Mittel der Kostenkontrolle sein können, weil sie letztlich zu keiner Budgetbeschränkung, und zwar weder bei den Konsumenten noch bei den Gesetzgebern, führen würden.

Viele Ökonomen befürchten, daß sich die Forderung, die Arbeitgeber sollten für eine Krankenversicherung ihrer Mitarbeiter aufkommen, schließlich negativ auf die Niedriglohnjobs auswirken könnte. Das Modell des staatlich geregelten Wettbewerbs verlangt, daß praktisch alle Unternehmen ihren Mitarbeitern eine Krankenversicherung zur Verfügung stellen, also auch jenen, die derzeit nicht versichert sind. So wertvoll dieses Ziel aus sozialer Sicht erscheinen mag, kann es doch dazu führen, daß die Unternehmen Niedriglohnjobs nur noch widerwillig vergeben. Nehmen wir an, ein Arbeiter verdient gegenwärtig $ 10.000 jährlich, und die Sozialversicherungsprämie würde noch einmal $ 4.000 jährlich ausmachen. Im Ergebnis verfügt der Staat eine Lohnerhöhung dieses Arbeiters um $ 4.000. In dieser Situation kann es für ein Unternehmen vorteilhafter sein, die bereits eingestellten Mitarbeiter Überstunden machen zu lassen, die Arbeit auszulagern oder einen Computer anzuschaffen, der die Arbeit ebenfalls erledigen kann, anstatt den Niedriglohnjob zu besetzen. Glaubt man Daniel Hamermesh, einem Arbeitsökonomen der Universität Texas, Austin, so wird es „entweder weniger Arbeitsplätze oder weniger Lohn geben, oder, noch wahrscheinlicher, eine Kombination aus beidem."

Präsident und Kongreß mühten sich beinahe zwei Jahre lang ab, um eine Gesundheitsreform zu entwickeln, die jedermann Versicherungsschutz bieten, dabei aber ohne größere Kostensteigerungen oder exzessive Eingriffe in den Marktmechanismus auskommen sollte. Es wurde schließlich kein umfassendes Programm beschlossen, aber die Suche nach dem idealen Gesundheitsvorsorgemodell wird wohl auch noch in den kommenden Jahren weitergehen.

Preiskontrollen: Segen oder Übel? *Der Clinton-Vorschlag enthielt eine Vielzahl von Preis- und Einkommenskontrollen. Als Reaktion darauf unterzeichneten 562 konservative Ökonomen folgenden Brief an den Präsidenten, in dem sie auf die Geschichte der Preiskontrollen verwiesen und vor nachteiligen Konsequenzen warnten:*

> *Sehr geehrter Präsident Clinton!*
>
> *Preiskontrollen führen zu Engpässen, zur Entwicklung eines Schwarzmarktes und zu Qualitätseinbußen. Das ist jedenfalls die durchgehende Erfahrung der 4.000 Jahre, in denen Staaten versucht haben, die Preise mit Hilfe von Regulierungsmaßnahmen künstlich niedrig zu halten.*
> *Sie behaupten, Ihre Gesundheitsreform käme ohne Preiskontrollen aus. Bei allem Respekt, dem können wir nicht zustimmen. Ihr Plan setzt die Honorare fest, die Ärzte und Krankenhäuser in Zukunft verrechnen dürfen, er zieht eine Obergrenze für die jährlichen Ausgaben im Gesundheitswesen ein, er begrenzt die Versicherungsprämien und legt die zulässigen Höchstpreise für neue und bereits verfügbare Medikamente fest.*
> *In jenen Ländern, in denen derartige Regelungen eingeführt wurden, sind die Patienten mit monate-, ja jahrelangen Wartezeiten auf medizinische Eingriffe konfrontiert, staatliche Bürokraten anstelle von Ärzten und Patienten entscheiden über Behandlungsmethoden, und Innovationen auf den Gebieten der*

Medizintechnik und Pharmakologie gehen drastisch zurück.
In den siebziger Jahren wurden wir Zeugen eines staatlichen Versuches, den Preis für ein ganz einfaches, homogenes Produkt zu regeln, nämlich für Benzin. Das Ergebnis war ein soziales und wirtschaftliches Desaster. Man zwang die Menschen, sich stundenlang anzustellen, nur um Benzin zu kaufen. Lange Wartezeiten auf Operationen und andere medizinische Leistungen werden jedoch leider zu schwerwiegenderen Konsequenzen führen.
Preisobergrenzen, Honorarordnungen und andere staatliche Regelungen mögen den Anschein erwekken, als könnten sie die Ausgaben im Gesundheitswesen reduzieren, aber dieser Anschein trügt. Stattdessen werden wir uns alle mit einer qualitativ schlechteren medizinischen Versorgung zufrieden geben müssen, Forschung und Entwicklung werden leiden, und es wird ein kostspieliger neuer bürokratischer Apparat aufgebaut werden müssen, um die Einhaltung der Vorschriften zu überwachen. Diese Kontrollen schaden den Menschen in diesem Land, und sie schaden auch der Wirtschaft. Wir fordern Sie auf, in Ihrer Gesundheitsreform auf Preiskontrollen jeglicher Form zu verzichten.

Diese Warnung sollte von jenen, die einen Wirtschaftszweig umgestalten wollen, auf den immerhin ein Siebentel der gesamten amerikanischen Wirtschaftsleistung entfällt, sicherlich ernst genommen werden.

Zusammenfassend:
Das Gesundheitswesen unterscheidet sich im Grunde nicht von anderen Gütern und Dienstleistungen in der Wirtschaft. Ärzte, Pflegepersonal, Krankenhäuser und andere Dienste sind knapp. Die Nachfrage der Bevölkerung nach medizinischen Dienstleistungen – wenn wir das unbedingt Notwendige, das Vernünftige, das nicht so Wichtige und das Lächerliche zusammenfassen – ist bei weitem größer als die verfügbaren Ressourcen. Also müssen die Ressourcen auf irgendeine Art und Weise rationiert werden. Eine Rationierung nach der Kaufkraft der Konsumenten ist inakzeptabel, weil sie der Volksgesundheit Schaden zufügt, zu viele wesentliche Bedürfnisse unbefriedigt läßt und zu viele Menschen der Armut preisgibt. Was sollte nun dem Markt überlassen werden, und welche nicht marktmäßigen Mechanismen sollten eingesetzt werden, um den Markt in bestimmten Bereichen zu ersetzen? Um diese Fragen dreht sich die große Debatte über das amerikanische Gesundheitswesen.

Unsere einleitende Erörterung der Rolle des Staates in der Wirtschaft hält uns auf ernüchternde Weise die große Verantwortung, aber auch die Mängel kollektiven Handelns vor Augen. Einerseits muß der Staat seine Grenzen verteidigen, seine Wirtschaft stabilisieren, er muß für die Volksgesundheit Sorge tragen und der Umweltverschmutzung Einhalt gebieten. Andererseits leiden viele der politischen Maßnahmen, die im öffentlichen Interesse getroffen werden, unter dem Mangel der Ineffizienz und Inkonsistenz.

Sollten wir also auf die sichtbare Hand des Staates verzichten und uns stattdessen lieber auf die unsichtbare Hand der Märkte verlassen? Die Ökonomen können derartige fundamentale politische Fragen nicht beantworten. Sie können nur die Stärken und Schwächen von kollektiven und über den Markt getroffenen Entscheidungen untersuchen und auf Mechanismen hinweisen (wie die Stärkung der Eigentumsrechte oder den Selbstbehalt im Gesundheitswesen), mit deren Hilfe eine „gezügelte“ unsichtbare Hand effizienter ans Werk gehen kann als die extremen Modelle eines reinen Laissez-faire-Systems oder hemmungsloser bürokratischer Regulierung.

ZUSAMMENFASSUNG

A. Staatliche Eingriffe in die Wirtschaft

1. Die wirtschaftliche Rolle des Staates hat im vergangenen Jahrhundert stark an Bedeutung gewonnen. Der Staat nimmt Einfluß auf private wirtschaftliche Aktivitäten und kontrolliert diese mit Hilfe von Steuern, Staatsausgaben und direkter Regulierung.
2. Ein moderner Wohlfahrtsstaat erfüllt vier volkswirtschaftliche Funktionen: (*a*) Er korrigiert Marktversagen; (*b*) er ist für die Umverteilung von Einkommen und Ressourcen verantwortlich; (*c*) er betreibt eine makroökonomische Stabilisierungspolitik, um Höhen und Tiefen auf dem Arbeitsmarkt auszugleichen, die Inflation einzudämmen und für ein langfristiges Wirtschaftswachstum zu sorgen; und (*d*) er handelt mit anderen Staaten im beiderseitigen Interesse liegende Abkommen aus.

B. Theorie der öffentlichen Entscheidung: wie Staaten Entscheidungen treffen

3. Die Theorie der öffentlichen Entscheidung beschäftigt sich mit dem Verhalten von Staaten. In einer komplexen und vernetzten modernen Wirtschaft können staatliche Maßnahmen dazu dienen, das Realeinkommen einer Gesellschaft über jenes anzuheben, das sich bei einem regierungslosen Naturzustand, wie ihn Hobbes beschreibt, ergeben würde.
4. Öffentliche Entscheidungen bedeuten die Zusammenfassung von Einzelpräferenzen zu einer kollektiven Entscheidung. Nach dem Einstimmigkeitsprinzip müssen alle Entscheidungen im Konsens getroffen werden. Einstimmigkeit hat die ideale Eigenschaft, daß alle Entscheidungen Pareto-Verbesserungen mit sich bringen (also keinem schaden können), aber die Kosten dafür, daß jeder einzelne überzeugt werden muß, sind so hoch, daß es in der Praxis nach dem Einstimmigkeitsprinzip kaum je zu Entscheidungen kommt.
5. Die meisten staatlichen Organisationen und gesetzgebenden Körperschaften gehen nach dem Mehrheitsprinzip vor, das sicherstellt, daß Entscheidungen zum Nutzen zumindest der Hälfte der Abstimmenden ausfallen. Aber das Mehrheitsprinzip kann auch direkt in die „Diktatur der Mehrheit" führen und ein potentielles zyklisches Abstimmungsverhalten auslösen, was dazu führt, daß bei unterschiedlichen Präferenzen schließlich kein Programm eine Mehrheit bekommt.
6. Ebenso wie die unsichtbare Hand versagen kann, gibt es auch ein Versagen des Staates. In manchen Fällen kommt es wegen der Notwendigkeit, Entscheidungen nicht einstimmig treffen zu können, zu ineffizienten oder ungerechten Ergebnissen. Wichtige Beispiele dafür sind die Vereinnahmung gesetzgebender Körperschaften durch finanziell potente Minderheiten oder Lobbies, die Tendenz des Staates, Programme zu lange Zeit hindurch zu hoch zu finanzieren, und der kurzfristige Entscheidungshorizont, der sich aus der Notwendigkeit, zu Wahlen anzutreten, ergibt.

C. Das leidige Problem des Gesundheitswesens

7. Das Gesundheitswesen ist einer der größten und am schnellsten wachsenden Sektoren der Wirtschaft. Er ist durch vielfältige Formen von Marktversagen gekennzeichnet, die zu massiven Interventionen des Staates führen. Gesundheitssysteme weisen beträchtliche externe Effekte auf, wie etwa die Seuchenbekämpfung und die Verbreitung immer neuen biomedizinischen Wissens. Weiters führt der ungleiche Informationsstand von Ärzten und Patienten oder von Patienten und Krankenversicherungsträgern auch zu Marktversagen. Diese Ungleichheit des Informationsstandes führt zu einer negativen Auslese beim Abschluß von Krankenversicherungen und zu einem durch Unehrlichkeit oder Fahrlässigkeit entstehenden Risiko (oder dem Drittzahlersyndrom) in Form einer exzessiven Inanspruchnahme medizinischer Dienstleistungen. Weil die Gesundheit für das Wohlergehen der Menschen und die Arbeitsproduktivität so wichtig ist, versuchen die Staaten, einen Mindeststandard an medizinischer Versorgung für ihre Bevölkerung zu gewährleisten.
8. Das gegenwärtige Gesundheitssystem in den USA wird wegen seiner explodierenden Kosten, der wachsenden Anzahl Nichtversicherter und wegen des hinterherhinkenden Gesundheitszustandes der Bevölkerung, vor allem unter den armen Schichten und Minderheiten, heftig kritisiert. Befürworter einer Rückkehr zu einem reinen Marktsystem finden sich wegen der nachteiligen Auswirkungen auf die Volksgesundheit und auf die medizinische Grundlagenforschung heute kaum noch. Ein staatliches Gesundheitssystem würde zwar umfassende Versicherungsdeckung bieten, hätte jedoch auch eine Rationierung des Angebotes und lange Wartezeiten zur Folge. Ein neuer Ansatz, der als staatlich geregelter Wettbewerb bezeichnet wird, tritt für eine umfassende Krankenversicherung ein, die in erster Linie von den Arbeitgebern bereitgestellt oder eingekauft werden sollte. Ob dieses System entsprechende Anreize für einen weiteren technologischen Fortschritt bietet und dabei auch die Kosten eindämmen kann, muß erst umfassend geprüft werden.

BEGRIFFE ZUR WIEDERHOLUNG

Funktionen des Staates

Drei Instrumente zur Kontrolle der Wirtschaft durch den Staat:
Steuern, Staatsausgaben, Regulierung
Vier Funktionen des Staates:
Effizienz, Einkommens- und Ressourcenverteilung, Stabilisierung, Vertretung gegenüber dem Ausland
Marktversagen gegenüber Versagen des Staates

Theorie der öffentlichen Entscheidung

Öffentliche Entscheidung
Versagen des Staates: Gruppeneinfluß, Kurzsichtigkeit, Bürokratismus
öffentliche Entscheidungsfindung nach dem Einstimmigkeitsprinzip, dem Mehrheitsprinzip oder mit qualifizierter Mehrheit
Arrow-Theorem, zyklisches Abstimmungsverhalten, Abstimmungsparadoxon

Marktversagen im Gesundheitswesen

Öffentliche Güter in Form neuer wissenschaftlicher Erkenntnisse oder effektiver Seuchenbekämpfung
Versicherungsversagen durch Unehrlichkeits- oder Fahrlässigkeitsrisiko und negative Auslese
Inadäquate medizinische Versorgung für ärmere Bevölkerungsgruppen
Alternative Ansätze einer Reform:
reiner Marktansatz, staatliches Gesundheitswesen, staatlich geregelter Wettbewerb

FRAGEN UND BEISPIELE

1. Überlegen Sie in der Gruppe, wer von Ihnen sich eher für ein Laissez-faire-System oder für staatliche Eingriffe ausspricht, und diskutieren Sie, ob es staatliche Kontrollen der Prostitution, des Drogenhandels, der kosmetischen Chirurgie, von Herztransplantationen, Angriffswaffen und Alkohol geben sollte. Wie stünden Sie zur Einführung eines freien Adoptionsmarktes?
2. Zur Versorgung der älteren Generation gehören Hilfestellungen bei bestimmten Tätigkeiten (beim Baden, Ankleiden, auf der Toilette), die diese Leute nicht mehr selbständig ausführen können. Wie wurde das Altenproblem noch vor einem Jahrhundert gelöst? Erklären Sie, warum das Risiko unehrlichen oder fahrlässigen Verhaltens und eine negative Auslese eine Pflegeversicherung heute so teuer machen, daß nur noch wenige Leute sie sich leisten können.
3. Man bezeichnet eine Strategie als „kosteneffektiv“, wenn sie eine bestimmte Produktionsmenge zu geringstmöglichen Kosten erbringt oder die Produktionsmenge bei einer vorgegebenen Faktormenge maximiert. Stellen Sie sich eine Situation in Kriegszeiten vor, in der die medizinische Versorgung unzureichend ist. Es stehen 100 Einheiten an medizinischer Versorgung (z.B. Medikamente) für 400 Personen zur Verfügung, die in acht Gruppen zu je 50 Personen aufgeteilt werden. In der nebenstehenden Tabelle ersehen Sie die Wahrscheinlichkeit ihres Überlebens mit und ohne 1 Einheit medizinischer Versorgung.
   Man beauftragt Sie, nach dem Triageprinzip die Verwundeten zu versorgen. Ihr Ziel ist es, die zu erwartende Zahl an Überlebenden zu maximieren (entsprechend dem Produkt der Überlebenswahrscheinlichkeit mal der Patientenanzahl, $p_1N_1 + \ldots + p_8N_8$, wobei p_i die Überlebenswahrscheinlichkeit nach Erhalt einer medizinischen Versorgung und N_i die Anzahl der Patienten bezeichnet).
   a. Entwickeln Sie ein Triagemodell nach der Beschreibung in Fußnote 5 (Seite 352). Welche beiden Patientengruppen fallen in die Triagekategorie, die eine medizinische Versorgung erhält?
   b. Berechnen Sie die erwartete Anzahl an Überlebenden nach ihrem Modell. Können Sie erkennen, warum diese Strategie kosteneffektiv in dem Sinne ist, daß die erwartete Anzahl überlebender Patienten maximiert wird?
   c. Überlegen Sie sich ein Modell, wonach zuerst die Patienten mit dem schlechtesten Gesundheitszustand medizinisch versorgt werden (jene mit der geringsten Überlebenswahrscheinlichkeit ohne Versorgung). Warum ist diese Methode nicht kosteneffektiv?

Patientengruppe	Überlebenswahrscheinlichkeit: Mit medizinischer Versorgung	Überlebenswahrscheinlichkeit: Ohne medizinische Versorgung
Panzer- und LKW-Unfälle:		
1. Gebrochene Beine	,99	,98
2. Schwere Verbrennungen	,41	,39
Schrapnellwunden:		
3. An den Gliedmaßen	,90	,30
4. Am Kopf	,05	,02
Gewehrkugelverletzungen:		
5. An den Gliedmaßen	,88	,85
6. Am Kopf	,10	,08
Infektionen:		
7. bakteriologisch	,98	,30
8. unbekannter Ursache	,60	,59

d. Nehmen wir an, die Zahl der verfügbaren medizinischen Versorgungseinheiten würde auf 200 angehoben. Warum gilt hier Ihr Triagemodell nicht mehr? Können Sie die allgemeine Regel für dieses Beispiel aufstellen?

4. Erkennen Sie, warum die Marktallokation von Brot einstimmig erfolgen kann? Warum läßt das nationale Verteidigungsbudget diese Möglichkeit nicht zu? Kann aus dem Unterschied zwischen diesen beiden Fällen abgeleitet werden, warum die Allokation von Brot die Gesellschaft auf ihre Nutzenmöglichkeitskurve bringen kann, während die Allokation von Verteidigungsausgaben dies nicht kann?

5. Eine Krankenversicherungspflicht des Arbeitgebers für die Arbeitnehmer ist wie eine staatlich verordnete Lohnerhöhung. Betrachten Sie den Markt für Arbeitnehmer, deren Arbeitgeber ihnen keinen Versicherungsschutz anbieten. Zeichnen Sie ein Angebots-Nachfragediagramm für Arbeit, wobei der Jahreslohn oder das Jahresgehalt auf der Y-Achse aufgetragen werden. Zeigen Sie anhand dieses Diagramms, wie die Forderung, der Arbeitgeber solle $ 4.000 an Versicherungsprämien für seine Arbeitnehmer aufbringen, zu einer Verschiebung der Arbeitsnachfragekurve der Unternehmen um $ 4.000 nach unten führt. Wie verhalten sich Gleichgewichtslöhne und Arbeitsmenge? Was geschähe, könnte in dieser Situation die Lohnrate nicht nach unten angepaßt werden, weil es vorgeschriebene Mindestlöhne gibt? Verwenden Sie dieses Diagramm, um die Aussage von Professor Hamermesh im Text (Seite 353) zu erklären.

6. Was ist ein öffentliches Gut? Erklären Sie, warum die Vorbeugung vor und die Verhinderung von ansteckenden Krankheiten wie Pocken, AIDS oder Tuberkulose ein öffentliches Gut ist. Wie reagieren Märkte im Hinblick auf eine solche Situation, und warum wäre diese Marktreaktion ineffizient?

7. Lesen Sie den weiter oben abgedruckten offenen Brief an den amerikanischen Präsidenten über die Gefahren einer Preiskontrolle (Seite 353) nochmals. Erklären Sie die in dem Brief dargelegte Position. Können Sie zustimmen? Erklären Sie Ihre persönliche Position.

KAPITEL 17

STEUERN UND STAATSAUSGABEN

Der Geist eines Volkes, sein kulturelles Niveau, seine Sozialstruktur, die Leistungen, die seine Politik vollbringt, all das und noch viel mehr steht in seiner Steuergeschichte geschrieben. ... Wer diese Botschaft versteht, hört das Donnergrollen der Weltgeschichte hier deutlicher als irgendwo sonst.

Joseph Schumpeter

In den USA findet die Diskussion über das Bundesbudget häufig auf Aufklebern oder mittels griffiger Sprüche wie „keine neuen Steuern", „wir wollen ein ausgeglichenes Budget" oder „typisch Demokraten: Steuern und Ausgaben" statt. Aber keiner dieser saloppen Sprüche trifft den Kern der wichtigen Aufgabe der Budgeterstellung wirklich. Mit staatlichen Ausgaben und Steuern werden im wesentlichen drei Wirkungen erzielt: Erstens beeinflussen sie die Verteilung des Sozialproduktes auf den privaten und öffentlichen Konsum und auf die Investitionstätigkeit. Zweitens kann der Staat durch direkte Ausgaben, indirekte Steueranreize und regulierende Maßnahmen auf die Produktionsmenge und den Preis in einzelnen Bereichen, beispielsweise bei Militär-U-Booten, der Mitgliedschaft in Country-Clubs oder bei Schwefelemissionen, einwirken. Und schließlich hat die Budgetpolitik Auswirkungen auf die makroökonomischen Aktivitäten der Wirtschaft – auf die Schwankungen der Gesamtproduktionsmenge, der Preise und der Beschäftigungslage.

Wie kommt der Staat seiner wirtschaftlichen Aufgabe und Verantwortung überhaupt nach? Nun, das ist kein Geheimnis. Der Staat erhält seine Ressourcen durch Steuereinnahmen oder Kreditaufnahmen, und er setzt seine Kaufkraft dann ein, um Güter und Dienstleistungen auf dem Markt zu kaufen. Nehmen wir an, die Bevölkerung hätte entschieden, mehr Ressourcen in die Verbesserung des Gesundheitswesens oder in den Kampf gegen den Hunger im In- und Ausland fließen zu lassen; oder man wäre zu der Ansicht gelangt, der Schutz unserer kostbaren Umwelt für zukünftige Generationen müsse oberste Priorität genießen; oder es sollten mehr Ressourcen in das Schulwesen bzw. in den Ausbau der Infrastruktur investiert werden; oder es hätte sich die Ansicht durchgesetzt, daß die Reichen zuviel besitzen, und daß daher mehr Konsum für die Armen das Ziel sein müßte. Jedes dieser Ziele läßt sich erreichen, wenn, und nur wenn der Staat seine Steuer- und Ausgabenpolitik oder seine Regulierungsmaßnahmen entsprechend ändert. In der Steuerpolitik ist das Donnergrollen der Weltgeschichte deshalb so deutlich zu hören, weil Steuern und staatliche Ausgaben so überaus wirkungsvolle Instrumente darstellen.

A. STAATSAUSGABEN

Eine entscheidende Änderung in der amerikanischen Wirtschaft des zwanzigsten Jahrhunderts ist durch die zunehmende Höhe der staatlichen Ausgaben eingetreten. Abbildung 17-1 zeigt uns den Anteil des Sozialproduktes, der in staatliche Ausgaben fließt, worunter übrigens alles – vom Gehalt des Präsidenten über die Kosten eines Flugzeugträgers oder einer Autobahn bis hin zu den Sozialversicherungsleistungen, die an Ihre Großeltern ausbezahlt werden – zu verstehen ist. Sie können sehen, daß sich der staatliche Anteil am Sozialprodukt während der letzten 60 Jahre kontinuierlich erhöht hat, wobei in Kriegszeiten vorübergehend Spitzenwerte festzustellen waren.

FISKALFÖDERALISMUS

Obwohl wir bisher immer vom Staat oder von der Regierung gesprochen haben, als handle es sich hierbei um eine einzige Organisation, sind Amerikaner in Wirklichkeit mit drei verschiedenen Verwaltungsebenen konfrontiert: mit der Bundesverwaltung, der bundesstaatlichen Verwaltung und mit der Kommunalverwaltung. Das bedingt eine Aufteilung der Steuerverantwortung auf die unterschiedlichen Ebenen der öffentlichen Verwaltung, ein System, das als Fiskalföderalismus bezeichnet wird. Zwar sind die Grenzen zwischen den Verwaltungsebenen nicht immer scharf zu ziehen, aber im allgemeinen ist die Bundesverwaltung für jene Aktivitäten zuständig, die das gesamte Land betreffen, und kommt beispielsweise für Verteidigung, Raumfahrt und Außenpolitik auf. Die kommunale Verwaltung kümmert sich um die Schulbildung der Kinder, um die Straßenpolizei und die Müllabfuhr. Die einzelnen Bundesstaaten bauen die Autobahnen, betreiben Universitäten und verwalten die Sozialprogramme.

Wir können Abbildung 17-1 entnehmen, daß die Bundesverwaltung bei den Ausgaben die Bundesstaaten und Gemeinden etwa 1940 überholt hat. Die Dominanz der Bundesverwaltung ist ein relativ junges Phänomen. Vor dem zwanzigsten Jahrhundert war die Ebene der

Abbildung 17-1: Die Staatsausgaben sind in Kriegs- wie in Friedenszeiten anteilsmäßig immer weiter gestiegen

Während der Großen Depression (Weltwirtschaftskrise) der dreißiger Jahre kam es zu einem rapiden Anstieg der Staatsausgaben, die während des Zweiten Weltkrieges ein Maximum erreichten. Danach, in den sechziger und siebziger Jahren, wies die staatliche Ausgabenentwicklung bei den Maßnahmen zur Einkommenssicherung die deutlichste Zunahme auf, während in den achtziger Jahren vor allem der Zinsendienst und die Verteidigungsausgaben ins Gewicht fielen. Bitte beachten Sie, wie wenig es der konservativen Politik zwischen 1981 und 1992 gelungen ist, den Trend zu immer höheren staatlichen Ausgaben zu brechen. (Quelle: US-Handelsministerium.)

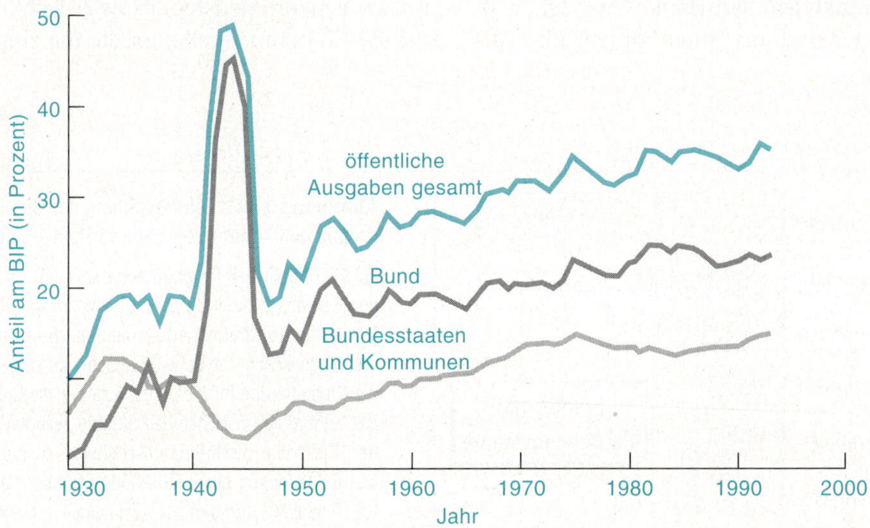

Staatsausgaben im Steuerjahr 1995

	Budget (Mia. $)	Anteil am Gesamtbudget
1. Sozialversicherung	337,2	22
2. Nationale Verteidigung, Kriegsveteranen und internationale Beziehungen	288,5	19
3. Gesundheit, Medicaid, Medicare	279,3	18
4. Einkommenssicherung	221,4	15
5. Zinszahlungen auf Grund der Staatsverschuldung	212,8	14
6. Aus- und Weiterbildung sowie beschäftigungspolitische Maßnahmen	53,5	4
7. Transport, Handel, Wohnbau	32,9	2
8. Energie, natürliche Ressourcen, Umwelt	25,3	2
9. Wissenschaft, Raumfahrt und Technologie	16,9	1
10. Allgemeine Staatsausgaben	13,8	1
11. Landwirtschaft	12,8	1
12. Diverse und gegenzurechnende Einnahmen	–24,5	–1
Gesamt	**1.518,9**	**100**

Tabelle 17-1: An oberster Stelle der Bundesausgaben stehen die Verteidigungsausgaben und die sogenannten „Entitlement-Sozialprogramme"

Etwa ein Drittel der gesamten US-Bundesausgaben fließt in die Landesverteidigung, in den staatlichen Zinsdienst oder in Pensionen für Kriegsveteranen. Mehr als die Hälfte der Ausgaben entfällt jedoch heute auf die sich rasch ausweitenden Sozialprogramme – einkommenssichernde Maßnahmen, Sozialversicherung und Gesundheit. Bitte beachten Sie, wie bescheiden sich dagegen Position 10 mit den traditionellen Staatsausgaben ausnimmt. (Quelle: Office of Management und Budget, *Budget of the U.S. Government, Fiscal Year 1995*.)

Kommunalverwaltung die mit Abstand wichtigste. Der Staat selbst hatte nicht viel mehr zu tun, als das Militär zu finanzieren, Zinsen für die Staatsschulden zu bezahlen, einige wenige öffentliche Aufträge zu finanzieren und die Gehälter der Staatsbeamten zu bezahlen. Der Großteil seiner Steuereinnahmen kam damals aus der Alkohol- und Tabaksteuer und aus Importzöllen. Aber die Kombination zweier heißer Weltkriege und eines Kalten Krieges sowie die Neueinführung von Transferzahlungen im Bereich der Sozialversicherung und des Medicare-Programms brachten eine enorme Steigerung der Ausgaben auf Bundesebene, und die im Jahr 1913 eingeführte nationale Einkommensteuer erwies sich als munter sprudelnde Einnahmequelle, an die die eingehobenen Lan-

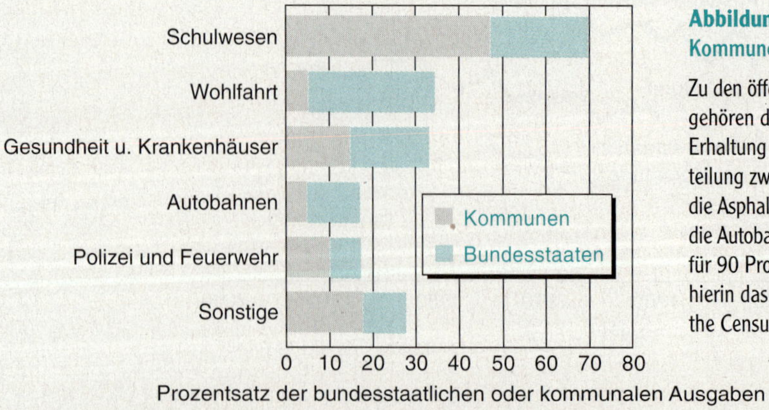

Abbildung 17-2: Die Verwaltung der Bundesstaaten und Kommunen kommt vor allem für lokale öffentliche Güter auf

Zu den öffentlichen Programmen der Bundesstaaten und Kommunen gehören das Schulwesen, die Finanzierung der Krankenhäuser, die Erhaltung des Straßennetzes und ähnliche Aufgaben. In der Arbeitsteilung zwischen den Verwaltungsebenen sorgen die Kommunen für die Asphaltierung ihrer eigenen Straßen, die Bundesstaaten errichten die Autobahnen zwischen den Städten, während die Bundesregierung für 90 Prozent der Interstate-Highways aufkommt. Erkennen Sie hierin das Muster eines Fiskalföderalismus? (Quelle: U.S. Bureau of the Census, *Government Finances in 1989-1990*.)

des- und Kommunalsteuern bei weitem nicht mehr herankommen konnten.

Tabelle 17-1 und Abbildung 17-2 zeigen, wie die verschiedenen Ausgabenarten heute auf die drei Verwaltungsebenen aufgeteilt sind. In der Analyse der steuerlichen Arbeitsteilung der drei Ebenen der Verwaltung betonen Ökonomen, daß die Programme verschieden starke Spillovereffekte oder Externalitäten aufweisen. Im allgemeinen sind die Kommunen für „lokale öffentliche Güter" zuständig, also für Aktivitäten, die hauptsächlich der ansässigen Bevölkerung zugute kommen. Da Bibliotheken von den Einwohnern der Stadt benützt werden und Straßenlaternen die Straßen der Städte erleuchten, werden sie auch von der ansässigen Bevölkerung bezahlt. Viele Bundesfunktionen stellen „nationale öffentliche Güter" dar und kommen allen Bewohnern des Landes zugute. So würde beispielsweise eine Impfung gegen AIDS den Einwohnern aller Bundesstaaten nützen, nicht nur jenen, die in der Nähe des Labors leben, in dem die Impfung entwickelt wurde. Oder wenn die amerikanische Armee Saddam Hussein in Kuwait den Krieg erklärt, sollen damit die Ölvorräte im Mittleren Osten für das gesamte Land geschützt werden. Und wie sieht es mit öffentlichen Gütern aus, die globale Bedeutung haben, etwa mit dem Klimawandel, dem Ozonloch oder der Bedrohung von Arten? Diese Probleme werden durch internationale Abkommen geregelt, weil sie grenzübergreifend sind. Ein Fiskalföderalismus, will er effizient sein, hat zu berücksichtigen, wie der Nutzen öffentlicher Ausgaben über die politischen Grenzen seine Wirkung entfaltet.

Die Grenzziehung zwischen den Fiskalfunktionen verändert sich im Zeitablauf. Alexander Hamilton, Franklin Roosevelt und Lyndon Johnson arbeiteten an der Ausweitung der Rolle des Zentralstaates, während Thomas Jefferson, Calvin Coolidge und Ronald Reagan versuchten, dem Föderalismus wieder mehr Gewicht zu geben. Eine der endlosen Debatten, die Ökonomen untereinander führen, dreht sich um die jeweils richtige Ebene für die Verwaltung öffentlicher Programme.

Bundesausgaben

Betrachten wir nun die verschiedenen Ebenen der Verwaltung in einem Staat. Die amerikanische Verwaltung ist das größte Unternehmen der ganzen Welt. Sie kauft mehr Autos und Stahl ein, hat eine größere Lohnbuchhaltung und macht mehr Umsatz als jede andere Organisation auf der Welt. Die Zahlen, mit denen wir es bei den staatlichen Finanzen zu tun haben, sind astronomisch hoch – Milliarden und Billionen Dollar. Das Bundesbudget für 1994 soll sich um die $ 1,5 Billionen bewegen; diese enorme Zahl bedeutet umgelegt auf jeden Amerikaner etwa $ 6.000 oder rund 2,6 Monate der gesamten nationalen Produktionsleistung (Bruttoinlandsprodukt, BIP).

Tabelle 17-1 listet die wichtigsten Kategorien der Bundesausgaben für das Steuerjahr 1995 auf. (Das amerikanische Steuerjahr 1995 beginnt mit dem 1. Oktober 1994 und endet am 30. September 1995.) Die umfangreichsten Budgetpositionen sind die nationale Sicherheit und internationale Angelegenheiten, worunter vor allem die Kosten für die materielle und personelle Ausstattung der Streitkräfte fallen.

Die Position, die in den letzten beiden Jahrzehnten am rasantesten angewachsen ist, sind die sogenannten *„Entitlement programs"*, Sozialprogramme, die jedem, der bestimmte gesetzlich festgelegte Berechtigungskriterien erfüllt, einen Anspruch auf Sozialleistungen oder bestimmte Zahlungen zusichern. Zu den wichtigsten „Entitlements" gehören die Sozialversicherung (Pensionen, Witwenpensionen und Behindertenversicherung), Gesundheitsprogramme (einschließlich Medicare für die über 65jährigen und Medicaid für mittellose Familien), und Programme zur Einkommenssicherung (darunter Zahlungen für Lebensmittel, Arbeitslosenversicherung und Barauszahlungen an bedürftige Bürger). Eigentlich geht beinahe der gesamte Anstieg der Bundesausgaben in den letzten Jahren auf das Konto der „Entitlement programs" zurück, die von 28 Prozent im Budget des Jahres 1960 bis auf 59 Prozent 1994 zugenommen haben.

Eine weitere Kategorie sind die Programme für bestimmte Wirtschaftssektoren: Unterstützungen für die Landwirtschaft, Darlehen für die Wasserwirtschaft der Kommunen und die Subventionierung der Raumfahrt. Eine letzte Kategorie ist die allgemeine Verwaltung. Dazu zählen die traditionellen Verwaltungsfunktionen wie der Kongreß, die Gerichtsbarkeit und das Präsidentenamt. Es ist überrschend, wie winzig sich die Kosten dieser traditionellen Funktionen neben den anderen Positionen ausnehmen. Insgesamt sind mit Ausnahme der „Entitlement programs" seit 1960 alle Budgetpositionen geschrumpft.

Volkswirtschaft in der Praxis: Die steuerliche Zukunft der sozialen Sicherheit. *Das Bundesbudget ist während der vergangenen fünfundzwanzig Jahre deshalb so angewachsen, weil die Bevölkerung für immer höhere Transferzahlungen in Form finanzieller Ansprüche, die sie sich selbst zuerkannte, gestimmt hat. Das umfangreichste Sozialprogramm ist die öffent-*

liche Sozialversicherung, aus der heute etwa 40 Millionen Amerikaner, und zwar vor allem ältere Menschen über 65, ein Einkommen beziehen. Die Sozialversicherung hat sich im Rahmen der staatlichen Programme mit dem erklärten Ziel, die Armut der älteren Bevölkerungsschichten zu lindern, als äußerst erfolgreich erwiesen. Der Prozentsatz der Menschen über 65, die ein Leben unter der Armutsgrenze fristen müssen, ist von 35 Prozent im Jahr 1959 auf 12 Prozent Anfang der neunziger Jahre gefallen.

Leider befürchten viele Ökonomen, daß die Finanzierung der Sozialversicherung in Zukunft ernsthaft gefährdet sein könnte. Es handelt sich dabei primär um ein nach dem Umlageverfahren finanziertes Programm, was bedeutet, daß die Sozialleistungen für die heutigen Pensionisten aus Abgaben auf die Gehälter jener Leute bezahlt werden, die heute im Arbeitsprozeß stehen. Daher muß mit zunehmender Überalterung der Bevölkerung die Sozialversicherung von einer vergleichsweise schrumpfenden arbeitenden Bevölkerung bezahlt werden. Das bedeutet, daß entweder höhere Steuern erhoben oder die Pensionszahlungen an die älteren Bürger gekürzt werden müssen, oder daß man sich für eine kombinierte Vorgangsweise entschließt.

Ausgaben der Bundesstaaten und der Kommunen

Obwohl hauptsächlich die Kämpfe um das Bundesbudget Schlagzeilen machen, sorgen die einzelnen Bundesstaaten und Gemeinden für viele der wichtigen Funktionen unserer Wirtschaft. Abbildung 17-2 zeigt, wofür die Bundesstaaten und Gemeinden ihre Gelder ausgeben. Die größte Position ist hier das Schulwesen, weil ein Großteil der Kinder in den USA in Schulen unterrichtet wird, die primär aus den lokalen Budgets finanziert werden. Versucht man, auf eine gerechte Aufteilung der Ausbildungsressourcen, die jedem Kind zur Verfügung stehen, hinzuwirken, so kann das öffentliche Schulwesen dazu beitragen, die ansonsten bestehende große wirtschaftliche Chancenungleichheit zu kompensieren.

In den letzten Jahren wurden vor allem die Budgetpositionen Gesundheitswesen und Gefängnisverwaltung immer größer. In den achtziger Jahren hat sich die Anzahl der Strafgefangenen in den staatlichen Gefangenenhäusern verdreifacht, weil in den USA ein erbitterter Kampf gegen die Kriminalität geführt wurde, bei dem vor allem gegen Drogenhändler zunehmend höhere Freiheitsstrafen verhängt wurden. Zugleich waren Verwaltungen der Bundesstaaten und Kommunen gezwungen, auch ihren Anteil an den steigenden Kosten des Gesundheitswesens zu übernehmen.

DIE VOLKSWIRTSCHAFTLICHEN AUSWIRKUNGEN STAATLICHER AUSGABENPOLITIK

Als bei weitem größte wirtschaftliche Einheit des Landes spielt der Staat mit seinen Ausgaben eine Schlüsselrolle in bezug auf die Konsum-, Investitions- und Gewinnentwicklung der amerikanischen Wirtschaft. Ein Fall als Beispiel: Während des Zweiten Weltkrieges und des folgenden Kalten Krieges ermöglichte die staatliche Unterstützung der gerade erst entstehenden Elektronikindustrie der USA einen hervorragenden Start. So wurde etwa die Entwicklung des Transistors durch die Bell Labs zum Teil vom amerikanischen Verteidigungsministerium finanziert, das größtes Interesse an einer Verbesserung von Radarsystemen und Kommunikationsanlagen hatte. Und glaubt man einigen Ökonomen, so ging die Rolle des Staates sogar noch darüber hinaus:

> Es waren nicht nur die staatlichen Darlehen für F&E, die das Getriebe der Elektronikindustrie schmierten, sondern auch die Aussicht auf sichere staatliche Absatzmärkte. Die *gesamte* frühe Halbleiterproduktion bei Western Electric, der Produktionstochter von Bell, ging auf direktem Weg in die Armee. Von 1956 bis 1964 nahm das Pentagon mehr als 70 Prozent der gesamten Produktion dieser Sparte auf, vor allem für das Minuteman-Raketenprogramm.[1]

Auch die überaus erfolgreiche amerikanische Computer- und Flugzeugindustrie profitierte in den ersten Jahren nach ihrem Entstehen von der großzügigen staatlichen Unterstützung.

Der Staat kann durch die enorme Höhe seiner Ausgaben auch heute noch darauf Einfluß nehmen, welche Gebiete in Wissenschaft und Technik speziell forciert werden. Während der gesamten achtziger und neunziger Jahre flossen staatliche Mittel in rund die Hälfte aller Forschungs- und Entwicklungsprojekte. In den letzten Jahren hat die Verdoppelung der Staatsausgaben für das Gesundheitswesen zu einem Boom in der Biotechnologie geführt.

Staatliche Ausgabenpolitik wirkt sich unter anderem auch auf einzelne Standortentscheidungen aus. Die Errichtung der Interstate-Highways, die den Individualverkehr

1 Ann Markusen und Joel Yudken, *Dismantling the Cold War Economy* (1992), S. 48.

enorm beschleunigt haben, hat zur Ausbreitung der Städte und zu einer neuen Kultur der Vororte beigetragen. Und das populäre System der staatlichen Sozialversicherung bietet heute älteren Mitbürgern durch die Aufbesserung ihres Einkommens die Möglichkeit, sich nochmals zu verändern und im Alter anderswo anzusiedeln, was niemals zuvor möglich war. Auf diese Weise sind die Pensionisten-Ansiedlungen in Florida und Arizona entstanden.

Aber natürlich bleibt die Frage offen, ob staatliche Ausgaben denn auch effizient getätigt werden. Viele amerikanische Bürger hegen die Befürchtung, es gäbe für den Staat ohne die Kontrolle des Wettbewerbs keinen richtigen Anreiz, Gelder effizient auszugeben. So hat jeder sein Paradebeispiel für die Verschwendung staatlicher Gelder. Manche haben sich auf die hohen Preise eingeschossen, die die Armee für einfache Produkte wie Schraubenschlüssel, Kaffeetassen und Toiletten bezahlt. Anderen sind die Verschwendung, die Privilegien und die Bürokratie im Gundschulwesen und in den weiterführenden Schulen, in die alljährlich über $ 200 Milliarden fließen, die jedoch viele Kinder trotzdem nicht erreichen, ein Dorn im Auge. Diverse Beispiele für Betrugsfälle, Verschwendung und Mißbrauch führen dann unweigerlich zum Ruf nach einer Reduzierung der staatlichen Ausgaben und rufen Bewegungen zur „Privatisierung" zahlreicher staatlicher Tätigkeiten auf den Plan.

B. VOLKSWIRTSCHAFTLICHE ASPEKTE DES STEUERWESENS

Steuern sind das, was wir für eine zivilisierte Gesellschaft zu bezahlen haben.

Justice Oliver Wendell Holmes

Die staatlichen Programme kosten etwas; die Gelder dafür stammen zum Großteil aus Steuern, und jeder Einnahmenausfall wird durch öffentliche Kreditaufnahmen kompensiert. Aber *in der Volkswirtschaft ist es unsere Aufgabe, den Schleier der Geldflüsse zu lüften und dem tatsächlichen Fluß der realen Ressourcen nachzugehen.* Was der Staat – hinter den Steuergeldflüssen – tatsächlich benötigt, das ist der knappe Boden, die Arbeit und das Kapital der Wirtschaft. Zieht der Staat in einen Wüstenkrieg, so scheint er bei oberflächlicher Betrachtung für diesen Krieg Steuern einzuheben und Gelder aufzunehmen. Tatsächlich aber werden Leute von ihren zivilen Berufen abgezogen, transportieren Flugzeuge und Schiffe Truppen anstelle von Weizen und Touristen, und das Erdöl fließt in die Panzer anstatt in unsere Ölheizungen. Wenn der Staat ein Darlehen für biotechnologische Forschungsarbeiten vergibt, bedeutet diese Entscheidung eigentlich, daß ein Stück Land, das man zur Errichtung eines Bürogebäudes nutzen könnte, stattdessen für ein Labor verwendet wird.

In seinen Steuerentscheidungen befindet der Staat eigentlich darüber, wie er die Ressourcen, die er benötigt, von den Haushalten und Unternehmen des Landes abziehen und für den öffentlichen Konsum und öffentliche Investitionen verwenden kann. Die durch die Besteuerung aufgebrachten Gelder sind das Mittel, mit dem die realen Ressourcen weg von den privaten hin zu den öffentlichen Gütern verlagert werden.

DIE STEUERPRINZIPIEN

Äquivalenzprinzip und Leistungfähigkeitsprinzip

Wenn der Staat zu dem Beschluß gelangt ist, bestimmte Steuerbeträge einzuziehen, steht ihm dazu eine verwirrende Vielfalt an möglichen Steuern zur Verfügung. Er kann Einkommen, Gewinne oder Umsätze besteuern. Er kann die Reichen oder die Armen, die Alten oder die Jungen besteuern. Gibt es überhaupt Richtlinien, die dabei helfen können, ein gerechtes und effizientes Steuersystem aufzubauen?

Ja, diese Richtlinien gibt es. Ökonomen und Politphilosophen haben zwei Grundprinzipien entwickelt, nach denen ein Steuersystem ausgerichtet sein sollte:

- Das **Äquivalenzprinzip (oder Nutzenprinzip)**, wonach der einzelne je nach der Höhe des Nutzens besteuert werden sollte, den er aus staatlichen Programmen zieht. Ebenso wie die privaten Geldausgaben der Menschen in einem Verhältnis zu ihrem privaten Konsum stehen, sollten die Steuern, die ein Mensch bezahlt, in einem Verhältnis zu seiner Nutzung kollektiver Güter wie des öffentlichen Straßennetzes oder öffentlicher Parkanlagen stehen.
- Das **Leistungsfähigkeitsprinzip**, wonach sich die Höhe der Besteuerung nach dem Einkommen oder dem Vermögen des einzelnen richten sollte. Je grö-

ßer das Vermögen oder das Einkommen, desto höher auch die Steuern. Steuersysteme, die nach dem Prinzip der steuerlichen Leistungsfähigkeit ausgerichtet sind, wirken im allgemeinen *umverteilend*, was bedeutet, daß damit Gelder aus den höheren Einkommensschichten abgezogen werden, um damit die Einkommen und den Konsum der ärmeren Gesellschaftsgruppen anzuheben.

Wenn beispielsweise die Errichtung einer neuen Brücke durch eine Mautgebühr für das Befahren der Brükke finanziert wird, so wurde hier nach dem Äquivalenzprinzip vorgegangen, weil man ja nur dann für die Brükke zu bezahlen braucht, wenn man sie auch benutzt. Wenn jedoch dieselbe Brücke aus dem kollektiven Topf der Einkommensteuer finanziert wird, haben wir es mit einem Beispiel für die Anwendung des Leistungsfähigkeitsprinzips zu tun.

Horizontale und vertikale Steuergerechtigkeit

Die meisten modernen Steuersysteme, ob sie nach dem Äquivalenz- oder nach dem Leistungsfähigkeitsprinzip ausgerichtet sind, versuchen unsere heutigen Ansichten über Gerechtigkeit und Angemessenheit mit zu berücksichtigen. Eines der zu beachtenden Grundprinzipien ist jenes der **horizontalen Gerechtigkeit**, das besagt, daß weitgehend gleichgestellte Bürger auch gleich besteuert werden sollten.

Die Ansicht, daß Gleiches auch gleich behandelt werden sollte, ist in der politischen Philosophie des Westens tief verankert. Wenn zwei Leute mit Ausnahme der Augenfarbe gleich sind, so verlangen alle Prinzipien der Besteuerung, daß sie gleich hoch besteuert werden. Im Falle einer Besteuerung nach dem Äquivalenzprinzip besagt das Prinzip der horizontalen Gerechtigkeit, daß wir dann gleich viel an Steuern bezahlen sollten, wenn wir genau dieselben Dienste in Form von Autobahnen oder Parks in Anspruch nehmen. Folgt die Besteuerung dem Prinzip der steuerlichen Leistungsfähigkeit, so sollten Leute, die über gleich hohe Einkommen verfügen, auch Steuern in gleicher Höhe bezahlen.

Ein nicht ganz so unumstrittenes Prinzip ist jenes der **vertikalen Gerechtigkeit**, das sich mit der Besteuerung von Menschen mit unterschiedlicher Einkommenshöhe beschäftigt. Abstrakte philosophische Prinzipien bieten hier, bei der Lösung der Gerechtigkeitsfrage, kaum eine Hilfestellung. Stellen Sie sich vor, A und B wären in jeder Hinsicht gleich, nur hätte B zehnmal soviel Besitz und Einkommen wie A. Bedeutet das, daß B dem Staat für seine Dienstleistungen, beispielsweise für die Arbeit der Polizei, den gleichen absoluten Steuerbetrag zu bezahlen hat wie A? Oder sollte B denselben Prozentsatz seines Einkommens als Steuerleistung abliefern müssen? Vielleicht wäre es auch fair, daß B einen höheren Prozentsatz seines Einkommens in Form von Steuern an den Staat abliefert, weil die Polizei ja mehr damit beschäftigt ist, das Eigentum der Reichen zu schützen?

Seien Sie gewarnt! Allgemeine und abstrakte Prinzipien sind es nicht, die die Steuerstruktur eines Landes bestimmen. Als Ronald Reagan seine Kampagne für Steuersenkungen führte, tat er das, weil er meinte, hohe Steuern seien ungerecht gegenüber jenen, die hart gearbeitet und Ersparnisse für die Zukunft angelegt hatten. Aber ein Jahrzehnt nach Reagan kam Clinton und sagte: „Unser Steuersystem ist heute gerecht, weil 80 Prozent der zusätzlichen Steuerbelastung von jenen getragen werden, die mehr als $ 200.000 pro Jahr einnehmen.“ Was dem einen richtig erscheint, ist für den anderen Unsinn.

Pragmatische Kompromisse im Steuersystem

Wie haben die Gesellschaften diese heiklen philosophischen Fragen in der Praxis gelöst? Im allgemeinen entscheiden sich Staaten für pragmatische Lösungen, die sich nur teilweise am Äquivalenz- oder am Leistungsfähigkeitsprinzip orientieren. Die politischen Vertreter wissen, daß Steuern im höchsten Maße unpopulär sind. Immerhin hat unter anderem auch der Aufschrei „Besteuerung ohne Vertretung!“ die Amerikanische Revolution ausgelöst. Die modernen Steuersysteme stellen einen komplizierten Kompromiß zwischen hehren Prinzipien und politischem Pragmatismus dar. Wie hat doch gleich der bauernschlaue französische Finanzminister Colbert schon vor dreihundert Jahren geschrieben? „Steuern einzuheben ist wie das Rupfen einer Gans. Man möchte natürlich die größtmögliche Anzahl an Federn, aber bei minimalem Aufruhr.“

Nun, welche Praktiken haben sich herausgebildet? In manchen Fällen kommen die öffentlichen Dienstleistungen auf lokaler und staatlicher Ebene klar erkennbaren Gruppen zugute, und es besteht kein Grund, diese Gruppen auf Grund ihres Einkommens oder anderer Merkmale zu begünstigen oder zu benachteiligen. In solchen Fällen greifen moderne Staaten im allgemeinen auf eine Besteuerung nach dem Äquivalenzprinzip durch gebührenartige Abgaben zurück.

So werden Gemeindestraßen in den USA im allgemeinen von den Bewohnern der betreffenden Gemeinde bezahlt. Für Wasser und Abfallbeseitigung, die wie priva-

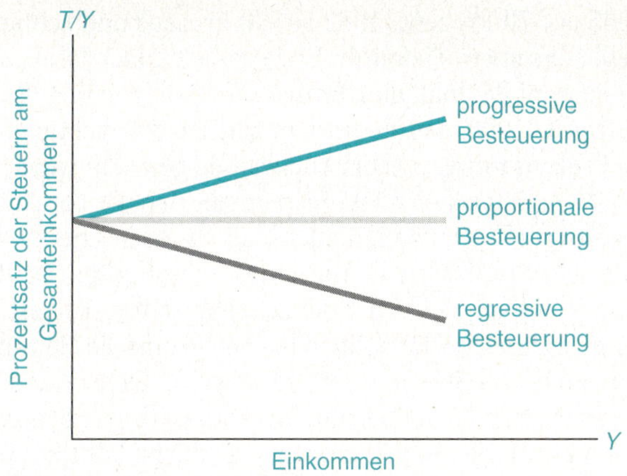

Abbildung 17-3: Progressiv, proportional und regressiv wirkende Steuern

Steuern sind progressiv, wenn sie mit steigendem Einkommen anteilsmäßig höher ausfallen; sie sind proportional, wenn sie im selben Ausmaß wie das Einkommen steigen, und sie sind regressiv, wenn sie bei niedrigem Einkommen relativ höher ausfallen als bei hohem Einkommen.

te Güter behandelt werden, werden „Gebühren" eingehoben. Benzinsteuern können für die Errichtung und Erhaltung von Straßen verwendet oder „zweckbestimmt" werden.

Progressive und regressive Besteuerung. Gebühren nach dem Äquivalenzprinzip gehen im Rahmen der staatlichen Gesamteinnahmen anteilsmäßig zurück. Ausgereifte politische Systeme stützen sich heute vermehrt auf **progressive Einkommensteuern**. Eine Familie mit $ 50.000 Jahreseinkommen bezahlt höhere Steuern als eine Familie mit $ 20.000. Einkommensstärkere Familien bezahlen nicht nur einen absolut höheren Betrag, sondern auch einen höheren Anteil ihres Einkommens an Steuern.

Diese progressive Besteuerung steht im Gegensatz zur streng **proportionalen Besteuerung**, nach der alle Steuerzahler genau denselben Prozentsatz ihres Einkommens abzuliefern haben. Eine **regressive Besteuerung** verlangt von den Armen einen höheren Einkommensprozentsatz als von den Reichen.

Ein Steuersystem wird als *proportional, progressiv oder regressiv* bezeichnet, je nachdem, ob von Steuerpflichtigen mit hohem Einkommen derselbe, ein höherer oder geringerer Einkommensprozentsatz eingehoben wird als von Beziehern niedriger Einkommen.[2]

Die drei Arten der Besteuerung – proportional, progressiv, regressiv – werden in Abbildung 17-3 dargestellt. Einige Beispiele: Eine abgestufte Einkommensteuer, bei der von jedem zusätzlich bezogenen Einkommen ein immer höherer Steuersatz eingehoben wird, bezeichnet man als progressiv. Eine allgemeine Umsatzsteuer hat eine leicht regressive Wirkung, weil die Ausgaben im Verhältnis zum Einkommen mit steigendem Einkommen sinken. Eine Steuer, die zur Höhe des Vermögens, das ein Mensch nach seinem Tod hinterläßt, absolut proportional ist, wirkt hingegen progressiv, weil ein Mensch mit einem doppelt so hohen Einkommen im Durchschnitt mehr als das Doppelte an Vermögen hinterläßt.

Direkte und indirekte Steuern. Steuern werden auch in direkte und indirekte Steuern eingeteilt. **Indirekte Steuern** sind jene, die auf Güter und Dienstleistungen eingehoben werden und sich daher auf den einzelnen nur „indirekt" auswirken. Beispiele für indirekte Steuern sind Verbrauchs- und Umsatzsteuern, Zigaretten- und Benzinsteuern, Importzölle und Vermögensteuern. Im Gegensatz dazu werden **direkte Steuern** direkt von Einzelpersonen oder Unternehmen eingehoben. Beispiele für direkte Steuern sind die Einkommensteuer, die Sozialversicherungsbeiträge oder andere auf den Arbeitslohn eingehobene Steuern sowie die Erbschaft- und Schenkungsteuer. Körperschaftsteuern werden ebenfalls als direkte Steuern behandelt, weil ja letztlich Menschen die Einkommen der Unternehmen erhalten. Direkte Steuern haben den Vorteil, sich leichter an persönliche Gegebenheiten anpassen zu lassen, etwa auf die Familiengröße, Einkommen, Alter und ganz allgemein auf die steuerliche Leistungsfähigkeit. Indirekte Steuern hingegen haben den Vorteil, kostengünstiger und problemloser in der Einhebung zu sein, weil sie auf der Ebene des Einzel- oder Großhandels abgeschöpft werden.

BUNDESSTEUERN

Versuchen wir doch einmal nachzuvollziehen, nach welchen Prinzipien das bundesweite Steuersystem organisiert ist. Tabelle 17-2 vermittelt einen Überblick über die wichtigsten Bundessteuern in den USA und gibt an, ob sie progressiv, proportional oder regressiv sind.

[2] Es ist darauf hinzuweisen, daß die Begriffe „progressiv" und „regressiv" rein wirtschaftswissenschaftliche Termini sind, die sich auf den Anteil der Steuerbelastung in bezug auf unterschiedliche Einkommenshöhen beziehen. Diese Begriffe sind auf keinen Fall emotional oder politisch zu interpretieren.

Bundessteueraufkommen für das Steuerjahr 1995

	Einnahmen (als Prozentsatz der Gesamteinnahmen)
Progressiv:	
Einkommensteuer	44,0
Erbschaft- und Schenkungsteuer	1,0
Körperschaftsteuer	10,4
Proportional:	
Sozialversicherungsabgabe	36,2
Regressiv:	
Verbrauchsteuern	5,3
Sonstige Steuern und Abgaben	3,1
Gesamt	100,0

Tabelle 17-2: Einkommensteuern und Sozialversicherungsabgaben sind die wichtigsten Steuereinnahmequellen des Bundes

Nach wie vor sind progressiv wirkende Steuern die wichtigste Quelle der Bundeseinnahmen, aber die proportional wirkenden Sozialversicherungsabgaben holen rasch auf. (Quelle: Office of Management and Budget, *Budget of the U.S. Government, Fiscal Year 1995.*)

Die Einkommensteuer

Wir beginnen mit der Einkommensteuer, dem bei weitem wichtigsten Bestandteil unseres Steuersystems. Die Einkommensteuer ist eine direkte Steuer, und sie ist unter allen Steuern diejenige, in der das Prinzip der steuerlichen Leistungsfähigkeit am deutlichsten zur Anwendung kommt.

Die Einführung der Einkommensteuer liegt in den USA noch gar nicht so weit zurück. Die Verfassung erlaubte lange Zeit hindurch keine direkten Steuern, die nicht nach dem jeweiligen Bevölkerungsanteil unter den Staaten aufgeteilt wurden. Erst im Jahr 1913 wurde der 16. Zusatz zur Verfassung beschlossen, der vorsah, daß der „Kongreß das Recht erhält, Steuern auf Einkommen unabhängig von ihrer Quelle festzulegen und einzuziehen".

Die Einkommensteuer führte bei ihrer Einführung zwar zu heftigen Kontroversen, war aber bis zum Zweiten Weltkrieg nicht sehr einträglich. Dann jedoch, als Geld für den Krieg gebraucht wurde, erhöhte der Staat die Steuersätze drastisch bis zu einem Spitzensteuersatz in der astronomischen Höhe von 94 Prozent. Nach dem Krieg blieb die Einkommensteuer die wichtigste Bundessteuer. Allerdings wurde der Spitzensteuersatz im Jahr 1965 auf 70 Prozent, 1982 auf 50 Prozent und schließlich, auf seinem Tiefpunkt Ende der achtziger Jahre, auf 28 Prozent gesenkt, eine Entwicklung, die mit dem Budgetgesetz 1993, das zu einer neuerlichen Anhebung auf 40 Prozent führte, wieder rückgängig gemacht wurde.

In periodischen Abständen erhebt sich das Land und revoltiert – buchstäblich oder bildlich gesprochen – gegen sein Steuersystem. Die jüngste diesbezügliche Revolte ereignete sich Mitte der achtziger Jahre, als Vertreter aller Bereiche des politischen Spektrums die Meinung vertraten, das Steuersystem sei überaus löchrig und es bestrafe mit seinen überhöhten Steuersätzen Arbeit und Spargesinnung. So völlig unterschiedliche Politiker wie Senator Bill Bradley und Präsident Ronald Reagan machten sich mit vereinten Kräften an die Demontage der geltenden Steuergesetzgebung. Das Ergebnis dieser konzertierten Aktion war der denkwürdige Tax Reform Act aus 1986, der den gründlichsten Wandel im Steuerwesen innerhalb einer Generation auslöste. Aber viele Leute hatten den Eindruck, die Steuernachlässe für einkommensstarke Steuerzahler seien zu weit gegangen. Im Jahr 1993 wurden auf Drängen von Präsident Clinton die Steuersätze für die reichen Bevölkerungsschichten drastisch angehoben, während armen Familien Steuernachlässe gewährt wurden.

Wie funktioniert die bundesweite Einkommensteuer? Das Prinzip ist einfach, die Form jedoch ziemlich kompliziert. Die Berechnung der Einkommensteuer beginnt mit der Erfassung der Höhe des Einkommens; von diesem werden bestimmte Ausgaben, Absetzposten und Steuerfreibeträge abgezogen und so das steuerpflichtige Einkommen ermittelt. Die Steuer selbst wird dann anhand dieses steuerpflichtigen Einkommens errechnet.

Die Berechnung der jeweiligen Steuerhöhe wird in Tabelle 17-3 anhand eines einfachen Falles dargestellt. Diese Tabelle zeigt die Steuern, die eine vierköpfige Familie nach Inkrafttreten des Budget Act aus 1993 bei ihrer jeweiligen Einkommenshöhe zu entrichten hat.

Spalte (1) zeigt verschiedene Höhen des *berichtigten Bruttoeinkommens* – das heißt Löhne, Zinsen, Dividenden und andere Einkommen, die der betreffende Haushalt erhält.

Unter der Annahme, daß unser Haushalt vier Personen umfaßt und bestimmte Abzugsposten geltend machen kann, zeigt Spalte (2) die zu entrichende Steuer. Beachten Sie bitte, daß die Steuer für Einkommensgruppen von $ 5.000 und $ 10.000 wegen der *Steuergutschrift für Arbeitseinkommen* negativ ist; in dieser Einkommenskategorie transferiert der Staat Gelder an einkommensschwache Familien.

(1) Berichtigtes Bruttoeinkommen (vor Freibeträgen und Abzügen) ($)	(2) Einkommensteuer ($)	(3) Durchschnittlicher Steuersatz (%) (3) = [(2) ÷ (1)] × 100	(4) Grenzsteuersatz (= Steuer pro zusätzlichem Dollar) (%)	(5) Verfügbares Einkommen nach Steuern ($) (5) = (1) − (2)
5.000	− 980	− 20	− 19	5.980
10.000	− 1.511	− 15	0	11.511
20.000	243	1	28	19.757
50.000	4.786	10	16	45.214
100.000	15.605	16	29	84.395
150.000	28.341	19	27	121.659
250.000	60.474	24	45	189.526
1 000.000	316.653	32	41	683.347
10 000.000	3 398.703	34	41	6 601.297

Tabelle 17-3: Die Bundeseinkommensteuer für eine vierköpfige Familie 1993

Die Tabelle weist die Einkommen, die Steuern und Steuersätze für einen repräsentativen Vierpersonenhaushalt im Jahr 1993 aus. Wegen diverser Einkommensteuernachlässe bezahlen Arbeiter mit niedrigem Einkommen weniger Steuern (es handelt sich in solchen Fällen um eine geringfügige „Negativsteuer"). Die Grenzsteuersätze beginnen im negativen Bereich, betragen bei rund $ 20.000 Jahreseinkommen Null und steigen dann bis zum Spitzensteuersatz von 41 Prozent des Einkommens an. Die Durchschnitts- oder effektiven Steuersätze liegen unter den Grenzsteuersätzen, weil es sich bei der Einkommensteuer um eine progressiv wirkende Steuer handelt. (Diese Tabelle geht von der Annahme aus, daß die Abzüge den zwischen Standardfreibetrag und 20 Prozent des Einkommens jeweils höheren Betrag ausmachen.) (Quelle: US-Steuerbehörde)

Spalte (3) zeigt den **effektiven** oder **Durchschnittssteuersatz**, der den gesamten Steuern dividiert durch das gesamte Einkommen entspricht. Aus dieser Berechnung können wir ersehen, wie progressiv die Einkommensteuer tatsächlich ist. Eine Familie mit einem Einkommen von $ 50.000 jährlich hat eine relativ schwerere Steuerbürde zu tragen als eine Familie, die nur $ 20.000 jährlich verdient – die erstere bezahlt Steuern in Höhe von 10 Prozent ihres Einkommens, während die zweite nur 1 Prozent an Steuern abzuliefern hat. Jemand, der jährlich $ 1 Million einnimmt, fällt in eine noch höhere Steuerkategorie.

Spalte (4) führt einen neuen wichtigen Begriff ein. Der **Grenzsteuersatz** ist jene zusätzliche Steuer, die pro Dollar zusätzlichen Einkommens zu bezahlen ist. Wir haben den Begriff „Grenz-" bereits kennengelernt, und er bedeutet immer „zusätzlich". Wenn Sie $ 30 zusätzliche Steuern für jeweils $ 100 zusätzliches Einkommen bezahlen müssen, beträgt Ihr Grenzsteuersatz 30 Prozent. Nach den derzeitigen gesetzlichen Bestimmungen in den USA beträgt der Grenzsteuersatz für mittellose Familien *minus* 19 Prozent und steigt für die niedrigste Steuerklasse mit positivem Steuersatz auf 15 Prozent.

Bei Einkommen über $ 250.000 beträgt der Grenzsteuersatz für die Bundeseinkommensteuer 41 Prozent. Wenn Sie in New York City leben, müssen Sie zusätzlich 8 Prozent netto für den Bundesstaat und die Stadt und 2,5 Prozent Sozialversicherung bezahlen, was einem Gesamtgrenzsteuersatz von beinahe 50 Prozent auf Arbeitseinkommen entspricht. Dieser Satz mag Ihnen hoch erscheinen, er liegt jedoch weit unter jenem von 94 Prozent während des Zweiten Weltkrieges. Abbildung 17-4 zeigt die Geschichte der höchsten Grenzsteuersätze in den USA.

Der Begriff des Grenzsteuersatzes ist in der modernen Volkswirtschaft überaus wichtig. Denken Sie an das „Marginalprinzip": Die Leute sollen nur auf die zusätzlichen Kosten oder den zusätzlichen Nutzen achten – „was vorbei ist, ist vorbei." Nach diesem Prinzip sind die wichtigsten Auswirkungen einer Steuer auf das Angebot an Kapital oder Arbeit durch den Grenzsteuersatz bestimmt. Der Grenzsteuersatz wurde zum intellektuellen Brennpunkt der „angebotsseitigen Volkswirtschaft".

Spalte (5) zeigt die Höhe der *verfügbaren Einkommen nach Steuern*. Bitte beachten Sie, daß sich höhere Einkommen in jedem Fall lohnen: Wenn ein steinreicher Rockstar noch eine weitere Million Dollar dazuverdient, verbleiben ihm davon immer noch $ 590.000 an verfügbarem Einkommen nach Steuern (= $ 1.000.000 minus 41 Prozent von $ 1.000.000).

Die Aushöhlung der Steuerbemessungsgrundlage. Der Grenzsteuersatz der amerikanischen Durchschnittsfamilie beträgt 25 Prozent, aber der Staat nimmt aus Einkommensteuern nur 7 Prozent des gesamten Volkseinkommens ein. Warum liegt der Erlös aus dieser Steuer so weit unter dem durchschnittlichen Grenzsteuersatz?

Der wichtigste Grund dafür ist die sogenannte „Aushöhlung der Steuerbemessungsgrundlage“, die auf die vielen Ausnahmebestimmungen zurückzuführen ist. Manche nennen diese von der Steuer verschonten Bereiche „Schlupflöcher“, während neutralere Begriffe von „Steuerbegünstigungen“ und „entgangenen Steuereinnahmen durch Ausnahmeregelungen“ sprechen.

Welche Bereiche bleiben denn von der Besteuerung ausgenommen? Zunächst gibt es in den USA einen Steuerfreibetrag, der im Jahr 1993 $ 2.450 pro Person ausmachte. Zusätzlich kann ein verheiratetes Paar einen Standardabzug vom Einkommen geltend machen, der 1993 $ 6.250 betrug. Diese beiden Steuerfreibeträge sind inflationsangepaßt, weil das Steuersystem insgesamt eine Indexanpassung vorsieht.

Weiterhin entziehen sich manche Einkommen deshalb einer Besteuerung, weil sie aus der „Schattenwirtschaft“ stammen: Viele Leute geben in ihrer Steuererklärung nicht ihr gesamtes zu versteuerndes Einkommen an oder täuschen steuerabzugsberechtigte Ausgaben vor. Die amerikanische Regierung schätzt, daß Einzelpersonen und Unternehmen in den USA 20 Prozent weniger an Steuern bezahlen, als sie bezahlen müßten, weil sie steuerrechtliche Bestimmungen verletzen. Für andere Länder ist dieser Prozentsatz wahrscheinlich noch zu tief gegriffen.

Und schließlich ist noch die legale Steuervermeidung zu nennen, die quantitativ stärker ins Gewicht fällt als die Steuerhinterziehung durch die Bürger. Der Kongreß selbst ist infolge der von ihm beschlossenen Gesetze für entgangene Steuereinnahmen in beträchtlicher Höhe verantwortlich, weil er bestimmte Arten von Einkommen nur gering besteuert oder überhaupt von Steuern befreit, oder weil er es den Amerikanern gestattet, bestimmte Ausgaben vom ihrem zu versteuernden Einkommen in Abzug zu bringen. Zu den Beispielen für gering oder überhaupt nicht besteuerte Einkommen zählen die Zinsen aus Staats- oder Kommunalanleihen, die vom Arbeitgeber beigestellte Krankenversicherung, Sozialhilfe des Staates und Einkommen aus Pensionsfonds. Außerdem wird

Abbildung 17-4: Die Entwicklung des Spitzensteuersatzes in den Vereinigten Staaten

Der Grenzsteuersatz ist jene zusätzliche Steuer, die pro Dollar zusätzlichen Einkommens zu entrichten ist. Der Spitzensteuersatz auf Einkommen erreichte während des Zweiten Weltkrieges 94 Prozent, fiel dann schrittweise wieder auf einen Tiefpunkt von 28 Prozent während der Reagan-Jahre ab und wurde schließlich durch das Wirtschaftspaket der Clinton-Regierung neuerlich auf 40 Prozent angehoben. (Quelle: U.S. Finanzministerium)

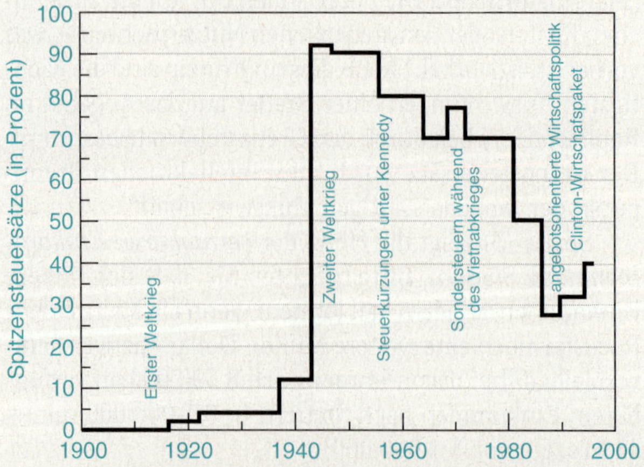

Entgangene Steuereinnahmen 1995

	Höhe in Mia. $
1. Befreiung von Pensionsbeiträgen	56
2. Befreiung von der Entrichtung der Arbeitgeberbeiträge zu den Kosten für medizinische Versorgung	56
3. Abzugsmöglichkeit von Hypothekarzinsen im Wohnungsbau	5
4. Vorzeitige Sonderabschreibung	28
5. Übertrag von Kapitalgewinnen im Todesfall	28
Gesamt:	
Wichtigste 5 Positionen	**223**
Entgangene Steuereinnahmen gesamt	**406**

Tabelle 17-4: Entgangene Steuereinnahmen bewirken eine Aushöhlung der Steuerbemessungsgrundlage

Der Begriff „entgangene Steuereinnahmen“ bezeichnet jenes Steueraufkommen, das durch bestimmte, vom Kongreß beschlossene Steuerausnahmen verloren geht. Die Tabelle weist die wichtigsten Positionen aus, die jeweils durch Ermittlung der von der Besteuerung ausgenommenen Einkommenshöhe und durch Multiplikation dieser Zahl mit dem geltenden Steuersatz errechnet wurden. (Quelle: Office of Management and Budget, *Budget of the U.S. Government, Fiscal Year 1995*)

den Amerikanern erlaubt, bundesstaatliche und kommunale Vermögens- und Einkommensteuern sowie die Zinsen von Hypothekardarlehen für Wohnungseigentum in Abzug zu bringen. Tabelle 17-4 zeigt die quantitativ wichtigsten durch Ausnahmebestimmungen entgangenen Steuereinnahmen.

Umsatz- und Verbrauchsteuern

In den USA wird zwar keine Bundes-Umsatzsteuer, aber eine Anzahl von Bundesverbrauchsteuern auf bestimmte Güter wie Zigaretten, Alkohol und Benzin erhoben. Umsatz- und Verbrauchsteuern wirken im allgemeinen regressiv, weil der Konsum im allgemeinen, und der Kauf der genannten Güter im besonderen, in armen Familien einen höheren Einkommensprozentsatz ausmacht.

Zahlreiche Ökonomen und Politiker haben gefordert, man solle sich in den USA stärker als bisher der Umsatz- und Verbrauchsteuern bedienen. Sie argumentieren ihre Ansicht damit, daß das Land gegenwärtig weniger spart und investiert, als dies für zukünftige Erfordernisse wünschenswert wäre. Würde man die derzeitige Einkommensteuer teilweise durch eine Umsatzsteuer ersetzen, so meinen sie, würde das die nationale Sparrate anheben. Kritiker von Verbrauchsteuern stört an diesem Vorschlag, daß eine solche Änderung wegen der regressiveren Wirkung der Verbrauchsteuern alles andere als wünschenwert wäre.

Sozialversicherungsbeiträge

Heute gilt der Social Security Act praktisch für alle Wirtschaftszweige der USA. Die Arbeitnehmer erhalten somit Rentenzahlungen, deren Höhe von den Einkünften und Sozialversicherungsabgaben während ihrer aktiven Zeit abhängen. Die US-Sozialversicherung finanziert aber auch ein Unterstützungsprogramm für arbeitsunfähige Arbeitnehmer sowie die Krankenversicherung der ärmeren und älteren Bevölkerungsschichten.

Damit alle diese Sozialleistungen bezahlt werden können, müssen Arbeitgeber und Arbeitnehmer von den Lohnzahlungen *Sozialversicherungsbeiträge* leisten. Im Jahr 1993 lagen diese Beiträge bei insgesamt 15,3 Prozent des gesamten Arbeitseinkommens bis zu einer jährlichen Einkommensgrenze von $ 57.600, während Einkommensklassen zwischen $ 57.600 und $ 133.000 noch um 2,9 Prozent mehr zu entrichten hatten. Diese Beitragsbelastung ist auf Arbeitgeber und Arbeitnehmer aufgeteilt.

Tabelle 17-2 zeigt die Sozialversicherungsbeiträge als Proportionalsteuer, weil sie einen fixen Prozentsatz der Arbeitseinkommen besteuert. Sie hat allerdings auch regressive Merkmale, weil Einkommen aus Vermögen ausgenommen bleiben, und weil sie bei niedrigen Einkommen relativ höher ausfällt als bei höheren Einkommen.

Die Sozialversicherungsbeiträge sind unter allen Bundeseinnahmen am raschesten gestiegen, nämlich von null Prozent der staatlichen Einnahmen im Jahre 1929 auf 18 Prozent 1960 und schließlich 37 Prozent im Jahr 1993.

Körperschaftsteuern

Nach Berücksichtigung all seiner Ausgaben und Ermittlung des Jahresgewinnes muß ein Unternehmen einen Teil dieses Gewinnes an den Fiskus abführen. Der Spitzensatz für die Körperschaftsteuer betrug 1993 35 Prozent vom Unternehmensgewinn. Kleinen Unternehmen wird für die ersten $ 75.000 an erwirtschafteten Gewinnen ein geringfügig niedrigerer Steuersatz zugestanden.

Die Körperschaftsteuer ist unter allen Bundessteuern wahrscheinlich am umstrittensten. Viele Ökonomen sprechen sich mit dem Argument gegen sie aus, daß Unternehmen eigentlich nur eine juridische Fiktion sind und als solche nicht besteuert werden sollten. Indem zuerst die Unternehmensgewinne und dann auch noch die von den Unternehmen an Einzelpersonen ausbezahlten Dividenden besteuert werden, ergibt sich eine Doppelbesteuerung der Unternehmen. Auf Grund dieser Doppelbesteuerung ist die Produktion in Unternehmen der am stärksten besteuerte Bereich der gesamten Wirtschaft, ein Faktum, das auf potentielle Investoren in diesem dynamischen Sektor abschreckend wirken könnte.

Manche Ökonomen sprechen sich für die Abschaffung der Körperschaftsteuer aus. Sie würden es lieber sehen, würde man Unternehmensgewinne als Einkommensquelle der Unternehmenseigentümer betrachten, diesen gutschreiben und als Einkommen dieser Personen besteuern. Studien haben ergeben, daß sich damit die volkswirtschaftliche Effizienz um einige Milliarden Dollar verbessern würde.

Mehrwertsteuern

Schließlich sorgt eine Steuer, die außerhalb der USA weit verbreitet ist, die **Mehrwertsteuer**, für Steuereinnahmen auf allen Produktionsstufen. So wird für einen Laib Brot mehrmals Mehrwertsteuer eingehoben: vom Bauern für die Weizenproduktion, von der Mühle für die Mehlproduktion, vom Bäcker für die Teigproduktion und vom Händler für den Verkauf.

All das klingt kompliziert. Tatsächlich aber ist die Mehrwertsteuer nichts anderes als eine Bundes-Umsatzsteuer. Da sie die Lohnsummen, Zinsen und andere Elemente eines geschaffenen Mehrwertes besteuert, besteuert sie eigentlich den gesamten endgültigen Umsatz.

Von Zeit zu Zeit wird die Mehrwertsteuer als Möglichkeit, dem Staat zusätzliche Einnahmen zu verschaffen, auch in den USA propagiert. Die Mehrwertsteuer erscheint deshalb so attraktiv, weil es sich bei ihr um eine Konsumsteuer handelt, und weil sich, wie bereits betont wurde, viele Ökonomen dafür aussprechen, daß der US-Staat durch die Umgestaltung des Steuersystems in Richtung Konsum und weg von einer Besteuerung der Einkommen für zusätzliche Sparanreize sorgt. Als weiteres Argument wird angeführt, daß Staaten bei regem Außenhandel eine „Harmonisierung" der Steuersysteme mit denen europäischer und anderer Länder anstreben, in denen die Mehrwertsteuer eine gewichtige Rolle spielt.

Wie ist nun die Mehrwertsteuer für die USA insgesamt zu bewerten? So wie überall im Leben hängt das von den möglichen Alternativen ab. Die Mehrwertsteuer hat sich zweifellos als effiziente Methode zur Erhöhung der Staatseinnahmen und zum Abbau der Doppelbesteuerung von Ersparnissen erwiesen. Andererseits wäre eine Entwicklung weg von einer progressiven Einkommensteuer hin zu einer regressiven Mehrwertsteuer ein Rückschlag für die Steuergerechtigkeit, weil sich die Ungleichheit der Einkommen nach Steuern noch verschärfen würde. Wie wir uns in dieser Situation zwischen Gerechtigkeit und Effizienz am besten entscheiden, ist ein immer wiederkehrendes Dilemma der Wirtschaftspolitik.

BUNDESSTAATLICHE UND KOMMUNALE STEUERN

Im amerikanischen föderalistischen Steuersystem stützen sich Verwaltungen der Bundesstaaten und Kommunen auf ein völlig anderes Steuersystem als der Bund. Abbildung 17-5 zeigt die wichtigsten Einnahmequellen der Bundesstaaten und Kommunen.

Vermögensteuer

Aus der Vermögensteuer werden etwa 30 Prozent der gesamten bundesstaatlichen und Kommunaleinnahmen bestritten. Abbildung 17-5 zeigt, daß die Kommunen die Hauptbegünstigten der Vermögensteuer sind. Vermögensteuer wird vor allem auf Immobilien – Grund und Boden sowie Gebäude – erhoben. Jede Kommune setzt einen jährlichen Steuersatz fest, der auf einen Schätzwert des Vermögens erhoben wird. In vielen Kommunen liegt dieser geschätzte Wert weit unter dem tatsächlichen Marktwert.

Vermögensteuern verletzten häufig das Prinzip der horizontalen Steuergerechtigkeit. So kommt es immer wieder vor, daß verschiedene Arten von Vermögen mit unterschiedlichen Steuersätzen belegt werden. In New York City werden Apartmenthäuser beispielsweise viel höher besteuert als Einfamilienhäuser. Auch bezahlen Nachbarn mit vergleichbaren Immobilien wegen der nur sehr selten vorgenommenen Anpassung der Schätzwerte häufig unterschiedlich hohe Steuern. Das gilt vor allem für Kalifornien, wo die Vermögensteuer nach dem Kaufpreis von Immobilien, nicht aber nach deren Marktwert berechnet wird. Das bedeutet, daß jemand, der im Jahr 1990 eine Immobilie für $ 200.000 erworben hat, zehnmal mehr Steuern bezahlen müßte als sein Nachbar, der für eine ganz ähnliche Immobilie 1970, also bevor die Immobilienpreise in Kalifornien schwindelerregende Höhen erreichten, $ 20.000 bezahlt hat.

Um die Vermögensteuer entspann sich eine heftige Kontroverse, als in den siebziger Jahren ein Bauboom ausbrach und der Schätzwert von Immobilien, und in der Folge auch die zugehörigen Steuern, förmlich explodierten. Überall im Land kam es zu Protesten der Steuerzahler. Die Wähler von Massachusetts brachten die sogenannte „Proposition 2 ½" durch, durch die die Steuer auf 2 ½ Prozent des Marktwertes begrenzt wurde. Heute gibt es beinahe in der Hälfte aller amerikanischen Bundesstaaten Höchstgrenzen für Vermögen- und andere Steuern.

Abbildung 17-5: Auf bundesstaatlicher und kommunaler Ebene dominieren die Vermögen- und Verkaufsteuern

Die Kommunen sind weitgehend auf die Vermögensteuern angewiesen, die den Vorteil haben, daß Häuser und Grundstücke, um die städtische Grundsteuer zu umgehen, nicht einfach in die nächste Stadt auswandern können. (Quelle: Bureau of the Census, *Government Finances in 1989-1990*)

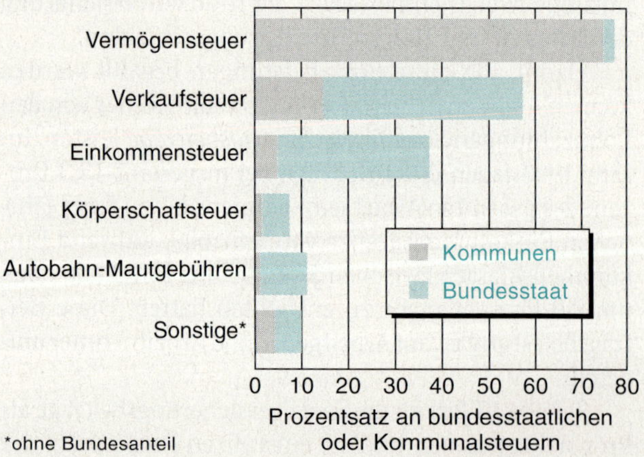

Dadurch wird verhindert, daß die bundesstaatlichen und Kommunalsteuern weiterhin so rasch ansteigen, wie das in den siebziger Jahren der Fall war. Während der Rezession zu Beginn der neunziger Jahre führten diese Steuerobergrenzen in mehreren Städten und Bundesstaaten der USA zu ernsten Finanzkrisen; der Verwaltung ging das Geld aus, und diverse Dienstleistungen mußten eingestellt werden.

Umsatzsteuern

Die amerikanischen Bundesstaaten beziehen den Großteil ihrer Einnahmen aus den allgemeinen Umsatzsteuern auf Güter und Dienstleistungen. Auf jeden Einkauf im Supermarkt, in der Apotheke oder im Restaurant wird eine anteilsmäßige Steuer eingehoben (in manchen Bundesstaaten sind Nahrungsmittel und andere lebensnotwendige Güter von der Umsatzsteuer ausgenommen). Außerdem heben die Bundesstaaten im allgemeinen eigene Alkohol- und Tabaksteuern ein, die auf die Bundessteuern aufgeschlagen werden. Solche „Lastersteuern“ werden häufig toleriert, weil die meisten Leute – unter ihnen auch zahlreiche Zigarettenraucher und mäßige Trinker – das unbestimmte Gefühl haben, Alkohol und Zigaretten seien etwas Unmoralisches.

Sonstige Steuern

In den meisten Bundesstaaten wird der Nettogewinn von Unternehmen besteuert, und zusätzlich werden auch noch diverse andere Gebühren und Abgaben von den Unternehmen eingehoben. Fünfundvierzig amerikanische Bundesstaaten ahmen einfach den Bund nach, wenn auch in bescheidenerem Rahmen, und besteuern den einzelnen je nach der Höhe seines Einkommens. Sogar einige US-Kommunen besteuern das Einkommen ihrer Bewohner oder Arbeitnehmer.

Aber es gibt auch noch andere Steuereinnahmen. Viele Bundesstaaten besteuern Hinterlassenschaften. In manchen Staaten wie Nevada und New Jersey werden Steuern auf Spielautomaten und Rennwetten eingehoben, oder das Glücksspiel wird einfach legalisiert, indem der Staat selbst eine Lotterie betreibt. Zusätzlich heben die meisten Bundesstaaten „Autobahn-Benutzungssteuern“ auf Benzin ein.

STEUERN UND VOLKSWIRTSCHAFTLICHE EFFIZIENZ

Steuern wirken sich sowohl auf die Effizienz als auch auf die Einkommensverteilung aus. In den letzten Jahren, als Ökonomen wie Politiker zu studieren begannen, welchen Einfluß wirtschaftliche Anreize auf das Verhalten von Einzelpersonen und Unternehmen ausüben, beschäftigte sich die Steuerpolitik vorrangig mit den Auswirkungen auf die Effizienz. In der Steuerpolitik erhebt sich hier in erster Linie die Frage, wie die Steuerzahler auf die verschiedenen Höhen des Grenzsteuersatzes reagieren. Die Steuerrevolution der achtziger Jahre zielte auf einen niedrigeren Grenzsteuersatz ab, weil man meinte, dies würde wirtschaftliche Anreize und Effizienz zur Folge haben. Beschäftigen wir uns daher noch einmal mit dem Zusammenhang zwischen Steuern und Effizienz.

Wie wirken sich hohe Steuersätze auf das Arbeits- und Sparverhalten und auf die Risikofreudigkeit aus? Schon in Kapitel 13 haben wir gesehen, daß der Einfluß der Steuersätze auf die tatsächliche Arbeitszeit unklar bleibt, weil Einkommens- und Substitutionseffekt diametral entgegengesetzt wirken. Als Folge progressiver Steuern können sich einzelne Steuerzahler für mehr Freizeit anstatt für mehr Arbeit entscheiden. Andere arbeiten in dieser Situation vielleicht umso schwerer, um ihre erste Mil-

Abbildung 17-6: Die Reaktion des Arbeitsmarktes auf die Besteuerung hängt vom Verlauf der Angebotskurve ab

Angebot und Nachfrage stellen das Arbeitsangebot im Verhältnis zum Lohn vor Steuern dar. Die Arbeits-Angebotskurve vor Steuern (S^b) verschiebt sich vertikal nach oben in Richtung Angebot nach Steuern (S^a), wenn von den Erwerbseinkünften 25 Prozent Einkommensteuer eingehoben werden. Schneidet die Arbeitsnachfrage das Angebot im Normalbereich unten, erkennen wir den erwarteten Rückgang des Arbeitsangebotes von N zu N'. Verläuft das Arbeitsangebot, wie im oberen Bereich ersichtlich, in einer rückwärts gekrümmten Kurve, steigt das Arbeitsangebot mit höheren Steuern von B nach B' an.

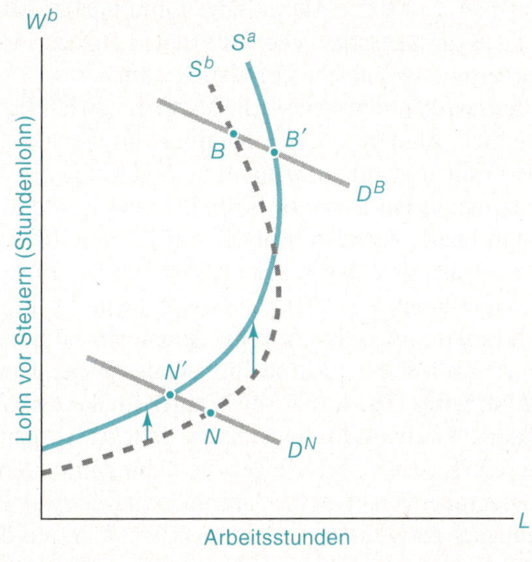

lion zu verdienen. Viele gutbezahlte Ärzte, Künstler, Berühmtheiten und Geschäftsleute, die Freude an ihrer Arbeit haben, aber auch an dem Gefühl der Macht oder des Erfolgs, das sie mit sich bringt, arbeiten für $ 800.000 genauso hart wie für $ 1.000.000. Abbildung 17-6 zeigt die Auswirkungen des Steuersatzes auf das Arbeitsangebot. Beachten Sie bitte das Paradoxon, daß sich das Arbeitsangebot real erhöhen kann, auch wenn die Arbeits-Angebotskurve rückwärts gekrümmt ist.

Steuerökonomen weisen insbesondere auf zwei Punkte hin, durch die sich Steuern signifikant auf wirtschaftliche Aktivitäten auswirken. Erst einmal beeinflussen die Steuersätze das Sparverhalten und die Investitionsentscheidungen der Leute. Sind die Steuern in einem bestimmten Bereich hoch, fließen die Ressourcen mit einiger Wahrscheinlichkeit in weniger stark besteuerte Bereiche. Wird beispielsweise das Unternehmenskapital doppelt besteuert, fließt ein Teil der Aktiendividenden der Leute in Sektoren außerhalb der Unternehmens wie beispielsweise in den Wohnbau ab. Werden Risikoinvestitionen stark besteuert, ziehen die Investoren wahrscheinlich sicherere Anlageformen vor. Wir haben oben festgehalten, daß das Ausweichen in gewisse „geschützte Bereiche" zu einer starken Aushöhlung der Steuerbemessungsgrundlage führt. Aus diesem Grund bezahlen gut verdienende Leute häufig auch viel weniger als den hohen Steuersatz, den sie laut Tabelle 17-3 eigentlich entrichten müßten. Sie haben beispielsweise die Möglichkeit, in steuerbefreite Anleihen zu investieren, nach Erdöl und Erdgas zu bohren oder ihr Geld in Ferienwohnungen zu stecken, die durch steuerbefreite Darlehen finanziert werden. In diesen von einer Besteuerung entlasteten Bereichen müssen Investoren nur sehr geringe oder überhaupt keine Steuern zahlen. Hohe Grenzsteuersätze führen daher häufig dazu, daß die wirtschaftlichen Aktivitäten einfach in weniger besteuerte Bereiche umgelenkt werden.

Zweitens wirken sich steuerliche Maßnahmen häufig auf die zeitliche Steuerung des Einkommen-Anfalls aus. Das trifft vor allem dann zu, wenn es zu Änderungen in der Steuergesetzgebung kommt. So gingen beispielsweise die meisten Leute, nachdem Bill Clinton im Jahr 1992 gewählt worden war, davon aus, daß er im Jahr 1993 die Steuern erhöhen würde, und zwar vor allem für die höheren Einkommensbezieher. Aus diesem Grund bezahlten viele Wall-Street-Institute ihre Sonderdividenden für 1992 vorzeitig aus. Anstatt die Gelder im Januar oder Februar 1993 auszuschütten, was der üblichen Vorgangsweise entsprochen hätte, zogen sie diese Zahlungen in den Dezember vor, bevor das Jahr noch zu Ende war. Und es gibt auch einige sehr gut dokumentierte Fälle aus dem leitenden Management von Unternehmen, die ihre Gewinnbeteiligungen schon im Dezember erhielten, um die befürchteten Änderungen der Steuergesetze zu umgehen. Zusammenfassend läßt sich sagen, daß ein hoher Grenzsteuersatz die wirtschaftlichen Aktivitäten insofern signifikant beeinflußt, als er sich auf die realen Arbeitszeiten auswirkt und Ersparnisse wie auch Investitionen in weniger besteuerte Bereiche umlenkt, und als die Einkommensflüsse zeitlich anders gesteuert werden.

Ramsey-Steuern

Ökonomen beschäftigen sich seit langem mit den Auswirkungen, die Steuern auf die volkswirtschaftliche Effizienz haben. Erinnern Sie sich aus Kapitel 14, daß Henry George der Meinung war, eine Grundsteuer würde sich nur geringfügig auf die Effizienz auswirken, weil das Angebot an Grund und Boden unelastisch ist. In den zwanziger Jahren stellte sich der englischen Ökonom Frank Ramsey die daraus natürlich resultierende Frage: Welche Steuern sind am effizientesten? Moderne Steuer-Theoretiker haben eine umfassende Theorie entwickelt, die sich im großen und ganzen an den Ideen von Frank Ramsey orientiert.

Die moderne Theorie der Steuereffizienz analysiert, wie der Staat die von ihm benötigten Steuern möglichst effizient einheben kann – also mit den geringsten Verlusten für die Konsumentenrente. Die *Ramseysche Besteuerungsregel* besagt, daß der Staat die höchsten Steuern auf jene Produktionsfaktoren und Produkte erheben sollte, die in Angebot oder Nachfrage besonders preisunelastisch sind. Da die Angebots- und Nachfragekurven bei Boden und Nahrungsmitteln äußerst preisunelastisch sind, sollte man Boden und Nahrung stark besteuern. Flugreisen und Autos hingegen sind besonders preiselastisch und sollten daher nur gering besteuert werden.

Hinter Ramseys Überlegungen steht der Gedanke, daß die Besteuerung eines Gutes, das in Angebot (oder Nachfrage) sehr preisunelastisch ist, nur geringfügige Auswirkungen auf dessen Konsum und Produktion hat. Unter gewissen Umständen können bei Anwendung der Ramseyschen Besteuerungsgrundsätze die Staatseinnahmen mit einem minimalen Verlust an volkswirtschaftlicher Effizienz erhöht werden.

Das Dilemma Effizienz oder Gerechtigkeit. Die Steueranalyse von Ramsey stellt ein starkes Argument für bestimmte Arten der Besteuerung als effizienteste Methode für den Staat dar, seine Einkünfte zu erhöhen. Aber Wirtschaft und Politik orientieren sich nicht allein an der

Effizienz. Vielleicht ist eine drastische Besteuerung von Bodenrenten oder Nahrungsmitteln effizient, aber manch einer würde sie wohl auch als ungerecht empfinden.

Ein gutes Beispiel für dieses Dilemma bot sich unter der Regierung Thatcher in Großbritannien 1990. Die Regierung schlug vor, die bestehenden Steuern mit ihrer verzerrenden Wirkung durch eine *Kopfsteuer*, die sogenannte *poll tax* oder einen fixen Steuerbetrag pro Person, zu ersetzen. Dies geschah mit der Überlegung, daß die Kopfsteuer ebenso wie die Grundsteuer keinerlei Ineffizienzen nach sich ziehen würde. Schließlich würden die Menschen nicht gleich auswandern oder sich umbringen, nur um die Steuer zu umgehen, also wären volkswirtschaftliche Verzerrungen kaum zu befürchten.

Leider hatte die britische Regierung das Ausmaß, in dem diese Steuer von der Bevölkerung als ungerecht empfunden wurde, bei weitem unterschätzt, ebenso wie die Tatsache, daß diese Steuer für Familien der niedrigen Einkommensschichten eine schwere Belastung bedeutete. Die Kopfsteuer ist eine äußerst regressive Steuer, weil sie von niedrigen Einkommensschichten einen sehr viel höheren Prozentsatz ihres Einkommens einhebt als von Leuten mit hohem Einkommen. Schließlich wurde diese Idee der Kopfsteuer zu einer der Fußangeln, die die Thatcher-Regierung nach 11 Jahren zu Fall brachte. Der Fall zeigt deutlich die Problematik, die sich bei der Entscheidung zwischen Effizienz und Gerechtigkeit in der Wirtschaftspolitik ergibt.

DIE STEUERREVOLUTION DER ACHTZIGER JAHRE

Während des Großteils dieses Jahrhunderts erlebten die USA eine kontinuierliche Ausweitung der staatlichen Verwaltung. Der Bund erhielt zahlreiche neue Aufgabenbereiche. Er beschäftigte sich mit der Errichtung von Dämmen und den Bauauflagen für Kraftwerke, er entwarf Programme zur Einkommenssicherung, entwickelte das bestehende Sozialsystem und druckte sogar Lebensmittelmarken. Am Ende der siebziger Jahre beklagten sich konservative Kreise, die USA würden langsam zu einer Planwirtschaft.

Präsident Ronald Reagan, ein Republikaner, der im Jahr 1980 an die Regierung kam, glaubte fest daran, daß die Initiative des einzelnen und der ungehinderte Markt zum bestmöglichen wirtschaftlichen Ergebnis führen würden:

> *Mein Programm [ist] eine sorgfältig abgestimmte Kombination aus der Senkung von anreizmindernden Steuern, einer Rücknahme der staatlichen Ausgaben- und Regulierungspolitik sowie eine Verlangsamung des Wachstums der Geldmenge ... So soll ein Amerika geschaffen werden, in dem ehrliche Arbeit nicht mehr durch ständig steigende Preise und Steuersätze verhindert wird.*

Obwohl seine Philosophie, die manchmal als **angebotsorientierte Wirtschaftspolitik oder Supply-Side-Economics** bezeichnet wird, nicht überall in die Praxis umgesetzt wurde, war sie eines der Hauptprinzipien der Präsidentschaften Reagan und Bush. Die Supply-Side-Economics betonten mikroökonomische Maßnahmen zur Verbesserung von Produktion und volkswirtschaftlicher Effizienz. Nach diesem angebotsorientierten Ansatz sollten makroökonomische Maßnahmen wie die Geldmengensteuerung oder die Festlegung der Höhe staatlicher Ausgaben nicht in dem Versuch „fein abgestimmt werden“, Einfluß auf den Konjunkturzyklus zu nehmen, sondern sie sollten sich nach den langfristigen Zielen des Wirtschaftswachstums und der Effizienz richten.

Diese Philosophie veranlaßte die Bush-Administration, während der neunmonatigen Rezession der Jahre 1990-1991 untätig abzuwarten. Aber das sollte George Bush teuer zu stehen kommen. Bei einer Arbeitslosenrate, die im November 1992 immer noch bei 7,3 Prozent lag, konnte Bill Clinton mit seinem Konzept des wirtschaftlichen Wandels die Wahl gewinnen, indem er schwor, viele der konservativen Maßnahmen der achtziger Jahre rückgängig zu machen.

Steuerpolitik

Inwieweit gelang es eigentlich Reagan und Bush, die Steuerrevolution der achtziger Jahre umzusetzen? Unter Reagan kam es zu einer Reihe signifikanter Änderungen des Steuersystems, wobei sowohl 1981 als auch 1986 radikale Steuergesetze beschlossen wurden. In Anlehnung an die Philosophie der angebotsorientierten Wirtschaftspolitik war der Economic Recovery und Tax Act (ERTA) aus 1981 ein bewußter Angriff sowohl gegen die damaligen Körperschaft- als auch gegen die Individualsteuern. Verfechter der damals beschlossenen Maßnahmen versprachen, daß sich aus den Steuersenkungen genügend neue wirtschaftliche Aktivitäten entwickeln würden, so daß die Höhe der Steuereinnahmen des Staates nicht zurückgehen würde.

Die Spitzensteuersätze der Einkommensteuer wurden durch den Tax Reform Act (TRA) 1986 noch einmal gesenkt, und zwar von 50 auf 28 Prozent. Dieses Gesetz bemühte sich besonders um eine Verbesserung der horizontalen Gerechtigkeit des Steuersystems. Schlupflöcher wurden geschlossen und unterschiedliche Einkommensquellen möglichst in gleicher Höhe besteuert. Am signifikantesten war die Veränderung, daß Kapitaleinkünfte (Einkommen aus dem Verkauf von Vermögenswerten wie Aktien und Immobilien) wie normales Einkommen anstatt zu günstigeren Sätzen besteuert wurden. Und die Zinszahlungen für Konsumenten- und Studentenkredite konnten nun nicht mehr von der Steuer abgezogen werden.

Der Tax Reform Act des Jahres 1986 war „aufkommensneutral" – was bedeutet, daß er die Gesamteinnahmen des Staates weder erhöhte noch senkte. Diese Aufkommensneutralität war allerdings erreicht worden, indem die Steuern der Unternehmen angehoben und die Individualbesteuerung im selben Ausmaß gesenkt worden war. Studienergebnisse weisen außerdem darauf hin, daß der Tax Reform Act, der oberflächlich betrachtet wie ein gigantischer Geldregen für die Reichen wirkte, in Wahrheit die Steuerbemessungsgrundlage verbreiterte und die Unternehmen stärker besteuerte (die zum Großteil im Eigentum der Reichen sind), was zu einer leicht progressiven Wirkung führte.

Viele Leute hatten den Eindruck, die Steuersenkungen seien zu stark ausgefallen. Der erste Schritt weg von der Steuerrevolution der achtziger Jahre erfolgte im Jahr 1990, als ein republikanischer Präsident, George Bush, mit einem demokratischen Kongreß übereinkam, das explodierende Budgetdefizit durch eine Erhöhung der Steuern zu bekämpfen. Damals wurde der Spitzensteuersatz von 28 auf 31 Prozent angehoben. Unter der Präsidentschaft Bill Clintons kam es schließlich zu einer weiteren Rücknahme der steuerpolitischen Maßnahmen der achtziger Jahre. Seine Deficit Reduction Bill des Jahres 1993 verfügte eine Senkung der Verteidigungsausgaben, hob die Steuern für die einkommensstarken Schichten an, erhöhte den Spitzensteuersatz und verschaffte den Armen Steuererleichterungen.

Budgetpolitik

Sowohl Reagan als auch Bush waren Verfechter einer starken Aufrüstung, drastischer Einsparungen im zivilen Bereich und eines ausgeglichenen Budgets. Aber ihr Programm war nur teilweise von Erfolg gekrönt. Die Verteidigungsausgaben stiegen zwar von 4,8 Prozent des Bruttoinlandsproduktes 1979 auf 6,5 Prozent 1986, aber die anderen beiden Ziele wurden klar verfehlt. Die Berechtigung der Mittelklasse zum Bezug von staatlichen Transferleistungen wie Sozialversicherung und Medicare, zwei politisch sehr populären Programmen, stiegen in diesem Jahrzehnt ebenfalls sehr stark an. Insgesamt wuchsen die staatlichen Ausgaben von 20 Prozent des BIP in den sechziger und siebziger Jahren auf einen BIP-Anteil von 23 Prozent 1990. Die Kombination aus steigenden Bundesausgaben und den Steuersenkungen des Jahres 1982 führten außerdem dazu, daß die USA in der Zeit von 1981 bis 1993 die höchsten Budgetdefizite aller Zeiten und den stärksten Anstieg der Staatsverschuldung der letzten fünfzig Jahre zu verzeichnen hatten.

Ironischerweise sank das Budgetdefizit erst wieder unter einem Demokraten, Bill Clinton. Teils erntete er die Erfolge eines neuen Gesetzes zur Kürzung des Budgets, das George Bush 1990 durchgeboxt hatte und das strikte Obergrenzen für staatliche Ausgaben vorsah, und teils profitierte er auch vom Zusammenbruch des Kommunismus, der eine deutliche Senkung des Verteidigungsbudgets möglich machte. Aber die Tatsache, daß Bill Clinton die Senkung des staatlichen Defizits schon im ersten Jahr nach seinem Amtsantritt zum Kernstück seines Wirtschaftsprogramms machte, zeigt deutlich, daß die riesigen Defizite der achtziger Jahre von der Bevölkerung als problematisch angesehen wurden.

Abbau von Regulierungsmaßnahmen

Die Blütezeit staatlicher Regulierungsmaßnahmen lag sicherlich in der Periode von 1965 bis 1980. Der US-Staat erließ damals Programme, die sich mit Verkehrssicherheit, Luft- und Wasserreinhaltung, Arbeitsplatzsicherheit, Sicherheit im Stollen- und Tagebau und mit den Gefahren der Kernkraft und toxischer Abfälle beschäftigten. Der Reagan-Administration gingen diese Regulierungsmaßnahmen zu weit, sie wurden als allzu ehrgeizig und verwaltungstechnisch zu aufwendig empfunden – und die damalige Regierung wollte die USA aus dem „Würgegriff der Regulierungen" befreien.

Die Maßnahmen der Reagan-Administration gegen staatliche Regulierungen waren vielleicht nicht ganz so augenfällig, aber doch in vieler Hinsicht viel effektiver als ihre Budget- und Wirtschaftsprogramme. Praktisch alle bestehenden staatlichen Regulierungen wurden gemildert, während nur wenige neue hinzukamen, ihre Durchsetzung wurde lockerer gehandhabt, und sie wurden zumeist im Sinne des freien Marktes ausgelegt.

Allgemeine Bewertung

Welche Auswirkungen hatte eigentlich die Steuerrevolution der achtziger Jahre auf die amerikanische Wirtschaft? Die wirtschaftliche Leistungsfähigkeit verbesserte sich gemessen an den meisten wichtigen Kennzahlen während der Jahre unter einer konservativen angebotsseitigen Philosophie nur wenig, wie in Tabelle 17-5 kurz

Wirtschaftspolitisches Gebiet	Wirtschaftsleistung der USA: frühere Periode (1960–1980)	Reagan-Bush-Ära (1981–1992)
Wirtschaftspolitik und Wirtschaftsleistung:		
Anwachsen der Geldmenge (%/Jahr)	5,5	8,1
Arbeitslosenrate (%)	5,6	7,1
Inflationsrate (%/Jahr)	5,1	4,0
Produktivitätszuwachs (%/Jahr)	1,9	1,2
Sparquote der Haushalte	7,3	5,2
Budgetpolitik:		
Bundesausgaben/BIP (%)	20,2	23,8
Ziviler Bereich/BIP (%)	13,2	17,6
Bundessteuern/BIP (%)	19,1	20,0
Bundesbudgetdefizit (%)	1,1	3,8
Steuerpolitik:		
Einkommensteuer/Steuern gesamt (%)	60	73
Spitzensteuersatz (%, Ende der Periode)	50	28

Tabelle 17-5: Wirtschaftsentwicklung unter der Reagan-Bush-Regierung und in früheren Perioden

Die konservative Wirtschaftspolitik brachte kaum Verbesserungen der allgemeinen wirtschaftlichen Leistungsfähigkeit oder des auf Staatsausgaben oder Besteuerung entfallenden BIP-Anteils. Die Belastung durch die Einkommensteuer stieg im Verhältnis zu anderen Steuern, und die staatlichen Programme mit Ausnahme der Verteidigung wurden gekürzt. (Quelle: *Wirtschaftsbericht des Präsidenten*, aus verschiedenen Jahren)

ausgeführt. Die Arbeitslosenrate lag höher als in den zwanzig Jahren davor. Die Inflationsrate blieb im Durchschnitt auf demselben Niveau (wenn sie auch im Vergleich zu den siebziger Jahren ein wenig zurückging). Produktivitätssteigerungen und Sparrate sanken im Vergleich zu den vorhergehenden zwanzig Jahren sogar. Außerdem führte die Fiskalpolitik der achtziger Jahre zu einer grundlegenden Veränderungen des Spar- und Investitionsverhaltens, weil als Reaktion auf das höhere öffentliche Negativsparen in Form enormer Budgetdefizite die nationale Sparrate signifikant absackte.

Als wahrscheinlich wichtigste Auswirkung ist wohl die sich verändernde Einstellung zum Staat zu nennen. In den achtziger Jahren sprachen die Präsidenten Reagan und Bush immer wieder von der Notwendigkeit eigenständigen Handelns und den Gefahren, die sich ergeben, wenn sich eine Gesellschaft zu sehr auf Eingriffe des Staates in die Wirtschaft verläßt. Zwar waren die Auswirkungen auf die Wirtschaftsleistung im Inland gering, aber dieses medienwirksame Grundthema wurde nicht nur in den USA, sondern auch im Ausland mit offenen Ohren aufgenommen und bereitete den Weg für den Zusammenbruch des Kommunismus und das Wiedererstehen der Marktwirtschaften am Ende der achtziger Jahre.

Angebotsorientierte Wirtschaftspolitik und Laffer-Kurve

Einige konservative Volkswirte argumentieren, die Steuerrevolution der achtziger Jahre sei in die Binsen gegangen, weil die Steuersenkungen noch nicht weitreichend genug waren. Welche theoretischen und empirischen Belege gibt es für diese Behauptung?

Während der Debatten um die Steuerreform der achtziger Jahre lautete die wichtigste Behauptung der Schule der Supply-Side-Economics, die hohen Grenzsteuersätze mit ihren geringen wirtschaftlichen Anreizen seien für viele der Übel in unserem Lande verantwortlich – für die zu niedrige Sparrate, die Rezession, die stagnierende Produktivität und die hohe Inflation. Diese von Robert Mundell von der Universität von Columbia inspirierte Gruppe wies auf die Bedeutung eines niedrigen Grenzsteuersatzes für ein zufriedenstellendes wirtschaftliches Abschneiden hin. Eines der analytischen Werkzeuge, die diese Gruppe neu ins Spiel brachte, war die sogenannte *Laffer-Kurve*, benannt nach dem kalifornischen Ökono-

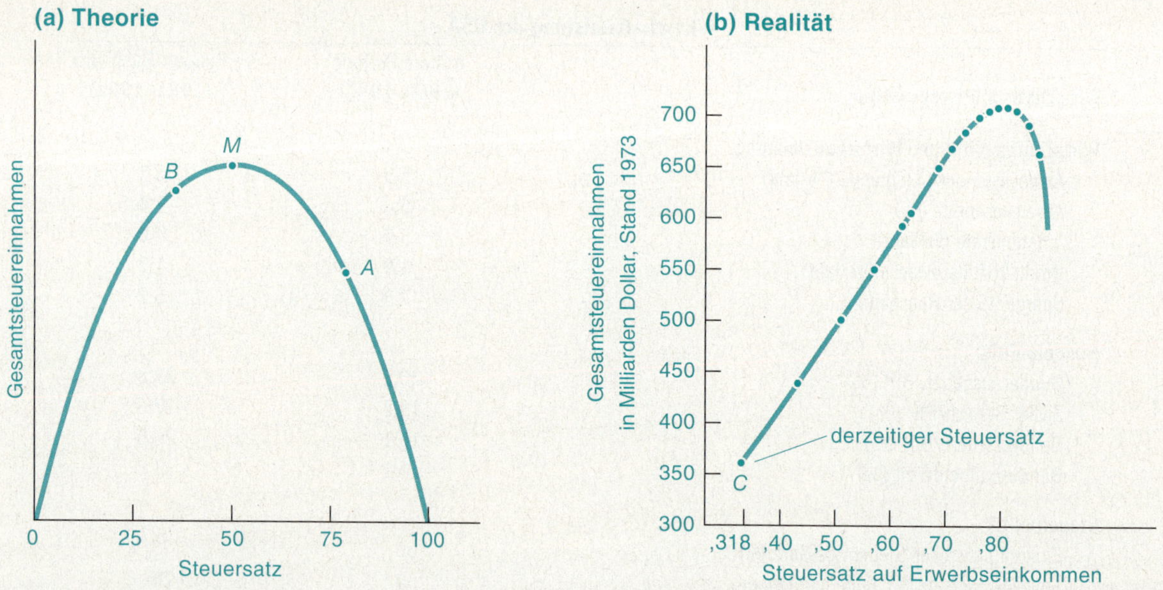

Abbildung 17-7: Alle Anzeichen weisen derzeit für den Fall einer Senkung der Steuersätze auf einen Einnahmenrückgang des Staates hin

Die sogenannte Laffer-Kurve zeigt die Beziehung zwischen Steuereinnahmen und Steuersätzen. Nach der theoretischen Laffer-Kurve links müßte ein Steuersatz von 50 Prozent zu maximalen Einnahmen führen. Würde man demnach die Steuersätze von *A* nach *B* senken, müßten die Einnahmen auch bei geringeren Steuersätzen ansteigen. Gründliche emipirische Studien kommen jedoch zu einer anders verlaufenden Kurve, die scharf nach rechts geneigt ist, wobei sich das derzeitige US-Steuersystem etwa in Punkt *C* in Schaubild **(b)** befindet. In diesem realistischen Szenario haben kleine Veränderungen der Steuersätze weitgehend proportionale Auswirkungen auf die Einnahmen. [Quelle: Don Fullerton, „Beziehung zwischen Steuersätzen und staatlichen Einnahmen", *Journal of Public Economics* (Oktober 1982)]

men und einmaligen Kandidaten für das Amt des Senators, Arthur Laffer.

Die theoretische Laffer-Kurve sehen Sie links in Abbildung 17-7. Ihr allgemeiner Verlauf läßt sich folgendermaßen erklären: Natürlich erzielt der Staat bei einem Steuersatz von Null keinerlei Einnahmen. Und natürlich wäre bei einem Steuersatz von 100 Prozent kein Mensch zu arbeiten bereit, also könnte man auch in diesem Fall keine Einnahmen erwarten. Die Laffer-Kurve weist daher bei den Steuersätzen von Null und 100 Prozent jeweils Einnahmen von Null auf.

Aber was liegt zwischen diesen Werten? Nach Auffassung der angebotsseitig orientierten Ökonomen steigen die Gesamteinnahmen, sobald der Steuersatz über Null ansteigt. Dann, ab einer gewissen Steuerhöhe, beginnen die Leute weniger zu arbeiten, weniger zu sparen und wenden sich vermehrt der Schattenwirtschaft zu. An einem bestimmten Punkt, nehmen wir an, es sei Punkt *M* in Abbildung 17-7(*a*), erreichen die Gesamteinnahmen des Staates ihren Maximalwert. Wir zeichnen die Kurve mit einem Höhepunkt bei 50 Prozent, obwohl über dessen Wert keine endgültige Aussage getroffen werden soll.

Was geschieht, wenn der Steuersatz über Punkt *M* in Abbildung 17-7(*a*) ansteigt? Der anreizdämpfende Effekt überwiegt gegenüber dem Einnahmeneffekt. Daher beginnen die Steuereinnahmen des Staates zu sinken, obwohl der Steuersatz angehoben wird. Sollten Sie zu der Ansicht gelangen, daß sich die Wirtschaft rechts vom Punkt der maximalen Staatseinnahmen, *M*, befindet, könnten Sie eine Steuersenkung vornehmen, um zwei Fliegen mit einer Klappe zu treffen. Die Bevölkerung wäre über die Senkung der Steuersätze sicherlich nicht traurig, der Staat könnte sich über höhere Einnahmen freuen, und Produktionsmenge und Effizienz in dieser Wirtschaft würden ansteigen. Glückliche neue Welt, die an einer derart weisen Politik genesen wird!

Die herrschende ökonomische Lehre reagierte auf die Laffer-Kurve ganz ähnlich wie später Physiker auf Meldungen über eine kalte Kernfusion: Sie war zutiefst skeptisch, was den empirischen Beleg für höhere Staatseinnahmen bei niedrigeren Steuersätzen betraf. Don Fullerton von der University of Virginia unternahm mehrere ökonometrische Studien zur Reaktion der Bevölkerung auf verschieden hohe Steuersätze in Form ihres jeweiligen Arbeitseinsatzes. Seine Schätzung, wie die Laffer-Kurve in der rauhen Realität tatsächlich aussehen müßte, sehen Sie in Abbildung 17-7(*b*). Nach Fullertons Ergebnissen liegt der Punkt der maximalen Staatseinnahmen weit rechts von den heutigen Steuersätzen, zu sehen in Punkt *C*. Fullertons Arbeit weist darauf hin, daß eine Senkung der Lohnsteuer zu einem beinahe ebenso hohen Rückgang der Steuereinnahmen führen müßte.

Das Experiment der angebotsorientierten Wirtschaftspolitik (Supply-Side-Economics). Trotz der skeptischen Beurteilung der angebotsorientierten Wirtschaftspolitik durch die bedeutendsten Ökonomen legte die Reagan-Administration dieses Rezept ihrer Wirtschaftspolitik in den achtziger Jahren zugrunde. Die Steuern wurden in der Hoffnung, daß vermehrte Arbeit der Bevölkerung die Einnahmenverluste durch die Senkung wettmachen würde, drastisch gesenkt. Die Verfechter der angebotsseitigen Wirtschaftspolitik propagierten Steuersenkungen als dringend benötigtes Stimulans für Amerikas kranke Wirtschaft, und sie beharrten darauf, daß es zu keinen unerwünschten Nebenwirkungen kommen würde.

Politische Analyse der angebotsorientierten Wirtschaftspolitik: *Wie konnte es geschehen, daß irgendeine obskure Idee, die vom Berufsstand der Ökonomen verworfen wurde und die auch in empirischen Studien praktisch keinerlei Bestätigung fand, einen derart durchschlagenden politischen Erfolg erzielen konnte? Diese Frage beantwortet David Stockman, in seiner Funktion als Leiter des Reagan Office of Management and Budget von 1981 bis 1984 einer der Architekten der angebotsseitigen Wirtschaftspolitik. Stockman beschreibt Präsident Reagans Bekehrung zur Laffer-Kurve folgendermaßen:*

> *Im Januar 1980 meinten die Wahlkampfmanager, Reagan solle ein paar Tage lang wieder die Schulbank drücken, um sein Wissen über die wichtigen nationalen Fragen aufzufrischen. Dort bearbeiteten ihn Jack Kemp, Art Laffer und Jude Wanniski mit der Doktrin der Supply-Side-Economics.*
>
> *Sie erzählten ihm von der „Laffer-Kurve". Und was Reagan da hörte, klang in seinen Ohren wie eine süße Melodie. Er wußte intuitiv, daß das, was er hier erfuhr, die Wahrheit war, und er hegte auch danach nie wieder Zweifel in dieser Sache.*
>
> *Reagan selbst hatte sich nämlich einmal auf der Laffer-Kurve befunden. „Mit dem Big Money machte ich Bekanntschaft, als ich während des Zweiten Weltkrieges filmte," sagte er immer. Damals betrug der Spitzensteuersatz kriegsbedingt 90 Prozent.*
>
> *„Man konnte gerade vier Szenen abdrehen, und schon war man in der höchsten Steuerklasse", fuhr er dann fort. „Also hörten wir alle schon nach vier Drehs auf und genossen lieber das Landleben."*
>
> *Hohe Steuersätze führen eben zu einem geringeren Arbeitseinsatz. Niedrigere Steuersätze führen zu mehr Arbeit. Reagans Erfahrung bewies das.*[3]

Wenn Sie Fullertons Einschätzung der Laffer-Kurve in Abbildung 17-7(b) betrachten, könnte es durchaus möglich sein, daß sich der Schauspieler Reagan während des Zweiten Weltkrieges am äußeren Ende der Laffer-Kurve befunden hat, weil damals die Spitzensteuersätze bei über 90 Prozent lagen. Aber im Jahr 1980 betrug der Spitzensteuersatz für Lohn- und Einkommensteuer nur 50 Prozent, also muß die Reaktion des Präsidenten wohl für eine frühere Generation von Arbeitnehmern gegolten haben.

Wie ist das angebotsseitige Experiment historisch zu bewerten? Manche Ökonomen konnten Auswirkungen der niedrigeren Steuersätze auf die zeitliche Steuerung der Einkommensflüsse feststellen, vor allem bei den Superreichen. Es kam jedoch zu keiner spürbaren Erhöhung der Sparrate oder des Arbeitseinsatzes in der Bevölkerung. Die Prognose laut Laffer-Kurve, wonach die staatlichen Steuereinnahmen durch Steuersenkungen steigen würden, erwies sich als falsch. Stattdessen schrumpften die Steuereinnahmen gegenüber dem bisherigen Trend, und das Bundesbudget erreichte nach einem einigermaßen ausgeglichenen Ergebnis 1979 ein nie gekanntes Defizit von $ 200 Milliarden nach 1983. Vielleicht werden spätere Studien sogar noch ein Jahrzehnt nach dem Experiment weitere, nicht sofort sichtbare Auswirkungen zutage fördern, aber die zentrale Prognose der Verfechter einer angebotsorientierten Wirtschaftspolitik – daß eine Senkung der Grenzsteuersätze Arbeitseinsatz und Spargesinnung der Bevölkerung drastisch steigern würde – hat sich bis dato als unrichtig erwiesen.

[3] David Stockman, *The Triumph of Politics* (Avon, New York, 1987).

Negatives anstatt Positives besteuern – Ökosteuern

Während eine extrem angebotsseitig ausgerichtete Wirtschaftspolitik unter arrivierten Ökonomen kaum auf Zustimmung stößt, haben Ökonomen ein breites Feld von Ineffizienzen festgestellt, die durch das derzeitige Steuersystem hervorgerufen werden. Die Hauptquelle der Ineffizienz ist die derzeit übliche Besteuerung von „Positivem“ – also von wirtschaftlichen Aktivitäten wie Arbeit, Kapitalinvestitionen, Sparen oder Risikobereitschaft –, wodurch dieses „Positive“ nicht gerade attraktiver wird. Ein alternativer Ansatz wäre es daher, „Negatives“ zu besteuern. Diese Form der Besteuerung gibt es auch heute schon: Seit langem werden Alkohol, Zigaretten und andere gesundheitsschädigende Substanzen besteuert.

Ein neuer Ansatz in der Steuerpolitik ist die Besteuerung von Umweltverschmutzung und anderen unerwünschten Externalitäten. Diese Steuern werden als Ökosteuern bezeichnet, weil sie der Umwelt ebenso zugute kommen sollen, wie sie zur Beschaffung von Einnahmen für den Staat dienen. Nehmen wir an, unser Land würde sich dazu entschließen, eine „Schwefelsteuer“ einzuheben, also eine Steuer auf Schwefeldioxidemissionen aus Kraftwerken und anderen Quellen. Nach allen gängigen volkswirtschaftlichen Überlegungen wissen wir, daß die Steuer die Unternehmen dazu bewegen wird, ihre Schwefeldioxidemissionen zu reduzieren, so der Umwelt zu nützen und Schäden von Menschen, Pflanzen und Eigentum abzuhalten. Außerdem erbringt eine solche Ökosteuer natürlich auch Einnahmen, die der Staat entweder dazu nutzen kann, um seine üblichen Aktivitäten zu finanzieren, oder um die Steuern auf wünschenswerte Tätigkeiten wie Arbeit und Sparen zu senken. Ökosteuern sind daher doppelt effektiv: Der Staat kommt zu Einnahmen, und der Umwelt wird geholfen, weil die Steuer zu einer Verringerung schädlicher Externalitäten beiträgt.

DAS KNIFFLIGE PROBLEM DER STEUERINZIDENZ

Wer bezahlt eigentlich letztendlich all diese Steuern, die die Staaten einheben? Es wäre nämlich völlig falsch, anzunehmen, daß immer jene Einzelpersonen oder Unternehmen, die die Steuern an den Fiskus abliefern, diese Steuern auch selbst tragen. Nur weil die Ölraffinerie die Benzinsteuer an den Finanzminister abliefert, sollte man nicht darauf schließen, daß sie diese Steuer aus ihren Gewinnen bestreitet. Unternehmen können Steuern in vielen Fällen auf ihre Kunden „weiterwälzen“, indem sie den Preis ihrer Güter um die Höhe der Steuer anheben. Oder sie können die Steuer auch auf die Lieferanten (die Eigentümer der Produktionsfaktoren wie Arbeit, Boden und anderer Produktionsgüter) „rückwälzen“ und ihnen niedrigere Löhne, Pachten und geringere Faktorpreise bezahlen, als es ohne Steuer der Fall gewesen wäre.

Für Ökonomen ist es daher sehr wichtig, die **Steuerinzidenz** zu untersuchen – sie wollen wissen, wer letztendlich eine Steuer trägt, und welche Auswirkungen sie auf das Arbeits- und Sparverhalten, die Güter- und Faktorpreise, auf die Ressourcenallokation und die konkrete Zusammensetzung von Produktion und Konsum hat.

Im Zusammenhang mit der Steuerinzidenz stellen sich folgende Fragen: Hat die Benzinsteuer von 4,3 Cent pro Gallone Benzin, die seit dem Jahr 1993 erhoben wird, zu einer Erhöhung des Preises ab Zapfsäule um 4,3 Cent geführt, wird also der Konsument zur Kasse gebeten? Oder kam es durch die Steuer zu einer Senkung des Rohölpreises, was bedeuten würde, daß die Ölproduzenten die Suppe auslöffeln müssen? Oder liegt die Inzidenz irgendwo in der Mitte? Gibt es Auswirkungen auf die Kohlepreise? Und hat die Steuer womöglich einen Einfluß auf die Ölproduktion, so daß die Inzidenzeffekte über das hinausgehen, was sich anhand von Geld oder Löhnen messen läßt, vielleicht sogar über die Belastungen hinaus, die den verschiedenen Betroffenen zugerechnet werden können?

Die Mikroökonomie liefert einige wichtige Werkzeuge zur Analyse der Steuerinzidenz. In einem der früheren Kapitel haben wir die Inzidenz einer Benzinsteuer erörtert. In diesen einfachen Fällen, in denen es nur um Angebot und Nachfrage eines einzigen Wirtschaftsgutes geht, ist eine direkte Inzidenzanalyse möglich. In anderen Fällen lassen sich die Auswirkungen quer durch die gesamte Wirtschaft verfolgen, was eine Analyse extrem schwierig gestaltet und bisweilen sogar einen allgemeinen Gleichgewichtsansatz erfordert.

Vielleicht interessiert uns auch die *Fiskalinzidenz* des gesamten staatlichen Steuer- und Transferleistungssystems. Die Fiskalinzidenz untersucht die Auswirkungen von Steuern und staatlichen Ausgabenprogrammen auf die Einkommen der Bevölkerung. Sie fragt ganz allgemein nach der progressiven oder regressiven Wirkung staatlicher Programme. Die Schätzung der Fiskalinzidenz erfolgt durch Zuordnung aller Steuern und Transferzahlungen zu verschiedenen Gruppen. Eine solche Studie erzielt nur Annäherungswerte, weil niemand mit Sicherheit sagen kann, inwieweit die Körperschaft- oder die Vermögensteuer tatsächlich überwälzt werden.

So sieht das Konzept für das Experiment aus, das wir durchführen wollen:

- Messung der Einkommen ohne Steuern und Transferleistungen.
- Messung der Einkommen unter Berücksichtigung der Steuern und Transferleistungen.
- Und schließlich Messung der *Inzidenz* als Differenz zwischen diesen beiden Situationen.

Natürlich sind Ökonomen keine Zauberer, die solche kontrollierten Experimente durchführen können, aber sie nehmen sehr sorgfältig ihre Messungen vor und sie verfügen über ein respektables Urteilsvermögen, um die Auswirkungen von Steuern und Ausgaben bewerten zu können.

Abbildung 17-8: Wer bezahlt die Steuern, und wer profitiert von den Transferzahlungen?

Wie beeinflußt der moderne Wohlfahrtsstaat die Einkommen seiner Bürger im Verlauf ihrer Lebenszeit? Fullerton und Rogers haben eine Schätzung der Auswirkungen aller Steuern und Transferzahlungen von Bund, Bundesstaaten und Gemeinden für das Jahr 1984 auf das Lebenseinkommen eines Haushalts durchgeführt. Das Steuer- und Transfersystem wirkt beinahe in allen Einkommenskategorien progressiv. Bitte beachten Sie, daß durch das herrschende System Mittel hin zu den niedrigsten Einkommensgruppen transferiert werden, während die einkommensstärkste Gruppe mit 15 Prozent netto besteuert wird.

[Quelle: Don Fullerton und Diane Lim Rogers, *Who Bears the Lifetime Tax Burden?* (Brookings Institution, Washington, D.C., 1993) S. 123. Die Daten wurden auf den Stand der Einkommen von 1993 gebracht, und die Lebenseinkommen werden unter der Annahme eines Realzinssatzes von 5 Prozent in Jahreseinkommen umgerechnet.]

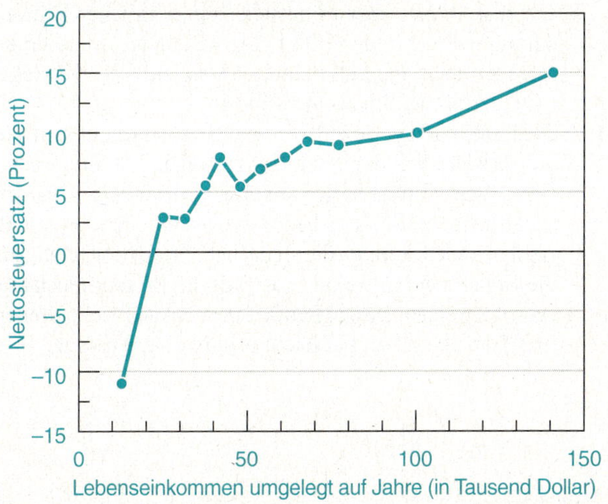

Die Inzidenz staatlicher Steuern und Transferleistungen

Abbildung 17-8 zeigt die Ergebnisse einer neueren Studie über die Inzidenz aller amerikanischen Steuern und Transferzahlungen; in dieser Abbildung werden Transferzahlungen als negative Steuern behandelt und im negativen Bereich eingetragen. Interessant erscheint an diesem Ansatz, daß hier eine Untersuchung von *Lebenseinkommen und Lebensverdienststeuern* vorgenommen wird und daß man sich nicht auf ein einziges Jahr beschränkt hat. Es werden also auch bedeutende Veränderungen berücksichtigt, die sich im Laufe eines Lebens ereignen. (Leute treten in den Arbeitsmarkt ein und verlassen ihn wieder, sie zahlen Sozialversicherungsabgaben, wenn sie jung sind, und erhalten Steuern in Form von Renten-Transferleistungen, wenn sie alt sind.) Die Studie berücksichtigt auch die enorme Komplexität unseres Steuersystems, über die Sie sich ja bereits ein Bild machen konnten.

Die Ergebnisse zeigen, daß das amerikanische Steuersystem schwach progressiv wirkt, wobei die Gruppe mit den niedrigsten Einkommen Nettotransferzahlungen erhält, während die Spitzenverdiener die höchste durchschnittliche Steuerbelastung haben. Bei näherer Betrachtung der Struktur unseres Steuer- und Transfersystems ergibt sich, daß seine progressive Wirkung, vor allem im unteren Bereich, in erster Linie auf die Transferzahlungen, nicht aber auf die Steuern zurückzuführen ist.

Dasselbe Muster der Fiskalinzidenz stellen wir heute in den meisten entwickelten Marktwirtschaften fest. Eine Studie zu diesem Thema kam etwa zu folgendem Schluß:

> *Die Daten lassen für beinahe alle Staaten den Schluß zu, daß das Steuersystem insgesamt praktisch keine Auswirkungen auf die Einkommensverteilung hat ... Die progressive Wirkung einzelner Steuern wird durch andere, regressiv wirkende Steuern aufgehoben, darunter vor allem die Sozialversicherungsbeiträge der Arbeitgeber und die indirekten Steuern ... Wenn man allerdings Steuern, Transferleistungen und staatliche Ausgabenprogramme gemeinsam betrachtet, so wird offensichtlich, daß fast ausschließlich die staatlichen Ausgabenprogramme, und hier primär die Direktzahlungen, für die Umverteilung der Einkommen verantwortlich sind, die die Staaten zuwege gebracht haben.*[4]

[4] Peter Saunders, „Evidence on Income Redistribution by Governments", OECD, Economics and Statistics Department, Working Papers, Nr. 11 (Januar 1984).

ZUSAMMENFASSUNG

A. Staatsausgaben

1. Das öffentliche Finanzwesen der USA ist durch einen sogenannten Fiskalföderalismus gekennzeichnet. Die Bundesregierung konzentriert ihre Ausgaben dabei auf Bereiche von nationalem Interesse – auf bundesweit wichtige Güter wie Verteidigung und die Erforschung des Weltraums. Die Bundesstaaten und Kommunen engagieren sich im allgemeinen im Bereich der lokalen öffentlichen Güter – deren positive Auswirkungen weitgehend innerhalb der jeweiligen Staaten- oder Gemeindegrenzen erkennbar werden.
2. Staatliche Ausgaben und Steuern machen heute etwa ein Drittel des gesamten Sozialprodukts aus. Davon werden 70 Prozent auf Bundesebene ausgegeben, der Rest teilt sich auf Bundesstaaten und Kommunen auf. Nur ein Bruchteil der staatlichen Ausgaben wird heute für die traditionellen staatlichen Funktionen wie Polizei und Gerichte aufgewendet.

B. Volkswirtschaftliche Aspekte des Steuerwesens

3. Zwei grundlegende Steuertheorien sind das „Äquivalenz- oder Nutzenprinzip“ und das „Leistungsfähigkeitsprinzip“. Eine Steuer kann progressiv, proportional oder regressiv sein, je nachdem, ob sie von reichen Haushalten einen höheren, gleich hohen oder geringeren Teil des Einkommens abzieht als von armen Haushalten. Direkte und progressive Einkommensteuern stehen indirekten und regressiven Umsatz- und Verbrauchsteuern gegenüber.
4. Mehr als die Hälfte der Bundeseinnahmen stammt aus Einkommen- und Körperschaftsteuern, der Rest aus Sozialversicherungsbeiträgen und Steuern auf Verbrauchsgüter. Die Kommunen beziehen einen Großteil ihrer Einnahmen aus Vermögensteuern, während Umsatzsteuern vor allem den Bundesstaaten zugute kommen.
5. Die Einkommensteuer des einzelnen wird aus allen Einkünften – unabhängig von der Quelle – abzüglich bestimmter Steuerfreibeträge und Abzugsposten errechnet. Der Grenzsteuersatz, der den Prozentsatz an Steuern für jede Geldeinheit zusätzlichen Einkommens bezeichnet, ist von wesentlicher Bedeutung für die Auswirkung von Steuern auf die wirtschaftlichen Anreize zu arbeiten und zu sparen. Die Grenzsteuersätze wurden während der achtziger Jahre in den USA stark gesenkt, mit dem Steuerpaket der Clinton-Regierung aus dem Jahr 1993 kam es jedoch zu einer neuerlichen Anhebung der Spitzensteuersätze.
6. Die am raschesten steigenden Bundessteuern sind die Sozialversicherungsbeiträge auf Lohnzahlungen, die zur Finanzierung des Sozialversicherungssystems herangezogen werden. Hierbei handelt es sich um eine „zweckgebundene“ Steuer, deren Erträge in die Bereitstellung staatlicher Renten, Kranken- und Behindertenzuschüsse fließen. Da am Ende des Zahlungsflusses deutlich sichtbar Sozialleistungen stehen, weisen die Sozialversicherungsbeiträge Elemente einer dem Äquivalenzprinzip entsprechenden Steuer auf.
7. Die konservative Steuerrevolution im Amerika der achtziger Jahre stützte sich auf vier Säulen: eine makroökonomische Politik mit Betonung des langfristigen Wirtschaftswachstums anstelle von Eingriffen in den Konjunkturzyklus; eine Budgetpolitik, die vor allem den Verteidigungsetat aufstockte, zivile Programme beschnitt und sich kaum um Budgetdefizite kümmerte; ein Programm zur Rücknahme staatlicher Regulierungsmaßnahmen, vor allem in den Bereichen Gesundheit, Sicherheit und Umwelt; und – das war die wichtigste Säule – niedrigere Steuersätze und geringere Steuerbelastungen. Das wichtigste Erbe dieser Periode waren die Steuerreformen der Jahre 1981 und 1986, die die Grenzsteuersätze dramatisch senkten und das gesamte System der Einkommensteuer von Grund auf neu regelten.
8. Die Ökonomen sind geteilter Meinung darüber, inwieweit Steuern den Anreiz zu einem vernünftigen Arbeits- und Sparverhalten vermindern. Eine extreme Position in diesem Richtungsstreit beziehen dabei die Vertreter einer angebotsorientierten Wirtschaftspolitik. Nach ihrer Theorie, die durch die Laffer-Kurve illustriert wird, waren die Steuersätze in den ausgehenden siebziger Jahren so hoch, daß die Staatseinnahmen de facto sinken mußten. Zwar hat die Höhe der Steuersätze nachgewiesenermaßen Auswirkungen auf die zeitliche Steuerung des Einkommensanfalls und die Kapitalverteilung auf verschiedene Wirtschaftssektoren, aber es besteht kein wirklicher Hinweis darauf, daß die in den USA heute geltenden Grenzsteuersätze so hoch angesetzt sind, daß sie zu einer Verringerung der Steuereinnahmen führen.
9. Die Frage nach der Inzidenz einer Steuer bezieht sich darauf, wer letztlich die Steuerlast zu tragen hat, und welche Gesamtauswirkungen sich auf Preise und andere volkswirtschaftliche Größen ergeben. Jene, die eine Steuer zu entrichten haben, können die steuerliche Belastung häufig auf die Konsumenten weiter- oder auf die Produktionsfaktoren rückwälzen. Das gegenwärtige amerikanische Steuer- und Transfersystem hat leicht progressive Wirkung.

BEGRIFFE ZUR WIEDERHOLUNG

Staatsausgaben und Fiskalinzidenz

Fiskalföderalismus und lokale im Gegensatz zu nationalen öffentlichen Gütern
volkswirtschaftliche Auswirkungen von Staatsausgaben
Inzidenz des Steuer- und Transfersystems

Steuerwesen

Äquivalenz- oder Nutzenprinzip und Leistungsfähigkeitsprinzip
horizontale und vertikale Gerechtigkeit
direkte und indirekte Steuern
progressive, proportionale und regressive Steuern
Steuerinzidenz und Überwälzung von Steuern
Ramsey-Steuern
Steuerliche Auswirkungen auf den Anreiz zu arbeiten und zu sparen

FRAGEN UND BEISPIELE

1. Erstellen Sie eine Liste der verschiedenen Bundessteuern in der Reihenfolge ihrer progressiven Wirkung. Sollte der Staat anstelle der Einkommensteuern vermehrt Verbrauch- oder Umsatzsteuern einheben – welche Auswirkungen hätte das auf die allgemeine progressive Wirkung des Steuersystems?
2. Ein häufiger Fehler bei der Beurteilung von Kausalzusammenhängen ist der sogenannte *Post-hoc*-Fehler. Ein klassisches Beispiel für einen *Post-hoc*-Fehler ist die Meinung des Medizinmannes einer primitiven Gesellschaft, daß sowohl Zauberkraft als auch ein wenig Arsen benötigt werden, um einen Feind zu töten. In der Logik wird dieses Phänomen als die *Post-hoc-, ergo Propter-hoc*-Falle bezeichnet (aus dem Lateinischen, etwa: „zeitliche Aufeinanderfolge, daher notwendigerweise auch kausaler Zusammenhang"). Die Tatsache, daß Ereignis A vor Ereignis B stattfindet, beweist nicht, daß Ereignis A Ereignis B bedingt. Mit dem Schluß, daß „nach einem Ereignis" dasselbe bedeutet wie „aufgrund dieses Ereignisses", begeht man den *Post-hoc*-Fehler.

   Ein klares Beispiel für einen *Post-hoc*-Fehler ist die Ansicht von Vertretern einer angebotsseitigen Wirtschaftspolitik, die die Erfahrungen der sechziger Jahre als Beweis dafür werteten, daß niedrigere Steuersätze die Steuereinnahmen erhöhen würden; mit anderen Worten, daß sich die USA in den sechziger Jahren auf der falschen Seite der Laffer-Kurve in Abbildung 17-7(*a*), nämlich zu weit rechts, befanden. Sie schreiben: „Nach den Steuersenkungen der Kennedy- und Johnson-Administrationen im Jahr 1964 stiegen die Staatseinnahmen von $ 100 Milliarden 1963 auf $ 133 Milliarden im Jahr 1966. Steuersenkungen bewirken also höhere Staatseinnahmen." Erklären Sie, warum das ein Beispiel für einen *Post-hoc*-Fehler ist. Stellen Sie die Analyse richtig.
3. Kritiker des amerikanischen Steuersystems argumentieren, es schwäche die wirtschaftlichen Anreize zu Arbeit, Sparverhalten und Innovation und hemme daher das langfristige Wirtschaftswachstum. Können Sie erkennen, warum „Ökosteuern" sowohl die volkswirtschaftliche Effizienz als auch das Wirtschaftswachstum *steigern* könnten? Denken Sie beispielsweise an eine Besteuerung von Schwefel- oder Kohlendioxidemissionen oder an die Einhebung von Steuern auf Öltanker, aus denen Rohöl ausfließt. Erstellen Sie eine Liste von Steuern, die Ihrer Meinung nach effizienzsteigernd wirken würden, und vergleichen sie deren Auswirkungen mit einer Besteuerung von Arbeits- oder Kapitaleinkommen.
4. Steuerexperten sprechen häufig von „Pauschalsteuern", die von Einzelpersonen ohne Rücksicht auf deren wirtschaftliche Aktivität eingehoben werden. Pauschalsteuern führen zu keiner Verzerrung oder Ineffizienz, weil sie keinerlei Auswirkungen auf den wirtschaftlichen Anreiz zu arbeiten oder zu sparen aufweisen. Mit anderen Worten, sie belegen alle Inputs und Outputs mit einem Grenzsteuersatz von *Null*. Nehmen Sie an, die Regierung würde jedem Menschen in unserem Land eine Pauschalsteuer von $ 200 auferlegen. Zeigen Sie in einem Angebots- und Nachfragediagramm, warum eine solche Steuer keine Auswirkungen auf die Löhne oder das Arbeitsangebot hätte. (Erinnern Sie sich an Henry Georges Analyse der Grundsteuer!)

   Betrachten wir die lebenslange Steuerbelastung, so ließe sich als dynamisches Gegenstück zu einer Pauschalsteuer eine „Lebensverdienststeuer" vorstellen, mit der Einzelpersonen auf der Grundlage ihrer *potentiellen* Arbeitseinkommen besteuert würden. Fullerton und Rogers (siehe oben, S. 379) meinen, daß eine vollkommen effiziente, proportional wirkende Lebensverdienststeuer das Durchschnitts-Lebenseinkommen der Steuerzahler um 1,3 Prozent erhöhen würde. Wie denken Sie darüber? Beschreiben Sie, welche Schwierigkeiten sich mit der Einführung einer Lebensverdienststeuer ergeben würden.

5. Die nachfolgende Tabelle enthält die Daten eines hypothetischen Steuersystems:

(1) berichtigtes Bruttoeinkommen ($)	(2) Abzugsposten und Steuerfreibeträge ($)	(3) Steuerbares Einkommen ($)	(4) Einkommensteuer ($)
5.000	5.000	0	0
10.000	9.000	1.000	150
20.000	12.000	8.000	1.200
50.000	20.000	30.000	4.500
100.000	30.000	70.000	14.500
500.000	100.000	400.000	97.000

Berechnen Sie für jede Einkommenshöhe die Grenz- und Durchschnittssteuersätze auf das steuerbare Einkommen. Wäre – unter der Annahme, daß das berichtigte Bruttoeinkommen als Einkommensgrundlage gilt – dieses Steuersystem progressiv, proportional oder regressiv?

6. Manche öffentlichen Güter sind lokal und kommen den Bewohnern kleiner, abgegrenzter Gebiete zugute. Andere sind global und haben Auswirkungen auf alle Staaten. Ein privates Gut ist ein Gut, dessen externe Effekte vernachlässigbar gering sind. Geben Sie einige Beispiele für rein private Güter und für lokale, nationale und globale öffentliche Güter oder für Externalitäten an. Geben Sie für jede Externalität die Verwaltungsebene an, die am effizientesten tätig werden könnte, und machen sie ein oder zwei geeignete Vorschläge für staatliche Maßnahmen, mit denen sich unerwünschte Externalitäten internalisieren lassen.

7. Manche Fragen nach der Inzidenz lassen sich mit Hilfe von Angebot und Nachfrage beantworten.
   a. Mit dem Budgetgesetz von 1993 hat der Kongreß die Bundesbenzinsteuer um 4,3 Cent pro Gallone angehoben. Welche Auswirkungen hat diese Maßnahme unter der Annahme, daß der Großhandelspreis für Benzin auf dem Weltmarkt gebildet wird, für Produzenten und Verbraucher?
   b. Sozialversicherungsbeiträge werden im allgemeinen von den Arbeitseinkommen abgezogen. Welche Inzidenz ergibt sich bei absolut unelastischem Arbeitsangebot? Welche bei einer rückwärts gekrümmten Arbeitsangebotskurve?
   c. Welche Inzidenz hat eine Körperschaftssteuer in einer kleinen offenen Volkswirtschaft, wenn die Unternehmen eine Investitionsrentabilität nach Steuern erzielen müssen, die vom Weltkapitalmarkt bestimmt wird?

KAPITEL 18

MÖGLICHKEITEN ZUR EINSCHRÄNKUNG DER MARKTMACHT: REGULIERUNG UND KARTELLRECHT (AMERIKANISCHE ANTITRUST-POLITIK)

Theoretische und empirische Forschung lassen uns zweifeln, ob staatliche Regulierung jene Ziele zu erreichen in der Lage ist, deretwegen sie propagiert wird.

Stephen Breyer und Paul MacAvoy
Regulation and Deregulation

Marktwirtschaftlich organisierte Staaten stützen sich in ihrem Versuch, den privaten Sektor zu einem möglichst effizienten Verhalten zu bewegen, großteils auf die Kräfte der Konkurrenz und des Wettbewerbs – man könnte auch sagen, auf das Zuckerbrot der Gewinne und die Peitsche des Konkurses. Aber selbst wenn die wichtigsten Entscheidungen im Zusammenhang mit der Ressourcenallokation auf dem privaten Sektor getroffen werden, agiert der Staat wie ein Wachhund, um die Ausübung echter Marktmacht zu verhindern. Sobald Unternehmen über Marktmacht verfügen, können sie die Preise über das Wettbewerbsniveau hinaus anheben, auf dem die Preise den Grenzkosten entsprechen. Solche überhöhten Preise senken einerseits die Produktionsmenge unter das Effizienzniveau und bringen andererseits den Unternehmen selbst überhöhte Gewinne. Die Bevölkerung unserer heutigen Demokratien ist darauf angewiesen, daß der Staat einen Mißbrauch von Marktmacht verhindert.

Der Staat greift aber auch ein, um eine ganze Reihe unerwünschter Formen von Marktversagen zu kompensieren, etwa Informationsmängel oder die Unfähigkeit der Menschen, sich entsprechend zu schützen. Deshalb legt der Staat immer wieder Mindeststandards der Arbeitssicherheit fest, er zwingt Pharmabetriebe dazu, die Unbedenklichkeit und Wirksamkeit neuer Wirkstoffe unter Beweis zu stellen, und er überwacht die Sicherheit im Flugverkehr. Der Staat reguliert Wirtschaftszweige wie das Bankwesen und das Kabelfernsehen, er versucht die Konsumenten vor irreführenden Behauptungen in der Werbung und finanziellem Betrug zu bewahren und er engagiert sich sogar in der Raumordnung, um die wirtschaftlich vernünftigste Nutzung des vorhandenen Bodens zu gewährleisten.

Wie können Staaten mit Marktversagen und den Auswüchsen monopolistischer Marktmacht umgehen, ohne die beachtlichen Effizienzgewinne einer ungebremsten Marktkonkurrenz und eines vollständigen Wettbewerbs zunichte zu machen? Tatsächlich weist uns diese Frage auf ein schwieriges Dilemma hin. Bisweilen liegt die Regulierung eines strikt begrenzten Bereichs ganz im öffentlichen Interesse. In anderen Fällen kann staatliche Regulierung jedoch weit mehr Probleme schaffen, als sie zu lösen imstande ist, und es empfiehlt sich für den jeweiligen Staat, den betroffenen Sektor zu deregulieren. Zusätzlich zu all dem bisher Angeführten versuchen Staaten auch, den Wettbewerb zu fördern und monopolistischen Mißbrauch zu verhindern, indem sie bestimmte wettbewerbsfeindliche Praktiken verbieten. Dieses Gebiet staatlicher Aktivität, das Kartellrecht bzw. in seiner US-Ausformung die Antitrust-Politik, ist Gegenstand der zweiten Hälfte dieses Kapitels.

A. STAATLICHE REGULIERUNGSMASSNAHMEN: THEORIE UND PRAXIS

Die Regulierung der amerikanischen Wirtschaft durch den Staat läßt sich über ein Jahrhundert lang zurückverfolgen, und zwar bis hin zur Gründung der Interstate Commerce Commission (ICC) im Jahr 1887. Die ICC sollte einerseits Preiskriege verhindern und die Versorgung kleiner Gemeinden mit öffentlichen Dienstleistungen gewährleisten und sie sollte andererseits eine Monopolkontrolle garantieren. Später, im Jahr 1913, wurde die staatliche Regulierung auf die Banken, 1920 auf die Elektrizitätsgesellschaften und auf den Kommunikationsbereich, die Wertpapiermärkte, Arbeit, LKW-Transporte und in den dreißiger Jahren auch auf die Luftfahrt ausgedehnt. In den letzten Jahren kamen schließlich noch neue Wirtschaftszweige wie das Kabelfernsehen hinzu.

ZWEI ARTEN DER REGULIERUNG

In ihrem Versuch, wirtschaftliche Aktivitäten zu kontrollieren, können sich Staaten entweder ökonomischer Anreize oder staatlicher Verordnungen bedienen. Historisch gesehen war staatliche Regulierung hauptsächlich durch den direkten Ansatz geprägt – das heißt, die Staaten verließen sich vorrangig auf *Verordnungen und die Kontrolle von deren Einhaltung*. Nach dieser Methode weist der Staat durch seine Regulierungsverordnungen die Bürger an, bestimmte Aktivitäten zu setzen oder zu unterlassen. Der Staat könnte beispielsweise seinen Bürgern befehlen, die Straßenabschnitte vor ihren Häusern selbst zu pflastern, um das nationale Straßennetz zu verbessern. Tatsächlich verlangt der Staat etwa von den Unternehmen, ihre Mitarbeiter nicht unter dem Mindestlohn zu bezahlen, bestimmte Umweltauflagen einzuhalten und neue Medikamente einer rigorosen Prüfung zu unterziehen.

In letzter Zeit waren Ökonomen intensiv damit beschäftigt, Staaten zur Erprobung einer völlig neuen Form der Regulierung, nämlich zu *Marktanreizen*, zu überreden. Das beste Beispiel dafür liefert das Luftreinhaltegesetz aus dem Jahr 1990, das im nächsten Kapitel besprochen werden soll. Dieses Gesetz sieht die Bildung von Märkten zum An- und Verkauf von sogenannten „handelbaren Emissionszertifikaten" vor, die im wesentlichen eine Lizenz zur Luftverschmutzung darstellen. Eine solche Nutzung der Marktkräfte birgt viel effizientere Möglichkeiten zur Erreichung von Regulierungszielen in sich als einfache Verordnungs- und Kontrollmethoden.

Regulierung bedeutet staatliche Verordnungen oder Gesetze, die erlassen werden, um die Preis-, Verkaufs- oder Produktionsentscheidungen von Unternehmen zu kontrollieren.

Man unterscheidet üblicherweise zwischen zwei Formen der Regulierung: **Wirtschaftliche Regulierung** bezieht sich auf die Kontrolle von Preisen, Marktzutritts- und -abgangsbedingungen sowie von Produktstandards in bestimmten Branchen. Häufig vorkommende Beispiele wären etwa die Regulierung der öffentlichen Versorgungsunternehmen (Telefon, Strom, Erdgas, Wasser) oder anderer Wirtschaftszweige wie Transport, Radio und Fernsehen. Der Finanzsektor ist seit den dreißiger Jahren einer strengen Regulierung unterworfen, wobei genau festgelegt wird, was Banken, Broker und Versicherungsgesellschaften tun dürfen und was nicht.

Daneben ist noch eine neuere Regulierungsform zu nennen, die **soziale Regulierung**, die eingesetzt wird, um unsere Umwelt oder die Gesundheit und Sicherheit von Arbeitnehmern und Konsumenten zu schützen. Soziale Regulierungsmaßnahmen zielen darauf ab, eine breite Palette von Nebenwirkungen oder Externalitäten zu korrigieren, die mit wirtschaftlichen Aktivitäten einhergehen. Programme zur Reinhaltung von Luft und Wasser oder zur Gewährleistung der Sicherung von Kernkraftwerken, Medikamenten oder Autos gehören zu den bekanntesten Beispielen sozialer Regulierung. Wegen ihrer großen Bedeutung werden wir die ökologische Regulierung im nächsten Kapitel ausführlich gesondert behandeln.

WIE LÄSST SICH EINE REGULIERUNG DER WIRTSCHAFT BEGRÜNDEN?

Staatliche Regulierungsmaßnahmen federn die ungebremste Marktmacht von Unternehmen ab. Warum aber sollte sich ein Staat zu Regulierungsmaßnahmen entscheiden, obwohl er eigentlich auf freie Marktwirtschaft setzt? Nun, Staaten können Unternehmen regulieren, um Monopole oder Oligopole zu verhindern. Eine Regulierung läßt sich auch rechtfertigen, wenn bedeutende Informationsmängel oder Externalitäten auftreten. Allerdings kommt es bisweilen nur deshalb zur Regulierung von Wirtschaftszweigen, weil einzelne Interessensgruppen durch heftige Interventionen die regulierenden Behörden dazu bringen, die Produzenten anstatt der Konsumenten zu schützen.

Einschränkung der Marktmacht

Traditionell ist die volkswirtschaftliche Sichtweise staatlicher Regulierungsmaßnahmen normativ: Regulierungsmaßnahmen sollen dazu dienen, schwerwiegende Formen des Marktversagens zu korrigieren. Oder konkreter, der Staat sollte jene Wirtschaftszweige regulieren, in denen zu wenige Unternehmen tätig sind, um eine gesunde Konkurrenz zu gewährleisten. Vor allem im Extremfall des natürlichen Monopols ist der Staat aufgerufen, regulierend einzugreifen, insbesondere, wenn sich ein solches Monopol auf lebenswichtige Güter erstreckt, deren Nachfrage-Preiselastizität gering ist.

Ein anschauliches Beispiel eines natürlichen Monopols wäre etwa die lokale Wasserversorgung. Die Kosten für die Sammlung des Wassers, den Aufbau eines Leitungsnetzes und schließlich die Versorgung aller Haushalte mit Trinkwasser sind so hoch, daß sie mehr als einen lokalen Wasserversorger nicht tragen würden, daher stellt die lokale Wasserversorgung ein natürliches Monopol dar. Bisweilen übernimmt der Staat selbst die Wasserversorgung seiner Bürger, in den meisten Fällen jedoch fällt diese Aufgabe einem staatlich regulierten Wasserwerk zu.

Eine andere Art eines natürlichen Monopols ergibt sich in Wirtschaftszweigen mit *Verbundvorteilen*, die entstehen, wenn eine ganze Reihe verschiedener Produkte en bloc effizienter produziert werden kann als von mehreren, getrennten Unternehmen. Verbundvorteile gelten beispielsweise in der Fahrzeugherstellung: Ein Unternehmen, das über eine PKW- und eine LKW-Produktion verfügt, darf sich bei der Produktion von Bussen und Panzern über einen Kostenvorteil freuen. Warum? Fachwissen und Maschinen lassen sich für alle Unternehmensbereiche nutzen. Deshalb verfügt ein solches Unternehmen bei der Produktion von Transportfahrzeugen über Verbundvorteile.

Wir wissen bereits aus unserer Kostenanalyse in Kapitel 7, daß sich verbreitete Skalenerträge mit dem vollständigen Wettbewerb nur schlecht vertragen; in solchen Fällen haben wir es mit Monopolen oder Oligopolen zu tun. Aber hier konzentrieren wir uns auf das Extrem: *Beim Auftreten von Skalenerträgen oder Verbundvorteilen, die so stark sind, daß nur ein einziges Unternehmen überleben kann, sprechen wir von einem natürlichen Monopol.*

Warum regulieren Staaten natürliche Monopole? Nun, sie tun das, weil ein natürlicher Monopolist, der sich über einen enormen Kostenvorteil gegenüber seinen potentiellen Konkurrenten und über eine preisunelastische Nachfrage freuen kann, seine Preise überhöht ansetzen, enorme Monopolgewinne erzielen und große volkswirtschaftliche Ineffizienzen bewirken kann. In den letzten Jahren haben beispielsweise Kabelfernsehgesellschaften ihre lokalen Monopole ungeniert ausgenützt, indem sie eine Vielzahl von Fernsehkanälen mit qualitativ hochwertigem Programmangebot zu weitaus überhöhten Preisen anboten. Das hat den amerikanischen Kongreß und zahlreiche amerikanische Bundesstaaten dazu bewogen, die von den Kabelfernsehgesellschaften verrechneten Preise einer Regulierung zu unterziehen.

Früher rechtfertigte man staatliche Regulierungsmaßnahmen mit durchaus fragwürdigen Begründungen, etwa daß man sie benötige, um einen allzu mörderischen Wettbewerb zu verhindern. Mit diesem Argument wurde unter anderem die permanente Kontrolle der Eisenbahnen, des LKW-Verkehrs, der Flug- und Buslinien sowie die Regulierung der landwirtschaftlichen Produktion erklärt. Volkswirte können dieser Argumentationsweise nur wenig abgewinnen. Schließlich ist der Wettbewerb mit seiner erhöhten Effizienz und den niedrigen Preisen genau das, was ein effizientes Marktsystem gewährleisten sollte.

Behebung von Informationsversagen

Ein weiterer Grund für staatliche Regulierungsmaßnahmen besteht darin, daß Konsumenten nur unzureichend über die verfügbaren Produkte informiert sind. So gelten Medikamententests zu Recht als ein kostspieliges und wissenschaftlich aufwendiges Verfahren. Der Staat reguliert den Medikamentenhandel, indem er nur jene Medikamente zum Verkauf zuläßt, die sich als „unbedenklich und wirksam" erwiesen haben, und er verbietet inhaltlich falsche und irreführende Werbung. In beiden

Fällen versucht der Staat, das aufgetretene Marktversagen auszugleichen und effizient Informationen zur Verfügung zu stellen.

Auch ein Großteil der Regulierung der Finanzbranche dient dem Zweck eines verbesserten Informationsangebotes, damit der Markt besser funktioniert. So muß beispielsweise das Management von Unternehmen öffentlich bekanntgeben, wenn Aktien dieses Unternehmens gekauft oder verkauft werden. Damit soll sichergestellt werden, daß sich die Manager ihre „Insiderinformationen" nicht zunutze machen und so die kleineren Anleger schädigen können. Auch wenn ein Unternehmen an die Börse geht oder erstmals Aktien verkauft, muß es eine umfassende Dokumentation seiner aktuellen finanziellen Situation und möglicher zukünftiger Finanzentwicklungen vorlegen.

Auch Sicherheitsvorschriften auf dem Arbeitsplatz helfen gegen Informationsdefizite. Erinnern Sie sich aus Kapitel 13 daran, daß nach der Theorie der kompensatorischen Lohndifferentiale gefährlichere Jobs besser bezahlt werden sollten. Das Problem besteht nun allerdings darin, daß viele Gefahren nicht offensichtlich sind und die Unternehmen natürlich ein Interesse daran haben, ihre Arbeitsplatzprobleme nicht jedermann zu verraten. Daher kann es durchaus effizient sein, wenn der Staat Mindeststandards der Arbeitsplatzsicherheit vorschreibt, so daß die einzelnen Arbeitnehmer nicht erst aufwendige Untersuchungen über die Sicherheit in jedem einzelnen Unternehmen anstellen müssen, bei dem sie sich um einen Job bewerben.

Der Umgang mit Externalitäten

Auch beim Auftreten von Externalitäten können staatliche Regulierungsmaßnahmen gerechtfertigt sein. Das weitaus wichtigste Beispiel für diese Art der Regulierung sind Umweltschutzmaßnahmen, obwohl es daneben natürlich auch noch eine ganze Reihe anderer Fälle gibt. Zu nennen wären etwa raumplanerische Maßnahmen und Flächennutzungspläne, die die Nutzung von Grund und Boden durch die Eigentümer regeln. Zumeist sagt ein Flächennutzungsplan aus, ob ein Grundstück für den Bau von Wohnhäusern, Geschäften oder Industrieanlagen vorgesehen ist und wie groß das darauf zu errichtende Gebäude maximal sein darf.

Läßt sich eigentlich die Widmung von Grundstükken durch den Staat rechtfertigen? Nun, würde man beispielsweise die Errichtung einer Mülldeponie in einem Wohngebiet gestatten, käme es zu Externalitäten, die für jedermann in der Umgebung unangenehme Folgen hätten. Ein fünfzigstöckiges Bürogebäude in einer Zone mit zweistöckigen Häusern könnte das lokale Verkehrssystem und andere Infrastruktureinrichtungen überfordern.

Die volkswirtschaftlichen Auswirkungen der Flächennutzung können enorm sein. Wenn es gestattet ist, auf einem Grundstück ein fünfzigstöckiges Bürogebäude anstatt eines zweistöckigen Wohnhauses zu errichten, so verändert das den Wert des Bodens ganz beträchtlich. Daher ist der Flächennutzungsplan die wahrscheinlich bedeutendste Form der Regulierung auf der Verwaltungsebene der Kommunen.

Regulierung und Interessensgruppen

Bisher haben wir uns mit der *normativen* Rechtfertigung staatlicher Regulierungsmaßnahmen beschäftigt. Allerdings sind manche Ökonomen hinsichtlich der Gründe, warum der Staat tatsächlich Regulierungsmaßnahmen vornimmt, eher skeptisch. Sie argumentieren, die weitreichenden staatlichen Eingriffe führten zu dem widersinnigen Resultat, daß der Zutritt zu regulierten Wirtschaftszweigen erschwert wird, wodurch dann erst Preise und Gewinne der bereits etablierten Unternehmen *erhöht* werden.[1] Ein regulierter Wirtschaftszweig kann tatsächlich Lobbying zugunsten weiterer Regulierungen betreiben, um so Mitbewerber am Marktzutritt zu hindern und überhöhte Gewinne beibehalten zu können.

Skeptische Volkswirte drücken sich etwa folgendermaßen aus: „Sie behaupten, staatliche Regulierungen wären im Interesse der Konsumenten und Arbeitnehmer. Glauben Sie das bloß nicht! Staatliche Interventionen sollen das Einkommen der Produzenten heben, indem der Marktzutritt erschwert und so ein Wettbewerb im regulierten Bereich verhindert wird. Ein etwaiger Nutzen für Verbraucher und Arbeitnehmer ergibt sich, wenn überhaupt, nur rein zufällig."

Die historische Betrachtung staatlicher Regulierungsmaßnahmen enthüllt, daß in dieser Ansicht offenbar mehr als nur ein Körnchen Wahrheit steckt. So haben beispielsweise zahlreiche ökonomische Studien zum Thema den Nachweis erbracht, daß es gerade die staatlichen Eingriffe sind, die in vielen Fällen die Preise künst-

[1] Die Pionierarbeit auf diesem Gebiet hat George Stigler von der University of Chicago verfaßt, der für diese und andere Arbeiten mit dem Nobelpreis ausgezeichnet wurde. James Buchanan erhielt im Jahr 1986 den Nobelpreis für seine volkswirtschaftliche Analyse öffentlicher Entscheidungsstrukturen auf dem Gebiet der staatlichen Regulierung, Besteuerung, staatlicher Ausgaben und anderer Gebiete. Die Chicago School of Economics gewann mit ihrer Meinung, wonach staatliche Interventionen auf wirtschaftlichem Gebiet häufig eher schaden als nützen, sehr viel Einfluß.

lich hoch halten. Jahrelang mußten sich Frachtunternehmen und Fluglinien eine Genehmigung einholen, wenn sie ihre Preise senken oder neue Märkte erschließen wollten. Andere Arten der Regulierung bewirken eine Beschränkung des Wettbewerbs. So führen beispielsweise die hohen Standards bei der Einführung neuer Medikamente dazu, daß die Verfahren bis zur Marktzulassung langwierig und sehr kostspielig sind. Das hält zahlreiche kleinere Unternehmen vom Markt fern, die sich jahrelange Tests, wie sie für ein neues Medikament nun einmal erforderlich sind, einfach nicht leisten können.

Das jüngste Beispiel dafür, daß Regulierungen dem jeweiligen Wirtschaftszweig auf Kosten der Steuerzahler zugute kommen können, zeigte sich auf dem Sparkassen- und Kreditvergabesektor. Das staatliche Programm der Einlagenversicherung war in den USA in den dreißiger Jahren eingeführt worden, um das Vertrauen in die Banken wieder herzustellen und Panik unter den Bankkunden zu vermeiden. Zu Beginn der achtziger Jahre zeigte sich jedoch, daß dieses Programm nicht ausreichend durchdacht war. Es bot eine staatliche Garantie auf Bankeinlagen, ohne sicherzustellen, daß die Banken mit den Einlagen auch vorsichtig und vernünftig umgehen. So konnten viele Banken hohe Zinsen ausbezahlen, mit denen sie Einlagekunden anlockten, um dann das Geld für riskante Darlehen und Investitionen zu verwenden, und wohl auch, um die hohen Gehälter ihrer leitenden Mitarbeiter und Funktionäre zu bezahlen. Als unter den Banken eine wahre Pleitenserie ausbrach, mußte der Staat einspringen. Die Verluste beliefen sich auf Hunderte Milliarden Dollar. Wegen des intensiven Lobbyings und großzügiger Wahlspenden verzögerten sich vernünftige staatliche Maßnahmen zur Eindämmung der schädlichen Vorgangsweise um viele Jahre, bis der Kongreß im Jahr 1989 endlich beschloß, den verschwenderischen Praktiken Einhalt zu gebieten. Und wer waren die Hauptnutznießer dieser verfehlten Regulierungsmaßnahmen auf dem Bankensektor? In erster Linie die Banker, die Banken und die Aktionäre der Banken. Die Verlierer? Sie haben es erraten, das waren die Steuerzahler.

REGULIERUNG ÖFFENTLICHER VERSORGUNGSUNTERNEHMEN MIT NATÜRLICHEM MONOPOL

Ein stichhältiges Argument für staatliche Regulierungsmaßnahmen ist das Bemühen, die monopolistische Preisgestaltung durch natürliche Monopolisten zu unterbinden. Sehen wir einmal im Detail, wie die regulierenden Behörden überhöhte Preise der Monopolisten kontrollieren. Sie erinnern sich sicher, daß ein natürliches Monopol ein Wirtschaftszweig ist, in dem am effizientesten produziert werden kann, wenn es nur ein einziges Unternehmen gibt. Abbildung 18-1 zeigt, wie die Durchschnittskosten *AC*, die Grenzkosten *MC* und die Nachfragekurve der Branche in einem natürlichen Monopol aussehen könnten. Beachten Sie bitte, daß die Branchen-Nachfragekurve (*DD*) die *MC*-Kurve des Unternehmens im Bereich sinkender Durchschnittskosten *AC* schneidet. Würden zwei ähnliche Unternehmen den Branchenoutput produzieren, lägen die Durchschnittskosten für die beiden Unternehmen weit über jenen des einen Unternehmens.

Nehmen wir an, der Gesetzgeber beschließt die *Regulierung der öffentlichen Versorgungsbetriebe* in einer bestimmten Branche. Wie würde er dabei wohl vorgehen? Er würde zuerst eine Kommission einsetzen, die Preise, Dienstleistungen sowie Marktzutritt und -abgang beobachten könnte. Die wichtigste Entscheidung wäre jedoch die Regelung der Preisgestaltung für das Monopolunternehmen.

Üblicherweise wird im Zuge staatlicher Regulierung den Unternehmen als Preisniveau der *Durchschnittspreis*

Abbildung 18-1: Die Kostenkurven eines natürlichen Monopolisten

Die *AC*-Kurve eines natürlichen Monopolisten fällt selbst dort noch, wo sie die *DD*-Kurve der Branche schneidet. Eine effiziente Produktion erfordert daher eine Konzentration und muß daher von einem einzigen Unternehmen erbracht werden. (Schätzen Sie aus dem Diagramm, um wieviel teurer es wäre, müßte Q^* von zwei Unternehmen jeweils zur Hälfte produziert werden!)

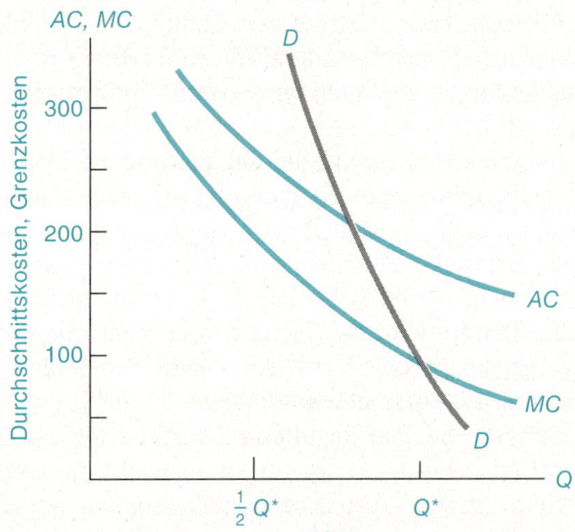

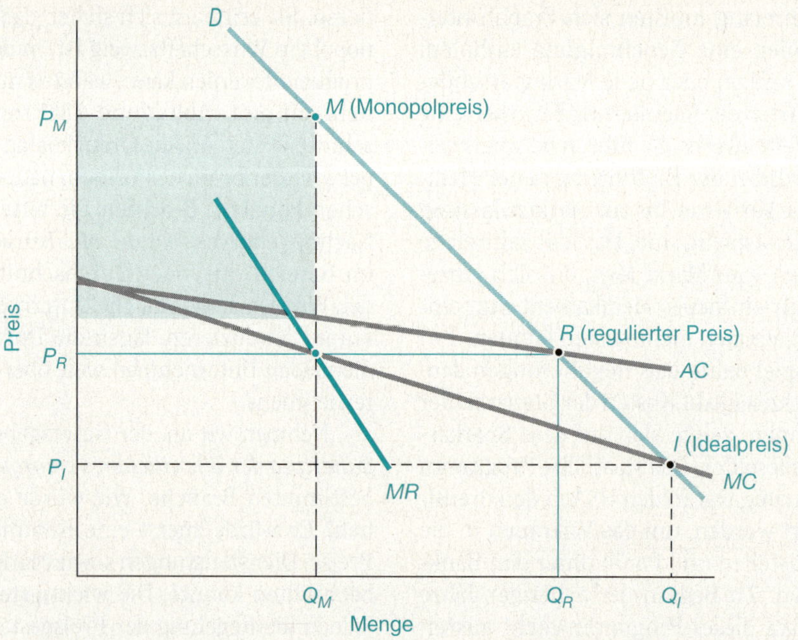

Abbildung 18-2: Ideale und tatsächliche Preisregulierung bei Monopolisten

Das gewinnmaximale Gleichgewicht für den unregulierten Monopolisten liegt in *M*, direkt über dem Schnittpunkt von *MR* und langfristigen Grenzkosten *MC*, wobei der Preis über den Grenzkosten *MC* liegt.
Antitrustkommissionen fordern üblicherweise eine Preisbildung entsprechend den Durchschnittskosten in *R*, wo die Nachfragekurve die langfristige Durchschnittskostenkurve schneidet. Damit werden überhöhte Gewinne ausgeschlossen, und der Preis liegt näher an den Grenzkosten. Idealerweise müßte der Preis eigentlich bis zu I gesenkt werden, wo gelten würde Preis = *MC*, so daß Gemein-Grenzkosten und Grenznutzen einigermaßen ausgeglichen sind. In Punkt *I* träte kein Effizienzverlust durch den Umstand ein, daß der Preis über den Grenzkosten liegt.

vorgeschrieben. So müßte ein Stromversorgungsunternehmen seine gesamten Kosten errechnen (fixe wie variable Kosten) und sie auf alle verkauften Produkte umlegen (beispielsweise Strom und Dampf). Den Kunden würden dementsprechend die auf die jeweils beanspruchte Dienstleistung *umgelegten Durchschnittskosten* verrechnet.

Abbildung 18-2 zeigt die Regulierung öffentlicher Versorgungseinrichtungen. Punkt *M* (verbunden mit Produktionsmenge Q_M) stellt den unregulierten gewinnmaximalen Output des Monopolisten dar, den wir in Kapitel 9 untersucht haben. Dabei haben wir es mit exorbitant hohen Preisen, winzigen Mengen und recht hübschen Gewinnen zu tun (wie durch den schattierten Bereich in Abbildung 18-2 gezeigt wird).

Bei der üblichen Regulierung darf der Monopolist einen Preis verlangen, der gerade ausreicht, um seine Durchschnittskosten zu decken. In diesem Fall wird das Unternehmen seinen Preis dort ansetzen, wo sich die Nachfragekurve *DD* mit der Durchschnittskosten- oder *AC*-Kurve schneidet. Das Gleichgewicht stellt sich daher in Punkt *R* ein, die Produktionsmenge beträgt Q_R.

Aber wie gut ist diese Lösung? Volkswirtschaftlich gesprochen könnte sie immerhin als Verbesserung gegenüber dem unregulierten Monopol betrachtet werden. Erstens ist nicht nachzuvollziehen, warum die Inhaber des Monopols mehr Rechte als die Konsumenten haben sollten. Es gibt daher auch keinen Grund dafür, ihnen zu gestatten, aus den Konsumenten Monopolgewinne herauszupressen. Indem der monopolistische Gewinn abgeschafft wird, gelangen wir zu einem Zustand, von dem die meisten das Gefühl haben werden, er gewährleiste eine gerechtere Einkommensverteilung. (Aber bedenken Sie, daß bei dieser Schlußfolgerung außer technischen volkswirtschaftlichen Überlegungen auch Werturteile eine Rolle spielen.)

Zweitens haben die regulierenden Behörden, indem sie den Monopolisten zwingen, seinen Preis von P_M auf

P_R zu senken, die Diskrepanz zwischen Preis und Grenzkosten verringert. Dies ist als Verbesserung zu werten, weil die höhere Produktionsmenge den Konsumenten mehr an Grenznutzen einbringt, als sie für die Gesellschaft Grenzkosten verursacht. Erst wenn der Preis in allen Bereichen den Grenzkosten entspricht, setzt eine Gesellschaft ihre Ressourcen so effizient wie möglich ein.

Ideale Preisregulierung. Wenn $P = MC$ die Idealformel schlechthin ist, stellt sich die Frage, warum die regulierenden Behörden den Monopolisten nicht einfach zwingen, seinen Preis so weit zu senken, bis er den Grenzkosten am Schnittpunkt von *DD* und *MC* entspricht (in *I*).

Tatsächlich ist die Gleichung $P = MC$ oder die *Preisbildung in Höhe der Grenzkosten* das Idealziel im Sinne volkswirtschaftlicher Effizienz. Aber in der Praxis ist die Sache nicht so einfach: Wenn ein Unternehmen mit sinkenden Durchschnittskosten seine Preise mit den Grenzkosten gleichsetzt, so entsteht ihm dadurch ein chronischer Verlust. Der Grund liegt in den fallenden *AC*, so daß $MC < AC$, und die Gleichsetzung von $P = MC$ impliziert daher, daß $P < AC$. Wenn der Preis (oder der Durchschnittserlös) unter den Durchschnittskosten liegt, verliert das Unternehmen Geld. Um diese Aussage auch graphisch nachvollziehen zu können, prüfen Sie bitte die ideale Regulierungslösung im Punkt *I* in Abbildung 18-2. Hier entspricht der Preis den Grenzkosten, aber die *MC* liegen unter den Durchschnittskosten. Wenn die Durchschnittskosten über dem Preis liegen, verliert das Unternehmen Geld. Da Unternehmen bei ständigen Verlusten nicht lange weiterbestehen können, und weil Staaten Monopolisten nur ungern subventionieren, läßt sich die Ideallösung auch nur schwerlich erreichen.

Ein alternativer Ansatz wäre eine Preisbildung anhand *zusammengesetzter Preise oder Gebühren*. Das Unternehmen verrechnet dabei eine fixe Gebühr (beispielsweise einige Dollar pro Monat), um seine Overheadkosten abdecken zu können, zuzüglich eines Aufschlags für die variablen Kosten (etwa pro telefonierter Einheit, pro Kilowattstunde Strom oder dergleichen), um seine Grenzkosten decken zu können. Mit diesem Ansatz käme man den idealen Grenzkostenpreisen noch näher als mit der traditionellen Preisgestaltung anhand der Durchschnittskosten.

Beispiel: Der Sonderfall Kabelfernsehen. *Ist das Kabelfernsehen ein natürliches Monopol oder nicht? Die Verkabelung eines Bezirkes für Kabelfernsehen ist natürlich ein Gebiet, auf dem Skalenerträge besonders zur Geltung kommen. Sobald die Kabelgesellschaft eine einzige Wohnung in einem Wohnblock verkabelt hat, ist der Anschluß für die restlichen Bewohner sehr viel billiger. Daher gibt es in beinahe allen Gegenden nur einen einzigen Anbieter von Kabelfernsehen, wie es ja auch nur eine Stromgesellschaft oder ein Gaswerk gibt.*

Während dem Konsumenten jedoch praktisch keine Alternative zur Strom- oder Gasversorgung zur Verfügung steht, haben die Konsumenten zum Kabelfernsehen sehr wohl eine Alternative, nämlich den Empfang stationär gesendeter Fernsehkanäle oder Satellitenfernsehen. Der typische New Yorker kann beispielsweise bis zu 10 öffentliche Fernsehkanäle empfangen. Aus diesem Grund vertreten viele Ökonomen die Ansicht, Kabelfernsehen sei kein natürliches Monopol.

Anders der Kongreß, der im Jahr 1992 den Cable Television Consumer Protection and Competition Act initiierte. Dieses Gesetz sieht eine zusätzliche Regulierung von Kabelfernseh-Betreibern vor, und zwar unter anderem auch eine Preisregulierung. Warum hat der Kongreß zu dieser Maßnahme gegriffen? Vor allem wohl deshalb, weil die Kabelfernsehgesellschaften ihre Preise so drastisch erhöht haben. In den Jahren von 1987 bis 1992 stiegen die Gebühren um etwa 50 Prozent, also viel rascher als der allgemeine Preisindex. Für Verfechter der Regulierung stellten diese Preiserhöhungen einen prima-facie-*Beweis dar, daß Kabelfernsehgesellschaften ihr Monopol über MTV und andere Fernsehkanäle, die nur über Kabel ausgestrahlt werden, ausnutzten. Nach dem Erlaß dieses Gesetzes beklagten Kritiker, die Gesellschaften umgingen das Gesetz und erhöhten ihre Preise auch weiterhin. Regulierungsgegner äußerten sich im Kongreß folgendermaßen: „Wann werden Sie eigentlich jemals verstehen, wie unsinnig Preiskontrollen sind?“*

DIE KOSTEN DER REGULIERUNG

Volkswirte beschäftigen sich mit den Auswirkungen staatlicher Regulierung, sie wollen Kosten und Nutzen gegeneinander abwägen. Die Ergebnisse einer neueren Studie sind in Tabelle 18-1 dargestellt. Staatliche Regulierung bringt sowohl Effizienzgewinne als auch Effizienzverluste mit sich (beispielsweise durch die Eindämmung ineffizienter Umweltverschmutzungsmaßnahmen), und sie bewirkt eine Einkommensumverteilung (wenn etwa hohe Frachtpreise Einkommen von den Konsumenten zu den Transportunternehmen hin umschichten). Der Großteil der Studien kommt zu dem Schluß, daß sich staatliche

Die Auswirkungen von Regulierungsmaßnahmen 1988*

	Effizienzgewinne oder -verluste			Einkommens-umverteilung (Mia. $)
	Vorteile (Mia. $)	Kosten (Mia. $)	Nettovorteile (Mia. $)	
Volkswirtschaftliche Regulierung				
Telekommunikation	0,0	14,1	−14,1	42,3
Landwirtschaft	0,0	6,7	−6,7	18,4
Fluglinien	0,0	3,8	−3,8	7,7
Eisenbahn	0,0	2,3	−2,3	6,8
Milch	0,0	0,7	−0,7	2,2
Erdgas	0,0	0,3	−0,3	5,0
Kredite	0,0	0,3	−0,3	0,8
Schiffe	0,0	0,3	−0,3	0,8
Davis-Bacon-Act	0,0	0,2	−0,2	0,5
Ocean	0,0	0,1	−0,1	0,2
Postgebühren	0,0	kA	0,0	8,0
Soziale Regulierung				
Umwelt	58,4	66,5	−8,1	kA
Kernkraft	kA	6,5	kA	kA
Sicherheit am Arbeitsplatz	0,0	8,8	−8,8	kA
Sicherheit auf Autobahnen	35,6	7,7	27,9	kA
Pharmazeutika	kA	2,3	kA	kA
Chancengleichheit	kA	0,9	kA	kA
Verbrauchsgüter	kA	0,03	kA	kA
Sonstige				
Außenhandel	0,0	17,3	−17,3	98,1
Gesamt, alle Regulierungen und Branchen†				
Milliarden Dollar	**94,0**	**139,0**	**−35,0**	**191,0**
Als Prozentsatz des BIP	**2,1**	**3,2**	**−0,8**	**4,4**

* Alle Schätzungen in Dollar zum Wert von 1988
† Bitte beachten Sie, daß beim Fehlen von Angaben (kA) der Wert gleich Null gesetzt wurde. Damit werden die Vorteile etwas unterbewertet, und auch die umverteilende Wirkung dürfte leicht unterbewertet sein.

Tabelle 18-1: Auswirkungen der Regulierung auf die Effizienz und umverteilende Wirkung von Regulierungen

Studien über die Auswirkungen einer volkswirtschaftlichen und sozialen Regulierung belegen, daß wirtschaftlich motivierte Regulierungen nur geringfügige Vorteile aufweisen, weil sie zu beträchtlichen Effizienzverlusten führen und stark umverteilend wirken. Soziale Regulierungsmaßnahmen haben jedoch nachweislich Vorteile, allerdings sind diese extrem schwierig zu messen. (Quelle: Robert W. Hahn und John A. Hird, „The Costs and Benefits of Regulation: Review and Synthesis," *Yale Journal on Regulation*, Bd. 8, 1991, S. 233-287. Bei einer gewissen Bandbreite der Schätzungen wurde jeweils der Mittelwert gewählt.)

Wirtschaftsregulierung hauptsächlich in Effizienzverlusten und in einer weitreichenden Einkommensumverteilung auswirken. Die Bewertung der sozialen Regulierung fällt gemischt aus, wobei einige Fälle signifikant nützlich erscheinen, während in anderen hohe Kosten einem nur geringen Nutzen gegenüberstehen. Die Kosten für die soziale wie auch für die wirtschaftliche Regulierung (unter Mitberücksichtigung bestimmter Beschränkungen im internationalen Handel) werden beispielsweise für 1988 auf rund 3,3 Prozent des Netto-Inlandsproduktes geschätzt.

Die Deregulierungsbewegung

Während der letzten beiden Jahrzehnte hörte man von Ökonomen immer wieder das Argument, die staatliche Regulierung führe eher zur Bildung von Monopolen, als sie zu verhindern. Diese Vorstellung basiert teilweise auf der weiter oben erwähnten Einflußnahme diverser Interessensgruppen auf die staatliche Regulierung. Außerdem haben Beobachter festgestellt, daß sich der Bereich wirtschaftlicher Regulierung mittlerweile weit über die natürlichen Monopole hinaus erstreckt. In der Mitte der siebziger Jahre griffen die regulierenden Behörden nach Eisenbahnen und Transportunternehmen, nach Fluglinien und Bussen, nach Radio und Fernsehen, Erdöl und Erdas, Pekannüssen, Milch und praktisch allen Finanzmärkten. Einige dieser mittlerweile regulierten Wirtschaftszweige standen dem vollständigen Wettbewerb näher als dem natürlichen Monopol, wie Abbildung 18-3 zeigt.

Seit 1975 ist die US-Regierung jedoch dazu übergegangen, viele Wirtschaftszweige wieder ganz oder teilweise zu deregulieren, darunter Benzin, Fluglinien, Transportunternehmen, Eisenbahnen, Börsenhandel, Telefon-Ferngespräche, das Bankwesen und Erdgas. Alle diese Zweige zeichnen sich durch wettbewerbsfördernde Strukturmerkmale aus, weil ihre Märkte gemessen an der effizienten Größe der einzelnen Unternehmen doch sehr groß sind.

Anhand der zivilen Luftfahrt läßt sich das Dilemma der Deregulierung sehr deutlich zeigen. Seit seiner Gründung in den dreißiger Jahren meinte das Civil Aeronautics Board (CAB), seine Rolle bestünde in der Verhinderung jedes Wettbewerbs. Neuen größeren Fluglinien wurde es in den Jahren 1938 bis 1978 gar nicht erst gestattet, auf den Interstatemarkt zu drängen. Wurde eine innovative, kostengünstige und einfache Ticketpreisgestaltung vorgeschlagen, wischte das CAB diese Vorschläge einfach vom Tisch. Das CAB war (wie vorauszusehen war, wenn man die Einstellung von Interessensgruppen zur Regulierung kennt) darum bemüht, die Flugpreise möglichst hoch zu halten, und eine Preissenkung lag sicher nicht in ihrem Interesse.

Im Jahr 1977 ernannte Präsident Carter Alfred Kahn zum Vorsitzenden des CAB. Der anerkannte Ökonom und Regulierungskritiker stellte sich der schwierigen Aufgabe, durch größere Marktzutritts- und Preisflexibilität mehr Wettbewerb zuzulassen. Kurz nach seinem Amtsantritt wurde im Kongreß ein Gesetz beschlossen, das auf allen Inlandsrouten freien Marktzutritt und -abgang zuließ. Die Fluglinien konnten selbst über ihre Preisgestaltung entscheiden.

Abbildung 18-3: Ausmaß des natürlichen Monopols in verschiedenen Branchen

In dieser Graphik sind mehrere regulierte und nicht regulierte Branchen nach dem Ausmaß des in ihnen herrschenden natürlichen Monopols oder vollständigen Wettbewerbs aufgelistet. In Branchen mit vollständigem Wettbewerb ist die kleinste noch effiziente Unternehmensgröße gemessen am Gesamtmarkt winzig, während ein natürliches Monopol dadurch gekennzeichnet ist, daß die Produktions-Durchschnittskosten selbst auf dem Niveau der gesamten Branchenproduktion noch stark fallend sind. Landwirtschaft und Bergbau weisen einen deutlichen inhärenten Wettbewerb auf, während lokale Telefongesellschaften und Stromversorgungsunternehmen einem natürlichen Monopol sehr nahe kommen. Der Stern * kennzeichnet Branchen, die in der Vergangenheit stark reguliert waren.

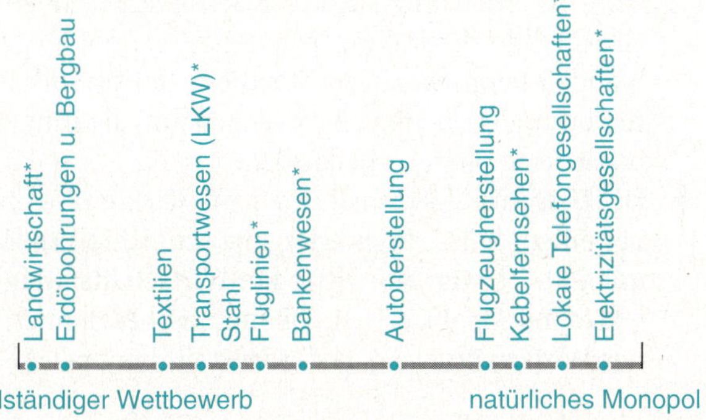

__Alfred Kahn__ war ein Pionier der Wirtschaftlichkeitsbetrachtung von Regulierungsmaßnahmen, und während der kurzen Zeit, in der er im Staatsdienst stand, veränderte er unser aller Welt. In seiner Frühzeit studierte Kahn die Geschichte der Regulierung und die Auswirkungen staatlicher Regulierungsmaßnahmen auf einzelne Wirtschaftszweige. Als er in das CAB eintrat, begann Kahn mit Hilfe seiner Überzeugungskraft die Fesseln der Regulierung für die Fluglinien zu lockern. Später, er war bereits zum wichtigsten Inflationsbekämpfer der Carter-Administration geworden, bemühte sich Kahn um eine Deregulierung der Transportunternehmen.

Alfred Kahn ist dafür bekannt, ebenso witzig wie klug zu sein. Einmal gab er vor einer Gruppe leitender Fluglinienmitarbeiter zu, er kenne sich in diesem Geschäft eigentlich überhaupt nicht aus, was er folgendermaßen ausdrückte: Für mich ist ein Flugzeug nichts weiter als Grenzkosten mit Flügeln. Bei anderer Gelegenheit sagte er voraus, daß die Wirtschaft ohne wirksame Inflationsbekämpfungsmaßnahmen schon bald in eine tiefe Re-

zession schlittern werde. Da jedoch aus dem Weißen Haus Kritik an seiner Wortwahl laut wurde, sprach er ab diesem Zeitpunkt nur noch von der Notwendigkeit, die Inflation mit „Bananen“ zu bekämpfen.

Sehr häufig war die Befürchtung zu hören, ohne staatliche Regulierungsmaßnahmen werde es zu massiven Entlassungswellen und zu einer unzureichenden Versorgung kommen. Nach 15 Jahren Deregulierungserfahrung hat sich jedoch gezeigt, daß in der Luftfahrt heute um 65 Prozent mehr Mitarbeiter und um 70 Prozent mehr Inlands-Passagiermeilen zu verzeichnen sind. Studien ergeben eindeutig, daß (nach entsprechender Inflationsbereinigung) die durchschnittlichen Flugpreise in der Deregulierungsphase drastisch gefallen sind. Gleichzeitig werden Flugzeuge intensiver genutzt, und die Fluglinien sind in ihren Preisgestaltungsstrategien erstaunlich innovativ geworden. Der Wettbewerb wurde schließlich so intensiv, daß die zivile Luftfahrt im letzten Jahrzehnt keine hohen Gewinne mehr abgeworfen hat, und Airline-Pleiten sind längst keine Seltenheit mehr. Nach und nach ersetzen nun neue Fluglinien wie Southwest Airlines jene, die zuvor in Konkurs gegangen sind. Was sich mit Sicherheit als Fazit feststellen läßt, ist die Tatsache, daß die zivile Luftfahrt seit Einführung der Deregulierung in vielerlei Hinsicht effizienter geworden ist.

Ähnlich verlief die Entwicklung in der Erdölindustrie nach ihrer vollständigen Deregulierung im Februar 1981. Die Ölgesellschaften führten im Wettbewerb um den schrumpfenden Benzinmarkt neue Marketingformen ein. Viele von ihnen erweiterten das Netz ihrer Selbstbedienungstankstellen und stellten auf elektronische Hochgeschwindigkeitspumpen um. Diese Neuerungen bewirkten, daß der Preisunterschied zwischen Benzin und Rohöl nach der Deregulierung drastisch schrumpfte. Anstatt die Konsumenten zu übervorteilen, konkurrierten die Ölgesellschaften plötzlich miteinander.

B. KARTELLRECHT UND ANTITRUSTPOLITIK

Nun wollen wir eine der ältesten und wichtigsten Formen staatlicher Kontrolle über die Wirtschaft, das Kartellrecht bzw. die Antitrustpolitik, betrachten. Es handelt sich dabei um jene Ausformung der Regulierung, die die Märkte in Richtung Ideal, also in Richtung des vollständigen Wettbewerbs, zwingen möchte.

Ein *Trust* ist eine Gruppe von Unternehmen, zumeist in derselben Branche, die sich rechtsverbindlich zusammenschließen, um im Streben nach Marktbeherrschung Produktion, Preise und sonstige wirtschaftliche Rahmenbedingungen gemeinsam festzulegen.

Der unvollständige Wettbewerb: Kurzwiederholung

In den Kapiteln 9 und 10 haben wir uns damit befaßt, wie Akteure im unvollständigen Wettbewerb ihre Preise und Produktionsmengen festsetzen. Wiederholen wir kurz noch einmal die wichtigsten Elemente der volkswirtschaftlichen Theorie über staatliche Monopolbekämpfungsmaßnahmen:

- Unternehmen im unvollständigen Wettbewerb sind ineffizient, weil sie ihre Preise über Grenzkostenniveau ansetzen. Die Konsumenten eines monopolistischen oder oligopolistischen Wirtschaftszweigs können weniger Güter konsumieren, als bei effizientem Güterangebot möglich wäre.
- In zahlreichen Branchen werden enorme Skalenerträge wirksam. Es wäre einfach unrealistisch, würde man versuchen, die Produktion dieser Branchen mit Unternehmen unter Bedingungen des vollständigen Wettbewerbs erzeugen zu wollen, weil somit ineffizient kleine Unternehmen die Produktion übernehmen müßten. In seltenen Fällen läßt sich die Technik in einem Wirtschaftszweig effizient sogar nur von einem einzigen Unternehmen nutzen. Wir sprechen in diesem Fall von einem „natürlichen Monopol“.
- Langfristig ist wirtschaftlicher Fortschritt beinahe immer auf technologischen Wandel zurückzuführen. Nach der Schumpeterschen Hypothese sind große Unternehmen mit starker Marktmacht für einen Großteil der Erfindungen und des technologischen Wandels verantwortlich. Staatliche Politik sollte daher besonders behutsam vorgehen, um die Innovationsanreize nicht zu gefährden.
- Die Hauptmißbrauchsformen auf Märkten – entweder ein zu hoher Preis oder eine schlechte Produktqualität – treten auf, wenn ein Wirtschaftszweig effektiv monopolisiert ist. Ökonomen bezeichnen einen Wirtschaftszweig häufig dann als monopolistisch,

Die Antitrust-Gesetze

Sherman Antitrust Act (1890, in der geltenden Fassung)

§ 1: Jeglicher Vertrag, jeder Zusammenschluß in Form eines Trusts, jeder anderwärtige Zusammenschluß oder jegliche Konspiration zur Beschränkung des Handels zwischen den diversen Bundesstaaten oder mit dem Ausland wird als gesetzwidrig erklärt.

§ 2: Jede Person, die bestimmte Bereiche des Handels zwischen den einzelnen Bundesstaaten oder mit anderen Staaten monopolisiert, zu monopolisieren versucht oder sich zu diesem Zweck mit einer oder mehreren anderen Personen zusammenschließt oder verabredet, macht sich eines Verbrechens schuldig …

Clayton Antitrust Act (1914, in der geltenden Fassung)

§ 2: Es ist gesetzwidrig, … bei der Preisgestaltung zwischen verschiedenen Käufern von Waren derselben Art und Qualität zu unterscheiden …, wenn die Auswirkungen einer solchen Unterscheidung den Wettbewerb wesentlich hemmen oder geeignet sind, in einem Wirtschaftszweig ein Monopol zu schaffen. … Wobei nichts hierin Ausgeführtes Preisunterschiede verbietet, die nur den jeweiligen Kostenunterschieden entsprechen …

§ 3: Daß es niemandem gestattet ist … etwas zu vermieten, einen Verkauf zu tätigen oder einen Vertrag abzuschließen … nur unter der Bedingung, mit der Absprache oder Übereinkunft, daß der Mieter oder Käufer die Waren eines Konkurrenten nicht nutzen oder mit ihnen handeln darf, wenn die Auswirkungen einer solchen Vereinbarung den Wettbewerb beträchtlich hemmen oder geeignet sind, in einem Wirtschaftszweig ein Monopol zu schaffen.

§ 7: Kein [Unternehmen] … darf … ein anderes [Unternehmen] ganz oder teilweise kaufen, wenn die Auswirkungen eines solchen Kaufes den Wettbewerb beträchtlich hemmen oder geeignet sind, ein Monopol zu schaffen.

Federal Trade Commission Act (1914, in der geltenden Fassung)

§ 5: Unfaire Wettbewerbsmethoden … und unfaire oder betrügerische Akte oder Praktiken … werden als ungesetzlich erklärt.

Tabelle 18-2: Das Kartellrecht der USA basiert auf einigen wenigen Gesetzestexten

Die gesetzlichen Bestimmungen des Sherman, Clayton und Federal Trade Commission Act bilden die Grundlage des amerikanischen Kartellrechts. Durch Interpretation dieser Gesetze sind die modernen Kartelltheorien entstanden.

wenn ein einziges Unternehmen oder eine durch Kollusion verbundene Gruppe mehrerer Unternehmen mehr als drei Viertel der Produktionsmenge einer Branche erzeugt.

- Es liegt nun am Staat, eine Monopolisierung nach Möglichkeit zu verhindern und unvermeidliche Monopole zu regulieren. Staatliche Antitrustmaßnahmen stellen den Versuch dar, Monopolisierung oder unerwünschtes wettbewerbshemmendes Verhalten zu verhindern; staatliche Regulierungsmaßnahmen werden eingesetzt, um die Ausübung der Monopolmacht in natürlichen Monopolen zu kontrollieren.

Jahrelang stellte das Kartellrecht die schärfste staatliche Waffe im Kampf um die Hebung der Effizienz auf den Märkten dar. Antitrustmaßnahmen wirken in zweierlei Weise gegen die Verhinderung von Wettbewerb. Erstens unterbinden sie bestimmte Arten des *Unternehmensverhaltens* wie Preisabsprachen, die die Wettbewerbskräfte hemmen sollen. Zweitens schränken sie bestimmte *Marktstrukturen* wie Monopole ein, von denen man annimmt, daß sie aller Voraussicht nach den Handel beschränken und ihre wirtschaftliche Macht auch anderweitig mißbrauchen.

Der Rahmen für die amerikanische Antitrustpolitik wurde durch einige wichtige Gesetze und eine mittlerweile hundertjährige Geschichte entsprechender Gerichtsentscheide geschaffen. In den letzten Jahren hat sich die Antitrustpolitik unter dem Druck der Ökonomen weg von der „Big-is-Bad"-Philosophie und hin zu einem *volkswirtschaftlichen Antitrustansatz* entwickelt. Der volkswirtschaftliche Ansatz, der den Hang der Oligopolisten zur Konkurrenz betont, zeigt sich skeptisch, was die Fähigkeit des Staates betrifft, Antitrustmaßnahmen zur Verbesserung der Leistung großer Wirtschaftszweige in einer deregulierten Welt voll des intensivsten Wettbewerbs aus dem Ausland gezielt einsetzen zu können.

DAS GESETZLICHE RAHMENWERK

Das gesamte US-Kartellrecht ist wie ein undurchdringlicher Dschungel, der sich aus einer Handvoll Samen entwickelt hat. Die gesetzlichen Bestimmungen, auf denen das amerikanische Kartellrecht basiert, sind so knapp und geradlinig gehalten, daß sie sich in Tabelle 18-2 darstellen lassen. Es ist wirklich erstaunlich, welche Fülle an komplexen rechtlichen Sachverhalten sich aus einigen wenigen kurzen Texten entwickeln konnte.

Der **Sherman Act (1890)** verbot die „Monopolisierung des Handels" und „Zusammenschluß oder jegliche Konspiration zur Beschränkung des Handels". Aus diesem Gesetz ging allerdings nicht klar hervor, welches Verhalten von Unternehmen als legal und welches als illegal zu beurteilen war.

Der **Clayton Act (1914)** sollte den Sherman Act verdeutlichen und ihm zur Durchsetzung verhelfen. In diesem Gesetz wurden *„Kopplungsvereinbarungen"* (der Kunde muß Produkt B kaufen, wenn er eigentlich A erstehen will) und *Preisdiskriminierung* als illegal erklärt. Sogenannte *Überkreuzmandate,* also die Leitung mehrerer Unternehmen derselben Branche, und *Fusionen* durch Erwerb der Stammaktien von Konkurrenten wurden ebenfalls verboten. Die genannten Verbote galten allerdings nur, wenn sich die jeweiligen Praktiken schädlich auf den Wettbewerb auswirkten. Erwähnenswert ist auch, daß der Clayton Act den Gewerkschaften ausdrücklich kartellrechtliche Immunität gewährte.

Die **Federal Trade Commission, FTC,** wurde im Jahr 1914 gegründet, um „unfaire Wettbewerbsmethoden" zu verhindern und vor wettbewerbsschädigenden Fusionen zu warnen. Im Jahr 1938 wurde die FTC auch mit der Aufgabe betraut, gegen irreführende und betrügerische Werbung aufzutreten. Die FTC darf Untersuchungen durchführen, Hearings abhalten und Unterlassungsanordnungen erteilen.

GRUNDLAGEN DES KARTELLRECHTES: VERHALTEN, STRUKTUR UND FUSION VON UNTERNEHMEN

So klar und deutlich die wichtigsten kartellrechtlichen Bestimmungen sind, so schwierig kann dennoch in der Praxis die Entscheidung sein, wie sie auf konkrete Situationen einer bestimmten Marktstruktur oder eines bestimmten Verhaltens von Unternehmen anzuwenden sind. Die gegenwärtige Rechtslage hat sich im Kartellrecht der USA durch die Wechselwirkung von volkswirtschaftlicher Theorie und Rechtsprechung entwickelt.

Gesetzwidriges Verhalten

Einige der allerersten Antitrustentscheidungen betrafen sogenanntes gesetzwidriges Verhalten. Die Gerichte befanden, daß bestimmte Arten von Kollusion per se gesetzwidrig sind. Zu den per se gesetzwidrigen Absprachen zwischen konkurrierenden Unternehmen gehören Preisabsprachen, Mengenbeschränkungen oder Marktaufteilung. Damit werden die Preise erhöht und die Produktionsmengen gesenkt, und nicht einmal die härtesten Kritiker staatlicher Antitrustmaßnahmen können beispielsweise an Preisabsprachen etwas Gutes finden.

Eingeschränkt werden auch folgende Verhaltensweisen von Unternehmen: Preisbindung der zweiten Hand, unlauterer Preiswettbewerb, Kopplungsvereinbarungen und Preisdiskriminierung oder ungerechtfertigte -differenzierung. Hierbei geht es immer um das Verhalten von Unternehmen, nicht aber um die Branchenstruktur, in der das Verhalten stattfindet.

Branchenstrukturen: Ist „Big" wirklich „Bad"?

Spektakulärer als Maßnahmen gegen das Verhalten einzelner Unternehmen sind Antitrustfälle, die sich auf die Struktur ganzer Wirtschaftszweige beziehen. Dazu gehören Versuche, große Unternehmen *zu zerschlagen* ebenso wie *Antifusionsverfahren* gegen die angestrebte Fusion großer Unternehmen. So ordnete der Oberste Gerichtshof der USA im Jahr 1911 an, die American Tobacco Company und die Standard Oil in viele Einzelunternehmen zu zerschlagen. Im Zuge dieses Verfahrens erließ der Oberste Gerichtshof die sogenannte „Rule of Reason", wonach nur wettbewerbsbeschränkende Handlungen gesetzwidrig sind. Damit war praktisch keine Handhabe gegen monopolistische Fusionen mehr gegeben, wie der Fall der US Steel zeigte: J.P. Morgan konnte durch Fusion schließlich 60 Prozent des gesamten Stahlmarktes kontrollieren. Diese Tatsache allein wurde jedoch vom Obersten Gerichtshof nicht als gesetzwidrig betrachtet. Damals wie heute wurde das Hauptaugenmerk auf wettbewerbshemmendes *Verhalten* und nicht auf die reine monopolistische *Struktur* des Marktes gelegt.

Die Situation änderte sich 1945, als die Gerichte neben dem Marktverhalten auch die Marktstruktur betonten. Alcoa hatte damals einen Aluminium-Marktanteil von

90 Prozent erreicht, allerdings weniger durch wettbewerbshemmende Maßnahmen als durch niedrige Preise, die einen Markteintritt für Konkurrenten unrentabel erscheinen ließen. In diesem Fall wurde die reine Monopolmacht ohne sonstiges gesetzwidriges Verhalten bereits als gesetzwidrig erklärt.

Fusionen: Rechtsgrundlage und Praxis

Unternehmen können Marktmacht unter anderem durch Wachstum gewinnen (indem sie ihre Einkünfte in das Unternehmen rückführen und damit neue Produktionsanlagen errichten). Eine viel einfachere Methode, Marktanteile zu erwerben oder einfach größer zu werden, ist die Fusion mit einem anderen Unternehmen. Die achtziger Jahre zeichneten sich durch einen enormen Fusionsboom aus.

Horizontale Fusionen – bei denen sich Unternehmen desselben Wirtschaftszweiges verbinden – sind nach dem Clayton Act verboten, wenn die Fusion den Wettbewerb in einem Wirtschaftszweig merklich hemmt. Das Fallrecht und die Fusionsrichtlinien des Justizministeriums aus 1982 und 1984 brachten eine Klarstellung der Bedeutung des undeutlichen Gesetzestextes. Nach diesen Richtlinien werden Wirtschaftszweige in drei Gruppen eingeteilt: nicht konzentrierte, mäßig konzentrierte und stark konzentrierte Branchen. Fusionen in den beiden letzten Gruppen werden sogar dann angefochten, wenn die involvierten Unternehmen nur geringe Marktanteile halten. In einem hochkonzentrierten Wirtschaftszweig ist die Wahrscheinlichkeit groß, daß das Justizministerium selbst dann gegen eine Fusion einschreitet, wenn ein Unternehmen mit einem Marktanteil von 10 Prozent ein anderes mit einem Marktanteil von 2,5 Prozent aufwärts erwirbt.

Vertikale Fusionen sind Zusammenschlüsse zweier Unternehmen, in denen verschiedene Stufen desselben Produktionsprozesses stattfinden. In den letzten Jahren haben amerikanische Gerichte vertikalen Fusionen gegenüber oft hart durchgegriffen. Ihre Sorge galt den potentiellen Wettbewerbseinschränkungen durch Ausschließlichkeitsbindung, wenn sich zwei unabhängige Unternehmen auf diese Weise zusammentaten. Weniger Gewicht schienen die Gerichte auf die potentiellen Effizienzgewinne aus einer gemeinsamen Vorgehensweise von Unternehmen nach vertikalen Fusionen zu legen.

Als Teil ihrer Deregulierungskampagne veränderte die Reagan-Administration die Fusionierungsrichtlinien. Die neuen Richtlinien bewirkten eine lockere Handhabung, sowohl was vertikale als auch was horizontale Fusionen betraf. Nach Meinung vieler Ökonomen waren es diese Veränderungen, die zu der Welle an Fusionen und Unternehmensaufkäufen in den achtziger Jahren führten.

Eine dritte Art der Unternehmenszusammenführung mit dem Namen **konglomerater Zusammenschluß** bezieht sich auf bis dahin unverbundene Unternehmen. In einem konglomeraten Zusammenschluß kann beispielsweise eine Stahl- oder Chemiegesellschaft eine Ölgesellschaft aufkaufen. Die Kritiker dieser Art von Fusionen erheben zweierlei Einwände. Sie beklagen einerseits, daß die Vermögenskonzentration – eben auch auf Grund der Fusionsaktivitäten der größten Unternehmen – während dieses ganzen Jahrhunderts immer mehr zugenommen hat. Die entsprechenden Daten weisen darauf hin, daß der Vermögensanteil der 200 größten amerikanischen Unternehmen von etwa einem Drittel um 1910 auf 61 Prozent im Jahr 1984 angestiegen ist. Der zunehmende Trend zur Vermögenskonzentration ist für viele Ökonomen und Politiker ein Alarmzeichen, und auch die Federal Trade Commission, die vor wenigen Jahren feststellte, daß die „Mammutunternehmen schließlich noch das ganze Land übernehmen werden", zeigt sich wenig begeistert. Ökonomen heben jedoch hervor, daß die höhere Vermögenskonzentration nicht notwendigerweise bedeutet, daß das Maß an Marktmacht in einzelnen Wirtschaftszweigen ebenfalls zunimmt. Der Vermögensanteil kann zwar steigen, weil ein großes Unternehmen langsam in die Märkte anderer Unternehmen eindringt. Als DuPont die große Ölgesellschaft Conoco kaufte oder als sich das Zigarettenunternehmen Philip Morris General Foods einverleibte, erhöhte sich die Vermögenskonzentration zwar beträchtlich, die Konkurrenz in den betroffenen Wirtschaftszweigen wurde jedoch noch zusätzlich angeheizt.

Der zweite Punkt, den Kritiker konglomerater Zusammenschlüsse vorbringen, ist der, daß viele dieser Unternehmenskonglomerate keinem wirtschaftlichen Zweck dienen. Sie sind, so wird argumentiert, nur eine Art von Vorstandspoker zur Unterhaltung der Manager, die die Überwachung ihrer öden Stahl- oder Chemiegeschäfte längst satthaben. Und in diesem Kritikpunkt liegt doch tatsächlich ein Körnchen Wahrheit: Was hat die zivile Luftfahrt mit dem Geschäft des Fleischverpackens gemeinsam? Oder Schreibmaschinen mit der Pille? Oder Computerverleih mit einer Busgesellschaft?

Es gibt jedoch auch Verfechter von konglomeraten Zusammenschlüssen. Manche Ökonomen finden, daß diese Fusionen oft gutes modernes Management in veraltete Unternehmen bringen, und daß Takeovers und Konkurse nur die Methode einer Volkswirtschaft sind, im

Kampf ums wirtschaftliche Überleben tote Teile abzustoßen. Ob nun Vorzüge oder Nachteile von konglomeraten Zusammenschlüssen überwiegen, konnte bisher nicht einvernehmlich beantwortet werden. Keine Studie hat wirklich entscheidende wirtschaftliche Gewinne oder Kosten ergeben, so daß sich als beste Taktik empfiehlt, in Zukunft ein wachsames Auge auf derartige Konstruktionen zu werfen.

KARTELLRECHT UND EFFIZIENZ

Während der konservativen achtziger Jahre rückten die US-Antitrustgesetze von ihrer Mission ab, „den großen Kapitalakkumulationen ein Ende zu setzen, weil ihnen der einzelne machtlos gegenübersteht" (Zitat aus dem Alcoa-Urteil von 1945). Die neue Zielvorgabe für Antitrustgesetze lautete nur noch, die wirtschaftliche Effizienz zu erhöhen. Solange große Einheiten effizient sind, ist auch nichts gegen sie einzuwenden.

Was hat diese veränderte Einstellung gegenüber dem Kartellrecht ausgelöst? Teilweise rührt sie aus technischen Entwicklungen in der volkswirtschaftlichen Forschung her. Ökonomen haben nämlich festgestellt, daß Leistung nicht immer eng mit der Unternehmensstruktur zusammenhängt. Manche große Unternehmen (wie beispielsweise AT&T, DuPont und Boeing) und gewisse hochkonzentrierte Märkte (Computer, Telekommunikation, Flugzeughersteller) gehören zu den leistungsfähigsten Wirtschaftszweigen, was Innovationen und Produktivitätszuwächse angeht. Obwohl die volkswirtschaftliche Theorie besagt, daß Monopole die Preise künstlich hoch halten, läßt die empirische Erfahrung aus der Geschichte doch eher den Schluß zu, daß hochkonzentrierte Wirtschaftszweige im Vergleich zu sehr viel weniger konzentrierten Branchen oft eine stark fallende Preisentwicklung aufweisen. Zugleich zeigten auch nicht konzentrierte Bereiche wie die Landwirtschaft hervorragende Resultate. Es ließ sich einfach kein allgemeingültiges Gesetz finden, das einen Zusammenhang zwischen Struktur und Leistung ergeben hätte.

Wie können wir dieses Paradoxon erklären? Manche Ökonomen berufen sich auf die Schumpetersche Hypothese. Unternehmen in konzentrierten Wirtschaftszweigen nehmen Monopolgewinne ein, das ist sicher. Aber die Marktgröße bedeutet auch, daß große Unternehmen einen wesentlichen Teil der Erträge aus Forschung und Entwicklung (F&E) internalisieren können, und das erklärt den großen Anteil an F&E sowie den rapiden technologischen Wandel in konzentrierten Wirtschaftszweigen. Wenn der technologische Wandel, wie Schumpeter behauptete, in den großen Unternehmen entsteht, so wäre es doch töricht, diese Riesengänse zu schlachten, solange sie goldene Eier legen. Lester Thurow, Dekan der MIT Sloan School of Management, hat das sehr gut ausgedrückt: „Die Millionen, die in den IBM-(Antitrust-)Fall geflossen sind, wären in Forschung und Entwicklung sehr viel besser angelegt gewesen, wenn Amerika weiterhin die Nummer Eins in der Computerbranche bleiben soll."

Ein zweiter Vorstoß der neuen Antitrustpolitik ergab sich aus einer neuen Sichtweise des Wettbewerbs. Auf Grund experimenteller Nachweise und laufender Beobachtung meinen heute auch zahlreiche Ökonomen, daß intensive Konkurrenz selbst auf hochkonzentrierten Märkten entsteht, solange Kollusionen streng verboten sind. Und tatsächlich, glaubt man den Worten von Richard Posner, einem früheren Rechtsgelehrten und derzeitigen Bundesrichter, stellt sich die Situation wie folgt dar:

> *Die einzigen wirklich einseitigen Maßnahmen, mit denen Unternehmen Monopolmacht erlangen oder erhalten können, sind doch Praktiken wie Betrug am Patentamt oder Sprengung der Produktionsanlagen eines Mitkonkurrenten! Aber Betrug und Gewalt werden im allgemeinen nach anderen gesetzlichen Bestimmungen ohnehin streng bestraft.*[2]

Dieser Ansicht zufolge bestünde die einzig vertretbare kartellrechtliche Maßnahme darin, die bestehenden gesetzlichen Regelungen durch ein einfaches Verbot aller – expliziten oder stillschweigenden – *Absprachen*, die den Wettbewerb in unvertretbarer Weise beschränken, zu ersetzen.

Und drittens schlug das Pendel während der Reagan-Ära gegen eine strenge Handhabung von Antitrustgesetzen in Richtung einer Laissez-faire-Wirtschaft aus. Diese Position vertraten unter anderem Proponenten der Chicago School, die meinten, daß sich ein Großteil der bestehenden Monopolmacht ohnehin nur aus staatlicher Einflußnahme ableite. Nach dieser Ansicht liegen die Hauptpfründe des Monopols in staatlich geschützten Bereichen. Als wichtige Beispiele werden volkswirtschaftliche Regulierungen und Gesetze (siehe Tabelle 18-1) auf diversen Gebieten angeführt: im Außenhandel, bei der Ausnahme der Gewerkschaften aus den Antitrustgeset-

[2] Richard A. Posner, *Antitrust Law: An Economic Prospectus* (University of Chicago Press, Chicago, 1976), S. 212. Diese Publikation Posners war – ebenso wie die Arbeit von Robert Bork, William Baxter und William Landes – für das neue Klima an der Antitrustfront von großer Bedeutung.

zen, beim Monopolschutz durch Patente sowie bei der Errichtung von Berufsbeschränkungen und Restriktionen im Gesundheitswesen. Verfechter des Laissez-faire, einschließlich des früheren FTC-Chefs James Miller, der häufig eine Adam-Smith-Krawatte trug, argumentierten, daß die Zurücknahme staatlicher Regulierungsmaßnahmen den Wettbewerb anheizen würde.

Ein letzter Grund dafür, daß es in den vergangenen zehn Jahren um das Kartellrecht ruhiger geworden ist, liegt in der zunehmenden Konfrontation mit dem Wettbewerb aus dem Ausland. Wenn heute immer mehr ausländische Unternehmen in der amerikanischen Wirtschaft Fuß fassen, so entspinnt sich eine heftige Konkurrenz um Marktanteile, und häufig werden dabei etablierte Verkaufsmuster und Preisgestaltungspraktiken über den Haufen geworfen. Als der Umsatz japanischer Autos in Amerika stark zunahm, war es mit der gemütlichen, friedlichen Koexistenz der amerikanischen Autohersteller plötzlich vorbei. Viele Ökonomen glauben, daß die Bedrohung, die vom ausländischen Wettbewerb ausgeht, ein sehr viel wirksameres Werkzeug zur Durchsetzung von Marktdisziplin ist, als es Antitrustgesetze überhaupt sein können. Bisweilen hört man sogar die Ansicht, Antitrustgesetze seien für amerikanische Unternehmen, die sich im Wettbewerb mit ausländischen Mitkonkurrenten befinden, hinderlich, weil sie Joint Ventures und ein gemeinschaftliches Vorgehen verbieten.

Werden die sehr lockeren Antitrustmaßnahmen der Reagan-Ära auch in Zukunft bestehen bleiben? Heute kann eigentlich niemand voraussagen, welche politischen Reaktionen des Staates das Big Business in Zukunft hervorrufen wird. Allerdings sind sich Ökonomen und Anwälte quer durch das politische Spektrum einig, daß die Argumente zugunsten mehr Effizienz sehr stichhältig sind, und daß die Intensität des Wettbewerbs aus dem Ausland wohl kaum nachlassen wird, weshalb eine Rückkehr zur wilden Jagd auf die Kartelle in näherer Zukunft wohl auszuschließen ist.

ZUSAMMENFASSUNG

A. Staatliche Regulierungsmaßnahmen: Theorie und Praxis

1. Die staatliche Regulierung der Wirtschaft erfolgt durch Vorschriften, die der Staat erläßt, um die Unternehmen zu einer Änderung ihres Verhaltens zu bewegen. Die wirtschaftliche Regulierung bezieht sich auf die Kontrolle von Preisen, Produktion, Marktzutritts- und -abgangsbedingungen sowie auf die Produktstandards in einzelnen Wirtschaftszweigen. Die soziale Regulierung hingegen bezieht sich auf Regeln zum Ausgleich von Informationsversagen und Externalitäten, vor allem in den Bereichen Gesundheit, Sicherheit und Umwelt.
2. Die normative Sichtweise staatlicher Interventionen besagt, daß Regulierungsmaßnahmen dann angezeigt sind, wenn es zu beträchtlichem Marktversagen kommt. Dazu gehören exzessive Marktmacht in einem Wirtschaftszweig, unzureichende Information für Konsumenten und Arbeitnehmer und Externalitäten wie Umweltverschmutzung. Ökonomen haben eine positivistische Regulierungstheorie entwickelt, wonach der Staat häufig zugunsten der regulierten Unternehmen eingreift und durch Ausschluß potentieller Konkurrenten deren Interessen in Wirklichkeit dient.
3. Einen Extremfall volkswirtschaftlicher Regulierung stellen natürliche Monopole dar. Natürliche Monopole treten auf, wenn die Durchschnittskosten unabhängig von der Produktionsmenge sinken, so es daß die effiziente Organisation des Wirtschaftszweiges erfordert, daß nur ein Unternehmen die gesamte Produktion übernimmt. Heute trifft dies jedoch nur auf wenige Wirtschaftszweige zu, darunter beispielsweise auf lokale Versorgungsunternehmen wie Wasser- und Elektrizitätswerke.
4. Unter den Bedingungen eines natürlichen Monopols reguliert der Staat Preise und Dienstleistungen privater Unternehmen. Traditionellerweise wird durch die staatliche Regulierung von Monopolen der Preis in Höhe der Durchschnitts-Produktionskosten festgesetzt. Eine ideale Regulierung würde allerdings bedeuten, daß der Preis gleich den Grenzkosten festgesetzt wird, aber dieser Ansatz erscheint in der Praxis nicht durchführbar, weil danach der Staat das Monopol subventionieren müßte.
5. Angesichts der Stärke der Wettbewerbskräfte, insbesondere im Zuge der Globalisierung, kommt eine volkswirtschaftliche Regulierung heute nur noch für wenige Wirtschaftszweige in Betracht. Die Deregulierungsbewegung der siebziger Jahre hat das Ausmaß wirtschaftlicher Regulierung drastisch zurückgeschraubt und in Branchen wie der zivilen Luftfahrt zu Gewinnen geführt.

B. Kartellrecht bzw. Antitrustpolitik

6. Die sogenannte Antitrustpolitik, die wettbewerbswidriges Verhalten verbietet und der Bildung monopolistischer Strukturen entgegenwirkt, ist die vorrangige Methode staatlicher

Politik, um den Mißbrauch von Marktmacht durch große Unternehmen zu verhindern. In den USA entwickelte sich das Kartellrecht aus Gesetzen wie dem Sherman Act aus 1890 und dem Clayton Act aus 1914. Hauptzweck des Kartellrechts ist es, (*a*) wettbewerbswidrige Aktivitäten zu verbieten (darunter Preisabsprachen oder Gebietsaufteilungen, Preisdiskriminierung und Kopplungsvereinbarungen) und (*b*) monopolistische Unternehmensstrukturen aufzubrechen. Nach der heutigen Rechtstheorie handelt es sich dabei um Strukturen, die über allzu große Marktmacht (einen großen Marktanteil) verfügen und überdies ein wettbewerbswidriges Verhalten an den Tag legen.

7. Das Kartellrecht regelt aber nicht nur das Verhalten bestehender Unternehmen, sondern es verhindert auch Fusionen, die zu einer Hemmung des Wettbewerbs führen würden. Heute geben vor allem horizontale Fusionen (zwischen Unternehmen derselben Branche) Anlaß zur Sorge, während vertikale Fusionen und konglomerate Zusammenschlüsse eher toleriert werden.
8. Die amerikanische Antitrustpolitik wurde durch die volkswirtschaftliche Theorie der letzten zwanzig Jahre entscheidend geprägt. So konzentrierte sich die Antitrustpolitik der achtziger Jahre beinahe ausschließlich auf eine Verbesserung der Effizienz und verließ die populistische Position des Kampfes gegen das Big Business. Dazu kommt, daß sich in der heutigen Situation – mit dem intensiven Wettbewerb durch ausländische Produzenten und in deregulierten Branchen – nach Meinung vieler die Antitrustpolitik primär auf die Verhinderung von Kollusionen wie etwa Preisabsprachen konzentrieren sollte.

BEGRIFFE ZUR WIEDERHOLUNG

Regulierung

zwei Arten staatlicher Regulierung:
staatliche Verordnungen
wirtschaftliche Anreize
wirtschaftliche und soziale Regulierung
natürliches Monopol
Deregulierungsbewegung
Gründe für staatliche Regulierung:
Marktmacht
Externalitäten
Informationsmängel
Theorie: Regulierung zugunsten von Interessensgruppen

Antitrustpolitik

Gesetzliche Grundlage: Sherman Act, Clayton Act und FTC
„Per-se"-Verbote und die sogenannte „rule of reason"
Fusionen: vertikale, horizontale, konglomerate Zusammenschlüsse
Effizienzorientierte Antitrustpolitik

FRAGEN UND BEISPIELE

1. Welche wichtigsten Instrumentarien stehen dem Staat bei der Einschränkung der Monopolmacht zur Verfügung? Beschreiben Sie Stärken und Schwächen der verschiedenen möglichen Maßnahmen.
2. Denken Sie die drei Preisergebnisse in Abbildung 18-2 noch einmal durch. Können Sie sich vorstellen, welche Schwierigkeiten bei der Durchsetzung des idealen Regulierungspreises auftreten könnten? (*Hinweis:* Woher stammen die Einnahmen eines Landes? Lassen sich Grenzkosten problemlos messen?) Ebenso können Sie sich Gründe überlegen, warum viele Ökonomen lieber auf jegliche Regulierung verzichten möchten. (*Hinweis:* Was geschieht, wenn der Monopolpreis gar nicht weit über dem regulierten Preis liegt? Können Sie der Theorie etwas abgewinnen, wonach staatliche Regulierungsmaßnahmen vorrangig einzelnen Interessengruppen dienen?)
3. Beschreiben Sie die Theorie, wonach staatliche Regulierung im Dienste von Interessengruppen erfolgt. Wer sind die Anbieter und wer die Nachfrager der Regulierung? Wie sehen „Preis" und „Menge" auf einem solchen Markt aus?
4. „Microsoft, der weltweit größte Softwarehersteller, ist nicht schlecht, nur weil das Unternehmen so groß ist." Überlegen Sie sich diese Aussage insbesondere im Hinblick auf die Handhabung von Antitrustgesetzen gegenüber großen Unternehmen.
5. Untersuchen Sie die Kostenkurven und die Nachfragekurve in Abbildung 18-1. Leiten Sie anhand dieser Kurven den Monopolpreis und die Monopolmenge ab. Vergleichen Sie diese mit dem ideal regulierten Preis und der ideal regulierten Menge. Beschreiben Sie den Unterschied.
6. Zwei wichtige Ansätze zum Thema Kartell sind „Unternehmensstruktur" und „Unternehmensverhalten". Der erste Ansatz konzentriert sich ausschließlich auf die Struktur in einem Wirtschaftszweig (wie die Unternehmenskonzentration), der andere nur auf das Verhalten der Unternehmen (z.B. Preisabsprachen).

a. Wie stehen die amerikanischen Antitrustgesetze zu diesen beiden Ansätzen? Wie sah die Fusionspolitik der achtziger Jahre aus?
b. Welche Vor- und Nachteile hat jeder dieser Ansätze?

7. Erstellen Sie eine Liste jener Wirtschaftszweige, von denen Sie meinen, man könnte sie zurecht als „natürliche Monopole" bezeichnen. Überlegen Sie anschließend verschiedene Strategien, mit denen sich die Ausübung von Monopolmacht verhindern läßt. Wie würden Sie sich jeder einzelnen Branche auf Ihrer Liste gegenüber verhalten?

8. Weisen Sie nach, daß ein auf Gewinnmaximierung ausgerichteter, nicht regulierter Monopolist niemals im preisunelastischen Bereich seiner Nachfragekurve operieren wird. Zeigen Sie, wie die Regulierung den Monopolisten dazu zwingen kann, auch den unelastischen Bereich seiner Nachfragekurve zu bedienen. Welche Auswirkungen hat eine Anhebung des regulierten Preises eines Monopolisten auf dessen Umsatz und Gewinn, wenn dieser im (*a*) elastischen Bereich der Nachfragekurve, (*b*) im unelastischen Bereich der Nachfragekurve und (*c*) in jenem Bereich seiner Nachfragekurve tätig wird, in dem die Elastizität 1 beträgt?

KAPITEL 19

NATÜRLICHE RESSOURCEN UND UMWELTÖKONOMIE

Erde zu Erde, Asche zu Asche, Staub zu Staub

Christliche Eulogie

Reine Luft, sauberes Wasser, unverdorbener Boden – wir alle sind uns einig, daß das erstrebenswerte Ziele sind. Aber wieviel wollen wir denn ausgeben, um sie zu erreichen? Und was droht der Menschheit, wenn wir die Grenzen, die uns unsere natürliche Umwelt setzt, nicht zu respektieren gewillt sind?

Am einen Ende des Meinungsspektrums finden wir die Ökologen mit ihrer Betonung der Grenzen des Wachstums und der Umweltgefahren. Ihrer Ansicht zufolge drohen die menschlichen Aktivitäten das komplexe Geflecht natürlicher Ökosysteme zu zerstören, unbeabsichtigte Folgewirkungen überfordern den menschlichen Erfindergeist, und wir müssen stets auf der Hut sein, damit der Damm nicht bricht und wir nicht von der reißenden Flut ökologischer Probleme überrollt werden. Diese ökologieorientierte Sichtweise kommt in der düsteren Warnung von E. O. Wilson, einem anerkannten Biologen aus Harvard, zum Ausdruck:

> *Der Umweltschutzgedanke... geht von der Menschheit als einer biologischen Spezies aus, die in enger Abhängigkeit von ihrer natürlichen Umwelt lebt ... Viele der essentiellen Ressourcen der Erde werden bald erschöpft sein, die chemische Zusammensetzung ihrer Atmosphäre verschlechtert sich zusehends, und die menschliche Bevölkerung hat bereits einen gefährlich hohen Stand erreicht. Natürliche Ökosysteme, die Quellen einer gesunden Umwelt, werden irreversibel geschädigt ... Ich bin radikal genug, um die immer öfter geäußerte Frage ernst zu nehmen: Neigt die Menschheit zum kollektiven Selbstmord?*[1]

Jene, die diese etwas düstere Sicht teilen, argumentieren, wir Menschen müssen ein „nachhaltiges" Wirtschaftswachstum anpeilen und lernen, mit den Beschränkungen unserer knappen Ressourcen zu leben, andernfalls würden wir fürchterliche und irreparable Konsequenzen zu tragen haben.

Am anderen Ende des Spektrums finden wir die Vertreter der sogenannten „Füllhorntheorie", die meinen, daß wir von einer Ausschöpfung unserer natürlichen Ressourcen wie auch unserer technologischen Möglichkeiten noch meilenweit entfernt sind. Nach dieser optimistischen, unbesorgt in die Zukunft blickenden Denkrichtung dürfen wir ein grenzenloses Wirtschaftswachstum und steigenden Lebensstandard erwarten, wobei die menschliche Erfindungsgabe ohne weiteres imstande sein wird, mit den allenfalls entstehenden Umweltproblemen fertig zu werden. Sollte das Erdöl schließlich doch aus-

[1] Edward O. Wilson, „Is Humanity Suicidal?" *The New York Times Magazine*, 30. 5. 1993, S. 27.

gehen, gibt es immer noch genügend Kohle und Uran. Wenn diese Strategie nicht greift, werden, auf Grund des Anreizes durch die steigenden Preise, eben neue Technologien entwickelt werden. Glaubt man dieser Theorie, so werden uns Technologie, Wirtschaftswachstum und Marktkräfte retten und nicht ins Verderben stürzen.

Tatsächlich aber treiben die Menschen seit ewigen Zeiten Raubbau an ihrer Umwelt. Historisch gesehen waren die dramatischsten Eingriffe des Menschen in seine Umwelt der Prozeß des Seßhaftwerdens, die Rodung bewaldeter Flächen zu landwirtschaftlichen Zwecken und der Beginn von Ackerbau und Viehzucht. Aber diese qualitativen Veränderungen verblassen angesichts der heutigen massiven Eingriffe wie Bio-Engineering, Abholzung ganzer Wälder, Abbau von Bodenschätzen und pflanzlicher Ressourcen aus unserer Erde.

Dieses gesamte Szenario weckt ernsthafte Befürchtungen, die von Wilson und seinen Kollegen zur Sprache gebracht werden. Ökonomen neigen im allgemeinen dazu, eine Position irgendwo zwischen der Ökobewegung und der „Füllhorntheorie" einzunehmen, indem sie auf die Bedeutung einer intelligenten Kombination aus Marktkräften und staatlicher Intervention als Schlüssel zu einer kontinuierlichen Verbesserung des Lebensstandards einerseits und zum Überleben unserer Umwelt andererseits hinweisen.

A. GRENZEN DES BEVÖLKERUNGSWACHSTUMS UND BESCHRÄNKTHEIT DER NATÜRLICHEN RESSOURCEN

MALTHUS UND DIE „DÜSTERE WISSENSCHAFT"

Die Angst vor einer alles verschlingenden (explodierenden) Erdbevölkerung liegt vielen Sorgen und Befürchtungen im Zusammenhang mit unserer Umwelt zugrunde, wie das Zitat Wilsons zu Beginn dieses Kapitels zeigt. Lassen Sie einmal folgenden Artikel des weltweit führenden Wissenschaftsmagazins auf sich wirken:

> *In erster Linie kommt es wohl darauf an, den Hauptschuldigen in Gestalt der Überbevölkerung dingfest zu machen. In den guten alten Zeiten ... litt man in Wahrheit unter Nahrungsmittelknappheit, Hunger, Pferdekot und Ungeziefer, das sich überall breitmachte, unter Öfen, in denen schwefelhältige Braunkohle verbrannt wurde und die fetten Ruß ausspien, und unter Wasser, das durch diverse Mikroorganismen kontaminiert war. Es gab damals allerdings so wenige Menschen und so viel Land, daß diese Beeinträchtigungen von der Natur ohne ernsthafte Folgen einfach absorbiert wurden. Davon dürfen wir heute nicht mehr ausgehen.*[2]

Die eine Hälfte dieser Aussage bezieht sich auf die Ursachen der Verschmutzung und anderer Umweltprobleme, ein Thema, das wir in Abschnitt B behandeln werden. Die andere Hälfte, die das Bevölkerungswachstum zum Thema hat, wollen wir uns hier und jetzt vornehmen.

Die sogenannte Bevölkerungsökonomie, also die volkswirtschaftliche Analyse der menschlichen Besiedlung unseres Planeten, geht auf den Reverend T.R. Malthus zurück. Er entwickelte seine Ansichten in Streitgesprächen, die er beim Frühstück mit seinem fortschrittsgläubigen Vater führte, der meinte, die menschliche Rasse verbessere sich laufend. Der Sohn regte sich in diesen Diskussionen schließlich so sehr auf, daß er *An Essay on the Principle of Population* (1798) schrieb. Das Buch wurde sofort zum Bestseller und beeinflußt seit dieser Zeit das Denken der Menschen, was das Bevölkerungs- und Wirtschaftswachstum angeht, überall auf der Welt.

Malthus begann mit der Beobachtung Benjamin Franklins, wonach sich in jenen amerikanischen Kolonien, in denen es genügend Ressourcen gab, die Bevölkerung etwa alle 25 Jahre verdoppelte. Daraus abgeleitet postulierte er eine allgemeine Tendenz des Bevölkerungswachstums, das – sofern es nicht durch ein beschränktes Nahrungsmittelangebot gedrosselt wird – exponentiell oder in Form einer geometrischen Reihe zunimmt. Irgendwann hat die Bevölkerung, die sich mit jeder neuen Generation verdoppelt – 1, 2, 4, 8, 16, 32, 64, 128, 256, 512, 1024, ..., eine solche Zahl erreicht, daß es auf der ganzen Welt nicht mehr genügend Platz für sie gibt.

Volkswirtschaft in der Praxis: Zinseszins und exponentielles Wachstum. *Exponentielles Wachstum und Zinseszins sind wichtige Werkzeuge der*

[2] *Science*, 10. 9. 1993, S. 1371.

Volkswirtschaft. Exponentielles (oder geometrisches) Wachstum tritt dann auf, wenn eine Variable von einer Periode zur anderen um einen konstanten Prozentsatz zunimmt. Wenn daher eine Bevölkerung von 200 Menschen ein dreiprozentiges Wachstum jährlich aufweist, so ergibt sich: 200 im Jahr 0, 200 x 1,03 Prozent im Jahr 1, 200 x 1,03 x 1,03 im 2. Jahr, 200 x $(1{,}03)^3$ *im 3. Jahr ..., 200 x* $(1{,}03)^{10}$ *im 10. Jahr und so weiter.*

Wird irgendwo laufend Geld investiert, so erwirtschaftet dieses Geld einen Zinseszins. Geld, für das man Zinseszinsen erhält, steigt exponentiell in seinem Wert. Es wäre verführerisch, zu berechnen, wieviel die $ 24, die die Indianer für die Insel Manhattan bekamen, heute wert wären, hätte man sie mit Zins und Zinseszins angelegt. Nehmen wir an, dieses Geld wäre in eine Stiftung geflossen, die seit dem Jahr 1624 6 Prozent jährlich einbringt. Dann wären aus den $ 24 bis zum Jahr 1995 $ 59 Milliarden geworden.

Eine im Zusammenhang mit dem Zinseszins nützliche Regel ist die sogenannte „70er-Regel", die besagt, daß sich eine Größe, die alljährlich um r Prozent zunimmt, in (70/r)Jahren verdoppelt. Eine Bevölkerung mit einem Wachstum von 2 Prozent jährlich verdoppelt sich demnach in 35 Jahren, während sich Gelder, die Sie mit einer Verzinsung von 7 Prozent jährlich angelegt haben, schon alle 10 Jahre verdoppeln.

Malthus, der sich mit seinen Aussagen über das Bevölkerungswachstum erst auf den Zinseszins berief, hatte jedoch noch ein As im Ärmel. Nun ließ er nämlich die Katze in Form der abnehmenden Grenzerträge aus dem Sack. Er argumentierte, daß Grund und Boden eine fixe Größe seien, während immer mehr Arbeit zur Verfügung stehe, um diesen Boden zu bearbeiten. Nahrungsmittel würden daher nur ein arithmetisches, kein geometrisches Wachstum aufweisen können (vergleichen Sie die Reihen 1,2,3,4... und 1,2,4,8,...). Malthus schloß düster:

> *Während sich die Bevölkerung verdoppelt und wieder verdoppelt, scheint es, als würde sich die Größe des Globus immer wieder halbieren – bis er schließlich soweit geschrumpft ist, daß das Nahrungsmittelangebot unter das lebensnotwendige Maß fällt.*

Wendet man das Gesetz der abnehmenden Ertragszuwächse auf das fixe Angebot an Grund und Boden an, so wird die Nahrungsmittelproduktion nicht mit dem geometrischen Wachstum der Bevölkerung Schritt halten können.

Allerdings hat Malthus nicht behauptet, es müsse zu einem exponentiellen Bevölkerungswachstum kommen. Er sah nur die allgemeine Tendenz dazu, sofern dem Wachstum keine Grenzen auferlegt würden. Und Malthus beschrieb auch, was das Bevölkerungswachstum immer und überall drosselt. In seinen späteren, allerdings kaum gelesenen Ausgaben rückte er schließlich von seiner düsteren Prognose ab und gab der Hoffnung Ausdruck, daß sich das Bevölkerungswachstum doch auch durch Geburtenkontrolle anstatt nur durch Krankheiten, Hungersnöte und Kriege eindämmen lassen werde.

Diese ganz wichtige Anwendung des Gesetzes der abnehmenden Grenzerträge zeigt, welche enormen Auswirkungen eine ganz einfache Theorie haben kann. Malthus' Ideen verbreiteten sich sehr rasch. Man benutzte sein Buch zur Rechtfertigung einer Überarbeitung der englischen Armengesetze. Unter dem Einfluß der Schriften Malthus' argumentierte man, Armut müsse so unangenehm wie irgend möglich gestaltet werden. Seine Meinungen gaben auch eine Rechtfertigung des Argumentes ab, wonach Gewerkschaften zum Wohle der Arbeiterschaft nichts beitragen könnten – da jede Lohnerhöhung ohnehin nur dazu führen würde, daß sich die Arbeiter immer weiter fortpflanzen, bis ihnen erst wieder nur das Existenzminimum bleibt.

Selbst heute erscheint uns noch der Geist Malthus' in einer apokalyptischen Volkswirtschaft, wie sie in der berühmt gewordenen, auf einem Computermodell beruhenden Studie *Die Grenzen des Wachstums* (The Limits to Growth) und im Folgeband aus 1992 *Beyond the Limits* zum Ausdruck kommt.[3] Die Prognosen dieses modernen Malthusianismus klingen sogar noch düsterer als jene des Gründungsvaters:

> *Sollten die gegenwärtigen Trends des Bevölkerungswachstums, der um sich greifenden Industrialisierung, Verschmutzung unserer Umwelt und zunehmender Nahrungsmittelprobleme sowie die Ressourcenplünderung unverändert anhalten, werden wir die Grenzen des Wachstums auf diesem Planeten schon in den nächsten hundert Jahren erreicht haben. In der Folge wird es aller Voraussicht nach zu einem plötzlichen und unkontrollierbaren Rückgang sowohl der Bevölkerungszahl als auch der Industrieproduktion kommen.*[4]

---

[3] Donella H. Meadows, Dennis L. Meadows und Jorgen Randers, *The Limits to Growth* (Potomac, 1972) und *Beyond the Limits* (Chelsea Green Publishing Company, Post Mills, Vt., 1992)

[4] *Die Grenzen des Wachstums*, S. 23.

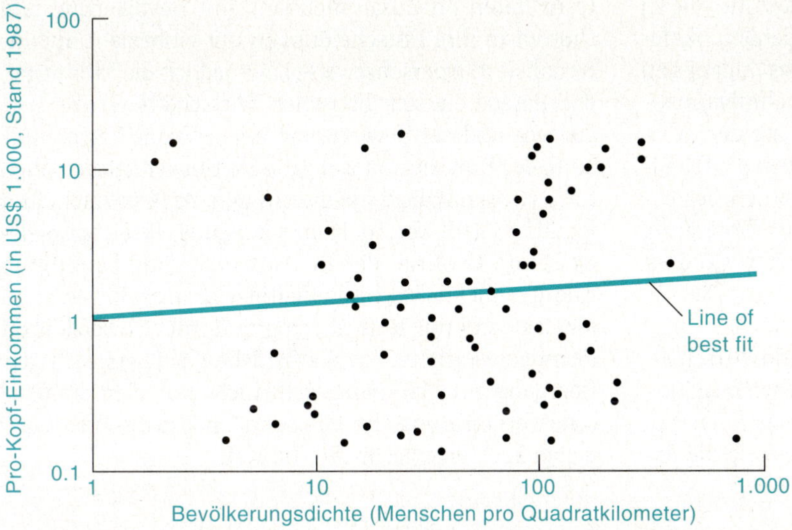

Abbildung 19-1: Bevölkerungsdichte und Einkommen

Trifft es wirklich zu, daß mit steigender Bevölkerungsdichte der Lebensstandard abnimmt? Seit den goldenen Zeitaltern von Athen und Rom war ein zwar nur schwacher, aber doch positiver Zusammenhang zwischen Pro-Kopf-Einkommen und Bevölkerungsdichte festzustellen. Das nebenstehende Streudiagramm zeigt diese Beziehung für die 72 größten Länder im Jahr 1987. (Quelle: Weltbank)

Widerlegte malthusianische Prophezeiungen. Trotz der sorgfältigen statistischen Untersuchungen, die Malthus angestellt hatte, meinen heutige Demographen, daß seine Ansichten von allzu stark vereinfachten Prämissen ausgingen. Malthus berücksichtigte in keiner Weise das technologische Wunder der industriellen Revolution. Er sah auch nicht voraus, daß nach dem Jahr 1870 die Bevölkerungsentwicklung in den meisten westlichen Staaten rückläufig sein würde, gerade als Lebensstandard und Reallöhne am raschesten zunahmen.

In dem einen Jahrhundert nach Malthus verschob der technische Fortschritt die Produktionsmöglichkeitskurve der europäischen und nordamerikanischen Länder nach rechts. Ja, der technologische Wandel stellte sich so rasch ein, daß die erzielten Produktionszuwächse das Bevölkerungswachstum bei weitem übertrafen und zu einem rapiden Anstieg der Reallöhne führten. Aber trotz all dieser Fehler ist der wahre Kern der malthusianischen Aussagen auch für uns heute noch von großer Bedeutung, wollen wir die Bevölkerungsentwicklung in Indien, Äthiopien, Nigeria und anderen Ländern dieser Welt verstehen, wo bis heute ein Wettlauf zwischen Bevölkerungswachstum und Nahrungsmittelproduktion stattfindet.

BEVÖLKERUNGSWACHSTUM, UMWELTVERSCHMUTZUNG UND LEBENSSTANDARD

Es besteht keinerlei Zweifel, daß sich das beständige Anwachsen der menschlichen Population auf Bäume, Hasen und Unkräuter schädlich auswirkt, die alle vom Menschen verdrängt werden und Platz für Städte und andere menschliche Lebensformen machen müssen. Aber trifft das, worauf moderne Malthusianer pochen, ebenso zu, daß nämlich die am dichtesten besiedelten Regionen auch die ärmsten sind? Sind Wirtschaftswachstum und Industrialisierung der direkte Weg in den ökologischen Ruin?

Aus der historischen Entwicklung läßt sich eine derart simple Schlußfolgerung nicht ziehen. Abbildung 19-1 zeigt Bevölkerungsdichte und Pro-Kopf-Einkommen um eine Linie gestreut, die den Daten für 72 wichtige Länder entspricht. Und da stellt sich heraus, daß Gebiete mit höherer Bevölkerungsdichte sogar einen höheren, keinen geringeren Lebensstandard aufweisen.

Und wie steht es um den Zusammenhang zwischen Bevölkerungsdichte und Volksgesundheit? Insgesamt weisen Studien der Weltbank sehr deutlich darauf hin, daß eine enge Korrelation zwischen Gesundheit und Pro-Kopf-Einkommen besteht, und daß darüber hinaus die wichtigsten Indikatoren ökologischer Probleme wie unzureichende sanitäre Einrichtungen und Mangel an Trinkwasser gerade in den ärmsten Ländern am häufigsten anzutreffen sind. Einer der profundesten Kenner der Beziehung zwischen Bevölkerungsdichte, wirtschaftlicher Entwicklung und Umweltverschmutzung ist Wilfred Beckerman von der Universität Oxford, der seine Forschungsergebnisse wie folgt zusammenfaßt:

Die für jene 75 Prozent der Erdbevölkerung, die in Entwicklungsländern leben, entscheidenden ökologischen Fragen sind lokale Probleme des Zugangs zu unbedenklichem Trinkwasser oder annehmbaren sanitären Einrichtungen und die Probleme der urbanen Ballungszentren. Außerdem ergeben sich deutliche Hinweise darauf, daß ... der letztlich beste – und wahrscheinlich einzige – Weg zur Erlangung einer erträglichen Umwelt in den meisten Ländern darin besteht, reich zu werden.[5]

Wie würden sich eigentlich nicht marktwirtschaftlich organisierte Systeme auf die Umwelt auswirken? Vielleicht könnte eine Zentralverwaltungswirtschaft die Probleme der Marktwirtschaft umgehen, indem sie die Externalitäten im Zusammenhang mit Bevölkerung und Umwelt in ihre Entscheidungen mit einbezieht und internalisiert. Ironischerweise zeigt jedoch die Erfahrung, daß gerade die sozialistischen Wirtschaftssysteme Osteuropas und der Sowjetunion eine enorme Verschmutzung der Umwelt und viel größere Umweltkatastrophen hinterlassen haben, als dies in den Marktwirtschaften jemals der Fall war. Im Kommunismus wurde beispielsweise ein Großteil der in Ostdeutschland benötigten Energie mit stark schwefelhaltiger Braunkohle erzeugt, die das Land mit Ruß überzog und mit Schwefeldioxid förmlich vergiftete. Für die Ostdeutschen verspricht der Übergang zur Marktwirtschaft nicht nur eine dramatische Verbesserung ihres Lebensstandards, sondern zugleich auch eine gesündere Umwelt.

B. DIE ALLOKATION VON MARKTRESSOURCEN

RESSOURCENKATEGORIEN

Welche wichtigen natürlichen Ressourcen gibt es? Da sind einmal Grund und Boden, Wasser und Luft. Dieses Ressourcentrio liefert uns eine ganze Palette nützlicher Güter und Dienstleistungen. Grund und Boden geben uns Nahrung und Wein von fruchtbaren Äckern und Rieden, aber auch Erdöl und viele Mineralien aus dem Erdinneren. Unser Wasser beschert uns Nahrung in Form von Fischen, Erholung und ein ganz beachtlich effizientes Transportmedium. Die kostbare Erdatmosphäre sorgt für Luft, die wir atmen können, schöne Sonnenuntergänge und für den Raum, in dem unsere Flugzeuge fliegen. Natürliche Ressourcen und Umwelt sind – wie Arbeit und Kapital – in einem bestimmten Sinn nichts weiter als Produktionsfaktoren. Sie dienen uns Menschen, weil wir aus ihnen Produkte oder Bedürfnisbefriedigung beziehen können.

Internalisierbare und nicht internalisierbare Ressourcen

In ihrer Analyse der natürlichen Ressourcen treffen Ökonomen zwei grundsätzliche Unterscheidungen. Am wichtigsten ist ihnen dabei festzustellen, ob Ressourcen internalisierbar oder nicht internalisierbar sind. Sie erinnern sich bestimmt noch: Ein Wirtschaftsgut wird als **internalisierbar** bezeichnet, wenn Unternehmen oder Konsumenten seinen gesamten volkswirtschaftlichen Wert nutzen können. Zu den internalisierbaren natürlichen Ressourcen gehören Boden (dessen Fruchtbarkeit der Bauer nutzen kann, der den auf diesem Boden angebauten Weizen oder Wein verkauft), Bodenschätze wie Erdöl oder Erdgas (hier kann der Eigentümer den Wert der Lagerstätten auf Märkten verkaufen) und Vegetation wie die Bäume (der Eigentümer kann das entsprechende Grundstück oder die Bäume an den Bestbieter verkaufen). Auf einem funktionierenden, vollkommenen Markt ist zu erwarten, daß internalisierbare natürliche Ressourcen eine effiziente Preisbildung und Allokation ermöglichen.

Allerdings sollten wir darauf achten, die erzielten Ergebnisse nicht zu umfassend zu interpretieren. Es gibt nämlich noch eine zweite Gruppe natürlicher Ressourcen, die als nicht internalisierbar bezeichnet werden und die sehr wohl zu volkswirtschaftlichen Verwicklungen Anlaß geben können. **Nicht internalisierbare** Ressourcen sind für den einzelnen gratis, für die Gesellschaft jedoch recht kostspielig. Mit anderen Worten, nicht internalisierbare Ressourcen weisen Externalitäten auf. Güter mit externen Effekten oder Externalitäten können mit normalen Wirtschaftsgütern verglichen werden. Markttransaktionen verlangen den freiwilligen Austausch, bei dem Menschen Güter gegen Geld tauschen. Wenn ein Unternehmen eine knappe internalisierbare Ressource wie Boden, Öl oder Bäume einsetzen will, kauft es diese Ressource von ihrem Eigentümer, dem die Grenzkosten der

[5] Wilfred Beckerman, „Economic Growth and the Environment", *World Development*, 1992, Bd. 20, Nr. 4, S. 482.

	Erneuerbar	Nicht erneuerbar
Internalisierbar	Wälder, Ackerland, Solarenergie	Erdöl, Erdgas, Kupfer, Sand
Nicht internalisierbar	Fischbestände, Luftqualität, Einsamkeit, schöne Aussicht	Grundwasser, Klima, radioaktiver Abfall

Tabelle 19-1: Ressourceneinteilung

Ressourcen lassen sich danach, ob bei ihrer Produktion oder ihrem Konsum signifikante Externalitäten auftreten, in nicht internalisierbare und internalisierbare Ressourcen einteilen. Bei nicht erneuerbaren Ressourcen wie Erdöl und Erdgas stellt sich außerdem die volkswirtschaftliche Frage, wie die begrenzten Ressourcen über Raum und Zeit aufgeteilt werden sollten, während das Hauptproblem bei den erneuerbaren Ressourcen im klugen Management besteht, so daß die Erträge den Ressourcenwert maximieren.

Produktion des Gutes zur Gänze abgegolten werden. Aber viele Interaktionen finden abseits der Märkte statt. Unternehmen A schüttet eine giftige Chemikalie in einen Fluß und vergiftet das Wasser für all die Leute, die stromabwärts fischen oder schwimmen wollen. Unternehmen A hat das knappe, saubere Wasser benützt, ohne die Menschen zu bezahlen, deren Wasser nun vergiftet ist, und hat daher nachteilige Externalitäten geschaffen.

Beispiele für nicht internalisierbare Ressourcen findet man überall auf unserem Planeten. Nehmen wir als Beispiel Fisch. Ein Thunfischschwarm liefert nicht nur ein köstliches Abendessen, sondern ist auch nötig, um künftige Thunfischgenerationen hervorzubringen. Aber das Brutpotential der Thunfische wird von keinem Markt erfaßt oder internalisiert. Niemand kauft oder verkauft das Fortpflanzungsverhalten eines Thunfischs. Wenn daher ein Fischer einen Thunfisch aus dem Wasser holt, bezahlt er der Gesellschaft für die Vernichtung zukünftigen Fortpflanzungspotentials keinen Pfennig. Aus diesem Grund werden die Fischgründe, sofern die Staatengemeinschaft nicht regulierend eingreift, auch laufend überfischt.

Und so gelangen wir zum wichtigsten Ergebnis der Ressourcen- und Ökowirtschaft:

Treten bei nicht internalisierbaren Ressourcen Externalitäten auf, senden die Märkte falsche Signale aus. Im allgemeinen produzieren die Märkte zu viele Güter, die zu unerwünschten externen Effekten führen und zu wenige Güter, die erwünschte Externalitäten mit sich bringen.

Erneuerbare und nicht erneuerbare Ressourcen

Welche Techniken im Ressourcenmanagement zur Anwendung gelangen, hängt davon ab, ob es sich um erneuerbare oder nicht erneuerbare Ressourcen handelt. Eine **nicht erneuerbare Ressource** ist im wesentlichen durch ein fixes Angebot gekennzeichnet und regeneriert sich in volkswirtschaftlich relevanten Mengen nicht rasch genug. Wichtige Beispiele dafür sind fossile Brennstoffe, deren Lagerstätten vor Millionen von Jahren entstanden und die für die Menschheit als eine fixe Größe betrachtet werden können, aber auch andere Bodenschätze wie Kupfer, Silber, Gold, Stein und Sand.

Eine zweite Kategorie sind die **erneuerbaren Ressourcen**, die regelmäßig wiederhergestellt werden können und die, wenn sie richtig bewirtschaftet werden, uneingeschränkt nützliche Dienste leisten. Die Sonnenenergie, landwirtschaftliche Nutzflächen, Wasser, Wälder und Fischgründe gehören zu den wichtigsten Kategorien erneuerbarer Ressourcen.

Die Prinzipien, nach denen diese beiden Klassen von Ressourcen effizient bewirtschaftet werden können, stellen uns vor ganz verschiedenartige Anforderungen, wie wir später in diesem Buch noch sehen werden. Die effiziente Nutzung einer nicht erneuerbaren Ressource verlangt die Verteilung einer beschränkten Menge dieser Ressource in einem bestimmten Zeitrahmen: Sollen wir unser kostengünstiges Erdgas schon in dieser Generation verbrauchen, oder wäre es besser, es für die Zukunft aufzubewahren? Dagegen gehört zur klugen Nutzung erneuerbarer Ressourcen die Vergewisserung, daß der Nutzenfluß auf effiziente Weise aufrecht erhalten wird, etwa durch bestmögliche Bewirtschaftung eines Waldes, durch den Schutz der Laichgründe der Fische oder durch die Speicherung von Wasser.

Tabelle 19-1 zeigt diese wesentliche Unterscheidung von Ressourcen in erneuerbar und nicht erneuerbar und gibt jeweils einige Beispiele an.

Sektor	Wertschöpfung 1987* (in Mia. $)	Prozentanteil am BIP 1987
Branchen mit erneuerbarem Ressourceneinsatz		**1,8**
Landwirtschaft	59,8	
Forstwirtschaft, Holzwirtschaft	1,5	
Fischerei	3,7	
Wasserkraft	15,1	
Branchen mit nicht erneuerbarem Ressourceneinsatz		**2,2**
Erdöl und Erdgas	71,8	
Kohle	13,3	
Sonstige Mineralien (ohne Treibstoffe):		
geologisch selten +	3,7	
geologisch sehr häufig ++	1,9	
Stein, Lehm, Sand etc.	7,8	

* Gesamtumsatz abzüglich Materialaufwendungen; beinhaltet Gewinn, Löhne, Zinsen, Renten, Abschreibungen und Steuern.
+ Beinhaltet 17 Mineralien wie Kupfer, Gold, Silber und Vanadium.
++ Beinhaltet Mineralien wie Eisen und Aluminium.

Tabelle 19-2: Der Beitrag der verschiedenen Ressourcen zur Produktion 1987

Viele Produkte basieren auf erneuerbaren wie auch nicht erneuerbaren natürlichen Ressourcen. Schätzungen über die gesamte Produktionsmenge oder den Gesamtumsatz berücksichtigen nicht nur den Beitrag der natürlichen Ressource, sondern auch die Kapital- und Arbeitserträge. [Quelle: „Annual Input-Output Accounts of the U.S. Economy: 1987," *Survey of Current Business* (April 1992), S. 55-71; Robert Gordon et al., *Toward a New Iron Age?* (Yale University Press, New Haven, 1989).]

DIE ALLOKATION INTERNALISIERBARER NATÜRLICHER RESSOURCEN

Wir beginnen unsere kurze Übersicht mit den internalisierbaren Ressourcen – jenen, deren Grundressource sich in privatem Eigentum oder in privater Nutzung befindet und deren Hauptkosten und -nutzen in Produktion und Konsum auf dem Markt erfaßt werden. Welche Branchen sind im Zusammenhang mit natürlichen Ressourcen vor allem zu nennen? Tabelle 19-2 zeigt den erzielten Mehrwert in jedem dieser Industriezweige, wie er im Volkseinkommen und in den Produktionskonten gemessen wird. Die Gesamtheit aller auf dem Markt anzutreffenden Wirtschaftszweige, die auf natürlichen Ressourcen begründet sind, erwirtschaftete im Jahr 1987 4 Prozent der Gesamtproduktion. Zwei Wirtschaftszweige, nämlich Landwirtschaft und Erdöl/Erdgasindustrie, bestritten davon allein drei Viertel des volkswirtschaftlichen Outputs aller auf dem Markt befindlichen natürlichen Ressourcen.

Obwohl der Anteil der Ressourcen am Gesamteinkommen gering ist, wäre es doch sehr unklug, in erheblicher Weise anzunehmen, daß natürliche Ressourcen für das Wirtschaftswachstum praktisch keine Rolle spielen. Wer weiß, vielleicht neigen sich eines Tages einige unserer wichtigen natürlichen Ressourcen wie Energie dem Ende zu, und wir müssen alle unsere Anstrengungen darauf verwenden, rasch einen Ersatz zu finden. Nichts würde eine moderne industrielle Wirtschaft rascher und tiefer in Chaos und Armut stürzen, als der unwiederbringliche Verbrauch aller Treibstoffe, die wir so dringend für energieintensive Produktionsfaktoren wie den Verbrennungsmotor, unsere Zentralheizungen und Klimaanlagen, für Elektromotoren und die gesamte Elektronik benötigen. Und dazu kommt noch, daß im Jahr 1992 90 Prozent des amerikanischen Energieverbrauchs aus beschränkt verfügbaren, nicht erneuerbaren Ressourcen wie Erdöl, Erdgas und Kohle bestritten wurden. Sollten wir nicht vielleicht Maßnahmen ergreifen, um die Nutzung dieser außerordentlich kostbaren Kapitalbestände unserer Gesellschaften einzuschränken, damit sie auch unseren Enkelkindern noch zur Verfügung stehen?

Ökonomen geben auf diese Frage zwei Antworten. Erstens weisen sie darauf hin, daß fossile Brennstoffe wie Erdöl und Erdgas zwar nur beschränkt vorhanden, aber nicht „essentiell" sind. Eine *essentielle* Ressource, beispielsweise Sauerstoff, kann durch nichts ersetzt werden. Aber für alle Energieressourcen gibt es einen möglichen Ersatz. Wir können in den meisten Fällen Kohle anstelle von Erdöl oder Erdgas einsetzen. Wir können Kohle verflüssigen oder vergasen, sollte irgendwo ein flüssiger oder gasförmiger Brennstoff unbedingt nötig sein. Geht uns irgendwann die Kohle aus, können wir immer noch die teurere Sonnenenergie, die Kernspaltung und vielleicht eines Tages auch die Kernfusion ersatzweise verwenden. Die drei zuletzt genannten Energiequellen sind im Überfluß vorhanden, denn wenn uns eines Tages auch die Sonnenenergie ausgeht, ist die Erde ohnehin längst unbewohnbar geworden.

Der zweite volkswirtschaftliche Ansatz bezieht sich auf die relative Produktivität verschiedener Ressourcen. Ökologen argumentieren immer wieder, daß Energie und andere natürliche Ressourcen wie unberührte Natur oder Urwälder ganz besondere Formen von Kapital sind, die unbedingt bewahrt werden müssen, um ein „nachhaltiges" Wirtschaftswachstum zu gewährleisten. Dieser Ansicht können sich Ökonomen nicht anschließen, denn sie betrachten die natürlichen Ressourcen einfach nur als eine weitere Kapitalform, die die Gesellschaft ebenso wie schnelle Computer, Humankapital in Form gut ausgebildeter Arbeitskräfte oder technologisches Know how in ihren Wissenschaftlern und Technikern besitzt. Dagegen sind sich Ökonomen und Ökologen einig, wenn es darum geht, daß unsere Generation zukünftigen Generationen einen angemessenen Kapitalstock hinterlassen sollte. Nur betonen die Ökonomen, daß die *Zusammensetzung* dieses Kapitalbestandes von der jeweiligen zukünftigen Produktivität der einzelnen Kapitalgüter abhängen sollte. Es ist keineswegs selbstverständlich, daß zukünftige Generationen von größeren Beständen natürlichen Kapitals wie Erdöl, Erdgas und Kohle mehr profitieren würden als von produziertem Kapital in Form von mehr Wissenschaftlern oder besseren Labors und Bibliotheken, die durch Daten-Superhighways untereinander verbunden sind.

Die Substituierbarkeit natürlichen Kapitals und anderer Arten von Kapital wird durch die Produktions-Indifferenzkurve oder Isoquante in Abbildung 19-2 dargestellt. Wir zeigen darin die jeweiligen Mengen der beiden Arten von Kapital, die erforderlich wären, um in Zukunft ein bestimmtes Produktionsniveau (Q^*) zu erreichen, wenn die anderen Produktionsfaktoren konstant bleiben.

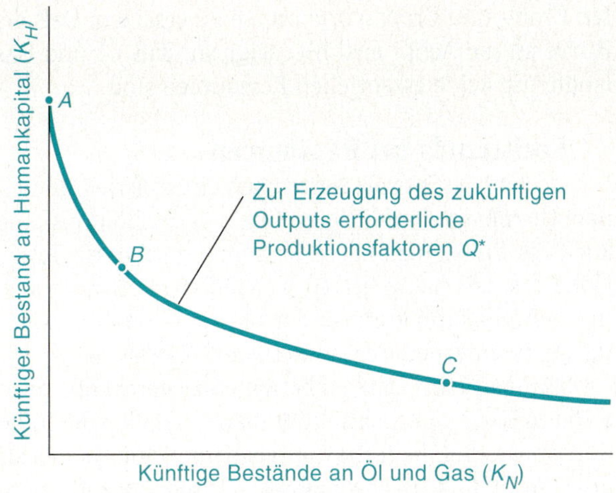

Abbildung 19-2: Natürliches Kapital und produziertes Kapital sind Produktionssubstitute

Die Produktion kann entweder mit natürlichem Kapital (K_N) oder mit Humankapital (K_H) erfolgen. Die Kurve zeigt die Faktorkombinationen, die in Zukunft eine bestimmte Produktionsmenge ergeben werden (Q^*). Ökologen drängen auf die Bewahrung des natürlichen Kapitals, um die Bestände für die Zukunft weitgehend zu erhalten, wie etwa in *C*. Ökonomen betonen hingegen die Notwendigkeit, darauf zu achten, daß knappes Kapital in jene Sektoren fließt, in denen es den höchsten Ertrag erbringt. Ist natürliches Kapital reichlich vorhanden, wäre es effizienter, sich durch den Verbrauch der Bestände an natürlichem Kapital heute zu Punkt *B* zu bewegen, während zugleich an einer Aufstockung des Humankapitals und derVerbesserung derTechnologie durch Forschung und Entwicklung gearbeitet wird.

Dieser Output läßt sich bei Punkt *C* mit einer konservativen Strategie erreichen, die eine Reduzierung des heutigen Energieverbrauchs vorsieht, so daß ein großer Teil des Erdöls und Ergases und relativ wenig Humankapital zukünftigen Generationen hinterlassen wird. Oder er ließe sich mit einer Niedrigenergiepreis- und Ausbildungsstrategie in Punkt *B* erreichen. Jede dieser beiden Strategien ist möglich, und wünschenswerter wäre daher wohl jene, die heute und in Zukunft ein höheres Maß an Konsum ermöglicht.

Bitte beachten Sie auch, daß die Isoquante in Punkt *A* auf die Y-Achse auftrifft, was anzeigt, daß wir ein zukünftiges Produktionsniveau von Q^* *ohne Erdöl und Erdgas* erreichen können. Wie ist das möglich? Mit dem durch Punkt *A* dargestellten größeren wissenschaftlichen und technologischen Know-how kann die Gesellschaft Ersatztechnologien entwickeln, wie beispielsweise eine saubere Kohletechnologie oder Solarenergie, um die erschöpften Erdöl- und Erdgasvorkommen zu ersetzen. Daß die Kurve an die Achse anstößt, zeigt an, daß Öl und Gas langfristig keine essentiellen Ressourcen sind.

Preistrends bei Ressourcen

Im Jahr 1973 explodierte nach einem Krieg und einem Ölembargo im Mittleren Osten der Rohölpreis, und auch die Preise für andere Ressourcen schossen in die Höhe. Damals befürchteten viele, die Erde könnte sich in einem Stadium kurz vor der Erschöpfung ihrer wichtigsten nicht erneuerbaren Ressource befinden.

Zwanzig Jahre danach beträgt der Ölpreis nur noch $ 16 pro Barrel. Berücksichtigt man zusätzlich die Inflationsanpassung, liegt der Ölpreis heute kaum höher als im Jahr 1970, kurz bevor uns der Ölschock traf. Und – das ist eine Überraschung – dasselbe gilt eigentlich für praktisch alle natürlichen Ressourcen: Kurzfristig sind die Preise eher gesunken als gestiegen. Abbildung 19-3 zeigt die Preisentwicklung einer Reihe von Ressourcen im Vergleich zur Preisentwicklung beim Faktor Arbeit. Mit Ausnahme des Festmeters Holz ist der Realpreis aller wichtigen internalisierbaren natürlichen Ressourcen im Verlauf des letzten Jahrhunderts gesunken.

Betrachtet man die Sache von einem anderen Gesichtspunkt, müßte man für den Fall, daß die Ressourcenpessimisten recht behalten, eigentlich erwarten, daß ein immer höherer Anteil des Sozialprodukts in den Ressourcensektor fließt. Tatsächlich ist der Anteil der Ressourcenwirtschaft an der Gesamtwirtschaft zurückgegangen. Abbildung 19-4 zeigt den Prozentsatz von Landwirtschaft, Forstwirtschaft, Fischerei, Bergbau und Ressourcen-Versorgungsunternehmen am gesamten Sozialprodukt. Diese Wirtschaftszweige beliefen sich gegen Ende der vierziger Jahre noch auf etwa 14 Prozent, gingen je-

Abbildung 19-3: Die Preise der meisten Ressourcen sind im Vergleich zu den Erwerbslöhnen gesunken

Bei den meisten natürlichen Ressourcen haben gestiegene Produktivität und neue Entdeckungen deren Einsatz weniger wichtig gemacht, so daß ihr Marktpreis im Verhältnis zu den Löhnen gesunken ist. Die einzige signifikante Ausnahme von dieser Regel stellt der Holzpreis dar. (Quelle: W.D. Nordhaus, „Lethal Model II: The Limits to Growth Revisited," *Brookings Papers on Economic Activity*, Nr. 2, 1992, S. 24, 26.)

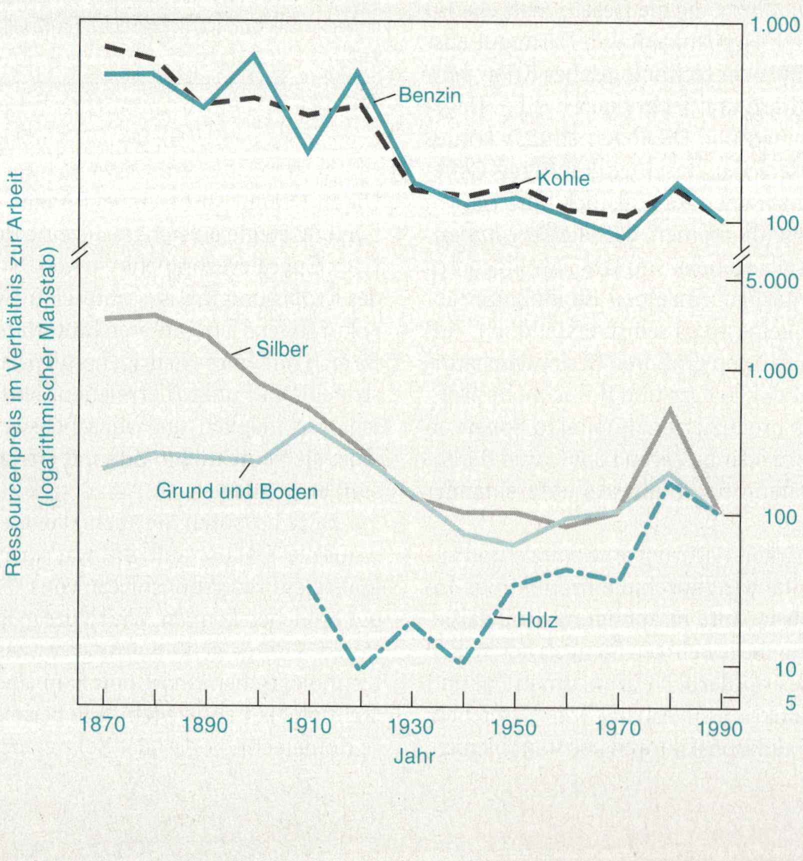

doch bis zum Beginn der neunziger Jahr auf nur noch 6 Prozent des gesamten Wirtschaftsvolumens zurück. Der Großteil dieses Rückgangs entfiel auf die Landwirtschaft, und die Gründe dafür haben wir bereits in Kapitel 4 beschrieben. Die Auswirkungen der Ölkrise der siebziger Jahre zeigen sich im unregelmäßigen Verlauf der Kurve in Abbildung 19-4, die die drastischen Schwankungen der Öl- und Gaspreise und ihres BIP-Anteils darstellt.

Was aber steht hinter diesen Entwicklungstrends bei Preisen und BIP-Anteil? Wir können hier eindeutig Parallelen zur Diskussion um den Malthusianismus feststellen. Tatsächlich hat der preisdämpfende Einfluß des technologischen Wandels und der neuen Entdeckungen den Preissteigerungseffekt durch den Abbau der Ressourcen wettgemacht. So werden heute beispielsweise Telefondrähte aus Kupfer durch Glasfaserkabel ersetzt, für die viel billigere und reichlich vorhandene Rohmaterialien verwendet werden. Und diesen Effekt stellen wir auf den meisten Rohstoffsektoren fest.

Die Ressourcenwette: *Im Jahr 1980 forderte Julian Simon, Ökonom und führender Verfechter der Füllhorntheorie, die Ökopessimisten heraus. Er bot ihnen an, selbst irgendeinen beliebigen natürlichen Rohstoff auszuwählen, von dem er, Simon, der fest daran glaubte, die Technik sei jederzeit in der Lage, einen Ersatz für ausgebeutete Rohstoffe zu finden, wette, daß sein Preis sinken und nicht steigen werde.*

Diese Herausforderung nahm Paul Ehrlich, ein anerkannter Biologe und Ökologe, an. Ehrlich war erstmals im Jahr 1968 als Autor von The Population Bomb *in Erscheinung getreten, wo er baldige Hungerkatastrophen überall auf der Welt vorhersagte. In einem späteren Buch prognostizierte er eine Knappheit bei den wichtigsten Rohstoffen bis zum Jahr 1985. Ehrlich fand Simons Angebot einfach unwiderstehlich. Er wettete $ 1.000, daß die Preise für fünf Metalle – Chrom, Kupfer, Nickel, Zinn und Tungsten – unter Berücksichtigung der Inflationsanpassung bis zum Jahr 1990 steigen würden.*

Simon gewann die Wette spielend. Inflationsbereinigt waren die Preise aller fünf Metalle im Verlauf des Jahrzehnts deutlich gefallen (in Abbildung 19-3 ersehen Sie den allgemeinen Trend). Ehrlich hatte nicht nur den langfristigen relativen Trend der Ressourcenpreise nicht getroffen, nein, er hatte auch noch das Pech, ausgerechnet ein Jahrzehnt zu erwischen, in dem der Konjunkturzyklus die langfristig wirkenden Kräfte zusätzlich verstärkte. Simon wollte eine neue Wette abschließen, aber Ehrlich ließ es bei diesem einen Versuch bewenden und verzichtete.

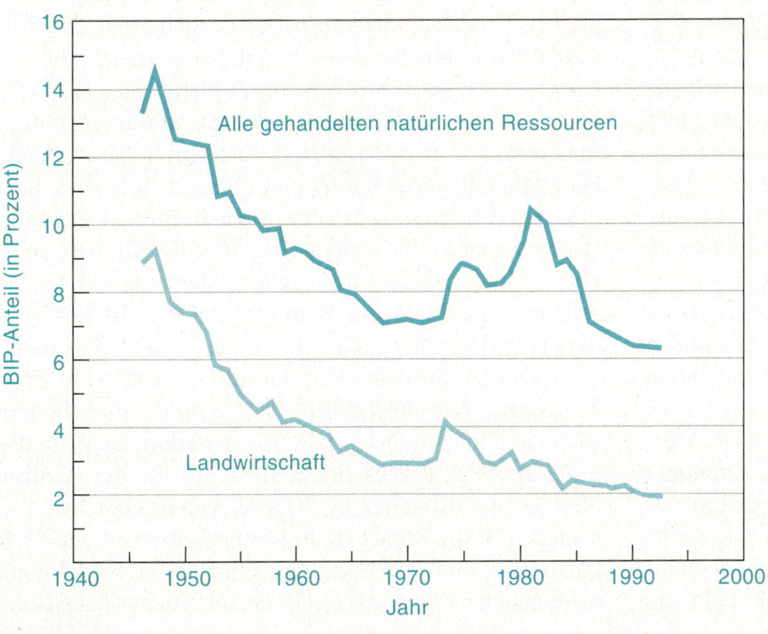

Abbildung 19-4: Der Anteil der internalisierbaren natürlichen Ressourcen an der Wirtschaftsleistung ist rückläufig

Während der letzten 50 Jahre ist die Landwirtschaft geschrumpft, während die anderen auf dem Markt gehandelten natürlichen Ressourcen anteilsmäßig gleich geblieben sind. (Quelle: „Alle" bedeutet den Anteil von Landwirtschaft, Forstwirtschaft, Fischerei, Bergbau sowie Wasser, Gas und Stromversorgung am BIP, Angaben laut US-Handelsministerium)

C. MASSNAHMEN GEGEN EXTERNALITÄTEN: UMWELTÖKONOMIE

Die Aufgabe, unsere Umwelt zu retten, muß und wird zum zentralen Organisationsprinzip der Welt nach dem Kalten Krieg werden.
Al Gore, Ansprache nach seiner Kandidatur vor dem Demokratischen Konvent (1992)

Im Präsidentschaftswahlkampf des Jahres 1992 sprach Vizepräsidentschaftskandidat Al Gore von der Notwendigkeit, die möglicherweise katastrophalen Folgen zu erkennen, die ein ungezügeltes Wirtschaftswachstum haben könnte, und er wies auf aktuelle Probleme wie das Ozonloch über der Antarktis und auf zukünftige Gefahren wie den Treibhauseffekt hin. Präsident George Bush machte sich über Gore lustig: „Wissen Sie, warum ich ihn „Ozonman" nenne? Dieser Kerl ist ein Ökoextremist, mit ihm würden wir bis zum Hals in Eulen, aber ohne Arbeit für das Land dastehen."

Diese Kontroverse auf oberster Ebene der politischen Entscheidungsträger spiegelt nur die tiefe Spaltung zwischen zwei Bevölkerungsgruppen wider: jenen, die ausschließlich Probleme und Schäden sehen, die entstehen, wenn die Staaten ihre drängenden ökologischen Probleme einfach ignorieren, und den anderen, die meinen, Umweltprobleme müßten ohne Schwierigkeiten mit der modernen Technologie in den Griff zu bekommen sein, und sie würden neben den ernsthaften Problemen wie Kriegen, Arbeitslosigkeit, Seuchen, Drogen und Armut ohnehin als unbedeutend verblassen. In diesem Abschnitt wollen wir die ökologischen Externalitäten untersuchen, beschreiben, warum sie zu volkswirtschaftlicher Ineffizienz führen, und Möglichkeiten zur Abhilfe erörtern.

Im ersten Abschnitt dieses Kapitels haben wir die natürlichen Ressourcen in internalisierbare und nicht internalisierbare Ressourcen unterteilt und darauf hingewiesen, daß mangelnde Internalisierbarkeit zu schädlichen Externalitäten führt. Externalitäten treten auf, wenn Produktion oder Konsum unbeabsichtigte Kosten oder Nutzen für Dritte bewirken. Externalitäten oder externe Effekte sind Auswirkungen des Verhaltens eines volkswirtschaftlichen Verursachers auf das Wohlbefinden anderer Wirtschaftssubjekte, die keinen Niederschlag in Geld- oder Markttransaktionen finden.

Externalitäten kennen wir in vielerlei Gestalt. Manche sind positiv (positive externe Effekte), andere hingegen negativ (negative externe Effekte). Wenn ich ein Faß voll mit Säure in einen Fluß kippe, tötet die Säure dort Fische und Pflanzen. Da ich für diesen Schaden niemandem etwas bezahle, tritt ein negativer externer Effekt auf. Sollte ich hingegen eine bessere Methode entdecken, um Verunreinigungen durch Öl wegzubekommen, werden viele Leute einen Nutzen von meiner Entdeckung haben, ohne je etwas an mich bezahlen zu müssen. Das wäre verständlicherweise ein positiver externer Effekt.

Manche Externalitäten haben weitreichende Auswirkungen, während andere nur geringe Spilloverkomponenten aufweisen. Wenn ein Überträger der Beulenpest im Mittelalter eine Stadt betrat, konnte es geschehen, daß die gesamte Stadtbevölkerung von dieser Seuche ausgerottet wurde. Kommt es Ihnen jedoch an einem windigen Tag in den Sinn, in einem großen Fußballstadion an einer Knoblauchzehe herumzukauen, so ist der externe Effekt eigentlich kaum feststellbar.

Öffentliche und private Güter

Um das Konzept der Externalitäten oder externen Effekte ein wenig anschaulicher zu gestalten, denken Sie doch an das Extrembeispiel eines *öffentlichen Gutes*, eines Gutes, das ebensogut jedermann zur Verfügung gestellt werden kann wie einem einzelnen.

Das öffentliche Gut par excellence ist die nationale Verteidigung. Nichts ist wichtiger für eine Gesellschaft als ihre Sicherheit. Aber die nationale Sicherheit als Wirtschaftsgut unterscheidet sich völlig von einem privaten Gut wie Brot. Zehn Brotlaibe lassen sich in vielerlei Weise zwischen Einzelpersonen aufteilen, und was ich einmal gegessen habe, kann nach mir kein anderer essen. Die nationale Verteidigung eines Staates, sofern es eine gibt, betrifft hingegen jeden Staatsbürger in gleicher Weise. Es ist völlig gleichgültig, ob Sie Militarist oder Pazifist sind, alt oder jung, gebildet oder ungebildet – Sie erhalten dasselbe Ausmaß an nationaler Sicherheit von der Armee wie jeder andere Bewohner Ihres Landes auch.

Beachten Sie daher den starken Gegensatz: Die Entscheidung, eine bestimmte Menge eines öffentlichen Gutes anzubieten, beispielsweise an nationaler Verteidigung, bewirkt, daß es eine Reihe von U-Booten, Cruise Missiles und Panzern gibt, die jeden von uns beschützen. Dagegen ist die Entscheidung, ein privates Gut wie Brot zu konsumieren, ein völlig individueller Akt. Sie können vier Scheiben essen oder zwei, oder auch den ganzen Laib:

Sie allein treffen die Entscheidung, und sie verpflichten damit niemand anderen, eine bestimmte Menge Brot zu essen.

Das Beispiel der nationalen Verteidigung ist ein drastischer und extremer Fall eines öffentlichen Gutes. Aber auch wenn Sie an die Pockenimpfung denken oder an ein Konzert im Park, einen Damm gegen Überschwemmungen und viele andere öffentliche Projekte, werden Sie im allgemeinen Elemente eines öffentlichen Gutes feststellen.

Zusammenfassend:

Öffentliche Güter sind jene, deren Nutzen unteilbar der gesamten Gemeinschaft zugute kommt, ob die Einzelperson das öffentliche Gut kaufen möchte oder nicht. **Private Güter** sind hingegen jene Güter, die geteilt und getrennt verschiedenen Einzelpersonen angeboten werden können, ohne daß ein externer Nutzen oder externe Kosten für Dritte entstehen. Die effiziente Bereitstellung öffentlicher Güter erfordert häufig ein Aktivwerden des Staates, während private Güter von den Märkten durchaus effizient angeboten werden können.

Aber neben dem „öffentlichen Gut" zeigt sich häufig sozusagen auch das „öffentliche Schlechte", also öffentliche Güter, die Kosten für die gesamte Gemeinschaft verursachen. Es handelt sich dabei um unerwünschte Nebenprodukte von Konsum- oder Produktionsaktivitäten. Weiter hinten in diesem Kapitel werden wir uns mit dem Treibhauseffekt beschäftigen, der Bedrohung des weltweiten Klimas durch die Verbrennung fossiler Brennstoffe. Andere Beispiele sind die Verschmutzung von Luft und Wasser durch die Produktion von Chemikalien, Energie und die starke Verbreitung von Autos; saurer Regen durch die weiträumige Verbreitung von Schwefelemissionen aus Kraftwerken; radioaktive Strahlung nach oberirdischen Kernwaffentests oder nach Kraftwerksunfällen wie im ukrainischen Tschernobyl. Nicht zu vergessen auch der Abbau der Ozonschicht in der Atmosphäre durch FCKW. Beachten Sie bitte, daß in all diesen Fällen jene, die den externen Effekt verursachen, gar nicht beabsichtigen, andere zu schädigen. Die Externalitäten sind die unbeabsichtigten, trotzdem aber schädlichen Nebenwirkungen wirtschaftlicher Aktivitäten.

MARKTINEFFIZIENZEN DURCH EXTERNALITÄTEN

Nach Abraham Lincolns Meinung bedeutet Regieren „für die Leute das Nötige zu tun, das sie durch ihre individuelle Bemühung gar nicht oder nicht ebenso gut selbst tun können". Dieser Satz trifft haargenau auf den staatlichen Umweltschutz zu, denn hier bewirkt der Marktmechanismus keine adäquate Kontrolle über die Umweltverschmutzer. Unternehmen schränken ihre Emissionen schädlicher Chemikalien nicht freiwillig ein; sie verzichten auch nicht darauf, toxische Abfälle auf billige Hausmülldeponien zu werfen. Und daher ist staatlicher Umweltschutz als nützliche und notwendige Funktion des Staates weitgehend anerkannt.

Analyse der Ineffizienz

Warum führen negative Externalitäten wie die Umweltverschmutzung zu volkswirtschaftlichen Ineffizienzen? Betrachten wir den hypothetischen Fall eines Kohlekraftwerkes. Die Dirty Light & Power bewirkt negative Externalitäten, weil sie Tonnen schädlicher Schwefeldioxidabgase in die Luft bläst. Ein Teil des Schwefels schädigt zwar die eigenen Anlagen, die deshalb häufiger einen neuen Anstrich benötigen, und die Emissionen schlagen sich auch in höheren Krankenständen im Unternehmen selbst zu Buche. Trotzdem: der Großteil des Schadens wird „extern", also außerhalb des Unternehmens wirksam, weil sich die toxischen Stoffe überall in der Umgebung absetzen, die Vegetation und umliegende Gebäude schädigen und zu diversen Atemwegserkrankungen bei den Anwohnern führen.

Als gewinnmaximierendes Unternehmen muß die Dirty Light & Power entscheiden, wieviel Verschmutzung durch Abgase sie produzieren sollte. Verzichtet man gänzlich auf Umweltschutzmaßnahmen, leiden Arbeiter und Werksanlagen. Eine wirklich penible Reinhaltung der Umwelt würde hingegen extrem hohe Kosten in Form von schwefelarmen Brennstoffen, Filtern, Recyclingsystemen, Reinigungsvorrichtungen etc. verursachen. Die vollständige Rauchgasreinigung schließlich wäre so teuer, daß die Dirty Light & Power keinerlei Chance hätte, auf dem Markt zu bleiben.

Aus diesem Grund beschließt die Unternehmensleitung, Schadstoffe nur soweit herauszufiltern, als der Nutzen durch jede zusätzliche *vermiedene Verschmutzungseinheit* oder durch jede Rauchgasreinigungseinheit (privater Grenznutzen) den Grenzkosten für die Rauchgasreinigung (Vermeidungsgrenzkosten) entspricht. Die Finanzchefs des Unternehmens schätzen den privaten Grenznutzen auf $ 10 pro Tonne Schwefeldioxid. Die Unternehmenstechniker erklären der Firmenleitung, daß für die Ausfilterung von 50 der 400 normalerweise emittierten Tonnen Schwefeldioxid Grenzkosten in Höhe von $ 10 pro Tonne anfallen würden. Das Unternehmen hat also sein privates Vermeidungsoptimum in Höhe von 50 Tonnen SO_2 gefunden, bei dem der private Grenznutzen für das Unternehmen genau den privaten Grenzkosten für die Filteranlage entspricht. Mit anderen Worten, wenn die Dirty Light & Power Elektrizität nach der Kostenoptimierungsregel erzeugt, indem sie nur ihre eigenen Kosten gegen den eigenen Nutzen abwägt, wird sie ab sofort 350 Tonnen Schwefeldioxid emittieren und 50 Tonnen herausfiltern.

Tritt jedoch plötzlich ein Team von Umwelt- und Wirtschaftswissenschaftlern auf den Plan, das die allgemeinen Emissionsauswirkungen auf die Gesellschaft und nicht nur die Schäden für die Dirty Light & Power selbst zu untersuchen hat, werden die Prüfer feststellen, daß der soziale Grenznutzen von Filtermaßnahmen – einschließlich der verbesserten Gesundheitssituation der Bevölkerung und des Immobilienwertes in der unmittelbaren Umgebung – zehnmal so hoch ist wie der private Grenznutzen. Die Kostenauswirkungen durch jede zusätzliche Tonne Schwefeldioxid betragen für die Dirty Light & Power $ 10, während für die restliche Gesellschaft zusätzliche negative Auswirkungen in Höhe von $ 90 an *externalisierten Kosten* pro Tonne Schwefeldioxid entstehen. Warum berücksichtigt die Dirty Light & Power diese $ 90 an zusätzlichem sozialen Nutzen nicht in ihrer Berechnung? Nun, diese $ 90 werden ignoriert, weil der Nutzen außerhalb des Unternehmens zur Wirkung kommt und für die Unternehmensgewinne ohne Folgen bleibt.

Wir erkennen nun, wie Umweltverschmutzung und andere Externalitäten zu volkswirtschaftlich ineffizienten Ergebnissen führen: In einer ungeschützten Umwelt wählen die Unternehmen das Verschmutzungsniveau so hoch, wie es für sie selbst am gewinnträchtigsten ist, indem sie nämlich den privaten Grenznutzen durch Verschmutzungsvermeidung mit den Grenzkosten für die Vermeidung gleichsetzen. Bei signifikanten ökologischen Spillovereffekten führt das private Gleichgewicht zu einer ineffizient starken Verschmutzung und unzureichenden Umweltschutzmaßnahmen.

Das sozial effiziente Ausmaß an Umweltverschmutzung. Wenn private Entscheidungen über Umweltschutzmaßnahmen offensichtlich ineffizient sind – kann es eine bessere Lösung geben? Sollte jegliche Verschmutzung einfach verboten werden? Sollten wir verlangen, daß die geschädigten Parteien mit den Umweltverschmutzern über Entschädigungen verhandeln oder ihnen erlauben, die Umweltverschmutzer zu verklagen? Oder gibt es eine technische Lösung des Problems?

Ökonomen versuchen im allgemeinen, das sozial effiziente Ausmaß an Umweltverschmutzung zu ermitteln, indem sie die sozialen Kosten und den sozialen Nutzen gegeneinander abwägen. *Effizienz erfordert demnach, daß der soziale Grenznutzen durch die Reinhaltemaßnahmen den sozialen Grenzkosten der Reinhaltemaßnahmen entspricht.* Dieser Zustand tritt ein, wenn der Grenznutzen von Reinhaltemaßnahmen für die Volksgesundheit und das Volksvermögen auf die Einheit genau den Grenzkosten dieser Reinhaltemaßnahmen entspricht.

Wie läßt sich das effiziente Ausmaß an Umweltverschmutzung denn eigentlich ermitteln? Ökonomen empfehlen einen Ansatz, der unter der Bezeichnung *Kosten-Nutzen-Analyse* bekannt ist, bei dem das Effizienzniveau ermittelt wird, indem die Grenzkosten einer Maßnahme gegen den Grenznutzen dieser Maßnahme abgewogen werden. Im Falle unserer Dirty Light & Power könnten wir etwa annehmen, daß ein externes Expertengutachten die Kosten von Umweltschutzmaßnahmen und die Kosten der Umweltschäden ermittelt. Diese Gutachter stellen fest, daß die sozialen Grenzkosten und der soziale Grenznutzen einander entsprechen, wenn nicht 50, sondern 250 Tonnen Schwefeldioxid aus der Abluft des Kraftwerks herausgefiltert werden. Beim effizienten Verschmutzungsniveau, so stellen sie fest, liegen die Grenzkosten für Luftreinhaltemaßnahmen bei $ 40 pro Tonne, und der soziale Grenznutzen durch die letzte ausgefilterte SO_2-Einheit beträgt ebenfalls $ 40 pro Tonne.

Warum ist es für das Unternehmen effizient, nur noch 150 anstatt 400 Tonnen Schadstoffe zu emittieren? Nun, bei dieser SO_2-Emissionsrate wird der gesamtwirtschaftliche Nettoproduktionswert maximiert. Bei Emissionen der Dirty Light & Power von mehr als 150 Tonnen SO_2 würde der zusätzliche Schaden für die Umwelt die Kosteneinsparungen durch billigere Filtermaßnahmen übersteigen. Im Falle einer Senkung der SO_2-Emission unter 150 Tonnen wären die Grenzkosten für die Filtermaßnahmen jedoch höher als der Grenznutzen durch die reinere Luft. So wie auf vielen anderen Gebieten finden wir auch hier das effizienteste Ergebnis durch die Gleichsetzung von Grenzkosten und Grenznutzen einer Aktivität.

Die Kosten-Nutzen-Analyse zeigt, warum die extreme Ökoposition der „Risikovermeidung" oder „Nullemission" im allgemeinen zu Verschwendung führt. Eine Reduzierung der Emissionen auf Null bringt zumeist horrende Kosten mit sich, während der Grenznutzen aus der Beseitigung selbst des letzten Gramms eines toxischen Stoffes doch eher gering sein kann. In manchen Fällen müßte die Produktion völlig eingestellt werden, wenn jegliche Emission verboten ist, und eine No-Risk-Philosophie hätte zur Folge, daß die gesamte Stahlindustrie dichtmachen oder der gesamte Fahrzeugverkehr verbo-

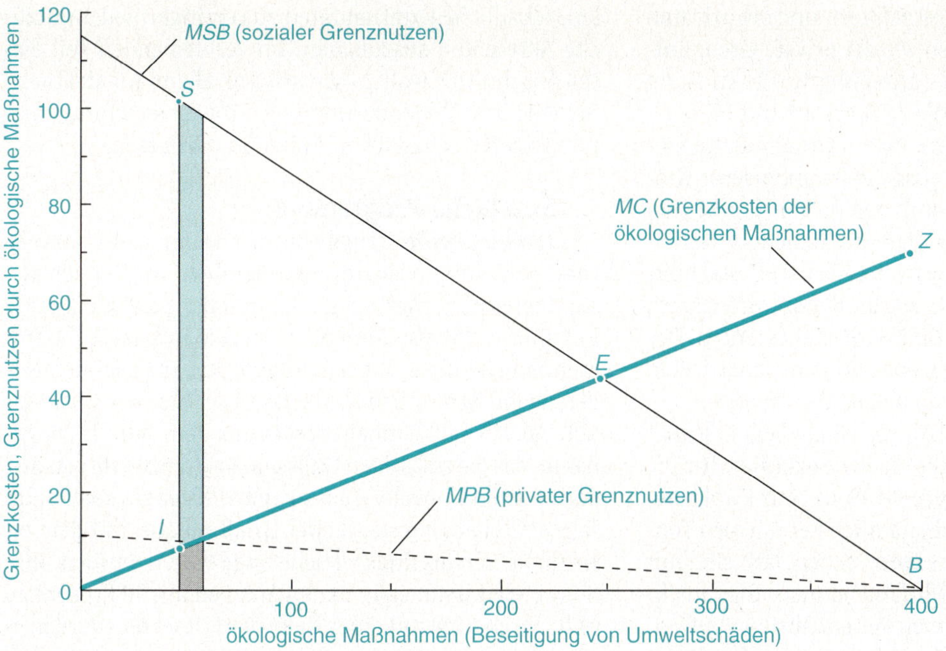

Abbildung 19-5: Ineffezienz durch Externalitäten

Wenn der soziale Grenznutzen (*MSB*) vom privaten Grenznutzen (*MPB*) abweicht, schaffen die Märkte ein unreguliertes Gleichgewicht in *I*, bei dem zu wenig gegen die Umweltverschmutzung getan wird. Effiziente ökologische Maßnahmen stellen sich in *E* ein, wo gilt: *MSB* ist gleich *MC*.

ten werden müßte. Im allgemeinen verlangt volkswirtschaftliche Effizienz nach einem Kompromiß, mit dem der Zusatzwert der Produktion eines Wirtschaftszweiges gegen den Zusatzschaden durch dessen Verschmutzung der Umwelt abgewogen wird.

Eine unregulierte Marktwirtschaft führt zu einem Ausmaß an Umweltverschmutzung (oder anderen Externalitäten), bei dem der *private* Grenznutzen der Reinhaltemaßnahmen den privaten Grenzkosten dieser Maßnahmen entspricht. Effizienz erfordert jedoch eine Gleichsetzung des *sozialen Grenznutzens* mit den sozialen Grenzkosten der Reinhaltemaßnahmen. In einer unregulierten Wirtschaft wird zu wenig für die Umwelt getan, und ökologische Probleme nehmen überhand.

Graphische Analyse der Umweltverschmutzung

Wir können das bisher Gesagte mit Hilfe unserer Abbildung 19-5 verdeutlichen. Die nach oben strebenden Markt-*MC* sind die Grenzkosten für Umwelt-Reinhaltemaßnahmen. Bei den abwärts geneigten Kurven handelt es sich um die Grenznutzen aus den Reinhaltemaßnahmen, wobei die obere durchgängige *MSB*-Linie den sozialen Grenznutzen, der durch die geringere Verschmutzung entsteht, und die untere *MPB* den privaten Grenznutzen für den Verursacher darstellt.

Bei Graphiken zu Umweltverschmutzung ist folgendes zu beachten: *In der Analyse von Umweltproblemen hat es sich bewährt, Umweltschutzmaßnahmen als ein „Gut" zu betrachten. In Graphiken messen wir daher die Grenzkosten und den Grenznutzen auf der Y-Achse und die Luftreinhaltemaßnahmen auf der X-Achse. Der Trick besteht darin, immer daran zu denken, Umweltschutzmaßnahmen als Gut zu behandeln, was bedeutet, daß sie auf der X-Achse einen positiven Wert einnehmen. Sie können natürlich Umweltschäden auch vom rechts außen liegenden Punkt 400 weg negativ auftragen. Das bedeutet, daß der völlige Verzicht auf Umweltschutzmaßnahmen eine Verschmutzung von 400 zur Folge hat, während Maßnahmen, die zu einer Vermeidung der gesamten 400 Tonnen* SO_2 *führen, einem Verschmutzungsgrad von Null entsprechen.*

Die Marktlösung ohne staatliche Eingriffe bedeutet ein Ergebnis in Punkt *I*, bei dem private Grenzkosten und Grenznutzen einander entsprechen. In diesem Punkt werden nur 50 Tonnen SO_2 ausgefiltert, und die privaten Grenzkosten betragen ebenso wie der private Grenznutzen $ 10 pro Tonne. Aber die unregulierte Marktlösung erweist sich als ineffizient. Wir können das mit Hilfe eines Experimentes nachweisen, indem wir annehmen, es würden weitere 10 Tonnern ausgefiltert, in unserer Graphik als der schmale Ausschnitt rechts von Punkt *I* zu sehen. Der Grenznutzen für diese zusätzliche Filterleistung ergibt sich durch den Gesamtbereich des Ausschnittes unter der *MSB*-Kurve, während die Grenzkosten durch den Bereich unter der *MC*-Kurve dargestellt werden. Der Nettonutzen entspricht infolgedessen dem schattierten Teil des Ausschnittes zwischen den beiden Kurven.

Das effiziente Verschmutzungsausmaß liegt in Punkt *E*, wo der soziale Grenznutzen den Grenzkosten für die Reinhaltemaßnahmen entspricht. In diesem Punkt liegen *MSB* und *MC* gleich hoch, nämlich bei $ 40 pro Tonne. Da *MSB* und *MC* einander entsprechen, läßt sich mit einem Experiment, für das wir laufend mehr SO_2 ausfiltern, feststellen, daß die Kurven keinen Abstand aufweisen, daß also durch zusätzliche Reinhaltemaßnahmen kein zusätzlicher Nettonutzen zu erwarten ist. Wir können den Nettonutzen durch die effiziente Lösung im Vergleich zur Marktlösung auch messen, indem wir in Abbildung 19-5 all die kleinen Ausschnitte des jeweiligen Nettonutzens zwischen dem schattierten Bereich und Punkt *E* berücksichtigen. Anhand dieser Berechnung ergibt der Bereich *ISE* die Gewinne durch eine effiziente Beseitigung umweltverschmutzender Faktoren.

Als letztes Experiment wollen wir die Auswirkungen der Forderung, auch den letzten Rest einer Umweltverschmutzung zu beseitigen, durchdenken. Dieser Ansatz wird als Zero-risk-Ansatz bezeichnet, und er würde in unserem Beispiel bedeuten, daß 400 Tonnen SO_2 ausgefiltert werden müssen. Hier liegt der soziale Grenznutzen bei Null, während die Grenzkosten den Punkt *Z* erreichen, was einen enormen Kostenüberhang bedeutet. Indem wir alle kleinen Bereiche rechts des Effizienzpunktes addieren, können wir erkennen, daß die Nettokosten eines Zero-risk-Ansatzes durch den Bereich *EZB* dargestellt werden.

STRATEGIEN ZUR KORREKTUR VON EXTERNALITÄTEN

Welche Waffen stehen eigentlich dem Staat zur Verfügung, der gegen Ineffizienzen vorgehen will, wie Externalitäten sie verursachen? Moderne Staaten bekämpfen Externalitäten entweder durch Direkteingriffe oder durch finanzielle Anreize, die Unternehmen dazu bewegen sollen, schädliche Externalitäten zu verringern oder nützliche Aktivitäten auszubauen. Im verbleibenden Teil dieses Abschnittes wollen wir uns vor allem auf staatliche Schritte zur Verhinderung von Umweltverschmutzung und anderen schädlichen Aktivitäten befassen.

Staatliche Programme

Direkteingriffe. Beinahe immer, wenn es um Umweltverschmutzung oder um Externalitäten im Bereich Gesundheit und Sicherheit geht, greift der Staat auf direkte Regulierungsmaßnahmen zurück, die in diesem Zusammenhang häufig als *soziale Regulierung* bezeichnet werden (siehe Kapitel 18). Als Beispiel sei hier der Clean Air Act, das US-Luftreinhaltegesetz aus dem Jahr 1970, genannt, das die zulässigen Emissionensgrenzwerte von drei der größten Umweltverpester um 90 Prozent senkte. Im Jahr 1977 kam ein staatlicher Erlaß heraus, mit dem öffentliche Versorgungsbetriebe angewiesen wurden, ihre Schwefelemissionen in neuen Anlagen um 90 Prozent zu reduzieren. Und mit einer Reihe von Gesetzen wurden in den letzten Jahrzehnten die Unternehmen dazu angehalten, ihre für die Ozonschicht schädlichen Chemikalien durch andere Stoffe zu ersetzen. All das gelang mit Hilfe staatlicher Regulierung.

Wie kann der Staat für die Umsetzung seiner Umweltgesetze sorgen? Bleiben wir doch bei unserem Beispiel der Dirty Light & Power. Das Umweltministerium könnte unser Unternehmen auffordern, seine SO_2-Emissionen von 400 auf 150 Tonnen zu reduzieren. Im Falle einer Regulierung auf dem Verordnungsweg würde die regulierende Behörde das Unternehmen einfach anweisen, der Verordnung gemäß zu handeln, und sie würde genaue Instruktionen geben, welche Filtertechnik zu verwenden und wo sie einzusetzen ist. Es gäbe nur wenig Spielraum für neue Lösunganätze oder für Abstimmungsmaßnahmen innerhalb des Unternehmens oder zwischen mehreren Unternehmen. *Wenn* die Standards richtig gesetzt werden – und auf dieses „Wenn“ kommt es an –, könnte das Ergebnis eine Annäherung an das effiziente Verschmutzungsausmaß bedeuten, das wir weiter oben in diesem Abschnitt definiert haben.

Es ist zwar möglich, daß die regulierende Behörde ihre Umweltschutz-Verordnungen im Sinne der volkswirtschaftlichen Effizienz erläßt, in der Praxis ist damit jedoch kaum zu rechnen. Tatsächlich leiden nämlich zahlreiche staatliche Umweltschutzmaßnahmen unter den in Kapitel 17 beschriebenen Mängeln: Umweltschutzstandards werden häufig ohne den Vergleich zwischen Grenzkosten und Grenznutzen willkürlich festgelegt. Ohne einen derartigen Vergleich ist es jedoch nicht möglich, das effiziente Ausmaß von Umweltschutzmaßnahmen zu ermitteln. Die gesetzlichen Bestimmungen verbieten in einigen regulierten Bereichen sogar ausdrücklich einen Kosten-Nutzenvergleich als Methode zur Festlegung des Standards.

Überdies sind staatlich vorgeschriebene Umweltstandards in jedem Fall ein sehr grobes und undifferenziertes Regulierungsinstrument. Effizienter staatlicher Umweltschutz erfordert die Gleichsetzung der Verschmutzungsgrenzkosten für alle Verschmutzungsquellen. Regulierungsmaßnahmen auf dem Verordnungsweg ermöglichen im allgemeinen keine Differenzierung nach Unternehmen, Regionen oder Wirtschaftszweigen. So betreffen Regulierungsmaßnahmen zumeist große ebenso wie kleine Unternehmen, urbane wie ländliche Gebiete oder Unternehmen mit hohem genauso wie solche mit geringem Verschmutzungsgrad in gleicher Weise. Obwohl Unternehmen A seine Kosten für eine Emissionsreduktion schon mit einem Bruchteil der Kosten abdecken könnten, die in Unternehmen B anfallen, müssen beide Unternehmen denselben Standard einhalten. Es gibt keinerlei wirtschaftlichen Anreiz für Unternehmen A, seine Emissionswerte unter den geforderten Grenzwert zu senken, obwohl es volkswirtschaftlich richtig wäre, Anreize zu bieten. Zahlreiche Studien belegen, daß die mangelnde Differenzierung des Systems der Grenzwerte und der staatlich festgesetzten Umweltstandards unser Land sehr viel teurer zu stehen kommt, als ein effizientes Umweltmanagement jemals an Kosten verursachen würde.

Volkswirtschaft in der Praxis: Soll der Staat das „Blasenkonzept" zulassen? *Zu Beginn der neunziger Jahre führten die staatliche Umweltschutzbehörde Environmental Protection Agency und die Amoco Corporation, eine große Ölgesellschaft, gemeinsam eine Studie über eine Amoco-Raffinerie in Yorktown, Virginia, durch. Entsprechend dem Clean Air Act mußte Amoco die Abwasserbehandlung der Raffinerie dahingehend ändern, daß weniger toxische Benzolemissionen anfallen würden. Kosten $ 31 Millionen.*

Die gemeinsame Studie wies darauf hin, daß dieselbe Benzolreduktion sehr viel kostengünstiger hätte erreicht werden können, wären die Änderungen in einem unregulierten Bereich vorgenommen worden, beispielsweise im Ölhafen der Raffinerie, wo die Schiffe Erdöl entluden und Benzin luden. Änderungsmaßnahmen in diesem Bereich hätten nur $ 10 Millionen gekostet.

Zu einem solchen unerwünschten Ergebnis konnte es kommen, weil Regulierungen nicht kosteneffektiv sind und nicht dazu dienen, ein höheres Niveau an Umweltqualität zu geringstmöglichen Kosten zu erreichen. Im Sinne der Kosteneffektivität müßten die Reduktionsgrenzkosten für alle Reduktionsquellen gleich sein. In diesem Fall waren jedoch die Grenzkosten im Ölhafen viel geringer als jene in der Abwasseranlage. Manche Ökonomen haben daher mit dem Vorschlag Aufmerksamkeit erregt, das gesamte Werk als eine „Blase" oder „Glokke" zu betrachten, innerhalb derer das Unternehmen Emissions-Gesamtziele zu erreichen hätte, was die kosteneffektive Erreichung von Umweltschutzzielen ermöglichen würde.

Die Marktlösung: Emissionsgebühren. Um manche der Mängel einer direkten staatlichen Kontrolle zu umgehen, wird von zahlreichen Ökonomen immer wieder vorgeschlagen, doch eine Strategie zu wählen, die eher auf wirtschaftliche Anreize als auf staatliche Verordnungen baut. Einer dieser Ansätze sieht die Einhebung von *Emissionsgebühren* vor, die bedeuten würden, daß die Unternehmen eine Steuer für die von ihnen verursachte Verschmutzung zu entrichten haben, die ebenso hoch sein müßte wie der durch den externen Effekt verursachte Schaden. Würde daher die Dirty Light & Power für die betroffene Öffentlichkeit externe Grenzkosten von $ 35 pro Tonne verursachen, müßten für die von ihr verursachten Emissionen $ 35 pro Tonne eingehoben werden. Mit dieser Maßnahme würden die Externalitäten *internalisiert*, indem das Unternehmen selbst die sozialen Kosten seiner Aktivitäten zu tragen hätte. Bei Kalkulation ihrer privaten Kosten würde die Dirty Light & Power feststellen, daß jede zusätzliche Tonne SO_2 interne Kosten von $ 5 verursacht, zuzüglich der $ 35 Emissionsgebühr, was insgesamt Grenzkosten von $ 40 pro Tonne Emission ausmacht. Setzen wir nun den neuen Grenznutzen (privater Nutzen plus Verschmutzungsgebühr) mit den Umweltschutz-Grenzkosten gleich, müßte das Unternehmen seine Emissionen auf ein effizientes Niveau verringern. *Wenn* Emissionsgebühren richtig berechnet werden – und auch hier liegt die Betonung wieder auf dem Wörtchen „wenn" –, würden gewinnorientierte Unternehmen wie von einer unsichtbaren Hand dazu angeleitet, jenen Effzienzzustand anzustreben, bei dem soziale Grenzkosten und sozialer Grenznutzen der Emission gleich hoch sind.

Die alternativen Ansätze sind graphisch in Abbildung 19-6 dargestellt, die mit einer Ausnahme Abbildung 19-5 gleicht: Hier wird angenommen, daß der private Nutzen durch Umweltschutzmaßnahmen vernachlässigbar gering ist. Durch direkte staatliche Kontrolle hält der Staat das Unternehmen an, 250 Tonnen seiner Emissionen auszufiltern (oder maximal 150 Tonnen zu emittieren). Damit läge der staatlich festgelegte Standard bei der dikken, vertikal verlaufenden Linie. Sofern dieser Standard in der richtigen Höhe festgelegt ist, wählt das Unternehmen nun das sozial effiziente Ausmaß an Umweltschutzmaßnahmen. Bei effizienter Regulierung müßte das Unternehmen daher Punkt *E* wählen, wobei *MSC MC* entspräche.

Und wie sähe das Ergebnis nach der Einführung von Emissionsgebühren aus? Nehmen wir an, der Staat hebt $ 40 pro Tonne ein. Das bedeutet de facto, daß der private Grenznutzen von Umweltschutzmaßnahmen von Null auf $ 40 pro Tonne steigt. Angesichts eines derartigen Anreizes würde sich das Unternehmen ebenfalls für den effizienten Punkt *E* in Abbildung 19-6 entscheiden.

Marktlösung: Handelbare SO_2-Emissionszertifikate. Ein neuer Ansatz, der keine staatliche Steuergesetzgebung erfordert, wäre der Einsatz handelbarer Emissionszertifikate. Anstatt dem Unternehmen die Zahlung einer Steuer von $ x pro Tonne Emission aufzuerlegen und es dann dem Unternehmen zu überlassen, das Ausmaß seiner Emissionen selbst zu bestimmen, legt hier der Staat das Ausmaß der akzeptablen Verschmutzung a priori fest und sorgt für die Zuteilung der entsprechenden Anzahl an Zertifikaten. Der Preis für diese Zertifikate, der der Höhe der Emissionsgebühr entspricht, wird auf dem Emissionszertifikatmarkt durch Angebot und Nachfrage gebildet. Unter der Annahme, daß die Kosten jeweils bekannt sind, führt dieser Ansatz zum selben Ergebnis wie der Emissionsgebühren-Ansatz. Der einzige Unterschied besteht darin, daß der Staat die Einnahmen aus den Emissionsgebühren erhält, während die Inhaber von Emissionszertifikaten (im allgemeinen Versorgungsbetriebe) mit dem Wert ihrer Zertifikate außerplanmäßige Gewinne erzielen können.

In den USA wird derzeit ein breit angelegter Test mit handelbaren Emissionszertifikaten für SO_2, eines der schädlichsten Umweltgifte, durchgeführt. Entsprechend der Novelle des Clean Air Act aus 1990 wird der Staat besagte Zertifikate für die Emission von 9 Millionen Tonnen Schwefeldioxid jährlich für das gesamte Staatsgebiet ausgeben. Damit wird sozusagen das ganze Land im Sinne der Blasen- oder Glockenpolitik behandelt. Bis zum Ende des Jahrzehnts sollen die Emissionen plangemäß gegenüber dem Niveau von 1990 um 50 Prozent reduziert werden. Die Stromversorgungsunternehmen erhalten SO_2-Emissionszertifikate und werden diese an der Warenbörse von Chicago handeln, nicht anders, als Schweinebäuche oder Erdöl gehandelt werden. Jene Unternehmen, die ihre Schwefelemissionen am kostengünstigsten reduzieren können, werden das auch tun und ihre Zertifikate an andere Unternehmen verkaufen, die beispielsweise für neue Anlagen auf zusätzliche Zertifikate angewiesen sind, oder solche, die mit ihren Reduktionsmaßnahmen im Rückstand sind.

Umweltökonomen glauben, daß mit diesem verstärkten Anreiz die ehrgeizigen Ziele bei viel geringeren Kosten erreicht werden können, als nach der traditionellen Regulierungsmethode anfallen würden. Studien des Ökonomen Tom Tietenberg vom Colby College in Maine haben ergeben, daß einer der traditionellen Ansätze zwei- bis zehnmal soviel kosten würde wie eine kosteneffektive Regulierung.

Abbildung 19-6: Umweltstandards und Emissionsgebühren

Wenn der Staat einen Verschmutzungsgrenzwert mit 150 festsetzt oder die Beseitigung von 250 fordert, führt dies zu einem ökologisch effizienten Umweltzustand in *E*. Dasselbe Ergebnis erreicht man auch mit Emissionsgebühren von $ 40 pro Tonne; in diesem Fall setzt das Unternehmen die Gebühr mit seinen Grenzkosten gleich und entscheidet sich für die ökologischen Maßnahmen in Punkt *E*.

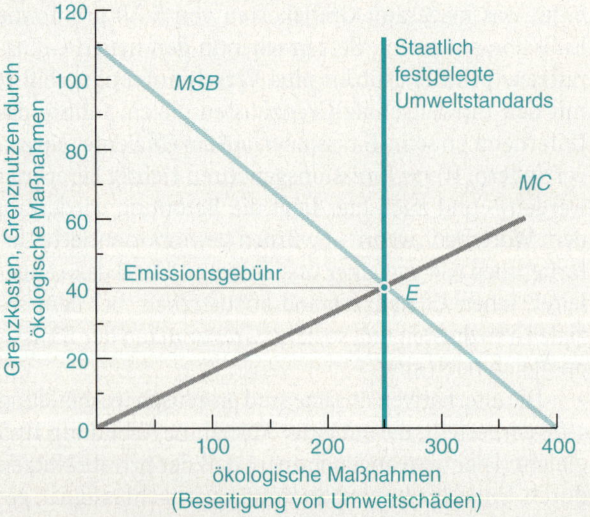

Volkswirtschaft in der Praxis: Wie berechnet man den Wert der gefleckten Eule? *Zur Erreichung des effizienten Regulierungsniveaus ist es im allgemeinen erforderlich, daß die regulierende Behörde den Geldwert der Externalität ermitteln kann. Sollen beispielsweise Emissionsgebühren so festgelegt werden,*

daß damit soziale Grenzkosten und sozialer Grenznutzen ausgeglichen sind, müssen wir natürlich auch in der Lage sein, die gesamtwirtschaftlichen Schäden durch die Emission zu berechnen. In jenen Fällen, in denen sich Auswirkungen auf marktgängige Güter und Dienstleistungen ergeben, kann eine derartige Messung relativ direkt erfolgen. Wenn eine Klimaerwärmung zu Rückgängen bei der Weizenernte führt, können wir den entstandenen Schaden durch den Nettowert des Weizens ermitteln. Oder wenn eine neue Straße die Fahrzeit für Pendler verringert, läßt sich der Nutzen der Straße ermitteln, indem wir die eingesparten Stunden mit dem Wert der Zeit, der sich beispielsweise durch den Stundenlohn ermitteln läßt, multiplizieren.

Aber zahlreiche Umweltschäden, vor allem in Bereichen abseits des Marktes, sind sehr viel schwieriger zu bewerten. So riefen beispielsweise gegen Ende der achtziger und zu Beginn der neunziger Jahre Ökologen nach einer Beendigung der Rodungsarbeiten in einem breiten Waldstreifen im Nordwesten der USA, um den Lebensraum der gefleckten Eule zu schützen. Die Einstellung der Rodungsarbeiten würde natürlich Tausende von Holzfällern ihren Job kosten. Wie aber läßt sich das Fortbestehen der gefleckten Eule als Geldwert ausdrücken? Oder – ein weiteres Beispiel – wie sieht es mit dem Erdöl aus, das aus der Exxon Valdez *im Prince William Sound, in Alaska, ausgeflossen ist und das Strände verschmutzt und zahlreiche Wildtiere getötet hat? Wieviel ist das Leben eines Seeotters wert? Noch viel kontroverser ist selbstverständlich die Bewertung eines Menschenlebens. Wieviel sollte der Gesellschaft eine höhere Lebenserwartung der Menschen wert sein?*

Ökonomen haben mehrere Methoden entwickelt, mit denen sie Schäden schätzen können, die nicht direkt im Marktpreis ihren Niederschlag finden. Am leichtesten fällt die Bewertung in jenen Fällen, in denen Umweltprobleme die Nutzer direkt schädigen. Ein verschmutzter Fluß oder See hindert die Menschen am Fischen und Schwimmen, und der Wert für die verlorenen Freizeitmöglichkeiten läßt sich schätzen.

Aber wie ist das wirklich mit dem Wert der gefleckten Eule? Die meisten Leute sehen in ihrem ganzen Leben kein einziges Exemplar dieses seltenen Tieres, genauso wie sie niemals einen Singschwan sehen oder den Prince William Sound besuchen werden. Trotzdem können ihnen diese natürlichen Ressourcen etwas wert sein. Manche Umweltökonomen verwenden eine Technik, die als Contingent Valuation oder Eventualbewertung *bezeichnet wird und bei der Menschen gefragt werden, wieviel sie in einer hypothetischen Situation bezahlen würden, um beispielsweise dafür zu sorgen, daß bestimmte natürliche Ressourcen unbeschädigt bleiben. Im Fall der* Exxon-Valdez-*Ölkatastrophe befragte man Menschen überall auf der Welt, um herauszufinden, wie Menschen, die den Prince William Sound niemals gesehen haben, die Bewahrung und Wiederherstellung seiner unberührten Umwelt beurteilen. Und anhand der Studie wurden Unfallkosten im Wert von $ 3 Milliarden ermittelt.*

Die Methode der Eventualbewertung hat jedoch zu einer erbitterten Kontroverse geführt. Ihre Kritiker meinen nämlich, daß die Antworten der Befragten nicht glaubhaft seien, weil man damit Menschen um eine Bewertung von etwas bittet, das sie nicht verstehen und noch niemals erfahren haben. Da die Befragten für den angegebenen Geldwert auch nicht selbst aufkommen müssen, und weil sie gern viel „hypothetisches" Geld für eine gute Sache ausgeben, fallen ihre Schätzungen unrealistisch hoch aus, und man dürfte sie eigentlich gar nicht berücksichtigen.

Kaum jemand würde daran zweifeln, daß eine intakte Umwelt für viele Amerikaner tatsächlich großen Wert hat, aber die Bewertung nicht marktgängiger Elemente ist trotzdem eine ziemlich unsichere Sache.

Privatwirtschaftliche Ansätze

Nicht für jede Lösung sind direkte staatliche Maßnahmen erforderlich. Es gibt auch zwei privatwirtschaftliche Ansätze, die zu einem einigermaßen effizienten Ergebnis führen können: private Ausgleichsverhandlungen und Haftungsgesetze.

Ausgleichsverhandlungen und das Coase-Theorem. Nehmen wir an, der Staat würde sich entschließen, in ökologischen Belangen nicht zu intervenieren. Die Analyse von Ronald Coase aus Chicago führt zu dem verblüffenden Ergebnis, daß freiwillige Verhandlungen zwischen den betroffenen Parteien unter gewissen Umständen ebenfalls zu einem effizienten Ergebnis führen können.

Die Umstände, unter denen dies möglich wäre, sind dann gegeben, wenn Eigentumsrechte wohl definiert sind und die Verhandlungskosten niedrig gehalten werden können. Nehmen wir beispielsweise an, ich würde flußaufwärts von Ihren Fischgründen Chemikalien in einen Fluß einleiten und so einen Großteil Ihrer Fischbestände vergiften. Nehmen wir weiters an, daß Sie mich für den Schaden an Ihren Fischen verklagen können. In diesem Fall, meinte Coase, hätten wir beide einen starken Anreiz, uns zusammenzutun und uns über die effiziente Höhe des Schadens zu einigen. Und dazu wäre keinerlei Umweltschutzprogramm des Staates erforderlich.

Es wurde mittlerweile auch versucht, den Gedankengang von Coase weiterzuspinnen und zu argumentieren, es würde auf jeden Fall ein effizienter Handel abgeschlossen werden. Aber diese Annahme ist allzu optimistisch. Die Behauptung, es gäbe Spielraum für einen effizienten, kostensparenden Handel, bedeutet nicht, daß ein solcher Handel in jedem Fall zustande kommen muß – wie die Geschichte der Kriege und Arbeitskämpfe und auch die Spieltheorie hinreichend belegen.[6]

Trotzdem führt uns die Coase-Analyse gewisse Fälle vor Augen, in denen mit Hilfe privater Vereinbarungen Externalitäten etwas gemildert werden können – vor allem, wenn die Eigentumsrechte gut definiert sind und wenn nur einige wenige Parteien betroffen sind, die auch tatsächlich zusammenkommen und eine effiziente Lösung ausverhandeln können.

Haftungsfragen. Ein zweiter Ansatz bezieht sich auf die gesetzlichen Bestimmungen zur Regelung der Haftungsfrage oder der zivilrechtlichen Aspekte anstelle einer direkten staatlichen Regulierung. Hier haftet der Verursacher der Externalitäten rechtlich für etwaige Schäden, die er anderen verursacht.

In manchen Bereichen hat sich dieses System weitgehend durchgesetzt. So kann man in den meisten amerikanischen Bundesstaaten, wenn man von einem Autofahrer, der damit die Straßenverkehrsordnung verletzt, angefahren wird, diesen auf Schadenersatz klagen. Oder eine Firma, die durch Fahrlässigkeit die Erkrankung eines ihrer Arbeiter verursacht, kann von diesem ebenfalls verklagt werden.

Aber kehren wir zu unserem Beispiel zurück – wie könnte es in diesem Fall gelingen, durch ein perfektes Haftungssystem die Externalitäten in Grenzen zu halten? Wenn die Dirty Light & Power einen Schaden von $ 40 pro Tonne Luftverschmutzung verursacht, müßten die Opfer diese Schäden vor Gericht geltend machen. So lägen die Grenzkosten für das Unternehmen bei $ 40 pro Tonne, also ebenso hoch, als würde eine Verschmutzungsgebühr von $ 40 pro Tonne erhoben. Diese Kosten wären ein starker Anreiz für das Unternehmen, das Verschmutzungsniveau bis auf das Effizienzniveau zu drükken.

Leider sind die Haftungsbestimmungen ebenso unzulänglich wie alle anderen Systeme zur Beseitigung von Externalitäten. Die Hauptschwierigkeit besteht in den hohen Verfahrenskosten und – wir sprechen hier schließlich von Umweltschutz – in den fehlenden Eigentumsrechten an frischer Luft.

DEN KLIMAWANDEL AUFHALTEN ODER NICHT AUFHALTEN?

Kein anderes ökologisches Thema erscheint den Wissenschaftlern so besorgniserregend wie die Bedrohung durch die Erderwärmung infolge des Treibhauseffekts. Klimatologen und andere Wissenschaftler warnen immer wieder, die Akkumulation von Gasen wie Kohlendioxid (CO_2), das durch die Verbrennung fossiler Brennstoffe in großen Mengen frei wird, werde im nächsten Jahrhundert wahrscheinlich zu einer Erwärmung unseres Planeten und zu anderen signifikanten Klimaveränderungen führen. Ausgehend von Klimamodellen haben die Wissenschaftler errechnet, daß sich die Erde im kommenden Jahrhundert bei anhaltendem Trend um 2,8-6°Celsius erwärmen könnte. Damit müßten wir mit einer stärkeren Klimaveränderung als während der ganzen bisherigen Zeit menschlicher Zivilisation zurechtkommen.

Der Treibhauseffekt ist die große alte Dame unter den Problemen mit öffentlichen Gütern: Maßnahmen, die wir heute treffen, beeinflussen die Lebensbedingungen aller Menschen in allen Ländern, und das über Jahrhunderte! Die Kosten für eine Reduktion der CO_2-Emissionen entstehen hingegen kurzfristig, wenn die Länder ihre Nutzung fossiler Brennstoffe durch Energieeinsparungen, alternative Energiequellen (Sonnenenergie oder vielleicht auch Kernkraft), durch das Anpflanzen von Bäumen und andere Maßnahmen einschränken. Der Nutzen von Emissionsreduktionen ist aber erst in vielen Jahren zu erwarten, wenn die geringeren Emissionen zukünftige klimainduzierte Schäden verringern – was eine geringere Störung der Landwirtschaft, der Meeresküsten und Ökosysteme bedeuten würde.

[6] Alle jene, die Kapitel 11 bereits gelesen haben, werden nun erkennen, daß sich die Spieltheorie auf Verhandlungssituationen im Zusammenhang mit dieser Art von Externalitäten recht gut anwenden lassen müßte. Was lernen wir daraus? Nun, Spiele enden häufig mit einer Gleichgewichtssituation, die jedoch ein offensichtlich ineffizientes Ergebnis darstellt. In Kapitel 11 ist der Fall eines Verschmutzungsspieles angeführt, bei dem das Eigeninteresse die Verschmutzer ein großes Ausmaß an Ruß und Abfall produzieren ließ. Das geschah, wenn die Unternehmen sich für den nicht kooperativen Marktansatz entschieden (man bezeichnet dieses Ergebnis als Nash-Gleichgewicht). Spieltheoretiker haben kein Theorem finden können, das den Nachweis einer unsichtbaren Hand abgeben könnte, die zwei oder mehr Mitspieler dazu bringt, sich gemeinsam auf das Pareto-effiziente Verschmutzungsniveau zu einigen. Coase selbst und alle anderen nach ihm haben dieses Ergebnis niemals nachweisen können.

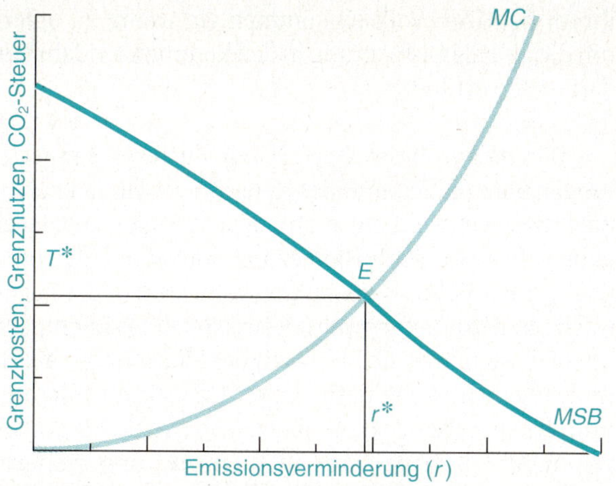

Abbildung 19-7: CO_2-Steuern können den schädlichen Klimawandel verzögern

Eine Verzögerung des Klimawandels ohne allzu große Schädigung der Wirtschaft erfordert die Verhängung von „CO_2-Steuern" auf schädliche Kohlendioxidemissionen, um die Grenzkosten der Emissionsbeseitigung mit dem Grenznutzen durch die geringeren Schäden infolge des Ansteigens der Meeresspiegel und sonstige Auswirkungen des Klimawandels gleich zusetzen.

Die Ökonomen haben nun damit begonnen, die volkswirtschaftlichen Auswirkungen des sich abzeichnenden Klimawandels zu studieren, um besser verstehen zu können, wie die Staatengemeinschaft hier gegensteuern könnte und welche vernünftigen Strategien sich entwikkeln ließen. Eingangs wird darauf hingewiesen, daß während des langen Weges unserer wirtschaftlichen Entwicklung die Technologie den Menschen und seine wirtschaftliche Tätigkeit von den Unwägbarkeiten des Klimas zunehmend abgekoppelt hat. Heute leben und gedeihen Menschen dank der modernen Technologie in praktisch jedem auf dieser Erde anzutreffenden Klima. Beim Großteil aller wirtschaftlichen Aktivitäten übertreffen Variable wie Löhne, Gewerkschaften, Ausbildung der Arbeitskräfte und politische Faktoren alle klimatischen Überlegungen an Bedeutung.

Im allgemeinen reagieren besonders jene Wirtschaftssektoren empfindlich auf einen Klimawandel, die stark von natürlichen Ökosystemen ohne Eingriffsmöglichkeit für den Menschen abhängig sind – die also auf natürliche Regenfälle, Wasserabfluß oder auf bestimmte Temperaturen angewiesen sind. In diese Kategorie fallen Landwirtschaft, Forstwirtschaft, Freizeitindustrie und Aktivitäten in Küstenregionen. Länder wie Japan und die Vereinigten Staaten sind vom Klimawandel relativ unabhängig, während Entwicklungsländer wie Indien und Brasilien überaus stark betroffen wären. Volkswirtschaftliche Studien zeigen, daß die Gesamtkosten des Klimawandels in den USA bis zum Ende des kommenden Jahrhunderts wahrscheinlich höchstens ein paar Prozentpunkte der gesamten Wirtschaftsleistung ausmachen werden.

Eine effiziente Strategie zur Eindämmung des Klimawandels erfordert die Abwägung der Grenzkosten einer CO_2-Reduktion gegen den dadurch entstehenden Grenznutzen. Abbildung 19-7 zeigt die Grenzkosten der Reduktion schematisch als *MC* und den sozialen Grenznutzen als *MSB*. Die Y-Achse mißt Kosten und Nutzen in Dollars, während auf der X-Achse die Emissionsreduktion in Prozent der Kohlendioxidreduktion aufgetragen ist. Punkt *E* im Diagramm stellt den Effizienzpunkt dar, an dem die Grenzreduktionskosten dem Grenznutzen durch die Verzögerung des Klimawandels entsprechen. Das ist jener Punkt, bei dem es zu einer Wertmaximierung des zukünftigen menschlichen Konsums kommt. Im Gegensatz dazu weist die reine Marktlösung Emissionsreduktionen von Null auf, wo *MSB* weit über den *MC* von Null liegt, während eine extreme ökologische Lösung, die versucht, jegliche Störung des natürlichen Ökosystems zu vermeiden, an den rechten Rand des Diagramms gerät, wo *MC MSB* weit überschreitet.

Wie läßt sich Punkt *E*, das Effizienzniveau einer CO_2-Reduktion, erreichen? Da CO_2-Emissionen durch die Verbrennung von kohlehältigen Brennstoffen entstehen, wurde unter anderem eine Steuer auf den Kohlenstoffgehalt von Brennstoffen gefordert. Brennstoffe, die einen höheren CO-Anteil haben – beispielsweise Kohle selbst –, sollten stärker besteuert werden als Brennstoffe mit geringem Kohlenstoffgehalt wie Benzin. Ökonomen haben errechnet, daß sich eine effiziente CO_2-Steuer im Bereich zwischen $ 5 und $ 10 pro Tonne Kohle bewegen müßte und während der kommenden hundert Jahre stufenweise angehoben werden sollte. Eine höhere CO_2-Steuer würde die Stromrechnungen mit nur 2 Prozent belasten, und auch der Benzinpreis würde um nur 2 Cent pro Gallone steigen. Aber es wäre trotz einer solchen CO_2-Steuer in der genannten Höhe immer noch mit einem beträchtlichen Klimawandel zu rechnen. Ökologen sprechen sich daher für eine sehr viel höhere CO_2-Steuer aus, etwa in der Größenordnung von $ 100 pro Tonne – die für die Weltbevölkerung weiterreichende Auswirkungen hätte, weil sie signifikante klimatische Veränderungen vielleicht doch verhindern könnte.

Möglicherweise liegen Ökonomie und Ökologie aber gar nicht so weit auseinander, wie diese Analyse glauben machen könnte. Der Klimawandel stellt auch die Politik vor gravierende Schwierigkeiten, weil seine Auswirkungen überaus ungewiß sind und so unvorstellbar weit in die Zukunft reichen. Um welche möglichen Auswirkungen geht es hier? Wissenschaftler malen das Bild sich umkehrender Meeresströmungen, die Europa in ein neues Alaska verwandeln könnten, sie sprechen von kontinentaler Trockenheit, die aus Weizengürteln Wüsten machen könnte, von großen Flußsystemen, die austrocknen werden, wenn die Gletscher und Dauerfrostgebiete verschwinden, von heftigen Stürmen, die die gesamte Bevölkerung tieferliegender Regionen auslöschen könnten, von schmelzenden Polkappen, die den Meeresspiegel um 6 bis 16 Meter anheben könnten, von einer Ausbreitung alter oder neuer tropischer Seuchen und Krankheiten in Richtung Norden, was zur Dezimierung der Bevölkerung in den gemäßigten Klimazonen führen könnte, von durch die Umwelt ausgelösten Wanderungsbewegungen, bei denen Menschen auf der Suche nach bewohnbarem Land bestehende Grenzen einfach überrennen könnten.

Angesichts dieses Szenarios greifen Ökonomen auf die Techniken der Nutzentheorie unter unsicheren Bedingungen, die wir in Kapitel 11 besprochen haben, zurück, um verschiedene Strategien auf ihre Brauchbarkeit zu prüfen. Nach diesem Ansatz gehört zu einem überlegten Entscheidungsfindungsprozeß eine Prognose dessen, was passieren könnte, die Einschätzung der Folgen dieser Ereignisse, die Abwägung der zu erwartenden Folgewirkungen gegenüber den erwarteten Kosten bei verschiedenen Szenarien und schließlich eine Entscheidung über Maßnahmen, die den erwarteten Wert oder Nutzen des Ergebnisses maximieren werden. Erste Studien führen zu dem Schluß, daß es auf Grund der so gravierenden Unsicherheiten und der geringen Wahrscheinlichkeit wirklich ernsthafter Schäden vernünftig sein könnte, eine „Risikoprämie" in der Form zu bezahlen, daß heute zusätzliche Maßnahmen ergriffen werden, um den Klimawandel zumindest zu verzögern. Ebenso wie wir als Individuen es vernünftig finden, einen kleinen Teil unseres heutigen Einkommens in Feuerlöscher zu stekken, die verhindern sollen, daß unser Haus abbrennt, könnte es auch die Gesellschaft als sinnvoll erachten, von ihrem heutigen Volkseinkommen ein wenig zu opfern, um die globale Erwärmung in den kommenden Jahrhunderten zu verhindern.

Wir haben dieses Kapitel mit düsteren Fragestellungen über die Zukunft der Menschheit begonnen. Nun, nachdem wir das Feld mehr oder weniger abgesteckt haben – welche Schlußfolgerung drängt sich da auf? Je nach persönlicher Veranlagung kann man in der gegenwärtigen Situation sowohl optimistisch als auch pessimistisch sein, was die Fähigkeit der Menschheit, die Bedrohungen unserer natürlichen Umwelt zu erkennen und entsprechend zu reagieren, betrifft. Es stimmt schon: Wir bewegen uns in Richtung ungesicherter Gewässer, wenn wir viele Ressourcen einfach ausplündern, andere irreversibel verändern und mit unserem Universum spielen, ohne uns die Auswirkungen unseres Handelns bewußt zu machen. Die Menschheit erscheint heute ebenso kampflustig wie zu Beginn ihrer geschriebenen Geschichte, und sie hat Waffen entwikkelt, die sich in Kriegen als erschreckend effektiv erweisen. Ebenso sind aber unsere Fähigkeiten der Beobachtung und Analyse auch um ein Vielfaches besser geworden. Unsere Fähigkeit, Beobachtungen, Messungen, Analysen und Berechnungen zu kombinieren, steigt noch rascher als unsere Neigung, Abfälle zu produzieren, Bäume umzusägen und immer mehr Menschen zu produzieren.

Was aber wird in diesem Wettlauf zwischen unserer Neigung zu Uneinigkeit, Streit und zur Verschmutzung unserer natürlichen Umwelt und unserer Fähigkeit nachzudenken und vernünftige Berechnungen anzustellen den Sieg davontragen? Gibt es genügend Ressourcen, um den Armen den Konsumstandard der heutigen industrialisierten Welt zu ermöglichen, oder werden die heute Reichen die Leiter hinter sich einfach hochziehen und alle anderen draußen vor der Tür zurücklassen? Es gibt keine endgültige Antwort auf diese weitreichenden Fragen, aber viele Ökonomen vertreten die Ansicht, daß der *Homo sapiens*, sollte er weise mit den ihm zur Verfügung stehenden natürlichen Ressourcen umgehen, nicht nur überleben, sondern noch lange Zeit hindurch erfolgreich auf dieser Welt agieren wird.

ZUSAMMENFASSUNG

A. Grenzen des Bevölkerungswachstums und Beschränktheit der natürlichen Ressourcen

1. Die von Malthus entwickelte Bevölkerungstheorie beruht auf dem Gesetz der abnehmenden Grenzerträge. Malthus meinte, die Bevölkerung werde, sofern niemand ihr Grenzen setzen könne, exponentiell wachsen, was eine Verdoppelung der Bevölkerungszahl etwa einmal pro Generation bedeutet. Aber dem einzelnen in dieser stetig wachsenden Menschenmasse stehen immer weniger Boden und weniger natürliche Ressourcen zur Verfügung. Auf Grund des bereits erwähnten Ertragsgesetzes könnten die Einkommen bestenfalls ein arithmetisches Wachstum erreichen; die Produktionsleistung pro Person würde damit so weit zurückgehen, daß Stabilität erst auf einem sehr niedrigen Niveau, knapp über dem Hungertod, erreicht werde.
2. Im Verlauf der letzten eineinhalb Jahrhunderte wurden Malthus und seine Anhänger in mehreren Punkten widerlegt. Zu den wichtigsten Kritikpunkten zählt der Hinweis, Malthus habe die Möglichkeit eines technologischen Fortschritts außer acht gelassen und ebenso die Bedeutung der Geburtenkontrolle als wirksame Maßnahme zur Eindämmung des Bevölkerungswachstums verkannt.
3. Studien über die Beziehung zwischen Umweltverschmutzung, Bevölkerungsdichte und Einkommen haben ergeben, daß die Nachfrage nach guter Umweltqualität mit steigendem Pro-Kopf-Einkommen rapide zunimmt, so daß sich nach der überwiegenden Zahl der Indikatoren die Umweltqualität mit steigendem Pro-Kopf-Einkommen eher verbessert als verschlechtert.

B. Die Allokation von Marktressourcen

4. Natürliche Ressourcen gelten als nicht erneuerbar, wenn ihr Angebot im wesentlichen fix ist und sich nicht rasch regenerieren kann. Erneuerbare Ressourcen sind hingegen jene, deren Angebot sich regelmäßig wieder „auffüllen" läßt und die, wenn man richtig mit ihnen umgeht, unbegrenzt nützliche Dienste leisten können.
5. Aus volkswirtschaftlicher Sicht besteht ein wesentlicher Unterschied zwischen internalisierbaren und nicht internalisierbaren Ressourcen. Natürliche Ressourcen sind dann internalisierbar, wenn Unternehmen oder Konsumenten den vollen Nutzen ihrer Dienste in Anspruch nehmen können; als Beispiele wären Weinriede oder Ölfelder zu nennen. Dagegen sind natürliche Ressourcen dann nicht internalisierbar, wenn ihre Kosten oder ihr Nutzen nicht auf den Eigentümer durchschlagen. Mit anderen Worten, sie bewirken Externalitäten. Beispiele wären hier Luftqualität und Klima, die Externalitäten aufweisen und durch menschliche Aktivitäten wie das Verbrennen fossiler Brennstoffe beeinflußt werden.
6. Wichtige Beispiele für internalisierbare, nicht erneuerbare, natürliche Ressourcen sind fossile Brennstoffe wie Erdöl, Erdgas und Kohle. Ökonomen argumentieren, daß natürliche Ressourcen wegen der effizienten Preisgestaltungs- und Allokationsmöglichkeiten auf privaten Märkten nicht anders behandelt werden sollten als alle anderen Kapitalgüter auch.

C. Maßnahmen gegen Externalitäten: Umweltökonomie

7. Ein ganz wesentliches und in seiner Bedeutung zunehmendes Marktversagen betrifft die Externalitäten. Diese treten auf, wenn die Kosten (oder der Nutzen) einer Aktivität zu Spillover-Effekten auf andere Menschen führt, ohne daß diese Menschen für die ihnen erwachsenden Kosten entschädigt werden oder für den gewonnenen Nutzen bezahlen müssen.
8. Das weitaus deutlichste Beispiel für Externalitäten bieten die öffentlichen Güter wie die Landesverteidigung, deren Konsum sich auf alle Mitglieder einer Gruppe gleichermaßen verteilt, und von deren Konsum niemand sich ausschließen kann. Weniger deutliche Beispiele sind das öffentliche Gesundheitswesen, Erfindungen, öffentlich zugängliche Parkanlagen und Dämme, die auch Eigenschaften öffentlicher Güter aufweisen. Diese stehen den privaten Gütern, beispielsweise Brot, gegenüber, die sich teilen lassen und Einzelpersonen zugute kommen können.
9. Umweltprobleme entstehen durch Externalitäten aus Produktion oder Konsum. In einer unregulierten Marktwirtschaft entsteht ein Übermaß an Umweltverschmutzung, dem ein zu geringes Maß an Umweltschutzmaßnahmen gegenübersteht. Nicht regulierte Unternehmen treffen Umweltschutzentscheidungen (und Entscheidungen über andere öffentliche Güter), indem sie ihren privaten Grenznutzen mit ihren privaten Grenzkosten gleichsetzen. Die Effizienz würde es jedoch erfordern, daß der soziale Grenznutzen den sozialen Grenzkosten für Umweltschutzmaßnahmen entspricht.
10. Es gibt zahlreiche Maßnahmen, mit denen Staaten die Ineffizienzen aus Externalitäten internalisieren bzw. korrigieren können. Als Alternativen bieten sich etwa dezentrale Lösungen (wie Ausgleichsverhandlungen oder gut entwickelte Haftungsgesetze) oder staatlich auferlegte Maßnahmen (etwa die Festlegung von Grenzwerten oder Emissionssteuern) an. Nach allen Erfahrungen ist keiner dieser Ansätze in jeder Situation ideal, aber viele Ökonomen sind der Ansicht, der intensivere Einsatz marktähnlicher Systeme könnte die Effizienz von Regulierungssystemen verbessern.

BEGRIFFE ZUR WIEDERHOLUNG

Bevölkerungswachstum und natürliche Ressourcen

Die malthusianische Bevölkerungstheorie
erneuerbare und nicht erneuerbare Ressourcen
internalisierbare und nicht internalisierbare Ressourcen

Umweltökonomie

Externalitäten und öffentliche Güter
private und öffentliche Güter
Ineffizienz von Externalitäten
interne und externe Kosten, soziale und private Kosten

Abhilfe bei Externalitäten: Verhandlungen, Haftung, Grenzwerte, Steuern
handelbare Emissionszertifikate

FRAGEN UND BEISPIELE

1. Welcher Unterschied besteht zwischen erneuerbaren und nicht erneuerbaren Ressourcen? Nennen Sie jeweils ein Beispiel.
2. Was versteht man unter einer nicht internalisierbaren natürlichen Ressource? Nennen Sie ein Beispiel und erklären Sie, warum die Marktallokation dieser Ressource ineffizient ist. Welche Methode würden Sie vorziehen, um ein besseres Marktergebnis zu erzielen?
3. Viele Ökonomen glauben, der Staat solle auf einem Markt, auf dem es zu keinen nennenswerten Externalitäten kommt, nicht eingreifen – was der traditionellen „wirtschaftsliberalen" oder Laissez-faire-Position entspricht. Bringen die Externalitäten, zu denen es im Zuge des Bevölkerungswachstums kommt, positive oder negative Spillovereffekte mit sich? Denken Sie dabei etwa nur an das Schulsystem, die nationale Verteidigung, das Straßennetz, die Umweltverschmutzung oder Genies wie Mozart und Einstein.
4. Eine *geometrische Reihe* ist eine Folge von Termen (g_1, g_2, … g_t, $g_t + 1$...), bei der jeder Term dasselbe Vielfache des vorherigen Wertes darstellt: $g_2/g_1 = g_3/g_2 = ... = g_t + 1/g_t = \beta$. Sollte $\beta = 1 + i > 1$, nehmen die Terme exponentiell zu – als Beispiel wäre der Zinseszins zu nennen. Eine *arithmetische Reihe* ist eine Termenfolge (a_1, a_2, a_3, …, a_t, $a_t + 1$...), bei der die Differenz zwischen jedem Term und dem vorherigen konstant ist: $a_2 - a_1 = a_3 - a_2 = ... = a_t + 1 - a_t = ...$ Führen Sie jeweils Beispiele an. Beweisen Sie, daß eine geometrische Reihe, bei der gilt $\beta > 1$, irgendwann jede arithmetische Reihe überholen muß. Stellen Sie eine Beziehung zwischen dieser Erkenntnis und der malthusianischen Bevölkerungstheorie her.
5. Erinnern Sie sich an die Aussage Malthus', wonach das ungehinderte Bevölkerungswachstum einer geometrischen Reihe entsprechen muß, während das Nahrungsangebot – das durch das Gesetz des abnehmenden Grenzertrags eingeschränkt ist – nur im Ausmaß der arithmetischen Reihe zunehmen kann. Verwenden Sie ein numerisches Beispiel, um nachzuweisen, warum die Nahrungsmittelproduktion pro Kopf sinken muß, wenn die Bevölkerung ungehindert wächst, während auf Grund der abnehmenden Grenzerträge bei der Nahrungsmittelproduktion nur ein im Vergleich zur Zunahme des Arbeitsangebotes geringeres Wachstum möglich ist.
6. „Lokale öffentliche Güter" sind Güter, die im wesentlichen den Bewohnern einer Stadt oder eines Bundeslandes zugute kommen – etwa Strände oder Schulen, die nur von der einheimischen Bevölkerung besucht werden dürfen. Gibt es irgendeinen Grund zu der Annahme, daß Städte ein Wettbewerbsverhalten an den Tag legen könnten, um ihren Bewohnern die richtige Menge lokaler öffentlicher Güter anzubieten? Sollte die Antwort ja lauten, läßt sich daraus eine volkswirtschaftliche Theorie des „Fiskalföderalismus" ableiten, wonach lokale öffentliche Güter auch lokal angeboten werden sollten?
7. Entscheiden Sie für jede der folgenden Externalitäten, ob sie ein so ernsthaftes Problem darstellt, daß kollektive Maßnahmen gerechtfertigt wären. Sollte Ihre Antwort ja lauten – welche der vier in diesem Kapitel erörterten Maßnahmen würden Sie als effizienteste Maßnahme anwenden?
   a. Stahlwerke, die Schwefeldioxid in die Luft von Birmingham emittieren;
   b. Raucher in Restaurants;
   c. rauchende Studenten in Einzelzimmern;
   d. Autofahren in alkoholisiertem Zustand, das für 25.000 Todesfälle jährlich verantwortlich ist;
   e. Autofahren alkoholisierter Lenker unter 21 Jahren.

KAPITEL 20

EINKOMMENSVERTEILUNG UND DER KAMPF GEGEN DIE ARMUT

[Der Konflikt] zwischen Gerechtigkeit und Effizienz [ist] unser größter sozioökonomischer Zwiespalt, der uns in der Sozialpolitik in Dutzenden Facetten heimsucht. Wir können einfach nicht beides zugleich haben: Markteffizienz und Verteilungsgerechtigkeit.

Arthur Okun (1975)

Wir leben in einer Zweiklassengesellschaft. Zwar proklamieren unsere Gesetze gleiches Recht für alle, das Wahlrecht gilt für jedermann, und Chancengleichheit ist in aller Munde. So sieht jedenfalls die Rhetorik der modernen Demokratie aus. Unser aller tägliches Leben spricht eine andere Sprache. Während einige hungrig sind und kein Dach über dem Kopf haben, leben andere in Palästen und fahren Autos um $ 100.000.

Wie stellt sich denn die Realität dar – gleiche Rechte oder ungleiche Ergebnisse? Nun, beides trifft in gewisser Weise zu. Demokratische Länder respektieren Menschenrechte und Chancengleichheit. Sie treffen Maßnahmen, um den Lebensstandard der vom Glück weniger Begünstigten zu heben. Aber die Armut ist keineswegs aus unseren Ländern verschwunden, denn Reichtum und Großzügigkeit des modernen Sozialstaates haben ihre Grenzen. Auch führen Versuche, Einkommensgleichheit zu erzielen, zu nachteiligen Auswirkungen in Form geringerer wirtschaftlicher Anreize und mangelnder Effizienz. Heute stellen wir uns folgende Frage: Wieviel von unserem Wirtschaftskuchen müssen wir opfern, um ihn gerechter aufteilen zu können?

Zweck dieses Kapitels ist eine Untersuchung der Fakten im Zusammenhang mit der Einkommensverteilung und den Schwierigkeiten, denen sich der Staat in seinen Bemühungen um Umverteilung gegenübersieht. Wirtschaftspolitische Maßnahmen im Sinne einer gerechteren Einkommensverteilung gehören zu den umstrittensten und schwierigsten Themen der Politik überhaupt. Hier lohnt sich eine klare volkswirtschaftliche Analyse der Trends und Fakten in bezug auf die Armut sowie eine Stärken- und Schwächenanalyse alternativer politischer Maßnahmen, weil wir so zu einem guten und gerechten Funktionieren der Marktwirtschaft beitragen können.

A. UNGLEICHHEIT MESSEN

Um Ungleichheiten in der Verfügung über volkswirtschaftliche Ressourcen messen zu können, müssen wir uns Gedanken über die bestehenden Einkommens- und Vermögensunterschiede machen. Sie erinnern sich bestimmt noch aus Kapitel 12: Unter **persönlichem Einkommen** verstehen wir die Gesamteinnahmen oder Geldbeträge, die eine Person oder ein Haushalt in einer bestimmten Periode (normalerweise in einem Jahr) einnimmt. Die wichtigsten Bestandteile des persönlichen Einkommens sind dabei: Einkommen aus Erwerbsarbeit, Vermögen (arbeitslose Einkommen aus Miete, Zins und Dividenden) und staatliche Transferzahlungen. Das **verfügbare persönliche Einkommen** setzt sich aus dem persönlichen Einkommen abzüglich aller abzuführenden Steuern zusammen. Das **Vermögen** oder „Reinvermögen" besteht aus dem gesamten Geldvermögen oder den gesamten finanziellen und materiellen Vermögenswerten abzüglich der Schulden gegenüber Banken oder anderen Gläubigern. Sie können Ihr Gedächtnis, was die wichtigsten Einkommens- und Vermögensquellen betrifft, ein wenig auffrischen, indem Sie die Tabellen 12-1 und 12-2 (Seiten 250 und 252) noch einmal durcharbeiten.

DIE VERTEILUNG VON EINKOMMEN UND VERMÖGEN

Über private Einkommen wird in den USA nicht gern gesprochen, ja, sie sind eines der größten Tabus überhaupt. Häufig wissen wir mehr über intime Details aus dem Privatleben unserer Freunde als über ihre Gehälter. Die Menschen sind daher häufig erstaunt, wenn sie erfahren, wieviel ihre Landsleute verdienen. Laut Statistik mußte im Jahr 1992 die Hälfte aller Haushalte mit weniger als dem Medianeinkommen von $ 30.786 auskommen, während der anderen Hälfte ein höheres Einkommen zur Verfügung stand.

Ebenso wichtig wie das mittlere Einkommen ist jedoch auch die *Einkommensverteilung*, die uns über die Streuung der Haushaltseinkommen informiert. Denken Sie zum besseren Verständnis der Einkommensverteilung einmal folgendes Experiment durch: Nehmen wir an, ein Mitglied jedes Haushalts würde das jeweilige Haushalts-Jahreseinkommen auf eine Karteikarte schreiben. Alle so erhaltenen Karten könnten wir anschließend nach *Einkommensklassen* sortieren. Manche der Karten wären unter der Rubrik der untersten zwanzig Prozent mit weniger als $ 12.664 Einkommen einzureihen. Manche könnten wir der nächsten Kategorie zuordnen. Und nur einige wenige wären den 5 Prozent Spitzenverdienern unter den Haushalten mit Einkommen von $ 99.372 und darüber zuzuordnen.

Die tatsächliche Einkommensverteilung amerikanischer Haushalte ist in Tabelle 20-1 ausgewiesen. Spalte (1) zeigt die – willkürliche – Einteilung der Einkommen in fünf Klassen oder Quintile sowie die 5 Prozent der Spitzenverdiener. Spalte (2) weist die Bandbreite der Haushaltseinkommen in jeder Einkommensklasse aus. Spalte (3) zeigt den Prozentsatz der Haushalte in jeder Einkommensklasse und Spalte (4) enthält den Prozentsatz des gesamten Volkseinkommens, der an die Haushalte einer Einkommensklasse geht.

Diese Tabelle ermöglicht es uns, die breite Streuung der Einkommen in der amerikanischen Wirtschaft auf einen Blick zu erfassen. Das ärmste Fünftel der amerikanischen Haushalte verfügt über ein Einkommen von weniger als $ 12.664, während sich das reichste Fünftel

(1) Einkommensklasse der Haushalte	(2) Einkommenshöhe	(3) Prozentsatz der betroffenen Haushalte	(4) Prozentsatz des Gesamteinkommens, der auf die jeweilige Klasse entfällt
Unterstes Fünftel	unter $ 12.664	20,0	3,8
Zweites Fünftel	$ 12.665 – $ 24.229	20,0	9,4
Drittes Fünftel	$ 24.300 – $ 37.999	20,0	15,8
Viertes Fünftel	$ 38.000 – $ 58.199	20,0	24,2
Oberstes Fünftel	$ 58.200 und darüber	20.0	46,8
Die obersten 5 Prozent	$ 99.372 und darüber	5,0	18,6

Tabelle 20-1: Die Verteilung der Geldeinkommen unter den amerikanischen Haushalten 1992

Wie sah die Verteilung der Einkommen unter den Haushalten im Jahr 1992 aus? Wir teilen dazu die Haushalte in Fünftel oder sogenannte Quintile ein: ein Fünftel mit dem niedrigsten, ein zweites mit dem zweitniedrigesten Einkommen etc. (Quelle: US Bureau of the Census, *Money Income of Households, Families, and Persons in the United States: 1992*, Current Population Report, Series P-60, Nr. 184, September 1993) über Einkommen von mehr als $ 58.200 freuen kann. Etwa 5 Prozent der Haushalte verfügen über ein Einkommen von über $ 100.000. Manche Glückliche verdienen sicherlich noch um einiges mehr, aber je weiter man in der Einkommenspyramide nach oben gelangt, desto einsamer wird es dort auch. Würden wir aus Bauklötzen eine Einkommenspyramide bauen, bei der jede Schicht für $ 500 Einkommen stünde, so läge zwar die Spitze dieser Pyramide weit über dem Gipfel des Mount Everest, aber der überwiegende Großteil der Leute befände sich höchstens ein, zwei Meter über dem Boden.

Wie läßt sich die Ungleichheit zwischen den Einkommensklassen messen?

Wie können wir das Ausmaß der Einkommensungleichheit messen? Wären die Einkommen absolut gleich verteilt, dürfte es natürlich keinerlei Unterschiede zwischen den ärmsten 20 Prozent und den reichsten 20 Prozent der Bevölkerung geben: Auf jede Gruppe entfielen exakt 20 Prozent des Gesamteinkommens, denn genau das bedeutet absolute Gleichheit.

Die Realität sieht jedoch ganz anders aus. Auf das ärmste Fünftel, das sind 20 Prozent der Haushalte, entfallen weniger als 4 Prozent der Gesamteinkommen, während sich die Situation für die reichsten 5 Prozent der Haushalte gerade umgekehrt darstellt, weil diese beinahe 20 Prozent der Einkommen erhalten.

Das Ausmaß der Ungleichheit läßt sich anhand eines Diagramms zeigen, das als **Lorenzkurve** bekannt ist und zur Analyse von Einkommens- und Vermögensungleichheiten gern benützt wird. Abbildung 20-1 zeigt eine Lorenzkurve, die das in den Spalten der Tabelle 20-2 angegebene Ausmaß der Ungleichheit graphisch darstellt. Darin werden die Muster (1) absoluter Gleichheit, (2) absoluter Ungleichheit und (3) der tatsächlich 1992 in Amerika bestehenden Ungleichheit einander gegenübergestellt.

Absolute Gleichheit stellt die graue Zahlenkolonne in Spalte (4) der Tabelle 20-2 dar. Überträgt man diese Zahlen ins Diagramm, wird aus ihnen die diagonale, strichlierte Linie der Lorenzkurve in Abbildung 20-1.

Das andere Extrem wäre der hypothetische Fall absoluter Ungleichheit, demzufolge ein Mensch das gesamte Einkommen erhielte. Der Fall der absoluten Ungleichheit ist Spalte (5) der Tabelle 20-2 zu entnehmen und wird durch die unterste Kurve im Lorenzdiagramm dargestellt – die strichlierte, rechtwinkelig verlaufende, scharze Linie.

Die tatsächliche Einkommensverteilung, also beispielsweise jene des Jahres 1992, liegt immer irgendwo zwischen den Extremen der absoluten Gleichheit und der absoluten Ungleichheit. Die blaue Spalte in Tabelle 20-2 stellt jene Daten dar, die aus den ersten beiden Spalten in der Form aufbereitet wurden, daß sie sich als Lorenz-

(1)	(2)	(3)	(4)	(5)	(6)
			Einkommensprozentsatz, der von dieser und darunter liegenden Klassen bezogen wurde		
Einkommensklasse der Haushalte	Prozentsatz der von den Haushalten dieser Klasse bezogenen Einkommen	Prozentsatz der Haushalte in dieser Klasse und darunter	Absolute Gleichheit	Absolute Ungleichheit	Tatsächliche Verteilung
		0	0	0	0
Unterstes Fünftel	3,8	20	20	0	3,8
Zweites Fünftel	9,4	40	40	0	13,2
Drittes Fünftel	15,8	60	60	0	29,0
Viertes Fünftel	24,2	80	80	0	53,2
Oberstes Fünftel	46,8	100	100	100	100,0

Tabelle 20-2: Tatsächliche und Extremfälle von Ungleichheit

Durch Kumulierung der Einkommensanteile jedes Quintils in Spalte (2) können wir in Spalte (6) die tatsächliche Einkommensverteilung mit den Extremfällen der vollständigen Ungleichheit und der vollständigen Gleichheit vergleichen. (Quelle: US Bureau of the Census, *Money Income of Households, Families, and Persons in the United States: 1992*, Current Population Report, Series P-60, Nr. 184, September 1993)

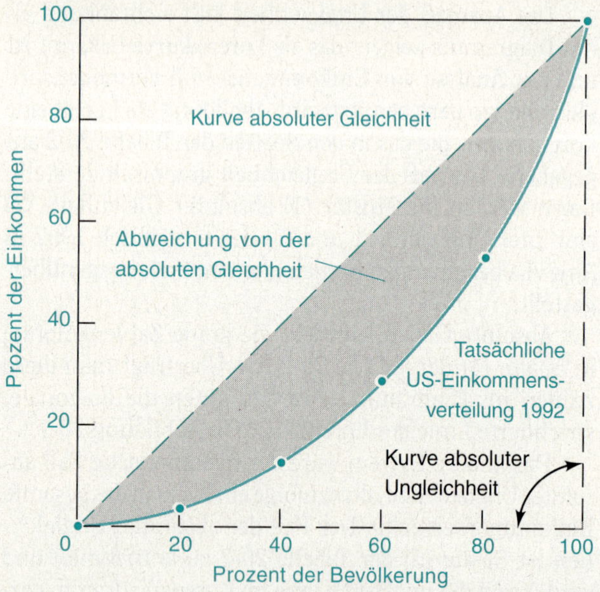

Abbildung 20-1: Die Lorenzkurve zeigt die Einkommensungleichheit

Durch Übertragung der Daten aus Spalte (6) in Tabelle 20-2 erkennen wir, daß die durchgängige blaue Kurve, die die tatsächliche Einkommensverteilung darstellt, zwischen den beiden Extremfällen der absoluten Gleichheit und der absoluten Ungleichheit liegt. Der grau unterlegte Bereich dieser Lorenzkurve (als Prozentsatz des dreieckigen Bereichs) mißt die relative Einkommensungleichheit. (Wie hätte die Kurve damals in den Roaring Twenties ausgesehen, als die Ungleichheit größer war? Wie in Utopia, wo jedermann gleich viel erbt und besitzt?)

kurve darstellen lassen. Diese der Realität entsprechende Lorenzkurve erscheint in Abbildung 20-1 als die durchgehende blaue Kurve in der Mitte. Der grau unterlegte Bereich zeigt die Abweichung von der absoluten Gleichheit und gibt uns daher ein Maß für die Einkommensungleichheit an. Ein häufig verwendetes quantitatives Maß der Ungleichheit ist der sogenannte *Gini-Koeffizient*, der dem grau unterlegten Bereich mal zwei entspricht.

Regionale Ungleichheit. Die Einkommensverteilung variiert je nach Wirtschafts- und Sozialstruktur zwischen den einzelnen Ländern beträchtlich. In Abbildung 20-2(*a*) sehen Sie die Lorenzkurven für vier Länder. Wir erkennen, daß Großbritannien und Schweden eine geringere Einkommensungleichheit zu verzeichnen haben als die USA. Der Grund dafür liegt unter anderem in der starken Umverteilungswirkung der Steuerpolitik europäischer Länder. Außerdem gehört in den USA ein größerer Bevölkerungsanteil Minderheitengruppen mit niedrigen Einkommen an, und der Anteil der alleinerziehenden Frauen mit Kindern, die zumeist nur geringe Einkommen erzielen, ist hier ebenfalls groß. Unter allen reifen Marktwirtschaften verfügen Japan und Westdeutschland über die größte Einkommensgleichheit. Besonders ungleich sind die Einkommen in den USA, in Kanada und in Frankreich verteilt.

Die Verteilung der Vermögen

Eine wesentliche Quelle der Einkommensungleichheit ist die ungleiche Verteilung der *Vermögen*, also des Nettoeigentums an finanziellen Ansprüchen und finanziellen Vermögenswerten. Die wirklich und – ob durch Erbschaften, eigene Geschicklichkeit oder Glück – häufig enorm Vermögenden erzielen Einkommen, die weit über jenen des durchschnittlichen Haushalts liegen. Dagegen treten Menschen ohne Vermögen bereits mit einem Startnachteil an.

Insgesamt läßt sich feststellen, daß die Vermögen in einer Marktwirtschaft sehr viel ungleicher verteilt sind als die Einkommen, wie Abbildung 2(*b*) zeigt. In den USA besitzt 1 Prozent der Haushalte etwa 33 Prozent aller Vermögenswerte. Dabei ist die Vermögensverteilung in Großbritannien noch extremer als in den USA, was sich zum Teil durch die Tatsache erklären läßt, daß bestimmte Adelige und Wirtschaftstycoone in Großbritannien enorme Vermögen an Land und anderen Vermögenswerten angehäuft haben. Aber diesbezügliche Studien zeigen auch, daß ein beträchtlicher Anteil des Unterschiedes aus der Tatsache zu erklären ist, daß Mittelklasse-Amerikaner mit ihren Eigenheimen über ein ganz ansehnliches Vermögen verfügen, ein Umstand, der unter einkommensschwächeren Briten eher selten anzutreffen ist.

Die drastischen Vermögensunterschiede haben Radikale aller Zeiten dazu veranlaßt, hohe Steuern auf arbeitslose Einkommen aus Besitz, Erbschaften oder Geldvermögen zu fordern, und Revolutionäre plädieren immer wieder für eine staatliche Enteignung großer Vermögensakkumulationen. In den letzten Jahren ist angesichts des neuerlichen Erstarkens der Märkte der Ruf nach einer Vemögensumverteilung jedoch weitgehend verstummt. Selbst Ökonomen in den vormals kommunistischen Staaten argumentieren heute, eine niedrige Besteuerung hoher Einkommen und großer Vermögensakkumulationen, ja sogar eine beträchtliche Einkommensungleichheit, könne ein notwendiges Mittel zur Hebung der privaten Sparquote und zu einer Verbesserung der volkswirtschaftlichen Effizienz sein.

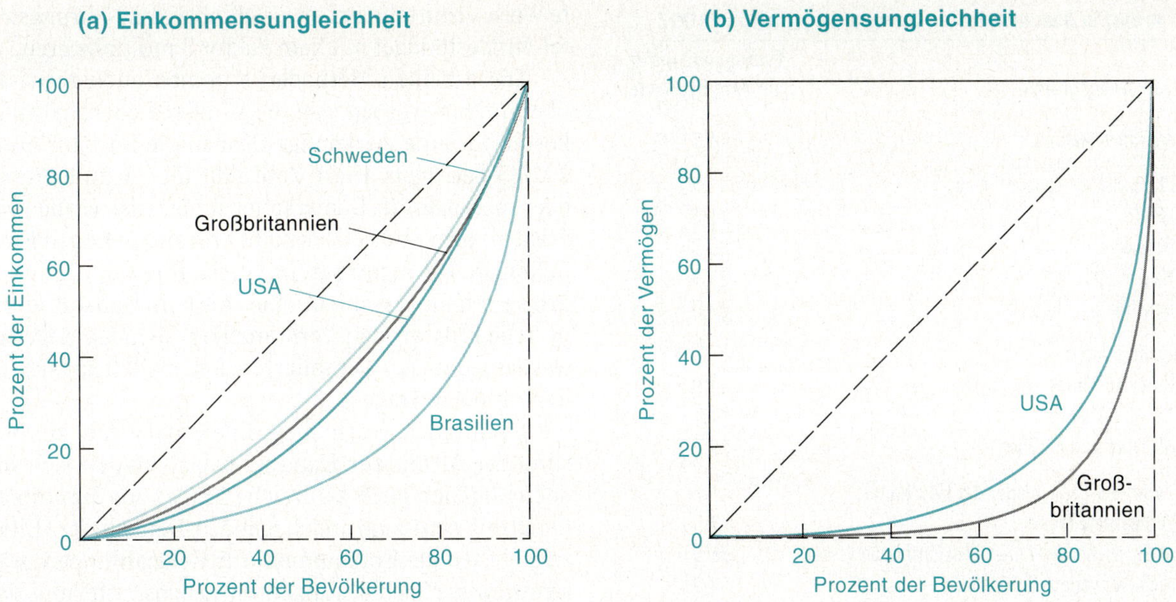

Abbildung 20 2: Das Ausmaß der Ungleichheit variiert in den verschiedenen Gesellschaften und ist bei den Vermögen größer als bei den Einkommen

(a) Reife Volkswirtschaften weisen eine geringere Ungleichheit der Einkommensverteilung auf als Volkswirtschaften mit mittleren Einkommen. Im Gegensatz zu den Prognosen zahlreicher Sozialisten, wonach im Kapitalismus die Reichen reicher und die Armen ärmer werden, weisen gemischte Marktwirtschaften im Zeitablauf eine zunehmende Gleichheit auf.
(b) Die Vermögen sind offensichtlich stärker konzentriert als die Jahreseinkommen. Die USA und Großbritannien haben eine ähnliche Einkommensverteilung, aber in Großbritannien sind die Vermögen stärker konzentriert als in den USA. In kommunistischen Ländern wie China ist die Konzentration der privaten Vermögen sehr viel geringer. [Quelle: James D. Smith und Stephen D. Franklin, „The Concentration of Personal Wealth, 1922-1969," *American Economic Review* (Mai 1974); A.B. Atkinson und A. J. Harrison, „Trends in the Distribution of Wealth in Britain," in A B. Atkinson (Hrsg.), *Wealth, Income and Inequality* (Oxford University Press, London, 1980); *World Development Report* 1993.]

ARMUT: WIE WIRD SIE GEMESSEN, WELCHE ENTWICKLUNGEN ZEICHNEN SICH AB?

Wie sagt schon die Bibel? „Arme werdet Ihr allezeit unter Euch haben." Trotzdem weigern sich moderne Gesellschaften störrisch, alle Ungleichheiten in der Einkommens- und Konsumverteilung, die durch eine Laissez-faire-Marktwirtschaft hervorgerufen werden, widerspruchslos hinzunehmen. In den sechziger Jahren erklärten die Vereinigten Staaten der Armut „den Krieg" und starteten ehrgeizige Programme wie Medicare und Job Corps, um das wirtschaftliche Elend ein- für allemal auszurotten. In den neunziger Jahren wurden in den USA die finanziellen Mittel für einkommenssichernde Maßnahmen aufgestockt und die Einrichtung einer allgemeinen Krankenversicherung für US-Bürger erwogen. Bevor wir uns jedoch der eingehenden Analyse konkreter Maßnahmen gegen die Armut zuwenden, müssen wir erst den Begriff Armut definieren, und wir werden feststellen, daß es sich hierbei um einen erstaunlich schwer faßbaren Terminus handelt.

Was ist Armut?

Nun, das Wort „Armut" bedeutet nicht für jedermann dasselbe. Natürlich, Armut ist ein Zustand, in dem Menschen unzureichende Einkommen beziehen, aber eine ge-

Armut in den wichtigsten Bevölkerungsgruppen 1992

Bevölkerungsgruppe	Prozentsatz unter der Armutsgrenze
Gesamtbevölkerung	14,5
Nach rassischer Zugehörigkeit:	
Weiße	11,6
Schwarze	33,3
Hispanics	29,3
Sonstige	17,0
Nach dem Alter:	
Unter 18 Jahren	21,9
18 bis 64 Jahre	11,7
65 Jahre und darüber	12,9
Nach Art der Familie oder des Haushaltes:	
Verheiratete Paare	7,5
Alleinerziehende Frauen, kein Partner anwesend	38,5
Nicht verwandte Subfamilien	54,8
Nach der Ausbildung:	
Kein High-School-Abschluß	25,6
High-School-Abschluß, aber kein College	10,4
Teilweise Collegeausbildung	7,0
Universitäre Ausbildung abgeschlossen	3,0

Tabelle 20-3: Armut in verschiedenen Bevölkerungsgruppen

Weiße mit abgeschlossener Collegeausbildung und ältere Personen haben unterdurchschnittliche Armutsquoten. Schwarze, Hispanics und Familien mit weiblichen Haushaltsvorständen hingegen sind von der Armut überdurchschnittlich betroffen. (Quelle: US Bureau of the Census, *Poverty Status in the United States: 1992*, Current Population Report, Series P-60, Nr. 185, September 1993)

naue Trennlinie zwischen Armen und nicht Armen zu ziehen, erweist sich als ziemlich schwierige Aufgabe. Ökonomen haben sich daher bestimmte Instrumentarien geschaffen, mit denen sie sich an eine offizielle Definition des Begriffes Armut heranwagen können.

Als Ausgangspunkt der Armutsdiskussion wurde der Begriff von den Ökonomen als jenes Einkommensniveau definiert, das erforderlich ist, um ein Mindestmaß an Konsum aufrecht zu erhalten. Sozusagen als Probe aufs Exempel sollte nach Meinung der Ökonomen gelten, daß arme Familien im allgemeinen ein Drittel ihres Einkommens für Nahrungsmittel aufwenden müssen. Aus den Berechnungen der Kosten eines Nahrungsmittel-Mindestbudgets können Ökonomen daher ein Einkommensniveau für den Mindestlebensstandard noch auf eine zweite Weise ermitteln, indem sie nämlich das Nahrungsmittel-Mindestbudget mit dem Faktor 3 multiplizieren.

Diese beiden Methoden stimmen auch recht gut überein. Sie ergeben, daß die Mindest-Lebenshaltungskosten für eine vierköpfige US-Familie im Jahr 1992 $ 14.335 betrugen. Diese Zahl gibt die „Armutsgrenze" oder sozusagen die Demarkationslinie zwischen den vom Staat als arm und den als nicht arm angesehenen Haushalten an. Die Armutsgrenze verläuft je nach Familiengröße auf unterschiedlicher Einkommenshöhe und muß jeweils an den Verbraucherpreisindex angepaßt werden, um den veränderten Lebenshaltungskosten Rechnung zu tragen.

So nützlich es sein mag, eine genaue Zahl zur Messung der Armut zur Hand zu haben, stellen sich hier doch zugleich auch zahlreiche Fragen im Zusammenhang mit dem zugrundeliegenden Denkansatz. Einerseits gelten als Einkommen nur Geldzahlungen, während gewisse Sachleistungen wie Lebensmittelbons oder medizinische Versorgung unberücksichtigt bleiben. Daher wird aller Wahrscheinlichkeit nach das Ausmaß der Armut überbewertet. Schließlich ist „Armut" insgesamt ein relativer Begriff. Der Begriff des Existenzminimums beinhaltet viele subjektive Wertungen und soziale Konventionen. Wohnungen, die heute als Substandard gelten, sind häufig ausgestattet, wie es sich in früheren Zeiten selbst die Reichsten der Reichen nicht hätten leisten können. Wenn wir daher an Debatten über Armut und Einkommensumverteilung teilnehmen, sollten wir nach Möglichkeit all diese Fragen zum dahinterliegenden Denkansatz nicht aus den Augen verlieren.

Wer sind die Armen?

Armut betrifft bestimmte Bevölkerungsgruppen deutlich mehr als andere. Tabelle 20-3 zeigt die Inzidenz der Armut in den verschiedenen Bevölkerungsgruppen für das Jahr 1992. Danach waren insgesamt 15 Prozent der Bevölkerung als arm einzustufen, weil ihr Einkommen unter der Armutsgrenze lag, wobei die Armutsrate bei schwarzen Familien dreimal so hoch war wie bei weißen Familien.

Am bedrohlichsten schien der Trend bei den alleinerziehenden Müttern mit Kindern zu sein, die einen stetig wachsenden Anteil an der armen Bevölkerung stellen. Im Jahr 1959 waren von allen armen Haushalten nur 18 Prozent Alleinerzieherhaushalte, 1992 betrug der Anteil dieser Bevölkerungsgruppe bereits 39 Prozent aller unter der Armutsgrenze befindlichen Haushalte. Sozialwissenschaftler zeigen sich besorgt, daß die Kinder aus

Arbeitnehmermerkmale	Weiß	Schwarz
Einkommen 1992		
Durchschnittliches Haushaltseinkommen	$ 38.909	$ 21.161
Prozentsatz der Personen unter der Armutsgrenze	11,6	33,6
Prozentsatz der Haushalte mit Einkommen von $ 25.000 und darüber	71,0	43,1
Ausbildungsstand 1992:		
Prozentsatz der Personen von 25 Jahren und darüber mit abgeschlossener High-School-Ausbildung	80,9	67,7
Prozentsatz der Personen von 25 Jahren und darüber mit abgeschlossener Collegeausbildung	22,1	11,9
Arbeitslosenrate 1992:		
Prozentsatz der erwachsenen Männer	6,3	13,4
Prozentsatz der erwachsenen Frauen	5,4	11,7
Prozentsatz der Teenager	17,1	39,8
Beschäftigungssituation 1992:		
Arbeitnehmerprozentsatz in Managementpositionen	13,2	7,2
Arbeitnehmerprozentsatz in Facharbeiterjobs	14,3	9,7
Vermögen 1988:		
Durchschnittliches Haushaltsvermögen	$ 43.279	$ 4.169
Prozentsatz der Haushalte mit einem Vermögen von über $ 500.000	3,16	0,13

Tabelle 20-4: Diskriminierung und mangelnde Chancengleichheit

Wegen der rassischen Diskriminierung und schlechterer Ausbildung können Schwarze nach wie vor nur schlechtere Jobs finden. Die Arbeitslosigkeit verstärkt die Ungleichheit. Schwarze US-Amerikaner sind vor allem in Management- und Facharbeiterjobs unterrepräsentiert. (Quelle: US Bureau of the Census; US Bureau of Labor Statistics)

diesen Familien nur unzureichend ernährt und ausgebildet werden, so daß es ihnen aller Voraussicht nach schwerfallen wird, als Erwachsene selbst der Armut zu entkommen.

Aber natürlich wäre eine Erörterung des Problems der Armut unvollständig, würde man nicht auch die Stellung der Minderheiten berücksichtigen. Beinahe ein Drittel aller Afroamerikaner, Hispanics und Indianerfamilien der USA verfügen über ein Einkommen unter der Armutsgrenze. In Tabelle 20-4 finden Sie einige signifikante demographische Merkmale der afroamerikanischen und der weißen Bevölkerungsgruppe.

Warum fallen gerade so viele Mutter-Kind-Haushalte und schwarze Familien unter die Armutsgrenze? Welche Rolle spielt dabei die Diskriminierung?[1] Erfahrene Beobachter betonen heute, daß die offene Diskriminierung aus Gründen der Rasse oder des Geschlechts mehr und mehr der Vergangenheit angehört. Und trotzdem nimmt die relative Armut von Frauen und Schwarzen zu. Wie aber lassen sich diese beiden gegenläufigen Trends vereinbaren? Hier kommen wahrscheinlich zwei Faktoren zur Wirkung. Erstens sind Vertreter ärmerer Bevölkerungsgruppen häufig schlechter ausgebildet und können sich für gutbezahlte Jobs kaum qualifizieren. Und zweitens ist das Phänomen der nicht konkurrierenden Gruppen zu bedenken. Heute wirkt Diskriminierung nicht direkt durch den offenen Ausschluß der Schwarzen und Minderheiten von Schulen und Jobs, sondern über den subtileren Weg der Disqualifizierung, die auf Grund mangelnder Schul- und Berufsausbildung erfolgt und den Betroffenen den Zugang zu den besten Jobs in leitenden Positionen verschließt.

[1] Die volkswirtschaftlichen Aspekte der Diskriminierung am Arbeitsplatz sind in Kapitel 13 dargelegt.

Ungleichheit und Armut: Trends

Die Geschichte der Ungleichheit in den Vereinigten Staaten läßt sich eigentlich in zwei Perioden unterteilen. Durch die Berechnung der Gini-Koeffizienten und anhand anderer Messungen von Einkommensungleichheiten konnte die Wissenschaft feststellen, daß die Ungleichheit seit Beginn dieses Jahrhunderts ganz offensichtlich abgenommen hat. Doch während der letzten beiden Jahrzehnte scheint es eine Trendumkehr, nämlich wieder hin zu mehr Ungleichheit und Armut, gegeben zu haben. Zwischen der Mitte der siebziger Jahre und 1992 ist der Einkommensanteil, der den oberen Einkommensgruppen zugute kommt, gestiegen, während gerade Bevölkerungsgruppen mit besonders niedrigen Einkommen noch weiter an Terrain verloren haben.

Die Periode zunehmender Gleichheit: 1930 – 1975. Unabhängig davon, welche Meßmethode wir anwenden, läßt sich für den Zeitraum 1930-1975 mit Sicherheit aussagen, daß Ungleichheit abgebaut wurde und daß die Armen ebenso wie die Wohlhabenden die Früchte des Wirtschaftswachstums genießen konnten. Wie die Entwicklung detailliert verlaufen ist, können Sie in Abbildung 20-3 sehen. Wirtschaftsgeschichtlichen Studien zufolge war von den zwanziger bis zur Mitte der siebziger Jahre ein steter Anstieg des Realeinkommens des ärmsten Fünftels der Bevölkerung zu verzeichnen, das dabei mit dem allgemeinen Wirtschaftswachstum Schritt halten konnte. So blieb auch der Anteil des Gesamteinkommens, das dem ärmsten Bevölkerungsfünftel (oder Quintil) zugute kam, vom Zweiten Weltkrieg bis in die siebziger Jahre stabil bei 5 Prozent. Im selben Zeitraum sank die Armutsrate so sehr, daß manche Leute schon hofften, das Phänomen Armut könnte in den USA bald der Vergangenheit angehören.

Warum konnte die wirtschaftliche Ungleichheit in diesem Zeitraum so erfolgreich zurückgedrängt werden? Teilweise könnte man diesen Umstand etwa so beschreiben, wie die Flut, die alle Schiffe gleichermaßen hebt. In den drei Jahrzehnten nach dem Weltkrieg mit ihrem rapiden Anstieg von Produktivität und Reallöhnen profitierte jedermann von den guten Wirtschaftsdaten. Zusätzlich konnten Ungleichheit und Armut durch gezielte Programme der öffentlichen Hand wesentlich gemildert werden. Staatliche Maßnahmen wie die öffentliche Wohlfahrt oder die Ausgabe von Lebensmittelbons für die Einkommensschwachen, Social Security für die älteren Mitbürger und die Arbeitslosenversicherung nahmen der blanken Armut weitgehend ihren Schrecken. Zusätzlich reduzierte ein progressiv wirkendes Einkommensteuersystem, das hohe Einkommen stärker als niedrige Einkommen besteuerte, das Ausmaß der Ungleichheit.

Die Kluft vertieft sich wieder: 1975 – 1992. In den letzten beiden Jahrzehnten kam es jedoch zu einer Trendumkehr (in mehrerlei Hinsicht). Der auf das ärmste Bevölkerungsfünftel entfallende Anteil der Gesamteinkommen ging in den achtziger Jahren stark zurück; noch 1975 entfielen auf dieses Quintil 4,3 Prozent, 1992 waren es nur noch 3,8 Prozoent. Die durchschnittlichen Realeinkommen von Familien des ärmsten Quintils lagen damit weit unter ihren einstigen Spitzenwerten. Die Armutsrate liegt zu Beginn der neunziger Jahre wieder bei 14,5 Prozent, und dies trotz des Wirtschaftsbooms, den das Amerika der achtziger Jahre zu verzeichnen hatte.

Während die Armen immer weiter zurückfielen, explodierte der Einkommensanteil der reichsten Amerikaner nahezu. Von 1979 bis 1989 stieg jener Anteil an den Gesamteinkommen, der den reichsten 5 Prozent der Haushalte zugute kam, von 16,9 auf 18,9 Prozent. Ja, eine neuere Studie über einkommensstarke Haushalte weist darauf hin, daß der Großteil der Zugewinne im obersten Segment tatsächlich den Allerreichsten zugute kam, nämlich nur den reichsten 0,1 Prozent aller US-Steuerzahler.[2]

Wie konnte es plötzlich, nach einer langjährigen rückläufigen Entwicklung, zu dieser Trendumkehr in Richtung zunehmender Ungleichheit kommen? Als Ergebnis einer mehrjährigen und intensiven Erforschung dieser Frage nennen die Ökonomen heute mehrere Gründe für die neuerdings wieder zunehmende Ungleichheit: Einerseits kam es zu Beginn der achtziger Jahre zu Änderungen der staatlichen Politik: Die Wohlfahrt für die Ärmsten wurde gekürzt, während man gleichzeitig die reichsten Gruppen durch eine angebotsorientierte Steuersenkung in den achtziger Jahren aktiv unterstützte. Staatliche Maßnahmen können jedoch den neuen Trend nur teilweise erklären. Während der letzten beiden Jahrzehnte erhielten leitende Angestellte und Manager gera-

[2] In einer bahnbrechenden Studie, die eine Analyse der höchstbesteuerten Amerikaner vornimmt, stellen James Poterba und Daniel Feenberg die Hypothese auf, daß diese Zuwächse die zunehmende Bereitschaft einkommensstarker Bevölkerungsgruppen reflektieren könnten, nach der Steuerreform des Jahres 1986, die eine Senkung der Grenzsteuersätze brachte (siehe Kapitel 17, wo wir uns mit Steuern und wirtschaftlichen Anreize beschäftigt haben), ihre Einkommen offenzulegen.

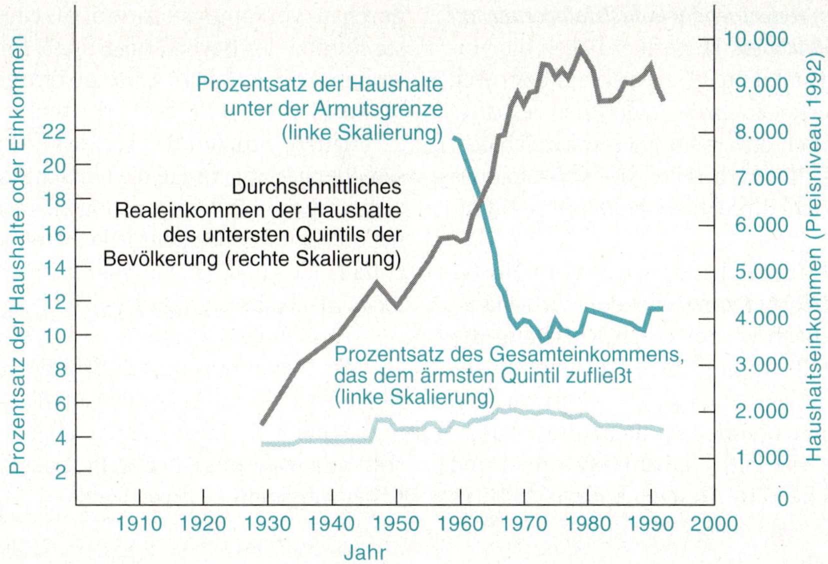

Abbildung 20-3: Armut und Ungleichheit: Trends

Die aufwärts verlaufende blaue Linie zeigt das durchschnittliche Haushaltseinkommen (zu konstanten Preisen auf Preisbasis 1989) eines Haushaltes im untersten Fünftel der Bevölkerung. Bitte beachten Sie, wie stark die Einkommen zwischen 1929 und 1973 gestiegen sind, und wie sie sich seit damals stabilisiert haben.

Die Steigerungen der absoluten Einommen der Armen waren in erster Linie auf Steigerungen der Durchschnittseinkommen zurückzuführen. Die hellblaue Linie zeigt, daß sich der Anteil des untersten Quintils seit Ende der vierziger Jahre nur wenig verändert hat.

Die schwarze Linie zeigt jenen Anteil der Haushalte, die unter der offiziellen Armutsgrenze leben. Dieser Anteil ist seit den sechziger Jahren drastisch zurückgegangen, ist in den letzten Jahren jedoch wieder im Steigen begriffen. (Quelle: US Bureau of the Census.)

dezu exorbitante Gehaltserhöhungen, während die steigende Geburtenrate bei unverheirateten Müttern zu einer Zunahme jener Mutter-Kindfamilien führte, die wesentlich eher unter die Armutsgrenze fallen.

Der wahrscheinlich wichtigste Grund für die steigende Ungleichheit ist die Tatsache, daß in den achtziger Jahren gut ausgebildete Arbeitskräfte viel besser bezahlt wurden als ungelernte Hilfsarbeiter. Ökonomen haben sich eingehend mit der Frage des sogenannten Collegebonus beschäftigt, also mit den Lohnunterschieden zwischen Akademikern und High-School-Absolventen bei vergleichbaren Jobs. Gerade im letzten Jahrzehnt ist der Collegebonus stark angestiegen. Nach dem Economic Report of the President, dem *Wirtschaftsbericht des Präsidenten*, verdienten Akademiker im Jahr 1981 etwa 45 Prozent mehr als High-School-Absolventen. Im Jahr 1992 war dieser Unterschied schon auf beinahe 65 Prozent (s. Kap. 13) angestiegen. Da Collegeabsolventen auch vorher schon mehr verdient hatten, vertiefte der größere Unterschied die Kluft der Einkommensverteilung zwischen den Ärmsten und den Reichsten nur noch mehr.

Warum machte sich gerade in den achtziger Jahren Bildung zunehmend bezahlt? Ein Grund liegt sicher im stärkeren Wettbewerb durch Importe aus dem Ausland, die zu massiven Jobverlusten bei den Herstellern inländischer Produkte führten. Am stärksten waren High-School-Absolventen betroffen, die in früheren Jahren beispielsweise in der Automobil- und Stahlindustrie gut verdient hatten. Während der achtziger Jahre verschwanden diese gutbezahlten Industriejobs für Arbeitskräfte ohne Hochschulabschluß nach und nach. Zugleich aber erforderten viele der neuen Jobs, die natürlich auch geschaffen wurden, ein vergleichsweise hohes Schul- und Berufsausbildungsniveau. Die zunehmende Deregulierung und der Wettbewerb aus dem Ausland schwächten die Marktmacht der Gewerkschaften und führten zu einer Senkung der relativ hohen Löhne gewerkschaftlich organisierter Arbeitskräfte.

Die Auswirkungen zunehmender Industrialisierung auf die wirtschaftliche Gleichheit. Historiker haben die Muster der Ungleichheit untersucht, die sich auf dem Weg der Staaten von isolierten, in ihren Traditionen verhafteten Gesellschaften durch die ersten Phasen wirtschaftlicher Entwicklung bis hin zum reifen Industriestaat ergeben haben. Und welche Ergebnisse haben diese Untersuchungen erbracht?

Die Daten verschiedener Länder zeigen ein Muster steigender Ungleichheit bei zunehmender Wirtschaftsentwicklung und danach wieder einen Rückgang der Ungleichheit. Die größte Ungleichheit – extremer Luxus und Reichtum neben Elend und Armut – ist in Ländern der mittleren Einkommensstufe, vor allem in lateinamerikanischen Ländern wie Peru, Panama, Brasilien und Venezuela, festzustellen. In diesen Ländern kann es durchaus vorkommen, daß auf das einkommensschwächste Fünftel der Bevölkerung nur 2 Prozent der Gesamteinkommen entfallen, während die reichsten 10 Prozent bis zu 40 oder 50 Prozent erhalten.

Neuere Studien der Weltbank und einiger Wissenschaftler bestätigen, daß die Wirtschaftsentwicklung selbst zeitweilig zur Einkommensungleichheit beiträgt. Nach einer solchen Periode geht jedoch, wenn der auf die Arbeit entfallende Anteil am Volkseinkommen in einer gemischten Wirtschaft steigt, die Ungleichheit wieder zurück.

Wir haben nun unsere Erörterung dessen, wie sich Einkommens- und Vermögensungleichheiten in den USA und anderswo messen lassen, abgeschlossen. Als nächstes wollen wir uns einer Analyse der Wurzeln wirtschaftlicher Ungleichheit zuwenden.

B. DIE URSACHEN DER UNGLEICHHEIT

Eines der edelsten Ziele moderner Demokratien ist die Förderung der Gleichheit – der Chancengleichheit, gleicher Beteiligungsmöglichkeiten und gleicher politischer Freiheiten. Direkte Versuche, Einkommensungleichheiten zu verringern, waren dabei jedoch stets umstritten, weil bezüglich der umverteilenden Funktion von Steuern und staatlichen Wohlfahrtsprogrammen keine Einheit erzielt werden konnte.

Die Frage, ob der Staat Einkommensungleichheiten überhaupt verringern sollte, ist normativ und kann daher von den Ökonomen nicht beantwortet werden. Trotzdem kann die volkswirtschaftliche Analyse dazu beitragen, die Fakten bekanntzumachen, damit anschließend – ausgehend von einem umfassenden Informationsstand – politische Entscheidungen besser getroffen werden können. Wie kommt es überhaupt zu Armut und Reichtum? Welche Reaktionen zeigen Spar- und Arbeitsverhalten auf unterschiedliche Steuersysteme? Die Antworten auf diese Fragen beeinflussen unweigerlich unsere Ansichten über Maßnahmen zur Verringerung der Ungleichheit.

In diesem Abschnitt beschäftigen wir uns mit den Quellen von Einkommensungleichheiten in einer Marktwirtschaft. Wir konzentrieren uns dabei primär auf die Einkommen aus Erwerbsarbeit und Vermögen, die beiden wichtigsten Einkommenskategorien.

UNGLEICHHEIT DER EINKOMMEN AUS ERWERBSARBEIT

Arbeitseinkommen machen 80 Prozent der Faktoreinkommen aus. Selbst wenn man die Vermögenseinkommen gleichmäßig verteilen könnte, bliebe also ein Großteil der Ungleichheit bestehen. Beginnen wir daher mit einer Untersuchung jener Faktoren, die Einkommensungleichheiten produzieren: unterschiedliche Fähigkeiten und Kenntnisse, unterschiedliche Arbeitsintensität, unterschiedliche Berufe und andere Faktoren.

Fähigkeiten und Kenntnisse

Die Menschen unterscheiden sich in ihren Fähigkeiten ganz enorm – sowohl in körperlicher als auch in geistiger Hinsicht und nach ihrem Temperament. Aber diese individuellen Besonderheiten helfen uns eigentlich kaum, das Rätsel der Einkommensstreuung zu lüften. Körperliche Eigenschaften (wie Körperkraft, Größe oder Gewicht) und meßbare geistige Eigenschaften (etwa der Intelligenzquotient oder die Aufnahmefähigkeit) erklären die Unterschiede zwischen den Einkommen der Menschen nur sehr begrenzt.

Damit soll nicht behauptet werden, daß individuelle Fähigkeiten keine Bedeutung hätten. Die Fähigkeit, ein

Tor zu schießen oder ein Fernsehpublikum in Entzücken zu versetzen, erhöhen das Einkommenspotential eines Menschen beträchtlich. Aber die auf dem Markt geschätzten Fähigkeiten sind sehr unterschiedlich und häufig kaum zu messen. So honorieren die Märkte beispielsweise Risikobereitschaft, Ehrgeiz, Glück, geniale technische Einfälle, gutes Urteilsvermögen und harte Arbeit – und nichts von all dem läßt sich mit standardisierten Tests problemlos messen. Mark Twain hätte es vielleicht folgendermaßen ausgedrückt: „Du mußt überhaupt nicht klug sein, um Geld zu verdienen. Aber Du *mußt* wissen, wie man Geld verdient."

Arbeitsintensität

Die Arbeitsintensität variiert von Mensch zu Mensch beträchtlich. Der Workaholic verbringt vielleicht 70 Stunden wöchentlich an seinem Arbeitsplatz, verzichtet auf Urlaube und schiebt vielleicht sogar seine Pension immer weiter hinaus. Ein Asket hingegen arbeitet möglicherweise nur so viel, wie er benötigt, um sich das Lebensnotwendige leisten zu können. Einkommensunterschiede können schon allein deshalb groß sein, weil nicht alle Menschen gleich hart arbeiten, und man kann kaum behaupten, daß in diesen Fällen die wirtschaftliche Chancengleichheit nicht gegeben wäre.

Berufe

Eine wichtige Quelle von Einkommensunterschieden sind natürlich die unterschiedlichen Berufe der Menschen. Am unteren Ende der Skala finden wir Hausangestellte, Personal in Fast-Food-Restaurants und Hilfsarbeiter. Ein ganzjährig vollbeschäftigter Mitarbeiter bei McDonalds oder ein Autowäscher verdient heute durchschnittlich nur $ 9.000 jährlich.

Am oberen Ende finden wir die ausgezeichnet verdienenden Fachkräfte. In welchem Beruf verdient man am besten? Für die letzten Jahre kann diese Frage ganz eindeutig beantwortet werden: als Arzt. Ärzte erzielten im Jahr 1992 ein Durchschnittseinkommen von $ 177.400, was einen beinahe 50prozentigen Anstieg seit 1986 bedeutet.

Wie kann es zu derart großen Einkommensunterschieden zwischen den verschiedenen Berufsgruppen kommen? Teilweise erklärt sich die Disparität durch die für den jeweiligen Beruf erforderliche Ausbildungsdauer, die beispielsweise bei Ärzten und Anwälten sehr lang ist. Aber auch spezielle Fähigkeiten spielen eine Rolle, beispielsweise mathematisches und technisches Verständnis, das eine Vorbedingung für den Beruf des Technikers darstellt. In manchen Berufen verdient man auch deshalb so viel, weil sie gefährliche oder unangenehme Arbeiten mit sich bringen. Und wenn es in einem Beruf zu einer Angebotsknappheit kommt, beispielsweise wegen einer restriktiven gewerkschaftlichen Politik oder durch die Gewerbeordnung, treibt der Nachfrageüberhang die Löhne und Gehälter in diesem Beruf in die Höhe.

In den letzten Jahren sah der Trend so aus, daß die Löhne in Bürojobs sehr viel rascher stiegen als die Löhne der Arbeiter in den sogenannten Blue-collar-Jobs. Nach Angaben des amerikanischen Büros für Arbeitsstatistik war bei Löhnen und Gehältern in den Büroberufen zwischen 1981 und 1993 ein Anstieg von 6,6 Prozent zu verzeichnen, während die Arbeiterlöhne im selben Zeitraum um 4,1 Prozent sanken. Auch das hat zu der verschärften Einkommensungleichheit in den USA beigetragen.

Abbildung 20-4 zeigt, inwieweit sich die verschiedenen Berufe nach den jeweils erzielbaren Einkommen unterscheiden.

Sonstige Faktoren

Zusätzlich zu individuellen Fähigkeiten, Arbeitsintensität und Beruf wirken sich auch noch andere Faktoren auf die Ungleichheit der Arbeitseinkommen aus. Wir

Abbildung 20-4: Unter Anwälten und Ärzten gibt es mehr Ungleichheit als zwischen Universitätsprofessoren oder Armeeoffizieren

Unter den Juristen ist die Einkommensungleichheit am höchsten. Wie sähe die Kurve wohl bei den Bürojobs aus? Bei beamteten Portieren? Warum könnte die Kurve der Börsenspekulanten die größten Ungleichheiten aller Gruppen aufweisen?

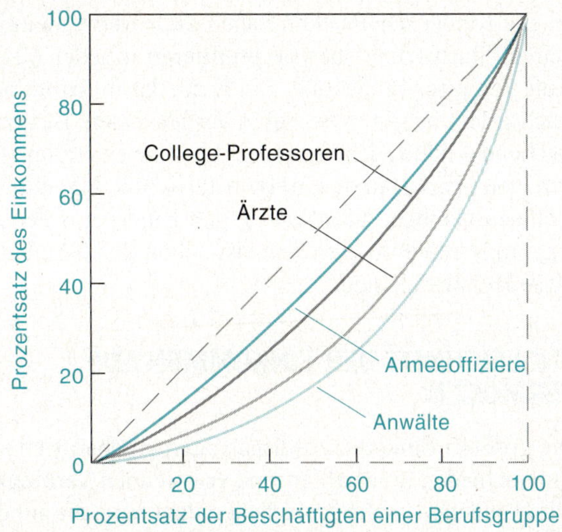

Die 100 reichsten US-Amerikaner

Quelle des Reichtums	Anzahl der Personen	Höhe des Reinvermögens Milliarden Dollar	Prozent
Erbschaft	**30**	**58,8**	**31**
Öl	8	10,1	5
Entertainment/Kommunikation	4	11,8	6
Einzelhandel	7	25,5	14
Sonstige	11	11,4	6
Finanzgeschäfte	**9**	**26,4**	**14**
Unternehmertum	**61**	**103,5**	**55**
Computer	9	20,9	11
Entertainment /Kommunikation	12	30,4	16
Öl	4	6,0	3
Immobilien	5	5,5	3
Einzelhandel	5	7,3	4
Sonstige	26	33,4	18
Gesamt	**100**	**188,7**	**100**

Tabelle 20-5: Wie haben die reichsten Amerikaner ihr Glück gemacht?

Im Jahr 1993 verfügten 100 Amerikaner laut *Forbes Magazine* über ein Reinvermögen von zumindest $ 800 Millionen. Die meisten von ihnen kamen durch ihre unternehmerische Tätigkeit zu diesem Wohlstand. Etwa ein Drittel sind die Nutznießer früheren Unternehmertums (wie die Rockefellers). Ein kleinerer Prozentsatz erwarb sein Vermögen durch kluge Investitionen. (Quelle: *Forbes*, 18. Oktober 1993)

haben bereits in Kapitel 13 besprochen, daß Diskriminierung und die Ausschließung von bestimmten Berufen eine gewichtige Rolle im Zusammenhang mit den konstant niedrigen Löhnen von Frauen und vielen Minderheitengruppen spielen.

Außerdem hat das Familien- und soziale Leben von Kindern einen großen Einfluß auf ihre späteren Einkünfte. Die Kinder der Reichen haben zwar wahrscheinlich keinen Startvorteil, aber sie profitieren in jeder Altersstufe von ihrer Umgebung. Ein Kind, das in Armut aufwächst, lebt häufig in beengten Verhältnissen, ist unzureichend ernährt, geht in schlecht geführte Schulen und wird von überlasteten Lehrern unterrichtet. Manche Soziologen glauben, die Würfel gegen Kinder aus den armen Innenstädten seien zumeist schon gefallen, bevor diese 10 Jahre alt sind.

UNGLEICHHEIT DER EINKOMMEN AUS VERMÖGEN

Die größten Einkommensdisparitäten ergeben sich aus Unterschieden im ererbten und erworbenen Vermögen. Mit wenigen Ausnahmen beziehen die Leute, die auf der Einkommenspyramide ganz oben stehen, den Großteil ihres Einkommens aus ihrem Vermögen. Die Armen hingegen besitzen nur wenige materielle Güter und können so aus ihrem nicht existenten Vermögen auch kein Einkommen beziehen.

Diese Vermögensunterschiede sind es auch, die zu den wütendsten Attacken der Kapitalismuskritiker aller Zeiten geführt haben. „Eigentum ist Diebstahl" schrieb Pierre Proudhon, ein französischer Sozialist des neunzehnten Jahrhunderts. Bevor Sie entscheiden, ob Sie derselben Meinung sind, untersuchen wir doch die Ursachen der Vermögensunterschiede – Sparverhalten, Unternehmertum und Erbschaften, – die zu den konstatierten Vermögensungleichheiten führen.

Die Entstehung von Vermögen

Obwohl der Großteil der Menschen sich abplagt, um sich ein paar Dollar für die Pension anzusparen, ist dieses knausrige Verhalten wahrscheinlich nicht die wichtigste Quelle der US-Vermögen. Eine Studie von Laurence Kotlikoff und Lawrence Summers weist darauf hin, daß nur ein geringer Teil der persönlichen Vermögen, vielleicht 20 Prozent, durch lebenszyklisches Sparen erklärbar ist.

Es ist überhaupt sehr schwierig, wenn nicht unmöglich, sich ein großes Vermögen vom Lohn der Erwerbsarbeit abzusparen. Nehmen wir an, eine sparsame Mittelklassefamilie hätte es zustandegebracht, in den letzten 20 Jahren jeweils $ 2.000 beiseite zu legen und in ein breitgestreutes Aktienpaket zu investieren. Diese Familie hätte derzeit ein Vermögen von $ 118.000 – eine ganz nette Summe, aber beileibe kein großes Vermögen.[3]

Unternehmertum

Verglichen mit emsigem Sparen spielt das Unternehmertum auf dem Weg zum Reichtum eine weitaus bedeutendere Rolle. Tabelle 20-5 zeigt die diesbezüglichen Erfahrungen der Vermögenden Top-100 im Jahr 1993. Deren Daten lassen den Schluß zu, daß die meisten wirklich vermögenden US-Bürger durch Risikobereitschaft und den Aufbau gewinnträchtiger Unternehmen, etwa von Computersoftware-Gesellschaften, Fernsehnetzen und Einzelhandelsketten, zu ihrem Reichtum gelangt sind. Diese neuen Unternehmen beschäftigen Hunderttausende Menschen, und viele von ihnen versorgen uns mit Gütern und Dienstleistungen, die es zuvor gar nicht gab. Aus diesem Grund würde auch kaum jemand Bill Gates mit seinem Software-Giganten Microsoft oder Sam Walton, dem Gründer von Wal-Mart, ihre enormen Vermögen übelnehmen. Für manche Amerikaner scheinen erfolgreiche Unternehmer sogar eine Art Volkshelden zu sein.

Erbschaften

Wieviel tragen Erbschaften zu den US-Vermögen bei? Etwa ein Drittel der 100 reichsten Personen 1993 kamen zu ihrem Vermögen eher durch Erbschaft als durch die Schaffung von Vermögen, aber diese Zahl führt wahrscheinlich zu einer Unterbewertung der Bedeutung des Erbens für die Einkommensverteilung. Studien belegen, daß zwei Drittel des reichsten 1 Prozent der US-Amerikaner einen beträchtlichen Vermögensanteil ererbt haben. Diese Konzentration ererbten Vermögens in wenigen Händen ist es, die den Widerwillen vieler Leute auf sich zieht, die sich mit der ungleichen Vermögensverteilung im Land nicht abfinden können.

C. GLEICHHEIT ODER EFFIZIENZ: WIEVIEL UMVERTEILUNG WOLLEN WIR?

Angesichts des Dilemmas, vor das sie die drängende Armut inmitten des Überflusses stellt, unternehmen heute alle Staaten Schritte, um für ihre ärmsten Bürger zu sorgen. Aber was man den Armen gibt, muß man den nicht so Armen nehmen, und das ist zweifellos der Punkt, der den heftigsten Widerstand gegen umverteilend wirkende Steuern auslöst. Philosophen und Ökonomen zeigen sich überdies wegen der Wirkung der Umverteilung auf Effizienz und Moral besorgt. In diesem Abschnitt wollen wir ergründen, welche Kosten im Zusammenhang mit der Einkommensumverteilung entstehen und wie das gegenwärtige System der Einkommenssicherung in den USA beschaffen ist.

DIE KOSTEN DER GLEICHHEIT

Politphilosophen machen sich schon seit Jahrhunderten Gedanken über das richtige Ausmaß der Gleichheit. Demokratische Gesellschaften betonen das Gleichheitsprinzip in den *politischen Rechten*, die sie ihren Bürgern gewähren. So garantieren die USA ihren Bürgern das Wahlrecht, faire Gerichtsverfahren, Rede- und Religionsfreiheit sowie andere verfassungsrechtlich festgehaltene Freiheiten.

In den sechziger Jahren vertraten liberale Philosophen die Ansicht, die Menschen hätten auch ein Recht auf *wirtschaftliche Chancengleichheit*. Mit anderen Worten, alle Menschen sollten auf einem ebenen Spielfeld und nach denselben Regeln spielen. Alle sollten denselben Zugang zu den besten Schulen, zur besten Ausbildung und zu den besten Jobs erhalten. Die Diskriminierung auf Grund von Hautfarbe, Geschlecht oder Religion würde dann schon von allein verschwinden. Es wurden auch tatsächlich zahlreiche Maßnahmen getroffen, um die Chancengleichheit zu fördern, aber die Ungleichheit der Chancen erwies sich als ziemlich störrisch, und auch im Amerika der neunziger Jahre ist das Ziel gleicher wirtschaftlicher Möglichkeiten noch bei weitem nicht erreicht.

---

3 Bei dieser Berechnung wurden Steuern, Brokergebühren oder andere Kosten nicht berücksichtigt. Dabei würden derartige Nebenkosten das Vermögen unserer Familie recht schnell auffressen.

Eine dritte und besonders weitreichende Idealvorstellung bezieht sich auf das *Ergebnis der Wirtschaftstätigkeit (wirtschaftliche Gleichstellung).* Diesem idealistischen Traum zufolge sollten alle Menschen, Kluge und Dumme, Fleißige und Faule, vom Glück Begünstigte und Unglücksraben, dasselbe Konsumniveau erreichen. Die Löhne müßten dazu für alle, für Ärzte und Schwestern, Anwälte und Sekretärinnen, gleich sein. Ein Leitspruch dieser Philosophie lautete: „Jeder gebe nach seinen Möglichkeiten und erhalte nach seinen Bedürfnissen."

Heute gestehen sogar die radikalsten Sozialisten zu, daß gewisse Unterschiede in den wirtschaftlichen Ergebnissen nötig sind, wenn eine Wirtschaft effizient funktionieren soll. Wie ließe sich auch ohne Unterschiede in der Entlohnung für verschiedene Arbeiten sicherstellen, daß unangenehme ebenso wie angenehme Arbeit verrichtet wird, daß sich für gefährliche Arbeiten auf Bohrinseln ebenso jemand findet wie für die friedliche, angenehme Tätigkeit des Parkwächters? Würden wir auf gleiche Entlohnung bestehen, käme es zweifellos zu einer ernsthaften Beeinträchtigung der Wirtschaft.

Gleichheit oder Effizienz?

Mit seinen Versuchen, eine Einkommensumverteilung von den Reichen hin zu den Armen vorzunehmen, kann der Staat unter Umständen der volkswirtschaftlichen Effizienz Schaden zufügen und die gesamte zur Verteilung verfügbare Höhe des Volkseinkommens schmälern. Andererseits ist es die Gleichheit, wenn sie ein soziales Gut darstellt, sicher wert, daß wir für sie einen Preis bezahlen. Die Frage, die wir uns stellen müssen, lautet daher, wieviel wir in Form geringerer Effizienz für ein Mehr an Gleichheit zu bezahlen bereit sind. Arthur Okun hat sich mit dieser Frage in seinem Experiment des „löchrigen Eimers" beschäftigt:

Wenn uns weniger Ungleichheit etwas wert ist, werden wir einverstanden sein, daß ein Dollar aus dem Eimer der Reichsten genommen und den Ärmsten gegeben wird.[4]

Aber nehmen wir einmal an, der Umverteilungseimer hätte ein Loch. Nehmen wir an, daß nur ein Teil – vielleicht die Hälfte – jedes von den Reichen bezahlten Steuerdollars die Armen auch tatsächlich erreicht. Dann erfolgt die Umverteilung im Namen der Gleichheit auf Kosten der volkswirtschaftlichen Effizienz.

Okun zeigte mit seinem Experiment ein ganz fundamentales Dilemma der Wirtschaftspolitik auf. Umverteilungsmaßnahmen wie etwa eine progressive Einkommensbesteuerung, die wir in Kapitel 17 behandelt haben, verringern aller Wahrscheinlichkeit nach die reale Wirtschaftsleistung, weil sie die Spar- und Arbeitsanreize beeinträchtigen. Bei der Wahl seiner Maßnahmen zur Einkommensumverteilung muß der Staat vernünftigerweise versuchen, die Vorteile durch die größere Gleichheit gegen die Kosten durch das verringerte Volkseinkommen abzuwägen.

Die volkswirtschaftlichen Kosten der Umverteilung. Wir können Okuns Aussage mit Hilfe der Einkommens-*Transformationskurve* in Abbildung 20-5 darstellen. Dieses Diagramm zeigt uns die verfügbaren Einkommen der unterschiedlichen Gruppen, wenn der Staat Programme zur Einkommensumverteilung durchführt.

Wir beginnen mit der Aufteilung der Bevölkerung in zwei Hälften: Das Realeinkommen der Gruppe mit Niedrigeinkommen wird in Abbildung 20-5 auf der Y-Achse gemessen, das Einkommen der reicheren Hälfte auf der X-Achse. In Punkt *A*, der vor der Umverteilung liegt, wer-

Abbildung 20-5: Die Einkommensumverteilung kann zu Lasten der wirtschaftlichen Effizienz gehen

Punkt *A* markiert das effizienteste Ergebnis bei maximaler nationaler Produktionsleistung. Wäre die Umverteilung in einer Gesellschaft ohne Effizienzverluste möglich, so könnte sich diese Gesellschaft hin zu Punkt *E* bewegen. Da Umverteilungsprogramme jedoch im allgemeinen zu Verzerrungen und Effizienzverlusten führen, dürfte die Entwicklung der Umverteilung entlang der blauen Linie *ABZ* verlaufen. Die Gesellschaft muß darüber entscheiden, wieviel Effizienz sie zugunsten einer größeren Gleichheit opfern möchte. Warum würde jedermann ineffiziente Umverteilungsprogramme ablehnen, die die Gesellschaft zu Punkt *C* bringen?

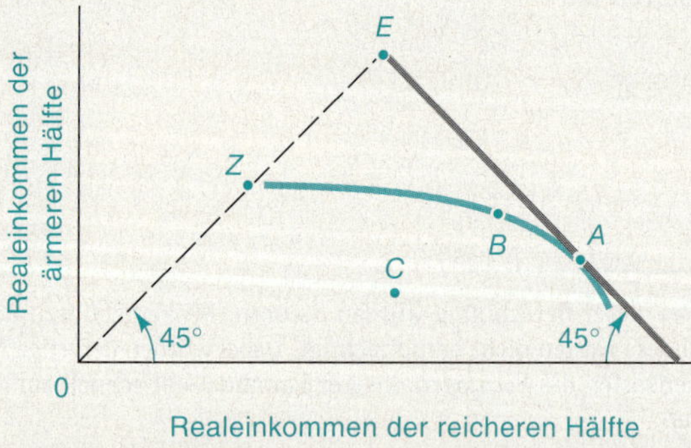

---

4 Arthur M. Okun, *Equality and Efficiency: The Big Tradeoff* (Brookings Institution, Washington, D.C., 1975).

den keine Steuern eingehoben und keine Transferleistungen erbracht, so daß die Menschen einfach von ihren Markteinkommen leben. In einer Wettbewerbswirtschaft bedeutet Punkt *A* Effizienz, und das Volkseinkommen wird insgesamt durch die Unterlassung von Umverteilungsmaßnahmen maximiert.

Leider erhält die obere Einkommensgruppe im Laissez-faire-Punkt *A* wesentlich mehr Einkommen als die niedrigen Einkommensgruppen. In dieser Situation könnten die Leute mit Hilfe von Steuer- und Transferprogrammen eine größere Gleichheit anstreben und darauf hoffen, daß sie den Punkt der Einkommensgleichheit *E* erreichen. Wäre es möglich, diese Maßnahmen ohne Verringerung des Volkseinkommens zu treffen, könnte sich die Wirtschaft entlang der schwarzen Linie von *A* nach *E* bewegen. Der Anstieg der Linie *AE* beträgt –45°, was auf die Effizienz bezogen bedeutet, daß der Umverteilungseimer keine Löcher hat, daß also jeder Dollar, der von der oberen Einkommensgruppe genommen wird, dem Einkommen der unteren Gruppe mit genau $ 1 zugute kommt. Entlang der –45°-Linie bleibt das Volkseinkommen konstant, was anzeigt, daß die Umverteilungsprogramme keine Auswirkungen auf das gesamte Volkseinkommen haben.

Wenn jedoch ein Land durch eine hohe Besteuerung seiner reichsten Bürger Einkommen umverteilt, kann dies deren Spar- und Arbeitsbemühungen dämpfen oder in eine falsche Richtung lenken, was in der Folge zu einer Verringerung des Volkseinkommens führt. Die Reichen geben vielleicht mehr Geld für den Steuerberater aus, sparen weniger für ihre Pension an oder investieren weniger Geld in riskante Innovationen. Garantiert eine Gesellschaft eine Einkommensuntergrenze für ihre Armen, wird dadurch das Problem der Armut ein wenig gemildert, und die Armen wollen vielleicht nicht mehr so viel arbeiten. Alle diese Reaktionen auf Umverteilungsprogramme wirken sich auf die Gesamthöhe des realen Volkseinkommens negativ aus.

In Okuns Experiment würden wir beispielsweise feststellen, daß sich durch jeweils $ 100, die die Reichen an Steuerleistung zu erbringen haben, das Einkommen der Armen nur um bescheidene $ 50 erhöht, und daß der Rest in Verschwendung oder Verwaltungskosten versickert. Der Umverteilungseimer wird durch die *ABZ*-Kurve in Abbildung 20-5 dargestellt. Hier weicht die hypothetische Realeinkommenkurve von der –45°-Linie ab, weil Steuern und Transferzahlungen zu Ineffizienzen führen.

Die Erfahrung hat tatsächlich gezeigt, daß in manchen Fällen die durch Interferenzen hervorgerufenen Verzerrungen so stark werden können, daß der Versuch, einer sozialen Klasse auf Kosten einer anderen zu helfen, schließlich beiden zum Nachteil gereichen kann. Im gegenteiligen Fall kann auch eine Maßnahme, die aussieht, als würde sie die Reichen begünstigen, im Endeffekt jedermann zugute kommen.

Die Erfahrung der ehemals kommunistischen Länder zeigt, wie Versuche, die Einkommen durch Enteignung der Reichen gleichzuschalten, schließlich allen Schaden zufügen können. Indem sie kein Privateigentum an Produktionsmitteln zuließen, konnten die kommunistischen Regierungen zwar die Ungleichheiten durch große Vermögenseinkommen abschaffen. Aber die geringeren Anreize zu arbeiten, Kapital zu akkumulieren und Innovationen durchzusetzen, verunstalteten dieses radikale Experiment des „jedem nach seinen Bedürfnissen" und ließen ganze Länder verarmt zurück. Um 1990 hatte der Vergleich von östlichem und westlichem Lebensstandard schließlich auch viele sozialistische Länder davon überzeugt, daß Privateigentum an Produktionsmitteln dem Lebensstandard der Arbeiter ebenso wie jenem der Kapitalisten zugute kommen würde.

Wie groß sind die Löcher im Eimer?

Okun stellte unser Umverteilungssystem mit seinen Steuern und Transferleistungen als einen löchrigen Eimer dar. Aber wie groß sind denn die Löcher in der amerikanischen Wirtschaft? Befindet sich das Land näher an Punkt *A*, wo die Löcher vernachlässigbar klein sind? Oder näher an *B*, wo es schon gehörig tropft? Oder vielleicht bei *Z*, jenem Punkt, an dem der Umverteilungseimer richtigerweise als Sieb bezeichnet werden müßte? Um die Antwort auf diese Frage zu finden, müssen wir untersuchen, welche Ineffizienzen denn hauptsächlich durch hohe Steuersätze und großzügige Einkommensstützungsprogramme hervorgerufen werden: Verwaltungskosten, geringere Anreize zu arbeiten und zu sparen, sozioökonomische Kosten.

- Der Staat muß Finanzbeamte zur Erhebung der Steuern einstellen, und er muß auch das Personal zur Verwaltung der Sozialausgaben einstellen. Das führt ganz offensichtlich zu Ineffizienzen, aber doch relativ geringfügiger Art: So gibt die amerikanische Steuerbehörde nur einen halben Penny an Verwaltungskosten für jeden eingenommenen Steuerdollar aus.
- Besteht nicht auch die Möglichkeit, daß die Steuerzahler, je stärker die Steuerschraube angezogen wird, irgendwie entmutigt werden und beschließen, doch nicht mehr ganz so hart zu arbeiten? Erinnern Sie

sich an die Laffer-Kurve aus Kapitel 17, wonach Steuersätze subjektiv als so hoch empfunden werden können, daß die Gesamteinnahmen des Staates dadurch letztlich geringer ausfallen als bei gemäßigt hohen Steuersätzen. Empirische Untersuchungen lassen diesbezüglich allerdings den Schluß zu, daß der Schaden, den die Steuern an der Arbeitsmoral der Bürger anrichten, doch eher gering ist. Vielleicht ist in einigen wenigen Gruppen die Arbeits-Angebotskurve möglicherweise sogar rückläufig und zeigt an, daß eine Lohnsteuer die Arbeitsleistung eher anspornt als verringert. Den meisten Studien zufolge gibt es einen gewissen Effekt der Steuern auf die Arbeitswilligkeit in den mittleren und höheren Einkommensgruppen. Es können jedoch unter Umständen auch ganz wesentliche Auswirkungen des Steuer- und Transfersystems auf das Verhalten der Armen auftreten, ein umstrittenes Thema, mit dem wir uns bald beschäftigen werden.

- Das wahrscheinlich potentiell größte Loch im Umverteilungskübel ist die Sparkomponente. Bisweilen hört man auch die Auffassung, hohe Steuersätze würden sich negativ auf das Spar- und Investitionsverhalten auswirken. Nur bieten die gesamtwirtschaftlichen Daten für die USA kaum einen Anhaltspunkt für diese Meinung. Würde die Besteuerung mit Umverteilungswirkung tatsächlich Steuer- und Investitionsmittel abziehen, müßten wir das in den gesamtwirtschaftlichen Daten deutlich ablesen können. Im Jahr 1929, als die Bundessteuern sehr niedrig waren, wurden in den USA 16 Prozent der gesamten Produktionsleistung des Landes (BIP) gespart und investiert; im Jahr 1973, bei einer angeblich überhöhten Steuerbelastung, wurden nach wie vor 16 Prozent des BIP gespart und investiert. Und nach den drastischen Steuersenkungen der frühen achtziger Jahre fiel die nationale Sparrate sogar auf das niedrigste Niveau seit der großen Depression.
- Bisweilen wird behauptet, die Löcher im Eimer ließen sich nicht anhand der ökonomischen Kostenstatistik feststellen. Die wahren Kosten, die die Gleichheit verursacht, seien eher an Einstellungen als an Geldwerten abzulesen. Wird hier vielleicht die wirtschaftliche Ethik untergraben? Werden junge Leute von der Aussicht auf hohe Steuern so sehr abgeschreckt, daß sie sich Drogen und Müßiggang zuwenden? Bringt das Wohlfahrtssystem eine bleibende Klasse von Underdogs hervor, eine Gesellschaft, die sich aus ihrer Kultur der Abhängigkeit nie wieder befreien wird können?
- Bisweilen wird der gesamte Begriff der teuren Umverteilung mit folgenden Argumenten kritisiert: Armut wurzelt in Unterernährung während der Kindheit, in zerrütteten Familien, Analphabetentum zu Hause, schlechter Schul- und mangelnder Berufsausbildung. Armut bringt wieder Armut hervor – der Teufelskreis aus Mangelernährung, unzureichender Ausbildung, Drogenabhängigkeit, geringer Produktivität und niedrigen Einkommen führt zu immer neuen Generationen armer Familien. Programme, die medizinische Versorgung und angemessene Ernährung für arme Familien gewährleisten, erhöhen Produktivität und Effizienz und beeinträchtigen keineswegs die Produktionsleistung. Indem wir heute den Teufelskreis der Armut durchbrechen, fördern wir das Humankapital und die Produktivität der Kinder der Armen für morgen. Staatliche Maßnahmen zur Durchbrechung des Teufelskreises der Armut sind Investitionen, die zwar heute Ressourcen verschlingen, morgen aber die Produktivität heben werden.

Und alle Löcher zusammengenommen...?

Betrachtet man alle genannten Löcher in unserem Umverteilungseimer zusammengenommen – wie durchlässig ist der Eimer? Nach Okuns Ansicht sind die Löcher klein, und zwar vor allem dann, wenn die Gelder für die Umverteilungsprogramme aus der ohnehin breit konzipierten Einkommensteuer stammen. Gegen diese Meinung erhebt sich mancherorts allerdings starker Widerstand, wobei auf die hohen Grenzsteuersätze oder allzu großzügigen Transferprogramme hingewiesen wird, die angeblich die volkswirtschaftliche Effizienz durcheinanderbringen und zerstören.

Und wie sieht die Realität aus? Zwar wurde an den Umverteilungskosten sehr viel geforscht, doch die Wahrheit in dieser Sache scheint schwer faßlich. Eine vorsichtige Aussage könnte lauten, daß es durch Umverteilungsprogramme, wie sie heute in den USA üblich sind, nur zu geringfügigen Verlusten an volkswirtschaftlicher Effizienz kommt. Die Effizienzkosten durch die Umverteilung erscheinen im Vergleich zu den volkswirtschaftlichen Kosten der Armut in Form von Mangelernährung, schlechter Gesundheit, mangelnder Ausbildung und menschlichem Elend recht bescheiden.

WIRTSCHAFTSPOLITISCHE MASSNAHMEN GEGEN DIE ARMUT: PROGRAMME UND KRITIKPUNKTE

Welche Waffen stehen einem Land zur Verfügung, das beschlossen hat, der Armut den Kampf anzusagen? War es jemals möglich, durch staatliche Programme Menschen aus ihrer Armut zu befreien und sie zu produktiven Bürgern zu machen? Oder haben sich diese staatlichen Maßnahmen als eher kontraproduktiv erwiesen? Mit welchen Reformen könnten wir den Schwachstellen des heutigen Wohlfahrtssystems zu Leibe rücken? Mit diesen Fragen wollen wir uns im restlichen Teil dieses Kapitels befassen.

Der Aufstieg des Wohlfahrtsstaates

Die frühen Klassiker unter den Ökonomen vertraten die Ansicht, die bestehende Einkommensverteilung sei einfach unabänderlich. Sie argumentierten, daß Versuche des Staates zur Linderung der Armut in Form von Eingriffen in die Wirtschaft nur untaugliche Bemühungen darstellten, als deren einzige Auswirkung eine Senkung des Volkseinkommens zu erwarten sei.

Am Ende des neunzehnten Jahrhunderts unternahmen jedoch die Politiker Westeuropas Schritte, die einen historischen Wendepunkt in der wirtschaftlichen Rolle des Staates darstellen sollten. Bismarck in Deutschland, Gladstone und Disraeli in Großbritannien, gefolgt von Franklin Roosevelt in den USA führten ein neues politisches Prinzip ein, die Verantwortung des Staates für das Wohlergehen des Volkes. Damit war der **Wohlfahrtsstaat** geboren, der die Marktkräfte so zu modifizieren hat, daß der einzelne gegen konkrete Unwägbarkeiten geschützt ist und daß ein Mindestlebensstandard für alle gesichert wird.

Zu den bedeutendsten Maßnahmen des Wohlfahrtsstaates gehören die staatlichen Pensionen, Unfall- und Krankenversicherungen, Arbeitslosenversicherung, Familienbeihilfen und Einkommenszuschüsse für bestimmte Bevölkerungsgruppen. Diese Maßnahmen wurden seit 1880 bis zum heutigen Tag stufenweise eingeführt, wobei einige dieser Programme, etwa eine umfassende Krankenversicherung, in den USA bis in die neunziger Jahre unseres Jahrhunderts nicht ernstlich in Erwägung gezogen wurden.

Programme zur Einkommenssicherung

Welche bedeutenden Programme zur Einkommenssicherheit gibt es im heutigen Wohlfahrtsstaat? Betrachten wir kurz einige der derzeit wichtigsten US-Sozialprogramme.

Nachdem sich in den sechziger Jahren in dieser reichsten aller Gesellschaften plötzlich wieder der Hunger einstellte, wurde ein Programm zur Ausgabe von Lebensmittelmarken eingeführt. Durch dieses Programm erhalten Familien mit niedrigen Einkommen Bons oder Gutscheine, mit denen sie Lebensmittel zu einem Bruchteil der Marktkosten erstehen können. Außerdem gibt es in jedem amerikanischen Bundesstaat eine Art Sozialhilfe für die Mittellosen. Diese Programme bieten Sachleistungen (also direkte Hilfe in Form von Nahrung, Bekleidung oder Wohnungen) ebenso wie direkte Einkommenstransfers an. Die am deutlichsten sichtbare und umstrittenste Form der Sozialhilfe trägt die Bezeichnung „Aid to Families with Dependent Children" (AFDC) und bietet armen Eltern mit minderjährigen Kindern Unterstützung an. Aber der Staat sorgt auch für die Einkommenssicherung alter, blinder und anderweitig behinderter Bürger, die nachweislich hilfebedürftig sind. Eines der besonders rasch anwachsenden Sozialprogramme ist Medicaid, das mittellosen Familien medizinische Dienstleistungen anbietet.

Darüber hinaus gibt es noch zahlreiche andere einkommenssichernde Programme, die mehr oder weniger zielgerichtet bedürftigen Familien zugute kommen. Wohnungsprogramme, Social Security und Behindertenzuschüsse kommen den Einkommen der Mittellosen stärker zugute als jenen der Durchschnittsbevölkerung, auch wenn sie nicht eigens für mittellose Familien eingeführt wurden.

Wieviel machen eigentlich all die vom Bund finanzierten Sozialprogramme im amerikanischen Bundesbudget aus? Tabelle 20-6 zeigt Ihnen die Höhe der Bundesausgaben für einkommenssichernde Programme sowohl für die Gesamtbevölkerung als auch für mittellose Haushalte. Alle US-Programme gegen die Armut belaufen sich heute auf insgesamt 16 Prozent des Bundesbudgets.

Und obwohl das doch ein eher bescheidener Teil des Budgets ist, konnte mit diesen Sozialprogrammen die Armut im Lande doch ein wenig gelindert werden. Es wurde ein finanzielles Sicherheitsnetz gespannt, das uns heute das Elend früherer Jahre weitgehend vermeiden hilft.

Zwei gegensätzliche Ansichten über die Armut

Sozialwissenschaftler haben zahlreiche Vorschläge zu machen, wie Armut zu bekämpfen oder wenigstens zu lindern sei. In ihren Ansätzen spiegeln sich häufig unterschiedliche Meinungen darüber wider, wie Armut entsteht. Verfechter einer umfassenden staatlichen Unter-

Bundessozialprogramme 1995		
Programm	Betrag (Mia. $)	Prozentsatz der gesamten Bundesausgaben
Alle einkommenssichernden Programme	800,9	52,7
Allgemein wirksame Programme	558,1	36,8
Social Security	337,2	
Medicare	156,2	
Sonstige (Veteranen, sonstige Pensionen)	39,2	
Arbeitslosengeld	25,5	
Programme speziell für Arme	242,8	15,9
Medicaid	96,4	
Sonstige einkommenssichernde Programme	62,5	
Essen und Ernährung	38,4	
Wohnbeihilfen	25,5	
Soziale Dienstleistungen	15,7	
Internationale Entwicklungshilfe	4,3	

Tabelle 20-6: Der Großteil der Geldbeträge für einkommenssichernde staatliche Maßnahmen fließt in allgemeine Programme wie Social Security

Staatliche einkommenssichernde Maßnahmen kommen zum Großteil der Gesamtbevölkerung zugute, nicht nur den Armen. Nur $ 63 Milliarden werden für Programme aufgewendet, die die Einkommen armer Haushalte anheben. Beachten Sie bitte auch die hohen Kosten der Gesundheitsprogramme für Arme ebenso wie für nicht Arme. (Quelle: Office of Management and Budget, *Budget of the United States Government, 1995*)

stützung betrachten Armut als das Ergebnis sozialer und wirtschaftlicher Bedingungen, auf die der einzelne nur wenig Einfluß hat. Sie betonen Mangelernährung, schlechte Schulen, zerrüttete Familien, Diskriminierung, mangelnde Jobchancen und eine Gefährdung durch die Umwelt als die bestimmenden Faktoren für das Schicksal der Armen. Sollten Sie dieser Meinung zuneigen, so vertreten Sie wahrscheinlich auch die Ansicht, daß der Staat für die Linderung der Not verantwortlich ist – entweder, indem er den Armen ein Einkommen gibt, oder indem er die Bedingungen abschafft, die zu Armut führen.

Nach einer anderen Meinung hingegen entsteht Armut aus schlecht angepaßtem individuellen Verhalten – einem Verhalten, das im Verantwortungsbereich des einzelnen liegt und nur von den Armen selbst behoben werden kann. In früheren Jahrhunderten vertraten Apologeten des Laissez-faire die Ansicht, Arme seien energielose, faule Menschen oder Alkoholiker; so etwa schrieb ein Sozialarbeiter vor beinahe einem Jahrhundert: „Arbeitslosigkeit ... wird in der Hälfte der Fälle durch Alkoholismus [hervorgerufen].“ Bisweilen wird der Staat selbst beschuldigt, er mache die Leute von einer Fülle staatlicher Programme abhängig, die die Initiative des einzelnen im Keim erstickten. Kritiker des Systems, die diese Meinung vertreten, sprechen sich für eine Kürzung der staatlichen Sozialprogramme aus, damit die Bürger vermehrt auf ihre eigenen Möglichkeiten zurückgreifen.

Diese Armutsdebatte hat der bekannte Sozialwissenschaftler William Wilson kurz und bündig so zusammengefaßt:

> *Seit jeher betonen die Liberalen, daß es eine Beziehung zwischen den Problemen der Unterprivilegierten und den allgemeinen gesellschaftlichen Problemen der Diskriminierung und der sozialen Hierarchie der Klassen gäbe ... während im Gegensatz dazu die Konservativen stets auf die Bedeutung der unterschiedlichen Gruppenwerte und Wettbewerbsmöglichkeiten als Erklärung für die Armut hinweisen.*[5]

[5] William Julius Wilson, „Cycles of Deprivation and the Underclass Debate“, *Social Service Review* (Dezember 1985), S. 541-559.

Kaum jemand, der sich mit dem Phänomen Armut beschäftigt, vertritt eine dieser beiden extremen Meinungen. Aber die heutige Armutsdebatte wird einfach verständlicher, wenn wir diese gegensätzlichen Ansichten und ihre Implikationen in die politische Gleichung einsetzen.

Das Problem der wirtschaftlichen Anreize für die Armen

Eines der Hauptprobleme für mittellose Familien stellen im gegenwärtigen Sozialsystem die mangelnden Anreize zur Jobsuche dar. Wenn ein Erwachsener, der von der Fürsorge lebt, plötzlich einen Arbeitsplatz bekommt, kürzt ihm der Staat umgehend seine Lebensmittelmarken, die Sozialhilfe und die Mietzuschüsse. Mit anderen Worten, mittellose Bürger müssen mit hohen „Grenzsteuersätzen" (oder richtiger: „Sozialkürzungssätzen") rechnen, weil alle Sozialleistungen schon bei geringem Erwerbseinkommen drastisch gekürzt werden.

Beleuchten wir das Problem anhand des Falles einer dreiköpfigen Familie (Mutter und zwei Kinder) in Pennsylvania ein wenig näher. Pennsylvania haben wir deshalb als Beispiel gewählt, weil hier die AFDC-Leistungen im Bundesdurchschnitt liegen. Im Jahr 1987 hätte diese Familie, sofern die Mutter ohne Arbeit gewesen wäre, AFDC-Leistungen in Höhe von $ 4.584 und Lebensmittelmarken im Wert von $ 1.549 erhalten, also ein verfügbares Einkommen von insgesamt $ 6.133. Nähme diese Mutter nun eine Ganztagsarbeit an, mit der sie $ 8.000 verdienen könnte, würde ihr die AFCD-Beihilfe zur Gänze gestrichen, und es blieben ihr nur noch Lebensmittelmarken in Höhe von $ 1.306. Bringt man noch die Kosten für die Kinderbetreuung und mit der Arbeitsleistung verbundene Kosten in Abzug, so bleibt ihr ein verfügbares Einkommen von $ 6.906.

Der Nettogewinn, den sie durch die Annahme einer Arbeit erzielen könnte, läge somit bei mageren $ 773 jährlich, ein sehr bescheidener Anstieg von 9,7 Prozent ihres verfügbaren Einkommens. Würden wir Sozialhilfekürzungen als eine Art „Steuer" betrachten, so müßten wir konstatieren, daß die Steuersätze für arme US-Bürger mit einem Arbeitsplatz häufig 90 Prozent betragen – und damit weit über jenem Satz liegen, den die reichsten der reichen Amerikaner bezahlen, was sicherlich den Ehrgeiz dämpft, unbedingt einen Arbeitsplatz zu ergattern.

Ein Punkt, der dem amerikanischen Sozialsystem heftige Kritik eingebracht hat, ist der Vorwurf, es biete in einer Zeit, in der intakte Familien sozusagen zu den bedrohten Arten gehören, einen Anreiz zur Auflösung der Familie. In den meisten Staaten erhalten Familien, in denen beide Elternteile anwesend sind, mit der Begründung, der zweite Elternteil müsse eben die Kinder erhalten, keine Sozialhilfe. In diesen Fällen muß der sozialhilfeberechtigte Elternteil (im allgemeinen der Vater) häufig konstatieren, daß das Einkommen seiner Familie steigen würde, wenn er die Familie verließe. Nur dann nämlich könnten seine Frau und Kinder Sozialhilfe beziehen.

Einkommenszuschüsse für Bedürftige

Angesichts der unerwünschten Auswirkungen des gegenwärtigen Sozialsystems auf die wirtschaftliche Effizienz und die Sozialstruktur des Landes sind Ökonomen verschiedenster politischer Provenienz zu der Ansicht gelangt, daß es an der Zeit wäre, eine grundlegende Reform des Sozialsystems einzuleiten. Konservative wie Milton Friedman von der Universität Chicago und Liberale wie James Tobin von Yale sind sich völlig einig, daß es billiger und humaner wäre, die inkohärenten Beihilfen- und Sozialprogramme durch ein einziges, vereinheitlichtes Finanzhilfeprogramm zu ersetzen.

Ein diesbezüglicher Reformvorschlag benennt sich **negative Einkommensteuer**. Der Grundgedanke dahinter ist einfach. Verdiene ich $ 50.000 jährlich, bezahle ich positive Einkommensteuer (wie aus Tabelle 17-3 ersichtlich). Verdiene ich noch um $ 1.000 mehr, bezahle ich zusätzliche $ 160 an Steuern, und mir verbleiben noch immer $ 840 an zusätzlichem verfügbaren Einkommen. So bleibt mein Anreiz, Geld zu verdienen, gewahrt.

Aber betrachten wir einmal eine bedürftige Familie mit beispielsweise $ 8.000 jährlichem Einkommen. Der Kongreß könnte zu der Ansicht gelangen, daß diese Familie ein höheres Einkommen verdient, vor allem, wenn die $ 8.000 Einkommen aus Erwerbsarbeit darstellen und die Familie noch minderjährige Kinder zu versorgen hat. Der Staat möchte dieser Familie einen Einkommenszuschuß geben. Er tut dies, indem er die Familie keine Einkommensteuer bezahlen läßt, sondern ihr eine negative Einkommensteuer in Form eines Gehaltszuschusses ausbezahlt.

Die Problemstellung lautet: Wie können wir weiterhin staatliche Einkommenszuschüsse gewähren, ohne den wirtschaftlichen Anreiz zur Arbeit zu gefährden? Nun, das wäre möglich, indem man ein Grundeinkommen gewährt und darüber hinaus der Familie gestattet, einen bedeutenden Teil ihrer Einkünfte zu behalten. Eine Familie könnte ein Grundeinkommen von $ 8.000 erhalten und darüber hinaus auf jedes weitere Einkommen 50 Prozent Steuern bezahlen. So wie auch Bezieher hoher Einkommen den Großteil ihrer Einkünfte behalten dürfen, wenn sie noch mehr verdienen, könnte dann auch eine bedürftige Familie einen Gutteil ihrer zusätzlichen Einkünfte für sich behalten, sollte ein Familienmitglied einen Job annehmen.

Steuergutschriften auf Erwerbseinkommen (Earned-Income Tax Credit). Auf ihrer Suche nach Alternativen hat man sich in den USA auf eine Form der negativen Einkommensteuer geeinigt, die unter der Bezeichnung *Earned-Income Tax Credit* bekannt ist und eine Steuergutschrift für Arbeitseinkommen darstellt. Diese Maßnahme wurde im Jahr 1975 eingeführt, wobei die Gutschrift für Erwerbseinkommen gilt und eigentlich einen Lohnzuschuß darstellt. Seit der Novelle 1993 gibt es einen 18- bis 20prozentigen Zuschuß zum Erwerbseinkommen bis zu einer maximalen Höhe von $ 1.511 und einer Einkommensgrenze von $ 23.050. Dieser Zuschuß wird als „rückzahlbare" Gutschrift bezeichnet, weil er eigentlich an einen Steuerzahler (wobei allerdings die Steuer negativ ist) ausbezahlt wird, wenn der Steuerzahler keine Steuer schuldet, weil sein Einkommen zu gering ist.

Tabelle 20-7 zeigt die Auswirkungen der Steuergutschrift für die Erwerbseinkommen von Familien mit unterschiedlicher Einkommenshöhe. Dieses Beispiel macht klar, daß der Staat zugleich die bedürftigsten Famlien unterstützen und einen Arbeitsanreiz aufrechterhalten kann. Vergleichen Sie diesen Ansatz mit jenem des bestehenden Sozialsystems, das wir weiter oben behandelt haben, und Sie werden sehen, daß das derzeitige System alle Arbeitsanreize zunichte macht, während die negative Einkommensteuer die Menschen dazu motiviert, Arbeit zu suchen.

Bei der Analyse verschiedener Einkommens-Beihilfenprogramme für Bedürftige besteht das größte Dilemma darin, zu entscheiden, ob der Arbeitsanreiz verstärkt oder der Lebensstandard der Ärmsten angehoben werden soll. Das eine Extrem bestünde in einem System, das armen Familien großzügige Beihilfen gewährt, um alle sonstigen Einkünfte danach stark zu „besteuern". Bei dieser Vorgangsweise ergeben sich häufig Grenzsteuersätze von beinahe oder sogar über 100 Prozent (wie bereits ausgeführt). Das andere Extrem wäre die Steuergutschrift auf Erwerbseinkommen, die jenen, die nicht arbeiten, *keinen* Zuschuß gewährt, aber den Arbeitsanreiz erhöht. Die in Tabelle 20-7 dargestellte Steuergutschrift für Arbeitseinkommen weist einen Grenzsteuersatz von *minus 15 Prozent* auf.

Bei der Planung von Programmen zur Einkommenssicherung stellen sich zahlreiche wichtige volkswirtschaftliche und soziale Fragen: Sollten auch Einzelpersonen in die Programme aufgenommen werden? Sollte man von den Beihilfenempfängern verlangen, daß sie eine Arbeit annehmen (dieses System wird im Gegensatz zu „Wellfare" als „Workfare" bezeichnet)? Sollten auch College-Studenten anspruchsberechtigt sein? Und – besonders wichtig – sollte die Beihilfenhöhe nur minimal sein, so daß das blanke Überleben gesichert ist, um so die Arbeitsanreize möglichst wenig zu schmälern und nur eine dünne Schicht Butter aufs Brot zu gewähren? Oder sollte die negative Einkommensteuer großzügig bemessen sein und Einkommen an oder über der Armutsgrenze stark subventionieren, dabei jedoch auch riskieren, daß der Arbeitsanreiz nur gering ist und die Butterschicht immer dicker wird? Mit diesen fundamentalen Fragen werden die Staaten immer zu kämpfen haben.

Derzeitige Struktur der Steuergutschrift auf Erwerbseinkommen 1993

Markteinkünfte ($)	positive bzw. negative Steuer ($)	Einkommen nach Steuern ($)
0	0	0
4.000	−785	4.785
8.000	−1.511	9.511
12.000	−1.511	13.511
16.000	−978	16.978
24.000	0	24.000

Tabelle 20-7: Der Earned-Income Tax Credit bewirkt reale Lohnsteigerungen, betrifft jedoch nicht die Ärmsten

Nach der derzeitigen Earned-Income Tax Credit Regelung kommt es zu einer Reallohnsteigerung um zusätzliche 18 bis 20 Prozent bis zu einem Maximallohn, danach nicht mehr. Dies bedeutet „negative Steuern" für sehr niedrige Erwerbseinkommen. (Quelle: US Department of the Treasury)

Experimenteller Nachweis. Wie würden sich die erörterten Veränderungen bei den einkommenssichernden Maßnahmen auf die Wirtschaft auswirken? Um diese Frage zu prüfen, haben Ökonomen an der Entwicklung einer beeindruckenden Reihe von Real-Experimenten mitgewirkt, mit denen sich die Auswirkungen alternativer Programme auf das Verhalten der Betroffenen messen lassen.

Das *Experiment der negativen Einkommensteuer* umfaßte mehrere Tausend Familien in New Jersey, Indiana, Seattle und Denver. Dabei wurde eine nach dem Zufallsprinzip ausgewählte Gruppe von Familien in „Kontrollgruppen", die keine Spezialbehandlung erhielten, und „Experimentiergruppen" eingeteilt, an denen die negative Einkommensteuer mehrere Jahre hindurch getestet werden sollte. Die zentrale Frage lautete, wie die Betroffenen auf die jeweiligen Beihilfensysteme reagieren würden.

Diese rein informativen Experimente zeigten, daß Familien, die hohe Einkommenszuschüsse erhalten (also beispielsweise 100 Prozent des Existenzminimums als Grundbezug), deutlich – um bis zu 15 Prozent – weniger arbeiteten. Extrapoliert man diese Angaben auf die Gesamtbevölkerung, so würde diese geringere Arbeitsleistung – das Loch in Okuns Umverteilungseimer – die nationale Produktionsleistung um 15 bis 30 Prozent der gemessenen Budgetkosten (für das Programm) senken. Andererseits führten Experimente mit niedrigeren Beihilfen zu sehr viel kleineren Beeinträchtigungen der Arbeitswilligkeit der Betroffenen.

Sind diese Effizienzverluste nun als groß oder gering zu betrachten? Wer sich mehr Sorgen um die Armen als um die volkswirtschaftliche Effizienz macht, hält sicherlich großzügige Sozialprogramme für die gerechteste Lösung. Wer jedoch primär die Effizienz im Auge hat und meint, die Armen seien an ihrer Lage selbst schuld, wird sich auch weiterhin für eine Kürzung der bestehenden Sozialprogramme aussprechen.

ZUSAMMENFASSUNG

A. Ungleichheit messen

1. Im vergangenen Jahrhundert glaubten die klassischen Ökonomen, wirtschaftliche Ungleichheit sei eine allgemeingültige Konstante, die sich durch staatliche Politik in keiner Weise beeinflussen lasse. Diese Ansicht hält bei genauerer Betrachtung nicht stand. Die Armut konnte seit Beginn dieses Jahrhunderts stark zurückgedrängt werden, und die absoluten Einkommen derer, die einkommensmäßig an der untersten Stufe stehen, sind stark angestiegen. Allerdings vollzieht sich seit dem Beginn der siebziger Jahre eine Trendumkehr, und die Ungleichheit ist wieder im Steigen begriffen.
2. Die Lorenzkurve ist eine praktische Methode, um die Streuung der Ungleichheiten in der Einkommensverteilung zu messen. Sie zeigt, welcher Prozentsatz des Gesamteinkommens jeweils auf das ärmste 1 Prozent, die ärmsten 10 Prozent, die ärmsten 95 Prozent etc. entfällt.
3. Armut ist im wesentlichen ein relativer Begriff. In den USA erfolgte die Definition von Armut zu Beginn der sechziger Jahre über die Lebensmittelausgaben. Nach diesem Beurteilungsstandard war im letzten Jahrzehnt kaum ein Erfolg bei der Einkommensentwicklung zu verzeichnen.
4. Die Verteilung der amerikanischen Einkommen erscheint heute weniger ungleich als zu Beginn des Jahrhunderts oder als in weniger entwickelten Staaten selbst heute noch. Trotzdem sind die USA nach wie vor durch ein hohes Maß an Ungleichheit gekennzeichnet, ja sogar durch einen leichten Anstieg der Ungleichheit im letzten Jahrzehnt. Vermögen sind noch sehr viel ungleichmäßiger verteilt als Erwerbseinkommen, wobei sich die USA in dieser Hinsicht von anderen kapitalistischen Wirtschaftssystemen nicht unterscheiden.

B. Die Ursachen der Ungleichheit

5. Um die Ungleichheiten in der Einkommensverteilung erklären zu können, empfiehlt es sich, Erwerbs- und Vermögenseinkommen getrennt zu betrachten. Unterschiede in den Erwerbseinkommen ergeben sich aus unterschiedlichen Fähigkeiten der Menschen und verschieden hoher Arbeitsintensität (Arbeitszeit und Anstrengung) und daraus, daß verschiedene Berufe verschieden gut bezahlt werden, was seinerseits unter anderem auf Unterschiede im Humankapital zurückzuführen ist.
6. Die Verteilung der Besitzeinkommen weist noch krassere Ungleichheiten auf als jene der Erwerbseinkommen, vor allem wegen der großen Unterschiede, was die Vermögen der Leute betrifft. Ein ererbtes Vermögen verhilft den Kindern der Reichen schon zu einem Startvorteil; und nur ein kleiner Teil des Vermögens der Amerikaner ist auf Ersparnisse aus Erwerbseinkommen zurückzuführen. Daneben erscheinen vor allem unternehmerische Aktivitäten als wesentliche Quelle des Wohlstandes der 100 reichsten Amerikaner.

C. Gleichheit oder Effizienz: Wieviel Umverteilung wollen wir?

7. Politphilosophen kennen drei Arten von Gleichheit: (a) die Gleichheit der politischen Rechte, beispielsweise im Wahlrecht; (b) die Chancengleichheit mit gleichem Zugang zu Berufen, Ausbildung und anderen Sozialsystemen, und (c) wirtschaftliche Gleichstellung, was bedeutet, daß allen Menschen ein gleiches Einkommen oder Konsumniveau garantiert wird. So sehr die ersten beiden Arten von Gleichheit in den meisten reifen Demokratien heute akzeptiert werden, bleibt die wirtschaftliche Gleichstellung ein über-

aus kontroverses Thema und erscheint vielen inakzeptabel.

8. Gleichheit bringt Kosten und Nutzen mit sich. Die Kosten sind bildlich als das darzustellen, was aus Okuns „löchrigem Eimer" ausrinnt. Das bedeutet, daß sich Versuche, Einkommensdisparitäten mit Hilfe einer progressiven Besteuerung oder durch Sozialleistungen auszugleichen, auf die wirtschaftlichen Anreize zu arbeiten oder Ersparnisse anzulegen, schädlich auswirken und das BIP verringern können. Als mögliche Löcher wären hier etwa administrative Kosten und geringere Arbeitszeit oder eine niedrigere Sparquote zu nennen.
9. Zu den wichtigsten staatlichen Programmen gegen die Armut gehören in den USA direkte Transferzahlungen, Lebensmittelgutscheine, Medicaid und eine Reihe kleinerer und weniger zielgerichteter Programme. Ingesamt hat sich an allen diesen Programmen Kritik geregt, weil sie Familien mit niedrigen Einkommen hohe Sozialkürzungssätze (oder einen hohen Grenz„steuer"satz) auferlegen, sobald diese Familien ein Arbeitseinkommen oder andere Einkommen erzielen.
10. Ein wichtiger Vorschlag zur Reformierung des Systems zur Einkommenssicherung der Armen ist die negative Einkommensteuer. Dieses System könnte die verwirrende Fülle bestehender Programme durch einen vereinheitlichten finanziellen Einkommenszuschuß ersetzen. Dieser Zuschuß würde nur in kleinen Schritten gekürzt oder „mit einem mäßigen Steuersatz belegt", damit schlecht verdienende Familien einen Anreiz hätten, einer Erwerbsarbeit nachzugehen. In den USA wurde eine Variante dieses Systems eingeführt, die unter der Bezeichnung „Earned-Income Tax Credit" bekannt ist und Familien mit geringem Einkommen eine Einkommenszulage bietet.

BEGRIFFE ZUR WIEDERHOLUNG

Messung der Ungleichheit

Trends in der Einkommensverteilung
Die Lorenzkurve von Einkommen und Vermögen
Humankapital
Erwerbs- und Vermögenseinkommen
Die Rolle von Glück, Ersparnis, Risikobereitschaft, Erbschaft
Gründe für Ungleichheiten
Lohnvorteile von Collegeabsolventen gegenüber High-School-Abgängern

Analyse und Maßnahmen zur Bekämpfung der Armut

Armut
Wohlfahrtsstaat
Gleichheit: politische Gleichheit, Chancengleichheit, wirtschaftliche Gleichstellung
Okun und der löchrige Eimer
Gleichheit oder Effizienz
Programme zur Einkommenssicherung
Einkommens-Transformationskurve:
Ideal und Wirklichkeit
Negative Einkommensteuer: Basis-Steuerfreibetrag, Steuersatz
Sozialkürzungssatz (Grenz„steuer"satz)
Earned-Income Tax Credit (Steuergutschrift auf Erwerbseinkommen)

FRAGEN UND BEISPIELE

1. Wenn alle Hörer Ihres Kurses anonym auf ein Blatt Papier das geschätzte Jahreseinkommen ihrer Familie schreiben, können Sie aus diesen Daten eine Häufigkeitstabelle mit der genauen Einkommensverteilung erstellen. Welches mittlere Einkommen (Medianeinkommen) und welches Durchschnittseinkommen ergibt sich daraus?
2. Welche Auswirkungen hätten folgende Maßnahmen auf die Lorenzkurve der Einkommen nach Steuern? (Nehmen Sie an, daß die Steuereinnahmen des Staates in einen repräsentativen Anteil des BIP fließen.)
   a. Eine proportionale Einkommensteuer (d.h. eine Steuer, die alle Einkommen mit demselben Steuersatz belegt)
   b. Eine progressive Einkommensteuer (d.h. eine Steuer, die hohe Einkommen stärker besteuert als niedrige)
   c. Eine fünfprozentige nationale Verkaufsteuer
   Zeichnen Sie vier Lorenzkurven, um die ursprüngliche Einkommensverteilung und die Einkommensverteilung nach jeder der Maßnahmen *a-c* darzustellen.
3. Besprechen Sie die drei verschiedenen Arten der Gleichheit. Warum führt Chancengleichheit nicht notwendigerweise zu wirtschaftlicher Gleichstellung? Sollte man Menschen mit verschiedenen Fähigkeiten denselben Zugang zu Jobs und Ausbildungsmöglichkeiten geben? Was könnte man unternehmen, um eine wirtschaftliche Gleichstellung sicherzustellen? Warum und wie könnten derartige Maßnahmen zu volkswirtschaftlichen Ineffizienzen führen?
4. Betrachten Sie zwei verschiedene Wege zur Hebung des Einkommens der Armen: (a) durch finanzielle Unterstützungen (z.B. $ 500 monatlich) und (b) durch Sachleistungen wie Lebensmittelsubventionen, medizinische Dienstleistungen oder Wohnungsprogramme. Nennen Sie das Für und Wider jeder dieser Strategien. Können Sie erklären, warum sich die USA hauptsächlich auf Strategie (b) stützen? Sind Sie mit dieser Strategie einverstanden?
5. Berechnen Sie, anstatt mit Hilfe der Lorenzkurve die Ungleichheit zu messen, den Bereich zwischen der tatsächlichen Ungleichheitenkurve und der Kurve gleicher Einkommen (es handelt sich um den grauschattierten Bereich in Abbildung 20-1). Zweimal dieses Verhältnis wird als Gini-Koeffizient bezeichnet.
   Wie sieht der Gini-Koeffizient für eine Gesellschaft mit absoluter Einkommensgleichheit aus? Für eine Gesellschaft, in der ein einziger Mensch das gesamte Einkommen für sich beansprucht? Schätzen Sie die Gini-Koeffizienten für die verschiedenen Lorenzkurven in Abbildung 20-2.
6. In einem Land, nennen wir es Ökonoland, leben 10 Leute. Ihre Einkommen (in Tausend) betragen $ 3, $ 6, $ 2, $ 8, $ 4, $ 9, $ 1, $ 5, $ 7 und $ 5. Erstellen Sie eine Einkommenstabelle und machen Sie eine Einteilung in Einkommensfünftel oder Quintile wie in Tabelle 20-2. Zeichnen Sie die zugehörige Lorenzkurve. Berechnen Sie den Gini-Koeffizienten, wie er in Frage 5 definiert ist.
7. Die folgende Tabelle zeigt die Pro-Kopf-Einkommen der 10 bevölkerungsreichsten Länder der Erde für das Jahr 1992. Dabei wurde unter Zugrundelegung der jeweiligen Kaufkraft eine Umrechnung der Fremdwährungen in US-Dollar vorgenommen.

Prokopfeinkommen 1992

Japan	26.930	Pakistan	400
USA	22.240	China	370
Rußland	3.220	Nigeria	340
Brasilien	2.940	Indien	330
Indonesien	610	Bangladesh	220

Quelle: Weltbank, Social Indicators of Development, 1993.

   Nehmen Sie eine Enzyklopädie zur Hand und stellen Sie daraus die Einwohnerzahl all dieser Länder fest. Nehmen Sie nun an, alle Menschen in dem jeweiligen Land würden genau dasselbe durchschnittliche Pro-Kopf-Einkommen beziehen, und zeichnen Sie eine Lorenzkurve für die 10 Länder. Weist diese Lorenzkurve eine höhere oder geringere Ungleichheit als die Lorenzkurven für die jeweiligen Länder in Abbildung 20-2(*a*) auf?
8. Viele Menschen streiten laufend darüber, in welcher Form die armen Gruppen der Gesellschaft unterstützt werden sollten. Eine Schule sagt: „Gebt den Leuten Geld und laßt sie medizinische Leistungen und Nahrungsmittel nach ihrem Bedarf einkaufen." Die andere Schule sagt: „Wenn man den Armen Geld für Milch gibt, geben sie es für Bier aus. Unterernährung und Krankheiten bekämpft man wirkungsvoller, wenn man Sachleistungen anbietet. Geld, das man selbst verdient, kann man auch nach eigenem Ermessen ausgeben, aber Geld, das die Gesellschaft zuschießt, sollte zweckgebunden sein."
   Das Argument der ersten Schule könnte von der Nachfragetheorie beeinflußt sein: Soll doch jeder Haushalt selbst bestimmen, wie er seinen Nutzen mit einem begrenzten Budget maximiert. Kapitel 5 zeigt, warum dieses Argument durchaus richtig sein könnte. Aber was soll man machen, wenn der Nutzen der Eltern vor allem darin besteht, sich viel Bier und Lottoscheine zu kaufen, während ihnen Milch und Kleidung für ihre Kinder wenig Nutzen zu bringen scheinen? Überlegen Sie, welche dieser Ansichten ausgehend von Ihrer persönlichen Erfahrung und Ihrem Wissen eher der Realität entspricht. Erklären Sie Ihre Überlegungen.

TEIL FÜNF

DIE GRUNDLAGEN DER MAKROÖKONOMIE

KAPITEL 21

MAKROÖKONOMIE IM ÜBERBLICK

Die ganze Wirtschaft dreht sich doch ausschließlich darum, Güter oder Dienstleistungen für den sofortigen oder den zukünftigen Konsum zu erzeugen. Ich glaube, daß die Beweislast immer diejenigen treffen sollte, die weniger anstatt mehr produzieren, die Menschen oder Maschinen ungenützt lassen, obwohl man sie gut einsetzen könnte. Es verblüfft mich immer wieder, wie viele Gründe sich finden lassen, um eine derartige Verschwendung zu rechtfertigen: Angst vor Inflation, Zahlungsbilanzdefizite, unausgeglichene Budgets, eine zu hohe Staatsverschuldung, Vertrauensverlust in den Dollar.

James Tobin, National Economic Policy

In früheren Jahrhunderten definierte sich die Stellung eines Staates in erster Linie über seine militärische Macht. Heute ist es die wirtschaftliche Macht, die über Erfolg oder Mißerfolg entscheidet. Ein Land wie Japan, dessen militärisches Potential kaum ins Gewicht fällt, wird von der ganzen Welt beneidet, weil es nun bereits auf Jahrzehnte ohne nennenswerte Arbeitslosigkeit zurückblikken kann. Im Gegensatz dazu lagert die frühere Sowjetunion, ein riesiges Land mit einer ungeheuren Fülle an Rohstoffen, 45.000 nukleare Sprengköpfe in ihren Arsenalen. Die Unfähigkeit dieses Landes, neben den Kanonen für seine Armee auch die Butter herzustellen, die seine Bevölkerung so dringend benötigen würde, hat schließlich zur Demontage des kommunistischen Staatswesens beigetragen und Rußland zum Westhilfeempfänger degradiert.

Wie wir sehen, beherrschen makroökonomische Themen die politische und wirtschaftliche Tagesordnung beinahe des gesamten zwanzigsten Jahrhunderts. Denken wir etwa an die dreißiger Jahre, als in den USA in der Großen Depression Produktion, Arbeitsmarkt und Preise zusammenbrachen und Ökonomen wie Politiker weltweit gegen die Probleme der internationalen Wirtschaftskrise anzukämpfen hatten. Oder an den Zweiten Weltkrieg und schließlich an den Vietnamkrieg in den sechziger Jahren, als man Probleme hatte, ein überhitztes Wachstum und hohe Inflationsraten in den Griff zu bekommen. Ebenso schwierig stellte sich die Situation in den siebziger Jahren dar. Das brennend heiße Thema damals: die „Stagflation", eine Kombination aus verlangsamtem Wirtschaftswachstum und steigenden Preisen, die unter den Amerikanern ein ziemlich flaues Gefühl auslöste. Die achtziger Jahre begannen mit einem drastischen Wirtschaftsabschwung, der Millionen den Arbeitsplatz kostete, gefolgt von einem langanhaltenden Boom. Zu Beginn der neunziger Jahre waren die Politiker mit der kniffligen Fragestellung konfrontiert, wie das schleppende Produktivitätswachstum und die langsam steigenden Reallöhne mit der Notwendigkeit in Einklang zu bringen seien, einerseits die Inflationsgefahr zu bannen und andererseits Arbeitsplätze für alle Arbeitswilligen zu schaffen.

Was die Ökonomen betrifft, so erwarben sie teilweise gerade auf Grund dieser Erfahrungen ein viel besseres Verständnis der wirtschaftspolitischen Möglichkeiten, die uns zur Verfügung stehen, um periodisch auftretende Konjunkturkrisen zu meistern und ein anhaltendes Wirtschaftswachstum zu stimulieren. Als Reaktion auf die Weltwirtschaftskrise der dreißiger Jahre entwickelte John Maynard Keynes seine revolutionäre Theorie, mit der er jene Kräfte zu erklären vermochte, die zu konjunkturellen Schwankungen führen, und er war es auch, der schließlich einen Ansatz fand, um die schlimmsten Auswüchse des Konjunkturzyklus unter Kontrolle zu bringen. Dank Keynes und seinen modernen Nachfolgern wissen wir heute, daß ein Staat mit der Wahl seiner Wirtschaftspolitik – also jener Maßnahmen, mit denen er auf die Geldmenge, die Steuern und die staatlichen Ausgaben einwirkt – das Wirtschaftswachstum ankurbeln oder drosseln, einer galoppierenden Inflation oder konjunkturbedingten Arbeitslosigkeit entgegenwirken oder auch große Handelsüberschüsse oder -defizite ausgleichen kann.

Trotz allem ist jedoch die Makroökonomie für Ökonomen wie Politiker ein kontroverses Gebiet geblieben. Man erinnere sich: Die amerikanische Präsidentschaftskampagne des Jahres 1992 wurde in erster Linie anhand makroökonomischer Themen ausgetragen. Der damalige Präsidentschaftskandidat Bill Clinton stellte die Behauptung auf, die amerikanische Wirtschaft hätte die in sie gesetzten Erwartungen nicht erfüllt. Er meinte, die Sparflammenpolitik der Reagan-Bush-Ära habe die arbeitenden Menschen und Familien schlechter gestellt, weil diese nun härter arbeiten müßten und trotzdem weniger verdienten. Er sagte, das hohe staatliche Defizit fresse Sparguthaben und Investitionen auf; der Produktivitätszuwachs in den USA hinke im Vergleich zu Europa oder Japan nach; und das internationale Handelssystem sei überholt. Die Kosten des Gesundheitswesens liefen dem Staat davon und verhinderten jeden Wettbewerb. Anschließend, bei seinem Amtsantritt, machte Bill Clinton eine Reihe konkreter wirtschaftspolitischer Vorschläge, um die angesprochenen Probleme einer Lösung zuzuführen. So sprach er sich für ein umfassendes Programm zum Abbau des staatlichen Defizits aus, er nahm sich vor, den Außenhandel zu liberalisieren und ein bahnbrechendes neues Gesundheits-Reformprogramm einzuführen – und alle diese Vorschläge riefen heftigen und verbreiteten Widerspruch hervor.

Aber obwohl die Debatten über wirtschaftspolitische Fragen anhalten, gibt es einen Grundbestand an makroökonomischen Lehrmeinungen, der praktisch von allen Seiten anerkannt wird. Und wir wollen uns nun diesen grundlegenden Prinzipien der Makroökonomie zuwenden.

A. WAS IST DIE MAKROÖKONOMIE?

MIKROÖKONOMIE ODER MAKROÖKONOMIE?

Bevor wir uns in unser Thema stürzen, sollten wir uns daran erinnern, daß **Makroökonomie** die Lehre von der Wirtschaft als ganzer ist. Sie untersucht das allgemeine Niveau der Wirtschaftsleistung, die Situation auf dem Arbeitsmarkt und die Preissituation eines Landes. Im Gegensatz dazu beschäftigt sich die **Mikroökonomie** mit einzelnen Preisen, Mengen und Märkten.

Einige wenige Beispiele mögen diesen Unterschied verdeutlichen: Die Mikroökonomie möchte wissen, wie ein Ölkartell die Preise für Rohöl gestaltet; die Makroökonomie interessiert, warum ein drastischer Anstieg des Weltmarktpreises für Rohöl zu Inflation und Arbeitslosigkeit führt. Die Mikroökonomie fragt, ob ein Universitätsstudium eine lohnende Investition ist. Die Makroökonomen untersuchen die Arbeitslosenrate unter jungen Menschen im erwerbsfähigen Alter. Die Mikroökonomie befaßt sich mit einzelnen Punkten im Zusammenhang mit dem Außenhandel, beispielsweise mit der Frage, warum die USA Toyotas importieren und LKWs exportieren. Die Makroökonomie untersucht die allgemeinen Import- und Exporttrends und stellt dabei Fragen wie folgende: Wie konnte es in den USA zu einem so hohen Handelsdefizit kommen, und warum wurde dieses Land dann in den 80er Jahren zum weltgrößten Schuldner?

DIE WICHTIGSTEN ANLIEGEN DER WIRTSCHAFTSPOLITIK

Die Geburtsstunde der Makroökonomie liegt in den dreißiger Jahren, als John Maynard Keynes versuchte, die volkswirtschaftlichen Mechanismen zu verstehen, die zur großen Depression bzw. zur Weltwirtschaftskrise geführt hatten. Nach dem Zweiten Weltkrieg erklärte der amerikanische Kongreß in Reaktion sowohl auf den zunehmenden Einfluß der keynesianischen Ideen als auch aus Angst vor einer weiteren Depression formell, daß es sehr wohl eine staatliche Verpflichtung zum wirtschaftspolitischen Erfolg gebe. Er verabschiedete den bahnbrechenden Employment Act aus 1946, der folgenden Passus enthält:

> *Der Kongreß erklärt hiermit, daß es die fortwährende Politik und Verpflichtung der Bundesregierung ist, alle gangbaren Maßnahmen entsprechend den jeweiligen Erfordernissen und Verpflichtungen zu setzen ..., um eine maximale Beschäftigungsrate, Produktion und Kaufkraft zu fördern.*

Erstmals bekannte sich der Kongreß zur Rolle des Staates in der Förderung des Produktionswachstums und der Vollbeschäftigung sowie beim Erhalt der Preisstabilität. Zusätzlich zu diesen hochgesteckten, aber irgendwie doch vagen Plänen verfügte der Employment Act die Errichtung des sogenannten Council of Economic Advisers (oder CEA) zur Beratung des Präsidenten.[1]

Seit Verabschiedung des Employment Act im Jahre 1946 haben sich zwar die Prioritäten des Landes innerhalb der nachfolgend dargestellten drei Ziele verschoben, aber in den USA wie in allen anderen Marktwirtschaften bilden diese Ziele nach wie vor den Rahmen für die zentralen wirtschaftspolitischen Fragen:

1. *Warum sinken bisweilen Produktionsleistung und Beschäftigungsstand, und was läßt sich gegen das Auftreten von Arbeitslosigkeit unternehmen?* Alle Marktwirtschaften weisen Expansions- und Schrumpfungsmuster auf, die als *Konjunkturzyklus* bezeichnet werden. In Zeiten eines Wirtschaftsabschwungs, also beispielsweise während der Rezession der Jahre 1990–1991, geht die Produktion an Gütern und Dienstleistungen zurück, und damit verlieren auch Millionen von Menschen ihre Jobs. Während der Nachkriegszeit war es zumeist eines der Hauptziele der Wirtschaftspolitik, geld- und fiskalpolitische Maßnahmen so einzusetzen, daß damit nach Möglichkeit die Abschwungphasen und Perioden der Arbeitslosigkeit abgefedert wurden.
   Darüber hinaus aber erleben manche Länder auch bei zufriedenstellenden Wachstumsraten Perioden hoher Arbeitslosigkeit. In mehreren europäischen Staaten waren zu Beginn der neunziger Jahre 5 bis 10 Prozent der erwerbsfähigen Bevölkerung als Langzeitarbeitslose, also seit länger als einem Jahr arbeitslos. Die Makroökonomie beschäftigt sich mit den Ursachen einer solchen hartnäckigen und unerfreulichen Arbeitslosigkeit. Ist die Diagnose einmal gestellt, kann die Volkswirtschaft auch Therapien verschreiben, beispielsweise eine Stärkung der Arbeitsmärkte durch Zurücknahme aller Anreize, nicht zu arbeiten, oder durch höhere Lohnflexibilität. Das Wohl und Wehe von Millionen von Menschen hängt davon ab, ob die Makroökonomen die richtige Antwort auf derartige Fragen finden.
2. *Worauf ist die Inflation zurückzuführen, und wie läßt sie sich eindämmen?* Nach der Erfahrung der Ökonomen löst eine hohe Inflationsrate eine Art Korrosionsprozeß in der Wirtschaft aus. In einer Marktwirtschaft dienen die Preise als Maßstab für die Messung wirtschaftlicher Werte und als Katalysator für Geschäftsabschlüsse. In Perioden rasch steigender Preise verliert dieser Maßstab und Katalysator seinen Wert: Die Menschen reagieren verwirrt, begehen Fehler und verbringen viel Zeit damit, sich darüber Sorgen zu machen, die Inflation könnte ihre Einkommen auffressen. Allzu rasche Preisänderungen führen zu volkswirtschaftlicher Ineffizienz.
   Aus diesem Grund forciert die Wirtschaftspolitik seit langem und in zunehmendem Maße die Preisstabilität als überaus wichtiges Ziel. In den USA war ein Rückgang der Inflationsrate von über 10 Prozent jährlich gegen Ende der siebziger Jahre auf unter 3 Prozent zu Beginn der neunziger Jahre zu verzeichnen. In manchen anderen Ländern ist es bis heute nicht gelungen, die Inflation einzudämmen, und so sehen wir, daß die Preise in den ehemals kommunistischen Ländern wie Rußland oder der Ukraine oder einigen lateinamerikanischen Ländern jährlich um 1000 und mehr Prozent steigen. Warum war es in den USA möglich, den Inflationstiger in den Käfig zu sperren, während dies Rußland nicht gelungen ist? Nun, die

[1] Zusätzlich zu seiner Beratungsfunktion gegenüber dem Präsidenten hat das CEA die wichtige Aufgabe, den *Wirtschaftsbericht des Präsidenten und seines Sachverständigenrates (Economic Report of the President and the Council of Economic Advisers)* zu erstellen, der jährlich zusammen mit dem Budget veröffentlicht wird. Dieses Dokument ist Pflichtlektüre für alle Makroökonomen. Es enthält eine Fülle von Statistiken und eine Bestandsaufnahme der aktuellen volkswirtschaftlichen Trends sowie die Analyse und Erläuterung der Wirtschaftspolitik der jeweiligen Administration. Manchmal bricht Streit über dieses eigentlich sehr trockene Dokument aus. Vor einigen Jahren sagte der Finanzminister Präsident Reagans, der Bericht von Reagans CEA sei so schlecht, daß man ihn getrost „in den Müll" werfen könne.

Makroökonomie kann sinnvolle Empfehlungen darüber abgeben, wie Geld- und Fiskalpolitik, Wechselkurssysteme und eine unabhängige Zentralbank zur Eindämmung der Inflation agieren sollten.

3. *Was kann ein Land tun, um sein Wirtschaftswachstum anzukurbeln?* Makroökonomen beschäftigen sich auch mit der längerfristigen Wirtschaftsentwicklung eines Landes. Betrachtet man längere Perioden, also etwa ein Jahrzehnt und länger, so ist die Zunahme des Produktionspotentials eines Landes der für die Entwicklung der Reallöhne und des Lebensstandards zentrale Faktor. In den letzten 25 Jahren ließ das schnelle Wachstum einiger asiatischer Staaten wie Japan, Südkorea und Taiwan die Durchschnittseinkommen der dortigen Staatsbürger in die Höhe schnellen. Staaten möchten natürlich unbedingt die Zutaten für ein Rezept erfolgreichen Wachstums kennen. Hat etwa ein großes Budgetdefizit oder ein beträchtliches Handelsdefizit schädliche längerfristige Auswirkungen auf das Wachstum? Welche Rolle spielen Investitionen in physisches Kapital, in Forschung und Entwicklung oder in das Humankapital eines Landes? Ist es sinnvoll, daß ein Staat seine wichtigsten Wirtschaftszweige subventioniert und durch seine Industriepolitik aktiv unterstützt, oder sollte man eher empfehlen, daß sich der Staat aus der Wirtschaft heraushält?

Bei Betrachtung dieser drei zentralen Themen ergibt sich allerdings eine Komplikation: Zwischen den drei angepeilten Zielen kommt es zu unvermeidlichen Gegensätzlichkeiten. Eine Reduzierung des Budgetdefizits bedeutet zugleich, sich kurzfristig mit einem geringeren Wachstum abzufinden. Wird die Produktionsleistung eines Landes gesteigert, so können längerfristig höhere Investitionen in Wissen und Kapitel erforderlich werden – damit aber senkt man den unmittelbaren Konsum an Nahrung, Bekleidung und Freizeit.

Die schwierigste Entscheidung in diesem großen makroökonomischen Dilemma ist zwischen einer niedrigen Inflationsrate und einer niedrigen Arbeitslosenrate zu treffen. Einerseits fordern die Wähler einen florierenden Arbeitsmarkt und ein hohes Produktionsniveau. Aber ein hohes Produktionsniveau und ein florierender Arbeitsmarkt treiben Preise und Löhne in die Höhe, und daher steigt zumeist in Zeiten eines Wirtschaftsaufschwungs auch die Inflation an. Die Politik ist damit gezwungen in die Wirtschaft einzugreifen, wenn diese zu rasch wächst oder wenn die Arbeitslosenzahlen zu weit absinken, um einer galoppierenden Inflation entgegenzuwirken.

Leider gibt es keine einfachen Formeln, um diese Fragen zu lösen, und die Makroökonomen sind untereinander keineswegs einig, was nun der beste Ansatz wäre, um mit hohen Inflationsraten, steigender Arbeitslosigkeit oder einer stagnierenden Wirtschaft fertig zu werden. Ein gründliches makroökonomisches Verständnis kann jedoch dazu beitragen, die unvermeidlichen Probleme, die sich aus der Wahl des jeweils besten Weges ergeben, zumindest so gering wie möglich zu halten.

Die Entstehung der Makroökonomie: *Jede Darlegung makroökonomischer Politik muß mit der Erwähnung von John Maynard Keynes (1883–1946) beginnen. Keynes war ein vielseitiges Talent, das sich auf unterschiedlichsten Gebieten, etwa in der Mathematik, der Philosophie und in der Literatur, einen Namen machte. Zusätzlich fand Keynes auch noch die Zeit, eine große Versicherungsgesellschaft zu betreiben, das britische Schatzamt zu beraten, an der Geschäftsführung der Bank of England mitzuwirken, ein weltweit beachtetes volkswirtschaftliches Journal herauszugeben, moderne Kunst und seltene Bücher zu sammeln, ein Repertoiretheater zu gründen und eine russische Spitzenballerina zu heiraten. Er betätigte sich überdies als Investor, der wußte, wie man durch gerissene Spekulationen Geld verdient, und das nicht nur für sich, sondern auch für sein College, das King's College in Cambridge.*

Keynes' wichtigste Tat war jedoch die Einführung einer neuen Sichtweise der gesamten Nationalökonomie und staatlichen Wirtschaftspolitik. In den Zeiten vor Keynes akzeptierten die meisten Ökonomen und Politiker das Auf und Ab des Konjunkturzyklus als unvermeidliches Ereignis wie das Wetter. Diese traditionelle Sichtweise ließ sie angesichts der Weltwirtschaftskrise in den dreißiger Jahren vollkommen hilflos erscheinen. Da bewirkte Keynes mit seinem 1936 erschienenen Buch The General Theory of Employment, Interest and Money (Allgemeine Theorie der Beschäftigung, des Zinses und des Geldes) *einen gewaltigen Sprung nach vorn. Keynes wagte einen Vorstoß an zwei Fronten: Erstens argumentierte er, es sei durchaus möglich, daß hohe Arbeitslosenraten und ungenutzte Kapazitäten auch in einer Marktwirtschaft bestehen bleiben. Und zweitens stellte er die Behauptung auf, die gezielte Anwendung einer staatlichen Fiskal- und Geldpolitik könnte sich auf die Wirtschaftsleistung auswirken und so den Problemen von Arbeitslosigkeit und Wirtschaftskrise entgegensteuern.*

Diese Thesen hatten, als Keynes sie erstmals vorlegte, eine wahrhaft explosive Wirkung, sie lösten Kontroversen und heftigen Streit aus. Aber in der gesamten Nachkriegszeit dominierte der Keynesianismus die Nationalökonomie und die Wirtschaftspolitik der Staaten. Und noch während der sechziger Jahre gründete sich praktisch jede Analyse staatlicher Wirtschaftspolitik auf die keynesianische Weltsicht. Erst nach dieser Zeit kam es zu neuen Entwicklungen in der Makroökonomie, einem Zweig der Volkswirtschaftslehre, der sich heute auch mit Angebotsfaktoren, subjektiven Erwartungshaltungen und alternativen Sichtweisen der Lohn- und Preisdynamik beschäftigt und den keynesianischen Konsens in vielen Punkten verlassen hat. Aber obwohl heute nur noch wenige Ökonomen die optimistische Ansicht vertreten, staatliche Maßnahmen könnten die Konjunkturzyklen ausgleichen, wie das die keynesianische Nationalökonomie einmal zu versprechen schien, sind Volkswirtschaft und Wirtschaftspolitik seit der umwälzenden Entdeckung Keynes' einfach nicht mehr dieselben.

ZIELE UND INSTRUMENTE DER MAKROÖKONOMIE

Nachdem wir die drei wichtigsten wirtschaftspolitischen Ziele genannt haben, können wir auch zwei eher praxisbezogene Fragen stellen. Erstens: Wie bewerten Ökonomen eigentlich die allgemeine Leistung einer Volkswirtschaft? Zweitens: Welche Instrumente stehen uns zur Verfügung, um die formulierten makroökonomischen Ziele zu erreichen?

Tabelle 21-1 enthält die wichtigsten Ziele und Instrumentarien makroökonomischer Politik. Wir beginnen nun mit einer eingehenderen Erörterung dieser Ziele und untersuchen einige wichtige Problemstellungen, mit denen die moderne Makroökonomie konfrontiert ist.

Die Wirtschaftsleistung messen

Im allgemeinen beurteilen Ökonomen die Leistung einer Volkswirtschaft, indem sie einige Schlüsselvariable betrachten – darunter vor allem das Bruttoinlandsprodukt (BIP), die Arbeitslosenrate und die Inflation. Beginnen wir mit dem Bruttoinlandsprodukt oder der gesamtwirtschaftlichen Produktionsleistung eines Landes.

Die Produktionsleistung. Das Ziel jeder wirtschaftlichen Tätigkeit ist letztlich die Bereitstellung jener Güter und Dienstleistungen, die die Bevölkerung wünscht. Was könnte für eine Wirtschaft wichtiger sein, als genügend Wohnungen, Nahrungsmittel, Ausbildungs- und Freizeitmöglichkeiten für die darin lebenden Menschen bereit zustellen?

Die umfassendste Meßweise der Gesamtleistung einer Volkswirtschaft erfolgt durch das **Bruttoinlandsprodukt (BIP)**. Das BIP ist das Maß für den Marktwert aller Endprodukte und Dienstleistungen – Haferflocken, Bier, Autos, Rock-Konzerte, Flugreisen, Gesundheitswesen etc. –, die ein Land innerhalb eines Jahres produziert. Es gibt

Ziele	Instrumente
Produktion: Hohes Niveau und zügiges Wachstum	**Fiskalpolitik:** Staatsausgaben Steuern
Beschäftigung: Hohes Beschäftigungsniveau bei geringer unfreiwilliger Arbeitslosigkeit	**Geldpolitik:** Geldmengenkontrolle Einwirkung auf Zinssätze
Preisstabilität bei freien Märkten	**Einkommenssichernde Politik (Lohn-Preiskontrollen):** Richtlinien für verpflichtende Kontrollen

Tabelle 21-1: Ziele und Instrumente der Wirtschaftspolitik

In der linken Spalte sind die wichtigsten wirtschaftspolitischen Ziele angeführt. Diese Ziele erkennen wir in staatlichen Gesetzen und in den Aussagen der Wirtschaftspolitiker. Die rechte Spalte enthält die wichtigsten wirtschaftspolitischen Instrumente oder Maßnahmen, die in einer modernen Volkswirtschaft zur Verfügung stehen. Es handelt sich um die Möglichkeiten, die Politikern offenstehen, um Geschwindigkeit und Richtung der wirtschaftlichen Entwicklung zu beeinflussen.

zwei Arten, wie man das BIP messen kann: Das *nominale BIP* wird anhand der tatsächlichen Marktpreise gemessen, während das *reale BIP* anhand der konstanten oder nicht variablen Preise errechnet wird (beispielsweise in Preisen des Jahres 1987).

Schwankungen des realen BIP sind das beste verfügbare Maß für die Wirtschaftsleistung und das Wirtschaftswachstum eines Landes. Sie sind der stets sorgfältig kontrollierte Puls der Wirtschaft. Abbildung 21-1 zeigt die Entwicklung des realen BIP in den USA seit 1929. Beachten Sie bitte den wirtschaftlichen Abschwung während der Großen Depression der dreißiger Jahre, den Boom im Zweiten Weltkrieg, die Rezessionen der Jahre 1975 und 1982, das beständige Wachstum während der langen Expansionsphase zwischen 1982 und 1989 und die Stagnation nach 1989.

Trotz kurzfristiger Fluktuationen des BIP in den Konjunkturzyklen zeigen reife Wirtschaften im allgemeinen ein beständiges langfristiges Wachstum des realen BIP und einen kontinuierlichen Anstieg des Lebensstandards. Dieser Prozeß wird als *Wirtschaftswachstum* bezeichnet. Die amerikanische Wirtschaft hat sich über einen Zeitraum von mehr als einem Jahrhundert als kraftvoller Motor des Fortschritts erwiesen, wie das Wachstum der potentiellen Produktionsleistung zeigt.

Das **potentielle BIP** stellt den langfristigen Trend des realen BIP dar. Es zeigt die langfristigen Produktionsmöglichkeiten der Wirtschaft oder die größtmögliche gesamtwirtschaftliche Produktionsmenge bei Erhaltung stabiler Preise. Die potentielle Produktionsleistung wird bisweilen auch als *Vollbeschäftigungs-Produktionsniveau* bezeichnet. Schöpft eine Wirtschaft ihr Produktionspotential aus, bedeutet das eine geringe Arbeitslosigkeit und ein hohes Produktionsniveau.

Im Verlauf der Konjunkturzyklen weicht das reale BIP vom potentiellen ab. Im Jahr 1982 beispielsweise produzierte die amerikanische Wirtschaft um beinahe $ 300 Milliarden weniger, als ihre Produktionsmöglichkeiten ergeben hätten. Das bedeutete einen Verlust von $ 5.000 pro Familie allein in einem einzigen Jahr. Die

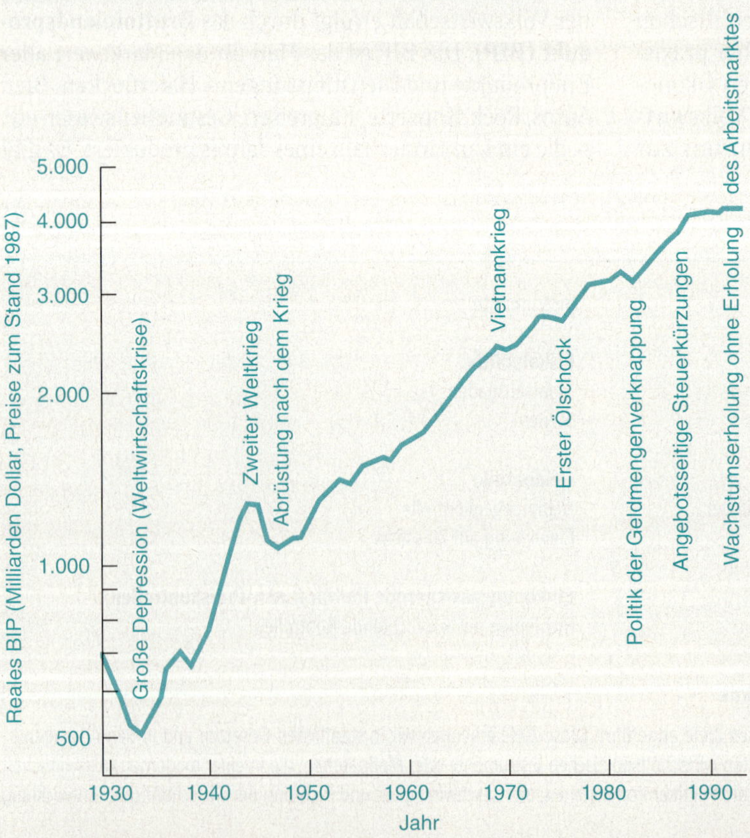

Abbildung 21-1: Reales Bruttoinlandsprodukt der USA 1929–1994

Das reale BIP ist das umfassendste Maß der Produktionsleistung einer Volkswirtschaft. Beachten Sie bitte, daß in Zeiten der Depression die Produktionsleistung stark zurückgegangen ist. Seit dem Ende des Zweiten Weltkrieges konnten wir ein kontinuierliches BIP-Wachstum verzeichnen, das jedoch infolge zahlreicher Schocks in den siebziger und achtziger Jahren Einbrüche aufwies. (Quelle: US-Handelsministerium)

Differenz zwischen potentiellem und tatsächlichem BIP wird als **BIP-Lücke** bezeichnet. Eine tiefe BIP-Lücke bedeutet, daß sich die Wirtschaft in einer Abschwungphase befindet und hinter ihren Produktionsmöglichkeiten zurückbleibt. Perioden wirtschaftlichen Abschwungs werden bei geringer Lücke als *Rezessionen*, bei großer Lücke jedoch als *Depressionen* bezeichnet.

Abbildung 21-2 zeigt das geschätzte Potential und die tatsächliche Wirtschaftsleistung für den Zeitraum 1930–1993. Die grauen Bereiche zwischen den beiden Linien stellen die jeweilige BIP-Lücke dar. Beachten Sie bitte, wie groß diese Lücke in den dreißiger Jahren und zu Beginn der achtziger Jahre war.

Hoher Beschäftigungsstand, geringe Arbeitslosigkeit. Das zweite Hauptziel der Wirtschaftspolitik ist ein *hoher Beschäftigungsstand*, was einer *geringen Arbeitslosigkeit* entspricht. Die Menschen wollen gut bezahlte und siche-

Abbildung 21-2: Tatsächliches und potentielles BIP und BIP-Lücke

Konjunkturzyklen treten auf, wenn die tatsächliche von der potentiellen Produktionsleistung abweicht. Die durchgehende blaue Linie mit der Skala links zeigt die potentielle oder dem Trend entsprechende Produktionsleistung für den Zeitraum 1930–1993. Die potentielle Produktionsleistung wies in den letzten 50 Jahren Zuwächse von rund 3 Prozent jährlich auf.
Die Differenz zwischen potentieller und tatsächlicher Produktionsleistung – die BIP-Lücke – erkennen Sie anhand der grauen Bereiche zwischen den beiden Linien. Bitte beachten Sie die große BIP-Lücke in den dreißiger und in den achtziger Jahren. Die untere Kurve stellt die BIP-Lücke als Prozentsatz des potentiellen BIP dar. (Quelle: US-Handelsministerium und Schätzungen der Autoren)

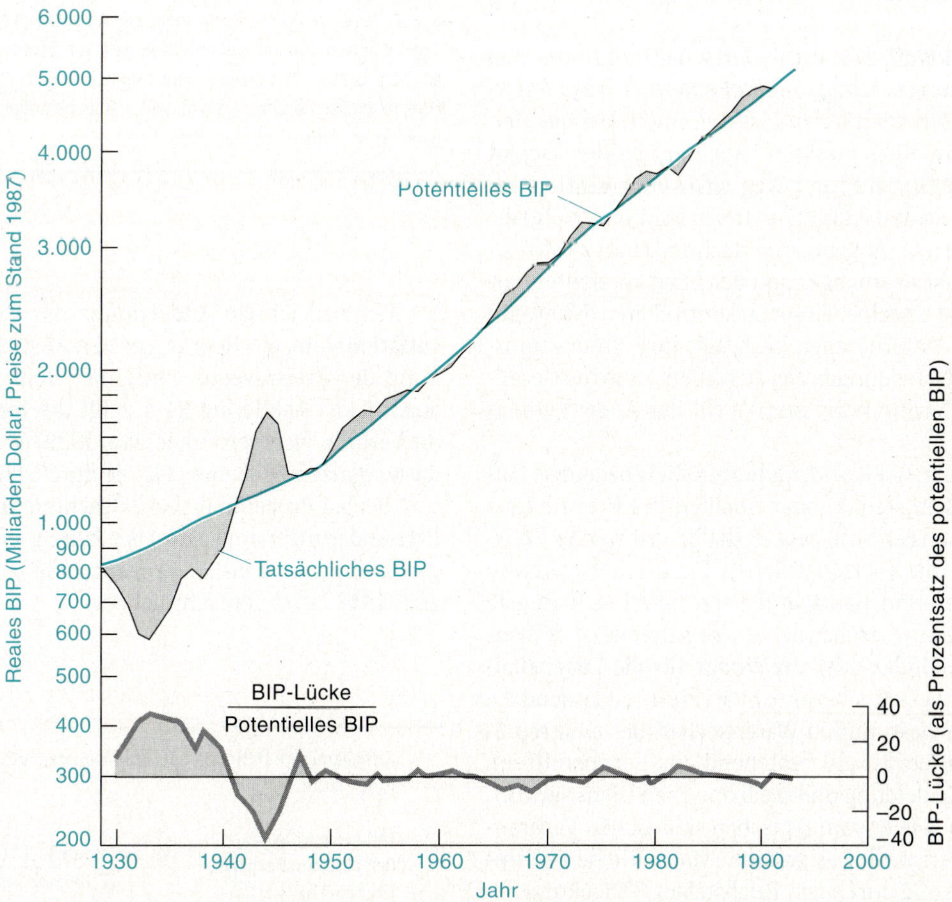

re Arbeitsplätze finden können, ohne allzu lange suchen oder warten zu müssen. Abbildung 21-3 zeigt die Trends auf dem Arbeitsmarkt während der letzten sechs Jahrzehnte. Die **Arbeitslosenrate** auf der Y-Achse stellt den Prozentsatz der Arbeitslosen an der Erwerbsbevölkerung dar. Zur Erwerbsbevölkerung gehören alle Personen im Arbeitsprozeß sowie alle Arbeitsuchenden. Nicht inbegriffen sind Arbeitslose, die keine Arbeit anstreben.

Die Arbeitslosenrate verändert sich tendenziell mit dem Konjunkturzyklus: Bei schwacher Wirtschaftsleistung sinkt die Nachfrage nach Arbeit, und die Arbeitslosenrate steigt. Während der Weltwirtschaftskrise der dreißiger Jahre erreichte die Arbeitslosigkeit wahrhaft epidemische Ausmaße, ein Viertel der Erwerbsbevölkerung war damals ohne Arbeit. Zwar konnten die USA eine weitere Große Depression bisher verhindern, doch während der letzten beiden Jahrzehnte verzeichnete man trotzdem eine deutliche Zunahme jenes Teils der Arbeitswilligen, die trotz Suche keinen Job finden oder gegen ihren Willen nur einen Teilzeitjob erhalten. Das Ziel, gute Jobs für alle, die arbeiten möchten, bereitzustellen, scheint den Staaten zunehmend zu entgleiten.

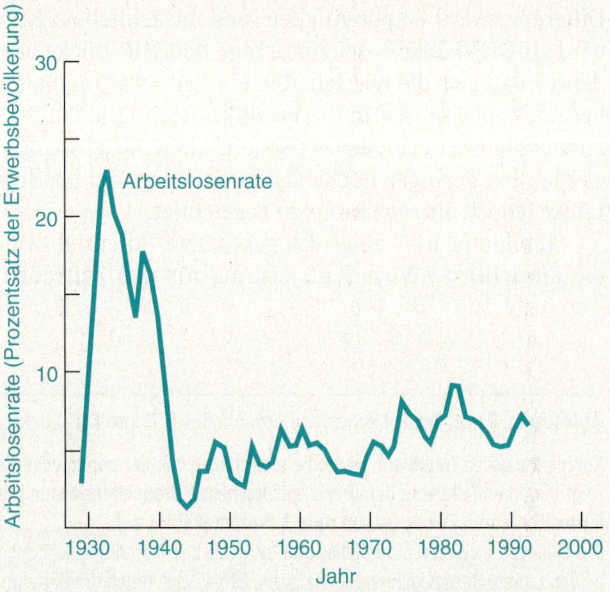

Abbildung 21-3: In Rezessionszeiten steigt die Arbeitslosigkeit, in Zeiten des Wirtschaftsaufschwungs geht sie zurück

Die Arbeitslosenrate mißt jenen Prozentsatz der Erwerbsbevölkerung, der zwar Arbeit sucht, jedoch keine findet. Die Arbeitslosigkeit erreichte während der dreißiger Jahre mit einem Spitzenwert von 25 Prozent im Jahr 1933 ein tragisches Ausmaß. Die Arbeitslosigkeit steigt in Zeiten eines konjunkturellen Abschwungs und geht in Aufschwungphasen wieder zurück. (Quelle: US-Arbeitsministerium)

Preisstabilität. Das dritte wirtschaftspolitische Ziel ist die Erhaltung der *Preisstabilität innerhalb freier Märkte*. Der Wunsch nach freien Märkten impliziert die Meinung, daß ein gutes Funktionieren der Marktwirtschaft zumeist den effizientesten Weg einer Organisation des Wirtschaftslebens darstellt. Auf freien Märkten erfolgt die Preisbildung über Angebot und Nachfrage bei größtmöglicher Produktionsmenge, und der Staat verzichtet darauf, die Preise einzelner Güter zu kontrollieren. Nur wenn man es den Unternehmen gestattet, ihre Produktions- und Preisentscheidungen frei zu treffen, kann die Gesellschaft das Gewinnmotiv zum Wohl der Allgemeinheit nutzen.

Der zweite Teil des formulierten Ziels bedeutet, daß kein rasches Ansteigen oder Abfallen des Preisniveaus zugelassen werden soll. Dies deshalb, weil rasche Preisänderungen die wirtschaftlichen Entscheidungen von Unternehmen und Haushalten verzerren. Das häufigste Maß des gesamtwirtschaftlichen Preisniveaus ist der **Verbraucherpreisindex** oder **Preisindex für die Lebenshaltung IL**. Der Verbraucherpreisindex ermittelt laufend die Kosten eines bestimmten Warenkorbes (der eine repräsentative Güterauswahl bestehend aus Lebensmitteln, Wohnung, Bekleidung und medizinischen Dienstleistungen enthält), wie er vom typischen städtischen Verbraucher erworben wird. Das gesamtwirtschaftliche Preisniveau wird häufig durch den Buchstaben *P* abgekürzt.

Wir bezeichnen Änderungen des Preisniveaus als **Inflationsrate**, ein Begriff, der den Anstieg oder die Senkung des Preisniveaus von einem Jahr zum nächsten ausdrückt.[2] Abbildung 21-4 zeigt die Inflationsrate für die Verbraucherpreisindizes von 1929 bis 1993. Während dieses ganzen Zeitraums lag die durchschnittliche Inflation bei 3,4 Prozent jährlich. Beachten Sie bitte, daß die Preisänderungen im Verlauf der Jahre große Schwankungen zwischen *minus* 10 Prozent 1932 und *plus* 14 Prozent 1947 durchgemacht haben.

[2] Eine genauere Definition der Inflationsrate des Verbraucherpreisindex lautet:

$$\text{Inflationsrate der Verbraucherpreise (in Prozent)} = \frac{\text{IL (dieses Jahr)} - \text{IL (letztes Jahr)}}{\text{IL (letztes Jahr)}} \times 100$$

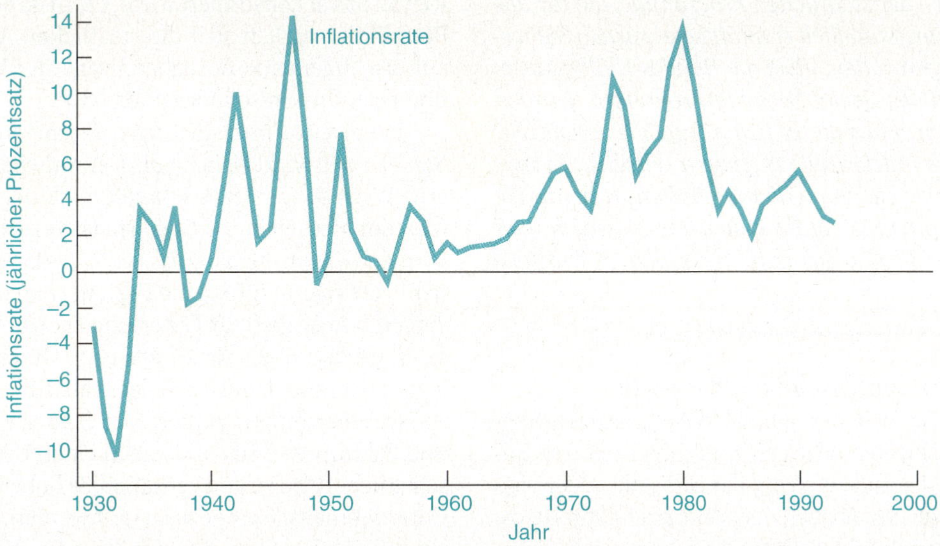

Abbildung 21-4: Inflation der Verbraucherpreise 1929–1993

Die Inflationsrate mißt das Ausmaß der Veränderungen des Preisniveaus von einem zum nächsten Jahr; hier sehen wir die Inflationsrate, wie sie durch den Verbraucherpreisindex (IL oder VPI) gemessen wird. Seit dem Zweiten Weltkrieg haben sich die Preise großteils nach oben entwickelt, vor allem nach den Ölschocks der Jahre 1973 und 1979. Seit 1984 konnten in den USA wieder niedrigere Inflationswerte erzielt werden.
(Quelle: US-Arbeitsministerium)

Von einer **Deflation** spricht man bei sinkenden Preisen (also bei negativer Inflationsrate). Das gegenteilige Extrem wäre die *Hyperinflation*, ein Preisanstieg um tausend oder vielleicht sogar eine Million Prozent jährlich. In solchen Situationen, wie etwa zu Zeiten der Weimarer Republik im Deutschland der zwanziger Jahre, in Brasilien während der achtziger oder in Rußland während der neunziger Jahre, haben die Preise praktisch keinerlei Bedeutung mehr, und das gesamte Preissystem bricht zusammen.

Die meisten Staaten suchen heute einen goldenen Mittelweg mit Preisbildung auf dem freien Markt und einer leichten Aufwärtstendenz der Preise als besten Weg zu einem effizienten Funktionieren des Preissystems.

Zusammenfassend:
Die Ziele der Wirtschaftspolitik sind:

1. Eine hohe und steigende Wirtschaftsleistung (d.h. ein Wachstum des realen BIP);
2. ein hoher Beschäftigungsstand (mit geringer Arbeitslosigkeit);
3. ein stabiles oder leicht steigendes Preisniveau, wobei Preise und Löhne durch Angebot und Nachfrage auf freien Märkten gebildet werden.

Volkswirtschaft in der Praxis: Die Große Depression oder die Weltwirtschaftskrise der dreißiger Jahre. *Die zentralen Ziele der modernen Wirtschaftspolitik haben sich weitgehend aus der Angst vor einer weiteren Weltwirtschaftskrise herausgebildet, einem Ereignis, das sich jedem Menschen, der es selbst erlebt hat, unauslöschlich eingeprägt hat. Es begann mit dem Börsenkrach im Jahr 1929, worauf für die USA bis zum Zweiten Weltkrieg eine überaus harte Zeit anbrach. So unglaublich es heute klingen mag, die Republikanische Partei führte ihre Wahlkampagne 1932 unter dem Slogan: „Prosperity is just around the corner" – Der Wohlstand steht unmittelbar bevor. Die Arbeitslosenrate kletterte von 3,2 Prozent im Jahr 1929 auf beinahe 25 Prozent 1933, was bedeutet, daß einer von vier arbeitsfähigen Menschen ohne Job war. Der Konsum ging drastisch zurück, und die Industrieproduktion sank um mehr als* *die Hälfte. Viele der staatlichen Programme, die für das heute als selbstverständlich empfundene „soziale Sicherheitsnetz" sorgen sollen, etwa die Bundes-Einlagenversicherung und das Social-Security-Programm, wurden nach den Erfahrungen dieser tiefen Tragödie entwickelt. Wegen unseres mittlerweile vertieften Wissens um makroökonomische Zusammenhänge halten es heute die meisten Ökonomen für äußerst unwahrscheinlich, daß eine solche tiefe Krise das Land neuerlich erschüttern könnte.*

Wirtschaftspolitische Instrumente

Versetzen Sie sich doch einmal in die Lage des amerikanischen Präsidenten oder des britischen Premierministers. Die Arbeitslosigkeit steigt, das BIP sinkt. Oder vielleicht hat ein rapider Anstieg der Weltmarkt-Ölpreise die Inflation angeheizt, und die Importe nehmen viel stärker zu als die Exporte. Was kann Ihre Regierung unternehmen, um die Wirtschaftsleistung wieder zu verbessern? Auf welche Werkzeuge und Instrumente können Sie zurückgreifen, um die Inflation oder die Arbeitslosigkeit einzudämmen, um das Wirtschaftswachstum anzukurbeln oder ein Handelsbilanzdefizit auszugleichen?

Den Staaten steht ein bestimmtes Instrumentarium zur Verfügung, mit dem sie auf die makroökonomischen Aktivitäten einwirken können. Ein *wirtschaftspolitisches Instrumentarium* ist eine volkswirtschaftliche Variable, auf die der Staat Einfluß nehmen kann und die Auswirkungen auf eines oder mehrere der genannten Ziele hat. Indem der Staat seine Geld-, Steuer- oder sonstige Politik verändert, kann er die Wirtschaft in Richtung eines besseren Produktionsmix, höherer Preisstabilität und Vollbeschäftigung lenken. Die drei wichtigsten Maßnahmenbündel makroökonomischer Politik sind auf der rechten Seite von Tabelle 21-1 angeführt.

Die Fiskalpolitik. Beginnen wir mit der **Fiskalpolitik**, bei der es sich um den gezielten Einsatz von Steuern und Staatsausgaben handelt. Die *Staatsausgaben* können zwei verschiedene Formen annehmen. Zunächst tätigt der Staat Einkäufe. Dazu gehören die Ausgaben für Güter und Dienstleistungen – also beispielsweise der Kauf von Panzern, der Straßenbau, die Gehälter der Richter etc. Darüber hinaus aber sorgt der Staat auch für Transferzahlungen, die die Einkommen von Zielgruppen, wie beispielsweise der älteren Bürger oder der Arbeitslosen, sichern und anheben sollen. Staatliche Ausgabenpolitik bestimmt die relative Größe des öffentlichen und des privaten Sektors, also wieviel von unserem BIP kollektiv und wieviel privat konsumiert wird. Aus makroökonomischer Perspektive wirken sich die staatlichen Ausgaben auch auf das allgemeine Ausgabenniveau der Wirtschaft aus und beeinflussen so indirekt das BIP.

Die zweite Form staatlicher Fiskalpolitik betrifft die *Steuern* und wirkt sich auf die Gesamtwirtschaft in zweierlei Weise aus. Erstens schmälern Steuern die Einkommen der Menschen. Da Steuern das verfügbare Einkommen der Haushalte, also das Geld, das sie ausgeben können, verringern, führt eine Besteuerung indirekt zu geringeren Ausgaben für Güter und Dienstleistungen. Das senkt wiederum die Nachfrage nach Gütern und Dienstleistungen und damit auch das reale BIP.

Darüber hinaus wirken sich Steuern auf die Güter- und Faktorpreise aus und haben einen Einfluß auf wirtschaftliche Anreize und Verhalten. Je höher beispielsweise Unternehmensgewinne besteuert werden, desto weniger sind die Unternehmen bereit, in neue Kapitelgüter zu investieren. Zwischen 1962 und 1986 gab es in den USA einen „Investitionssteuernachlaß", sozusagen einen Rabatt für Unternehmen, die bereit waren, Kapitalgüter anzuschaffen, um Investitionen und Wirtschaftswachstum anzukurbeln. Zahlreiche Bestimmungen der Steuergesetzgebung haben einen bedeutenden Einfluß auf die Aktivitäten der Wirtschaft.

Geldpolitik. Das zweite bedeutende Instrument makroökonomischer Politik ist die **Geldpolitik**, die der Staat durch sein Management des Geld-, Kredit- und Bankensystems betreibt. Sie haben vielleicht schon gelesen, daß die amerikanische Zentralbank, das Federal Reserve System, Einfluß auf die Geldmenge nimmt. Aber was genau versteht man unter der Geldmenge? **Geld** ist ein Tausch- oder Zahlungsmittel. Heute verwenden die Menschen physisches Geld und Bankkonten, um ihre Rechnungen zu bezahlen. Die Zentralbank reguliert die für die Wirtschaft verfügbare Geldmenge.

Wie kann etwas scheinbar so Unbedeutendes wie die Geldmenge derart drastische Auswirkungen auf die Wirtschaftsaktivitäten eines Staates haben? Nun, durch eine Änderung der Geldmenge wirkt die Zentralbank auf zahlreiche finanztechnische und volkswirtschaftliche Variable ein, beispielsweise auf Zinssätze, Aktienkurse, Wohnungskosten und Devisenkurse. Eine restriktive Geldpolitik führt zu höheren Zinssätzen und zu geringerer Investitionstätigkeit, was seinerseits einen Rückgang des BIP und eine niedrigere Inflationsrate bedeutet. In Anbetracht einer Rezession kann die Zentralbank die Geldmenge aber auch erhöhen und die Zinssätze senken, um so die Wirtschaftstätigkeit anzukurbeln.

Was genau Geldpolitik bedeutet – wie die Zentralbank im einzelnen die Geldmenge und die Beziehung zwischen Geld, Produktionsmenge und Inflation beeinflußt –, gehört zu den faszinierendsten, wichtigsten, aber auch umstrittensten Themen in der Makroökonomie. Eine restriktive Geldpolitik der USA – also eine langsamere Steigerung der Geldmenge – hat in der Zeit von 1979 bis 1982 zu einer Erhöhung der Zinsen, einer Verlangsamung des Wirtschaftswachstums und steigenden Arbeitslosenzahlen geführt. In der anschließenden Periode von 1982 bis 1989 sicherte ein sehr vorsichtiges Geldmanagement der Zentralbank den längsten bislang bekannten Wirtschaftsaufschwung der USA. Danach, 1994, als die Zentralbank zu der Ansicht gelangte, ein zu rascher Aufschwung könnte die Inflation wieder anheizen, hob sie die Zinssätze stark an, ließ die Anleihen- und Aktienkurse fallen und verlangsamte künstlich den rapiden Wirtschaftsaufschwung. Wie genau die Zentralbank Einfluß auf die Wirtschaftsaktivitäten eines Landes nehmen kann, werden wir in den Kapiteln über die Geldpolitik erörtern.

Einkommenssichernde Politik (Lohn-Preiskontrollen). Immer dann, wenn die Inflation außer Kontrolle zu geraten droht, suchen die Staaten nach Mitteln und Wegen, um die Preise wieder zu stabilisieren. Die traditionelle Methode zur Dämpfung einer Inflation besteht für den Staat darin, fiskal- oder geldpolitische Maßnahmen zur Drosselung der Wirtschaft zu treffen und eine höhere Arbeitslosigkeit zuzulassen. Allerdings hat sich diese traditionelle Strategie als enorm teuer erwiesen. Es kostet Hunderte von Milliarden Dollars an BIP-Einbußen (oder BIP-Lücke), die Inflation um einige wenige Prozentpunkte zu drücken. Angesichts der Notwendigkeit, diese bittere Medizin zu schlucken, suchen die Staaten seit langem nach Alternativtherapien gegen inflationäre Preisentwicklungen. Diese reichen von einer aktiven Lohn- und Preiskontrolle (wird vor allem in Kriegszeiten angewandt) bis hin zu weniger drastischen Maßnahmen wie freiwillig vereinbarten Lohn- und Preisrichtlinien. Politische Maßnahmen zur Kontrolle von Löhnen und Preisen werden unter der Bezeichnung **einkommenssichernde Politik** oder **Lohn-Preiskontrollen** zusammengefaßt.

Diese dritte Art der Wirtschaftspolitik gehört zu den umstrittensten makroökonomischen Maßnahmen. Noch vor einer Generation sprachen sich viele Ökonomen für eine aktive Lohn-Preispolitik als kostengünstige Methode der Inflationsbekämpfung aus. Die nachweisliche Wirkung der einkommenssichernden Politik sowie eine konservativere Einstellung staatlichen Interventionen gegenüber hat jedoch mittlerweile zu einer allgemeinen Entzauberung der staatlichen Lohn-Preispolitik geführt. Viele Ökonomen halten sie heute einfach für unwirksam. Andere meinen, sie sei mehr als nutzlos, nämlich schädlich. Sie greife in den freien Markt ein, behindere eine Verschiebung des Preisgefüges und sei gar nicht in der Lage, die Inflation zu dämpfen. Die meisten einkommensstarken Länder greifen daher nur in Notzeiten auf eine einkommenssichernde Politik des Staates zurück.

Einem Staat steht eine breite Palette wirtschaftspolitischer Instrumentarien zur Verfügung, um seine makroökonomischen Ziele zu verfolgen. Die wichtigsten dieser Instrumentarien sind:

1. die Fiskalpolitik, die sich auf staatliche Ausgaben und Steuern bezieht. Die staatliche Ausgabenpolitik beeinflußt das relative Ausmaß des kollektiven im Vergleich zum privaten Konsum. Durch die Erhebung von Steuern verringern sich die Einkommen, und die privaten Ausgaben sinken; außerdem sind Auswirkungen auf Investitionsverhalten und potentielle Produktionsleistung zu verzeichnen. Die Fiskalpolitik nimmt über die Staatsausgaben außerdem Einfluß auf das reale BIP und die Inflation;
2. die Geldpolitik der Zentralbank, die die Geldmenge bestimmt. Veränderungen der Geldmenge führen zu einer Erhöhung oder Senkung der Zinssätze und haben Auswirkungen auf die Investitionsausgaben der Unternehmen, auf den Wohnungsmarkt und die Nettoexporte. Die staatliche Geldpolitik beeinflußt sowohl das reale als auch das potentielle BIP massiv;
3. die einkommenssichernde Politik des Staates stellt den Versuch dar, mit Direktmaßnahmen gegen eine Inflation vorzugehen, ob dies nun durch verbales Verhandlungsgeschick oder eine gesetzlich geregelte Lohn- und Preiskontrolle erfolgen soll.

VERBINDUNG ZUR WELT

Kein Staat führt heute ein Inseldasein, denn alle Länder nehmen an der Weltwirtschaft teil und sind über Handel und Finanztransaktionen untereinander verbunden. Handelsverbindungen durch den Import und Export von Gütern und Dienstleistungen beobachten wir beispielsweise, wenn die USA Autos aus Japan importieren, um ihrerseits Computer nach Mexiko zu exportieren. Die finanziellen Verbindungen werden evident, wenn die USA Geld von Japan borgen, um ihr Budgetdefizit bezahlen zu können, oder wenn die amerikanischen Pensionsfonds ihre Portfolios durch Investitionen auf aufstrebenden Märkten in Asien oder Lateinamerika zu streuen versuchen.

Die Staaten richten stets ein wachsames Auge auf ihre Außenhandelsströme. Eine in diesem Zusammenhang besonders wichtige Kennzahl ist der **Außenbeitrags-** oder **Nettoexportindex**, also die numerische Differenz zwischen der Höhe der Exporte und der Importe. Wenn mehr exportiert als importiert wird, kommt es zu einem Außenhandelsüberschuß, während eine negative Nettoexportbilanz ein Außenhandelsdefizit darstellt. Als im Jahr 1993 die US-Exporte einen Gesamtbetrag von nur $ 662 Milliarden ausmachten, während ausländische Güter und Dienstleistungen für $ 725 Milliarden importiert wurden, verzeichnete man ein Außenhandelsdefizit von $ 631 Milliarden.

Die Bemühungen um eine Forcierung des Außenhandels wurden in dem Maße immer wichtiger, als die Staaten überall auf unserem Planeten erkannten, daß internationale Handelsbeziehungen einen Motor der Effizienz und des Wirtschaftswachstums darstellen. Auf Grund der sinkenden Transport- und Kommunikationskosten sind heute die internationalen Verbindungen viel enger, als sie es noch vor einer Generation waren. Der internationale Handel hat den Aufbau politischer Imperien und militärische Eroberungen als sichersten Weg zu nationalem Wohlstand und Einfluß abgelöst. Manche Volkswirtschaften vertreiben heute mehr als die Hälfte ihrer Produktion im Ausland.

Eine der wichtigsten Entwicklungen der achtziger Jahre war die Strukturänderung im Bereich des US-Außenhandels. Beinahe das gesamte Jahrhundert hindurch hatten die USA einen Außenhandelsüberschuß zu verzeichnen: Die Exporte übertrafen die Importe, ein Nettoexportüberschuß konnte erzielt werden. Doch in den achtziger Jahren ergaben die Nettoexporte ein Defizit von beinahe $ 150 Milliarden oder rund 3 Prozent des BIP. Mit zunehmendem Defizit erreichten die amerikanischen Verbindlichkeiten gegenüber dem Ausland ein enormes Ausmaß von über $ 600 Milliarden. Die Sorge vieler Amerikaner angesichts der zukünftigen Auswirkungen der hohen Auslandsverschuldung ist groß.

Die Vereinigten Staaten exportieren eine breite Palette an Produkten und Dienstleistungen, darunter Computer, Weizen und Flugzeuge, in andere Staaten. Sie importieren Erdöl, Autos, Elektronik und zahlreiche andere Güter. Unser hoher Verbrauch an ausländischem Erdöl war der Grund für heftige Erschütterungen der amerikanischen Wirtschaft in den letzten beiden Jahrzehnten. Im Jahr 1973 und dann wieder 1979 verknappten politische Unruhen im Mittleren Osten das Ölangebot, die Preise zogen drastisch an, erhöhten die Inflation und trugen in den USA zu einer Rezession bei.

Mit der zunehmend engeren Vernetzung der weltweiten Volkswirtschaften wandten auch die Politiker ihre Aufmerksamkeit immer mehr der internationalen Wirtschaftspolitik zu. Internationaler Handel ist keineswegs Selbstzweck, sondern die Staaten interessieren sich deshalb so sehr dafür, weil der Außenhandel letztlich ihrem Ziel, den Lebensstandard im eigenen Lande zu heben, dient. Besonderes Augenmerk wird dabei auf die Handelspolitik, auf Wechselkurssysteme und die Koordinierung wirtschaftspolitischer Maßnahmen gelegt.

Die *Handelspolitik* bezieht sich auf Zölle, Importquoten und andere staatliche Regulierungsmaßnahmen zur Einschränkung oder Förderung von Importen und Exporten. Die meisten handelspolitischen Maßnahmen haben nur geringe Auswirkungen auf die Leistung einer Volkswirtschaft, aber von Zeit zu Zeit, etwa in den dreißiger Jahren, werden die Beschränkungen des internationalen Handels so restriktiv, daß sie zu enormen volkswirtschaftlichen Verzerrungen, zum Ausbruch einer Inflation oder zu Rezessionen führen.

Ein zweites Set wirtschaftspolitischer Maßnahmen, das auf internationale Wirtschaftsbeziehungen abzielt, ist die *Wechselkurspolitik*. Der internationale Handel eines Landes wird stark vom jeweiligen Wechselkurs beeinflußt, vom Preis der eigenen Währung gemessen an jener der anderen Staaten. Die Staaten verwenden unterschiedliche Systeme zur Regulierung ihrer Devisenmärkte. Manche Systeme ermöglichen die Bildung des Wechselkurses ausschließlich über Angebot und Nachfrage; andere setzen einen fixen Wechselkurs gegenüber Fremdwährungen fest. Die USA gehören heute zur ersten Kategorie und lassen es im allgemeinen zu, daß sich der Dollar-Wechselkurs durch die Marktkräfte bildet.

Außerdem treffen einander die Führungspersönlichkeiten aus Zentralbanken und Politik immer öfter, um ihre wirtschaftspolitischen Maßnahmen zu *koordinieren*, weil die Geld- und Fiskalpolitik eines Landes Spillovereffekte erzeugen und Auswirkungen auch auf die Nachbarländer haben kann. Seit 1975 kommen die politischen Führer der größten Industrienationen alljährlich zu Wirtschaftsgipfeln zusammen, um gemeinsame wirtschaftspolitische Anliegen zu diskutieren und geeignete Maßnahmen zur Erreichung der gemeinsam vereinbarten Ziele zu treffen. Bei diesen Wirtschaftsgipfeln werden auch zahlreiche andere Themen verhandelt, vom Umgang mit steigenden Ölpreisen bis hin zum Studium globaler Umweltprobleme. Diese Besprechungen auf höchster Ebene sollen vor Augen führen, daß sich die Wirtschaft nicht allein managen kann und daß die Länder ständig ein wachsames Auge auf wirtschaftlich instabile Situationen jenseits ihrer Grenzen haben müssen.

Eine gut funktionierende internationale Wirtschaft bedeutet ein dichtes Netz aus Handels- und Finanzbeziehungen zwischen den Ländern. Funktioniert das internationale Wirtschaftssystem gut, unterstützt es ein zügiges Wirtschaftswachstum; bricht das Handelssystem zusammen, leiden Produktion und Einkommen überall auf der Welt. Alle Länder müssen daher ihre internationalen Wirtschaftsbeziehungen durch ihre Handelspolitik, eine bewußte Wechselkurspolitik und durch die Koordination wirtschaftspolitischer Maßnahmen mit anderen Ländern selbst in die Hand nehmen.

B. DIE GESCHICHTE DER MAKROÖKONOMIE ANHAND VON GESAMTANGEBOT UND GESAMTNACHFRAGE

Zwischen 1989 und 1993 durchlebten die USA eine Periode langsamen Wirtschaftswachstums und dann einen „Aufschwung ohne Erholung des Arbeitsmarktes“, im Zuge dessen zwar die Produktionsleistung stieg, die Arbeitslosenrate jedoch trotzdem störrisch hoch blieb. In Europa waren die Bedingungen noch viel schlimmer, denn hier erreichten die Arbeitslosenzahlen ein seit 50 Jahren unbekanntes Ausmaß. Wie können wir dieses Phänomen verstehen? Ökonomen haben dazu das Instrumentarium von aggregiertem oder Gesamtangebot und aggregierter oder Gesamtnachfrage entwickelt, um die wichtigsten Produktions- und Preisentwicklungen erklären zu können. Wir wollen uns in diesem Abschnitt mit diesem wichtigen Werkzeug der Makroökonomie beschäftigen. Nachdem wir den Ansatz erklärt haben, werden wir das neu gewonnene Werkzeug auch benutzen, um einige wichtige historische Ereignisse besser verstehen zu können.

IM ZENTRUM DER MAKROÖKONOMIE: GESAMTANGEBOT UND GESAMTNACHFRAGE

Wir beginnen mit einem einfachen Bild der in der Makroökonomie wirkenden Kräfte, die Sie Abbildung 21-5 entnehmen können. Diese Abbildung zeigt links die wichtigsten Variablen, die sich auf das makroökonomische Gefüge auswirken. Zunächst sind da die Instrumentarien oder politischen Maßnahmen, die im letzten Abschnitt erörtert wurden: Fiskal- und Geldpolitik etc. Zusätzlich sehen wir eine Reihe **exogener Variablen** (bisweilen auch als *externe Variablen* bezeichnet), die selbst die wirtschaftlichen Aktivitäten beeinflussen, ohne von der Wirtschaft beeinflußt zu werden. Zu diesen Variablen gehören Kriege und Revolutionen, wirtschaftliche Bedingungen in anderen Ländern, Bevölkerungswachstum und zahlreiche andere Faktoren.

Die politischen Instrumente und exogenen Variablen bestimmen zusammen die wichtigsten makroökonomischen Variablen, die rechts in Abbildung 21-5 zu sehen sind. Das bedeutet, sie bestimmen die **induzierten Variablen** (bisweilen auch als *endogene Variablen* bezeichnet), wie die nationale Produktionsleistung, die Beschäftigung und Arbeitslosigkeit und das Preisniveau.

Definitionen von Gesamtangebot und Gesamtnachfrage

Welche Wechselwirkung entfalten die verschiedenen Kräfte bei der Bestimmung der gesamtwirtschaftlichen Aktivitäten? Abbildung 21-6 zeigt die Beziehung zwischen den verschiedenen makroökonomischen Variablen. Hier werden politische und exogene Variable in zwei Kategorien unterteilt: jene, die sich auf das Gesamtangebot, und jene, die sich auf die Gesamtnachfrage auswirken. Diese Einteilung der Variablen in die zwei genannten Kategorien ist wesentlich für unser Verständnis dessen, was Produktionsniveau, Preise und Arbeitslosigkeit bestimmt.

Der untere Teil von Abbildung 21-6 zeigt die Kräfte, die sich auf das Gesamtangebot auswirken. Das **Gesamtangebot** bezieht sich auf die Gesamtmenge an Gütern und Dienstleistungen, die die Unternehmen des Landes in einem bestimmten Zeitraum zu produzieren und zu verkaufen gewillt sind. Das Gesamtangebot (auch als *AS* bezeichnet) hängt vom Preisniveau, der Produktionskapazität der Wirtschaft und vom Kostenniveau ab.

Im allgemeinen möchten die Unternehmen alles, was sie produzieren, zu hohen Preisen verkaufen. Unter gewissen Umständen kann das Preis- und Ausgabenniveau jedoch gedämpft sein, so daß die Unternehmen überschüssige Kapazitäten feststellen müssen. Unter anderen Bedingungen, beispielsweise während des Kriegsbooms, produzieren die Unternehmen, soviel ihre Kapazitäten zulassen und schaffen es kaum, alle Aufträge auch auszuführen.

Wir sehen daher, daß das Gesamtangebot vom Preisniveau abhängt, das die Unternehmen erreichen können, aber ebenso von der Kapazität der Wirtschaft oder der potentiellen Produktionsleistung. Doch was bestimmt denn die potentielle Produktionsleistung der Wirtschaft? Es ist die Verfügbarkeit der Produktionsfaktoren (insbesondere von Arbeit und Kapital) sowie die Effizienz von Management und Technik, mit der diese Produktionsfaktoren eingesetzt werden.

Die nationale Produktionsleistung und das allgemeine Preisniveau werden von den beiden Scherenblättern der Gesamtangebot- und Gesamtnachfrageschere bestimmt. Das zweite Scherenblatt ist die **Gesamtnachfrage**, also die gesamtwirtschaftliche Höhe der freiwillig während eines bestimmten Zeitraumes getätigten Ausgaben der einzelnen Wirtschaftssektoren. Die Gesamtnachfrage (häufig auch als *AD* bezeichnet) ist die Summe der Ausgaben der Konsumenten, Unternehmen und Verwaltungsbehörden und hängt vom Preisniveau sowie von der Geldpolitik, der Fiskalpolitik und anderen Faktoren ab.

Abbildung 21-5: Wie wirken sich verschiedene Faktoren auf die Makroökonomie aus?

Wirtschaftspolitische Variable (wie geld- oder fiskalpolitische Maßnahmen) tragen gemeinsam mit exogenen Variablen (Kriegen oder Produktionsleistung anderer Länder etc.) zur Bestimmung des Produktions-, Preis-, Beschäftigungs- und Außenhandelsniveaus bei.

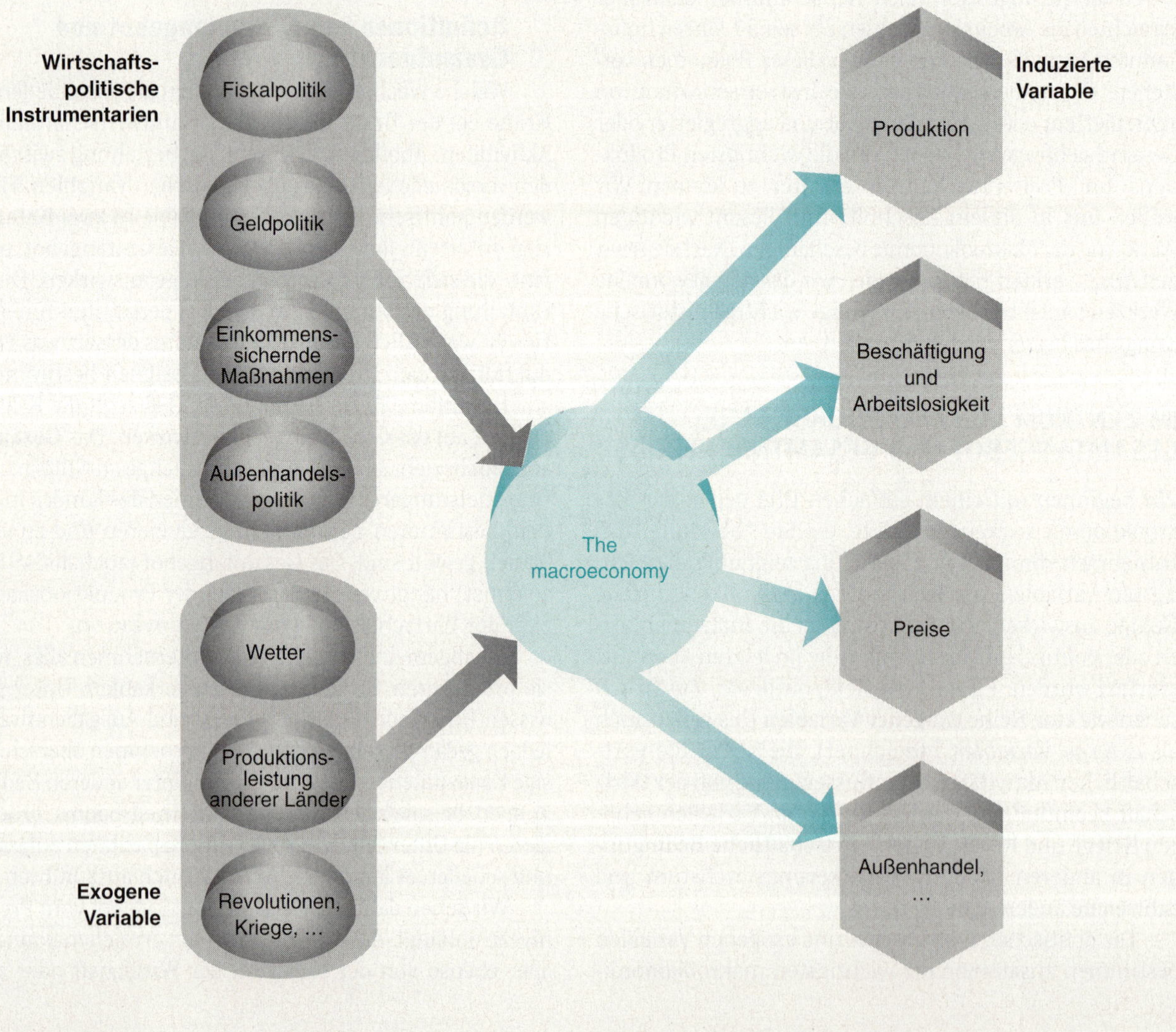

Mit anderen Worten, die Gesamtnachfrage mißt die Gesamtausgaben aller Wirtschaftssubjekte. Die Gesamtausgaben beinhalten Autos, Nahrungsmittel und andere von den Verbrauchern gekaufte Konsumgüter; dazu die von den Unternehmen gekauften Anlagen und maschinelle Ausstattung sowie die Nettoexporte. Die gesamtwirtschaftlichen Ausgaben werden von den Preisen beeinflußt, zu denen die Güter angeboten werden, ebenso von exogenen Kräften und staatlicher Politik.

Mit Hilfe beider Scherenblätter, also des Gesamtangebotes und der Gesamtnachfrage, erreichen wir das resultierende Gleichgewicht, das in dem Kreis rechts in Abbildung 21-6 dargestellt ist. Die gesamtwirtschaftliche Produktionsleistung und das allgemeine Preisniveau pendeln sich auf jener Höhe ein, bei der die Nachfrager kaufen wollen, was die Unternehmen zu verkaufen gewillt sind. Die resultierende Produktionsleistung und das sich ergebende Preisniveau bestim-

Abbildung 21-6: Gesamtangebot und Gesamtnachfrage bestimmen die bedeutendsten wirtschaftspolitischen Variablen

Dieses wichtige Diagramm zeigt die bedeutendsten Einflußfaktoren für die gesamtwirtschaftlichen Aktivitäten. Links sehen Sie die entscheidenden Variablen, die sich auf Gesamtangebot und Gesamtnachfrage auswirken: politische Variable wie Geld- und Fiskalpolitik zusammen mit Kapitalstock und Arbeit. In der Mitte wird die Wechselwirkung zwischen Gesamtangebot und Gesamtnachfrage sichtbar, wenn das Nachfrageniveau auf die verfügbaren Ressourcen trifft. Die wesentlichen Ergebnisse sind in den Sechsecken rechts dargestellt: Produktion, Beschäftigung, Preisniveau und Außenhandel.

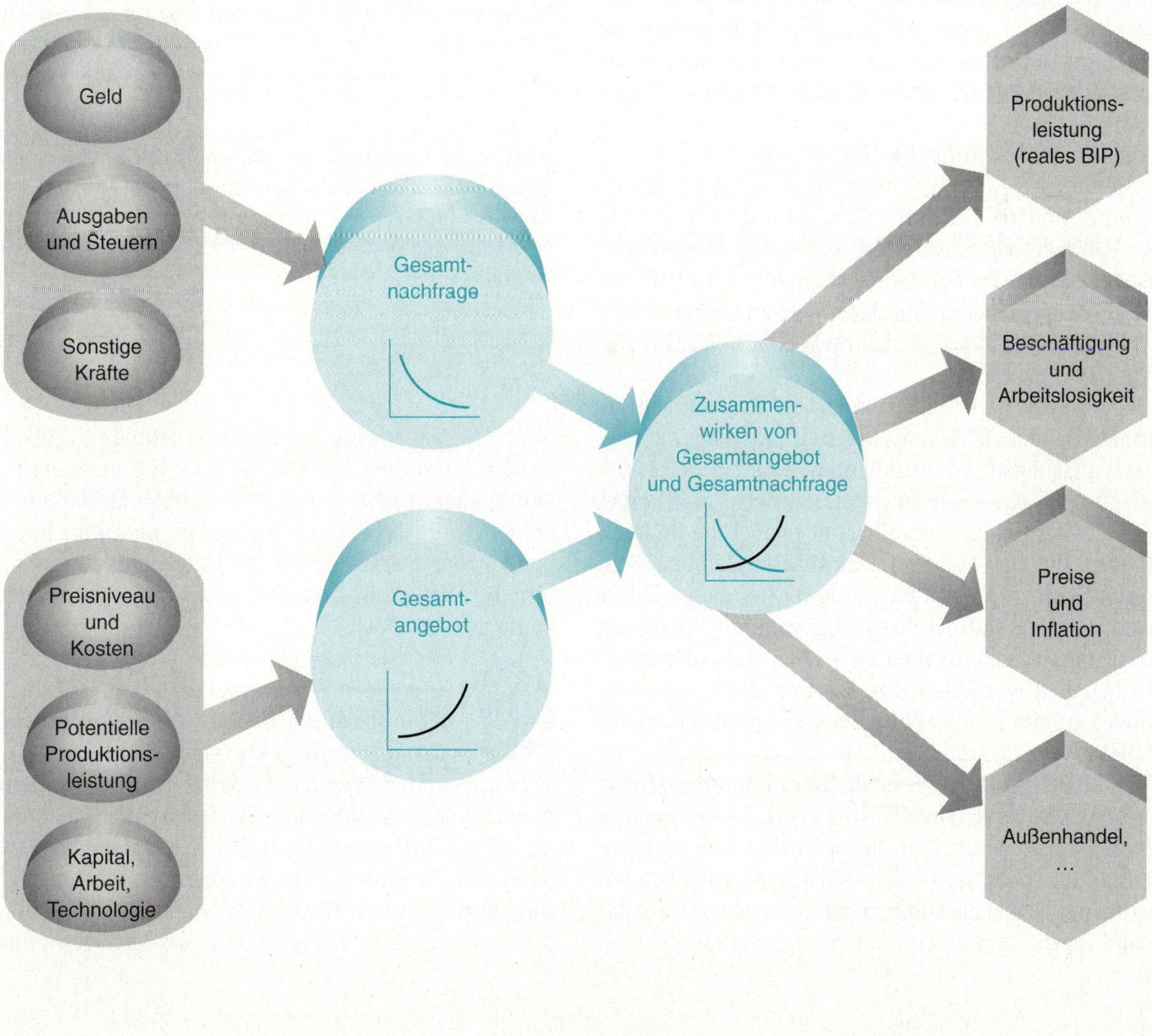

men Beschäftigtenstand, Arbeitslosigkeit und Nettoexporte.

Gesamtangebots- und Gesamtnachfragekurve

Gesamtangebots- und Gesamtnachfragekurven werden häufig dazu herangezogen, um makroökonomische Bedingungen zu analysieren. Erinnern Sie sich, daß wir in Kapitel 3 die Markt-Angebots- und Nachfragekurve dazu verwendet haben, um die Preise und Mengen einzelner Produkte zu ermitteln. Mit demselben graphischen Instrumentarium können wir auch besser verstehen, wie wirtschaftspolitische Maßnahmen und exogene Kräfte über das Gesamtangebot und die Gesamtnachfrage zur Bildung der nationalen Produktionsmenge und des Preisniveaus wirken. Mit Hilfe dieser Werkzeuge erkennen wir, wie die Erhöhung der Geldmenge zu steigenden Preisen und einer höheren Produktionsmenge führt. Wir verstehen aber auch, warum Effizienzschübe eine höhere Produktionsleistung und ein *niedrigeres* allgemeines Preisniveau nach sich ziehen können. Diese sehr praktische Analyse erklärt uns zusätzlich, warum ein Anstieg der Rohölpreise auf dem Weltmarkt eine „Stagflation" auslösen könnte, jenen unglücklichen Zustand, in dem *Stag*nation und In*flation* kombiniert auftreten.

Abbildung 21-7 zeigt eine Aufstellung des Gesamtangebotes und der Gesamtnachfrage für die Produktion einer Volkswirtschaft. Auf der X-Achse oder Mengenachse ist die gesamte Produktionsleistung (das reale BIP) der Wirtschaft aufgetragen. Auf der Y-Achse wird das allgemeine Preisniveau (wie es sich etwa durch den BIP-Deflator ergibt) gemessen.

Die abwärts gerichtete Kurve ist die **Gesamtnachfragefunktion** oder *AD*-Kurve. Sie stellt das dar, was alle Wirtschaftssubjekte – Konsumenten, Unternehmen, Ausländer und Staat – bei jedem gesamtwirtschaftlichen Preisniveau zu kaufen gewillt sind (wobei die anderen Faktoren, die sich auf die Gesamtnachfrage auswirken könnten, konstant belassen werden). Aus dieser Kurve ersehen wir, daß sich bei einem allgemeinen Preisniveau von 150 die Gesamtausgaben auf $ 3.000 Milliarden (jährlich) belaufen würden. Stiege das Preisniveau auf 200, käme es zu einem Rückgang der Gesamtausgaben auf $ 2.300.

Die ansteigende Kurve ist die **Gesamtangebotsfunktion** oder *AS*-Kurve. Diese Kurve stellt die Güter- und Dienstleistungsmengen dar, die die Unternehmen zu produzieren und beim jeweiligen Preisniveau zu verkaufen gewillt sind (wobei die anderen Faktoren, die sich auf das Gesamtangebot auswirken, konstant gehalten werden).

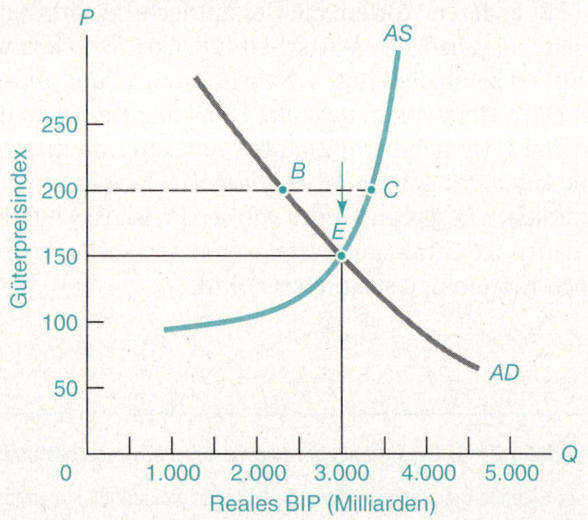

Abbildung 21-7: Gesamtwirtschaftliche Preise und Produktion werden durch das Zusammenwirken von Gesamtangebot und Gesamtnachfrage bestimmt

Die *AD*-Kurve stellt die Höhe der gesamten Ausgaben bei verschiedenen Preisniveaus dar, wenn sonstige Faktoren konstant gehalten werden. Die *AS*-Kurve zeigt, wieviel die Unternehmen zu den jeweiligen Preisniveaus, ceteris paribus, produzieren und verkaufen wollen.
Die gesamtwirtschaftliche Produktion und das allgemeine Preisniveau werden im Schnittpunkt der Gesamtnachfrage- mit der Gesamtangebotskurve in Punkt *E* gebildet. Dieses Gleichgewicht stellt sich bei einem allgemeinen Preisniveau ein, bei dem die Unternehmen freiwillig produzieren und verkaufen, was die Konsumenten und andere Abnehmer freiwillig kaufen.

Nach dieser Kurve wollen die Unternehmen $ 3.000 Milliarden bei einem Preisniveau von 150 verkaufen. Sie würden aber mehr, nämlich für $ 3.300 Milliarden, verkaufen, sollte das Preisniveau auf 200 ansteigen. Mit steigender Nachfrage möchten die Unternehmen mehr Güter und Dienstleistungen zu einem höheren Preis verkaufen.

Eine Warnung zu den Gesamtangebots- und Gesamtnachfragekurven: *Bevor wir an diesem Thema weiterarbeiten, soll hier eine Warnung ausgesprochen werden: Verwechseln Sie keinesfalls die AD- und AS-Kurven mit den DD- und SS-Kurven aus der Mikroökonomie. Die mikroökonomischen Angebots- und Nachfragekurven weisen Mengen und Preise einzelner Waren aus, wobei andere Faktoren wie das Volkseinkommen* *oder die Preise anderer Güter einfach konstant gehalten werden. Im Gegensatz dazu zeigen die Gesamtangebots- und Gesamtnachfragekurven die gesamte Produktionsleistung und das Gesamtpreisniveau einer Volkswirtschaft, während andere Faktoren wie Geldmenge, Steuerpolitik und Kapitalbestände konstant gehalten werden. Gesamtangebot und Gesamtnachfrage erklären, wie sich Steuern auf die Produktionsleistung eines Landes und die Preisbewegungen auswirken. Mikroökonomische Angebots- und Nachfragekurven könnten dagegen beispielsweise ermitteln, wie sich Erhöhungen der Benzinsteuer auf den Kauf von Autos auswirken. Diese beiden Arten von Kurven haben zwar eine gewissen Ähnlichkeit, beschreiben jedoch völlig verschiedene Phänomene.*

Makroökonomisches Gleichgewicht. Wenden wir nun die *AS*- und *AD*-Konzepte an, um herauszufinden, wie die *Gleichgewichtswerte für die gesamtwirtschaftlichen Preise und Mengen* ermittelt werden. Simpel ausgedrückt wollen wir das reale BIP und das aggregierte Preisniveau herausfinden, bei dem Käufer und Verkäufer zufrieden wären. In den in Abbildung 21-7 gezeigten Kurven befindet sich die Gesamtwirtschaft in Punkt E im Gleichgewicht. Nur in diesem Punkt, in dem die Produktionsmenge $Q = 3000$ beträgt und der Preis bei $P = 150$ liegt, sind Käufer und Verkäufer zufrieden. Nur in Punkt E liegt die Nachfrage genau bei jener Menge, die die Unternehmen produzieren und verkaufen wollen.

Wie aber erreicht die Wirtschaft dieses Gleichgewicht? Ja, was meinen wir mit Gleichgewicht überhaupt? Ein **makroökonomisches Gleichgewicht** ist eine Kombination aus Gesamtpreis und -menge, bei der weder Käufer noch Verkäufer eine Änderung von Einkaufs-, Verkaufsmengen oder Preisen anstreben. Abbildung 21-7 illustriert dieses Konzept. Läge das Preisniveau über dem Gleichgewicht, sagen wir bei $P = 200$, würden die Unternehmen mehr verkaufen wollen, als die Käufer zu kaufen wünschen; die Unternehmen möchten Menge C verkaufen, während die Käufer nur Menge B kaufen würden. Die Waren würden sich in den Regalen türmen, weil die Unternehmen mehr produzieren würden, als die Konsumenten zu kaufen bereit sind. Schließlich müßten die Unternehmen ihre Produktion drosseln und ihre Preise ein wenig zurücknehmen. Bei einer Senkung des Preisniveaus von der ursprünglichen, übertriebenen Höhe auf das Niveau von 200 würde sich die Lücke zwischen Kauf- und Verkaufswünschen langsam schließen, bis das Gleichgewicht von $P = 150$ und $Q = 3000$ erreicht wäre. Wenn das Gleichgewicht hergestellt ist, möchten weder Käufer noch Verkäufer die nachgefragte oder die angebotene Menge ändern, und es entsteht auch kein Druck auf das Preisniveau in die eine oder andere Richtung.

GESCHICHTE DER MAKROÖKONOMIE: 1900–1993

Wir können Gesamtangebot und Gesamtnachfrage dazu benutzen, um damit einige der wichtigsten makroökonomischen Ereignisse des zwanzigsten Jahrhunderts in Amerika zu analysieren. Unsere Themen sind die wirtschaftliche Expansion zu Zeiten des Vietnamkrieges, die durch den Ölschock der siebziger Jahre ausgelöste Stagflation sowie die phänomenalen Wachstumsergebnisse dieses Jahrhunderts insgesamt.

Kriegsboom. Zu Beginn der sechziger Jahre hatte die amerikanische Wirtschaft eine Reihe von Rezessionen hinter sich. John F. Kennedy übernahm die Präsidentschaft in der Hoffnung, er werde die Wirtschaft wieder neu beleben können. Das war damals die Zeit, als die „New Economics“, wie der keynesianische Ansatz bezeichnet wurde, in Washington Einzug hielten. Die Wirtschaftsberater der Präsidenten Kennedy und Johnson empfahlen eine Expansionspolitik, und der Kongreß verabschiedete Maßnahmen zur Stimulierung der Wirtschaft, darunter drastische Kürzungen der Einkommens- und Körperschaftsteuersätze in den Jahren 1963 und 1964. Das BIP stieg zu Beginn der sechziger Jahre um 4 Prozent jährlich, die Arbeitslosigkeit ging zurück, und die Preise blieben stabil. Schon im Jahr 1965 schöpfte die Wirtschaft wieder ihr Produktionspotential aus.

Leider unterschätzte die Regierung die Größenordnung der Rüstungsvorbereitungen für den Vietnamkrieg. Die Verteidigungsausgaben stiegen von 1965 bis 1968 um 55 Prozent. Sogar als schon klar war, daß eine größere Inflation auf das Land zukommen werde, verschob Präsident Johnson noch einmal schmerzhafte Maßnahmen zur Verlangsamung des Wirtschaftswachstums. Steuererhöhungen und Kürzungen der Zivilausgaben wurden erst 1968 beschlossen, in jedem Fall zu spät, um den Inflationsdruck durch die überhitzte Wirtschaft noch aufhalten zu können. Die Federal Reserve förderte die Expansion zusätzlich mit einer sehr großzügigen Geldmengenpolitik und niedrigen Zinssätzen. In der Folge operierte die Wirtschaft in der Periode 1966 bis 1970 zumeist über ihrem Produktionspotential. Die Inflation stieg unter dem Druck der geringen Arbeitslosigkeit und hohen Auslastung der Unternehmen sprunghaft an.

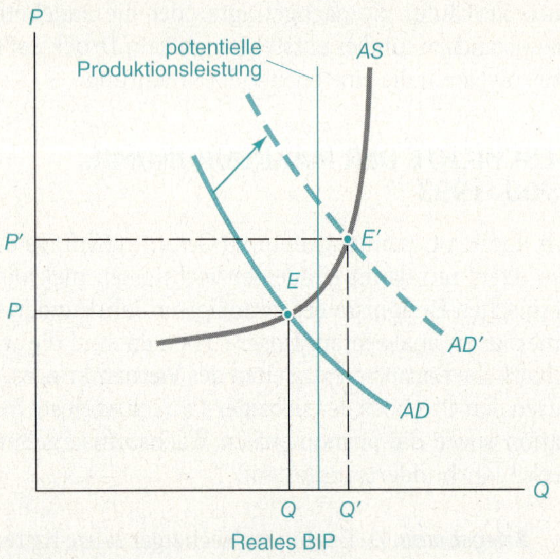

Abbildung 21-8: Die kriegsbedingte Hochkonjunktur wird durch die erhöhte Gesamtnachfrage ausgelöst

In Kriegszeiten erhöhen die vermehrten Verteidigungsaufwendungen die Gesamtausgaben und verschieben die Gesamtnachfrage von *AD* zu *AD′*, wobei sich die Gleichgewichtsproduktion von *E* nach *E′* erhöht. Wenn die Produktion weit über die potentielle Produktionsleistung hinaus ansteigt, erhöht sich das Preisniveau drastisch von *P* zu *P′*, und eine kriegsbedingte Inflation bricht aus.

Abbildung 21-8 zeigt, was in dieser Zeit geschah. Die Steuerkürzungen und Verteidigungsausgaben erhöhten die Gesamtnachfrage und bewirkten eine Rechtsverschiebung der Gesamtnachfragekurve von *AD* nach *AD′*, wodurch sich das Gleichgewicht von *E* nach *E′* verlagerte. Produktionsleistung und Beschäftigtenstand stiegen drastisch, und die Preisentwicklung beschleunigte sich, weil die Produktion die Kapazitätsgrenzen sprengte. Die Ökonomen erkannten damals, daß es leichter ist, die Wirtschaft zu stimulieren, als die Politiker davon zu überzeugen, daß sie angesichts einer drohenden Inflation das Wachstum drosseln sollten. Die damalige Erfahrung warf zahlreiche Fragen, die Klugheit antizyklischer steuerpolitischer Maßnahmen betreffend, auf.

Erdölschock und Stagflation. In den siebziger Jahren wurde die industrialisierte Welt von einer neuen makroökonomischen Krankheit heimgesucht, dem sogenannten Schock, in diesem konkreten Fall von der plötzlichen Erfahrung, daß nicht mehr genügend Erdöl angeboten wurde. Ein **Angebotsschock** bezeichnet eine plötzliche Änderung der Kosten- oder Produktivitätsbedingungen, durch die das Gesamtangebot drastisch verschoben wird. Ein solcher Schock der besonders heftigen Art traf uns im Jahr 1973. Dieses Jahr, das auch als das „Jahr der sieben Plagen" in die Annalen einging, zeichnete sich durch Mißernten, eine Verschiebung der Meeresströmungen, massive Spekulationen auf den internationalen Warenbörsen, durch Turbulenzen auf den Devisenmärkten und eine Vervierfachung des Weltmarktpreises für Rohöl aus.

Die Erschütterung des Rohstoff- und Treibstoffangebotes trieb die Großhandelspreise dramatisch in die Höhe. Rohöl- und Treibstoffpreise stiegen im Zeitraum 1972–1973 stärker an als während der gesamten Periode vom Ende des Zweiten Weltkrieges bis 1972. Schon bald nach dem Angebotsschock kam es zu einer Inflationswelle, und die reale Produktionsleistung sank in den USA, die eine Stagflationsperiode zu verzeichnen hatten.

Wie können wir verstehen, was durch die Kombination aus sinkender Produktion und steigenden Preisen geschah? Dieser große und unerwartete Kostenanstieg bei Rohöl löste einen Angebotsschock aus, den wir als Aufwärtsbewegung der Gesamtangebotskurve darstellen können. Eine Aufwärtsbewegung von *AS* zeigt an, daß die Unternehmen dieselbe Menge nur zu weit höheren Preisen anzubieten bereit sind. Abbildung 21-9 zeigt eine Angebotsverschiebung.

Das bestürzende Ergebnis eines Angebotsschocks sind höhere Preise, gefolgt von einem Mengenrückgang und steigender Arbeitslosigkeit. Angebotsschocks führen so zu einer Verfehlung aller wichtigen Ziele makroökonomischer Politik.

Knappe Geldmenge, 1979–1982. Im Jahr 1979 hatte sich die Wirtschaft schließlich von ihrem Angebotsschock des Jahres 1973 erholt. Die Produktionsleistung entsprach wieder dem Potential. Aber Unruhen im Mittleren Osten führten zu einem zweiten Ölschock, als die iranische Revolution einen sprunghaften Anstieg der Ölpreise von $ 14 pro Barrel zu Beinn des Jahres 1978 auf $ 34 pro Barrel 1979 auslöste. Das heizte die Inflation gewaltig an – sie betrug in den Jahren 1978 bis 1980 durchschnittlich 12 Prozent.

Eine zweistellige Inflationsrate war jedoch schlicht inakzeptabel. Als Reaktion auf diese unerwünschte Entwicklung betrieb die Regierung Carter eine vorsichtige Einkommens- und gemäßigt restriktive Fiskalpolitik, doch die Inflation erwies sich als außerordentlich hartnäckig. In dieser Situation trat die Federal Reserve unter der Leitung des Ökonomen Paul Volcker auf den Plan

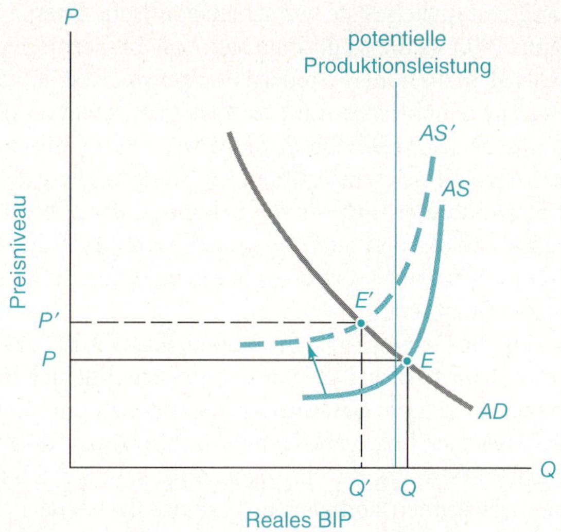

Abbildung 21-9: Auswirkungen von Angebotsschocks

Deutlich erhöhte Öl-, Güter- oder Arbeitskosten schlagen sich in höheren Unternehmenskosten nieder. Diese Situation führt in eine Stagflation – d.h. in eine Stagnation mit Inflation. Im Rahmen von *AS–AD* verschieben die höheren Kosten die *AS*-Kurve von *AS* zu *AS*′, und das Gleichgewicht verschiebt sich von *E* zu *E*′. Die Produktionsleistung sinkt von *Q* auf *Q*′, während zugleich die Preise steigen. Die Volkswirtschaft erleidet damit einen doppelten Rückschlag: eine geringere Produktionsleistung und höhere Preise.

und verschrieb den USA die bittere Medizin der *Geldmengenverknappung* zur Eindämmung der Inflation. Die Zinssätze kletterten zwischen 1979 und 1980 in höchste Höhen, der Aktienmarkt hing durch, Kredite waren Mangelware. Die restriktive Geldpolitik der Zentralbank drosselte die Ausgabenfreudigkeit von Konsumenten wie Unternehmen. Besonders hart waren die zinssensiblen Komponenten der Gesamtnachfrage betroffen. Nach 1979 kam es zu einem beträchtlichen Rückgang im Wohnungsbau, bei Autokäufen, Investitionen und Nettoexporten.

Wir können darstellen, wie die knappe Geldmenge die Zinssätze in die Höhe trieb und die Gesamtnachfrage drosselte, indem wir in Abbildung 21-8 den Pfeil einfach umdrehen. Das heißt, die restriktive Geldpolitik führte zu einem Rückgang der Ausgaben und erzeugte eine Verschiebung der Gesamtnachfragekurve nach links unten – genau der gegenteilige Effekt der Expansion durch die Aufrüstung der sechziger Jahre. Der Rückgang der Gesamtnachfrage senkte die Wirtschaftsleistung bis zum Jahr 1982 auf einen Wert, der beinahe 10 Prozent unter dem Potential lag, und die Arbeitslosenrate kletterte von unter 6 Prozent 1979 auf über 10 Prozent gegen Ende 1982.

Der Lohn der strengen und schmerzhaften Maßnahmen war ein deutlicher Rückgang der Inflation von durchschnittlich 12 Prozent im Zeitraum 1979–1980 auf 4 Prozent zwischen 1983 und 1988. Es waren die hohen Arbeitslosenraten, die die Inflation eindämmten, und die Kosten in Form des Rückgangs von Produktion, Einkommen und Beschäftigtenstand waren beträchtlich.

Die niedrige Inflation und ungenutzte Kapazitäten zu Beginn der achtziger Jahre bereiteten den Weg für die lange wirtschaftliche Expansion der Reagan-Ära. Das reale BIP stieg von 1982 bis 1989 beständig um durchschnittlich 3 ½ Prozent jährlich an. Die Arbeitslosigkeit sank von über 10 Prozent 1982 auf 5 ½ Prozent im Zeitraum 1988–1989, und die Inflation blieb mit durchschnittlich 3 ½ Prozent nach 1982 im erträglichen Rahmen. So teuer die restriktive Geldpolitik das Land auch zu stehen gekommen war, sie hatte es zuwege gebracht, die Inflation aus der amerikanischen Wirtschaft zu verbannen.

Das Wachstumsjahrhundert. Der letzte Akt unseres makroökonomischen Dramas beschäftigt sich mit dem Wachstum der Produktionsleistung und der Preise während der gesamten Periode seit 1900. Wie anhand des Diagramms im Graphikanhang am Ende dieses Buches gezeigt wird, ist die Produktionsleistung seit der Jahrhundertwende um mehr als das Sechzehnfache angestiegen. Wie läßt sich ein derart lange anhaltender Trend erklären?

Ein aufmerksamer Blick auf die amerikanischen Trends enthüllt, daß die Wachstumsrate in diesem Jahrhundert durchschnittlich 3,1 Prozent jährlich betragen hat. Ein Teil dieses Wachstums war auf die zunehmende Bedeutung großer Produktionseinheiten zurückzuführen, wobei auch Kapital, Arbeit und sogar Boden im selben Zeitraum stark zunahmen. Aber ebenso wichtig waren Effizienzverbesserungen durch neue Produkte (wie etwa Autos) und neue Verfahrenstechniken (beispielsweise elektronische Datenverarbeitung). Weitere, weniger offensichtliche Faktoren haben ebenfalls zum Wirtschaftswachstum beigetragen, so etwa verbesserte Managementtechniken und verbesserte Dienstleistungen (hier sind Innovationen wie das Fließband und die neuerdings möglichen raschen Zustellungen zu nennen). Viele Ökonomen sind der Ansicht, die offiziellen, gemessenen Angaben lägen weit unter dem tatsächlichen Wachstum, weil wir in unseren Messungen den Beitrag neuer Produkte und Verbesserungen der Produktqualität nicht entsprechend berücksichtigt hätten. Als beispielsweise Thomas

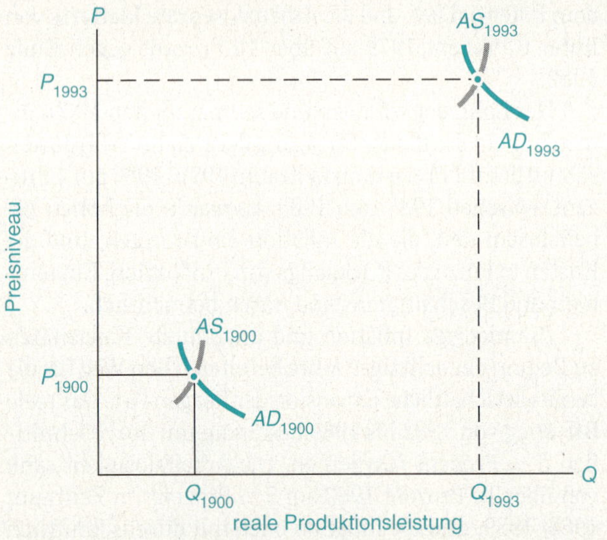

Abbildung 21-10: Zuwächse der potentiellen Produktionsleistung bestimmen die langfristige Wirtschaftsleistung

Im Verlauf dieses Jahrhunderts haben Steigerungen bei Arbeit, Kapital und Effizienz zu einer enormen Verbesserung des Produktionspotentials der Wirtschaft geführt und das Gesamtangebot weit nach rechts verschoben. Langfristig ist das Gesamtangebot der Hauptbestimmungsfaktor für ein Produktionswachstum.

Crapper unsere heutige Toilette erfand, mußten sich Millionen von Menschen winters nicht mehr durch den Schnee kämpfen, um sich auf dem „Abort" zu erleichtern, und doch tauchte dieser neue Komfort nie im BIP auf.

Wie läßt sich der enorme Anstieg der Produktionsleistung mit unserem *AS-AD*-Apparat darstellen? Abbildung 21-10 weist uns den Weg. Der stärkere Inputeinsatz und Effizienzverbesserungen haben eine massive Rechtsverschiebung der *AS*-Kurve von AS_{1900} auf AS_{1993} bewirkt. Zusätzlich kam es zu einem rapiden Anstieg der Produktionskosten, weil der durchschnittliche Stundenlohn von $ 0,10 auf $ 14,28 kletterte, also verschob sich die *AS*-Kurve auch nach oben. Insgesamt ergab sich daher eine Erhöhung der Produktionsleistung und der Preise, wie Sie Abbildung 21-10 entnehmen können.

Die Rolle der Wirtschaftspolitik

Wie fügt sich die Wirtschaftspolitik in unser Bild? Die wichtigsten Aufgaben wirtschaftspolitischer Maßnahmen sind heute die Diagnose des Zustandes der Wirtschaft und die Verschreibung der richtigen Medizin. Als beispielsweise die Clinton-Administration zu der Auffassung gelangte, das wichtigste wirtschaftspolitische Thema zu Beginn 1993 sei die zu geringe nationale Ersparnis, wurden als Medizin höhere Steuern und geringere staatliche Ausgaben verschrieben, um das staatliche Defizit zu senken und den Zufluß höherer Ersparnisse zu heimischen oder internationalen Investitionen zu fördern. Diese Maßnahmen richteten sich auf die Erhöhung des potentiellen Produktionsvolumens und verschoben effektiv die *AS*-Kurve der Zukunftsversionen aus Abbildung 21-10 rascher nach außen.

Manche Ökonomen befürchteten, dieser Ansatz könne zu riskant sein, weil die härtere Steuerpolitik der Tendenz nach auch die Gesamtnachfrage senken und so die *AD*-Kurve nach links verschieben könnte. Würde die *AD*-Verschiebung nicht durch expansionistische geldpolitische Maßnahmen kompensiert, könnte der steuerliche Druck einen bereits etwas anämischen Aufschwung noch weiter dämpfen. Sollte sich dieses Risiko lohnen? Nach Meinung der Clinton-Administration schon, weil sie sich eher auf das längerfristige Wirtschaftswachstum als auf den kurzfristigen Konjunkturzyklus eingeschossen hatte. Zu anderen Zeiten, in einem anderen Land oder unter einer anderen politischen Führung hätte die Betonung sicherlich auch auf einer expansiven anstatt einer restriktiven Fiskalpolitik liegen können.

Verschiedene Arten von Schocks stellen uns vor verschiedenartige Fragen. Wie etwa könnte das Land reagieren, wären wir heute mit einem drastischen Ölschock konfrontiert? Wie sollten die Politiker bei einer Verknappung des Gesamtangebotes (wie in Abbildung 21-9 gezeigt) den Preisanstieg durch die Erhöhung der Gesamtnachfrage „parieren", um Produktionsverluste zu vermeiden? Eine kulante Politik führt zu hohen Inflationsraten und hält die Arbeitslosigkeit gering. Ein weniger großzügiger Ansatz löst möglicherweise eine Rezession und hohe Arbeitslosigkeit aus, kann jedoch die Inflation eindämmen.

Welcher Ansatz ist der richtige? Ökonomen können darauf keine wissenschaftlich richtige Antwort geben, weil es sich um eine *normative* Frage handelt, bei der auch soziale und politische Werte eine Rolle spielen. Nicht ohne Grund besteht die Rolle der Ökonomen darin, ihre Werkzeuge zur Lösung *positiver* Fragen einzusetzen, indem sie Nutzen und Schaden durch Inflation und Arbeitslosigkeit abschätzen, die mit den verschiedenen politischen Ansätzen verbunden sind. Letztlich muß jedoch die schmerzhafte Entscheidung zwischen Inflation und Arbeitslosigkeit oder sofortigem und späterem Konsum auf jenem Ideenmarkt getroffen werden, den wir alle unter der Bezeichnung politischer Entscheidungsprozeß kennen.

ZUSAMMENFASSUNG

A. Was ist die Makroökonomie?

1. Makroökonomie ist die Lehre vom Verhalten der Gesamtwirtschaft. Sie analysiert das langfristige Wirtschaftswachstum ebenso wie konjunkturell bedingte Schwankungen der Produktion, des Arbeitsmarktes und der Inflation, dazu die Geldmenge, das Budgetdefizit sowie Außenhandel und internationales Finanzwesen. Die Makroökonomie ist das Gegenstück zur Mikroökonomie, die das Verhalten einzelner Märkte, Preise und Produktionsmengen untersucht.
2. Die Vereinigten Staaten wenden erst seit dem Zweiten Weltkrieg gezielt wirtschaftspolitische Maßnahmen an, die ihren Niederschlag auch in Gesetzen finden. Der Employment Act aus dem Jahr 1946 postulierte, staatliche Politik habe „maximale Beschäftigung, Produktion und Kaufkraft" zu fördern. Seit dieser Zeit haben sich die Prioritäten des Landes zwischen den drei makroökonomischen Zielen hin- und herverschoben. Aber in den USA wie in allen Marktwirtschaften bilden diese drei Ziele den Rahmen für alle zentralen makroökonomischen Fragen: (*a*) Warum gehen Produktion und Beschäftigung manchmal zurück, und was läßt sich gegen die Arbeitslosigkeit unternehmen? (*b*) Was sind die Gründe für eine Inflation der Preise, und wie bekommt man diese wieder in den Griff? (*c*) Wie kann ein Staat sein Wirtschaftswachstum ankurbeln?
3. Zusätzlich zu diesen sehr komplexen Fragen ist die harte Tatsache zu beachten, daß zwischen den drei genannten Zielen unvermeidliche Konflikte und Wechselwirkungen auftreten: Ein rapides Wachstum des zukünftigen Lebensstandards bedingt einen Rückgang des unmittelbaren Konsums heute, und die Eindämmung der Inflation kann zu einer vorübergehend hohen Arbeitslosigkeit führen.
4. Ökonomen bewerten den Erfolg der Gesamtleistung einer Wirtschaft danach, ob sie folgende Ziele erreicht: (*a*) Ein hohes Niveau und schnelles Wachstum der Produktion und des Konsums. Die Produktionsleistung eines Landes wird üblicherweise durch das Bruttoinlandsprodukt (BIP) gemessen, das den Gesamtwert aller Endprodukte und Dienstleistungen darstellt, die in einem gegebenen Jahr produziert wurden. Das BIP sollte auch gemessen an der potentiellen Produktionsleistung, also dem maximal erreichbaren oder Hochbeschäftigungs-Produktionsniveau, gut abschneiden. (*b*) Eine niedrige Arbeitslosenrate und einen hohen Beschäftigungsstand bei einem reichhaltigen Angebot guter Jobs. (*c*) Preisstabilität (oder geringe Inflation) durch Preise und Löhne, die sich auf freien Märkten bilden.
5. Vor der Begründung der Makroökonomie als Wissenschaft drifteten die Länder irgendwo und sozusagen ohne Ruder in den sich verschiebenden makroökonomischen Strömungen. Heute stehen uns zahlreiche Instrumentarien zur Verfügung, mit denen eine Regierung die Wirtschaft ihres Landes lenken kann: (*a*) Die Fiskalpolitik (staatliche Ausgaben- und Steuerpolitik) hilft bei der Ressourcenallokation zwischen privaten und öffentlichen Gütern, wirkt sich auf die Einkommen und den Konsum der Menschen aus und sorgt für Investitionsanreize und andere wirtschaftliche Entscheidungen. (*b*) Die Geldpolitik (vor allem die Regulierung der Geldmenge durch die Zentralbank, um Einfluß auf Zinssätze und Kreditkonditionen zu nehmen) wirkt sich auf die zinssensiblen Sektoren der Wirtschaft aus. Die am stärksten betroffenen Bereiche sind der Wohnungsbau, die Unternehmensinvestitionen und die Nettoexporte. (*c*) Die Lohn- und Preiskontrolle (einkommenssichernde Politik oder staatliche Programme, die sich direkt auf Lohn- und Preisentscheidungen auswirken) ist der Versuch, die Inflation einzudämmen und gleichzeitig die hohen Kosten einer Rezession und Arbeitslosigkeit zu vermeiden. Wegen ihre Eingriffe in die Markteffizienz ist diese Art der Wirtschaftspolitik ein in der heutigen politischen Praxis selten benütztes Instrument.
6. Ein einzelnes Land ist nur ein kleiner Teil einer zunehmend integrierten globalen Wirtschaft, in der die Länder durch den Handel mit Waren und Dienstleistungen und durch Finanzierungsströme untereinander verbunden sind. Ein gut funktionierendes internationales Wirtschaftssystem trägt zu einem raschen Wirtschaftswachstum bei, doch der Außenhandel kann auch Sand in das Getriebe des Wachstums streuen, wenn die Handelsflüsse unterbrochen werden oder die internationalen Finanzstrukturen zusammenbrechen. Der Außenhandel steht heute auf der Tagesordnung aller Länder ganz oben.

B. Die Geschichte der Makroökonomie anhand von Gesamtangebot und Gesamtnachfrage

7. Die zentralen Konzepte zum Verständnis dessen, wie Produktionsleistung und Preisniveau in einem Land zustande kommen, sind Gesamtangebot (*AS*) und Gesamtnachfrage (*AD*). Die Gesamtnachfrage ergibt sich aus den Gesamtausgaben der Haushalte, Unternehmen, staatlicher Stellen und Ausländer in einer Wirtschaft. Sie stellt die gesamtwirtschaftliche Produktionsleistung dar, die bei einer gegebenen Geld- und Fiskalpolitik und angesichts der anderen nachfragewirksamen Faktoren beim jeweils herrschenden Preisniveau freiwillig erbracht wird. Das Gesamtangebot beschreibt, welche Produktionsmenge die Unternehmen bei gegebenen Preisen, Kosten und Marktbedingungen freiwillig erzeugen und verkaufen.
8. Die *AS*- und *AD*-Kurven haben dieselbe Form wie die uns bekannten Angebots- und Nachfragekurven, die in der Mikroökonomie eine wichtige Rolle spielen. Die *AD*-Kurven

zeigen die Menge, die Konsumenten, Unternehmen und andere beim jeweiligen Preisniveau kaufen möchten, wenn die sonstigen Faktoren konstant belassen werden. Die *AS*-Kurve stellt jene Menge dar, die die Unternehmen beim gegebenen Preisniveau produzieren und verkaufen möchten, wenn alles andere konstant bleibt. (Aber hüten Sie sich vor einer allfälligen Verwechslung des mikroökonomischen und des makroökonomischen Konzeptes von Angebot und Nachfrage.)

9. Das gesamtwirtschaftliche, makroökonomische Gleichgewicht, das sowohl Gesamtpreis als auch gesamtwirtschaftliche Produktionsleistung bestimmt, stellt sich ein, wo *AS*- und *AD*-Kurve einander schneiden. Auf dem Gleichgewichts-Preisniveau kaufen die Konsumenten freiwillig die von den Unternehmen freiwillig produzierte und verkaufte Menge. Die Gleichgewichtsmenge kann Abweichungen von Vollbeschäftigung oder Produktionsmöglichkeiten aufweisen.
10. Die jüngere Geschichte der USA zeigt einen unregelmäßigen Zyklus von Gesamtnachfrage und Angebotsschocks sowie politischen Reaktionen. Um die Mitte der sechziger Jahre führten die durch den Vietnamkrieg aufgeblähten Defizite in Kombination mit einer laschen Geldpolitik zu einer rapiden Steigerung der Gesamtnachfrage. Das Ergebnis war eine rasche Aufwärtsentwicklung der Preise und schließlich Inflation. Im Jahr 1973 führten äußerst unangenehme Angebotsschocks zu einer drastischen Zunahme des Gesamtangebotes. Daraus entwickelte sich eine Stagflation mit gleichzeitigem Anstieg von Arbeitslosigkeit und Inflation. Am Ende der siebziger Jahre reagierten die wirtschaftspolitischen Entscheidungsträger auf die steigende Inflation, indem sie eine restriktive Geldpolitik betrieben und die Zinssätze anhoben. In der Folge kam es zu geringeren Ausgaben in zinssensiblen Nachfragebereichen wie Wohnungsbau, Investitionen und Nettoexporten.
11. Während dieses gesamten Jahrhunderts erhöhten die beachtlichen Steigerungsraten des potentiellen BIP das Gesamtangebot enorm und bewirkten kontinuierliche Zuwächse bei Produktionsleistung und Lebensstandard.

WIEDERHOLUNGSTHEMEN

Wichtige makroökonomische Konzepte

Makroökonomie versus Mikroökonomie
Bruttoinlandsprodukt (BIP), tatsächliches und potentielles
Beschäftigung, Arbeitslosigkeit, Arbeitslosenrate
Inflation, Deflation (VPI)
Verbraucherpreisindex oder Preisindex für die Lebenshaltung (IL)
Einkommenssichernde Politik (Lohn-Preiskontrolle)
Nettoexporte
Fiskalpolitik (bestehend aus staatlicher Ausgaben- und Steuerpolitik)
Geld, Geldpolitik

Gesamtangebot und Gesamtnachfrage

Gesamtangebot, Gesamtnachfrage
AS-Kurve, *AD*-Kurve
Gleichgewicht von *AS* und *AD*
Drei makroökonomische Schocks: Kriegsboom, Angebotsschock, Geldmengenverknappung
Quelle langfristigen Wirtschaftswachstums

FRAGEN UND BEISPIELE

1. Welche wichtigen Ziele steckt sich die Makroökonomie? Definieren Sie jedes dieser Ziele kurz. Erklären Sie genau, warum jedes dieser Ziele wichtig ist.
2. Wie hoch wäre die Inflationsrate für 1994, wenn der Verbraucherpreisindex für 1993 300 und für 1994 315 betrüge?
3. Welche Auswirkungen hätte jedes der folgenden Ereignisse auf die Gesamtnachfrage oder das Gesamtangebot?
   a. ein starker Anstieg des Ölpreises (auf *AS*)
   b. ein Abrüstungsvertrag, der die Verteidigungsausgaben senkt (auf *AD*)
   c. eine Erhöhung der potentiellen Produktionsleistung (auf *AS*)
   d. eine Lockerung der Geldpolitik, die zu einer Zinssenkung führt (auf *AD*).
4. Verwenden Sie die Hilfsmittel der Gesamtnachfrage und des Gesamtangebotes und erklären Sie, welche Auswirkungen auf die Produktionsmenge und auf das allgemeine Preisniveau entstehen.
5. Versetzen Sie sich in die Lage eines wirtschaftspolitischen Entscheidungsträgers. Die Wirtschaft befindet sich im Gleichgewicht, wenn $P = 100$ und $Q = 3.000$ = potentielles BIP. Sie lehnen es ab, der Inflation „weich“ zu begegnen, das heißt, Sie wollen die Preise absolut stabil auf dem Niveau $P = 100$ halten, gleichgültig, wie sich die Produktion entwickelt. Schließlich können Sie geld- und fiskalpoliti-

sche Maßnahmen zu Hilfe nehmen, um auf die Gesamtnachfrage einzuwirken, aber Sie haben keine Möglichkeit, kurzfristig das Gesamtangebot zu verändern. Wie würden Sie auf folgende Situationen reagieren:

a. eine überraschende Ausweitung der Investitionen
b. eine drastische Erhöhung der Lebensmittelpreise nach katastrophalen Überschwemmungen im Bereich des Mississippi
c. einen Produktivitätsrückgang, der die potentielle Produktionsleistung mindert
d. ein Abkommen zum Abbau der konventionellen Streitkräfte und eine damit verbundene Ausgabenkürzung um 20 Prozent
e. einen drastischen Rückgang der Nettoexporte nach einer tiefen Depression in Europa.

6. In den Jahren 1982–1983 betrieb die Reagan-Administration eine Fiskalpolitik, die in eine Kürzung der Steuern und in Ausweitungen der staatlichen Ausgaben mündete.
   a. Erklären Sie, warum diese Politik im allgemeinen die Gesamtnachfrage steigert. Erklären Sie die Auswirkungen auf die Produktionsmenge und auf die Preise, wobei Sie nur eine Verschiebung der Nachfragekurve annehmen.
   b. Die angebotsseitig orientierten Schulen behaupten, Steuerkürzungen würden sich auf das Gesamtangebot hauptsächlich insofern auswirken, als die potentielle Produktionsleistung gesteigert werden könne. Erklären Sie unter der Annahme, daß sich die fiskalpolitischen Maßnahmen der Reagan-Regierung ebenso auf das Gesamtangebot wie auf die Gesamtnachfrage ausgewirkt haben, die Folgen für Produktionsleistung und Preisniveau. Erklären Sie, warum zwar die Auswirkungen der reaganschen Fiskalpolitik auf die Produktion klar, die Auswirkungen auf die Preise jedoch unklar sind.
7. Das Wirtschaftspaket der Clinton-Regierung, das vom Kongreß 1993 beschlossen wurde, wirkte sich in Form einer restriktiveren Fiskalpolitik aus, wobei die Steuern angehoben und die Ausgaben gesenkt wurden. Weisen Sie die Folgen dieser Politik nach (*a*) unter der Annahme, daß es keine entgegenwirkende Geldpolitik gibt und (*b*) unter der Annahme, daß die Geldpolitik die Auswirkungen auf die BIP-Lücke ausgleicht und daß das geringere Defizit zu höheren Investitionen und höheren Zuwächsen der potentiellen Produktionsleistung führt.
8. Überlegen Sie sich die Daten zum realen BIP und zum Preisniveau in der nachstehenden Tabelle.
   a. Berechnen Sie für den Zeitraum 1981–1985 die Wachstumsrate des realen BIP und die Inflationsrate. Können Sie erraten, in welchem Jahr eine starke Rezession zu verzeichnen war?
   b. Zeichnen Sie in ein *AS-AD*-Diagramm wie in Abbildung 21-7 ein Set von Gesamtangebots- und Gesamtnachfragekurven, mit denen das in der Tabelle angegebene Preis- und Mengengleichgewicht dargestellt wird. Wie würden Sie die Rezession erklären, die Ihnen aufgefallen ist?

Jahr	reales BIP ($, Mla. Preise 1987)	Preisniveau* (1987–100)
1980	3.776	71,7
1981	3.843	78,9
1982	3.760	83,8
1983	3.907	87,2
1984	4.149	91,0
1985	4.280	94,4

* Bitte beachten Sie, daß der hier ausgewiesene Preisindex den sogenannten „BIP-Deflator“ darstellt, der ein Preisindex zur Messung des Preises aller BIP-Komponenten ist.

(Quelle: *Economic Report of the President*, 1994)

KAPITEL 22

DIE VOLKSWIRTSCHAFTLICHE GESAMTRECHNUNG

Wenn wir messen und in Zahlen ausdrücken können, worüber wir sprechen, dann wissen wir auch etwas darüber. Wenn wir es nicht messen und somit nicht in Zahlen ausdrücken können, dann ist unser Wissen darüber ungenügend; wir können zwar bereits an der Schwelle zu höherem Wissen stehen, aber die Stufe der Wissenschaft haben wir noch nicht erreicht.

Lord Kelvin

Die Volkswirtschaftslehre konzentriert sich auf meßbare Inhalte – wie Weizenpreise, Wertpapierkurse und Zinssätze, Wechselkurse, das Sozialprodukt oder das Preisniveau. Von diesen ist möglicherweise das Sozialprodukt das wichtigste Maß. Im folgenden werden wir uns näher mit dem Bruttoinlandsprodukt (BIP) beschäftigen, das nichts anderes als den Geldwert der gesamtwirtschaftlichen Produktion darstellt.

Obwohl das BIP, wie auch der Rest der Volkswirtschaftlichen Gesamtrechnung, von vielen als ein geheimnisvolles Konzept angesehen werden mag, stellt es in Wirklichkeit eine der größten Erfindungen des zwanzigsten Jahrhunderts dar. Ganz wie ein Satellit im Weltraum das Wetter eines ganzen Kontinents überwachen kann, so kann das BIP einen Überblick über den Zustand der Volkswirtschaft geben. Es ermöglicht der Regierung und der Nationalbank, zu beurteilen, ob die Volkswirtschaft schrumpft oder wächst, ob sie eine „Ankurbelung" benötigt bzw. etwas gezügelt werden soll, und ob die Gefahr einer ernsthaften Rezession oder Inflation besteht. Ohne ein Maß für wirtschaftliche Aggregate wie das BIP würden politische Entscheidungsträger in einem Meer unorganisierter Daten umhertreiben. Das BIP und verwandte Maßzahlen können als „Signalfeuer" gesehen werden, die den politischen Entscheidungsträgern helfen, die Wirtschaft in Richtung der volkswirtschaftlichen Hauptziele zu steuern.

Darüber hinaus wären Fortschritte in der makroökonomischen Theorie ohne das BIP und andere Maßeinheiten der gesamtwirtschaftlichen Produktion unmöglich. Diese Maße erlauben es uns, die zentralen Themen der Makroökonomie einschließlich des Wirtschaftswachstums, der Konjunkturzyklen, der Beziehung zwischen wirtschaftlicher Aktivität und Arbeitslosigkeit und der Messung der Inflation wie auch der Klärung ihrer Ursachen hinreichend genau zu behandeln.

Natürlich sind selbst Superstars nicht ohne Fehler. Immer wieder werden ernsthafte Bedenken angesichts des BIP als alleinigem Wohlstandsindikator geäußert. Ein Hauptkritikpunkt bezieht sich dabei auf die Tatsache, daß im BIP ausschließlich am Markt gehandelte Güter und Dienstleistungen berücksichtigt werden. Damit wird der Einfluß von Externalitäten wie etwa der Umweltverschmutzung außer acht gelassen. Heutzutage sind wir zunehmend besorgt darüber, daß materielles Wachstum auf Kosten der Umweltqualität gehen könnte. Die Menschen fragen sich, ob es wirklich unvermeidlich ist, daß wir etwa durch den Autoverkehr oder die Klimaanlagen in unseren Häusern die Luft und das Wasser verschmutzen und sogar das Klima unserer Erde ändern. Um das beantworten zu können, müssen wir das BIP in ein breiter angelegtes Meßinstrument für wirtschaftliche Aktivitäten umwandeln – daher das Konzept des „Net Economic Welfare" bzw. „Wohlfahrtsorientierten Nettoinlandsprodukt" (NIP_W).

DAS BRUTTOINLANDSPRODUKT: DER LEISTUNGSMASSSTAB EINER VOLKSWIRTSCHAFT

Was versteht man unter **Bruttoinlandsprodukt**? Das BIP stellt den nominellen Wert aller im Inland erzeugten Endprodukte und Dienstleistungen während eines Jahres dar. Man erhält diese Zahl, indem der Maßstab Geld auf unterschiedliche Güter und Dienstleistungen angewendet wird, die innerhalb eines Landes mit Hilfe seines Bodens, seiner Arbeitskräfte und Kapitalressourcen hergestellt werden – von Computerspielen bis zu Werkzeugmaschinen. Das BIP entspricht der Summe der Geldwerte aller Konsum- und Investitionsgüter, Staatsausgaben und Nettoexporte in andere Länder.

Das BIP wird für viele Zwecke verwendet, jedoch den wichtigsten stellt das Messen der Gesamtleistung einer Volkswirtschaft dar. Fragt man einen Wirtschaftshistoriker danach, was es mit der Weltwirtschaftskrise (in den Vereinigten Staaten oft „Große Depression" genannt) der Zwischenkriegszeit auf sich habe, würde seine beste und kürzeste Antwort wie folgt lauten:

> *Zwischen 1929 und 1933 sank das BIP der Vereinigten Staaten von $ 104 Milliarden auf $ 56 Milliarden. Dieser starke Rückgang des nominellen Wertes der Güter und Dienstleistungen in der amerikanischen Volkswirtschaft hatte Not, Konkurse, Bankenschließungen, Tumulte und politische Unruhen zur Folge.*

Das Bruttoinlandsprodukt (BIP) stellt die umfassendste Maßzahl für die Gesamtproduktion einer Volkswirtschaft an Gütern und Dienstleistungen dar. Es ist die Summe der Geldwerte des Konsums, der Bruttoinvestitionen, der Staatsausgaben für Güter und Dienstleistungen und der Nettoexporte, die in einer Volkswirtschaft innerhalb eines Jahres bereitgestellt werden.

Nachstehend werden wir die einzelnen Elemente der Volkswirtschaftlichen Gesamtrechnung diskutieren. Dabei beginnen wir mit der Darstellung der verschiedenen Berechnungsmöglichkeiten sowie der Unterscheidung zwischen realem und nominalem BIP. Danach sehen wir uns an, aus welchen Hauptbestandteilen sich das BIP zusammensetzt. Schließlich werden wir die Defizite des Bruttoinlandsprodukts als Wohlfahrtsindikator aufzeigen und eine alternative Möglichkeit zur Messung der gesamtwirtschaftlichen Produktion vorschlagen.

Zwei Berechnungsmethoden des Bruttoinlandsprodukts: Güterstrom und Einkommensstrom

Wie messen Ökonomen das Bruttoinlandsprodukt? Eine der größten Überraschungen besteht darin, daß wir das BIP auf zwei völlig unterschiedliche Arten messen können. Wie Abbildung 22.1 zeigt, kann es entweder als Güterstrom (gemäß der Verwendung) oder als Einkommens- bzw. Kostenstrom (gemäß der Verteilung) ermittelt werden.

Wir setzen uns im folgenden mit diesen beiden Möglichkeiten der BIP-Berechnung auseinander, indem wir uns eine sehr vereinfachte Welt ohne Staat, Außenhandel und Investitionen vorstellen. Unsere einfache Volkswirtschaft produziert ausschließlich *Konsumgüter* zur Befriedigung der Bedürfnisse der Haushalte.

Der Güterstromansatz (Verwendungsrechnung). Jahr für Jahr konsumieren die Haushalte Güter und Dienstleistungen wie zum Beispiel Äpfel, Orangen, Brot sowie Gesundheitsfürsorge und Haarschneiden. Wir beziehen nur *Endprodukte* ein, d.h. unmittelbar von Konsumenten gekaufte und verbrauchte Produkte. Haushalte geben ihr Einkommen für diese Konsumgüter aus, wie in der oberen Schleife in Abbildung 22-1 zu sehen ist. Wenn man die Geldwerte für alle Endprodukte addiert, errechnet man das BIP unserer vereinfachten Volkswirtschaft.

Wie Sie sehen, kann man in unserem einfachen Modell einer Volkswirtschaft ohne Schwierigkeiten das Volkseinkommen oder das Bruttoinlandsprodukt als Summe der jährlichen *End*produkt- und Dienstleistungsströme berechnen: (Orangenpreis x Orangenmenge) + (Apfelpreis x Apfelmenge) usw. für alle Endprodukte. Das Bruttoinlandsprodukt ist definiert als die addierten Geldwerte der Endprodukte, die in einem Staat produziert werden.[1]

---

[1] Unser vereinfachtes Beispiel berücksichtigt nur Konsumausgaben. Eine vollständige Definition des BIP beinhaltet *alle* Endprodukte und Dienstleistungen, d.h. Konsum, private Investitionen, öffentliche Ausgaben für Güter und Dienstleistungen sowie Nettoexporte an das Ausland.

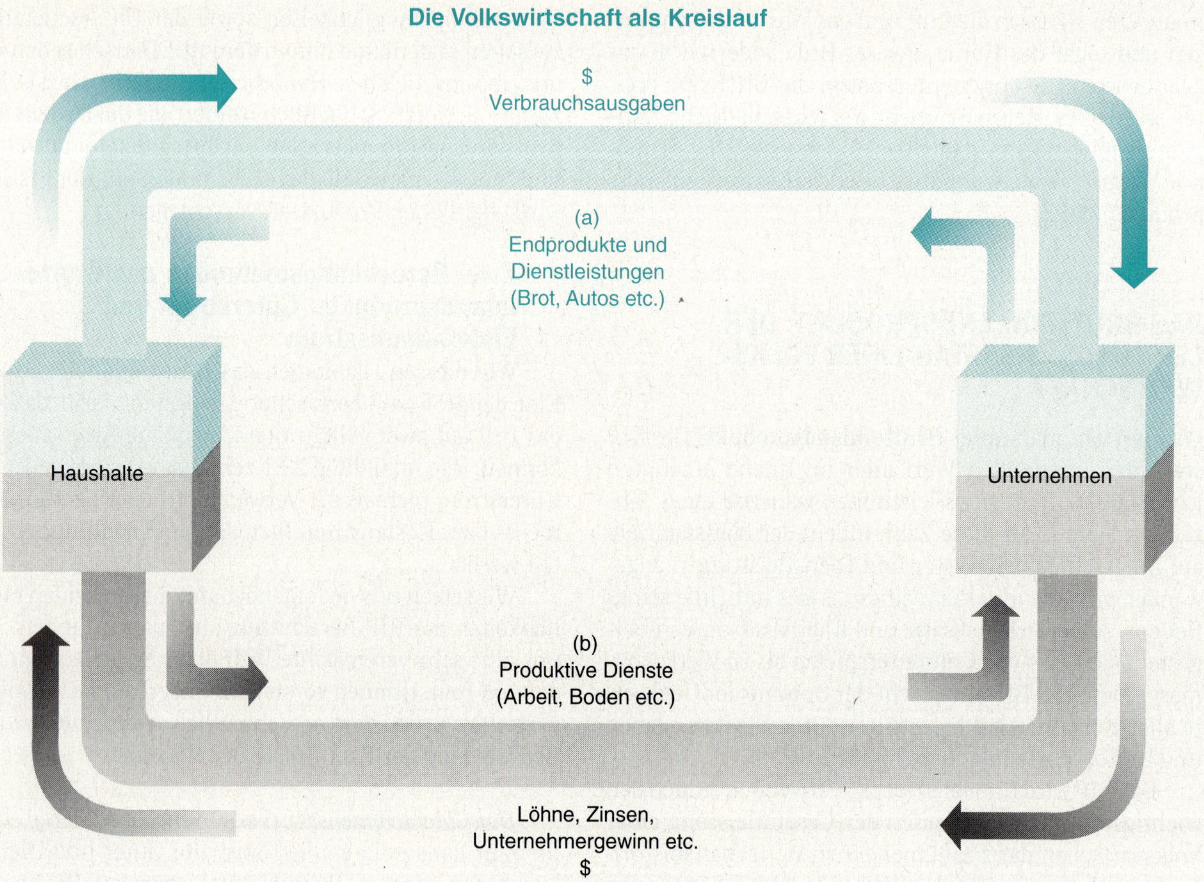

Abbildung 22-1: Das Bruttoinlandsprodukt kann entweder als Güterstrom *(a)* oder als Kosten- bzw. Einkommensstrom *(b)* gemessen werden

Im oberen Teil unseres Diagramms geben die Haushalte ihr Geld für Endprodukte aus. Aus der Messung dieses gesamten jährlichen Geldflusses ergibt sich eine Berechnungsmöglichkeit des Bruttoinlandsprodukts. Im unteren Teil des Kreislaufs werden die für die Produktionsleistung jährlich aufgewendeten Kosten dargestellt. Es handelt sich dabei um die Einkommen, die die Unternehmen in Form von Löhnen und Gehältern, Mieten, Zinsen, Dividenden und Gewinnen wieder an die Haushalte ausbezahlen. Die beiden Berechnungsmöglichkeiten des BIP müssen immer dasselbe Ergebnis erbringen. Beachten Sie, daß diese Abbildung das *makroökonomische* Gegenstück zu Abb. 2-1 ist, die das mikroökonomische Kreislaufdiagramm von Angebot und Nachfrage darstellt.

Beachten Sie, daß wir Marktpreise zur Bewertung unterschiedlicher Wirtschaftsgüter verwenden. Es stellt sich die Frage, wieso es ausgerechnet Marktpreise sind und nicht Masse, Volumen oder Arbeitsstunden? Die Antwort ist offensichtlich: Marktpreise spiegeln den relativen Wert der verschiedenen Güter und Dienstleistungen wider. Das bedeutet, daß die relativen Preise unterschiedlicher Waren wiedergeben, wie hoch Konsumenten die letzten Einheiten dieser konsumierten Güter bewerten. Deshalb ist die Wahl des Marktpreises als Gewichtung für unterschiedliche Güter nicht willkürlich; in einer gut funktionierenden Marktwirtschaft reflektieren die Preise die relative Befriedigung, die Konsumenten durch jedes Gut erfahren.

Der Einkommens- oder Kostenstromansatz (Verteilungsrechnung). Die zweite, gleichwertige Berechnungsmethode des Bruttoinlandsprodukts setzt am Einkommens- oder Kostenstrom an. Zu deren Veranschaulichung wenden wir uns der unteren Schleife in Abbildung 22-1

(a) Gewinn- und Verlustrechnung eines typischen landwirtschaftlichen Betriebes

Landwirtschaftliche Produktion		Aufwendungen und Erträge	
Erlös aus dem Güterverkauf (Getreide, Äpfel etc.)	**$ 1.000**	**Produktionskosten:**	
		Löhne	$ 800
		Mieten	100
		Zinsen	25
		Gewinn (Restgröße)	75
Summe	**$ 1.000**	**Summe**	**$ 1.000**

(b) Bruttoinlandsprodukt (in Mio. $)

Verwendungsrechnung		Verteilungsrechnung	
Endprodukte (10 x 1.000)	**$ 10.000**	**Gesamtkosten bzw. -erträge:**	
		Löhne (10 x 800)	$ 8.000
		Mieten (10 x 100)	1.000
		Zinsen (10 x 25)	250
		Gewinn (10 x 75)	750
BIP	**$ 10.000**	**BIP**	**$ 10.000**

Tabelle 22-1: Vom betrieblichen Rechnungswesen zur Volkswirtschaftlichen Gesamtrechnung

Tabelle (a) zeigt die Gewinn- und Verlustrechnung eines typischen landwirtschaftlichen Betriebes. Aus der linken Seite können wir den Wert der Produktion entnehmen, während die rechte Seite die dabei entstandenen Kosten und Einkommen veranschaulicht. In Tabelle (b) addieren oder aggregieren wir die Erfolgsrechnungen von 10 Millionen identischer landwirtschaftlicher Betriebe und erhalten so das BIP.
Bitte beachten Sie, daß das BIP nach der Verwendungsrechnung exakt dem BIP nach der Verteilungsrechnung entspricht.

zu. Hier sind alle Kosten der wirtschaftlichen Tätigkeit dargestellt. Diese Kosten beinhalten Löhne und Gehälter, Grundrenten, Kapitalgewinne etc. Aber diese Kosten für die Wirtschaft stellen ebenso die Einkünfte der Haushalte dar, die sie von Unternehmen erhalten. Die Statistiker können das BIP ebenso durch die Messung dieser jährlichen Einkommensströme bzw. Gewinne berechnen.[2]

Damit umfaßt diese zweite Art der BIP-Berechnung die Summe aller Faktoreinkommen (Löhne und Gehälter, Zins- und Mieterträge sowie Gewinne), die wiederum nur die Produktionskosten für die Endprodukte einer Volkswirtschaft darstellen.

Die Entsprechung der zwei Methoden. Wir haben nun das BIP anhand des Güterstroms (Verwendungsrechnung) im oberen Teil des Diagramms und anhand des Einkommensstroms (Verteilungsrechnung) im unteren Teil des Diagramms ermittelt. Welche Methode ist die bessere? Die überraschende Antwort lautet, daß beide als genau *gleichwertig* zu beurteilen sind.

Wir können die Identität der zwei Methoden verständlich machen, indem wir uns eine einfache Wirtschaft mit Friseuren vorstellen. Nehmen wir an, daß der Einsatz des Faktors Arbeit die einzige Kostenart der Friseure darstellt. Bei einem Umsatz von 10 Frisuren zu je $ 8 beläuft sich das BIP auf $ 80. Aber auch der Erlös der Friseure (Löhne und Gewinne) macht $ 80 aus. Deshalb ist das errechnete BIP identisch, egal ob als Verwendungs- ($ 80 an Frisuren) oder als Verteilungsrechnung ($ 80 an Löhnen und Gewinn) ermittelt.

Die beiden Methoden stimmen im Ergebnis deshalb überein, da wir im unteren Teil des Diagramms den „Ge-

2 Wenn wir unser einfaches Modell verlassen, in dem das BIP allein aus Konsum besteht, dann müssen Steuern und staatliche Transferleistungen in der Berechnung mit berücksichtigt werden.

winn“ inklusive Löhne und Miete mit eingeschlossen haben. Was ist aber genau unter Gewinn zu verstehen? Der Gewinn stellt eine Restgröße dar, der nach dem Verkauf eines Produkts übrig bleibt, nachdem alle anderen Faktorkosten (wie Löhne, Zinsen und Mieten) bezahlt sind. Demnach ist Gewinn der Restbetrag, der immer den unteren Teils des Kreislaufs (Kosten bzw. Einkünfte) an den oberen Teils des Kreislaufs (den Wert der Güter) anpaßt.

Zusammenfassend können wir feststellen, daß sich das Bruttoinlandsprodukt (BIP) auf zwei unterschiedliche Arten berechnen läßt: (1) als Strom von Endprodukten (Verwendungsrechnung), oder (2) als Strom der Gesamtkosten bzw. -einkünfte (Verteilungsrechnung). Da der Gewinn eine Restgröße darstellt, bringt er die Ergebnisse der beiden Berechnungsarten immer in Übereinstimmung, und es resultiert daraus das exakt gleich hohe BIP.

Unternehmensbilanzen und BIP

Sie werden sich vielleicht fragen, woher Ökonomen all die nötigen Daten für die Berechnung der Volkswirtschaftlichen Gesamtrechnung nehmen. Diese werden aus einer Vielzahl unterschiedlicher Quellen ermittelt, also etwa aus Umfragen, Einkommensteuererklärungen oder statistischen Daten über die Umsätze des Einzelhandels und die Beschäftigungslage.

Die wichtigste Datenquelle stellen die Unternehmensbilanzen dar. Eine *Buchhaltung* für eine Firma oder einen Staat besteht aus der Addition aller Ströme (Produktion, Kosten etc.) während einer bestimmten Periode. Die Tabelle 22-1 (*a*) zeigt das während eines Jahres erwirtschaftete Betriebsergebnis eines typischen Bauernhofs. Die linke Seite des Kontos enthält den Umsatz an Endprodukten, die rechte Seite zeigt die verschiedenen Kostenarten der Produktion. Teil (*b*) der Tabelle 22-1 veranschaulicht, wie der Kontenrahmen des BIP für eine einfache agrarische Volkswirtschaft (ohne Staat und Investitionen) aussieht, in der alle Produkte auf 10 Millionen identischen Bauernhöfen produziert werden. Im BIP werden die Endprodukte sowie die Kosten der 10 Millionen Bauern jeweils addiert, und man erhält damit die Ergebnisse der Verwendungs- wie auch der Verteilungsrechnung.

Das Problem der „Doppelzählungen“

Wir definierten das BIP als die gesamte Produktion an Endprodukten und Dienstleistungen. Ein *Endprodukt* wird für Konsum- oder Investitionszwecke hergestellt und verkauft. Im BIP werden also keine *Halbfabrikate* berücksichtigt, d.h. Güter, die für die Produktion von anderen Gütern aufgebraucht werden. Damit ist im BIP der Preis für ein Brot enthalten, aber nicht das Mehl für dessen Produktion; ebenso werden Autos mit eingerechnet, aber nicht der dafür aufgewendete Stahl.

Für die BIP-Kalkulation nach der Verwendungsrechnung aus dem Güterstrom stellt die Nichtberücksichtigung von Halbfabrikaten kein großes Problem dar. Wir nehmen einfach den Preis für Brot und Autos hinein und lassen Weizen und Stahl draußen. Dies können wir auch der oberen Schleife des Kreislaufs in Abbildung 22-1 entnehmen. Sie sehen, daß Brot und Autos im Güterstrom der Verwendungsrechnung enthalten sind, aber kein Weizen, Mehl oder Stahl.

Was passierte also mit Produkten wie Weizen und Stahl? Sie stellen Halbfabrikate dar und zirkulieren einfach innerhalb des als „Unternehmen“ betitelten Quaders. Diese werden nicht von Konsumenten gekauft und scheinen aufgrund dessen nicht als Endprodukte im BIP auf.

Die „Wertschöpfung“ in der unteren Kreislaufschleife (Verteilungsrechnung)

Ein junger Statistiker, der zur Durchführung von BIP-Berechnungen ausgebildet wurde, könnte seine Verwirrung mit folgenden Worten zum Ausdruck bringen:

Ich begreife, daß man in der oberen Güterkreislaufschleife nach der Verwendungsrechnung die Berücksichtigung von Halbfabrikaten ausschließen kann, wenn diese gewissenhaft durchgeführt wird. Ich frage mich aber, ob nicht Schwierigkeiten bei der BIP-Berechnung aus der unteren Kosten- oder Einkommenskreislaufschleife nach der Verteilungsrechnung entstehen können. Wenn wir die gesammelten Unternehmensbilanzen auswerten: Wie wollen wir diesen entnehmen, was die Kornhändler den Bauern zahlen, wieviel die Bäcker diesen Händlern, und wieviel die Lebensmittelhändler den Bäckern zahlen? Liefe das nicht auf Doppel- oder sogar Dreifachzählungen von Posten hinaus, die mehrere Produktionsstufen durchlaufen?

Das sind berechtigte Fragen. Zur Lösung dieses Problems gibt es jedoch eine zufriedenstellende Antwort. Bei der Berechnung der Einkommen nach der Verteilungsrechnung achten Statistiker besonders darauf, nur die Wertschöpfung der jeweiligen Produktionsstufe zu berücksichtigen, und nicht den Gesamtwert des Produkts. Diese **Wertschöpfung** entspricht dem Unterschied der

Brotumsatz, Kosten und Wertschöpfung (Cents pro Laib)				
Produktionsstufe	(1) Umsatzerlöse	(2) Aufwand für Vorleistungen		(3) Wertschöpfung (Löhne, Gewinne etc.) (3) = (1) – (2)
Weizen	24	– 0	=	**24**
Mehl	33	– 24	=	**9**
Teig	60	– 33	=	**27**
Brot	**90**	– 60	=	**30**
	207	– 117	=	90 (Summe der Wertschöpfung)

Tabelle 22-2: Das BIP entspricht der Summe der Wertschöpfungen aller einzelnen Produktionsstufen

Um Doppelzählungen zu vermeiden, ermitteln wir sorgfältig die auf jeder Produktionsstufe erbrachte Wertschöpfung, indem wir alle Kosten für Material und Halbfabrikate abziehen, da sie nicht auf dieser Produktionsstufe produziert, sondern von anderen Betrieben zugekauft wurden. Beachten Sie, daß alle Halbfabrikate in Spalte 1 ebenso in Spalte 2 angeführt sind und dort in der nächsthöheren Produktionsstufe vom Verkaufspreis wieder abgezogen werden. (Um wieviel wäre das BIP überbewertet, würden wir einfach alle Verkaufserlöse addieren? Antwort: Die Überbewertung beliefe sich auf 117 Cents pro Laib.

Verkaufspreise zu den Anschaffungspreisen der zur Produktion verwendeten Materialien und Dienstleistungen.

Anders ausgedrückt, berücksichtigt der Statistiker bei der BIP-Berechnung bzw. der Berechnung der Wertschöpfung eines Unternehmens alle Geldflüsse an Nicht-Unternehmen und klammert alle Zahlungen an andere Unternehmen aus. Damit werden Produktionskosten in Form von Löhnen und Gehältern, Zinszahlungen und Dividenden mit eingerechnet, aber Einkäufe von Weizen, Stahl oder Elektrizität von der Wertschöpfung ausgeschlossen.

Nun kann man die Frage stellen, weshalb alle Einkäufe von anderen Unternehmen nicht einbezogen werden. Die Antwort lautet, daß diese Produkte bereits bei den Lieferanten und Vorlieferanten ordnungsgemäß als deren Wertschöpfung in das BIP eingehen.

Tabelle 22-2 veranschaulicht anhand der verschiedenen Produktionsstufen der Brotherstellung, wie ein sorgfältiges Festhalten am Wertschöpfungsverfahren es uns ermöglicht, die Aufwendungen für Halbfabrikate abzuziehen, die in den Bilanzen der Bauern, Müller, Bäcker und Lebensmittelhändler stehen. Dadurch kommt es am Ende zu der gewünschten Gleichheit zwischen (1) dem Nettowert des Endproduktes Brot und (2) dem daraus erzielten Gesamteinkommen (die Summe der in der Verteilungsrechnung enthaltenen Faktoreinkommen), das sich aus der Wertschöpfung aller Stufen der Brotproduktion ergibt.

Dies kann wie folgt zusammengefaßt werden:

Um Doppelzählungen zu vermeiden, achten wir darauf, daß bei der Berechnung des Bruttoinlandsprodukts nur Endprodukte und keine Halbfertigprodukte berücksichtigt werden. Auf jeder Produktionsstufe wird die Wertschöpfung ermittelt, indem die Ausgaben für gekaufte Halbfertigprodukte abgezogen werden. Dadurch wird in der unteren Einkommenskreislaufschleife der Verteilungsrechnung jegliche Doppelzählung vermieden und Löhne, Zinsen, Mieten und Gewinne nur einmal einbezogen.

DETAILS DER VOLKSWIRTSCHAFTLICHEN GESAMTRECHNUNG

Da wir inzwischen einen Überblick über die Volkswirtschaftliche Gesamtrechnung gewonnen haben, werden wir uns im restlichen Kapitel eingehender mit den unterschiedlichen Sektoren beschäftigen. Zur Einstimmung

Verwendungsrechnung	Verteilungsrechnung
Bestandteile des BIP:	**Kosten und Erträge als Basis des BIP:**
Konsum *(C)*	Löhne und Gehälter
+ private Bruttoinlandsinvestitionen *(I)*	+ Zinsen, Mieten u.a. Besitzeinkommen
+ Staatsverbrauch *(G)*	+ indirekte Steuern
+ Nettoexporte *(X)*	+ Abschreibungen
	+ Gewinne
entspricht dem Bruttoinlandsprodukt	**entspricht dem Bruttoinlandsprodukt**

Tabelle 22-3: Die volkswirtschaftliche Gesamtrechnung: eine Übersicht

Die obige Tabelle zeigt die Hauptkomponenten der Volkswirtschaftlichen Gesamtrechnung. Die linke Seite stellt die Komponenten der Verwendungsrechnung dar: die Symbole *C, I, G* und *X* werden oft als die vier Teile des BIP angeführt. Auf der rechten Seite sind die Elemente der Verteilungsrechnung angegeben. Die BIP-Berechnung ergibt nach beiden Methoden dasselbe Ergebnis.

lenken Sie Ihre Aufmerksamkeit auf Tabelle 22-3. Hier sehen wir eine Zusammenfassung der Konten sowohl der Produktions- als auch der Einkommensseite. Wenn Sie mit der Tabellenstruktur und den verwendeten Begriffen etwas anzufangen wissen, dann haben Sie bereits einen großen Schritt hin zum Verständnis des Bruttoinlandsprodukts und dessen Ergänzungsbilanzen gemacht.

Reales und Nominales BIP: „Bereinigung" des BIP durch einen Preisindex

Wir definieren das Bruttoinlandsprodukt als den nominellen Wert von Endprodukten und Dienstleistungen. Für die Messung des Geldwertes verwenden wir die *Marktpreise* dieser verschiedenen Güter und Dienstleistungen. Preise ändern sich jedoch im Zeitablauf, da die Inflation das allgemeine Preisniveau jährlich ansteigen läßt. Damit ist das Problem verbunden, daß man anstatt mit einem immer gleich langen „Zollstock" mit einem Maßstab aus Gummi mißt, der sich in der Hand von Tag zu Tag weiter ausdehnt.

Uns interessieren jedoch hauptsächlich die realen Veränderungen in der Volkswirtschaft. Und deshalb wollen wir natürlich einen stabilen Maßstab für die Messung der gesamtwirtschaftlichen Produktion bzw. des Einkommens. Ein Großteil der Probleme, die aufgrund der Veränderlichkeit der Preise entstehen, kann durch die Verwendung eines *Preisindex* behoben werden, der ein Maß für den durchschnittlichen Preis eines Güterbündels darstellt.[3]

Wir können das BIP eines bestimmten Jahres durch die Verwendung der aktuellen Marktpreise berechnen: Damit erhalten wir das **nominale BIP** bzw. das BIP zu Marktpreisen. Da wir jedoch das BIP zu konstanten Preisen meist als aussagekräftiger erachten, berechnen wir auch das **reale BIP**. Es errechnet sich aus der Division des nominalen BIP durch einen Preisindex, den man als **BIP-Deflator** bezeichnet.

Ein einfaches Beispiel soll zur Veranschaulichung dieses Verfahrens dienen. Nehmen wir an, ein Staat produziert 1.000 Bushel Getreide im Jahr 1 und 1.010 Bushel im Jahr 2. Der Preis eines Bushel beträgt $ 2 im Jahr 1 und $ 2,50 im Jahr 2. Damit beträgt das nominale Bruttoinlandsprodukt (*PQ*) im Jahr 1 $ 2.000 ($ 2 x 1.000 = $ 2.000), und $ 2.525 im Jahr 2 ($ 2,50 x 1010 = $ 2.525). Innerhalb dieser beiden Jahre erhöhte sich daher das nominale BIP um 26 ¼ Prozent.

Das wirkliche Produktionsniveau erhöhte sich jedoch keineswegs in diesem Ausmaß. Zur Berechnung des realen Outputs wird der BIP-Deflator benötigt. Wir definie-

[3] Ein Preisindex stellt einen gewichteten Durchschnittspreis dar. Der Preisindex, der das BIP um die Inflationsrate bereinigt, wird *BIP-Deflator* genannt. Dieser ist definiert als ein gewichteter Durchschnittspreis aller im BIP enthaltenen Waren, wobei jedes Gut entsprechend seinem relativen Anteil am gesamten BIP bewertet wird. Zur weiterführenden Diskussion sei auf das Kapitel 30 verwiesen.

Jahr	(1) nominelles BIP (in Mrd. $ zu laufenden Preisen)	(2) Preisindex (BIP-Deflator, 1929 = 1)	(3) reales BIP (in Mrd. $ zu Preisen von 1929) $(3) = \frac{(1)}{(2)}$
1929	104	1,00	$\frac{104}{1,00} = 104$
1933	56	0,77	$\frac{56}{0,77} = 73$

Tabelle 22-4: Das reale BIP ergibt sich aus der Division des nominellen BIP durch den BIP-Deflator

Mit Hilfe des Preisindex in Spalte 2 bereinigen wir das nominale BIP der Spalte 1 um den BIP-Deflator und erhalten das reale BIP in Spalte 3. (Quizfrage: Können Sie zeigen, daß das reale BIP des Jahres 1929, bewertet zu den Preisen des Jahres 1933, $ 80 Milliarden betrug? Folgende Hilfestellung soll Ihnen die Lösung erleichtern: Der Preisindex des Jahres 1929 betrug 1.30, wobei 1933 als Basisjahr mit einem Preisindex von 1 angenommen wurde.)

ren das Jahr 1 als das *Basisjahr* bzw. das Jahr, zu dem wir die Produktionsniveaus der anderen Jahre in Beziehung setzen. Der Preisindex (BIP-Deflator) wird somit im Basisjahr auf eins gesetzt ($P_1 = 1$). Aus den Daten im vorigen Absatz errechnet sich ein BIP-Deflator von $P_2 =$ $ 2,50/$ 2 = 1,25/1 = 1,25 im Jahr 2. Das reale BIP (Q) entspricht dem nominalen BIP (PQ) dividiert durch den BIP-Deflator (P). Deshalb gilt für unsere Rechnung, daß sich das reale BIP im Jahr 1 auf $ 2.000/1 = $ 2.000 und im Jahr 2 auf $ 2.525/1,25 = $ 2.020 beläuft. Daraus ergibt sich eine Wachstumsrate des realen BIP (also korrigiert um die Preisänderungen) von 1%. Dies entspricht nun genau der Produktionserhöhung des Getreides von Jahr 1 auf Jahr 2.

Ein historischer Vergleich der Jahre 1929 bis 1933 soll das Verfahren der Preisbereinigung des BIP an einem konkreten Beispiel veranschaulichen. Tabelle 22-4 weist ein nominales BIP von $ 104 Milliarden für 1929, und $ 56 Milliarden für 1933 aus. Während dieser Jahre kam es also zu einer Absenkung des nominalen BIP von 46 Prozent. Das Wirtschaftsministerium der Vereinigten Staaten schätzt jedoch, daß die Preise während dieser Depressionszeit um durchschnittlich 23 Prozent fielen. Wenn wir 1929 als unser Basisjahr mit einem BIP-Deflator von 1 definieren, so ergibt sich für das Jahr 1933 ein Preisindex von ca. 0,77. Folglich war das BIP des Jahres 1933 mit $ 56 Milliarden in Wirklichkeit viel mehr wert als nur die Hälfte des BIP aus 1929 von $ 104 Milliarden. Wie wir aus Abbildung 22-4 ersehen, senkte sich das reale BIP auf nur sieben Zehntel des Niveaus von 1929, d.h. $ 73 Milliarden zu Preisen bzw. zur Kaufkraft des Dollars im Jahre 1929. Die Halbierung des nominalen BIP beruht zum Teil auf der optischen Täuschung, die der verkleinerte Preismaßstab hervorruft.

In Abbildung 22-2 stellt die schwarze Linie den Wachstumsverlauf des nominalen BIP der Vereinigten Staaten seit 1929 dar (bewertet mit den in den jeweiligen Jahren vorherrschenden Preisniveaus). Dem ist zum Vergleich das reale BIP zu Preisen des Jahres 1987 in blauer Farbe gegenübergestellt. Natürlich ist ein Teil des Anstiegs des nominalen BIP der letzten 50 Jahre der Inflation zuzurechnen.

Zusammenfassend können wir feststellen, daß das nominale BIP (PQ) den gesamten Geldwert der innerhalb eines bestimmten Jahres produzierten Endprodukte und Dienstleistungen darstellt, wobei deren Bewertung zu Marktpreisen des jeweiligen Jahres erfolgt. Das reale BIP (Q) bzw. BIP zu konstanten Preisen bereinigt das nominale BIP um allgemeine Preisänderungen. Da wir den BIP-Deflator (P) als den Preis des Bruttoinlandsprodukts definieren, ergibt sich:

$$Q = \text{reales BIP} = \frac{\text{nominales BIP}}{\text{BIP-Deflator}} = PQ \,/\, P$$

Investitionen und Kapitalbildung

Bislang haben wir in unserer Analyse keine Kapitalgüter berücksichtigt. In Wirklichkeit verwenden Volkswirtschaften jedoch einen Teil ihres gesamten Outputs zur Produktion von Investitionsgütern. **Investitionen** stellen die jährliche Erhöhung des gesamtwirtschaftlichen Kapitalstocks von Gebäuden, Maschinen und Vorräten dar. Mit diesen Investitionen wollen Menschen den zukünftigen Konsum erhöhen. Und dies kann nur erreicht werden, indem man auf gegenwärtigen Konsum verzichtet. Anstatt momentan mehr Pizzas zu essen, bauen die Menschen mit dem gesparten Geld neue Pizzaöfen, um mehr für den zukünftigen Konsum bereitstellen zu können.

Realinvestitionen. *Für Ökonomen ist der Begriff „Investition" immer mit Produktion von langlebigen Kapitalgütern verbunden. Im allgemeinen Sprachgebrauch versteht man unter Investition oft nur den Geldaufwand für den Kauf von Aktien von General*

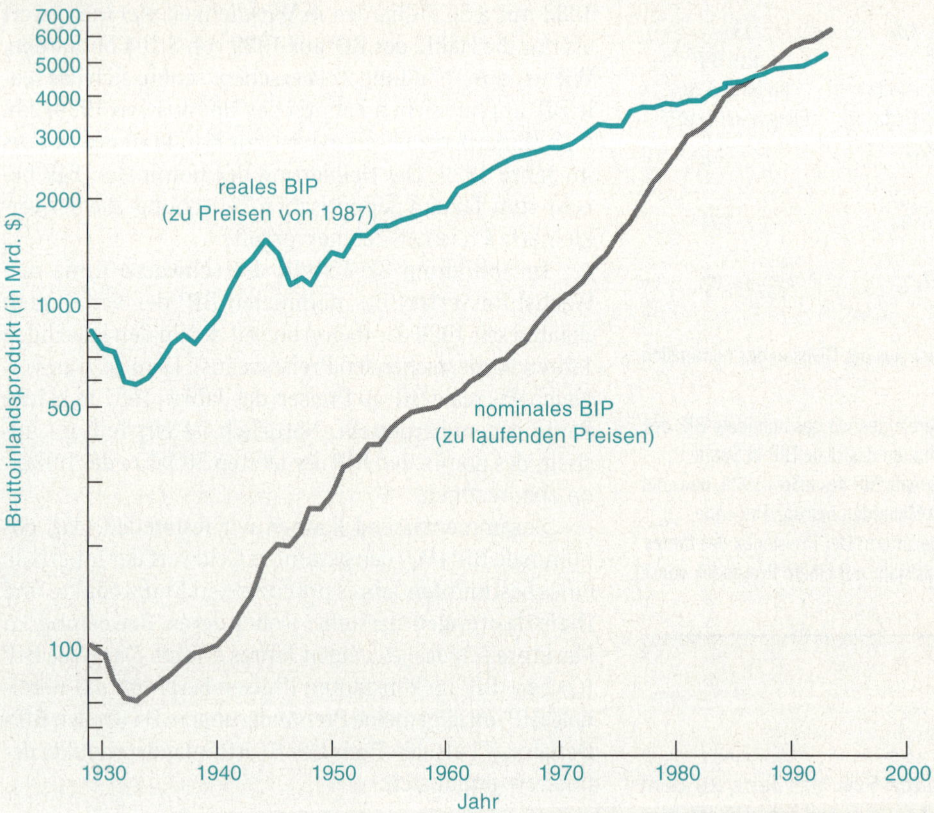

Abbildung 22-2: Inflationsbedingt wächst das nominale BIP schneller als das reale BIP

Der Anstieg des nominalen BIP ist höher als das Produktionswachstum, weil im nominalen BIP sowohl die Preis- als auch die Produktionszuwächse eingerechnet sind. Um ein genaueres Maß der realen Produktionsleistung zu erhalten, müssen wir das nominale BIP durch den BIP-Deflator dividieren. (Quelle: US-Handelsministerium)

Motors oder die Eröffnung eines Sparbuches. Es ist wichtig, diese beiden Bedeutungen des Wortes „Investition" nicht zu verwechseln. Entnehme ich meinem Safe $ 1.000 und lege diese auf ein Sparbuch bzw. kaufe mündelsichere Wertpapiere, so ist nach der ökonomischen Terminologie keine Investition erfolgt. Es wurde nur ein Finanzvermögen gegen ein anderes ausgetauscht. Lediglich bei der Produktion eines physischen Kapitalgutes spricht der Ökonom von Investition.

Wie werden Investitionen in der Volkswirtschaftlichen Gesamtrechnung berücksichtigt? Wenn Menschen einen Teil der gesamten Produktionsmöglichkeiten statt für unmittelbaren Konsum für die Kapitalbildung verwenden, so befinden die Statistiker, daß dieser Output in die Verwendungsrechnung (die obere Schleife des BIP-Kreislaufs) einbezogen werden muß. Investitionen erhöhen den langfristigen Bestand an Kapitalgütern, wodurch die Produktionsmöglichkeiten in der Zukunft erhöht werden.

Folglich müssen wir unsere ursprüngliche Definition modifizieren: Das BIP ist die Summe aller Endprodukte. Zusammen mit den Konsumgütern und Dienstleistungen müssen wir aber ebenso die Bruttoinvestitionen einbeziehen.

Netto- vs. Bruttoinvestitionen. Unsere korrigierte Definition des BIP umfaßt nun neben dem Konsum auch die „Bruttoinvestitionen". Was bedeutet nun „brutto" in diesem Zusammenhang? Mit diesem Begriff umfaßt man *alle* produzierten Investitionsgüter. Diese Bruttoinvestitionen sind aber noch nicht um den jährlichen Kapitalverbrauch, die **Abschreibungen**, berichtigt. Dies geschieht, indem man von den Bruttoinvestitionen die Abschreibungen abzieht und somit die Nettoinvestitionen erhält. Die Bruttoinvestitionen umfassen alle innerhalb eines Jahres produzierten Maschinen, Fabriken und Häu-

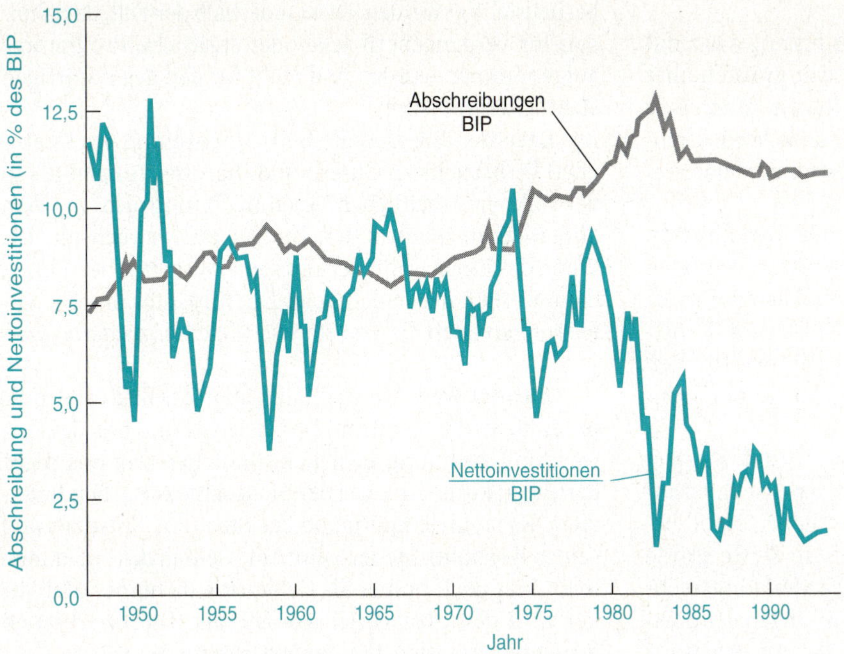

Abbildung 22-3: Der Anteil der Nettoinvestitionen am BIP ist gesunken

Die demographische Nettoveränderung ergibt sich aus den Geburtenzahlen abzüglich der Todesfälle. Ähnliches gilt für die Nettoinvestitionen; sie entsprechen den Bruttoinvestitionen abzüglich der Abschreibungen. In unserer Abbildung zeigt die fallende Kurve, wie der Anteil der Nettoinvestitionen an der gesamtwirtschaftlichen Produktion seit Mitte der 70er Jahre zurückgegangen ist. Durch Addition beider Kurven erhält man das Verhältnis der privaten Bruttoinlandsinvestitionen zum Bruttoinlandsprodukt. (Quelle: U.S. Department of Commerce)

ser. Dabei sind nicht nur Neuinvestitionen inkludiert, sondern auch jene Kapitalguter, die nur für den Ersatz älterer gekauft wurden, da letztere eventuell niedergebrannt oder auf der Müllkippe gelandet sind.

Einen tauglichen Maßstab für die Veränderung des gesellschaftlichen Kapitals stellen die Bruttoinvestitionen jedoch nur sehr eingeschränkt dar, da sie die nötigen Abschreibungen nicht berücksichtigen.

Ein Vergleich mit der Bevölkerungsentwicklung wird den Zweck der Abschreibungen verdeutlichen: Wenn Sie das Bevölkerungswachstum feststellen wollen, macht es keinen Sinn, nur die Zahl der Geburten zu berechnen. Ohne den Abzug der Anzahl der Todesfälle wird die Kalkulation einfach falsch sein. Das gleiche gilt auch für das Kapital. Der Nettoanstieg des Kapitals wird festgestellt, indem von den Bruttoinvestitionen die Kapitalverminderung in Form der Abschreibungen (bzw. der Betrag des aufgebrauchten Kapitals) abgezogen wird. Anders formuliert: Die Nettoinvestitionen ergeben sich immer aus der Summe der Kapitalzunahme (Bruttoinvestitionen) abzüglich der Summe der Kapitalvernichtung (Abschreibungen).

Um die Kapitalbildung festzustellen, müssen also die *Nettoinvestitionen* herangezogen werden. Wir definieren die Nettoinvestitionen als Bruttoinvestitionen minus Abschreibungen.

Abbildung 22-3 zeigt die Abschreibungen und Nettoinvestitionen in Relation zum jeweiligen BIP während des letzten halben Jahrhunderts. Daraus können wir erkennen, daß der Anteil der Abschreibungen im Zeitverlauf leicht gestiegen ist. Dies ist hauptsächlich darauf zurückzuführen, daß der Beitrag der Investitionen mit relativ kurzer Nutzungsdauer zum Kapitalstock der Vereinigten Staaten zugenommen hat. Insbesondere seit Mitte der siebziger Jahre ist der Anteil der *Netto*investitionen an der Gesamtproduktion dramatisch gesunken, von ungefähr 7½ auf ca. 2½ Prozent des Produktionsniveaus der letzten Jahre. Wegen dieser niedrigen Nettoinvestitionsquote sind die Ökonomen etwas besorgt, da Investitionen das Vehikel zur Einführung von neuen Technologien in den Produktionsprozeß darstellen. Wie wir später noch sehen werden, können Staaten mit hohen Investitionsquoten oft auf ein höheres Produktivitätswachstum verweisen.

Der Staat

In unserer Analyse haben wir uns bislang zwar mit dem Konsum beschäftigt, aber dabei den größten aller Konsumenten, den Staat, ausgeschlossen. Irgendwie müssen im BIP auch die Milliardenumsätze berücksichtigt werden, die ein Staat *kollektiv* konsumiert oder investiert. Aber wie geschieht dies?

Nach einigen Diskussionen konnten sich die Einkommensstatistiker der USA und der Vereinigten Nationen auf die einfachste Methode einigen. Wir addieren nun die gesamten öffentlichen Ausgaben für Güter und Dienstleistungen genauso zum Konsum und den Investitionen hinzu wie die Nettoexporte (worauf wir später noch eingehen werden).

Diese öffentlichen Ausgaben umfassen zum Beispiel Straßen und Raketen ebenso wie Lohn- bzw. Gehaltszahlungen an Soldaten und von der öffentlichen Hand beschäftigte Meteorologen. Kurzum, diese dritte große Kategorie des Güterstroms bzw. der Verwendungsrechnung umfaßt alle Lohn- und Gehaltszahlungen des Staates an seine Arbeitnehmer zuzüglich der Ausgaben für Güter, die der Staat von privaten Unternehmen erwirbt (z.B. Straßen und Flugzeuge). Diese Kategorie wird „Staatsverbrauch an Gütern und Dienstleistungen" genannt und entspricht dem Beitrag der öffentlichen Verwaltung zum BIP auf den Ebenen des Bundesstaates, der Länder und der Gemeinden.

Nichtberücksichtigung von Transferzahlungen. Bedeutet dies nun, daß jeder Dollar an Staatsausgaben im BIP enthalten ist? Sicherlich nicht, da im BIP nur öffentliche Ausgaben für Güter und Dienstleistungen berücksichtigt und Transferzahlungen ausgeschlossen werden.

Staatliche **Transferzahlungen** stellen Leistungen des Staates an Individuen dar, die nicht im Austausch für Güter und Dienstleistungen erfolgen. Beispiele für staatliche Transfers sind Zahlungen aus der Arbeitslosenversicherung, Renten für Kriegsveteranen, Pensionen und Behindertenrenten. Diese Zahlungen erfüllen einen sozialen Zweck. Da diese Ausgaben aber nicht als Gegenleistung für Güter oder Dienstleistungen getätigt werden, werden sie im BIP nicht berücksichtigt.

Wenn Sie als Lehrer vom Staat ein Gehalt beziehen, wird dies als Faktoreinkommen betrachtet und in das BIP einbezogen. Falls Sie Sozialbeihilfe erhalten, werden diese Zahlungen aufgrund der fehlenden Gegenleistung als Transferleistungen angesehen und nicht ins BIP eingerechnet.

Einen besonderen Transferposten stellen die Zinszahlungen für Staatsschulden dar, die ebenfalls nicht im BIP berücksichtigt werden. Dies ist deshalb der Fall, da Schulden für vergangene Kriege oder staatliche Programme aufgenommen wurden und nicht für den gegenwärtigen staatlichen Konsum.

Beachten Sie, daß die Berücksichtigung des staatlichen Verbrauchs an Gütern und Dienstleistungen (G) in der Volkswirtschaftlichen Gesamtrechnung nicht mit dem allgemeinen öffentlichen Budget zu verwechseln ist. Wenn das Finanzministerium seine Ausgaben berechnet, dann werden neben den Ausgaben für Güter und Dienstleistungen auch die Transferleistungen *hinzugerechnet*.

Steuern. Wenn wir zur Kalkulation des Bruttoinlandsprodukts den Güterstrom heranziehen und uns der Verwendungsrechnung bedienen, brauchen wir uns nicht darum zu kümmern, wie der Staat seine Ausgaben finanziert. Es ist gleichgültig, ob der Staat zur Finanzierung seines Konsums Steuern einhebt, Geld druckt oder ausleiht. Was auch immer als Geldquelle dient, der Statistiker wird den Staatsanteil am BIP als „Staatsverbrauch für Güter und Dienstleistungen" veranschlagen.

Solange man sich am Güterstrom orientiert und nach der Verwendungsrechnung vorgeht, kann man die Steuern unberücksichtigt lassen. Aber wie steht es damit, wenn man den Einkommens- oder Kostenstrom heranzieht und die Verteilungsrechnung anwendet? Hier müssen wir die Steuern sehr wohl berücksichtigen. Veranschaulichen wir das anhand der Löhne und Gehälter. Einen Teil meines vom Arbeitgeber bezahlten Lohnes bzw. Gehaltes muß ich über die Einkommensteuer an den Staat abführen. Diese direkten Steuern sind sicherlich als Bestandteil der Unternehmensausgaben für Löhne zu betrachten, und das gleiche gilt für direkte Steuern (von Einzelpersonen oder Körperschaften) auf Zinsen, Mieten und Gewinne.

Sehen wir uns nun die Umsatzsteuer oder andere indirekte Steuern näher an, die Hersteller und Einzelhändler beispielsweise für einen Laib Brot zu bezahlen haben (oder für Weizen bzw. Mehl auf den vorgelagerten Produktionsstufen). Nehmen wir an, die Summe dieser indirekten Steuern beträgt zehn Cents für einen Laib Brot. Die Kosten für Löhne, Gewinne und weitere Posten der Wertschöpfung belaufen sich auf 90 Cents. Welcher Preis würde für das Brot in der Verteilungsrechnung bezahlt werden? 90 Cents? Natürlich nicht. Der Preis würde einen Dollar betragen, was den 90 Cents an Faktorkosten plus den 10 Cents an indirekten Steuern entspricht.

Die an den Kosten ansetzende Verteilungsrechnung umfaßt also sowohl indirekte als auch direkte Steuern als Kostenbestandteile der gesamtwirtschaftlichen Endproduktion.

Nettoexporte

Die Vereinigten Staaten sind ein offener Wirtschaftsraum, d.h. mit Import-und Exportaktivitäten. Die Differenz zwischen den Exporten und den Importen von Gütern und Dienstleistungen nennt man **Nettoexporte**. In den letzten Jahren ist dieser Teil des BIP immer wichtiger geworden.

In diesem Zusammenhang stellt sich auch die Frage, wie bzw. wo man die Trennlinie zwischen dem eigenen BIP und dem anderer Staaten zieht. Das BIP umfaßt alle Produkte und Dienstleistungen, die innerhalb der Staatsgrenzen hergestellt wurden. In den Vereinigten Staaten unterscheidet sich die Produktion vom Umsatz in zweifacher Hinsicht: Erstens wird ein Teil der Produktion (z.B. Weizen aus Iowa und Flugzeuge der Boeing-Flugzeugwerke) von Ausländern gekauft und exportiert. Zweitens wird ein Teil des Konsums (z.B. mexikanisches Öl und japanische Autos) im Ausland produziert und in die Vereinigten Staaten importiert. Erstere stellen die *Exporte*, letztere die *Importe* dar.

Während des größten Teils der letzten 50 Jahre übertrafen in den Vereinigten Staaten die Exporte die Importe: Die Nettoexporte waren somit positiv. Während der 80er Jahre sind die Importe jedoch stark gestiegen und die Nettoexporte verringerten sich dementsprechend. Daraus resultierte schließlich ein hohes Handelsbilanzdefizit. Die Ursachen und Konsequenzen dieses Defizits werden wir in den letzten vier Kapiteln dieses Buches noch näher untersuchen.

Ein Zahlenbeispiel. Wir können die Funktionsweise der Volkswirtschaftlichen Gesamtrechnung beschreiben, indem wir uns eine einfache, nur auf landwirtschaftlicher Tätigkeit basierende Volkswirtschaft vorstellen. Nehmen wir an, daß in „Agrovia" 100 Bushel Getreide produziert werden. Davon werden 87 Bushel von Privaten konsumiert (C), 10 weitere vom Staat (für die Verpflegung des Militärs) gekauft (G), und 6 dienen als inländische Investition zur Erhöhung der Vorratshaltung (I). Zusätzlich werden vier Bushel exportiert, während man sieben Bushel importiert. Daraus resultieren Nettoexporte (X) von minus 3. Das BIP von Agrovia setzt sich nun folgendermaßen zusammen:

$$\text{BIP} = 87\ C + 10\ \ G + 6\ \ I - 3\ \ X = 100 \text{ Bushel}$$

Vereinfachung. In unserem makroökonomischen Überblick werden wir manchmal unsere Diskussion insofern vereinfachen, als wir die Inlandsinvestitionen mit den Nettoexporten zu den *gesamtwirtschaftlichen Bruttoinvestitionen* (I_{gn} – total gross national investment) zusammenfassen. Anders ausgedrückt, messen wir die gesamtwirtschaftlichen Bruttoinvestitionen als Nettoexporte plus Inlandsinvestitionen in neue Kapitalgüter. Wieso? Wenn ein Staat mehr exportiert als importiert, investiert er den Überschuß (Nettoexporte) im Ausland. Diesen Posten nennt man *Nettoauslandsinvestitionen*. Die Nettoauslandsinvestitionen sollten zur inländischen Kapitalbildung hinzugezählt werden, um die gesamtwirtschaftliche Vermögensvorsorge für die Zukunft zu erhalten: Dies entspricht den gesamtwirtschaftlichen Bruttoinvestitionen.

Bruttoinlandsprodukt, Nettoinlandsprodukt und Bruttosozialprodukt

Obwohl das BIP die am meisten verwendete Maßzahl für die gesamtwirtschaftliche Produktion darstellt, gibt es noch zwei weitere gebräuchliche Konzepte: das Nettoinlandsprodukt und das Bruttosozialprodukt.

Erinnern wir uns daran, daß im BIP die *Brutto*investitionen enthalten sind, die sich aus der Addition der Nettoinvestitionen mit den Abschreibungen ergeben. Die Berücksichtigung der Abschreibungen entspricht jedoch dem schon früher verwendeten Vergleich mit der Brotherstellung: Es wird der Weizen sowie das Brot mit eingerechnet. Ein besserer Maßstab würde nur die *Netto*investitionen in den gesamtwirtschaftlichen Output einbeziehen. Indem die Abschreibungen vom BIP abgezogen werden, erhalten wir das **Nettoinlandsprodukt** (NIP). Damit stellt sich aber die Frage: Wenn das NIP einen besseren Maßstab für die gesamtwirtschaftliche Produktion darstellt, wieso verwenden dann Ökonomen wie auch Journalisten das BIP? Die Antwort besteht darin, daß die Abschreibungen für die ganze Volkswirtschaft schwer zu schätzen sind, wohingegen die Bruttoinvestitionen ziemlich genau ermittelt werden können.

Einen weiteren Maßstab für die gesamtwirtschaftliche Produktion stellt das bis vor kurzem häufig verwendete **Bruttosozialprodukt** (BSP) dar. Welchen Unterschied gibt es nun zwischen Bruttosozialprodukt und Bruttoinlandsprodukt? Das BSP ist die Summe aller Endprodukte, die mit Hilfe von Produktionsmitteln (Arbeit und Kapital) erwirtschaftet werden, die im *Eigentum von Inländern* stehen, während sich das BIP aus Endprodukten errechnet, die mit den *innerhalb der Grenzen* eines Staates befindlichen Produktionsmitteln erzeugt werden. Zum Beispiel wird ein Teil des BIP der Vereinigten Staaten in Honda-Fabriken produziert, die sich im Eigentum von japanischen Gesellschaften befinden. Die Gewinne aus diesen Betriebsanlagen werden in das BIP, aber nicht in das BSP der Vereinigten Staaten aufgenommen. Wenn ein US-Ökonom nach Japan fliegt, um dort einen bezahlten Vortrag zu halten, dann wird dieses Honorar dem japanischen BIP und auch dem BSP der Vereinigten Staaten hinzugerechnet.[4]

Zusammenfassend:

Das Nettoinlandsprodukt (NIP) entspricht den gesamten während eines Jahres *im Inland* hergestellten Endprodukten und Dienstleistungen, wobei dieses Produktionsmaß die Nettoinvestitionen, bzw. die Bruttoinvestitionen abzüglich der Abschreibungen, beinhaltet:

NIP = BIP – Abschreibungen

Das Bruttosozialprodukt (BSP) entspricht dem Wert aller innerhalb eines Jahres hergestellten Endprodukte und Dienstleistungen, deren Produktionsfaktoren *im Eigentum von Inländern* stehen.

In Tabelle 22-5 finden Sie Definitionen wichtiger Teilbereiche des BIP.

1. Das BIP nach der Verwendungsrechnung entspricht der Summe seiner vier Hauptkomponenten:
- Konsumausgaben der Haushalte für Güter und Dienstleistungen (C)
- private Bruttoinlandsinvestitionen (I)
- staatliche Ausgaben für Güter und Dienstleistungen (G)
- Nettoexporte (X) bzw. Exporte minus Importe

2. Das BIP nach der Verteilungsrechnung entspricht der Summe der folgenden Hauptkomponenten:
- Löhne und Gehälter, Zinsen, Mieten und Gewinne (beim Wertschöpfungsverfahren wird besonders darauf geachtet, daß keine Doppelzählungen von Halbfertigprodukten stattfinden)
- indirekte Unternehmenssteuern, die als Kosten der Produktion der Güterströme aufscheinen
- Abschreibungen

3. Verwendungs- und Verteilungsrechnung führen per definitionem zum selben Ergebnis (i.e. bei der Einhaltung der Regeln des Wertschöpfungsverfahrens sowie der Definition des Gewinns als Restgröße)

4. Das Nettoinlandsprodukt (NIP) entspricht dem Bruttoinlandsprodukt (BIP) abzüglich Abschreibungen.

Tabelle 22-5: Schlüsselbegriffe der Volkswirtschaftlichen Gesamtrechnung

BIP und NIP: einige Zahlenbeispiele

Da wir inzwischen die unterschiedlichen Begriffe geklärt haben, können wir uns nun den Daten in der Tabelle 22-6 zuwenden.

Die Verwendungsrechnung über den Güterstrom. Konzentrieren wir uns zunächst auf die linke Seite der Tabelle. Hier wird das BIP gemäß der oberen Schleife des Kreislaufs der Abbildung 22-1 dargestellt. Jedem der vier Teilbereiche ist das entsprechende Produktionsniveau für 1993 zugeordnet. Die Konsum- (*C*) sowie die Staatsausgaben (*G*) und deren Untergruppen bedürfen wohl keiner näheren Erläuterung.

Auf die privaten Bruttoinlandsinvestitionen soll jedoch kurz eingegangen werden. Deren Summe von $ 892 Milliarden umfaßt die gesamte Realkapitalbildung privater Unternehmen und Haushalte: Fabriken, maschinelle Anlagen, Wohngebäude sowie Lagerbestandszuwächse. Dieser Bruttobetrag ist nicht um den laufenden Kapitalgüterverschleiß bzw. die Abschreibungen vom Anlagevermögen berichtigt. Die Abschreibungen der Bruttoinvestitionen belaufen sich auf $ 671 Milliarden; nach deren Abzug erhalten wir Nettoinvestitionen von $ 221 Milliarden.

Beachtenswert ist ebenso der relativ hohe Negativbetrag von –$ 64 Milliarden bei den Nettoexporten. Dies bedeutet, daß die Vereinigten Staaten 1993 um $ 64 Milliarden mehr Güter und Dienstleistungen importierten als exportierten.

[4] Bis 1991 setzten die Vereinigten Staaten hauptsächlich das BSP (und nicht das BIP) als primäres Maß für gesamtwirtschaftliche Einkommen und Produktion ein, und in vielen Studien wurde dies bis heute beibehalten. Die Vereinigten Staaten sind zum BIP übergegangen, um einerseits mit den Praktiken der meisten anderen Staaten gleichzuziehen, und andererseits, weil die Berücksichtigung der wirtschaftlichen Hauptinteressen wie das Produktions- und Beschäftigungsniveau durch das BIP besser abgebildet werden. In der Realität ist der Unterschied zwischen dem BIP und dem BSP für die Vereinigten Staaten jedoch minimal. 1990 war das BSP nur um 0,8 Prozent höher als das BIP. In anderen Staaten kann es jedoch zu größeren Unterschieden kommen. So war das BSP in Kanada 1990 um vier Prozent niedriger als das BIP, da die Vereinigten Staaten beachtliche Einkünfte aus Investitionen in Kanada verbuchen konnten.

Bruttoinlandsprodukt der USA 1993
(in Mrd. $)

Verwendungsrechnung			Verteilungsrechnung		
1. Konsumausgaben der Haushalte			1. Löhne und Gehälter		$3.722
Gebrauchsgüter (langlebig)		$ 4.392	2. Zinsen		446
Verbrauchsgüter (kurzlebig)	$ 538		3. Mieten und Pachten		13
Dienstleistungen	1.350		4. indirekte Unternehmenssteuern und Korrekturen		566
2. private Bruttoinlandsinvestitionen		892	5. Abschreibungen		671
der Haushalte (Wohngebäude)	252		6. Einkommen von Unternehmen ohne eigene Rechtsperson		443
der Unternehmen	624		7. Unternehmensgewinne vor Steuerabzug		467
Lagerbestandsveränderungen	16		Dividenden	169	
3. Staatsausgaben für Güter und Dienstleistungen		1.158	einbehaltene Gewinne	124	
4. Nettoexporte		– 64	Körperschaftsteuer	174	
Exporte	662				
Importe	725				
Bruttoinlandsprodukt		**$ 6.378**	**Bruttoinlandsprodukt**		**$ 6.378**

Tabelle 22-6: Die zwei Berechnungsmethoden des BIP anhand aktueller Zahlen

Die linke Seite stellt die Verwendungsrechnung (Güterströme zu Marktpreisen) dar. Die rechte Seite veranschaulicht die Verteilungsrechnung (Faktoreinkommen und Abschreibungen plus indirekte Steuern). (Quelle: US-Handelsministerium)

Addieren wir die vier Posten auf der linken Seite, so erhalten wir ein BIP von $ 6.378 Milliarden. Dies stellt also das Ergebnis unserer Anstrengungen dar, den Geldwert aller Leistungen der US-Wirtschaft im Jahre 1993.

Die Verteilungsrechnung über den Einkommens- oder Kostenstrom. Wir wenden uns nun der rechten Seite der Tabelle zu, die die untere Schleife des Kreislaufs repräsentiert. Hier sind alle *Nettokosten der Produktion* plus *Steuern* und *Abschreibungen* angeführt.

Die Position „Löhne und Gehälter" umfaßt Nettolöhne, betriebliche Nebenleistungen und Lohnsteuern. Für den Posten „Zinsen" gilt ähnliches. Beachten Sie jedoch, daß Zinsen für Staatsschulden nicht in G oder BIP enthalten sind, sondern als Einkommenstransfers betrachtet werden.

Die Position „Mieten und Pachten" bezieht sich natürlich auf die von Hausbesitzern erhaltenen Mieterträge. Es kommt aber noch hinzu, daß auch Eigenheimbesitzer statistisch so behandelt werden, als *zahlten sie an sich selbst Miete*. Das ist ein Beispiel der vielen „unterstellten Transaktionen" (Zurechnungen) in der Volkswirtschaftlichen Gesamtrechnung. Der Sinn einer solchen Maßnahme liegt bei unserem Beispiel darin, daß die *gesamten* Dienstleistungen auf dem Wohnungssektor erfaßt werden und darüber hinaus auch deren Berechnung vereinfacht wird. Die ermittelten Zahlen müssen nicht jedesmal geändert werden, wenn jemand eine Wohnung kauft, die er zuvor gemietet hatte. Natürlich setzen sich die unterstellten Transaktionen aus Schätzwerten zusammen, da dem keine realen Transaktionen zugrunde liegen.

Die „indirekten Steuern" sind inklusive einiger kleinerer Anpassungen, insbesondere der unvermeidlichen „statistischen Differenz", als eigenständiger Punkt angeführt. Dies spiegelt die Tatsache wider, daß Statistiker niemals alle nötigen Daten lückenlos zur Verfügung haben.[5]

Die „Abschreibungen" vom Anlagevermögen müssen, wie auch alle anderen Kostenbestandteile, im BIP angeführt werden.

Der Gewinn wird deshalb zum Schluß erörtert, da wir ihn als Restgröße definieren, der aus den Umsatzerlösen unter Abzug aller Kosten resultiert. Wir unterscheiden zwei Arten von Gewinnen: den Gewinn von Kapitalgesellschaften und den Nettoertrag der Unternehmen ohne Rechtspersönlichkeit. Der Posten „Einkommen von Unternehmen ohne eigene Rechtsperson" umfaßt Gewinne von Einzelunternehmen und Personengesellschaften, worin insbesondere die Einkommen von Bauern und freiberuflich Tätigen enthalten sind.

Die „Unternehmensgewinne vor Steuerabzug" umfassen $ 467 Milliarden, wovon $ 174 Milliarden auf die *Körperschaftsteuer* entfallen. Der Rest wird entweder in Form von Dividenden an die Aktionäre ausgeschüttet oder stellt einbehaltene Gewinne dar, wobei sich letztere auf $ 124 Milliarden belaufen. Diese einbehaltenen Gewinne bezeichnet man als *Nettoersparnis der Unternehmen*, sie werden entweder einfach im Unternehmen (z.B. als Rücklagen) belassen oder reinvestiert.

Wir erhalten schlußendlich auf der rechten Seite nach der Verteilungsrechnung das gleich hohe BIP von $ 6.378 Milliarden wie nach der Verwendungsrechnung. Die rechte und die linke Seite der Tabelle stimmen überein.

Vom Bruttoinlandsprodukt zum verfügbaren Einkommen

Die Konten des BIP sind nicht nur für sich gesehen von Interesse, sondern auch deshalb, weil sie das Verständnis über das Verhalten von Konsumenten und Unternehmen vertiefen. Einige weitere Unterscheidungen bringen größere Klarheit in die Funktionsweise der nationalen Buchführung.

Das Volkseinkommen. Um einen tieferen Einblick in die makroökonomischen Aktivitäten zu gewinnen, verwenden wir manchmal auch diese Maßzahl, um das in einer Volkswirtschaft erhaltene Gesamteinkommen darzustellen. Das **Volkseinkommen** (Y^n), auch Nettosozialprodukt zu Faktorkosten genannt, umfaßt alle Faktoreinkommen der Haushalte aus Arbeit, Kapital und Boden. Es errechnet sich aus dem BIP minus Abschreibungen und indirekten Steuern. Das Volkseinkommen entspricht der Summe aus Löhnen und Gehältern, Miet- und Zinserträgen sowie ausgeschütteten Gewinnen.

Der Zusammenhang zwischen BIP und Volkseinkommen ist anhand der ersten beiden Balken in Abbildung 22-4 dargestellt. Der erste Balken zeigt die Zusammensetzung des BIP, während der zweite Balken die nötigen Abzüge zur Berechnung des Volkseinkommens veranschaulicht.

Das verfügbare Einkommen. Mit Hilfe dieses Konzepts beantworten wir die Frage, wieviel Geld die Haushalte jährlich für den privaten Konsum tatsächlich zur Verfügung haben. Man erhält das verfügbare persönliche Einkommen (gewöhnlich als **verfügbares Einkommen** bzw. Y^n-T bezeichnet), indem man vom Gesamteinkommen der Haushalte die Personensteuern abzieht.

Abbildung 22-4 zeigt die Berechnung des verfügbaren Einkommens. Wir beginnen mit dem Volkseinkommen, das als zweiter Balken abgebildet ist. Davon ziehen wir alle von Haushalten wie von Unternehmen geleisteten direkten Steuern sowie einbehaltene Unternehmensgewinne ab. Die anschließende Addition der Transferzahlungen vom Staat an die Haushalte ergibt schlußendlich das verfügbare Einkommen, wie es im vierten Balken der Abbildung 22-4 dargestellt ist. Das verfügbare Einkommen entspricht also dem Geld, über das wir alle tatsächlich verfügen und das wir nach unseren Gutdünken ausgeben können.

Wie wir in den nächsten Kapiteln noch näher erläutern werden, kann das verfügbare Einkommen entweder für (1) Konsumzwecke oder (2) privates Sparen verwendet werden. Für einen Großteil der Periode seit dem Zweiten Weltkrieg konnte für die Vereinigten Staaten eine private Sparneigung von 7 Prozent des verfügbaren Einkommens festgestellt werden, d. h., 93 Prozent wurden für Konsum und Zinszahlungen ausgegeben. Beginnend

[5] Statistiker müssen immer mit unvollständigen Daten arbeiten. Deshalb versuchen sie dieses Manko mittels Schätzungen auszugleichen. Genauso wie Messungen in einem Chemielabor sich vom „Idealzustand" unterscheiden (und somit oft nicht die gewünschten Ergebnisse liefern), so schleichen sich auch Fehler in die Berechnung des BIP nach der Verwendungs- sowie der Verteilungsrechnung ein. Diese Diskrepanzen werden durch den Posten „statistische Differenz" ausgeglichen. Genauso wie es Statistiker gibt, die den einzelnen Abteilungen „Löhne und Gehälter", „Zinsen" usw. vorstehen, gibt es normalerweise auch jemanden mit dem Titel: „Leiter der Abteilung für statistische Differenz". Im Falle von vollständigen Daten würde diese Person ihren Arbeitsplatz verlieren. In der Realität ist aber nichts vollkommen, und deshalb ist deren Aufgabe eine der schwierigsten im Rahmen der BIP-Berechnungen.

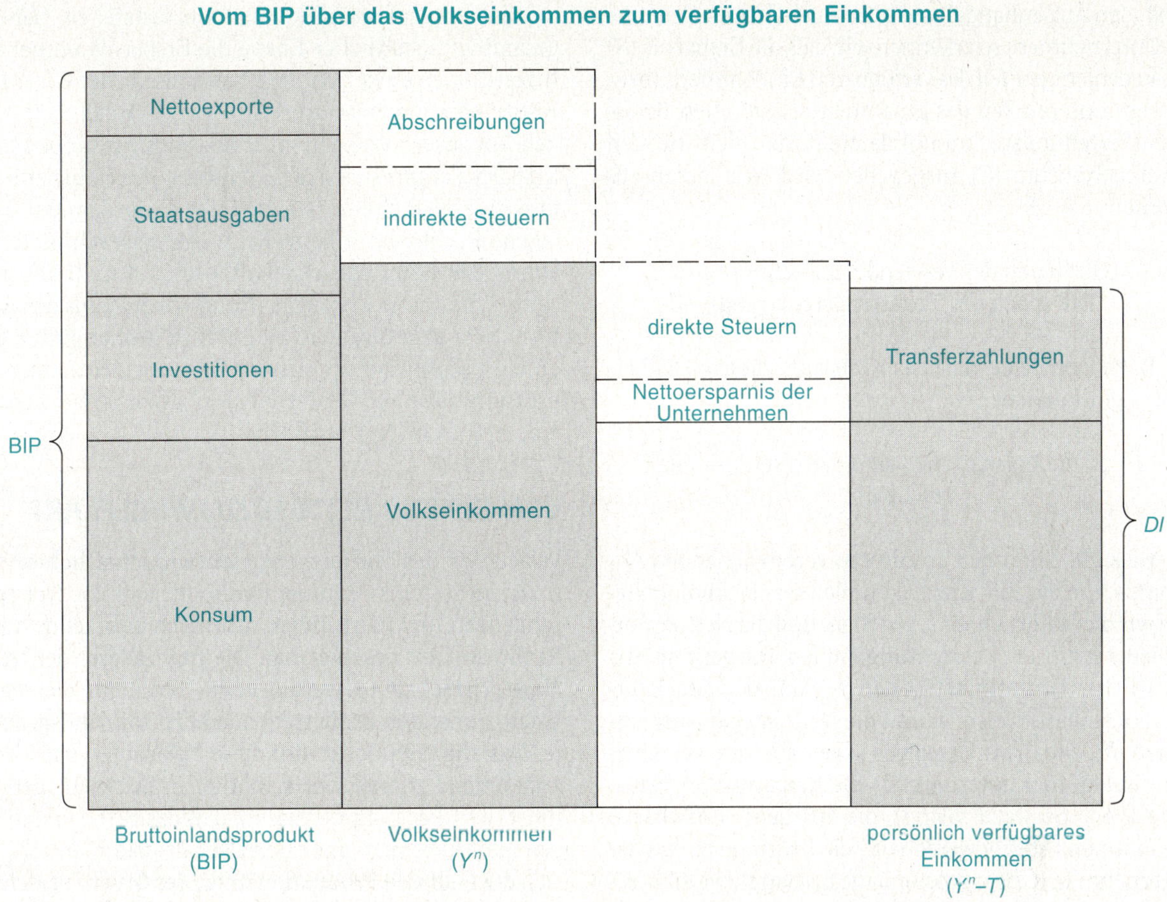

Abbildung 22-4: Ausgehend vom BIP können wir das Volkseinkommen (Y^n) und das verfügbare Einkommen (Y^n-T) berechnen

Wichtige Maßzahlen des gesamtwirtschaftlichen Einkommens sind: (1) das BIP, in dem das gesamte Bruttoeinkommen aller Faktoren zusammengefaßt ist; (2) das Volkseinkommen, das die Summe aller Faktoreinkommen repräsentiert und durch den Abzug der Abschreibungen und der indirekten Steuern vom BIP errechnet wird; und (3) das persönlich verfügbare Einkommen, das die gesamten Einkommen des Haushaltssektors, inklusive Transferzahlungen und abzüglich Steuern, mißt.

mit 1985 steht dem jedoch eine steil abfallende private Sparneigung gegenüber, die 1987 das Nachkriegstief von 2,9 Prozent erreichte.

Die Identität von Ersparnis und Investition

Eine der wichtigsten Relationen innerhalb der Volkswirtschaftlichen Gesamtrechnung besteht zwischen Ersparnis und Investitionen. Um Sie auf die Diskussion über die Bestimmungsgründe des Einkommens im Kapitel 24 vorzubereiten, zeigen wir Ihnen bereits hier, daß aufgrund der oben beschriebenen Bilanzierungsvorschriften die von den Statistikern gemessene *Ersparnis exakt den gemessenen Investitionen entspricht*. Die Übereinstimmung von Ersparnis und Investitionen ergibt sich definitionsgemäß aus deren Identität in der Volkswirtschaftlichen Gesamtrechnung und ist immer gültig.

Wie werden die Investitionen gemessen? Vernachlässigen wir für einen Moment die Aktivitäten des Staates sowie den Außenhandelssektor. Dann stellen wir fest, daß die Investitionen (I) in der oberen Schleife des gesamtwirtschaftlichen Kreislaufs der Abbildung 22-1 (Verwendungsrechnung) denjenigen Bestandteil der gesamten Produktion umfaßt, der nicht konsumiert (C) wird. Wie wird die Ersparnis (S) gemessen? Vernachlässigen wir den

Staat, den Außenhandel und die eingehaltenen Gewinne der Unternehmen, so erkennen wir, daß die Ersparnis (S) genau denjenigen Teil des verfügbaren Einkommens (bzw. BIP) im unteren Teil des gesamtwirtschaftlichen Kreislaufs (Verteilungsrechnung) darstellt, der nicht für den privaten Konsum (C) ausgegeben wird. Wir fassen zusammen:

$$I = \text{BIP (nach der Verwendungsrechnung)} - C$$
$$S = \text{BIP (nach der Verteilungsrechnung)} - C$$

Da jedoch beide Teile des Kreislaufs dasselbe BIP ergeben, gilt folglich

$I = S$: die Investitionen sind identisch mit der Ersparnis.

Dies gilt unter den erwähnten vereinfachenden Annahmen. Um das Bild wieder komplett zu machen, schließen wir die Unternehmen, den Staat und die Nettoexporte wieder in unsere Betrachtung mit ein. Die gesamtwirtschaftlichen Bruttoinvestitionen (I_{gn}) umfassen die Bruttoinlandsinvestitionen (I) und die Nettoauslandsinvestitionen (X). Die Bruttoersparnis (S) wird in drei verschiedene Kategorien unterteilt: (1) die Ersparnis der Haushalte (PS – personal saving), die aus dem verfügbaren Einkommen getätigt werden; (2) die Bruttoersparnis der Unternehmen (GBS – gross business saving), die sich aus Abschreibungen plus einbehaltenen Gewinnen zusammensetzt; und (3) die Ersparnis des Staates (GS – government surplus), die sich aus der Differenz zwischen Steuereinnahmen und öffentlichen Ausgaben für Güter und Dienstleistungen einschließlich der Transferzahlungen ergibt. Die Entsprechung von gesamtwirtschaftlicher Ersparnis (S) und Investitionen (I_{ng}) ist in der mathematischen Gleichung gemäß den drei Komponenten folgendermaßen zu formulieren:

$$I_{gn} = PS + GBS + GS = \text{gesamtwirtschaftliche Ersparnis } (S)$$

Falls die Unternehmen über keine Bruttoersparnis verfügen, reduziert sich die Gleichung auf:

$$I + X = PS + GS$$

bzw.

Inlandsinvestitionen plus Nettoexporte ist gleich Ersparnis der Haushalte plus öffentliche Ersparnis (Budgetüberschuß).[6]

Zusammenfassend können wir feststellen, daß auf gesamtwirtschaftlicher Ebene die Ersparnis immer den Investitionen entspricht. Die Bestandteile der Gesamtinvestitionen sind: Inlandsinvestitionen in Anlagen, Maschinen, Vorratserhöhungen sowie Auslandsinvestitionen. Die Ersparnis ergibt sich aus dem Sparen der Haushalte (inklusive einbehaltene Gewinne der Unternehmen ohne eigene Rechtspersönlichkeit), nicht ausgeschüttete Gewinne der Kapitalgesellschaften plus Abschreibungen sowie öffentliche Ersparnis (Budgetüberschuß des Staates). Diese grundlegende Identität ist immer gültig, egal ob die Volkswirtschaft sich im Gleichgewicht, einer Depression oder auf Grund von Kriegsvorbereitungen in einem Aufschwung befindet.

VOM BIP ZUR NETTOSOZIALWOHLFAHRT

Verfechter des vorherrschenden wirtschaftlichen und sozialen Systems argumentieren oft, daß das frei agierende Unternehmertum ein historisch beispiellos hohes Realwachstum beschert hat. Die Bewunderer der freien Marktwirtschaft verweisen voller Stolz auf die realen Wachstumsraten der betreffenden Bruttoinlandsprodukte. Das alleinige Bauen auf diese Maßzahlen hat jedoch zunehmend zu volkswirtschaftlichen Rückschlägen geführt. Kritiker argumentieren, daß das BIP den exzessiven Materialismus einer Gesellschaft dokumentiert, die sich der endlosen Produktion nutzloser Gütern verschrieben hat. Oder wie es ein Skeptiker einmal ausdrückte: „Erzählt mir nichts über Eure Produktion, Eure Dollars oder Euer BIP. Für mich steht BIP für Bruttoinlandsverschmutzung!"

Woran soll man sich nun halten? Ist es nicht wahr, daß im BIP auch Staatsausgaben für Bomben und

[6] Zu dieser grundlegenden Identität können wir auch gelangen, indem wir uns die Definitionen des BIP und der Ersparnis nochmals vergegenwärtigen. Für das BIP gilt gemäß der güterseitigen Verwendungsrechnung folgende Gleichung:

$$\text{BIP} = C + I + G + X$$

Da die gesamtwirtschaftlichen Bruttoinvestitionen als $I_n = I + X$ definiert sind, ergibt sich

$$\text{BIP} = C + I_n + G$$

Gemäß der einkommensseitigen Verteilungsrechnung ist das BIP folgendermaßen definiert:

$$\text{BIP} = Y^n + GBS + T - Tr$$

wobei T = Steuern und Tr = Transferzahlungen. Wenn wir uns ins Gedächtnis zurückrufen, daß $Y^n = C + PS$, dann ergibt sich weiterhin

Lenkwaffen und ebenso Gehälter von Gefängniswärtern enthalten sind? Erhöht nicht ein Ansteigen der Kriminalitätsrate auch den Absatz für Alarmanlagen, der wiederum zum BIP hinzugezählt wird? Und wird nicht auch das Abholzen von aussterbenden Baumarten als eine Erhöhung der Produktion in der Volkswirtschaftlichen Gesamtrechnung verbucht? So läßt sich schließlich die Frage stellen: Läuft die moderne Volkswirtschaftslehre einem Fetisch hinterher, der zur Produktion von Quantität auf Kosten der Lebensqualität führt?

In den letzten Jahrzehnten haben Ökonomen begonnen, die Volkswirtschaftliche Gesamtrechnung zu modifizieren, um die gravierenden Mängel des herkömmlichen BIP zu korrigieren. Diese Instrumente sollen den gesellschaftlichen Nutzen der produzierten Güter besser widerspiegeln.

Das Konzept der Nettosozialwohlfahrt und das Wohlfahrtsorientierte Nettoinlandsprodukt (NIP_W)

Das **Wohlfahrtsorientierte Nettoinlandsprodukt** (NIP_W)[7] stellt einen der ersten Ansätze dar, anhand dessen die Entwicklung eines sinnvolleren Maßstabes für die gesamtwirtschaftliche Produktion versucht wurde. Im NIP_W wurden zwei grundsätzliche Änderungen zum herkömmlichen BIP vorgenommen.[8] Einerseits schließt das NIP_W viele Teilbereiche des BIP aus, die nicht zur individuellen Wohlfahrt beitragen, und andererseits werden einige wichtige Aspekte des Konsums im NIP_W berücksichtigt, die im BIP nicht enthalten sind.

Das Wohlfahrtsorientierte Nettoinlandsprodukt stellt eine berichtigte Maßzahl für die gesamtwirtschaftliche Produktion dar, die nur solche Konsum- und Investitionsgüter einbezieht, die direkt die ökonomische Wohlfahrt (bzw. den Wohlstand) erhöhen.

Im folgenden Teil dieses Kapitels gehen wir auf die wichtigsten Elemente des NIP_W näher ein.

Hinzurechnungen: der Wert der Freizeit. Nehmen Sie an, Sie werden wohlhabender und beschließen daher weniger zu arbeiten, da Ihnen die zusätzliche Freizeit mehr bedeutet als weitere Güter und Dienstleistungen. Das BIP würde in diesem Falle abnehmen, obwohl sich Ihre Wohlfahrt erhöht. Um die Befriedigung aus der zusätzlichen Freizeit entsprechend zu berücksichtigen, muß das BIP nach oben korrigiert werden, um zum NIP_W zu gelangen.

Bedenken Sie auch all die Arbeiten, die in den Haushalten unentgeltlich geleistet werden, wie die Zubereitung von Speisen, das Pflanzen von Tomaten oder die Kindererziehung. Da der Mehrwert nicht auf Märkten gebzw. verkauft wird, erfolgt keine Berücksichtigung im BIP – weder im Güter- noch im Einkommenskreislauf. Eine Schätzung des NIP_W muß auch den Wert solcher Eigenarbeiten enthalten.

Hinzurechnungen: die Schattenwirtschaft. Während der letzten Jahre hat die *Schattenwirtschaft* nach Meinung vieler Ökonomen ein explosives Wachstum erfahren. Diese umfaßt eine Vielzahl von Aktivitäten, die nicht an die Finanzämter bzw. Statistiker gemeldet werden. Hierzu gehören zum Beispiel ein Teil der Glücksspiele, Prostitution, Drogenhandel, Beschäftigung von illegalen Einwanderern, Bestechung, Schmuggel, Diebstahl und sogar die Ernte aus dem heimischen Garten. Manche Beobachter vermuten, daß die staatlichen Regulierungen sowie die hohen Steuern die Schattenwirtschaft in

---

$$BIP = C + (PS + GBS) + (T - Tr - G) + G$$
$$= C + I_n + G$$

Da das staatliche Sparen $GS = T - Tr - G$ entspricht, können wir auf beiden Seiten der Gleichung C und G kürzen und erhalten so die Identität der Spar- und Investitionsfunktion:

$$I_n = PS + GBS + GS$$

Wenn wir nun annehmen, daß es keine Ersparnisse der Unternehmen gibt, erhalten wir folgende Gleichung:

$$I + X = PS + GS$$

In Worten ausgedrückt, entsprechen die Inlandsinvestitionen plus den Nettoexporten der Ersparnis der Haushalte plus der öffentlichen Ersparnis (Budgetüberschuß).

---

7 Im anglo-amerikanischen Sprachraum sind die Begriffe „Net Economic Welfare“ (NEW) bzw. „Measure of Economic Welfare“ gebräuchlich.

8 Die folgende Diskussion basiert auf der Studie von William Nordhaus und James Tobin, „Is Growth Obsolete?“ in *Fiftieth Anniversary Colloquium V* (National Bureau of Economic Research, Columbia University Press, New York 1972). Weitere Versuche zur Entwicklung von Konten, die beispielsweise die Umweltschäden, die Verminderung des staatlichen Kapitals und die Ressourcenübernutzung berücksichtigen, wurden von Umweltökonomen sowie einigen europäischen Staaten angestellt. Robert Eisner hat zum Beispiel breit angelegte Einkommens- und Produktionsmaßstäbe innerhalb eines umfassenden Kontensystems entwickelt (vgl. Robert Eisner, *The Total Incomes System of Accounts*, University of Chicago Press, Chicago 1989).

den USA sogar auf ungefähr ein Drittel des gesamten Produktionsniveaus ansteigen ließen.

Ein Großteil der Schattenwirtschaft zeichnet sich durch das Bestreben aus, Steuerleistungen zu vermindern oder staatliche Kontrollen bzw. Strafen zu umgehen. Wenn Drogenhändler ihre Umsätze mit Marihuana nicht in ihre Steuererklärung aufnehmen, dann tun sie das nicht nur zur Steuervermeidung, sondern auch um illegale Handlungen zu vertuschen. Demgegenüber versucht jemand, der bzw. die ganztägig eine Kinderbetreuerin beschäftigt und dafür keine Sozialversicherung bezahlt, nur Steuerzahlungen oder administrativen Aufwand zu vermeiden, da Kinderbetreuung eine legale Tätigkeit darstellt.

Aber nicht die ganze Schattenwirtschaft bildet einen Teil des BIP. Im allgemeinen berücksichtigen die Statistiker illegale Aktivitäten in ihren Berechnungen der gesamtwirtschaftlichen Produktion nicht. Diese stellen aufgrund eines gesellschaftlichen Konsenses keine Güter, sondern unerwünschte Aktivitäten dar. Ein stark steigender Kokainhandel wird weder im BIP noch im NIP_W erfaßt werden. Dasselbe gilt für den Verkauf eines Picasso-Gemäldes durch einen Kunsthändler in Zürich, der den Gewinn nicht an die Steuerbehörden meldet. Der erzielte Gewinn stellt zwar ein steuerbares Einkommen dar, aber er wird nicht in das BIP eingerechnet, da dieses Gemälde bereits vor Jahrzehnten hergestellt wurde.

Wie gehen wir nun mit den legalen Tätigkeiten in der Schattenwirtschaft um? Als Beispiele seien nur jene von Tischlern, Ärzten, Kindermädchen und Bauern genannt, die wertvolle Güter und Dienstleistungen bereitstellen, aber das daraus erzielte Einkommen nicht den Steuerbehörden bekanntgeben. Die wahrscheinlich verläßlichsten Schätzungen werden von der Finanzverwaltung vorgenommen (Internal Revenue Service in den Vereinigten Staaten), die genaue Überprüfungen von Einzelpersonen durchführte. Auf Basis dieser Prüfungen schätzt das Internal Revenue Service, daß Mitte der 70er Jahre in den Vereinigten Staaten zwischen 4 und 8 Prozent der Einkommen nicht an die Finanzverwaltung gemeldet wurden.

Im Zusammenhang mit der Schätzung des Umfangs der Schattenwirtschaft sollten noch zwei Punkte erwähnt werden: Erstens gibt es keine sicheren Beweise dafür, daß der Umfang der Schattenwirtschaft im Wachsen begriffen ist, obwohl einige Ökonomen ein solches rasches Wachstum aus der Erhöhung der in Umlauf befindlichen $ 100-Scheine ableiten. Zweitens macht auch das US-Wirtschaftsministerium Schätzungen über Steuerhinterziehungen; diese basieren sowohl auf Erhebungen als auch auf einer güterkreislaufbezogenen Betrachtung. Das nicht gemeldete Einkommen des Eigentümers eines Restaurants wird beispielsweise aus einer Verbraucherumfrage über Restaurantausgaben ermittelt. Eine sorgfältig durchgeführte Erhebung zur Schattenwirtschaft durch das US-Wirtschaftsministerium ergab, daß zu niedrige Einkommensteuererklärungen kaum mehr als 1 Prozent des BIP ausmachen.[9]

Abzüge: Umweltschäden. Im BIP wird manchmal die Produktion der zur Wohlfahrtssteigerung geeigneten Güter („goods“) berücksichtigt, aber die im Produktionsprozeß ebenso entstehenden, wohlfahrtsmindernden Beiprodukte („bads“) werden ignoriert. Nehmen wir zum Beispiel an, daß die Bewohner einer Vorstadtgegend 10 Millionen Kilowattstunden an Strom zur Kühlung ihrer Häuser von der ansässigen Elektrizitätsgesellschaft zum Preis von 10 Cents pro Kilowattstunde einkaufen. Diese $ 1 Million decken die Kosten für die Arbeit, den Betrieb der Anlage und den Brennstoff. Wenn wir aber des weiteren davon ausgehen, daß das Elektrizitätsunternehmen zur Stromgewinnung Heizöl einsetzt, belastet es dadurch die Nachbarschaft mit Schwefelemissionen, trägt für diese externen Effekte aber keinerlei Kosten. In unserem Maßstab für die Produktionsleistung sollte also nicht nur der Wert des Stromes einberechnet werden (wie im BIP), sondern auch der entsprechende Wert der Umweltschäden abgezogen werden (die im BIP nicht berücksichtigt sind).[10]

Entwickeln wir unser Beispiel noch weiter, indem wir annehmen, daß für die Nachbarschaft zu den direkten Kosten von 10 Cents noch 1 Cent pro Kilowattstunde an Umweltschäden hinzukommt. Letztere umfassen Kosten der Verschmutzung (von Bäumen, Forellen, Flüssen und Menschen), die nicht vom Elektrizitätsunternehmen getragen werden. Damit ergeben sich „externe“ Kosten von

---

9 Vgl. Carol S. Carson, The Underground Economy: An Introduction, *Survey of Current Business* (Mai 1984), S. 21–37, (Juli 1984) S. 106–117.

10 Wieso werden die Kosten der Umweltverschmutzung im BIP nicht berücksichtigt? Sie werden „übersehen“, da niemand die durch die Schwefelemissionen verursachten Schäden kauft oder verkauft. Rufen Sie sich in diesem Zusammenhang noch einmal unsere Diskussion über Externalitäten im Kapitel 3 ins Gedächtnis.

$ 100.000. Um vom BIP zum NIP_W zu gelangen, müssen wir diese versteckten Kosten von $ 100.000 vom ursprünglichen Wert der Elektrizität von $ 1 Million abziehen.

Die Ökonomen haben erst mit der schwierigen Aufgabe begonnen, neue Maßstäbe für die gesamtwirtschaftliche Produktion zu entwickeln, die das BIP um Umweltverschmutzung, Verkehrsstaus, Übernutzung von natürlichen Ressourcen und anderen Unzulänglichkeiten korrigieren. Erste Studien weisen darauf hin, daß das NIP_W einen langsameren Wachstumsverlauf als das BIP aufweist. Dieser Unterschied dürfte in einer Welt mit zunehmender Bevölkerungszahl und immer größeren Verkehrsstaus wohl unvermeidlich sein, da die menschlichen Eingriffe in Form von Abfällen u.a. zuweilen die Aufnahmekapazität der Natur übersteigen.

Die Ökologische Gesamtrechnung (Grünes BIP)

Beginnend mit 1994 hat das Wirtschaftsministerium der Vereinigten Staaten die Erweiterung der herkömmlichen Volkswirtschaftlichen Gesamtrechnung um *Umweltkonten* vorgenommen (manchmal auch „Ökologische Volkswirtschaftliche Gesamtrechnung" bzw. „Ökologische Gesamtrechnung" genannt), in denen der Beitrag von natürlichen Ressourcen und Umweltgütern zum staatlichen Einkommen geschätzt wird. Der erste Schritt lag in der Entwicklung von Konten, in denen der Beitrag von unterirdischen Beständen wie Öl, Gas und Kohle zusammengefaßt wird.[11] Ökologisch ausgerichtete Kritiker argumentieren, daß die Vereinigten Staaten durch ihre Wegwerfgesellschaft ihr wertvolles natürliches Kapital verschwenden. Viele waren jedoch vom Ergebnis der ersten Untersuchung zur ökologischen Gesamtrechnung überrascht. Die vorgenommenen Schätzungen zählten die Neuentdeckungen zu den bereits bekannten Reserven hinzu, während der Abbau diese Reserven vermindert bzw. erschöpft. Die beiden Entwicklungen haben sich tatsächlich mehr oder weniger gegenseitig aufgehoben: Der Nettoeffekt von Neuentdeckungen und Substanzverlust belief sich zwischen 1958 und 1991 in der Bandbreite von minus $ 2 Milliarden und plus $ 1 Milliarde, je nach Berechnungsmethode. Dies ist einem durchschnittlichen BIP dieser Periode (zu Preisen von 1987) von $ 3.500 Milliarden gegenüberzustellen.

Die nächste Phase im Bemühen des US-Wirtschaftsministeriums beinhaltet die Analyse erneuerbarer Ressourcen wie Böden und Wälder, um darauffolgend Umweltbestände wie Luft, Wasser und Wildtiere näher zu untersuchen. Man kann sicher sein, daß sowohl Ökonomen als auch Umweltschützer diese neue und interessante Entwicklung genau verfolgen werden.

Nun haben wir uns die Art der Messung der gesamtwirtschaftlichen Produktion vor Augen geführt und die Mängel des BIP analysiert. Es stellt sich nun die Frage, wie wir die Volkswirtschaftliche Gesamtrechnung als ökonomisches Wohlfahrtsmaß abschließend beurteilen. Die Antwort darauf wurde bereits von Arthur Okun treffend formuliert:

> *Es sollte nicht überraschen, daß gesamtwirtschaftlicher Wohlstand keine Garantie für eine glückliche Gesellschaft darstellt, ebensowenig wie persönlicher Erfolg eine glückliche Familie garantiert. Kein noch so hohes Wachstum des BIP kann den Spannungen entgegenwirken, die aus einem unpopulären und verloren gegangenen Krieg, eine lang überfällige Konfrontation des eigenen Gewissens mit den rassistisch motivierten Ungerechtigkeiten, dem Ausbrechen aus sexuellen Moralvorstellungen und einem noch nie dagewesenen Bestreben nach Unabhängigkeit durch die Jugend entstehen. Und dennoch, Wohlstand ... ist eine Voraussetzung für das Erreichen vieler unserer Bestrebungen.*[12]

[11] Vgl. *Survey of Current Business*, April 1994

[12] *The Political Economy of Prosperity* (Norton, New York 1970), S. 124

ZUSAMMENFASSUNG

1. Das Bruttoinlandsprodukt (BIP) stellt die umfassendste Maßzahl für die gesamtwirtschaftliche Produktion von Gütern und Dienstleistungen eines Landes dar. Es entspricht dem nominellen Wert der Summe aus Konsum (*C*), privaten Bruttoinlandsinvestitionen (*I*), Staatsausgaben für Güter und Dienstleistungen (*G*) und Nettoexporten (*X*), die im Inland während eines Jahres produziert bzw. konsumiert werden. Die folgende, uns inzwischen vertraute Gleichung:

$$\text{BIP} = C + I + G + X$$

wird manchmal vereinfacht, indem Inlandsinvestitionen (*I*) und Nettoexporte (*X*) zu den gesamtwirtschaftlichen Bruttoinvestitionen (I_{ng}) zusammengefaßt werden:

$$\text{BIP} = C + I_{gn} + G$$

2. Wie wir in Abbildung 22-1 zeigen konnten, stimmt das Ergebnis der Berechnung des BIP aus dem Güterstrom der Verwendungsrechnung (obere Schleife des Wirtschaftskreislaufs) mit dem aus dem Einkommens- oder Kostenstrom der Verteilungsrechnung (untere Schleife des Wirtschaftskreislaufs) überein. Der Grund hierfür liegt in der Art und Weise, wie wir den Restgewinn definieren. Dem am Kostenstrom orientierten Ansatz liegen die Faktoreinkommen zugrunde, wobei die Wertschöpfung sorgfältig ermittelt wird, um Doppelzählungen von Halbfabrikaten zu vermeiden. Nachdem alle Löhne und Gehälter (vor Steuerabzug), Zinsen, Mieten und Pachten, Abschreibungen und Gewinne addiert sind, werden zu dieser Summe noch alle indirekten Unternehmenssteuern hinzugezählt. Im BIP sind keine Transferzahlungen, wie zum Beispiel Zinsen auf Staatsschulden oder Sozialleistungen, enthalten.
3. Mit Hilfe eines Preisindex („BIP-Deflator") können wir das nominale BIP (entspricht dem BIP zu derzeitigen Preisen) preislich bereinigen, um so zur genaueren Maßzahl des realen BIP (Geldwert des BIP entsprechend der Kaufkraft eines bestimmten Basisjahres) zu gelangen. Durch diesen Preisindex korrigieren wir den „dehnbaren" Maßstab nominales BIP um die Inflation, die durch Veränderungen des allgemeinen Preisniveaus zustande kommt.
4. Die Nettoinvestitionen sind positiv, wenn die Volkswirtschaft innerhalb eines bestimmten Zeitraums mehr Kapitalgüter (Gebäude, Maschinen, Lagerbestände) produziert, als sie durch Abschreibungen (laufende Abnutzung) aufbraucht. Da die Abschreibungen nur sehr ungenau geschätzt werden können, ziehen die Statistiker die Verwendung der Bruttoinvestition den Nettoinvestitionen vor.
5. Das Volkseinkommen und das verfügbare Einkommen stellen zwei weitere offizielle Maßzahlen dar. Das verfügbare Einkommen ist der aggregierte Geldbetrag, der uns nach Abzug aller Steuern und einbehaltenen Unternehmensgewinne sowie der Addition von Transferleistungen tatsächlich verbleibt, um ihn für Konsumzwecke auszugeben oder zu sparen.
6. Wenn wir die Regeln der Volkswirtschaftlichen Gesamtrechnung anwenden, muß die ermittelte Ersparnis genau den Investitionen entsprechen. Dies kann leicht anhand einer fiktiven Volkswirtschaft nachvollzogen werden, die nur aus Haushalten besteht. Für eine gesamte Volkswirtschaft gilt, daß *die Ersparnis der Haushalte plus der staatlichen Ersparnis gleich den Inlandsinvestitionen plus den Nettoauslandsinvestitionen ist*. Die Identität zwischen Ersparnis und Investitionen gilt immer, egal ob die Volkswirtschaft sich im Aufschwung oder in einer Rezession, im Krieg oder im Frieden befindet. Es stellt eine Konsequenz aus den Definitionen der Volkswirtschaftlichen Gesamtrechnung dar.
7. Das Bruttoinlandsprodukt und sogar das Nettoinlandsprodukt sind unvollständige Maßstäbe für die Erfassung ökonomischer Wohlfahrt. Eine alternative Methode stellt das Konzept der Nettosozialwohlfahrt und das Wohlfahrtsorientierte Nettoinlandsprodukt (NIP_W) dar. Zur Berechnung des NIP_W werden bestimmte Posten zum BIP hinzugezählt, wie zum Beispiel der Wert der Freizeit, Haushaltsarbeit und Tätigkeiten von Heimwerkern. Es werden aber ebenso Faktoren vom BIP abgezogen, wie zum Beispiel unbeglichene Kosten der Umweltverschmutzung und andere Unannehmlichkeiten des modernen Lebens.

BEGRIFFE ZUR WIEDERHOLUNG

reales und nominales BIP
BIP-Deflator
BIP = $C + I + G + X$
BIP = $C + I_{gn} + G$
Nettoinvestitionen = Bruttoinvestitionen – Abschreibungen
Berechnung des BIP nach zwei gleichwertigen Methoden: Güterstrom (Verwendungsrechnung, obere Kreislaufschleife) und Einkommens- oder Kostenstrom (Verteilungsrechnung, untere Kreislaufschleife)
Halbfabrikate, Wertschöpfung
Nettoinlandsprodukt = Bruttoinlandsprodukt – Abschreibungen
staatliche Transferzahlungen
verfügbares Einkommen
$I_{gn} = S$
$I + X = PS + GS$
NIP_W = BIP – Abschreibungen + Freizeit und Schattenwirtschaft – Umweltverschmutzung und sonstige Unannehmlichkeiten

DISKUSSIONSFRAGEN

1. Definieren Sie folgende Begriffe und führen Sie zu jedem ein Beispiel an:
   a. Konsum
   b. Private Bruttoinlandsinvestitionen
   c. Staatlicher Einkauf eines Gutes (im BIP enthalten)
   d. Staatliche Transferzahlung (nicht im BIP enthalten)
   e. Exporte
2. Kritiker der Volkswirtschaftlichen Gesamtrechnung argumentieren: „Sie können doch Äpfel und Orangen nicht zusammenzählen." Zeigen Sie, daß wir mit Hilfe von Preisen genau das bei der BIP-Berechnung tun können.
3. Beachten Sie die folgenden Daten: Das nominale BIP für 1990 betrug in den Vereinigten Staaten \$ 5.546 Milliarden, gegenüber \$ 5.251 Milliarden im Jahre 1989. Der BIP-Deflator für 1990 belief sich auf 113,3, für 1989 auf 108,5. Das Basisjahr ist 1987, mit einem BIP-Deflator von 100. Berechnen Sie das reale BIP für 1989 und 1990 zu Preisen von 1987. Ermitteln Sie ebenso die Wachstumsraten des nominalen sowie des realen BIP für 1990. Wie hoch war die Inflationsrate 1990 (mittels BIP-Deflator berechnet)?
4. Robinson Crusoe stellt ein Produkt im Wert von \$ 1.000 her (obere Schleife des Kreislaufdiagramms). Er zahlt \$ 750 an Löhnen, \$ 125 an Zinsen und \$ 75 an Miete (untere Schleife des Kreislaufdiagramms). Wie hoch *muß* sein Gewinn sein? Berechnen Sie das BIP der Robinson-Crusoe-Insel aus dem Güter- (Verwendungsrechnung) und dem Einkommensstrom (Verteilungsrechnung) unter der Bedingung, daß drei Viertel der Produktion konsumiert und der Rest investiert wird. Zeigen Sie, daß beide Ergebnisse übereinstimmen müssen.
5. Nun ein paar harte Nüsse zum Knacken: Wissen Sie, warum die nachstehenden Posten *nicht* im BIP der Vereinigten Staaten enthalten sind?
   a. Ein Küchenchef bereitet bei sich zu Hause ein Essen zu
   b. Der Kauf eines Grundstücks
   c. Der Kauf eines Originalgemäldes von Rembrandt
   d. Der Nutzen, den ich 1995 durch das Abspielen einer 1990 hergestellten CD von Madonna habe
   e. Umweltschäden an Häusern und Getreide, die aufgrund von Schwefelemissionen eines Elektrizitätsunternehmens entstehen
   f. Gewinne von IBM aus der Produktion in einem britischen Werk
6. Wir bleiben noch bei der Auflistung der Frage 5. Wie sollte Ihrer Meinung nach jedes dieser Themen in einem Wohlfahrtsorientierten Nettoinlandsprodukt behandelt werden?
7. Wenden wir uns dem Staate Agrovia zu, dessen BIP bereits in einem „Zahlenbeispiel" auf Seite 483 diskutiert wurde. Erstellen Sie die Konten des Bruttoinlandsprodukts wie bereits in Tabelle 22-6 gezeigt, wobei nun ein Bushel Weizen \$ 5 kostet, es keine Abschreibungen gibt, die Löhne und Gehälter drei Viertel des Gesamteinkommens ausmachen, indirekte Unternehmenssteuern zur Finanzierung der staatlichen Ausgaben herangezogen werden und der Einkommensüberschuß als Miet- und Pachteinkommen an die Bauern überwiesen wird.

KAPITEL 23

KONSUM UND INVESTITION

There's many a slip ´twixt the cup and the lip.
Etwa: „Es liegt manch eine Klippe zwischen Tasse und Lippe."

Anonymus

Wollen wir das Wirtschaftsleben wirklich begreifen, so ist es unabdingbar, die dem Konsum und den Investitionen zugrundeliegenden Mechanismen zu erkennen. Bei steigenden Einkommen fragen die Menschen Güter und Dienstleistungen nach, die ihren gegenwärtigen Lebensstandard erhöhen: bessere Kleidung, ein schöneres Auto oder ein größeres Haus. Gleichzeitig wollen Unternehmen aus dieser Situation einen Vorteil ziehen, indem sie mit der Aussicht auf höhere Gewinne in die Zukunft investieren: in eine größere Fabrik, ein neues Produkt oder eine bessere Ausbildung ihrer Mitarbeiter.

Das Zusammenspiel zwischen heutigem Konsum und Investitionen in die Zukunft ist für den gesamtwirtschaftlichen Wohlstand von Nationen von entscheidender Bedeutung. Wenn die Investitions- und Konsumausgaben kurzfristig stark steigen, erhöhen sich gewöhnlich auch Produktion und Beschäftigung. Und wenn das Vertrauen der Unternehmen in die zukünftige wirtschaftliche Entwicklung schwindet, bzw. wenn die Kurse am Aktienmarkt fallen (wie es während der 30er und frühen 80er Jahre der Fall war), dann sinken die Investitionen ebenso wie die aggregierte Nachfrage, und die Wirtschaft verfällt in eine Rezession oder gar in eine Depression.

Die Aufteilung der gesamtwirtschaftlichen Produktion zwischen Konsum und Investition hat langfristig eine wesentliche Auswirkung auf Wirtschaftswachstum und Wohlstand. Staaten, deren Einkommen beinahe zur Gänze in den Konsum fließt – als Beispiele seien Großbritannien und die Vereinigten Staaten genannt –, investieren relativ wenig und weisen in der Folge ein bescheidenes Wirtschaftswachstum auf. Im Gegensatz dazu tendieren Staaten, die einen relativ geringen Anteil ihres Einkommens sofort konsumieren, zu hohen Investitionsquoten. Diese Länder (wie zum Beispiel die „Tigerstaaten" Ostasiens) weisen eine rasch wachsende Produktion und eine ebenso steigende Produktivität auf.

Da Konsum und Investition einen so wichtigen Teil der Makroökonomie darstellen, widmen wir das folgende Kapitel der näheren Untersuchung jener Kräfte, die diese beiden Schlüsselgrößen der gesamtwirtschaftlichen Produktion beeinflussen. Aus Abbildung 23-1 können Sie ersehen, wie die Analyse in diesem Kapitel in das Gesamtgefüge der Volkswirtschaft paßt. Nachdem wir Konsum und Investition näher untersucht haben, können wir unser neu erworbenes Wissen im darauffolgenden Kapitel bei der Bestimmung der gesamtwirtschaftlichen Nachfrage auch gleich anwenden.

A. KONSUM- UND SPARVERHALTEN

Wir beginnen unsere Erörterung mit einer Analyse des Konsum- und des Sparverhaltens, wobei wir uns zuerst auf einzelwirtschaftlicher Ebene ansehen, wie Einkommen ausgegeben werden, und schließen daran eine detaillierte Analyse des aggregierten Konsumverhaltens an. Bereits in Kapitel 22 haben wir festgestellt, daß der Konsum der Haushalte auf Endprodukte und Dienstleistungen abstellt und zur Deckung oder Befriedigung eines Bedürfnisses dient. Andererseits stellen die Ersparnisse der Haushalte per definitionem jenen Teil des verfügbaren Einkommens dar, der nicht für Konsum ausgegeben wird.

Der Konsum stellt die größte Einzelposition des BIP dar. Im letzten Jahrzehnt umfaßte er in den Vereinigten Staaten 66 Prozent aller Ausgaben. Aus welchen Hauptelementen setzt sich diese große Position Konsum zusammen? Nun, zu den wichtigsten Kategorien zählen sicherlich Wohnungsbau, Kraftfahrzeuge, Nahrungsmittel und medizinische Versorgung. Tabelle 23-1 listet die Hauptelemente des Konsums auf, unterteilt nach folgen-

Abbildung 23-1: Welche Hauptfaktoren beeinflussen Konsum und Investitionen?

In diesem Kapitel werden zwei Hauptkomponenten des BIP analysiert: Konsum und Investitionen. In späteren Kapiteln werden wir noch sehen, daß diese sowohl das gesamtwirtschaftliche Angebot als auch die gesamtwirtschaftliche Nachfrage beeinflussen.

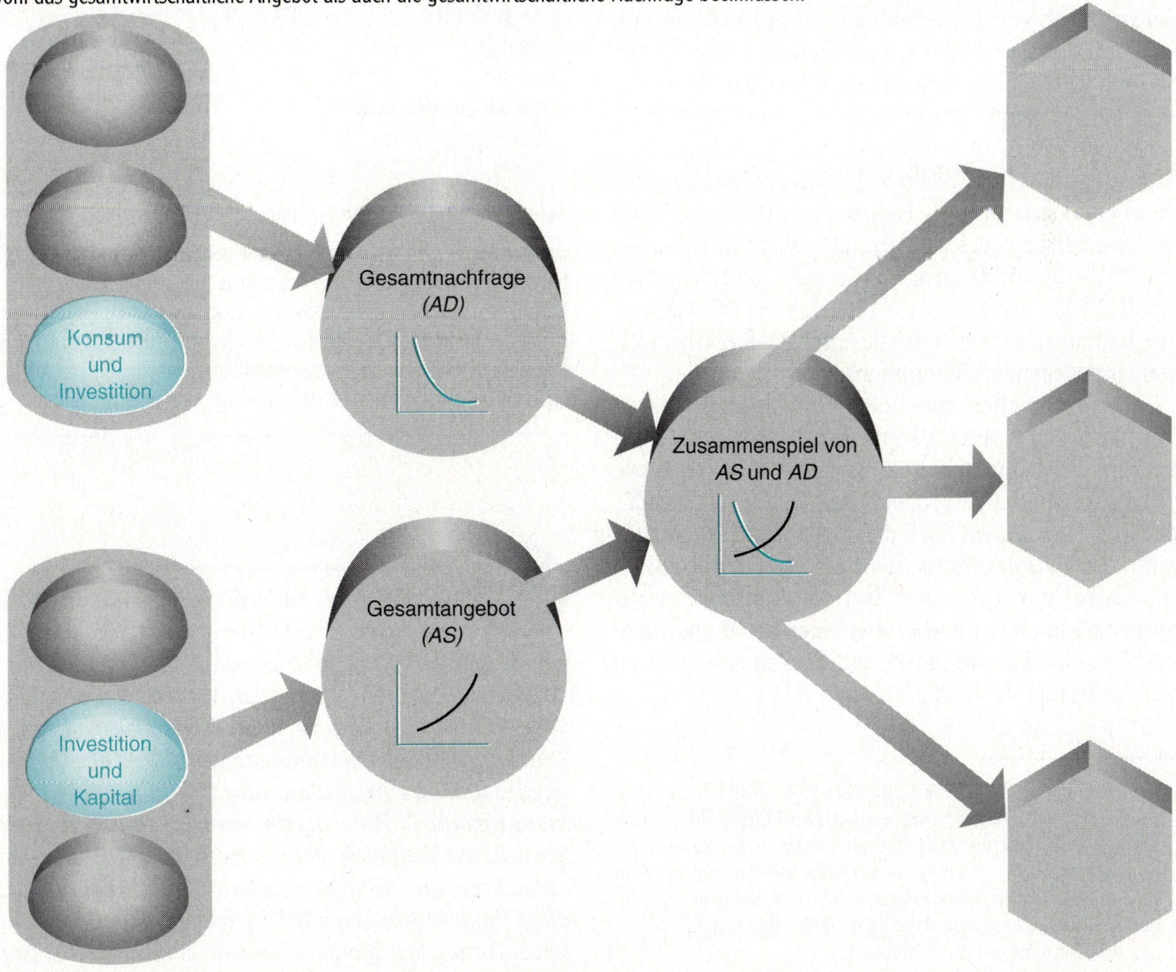

den drei Kategorien: langlebige Konsumgüter (Gebrauchsgüter), Verbrauchsgüter und Dienstleistungen. Diese Positionen sind Ihnen sicherlich geläufig, aber ihre relative Wichtigkeit, insbesondere die steigende Bedeutung der Dienstleistungen, rechtfertigt eine genauere Auseinandersetzung mit diesem Thema.

Die Ausgabenstruktur der privaten Haushalte

Wie unterscheidet sich eigentlich die Ausgabenstruktur der verschiedenen privaten Haushalte in den Vereinigten Staaten? Nun, wir können natürlich sicher sein, daß wir keine zwei Familien finden werden, die ihr verfügbares Einkommen auf exakt die gleiche Weise ausgeben. Trotzdem zeigen Statistiken, daß eine voraussagbare Gleichmäßigkeit dahingehend festzustellen ist, wie Menschen ihre Ausgaben auf Nahrungsmittel, Kleidung und andere wichtige Positionen verteilen. Es wurden Tausende von Untersuchungen über das Konsumverhalten von Haushalten durchgeführt, um zu sehen, wofür bei verschiedenen Einkommen das verfügbare Geld ausgegeben wird. Dabei zeigt sich eine bemerkenswerte Übereinstimmung der allgemeinen, qualitativen Verhaltensstrukturen.[1] Die Abbildung 23-2 gibt diesen Tatbestand wieder. Arme Familien sind gezwungen, ihr Einkommen hauptsächlich für lebensnotwendige Güter zu verwenden, also insbesondere für Nahrungsmittel und Wohnen. Mit steigendem Einkommen erhöhen sich auch die Nahrungsmittelausgaben, da mehr und besser gegessen wird, allerdings nicht unbegrenzt. Nahrungsmittelausgaben steigen nicht im selben Ausmaß wie das Einkommen. Folglich sinkt mit steigendem Einkommen der prozentuelle Anteil des für Nahrungsmittel ausgegebenen Einkommens.

Bis zum Erreichen eines hohen Einkommensniveaus im Verhältnis zum verfügbaren Einkommen steigen die Ausgaben für Kleidung, Erholung und Ausbildung sowie für Kraftfahrzeuge überproportional an. Aus verständlichen Gründen nehmen auch die Ausgaben für Luxusgüter stärker zu als das Nettoeinkommen. Und schließlich läßt sich bei zunehmendem Nettoeinkommen erfahrungsgemäß auch ein starkes Ansteigen der Ersparnisse feststellen. Man könnte sagen, daß Sparen den größten Luxus überhaupt darstellt.

Konsumkategorien		Wert für 1993 (in Mrd. $)	Prozentsatz
Gebrauchsgüter		**538**	**12**
Kfz	222		
Ausstattung der Haushalte	212		
andere	104		
Verbrauchsgüter		**1.350**	**31**
Nahrungsmittel	658		
Bekleidung	237		
Energie	119		
andere	336		
Dienstleistungen		**2.504**	**57**
Wohnen	628		
häusliche Dienste	251		
Transport	170		
medizinische	681		
Versorgung	773		
andere			
Konsumausgaben der Haushalte gesamt		**4.392**	**100**

Tabelle 23-1: Die Hauptkomponenten des Konsums

Der Konsum wird in drei Kategorien unterteilt: Gebrauchsgüter (langlebige Konsumgüter), Verbrauchsgüter (kurzlebige Konsumgüter) und Dienstleistungen. Der Umfang des Dienstleistungssektors ist im Wachsen begriffen, da die Grundbedürfnisse nach Nahrungsmitteln befriedigt sind und Gesundheitsvorsorge, Freizeit und Bildung einen größeren Anteil am Haushaltsbudget einnehmen. (Quelle: US-Handelsministerium)

Ein Beispiel: Änderungen im Konsumverhalten. *Der ständige Wandel in der Technologie, bei den Einkommen und im sozialen Umfeld führt im Laufe der Zeit nicht nur in den Vereinigten Staaten zu dramatischen Änderungen im Konsumverhalten. Im Zeitraum 1917–1919 gaben die Haushalte der Vereinigten Staaten im Durchschnitt den Großteil ihres Einkommens (genau 41 Prozent) für Nahrungsmittel und Alkohol aus. Im Vergleich dazu wenden die Haushalte heutzutage nur ungefähr 19 Prozent ihres Einkommens für diese Produktgruppen auf. Welche Ursachen sind für diesen enormen Rückgang verantwortlich? Zunächst ist das*

[1] Die in Abbildung 23-2 dargestellten Ausgabenstrukturen werden als „Engelsches Gesetz" bezeichnet, nach Ernst Engel, einem preußischen Statistiker des 19. Jahrhunderts. Die durchschnittlichen Konsumausgaben verändern sich ziemlich gleichmäßig mit dem Einkommen, jedoch sagen Durchschnittswerte nicht alles aus. Innerhalb jeder Einkommensklasse existiert eine beträchtliche Streuung des Konsums um den Mittelwert.

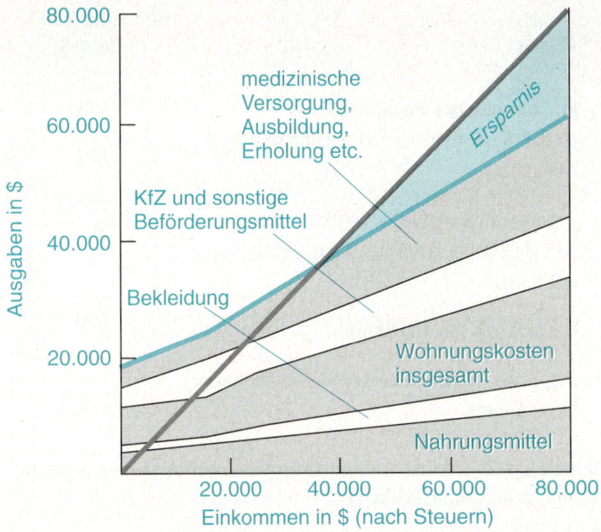

Abbildung 23-2: Die Haushaltsausgaben weisen eine regelmäßige Struktur auf

Sorgfältige Stichprobenerhebungen unter Familien und Einzelhaushalten zeigen, daß das verfügbare Einkommen eine wichtige Bestimmungsgröße der Konsumausgaben darstellt. Beachten Sie die prozentuale Abnahme der Nahrungsmittelausgaben bei höherem Einkommen. Beachten Sie ebenso, daß die Ersparnis bei niedrigen Einkommen negativ ist und bei steigendem Einkommen ein beachtliches Niveau erreicht. (Quelle: US-Arbeitsministerium, *Consumer Expenditure Survey: Inverview Survey 1984* (August 1986), von den Autoren auf Preise des Jahres 1994 aktualisiert)

durchschnittliche Einkommen sehr viel stärker gestiegen als der Nahrungsmittelkonsum. Diese Entwicklung sollte uns nicht weiter verwundern, kann doch bei einer Verdoppelung des Einkommens der Nahrungsmittelkonsum nicht ebenfalls im gleichen Ausmaß hochschnellen. Weiters war in der Landwirtschaft ein derartiger Produktivitätszuwachs zu verzeichnen, daß sich Nahrungsmittel viel langsamer verteuert haben als die meisten anderen Konsumgüter.

Ähnliches gilt auch für die Bekleidungsindustrie. Die Ausgaben für Kleidung fielen gegenüber 18 Prozent des Haushaltseinkommens zu Beginn dieses Jahrhunderts auf nur 6 Prozent heute. Die US-Bürger haben hier teilweise von der steigenden Produktivität in der Fertigung profitiert. In den letzten Jahren sind die Preise für Bekleidung in Relation zu anderen Verbraucherpreisen gesunken, da mittlerweile viele der teureren Fabrikationsschritte in Niedriglohnländer ausgelagert werden.

Nun stellt sich jedoch die Frage, wofür die Bevölkerung der Vereinigten Staaten heute mehr ausgibt als früher? Hier ist vor allem der Transport zu nennen. 1917–1919 gaben die Haushalte durchschnittlich nur ein Prozent ihres Einkommens für Kraftfahrzeuge aus – aber schließlich hat Henry Ford sein allererstes T-Modell auch nicht vor 1908 auf den Markt gebracht. Heutzutage besitzt jeder US-Haushalt durchschnittlich 1,3 Autos. Somit ist es nicht weiter verwunderlich, daß nun 23 Prozent der Einkommen für KFZ-bezogene Ausgaben verwendet werden. Und wie steht es mit Freizeit und Unterhaltung? Die Haushalte wenden heute große Summen für Fernseher, Stereoanlagen und Videorecorder auf – lauter Güter, die es vor 75 Jahren noch nicht einmal gab. Diese Erfindungen haben dazu beigetragen, die Ausgaben für Produkte der Unterhaltungsindustrie von 3 auf 6 Prozent der Haushaltsbudgets in die Höhe zu treiben. Auch für Wohnen wird heute ein größerer Teil des Einkommens verwendet, nämlich 20 Prozent im Vergleich zu 14 Prozent zu Beginn des Jahrhunderts. Dieser Umstand spiegelt zum Teil auch den Erfolg des Amerikanischen Traumes wider: Ein großes Haus in den Vororten sein Eigentum nennen zu können ist nun einmal teurer als eine kleine Mietwohnung in der Innenstadt.

Innerhalb des letzten Jahrzehnts verzeichnete man bei den persönlichen Ausgaben für das Gesundheitswesen den stärksten Anstieg, wobei sowohl die Zahlungen der Arbeitnehmer als auch die Krankenversicherungsbeiträge der Arbeitgeber förmlich explodiert sind. Dieser enorme Anstieg führte in den frühen 90er Jahren zu den vieldiskutierten Reformvorschlägen. Überraschenderweise ist jedoch der heutige Anteil der Gesundheitsausgaben an den Gesamtbudgets der Haushalte mit der Situation zu Beginn dieses Jahrhunderts durchaus vergleichbar.

KONSUM, EINKOMMEN UND ERSPARNIS

Wie bereits erwähnt, sind Einkommen, Konsum und Ersparnis (bzw. Sparen) eng miteinander verflochten. Hier wollen wir der Frage nachgehen, wie diese Beziehungen untereinander genau ausgebildet sind.

Der Grundgedanke ist eigentlich recht simpel. **Ersparnis** ist jener Teil des verfügbaren Einkommens, der nicht konsumiert wird. Das heißt also, sie entspricht dem Einkommen abzüglich Konsum. In Tabelle 23-2 ist die Beziehung zwischen Einkommen, Konsum und Ersparnis für die Vereinigten Staaten im Jahre 1993 dargestellt. Beginnen wir mit dem persönlichen Einkommen. Wie wir bereits im Kapitel 22 gezeigt haben, setzt sich dieses aus Löhnen und Gehältern, Zins-, Miet- und Dividendenerträgen, Transferzahlungen usw. zusammen. Im Jahr 1992 wurden etwa $ 682 Milliarden oder 12,7 Prozent an Personensteuern und anderen Abgaben vom persönlichen Einkommen abgezogen. Damit verblieben den Haushalten $ 4.707 Milliarden an verfügbarem Einkommen. Die Konsumausgaben der Haushalte beliefen sich (inklusive Zinszahlungen) auf 96 Prozent des verfügbaren Einkommens, das sind $ 4.517 Milliarden, so daß noch $ 190 Milliarden für das Sparen übrigblieben. Die letzte Position dieser Tabelle zeigt die **Sparquote der privaten Haushalte**. Diese entspricht der persönlichen Ersparnis als Prozentsatz des verfügbaren Einkommens (4 Prozent für 1993).

Volkswirtschaftliche Studien haben gezeigt, daß die Aufteilung zwischen Konsum und Sparen primär von der Einkommenshöhe abhängt. Reiche Menschen sparen mehr als arme, sowohl absolut als auch als Prozentsatz ihres Einkommens. Angehörige der untersten Einkommensschichten sind überhaupt außerstande zu sparen. Sie betreiben sogenanntes „negatives Sparen", wenn sie Geld leihen bzw. von ihrem Vermögen leben können. Das bedeutet, daß diese ärmeren Bevölkerungsgruppen dazu tendieren, jährlich mehr auszugeben, als sie einnehmen und damit bisherige Ersparnisse aufzuzehren oder sich noch tiefer zu verschulden.

Posten	Betrag für 1993 (in Mrd. $)
Einkommen der Haushalte	**5.388**
abzüglich der direkten Steuern und sonstigen Zahlungen	682
= persönlich verfügbares Einkommen	**4.707**
abzüglich der persönlichen Ausgaben (Konsum und Zinsen)	4.517
= Ersparnis der Haushalte	**190**
Ersparnis in % des persönlich verfügbaren Einkommens	**4,0**

Tabelle 23-2: Die Ersparnis entspricht dem verfügbaren Einkommen abzüglich Konsumausgaben

Quelle: U.S. Department of Commerce

In Tabelle 23-3 sind beispielhaft Daten aus Budgetstudien über verfügbare Einkommen, Ersparnis und Konsum von Haushalten der Vereinigten Staaten aufgelistet. In der ersten Spalte finden Sie die Daten zu sieben unterschiedlich hohen Einkommensniveaus. Die zweite Spalte zeigt die zu jedem verfügbaren Einkommen gehörende Nettoersparnis, und aus der dritten Spalte lassen sich die entsprechenden Konsumausgaben ersehen.

	(1) verfügbares Einkommen in $	(2) Nettoersparnis (+) oder Entsparen (–) in $	(3) Konsum in $
A	24.000	– 110	24.110
B	**25.000**	**0**	**25.000**
C	26.000	+ 150	25.850
D	27.000	+ 400	26.600
E	28.000	+ 760	27.240
F	29.000	+ 1.170	27.830
G	30.000	+ 1.640	28360

Tabelle 23-3: Konsum und Ersparnis werden hauptsächlich durch die Höhe des Einkommens bestimmt

Konsum und Ersparnis steigen mit dem verfügbaren Einkommen. Die Grenze zwischen Entsparen und Sparen liegt bei $ 25.000. Wieviel von jedem zusätzlichen Dollar an Einkommen wird in dieser Einkommensklasse für zusätzlichen Konsum, wieviel für zusätzliche Ersparnis verwendet? (Antwort: etwa 85 Cents bzw. 15 Cents, wenn wir die Reihen B und C vergleichen.)

Der *„Break-even-Punkt"* bzw. die „Sparschwelle", an der ein Haushalt weder positiv noch negativ spart, sondern sein gesamtes Einkommen konsumiert, wird derzeit bei einem jährlichen Einkommen von etwa $ 25.000 erreicht. Liegt das Einkommen darunter, zum Beispiel bei $ 24.000, dann übersteigen die Konsumausgaben das Einkommen des Haushaltes: Es kommt zum negativen Sparen (und zwar im Beispiel der obigen Tabelle in Höhe von –$ 110). Bei allen Einkommen über $ 25.000 verzeichnen wir positive Ersparnisse (in unserem Beispiel +$ 150 und die restlichen positiven Zahlenangaben der zweiten Spalte).

Die dritte Spalte zeigt die Konsumausgaben für jede Einkommenshöhe. Da jeder Dollar an Einkommen zwischen Konsum und Sparen aufgeteilt wird, sind die Spalten zwei und drei nicht unabhängig voneinander zu sehen. Zusammengezählt müssen sie als Summe immer den Betrag der ersten Spalte ergeben.

Um zu verstehen, wie der Konsum die gesamtwirtschaftliche Produktion beeinflußt, müssen wir einige neue Werkzeuge in die Diskussion einführen. Wir müssen ja verstehen lernen, wieviel *zusätzlicher* Konsum und wieviel *zusätzliches* Sparen durch jede *zusätzliche* Geldeinheit an Einkommen ausgelöst wird. Diese Beziehung wird mit Hilfe folgender Instrumente beschrieben:

- der Konsumfunktion, die das Verhältnis zwischen Konsum und Einkommen darstellt; und mit Hilfe ihres Zwillings,
- der Sparfunktion, die das Verhältnis zwischen Ersparnis und Einkommen ausdrückt.

Die Konsumfunktion

Einen der wichtigsten Zusammenhänge der Volkswirtschaftslehre stellt die **Konsumfunktion** dar. Sie zeigt die Beziehung zwischen der Höhe der Konsumausgaben und der Höhe des verfügbaren Einkommens der privaten Haushalte. Dieser von Keynes eingeführte Begriff basiert auf der Hypothese, daß es eine stabile empirische Beziehung zwischen Konsum und Einkommen gibt.

Die Konsumfunktion läßt sich am anschaulichsten in Form einer Graphik darstellen. Wir übertragen dazu die sieben Einkommensniveaus aus Tabelle 23-3 in Abbildung 23-3. Das verfügbare Einkommen (erste Spalte aus Tabelle 23-3) wird auf der horizontalen und der Konsum (dritte Spalte) auf der vertikalen Achse aufgetragen. Jeder der einzelnen Punkte in der Graphik repräsentiert eine bestimmte Einkommens-Konsum-Kombination; diese werden dann zu einer Kurve verbunden.

Der in Abbildung 23-3 gezeigte Zusammenhang von Konsum und Einkommen wird Konsumfunktion genannt.

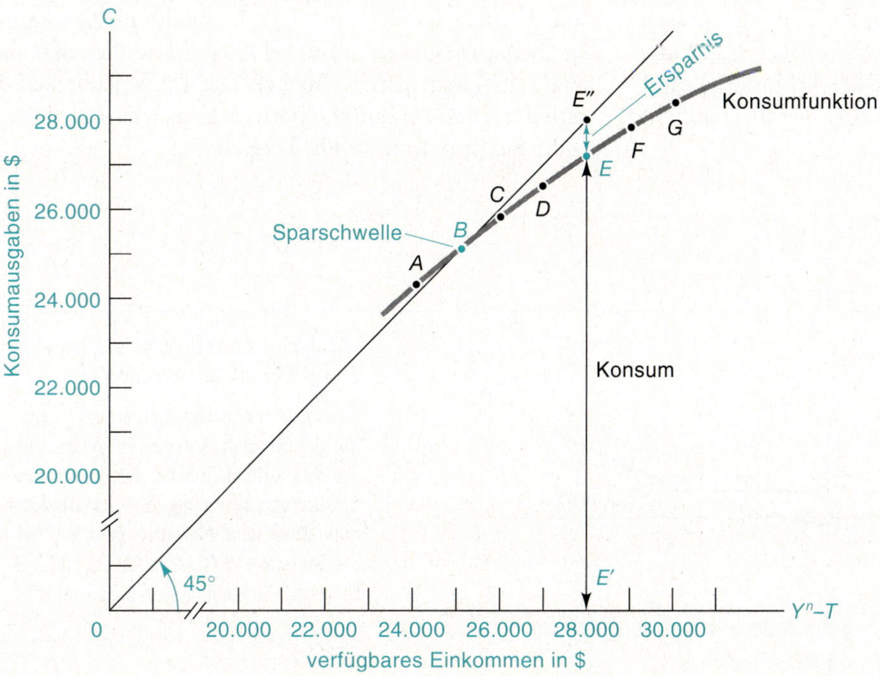

Abbildung 23-3: Graphische Darstellung der Konsumfunktion

Die Kurve durch die Punkte *A*, *B* bis *G* stellt die Konsumfunktion dar. Auf der horizontalen Achse sind die verfügbaren Einkommen, auf der vertikalen Achse die Konsumausgaben aufgetragen. Die Konsumfunktion zeigt zu jedem Niveau an verfügbarem Einkommen die dazugehörige Konsumhöhe der Haushalte. Beachten Sie, daß der Konsum mit dem verfügbaren Einkommen steigt. Die 45°-Linie hilft uns die Sparschwelle zu erkennen und dient außerdem zur Messung der Nettoersparnis. (Quelle: Tabelle 23-3)

Die „Sparschwelle". Beachten Sie die 45°-Linie, die durch den Ursprung des Diagramms verläuft. Da sowohl auf die vertikale wie auf die horizontale Achse die gleichen Skalen aufgetragen sind, weist die 45°-Linie eine ganz spezielle Eigenschaft auf. Auf jedem Punkt der 45°-Linie entspricht der Abstand von der horizontalen Achse (Konsum) exakt dem Abstand von der vertikalen Achse (verfügbares Einkommen). Sie können diese Tatsache leicht selbst nachprüfen.

Die 45°-Linie ermöglicht es uns daher, schnell herauszufinden, ob die Konsumausgaben gleich, größer oder kleiner als das verfügbare Einkommen sind. Der Schnittpunkt der 45°-Linie mit der Konsumfunktion markiert jenes verfügbare Einkommen, das gerade zur Deckung der Konsumausgaben ausreicht. In unserer Abbildung ist dieser Punkt mit *B* bezeichnet. Die Konsumausgaben und das verfügbare Einkommen sind gleich hoch: Der Haushalt ist weder verschuldet, noch verfügt er über Ersparnisse. Rechts von *B* liegt die Konsumfunktion unterhalb der 45°-Linie. Der schwarze, senkrechte Pfeil von *E'* nach *E* in Abbildung 23-3 zeigt hier die Beziehung zwischen Einkommen und Konsum. Bei einem Einkommen von $ 28.000 beträgt das Konsumniveau $ 27.240 (wie wir aus Tabelle 23-3 wissen). Daß der Konsum unterhalb des Einkommensniveaus liegt, können wir in der Abbildung daraus ersehen, daß die Konsumfunktion in Punkt *E* unterhalb der 45°-Linie liegt.

Gibt ein Haushalt nicht sein gesamtes Einkommen aus, so spart er den Rest. Die 45°-Linie ermöglicht es uns überdies, festzustellen, wieviel gespart wird. Wir messen dazu die Höhe der Nettoersparnis als vertikalen Abstand zwischen der Konsumfunktion und der 45°-Linie, wie mit Hilfe des blauen Pfeiles von *E* nach *E"* veranschaulicht wird.

Die 45°-Linie verdeutlicht darüber hinaus auch, daß der Haushalt links von Punkt *B* mehr ausgibt, als er einnimmt. Der Überhang an Konsumausgaben gegenüber dem Einkommen bedeutet ein „negatives Sparen" und wird ebenso anhand des Vertikalabstandes zwischen Konsumfunktion und 45°-Linie gemessen.

Wir können also festhalten:

Auf jedem Punkt der 45°-Linie entsprechen die Konsumausgaben genau dem verfügbaren Einkommen. Liegt die Konsumfunktion oberhalb der 45°-Linie, dann betreibt der Haushalt „negatives Sparen". Liegt die Kurve unterhalb der 45°-Linie, bildet der Haushalt positive Nettoersparnisse. Die Höhe des „negativen" oder des positiven Sparens wird immer durch den vertikalen Abstand der Konsumfunktion von der 45°-Linie gemessen.

Die Sparfunktion

Die Sparfunktion zeigt den Zusammenhang zwischen der Höhe der Ersparnis und des Einkommens. Dies wird graphisch durch Abbildung 23-4 verdeutlicht. Wieder tragen wir auf der horizontalen Achse das verfügbare Einkommen auf, die vertikale Achse repräsentiert dieses Mal jedoch die positiven oder negativen Nettoersparnisse der einzelnen Haushalte.

Die Sparfunktion läßt sich unmittelbar aus Abbildung 23-3 ableiten. Sie ist nichts anderes als der Abstand zwischen der 45°-Linie und der Konsumfunktion. Zum Beispiel zeigt Punkt *A* in Abbildung 23-3 die negative Ersparnis des Haushalts dadurch an, daß die Konsumfunktion oberhalb der 45°-Linie liegt. In Abbildung 23-4 kann das „negative Sparen" unmittelbar abgelesen werden, da der Punkt *A* im negativen Bereich liegt. Dementsprechend werden rechts von Punkt *B* positive Ersparnisse gebildet, da die Sparfunktion im Plusbereich liegt.

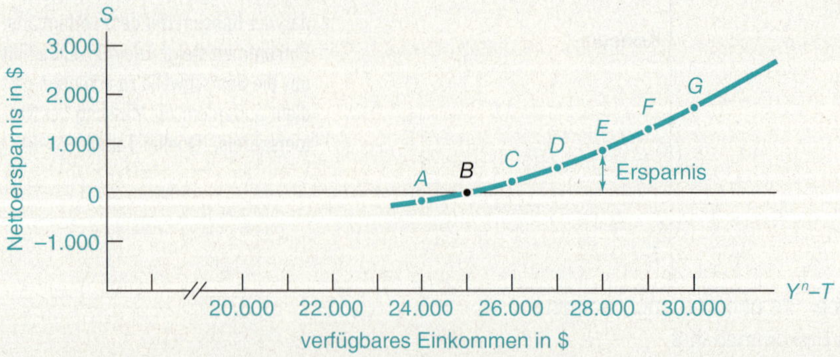

Abbildung 23-4: Die Sparfunktion ist das Spiegelbild der Konsumfunktion

Der Werte der Sparfunktion ergeben sich aus der Differenz zwischen Einkommen und Konsum. Graphisch haben wir die Konsumfunktion vertikal von der 45°-Linie der Abbildung 23-3 subtrahiert. Beachten Sie, daß die Sparschwelle *B* wie in Abbildung 23-3 bei einem Einkommen von $ 25.000 liegt.

	(1) verfügbares Einkommen in $ (nach Steuern)	(2) Konsumausgaben in $	(3) Grenzneigung zum Konsum (*MPC*)	(4) Nettoersparnis in $ (4) = (1) – (2)	(5) Grenzneigung zum Sparen (*MPS*)
A	24.000	24.110		–110	
			$\frac{890}{1.000} = 0{,}89$		$\frac{110}{1.000} = 0{,}11$
B	25.000	25.000		0	
			$\frac{850}{1.000} = 0{,}85$		$\frac{150}{1.000} = 0{,}15$
C	26.000	25.850		+150	
			$\frac{750}{1.000} = 0{,}75$		$\frac{250}{1.000} = 0{,}25$
D	27.000	26.600		+400	
			$\frac{640}{1.000} = 0{,}64$		$\frac{360}{1.000} = 0{,}36$
E	28.000	27.240		+760	
			$\frac{590}{1.000} = 0{,}59$		$\frac{410}{1.000} = 0{,}41$
F	29.000	27.830		+1.170	
			$\frac{530}{1.000} = 0{,}53$		$\frac{470}{1.000} = 0{,}47$
G	30.000	28.360		+1.640	

Tabelle 23-4: Die Grenzneigungen zum Konsum und zum Sparen (marginale Konsum- und Sparquote)

Jeder Dollar des Einkommens, der nicht dem Konsum zufließt, wird gespart. Jeder Dollar an zusätzlichem Einkommen geht entweder in zusätzlichen Konsum oder in zusätzliche Ersparnis. Indem wir diese beiden Sachverhalte miteinander kombinieren, können wir die Grenzneigung zum Konsum (oder marginale Konsumquote MPC) und die Grenzneigung zum Sparen (oder marginale Sparquote MPS) berechnen.

Die Grenzneigung zum Konsum

Die heutigen Ökonomen halten die aus einer Einkommensveränderung resultierende Abweichung im Konsumverhalten für so wichtig, daß sie ihr einen eigenen Namen gegeben haben. Sie sprechen von der Grenzneigung zum Konsum (*MPC* – Marginal Propensity to Consume).

Die **Grenzneigung zum Konsum** stellt jenen zusätzlichen Konsum dar, der pro zusätzlich verdienter Geldeinheit getätigt wird.

Der Begriff „Grenz-" wird bekanntlich in der Volkswirtschaft im Sinne von „zusätzlich" gebraucht. So werden zum Beispiel die „Grenzkosten" als die anfallenden Kosten pro zusätzlich produzierter Einheit definiert. Die „Neigung zum Konsum" bezeichnet das gewünschte Konsumniveau. *MPC* ist dann der zusätzliche Konsum, der aus jeder zusätzlichen Geldeinheit an Einkommen resultiert.

In Tabelle 23-4 werden die Daten aus Tabelle 23-3 noch einmal in übersichtlicher Form dargestellt. Vergewissern Sie sich vorerst von der Deckungsgleichheit der Daten. Konzentrieren Sie sich dann auf die ersten beiden Spalten und stellen Sie fest, wie sich die Konsumausgaben mit einem Anstieg des Einkommens erhöhen.

In der dritten Spalte wird die Berechnung der Grenzneigung zum Konsum dargestellt. Zwischen den Punkten *B* und *C* steigt das Einkommen um $ 1.000, nämlich von $ 25.000 auf $ 26.000. Um wieviel steigt dann der Konsum? Die Antwort ist: um $ 850, von $ 25.000 auf $ 25.850. Das Verhältnis von zusätzlichem Konsum zu zusätzlichem Einkommen beträgt also 0,85. Von jedem extra verdienten Dollar an Einkommen werden also 85 Cent für den Konsum verwendet und 15 Cent werden gespart. Wir können daher in Übereinstimmung mit Spalte drei feststellen, daß die Grenzneigung zum Konsum (*MPC*) zwischen den Punkten *B* und *C* 0,85 beträgt.

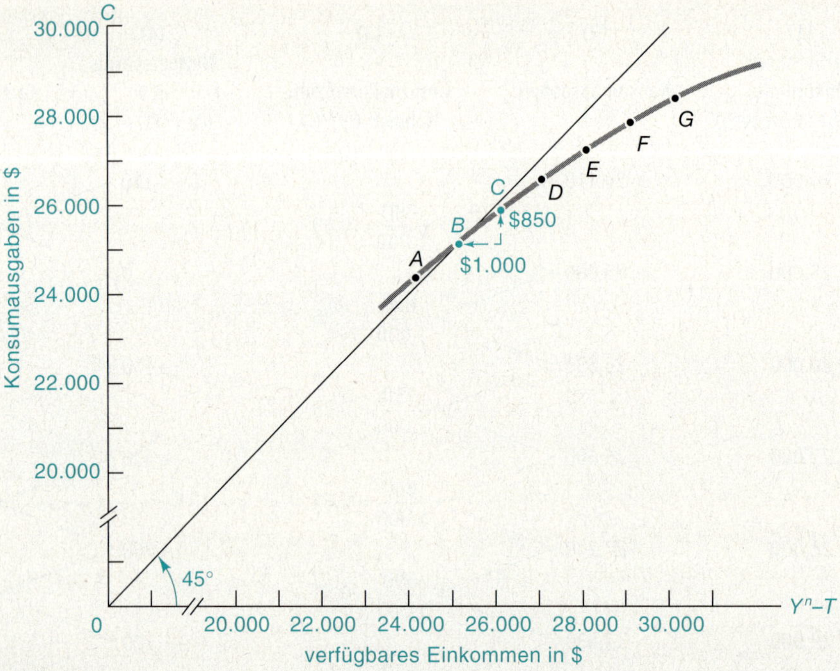

Abbildung 23-5: Die Steigung der Konsumfunktion entspricht ihrer Grenzneigung zum Konsum

Zur Berechnung der Grenzneigung zum Konsum *(MPC)* messen wir die Steigung der Konsumfunktion, wobei wir anhand eines rechtwinkeligen Dreiecks von Punkt *B* bis Punkt *C* eine Einkommenserhöhung von $ 1.000 und eine Konsumerhöhung von $ 850 feststellen. Die Steigung entspricht der Grenzneigung zum Konsum und gibt die Veränderung des Konsums dividiert durch die Veränderung des verfügbaren Einkommens wieder. Wenn die Konsumfunktion in jedem Punkt des Diagramms steigt – was bedeutet das für die Grenzneigung zum Konsum?

Berechnen Sie jetzt die *MPC* für die anderen Einkommensklassen bitte selbst. In Tabelle 23-4 sinkt die *MPC* von 0,89 für ärmere Haushalte bis auf 0,53 für die höchsten Einkommensbezieher.

Geometrische Darstellung der Grenzneigung zum Konsum. Wir wissen nun, wie man die Grenzneigung zum Konsum (*MPC*) aus den Daten für Einkommen und Konsum berechnet. In Abbildung 23-5 beantworten wir die Frage, wie *MPC* graphisch dargestellt werden kann. Beachten Sie das eingezeichnete Dreieck unterhalb der Punkte *B* und *C*. Mit um $ 1.000 steigendem Einkommen von Punkt *B* nach *C* erhöht sich auch der Konsum um $ 850. Die *MPC* entspricht hier also $ 850 / $ 1.000 = 0,85. Wie aber im Anhang zum ersten Kapitel beschrieben wurde, ist der numerische Ausdruck für die Steigung einer Geraden der Y-Wert dividiert durch den X-Wert.[2] Demgemäß können wir feststellen, daß die Steigung der Konsumfunktion zwischen den Punkten *B* und *C* 0,85 beträgt.

Die Steigung der Konsumfunktion entspricht der Grenzneigung zum Konsum; beide stellen die Konsumveränderung pro zusätzlicher Geldeinheit an Einkommen dar.

Die Grenzneigung zum Sparen

Das Spiegelbild der Grenzneigung zum Konsum ist die **Grenzneigung zum Sparen** (*MPS* – Marginal Propensity to Save). Sie wird definiert als jener Teil jeder zusätzlich verdienten Geldeinheit, der nicht konsumiert, sondern gespart wird.

[2] Im Falle einer Kurve können wir die Steigung in jedem Punkt dadurch bestimmen, daß wir eine Tangente an die Kurve in diesem Punkt anlegen und mit Hilfe des dazugehörigen Dreiecks wie oben die Steigung errechnen.

Weshalb stellen sich *MPC* und *MPS* wie Spiegelbilder dar? Erinnern wir uns daran, daß das Einkommen gleich ist dem Konsum plus den Ersparnissen. Dies impliziert, daß jedes zusätzlich verdiente Einkommen zwischen zusätzlichem Konsum und zusätzlicher Ersparnis aufgeteilt werden muß. Wenn *MPC* = 0,85, muß *MPS* = 0,15 sein. (Wie hoch wäre *MPS*, wenn *MPC* = 0,6 oder 0,99?) Ein Vergleich der Spalten 3 und 5 in Tabelle 23-4 bestätigt uns, daß bei jedem Einkommensniveau *MPC* plus *MPS* immer exakt 1 ergibt. Es gilt also immer: *MPS* = 1 – *MPC*.

Kurze Zusammenfassung der bisher verwendeten Definitionen

Lassen Sie uns zwecks besserer Einprägung die wichtigsten bisherigen Definitionen wiederholen:

1. Die Konsumfunktion setzt die Höhe der Konsumausgaben mit der Höhe des verfügbaren Einkommens in Beziehung.
2. Die Sparfunktion setzt die Ersparnis mit dem verfügbaren Einkommen in Beziehung. Da Sparen gleichzeitig Nicht-Konsum bedeutet, sind Spar- und Konsumfunktion als Spiegelbilder zu betrachten.
3. Die Grenzneigung zum Konsum (*MPC*) stellt jenen zusätzlichen Konsum dar, der pro zusätzlich verdienter Geldeinheit getätigt wird. Graphisch entspricht sie der Steigung der Konsumfunktion.
4. Die Grenzneigung zum Sparen (*MPS*) ist jener Teil jeder zusätzlich verdienten Geldeinheit, der nicht konsumiert, sondern gespart wird. Graphisch entspricht sie der Steigung der Sparfunktion.
5. Da der nichtkonsumierte Teil jeder als Einkommen verdienten Geldeinheit notwendigerweise gespart wird, gilt stets: *MPS* = 1 – *MPC*.

DAS GESAMTWIRTSCHAFTLICHE KONSUMVERHALTEN

Bisher haben wir die Strukturen der Haushaltsbudgets und das Konsumverhalten typischer Familien bei unterschiedlicher Einkommenshöhe untersucht. Im folgenden wenden wir uns der Frage nach dem Konsumverhalten einer gesamten Volkswirtschaft zu. Der Übergang von der Betrachtung des Verhaltens einzelner Haushalte zu gesamtwirtschaftlichen Entwicklungen zeigt exemplarisch die Methodologie der Makroökonomik auf: Wir beginnen mit der Untersuchung der wirtschaftlichen Tätigkeit auf einzelwirtschaftlicher Ebene und aggregieren anschließend die individuellen Ergebnisse, um zu sehen, wie die gesamte Volkswirtschaft funktioniert.

Wieso sind wir eigentlich an gesamtwirtschaftlichen Konsumtrends interessiert? Nun, der Konsum ist erstens wichtig, weil er einen Hauptbestandteil der volkswirtschaftlichen Gesamtausgaben darstellt und unsere Aufgabe in den folgenden Kapiteln darin bestehen wird, die bestimmenden Faktoren der volkswirtschaftlichen Nachfrage zu erarbeiten. Zweitens wird das restliche Einkommen, das nicht in den Konsum fließt, gespart. Und diese Ersparnisse stehen schließlich für Investitionen bereit, die als eine treibende Kraft hinter der langfristigen Entwicklung einer Volkswirtschaft gesehen werden können. Konsum- und Sparverhalten sind Schlüsselfaktoren für das Verständnis des Wirtschaftswachstums und der Konjunkturzyklen.

Bestimmungsfaktoren für den Konsum

Beginnen wir mit der Analyse der wichtigsten Faktoren, die das Konsumverhalten bestimmen. Welche Elemente im Wirtschaftsleben eines Staates und in den Lebensumständen seiner Bevölkerung können als Schrittmacher für die Höhe der Konsumausgaben angesehen werden?

Das kurzfristig verfügbare Einkommen. Abbildung 23-6 zeigt, wie eng im Zeitraum 1929 bis 1993 in den Vereinigten Staaten der private Konsum der Entwicklung der kurzfristig verfügbaren Einkommen folgte. Einkommen und Konsum entwickelten sich nur ein einziges Mal nicht parallel, nämlich während des Zweiten Weltkrieges. Damals waren die Güter knapp und wurden deshalb rationiert, und die Menschen wurden zum Sparen gedrängt, um die Finanzierung des Krieges sicherzustellen.

Aus empirischen Beobachtungen ergibt sich ebenso wie aus der Auswertung statistischer Daten, daß die jeweilige Höhe des verfügbaren Einkommens den zentralen Faktor für das Niveau des gesamtwirtschaftlichen Konsums darstellt.

Permanentes Einkommen und Lebenszyklusmodell des Konsums. Die einfachste Theorie zur Ermittlung der Konsumfunktion zieht nur das Einkommen des laufenden Jahres heran, um die Konsumausgaben abzuschätzen. Gründlichere Studien zeigen jedoch, daß die Konsumenten ihre Ausgaben sowohl auf die langfristige als auch auf die kurzfristige Einkommensentwicklung abstimmen.

Einige Beispiele: Wenn Schlechtwetter die Ernte vernichtet, werden die Bauern auf ihre Ersparnisse zurückgreifen. Da Medizinstudenten gute Aussichten auf ein

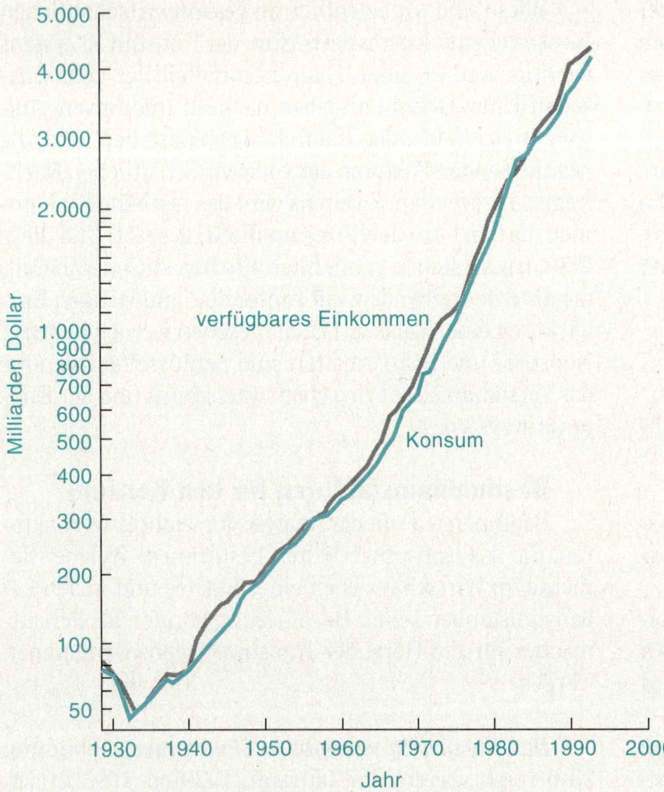

Abbildung 23-6: Konsum und verfügbares Einkommen in den USA im Zeitraum 1929 bis 1993

Innerhalb der letzten sechs Dekaden haben sich in den Vereinigten Staaten die Konsumausgaben und das verfügbare Einkommen weitgehend parallel entwickelt. Die Makroökonomen können aufgrund dieser historischen Konsumfunktion verläßliche Vorhersagen für den zukünftigen Konsum ableiten. (Quelle: US-Handelsministerium)

hohes Einkommen haben, können sie während ihrer Jugend eher Konsumkredite aufnehmen.

Unter diesen Umständen entscheiden Konsumenten aufgrund einer langfristigen Perspektive und fragen sich: „Ist das heurige Einkommen nur vorübergehend so hoch bzw. so niedrig? Wenn ich mein derzeitiges und mein zukünftiges Einkommen berücksichtige, wieviel kann ich dann heute konsumieren, ohne mich übermäßig zu verschulden?"

Es gibt also offensichtlich Belege dafür, daß Konsumenten die Höhe ihrer Ausgaben sowohl aufgrund der kurzfristigen als auch der langfristigen Einkommensaussichten wählen. Um zu verstehen, inwieweit der Konsum von der langfristigen Einkommensentwicklung abhängt, haben Ökonomen die *Theorie des permanenten Einkommens* sowie die *Lebenszyklushypothese* entwickelt.[3]

Das *permanente Einkommen* ist jenes Einkommensniveau, das die Haushalte verdienen, wenn man vorübergehende Einflüsse (wie zum Beispiel das Wetter, einen kurzfristigen Konjunkturzyklus oder Zufallsgewinne bzw. -verluste) ausklammert. Das Konsumverhalten hängt nach dieser Theorie primär vom permanenten Einkommen ab. Dieselbe Theorie impliziert auch, daß Konsumenten nicht auf jede Einkommensschwankung gleich reagieren. Wird eine Änderung des Einkommens als dauerhaft eingeschätzt (wie zum Beispiel die Beförderung auf einen sicheren und gut bezahlten Arbeitsplatz), ist es wahrscheinlich, daß der Betroffene einen großen Teil des Einkommenszugewinns für den Konsum verwendet. Andererseits wird bei einer offensichtlich vorübergehenden Einkommensschwankung (wie etwa bei Auszahlung einer einmaligen Prämie oder einer besonders guten Ernte) ein Gutteil der Einkommenserhöhung wahrscheinlich gespart werden.

[3] Die wegweisenden Studien über langfristige Einflüsse auf das Konsumverhalten wurden von Milton Friedman (über die Permanente-Einkommens-Hypothese) und Franco Modigliani (über das Lebenszyklusmodell) durchgeführt. Beide erhielten für Ausführungen zu diesen, aber auch zu anderen Themenbereichen den Nobelpreis für Ökonomie.

Der Zusammenhang zwischen Konsum und Einkommen

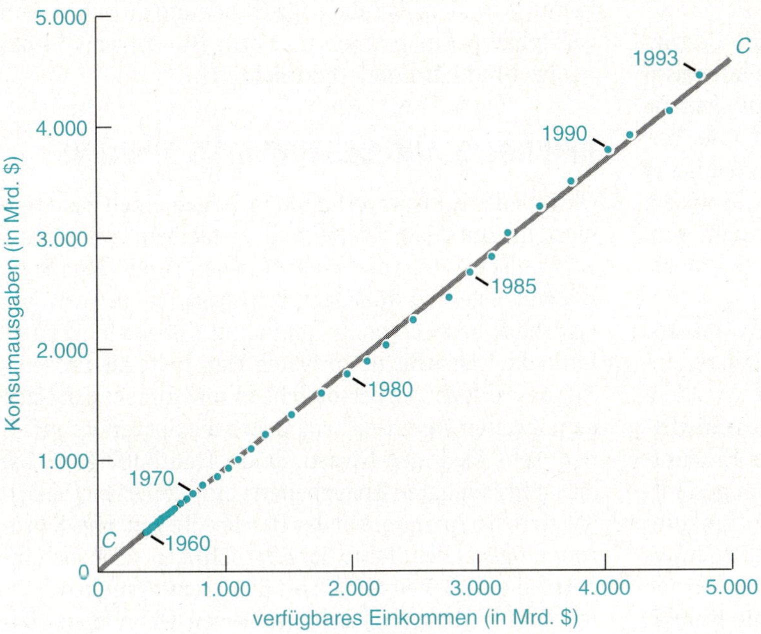

Abbildung 23-7: Die Konsumfunktion der USA im Zeitraum 1966 bis 1993

Hier wurde eine Gerade durch die Punkte des Streudiagramms gelegt. Können Sie zeigen, daß die Steigung der Grenzneigung zum Konsum nahe bei 0,93 liegt? Wie können Sie eine sinkende persönliche Sparquote für die Periode 1986–1993 erkennen? (Quelle: Abbildung 23-6)

Die *Lebenszyklushypothese* geht davon aus, daß Personen sparen, um ihr Konsumniveau über die Lebenszeit möglichst ausgeglichen halten zu können. Ein wichtiges Ziel ist dabei die angemessene Höhe des Pensionseinkommens. Aus diesem Grund neigen Menschen dazu, während ihrer Erwerbseinkommensphase Geld zu sparen und Rücklagen im Ruhestand zu bilden, die für den Konsum verwendet werden. Eine Folgerung aus der Lebenszyklushypothese ist, daß Leistungen aus der Pensionsversicherung (die ja einen weitreichenden Einkommensersatz für den Ruhestand darstellen) das Sparbedürfnis von Personen im mittleren Alter reduziert, da diese selbst nicht so hohe Beträge für den Ruhestand ansparen müssen.[4]

[4] Dieses Argument wurde mit Nachdruck von Martin Feldstein, Vorsitzender des Council of Economic Advisers unter Präsident Reagan und derzeit Präsident des National Bureau of Economic Research und Professor an der Harvard University, eingebracht. Feldsteins Studien betonen besonders den Einfluß der antizyklischen Fiskalpolitik auf das Konsumverhalten und die gesamtwirtschaftlichen Investitionen.

Vermögen und andere Einflußgrößen. Ein weiterer für die Konsumhöhe entscheidender Faktor ist das individuelle Vermögen. Stellen Sie sich zwei Konsumenten vor, die beide jährlich $ 25.000 verdienen. Einer kann auf $ 100.000 auf seinem Sparkonto verweisen, während der andere über keinerlei Ersparnisse verfügt. Somit könnte die erste Person natürlich einen Teil ihres Vermögens konsumieren, während der zweiten Person mit ihren leeren Taschen diese Möglichkeit verwehrt ist. Die Tatsache, daß ein höheres Vermögen zu einem höheren Konsumniveau führt, wird *Vermögenseffekt* genannt.

Normalerweise verändern sich die Vermögensverhältnisse eher langsam. Deshalb verursacht der Vermögenseffekt selten starke Fluktuationen im Konsumniveau. Es gibt jedoch auch Ausnahmen. Als zum Beispiel der Wertpapiermarkt 1929 ins Bodenlose stürzte, verschwanden die Vermögen über Nacht und diejenigen, die nur auf Wertpapiere gesetzt hatten, fanden sich plötzlich im Heer der Armen wieder. Viele vormals Wohlhabende waren nun gezwungen, ihren Konsum einzuschränken. Eine entgegengesetzte Entwicklung konnten wir Mitte der 80er Jahre beobachten, als die Aktienpreise enorm anstiegen. Nach 1982 konnten die Anleger mehr als eine Billion Dollar an Vermögenszuwachs verbuchen. Das dadurch verursachte Gefühl von Reichtum und Vermögen dürfte den Konsum entsprechend angeregt haben.

Wie wichtig sind sonstige Faktoren für die Bestimmung des Konsumniveaus im Verhältnis zum kurzfristigen Einkommen? Wahrscheinlich zweifelt kaum jemand an der Bedeutung der permanenten Einkommen, der Vermögenssituation, sozialer Faktoren und wirtschaftlicher Erwartungen für die Bereitschaft zum Sparen. Trotzdem ist und bleibt der Hauptfaktor für Veränderungen im Konsum nach wie vor das kurzfristig verfügbare Einkommen.

Die gesamtwirtschaftliche Konsumfunktion

Nachdem wir die Bestimmungsfaktoren für den Konsum untersucht haben, können wir sagen, daß vor allem die Höhe des verfügbaren Einkommens das gesamtwirtschaftliche Konsumniveau bestimmt. Mit dieser Erkenntnis ist es uns nun möglich, die Daten über den gesamtwirtschaftlichen Konsum und die verfügbaren Einkommen der letzten Jahrzehnte aus Abbildung 23-7 zu interpretieren. Das Streuungsdiagramm zeigt Daten für die Zeitspanne 1966–1993, die in jedem Punkt die Kombination aus Konsumniveau und verfügbaren Einkommen für das betreffende Jahr darstellen. Durch diese Punkte haben wir als blaue Linie eine Gerade (*CC*) gelegt, die als geglättete Konsumfunktion bezeichnet wird. Die geglättete Konsumfunktion zeigt, wie eng Konsum und verfügbares Einkommen während der letzten 25 Jahre verbunden waren. Tatsächlich haben Wirtschaftshistoriker herausgefunden, daß die enge Beziehung zwischen dem verfügbaren Einkommen und dem Konsum bis in das neunzehnte Jahrhundert zurückreicht.

DER RÜCKGANG DES PRIVATEN SPARENS

Obwohl das Konsumverhalten im allgemeinen dazu tendiert, im Zeitablauf relativ stabil zu bleiben, konnten wir während des letzten Jahrzehnts in den Vereinigten Staaten einen starken Rückgang der Sparquote der privaten Haushalte beobachten. In Abbildung 23-8 stellt die blaue Linie die Ersparnis der privaten Haushalte als Prozentsatz des verfügbaren persönlichen Einkommens dar. Nach dem Zweiten Weltkrieg befand sich die Sparquote auf einem sehr niedrigen Niveau, da die Haushalte zunächst die kriegsbedingten Knappheiten kompensierten. Danach hat sich die Sparquote in der Bandbreite von 6 bis 8 Prozent eingependelt. Mitte der 80er Jahre ist sie jedoch innerhalb kurzer Zeit auf 4 bzw. 5 Prozent gesunken.

Dieser Rückgang erschien vielen Ökonomen alarmierend, weil schließlich die Kapitalbildung in einer Volkswirtschaft langfristig durch die gesamtwirtschaftliche Sparquote bestimmt wird. Wie wir bereits seit Kapi-

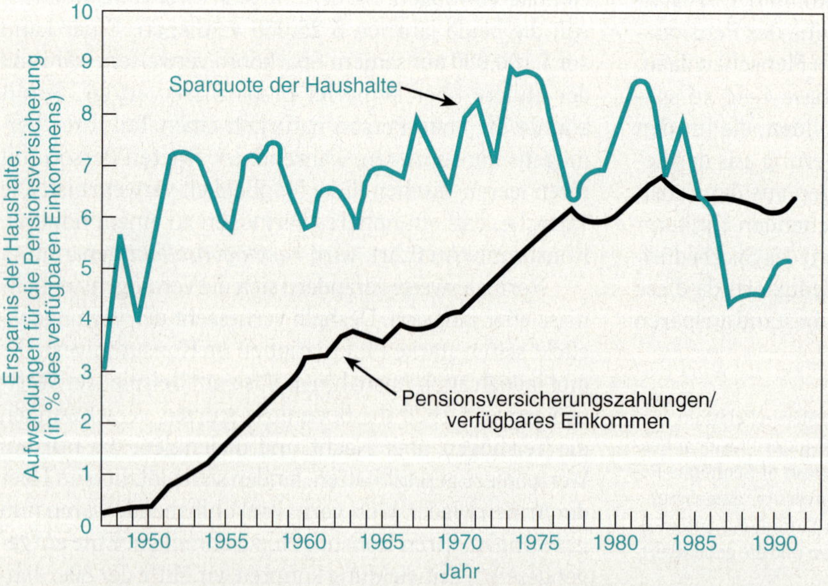

Abbildung 23-8: Die Sparquote der Haushalte ist während des letzten Jahrzehnts gesunken

Quelle: US Handelsministerium.

tel 22 wissen, entspricht die gesamtwirtschaftliche Ersparnis der Summe aus den Ersparnissen der Haushalte, des Staates und der Unternehmen. In einer Volkswirtschaft mit hoher Sparquote nimmt der Kapitalstock sehr schnell zu, und damit ist ein hohes Wachstum des potentiellen Outputs verbunden. Im Falle einer geringen gesamtwirtschaftlichen Sparquote veraltern Maschinen und Fabriken, und die Infrastruktur zeigt deutliche Abnützungserscheinungen.

Welche Ursachen hat nun dieser jähe Rückgang der Sparquote? Diese Frage wird heute sehr kontrovers diskutiert, im allgemeinen weisen die Ökonomen jedoch auf folgende mögliche Gründe hin:

- *Pensionsversicherungssystem.* Viele Ökonomen argumentieren, das Pensionsversicherungssystem mache das Sparen zum Teil überflüssig. Früher hätte die aktive Bevölkerung während ihrer Erwerbstätigkeit Ersparnisse für die Ruhestandsphase akkumuliert, wie es das Lebenszyklusmodell des Konsums beschreibt. Heutzutage zieht jedoch der Staat von Arbeitgebern und Arbeitnehmern Pensionsversicherungsbeiträge ein, um sie als Pensionsleistungen auszuzahlen. Dadurch ist das Erfordernis, für den Ruhestand privat vorzusorgen, teilweise nicht mehr gegeben. Andere einkommenssichernde Maßnahmen weisen einen ähnlichen Effekt auf, indem sie die Notwendigkeit zur finanziellen Vorsorge für schlechtere Zeiten reduzieren. Als Beispiele seien die Ernteversicherung für Bauern, die Arbeitslosenversicherung sowie die medizinische Versorgung für Mittellose genannt, die allesamt das für das Sparen wesentliche Vorsichtsmotiv zurückdrängen. Abbildung 23-8 zeigt das Verhältnis der staatlichen Pensionsleistungen zum persönlich verfügbaren Einkommen. Beachten Sie, wie stark der Anteil innerhalb der letzten drei Jahrzehnte gestiegen ist.
- Bis vor kurzem wiesen die Kapitalmärkte zahlreiche Mängel auf. Für die Allgemeinheit war es relativ schwierig, sich Geld für gewinnträchtige Projekte auszuleihen, sei es, um ein Haus zu kaufen, höhere Bildung zu finanzieren oder ein Unternehmen zu gründen. Als sich die Kapitalmärkte, oft mit Hilfe des Staates, entwickelten, ermöglichten neue Darlehensformen eine erleichterte Kreditaufnahme für große Teile der Gesellschaft. Ein gutes Beispiel stellen in den Vereinigten Staaten die Bildungsdarlehen für Studenten dar. Vor Jahrzehnten wurde eine höhere Ausbildung entweder aus den Familienersparnissen oder durch nebenberufliche Tätigkeit der Studenten finanziert. Heute gibt es für die meisten Studenten die Möglichkeit, aufgrund einer staatlichen Garantieleistung Kredite für ihre Ausbildung aufzunehmen, um diese später aus ihren eigenen Einkünften zurückzuzahlen.
- *Geringer Einkommenszuwachs.* Einige Ökonomen weisen darauf hin, daß sich der Rückgang der Sparquote als natürliche Reaktion auf das geringere Wirtschaftswachstum erklären läßt. Wenn das Einkommen stark steigt, bringt die Volkswirtschaft beträchtliche Nettoinvestitionen hervor, nur um das gleiche Verhältnis zwischen Vermögen und Einkommen aufrechtzuerhalten. Hingegen weist eine stagnierende Ökonomie bei einem gegebenen Verhältnis von Vermögen zu Einkommen eine Sparquote und Nettoinvestitionen von *null* auf. Das drastischste Beispiel für dieses Phänomen konnten wir in Japan nach 1973 beobachten, als sich das BIP-Wachstum halbierte und die Sparquote fast proportional sank.
- *Andere Ursachen.* Im Zusammenhang mit der sinkenden gesamtwirtschaftlichen Sparquote wurden noch viele andere Gründe genannt. Manche Analytiker sahen den Grund in der hohen Inflationsrate der späten 70er und frühen 80er Jahre. Hier muß aber darauf hingewiesen werden, daß der bestandige Rückgang der Sparquote ebenso anhielt, als die Inflation Ende der 80er Jahre nahezu verschwand, und damit ist diese Vermutung anscheinend unbegründet. Andere verweisen auf die schwachen Sparanreize in den Vereinigten Staaten, da in den letzten Jahren aufgrund der hohen Steuerquote und damit niedrigen Einkommen nach Steuern nicht mehr viel für Ersparnisse übrigbleibt. Auch hier kann mit diesem Argument nicht erklärt werden, wieso sich die Sparquote ausgerechnet in den 80er Jahren nicht wieder erhöhte, nachdem die Steuerquoten sanken und das reale Zinsniveau anstieg. Weitere Antwortversuche beziehen sich auf soziologische Hypothesen wie zum Beispiel den zu beobachtenden Niedergang der protestantischen Ethik (eine Ethik, die Tawney und andere Historiker als einen ausschlaggebenden Faktor für den Aufstieg des Kapitalismus in den vergangenen Jahrhunderten ansahen).

Wie wir aus obigen Ansichten zum Thema ersehen können, besteht offensichtlich ein Mangel an Annahmen darüber, was für die sinkende Sparquote verantwortlich ist. Aber auch wenn keine einzelne Antwort von allen akzeptiert wird, stimmen doch die meisten Ökonomen darin überein, daß der Rückgang an Sparsamkeit einen bedeutenden Einfluß auf die Höhe von Investitionen und wirtschaftlichem Wachstum ausübt.

B. INVESTITION

Den zweiten wesentlichen Anteil an den privaten Ausgaben nehmen die Investitionen ein.[5] Investitionen haben in der Makroökonomie zwei Funktionen. Da Investitionen einerseits einen großen und veränderlichen Bestandteil der Ausgaben darstellen, können größere Veränderungen im Investitionsniveau einen bedeutenden Einfluß auf die gesamtwirtschaftliche Nachfrage ausüben. Dadurch werden wiederum Produktionsniveau und Beschäftigung beeinflußt. Andererseits führen Investitionen zu Kapitalakkumulationen. Die Erhöhung des Bestands an Gebäuden und Maschinen steigert die gesamtwirtschaftlichen Produktionsmöglichkeiten, und ebenso verbessern sich die langfristigen Aussichten auf wirtschaftliches Wachstum.

Deshalb spielen die Investitionen in zweifacher Hinsicht eine wesentliche Rolle: Durch ihren Einfluß auf die aggregierte Nachfrage wirken sie kurzfristig auf die Produktionsleistung, und sie beeinflussen langfristig das Wachstum der Produktion durch die Auswirkungen der Kapitalbildung auf die Produktionsmöglichkeiten und das aggregierte Angebot.

WELCHE FAKTOREN BESTIMMEN DIE INVESTITIONEN?

Was sind die wichtigsten Arten von Investitionen? In den USA werden die gesamtwirtschaftlichen Investitionen in folgende drei Kategorien unterteilt: Wohnungsbauinvestitionen (residential investments), Investitionen in Betriebsgebäude und Maschinen (business fixed investments) sowie Investitionen in Lagerbestände (inventory investments).[6] Der Wohnungsbau nimmt in den letzten Jahren annähernd ein Viertel der Gesamtsumme der Investitionen ein, ein Zwanzigstel verteilt sich üblicherweise auf Lagerbestandsveränderungen, und der Rest von rund 70 Prozent der Gesamtinvestitionen wird für Betriebsgebäude und Maschinen aufgewendet.

Warum investieren Unternehmen? Letztlich erwerben Betriebe Kapitalgüter nur, wenn sie erwarten, daß sie damit Gewinne erwirtschaften, d. h., wenn die damit erzielbaren Erträge höher sind als die Investitionskosten. Diese simple Feststellung beinhaltet bereits jene drei Begriffe, die für das bessere Verständnis von Investitionen nötig sind: Erträge, Kosten und Erwartungen.

Erträge

Eine Investition wird einem Unternehmen nur dann zusätzliche Erträge bringen, wenn sie einen Mehrverkauf von Produkten ermöglicht. Deshalb ist im gesamtwirtschaftlichen Produktionsniveau (BIP) ein für Investitionen ganz entscheidender Faktor zu sehen. Wenn bestehende Fabriken leer stehen, haben Unternehmen verständlicherweise einen relativ geringen Bedarf an neuen Betriebsstätten, und daher wird das Investitionsniveau gering sein. Allgemeiner ausgedrückt hängen Investitionen von den Erträgen ab, die ihrerseits von der gesamtwirtschaftlichen Dynamik bestimmt werden. Einige Studien legen die Annahme nahe, daß die Entwicklung der Investitionen hauptsächlich durch Veränderungen des Produktionsniveaus im Laufe des Konjunkturzyklus beeinflußt wird. Ein Beispiel jüngeren Datums für eine große Outputabweichung konnte in den USA während der Rezession der Jahre 1979–1982 beobachtet werden, als die Produktion stark abflaute und die Investitionen um 22 Prozent zurückgingen.

Eine wichtige Theorie des Investitionsverhaltens stellt das **Akzeleratorprinzip** dar. Es besagt, daß die Investitionsquote hauptsächlich durch das Ausmaß der Veränderung der Produktionsmengen bestimmt wird. Das bedeutet, daß bei steigender Produktion mit einem Anwachsen der Investitionen zu rechnen ist, während bei sinkendem Output auch das Investitionsniveau niedrig

[5] Erinnern wir uns daran, daß Makroökonomen den Begriff „Investition" nur im Zusammenhang mit Zuwächsen an produktiven Vermögensbeständen wie Kapitalgütern verwenden (wobei mit dem Begriff Kapitalgüter Maschinen, Gebäude oder Lagerbestände umschrieben werden). Wenn IBM eine neue Fabrik, oder die Familie Smith ein neues Haus baut, werden diese Tätigkeiten als Investitionen bezeichnet. Viele sprechen jedoch auch von „Investition", wenn sie ein Stück Land, bereits im Umlauf befindliche Wertpapiere oder irgendeinen Eigentumstitel erwerben. In der Ökonomie stellen diese Einkäufe Finanztransaktionen bzw. Bestandsveränderungen dar – was eine Person einkauft, muß eine andere Person verkaufen. Investitionen bedingen jedoch eine Realkapitalbildung.

[6] Von dieser Einteilung muß die Klassifizierung in der Bundesrepublik Deutschland unterschieden werden: Die Ausrüstungsinvestitionen umfassen Maschinen, Kfz etc., die Bauinvestitionen umfassen alle neuen Bauten (Fabrikgebäude, Mietshäuser, Eigenheime etc.), und die Vorratsinvestitionen beinhalten alle Vor-, Zwischen- und Fertigprodukte, wobei letztere Kategorie den „inventory investments" praktisch entspricht.

ausfallen wird (es sind sogar negative Nettoinvestitionen möglich). Abbildung 23-9 stellt ein Streuungsdiagramm dar, das auf der horizontalen Achse die Produktionsveränderungen (gemessen als Verhältnis von tatsächlicher zu potentieller gesamtwirtschaftlicher Produktionsmenge), und auf der vertikalen Achse das Verhältnis von Investitionen zum BIP ausweist. Wir können aus dem Diagramm ersehen, daß tatsächlich eine Beziehung zwischen Produktionsveränderung und Investitionen besteht: Ein Produktionsanstieg von 5 Prozent in Relation zur möglichen Produktionsleistung geht mit einer Erhöhung des Investitionsanteils am BIP um 1 bis 2 Prozent einher. Aber wir können feststellen, daß auch andere Faktoren das Investitionsverhalten beeinflussen.

Kosten

Einen zweiten wichtigen Faktor für die Bestimmung des Investitionsniveaus stellen die Investitionskosten dar. Da Investitionsgüter definitionsgemäß langlebiger Natur sind, ist die Berechnung der Investitionskosten etwas komplizierter als bei anderen Waren, wie zum Beispiel Kohle oder Weizen. Wenn ein gekauftes Gut über mehrere Jahre verwendbar ist, müssen wir Kapitalkosten in Höhe des Kreditzinssatzes veranschlagen.

Um dies besser zu verstehen, beachten Sie bitte, daß Investoren oft die für Investitionen nötigen Geldmittel ausleihen (zum Beispiel in Form eines Hypothekardarlehens oder durch die Ausgabe von Schuldverschreibungen am Wertpapiermarkt). Was sind die Kosten dafür? Es ist der *Zinssatz*, der für den aufgenommenen Kredit be-

Abbildung 23-9: Das Akzeleratorprinzip besagt, daß die Investitionen von Änderungen im Produktionsniveau abhängen

Wenn die Produktionsleistung steigt, erhöhen sich auch die Investitionen, weil die Unternehmen mehr Fabriken und Maschinen benötigen. Sinkende Produktion zieht ein niedriges Investitionsniveau nach sich. (Quelle: US-Handelsministerium)

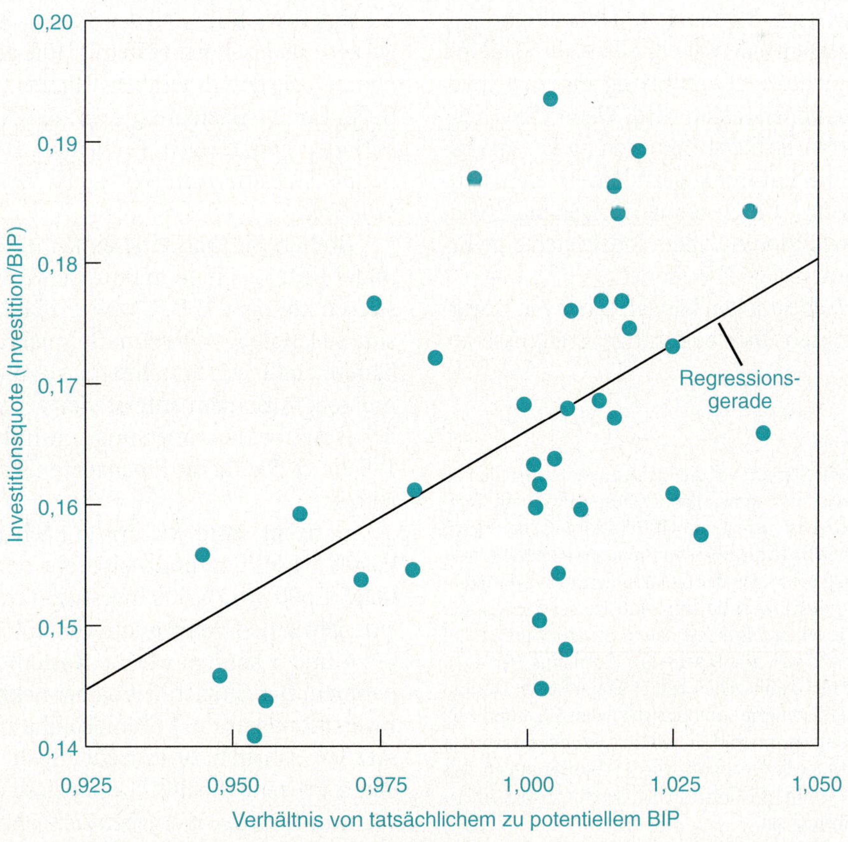

zahlt werden muß. Erinnern Sie sich: Der Zinssatz stellt nichts anderes als den Preis für das Geld dar, das jemandem für einen bestimmten Zeitraum überlassen wird; so könnten zum Beispiel jährlich 13 Prozent Zinsen für einen Kredit von $ 1.000 anfallen. Wenn eine Familie mit dem aufgenommenen Kredit ein Haus kauft, wird der Zinssatz als Hypothekarzinssatz bezeichnet.

Der Staat setzt bisweilen fiskalpolitische Maßnahmen ein, um Investitionen in bestimmte Sektoren zu lenken. Im besonderen werden die Investitionskosten durch *Steuern* beeinflußt. In den USA beläuft sich etwa der Körperschaftsteuersatz auf 34 Prozent. Um zu verhindern, daß dadurch gewünschte Investitionen nicht durchgeführt werden, wurden von der US-Regierung Steuererleichterungen für Öl- und Gasförderungen gewährt, um das Wachstum dieser Branche zu fördern. Die unterschiedliche Besteuerung von Wirtschaftssektoren und unterschiedliche Steuersätze in verschiedenen Staaten haben gravierende Auswirkungen auf das Investitionsverhalten gewinnorientierter Unternehmen.[7]

Erwartungen

Der dritte für das Investitionsniveau bestimmende Faktor sind die Erwartungen bzw. das Vertrauen der Unternehmen in die wirtschaftlichen Rahmenbedingungen. Investitionen zu tätigen bedeutet vor allem ein Spiel mit der Zukunft – eine Wette, daß der Ertrag aus einer Investition deren Kosten übersteigen wird. Wenn Unternehmen bezüglich der Wirtschaftsprognosen für Europa besorgt sind, werden sie dort nur zögernd investieren. Hingegen planen eben diese Unternehmen umgehend Erweiterungen ihrer Produktionsanlagen, sobald sich eine Erholung der Konjunkturlage abzeichnet.

Investitionsentscheidungen hängen daher von Erwartungen und Prognosen über zukünftige Ereignisse ab. Aber wie es ein geistreicher Mensch einmal formulierte: Voraussagen sind immer gefährlich, speziell jene, die sich auf die Zukunft beziehen. Unternehmen verwenden viel Energie für die Analyse von Investitionsentscheidungen und versuchen die damit verbundenen Unsicherheiten auf ein Minimum zu reduzieren.

Damit können wir unsere Diskussion über die Einflußfaktoren auf Investitionsentscheidungen wie folgt zusammenfassen:

Unternehmen investieren, um Gewinne zu erzielen. Da Kapitalgüter mehrere Jahre hindurch genutzt werden können, hängen Investitionsentscheidungen (1) von der Nachfrage nach den mit Hilfe der Neuinvestition produzierten Gütern, (2) von den Zinssätzen und Steuern, die sich auf Investitionskosten auswirken, und (3) von den Erwartungen der Unternehmen über den Zustand der Volkswirtschaft ab.

DIE INVESTITIONSFUNKTION

Um analysieren zu können, wie sich unterschiedliche Einflußfaktoren auf die Investitionstätigkeit auswirken, müssen wir die Beziehung zwischen Zinssätzen und Investitionen verstehen. Dieser Zusammenhang ist deshalb besonders wichtig, weil der Staat primär durch sein Einwirken auf das Zinsniveau mit Hilfe geldpolitischer Maßnahmen die gesamtwirtschaftlichen Investitionen beeinflußt. Um die Beziehung zwischen Zinssätzen und Investitionen aufzuzeigen, verwenden Ökonomen die sogenannte *Investitionsfunktion* oder *Investitionsnachfragefunktion*.

Stellen Sie sich eine einfache Volkswirtschaft vor, in der Unternehmen in unterschiedliche Projekte investieren können: A, B, C usw. bis H. Diese Investitionen sind so langlebig (wie zum Beispiel Kraftwerke oder Gebäude), daß wir annehmen, sie niemals ersetzen zu müssen. Außerdem unterstellen wir ein konstantes jährliches Nettoeinkommen und eine Inflationsrate von null. Tabelle 23.5 zeigt die Finanzdaten jedes Investitionsprojektes.

Konzentrieren wir uns zunächst auf Projekt A. Es kostet $ 1 Million und weist sehr hohe Erlöse von jährlich $ 1.500 pro $ 1.000 Investition auf. Damit ergibt sich eine jährliche Ertragsquote von 150 Prozent. Den Spalten 4 und 5 können wir die Kosten der Investition entnehmen. Der Einfachheit halber nehmen wir an, daß die Investitionen nur mit Fremdkapital zu einem Marktzinssatz von jährlich 10 Prozent (Spalte 4) bzw. alternativ von 5 Prozent (Spalte 5) finanziert werden. Zum Zinssatz von 10 Prozent ergeben sich jährliche Darlehensko-

[7] Um den Einfluß von Steuern auf die Investitionen beurteilen zu können, untersuchen Ökonomen den Grenzsteuersatz auf Kapitalgewinne. Der Grenzsteuersatz umfaßt die zusätzliche Steuer, die für eine zusätzliche Geldeinheit an Einkommen bezahlt werden muß. Für 1990 belief sich der Grenzsteuersatz auf Einkommen aus Unternehmensinvestitionen, inklusive der Steuern der Gemeinden, der jeweiligen Bundesstaaten und des Bundes, auf ungefähr 38 Prozent (vgl. zur Diskussion: Economic Report of the President, 1987). Damit gehen von einem erzielten Gewinn von $ 100 ganze $ 38 in Form von Steuern an den Staat und $ 62 verbleiben dem Unternehmen. Der relativ hohe Steuersatz auf Unternehmensgewinne ließ manche zu dem Schluß kommen, daß der Staat der größte Einzelaktionär in der Geschichte des amerikanischen Kapitalismus sei.

(1) Projekt	(2) Gesamtinvestitionen je Projekt (in Mio. $)	(3) jährliche Erträge pro investierten $ 1.000	(4) Projektkosten pro $ 1.000 bei einem jährlichen Zinssatz von 10 % (in $)	(5) 5 % (in $)	(6) jährlicher Nettogewinn pro investierten $ 1.000 zum jährlichen Zinssatz von 10 % (in $) (6) = (3) – (4)	(7) 5 % (in $) (7) = (3) – (5)
A	1	1.500	100	50	1.400	1.450
B	4	220	100	50	120	170
C	10	160	100	50	60	110
D	10	130	100	50	30	80
E	5	110	100	50	10	60
F	15	90	100	50	–10	40
G	10	60	100	50	–40	10
H	20	40	100	50	–60	–10

Tabelle 23-5: Der Zinssatz bestimmt die Rentabilität von Investitionen

In unserer einfachen Volkswirtschaft stehen acht Investitionsprojekte zur Realisierung an; sie sind nach ihrer Ertragskraft geordnet. Aus Spalte 2 können wir das Investitionsvolumen eines jeden Projektes und aus Spalte 3 den nachhaltigen, jährlichen Ertrag pro investierten $ 1.000 entnehmen. Die Spalten 4 und 5 zeigen die Projektkosten, wobei unterstellt wird, daß dieses Kapital zu Zinssätzen von 10 bzw. 5 Prozent ausgeliehen wurde. Die absoluten Beträge sind pro $ 1.000 dargestellt. In den letzten beiden Spalten wurden die jeweiligen jährlichen Nettoerträge pro investierten $ 1.000 errechnet. Ist der Nettoertrag positiv, werden Unternehmen die Investition durchführen, ist er negativ, dann wird davon Abstand genommen.
Beachten Sie, wie sich die Rentabilität der Investitionen mit dem Anstieg des Zinssatzes verschiebt. Wo würde sich die Grenze zwischen rentablen und unrentablen Investitionen befinden, wenn wir einen Zinssatz von 15 % im zweiten Jahr annehmen?

sten von $ 100 pro ausgeliehener $ 1000, wie wir aus Spalte 4 ersehen; ein Zinssatz von 5 Prozent führt zu jährlichen Kreditkosten von $ 50 pro investierten $ 1.000 (Spalte 5). Die letzten beiden Spalten zeigen den *jährlichen Nettogewinn* jeder Investition. Für das lukrative Projekt A errechnet sich bei einem Zinssatz von 10 Prozent ein jährlicher Nettogewinn von $ 1.400 pro $ 1.000 Investition, das Projekt H weist einen Verlust aus.

Zusammenfassend läßt sich feststellen, daß Unternehmen bei ihrer Entscheidung zwischen unterschiedlichen Projekten die jährlich erzielbaren Erträge einer Investition mit den jährlichen Kapitalkosten, die von der Höhe des Zinssatzes abhängen, vergleichen. Die Differenz aus jährlichen Erträgen und Kosten ergibt den jährlichen Nettogewinn. Ist der jährliche Nettogewinn positiv, zeigt dies Kapitalzuflüsse an; ein negativer Nettogewinn bedeutet hingegen einen Kapitalabfluß.[8]

Wenden wir uns wieder Tabelle 23-5 zu. Die letzte Spalte enthält den jährlichen Nettogewinn bei einem Zinssatz von 5 Prozent. Bei diesem Zinssatz weisen die Investitionsprojekte A bis G einen Gewinn aus. Wir würden deshalb auch erwarten, daß gewinnmaximierende Unternehmen in alle sieben Projekte investieren, woraus sich Investitionen von insgesamt $ 55 Millionen (aus Spalte 2) errechnen. Bei einem Zinssatz von 5 Prozent läge die Investitionsnachfrage also bei $ 55 Millionen.

Was verändert sich, wenn der Zinssatz auf 10 Prozent steigt? Damit verdoppeln sich die Finanzierungsko-

[8] Wir sollten uns stets im klaren sein, daß dieses Beispiel die tatsächlich angestellten Investitionsanalysen im Wirtschaftsgeschehen sehr vereinfacht. Normalerweise sind bei Investitionen unregelmäßige Rückflüsse an Erlösen, Kapitalabschreibung, Inflation, Steuern und gleich mehrere Fremdkapitalzinssätze zu berücksichtigen. Die Diskussion über Abzinsung und Gegenwarts- bzw. Kapitalwert finden Sie bei der Analyse der Kapitaltheorie, bzw. kann der weiterführenden Literatur zur Finanzwirtschaft entnommen werden.

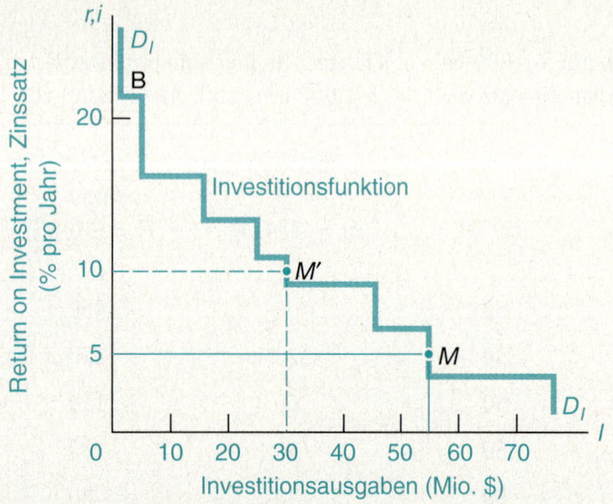

Abbildung 23-10: Zusammenhang zwischen Investitionen und Zinssatz

Die stufenförmig abwärtsgeneigte Investitionsnachfragekurve stellt die Investitionen graphisch dar, die von den Unternehmen (gemäß den Daten aus Tabelle 23-5) zum jeweiligen Zinssatz getätigt würden. Jede Stufe stellt eine Investitionssumme dar: Projekt A weist eine so hohe Ertragsquote auf, daß es hier nicht abgebildet werden konnte; Projekt B stellt die höchste sichtbare Stufe am linken oberen Rand dar. Zu jedem Zinssatz werden die jeweiligen Projekte mit positiven Nettoerträgen umgesetzt.

sten der zuvor betrachteten Investitionen. Aus Spalte 6 ersehen wir, daß die Investitionsprojekte F bis G bei diesem Zinssatz unrentabel werden. Die Investitionsnachfrage würde deshalb auf $ 30 Millionen absinken.

Das Ergebnis dieser Analyse ist in Abbildung 23-10 dargestellt, aus der Sie die *Investitionsfunktion* ersehen können; in unserem Beispiel eine fallende treppenförmige Funktion des Zinssatzes (negative Steigung). Diese Funktion zeigt die Höhe der Investitionen, die beim jeweiligen Zinssatz getätigt würden; errechnet wird sie, indem alle Investitionen addiert werden, die bei einer bestimmten Zinshöhe profitabel wären.

Daraus ergibt sich, daß bei einem Marktzinssatz von 5 Prozent die gewünschte Investitionshöhe bei Punkt *M*, d.h. bei $ 55 Millionen, liegt. Zu diesem Zinssatz werden die Projekte A bis G umgesetzt. Steigt der Zinssatz auf 10 Prozent, werden die Projekte F bis G unrentabel und kommen deshalb auch nicht zustande. Die Investitionsnachfrage läge in diesem Fall in Punkt *M'*, was Gesamtinvestitionen in Höhe von $ 30 Millionen bedeutet.[9]

Verschiebungen der Investitionsfunktion

Wir haben gesehen, wie das Investitionsvolumen von den Zinssätzen abhängt. Aber Investitionen werden auch

Abbildung 23-11: Verschiebungen der Investitionsfunktion

Bei obiger Investitionsfunktion *(D_I)* zeigen die Pfeile den Einfluß **(a)** eines höheren BIP, **(b)** höherer Steuern und **(c)** verstärkten Pessimismus der Unternehmen an, wobei letzterer etwa infolge von Erwartungen von Rezession, Verstaatlichungen oder Kriegen verursacht sein kann.

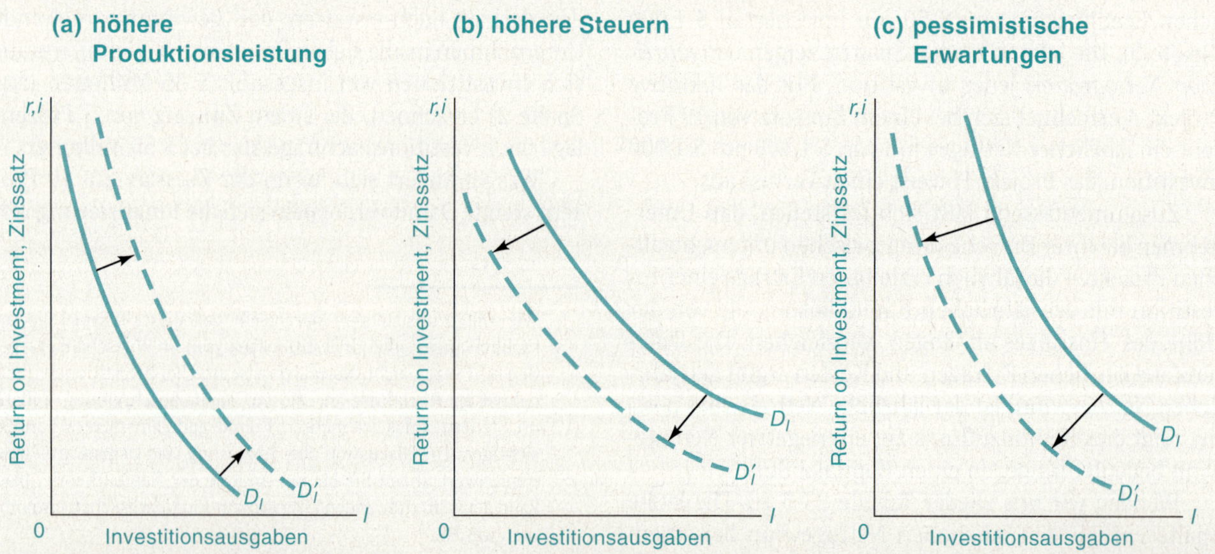

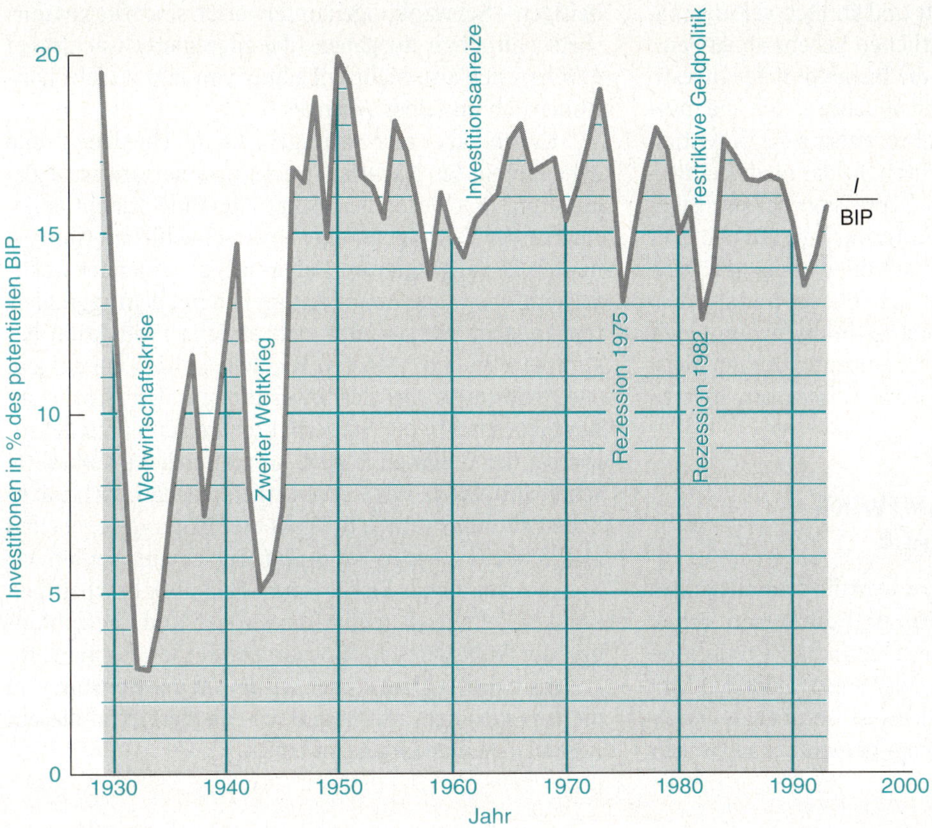

Abbildung 23-12: Schwankungen der Investitionsniveaus von 1929 bis 1993

Investitionen stellen jenen Teil des BIP dar, der im Zeitablauf den größten Schwankungen unterliegt. Beachten Sie den extremen Investitionsrückgang während der 30er Jahre und im Zweiten Weltkrieg (als die Volkswirtschaft eher in die Zukunft der Demokratie als in Fabriken investierte). Investitionen gehen in Rezessionszeiten normalerweise stark zurück, wie wir auch 1975 und 1982 feststellen mußten. (Quelle: US-Handelsministerium)

von anderen Einflußfaktoren bestimmt. So verschiebt zum Beispiel eine Erhöhung des BIP die Investitionsnachfragekurve nach außen, wie dies in Abbildung 23-11 (*a*) dargestellt ist.

Ein Ansteigen der Unternehmenssteuern würde die Investitionen verringern. Unter der Annahme, daß der Staat die Hälfte der Erträge aus Spalte 3 der Tabelle 23-5 als Steuern einhebt und wobei die Zinskosten der Spalte 4 und 5 nicht abgezogen werden können, würden die Nettogewinne der Spalten 6 und 7 entsprechend sinken. (Ein Zinssatz von 10 Prozent sowie eine 50prozentige Steuer auf Spalte 3 würde die gewinnbringenden Projekte auf A und B reduzieren, und die Investitionsnachfrage würde auf $ 5 Millionen fallen.) Eine Steuererhöhung auf Investitionserträge ist in Abbildung 23-11 (*b*) dargestellt.

Beachten wir schließlich noch die Bedeutung der Erwartungen. Was passiert, wenn Investoren pessimistisch in die Zukunft blicken und eine Halbierung der Erträge erwarten? Oder wenn sie optimistisch sind und mit einer Verdoppelung ihrer Erträge rechnen? Beim Durchdenken dieser Fälle werden Sie erkennen, wie stark die Auswirkungen von Erwartungen auf das Investitionsniveau sein können. Abbildung 23-11 (*c*) veranschaulicht, wie ein anhaltender Pessimismus der Unternehmen die Investitionsnachfragekurve verschieben würde.

Investitionsschwankungen

Nachdem Sie nun alle Einflußfaktoren auf Investitionen kennengelernt haben, wird Sie die Feststellung kaum überraschen, daß Investitionen extremen Schwankungen unterworfen sind. Investitionen sind deshalb so schwer vorherzusagen, weil sie von so unsicheren Faktoren wie Erfolg oder Mißerfolg eines neuen Produktes, Veränderungen der Steuer- und Zinssätze, politischen Einstellungen und unterschiedlichen Ansätzen zur Sta-

---

[9] Wir werden später noch feststellen, daß es bei schwankenden Preisen angebracht ist, den realen Zinssatz zu wählen. Dieser repräsentiert den um die Inflation bereinigten nominellen Zinssatz.

bilisierung der Volkswirtschaft und ähnlich veränderbaren Ereignissen des wirtschaftlichen Lebens abhängen.

Abbildung 23-12 spiegelt die Instabilität der Investitionen im Zeitablauf der letzten 60 Jahre wider. Die Investitionen werden dabei als ein Prozentsatz des potentiellen Output ausgewiesen. Beachten Sie das niedrige Investitionsvolumen während der Depression der dreißiger Jahre und während des Zweiten Weltkrieges. In den 60er Jahren läßt sich als Reaktion auf die damals gesetzten Investitionsanreize ein bedeutend höherer Investitionsanteil am BIP feststellen. Konjunkturabschwünge, wie sie beispielsweise 1975 und 1982 eintraten, ziehen meist einen starken Rückgang des Verhältnisses von Investitionen zum BIP nach sich.

ZUR THEORIE DER GESAMTWIRTSCHAFTLICHEN NACHFRAGE

Wir haben nun unsere Einführung in die grundlegenden Konzepte der Makroökonomie und die wesentlichen Komponenten der gesamtwirtschaftlichen Produktion abgeschlossen. Aus der Analyse der entscheidenden Einflußfaktoren auf Konsum und Investition haben wir erkannt, weshalb diese jährlichen – manchmal sogar sehr heftigen – Schwankungen unterworfen sind. Die gesamtwirtschaftlichen Ausgaben (die aggregierte Nachfrage) erhöhen sich also nicht unbedingt von Jahr zu Jahr kontinuierlich im selben Ausmaß.

Es kann aber nicht genügen, die verschiedenen Teile der aggregierten Nachfrage getrennt voneinander zu diskutieren. Das Wesen der Makroökonomie besteht ja gerade in der Vernetzung aller unterschiedlichen Komponenten der aggregierten Nachfrage, die einander wechselseitig beeinflussen und zusammen mit dem aggregierten Angebot die gesamtwirtschaftliche Produktion bestimmen. In den nächsten Kapiteln werden wir zeigen, wie Änderungen bei den Investitionen, den staatlichen Ausgaben und in der Steuerpolitik, im Außenhandel sowie bei der Geldmenge sich auf die restliche Volkswirtschaft auswirken. Wir werden erkennen, daß das tatsächliche BIP unter seinen bei Vollbeschäftigung gegebenen Möglichkeiten liegen kann. Darüber hinaus werden wir uns mit staatlicher Fiskal- und Geldpolitik beschäftigen und feststellen, wie damit Rezessionen und Überhitzungen der Volkswirtschaft bekämpft werden können. Im Zentrum der Analyse stehen wiederum der Konsum und die Investitionen, mit denen wir uns bereits in diesem Kapitel auseinandergesetzt haben.

ZUSAMMENFASSUNG

A. Konsum- und Sparverhalten

1. Das verfügbare Einkommen stellt einen bestimmenden Faktor für Konsum und Ersparnis dar. Die Konsumfunktion gibt die Beziehung des gesamtwirtschaftlichen Konsums zum gesamtwirtschaftlichen Einkommen wieder. Da jede als Einkommen verdiente Geldeinheit entweder gespart oder konsumiert wird, stellt die Sparfunktion das Spiegelbild der Konsumfunktion dar. Die Merkmale der Konsum- wie der Sparfunktion sind auf Seite 503 zusammengefaßt und sollten sorgfältig studiert werden.
2. Durch Addition der Konsumfunktionen der Haushalte erhalten wir die gesamtwirtschaftliche Konsumfunktion. Diese zeigt in einfachster Form die aggregierten Konsumausgaben als eine Funktion des gesamten verfügbaren Einkommens. Andere Variable, wie zum Beispiel Vermögen, Alter und Erwartungen über das zukünftige Einkommen, weisen ebenso beträchtliche Einflüsse auf das Konsumverhalten auf.
3. In den Vereinigten Staaten ist die Sparquote der Haushalte im letzten Jahrzehnt stark gesunken. Dieser Trend beunruhigt Ökonomen, da das private Sparen ein Hauptbestandteil der gesamtwirtschaftlichen Ersparnis darstellt. Studien zu den möglichen Ursachen der sinkenden Sparquote weisen unterschiedliche Gründe wie etwa die tendenzielle Zunahme staatlicher Pensionsleistungen, geringeres Wirtschaftswachstum und Veränderungen auf den Kapitalmärkten aus.

B. Investitionen

4. Die zweite wichtige Ausgabenkomponente sind Investitionen in Wohnhäuser, Betriebsanlagen und Maschinen. Unternehmen investieren, um einen Gewinn zu erwirtschaften. Deshalb sind die wichtigsten, das Investitionsniveau bestimmenden wirtschaftlichen Triebkräfte die durch die Investitionen erwirtschafteten Erträge (primär durch den Konjunkturzyklus beeinflußt und mittels Akzeleratorprinzip darstellbar), die Investitionskosten (bestimmt durch Zinssätze und Steuerpolitik) und die Erwartungshaltungen über die zukünftige wirtschaftliche Entwicklung. Da die bestimmenden Faktoren für Investitionen von sehr unsicheren zukünftigen Gegebenheiten abhängen, stellen sie den stärksten Schwankungen unterworfenen Teil der aggregierten Ausgaben dar.

5. Ein elementarer Zusammenhang wird durch die Investitionsfunktion dargestellt, die das Niveau der Investitionsausgaben mit dem Zinssatz verbindet. Da die Rentabilität einer Investition zum Zinssatz (den Kapitalkosten) ein inverses Verhältnis aufweist, ergibt sich eine abwärts geneigte Investitionsnachfragekurve. Ein höherer Zinssatz bedingt, daß einige Investitionsprojekte nicht durchgeführt werden.

BEGRIFFE ZUR WIEDERHOLUNG

Konsum und Ersparnis

Konsumverhalten der Haushalte
verfügbares Einkommen, Konsum, Ersparnis
Konsum- und Sparfunktion
Sparquote der privaten Haushalte
Grenzneigung zum Konsum (*MPC*)
Grenzneigung zum Sparen (*MPS*)
MPC + *MPS* = 1
gesamtwirtschaftliche Konsumfunktion versus Konsumfunktion der Haushalte
bestimmende Faktoren des Konsums: kurzfristig verfügbares Einkommen, permanentes Einkommen, Alter, Vermögen
Sparschwelle und 45°-Linie

Investitionen

bestimmende Faktoren des Investitionsverhaltens: Erträge, Kosten, Erwartungen
der Einfluß der Zinssätze auf Investitionen
Investitionsfunktion

FRAGEN UND BEISPIELE

1. Stellen Sie die Struktur des Haushaltsbudgets anhand der Ausgaben für Nahrungsmittel, Bekleidung, Luxusgüter und Ersparnis dar.
2. Wenn wir mit der Konsum- und der Investitionsfunktion arbeiten, müssen wir zwischen Verschiebungen der Kurven bzw. Bewegungen entlang der Kurven unterscheiden.
   a. Definieren Sie für beide Funktionen sorgfältig jene Veränderungen, die zu einer Verschiebung der Kurve führen, und jene, die in einer Bewegung entlang der Kurve resultieren.
   b. Erklären Sie und zeigen Sie anhand eines Diagramms, ob die folgenden Aktivitäten entweder Verschiebungen oder Bewegungen entlang der Konsumfunktion darstellen: ein Anstieg des verfügbaren Einkommens, eine Vermögensverminderung, ein Sinken der Wertpapierpreise.
   c. Erklären Sie ebenfalls und zeigen Sie anhand eines Diagramms, ob die folgenden Aktivitäten entweder Verschiebungen der oder Bewegungen entlang der Investitionsfunktion darstellen: die Erwartung einer gesamtwirtschaftlichen Produktionsverringerung im nächsten Jahr, eine Zinssatzsteigerung, eine Senkung der Inflationsrate.
3. Rekonstruieren Sie, wie in Tabelle 23-4 die Grenzneigung zum Konsum (*MPC*) und die Grenzneigung zum Sparen (*MPS*) berechnet wurden. Wie wurden *MPC* und *MPS* zwischen den Punkten *A* und *B* genau ermittelt? Erklären Sie, wieso die Gleichung *MPC* + *MPS* = 1 immer gelten muß.
4. Nehmen wir an, ich konsumiere mein ganzes Einkommen, egal wie hoch es sein mag. Zeichnen Sie meine Konsum- und Sparfunktion. Berechnen Sie meine *MPC* und *MPS*.
5. Schätzen Sie Ihr Einkommen, Ihren Konsum und Ihre Ersparnisse während des letzten Jahres. Falls Ihre Ersparnisse negativ waren (Sie also mehr konsumiert als an Einkommen eingenommen haben), wie konnten Sie das finanzieren? Schätzen Sie die Zusammensetzung Ihres Konsums gemäß den in Tabelle 23-1 angeführten Hauptkategorien.
6. „Entlang der Konsumfunktion verändert sich das Einkommen stärker als der Konsum.“ Was bedeutet das für *MPC* und *MPS*?
7. „Veränderungen des verfügbaren Einkommens führen zu Bewegungen entlang der Konsumfunktion; Veränderungen des Vermögens oder anderer Faktoren resultieren in einer Verschiebung der Konsumfunktion.“ Erklären Sie diese Aussage jeweils anhand einer Falldarstellung.
8. Welche Effekte würden die nachfolgend angeführten Punkte bei der in Tabelle 23-5 und Abbildung 23-10 dargestellten Investitionsfunktion hervorrufen?
   a. Eine Verdoppelung der jährlichen Erträge pro $ 1.000 Investition, wie in Spalte 3 gezeigt;
   b. ein Steigen des Zinssatzes auf jährlich 15 Prozent;
   c. die Hinzufügung eines neunten Projekts mit folgenden Daten in den ersten drei Spalten: J, 10, 70;
   d. eine Steuer von 50 Prozent auf die in den Spalten 6 und 7 ausgewiesenen Nettogewinne.
9. Wir bleiben bei der Investitionsfunktion der Frage 8 und nehmen an, daß der Zinssatz 10 Prozent beträgt. Wie hoch sind die Investitionen für die Fälle **a** bis **d** in Frage 8?
10. **Für Fortgeschrittene:** Nach dem Lebenszyklusmodell gibt der einzelne jährlich einen Betrag für den Konsum aus, der eher vom Lebenseinkommen abhängt als vom gegenwärtigen Einkommen. Nehmen wir an, Sie würden zukünftige, inflationsbereinigte Einkommen gemäß der folgenden Aufstellung erwarten:

(1) Jahr	(2) Einkommen in $	(3) Konsum in $	(4) Ersparnis in $	(5) akkumulierte Ersparnis in (am Jahresende) $
1	30.000	_____	_____	_____
2	30.000	_____	_____	_____
3	25.000	_____	_____	_____
4	15.000	_____	_____	_____
5*	0	_____	_____	0

* in Pension

Nehmen Sie zusätzlich an, daß für Ersparnisse keine Zinsen bezahlt werden, und daß Sie noch über keine Nettoersparnisse verfügen. Nehmen Sie außerdem an, daß Sie ihren Konsum „ausgleichen" wollen (d.h. das Konsumniveau über die Jahre gleichhalten), da Ihnen zusätzlicher Konsum einen zunehmend geringeren Anstieg der Befriedigung verschafft. Leiten Sie den für die angegebene Situation günstigsten Kurvenverlauf für die 5 Jahre ab und tragen Sie die Zahlen in Spalte 3 ein. Berechnen Sie dann ihre jährlichen Ersparnisse, die Sie in die Spalte 4 eintragen. Spalte 5 umfaßt Ihr Vermögen bzw. die akkumulierten Ersparnisse zum jeweiligen Jahresende. Wie hoch ist nun Ihre durchschnittliche Sparquote während der ersten 4 Jahre?

Berücksichtigen Sie des weiteren, daß Ihnen für die staatliche Pensionsversicherung in jedem Beschäftigungsjahr $ 2.000 von Ihrem Einkommen abgezogen werden, daß Ihnen dafür im Jahr 5 jedoch eine Pension von $ 8.000 zusteht. Berechnen Sie Ihren neuen Sparplan unter der Bedingung, daß Sie immer noch Ihren Konsum über die Jahre gleich hoch halten wollen. Wie haben die Leistungen an die Pensionsversicherung Ihren Konsum und Ihre durchschnittliche Sparquote der ersten 4 Jahre beeinflußt? Können Sie nun verstehen, warum einige Ökonomen behaupten, die staatliche Pensionsversicherung verringere die private Sparquote?

KAPITEL 24

GESAMTWIRTSCHAFTLICHE NACHFRAGE UND DER MULTIPLIKATOR

Die gravierendsten Fehler im Wirtschaftsgeschehen der Gesellschaft, in der wir leben, sind das Versagen, für Vollbeschäftigung zu sorgen, und die willkürliche und unbillige Verteilung von Vermögen und Einkommen.

John Maynard Keynes, Allgemeine Theorie der Beschäftigung, des Zinses und des Geldes *(1935)*

Wie ein Stein, der in einen Teich fällt und dort Kräuselungen an der Wasseroberfläche erzeugt, so wirkt sich auch jede wirtschaftliche Tätigkeit auf den Rest der Volkswirtschaft aus. Wenn Disney einen neuen Freizeitpark bauen läßt, so werden mit dieser Investition Tausende von Arbeitsplätzen in der Bauwirtschaft geschaffen. Den dort beschäftigten Arbeitern stehen dann höhere Einkommen zur Verfügung, mit denen sie Autos, Videorecorder und Corn-flakes konsumieren können. Wenn die Regierung weniger für den Einkauf von Militärflugzeugen ausgibt, bedeutet das gleichzeitig die Entlassung von Zehntausenden Arbeitern in der Luftfahrtindustrie. Als Arbeitslose müssen sie den Gürtel enger schnallen und ihre Ausgaben kürzen, bis sie einen neuen Arbeitsplatz gefunden haben. Wenn Boeing einen großen Auftrag von einer ausländischen Fluggesellschaft an Land zieht, so wird durch diesen Export ein Gewinn von Millionen Dollars in die Taschen der Aktionäre transferiert. Diese beleben ihrerseits die Volkswirtschaft, indem sie sich neue Häuser oder Autos kaufen bzw. ihr Geld für Investitionen der Unternehmen zur Verfügung stellen.

In den beschriebenen Aktivitäten können wir eine der zentralen Lehren der Makroökonomie erkennen: Jede Änderung einer Komponente der gesamtwirtschaftlichen Nachfrage – gleichgültig, ob es sich um Investitionen, staatliche Ausgaben oder Außenwirtschaft handelt – übt einen entscheidenden Einfluß auf die gesamtwirtschaftliche Produktion, die Beschäftigung und die Preise aus. Vor den 30er Jahren war dieser Umstand den Ökonomen und politischen Entscheidungsträgern noch nicht bekannt. Sie tasteten damals, was die wirtschaftspolitischen Phänomene Depression und Inflation betrifft, noch völlig im dunkeln. Aber mit der Entwicklung der Makroökonomie durch Keynes und die Ökonomen nach ihm hatte man ein wirkungsvolles Werkzeug gefunden, das zum besseren Verständnis von Rezessionen und Hochkonjunkturen beitrug und so die Lenkung der dafür relevanten Vorgänge erleichterte.

Der von Keynes vor 60 Jahren dargelegte Rahmen wurde in der Folge oft hinterfragt, modifiziert und weiterentwickelt. Aber die Theorie der gesamtwirtschaftlichen Nachfrage stellt noch immer einen der besten Behelfe für das Verständnis des Konjunkturzyklus dar. Wir wollen im ersten Teil dieses Kapitels die Eckpfeiler der Analyse der gesamtwirtschaftlichen Nachfrage beschreiben. Im zweiten Teil und im darauffolgenden Kapitel soll dann das keynesianische Multiplikatormodell entwickelt werden. Der Multiplikator stellt den einfachsten Ansatz dar, mit dessen

Hilfe wir verstehen können, wie Veränderungen in den Ausgabenströmen (etwa bei Investitionen, Staatsausgaben und Steuern oder im Außenhandel) zu Änderungen in der gesamtwirtschaftlichen Nachfrage und dadurch zu Abweichungen in der Produktionsleistung und Beschäftigung führen. Abbildung 24-1 veranschaulicht diese Analyse.

A. ANALYTISCHE GRUNDLAGEN DER GESAMTWIRTSCHAFTLICHEN NACHFRAGE

In der Einführung zur Makroökonomie zu Beginn des Kapitels 21 haben wir in einem groben Überblick dargestellt, wie das Zusammenspiel von gesamtwirtschaftlicher Nachfrage und Angebot die Produktionsleistung (den Output) und die Preise bestimmt. Im folgenden werden wir uns auf die gesamtwirtschaftliche Nachfrage konzen-

Abbildung 24-1: Die gesamtwirtschaftliche Nachfrage bestimmt die Produktionsleistung

In diesem und im nächsten Kapitel untersuchen wir die Bestimmung der gesamtwirtschaftlichen Nachfrage und entwickeln das keynesianische Multiplikatormodell. Damit werden die Wechselwirkungen zwischen induzierten Konsumausgaben und exogenen Variablen wie Investitionen, öffentliche Ausgaben und Steuern sowie Exporte veranschaulicht. Darüber hinaus wird gezeigt, wie diese Variablen gemeinsam die gesamtwirtschaftliche Produktion und die Beschäftigung bestimmen.

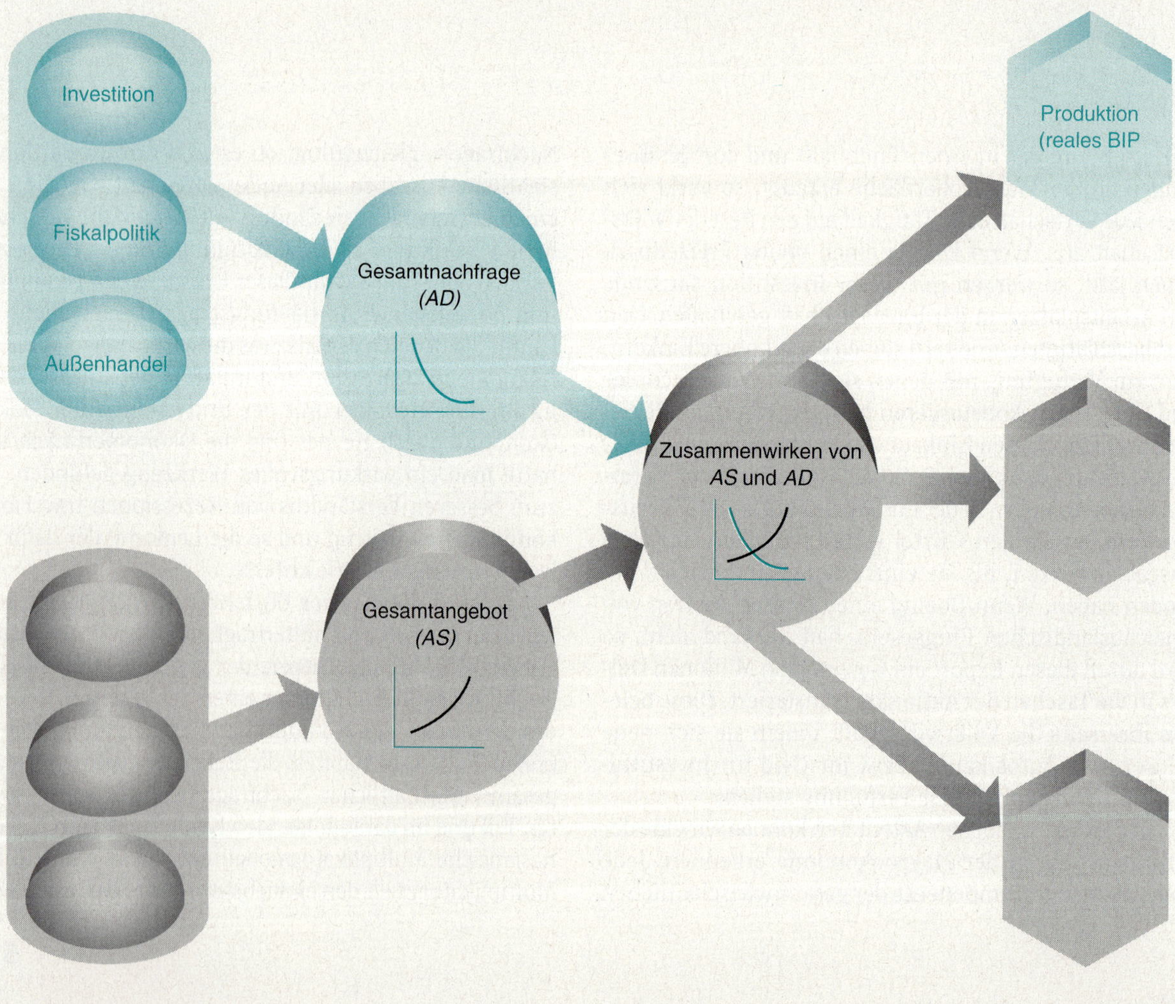

trieren, um ein besseres Verständnis der Funktionsweise einer Volkswirtschaft zu entwickeln.

Als **gesamtwirtschaftliche Nachfrage** (*AD* – Aggregate Demand) bezeichnet man die gesamte bzw. aggregierte Menge an Gütern und Dienstleistungen, die – ceteris paribus – zu einem gegebenen Preisniveau nachgefragt wird. Die Gesamtnachfrage umfaßt also die Ausgaben in allen Sektoren: Konsum, private Inlandsinvestitionen, staatliche Aufwendungen für Güter und Dienstleistungen sowie Nettoexporte. Sie setzt sich aus vier Komponenten zusammen:

1. *Konsum*. Wie wir aus dem letzten Kapitel wissen, wird der Konsum (*C*) primär durch das verfügbare Einkommen (persönliches Einkommen abzüglich Steuern) bestimmt. Weitere beeinflussende Faktoren sind die langfristigen Einkommensentwicklungen, die Vermögen der Haushalte und das gesamtwirtschaftliche Preisniveau. Die Analyse der Gesamtnachfrage konzentriert sich auf die bestimmenden Faktoren des *realen* Konsums (d.h. auf den nominellen Konsum dividiert durch den Index der Verbraucherpreise).
2. *Investitionen*. Investitionen (*I*) umfassen den Erwerb von Gebäuden und Maschinen sowie Lagerbestandszuwächse des privaten Sektors.[1] Gemäß unserer Analyse in Kapitel 23 sind die bestimmenden Faktoren für Investitionen: das Produktionsniveau, die Kapitalkosten (beeinflußt durch Steuerpolitik, Zinssätze und andere finanzielle Rahmenbedingungen) sowie deren Zukunftserwartungen. Das wichtigste Instrument, mit dem die Wirtschaftspolitik Einfluß auf die Investitionstätigkeit nehmen kann, ist die Geldpolitik.
3. *Staatsausgaben*. Der dritte Bestandteil der gesamtwirtschaftlichen Nachfrage sind die staatlichen Ausgaben für Güter und Dienstleistungen (*G*): Darunter versteht man den Erwerb von Gütern wie zum Beispiel Maschinen zur Erhaltung der Straßen oder die Dienstleistungen der Richter und Lehrer an öffentlichen Schulen. Im Unterschied zu Konsum und Investitionen wird diese Komponente der gesamtwirtschaftlichen Nachfrage direkt durch die staatlichen Ausgabenentscheidungen bestimmt. Wenn das Verteidigungsministerium neue Flugzeuge kauft, wird der Kaufpreis dem BIP hinzugerechnet.
4. *Nettoexporte*. Der letzte Bestandteil der Gesamtnachfrage stellen die Nettoexporte (*X*) dar, die sich aus dem Wert der Exporte minus dem Wert der Importe errechnen. Die Importe werden durch folgende Größen bestimmt: durch das Einkommen und die Produktionsleistung im Inland, das Verhältnis von inländischen und ausländischen Preisen sowie durch den Devisenwechselkurs. Die Exporte (d.h. Importe von anderen Staaten) sind das Spiegelbild der Importe. Sie werden durch das Einkommen und die Produktion im Ausland, die relativen Preise und die Wechselkurse bestimmt. Folglich resultieren die Nettoexporte aus den inländischen und ausländischen Einkommen und Produktionsniveaus, den relativen Preisen und den Wechselkursen.

Abbildung 24-2 zeigt die Gesamtnachfragekurve (*AD*) und ihre vier wichtigsten Bestandteile. Zu einem Preisniveau *P* können wir die Höhe des Konsums, der Investitionen, der Staatsausgaben und der Nettoexporte bestimmen und

Abbildung 24-2: Komponenten der gesamtwirtschaftlichen Nachfrage

Die gesamtwirtschaftliche oder Gesamtnachfrage *(AD)* setzt sich aus vier Komponenten zusammen: Konsum *(C)*, private Inlandsinvestitionen *(I)*, Staatsausgaben für Güter und Dienstleistungen *(G)* und Nettoexporte *(X)*. Die Gesamtnachfragekurve verlagert sich bei unterschiedlichem Einsatz der makroökonomischen Instrumente wie etwa Änderungen der Geldmenge, der Staatsausgaben bzw. der Steuersätze. Derselbe Effekt resultiert aus Veränderungen auf Grund exogener Ereignisse, die das Ausgabenniveau beeinflussen. Beispiele dafür sind Veränderungen des Outputs im Ausland (wirken auf die Nettoexporte) oder die Erwartungen der Unternehmen (beeinflussen die Investitionen).

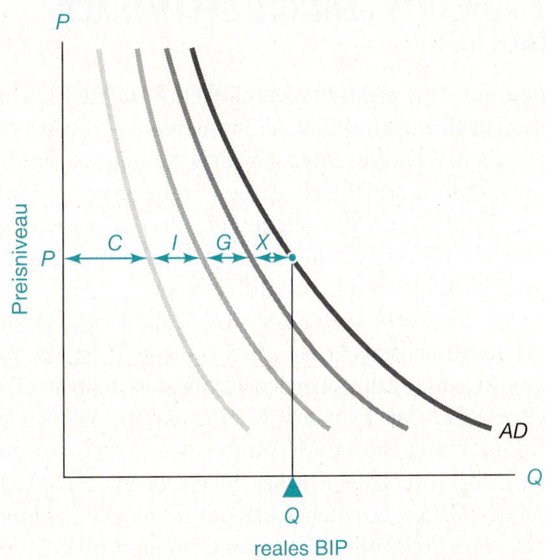

1 Vgl. dazu die Definition im Kapitel 23 auf Seite 508.

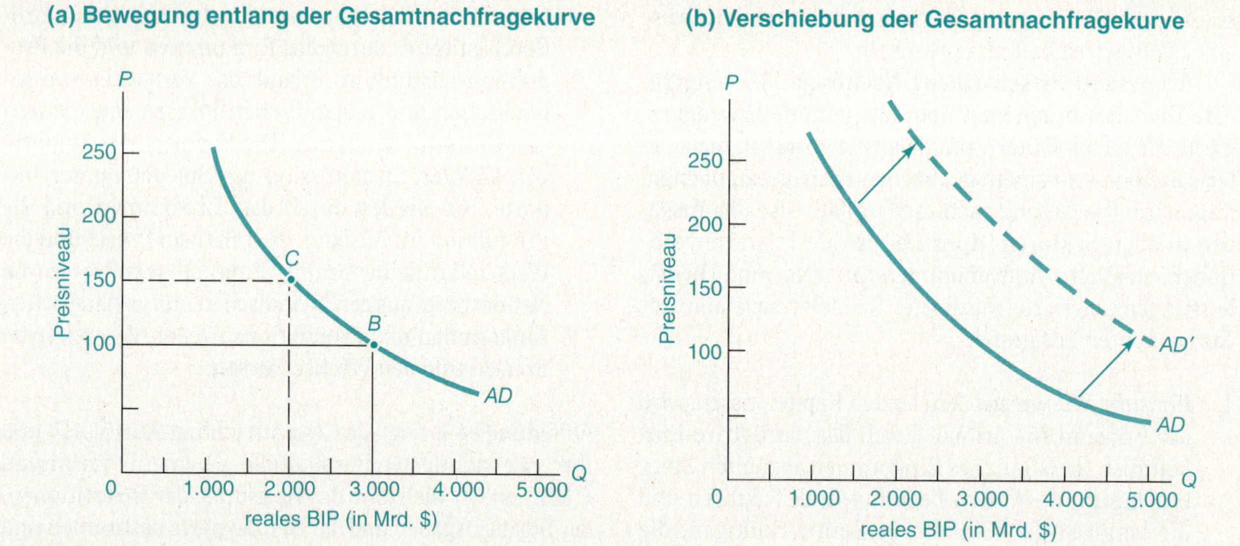

Abbildung 24-3: Bewegung entlang oder Verschiebung der Gesamtnachfragekurve

In Abbildung **(a)** führt ein höherer Preis in Verbindung mit einer starren Geldmenge zu Geldverknappung, höheren Zinssätzen und verminderten Ausgaben für zinssensible Investitionen und Konsum. Wir können eine Bewegung entlang der Gesamtnachfragekurve *(AD)* feststellen, wobei andere Variable konstant gehalten werden.

In Abbildung **(b)** lassen wir die Annahme der konstant gehaltenen Variablen fallen. Veränderungen bei den Faktoren, die die Gesamtnachfrage beeinflussen (wie Geldmenge, Steuerpolitik, die Wiedervereinigung Deutschlands oder Militärausgaben) führen zu Änderungen bei den Gesamtausgaben zu einem gegebenen Preis.

erhalten durch deren Addition *Q*. Die Summe der vier Ausgabenströme ergibt die gesamtwirtschaftlichen Ausgaben bzw. die aggregierte Nachfrage zu diesem Preis.

DIE ABWÄRTS GENEIGTE GESAMTNACHFRAGEKURVE

Abbildung 24-2 zeigt eine vereinfachte Darstellung der Gesamtnachfragefunktion. Als erstes werden Sie feststellen, daß die Kurve einen abwärts geneigten Verlauf nimmt. Daraus ergibt sich, daß die Höhe der realen Ausgaben sinkt, wenn das allgemeine Preisniveau in der Volkswirtschaft steigt; dies unter der Annahme, daß andere Einflußfaktoren konstant bleiben.

Aber das beantwortet noch nicht die Frage, warum die Gesamtnachfragekurve abwärts geneigt ist. Es gibt mehrere Gründe dafür, aber den wichtigsten stellt der *Geldmengeneffekt* dar. Erinnern wir uns daran, daß wir die Gesamtnachfragekurve (*AD*) unter der Ceteris-paribus-Klausel abgeleitet haben. Im speziellen haben wir das Geldangebot konstant gehalten, so daß die nominelle Geldmenge selbst bei steigenden Preisen unverändert bleibt.

Wenn aber die Geldmenge gleich bleibt, während die Preise steigen, muß das reale Geldangebot abnehmen. Wir definieren die *reale Geldmenge* als die nominelle Geldmenge dividiert durch das Preisniveau. Wenn zum Beispiel das Geldangebot eines Staates mit $ 600 Milliarden fixiert ist, und der Verbraucherpreisindex von 100 auf 150 steigt, dann fällt die reale Geldmenge von $ 600 Milliarden auf $ 400 Milliarden (= $ 600 x 100/150).

Bei schrumpfendem realen Geldangebot wird das Medium Geld relativ knapp. Die Zinssätze und Rückzahlungen für Hypothekardarlehen steigen, und Kredite sind schwieriger zu erhalten. Eine knappe Geldmenge verursacht einen Rückgang an Investitionen, Konsum und sogar Nettoexporten. Kurzum, ein Preisanstieg führt verbunden mit einer konstanten Geldmenge zu Geldverknappung und verursacht eine Verringerung der gesamten Realausgaben.[2] Der Nettoeffekt entspricht einer Bewegung entlang der abwärts geneigten Gesamtnachfragekurve.

2 Wir werden den monetären Mechanismus in den folgenden Kapiteln noch genauer untersuchen.

Wir können an unser Beispiel der Bewegung entlang der Gesamtnachfragekurve (*AD*) in Abbildung 24-3 (*a*) anschließen. Nehmen wir an, die Volkswirtschaft befände sich in Punkt *B* bei einem Preisniveau von 100 (zu Preisen von 1992), einem realen BIP von $ 3.000 Milliarden und einem Geldangebot von $ 600 Milliarden im Gleichgewicht. Gehen wir nun davon aus, daß aufgrund einer schlechten Ernte das Preisniveau auf 150 ansteigt. Da die Geldmenge konstant gehalten wird, sinkt das reale Geldangebot (bei einer Inflation von null) von $ 600 Milliarden auf $ 400 Milliarden. Durch die nun knappe Geldmenge steigen die Zinsen. Das Resultat dieses Prozesses besteht in der Rücknahme der Ausgaben für Wohnraumbeschaffung, Betriebsanlagen und Maschinen, Kraftfahrzeuge und in anderen zinsreagiblen Sektoren. Der Nettoeffekt besteht in der Verminderung der gesamten realen Ausgaben auf $ 2.000 Milliarden, in obiger Abbildung als Punkt *C* bezeichnet. Der Rückgang der realen Geldmenge beeinflußt die gesamtwirtschaftliche Nachfrage durch den wichtigen monetären Mechanismus, der in nachfolgenden Kapiteln genauer erörtert werden soll. Auch andere Faktoren beeinflussen die Beziehung zwischen den realen Ausgaben und dem Preisniveau, aber diese haben im Vergleich zum Geldmengeneffekt geringere Auswirkungen.[3]

Zusammenfassend können wir feststellen, daß sich die Gesamtnachfragekurve (*AD*) abwärts neigt und damit anzeigt, daß die reale Nachfragemenge sinkt, wenn das Preisniveau steigt. Der wichtigste Grund für die negativ geneigte *Gesamtnachfragek*urve besteht im Geldmengeneffekt, wobei höhere Preise in Verbindung mit einer konstanten nominellen Geldmenge zu einer Geldmengenverknappung und geringeren gesamtwirtschaftlichen Ausgaben führen.

Achtung: Unterscheiden Sie mikroökonomische und makroökonomische Nachfrage. *Nachdem wir nun die gesamtwirtschaftliche Nachfragekurve gesehen haben, müssen wir auf einen wichtigen Unterschied zwischen der makroökonomischen und der mikroökonomischen Nachfragekurve hinweisen. Führen Sie sich noch einmal mit Hilfe unserer Analyse von Angebot und Nachfrage vor Augen, daß bei der mikroökonomischen Nachfragekurve der Preis einer einzelnen Ware auf der vertikalen Achse und die Produktionsmenge dieser Ware auf der horizontalen Achse aufgetragen werden, und dies unter der Annahme, daß alle anderen Preise und die Einkommen der Haushalte konstant bleiben.*

Im Gegensatz dazu wird bei der Gesamtnachfragekurve das allgemeine Preisniveau auf der vertikalen Achse aufgetragen. Darüber hinaus variieren die Gesamtproduktion und die Einkommen entlang der AD-Kurve, wohingegen bei der mikroökonomischen Nachfragefunktion Einkommen und Produktion konstant gehalten werden.

Schließlich wird die negative Steigung der mikroökonomischen Nachfragefunktion von der Fähigkeit der Konsumenten abgeleitet, das besagte Gut durch andere Güter substituieren zu können. Wenn der Preis für Fleisch ansteigt, sinkt die Absatzmenge, da die Konsumenten das Fleisch teilweise durch Brot und Kartoffeln ersetzen. Es wird also mehr vom relativ billigeren Produkt und weniger vom relativ teureren Produkt konsumiert. Die Gesamtnachfragefunktion ist aus einem ganz anderen Grund abwärts geneigt: Die Gesamtausgaben fallen, wenn das allgemeine Preisniveau steigt, und zwar primär, weil eine konstant gehaltene Geldmenge zwischen den Geldnachfragern mittels höherer Zinsen, knapperer Kreditvergabe und reduzierter Ausgaben rationiert wird.

Die makroökonomische Nachfragefunktion unterscheidet sich von ihrem mikroökonomischen Pendant, da erstere Preis- und Produktionsänderungen für die gesamte Volkswirtschaft beschreibt, während letztere Veränderungen bei einem einzelnen Produkt analysiert. Darüber hinaus weist die Gesamtnachfragekurve hauptsächlich auf Grund des Geldmengeneffektes eine negative Steigung auf, während sich die mikroökonomische Nachfragekurve auf Grund des Substitutionseffektes abwärts neigt, wobei Einkommen und Preise anderer Güter konstant gehalten werden.

Verschiebungen der Gesamtnachfragekurve

Wir wissen inzwischen, daß bei steigendem Preisniveau die Gesamtausgaben in einer Volkswirtschaft zurückgehen, wenn alle anderen Einflußfaktoren konstant bleiben. Aber auch diese anderen Faktoren können sich ver-

[3] Die realen Ausgaben und das Preisniveau sind zum Beispiel ebenso durch den *Realkasseneffekt*, bzw. „Pigou-Effekt“ (nach dem klassischen Ökonomen A. C. Pigou benannt), verbunden. Der Realkasseneffekt basiert auf der Beobachtung, daß Individuen für gewöhnlich einen Teil ihres Vermögens in Geldguthaben, als Bargeld oder auf dem Girokonto, halten. Wenn nun das Preisniveau *P* steigt, dann sinkt der reale Wert ihres Kassenbestandes und damit das reale Vermögen. Durch diesen Vermögensverlust der Haushalte vermindern sich auch die Konsumausgaben sowie die Gesamtnachfrage.

ändern und beeinflussen dann wiederum die Gesamtnachfrage. Was sind nun die Schlüsselvariablen für eine Verschiebung der Gesamtnachfragefunktion?

Grundsätzlich können wir die bestimmenden Faktoren der aggregierten Nachfrage (*AD*) in zwei Kategorien einteilen, wie in Tabelle 24-1 gezeigt wird. Die erste Gruppe umfaßt die wichtigsten wirtschaftspolitischen Instrumente, die dem Staat für die Nachfragelenkung zur Verfügung stehen: Es sind dies die Geldpolitik (die Zentralbank beeinflußt die Geldmenge und andere Finanzierungsformen) und die Fiskalpolitik (Steuern und staatliche Ausgaben). Tabelle 24-1 stellt dar, wie die staatlichen Instrumente die unterschiedlichen Komponenten der Gesamtnachfrage beeinflussen.

Die zweite Gruppe setzt sich aus den *exogenen Variablen* bzw. jenen Variablen zusammen, die außerhalb des Gesamtangebots-Gesamtnachfrage-Modells (*AS-AD*) ermittelt werden. Wie wir aus Tabelle 24-1 ersehen, sind einige dieser veränderlichen Größen (etwa Kriege oder Revolutionen) einer makroökonomischen Analyse nicht zugänglich, einige (etwa wirtschaftliche Aktivitäten im Ausland) liegen außerhalb der Kontrolle der inländischen Politik, und andere wiederum (wie Wertpapiermärkte) entwickeln ein immer stärkeres Eigenleben.

Welche Effekte auf der Gesamtnachfragekurve würden Veränderungen der zugrundeliegenden Variablen hervorrufen? Nehmen Sie zum Beispiel an, daß die Vereinigten Staaten ihre Ausgaben für den Ankauf von Pan-

Variablen	Wirkung auf die Gesamtnachfrage
wirtschaftspolitische Variablen	
Geldpolitik	Eine Ausweitung der Geldmenge verringert die Zinssätze und verbessert die Kreditkonditionen, führt zu einem höheren Investitionsniveau und Konsum von Gebrauchsgütern.
Fiskalpolitik	Eine Erhöhung der Staatsausgaben für Güter und Dienstleistungen führt direkt zu einem Ansteigen der Ausgaben. Steuerreduktionen oder höhere Transferleistungen erhöhen die Einkommen und induzieren zusätzlichen Konsum.
Exogene Variablen	
Ausländische Produktion	Wirtschaftswachstum im Ausland führt zu höheren Nettoexporten.
Vermögenswerte	Höhere Aktienkurse oder Preise für Wohnhäuser ziehen ein höheres Haushaltsvermögen nach sich und führen zu gesteigertem Konsum. Weitere Effekte sind geringere Kapitalkosten und damit ein höheres Investitionsniveau.
Ölpreissenkung	Eine gesteigerte Ölförderung führt zu einer Senkung der Ölpreise am Weltmarkt. Höhere Realeinkommen der Konsumenten und ein gesteigertes Vertrauen der Unternehmen ziehen zusätzlichen Konsum und Investitionen nach sich.
Fortschritte in der Technologie	Technologische Fortschritte können neue Möglichkeiten für Unternehmensinvestitionen und Konsum eröffnen. Wichtige Beispiele sind die Entwicklung der Eisenbahn, der Automobile und der Computer.
sonstige	Politische Ereignisse, Freihandelsabkommen und das Ende des Kalten Krieges fördern das Vertrauen der Unternehmen sowie der Konsumenten und führen damit zu vermehrten Investitionen und Ausgaben für Gebrauchsgüter.

Tabelle 24-1: Viele Faktoren können zu einer Erhöhung der Gesamtnachfrage und zu einer Verschiebung der Gesamtnachfragekurve (*AD*) nach außen führen

Die einfachste Gesamtnachfragekurve setzt die Gesamtausgaben mit dem Preisniveau in Beziehung. Doch es gibt zusätzlich noch viele weitere Faktoren, die sich auf die Gesamtnachfrage auswirken – wirtschaftspolitische Instrumente sind hier ebenso zu nennen wie exogene Variablen. Die Tabelle stellt Veränderungen dar, die zu einem Ansteigen der Gesamtnachfrage und einer Verschiebung der *AD*-Kurve führen.

zern, Gasmasken und Flugzeugen steigern, um damit im Persischen Golf Krieg zu führen. Dieser Schritt führt natürlich zu einer Erhöhung der Staatsausgaben *G*. Wenn der Anstieg von *G* nicht durch eine andere Ausgabenkomponente ausgeglichen wird, verschiebt sich die Gesamtnachfragefunktion entsprechend der Erhöhung von *G* nach rechts außen. Ganz ähnlich würde eine Erhöhung der Geldmenge, eine Verringerung der Ölpreise oder eine Zunahme der Vermögenswerte der Konsumenten (zum Beispiel aufgrund allgemeiner Aktienkurserhöhungen) zu einem Ansteigen der gesamtwirtschaftlichen Nachfrage und damit zu einer Verschiebung der Gesamtnachfragekurve (*AD*) nach außen führen.

Abbildung 24-3 (*b*) zeigt graphisch, wie die in Tabelle 24-1 angeführten Veränderungen die gesamtwirtschaftliche Nachfragekurve (*AD*) beeinflussen würden. Um Ihr Verständnis für diese Fragestellung zu schärfen, stellen Sie eine Tabelle mit Einflußfaktoren zusammen, die zu einer *Abnahme* der aggregierten Nachfrage führen würden (vergleichen Sie dazu auch Frage 2 am Ende dieses Kapitels).

DIE GEWICHTUNG DER BESTIMMENDEN FAKTOREN DER GESAMTNACHFRAGE

Während Ökonomen generell noch darin übereinstimmen, welche Faktoren die Nachfrage bestimmen, so beurteilen sie deren Gewichtung doch recht unterschiedlich. Zum Beispiel konzentrieren sich manche von ihnen primär auf monetäre Einflüsse auf die Gesamtnachfragefunktion, wobei im besonderen die Rolle der Geldmenge betont wird. Nach Meinung dieser Ökonomen, die oft auch *Monetaristen* genannt werden, ist die Geldmenge der entscheidende Faktor für die Höhe der Gesamtausgaben.

Andere Ökonomen beschäftigen sich indessen mit den exogenen Faktoren. Einige haben beispielsweise argumentiert, daß der technologische Fortschritt eine der wichtigsten Triebkräfte für Konjunkturzyklen darstellt. Nach 1850 wurden zum Beispiel in den USA erstmals Eisenbahnen kommerziell genutzt. Diese Innovation läutete nicht nur in den USA, sondern auf der ganzen Welt zwei Dekaden massiver Investitionen in den Eisenbahnbau ein, die den industriellen Volkswirtschaften zu einer anhaltenden Hochkonjunktur verhalfen. In jüngerer Zeit weisen einige Ökonomen darauf hin, daß in den neunziger Jahren die Revolution der Kommunikationstechnologien einen Investitionsboom auslösen könnte, da Unternehmen Zehntausende Milliarden Dollar für die Verlegung von Glasfasernetzwerken ausgeben, um die Infrastruktur für die „Informationssuperhighways" zu schaffen.

Das heutige makroökonomische Denken basiert hauptsächlich auf der Verwendung und Weiterentwicklung bereits vorhandener Ideen bzw. Theorien, die auf der keynesianischen Tradition fußen, aber auch moderne Entwicklungen einbeziehen. Dieser Ansatz, *Keynesianische Makroökonomie* genannt, geht davon aus, daß unterschiedliche staatliche Instrumente der Wirtschaftspolitik und exogene Einflußfaktoren in den bekannten Konjunkturzyklen auf die Volkswirtschaft einwirken. Die Fiskalpolitik wird zum Beispiel als für die gesamtwirtschaftliche Nachfrage während des Zweiten Weltkrieges bestimmender Faktor angesehen, als die Militärausgaben beinahe die Hälfte des BIP der Vereinigten Staaten ausmachten. In jüngerer Zeit war es jedoch eher die Geldpolitik, die einen dominanten Einfluß auf die Konjunkturverläufe ausübte, wobei die Federal Reserve, das Zentralbanksystem der Vereinigten Staaten, als Hauptakteur bei der Bekämpfung von Inflation und Arbeitslosigkeit auftrat.

Wir haben nun die wichtigsten Elemente der Theorie der gesamtwirtschaftlichen Nachfrage untersucht. Im nächsten Kapitel werden wir uns ihrer einfachsten Anwendung, dem Multiplikatormodell, zuwenden.

B. DAS EINFACHE MULTIPLIKATORMODELL

Wenn Ökonomen der Frage nachgehen, warum eine drastische Erhöhung von Militärausgaben in Kriegszeiten zu einem raschen Anwachsen des BIP führt, oder warum die angebotsseitigen Steuerreduktionen in den achtziger Jahren den Vereinigten Staaten die längste Aufschwungphase in Friedenszeiten bescherte, oder warum die durch das Ende des kalten Krieges bedingte Verringerung der Verteidigungsausgaben die kalifornische Wirtschaft in Schwierigkeiten brachte, dann verwenden sie häufig das Multiplikatormodell, um einfachste Zusammenhänge darzustellen.

Was ist nun das **Multiplikatormodell**? Es stellt eine makroökonomische Theorie dar, die zu erklären versucht, wie bzw. wodurch die Produktionsleistung kurzfristig bestimmt wird. Der Begriff „Multiplikator" wurde deshalb gewählt, weil man erkannte, daß jede Verringerung bzw. Erhöhung der Ausgaben um eine Geldeinheit (etwa durch eine Investition) zu einer Änderung des BIP um mehr als eine Geldeinheit (bzw. um ein Vielfaches) führt. Das Multiplikatormodell erklärt, wie große Schwankungen bei Investitionen, im Außenhandel sowie bei öffentlichen Steuern und Ausgaben das Produktionsniveau und die Beschäftigungslage in einer Volkswirtschaft mit ungenützten Ressourcen beeinflussen.

Im folgenden Abschnitt beschreiben wir das einfachste Multiplikatormodell, das auf Auswirkungen von Änderungen bei den Unternehmensinvestitionen abstellt. Damit ignorieren wir natürlich alle staatlichen Instrumente im Rahmen der Fiskal- und Geldpolitik sowie den Außenhandel. Aber keine Sorge, wir werden diese wichtigen Themen im nächsten Kapitel behandeln.

Bevor Sie nun den Multiplikator etwas näher kennenlernen, beachten Sie bitte, daß dieses Modell keineswegs dem Gesamtangebots-Gesamtnachfrage-Modell (*AS-AD*) des Kapitels 21 widerspricht. Es ist vielmehr so, daß das Multiplikatormodell die Wirkungen der gesamtwirtschaftlichen Nachfrage *erklärt*, und zwar indem er aufzeigt, wie Konsum, Investitionen und andere Variablen zusammenspielen und damit letztendlich die Gesamtnachfrage determinieren. Die wichtigste Annahme im Multiplikatormodell besagt, daß Preise und Löhne als gegeben bzw. als kurzfristig starr vorausgesetzt werden. Damit erfolgen alle Anpassungen an Schocks bzw. an den Einsatz wirtschaftspolitischer Instrumente durch Produktion und Beschäftigung. Diese hilfreiche Annahme fixer Preise und Löhne ist wahrscheinlich eine vernünftige erste Annäherung für eine kurzfristige Betrachtungsweise. Langfristig müssen wir jedoch (und werden dies später auch) die Preis- und Lohnveränderungen mitberücksichtigen. Diese ergeben sich aufgrund der verstärkten Gesamtnachfrage sowie der Änderungen im potentiellen Output und in den Produktionskosten.

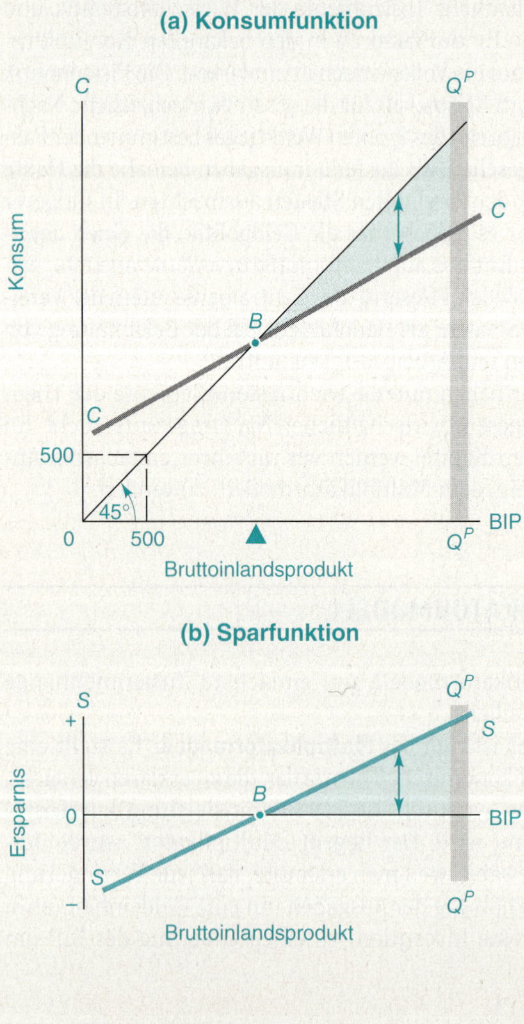

Abbildung 24-4: Die gesamtwirtschaftliche Produktion bestimmt die Höhe des Konsums und der Ersparnis

Die Kurve *CC* stellt die gesamtwirtschaftliche Konsumfunktion, *SS* die aggregierte Sparfunktion dar. Wie wir wissen, besteht zwischen beiden ein spiegelbildlicher Zusammenhang: Die Sparschwelle liegt im Punkt *B* – im oberen Diagramm im Schnittpunkt von *CC* und 45°-Linie, im unteren Diagramm im Schnittpunkt von *SS* und Abszisse. Können Sie erklären, warum die eingezeichneten vertikalen Pfeile gleich große Abstände markieren müssen? Die beiden mit „500" bezeichneten Punkte unterstreichen die wichtige Eigenschaft der 45°-Linie: Sie ist sowohl von der horizontalen wie von der vertikalen Achse immer gleich weit entfernt. Der graue Balken (Q^PQ^P) zeigt das Niveau des potentiellen BIP.

DIE BESTIMMUNG VON PRODUKTION UND EINKOMMEN DURCH DIE SPAR- UND INVESTITIONSFUNKTION

Zuerstmüssen wir die Beziehung zwischen Investitionen und Konsum untersuchen. Wir erinnern uns daran, daß im Kapitel 23 ein vereinfachtes Abbild der gesamtwirtschaftlichen Konsum- und Sparfunktion dargestellt wurde. Konsum- und Sparfunktion basieren auf unseren Informationen über die Einkommen, Vermögen usw. der verschiedenen Familien in einer Volkswirtschaft. Abbildung 24-4 zeigt die gesamtwirtschaftliche Konsum- und Sparfunktion.[4] Jeder Punkt auf der Konsumfunktion zeigt zu einer gegebenen Höhe des verfügbaren Einkommens ein gewünschtes bzw. geplantes Konsumniveau. Die beiden Funktionen sind eng miteinander verbunden: da $C + S$ immer dem Einkommen entspricht, stellen die Konsum- und die Sparkurve Spiegelbilder dar, die aufaddiert immer die 45°-Linie ergeben.

Wir wissen inzwischen ebenso, daß Ersparnis und Investition von völlig unterschiedlichen Faktoren bestimmt werden: Ersparnis (und Konsum) ist primär vom Einkommen abhängig, während Investitionen durch die Produktionsleistung und verschiedene andere Faktoren (wie zum Beispiel erwartetes zukünftiges Produktionsniveau, Zinssätze, Steuerpolitik und Vertrauen der Unternehmen) bedingt sind. Zur Vereinfachung behandeln wir hier Investitionen als allein von exogenen Faktoren abhängig. Das führt dazu, daß wir Investitionen als exogene Variable sehen, deren Niveau von Faktoren bestimmt wird, die außerhalb der Modellbetrachtung liegen. Nehmen wir an, daß sich die Investitionen, unabhängig von der Höhe des BIP, jährlich auf exakt $ 200 Milliarden belaufen. Dann müßten wir in einem Diagramm, in dem Investitionen und BIP zueinander in Beziehung gesetzt werden, die Investitionsfunktion als eine horizontale Gerade einzeichnen, die parallel zur Abszisse verläuft. Dieser Fall wird in Abbildung 24-5 dargestellt, wobei die Investitionsfunktion mit *II*, und die Sparfunktion mit *SS* bezeichnet wird. (*II* entspricht also nicht der Römischen Ziffer 2.)

Die Spar- und die Investitionsfunktion schneiden einander in Punkt *E*. Dieser Punkt entspricht der Höhe des BIP in Punkt *M* und stellt das Gleichgewichtsniveau der Produktion und damit des Einkommens im Multiplikatormodell dar.

Der Schnittpunkt von Spar- und Investitionsfunktion bezeichnet also das Gleichgewichtsniveau des BIP, auf das sich Einkommen und gesamtwirtschaftliche Produktion hinbewegen.

Die Bedeutung des Gleichgewichts

Warum zeigt der Punkt *E* in Abbildung 24-5 ein Gleichgewicht an? Der Grund liegt darin, daß beim Punkt *E* die geplante Ersparnis der Haushalte den geplanten Investitionen der Unternehmen entspricht. Falls Ersparnis und Investition nicht ausgeglichen sind, wird sich das Produktionsniveau entweder nach unten oder nach oben anpassen. Die in Abbildung 24-5 gezeigten Spar- und Investitionsfunktionen beschreiben *geplante Niveaus*. Folglich planen Unternehmen, beim Produktionsniveau *M* Investitionen im Ausmaß des vertikalen Abstandes *ME* zu tätigen. Ebenso wünschen Haushalte, Ersparnisse in der Höhe von *ME* zu bilden. Daraus ergibt sich aber keine logische Notwendigkeit, daß die tatsächlichen und die geplanten Ersparnisse (oder Investitionen) übereinstimmen müssen. Da Menschen Fehler machen können, schätzen sie zukünftige Ereignisse manchmal falsch ein. Und wenn solche Fehler

Abbildung 24-5: Das Gleichgewichtsniveau des gesamtwirtschaftlichen Outputs wird durch den Schnittpunkt der Spar- und Investitionsfunktionen bestimmt

Die horizontale Linie *II* zeigt ein konstantes Investitionsniveau an. *E* ist der Schnittpunkt der Investitions- und Sparfunktion. Der Gleichgewichtsoutput liegt hier, weil bei keiner anderen Höhe des BIP die geplanten Ersparnisse der Haushalte exakt den geplanten Investitionen der Unternehmen entsprechen.

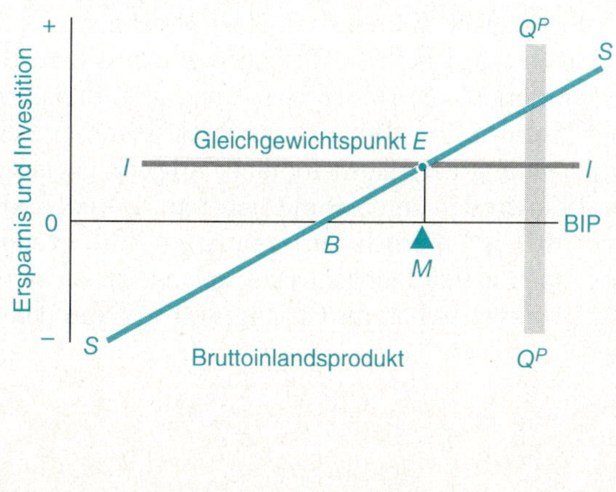

[4] Hier vereinfachen wir anfänglich das Bild, indem wir den Einfluß von Steuern, einbehaltenen Unternehmensgewinnen, Außenhandel, Abschreibung und staatlicher Fiskalpolitik außer acht lassen. Wir nehmen auch vorläufig an, daß mit dem Begriff „Einkommen" das verfügbare Einkommen gemeint ist und dieses dem BIP entspricht.

passieren, können Ersparnis und Investitionen von den geplanten Niveaus abweichen.

Um zu sehen, wie sich der Output anpaßt, bis das geplante Spar- bzw. Investitionsniveau erreicht wird, werden wir nachfolgend drei Fälle näher betrachten.

Im ersten Fall befindet sich die Volkswirtschaft bereits im Punkt *E*, wo sich die Kurve der von den Unternehmen geplanten Investitionen mit der Kurve der von den Haushalten gewünschten Ersparnisse schneidet. Wenn die Pläne und Wünsche aller Beteiligten erfüllt werden, sind alle zufrieden und werden sich in Zukunft genauso verhalten wie bisher. In diesem Gleichgewicht werden sich bei den Unternehmen weder Lagerbestände anhäufen, noch werden sie steigende Umsätze dazu verleiten, die Produktion auszudehnen. Produktion, Beschäftigung, Einkommen und Ausgaben werden sich auf ihrer bisherigen Höhe halten. Das BIP verharrt in *E*, und wir können mit Recht von einem *Gleichgewicht* sprechen.

Im zweiten Fall befindet sich das BIP oberhalb von *E*, also rechts von *M*. Bei diesem Einkommensniveau liegt die Sparfunktion über der Investitionsfunktion. Warum kann diese Situation nicht dauerhaft bestehen bleiben? Der Grund liegt darin, daß bei diesem Einkommensniveau die Haushalte mehr sparen, als die Unternehmen gewillt sind zu investieren. Infolgedessen werden die Unternehmen ihre Produktion nicht mehr vollständig absetzen können, und die Lagerbestände erhöhen sich. Was können die Unternehmen in dieser Situation tun? Sie werden ihre Produktion drosseln und Arbeitskräfte entlassen. Dadurch wird das BIP allmählich sinken, bzw. in Abbildung 24-5 würde dies zu einer Bewegung nach links führen. Die Volkswirtschaft kommt erst wieder ins Gleichgewicht, wenn der Output wieder auf der Höhe des Punktes *E* zu liegen kommt. Hier gibt es keine Tendenzen mehr, die zu einer Änderung führen würden.

Den dritten Fall sollten Sie inzwischen selbst analysieren können. Zeigen Sie, daß bei einem BIP, das unterhalb des Gleichgewichtsniveaus *E* liegt, starke Kräfte wirksam werden, die es wieder auf *E* erhöhen.

Alle drei Fälle führen zum selben Ergebnis:

Das einzige dauerhafte Gleichgewichtsniveau des BIP besteht im Punkt *E*, wo sich Spar- und Investitionsfunktion schneiden. In jedem anderen Punkt stimmt die Ersparnisbildung der Haushalte nicht mit den geplanten Investitionen der Unternehmen überein. Diese Diskrepanz wird die Unternehmen veranlassen, ihre Produktions- und Beschäftigungsniveaus so lange zu variieren, bis die Volkswirtschaft ihr Gleichgewichtsniveau gefunden hat.

DIE BESTIMMUNG VON PRODUKTION UND EINKOMMEN DURCH KONSUM UND INVESTITIONSNACHFRAGE

Neben dem Gleichgewicht zwischen Spar- und Investitionsfunktion gibt es noch einen zweiten Weg, um zu zeigen, wie sich die Höhe der Produktion bestimmt. Er führt zwar zum gleichen Ergebnis, aber wir werden noch besser verstehen lernen, wodurch sich der Output einer Volkswirtschaft bestimmt, wenn wir uns auch mit dieser zweiten Methode vertraut machen.

Diese zweite Methode wird Einkommen-Ausgaben-Modell (*C*+*I*-Approach) genannt. Dieses Einkommen-Ausgaben Modell (*C*+*I*-Approach) wird in Abbildung 24-6 dargestellt, indem die Gesamtausgaben $(C + I)$ der Gesamtproduktion bzw. dem gesamten verfügbaren Einkommen

Abbildung 24-6: Im Einkommen-Ausgaben-Modell befindet sich der Gleichgewichtsoutput im Schnittpunkt der Kurve der Gesamtausgaben $(C + I)$ mit der 45°-Linie.

Addiert man die Investitions- und Konsumfunktion, so erhält man die Funktion der geplanten Gesamtausgaben $(C + I)$. In *E*, wo diese Kurve die 45°-Linie schneidet, erhalten wir dasselbe Gleichgewicht wie im Diagramm der Erspanis- und Investitionsfunktionen. (Beachten Sie die Ähnlichkeit zwischen dieser Abbildung und Abbildung 24-5: Die Investitionsfunktionen der beiden Abbildungen entsprechen einander; die Sparschwelle *B*, das potentielle Produktionsniveau Q^P und das Gleichgewichtsniveau *E* befinden sich in beiden Diagrammen auf derselben Höhe des BIP.)

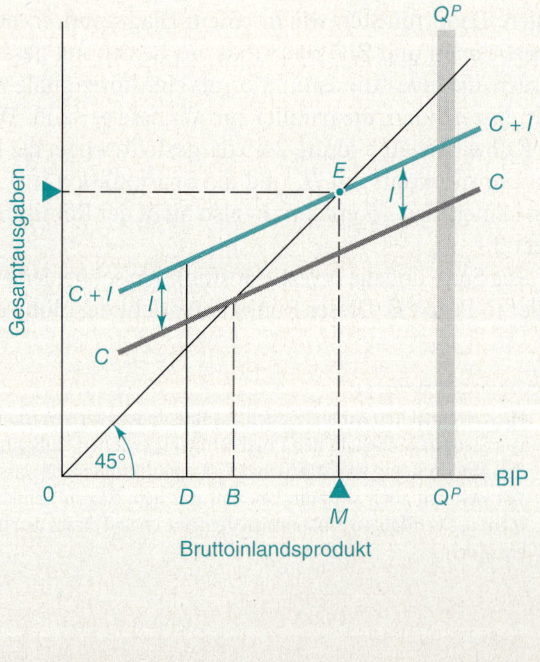

gegenübergestellt werden. Die schwarz eingezeichnete Kurve (*CC*) stellt einfach die Konsumfunktion dar, die das zu jeder gegebenen Einkommenshöhe gewünschte Konsumniveau darstellt. Wenn wir dann die geplanten Investitionen (mit einer festgelegten Höhe *I*) zur Konsumfunktion hinzuzählen, erhalten wir die geplanten Gesamtausgaben, die in Abbildung 24-6 der blauen Kurve ($C + I$) entsprechen.

Wir zeichnen noch die 45°-Linie ein, um den Gleichgewichtspunkt ermitteln zu können. In jedem Punkt auf der 45°-Linie entspricht das gesamte Konsumniveau plus den Investitionsausgaben (vertikal gemessen) exakt der gesamten Produktion (horizontal gemessen).

Nun können wir das Gleichgewichtsniveau der Produktion in Abbildung 26-6 bestimmen. Dort, wo die geplanten Gesamtausgaben ($C + I$) der Gesamtproduktion entsprechen, befindet sich die Volkswirtschaft im Gleichgewicht.

Zusammenfassend können wir feststellen, daß die Gesamtausgabenfunktion oder -kurve das gewünschte Ausgabenniveau der Haushalte und der Unternehmen bei jeder gegebenen gesamtwirtschaftlichen Produktions- bzw. Einkommenshöhe darstellt. In Abbildung 24-6 ist die Volkswirtschaft im Punkt *E* im Gleichgewicht, wo sich die Kurve der Gesamtausgaben ($C + I$) mit der 45°-Linie schneidet. In diesem Punkt *E* ist die Volkswirtschaft deshalb im Gleichgewicht, weil die geplanten Konsum- und Investitionsausgaben exakt der Produktionshöhe entsprechen.

Der Anpassungsmechanismus

Es ist sehr wesentlich zu verstehen, weshalb in Punkt *E* ein Gleichgewicht herrscht. Das Gleichgewicht tritt ein, wenn die geplanten Gesamtausgaben ($C + I$) der geplanten Produktion bzw. dem geplanten Einkommen entsprechen. Kommt es nun zu einer Abweichung vom Gleichgewichtspunkt, wie zum Beispiel beim Produktionsniveau *D* in Abbildung 24-6, was würde dann passieren? Bei einer Produktion in dieser Höhe liegt die Kurve der Gesamtausgaben oberhalb der 45°-Linie, die geplanten Gesamtausgaben wären somit höher als die geplante Produktion bzw. das geplante Einkommen. Damit würden die Konsumenten beispielsweise mehr Autos und Schuhe nachfragen, als die Unternehmen produzieren, und eine Verknappung der Vorräte wäre die Folge. In dieser Ungleichgewichtssituation würden Autohändler und Schuhverkäufer ihre Aufträge erhöhen. Die Auto- und Schuhproduzenten würden entlassene Arbeiter wieder einstellen und ihre Produktlinien ausweiten. Aufgrund dessen *führen Ungleichgewichte zwischen Ausgaben und Einkommen zu Veränderungen der Produktionshöhe*.

Wir erkennen dank dieser Argumentationskette, daß die Volkswirtschaft nur im Punkt *E* im Gleichgewicht ist, in dem Unternehmen das produzieren, was Haushalte für Konsum und andere Unternehmen für Investitionen auszugeben planen.

Zum besseren Verständnis sollten Sie diesen Gedankengang auch für den Fall durchspielen, daß die Produktion höher als im Gleichgewichtspunkt *E* bzw. rechts davon liegt.

Geplante versus tatsächliche Beträge. In diesem Abschnitt haben wir wiederholt über „geplante" bzw. „gewünschte" Ausgaben und Produktionsmengen gesprochen. Diese Wörter lenken die Aufmerksamkeit auf den Unterschied zwischen (1) der Höhe des geplanten bzw. gewünschten Konsums, die durch Konsum- oder Investitionsfunktion bestimmt wird, und (2) der tatsächlichen oder realisierten Höhe des Konsums bzw. der Investitionen.

Diese Unterscheidung betont, daß sich das BIP nur dann im Gleichgewicht befindet, wenn Unternehmen und Konsumenten ihre geplanten Ausgaben und Investitionen auch wirklich realisieren. Bei der statistischen Ermittlung werden sich Ersparnis und Investitionen immer entsprechen, egal ob sich die Volkswirtschaft in einer Rezession oder Hochkonjunktur befindet. Die *tatsächlich* durchgeführten Investitionen werden jedoch oft von den *geplanten* Investitionen differieren, wenn die realisierten Verkäufe nicht mit den geplanten Verkäufen übereinstimmen. Die Unternehmen werden als Konsequenz eine unfreiwillige Aufstockung oder Reduktion ihres Lagers erfahren. Nur wenn die tatsächliche Höhe der Produktion auch dem Gleichgewicht zwischen geplanten Gesamtausgaben und geplanter Höhe des Outputs entspricht, wird es keine Tendenzen zur Veränderung von Produktion, Einkommen oder Ausgaben geben.

Eine arithmetische Analyse

Ein Rechenbeispiel soll uns noch einmal verdeutlichen, warum sich das Gleichgewichtseinkommen genau dort befindet, wo die geplanten Gesamtausgaben und die geplante Produktion übereinstimmen.

Tabelle 24-2 zeigt ein einfaches Beispiel für das Zusammenspiel von Konsum- und Sparfunktion. Die Sparschwelle für die Einkommen, bei der in dieser Volkswirtschaft unterm Strich noch keine Nettoersparnisse gebildet werden konnten, wird auf $ 3.000 Milliarden ($ 3 Billionen) geschätzt. Jede Einkommensänderung im Umfang von $ 300 Milliarden wird schätzungsweise eine Ersparnisänderung von $ 100 Milliarden und eine Abwei-

Das Gleichgewichts-BIP ist dort zu finden, wo der Output den geplanten Ausgaben entspricht (in Mrd. $)							
(1) BIP bzw. verfügbares Einkommen	(2) geplanter Konsum	(3) geplante Ersparnis (3) = (1) – (2)	(4) geplante Investitionen	(5) BIP (5) = (1)		(6) geplante Ausgaben (Konsum und Investitionen) (6) = (2) + (4)	(7) Auswirkungen auf den Output
4.200	3.800	**400**	**200**	4.200	>	4.000	↓ Kontraktion
3.900	3.600	**300**	**200**	3.900	>	3.800	↓ Kontraktion
3.600	3.400	**200**	**200**	3.600	=	3.600	Gleichgewicht
3.300	3.200	**100**	**200**	3.300	<	3.400	↑ Expansion
3.000	3.000	**0**	**200**	3.000	<	3.200	↑ Expansion
2.700	2.800	**–100**	**200**	2.700	<	3.000	↑ Expansion

Tabelle 24-2: Ein einfaches Zahlenbeispiel verdeutlicht, daß sich die Produktion im Gleichgewicht befindet, wo die geplanten Ausgaben dem BIP entsprechen

Die hervorgehobene Zeile zeigt den Gleichgewichtsoutput an, wo die $ 3.600 Milliarden an BIP genau mit dem Betrag übereinstimmen, den Unternehmen zu investieren und Haushalte zu konsumieren planen. In den darüberliegenden Zeilen müssen Unternehmen unfreiwillige Lagerinvestitionen vornehmen. Daraufhin werden sie ihre Produktion so lange einschränken, bis der Gleichgewichtsoutput erreicht ist. Interpretieren Sie bitte nun die darunter liegenden Zeilen, in denen eine Tendenz zur Expansion des BIP hin zum Gleichgewicht zu erkennen ist.

chung des Konsums von $ 200 Milliarden nach sich ziehen. Das heißt in anderen Worten, daß die Grenzneigung zum Konsum (*MPC*) aus Vereinfachungsgründen als konstant angenommen wird und genau $^2/_3$ beträgt. Die Grenzneigungen zum Sparen (*MPS*) beläuft sich deshalb auf $^1/_3$. Wir nehmen wieder an, daß die Investitionen exogen gegeben sind. Das einzige nachhaltig aufrechterhaltbare Investitionsniveau liegt bei $ 200 Milliarden, wie in der Spalte 4 der Tabelle 24-2 dargestellt. Das heißt also, daß bei jeder Höhe des BIP die Unternehmen den Kauf von Investitionsgütern im Ausmaß von genau $ 200 Milliarden planen, nicht mehr und nicht weniger.

Die Spalten 5 und 6 sind die entscheidenden. Spalte 5 enthält das BIP und stellt nichts anderes dar als eine Kopie von Spalte 1. Die Zahlen der Spalte 6 geben an, welche Beträge auf Dauer tatsächlich wieder in den Unternehmenssektor in Form von geplanten Konsumausgaben sowie geplanten Investitionen zurückfließen. Diese Daten entsprechen der Kurve der Gesamtausgaben ($C + I$) der Abbildung 24-6. Wenn die Unternehmen in ihrer Gesamtheit mehr produzieren, als die Verbraucher ihnen abkaufen und sie selber investieren wollen, dann werden sich ihre Lager mit unverkäuflichen Gütern füllen.

Aus der ersten Zeile von Tabelle 24-2 können wir ersehen, daß die Unternehmen zeitweise Produkte im Wert von $ 4.200 Milliarden herstellen, während sich die geplanten Gesamtausgaben (Spalte 6) nur auf $ 4.000 Milliarden belaufen. In dieser Situation werden Lagerüberschüsse akkumuliert. Die Unternehmen werden daraufhin ihre Produktion zurücknehmen, und das BIP wird fallen. Im gegenteiligen Fall, wie wir der letzten Reihe der Tabelle entnehmen können, belaufen sich die Gesamtausgaben auf $ 3.000 Milliarden und der Output auf $ 2.700 Milliarden. In diesem Fall werden die Unternehmen aufgrund der schwindenden Lagerbestände ihr Produktionsniveau erhöhen, was natürlich zu einer Erhöhung des BIP führt. Wenn also die Unternehmer insgesamt vorübergehend mehr produzieren, als sie mit Gewinn verkaufen können, dann schränken sie ihre Aktivitäten ein und das BIP fällt. Können die Unternehmen in Summe mehr verkaufen, als sie derzeit produzieren, weiten sie ihre Produktion aus und das BIP steigt.

Nur wenn die Höhe des Outputs in Spalte 5 genau den geplanten Ausgaben in Spalte 6 entspricht, dann herrscht ein gesamtwirtschaftliches Gleichgewicht vor. Der Umsatz der Unternehmen reicht gerade aus, um die

Produktion im derzeitigen Umfang weiterhin aufrechtzuerhalten. Das BIP wird weder steigen noch fallen.

Zusammenfassend können wir feststellen, daß das BIP einen der wichtigsten Indikatoren für das wirtschaftliche Wohlergehen einer Volkswirtschaft darstellt. Was bestimmt nun die Höhe des BIP? Sehr langfristig gesehen beschränkt das potentielle Produktionsniveau das BIP eines Staates. Aber kurzfristig besagt das Multiplikatormodell, daß die gesamtwirtschaftliche Nachfrage (nach Investitionen und Konsum) die Höhe des BIP bestimmt. Außerdem verhilft uns das Wissen über Konsum- und Investitionsausgaben (wie das Zitat von Keynes am Beginn dieses Kapitels besagt), die hohe Arbeitslosigkeit besser zu verstehen. Obwohl die hier diskutierten Zusammenhänge vereinfacht dargestellt wurden, bleibt deren Substanz auch gültig, wenn weitere Faktoren wie staatliche Fiskalpolitik, Geldpolitik und Außenhandel berücksichtigt werden.

DER MULTIPLIKATOR

Wo finden wir nun den Multiplikator in den oben beschriebenen Beziehungen? Um diese Frage beantworten zu können, müssen wir uns zuerst vergegenwärtigen, wie exogene Investitionsausgaben das BIP beeinflussen. Es ist leicht nachvollziehbar, daß eine Erhöhung der Investitionsausgaben die Produktion und die Beschäftigung ansteigen lassen. Aber um wieviel? Das keynesianische Multiplikatormodell zeigt, daß eine Zunahme der Investitionsausgaben zu einer Steigerung des BIP führt, die ein Mehrfaches der ursprünglichen Nettoinvestitionen ausmacht.

Der **Multiplikator** ist jene Zahl, mit der man die Veränderung der Nettoinvestitionen multiplizieren muß, um die daraus resultierende Änderung des Gesamteinkommens bzw. der Gesamtproduktion zu erhalten.

Nehmen Sie zum Beispiel an, daß die Investitionen um \$ 100 Milliarden ansteigen. Wenn daraus eine Produktionserhöhung von \$ 300 Milliarden resultiert, ergibt sich ein Multiplikator von 3. Würde sich statt dessen eine Produktionsausweitung von \$ 400 Milliarden ergeben, dann wäre der Multiplikator 4.

Holzschuppen und Zimmerleute. Wieso ist der Multiplikator größer als 1? Nehmen wir an, daß bislang unbeschäftigte Produktionsfaktoren dazu eingesetzt werden, einen Holzschuppen im Wert von \$ 1.000 zu errichten. Das bedeutet zunächst, daß Zimmerleute und Bauholzproduzenten dadurch eine zusätzliches Einkommen von \$ 1.000 erhalten werden. Das ist jedoch noch nicht alles. Angenommen, ihre Grenzneigung zum Konsum (*MPC*) beträgt $^2/_3$, so werden sie von diesem Einkommen \$ 666,67 für neue Konsumgüter wieder ausgeben. Damit fließen den Konsumgüterproduzenten \$ 666,67 als zusätzliche Einkommen zu. Beträgt deren Grenzneigung zum Konsum ebenfalls $^2/_3$, so werden sie ihrerseits \$ 444,44, bzw. $^2/_3$ von \$ 666,67 (oder $^2/_3$ von $^2/_3$ von \$ 1.000), ausgeben. Der Prozeß setzt sich fort – mit jeder Ausgabenrunde werden zwei Drittel des Betrags der vorigen Runde wieder für Konsum verwendet.

Die *primäre* Investition in der Höhe von \$ 1.000 löst somit eine endlose Kette *sekundärer* Konsumausgaben aus, deren Beträge sich jedoch immer weiter verringern. Zählt man alles zusammen, erhält man schlußendlich einen endgültigen Betrag. Die Gesamterhöhung der Ausgaben läßt sich arithmetisch wie folgt ermitteln:

$$\begin{array}{ccc}
\$\ 1.000{,}00 & & 1 \times \$\ 1.000 \\
+ & & + \\
666{,}67 & & ^2/_3 \times \$\ 1.000 \\
+ & & + \\
444{,}44 & & (^2/_3)^2 \times \$\ 1.000 \\
+ & & + \\
296{,}30 & & (^2/_3)^3 \times \$\ 1.000 \\
+ & = & + \\
197{,}53 & & (^2/_3)^4 \times \$\ 1.000 \\
+ & & + \\
\vdots & & \vdots \\
\hline
\$\ 3.000 & \dfrac{1}{1-{}^2/_3} \times \$\ 1.000, \text{ oder } 3 \times \$\ 1.000 &
\end{array}$$

Es zeigt sich, bei einer Grenzneigung zum Konsum (*MPC*) von $^2/_3$ beträgt der Multiplikator 3. Er setzt sich aus den primären Investitionen in Höhe von 1 plus den sekundären Konsumausgaben in Höhe von 2 zusammen.

Dieselbe Rechnung würde bei einer Grenzneigung zum Konsum von $^3/_4$ einen Multiplikator von 4 ergeben, da $1 + {}^3/_4 + ({}^3/_4)^2 + ({}^3/_4)^3 + \ldots$ schlußendlich 4 ergibt. Bei einer Grenzneigung zum Konsum von $^1/_2$ beträgt der Multiplikator 2.[5]

---

5 Die Formel für eine unendliche geometrische Reihe lautet:

$$1 + r + r^2 + r^3 + \ldots + r^n = \frac{1}{1-r}$$

solange r, die Grenzneigung zum Konsum, absolut genommen kleiner als 1 ist.

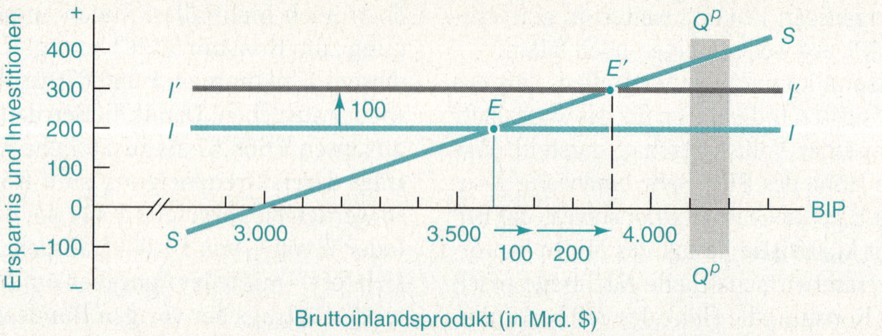

Abbildung 24-7: Jeder Dollar an Investitionen führt mittels Multiplikator zu 3 Dollar Einkommen

Neue Investitionen verlagern *II* nach *I′I′*. Das neue Gleichgewichtseinkommen kommt bei *E′* zustande. Der Output erhöht sich um 3 Einheiten, wenn die Investitionen um eine Einheit steigen. (Beachten Sie, daß der unterbrochene, waagrechte, blaue Pfeil dreimal so lang ist wie der senkrechte, der die Zunahme der Investitionsausgaben anzeigt. Der waagrechte Pfeil wurde unterbrochen, um zu zeigen, daß pro Einheit primärer Investitionen zwei Einheiten sekundärer Konsumausgaben zu veranschlagen sind.)

Die Höhe des Multiplikators wird also von der Höhe der Grenzneigung zum Konsum bestimmt. Man kann dies auch mit Hilfe des Zwillingsbegriffs, der Grenzneigung zum Sparen (*MPS*), ausdrücken: Wenn die Grenzneigung zum Sparen bei $1/4$ liegt, dann beträgt die Grenzneigung zum Konsum $3/4$ und der Multiplikator 4. Bei einer Grenzneigung zum Sparen von $1/3$ beträgt der Multiplikator 3; bei *MPS* von 1/x ergibt sich ein Multiplikator von x.

Damit sollte klar sein, daß der einfache Multiplikator immer dem Kehrwert bzw. reziproken Wert der Grenzneigung zum Sparen entspricht. Unsere Formel für den einfachen Multiplikator lautet:

$$\text{Änderung des Einkommens bzw. der Produktion} = \frac{1}{MPS} \times \text{Änderung der Investition}$$

$$= \frac{1}{1-MPC} \times \text{Änderung der Investition}$$

Mit anderen Worten: Je größer die zusätzlichen Konsumausgaben, desto höher der Multiplikator, bzw. je mehr bei jeder neuen Runde zusätzlich gespart wird, desto kleiner der Multiplikator.

Bisher haben wir den Multiplikator nur im Zusammenhang mit einem zusätzlichen Konsum und zusätzlichen Ersparnissen diskutiert. Aber dies stellt nur einen Teil des Themenkomplexes dar. Im nächsten Kapitel werden wir erfahren, daß der Multiplikator auch für Änderungen bei den gesamtwirtschaftlichen Ausgaben und Ersparnissen anwendbar ist.

Graphische Darstellung des Multiplikators

Unsere Diskussion über den Multiplikator beruhte bisher auf dem gesunden Menschenverstand und etwas Arithmetik. Erhalten wir auch mit der graphischen Analyse des Spar- und Investitionsverhaltens dieselben Resultate? Die Antwort darauf lautet ja.

Gehen wir, wie in Tabelle 24-2 beschrieben, von einer Grenzneigung zum Sparen (*MPS*) von 1/3 und von neuen Erfindungen aus, die zusätzliche kontinuierliche Investitionsmöglichkeiten von $ 100 Milliarden nach sich ziehen. Wo wird sich nun das neue Gleichgewicht im Einkommen-Ausgaben-Modell einpendeln? Wenn der Multiplikator tatsächlich 3 beträgt, wie unsere vorherige Analyse ergab, müßte das BIP auf $ 3.900 Milliarden ansteigen.

Ein Blick auf Abbildung 24-7 bestätigt dieses Ergebnis. Unsere alte Investitionsfunktion *II* verschiebt sich um $ 100 Milliarden nach oben auf das neue Niveau *I′I′*. Der neue Schnittpunkt ist *E′*. Die daraus resultierende Einkommenserhöhung entspricht genau dem Dreifachen der Investitionszunahme. Der blaue Pfeil zeigt an, daß der horizontale Abstand zwischen altem und neuem Gleichgewichtsoutput dreimal größer ist als die vertikale Veränderung der Investitionsfunktion. Wir wissen, daß die geplanten Ersparnisse im gleichen Ausmaß ansteigen müssen, damit die neuen bzw. höheren Investitionen getätigt werden können. Und damit die Ersparnisse steigen können, muß das gesamtwirtschaftliche Einkommen steigen. Bei einer Grenzneigung zum Sparen von $1/3$ und einer Investitionserhöhung von $ 100 muß das Einkommen um $ 300 steigen, damit eine zusätzliche Ersparnis von $ 100 für die Neuinvestitionen bereitgestellt werden kann. Deshalb induzieren im Gleichgewicht $ 100 an zusätzlichen Investitionen $ 300 an Einkommenssteigerung, womit unsere Berechnung des Multiplikators verifiziert wäre.[6]

DER MULTIPLIKATOR IM GESAMTANGEBOTS-GESAMTNACHFRAGE-MODELL (*AS-AD*)

Das Multiplikatormodell hat während des letzten halben Jahrhunderts die makroökonomische Analyse enorm beeinflußt. Gleichwohl berücksichtigt es viele makroökonomischen Faktoren nicht. Wie wir bald sehen werden, vernachlässigt es den entscheidenden Einfluß monetärer Faktoren auf die Bildung der Zinssätze und, über diese, auf Investitionen und andere zinsreagible Teile des BIP. Darüber hinaus läßt es die Angebotsseite der Volkswirtschaft unbeachtet, wie zum Beispiel die Reaktionen des aggregierten Angebotes und der Preise.

Daher werden wir uns jetzt näher ansehen, wie das Multiplikatormodell in das breitere makroökonomische Modell der *AS-AD*-Analyse paßt. Der wichtigste Punkt, den wir uns vergegenwärtigen müssen, ist, daß der Multiplikatorprozeß nur bei ungenützten Ressourcen wirksam werden kann, d.h. wenn die tatsächliche Produktion unter ihrem Potential bleibt. Bei ungenützten Ressourcen kann eine Erhöhung der gesamtwirtschaftlichen Nachfrage zu einer Produktionssteigerung führen. Wenn eine Volkswirtschaft hingegen bereits ihr Potential ausschöpft, dann bleibt auch bei einem Anstieg der aggregierten Nachfrage einfach keine Möglichkeit mehr zur Expansion. Bei Vollbeschäftigung führt eine Nachfragesteigerung vielmehr zu höheren Preisen statt zu zusätzlicher Produktion.

Im Klartext bedeutet das, wenn Investitionen oder andere exogene Ausgaben in einer Volkswirtschaft mit Überschußkapazitäten und Unterbeschäftigung ansteigen, dann wird ein Großteil der Mehrausgaben zu einer Erhöhung der realen Produktion führen und nur einen relativ geringen Preisanstieg bewirken. Wenn hingegen eine Volkswirtschaft ihre potentiellen Produktionsmöglichkeiten erreicht bzw. überschreitet, ist es nicht mög-

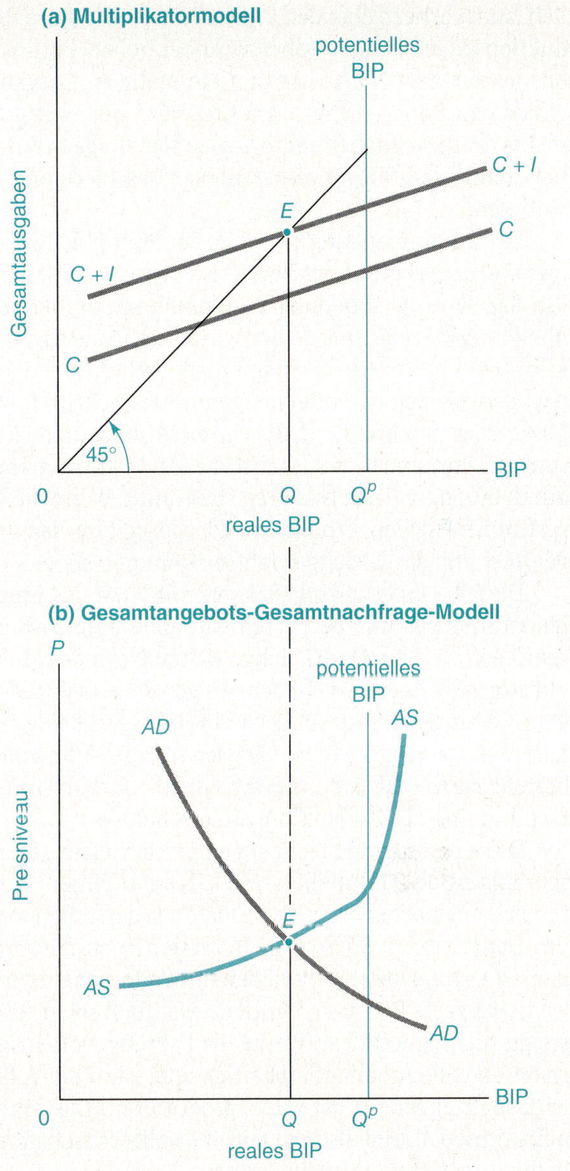

Abbildung 24-8: Der Multiplikator und das Gesamtangebots-Gesamtnachfrage-Modell

Das Multiplikatormodell stellt eine Möglichkeit dar, das Gleichgewicht des Gesamtangebots-Gesamtnachfrage-Modells zu verstehen.
(a) Das obere Diagramm zeigt das Einkommen-Ausgaben-Gleichgewicht im Multiplikatormodell. In Punkt *E* schneidet die Gesamtausgabenfunktion *(C + I)* die 45°-Linie, was zu einem Gleichgewichtsoutput bei *Q* führt.
(b) Das Gleichgewicht kann ebenso dem unteren Diagramm entnommen werden, wo die Gesamtnachfragekurve *(AD)* die Gesamtangebotskurve *(AS)* in Punkt *E* schneidet. Beide Methoden führen zum exakt gleich hohen Gleichgewichtsoutput *Q*.

[6] Verändern Sie die Tabelle 24-2 auf Seite 528, um diese Antwort zu verifizieren. Das Investitionsniveau in Spalte 4 setzen wir anstatt bei $ 200 Milliarden nun bei $ 300 Milliarden an. Zeigen Sie, daß sich nun das neue Gleichgewicht um eine Zeile nach oben verschiebt. Können Sie ebenso darlegen, daß der Multiplikator auch in die umgekehrte Richtung wirken kann?

lich, zum vorherrschenden Preisniveau eine höhere Produktion zu erreichen. Daher wird bei hohen Produktionsniveaus bzw. Vollauslastung ein Mehr an Ausgaben einfach zu höheren Preisen führen und nur wenig bis nichts der zusätzlichen aggregierten Nachfrage in einem höheren realen Output oder erhöhter Beschäftigung resultieren.

Der Zusammenhang zwischen der Multiplikatoranalyse und dem Gesamtangebots-Gesamtnachfrage-Modell (*AS-AD*) wird in Abbildung 24-8 graphisch aufbereitet. Abbildung (*b*) zeigt eine gesamtwirtschaftliche Angebotskurve (*AS*) mit positiver Steigung, die relativ steil wird, nachdem sie den potentiellen Output überschritten hat. Links vom potentiellen BIP, wo noch ungenützte Ressourcen vorhanden sind, wird die Produktion primär durch die aggregierte Nachfrage bestimmt. Wenn die Investitionen steigen, erhöht dies die aggregierte Nachfrage (*AD*), und das Gleichgewichtseinkommen steigt.

Dieselbe Volkswirtschaft kann mit Hilfe des Multiplikatormodells im oberen Teil von Abbildung 24-8 beschrieben werden. Das Gleichgewichtsniveau des Multiplikatormodells entspricht demjenigen des Gesamtangebots-Gesamtnachfrage-Modells (*AS-AD*) – mit beiden erhält man ein reales BIP von *Q*. Der einzige Unterschied besteht darin, daß sie unterschiedliche Aspekte in der Bestimmung des Produktionsniveaus betonen.

Diese Diskussion macht auf eine entscheidende Einschränkung des Multiplikatormodells aufmerksam. Während es eine höchst brauchbare Methode darstellen mag, um Depressionen oder sogar Rezessionen zu beschreiben, ist es hingegen auf Perioden mit Vollbeschäftigung, wenn das reale BIP das potentielle eventuell sogar übersteigt, nicht anwendbar. Wenn alle Fabriken voll ausgelastet und alle Arbeiter beschäftigt sind, kann die Volkswirtschaft einfach nicht mehr produzieren. Das Multiplikatormodell trifft also nur auf eine Volkswirtschaft mit nicht ausgelasteten Kapazitäten zu.

DAS SPARPARADOXON

Das wirtschaftliche Wachstum hängt entscheidend von Ersparnis und Investitionen ab. Von Jugend an werden wir belehrt, daß Sparsamkeit eine wichtige Tugend darstellt. Benjamin Franklins „Poor Richard's Almanac" wird nicht müde, das Lob des Sparens zu singen, und auch Präsidenten und Regierungschefs halten ihre Völker unentwegt dazu an, die Ersparnis zu erhöhen und damit zur Prosperität der Volkswirtschaft beizutragen.

Aber bringen höhere Ersparnisse einer Volkswirtschaft wirklich immer Vorteile? Keynes hat mit einem eindrucksvollen Argument darauf hingewiesen, daß vermehrtes Sparen des einzelnen nicht unbedingt zu einer höheren Ersparnis für die Volkswirtschaft als ganzes führt. Wir werden im folgenden dieses „Sparparadoxon" analysieren.

Beginnen wir die Analyse mit einer vereinfachten Welt ohne Staatsausgaben oder Steuern. Nehmen wir an, daß die Regierenden das Volk vom Nutzen höherer Ersparnisse überzeugt haben. Dadurch würde sich, wie in Abbildung 24-9 dargestellt, die Sparfunktion (*SS*) nach oben verschieben (auf *S'S'*).[7]

Welchen Einfluß hätte diese Steigerung der Spartätigkeit in einem keynesianischen Multiplikatormodell? Nehmen wir für unser Beispiel an, daß die Investitionsfunktion ansteigt, da bei höherer Produktion auch vermehrte Investitionen getätigt werden (führen Sie sich noch einmal das Akzeleratorprinzip des letzten Kapitels vor Augen). In diesem Fall schneidet die höhere Sparfunktion die Investitionsfunktion (in Abbildung 24-9 mit *II* bezeichnet) bei einem geringeren Gleichgewichtsniveau des BIP.

Wir können mit Hilfe unseres gesunden Menschenverstandes diesen Prozeß verstehen. Werden bei einem gegebenen Investitionsniveau die Ersparnisse erhöht und die Konsumausgaben verringert, wird der Absatz (dieser entspricht den Gesamtausgaben $C + I$) fallen. Es ist einleuchtend, daß die Unternehmen daraufhin ihre Produktion zurücknehmen werden. Die Frage ist nur, um wieviel? Das BIP wird solange fallen, bis die Menschen aufhören, mehr sparen zu wollen, als die Unternehmen investieren.

Dieser Punkt erscheint Ihnen vielleicht offensichtlich. Aber wir können aus Abbildung 24-9 auch etwas Überraschenderes ersehen. Es zeigt, daß *aufgrund des Versuches mehr zu sparen tatsächlich die volkswirtschaftliche Ersparnis und die Investitionen fallen*. Eine Verschiebung der Sparfunktion um $ 100 nach oben (bzw. dementsprechend eine Verschiebung der Konsumfunktion um $ 100 nach unten) drängt die Volkswirtschaft in eine Abwärtsspirale, wobei die höhere Ersparnis zu einem geringeren Einkommen bzw. Output führt. Dies bedingt in der Folge geringere Investitionen, und daraus resultiert eine weitere Verringerung des Einkommens bzw. der Produktion. Am Ende dieses Prozesses ist die

[7] Dementsprechend würde sich in unserem Einkommen-Ausgaben-Modell der Abbildung 24-6 die Konsumfunktion nach unten verschieben.

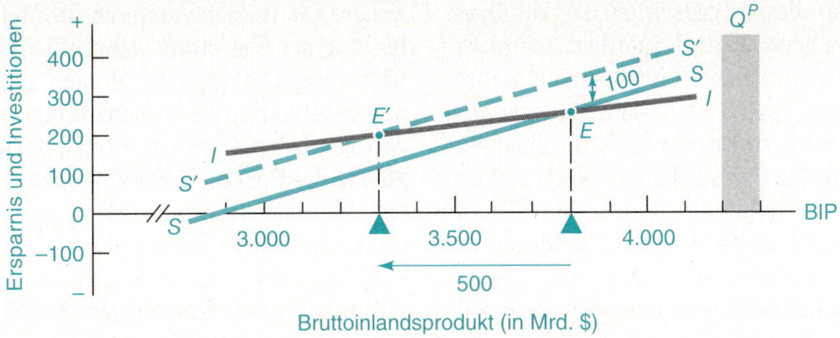

Abbildung 24-9: Das Sparparadoxon zeigt, wie erhöhte Sparsamkeit das Gesamteinkommen schmälern kann

In einer Volkswirtschaft mit ungenützten Ressourcen wird die Verminderung des Konsums die Sparfunktion bei jedem Einkommensniveau nach oben verschieben (von *SS* nach *S'S'*). Aufgrund dessen sinken die Investitionen, und das Gleichgewichtseinkommen fällt auf *E'*. Warum? Wenn die geplanten Ersparnisse über den geplanten Investitionen liegen, wird das Einkommen auf Grund der Multiplikatorwirkung so lange fallen, bis das Einkommen niedrig genug ist, damit die Verbraucher nicht mehr sparen, als die Unternehmen investieren wollen.

Produktion als Ergebnis eines gewünschten Ersparnisanstieges von $ 100 tatsächlich um $ 500 gesunken! Vergleichen Sie den horizontal verlaufenden blauen Pfeil, der den Produktionsrückgang um $ 500 anzeigt, mit dem vertikalen blauen Pfeil, der die Ersparniserhöhung um $ 100 verdeutlicht.

Dies ist also das **Sparparadoxon**: Wenn die Allgemeinheit mehr zu sparen wünscht, kann dies in der Realität zu einer Verringerung nicht nur der Einkommen und der Produktion führen, sondern auch der Ersparnis und der Investitionen. Tatsächlich sinkt das Produktionsniveau mit einer Multiplikatorwirkung so lange, bis das Einkommen niedrig genug ist, um die Ersparnisse wieder mit den Investitionen in Einklang zu bringen.

So ist es eben. Kaum haben wir die Lehre Benjamin Franklins vernommen, kommt eine neue Generation von Finanzexperten und zeigt uns, daß in Depressionszeiten aus alten Tugenden moderne Laster werden können.

Die Auflösung des Widerspruchs

Wir wollen nun das Paradox auf eine sachliche Art und Weise zu entwirren versuchen. Zwei Überlegungen werden uns bei der Klärung helfen:

Die erste besteht darin, daß wir uns in der Volkswirtschaft immer vor dem *Trugschluß der Verallgemeinerung* hüten müssen. Was für den einzelnen gut ist, muß nicht notwendigerweise auch für alle gelten. Es gibt Umstände, wo private Klugheit soziale Torheit darstellt.

Der Trugschluß der Verallgemeinerung: *Haben Sie jemals Menschen beobachtet, die während eines Fußballspiels aufspringen, um eine bessere Sicht zu haben? Dies gilt ja nur, solange nicht alle anderen ebenso aufstehen. Sobald das geschieht, hat sich ihre Sicht keineswegs verbessert. Dieses Beispiel veranschaulicht den Trugschluß der Verallgemeinerung, der folgendermaßen definiert wird: Der Trugschluß der Verallgemeinerung ist die irrige Auffassung, daß das, was für einen Teil als richtig bzw. gut angesehen wird, auf Grund dessen auch für das Ganze richtig bzw. gut sein muß. Nachstehende Beispiele sind wahre Aussagen, die Menschen vielleicht überraschen, sofern sie selbst diesem Trugschluß aufgesessen sind: (1) Wenn ein einzelner mehr verdient, wird es ihm besser gehen; wenn jedoch alle mehr verdienen, ist niemand besser dran. (2) Wenn alle Bauern eine überdurchschnittlich gute Ernte einfahren, wird das Gesamteinkommen der Bauern wahrscheinlich fallen. (3) Die Versuche einzelner, in einer Depressionszeit mehr zu sparen, kann die Gesamtersparnis der Allgemeinheit reduzieren. Dieses dritte Beispiel stellt das hier diskutierte Sparparadoxon dar. Überlegen Sie sich selbständig noch weitere Beispiele.*

Was bedeutet nun dieser Trugschluß der Verallgemeinerung für unsere gegenwärtige Spardiskussion? Er besagt, daß der *Versuch* sämtlicher Einzelpersonen, ihre Ersparnisse zu erhöhen, dazu führen kann, daß die *tatsächliche* volkswirtschaftliche Ersparnis nicht steigt bzw. sogar zurückgeht. Die hervorgehobenen Wörter „Versuch" und „tatsächlich" stellen die Schlüsselausdrücke für die Erklärung dieses Widerspruchs dar. Sie vergegenwärtigen uns, daß der individuelle Versuch mehr zu sparen in der Gesamtheit tatsächlich zum gegenteiligen Effekt einer geringeren Produktion ohne zusätzliche Ersparnis führen kann.

Die zweite Überlegung besteht darin, daß wir uns nach dem Konjunkturzustand unserer Volkswirtschaft fragen müssen: Befinden wir uns gerade in einer Depression, oder können wir auf Vollbeschäftigung verweisen? Im Falle einer Vollbeschäftigung kommt es – wenn ein immer größerer Anteil des Einkommens dem Konsum entzogen wird – tatsächlich zu Investition und Kapitalbildung. Könnte man daher unterstellen, daß immer der höchstmögliche Output produziert wird und die Ressourcen voll ausgelastet sind, dann wäre die Sparsamkeit tatsächlich als Tugend anzusehen, vom individuellen wie auch vom volkswirtschaftlichen Gesichtspunkt. Nur wenn die Produktion unter das Vollbeschäftigungsniveau fällt, müssen wir uns über die Widersprüchlichkeit des Sparmechanismus und die paradoxe Möglichkeit Sorgen machen, daß sich die individuelle Tugend einer größeren Sparsamkeit in das soziale Gegenteil von geringerer Produktion und höherer Arbeitslosigkeit verkehren könnte.

Das Sparparadoxon wurde in den Vereinigten Staaten während der 80er Jahre zu einem großen Problem, als hohe Budgetdefizite aufgebaut wurden und daher die volkswirtschaftliche Ersparnis zurückging. Viele glaubten, daß die Sparquote durch entsprechende Anreize zum privaten Sparen und durch öffentliches Sparen durch die Verminderung des staatlichen Budgetdefizits angehoben werden sollte. Die Vertreter dieser Denkrichtung argumentierten energisch, daß die Erhöhung der gesamtwirtschaftlichen Ersparnis für ein höheres Investitionsniveau und ein größeres Wirtschaftswachstum unerläßlich sei. Andere Ökonomen vertraten die Meinung, daß eine Erhöhung der Sparquote während einer Rezession (wie in Abbildung 24-9 gezeigt) einfach zu einer Verringerung des Outputs und der Beschäftigung führen könnte, und daß damit statt des vermeintlichen Wirtschaftswachstums gerade das Gegenteil erreicht wird.

Wer hatte nun recht? Es gibt auf diese Frage keine unzweideutige Antwort. Jene, die glauben, daß eine Volkswirtschaft zu einer annähernden Vollbeschäftigung tendiert, betonen meist die Wichtigkeit des Sparatguments. Sie tun das nicht, weil sie sich um die Arbeitslosigkeit nicht kümmern, sondern weil sie glauben, daß eine höhere Ersparnis nur geringe Auswirkungen auf die Arbeitslosigkeit hat, während es das Wirtschaftswachstum entscheidend ankurbelt. Demgegenüber stehen jene Ökonomen, die in Rezessionszeiten mehr auf zusätzlichen Konsum als auf das Sparen setzen. Sie sind natürlich keineswegs gegen Investitionen, aber sie glauben, daß durch die Stimulierung des Konsums die gesamtwirtschaftliche Produktion erhöht wird und dadurch zusätzliche Investitionen induziert werden.

Die auf diesen unterschiedlichen Auffassungen basierende politische Pattsituation wurde 1993 durch Präsident Clintons Budgetsanierungsplan durchbrochen. Die Experten sagen voraus, daß dieses Maßnahmenpaket über die nächsten 5 Jahre das nationale Budgetdefizit kontinuierlich reduzieren wird, und daß durch diese Verminderung des öffentlichen „Entsparens" die gesamtwirtschaftliche Ersparnis angeregt wird. Im wesentlichen läuft der Clinton-Vorschlag auf eine langfristige Ersparnis- und Investitionsbildung hinaus und nimmt dafür sogar kurzfristige etwaige restriktive fiskalpolitische Wirkungen in Kauf.

Wir haben nun unsere Einführung in die gesamtwirtschaftliche Nachfrage und ihre einfachste Anwendung, das Multiplikatormodell, beendet. Unser nächster Schritt wird es nun sein, daß wir die Analyse der gesamtwirtschaftlichen Nachfrage auf die staatliche Fiskalpolitik ausdehnen und zu zeigen versuchen, wie der Außenhandel in dieses Bild paßt.

ZUSAMMENFASSUNG

A. Analytische Grundlagen der gesamtwirtschaftlichen Nachfrage

1. Frühere Gesellschaften erlitten Hungersnöte aufgrund von schlechten Ernten. Demgegenüber kann in modernen Marktwirtschaften Armut inmitten des Überflusses auftreten, wenn eine ungenügende gesamtwirtschaftliche Nachfrage zur Verschlechterung der wirtschaftlichen Lage und steigender Arbeitslosigkeit beiträgt. Ein anderes Mal verursacht ein übermäßiger Gebrauch der Geldpresse eine „galoppierende" Inflation. Indem man versucht, die Einflußfaktoren auf die gesamtwirtschaftliche Nachfrage und die Möglichkeiten staatlicher Fiskal- und Geldpolitik besser zu verstehen, können Konzepte zur Abschwächung der Konjunkturzyklen entwickelt werden.
2. Die aggregierte Nachfrage umfaßt die Gesamtproduktion einer Volkswirtschaft, die – bei konstanten sonstigen Einflußfaktoren – freiwillig bei einem gegebenen Preis gekauft wird. Ausgabenbestandteile sind (*a*) der Konsum, der primär vom verfügbaren Einkommen abhängt, (*b*) die Investitionen, die durch das gegenwärtige und das erwartete Produktionsniveau sowie durch Zinssätze und Steuern bestimmt werden, (*c*) die staatlichen Ausgaben für Güter und Dienstleistungen und (*d*) die Nettoexporte, die durch die Produktions- und Preisniveaus im Ausland und im Inland sowie durch Fremdwährungswechselkurse bedingt sind.
3. Die gesamtwirtschaftlichen Nachfragekurven unterscheiden sich von den Nachfragekurven der mikroökonomischen Analyse. Erstere setzen die Gesamtausgaben für sämtliche Produktionsbestandteile zum allgemeinen Preisniveau in Beziehung, wobei politische Instrumentarien und exogene Einflußfaktoren als konstant angenommen werden. Die gesamtwirtschaftliche Nachfragekurve neigt sich primär wegen des Geldmengeneffektes nach unten. Dieser besagt, daß bei konstant gehaltener nomineller Geldmenge die reale Geldmenge sinkt, wenn das Preisniveau steigt. Eine niedrigere reale Geldmenge bewirkt steigende Zinsen, verknappt die Kreditaufnahme und reduziert die realen Gesamtausgaben. Dies bedeutet eine Bewegung entlang der unveränderten aggregierten Nachfragekurve (*AD*).
4. Die Gesamtnachfrage verändernde Faktoren umfassen (*a*) makroökonomische wirtschaftspolitische Instrumente wie die staatliche Geld- und Fiskalpolitik und (*b*) exogene Variablen wie zum Beispiel den Außenhandel, Veränderungen der Ölpreise am Weltmarkt oder Verschiebungen auf den Wertpapiermärkten. Bei Änderungen dieser Variablen verschiebt sich die Gesamtnachfragekurve.

B. Das einfache Multiplikatormodell

5. Mit Hilfe des Multiplikatormodells kann man auf einfache Art den Einfluß der Gesamtnachfrage auf das Produktionsniveau darstellen. In dessen einfachster Form stellt der Konsum der Haushalte eine Funktion des verfügbaren Einkommens dar, wobei die Investitionen als konstant angenommen werden. Der erwünschte Konsum der Haushalte und die beabsichtigten Investitionen der Unternehmen werden über Anpassungen des Produktionsniveaus ins Gleichgewicht gebracht. Das Gleichgewichtsniveau der gesamtwirtschaftlichen Produktion ergibt sich im Schnittpunkt der Sparfunktion *SS* und der Investitionsfunktion *II*. Oder anders ausgedrückt: Das Gleichgewicht im Einkommen-Ausgaben-Modell befindet sich im Schnittpunkt der Funktion der Gesamtausgaben ($C + I$) mit der 45°-Linie.
6. Falls die Produktion vorübergehend über dem Gleichgewichtsniveau liegt, werden die Verkäufe hinter dem Output zurückbleiben, mit dem Resultat steigender Lagerbestände und sinkender Gewinne. Die Unternehmen werden deshalb ihre Produktion und die Beschäftigung soweit kürzen, bis das Gleichgewichtsniveau wieder erreicht ist. Das einzige Produktionsniveau, das sich auf Dauer aufrechterhalten läßt, ist dann gegeben, wenn die Haushalte gleich viel sparen, wie die Unternehmen investieren wollen.
7. Im vereinfachten keynesianischen Multiplikatormodell tanzt der Konsum nach der Pfeife der Investitionen. Die Investitionen bestimmen den Output, während die Ersparnis passiv auf Einkommensänderungen reagiert. Das Produktionsniveau variiert solange, bis die geplante Ersparnis mit den geplanten Investitionen übereinstimmt.
8. Die Investitionen wirken sich über den *Multiplikatoreffekt* auf die Produktion aus. Wenn das Investitionsniveau steigt, wird sich vorerst auch der Output um den entsprechenden Betrag erhöhen. Dadurch verdienen die Einkommensbezieher in der Investitionsgüterindustrie mehr und setzen so eine ganze Kette von sekundären Konsumausgaben und Beschäftigungseffekten in Bewegung.
   Wenn die Haushalte ungefähr $^2/_3$ jeder zusätzlichen Geldeinheit an Einkommen für den Konsum verwenden, dann ergibt sich ein Multiplikatoreffekt von:

$$1 + {}^2/_3 + ({}^2/_3)^2 + \ldots = \frac{1}{1 - {}^2/_3} = 3$$

   Der Multiplikator wirkt in beide Richtungen, indem er sowohl Investitionserhöhungen als auch Investitionsverminderungen verstärkt. Der einfachste Multiplikator entspricht numerisch dem Kehrwert der Grenzneigung zum Sparen (*MPS*), oder anders ausgedrückt: $1/(1 - MPC)$. Das Einkommen muß sich also um mehr als einen Dollar erhöhen, damit die Ersparnis um einen Dollar steigt.

BEGRIFFE ZUR WIEDERHOLUNG

Gesamtwirtschaftliche Nachfrage

Reale Variable = nominelle Variable / Preisniveau
Gesamtwirtschaftliche Nachfrage(-kurve) (*AD*)
Hauptbestandteile der gesamtwirtschaftlichen Nachfrage: *C, I, G, X*
Abwärts geneigte Gesamtnachfragekurve:
Geldmengeneffekt
Realkassen-(bzw. Pigou-)Effekt
Faktoren, die zur Verschiebung der Gesamtnachfragekurve führen

Das einfache Multiplikatormodell

Einkommen-Ausgaben-Modell
Zwei Betrachtungsweisen zur Bestimmung des BIP:
geplante Ersparnis = geplante Investitionen
geplanter Konsum + geplante Investitionen = BIP
Die Investitionen entsprechen der Ersparnis: geplante versus tatsächliche Niveaus
Multiplikatoreffekt der Investitionen
Multiplikator

$$= 1 + MPC + (MPC)^2 + \ldots$$

$$= \frac{1}{1 - MPC} = \frac{1}{MPS}$$

Sparparadoxon
Trugschluß der Verallgemeinerung

FRAGEN UND BEISPIELE

1. Definieren Sie sorgfältig den Begriff „gesamtwirtschaftliche Nachfragefunktion“. Unterscheiden Sie zwischen Bewegungen entlang der Kurve und Verschiebungen der Kurve selbst. Was könnte zu einem Anstieg der Produktion führen, indem man sich entlang der Gesamtnachfragekurve bewegt? Und was führt zu einem höheren Produktionsniveau, indem man die Gesamtnachfragekurve verschiebt?
2. Stellen Sie eine Übersicht (analog zu Tabelle 24-1) zusammen, in der Sie Fälle beschreiben, die zu einer *Verringerung* der aggregierten Nachfrage führen. Nennen Sie konkrete neue Beispiele, nicht nur die Umkehrung der in Tabelle 24-1 genannten Faktoren.
3. Nehmen Sie in einem einfachen Multiplikatormodell an, daß die Investitionen null sind. Zeigen Sie, daß das Gleichgewichtseinkommen in diesem speziellen Fall im Break-even-Punkt (bzw. bei der Sparschwelle) der Konsumfunktion liegt. Wieso würde das Gleichgewichtseinkommen *über* diese Sparschwelle steigen, sobald die Investitionen positiv sind?
4. Das mit Hilfe der Spar- und Investitionsfunktion ermittelte Gleichgewicht sowie das Einkommen-Ausgaben-Modell mit der 45°-Linie stellen zwei unterschiedliche Arten dar, um zu zeigen, wie sich die gesamtwirtschaftliche Produktion im Multiplikatormodell bestimmt. Beschreiben Sie beide und zeigen Sie, daß sie zum gleichen Ergebnis führen.
5. Vergegenwärtigen Sie sich noch einmal die Tabelle 24-2 und nehmen Sie nun an, daß die Nettoinvestitionen (*a*) \$ 300 Milliarden bzw. (*b*) \$ 400 Milliarden betragen. Welche Änderungen ergeben sich daraus für das BIP? Ist dieser Unterschied größer oder kleiner als die Investitionsänderung? Wieso? Um wieviel wird das BIP fallen, wenn die Investitionen von \$ 200 Milliarden auf \$ 100 Milliarden zurückgehen?
6. Beschreiben Sie den Multiplikator (a) nach dem gesunden Menschenverstand, (b) arithmetisch und (c) geometrisch. Berechnen Sie die Multiplikatoren für $MPC = 0{,}9$ bzw. 0,8 oder 0,5 und $MPS = 0{,}1$ bzw. 0,8.
7. Wie bereits in Kapitel 23 beschrieben, wird die Investitionsquote aufgrund des Akzeleratorprinzips hauptsächlich durch eine Veränderung des Produktionsniveaus bestimmt. Wir könnten daher die „Grenzneigung zur Investition“ (*MPI*) als die Änderung der Investitionen pro Einheit Produktionsänderung definieren. Nehmen Sie an, daß die Investitionen $I = \bar{I} + 1{,}2\ Q$ (*MPI* ist gleich 1,2) betragen, wobei $MPC = 0{,}8$. Wie hoch ist die Grenzneigung zum Verbrauch $MPC + MPI$? Berechnen Sie die explosive (!) Kette der Ausgaben, wenn die Grenzneigung zum Verbrauch 2 beträgt. Versuchen Sie die divergierenden, unendlichen geometrischen Reihen zu erklären.

KAPITEL 25

STAAT, AUSSENHANDEL UND PRODUKTION

Keynesianische Politik bedeutet ... erstens ... den bewußten Einsatz makroökonomischer Instrumente für reale Wirtschaftsziele, und zwar insbesondere für die Ziele der Vollbeschäftigung und realer Nettosozialproduktzuwächse ... Zweitens handelt es sich bei der keynesianischen Nachfragesteuerung um aktive Politik ... Drittens wollen die Keynesianer Fiskal- wie auch Geldpolitik in Verfolgung ihrer wirtschaftspolitischen Ziele in ein schlüssiges and wohlkoordiniertes Gefüge bringen.

James Tobin, „Keynesian Policies in Theory and Practice" *(1985)*

Wie ist es möglich, daß Produktion und Beschäftigungsstand zu Kriegszeiten normalerweise stark ansteigen, wenn auch die Militärausgaben steigen? Und wie ist es möglich, daß konjunkturbedingte volkswirtschaftliche „Krankheiten" eines Landes offensichtlich ansteckend wirken und auch auf andere Länder überspringen? Die Antwort auf diese Fragen bietet uns eine erweiterte Theorie der gesamtwirtschaftlichen Nachfrage aus dem letzten Kapitel.

In Kapitel 24 haben wir uns damit beschäftigt, wie Änderungen im Investitionsverhalten die Gesamtnachfrage und die Produktion über den Multiplikatorprozeß beeinflussen. Entsprechend dem Multiplikatormechanismus erhöht ein Anstieg der Investitionen die Verbrauchereinkommen und führt so zu einer ganzen – allerdings schwächer werdenden Kette weiterer Ausgabenerhöhungen. Änderungen des Investitionsverhaltens *multiplizieren* sich daher zu größeren Produktionszuwächsen.

Der Multiplikatormechanismus findet jedoch Anwendung weit über das Investitionsverhalten hinaus. Tatsächlich wird jede Änderung staatlicher Ausgaben zu einer noch größeren Änderung der Produktionsleistung verstärkt. Im ersten Abschnitt des vorliegenden Kapitels zeigen wir, daß Staatsausgaben auf die Produktion einen dem Investitionsverhalten ganz ähnlichen Multiplikatoreffekt ausüben. Dieser übrigens erstmals von Keynes analysierte Umstand bewog zahlreiche Ökonomen dazu, den Einsatz fiskalpolitischer Instrumente zur Stabilisierung der Konjunkturzyklen zu empfehlen (siehe das obige Zitat des US-Keynesianers James Tobin). Im zweiten Abschnitt des vorliegenden Kapitels werden wir dann sehen, daß die internationalen Verflechtungen der einzelnen Volkswirtschaften ganz ähnliche Multiplikatorverbindungen aufweisen, so daß eine Depression, wie beispielsweise zu Beginn der neunziger Jahre in Europa, auch die USA kränkeln läßt.

A. DER EINFLUSS DES STAATES AUF DIE PRODUKTION

Staatliche *Fiskalpolitik* besteht im Ankauf von Gütern und Dienstleistungen (*G*) durch den Staat sowie in der staatlichen Steuer- und Transferpolitik (*T*). Schon seit Jahrhunderten wissen die Ökonomen, daß der Staat durch seine Fiskalpolitik darüber entscheidet, wie die Produktionsleistung eines Landes zwischen kollektivem und privatem Konsum aufgeteilt werden soll und wie die Zahllast für öffentliche Güter unter der Bevölkerung aufzuteilen ist. Aber erst mit der Entwicklung der keynesianischen Makroökonomie machte man eine weitere, durchaus überraschende Feststellung: daß nämlich die staatliche Fiskalpolitik auch einen wesentlichen Einfluß auf die kurzfristigen Produktions-, Beschäftigungs- und Preisentwicklungen ausübt.

Das Wissen, daß die Fiskalpolitik des Staates gravierende Auswirkungen auf die Aktivitäten der Wirtschaft hat, führte auf natürlichem Weg zum keynesianischen Ansatz in der Makroökonomie, der den aktiven Einsatz staatlicher Maßnahmen zur Milderung konjunkturbedingter Schwankungen postuliert. In diesem Abschnitt wollen wir unser einfaches Multiplikatormodell erweitern und damit nachweisen, wie bei ungenutzten Ressourcen Änderungen der staatlichen Ausgaben- und Steuerpolitik das Produktionsniveau des Landes beeinflussen können.

AUSWIRKUNGEN STAATLICHER FISKALPOLITIK AUF DIE PRODUKTION

Um die Rolle des Staates im Wirtschaftsgefüge verstehen zu können, müssen wir uns mit der staatlichen Ausgaben- und Steuerpolitik ebenso wie mit den Auswirkungen dieser Aktivitäten auf die Ausgaben des privaten Sektors befassen. Sie haben es wahrscheinlich bereits erraten – wir fügen *G* hinzu und erhalten so die Ausgabenfunktion $C + I + G$ zur Darstellung des makroökonomischen Gleichgewichts unter Einbeziehung des Staates mit seinen Ausgaben und Steuern.

Es kann unsere Aufgabe anfänglich erleichtern, wenn wir die Auswirkungen der Staatsausgaben analysieren, indem wir die gesamten Steuereinnahmen konstant belassen (Steuern, die sich mit dem Einkommen oder sonstigen wirtschaftlichen Variablen nicht ändern, werden übri-

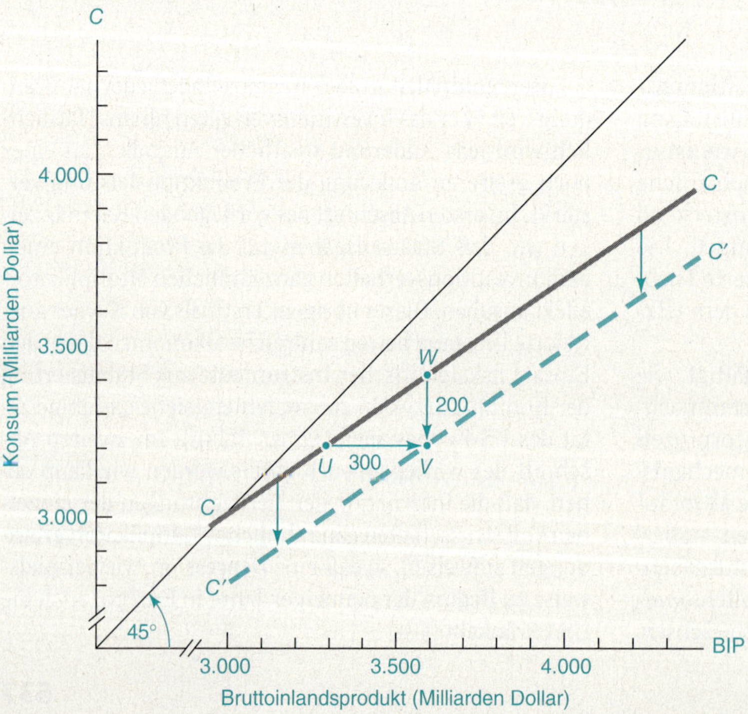

Abbildung 25-1: Steuern senken das verfügbare Einkommen und verschieben die *CC*-Funktion nach rechts unten

Jeder Steuerdollar verschiebt die *CC*-Funktion im Ausmaß der Steuer nach rechts. Eine Rechtsverschiebung der *CC*-Funktion bedeutet zusätzlich auch ihre Abwärtsverschiebung, doch diese Abwärtsverschiebung fällt geringer aus als die Rechtsverschiebung. Warum? Nun, die Abwärtsverschiebung entspricht der Rechtsverschiebung mal *MPC*. Wenn daher $MPC = 2/3$, entspricht die Abwärtsverschiebung $2/3$ mal \$ 300 Milliarden = \$ 200 Milliarden. Überprüfen Sie, ob $WV = 2/3\,UV$.

gens als *Pauschalsteuern* bezeichnet). Aber sogar bei einem fixen Steuerbetrag kann uns die Differenz zwischen verfügbarem Einkommen und Bruttoinlandsprodukt nicht länger verborgen bleiben. Wenn wir die Ersparnis der Unternehmen und den Außenhandel außer acht lassen, das wissen wir aus Kapitel 22, entspricht das BIP dem verfügbaren Einkommen (disparable income *DI*) plus Steuern. Doch bei konstant gehaltenden Steuereinnahmen bleibt die Differenz zwischen BIP und *DI* immer gleich groß; daher können wir auch nach Berücksichtigung der Steuern die *CC*-Konsumfunktion am BIP anstatt an *DI* messen.

Ein Beispiel mag klarstellen, wie wir unsere Konsumfunktion unter Berücksichtigung der Steuern zeichnen können. In Abbildung 25-1 haben wir unsere ursprüngliche Konsumfunktion bei einer Steuerhöhe von Null als die schwarze *CC*-Linie eingezeichnet. In diesem Fall gilt BIP = *DI*. Hier liegt der Konsum bei 3.000, wobei *DI* = 3.000; bei einem BIP von 3.600 beläuft sich der Konsum auf 3.400.

Und nun kommen die Steuern in Höhe von 300 ins Spiel. Wenn *DI* = 3.600, muß das BIP 3.600 + 300 = 3.900 entsprechen. Der Konsum beträgt daher 3.400 bei einem *DI*-Wert von 3.600 bei einem BIP von 3.900. Wir können daher den Konsum als eine Funktion des BIP darstellen, indem wir die Konsumfunktion nach rechts zur blauen *C'C'*-Kurve verschieben; das Ausmaß der Rechtsverschiebung entspricht genau der Höhe der Steuern, also 300.

Alternativ ließe sich die neue Konsumfunktion auch als eine Parallelverschiebung um 200 *nach unten* darstellen. Wie Abbildung 25-1 zeigt, ist 200 das Ergebnis der Multiplikation eines Einnahmenrückgangs von 300 mal *MPC* $^2/_3$.

Wenn wir uns nun den verschiedenen Komponenten der gesamtwirtschaftlichen Nachfrage zuwenden, sollten wir uns aus Kapitel 22 daran erinnern, daß das BIP aus vier Elementen besteht:

BIP = nomineller Wert des Konsums
+ private Bruttoinlandsinvestitionen
+ Staatsausgaben für Güter und Dienstleistungen
+ Nettoexporte
= $C + I + G + X$

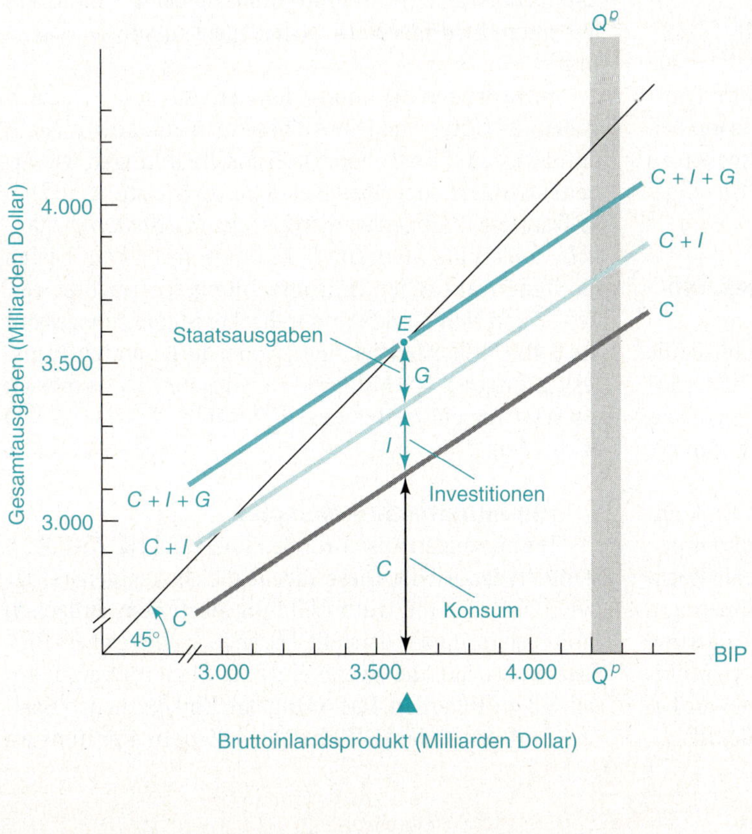

Abbildung 25-2: Die Staatsausgaben kommen ebenso wie die Investitionen hinzu und bilden das Gleichgewichts-BIP

Zusätzlich zu den Konsum- und Investitionsausgaben fügen wir nun die Staatsausgaben für Güter und Dienstleistungen hinzu. Damit erhalten wir die $C + I + G$-Funktion. In E, wo die Kurve die 45°-Linie schneidet, ergibt sich das BIP-Gleichgewichtsniveau.

Fürs erste wollen wir dabei vom Außenhandel absehen, so daß unser BIP nur aus den ersten drei Komponenten, $C + I + G$, besteht. (Der zweite Abschnitt des vorliegenden Kapitels widmet sich auch dem vierten Element, den Nettoexporten, die dann ebenfalls in die Analyse mit einbezogen werden.)

Abbildung 25-2 zeigt die Auswirkungen von *G*. Dieses Diagramm entspricht beinahe vollständig jenem, das wir im letzten Kapitel verwendet haben (siehe Abbildung 24-6). Hier haben wir jedoch eine neue Variable, *G* (Staatsausgaben für Güter und Dienstleistungen), zusätzlich zu der Konsumfunktion und den fix angenommenen Investitionen eingeführt. Der Vertikalabstand zwischen der $C + I$-Linie und der $C + I + G$-Linie entspricht daher der Höhe der staatlichen Ausgaben für Güter und Dienstleistungen (Polizei, Panzer, Straßen etc.).

Warum fügen wir *G* so einfach an? Nun, die Ausgaben für staatliche Einrichtungen (*G*) haben dieselbe makroökonomische Wirkung wie Ausgaben für private Einrichtungen (*I*); öffentliche Konsumausgaben zur Errichtung einer öffentlichen Bibliothek (*G*) wirken sich auf die Beschäftigungslage nicht anders aus als private Konsumausgaben für Zeitungen oder Bücher (*C*).

Und so kommen wir zu unserem Dreischichtkuchen $C + I + G$, indem wir die Höhe der Gesamtausgaben auf jedem BIP-Niveau ermitteln. Gehen wir nun zum Schnittpunkt der Funktion mit der 45°-Linie, so erhalten wir das Gleichgewichtsniveau des BIP. Auf diesem BIP-Gleichgewichtsniveau, in Abbildung 25-2 durch Punkt *E* gekennzeichnet, entsprechen die gesamten geplanten Ausgaben genau der gesamten geplanten Produktionsleistung. Punkt *E* stellt so, wenn wir die Staatsausgaben zu unserem Multiplikatormodell hinzufügen, das Gleichgewichts-Produktionsniveau dar.

Steuerliche Auswirkungen auf die gesamtwirtschaftliche Nachfrage

Inwieweit verringert die staatliche Steuerpolitik die gesamtwirtschaftliche Nachfrage und das BIP-Niveau? Wir benötigen keine Diagramme, um zu erkennen, was geschieht, wenn der Staat bei konstanten Ausgaben die Steuern erhöht.

Höhere Steuern lassen unsere verfügbaren Einkommen schrumpfen, und niedrigere verfügbare Einkommen senken unsere Konsumausgaben. Natürlich führt ein Rückgang unserer Konsumausgaben, wenn Investitionen und Staatsausgaben unverändert bleiben, zu einer Verringerung des BIP und des Beschäftigungsstandes. Nach dem Multiplikatormodell verringern daher höhere Steuern ohne begleitende Erhöhung der Staatsausgaben das reale BIP.

Ein Blick zurück auf Abbildung 25-1 bestätigt unsere Vermutung. In dieser Abbildung stellt die obere *CC*-Kurve das Niveau der Konsumfunktion ohne Steuern dar. Natürlich ist eine solche *CC*-Kurve unrealistisch, weil die Konsumenten auf ihre Einkommen selbstverständlich Steuern bezahlen müssen. Und daher nehmen wir der Einfachheit halber an, daß die Konsumenten unabhängig vom Einkommensniveau $ 300 Milliarden an Steuern zu bezahlen haben. *DI* entspricht daher bei jedem Produktionsniveau genau dem BIP abzüglich $ 300 Milliarden. Wie in Abbildung 25-1 gezeigt wird, läßt sich dieses Steuerniveau durch eine Rechtsverschiebung der Konsumfunktion um $ 300 Milliarden darstellen. Zugleich wird diese Rechtsverschiebung als Abwärtsverschiebung erscheinen; ist *MPC* 2/3, kann die Rechtsverschiebung um $ 300 Milliarden als Abwärtsverschiebung um $ 200 Milliarden dargestellt werden.

Zweifellos verringern also die Steuern in unserem Multiplikatormodell das Produktionsvolumen. Ein neuerlicher Blick auf Abbildung 25-2 zeigt übrigens auch, warum. Bei Steuererhöhungen verändert sich $G + I$ nicht, doch die Steuererhöhung verringert das verfügbare Einkommen und verschiebt so die *CC*-Konsumfunktion nach unten. Damit verschiebt sich die $C + I + G$-Funktion nach unten. Sie können nun eine neue, tiefer gelegene $C' + I + G$-Funktion in Abbildung 25-2 einzeichnen. Achten Sie darauf, daß ihr neuer Schnittpunkt mit der 45°-Linie nun auf einem niedrigeren BIP-Gleichgewichtsniveau liegen muß.

Bitte denken Sie immer daran, daß *G* den Staatsausgaben für Güter und Dienstleistungen entspricht. Nicht enthalten sind Ausgaben für Transferzahlungen wie Arbeitslosengeld oder Sozialversicherungsleistungen. Diese Transferzahlungen werden als *negative Steuern* behandelt, so daß die Steuern (*T*) in unserem Fall am besten als Steuern abzüglich Transferzahlungen betrachtet werden. Wenn sich direkte und indirekte Steuern insgesamt auf $ 400 Milliarden belaufen, wobei die gesamten Transferleistungen $ 100 Milliarden ausmachen, so ergibt sich als Wert für die Nettosteuern *T* $ 400 – $ 100 = $ 300 Milliarden.

Ein numerisches Beispiel

Die bisherigen Ausführungen sind in Tabelle 25-1 übersichtlich dargestellt. Diese Tabelle gleicht weitgehend Tabelle 24-2, die die Outputbildung nach dem einfachen Multiplikatormodell darstellt. Die erste Spalte zeigt ein BIP-Referenzniveau, die zweite ein fixes Steuerniveau, nämlich $ 300 Milliarden. Das verfügbare Einkommen in Spalte (3) entspricht dem BIP abzüglich Steuern. Der Konsum

Outputbestimmung unter Einbeziehung der Staatsausgaben (Milliarden Dollar)							
(1) Ursprüngliches BIP-Niveau	(2) Steuern (*T*)	(3) Verfügbares Einkommen (*DI*)	(4) Geplanter Konsum (*C*)	(5) Geplante Investition (*I*)	(6) Staats-ausgaben (*G*)	(7) Gesamt-ausgaben (*C* + *I* + *G*)	(8) Tendenz der Wirtschaft
4.200	300	3.900	3.600	200	200	4.000	↓ Kontraktion
3.900	300	3.600	3.400	200	200	3.800	↓ Kontraktion
3.600	**300**	**3.300**	**3.200**	**200**	**200**	**3.600**	**Gleichgewicht**
3.300	300	3.000	3.000	200	200	3.400	↑ Expansion
3.000	300	2.700	2.800	200	200	3.200	↑ Expansion

Tabelle 25-1: Staatsausgaben, Steuern und Investitionen bestimmen das Gleichgewichts-BIP

Diese Tabelle zeigt uns, wie die Produktionsleistung bestimmt wird, wenn die Staatsausgaben für Güter und Dienstleistungen dem Multiplikatormodell hinzugefügt werden. In diesem Beispiel verstehen sich die Steuern als „pauschal" oder unabhängig von der Einkommenshöhe. Das verfügbare Einkommen entspricht daher dem BIP abzüglich $ 300 Milliarden. Die Gesamtausgaben entsprechen *I* + *G* + Konsum, wie er sich durch die Konsumfunktion ergibt. Bei einem Produktionsniveau unter $ 3.600 Milliarden übersteigen die Ausgaben die Produktion, weshalb es zu einer Ausweitung der Produktion kommt. Jedes Produktionsniveau über $ 3.600 Milliarden ist nicht dauerhaft und führt zu einer nachfolgenden Kontraktion. Nur bei einer Produktionsleistung von $ 3.600 Milliarden wird ein Produktionsgleichgewicht hergestellt das bedeutet, die geplanten Ausgaben entsprechen der Produktion.

als Funktion von *DI* ist in Spalte (4) ausgewiesen. Spalte (5) zeigt das fixe Investitionsniveau, während Spalte (6) die Höhe staatlicher Ausgaben wiedergibt. Um nun die gesamtwirtschaftliche Nachfrage in Spalte (7) zu ermitteln, addieren wir *C*, *I* und *G* in den Spalten (4) bis (6).

Schließlich vergleichen wir die Gesamtausgaben in Spalte (7) mit dem ursprünglichen BIP-Niveau in Spalte (1). Liegen die Ausgaben über dem BIP-Niveau, steigt die Produktionsleistung. Liegen sie darunter, sinkt die Produktionsleistung. Diese Tendenz, sie ist der letzten Spalte zu entnehmen, macht uns sicher, daß die Produktionsleistung auf ein Gleichgewicht bei $ 3.600 Milliarden zustreben wird.

MULTIPLIKATOREN IN DER FISKALPOLITIK

Investitionen, Steuern und Staatsausgaben stellen autonome Ausgabenströme dar, die mit den induzierten Konsumausgaben interagieren und gemeinsam das Gleichgewichtsniveau der nationalen Produktionsleistung bestimmen. Wir haben bereits entdeckt, daß die staatliche Fiskalpolitik eine sehr wirkungsvolle Ausgabenpolitik mit ganz ähnlichen Auswirkungen wie die privatwirtschaftlichen Investitionen darstellt. Die Parallele zwischen Investitionen und Fiskalpolitik erlaubt uns den Schluß, daß auch die Fiskalpolitik einen Multiplikatoreffekt bezüglich der Produktion haben müßte. Und – damit haben wir recht.

Der **staatliche Ausgabenmultiplikator** ist jene Erhöhung des BIP, die sich aus einer Erhöhung der Staatsausgaben um $ 1 ergibt. Staatsausgaben für ein Gut oder eine Dienstleistung lösen eine ganze Ausgaben-Kettenreaktion aus: Baut der Staat beispielsweise eine Straße, geben die Straßenbauer einen Teil ihrer Einkommen für Konsumgüter aus, die ihrerseits zusätzliche Einkommen generieren, die teilweise wieder ausgegeben werden. In unserem hier verwendeten einfachen Modell entspricht die letztendliche Wirkung eines zusätzlichen Dollars an *G* auf das BIP genau einem zusätzlichen Dollar von *I*: Die Multiplikatoren entsprechen $1/(1 - MPC)$. Abbildung 25-3 zeigt, wie eine Änderung bei *G* zu einem erhöhten BIP-Niveau führt, wobei die Erhöhung ein Vielfaches der Erhöhung der Staatsausgaben für Güter und Dienstleistungen beträgt.

Um die Auswirkungen von zusätzlichen $ 100 Milliarden *G* darzustellen, wurde die *C* + *I* + *G*-Kurve in Abbildung 25-3 um $ 100 Milliarden nach oben verscho-

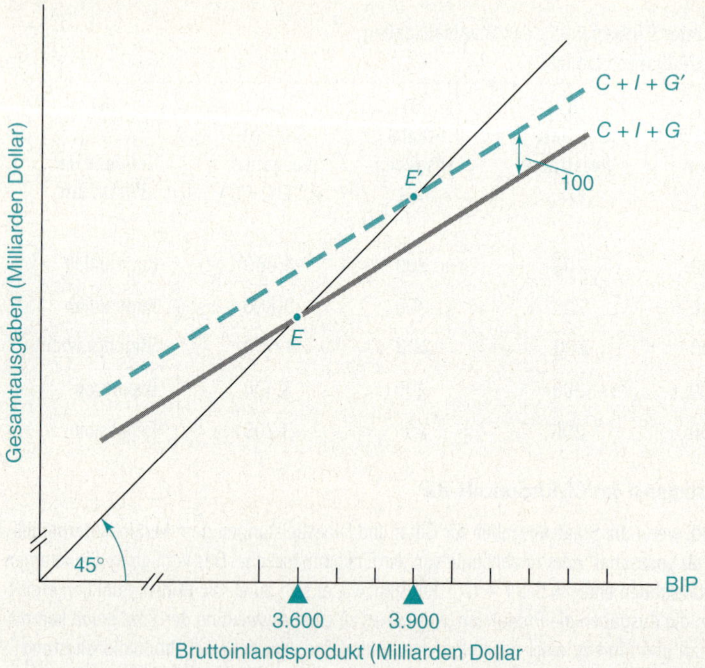

Abbildung 25-3: Die Auswirkungen höherer Staatsausgaben für Güter und Dienstleistungen auf die Produktion

Nehmen Sie an, der Staat würde die Verteidigungsausgaben als Reaktion auf eine Bedrohung der Ölfelder im Mittleren Osten um $ 100 Milliarden erhöhen. Dies bewirkt eine Aufwärtsverschiebung der $C + I + G$ Linie um $ 100 Milliarden hin zu $C + I + G'$.
Das neue BIP-Gleichgewichtsniveau läßt sich daher von der 45°-Linie bei E' und nicht mehr bei E ablesen. Da $MPC = 2/3$, liegt das neue Produktionsniveau um $ 300 höher. Das bedeutet, daß der Staatsausgabenmultiplikator sich wie folgt errechnet:

$$3 = \frac{1}{1-2/3}$$

(Wie sähe der Staatsausgabenmultiplikator aus, wenn $MPC = 3/4$ oder $9/10$ wäre?)

ben. Die letzte BIP-Erhöhung entspricht den $ 100 Milliarden primärer Ausgaben mal dem Ausgabenmultiplikator. In diesem Fall liegt der Multiplikator, weil $MPC = 2/3$, bei 3, und deshalb steigt das Gleichgewichtsniveau des BIP um $ 300 Milliarden.

Dieses Beispiel, aber auch der gesunde Hausverstand sagen uns, daß der staatliche Ausgabenmultiplikator genau dieselbe Höhe haben muß wie der Investitionsmultiplikator. Und weil sie gleich hoch sind, werden beide als **Ausgabenmultiplikatoren** bezeichnet.

Bitte beachten Sie auch, daß man dieses Multiplikatorpferd von beiden Seiten aufzäumen kann. Sinken die Staatsausgaben, während Steuern und sonstige Einflußfaktoren konstant gehalten werden, sinkt das BIP im Ausmaß der Veränderung von G, mal dem Multiplikator.

Die Auswirkungen von G auf die Produktion lassen sich ebenso anhand des Zahlenbeispiels in Tabelle 25-1 erkennen. Sie können ein anderes G-Niveau – bei $ 300 Milliarden – einzeichnen und das Gleichgewichtsniveau des BIP ermitteln. Dabei sollten Sie dieselbe Antwort wie in Abbildung 25-3 erhalten.

Fassen wir zusammen:

Staatsausgaben für Güter und Dienstleistungen (G) sind ein für die Produktionsleistung und den Beschäftigungsstand wesentlicher Einflußfaktor. Nach dem Multiplikatormodell steigt bei einer Erhöhung von G das Produktionsvolumen um den Wert der Erhöhung von G mal dem Ausgabenmultiplikator. Die Staatsausgaben sind daher in der Lage, das Produktionsvolumen im Verlauf der Konjunkturzyklen zu stabilisieren oder zu destabilisieren.

Beispiel: Verteidigungsausgaben und der Multiplikator. *Wenn Sie in der Praxis sehen wollen, wie ein Ausgabenmultiplikator funktioniert, so betrachten Sie doch bitte die volkswirtschaftlichen Auswirkungen der jüngsten Änderungen im US-Verteidigungsbudget. Zu Beginn der achtziger Jahre faßten die USA unter Präsident Reagan den Beschluß, der sowjetischen Bedrohung durch eine enorme Ausweitung der Militärausgaben begegnen zu wollen. Gemessen in den Preisen von 1987 explodierte das Verteidigungsbudget von $ 185 Milliarden 1979 auf $ 292 Milliarden 1987, wobei es zu diesem Zeitpunkt 6 Prozent des gesamten BIP ausmachte. Nach diesem Höhepunkt sanken die Verteidigungsausgaben im Verhältnis zum BIP wieder ab. Die Kürzungen im Verteidigungsbudget wurden ab*

1990 immer rascher vorgenommen, als schließlich klar war, daß der kalte Krieg offensichtlich vorbei und der Sowjetkommunismus keine militärische Gefahr mehr war. Die Budgetvoranschläge der Präsidenten Bush und Clinton sahen jeweils weitere Kürzungen vor, und 1994 wurde bekanntgegeben, daß die Verteidigungsausgaben bis zum Ende des Jahrzehnts nur noch 3 ½ des BIP betragen sollten.

Nach der Multiplikatortheorie sollte die Aufblähung der Verteidigungsausgaben zu Beginn der achtziger Jahre eine stark stimulierende Wirkung auf die Wirtschaft gehabt haben, und genau das läßt sich auch deutlich feststellen. Als die Militärausgaben anstiegen, trugen sie mit dazu bei, daß das Land aus der Rezession der Jahre 1981–1982 herauskam und sie entfachten auch den Boom, der Mitte der achtziger Jahre ausbrach. Für einige Regionen, beispielsweise für Südkalifornien, wo sich ja zahlreiche Rüstungsbetriebe befinden, brachte der Zufluß dieser zusätzlichen Verteidigungsgelder einen enormen Wohlstand mit sich. In einem Zeitungsartikel stand zu lesen, daß ein gutbezahlter Rüstungsjob neue Arbeitsplätze schaffen helfe, beispielsweise „mechanische Werkstätten, die Spezialteile zuliefern, Wäschereien, die die Monturen waschen und Papierfabriken, die die Kartons herstellen, in denen die Arbeiter der Rüstungsbetriebe ihr Mittagessen mit in den Betrieb nehmen."

Aber, wie das Sprichwort sagt: „What goes up, must come down", und das Multiplikatormodell funktioniert, wie gesagt, auch andersherum. Mit den anschließend wieder sinkenden Verteidigungsausgaben zeigten sich die volkswirtschaftlichen Verluste. Obwohl die Kürzungen des Verteidigungsetats nicht für die Rezession der Jahre 1990–1991 verantwortlich gemacht werden können, waren sie zweifellos einer der wichtigsten Gründe dafür, daß die wirtschaftliche Erholung zu Beginn der neunziger Jahre so zögerlich einsetzte. Um nur ein Beispiel anzuführen: In der Flugzeugindustrie gingen zwischen 1990 und 1993 170.000 Jobs verloren, und zwar hauptsächlich auf Grund geringerer Militärausgaben. Und Südkalifornien, das ein Jahrzehnt zuvor so sehr profitiert hatte, steckte nun, als die Verteidigungskürzungen die regionale Wirtschaft aushungerten, plötzlich in einer viel hartnäckigeren Rezession als das restliche Land.

Die Wirkung von Steuern

Auch Steuern haben einen Einfluß auf das BIP-Gleichgewicht, obwohl der Steuermultiplikator geringer ist als der Ausgabenmultiplikator. Nehmen wir folgendes Beispiel: Angenommen, die Wirtschaft hat ihr potentiell mögliches BIP erreicht und der Staat erhöht die Verteidigungsausgaben um $ 200 Milliarden. Derart drastische und plötzliche Erhöhungen hat es in der US-Wirtschaftsgeschichte immer wieder gegeben, so etwa zu Beginn der vierziger Jahre für den Zweiten Weltkrieg, 1951 für den Koreakrieg und Mitte der sechziger Jahre für den Vietnamkrieg, aber auch während der Regierung Reagan. Nehmen wir außerdem an, die Wirtschaftsplaner möchten die Steuern gerade um soviel anheben, daß die Auswirkungen der $ 200 Milliarden-Erhöhung von *G* auf das BIP kompensiert werden. Um wieviel müßten die Steuern erhöht werden?

Nun, hier erwartet uns eine Überraschung. Um die $ 200 Milliarden an Ausgabenerhöhungen zu kompensieren, müssen wir die Steuern um mehr als $ 200 Milliarden erhöhen. In unserem Rechenbeispiel können wir das genaue Ausmaß der Steuererhöhung aus Abbildung 25-1 entnehmen. Diese Abbildung zeigt, daß eine Erhöhung von *T* um $ 300 Milliarden das verfügbare Einkommen nur um diesen Betrag verringert und zu einem Konsumrückgang von nur $ 200 Milliarden führt, wenn $MPC = 2/3$. Anders ausgedrückt, eine Steuererhöhung von $ 300 Milliarden verschiebt die *CC*-Kurve um $ 200 Milliarden nach unten. Während daher eine Erhöhung der Verteidigungsausgaben um $ 1 Milliarde die $C + I + G$-Linie um nur $ 1 Milliarde nach oben verschiebt, verschiebt eine Steuererhöhung um $ 1 Milliarde die $C + I + G$-Linie nur um $ ⅔ Milliarden nach unten (wenn $MPC = 2/3$). Um daher eine Erhöhung der Verteidigungsausgaben bei konstanten Zivilausgaben kompensieren zu können, ist eine stärkere Erhöhung von *T* als von *G* erforderlich.

Änderungen der Steuereinnahmen sind beinahe ebenso wirksame Waffen gegen Arbeitslosigkeit oder Inflation wie Änderungen bei den Staatsausgaben. Der Steuermultiplikator ist um einen Faktor *MPC* geringer als der Ausgabenmultiplikator:

$$\text{Steuermultiplikator} = MPC \times \text{Ausgabenmultiplikator}$$

Der Grund dafür, daß der Steuermultiplikator geringer ist als der Ausgabenmultiplikator, liegt klar auf der Hand. Wenn der Staat $ 1 für *G* ausgibt, schlägt sich dieser $ 1 direkt im BIP nieder. Wenn andererseits der Staat die Steuern um einen Dollar kürzt, wirkt sich nur ein Teil dieses Dollars auf *C* aus, während ein anderer Teil dieser $ 1 Steuerkürzung gespart wird. Die unterschiedliche

Reaktion auf einen Dollar *G* und einen Dollar *T* bedeutet, daß der Steuermultiplikator unter dem Wert des Ausgabenmultiplikators liegt.[1]

Fiskalpolitik in der Praxis

In den sechziger Jahren übernahm Präsident J.F. Kennedy die Prinzipien der keynesianischen Volkswirtschaft, und die Fiskalpolitik wurde zu einer der wichtigsten Waffen gegen Rezession oder Inflation. Kennedy wünschte sich merkbare Steuerkürzungen, um die Wirtschaft aus einem Sumpf zu ziehen. Und tatsächlich zog das Wirtschaftswachstum nach Durchführung der Kürzungen an. Als jedoch bedingt durch den Vietnamkrieg die expansive Fiskalpolitik der Jahre 1965–1966 zu den Steuerkürzungen hinzukam, stieg die Produktionsleistung über das potentielle BIP hinaus an, und die Inflationsspirale begann sich zu drehen. Um die steigende Inflation zu bekämpfen und die gestiegenen Staatsausgaben für den Vietnamkrieg zu kompensieren, beschloß der Kongreß 1968 einen vorübergehenden Einkommensteueraufschlag, der jedoch nach Meinung der meisten Ökonomen zu gering ausfiel und zu spät erfolgte.

Auch die achtziger Jahre brachten eine dramatische Demonstration dessen, wie Fiskalpolitik funktioniert. Im Jahr 1981 verabschiedete der Kongreß das Fiskalpaket der Regierung Reagan. Darin enthalten waren krasse Steuerkürzungen, eine drastische Erhöhung der Verteidigungsausgaben – wir haben in unserem obigen Beispiel darauf hingewiesen – und einige wenige Kürzungen ziviler Ausgabenprogramme. Diese Maßnahmen zogen die USA aus der tiefen Rezession der Jahre 1981–1982 und führten das Land in die rapide Expansionsphase der Jahre 1983–1985.

Aber Mitte der achtziger Jahre wurde eine neue Ära der Fiskalpolitik eingeläutet. Das angebotsorientierte Paket führte zu einem enormen Anstieg des staatlichen Budgetdefizits, wobei das Defizit (entsprechend der Differenz zwischen Ausgaben und Einnahmen) von $ 40 Milliarden (das waren 1½ Prozent des BIP) 1979 auf über $ 200 Milliarden (oder 6 Prozent des BIP) im Jahr 1983 anstieg. Der Kongreß unternahm daher im Jahr 1985 Schritte, um das Budgetdefizit wieder unter Kontrolle zu bekommen, und er verabschiedete ein Gesetz zur Defizitbeschränkung, das als Gramm-Rudman Act Bekanntheit erlangte. Die Steuern wurden infolgedessen in den Jahren 1982, 1984, 1990 und 1993 wieder angehoben. Trotzdem stieg jedoch in dieser Periode das Defizit gemessen am BIP weiterhin an.

Nach seinem Amtsantritt stand Präsident Clinton denn auch vor einem schmerzlichen Dilemma. Da das Defizit hartnäckig überhöht blieb, während zugleich die Wirtschaft stagnierte und die Arbeitslosenzahlen inakzeptable Höhen erreicht hatten, war guter Rat teuer. Sollte der Präsident versuchen, das Defizit in den Griff zu bekommen und durch Steuererhöhungen und Ausgabenkürzungen die öffentliche Sparquote zu erhöhen, so daß die Mehrersparnis vielleicht die nationale Investitionsleistung anheben würde? Oder sollte er lieber auf das Paradoxon des Sparens achten (siehe voriges Kapitel) und sich Sorgen machen, daß eine Erhöhung der Sparquote nicht die Investitionen steigern, sondern die Produktionsleistung senken würde, weil die restriktive Fiskalpolitik zu einer Verringerung von $C + I + G$ führen und Investitionen abwürgen könnte? Schließlich entschied der Präsident, daß er der Budgetsanierung höchste Priorität einräumen müßte. Mit dem Budgetgesetz 1993 wurden fiskalpolitische Maßnahmen beschlossen, mit denen das Defizit in den folgenden 5 Jahren um prognostizierte $ 140 Milliarden (oder zwei Prozentpunkte des BIP) gesenkt werden sollte.

Hatte der Präsident recht, das Paradoxon des Sparens einfach außer acht zu lassen? Die Antwort auf diese Frage hängt teilweise von anderen Einflußfaktoren ab – vom Zustand der Weltwirtschaft, von der Erholung der Investitionen nach einer Baurezession und vom Verhalten der Konsumenten. Aber noch mehr hängt, wie wir in den nächsten beiden Kapiteln sehen werden, davon ab, ob es gelingt, die restriktive Fiskalpolitik durch geldpolitische Anreize auf dem Wege niedriger Zinssätze und großzügiger Kreditkonditionen zu kompensieren.

---

[1] Wir erkennen die verschiedenen Multiplikatoren mit Hilfe der auf Seite 541 dargestellten „Ausgabenrunden". Nehmen wir *MPC* als *r* an. Wenn *G* dann um eine Einheit steigt, entspricht die gesamte Ausgabensteigerung der Gesamtsumme der sekundären Ausgabenrunden:

$$1 + r + r^2 + r^3 + \ldots = \frac{1}{1 - r}$$

Wenn nun die Steuern um $ 1 gesenkt werden, sparen die Konsumenten $(1 - r)$ an zusatzlich verfügbarem Einkommen und geben *r* Dollar für die erste Runde aus. Mit den weiteren Runden ergibt sich daher für die Gesamtausgaben:

$$r + r^2 + r^3 + \ldots = \frac{r}{1 - r}$$

Der Steuermultiplikator ist daher *r* mal dem Ausgabenmultiplikator, wobei gilt $r = MPC$.

B. INTERNATIONALE HANDELSBEZIEHUNGEN UND MAKROÖKONOMIE

Um unsere Analyse der gesamtwirtschaftlichen Nachfrage abzuschließen, müssen wir uns klarmachen, daß wir in einer *offenen Volkswirtschaft* leben, daß wir daher an der Weltwirtschaft teilnehmen und mit anderen Ländern über Handels- und Finanzbeziehungen verbunden sind. Wir exportieren Güter und Dienstleistungen, die im Inland relativ kostengünstig produziert werden können und importieren andere, bei denen andere Länder einen relativen Kostenvorteil nutzen können.

In früheren Zeiten war der Einfluß des Außenhandels auf das makroökonomische Abschneiden der USA gering: Wir konnten es uns leisten, die wirtschaftlichen Verbindungen zwischen den Ländern zu ignorieren und dieses Thema Spezialisten zu überlassen, die sich in Universitäten oder Ministerien abplagten. Mittlerweile haben jedoch wahrhaft revolutionäre Entwicklungen in den Bereichen Kommunikation, Transport und Handelspolitik das wirtschaftliche Geschick der Staaten zunehmend aneinandergebunden. Die Handelsbeziehungen zwischen Japan, Mexiko, Kanada und den USA sind heute enger als die Handelsbeziehungen zwischen New York und Kalifornien vor einem Jahrhundert. Der internationale Konjunkturzyklus wirkt sich auf jedes Land auf diesem Globus heftig aus. Geldpolitische Maßnahmen in Washington können zu Wirtschaftskrisen, Armut und Revolutionen in Lateinamerika führen; politische Unruhen im Mittleren Osten können eine Ölpreisspirale in Gang setzen, die die Welt in einen Boom treibt oder in eine Rezession stürzt; Revolutionen in den GUS-Staaten bewirken Turbulenzen auf den Aktienmärkten der ganzen Welt. Die internationalen Handelsbeziehungen zu ignorieren bedeutet daher, sich mit der Hälfte der wirtschaftlichen Realität zu begnügen.

AUSSENHANDEL UND WIRTSCHAFTLICHE AKTIVITÄTEN

Nettoexporte: Grundprinzipien und Trends

Nun also wollen wir uns mit der vierten Komponente des BIP beschäftigen: mit den Nettoexporten. Definitionsgemäß bezeichnet der Begriff Nettoexporte die gesamten Exporte an Gütern und Dienstleistungen abzüglich der Importe an Gütern und Dienstleistungen.

Wie setzt sich der Außenhandel im großen und ganzen zusammen? Im Fall der USA betrugen die Exporte im Jahr 1993 $ 662 Milliarden, während sich die Importe auf $ 725 Milliarden beliefen; daraus ermitteln wir die Nettoexporte mit minus $ 63 Milliarden.

Die wichtigsten Exportkomponenten bestanden aus Warenexporten in Höhe von $ 462 Milliarden, darunter vor allem $ 40 Milliarden an Nahrungsmitteln, $ 103 Milliarden an Industriegütern, $ 183 Milliarden an Kapitalgütern und $ 52 Milliarden an Kfz und Zubehör. Die sonstigen Exporte machten insgesamt $ 275 Milliarden aus, darunter $ 105 Milliarden an Einkommen aus amerikanischem Besitz im Ausland.

Die Importe erreichten 1993 $ 725 Milliarden. Davon waren $ 592 Milliarden Warenimporte, darunter $ 28 Miliarden Nahrungsmittel, $ 289 Milliarden Industriegüter, $ 152 Milliarden Kapitalgüter, $ 102 Milliarden Kfz und Zubehör sowie $ 135 Milliarden sonstige Verbrauchsgüter. Unter den sonstigen Importen in Höhe von $ 201 Milliarden sind $ 102 Milliarden an Einkommen aus ausländischem Besitz in den USA zu nennen.

Im zwanzigsten Jahrhundert konnten die USA beinahe immer eine positive Handelsbilanz vorweisen. Einen Rückgang konnte man nur während des Vietnam-Kriegsbooms feststellen, doch die Situation besserte sich nach der Dollarabwertung zu Beginn der siebziger Jahre und dann wieder während der Krise der frühen achtziger Jahre. Eine dramatische Verschlechterung der Handelsbilanz trat um die Mitte der achtziger Jahre ein, wobei bis zum Jahr 1987 die Importe die Exporte um $ 143 Milliarden übertrafen. Dieses enorme Handelsbilanzdefizit wurde damals zu einem der schwerwiegendsten politischen Probleme der USA und ihrer Handelspartner. Abbildung 25-4 zeigt die US-Nettoexporte während der letzten drei Jahrzehnte.

Nun, da wir wissen, daß es Exporte und Importe gibt, muß uns klar sein, daß Ausgaben- und Produktionsniveau eines Staates nicht identisch sein müssen. Die *gesamten heimischen Ausgaben* eines Landes (bisweilen auch als Binnennachfrage bezeichnet) entsprechen dem Konsum zuzüglich der heimischen Investitionen zuzüglich der Staatsausgaben. Sie unterscheiden sich aus zwei Gründen vom *Bruttosozialprodukt* (oder BIP). Erstens entfällt ein Teil der Gesamtausgaben eines Staates auf im Ausland erzeugte Güter, die Importe (durch ein m gekennzeichnet), also beispielsweise auf mexikanisches Öl oder japanische Autos. Außerdem wird ein Teil der amerikanischen Produktion ins Ausland exportiert (als e bezeichnet), darunter beispielsweise Weizen und Flugzeuge von Boeing. Die Differenz zwischen Bruttosozialprodukt und Gesamtausgaben beträgt daher einfach $e - m$ = Nettoexporte = X.

Um die *gesamte* Nachfrage nach amerikanischen Gütern und Dienstleistungen berechnen zu können, müssen wir nicht nur die Binnennachfrage, sondern auch die ausländische Nachfrage berücksichtigen. Wir müssen also die Gesamtausgaben der amerikanischen Bürger sowie die Nettoausgaben des Auslandes kennen. In der so erhaltenen Zahl müssen die Gesamtausgaben ($C + I + G$) sowie die Verkäufe an Ausländer (e) abzüglich der heimischen Käufe von Ausländern (m) berücksichtigt werden. Die Ausgaben für heimische Produkte, oder das BIP, entsprechen dem Konsum zuzüglich der heimischen Investitionen zuzüglich der Staatsausgaben zuzüglich der Nettoexporte:

Gesamtnachfrage = BIP = $C + I + G + X$

Nettoexporte-bestimmende Faktoren. Was bestimmt eigentlich die Entwicklung der Exporte und Importe und somit auch der Nettoexporte? Dazu sollten wir uns die Import- und Exportkomponenten der Nettoexporte getrennt vorstellen.

Beginnen wir mit den *Importen*. Importe in die USA stehen in einer positiven Beziehung zum amerikanischen Volkseinkommen und zur amerikanischen Produktionsleistung. Steigt das BIP der USA rapide an, steigen die US-Importe wahrscheinlich noch rascher. Zusätzlich ist die Wahl zwischen ausländischen und inländischen Gütern von den jeweiligen Preisen abhängig. Steigt der Preis heimischer im Vergleich zu japanischen Autos, etwa weil die Produktivitätssteigerungen in Japan größer sind, kaufen die Amerikaner mehr japanische und weniger US-Autos. Umfang und Wert der Importe hängen daher auch von den jeweiligen Preisen der heimischen und der ausländischen Güter ab.

Abbildung 25-4: Die Nettoexporte rutschten während der achtziger Jahre deutlich in den Negativbereich ab

Die Entwicklung der realen Nettoexporte (also der Exporte abzüglich Importe, gemessen jeweils zum Preisniveau 1987) wies bis 1980 nur geringfügige Schwankungen auf. Der gestiegene Dollar (der Kursgewinn des Dollars) zu Beginn der achtziger Jahre, aber auch das relativ schleppende Wirtschaftswachstum bei den Handelspartern der USA führten nach 1982 zu einem massiven Nettoexportdefizit. (Quelle: US Handelsministerium)

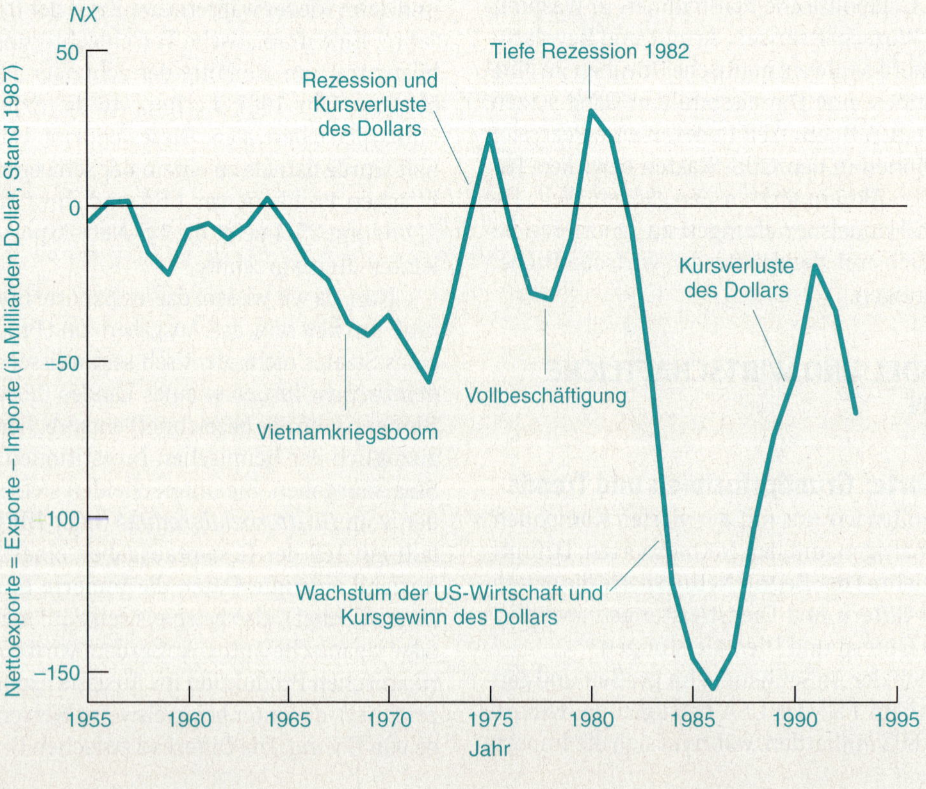

Hier kommt ein neuer Faktor ins Spiel, nämlich der **Wechselkurs**, also jener Preis, zu dem die Währung eines Landes gegen die Währung eines anderen Landes getauscht wird. Erhält man beispielsweise 1 britisches Pfund für 1,4 US-Dollar, so bedeutet das, daß der Wechselkurs zwischen den beiden Währungen $ 1,40 pro britischem Pfund beträgt.

Um die Auswirkungen des Wechselkurses auf den Außenhandel deutlich zu machen, nehmen wir als Beispiel Wein. Die Preise für US-Wein und französischen Wein hängen vom jeweiligen Inlandsweinpreis und vom Wechselkurs ab. In unserem Beispiel kostet der kalifornische Chardonnay $ 6 pro Flasche, der französische 40 Francs. Zum Wechselkurs des Jahres 1984 erhielt man einen Dollar für 10 französische Francs, wodurch französischer Chardonnay um $ 4 pro Flasche zu haben war, während kalifornischer Chardonnay eben $ 6 kostete, so daß Weinimporte begünstigt waren.

Nehmen wir an, der Wechselkurs des Dollars sei bis 1994 auf 5 Francs gefallen. Bei unveränderten heimischen Preisen würde in diesem Fall der französische Wein in US-Geschäften $ 8, also um $ 2 mehr als kalifornischer Wein kosten. Bitte beachten Sie, daß beim hohen Dollarkurs des Jahres 1984 französischer Wein nur zwei Drittel der jeweiligen kalifornischen Sorte kostete, während der Kursverfall des Dollars im folgenden Jahrzehnt die Preise für französischen Wein ein Drittel über jene für kalifornischen Wein steigen ließ. Der Kursverfall des Dollars machte die Preise importfeindlich, was der heimischen Produktion zugute kam.

Hier haben wir es mit einem neuen Faktor zu tun. Steigt der Wechselkurs einer Währung, so sinken die Preise für importierte Güter in dem betreffenden Land, während die Exporte dieses Landes für ausländische Käufer teurer werden. In der Folge wird die Wettbewerbsfähigkeit des Landes auf dem Weltmarkt beeinträchtigt und die Nettoexporte gehen zurück. Änderungen der Wechselkurse können drastische Auswirkungen auf Produktion, Beschäftigung und Inflation eines Landes haben. Alle diese Auswirkungen machen den Wechselkurs für die Länder immer wichtiger.

Exporte sind insofern das Spiegelbild der Importe, als US-Exporte die Importe anderer Länder sind. Daher hängt das Exportvolumen der USA in erster Linie von Einkommenshöhe und Produktionsleistung ihrer Handelspartner sowie von den jeweiligen Preisen der US-Exporte und ihrer Konkurrenzgüter ab. Mit steigender ausländischer Produktionsleistung oder mit sinkendem Dollar-Wechselkurs steigen Umfang und Wert der amerikanischen Exporte.

Was hat die grundlegende Wende bei den Nettoexporten bewirkt, die Sie in Abbildung 25-4 sehen? Von 1960 bis 1969 wies die amerikanische Wirtschaft ein zügiges Wachstum auf, und die amerikanischen Preise stiegen im Verhältnis zu jenen ihrer Handelspartner; in der Folge nahmen Importe schneller zu als die Exporte. Zwischen 1969 und 1975 sackte die US-Wirtschaft ab. Außerdem sank in dieser Zeit der Wert des US-Dollars im Vergleich zu anderen wichtigen Währungen. In der Folge wurden US-Waren vergleichsweise billiger, die Importe nahmen nicht mehr so stark zu, dagegen erlebten die Exporte einen Boom und die Nettoexporte kehrten wieder in den positiven Bereich zurück.

Zu Beginn der achtziger Jahre erlitt die Handelsposition der USA einen schweren Schlag. Der Wert des Dollars zog zwischen 1980 und 1985 kräftig an und so wurden Importe in die USA zunehmend wettbewerbsfähig. Auch wuchsen andere Volkswirtschaften nicht so rasch wie die US-Wirtschaft, was die Exporte behinderte. Die logische Folge war eine massive Trendumkehr in Richtung einer negativen Bilanz bei den realen Nettoexporten.

Nach 1985 erholten sich die Nettoexporte wieder. Der Dollarwechselkurs ging neuerlich zurück, die US-Wirtschaft drosselte ihr Wachstum, und die Wirtschaft zahlreicher anderer Länder erholte sich aus der weltweiten Rezessions- und Krisenzeit der frühen achtziger Jahre. Im Jahr 1994 war das Nettoexportdefizit bereits auf die Hälfte seines Spitzenwertes des Jahres 1987 zurückgegangen.

Auswirkungen des Außenhandels auf das BIP

Wie wirken sich Änderungen der Handelsflüsse eines Landes auf sein BIP und seine Beschäftigungssituation aus? Erstens erhöhen Nettoexporte die Gesamtnachfrage. Zweitens bestehen in einer offenen Volkswirtschaft verschiedene Multiplikatoren für private Investitionen und Staatsausgaben, weil ein Teil der Ausgaben auch auf den Rest der Welt durchschlägt.

Tabelle 25-2 zeigt, wie die Berücksichtigung der Nettoexporte die Bestimmung des Produktionsvolumens beeinflußt. Diese Tabelle beginnt mit denselben Komponenten, die in Tabelle 25-1 für eine geschlossene Volkswirtschaft ausgewiesen sind. Die gesamte Binnennachfrage in Spalte (2) setzt sich aus dem Konsum, den Investitionen und den Staatsausgaben zusammen, wie wir bereits erklärt haben. Spalte (3) fügt nun die Güter- und Dienstleistungsexporte hinzu. Wie oben beschrieben, hängen diese vom Volkseinkommen und dem Produkti-

Ermittlung der Produktionsleistung unter Einbeziehung des Außenhandels (Milliarden Dollar)

(1) Ursprüngliches BIP-Niveau	(2) Inländische Nachfrage $(C + I + G)$	(3) Exporte (e)	(4) Importe (m)	(5) Nettoexporte $(X = e – m)$	(6) Gesamtausgaben $(C + I + G + X)$	(7) Tendenz der Wirtschaft
4.200	4.000	360	420	–60	3.940	Kontraktion
3.900	3.800	360	390	–30	3.770	↓ Kontraktion
3.600	**3.600**	**360**	**360**	**0**	**3.600**	**Gleichgewicht**
3.300	3.400	360	330	30	3.430	↑ Expansion
3.000	3.200	360	300	60	3.260	Expansion

Tabelle 25-2: Die Nettoexporte erhöhen die Gesamtnachfrage einer Volkswirtschaft

Zur inländischen Nachfrage von $C + I + G$ müssen wir die Nettoexporte von $X = e – m$ hinzuzählen, um die gesamtwirtschaftliche Nachfrage nach der Produktionsleistung eines Landes ermitteln zu können. Bitte beachten Sie, daß die höheren Nettoexporte denselben Multiplikator haben wie Investitionen und Staatsausgaben für Güter und Dienstleistungen.

onsvolumen der anderen Länder sowie von den jeweiligen Preisen und Wechselkursen ab, die außerhalb des Modells als gegeben angenommen werden. Die Exporte bleiben daher auf einem konstanten Niveau von $ 360 Milliarden an ausländischen Ausgaben für heimische Güter und Dienstleistungen.

Das interessante neue Element ergibt sich aus den Importen, die in Spalte (4) angegeben sind. Wie schon die Exporte hängen auch die Importe von exogenen Variablen wie Preisen und Wechselkursen ab. Zusätzlich sind die Importe vom inländischen Volkseinkommen und der heimischen Produktionsleistung abhängig, die sich in den verschiedenen Reihen in Tabelle 25-2 deutlich ändern. Der Einfachheit halber nehmen wir an, das Land importiere immer 10 Prozent seiner Gesamtproduktion, daher betragen die Importe in Spalte (4) immer 10 Prozent von Spalte (1).

Subtrahieren wir nun Spalte (4) von Spalte (3), erhalten wir die Nettoexporte in Spalte (5). Die Zahl hat, wenn die Importe die Exporte übersteigen, ein negatives, und wenn die Exporte mehr ausmachen als die Importe, ein positives Vorzeichen. Die Nettoexporte in Spalte (5) entsprechen dem durch den Außenhandel bewirkten Nettozuwachs zum Ausgabenstrom. Das Gleichgewichts-Produktionsvolumen in einer offenen Volkswirtschaft stellt sich an jenem Punkt ein, an dem die Gesamtausgaben in Spalte (6) genau der Gesamtproduktionsleistung entsprechen. In diesem Fall stellt sich das Gleichgewicht bei einem Nettoexportwert von exakt Null ein, wobei jedoch die Nettoexport-Position im allgemeinen von Null abweicht. (Prüfen Sie sich, ob Sie erklären können, warum sich die Wirtschaft, wenn die Ausgaben nicht dem Output entsprechen, außerhalb ihres Gleichgewichtes befindet.)

Abbildung 25-5 stellt das Gleichgewicht einer offenen Volkswirtschaft graphisch dar. Die nach oben verlaufende schwarze Linie mit der Bezeichnung $C + I + G$ ist dieselbe Kurve wie in Abbildung 25-2, mit der die Bildung des gesamtwirtschaftlichen Produktionsvolumens unter Berücksichtigung der Staatsausgaben für Güter und Dienstleistungen dargestellt wurde. Zu dieser Linie müssen wir die Nettoexporte hinzurechnen, die sich beim jeweiligen BIP-Niveau ergeben. Die Nettoexporte aus Spalte (5) in Tabelle 25-2 werden addiert und ergeben die blaue Linie der Gesamtnachfrage oder der Gesamtausgaben. Links von Punkt E in der Abbildung sind die Nettoexporte positiv, weshalb die blaue Linie über der schwarzen Kurve liegt; rechts davon übersteigen die Importe die Exporte, und die Nettoexporte fallen negativ aus, weshalb die Gesamtausgabenlinie unter der Binnennachfragekurve liegt.

Das BIP befindet sich im Gleichgewicht, wo die blaue Gesamtausgabenkurve die 45°-Linie schneidet. Dieser Schnittpunkt liegt genau im selben Punkt, nämlich bei $ 3.600 Milliarden, der in Tabelle 25-2 als BIP-Gleichgewicht angegeben ist. Nur bei $ 3.600 Milliarden entspricht das BIP genau dem, was Konsumenten, Unternehmen, der Staat und der Rest der Welt für Güter und Dienstlei-

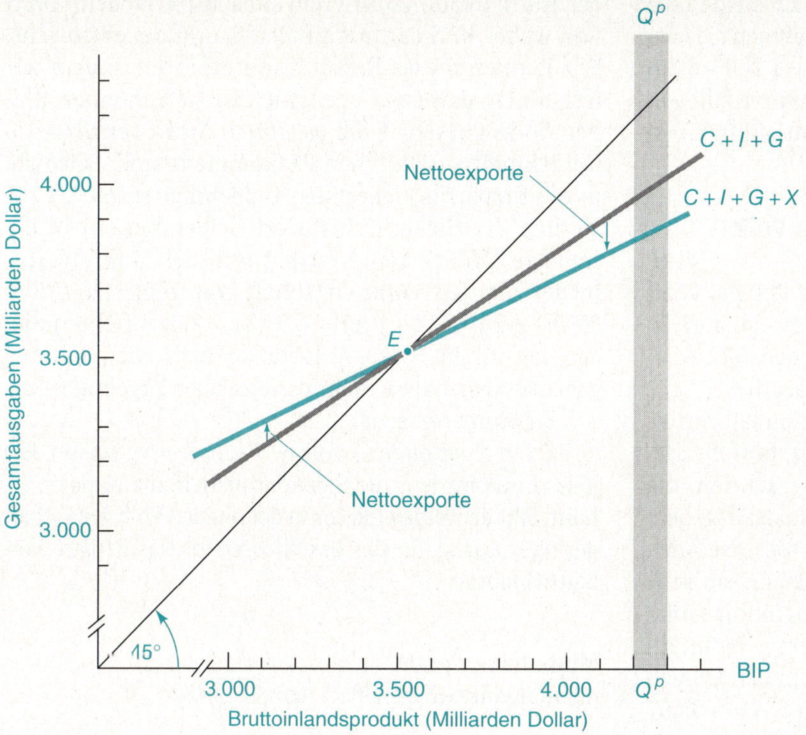

Abbildung 25-5: Die Hinzufügung der Nettoexporte zur Inlandsnachfrage ergibt das Gleichgewichts-BIP in einer offenen Volkswirtschaft

Die schwarze Linie stellt die inländische oder Binnennachfrage ($C + I + G$) dar, die Einkäufe der heimischen Konsumenten, Unternehmen und des Staates. Nun müssen auch die Nettoexporte hinzugerechnet werden. Die Nettoexporte plus die heimische Nachfrage ergeben die blaue Linie der Gesamtausgaben. Das Gleichgewicht stellt sich in Punkt E ein, wo das gesamte BIP den Gesamtausgaben für in den USA erzeugte Güter und Dienstleistungen entspricht. Bitte beachten Sie, daß die Steigung der blauen Gesamtnachfragekurve geringer ist als jene der Inlandsnachfrage, was auf den Mittelabfluß der Ausgaben in die Importe zurückzuführen ist.

stungen ausgeben wollen, die in den USA produziert wurden.[2]

Die marginale Importquote und die Ausgabenkurve

Bitte beachten Sie, daß die Gesamtnachfragekurve, die blaue $C + I + G + X$-Kurve in Abbildung 25-5, eine etwas geringere Steigung als die schwarze Binnennachfragekurve hat. Die Erklärung dafür liegt darin, daß es *zu einem zusätzlichen Durchschlagen der Ausgaben auf die Importe kommt*. Dieser neuerliche Sickerverlust ergibt sich aus unserer Annahme, daß 10 Cents jedes Einkommensdollars für Importe ausgegeben werden. Um diese Tatsache mit berücksichtigen zu können, müssen wir einen neuen Begriff einführen, nämlich die **marginale Importquote** oder **Grenzneigung zum Import**, die als *MPm* bezeichnet wird und die Steigerung der Geldeinheiten an Importen pro zusätzlicher BIP-Geldeinheit mißt.

Erinnern Sie sich bitte daran, daß wir die Konsumsteigerung pro Einheit zusätzlichen Einkommens als „Genzneigung zum Konsum" bezeichnet haben. Die marginale Importquote oder Grenzneigung zum Import ist ein eng verwandter Begriff. Sie sagt uns, wieviel für jeden zusätzlichen Dollar BIP importiert wird. Von welcher marginalen Importquote sind wir in Tabelle 25-2 ausgegangen? Die Antwort lautet natürlich $MPm = 0{,}10$, denn jeweils \$ 300 Milliarden zusätzlichen Volkseinkommens führen zu \$ 30 Milliarden zusätzlicher Importe. (Wie hoch ist die marginale Importquote in einer Wirtschaft ohne Außenhandel? – Null.)

Kehren wir nun zu Abbildung 25-5 zurück und untersuchen wir die Steigung der Gesamtausgabenkurve (also der Kurve, die die Gesamtausgaben für $C + I + G + X$) darstellt. Bitte beachten Sie, daß die Steigung der Gesamtausgabenkurve unter jener der Binnennachfragekurve von $C + I + G$ liegt. Wenn BIP und Gesamteinkommen um \$ 300 steigen, steigen die Konsumausgaben um die Einkommenserhöhung mal *MPC* (von der wir annehmen,

[2] Bitte bachten Sie, daß die beiden Kurven in Abbildung 25-5 einander dort schneiden, wo die Nettoexporte Null betragen, wobei jedoch die Tatsache, daß das Gleichgewicht bei Nettoexporten von Null eintritt, reiner Zufall ist. Sobald Sie in der Exportspalte von Tabelle 25-2 den Wert auf 460 ändern, können Sie das neue Gleichgewicht berechnen und in Abbildung 25-5 einzeichnen.

daß sie $^2/_3$ beträgt) oder um \$ 200. Zugleich steigen die Importausgaben ebenfalls um \$ 30. Daher nehmen die Ausgaben für heimische Güter nur um \$ 170 (= \$ 200 – \$ 30) zu, und die Steigung der Gesamtausgabenkurve fällt von 0,667 in unserer geschlossenen Wirtschaft auf 0,567 in unserer offenen Wirtschaft.

Der Multiplikator in der offenen Volkswirtschaft

Die Ausgabensickerverluste aus der Volkswirtschaft in die Importe wirken sich überraschenderweise auch in einer Änderung des Multiplikators der offenen Volkswirtschaft aus. Überlegen wir doch einmal, warum.

Eine Möglichkeit, den Ausgabenmultiplikator in einer offenen Volkswirtschaft zu verstehen, besteht darin, die diversen Ausgabenrunden zu berechnen, die durch eine zusätzliche Geldeinheit an Staatsausgaben, Investitionen oder Exporten ausgelöst werden. Nehmen wir beispielsweise an, Deutschland muß amerikanische Computer kaufen, um die veralteten Produktionsanlagen in der früheren DDR zu modernisieren. Jeder zusätzliche Dollar für US-Computer führt in den USA zu \$ 1 an zusätzlichem Einkommen, wovon \$ $^2/_3$ = \$ 0,667 von Amerikanern für den Konsum ausgegeben wird. Auf Grund der marginalen Importquote von 0,10 wird ein Zehntel des zusätzlichen Dollars für ausländische Güter und Dienstleistungen ausgegeben, wodurch nur \$ 0,567 an Ausgaben für heimische Güter verbleiben. Diese \$ 0,567 an heimischen Ausgaben generieren \$ 0,567 US-Einkommen, wovon 0,567 x (\$ 0,567) = \$ 0,321 für den Konsum heimischer Güter und Dienstleistungen in der nächsten Runde ausgegeben werden.

Somit ergibt sich die gesamte Produktionssteigerung oder der **Multiplikator der offenen Volkswirtschaft** wie folgt:

$$\text{Multiplikator in der offenen Volkswirtschaft} = 1 + 0{,}567 + (0{,}567)^2 + \ldots$$
$$= 1 + (^2/_3 - {}^1/_{10}) + (^2/_3 - {}^1/_{10})^2 + \ldots$$
$$= \frac{1}{1 - {}^2/_3 + {}^1/_{10}} = \frac{1}{^{13}/_{30}} = 2{,}3$$

Dies im Gegensatz zum Multiplikator einer geschlossenen Volkswirtschaft von 1/(1 – 0,667) = 3.

Es gibt jedoch auch noch eine andere Möglichkeit, den Multiplikator zu berechnen: Denken Sie daran, daß der Multiplikator in unserem einfachsten Modell 1/*MPS* war, wobei *MPS* der marginalen Sparquote entspricht. Wir können dieses Resultat weiterführen, indem wir feststellen, daß das Gegenstück zu *MPS* in einer offenen Volkswirtschaft die *gesamten Sickerverluste* pro Geldeinheit zusätzlichen Einkommens sind – also die in die Ersparnis sickernden Geldeinheiten (*MPS*) zuzüglich der Sickerverluste (in Geldeinheiten) in die Importe (*MPm*). Daher ergibt sich der Mulitplikator in der offenen Volkswirtschaft wie folgt: 1/(*MPS* + *MPm*) = 1/(0,333 + 0,1) = 1/0,433 = 2,3. Beachten Sie, daß sowohl die Sickerverlustanalyse als auch die Ausgabenrundenanalyse exakt zu demselben Ergebnis führt.

Zusammenfassend:

Da in einer offenen Volkswirtschaft ein gewisser Teil jedes Einkommens die Sickerverluste in die Importe erhöht, fällt der Multiplikator in der offenen Volkswirtschaft geringer aus als in der geschlossenen. Das genaue Verhältnis lautet:

$$\text{Multiplikator in der offenen Volkswirtschaft} = \frac{1}{MPS + MPm}$$

wobei *MPS* = marginale Sparquote und *MPm* = marginale Importquote.

Handelsdefizit und wirtschaftliche Aktivitäten in den USA

In einer Welt der durch internationale Handels- und Finanzsysteme zunehmend vernetzten Nationen müssen die einzelnen Länder sehr genau auf alle wirtschaftlichen Entwicklungen im Ausland achten. Gerät die Wirtschaftspolitik eines Landes im Vergleich zu ihren Handelspartnern außer Tritt, kann das Dach einstürzen, und es kann zu Rezession, Inflation oder schwerwiegenden Handelsungleichgewichten kommen.

Ein gutes Beispiel für die Bedeutung des Außenhandels finden Sie in Abbildung 25-4, in der eines der wirtschaftlich wichtigsten Ereignisse des letzten Jahrzehnts darstellt ist – die Verschlechterung der Handelsbilanzposition der USA während der frühen achtziger Jahre. Um einen groben Überblick über das Ausmaß der Verschiebung zu erhalten, vergleichen wir die Jahre 1980 und 1986, in denen die Ressourcenauslastung in etwa gleich hoch war. Von 1980 bis 1986 verschoben sich die realen Nettoexporte entsprechend dem Preisniveau von 1987 von einem Überschuß von \$ 31 Milliarden auf ein Defizit von \$ 155 Milliarden. Dieser Rückgang der realen Nettoexporte von \$ 186

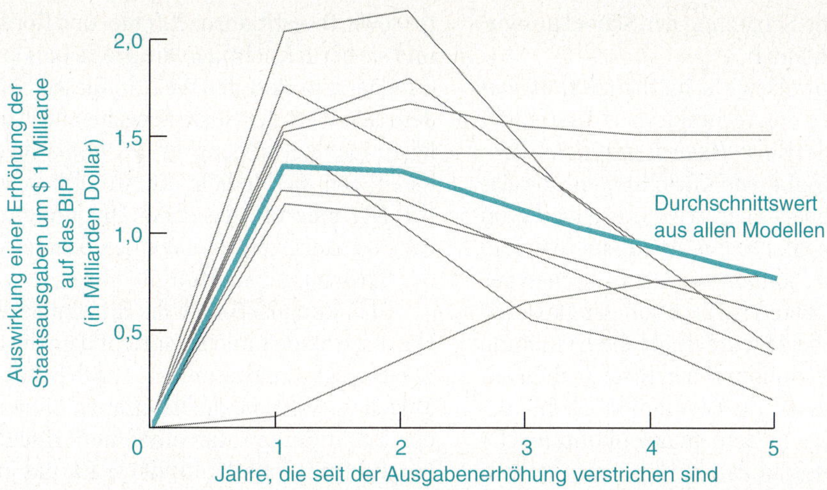

Abbildung 25-6: Ausgabenmultiplikatoren in makroökonomischen Modellen

Eine relativ neue Studie weist die geschätzten Staatsausgabenmultiplikatoren in verschiedenen makroökonomischen Modellen aus. Diese Experimente zeigen die geschätzte Auswirkung einer permanenten Erhöhung des Realwertes der Staatsausgaben für Güter und Dienstleistungen auf das reale BIP in verschiedenen Intervallen nach Erhöhung der Ausgaben. Sie zeigen also die Auswirkung einer Änderung von G um $ 1 Milliarde auf Q. Die dicke blaue Linie gibt den Durchschnittsmultiplikator für die verschiedenen Modelle an, während die grauen Linien die Multiplikatoren der einzelnen Modelle darstellen. [Quelle: Ralph C. Bryant, Gerald Holtham und Peter Hooper, „Consensus and Diversity in Model Simulations," in *Empirical Macroeconomics for Interdependence Economies* (Brookings, Washington, D.C., 1988)]

Milliarden bedeutete einen *5prozentigen Rückgang des durchschnittlichen realen BIP in dieser Periode*. Eine beeindruckende Verschiebung, wobei die schmerzlichen Auswirkungen vor allem Industriearbeiter besonders hart trafen, die angesichts des Exportüberhangs ihre Jobs verloren.

Für sich allein genommen muß der drastische Rückgang der Nettoexporte widersprüchlich erscheinen. Man könnte meinen, die Staatsausgaben seien in derselben Höhe zurückgegangen. Die allgemeinen Folgen für die Wirtschaft würden demnach davon abhängen, ob sich die anderen Kräfte im Gleichschritt mit der Verschiebung der Nettoexporte bewegen. Tatsächlich wurde der Rückgang der Nettoexporte zwischen 1980 und 1982 durch geld- und fiskalpolitische Maßnahmen sogar noch verstärkt. Das Ergebnis war ein drastischer Rückgang der US-Gesamtnachfrage und die tiefste Rezession in 50 Jahren. Nach 1982 versuchte man, dem Absacken der Nettoexporte durch eine Änderung des Bundesbudgets in Richtung einer *expansionistischen Fiskalpolitik* gegenzusteuern. Durch die gewählte Kombination aus fiskalpolitischer Expansion und Lockerung der Geldpolitik konnte der Rückgang der Nettoexporte mehr als wettgemacht werden, und die Wirtschaft wuchs nun beständig.

MULTIPLIKATOREN IN DER PRAXIS

Eine realistische Vorstellung von der Höhe des Multiplikators gehört ganz wesentlich zu Diagnose und Therapiewahl in der Wirtschaftspolitik. Genau wie der Arzt, der ein schmerzstillendes Mittel verschreibt, dessen Wirkung er in den verschiedenen Dosierungen kennen muß, muß der Volkswirt die Höhe der Ausgaben und des Steuermultiplikators kennen. Wächst die Wirtschaft zu schnell und besteht die Therapie in einer bestimmten Dosis fiskalpolitischer Restriktionen, muß der Wirtschaftsarzt die tatsächliche Multiplikatorhöhe kennen, bevor er entscheiden kann, wie hoch die Steuerhöhung oder Ausgabenkürzung denn ausfallen soll. Oder tritt ein Außenhandelsschock auf, so muß der Ökonom die Verbindungen zwischen Nettoexporten und Produktionsleistung kennen, um eine numerische Schätzung der Schockauswirkungen vornehmen zu können.

Eine der wichtigsten volkswirtschaftlichen Entwicklungen überhaupt waren die Techniken zur Erstellung ökonometrischer Modelle. Ein *volkswirtschaftliches Modell* besteht aus einer Reihe von Gleichungen, die das Verhalten der Wirtschaft darstellen, wie es ausgehend von historischen Daten geschätzt wurde. Die erste Arbeit in diesem Bereich leisteten Pioniere wie Jan Tinbergen aus den Niederlanden und Lawrence Klein von der Universität Pennsylvania – und beide wurden für die Erstellung ihrer empirischen makroökonomischen Modelle mit dem Nobelpreis geehrt. Heute ist die Ökonometrie ein eigener Wissenschaftszweig, in dem makroökonomische Modelle geschätzt und Multiplikatoren bestimmt werden und in dem Wirtschaftsprognosen für die Zukunft erstellt werden.

Die Schätzung von Multiplikatoren

In Lehrbuchmodellen findet sich häufig ein stark vereinfachtes Bild makroökonomischer Strukturen. Um jedoch ein realistischeres Bild der Reaktionen des BIP auf ein geändertes Ausgabenverhalten der öffentlichen Hand zu erhalten, erstellen die Ökonomen ökonometrische Modelle im großen Maßstab und führen dann numerische Experimente durch, indem sie die Auswirkung eines geänderten Ausgabenverhaltens des Staates auf die Wirtschaft berechnen. Diese Modelle dienen als Grundlage für Empfehlungen an die Wirtschaftspolitik.

Zu den genannten umfangreichen Modellen gehören nicht nur die nackten Kräfte, die wir vorhin skizziert haben, sondern auch Faktoren, die hier bisher nicht vorgekommen sind. So müßte beispielsweise in ein vollständiges Modell eine realistischere Behandlung der Steuern einfließen, in dem auch die steigenden Steuereinnahmen durch steigende Einkommen berücksichtigt werden, weil Steuern eben auf Einkommen und Umsätze eingehoben werden. Außerdem gehören zu einem vollständigen Modell natürlich auch der Geldsektor (mit dem wir uns in den beiden folgenden Kapiteln beschäftigen werden) sowie die Lohn- und Preisentwicklung (die in Teil 6 dieses Buches ausgeführt ist). Diese zusätzlichen Feinheiten wirken sich im allgemeinen in einer *Verringerung* der numerischen Multiplikatorhöhe aus.

Eine umfassende Darstellung der neueren ökonometrischen Modelle der USA zeigt einen repräsentativen Querschnitt durch die angestellten Multiplikatorschätzungen. Diese Modelle enthalten Gleichungen zur Prognose des Verhaltens aller wichtigen Wirtschaftssektoren (darunter sowohl der Geld- als auch der Finanzsektor sowie Investitionsnachfrage- und Konsumfunktionen) und sie berücksichtigen die große Bandbreite an Verbindungen zum Rest der Welt. In diesen Schätzungen wird der reale Wert der Staatsausgaben für Güter und Dienstleistungen permanent um $ 1 Milliarde erhöht. Danach berechnen die Modelle die Auswirkungen auf das reale BIP. Die Änderung des realen BIP infolge einer Erhöhung der Staatsausgaben bietet einen Schätzwert für die Höhe des Staatsausgaben-Multiplikators.

Abbildung 25-5 stellt die Ergebnisse dieser Studie dar. Die dicke blaue Linie entspricht dem durchschnittlichen Staatsausgaben-Multiplikator nach Schätzungen aus acht Modellen, während die hellgrauen Linien die Bandbreite der Schätzungen der einzelnen Modelle zeigen. Der durchschnittliche Multipliktor für das erste und zweite Jahr liegt bei etwa 1,4, doch nach dem zweiten Jahr nimmt der Multiplikator unter Einbeziehung monetärer Kräfte und internationaler Entwicklungen leicht ab. (Die monetären Kräfte stellen die Auswirkungen eines höheren BIP auf die Zinssätze dar, wodurch es zu einer Verdrängung von Investitionen kommt, wie wir in späteren Kapiteln noch erörtern werden.)

Ein interessantes Merkmal der erwähnten Schätzungen sind die doch beträchtlichen Abweichungen der einzelnen Modelle voneinander (entsprechend den hellgrauen Linien in Abbildung 25-6), was die Höhe des Multiplikators betrifft. Warum fallen die Schätzungen so unterschiedlich aus? Nun, da ist einmal die einleuchtende Unsicherheit, was die wirtschaftlichen Beziehungen betrifft. Unsicherheit bezüglich natürlicher oder gesellschaftlicher Faktoren macht eine Wissenschaft doch erst so richtig spannend; wäre ohnehin alles klar, hätten die Wissenschaftler längst nichts mehr zu tun. Das Verständnis volkswirtschaftlicher Systeme stellt uns vor noch größere Schwierigkeiten als jene, denen sich der Naturwissenschaftler gegenübersieht, weil Ökonomen keine kontrollierten Experimente im Labor durchführen können. Erschwerend kommt die Tatsache hinzu, daß sich die Volkswirtschaft im Laufe der Zeit selbst auch entwickelt, weshalb das „richtige" Modell für 1969 anders aussehen muß als das „richtige" Modell für 1990.

Und es herrschen grundlegende Meinungsverschiedenheiten zwischen den Ökonomen, das Wesen der Makroökonomie betreffend. Manche meinen, ein keynesianischer Ansatz könne makroökonomische Entwicklungen am besten erklären, während andere felsenfest davon überzeugt sind, daß ein monetaristischer, angebotsseitiger oder klassischer Ansatz die besseren Einsichten vermittelt. Angesichts all der bestehenden Unsicherheiten und unterschiedlichen Ansichten darf es uns nicht wundern, daß Ökonomen den Multiplikator eben auch verschieden einschätzen.

Jenseits des Multiplikatormodells

Wir haben unseren Überblick über die wichtigsten Anwendungen des keynesianischen Multiplikatormodells nun abgeschlossen. Dieser stellt jedenfalls eine unverzichtbare Hilfe zum Verständnis wirtschaftlicher Höhen und Tiefen sowie der Verbindung zwischen internationalem Handel und nationaler Produktionsleistung dar. Er zeigt, wie eine staatliche Fiskalpolitik gezielt eingesetzt werden kann, um Arbeitslosigkeit und Inflation zu bekämpfen.

Trotzdem wäre es ein Fehler, zu glauben, daß selbst ein Papagei zum Makroökonomen mutiert, wenn er erst das Sprüchlein „$C + I + G + X$" oder „Laura hat einen Multiplikator" gelernt hat. Hinter den Konzepten stehen bedeutende Annahmen und Einschätzungen.

Denken Sie daran, daß das Multiplikatormodell von fixen Investitionen ausgeht und die Effekte von Geld- und Kreditwesen nicht berücksichtigt. Auch das Gesamtangebot bleibt ausgeklammert, so daß wir nicht analysieren können, in welchem Ausmaß erhöhte Ausgaben jeweils den Preisen und der Produktionsleistung zuzurechnen sind. Sind diese Fragen deshalb unwichtig? Nein, keinesfalls. Aber bevor wir weitere Elemente aus der Realität mit einbauen können, haben wir uns erst mit der geldpolitischen Theorie und Praxis auseinanderzusetzen, und außerdem müssen wir das Wesen der Inflationstheorie erfassen. Wenn erst einmal all diese Elemente aus der wirtschaftlichen Realität in die Analyse mit einfließen, kann sich der Staatsausgaben-, der Steuer- oder Außenhandelsmultiplikator doch signifikant verringern.

Mit diesen Themen wollen wir uns in den verbleibenden Makroökonomiekapiteln beschäftigen. Als nächstes haben wir uns das Studium eines der faszinierendsten Bereiche der gesamten Wirtschaft vorgenommen, das Studium des Geldes. Wenn wir verstehen, wie die Zentralbank auf die Geldmenge Einfluß nimmt, erhalten wir einen Einblick in die Möglichkeiten des Staates, die Konjunkturzyklen, die in der ganzen Geschichte des Kapitalismus immer wieder Amok gelaufen sind, zu zähmen.

ZUSAMMENFASSUNG

A. Der Einfluß des Staates auf die Produktion

1. Die Analyse fiskalpolitischer Maßnahmen in diesem Kapitel legt das keynesianische Multiplikatormodell dar. Sie unterstreicht die Bedeutung von Verschiebungen der Gesamtnachfrage mit ihren Auswirkungen auf Produktionsleistung und Einkommen. Wie das einfache Multiplikatormodell gilt auch dieses primär für Situationen, in denen keine Ressourcenauslastung gegeben ist.
2. Eine Erhöhung der Staatsausgaben für Güter und Dienstleistungen – isoliert betrachtet, ohne Berücksichtigung allfälliger Veränderungen bei Steuern und Investitionen – hat einen stimulierenden Effekt für die Produktionsleistung eines Landes – ganz ähnlich wie im Fall der Investitionen. Die Funktion $C + I + G$ verschiebt sich nach oben zu einem höher gelegenen Gleichgewichtsschnittpunkt mit der 45°-Linie.
3. Eine Steuersenkung – ebenfalls isoliert betrachtet, ohne Einbeziehung von Änderungen bei Investitionen und Staatsausgaben – erhöht das Gleichgewichtsniveau der nationalen Produktionsleistung. Die *CC*-Konsumfunktion, die in ihrem Verhältnis zum BIP gesehen wird, verschiebt sich durch Steuerkürzungen nach links oben, doch weil die zusätzlichen Geldeinheiten an verfügbarem Einkommen teilweise in die Ersparnis fließen, fällt der geldmäßige Konsumanstieg nicht ganz so hoch aus wie die Steigerung des verfügbaren Einkommens. Der Steuermultiplikator ist daher kleiner als der Staatsausgaben Multiplikator.

B. Internationale Handelsbeziehungen und Makroökonomie

4. Eine offene Volkswirtschaft ist eine Volkswirtschaft mit Außenhandelsbeziehungen, die Güter in andere Länder exportiert und selbst Güter, die im Ausland produziert wurden, importiert. Die Differenz zwischen Export und Import von Gütern und Dienstleistungen trägt die Bezeichnung Nettoexporte. Während des Großteils des zwanzigsten Jahrhunderts waren die US-Nettoexporte in etwa ausgeglichen, doch in den achtziger Jahren rutschten sie drastisch in den negativen Bereich ab.
5. Bei der Einführung von Außenhandelsbeziehungen kann die Binnennachfrage von der nationalen Produktionsleistung abweichen. Zur Binnennachfrage gehören Konsum, Investitionen und Staatsausgaben für Güter und Dienstleistungen ($C + I + G$). Um das BIP zu erhalten, müssen die Exporte (e) hinzuaddiert und die Importe (m) subtrahiert werden, so daß gilt:

$$\text{BIP} = C + I + G + X$$

wobei X = Nettoexporte = $e - m$. Die Importe hängen von

den heimischen Einkommen und der heimischen Produktionsleistung sowie von den Preisen für inländische Güter im Verhältnis zum Preis ausländischer Güter ab; die Exporte sind das Gegenstück zu den Importen und werden durch die ausländischen Einkommen und die ausländische Produktionsleistung in Kombination mit den jeweiligen Preisen ermittelt. Die wertmäßige Steigerung der Importe pro Geldeinheit BIP-Steigerung wird als marginale Importquote (*MPm*) bezeichnet.

6. Ein neues Element, das mit dem Außenhandel ins Spiel kommt, ist der Wechselkurs, d.h. der Preis, zu dem die Währung eines Landes gegen die Währung eines anderen Landes gewechselt werden kann. Steigt der Wechselkurs eines Landes, sinken die Importpreise, während die Exportpreise im Ausland steigen und das Land auf dem Weltmarkt an Wettbewerbsfähigkeit verliert. Per Saldo führt dies zu einem Rückgang der Nettoexporte.
7. Die Auswirkungen des Außenhandels auf das BIP gleichen jenen der Investitionen oder Staatsausgaben für Güter und Dienstleistungen. Mit steigenden Nettoexporten kommt es zu einer Erhöhung der Gesamtnachfrage nach heimischen Produkten. Die Nettoexporte haben daher einen Multiplikatoreffekt auf die Produktion. Doch der Ausgabenmultiplikator in einer offenen Volkswirtschaft ist geringer als jener einer Wirtschaft ohne Außenhandel, weil es zu Sickerverlusten durch die Ausgaben für Importe kommt. Der Multiplikator:

$$\text{Multiplikator einer offenen Volkswirtschaft} = \frac{1}{MPS + MPm}$$

Der Multiplikator der offenen Volkswirtschaft fällt ganz offensichtlich, ceteris paribus, geringer aus als jener einer geschlossenen Volkswirtschaft, für den gilt: $MPm = 0$.
8. Aufbauend auf statistischen Techniken und makroökonomischen Theorien haben Ökonomen realistische Modelle zur Schätzung der Ausgabenmultiplikatoren entwickelt. Nach den gängigen Ansätzen liegen die Multiplikatoren für Perioden bis zu 4 Jahren irgendwo zwischen 1 und 1 ½.

BEGRIFFE ZUR WIEDERHOLUNG

Staatsausgaben und Steuern

Fiskalpolitik:
G wirkt sich auf das Gleichgewichts-BIP aus
T wirkt sich auf *CC* und auf das BIP aus
Multiplikatoreffekte von Staatsausgaben (*G*) und Steuern (*T*)
$C + I + G$-Kurve einer geschlossenen Volkswirtschaft

Makroökonomie in der offenen Volkswirtschaft

$C + I + G + X$-Kurve der offenen Volkswirtschaft
Nettoexporte = $X = e - m$
Inlandsnachfrage versus BIP-relevante Gesamtausgaben
Marginale Importquote oder Grenzneigung zum Import (*MPm*)
Multiplikator:
in der geschlossenen Volkswirtschaft = $1/MPS$
in der offenen Volkswirtschaft = $1/(MPS + MPm)$
Wechselkurse
Auswirkungen der Handelsflüsse, Wechselkurse auf das BIP

FRAGEN UND BEISPIELE

1. Erklären Sie folgende Begriffe: Staatlicher Ausgabenmultiplikator, Grenzneigung zum Konsum (oder marginale Konsumquote), marginale Importquote, Multiplikator in der offenen Volkswirtschaft.
2. Erklären Sie in Worten und mit Hilfe der Ausgabenrunden, warum der Steuermultiplikator kleiner ist als der Ausgabenmultiplikator.
3. Während des Großteils der achtziger Jahre sprachen sich viele Politiker für eine Senkung des Budgetdefizits aus. Analysieren Sie die Auswirkungen eines Rückgangs der Staatsausgaben für Güter und Dienstleistungen auf das Budgetdefizit und auf die Produktion.
4. Erklären Sie, warum sich Staaten zur Stabilisierung der Wirtschaft für fiskalpolitische Maßnahmen entscheiden könnten. Warum könnte die Fiskalpolitik in einer keynesianischen Wirtschaft, nicht jedoch in einer klassischen Wirtschaft wirksam zur Hebung der Produktionsleistung beitragen?
5. Nehmen Sie an, es käme zu einer Dollar-*Abwertung* oder einem Rückgang des Dollarwertes im Vergleich zu den Währungen der US-Handelspartner. Erklären Sie den Mechanismus, wonach diese Wechselkursentwicklung zu einer *Expansion* der US-Wirtschaft führt.
6. Erklären Sie die Auswirkungen folgender Situationen auf die Nettoexporte und das BIP, und zwar möglichst unter Zuhilfenahme von Tabelle 25-2:

a. Ein Anstieg der Investitionen (*I*) um $ 100 Milliarden.
b. Ein Rückgang der Staatsausgaben für Güter und Dienstleistungen (*G*) um $ 50 Milliarden.
c. Eine Steigerung der ausländischen Produktionsleistung um $ 10 Milliarden.
d. Eine Wechselkursabwertung, die bei der jeweiligen BIP-Höhe zu einer Steigerung der Exporte um $ 30 Milliarden und zu einer Senkung der Importe um $ 20 Milliarden führt.

7. Wie hoch wäre der Ausgabenmultiplikator in einer Wirtschaft ohne Staatsausgaben oder Steuern, in der *MPC* = 0,80 und wo *MPm* = 0? Wenn *MPm* = 0,1? Wenn *MPm* = 0,9? Erklären Sie, warum der Multiplikator sogar unter 1 liegen könnte.
8. „Auch wenn der Staat Milliarden verschwenderisch für Aufrüstungszwecke ausgibt, kann er damit in einer Rezession Jobs schaffen und etwas sozial Sinnvolles tun." Erörtern Sie diese Aussage.
9. Stellen Sie sich Heiligenstadt vor, eine sehr offene Volkswirtschaft. Diese Stadt exportiert Reliquien und es gibt in ihr weder Investitionen noch Steuern. Die Bewohner von Heiligenstadt konsumieren 50 Prozent ihres verfügbaren Einkommens, und 90 Prozent aller Käufe entfallen auf Importe aus anderen Orten des Landes. Der Bürgermeister schlägt die Erhebung einer Steuer von $ 100 Millionen vor, um damit öffentliche Aufträge vergeben zu können. Er argumentiert, daß auf diese Weise Produktionsleistung und Einkommen in der Stadt wegen irgendeines seltsamen „Multiplikators" kräftig steigen würden. Schätzen Sie die Auswirkungen der öffentlichen Auftragsvergabe auf Einkommen und Produktion von Heiligenstadt. Stimmen Sie mit der Lagebeurteilung des Bürgermeisters überein?

ANHANG 25

DIE ALGEBRA DES MULTIPLIKATORS

Mit Hilfe der Algebra läßt sich das keynesianische Multiplikatormodell ganz einfach erklären. Nehmen wir ein fixes Preisniveau und eine Konsumfunktion als gerade Linie an (ein Hinweis auf einen konstanten *MPC*-Wert). Nach dem einfachsten Multiplikatormodell ohne Berücksichtigung des Staates entspricht das BIP (Q) dem Konsum (C) plus Investitionen (I):

$$Q \equiv C + I \tag{1}$$

Wie steht es um den geplanten oder erwünschten Konsum? Wir nehmen an, daß die Konsumfunktion eine gerade (oder lineare) Kurve ist mit einer *MPC* von b und einem Achsenabschnitt von a:

$$\begin{aligned} C &= a + bDI \\ &= a + bQ, \quad 0<b<1 \end{aligned} \tag{2}$$

Beachten Sie bitte, daß deshalb, weil hier weder Staat noch Unternehmensersparnis berücksichtigt sind, die Produktionsleistung dem verfügbaren Einkommen entspricht. Schließlich entsprechen die erwünschten Investitionen einer Konstante $\bar{I}$:

$$I = \bar{I} \tag{3}$$

Indem wir die Gleichungen (2) und (3) in (1) substituieren, erhalten wir:

$$Q = a + bQ + \bar{I} \tag{4}$$

Durch Auflösung erhalten wir unsere Grundgleichung, die das BIP-Niveau angibt, wie von den Investitionen bestimmt:

$$\begin{aligned} Q &= \frac{a+\bar{I}}{1-b} = \frac{1}{1-MPC}\,(a+\bar{I}) \\ &= \text{Multiplikator} \times (a+\bar{I}) \end{aligned} \tag{5}$$

Um den Multiplikator zu berechnen, erhöhen wir einfach $\bar{I}$ um eine Einheit, also etwa von 100 auf 101. Damit geht das Gleichgewichtsniveau von Gesamt Q um $1/(1-b)$ in die Höhe. *Die Produktionsleistung erhöht sich um den Multiplikator.*

In einem komplexeren Modell nehmen wir an, daß die Staatsausgaben $\bar{G}$ und die Steuern $\bar{T}$ betragen, und daß die Nettoexporte gegeben sind durch:

$$X = \bar{X} - mQ \tag{6}$$

wobei m die marginale Importquote und $\bar{X}$ das autonome Element in den Nettoexporten ist. Die Produktionsleistung ist gegeben durch:

$$Q = C + I + G + X \tag{7}$$

und der Konsum entspricht nun:

$$\begin{aligned} C &= a + bDI \\ &= a + b(Q - \bar{T}) \end{aligned} \tag{8}$$

Durch Auflösung erhalten wir:

$$\begin{aligned} Q &= a + b(Q - \bar{T}) + \bar{I} + \bar{G} + \bar{X} - mQ \\ &= \frac{a - b\bar{T} + \bar{I} + \bar{G} + \bar{X}}{1 - b + m} \end{aligned} \tag{9}$$

Der Multiplikator der Investitionen, Staatsausgaben und autonomen Exporte beträgt $1/(1 - b + m)$, was wir als den „Multiplikator der offenen Volkswirtschaft" bezeichnet haben. Beachten Sie bitte auch, daß der Steuermultiplikator um den Faktor $b<1$ kleiner ist als die Ausgabenmultiplikatoren.

KAPITEL 26
GELD UND BANKENWESEN

Nicht einmal durch die Liebe haben sich so viele Menschen zum Narren gemacht wie durch die Grübelei über das Wesen des Geldes.

W. E. Gladstone (1844)

Wir alle haben eine sehr enge Beziehung zu Geld – als Bargeld in der Tasche, in Form von Eingängen auf unseren Kontoauszügen oder als Geldwert unseres Vermögens. Trotzdem führen wir uns nur selten vor Augen, wie seltsam dieses Geld tatsächlich ist. Wir mühen uns ab, um Geld zu verdienen, und dabei ist doch jeder Geldschein nichts weiter als Papier, das für sich genommen überhaupt keinen Wert darstellt. Keiner außer dem Staat darf Geldscheine drucken und Münzen prägen, und trotzdem gibt es viel mehr Geld auf Giro- und Sparkonten, als der Staat jemals hergestellt hat.

Besonders fällt jedoch ins Gewicht, daß das Geldangebot einen enormen Effekt auf die Produktionsleistung, den Beschäftigungsstand und die Preise hat. Die Zentralbank kann von ihrer Möglichkeit zur Steuerung der Geldmenge Gebrauch machen und die Wirtschaft in Zeiten rückläufigen Wachstums stimulieren oder im Falle einer sich abzeichnenden Inflation dämpfen. Wird die Geldmenge vernünftig gesteuert, kann ein kontinuierliches Produktionswachstum bei stabilen Preisen erzielt werden. Kommt es jedoch zu Problemen im Geldsystem, wächst oder schrumpft die Geldmenge bisweilen rapide, was zu Inflation oder Depression führt. Viele der drückendsten Probleme auf dieser Welt lassen sich auf Krisen im Geld- und Finanzmanagement zurückführen.

Mit dem vorliegenden Kapitel beginnen wir unser Studium der Geldtheorie. Abbildung 26-1 zeigt anhand eines Flußdiagramms die in diesem Kapitel behandelten Themen. Wir beginnen mit einem Blick auf das eigentliche Wesen des Geldes und wollen uns anschließend den Zinssätzen zuwenden. Im zweiten Abschnitt des Kapitels untersuchen wir Bankensystem und Geldmenge. Damit haben wir auch gleich die Überleitung zur Analyse des Zentralbanksystems im nächsten Kapitel und zum Einfluß, den Geld auf die Wirtschaft als ganze hat, gefunden.

A. GELD UND ZINSSÄTZE

DIE GESCHICHTLICHE ENTWICKLUNG DES GELDES

Unser heutiges Finanzsystem mit seinen Komponenten wie Geld, Schecks, Geldausgabeautomaten und einer Reihe hoch spezialisierter Finanzfunktionen ist natürlich nicht über Nacht entstanden. Es hat sich im Laufe von Jahrhunderten entwickelt. Im Zentrum dieses Finanzsystems steht jedoch immer das Geld:

Geld ist all das, was als allgemein anerkanntes Tausch- oder Zahlungsmittel dienen kann.

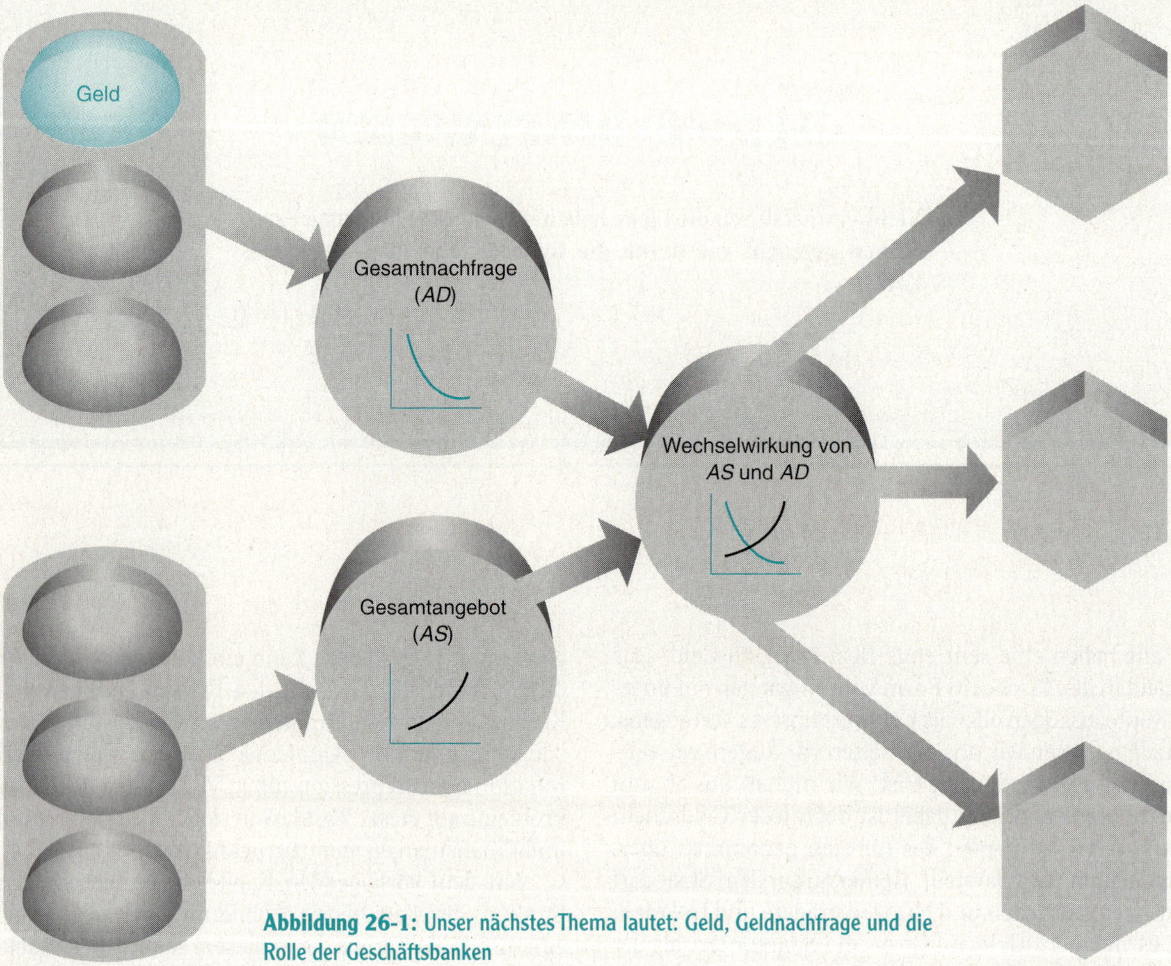

Abbildung 26-1: Unser nächstes Thema lautet: Geld, Geldnachfrage und die Rolle der Geschäftsbanken

Waren stellten das früheste Zahlungsmittel oder Geld dar, im Laufe der Zeit ging man schließlich auf Papiergeld und Girokonten über. Dabei haben all diese Instrumente im wesentlichen dieselbe Eigenschaft: Sie sind ein für den Erwerb von Gütern und Dienstleistungen anerkanntes Zahlungsmittel.

Naturaltausch. In einem sehr frühen Lehrbuch zum Thema Geld wollte Stanley Jevons das Wesen des Tauschhandels mit folgendem Beispiel veranschaulichen:

Vor einigen Jahren gab Mademoiselle Zélie, eine Sängerin des Théâtre Lyrique in Paris, ... ein Konzert auf den Gesellschaftsinseln. Für eine Arie aus Norma und einige andere gesangliche Darbietungen sollte sie ein Drittel der Einnahmen erhalten. Die Abrechnung ergab als ihren Anteil drei Schweine, dreiundzwanzig Truthähne, vierundvierzig Hühner, fünftausend Kokosnüsse und darüber hinaus noch große Mengen an Bananen, Zitronen und Orangen ... [I]n Paris ... hätten ihr all diese Tiere und das Obst viertausend Francs eingebracht, was für fünf Lieder sicherlich eine ausgezeichnete Entlohnung dargestellt hätte. Auf den Gesellschaftsinseln gab es jedoch kaum Geld; und da Mademoiselle nur sehr wenig von ihren Einnahmen selbst konsumieren konnte, mußte sie mittlerweile die Schweine und das Geflügel mit dem Obst füttern.

Dieses Beispiel veranschaulicht sehr gut den **Naturaltausch**, also den Tausch Güter gegen Güter. Das Gegenstück dazu ist die **Geldwirtschaft**, in der der Handel mittels eines allgemein anerkannten Zahlungsmittels stattfindet.

Obwohl der Naturaltausch zugegebenermaßen besser ist als gar nichts, weist er doch gravierende Nachteile auf, weil eine ausgefeilte Arbeitsteilung ohne die Einführung dieser hervorragenden Erfindung, die Geld nun einmal darstellt, schlicht undenkbar wäre.

Mit zunehmender Entwicklung der Volkswirtschaften tauschen die Menschen nicht mehr ein Gut gegen ein anderes. Sie verkaufen statt dessen Güter gegen Geld und verwenden anschließend dieses Geld, um andere Güter, die sie gern hätten, zu kaufen. Auf den ersten Blick scheint diese Vorgangsweise die Dinge eher zu komplizieren, weil man anstatt einer nun zwei Transaktionen benötigt. Wäre es nicht einfacher für jemanden, der Äpfel hat, aber Nüsse möchte, den Tausch direkt durchzuführen, als erst die Äpfel gegen Geld zu verkaufen, mit dem er anschließend die Nüsse erwerben kann?

Nun, das Gegenteil trifft zu: Zwei Geldtransaktionen sind einfacher als eine Naturaltransaktion. So wollen vielleicht einige Leute Äpfel kaufen, während andere Nüsse verkaufen wollen. Es müßte aber schon ein besonderer Zufall sein, fände man eine Person, die genau die gegenläufige Transaktion abwickeln möchte – die also Nüsse verkaufen und Äpfel kaufen möchte. Klassisch ausgedrückt fehlt hier die Bedürfniskoinzidenz. Wenn daher ein hungriger Schneider nicht zufällig einen unbekleideten Bauern findet, der sowohl Nahrungsmittel als auch den Wunsch nach einer neuen Hose hat, wird im Naturaltausch wohl keiner der beiden einen befriedigenden Handel abschließen können.

Gesellschaften, in denen ein reger Handel stattfand, konnten auf Dauer mit den enormen Nachteilen des Naturaltausches einfach nicht zurechtkommen. Die Verwendung eines allgemein anerkannten Tauschmittels, wie es Geld darstellt, ermöglicht dem Bauern den Kauf einer neuen Hose vom Schneider, der seinerseits Schuhe vom Schuhmacher kauft, welcher mit dem verdienten Geld wieder Leder vom Bauern kauft.

Warengeld. In der Geschichte der Menschheit finden wir das Tauschmittel Geld erstmals in der Form von Waren. Dabei dienten zu verschiedenen Zeiten völlig unterschiedliche Waren als Geld: Rinder, Olivenöl, Bier oder Wein, Kupfer, Eisen, Gold, Silber, Ringe, Diamanten und Zigaretten.

Jedes der genannten Zahlungsmittel hat seine Vor- und Nachteile. Rinder lassen sich schwerlich in kleine Einheiten, sozusagen in Wechselgeld, teilen. Bier wird mit der Dauer der Lagerung nicht besser, was bei Wein durchaus der Fall sein könnte. Olivenöl ist zwar eine angenehm „flüssige" Währung und läßt sich auch in kleinstes Wechselgeld teilen, nur kann die Handhabung ziemlich ölig werden. Und so weiter.

Schon im neunzehnten Jahrhundert kannte man beinahe nur noch Metalle als Warengeld, beispielsweise Silber und Gold. Diese Formen des Geldes hatten einen *„Stoffwert"*, das heißt, der Stoff, aus dem sie bestanden, war für sich genommen wertvoll. Wegen dieses dem Geld inhärenten Wertes mußte der Staat dessen Wert nicht mehr garantieren, und die Geldmenge wurde über den Markt durch Angebot und Nachfrage nach Gold und Silber reguliert. Der Nachteil des Metallgeldes besteht in seinen knappen Vorkommen und in der Notwendigkeit, es auszugraben. Außerdem könnte es knapp werden oder plötzlich im Überfluß vorhanden sein, weil beispielsweise durch Zufall große Goldvorkommen entdeckt werden.

Die Einführung der Geldmengensteuerung durch die Zentralbanken hat zu einem sehr viel stabileren Währungssystem geführt. Der Stoffwert des Geldes gehört heute zu dessen unbedeutendsten Eigenschaften.

Papiergeld. Das Zeitalter des Warengeldes mündete in das neue Zeitalter des Papiergeldes. Mit diesem liegt das Wesen des Geldes klar auf der Hand: Geld wird nicht um seiner selbst willen angestrebt, sondern wegen der Dinge, die wir damit kaufen können. Wir wollen schließlich das Geld nicht direkt konsumieren, sondern wir verwenden es, indem wir es weg-, also ausgeben. Und selbst wenn wir beschließen, Geld zu behalten, bezieht es seinen Wert nur aus der Möglichkeit, später damit etwas zu kaufen.

Die Verwendung von Papiergeld bewährte sich ausgezeichnet, weil es ein sehr praktisches Tauschmittel darstellt. Dieses Geld läßt sich problemlos transportieren und lagern. Mit ausgeklügelten Drucktechniken kann man Papiergeld auch vor Fälschung schützen. Die Tatsache, daß es Privatpersonen verboten ist, Geld herzustellen, hält das Geld knapp.

Geld bezieht seinen Wert aus dem begrenzten Angebot. Man kann damit etwas kaufen. Solange die Menschen ihre Rechnungen mit Geld bezahlen können, solange es als Zahlungsmittel akzeptiert wird, wird es seiner Funktion als Geld gerecht.

Buchgeld. Heute leben wir im Zeitalter des Buchgeldes – Schecks, die über Einlagen auf Bank- oder sonsti-

Art des Geldes	Milliarden Dollar 1959	1971	1993
Umlaufende Bargeldmenge (außer Finanzinstitute)	28,8	52,0	321,4
Sichteinlagen (ohne staatliche Einlagen und bestimmte Auslandseinlagen)	110,8	175,1	384,9
NOW-Accounts (Spargirokonten) und sonstige Kontokorrenteinlagen	0,4	1,3	422,9
Transaktionsgeld (M_1) gesamt	**140,0**	**228,4**	**1.128,5**
Sparkonten, kleine Termineinlagen und sonstige	157,8	484,3	2.435,7
Erweiterte Geldmenge (M_2) gesamt	**297,8**	**712,7**	**3.564,2**

Tabelle 26-1: Die Zusammensetzung des Geldangebotes in den USA

Zwei verbreitete Geldaggregatdefinitionen sind jene als Transaktionsgeld (Geldmengenaggregat M_1) und als erweiterte Geldmenge (Geldmengenaggregat M_2). M_1 umfaßt die umlaufende Bargeldmenge und die Sichteinlagen. Bei M_2 kommen zu M_1 zusätzlich bestimmte „Quasigelder" wie Sparguthaben und Termineinlagen hinzu. (Quelle: Federal Reserve Board, *Federal Reserve Bulletin*)

gen Konten ausgestellt werden. Schecks werden für zahlreiche Güter und Dienstleistungen anstelle einer Barzahlung akzeptiert. Ja, wenn wir das gesamte Geldvolumen aus allen Transaktionen betrachten, so entfallen neun Zehntel auf Buchgeld und nur ein Zehntel auf Bargeschäfte.

Weitere Entwicklung. Gerade heute finden zahlreiche Innovationen im Geldverkehr statt, und zwar mit atemberaubenden Tempo. So werden in manchen Finanzinstituten heute Girokonten mit einem Sparkonto oder sogar mit einem Aktienportefeuille verbunden, was den Kunden die Ausstellung von Schecks auf ihre Aktienvermögen gestattet. Auch Kreditkarten und Traveler's Checks können bereits für viele Transaktionen verwendet werden. Die raschen Veränderungen auf dem Geldsektor stellen übrigens die Zentralbanken im Zusammenhang mit der Erhebung und der Steuerung der Geldmenge im Land vor schwierige Probleme.

Woraus besteht die „Geldmenge"?

Betrachten wir nun die einzelnen Arten des in den USA verwendeten Geldes ein wenig genauer. Die Haupt-*Geldmengenaggregate* sind das quantitative Maß für die Geldmenge. Sie werden heute als M_1 und M_2 bezeichnet und man kann ihre wöchentliche Entwicklung nebst klugen Kommentaren über die Bedeutung der letzten Schwenks in der Zeitung verfolgen. Hier wollen wir die letzten exakten Definitionen aus dem Jahr 1994 verwenden.

Transaktionsgeld. Ein wichtiges und stets genau beobachtetes Geldmaß ist das *Transaktionsgeld* oder das Geldmengenaggregat M_1, das tatsächlich für Transaktionen verwendet wird. M_1 umfaßt folgende Komponenten:

- *Münzen.* Zu M_1 gehören alle Münzen ohne die Münzkassenbestände der Banken.
- *Papiergeld.* Eine wichtigere Komponente ist Papiergeld. Viele von uns wissen kaum mehr über einen Geldschein, als welcher berühmte Mensch darauf abgebildet ist, daß auf ihm einige offizielle Unterschriften angebracht sind, und daß eine Zahl aufgedruckt ist, die den Wert des Geldscheins wiedergibt. Wenn Sie nun einen Zehndollarschein ansehen, so steht darauf unter anderem „Federal Reserve Note". Doch wodurch ist unser Papiergeld eigentlich „gedeckt"? Vor vielen Jahren war Papiergeld durch Gold- oder Silberreserven gedeckt. Dergleichen ist heute nicht mehr nötig. Heute sind alle US-Münzen und Dollarscheine *Geld ohne Edelmetalldeckung*. Das bedeutet, Geld wird deshalb zu Geld, weil der Staat es dazu macht. Genauer gesagt verfügt der Staat, daß Münzen und Papiergeld *gesetzliche Zahlungsmittel* sind, die zur Begleichung aller öffentlichen und privaten Schulden verwendet werden können.
  Münzen und Papiergeld (zusammen die *umlaufende Bargeldmenge*) machen etwa ein Drittel des gesamten M_1-Aggregats aus.
- *Sichteinlagen.* Es gibt noch eine dritte Komponente des Transaktionsgeldes M_1 – die Sichteinlagen oder das

Buchgeld. Es handelt sich hierbei um finanzielle Mittel, die auf Banken oder anderen Finanzinstituten eingelegt wurden und auf die man Schecks ausstellen kann. Technisch werden sie als „Sichteinlagen und sonstige Kontokorrenteinlagen" [inländischer Nichtbanken bei den Kreditinstituten] bezeichnet.
Wenn ich auf meinem Bankkonto bei der Albuquerque National Bank $ 1.000 hinterlegt habe, kann ich mein Bankguthaben als Geld betrachten. Warum? Nun, aus dem einfachen Grund, weil ich für Einkäufe mit Schecks bezahlen kann, die auf dieses Bankguthaben ausgestellt werden. Die Bankeinlage hat dieselbe Wirkung wie jedes andere Tauschmittel. Da sie die wesentlichen Eigenschaften des Geldes besitzen, gelten Sichteinlagen als Transaktionsgeld, als Teil von M_1.

Tabelle 26-1 zeigt die Höhe der verschiedenen M_1-Komponenten.

Erweiterte Geldmenge M_2. Obwohl M_1 genau genommen das passendste Maß für Geld als Zahlungsmittel darstellt, haben wir mit der sogenannten *erweiterten Geldmenge* $\boldsymbol{M_2}$ ein zweites, genau zu beobachtendes Geldmengenaggregat. Diese bisweilen auch als „Quasigeld" oder „Geldsurrogat" bezeichnete Geldmenge M_2 beinhaltet M_1 ebenso wie die Sparguthaben bei Banken und ähnliche Finanzanlagen, die Surrogate oder Substitute für Transaktionsgeld darstellen können.

Beispiele für derartige Quasigelder in M_2 wären unter anderem Einlagen auf Sparkonten bei Ihrer Bank, ein Fondskonto, das Ihr Aktienhändler unterhält, eine Einlage auf einem Anlagekonto mit eingeschränkten Zahlungsverkehrsmöglichkeiten einer Bank etc.

Warum handelt es sich in diesen Fällen nicht um Transaktionsgelder? Weil sie nicht in jedem Fall als Zahlungsmittel bei Einkäufen fungieren; es handelt sich hierbei jedoch um Formen von Quasigeld, weil man sie rasch und ohne Wertverlust in Bargeld umwandeln kann.

Im letzten Jahrzehnt war das Geldmengenaggregat M_2 ein sehr nützlicher Indikator für Trends der Geldmengenentwicklung. Es hat sich dabei auch als stabiler als M_1 erwiesen, weil mit der Einführung einer neuen Art von Girokonten in den achtziger Jahren M_1 eine irreführende Entwicklung nahm. Damals erwies sich M_2 als besseres Barometer der wirtschaftlichen Aktivitäten.

Es gibt darüber hinaus noch zahlreiche andere technische Definitionen für Geld, die von Experten der Geldtheorie verwendet werden. Für unsere Zwecke genügt es jedoch, zwei wichtige Gelddefinitionen zu kennen.

Das wichtigste Geldmengenkonzept bezieht sich auf **Transaktionsgeld** oder auf das Geldmengenaggregat M_1, das die Gesamtheit aller umlaufenden Münzen- und Papiergeldbestände mit Ausnahme der Kassenbestände der Banken sowie alle Sichteinlagen umfaßt. Ein weiteres wichtiges Geldmengenaggregat ist das sogenannte **Quasigeld** oder M_2, zu dem neben dem Münz- und Papiergeld und den Sichteinlagen auch Termineinlagen wie etwa die Sparkonten gehören.

ZINSEN: DER PREIS DES GELDES

Wenn wir untersuchen, wie sich Geld auf die wirtschaftlichen Aktivitäten auswirkt, so konzentrieren wir uns auf die Auswirkungen der schwankenden Zinsen, die bisweilen auch als der „Preis des Geldes" bezeichnet werden.

Zinsen sind die für die Nutzung von Geld anfallende Bezahlung. Der **Zinssatz** ist die Höhe der Zinsen, die pro Zeiteinheit zu entrichten ist. Anders ausgedrückt, man muß für die Möglichkeit, Geld zu borgen, bezahlen. Die Kosten für das Borgen von Geld, gemessen als Geldeinheiten pro Jahr pro geborgter Geldeinheit, sind der Zinssatz.

Einige Beispiele mögen die Funktion des Zinssatzes illustrieren:

- Nach Ihrem Collegeabschluß besitzen Sie $ 500. Sie beschließen, diesen Betrag als Bargeld zu behalten. Wenn Sie davon nichts ausgeben, haben Sie am Jahresende immer noch $ 500, weil der Zinssatz für Bargeld Null beträgt.
- Sie legen $ 2.000 auf ein Sparkonto bei Ihrer örtlichen Bank ein, wo der Zinssatz für Sparguthaben bei 4 Prozent jährlich liegt. Am Ende des 1. Jahres bezahlt Ihnen die Bank $ 80 an Zinsen auf Ihr Konto, das nun einen Wert von $ 2.080 darstellt.
- Sie beginnen in Ihrem ersten Job und beschließen, ein Auto für $ 10.000 zu kaufen. Sie werden es in einem Jahr abzahlen können. Ihr Arbeitgeber bietet Ihnen ein kurzfristiges Darlehen zu 12 Prozent jährlich an. für dieses Darlehen müssen Sie Zinsen in Höhe von $ 100 monatlich oder $ 1.200 jährlich und am Jahresende zusätzlich noch das Kapital von $ 10.000 bezahlen.
- Nach einigen Monaten im neuen Job finden Sie ein kleines Haus, das Sie zum Preis von $ 100.000 kaufen und adaptieren können. Sie gehen zur örtlichen Bank und stellen fest, daß Sie ein fix verzinstes Darlehen mit dreißigjähriger Laufzeit für einen jährlichen Zinssatz von 10 Prozent aufnehmen

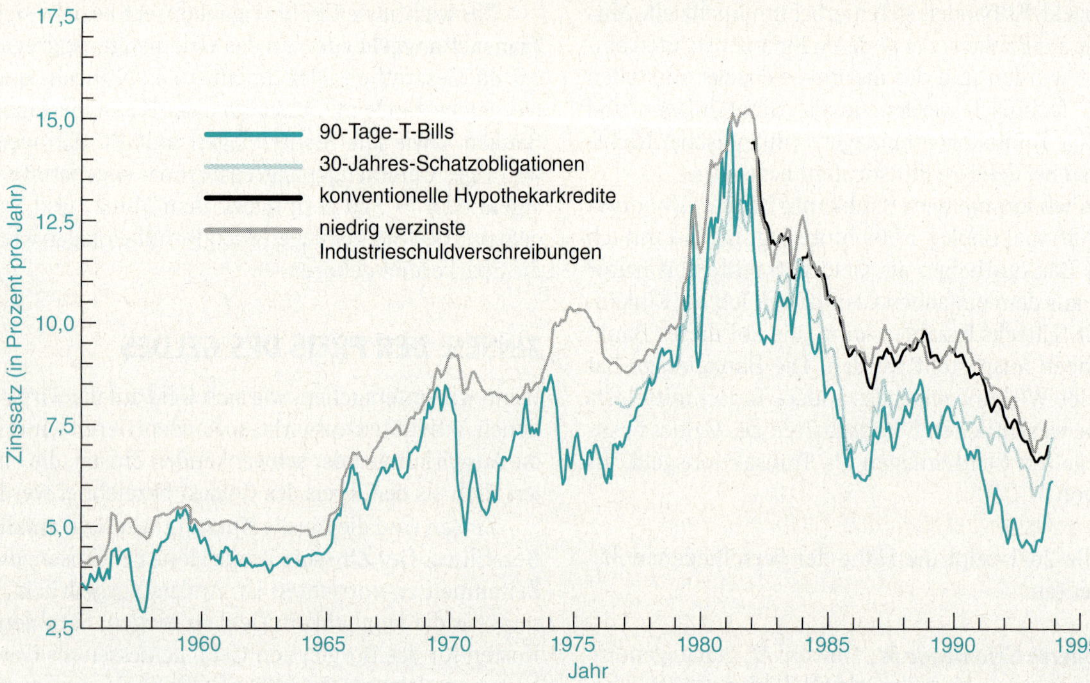

Abbildung 26-2: Die Entwicklung der verschiedenen Zinssätze erfolgt zumeist parallel

Diese Graphik zeigt die wichtigsten Zinssätze der US-Wirtschaft: Zinsen für Staatspapiere wie 90-Tage-T-Bills und langfristige Schatzobligationen, Hypothekarkredit-Zinssätze für Hausbau und Industrieschuldverschreibungen. (Quelle: Federal Reserve System)

können. Sie bezahlen nun monatlich für Ihr Darlehen $ 877,58. Bitte beachten Sie, daß diese Zahlung ein wenig höher ist als der monatliche Zinssatz von 10/12 Prozent. Warum? Hier bezahlen Sie nicht nur die Zinsen, sondern tilgen auch das Kapital, also jenen Darlehensbetrag, den Sie aufgenommen haben. Wenn Sie Ihre 360 Monatsraten bezahlt haben, ist das Darlehen vollständig zurückbezahlt.

Aus diesen Beispielen erkennen wir, daß der Zinssatz als ein jährlicher Prozentsatz gemessen wird. Der Zinssatz ist der Preis, der für das Entleihen von Geld zu bezahlen ist, das es dem Darlehensnehmer ermöglicht, im Verlauf der Darlehenslaufzeit reale Werte zu erwerben.

Unterschiedliche Zinssätze

In Lehrbüchern lesen wir über „*den* Zinssatz", aber ein kurzer Blick in eine Zeitung wie das *Wall Street Journal* macht klar, daß es im heutigen komplexen Finanzsystem eine große Bandbreite an unterschiedlichen Zinssätzen gibt. Die Zinssätze unterscheiden sich übrigens hauptsächlich nach den speziellen Merkmalen des Darlehens oder des Darlehensnehmers. Wo liegen die Hauptunterschiede?

1. *Laufzeit oder Fälligkeit*. Darlehen unterscheiden sich nach ihrer Laufzeit oder Fälligkeit – der Zeitspanne bis zur vollständigen Rückzahlung. Die kürzeste Darlehenslaufzeit beträgt einen Tag. So kann eine Bank einem Unternehmen, das für den nächsten Tag eine Zahlung erwartet, das Geld vorübergehend zur Verfügung stellen. Kurzfristige Wertpapiere verstehen sich über einen Zeitraum bis zu einem Jahr. Unternehmen geben dagegen oft Industrieschuldverschreibungen mit Laufzeiten von 10 bis 30 Jahren heraus, und Darlehen haben eine typische Laufzeit von bis zu 30 Jahren. Darlehen mit langer Laufzeit sind im allgemeinen höher verzinst als solche mit kurzer Laufzeit, weil die Darlehensgeber nur dann bereit

sind, auf den raschen Zugang zu ihren Geldern zu verzichten, wenn sie damit ihren Ertrag steigern können.

2. *Risiko.* Manche Darlehen sind praktisch risikofrei, während andere höchst spekulativen Charakter haben. Investoren verlangen eine Risikoprämie, wenn sie in riskante Unternehmungen investieren. Die sichersten Darlehen der Welt sind US-Staatspapiere. Diese Anleihen und Wechsel sind durch die „Full Faith and Credit“-Klausel und die Steuereinnahmen des Staates gedeckt. Sie sind sicher, weil Zinsen für die Staatsverschuldung praktisch in jedem Fall bezahlt werden. Ein mittleres Kreditrisiko beinhalten Darlehen kreditwürdiger Unternehmen, Staaten und Kommunen. Risikoreiche Investitionen mit einer signifikanten Säumnis- oder Uneinbringlichkeitswahrscheinlichkeit sind beispielsweise jene von Unternehmen nahe am Konkurs, von Städten mit rückläufigen Steuereinnahmen oder von lateinamerikanischen Staaten mit hoher Auslandsverschuldung und unzureichenden Exporteinnahmen.
   Der US-Staat bezahlt den niedrigen, sogenannten „risikofreien“ Zinssatz; dieser bewegte sich in den letzten zwanzig Jahren zwischen 3 und 15 Prozent jährlich für kurzfristige Darlehen. Mit höherem Risiko behaftete Darlehen tragen einen um 1, 2 oder 5 Prozent höheren Zinssatz; diese Risikoprämie spiegelt den Betrag wider, der nötig ist, um dem Darlehensgeber im Falle der Uneinbringlichkeit die Verluste abzugelten.
3. *Liquidität.* Man sagt über Finanzanlagen, sie seien „liquid“, wenn sie rasch und mit geringem Wertverlust zu Geld gemacht werden können. Der Großteil der börsengängigen Wertpapiere, darunter Stammaktien, Industrieschuldverschreibungen und Staatsanleihen, lassen sich – beinahe zum aktuellen Wert – rasch zu Geld machen. Zu den weniger liquiden Finanzanlagen gehören jene, für die es keinen gut funktionierenden Markt gibt. Wenn man beispielsweise ein Haus in einer wirtschaftlichen Krisenregion besitzt, könnte es schwierig werden, dieses schnell oder zum Wiederbeschaffungswert zu verkaufen. Ebenso schwierig könnte es sein, ein kleines, in Privatbesitz befindliches Unternehmen zum vollen Wert zu Geld zu machen. Das Haus und das kleine Unternehmen sind illiquide Anlagen. Wegen des höheren Risikos und der Probleme, die Investition wieder zu Geld zu machen, werden für illiquide Finanzanlagen oder Darlehen im allgemeinen viel höhere Zinssätze als für liquide, risikolose Darlehen verlangt.
4. *Verwaltungskosten.* Darlehen unterscheiden sich auch hinsichtlich der Zeit und Mühe, die für ihre Überwachung und Verwaltung aufgewendet werden müssen. Manche Darlehen verlangen nichts weiter als die Einlösung der Rückzahlungsschecks in regelmäßigen Raten. Andere, wie etwa Studentenkredite, Hypothekardarlehen oder Kreditkarten-Bevorschussungen erfordern die Sicherstellung zeitgerechter Zahlungen. Manchmal betrauen die Darlehensgeber Detektive und Anwälte, um an ihre Schuldner heranzukommen. Für Darlehen mit hohen Manipulationskosten fallen um 5 bis 10 Prozent höhere Zinssätze an.

Betrachten wir die eben beschriebenen vier Faktoren in einem, überrascht es uns nicht, daß es so viele verschiedene Finanzierungsinstrumente und so viele verschieden hohe Zinssätze gibt. Abbildung 26-2 zeigt die Entwicklung einiger wichtiger Zinssätze während der letzten dreißig Jahre. In der folgenden Erörterung beziehen wir uns mit dem Begriff „Zinssatz“ im allgemeinen auf den Zinssatz für kurzfristige Staatsanleihen, etwa für den 90-Tage-Schatzwechsel. Wie aus Abbildung 26-2 hervorgeht, steigen und fallen die meisten anderen Zinssätze im Gleichschritt mit der dreimonatigen Schatzwechselverzinsung.

Real- oder Nominalzinssatz

Der Zinssatz wird in Geldeinheiten, nicht in Form von Häusern, Autos oder Waren im allgemeinen berechnet. Der *Nominalzinssatz* bezeichnet dabei den jährlichen Geldertrag pro investierter Geldeinheit. Aber Geld ist als Maßstab bisweilen stark verzerrt. Die Preise für Häuser, Autos und Waren im allgemeinen ändern sich von Jahr zu Jahr – so steigen sie beispielsweise zur Zeit der Abfassung dieses Buches inflationsbedingt allgemein an. Mit anderen Worten, der Zinssatz für Geld mißt nicht, was ein Darlehensgeber tatsächlich in Form von Gütern und Dienstleistungen verdient. Nehmen wir an, Sie würden heute \$ 100 zu einem Zinssatz von 5 Prozent jährlich verborgen. Nach einem Jahr erhielten Sie dafür \$ 105. Weil sich in diesem Jahr das Preisniveau aber geändert hat, könnten Sie damit nicht einmal dieselbe Menge an Gütern kaufen, die Sie vor einem Jahr mit den ursprünglichen \$ 100 bekommen hätten.

Wir brauchen daher einen anderen Maßstab für den Zinssatz, der die Kapitalrendite in Form realer Güter und Dienstleistungen mißt, nicht nur den Geldertrag. Dieses alternative Konzept ist der *Realzinssatz*, der die Menge an Gütern mißt, die wir morgen für die Güter bekom-

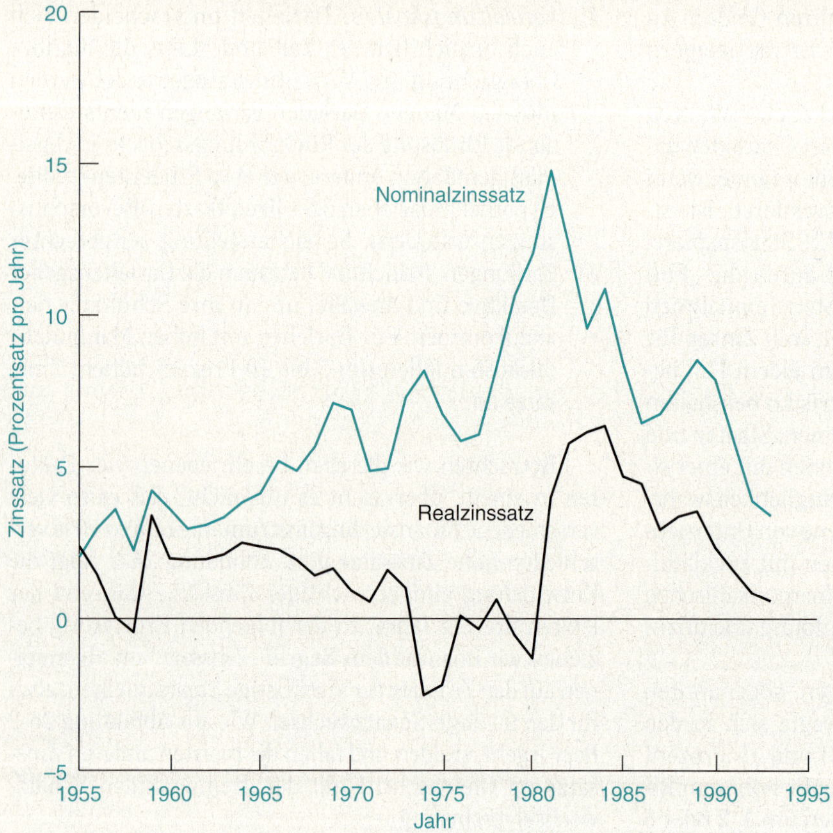

Abbildung 26-3: Realzinsen versus Nominalzinsen

Die blaue Linie zeigt die nominellen Zinssätze für risikoarme kurzfristige Wertpapiere (einjährige Schatzanweisungen). Die schwarze Kurve stellt den Realzinssatz dar, der dem nominellen oder Geldzinssatz abzüglich der im vorangegangenen Jahr entstandenen Inflation entspricht. Bitte beachten Sie, daß sich die Realzinssätze bis 1980 eher nach unten entwickelt haben. Nach 1980 kam es jedoch zu einem drastischen Anstieg der Realzinssätze. (Quelle: Federal Reserve Board, US-Arbeitsministerium)

men, auf die wir heute verzichtet haben. Der Realzinssatz wird durch Inflationsbereinigung des Nominal- oder Geldzinssatzes errechnet.

Der **Nominalzinssatz** (bisweilen auch als *Geldzinssatz* bezeichnet) ist der Zinssatz für Geld, angegeben in Geldeinheiten. Wenn Sie in der Zeitung über Zinssätze lesen, oder wenn Sie die Zinssätze in Abbildung 26-2 untersuchen, so haben Sie es mit Nominalzinssätzen zu tun; sie ergeben den Geldertrag pro Geldinvestition.

Im Gegensatz dazu wird der **Realzinssatz** inflationsbereinigt und als Nominalzinssatz abzüglich Inflationsrate berechnet. Nehmen wir als Beispiel an, der Nominalzinssatz betrage 8 Prozent jährlich, die Inflationsrate 3 Prozent. Wir können daher den Realzinssatz als 8 – 3 = 5 Prozent jährlich errechnen. Anders ausgedrückt: Wenn Sie heute 100 Warenkörbe verleihen, erhalten Sie im nächsten Jahr nur 105 (und nicht 108) Warenkörbe als Kapitalrückzahlung zuzüglich Zinsen zurück.

In Zeiten der Inflation müssen wir uns des Real- und nicht des Nominalzinssatzes bedienen und den Kapitalertrag in Form von Gütern berechnen, die wir jährlich für die investierten Güter erhalten. Der Realzinssatz ist der Nominalzinssatz abzüglich Inflationsrate.

Die Zinsentwicklung der letzten Zeit. Die Differenz zwischen Nominal- und Realzinssatz ist in Abbildung 26-3 anschaulich dargestellt. Hier sehen Sie, daß der Großteil des Nominalzinsanstieges zwischen 1960 und 1980 reine Illusion war, weil der Nominalzins gerade eben mit der in diesen Jahren herrschenden Inflation Schritt halten konnte. Nach 1980 stiegen jedoch die Realzinssätze drastisch an und blieben auch ein Jahrzehnt lang erhöht.

GELDNACHFRAGE

Die Geldnachfrage unterscheidet sich wesentlich von der Nachfrage nach Eiscreme oder Kinofilmen. Geld wird nicht um seiner selbst willen nachgefragt; man kann Münzen nicht essen, und es kommt auch kaum vor, daß wir uns einen hübschen Geldschein wegen seiner künstlerischen Gestaltung an die Wand hängen. Nein, wir fragen Geld nach, weil es uns indirekt dient, sozusagen als Schmiermittel für Handel und Tauschgeschäfte.

Die Funktionen des Geldes

Bevor wir die Geldnachfrage näher erörtern, wiederholen wir noch einmal die Funktionen des Geldes:

1. Die weitaus wichtigste Funktion des Geldes besteht in seiner Eigenschaft als *Tauschmittel*. Ohne Geld müßten wir ständig auf der Suche nach Tauschpartnern unterwegs sein. Die Nützlichkeit des Geldes wird richtig augenfällig, wenn es einmal, wie etwa in Rußland zu Beginn der neunziger Jahre, nicht richtig funktioniert. In dieser Situation mußten sich die Menschen stundenlang um Waren anstellen und versuchen, Dollars oder andere Fremdwährungen zu ergattern, weil der Rubel kein annehmbares Tauschmittel mehr darstellte.
2. Geld wird auch als *Recheneinheit* verwendet, nämlich als jene Einheit, mit der der *Wert* von Dingen angegeben wird. So wie wir Gewicht in Kilogramm messen, messen wir den Wert in Geld. Die Verwendung einer einheitlichen Recheneinheit vereinfacht das Wirtschaftsleben ganz enorm.
3. Geld wird bisweilen als *Wertaufbewahrungsmittel* verwendet; es ermöglicht die Erhaltung eines Wertes über einen bestimmten Zeitraum. Im Vergleich zu riskanten Anlageformen wie Aktien, Immobilien oder Gold ist Geld weitgehend risikofrei. In früheren Zeiten bewahrten die Menschen Geld als sichere Vermögensform auf. Heute stecken Menschen, die ihr Vermögen gesichert wissen wollen, ihr Geld auf Bankkonten (M_1) und in Geldmarktfonds (M_2). Trotzdem wird der überwiegende Großteil der Vermögen in anderen Anlageformen gehalten, beispielsweise auf Sparkonten, in Aktien, Anleihen und Immobilien.

Die Kosten für das Halten von Geld

Die drei genannten Funktionen des Geldes sind für uns Menschen äußerst wichtig, und zwar so sehr, daß wir bereit sind, für den Besitz von Geld oder niedrig verzinsten Girokonten zu bezahlen. Worin bestehen die *Kosten für den Besitz von Geld*? Nun, in dem Opfer an Zinsen, das für die Wahl von Geld anstelle anderer riskanterer und weniger liquider Anlageformen oder Investitionen zu erbringen ist.

Nehmen wir an, wir hätten zu Beginn des Jahres 1993 $ 1.000 auf ein Sparkonto einbezahlt. Dafür würden wir 3 Prozent Zinsen erhalten, was uns am Jahresende ein Sparguthaben von $ 1.030 bescheren würde. Der Geld- oder Nominalzinssatz beträgt also 3 Prozent jährlich. Nehmen wir statt dessen an, wir hätten unsere $ 1.000 lieber als Bargeld behalten, als sie 1993 in einen Fonds einzubezahlen. Dann hätten wir zum Jahresende nach wie vor nur $ 1.000, weil Bargeld nicht verzinst ist. Die Kosten für den Besitz des Geldes als Bargeld lägen in diesem Fall bei $ 30.

Geld ermöglicht uns einfache und rasche Transaktionen, eine eindeutige Preisfestlegung sowie eine problemlose Aufbewahrung von Werten über längere Zeiträume. Diese Möglichkeiten stehen uns nicht gratis zur Verfügung. Würden wir unser Vermögen in Form von Aktien, Anleihen oder auf einem Sparkonto anlegen, könnten wir damit einen höheren Zinssatz erzielen.

Betrachten wir aber noch ein weiteres Beispiel. Auf Ihrem Girokonto liegen $ 1.000 an Buchgeld (M_1). Die Bank bezahlt auf Girokonten 2 Prozent Zinsen jährlich, in Ihrem Fall $ 20. Andererseits erhielten Sie auf einem Sparkonto 3 Prozent Zinsen. Die Nettokosten (oder Opportunitätskosten) für das Belassen Ihrer $ 1.000 auf dem Girokonto betragen daher $ 10 ($ 30 – $ 20).

Welchen Grund könnten Sie haben, auf die $ 10 zu verzichten? Nun, es lohnt sich, das Geld auf dem Girokonto zu belassen, wenn man damit Nahrungsmittel oder ein neues Fahrrad bezahlen möchte. Sie erhalten dafür „Gelddienstleistungen", die jährlich zumindest $ 10 wert sind.

Zwei Quellen der Geldnachfrage

Transaktionsnachfrage. Haushalte und Unternehmen verwenden Geld als Tauschmittel: Die Haushalte benötigen Geld, um ihre Einkäufe zu tätigen, und die Unternehmen benötigen es, um für Materialien und Arbeit zu bezahlen. Aus diesem Bedarf ergibt sich die *Transaktionsnachfrage nach Geld.*

Abbildung 26-4 zeigt den Mechanismus der Transaktionsnachfrage nach Geld. In dieser Abbildung sehen Sie den durchschnittlichen Geldbestand eines Haushaltes mit einem Einkommen von $ 3.000 monatlich, der dieses Einkommen als Geld behält und im Laufe des Monats ausgibt. Berechnungen zeigen, daß sich der durchschnittliche Geldbestand dieses Haushaltes auf $ 1.500 beläuft.

Anhand dieses Beispiels können wir sehen, wie die Geldnachfrage auf verschiedene wirtschaftliche Einflußfaktoren reagiert. Verdoppeln sich alle Preise und Einkommen, wird die Y-Achse in Abbildung 26-4 einfach durch Verdoppelung aller Geldangaben neu beschriftet. Natürlich verdoppelt sich in diesem Fall die nominelle Geldnachfrage. So verdoppelt sich also die Transaktionsnachfrage nach Geld, wenn sich das nominale BIP ohne Veränderung des realen BIP oder sonstiger realer Variabler verdoppelt.

Nun stellt sich die überaus wichtige Frage, wie sich denn die Geldnachfrage mit den Zinssätzen verändert. Erinnern Sie sich, unsere Familie bezahlt für ihr Girokonto Opportunitätskosten in Form einer geringeren Verzinsung von *M* als bei anderen Anlageformen. Mit steigendem Zinssatz könnte sich unsere Familie sagen:

> *Belassen wir die eine Hälfte unseres Geldes zu Beginn des Monats auf unserem Girokonto und legen wir die andere Hälfte auf ein Sparkonto, an dem wir 8 Prozent Zinsen verdienen. Am 15. des Monats heben wir dann die $ 1.500 wieder ab und legen sie auf das Girokonto, um die Rechnungen für die nächsten 2 Wochen begleichen zu können.*

Beachten Sie bitte den Nettoeffekt: Mit steigenden Zinssätzen beschließt die Familie, die Hälfte ihres Einkommens auf ein Sparkonto zu legen, und der durchschnittliche Geldbesitz unserer Familie sinkt von $ 1.500 auf $ 750. Das zeigt, daß Geld (oder die Geldnachfrage) zinssensibel sein kann: *Ceteris paribus sinkt die Geldnachfrage mit steigenden Zinsen.*

Sie könnten nun einwenden, daß der wirtschaftliche Gewinn aus einer ständigen Verlagerung des Geldes letztlich so gering ist, daß sich Zinsschwankungen kaum auf den Geldbesitz auswirken. Was die privaten Haushalte betrifft, so haben Sie mit Ihrem Einwand recht: Die durchschnittlichen Bankguthaben verändern sich kaum, wenn die Leute feststellen, daß sie für ihre Gelder anderweitig 2 oder 4 Prozent mehr bekommen können.

Anders im Geschäftssektor, wo sich die Zinssätze entscheidend auf die Geldnachfrage auswirken. Große Unternehmen können durchaus an einem Tag ein Bankguthaben von $ 100 Millionen, am nächsten $ 250.000 etc. aufweisen. Blieben sie in dieser Situation untätig, könnten sie auf diese Weise jährlich zwischen $ 20 und $ 50 Millionen Dollar an Zinsen verlieren. In den siebziger Jahren bewog die damalige Hochzinsphase die Unternehmen

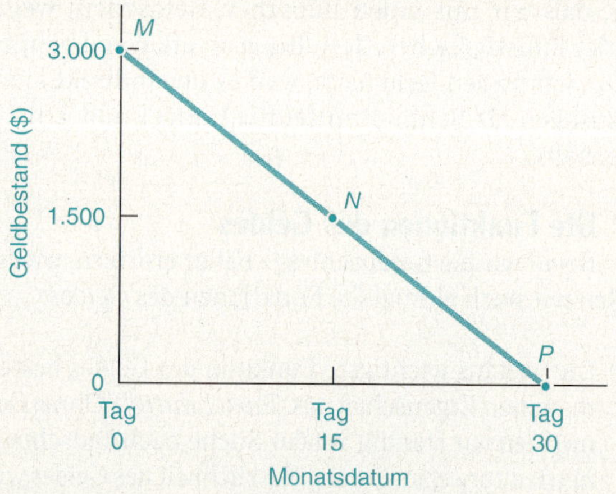

Abbildung 26-4: Die Transaktionsnachfrage nach Geld

Nehmen Sie an, eine Familie erhielte am Beginn des Monats $ 3.000 und gäbe den gesamten Betrag im Verlauf des Monats, und zwar konstant $ 100 täglich, aus. Diese Familie legt ihr Geld auch nirgendwo an. Daher hat sie am Tag 0 $ 3.000, am Tag 15 $ 1.500 und am Ende des Monats nichts mehr. Sie können dies der Linie *MNP* entnehmen.

Über wieviel Geld verfügt diese Familie durchschnittlich? Antwort: $^1/_2$ von $ 3.000 = $ 1.500.

Um zu verstehen, wie der Geldnachfragemechanismus funktioniert, überlegen Sie sich, wie sich die Abbildung nach einer Verdoppelung aller Preise und Einkommen oder infolge einer Verdoppelung der Realeinkommen bzw. bei einer Steigerung der Zinssätze für Sparguthaben auf 20 Prozent verändern würde.

zur Einführung eines „Cash Management", was bedeutet, daß Geschäftskunden mit Hilfe ihrer Banken ihre Geldbestände ständig in hoch verzinsten Anlageformen halten, anstatt sie auf einem Girokonto ohne Zinsertrag zu belassen. Und bei hohen Zinssätzen arbeiten die Unternehmen noch ein wenig härter daran, die jeweiligen Barbestände auf ein Minimum zu beschränken.

Nachfrage nach Anlageformen. Geld läßt sich nicht nur für den Transaktionsbedarf, sondern auch als Wertaufbewahrungsmittel verwenden. Wie wir in unserer Erörterung des Konsums in Kapitel 23 besprochen haben, sparen die Menschen für den Ruhestand, für schwere Zeiten und für die Ausbildung ihrer Kinder. Ende 1988 besaßen die Haushalte insgesamt rund $ 12 Billionen an diversen Finanzanlagen. Bietet sich da nicht auch Geld als Anlageform an?

Eines der ganz wichtigen Gebiete der modernen Volkswirtschaft ist die sogenannte **Portfoliotheorie**, die beschreibt, wie rational denkende Investoren ihre Vermögen in ein „Portfolio" (oder ein Bündel von Anlageformen) einbringen. So könnte beispielsweise Ihr Portfolio aus Schatzscheinen im Wert von $ 10.000, einer Geldmarktfondseinlage von $ 5.000 und aus einem Aktienpaket über $ 14.000 bestehen.

Die Portfoliotheorie geht von der Grundannahme aus, daß Menschen zwar bestrebt sind, möglichst hohe Erträge aus ihren Investitionen herauszuholen, sich zugleich aber auch risikoavers verhalten. Mit anderen Worten, die Leute tendieren nur dann zu riskanten Investitionen, wenn die Erträge entsprechend hoch sind. (Die *Erträge* entsprechen dabei der jährlichen Kapitalrendite pro eingesetztem Geldwert). Bei zwei Anlageformen mit gleich hohem Ertrag neigen die Menschen der sichereren Form zu. Damit sich jemand nicht nur für risikoarme Anlageformen, sondern auch für riskante Aktien- oder Immobilieninvestitionen interessiert, müssen diese risikobehafteten Anlageformen einen höheren Ertrag abwerfen.

Die Portfoliotheorie analysiert nun, wie ein risikoaverser Investor sein Vermögen anlegen sollte. Eine wichtige Regel besagt, daß auf eine entsprechende Streuung des Portfolios auf verschiedene Anlageformen zu achten ist. „Niemals alle Eier in einen Korb" – diese Warnung hört man häufig.

Gründliche Portfoliountersuchungen zeigen überdies, daß ein optimales Portfolio möglichst eine Mischung aus Anlageformen mit geringem und anderen mit hohem Risiko enthalten sollte. Unter den risikoarmen Formen könnte durchaus auch ein niedrigverzinstes Girokonto aufscheinen. Es braucht uns daher nicht zu überraschen, daß heute viele Haushalte Geld als Teil ihrer Investitionsstrategie betrachten und nicht nur für Transaktionszwecke benützen.

Und wie sollte das restliche Portfolio aussehen? Berechnungen zeigen (wie wir im Anhang zu diesem Kapitel ausführen werden), daß man durch Diversifizierung der Anlagen und Streuung auf viele Investitionsformen – verschiedene Aktien, Anleihen, vielleicht Immobilien – bei nicht übertrieben hohem Risiko doch eine gute Rendite erzielen kann.

Volkswirte – die Inspiration der modernen Finanzwissenschaften. *Die Portfoliotheorie steht im Zentrum eines der aufregendsten und populärsten Fachgebiete der Wirtschaftswissenschaften: des Geld- und Bankenwesens. Dieser Zweig bedient sich eines Rahmens ähnlich jenem der Nutzentheorie in Kapitel 5. Der Grundgedanke lautet, daß Menschen zwar eine hohe Rendite schätzen, ein hohes Risiko jedoch umso weniger. Harry Markowitz und James Tobin, beide Volkswirte und Nobelpreisträger, konnten nachweisen, daß auf Nutzenmaximierung bedachte Konsumenten ihr Vermögen nach Möglichkeit streuen bzw. ihr Portfolio zwischen zahlreichen verschiedenen riskanten Anlageformen diversifizieren. Diese Forschungsrichtung hat in der modernen Finanztheorie besondere Bedeutung in der Ausformung als „Kapitalanlagepreis-Modell" (CAPM – capital asset pricing model) erlangt, für das William Sharpe im Jahr 1990 mit dem Nobelpreis geehrt wurde. Jeder gute Portfoliomanager der Wall Street bedient sich heute außer seiner Intuition bei der Auswahl von Aktien und Anleihen auch dieser Techniken.*

Wir fassen zusammen:

Die Geldnachfrage ist im Bedarf nach einem Tauschmittel, also in der Transaktionsnachfrage, begründet. Uns stehen Bargeld und Girokonten zur Verfügung, wenn wir Güter kaufen und unsere Rechnungen bezahlen wollen. Mit steigendem Einkommen steigt auch der Geldwert der Güter, die wir kaufen möchten, und wir benötigen daher mehr Geld für Transaktionen, was unsere Geldnachfrage erhöht.

Die Transaktionsnachfrage nach M reagiert sensibel auf die Kosten für das Halten von Geld. Steigen die Zinssätze für alternative Anlageformen im Vergleich zum Geldzinssatz, werden daher Haushalte und Unternehmen ihre unverzinsten Geldbestände verringern.

Darüber hinaus besitzen die Menschen Geld bisweilen auch als Anlageform. Sie wollen einen Teil ihres Vermögens gegen die Unwägbarkeiten des Wirtschaftslebens schützen und nicht die Dummheit begehen, alles auf eine Karte zu setzen. Und eine der Karten, auf die viele Investoren setzen, ist sicherlich die ultrasichere Anlageform. Diese könnte aus einem hoch verzinsten Girokonto bestehen, was sie als Komponente von M_1 ausweist, oder auch aus Quasigeld in M_2, etwa aus einem Sparkonto oder der Beteiligung an einem Geldfonds.

B. BANKENWESEN UND GELDMENGE

In den meisten Ländern sind die Zentralbanken, und nur die Zentralbanken, berechtigt, Geld zu drucken. Addiert man nun den nominellen Wert aller Sicht- und Spareinlagen im Land, so ergäben diese viel mehr als das von der Zentralbank gedruckte Geld. Woher stammt all das zusätzliche Geld?
Bei näherem Hinsehen stellt sich heraus, daß die Geldmenge durch eine Wechselwirkung zwischen Banken und Zentralbank bestimmt wird. Beginnen wir mit einer Untersuchung einiger historischer und institutioneller Aspekte des Bankenwesens. Anschließend wollen wir uns dann fragen, wie die Banken Geld „schöpfen".

DAS BANKENWESEN ALS GESCHÄFT

Buchgeld und viele andere Finanzdienstleistungen werden heute von Finanzmittlern angeboten. **Finanzmittler** sind Institutionen wie die Geschäftsbanken, die Einlagen oder Gelder von einer Gruppe nehmen und diese an andere Gruppen verleihen. So nehmen beispielsweise Finanzmittler die Sparguthaben der Haushalte, Unternehmen oder Ausländer und verborgen sie für vielfältige Zwecke an Haushalte und Unternehmen.

Wer sind heute die wichtigsten Finanzmittler? Die größte Gruppe bilden die Geschäftsbanken, jene Finanzinstitute, in denen sich der Großteil aller Girokonten eines Landes befindet; diese Banken verwalten über 25 Prozent aller in Finanzinstituten befindlichen Kontokorrenteinlagen. Eine weitere wichtige Kategorie sind die Sparkassen, Versicherungsgesellschaften, Pensionsfonds sowie die Geldmarkt- und Investmentfonds. Zusammen verfügten Mitte 1993 alle diese Finanzmittler über insgesamt $ 11,8 Billionen an Finanzanlagen und Verbindlichkeiten.

Im folgenden wollen wir uns ein wenig mit den Geschäftsbanken, kurz „Banken", beschäftigen. Dies deshalb, weil diese Banken die wichtigsten Vergabeinstitute von Girokonten, also der Buchgeldkomponente von M_1, sind.

Zusammenfassend:

Finanzinstitute sorgen für den Transfer von Geldern von den Darlehensgebern zu den Darlehensnehmern. Dabei schaffen sie Finanzierungsinstrumente (wie Giro- und Sparkonten). Aus makrokönomischer Sicht ist das wichtigste Instrument jedoch das Buchgeld (oder die Girokonten), das heute in erster Linie von den Geschäftsbanken bereitgestellt wird.

Banken als Unternehmen

Banken und andere Finanzmittler gleichen in weiten Bereichen den sonstigen Unternehmen. Sie werden zum Zweck der Gewinnerwirtschaftung für ihre Eigentümer gegründet. Eine Geschäftsbank ist ein relativ einfaches Unternehmen. Dieses bietet seinen Kunden bestimmte Dienstleistungen an und wird dafür von ihnen bezahlt.

Tabelle 26-2 zeigt die konsolidierte Bilanz aller US-Geschäftsbanken. Eine *Bilanz* ist eine Aufstellung des Finanzstatus eines Unternehmens zu einem bestimmten Zeitpunkt. Sie listet *Aktiva* (das Vermögen des Unternehmens) und *Passiva* (Verbindlichkeiten des Unternehmens) auf. Die Differenz zwischen Aktiva und Passiva wird als *Reinvermögen oder Eigenkapital* bezeichnet. Jede Bilanzposition wird dabei zum Zeitwert oder zum Anschaffungswert angegeben.[1]

Mit Ausnahme geringfügiger Änderungen sieht die Bilanz einer Bank ganz ähnlich wie jede andere Unternehmensbilanz aus. Die einzige Besonderheit der Bankbilanz ist eine Position mit der Bezeichnung „Mindestreserven" auf der Aktivseite. Diese **Mindestreserven** sind Reserven der Banken in Form von Kassenbeständen oder Geldern, die die Bank bei der Zentralbank hinterlegt. Teilweise werden die Mindestreserven für die täglichen Geschäftserfordernisse gehalten, zum größten Teil jedoch dienen sie der Erfüllung diesbezüglicher gesetzlicher Vorschriften.

Die Entwicklung der Banken aus Goldschmiedewerkstätten

Das Geschäftsbankenwesen in England nahm seinen Ausgang von den Goldschmiedewerkstätten, die es sich zur Gewohnheit machten, das Gold und die Wertgegenstände ihrer Kunden aufzubewahren. Zu Beginn waren diese Betriebe einfach nur eine Art Aufbewahrungsstätten oder Lager. Die Einleger beließen ihr Gold zur sicheren Aufbewahrung gegen Quittung beim Goldschmied. Später erhielten sie gegen Vorlage der Quittung und eine kleine Aufbewahrungsgebühr ihre Einlage zurück.

Den Goldschmieden erschien es schon bald praktischer, nicht jedem Kunden genau das Goldstück zurück-

[1] Bilanzen und wie sie aufgebaut sind, ist in Kapitel 7 genauer erörtert.

Konsolidierte Bilanz aller Geschäftsbanken 1993 (Milliarden Dollar)			
Aktiva		**Passiva**	
Reserven	$ 68	Sichteinlagen	$ 821
Darlehen	2.333	Spar- und Termineinlagen	1.706
Investitionen und Wertpapiere	859	Sonstige Verbindlichkeiten und Eigenkapital	1.205
Sonstige Aktiva	472		
Gesamt	$ 3.732	Gesamt	$ 3.732

Tabelle 26-2: Zentralbankreserven und Sichteinlagen sind die wichtigsten Bilanzpositionen der Geschäftsbanken

Zentralbankreserven und Sichteinlagen sind der Schlüssel zur Giralgeldschöpfung durch die Banken. Die Sichteinlagen müssen auf Aufforderung jederzeit ausbezahlt werden können, auf sie ist durch Ausstellen eines Schecks ein rascher Zugriff möglich. Reserven werden in erster Linie gehalten, um den gesetzlichen Erfordernissen zu genügen, nicht um Vorsorge gegen unerwartet hohe Abhebungen zu treffen. (Quelle: *Federal Reserve Bulletin*)

zugeben, das er hinterlegt hatte. Den Kunden war es recht, jedes Gold anzunehmen, solange es wertmäßig dem von ihnen hinterlegten entsprach. Diese sogenannte „Anonymität" war wichtig, denn erst sie ermöglichte es den Goldschmieden, das aufbewahrte Gold zu verleihen.

Wie hätte wohl die Bilanz eines typischen Goldschmiedbetriebes ausgesehen? Wahrscheinlich ganz ähnlich wie unsere Tabelle 26-3. Wir nehmen allerdings an, daß die First Goldsmith Bank heute keine Goldbarren mehr stapelt, sondern sich nur mit der sicheren Aufbewahrung des Geldes ihrer Kunden befaßt. In den Räumen der First Goldsmith sind $ 1 Million gelagert, und zwar zur Gänze als Bargeld (das ist die Position Bar- bzw. Liquiditätsreserve in der Bilanz). Als Gegengewicht zu dieser Aktivposition finden wir eine Einlagenachfrage in derselben Höhe. Die Liquiditätsreserve macht demnach volle 100 Prozent der Einlagen aus.

Gäbe es die Goldsmith Bank heute, so müßte man ihre Sichteinlagen zum Geldmengenaggregat, und zwar zum „Buchgeld", zählen. Dieses Buchgeld müßte allerdings genau der Höhe des tatsächlichen Geldes (Gold oder Bargeld) im Safe der Bank entsprechen, das aus dem aktiven Umlauf abgezogen wurde. Hier findet keine Geldschöpfung statt. Der Vorgang ist um nichts interessanter, als würde die Öffentlichkeit beschließen, Nickles in Dimes zu wechseln. Wir sagen, daß ein Bankensystem mit 100prozentigem Mindestreservenerfordernis eine neutrale Wirkung auf Geld und Makroökonomie ausübt, weil es keinerlei Auswirkungen auf die Geldmenge hat.

Im modernen Banksystem wird nur ein Teil der Kundeneinlagen als Zentralbankgeld gehalten

Als gewinnmaximierende Unternehmer erkennen die Banker von Goldsmith, daß die ihrer Obhut unterstellten Einlagen zwar auf Aufforderung ausbezahlt werden müssen, daß sie jedoch niemals alle gemeinsam eingefordert werden. Reserven in Höhe der gesamten Einlagen zu halten wären nur dann nötig, wenn alle Einleger plötzlich zur gleichen Zeit ausbezahlt werden müßten, aber gerade das ist noch niemals passiert. An einem bestimmten Tag bringen einige Leute Einlagen, während andere etwas abheben. Im allgemeinen sind die Transaktionen ausgeglichen.

Bilanz der Goldsmith Bank			
Aktiva		**Passiva**	
Reserven	$ 1.000.000	Sichteinlagen	$ 1.000.000
Gesamt	$ 1.000.000	Gesamt	$ 1.000.000

Tabelle 26-3: Die First Goldsmith Bank mußte noch 100 Prozent ihrer Bankeinlagen als Reserven halten

In einem primitiven Bankensystem mit einem hundertprozentigen Reservenerfordernis ist keine Giralgeldschöpfung möglich.

Aktiva		Passiva	
Reserven	+ $ 1.000	Einlagen	+ $ 1.000
Gesamt	+ $ 1.000	Gesamt	+ $ 1.000

Tabelle 26-4 (a): Bank 1 in ihrer Ausgangsposition

Die multiple Giralgeldschöpfung ist eine Geschichte in vielen Fortsetzungen. Zu Beginn werden $ 1.000 der neu geschaffenen Reserven in der ursprünglichen Bank der ersten Generation eingelegt.

Aktiva		Passiva	
Reserven	+ $ 100	Bankeinlagen	+ $ 1.000
Darlehen und Investitionen	+ 900		
Gesamt	+$ 1.000	Gesamt	+ $ 1.000

Tabelle 26-4 (b): Bank 1 in ihrer Endposition

Eine auf Gewinnmaximierung bedachte Bank wird alle überschüssigen Reserven als Kredit vergeben oder investieren. Daher hat Bank 1 nur $ 100 der ursprünglichen Bareinlage (als gesetzlich geforderte Mindestreserve) behalten und die restlichen $ 900 verborgt oder investiert.

Deshalb störte es die Banker, daß sie 100 Prozent aller Einlagen als unproduktive Reserven halten sollten; fein säuberlich im Tresorraum aufgeschlichtet bringen sie auch keine Zinsen. Deshalb kamen Banken schon früh auf den Gedanken, sie könnten das ihnen anvertraute Geld zur Vergabe von Darlehen verwenden oder damit Anleihen und sonstige einträgliche Anlageformen erwerben. Sie stellten fest, daß die Verwendung der Einlagen zu Investitionszwecken große Vorteile bot, weil man die Einleger auf Aufforderung ja trotzdem ausbezahlen konnte, während die Bank höhere Erträge erwirtschaftete.

Banken maximieren, indem sie einen Großteil des bei ihnen eingelegten Geldes in einträgliche Finanzanlagen stecken und nur einen Bruchteil der Einlagen als Reserve behalten, ihren Gewinn. Mit diesem Gewinn können sie zusätzliche Dienstleistungen anbieten oder die Bankgebühren für die Einleger senken.

Dieser Schritt, daß *Banken nur noch einen Teil ihrer Kundeneinlagen als Zentralbankgeld halten müssen*, kam einer Revolution gleich. Er machte erst die Geldschöpfung durch die Banken möglich, die nun aus jedem Dollar Bankreserve mehrere Dollars an Einlagen machen durften. Später in diesem Abschnitt werden wir erkennen, wie das möglich ist.

Gesetzliches Mindestreservenerfordernis

Im modernen Bankenwesen werden Bankreserven entweder in Form von Kassenbeständen oder als Zentralbankeinlagen gehalten. Ein umsichtiger Banker, der sehr darauf bedacht ist, seinen Kunden vor Augen zu führen, daß die Bank über genügend Barbestände für ihre täglichen Transaktionen verfügt, würde von sich aus etwa 1 oder 2 Prozent der Einlagen als Reserve halten. In der Realität legen Banken heute jedoch beinahe 10 Prozent ihrer Sichteinlagen als Reserven an. Diese werden als Kassenbestände oder Zentralbankeinlagen bei der Fed, der Federal Reserve, gehalten.

Warum sind diese Mindestreserven eigentlich so hoch? Alle Finanzinstitute werden durch gesetzliche Bestimmungen und die Richtlinien der Zentralbank dazu angehalten, für einen gewissen Teil ihrer Einlagen Reserven zu bilden. Diese Mindestreserve gilt für alle Arten von Giro- und Sparkonten, unabhängig vom tatsächlichen Bedarf an Barmitteln.

Mit den gesetzlichen Bestimmungen, die die Mindestreserven regeln, werden wir uns im nächsten Kapitel auseinandersetzen. Nur soviel vorab:

Die gesetzlich vorgeschriebenen Mindestreserven haben vor allem die Funktion, der Zentralbank eine Kontrolle der Höhe der Sichteinlagen zu ermöglichen. Durch die Vorschrift hoher gesetzlich fixierter Mindestreserven kann die Zentralbank die Geldmenge besser kontrollieren.

GIRALGELDSCHÖPFUNG

In der vereinfachten Darstellung unserer Goldsmith Bank haben wir bereits angedeutet, daß Banken Rücklagen zu Buchgeld machen. Tatsächlich läuft dieser Prozeß jedoch in zwei Schritten ab:

- Die Zentralbank (in den USA die Federal Reserve) legt die Mindestreserveerfordernisse für das Bankensystem fest. Wie das genau vor sich geht, wird im folgenden Kapitel erörtert.
- Indem das Bankensystem diese Mindestreserven als Input behandelt, kann es sie in eine viel größere Menge an Buchgeld umwandeln. Die Barbestände und das so geschaffene Buchgeld bilden dann gemeinsam das Geldmengenaggregat M_1. Diesen Prozeß bezeichnen wir als *multiple Giralgeldschöpfung*.

Aktiva		Passiva	
Reserven	+ $ 900	Einlagen	+ $ 900
Gesamt	+ $ 900	Gesamt	+ $ 900

Tabelle 26-4 (c): Banken der zweiten Generation in ihrer Ausgangsposition

Aktiva		Passiva	
Reserven	+ $ 90	Einlagen	+ $ 900
Kredite und Investitionen	+ $ 810		
Gesamt	+ $ 900	Gesamt	+ $ 900

Tabelle 26-4 (d): Endposition der Banken der zweiten Generation

Als nächstes geht das von Bank 1 als Kredit vergebene Geld an neue Banken, die ihrerseits neun Zehntel davon als Kredit vergeben.

Wie es zur Giralgeldschöpfung kommt: Banken der ersten Generation

Sehen wir doch einmal, was geschieht, wenn dem Bankensystem neue Reserven zugeführt werden. Nehmen wir an, die Federal Reserve kauft um $ 1.000 eine Staatsanleihe von Frau Anleihenbesitzerin, die die eingenommenen $ 1.000 auf ihrem Girokonto bei Bank 1 anlegt.

Die Änderung in der Bilanz von Bank 1 durch die neue Sichteinlage ist Tabelle 26-4 (*a*) zu entnehmen.[2] Als Frau Anleihenbesitzerin ihre $ 1.000 auf ihrem Girokonto einlegte, wurden damit $ 1.000 an Buchgeld oder Sichteinlagen geschaffen. Müßte die Bank nun 100 Prozent der Einlagen als Reserve halten wie die alten Goldschmiede seinerzeit, so ließe sich durch die neue Einlage von $ 1.000 keinerlei Giralgeldschopfung erzielen. Den $ 1.000 an Kundeneinlage müßten genau $ 1.000 an Reserven entsprechen. Aber unsere heutigen Banken brauchen für ihre Einlagen keine 100prozentige Reserve anzulegen. In unserem Beispiel nehmen wir der rechnerischen Einfachheit halber an, die Mindestreserve betrage 10 Prozent. Bank 1 muß daher von den $ 1.000 Einlage $ 100 als Reserve beiseite legen.

Was kann Bank 1 nun tun? Ihr verbleiben nach der Mindestrücklage von $ 100 noch $ 900. Da die Mindestreserven unverzinst sind, wird unsere gewinnorientierte Bank die verbleibenden $ 900 möglichst als Darlehen vergeben oder investieren. Das Darlehen könnte für ein Auto verwendet werden, als Investition käme beispielsweise der Kauf von Schatzobligationen in Frage.

Nehmen wir an, die Bank vergibt ein Darlehen oder kauft Wertpapiere. Die Person, die das Darlehen aufnimmt oder die Wertpapiere verkauft, nimmt die $ 900 (bar oder als Scheck) und legt sie auf ihr Konto bei einer anderen Bank. Nun werden die $ 900 von Bank 1 umgehend ausbezahlt.

Wie sieht die Bankbilanz nach all diesen Transaktionen und Investitionen aus? Bei einer Darlehensvergabe oder Investition von $ 900 entsprechen die Rücklagen der Bank genau der gesetzlich vorgeschriebenen Mindestreserve. Die Bilanz von Bank 1 nach entsprechender Kreditvergabe oder Investition (unter Einhaltung des Mindestreservenerfordernisses) ist in Tabelle 26-4 (*b*) dargestellt.

Wenn wir jedoch die Geldmenge kontrollieren, erleben wir eine Überraschung. Zusätzlich zu den ursprünglichen $ 1.000 an Einlagen, siehe rechts in Tabelle 26-4 (*b*), stellen wir $ 900 an Sichteinlagen auf einem anderen Konto (d. h. auf dem Girokonto der Person, die die $ 900 erhalten hat) fest. Daher hat M nun die neue Höhe von $ 1.900. *Die Aktivitäten von Bank 1 haben $ 900 an zusätzlichem Geld erbracht.*

Kettenreaktion mit Auswirkung auf andere Banken

Was geschieht, nachdem die durch Bank 1 geschöpfte zusätzliche Geldmenge von $ 900 die Bank verlassen hat? Schon bald wird sie zur Einlage bei einer anderen Bank, und hier beginnt eine Kettenreaktion der Geldvermehrung, in deren Verlauf es zu einer weiteren Giralgeldschöpfung kommt.

Banken der zweiten Generation. Um zu sehen, was mit den $ 900 geschieht, bezeichnen wir die Banken, die

[2] Der Einfachheit halber werden in der Tabelle nur die *Änderungen* der Bilanzpositionen ausgeführt, und wir legen ein gesetzliches Mindestreservenerfordernis von 10 Prozent zugrunde. Bitte beachten Sie, daß Banker, wenn sie von Darlehen und Investitionen sprechen, unter „Investitionen" die von ihnen gehaltenen Anleihen und sonstigen Finanzanlagen meinen. Sie verstehen darunter also etwas ganz anderes als Volkswirte, die mit „Investition" Kapitalbildung meinen.

Position der Bank	Neue Einlagen ($)	Neue Kredite und Investitionen ($)	Neue Reserven ($)
Ursprüngliche Banken	1.000,00	900,00	100,00
Banken der 2. Generation	900,00	810,00	90,00
Banken der 3. Generation	810,00	729,00	81,00
Banken der 4. Generation	729,00	656,10	72,90
Banken der 5. Generation	656,10	590,49	65,61
Banken der 6. Generation	590,49	531,44	59,05
Banken der 7. Generation	531,44	478,30	53,14
Banken der 8. Generation	478,30	430,47	47,83
Banken der 9. Generation	430,47	387,42	43,05
Banken der 10. Generation	387,42	348,68	38,74
Summe nach den ersten 10 Bankengenerationen	6.513,22	5.861,90	651,32
Summe der verbleibenden Bankengenerationen	3.486,78	3.138,10	348,68
Bankensystem insgesamt	10.000,00	9.000,00	1.000,00

Tabelle 26-5: Schließlich, nachdem die ganze lange Kette durchlaufen ist, haben alle Banken zusammen neue Einlagen in zehnfacher Höhe der ursprünglichen neuen Reserven geschaffen

Alle Banken zusammen erreichen, was eine kleine Bank nie könnte – sie erzielen die mehrfache Vermehrung der Reserven zu M. Das letztlich erreichte Gleichgewicht stellt sich ein, wenn jeder Dollar der ursprünglichen neuen Reserve für $ 10 an Sichteinlagen steht. Bitte beachten Sie, daß jede Bankengeneration folgendermaßen neues Geld „schöpft": Ihr verbleibt die zehnfache Bankeinlage der letztlich gehaltenen Reserve. (Überlegen Sie sich, ob Sie verstehen, warum es genau das Zehnfache sein muß.)

die $ 900 erhalten, als „Banken der zweiten Generation" (oder Bank 2). Ihre kombinierten Bilanzen sehen nun aus, wie in Tabelle 26-4 (*c*) gezeigt. In diesen Banken durchlaufen die eingelegten Gelder denselben Weg wie unsere ursprünglichen $ 1.000 Einlage. Die Banken wissen natürlich nicht, und es ist ihnen auch gleichgültig, daß sie in der Einlagenkette die Nummer 2 sind. Ihre einzige Sorge gilt der Vermeidung unverzinst brachliegender Gelder oder zu hoher Reserven. Ein Zehntel von $ 900 oder $ 90 genügt als die Mindestreserve für die eingelegten $ 900. Die verbleibenden neun Zehntel wird die Bank daher dazu verwenden, für $ 810 Darlehen zu vergeben oder Investitionen zu tätigen. Ihre Bilanz erreicht dann bald das Gleichgewicht, wie in Tabelle 26-4 (*d*) dargestellt.

Zu diesem Zeitpunkt haben die ursprünglichen $ 1.000, die aus dem Barumlauf genommen wurden, bereits $ 2.710 erbracht. M ist also gestiegen, aber der Prozeß geht noch weiter.

Banken der nächsten Generationen. Die von den Banken der zweiten Generation für die Vergabe von Darlehen oder die Tätigung von Investitionen ausgegebenen $ 810 gehen nun wieder zu anderen Banken, die wir als „Banken dritter Generation" bezeichnen.

Sie können selbst die Bilanzen (Anfangs- und Endbilanz) für diese Banken der dritten Generaton erstellen. Natürlich werden auch sie alle ihre über die Mindestreserve hinausgehenden Einlagen arbeiten lassen und damit eine Giralgeldschöpfung von $ 729 erzielen. Eine Bank der vierten Generation erhält noch neun Zehntel von $ 810, also $ 729 etc.

Herstellung des Systemgleichgewichts

Wie hoch wird der endgültige geschöpfte Geldbetrag sein? $ 1.000 + $ 900 + $ 810 + $ 729 + …? Tabelle 26-5 zeigt, daß sich als Gesamteffekt der Kettenreaktion eine Giralgeldschöpfung von $ 10.000 ergibt. Wir können dieses Ergebnis geometrisch, mit praktischem Verstand oder durch einfachste Berechnung ermitteln.

Der praktische Verstand sagt uns, daß der Giralgeldschöpfungsprozeß dort zu Ende sein muß, wo keine Bank irgendwo im System mehr über Mittel zur Reservenhal-

Aktiva		Passiva	
Reserven	+ $ 1.000	Einlagen	+ $ 10.000
Darlehen und Investitionen	+ 9.000		
Gesamt	+ $ 10.000	Gesamt	+ $ 10.000

Tabelle 26-6: Konsolidierte Bankenbilanz, aus der die Endposition aller Banken hervorgeht

Alle Banken gemeinsam erhöhen letztlich ihre Einlagen und M um ein Vielfaches der ursprünglichen neuen Reserven.

tung verfügt, die über die erforderlichen Mindestreserven von 10 Prozent hinausgehen. In allen unseren Beispielen ist niemals Geld aus dem Bankensystem hinausgesickert, sondern das Geld ist nur von einer Bank zur nächsten gewandert. Das Bankensystem wird unter dieser Annahme sein Gleichgewicht dann erreichen, wenn die $ 1.000 an neuen Reservemitteln zur Gänze als Mindestreserven gehalten werden. Mit anderen Worten, das endgültige Gleichgewicht des Banksystems stellt sich in jenem Punkt ein, bei dem 10 Prozent der neuen Einlagen (*D*) den neuen Mindestreserven von $ 1.000 entsprechen. Auf welcher Höhe erfüllt *D* diese Bedingung? Die Antwort lautet: D = $ 10.000.

Wir können die Antwort auch intuitiv verstehen, indem wir uns eine konsolidierte Bilanz aller Banken ansehen – jener der ersten, zweiten und hundertsten Generation. Wir sehen eine solche Bilanz in Tabelle 26-6. Hätten die gesamten neuen Einlagen noch nicht $ 10.000 erreicht, wäre das 10prozentige Mindestreservenerfordernis nicht erfüllt und das vollständige Gleichgewicht noch nicht erreicht.[3]

Abbildung 26-5 gibt uns einen schematischen Überblick über den gesamten Vorgang. Hier sehen wir, wie $ 1 an neuen Einlagen oder Reserven links oben sich zu $ 10 Gesamteinlagen oder Buchgeld rechts verwandelt. Innerhalb des Rechtecks, das das gesamte Bankensystem darstellt, erhält Bank 1 die ursprüngliche Neueinlage. Die blauen, umlaufenden Pfeile zeigen, wie die Reserven weiterverteilt werden, während die schwarzen Linien neue Einlagen darstellen. Die Kette besteht aus vielen, zunehmend kleiner werdenden Gliedern, wobei sich der gesamte Effekt zu 10:1 summiert.

Der Geldschöpfungsmultiplikator. Wir sehen, daß hier offensichtlich ein neuer Multiplikator am Werk ist, der bei den Bankreserven ansetzt. Aus jeder zusätzlichen Geldeinheit an Reserven, die ins Bankensystem einfließt, schöpfen die Banken letzlich 10 Geldeinheiten an zusätzlichen Einlagen oder Buchgeld.

Wie der in Kapitel 24 behandelte Multiplikator eine Einkommenssteigerung auf das Dreifache bewirkte, um neue Ersparnisse in Höhe der zusätzlichen Investition hervorzubringen, muß sich auch hier die Geldmenge auf das Zehnfache vermehren, damit 10 Prozent davon den gesamten zusätzlich vorhandenen Reserven entsprechen, mit denen die Kettenreaktion begonnen hat. Bitte beachten Sie, daß die Arithmetik der Giralgeldschöpfung ähnlich jener des Ausgabenmultiplikators ist, aber verwechsen Sie die beiden keinesfalls. Die Verstärkungswirkung betrifft hier das Verhältnis vom Reservenbestand zum gesamten Geldmengenbestand *M*; sie bezieht sich nicht auf die zusätzliche durch Investitionen oder Geld induzierte Produktionsleistung.

Abbildung 26-5: Multiple Giralgeldschöpfung durch die Banken

Alle Banken vollbringen, wozu eine Bank allein nicht in der Lage ist. Aus jedem Dollar an neuen Reserven, die in einer Bank eingelegt werden, bewirkt das System als ganzes eine Giralgeldschöpfung von $ 10 an Buchgeld. Die blauen Pfeile im Kasten zeigen, daß Bank 1 allein das nicht zuwege brächte. Das Geldangebot erhöht sich mit Verbreitung der Reserven quer durch das Bankensystem.

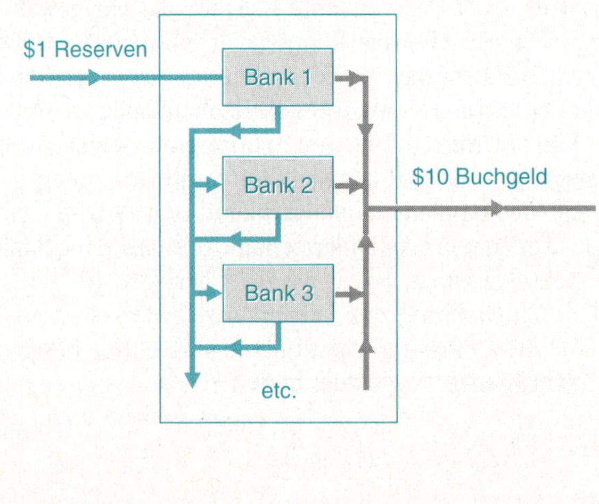

[3] Algebraisch sieht das Resultat folgendermaßen aus:

$$\$\ 1.000 + \$\ 900 + \$\ 810 + \ldots$$
$$= \$\ 1.000 \text{ x } [1 + {}^9/_{10} + ({}^9/_{19})^2 + ({}^9/_{10})^3 + \ldots]$$
$$= \$\ 1.000 \left(\frac{1}{1 - {}^9/_{10}} \right) = \$\ 1.000 \text{ x } \left(\frac{1}{0{,}1} \right) = \$\ 10.000$$

Das Verhältnis der neuen Einlagenhöhe zur Reservenerhöhung wird als **Geldschöpfungsmultiplikator** bezeichnet. In dem einfachen, hier analysierten Fall ergibt sich für den Geldschöpfungsmultiplikator:

$$10 = \frac{1}{0{,}1} = \frac{1}{\text{Mindestreservesatz}}$$

Der Geldschöpfungsmultiplikator faßt den Mechanismus der Giralgeldschöpfung durch die Banken zusammen. Das gesamte Bankensystem kann eine ursprüngliche Reservenaufstockung in ein Vielfaches an neuen Einlagen oder Buchgeld umwandeln.

Der Prozeß der Giralgeldschöpfung funktioniert auch umgekehrt, wenn ein Reservenabfluß das Buchgeld reduziert. Es wäre nun sinnvoll, Ihr Wissen über die Giralgeldschöpfung möglichst zu vertiefen, indem sie detailliert nachvollziehen, was geschieht, wenn die Federal Reserve laufend $ 2.000 an Reserven vernichtet, indem sie eine staatliche Anleihe an jemanden verkauft, der zur Bezahlung dieser Anleihe Bargeld von seinem Girokonto abhebt. Letztlich vernichtet eine Behebung von $ 2.000 an Reserven im gesamten System Einlagen im Wert von $ 20.000.

Volkswirtschaft in der Praxis: Bankencrash. *Daß in den Banken heute nur ein kleiner Teil der Kundeneinlagen als Zentralbankgeld gehalten werden muß, ist ebenso riskant wie vorteilhaft. Die Tatsache, daß die Banken nur einen Bruchteil ihrer Einlagen decken, kann zu Panik unter den Bankkunden oder zu einem „Sturm auf die Banken" führen. Erinnern Sie sich, in unserem Bankensystem muß eine Bank nur einen kleinen Teil der Gelder, die sie ihren Einlegern schuldet, tatsächlich als Mindestreserve bereitliegen haben. Im Normalfall ist das kein Problem, weil jeweils ohnehin nur eine geringe Anzahl der Kunden zur gleichen Zeit etwas beheben möchte.*

Doch was geschähe, würden zu viele Kunden ihr Geld auf einmal zurückfordern? In diesem Fall ist mit einem Sturm auf die Banken zu rechnen, der schließlich außer Kontrolle gerät. Erhält auch nur ein Bankkunde sein Geld nicht sofort, bekommen es die anderen Einleger mit der Angst zu tun, daß auch ihr Geld verloren sein könnte. Von dieser Angst getrieben, suchen die Anleger wie ein Rudel hungriger Raubtiere die Bank auf und fordern ihr gesamtes Geld auf einmal zurück. Einem solchen Massenansturm auf ihre Gelder könnten nicht einmal finanziell sehr gesunde Banken standhalten. In den USA kam es in den Jahren 1893, 1895 und dann wieder 1907 zu schweren Bankkrisen. Die Weltwirtschaftskrise der dreißiger Jahre stürzte mehr als 9.000 Banken in den Konkurs.

In unserem modernen Finanzsystem ist ein Sturm auf die Banken selten und auch weniger gefährlich, und das aus zwei Gründen: Erstens garantiert die US-Bundeseinlagenversicherung, daß mit Ausnahme der allergrößten Kunden alle Einleger ihr Geld zurückerhalten, gleichgültig, was mit der Bank passiert. Das bedeutet, daß es die meisten Einleger gar nicht nötig haben, die Bank bei ersten Krisenanzeichen gleich zu stürmen. Zusätzlich übt die Federal Reserve eine aktive Rolle als „Refinanzierungsinstitut letzter Instanz" aus, indem sie gesunden Banken mit vorübergehenden Liquiditätsproblemen Gelder zur Verfügung stellt und darauf achtet, daß angeschlagene Banken ordnungsgemäß liquidiert werden.

Doch trotz all dieser Vorsichtsmaßnahmen kann es bisweilen zu einem Bankensturm kommen. Im Jahr 1985 entstand eine Krisensituation rund um einzelstaatlich konzessionierte Banken in Ohio, die keine Deckung durch die Bundeseinlagenversicherung genossen. Und im Jahr 1991 wurde die Bank of New England, eine der größten Banken des ganzen Landes, von einer Welle panikartiger Abhebungen überrollt, die innerhalb von nur zwei Tagen etwa $ 1 Milliarde von den Konten der Bank abzog. Diese Entwicklung, die bereits auf andere Banken der Region überzuspringen drohte, konnte erst gestoppt werden, nachdem die Bundesregierung eingesprungen war und die Bank übernommen hatte.

Zwei Einschränkungen zur Giralgeldschöpfung

Das gegenwärtige Finanzsystem ist natürlich komplizierter als das vereinfachte Beispiel, das wir gewählt haben. In diesem Beispiel konnten wir zeigen, daß $ 1.000 an neuen Bank- oder Mindestreserven, die einer Bank zufließen, schließlich zu neuen Bankeinlagen in Höhe von $ 10.000 führen. Wir sind in unserem Beispiel davon ausgegangen, daß all das neue Geld auf Girokonten innerhalb des Bankensystems verbleibt, und zwar je nach Stufe in der einen oder anderen Bank, und daß keine Bank Überschußreserven bilden würde. Überlegen wir doch, welche Entwicklung zu erwarten wäre, wenn ein gewisser Teil des Geldes in Umlauf käme oder einige Banken Überschußreserven gebildet hätten.

Abfluß des Geldes in den Barumlauf. Es kann vorkommen, daß irgendwo entlang der Giralgeldschöpfungskette ein Leck auftritt, irgend eine Person, die einen Scheck erhält und die den Betrag nicht einem Girokonto gutschreiben läßt. Diese Person könnte beispielsweise das Geld nehmen und in den Sparstrumpf stecken. Ebenso könnte ein Teil der $ 1.000 in eine instabile Wirtschaft wie die russische oder in die Schattenwirtschaft fließen.

Die Auswirkungen eines solchen Geldabflusses sind jedoch ganz einfach nachzuvollziehen. Wären die gesamten $ 1.000 im Bankensystem geblieben, hätte man damit $ 10.000 an Giralgeldschöpfung erzielen können. Würden $ 100 davon irgendwo außerhalb der Banken in Umlauf geraten und nur $ 900 an neuen Reserven im Bankensystem verbleiben, so ergäben sich daraus neue Sichteinlagen von $ 9.000 ($ 900 x 10). Deshalb kommt es auch nur unter der Voraussetzung zu der 1:10-Geldschöpfung, daß kein Geld das Bankensystem verläßt.

Die Möglichkeit von Überschußreserven. In unserer Analyse sind wir von der Annahme ausgegangen, daß die Geschäftsbanken ihre gesetzlichen Auflagen buchstabengetreu einhalten. Aber könnte es nicht auch irgendwo eine Bank geben, die mehr als das gesetzliche Mindesterfordernis an Reserven bildet? Nehmen wir beispielsweise an, die erste Bank hätte beschlossen, $ 900 an zusätzlichen Reserven einzubehalten und nicht weiter zu vergeben. Damit wäre der gesamte Prozeß der Giralgeldschöpfung ausgeschaltet und es käme zu keiner Vermehrung der Einlagen.

Während der Weltwirtschaftskrise fielen die Zinssätze in den USA auf 1/8 Prozent jährlich, weshalb die Banken in den dreißiger Jahren häufig hohe Überschußreserven bildeten. Ein anderer Fall, in dem es zu einer vermehrten Reservenbildung kommen könnte, wäre die Verzinsung der Reserven durch die Zentralbank, wobei einige Reformer diesen Vorschlag bereits gemacht haben. In diesem Fall, wenn nämlich die Reserven bei der Zentralbank denselben Ertrag einbrächten wie andere sichere Investitionsformen, hätten die Banken keinerlei Anreiz, ihre Überschußreserven zu investieren oder als Darlehen zu vergeben.

Läge der Zinssatz für Zentralbankreserven nahe an jenem für Marktinvestitionen, müßte die Mindestreserve nicht mehr verbindlich vorgeschrieben werden, und die Geldpolitik würde als Instrument zur Kontrolle der Wirtschaft an Wirkung einbüßen. Aus diesem Grund sind die meisten Ökonomen eindeutig gegen die Auszahlung von Marktzinssätzen auf Bankenreserven.

Gelegentlich stellen Banken jedoch fest, daß sie tatsächlich Überschußreserven angelegt haben. In diesem Fall möchten sie diese vielleicht anderen Banken, deren Reserven knapp bemessen sind, überlassen. Doch diese Überschußreserven machen im typischen Fall nur einen sehr kleinen Teil des Gesamtvolumens aus.

Bei einer vorgeschriebenen Mindestreserve von 10 Prozent vervielfachen sich diese Reserven in Form neuer Bankeinlagen auf das Zehnfache. Sobald jedoch ein Teil der vermehrten Einlagen in Geld- oder nicht monetärer Anlageform extern zur Wirkung kommt, oder wenn die Banken Überschußreserven bilden, weicht die Giralgeldschöpfung vom Verhältnis 1:(gesetzlicher Mindestreservesatz) ab.

Wir haben nun das Wesen des Geldes, den Ertrag des Geldes in Form von Zinsen, die Geldnachfrage und die durch das Finanzsystem bereitgestellte Buchgeldmenge besprochen. Im letzten Abschnitt haben wir außerdem verfolgt, wie das Einschießen von Bankreserven zu einer Vermehrung des Geldes auf ein Vielfaches führt. Was uns nun zu einem umfassenden Verständnis der Geldtheorie noch fehlt, ist eine Analyse des Zentralbankwesens. Damit wollen wir uns im nächsten Kapitel auseinandersetzen, wobei wir fragen werden, wie die US-Zentralbank, die Federal Reserve, Einfluß auf die Bankreserven nehmen und so die Geldmenge erhöhen oder drosseln kann. Ausgestattet mit unserem Wissen über Geldangebot und Geldnachfrage können wir dann nachweisen, wie sich die Geldmenge auf Produktion, Inflation und Beschäftigungsstand auswirkt.

ZUSAMMENFASSUNG

A. Geld und Zinssätze

1. Geld ist all das, was als allgemein anerkanntes Tausch- oder Zahlungsmittel dienen kann. Geld dient darüber hinaus auch als Werteinheit und hat wertbewahrende Funktion.

2. Bevor der Geldverkehr üblich wurde, tauschten die Menschen Waren gegen Waren, ein Vorgang, der als Naturaltausch bezeichnet wird. Geld wurde eingeführt, um den Handel zu erleichtern. In den Anfängen bestand Geld aus Waren, die in der Folge von Papiergeld und dann Buchgeld abgelöst wurden. Im Unterschied zu anderen Wirt-

schaftsgütern schätzen wir Geld infolge einer gesellschaftlichen Übereinkunft nur indirekt, nämlich für das, was wir damit kaufen können, nicht wegen des direkten Nutzens, den es für uns hätte.

3. Heute sind zwei Gelddefinitionen gebräuchlich: Die erste Definition ist jene des Geldes als Transaktionsgeld (M_1) – bestehend aus laufendem Bargeld und Sichteinlagen. Der zweiten Definition zufolge besteht Geld aus der erweiterten Geldmenge (M_2), worin sowohl M_1 als auch das sogenannte „Quasigeld" mit hoher Liquidität, beispielsweise Sparguthaben, enthalten sind.
4. Die Definitionen der Geldmengenaggregate haben sich im letzten Jahrzehnt infolge der rapiden Neuerungen auf den Finanzmärkten stark gewandelt. Diese Entwicklung erschwert geldpolitische Eingriffe, weil die Geldmengendefinitionen (und damit auch die Ziele des Geldmengenwachstums) beim Auftauchen neuer Anlageformen problematisch werden.
5. Zinsen sind der Preis, der für das Aufnehmen von Geld zu bezahlen ist, und sie werden in Geldeinheiten pro Jahr pro aufgenommener Geldeinheit gemessen. Die Menschen bezahlen freiwilllig Zinsen, weil sie mit Hilfe von Darlehen Güter und Dienstleistungen kaufen und so ihre Konsumbedürfnisse stillen oder gewinnträchtige Investitionen tätigen können.
6. Wir beobachten eine große Bandbreite unterschiedlich hoher Zinssätze. Die Sätze schwanken je nach Laufzeit, Fälligkeit, Risiko und Investitionsliquidität sowie je nach der Höhe der Manipulationskosten.
7. Nominal- oder Geldzinssätze steigen im allgemeinen in Zeiten der Inflation, was nur die Tatsache widerspiegelt, daß die Kaufkraft des Geldes mit steigenden Preisen abnimmt. Um den Zinsertrag anhand der Güter und Dienstleistungen, die man tatsächlich für den verzinsten Betrag erwerben kann, zu messen, verwenden wir den Realzinssatz, wobei es sich um den Nominal- oder Geldzinssatz abzüglich der Inflationsrate handelt.
8. Die Geldnachfrage unterscheidet sich von der Nachfrage nach anderen Gütern. Geld wird wegen seines indirekten, nicht wegen seines direkten Wertes geschätzt. Doch der Besitz von (Bar-)Geld hat auch Nachteile, weil Geld im Gegensatz zu anderen Anlageformen Opportunitätskosten verursacht: Wir opfern Zinseinkünfte, wenn wir Bargeld halten.
9. Die Geldnachfrage ergibt sich aus der Notwendigkeit zum Abschluß von Transaktionen und aus dem Bedürfnis, finanzielle Mittel für die Zukunft bereitzustellen. Die wichtigste Quelle der Geldnachfrage – die Transaktionsnachfrage – rührt daher, daß die Leute Bargeld oder Sichteinlagen benötigen, um ihre Rechnungen begleichen oder Güter kaufen zu können. Derartige Transaktionserfordernisse werden von Geldmengenaggregat M_1 erfüllt und stehen vor allem im Zusammenhang mit dem Transaktionswert oder dem nominalen BIP. Andere Anlageformen sind ertragreiche, hoch verzinste Girokonten als besonders sicherer Teil eines Investorenportfolios.

   Die Wirtschaftstheorie besagt, und empirische Studien bestätigen dies, daß die Geldnachfrage zinssensibel reagiert. Höhere Zinssätze führen demnach zu einer geringeren Nachfrage nach M.

B. Bankenwesen und Geldmenge

10. Banken sind Unternehmen, die für ihre Eigentümer gewinnträchtig arbeiten wollen. Eine Hauptfunktion der Banken besteht in der Bereitstellung von Girokonten für ihre Kunden. Die modernen Banken haben sich nach und nach aus den alten Goldschmiedewerkstätten entwickelt, in denen Geld und Wertgegenstände aufbewahrt wurden. Schließlich wurde es allgemein geübte Praxis, daß Goldschmiede nicht mehr 100 Prozent ihrer Einlagen als Reserven zurückbehalten mußten. Das war der Beginn des heutigen Bankenwesens, in dem es nicht mehr erforderlich ist, die gesamten Kundeneinlagen als Reserven zu bilden.
11. Müßten die Banken 100 Prozent ihrer Einlagen als Reserven halten, käme es zu keinerlei Giralgeldschöpfung, wenn neue Reserven von der Zentralbank in das System eingeschlossen werden. In diesem Fall würde sich lediglich ein Austausch zwischen einer Art von Geld und der anderen im Verhältnis 1:1 ergeben.
12. Die Banken sind heute gesetzlich verpflichtet, Mindestreserven für ihre Sichteinlagen zu bilden. Sie können dies in Form von Kassenbeständen oder unverzinsten Einlagen bei der Zentralbank tun. Zur Illustration haben wir eine Mindestreserve von 10 Prozent angenommen. In diesem Fall erbringt das gesamte Bankensystem – zusammen mit den öffentlichen oder privaten Darlehensnehmern und den Einlegern – eine Giralgeldschöpfung an Buchgeld im Verhältnis 10:1 für jede zusätzliche Geldeinheit an von der Zentralbank geschaffenen Reserven, die irgendwo im Bankensystem als Einlage landen.
13. Die Möglichkeiten aller kleinen Banken, Darlehen zu vergeben und Investitionen zu tätigen, sind beschränkt. Diese Banken können nicht mehr verleihen oder investieren, als sie von ihren Einlegern erhalten haben, sondern nur neun Zehntel der Einlagen. Zwar kann eine Bank allein die Reserven nicht auf das Zehnfache steigern, doch das Bankensystem als ganzes kann dies. Jede Bank, die $ 1.000 an neuen Einlagen erhält, vergibt neun Zehntel dieser Gelder in Form von Darlehen und Investitionen. Verfolgen wir den Weg der immer kleiner werdenden unendlichen Kette durch die nachfolgenden Banken, stellen wir

fest, daß das Bankensystem insgesamt über folgende neue Einlagenhöhe verfügt:

$$\$\ 1.000 + \$\ 900 + \$\ 810 + \ldots$$
$$= \$\ 1.000 \times [1 + 9/10 + (9/19)^2 + (9/10)^3 + \ldots]$$
$$= \$\ 1.000 \left(\frac{1}{1 - 9/10}\right) = \$\ 1.000 \times \left(\frac{1}{0{,}1}\right)$$
$$= \$\ 10.000$$

Allgemein ausgedrückt: Der Geldschöpfungsmultiplikator beläuft sich auf 1/(Mindestreservesatz).

14. Die neu in das Bankensystem eingebrachten Gelder können jedoch auch an irgendeiner Stelle abfließen und außerhalb der Banken in anderen Anlageformen als Girokonten landen. Wenn ein gewisser Teil der neuen Reserven in andere Anlageformen als Girokonten fließt, kann das Verhältnis zwischen Giralgeldschöpfung und neuen Reserven von der 10-zu-1-Formel für den Geldschöpfungsmultiplikator abweichen.

BEGRIFFE ZUR WIEDERHOLUNG

Das Wesen des Geldes

Naturaltausch
Warengeld, Papiergeld, Buchgeld
Münzen, Papiergeld, Girokonten
Geldmengenaggregate
M_1, M_2

Zinssätze

Zinssatz
risikofreier Zinssatz
Prämien in Form höherer Zinsen für: Laufzeit, Risiko, Illiquidität, Verwaltungskosten
Real- und Nominalzinssatz

Geldnachfrage

die Funktionen des Geldes
Gründe für die Geldnachfrage: Transaktionsnachfrage, Anlagenachfrage
Zinsverlust als Opportunitätskosten für das Halten von Geldbeständen

Bankenwesen und Geldmenge

Banken, Finanzmittler
Bankreserven (Barreserven und Zentralbankgeld)
Mindestreserveerfordernis
Moderne Banken: nur ein Teil der Kundeneinlagen muß als Zentralbankgeld gehalten werden
Geldschöpfungsmultiplikator

FRAGEN UND BEISPIELE

1. Definieren Sie M_1 und *M2*. Woraus besteht M_1? Was enthält M_2 zusätzlich, was nicht in M_1 enthalten ist? Setzen Sie jede Komponente von M_2 in Beziehung zu den Faktoren, die hinter der Geldnachfrage stehen.
2. Nehmen wir an, alle Banken müßten Rücklagen in Höhe von 100 Prozent ihrer Einlagen bilden. Erstellen Sie neue Versionen von Tabelle 26-4 (*a*) und 26-6 und berücksichtigen Sie, was mit den $ 1.000 geschieht, die in ein Banksystem einfließen, das 100 Prozent Mindestreserven bilden muß. Wie wirkt sich in einem solchen Fall eine neue Reserve auf die Geldmenge aus? Bewirken die Banken eine Geld„schöpfung"?
3. Nehmen wir an, den Banken sei ein Mindestreservesatz von 20 Prozent ihrer Einlagen auferlegt worden, und dem System werden $ 200 an Reserven *entzogen*. Erstellen Sie die Tabellen 26-4 (*a*) bis 26-6 noch einmal. Wie hoch ist in diesem Fall der Geldschöpfungsmultiplikator? Berechnen Sie den Geldschöpfungsmultiplikator mit der in Fußnote 3 aufgezeigten Technik auf eine zweite Art.
4. Welche Auswirkungen auf die Geldnachfrage (M_1) hätte jede der folgenden Situationen (ceteris paribus)?
   a. Eine Steigerung des realen BIP
   b. Ein höheres Preisniveau
   c. Eine Erhöhung der Zinssätze für Sparguthaben und Staatspapiere
   d. Eine Verdoppelung aller Preise, Löhne und Einkommen (können Sie die Auswirkungen auf die Geldnachfrage genau berechnen?)
5. Im Jahr 1937 erhöhte die Federal Reserve in der Hoffnung, *M* zu erhöhen, die Bankreserven. Da die Zinssätze damals jedoch so niedrig waren (rund 1/8 Prozent), wurden Überschußreserven in großem Ausmaß angelegt, und die Geldmenge veränderte sich praktisch überhaupt nicht. Erklären Sie, warum die niedrigen Zinssätze zu Überschußreserven führen, während eine hohe Verzinsung dieser Entwicklung entgegenwirkt. Erklären Sie, warum Änderungen bei den Reserven nicht unbedingt mit Änderungen des Geldangebotes einhergehen müssen, wenn die Zinssätze nahe Null liegen.

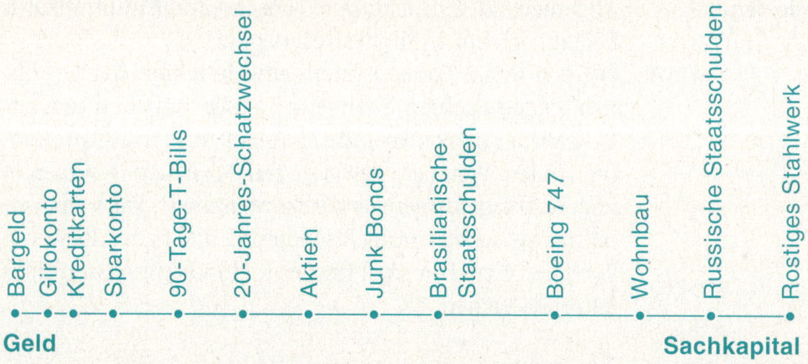

Abbildung 26-6: Spektrum der Vermögensanlageformen von Bargeld bis Kapital

6. Die Opportunitätskosten für das Halten von Geld entsprechen dem Ertrag für risikolose kurzfristige Anlageformen (wie Schatzwechsel) abzüglich des Geldzinssatzes. Welche Auswirkungen haben folgende Situationen auf die Opportunitätskosten für Sichteinlagen (unter der Annahme, daß die Mindestreserve 10 Prozent der Einlagen beträgt)?
   a. Eine Erhöhung der Marktzinssätze von 8 auf 9 Prozent vor 1980 (als Girokonten unverzinst waren).
   b. Eine Anhebung der Zinssätze von (1) 3 auf 4 Prozent und (2) von 8 auf 9 Prozent im Jahr 1984 (als Girokonten mit maximal 5 Prozent verzinst wurden).
   c. Eine Erhöhung der Marktzinssätze von (1) 3 auf 4 Prozent und (2) von 8 auf 9 Prozent im Jahr 1991 (als eine Deregulierung der Zinsen für sogenannte NOW-Accounts, also Spar-Girokonten, eintrat).

   Wie müßte Ihrer Ansicht nach die Geldnachfrage auf Änderungen der Marktzinssätze in jedem der obigen Fälle reagieren, wenn die Nachfrageelastizität des Geldes hinsichtlich der Opportunitätskosten des Geldes 0,2 beträgt?
7. Zinssatzaufgaben (für die Sie vielleicht einen Taschenrechner benötigen):
   a. Sie investieren $ 2.000 bei einer Verzinsung von 13,5% jährlich. Wieviel besitzen Sie nach 6 Monaten?
   b. Man spricht von „Zinseszins", wenn auf bereits angerechnete Zinsen neuerlich Zinsen entrichtet werden. Heute versteht sich beinahe jede Verzinsung als Zinseszins. Wenn Sie $ 10.000 drei Jahre lang zu einem jährlichen Satz von 10 Prozent bei zinseszinsmäßiger Verrechnung investieren – wieviel ist Ihre Gesamtinvestition zum jeweiligen Jahresende wert?
   c. Überlegen Sie sich folgende Daten: Der Verbraucherpreisindex betrug 1977 60,6, 1981 90,9. Die Verzinsung staatlicher Wertpapiere betrug in den Jahren 1978 bis 1981 (in Prozent pro Jahr) 7,2, 10,0, 11,5 und 14,0. Berechnen Sie den durchschnittlichen Nominal- und Realzinssatz für den Vierjahreszeitraum 1978–1981.
   d. Schatzwechsel, sogenannte Treasury Bills oder T-Bills, werden im allgemeinen diskontiert verkauft, das bedeutet, daß ein 90-Tage-Schatzwechsel über $ 10.000 heute zu einem Preis verkauft würde, bei dem ein Auszahlungsbetrag von $ 10.000 bei Fälligkeit einer Verzinsung zum Marktzinssatz entspräche. Wie hoch wäre demnach der Preis für einen 90-Tage-T-Bill zu $ 10.000 bei einem Marktzinssatz von 6,6 Prozent jährlich?
8. Erklären Sie, ob Ihrer Meinung nach jede der folgenden Positionen in den USA unter die engere Geldmengendefinition M_1 fällt: Traveler's Checks, Sparkonten, U-Bahn-Fahrscheine, Briefmarken, Kreditkartensalden, Zwanzig-Dollarscheine, die von Russen in Moskau ausgegeben werden, kanadische Dollar.
9. Nehmen wir an, es gäbe keine gesetzliche Mindestreserve für die Banken mehr. Welches Reservenniveau würde sich im Bankensystem herausbilden? Wie sähe der Geldschöpfungsmultiplikator in dieser Situation aus?
10. Nehmen wir an, alle Girokonten in den USA befänden sich bei einer riesigen Bank, der Giant Bank of America, die einem zehnprozentigen Mindestreservenerfordernis unterworfen ist. Könnte die Bank, wenn neue Reserven in die Wirtschaft hineingepumpt würden, mehr als 90 Prozent der zusätzlichen Einlagen als Darlehen vergeben, wenn sie wüßte, daß die neue Einlage ihr zufließen wird? Hätte das Auswirkungen auf den Geldschöpfungsmultiplikator?
11. In diesem Kapitel wird Geld als allgemein anerkanntes und verwendetes Tauschmittel definiert. Im Laufe der Zeit haben sich jedoch die Dinge, die als Geld verwendet wurden, verändert, und es kann bisweilen schwierig sein, ein bestimmtes Objekt als „Geldangebot" oder „Geldmenge" zu bezeichnen. Heute haben verschiedene Anlagenformen eine unterschiedliche „Geldwertigkeit", je nachdem, ob

sie wirklich als Zahlungsmittel anerkannt werden und wie schnell und problemlos sie zu Bargeld gemacht werden können. Sehen Sie sich die in Abbildung 26-6 dargestellte Palette an Anlageformen vom Geld bis zum Sachkapital an. Wo zieht eigentlich die Zentralbank die Trennlinie zwischen Geld (M_1) und anderen Anlageformen? Wo würden Sie persönlich die Trennlinie ziehen? Erfinden Sie einige neue Anlageformen, plazieren Sie sie richtig innerhalb des Spektrums und überlegen sie, ob sie in M_1 enthalten sein müßten.

ANHANG 26

DER AKTIENMARKT

Der Aktienmarkt ist nur ein Spiegel der ihm zugrundeliegenden wirtschaftlichen Situation.

John Kenneth Galbraith, The Great Crash *(1955)*

In diesem Anhang wollen wir uns mit den modernen Aktienmarkttheorien beschäftigen. Ein **Aktienmarkt** ist jener Ort, an dem die Anteile an Publikumsgesellschaften, die Rechtstitel an Unternehmen, gekauft und verkauft werden. Im Jahr 1993 belief sich der Wert dieser Titel in den USA schätzungsweise auf $ 6 Billionen, den Jahresumsatz darf man wohl bei etwa $ 3 Billionen ansetzen. Der Aktienmarkt stellt das Zentrum unseres von den Unternehmen geprägten Wirtschaftslebens dar.

Die New York Stock Exchange, NYSE, ist der bedeutendste Aktienmarkt, hier notieren mehr als tausend Wertpapiere. Jedes große Finanzzentrum verfügt jedoch über eine Börse. Zu den großen Börsenplätzen der Welt zählen Tokio, London, Frankfurt, Hongkong, Toronto, Zürich und natürlich New York. Börsen sind überaus wichtige Bestandteile einer modernen Marktwirtschaft. Als die Länder Osteuropas beschlossen, ihrer sozialistischen Zentralplanungswirtschaft den Rücken zu kehren, war eine ihrer ersten Maßnahmen die Einführung einer Börse für den Kauf und Verkauf von Eigentumsrechten an Unternehmen.

DER GROSSE BÖRSENKRACH

Eine Untersuchung der Börsen und Finanzmärkte stützt sich sowohl auf volkswirtschaftliche Analysen als auch auf ein gründliches Verständnis der Lehren, die wir aus der Geschichte ziehen können. Und hier war es besonders ein traumatisches Ereignis, das seinen Schatten jahrzehntelang über die Aktienmärkte warf – der Börsencrash des Jahres 1929. Dieses Ereignis mündete direkt in die Große Depression oder Wirtschaftskrise der dreißiger Jahre.

In den „Roaring Twenties" erfreute sich der Aktienmarkt eines enormen Booms, weil damals jedermann Aktien kaufte und verkaufte. Die meisten Käufe auf diesem wilden (durch steigende Kurse gekennzeichneten) *„Bull*"-Markt erfolgten *auf Pump*. Das bedeutet, daß ein Käufer von Aktien, sagen wir, mit einem Wert von $ 10.000 nur einen Teil dieses Preises in Form von Bargeld aufbot und den Rest als Darlehen aufnahm, wobei er die neuerworbenen Aktien zur Besicherung des Kaufes belehnte. Was machte es schon aus, wenn man dem Broker 6, 10 oder auch 15 Prozent jährlich für den Kredit zu bezahlen hatte, wenn doch Aktien von Auburn Motors oder Bethlehem Steel über Nacht 10 Prozent im Wert steigen konnten?

Eine Spekulationsmanie wird zur selbsterfüllenden Prophezeiung. Wenn die Leute kaufen, weil sie glauben, daß die Aktien im Wert steigen, dann steigert ihr Kaufakt deren Wert. In der Folge kaufen die Leute umso mehr, und der Kaufrausch geht in die nächste Runde. Aber anders als bei Leuten, die Karten oder Würfelpoker spielen, scheint hier niemand das zu verlieren, was der Gewinner auf seinem Konto verbuchen kann. Natürlich bestehen all die Kurse nur auf dem Papier und wären sofort wie weggelöscht, wollte jedermann sie zugleich einlösen. Aber wer hätte schon Lust, derart lukrative Wertpapiere zu verkaufen?

Der große Boom des Aktienmarktes der zwanziger Jahre war eine klassische *„Seifenblase*". Die Preise stiegen auf Grund der Hoffnungen und Träume, nicht wegen der grandiosen Gewinne und Dividenden der Unter-

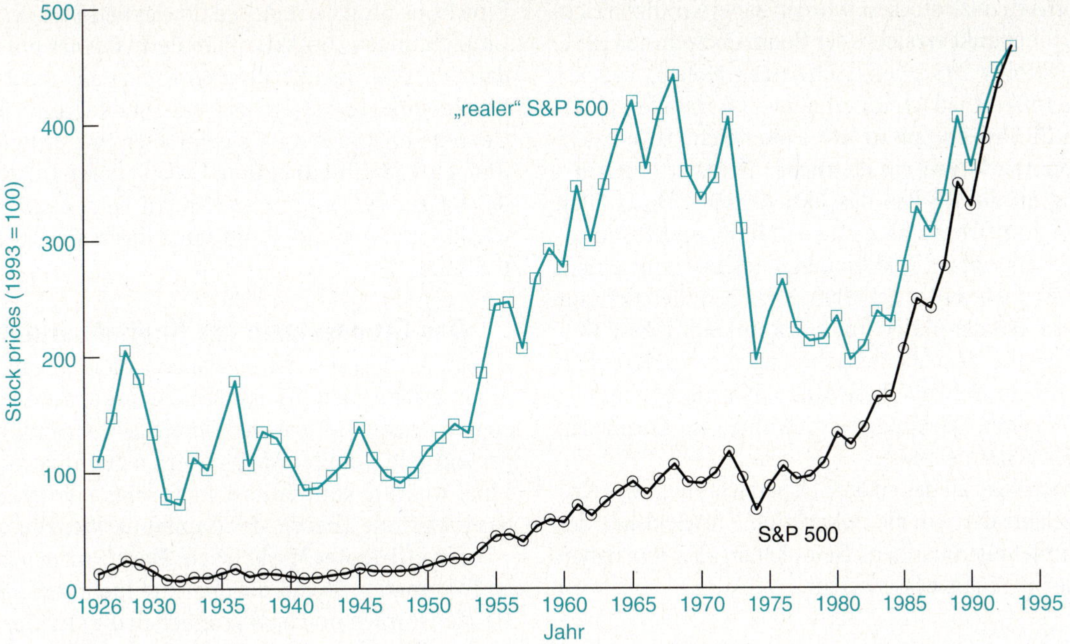

Abbildung 26A-1: Gesichert ist nur die Fluktuation der Aktienkurse

Die nominalen Aktienkurse, die Sie in der unteren Linie finden, steigen normalerweise mit der Inflation. Der Standard and Poor-Index (S&P 500), der hier dargestellt ist, zeichnet die gewichteten Durchschnittswerte der Aktienkurse der 500 größten US-Unternehmen nach. Die obere Linie zeigt den „realen“, also den um die Entwicklung der Lebenshaltungskosten bereinigten S&P 500.

nehmen. Der Crash kam im „Schwarzen Oktober“ des Jahres 1929. Jeder war betroffen, die Profis der obersten Liga ebenso wie die unbedeutenden Amateure – Andrew Mellon, John D. Rockefeller und der technikbegeisterte Präsident Hoover im Weißen Haus ebenso wie der führende US-Ökonom der Zeit, Irving Fisher.

Als der Markt 1929 zusammenbrach, konnten die Investoren, ob groß oder klein, das Geld zur Abdeckung ihrer Kredite nicht aufbringen, und das stürzte den Markt in eine noch tiefere Krise. Der Bull-Markt wurde zum *Bear*-Markt (mit sinkenden Kursen). Bis zum Tiefpunkt der Depression des Jahres 1933 war der Markt um 85 Prozent abgesackt.

Die Trends auf dem Aktienmarkt lassen sich mit Hilfe von *Aktienmarktindizes* verfolgen, die einen gewichteten Durchschnittswert der Kurse eines bestimmten Aktienbündels angeben. Zu den meistgenannten Aktienmarktindizes gehören der Dow-Jones Industrial Average (DJIA) oder einfach Dow-Jones-Index, basierend auf den Kursen von 30 großen Unternehmen, sowie der Standard and Poor-Index von 500 Unternehmen (der „S&P 500“), der einen gewichteten Durchschnittswert der Aktienkurse der 500 größten US-Unternehmen darstellt.

Abbildung 26A-1 zeigt die Entwicklung des Standard and Poor 500 seit 1920. Die untere Kurve zeigt den „nominellen“ Aktienindex, also den tatsächlichen Durchschnitt während eines bestimmten Jahres. Die obere Kurve stellt den „realen“ Aktienindex dar; er entspricht dem Nominalindex dividiert durch den Verbraucherpreisindex, der 1993 100 betrug.

Bitte beachten Sie die Entwicklung in den achtziger Jahren, die deutlich sowohl die Gefahren als auch die Vorzüge des „Spiels der Marktkräfte“ zeigt. Ab 1982 verzeichnete der Aktienmarkt 5 Jahre hindurch laufend Zugewinne, insgesamt beinahe 300 Prozent. Jene, die das Glück oder die Voraussicht besaßen, ihr gesamtes Vermögen in Aktien zu stecken, wurden dabei wirklich reich. Seinen Höhepunkt erreichte der Boom im Sommer 1987. Am 19. Oktober 1987, dem „schwarzen Montag", sackte der Aktienmarkt jedoch innerhalb von 6 Stunden plötzlich um 22 Prozentpunkte ab. Dieser Schock auf dem Wertpapiermarkt war ein deutlicher Denkzettel zur Erinnerung an die Risiken des Aktienkaufes. Doch allen Gefahren zum Trotz sind heute 35 Millionen US-Amerikaner Aktienbesitzer, 3 Millionen von ihnen mit einem Einkommen von unter $ 10.000. Zwar befindet sich nur ein kleiner Teil der Aktien im Besitz einkommensschwacher Haushalte, doch die Tatsache, daß so viele Menschen bereit sind, ihr Geld auf diese Art zu investieren, beweist die verlockende Wirkung der Gewinne, die durch den Besitz von Aktien winken.

Und wo wird all das enden? Haben wir etwa eine Kristallkugel, in der wir die zukünftige Entwicklung der Aktienkurse sehen können? Nein, leider, aber wir haben die moderne Finanzwissenschaft.

DIE THEORIE DER KAPITALMARKTEFFIZIENZ

Ökonomen und Finanzwissenschaftler haben sich lange Zeit hindurch mit der Preisentwicklung auf Spekulationsmärkten wie dem Aktienmarkt und mit jener auf Warenmärkten wie dem Getreidemarkt befaßt. Die Ergebnisse, zu denen sie dabei kamen, haben heftigen Widerspruch hervorgerufen und viele Finanzanalysten regelrecht verärgert. Und es handelt sich hierbei um ein Fachgebiet, auf dem die Fakten die Theorien weitgehend bestätigt haben.

Moderne Wirtschaftstheorien der Aktienkurse werden unter der Rubrik **Kapitalmarkteffizienz** abgehandelt.[4] Die grundlegende Erkenntnis dieser Theorie könnte man etwa wie folgt zusammenfassen: *„Du kannst den Markt nicht austricksen."*

Wir werden sofort sehen, warum diese Behauptung wirklich plausibel ist. Betrachten wir zuerst die Faktengrundlage. Es wurden im Laufe der Jahre zahlreiche Studien über die Regeln oder Formeln erstellt, wie man zu Geld kommt. Eine solche typische Regel wäre etwa: „Kaufe nach einer zweitägigen Kurssteigerung" oder „Kaufe bei negativer und verkaufe bei positiver Stimmungslage". Eine frühe Studie von Alfred Cowles befaßte sich mit dem Empfehlungen von Aktienhändlern. Cowles untersuchte darin das Abschneiden diverser Broker anhand der erzielten Rendite (gemessen als Geldeinheiten der jährlichen Gesamteinnahmen pro Geldeinheiten Investition) der von ihnen ausgewählten Aktien. Er fand heraus, daß die Tips der Broker im Durchschnitt nicht besser waren als ein wahllos zusammengestelltes und diversifiziertes Aktienportfolio.

Das Grundprinzip der Kapitalmarkteffizienz

Finanzwissenschaftler haben sich jahrelang mit der Analyse der Aktien- und Anleihenmärkte befaßt, um verstehen zu können, warum hier ausgerechnet das Zufallsprinzip gelten sollte. Warum werfen gut funktionierende Finanzmärkte kontinuierliche Gewinne ab? Nun, genau das erklärt die Theorie der Kapitalmarkteffizienz.

Ein **effizienter Markt** ist ein Markt, auf dem alle neuen Informationen von den Marktteilnehmern rasch verstanden werden und unverzüglich in die Marktpreise einfließen. Wenn beispielsweise die Lazy-T Ölgesellschaft vor Alaska gerade auf Öl gestoßen ist, und diese Meldung am Dienstag um 11:30 über den Äther kommt, wie lange wird es wohl dauern, bis der Aktienkurs von Lazy-T steigt? Nach der Kapitalmarkteffizienz-Theorie wird das sofort passieren. Die Marktteilnehmer reagieren unmittelbar und treiben den Preis der Lazy-T genau im richtigen Ausmaß in die Höhe. Kurz gesagt, die Märkte haben zu jedem Zeitpunkt die jeweils neuesten Informationen bereits verarbeitet und in den Aktienkursen oder Getreidepreisen oder sonstigen Spekulationspreisen berücksichtigt.

Das bedeutet, daß man nicht reich werden kann, indem man in der Mittagspause rasch Terminkontrakte für Tiefkühl-Orangensaft kauft, nachdem man beim Frühstück von einem starken Frosteinbruch in Florida gelesen hat: Der Preis für den Orangensaft ist bereits mit Verkündung der Nachricht oder sogar davor gestiegen.[5]

Die Theorie der Kapitalmarkteffizienz sagt aus, daß in den Marktpreisen alle verfügbaren Informationen berücksichtigt sind. Auf Grund alter Informationen oder früherer Preisentwicklungen lassen sich keine Gewinne erzielen.

[4] „Effizienz" ist ein Begriff, der in der Finanzwissenschaft anders als in anderen Fachbereichen gebraucht wird. Hier bedeutet „Effizienz" die rasche Aufnahme und Verwertung von Informationen, nicht die Produktion der größtmöglichen Menge bei gegebenem Input.

[5] Wissenschaftler wollten die Geschwindigkeit messen, mit der sich die Preise auf diesen effizienten Märkten anpassen. Einer Studie zufolge könnte man mit der Bereitschaft, $ 100.000 zu investieren, nur dann einen Aktiengewinn erzielen, wenn man innerhalb von 30 Sekunden nach Bekanntwerden einer Meldung kauft.

Die zufällige Streuung oder der random walk

Die Theorie der Kapitalmarkteffizienz ist eine wichtige Methode zur Analyse von Preisentwicklungen auf organisierten Märkten. Nach diesem Ansatz verläuft die Aktienkursentwicklung, trägt man sie auf einer Zeitskala auf, sehr unregelmäßig, wie nach dem Zufallsprinzip.

Preisentwicklungen streuen zufällig, wenn sie im Zeitablauf absolut nicht vorhersehbar sind. Werfen Sie beispielsweise eine Münze. Bezeichnen Sie Kopf als „plus 1" und Zahl als „minus 1". Zeichnen Sie anschließend die Ergebnisse auf, wenn Sie die Münze hundertmal werfen. Tragen Sie das Ergebnis auf Millimeterpapier auf. Die eingetragene Kurve entspricht einer zufälligen Streuung (random walk). Zeichnen Sie nun im Vergleich dazu die Kursentwicklung von Microsoft-Aktien oder des Standard and Poor 500-Index ein. Beachten Sie bitte, wie ähnlich die Kurven erscheinen.

Warum gleichen die Preise auf Spekulationsmärkten einem random walk? Nach einigem Nachdenken sind Ökonomen auf folgende Lösung gekommen: Auf einem effizienten Markt sind alle vorhersagbaren Komponenten im Preis bereits berücksichtigt. Kommt eine *neue* Information hinzu – Frost in Florida, eine Revolution in den GUS-Staaten, eine Meldung, wonach die Zentralbank die Geldmenge verknappt hat –, so wirkt sich das auf Aktienkurse und Warenpreise aus. Dazu muß zusätzlich auch die Information zufällig und unvorhersagbar sein (andernfalls wäre sie nämlich vorhersagbar und daher eigentlich keine neue Information).

Zusammenfassend: Die Theorie der Kapitalmarkteffizienz erklärt, warum Aktienkursentwicklungen so unregelmäßig verlaufen. Die Kurse reagieren auf neue Informationen, auf Überraschungen. Überraschungen sind jedoch unvorhersagbare Ereignisse – wie das Werfen einer Münze oder ein Regen im nächsten Monat –, bei denen jede Entwicklung möglich erscheint. Da sich die Aktienkurse in Reaktion auf zufällige Ereignisse bilden, folgen auch sie einem Zufallsmuster entsprechend einem random walk.

Einwände

Gegen die Theorie der Kapitalmarkteffizienz wurden im wesentlichen vier Einwände erhoben.

1. Nehmen wir an, jedermann kennt und akzeptiert die Theorie der Kapitalmarkteffizienz und versucht gar nicht erst, Informationen schnell zu verarbeiten. Wenn aber alle davon ausgehen, daß die Aktienkurse richtig bewertet sind, sind sie dann womöglich gar *nicht mehr* richtig?
   Eine gute Frage, doch es ist unwahrscheinlich, daß plötzlich alle aufhören, sich um Informationen zu bemühen. Im selben Augenblick, in dem zu viele Menschen nicht mehr gebannt in die Zukunft blikken, wäre der Markt allerdings wirklich nicht mehr effizient. Dann könnten wir Gewinne machen, indem wir auf alte Informationen reagieren. Tatsächlich aber befindet sich der effiziente Markt in einem stabilen, selbstregulierenden Gleichgewichtszustand.
2. Manche Menschen sind einfach schneller und klüger als andere. Manche haben auch mehr Geld, um sich Informationen zu beschaffen und so die Unwägbarkeiten einer unsicheren Zukunft auf ein Minimum einzuschränken. Sollte man nicht eigentlich annehmen, daß diese Menschen auch höhere Gewinne erzielen werden?
   Von diesen Privilegierten gibt es eine ganze Menge, und sie konkurrieren untereinander. Die Rockefellers können sich natürlich die absolut beste Beratung kaufen. Aber das können Pensionsfonds, Universitäten und zahlreiche andere Marktteilnehmer ebenfalls. Der Wettbewerb ist die Nagelprobe der Effizienz und er gewährleistet auch, daß keine zu hohen Gewinne erzielt werden.
   Außerdem läßt die Theorie der Kapitalmarkteffizienz ohnehin den Schluß zu, daß einige wenige Leute mit Intuition und speziellen Fähigkeiten laufend höhere Gewinne machen – nicht anders, als das bei Spitzenfußballern und Sopranistinnen der Fall ist.
3. Ökonomen, die die historischen Daten unter die Lupe nehmen, stellen sich die Frage, ob es überhaupt plausibel sein kann, daß starke Aktienkursschwankungen neue Infomationen widerspiegeln. Denken Sie an den Kurssturz vom 15. bis zum 19. Oktober 1987. Nach der Theorie der Kapitalmarkteffizienz müßte dieser Kursverfall durch wirtschaftliche Ereignisse ausgelöst worden sein, die den zu erwartenden Wert zukünftiger Unternehmenserträge geringer erscheinen ließen. Um welche Ereignisse sollte es sich dabei gehandelt haben? James Tobin, Nobelpreisträger aus Yale, meinte dazu: „Es sind keinerlei Faktoren erkennbar, die eine dreißigprozentige Wertschwankung bei Aktien[kursen im Verlauf von nur vier Tagen] hätten auslösen können." Vor dieser Kritik verstummen die Theoretiker der Kapitalmarkteffizienz.
4. Schließlich gilt die Perspektive der Kapitalmarkteffizienz für einzelne Aktien, nicht notwendigerweise jedoch für den gesamten Markt. Manche Ökonomen haben Hinweise auf lange, selbstumkehrende Schwankungen der Aktienkurse gefunden. Andere

glauben, daß diese Schwankungen eigentlich Änderungen in der allgemeinen Stimmungslage auf den Finanzmärkten reflektieren. So können diese festgestellten langfristigen Schwankungen mit der Boomstimmung der zwanziger und der achtziger Jahre ebenso wie mit der depressiven Stimmung der dreißiger Jahre in Verbindung gebracht werden.

Und wenn wir der festen Überzeugung gewesen wären, daß der Aktienmarkt 1994 überhitzt oder 1931 zu flau war – was hätten wir dann tun können? Nun, als Einzelperson wäre es uns unmöglich gewesen, genügend Aktien zu kaufen oder zu verkaufen, um die Stimmung einer ganzen Nation umzukehren. Aus makroökonomischer Sicht *können* Spekulationsmärkte pessimistische oder optimistische Phasen aufweisen, ohne daß starke volkswirtschaftliche Kräfte diese Stimmungslage korrigieren.

FINANZSTRATEGIEN

Welche Lehren lassen sich aus den zahlreichen Studien über das Verhalten der Finanzmärkte und der Finanzberater ziehen?

- Seien Sie immer skeptisch, wenn sie hören, irgendjemand hätte den sicheren Weg zum Erfolg gefunden. Durch Befragen der Sterne kann man nicht reich werden (obwohl – man glaubt es kaum – manche Finanzberater ihren Kunden astrologische Tips geben). Langfristig führt ein intuitives Vorgehen zu nichts.
- Auch die klügsten Köpfe der Wall Street liegen im Durchschnitt mit ihrer Wahl nicht besser als der Aktienmarktindex (Dow-Jones, Standard & Poor etc.). Das sollte uns nicht überraschen. Obwohl den Managern des großen Geldes selbst genügend Geld für jede erwünschte Art der Beratung und Nachforschung zur Verfügung steht, konkurrieren sie doch untereinander.
- Investoren, die mit geringstmöglichem Risiko gute Erträge erzielen wollen, kaufen ein breit gestreutes Aktienportfolio. Sie könnten einen „Index-Fonds", ein fixes Aktienportfolio mit minimalen Manipulations- und Brokergebühren, wählen. Dieser ließe sich mit einigen gut gestreuten Anleihen oder Sparkonten kombinieren. Allerdings würden sie damit langfristig auch nur eine Rendite erzielen, die einige wenige Prozentpunkte über der Inflationsrate liegt.
- Investoren können ihre Ertragsmöglichkeiten steigern, wenn sie sich für ein höheres Risiko erwärmen können. Indem sie in Aktien konjunktursensibler Unternehmen, also in Aktien, deren Kurs überdurchschnittliche Schwankungen aufweist, oder in Aktien kleiner Unternehmen gehen, können Investoren doch besser als der Marktdurchschnitt abschneiden. Aber, liebe Interessenten, Achtung! Sollte der Markt absacken, werden Ihre Verluste bei diesen riskanteren Papieren wahrscheinlich auch überdurchschnittlich ausfallen.

Sollten Sie, nachdem Sie all diese Warnungen gelesen haben, nach wie vor Ihr Glück auf dem Aktienmarkt versuchen wollen, nur Mut! Vielleicht aber nehmen Sie sich den Warnhinweis eines der größten Finanzexperten der USA, Bernard Baruch, zu Herzen:

> *Wenn Sie bereit sind, alles andere aufzugeben – nur um die ganze Geschichte und alle Hintergründe des Marktes und der großen börsennotierten Unternehmen ebenso sorgfältig zu studieren, wie sich ein Medizinstudent mit Anatomie zu beschäftigen hat –, wenn Sie zu all dem bereit sind und zusätzlich die Nerven eines großen Spielers, den sechsten Sinn eines Hellsehers und den Mut eines Löwen haben, nun, dann könnten Sie den Hauch einer Chance haben.*

ZUSAMMENFASSUNG DES ANHANGS

1. Aktienmärkte – der wichtigste ist die New York Stock Exchange oder NYSE – sind Märkte, auf denen Eigentumstitel an den größten Unternehmen gekauft und verkauft werden. Die Geschichte der Aktienkurse ist durch abrupte Auf- und Abbewegungen wie den großen Börsencrash des Jahres 1929 gekennzeichnet. Die einschlägigen Trends lassen sich aus den Börsenmarktindizes wie Standard & Poor 500 oder dem bekannten Dow-Jones-Index ablesen.
2. Moderne Aktienkurstheorien konzentrieren sich im allgemeinen auf die Markteffizienz. Ein effizienter Markt ist ein Markt, auf dem alle Informationen von Spekulanten rasch aufgenommen und unverzüglich in den Marktpreisen berücksichtigt werden. Auf effizienten Märkten lassen sich nicht leicht Gewinne erzielen. Ein Blick auf die gestrigen Nachrichten, frühere Kursentwicklungen, geschlagene Wahlen oder den Konjunkturverlauf hilft bei

der Vorhersage zukünftiger Kursentwicklungen nicht weiter.

3. Demnach reagieren auf effizienten Märkten die Preise auf Überraschungen, und weil Überraschungen dem Zufallsprinzip unterliegen, zeigen Aktienkurse und sonstige Spekulationspreise eine zufällige Streuung.

BEGRIFFE ZUR WIEDERHOLUNG

Unternehmensaktien
Standard & Poor 500
Kapitalmarkteffizienz
Aktienkurse folgen einem random walk
Index-Fonds
neue Meldungen, alte Informationen und Spekulationspreise

FRAGEN UND BEISPIELE

1. Welche Auswirkungen hätten nach der Theorie der Kapitalmarkteffizienz folgende Ereignisse auf den Aktienkurs von GM?
   a. Die überraschende Ankündigung, daß der Staat die Körperschaftsteuern ab kommendem Juli erhöhen wird.
   b. Eine Erhöhung der Steuersätze am 1. Juli, 6 Monate nachdem der Kongreß das entsprechende Gesetz verabschiedet hat.
   c. Eine von Experten nicht erwartete Ankündigung, daß die USA im kommenden Jahr Importbeschränkungen für japanische Autos einführen werden.
   d. Durchführungsverordnungen zu c, die am 31. Dezember herauskommen.
2. Hier der Kommentar eines Wirtschaftsfachmanns zu dem drastischen Einbruch bei den Aktienkursen im Oktober 1987: „In den letzten Tagen haben keine Ereignisse stattgefunden, die den Verkaufsrausch im „schwarze Oktober" erklären könnten. Inflationsberichte, die Handelsbilanz, das Budgetdefizit und selbst die Ereignisse im Persischen Golf können im Höchstfall für einige Dutzend der 509 Punkte verantwortlich gemacht werden, um die der Dow-Jones gefallen ist." Erklären Sie, wie sich dieses Zitat zur Theorie der Kapitalmarkteffizienz verhält. Sollten sie mit dem Autor des Zitates einer Meinung sein, welche Schüsse würden Sie dann bezüglich der Gültigkeit der Theorie ziehen?
3. Werfen Sie hundertmal eine Münze. Schreiben Sie mit und vermerken Sie Kopf mit „plus 1" und Zahl mit „minus 1". Tragen Sie Ihre Ergebnisse anschließend auf Millimeterpapier auf. Sie erhalten einen random walk. (Wer einen Computer hat, kann diese Übung mit einem Zufallsgenerator und einem Drucker machen.)
   Beobachten Sie einige Wochen hindurch die Schlußnotierung der Aktien Ihres Lieblingsunternehmens (oder holen Sie sich alte Daten aus den Zeitungen). Tragen Sie auch diese Daten auf Millimeterpapier auf. Können Sie einen Unterschied im Kurvenverlauf erkennen? Sehen beide Kurven wie zufällige Streuungen aus?

KAPITEL 27

ZENTRALBANK UND GELDPOLITIK

Drei große Erfindungen hat der Mensch seit Anbeginn der Zeiten gemacht: das Feuer, das Rad und die Zentralbank.

Will Rogers

Genauso wie das Herz den Blutfluß durch den Körper regelt, reguliert die Zentralbank den Geldfluß durch die Arterien des Wirtschaftslebens. Die Zentralbank oder Federal Reserve, wie sie in den USA heißt, kontrolliert die Höhe der Bankreserven (Mindestreserven) und damit die Höhe der kurzfristigen Zinssätze. Jedes moderne Land verfügt heute über eine Zentralbank, die für das Management der heimischen Geldangelegenheiten verantwortlich ist.

Ziel der Zentralbank ist es, ein kontinuierliches Wachstum des Sozialproduktes bei einer niedrigen Arbeitslosenrate zu gewährleisten. Hauptfeind jeder Zentralbank ist die Inflation. Im Falle eines Gesamtnachfrageüberhangs und einer deutlichen Aufwärtsentwicklung der Preise kann das Federal Reserve Board, also der US-Zentralbankvorstand, das Geldangebot und damit die Geldmenge drosseln. Damit werden der Wirtschaft Zügel angelegt, und der Preisdruck läßt nach. Hängt die Wirtschaft hingegen durch und gehen die Geschäfte schlecht, so faßt die Zentralbank möglicherweise eine Erhöhung der Geldmenge ins Auge. Damit kurbelt sie in den meisten Fällen die Gesamtnachfrage an und verringert so die Arbeitslosigkeit. Im vorliegenden Kapitel wollen wir uns mit der bedeutenden Rolle der Zentralbank in der US-Wirtschaft beschäftigen.

A. DIE ROLLE DER ZENTRALBANK UND DAS FEDERAL RESERVE SYSTEM IN DEN USA

DAS FEDERAL RESERVE SYSTEM

Abbildung 27-1 zeigt die Rolle der Zentralbank in der Wirtschaft und stellt ihre Beziehungen zu Banken, Kapitalmärkten und Zinssätzen dar. In diesem Abschnitt werden wir analysieren, wie die Fed die ihr zur Verfügung stehenden Instrumente – Mindestreserven, Diskontsatz und andere – dazu benutzt, um die Geldmenge zu steuern.

Federal Reserve: die US-Zentralbank

Geschichte. Im neunzehnten Jahrhundert litten die Vereinigten Staaten mehrmals unter panikartigen Anstürmen auf die Banken. Diese traten immer dann auf, wenn die Einleger plötzlich in großer Zahl versuchten, ihre Bankguthaben zu beheben (siehe das Beispiel auf Seite 493ff). Sobald sie in die Bank kamen, stellten sie dort fest, daß nicht genügend Bargeld vorrätig war, weil die

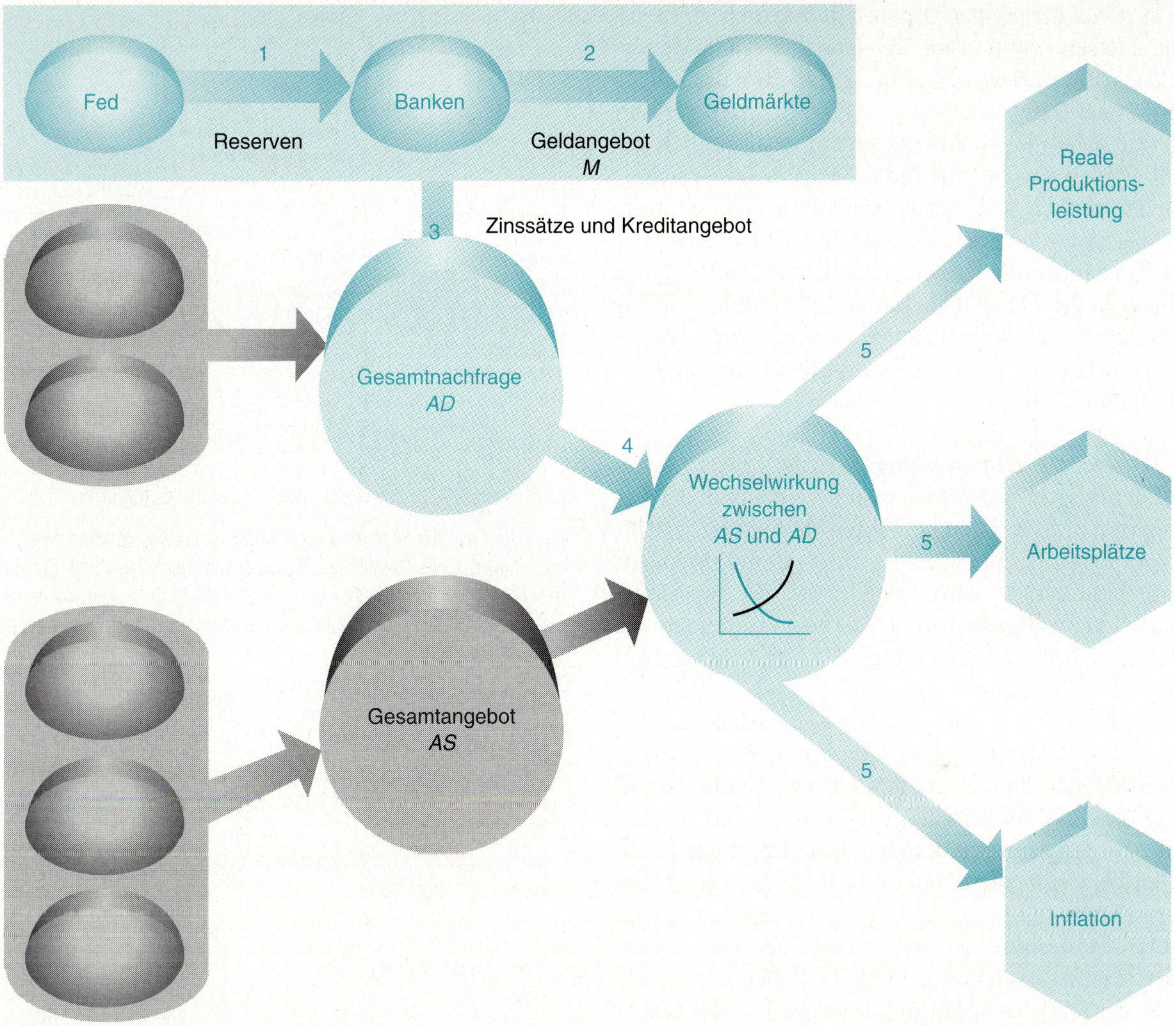

Abbildung 27-1: Die Auswirkungen wirtschaftspolitischer Maßnahmen auf Produktion und Inflation aus der Vogelperspektive

In diesem Diagramm sind jene Schritte graphisch dargestellt, mit denen die Fed auf die Wirtschaft des Landes einwirkt: (1) Änderungen der Reservenhaltung, was (2) zu einer Änderung von M führt; woraus sich (3) eine Änderung der Zinssätze und des Kreditangebotes ergibt. In (4) verschiebt sich die Gesamtnachfrage *AD* durch die Reaktion der Investitionen und anderer zinssensibler Ausgaben. In (5) folgen Änderungen im Produktions- und Beschäftigungsniveau sowie der Inflationsrate.
Vergessen Sie jedoch nicht, daß geldpolitische Maßnahmen nicht den einzig wirksamen Einfluß darstellen: Die Fiskalpolitik, die mit der besonders wichtigen Stufe 4 hinzukommt, spielt im Gesamtnachfragekreislauf ebenfalls eine Rolle.

Bar- oder Kassenbestände fix waren und nicht der gesamten Höhe der Bankeinlagen entsprachen. Ein Bankenkrach und wirtschaftliche Rückschläge waren die Folge. Nach der schweren Bankenkrise des Jahres 1907 führten entsprechende politische Forderungen und die öffentliche Diskussion zur Gründung des Federal Reserve System im Jahr 1913. Primäre Funktion der neuen Zentralbank war es, als „Refinanzierungsinstitut letzter Instanz" zu dienen, was bedeutet, daß die Zentralbank für eine Stabilisierung des Bankensystems durch Kreditgewährung an die Banken sorgt, wenn deren Kassenreserven ausgehen. Außerdem übertrug man der Federal Reserve die Verantwortung für das Management des Geldangebotes .

In seiner derzeitigen Organisationsform besteht das Federal Reserve System aus 12 regionalen Federal Reserve Banks, die in New York, Chicago, Richmond, Dallas, San Francisco und anderen größeren Städten angesiedelt sind. Diese Regionalstruktur war ursprünglich gewählt worden, um in einer Ära des Föderalismus sicherzustellen, daß die verschiedenen Regionen eine Stimme in Bankangelegenheiten bekamen, und um eine übertriebene Konzentration der Zentralbankmacht in Washington oder in den Händen der Banker des Ostküsten-Establishment zu vermeiden. Heute managen und überwachen diese einzelnen Federal Reserve Banks den Bankenbetrieb in ihrer Region.

Wo liegt die Verantwortung? Kern der Federal Reserve ist der *Board of Governors* oder der Vorstand, der aus sieben vom Präsidenten nominierten Mitgliedern besteht, die vom Senat bestätigt werden müssen und periodenübergreifend auf 14 Jahre bestellt sind. Die Boardmitglieder sind im allgemeinen Banker oder Ökonomen, die hauptamtlich ihrer Funktion im Fed-Vorstand nachgehen.

Wichtigster Entscheidungsträger innerhalb des Federal Reserve System ist das *Federal Open Market Committee (FOMC)*, der Offenmarktausschuß. Die 12 stimmberechtigten FOMC-Mitglieder rekrutieren sich aus den sieben Gouverneuren (Vorständen) und fünf der Präsidenten der regionalen Federal Reserve Banken. Diese Gruppe kontrolliert das wichtigste und am häufigsten benutzte Werkzeug einer modernen Geldpolitik – die erforderliche Reservehaltung durch die Banken.

An der Spitze des gesamten Systems steht der *Chairman of the Board of Governors*, der Vorstandsvorsitzende, derzeit der Ökonom Alan Greenspan. Er ist zugleich Vorstands- und Offenmarktausschußvorsitzender, agiert als öffentlicher Sprecher der Fed und verfügt über eine enorme geldpolitische Macht. Man bezeichnet ihn häufig als „zweiten Mann" im Staate, womit ausgedrückt werden soll, wie sehr er die gesamte Wirtschaft durch seinen Einfluß auf die Geldpolitik steuert und beeinflußt.

Trotz der weit verzweigten Organisationsstruktur der Fed glauben Beobachter doch eine zentrale Ballung der Macht feststellen zu können. Der Federal Reserve Board, an dessen Sitzungen die Präsidenten der 12 regionalen Federal Reserve Banken teilnehmen, formuliert unter Leitung des Vorstandsvorsitzenden die Geldpolitik und trifft die erforderlichen Maßnahmen zu ihrer Durchführung. Die Organisationsstruktur des Federal Reserve System können Sie im übrigen der Abbildung 27-2 entnehmen.

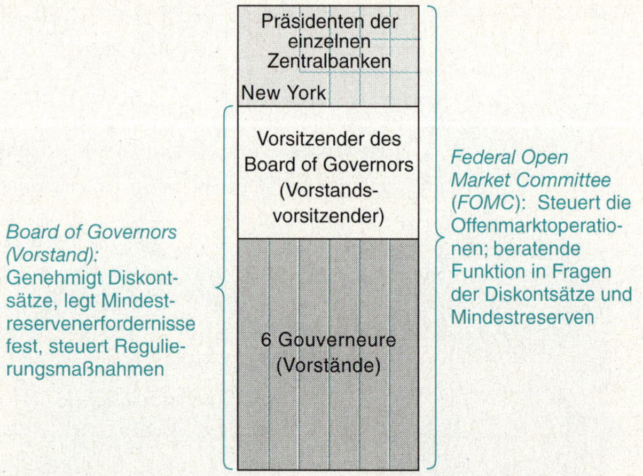

Abbildung 27-2: Das kleine Who's who der Geldpolitik

Die Befugnisse der Federal Reserve obliegen im wesentlichen zwei Institutionen. Der siebenköpfige Board of Governors (Vorstand) genehmigt Änderungen der Diskontsätze und legt die Mindestreservenerfordernisse fest. Das FOMC steuert die Bankreserven. Der Boardvorsitzende leitet beide Komitees.
Die Größe jedes Kästchens zeigt die Fülle der Machtbefugnisse der darin genannten Person oder Gruppe an; beachten Sie in diesem Zusammenhang, wie groß das Kästchen des Vorsitzenden ist. Die relative Bedeutung der verschiedenen Beteiligten ergibt sich aus einer Studie des früheren Fed-Gouverneurs Sherman Maisel, *Managing the Dollar* (Norton, New York, 1973).

Unabhängigkeit. Untersucht man die Struktur der Fed, so stellt sich die Frage, welcher der staatlichen Gewalten sie eigentlich zuzurechnen ist. Die Antwort lautet: keiner. Rechtlich gesehen sind die 12 Regionalbanken privatwirtschaftliche Institute. Und die Fed als ganze verhält sich als unabhängige Behörde.

Obwohl sie als Gesellschaft formal betrachtet im Eigentum der Geschäftsbanken steht, die Mitglieder des Federal Reserve System sind, kann die Fed praktisch als öffentliche Behörde angesehen werden. Sie ist direkt dem Kongreß unterstellt und achtet genau auf Äußerungen des Präsidenten; und in jedem Konflikt zwischen ihrer Gewinnorientierung und der Förderung öffentlicher Interessen agiert sie unbeirrbar im öffentlichen Interesse. Die Fed hat als Notenbank das Recht, Banknoten zu drucken, und erhält im Gegenzug dafür verzinsliche Staatspapiere. Im Zuge dieser Aktivität erwirtschaftet sie alljährlich Milliarden Dollar an Gewinnen. Aber, und hier

Abbildung 27-3: Langfristig verfolgt die Fed zwar große Ziele wie die Stabilität der Preise, in ihrer kurzfristig ausgerichteten Tätigkeit konzentriert sie sich jedoch auf Zwischenziele

Mit ihrer Ausrichtung der Geldpolitik wirkt die Fed direkt auf jene wirtschaftspolitischen Instrumente oder Variablen ein, deren Kontrolle ihr unterliegt – Offenmarktoperationen, Diskontpolitik und Mindestreservenerfordernisse. Diese helfen ihr, die Bankreserven, das Geldangebot und die Zinssätze festzulegen – also die Zwischenziele der Geldpolitik. Letztlich ist die Fed mit ihrer Geldpolitik als Partner der Fiskalpolitik zu sehen, wenn es um die Hauptziele des Wirtschaftswachstums, der niedrigen Arbeitslosenrate und der stabilen Preise geht.

erkennt man deutlich ihre öffentliche Mission, diese Gewinne fließen an den Staat.

Vor allem ist die Fed eine *unabhängige* Behörde. Obwohl sie aufmerksam auf Außerungen des Kongresses und des Präsidenten und sogar auf Wahlergebnisse achten, haben die Vorstandsmitglieder und das FOMC bei geldpolitischen Entscheidungen Ermessensfreiheit und nur die wirtschaftlichen Anliegen des Landes zu vertreten. Aus diesem Grund kommt die Fed bisweilen in Konflikt mit der vollziehenden Gewalt. Die Regierungen Roosevelt, Johnson, Carter, Reagan und Bush fanden immer wieder harte Worte über die Politik der Fed. Die Fed hört sich eine solche Kritik höflich an, entscheidet sich jedoch im allgemeinen für den Weg, der ihr für das Land am vorteilhaftesten erscheint.

Von Zeit zu Zeit taucht die Kritik auf, die Fed sei allzu unabhängig. „Wie kann unsere Demokratie es zulassen, daß eine Gruppe privater Banker die Geldpolitik des Landes kontrolliert?" wird gefragt. „Wer hat der Federal Reserve erlaubt, die Zinssätze im Jahr 1980 auf 20 Prozent anzuheben?" Oder: „Sollte es wirklich im öffentlichen Interesse gelegen sein, daß die Zinssätze das zaghafte Wirtschaftswachstum Anfang 1994 gleich wieder abwürgen?" „Wäre es nicht besser, Geldpolitik von gewählten Volksvertretern im Kongreß oder vom Präsidenten selbst betreiben zu lassen?"

Es gibt auf diese Fragen keine eindeutig richtige Antwort. Einerseits ist eine unabhängige Zentralbank die Hüterin des Wertes der nationalen Währung und der beste Schutz gegen die Plage der Inflation. Außerdem stellt ihre Unabhängigkeit sicher, daß die Geldpolitik des Landes nicht in die Niederungen parteipolitischer Interessen abgleitet. Die Unabhängigkeit der Fed gewährleistet erst, daß wenig populäre Maßnahmen wie die Inflationsbekämpfung überhaupt in Angriff genommen werden. Gewählte Volksvertreter sind nicht immer bereit, ihr Amt für langfristige Wirtschaftsziele zu opfern. Historische Studien belegen klar, daß Länder mit unabhängigen Zentralbanken im allgemeinen inflationäre Entwicklungen erfolgreicher bekämpfen als Länder, deren Zentralbanken unter der Befehlsgewalt gewählter Funktionäre stehen.

Doch weil sie so weit abseits des politischen Prozesses stehen, können die geldpolitischen Manager in der Fed auch leicht den Kontakt zur sozialen und wirtschaftlichen Realität des Landes verlieren. Kongreßmitglieder sind wenigstens immer wieder gezwungen, sich mit arbeitslosen Arbeitern und konkursreifen Farmern ausein-

Konsolidierte Bilanz der 12 Federal Reserve Banks 1994 (in Milliarden Dollar)

Aktiva		Verbindlichkeiten und Eigenkapital	
US-Staatspapiere	$ 340,3	Notenumlauf der Fed	344,5
Kredite und Handelswechsel	5,1	Einlagen:	
Diverse und sonstige Aktiva	58,9	Bankreserven	38,7
		US-Treasury	4,4
		Diverse Verbindlichkeiten	16,7
Gesamt	$ 403,3	Gesamt	$ 404,3

Tabelle 27-1: Notenumlauf und Reserven der Zentralbank sind die Grundlage des Geldangebotes

Mit der Kontrolle ihrer ertragbringenden Aktiva (der Staatspapiere und Darlehen) übt die Fed auch die Kontrolle über ihre Verbindlichkeiten (Einlagen und Zentralbanknotenumlauf) aus. Sie steuert die Geldmenge der Wirtschaft (Barumlauf und Sichteinlagen, M_1) und nimmt so Einfluß auf das BIP, die Beschäftigungslage und die Inflation. (Quelle: *Federal Reserve Bulletin*, Juni 1994)

anderzusetzen – Bevölkerungsgruppen, die man im Gebäude der Federal Reserve in Washington wohl nur selten zu Gesicht bekommt.

Fassen wir zusammen:

Das Federal Reserve Board in Washington bildet zusammen mit den 12 Federal Reserve Banken die US-Zentralbank. Jeder moderne Staat verfügt heute über eine Zentralbank, deren vorrangige Mission es ist, die Geldversorgung eines Landes und die Kreditkonditionen zu steuern.

Zusammenfassung der Tätigkeiten der Fed

Wie kontrolliert die Zentralbank das Geldangebot wirklich? Zur Beantwortung dieser Frage mag es nützlich erscheinen, die Welt aus der Perspektive der Fed zu sehen. Abbildung 27 3 zeigt die verschiedenen Phasen im Vorgehen der Federal Reserve. Ihr steht dazu eine ganze Reihe geldpolitischer Instrumente zur Verfügung. Diese beziehen sich auf bestimmte Zwischenziele (Reserven, Geldangebot und Zinssätze betreffend). Diese Instrumentarien sollen dazu beitragen, die Hauptziele jeder gesunden Wirtschaft zu erreichen – niedrige Inflationsrate, zügiges Produktionswachstum und geringe Arbeitslosigkeit. Es ist wichtig, diese verschiedenen Phasen und Anliegen (politische Instrumente, Zwischenziele und endgültige Ziele) in der Analyse klar auseinanderzuhalten.

Die drei wichtigsten Instrumente der Geldpolitik sind:

- *Offenmarktoperationen* – Kauf oder Verkauf von Staatsanleihen
- *Diskontpolitik* – Festsetzung des als *Diskontsatz* bezeichneten Zinssatzes, zu dem Mitgliedsbanken Darlehen bei der Zentralbank aufnehmen können
- *Mindestreservepolitik* – Änderungen des gesetzlichen Mindestreservesatzes für Geschäftsbanken und andere Finanzinstitute.

Beim Geldmanagement hat die Zentralbank auf eine Reihe von Variablen zu achten, die unter der Bezeichnung *Zwischenziele* zusammengefaßt werden. Es handelt sich hierbei um volkswirtschaftliche Variablen, die weder unter die politischen Instrumente noch unter die politischen Hauptziele einzuordnen sind, sondern dazwischen, im Übertragungsmechanismus zwischen den Fed-Instrumentarien und -Zielen angesiedelt sind. Wenn die Fed auf ihre Hauptziele einwirken möchte, verändert sie zunächst eines ihrer Intrumente. Damit beeinflußt sie eine Zwischenvariable wie die Zinssätze, das Kredit- oder Geldangebot. Wie ein Arzt, der sich für die Gesundheit seines Patienten interessiert, dessen Puls und Blutdruck mißt, überwacht die Federal Reserve ihre Zwischenziele immer mit größter Aufmerksamkeit.

Bilanz der Federal Reserve (in Milliarden Dollar)			
Aktiva		Verbindlichkeiten	
US-Staatspapiere	−$ 1	Bankreserven	−$ 1
Gesamt	−$ 1	Gesamt	−$ 1

Tabelle 27-2 (a): Offenmarktverkäufe der Fed verringern erst die Reserven …

Bilanz der Geschäftsbanken (in Milliarden Dollar)			
Aktiva		Verbindlichkeiten	
Reserven	−$ 1	Sichteinlagen	−$ 10
Kredite und Investitionen	−9		
Gesamt	−$ 10	Gesamt	−$ 10

Tabelle 27-2 (b): … und verringern damit letztlich die Einlagen im Verhältnis 10 zu 1

Diese beiden überaus wichtigen Tabellen zeigen, wie sich die Offenmarktoperationen in der Bilanz der Fed und in den Bankenbilanzen niederschlagen. In Tabelle 27-2 (a) hat die Fed Wertpapiere im Wert von $ 1 Milliarde verkauft. Die Gelder zur Bezahlung der Wertpapiere werden in der Fed eingelegt und verringern damit die Bankreserven um $ 1 Milliarde. Die Bankreserven gehen so infolge der Offenmarktoperationen um $ 1 Milliarde zurück. In Tabelle 27-2 (b) sehen wir die Auswirkungen dieser Vorgangsweise auf die Bankbilanzen. Bei einem Mindestreservesatz von 10 Prozent der Einlagen setzt sich die Reservenkontraktion durch das gesamte Bankensystem fort. Die Einlagen müssen daher um $ 10 Milliarden zurückgehen, damit das Bankensystem wieder das Gleichgewicht erreicht.

Die Bilanz der Federal Reserve Banken

Bevor wir analysieren, wie die Zentralbank die Geldmenge steuert, müssen wir die konsolidierte Bilanz des gesamten Federal Reserve Systems beschreiben, die Sie Tabelle 27-1 entnehmen können. Staatsschuldverschreibungen (z. B. Schatzwechsel) machen den Großteil der Aktiva der Fed aus. Die kleinen Positionen, Kredite und Handelswechsel, setzt sich in erster Linie aus Krediten oder Vorschüssen an die Geschäftsbanken zusammen. Der Zinssatz, den die Fed für diese Darlehen oder „Diskontkredite" verrechnet, wird als Diskontsatz bezeichnet und stellt ein weiteres wichtiges Werkzeug der Fed dar.

Verbindlichkeiten und Eigenkapital inkludieren zunächst die üblichen Positionen (die hier nicht ausgewiesen werden). Zwei spezielle und einzigartige Positionen sind der Notenumlauf und die Reserven. Der Notenumlauf der Federal Reserve stellt deren Hauptverbindlichkeit dar. Es handelt sich dabei einfach um das Papiergeld, das wir täglich verwenden.

Von größter Bedeutung sind die Reserveguthaben der Geschäftsbanken, die diese in den Federal Reserve Banken als Einlagen halten, und die als Verbindlichkeiten der Fed aufscheinen. Zusammen mit den Bargeldbeständen der Banken stellen sie die Reserven dar, von denen wir bereits gesprochen haben. Sie bilden die Grundlage für die Giralgeldschöpfung durch das Bankensystem des Landes.

Durch Veränderung ihrer Bestände an Staatsanleihen kann die Fed Einfluß auf die Reserven der Geschäftsbanken nehmen und so die Abfolge der Ereignisse auslösen, die letztlich die gesamte Geldmenge bestimmt.

DIE KONKRETEN MECHANISMEN DER GELDPOLITIK

Offenmarktoperationen

Als nützlichstes Werkzeug stehen der Zentralbank die sogenannten „Offenmarktoperationen" zur Verfügung.

Indem die Zentralbank Staatsanleihen verkauft oder kauft, kann sie die Höhe der Geschäftsbankenreserven nach oben oder unten verschieben. Diese sogenannten **Offenmarktoperationen** sind das wichtigste Stabilisierungsinstrument einer Zentralbank.

Das FOMC, das die Zentralbankpolitik festlegt, entscheidet, ob durch den Ankauf von Schatzscheinen (z. B. von kurzfristigen Schuldverschreibungen) und längerfristigen Staatspapieren mehr Reserven in das Bankensystem gepumpt werden sollen, oder ob es durch den Verkauf von Staatspapieren eine restriktivere Geldpolitik anstrebt.

Um zu verstehen, wie sich eine Offenmarktoperation auf den Reservenbestand auswirkt, nehmen wir an, die Fed sei der Meinung, der volkswirtschaftliche Wind könnte in Richtung einer leichten Inflation wehen, wie das zu Beginn des Jahres 1994 tatsächlich der Fall war. Das FOMC hält sein Treffen in Washington ab und hört sich die Vorträge und Prognosen seiner hervorragenden Ökonomen an. Daraufhin beschließt das Komitee: „Wir verkaufen $ 1 Milliarde an Schatzscheinen aus unserem Portefeuille, um die Bankreserven einzuschränken und die Geldmenge und die Kreditversorgung zu verknappen." Die sieben Vorstände aus Washington und die fünf Regionalbankpräsidenten nehmen den Antrag per Abstimmung einstimmig an.

An wen werden die Anleihen verkauft? An den offenen Markt, also unter anderem an Wertpapierhändler, die die Anleihen anschließend an die Geschäftsbanken, an große Unternehmen oder andere Finanzinstitute oder an einzelne Interessenten weiterverkaufen.

Die Käufer erwerben die Anleihen zumeist, indem sie einen Scheck an die Fed ausstellen, der aus einem Konto in einer Geschäftsbank beglichen wird. Wenn also die Fed beispielsweise Schatzscheine im Wert von $ 10.000 an eine Frau Smith verkauft, stellt diese einen Scheck, lautend auf ein Konto bei der Last Bank of Seattle, aus. Die Fed legt diesen Scheck der Last Bank vor. Durch die Einlösung des Schecks bei der Last Bank verringert sich deren Reserveguthaben bei der Zentralbank um $ 10.000. So verliert die Last Bank und mit ihr das gesamte Geschäftsbankensystem $ 10.000 an Zentralbankreserven.

Tabelle 27-2 (*a*) zeigt, wie sich eine Offenmarktoperation in Höhe von $ 1 Milliarde auf die Bilanz der Federal Reserve auswirkt. Die Bilanz der Zentralbank verändert sich insofern, als sich sowohl Aktiva als auch Passiva um $ 1 Milliarde verringern. Die Fed hat staatliche Anleihen im Wert von $ 1 Milliarde verkauft, und ihre Verbindlichkeiten sind um exakt denselben Betrag, nämlich $ 1 Milliarde an Bankreserven, geringer geworden.

Auswirkungen auf die Geldmenge. Um die Auswirkungen veränderter Reservebestände auf die Geldmenge zu verstehen, müssen wir die Reaktionen der Banken berücksichtigen. In diesem Kapitel bleiben wir der Bequemlichkeit halber bei einem Mindestreservesatz von 10 Prozent; der rechtliche Grund für die Praxis der Mindestreserven wird in diesem Kapitel noch detailliert erörtert werden.

Wie reagiert nun die Geldmenge? Die Reserven verringern sich um $ 1 Milliarde, und das führt zu einer Kontraktion der Sichteinlagen. Wir haben in Kapitel 26 darauf hingewiesen, wie sich eine Änderung der Bankreserven mit einem mehrfachen Verstärkungseffekt auf die Bankeinlagen auswirkt. Wenn die gesetzliche Mindestreserve 10 Prozent beträgt, führt der Verkauf von Schatzscheinen im Wert von $ 1 Milliarde zu einem Rückgang des Geldangebotes um $ 10 Milliarden. Tabelle 27-2 (*b*) zeigt die Position der Banken nach Verringerung der Reserven um $ 1 Milliarde durch die Offenmarktoperation. Im Endeffekt führt der Anleihenverkauf der Fed zu einer Verringerung der Geldmenge um $ 10 Milliarden.

Vorgangsweise

Das FOMC trifft sich achtmal jährlich, um seinem Exekutivorgan, der Federal Reserve Bank of New York, Instruktionen zu geben. Diese Instruktionen sind in sogenannten „FOMC Policy Directives" enthalten. Diese Strategiedirektive bestehen aus zwei Teilen: einer allgemeinen Beurteilung der wirtschaftlichen Situation und einer Zusammenfassung der angepeilten geldpolitischen Ziele. Nehmen wir als Beispiel die Direktive vom August 1982. Mitten in der tiefsten Rezession der gesamten Nachkriegszeit begann das FOMC seine Situationsbeschreibung der Wirtschaft folgendermaßen:[1]

> *Aus den Informationen, die in diesem Treffen erörtert wurden, läßt sich schließen, daß das reale BIP im laufenden Quartal nur geringfügig ansteigen wird, nachdem im zweiten Quartal ein relativ schwacher Zuwachs zu verzeichnen war, während die Preise im Durchschnitt weiterhin langsamer ansteigen als 1981.*

Und welche geldpolitischen Ziele steckte sich die Fed? Sie befand:

> *Der Offenmarktausschuß möchte auf dem Geld- und Finanzmarkt Bedingungen fördern, die eine Verringerung der Inflation, eine nachhaltige Wiederankurbelung des Wirtschaftswachstums und die Schaffung eines verläßlichen Rahmens für internationale Transaktionen nach sich ziehen.*

1 Die FOMC-Zitate sind dem *Federal Reserve Bulletin* entnommen, das monatliche Berichte über die Aktivitäten der Fed sowie auch andere wichtige Entwicklungen auf dem Finanzsektor enthält.

Der wichtigste Teil in der Vorgangsweise der Zentralbank ist die Instruktion der Truppen, die an der New York Fed an vorderster Front stehen und die genaue Anweisungen für das tägliche Management der Finanzmärkte erhalten müssen. Die eigentlichen Verfahren haben sich im Laufe der Zeit verändert. Vor Beginn der siebziger Jahre gab das FOMC ziemlich vage Anweisungen wie „Kreditversorgung und Zinssätze müssen weiterhin restriktiv gehandhabt werden," oder „geringfügige Lockerung der Kredite, damit BIP-Zuwächse erzielt werden können." Da die Fed sehr vorsichtig ans Werk ging, konnte sie auf konjunkturzyklisch bedingte Veränderungen oft nur verspätet reagieren.

Gegen Ende der siebziger Jahre veränderte die Federal Reserve ihre Gepflogenheiten, um Bewegungen der Geldmenge genauer im Auge behalten zu können. Man beschuldigte sie erst, bei der Wiederwahl von Richard Nixon im Jahr 1972 ein wenig nachgeholfen zu haben, und kritisierte schon kurz danach wieder, sie habe angeblich auf die tiefe Rezession der Jahre 1974-1975 überreagiert und sie habe ein zu starkes Ansteigen der Arbeitslosenzahlen zugelassen. Nun griff der Kongeß ein und erteilte der Fed die Anweisung, explizite Wachstumsziele für die wichtigsten Geldmengenaggregate festzusetzen.

Von Oktober 1979 bis Ende 1982 unternahm die US-Zentralbank ein umfassendes Realexperiment, indem sie sich beinahe ausschließlich auf das kontrollierte Wachstum von M_1, M_2 und die Entwicklung der Bankreserven konzentrierte. Sie hoffte, eine klare und entschlossene Strategie mit konkreten Geldmengenzielen könnte helfen, die Inflationsrate zu senken, die bereits auf über 10 Prozent anstieg. Eine Leseprobe aus der Direktive, die das FOMC im August 1982 herausgab:

> *Kurzfristig strebt der Ausschuß weiterhin eine Entwicklung der Reservenbestände an, die mit dem Geldmengenwachstum von M_1 und M_2 zwischen Juni und September [1982] mit Jahreszuwächsen von rund 5 Prozent bzw. rund 9 Prozent konsistent ist.*

Der Übergang auf konkrete Reserven- und Geldmengenzielsetzungen im Jahr 1979 rief heftige Kontroversen hervor. Als unmittelbares Ergebnis stellte sich ein stark rückläufiges Geldmengenwachstum und in der Folge eine restriktive Geldpolitik ein. Das führte zu einer Steigerung der Marktzinssätze auf ein Niveau, wie man es seit dem Bürgerkrieg in den USA nicht mehr gekannt hatte. Kurz darauf folgte die tiefste Rezession seit den dreißiger Jahren. Allerdings war die Fed-Politik, soweit sie die Inflationsbekämpfung betraf, absolut erfolgreich, und man hatte bis zur Mitte der achtziger Jahre die Inflationsraten auf 3 bis 4 Prozent gedrückt.

In all dem politischen Getöse rund um die tiefe Rezession des Jahres 1982 kam die Fed schließlich zu dem Schluß, daß ihre Geldpolitik doch zu restriktiv ausgefallen war. Außerdem entstanden damals Probleme mit der Definition der Geldmengenaggregate, weil in dieser Zeit eine ganze Reihe neuer Anlagemöglichkeiten (wie etwa gut verzinste Girokonten) eingeführt wurde, die zu M_1 und M_2 hinzugerechnet werden mußten. In der Folge zog sich die Fed im Herbst 1982 aus ihrer Politik der strikten Reserven- und Geldmengenzielsetzungen zurück.

In den zehn Jahren nach 1982 gab die Fed nach und nach die Geldmengenaggregate als Bezugspunkt ihrer Geldpolitik auf. Als erstes nahm sie M_1 aus ihren Monatsdirektiven; dann, 1993, verzichtete man plötzlich auch auf M_2. Die Geldmengenaggregate erwiesen sich in ihrer Funktion als Indikatoren der Gesamtnachfrageentwicklung als äußerst unzuverlässig. Wodurch wurden sie ersetzt? Fed-Vorsitzender Greenspan verwies in diesem Zusammenhang auf die Realzinssätze als nützliche Indikatoren und betonte, daß negative Realzinssätze häufig zu Inflationsausbrüchen geführt hätten.

Die Wahl der geldpolitischen Mittel. Wie wählt heute die Federal Reserve ihre geld- und zinspolitischen Ziele? Es handelt sich hierbei um einen geheimnisumwitterten Vorgang, wenn auch anhand von Berichten aus erster Hand und aus Aktennotizen von Fed-Vorständen und Mitarbeitern zumindest soviel herauszuhören ist:

Der Mitarbeiterstab der Fed und das FOMC verfolgen bestimmte makroökonomische Ziele, etwa im Hinblick auf die Inflationsrate, den Dollar-Wechselkurs, das reale BIP, die Arbeitslosigkeit und die Handelsbilanz. Die Fed stellt regelmäßig Prognosen zu wirtschaftlichen Entwicklungen an, die außerhalb ihrer Einflußsphäre liegen (etwa über die Steuerpolitik, die Ölpreise, das Wirtschaftswachstum anderer Länder etc.), und erstellt daraus eine Vorschau für das Verhalten der US-Wirtschaft, wobei eine ganze Reihe unterschiedlicher Annahmen über die Geldpolitik zugrunde gelegt wird.

Anschließend diskutiert das FOMC die jeweils geeigneten geldpolitischen Maßnahmen. Wird das Abschneiden der Wirtschaft als zufriedenstellend bewertet, könnte die Entscheidung etwa lauten, Zinssätze und Geldmenge unverändert zu belassen. Gelangt das FOMC hingegen zu der Ansicht, daß die aktuelle Wirtschaftssituation in eine leichte Inflation führen könnte, wird es die Geldpolitik ein wenig restriktiver gestalten. Zeichnet sich eine

Rezession ab, könnte die Fed reagieren, indem sie Reserven in das System einschießt und damit die Geldmenge erhöht, wodurch in der Folge die Zinssätze sinken.

Es ist nicht immer ganz einfach, zu verstehen, welche konkreten Überlegungen zu einer bestimmten geldpolitischen Maßnahme geführt haben. Aber Historiker, die alte Fed-Entscheidungen durchackern, stellen zumeist fest, daß die Hauptsorge der Fred der Bewahrung der Integrität unserer Finanzinstitutionen, der Inflationsbekämpfung, der Stabilisierung des Dollar-Wechselkurses und der Verhinderung einer allzu hohen Arbeitslosenrate gilt.[2]

Diskontpolitik: ein zweites Zentralbankinstrument

Wenn die Reserven der Geschäftsbanken knapp werden, können sie Kredite bei den Federal Reserve Banken aufnehmen. Ihre Kredite fließen in die Position „Kredite und Handelswechsel" der Fed-Bilanz in Tabelle 27-1 ein. Wir werden diese Kredite als geliehene Bankreserven oder *Diskontkredite* bezeichnen. Wenn es zu einem Zuwachs der Diskontkredite kommt, erhöhen die Banken durch ihre Darlehensaufnahme bei der Fed die gesamten Bankreserven (geliehene zuzüglich nicht geliehener Reserven). Umgekehrt führt ein Rückgang der Diskontkredite zu einer Verminderung der gesamten Bankreserven.

Zwar führen Diskontkredite ebenso zu einem Vielfachen an Buchgeld wie die nicht ausgeliehenen Reservemittel, die wir bereits weiter oben in diesem Abschnitt besprochen haben, aber sie sind kein präzise von der Fed steuerbares Instrument. Man fühlt sich hier irgendwie an das Sprichwort erinnert: „Du kannst das Pferd zur Tränke führen, aber du kannst es nicht zum Trinken zwingen." Die Fed kann Diskontkredite zwar mehr oder weniger verlockend anbieten, aber sie kann keine bestimmte Höhe festlegen, in der die Reserven in Anspruch genommen werden.

Wenn die Fed zur Ansicht gelangt, das Geldmengenwachstum sei unzureichend und benötige einen Anstoß, kann sie nicht einfach ihre Vertreter ausschwärmen lassen, damit diese die Diskontkredite in den Geschäftsbanken an den Mann bringen. Sie könnte allerdings den **Diskontsatz**, also den Zinssatz, der von den 12 regionalen Federal Reserve Banken auf Diskontkredite erhoben wird, senken. Eine exakte Beziehung zwischen Diskontsatz und der tatsächlichen Aufnahme von Diskontkrediten läßt sich trotzdem nicht herstellen. In den letzten Jahren spielen Diskontkredite und Diskontsatz in der Geldpolitik nur noch eine untergeordnete Rolle.[3]

Änderungen des Diskontsatzes. Jahrelang war der Diskontsatz die Galionsfigur der Geldpolitik. Als beispielsweise 1965 die Fed den Märkten signalisieren wollte, daß der Boom des Vietnamkrieges in die Inflation abzugleiten drohte, hob sie den Diskontsatz an. Dieses Signal geriet so überdeutlich, daß der damalige Fed-Vorsitzende, Martin, zu Lyndon B. Johnson zitiert wurde, der ihm eindringlich erklärt, daß ein höherer Diskontsatz das Wirtschaftswachstum hemmen würde. In letzter Zeit, seit die Verflechtung der US-Wirtschaft mit der anderer Länder immer enger wird, wurde der Diskontsatz bisweilen dazu benutzt, größere Veränderungen der Wirtschaftspolitik zu signalisieren oder die US-Geldpolitik mit der anderer Länder abzustimmen.

Manche Ökonomen sähen es gern, überließe die Federal Reserve die Regelung des Diskontsatzes dem Markt. Nach einem derartigen Reformvorschlag soll der Diskontsatz direkt an die kurzfristigen Zinssätze gebunden werden – was im Prinzip die Fed jeder Notwendigkeit entbinden würde, Kredite an die Geschäftsbanken zu rationieren. Andere Ökonomen hegen die Befürchtung, eine derartige Maßnahme werde die Geldmengenentwicklung zum Hasardspiel machen. Bis auf weiteres erscheint jedenfalls eine solche Änderung sehr unwahrscheinlich.

Veränderungen der Mindestreservenerfordernisse

Wäre die Materie nicht gesetzlich geregelt, würden die Banken wahrscheinlich nur einen kleinen Bruchteil ihrer Einlagen als Reserven halten. Doch amerikanische

[2] Eine gründliche Analyse der politischen und wirtschaftlichen Kräfte, die die Federal Reserve beeinflussen, finden Sie in Donald Kettl, *Leadership at the Fed* (Yale University Press, New Haven, Conn., 1986).

[3] Bei Einführung des Federal Reserve Systems dachte man noch, die Diskontpolitik würde zum wichtigsten geldpolitischen Instrument werden. Man meinte, die Banken sollten die Wechsel ihrer Kunden zu einem „Diskontpreis" kaufen und sie dann „rediskontieren", wobei sie am „Diskontschalter" der regionalen Fed-Banken neues Bargeld dafür erhalten würden. So würde in den einzelnen Banken vor Ort das Geld für Darlehen an kreditwürdige Bauern und Unternehmer niemals ausgehen. Leider funktionierte die Sache nicht. Warum? Wohl hauptsächlich deshalb, weil eine gesunde Wirtschaft nichts weniger gebrauchen kann als ein elastisches Geldangebot, das sich *automatisch* erhöht, sobald die Geschäfte gut gehen, und schrumpft, wenn sie schlecht gehen. Damit hätte man nur eine katastrophale Verstärkung des Konjunkturzyklus und der Inflationsentwicklung erreicht.

Einlagenkategorie	Mindestreservesatz (%)	Ermessensspielraum der Fed (%)
Sichteinlagen (Transaktionsgeld):		
Erste $ 52 Mio.	3	Satz muß unverändert bleiben
Über $ 52 Mio.	10	8 bis 14
Termin- und Spareinlagen:		
Privat	0	
Nicht privat:		
Fälligkeit bis 1 ½ Jahre	0	0 bis 9
Fälligkeit später als nach 1 ½ Jahren	0	0 bis 9

Tabelle 27-3: Mindestreservenerfordernis für die Finanzinstitute

Diese Tabelle zeigt die von den Finanzinstituten geforderten Mindestreserven gemäß Banking Act 1980. Die Spalte mit den Reservesätzen weist den für jede Kategorie geforderten Mindestsatz der Einlagen aus, der als unverzinste Zentralbankeinlage oder als Kassenbestand zu halten ist.
Wir unterscheiden drei Einlagenklassen. Für Sichteinlagen in großen Banken gelten 10 Prozent Reservesatz. Sichteinlagen in kleinen Banken sind nur mit einer Mindestreserve von 3 Prozent belegt. Für sonstige Einlagen muß keine Mindestreserve gehalten werden.
Beachten Sie bitte zusätzlich, daß die Fed befugt ist, den Reservesatz innerhalb einer gegebenen Bandbreite zu ändern. Sie tut dies allerdings nur in seltenen Fällen, wenn die wirtschaftliche Situation eine deutliche Änderung der Geldpolitik rechtfertigt. (Quelle: *Federal Reserve Bulletin*, Mai 1994)

Banken müssen heute wesentlich mehr Reserven halten, als nötig wären, um den Bedürfnissen der Kunden zu genügen. Dieses gesetzliche Mindestreservenerfordernis gehört ganz wesentlich zu den Mechanismen, mit denen die Fed die Buchgeldmenge kontrolliert. In diesem Unterabschnitt befassen wir uns daher mit den gesetzlich vorgeschriebenen Mindestreserven und wir werden zeigen, wie sie sich auf die Giralgeldmenge auswirken.

Der gesetzliche Mindestreservesatz. Wir haben bereits erwähnt, daß die Banken gezwungen sind, einen Mindestsatz unverzinster Reserven zu halten. In Tabelle 27-3 finden Sie die gegenwärtigen Mindestreservenerfordernisse und den Spielraum der Fed, diese Mindestreservensätze nach ihrem Ermessen zu verändern. Es kommt hier vor allem auf die Höhe der *verpflichtenden Mindestreservesätze* an. Sie liegt zwischen 10 Prozent für Sichteinlagen bis herab zu null Prozent für private Sparkonten. Der Bequemlichkeit halber gehen wir in unseren Zahlenbeispielen von einer zehnprozentigen Mindestreserve aus, wobei uns allerdings bewußt sein muß, daß der tatsächliche Satz von den 10 Prozent abweichen kann.

Banker beklagen sich häufig darüber, daß man von ihnen verlangt, unverzinste, also nicht gewinnbringende Reserven über jenes Maß hinaus zu halten, das nötig wäre, um gewisse Schwankungen bei den Abhebungen und Einzahlungen auszugleichen. Obwohl dieser Einwand aus der Sicht der Banker schon seine Richtigkeit hat, läßt er die makroökonomische Sicht außer acht: *Der gesetzlich vorgeschriebene Mindestreservesatz ist deshalb so hoch angesetzt, damit die Zentralbank auf diesem Wege die Geldmenge kontrollieren kann.* Indem sie den Mindestreservesatz weit über jenem Niveau ansetzt, das sich die Banken selbst wünschen, kann die Zentralbank die genaue Höhe der Reserven bestimmen und so die Geldmenge genauer regeln.

Anders ausgedrückt: Durch die hohen Mindestreservesätze kann die Zentralbank zuversichtlich sein, daß die Banken im allgemeinen kein Interesse daran haben werden, mehr als das gesetzliche Minimum an unverzinsten Reserven zu halten. Die Giralgeldschöpfung bestimmt sich so durch das Angebot an Bankreserven (durch die Fed über die Offenmarktoperationen festgelegt) und durch den Geldmengenmultiplikator (durch den Mindestreservesatz vorgegeben). Da die Fed einerseits die Bankreserven und andererseits den Mindestreservesatz bestimmt, hat sie (innerhalb einer geringen Fehlerquote) die Kontrolle über die Geldmenge.

Die Auswirkung geänderter Mindestreservesätze. Zusätzlich kann die Fed die Mindestreserven dann anpassen, wenn sie die Geldmenge rasch ändern möchte. Möchte die Fed die Geldmenge über Nacht beschränken, kann sie den Mindestreservesatz für Großbanken auf die gesetzliche Obergrenze von 14 Prozent anheben. Sie könnte sogar das Mindestreserveerfordernis für Termineinlagen anheben. Wenn die Zentralbank hingegen die Kreditversorgung erleichtern oder die Bankengewinne erhöhen möchte, kann sie den entgegengesetzten Weg gehen und den gesetzlichen Mindestreservesatz senken.

Wie verknappt nun eine Erhöhung der Mindestreserve die Kreditversorgung? Gehen wir wieder von einer gesetzlichen Mindestreserve von 10 Prozent aus und nehmen wir an, die Banken hätten ihre Reserven genau so gebildet, daß sie damit dieser gesetzlichen Anforderung genügen. Nun entschließt sich die Fed zu einer restriktiven Kreditpolitik, und der Kongreß gestattet ihr eine Anhebung der gesetzlichen Mindestreserve auf 20 Prozent. (Diese fiktive Zahl haben wir nur gewählt, weil wir mit ihr leichter rechnen können. Die Fed kann und würde einen solch drastischen Schritt heute niemals setzen.)

Selbst wenn die Zentralbank keinen Versuch unternimmt, über Offenmarktoperationen und Diskontpolitik auf die Höhe der Reserven einzuwirken, müssen sich die Banken nun bei der Darlehensvergabe und Investitionstätigkeit stark einschränken – und ebenso bei den Einlagen. Warum? Wie in Kapitel 26 gezeigt wurde, dürfen die Bankeinlagen nun nur noch das Fünffache und nicht mehr das Zehnfache der Bankreserven ausmachen. Es müssen daher alle Bankeinlagen um die Hälfte zurückgehen!

Eine solche schmerzhafte Kürzung macht sich sofort bemerkbar. Sobald das Federal Reserve Board die neue Bestimmung in Kraft setzt und die Mindestreserve auf 20 Prozent anhebt, erkennen die Banken, daß ihre Reserven unzureichend sind. Sie müssen daher Anleihen und Schatzscheine verkaufen und Kredite fällig stellen. Anleihenkäufer und Darlehensnehmer müssen ihre Girokonten plündern. Dieser Prozeß kommt erst dann wieder zum Stillstand, wenn die Banken ihre Einlagen auf das Fünffache anstatt des Zehnfachen ihrer Reserven reduziert haben.

Eine derart drastische Veränderung innerhalb kürzester Zeit müßte zu stark überhöhten Zinssätzen, zu Kreditrationierung, einem starken Rückgang der Investitionen, massiven BIP-Einbrüchen und zu eklatant hohen Arbeitslosenzahlen führen. Dieses Extrembeispiel soll uns vor Augen führen, daß das sehr effektive Instrumentarium einer Änderung des Mindestreservesatzes mit größter Vorsicht anzuwenden ist. Tatsächlich wird der Mindestreservesatz auch nur sehr selten geändert, weil dies jedesmal eine umfassende und sehr abrupte Änderung der Politik bedeutet. Mit Offenmarktoperationen lassen sich dieselben Ergebnisse ohne eine derartige Schockwirkung erzielen.

Deregulierung des Finanzwesens

Neben dem Einsatz der drei wichtigen, eben besprochenen Instrumente hat die Federal Reserve (mit Hilfe des Kongresses und anderer staatlicher Behörden) in der Vergangenheit die Finanzmärkte auch durch Zinsobergrenzen reguliert. Bis in die achtziger Jahre war der Großteil aller Zinssätze, die die Geschäftsbanken zu bezahlen hatten, reguliert. Es war den Banken nicht gestattet, Zinsen auf Sichteinlagen zu bezahlen, und es gab Obergrenzen für Spar- und Termineinlagenzinsen.

Diese Zinssatzregulierung konnte den Wettbewerb auf dem Markt nicht überdauern. Die Finanzinstitute entwickelten neue Instrumentarien, um die Gelder von niedrig verzinsten Konten anzuziehen. Die hohen Zinssätze der späten siebziger und frühen achtziger Jahre setzten das System weiter unter Druck, weil die Banken (die für ihre Spareinlagen 5 Prozent Zinsen bezahlten) mit offenen Investmentfonds, die für Einlagen 10 oder sogar 15 Prozent bezahlten, auf dem Geldmarkt konkurrieren mußten. Und schließlich begann das Regulierungsgebäude, das während der Großen Depression errichtet worden war, abzubröckeln. Der Kongreß reagierte mit den Bankengesetzen der Jahre 1980 und 1982, die eine weitgehende Deregulierung der Zinssätze vorsahen.

Die Bankengesetze aus 1980 und 1982 schufen ein staatliches Regulativ, das weitgehend unkontrollierte Zinssätze auf den Finanzmärkten zuließ. Die analytische Grundlage dieses neuen Ansatzes bildete die Trennung von Transaktions- und Nichttransaktionskonten. Hauptzweck eines *Transaktionskontos*, also beispielsweise eines Girokontos, ist die Verwendung der dort eingelegten Gelder als Zahlungsmittel. Der Hauptzweck eines *Nichttransaktionskontos* besteht darin, Gelder für eine zukünftige Verwendung anzulegen, jedoch nicht, davon Rechnungen zu bezahlen (ein Sparkonto wäre ein Beispiel für ein Nichttransaktionskonto).

Entsprechend dieser Unterscheidung erfolgte die Deregulierung durch die beiden genannten Gesetze für

Nichttransaktionskonten. Das Gesetz sah für 1986 eine Abschaffung der Zinsobergrenzen für alle Nichttransaktionskonten vor und legte die Mindestreserven für diese Art von Bankkonten mit Null für Privatkonten und mit einem Minimalsatz für Geschäftskonten fest. Seit den ausgehenden achtziger Jahren werden für Nichttransaktionskonten Marktzinssätze bezahlt, und sie stehen tatsächlich außerhalb des Regulierungsrahmens der Federal Reserve.

Die verbleibenden Anlageformen – Vermögenswerte, die für Transaktionszwecke gehalten werden, wie etwa Girokonten – wurden mit einer Ausnahme ebenfalls dereguliert. Die noch verbleibende und wesentliche Regulierungsmaßnahme besteht darin, daß diese Konten einem beträchtlichen Mindestreservenerfordernis unterliegen (gegenwärtig 10 Prozent der Sichteinlagen für große Banken). Doch private Girokonten unterliegen keinen Zinsobergrenzen mehr. Das Ergebnis ist ein Finanzsektor, der in den letzten zwanzig Jahren weitgehend von den Fesseln staatlicher Regulierung befreit wurde.

Die internationale Reservenentwicklung

Der Dollar ist heute ein im Welthandel vielbenutztes Zahlungsmittel und stellt für zahlreiche ausländische Investoren einen sicheren Wert dar. Dollars werden daher im Ausland vor allem von Export- und Importkaufleuten, die mit den USA Handel treiben, von ausländischen und heimischen Investoren, von Leuten, die zwischenstaatlichen Handel und Auslandsinvestitionen zwischen anderen Ländern finanzieren, sowie von Spekulanten und Händlern auf ausländischen Finanzmärkten, von ausländischen Staaten, von Zentralbanken sowie von internationalen Behörden wie dem Währungsfonds gehalten. Ausländer besitzen Hunderte Milliarden Dollar in Vermögenswerten, die auf US-Dollar lauten. Da (Bar-)Geld selbst keinen Zinsertrag erbringt, ziehen es Ausländer vor, verzinste Vermögenswerte (wie Anleihen, Aktien etc.) zu erwerben. Um jedoch ein Zahlungsmittel für Kauf und Verkauf dieser ertragreichen Anlageformen zur Verfügung zu haben, benötigen auch Ausländer in bestimmtem Ausmaß Transaktionsdollar, die zu M_1 gehören.

Warum sollten uns die internationalen Geldbestände eigentlich Kopfzerbrechen bereiten? Nun, der Grund ist der, daß die Einlagen von Ausländern im Bankensystem die Gesamtmenge der Bankreserven ebenso erhöhen wie die Einlagen der Inländer. Daher können Schwankungen in den Dollar-Geldbeständen der Ausländer eine Kettenreaktion auslösen und die US-Geldmenge erhöhen oder verknappen.

Nehmen wir an, die Japaner möchten $ 1.000 in US-Währung in US-Banken einlegen. Was geschieht? Es kommt zu einer Reservensteigerung um $ 1.000 im heimischen Bankensystem, wie in Tabelle 26-4 (*a*) im vorigen Kapitel gezeigt wurde. Infolgedessen kann das Bankensystem die Einlagen um das Zehnfache, in diesem Fall um $ 10.000, ausweiten.

So wird die Steuerung der Geldmenge M des Landes durch störende internationale Einflüsse im Bereich der Bankreserven beeinträchtigt. Doch die Fed hat die Möglichkeit, sämtliche aus dem Ausland kommenden Änderungen der Reserven wieder auszugleichen. Das erreicht sie durch den Einsatz eines Instrumentes, das als Neutralisierung bezeichnet wird. Der Begriff der *Neutralisierung* von Geldern bezeichnet Maßnahmen einer Zentralbank, mit denen die heimische Geldmenge von den internationalen Reserveflüssen abgekoppelt wird. Im allgemeinen kommt es zu einer Neutralisierung, wenn die Zentralbank Offenmarktoperationen einsetzt, die die internationalen Reservenbewegungen kompensieren.

Zusammenfassend:

Die Kontrolle der Zentralbank über die Bankreserven unterliegt Störungen aus dem Ausland. Diese Störungen können jedoch kompensiert werden, wenn die Zentralbank die internationalen Geldflüsse neutralisiert.

In der Praxis gleicht die Fed störende internationale Einflüsse auf die Reservenentwicklung laufend und routinemäßig aus. Andere Länder, die über weniger entwickelte Finanzmärkte und Zentralbanksysteme verfügen, haben bisweilen mit einem vollständigen Ausgleich internationaler Reserveflüsse Probleme.

Sonstige staatliche Aktivitäten auf dem Finanzsektor

Mittlerweile machen Sie sich vielleicht bereits Gedanken darüber, wie viele Aufgaben die Fed eigentlich noch zu bewältigen hat. Dabei haben wir bisher nur die Geldmarktfunktionen der Fed beschrieben – Maßnahmen, die sich auf die Kontrolle der Geldmenge beziehen. Zusätzlich gibt es aber noch eine ganze Reihe anderer Aufgaben, die der Fed anvertraut wurden, und auch andere Bundesbehörden spielen eine wichtige Rolle:

- *Das Management der Devisenmärkte.* Die Fed kauft und verkauft für das US-Finanzministerium unterschiedlichste Währungen auf ausländischen Devisenmärkten. Diese Aufgabe ist zwar im allgemeinen nicht schwierig, doch von Zeit zu Zeit werden die ausländischen Devisenmärkte ziemlich unübersichtlich, und die Fed muß hier im Auftrag des Finanzministeriums eingreifen. Wie Zentralbanken Einfluß auf die Wechselkurse nehmen können, wird im letzten Teil dieses Buches ausführlich behandelt.

- *Die Koordinierung der internationalen Finanzen.* Die Federal Reserve hat sich während der achtziger Jahre an führender Stelle in Zusammenarbeit mit anderen Ländern und internationalen Organisationen bemüht, das Problem der drückenden internationalen Verschuldung in den Griff zu bekommen. Die Schuldenkrise, die sich erstmals 1981 deutlich abzeichnete, betraf viele Entwicklungs- und Schwellenländer wie Mexiko und Brasilien, die gemessen an ihren Exporteinnahmen extrem hohe Zinsenzahlungen zu leisten hatten. Nach Ansicht der Fed hätte diese Schuldenkrise zu einer Vertrauenskrise gegenüber dem Finanzsystem führen können, weil viele große amerikanische Banken Darlehen an davon betroffene Länder vergeben hatten, die mittlerweile uneinbringlich waren und die in ihrer Höhe häufig dem Eigenkapital der Banken entsprachen. Durch die Zusammenarbeit mit anderen Behörden konnte die Fed wesentlich zu einem vernünftigen Krisenmanagement beitragen, so daß sich im Jahr 1994 die Schuldenlast der meisten Länder wesentlich verringert hat und damit auch das Risiko für das internationale Finanzsystem als signifikant geringer betrachtet werden kann.
- *Die Regulierung von Bank- und Versicherungseinlagen.* Seit der Großen Depression der dreißiger Jahre steht die US-Bundesregierung hinter den Banken. Um das Vertrauen in das Bankensystem zu stärken, versichert der Staat die Bankeinlagen, er inspiziert die Bankenbücher und übernimmt selbst insolvente Banken. Eine besonders wichtige Funktion des Staates stellt die Versicherung der Bankeinlagen dar. Der Staat versichert bis zu $ 100.000 pro Bankeinlage, wenn die betreffende Bank Mitglied der Bundeseinlagenversicherung FDIC (Federal Deposit Insurance Corporation) ist.

  Die Deregulierung der Finanzmärkte im letzten Jahrzehnt und die strukturellen Änderungen auf den Finanzmärkten, aber auch in der Warenwirtschaft haben zu einem schweren Fiasko des US-Einlagenversicherungssystems geführt. Den Savings and Loan Associations (S&Ls) wurde es gestattet, riskante Investitionen bei geringer Kontrolle und wenig Eingriffsmöglichkeiten zu tätigen. So bezahlten diese hohe Zinsen auf versicherte Einlagen und steckten diese Gelder in riskante Immobilien- oder Energieprojekte, aber auch in hohe Gehälter für ihre Direktoren. Diese Aktionen liefen frei nach dem Motto „bei Kopf gewinne ich, bei Zahl verliert der Staat" ab. Als der Immobilien- und Energiemarkt gegen Ende der achtziger Jahre tiefe Einbrüche zu verzeichnen hatte, endeten Hunderte von Savings and Loan Associations, das sind bausparkassenähnliche Institute, zusammen mit einer Reihe von Geschäftsbanken vor dem Konkursrichter.

  In der Folge war die Regierung schließlich gezwungen, Banken zu retten, deren versicherte Einlagen ihre Aktiva um einen geschätzten Betrag von $ 150 – 250 Milliarden überstiegen. Und die Steuerzahler hatten letztlich die Rechnung zu begleichen. Viele Ökonomen sind der Ansicht, das Einlagenversicherungssystem müsse von Grund auf überholt werden, wenn sich eine derart mißliche Situation nicht auch in Zukunft wiederholen soll.

Wir haben damit unsere Analyse des Geldes abgeschlossen. Lassen Sie uns zusammenfassend feststellen:

Die Geldmenge wird letztlich von der Geldpolitik der Fed bestimmt. Indem sie die Mindestreserven und den Diskontsatz festsetzt, vor allem aber, indem sie Offenmarktoperationen durchführt, bestimmt die Fed die Höhe der Bankreserven und die Geldmenge. Banken und Bevölkerung sind Partner in diesem Prozeß. Die Banken bewirken durch eine Vervielfachung der Reserven die sogenannte Giralgeldschöpfung. Die Bevölkerung ist bereit, Geld bei den Banken einzulegen.

Durch eine Kombination all der genannten Funktionen kann die Fed die Geldmenge steuern.

B. DIE AUSWIRKUNGEN DER GELDMENGE AUF PRODUKTION UND PREISE

DER MONETÄRE TRANSMISSIONSMECHANISMUS

Nach unserer Untersuchung einzelner Bausteine der Geldtheorie wollen wir nun den *monetären Transmissionsmechanismus* beschreiben und uns fragen, wie sich Änderungen der Geldmenge auf andere Bereiche wie Produktion, Beschäftigung, Preise und Inflation übertragen. Um möglichst konkret zu bleiben, nehmen wir an, daß die Fed wegen einer drohenden Inflation besorgt ist und daher beschlossen hat, das Wirtschaftswachstum zu drosseln. Sie tut dies in fünf Schritten:

1. *Um den Prozeß in Gang zu bringen, verknappt die Fed die Bankreserven.* Wie wir bereits in Abschnitt A dieses Kapitels gesehen haben, erfolgt eine Verknappung der Bankreserven hauptsächlich dadurch, daß die Fed Staatspapiere auf dem offenen Markt verkauft. Diese sogenannten Offenmarktoperationen wirken sich auf die Bilanz des Bankensystems aus, weil damit die Bankreserven insgesamt zurückgehen.
2. *Jede Verringerung der Bankreserven führt zu einer mehrfachen Verringerung der Sichteinlagen, und sie verknappt dadurch die Geldmenge.* Diesen Schritt haben wir in Kapitel 26 beschreiben, als wir darstellten, daß Änderungen bei den Reserven zu mehrfach verstärkten Änderungen bei den Einlagen führen. Da die Geldmenge M_1 dem Bargeld und den Sichteinlagen entspricht, verringert ein Rückgang bei den Sichteinlagen diese Geldmenge.
3. *Die Verringerung der Geldmenge führt zu höheren Zinssätzen und restriktiveren Kreditkonditionen.* Bei unveränderter Geldnachfrage erhöht ein verringertes Geldangebot die Zinsen. Außerdem geht auch das Kreditvolumen (vergebene und aufgenommene Darlehen) zurück. Die Zinssätze steigen für Hypothekar-Darlehensnehmer und für Unternehmen, die Fabriken bauen, neue maschinelle Ausstattung erwerben oder ihre Lagerbestände erhöhen möchten. Höhere Zinssätze verringern auch den Wert der Vermögenswerte der Leute, indem sie die Preise für Anleihen, Aktien, Grund und Boden und Gebäude drücken.
4. *Bei höheren Zinssätzen und geringeren Vermögen geht der zinsensensible Anteil der Ausgaben zurück – vor allem die Investitionen.* Die Kombination aus höheren Zinssätzen, knapperen Krediten und geringerem Vermögen wirkt dämpfend auf das Investitions- und Konsumverhalten. Die Unternehmen rükken von ihren Investitionsplänen ab, ebenso Bundesstaaten und Kommunen. Wenn eine Stadt feststellen muß, daß sie ihre Anleihen zu keinem vernünftigen Zinssatz begeben kann, wird die neue Straße eben nicht gebaut und die neue Schule muß noch warten. Die Konsumenten entscheiden sich in einer solchen Situation für kleinere Wohnungen oder sie renovieren einfach ihre alte, wenn die steigenden Darlehenszinsen die Monatsraten im Verhältnis zum Einkommen in die Höhe schnellen lassen. Und in einer Wirtschaft, die dem internationalen Handel zunehmend offen gegenübersteht, können steigende Zinssätze den Dollarwechselkurs erhöhen und so die Exporte verringern. Eine knappe Geldmenge erhöht somit die Zinssätze und verringert die Ausgaben in zinssensiblen Bereichen der gesamtwirtschaftlichen Nachfrage.
5. *Letztlich senkt der Druck der knappen Geldmenge über den Rückgang der gesamtwirtschaftlichen Nachfrage die Einkommen, die Produktion, das Arbeitsplatzangebot und die Inflation.* Eine Analyse von Gesamtangebot und Gesamtnachfrage (in gleicher Weise auch die des Multiplikators) hat gezeigt, wie ein solcher Rückgang bei den Investitionen und anderen autonomen Ausgaben die Produktionsmenge und den Beschäftigungsstand drastisch senken können. Und wenn Produktionsmenge und Beschäftigung unter jenes Niveau fallen, das andernfalls erreicht werden würde, steigen die Preise weniger schnell, vielleicht sinken sie sogar. Die inflationstreibenden Kräfte lassen nach. War also die Fed-Diagnose einer drohenden Inflation zutreffend, so war die Dämpfung der Produktion und der Anstieg der Arbeitslosenrate zu ihrer Bekämpfung sicherlich die richtige Therapie.

Wir können die eben besprochenen Schritte wie folgt zusammenfassen:

R sinkt $\rightarrow M$ sinkt $\rightarrow i$ steigt $\rightarrow I, C, X$ sinken $\rightarrow AD$ sinkt $\rightarrow$ reales BIP sinkt und P sinkt.

Dieser Fünfstufenmechanismus – von den Eingriffen der Fed zur Senkung der Reserven der Geschäftsbanken zur mehrfachen Veränderung der Gesamtgeldmenge M, zu Änderungen der Zinssätze und Kreditmöglichkeiten, zu Änderungen bei den Investitionsausgaben, die die gesamtwirtschaftliche Nachfrage verschieben und schließlich zur Reaktion bei Produktionsmenge, Beschäftigung und Inflation – ist für die Ermittlung von Produktionsmenge und Preisen entscheidend. Wenn Sie noch einmal Abbildung 27-1 betrachten, sehen Sie, wie sich jeder der fünf Schritte in unser Flußdiagramm einfügt. Wir haben die ersten beiden Schritte bereits erklärt; den Rest dieses Kapitels wollen wir einer Analyse der Schritte 3 bis 5 widmen.

DER GELDMARKT

Stufe 3 des Transmissionsmechanismus ist die Reaktion der Zinssätze und Kreditkonditionen auf Änderungen der Geldmenge. Erinnern Sie sich aus Kapitel 26, daß die *Geldnachfrage* in erster Linie von der Notwendigkeit, Transaktionen durchzuführen, abhängt. Haushalte, Unternehmen und Staaten verfügen über Geld, mit dem sie Güter, Dienstleistungen und sonstiges kaufen können. Außerdem leitet sich ein Teil der Geldnachfrage vom Bedarf an einem absolut sicheren und möglichst liquiden Vermögenswert ab.

Das *Geldangebot* wird vom privaten Bankensystem und der Zentralbank eines Landes gemeinsam bestimmt. Die Zentralbank stellt durch Offenmarktoperationen und andere Instrumentarien dem Bankensystem Reserven zur Verfügung. Die Geschäftsbanken schaffen dann aus den Zentralbankreserven Einlagen. Durch die Einflußnahme auf die Reserven kann die Zentralbank die Geldmenge innerhalb einer schmalen Bandbreite festlegen.

Geldangebot und Geldnachfrage

Geldangebot und Geldnachfrage bestimmen gemeinsam den Marktzinssatz. Abbildung 27-4 zeigt die gesamte Geldmenge (*M*) auf der X-Achse und den Nominalzinssatz (*i*) auf der Y-Achse. Die Angebotskurve verläuft unter der Annahme, daß die Federal Reserve ihre Instrumente so einsetzt, daß die Geldmenge auf einem gegebenen Niveau stabil bleibt (was in Abbildung 27-4 als M^* dargestellt ist), vertikal.

Außerdem zeichnen wir die Geldnachfragefunktion als abwärtsgerichtete Kurve, weil die Geldhaltung mit steigenden Zinssätzen geringer wird. Bei höheren Zinssätzen verlagern Privatpersonen und Unternehmen einen größeren Teil ihrer Gelder in ertragreichere Anlageformen und weg von den schlecht oder unverzinsten Girokonten. Das erreichen sie, indem sie ihre Mittel häufiger in höherverzinsliche Anlageformen umschichten, im Durchschnitt weniger Bargeld halten und ihre Barbestände lieber öfter auffüllen, indem sie versuchen, Einkommen und Ausgaben zeitlich besser abzustimmen und indem sie ähnliche Cash-Management-Pläne einsetzen.

Der Schnittpunkt von Angebots- und Nachfragefunktion in Abbildung 27-4 bestimmt den Marktzinssatz. Erinnern Sie sich, die Zinssätze sind der Preis für die Nutzung von Geld. Zinssätze werden auf **Geldmärkten** gebildet, jenen Märkten, auf denen kurzfristige Gelder aufgenommen und verliehen werden. Zu den wichtigen Zinssätzen gehören die kurzfristigen Zinssätze wie die Zinsen für 90-Tage-Schatzscheine, kurzfristige Wertpapiere (Wertpapiere der großen Unternehmen) und der Fed-Zinssatz, den die Banken untereinander für die eintägige Nutzung von Bankreserven zu bezahlen haben. Unter den längerfristigen Zinssätzen sind solche für staatliche 10- und 20-Jahresanleihen und Industrieschuldverschreibungen sowie Wohnungsbaudarlehen von großer Bedeutung. (Siehe Abbildung 26-2, wo Sie ein Diagramm mit den neuesten Trends der Zinsentwicklung finden.)

In Abbildung 27-4 liegt der Gleichgewichtszinssatz bei 4 Prozent jährlich. Nur bei 4 Prozent ist jenes Geld-

Abbildung 27-4: Der Geldmarkt

Die Wechselwirkung zwischen Geldnachfrage und -angebot bestimmt den Zinssatz. Das Geldmengenziel der Fed liegt bei M^*. Die Geldnachfragefunktion der Öffentlichkeit ist abwärts geneigt. Hier befindet sich der Geldmarkt bei einem Nominalzinssatz von 4 Prozent jährlich im Gleichgewicht.

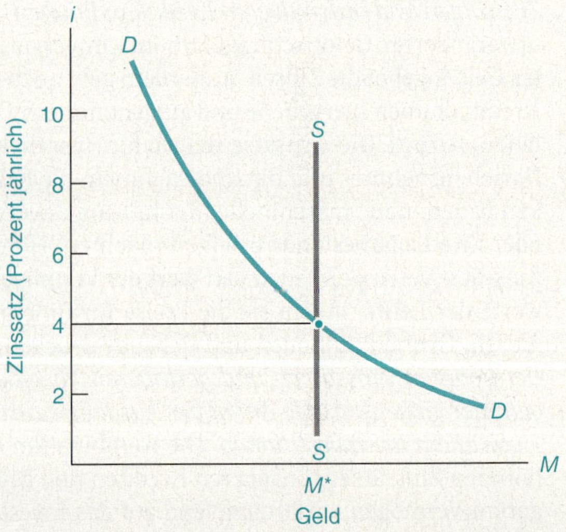

angebot gegeben, das nach Meinung der Fed den gewünschten Geldbeständen der Allgemeinheit entspricht. Bei einem höheren Zinssatz käme es zu Geldüberschüssen. Die Menschen würden ihre zu hohen Geldbestände los werden wollen, indem sie Anleihen oder andere Wertpapiere kaufen, wodurch der Marktzinssatz in Richtung des Gleichgewichts bei 4 Prozent sinken würde. (Was geschähe bei einem Zinssatz von 2 Prozent?)

Um den monetären Transmissionsmechanismus verstehen zu können, müssen wir erkennen, wie sich Veränderungen auf dem Geldmarkt auf die Zinssätze auswirken. Nehmen wir an, die Fed wäre angesichts einer drohenden Inflation besorgt und würde eine restriktivere Geldpolitik betreiben, indem sie Wertpapiere verkauft und die Geldmenge verknappt.

Die Auswirkung einer Geldverknappung sehen Sie in Abbildung 27-5 (*a*). Die Verschiebung der Geldangebotsfunktion nach links bedeutet, daß die Marktzinssätze steigen müssen, um die Menschen dazu zu veranlassen, ihre Geldeinlagen gegen Anleihen und sonstige nichtmonetäre Anlageformen zu tauschen. Der Abstand zwischen *E* und *N* zeigt das Ausmaß des Geld-Nachfrageüberhangs beim alten Zinssatz. Die Zinssätze steigen, bis das neue Gleichgewicht erreicht ist, was in Abbildung 27-5 (*a*) in Punkt *E'* bei einem neuen und höheren Zinssatz von 6 Prozent jährlich der Fall ist.

Eine weitere Störung kann durch höhere Preisen bedingt sein. Nehmen wir an, die Geldmenge wird von der Fed konstant gehalten. Auf Grund einer bestehenden Inflation erhöht sich die Geldmenge, die zur Finanzierung von Transaktionen nachgefragt wird, ohne daß sich an der realen Produktionsleistung etwas ändert. In diesem Fall, der in Abbildung 27-5 (*b*) dargestellt ist, würde sich die Geldnachfrage erhöhen, wodurch es zu einer Rechtsverschiebung der Geldnachfragekurve von *DD* nach *D'D'* und zu einer Erhöhung der Gleichgewichtszinssätze kommen müßte.

Abbildung 27-5: Änderungen der Geldpolitik oder der Preise wirken sich auf die Zinssätze aus

In **(a)** verknappt die Federal Reserve die Geldmenge aus der Sorge um steigende Preisen. Die geringere Geldmenge führt zu einem Geld-Nachfrageüberhang, was durch die Lücke *NE* angezeigt wird. Da die Öffentlichkeit versucht, die erwünschte Geldmenge zu erhalten, steigen die Zinssätze auf das neue Gleichgewicht in *E'*.
In **(b)** ist die Geldnachfrage infolge einer Erhöhung des Preisniveaus bei konstanter realer Produktionsleistung gestiegen. Diese gestiegene Geldnachfrage zwingt die Marktzinssätze nach oben, bis diese zu einer Reduzierung der Geldnachfrage zurück auf *M** führen.

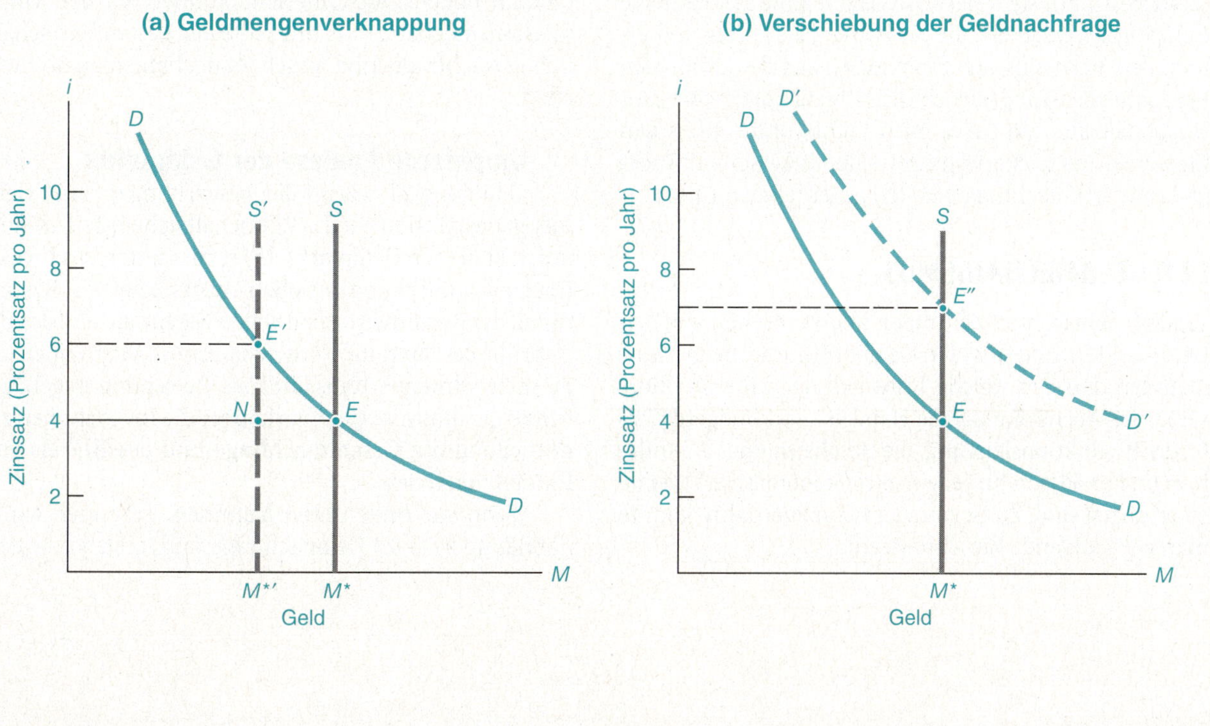

Wenn Sie nun überprüfen wollen, ob Sie alles verstanden haben, achten Sie darauf, ob Sie mit Hilfe von Abbildung 27-4 die folgenden Fragen beantworten können: (1) Die Federal Reserve hat befunden, daß die Arbeitslosigkeit zu rasch steigt, und sie will nun diesem Trend entgegenwirken, indem sie die Geldmenge erhöht. Welche Schritte muß die Fed unternehmen, will sie eine expansive Geldpolitik betreiben? Wie werden sich die Maßnahmen auf die Geldangebotskurve auswirken? Wie werden die Geldmärkte reagieren? (2) Als Folge eines starken Wirtschaftswachstums im Ausland steigen die Exporte und erhöht sich die reale Produktionsleistung. Was geschieht mit der Geldnachfrage? Welche Auswirkungen ergeben sich auf den Marktzinssatz? (3) Mit zunehmender Verbreitung von Geld-Ausgabeautomaten wollen die Leute immer weniger Bargeld „nur zur Vorsicht" mit sich herumtragen. Die bei einem bestimmten Zinssatz und einem bestimmten Produktionsvolumen nachgefragte Geldmenge geht zurück. Die Fed ist sich bezüglich der Bedeutung dieser Entwicklung nicht ganz sicher und hält daher die Geldmenge konstant. Welche Auswirkungen einer geänderten Wahl der Anlageformen ergeben sich auf Geldangebot und -nachfrage? Auf die Marktzinssätze?

Fassen wir unsere Erkenntnisse über den Geldmarkt zusammen:

Der Geldmarkt wird durch die Kombination aus (1) dem Bedürfnis der Allgemeinheit nach dem Besitz von (Bar-)Geld (dargestellt durch die Geldnachfragekurve *DD*) und (2) der Geldpolitik der Fed (die als fixes Geldangebot erscheint) beeinflußt. Die Interaktion dieser beiden Faktoren bestimmt den Marktzinssatz *i*. Eine restriktivere Geldpolitik verschiebt die *SS*-Kurve nach links und erhöht den Marktzinssatz. Eine Steigerung der nationalen Produktionsleistung oder eine Erhöhung des Preisniveaus verschiebt die *DD*-Kurve nach rechts und erhöht den Zinssatz. Eine Lockerung der Geldpolitik oder ein Rückgang der Geldnachfrage hat den gegenteiligen Effekt.

DER GELDMECHANISMUS

Tagtäglich berichten Zeitungen und Fernsehen von den Geldmärkten und aus der Geldpolitik und liefern uns Analysen darüber, welche Entwicklungen für die Zinssätze, die Wechselkurse, die Handels- und Budgetdefizite, die Produktionsleistung, die Beschäftigung, die Inflation und praktisch für jede makroökonomische Variable zu erwarten sind. Zu Beginn der neunziger Jahre konnte man etwa folgende Berichte lesen:

Alan Greenspan, Vorsitzender der Federal Reserve, hat neuerlich eine geldpolitische Rakete gezündet. Zum vierten Mal innerhalb von drei Monaten hat die Zentralbank letzte Woche in einem Versuch, die lästige Inflation endlich von ihren Radarschirmen zu entfernen, die kurzfristigen Zinssätze erhöht. Aber sein Ziel, ein erhöhter Druck auf die Preise, wird uns noch zu schaffen machen. (U.S. News and World Report)

Durch eine minimale Erhöhung der Zinssätze hat die Fed einen Stolperdraht berührt, der einen Dominostein umgeworfen hat, der seinerseits einen Damm gebrochen hat, wodurch eine halbe Billiarde Dollar an weltweitem Wertpapiervermögen den Bach hinuntergespült wurde. (Los Angeles Times)

Geraune heute bei Fed-Vorsitzendem Greenspan und den Demokraten des Bankkomitees im Senat, als die Senatoren die Fed beschuldigten, sie würden dem Wirtschaftswachstum das Wasser abgraben. (National Journal Congress Daily)

Diesen Zeitungsberichten liegen Ansichten über die Art und Weise zugrunde, wie die Federal Reserve arbeitet, wie sich die Geldpolitik auf die Wirtschaft auswirkt und wie politische Führungspersönlichkeiten und die Öffentlichkeit Einfuß auf die Geldpolitik nehmen möchten. Betrachten wir doch die Auswirkungen sich verändernder geldpolitischer Bedingungen mit Hilfe des Multiplikatormodells. Anschließend können wir den Transmissionsmechanismus mit Hilfe der gesamtwirtschaftlichen Nachfrage- und Angebotsmechanismen untersuchen.

Graphische Analyse der Geldpolitik

Abbildung 27-6 zeigt die Auswirkungen einer Geldmengenexpansion auf das Wirtschaftsleben. Teil (*a*) links unten stellt den Geldmarkt, (*b*) rechts unten das Investitionsniveau dar, und (*c*) oben rechts zeigt die Bestimmung der gesamtwirtschaftlichen Nachfrage und des BIP mit Hilfe des Multiplikatormechanismus. Wir können uns die hier wirkende Kausalität als Bewegung gegen den Uhrzeigersinn vom Geldmarkt über die Investitionen zur Festlegung der Gesamtnachfrage und des BIP als eine Einheit vorstellen.

Wenn wir links unten beginnen, erkennen wir in Abbildung 27-6 (*a*) Geldnachfrage und -angebot, wie sie

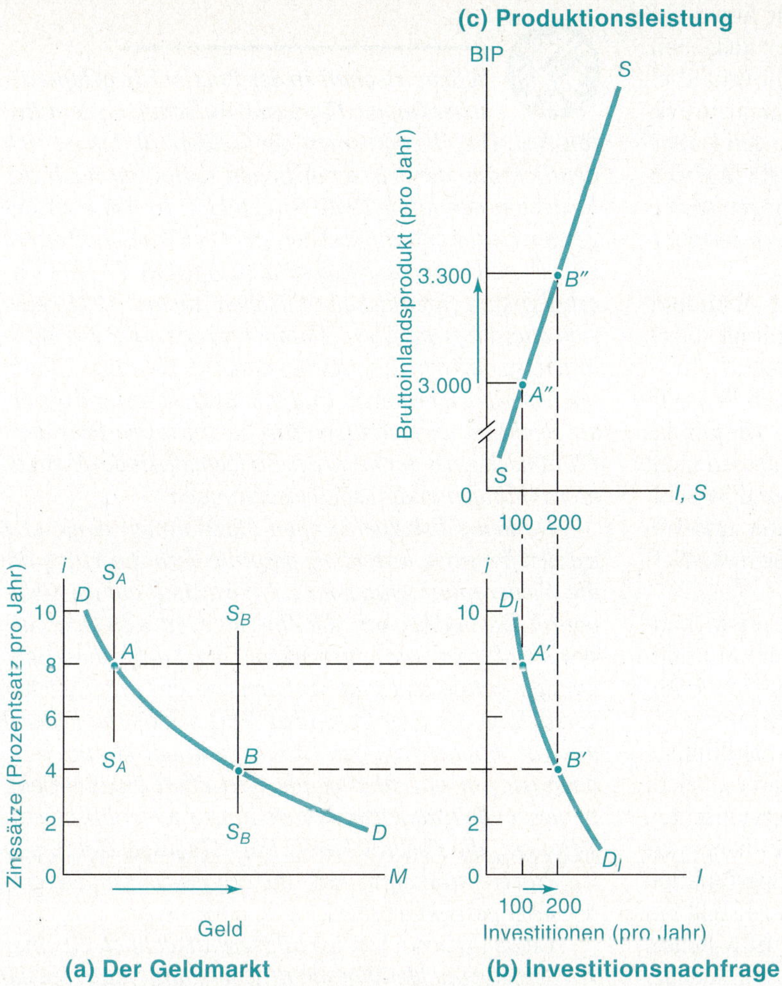

Abbildung 27-6: Die Zentralbank steuert die Geldmenge, indem sie die Zinssätze und Investitionen verändert und so Einfluß auf das BIP nimmt

Wenn die Fed die Geldmenge von *SA* zu *SB* ausweitet, fallen die Zinssätze mit steigendem Geldbestand der Menschen, wodurch die Geldnachfragefunktion in **(a)** gesenkt wird. Niedrigere Zinssätze verringern die Investitionskosten und fördern so Ankäufe von Anlagen und maschineller Ausstattung durch die Unternehmen und Hauskaufe der Konsumenten. Die Wirtschaft bewegt sich entlang ihrer Investitionsnachfragekurve von *A′* nach *B′* in **(b)** abwärts.
Auf Grund des Multiplikatormechanismus in **(c)** erhöht die gestiegene Investitionstätigkeit die Gesamtnachfrage und das BIP von *A″* nach *B″*.
Können Sie den umgekehrten Prozeß beschreiben, wenn Offenmarktverkäufe der Fed zu einer Verknappung von *M*, *I* und BIP führen?

bereits in den Abbildungen 27-4 und 27-5 abgebildet waren. Für die Zwecke unserer Analyse nehmen wir an, daß die Geldangebotsfunktion ursprünglich bei S_A lag und daß der Zinssatz 8 Prozent jährlich betrug. Wäre die Fed über eine drohende Rezession besorgt, könnte sie die Geldmenge durch Offenmarktoperationen, die die Kurve hin zu S_B verschieben, erhöhen. In dem in Abbildung 27-6 (*a*) gezeigten Fall würden die Marktzinssätze auf 4 Prozent jährlich sinken.

Abbildung 27-6 (*b*) nimmt nun dieses Szenario auf, um zu zeigen, wie die niedrigen Zinssätze das Ausgabenniveau bei zinssensiblen Komponenten der gesamtwirtschaftlichen Nachfrage erhöhen. Wir haben in Kapitel 23 gesehen, daß ein Rückgang der Zinssätze die Unternehmen dazu bewegt, ihre Ausgaben für Anlagen, maschinelle Ausstattung und Lagerbestände zu erhöhen. Die Auswirkungen einer gelockerten Geldpolitik machen sich auf dem Immobilienmarkt rasch bemerkbar, wo niedrigere Zinsen eine geringere monatliche Darlehensbelastung für das typische Einfamilienhaus bedeuten, und das stellt einen Anreiz für die Haushalte dar, mehr und größere Wohnungen und Häuser zu erwerben.

Außerdem steigen auch die Konsumausgaben, einerseits weil die geringeren Zinssätze im allgemeinen den Wert der Vermögen steigern – wenn Aktien-, Anleihen- und Immobilienpreise steigen –, und andererseits, weil die Konsumenten eher dann mehr für Autos und sonstige teurere dauerhafte Konsumgüter ausgeben, wenn die Zinsen niedrig und Kredite leicht erhältlich sind. Außerdem, und darauf werden wir gleich zurückkommen, senken die niedrigeren Zinssätze den Dollar-Wechselkurs und erhöhen so die Nettoexporte. Wir werden anschließend sehen, wie niedrigere Zinsen in vielen verschiedenen Bereichen der Wirtschaft zu vermehrten Ausgaben führen.

Diese Folgen ergeben sich ganz klar aus Abbildung 27-6 (*b*), wo der Rückgang der Zinsen (bedingt durch ein erhöhtes Geldangebot) zu einem Anstieg der Investitionstätigkeit von *A'* auf *B'* führt. In diesem Fall sollten wir „Investition" so breit interpretieren, wie wir das bereits angedeutet haben: Investitionen umfassen nicht nur Unternehmensausgaben für Anlagen und Maschinen, sondern auch dauerhafte Konsumgüter und Immobilien sowie Auslandsinvestitionen in Form von Nettoexporten.

Schließlich zeigt Abbildung 27-6 (*c*) die Auswirkungen der Änderungen bei den Investitionen im Multiplikatormodell. Dieses Diagramm ist nichts anderes als Abbildung 24-5 verkehrt herum dargestellt. Erinnern Sie sich aus Kapitel 24, daß nach dem einfachen Multiplikatormodell die Gleichgewichtsproduktion dann erreicht wird, wenn die erwünschte Ersparnis der erwünschten Investition entspricht. In Abbildung 27-6 (*c*) haben wir diese Beziehung dargestellt, indem wir die Sparfunktion als *SS*-Funktion gezeichnet haben; diese Linie stellt das gewünschte Sparniveau (gemessen entlang der X-Achse) als Funktion des BIP auf der Y-Achse dar. Das Gleichgewichts-BIP stellt sich bei jenem Niveau ein, bei dem die Investitionsnachfrage von Darstellung (*b*) dem gewünschten Sparniveau der *SS*-Funktion entspricht.

Das ursprüngliche Investitionsniveau lag bei 100, abzulesen bei *A'* der Darstellung (*b*), und es führte zu einem BIP von 3000. Wenn eine Lockerung der Geldpolitik den Zinssatz von 8 auf 4 Prozent senkt, steigen die Investitionen auf 200 in Punkt *B'*. Dieses höhere Investitionsniveau steigert die gesamtwirtschaftlichen Ausgaben auf das neue Gleichgewicht *B"* in Darstellung (*c*) bei einem neuen Gleichgewichts-BIP von 3.300.

Was ist geschehen? Der Anstieg des Geldangebotes von S_A auf S_B hat den Zinssatz von *A* auf *B* gesenkt; er hat damit einen Investitionsanstieg von *A'* nach *B'* bewirkt; so kam es – über den Multiplikator – zu einem BIP-Anstieg von *A"* nach *B"*.

Das ist also der Weg, über den die Geldpolitik durch Zwischenziele wie die Geldmenge und den Zinssatz auf die letztlich zu erreichenden Ziele einwirkt.

Volkswirtschaft in der Praxis: Ein geldpolitischer Impuls führt zum Aufschwung der Clinton-Ära. *Die Mechanismen der Geldpolitik lassen sich deutlich aus der wirtschaftlichen Erholung nach der Rezession der Jahre 1990–91 ersehen. In früheren Rezessionszeiten gab zumeist der Staat der Wirtschaft durch eine Kombination aus Steuerkürzungen und Ausgabenerhöhungen einen fiskalpolitischen Anstoß. 1991 belief sich allerdings das Bundesbudget bereits auf $ 260 Milliarden, so daß der Gesetzgeber zögerte, die roten Zahlen noch weiter zu erhöhen. Und tatsächlich bestand die erste wichtige wirtschaftspolitische Initiative Präsident Clintons in einer Senkung des Budgetdefizits durch Steuererhöhungen und Ausgabensenkungen.*

Da keine fiskalpolitischen Maßnahmen eingesetzt werden konnten, lastete die gesamte Verantwortung für die Wiederankurbelung der US-Wirtschaft auf der Geldpolitik. Die Fed begann, die Zinssätze Mitte 1989, als die Wirtschaft abzuflaute, zu senken. Zuerst fielen diese Senkungen gering aus und muteten wie ein untauglicher Versuch an. Erst im Dezember 1991 senkte die Federal Reserve die kurzfristigen Zinssätze drastisch, um eine nach wie vor durchhängende Wirtschaft anzukurbeln. In diesem Zeitraum war das wichtigste geldpolitische Instrument, die Federal Funds Rate (Tagesgeldsatz), von 9,8 Prozent zu Beginn 1989 auf 2,9 Prozent im Dezember 1992 gesenkt worden.

Geldpolitische Anreize führten tatsächlich zu einer Wiederbelebung der Wirtschaft. Zuerst unterstützten die niedrigen Zinssätze die Neubelebung des kränkelnden Finanzsektors. Das Geld floß von den nur noch sehr niedrig verzinsten Geldmarktkonten in den Aktienmarkt. Die Unternehmen konnten ihre sehr kostspieligen Schulden entweder umschulden oder durch Aktienkapital ersetzen. Besitzern von Eigentumswohnungen oder Häusern eröffnete sich die Möglichkeit einer Refinanzierung zu weitaus niedrigeren Zinssätzen, wodurch auch die Konsumenten Geld in die Hand bekamen.

Schließlich belebten die niedrigen Zinsen auch die zinssensiblen Wirtschaftsbereiche. Niedrige Zinsen bedeuteten, daß der Dollar gegenüber den meisten anderen Währungen schwächer wurde, was zu einer Ankurbelung der Exporte führte. Als die heimischen Darlehenszinsen auf ihren Tiefststand seit Jahrzehnten gesunken waren, zog auch der Immobilienmarkt stark an. Durch den Zugang zu kostengünstigen Geldern konnten die Unternehmen nun großzügige Investitionen in Anlagen und maschinelle Ausstattung tätigen. Ende 1993 hatte die Wirtschaft einen großen Teil ihrer überschüssigen Kapazitäten abgebaut und zeigte wieder ein solides Wirtschaftswachstum. Im Februar 1994 erklärte die Federal Reserve, daß ihre Hauptsorge nun wieder der Inflation gelte, und sie erhöhte erstmals seit fünf Jahren wieder die Zinsen.

Geldpolitik in einer offenen Wirtschaft

Der monetäre Transmissionsmechanismus in den USA hat sich während der letzten zwanzig Jahre stark entwickelt, als die Wirtschaft zunehmend offener wurde und das Wechselkurssystem tiefgreifende Änderungen durchmachte. Die Beziehung zwischen Geldpolitik und Außenhandel war für kleinere und offenere Volkswirtschaften wie jene Kanadas oder Großbritanniens schon seit jeher von großer Bedeutung. Nach Einführung der flexiblen Wechselkurse im Jahr 1973 und bei zunehmend eng vernetzten Finanzmärkten spielten der Außenhandel und das internationale Finanzwesen auch in der Wirtschaftspolitik der USA eine neue und zentrale Rolle.

Betrachten wir diese neue Entwicklung kurz anhand einer historischen Episode. Im Zeitraum 1979–1982 beschloß die Federal Reserve, die Geldmengenzuwächse ein wenig zu drosseln, um gegen die Inflation vorzugehen. Dadurch trieb sie die Zinssätze für Dollarvermögen nach oben. Angezogen durch die höheren Dollar-Zinssätze kauften Investoren Dollar-Wertpapiere und trieben so den Dollar-Wechselkurs ihrerseits in die Höhe. Der hohe Dollar-Wechselkurs kurbelte die Importe in die USA an und schadete den US-Exporten. Die Nettoexporte gingen zurück, die gesamtwirtschaftliche Nachfrage schrumpfte. Das wirkte sich sowohl in einem Rückgang des realen BIP als auch in einer geringeren Inflationsrate aus.

Wir können also erkennen, daß der Außenhandel tatsächlich eine weitere Schiene im monetären Transmissionsmechanismus eröffnet. Doch die Richtung der Auswirkungen der Geldpolitik bleibt auch unter dem Einfluß des Außenhandels dieselbe wie bei den heimischen Investitionen: Eine knappe Geldmenge senkt Produktionsvolumen und Preise. *Der Außenhandelseffekt verstärkt den Effekt auf die heimische Wirtschaft.* Der zusätzliche Einfluß der offenen Wirtschaft stellt die politischen Entscheidungsträger allerdings auch vor weitere Probleme und Komplikationen.

Die erste Komplikation ergibt sich aus der extrem komplexen Natur der quantitativen Beziehungen zwischen Geldpolitik, Wechselkurs, Außenhandel, Produktion und Preisen, die vor allem auf der ersten Stufe des Mechanismus zur Geltung kommt. Die derzeitigen volkswirtschaftlichen Modelle können die Auswirkungen einer geldpolitischen Veränderung auf die Wechselkurse nicht genau vorhersagen. Aber selbst bei genauer Kenntnis der Beziehung Geldmenge – Wechselkurse ist die Auswirkung der Wechselkurse auf die Nettoexporte kompliziert und schwer zu prognostizieren. Außerdem werden Wechselkurse und Handelsflüsse zugleich von der Steuer- und Geldpolitik anderer Länder beeinflußt, so daß wir die Ursachen und Wirkungen von Änderungen der Handelsflüsse nicht immer entwirren und genau zuordnen können. Insgesamt ist in den letzten Jahren unser Vertrauen in die Fähigkeit der Politik, das beste Timing festzulegen und die wahrscheinlichen Auswirkungen geldpolitischer Maßnahmen erkennen zu können, doch sehr geschwunden.

Internationale Handelsbeziehungen erweitern die Wirtschaftspolitik um eine zusätzliche Dimension. Die heimischen Politiker müssen sich nun zusätzlich mit den ausländischen Reaktionen auf die heimische Politik auseinandersetzen. Steigende US-Zinsen verändern die Zinssätze, Wechselkurse und Handelsbilanzen im Ausland, und diese Änderungen können durchaus unerwünscht sein. In schwer verschuldeten Ländern wie Brasilien und Mexiko verstärken höhere Zinssätze die Belastung durch die Kreditrückzahlungen. In den achtziger Jahren verursachten die explodierenden Zinssätze diesen Ländern auch tatsächlich schwere Probleme. Um die Sache noch zusätzlich zu verkomplizieren, schulden diese Länder amerikanischen Banken Milliarden Dollar, und etwaige Kreditausfälle könnten das amerikanische Finanzsystem enorm schädigen. Schließlich hat sich das Land nicht nur um die Gesamthöhe seines Sozialproduktes zu kümmern, sondern dessen Zusammensetzung ist ebenso zu beachten. Auf Grund sich verändernder Strukturen im Außenhandel erlebten die USA in den achtziger Jahren eine Stagnation ihrer „handelsgeneigten" Wirtschaftssektoren (Industrie, Bergbau und Landwirtschaft).

Eine Makroökonomie mit offenen Volkswirtschaften gehört zu den interessantesten und spannendsten Gebieten der modernen Ökonomie. Die Wirtschaftswissenschaftler müssen in einer Welt, die gegenüber dem Außenhandel und den internationalen Finanzflüssen zunehmend offen ist, noch sehr viel über die Wechselwirkungen zwischen Geldpolitik und Wirtschaftsleistung lernen.

Geldpolitik im Rahmen von Gesamtnachfrage und Gesamtangebot (*AD-AS*)

Das dreiteilige Diagramm in Abbildung 27-6 zeigt, wie eine Erhöhung des Geldangebotes zu einer Steigerung der Gesamtnachfrage führt. Wir können nun die

Auswirkungen auf das allgemeine makroökonomische Gleichgewicht nachweisen, indem wir die Gesamtangebots- und die Gesamtnachfragekurve zu Hilfe nehmen.

Die durch eine Expansion der Geldmenge produzierte Steigerung der gesamtwirtschaftlichen Nachfrage führt zu einer Verschiebung der *AD*-Kurve in Abbildung 27-7 nach rechts. Diese Verschiebung zeigt eine Expansion der Geldmenge im Zustand ungenutzter Ressourcen und einer relativ flach verlaufenden *AS*-Kurve. Hier verschiebt die Expansion der Geldmenge die Gesamtnachfrage von *AD* nach *AD'*, und das gesamtwirtschaftliche Gleichgewicht bewegt sich von *E* zu *E'*. Dieser Fall zeigt uns, wie die Expansion der Geldmenge die Gesamtnachfrage erhöhen und einen starken Einfluß auf die reale Produktionsleistung haben kann.

Abbildung 27-7: Eine Lockerung der Geldpolitik verschiebt die *AD*-Kurve nach rechts und erhöht Produktionsleistung und Preise

Wie bereits erörtert wurde, und wie auch Abbildung 27-6 zeigt, führt eine Ausweitung der Geldmenge zu einer Steigerung der Investitionen und der Nettoexporte und somit zu einer mehrfachen Steigerung der Gesamtnachfrage. Diese bewirkt eine Rechtsverschiebung der *AD*-Kurve.
Im keynesianischen Bereich, in dem die *AS*-Kurve relativ flach verläuft, wirkt sich eine Geldmengenausweitung primär auf die reale Produktionsleistung und nur in geringem Ausmaß auf die Preise aus.
In einer Wirtschaft mit maximaler Ressourcenauslastung erscheint die *AS*-Kurve nahezu vertikal (wie in Punkt *E''* zu sehen), und eine Geldmengenexpansion wird primär zu Erhöhungen der Preise und des nominalen BIP führen, ohne sich allzu sehr auf das reale BIP auszuwirken. Können Sie erkennen, warum Geld langfristig vielleicht nur geringfügige Auswirkungen auf die reale Produktionsleistung haben könnte?

Expansive Geldpolitik

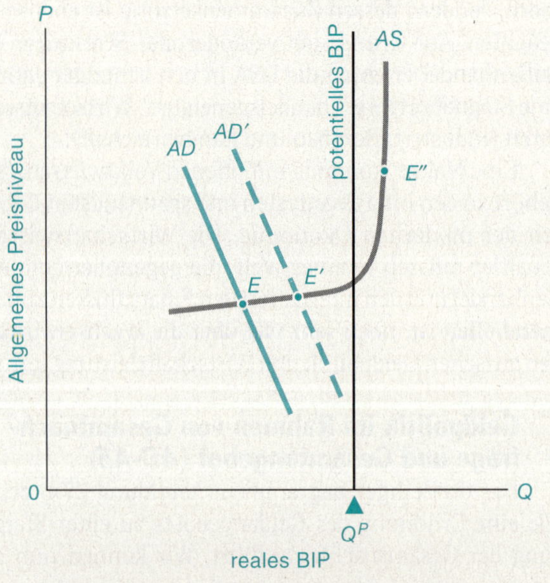

Und das ist die Abfolge der Ereignisse:

Die Geldmengenexpansion senkt die Marktzinssätze. Dadurch werden zinssensible Ausgabenbereiche wie Unternehmensinvestitionen, Wohnungsbau, Nettoexporte und dergleichen stimuliert. Durch den Multiplikatoreffekt erhöht sich die gesamtwirtschaftliche Nachfrage und hebt Produktionsleistung und Preise über das bisherige Niveau an. Schematisch läßt sich diese Abfolge wie folgt darstellen:

M steigt → i sinkt → I, C, X steigen → AD steigt → BIP steigt und P steigt

Was aber geschähe, befände sich die Wirtschaft nahe ihrem Kapazitätspotential? Diese Situation ist durch Punkt *E"* in dem steilen Abschnitt der *AS*-Kurve in Abbildung 27-7 dargestellt. In diesem Fall hätten geldpolitische Änderungen nur wenig Einfluß auf die reale Produktionsleistung. Statt dessen würde in einer Wirtschaft mit Vollbeschäftigung ein erhöhter Geldbestand, der einer konstanten Produktionsmenge gegenübersteht, primär zu Preiserhöhungen führen.

Wenn Sie wissen wollen, ob Sie die hier skizzierte Abfolge auch verstanden haben, denken Sie doch bitte den gegenteiligen Fall einer Verknappung der Geldmenge durch. Nehmen wir an, die Federal Reserve würde sich wie zu Beginn des Jahres 1994 für eine Verknappung der Reserven entscheiden, das Wirtschaftswachstum bremsen und die Inflation senken wollen. Sie können die daraus folgende Entwicklung in Abildung 27-6 nachvollziehen, indem Sie die Richtung der Geldpolitik ins Gegenteil verkehren und so sehen, wie Geld, Zinssätze, Investitionen und Gesamtnachfrage auch dann in wechselseitiger Abhängigkeit stehen, wenn die Geldpolitik restriktiver wird. Überlegen Sie anschließend, wie eine Linksverschiebung der *AD*-Kurve in Abbildung 27-7 sowohl die Produktion als auch die Preise dämpfen würde.

Langfristige Auswirkungen der monetären Effekte

Viele Ökonomen sind der Ansicht, Veränderungen der Geldmenge würden langfristig vor allem das Preisniveau erhöhen, jedoch nur wenig oder gar keinen Einfluß auf die reale Produktionsleistung eines Landes ausüben. Wir werden diesen Einwand verstehen, wenn wir die Auswirkungen monetärer Änderungen anhand unterschiedlich verlaufender *AS*-Kurven analysieren. Wie in Abbildung 27-7 dargestellt, wirken sich Änderungen der Geldmenge auf die Gesamtnachfrage aus und führen kurzfristig zu einem veränderten realen BIP, wenn ungenützte Ressourcen vorhanden sind und die *AS*-Kurve relativ flach verläuft.

In unserer Analyse des Gesamtangebotes in den nächsten beiden Kapiteln werden wir sehen, daß sich langfristig die Outputeffekte einer Gesamtnachfrageverschiebung verringern, und daß hier die preislichen Auswirkungen dominieren, wenn sich die Preise und Löhne anpassen. Wir werden sehen, daß die *AS*-Kurve langfristig vertikal oder nahezu vertikal verläuft, wenn sich Löhne und Preise dem erwarteten höheren Preis- und Lohnniveau annähern. Das bedeutet langfristig, wenn also Preise und Löhne flexibler reagieren können, daß die Auswirkungen einer Veränderung der Geldmenge zunehmend die Preise in die Höhe treiben und sich immer weniger im realen BIP niederschlagen.

Welche Überlegung steht hinter dieser Unterscheidung zwischen Kurz- und Langfristigkeit? Wir können ein stark vereinfachtes Beispiel konstruieren, um diesen Unterschied zu beleuchten. Nehmen wir an, unser Ausgangspunkt wäre jener in Abbildung 27-6, mit einem nominalen BIP von 3.000 und stabilen Preisen; dann könnte eine Expansion der Geldmenge um 10 Prozent das nominale BIP ebenfalls um 10 Prozent auf 3.300 steigern. Studien von Robert J. Gordon und anderen zeigen, daß sich „Veränderungen des nominalen BIP kurzfristig durchgehend aufteilen, wobei sich zwei Drittel in Form einer Produktionsänderung und ein Drittel in Form einer Preisänderung auswirken." Infolgedessen könnte eine zehnprozentige Expansion der Geldmenge im ersten Jahr das reale BIP um rund 7 Prozent erhöhen und einen Preisanstieg von rund 3 Prozent auslösen.

Im Laufe der Zeit beginnen sich jedoch Preise und Löhne immer stärker an die höheren Preise und Produktionsmengen anzupassen. Eine nachfrageinduzierte Inflation sowohl bei Arbeit als auch auf den Gütermärkten treibt die Löhne und Preise in die Höhe; die Löhne werden angepaßt, um den höheren Lebenskosten Rechnung zu tragen; die Indexanpassung in den Arbeitsverträgen führt zu einer weiteren Steigerung bei Löhnen und Preisen. Nach dem zweiten Jahr könnten die Preise um weitere ein oder zwei Prozent ansteigen, wobei die Produktionsleistung dann nur noch 5 oder 6 Prozentpunkte über dem ursprünglichen Niveau liegt. Im dritten Jahr könnten die Preise neuerlich steigen, während die Produktionsleistung ein wenig zurückgeht. Und wo endet eine solche Entwicklung? Nun, dieser Vorgang könnte mehrere Jahre und Jahrzehnte hindurch anhalten, bis die Preise um die gesamten 10 Prozent angezogen haben und die Produktionsleistung wieder auf ihr ursprüngliches Niveau zurückgefallen ist. Somit hätte die Geldmengenexpansion von 10 Prozent bei gleichbleibendem realen BIP zu Preis- und Lohnsteigerungen um ebenfalls etwa 10 Prozent geführt.

Am Ende sind alle nominellen Größen um 10 Prozent angestiegen, während alle realen Größen konstant bleiben. Die nominellen Größen wie der BIP-Deflator, der Verbraucherpreisindex, das nominale BIP, die Löhne, die Geldmenge, der Wechselkurs, die Sichteinlagen, der Konsum in Dollars, die Dollarimporte, der Geldwert der Vermögen etc. weisen eine Steigerung von 10 Prozent auf. Das reale BIP, der reale Konsum, das reale Geldangebot (entspricht der Geldmenge dividiert durch das Preisniveau), die Reallöhne, die realen Nettoexporte, die Realeinkommen und der Realwert der Vermögen sind hingegen durch die geldpolitischen Maßnahmen unverändert geblieben. Wir können daher sagen, daß Geld langfristig *neutral* wirkt.

Hier nun ein Wort zur Vorsicht: Das Szenario, wonach Änderungen der Geldmenge zu proportionalen Veränderungen aller Nominalgrößen, jedoch zu keinerlei Veränderungen der realen Variablen führen, erscheint auf den ersten Blick plausibel und kann auch durch bestimm te empirische Erfahrungen belegt werden. Trotzdem hat diese Aussage keinerlei Allgemeingültigkeit. Langfristigkeit kann einen Zeitraum von vielen Jahrzehnten bedeuten; politische Eingriffe können die Wirtschaft von ihrem idealen Wachstumsweg abbringen, und Änderungen der Zinssätze auf diesem Weg könnten das Endergebnis irreversibel beeinflussen.[4] Die langfristige Neutralität des Geldes ist daher nur als eine Tendenz, nicht aber als allgemeingültiges Gesetz zu betrachten.

[4] Ein Beispiel soll Ihnen zeigen, wie Änderungen der Zinssätze die Wirtschaft von ihrem neutralen Weg abbringen können. Als die Federal Reserve eine Verknappung der Geldmenge beschloß und die Zinsen im Jahr 1979 anhob, war es ihre Absicht, die Wirtschaft in eine Phase geringer Inflationsraten zu führen, indem sie sie ein wenig dämpfte. Der dramatische Anstieg der Zinssätze, in dessen Verlauf die Verzinsung der kurzfristigen US-Schatzscheine von 7 Prozent im Jahr 1978 auf 14 Prozent 1981 erhöht wurde, führte zu einer Aufwertung des Dollars, zu einem massiven US-Außenhandelsdefizit Mitte der achtziger Jahre und zu einer Schuldenkrise in den Schwellenländern. Im Jahr 1990, nach vielen Jahren eines hohen Außenhandelsdefizits, sahen sich die USA mit einer Auslandsverschuldung von rund $ 400 Milliarden konfrontiert, die in absehbarer Zukunft unsere Wirtschaft schwer belasten wird.

Nun, da wir uns dem Ende dieses Kapitels nähern, stellen wir fest, daß wir die Rolle der Geldpolitik ohne jeden Bezug zur Fiskalpolitik erörtert haben. Tatsächlich aber betreibt jede reife Volkswirtschaft, unabhängig von ihrer ideologischen Ausrichtung, sowohl eine Fiskal- als auch eine Geldpolitik. Jedes dieser beiden Instrumentarien hat seine Stärken und Schwächen. In den folgenden Kapiteln werden wir uns daher wieder um eine gemeinsame Betrachtung der Rollen von Geld- und Fiskalpolitik sowohl beim Ausgleich der Konjunkturzyklen als auch bei der Förderung des Wirtschaftswachstums bemühen.

Von der gesamtwirtschaftlichen Nachfrage zum gesamtwirtschaftlichen Angebot

Wir haben unsere einführende Analyse der für die Gesamtnachfrage bestimmenden Faktoren nun abgeschlossen. Rekapitulieren wir kurz die gewonnenen Erkenntnisse: Wir haben die Grundlagen der Gesamtnachfrage untersucht und sind dabei zu dem Schluß gekommen, daß *AD* einerseits von exogenen oder autonomen Faktoren wie Investitionen und Nettoexporten bestimmt wird, andererseits jedoch auch von geld- und fiskalpolitischen Maßnahmen des Staates. Kurzfristig führen Änderungen dieser Faktoren zu einer Erhöhung der Ausgaben, und sie steigern sowohl die Produktionsleistung als auch die Preise.

In unserer schnellebigen Zeit sind die Volkswirtschaften diversen Schocks von innen und außen ausgesetzt. Kriege, Revolutionen, Schuldenkrisen, Ölschocks und staatliche Fehleinschätzungen haben zu Perioden hoher Inflation oder hoher Arbeitslosigkeit oder im Fall einer Stagflation zu einer Kombination aus beiden Mißständen geführt. Da es keinen automatischen Korrekturmechanismus gibt, der makroökonomische Schwankungen rasch ausgleicht, sind die Staaten heute für eine Milderung der Härten des Konjunkturzyklus verantwortlich. Doch selbst die umsichtigste Regierung kann Arbeitslosigkeit und Inflation angesichts all der wirtschaftlichen Schocks, denen eine Wirtschaft nun einmal ausgesetzt ist, nicht zur Gänze eliminieren.

Unsere nächste Aufgabe wird es nun sein, Fragen im Zusammenhang mit dem gesamtwirtschaftlichen Angebot genauer zu beleuchten. Wir beginnen mit einer Analyse des langfristigen Wirtschaftswachstums, die unser Verständnis der für die potentielle Produktionsleistung und das Gesamtangebot maßgeblichen Faktoren vertiefen wird. Anschließend wollen wir uns den zusammenhängenden Themen der Inflation und Arbeitslosigkeit widmen und sehen, welchen starken Zwängen moderne Marktwirtschaften durch das Erfordernis der Preisstabilität in ihren Möglichkeiten ausgesetzt sind. Schließlich werden wir uns neuerlich dem drängenden Problem einer sinnvollen Wirtschaftspolitik für unsere heutigen Probleme zuwenden. Hier sind Fiskalpolitik und Staatsverschuldung, der Zusammenhang zwischen Fiskal- und Geldpolitik, die Notwendigkeit, ein langsames, stetiges Wirtschaftswachstum zu fördern, und die neuen Fragen, die sich uns heute stellen, weil die USA eine zunehmend offene, allen Strömungen des internationalen Handels und der internationalen Finanzwelt ausgesetzte Volkswirtschaft sind, zu erörtern.

ZUSAMMENFASSUNG

A. Die Rolle der Zentralbank und das Federal Reserve System in den USA

1. Das Federal Reserve System ist die Zentralbank der USA, eine Bank der Banken. Ihre Funktion ist es, die Höhe der Bankreserven zu kontrollieren und so die Geldmenge des Landes zu bestimmen und Einfluß auf die Kreditkonditionen und Zinssätze zu nehmen.
2. Das Federal Reserve System (oder die Fed, wie sie häufig genannt wird) wurde im Jahr 1913 ins Leben gerufen, um Geldmenge und Kreditangebot des Landes zu kontrollieren und als „Refinanzierungsinstitut letzter Instanz" zu fungieren. Sie wird von ihrem Vorstand, dem sogenannten Board of Governors, und vom Offenmarktausschuß, dem Federal Open Market Committee (FOMC), geleitet. Die Fed agiert als unabhängige staatliche Behörde und hat große Ermessensfreiheit bei der Festlegung geldpolitischer Maßnahmen.
3. Die Fed verfügt über drei wichtige politische Instrumente: (*a*) die Offenmarktoperationen, (*b*) die Diskontpolitik und (*c*) die Festlegung der gesetzlichen Mindestreserven für Bankinstitute. Mit diesen drei Instrumenten kann die Fed Einfluß auf Zwischenziele wie die Höhe der Bankreserven, die Marktzinssätze und die Geldmenge nehmen. Alle diese Maßnahmen zielen darauf ab, die Wirtschaftsleistung im Hinblick auf das letztendliche Ziel der Geldpolitik zu ver-

bessern: auf die beste Kombination aus niedriger Inflation, niedriger Arbeitslosigkeit, einem zügigen BIP-Wachstum und gut funktionierenden Finanzmärkten. Außerdem hat die Fed zusammen mit anderen Bundesbehörden das heimische und internationale Finanzsystem in Krisenzeiten zu sichern.

4. Das wichtigste geldpolitische Instrument sind die Offenmarktoperationen der Fed. Verkäufe von Staatspapieren durch die Fed auf dem offenen Markt verringern die Aktiva und Verbindlichkeiten der Fed und damit auch die Bankreserven. Dies führt zu einer Verringerung der Reservenbasis der Banken für ihre Einlagen. Den Bürgern verbleiben geringere Geldbestände *M* und mehr Staatsanleihen. Offenmarktkäufe bewirken das Gegenteil, sie erhöhen letztlich die Geldmenge *M*, indem sie die Bankreserven erhöhen.
5. Abflüsse von internationalen Reserven können die Bankreserven und die Geldmenge *M* verringern, sofern nicht durch Zentralbankkäufe von Bonds und Anleihen gegengesteuert wird. Zuflüsse haben den gegenteiligen Effekt, sofern sie nicht von der Zentralbank ausgeglichen werden. Der Prozeß der Kompensation internationaler Geldflüsse wird als Neutralisierung bezeichnet. In den letzten Jahren hat die Fed die internationalen Reservenbewegungen regelmäßig neutralisiert.

B. Die Auswirkungen der Geldmenge auf Produktion und Preise

6. Wenn die Fed das Produktionswachstum drosseln möchte, so steht ihr dazu ein komplexer Mechanismus, bestehend aus fünf Schritten, zur Verfügung:
   a. Die Fed reduziert die Bankreserven mit Hilfe von Offenmarktoperationen.
   b. Jede Senkung der Bankreserven führt zu einer mehrfachen Verknappung des Buchgeldes und der Geldmenge.
   c. Auf dem Geldmarkt führt ein verringertes Geldangebot zu einer Bewegung entlang einer unveränderten Geldnachfragefunktion, was zu einer Erhöhung der Zinssätze, zu Restriktionen beim Kreditangebot und den Kreditkonditionen und zu einer Verknappung der Geldmenge führt.
   d. Die knappe Geldmenge drosselt die Investitionen und andere zinssensible Ausgabenpositionen wie dauerhafte Verbrauchsgüter oder Nettoexporte.
   e. Die Rückgänge bei den Investitionen und anderen Ausgabenpositionen verringern durch den bekannten Multiplikatoreffekt die Gesamtnachfrage. Das geringere Niveau der Gesamtnachfrage senkt Produktions- und Preisniveau bzw. die Inflation.

Zusammenfassend läßt sich die eben beschriebene Abfolge darstellen wie folgt:

R sinkt $\rightarrow M$ sinkt $\rightarrow i$ steigt $\rightarrow I, C, X$ sinken $\rightarrow AD$ sinkt$\rightarrow$ reales BIP und P sinken.

7. Obwohl der Geldmechanismus häufig so beschrieben wird, daß sich die Geldmenge auf die „Investitionen" auswirkt, ist dieser Mechanismus de facto ein extrem komplexer Vorgang, bei dem Änderungen der Zinssätze und der Preise verschiedener Anlageformen eine ganze Reihe von Ausgabensektoren beeinflussen. Zu diesen Sektoren gehören der Wohnungsbau, der auf veränderte Hypothekardarlehens-Zinssätze und Wohnungspreise reagiert; Unternehmensinvestitionen, auf die sich die geänderten Zinssätze und Aktienpreise auswirken; Ausgaben für dauerhafte Verbrauchsgüter, die von Änderungen bei den Zinssätzen und der Verfügbarkeit von Krediten betroffen sind; staatliche und kommunale Ausgaben, die ebenfalls von den Zinssätzen abhängen; und die Nettoexporte, die von Auswirkungen der geänderten Zinssätze auf die Wechselkurse bestimmt werden.
8. Eine der größten Herausforderungen für die Wirtschaftspolitik stellt die zunehmende Globalisierung des Handels und der Finanzen dar. Bei flexiblen Wechselkursen kann eine geänderte Geldpolitik auch Einfluß auf den Wechselkurs und die Nettoexporte haben, was den Geldmechanismus zusätzlich verkompliziert. Dieser Einfluß hat zu Beginn der achtziger Jahre zu einer wesentlichen Verschiebung in der Zusammensetzung des BIP weg von den handelbaren und hin zu nicht handelbaren Gütern geführt. Eine offene Volkswirtschaft macht den Zentralbanken sowohl wegen des nicht exakt bestimmbaren Zusammenhangs zwischen Geldmenge und Nettoexporten als auch wegen der zusätzlichen politischen und wirtschaftlichen Fragen, die sich aus den Auswirkungen heimischer Politik auf fremde Volkswirtschaften, auf die Zusammensetzung des BIP und auf die Schuldenbelastung der Dritten Welt ergeben, zu schaffen.
9. Geldpolitik kann kurzfristig und langfristig unterschiedliche Auswirkungen haben. Kurzfristig wirkt sich eine Veränderung der Gesamtnachfrage *AD* bei einer relativ flachen *AS*-Kurve großteils auf die Produktion und nur zu einem geringen Teil auf die Preise aus. Längerfristig, wenn die *AS*-Kurve einen beinahe vertikalen Verlauf annimmt, führen Geldmengenverschiebungen vorwiegend zu Änderungen des Preisniveaus und kaum noch zu Änderungen der Produktionsleistung. Im Extremfall, wenn Änderungen der Geldmenge nur nominelle Variablen betreffen und ohne Auswirkungen auf reale Variablen bleiben, können wir sagen, daß Geld neutral ist. Die meisten tatsächlich erfolgten Veränderungen der Geldmenge haben in ihrem Sog zu realen volkswirtschaftlichen Auswirkungen geführt.

BEGRIFFE ZUR WIEDERHOLUNG

Zentralbankenwesen

Bankreserven
Zentralbankbilanz
Offenmarktkäufe und -verkäufe
Diskontsatz, Kredite von der Fed
gesetzliches Mindestreserveerfordernis
FOMC (Offenmarktausschuß) und Board of Governors (Vorstand)
geldpolitische Instrumente, Zwischenziele, Endziele

Der monetäre Transmissionsmechanismus

Geldnachfrage und -angebot
Die 5 Schritte des montären Transmissionsmechanismus:
Änderung der Reserven
von den Reserven zum Geld
vom Geld zu den Zinssätzen
von den Zinssätzen zu den Investitionen
von den Investitionen zum BIP
zinssensible Ausgabenkomponenten

Geldpolitik im Rahmen von Gesamtangebot und Gesamtnachfrage (*AS-AD*)
R sinkt $\rightarrow M$ sinkt $\rightarrow i$ steigt $\rightarrow I$ sinkt $\rightarrow AD$ sinkt $\rightarrow$ BIP sinkt und P sinkt
Geldpolitik kurz- und langfristig
„Neutralität" des Geldes

FRAGEN UND BEISPIELE

1. Listen Sie die geldpolitischen Instrumente der Fed auf. Erklären Sie, wie sich jedes dieser geldpolitischen Werkzeuge auf die Bankreserven und auf die Geldmenge auswirkt. Wie wirksam ist jedes dieser Instrumente für die Kontrolle der (*a*) Reserven, (*b*) der Geldmenge M_1, (*c*) der Zinssätze, (*d*) der Produktion, (*e*) der Preise?
2. Versetzen Sie sich in die Lage des Vorstandsvorsitzenden der Fed zu einer Zeit, in der sich die Wirtschaft in einer Depressionsphase befindet, und stellen Sie sich vor, Sie müßten sich vor einem Kongreßkomitee äußern. Schreiben Sie für einen der fragenstellenden Senatoren eine Erklärung, in der Sie erklären, wie Ihre Expansionsmaßnahmen greifen würden.
3. Betrachten sie die Bilanz der Fed in Tabelle 27-1. Erstellen Sie eine entsprechende Bilanz für Geschäftsbanken (wie jene in Tabelle 26-2 im letzten Kapitel) unter der Annahme, daß die Mindestreserve 10 Prozent für Sichteinlagen und 0 für alle anderen beträgt.
   a. Erstellen Sie die Bilanzen neu unter der Annahme, daß die Fed Staatspapiere in Höhe von $ 1 Milliarde über Offenmarktoperationen verkauft.
   b. Erstellen Sie die Bilanzen nun so, um nachweisen zu können, was geschieht, wenn die Fed die Mindestreserve auf 20 Prozent anhebt.
   c. Stellen Sie sich vor, die Geschäftsbanken nehmen $ 1 Milliarde an Reserven als Kredit von der Fed auf. Wie verändert diese Maßnahme die Bilanzen?
4. Überdenken Sie die drei Zeitungszitate auf Seite 602. Erklären Sie mit Hilfe der in den letzten Kapiteln entwickelten Theorien die Überlegungen hinter diesen Aussagen.
5. Besprechen Sie das folgende Statement der Federal Reserve: „Die Federal Reserve kann zwar darauf achten, daß die Banken über genügend Reserven verfügen, um Handel, Industrie und Landwirtschaft kostengünstig Gelder zur Verfügung stellen zu können; aber sie kann die Menschen nicht dazu zwingen, Kredite aufzunehmen, und sie kann die Allgemeinheit nicht dazu veranlassen, ihre Spareinlagen auszugeben, die sich daraus ergeben, daß die Banken Darlehen vergeben und Investitionen tätigen."
6. Erklären Sie anhand von Abbildung 27-6, wie die Politik der Geldmengenkontraktion nach 1979 das BIP gesenkt hat. Erklären Sie jeden einzelnen Schritt auch in Worten.
7. Beantworten Sie mit Hilfe eines Diagramms wie jenes in Abbildung 27-4 die drei Beispiele auf Seite 602.
8. Nach der Wiedervereinigung Deutschlands führten die Ausgaben für den Ostaufbau zu einer beträchtlichen Ausweitung der Gesamtnachfrage in Deutschland. Die deutsche Bundesbank reagierte darauf mit einer Verlangsamung des Geldmengenwachstums und einer extremen Anhebung der deutschen Realzinssätze. Erklären Sie in durchgehenden Schritten, warum diese restriktive Geldpolitik der Deutschen wahrscheinlich zu einer Dollarabwertung führen wird. Erklären Sie, warum eine solche Abwertung die Wirtschaft der USA stimulieren könnte. Und erklären Sie außerdem, warum jene europäischen Länder, die ihre Währung an die DM gebunden haben, in eine tiefe Rezession schlittern könnten, wenn die deutschen Zinsen steigen und die Zinssätze anderer europäischer Länder mitreißen könnten.

TEIL SECHS

GESAMTANGEBOT, WIRTSCHAFTS-WACHSTUM UND WIRTSCHAFTSPOLITIK

KAPITEL 28

WIRTSCHAFTSWACHSTUM UND GESAMTWIRTSCHAFTLICHES ANGEBOT

Die Industrielle Revolution war keine vorübergehende Erscheinung, deren Anfang und Ende wir kennen. ... Sie findet ständig und auch heute noch statt.

E. J. Hobsbawm, The Age of Revolution *(1962)*

Beinahe täglich können wir den Zeitungen die neuesten Nachrichten über den Arbeitsmarkt, jüngste Entwicklungen in der Zentralbankpolitik oder ähnlich wichtige Themen entnehmen. Doch so wichtig diese Ereignisse für Arbeitsuchende oder Investoren auch sein mögen – in Wirklichkeit sind sie kaum mehr als ein leichtes Kräuseln in den Wellen des Wirtschaftswachstums. Jahrein, jahraus akkumulieren reife Volkswirtschaften wie jene der USA immer größere Kapitalmengen, werden neue Fortschritte im technologischen Know-how erzielt und steigt die Produktivität. Die Geschwindigkeit der Produktivitätssteigerungen bestimmt, wie rasch auch der Lebensstandard steigen kann.

In Teil 5 haben wir uns primär mit der Funktion der Gesamtnachfrage für die kurzfristige gesamtwirtschaftliche Produktion beschäftigt. Wir haben dabei festgestellt, daß in einer Wirtschaft mit ungenutzten Ressourcen eine Erhöhung der Staatsausgaben, höhere Unternehmensinvestitionen und eine entsprechende Exportnachfrage das allgemeine Niveau der Wirtschaft sehr beleben können. Aus dieser Analyse ließ sich ableiten, daß der Staat in der Lage ist, den Konjunkturzyklus mit Hilfe geld- und fiskalpolitischer Maßnahmen zu „zähmen".

Doch die Gesamtnachfrage ist nur die eine Seite der Medaille. Auch das Gesamtangebot ist – sowohl langfristig als auch kurzfristig – für die Wirtschaftsentwicklung von zentraler Bedeutung. Kurzfristig bestimmt die Wechselwirkung zwischen Gesamtnachfrage und Gesamtangebot die Produktionsleistung, die Arbeitslosenrate und die Kapazitätsauslastung ebenso wie die Schwankungen des Preisniveaus und der Inflationsrate. Langfristig, und damit meinen wir einen Zeitraum von zehn oder mehr Jahren, stellt das Gesamtangebot normalerweise den wichtigsten Faktor hinter dem Wirtschaftswachstum dar. Abbildung 28-1 können Sie eine Kapitelübersicht entnehmen, für die wir das bereits bekannte Flußdiagramm verwenden.

Die langfristige Bedeutung des Wachstums

Sehen Sie noch einmal im Graphikanhang am Ende dieses Buches nach und konzentrieren Sie sich dabei auf die Entwicklung der realen (oder inflationsbereinigten) Produktionsleistung im zwanzigsten Jahrhundert. Sie erkennen dabei, daß das Real-BIP seit 1900 um *mehr als das Sechzehnfache* angestiegen ist. Das ist wahrscheinlich die wichtigste wirtschaftliche Botschaft dieses Jahrhunderts. Das anhaltende und zügige Wirtschaftswachstum hat die volkswirtschaftlich reifen Industrienationen in die Lage versetzt, von allem mehr bereitzustellen – mehr Nahrung ebenso wie größere Wohnungen, mehr Ressourcen für Verteidigung und Umweltschutz, eine umfassende Schul- und Berufsbildung für die Kinder wie eine umfassende Altersversorgung der Rentner.

Für die Staaten stellt das Wirtschaftswachstum nach wie vor das bedeutendste wirtschaftliche und politische Ziel dar. Länder, die kein Wirtschaftswachstum zu verzeichnen haben, bleiben auf der Strecke. Die jüngsten Revolutionen in Osteuropa und in der Sowjetunion wurden im Grunde durch eine im Vergleich zur Situation in den westlichen Nachbarstaaten stagnierende Wirtschaft und ein geringes Wirtschaftswachstum ausgelöst. Das Wirtschaftswachstum ist der wichtigste Faktor für den langfristigen wirtschaftlichen Erfolg eines Landes.

Abbildung 28-1: Für den langfristigen Lebensstandard ist das Wirtschaftswachstum ausschlaggebend

Langfristig hängt das wirtschaftliche Geschick eines Landes vom Wachstum seines potentiellen BIP ab. In diesem Kapitel werden die langfristigen Wachstumstrends und die Theorien zur Erklärung der Grundtrends einschließlich des Verhaltens des Gesamtangebotes erläutert.

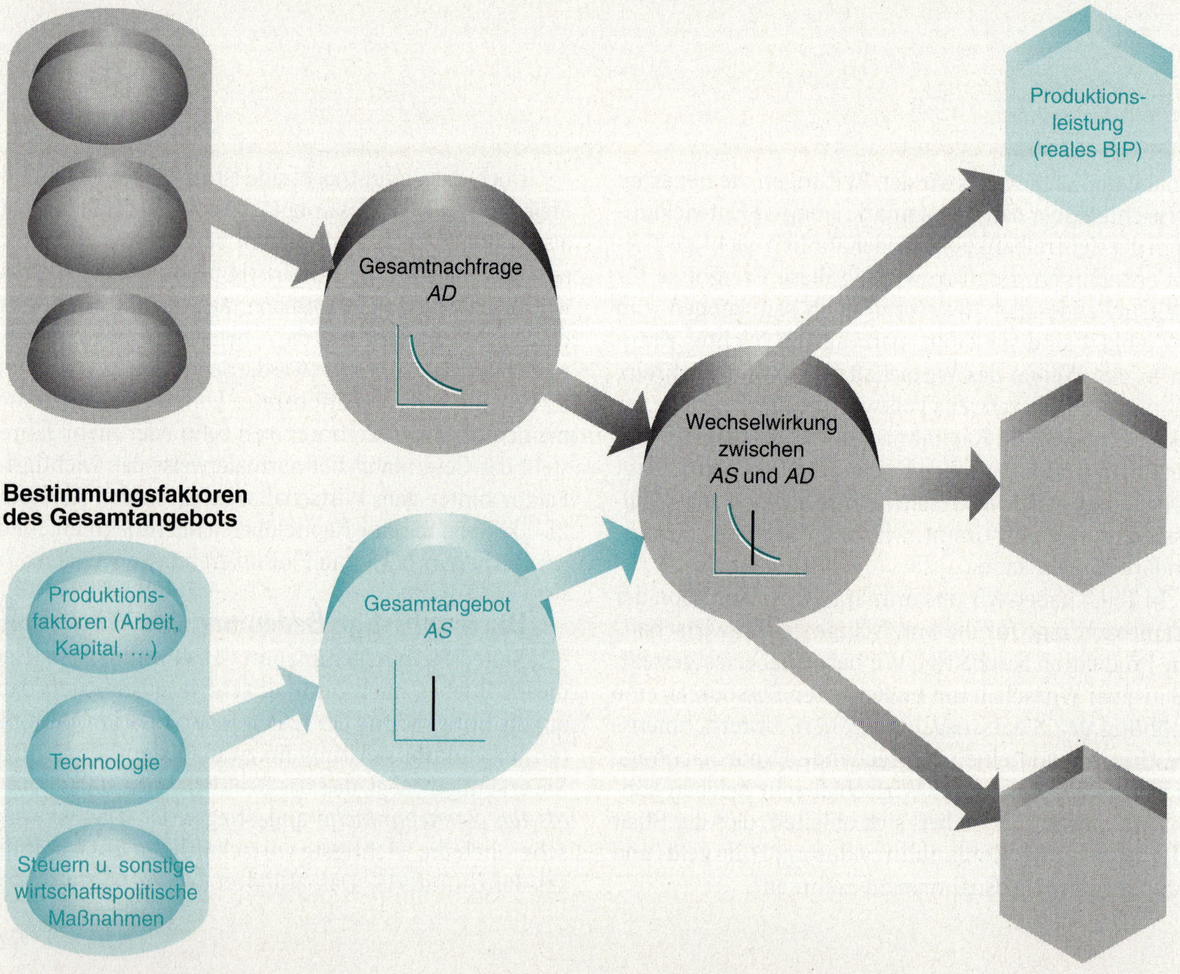

A. TRENDS IM WIRTSCHAFTSWACHSTUM DER STAATEN

Beginnen wir mit einer sorgfältigen Definition des Begriffs Wirtschaftswachstum: das **Wirtschaftswachstum** *ist die Steigerung des potentiellen BIP oder der potentiellen Produktionsleistung eines Landes.* Oder anders ausgedrückt: Wir sprechen von Wirtschaftswachstum, wenn die Produktionsmöglichkeits- oder Transformationskurve eines Landes nach außen verschoben wird (erinnern Sie sich an die PMK-Diagramme aus Kapitel 1). Ein eng verwandter Begriff ist die Wachstumsrate des Pro-Kopf-Einkommens. Sie bezieht sich auf die Geschwindigkeit, mit der der Lebensstandard in einem Land angehoben werden kann.

Ökonomen messen das Wirtschaftswachstum eines Landes üblicherweise anhand der gesamtwirtschaftlichen Produktion oder der Pro-Kopf-Produktionsleistung über Zehn- oder Zwanzig-Jahresperioden. Damit können sie die kurzfristigen Schwankungen durch Boom- und Rezessionszeiten außer acht lassen und sie erhalten ein klareres Bild der langfristigen Trends. Tabelle 28-1 zeigt, daß bei den Wachstumsraten der Pro-Kopf-Produktionsleistung zwischen den verschiedenen Ländern große Unterschiede bestehen.

DIE VIER ELEMENTE WIRTSCHAFTLICHER ENTWICKLUNG

Gibt es eigentlich ein Rezept für wirtschaftliches Wachstum? Nun, die Länder müssen nicht unbedingt densel-

Das Wirtschaftswachstum der Staaten

	Durchschnittlicher jährlicher Produktionszuwachs pro Person, 1973–1993 (%)	Pro-Kopf-Produktionsleistung ($)
Industriestaaten		
Japan	2,9	19.200
Deutschland	1,7	21.640
Frankreich	1,6	22.320
Großbritannien	1,5	17,370
USA	1,3	23.170
Entwicklungsländer		
Südkorea	6,8	6.180
China	6,4	2.140
Taiwan	6,2	7.930
Indonesien	4,1	3.170
Indien	2,6	1.640
Türkei	2,6	5.710
Brasilien	1,1	3.610
Mexiko	1,0	7.210
Philippinen	0,4	4.060

Tabelle 28-1: Die Wachstumsraten der Länder weisen große Unterschiede auf

Mit Ausnahme Japans liegen die Wachstumsraten der Industriestaaten zumeist innerhalb einer relativ schmalen Bandbreite. In den Entwicklungsländern ist der Unterschied zwischen aufstrebenden und rückständigen Ländern viel größer. (Die Schätzungen beruhen auf den um die Kaufkraftunterschiede bereinigten Wechselkursen.) [Quelle: Weltbank, *World Development Report, 1993* (Weltbank, Washington, 1993)]

ben Weg beschreiten, um erfolgreich zu sein. So wurde beispielsweise Großbritannien im neunzehnten Jahrhundert auf Grund seiner Pionierleistungen in der industriellen Revolution führend, nachdem die Dampfmaschine und die Eisenbahn erfunden und der Freihandel forciert worden war. Japan stieß dagegen erst viel später zu den Konkurrenten um die wirtschaftlich führende Stellung. Seinen Erfolg hatte das Land der Nachahmung ausländischer Technologien, dem Schutz der heimischen Industrie vor Importen und schließlich dem Erwerb eines enormen Fachwissens in den Bereichen Fertigungstechnik und Elektronik zu verdanken.

Aber obwohl verschiedene Länder verschiedene Wege beschreiten, gibt es doch einige Gemeinsamkeiten zwischen den wachstumsstarken Ländern. Es war derselbe grundlegende Prozeß wirtschaftlicher Expansion und wirtschaftlicher Entwicklung, der Großbritannien und Japan nach vorn gebracht hat und der heute Schwellenländern wie China und Indien zu Hilfe kommt. Ökonomen, die sich mit dem Thema beschäftigt haben, sind zu dem Schluß gelangt, daß der Motor wirtschaftlichen Fortschritts sozusagen immer auf denselben vier Rädern oder Elementen beruht, egal wie reich oder arm ein Land ist. Diese vier Räder oder Wachstumsfaktoren sind:

- die Humanressourcen (Arbeitsangebot, Ausbildung, Arbeitsdisziplin, Motivation)
- die natürlichen Ressourcen (Boden, Bodenschätze, Brennstoffe, Umweltqualität)
- die Kapitalbildung (Maschinen, Fabriken, Straßen)
- und die Technologie (Wissenschaft, Technik, Management, Unternehmertum)

Untersuchen wir nun, welchen Beitrag jeder dieser Faktoren zum Wirtschaftswachstum leistet:

Humanressourcen

Zahlreiche Ökonomen sind der Ansicht, die Qualität des Faktors Arbeit – also Fertigkeiten, Wissen und Disziplin der Arbeitnehmer – sei die wichtigste Zutat zu einem gesunden Wirtschaftswachstum. Praktisch alle anderen Produktionsfaktoren – Kapitalgüter, Rohstoffe und Technologie – können auf dem Weltmarkt zugekauft oder geborgt werden. Ein Land kann die modernsten Telekommunikationsanlagen, Computer, Kraftwerksanlagen und Kampfbomber kaufen. Aber diese Kapitalgüter müssen von geschickten und gut ausgebildeten Arbeitskräften effektiv eingesetzt werden. Bessere Ausbildung, Gesundheit und Disziplin und neuerdings auch gute Computerkenntnisse erhöhen die Arbeitsproduktivität eines Landes enorm.

Natürliche Ressourcen

Der zweite klassische Produktionsfaktor ist Boden bzw. in einem umfassenderen Sinn der gesamte Bereich der natürlichen Ressourcen. Dazu gehören insbesondere kultivierbarer Boden, Erdöl und Erdgas, Wälder, Wasser und Bodenschätze. In den letzten Jahren konnten beispielsweise einige ölreiche Länder wie Saudi-Arabien ein hohes Einkommensniveau praktisch ausschließlich durch ihre Erdölvorkommen erzielen.

Allerdings stellen die erdölproduzierenden Länder die Ausnahme, nicht die Regel dar; in der heutigen globalen Wirtschaft bestimmt der Reichtum an natürlichen Ressourcen nicht über Erfolg oder Mißerfolg eines Landes. Viele Länder, die kaum über Bodenschätze verfügen, wie etwa Japan, konzentrieren sich erfolgreich auf arbeits- und kapitalintensive Sektoren anstatt auf Bodenschätze. Ja, das winzige Hongkong, dessen Fläche nur ein Millionstel des ressourcenreichen Rußland ausmacht, erreicht ein größeres Außenhandelsvolumen als das riesige Rußland.

Kapitalbildung

Die manuellen Fähigkeiten der Arbeitskräfte in den verschiedenen Ländern mögen sich nicht allzusehr unterscheiden, aber die Arbeitskräfte in reichen Ländern können auf sehr viel mehr Kapital zurückgreifen – und sind daher auch viel produktiver.

Kapitalakkumulation erfordert, wie wir gesehen haben, den jahrelangen Verzicht auf sofortigen Konsum. Länder mit starkem Wirtschaftswachstum investieren zumeist intensiv in neue Kapitalgüter; in den am schnellsten wachsenden Ländern fließen häufig 10 bis 20 Prozent des Volkseinkommens in die Kapitalbildung. Dagegen stellt nach Ansicht vieler Ökonomen die geringe nationale Sparrate in den USA – nur 4 Prozent im Jahr 1993 – ein schweres Problem für die Wirtschaft unseres Landes dar.

Wenn wir von Kapital sprechen, sollten wir nicht nur an Computer und Fabriken denken. Viele Investitionen tätigt ausschließlich der Staat und sie bilden den Rahmen für einen blühenden privaten Sektor. Diese Investitionen werden als **Infrastruktur** bezeichnet und bestehen aus Großprojekten, die eine Vorbedingung für Handel und Geschäftstätigkeit darstellen. Straßen, Bewässerungssysteme und Wasserprojekte sowie Maßnahmen im Bereich der Volksgesundheit sind einige wichtige Beispiele für Infrastrukturmaßnahmen des Staates. Derartige Projekte bedingen große Investitionen, die zumeist „unteilbaren" oder „pauschalen" Charakter haben und bisweilen steigende Skalenerträge aufweisen. Häufig sind diese Projekte auch durch externe Effekte gekennzeichnet, die Privatunternehmen nicht auf sich nehmen können, so daß der Staat hier eingreifen und sicherstellen muß, daß diese Infrastrukturinvestitionen getätigt werden.

Technologischer Wandel und Innovation

Zusätzlich zu den drei bisher erörterten klassischen Faktoren hängt das Wirtschaftswachstum auch von einem ganz wesentlichen vierten Faktor, der Technologie, ab. Historisch gesehen ist das Wirtschaftswachstum absolut kein einfacher Wiederholungsprozeß, in dem sich Fabrik an Fabrik und Arbeiter an Arbeiter reihten. Nein, ein unendlicher Strom von Erfindungen und technologischen Neuerungen hat zu der enormen Verbesserung der Produktionskapazitäten in Europa, Nordamerika und Japan geführt.

Der **technologische Wandel** bedeutet Veränderungen im Produktionsprozeß oder die Einführung von Neuerungen, so daß mehr und bessere Produkte aus demselben Faktormix erzeugt werden können. Neue Prozesse, die die Produktivität enorm gesteigert haben, waren etwa die Dampfmaschine, die Gewinnung elektrischen Stroms, die Glühbirne, der Verbrennungsmotor und der Großraumjet. Als Beispiele für grundlegende technologische Änderungen sind unter anderem neue Produkte wie Telefon, Radio, Flugzeug, Tonbandgerät und Fernsehen zu nennen. Die bedeutendsten technologischen Entwicklungen der jüngsten Zeit ereignen sich in den Bereichen Elektronik und Computertechnik, und wir stellen mit Erstaunen fest, daß die winzigen Notebooks von heute bei weitem mehr leisten als die schnellsten Supercomputer der sechziger Jahre. Diese genannten Erfindungen stellen die spektakulärsten Beispiele für den technologischen Wandel dar, der jedoch tatsächlich ein kontinuierlicher Prozeß kleinerer und größerer Verbesserungen ist, was durch die Tatsachen belegt ist, daß in den USA mehr als 3 Millionen Patente ausgestellt wurden und daß es weitere Millionen kleiner Verbesserungen gibt, ohne die der stetige Fortschritt einer Wirtschaft nicht vorstellbar wäre.

Größtenteils verläuft die technologische Entwicklung still und unbemerkt, wobei kleine Neuerungen bewirken, daß sich die Qualität der Produkte verbessert und daß mehr produziert werden kann. Manchmal jedoch geben technologische Veränderungen auch Schlagzeilen ab und vermitteln uns unvergeßliche Bilder. Während des Golfkrieges im Jahr 1991 war die ganze Welt über den enormen Fortschritt bei High-tech-Waffen – man denke an den Stealth-Bomber, an die „intelligenten" Bomben und Antiraketenraketen – verblüfft, der den USA und ihren Verbündeten einen riesigen Vorsprung vor einem Gegner verschaffte, dessen Waffensysteme auch erst ein paar Jahre alt waren. Fortschritte im zivilen Bereich sind weniger augenfällig, aber in ihrem Beitrag zur Hebung des Lebensstandards der Marktwirtschaften nicht weniger beeindruckend.

Wachstumsfaktor	Beispiele
Humanressourcen	Zahl der Arbeitskräfte, Bildungsstand, berufliche Ausbildung, Disziplin
Natürliche Ressourcen	Öl und Gas, Boden und Klima
Kapitalbildung	Ausstattung und Fabriken, Infrastruktur
Technologie und Unternehmertum	Qualität des wissenschaftlichen und technischen Wissens, Management-Know-how, Belohnung für Innovationen

Tabelle 28-2: Die vier „Räder" des Fortschritts

Das Wirtschaftswachstum beruht immer auf den vier Rädern Arbeit, natürliche Ressourcen, Kapital und Technologie. Doch diese Räder können in den verschiedenen Ländern ganz unterschiedlich beschaffen sein, wobei einige effektivere Kombinationen finden als andere.

Wegen seiner Bedeutung für die Hebung des Lebensstandards grübeln Ökonomen seit langem darüber nach, wie sich technologischer Fortschritt fördern ließe. Es wird zunehmend klar, daß der technologische Wandel keineswegs ein mechanischer Ablauf ist, bei dem es nur darauf ankommt, bessere Produkte und Verfahren zu finden. Statt dessen erfordert ein rascher Innovationsprozeß die Förderung des Unternehmergeistes. Nehmen wir die heutige amerikanische Computerindustrie, die es auch Computerfreaks schwermacht, angesichts der ständig neuen Hardwarekonfigurationen und Softwarepakete auf dem laufenden zu bleiben. Warum konnte der dazu nötige Unternehmergeist im Westen gedeihen, nicht aber in Rußland, der Heimat vieler großer Wissenschaftler, Techniker und Mathematiker? Ein Hauptgrund liegt sicherlich in der Kombination aus einem für alle Fragen offenen Geist und den lockenden Gewinnen des freien Marktes im Silicon Valley. Vergleichen Sie etwa dazu den Geist der Geheimhaltung und die erstickende Atmosphäre der Moskauer Zentralplanungsbüros.

In Tabelle 28-2 finden Sie die vier Elemente des Wirtschaftswachstums zusammengefaßt.

WACHSTUMSTHEORIEN

Gegner jeglichen Wirtschaftswachstums sucht man wahrscheinlich vergebens.[1] Hingegen treten starke Unstimmigkeiten darüber auf, wie das Ziel stetigen Wachstums am besten zu erreichen sei. Manche Ökonomen und Politiker betonen die Notwendigkeit vermehrter Kapitalinvestitionen. Andere sprechen sich für Maßnahmen zur Stimulierung von Forschung und Entwicklung und technologischem Wandel aus. Eine dritte Gruppe weist insbesondere auf die Rolle besser ausgebildeter Arbeitskräfte hin.

Ökonomen bearbeiten die Frage der relativen Bedeutung der verschiedenen Faktoren des Wirtschaftswachstums seit langem. In der nachstehenden Darstellung wollen wir uns mit den Theorien des Wirtschaftswachstums beschäftigen, die uns einige Hinweise auf die Antriebskräfte hinter dem Wachstum liefern. Anschließend wollen wir im letzten Teil des Abschnitts überlegen, was wir aus den historischen Entwicklungen des letzten Jahrhunderts über das Wirtschaftswachstum lernen können.

Die klassische Dynamik nach Smith und Malthus

Anders als die heutigen Wachstumstheoretiker haben frühe Ökonomen wie Smith und Malthus vor allem auf die Rolle des Bodens für das Wirtschaftswachstum hingewiesen. Mit *The Wealth of Nations* (1776) schuf Adam Smith ein Handbuch der Wirtschaftsentwicklung. Er beginnt mit einem hypothetischen goldenen Zeitalter: „Dieser ursprüngliche Zustand der Dinge, der vor der Aneignung des Bodens und der Anhäufung von [Kapital]beständen liegt." Das war die Zeit, als der Boden für jedermann frei zugänglich war und als Kapitalakkumlationen noch keine Rolle spielten.

Wie sähe die Dynamik des Wirtschaftswachstums in einem solchen goldenen Zeitalter aus? Da Boden frei verfügbar ist, greifen die Menschen mit zunehmendem Bevölkerungswachstum einfach auf immer neue Flächen zurück, wie das die Siedler im amerikanischen Westen auch taten. Da Kapital keine Rolle spielt, verdoppelt sich die nationale Wirtschaftsleistung, wenn sich auch die Bevölkerung verdoppelt. Und wie sehen in dieser Situation die Reallöhne aus? Das gesamte Volkseinkommen fließt in die Löhne, weil es keine Abzüge für Bodenrente oder Kapitalzinsen gibt. Die Wirtschaftsleistung expandiert im Gleichschritt mit der Bevölkerung, weshalb der Reallohn pro Arbeiter konstant bleibt.

Aber dieses goldene Zeitalter kann nicht ewig andauern. Irgendwann wird bei anhaltendem Bevölkerungswachstum der gesamte Boden besetzt sein. Sobald die freien Flächen verschwunden sind, ist ein ausgeglichenes Wachstum von Boden, Arbeit und Produktion nicht mehr möglich. Immer neue Arbeitskräfte drängen sich auf dem bereits bearbeiteten Boden. Boden wird knapp und die Renten steigen, um eine Bodenrationierung unter den verschiedenen Nutzungsmöglichkeiten zustandezubringen.

Das Bevölkerungswachstum hält weiterhin an, und mit ihm wächst auch das Sozialprodukt. Aber die Produktion muß langsamer expandieren als die Bevölkerung. Warum? Wenn immer neue Arbeitskräfte nur auf eine fixe Bodenmenge zugreifen können, steht jeder Arbeitskraft laufend weniger Boden zur Verfügung, und das Ertragsgesetz kommt zur Wirkung. Das steigende Arbeits-Bodenverhältnis führt zu einem rückläufigen Grenzprodukt der Arbeit und so zu abnehmenden Reallöhnen.[2] Außerdem waren die klassischen Ökonomen der Ansicht, daß irgendwann eine Interessenskollision zwischen den Klassen eintreten müsse. Mehr Menschen bewirken ein höheres Arbeits-Bodenverhältnis, das zu niedrigeren Lohnraten und niedrigeren Pro-Kopf-Einkommen führt. Zugleich produziert knapperer Boden höhere Bodenrenten. Die Grundbesitzer profitieren auf Kosten der Arbeitskräfte.

Wie weit kann sich eine solche Situation verschlimmern? Der gestrenge Reverend T. R. Malthus glaubte, daß der Druck durch die Übervölkerung die Wirtschaft an einen Punkt bringen müsse, an dem die Arbeiter auf ein Existenzminimum gedrückt werden würden. Malthus war

[1] Eine Ausnahme stellen Ökologen dar, die bisweilen argumentieren, daß die reifen Industriestaaten bereits heute für die Weltressourcen eine unterträgliche Bürde darstellen, weshalb das Wirtschaftswachstum gedrosselt werden sollte.

[2] Die in diesem Kapitel dargelegte Theorie stützt sich auf eine wichtige Feststellung aus der Mikroökonomie. Bei der Analyse der Lohnbildung unter vereinfachten Bedingungen im vollständigen Wettbewerb kann nachgewiesen werden, daß die Lohnrate dem zusätzlichen oder Grenzprodukt der letzten eingesetzten Arbeitskraft entspricht. Wenn beispielsweise der letzte Arbeiter Güter im Wert von $ 12,50 pro Stunde zur Produktionsleistung des Unternehmens beiträgt, so ist das Unternehmen unter Wettbewerbsbedingungen bereit, bis zu $ 12,50 pro Stunde an Lohn an diesen Arbeiter auszubezahlen. Ebenso entspricht die Bodenrente dem Grenzprodukt der letzten Bodeneinheit, und der Realzinssatz entspricht dem Grenzprodukt der letzten produktiven Kapitaleinheit.

der Ansicht, das Bevölkerungswachstum würde andauern, solange die Löhne über dem Existenzminimum lägen. Löhne unter dem Existenzminimum hingegen würden zu einer hohen Sterblichkeit und einem Bevölkerungsrückgang führen. Daher könnte sich seiner Ansicht nach ein stabiles Gleichgewicht der Bevölkerungszahl nur bei Löhnen einstellen, die genau dem Existenzminimum entsprechen. Malthus war davon überzeugt, daß die Arbeiterklassen zu einem primitiven, unerfreulichen und kurzen Leben verdammt sind. Dieses düstere Bild veranlaßte Thomas Carlyle, die Volkswirtschaft als die „düstere Wissenschaft" zu kritisieren.

Abbildung 28-2 (*a*) zeigt den Prozeß des Wirtschaftswachstums in Smiths goldenem Zeitalter. Hier bewegt sich die Produktionsmöglichkeitskurve mit Verdoppelung der Bevölkerung um einen Faktor 2 in jede Richtung nach außen, was anzeigt, daß es keine Wachstumsbeschränkungen durch Boden oder Ressourcen gibt. Abbildung 28-2 (*b*) zeigt den pessimistischen von Malthus angenommenen Fall, bei dem eine Verdoppelung der Bevölkerung nicht zu einer Verdoppelung der Nahrungs- und Bekleidungsbestände führt, demzufolge die Pro-Kopf-Produktion sinkt, wenn immer mehr Menschen den begrenzt vorhandenen Boden bevölkern und die sinkenden Erträge die Produktionsleistung pro Kopf senken.

Wirtschaftswachstum unter Berücksichtigung der Kapitalakkumulation: Das neoklassische Modell

Die malthusianische Prognose schoß weiter über das Ziel hinaus, weil Malthus nicht erkannte, daß technologischer Wandel und Kapitalinvestitionen das Ertragsgesetz überwinden können. Der Boden wurde nicht zum einschränkenden Faktor in der Produktion. Statt dessen brachte die industrielle Revolution starke Maschinen hervor, die die Produktion steigerten, Fabriken, in denen Arbeiterteams zu riesigen Betrieben zusammengefaßt wurden, Eisenbahnen und Dampfschiffe, die die entferntesten Punkte der Erde miteinander verbanden, und Eisen- und Stahlwerke, die wiederum stärkere Maschinen

Abbildung 28-2: Die klassische Wirtschaftsdynamik nach Smith und Malthus

Der unbeschränkt vorhandene Boden in Abbildung **(a)** bedeutet, daß sich die Arbeit bei einer Verdoppelung der Bevölkerung entsprechend verteilt und daß deshalb zweimal soviel von jeder Nahrungs- und Bekleidungskombination produziert wird. In Abbildung **(b)** weist uns der beschränkt vorhandene Boden darauf hin, daß die von 2 auf 4 Millionen steigende Bevölkerungszahl zu geringeren Erträgen führt. Beachten Sie bitte, daß das Nahrungsmittel-Produktionspotential bei einer Verdoppelung des Faktors Arbeit nur um 25 Prozent ansteigt. [Wie müßte man **(b)** neu zeichnen, damit auch die Auswirkungen technologischen Fortschritts deutlich werden? Wäre es möglich, daß sich die Produktion von Nahrung und Bekleidung mehr als verdoppelt?]

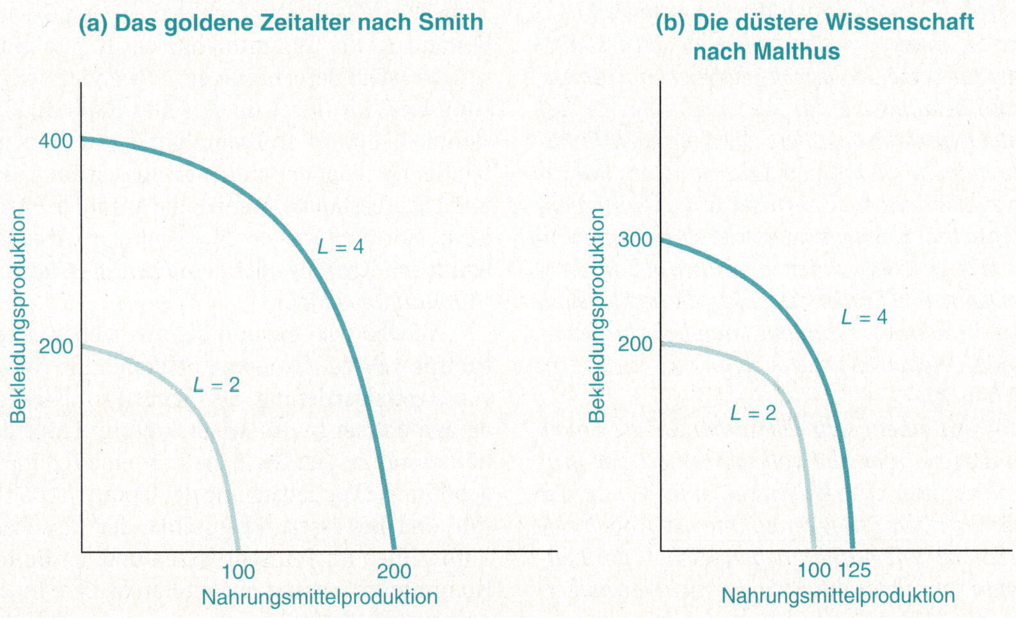

und schnellere Lokomotiven ermöglichten. Bei ihrem Eintritt ins zwanzigste Jahrhundert brachten die Marktwirtschaften bedeutende neue Industriezweige rund um das Telefon, das Auto und die Stromerzeugung hervor. Kapitalakkumulation und neue Technologien wurden zur dominierenden Kraft hinter der wirtschaftlichen Entwicklung.

Um verstehen zu können, wie Kapitalakkumulation und technologischer Wandel sich auf die Wirtschaft auswirken, müssen wir das **neoklassische Wachstumsmodell** begreifen. Robert Solow vom MIT, der als erster diesen Ansatz vertrat, erhielt im Jahr 1987 den Nobelpreis für diesen und andere Beiträge zur Wachstumstheorie. Das neoklassische Wachstumsmodell dient als Grundwerkzeug für das Verständnis des Wachstumsprozesses in entwickelten Ländern und wurde auch in empirischen Studien über die Quellen des Wirtschaftswachstums angewandt.

Der Apostel des Wirtschaftswachstums. *Robert M. Solow wurde in Brooklyn geboren und studierte in Harvard, bevor er im Jahr 1950 ins MIT eintrat. In seinen ersten Jahren an diesem Institut entwikkelte er das neoklassische Wachstumsmodell und wandte es in einer Reihe von Studien an, indem er sich der substitutionalen Produktionsfunktion bediente, die wir später in diesem Kapitel besprechen wollen. Glaubt man dem Komitee zur Verleihung des Nobelpreises, wurde „das vermehrte Interesse des Staates an einer Ausweitung der Bildung, Forschung und Entwicklung durch diese Studien inspiriert. Alle langfristigen Wachstumsberichte ... für jedes Land wurden nach dem Solow-Modell erstellt.“*

Solow ist für seinen volkswirtschaftlichen Enthusiasmus ebenso bekannt wie für seinen Humor. Er hat mehrmals die Besorgnis geäußert, die Gier nach Publizität könnte manche Ökonomen dazu verleiten, mit ihrem Wissen zu übertreiben. Er kritisierte die Ökonomen, weil sie „offensichtlich den unwiderstehlichen Drang verspüren, ihre Wissenschaft weiter zu treiben, als sie überhaupt gehen kann, und Fragen zu stellen, die heikler sind, als unser beschränktes Verständnis komplizierter Sachverhalte zuläßt. Keiner getraut sich einfach zu sagen: ‚Das weiß ich nicht.‘ “

Als Autor mit einem sehr lebhaftem Stil ist Solow ungehalten darüber, daß die Volkswirtschaft der großen Masse nur schwer zu erklären sei. Anläßlich seiner Pressekonferenz nach Entgegennahme des Nobelpreises meinte Solow: „Die Aufnahmebereitschaft der Leute, für die man schreibt, umfaßt leider nicht einmal einen ganzen Satz.“ Trotzdem arbeitet Solow weiter für seine Schule der Volkswirtschaft, und die Welt hört diesem Apostel des Wirtschaftswachstums am MIT auch immer aufmerksamer zu.

Die Grundannahmen. Das neoklassische Wachstumsmodell beschreibt eine Wirtschaft, in der ein einziges homogenes Produkt mit Hilfe zweier Produktionsfaktoren, nämlich durch Kapital und Arbeit, produziert wird. Im Gegensatz zur malthusianischen Analyse wird das Wachstum des Faktors Arbeit durch Kräfte bestimmt, die außerhalb der Wirtschaft liegen, und wird durch volkswirtschaftliche Variablen nicht beeinflußt. Außerdem geht das neoklassische Modell in seiner Analyse des potentiellen Wirtschaftswachstums von der Annahme aus, daß sich die Wirtschaft im vollständigen Wettbewerb befindet und ständig Vollbeschäftigung herrscht.

Die wichtigsten neuen Ingredienzien des neoklassischen Wachstumsmodells sind Kapital und technologischer Wandel. Nehmen wir einmal an, die Technologie bleibe konstant, und konzentrieren wir uns auf die Rolle des Kapitals im Wachstumsprozeß. Wie messen wir das Kapital? Kapital besteht aus dauerhaften Produktionsgütern, die zur Herstellung anderer Güter Verwendung finden. Kapitalgüter sind unter anderem Gebäude wie Fabriken und Häuser, maschinelle Ausstattung wie Computer und Werkzeugmaschinen und Lagerbestände an Fertig- und Halbfertigwaren.

Der Bequemlichkeit halber wollen wir auch annehmen, daß es nur eine einzige Art eines Kapitalgutes (nennen wir es K) gibt. Nun messen wir den Gesamtkapitalbestand als die Gesamtmenge der Kapitalgüter. In unseren realen Berechnungen verwenden wir als Näherungswert für unser universelles Kapitalgut K den gesamten Geldwert an Kapitalgütern (d. h. den konstanten Geldwert der maschinellen Ausstattung, der Gebäude und Lagerbestände). Wenn L die Anzahl der Arbeitskräfte ist, entspricht (K/L) der Menge des pro Arbeitskraft vorhandenen Kapitals oder dem *Kapital-Arbeitsverhältnis (Kapitalintensität).*

Wenden wir uns nun dem wirtschaftlichen Wachstumsprozeß zu. Ökonomen betonen die Notwendigkeit von **Kapitalvertiefung**, also jenes Prozesses, durch den die Kapitalmenge pro Arbeitskraft im Laufe der Zeit erhöht wird. Zu den Beispielen für eine Kapitalvertiefung gehören die Vervielfachung der landwirtschaftlichen Geräte und Bewässerungssysteme, der Eisenbahnen und Autobahnen im Transportwesen und der Computer und Kommunikationssysteme im Bankwesen. In jeder dieser

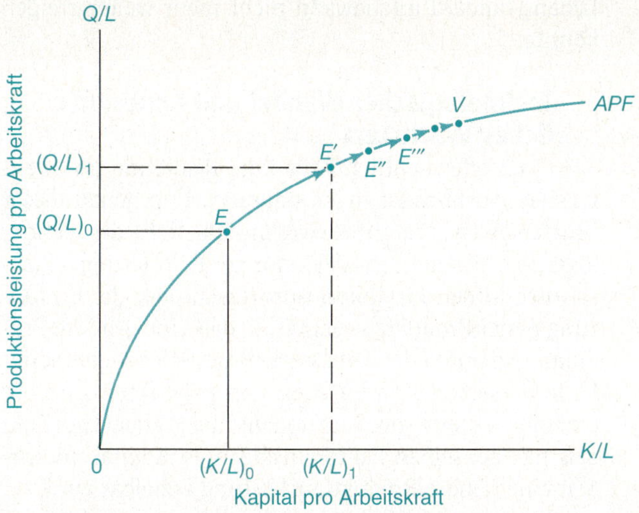

Abbildung 28-3: Wirtschaftswachstum durch höhere Kapitalintensität

Mit zunehmend vorhandenem Kapital pro Arbeitskraft steigt auch die Produktionsleistung pro Arbeitskraft. Die nebenstehende Graphik zeigt die Bedeutung der „Kapitalvertiefung" oder einer Erhöhung der Kapitalmenge pro Arbeitskraft. Denken Sie jedoch daran, daß die sonstigen Faktoren wie Technologie, Qualität der Arbeitskräfte und natürliche Ressourcen konstant gehalten werden.

Branchen haben Gesellschaften stark in Kapitalgüter investiert und so die pro Arbeitskraft verfügbare Kapitalmenge erhöht. In der Folge ist die Produktionsleistung pro Arbeitskraft in der Landwirtschaft, im Transport- und auch im Bankwesen enorm angestiegen.

Wie entwickeln sich im Verlauf der Kapitalvertiefung (infolge des variablen Kapitalkoeffizienten) die Kapitalerträge? Bei gegebenem Stand der Technologie sinkt der Kapitalertrag durch eine rasch zunehmende Investition in Anlagen und maschinelle Ausstattung.[3] Dies deshalb, weil besonders lohnende Investitionsprojekte zuerst in Angriff genommen werden und spätere Investitionen zunehmend weniger ertragreich sind. Sobald ein vollständiges Eisenbahnnetz oder Telefonsystem errichtet ist, fließen neue Investitionen in weniger dicht besiedelte Gebiete oder in die doppelte Ausführung bestehender Leitungssysteme. Die Erträge aus diesen späteren Investitionen sind geringer als die hohen Erträge der ersten Leitungen in den dicht bevölkerten Regionen.

Außerdem steigt auch der Lohn, den die Arbeitskräfte mit zunehmender Kapitalvertiefung erhalten. Warum? Jeder Arbeitskraft steht mehr Kapital zur Verfügung, und daher steigt auch ihr Grenzprodukt. In der Folge steigen die Wettbewerbslöhne zusammen mit dem Grenzprodukt der Arbeit an. Die Lohnraten steigen daher für Landarbeiter, Transportarbeiter oder Bankbeamte, wenn der erhöhte Kapitaleinsatz pro Arbeitskraft die Grenzprodukte in den genannten Branchen anhebt.

Die Auswirkungen der Kapitalvertiefung nach dem neoklassischen Wachstumsmodell lassen sich wie folgt zusammenfassen:

Es kommt zu einer höherer Kapitalintensität, wenn der Kapitalbestand rascher wächst als der Faktor Arbeit. Ohne technologischen Wandel führt die Kapitalvertiefung zu einer erhöhten Produktionsleistung pro Arbeitskraft, zu einem höheren Grenzprodukt der Arbeit und zu Lohnerhohungen. Außerdem kommt es zu geringeren Kapitalerträgen und einer demzufolge abnehmenden Kapitalrendite.

Die geometrische Analyse des neoklassischen Modells

Wir können nun mit Hilfe von Abbildung 28-3 untersuchen, wie sich eine Kapitalakkumulation auswirkt. Die in dieser Abbildung gezeigte Kurve ist eine *gesamtwirtschaftliche Produktionsfunktion* (*AFP = aggregate production function*). Sie zeigt uns die Produktionsmenge, die von der durchschnittlichen Arbeitskraft infolge der jeder Arbeitskraft zur Verfügung stehenden Kapitalmenge erzeugt werden kann. Im Hintergrund stehen alle anderen Variablen, die wir eingangs in diesem Abschnitt genannt haben, *und sie werden fürs erste konstant gehalten*: die Bodenmenge, die Ausstattung mit natürlichen Ressourcen und – besonders wichtig – der technologische Stand der jeweiligen Gesellschaft.

Was geschieht, wenn eine Gesellschaft Kapital akkumuliert? Steht jeder Arbeitskraft zunehmend mehr

[3] Im vollständigen Wettbewerb und ohne die Einflüsse von Risiko und Inflation entspricht die Kapitalertragsrate# dem Realzinssatz auf Anleihen und andere Finanzanlagen.

Kapital zur Verfügung, bewegt sich die Wirtschaft auf ihrer gesamtwirtschaftlichen Produktionskurve nach rechts oben. Nehmen wir einmal an, die Kapitalintensität erhöht sich von (K/L) auf $(K/L)_1$. Damit erhöht sich auch die Produktionsmenge pro Arbeitskraft von $(Q/L)_0$ auf $(Q/L)_1$.

Wie entwickeln sich in diesem Szenario die Faktorpreise für Arbeit und Kapital? Mit zunehmender Kapitalintensität kommt es zu einer Verringerung der Kapitalerträge – Kapitalrendite und Realzinssatz fallen. Zusätzlich steigt die Grenzproduktivität der Arbeiter, weil jeder Arbeitskraft nun mehr Kapital zur Verfügung steht, und die Reallohnrate steigt ebenfalls. Das Gegenteil wäre der Fall, würde aus irgendeinem Grund die Kapitalmenge pro Arbeitskraft zurückgehen. Kriege beispielsweise haben es an sich, daß sie einen großen Teil des Kapitals eines Landes vernichten und damit die Kapitalintensität senken. In Nachkriegszeiten konstatieren wir daher zumeist Kapitalmangel und hohe Kapitalerträge. Somit wird unsere vorherige verbale Zusammenfassung der Auswirkungen einer Kapitalvertiefung durch die geometrische Analyse anhand von Abbildung 28-3 bestätigt.

Der langfristig stabile Zustand. Wie sieht das langfristige Gleichgewicht nach dem neoklassischen Wachstumsmodell aus, wenn man den technologischen Wandel außer acht läßt? Irgendwann steigt die Kapitalintensität nicht weiter an. *Langfristig tritt daher die Wirtschaft in einen stabilen Zustand ein, in dem die Kapitalvertiefung nachläßt, die Reallöhne nicht weiter steigen und die Kapitalerträge und Realzinssätze konstant bleiben.*

Wir können mit Hilfe von Abbildung 28-3 nachweisen, wie sich die Wirtschaft in Richtung dieses stabilen Zustandes bewegt. Mit zunehmender Kapitalakkumulation erhöht sich die Kapitalintensität, was durch die Pfeile von *E'* nach *E"* nach *E'"* angezeigt wird, bis die Kapitalintensität schließlich in *V* nicht mehr weiter steigt. In diesem Punkt ist die Produktionsleistung pro Arbeitskraft (Q/L) konstant, und die Reallöhne stagnieren.

Ohne technologischen Wandel müssen Einkommen und Löhne irgendwann stagnieren. Natürlich, auch das wäre schon ein viel besseres Ergebnis als die von Malthus vorhergesagte Welt der Löhne am Existenzminimum. Doch das langfristige Gleichgewicht nach dem neoklassischen Wachstumsmodell zeigt uns deutlich, daß – würde das Wirtschaftswachstum nur aus der Akkumulierung von Kapital durch die Vervielfachung bestehender Fabriken und Produktionsmethoden bestehen – der Lebensstandard irgendwann nicht mehr weiter steigen könnte.

Technologischer Wandel und kontinuierliches Wachstum

Ganz offensichtlich haben die Reallöhne im zwanzigsten Jahrhundert nicht stagniert. Und genau dieser Umstand weist uns auf die wesentliche Rolle des technologischen Wandels hin, der – nur zur Erinnerung – Fortschritte in den Produktionsprozessen oder die Einführung neuer Produkte bedeutet, so daß eine größere Produktionsmenge oder verbesserte Produktionsqualität mit Hilfe derselben Kombination von Produktionsmitteln erzeugt werden kann. Technologischer Wandel bedeutet, daß mit denselben Faktoreinsätzen an Kapital und Arbeit eine höhere Produktionsleistung erzielbar wird.

In unserem Wachstumsdiagramm verschiebt der technologische Wandel die gesamtwirtschaftliche Produktionsfunktion nach oben, wie in Abbildung 28-4 gezeigt wird. In diesem Diagramm haben wir die gesamtwirtschaftliche Produktionsfunktion für die Jahre 1950 und 1995 dargestellt. Infolge des technologischen Wandels hat sich die gesamtwirtschaftliche Produktionsfunktion von APF_{1950} auf APF_{1995} verschoben. Diese Aufwärtsverschiebung zeigt die Produktivitätsfortschritte, die durch eine breite Palette neuer Verfahren und Produkte wie elektronische Geräte, Computer, Fortschritte in der metallverarbeitenden Industrie, verbesserte Dienstleistungstechniken usw. möglich wurden.

Daher müssen wir zusätzlich zur Berücksichtigung der Kapitalvertiefung, wie oben beschrieben, auch den technologischen Fortschritt in Betracht ziehen. Das Nettoergebnis ist eine Steigerung der Produktionsleistung pro Arbeitskraft von $(Q/L)_{1950}$ auf $(Q/L)_{1995}$. Anstatt sich auf einem stabilen Niveau einzupendeln, erfreut sich die Wirtschaft einer weiterhin steigenden Produktionsleistung pro Arbeitskraft, steigender Löhne und eines steigenden Lebensstandards.

Von besonderem Interesse sind die Auswirkungen des technologischen Wandels auf Gewinnraten und Realzinssätze. Als Folge technologischen Fortschritts braucht der Realzinssatz nicht zu sinken. Erfindungen erhöhen die Kapitalproduktivität und wirken der Tendenz zu sinkenden Gewinnraten entgegen.

Unterschiedliche Auswirkungen von Erfindungen. Nicht alle Erfindungen sind gleichbedeutend. Einige von ihnen wirken sich zugunsten des Kapitals, andere zugunsten der Arbeit aus. So verringern etwa Maschinen und Traktoren den Bedarf an Arbeit und erhöhen die Kapital-

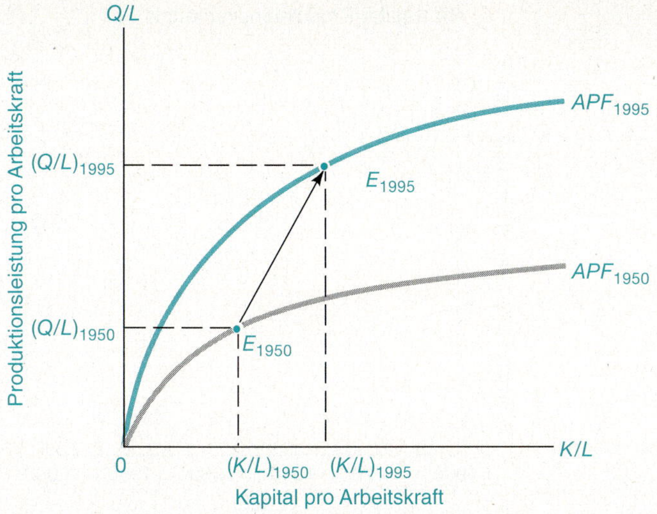

Abbildung 28-4: Der technologische Fortschritt verschiebt die Produktionsfunktion nach oben

Als Folge einer verbesserten Technologie verschiebt sich die Gesamtproduktionsfunktion im Zeitablauf nach oben. Technologische Verbesserungen kombiniert mit Kapitalvertiefung steigern daher die Produktionsleistung pro Arbeitskraft sowie auch die Reallöhne.

nachfrage. Man spricht daher von *arbeitssparenden Erfindungen*, und diese erhöhen die Gewinne gemessen an den Löhnen. Eine Erfindung, die das Kapitalerfordernis stärker verringert als das Arbeitserfordernis (wie die Einführung des Mehrschicht-Arbeitstages), ist *kapitalsparend* und erhöht die Löhne im Verhältnis zu den Gewinnen. Dazwischen sind die *neutralen Erfindungen* angesiedelt, die keine größeren Auswirkungen auf die jeweilige Nachfrage an den verschiedenen Produktionsfaktoren oder auf deren Ertrag haben. Per saldo erscheint die Summe der Erfindungen, die seit Beginn der Industriellen Revolution gemacht wurden, eher arbeitssparend.[4]

[4] Die Auswirkung von Erfindungen auf die menschliche Gesellschaft beschäftigt die Ökonomen bereits seit der Industriellen Revolution. Mit Hilfe der Methoden, die wir uns in diesem Kapitel erarbeiten, können wir die systematische Wirkung von Erfindungen und Wachstum in einer Wettbewerbswirtschaft analysieren. Ein für die Menschheit ganz wichtiges Beispiel ist folgendes: Manche Menschen meinen heute, daß Roboter und Computer den Menschen wirtschaftlich obsolet machen könnten. Dieser Ansicht zufolge wird die menschliche Arbeitskraft das Schicksal der Pferde in der Wirtschaftsgeschichte teilen – die Entwicklung vom zentralen Wirtschaftsfaktor zum reinen Luxus.
Um uns mit dieser Ansicht auseinanderzusetzen, sollten wir daran denken, daß Roboter auch nur eine Art von Kapitalgut sind. Die Ausstattung der Wirtschaft mit Robotern führt uns zu der Schlußfolgerung, daß derartige Erfindungen in hohem Maße arbeitssparend sein müssen, und daß in der Folge die Realzinssätze drastisch ansteigen und die Löhne drastisch sinken müßten. Daher müssen wir in erster Linie auf die Bewegungen der Kapitalertragsrate achten, sollte es zu einer Roboterisierung des Wirtschaftslebens kommen.

WACHSTUMSMUSTER IN DEN USA

Die Fakten des Wirtschaftswachstums

Die moderne Volkswirtschaftslehre hat sich dank der Knochenarbeit umfassender Datensammlungen und der Erstellung und Analyse der volkswirtschaftlichen Gesamtrechnung durch Simon Kuznets, Edward Denison, Dale Jorgenson und viele andere über vage qualitative Aussagen hinaus zu einer empirischen Wissenschaft entwikkelt. Abbildung 28-5 zeigt uns die wichtigsten wirtschaftlichen Entwicklungstrends der USA in diesem Jahrhundert. Übrigens stellen wir in den meisten wichtigen Industrienationen ganz ähnliche Muster fest.

Abbildung 28-5 (*a*) zeigt die Trends des Real-BIP, der Kapitalbestände und des Bevölkerungswachstums. Bevölkerungszahl und Beschäftigungsstand haben sich seit 1900 mehr als verdreifacht. Zugleich sind die physischen Kapitalbestände um beinahe das Zehnfache angestiegen. Der Kapitaleinsatz pro Arbeitskraft (das *K*/*L*-Verhältnis) ist daher beinahe um den Faktor drei angestiegen. Ganz offensichtlich stellt die Kapitalvertiefung ein wesentliches Charakteristikum des amerikanischen Kapitalismus des zwanzigsten Jahrhunderts dar.

Und was können wir über den Anstieg der Produktionsleistung aussagen? Ist etwa die Produktion weniger rasch gestiegen als der Kapitalbestand, eine Entwicklung, die nach einem Modell zu erwarten wäre, das den technologischen Wandel außer acht läßt? Nein. Die Tatsache, daß die Produktionskurve in Abbildung 28-5 (*a*) nicht zwischen den beiden Faktorkurven, sondern über der

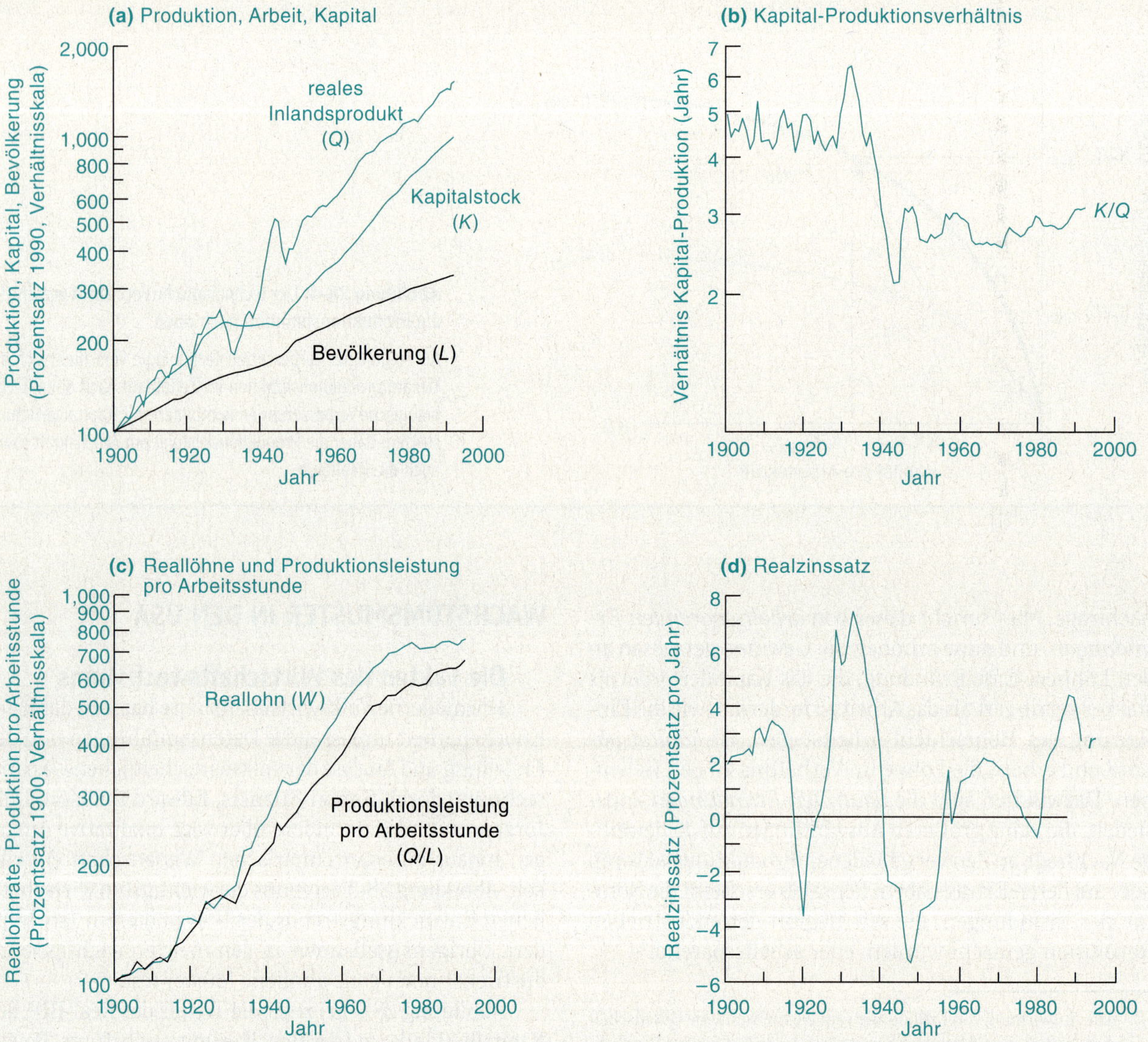

Abbildung 28-5: Das Wirtschaftswachstum weist erstaunliche Regelmäßigkeiten auf

(a) Der Kapitalstock ist rascher gestiegen als Bevölkerung und Arbeitsangebot. Trotzdem ist die gesamtwirtschaftliche Produktion noch rascher gewachsen als der Kapitalstock.

(b) Das Verhältnis Kapital-Produktion ist während der ersten Hälfte des zwanzigsten Jahrhunderts deutlich rückläufig, in den letzten vier Dekaden jedoch stabil geblieben.

(c) Die Reallöhne sind beständig und etwas rascher gestiegen als die Durchschnittsproduktionsleistung pro Arbeitsstunde. Beachten Sie die Verlangsamung des Produktionswachstums, der Reallöhne und der Produktivität seit 1973. Zeigen uns die verlangsamten Produktivitätszuwächse das Ende der Industriellen Revolution an?

(d) Für den Realzinssatz läßt sich in diesem Jahrhundert kein spezieller Trend ablesen, wohl ein Hinweis darauf, daß der technologische Wandel die abnehmenden Kapitalerträge kompensiert hat. (Quelle: US-Handels- und Arbeitsministerium, Federal Reserve Board, Bureau of the Census sowie historische Studien von John Kendrick)

Kapitalkurve liegt, zeigt an, daß der technologische Fortschritt die Kapital- und Arbeitsproduktivität erhöht haben muß. Tatsächlich ist das Kapital-Produktionsverhältnis, abgebildet in Abbildung 28-5 (*b*), im Laufe der Zeit gesunken anstatt zu steigen, was wir nach dem Kapital-Akkumulationsmodell ohne Einbeziehung des technologischen Fortschritts hätten erwarten müssen.

Die meisten Leute messen die Wirtschaftsleistung anhand der Löhne, wie in Abbildung 28-5 (*c*) dargestellt, und zwar anhand der Reallöhne (oder inflationsbereinigten Geldlöhne). Die Lohnentwicklung weist während des Großteils dieses Jahrhunderts eine beeindruckende Tendenz nach oben auf, wie wir anhand des Anstiegs der Kapitalintensität und auf Grund des ständigen technologischen Fortschritts auch erwarten durften.

Der Realzinssatz (d. h. der Geldzinssatz abzüglich Inflationsrate) ist Abbildung 28-5 (*d*) zu entnehmen. Zinssätze und Gewinne schwanken im Konjunkturzyklus und bedingt durch Kriege beträchtlich, zeigen aber für die gesamte Periode keinen starken Trend in irgendeine Richtung. Sei es durch Zufall oder weil ein volkswirtschaftlicher Mechanismus dieses Muster begünstigt – der technologische Wandel hat die abnehmenden Ertragszuwächse mehr oder weniger ausgeglichen.

Die Produktionsleistung pro Arbeitskraft ist in Abbildung 28-5 (*c*) in Form der durchgängigen schwarzen Kurve dargestellt. Wie infolge der Kapitalvertiefung und des technologischen Fortschritts zu erwarten war, war ein ständiger Anstieg des Verhältnisses *Q/L* zu beobachten.

Die Tatsache, daß die Löhne in derselben Geschwindigkeit steigen wie die Produktionsleistung pro Arbeiter, bedeutet nicht, daß alle Vorteile des Produktivitätsfortschritts dem Faktor Arbeit zugute gekommen sind. Statt dessen läßt sich daraus der Schluß ziehen, daß während der untersuchten Periode der Anteil der Arbeit gemessen am Gesamtprodukt konstant geblieben ist, und daß wir hinsichtlich des Kapitals dasselbe aussagen können. Abbildung 28-5 (*c*) zeigt uns bei näherer Betrachtung, daß die Reallöhne in den letzten neunzig Jahren tatsächlich ein wenig rascher angestiegen sind als die Produktionsleistung pro Arbeitsstunde. Dieser Trend impliziert eine geringfügige Aufwärtsverschiebung des Arbeitsanteils und damit einen leichten Rückgang des Kapitalanteils am BIP.

Sieben grundlegende Trends der Wirtschaftsentwicklung

Die Wirtschaftsgeschichte der reifen Volkswirtschaften ist weitgehend durch folgende Trends gekennzeichnet:

- *Trend 1:* Bevölkerung und Beschäftigungsstand sind gestiegen, allerdings weit weniger als der Kapitalbestand, was zu einer Kapitalvertiefung geführt hat.
- *Trend 2:* In diesem Jahrhundert ließ sich zumeist eine kräftige Aufwärtsentwicklung der Reallöhne feststellen.
- *Trend 3:* Der Anteil der Löhne und Gehälter am Volkseinkommen ist langfristig geringfügig angestiegen.
- *Trend 4:* Es waren – vor allem im Verlauf der Konjunkturzyklen – starke Schwankungen der Realzinssätze und Gewinne zu verzeichnen, aber über das gesamte Jahrhundert besehen ließ sich keine starke Auf- oder Abwärtstendenz feststellen.
- *Trend 5:* Anstatt kontinuierlich zu steigen, was infolge des Ertragsgesetzes bei unverändertem Stand der Technik zu prognostizieren gewesen wäre, ist das Kapital-Produktionsverhältnis seit 1900 gesunken. Seit 1950 waren diesbezüglich allerdings kaum noch Veränderungen festzustellen.
- *Trend 6:* Während des Großteils des zwanzigsten Jahrhunderts verzeichnen wir ein stabiles Verhältnis zwischen nationaler Sparquote und BIP sowie Investitionen und BIP. Seit 1980 ist die nationale Sparquote der USA drastisch gesunken.
- *Trend 7:* Berücksichtigt man die Auswirkungen der Konjunkturzyklen nicht, können wir von einem jähr lichen Anstieg des Sozialproduktes um durchschnittlich knapp 3 Prozentpunkte ausgehen. Der Produktionszuwachs war dabei viel höher, als ein gewichteter Durchschnittswert aus Kapital-, Arbeits- und Ressourceninputs vermuten ließe, was den Schluß zuläßt, daß technologische Neuerungen für das Wirtschaftswachstum eine ganz wesentliche Rolle gespielt haben müssen

Warnung: Historische Trends stellen keine unabänderliche Entwicklung dar. *Daß es diese Trends im Wirtschaftswachstum gibt, mag vielleicht zu dem Schluß verleiten, hier handle es sich um unvermeidliche Entwicklungen, also beispielsweise zu der Annahme, daß wir für alle Zeiten mit einem raschen Anstieg der Pro-Kopf-Produktion sowie der Reallöhne und der realen Produktionsleistung rechnen können.*

Dieser verlockenden Vorstellung eines konstanten Wirtschaftswachstums sollten wir widerstehen, denn damit würden wir falsche Lehren aus Geschichte und Volkswirtschaftstheorie ziehen. Obwohl es sich um anhaltende Trends handelt, zeigt die nähere Betrachtung, daß es innerhalb von zehn- oder mehrjährigen Perioden immer wieder zu starken Schwankungen oder Abweichungen vom Durchschnitt gekommen ist. Es gibt schließlich auch keinerlei theoretischen Grund, anzunehmen, daß der technologische Wandel immer in demselben Tempo fortschreiten würde, und daß unser Lebensstandard immer weiter steigen muß. Irgendwann kann das Ertragsgesetz wieder schlagend werden, oder vielleicht können eines Tags die gegen die Umweltverschmutzung oder eine globale Bedrohung unserer Umwelt nötigen Maßnahmen nicht mehr durch den technologischen Fortschritt abgefangen werden. Die Periode seit 1973 – mit einer deutlich langsameren Wachstumsentwicklung, weniger ausgeprägten Reallohnsteigerungen und geringeren Zunahmen der Produktionsleistung pro Arbeitskraft – soll uns daran erinnern, daß kein einziges Gesetz der Volkswirtschaft garantieren kann, daß die Zukunft ebenso wie die Vergangenheit durch ein kräftiges Wachstum der Einkommen gekennzeichnet sein wird, wie wir es im auslaufenden Jahrhundert erleben durften.

Trotzdem: Wenn auch die sieben Trends der Wirtschaftsgeschichte nicht mit den unabänderlichen Gesetzen der Physik zu vergleichen sind, führen sie uns ganz wesentliche Fakten über das Wirtschaftswachstum der Neuzeit vor Augen. Und wie passen die Trends in unsere Wachstumstheorien?

Die Trends 2 und 1 – höhere Löhne bei gleichzeitiger Kapitalvertiefung – fügen sich recht gut in unser neoklassisches Wachstumsmodell ein, das in Abbildung 28-3 abgebildet ist. Trend 3 – der nur sehr langsame Anstieg des Lohnanteils – ist eine interessante Tatsache, die einer Reihe von Produktionsfunktionen entspricht, mit denen wir Q zu L und K in Beziehung setzen.

Die Trends 4 und 5 hingegen sollen uns darauf hinweisen, daß hier ganz offensichtlich der technologische Wandel eine Rolle spielen muß, so daß Abbildung 28-4 mit ihrer Darstellung des technologischen Fortschritts realistischer erscheint als der in Abbildung 28-3 dargestellte statische Zustand. Stabile Gewinne und ein abnehmendes oder ebenfalls stabiles Kapital-Produktionsverhältnis sind undenkbar, wenn das Verhältnis K/L in einer Welt unveränderter Technologie ansteigt; zusammengenommen widersprechen diese Trends dem so wichtigen Ertragsgesetz bei Berücksichtigung der Kapitalvertiefung. Wir dürfen daher die wesentliche Rolle des technologischen Fortschrittes bei der Erklärung des Wirtschaftswachstums in unserem Jahrhundert durch die sieben Trends auf keinen Fall außer acht lassen. Unsere Modelle bestätigen nur, was uns eigentlich bereits die Intuition sagt.

Die Quellen des Wirtschaftswachstums

Wir haben festgestellt, daß eine fortgeschrittene Marktwirtschaft durch zusätzlichen Einsatz von Arbeit und Kapital, ebenso aber infolge des technologischen Wandels wächst. Wie hoch ist nun der jeweilige Beitrag, den Arbeit, Kapital und Technologie leisten? Um diese Frage zu beantworten, wenden wir uns einer Analyse der quantitativen Aspekte des Wachstums und einem sehr nützlichen Konzept mit der Bezeichnung substitutionale Produktionsfunktion zu. Dieser Ansatz, der von Pionieren wie Robert Solow, John Kendrick und Edward Denison entwickelt wurde, ist der erste Schritt zu einer quantitativen Wachstumsanalyse für jedes Land.

Die substitutionale Produktionsfunktion.[5] Eine detailliertere Untersuchung des Wirtschaftswachstums stützt sich auf die sogenannte **substitutionale Produktionsfunktion.** Bei dieser Technik handelt es sich um keine Bilanz oder Berechnung des Sozialproduktes, wie wir sie in früheren Kapiteln kennengelernt haben. Statt dessen werden hier die verschiedenen Zutaten herausgefiltert, die für die beobachteten Wachstumstrends entscheidend waren.

In unserem einfachen Modellfall aus Abbildung 28-4 läßt sich die Produktionssteigerung (Q) auf drei verschiedene Quellen zurückführen: auf die Steigerung des Arbeitseinsatzes (L), des Kapitaleinsatzes (K) und auf den technologischen Fortschritt. Wenn wir vorerst den technologischen Fortschritt außer acht lassen, bedeutet die Annahme konstanter Skalenerträge, daß 1 Prozent Wachstum bei L in Kombination mit 1 Prozent Wachstum bei K zu einem einprozentigen Wachstum der Produktionsleistung führen muß.

Nehmen wir aber an, daß L um 1 Prozent und K um 5 Prozent wächst. Hier wäre es verlockend, aber trotzdem falsch, anzunehmen, daß Q ein Wachstum von 3 Prozent aufweisen müßte, also den Durchschnittswert zwischen 1 und 5. Warum falsch? Nun, die beiden Produktionsfaktoren tragen nicht notwendigerweise gleich viel zur Produktionsleistung bei. Die Tatsache, daß drei Viertel des Volkseinkommens in die Arbeit, jedoch nur ein Viertel in den Kapitaleinsatz fließen, bedeutet, daß das eine Steigerung des Arbeitseinsatzes stärker zur Produktionsleistung beiträgt als eine Steigerung des Kapitaleinsatzes.

5 Dieser Abschnitt befaßt sich mit einem komplexeren Thema, kann also in einem Kurzlehrgang übersprungen werden.

Wenn eine Steigerung des Arbeitseinsatzes ein dreimal so hohes Gewicht hat wie eine Anhebung des Kapitaleinsatzes, können wir die Antwort wie folgt berechnen: Q wächst um 2 Prozent jährlich (= $\frac{3}{4}$ von 1 % + $\frac{1}{4}$ von 5 %). Um alle Wachstumsquellen zu berücksichtigen, inkludieren wir zusätzlich zu den Zuwächsen bei den Produktionsfaktoren auch den technologischen Fortschritt.

Das jährliche Wachstum der Produktionsleistung folgt daher der *fundamentalen Gleichung der substitutionalen Produktionsfunktion*:

$$\% \; Q \text{ Wachstum} = \tfrac{3}{4}(\% \; L \text{ Wachstum}) + \tfrac{1}{4}(\% \; K \text{ Wachstum}) + \text{T} \qquad (1)$$

wobei T den technologischen Wandel (oder die gesamte Faktorproduktivität) darstellt, die zur Hebung der Produktivität beiträgt, und wobei $\frac{3}{4}$ und $\frac{1}{4}$ die jeweiligen Beiträge jedes Produktionsfaktors zum Wirtschaftswachstum darstellen, die durch ihre jeweiligen Anteile am Volkseinkommen gegeben sind (natürlich müßten die einzelnen Bruchzahlen bei geänderten relativen Anteilen der Produktionsfaktoren entsprechend angepaßt werden).

Um das Pro-Kopf-Wachstum zu erklären, können wir L als getrennte Wachstumsquelle weglassen. Nun ergibt sich angesichts der Tatsache, daß ein Viertel der Produktion auf Kapitaleinsatz zurückzuführen ist, aus Gleichung (1) wie folgt:

$$\% \; \frac{Q}{L} \text{ Wachstum} = \% \; Q \text{ Wachstum} - \% \; L \text{ Wachstum}$$

$$= \tfrac{1}{4}\left(\% \; \frac{K}{L} \text{ Wachstum}\right) + \text{T} \qquad (2)$$

Diese Beziehung zeigt ganz deutlich, wie die Kapitalvertiefung die Pro-Kopf-Produktionsleistung bei einem technologischen Fortschritt von Null beeinflussen würde. Die Produktionsleistung pro Arbeitskraft würde nur um ein Viertel so rasch wie die Kapitalintensität ansteigen, ein Hinweis auf die abnehmenden Ertragszuwächse.

Aber noch bleibt ein Punkt zu klären: Zwar können wir das Mengenwachstum, die Steigerungen des Faktoreinsatzes von Kapital und Arbeit wie auch die jeweiligen Anteile von Kapital und Arbeit messen; aber wie sollen wir den technologischen Fortschritt messen? Nun, das ist leider nicht möglich. Statt dessen müssen wir den technologischen Fortschritt als Residualfaktor ableiten, nachdem wir die anderen Output- und Inputkomponenten berechnet haben. Der technologische Wandel T wird daher durch Subtraktion aus der Gleichung (1) wie folgt berechnet:

$$\text{T} = \% \; Q \text{ Wachstum} - \tfrac{3}{4}(\% \; L \text{ Wachstum}) - \tfrac{1}{4}(\% \; K \text{ Wachstum}) \qquad (3)$$

Mit dieser Gleichung können wir überaus wichtige Wachstumsfragen beantworten. Inwieweit ist die Steigerung der Pro-Kopf-Produktionsleistungen auf Kapitalvertiefung und inwieweit auf technologischen Fortschritt zurückzuführen? Ergibt sich der Erfolg vor allem durch Sparsamkeit und Verzicht auf gegenwärtigen Konsum? Oder ist unser steigender Lebensstandard die Belohnung für den Erfindungsreichtum der Techniker und die Risikobereitschaft innovativer Unternehmer?

Die einzelnen Komponenten der realen BIP-Zuwächse der USA, gewichtet für den Zeitraum 1948–1990

	In Prozent jährlich	Als Prozentsatz der Gesamtzuwächse
Reales BIP-Wachstum	**3,2**	**100**
Beitrag der Faktoren:	**1,8**	**57**
Kapital	1,2	38
Arbeit	0,6	19
Faktorproduktivität gesamt	**1,4**	**43**
Ausbildung	0,4	12
Wissensfortschritte und sonstige Ursachen	1,0	31

Tabelle 28-3: Bessere Ausbildung und höherer Wissensstand tragen mehr zum Wirtschaftswachstum bei als das Kapital

Die privatwirtschaftlich erzielten BIP-Zuwächse konnten mit Hilfe wachstumstheoretischer Techniken in ihre Komponenten zerlegt werden. So wurde in neueren, umfassenden Studien festgestellt, daß für 38 Prozent der gestiegenen Produktionsleistung Kapitalzuwächse verantwortlich sind. Ausbildung, technologischer Wandel und sonstige Faktoren konnten jedoch 43 Prozent der gesamten BIP Zuwächse und mehr als die Hälfte der Produktionssteigerungen pro Arbeitskraft beitragen. [Quelle: Edward F. Denison, *Trends in American Economic Growth, 1929–1982* (Brookings, Washington, D.C., 1985); US-Arbeitsministerium, „Multifactor Productivity Measures, 1990", August 1993]

Ein numerisches Beispiel. Um die jeweiligen Beiträge von Arbeit, Kapital und anderen Faktoren zum erzielten Produktionszuwachs zu ermitteln, setzen wir die Zahlen für den Zeitraum 1900–1993 in Gleichung (2) oben für das Q/L-Wachstum ein. Seit 1900 ist L um 1,3 Prozent jährlich gestiegen, während bei K ein Zuwachs von 2,5 Prozent pro Jahr zu verzeichnen war und Q ein jährliches Plus von 3,1 Prozent verzeichnete. Durch arithmetische Berechnung stellen wir daher fest, daß aus:

$$\% \frac{Q}{L} \text{ Wachstum} = \tfrac{1}{4}\left(\% \frac{K}{L} \text{ Wachstum}\right) + T$$

$$1{,}8 = \tfrac{1}{4}(1{,}2) + T = 0{,}3 + 1{,}5$$

wird.

Das bedeutet, daß von der 1,8prozentigen jährlichen Produktionssteigerung pro Arbeitskraft etwa 0,3 Prozent auf Kapitalvertiefung, der größere Teil jedoch, nämlich 1,5 Prozent jährlich, auf den technologischen Wandel T zurückzuführen ist.

Detaillierte Studien. In gründlicheren Studien wird diese einfache Berechnung weiter vertieft, aber die Schlußfolgerungen bleiben mehr oder weniger gleich. Tabelle 28-3 zeigt die Ergebnisse von Studien, die Edward Denison und das US-Arbeitsministerium bei der Analyse der Wachstumsquellen im Zeitraum 1948–1991 durchgeführt haben. In diesem Zeitraum ist die Produktionsleistung (gemessen als Bruttoproduktionsleistung des privaten Sektors) durchschnittlich um 3,3 Prozent jährlich angestiegen, während der Faktoreinsatz (Kapital, Arbeit und Boden) jährlich 1,9 Prozentpunkte zulegte. Das **Wachstum der gesamten Faktorproduktivität** – also der Anstieg der Produktionsleistung abzüglich des Anstiegs der gewichteten Summe aller Faktoreinsätze, oder dessen, was wir früher als T bezeichnet haben – betrug daher im Durchschnitt 1,4 Prozent jährlich.

Etwas mehr als die Hälfte der Produktionssteigerungen in den USA gehen auf das Konto eines intensivierten Arbeits- und Kapitaleinsatzes. Der Restwert geht auf Ausbildung, Innovationen, Skaleneffekte, wissenschaftlichen Fortschritt und andere Faktoren zurück.

Andere Länder weisen entsprechend andere Wachstumsmuster auf. Wissenschaftler haben mit Hilfe der substitutionalen Produktionsfunktion die wirtschaftliche Entwicklung der Sowjetunion studiert, die in der Periode ab 1930 bis in die Mitte der sechziger Jahre ein rapides Wachstum aufwies. Es scheint jedoch so, als wäre die hohe Wachstumsrate in erster Linie auf erzwungene Kapitalerhöhungen und vermehrten Arbeitseinsatz zurückzuführen gewesen. In den letzten Jahren des Bestehens der UdSSR schien die Produktivität tatsächlich *zurückzugehen*, als der Zentralplanungsapparat zunehmend funktionsuntauglich wurde, die Korruption blühte und die wirtschaftlichen Anreize immer schwächer wurden. Insgesamt lag das geschätzte Wachstum der Sowjetunion in den fünfzig Jahren vor ihrem Zusammenbruch unter jenem der Vereinigten Staaten und anderer wichtiger Marktwirtschaften. Nur die Fähigkeit der Zentralregierung, die Produktion mit Zwangsmaßnahmen in Investitionen rückzuführen (also weg vom Konsum), glich die Ineffizienz des Systems aus.

Wir haben nun unseren einleitenden Überblick über das Wirtschaftswachstum abgeschlossen. In Abschnitt B wollen wir uns der Frage zuwenden, wie unsere gesamtwirtschaftliche Angebotstheorie mit dem Wirtschaftswachstum verquickt ist. Dann werden wir in den nächsten Kapiteln in Problemstellungen, die für die gegenwärtige Wirtschaftspolitik von entscheidender Bedeutung sind, die Theorie des gesamtwirtschaftlichen Angebots und der gesamtwirtschaftlichen Nachfrage miteinander verbinden.

B. DIE GRUNDLAGEN DES GESAMTWIRTSCHAFTLICHEN ANGEBOTS

In früheren Kapiteln haben wir beschrieben, wie Produktion, Beschäftigung und Preise in der Wirtschaft durch die Wechselwirkung zwischen Gesamtangebot und Gesamtnachfrage bestimmt werden. Bisher haben wir unsere Aufmerksamkeit dabei in erster Linie auf die gesamtwirtschaftliche Nachfrage und die für sie bestimmenden Faktoren gerichtet. So haben wir beispielsweise gezeigt, daß eine Steigerung der staatlichen Käufe durch die Anheizung der gesamtwirtschaftlichen Nachfrage die Produktionsmenge und die Preise anhebt.

Mit dieser bisherigen Vorgangsweise wollten wir jedoch keineswegs andeuten, daß das gesamtwirtschaftliche Angebot (*AS*) nicht ebenso wichtig ist. Ökonomen haben in den letzten 20 Jahren festgestellt, daß das gesamtwirtschaftliche Angebot – das die Menge an Gütern und Dienstleistungen beschreibt, die bei einem gegebenen Preisniveau produziert werden – für das Verständnis der Entwicklung einer Wirtschaft von entscheidender Bedeutung ist. Kurzfristig hängt die Effektivität wirtschaftspolitischer Maßnahmen des Staates von der Entwicklung des gesamtwirtschaftlichen Angebots ab. Langfristig – also in Perioden von einem Jahrzehnt oder mehr – hängen Wirtschaftswachstum und steigender Lebensstandard eng mit Erhöhungen des gesamtwirtschaftlichen Angebots zusammen.

Diese Unterscheidung zwischen kurzfristigem und langfristigem Gesamtangebot ist in der modernen Makroökonomie äußerst wichtig. Kurzfristig wirkt sich das gesamtwirtschaftliche Angebot zusammen mit der gesamtwirtschaftlichen Nachfrage auf der Verlauf des Konjunkturzyklus aus. Langfristig jedoch ist es der Anstieg des gesamtwirtschaftlichen Angebots – nicht der Anstieg der gesamtwirtschaftlichen Nachfrage –, der erklärt, warum die Amerikaner heute einen viel höheren Lebensstandard genießen als ihre Vorfahren vor 100 Jahren.

Die Grundlagen des gesamtwirtschaftlichen Angebots

Erinnern Sie sich, daß das **gesamtwirtschaftliche Angebot** die Entwicklung der Produktionsseite der Wirtschaft beschreibt. Wir können die **Gesamtangebotskurve** oder *AS*-Kurve als eine Funktion zeichnen, die die gesamte nationale Produktion ausweist, die ceteris paribus bei jedem möglichen Preisniveau erzielt wird.

Für die Analyse des gesamtwirtschaftlichen Angebots ist es wesentlich, *AS*-Kurven nach ihrem Zeitrahmen zu unterscheiden. Kurzfristig (d. h. innerhalb eines Zeitraums von wenigen Monaten oder Jahren) haben wir die **kurzfristige Gesamtangebotsfunktion** zu analysieren. Diese Funktion wird als *aufwärtsgerichtete AS*-Kurve dargestellt – eine Kurve, entlang der höhere Preise mit einer Erhöhung der Produktion von Gütern und Dienstleistungen einhergehen.

Langfristig (d. h. innerhalb eines Zeitraums von mehreren Jahren bis zu einem Jahrzehnt oder länger) haben wir die **langfristige Gesamtangebotsfunktion** zu analysieren. Diese Beziehung wird als *vertikal verlaufende AS*-Kurve dargestellt, eine Kurve, bei der Erhöhungen des Preisniveaus nicht zu einer Erhöhung des Gesamtangebots führen.

Im vorliegenden Abschnitt werden wir die skizzierten wesentlichen Punkte näher beleuchten.

FAKTOREN, DIE DAS GESAMTWIRTSCHAFTLICHE ANGEBOT BESTIMMEN

Das gesamtwirtschaftliche Angebot hängt im wesentlichen von zwei unterschiedlichen Kräftegefügen ab: von der potentiellen Produktionsleistung und von der Lohn-Preisentwicklung. Untersuchen wir nun diese beiden Einflüsse ein wenig näher.

Potentielle Produktionsleistung

Dem gesamtwirtschaftlichen Angebot liegt die Produktionskapazität der Wirtschaft oder ihre *potentielle Produktionsleistung* zugrunde. Erinnern Sie sich an Kapital 21: Die potentielle Produktionsleistung stellt die maximale Produktionsmenge dar, die die Wirtschaft bei stabilen Preisen produzieren kann. Das bedeutet, daß die potentielle Produktionsleistung eines Landes das Maximum dessen ist, was mit der gegebenen Technologie, den bestehenden Führungsfähigkeiten, vorhandenem Kapital, Arbeit und verfügbaren Ressourcen produziert werden kann.

Langfristig hängt das gesamtwirtschaftliche Angebot primär von der potentiellen Produktionsleistung ab. Das bedeutet, daß die langfristige *AS* von denselben Faktoren bestimmt wird, die auch das langfristige Wachstum beeinflussen: der Menge und Qualität der verfügbaren Arbeit, der Menge an Maschinen und anderen Kapitalgütern, die von den Arbeitskräften genutzt werden können, dem technologischen Know-how usw. Die Analyse der langfristigen Wachstumstrends in diesem Kapitel bezieht sich sowohl auf die Steigerung der potentiellen Produktionsleistung als auch auf die Bestimmung des gesamtwirtschaftlichen Angebots.

Für quantitative Zwecke benutzen Makroökonomen im allgemeinen folgende Definition der potentiellen Produktionsleistung:

Die potentielle Produktionsleistung oder das potentielle BIP ist das höchste anhaltende Niveau nationaler Produktion. Wir messen das potentielle BIP im allgemeinen als jene Produktionsleistung, die bei einer vergleichsweise niedrigen Arbeitslosenrate erzielt werden könnte, die als *natürliche Arbeitslosenrate* bekannt ist. Für die USA in den neunziger Jahren lagen die meisten Schätzungen die natürliche Arbeitslosenrate betreffend irgendwo zwischen 5 1/2 und 6 1/2 Prozent des Arbeitskräftepotentials.

Im Grunde stellt das potentielle BIP jene gesamtwirtschaftliche Produktionsmenge dar, die bei einer stetigen

Variable	Auswirkungen auf Gesamtangebot
Potentieller Output	
Produktionsfaktoren	Die Verfügbarkeit von Kapital, Arbeit und Boden bestimmt die Inputs im Produktionsprozeß. Die potentielle Produktionsleistung geht vom geringstmöglichen Ausmaß an brachliegender Arbeit und sonstigen Ressourcen aus, einer mit einer stabilen Inflationsrate konsistenten Situation. Faktorzuwächse erhöhen die potentielle Produktionsleistung und das Gesamtangebot.
Technologie und Effizienz	Die potentielle Produktionsleistung wird durch das Effizienz- und Technologieniveau der Unternehmen beeinflußt. Innovation und technische Verbesserungen erhöhen den potentiellen Output.
Löhne und Kosten	
Löhne	Niedrigere Löhne führen zu geringeren Produktionskosten (ceteris paribus). Geringere Kosten bei gegebenem potentiellen Output bedeuten eine höhere Angebotsmenge zum jeweiligen Preisniveau.
Importpreise	Mit dem Sinken der Auslandspreise oder einem Kursgewinn der Währung sinken die Importpreise. Dies führt zu geringeren Produktionskosten und erhöht das Gesamtangebot.
Sonstige Faktorkosten	Niedrigere Ölpreise oder weniger belastende Umweltauflagen senken die Produktionskosten und steigern so das Gesamtangebot.

Tabelle 28-4: Das Gesamtangebot hängt von der potentiellen Produktionsleistung und von den Produktionskosten ab

Das Gesamtangebot setzt die gesamte angebotene Produktionsleistung in Beziehung zum Preisniveau. Der *AS*-Kurve liegen die wichtigen Produktivitätsfaktoren zugrunde, die sich im potentiellen Output sowie in der Kostenstruktur äußern. Die aufgelisteten Faktoren führen zu einer Erhöhung des Gesamtangebotes, wodurch sich die *AS*-Kurve nach unten oder nach rechts verschieben müßte.

Steigerung der Gesamtnachfrage angeboten würde, wären die Anbieter keinen konjunkturellen Schocks ausgesetzt. Er entspricht einem ganz bestimmten Punkt auf der Gesamtangebotskurve. Wegen der auftretenden störenden Kostenentwicklungen und Schwankungen in der gesamtwirtschaftlichen Nachfrage kann sich die Wirtschaft jedoch auch an anderen Punkten entlang der Gesamtangebotskurve befinden. In Zeiten der Rezession produzieren die Unternehmen bisweilen weniger, als ihrer potentiellen Produktionsleistung entsprechen würde. In Hochkonjunkturperioden wie zu Kriegszeiten können sie manchmal sogar ihre potentielle Produktionsleistung übertreffen. Wenn die Wirtschaft versucht, über ihrer potentiellen Produktionsleistung zu produzieren, beginnen die Preise immer rascher zu steigen, je intensiver die Ressourcen genutzt werden. Produziert die Wirtschaft jedoch unter ihrem Potential, sind hohe Arbeitslosigkeit und überschüssige Kapazitäten die Folge. Zwischen den beiden Extremen einer zu intensiven Nutzung vorhandener Kapazitäten und einer zu geringen Nutzung von Produktionsfaktoren gibt es ein Schwellen-Produktionsniveau, das wir als potentielle Produktionsleistung bezeichnen.

Aber natürlich ist diese potentielle Produktionsleistung ein bewegliches Ziel. Mit zunehmendem Wirtschaftswachstum erhöht sich auch die potentielle Produktionsleistung, und die Gesamtangebotskurve verschiebt sich nach rechts. Tabelle 28-4 zeigt die für das gesamtwirtschaftliche Angebot wesentlichen Faktoren, aufgeteilt danach, ob sie sich auf die potentielle Produktionsleistung oder auf die Produktionskosten auswirken.

Inputkosten

Die Gesamtangebotskurve wird nicht nur von der potentiellen Produktionsleistung, sondern auch von Änderungen der Produktionskosten beeinflußt. Mit steigenden Produktionskosten sind die Unternehmen bereit, eine gegebene Produktionsmenge nur zu einem höheren Preis anzubieten. Sollten beispielsweise die Faktorkosten so sehr steigen, daß sich die Produktionskosten dadurch genau verdoppeln, so würde sich auch der Preis, zu dem die Unternehmen die jeweilige Produktionsmenge anbieten, verdoppeln. Es käme zu einer Aufwärtsverschiebung der *AS*-Kurve, so daß jedes Output-*AS*-Paar (P,Q) durch $(2P,Q)$ ersetzt werden müßte.

Tabelle 28-4 zeigt einige der Kostenfaktoren, die sich auf das gesamtwirtschaftliche Angebot auswirken. Die bei weitem wichtigsten Faktorkosten sind die Löhne, die in einem Land wie den USA etwa drei Viertel der Gesamtproduktionskosten ausmachen. Für die kleinen offenen

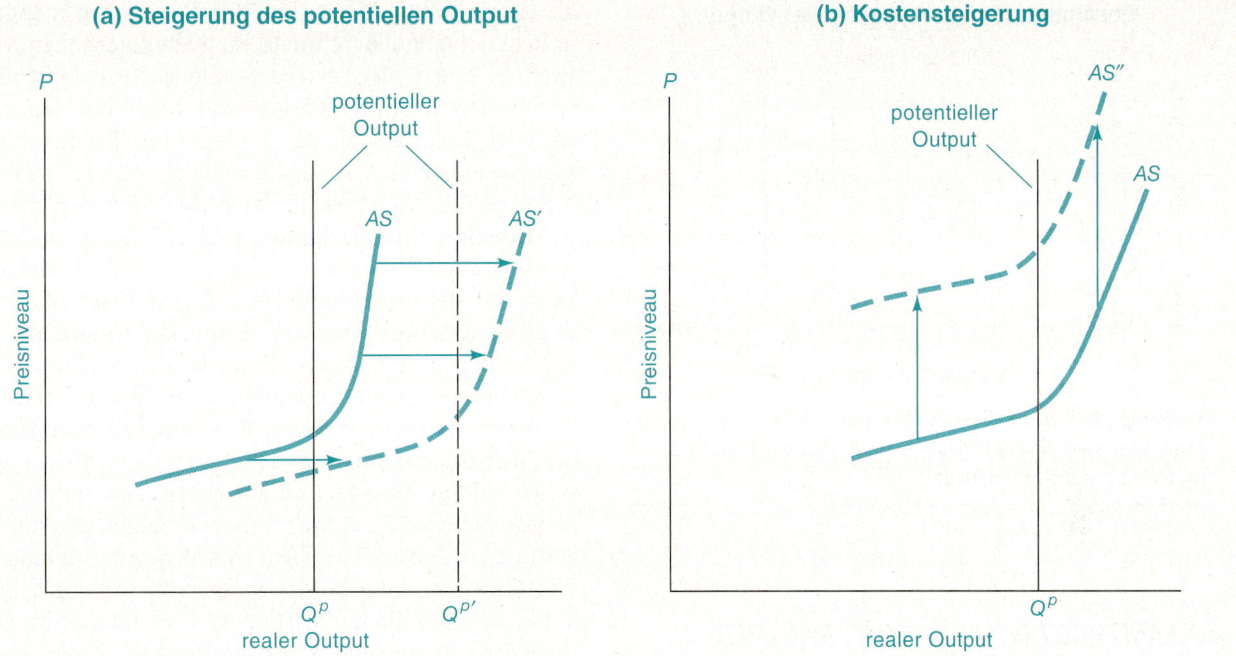

Abbildung 28-6: Wie wirken sich Steigerungen des potentiellen Output und Kostensteigerungen auf das Gesamtangebot aus?

In **(a)** verschieben Zuwächse der potentiellen Produktionsleistung ohne Erhöhung der Produktionskosten die *AS*-Kurve von *AS* zu *AS′* nach rechts. Bei steigenden Produktionskosten, etwa infolge höherer Importkosten, jedoch bei unverändertem potentiellen Output, verschiebt sich die *AS*-Kurve vertikal nach oben, etwa von *AS* nach *AS″* in **(b)**.

Volkswirtschaften wie jene der Niederlande oder Hongkongs spielen die Importkosten für die Höhe des gesamtwirtschaftlichen Angebots eine noch größere Rolle als die Lohnkosten.

Wie können wir die Beziehung zwischen potentieller Produktionsleistung, Kosten und gesamtwirtschaftlichem Angebot graphisch darstellen? Abbildung 28-6 zeigt die Auswirkungen einer Veränderung der potentiellen Produktionsleistung und der Kosten auf das gesamtwirtschaftliche Angebot. Die linke Darstellung zeigt, daß eine Erhöhung der potentiellen Produktionsleistung ohne Veränderung der Produktionskosten die Gesamtangebotskurve von *AS* nach außen, nach *AS'*, verschieben würde. Im Falle einer Erhöhung der Produktionskosten ohne Änderung der potentiellen Produktionsleistung würde sich die Kurve geradewegs nach oben, von *AS* nach *AS"*, verschieben, wie in Abbildung 28-6 (*b*) zu sehen ist.

Die tatsächliche Verschiebung der *AS* ist in Abbildung 28-7 dargestellt. Die Kurven sind realistische empirische Schätzungen für zwei verschiedene Jahre, 1980 und 1990. Die vertikalen Linien, als Q^p und $Q^{p'}$ bezeichnet, stellen die Höhe der potentiellen Produktionsleistung in den beiden Jahren dar. Einigen Studien zufolge ist die reale potentielle Produktionsleistung in diesem Zeitraum um etwa 25 Prozent gestiegen.

Wir sehen in der Abbildung, daß sich die *AS*-Kurve im Verlauf der achtziger Jahre nach rechts oben verschoben hat. Die *Rechts*verschiebung wurde durch die Erhöhung der potentiellen Produktionsleistung verursacht, die sich aus der Zunahme der Arbeitskräfte und der Steigerung des Kapitaleinsatzes sowie aus technologischen Verbesserungen ergab. Die *Aufwärts*verschiebung wurde durch Steigerungen der Produktionskosten verursacht, weil Löhne, Importpreise und andere Produktionskosten im fraglichen Zeitraum gestiegen sind. Die Kombination aus Kostensteigerungen und Wachstum der potentiellen Produktionsleistung ergibt die Verschiebung des Gesamtangebots, wie in Abbildung 28-7 dargestellt.

Gesamtangebot und potentieller Output

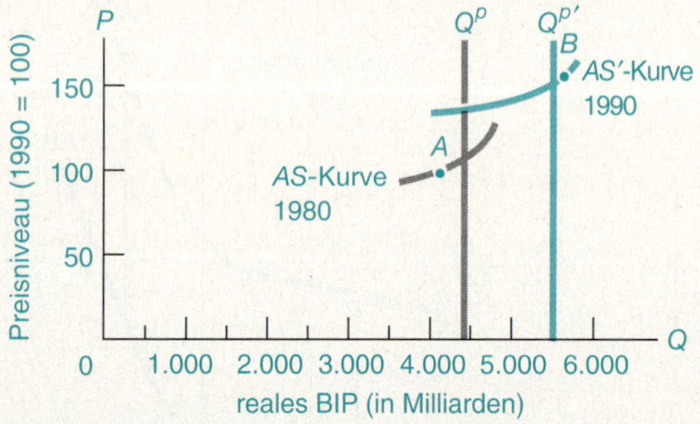

Abbildung 28-7: In Wirklichkeit stellen Verschiebungen des Gesamtangebotes eine Kombination aus Kostensteigerungen und erhöhtem potentiellen Output dar

GESAMTWIRTSCHAFTLICHES ANGEBOT KURZ- UND LANGFRISTIG

Eine der Hauptkontroversen der modernen Makroökonomie bezieht sich auf die Ermittlung des gesamtwirtschaftlichen Angebots. Der eigentliche Zankapfel ist dabei die Gesamtangebotskurve, über deren flachen, steilen oder gar vertikalen Verlauf man sich offensichtlich nicht einig werden kann. Viele Ökonomen der **keynesianischen Schule** erklären, die *AS*-Kurve sei kurzfristig relativ flach. Das würde implizieren, daß Veränderungen der Gesamtnachfrage eine bedeutende und bleibende Wirkung auf die Produktionsleistung haben. Anderer Ansicht sind Ökonomen, die den sogenannten **klassischen makroökonomischen Ansatz** vertreten. Diese Schule betont die Selbstregelungskräfte über den Preismechanismus. Nach dieser klassischen Theorie kommt es nur zu einer geringen oder gar keiner ungewollten Arbeitslosigkeit oder Verschwendung durch den Konjunkturzyklus, und wirtschaftspolitische Maßnahmen zur Lenkung der Gesamtnachfrage haben höchstens geringfügige oder gar keine Auswirkungen auf Produktionsleistung oder Beschäftigungsstand. Was die *AS*-Funktion betrifft, so stellt der klassische Ansatz fest, daß die *AS*-Kurve sehr steil, wenn nicht überhaupt vertikal verläuft; Änderungen in der Gesamtnachfrage beeinflussen dieser Ansicht nach die Produktionsleistung kaum dauerhaft.

Tatsächlich hat jede der beiden Theorien unter bestimmten Umständen ihr Gutes, wie wir in Abbildung 28-8 sehen können. Die kurzfristige *AS*-Kurve links ist aufwärtsgerichtet oder keynesianisch. Sie zeigt an, daß die Unternehmen bereit sind, ihre Produktionsmengen in Reaktion auf höhere Preise ebenfalls zu erhöhen, vor allem bei einem niedrigen Produktionsniveau. Mit anderen Worten, die Unternehmen sind mit steigendem Niveau der Gesamtnachfrage bereit, größere Produktionsmengen anzubieten, wenn sie zugleich mit der steigenden Produktion auch die Preise erhöhen können.

Beachten Sie jedoch bitte, daß die Produktionsausweitung auch kurzfristig nicht unbeschränkt erfolgen kann. Mit steigender Produktionsleistung kommt es zu Engpässen beim Faktor Arbeit, und die Unternehmen agieren knapp am Kapazitätslimit. Außerdem können die Unternehmen ihre Preise anheben, ohne Kunden an Konkurrenten zu verlieren. Wenn die Produktionsmenge daher über das potentielle Produktionsniveau hinaus ansteigt, erfolgt die Reaktion auf Nachfrageerhöhungen hauptsächlich in Form von Preiserhöhungen und nur in geringerem Ausmaß in Form von Mengenerhöhungen. Was die Gesamtangebotskurve betrifft, so wird damit impliziert, daß die kurzfristige *AS*-Kurve links von der Linie des potentiellen Produktionsniveaus, also dort, wo die Produktion unter dem potentiellen Produktionsniveau liegt, relativ flach verläuft. Danach allerdings wird die *AS*-Kurve mit steigender Produktionsleistung deutlich steiler, je weiter rechts der Linie des potentiellen Produktionsniveaus wir uns bewegen.

Im Gegensatz dazu zeigt Abbildung 28-8 (*b*) die langfristige Reaktion der Gesamtnachfrage auf verschiedene Preisniveaus. Wir sehen hier, daß die langfristige *AS*-Kurve vertikal oder klassisch verläuft, wobei die tatsächliche Produktionsmenge dem potentiellen Produktionsniveau entspricht. Im klassischen Fall ist das Produktionsniveau vom Preisniveau unabhängig.

Warum unterscheiden sich kurzfristige und langfristige *AS*-Kurve?

Warum verhalten sich kurz- und langfristiges Gesamtangebot unterschiedlich? Warum erhöhen die Unternehmen kurzfristig Preise und Menge mit steigender Gesamtnachfrage? Und warum führen Nachfragesteigerungen langfristig zwar zu Preisänderungen, nicht aber zu Mengenänderungen?

Der Schlüssel zu diesem Verwirrspiel liegt in der Art und Weise, wie sich in einer modernen Marktwirtschaft Löhne und Preise bilden. Manche Bestandteile der Unternehmenskosten sind kurzfristig *unflexibel* oder *hartnäckig*. Als Folge dieser mangelnden Flexibilität reagieren die Unternehmen auf eine höhere Gesamtnachfrage, indem sie mehr produzieren und verkaufen. Anders ausgedrückt: Weil einige Kostenelemente kurzfristig kon-

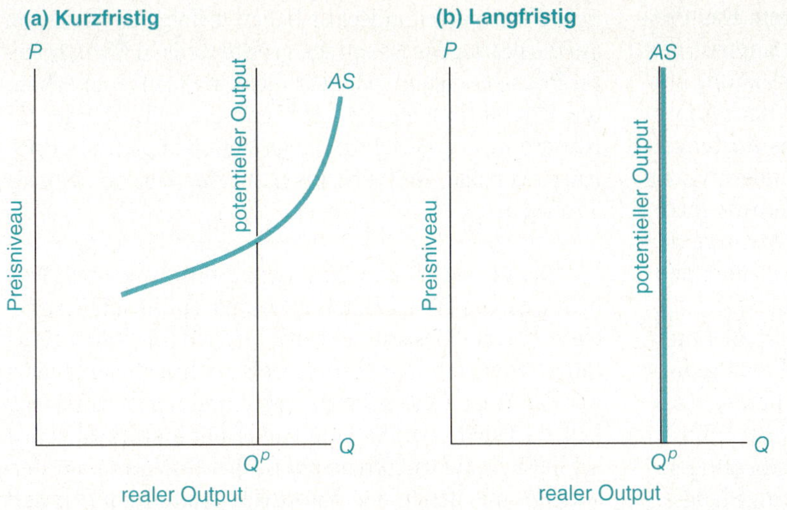

Abbildung 28-8: ***AS*** **verläuft kurzfristig relativ flach, wird jedoch langfristig vertikal**

Die kurzfristige *AS*-Kurve in **(a)** weist einen Aufwärtstrend auf, weil viele Kosten kurzfristig unflexibel sind. Doch die hartnäckigen Preise und Löhne kommen im Laufe der Zeit in Bewegung, weshalb die langfristige *AS*-Kurve in **(b)** vertikal verläuft, und die Produktionsleistung wird durch das potentielle BIP bestimmt. Erkennen Sie, warum ein keynesianischer Ökonom nach Bild **(a)** die Hoffnung haben könnte, durch Einflußnahme auf die Gesamtnachfrage auf die Wirtschaft einwirken zu können, während ein Klassiker nach Bild **(b)** diese Hoffnung nicht hätte?

stant bleiben, erachten es die Unternehmen als gewinnträchtig, die Preise anzuheben und größere Mengen zu verkaufen, wenn die Gesamtnachfrage steigt.

Nehmen wir an, es käme plötzlich zu einer Explosion der Ausgaben. Die Unternehmen wissen, daß kurzfristig viele ihrer Produktionskosten Fixbeträge sind – die Arbeiter erhalten $ 15 pro Stunde, die Miete beträgt $ 1.500 pro Monat etc. Gelingt es in dieser Situation den Unternehmen, ihre Preise als Reaktion auf die neue Kauflust zu erhöhen, so ist es für sie gewinnträchtig, die Produktionsmenge zu erhöhen. Die Unternehmen werden daher kurzfristig, bevor sich Löhne, Mieten und sonstige Fixkosten preislich angepaßt haben, auf eine steigende Gesamtnachfrage durch die Anhebung von Preisen und Mengen reagieren. Dieser positive Zusammenhang zwischen Preisen und Menge läßt sich aus der aufwärts gerichteten *AS*-Kurve in Abbildung 28-8 (*a*) ablesen.

Wir haben immer wieder von „hartnäckigen" oder „unflexiblen" Kosten gesprochen. Was verstehen wir eigentlich darunter? Als wichtigstes Beispiel dafür seien hier die Löhne angeführt. Löhne passen sich aus mehreren Gründen an geänderte wirtschaftliche Bedingungen nur langsam an. Sind die Arbeiter beispielsweise gewerkschaftlich organisiert, werden sie zumeist gemäß den langfristig ausverhandelten Kollektivverträgen bezahlt, die einen Stundensatz vorsehen (mit teilweiser Indexanpassung). Während der Dauer dieser Verträge ist die Lohnhöhe größtenteils fix. Aber auch gewerkschaftlich nicht organisierte Arbeitnehmer erhalten Lohnerhöhungen kaum öfter als einmal jährlich. Noch seltener kommt es zu Lohn- oder Gehaltskürzungen infolge makroökonomischer Bedingungen, es sei denn, ein Unternehmen stünde vor dem drohenden Konkurs.

Aber auch andere Preise und Kosten sind kurzfristig ähnlich unflexibel. Mietet ein Unternehmen ein Gebäude an, so lautet der Mietvertrag häufig auf ein Jahr und länger, und die Miete wird im allgemeinen als fixer Geldbetrag festgesetzt. Außerdem unterzeichnen Unternehmen zumeist Rahmenverträge mit ihren Lieferanten, in denen sie die Material- oder Ersatzteilpreise festlegen. Manche Preise sind darüber hinaus staatlich reguliert, vor allem jene für Strom, Gas, Wasser und Telefongebühren.

Wie aber geht die Entwicklung langfristig vonstatten? Nun, irgendwann kommen auch die unflexiblen oder hartnäckigen Kostenelemente – Lohnverträge, Mietverträge, regulierte Preise etc. – in Bewegung und werden plötzlich verhandelbar. Die Unternehmen können nicht auf ewig von den fixen Lohnsätzen in den Arbeitsverträgen profitieren. Ihre Mitarbeiter werden bald dahinterkommen, daß das Preisniveau angestiegen ist, und sie werden auf eine entsprechende Anpassung ihrer Löhne bestehen. Letztlich passen sich alle Kosten an die höheren Produktionspreise an. Bei einer Erhöhung des allgemeinen Preisniveaus um x Prozentpunkte infolge einer gestiegenen Nachfrage reagieren schließlich Löhne, Mieten, regulierte Preise und andere Kosten, indem sie ebenso um rund x Prozentpunkte steigen.

Sobald sich die Kosten an die Preisentwicklung angepaßt haben, können die Unternehmen nicht mehr von der gestiegenen Gesamtnachfrage profitieren. Das Produktionsniveau wird sich wieder auf dem langfristigen Gleichgewicht der potentiellen Produktionsleistung einstellen. Langfristig stehen die Unternehmen nach Anpassung aller Kostenelemente demselben Preis-Kostenverhältnis gegenüber wie vor der Nachfrageänderung. Es besteht daher für die Unternehmen kein Anreiz mehr, ihre Produktionsmengen zu erhöhen. Die *AS*-Kurve verläuft daher vertikal, was bedeutet, daß die Angebotsmenge von Preis- und Kostenniveau unabhängig ist.

Das Gesamtangebot in einer Volkswirtschaft unterscheidet sich kurzfristig von deren potentiellem Produktionsniveau infolge der zu geringen Flexibilität von Kostenelementen. Kurzfristig reagieren die Unternehmen auf eine gestiegene Nachfrage durch die Anhebung sowohl der Produktion als auch der Preise. Langfristig jedoch, wenn sich schließlich auch die Kosten an das höhere Preisniveau angepaßt haben, erfolgt die Reaktion auf die gestiegene Nachfrage größtenteils in Form höherer Preise und kaum oder gar nicht in Form einer erhöhten Produktionsmenge. Während die kurzfristige *AS*-Kurve aufwärts gerichtet ist, verläuft die langfristige *AS*-Kurve vertikal, weil sich im Laufe der Zeit alle Kosten anpassen.

Damit beschließen wir unsere Einführung in die Problematik des Wirtschaftswachstums und in die Grundelemente des Gesamtangebotes. In den folgenden Kapiteln werden wir unser Verständnis noch vertiefen, indem wir das Wesen der Arbeitsmärkte und der Arbeitslosigkeit, die Quellen von Inflation und Konjunkturzyklen und schließlich die wirtschaftspolitischen Dilemmata untersuchen, mit denen alle Marktwirtschaften konfrontiert sind.

ZUSAMMENFASSUNG

A. Trends im Wirtschaftswachstum der Staaten

1. Das gesamtwirtschaftliche Angebot leitet sich von der Produktionsfähigkeit der Wirtschaft, also von ihrem potentiellen Produktionsniveau oder ihrem potentiellen BIP, ab. Eine Analyse des Wirtschaftswachstums hat sich mit den Faktoren zu beschäftigen, die langfristig zu einer Steigerung der potentiellen Produktionsleistung führen.
2. In Anbetracht der Erfahrungen, die Staaten überall und zu jeder Zeit gemacht haben, erkennen wir, daß der Karren der Volkswirtschaft auf vier Rädern des Wirtschaftswachstums läuft: (1) auf Quantität und Qualität der Arbeitskräfte; (2) auf dem vorhandenen Boden und den natürlichen Ressourcen; (3) auf den akkumulierten Kapitalbeständen; und – wahrscheinlich am wichtigsten! – (4) auf dem technologischen Wandel und all den Innovationen, die eine höhere Produktionsleistung bei gleich hohem Faktoreinsatz ermöglichen. Es gibt jedoch keine fixe Rezeptur für diese vier Zutaten, wenn wir bedenken, daß die USA, Europa und asiatische Länder häufig völlig verschiedene Wege zum wirtschaftlichen Erfolg eingeschlagen haben.
3. Die klassischen Modelle von Adam Smith und Malthus beschreiben die Wirtschaftsentwicklung anhand von Boden und Bevölkerungsentwicklung. Läßt man den technologischen Wandel außer acht, muß die wachsende Bevölkerung irgendwann einmal das gesamte Angebot an verfügbarem Boden beanspruchen. Die steigende Bevölkerungsdichte bewirkt, daß das Ertragsgesetz zur Wirkung kommt, und daher führt Wachstum nach diesem klassischen Modell zu höheren Bodenrenten bei immer niedrigeren Wettbewerbslöhnen. Das malthusianische Gleichgewicht ist dann erreicht, wenn die Löhne auf das Existenzminimum gesunken sind, unter dessen Niveau ein Überleben nicht mehr gesichert ist. In der Realität hat jedoch der technologische Wandel durch die kontinuierliche Aufwärtsverschiebung der Produktivitätskurve der Arbeit die Wirtschaftsentwicklung in den Industrienationen in Gang gehalten.
4. Die Kapitalakkumulation und als komplementäres Element die Arbeit bilden den Kern der modernen Analyse nach dem neoklassischen Wachstumsmodell. Dieser Ansatz bedient sich eines Werkzeugs, das als gesamtwirtschaftliche Produktionsfunktion bekannt ist und eine Beziehung zwischen Arbeit und Kapital und der gesamten potentiellen Produktionsleistung herstellt. Unter Außerachtlassung von technologischem Wandel und Innovation entspräche einer Erhöhung des Kapitalbestandes pro Arbeitskraft (der sogenannten Kapitalvertiefung) kein proportionaler Anstieg der Produktionsmenge pro Arbeiter, was auf die abnehmenden Kapitalerträge zurückzuführen ist. Kapitalvertiefung würde daher die Kapitalertragsrate senken (entsprechend dem Realzinssatz im risikofreien Wettbewerb).
5. Der technologische Wandel verschiebt durch die Erhöhung des potentiellen Produktionsniveaus, das mit einer gegebenen Faktorkombination erzielt wird, die gesamtwirtschaftliche Produktionsfunktion, was bei gleichbleibenden Arbeits- und Kapitaleinsätzen zu einer Erhöhung der Produktionsmengen führt.
6. Aus den Wirtschaftsdaten für dieses Jahrhundert lassen sich zahlreiche Wachstumstrends ablesen. Einige der wichtig-

sten Feststellungen sind dabei, daß die Reallöhne und die Produktionsleistung pro Arbeitsstunde ständig angestiegen sind, wenn auch eine deutliche Verlangsamung dieser Entwicklung seit den siebziger Jahren festzustellen ist, daß der Realzinssatz keinen größeren Auf- oder Abwärtstrend aufweist, und daß das Kapital-Mengenverhältnis abgenommen hat. Die wichtigsten Trends stimmen mit dem neoklassischen Wachstumsmodell überein, sofern man auch den technologischen Wandel mit einbezieht. Die Wirtschaftstheorie bestätigt also, was auch die Wirtschaftsgeschichte lehrt – daß der technische Fortschritt die Produktivität des Faktoreinsatzes erhöht und so Löhne und Lebensstandard anhebt.

7. Der letzte Trend, das kontinuierliche Wachstum der potentiellen Produktionsleistung im zwanzigsten Jahrhundert, stellt uns vor die wichtige Frage nach den Quellen des Wachstums. Unter Anwendung quantitativer Techniken haben die Ökonomen mit Hilfe der substitutionalen Produktionsfunktion festgestellt, daß „sonstige" oder Resteinflußgrößen wie Innovationen und Ausbildung die Kapitalvertiefung in ihrer Auswirkung auf das BIP-Wachstum oder die Arbeitsproduktivität übertreffen.

B. Die Grundlagen des gesamtwirtschaftlichen Angebots

8. Das gesamtwirtschaftliche Angebot oder einfach Gesamtangebot beschreibt das Verhältnis zwischen der Produktionsmenge, die die Unternehmen freiwillig produzieren, und dem allgemeinen Preisniveau, ceteris paribus, also wenn alles andere gleich bleibt. Die dem gesamtwirtschaftlichen Angebot zugrundeliegenden Faktoren sind: (*a*) die potentielle Produktionsleistung, die durch die Produktionsfaktoren Arbeit, Kapital und natürliche Ressourcen, die einer Gesellschaft zur Verfügung stehen, sowie durch die verfügbare Technologie oder Effizienz, mit der diese Produktionsfaktoren eingesetzt werden, bestimmt wird, und (*b*) Faktorkosten wie beispielsweise Löhne, Ölpreise und sonstige Energiekosten sowie Importpreise. Änderungen dieser zugrundeliegenden Faktoren führen zu einer Verschiebung der *AS*-Kurve.

9. Zwei wichtige Ansätze zur Ermittlung der Produktionsmenge sind die klassische und die keynesianische Methode. (*a*) Nach der klassischen Ansicht sind Preise und Löhne flexibel, so daß jedes überschüssige Angebot oder jeder Nachfrageüberhang rasch ausgeglichen wird, wobei nach Erschütterungen der *AD*- oder *AS*-Kurve Vollbeschäftigung eintritt. Diese klassische Ansicht wird durch eine vertikal verlaufende *AS*-Kurve repräsentiert. (*b*) Nach keynesianischer Ansicht verhalten sich Preise und Löhne kurzfristig hartnäckig oder unflexibel, was auf vertragliche Bindungen wie die allseits üblichen Kollektivverträge zurückzuführen ist. Diesem Wirtschaftsmodell zufolge reagiert die Produktionsmenge auf ein höheres Gesamtnachfrageniveau positiv, weil diese Theorie von einer relativ flach verlaufenden *AS*-Kurve ausgeht, insbesondere bei geringen Produktionsmengen. Nach der keynesianischen Variante kann eine Wirtschaft auch lange Perioden hartnäckiger Arbeitslosigkeit durchmachen, weil sich Löhne und Preise nur langsam an konjunkturell bedingte Schocks anpassen und nur langsam ein Gleichgewicht in Richtung Vollbeschäftigung hergestellt wird.

10. Eine Synthese der klassischen und der keynesianischen Ansicht unterscheidet zwischen lang- und kurzfristiger Entwicklung. Kurzfristig ist die *AS*-Kurve aufwärts gerichtet, weil Löhne und Preise nicht genügend Zeit haben, sich vollständig anzupassen, was den Schluß zuläßt, daß die Unternehmen bei einem höheren Preisniveau mehr produzieren und anbieten werden. Langfristig jedoch haben Löhne und Preise genügend Zeit, sich an Schocks vollständig anzupassen, weshalb wir die langfristige *AS*-Kurve als vertikale oder klassische Kurve behandeln können. Langfristig wird die Produktionsmenge daher durch die potentielle Produktionsleistung eines Landes bestimmt, und die Gesamtnachfrageentwicklung wirkt sich eher auf die Preise als auf die Menge aus.

WIEDERHOLUNGSTHEMEN

Wachstumstheorie

Die vier Räder des Wachstums: Arbeit, Ressourcen, Kapital, Technologie
Das goldene Zeitalter Adam Smiths
Das begrenzte Bodenangebot nach Malthus
Das neoklassische Wachstumsmodell
Kapitalintensität
K/L-Anstieg mit Kapitalvertiefung
Die sieben Trends des Wirtschaftswachstums
Substitutionale Produktionsfunktion:
% *Q* Wachstum =
$^3/_4$ (% *L* Wachstum) + ...
% *Q/L*-Wachstum =
$^1/_4$ (% *K/L* Wachstum) + T

Grundlagen des gesamtwirtschaftlichen Angebots

gesamtwirtschaftliches Angebot: *AS*-Kurve
Faktoren, die dem Gesamtangebot zugrundeliegen und dieses verschieben
Gesamtangebot; Rolle der potentiellen Produktionsleistung und der Produktionskosten
kurzfristige und langfristige *AS*
klassische und keynesianische Ansichten zum gesamtwirtschaftlichen Angebot
flexible oder hartnäckige oder unflexible Löhne und Preise

FRAGEN UND BEISPIELE

1. Nach den vorliegenden Wirtschaftsdaten ist der Lebensstandard einer Familie im Jahr 1993 etwa siebenmal höher als jener einer Familie im Jahr 1900. Was bedeutet das für das Konsumverhalten? Diskutieren Sie mit Ihren Eltern oder älteren Verwandten, wie sich Ihr Lebensstandard im Vergleich zu jenem Ihrer Eltern gestaltet; stellen Sie Vergleiche an.
2. „Wenn es dem Staat gelänge, Wissenschaft und Erfindungsgeist zu subventionieren und Stagflation und Konjunkturzyklen in den Griff zu bekommen, könnten wir alle ein Wirtschaftswachstum erleben, das die klassischen Ökonomen zutiefst verwundern müßte." Erklären Sie, was der Verfasser mit dieser Aussage meint.
3. „Bei einem Bevölkerungswachstum von Null und ohne Berücksichtigung des technologischen Fortschritts muß die laufende Kapitalakkumulation irgendwann die kapitalistische Klasse zerstören." Erklären Sie, warum ein solches Szenario zu einem Realzinssatz von Null und zur Absorption aller Gewinne führen müßte.
4. Nehmen wir an, der Arbeitsanteil zeige einen leichten Aufwärtstrend und das Kapital-Mengenverhältnis sei leicht rückläufig, weiterhin hätten wir es mit stark schwankenden Zinssätzen zu tun und das Verhältnis der privaten Nettoinvestitionen zum privatem BIP unterliege ebenfalls starken Schwankungen – würde es Sie sehr wundern, wenn die Grundtrends auf Seite 539 in Zukunft ganz anders aussehen würden?
5. Erinnern Sie sich an die substitutionale Produktionsfunktion (1) auf Seite 626. Berechnen Sie das Mengenwachstum bei einer Steigerung des Arbeitseinsatzes von jährlich 1 Prozent, bei einer Steigerung des Kapitaleinsatzes von 4 Prozent jährlich und einem technologischen Wandel im Ausmaß von 1 ½ Prozent pro Jahr.
   Inwieweit würde sich Ihre Antwort ändern, wenn:
   a. der Arbeitseinsatz nicht mehr steigen würde;
   b. der Kapitaleinsatz auf 5 Prozent jährlich erhöht würde;
   c. der Arbeits- und Kapitalanteil am BIP gleich hoch wäre.
      Berechnen Sie außerdem für jede dieser Situationen die Produktionssteigerungsrate pro Arbeitskraft.
6. Erklären Sie genau, was man unter der Gesamtangebotskurve versteht. Unterscheiden Sie zwischen Bewegungen entlang der Kurve und einer Verschiebung der Kurve. Was könnte durch die Bewegung entlang der *AS*-Kurve die Produktionsmenge erhöhen? Was könnte durch Verschiebung der *AS*-Kurve die Produktionsmenge erhöhen?
7. Konstruieren Sie eine Tabelle nach dem Muster von Tabelle 28-4 und stellen Sie darin Ereignisse dar, die zu einer *Abnahme* des Gesamtangebotes führen würden. (Gehen Sie intuitiv und phantasievoll vor, anstatt dieselben Beispiele zu verwenden.)
8. Welche Wirkung, sofern eine zu verzeichnen wäre, hätte jedes der folgenden Ereignisse kurz- und langfristig auf die *AS*-Kurve, ceteris paribus, alsowenn alles andere gleich bleibt?
   a. Eine Erhöhung der potentiellen Produktionsleistung um 25 Prozent?
   b. Eine Anhebung der Zinssätze durch die Zentralbank, um die Inflation zu bekämpfen.
   c. Ein Krieg im Mittleren Osten, der zu einer Verdoppelung des Ölpreises auf dem Weltmarkt führt.
   d. Eine Entwicklung, in deren Verlauf die Umweltbewegung die Regierungen dazu bringt, teure Regulierungsmaßnahmen für alle Neuinvestitionen und für den Verbrauch von Energie einzuführen und die Produktion in ressourcenintensiven Sektoren zu drosseln.
9. Zeichnen Sie eine neue *PMK*, die auf Abbildung 28-2 (*b*) Bezug nimmt und auch den technologischen Wandel berücksichtigt. Erklären Sie anhand der neuen Abbildung, warum Malthus mit seinen Prognosen nicht recht hatte.
10. Ein unverbesserlicher Pessimist könnte behaupten, das Jahr 1973 hätte eine lange Zeit wirtschaftlicher Expansion beendet, die eigentlich schon mit der Industriellen Revolution begonnen hat. Nehmen Sie einmal an, es hätte sich gegenüber früheren Perioden nichts geändert *außer* der Tatsache, daß kein technologischer Wandel und keine Innovationen mehr stattfinden. Wie müßten in diesem Szenario die sieben neuen Trends für die Zukunft aussehen? Wie würde sich der so wichtige Reallohn entwickeln? Welche Maßnahmen könnten getroffen werden, um den neuen Trends entgegenzuwirken und die Wirtschaft wieder auf einen Weg positiver Entwicklung zurückzuführen?
11. **Fragestellung für Fortgeschrittene:** Immer wieder hört man die Befürchtung, Roboter könnten in bezug auf den Menschen bewirken, was Traktoren und Autos für die Pferde bewirkt haben – zu Beginn dieses Jahrhunderts ging die Pferdedichte drastisch zurück, nachdem Pferde durch den technologischen Fortschritt obsolet geworden waren. Wenn wir Roboter als besonders produktives Kapital *K* betrachten – wie würde sich ihre Einführung auf das Verhältnis Kapital-Arbeit in Abbildung 28-3 auswirken? Kann die gesamte Produktionsmenge bei gleichbleibendem Arbeitseinsatz sinken? Unter welchen Bedingungen würden die Reallöhne sinken? Können Sie erkennen, warum die Pferdeanalogie doch nicht zutreffend ist?

KAPITEL 29

KONJUNKTURZYKLUS UND ARBEITSLOSIGKEIT

The fault, dear Brutus, is not in our stars – but in ourselves.

Nicht durch die Schuld der Sterne, lieber Brutus,
durch eigene Schuld nur sind wir Schwächlinge.

William Shakespeare, Julius Caesar

Ausgestattet mit unseren Werkzeugen Gesamtangebot und Gesamtnachfrage, können wir uns nun an eines der Kernthemen der Makroökonomie heranwagen: an den Konjunkturzyklus. Die Wirtschaftsgeschichte zeigt uns, daß sich das Wirtschaftswachstum niemals auf ebenmäßige und kontinuierliche Weise vollzieht. Auf mehrere Jahre einer angenehmen Expansionsphase und blühenden Wirtschaft kann durchaus eine Rezession, ja sogar eine Panik- und Krisensituation folgen. Damit sinkt die nationale Produktionsleistung, mit ihr gehen die Gewinne und Realeinkommen zurück, und die Arbeitslosenrate springt wieder auf unangenehm hohe Werte, wenn Jobs massenhaft verlorengehen.

Irgendwann jedoch ist der Tiefpunkt erreicht, und eine neue Erholungsphase setzt ein. Diese Erholung kann langsam oder schnell vor sich gehen. Sie kann unvollständig bleiben oder auch so stark ausfallen, daß sie in einen neuen Boom mündet. Ein solcher Boom oder eine Hochkonjunktur kann ein anhaltend hohes Niveau einer lebhaften Nachfrage, ein gutes Arbeitsplatzangebot und steigenden Lebensstandard bedeuten. Ebenso aber kann sie auch durch ein rasches, inflationsbedingtes Aufflakkern der Preise und heftige Spekulationen mit nachfolgendem Abflauen der Wirtschaft gekennzeichnet sein.

Diese Auf- und Abbewegungen der Produktion, der Inflation, der Zinssätze und der Beschäftigungslage ergeben den Konjunkturzyklus, der für alle Marktwirtschaften charakteristisch ist. Im ersten Abschnitt des vorliegenden Kapitels fassen wir die Geschichte des Konjunkturzyklus in den USA zusammen und betrachten die unterschiedlichen Interpretationen, die die Makroökonomen jeweils dafür liefern.

Im zweiten Abschnitt untersuchen wir eines der wichtigsten Merkmale von Konjunkturzyklen: die Arbeitslosigkeit. Wir werden feststellen, daß Schwankungen im Beschäftigungsstand oft konjunkturbedingte Fluktuationen darstellen. Die sozialen Kosten einer hohen Arbeitslosigkeit, die sich in ungenutzter Arbeitszeit und Verdienstentgang äußern, sind auch heute noch eine Plage der Marktwirtschaften, obwohl wir uns ein viel besseres Verständnis des Konjunkturzyklus erarbeiten konnten.

Abbildung 29-1 zeigt die in diesem Kapitel besprochenen Themen, und wir können daraus ersehen, daß hier viele der verschiedenen Elemente von Gesamtangebot und Gesamtnachfrage verbunden sind.

A. KONJUNKTURZYKLEN

MERKMALE DES KONJUNKTURZYKLUS

Konjunkturzyklen treten auf, wenn sich die wirtschaftlichen Aktivitäten beschleunigen oder verlangsamen. Eine genauere Definition des Konjunkturzyklus lautet:

Ein **Konjunkturzyklus** ist eine Trendumkehr der gesamtwirtschaftlichen Produktionsleistung, des Volkseinkommens und der Beschäftigungslage, die zumeist über Perioden zwischen zwei und zehn Jahren anhält und durch eine in den meisten Wirtschaftssektoren anzutreffende Expansion oder Kontraktion gekennzeichnet ist.

Üblicherweise unterscheiden Ökonomen zwei Hauptphasen im Verlauf des Konjunkturzyklus, nämlich *Rezessions-* und *Expansionsphasen*. Die Wendepunkte stellen jeweils den Höhe- und den Tiefpunkt des Zyklus dar.

Abbildung 29-1: Konjunkturzyklus und Arbeitslosigkeit gehören unweigerlich zur Marktwirtschaft

Wir beginnen mit einer theoretischen und praktischen Analyse des Konjunkturzyklus, in dem sich Elemente des Gesamtangebotes mit Elementen der Gesamtnachfrage verbinden. Anschließend untersuchen wir, wie Arbeitslosigkeit gemessen wird und warum sie im Verlauf des Konjunkturzyklus zu Schwankungen neigt.

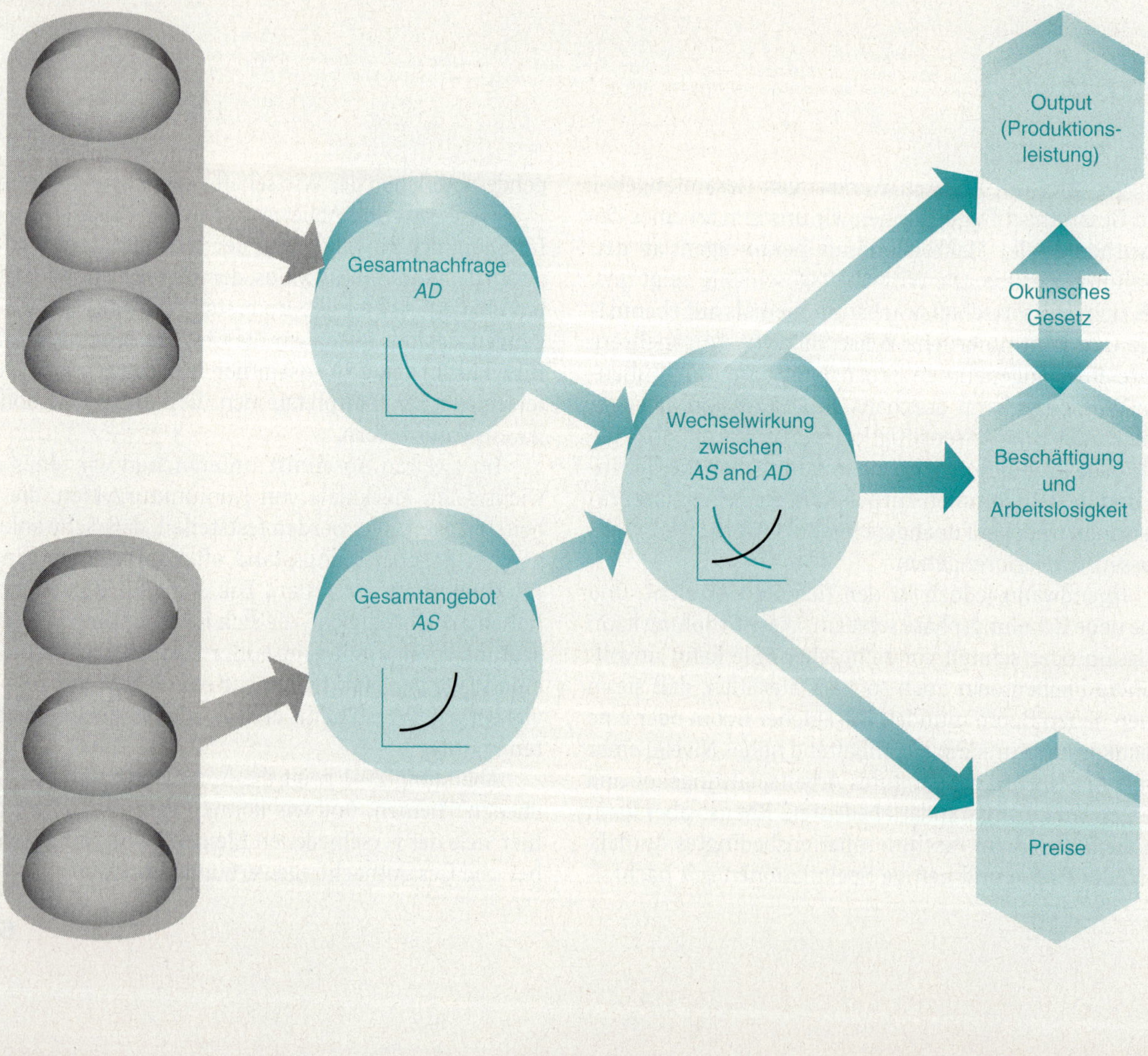

Abbildung 29-2 zeigt die aufeinanderfolgenden Phasen des Konjunkturzyklus. Ein Wirtschaftsabschwung wird als **Rezession** bezeichnet, die häufig als eine Periode definiert wird, in der das reale BIP zumindest zwei Quartale in Folge zurückgeht. Die Rezession beginnt an einem Höhepunkt und endet an einem Tiefpunkt. Nach Angaben jener US-Organisation, die jeweils Anfang und Ende eines Konjunkturzyklus feststellt, des National Bureau of Economic Research (des staatlichen Wirtschaftsforschungsinstitutes), machten die USA zwischen Ende 1982 und Sommer 1990 eine lange Expansionsphase durch. Der Boom des Jahres 1990 mündete in eine kurze Rezession, die im März 1991 zu Ende war, gefolgt von einer zögernd einsetzenden Expansionsphase, in der die Produktionsleistung im Jahr 1994 wieder dem Potential entsprach.

Bitte beachten Sie, daß das Muster, das die Konjunkturzyklen bilden, unregelmäßig ist. Zwei Konjunkturzyklen verlaufen niemals genau gleich. Es gibt keine exakte Formel, wie wir sie beispielsweise für die Planeten-Umlaufbahnen oder Pendelbewegungen kennen, die wir verwenden könnten, um Dauer oder Ablauf eines Konjunkturzyklus vorherzusagen. In ihrer Unregelmäßigkeit gleichen die Konjunkturzyklen eher den Schwankungen des Wetters. Abbildung 29-3 zeigt uns, wie die amerikanische Wirtschaft in der jüngeren Geschichte durch Konjunkturzyklen geschüttelt wurde. Beachten Sie die Form der Zyklen, die Gebirgsketten gleicht, in denen die Hügel und Täler auf unterschiedlichen Höhen liegen. Manche Täler sind sehr tief und breit – man denke an die Große Depression; andere sind höher gelegen und schmal, wie jenes des Jahres 1970.

Aber obwohl Konjunkturzyklen niemals genau gleich verlaufen, haben sie doch gewisse Ähnlichkeiten. Frage: Wenn ein seriöser Wirtschaftsforscher die nächste Rezession ankündigt – können Sie dann anhand bestimmter Phänomene erkennen, ob er recht haben könnte? Im folgenden sind einige der *üblichen Merkmale* einer Rezession angeführt:

- Häufig gehen die Konsumausgaben stark zurück, während die Lagerbestände der Unternehmen an Autos und sonstigen dauerhaften Verbrauchsgütern unerwartet ansteigen. Wenn die Unternehmen durch eine Drosselung ihrer Produktion reagieren, sinkt das reale BIP. Kurz danach gehen auch die Unternehmensinvestitionen in Anlagen und maschinelle Ausstattung drastisch zurück.
- Die Arbeitsnachfrage sinkt – was sich zuerst in einer kürzeren durchschnittlichen Arbeitswoche, danach aber auch in Entlassungen und höheren Arbeitslosenraten äußert.

Abbildung 29-2: Der Konjunkturzyklus gleicht den Jahreszeiten des Kalenderjahres

Der Konjunkturzyklus beschreibt die unregelmäßigen Expansions- und Kontraktionsphasen der Wirtschaft.

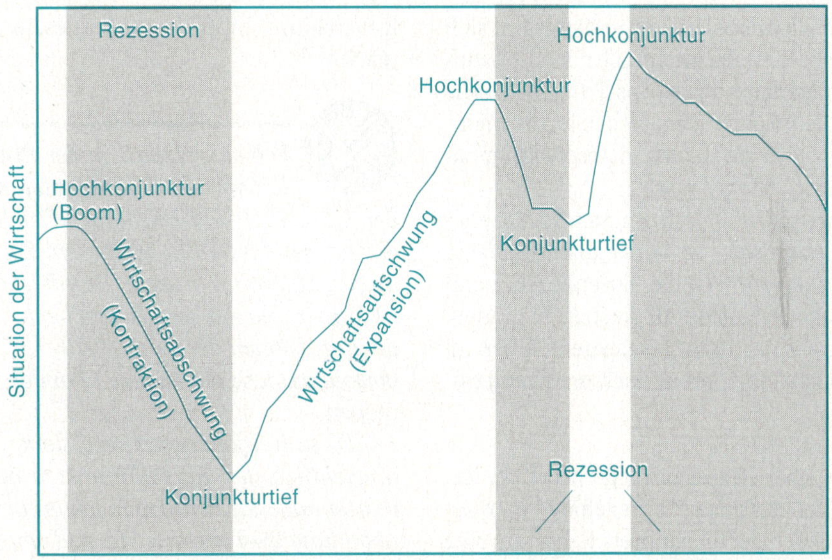

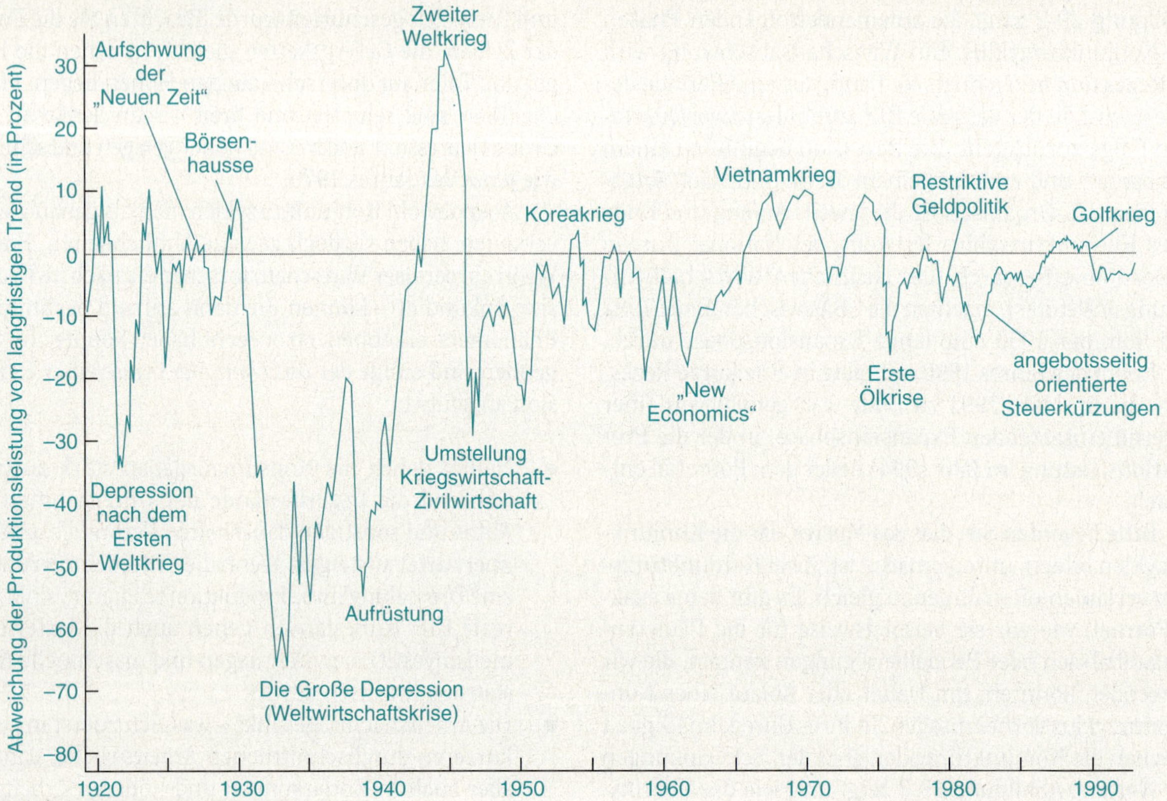

Abbildung 29-3: Wirtschaftsentwicklung seit 1919

Die Industrieproduktion weist gegenüber ihrem langfristigen Trend ständige Schwankungen auf. Zeichnet sich für die letzten 30 Jahre eine stabilere Wirtschaftsentwicklung ab? (Quelle: Federal Reserve Board, aufgeschlüsselt von den Autoren)

- Mit sinkender Produktionsleistung verlangsamt sich auch die Inflation. Läßt die Nachfrage nach Rohstoffen nach, kommen deren Preise ins Trudeln. Löhne und Preise für Dienstleistungen werden wahrscheinlich nicht sinken, aber sie steigen in Abschwungphasen normalerweise weniger rasch.
- Die Unternehmensgewinne schrumpfen in Rezessionsperioden beträchtlich. In Vorwegnahme dieser Entwicklung sinken zumeist die Aktienkurse, wenn die Investoren die Rezession zu riechen beginnen. Da jedoch die Kreditnachfrage zurückgeht, fallen im Verlauf einer Rezession zumeist auch die Kreditzinsen.

Wir haben nun nur über Rezessionen gesprochen. Expansionsphasen stellen das genaue Spiegelbild einer Rezession dar, wobei jeder der genannten Faktoren eine Entwicklung in die entgegengesetzte Richtung durchmacht.

Volkswirtschaft in der Praxis: die Geschichte von den drei Rezessionen. *Die Rezession der Jahre 1990–1991 begann offiziell im Juli 1990 und endete im März 1991. In diesem Zeitraum fiel das BIP insgesamt um 1,4 Prozent. Damit ist die Rezession 1990/91 kürzer und flacher als ihre beiden Vorgängerinnen – die Rezessionen der Jahre 1973–1975 und 1981–1982 – obwohl manche dies vielleicht anders empfunden haben mögen.*

Diese drei genannten Rezessionen unterscheiden sich hinsichtlich der am schlimmsten betroffenen und der relativ ungeschoren davongekommenen Sektoren. Aus Abbildung 29-4 ersehen Sie, daß der für die Rezessionen

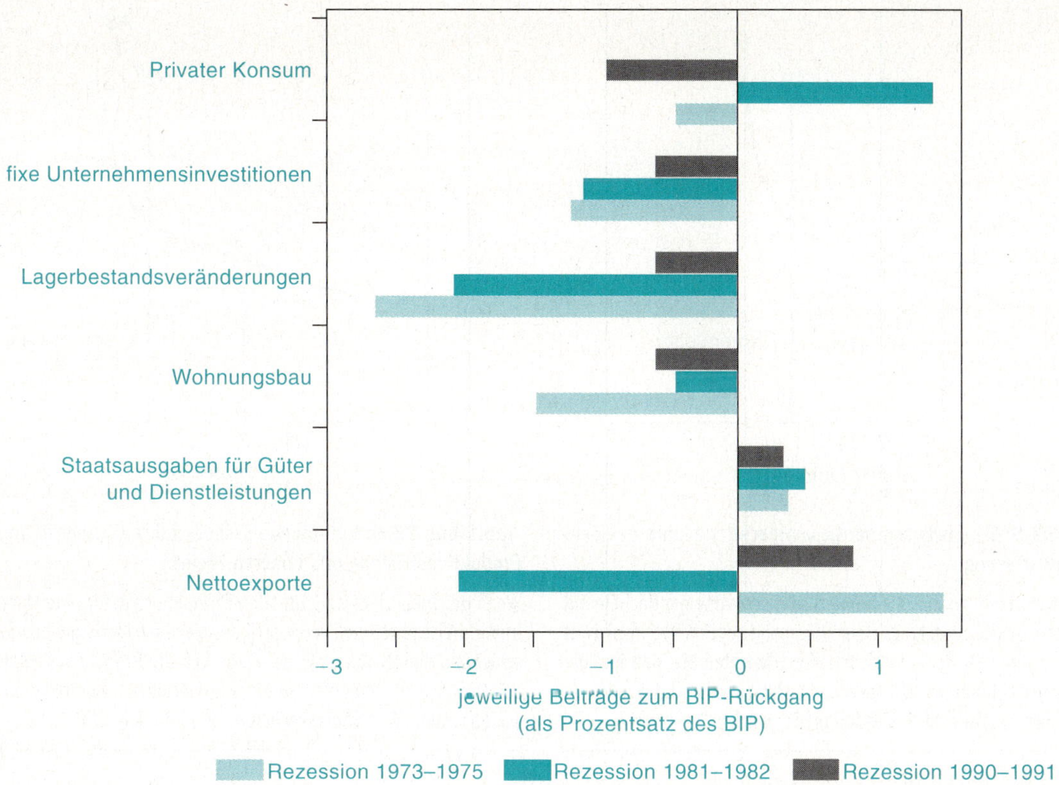

Abbildung 29-4: Die Geschichte von den drei Rezessionen

So ähnlich alle Rezessionen wirken mögen, hat doch jede von ihnen ihre ganz besonderen Merkmale. Erkennen Sie, inwieweit die Rezession der Jahre 1990–1991 sich von Ihren jüngsten beiden Vorgängerinnen unterscheidet? (Negative Zahlen zeigen rückläufige Sektoren an, positive Zahlen sind ein Hinweis auf wachsende Sektoren.) (Quelle: US-Handelsministerium)

der Jahre 1973–75 und 1981/92 ausschlaggebende Hauptfaktor der Abbau der Lagerbestände in den Unternehmen war. Die Unternehmen befanden also, daß sie zu große Lagerbestände an Fertigwaren und Rohmaterial unterhielten und drosselten die Produktion, obwohl die Endverbrauchernachfrage relativ stabil blieb. Ein bedeutender Faktor für die Rezession 1981/82 war außerdem das hohe Außenhandelsdefizit, das die Produktionsleistung drückte und die US-Industrie veranlaßte, Millionen von Arbeitnehmern freizusetzen.

Im Gegensatz dazu stellte der Außenhandel während der Rezession 1990/91 einen positiven Einflußfaktor dar. Und da die Unternehmen im Management ihrer Lagerbestände einiges dazugelernt hatten, fiel der Abbau diesmal nicht so drastisch aus. Statt dessen war der BIP-Rückgang der Jahre 1990 und 1991 weitgehend auf einen Rückgang des privaten Konsums gegenüber einem Konsumanstieg im Zeitraum 1981/82 zurückzuführen. Da das Konsumniveau ein Maß für den Lebensstandard der Menschen darstellt, kann unter anderem dieser Konsumrückgang erklären, warum gerade die letzte Rezession von so vielen Amerikanern als besonders hart empfunden wurde.

KONJUNKTURTHEORIEN

Wenn wir ein wenig hinter die Kulissen des Konjunkturzyklus sehen, erkennen wir, daß die Produktions- und Beschäftigungsschwankungen zumeist, wenn auch nicht in jedem Fall, durch Änderungen im Bereich der Gesamtnachfrage hervorgerufen werden. Ein typischer Zyklus ist in Abbildung 29-5 dargestellt, die zeigt, wie ein Rückgang der Gesamtnachfrage die Produktion verringert.

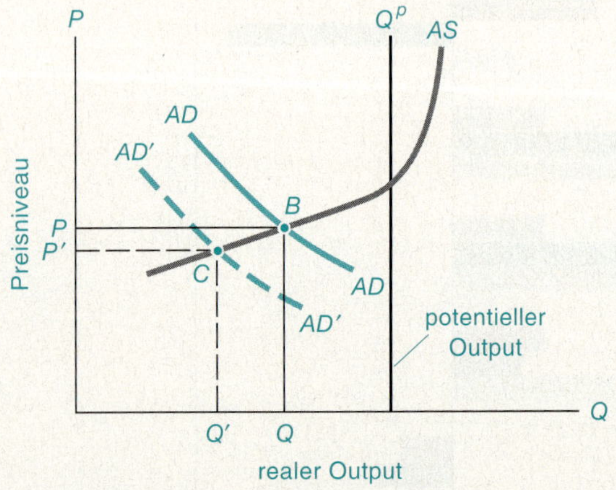

Abbildung 29-5: Ein Rückgang der Gesamtnachfrage führt zu einem Wirtschaftsabschwung

Eine Abwärtsverschiebung der *AD*-Kurve zusammen mit einer flachen und unveränderlichen *AS*-Kurve führt zu einem Rückgang des Produktionsniveaus sowie zu niedrigeren Preisen oder zu Inflation. Beachten Sie, daß infolge der Abwärtsverschiebung der *AD*-Kurve die Lücke zwischen tatsächlichem und potentiellem BIP in einer Rezession größer wird.

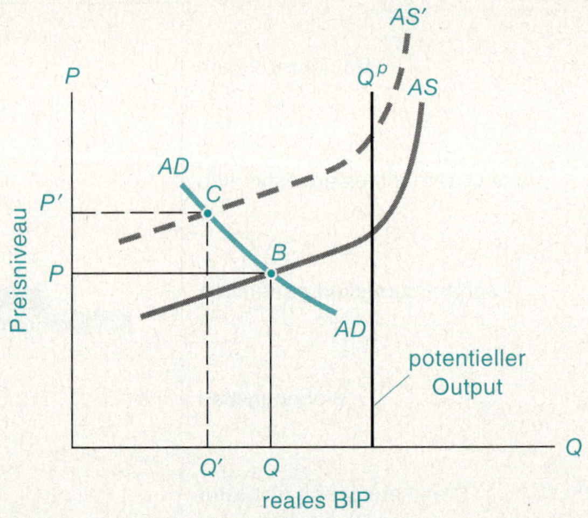

Abbildung 29-6: Ein Angebotsschock führt zu einer geringeren Produktionsleistung und höheren Preisen

Wenn der Preis eines bedeutenden Produktionsfaktors wie Öl oder die Importpreise ansteigen, verursacht diese Preissteigerung eine Aufwärtsverschiebung der AS-Kurve. In der Folge fällt die Produktionsleistung, und das Preisniveau steigt, was zu einer unglücklichen Kombination aus schleppendem Wirtschaftswachstum und Inflation führt.

Nehmen wir an, die Wirtschaft befindet sich ursprünglich in einem kurzfristigen Gleichgewicht in Punkt *B*. Danach kommt es infolge einer Verschiebung der Ausgaben der Konsumenten, des Staates oder der Unternehmen zu einer Linksverschiebung der Gesamtausgabenkurve nach *AD'*. Bei gleichbleibendem Gesamtangebot erreicht die Wirtschaft ihr neues Gleichgewicht in Punkt *C*. Beachten Sie bitte, daß die Produktionsleistung von *Q* auf *Q'* zurückgeht, und daß die Preise niedriger sind (oder daß in der heutigen Wirtschaft die Inflationsrate sinkt).

Der Fall einer Hochkonjunktur oder eines Booms stellt das genaue Gegenteil der soeben beschriebenen Situation dar. Hier verschiebt sich die *AD*-Kurve nach rechts, die Produktionsleistung nähert sich dem potentiellen BIP oder schießt vielleicht sogar darüber hinaus, und die Preise (und somit die Inflation) steigen.

Gelegentlich werden Konjunkturzyklen durch eine Verschiebung des Gesamtangebotes ausgelöst. Die klassischen Fälle waren die Rezessionen der siebziger Jahre, die ausbrachen, als angesichts der Kriege oder Revolutionen im Mittleren Osten die Ölpreise förmlich explodierten. Da Erdöl ein derart wichtiger Produktionsfaktor ist, führten die gestiegenen Ölpreise zu einer Aufwärtsverschiebung der Gesamtangebotskurve und zu einem Absacken der Produktion, wie Sie in Abbildung 29-6 erkennen können.

Ein positiver Angebotsschock ereignete sich im Zeitraum 1992/93, als die USA von der außergewöhnlich hohen Produktivität und den Zuwächsen beim potentiellen BIP profitierten, Entwicklungen, die wahrscheinlich durch „Abschlankungsbestrebungen" und die intensivere Nutzung von Computern ausgelöst wurden. Das Ergebnis war eine Rechtsverschiebung der *AS*-Kurve mit einem raschen Produktionszuwachs, jedoch nur einem bescheidenen Rückgang der Arbeitslosenrate. Wie müßten sich Ihrer Meinung nach die Preise (oder die Inflation) in einer Expansionsphase verhalten, wenn diese mit einer steigenden Produktivität einhergeht?

Gründe für das Auftreten von Konjunkturzyklen

In all den Jahren wurde die Makroökonomie durch heftige Debatten über die Gründe für das Auftreten von Konjunkturzyklen belebt. Was führt zu den plötzlichen Verschiebungen der Gesamtnachfrage oder des Gesamtangebotes? Warum wechseln Heiß und Kalt, Auf und Ab in den Marktwirtschaften laufend ab? Ein Ende der Suche nach möglichen Erklärungen ist auch heute noch nicht abzusehen, es könnte aber durchaus sinnvoll sein, die verschiedenen, bisher vorgebrachten Theorien einmal in zwei Gruppen einzuteilen, nämlich in exogene und endogene Theorien. Die *exogenen* Konjunkturtheorien wurzeln in Schwankungen von außerhalb des Wirtschaftssystems gelegenen Faktoren – also beispielsweise in Kriegen, Revolutionen oder Wahlen, außerdem in Ölpreisen, neu entdeckten Goldlagerstätten und Wanderungsbewegungen oder in der Entdeckung von Land und neuen Ressourcen, in technologischen Durchbrüchen und Neuerungen, ja sogar in Sonnenflecken oder im Wetter. Die Rezession der Jahre 1973–1975 paßt genau zu dieser exogenen Konjunkturtheorie. In letzter Zeit sind die Konjunkturforscher zu der Ansicht gelangt, die Rezession der Jahre 1990/91 sei durch die Ängste der Konsumenten nach der Kuwait-Invasion des Irak ausgelöst worden.

Dagegen suchen die *endogenen* Konjunkturtheorien nach Mechanismen innerhalb des Wirtschaftssystems selbst, aus denen sich selbstauslösende Konjunkturzyklen entwickeln. Nach diesem Ansatz führt jede Expansion zu einer Rezession und Kontraktion, und jede Kontraktion bewirkt eine Belebung und Expansion – wie beinahe regelmäßige, immer wiederkehrende Wellen. So glauben beispielsweise einige Ökonomen, daß auf Grund der zu hohen Schulden, die die Konsumenten und Unternehmen während des langen Booms der achtziger Jahre angehäuft hatten, irgendeine Art von Wirtschaftsabschwung unweigerlich kommen mußte. Dieser Ansicht zufolge hätte die Rezession durch jeden größeren negativen Schock ausgelöst werden können, und der Golfkrieg war eben genau der richtige Schock zur falschen Zeit.

Hier einige der wichtigsten Konjunkturtheorien und ihre Vertreter:

1. *Monetaristische* Theorien führen den Konjunkturzyklus auf zyklische Geldmengen- und Kreditexpansionen und -kontraktionen zurück (M. Friedman). So wurde dieser Theorie zufolge die Rezession von 1981/82 dadurch ausgelöst, daß die Zentralbank in ihren Bestrebungen zur Bekämpfung der Inflation die Nominalzinssätze auf 18 Prozent anhob.
2. Das *Multiplikator-Akzeleratormodell* geht davon aus, daß externe Schocks durch den Multiplikator und ein Element aus der Investitionstheorie, das unter der Bezeichnung Akzelerator bekannt ist, verbreitet werden, wodurch sich regelmäßige, zyklische Schwankungen der Produktionsleistung ergeben (P. Samuelson).
3. *Politische* Konjunkturtheorien führen wirtschaftliche Schwankungen auf das Agieren von Politikern zurück, die fiskal- und geldpolitische Maßnahmen so treffen, daß sie danach möglichst wiedergewählt werden (M. Kalecki, W. Nordhaus, E. Tufte). Im Rückblick läßt sich feststellen, daß sich Präsidentschaftswahlen etwa 6 bis 9 Monate vor der tatsächlichen Wahl auf die Wirtschaft auswirken. Deshalb würden auch die meisten Präsidenten, hätten sie die Wahl, am liebsten dem Beispiel Ronald Reagans folgen. Zu Beginn seiner ersten Amtsperiode machten die USA eine tiefe Rezession durch, doch zum Zeitpunkt seines zweiten Wahlkampfes 1984 befand sich die Wirtschaft mitten in einer langanhaltenden Boomphase, die sehr zu seiner Wiederwahl beitrug.
4. *Gleichgewichts*-Konjunkturtheorien gehen davon aus, daß Fehlinterpretationen von Preis- und Lohnentwicklungen die Menschen dazu bringen, zu viel oder zu wenig Arbeit anzubieten, was immer wieder Produktions- und Beschäftigungszyklen auslöst (R. Lucas, R. Barro, T. Sargent). Einer Version dieser Theorien zufolge steigt die Arbeitslosigkeit in Rezessionszeiten, weil die Arbeitnehmer überhöhte, nicht marktgerechte Löhne anstreben.
5. Verfechter der *Real-business-cycle*-Theorie betonen, daß negative oder positive Produktivitätsschocks in einem Sektor auf den Rest der Wirtschaft übergreifen und dort zu Schwankungen führen können (E. Prescott, P. Long, C. Plosser).

Und welche dieser Theorien erklärt nun schlüssig die Tatsache, daß es Konjunkturzyklen gibt? Ein wichtiger Hinweis, wie oben ausgeführt, ergibt sich dadurch, daß die Ausgaben für Investitionen und dauerhafte Konsumgüter in Expansionsphasen stark ansteigen und in Rezessionen nachgeben; eine weitere Auffälligkeit ist die zyklische Gewinnentwicklung. Jede der oben angeführten Theorien enthält einen Teil der Wahrheit, aber keine eignet sich als umfassende Erklärung zu jeder Zeit und an jedem Ort.

DIE PROGNOSE VON KONJUNKTURZYKLEN

Wirtschaftswissenschaftler haben Prognosewerkzeuge entwickelt, mit denen sie Veränderungen im Wirtschaftsgefüge vorhersagen können. Wie die hellen Scheinwerfer eines Autos erleuchtet eine gute Prognose das vor uns liegende wirtschaftliche Terrain und hilft den Entscheidungsträgern, mit ihren Maßnahmen auf die jeweilige wirtschaftliche Situation zu reagieren.

Abbildung 29-7: Inwieweit haben sich professionelle Wirtschaftsprognosen bewahrheitet?

Hier werden die Ergebnisse der professionellen Wirtschaftsforscher mit jenen einer „naiven" Wirtschaftsprognose verglichen. Seit systematische Wirtschaftsforschung betrieben wird, haben sich die Prognosen der makroökonomischen Spezialisten gegenüber der reinen Schätzmethode mit jedem Jahrzehnt weiter verbessert, und die erzielten Verbesserungen fallen im Zeitablauf auch immer respektabler aus.

Ökonometrische Modelle und Prognosen

In früheren Zeiten versuchten die Ökonomen durch das Studium und die Projektion vorhandener Daten über Geldumlauf, LKW-Ladungen und Stahlproduktion einen Blick auf die Zukunft zu erhaschen. So deutete beispielsweise ein Rückgang in der Stahlproduktion darauf hin, daß die Unternehmen ihre Ausgaben verringerten und daß das Wirtschaftswachstum bald abflauen würde. Schließlich wurde dieser Vorgang durch die Kombination verschiedener statistischer Daten formalisiert und als „Index of Leading Indicators" (Index der Konjunktur-Vorlaufindikatoren) bezeichnet, als der er heute allmonatlich vom US-Handelsministerium veröffentlicht wird. Obwohl dieser Index keineswegs unfehlbar ist, ermöglicht er doch eine frühzeitige und automatische Warnung, in welche Richtung die Wirtschaftsentwicklung geht.

Um jedoch noch etwas genauer in die Zukunft sehen zu können, greifen die Ökonomen heute zu computergestützten ökonometrischen Prognosemodellen. Unter anderem dank der Pionierarbeit der Nobelpreisträger Jan Tinbergen und Lawrence Klein sind makroökonomische Prognosemodelle in den letzten 25 Jahren bedeutend verläßlicher geworden. Kommerzielle Beratungsfirmen wie die Data Resources Inc. (DRI) haben Modelle entwikkelt, die heute von Unternehmen und Politikern gerne benutzt werden.

Wie kann man sich Computermodelle der Wirtschaft vorstellen? Im allgemeinen beginnen die Hersteller dieser Programme mit einem analytischen Rahmenwerk, das Gleichungen für Gesamtnachfrage und Gesamtangebot enthält. Mit Hilfe der Techniken der modernen Ökonometrie wird jede Gleichung an die historischen Daten „angepaßt", so daß Parameterschätzungen vorgenommen werden können (etwa zur marginalen Konsumquote *MPC*, zum Aussehen der Geldnachfragegleichung, zum potentiellen BIP-Zuwachs etc.). Außerdem bringen die Planer in jeder Phase ihre eigene Erfahrung und ihr eigenes Urteil ein, um abzuschätzen, wie plausibel die Ergebnisse erscheinen.

Schließlich wird das gesamte Modell zusammengestellt und als ein System von Gleichungen zur Anwendung gebracht. In kleinen Modellen finden wir vielleicht ein oder zwei Dutzend Gleichungen. Große Prognosemodelle umfassen heute jedoch ab einigen Hundert bis zu 10.000 Variablen. Wenn die exogenen und politikbezogenen Variablen einmal spezifiziert sind (Bevölkerungszahl, Staatsausgaben und Steuersätze, Geldpolitik etc.), lassen sich mit Hilfe dieses Gleichungssystems Projektionen wichtiger volkswirtschaftlicher Variabler in die Zukunft vornehmen.

Unter normalen Umständen schneiden diese Prognosen bei der Beleuchtung des vor uns liegenden Weges recht gut ab. Dann wieder, vor allem wenn es zu gravierenden Änderungen der Politik kommt, sind Wirtschaftsprognosen ein durchwegs unsicheres Geschäft. Abbildung 29-7 zeigt die Ergebnisse einer jüngeren Zusammenstellung der BIP-Prognosen (früher BNP) aller wichtigen Wirtschaftsforschungsinstitutionen der USA. Aus Vergleichsgründen legte diese Studie als Benchmark eine „naive Prognose" zugrunde, in der der prognostizierten Produktionsleistung des kommenden Jahres einfach die Wachstumsrate des laufenden Jahres zugrundegelegt wurde. Wie die Abbildung zeigt, haben sich die professionellen Zukunftsforscher gegenüber der naiven Prognose laufend verbessert. In den ersten beiden Jahrzehnten lag die durchschnittliche Prognoseabweichung der Experten von der Realität bei mehr als der Hälfte der Abweichung des naiven Modells. Interessant an Abbildung 29-7 ist außerdem, daß die Instabilität von Periode zu Periode schwankt, wobei die fünfziger und siebziger Jahre relativ große Fluktuationen aufwiesen, während die sechziger und achtziger Jahre einen ruhigeren Verlauf zeigen. Die bisherigen Erfahrungen zeigen, daß Wirtschaftsprognosen in unserer unsicheren Welt ebensosehr eine Kunst wie eine Wissenschaft sind. Die Stärke professioneller Wirtschaftsprognosen liegt jedenfalls darin, daß sie jahrein, jahraus im Vergleich zu jenen, die sich eines unsystematischen oder unwissenschaftlichen Ansatzes bedienen, immer genauere Ergebnisse liefern.

Läßt sich der Konjunkturzyklus abschaffen?

Rezessionen weisen enorme volkswirtschaftliche und menschliche Kosten auf, die Ökonomen und Politiker zuweilen zu dem Vorschlag veranlaßt haben, man sollte doch den Konjunkturzyklus überhaupt abschaffen. Derartige Forderungen sind jedoch allzusehr von Emotionen getrieben. Arthur Okun vertritt hierzu eine gemäßigtere Ansicht:

> *Rezessionen werden heute im Grunde als vermeidbar qualifiziert, vergleichbar etwa einem Flugzeugzusammenstoß im Gegensatz zum Auftreten von Wirbelstürmen. Wir können den Zusammenstoß zweier Flugzeuge jedoch nicht absolut ausschließen, und es zeichnet sich auch nicht ab, daß wir über die nötige Weisheit oder die Fähigkeiten verfügen, um mit Rezessionen fertig zu werden. Die Gefahr besteht nach wie vor. Die Kräfte, die zu wiederkehrenden Rezessionen führen, lauern auch heute noch darauf, losgelassen zu werden.*[1]

In den zwei Jahrzehnten, seit Okun diese Worte schrieb, haben die USA zahlreiche zyklische Auf- und Abbewegungen durchgemacht. Trotzdem konnten echte *Depressionen* vermieden werden – jene langen, kumulativen Tiefs wie in den siebziger und neunziger Jahren des neunzehnten und in den dreißiger Jahren unseres Jahrhunderts. Was hat sich denn in den letzten 50 Jahren verändert? Manche meinen, der Kapitalismus sei heute einfach stabiler als in früheren Zeiten. Worauf es jedoch wohl eher ankommt, das ist unser tiefergehendes Verständnis der Makroökonomie, das es den Staaten heute erlaubt, sinnvollere geld- und fiskalpolitische Maßnahmen zu ergreifen, um den Schneeballeffekt von der Rezession in die Depression gar nicht erst eintreten zu lassen. Jene, die das Ende des Kapitalismus in einer apokalyptischen Katastrophe vorhersagen, werden wahrscheinlich vergeblich darauf warten. Die wirklich wilden Konjunkturzyklen, die den frühen Kapitalismus immer wieder erschütterten, sind heute glücklicherweise gezähmt.

B. ARBEITSLOSIGKEIT

Sei freundlich zu allen, die du auf deinem Weg nach oben triffst, du könntest ihnen beim Abstieg wieder begegnen.

Wilson Mizner

Obwohl selbst die tiefsten Rezessionen die reifen Marktwirtschaften heute nicht mehr ernstlich zu bedrohen scheinen, ist die massive Arbeitslosigkeit nach wie vor eine schlimme Plage in der modernen Mischwirtschaft. In der gesamten industrialisierten Welt hat die Zahl der Arbeitslosen im Jahr 1993 eine Rekordhöhe von 34 Millionen erreicht. Wie kann es überhaupt geschehen, daß Millionen arbeitslos sind, während doch so viel zu tun wäre? Welcher Defekt der modernen Mischwirtschaft verdammt so viele Arbeitswillige zur Untätigkeit? Sollten die Staaten gezielte Maßnahmen zur Erleichterung des Loses der Arbeitslosen setzen? Oder – wie manche meinen – verringert die gute soziale Absicherung der Arbeitslosen nur ihren Anreiz zu arbeiten und erhöht somit letztlich die Arbeitslosenrate? Diese Fragen tauchen immer

[1] Arthur M. Okun, *The Political Economy of Prosperity* (Norton, New York, 1970), S. 33 ff.

wieder auf, sobald die Arbeitslosenzahlen nach oben tendieren.

In diesem Abschnitt unternehmen wir eine kurze und intensive Reise durch das Wesen und die Erfassungsmethoden der Arbeitslosigkeit. Beginnen wollen wir mit einer Analyse der Auswirkungen der Arbeitslosigkeit, gefolgt von einer Definition der volkwirtschaftlichen Interpretation von Arbeitslosigkeit. Anschließend wollen wir das Bindeglied zwischen Arbeitslosigkeit und Produktionsleistung betrachten und einige der Fragen besprechen, die sich im Zusammenhang mit einer staatlichen Beschäftigungspolitik ergeben.

OKUNSCHES GESETZ

Die unangenehmste Folge jeder Rezession ist immer der mit ihr einhergehende Anstieg der Arbeitslosenrate. Mit sinkender Produktionsleistung benötigen die Unternehmen weniger Arbeitskräfte, also werden neue Arbeitskräfte nicht eingestellt, alte jedoch entlassen. Die Folgen dieser Entwicklung können dramatisch sein: Als die Rezession 1981/82 zu Ende ging, war beinahe einer von 10 US-Arbeitskräften ohne Job, und die Arbeitslosenrate in Europa nähert sich 1994 ebenfalls diesem Wert.

Es stellt sich heraus, daß die Entwicklung der Arbeitslosigkeit zumeist parallel zur Entwicklung der Produktionsleistung verläuft. Das erstmals von Arthur Okun beschriebene Wesen dieser Beziehung ist heute unter der Bezeichnung Okunsches Gesetz bekannt.[2]

Das Okunsche Gesetz besagt, daß die Arbeitslosenrate pro 2 Prozent, die das BIP hinter seinem Potential zurückbleibt, um 1 Prozentpunkt ansteigt. Wenn das BIP in Höhe des potentiellen BIP, also bei 100 Prozent, beginnt und auf 98 Prozent des potentiellen BIP zurückfällt, so steigt die Arbeitslosenrate um 1 Prozentpunkt, beispielsweise also von 6 auf 7 Prozent.

Abbildung 29-8 zeigt, wie sich Produktion und Arbeitslosigkeit im Zeitablauf parallel entwickelt haben. Wir können zur Illustration von Okuns Gesetz ein historisches Beispiel heranziehen, in dem die 3 Jahre wirtschaftlicher Stagnation zwischen 1979 und 1982 berücksichtigt sind, als es zu keinerlei Wachstum des realen BIP kam. Dagegen stieg das potentielle BIP um jährlich 3 Prozent, also im Verlauf der Dreijahresperiode um 9 Prozent. Was würde nun das Okunsche Gesetz über die Entwicklung der Arbeitslosenrate zwischen 1979 und 1982 aussagen? Nach diesem Gesetz führen jeweils 2 Prozent Abstand des tatsächlichen im Vergleich zum potentiellen BIP zu einer um einen Prozentpunkt erhöhten Arbeitslosenrate. Daher hätte ein neunprozentiger BIP-Abstand zu einem Anstieg der Arbeitslosenrate um 4,5 Prozentpunkte führen müssen. Ausgehend von einer Arbeitslosenrate von 5,8 Prozent im Jahr 1979 würde daher Okuns Gesetz auf eine Arbeitslosenrate von 10,3 Prozent im Jahr 1982 schließen lassen. Mit diesem Beispiel soll gezeigt werden, wie sich Okuns Gesetz zur Prognostizierung der Arbeitslosigkeit im Verlauf des Konjunkturzyklus heranziehen läßt.

Eine wichtige Folgerung aus dem Okunschen Gesetz besagt, daß das tatsächliche BIP ebenso rasch wachsen muß wie das potentielle, damit die Arbeitslosigkeit nicht ansteigt. Wie schon ein kluger Ausspruch sagt: „Man muß immer in Bewegung bleiben, um nicht zurückzufallen." Sollen darüber hinaus die Arbeitslosenzahlen gesenkt werden, muß daher das tatsächliche BIP rascher steigen als das potentielle. Nehmen wir an, Sie würden im Jahr 1996, bei einer Arbeitslosenrate von 7 Prozent, zum Präsidenten gewählt, und Sie möchten innerhalb der vier Jahre, bis Sie sich einer Wiederwahl stellen müssen, die Statistik auf 6 Prozent verbessert haben.

Frage: Wie schnell muß die Wirtschaft in den vier Jahren zwischen 1996 und 2000 wachsen? Antwort: Sie muß ebenso schnell wie das potentielle BIP (etwa 3 Prozent jährlich) wachsen und darüber hinaus noch so stark, daß die Arbeitslosenrate um rund 1/4 Prozentpunkt jährlich sinkt. Die durchschnittliche jährliche BIP-Wachstumsrate muß daher trendgemäß 3 Prozent zuzüglich 1/2 Prozent zur Verringerung der Arbeitslosigkeit betragen. Das entspricht insgesamt 3 1/2 Prozent Wachstum jährlich in der fraglichen Vierjahresperiode.

Das Okunsche Gesetz liefert uns das entscheidende Bindeglied zwischen dem Produktions- und dem Arbeitsmarkt. Es beschreibt die Verbindung zwischen kurzfristigen Entwicklungen des realen BIP und der Arbeitslosenrate.

Ein Ökonom als Politiker. *Arthur Okun (1929-1979) war einer der kreativsten Wirtschaftspolitiker, die das Amerika der Nachkriegszeit hervorgebracht hat. Okun, der seine Schulbildung an der Columbia University genossen hatte, unterrichtete in Yale, bis er 1961 als Experte zum Sachverständigenrat Präsident Kennedys*

[2] Okun stellte in seinen frühen Studien fest, daß das Verhältnis etwa 3 zu 1 beträgt, also einen Punkt *U* für jeweils 3 Punkte BIP-Lücke. Neuere Daten und verbesserte ökonometrische Techniken deuten jedoch eher darauf hin, daß für die Entwicklung der letzten Zeit ein Verhältnis 2:1 (oder vielleicht 2 1/2) zwischen Produktion und Arbeitslosenrate gilt.

stieß. Im Jahr 1964 wurde er ordentliches Mitglied des CEA und 1968, unter Präsident Johnson, sogar dessen Vorsitzender. Nach seinem Ausscheiden aus dem CEA blieb Okun in Washington in der Brookings Institution.

Als Erfinder der Produktionspotentialanalyse bediente sich Okun dieses Werkzeuges, um die heute als Okuns Gesetz bekannte Beziehung zwischen Produktion und Arbeitslosigkeit zu erforschen. Eines seiner Hauptanliegen war es dabei, Möglichkeiten zu finden, wie man die Inflation im Rahmen halten könnte, ohne Millionen von Leuten zu kündigen. Er fand einen neuen Ansatz in der Antiinflationspolitik, der als steuerorientierte Einkommenspolitik (TIP, *tax-based incomes policies) bekannt wurde, und den wir in Kapitel 30 genauer behandeln werden.*

Außerdem war Okun dafür bekannt, daß er oftmals schwierige volkswirtschaftliche Zusammenhänge anhand einfacher Vergleiche aus dem täglichen Leben erklären konnte. So fand er einen Zusammenhang zwischen den Argumenten, die im Jahr 1968 gegen Steuererhöhungen vorgebracht wurden, und dem, was sein siebenjähriger Sohn gegen das Einnehmen seiner Medizin einzuwenden hatte: „Es geht mir doch sehr gut; ich bin so krank, daß mir nichts helfen kann; ich werde sie später nehmen, wenn mir der Hals dann immer noch so wehtut; es ist soo ungerecht, wenn mein Bruder die Medizin nicht auch nehmen muß." Okun bewies immer und immer wieder, daß eine gut erzählte Geschichte mehr aussagen kann als 1.000 Gleichungen.

Abbildung 29-8: Okuns Gesetz, graphisch aufbereitet für den Zeitraum 1955–1993

Die beiden oben dargestellten Linien zeigen die Produktions- und die Beschäftigungslücke. Die Produktionslücke stellt die prozentuelle Abweichung des tatsächlichen vom potentiellen BIP dar. Die Beschäftigungslücke bezieht sich auf die Abweichung der tatsächlichen von der natürlichen Arbeitslosenrate, angegeben in Prozentpunkten.

Nach Okuns Gesetz steigt die Arbeitslosenrate pro 2 Prozentpunkte Verfehlung des potentiellen BIP um 1 Prozentpunkt über die natürliche Arbeitslosenrate. So lag im Jahr 1983 die Produktionsleistung um 7 Prozent unter dem potentiellen BIP, und die Arbeitslosenrate betrug 9 $^1/_2$ Prozent (= 6 Prozent auf Grund der natürlichen Arbeitslosenrate plus $^1/_2$ der Produktionslücke von 7 Prozent).

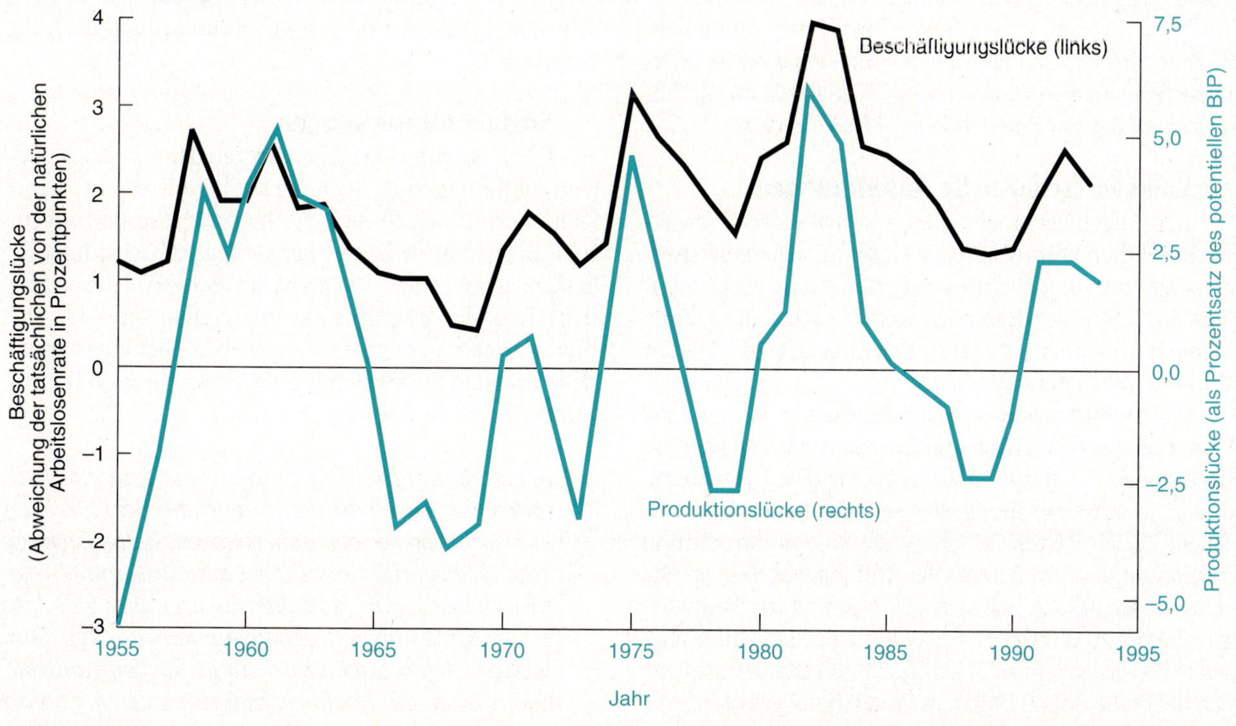

		Produktionsverlust	
	Durchschnittliche Arbeitslosenrate (%)	BIP-Verlust (Mrd. $, Preise zum Stand 1987)	Als Prozentsatz des BIP während der Periode
Große Depression (1930–1939)	18,2	2.850	38,5
Flaue fünfziger Jahre (1954–1960)	5,2	46	0,3
Stagnation der siebziger und achtziger Jahre (1975–1984)	7,7	1.354	3,6

Tabelle 29-1: Volkswirtschaftliche Kosten durch Perioden hoher Arbeitslosigkeit

Die drei gravierendsten Perioden hoher Arbeitslosigkeit seit 1929 traten während der Großen Depression, der wirtschaftlich schwachen fünfziger Jahre und während der Stagnation der Jahre 1975 bis 1984 auf. Die oben ausgewiesene Höhe des Produktionsverlustes wird als kumulative Differenz zwischen potentiellem BIP und tatsächlichem BIP berechnet. Bitte beachten Sie, daß während der Großen Depression die BIP-Verluste um mehr als das Zehnfache über jenen der jüngeren Rezessionsperioden lagen. (Quelle: Schätzungen der Autoren auf Basis der offiziellen BIP- und Arbeitslosendaten)

AUSWIRKUNGEN DER ARBEITSLOSIGKEIT

Eine hohe Arbeitslosenrate ist nicht nur ein volkswirtschaftliches, sondern auch ein enormes soziales Problem. Aus volkswirtschaftlicher Sicht stellt sie eine Verschwendung wertvoller Ressourcen dar. Aus sozialer Sicht ist Arbeitslosigkeit eine Quelle großen Leidens, weil Arbeitslose hohe Einkommenseinbußen hinnehmen müssen. In Perioden hoher Arbeitslosigkeit wirkt sich die volkswirtschaftliche Anspannung schließlich auch auf die Gefühle und auf das Familienleben der Menschen aus.

Volkswirtschaftliche Auswirkungen

Bei steigender Arbeitslosenrate wirft eine Volkswirtschaft bildlich gesprochen alle Güter und Dienstleistungen weg, die die Arbeitslosen hätten produzieren können. In Zeiten der Rezession gehen sozusagen riesige Mengen an Autos, Häusern, Bekleidung und anderen Gütern einfach den Bach runter.

Wie groß ist die durch Arbeitslosigkeit hervorgerufene Verschwendung? Wie hoch sind die Opportunitätskosten von Rezessionen? In Tabelle 29-1 sehen wir eine Berechnung dessen, inwieweit während aller Perioden hoher Arbeitslosigkeit in den letzten 50 Jahren die Produktionsleistung Abweichungen vom potentiellen BIP aufwies. Der größte volkswirtschaftliche Schaden war während der Weltwirtschaftskrise zu verzeichnen, aber auch die Stagnationsphasen in den siebziger und achtziger Jahren ergaben schließlich über eine Billion Dollar an Produktionsverlusten.

Die Schäden, die durch diese Perioden hoher Arbeitslosigkeit hervorgerufen werden, sind die bedeutendsten in einer modernen Volkswirtschaft dokumentierten Fälle von Verschwendung. Sie sind um ein Vielfaches schlimmer als die geschätzte Ineffizienz wegen monopolistischer mikroökonomischer Verschwendung oder als die Verschwendung auf Grund von Zöllen und restriktiven Importquoten.

Soziale Auswirkungen

Die volkswirtschaftlichen Kosten der Arbeitslosigkeit sind schlimm genug, doch die sozialen Kosten sind einfach enorm. So läßt sich die menschliche und psychische Belastung in Zeiten langer und unfreiwilliger Arbeitslosigkeit in Geld gar nicht beziffern. Welche persönliche Tragödie Arbeitslosigkeit darstellen kann, hat sich immer wieder gezeigt. Lesen wir etwa über eine vergebliche Arbeitsuche im San Francisco der Großen Depression:

Ich stand um fünf Uhr morgens auf und ging hinunter zur Küstenstraße. Außerhalb der Spreckles Zuckerfabrik, vor den Fabrikstoren, hatten sich um diese Zeit bereits rund 1.000 Leute versammelt. Natürlich weiß man, daß die nur drei oder vier Jobs zu vergeben haben. Irgendwann kam der Typ dann heraus: „Ich brauche zwei Jungs für den Kontrollgang. Zwei, die ins Loch hinuntersteigen.“ Sofort begannen tausend Leute wie ein Rudel Schlittenhunde übereinander herzufallen, nur um diese unangenehme Arbeit zu ergattern. Schließlich schafften es vier.[3]

Oder hören wir, was ein arbeitsloser Bauarbeiter zu berichten hat:

Ich rief bei einem Dachdeckerbetrieb an, aber die brauchten mich nicht, weil sie ohnehin genügend Leute beschäftigt hatten, die schon seit fünf oder sechs Jahren für sie arbeiteten. Es gab nicht viele freie Stellen. Meistens muß man dafür eine College-Ausbildung nachweisen. Ich suchte einfach irgendetwas, Autowaschen, oder was sich sonst noch anbot.

Was also tut man den ganzen Tag? Man geht nach Hause und sitzt da herum. Und irgendwann ist man dann ziemlich frustriert. Nach und nach werden alle in der Familie so gereizt. Man beginnt über völlig sinnlose Dinge zu streiten, weil man nicht die ganze Zeit zusammengepfercht da sitzen kann. Irgendwie bekam die ganze Familie durch meine Arbeitslosigkeit einen Knacks.[4]

Es wäre schon überraschend, wenn derlei Erfahrungen nicht auch tiefe Narben hinterließen. Studien über die Volksgesundheit lassen darauf schließen, daß Arbeitslosigkeit zu Schäden an der physischen wie auch an der psychischen Gesundheit führt: Herzerkrankungen, Alkoholismus und Selbstmordgefahr steigen bei Arbeitslosigkeit. Der führende Experte auf diesem Gebiet, Dr. M. Harvey Brenner, schätzt, daß ein Anstieg der Arbeitslosenrate um nur 1 Prozent über einen Zeitraum von 6 Jahren in den USA zu 37.000 Todesfällen führt. Psychologische Studien belegen, daß eine Kündigung von seinem Arbeitsplatz für einen Menschen etwa ebenso traumatisch ist wie der Todesfall eines nahen Freundes oder Schulversagen.

Am Ende der achtziger und zu Beginn der neunziger Jahre waren unter den Arbeitslosen plötzlich auch viele gutbezahlte Manager, Fachkräfte und Vertreter ähnlicher, hoch angesehener Berufe, von denen man nie vermutet hätte, daß sie ihren Arbeitsplatz verlieren könnten. Diese Leute traf der Schock der plötzlichen Arbeitslosigkeit besonders hart. Hier die Geschichte eines Managers aus der Privatwirtschaft, der seinen Job 1988 im mittleren Alter verloren hatte und 1992 noch immer keine entsprechende Stelle gefunden hatte:

Ich habe den Kampf, den es heute einfach kostet, um in der Wirtschaft die Nase vorn zu haben, verloren. ... Ich war fest entschlossen, wieder Arbeit zu finden, aber im Verlauf all der Monate und Jahre wurde ich schließlich depressiv. Man verträgt nur ein gewisses Maß an Zurückweisung. Irgendwann hat man dann jedes Selbstbewußtsein verloren.[5]

ARBEITSLOSIGKEIT MESSEN

Die Entwicklung auf dem Arbeitsmarkt gibt allmonatlich einige Schlagzeilen her. Aber was steckt eigentlich hinter all den veröffentlichten Zahlen? Daten über Arbeit und Arbeitslosigkeit gehören zu den am gründlichsten recherchierten und umfassendsten volkswirtschaftlichen Daten, die das Land erhebt. Diese Daten werden allmonatlich in einem sogenannten *Zufallsstichprobenverfahren* unter der Bevölkerung gesammelt.[6] Allmonatlich werden rund 60.000 Haushalte zu ihrer Arbeitssituation interviewt.

Der daraus verfaßte Bericht unterteilt die Bevölkerung der über Fünfzehnjährigen in vier Gruppen:

- **Beschäftigte.** Dabei handelt es sich um Personen, die bezahlte Arbeit verrichten, aber auch alle jene, die zwar einen Job haben, jedoch aus Krankheits-, Streik- oder Urlaubsgründen zum Zeitpunkt der Befragung nicht gearbeitet haben.
- **Arbeitslose.** Zu dieser Gruppe gehören jene Menschen, die keine Arbeit haben, jedoch aktiv nach Arbeit suchen oder auf ihre Wiederbeschäftigung warten. Eine Person gilt dann als arbeitslos, wenn sie

---

3 Studs Terkel, *Hard Times, An Oral History of the Great Depression in America*, (Pantheon, New York, 1970).

4 Harry Maurer, *Not Working: An Oral History of the Unemployed* (Holt, New York, 1979).

5 *Business Week*, 23. März 1992.

6 Zufallsstichprobenverfahren sind eine zur Schätzung des Verhaltens oder bestimmter Merkmale der Gesamtbevölkerung äußerst wichtige Technik. Dazu wählt man nach dem Zufallsprinzip eine Untergruppe der Bevölkerung (etwa durch Auswahl bestimmter Telefonnummern mit einem computergestützten Zufallsgenerator) aus und beobachtet sie. Dieses statistische Verfahren wird übrigens in vielen Sozialwissenschaften sowie auch in der Marktforschung angewandt.

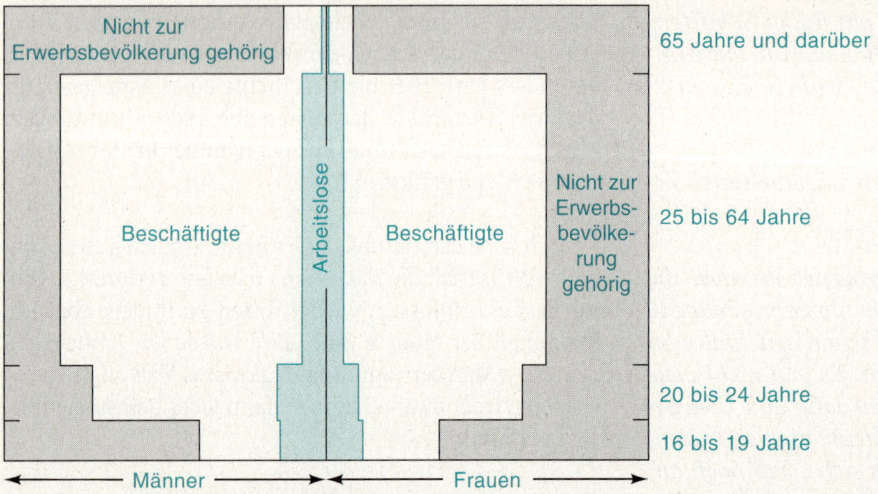

Abbildung 29-9: Arbeitssituation der Bevölkerung 1993

Womit verbringen die Amerikaner ihre Zeit? Die nebenstehende Abbildung zeigt die Verteilung der Männer und Frauen unterschiedlichen Alters auf folgende Gruppen: Beschäftigte, Arbeitslose und nicht in der Erwerbsbevölkerung Enthaltene. Die Größe jedes der Blöcke zeigt die Größe des betroffenen Bevölkerungsanteils an. Beachten Sie die anhaltenden Unterschiede in der Arbeitssituation von Männern und Frauen. (Quelle: US-Arbeitsministerium, *Employment and Earnings*)

nicht arbeitet und (1) während der letzten 4 Wochen konkrete Anstrengungen unternommen hat, um Arbeit zu finden, (2) gerade entlassen wurde und nun auf ihre Wiederaufnahme wartet oder (3) erwartet, innerhalb der nächsten 3 Monate eine Arbeitsstelle anzutreten. Um als arbeitslos betrachtet zu werden, muß eine Person konkretere Anstrengungen unternommen haben, als nur auf Arbeit zu hoffen oder beispielsweise davon zu träumen, einmal einen Film zu drehen oder als Rockstar aufzutreten. Als Arbeitsloser muß man über konkrete Bemühungen um Arbeit berichten können (etwa das Aufsuchen lokaler Unternehmen oder die Beantwortung von Jobinseraten).

- **Nicht zur Erwerbsbevölkerung Gehörige.** Darunter fallen rund 34 Prozent der Erwachsenen, die entweder zur Schule gehen, den Haushalt führen, in Rente sind, zu krank sind, um zu arbeiten, oder die sich einfach um keine Arbeit bemühen.
- **Erwerbsbevölkerung.** Diese Gruppe umfaßt alle Beschäftigten und Arbeitslosen.

Die staatlichen Definitionen lauten wie folgt:

Im Arbeitsprozeß stehende Menschen (Erwerbsarbeit) fallen unter die Gruppe der Beschäftigten; Menschen, die keinen Job haben, jedoch einen anstreben, gelten als arbeitslos; Menschen ohne Arbeit, die auch keine anstreben, stehen außerhalb der Gruppe der Erwerbsbevölkerung. Die **Arbeitslosenrate** entspricht der Anzahl der Arbeitslosen dividiert durch die gesamte Erwerbsbevölkerung.

Abbildung 29-9 zeigt, wie sich die männliche und weibliche Bevölkerungsgruppe der USA auf die vier genannten Kategorien verteilt.[7]

VOLKSWIRTSCHAFTLICHE INTERPRETATION DER ARBEITSLOSIGKEIT

Wir wollen uns nach diesem Abschnitt über die Meßmethoden des Staates nun der volkswirtschaftlichen Analyse der Arbeitslosigkeit zuwenden. Zu den wichtigen Fragen in diesem Zusammenhang gehören folgende: Welche Gründe für Arbeitslosigkeit gibt es? Worin unterscheiden sich „freiwillige" und „unfreiwillige" Arbeitslosigkeit? Wie sieht die Beziehung zwischen den verschiedenen Arten der Arbeitslosigkeit und dem Konjunkturzyklus aus?

Drei Arten von Arbeitslosigkeit

Bei der Betrachtung der Struktur der Arbeitsmärkte stellen Ökonomen drei verschiedene Arten der Arbeitslo-

[7] Im Jahr 1994 wurden mehrere Änderungen am sogenannten Current Population Survey (also an den laufenden statistischen Erhebungsmethoden) vorgenommen, die sich auf die Definitionen der Begriffe Arbeitslosigkeit und Erwerbsbevölkerung beziehen. Obwohl es noch Jahre in Anspruch nehmen wird, bis der genaue quantitative Effekt dieser Änderungen richtig bewertet werden kann, zeichnet sich bereits ab, daß die ab Januar 1994 gemessene Arbeitslosenrate über einen halben Prozentpunkt höher liegt, als sie mit den herkömmlichen Meßtechniken ausgefallen wäre. Wenn daher nach der bis 1993 geltenden Definition die natürliche Arbeitslosenrate 5 1/2 Prozent betrug, so läge sie nach dem neuen Meßverfahren nun bei 6 Prozent.

sigkeit fest: friktionelle, strukturelle und konjunkturelle Arbeitslosigkeit.

Friktionelle Arbeitslosigkeit entsteht durch die unaufhörliche Wanderungsbewegung der Menschen zwischen den Regionen und durch Fluktuationen zwischen Jobs oder die verschiedenen Stadien des Lebenszyklus. Sogar bei Vollbeschäftigung käme es immer zu einer gewissen Fluktuation, weil etwa Studenten nach Studienabschluß einen Job suchen, oder weil Frauen nach Jahren der Kindererziehung wieder ins Berufsleben eintreten möchten. Da Arbeitslose häufig zwischen verschiedenen Jobs wechseln oder sich nach einem besseren Job umsehen, meint man häufig, daß es sich bei ihnen um *freiwillig Arbeitslose* handelt.

Strukturelle Arbeitslosigkeit bedingt eine mangelnde Abstimmung zwischen Arbeitsangebot und Arbeitsnachfrage. Dazu kann es kommen, weil die Nachfrage nach einer Art von Arbeit steigt, während die Nachfrage in einer anderen Branche zurückgeht, wobei sich das Angebot nicht rasch genug anpassen kann. Strukturelle Unausgewogenheit versteht sich häufig quer durch die Berufe oder regionsübergreifend, wenn bestimmte Sektoren wachsen, während andere schrumpfen. So trat beispielsweise Mitte der achtziger Jahre ein akuter Krankenschwesternmangel auf, weil ihre Zahl nur langsam zunahm, während die Nachfrage infolge der Verschiebung der Altersstruktur und anderer Kräfte auf dem Gesundheitssektor kräftig zunahm. Erst als die Löhne der Krankenschwestern rasch nachzogen und das Angebot größer wurde, konnte die strukturell bedingte Krankenschwesternknappheit beseitigt werden. Dagegen hängt die Nachfrage nach Kohlekumpeln seit Jahrzehnten durch, wobei die mangelnde geographische Mobilität von Arbeit und Kapital in diesem Bereich eine wichtige Rolle spielt; die Arbeitslosenrate in Bergbauregionen ist auch heute noch sehr hoch. Ebenso bedeuteten die Kürzungen im Verteidigungsbudget zu Beginn der neunziger Jahre für Zehntausende in der Rüstungsindustrie Beschäftigte den Verlust ihres Arbeitsplatzes, und diese Arbeitslosen haben auch kaum Aussicht, in derselben Branche wieder einen Job zu finden.

Konjunkturelle Arbeitslosigkeit schließlich tritt dann auf, wenn die allgemeine Arbeitsnachfrage zu gering ist. Bei einem Rückgang der Gesamtausgaben und der Produktionsleistung nimmt die Arbeitslosigkeit praktisch überall zu. Im Rezessionsjahr 1982 stieg die Arbeitslosenrate in 48 der insgesamt 50 Bundesstaaten. Dieser gleichzeitige Anstieg der Arbeitslosigkeit auf vielen Märkten ist ein Hinweis auf eine weitgehend konjunkturell bedingte Arbeitslosigkeit.

Die Unterscheidung zwischen konjunkturell und anderwärtig bedingter Arbeitslosigkeit hilft den Ökonomen bei der Diagnose des Allgemeinzustandes des Arbeitsmarktes. Ein hoher Anteil friktioneller oder struktureller Arbeitslosigkeit kann auch bei einem im allgemeinen ausgeglichenen Arbeitsmarkt auftreten, beispielsweise auf Grund einer hohen Fluktuation oder wenn sich eine geographische Unausgewogenheit stark auswirkt. Die konjunkturelle Arbeitslosigkeit tritt hingegen in Rezessionszeiten auf, wenn der Beschäftigungsstand infolge eines Ungleichgewichtes zwischen gesamtwirtschaftlichem Angebot und gesamtwirtschaftlicher Nachfrage insgesamt zurückgeht.

Die mikroökonomischen Grundlagen[8]

Auf den ersten Blick scheint der Grund für das Auftreten von Arbeitslosigkeit klar auf der Hand zu liegen: zu viele Arbeitskräfte konkurrieren um zu wenige Jobs. Und doch hat dieses einfache Phänomen die Ökonomen 50 Jahre lang vor ein beinahe unlösbares Rätsel gestellt. Die Erfahrung zeigt, daß die Preise jeweils bis zur Markträumung steigen oder fallen. Beim Markträumungspreis kaufen die Käufer freiwillig das, was die Verkäufer freiwillig verkaufen. Doch das Getriebe des Arbeitsmarktes scheint durch irgendetwas „blockiert" zu sein, wenn so viele Krankenhäuser nach Krankenschwestern suchen, diese jedoch nicht finden, während Tausende von Kohlekumpeln zum gängigen Lohn Arbeit suchen, die sie ebenfalls nicht finden. Ähnliche Symptome von Arbeitsmarktversagen stellen wir in allen Marktwirtschaften fest.

Ökonomen haben sich daher auf die mikroökonomischen Aspekte der Arbeitsmärkte konzentriert, um das Wesen der Arbeitslosigkeit zu ergründen. Obwohl bis heute keine allgemein anerkannte Theorie entwickelt werden konnte, sind viele Analysen durch die gemeinsame Beobachtung gekennzeichnet, daß es wegen der für eine Räumung des Marktes nicht ausreichend flexiblen Löhne zum Auftreten von Arbeitslosigkeit kommt. Weiter unten werden wir uns damit befassen, warum die Löhne unflexibel sind und warum unflexible Löhne zu unfreiwilliger Arbeitslosigkeit führen.

Beginnen wir mit einer Untersuchung der Gründe für die sogenannte freiwillige Arbeitslosigkeit auf einem typischen Arbeitsmarkt. Eine Gruppe von Arbeitnehmern weist eine Arbeitsangebotsfunktion wie jene in Abbildung 29-10, *SS*, auf. Die Angebotskurve gerät bei einer Arbeits-

[8] Dieser Abschnitt kann in Kurzlehrgängen ausgelassen werden.

menge von L^* vollkommen unelastisch, wenn das Lohnniveau hoch ist. Wir bezeichnen L^* als die Erwerbsbevölkerung.

Freiwillige Arbeitslosigkeit. Die linke Tafel in Abbildung 29-10 zeigt das übliche Bild von Angebot und Nachfrage im Wettbewerb, bei einem Marktgleichgewicht in Punkt *E* und einem Lohn von *W*. Im markträumenden Wettbewerbsgleichgewicht stellen die Unternehmen alle qualifizierten Arbeitskräfte, die Arbeit zum marktgängigen Lohn annehmen wollen, freiwillig an. Die Anzahl der so Eingestellten ist durch die Linie von *A* nach *E* dargestellt. Einige aus der Gruppe der Erwerbsbevölkerung, dargestellt durch das Segment *EF*, möchten zwar arbeiten, allerdings nur zu einem höheren Lohn. Die Arbeitslosen, die durch das Segment *EF* dargestellt sind, sind **freiwillig arbeitslos**, weil sie zum gängigen Marktlohn keine Arbeit annehmen möchten.

Das Bestehen einer freiwilligen Arbeitslosigkeit weist auf einen wichtigen Punkt im Zusammenhang mit dem Phänomen Arbeitslosigkeit hin, nämlich daß selbst eine Volkswirtschaft auf höchstem Effizienzniveau eine gewisse Arbeitslosigkeit hervorbringen kann. Die freiwillig Arbeitslosen ziehen vielleicht mehr Freizeit oder andere Aktivitäten einem Job zum gängigen Marktlohn vor. Es könnte sich jedoch auch um friktionell Arbeitslose handeln, die sich beispielsweise nach dem College erstmals auf Arbeitsuche begeben. Oder es könnte sich um Arbeitskräfte mit geringer Produktivität handeln, die lieber nichts tun, von der staatlichen Wohlfahrt oder Arbeitslosenunterstützung leben, als zu den sehr niedrigen Löhnen in ihrer Branche zu arbeiten. Es gibt unzählige Grün-

Abbildung 29-10: Mangelnde Lohnflexibilität kann zu unfreiwilliger Arbeitslosigkeit führen

Die verschiedenen Arten der Arbeitslosigkeit lassen sich mit Hilfe der mikroökonomischen Angebots- und Nachfragefunktionen darstellen. In **(a)** steigen oder sinken die Löhne bis zur Markträumung. Hier ist jede Arbeitslosigkeit freiwillig.

Teil **(b)** zeigt, was geschieht, wenn sich die Löhne nicht bis zur Markträumung anpassen. Beim überhöhten Lohn *W′* sind *JH* Arbeiter beschäftigt, *HG* Arbeiter jedoch unfreiwillig arbeitslos.

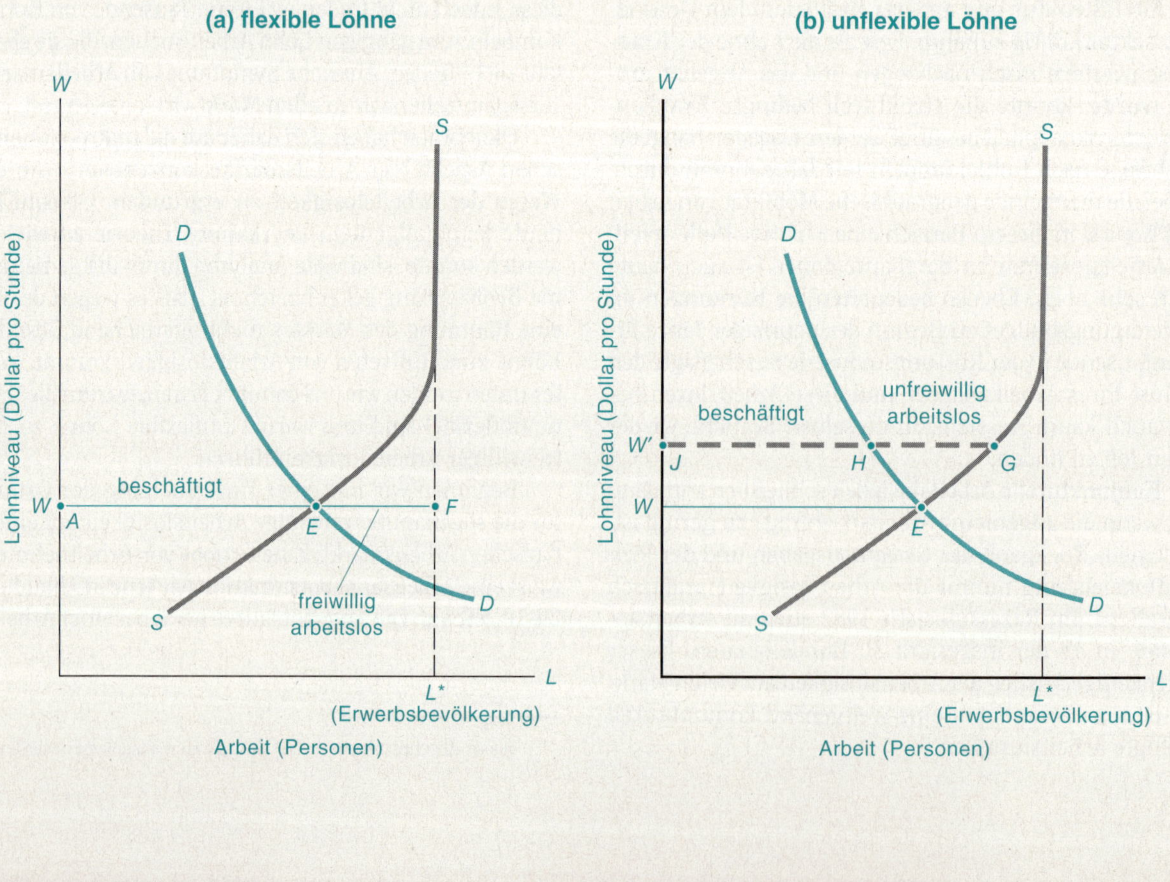

de dafür, daß Menschen freiwillig beschließen, zum gängigen Marktlohn nicht zu arbeiten, und doch gelten diese Menschen in der offiziellen Statistik als Arbeitslose.

Hier ist nun darauf hinzuweisen, daß freiwillige Arbeitslosigkeit volkswirtschaftlich sehr wohl effizient sein könnte, auch wenn Philosophen und Politiker die Tatsache bedauern, daß nicht für jeden ein gutbezahlter Job zur Verfügung steht. Ebenso wie ein Unternehmen für den Fall, daß ein wichtiges Modul der Produktionsmaschinen ausfällt, Ersatzteile benötigt, braucht vielleicht eine Volkswirtschaft arbeitslose Ersatzarbeitskräfte, die unverzüglich eingestellt werden können, sobald ein kritischer Arbeitskräftemangel auftritt. Dieses Beispiel zeigt, warum eine komplexe moderne Volkswirtschaft, selbst wenn sie auf höchstem Produktivitätsniveau agiert, ein gewisses Maß an Arbeitslosigkeit hervorbringen kann.

Unfreiwillige Arbeitslosigkeit. Lesen Sie die Berichte der Arbeitslosen von Seite 648 ff. noch einmal durch. Wer könnte wohl diesen Arbeitern vorwerfen, daß ihre Arbeitslosigkeit freiwillig gewählt sei? Diese Leute klingen doch nicht wie Konsumenten, die den Wert ihrer Arbeit sorgfältig gegen den Wert ihrer Freizeit abwägen. Sie hören sich auch nicht wie Leute an, die auf der Suche nach einem lukrativeren Job kurzfristig ohne Arbeit sind. Die Erfahrung zahlreicher Arbeitsloser läßt sich mit der eleganten klassischen Theorie freiwilliger Arbeitslosigkeit einfach nicht vereinbaren. Einer der ganz großen Durchbrüche Keynes' war es, diese schöne, jedoch irrelevante Theorie durch Aufzeigen der brutalen Fakten umzustoßen. Er erklärte, warum wir immer wieder ein Ansteigen der *unfreiwilligen Arbeitslosigkeit* verzeichnen, Perioden, in denen qualifizierte Arbeitskräfte zum gängigen Marktlohn einfach keinen Job bekommen können.

Der Schlüssel zu seinem Ansatz war die Beobachtung, daß sich die Löhne eben nicht bis zur Markträumung anpassen. Sie reagieren nur langsam auf volkswirtschaftliche Schocks. Doch wenn sich die Löhne nicht anpassen und die Märkte räumen, kommt es zu einem Mißverhältnis zwischen Arbeitsuchenden und freien Stellen. Dieses Mißverhältnis kann zu dem heute feststellbaren Muster der Arbeitslosigkeit führen.

Wir verstehen besser, wie unflexible Löhne zu unfreiwilliger Arbeitslosigkeit führen, wenn wir einen *Arbeitsmarkt, auf dem es zu keiner Räumung kommt*, wie er in Abbildung 29-10 (*b*) dargestellt ist, analysieren. Dieses Beispiel geht von der Annahme aus, daß angesichts einer volkswirtschaftlichen Störung auf dem Arbeitsmarkt überhöhte Löhne vorherrschen. Der Lohn liegt bei *W'* anstatt beim Gleichgewichts- oder Markträumungsnivau von *W*.

Bei diesem überhöhten Lohnniveau gibt es mehr qualifizierte Arbeitskräfte auf der Suche nach Arbeit als Unternehmen auf der Suche nach Arbeitskräften. Die Anzahl der Arbeiter, die bereit sind, bei einem Lohn von *W'* zu arbeiten, ist mit Punkt *G* auf der Angebotskurve angegeben, doch die Unternehmen wollen nur *H* Arbeitskräfte einstellen, wie wir aus der Nachfragekurve ersehen können. Da der Lohn über Markträumungsniveau liegt, kommt es zu einem Arbeitskräfteüberschuß. Die Arbeitslosen, die durch das gestrichelte Segment *HG* dargestellt sind, werden als **unfreiwillig Arbeitslose** bezeichnet, was bedeutet, daß es sich bei ihnen um qualifizierte Arbeitskräfte handelt, die zum geltenden Marktlohn Arbeit suchen, jedoch keinen Job finden. Bei zu vielen Arbeitsuchenden rationieren die Unternehmen die Jobs und stellen nur die bestqualifizierten oder besonders erfahrene Arbeitnehmer ein.

Der gegenteilige Fall tritt ein, wenn der Lohn unter Markträumungsniveau liegt. Hier, in einer Volkswirtschaft mit knappem Arbeitsangebot, können die Unternehmen nicht genügend Arbeitskräfte finden, um alle ihre freien Stellen zu besetzen. Die Unternehmen hängen „Gesucht"-Schilder an ihren Toren auf, setzen Inserate in die Zeitung und begeben sich sogar in anderen Städten und Regionen auf die Suche nach neuen Arbeitnehmern.

Gründe für die mangelnde Flexibilität. Die Theorie der unfreiwilligen Arbeitslosigkeit geht von der Annahme aus, daß die Löhne unflexibel sind. Dadurch aber erhebt sich eine weitere Frage: Warum reagieren die Löhne nicht flexibel, so daß es zu einer Markträumung kommen kann? Warum funktioniert der Arbeitsmarkt nicht wie ein Auktionsmarkt für Weizen, Mais oder Aktien?

Diese Fragen gehören zu den tiefsten ungelösten Geheimnissen der modernen Volkswirtschaft. Nur wenige Ökonomen würden heutzutage behaupten, daß sich die Löhne rasch genug anpassen, um Arbeitsknappheit oder -überschüsse auszugleichen. Und doch versteht niemand wirklich die Gründe für das zähe Verhalten von Löhnen und Gehältern. Wir können an dieser Stelle daher nur den Versuch einer Bewertung der Gründe für die mangelnde Flexibilität der Löhne anbieten.

Eine nützliche Unterscheidung läßt sich zwischen Auktionsmärkten und administrierten Märkten treffen. Ein *Auktionsmarkt* ist ein durchgehend organisierter und dem Wettbewerb unterworfener Markt, auf dem die Preise durch ihre Auf- und Abbewegungen auf einen Ausgleich von Angebot und Nachfrage hinwirken. So ändert sich beispielsweise an der Chicago Board of Trade der Preis für in „St. Louis ausgelieferten Hartweizen, Kategorie 2" oder für in „New York ausgelieferte bratfertige Hühner, Klasse „A" mit jeder Minute und spiegelt so die Marktbedingungen wider – jene Marktbedingungen, die wir in den hektischen Kauf- und Verkaufsaufträgen der Bauern, Mühlen, Verpackungsbetriebe, Zwischenhändler und Spekulanten erkennen.

Der Großteil aller Güter und die Gesamtheit der Arbeit werden jedoch auf administrierten Märkten, nicht auf Auktionsmärkten, die dem Wettbewerb unterworfen sind, verkauft. Niemand würde einen Arbeitsuchenden als „Automobil-Reifenmonteur Gruppe 2" oder „Universitätsassistent für Volkswirtschaftslehre, Klasse AAA" bezeichnen. Kein Experte bleibt bis spät abends wach, um dafür zu sorgen, daß sich die Stahlarbeiterlöhne und die Gehälter der Universitätsprofessoren genau auf jenem Niveau einpendeln, bei dem alle qualifizierten Arbeitskräfte einen Job finden.

Statt dessen handelt es sich bei den Löhnen und Gehältern der meisten Unternehmen um sogenannte *administrierte Preise*, die auf einem fixen Lohnschema basieren und bei denen neue Arbeitnehmer zu einem bestimmten Eintrittslohn oder -gehalt eingestellt werden. Ein solches Lohnschema bleibt zumeist ein Jahr lang in Kraft, und wenn es schließlich zu einer Anpassung kommt, werden die Löhne für alle Kategorien angehoben. So könnte es in einer Bank etwa 15 verschiedene Gehaltsstufen geben: drei Stufen für Sekretariatskräfte, zwei für Schalterbeamte etc. Die Bankmanager haben dann alljährlich zu entscheiden, um wieviel die jeweiligen Löhne und Gehälter angehoben werden sollen – sagen wir im Jahr 1996 durchschnittlich um 5 Prozent. Manchmal steigen alle Lohn- oder Gehaltsklassen proportional, manchmal werden für bestimmte Gehaltsklassen Erhöhungen über oder unter dem Durchschnitt beschlossen. Angesichts dieses Verfahrens einer Lohn- und Gehaltsbildung bleibt nur wenig Spielraum für größere Anpassungen, wenn das Unternehmen in einem bestimmten Arbeitsbereich eine Knappheit oder einen Überschuß feststellt. Abgesehen von wenigen Extremfällen wird das Unternehmen, sobald ein Marktungleichgewicht spürbar wird, nur versuchen, die für eine Position geforderten Mindestqualifikationen anzupassen, nicht jedoch die Löhne.[9]

Auf Arbeitsmärkten, auf denen die Gewerkschaften dominieren, sind die Lohnmuster noch um einiges rigider. Hier werden die Gehaltsschemata im typischen Fall für drei Jahre im voraus vereinbart; innerhalb dieses Zeitraums dürfen die Löhne angesichts einer Steigerung von Angebot oder Nachfrage in bestimmten Bereichen nicht angepaßt werden. Und gewerkschaftlich organisierte Arbeitnehmer akzeptieren Gehaltskürzungen häufig selbst dann nicht, wenn ein großer Teil der Gewerkschaftsmitglieder arbeitslos ist.

Zusammenfassend läßt sich feststellen, daß die Lohnbildung in den USA und in anderen Marktwirtschaften heute weitgehend in administrierten Verfahren erfolgt. Löhne und Gehälter werden in langen zeitlichen Abständen (zumeist einmal jährlich) festgelegt und sie verändern sich nur sehr langsam.

Löhne und Gehälter passen sich erst nach längerer Zeit an eine Knappheit oder einen Überschuß auf einem bestimmten Markt an.

Gehen wir noch einen Schritt weiter und fragen wir uns, worin die volkswirtschaftlichen Gründe für die geringe Anpassungsneigung von Löhnen und Gehältern bestehen. Die Mehrzahl der Ökonomen ist der Meinung, daß es zur mangelnden Flexibilität infolge der hohen Kosten der Lohnadministrierung kommt. Am Fall des Beispiels gewerkschaftlich vereinbarter Löhne ist festzustellen, daß die Ausverhandlung sehr viel unproduktive Zeit von Arbeitern und Management erfordert. Und weil Kollektivvertragsverhandlungen so teuer sind, werden die Verträge auch jeweils gleich für drei Jahre abgeschlossen.

Die Lohn- und Gehaltsbildung für nicht gewerkschaftlich organisierte Arbeitnehmer ist weniger kostspielig, erfordert jedoch ebenfalls relativ viel knappe Managementzeit und hat wichtige Auswirkungen auf die Arbeitsmoral. Jedesmal, wenn die Löhne und Gehälter festgelegt werden, wenn über Sozialleistungen entschieden wird, verändern sich auch die früheren Lohnvereinbarungen. Manche Arbeitnehmer empfinden diese Änderungen vielleicht als ungerecht, andere beschweren sich über den unfairen Entscheidungsprozeß, und es könnte zu einer gewissen Arbeitsunzufriedenheit kommen.

Viele Personalchefs ziehen daher ein System vor, bei dem die Löhne weniger häufig angepaßt werden und bei

---

[9] Das Beispiel der Collegezulassungen in den USA zeigt, welche Anpassungen vorgenommen werden, sobald es zu einer Knappheit oder zu einem Überschuß kommt. In den achtziger Jahren sahen sich viele Colleges einem wahren Ansturm an Studenten gegenüber. Wie haben sie reagiert? Wurden etwa die Studiengebühren so weit angehoben, daß sich nur noch die gewünschte Zahl an Studenten bewarb? Nein. Die Colleges verschärften ihre Zulassungsanforderungen, verlangten bessere High-School-Abschlußnoten und höhere Durchschnittsbewertungen. Und diese Anhebung der Mindesterfordernisse anstelle einer Lohn- und Preisanpassung ist auch genau das, was kurzfristig geschieht, wenn die Unternehmen mit einem zu hohen Arbeitsangebot konfrontiert sind.

dem die Arbeitnehmer großteils dieselbe Lohnerhöhung erhalten – unabhängig von den Marktbedingungen, von persönlichen Fähigkeiten oder sonstigen Kategorien. Dieses System mag Volkswirten ineffizient erscheinen, weil es keine entsprechende Lohnanpassung an das Marktangebot und die Marktnachfrage zuläßt. Aber dieser Ansatz spart mit der knappen Managementzeit und fördert das wichtige Gefühl der Gerechtigkeit und Gleichheit in einem Unternehmen. Schließlich kann es billiger sein, Arbeitskräfte aktiv zu suchen oder die Mindestanforderungen für eine ausgeschriebene Stelle zu ändern, als die gesamte Lohnstruktur des Unternehmens über den Haufen zu werfen, nur um einige neue Arbeitskräfte einzustellen.

Zusammenfassend:

Die Theorie der unflexiblen Löhne und der unfreiwilligen Arbeitslosigkeit besagt, daß eine zu langsame Lohnanpassung zu Überschüssen und Knappheiten auf einzelnen Arbeitsmärkten führt. Daher gleichen die Arbeitsmärkte kurzfristig dem Beispiel des Arbeitsmarktes, auf dem es zu keiner Räumung kommt, in Abbildung 29-10 (*b*). Doch irgendwann passen sich die Arbeitsmärkte den Marktbedingungen an, und die Löhne in anspruchsvolleren Berufen steigen im Verhältnis zu jenen in weniger fordernden Jobs. Langfristig gleichen die Löhne Angebot und Nachfrage aus, und somit verschwinden Auswüchse einer Arbeitslosigkeit oder eines Arbeitskräftemangels, wenn sich Löhne und Mengen an die Marktbedingungen angepaßt haben. Der Begriff „langfristig" kann in diesem Fall jedoch einen Zeitraum von vielen Jahren umfassen, und so kann eine überhöhte Arbeitslosigkeit oftmals zäh über viele Jahre hinweg bestehen bleiben.

ARBEITSMARKTTHEMEN

Nachdem wir nun die Gründe für das Auftreten von Arbeitslosigkeit untersucht haben, wenden wir uns als nächstes den wichtigsten Themen des heutigen Arbeitsmarktes zu. Welche Gruppen sind besonders von Arbeitslosigkeit bedroht? Wie lange dauert die Arbeitslosigkeit des einzelnen? Warum ist die Jugendarbeitslosigkeit so hoch?

Wer sind die Arbeitslosen?

Der Zustand des Arbeitsmarktes läßt sich diagnostizieren, wenn wir die Jahre, in denen die Produktionsleistung weit über dem potentiellen BIP lag (zuletzt 1973), mit Jahren einer tiefen Rezession vergleichen (wie etwa 1982). Die Unterschiede, die sich zwischen diesen Jahren jeweils ergeben, zeigen uns, inwieweit sich konjunkturelle Schwankungen auf Höhe, Gründe, Dauer und Verteilung der Arbeitslosigkeit auswirken.

Tabelle 29-2 weist die Arbeitslosenstatistik für jeweils ein Hochkonjunktur- und ein Rezessionsjahr aus. Die ersten beiden Zahlenspalten entsprechen der Arbeitslosenrate nach Alter, Rasse und Geschlecht. Diese Daten zeigen, daß die Arbeitslosenrate jeder Gruppe in Zeiten der Rezession tendenziell ansteigt. Die dritte und vierte Spalte zeigt, wie sich die gesamte Arbeitslosigkeit unter den verschiedenen Gruppen verteilt; bitte beachten Sie, daß sich diese Verteilung zwischen den einzelnen Gruppen durch den Konjunkturzyklus nur geringfügig verändert.

Beachten Sie außerdem, daß die Arbeitslosenrate unter Farbigen doppelt so hoch ist wie unter Weißen. Bei den relativen Arbeitslosenraten von Männern und Frauen hat sich hingegen im letzten Jahrzehnt eine Trendumkehr vollzogen. Die Arbeitslosenrate unter Frauen war im allgemeinen höher als unter Männern, allerdings nicht im Jahr 1982. Beachten Sie bitte auch, daß in Boomzeiten die Jugendarbeitslosigkeit anteilsmäßig höher ist als während einer Rezession.

Dauer der Arbeitslosigkeit

Eine weitere wichtige Frage betrifft die Dauer der Arbeitslosigkeit. Wie hoch ist der Anteil der – sozial besonders problematischen – Langzeitarbeitslosigkeit, und wieviel entfällt auf kurzfristige Arbeitslosigkeit, wenn die Leute nur rasch den Job wechseln?

Abbildung 29-11 weist die Dauer der Arbeitslosigkeit in Boom- und Rezessionszeiten aus, auch hier wieder anhand der Daten aus 1973 und 1982. Ein überraschendes Merkmal der US-Arbeitsmärkte ist der hohe Anteil der kurzfristigen Arbeitslosigkeit. So war im Boomjahr 1973 nicht einmal ein Fünftel der Arbeitslosen länger als 14 Wochen lang arbeitslos. In Rezessionszeiten dauert es sehr viel länger, einen neuen Job zu finden. Der Anteil der Langzeitarbeitslosen, die über ein Jahr lang ohne Beschäftigung blieben, stieg von 340.000 im Jahr 1973 auf 2.600.000 Ende 1982. Und in Europa mit seiner geringeren Mobilität und größeren rechtlichen Hemmnissen, die einem sozialen Wandel entgegenstehen, erreichte die langfristige Arbeitslosigkeit Mitte der achtziger Jahre einen Anteil von 50 Prozent. Langzeitarbeitslosigkeit stellt ein schwerwiegendes soziales Problem dar, weil die Ressourcen, die den Haushalten zur Verfügung stehen – Ersparnis, Arbeitslosengeld, aber auch wechselseitiges Wohlwollen –, nach einigen Monaten erschöpft sind.

	Arbeitslosenrate der verschiedenen Gruppen (in % der Erwerbsbevölkerung)		Verteilung der gesamten Arbeitslosigkeit auf die verschiedenen Gruppen (in % der gesamten Arbeitslosen)	
Arbeitsmarktgruppe	Hochkonjunktur (1973)	Rezession (1982)	Hochkonjunktur (1973)	Rezession (1982)
Nach dem Alter:				
16–19 Jahre	14,5	23,2	28,5	18,5
20 Jahre und darüber	3,8	8,6	71,5	81,5
Nach der Rasse:				
Weiße	4,3	8,6	79,2	77,2
Schwarze und sonstige	8,9	17,3	20,8	22,8
Nach dem Geschlecht (nur Erwachsene):				
Männer	3,3	8,8	51,8	58,5
Frauen	4,8	8,3	48,2	41,5
Alle Arbeitskräfte	**4,9**	**9,7**	**100,0**	**100,0**

Tabelle 29-2: Arbeitslosigkeit in den verschiedenen demographischen Gruppen

Die obenstehende Tabelle zeigt, daß sich die Arbeitslosenrate der unterschiedlichen demographischen Gruppen in Jahren der Hochkonjunktur und der Rezession unterschiedlich verhält. Die letzten beiden Spalten weisen den Prozentsatz des gesamten Pools der Arbeitslosen in jeder Gruppe aus. (Quelle: US-Arbeitsministerium, *Employment and Earnings*)

Gründe für die Arbeitslosigkeit

Warum werden Leute arbeitslos? Abbildung 29-12 weist die Antworten aus, die Befragte in den Jahren 1973 und 1982 auf die Frage nach dem Grund ihrer Arbeitslosigkeit gaben.

Ein gewisser Teil der Arbeitslosigkeit ergibt sich immer aus Änderungen des Wohnortes oder durch lebenszyklusbedingte Änderungen – eine Übersiedlung, durch den erstmaligen Eintritt ins Erwerbsleben etc. Die größten Schwankungen der Arbeitslosenrate ergeben sich im Zeitablauf durch die höhere Zahl an Kündigungen. In Rezessionszeiten schwillt deren Zahl aus zwei Gründen enorm an: Erstens steigt die Zahl jener, die ihren Job verlieren (wie in Abbildung 29-11 zu sehen ist), und zweitens dauert es länger, einen neuen Job zu finden.

Gründe für Jugendarbeitslosigkeit

Teenager weisen im allgemeinen unter allen Bevölkerungsgruppen die höchste Arbeitslosenrate auf, und unter farbigen Teenagern lag in den letzten Jahren die Arbeitslosenrate zwischen 30 und 50 Prozent. Handelt es sich dabei um eine friktionelle, eine strukturelle oder eine konjunkturelle Arbeitslosigkeit?

Es gibt in letzter Zeit Hinweise darauf, daß vor allem unter den Weißen die Jugendarbeitslosigkeit eine bedeutende friktionelle Komponente aufweist. Teenager bewegen sich auf dem Arbeitsmarkt flexibler. Sie erhalten leicht einen Job, den sie aber auch häufig wieder aufgeben. Die durchschnittliche Dauer der Jugendarbeitslosigkeit beträgt nur die Hälfte der Arbeitslosigkeit unter Erwachsenen. Die typische Beschäftigungsdauer eines Erwachsenen in einem Job ist etwa zwölfmal länger als die eines Jugendlichen. In den meisten statistisch erfaßten Jahren handelt es sich bei der Hälfte der Jugendlichen um „Neuzugänge", die noch nie zuvor einen bezahlten Job hatten. Alle diese Faktoren lassen darauf schließen, daß Jugendarbeitslosigkeit zu einem hohen Prozentsatz friktioneller Natur ist. Das bedeutet, daß sie die Jobsuche der jungen Leute, die erst ihre persönlichen Fähigkeiten erkennen und ausbilden müssen, und deren häufigen Arbeitsplatzwechsel widerspiegelt.

Aber auch Teenager erwerben irgendwann die Fähigkeiten und Arbeitsgewohnheiten der erfahreneren Arbeits-

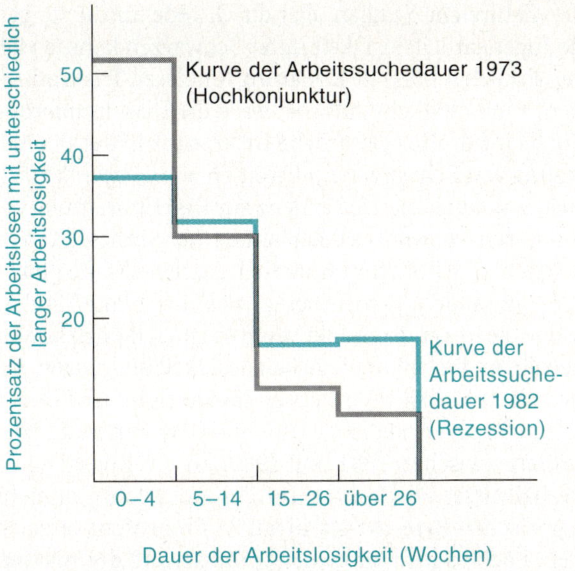

Abbildung 29-11: Der Großteil der Arbeitslosigkeit in den USA ist kurzfristig, aber in Rezessionszeiten erhöht sich der Anteil der Langzeitarbeitslosigkeit

Wie lange benötigt ein Arbeitsloser, um einen Job zu finden? Die Kurven der Arbeitssuchedauer zeigen, wie viele Arbeitslose jeweils wie lange arbeitslos geblieben sind. Im Hochkonjunkturjahr 1973 waren nur 8 Prozent der Arbeitslosen länger als 26 Wochen hindurch arbeitslos. 1982, in einer tiefen Rezession, erhöhte sich der Anteil der Langzeitarbeitslosigkeit (über 26 Wochen) auf 17 Prozent. Die Kurve der Arbeitssuchedauer wird daher in Rezessionszeiten flacher, weil mehr Leute länger suchen mussen, um einen Arbeitsplatz zu finden, und es daher auch weniger Leute wagen, einen Job, der ihnen nicht gefällt, zu kündigen. (Quelle: US-Arbeitsministerium, *Employment and Earnings*)

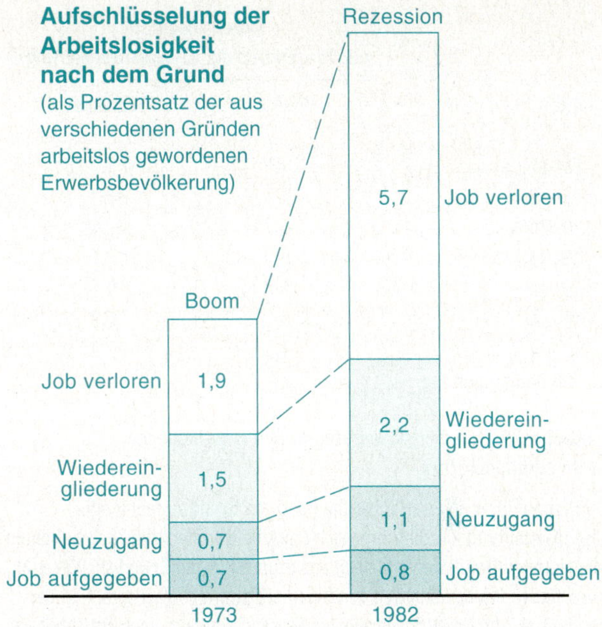

Abbildung 29-12: Aufteilung nach dem jeweiligen Grund der Arbeitslosigkeit

Warum wird man arbeitslos? Nicht einmal 1 Prozent der Erwerbsbevölkerung ist arbeitslos, weil diese Leute ihren Job aufgegeben haben, 2 bis 3 Prozent sind Neuzugänge auf dem Arbeitsmarkt (etwa weil sie gerade das College abgeschlossen haben) oder wollen wieder ins Erwerbsleben zurückkehren (Leute, die sich früher aus dem Erwerbsleben zurückgezogen haben und nun wieder auf Jobsuche sind). Die Hauptänderung zwischen Hochkonjunktur und Rezession ergibt sich jedoch durch die Anzahl derer, die ihren Job unfreiwillig verlieren. Zwischen 1973 und 1982 ist der Anteil jener, die arbeitslos wurden, nachdem sie gekündigt worden waren, um das Dreifache gestiegen. (Quelle: US-Arbeitsministerium, *Employment and Earnings*)

kräfte. Tabelle 29-3 weist die Arbeitslosenrate für verschiedene Altersstufen und getrennt für Schwarze und Weiße im Jahr 1993 aus. Zunehmende Erfahrung und Ausbildung sowie der stärkere Wunsch und die Notwendigkeit, einen Ganztagsjob anzunehmen, sind der Grund dafür, daß die Arbeitnehmer der mittleren Altersgruppen bedeutend niedrigere Arbeitslosenraten aufweisen als Teenager.

Jugendarbeitslosigkeit unter Minderheitengruppen. Während vieles auf einen hohen Anteil friktioneller Arbeitslosigkeit unter den weißen Jugendlichen hindeutet, sieht es auf dem Arbeitsmarkt für junge Afroamerikaner ganz anders aus. Nach dem Zweiten Weltkrieg entsprachen die Arbeitsmarktdaten für schwarze Teenager praktisch exakt jenen für weiße Teenager; der Anteil an der Erwerbsbevölkerung sowie auch die Arbeitslosenraten waren bei weißen und schwarzen Jugendlichen bis 1955 praktisch identisch. Seit damals kam es allerdings zu einem Anstieg der Arbeitslosenrate unter den schwarzen Jugendlichen gegenüber der Vergleichsgruppe, während zugleich auch ihr Anteil an der Erwerbsbevölkerung rückläufig war. Im Jahr 1993 waren 35 Prozent der schwarzen Teenager (im Alter von 16 bis 19 Jahren) arbeitslos, jedoch nur 13 Prozent der weißen Jugendlichen. Der

Alter	Arbeitslosenrate (als Prozentsatz der Erwerbsbevölkerung)	
	Weiße	Schwarze
16–17	19,0	39,7
18–19	14,3	38,4
20–24	8,7	22,0
25–34	6,0	12,6
35–44	4,8	9,5
45–54	4,5	6,9
55–64	4,3	7,2
65 und darüber	2,9	4,7

Tabelle 29-3: Arbeitslosenraten in den verschiedenen Altersgruppen 1993

Im Verlauf ihrer diversen Jobsuchen und auf Grund zunehmender Berufserfahrung konzentrieren sich die Arbeitskräfte schließlich auf einen bestimmten Beruf; sie verbleiben auch zumeist in der Erwerbsbevölkerung und finden irgendwann den von ihnen präferierten Arbeitsplatz. In der Folge sinkt die Arbeitslosenrate der älteren Leute auf einen Bruchteil der Jugendarbeitslosigkeit. (Quelle: US-Arbeitsministerium, *Employment and Earnings*, Januar 1994)

Anteil der Erwerbsbevölkerung (entsprechend dem Verhältnis der Gesamtbeschäftigung zur Gesamtbevölkerung) betrug für schwarze Teenager nur 21 Prozent im Vergleich zu 45 Prozent bei den weißen Teenagern.

Was führte zu dieser außerordentlich starken Divergenz zwischen den beiden Gruppen? Eine Erklärung könnte lauten, daß die Kräfte des Arbeitsmarktes (wie Jobstruktur oder lokales Jobangebot) im allgemeinen gegen die schwarzen Jugendlichen gewirkt haben. Diese Erklärung sagt jedoch noch nicht alles. Obwohl schwarze Erwachsene immer höhere Arbeitslosenraten aufwiesen als weiße Erwachsene – wegen der schlechteren Schulbildung, weniger Kontakten zu den Leuten, die Jobs zu vergeben haben, geringerer Berufserfahrung und -ausbildung und wegen rassischer Diskriminierung –, hat sich das Verhältnis zwischen Schwarz und Weiß seit dem Zweiten Weltkrieg hier nicht verändert.

Zahlreiche Studien über die Gründe für die steigende Jugendarbeitslosigkeit unter Schwarzen konnten keine wirklich schlüssige Erklärung für diesen Trend erbringen. Eine mögliche Antwort wäre die Diskriminierung, doch eine größer gewordene Diskrepanz in der Beschäftigung von Schwarzen und Weißen würde eben tatsächlich eine zunehmende Tendenz zur Diskriminierung voraussetzen – obwohl es doch heute einen verbesserten gesetzlichen Schutz für Minderheitenarbeitskräfte gibt.

Eine andere Theorie besagt, daß überhöhte Mindestlöhne die in wenig produktiven Bereichen tätigen schwarzen Jugendlichen in die Arbeitslosigkeit abdrängen. Das geänderte Verhältnis zwischen Mindestlohn und Durchschnittslohn ermöglicht es uns, diese Hypothese zu überprüfen. Zwischen 1981 und 1989 war ein Rückgang des Verhältnisses Mindest- zu Durchschnittslohn im nichtagrarischen Bereich von 46 auf 34 Prozent zu verzeichnen, doch es kam zu keiner Verbesserung der relativen Arbeitsmarktsituation für schwarze Jugendliche. Daß hier keine Verbesserung eintrat, läßt uns am Mindestlohn als dem Hauptverdächtigen zweifeln. Einige konservative Kritiker des Wohlfahrtsstaates machen die Kultur der Abhängigkeit vom Staat, die durch die staatliche Unterstützung von Mittellosen erzeugt wird, für die höhere Arbeitslosigkeit der Schwarzen verantwortlich, obwohl sie für ihre Thesen kaum stichhältige Daten vorlegen können.

Führt die hohe Jugendarbeitslosigkeit schließlich zu einer langfristigen Beeinträchtigung des Arbeitsmarktes mit einem permanent niedrigeren Niveau sowohl der Fertigkeiten als auch der Löhne? Diese Frage wird derzeit intensiv untersucht, und eine erste vorsichtige Antwort deutet eher auf ein Ja hin, vor allem was Jugendliche aus den Minderheiten betrifft. Es scheint so, als würden Jugendliche, die keine Möglichkeit haben, spezielle Fertigkeiten in ihrem Job und die entsprechende Arbeitseinstellung zu erwerben, auch in höherem Alter weniger verdienen und einer höheren Gefahr unterliegen, arbeitslos zu werden. Diese Feststellung läßt den Schluß zu, daß es für die Öffentlichkeit von größter Bedeutung sein muß, Programme zur Verringerung der Jugendarbeitslosigkeit unter den Minderheitengruppen einzuführen.

ZUSAMMENFASSUNG

A. Konjunkturzyklen

1. Unter dem Begriff Konjunkturzyklus verstehen wir Schwankungen der gesamtwirtschaftlichen Produktionsleistung, der Einkommen und der Beschäftigungslage, die durch eine umfassende Expansion oder Kontraktion auf vielen wirtschaftlichen Sektoren gekennzeichnet ist. Alle reifen Marktwirtschaften erleben Konjunkturzyklen. Wir unterscheiden die Phasen Aufschwung, Boom oder Hochkonjunktur, Abschwung und Rezession.
2. Die meisten modernen Konjunkturtheorien betonen die Bedeutung von Gesamtnachfrageverschiebungen als Ursache wirtschaftlicher Fluktuationen. In den letzten Jahren sind zur Liste der bekannten zyklusauslösenden Einflußfaktoren auch die Angebotsschocks (wie die Ölkrise) hinzugekommen.
3. Ökonomen nennen eine Reihe von Gründen für das Auftreten von Konjunkturzyklen. Ihre Theorien unterscheiden sich entsprechend ihrer Betonung der exogenen oder der endogenen Faktoren. Häufig wird Änderungen der exogenen Faktoren, also etwa Revolutionen, Wahlen, Kriegen, Änderungen der Wechselkurse oder Ölpreisschocks, große Bedeutung beigemessen. Den meisten Theorien zufolge kommt es zu einer Wechselwirkung zwischen exogenen Schocks und internen Mechanismen wie dem Multiplikator sowie auch Verschiebungen der Investitionsnachfrage, und eine Kombination aus all diesen Faktoren löst die konjunkturellen Schwankungen aus.
4. Volkswirtschaftliche Prognosen sind nach wie vor ungenau. Die erfolgreichsten Wirtschaftsforscher bedienen sich heute diverser Computermodelle, die eine Prognose volkswirtschaftlicher Entwicklungen auf statistischen Schätzungen aufbauen.

B. Arbeitslosigkeit

5. Es gibt einen eindeutigen Zusammenhang zwischen Veränderungen der Produktionsleistung und der Arbeitslosenrate im Verlauf des Konjunkturzyklus. Gemäß dem Okunschen Gesetz steigt die Arbeitslosenrate pro 2 Prozent Abweichung des tatsächlichen vom potentiellen BIP um 1 Prozentpunkt. Diese Regel ist für die Übertragung konjunkturell bedingter BIP-Veränderungen auf den Arbeitsmarkt nützlich.
6. Rezessionen und die damit einhergehende hohe Arbeitslosigkeit sind für eine Volkswirtschaft extrem kostspielig. Längere Rezessionsperioden wie jene während der siebziger und frühen achtziger Jahre kosteten die USA Hunderte Milliarden Dollar und waren auch aus sozialer Sicht überaus schädlich. Obwohl die Arbeitslosigkeit seit den Tagen der Industriellen Revolution eine wahre Plage des Kapitalismus darstellt, können wir deren Ursachen und Kosten erst mit Hilfe der modernen makroökonomischen Theorie verstehen.
7. Der Staat erhebt allmonatlich statistische Daten über die Arbeitslosenzahlen, den Arbeitsmarkt und die Erwerbsbevölkerung in einem Zufallsstichprobenverfahren. Menschen mit einem bezahlten Job werden als Beschäftigte, Arbeitsuchende ohne Job als Arbeitslose, nicht Arbeitsuchende ohne Job als nicht zur Erwerbsbevölkerung gehörig geführt. In den letzten zehn Jahren zählten 65 Prozent der Bevölkerung über 16 zur Erwerbsbevölkerung, und 7 Prozent der Erwerbsbevölkerung waren als arbeitslos gemeldet.
8. Ökonomen teilen die Arbeitslosigkeit in drei Kategorien ein: (*a*) friktionelle Arbeitslosigkeit, worunter verstanden wird, daß die Arbeitskräfte zwischen zwei Jobs wechseln, neu zur Erwerbsbevölkerung stoßen oder aus dieser ausscheiden; (*b*) strukturelle Arbeitslosigkeit, ein Begriff, der sich auf Arbeitskräfte in benachteiligten Regionen oder Branchen bezieht; und (*c*) konjunkturelle Arbeitslosigkeit, eine Kategorie, unter die jene Erwerbsfähigen fallen, die im Zuge einer allgemeinen Rezession ihre Arbeit verlieren.
9. Ein gründlicher Blick auf die Arbeitslosenstatistiken zeigt uns mehrere Regelmäßigkeiten:
   a. Rezessionen betreffen alle Gruppen mehr oder weniger gleich stark – was bedeutet, daß die Arbeitslosenrate aller Gruppen proportional zur allgemeinen Tendenz der Arbeitslosenrate steigt oder fällt.
   b. Ein sehr großer Teil der Arbeitslosigkeit in den USA ist nur vorübergehender Natur, also kurzfristig. In Jahren mit geringer Arbeitslosigkeit (etwa 1973) sind über 90 Prozent der Arbeitslosen weniger als 26 Wochen lang arbeitslos. Die durchschnittliche Dauer der Arbeitslosigkeit steigt in tiefen und langen Rezessionen stark an.
   c. In den meisten Jahren geht ein bedeutender Teil der Arbeitslosigkeit auf einfache Fluktuationen oder friktionelle Ursachen zurück, wenn beispielsweise Menschen erstmals Arbeit suchen oder nach einer Pause einen Wiedereintritt anstreben. Nur in Rezessionszeiten besteht das Heer der Arbeitslosen primär aus Leuten, die ihren Job verloren haben.
10. Das Verstehen der Ursachen von Arbeitslosigkeit hat sich als eines der größten Probleme der modernen Makroökonomie erwiesen. Ein Teil der Arbeitslosigkeit (häufig als freiwillige Arbeitslosigkeit bezeichnet) tritt in einer lohnflexiblen, im vollkommenen Wettbewerb stehenden Wirtschaft auf, wenn es qualifizierte Arbeitskräfte vorziehen, zum gängigen Lohn nicht zu arbeiten. Freiwillige Arbeitslosigkeit könnte das effiziente Ergebnis eines vollkommenen Marktes sein.

11. Die meisten Ökonomen meinen, daß eine Teil der Arbeitslosigkeit, vor allem die hohe konjunkturelle Arbeitslosigkeit, die in Rezessionszeiten auftritt, keineswegs die freiwilligen Entscheidungen qualifizierter Arbeitskräfte widerspiegelt, die nicht zum Marktlohn arbeiten wollen. Statt dessen tritt konjunkturelle Arbeitslosigkeit auf Grund mangelnder Flexibilität der Löhne auf, die sich an ein Überangebot oder eine Knappheit des Faktors Arbeit nicht rasch anpassen. Liegen die Löhne über dem Markträumungsniveau, werden zwar einige Arbeitskräfte angestellt, andere qualifizierte Arbeitskräfte können jedoch nicht unterkommen. Diese Art der Arbeitslosigkeit ist unfreiwillig und ebenso ineffizient, wobei sowohl Arbeitskräfte als auch Unternehmen von einer entsprechenden Anwendung geld- und fiskalpolitischer Maßnahmen nur profitieren könnten.

12. Unfreiwillige Arbeitslosigkeit entsteht, weil die Löhne auf wirtschaftliche Schocks nicht flexibel reagieren können. Diese mangelnde Flexibilität entsteht teilweise wegen der Kosten im Zusammenhang mit Änderungen der Lohn- und Gehaltsschemata. Diese Kosten sind auf Grund der langen Dauer von gewerkschaftlich ausgehandelten Kollektivverträgen erkennbar, die im typischen Fall für 3 Jahre abgeschlossen werden. Auch in gewerkschaftlich nicht organisierten Bereichen werden Lohn- und Gehaltsabschlüsse üblicherweise zumindest für 1 Jahr getätigt. Laufende Lohnanpassungen an die Marktbedingungen würden zu viel Managementzeit in Anspruch nehmen, sie könnten gegen das Gefühl der Arbeitskräfte für Fairness verstoßen und die Arbeitsmoral und Produktivität der Arbeitnehmer eines Betriebes beeinträchtigen.

BEGRIFFE ZUR WIEDERHOLUNG

Konjunkturzyklen

Konjunkturzyklus
Phasen des Konjunkturzyklus: Boom oder Hochkonjunktur, Rezession, Aufschwung, Abschwung
Rezession
exogene und endogene Konjunkturtheorien
makroökonomische Modelle

Arbeitslosigkeit

Okunsches Gesetz
Bevölkerungsstatistik: Arbeitslose, Beschäftigte, Erwerbsbevölkerung, nicht zur Erwerbsbevölkerung Gehörige
friktionelle, strukturelle und konjunkturelle Arbeitslosigkeit
Arbeitslosenrate
Arbeitslosigkeit bei flexiblen Löhnen (Markträumung) vs. Arbeitslosigkeit bei unflexiblen Löhnen (keine Markträumung)
freiwillige vs. unfreiwillige Arbeitslosigkeit

FRAGEN UND BEISPIELE

1. Beschreiben Sie die Phasen des Konjunkturzyklus. In welcher Phase befindet sich die Wirtschaft derzeit?
2. Nehmen Sie an, die Arbeitslosenrate beträgt 8 Prozent und das BIP $ 4.000. Geben Sie einen groben Schätzwert für das potentielle BIP an, wenn die natürliche Arbeitslosenrate 6 Prozent beträgt. Setzen Sie voraus, daß das potentielle BIP jährliche Zuwächse von 3 Prozent zu verzeichnen hat. Wo wird das potentielle BIP in 2 Jahren liegen? Wie schnell muß das BIP wachsen, damit es in 2 Jahren das potentielle BIP erreicht?
3. Manche Konjunkturzyklen rühren von der Nachfrageseite, andere von Angebotsschocks her.
   a. Führen Sie für beides Beispiele an. Erklären Sie die feststellbaren Unterschiede zwischen den beiden Arten von Schocks für die Produktion, die Preise und die Arbeitslosigkeit.
   b. Geben Sie an, ob die folgenden Situationen jeweils zu einem angebotsseitigen oder zu einem nachfrageseitigen Konjunkturzyklus führen würden und verwenden Sie zur bildlichen Darstellung das *AS-AD*-Diagramm:
   Zerstörung von Fabriken und Kraftwerken durch Bombardierung im Krieg; eine Abnahme der Nettoexporte auf Grund einer tiefen Rezession in Europa; eine Ölpreiserhöhung nach einer Revolution im Mittleren Osten; eine drastische Verlangsamung der Produktivitätszuwächse.
4. Wie wäre jede der folgenden Personen oder Gruppen im Hinblick auf den Arbeitsmarkt einzustufen:
   a. ein Teenager, der erstmals einen Job sucht;
   b. ein Automobilmonteur, der entlassen wurde und gern wieder einen Job hätte, der jedoch jede Hoffnung, einen zu finden, aufgegeben hat;
   c. ein Rentner in Florida, der die Zeitungsannoncen studiert, um einen Teilzeitjob zu finden;
   d. ein Vater oder eine Mutter, der oder die halbtags ar-

beitet, einen Ganztagsjob möchte, jedoch nicht genügend Zeit hat, einen zu suchen;

e. ein Lehrer mit einer festen Stelle, der allerdings zu krank ist, um zu arbeiten.

5. Überlegen Sie sich Ihren Arbeitsstatus in den letzten 2 oder 3 Jahren. Denken Sie nach, wie Ihr Arbeitsstatus in jedem Monat war (beschäftigt, arbeitslos, nicht zur Erwerbsbevölkerung gehörig). Beurteilen Sie anschließend für die Zeiten, in denen Sie arbeitslos waren, ob es sich um eine friktionelle, strukturelle oder konjunkturelle Arbeitslosigkeit gehandelt hat. Wie hoch war Ihre ganz persönliche Arbeitslosenrate? Was sagt Ihnen Ihre Erfahrung über die Ursachen für die Jugendarbeitslosigkeit? Vergleichen Sie Ihre Beobachtungen mit jenen Ihrer Kurskollegen.

6. Nehmen Sie an, der Kongreß beabsichtige die Verabschiedung eines Mindestlohngesetzes, das den Mindestlohn für Jugendliche über dem Markträumungsniveau, jedoch unter jenem für erwachsene Arbeitskräfte ansetzt. Zeigen Sie mit Hilfe von Angebots- und Nachfragediagrammen die Auswirkungen einer Einführung dieses Mindestlohns auf den Beschäftigungsstand, die Arbeitslosigkeit und die Einkommen beider Gruppen von Arbeitskräften. Handelt es sich um eine freiwillige oder unfreiwillige Arbeitslosigkeit? Was würden Sie dem Kongreß empfehlen, müßten Sie sich zu diesem Gesetzesentwurf äußern?

7. Sind die volkswirtschaftlichen Kosten oder der Streß eines Jugendlichen, der 1 Sommermonat lang arbeitslos bleibt, Ihrer Meinung nach größer oder kleiner als die eines Haushaltsvorstandes, der ein Jahr lang ohne Arbeit bleibt? Sollte sich Ihrer Meinung nach der politische Ansatz diesen beiden Gruppen gegenüber ändern?

8. In den letzten Jahren wurde eine neue Theorie der „Real Business Cycles" (oder RBC) entwickelt. Diese Theorie besagt, daß Konjunkturzyklen durch Produktionsschocks ausgelöst werden, die sich durch die Wirtschaft fortpflanzen. Sie berücksichtigt jedoch keine Elemente eines unvollständigen Wettbewerbs und läßt auch die Möglichkeit, daß der Markt nicht geräumt werden könnte, außer acht.
   a. Erklären Sie die RBC-Theorie im Rahmen von *AS-AD*.
   b. Diskutieren Sie, ob die RBC-Theorie die auf Seite 638 beschriebenen üblichen Charakteristika der Konjunkturzyklen erklären kann.

9. **Problemstellung für Fortgeschrittene:** Nehmen Sie zwei Würfel und versuchen Sie mit folgender Technik, ob Sie so etwas wie einen Konjunkturzyklus hervorbringen können: Schreiben Sie die Augenzahlen von zwanzigmaligem oder öfterem Würfeln auf. Bilden Sie dann die Durchschnittswerte von jeweils fünf aufeinanderfolgenden Würfen. Zeichnen Sie diese auf; sie werden eine große Ähnlichkeit zum Verlauf des BIP, der Arbeitslosigkeit oder der Inflation aufweisen.
   Einmal erhielten wir die Abfolge 7, 4, 10, 3, 7, 11, 7, 2, 9, 10 ... (Die Durchschnittswerte lauteten $(7 + 4 + 10 + 3 + 7)/5 = 6{,}2$, $(4 + 10 + 3 + 7 + 11)/5 = 7$ etc.
   Warum sieht das Ergebnis so ähnlich wie ein Konjunkturzyklus aus? [Hinweis: Die durch den Würfel generierten Zufallszahlen verhalten sich wie exogene Schocks durch Investitionen oder Kriege. Der verlaufende Durchschnittswert entspricht dabei dem internen Multiplikator oder einem ausgleichenden Mechanismus des Wirtschaftssystems (vergleichbar einem Schaukelstuhl). Zusammengenommen ergeben diese Zahlen etwas, das aussieht wie ein Zyklus.]

10. **Problemstellung für Fortgeschrittene:** Ein bedeutender Makroökonom, George Perry von der Brookings Institution, schrieb nach dem Golfkrieg der Jahre 1990–1991 folgende Zeilen:

> *Kriege waren für die US-Wirtschaft zumeist von Vorteil. Sie haben uns traditionellerweise eine steigende Produktionsleistung, geringere Arbeitslosigkeit und eine gute Auslastung der Industriekapazitäten gebracht, weil dabei die militärische Nachfrage zur normalen zivilwirtschaftlichen Aktivität hinzukommt. Diesmal sind erstmals Krieg und Rezession zusammengefallen. Was sagt uns dieser Spezialfall über die Rezession?*
> (*Brookings Review,* Frühling 1991)

Gehen Sie in die Bibliothek und suchen Sie Daten zu den wesentlichen Einflußfaktoren für die gesamtwirtschaftliche Nachfrage während der Periode 1990–1991 sowie für frühere Kriegsperioden heraus (Zweiter Weltkrieg, Koreakrieg, Vietnamkrieg). Untersuchen Sie insbesondere die Staatsausgaben für Güter und Dienstleistungen (vor allem Verteidigungsausgaben) sowie Steuern und Zinssätze. Können Sie den Spezialfall erklären, auf den sich Perry hier bezieht?

KAPITEL 30

DIE SICHERUNG DER PREISSTABILITÄT

Lenin hat angeblich gesagt, die beste Methode zur Zerstörung des kapitalistischen Systems sei die Aushöhlung der Währung. Durch eine anhaltende Inflation können Regierungen still und heimlich einen beträchtlichen Teil des Vermögens ihrer Bürger einziehen.

J. M. Keynes

Wir wissen, daß Arbeitslosigkeit und Rezessionen hohe gesellschaftliche Kosten verursachen. Dennoch unternehmen die Staaten nicht den Versuch, die Arbeitslosigkeit auf Null oder zumindest beinahe Null zu senken. Man kann auch feststellen, daß immer dann, wenn sich das reale Produktionsniveau dem potentiellen nähert, wie dies beispielsweise 1994 in den USA der Fall war, die Zentralbanken das Zinsniveau anheben, um einer Überhitzung der Konjunktur vorzubeugen. Da stellt sich doch die Frage, warum Regierungen nicht so lange stimulierend auf ihre Volkswirtschaften einwirken, bis die unfreiwillige Arbeitslosigkeit verschwindet? Wie konnte die Federal Reserve 1994 das Zinsniveau so stark erhöhen?

Die Antwort lautet, daß die Beschäftigung aller Arbeitswilligen zu Verknappungen auf den Arbeits- und Produktmärkten führen müßte, wodurch die Inflation auf eine nicht mehr tolerierbare Höhe steigen würde. Niemand hat dieses Dilemma klarer formuliert als Arthur Okun:

> *Die Aufgabe, eine gesunde, prosperierende Wirtschaft mit Preisstabilität zu verbinden, stellt das wichtigste ungelöste Problem für die gesamtwirtschaftliche Entwicklung dar. Wir müssen einen zufriedenstellenden Kompromiß finden, der einerseits zu Wachstums- und Arbeitslosenraten führt, auf die wir stolz sein können, und andererseits ein Ausmaß an Preisstabilität sichert, das wir noch vertreten können.*[1]

Inflation ist nicht auf Staaten mit hohem Pro-Kopf-Einkommen beschränkt. Sie hat auch viele weniger industrialisierte Länder heimgesucht, die sich zur Finanzierung ihrer Staatsausgaben zu stark auf die Notenpresse verließen. Als vor kurzem die früher zentral verwalteten Staaten wie Polen und Rußland begannen, Schritte in Richtung einer Freigabe der Preise und Einführung der Marktwirtschaft zu setzen, sahen sie sich mit einem starken allgemeinen Preisanstieg konfrontiert.

Nun sollten wir uns den Fragen des gesamtwirtschaftlichen Preisverhaltens und der Inflation zuwenden. In Abbildung 30-1 wird eine Übersicht über dieses Kapitel gegeben, das sich mit der Definition, Messung und historischen Entwicklung von Preisniveau und Inflation beschäftigt.

---

1 Arthur M. Okun, *The Political Economy of Prosperity* (Norton, New York, 1970), S. 130.

A. URSACHEN UND AUSWIRKUNGEN DER INFLATION

DEFINITION

Inflation ist definiert als ein Anstieg des allgemeinen Preisniveaus. Die **Inflationsrate** entspricht der Veränderungsrate des allgemeinen Preisniveaus und wird folgendermaßen berechnet:

Inflationsrate (im Jahr t):

$$= \frac{\text{Preisniveau (Jahr } t) - \text{Preisniveau (Jahr } t-1)}{\text{Preisniveau (Jahr } t-1)} \times 100$$

Aber wie messen wir das in der Definition enthaltene „Preisniveau"? Nach der theoretischen Konzeption wird das *Preisniveau* als der gewichtete Durchschnittswert aller Güter und Dienstleistungen einer Volkswirtschaft gemessen. In der Praxis ermitteln wir das allgemeine Preisniveau mit Hilfe von *Preisindizes*, die Durchschnittswerte der Konsumenten- bzw. Produzentenpreise darstellen.

Nehmen wir zum Beispiel das Jahr 1993, als sich die Konsumentenpreise in den Vereinigten Staaten um 2,7 Prozent erhöhten. In diesem Jahr stiegen die Preise der

Abbildung 30-1: Die Inflation setzt der Wirtschaftspolitik Grenzen

Was ist Inflation? Welche volkswirtschaftlichen Auswirkungen hat sie? Welche Kräfte führen zu einer anhaltenden Inflation? Wie kann der Staat die Inflation bekämpfen? All das sind zentrale Fragen der heutigen makroökonomischen Theorie und Wirtschaftspolitik.

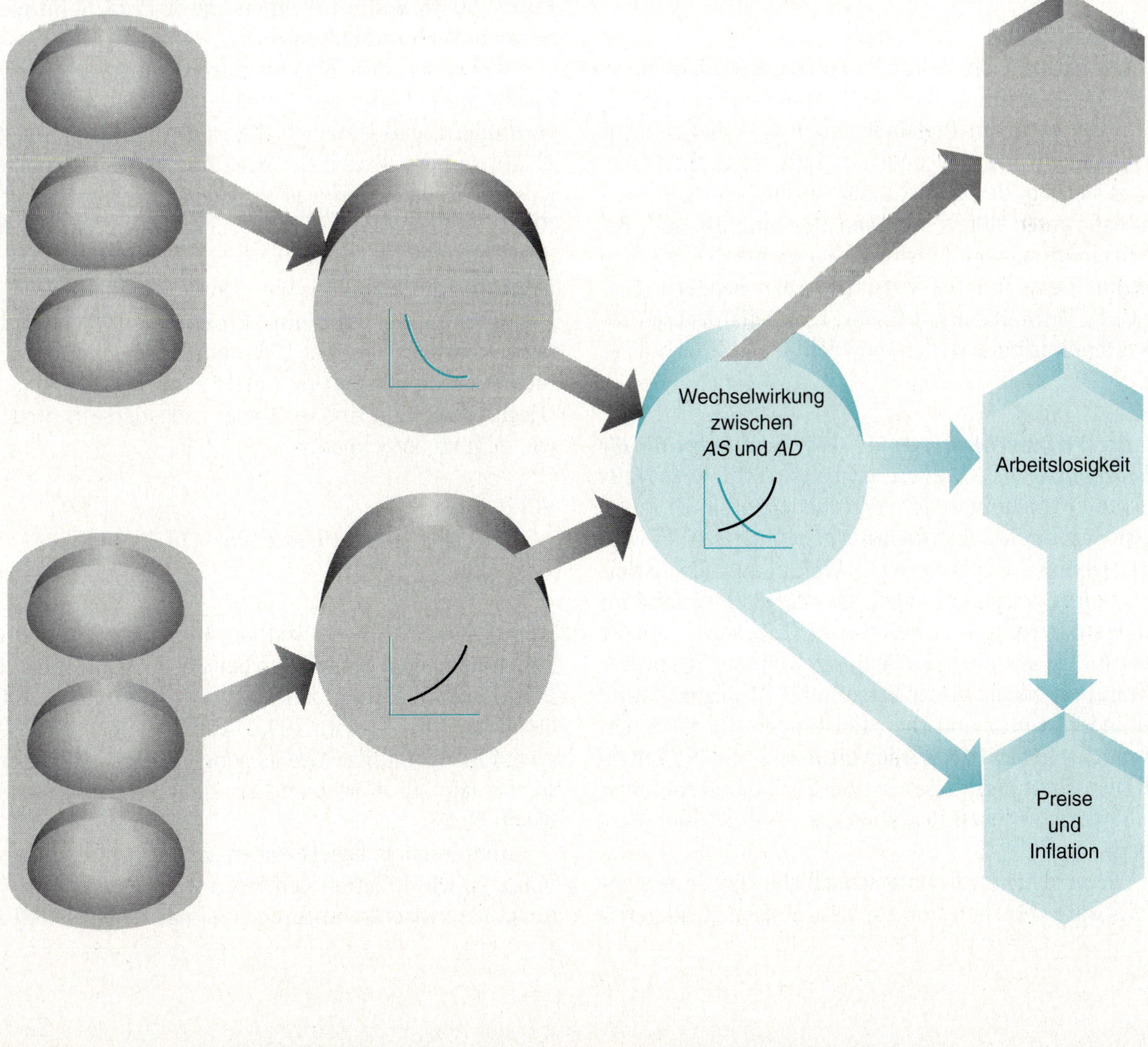

wichtigsten Produktgruppen wie Lebensmittel, Getränke, Wohnen, Kleidung, Transport und medizinische Versorgung. Genau diesen generellen Aufwärtstrend in der Preisentwicklung nennen wir Inflation.

Es steigen jedoch nicht alle Preise im selben Ausmaß. Die Preise für Bekleidung wiesen 1993 einen bescheidenen Anstieg um 1 Prozent auf, während die Preise für medizinische Versorgung um 6 Prozent angehoben wurden. Der Anstieg des *durchschnittlichen Preisniveaus* lag hingegen bei 2,7 Prozent.

Das Gegenstück zur Inflation stellt die **Deflation** dar. Diese bedeutet ein Fallen des allgemeinen Preisniveaus. Deflationen sind im ausgehenden zwanzigsten Jahrhundert nur noch selten anzutreffen. Das letzte Jahr, in dem in den Vereinigten Staaten die Konsumentenpreise fielen, war 1955. Anhaltende Deflationen (ein Preisverfall über mehrere Jahre) treten zusammen mit Depressionen auf, wie sie zum Beispiel in den 30er Jahren dieses Jahrhunderts und in den 90er Jahren des letzten Jahrhunderts zu beobachten waren.

Preisindizes

Wenn wir aus der Zeitung erfahren, daß die Inflation steigt, wird eigentlich über die Veränderung eines Preisindex berichtet. Ein **Preisindex** stellt eine Maßzahl für das allgemeine Preisniveau dar. Präziser formuliert handelt es sich um den gewichteten Durchschnittspreis eines bestimmten Güter- und Dienstleistungsbündels. Bei der Berechnung von Preisindizes gewichten Ökonomen einzelne Preise mit der wirtschaftlichen Bedeutung jedes Guts. Verbraucherpreisindex, BIP-Deflator und Produzentenpreisindex stellen die wichtigsten Preisindizes dar.

Der Verbraucherpreisindex (VPI) oder Index für die Lebenshaltung (IL). Die am weitesten verbreitete Maßzahl für die Inflation ist der Verbraucherpreisindex (auch Preisindex für die Lebenshaltung genannt). Der VPI wird mittels eines standardisierten Waren- und Dienstleistungskorbs errechnet, indem die relevanten Preise im Zeitablauf verglichen werden. Der Güterkorb umfaßt Preise für Lebensmittel, Bekleidung, Wohnen, Brennstoffe, Transport, medizinische Versorgung, Schulausbildung und andere Güter und Dienstleistungen des täglichen Gebrauchs. In den USA werden die Preise von 364 Güter- und Dienstleistungsklassen in über 21.000 Unternehmen aus 91 verschiedenen Regionen des Bundesgebietes erhoben.

Wie werden nun die unterschiedlichen Preise gewichtet? Es wäre natürlich sinnlos, diese einfach zu addieren oder mit ihrer jeweiligen Masse bzw. ihrem Volumen zu bewerten. Nein, ein Preisindex wird durch *die Gewichtung eines jeden Preises gemäß der wirtschaftlichen Bedeutung des betreffenden Gutes* berechnet.

Im Falle des VPI hat jedes Gut ein *fixes* Verhältnis entsprechend seiner relativen Bedeutung in den Ausgabenbudgets der Konsumenten. Das Gewicht jedes Guts ist proportional den Gesamtausgaben der Konsumenten für dieses Gut, entsprechend dem Ergebnis einer Untersuchung der Konsumausgaben in den Jahren 1982–1984. Im Dezember 1993 stellten Wohnkosten mit 40 Prozent der Konsumausgaben den weitaus größten Einzelposten im VPI dar. Im Vergleich dazu wurden für Kraftfahrzeuge nur 5 Prozent der Konsumausgaben aufgewendet.

Anhand eines Rechenbeispiels können wir verdeutlichen, wie Inflation gemessen wird. Nehmen wir an, daß sich die Ausgaben der Konsumenten auf nur drei Warengruppen verteilen: Lebensmittel, Wohnen und medizinische Versorgung. Eine hypothetische Umfrage ergibt, daß die Konsumenten 20 Prozent ihres Budgets für Lebensmittel, 50 Prozent für Wohnen und 30 Prozent für medizinische Versorgung ausgeben.

Wir verwenden 1995 als *Basisjahr*, d. h., die Preise aller Waren werden auf 100 gesetzt. Damit können wir verhindern, daß Unterschiede in den Mengeneinheiten der Waren den Preisindex beeinflussen. Das impliziert, daß sich der VPI im Basisjahr ebenso auf 100 beläuft [= (0,20 x 100) + (0,50 x 100) + (0,30 x 100)]. Als nächsten Schritt berechnen wir den Verbraucherpreisindex und die Inflationsrate für 1996. Wir nehmen an, daß 1996 die Preise für Lebensmittel um 2 Prozent auf 102, die Wohnpreise um 6 Prozent auf 106 und die Aufwendungen für medizinische Versorgung um 10 Prozent auf 110 angestiegen sind. Nun sind wir in der Lage, den VPI für 1996 wie folgt zu berechnen:

$$\text{VPI (1996)} = (0{,}20 \times 102) + (0{,}50 \times 106) + (0{,}30 \times 110) = 106{,}4$$

Wenn wir also 1995 als Basisjahr mit einem VPI von 100 annehmen, dann beläuft sich der VPI 1996 auf 106,4. Die Inflationsrate beträgt dann [(106,4 – 100)/100] x 100 = 6,4 Prozent für das Jahr 1996. Beachten Sie, daß sich bei einem Index mit fixer Gewichtung wie dem VPI die *Preise* von Jahr zu Jahr verändern, die *Gewichtung* jedoch gleich bleibt.

Aus diesem Beispiel ersehen wir den grundsätzlichen Vorgang, wie Inflation gemessen wird. Der einzige Unterschied zwischen unserer vereinfachten Darstellung

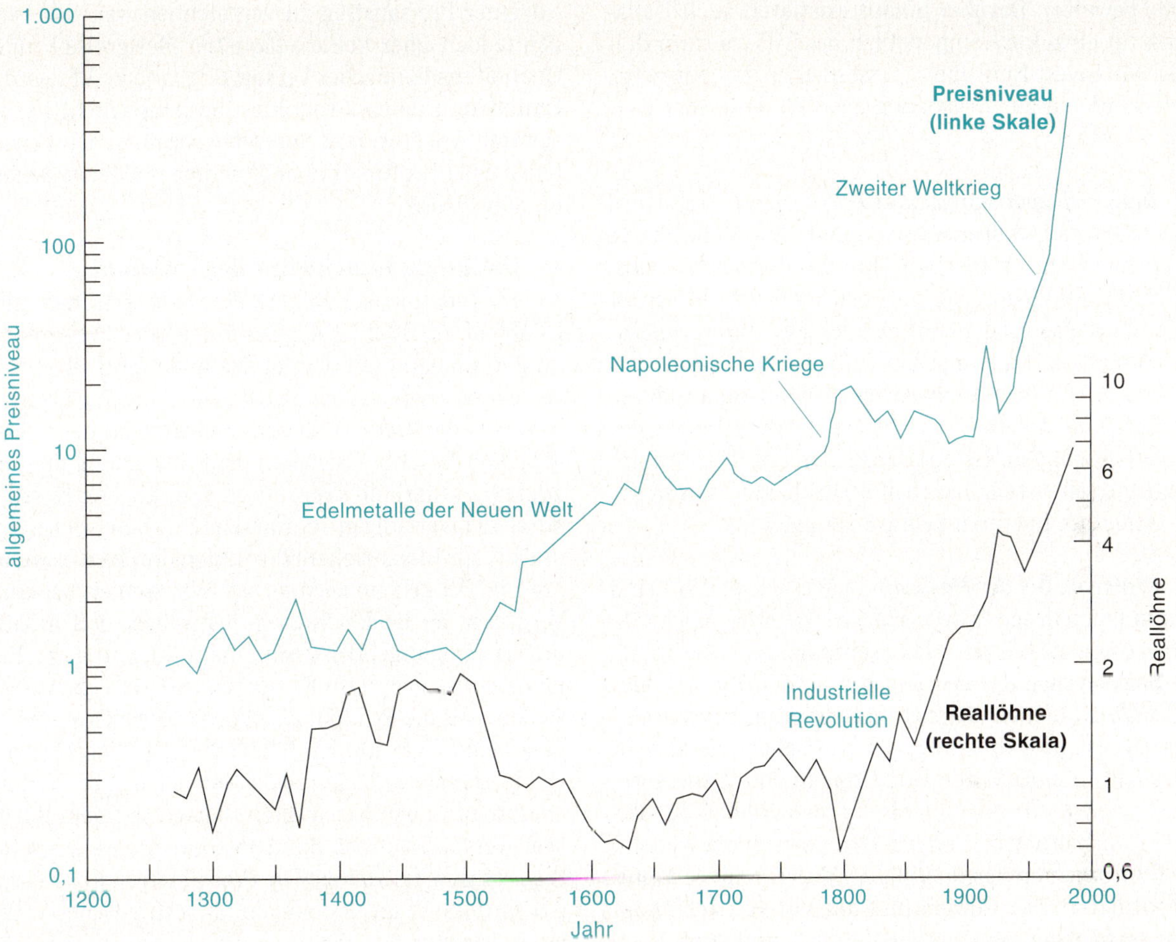

Abbildung 30-2: Englische Preise und Reallöhne der Jahre 1270 bis 1993 (1270 = 1)

Die Graphik zeigt die Entwicklung der Preise und Reallöhne in England seit dem Mittelalter. Beachten Sie, daß das Preisniveau des Warenkorbs seit 1270 fast um das Vierhundertfache gestiegen ist. Früher waren Preisanstiege mit einem erhöhten Geldangebot verbunden, etwa infolge der Entdeckung der Edelmetallreserven in der Neuen Welt oder auf Grund der Erhöhung des Notenumlaufs während der Napoleonischen Kriege.
Bitte beachten Sie das Auf und Ab der Reallöhne vor dem Beginn der Industriellen Revolution und ihren seither anhaltenden kontinuierlichen Anstieg. (Quelle: E. H. Phelps Brown und S. V. Hopkins, *Economica*, 1956, aktualisiert durch die Autoren)

und der realen Berechnung besteht darin, daß der VPI ein Vielfaches mehr an Waren und Dienstleistungen umfaßt. Davon abgesehen entspricht die Berechnung exakt dem vorgenannten Beispiel.

Der BIP-Deflator. Wir haben den BIP-Deflator bereits im Zusammenhang mit der Volkswirtschaftlichen Gesamtrechnung in Kapitel 22 kennengelernt. Führen wir uns noch einmal vor Augen, daß der BIP-Deflator das Verhältnis des nominellen zum realen BIP darstellt, und deshalb als der Preis *aller* Komponenten des BIP (Konsum, Investitionen, Staatsausgaben und Nettoexporte) interpretiert werden kann, nicht nur als Preis eines einzelnen Sektors. Dieser Index unterscheidet sich vom VPI auch durch seine variable Gewichtung, d. h., die Preise werden anhand der Mengen der laufenden Periode bewertet. Darüber hinaus existieren auch Deflatoren für einzelne Komponenten des BIP, wie zum Beispiel für Investitionsgüter, persönlichen Konsum etc., die manchmal zur Ergänzung des VPI verwendet werden.

Der Produzentenpreisindex (PPI). Dieser Index wird in den USA seit 1890 errechnet und stellt dort die älteste kontinuierliche, statistische Datenreihe dar. Er wird durch das Arbeitsministerium publiziert. Der PPI mißt die Güterpreise auf der Großhändler- bzw. Produzentenstufe und basiert auf ungefähr 3.400 Warenpreisen, darunter jenen für Lebensmittel, Fertigwaren und Produkte des Bergbaus. Die fixe Gewichtung zur Berechnung des PPI entspricht den Nettoumsätzen der einzelnen Waren. Aufgrund seiner Detailliertheit findet dieser Index in der Wirtschaft weit verbreitete Anwendung.

Probleme bei der Messung. Indizes wie der VPI sind sehr nützlich in der Anwendung, aber sie haben auch ihre Schwächen, die teilweise den Preisindizes inhärent sind. Als Beispiel mag das *Problem der Index-Nummer (des Basisjahres)* dienen, das sich mit der Wahl eines geeigneten Basisjahres ergibt. Wie wir inzwischen wissen, geht jedes Gut in einem fixen Verhältnis in den Warenkorb, die Grundlage für den VPI, ein. Daraus ergibt sich, daß die Lebenshaltungskosten insofern überschätzt werden, als Konsumenten relativ billigere gegen teurere Güter substituieren. Die Gewichtung des VPI vernachlässigt zum Beispiel die Tatsache, daß der Kraftstoffabsatz nach dem starken Anstieg der Benzinpreise in der ersten Hälfte der 70er Jahre zurückgegangen ist. Auch berücksichtigt der VPI den enormen PC-Preisverfall nicht, da am Anfang der 80er Jahre, als die Gewichtung festgelegt wurde, nur wenige Computer verkauft wurden. Man könnte zwar das Basisjahr ändern, doch es gibt keine Möglichkeit, das Problem der Index-Nummer vollkommen zu lösen.

Eine weitere Problematik ergibt sich aus dem Umstand, daß der VPI qualitative Veränderungen der Produkte und Dienstleistungen nicht entsprechend berücksichtigt. So wird er beispielsweise nicht um Verbesserungen wie eine erhöhte Klangqualität von Stereoanlagen, den sicherer gewordenen Luftverkehr oder genauere Uhren korrigiert. Hätten die qualitativen Veränderungen in die Preisindizes entsprechend Eingang gefunden, wäre nach den Ergebnissen einiger Studien der VPI in den letzten Jahren weniger stark gestiegen. Besondere Auswirkungen hat dieses Problem in der medizinischen Versorgung, weil hier in den 80er Jahren ein extremer Preisanstieg zu verzeichnen war. Wir verfügen jedoch über keine adäquaten Meßgrößen für die Qualität medizinischer Versorgung, und im VPI wird die Einführung neuer Produkte überhaupt nicht berücksichtigt, wie etwa jene von pharmazeutischen Produkten, die heute oftmals unangenehme und teure Behandlungen ersetzen.

Die lange Geschichte der Inflation

Die Inflation ist so alt wie die Marktwirtschaft selbst. In Abbildung 30-2 ist die Geschichte der Preisentwicklung in England seit dem dreizehnten Jahrhundert dargestellt. Wie wir aus dem Verlauf der blauen Kurve ersehen, sind die Preise in diesem Zeitraum zumeist gestiegen. Aber beachten Sie auch die Entwicklung der *Reallöhne* (Lohntarif dividiert durch Verbraucherpreise), die durch den Verlauf der schwarzen Linie beschrieben wird und bis zur Industriellen Revolution durch ein ständiges Auf und Ab gekennzeichnet ist. Wir können bei einem Vergleich der beiden Kurven feststellen, daß Inflation nicht notwendigerweise mit einem Rückgang der Reallöhne einhergehen muß. Und es läßt sich ebenso feststellen, daß die Reallöhne seit etwa 1800 stetig und insgesamt auf mehr als das Zehnfache angestiegen sind.

In Abbildung 30-3 wird die Entwicklung der Verbraucherpreise in den Vereinigten Staaten seit dem Bürgerkrieg veranschaulicht. Bis 1945 können wir ein regelmäßiges Muster feststellen: Die Preise steigen in Kriegszeiten sprunghaft an und sinken nach Kriegsende wieder. Nach dem Zweiten Weltkrieg ist jedoch ein grundsätzlich anderer Verlauf zu beobachten: Die Preise wie auch die Löhne erfahren einen beispiellosen Aufwärtstrend. In Perioden wirtschaftlicher Expansion steigen sie sehr schnell, in Rezessionsphasen etwas langsamer. Mit anderen Worten, Preise und Löhne sind heute nach unten nicht mehr flexibel.

Drei Abstufungsgrade von Inflation

Ähnlich wie bei Krankheiten läßt sich auch im Falle der Inflation eine bestimmte Abstufung der Misere feststellen. Wir wollen sie in drei Kategorien einteilen: gemäßigte Inflation, galoppierende Inflation und Hyperinflation.

Gemäßigte Inflation. Eine gemäßigte bzw. niedrige Inflation ist durch einen langsamen und vorhersagbaren Preisanstieg gekennzeichnet. Wir verstehen darunter eine Inflation mit einstelligen jährlichen Inflationsraten. Bei relativ stabilen Preisen *vertrauen* die Menschen auf die *Wertbeständigkeit des Geldes*. Da das Geld auch in ei-

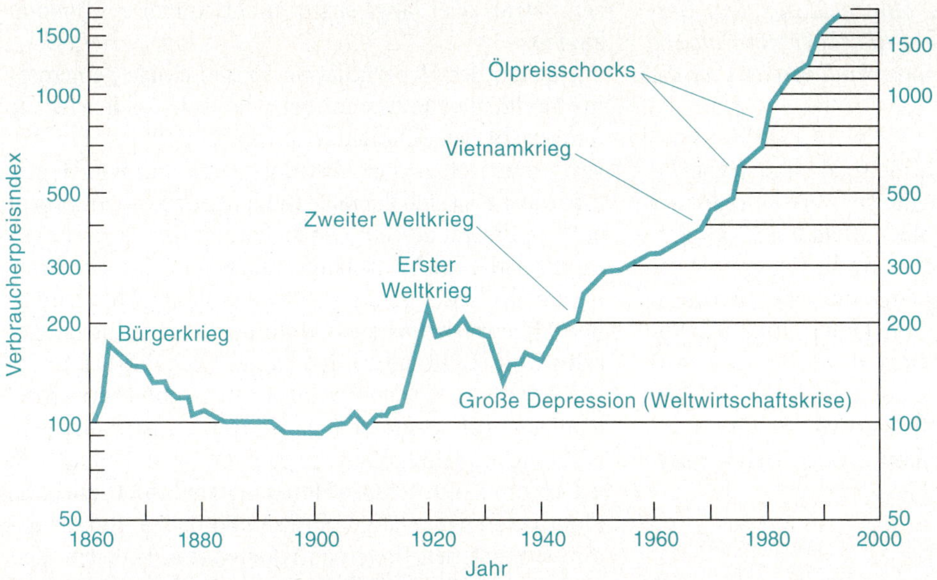

Abbildung 30-3: Die US-Preisentwicklung seit dem Bürgerkrieg

Bis zum Zweiten Weltkrieg stieg das US-Preisniveau mit jedem Krieg an und ging danach wieder zurück. Seit 1940 zeigt jedoch die Preisentwicklung sowohl der USA als auch der anderen industrialisierten Länder einen steilen Aufwärtstrend. Heute ist nur noch die Höhe der Inflationsrate, nicht mehr das Vorhandensein des Phänomens selbst fraglich. (Quelle: US-Arbeitsministerium, Bureau of Labor Statistics)

nem Monat oder einem Jahr noch beinahe gleich viel wert sein wird, sind die Menschen bereit, dieses Geld weiterhin zu halten. Ebenso bereitwillig werden sie auf langfristige, auf Geldleistungen lautende Verträge eingehen, weil sie darauf vertrauen, daß sich die Preise der ge- bzw. verkauften Güter nicht allzu sehr ändern.

Galoppierende Inflation. Wenn sich die Inflationsrate bereits im zwei- bis dreistelligen Bereich von jährlich 20, 100 oder 200 Prozent bewegt, so sprechen wir von „galoppierender Inflation". Am unteren Ende dieses Spektrums findet man bisweilen auch hoch industrialisierte Länder wie Italien. Viele lateinamerikanische Staaten wie Argentinien und Brasilien wiesen in den 70er und 80er Jahren Inflationsraten von jährlich 50 bis 700 Prozent aus.

Ist die Inflation erst einmal auf ein derartiges Ausmaß angestiegen, so ist mit ernsthaften wirtschaftlichen Problemen zu rechnen. Im allgemeinen werden in solchen Fällen die meisten Verträge an einen Preisindex oder eine Fremdwährung wie den Dollar gebunden. In einer galoppierenden Inflation verliert Geld sehr schnell an Wert, weshalb die Menschen nur noch das absolute Minimum an Geld für ihre tägliche Besorgungen halten. Da eine Kapitalflucht ins Ausland einsetzt, trocknen die Finanzmärkte aus. Die Menschen horten Güter, kaufen Häuser und verleihen Geld zu sehr hohen Nominalzinssätzen. Doch überraschenderweise schaffen es einige Volkswirtschaften mit galoppierender Inflation trotz allem zu überleben, und einige können sogar noch reale Wachstumsraten erzielen, obwohl das Preissystem aus den Fugen geraten ist.

Hyperinflation. Während ein Überleben von Volkswirtschaften unter galoppierender Inflation immerhin noch möglich erscheint, wirkt das Krebsgeschwür der Hyperinflation wie eine tödliche Krankheit. Es läßt sich auch bei bestem Willen nichts Gutes über eine Marktwirtschaft aussagen, in der die Preise jährlich um Millionen, wenn nicht gar um Billionen Prozent in die Höhe rasen.

Hyperinflationen sind ein überaus interessantes Lehrbeispiel, weil an ihnen die vernichtenden Einflüsse von Inflationen deutlich werden. Hier eine Beschreibung der Hyperinflation in den Südstaaten während des Bürgerkrieges:

> *Früher gingen wir in die Läden mit Geld in den Manteltaschen und kamen mit Nahrungsmitteln in den Körben wieder heraus. Heute gehen wir mit Geld in den Körben hinein und können die gekauften Nahrungsmittel in der Manteltasche heraustragen. Alles ist knapp außer Geld! Die Preise sind chaotisch, die Produktion desorganisiert. Eine Mahlzeit, die früher zum Preis einer Opernkarte erhältlich war, kostet heute zwanzigmal mehr. Jeder versucht, „Sachwerte" zu horten und das „schlechte" Papiergeld los-*

zuwerden, das das „gute" Münzgeld aus dem Umlauf verdrängt. Eine teilweise Rückkehr zum Tauschhandel mit all seinen Unannehmlichkeiten ist die Folge.

Das am besten dokumentierte Beispiel einer Hyperinflation finden wir im Deutschland der 20er Jahre, in der sogenannten Weimarer Republik. Abbildung 30-4 zeigt, wie die damalige deutsche Regierung die Geldpresse anwerfen ließ und damit Geldmenge und Preisniveau in astronomische Höhen trieb. Von Januar 1922 bis November 1923 stieg der Preisindex von 1 auf 10.000.000.000. Wenn eine Person zu Beginn des Jahres 1922 deutsche Anleihen im Wert von $ 300 Millionen ihr Eigentum nannte, so konnte man sich für diesen Betrag zwei Jahre später nicht einmal ein Bonbon kaufen.

Abbildung 30-4: Geldumlauf und Hyperinflation im Deutschland der Jahre 1922 bis 1924

Zu Beginn der zwanziger Jahre dieses Jahrhunderts hatte die Weimarer Republik mit hohen Reparationszahlungen und Rückzahlungen an Kreditgeber zu kämpfen. Da für die Staatsausgaben nicht genügend Geld ausgeliehen oder durch Steuereintreibung beschafft werden konnte, ließ die Regierung die Geldpresse anlaufen. Daraufhin stieg die Geldmenge von Anfang 1922 bis Dezember 1923 in astronomische Höhen, und die Preise schraubten sich dementsprechend nach oben, da die Menschen krampfhaft versuchten, ihr Geld loszuwerden, bevor es all seinen Wert verlor.
Hätten Sie im Januar 1922 eine Milliarde DM besessen, wieviel wäre von Ihrem Reichtum am Ende dieser Hyperinflation übriggeblieben?

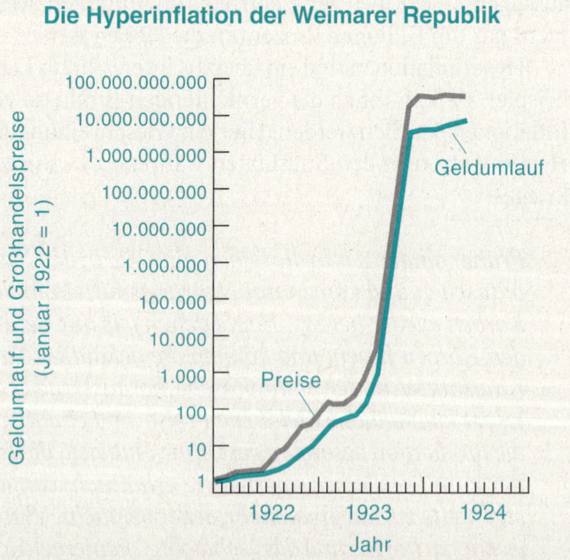

Zeiten der Hyperinflation weisen einige gemeinsame Merkmale auf: Erstens geht die reale Geldnachfrage (entspricht der Geldmenge dividiert durch das Preisniveau) drastisch zurück. Am Ende der deutschen Hyperinflation belief sich die reale Geldnachfrage auf nur noch ein Dreißigstel dessen, was sie zwei Jahre davor ausgemacht hatte. Die Menschen versuchen in einer Hyperinflation, ihr Geld verständlicherweise so schnell wie möglich loszuwerden, ehe es durch den Wertverlust aufgezehrt wird. Zweitens werden die relativen Preise sehr instabil. Unter normalen Verhältnissen vermindern sich die Reallöhne um maximal einen Prozentpunkt monatlich. Während des Jahres 1923 schwankten sie in Deutschland jedoch um ein Drittel pro Monat (auf und ab). Diese hohe Fluktuation der relativen Preise und Löhne und die damit verbundenen Ungerechtigkeiten und Verzerrungen fordern einen hohen Tribut von Arbeitnehmern wie auch von Arbeitgebern.

Die Auswirkungen, die sich auf die Vermögensverteilung ergeben, können wahrscheinlich als Haupteffekt einer Hyperinflation bezeichnet werden. Der Britische Ökonom Lionel Robbins faßte sie folgendermaßen zusammen:

> *Die Abwertung der Mark … zerstörte das Vermögen der wohlhabenden Bevölkerungsteile der deutschen Gesellschaft und hinterließ ein moralisches und ökonomisches Ungleichgewicht, das einen guten Nährboden für die folgende Katastrophe abgab. Hitler ist sozusagen das Pflegekind der Inflation.*

In jüngerer Zeit traten Hyperinflationen noch in den Nachfolgestaaten der vormaligen Sowjetunion auf.

DIE WIRTSCHAFTLICHEN FOLGEN DER INFLATION

Alle Zentralbanker stimmen überein, daß die Inflation unter Kontrolle gehalten werden muß. Doch selbst die Ergebnisse von Meinungsumfragen lassen oftmals darauf schließen, daß Inflation als *der* Wirtschaftsfeind Nummer eins angesehen wird. Was ist also an einer Inflation so gefährlich und kostspielig? Wie bereits eingangs erwähnt, erfolgt die Preisentwicklung in Inflationszeiten ungleichmäßig, d. h., es treten *relative* Preisveränderungen auf. Durch diese abweichenden, relativen Preise ergeben sich zwei eindeutige Effekte der Inflation:

- Eine *Umverteilung* der Einkommen und Vermögen zwischen den diversen Gesellschaftsgruppen
- *Verzerrungen* der relativen Preise und Produktionsniveaus verschiedener Güter, oder manchmal auch des Outputs und der Beschäftigung der gesamten Volkswirtschaft

Auswirkungen auf Einkommens- und Vermögensverteilung

Der bedeutende umverteilende Effekt der Inflation ist darauf zurückzuführen, daß verschiedene Bevölkerungsgruppen unterschiedlich viel besitzen bzw. schulden.[2] Für Menschen, die anderen Geld schulden, bedeutet ein starker Preisanstieg einen unverhofften Gewinn. Nehmen Sie an, Sie haben ein Darlehen von $ 100.000, hypothekarisch gesichert und fix verzinst, für den Bau eines Eigenheimes aufgenommen und Ihre jährlichen Rückzahlungen betragen $ 10.000. Plötzlich verdoppeln sich im Zuge einer Inflationsphase alle Löhne und Einkommen. Damit würde die *nominelle* Kreditrückzahlung immer noch bei jährlich $ 10.000 liegen, die *realen* Kosten hätten sich jedoch halbiert. Und Sie müßten nun nur noch die halbe Zeit arbeiten, um die Kreditkosten zu verdienen. Diese Denkweise verführte nicht nur in den USA während der Inflationsphase der 70er und frühen 80er Jahre viele Menschen zu hohen Kreditaufnahmen für den Bau von Häusern und den Kauf von Ackerland. Als die Inflation wieder zurückging und eine Rezession einsetzte, waren Tausende nicht mehr in der Lage, ihre Kreditrückzahlungen zu leisten, und viele endeten vor dem Konkursrichter.

Wenn Sie jedoch Geld verleihen und Vermögenswerte in Form von Hypotheken oder langfristigen Schuldverschreibungen Ihr Eigentum nennen, sieht die Lage für Sie ganz anders aus. Ein unerwarteter Preisanstieg wäre für Sie überaus nachteilig, weil das zurückgezahlte im Vergleich zum verliehenen Geld viel weniger wert ist.

Dauert eine Inflationsphase über längere Zeit hinweg an, beginnen die Menschen diese zu antizipieren, und die Märkte passen sich an. Der Marktzinssatz wird allmählich um die Inflationsrate nach oben korrigiert. Als Beispiel nehmen wir eine Volkswirtschaft mit einem Zinssatz von 3 Prozent und vorerst stabilen Preisen an. Entwickelt sich hier im Laufe der Zeit eine schleichende oder beständige Inflation, sind die Menschen in der Lage, diese zu antizipieren und zu berücksichtigen. Gehen wir beispielsweise von einer erwarteten jährlichen Inflationsrate von 9 Prozent aus, so wird der Nominalzinssatz für Schuldverschreibungen und Hypothekardarlehen wohl eher 12 als 3 Prozent betragen. Dieser Nominalzinssatz von 12 Prozent beinhaltet nämlich die Realverzinsung von 3 Prozent plus die Inflationsabgeltung von 9 Prozent. Und wenn sich die Zinssätze an die neue Inflationsrate erst einmal angepaßt haben, treten keine größeren Einkommens- und Vermögensumverteilungen mehr auf.

In Brasilien, Chile und anderen Staaten mit einer langen Geschichte chronischer Inflation konnte die Anpassung der Zinssätze beobachtet werden. In den 80er Jahren war eine Inflationsabgeltung auch in europäische und US-Zinssätze eingebaut. Als jedoch die Inflation zu Beginn der 90er Jahre wieder stark zurückging, wurde auch die Inflationsabgeltung entsprechend zurückgenommen.[3]

Die Inflation wirkt sich jedoch auch noch in anderen Bereichen auf die Volkswirtschaft aus. Für Regierungen verringert sich inflationsbedingt der Schuldendruck. Menschen, die Geld aufnehmen, um es in Immobilien oder Ölförderanlagen zu investieren, können während einer unvorhergesehenen Inflationsphase hohe Gewinne erzielen. Bis vor kurzem meinte man, Stammaktien eigneten sich zur Absicherung vor Inflationsgefahr, doch in den letzten Jahren entwickelten sich die Aktienkurse invers zur Inflation. Mit dem Rückgang der Inflation zu Beginn der 90er Jahre stiegen die Aktienkurse weltweit, weil die Investoren bereits voraussahen, daß die Zentralbanken die Zinsen niedrig halten würden. Als jedoch 1994 wieder eine Inflationserhöhung erwartet wurde, gingen die Aktienkurse stark zurück.

Aufgrund diverser institutioneller Veränderungen lassen sich einige der alten Mythen nicht mehr halten. So hieß es immer, Witwen und Waisen würden durch Inflationen stark geschädigt. Heute sind Witwen- und Waisenpensionen an den Verbraucherpreis gekoppelt, was sie vor einer möglichen inflationsbedingten Schrumpfung schützt. Ebenso werden viele Kreditverträge (denken Sie etwa an „flexibel verzinste" Hypothekardarlehen) zu flexiblen Marktzinssätzen abgeschlossen, so daß Kreditnehmer aus einer unvorhergesehenen Inflation weniger Vorteil schlagen und Kreditgeber nicht so sehr geschädigt werden können.

---

[2] Die wichtigen Elemente einer Bilanz wurden bereits in den Kapiteln 7 und 26 beschrieben.

[3] Abbildung 26-3 veranschaulicht den Verlauf der realen und nominellen Zinssätze in den Vereinigten Staaten während der letzten Jahre.

Es gibt eine Reihe von Studien über die umverteilende Wirkung der Inflation. Sie alle ergeben, daß die Gesamtauswirkungen einer Inflation als höchst unsicher einzustufen sind. Alle diejenigen, die von Kapitaleinkommen leben, verlieren eher, während Menschen mit Erwerbseinkommen eher gewinnen. Im Gegensatz zu so manchem Stereotyp besagt die Statistik, daß ärmere Familien aus einer Inflation oftmals durchaus Nutzen ziehen können, und das auf Kosten der Reichen.

Der Großteil der Umverteilungseffekte einer Inflation bezieht sich auf den Realwert der privaten Vermögen. Im allgemeinen verteilt eine unerwartete Inflation Vermögen von Geldbesitzern zu Geldschuldnern, wobei natürlich die Schuldner auf Kosten der Verleiher bevorzugt sind. Ein unerwarteter Inflationsrückgang hat den gegenteiligen Effekt. Inflationen mischen gewissermaßen die Karten, nämlich Einkommen und Vermögenswerte, neu und führen zu einer anderen Verteilung des Reichtums innerhalb der Gesellschaft, wobei die Auswirkungen auf einzelne Gesellschaftsgruppen nicht eindeutig vorherzusehen sind.

Auswirkungen auf die wirtschaftliche Effizienz

Zusätzlich zur Einkommensumverteilung wirkt sich die Inflation auch auf zwei weitere Bereiche der Volkswirtschaft aus, und zwar auf die gesamtwirtschaftliche Produktion und auf die ökonomische Effizienz. Beginnen wir mit letzterer.

Die wirtschaftliche Effizienz wird durch die Inflation deshalb beeinträchtigt, weil eine Inflation die Preissignale verzerrt. In Volkswirtschaften mit niedriger Inflation wissen sowohl Käufer als auch Verkäufer, daß einem höheren Marktpreis für ein Produkt eine tatsächliche Veränderung der Angebots-Nachfragerelation entsprechen muß, und dementsprechend können sie auch reagieren. Sollten zum Beispiel alle Lebensmittelgeschäfte im weiten Umkreis ihre Fleischpreise um 50 Prozent erhöhen, würden überlegt handelnde Konsumenten vermehrt zu Geflügel greifen. Bei einer Preissenkung von 90 Prozent für PCs würden Sie sich vielleicht eher dazu durchringen, Ihr altes Gerät durch ein neues zu ersetzen.

In einer Volkswirtschaft mit hoher Inflation ist es hingegen viel schwieriger, zwischen relativen Preisänderungen und Abweichungen des allgemeinen Preisniveaus zu unterscheiden. Liegt die Inflationsrate erst einmal bei monatlich 20 bis 30 Prozent, müssen die Geschäfte ihre Preislisten so oft ändern, daß relative Preisänderungen überhaupt nicht mehr festzustellen sind.

Die Inflation beeinträchtigt auch den Gebrauch des Geldes. Bargeld ist Geld mit einem Nominalzinssatz von Null. Bei einem Anstieg der Inflationsrate von jährlich 0 auf 10 Prozent fällt dessen Realzinssatz von jährlich 0 auf –10 Prozent. Weder die Zentralbank noch die Regierung kann hier korrigierend eingreifen.

Und wie reagieren die Menschen? Studien zeigen, daß bei steigender Inflation vermehrt auf Sachwerte gesetzt wird, um die Bargeldbestände (die Kassenhaltung) zu vermindern. Wenn die durchschnittliche Kassenhaltung geringer ist, muß man öfter zur Bank gehen, um Geld abzuheben; das erhöht die Transaktionskosten. Die Nachteile, die sich daraus ergeben, werden im Englischen bildlich als „shoe leather costs“ der Inflation bezeichnet, weil man wegen des oftmaligen Weges zur Bank seine Schuhsohlen schneller abläuft. Großunternehmen entwickeln in einer solchen Situation sorgfältig ausgeklügelte Pläne zur Bargeldverwaltung. Sachwerte werden in Phasen einer höheren Inflation vor allem konsumiert, um mit dem unzuverlässigen Wertmaß Geld zurande zu kommen, Konsum zur Bedürfnisbefriedigung oder wertvolle Investitionen stehen eher im Hintergrund.

Möglicherweise wesentlich bedeutsamer ist der Einfluß der Inflation auf die Höhe der Steuern. In einem Steuersystem, in dem bei nominellen Einkommenszuwächsen höhere Steuern anfallen, erhöht jede Inflation den Durchschnittssteuersatz der Menschen automatisch. Damit kann eine Regierung Steuererhöhungen ohne eine Novellierung der Steuergesetze durchführen.[4] Diese „Steuererhöhung ohne Gesetzesänderung“ hat in vielen Ländern dazu geführt, daß die Steuern per Gesetz an den Index gebunden wurden, um inflationsbedingte Steuererhöhungen zu vermeiden. Auch in den USA ist ein Teil der Steuergesetze der 80er Jahre indexgebunden.

Die Indexbindung der Steuerstufen allein macht das Steuersystem jedoch noch nicht frei von den Auswirkungen der Inflation, weil die Inflation ja bereits die Messung des Einkommens verzerrt. Wenn Sie zum Beispiel in den USA im Jahr 1994 Ihr Vermögen bei 6prozentiger Verzinsung angelegt haben, dann mußten Sie wegen der 3prozentigen Inflationsrate einen Kaufkraftverlust in Höhe des halben Zinsgewinns hinnehmen. Die Steuergesetze unterscheiden jedoch nicht zwischen realen Renditen und jenem Teil der Zinsen, der nur die Inflations-

4 Dieses Phänomen ist auch als „kalte Progression“ bekannt, da Steuerzahler inflationsbedingt in höhere Steuerklassen hineinwachsen, obwohl ihre Realeinkommen gleich bleiben.

rate abdeckt. In den Steuergesetzen sind also auch heute noch zahlreiche Verzerrungen zu finden.

Damit haben wir allerdings noch immer nicht alle inflationsbedingten Kosten behandelt, denn eine Inflation bewirkt Verzerrungen quer durch die gesamte Volkswirtschaft. Einige Ökonomen verweisen in diesem Zusammenhang auf die sogenannten „menu costs" (Speisekarten-Kosten) der Inflation. Damit soll der Umstand beschrieben werden, daß die Unternehmen bei einem veränderten allgemeinen Preisniveau auch reale Ressourcen aufwenden müssen, um ihre Preise laufend anzupassen. Ein Restaurant druckt neue Speisekarten, Versandhäuser ändern ihre Kataloge, Taxiunternehmen stellen die Zähler in ihren Autos um, Stadtverwaltungen ändern die Einstellung ihrer Parkuhren und Geschäfte wechseln die Preisauszeichnungen der Produkte. Bisweilen sind die dadurch entstehenden Kosten kaum zuzuordnen bzw. schwer quantifizierbar, wie zum Beispiel jene, die auf Grund der zahlreichen Besprechungen zur Neufestsetzung von Preisen anfallen.

Zu all dem kommt, daß Regierungen ihre Ausgaben häufig nicht den Preisveränderungen anpassen. Eine kürzlich durchgeführte Studie zeigt, daß die Sozialleistungen für die Armen im Lande real gesunken sind, weil sie nicht entsprechend den gestiegenen Lebenshaltungskosten angehoben wurden. In Zeiten der Inflation sehen sich staatlich regulierte Branchen häufig mit einer nur teilweisen Bewilligung oder Abweisung ihrer Anträge auf Preiserhöhungen konfrontiert. Und dies sind nur einige der vielen Beispiele dafür, wie Inflation das Einkommen der Menschen auf unerwartete Weise beeinflussen kann.

Ein Beispiel: Inflation und reale Mindestlöhne. *Steter Tropfen höhlt den Stein, und stete Inflation untergräbt die Kaufkraft jedes geldgebundenen Wertes. In den USA konnte man in den 80er Jahren genau das anhand der Mindestlöhne feststellen, mit denen sich Millionen von Arbeitskräften in Fast-Food-Ketten, Verkäufer im Einzelhandel, Reinigungspersonal und Beschäftigte in der Unterhaltungsindustrie begnügen müssen. Zwischen 1981 und 1989 blieb der Mindeststundenlohn mit $ 3,35 fixiert, obwohl im selben Zeitraum eine Steigerung des allgemeinen Preisniveaus zu verzeichnen war. Dadurch fiel in der genannten Periode der inflationsbereinigte Mindestlohn real um über 25 Prozent. Inzwischen kam es zwar zu einer Anhebung, die jedoch bei weitem nicht ausreicht, um die gestiegenen Lebenshaltungskosten zu kompensieren. Im Jahr 1993 belief sich der Mindestlohn auf $ 4,25 pro Stunde, was bei Berücksichtigung der Inflation gegenüber der Situation 1981 nach wie vor einen um 20 Prozent gekürzten Reallohn bedeutet. Einige Ökonomen haben denn auch darauf hingewiesen, daß die ungleichmäßige Entwicklung von Mindestlöhnen und Inflation einen gewichtigen Grund darstellt, warum sich die Einkünfte ungelernter Arbeitskräfte innerhalb der letzten Dekade so schwach entwickelt haben.*

Erwartete und unerwartete Inflation

Eine für die Analyse wichtige Unterscheidung ist jene zwischen erwarteter und unerwarteter Inflation. Nehmen wir an, alle Preise steigen jährlich um 6 Prozent, und es wird allgemein erwartet, daß diese Entwicklung anhält. Läge hier überhaupt ein Grund vor, sich über diese Preiserhöhungen besondere Sorgen zu machen? Würde es irgendetwas ausmachen, wenn sowohl die tatsächliche als auch die erwartete Inflationsrate bei jährlich 4, 6 oder 8 Prozent läge? Ökonomen vertreten mehrheitlich die Ansicht, daß sich eine erwartete, bescheidene Inflationsrate kaum auf die volkswirtschaftliche Effizienz oder die Einkommens- bzw. Vermögensverteilung auswirkt. Die Preise wären damit einfach ein sich veränderndes Maß, an das die Menschen ihr Verhalten anpassen können.

Doch in der Realität kommt die Inflation für gewöhnlich unerwartet. So hatten sich die Russen durch mehrere Jahrzehnte hindurch an stabile Preise gewöhnt. Als 1992 die Preise freigegeben wurden, erwartete niemand, nicht einmal professionelle Wirtschaftsforscher, daß das Preisniveau innerhalb der folgenden zwei Jahre um das Zweihundertfache in die Höhe schnellen würde. Menschen, die das Pech hatten, ihr Vermögen in Rubel (ob in bar oder auf Sparkonten) zu halten, mußten innerhalb weniger Monate einen fast völligen Verlust ihrer Vermögenswerte hinnehmen.

In wirtschaftlich stabileren Ländern wie den USA sind die Auswirkungen der unerwarteten Inflation weniger dramatisch, doch grundsätzlich gilt das Argument auch hier. Ein unerwarteter Anstieg des Preisniveaus macht einige ärmer und andere reicher. Wie teuer kommt uns diese Umverteilung zu stehen? Eine Frage, die übrigens nicht nur von der reinen Kostenseite her zu sehen ist, denn die Folgen dürften vielleicht noch mehr sozialer als wirtschaftlicher Art sein. Eine Anhäufung von Einbruchdiebstählen wird wohl das BIP nicht verringern, aber sie beunruhigt die Bevölkerung. Und ebenso könnte man eine als zufällig empfundene inflationsbedingte Umverteilung der Vermögen mit einer absurden Situation vergleichen, in der die Menschen zum Lotteriespielen gezwungen werden, obwohl sie gar nicht wollen.

Makroökonomische Auswirkungen

Können wir über die bereits besprochenen mikroökonomischen und verteilungspolitischen Auswirkungen hinaus auch gesamtwirtschaftliche Effekte der Inflation beobachten? Dieser Frage werden wir in Abschnitt B detailliert nachgehen, an dieser Stelle jedoch nur die wichtigsten Punkte ansprechen. Bis in die 70er Jahre ging eine hohe Inflation normalerweise mit einem hohen Beschäftigungs- und Produktionsniveau einher. Zu einer höheren Inflation kam es bei lebhafter Investitionstätigkeit und einem Arbeitsplätze-Überangebot. Perioden mit einem unerwarteten Rückgang der Inflation, also die dreißiger Jahre, aber auch die Jahre 1954, 1958, 1982 und 1991, waren durch eine hohe Arbeitslosigkeit und geringe Investitionstätigkeit gekennzeichnet.

Bei näherer Betrachtung der Geschichte ergab sich jedoch ein interessanter Sachverhalt: Der positive Zusammenhang zwischen Produktion und Inflation scheint nur von begrenzter Dauer zu sein. Langfristig ist hier keine feste Beziehung zwischen Inflationsrate und den Niveaus bzw. der Wachstumsrate von Produktion und Beschäftigung zu erkennen.

Doch was auch immer die kurzfristigen oder langfristigen Auswirkungen der Inflation auf Produktion und Effizienz sein mögen, das Zentralbanksystem der USA, die Fed, reagiert auf jede Inflationsgefahr in eindeutiger Weise. Es ist nebensächlich, wie hoch die realen oder erwarteten Kosten der Inflation angegeben werden, früher oder später setzt die Fed Schritte zu deren Eindämmung. Sie reduziert das Geldmengenwachstum oder erhöht die Zinssätze, und sie drosselt dabei auch das Wachstum der realen Produktion und verursacht Arbeitslosigkeit. Das Resultat ihrer Bemühungen ist praktisch immer eine schmerzliche Periode der Stagnation. Arbeitskräfte werden entweder entlassen oder verdienen weniger, weil sie in Kurzarbeit geschickt werden, und die Aussichten auf dem Arbeitsmarkt sind insgesamt nicht rosig. So wurde die Entscheidung der Federal Reserve, Maßnahmen zur Inflationsbekämpfung zu treffen, als Hauptursache für die tiefe Rezession bezeichnet, die dem Ölpreisanstieg des Jahres 1979 in den USA folgte. Dieselbe Ursache ist wohl auch für den wirtschaftlichen Abschwung Westeuropas in der ersten Hälfte der 90er Jahre zu nennen.

Was auch immer Ökonomen den Menu Costs oder anderen mikroökonomischen Kosten der Inflation zurechnen mögen, die Reaktion der wirtschaftspolitischen Entscheidungsträger ist auf jeden Fall auch als ein Bestandteil der inflationsbedingten Kosten zu berücksichtigen. Und diese Reaktion bestand in den meisten Fällen darin, die Inflation um den Preis einer hohen Arbeitslosigkeit und eines geringen BIP-Wachstums einzudämmen. Wie wir noch in Abschnitt C dieses Kapitels zeigen werden, sind im Zuge der Inflationseindämmung bedeutende Produktions- und Arbeitsplatzeinbußen hinzunehmen.

Wie hoch ist die optimale Inflationsrate?

Die meisten Staaten streben nach raschem Wirtschaftswachstum, nach Vollbeschäftigung und Preisstabilität. Aber was genau ist mit „Preisstabilität" gemeint? Wie sollen sich die Preise langfristig entwickeln?

Die meisten Makroökonomen verweisen in diesem Zusammenhang auf den Vorteil einer relativ niedrigen und stabilen Inflation. In den Jahren 1991–1993 belief sich etwa die Inflation in den USA laut Verbraucherpreisindex auf stabile 3 Prozent jährlich. Manche Ökonomen sprechen sich sogar für absolute Preisstabilität mit einer Inflationsrate von *Null* aus. Der Ökonom der Universität Stanford, Robert Hall, und Fed-Vorstand W. Lee Hoskins haben etwa darauf hingewiesen, daß ein vorhersehbares zukünftiges Preisniveau für alle Investitionsentscheidungen überaus wünschenswert sei.

Dieses Null-Inflationsziel könnte in einer idealen Volkswirtschaft vielleicht sinnvoll sein, aber Wirtschaftsgeschichte und Statistik zeigen uns, daß wir keinesfalls in einem friktionsfreien System leben. In keinem modernen gemischt-kapitalistischen System sind Perioden mit buchstäblich stabilen Preisen bekannt. So besteht ein bedeutender Grund für Preiserhöhungen in der Weigerung der Arbeitnehmer, *nominelle* Gehaltskürzungen hinzunehmen, wie dies im Falle absoluter Preisstabilität eventuell nötig werden könnte. Eine vermeintliche Preisstabilität könnte auf Grund unzureichend genauer Messungen der Preisentwicklung de facto sogar *fallende* Preise bedeuten.

Während verschiedene Ökonomen über die exakte Zielvorgabe für die Inflationsrate uneins sein mögen, stimmen doch die meisten darin überein, daß ein vorhersehbares und stabiles bzw. leicht steigendes allgemeines Preisniveau die beste Rahmenbedingung für ein gesundes Wirtschaftswachstum darstellt.

Damit können wir unsere Diskussion wie folgt zusammenfassen:

Eine sorgfältige Sichtung der Daten ergibt, daß eine mäßige Inflation, wie wir sie etwa erst kürzlich in den USA beobachten konnten, nur beschränkt negative Auswirkungen auf Produktivität und reale Produktionsleistung aufweist. In kaum einer Studie finden sich Werte von mehr als einigen Milliarden Dollars, und das bei einem Markt von $ 6 Billionen. Sogar die deutsche Hyperinflation der Weimarer Republik führte zu einer geringeren Beeinträchtigung von Produktionsniveau und Beschäftigung als die Große Depression in den USA der 30er Jahre. Andererseits sind die Folgen unerwarteter, inflationsbedingter Einkommens- und Vermögensverzerrungen bzw. -veränderungen zweifellos für viele Menschen als ernst und unangenehm einzustufen, nicht unähnlich der irritierenden Erfahrung ausgeraubt zu werden. Und selbst wenn uns die Kosten der Inflation nicht übertrieben hoch erscheinen, werden die Zentralbanken höhere Inflationsraten sicherlich nicht lange tolerieren; sie werden Maßnahmen zur Inflationsbekämpfung setzen und damit auch eine Verringerung des Wirtschaftswachstums und höhere Arbeitslosenzahlen herbeiführen.

B. MODERNE INFLATIONSTHEORIE

Können Marktwirtschaften gleichzeitig die Segnungen der Vollbeschäftigung und der Preisstabilität genießen? Gibt es wirklich keine andere Art der Inflationskontrolle als die Abschwächung der wirtschaftlichen Dynamik, die wiederum die Arbeitslosigkeit unerwünscht hoch hält? Wenn aber Rezessionen einen allzu hohen Preis für die Inflationskontrolle darstellen, benötigen wir dann vielleicht eine „Lohn- und Einkommenspolitik", die zwar die Inflation senkt, aber die Arbeitslosigkeit nicht erhöht?

Fragen über Fragen. Die Antworten darauf sind für das wirtschaftliche Wohlergehen moderner, gemischter Volkswirtschaften von entscheidender Bedeutung. Im restlichen Teil dieses Kapitels führen wir das „unbarmherzige Dilemma" der Entscheidung zwischen Inflation und Arbeitslosigkeit näher aus und untersuchen Vorschläge, wie wir diesem Dilemma begegnen könnten.

PREISE IM GESAMTANGEBOTS-GESAMTNACHFRAGE-MODELL

Man kann Inflation nicht einer einzelnen Ursache zuschreiben. Ganz wie Krankheiten treten Inflationen auch aus mehreren Gründen auf. Einige Inflationen werden nachfrageseitig induziert, andere angebotsseitig. Aber eine allgemein festzustellende Eigenschaft moderner Inflationen ist es, daß sie eine eigene Dynamik entwickeln und schwer zu stoppen sind, wenn sie erst einmal Platz gegriffen haben.

Schleichende Inflation

In modernen Industriestaaten weist die Inflation ein höchst beständiges Niveau auf, d. h., die Inflationsrate bleibt so lange auf demselben Niveau, bis sie sich auf Grund wirtschaftlicher Ereignisse zu ändern beginnt. Wir können die *schleichende* Inflation mit einem alten, faulen Hund vergleichen. Wenn der Hund nicht durch einen Fußtritt oder die Anziehungskraft einer Katze aus dem Konzept gebracht wird, bleibt er, wo er ist. Einmal aufgescheucht, wird der Hund die Katze zwar zu fangen versuchen, doch sobald er sich wieder an einem anderen Platz niederläßt, bleibt er dort bis zur nächsten Störung liegen.

Während der frühen neunziger Jahre stiegen die US-Preise regelmäßig um etwa 3 Prozent pro Jahr, und die meisten Menschen erwarteten diese Inflationsrate auch für die kommenden Jahre. Damit wurde die solcherart erwartete Inflationsrate in allen Institutionen der Wirtschaft berücksichtigt. Lohnabschlüsse zwischen Arbeitnehmern und Arbeitgebern wurden unter Einberechnung einer etwa 3prozentigen Inflationsrate getätigt, ebenso fanden die 3 Prozent ihren Niederschlag in der staatlichen Geld- und Fiskalpolitik. Das nominale BIP konnte ohne größere Eskapaden um 6 Prozent wachsen (3 Prozent Produktionszuwachs und 3 Prozent Inflation). Die *schleichende Inflation*, die bisweilen auch als beständige Inflation, Core-Inflation oder erwartete Inflation bezeichnet wird, betrug in dieser Periode demnach jährlich 3 Prozent.

Eine Inflationsrate, die erwartet und somit in Verträgen und informellen Übereinkünften mit berücksichtigt wird, fällt unter den Begriff **schleichende Inflation** und führt zu einer **beständigen Inflationsrate**.

Eine schleichende Inflation kann so lange anhalten, als die meisten Menschen diese bestimmte Inflationsrate erwarten. Sie wird im System berücksichtigt. Eine zur Gänze integrierte Inflation ergibt ein *neutrales* Gleichgewicht, das sich selbst während einer gewissen Zeit auf einer bestimmten Höhe aufrechterhält.

Die Geschichte lehrt uns jedoch, daß eine Inflation nicht lange „ungestört" bleibt. Häufige Schocks wie Änderungen der gesamtwirtschaftlichen Nachfrage, heftige Ölpreisschwankungen, schlechte Ernten, Schwankungen der Wechselkurse, Produktivitätssprünge und zahllose andere wirtschaftlichen Ereignisse korrigieren die beständige Inflationsrate nach oben oder unten. Die bedeutendsten, hier zu nennenden Schocks sind nachfrage- und kosteninduzierte Schocks.

Zusammenfassend:

Zu einer gegebenen Zeit weist eine Volkswirtschaft eine kontinuierliche Inflationsrate auf, an die sich die Menschen mit ihren Erwartungshaltungen angepaßt haben. Diese ins Wirtschaftsgefüge integrierte, schleichende Inflation bleibt so lang bestehen, bis ein Schock eine Veränderung nach oben oder nach unten auslöst.

Nachfrageinduzierte Inflation

Eine der Hauptursachen für das Entstehen einer Inflation ist die Veränderung der gesamtwirtschaftlichen Nachfrage. In früheren Kapiteln haben wir bereits festgestellt, daß Erhöhungen des Investitionsniveaus, der Staatsausgaben oder der Nettoexporte die gesamtwirtschaftliche Nachfrage verändern und die Produktion bisweilen über ihr Potential hinaus treiben können. Wir haben ebenso erfahren, wie die Zentralbank eines Staates Einfluß auf die Volkswirtschaft nehmen kann. Die **nachfrageinduzierte Inflation** (auch Nachfrage- bzw. Nachfragesoginflation genannt) tritt – aus welchen Gründen auch immer – auf, wenn die Gesamtnachfrage schneller steigt als das produktive Potential der Volkswirtschaft. Dabei werden die Preise nach oben korrigiert, um Gesamtangebot und Gesamtnachfrage wieder ins Gleichgewicht zu bringen. Tatsächlich konkurriert die Nachfrage um das begrenzte Güterangebot und treibt auf diese Weise die Preise nach oben. Indem die Arbeitslosigkeit fällt und damit die Arbeitskraft knapp wird, entwickeln sich die Löhne nach oben, und der inflationäre Prozeß verstärkt sich.

Eine vielbeachtete Inflationstheorie, die den Nachfragesog in den Mittelpunkt stellt, liefert der sogenannte Monetarismus. Dieser Theorie zufolge bildet das Geldangebot den entscheidenden Bestimmungsfaktor für die Inflation. Der Gedankengang der Monetaristen geht dahin, daß das Wachstum des Geldangebotes die Gesamtnachfrage erhöht, und diese wiederum das allgemeine Preisniveau nach oben korrigiert. In dieser Theorie ist die Kausalkette eindeutig. Sie führt vom Geldangebot über die gesamtwirtschaftliche Nachfrage zur Inflation. Wenn also die deutsche Zentralbank von 1922 bis 1923 Milliarden und Abermilliarden Geldscheine drucken ließ, und diese auf Grund des Bedürfnisses der Menschen nach

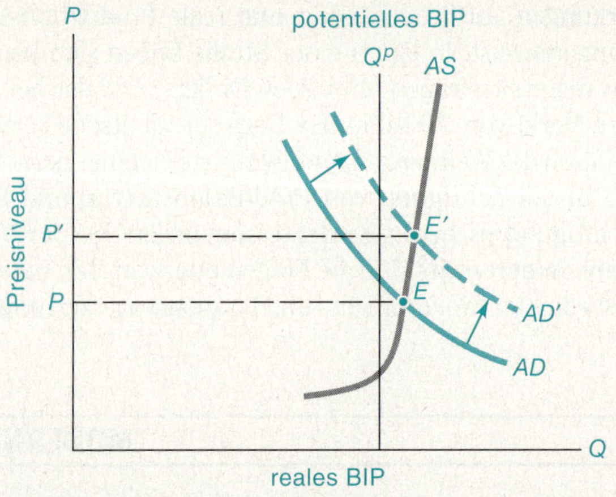

Abbildung 30-5: Eine Nachfragesoginflation tritt auf, wenn ein Nachfrageüberhang einem zu geringen Güterangebot gegenübersteht

Wenn die gesamtwirtschaftliche Nachfrage bei hohem Produktionsniveau ansteigt, konkurrieren die höheren Ausgaben um ein begrenztes Güterangebot. Bei steil verlaufender Gesamtangebotskurve (*AS*) führt ein Großteil der höheren Gesamtausgaben zu höheren Preisen. Das Preisniveau steigt von *P* nach *P'*. Es handelt sich hierbei um eine nachfrageinduzierte Inflation. Bitte überlegen Sie sich, wie eine kosteninduzierte Inflation anhand dieser Abbildung analysiert werden kann.

Brot und Wohnungen den Markt überschwemmten, sollte es uns nicht wundern, daß das Preisniveau in Deutschland damals um das Milliardenfache anstieg und dabei die Mark praktisch wertlos wurde. Hier handelt es sich sogar um eine exzessive nachfrageinduzierte Inflation. Dasselbe Szenario wiederholte sich, als die russische Regierung zu Beginn der 90er Jahre ihr Budgetdefizit über die Druckerpresse finanzierte. In der Folge stieg die Inflation auf durchschnittlich 25 Prozent *monatlich* [oder $100 \times (1{,}25^{12} - 1) = 1355$ Prozent pro Jahr] an.

Abbildung 30-5 zeigt den Prozeß der nachfrageinduzierten Inflation anhand des Verlaufs der aggregierten Angebots- und Nachfragekurven. Wir gehen von einem Gleichgewichtspunkt *E* aus. Nehmen wir an, daß es zu einer Ausgabenerhöhung kommt, so verlagert sich die Gesamtnachfragekurve (*AD*) nach rechts oben. Das volkswirtschaftliche Gleichgewicht bewegt sich von *E* nach *E'*. Auf diesem höheren Nachfrageniveau haben sich auch die Preise von *P* nach *P'* verschoben. Diese Abfolge beschreibt das Zustandekommen einer nachfrageinduzierten Inflation.

Kosteninduzierte Inflation

Bereits die Klassiker unter den Ökonomen haben die Grundlagen der nachfrageinduzierten Inflation verstanden und sie zur Erklärung früherer Preisveränderungen herangezogen. Doch im Verlauf der letzten 50 Jahre kam es zu Veränderungen im Inflationsprozeß, wie wir bereits auf Seite 666 erwähnt haben. Die Preisentwicklung befindet sich heute auf einer Einbahnstraße – sie steigt sogar in Rezessionszeiten und in der Hochkonjunktur umso schneller. Dieses Phänomen trifft für alle Marktwirtschaften dieser Welt zu. Was die moderne Inflation von der einfachen nachfrageinduzierten Variante unterscheidet, das ist das Ansteigen der Preise und Löhne, noch bevor Vollbeschäftigung erreicht wird. Sie steigen sogar dann, wenn 30 Prozent der Fabrikskapazitäten ungenutzt und 10 Prozent der Arbeitskräfte ohne Beschäftigung sind. Dieses Phänomen ist unter der Bezeichnung *kosten-* bzw. *angebotsinduzierte* Inflation bekannt.

Inflation, die auf Grund steigender Kosten bei zugleich hoher Arbeitslosigkeit und mangelnder Auslastung der Produktionskapazitäten entsteht, wird **kosteninduzierte Inflation** (bzw. Kostendruckinflation) genannt.

Eine kosteninduzierte Inflation scheint in frühen Marktwirtschaften nicht aufgetreten zu sein. Zum ersten Mal trat sie während der 30er und 40er Jahre dieses Jahrhunderts in Erscheinung, was schließlich zu der dramatischen Veränderung der Preisentwicklung nach dem Zweiten Weltkrieg führte, die wir Abbildung 30-3 entnehmen können.

Wenn Ökonomen nach einer Erklärung für die kosteninduzierte Inflation suchen, gehen sie häufig von den Löhnen aus, die zweifellos einen wichtigen Teil der Unternehmerkosten darstellen. So stiegen etwa 1982, als die Arbeitslosenquote bei fast 10 Prozent lag, die Löhne trotzdem um 5 Prozent. Einige Ökonomen machten in diesem Zusammenhang die Gewerkschaften verantwortlich, die die Nominallöhne nach oben trieben, obwohl viele ihrer Mitglieder arbeitslos waren. Doch auch die Löhne der gewerkschaftlich nicht organisierten Arbeitskräfte tendieren dazu, selbst in Rezessionszeiten stark zu steigen.

Seit den 70er Jahren gingen kosteninduzierte Schocks oftmals von kräftigen Preisanstiegen bei Erdöl und Lebensmitteln sowie von Veränderungen bei den Wechselkursen aus. 1973, 1978 und dann noch einmal kurz im Jahr 1990 hatten die Staaten vor allem ihre heimische Wirtschaftspolitik im Auge, als die bekannten gravierenden Verknappungen am Ölmarkt auftraten. Die Ölpreise stiegen stark an und in der Folge erhöhten sich auch die Produktionskosten. Das Resultat insgesamt war nicht in allen drei Jahren gleich, doch in jeder der genannten Perioden folgte auf die Ölpreiserhöhung eine kosteninduzierte Inflation.

Erwartungshaltungen und beständige Inflation

Wieso, könnten Sie nun fragen, weist die Inflation ein derart ausgeprägtes Beharrungsvermögen und eine solche Eigendynamik auf? Die Antwort lautet, daß die meisten Preise und Löhne bereits mit Blick auf die zukünftige wirtschaftliche Entwicklung festgelegt werden. Wenn Preise und Löhne rasch steigen und diese Entwicklung auch für die Zukunft erwartet wird, werden Unternehmer und Arbeitnehmer die hohe Inflationsrate in ihren Preis- und Lohnfestsetzungen mit berücksichtigen wollen. Hohe ebenso wie niedrige Inflationserwartungen haben die Tendenz, zu selbsterfüllenden Prophezeiungen zu werden.

Verwenden wir ein hypothetisches Beispiel, um die Rolle der Erwartungshaltungen für die schleichende Inflation zu verdeutlichen. Nehmen wir an, Brass Mills Inc., ein Unternehmen, das Beleuchtungskörper produziert und dessen Mitarbeiter nicht gewerkschaftlich organisiert sind, hat im Jahr 1994 die jährlichen Lohn- und Gehaltsentscheidungen für 1995 zu treffen. Die Umsatzzuwächse werden als zufriedenstellend beurteilt, und es sind keine wesentlichen Versorgungs- bzw. Nachfragestörungen zu erwarten. Der wirtschaftliche Leiter meldet, daß weder inflationäre noch deflationäre Störungen absehbar seien, und die wichtigsten Wirtschaftsforschungsinstitute prognostizieren für 1995 eine nationale Lohnsteigerungsrate von 4 Prozent. Das Ergebnis einer von Brass Mills unter heimischen Betrieben durchgeführten Umfrage ergab, daß die meisten Arbeitgeber für das nächste Jahr Lohnerhöhungen von 3,5 bis 4,5 Prozent geplant hatten. Somit deuteten alle Zeichen auf eine Lohnerhöhung von rund 4 Prozent für 1995 hin.

Die durch Brass Mills bezahlten Löhne hielten sich im Durchschnitt des lokalen Arbeitsmarktes, und sie sollten laut Vorstandsentscheidung diese nicht unterschreiten. Deshalb wurden die Lohnerhöhungen für 1995 gemäß den erwarteten Markterhöhungen von rund 4 Prozent festgesetzt.

Praktisch alle Arbeitgeber machen die Lohn- und Gehaltserhöhungen, die sie ihren Mitarbeitern anbieten, von der erwarteten Wirtschaftsentwicklung abhängig. Dieselbe Argumentationsweise gilt übrigens ebenso für viele Produktpreise, also etwa für Autopreise, Telefongebühren etc., die, sobald sie einmal festgesetzt wurden, nur noch schwer zu ändern sind. Da sich Inflationserwartungen nur langsam ändern und die folgende Anpas-

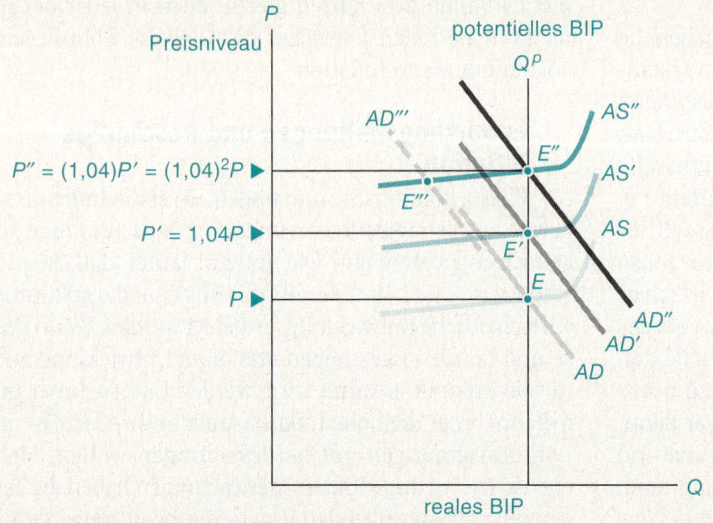

Abbildung 30-6: Wenn sich gesamtwirtschaftliches Angebot und Nachfrage nach oben verlagern, beginnt sich die Lohn-Preis-Spirale zu drehen

In diesem Beispiel steigen die Produktionskosten um jährlich 4 Prozent. Das bedeutet, daß unabhängig vom ursprünglichen Produktionsniveau die Gesamtangebotskurve (*AS*) im nächsten Jahr um 4 Prozent höher sein wird; dasselbe gilt auch für die darauffolgenden Jahre.
Steigt die Gesamtnachfragekurve (*AD*) gleichermaßen, bleibt die reale Produktionsleistung auf der Höhe des potentiellen Produktionsniveaus, und die Preise steigen ebenfalls um 4 Prozent. Die Bewegung des makroökonomischen Gleichgewichts von *E* über *E'* nach *E''*, und der damit verbundene Preisanstieg beschreibt eine schleichende Inflation.
Können Sie mit Hilfe dieser Abbildung eine beständige Inflationsrate von jährlich 2 bzw. 8 Prozent beschreiben?

sung der Löhne und Preise nur mit Verzögerung erfolgt, reagiert die schleichende Inflation nur auf größere Schocks und wirtschaftspolitische Änderungen. Abbildung 30-6 veranschaulicht, was im Zuge einer schleichenden Inflation geschieht. Nehmen wir an, das potentielle Produktionsniveau ist konstant und es gibt keine Angebots- bzw. Nachfrageschocks. Wird eine Lohn- und Preiserhöhung von jährlich 4 Prozent erwartet, so steigen die durchschnittlichen Kosten um diese Rate, und die Gesamtangebotskurve (*AS*) verschiebt sich um jährlich 4 Prozent nach oben. Wenn es zu keinen Nachfrageschocks kommt, wird sich die Gesamtnachfragekurve (*AD*) ebenfalls in diesem Ausmaß nach oben verlagern. Damit liegt auch der Schnittpunkt der beiden Kurven jährlich im Ausmaß der 4 Prozent höher. Das makroökonomische Gleichgewicht bewegt sich von *E* über *E'* nach *E''*. Die Preise steigen jährlich um 4 Prozent, d. h., die schleichende Inflation setzt bei 4 Prozent ein.

Eine schleichende Inflation äußert sich in den stetig, immer im selben Prozentsatz steigenden Gesamtangebots- und Gesamtnachfragekurven.

Preisniveau versus Inflation

Anhand unserer Abbildung 30-6 können wir eine zweckmäßige Unterscheidung zwischen Veränderungen des Preisniveaus und der Inflationsrate treffen. Ceteris paribus wird ein Anstieg der gesamtwirtschaftlichen Nachfrage die Preise erhöhen. Der gleiche Schluß gilt für das gesamtwirtschaftliche Angebot.

Doch in der Realität verändern sich die Rahmenbedingungen natürlich fortlaufend. Im besonderen verschieben sich sowohl die Gesamtangebots- (*AS*) als auch die Gesamtnachfragekurve (*AD*) ständig. Abbildung 30-6 zeigt beispielsweise, daß Gesamtangebot und Gesamtnachfrage gleichmäßig ansteigen.

Welche Auswirkungen hätte eine unerwartete Verlagerung der Gesamtangebots- bzw. Gesamtnachfragekurve während der dritten Periode? Wie würden Preise und Inflation reagieren? Nehmen Sie zum Beispiel an, daß sich die Nachfragekurve *AD''* in der dritten Periode aufgrund einer Geldmengenverringerung nach links auf *AD'''* verlagert. Das könnte eine Rezession mit einem neuen Gleichgewichtspunkt *E'''* auf der Angebotskurve *AS''* nach sich ziehen. Hier ist nun die reale Produktionsleistung unter das potentielle Produktionsniveau gefallen, Preise wie Inflationsrate sind niedriger als im Punkt *E''*, aber es tritt trotzdem eine Inflation ein, weil das Preisniveau im Punkt *E'''* noch immer über dem Gleichgewicht der Vorperiode *E'* mit ihrem Preisniveau *P'* liegt.

Zwar wird das Preisniveau unter den Wert gedrückt, den es andernfalls erreicht hätte, doch in der Gesamtwirtschaft kann es auf Grund der Dynamik der Kostensteigerungen und Preiserhöhungen sogar angesichts dieser kontraktiven Schocks zu einer Inflation kommen.

Für das Verständnis des Phänomens **Stagflation**, das ist eine Inflation in Perioden hoher Arbeitslosigkeit, ist dieser Punkt sehr wichtig. Solange die beharrlichen Elemente des Kostenauftriebs wirksam sind, können Rezessionen durchaus auch zugleich mit einer hohen Inflation auftreten, obwohl in diesem Fall die Inflationsrate etwas niedriger als diejenige der Vorperioden sein wird. Abbildung 30-6 illustriert diesen Sachverhalt. Der für die Rezession stehende Gleichgewichtspunkt E''' zeigt noch immer steigende Preise an, da das Preisniveau in E''' über jenem der der Vorperiode P' liegt.

DIE PHILLIPS-KURVE

Der Ökonom A. W. Phillips entwickelte eine sehr zweckmäßige Art, den Inflationsprozeß darzustellen, indem er die Einflußfaktoren für eine Inflation der Löhne quantifizierte. Er analysierte die verfügbaren britischen Daten zu Arbeitslosigkeit und Lohnentwicklung aus über hundert Jahren, und dabei zeigte es sich, daß Arbeitslosigkeit und nominelle Lohnänderungen in einer inversen Beziehung zueinander stehen. Die Löhne stiegen tendenziell an, wenn die Arbeitslosigkeit niedrig war, und sie fielen bei hoher Arbeitslosigkeit. Nun stellt sich die Frage, warum eine hohe Arbeitslosigkeit das Ansteigen der Geldlöhne behindert. Der Grund liegt offenbar darin, daß die Arbeitskräfte in Zeiten hoher Arbeitslosigkeit weniger stark auf Lohnerhöhungen dringen und daß außerdem die Unternehmen bei niedrigen Gewinnen diesen Lohnforderungen strikter entgegentreten würden.

Die Phillips-Kurve eignet sich zur Analyse kurzfristiger Zusammenhänge zwischen Arbeitslosigkeit und Inflation. Ihre einfachste Form ist in Abbildung 30-7 veranschaulicht. Auf der horizontalen Achse ist die Arbeitslosenrate, auf der vertikalen Achse (links, schwarz) die jährliche Preisinflation aufgetragen. Die vertikale, rechte Skala (blau) zeigt die nominelle Lohninflationsrate. Mit einer Linksbewegung entlang der Phillips-Kurve infolge einer rückläufige Arbeitslosenrate steigt das Ausmaß der Preis- und Lohnerhöhungen. In der Kurve kommt dies durch eine größere Steigung zu Ausdruck.

Hinter dieser Kurve steht ein wichtiges Element der Inflationsarithmetik. Nehmen wir an, die Arbeitsproduktivität (Output pro Arbeiter) steigt kontinuierlich um 2 Prozent jährlich. Außerdem soll noch der Einfachheit halber gelten, daß das Unternehmen die Preise auf Basis der durchschnittlichen Arbeitskosten festlegt, weshalb sich die Preise nur parallel mit den durchschnittlichen Arbeitskosten pro Produktionseinheit ändern. Aus einer Lohnerhöhung von 6 Prozent und einer Produktivitätssteigerung um 2 Prozent resultiert somit eine durchschnittliche Arbeitskostenerhöhung von 4 Prozent. Konsequenterweise steigen auch die Preise um 4 Prozent.

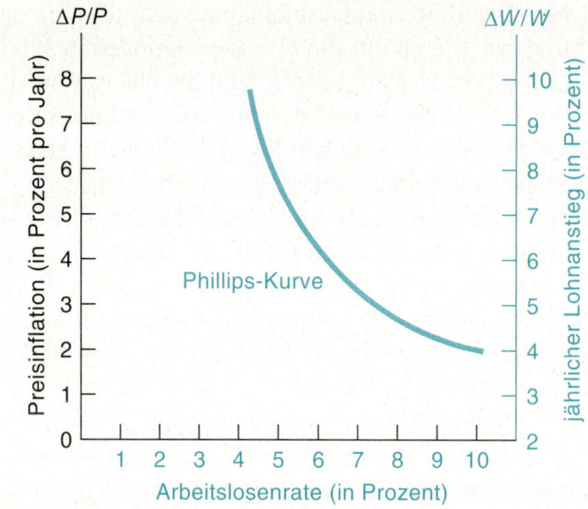

Abbildung 30-7: Die Phillips-Kurve beschreibt den Zielkonflikt zwischen Inflation und Arbeitslosigkeit

Die Phillips-Kurve zeigt die inverse Beziehung zwischen Inflation und Arbeitslosigkeit. Die Skalen der rechten und linken vertikalen Achsen unterscheiden sich insofern, als bei den Lohnveränderungen ein Zuwachs der durchschnittlichen Arbeitsproduktivität um 2 Prozent angenommen wird.

Volkswirtschaft in der Praxis: Lohn-Preis-Arithmetik. *Die Beziehung zwischen Preisen, Löhnen und Produktivität kann folgendermaßen ausgedrückt werden: Da die Preise auf den durchschnittlichen Arbeitskosten pro Outputeinheit basieren, impliziert dies, daß* P *immer proportional zu* WL/X *ist, wobei* P *das Preisniveau,* W *die Lohnrate,* L *die Arbeitsstunden und* X *den Output repräsentieren. Nehmen Sie außerdem an, daß die Arbeitsproduktivität* (X/L) *durchschnittlich um 2 Prozent jährlich steigt. Wenn daher die Löhne um 6 Prozent pro Jahr steigen, erhöhen sich die Preise um jährlich 4 Prozent (6 – 2 = 4). Oder anders formuliert:*

$$\begin{pmatrix}\text{Preis-}\\ \text{Inflations-}\\ \text{rate}\end{pmatrix} = \begin{pmatrix}\text{Lohn-}\\ \text{Inflations-}\\ \text{rate}\end{pmatrix} - \begin{pmatrix}\text{Produktivitäts-}\\ \text{Zuwachs-}\\ \text{rate}\end{pmatrix}$$

womit wir die Beziehung zwischen Preisinflation und Lohninflation auf den Punkt gebracht haben.

Mit obigem Rechenbeispiel können wir also die Beziehung zwischen Lohn- und Preiserhöhungen in Abbildung 30-7 beschreiben. Rechts zeigt die blaue Skala die prozentuelle Veränderung der nominellen Lohnraten, während man von der linken Skala die Preis-Inflationsrate ablesen kann. Diese beiden Skalen unterscheiden sich nur durch die erwartete Produktivitäts-Zuwachsrate (eine Preisänderung von jährlich 6 Prozent entspricht somit einer Lohnänderung von 8 Prozent, wenn die Produktivitäts-Zuwachsrate 2 Prozent jährlich ausmacht und die Preise ebenso schnell wie die durchschnittlichen Arbeitskosten ansteigen). Daher gilt:

Die Phillips-Kurve veranschaulicht die „Zielkonflikt-(Tradeoff-)Theorie" der Inflation. Dieser Theorie zufolge kann sich ein Staat eine niedrigere Arbeitslosigkeit erkaufen, wenn er gewillt ist, dafür den Preis einer höheren Inflationsrate zu zahlen. Die Schärfe des Zielkonflikts wird durch die Steigung der Phillips-Kurve ausgedrückt.

Interpretation

Wie paßt die Phillips-Kurve in unser Gesamtangebots-Gesamtnachfrage-Modell? Die Phillips-Kurve, wie wir sie in Abbildung 30-7 sehen, *stellt eine kurzfristige Beziehung zwischen Inflation und Arbeitslosigkeit dar, wenn sich die gesamtwirtschaftliche Nachfrage verlagert, Veränderungen des gesamtwirtschaftlichen Angebotes jedoch weiterhin im selben beharrlichen Tempo erfolgen.* Ein Vergleich der Abbildungen 30-6 und 30-7 erleichtert das Verständnis dieses Zusammenhangs.

Nehmen Sie nun an, dem potentiellen Produktionsniveau entspräche eine Arbeitslosenrate von 6 Prozent. Dann bleibt, solange die Produktion dem potentiellen Niveau entspricht, die Arbeitslosenrate bei 6 Prozent, während die Inflationsrate jährlich 4 Prozent ausmacht. Stellen Sie sich aber vor, daß in Abbildung 30-6 eine Verlagerung der aggregierten Nachfrage in der dritten Periode auftritt, so daß der neue Gleichgewichtspunkt in E''' und nicht in E'' liegt. Damit liegt der realisierte Output unter dem potentiellen, die Arbeitslosenrate steigt auf über 6 Prozent und die Inflation sinkt. Um das Verständnis dieses Vorgangs zu festigen, zeichnen Sie bitte in Abbildung 30-7 die jeweiligen Arbeitslosen- und Inflationsraten ein, die den Gleichgewichtspunkten E'' und E''' in Abbildung 30-6 entsprechen.

Die Phillips-Kurve ist einmal als „Speisekarte" mit den Auswahlmöglichkeiten Inflation oder Arbeitslosigkeit beschrieben worden. Doch manchmal mußten die Gäste feststellen, daß sich die Preise sogar dann noch änderten, als sie ihr Mahl bereits verzehrten. Dies deshalb, weil sich die Phillips-Kurve im Zeitablauf verlagerte, nachdem sich die beständige Inflationsrate verändert hatte. Abbildung 30-8 stellt die Inflations- und Arbeitslosendaten der USA für den Zeitraum 1961 bis 1993 graphisch dar. Hier haben wir es ganz offensichtlich mit keiner stabilen Kurve zu tun; eher scheinen sich die Punkte im Uhrzeigersinn zu drehen, wobei es immer wieder zu einem Abdriften nach außen oder nach innen kommt.

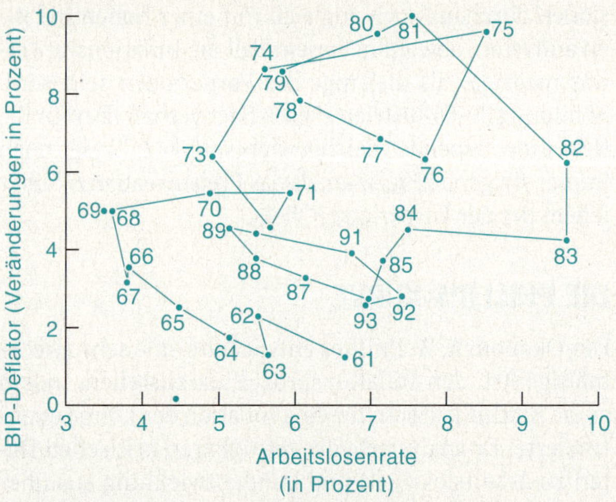

Abbildung 30-8: Ist die Phillips-Kurve eine Kurve?

Die Arbeitslosigkeits- und Inflationsdaten zeigen in den letzten drei Jahrzehnten einen komplizierteren Zusammenhang als jenen, der sich mit der einfachen, kurzfristigen Phillips-Kurve darstellen läßt. Moderne, auf einer natürlichen Arbeitslosenrate basierende Theorien erklären das heterogene Bild.
(Quelle: *Economic Report of the President*, 1994; der BIP-Deflator stellt hier den Preisindex dar)

Diese Beobachtung, daß es in der Phillips-Kurve zu einer Drehung im Uhrzeigersinn kommt, bewog die Ökonomen dazu, die einfache Phillips-Kurve abzuändern. Und das nützliche Ergebnis dieses Widerspruchs zwischen Theorie und historischer Beobachtung ist die Theorie der natürlichen Inflationsrate, die heute weitgehende Anerkennung genießt.

DIE NATÜRLICHE ARBEITSLOSENRATE

Um den seltsamen kreisförmigen Verlauf der Phillips-Kurve in Abbildung 30-8 zu erklären, mußten die Ökonomen eine Modifizierung vornehmen, die als die *langfristige Phillips-Kurve* bekannt ist. Die zugehörige Theorie wurde von Edmund Phelps und Milton Friedman entwickelt und von einer Vielzahl von Ökonometrikern überprüft; sie unterscheidet zwischen langfristiger und kurzfristiger Phillips-Kurve. Damit wird ausgesagt, daß die abwärts geneigte Phillips-Kurve in Abbildung 30-7 nur kurzfristig Gültigkeit hat. Langfristig gibt es nur eine, nämlich die *natürliche Arbeitslosenrate*, die mit der schleichenden Inflation konsistent ist. Diese Theorie impliziert einen vertikalen Verlauf der langfristigen Phillips-Kurve.

Um diese neue Theorie verstehen zu können, benötigen wir eine genaue Definition der natürlichen Arbeitslosenrate:

Bei der **natürlichen Arbeitslosenrate** sind die auf die Preis- und Lohn*inflation* einwirkenden treibenden und bremsenden Kräfte ausgeglichen. Die Inflation verhält sich also stabil, d. h., es ist weder eine beschleunigende noch eine rückläufige Inflationstendenz festzustellen. Wenn man in einer Volkswirtschaft versucht, hohe Inflationsraten zu vermeiden, stellt die natürliche Arbeitslosenrate das niedrigste Niveau dar, das über einen längeren Zeitraum aufrecht erhalten werden kann. Sie verkörpert damit das höchste nachhaltige Beschäftigungsniveau und entspricht der potentiellen Produktionsleistung einer Volkswirtschaft.

Diese Theorie läßt sich folgendermaßen umschreiben: Zu jedem Zeitpunkt ist in einer Volkswirtschaft eine beständige bzw. erwartete Inflationsrate gegeben. Falls es (1) keine überschüssige Nachfrage und (2) keine Angebotsschocks gibt, wird die tatsächliche Inflation auf dem beständigen Niveau verbleiben. Den beiden obigen Punkten liegen folgende Sachverhalte zugrunde: Bedingung (1) besagt, daß sich die Arbeitslosigkeit auf jenem Niveau einpendelt (der natürlichen Arbeitslosenrate), bei dem der nach oben gerichtete Lohndruck der freien Arbeitsplätze genau dem nach unten gerichteten Lohndruck der Arbeitslosigkeit entspricht. Bedingung (2) besagt, daß es zu keinen unerwarteten Veränderungen bei den Materialkosten wie zum Beispiel bei Öl und Importen kommt, so daß die Gesamtangebotskurve mit einer schleichenden Inflationsrate steigt. Wenn die Bedingungen (1) und (2) zutreffen, führt dies zu einer Situation, in der die Inflation mit einer beständigen bzw. erwarteten Rate steigt.

Was würde mit dem Auftreten nachfrage- oder kostenseitiger Schocks passieren? Bei sehr niedriger Arbeitslosigkeit, in den USA etwa während des Vietnamkrieges, steigt die Inflationsrate über ihr beständiges Niveau, und wir bewegen uns entlang der kurzfristigen Phillips-Kurve nach oben. Dagegen läßt sich feststellen, daß bei einer weit über ihrer natürlichen Rate liegenden Arbeitslosigkeit (wie zu Beginn der achtziger Jahre in den USA) die Inflation unter ihr beständiges Niveau sinkt, daß wir uns also entlang der kurzfristigen Phillips-Kurve nach unten bewegen.

Doch damit nicht genug. Sobald die tatsächliche Inflation über ihr beständiges bzw. erwartetes Niveau gestiegen ist, beginnen die Menschen sich auf die neue Inflationsrate einzustellen und erwarten diese höhere Inflation auch für die Zukunft. Die beständige Inflationsrate paßt sich der neuen Realität an, und die kurzfristige Phillips-Kurve verlagert sich nach oben.

Diese kurze Schilderung führt uns einen wichtigen Aspekt der Inflation vor Augen: Der Zielkonflikt zwischen Inflation und Arbeitslosigkeit bleibt nur solange stabil, als sich die beständige bzw. erwartete Inflationsrate nicht verändert. Wenn sie sich verändert, verlagert sich auch die kurzfristige Phillips-Kurve.

Die Verlagerung der Phillips-Kurve

Diese wichtige Einsicht, daß Schocks eine Verlagerung der Phillips-Kurve bewirken, ist als eine Abfolge von Schritten zu verstehen, die in Abbildung 30-9 anhand einer „Hochkonjunkturphase" illustriert wird.

- *Periode 1.* In der ersten Periode befindet sich die Arbeitslosenrate auf ihrem natürlichen Niveau. Es gibt weder nachfrage- noch angebotsseitige Überraschungen, und die Volkswirtschaft befindet sich auf der unteren kurzfristigen Phillips-Kurve (*SP*) in Abbildung 30-9 in Punkt *A*.
- *Periode 2.* Ein schneller Produktionsanstieg während einer Hochkonjunktur senkt die Arbeitslosenrate, weil die Unternehmen im Vergleich zu früheren Perioden vermehrt Arbeitskräfte einstellen und eine tendenziell höhere Entlohnung anbieten. Wenn jedoch der Output das potentielle Produktionsniveau überschreitet, erhöhen sich Kapazitätsauslastung und Kalkulationsaufschläge. Damit beginnen Löhne wie Preise zu steigen. Für unsere Phillips-Kurve bedeutet dies nun, daß sich die Volkswirtschaft entlang der kurzfristigen Phillips-Kurve hin zu Punkt *B* links oben bewegt (entlang *SP* in Abbildung 30-9). Zwar haben sich die Inflationserwartungen noch nicht verändert, aber die geringere Arbeitslosenrate in der zweiten Periode zu einer erhöhten Inflation geführt.
- *Periode 3.* Mit der höheren Lohn- und Preisinflationsrate *erwarten* nun Unternehmen wie Arbeitskräfte eine höhere Inflation auch für die Zukunft. Diese höhere, erwartete Inflationsrate wird nun in Lohn- und Preisentscheidungen mit einbezogen. Daraufhin steigt die beständige Inflationsrate an. Die höhere,

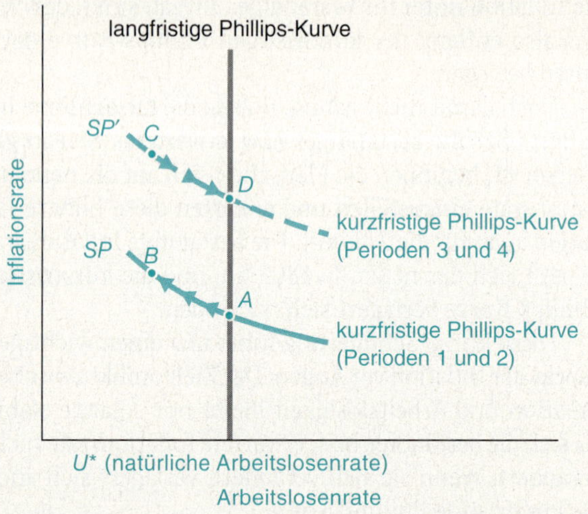

Abbildung 30-9: Schocks führen zu einer Verschiebung der Phillips-Kurve

Die obige Abbildung zeigt, wie eine Periode niedriger Arbeitslosigkeit die kurzfristige Phillips-Kurve verschiebt. Wir gehen von Punkt *A* aus. In der zweiten Periode expandiert die Volkswirtschaft, die Arbeitslosigkeit fällt unter die natürliche Rate auf Punkt *B*. Die Inflation steigt hingegen über ihre beständige Rate.

Mit der Zeit wird die höhere Inflationsrate jedoch antizipiert, was zur neuen kurzfristigen Phillips-Kurve (*SP'*) führt. Wenn die Volkswirtschaft schließlich in Periode 4 wieder auf ihre natürliche Arbeitslosenrate (Punkt *D*) zurückpendelt, ist sie mit einer höheren beständigen und tatsächlichen Inflationsrate belastet.

Beachten Sie, daß man die Punkte *A, B, C* und *D* miteinander verbinden kann, wenn sie unterschiedliche Jahre repräsentieren. Die sich verschiebende Kurve hat einen Kreis im Uhrzeigersinn gezogen, was wir übrigens auch in Abbildung 30-8 beobachten konnten.

erwartete Inflationsrate führt in unserer Abbildung dazu, daß sich die kurzfristige Phillips-Kurve nach oben verlagert und der neue Gleichgewichtspunkt nun in *C* liegt. Die neue kurzfristige Phillips-Kurve (*SP'* in Abbildung 30-9) liegt daher oberhalb der ursprünglichen Kurve. Der Grund liegt in der Erwartung der höheren Inflationsrate.

- *Periode 4.* In der letzten Periode verlangsamt sich die Konjunktur, und damit wird der Output wieder auf sein potentielles Niveau zurückgeführt. Auch die Arbeitslosenrate steigt wieder auf ihre natürliche Höhe, die nun in Punkt *D* liegt. Auf Grund der höheren Arbeitslosigkeit sinkt die Inflationsrate.

Beachten Sie das überraschende Resultat. Die Inflationsrate in Periode 4 ist höher als die in der Periode 1, obwohl die Arbeitslosenrate jeweils gleich hoch ist. Der Grund dafür liegt in der höheren erwarteten bzw. beständigen Inflationsrate. Die Volkswirtschaft erreicht dasselbe *reale* BIP, und auch die Arbeitslosenrate ist dieselbe wie in Periode 1. Die erwartete Inflationsrate wurde durch die Aufschwungphase erhöht und die *nominellen* Größen (Preise und nominelles BIP) wachsen nun schneller als zuvor.

Bisweilen können wir „Sparprogramm-Zyklen" beobachten, die dann auftreten, wenn die Arbeitslosigkeit steigt und die tatsächliche Inflationsrate unter die beständige Rate fällt. Dabei sinkt die beständige Inflationsrate, und die Volkswirtschaft weist, wenn sie zur natürlichen Arbeitslosigkeit zurückkehrt, eine geringere Inflationsrate auf. Einen solchen Sparkurs fuhren die USA in den Jahren 1979–1984 im Zuge der Inflationsbekämpfung der Carter-Volcker-Reagan Ära.

Die langfristige Phillips-Kurve

Wir wissen nun, daß ein Abweichen der tatsächlichen von der natürlichen Arbeitslosenrate ebenfalls zu einer Veränderung der Inflationsrate beiträgt. Was aber, wenn die Lücke zwischen der tatsächlichen und der natürlichen Arbeitslosenrate bestehen bleibt? Nehmen wir zum Beispiel an, die natürliche Rate liege bei 6 Prozent, die tatsächliche Arbeitslosenrate bei 4 Prozent. Auf Grund dieser Lücke wird die Inflation jährlich eher steigen. Sie könnte im ersten Jahr 6 Prozent, im zweiten Jahr 7 Prozent, im dritten Jahr 8 Prozent betragen und in den darauffolgenden Jahren immer weiter steigen.

Bis zu welchem Punkt dreht sich die Spirale nach oben? Gemäß der Theorie der natürlichen Arbeitslosenrate kann die Inflation nur eingebremst werden, wenn die Arbeitslosigkeit wieder zu ihrer natürlichen Rate zurückkehrt. Oder anders ausgedrückt: Solange das tatsächliche Niveau der Arbeitslosigkeit unter der natürlichen Rate bleibt, wird die Inflation steigen.

Der genau entgegengesetzte Trend ist bei hoher Arbeitslosigkeit zu beobachten: Liegt die Arbeitslosigkeit über der natürlichen Rate, wird die Inflation eher sinken.

Die Inflationsrate stabilisiert sich erst, wenn die Arbeitslosigkeit der natürlichen Rate entspricht; erst dann werden die Angebots- und Nachfrageänderungen auf den unterschiedlichen Arbeitsmärkten im Gleichgewicht sein; und erst dann wird die Inflation – wie hoch auch immer ihre beständige Rate ist – weder steigen noch fallen.

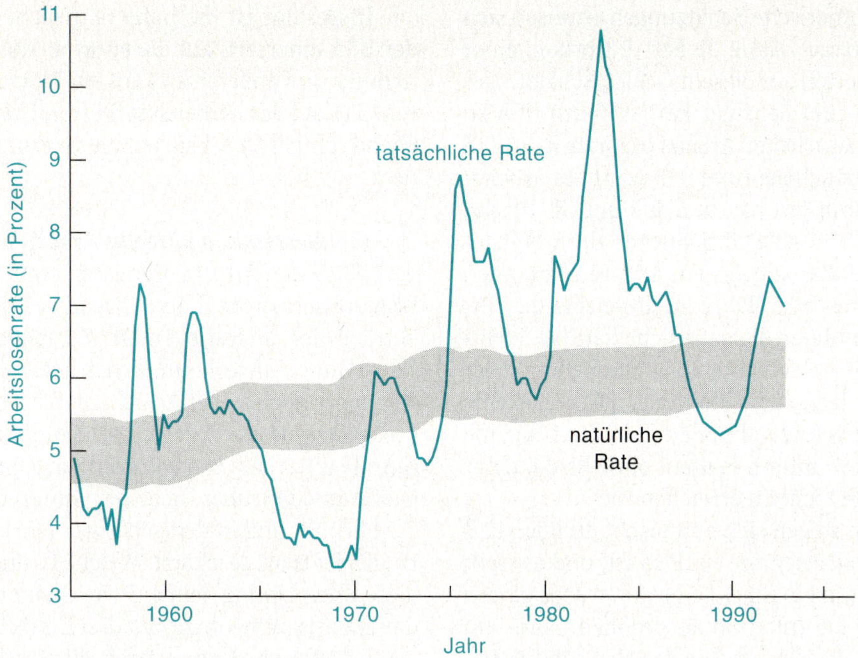

Abbildung 30-10: Entwicklung der tatsächlichen und der natürlichen Arbeitslosenraten zwischen 1955 und 1993

Auf dem Niveau der natürlichen Arbeitslosenrate sind die auf die Löhne und Preise einwirkenden Kräfte im Gleichgewicht. Unterhalb dieser Rate erhöht sich die Inflationsrate im allgemeinen; darüber kommt es tendenziell zu einer Verringerung der Inflation.
Die natürliche Rate scheint in den sechziger und siebziger Jahren gestiegen zu sein, danach hat sie sich wieder stabilisiert. In obiger Abbildung ist die natürliche Arbeitslosenrate als breiter grauer Streifen eingezeichnet, um zu verdeutlichen, daß sich genaue Schätzungen als schwierig erweisen.
(Quellen: Die tatsächliche Arbeitslosenrate vom US-Arbeitsministerium, *Employment and Earnings*; die natürliche Arbeitslosenrate von Robert J. Gordon, „Understanding Inflation in the 1980s", *Brookings Papers on Economic Activity*, 1985, S. 263–302, für 1954–1984, und Aktualisierungen. Beachten Sie, daß die Meßweise der Arbeitslosenrate 1994 geändert wurde.)

Entsprechend der Theorie der natürlichen Arbeitslosenrate ist die natürliche Arbeitslosigkeit das einzige Niveau, auf dem eine stabile Inflationsrate möglich ist. Die langfristige Phillips-Kurve muß gemäß dieser Theorie vertikal, auf dem Niveau der natürlichen Arbeitslosenrate, verlaufen, wie dies in Abbildung 30-9 dargestellt ist.

Wir können aus der Theorie der natürlichen Arbeitslosenrate zwei wichtige Konsequenzen für die Wirtschaftspolitik ableiten. Erstens impliziert sie, daß in einer Volkswirtschaft langfristig ein Mindestniveau an Arbeitslosigkeit bestehen muß. Demnach kann ein Staat die Arbeitslosigkeit nicht lange unter ihre natürliche Rate drücken, ohne dabei eine Lohn-Preis-Spirale in Gang zu setzen.

Und zweitens kann sich ein Staat an der kurzfristigen Phillips-Kurve orientieren. Eine auf Expansion eingestellte Regierung kann die Arbeitslosenrate vorübergehend unter ihr natürliches Niveau drücken, allerdings nur auf Kosten einer steigenden Inflation. Dagegen kann sie sehr wohl zu der Ansicht gelangen, die beständige Inflationsrate sei zu hoch, wie es in den USA im Zeitraum von 1979 bis 1982 der Fall war. Um die Inflationsrate auf ein niedrigeres Niveau zu drücken, muß der Volkswirtschaft ein Sparprogramm verordnet werden, wodurch in der Folge eine Rezession ausgelöst wird.

Quantitative Schätzungen

So nützlich sich die Theorie der natürlichen Arbeitslosenrate als makroökonomisches Konzept auch erwiesen hat – präzise numerische Schätzungen erweisen sich nach wie vor als unzuverlässig. Robert J. Gordon, einer der führenden Experten auf diesem Gebiet, schätzt, daß es in den sechziger und siebziger Jahren in den USA zu einem Anstieg der natürlichen Arbeitslosenrate kam, daß diese sich jedoch danach bei rund 6 Prozent des Arbeitskräftepotentials stabilisiert hat. In Abbildung 30-10 sind seine Schätzungen sowie die tatsächlichen US-Arbeitslosenraten bis Ende 1993 angegeben. Andere Ökonomen kamen für die späten 80er Jahre zu abweichenden Ergebnissen und vermuteten die natürliche Rate bei 5,5 bis 6,5 Prozent des Arbeitskräftepotentials. Die Mehrzahl der Ökonomen vertritt jedoch die Meinung, daß angesichts der derzeitigen Preis- und Lohnbildung in den USA eine Arbeitslosenrate weit unter 6 Prozent ohne Risiko einer steigenden Inflation nicht zu erreichen ist.[5]

Viele Menschen zeigen sich enttäuscht darüber, daß die natürliche Arbeitslosenrate so hoch ist, und es stellt sich die Frage, warum ein Staat keine guten Jobs garantieren kann, ohne die Inflation zu erhöhen. Nun, ein Grund liegt sicherlich darin, daß in den USA Jobfluktuationen häufig sind, daß also die friktionelle Arbeitslosigkeit bei ausreichend vorhandenen Arbeitsplätzen hoch ist. Deshalb war auch im Jahr 1990, übrigens dem letzten Jahr, in dem sich die Volkswirtschaft noch nahe der natürlichen Rate befand, mehr als ein Drittel der Arbeitslosen unter 25 Jahre alt. Nur 2,8 Prozent des Arbeitskräftepotentials hatten ihren Job verloren. Von insgesamt 174 Millionen Erwachsenen galten nur 700.000 länger als 26 Wochen hindurch als arbeitslos.

Zusätzlich zur friktionellen Arbeitslosigkeit verzeichnen wir zumeist auch einen hohen Anteil an struktureller bzw. unfreiwilliger Arbeitslosigkeit. Sogar bei niedriger Arbeitslosenrate hat ein beträchtlicher Teil der Beschäftigungslosen den Arbeitsplatz verloren bzw. ist den Langzeitarbeitslosen zuzurechnen. Offensichtlich finden auf dem Arbeitsmarkt freie Stellen und Arbeitslose nicht ausreichend schnell zueinander.

Insgesamt ist die hohe natürliche Arbeitslosenrate der USA einerseits auf die enorme Mobilität der Arbeitnehmer und andererseits auf die Tatsache zurückzuführen, daß auf dem Arbeitsmarkt freie Stellen nicht ausreichend schnell an Arbeitsuchende vermittelt werden können.

Die steigende natürliche Arbeitslosenrate. Aus den verläßlichsten Arbeitslosendaten ergibt sich, daß in den USA die natürliche Rate während der letzten Jahrzehnte beträchtlich angestiegen ist. Zu Beginn der sechziger Jahre kamen die volkswirtschaftlichen Berater Präsident Kennedys noch zu der Ansicht, daß bei sogenannter Vollbeschäftigung des Arbeitskräftepotentials die Arbeitslosenrate unterhalb von 4 Prozent liegen müsse; diese Zahl wurde in den frühen siebziger Jahren bereits auf 5 Prozent erhöht und in den achtziger Jahren schließlich auf rund 6 Prozent geschätzt. Welche Gründe lassen sich für diese Entwicklung nennen? Die Ökonomen verweisen in diesem Zusammenhang auf drei Einflußfaktoren: auf die demographische Entwicklung, die staatliche Wirtschaftspolitik und auf strukturelle Veränderungen.

Der erstgenannte Faktor trägt zur steigenden natürlichen Arbeitslosenrate insofern bei, als sich die demographische Struktur des Arbeitskräftepotentials verändert, und zwar insbesondere durch das zunehmende Drängen von Jugendlichen, Minderheiten und Frauen auf den Arbeitsmarkt. Durch das vermehrte Auftreten dieser Gruppen auf dem Arbeitsmarkt erhöhte sich die Arbeitslosenrate, weil gerade die genannten Bevölkerungsgruppen gegenüber erwachsenen Männern ein erhöhtes Risiko einer Arbeitslosigkeit tragen. Diese veränderte Zusammensetzung des Arbeitskräftepotentials führte zu einer Erhöhung der gesamten natürlichen Arbeitslosenrate, obwohl die Rate für jede Gruppe konstant blieb.

Außerdem meinen einige Statistiker, die Sozialpolitik des Staates habe ebenfalls zu einer Erhöhung der natürlichen Arbeitslosenrate geführt, wobei in diesem Zusammenhang häufig die Arbeitslosenversicherung zitiert wird. In den meisten US-Bundesstaaten erwerben sich entlassene Arbeitnehmer einen Anspruch auf Bezüge aus der Arbeitslosenversicherung. Arbeitslose sind berechtigt, in bis zu 26 Wochen rund 50 Prozent ihres vormaligen Lohnes zu beziehen. Unter Hinweis auf dieses Arbeitslosengeld wird nun argumentiert, betroffene Menschen würden wohl mit weniger Nachdruck einen neuen Job suchen und verständlicherweise Niedriglohnjobs eher ablehnen. Diese Entwicklung führe zu einem Ansteigen der Arbeitslosenrate. Manche Ökonomen meinen, die Ausweitung der Arbeitslosenversicherung sei für eine

[5] Das U.S. Department of Labor führte in seiner laufenden Volkszählung beginnend mit Januar 1994 einige Neuerungen ein. Diese Änderungen werden wahrscheinlich zu einer Erhöhung der gesamten sowie der natürlichen Arbeitslosenrate um ca. einen *halben* Prozentpunkt im Vergleich zu den vor 1994 erhobenen Zahlen führen. Die hier verwendeten Daten sind nicht bereinigt und beziehen sich auf die tatsächlichen, nicht überprüften Arbeitslosenschätzungen bis 1993. Den Berechnungen der natürlichen Rate für Mitte der 90er Jahre liegen die früheren Schätzungen zugrunde; diese wurden dann um einen halben Prozentpunkt nach oben korrigiert.

Erhöhung der natürlichen Arbeitslosenrate von bis zu 1 Prozentpunkt verantwortlich, während andere diese Vermutung vehement bestreiten.

Ein letzter Grund für die höhere natürliche Arbeitslosenrate liegt schließlich in der Möglichkeit einer zunehmenden strukturellen Arbeitslosigkeit. Ökonomen weisen darauf hin, daß in den 70er und 80er Jahren speziell die Branchen und Regionen mit starker Abhängigkeit von Energieversorgung und Außenhandel schwere Schocks erleiden mußten. Auto- und Stahlindustrie waren geschwächt; die Ölförderung erlebte einen Boom, der dann plötzlich in sich zusammenstürzte; der Nordosten der USA erfreute sich erst eines ungeahnten Aufschwungs, wurde jedoch in der Folge von heftigen wirtschaftlichen Krisen geschüttelt, während die Elektronikindustrie florierte. Ende der achtziger Jahre kam es zu einer Rezession in den Küstenregionen der USA, in deren Verlauf Ost- und Westküste starke Einbußen durch die Schwierigkeiten in der Bauindustrie und auf Grund der drastischen Kürzungen der Militärausgaben erlitten.

Da die genannten Faktoren zu einem Anstieg der strukturellen Arbeitslosigkeit führen, könnten sie auch für die steigende natürliche Arbeitslosenrate verantwortlich sein. So könnte es auf Grund dieser Faktoren länger dauern, bis Arbeitnehmer und Arbeitgeber zueinander finden, wie es ja auch für Männer und Frauen, die in verschiedenen Städten leben, schwieriger ist, zueinander zu finden. Studien von David Lilien und Katherine Abraham (der derzeitigen Leiterin des US-Amtes für Arbeitsstatistik) sowie die Arbeiten von James Medoff lassen die Vermutung zu, die natürliche Arbeitslosenrate sei in den siebziger und achtziger Jahren auf Grund der erhöhten strukturellen Arbeitslosigkeit um bis zu 1 Prozentpunkt gestiegen. In den letzten Jahren scheint die strukturelle Arbeitslosigkeit jedoch wieder gesunken zu sein.

Zweifel an der natürlichen Arbeitslosenrate

Das Konzept der natürlichen Arbeitslosenrate ist ebenso wie sein Zwilling auf der Produktionsseite, das potentielle BIP, für das Verständnis der Inflation und der Beziehung zwischen Kurz- und Langfristigkeit in der Makroökonomie von grundlegender Bedeutung. Doch einige Ökonomen ziehen die Gültigkeit des Konzepts in Zweifel. So lautet eine Streitfrage, ob die natürliche Rate denn überhaupt eine stabile Größe darstelle. Bisweilen hört man den Einwand, eine längere Periode hoher Arbeitslosigkeit führe insgesamt zu einer Verschlechterung der Fachkenntnisse sowie zu einem Verlust an Berufsausbildung und -erfahrung. Daraus resultiere dann eben wieder eine höhere natürliche Arbeitslosenrate. Könnte nicht auch ein schwaches reales BIP-Wachstum zu einem Rückgang der Investitionen führen und dem Land einen geringeren volkswirtschaftlichen Kapitalstock bescheren? Und wäre es nicht möglich, daß dieser Kapazitätsengpaß eine höhere Inflation nach sich zieht, selbst wenn die tatsächliche Arbeitslosenrate über der natürlichen Rate liegt?

Die europäischen Erfahrungen der letzten beiden Jahrzehnte bestätigen übrigens einige dieser Zweifel. In den frühen sechziger Jahren zeigte es sich, daß die Arbeitsmärkte Deutschlands, Frankreichs und Großbritanniens mit Arbeitslosenraten zwischen 1 und 2 Prozent im Gleichgewicht waren. Nach einem Jahrzehnt der Stagnation und unzureichender Schaffung von Arbeitsplätzen schien das Arbeitsmarktgleichgewicht in den frühen neunziger Jahren plötzlich bei Arbeitslosenraten zwischen 6 und 12 Prozent zu liegen. Auf Grund dieser europäischen Erfahrungen jüngeren Datums suchen viele Makroökonomen nach Erklärungen für die Instabilität der natürlichen Rate und für ihre Abhängigkeit von der tatsächlichen Arbeitslosigkeit sowie von den Institutionen des Arbeitsmarkts.

Zur Wiederholung

Hier noch einmal eine Zusammenfassung der für das Verständnis des Zusammenhangs zwischen Inflation und Arbeitslosigkeit wesentlichen Punkte:

- Die Inflation weist eine starke Eigendynamik auf und sie verhält sich bisweilen sehr zäh. Sie neigt dazu, unbeirrt auf einem Niveau zu verharren, bis sie entweder einen nachfrage- oder kostenseitigen Schock erfährt.
- Kurzfristig drückt ein Anstieg der gesamtwirtschaftlichen Nachfrage die Arbeitslosenrate unter die natürliche Rate und erhöht die Inflation; dagegen führt ein Nachfragerückgang zu einem Rückgang der Inflation. Kurzfristig besteht bei stabiler Phillips-Kurve ein Zielkonflikt zwischen Inflation und Arbeitslosigkeit.
- Die Phillips-Kurve wirkt in Richtung einer Anpassung der Inflationsrate. Eine Periode niedriger Arbeitslosigkeit und steigender Inflation läßt die Menschen die höhere Inflation antizipieren, wodurch sich die kurzfristige Phillips-Kurve nach oben verschiebt.
- Gemäß der Theorie der natürlichen Arbeitslosenrate verläuft die langfristige Phillips-Kurve auf dem Niveau der natürlichen Arbeitslosenrate vollkommen vertikal. Solange die tatsächliche Arbeitslosenrate unter der natürlichen Rate bleibt, ist mit einem kontinuierlichen Anstieg der Inflation zu rechnen.

C. PROBLEME DER ANTI-INFLATIONSPOLITIK

Die Volkswirtschaft entwickelt sich in Reaktion auf politische Einflüsse und technologischen Fortschritt. Deshalb haben auch unsere volkswirtschaftlichen Theorien, die zur Erklärung von Problemen wie Inflation und Arbeitslosigkeit erdacht wurden, diese Faktoren zu berücksichtigen. In diesem letzten Abschnitt zur Inflationstheorie wollen wir die dringlichen Probleme, die im Zusammenhang mit der Inflationsbekämpfung anstehen, eingehend diskutieren.

Was bedeutet langfristig?

Die Theorie der natürlichen Arbeitslosenrate besagt, daß die Phillips-Kurve langfristig vertikal verläuft. Aber was bedeutet in diesem Sinne langfristig? Es gibt keine präzisen Berechnungen über den Zeitraum, den eine Volkswirtschaft benötigt, um sich von einem Schock völlig zu erholen. Neuere Studien legen den Schluß nahe, daß eine völlige Anpassung zumindest 5 Jahre in Anspruch nimmt. Manche Ökonomen vertreten sogar die Auffassung, die Phillips-Kurve verlaufe erst nach mehr als einem Jahrzehnt vertikal. Diese Analysen weisen auf die lange Anpassungszeit von Erwartungshaltungen hin, was am Beispiel der Neuverhandlung von Arbeits- und anderen langfristigen Verträgen ausgeführt wird, und sie betonen auch, wieviel Zeit nötig ist, bis diese Effekte durchgesickert sind. Damit nicht genug, hängt die Zeitspanne für die Anpassung der Volkswirtschaft wahrscheinlich auch noch von der Ursache des Schocks ab.

Es gibt auch Anpassungsmechanismen, die die Arbeitslosigkeit beseitigen, der Anpassungsprozeß verläuft jedoch außerordentlich langsam.

Was kostet die Inflationsbekämpfung?

Unsere Analyse sagt uns, daß der Staat die beständige Inflationsrate eine gewisse Zeit hindurch auf dem Wege einer Produktionsverringerung und steigenden Arbeitslosigkeit dämpfen kann. Wenn nun die politischen Entscheidungsträger die verschiedenen zur Verfügung stehenden Instrumente einer Anti-Inflationspolitik gegeneinander abwägen, sind sie natürlich auch an den Kosten der Inflationsverringerung interessiert. Wieviel die Politik der Inflationsverringerung, die auch als *Desinflation* bezeichnet wird, kostet, läßt sich anhand der Frage über den Verlauf der kurzfristigen Phillips-Kurve beantworten. Verläuft die Phillips-Kurve relativ flach, erfordert die Inflationsverringerung eine überproportional hohe Steigerung der Arbeitslosigkeit; verläuft sie relativ steil, kann bereits ein relativ geringer Anstieg der Arbeitslosigkeit die Inflation schnell und schmerzlos senken.

Makroökonomen haben diese Problematik genauestens untersucht. Ihre Kostenschätzungen variieren je nach dem betroffenen Staat, der anfänglichen Inflationsrate und den eingesetzten politischen Instrumenten. Studien über die Kosten der Desinflation für die USA ergeben eine leidlich konsistente Antwort. Sie besagen, daß die steigende Arbeitslosigkeit infolge einer Senkung der Inflationsrate um einen Prozentpunkt den Staat rund 4 Prozent des Bruttoinlandsprodukts eines ganzen Jahres kostet. In Zahlen ausgedrückt bedeutet dies, daß in den Vereinigten Staaten die Verringerung der Inflationsrate um einen Prozentpunkt etwa $ 260 Milliarden (zu Preisen des Jahres 1993) kostet.

Wir können diese Schätzung mit Hilfe der Phillips-Kurve erklären. Gemäß neueren Studien wird die Inflationsrate um einen halben Prozentpunkt gesenkt, wenn die Arbeitslosenrate ein Jahr lang um einen Prozentpunkt über die natürliche Rate hinaus ansteigt, auf die sie danach wieder zurückkehrt. Deshalb muß zur Senkung der Inflationsrate um einen ganzen Prozentpunkt die Arbeitslosigkeit ein Jahr lang um 2 Prozentpunkte über der natürlichen Arbeitslosenrate gehalten werden.

Vergegenwärtigen Sie sich bitte noch einmal das Okunsche Gesetz (das in Kapitel 29 besprochen wurde). Danach liegt das tatsächliche BIP um 4 Prozent unter dem potentiellen BIP, wenn sich die Arbeitslosenrate um 2 Prozentpunkte über der natürlichen Rate befindet. Bei einem potentiellen BIP von $ 6.500 Milliarden (zu Preisen des Jahres 1993) würde eine Absenkung der Inflation um 1 Prozentpunkt einen einjährigen Anstieg der Arbeitslosenrate (U) um rund 2 Prozentpunkte nach sich ziehen. In Dollar lägen die Kosten einer Desinflation um 1 Prozentpunkt bei 2 Prozentpunkten U x 2 Prozent des BIP pro Prozentpunkt U x $ 6.500 Milliarden des BIP = $ 260 Milliarden. Andere Schätzungen ergaben Zahlen zwischen $ 120 und $ 350 Milliarden je Prozentpunkt Inflationsverringerung.

Diese statistische Kostenschätzung der Inflationsbekämpfung läßt sich mit den Erfahrungen während der tiefen Rezession, die zu Beginn der achtziger Jahre in den USA zu verzeichnen war, vergleichen. Tabelle 30-1 zeigt eine Kalkulation der geschätzten Produktionsverluste aufgrund der Rezession (verglichen mit dem potentiellen Produktionsniveau) sowie die veranschlagte Senkung der beständigen Inflationsrate. Diese Berechnung ergibt,

Die Kosten der Desinflation 1980–1984

Beständige Inflationsrate:

1979	9 %
1984	4 %
Veränderung:	–5 Prozentpunkte

Unterschiede zwischen potentiellem und tatsächlichem BIP (zu Preisen von 1993):

1980	$ 130 Milliarden
1981	185
1982	415
1983	415
1984	180

Summe: $ 1.325 Milliarden

Kosten der Desinflation = $ 1.325 Milliarden/5 Prozentpunkte
= $ 265 Milliarden pro Prozentpunkt

Tabelle 30-1: Die Kosten der Desinflation

Diese Tabelle erläutert die mit einer Verringerung der Inflationsrate von rund 9 Prozent (1979) auf rund 4 Prozent (1984) verbundenen Kosten. Innerhalb dieser Periode kam es zu einer Senkung der Inflationsrate um 5 Prozent, während die Volkswirtschaft um $ 1.325 Milliarden hinter ihrem potentiellen Outputniveau zurückblieb. Dividiert man diese beiden Zahlen, erhält man einen geschätzten Produktionsverlust von $ 265 Milliarden je Prozentpunkt Inflationsverringerung. Diese Zahl ist übrigens durch zahlreiche statistische Studien über die US-Volkswirtschaft belegt. (Quelle: Schätzungen der Autoren)

daß die Desinflation in den Jahren 1980 bis 1984 den Staat rund $ 265 Milliarden an entfallener Produktion (zu Preisen des Jahres 1993) je Prozentpunkt Inflationssenkung gekostet hat. Die statistische Kostenschätzung der Desinflation konnte also für diese Zeitspanne bestätigt werden.

Glaubwürdigkeit und Inflation. Eine weitere wichtige Problematik können wir anhand jüngster Erfahrungen in den USA demonstrieren. In den achtziger Jahren hörte man von seiten vieler Ökonomen immer wieder den Einwand, die Theorie der Phillips-Kurve sei insgesamt zu pessimistisch. Sie führten ins Treffen, daß eine *glaubwürdige* und öffentlich angekündigte Wirtschaftspolitik (etwa eine strenge Geldmengenregelung oder Zielvorgaben für die Entwicklung des nominellen BIP) zu einer raschen und zugleich kostengünstigen Inflationsverringerung führen würde. Diese Ökonomen verwiesen in dem Zusammenhang auf bestimmte „Systemveränderungen" wie geld- und fiskalpolitische Reformen, die mit relativ geringen Kosten in Form von Arbeitslosigkeit und verlorener Wertschöpfung zur Beendigung der Hyperinflationen in Bolivien und Österreich geführt haben sollen. Skeptische Kollegen entgegneten, daß eine solche Politik vielleicht in Ländern mit Hyperinflation, Krieg oder Revolution funktionieren könne, während kein praktisch durchführbares Programm Anlaß zur Hoffnung auf ein ähnliches Wunder in den USA gäbe.

Das mutige Experiment der Jahre 1980 bis 1984 stellt jedenfalls ein gutes Versuchsobjekt dar, anhand dessen sich diese der Mainstreamauffassung entgegenstehende Ansicht einem Glaubwürdigkeitstest unterziehen läßt. In der genannten Periode wurden die USA einer äußerst restriktiven Geldpolitik unterworfen. Wie wir aus Tabelle 30-1 ersehen, lag damals das Preisniveau trotz aller Bemühungen sehr hoch, und somit hat sich offensichtlich die Politik der Vorankündigung zur Festigung der Glaubwürdigkeit als Rezept für eine Kostenverringerung als nicht effektiv erwiesen.

Die Feststellung, daß die Inflationsverringerung je Prozentpunkt die Volkswirtschaft zwischen $ 120 und $ 350 Milliarden kostet, führt zu sehr unterschiedlichen Reaktionen. Manche bezweifeln, ob der Nutzen aus der geringeren Inflation diese hohen Kosten rechtfertige. Andere fragen sich, ob es nicht kostengünstigere Wege der Inflationsbekämpfung gibt. Und damit haben wir auch schon die Problematik im Zusammenhang mit einer Anti-Inflationspolitik abgesteckt, mit der wir uns im folgenden beschäftigen wollen.

Läßt sich die natürliche Arbeitslosenrate senken?

Wenn wir uns über den Konflikt zwischen hoher Arbeitslosigkeit und einem stabilen Preisniveau Gedanken machen, sollten wir zunächst die möglichen Arbeitsmarktprogramme analysieren. Damit kommen wir zu folgender Frage: Ist die natürliche Arbeitslosenrate zugleich auch das optimale Niveau? Und falls nicht, was können wir tun, um sie auf ein niedrigeres, wünschenswertes Niveau zu drücken?

Schon eingangs müssen wir feststellen, daß der Ausdruck „natürliche Rate" irreführend ist, obwohl er unter Makroökonomen zum allgemeinen Sprachgebrauch gehört. Die natürliche Arbeitslosenrate ist keinesfalls natürlich; sie wird durch die demographischen Veränderungen, die unterschiedlichen Schocks in einer Volkswirtschaft, den Arbeitsmarkt im öffentlichen Bereich oder Sozialversicherungsprogramme und vielleicht sogar durch die geschichtliche Entwicklung der Arbeitslosigkeit selbst beeinflußt. Einige Ökonomen ziehen neutralere Bezeichnungen wie zum Beispiel „inflationssichere Arbeitslosenrate" oder „nicht-inflationstreibende Arbeitslosenrate" vor.

Außerdem ist die natürliche Rate nicht notwendigerweise als die optimale Arbeitslosenrate anzusehen. Die optimale Arbeitslosenrate liegt für eine Volkswirtschaft auf jenem Niveau, bei dem das wohlfahrtsorientierte Nettoinlandsprodukt maximiert wird. Studien über die Beziehung von Arbeitslosigkeit und gesamtwirtschaftlichem Wohlstand legen die Annahme nahe, daß die optimale unter der natürlichen Arbeitslosenrate liegt. Es sind zahlreiche „Spillovers" bzw. Externalitäten am Arbeitsmarkt festzustellen. Entlassene Arbeitnehmer haben unter einer Vielzahl sozialer und wirtschaftlicher Härten zu leiden. Doch es sind nicht die Arbeitgeber, die für die Kosten der Arbeitslosigkeit aufkommen; diese Kosten werden größtenteils (Arbeitslosenversicherung, Gesundheitskosten, familiäre Schwierigkeiten etc.) externalisiert bzw. von den Arbeitnehmern selbst oder vom Staat übernommen. Wahrscheinlich ist die natürliche Arbeitslosenrate, was das Ausmaß der externalisierten Kosten betrifft, teurer als die optimale Rate.

So liegt der Schluß nahe, daß die natürliche über der optimalen Arbeitslosenrate liegt, worunter wir jenes Niveau der Arbeitslosigkeit verstehen, bei dem das wohlfahrtsorientierte Nettoinlandsprodukt maximiert wird.

Wenn jedoch die natürliche Rate weder natürlich noch optimal ist, warum streben wir nicht einfach eine niedrigere Arbeitslosenrate an? Wie bereits ausgeführt, liegt der Grund darin, daß ein solcher Schritt eine inakzeptabel hohe Inflation nach sich ziehen würde. Die Gesellschaft, die Mittel und Wege fände, die natürliche Arbeitslosenrate signifikant zu senken, könnte daher mit einem enormen sozialen Gewinn rechnen.

Welche Maßnahmen könnten die natürliche Arbeitslosenrate überhaupt verringern? Einige wichtige Vorschläge lauten wie folgt:

- *Verbesserung der Arbeitsmarktdienste.* Ein Teil der Arbeitslosigkeit ist auf Mängel bei der Zusammenführung von freien Arbeitsplätzen und potentiellen Arbeitnehmern zurückzuführen. Das Ausmaß der friktionellen und strukturellen Arbeitslosigkeit läßt sich mit Hilfe eines verbesserten Informationsflusses, also etwa durch das Erstellen zentral verwalteter Joblisten, reduzieren.
- *Ausweitung staatlich unterstützter Ausbildungsprogramme.* Wenn Sie den Stellenangebotsteil Ihrer Zeitung durchsehen, werden Sie feststellen, daß in den meisten Inseraten nach Fertigkeiten gesucht wird, die nur relativ wenige Menschen aufweisen. Umgekehrt können zumeist gerade die Arbeitslosen auf keine oder nur geringe Qualifikationen verweisen bzw. hatten viele den falschen Job oder waren in einer krisengeschüttelten Branche tätig. Staatliche Ausbildungsprogramme werden in diesem Zusammenhang als eine Möglichkeit zur Umschulung und Requalifizierung von Arbeitslosen für bessere Jobs in boomenden Branchen gesehen. Diese Programme können auf einen doppelten Vorteil verweisen: Sie ermöglichen es nicht nur vormals Arbeitslosen, ein produktives Leben zu führen, sondern sie senken auch die nötigen Transferleistungen des Staates.
- *Beseitigung staatlicher Hemmnisse.* Wir haben bereits erwähnt, daß der Staat in seinem Bestreben, die Menschen vor Arbeitslosigkeit und Armut zu schützen, zwar einerseits die verheerendsten Folgen der Arbeitslosigkeit beseitigt, daß er andererseits aber auch die Anreize zur Arbeitsuche verringert hat. Einige Ökonomen treten nun für eine Reform der Arbeitslosenversicherung ein. Sie wollen jene Faktoren in Sozialhilfe, Fürsorge und Behindertenprogrammen abbauen, die die Begünstigten von der Annahme einer Arbeit abhalten, und sie wollen die Arbeitsauflagen in den Sozialhilfeprogrammen verschärfen.

Nachdem wir uns nun einen Überblick über die unterschiedlichen Möglichkeiten zur Verringerung der natürlichen Arbeitslosenrate verschafft haben, hier nun ein Wort zur Vorsicht. Nach drei Jahrzehnten der Forschung und der Experimente zu diesem Thema sind die Experten in ihren Forderungen heute sehr zurückhaltend. Abgesehen von einigen radikalen Lösungen, die Arbeitslose hungern und frieren lassen würden, hätten die meisten Vorschläge vermutlich keine weitreichenden Auswirkungen auf die natürliche Arbeitslosenrate.

Inflationsbekämpfung oder Anpassung an die Inflation?

Angesichts der Kosten der Inflationsbekämpfung und der Schwierigkeiten in Verbindung mit der Verringerung der natürlichen Arbeitslosenrate fragen sich die Menschen natürlich, ob es überhaupt wünschenswert sein kann, in Zeiten der Rezession und hoher Arbeitslosigkeit Maßnahmen gegen die Inflation zu treffen. Wäre es nicht besser, mit der Inflation als geringerem Übel leben zu lernen, wie dies unter anderem von vielen lateinamerikanischen Ländern vorgeführt wurde?

Ein solches Anpassungsverfahren stellt die „Indexierung" der Wirtschaft dar. Der Begriff **Indexierung** bezeichnet einen Mechanismus, durch den Auswirkungen von Veränderungen des allgemeinen Preisniveaus auf Löhne, Preise und Verträge ganz oder teilweise ausgeglichen werden. Fälle einer teilweisen Indexierung finden sich in vielen Arbeitsverträgen, in denen eine Anpassung an die Lebenshaltungskosten garantiert wird. Hier ein typisches Beispiel: Ein Unternehmen hat mit einem Arbeiter für das Folgejahr eine Lohnerhöhung von 2 Prozent ausverhandelt, vorausgesetzt, daß es keine Inflation gibt. Sollte jedoch im Laufe der folgenden 12 Monate das Preisniveau um 10 Prozent steigen, ist das Unternehmen bereit, weitere 4 Prozent Anpassung an die Lebenshaltungskosten aufschlagen. Andere Bereiche, in denen es bisweilen ebenfalls zu einer Indexierung kommt, sind das Steuersystem, die Mieten und die langfristigen Verträge der Industrie.

Frage: Sollte man nicht gleich die ganze Wirtschaft mit einem Index gegen die Inflation absichern? Dann hätte sie auf die realen Werte überhaupt keinen Einfluß mehr, und wir könnten sie eigentlich getrost ignorieren. Damit wären wir außerdem in der glücklichen Lage, uns allein auf die Bekämpfung der Arbeitslosigkeit konzentrieren zu können. Diese sehr verlockend klingende Idee hat leider einen Haken. Eine durchgängige Indexierung ist schon deshalb nicht möglich, weil mit ihr ein bestimmtes *reales* Einkommen garantiert wird, das möglicherweise gar nicht produziert werden kann.

Außerdem gilt es noch zu bedenken, daß, je weiter die Indexierung geht, umso eher ein inflationärer Schock wie eine Epidemie durch die Volkswirtschaft rasen würde. Eine durchgängige Indexierung hat dieselbe Wirkung wie ein hoher Multiplikator – sie verstärkt exogene Preisschocks. Damit ist sie als Einladung für eine galoppierende Inflation zu betrachten. Die Inflationsanpassung weist somit ein Paradoxon auf: Je heftiger eine Gesellschaft ihre Mitglieder von der Inflation abzuschirmen versucht, desto instabiler wird sie wahrscheinlich ausfallen. Länder, die ihre Volkswirtschaften durchgehend indexiert haben (wie zum Beispiel Brasilien), mußten feststellen, daß ihre Inflation trotz drakonischer Maßnahmen praktisch nicht auszurotten ist.

Die Suche nach einer Anti-Inflationspolitik mit geringen volkswirtschaftlichen Kosten

Nach der konventionellen Inflationstheorie können wir steigende Inflation nur dadurch verhindern, daß wir die tatsächliche über der natürlichen Arbeitslosenrate halten. Und wie bereits festgestellt, zahlt die Gesellschaft für die Erhaltung der Preisstabilität einen hohen Preis in Form von verlorener Produktion und geringerer Beschäftigung. Einige Ökonomen betrachten nun diese herkömmliche Denkweise als zu pessimistisch und suchen nach kostengünstigeren Wegen zur Eindämmung der Inflation. Die **Lohn- und Einkommenspolitik** bietet eine Reihe von politischen Instrumenten, mit deren Hilfe der Staat durch direkte Eingriffe wie freiwillige Verpflichtungen, gesetzliche Kontrollen oder wirtschaftliche Anreize inflationsbekämpfende Maßnahmen setzen kann. Im Prinzip versucht man mit diesen unorthodoxen Instrumenten, die Phillips-Kurve nach innen zu verschieben.

Welche Methoden einer Anti-Inflationspolitik gibt es? Und wie erfolgreich waren sie bisher? Nachfolgend einige Beispiele:

- *Lohn-Preis-Kontrollen in Friedenszeiten* wurden unter anderem in Skandinavien und in den Niederlanden eingesetzt. Obwohl sie sich teilweise kurzfristig als durchaus effektiv erwiesen haben, sind diese Kontrollen langfristig gescheitert oder wurden unwirksam, weil sie umgangen wurden. In einigen Fällen, etwa in der Periode von 1971 bis 1974 in den USA, scheinen Preis- und Lohnkontrollen im Kampf um die Verlangsamung der Lohn-Preis-Spirale völlig ineffektiv gewesen zu sein.
- *Freiwillige Lohn- und Preisrichtlinien* zeigten in den Niederlanden und ebenso in den USA während der Regierungszeit der Präsidenten Kennedy, Johnson und Carter bescheidenen Erfolg. Doch mit der Zeit wurden auch sie unwirksam und ungerecht – insbesondere wenn sie im Gefolge einer exzessiven Fiskal- und Geldpolitik auftraten, die einen nachfrageinduzierten Preisdruck auslöste.
- Viele Ökonomen haben sich für eine *Marktstrategie* ausgesprochen. Hierbei verläßt man sich auf die natürliche Disziplin der Märkte, die Preise und Löhne im Zaum halten sollen. Befürworter dieses Ansatzes betonen die Notwendigkeit einer Deregulierung der staatlich geregelten Wirtschaftszweige, um die Marktkräfte zu stärken. Markthindernisse wie „widernatürliche" Antitrust-Gesetze und Einzelhandelspreisbindungen sollen abgebaut werden, damit vermehrt Konkurrenz Platz greifen kann; staatliche Gesetze,

die die Konkurrenz derzeit behindern, sollen wieder außer Kraft gesetzt werden, wie zum Beispiel Außenhandelsquoten und Kollektivvertragsregelungen; die Monopole der Gewerkschaften sollen abgeschafft, dagegen internationale Konkurrenz gefördert werden. Insbesondere auf unvollkommenen Arbeits- und Produktmärkten könnte eine Stärkung der Marktkräfte der inflationären Entwicklung von Preisen und Löhnen Einhalt gebieten.

- *Instrumente einer steuerorientierten Einkommenspolitik (TIP)* wurden ebenfalls als ein Weg zur Nutzung des Marktmechanismus für makroökonomische Ziele vorgeschlagen. Diese Instrumente basieren auf dem „Zuckerbrot-und-Peitsche"-Prinzip, weil sie antiinflationäre Tendenzen unterstützen, indem stark steigende Löhne und Preise besteuert und nur langsam steigende Löhne und Preise subventioniert werden. Diese Instrumente einer steuerorientierten Einkommenspolitik wurden in ehemals sozialistischen Staaten wie Ungarn und Polen mit einigem Erfolg angewandt und deshalb auch manchmal für die USA ins Gespräch gebracht. Aber selbst enthusiastische Befürworter einer steuerorientierten Einkommenspolitik betonen, daß diese nur eine zusätzliche Hilfe darstelle und nicht die Disziplin des Marktmechanismus oder eine restriktive Fiskal- und Geldpolitik zur Inflationsbekämpfung ersetzen könne.

Wir müssen also leider feststellen, daß auch die Suche nach einer effektiven und nachhaltigen Einkommenspolitik noch nicht zur Entdeckung des heiligen Grals geführt hat. Die Instrumente der Einkommenspolitik konnten einer eingehenden Prüfung durch Ökonomen nicht standhalten und werden zu normalen Zeiten in den meisten Marktwirtschaften allgemein abgelehnt.

Ein unlösbarer Zwiespalt

Viele Ökonomen gehen heutzutage von einer natürlichen Arbeitslosenrate aus, unter deren Niveau sich eine Volkswirtschaft nur mit dem Risiko steigender Inflation bewegen kann. Diese natürliche Arbeitslosenrate wird häufig als unangemessen hoch angesehen. Kapitalismuskritiker sehen in der hohen Arbeitslosigkeit Nordamerikas und Europas den zentralen Schwachpunkt des modernen Kapitalismus. Die Suche nach einem Weg aus dem aufgezeigten unbarmherzigen Dilemma einer Eindämmung der Inflation nur um den Preis hoher Arbeitslosigkeit bleibt eines der dringlichsten Probleme der modernen Makroökonomie.

ZUSAMMENFASSUNG

A. Ursachen und Auswirkungen der Inflation

1. Inflation tritt auf, wenn das allgemeine Preisniveau steigt. Der Begriff Deflation bezeichnet hingegen ein Sinken des allgemeinen Preisniveaus. Heute berechnen wir die Inflation mit Hilfe von Preisindizes, d. h. anhand der gewichteten Durchschnittspreise Tausender Produkte. Der Verbraucherpreisindex bzw. der Index für die Lebenshaltung (VPI bzw. IL) gibt den Preis eines definierten Waren- und Dienstleistungskorbs in Relation zum Preis des gleichen Güterkorbs in einem bestimmten Basisjahr an. Der BIP-Deflator ist das Maß für das allgemeine Preisniveau, sozusagen der Preis des BIP.
2. Wie Krankheiten treten auch Inflationen mit unterschiedlicher Stärke auf. In den USA herrscht im allgemeinen eine gemäßigte Inflation (einige Prozentpunkte jährlich). In manchen Ländern mit galoppierender Inflation waren jedoch auch schon Preissteigerungen von jährlich 50 bzw. 100 oder gar 200 Prozent zu verzeichnen. Von einer Hyperinflation spricht man, wenn die Geldpressen unaufhörlich Banknoten ausspucken und daraufhin die Preise allmonatlich auf ein Vielfaches ihres Wertes steigen. Aus historischer Sicht kennen wir Hyperinflationen fast nur im Zusammenhang mit Kriegen und Revolutionen.
3. Inflation beeinträchtigt die Entwicklung einer Volkswirtschaft, weil sie zu einer willkürlichen Verteilung von Einkommen und Vermögen führt und damit die volkswirtschaftliche Effizienz untergräbt. Die unerwartet auftretende Inflation bevorteilt normalerweise Schuldner, Profitjäger und Spekulanten. Auf der Verliererseite stehen dagegen die Gläubiger, alle Teile der Bevölkerung mit fixem Einkommen und vorsichtige Investoren. Inflation führt zu Verzerrungen der relativen Preise, Steuerquoten und Realzinssätze. Die Menschen müssen häufiger den Weg zur Bank nehmen, die Steuerzahlungen steigen langsam an, und auch das gemessene Einkommen kann verzerrt werden. Wenn die Zentralbanken Maßnahmen zur Inflationsbekämpfung setzen, können die daraus entstehenden realen Kosten in Form von Produktionsentgang und Arbeitslosigkeit sehr schmerzhaft sein.

B. Moderne Inflationstheorien

4. Eine Volkswirtschaft hat zu jeder Zeit eine gegebene *beständige* bzw. erwartete Inflationsrate. Das ist jene Rate, die die Menschen antizipieren und deshalb auch in Arbeitsverträgen und sonstigen Übereinkünften berücksichtigen. Die schleichende Inflation mit ihrer beständigen Inflationsrate stellt ein kurzfristiges Gleichgewicht dar, das bis zum Eintreten eines volkswirtschaftlichen Schocks erhalten bleibt.
5. Preisschocks sind jedoch in der Realität die ständigen Begleiter einer Volkswirtschaft. Hierbei sind die nachfrageinduzierte und die kosteninduzierte Inflation (demand-pull und cost-push inflation) als die zwei wichtigsten Ursachen des Preisantriebs zu nennen. Die *nachfrageinduzierte Inflation* (Nachfragesoginflation) resultiert aus einem Nachfrageüberhang, dem ein zu geringes Güterangebot gegenübersteht. Dies verursacht eine Verlagerung der gesamtwirtschaftlichen Nachfragekurve nach rechts oben. Auf den Märkten steigen Löhne und Preise an. Die *kosteninduzierte Inflation* (Kostendruckinflation) ist ein relativ neues Phänomen in modernen Industriestaaten. Sie tritt bei einer allgemeinen Steigerung der Produktionskosten auf, und dies sogar in Perioden mit hoher Arbeitslosigkeit und freien Kapazitäten.
6. Die Phillips-Kurve veranschaulicht die inverse Beziehung zwischen Inflation und Arbeitslosigkeit. Auf kurze Sicht bedeutet die Senkung einer Rate die Erhöhung der jeweils anderen. Da sich im Zeitablauf die erwartete Inflation und andere Faktoren verändern, tendiert auch die kurzfristige Phillips-Kurve dazu, sich zu verschieben. Wenn die politischen Entscheidungsträger die Arbeitslosigkeit unter der natürlichen Rate halten wollen, bewirken sie damit zumeist einen Anstieg der Inflation.
7. Moderne Inflationstheorien basieren auf dem Konzept der natürlichen Arbeitslosenrate. Diese stellt die niedrigste, nachhaltig aufrecht zu erhaltende Arbeitslosigkeit für einen Staat dar, der keine Inflationserhöhung riskieren möchte. Es handelt sich hierbei um jenes Niveau unausgelasteter Ressourcen, bei dem sich Arbeits- und Produktmärkte in einem Inflationsgleichgewicht befinden. Die Theorie der natürlichen Arbeitslosenrate unterstellt keinen dauerhaften Zielkonflikt zwischen Arbeitslosigkeit und Inflation, und die langfristige Phillips-Kurve verläuft vertikal.

C. Probleme der Anti-Inflationspolitik

8. Für politische Entscheidungsträger sind die mit der Verringerung der schleichenden Inflation verbundenen Kosten natürlich von zentralem Interesse. Aktuelle Schätzungen legen den Schluß nahe, daß eine Rezession beträchtlichen Ausmaßes (mit einer BIP-Abweichung von jährlich 4 Prozent vom potentiellen Niveau) nötig ist, um die beständige Inflationsrate um nur 1 Prozentpunkt zu verringern.
9. Ökonomen haben zahlreiche Vorschläge zur Senkung der natürlichen Arbeitslosenrate vorgelegt. Zu den beachtenswerten Empfehlungen gehören eine Verbesserung des Informationsflusses auf dem Arbeitsmarkt und die Reform der staatlich geförderten Aus- und Weiterbildungsprogramme sowie der sonstigen öffentlichen Programme in einer Art und Weise, daß Beschäftigungslose vermehrt Anreize zur Annahme einer Erwerbsarbeit vorfinden. Eine sachliche Analyse der politisch durchsetzbaren Vorschläge gibt den meisten Ökonomen jedoch nur geringe Hoffnung auf entscheidende Verbesserungen durch die genannten Arbeitsmarktreformen.
10. Da die durch die Inflationsbekämpfung verursachte Rezession hohe Kosten nach sich zieht, haben Staaten oft auch nach anderen Ansätzen Ausschau gehalten. Hier sind die Instrumente der Lohn- und Einkommenspolitik wie Lohn-Preis-Kontrollen und freiwillige Richtlinien, fiskalische Instrumente und marktstärkende Strategien zu nennen. Im großen und ganzen sind jedoch die meisten Volkswirtschaften mittlerweile von direkten Markteingriffen abgekommen, weil diese als der ökonomischen Effizienz abträglich betrachtet werden.

BEGRIFFE ZUR WIEDERHOLUNG

Inflationsdefinitionen und -theorien

Inflation, Deflation
Preisindizes: VPI oder IL, BIP-Deflator, PPI
unterschiedliche Inflationsarten: schleichende oder gemäßigte Inflation, galoppierende Inflation und Hyperinflation
Auswirkungen der Inflation (Umverteilungswirkung, Auswirkungenauf Produktion und Beschäftigung)
erwartete und unerwartete Inflation
Kosten der Inflation: „Shoe Leather Costs“, „Menu Costs“, Einkommens- und Steuerverzerrungen, Informationsdefizite, makroökonomische Reaktion
schleichende oder beständige, nachfrage- und kosteninduzierte Inflation
kurzfristige und langfristige Phillips-Kurve
natürliche Arbeitslosenrate und langfristige Phillips-Kurve
natürliche versus optimale Arbeitslosenrate

Antiinflationspolitik

Kosten der Desinflation
Maßnahmen zur Senkung der natürlichen Arbeitslosenrate
Lohn- und Einkommenspolitik: Lohn-Preiskontrollen und Richtlinien, Wettbewerb, steuerorientierte Einkommenspolitik (TIP)

FRAGEN UND BEISPIELE

1. Definieren Sie die Begriffe Preisindex (VPI oder IL) und BIP-Deflator. Erklären Sie Ähnlichkeiten und Unterschiede zwischen diesen beiden Indizes.
2. Überlegen Sie sich folgende Auswirkungen der Inflation: Steuerverzerrungen, Einkommens- und Wohlstandsumverteilungen, Shoe Leather Costs, Menu Costs. Führen Sie jeweils ein Beispiel an und nennen Sie die Kosten.
3. „In Inflationszeiten setzen die Menschen vermehrt auf reale Werte, um ihre Kassenhaltung zu vermindern. Dieses Vorgehen mag zwar privat nützlich sein, es steht ihm allerdings kein entsprechender volkswirtschaftlicher Wertzuwachs gegenüber. Und genau das sind die sozialen Kosten der Inflation." Erklären Sie das obige Zitat und führen Sie ein Beispiel an.
4. Eine unerwartete Deflation verursacht ebenfalls bedeutende soziale Kosten. Beschreiben Sie für die nachstehenden Beispiele den Deflationsprozeß und die damit verbundenen Kosten:
   a. Während der Großen Depression fielen in den USA die Preise der wichtigsten Getreidesorten ebenso wie die anderer Waren. Welche Auswirkungen hatte diese Entwicklung wohl auf einen Landwirt, der einen hohen Hypothekarkredit zurückzahlen mußte?
   b. In den USA müssen viele Studenten für ihre Ausbildung Kredite von über $ 20.000 aufnehmen. Sie hoffen natürlich darauf, daß sie diese Kredite bei entsprechender Inflation später mit einem „billigeren" Dollar zurückzahlen können. Sollten jedoch Löhne und Preise plötzlich um jährlich 5 Prozent *fallen*, welche Auswirkungen hätte das auf die finanzielle Situation dieser Studenten?
5. „Die Arbeitslosenrate in der Stahlindustrie liegt 1991 bei 9 Prozent, und trotzdem betragen die jährlichen Lohnerhöhungen noch immer 6 Prozent." Versuchen Sie zu zeigen, daß es sich hierbei um keine nachfrageinduzierte, sondern um eine Kostendruckinflation auf dem Arbeitsmarkt handelt.
6. Aus den Daten der nachstehenden Tabelle können wir den Verlauf der Inflation und der Arbeitslosigkeit in den USA im Zeitraum 1979–1993 ersehen:
   Bitte beachten Sie, daß sich die Volkswirtschaft 1979 nahe der natürlichen Arbeitslosenrate befand, zu der sie 1990 nach einer Periode höherer Arbeitslosigkeit wieder zurückkehrte. Können Sie den Inflationsrückgang der dazwischenliegenden Jahre erklären? Versuchen Sie dies mit Hilfe der kurzfristigen sowie der langfristigen Phillips-Kurve für jedes Jahr von 1979 bis 1993.
7. Viele Ökonomen argumentieren wie folgt: „Da es langfristig keinen Zielkonflikt zwischen Arbeitslosigkeit und Inflation gibt, ist es sinnlos, die Höhen und Tiefen des Konjunkturzyklus abschwächen zu wollen." Diese Sichtweise suggeriert, daß wir uns gar nicht darum zu kümmern haben, ob die Volkswirtschaft stabil oder starken Schwankungen unterworfen ist, solange die durchschnittliche Arbeitslosenrate gleich bleibt. Unterziehen Sie diese Argumentationsweise einer kritischen Prüfung.
8. Ein berühmter Ökonom hat einmal geschrieben: „Wenn wir die sozialen Kosten der Inflation, jedenfalls jene der schleichenden Inflation, in Betracht ziehen, so kommt doch der Eindruck auf, daß diese im Vergleich zu den Kosten der Arbeitslosigkeit und Produktionsverluste unbedeutend sind." Verfassen Sie einen kurzen Aufsatz, in dem Sie Ihre Einstellung zu dieser Aussage klarlegen.

Jahr	Arbeitslosenrate (%)	Inflationsrate VPI (% pro Jahr)
1979	5.8	11.3
1980	7.1	13.5
1981	7.6	10.3
1982	9.7	6.2
1983	9.6	3.2
1984	7.5	4.3
1985	7.2	3.6
1986	7.0	1.9
1987	6.2	3.6
1988	5.5	4.1
1989	5.3	4.8
1990	5.5	5.4
1991	6.4	4.3
1992	7.2	3.2
1993	6.6	2.6

(Quelle: Economic Report of the President, 1994)

9. Kann der Staat mit wirtschaftspolitischen Maßnahmen die tatsächliche Arbeitslosenrate ein oder zwei Jahre lang unter die natürliche Rate drücken? Vielleicht sogar mehrere Jahrzehnte lang?
10. Die nachstehenden wirtschaftspolitischen Instrumente und Phänomene haben im Laufe der letzten Jahrzehnte in den USA einen Einfluß auf den Arbeitsmarkt ausgeübt. Beschreiben Sie deren wahrscheinliche Auswirkung auf die natürliche Arbeitslosenrate:
    a. Der Mindestlohn ist um 25 Prozent hinter die durchschnittliche Lohnrate zurückgefallen.
    b. Die Arbeitslosenversicherung ist zu versteuern.
    c. Die staatlichen Subventionen für Arbeitslosen-Umschulungs- und Ausbildungsprogramme wurden stark gekürzt.
    d. Auf Grund der hohen zyklischen Arbeitslosigkeit haben viele Jugendliche aus Minderheitengruppen nur eine unzureichende Ausbildung „on-the-job" genossen.
    e. Wegen des geringer gewordenen Einflusses der Gewerkschaften arbeitet heute ein schwindender Teil der Arbeitskräfte auf Basis dreijähriger Kollektivverträge.
11. Überlegen Sie sich folgende drei politische Maßnahmen zur Inflationsbekämpfung: Zulassen einer hohen Arbeitslosigkeit, Lohn- und Preiskontrollen, steuerorientierte Einkommenspolitik. Stellen Sie deren jeweilige Vor- und Nachteile bei der Inflationsbekämpfung sowie im Hinblick auf andere volkswirtschaftliche Ziele gegenüber. Sollte der Präsident Sie um Rat bitten, was würden Sie ihm empfehlen?

KAPITEL 31

DIE KONKURRIERENDEN SCHULEN DER MAKROÖKONOMIE

Derzeit entwickeln die Makroökonomen wieder neue Hypothesen über die der Wirtschaft zugrundeliegenden Mechanismen und verkünden ein neues Paradigma. ... Am besten hat sich jedoch der Pluralismus bewährt, und er wird unweigerlich auch immer wieder zum Zug kommen.

Edmund S. Phelps, Seven Schools of Macroeconomic Thought *(1990)*

Verfolgt man Debatten über die zentralen makroökonomischen Themen, also etwa über das Budgetdefizit, die Geldpolitik oder die Inflation, so scheinen sich die Ökonomen abgesehen von der BIP-Definition auf nur sehr wenig einigen zu können. Manche schlagen Steuererhöhungen gegen das Defizit vor, während andere auf Steuersenkungen zur Stimulierung des langfristigen Wachstums drängen. Manche würden sich wünschen, daß der Staat eine aktivere Rolle im Management der Volkswirtschaft übernähme, während andere glauben, daß das beste, was der Staat zu leisten imstande ist, darin besteht, sich selbst möglichst aus allem herauszuhalten. Es ist verständlich, warum sich G. B. Shaw über diese Uneinigkeit lustig machte: „Selbst wenn man alle Ökonomen aneinanderreihen würde, kämen die zu keinem schlüssigen Ergebnis."

Sieht man jedoch ein wenig hinter diese offensichtlichen Meinungsverschiedenheiten, so erkennt man, daß es nur einige wenige, immer wiederkehrende Punkte sind, in denen sich die einzelnen Schulen unterscheiden. Einer dieser Punkte hat mit unterschiedlichen Ansichten über die Bildung der Gesamtnachfrage zu tun; ein anderer bezieht sich auf die Rolle der Preisflexibilität, ein dritter auf die Debatte darüber, inwieweit menschliche Entscheidungen rational begründet sind.

Die Perspektive des vorliegenden Lehrbuches folgt im großen und ganzen dem gängigen keynesianischen Ansatz in der Volkswirtschaft. Auf ihn konzentrieren wir uns deshalb, weil die Politiker der führenden Marktwirtschaften immer wieder auf ihn zurückgreifen, vor allem jedoch, weil er sich nach Ansicht der Autoren am besten in die unordentliche und chaotische Realität des täglichen Lebens einfügt.

Es muß jedoch darauf hingewiesen werden, daß auch andere Ansichten einen legitimen Anspruch auf sorgfältige Behandlung und Analyse haben. In der Wissenschaft werden die orthodoxen Ansichten einer Periode immer wieder von neuen Entdeckungen aus der Mode gebracht. Wissenschaftliche Schulen unterliegen genauso wie Menschen mit zunehmendem Alter sklerotischen Prozessen. Studenten lernen die heilige Wahrheit von ihren Lehrern und aus sakrosankten Lehrbüchern, wobei die Unzulänglichkeiten der so verbreiteten orthodoxen Doktrinen ignoriert oder als unbedeutend abgetan werden. So schrieb beispielsweise John Stuart Mill, einer der größten Ökonomen und Philosophen aller Zeiten, in seinem Klassiker des Jahres 1848, *Principles of Political Economy* (Grundsätze der politischen Ökonomie): „Zum Glück bleibt an der Werttheorie für gegenwärtige und zukünftige Schreiber nichts mehr zu klären." Und das schrieb er vor der Entdeckung des Gesetzes von Angebot und Nachfrage!

Wissenschaftshistoriker beobachten, daß wissenschaftlicher Fortschritt nicht kontinuierlich stattfindet. Neue Denkschulen entstehen, üben ihren Einfluß aus und überzeugen Skeptiker. Vielleicht liegt irgendwo in den konkurrierenden Schulen der Makroökonomie, die wir in diesem Kapitel behandeln wollen, der Keim jener neuen Theorie, die die drängenden ungelösten Probleme der gemischten Marktwirtschaften lösen wird.

A. KLASSISCHE BEWEGUNG UND KEYNESIANISCHE REVOLUTION

DIE KLASSISCHE TRADITION

Schon seit den Anfangstagen der Volkswirtschaftslehre vor zweihundert Jahren dreht sich eine der tiefgründigen Streitfragen darum, ob sich die Wirtschaft im wesentlichen spontan und ohne die Notwendigkeit staatlicher Eingriffe in Richtung eines langfristigen Vollbeschäftigungsgleichgewichts entwickelt. In unserer modernen Terminologie bezeichnen wir jene Ansätze als **klassisch**, die die starken selbstregulierenden Kräfte, die in einer Volkswirtschaft am Werk sind, betonen; das klassische makroökonomische Denken hat seine Wurzeln in den Schriften von Adam Smith (1776), J. B. Say (1803) und John Stuart Mill (1848). Dem klassischen Ansatz zufolge sind Preise und Löhne flexibel, weshalb sich die Wirtschaft rasch in Richtung ihres langfristigen Gleichgewichts bewegt. In der folgenden Diskussion werden wir mit Hilfe der gesamtwirtschaftlichen Angebots- und Nachfragediskussion die wissenschaftlichen Grundlagen und politischen Implikationen des klassischen makroökonomischen Ansatzes zu erklären versuchen.

Das Saysche Theorem (Theorie der Absatzwege)

Bevor Keynes 1935 *The General Theory* schrieb, gehörten alle wichtigen volkswirtschaftlichen Vordenker der klassischen Schule an. Die ersten Ökonomen waren von der Industriellen Revolution mit ihrer Arbeitsteilung, der Kapitalakkumulation und dem wachsenden internationalen Handel schlichtweg fasziniert. Sie kannten zwar Konjunkturzyklen, betrachteten diese jedoch als vorübergehende Abweichungen mit Tendenz zur Selbstkorrektur. Ihre Analyse ging vom sogenannten **Sayschen Theorem** aus. Diese 1803 in Frankreich vom Ökonomen Jean Baptiste Say erstmals entwickelte Theorie besagt, daß es unmöglich zu einer Überproduktion kommen kann. Diese Ansicht würden wir heute umschreiben mit „das Angebot schafft seine eigene Nachfrage". Was liegt nun dem Sayschen Theorem zugrunde? Es beruht auf der Ansicht, daß es keinen essentiellen Unterschied zwischen einer Geld- und einer Warenwirtschaft gibt – daß sich die Arbeiter all das, was die Fabriken produzieren, auch leisten können.

Eine lange Reihe äußerst angesehener Ökonomen, darunter auch D. Ricardo (1817), J. S. Mill (1848) und A. Marshall (1890) waren Anhänger der klassischen makro-

Abbildung 31-1: Dem Sayschen Theorem zufolge schafft das Angebot seine eigene Nachfrage, wobei sich die Preise verschieben, bis Nachfrage und Gesamtangebot ausgewogen sind

Die Ökonomen der klassischen Schule glaubten nicht an die Möglichkeit eines hartnäckigen Überangebotes. Ihrer Meinung nach würden sich bei einer Verschiebung von *AS* oder *AD* die Preise flexibel verhalten und sicherstellen, daß der Vollbeschäftigungs-Output auch verkauft wird. In der obigen Abbildung sehen wir, wie bei flexiblen Preisen diese so weit sinken, daß sich die Ausgaben bis zum Vollbeschäftigungs-Output erhöhen. (Mit welcher Entwicklung wäre demnach bei unveränderter *AD* und gleichzeitig erhöhter potentieller Produktionsleistung zu rechnen? Welche Kräfte könnten die Wirtschaft hin zu Punkt *E″* bewegen?)

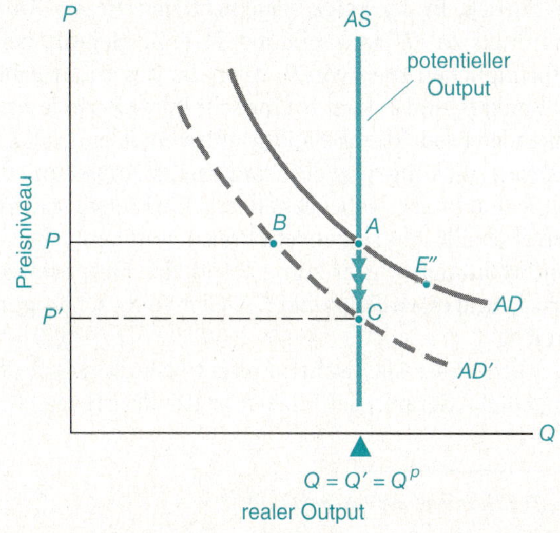

ökonomischen Ansicht, wonach eine Überproduktion schlicht unmöglich sei. Sogar noch während der Weltwirtschaftskrise der dreißiger Jahre, als ein Viertel der gesamten amerikanischen Erwerbsbevölkerung arbeitslos war, schrieb der bedeutende Ökonom A. C. Pigou: „Im absolut freien Wettbewerb wird immer eine starke Tendenz zur Vollbeschäftigung herrschen. Wenn zu gewissen Zeiten eine Arbeitslosigkeit besteht, so ist diese zur Gänze auf den Reibungswiderstand zurückzuführen, [der] die geeigneten unverzüglichen Lohn- und Preisanpassungen verhindert."[1]

Wie sich aus dem Zitat von Pigou schließen läßt, liegt der klassischen Volkswirtschaftstheorie die Ansicht zugrunde, daß die Flexibilität der Löhne und Preise die Märkte immer wieder „räumt" oder eine rasche Rückkehr zum Gleichgewicht bewirkt. Wenn sich Löhne und Preise rasch anpassen, muß die Periode, in der die Preise träge reagieren, so kurz sein, daß sie für die Analyse praktisch unerheblich ist. Klassische Makroökonomen meinen, die Wirtschaft agiere immer bei Vollbeschäftigung oder entsprechend ihren Produktionskapazitäten.

Das bleibende und entscheidende Kernstück des Sayschen Theorems sowie des klassischen Ansatzes ist Abbildung 31-1 zu entnehmen. Es handelt sich hierbei um eine Volkswirtschaft, in der Preise und Reallöhne auf Wettbewerbsmärkten gebildet werden und sich flexibel nach oben oder unten bewegen, so daß es niemals zu einem Nachfrage- oder Angebotsüberhang kommen kann. Anhand unserer *AS-AD*-Analyse läßt sie sich als eine abwärts verlaufende Standard-Gesamtnachfragekurve in Kombination mit einer vertikalen Gesamtangebotskurve beschreiben.

Nehmen wir an, die Gesamtnachfrage gehe infolge Geldmengenverknappung oder anderer exogener Faktoren zurück. In der Folge verschiebt sich die *AD*-Kurve nach links zu *AD'* in Abbildung 31-1. Zu Beginn, beim ursprünglichen Preis von *P*, fallen die Gesamtausgaben auf Punkt *B*, und es könnte eine sehr kurze Periode einer sinkenden Produktionsleistung eintreten. Aber der Nachfrageverschiebung folgt eine umgehende Anpassung der Löhne und Preise, wobei das allgemeine Preisniveau von *P* zu *P'* abfällt. Mit sinkendem Preisniveau kehrt die Gesamtproduktion wieder zum potentiellen Outputniveau zurück, und es wird in Punkt *C* wieder Vollbeschäftigung erreicht.

Nach dieser klassischen Ansicht beeinflussen Änderungen der Gesamtnachfrage zwar das Preisniveau, haben jedoch keine bleibenden Auswirkungen auf Produktion und Beschäftigung. Lohn- und Preisflexibilität stellen sicher, daß das reale Ausgabenniveau ausreicht, um die Vollbeschäftigung zu sichern.

Politische Folgewirkungen

Aus der klassischen Lehre lassen sich zwei wichtige Schlußfolgerungen ziehen, die für die Wirtschaftspolitik von größter Bedeutung sind. Erstens weist nach der klassischen Ansicht die Wirtschaft nur kurze und vorübergehende Abweichungen von Vollbeschäftigung und vollständiger Ressourcenauslastung auf. Es gibt keine langen und anhaltenden Rezessionen oder Depressionen, und qualifizierte Arbeitskräfte werden zum gängigen Marktlohn schnell Arbeit finden.

Die klassische Analyse geht auf Grund von Reibungsverlusten nicht von einer Arbeitslosigkeit von Null aus, und die Marktmacht kann zu *mikroökonomischer* Verschwendung, Verzerrungen und Ineffizienzen führen. So lassen sich beispielsweise Arbeitslose beobachten, die gerade den Job wechseln, oder gewerkschaftlich organisierte Arbeitnehmer, die einen zu hohen Lohn über dem Gleichgewichtsniveau vereinbart und nun die Arbeit verloren haben. Aber nach klassischer Ansicht kommt es in einer Volkswirtschaft zu keiner verbreiteten und anhaltenden *makroökonomischen* Verschwendung im Sinne ungenutzter Ressourcen infolge einer unzureichenden Gesamtnachfrage.

Noch beeindruckender klingt das zweite politisch relevante Element der klassischen Theorie: Wirtschaftspolitisches Einwirken auf die Gesamtnachfrage hat keinen Einfluß auf den Beschäftigungsstand und das reale BIP. Geld- und Fiskalpolitik können ausschließlich auf das Preisniveau einer Volkswirtschaft sowie auf die Zusammensetzung des realen BIP einwirken. Dieser zweite klassische Ansatz läßt sich in Abbildung 31-1 erkennen. Denken Sie an eine Volkswirtschaft, die sich in Punkt *A*, dem Schnittpunkt zwischen *AD*- und vertikaler *AS*-Kurve, im Gleichgewicht befindet. Was geschähe, würde die Zentralbank zur Inflationsbekämpfung eine knappere Geldmenge verfügen? Eine kurze Zeit hindurch käme es auf dem ursprünglichen Preisniveau *P* zu einem Angebotsüberschuß. Da jedoch Löhne und Preise unter dem Druck des Angebotsüberhangs rasch zu sinken beginnen, würde sich die Wirtschaft zu ihrem neuen Gleichgewicht in Punkt *C* bewegen. Der Endeffekt der Geldverknappung wäre also nur eine Senkung des allgemeinen Preisniveaus. Doch die Produktionsverluste sind nach diesem Modell vernachlässigbar gering, und auch die Arbeitslosigkeit steigt nicht, weil

[1] *The Theory of Unemployment*, (1933)

Preis- und Lohnflexibilität einen nahtlosen Übergang zwischen altem und neuem Gleichgewicht sicherstellen.

Im Zentrum der klassischen Denkweise steht der Glaube an flexible Preise und Löhne und daran, daß die Lohn-Preisflexibilität für einen selbstregulierenden Mechanismus sorgt, der umgehend wieder Vollbeschäftigung herstellt und das BIP immer auf seinem potentiellen Niveau hält. Diesen Ansatz finden wir auch in den Schriften der heutigen neoklassischen Schule überall wieder, mit der wir uns weiter hinten in diesem Kapitel beschäftigen werden. Die Neoklassiker gehen von modernen wirtschaftlichen Entwicklungen aus, sie berücksichtigen die Möglichkeit unzureichender Information, die Existenz technologischer Schocks sowie mögliche Reibungsverluste durch Ressourcenverschiebungen zwischen den Branchen. Aber obwohl sie in neuem Gewand erscheinen, gibt es einen engen Zusammenhang zwischen Klassik und Neoklassik, was die politischen Implikationen betrifft.

DIE KEYNESIANISCHE REVOLUTION

Während die Klassiker predigten, eine anhaltende Arbeitslosigkeit sei ein Ding der Unmöglichkeit, konnten die Ökonomen der dreißiger Jahre das riesige Heer an verzweifelten Arbeitsuchenden schwerlich übersehen – immerhin begegnete man ihnen an jeder Straßenecke, wo sie bettelten oder Bleistifte verkauften. Wie sollte sich die Volkswirtschaft eine derart massive und hartnäckige Untätigkeit erklären?

Die *General Theory* von Keynes bot eine makroökonomische Alternative, eine völlig neue theoretische Brille, durch die man die Auswirkungen wirtschaftspolitischer Maßnahmen ebenso wie exogener Schocks betrachten konnte. Im wesentlichen kombinierte die keynesianische Revolution zwei unterschiedliche Elemente. Erstens legte Keynes das Prinzip der Gesamtnachfrage dar, mit dem wir uns in früheren Kapiten eingehend beschäftigt haben. Ein zweites und ebenso revolutionäres Merkmal der keynesianischen Lehre war seine Theorie des Gesamtangebotes. Während der klassische Ansatz von flexiblen Preisen und Löhnen ausging, was eine vertikal verlaufende klassische *AS*-Kurve impliziert, bestand der keynesianische Ansatz auf unflexiblen Löhnen und Preisen und einer flachen oder leicht aufwärts verlaufenden *AS*-Kurve. Das Angebot schafft sich nicht seine eigene Nachfrage, soviel ist sicher, und daher kann die Produktionsleistung auch für unabsehbare Zeit von ihrem potentiellen Niveau abweichen.

Die überraschenden Konsequenzen

Durch die Kombination dieser beiden Elemente verursachte Keynes eine wahre Revolution der Makroökonomie. Die wesentlichen Aussagen der keynesianischen Argumente sind in Abbildung 31-2 dargestellt. Dieses Diagramm verbindet eine Gesamtnachfragekurve mit einer keynesianischen, aufwärts verlaufenden Gesamtangebotskurve.

Die erste Folgerung lautet, daß eine moderne Marktwirtschaft sehr wohl in einem Gleichgewichtszustand der Unterbeschäftigung gefangen bleiben kann – einem Gleichgewicht zwischen Gesamtangebot und Gesamtnachfrage, bei dem die Produktionsleistung weit unter ihrem Potential liegt und ein wesentlicher Teil der Er-

Abbildung 31-2: Dem keynesianischen Ansatz zufolge bestimmt die Gesamtnachfrage den Output

Entsprechend dem keynesianischen Modell weist das Gesamtangebot einen Aufwärtstrend auf, was impliziert, daß sich die Produktionsleistung mit steigender Gesamtnachfrage erhöht, solange es ungenutzte Ressourcen gibt. Wenn *AD* gedrückt wird, befindet sich die Produktion bei einem höheren Stand der Arbeitslosigkeit in Punkt *A* im Gleichgewicht.
Bei einer Erhöhung der Gesamtnachfrage von *AD* auf *AD'* steigt das reale Produktionsniveau von *A* auf *B*, und auch die Preise klettern in die Höhe. Nach diesem keynesianischen Paradigma, demzufolge *AS* einen kurzfristigen Aufwärtsverlauf zeigt, kann es mit Hilfe einer Wirtschaftspolitik, die die Gesamtnachfrage erhöht, gelingen, Produktions- und Beschäftigungsniveau anzuheben.

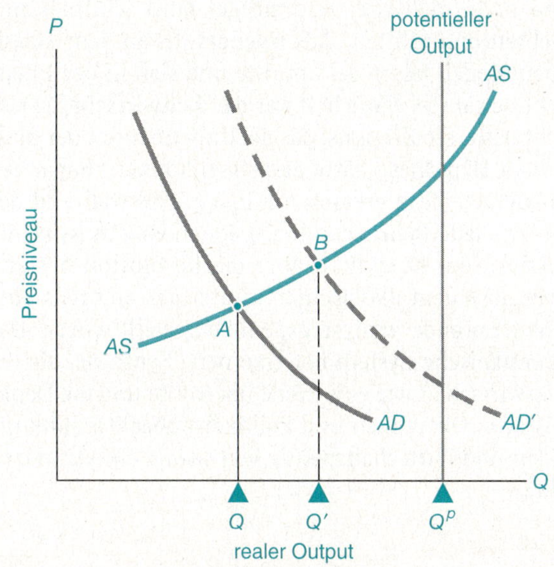

werbsbevölkerung unfreiwillig arbeitslos ist. Schneidet beispielsweise die *AD*-Kurve die *AS*-Kurve weit links, wie mit Punkt *A* dargestellt, so kann die Gleichgewichts-Produktionsleistung weit unter dem potentiellen BIP liegen. Keynes und seine Schüler betonten, daß es auf Grund der unflexiblen Löhne und Preise keinen volkswirtschaftlichen Mechanismus gebe, der rasch wieder Vollbeschäftigung herstellt und gewährleistet, daß die Wirtschaft entsprechend ihren Kapazitäten produziert. Ein Land kann demnach sehr wohl lange Zeit hindurch in einem Zustand geringer Produktion und großen Elends verharren, weil kein selbstregulierender Mechanismus oder keine unsichtbare Hand eingreift, um die Wirtschaft wieder zurück zur Vollbeschäftigung zu führen.

Die zweite keynesianische Beobachtung ergibt sich aus der ersten. Mit Hilfe geld- oder fiskalpolitischer Maßnahmen kann der Staat die Wirtschaft stimulieren und dazu beitragen, den hohen Produktions- und Beschäftigungsstand beizubehalten. Würden beispielsweise die Staatsausgaben für Güter und Dienstleistungen erhöht, so könnte dadurch die Gesamtnachfrage gesteigert werden, etwa von *AD* nach *AD'* in Abbildung 31-2. Die Folge wäre eine Produktionssteigerung von *Q* nach *Q'*, was die Kluft zwischen realem und potentiellem BIP verringern würde. Kurz gesagt, mit dem richtigen Einsatz wirtschaftspolitischer Maßnahmen kann der Staat dazu beitragen, das hohe Niveau der nationalen Produktionsleistung und der Beschäftigung im Land zu erhalten.

Die keynesianische Analyse löste eine makroökonomische Revolution aus, vor allem unter den jungen Ökonomen, die die Krise der dreißiger Jahre hautnah miterlebten und fühlten, daß irgendetwas an dem klassischen Modell falsch sein mußte und sich in der Praxis nicht bewährte. Natürlich war die Weltwirtschaftskrise nicht das erste Ereignis, das die Unhaltbarkeit der klassischen Hypothese hätte aufzeigen können. Sogar ein Einäugiger hätte erkennen müssen, daß während der immer wiederkehrenden Rezessionen eine massive Arbeitslosigkeit herrschte. Aber die Revolution bestand darin, daß dem klassischen Ansatz hier erstmals eine konkurrierende Analyse gegenübergestellt wurde. Das keynesianische System bot eine neue Synthese, die die Volkswirtschaft wie eine Welle überrollte und die Denkweise von Ökonomen und Politikern über Konjunkturzyklen und Wirtschaftspolitik von Grund auf verändern sollte.

THEORIEN UND UMSETZUNG IN DER POLITISCHEN PRAXIS

Was man in der Volkswirtschaft sieht, hängt von der jeweiligen Theoriebrille ab, die man trägt. Tendiert ein Präsident, Senator oder Makroökonom eher zur klassischen oder zur keynesianischen Sichtweise? Wenn wir diese Frage beantworten können, so kennen wir damit häufig auch schon die Ansicht dieses Menschen zu vielen wichtigen wirtschaftspolitischen Diskussionen unserer Tage.

Beispiele gibt es en masse. Ökonomen mit einem Hang zum klassischen Modell sind häufig skeptisch, was den staatlichen Beitrag zum Ausgleich konjunkturzyklischer Schwankungen betrifft. Ihrer Ansicht nach kann eine staatliche Politik zur Ankurbelung der Gesamtnachfrage nur zu einer eskalierenden Inflation führen. Ökonomen des klassischen Typs zeigen sich häufig besorgt über die langfristigen Folgen staatlicher Maßnahmen auf das BIP und damit auf das Gesamtangebot. Außerdem gilt ihre Sorge der Verdrängung der Produktion privater Güter durch staatliche Ausgaben. Unter diesem sogenannten „Verdrängungseffekt" verstehen sie, daß die Produktion privater Güter durch erhöhte Staatsausgaben ersetzt, also verdrängt wird. Mehr öffentliche Ausgaben für Straßen, Polizei und Umwelt leiten ihrer Meinung nach Ressourcen vom privaten Konsum und privaten Fabriks- und Anlageninvestitionen um.

Die Keynesianer betrachten die Wirtschaft aus einem anderen Blickwinkel. Sie meinen, daß die Makroökonomie langfristigen Konjunkturzyklen unterworfen ist, in denen Perioden hoher Arbeitslosigkeit von Spekulation und Inflation gefolgt werden. Während der klassische Ökonom die Wirtschaft als einen gemäßigten Typ betrachtet, der täglich sein Glas Mineralwasser und Vitamine erhält, würde der Keynesianer die Wirtschaft eher als jemanden beschreiben, der in gewissen Abständen zuviel trinkt und danach eine depressive Katerstimmung durchmacht. Ein Vorsitzender der Federal Reserve sagte einmal – passend zu diesem Bild –, die Rolle seiner Institution bestehe darin, der Wirtschaft das Punschglas aus der Hand zu nehmen, wenn die Party zu wild werde.

Keynesianer glauben daran, daß der Staat die realen wirtschaftlichen Aktivitäten mit Hilfe geld- oder fiskalpolitischer Maßnahmen beeinflussen kann, indem er auf die Gesamtnachfrage einwirkt. Diese Art der Politik könnte die Gesamtnachfrage in Perioden schleppender wirtschaftlicher Aktivitäten erhöhen und die Ausgaben in Zeiten drohender Inflation drosseln. Der keynesianisch eingestellte Ökonom könnte etwa auch argumentieren, daß das einzige, was durch Staatsausgaben verdrängt wird, die ungenutzten Ressourcen sind – weil höhere Staatsausgaben die Produktion erhöhen und den private Ausgaben das Aufholen ermöglichen. Wenn der Staat ein größeres Stück vom Kuchen nimmt, wird in Wirklichkeit der ganze Kuchen größer. Staatliche Ausgaben, Steuerkürzungen oder ein rascheres Anwachsen der Geldmenge – all das führt zu einer Steigerung der Produktionsleistung und stimuliert die Investitionstätigkeit.

Rückzug von Keynes

Am Ende der siebziger Jahre machte sich unter den Ökonomen jedoch tiefe Enttäuschung über die keynesianischen Ideen breit. Ein vielbeachteter Artikel des Harvard-Ökonomen Martin Feldstein, der später Chefökonom bei Präsident Reagan wurde, eröffnete „das Verfahren" gegen die nachfrageorientierte Politik.[2] Feldstein sprach sich für eine stärkere Betonung jener Faktoren aus, die zu einem Wachstum des potentiellen BIP führen würden – Faktoren wie eine höhere Spar- und Investitionsrate, Deregulierungsmaßnahmen und eine geringere Besteuerung der Kapitaleinkommen. Seiner Ansicht nach sollten sich wirtschaftspolitische Maßnahmen primär auf eine Stärkung des langfristigen Wirtschaftswachstums anstatt auf eine kurzfristige Stabilisierung der Wirtschaft konzentrieren.

Welche Grundlagen hat dieser Schwenk im ökonomischen Denken? Teilweise rührte die Enttäuschung über Keynes aus den vergeblichen Versuchen her, die Inflation der siebziger Jahre zu stoppen. Es schien, als könnte die keynesianische Fiskalpolitik zwar die Wirtschaft stimulieren, aber politischer Widerstand gegen Steuererhöhungen ließ die Politik gegenüber inflationären Entwicklungen zahnlos erscheinen. Alle fiskalpolitischen Maßnahmen wirkten nur beschleunigend, niemals bremsend. Außerdem glaubten viele Makroökonomen, der keynesianische Ansatz habe die Bedeutung wirtschaftlicher Anreize für das langfristige Wachstum unterschätzt. Und schließlich neigten die Kritiker der Ansicht zu, die Keynesianer übertrieben die mangelnde Flexibilität von Preisen und Löhnen, während die selbstregulierenden Kräfte der Wirtschaft doch weitgehend wirksam sind.

Der Rückzug von der keynesianischen Position führte zu einer Aufsplitterung der makroökonomischen Theorien. Eine dieser Abspaltungen ist der Monetarismus, mit dem wir uns als nächstes befassen wollen. Diese Schule steht geistig zwar dem Keynesianismus nahe, zögert aber eher, was die aktive Rolle des Staates betrifft, und betont die Rolle des Geldes. Eine zweite neue Schule ist jene der Neoklassiker, die dort anschließen, wo die Klassiker aufgehört haben. Und schließlich ist auch noch die angebotsseitige Schule der achtziger Jahre zu erwähnen, Supply-side Economics, deren zentrale Themen wirtschaftliche Anreize und Steuersenkungen sind.

B. DER MONETARISTISCHE ANSATZ

Die Inflation ist immer und überall ein monetaristisches Phänomen in dem Sinne, daß sie ausschließlich durch eine – gemessen an den Produktionssteigerungen – raschere Steigerung der Geldmenge bewirkt wird und werden kann.

Milton Friedman,
The New Palgrave Dictionary of Economics *(1987)*

Geld verwaltet sich nicht selbst. Die Zentralbanken müssen über die Geldmenge befinden und entscheiden, wie knapp Geld und Kredite sein sollen. Heute finden wir viele verschiedene Ansichten über die bestmögliche Geldpolitik. Manche glauben an eine aktive Politik, die „gegen den Wind ankämpft", indem sie bei drohender Inflation die Geldmenge drosselt und umgekehrt. Andere sind skeptisch, was die Fähigkeit der Politiker betrifft, eine Geldpolitik zur „Feinabstimmung" der Wirtschaft zu betreiben. Am äußersten Ende des Spektrums finden wir die Monetaristen, die glauben, der Konflikt Steuerung versus Regelung sollte durch einen Verzicht auf jede diskretionäre Geldpolitik zugunsten fixer Vorgaben gelöst werden.

Um den Monetarismus wirklich zu verstehen, sollten wir seine Wurzeln bis zur älteren Quantitätstheorie des Geldes und der Preise (im allgemeinen als Quanti-

[2] Siehe Martin Feldstein, „The Retreat from Keynesian Economics," *The Public Interest* (Sommer 1981), S. 92–105.

tätstheorie des Geldes bezeichnet) zurückverfolgen. So werden wir die engen Verbindungen sowohl zum klassischen als auch zum keynesianischen Ansatz erkennen.

DIE WURZELN DES MONETARISMUS

Der **Monetarismus** besagt, daß das Geldangebot der wichtigste Bestimmungsfaktor kurzfristiger Schwankungen des nominalen BIP und langfristiger Preisschwankungen sei. Natürlich anerkennt die keynesianische Makroökonomie auch die Schlüsselrolle des Geldes bei der Bildung der Gesamtnachfrage. Der Hauptunterschied zwischen Monetaristen und sonstigen Ökonomen liegt in ihren Ansichten über die Bildung der Gesamtnachfrage. Während die Keynesianer darauf pochen, daß sich viele verschiedene Kräfte auf die Gesamtnachfrage auswirken, vertreten die Monetaristen die Ansicht, Schwankungen der Geldmenge seien der primäre Bestimmungsfaktor für Produktions- und Preisbewegungen.

Zum Verständnis des Monetarismus müssen wir ein neues Prinzip einführen – die *Umlaufgeschwindigkeit des Geldes* – und eine neue Beziehung beschreiben – die *Quantitätstheorie des Geldes*.

Die Umlaufgeschwindigkeit des Geldes

Manchmal erfolgt der Geldumlauf sehr langsam; das Geld wird zwischen den Transaktionen lange Zeit hindurch im Sparstrumpf oder auf Bankkonten aufbewahrt. Dann wieder, vor allem in Zeiten der Inflation, wollen die Leute ihr Geld rasch loswerden, und das Geld zirkuliert deshalb rasch. Die Theorie von der Umlaufgeschwindigkeit des Geldes wurde um die Jahrhundertwende von Alfred Marshall aus Cambridge und Irving Fisher aus Yale begründet. Sie mißt die Geschwindigkeit, mit der das Geld von Hand zu Hand geht oder durch die Wirtschaft zirkuliert. Ist die Geldmenge im Verhältnis zum Ausgabenfluß groß, so ist die Umlaufgeschwindigkeit des Geldes gering; bei rascherer Zirkulation ist die Umlaufgeschwindigkeit größer.

Genauer definieren wir die **Einkommens-Kreislaufgeschwindigkeit des Geldes** als Verhältnis zwischen nominalem BIP und Geldmenge. Hier wird die Umlaufgeschwindigkeit der Geldmenge im Verhältnis zum Gesamteinkommen oder der Gesamtproduktion eines Landes gemessen. Als Formel:[3]

$$V \equiv \frac{\text{BIP}}{M} \equiv \frac{p_1 q_1 + p_2 q_2 + \dots}{M} \equiv \frac{PQ}{M}$$

Hier steht P für das durchschnittliche Preisniveau und Q für das reale BIP. Die Geschwindigkeit (V) wird definiert als Höhe des alljährlichen nominalen BIP dividiert durch die Geldmenge.

Intuitiv können wir uns die Einkommens-Kreislaufgeschwindigkeit des Geldes als die Geschwindigkeit vorstellen, mit der das Geld in der Wirtschaft von Hand zu Hand geht. Nehmen wir als einfaches Beispiel an, die Wirtschaft würde nur Brot produzieren, und das BIP bestünde aus 48 Millionen Laib Brot, die zu einem Preis von jeweils $ 1 verkauft werden, weshalb gilt: BIP = PQ = $ 48 Millionen jährlich. Beträgt die Geldmenge $ 4 Millionen, so gilt per definitionem V = $ 48/$ 4 = 12 pro Jahr. Das bedeutet, das Geld zirkuliert einmal monatlich, wenn die Einkünfte dazu verwendet werden, das monatliche Brot einzukaufen.[4]

Abbildung 31-3 zeigt die jüngere Entwicklung der Einkommens-Kreislaufgeschwindigkeit des Geldes (M_1). Bitte beachten Sie, daß das nominale BIP in den letzten vierzig Jahren rascher gestiegen ist als die Geldmenge. Wir können daher schließen, daß die Einkommens-Kreislaufgeschwindigkeit des Geldes im Laufe der Zeit zugenommen hat. Die Frage der Stabilität und Vorhersagbarkeit der Umlaufgeschwindigkeit des Geldes ist für die Wirtschaftspolitik von zentraler Bedeutung.

Die Quantitätstheorie

Nach der Definition dieser interessanten neuen Variablen wollen wir nun beschreiben, wie einige Ökonomen dieses Konzept zur Erklärung von Entwicklungen des allgemeinen Preisniveaus einsetzen. Die wichtigste Annahme ist hier, daß die *Umlaufgeschwindigkeit des Geldes relativ stabil und vorhersehbar ist*. Nach Meinung der Monetaristen hängt dies damit zusammen, daß die Umlaufgeschwindigkeit hauptsächlich die ihr zugrundeliegenden Muster des Einkommens- und Ausgabentimings widerspiegelt. Wenn die Leute einmal monatlich ihren Lohn ausbezahlt erhalten und ihr gesamtes Einkommen im Laufe des Monats gleichmäßig ausgeben, so muß die Einkommens-Kreislaufgeschwindigkeit pro Jahr 12 betragen. Ob sich nun die Einkommen verdoppeln,

[3] Die Definitionsgleichungen wurden mit einem Istgleichzeichen mit drei Balken versehen. Damit soll „Identität" symbolisiert werden – Aussagen, nicht über die Wirklichkeit, sondern per definitionem, die selbst dann gelten müssen, wenn sich die USA in einer Hyperinflation oder in einer tiefen Depression befinden.

[4] Die Umlaufgeschwindigkeit des Geldes ist eng mit der Geldnachfrage verbunden. Wenn wir die Umlaufgeschwindigkeitsgleichung noch einmal aufschreiben, erhalten wir $M/PQ \equiv 1/V$. Links steht die Geldnachfrage pro BIP-Einheit. Unsere frühere Gelddiskussion gilt ebenso für eine Analyse der Umlaufgeschwindigkeit des Geldes.

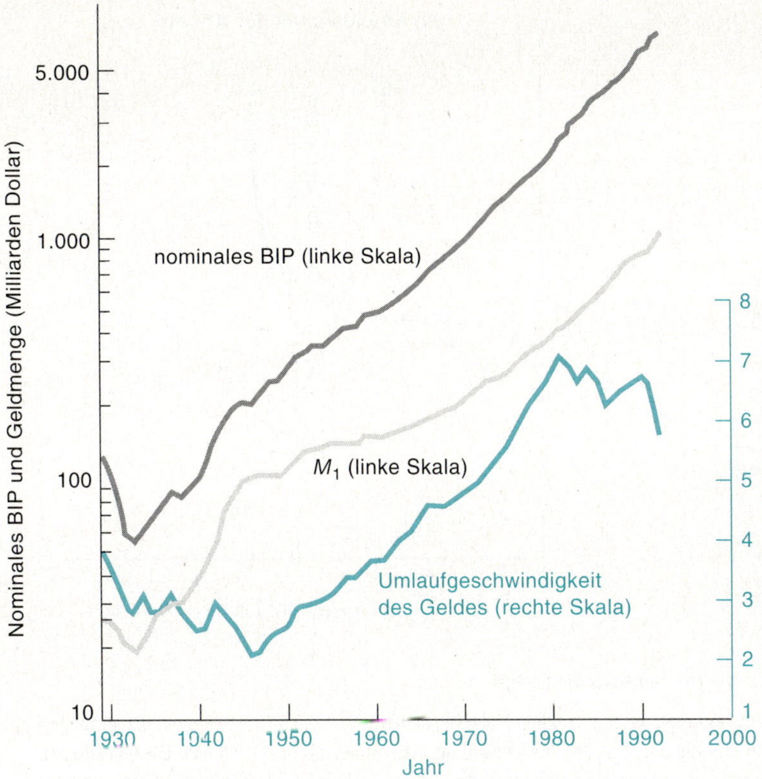

Abbildung 31-3: Die Umlaufgeschwindigkeit des Geldes 1929–1990 und ihre Komponenten

Die Umlaufgeschwindigkeit des Transaktionsgeldes entspricht dem Verhältnis des nominalen BIP zu M_1. In der Periode seit 1929 ist die Geldmenge auf das Zweiunddreißigfache, das nominale BIP jedoch auf das Dreiundfünfzigfache gestiegen. Einer der Glaubenssätze des Monetarismus lautet, daß sich *V* relativ stabil und vorhersagbar verhält. Doch wie stabil ist *V* wirklich? Können Sie sich einen Grund für eine Erhöhung von *V* im Zeitablauf vorstellen? *Hinweis:* Denken Sie an die für die Geldnachfrage bestimmenden Faktoren. (Quelle: *V* wurde von den Autoren aus Datenmaterial des Federal Reserve Board und des US-Handelsministeriums ermittelt.)

die Preise um 20 Prozent angehoben werden und das gesamte BIP immer wieder steigt – bei unverändertem Ausgabenmuster bleibt die Einkommens-Kreislaufgeschwindigkeit des Geldes unverändert. Nur wenn die Haushalte oder Unternehmen Ihre Vermögen oder die Art, wie sie ihre Rechnungen bezahlen, verändern, verändert sich auch dieser Parameter.

Ausgehend von dem oben skizzierten Gedanken über die relative Stabilität der Umlaufgeschwindigkeit des Geldes wurde dieser Faktor in manchen frühen Publikationen, vor allem von den Klassikern, dazu verwendet, um Schwankungen des Preisniveaus zu erklären. Nach diesem Ansatz, der als **Quantitätstheorie des Geldes und der Preise** bezeichnet wird, ist die Umlaufgeschwindigkeitsdefinition neu zu schreiben als:

$$P \equiv \frac{MV}{Q} \equiv \left(\frac{V}{Q}\right) M \equiv kM$$

Diese Gleichung erhalten wir aus der früheren Umlaufgeschwindigkeitsdefinition, indem wir die Variable *k* als Kurzformel für *V/Q* einsetzen und auf *P* hin auflösen. Wir schreiben die Gleichung deshalb auf diese Weise, weil viele klassische Ökonomen glaubten, daß bei stabilen Transaktionsmustern *k* konstant sein würde. Außerdem gingen sie im allgemeinen von einem Zustand der Vollbeschäftigung aus, wonach das reale BIP problemlos ansteigen und dem potentiellen BIP entsprechen würde. Wenn wir diese beiden Annahmen kombinieren, müßte *k* (=*V/Q*) kurzfristig beinahe konstant sein und langfristig einem konstanten Wachstumstrend folgen.

Welche Implikationen hat nun die Quantitätstheorie? Wie wir aus der Gleichung ersehen können, müßte das Preisniveau, wenn *k* konstant ist, proportional zur Geldmenge steigen. Eine stabile Geldmenge müßte daher stabile Preise nach sich ziehen, ein rasches Geldmengenwachstum hingegen müßte auch die Preise in die Höhe treiben. Würde man die Geldmenge mit 10 oder 100 multiplizieren, würde die Wirtschaft in eine galoppierende Inflation oder Hyperinflation rutschen. Ja, besonders deutlich läßt sich die Quantitätstheorie des Geldes in einer Hyperinflation zeigen. Wenn wir uns nun Abbildung 30-4 (auf Seite 668) ansehen, beachten Sie bit-

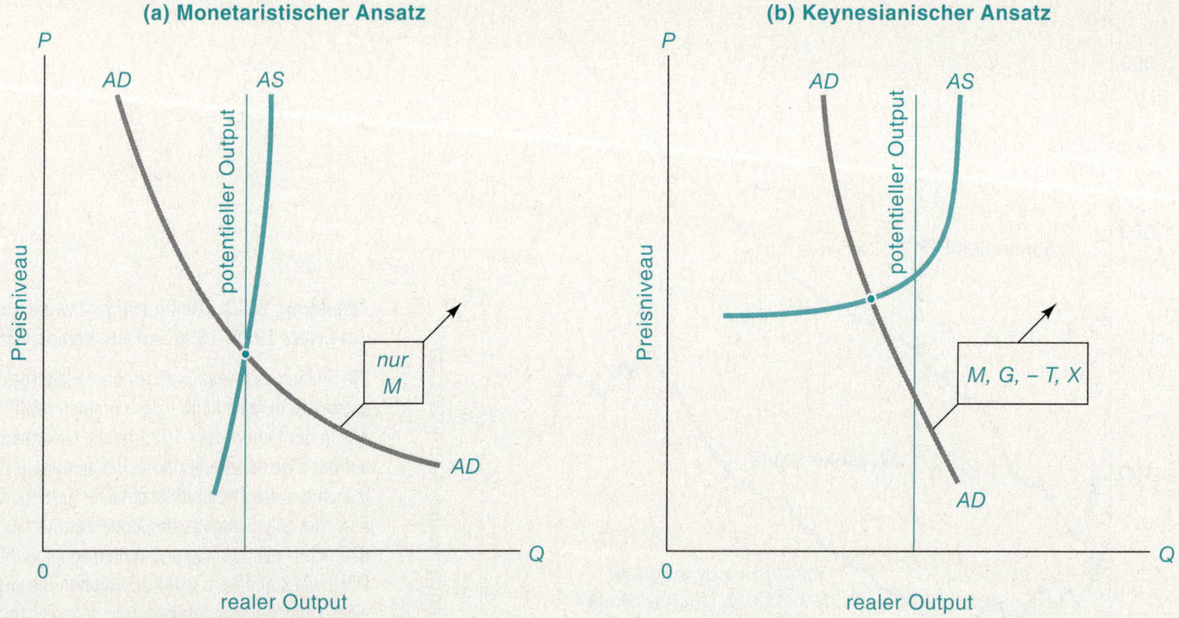

Abbildung 31-4: Vergleich zwischen monetaristischer und keynesianischer Denkweise

Welche Unterschiede bestehen zwischen einer monetaristischen und einer keynesianischen Makroökonomie? Die Monetaristen betonen die Vorrangigkeit der Geldmenge für die Höhe der Gesamtnachfrage. Sie sehen dies anhand des Kästchens neben der *AD*-Kurve, das nur *M* enthält. Die eklektischen Keynesianer hingegen glauben an eine Vielzahl von Variablen, darunter auch die Geldmenge, die sich auf die Wirtschaft auswirken. Etwas vereinfacht sagen die Monetaristen: „Das einzige, was zählt, ist Geld." Die Makroökonomen des Mainstream hingegen sagen: „Es stimmt, daß Geld zählt, aber auch die Fiskalpolitik hat ihre Bedeutung."

Der zweite Unterschied bezieht sich auf das Gesamtangebot, wobei die keynesianischen Ökonomen betonen, daß die *AS*-Kurve kurzfristig bei gedrosselter Produktion relativ horizontal verläuft, während die Monetaristen der Ansicht sind, daß sich Preise und Löhne so weit flexibel verhalten, daß die kurzfristige *AS*-Kurve beinahe vertikal verläuft. Für die Monetaristen wirken sich Änderungen der *AD* vor allem auf die Preise aus; für den Mainstream betreffen Änderungen von *AD* zumindest kurzfristig sowohl die Preise als auch die Produktionsleistung.

te, wie die Preise in der Weimarer Republik auf das Milliardenfache anstiegen, nachdem die Zentralbank die Druckerpresse angeworfen hatte. Da haben wir die Quantitätstheorie mit umgekehrtem Vorzeichen.

Zum Verständnis der Quantitätstheorie ist es wesentlich, daran zu denken, daß sich Geld fundamental von gewöhnlichen Gütern wie Brot oder Autos unterscheidet. Das Brot brauchen wir zum Essen, die Autos zum Fahren. Aber Geld brauchen wir nur zum Kauf von Brot oder Autos. Wenn die Preise in Rußland heute zwanzigmal so hoch sind wie noch vor einem Jahr, dann ist klar, daß die Menschen dort heute etwa zwanzigmal soviel Geld benötigen, um dieselben Dinge zu kaufen wie früher. Und das ist der Kern der Quantitätstheorie: Die Geldnachfrage steigt proportional zum Preisniveau.

Die Quantitätstheorie des Geldes und der Preise sagt aus, daß sich die Preise proportional zur Geldmenge entwickeln. Obwohl es sich bei dieser Theorie nur um eine grobe Annäherung handelt, kann sie doch erklären, warum Länder mit geringem Geldmengenwachstum nur eine mäßige Inflation aufweisen, während anderen mit einem raschen Geldmengenwachstum die Preise davonlaufen.

DER MODERNE MONETARISMUS

Die moderne monetaristische Theorie wurde nach dem Zweiten Weltkrieg vom Chicagoer Ökonomen Milton

Friedman und seinen zahlreichen Kollegen und Schülern entwickelt. Unter Friedmans Leitung machten die Monetaristen den Keynesianern den Führungsanspruch in der Makroökonomie streitig, indem sie die Bedeutung der Geldpolitik zur wirtschaftspolitischen Stabilisierung betonten. Vor etwa zwanzig Jahren spaltete sich die monetaristische Schule in einen traditionsverhafteten Zweig, den wir anschließend beschreiben wollen, und in einen jüngeren Abkömmling, der zur sehr einflußreichen neoklassischen Schule wurde, mit der wir uns später in diesem Kapitel beschäftigen werden.

Der monetaristische Ansatz postuliert, daß das Geldmengenwachstum kurzfristig das nominale BIP und langfristig die Preise bestimmt. Diese Analyse ist im Rahmen der Quantitätstheorie des Geldes und der Preise zu sehen und stützt sich auf die Umlaufgeschwindigkeit des Geldes. Monetaristen gehen von einer stabilen (in Extremfällen sogar von einer konstanten) Umlaufgeschwindigkeit des Geldes aus. Sollte diese Annahme zutreffen, ist dies eine wichtige Einsicht, weil die Quantitätsgleichung zeigt, daß bei konstanter V Entwicklungen von M proportional auf PQ (oder das nominale BIP) durchschlagen.

Das Wesen des Monetarismus

Wie alle ernsthaften Denkschulen hat auch der Monetarismus seine speziellen Lieblingsthemen und Klassifizierungen. Folgende Punkte sind für das monetaristische Denken zentral:

1. *Das Geldmengenwachstum ist der primäre systematische Bestimmungsfaktor des nominalen BIP-Wachstums.* Wie die keynesianische Multiplikatortheorie ist auch der Monetarismus im wesentlichen eine Theorie der Bestimmungsfaktoren der Gesamtnachfrage. Ihm zufolge wird die nominale Gesamtnachfrage primär von Veränderungen der Geldmenge beeinflußt. Die Fiskalpolitik ist für gewisse Bereiche von Bedeutung (etwa für jenen BIP-Anteil, der auf Verteidigung oder privaten Konsum entfällt), aber die wichtigsten makroökonomischen Variablen (Gesamtproduktion, Beschäftigung und Preise) werden vor allem durch die Geldmenge beeinflußt. Vereinfacht und sehr anschaulich zusammengefaßt: „Das einzige, was zählt, ist Geld.“
   Worauf gründet sich der monetaristische Glaube an die Vorrangigkeit des Geldes? Da sind zwei zentrale Punkte zu nennen. Erstens, wie Friedman feststellte, „bei Größen wie der Einkommens-Kreislaufgeschwindigkeit kommt es zu einer derart außerordentlichen, empirisch feststellbaren Stabilität und Regelmäßigkeit, daß jeder, der sich ausführlich mit Gelddaten befaßt, nur beeindruckt sein kann.“ Zweitens, argumentierten viele Monetaristen, sei die Geldnachfrage absolut zinsunsensibel.[5]
   Und wie führen uns diese beiden Ansichten zum Monetarismus? Aus der Quantitätsgleichung ergibt sich, daß, wenn V stabil ist, M $PQ \equiv$ nominales BIP bestimmt. Genauso sind fiskalpolitische Maßnahmen nach Meinung der Monetaristen irrelevant, weil bei stabiler V die einzige Kraft mit Einfluß auf PQ M ist. Bei konstanter V haben Steuern oder Staatsausgaben jegliche Relevanz verloren.
2. *Preise und Löhne sind relativ flexibel.* Erinnern Sie sich, daß eine Aussage des Keynesianismus lautete, daß Preise und Löhne relativ „hartnäckig“ oder unflexibel seien. Da die Monetaristen im allgemeinen schon eine *gewisse* Trägheit des Lohn-Preisgefüges einräumen, verläuft ihrer Meinung nach die Phillips-Kurve zwar kurzfristig nur relativ steil, langfristig jedoch unbedingt vertikal. Hinsichtlich des *AS-AD*-Rahmens sind Monetaristen der Ansicht, die *AS*-Kurve verlaufe ziemlich steil.
   Nun setzen die Monetaristen Punkt 1 und Punkt 2 zusammen. Da (1) die Geldmenge der primäre Bestimmungsfaktor des nominalen BIP ist und (2) Preise und Löhne im Bereich der potentiellen Produktionsleistung ziemlich flexibel sind, muß die Folgerung lauten, daß die Geldmenge das reale BIP nur geringfügig und kurzfristig verschiebt. M wirkt sich hauptsächlich auf P aus.
   Dementsprechend kann die Geldmenge kurzfristig sowohl Produktion als auch Preise beeinflussen. Langfristig jedoch wirkt die Geldmenge, weil die Wirtschaft tendenziell nahe am Vollbeschäftigungsniveau agiert, vor allem auf das Preisniveau. Fiskalpolitische Maßnahmen betreffen die Produktionsleistung und die Preise kurz- wie langfristig kaum. Das ist der Kern der monetaristischen Doktrin.
3. *Der private Sektor ist stabil.* Schließlich meinen die Monetaristen auch, die Privatwirtschaft, sofern man sie sich selbst überläßt, neige eigentlich nicht zu Instabilität. Statt dessen resultieren die meisten Schwankungen des nominalen BIP aus staatlichen Maßnahmen – insbesondere aus Geldmengenände-

[5] Die Ansicht, wonach die Geldnachfrage nicht sensibel auf Schwankungen des Zinssatzes reagiert, wurde jedoch verworfen und spielt in den letzten Jahren keine Rolle mehr.

rungen, die von der jeweiligen Zentralbankpolitik abhängen.

Vergleich zwischen monetaristischem und keynesianischem Ansatz

Wie sehen die beiden Schulen des Monetarismus und des Keynesianismus im Vergleich aus? Nun, eigentlich konnte man in den letzten dreißig Jahren eine weitgehende Einträchtigkeit beider Strömungen feststellen, und die heutigen Streitpunkte beziehen sich eher auf Wertigkeiten und Akzentsetzungen denn auf fundamentale Meinungsverschiedenheiten.

Wir haben die Hauptunterschiede zwischen Monetarismus und modernem Keynesianismus in Abbildung 31-4 dargestellt. Diese Abbildung zeigt beide Ansichten anhand der Entwicklung von Gesamtangebot und Gesamtnachfrage. Es ergeben sich zwei gewichtige Unterschiede.

Erstens gibt es Meinungsunterschiede der beiden Schulen hinsichtlich der Kräfte, die auf die Gesamtnachfrage einwirken. Nach Ansicht der Monetaristen wird die Gesamtnachfrage nur (oder primär) von der Geldmenge beeinflußt, und die Auswirkungen der Geldmenge auf die Gesamtnachfrage sind stabil und verläßlich. Sie glauben auch, daß fiskalpolitische Maßnahmen oder autonome Ausgabenänderungen, sofern sie nicht von geldpolitischen Maßnahmen begleitet sind, nur einen vernachlässigbar geringen Effekt auf Produktion und Preise haben.[6]

Im Gegensatz dazu sagen die Keynesianer, die Welt sei komplexer als nach monetaristischer Sichtweise. Sie stimmen zwar zu, daß die Geldmenge einen bedeutenden Einfluß auf die Gesamtnachfrage, die Produktion und die Preise hat, aber sie meinen, daß auch noch andere Faktoren eine Rolle spielen. Mit anderen Worten, keynesianische Ökonomen sagen, die Geldmenge bestimme *zusammen mit* anderen Variablen wie der Fiskalpolitik und den Nettoexporten die Produktionsleistung. Außerdem weisen sie darauf hin, daß es einen schlüssigen Nachweis dafür gibt, daß V systematisch mit den Zinssätzen steigt, weshalb es nicht ausreichen kann, M konstant zu halten, um damit auch schon das nominale oder reale BIP konstant halten zu können.

Der zweite Hauptunterschied zwischen Monetaristen und Keynesianisten betrifft das Verhalten des Gesamtangebotes. Die Keynesianer betonen die Trägheit von Löhnen und Preisen. Monetaristen glauben jedoch, diese Trägheit werde übertrieben dargestellt, und die kurzfristige *AS*-Kurve verlaufe ziemlich steil – vielleicht nicht vertikal, jedoch viel steiler, als Keynesianer dies jemals zubilligen würden.

Wegen ihrer unterschiedlichen Ansichten zur Steigung der *AS*-Kurve sind die beiden Schulen auch über die kurzfristigen Auswirkungen einer Änderung der Gesamtnachfrage uneinig. Keynesianer glauben, eine Änderung der (nominalen) Nachfrage müsse die Produktion wesentlich verändern, habe jedoch kurzfristig nur geringfügige Auswirkungen auf die Preise. Monetaristen sind der Ansicht, eine Nachfrageverschiebung müsse primär in eine Änderung der Preise, nicht jedoch der Produktionsmengen münden.

Insgesamt basiert das Wesen der monetaristischen Makroökonomie vor allem auf der Bedeutung, die dem Geld bei der Bestimmung der Gesamtnachfrage und der relativen Preis- und Lohnflexibilität zugemessen wird.

Das monetaristische Anliegen: konstantes Geldmengenwachstum

In den letzten dreißig Jahren spielte der Monetarismus eine bedeutende Rolle innerhalb der Wirtschaftspolitik. Monetaristen optieren häufig für eine Politik der freien Märkte und des Laissez-faire. Doch ihr wichtigster Einfluß auf die Wirtschaftspolitik war die Befürwortung einer fixen Geldmengenregelung anstelle einer diskretionären Fiskal- und Geldpolitik.

Im Prinzip könnte ein Monetarist den Einsatz geldpolitischer Maßnahmen zur Feinabstimmung der Wirtschaft zwar empfehlen, doch die Monetaristen haben einen anderen Weg beschritten, indem sie argumentieren, die Privatwirtschaft sei stabil und der Staat könne sie deshalb nur destabilisieren. Darüber hinaus glauben Monetaristen, daß sich die Geldmenge auf die Produktionsleistung erst mit – unterschiedlich – großer Verzögerung auswirkt, weshalb ihnen der Entwurf einer effektiven Stabilisierungspolitik als unbewältigbare Aufgabe erscheint.

Das Herzstück der monetaristischen Wirtschaftsphilosophie ist daher die **monetaristische Regelung**: Eine optimale Geldpolitik setzt das Geldmengenwachstum mit einem fixen Satz fest und hält sich an diesen festgesetzten Satz unter allen wirtschaftlichen Bedingungen.

---

[6] Beachten Sie auch, daß die *AD*-Kurve entsprechend monetaristischen Ansichten als „gleichseitige Hyperbel" zu zeichnen ist. Erinnern Sie sich, daß eine Gleichung xy = *konstant* eine gleichseitige Hyperbel in einem X- und Y-Diagramm darstellt. Sind M und V gegeben, wird die Gesamtnachfragekurve durch $PQ = konstant$ beschrieben, so daß die *AD*-Kurve eine gleichseitige Hyperbel darstellt.

Was ist die Grundlage für diese Meinung? Nun, Monetaristen glauben, ein fixes Geldmengenwachstum (zwischen 3 und 5 Prozent jährlich) könne die wichtigste Quelle der Instabilität in einer modernen Volkswirtschaft – die kapriziösen und unverläßlichen Schwenks der Geldpolitik – eliminieren. Würden wir die Federal Reserve durch ein Computerprogramm ersetzen, das immer für eine fixe Wachstumsrate von M sorgt, könnte es nie zu einem explosiven Anwachsen der Geldmenge kommen. Bei stabiler Umlaufgeschwindigkeit des Geldes würde das BIP ebenfalls kontinuierlich wachsen. Und bei einem Wachstum von M, das etwa der Geschwindigkeit des potentiellen BIP-Wachstums entspricht, könnte die Wirtschaft innerhalb kurzer Zeit Preisstabilität erreichen.

Das monetaristische Experiment

Gegen Ende der siebziger Jahre gewannen monetaristische Ansichten stark an Einfluß. In den USA bemängelten viele, der keynesianischen Stabilisierungspolitik sei es nicht gelungen, die Inflation einzudämmen. Als im Jahr 1979 schließlich eine zweistellige Inflationsrate erreicht wurde, sahen zahlreiche Ökonomen und Politiker in einer monetaristischen Politik die einzige Hoffnung auf eine effektive Anti-Inflationspolitik.

Im Oktober 1979 startete der neue Vorsitzende der Federal Reserve, Paul Volcker, mit seinem sogenannten *monetaristischen Experiment* einen massiven Angriff auf die Inflation. In einer dramatischen Änderung ihrer Strategie beschloß die Fed, sich nicht mehr in erster Linie auf die Zinssätze zu konzentrieren, sondern ab sofort die Bank-Mindestreserven und die Geldmenge auf vorbestimmte Wachstumspfade zu zwingen.

Die Fed hoffte, ein strikt quantitativer Ansatz in der Geldmengenpolitik könnte zweierlei erreichen. Erstens würden auf diese Weise die Zinssätze genügend ansteigen, um das rapide Wirtschaftswachstum zu bremsen, wodurch die Arbeitslosigkeit steigen und das Lohn- und Preiswachstum wegen des Phillips-Kurvenmechanismus abnehmen würde. Manche glaubten außerdem, daß eine harte und glaubwürdige Geldpolitik die Inflationserwartungen, insbesonders in den Kollektivverträgen, dämpfen und das Ende der Hochinflationsperiode deutlich signalisieren werde. Wären erst einmal die Erwartungen der Leute gedämpft, könnte die Wirtschaft auf relativ schmerzlosem Weg mit der Inflation fertig werden.

Das Experiment war absolut erfolgreich, was die Dämpfung der Wirtschaft und die Senkung der Inflationsrate betraf. Als Folge der durch das langsame Geldmengenwachstum bewirkten hohen Zinssätze gingen auch die zinssensiblen Ausgaben zurück. In der Folge stagnierte das reale BIP zwischen 1979 und 1982, und die Arbeitslosigkeit stieg von unter 6 Prozent bis zu einem Spitzenwert von 10 1/2 Prozent Ende 1982. Die Inflation ging drastisch zurück. Etwaige Zweifel hinsichtlich der Wirksamkeit geldpolitischer Maßnahmen waren beseitigt. Geld zählt offensichtlich wirklich. Trotzdem: das rechtfertigt nicht die Aussage, Geld sei das *einzige*, was zählt.

Aber was wurde aus dem monetaristischen Anspruch, eine harte und glaubwürdige Geldpolitik sei eine billige Anti-Inflationsstrategie? Zahlreiche volkswirtschaftliche Studien des letzten Jahrzehnts zeigen das Funktionieren der strengen monetaristischen Politik, jedoch keineswegs als billige Strategie. Was die Kosten im Bereich der Beschäftigung und der Produktion betrifft, so waren die wirtschaftlichen Opfer, die die monetaristische Inflationsbekämpfung forderte, pro Prozentpunkt Inflation ebenso hoch wie jene der früheren politischen Strategien. Geld bewirkt etwas, aber Geld bewirkt keine Wunder. Auch auf der monetaristischen Speisekarte suchen wir das Gratismenü vergeblich.

Der Niedergang des Monetarismus

Paradoxerweise führten gleich nach dem Erfolg des monetaristischen Experimentes zur endgültigen Ausrottung der Inflation aus der US-Wirtschaft – und wahrscheinlich sogar wegen dieses Erfolges – Änderungen auf den Finanzmärkten zu Verschiebungen, die den monetaristischen Ansatz unterhöhlten. Die wichtigste Verschiebung während des und nach dem monetaristischen Experiment trat bei der Umlaufgeschwindigkeit des Geldes ein. Erinnern Sie sich, die Monetaristen glauben ja, die Umlaufgeschwindigkeit sei relativ stabil und vorhersehbar. Angesichts einer stabilen Umlaufgeschwindigkeit müßten Geldmengenänderungen problemlos auf Änderungen des nominalen BIP durchschlagen.

Aber gerade als die monetaristische Doktrin anerkannt wurde, verhielt sich die Umlaufgeschwindigkeit des Geldes extrem instabil. Im Jahr 1982 schwankte die Umlaufgeschwindigkeit von M_1 stärker als in mehreren Jahrzehnten davor (siehe Abbildung 31-3). Die hohen Zinssätze dieser Periode erzwangen Innovationen auf dem Finanzsektor und die Einführung und Verbreitung verzinster Girokonten. Deshalb die starken Schwankungen von V nach 1980. Bisweilen hört man die Meinung, die Instabilität sei sogar wegen der starken Betonung der Geldpolitik in dieser Periode aufgetreten.

Die Instabilität der Umlaufgeschwindigkeit von M_1 bewog die Federal Reserve dazu, nicht mehr dieses Geldmengenaggregat, sondern die Umlaufgeschwindigkeit von

M_2 (das ist einfach PQ/M_2) als Richtwert für ihre Politik heranzuziehen. Aber im Jahr 1992 begann auch M_2 eine vom historischen Trend abweichende Umlaufgeschwindigkeit aufzuweisen, und die Federal Reserve ging nun auch davon ab, M_2 als Richtlinie heranzuziehen. Das Dilemma der Fed kommt in folgendem Statement der Federal Reserve Bank von Cleveland zum Ausdruck:

> *Das Abgehen von M_2 als Richtwert hat die Notwendigkeit eines besseren Verständnisses der Beziehung zwischen dem … Management der … Zinssätze und dem langfristigen Trend der Preisentwicklung aufgezeigt. … Das Schwierige daran ist, herauszufinden, ob der [Zins]satz zu hoch oder zu niedrig ist, wenn man nicht darauf warten kann, wie sich die Preise entwickeln.*[7]

Daß es nicht möglich ist, die Geldmengenaggregate als Leitmaßstab der Geldpolitik heranzuziehen, hat die Entscheidungsprozesse der Zentralbanker nicht eben vereinfacht. In Kapitel 33 werden wir uns mit der Frage beschäftigen, welcher Ersatz für die Geldmengenaggregate sich im postmonetaristischen Zeitalter anbieten könnte.

C. DIE NEOKLASSISCHE SCHULE

> **Die bekannten keynesianischen Modelle der Makroökonomie bieten keine verläßliche Richtschnur für geld-, fiskal- oder sonstige politische Maßnahmen. … Es besteht keine Hoffnung, daß kleinere oder auch tiefgreifende Änderungen dieser Modelle ihre Verläßlichkeit signifikant verbessern könnten.**
>
> *Robert E. Lucas Jr.* und *Thomas J. Sargent*, „After Keynesian Macroeconomics"

Obwohl die meisten Makroökonomen darin übereinstimmen, daß geldpolitische Maßnahmen sehr wohl einen Einfluß auf Arbeitslosigkeit und Produktion haben, zumindest kurzfristig, geht ein radikal neuer Ansatz von dieser Standardansicht ab. Diese neue Theorie, sie wird als **neoklassische Makroökonomie** bezeichnet, wurde von Robert Lucas (Chicago), Thomas Sargent (Stanford) und Robert Barro (Harvard) entwickelt. Sie steht geistig dem oben beschriebenen klassischen Ansatz nahe, weil die Flexibilität von Löhnen und Preisen betont wird, fügt jedoch etwas Neues, nämlich die Theorie der rationalen Erwartungen, hinzu, um Beobachtungen, wie sie sich etwa aus der Phillips-Kurve ergeben, erklären zu können.

DIE GRUNDLAGEN

Die Neoklassiker sagen, (1) Preise und Löhne seien flexibel, und (2) die Menschen bedienten sich aller verfügbaren Informationen. Diese beiden Postulate bilden den Kern des neoklassischen makroökonomischen Ansatzes.

Der erste Teil der Aussage bezieht sich auf die klassische Annahme der Preis- und Lohnflexibilität. Damit soll nur ausgesagt werden, daß sich Preise und Löhne rasch anpassen und Angebot und Nachfrage ausgleichen.

Der zweite Teil der Aussage ist jedoch völlig neu, und er beruft sich auf moderne Entwicklungen in Fächern wie der Statistik und der Verhaltenstheorie unter unsicheren Bedingungen. Der neoklassischen Hypothese zufolge entwickeln die Menschen ihre Erwartungen ausgehend von allen verfügbaren Informationen. Danach kann der Staat seine Bürger gar nicht „zum Besten halten", weil diese Bürger gut informiert sind und Zugang zu denselben Informationen wie der Staat haben.

Wir haben die Frage der Preis- und Lohnflexibilität bereits weiter oben in diesem Kapitel erörtert. Wenden wir uns daher der Theorie der rationalen Erwartungen zu.

Die Theorie der rationalen Erwartungen

Erwartungen sind im Wirtschaftsleben etwas Wichtiges. Sie wirken sich auf die Ausgaben von Investoren für Investitionsgüter und auf Ausgaben- und Sparverhalten der Konsumenten aus. Wie aber kann man diese Erwartungen auf vernünftige Weise in das Gefüge der Volks-

[7] Federal Reserve Bank of Cleveland, *Economic Trends* (September 1993).

wirtschaft einbauen? Die Neoklassiker beantworten diese Frage mit der **Theorie der rationalen Erwartungen.** Danach werden Prognosen unvoreingenommen und basierend auf allen verfügbaren Informationen erstellt.

Zunächst hält die Theorie der rationalen Erwartungen fest, daß Menschen ihre Prognosen unvoreingenommen erstellen.[8] Nicht ganz so unwidersprochen ist jedoch der Nachsatz, wonach die Menschen alle verfügbaren Informationen und volkswirtschaftlichen Theorien in ihre Entscheidungen einbauen. Das würde implizieren, daß die Menschen die Funktionsweisen der Wirtschaft und die Handlungsweise des Staates verstehen. Nehmen wir beispielsweise an, daß der Kongreß in Wahljahren die Staatsausgaben immer großzügig handhabt. Die Theorie der rationalen Erwartungen geht davon aus, daß die Leute dies wissen und sich entsprechend verhalten.

Das wesentlich Neue an der neoklassischen Theorie ist die Behauptung, daß der Staat infolge der rationalen Erwartungen seiner Bürger diese mit systematischen wirtschaftspolitischen Maßnahmen nicht täuschen kann.

IMPLIKATIONEN FÜR DIE MAKROÖKONOMIE

Die neoklassischen Ideen lassen sich auf zahlreichen Gebieten sinnvoll einsetzen. Zwei dieser möglichen Anwendungen wollen wir hier näher ins Auge fassen: das Wesen des Arbeitsmarktes und die Phillips-Kurve

Arbeitslosigkeit

Werden Menschen freiwillig oder unfreiwillig arbeitslos? In unserer Erörterung in Kapitel 29 haben wir unfreiwillige Arbeitslosigkeit als eine Situation definiert, in der qualifizierte Arbeitskräfte zum gängigen Marktlohn keine Arbeit finden können. Frischen Sie doch ein wenig Ihr Gedächtnis auf und sehen Sie noch einmal kurz in Abbildung 29-10 nach, die freiwillige und unfreiwillige Arbeitslosigkeit darstellt.

In Gegensatz dazu glauben die Ökonomen der neoklassischen Schule, der Großteil der Arbeitslosigkeit sei freiwillig. Ihrer Ansicht nach passen sich die Arbeitsmärkte nach wirtschaftlichen Schocks rasch an, um Angebot und Nachfrage wieder auszugleichen. Arbeitslosigkeit nimmt nach neoklassischer Meinung deshalb zu, weil in Rezessionen mehr Leute besseren Jobs hinterherjagen, nicht weil sie überhaupt keine Jobs finden könnten. Menschen sind arbeitslos, weil sie ihre Jobs aufgegeben haben, um sich nach etwas besser Bezahltem umzusehen, nicht weil die Löhne zu hoch sind, was ja unflexible Löhne voraussetzen würde.

Die scheinbare Phillips-Kurve

Eine der größten Schwierigkeiten für jede makroökonomische Theorie besteht darin, die wichtigsten Regelmäßigkeiten des Konjunkturzyklus kohärent und so erklären zu können, daß sie mit anderen Charakteristika des Wirtschaftslebens zusammenpassen. Der klassische makroökonomische Ansatz ist deshalb so attraktiv, weil er sich gut mit dem Großteil der mikroökonomischen Theorien über Angebot und Nachfrage verträgt. Die Schwierigkeit besteht jedoch darin, wesentliche Merkmale des Konjunkturzyklus zu erklären, beispielsweise die Phillips-Kurve oder das Okunsche Gesetz. Wenn die Arbeitslosigkeit in Zeiten der Rezession stark ansteigt, genügt es einfach nicht, zu erklären, die Leute seien zu der Ansicht gelangt, das sei genau das richtige Jahr, um einmal länger Urlaub zu machen. Wie sollten derartige Theorien die anhaltende Weltwirtschaftskrise der dreißiger Jahre oder die neueren Rezessionen erklären?

Die Neoklassiker weisen in diesem Zusammenhang auf *Fehlinterpretationen* als Schlüssel zum Konjunkturzyklus hin. Sie glauben, daß es zu einer hohen Arbeitslosigkeit deshalb kommen könne, weil die Arbeitnehmer bezüglich ihrer wirtschaftlichen Situation im unklaren sind; sie geben freiwillig ihre Jobs auf, in der Hoffnung, etwas Besseres zu finden, und finden sich dann völlig überrascht vor der Arbeitslosenberatung wieder. Oder in Boomphasen treten hohe Produktionsleistung und geringe Arbeitslosigkeit dann auf, wenn die Menschen durch die schiere Einbildung hoher Reallöhne freiwillig härter arbeiten.

Eine entsprechende Analyse können wir mit Hilfe der Phillips-Kurve aus der Inflationstheorie durchführen. Nach klassischen volkswirtschaftlichen Ansichten verläuft die Phillips-Kurve bei einer gleichgewichtigen Arbeitslosenrate oder bei natürlicher Arbeitslosigkeit vertikal. Diese Schlußfolgerung ist das Phillips-Kurven-Gegenstück zur vertikalen klassischen Gesamtangebotskurve, in der die Produktion durch die Gesamtnachfrage überhaupt nicht beeinflußt wird.

---

[8] Als „unvoreingenommen" wird eine Prognose dann bezeichnet, wenn sie keine systematischen Prognosefehler enthält. Eine Prognose kann natürlich nicht immer genau und richtig sein – man kann auch nicht vorhersehen, wie eine Münze beim einmaligen Werfen fallen wird. Trotzdem sollte man nicht den statistischen Fehler begehen, ein Vorurteil etwa in der Art zu treffen, daß eine gute Münze in 10 oder 90 Prozent der Fälle mit dem Kopf zuoberst auftreffen müßte. Unvoreingenommen wäre die Prognose, daß man von einer 50prozentigen Wahrscheinlichkeit des Auftreffens von Kopf oder Zahl auszugehen hat.

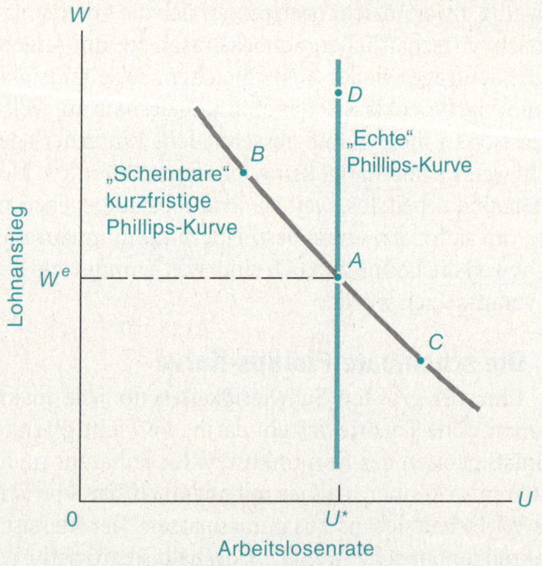

Abbildung 31-5: Die neoklassische Phillips-Kurve

Nach der neoklassischen Makroökonomie verläuft die tatsächliche Phillips-Kurve vertikal. Wir können jedoch auch eine „scheinbare" kurzfristige Phillips-Kurve beobachten, die durch die Punkte *B*, *A* und *C* gelegt wurde. Punkt *B* ergibt sich, wenn ein Inflationsschock die Nominallöhne über ihr erwartetes Niveau anhebt. Die Arbeitskräfte reagieren verwirrt, weil sie glauben, ihre Reallöhne hätten sich erhöht; sie beschließen, mehr zu arbeiten, und die Arbeitslosigkeit geht zurück. Daher bewegt sich die Wirtschaft von Punkt *A* zu Punkt *B* (Zeichnen Sie ein, wie die Arbeitskräfte ihre Jobs aufgeben und die Entwicklung zu Punkt *C* auslösen.) Daraus ersehen Wirtschaftshistoriker ein Streudiagramm mit den Punkten *A*, *B* und *C* und ziehen den falschen Schluß, daß es eine stabile kurzfristige Phillips-Kurve gebe.

Woher also kommen die abwärts verlaufenden Phillips-Kurven? Sie ergeben sich aus einem dynamischen Prozeß, in dem die Leute vorübergehend ihre Reallohnsituation falsch einschätzen. Diese Denkweise führt uns zur *neoklassischen Phillips-Kurve*, die Sie in Abbildung 31-5 sehen. Bezeichnen wir die erwartete Lohnänderung mit W^e und nehmen wir an, daß die Preise genauso rasch steigen wie die Löhne. Wenn die tatsächliche Lohnsteigerung (W) der erwarteten Steigerung entspricht (wenn also gilt $W = W^e$), ist niemand überrascht oder getäuscht worden, sondern die Arbeitslosigkeit entspricht der natürlichen Arbeitslosigkeit. Daher stellt Punkt *A* das nicht überraschende, natürliche Ergebnis dar.

Das Problem besteht nun darin, zu den Punkten *B* und *C* zu gelangen. Jeder dieser Fälle ergibt sich aus irgendeinem Schock. Um Punkt *B* zu erreichen, nehmen wir an, die Federal Reserve habe unerwartet die Geldmenge erhöht, was zu einer unerwarteten Lohn- und Preissteigerung führt. Die Arbeitnehmer können diese neue wirtschaftliche Situation nicht richtig interpretieren, weil sie nicht wissen, daß die Preise ebenso rasch gestiegen sind wie die Löhne. Sie bieten verstärkt Arbeit an, die Arbeitslosigkeit sinkt, und die Wirtschaft bewegt sich zu Punkt *B*. Überlegen Sie, wie wir durch eine unerwartete Lohn- und Preissenkung zu Punkt *C* gelangen könnten.

Wenn wir nun die Punkte *B* und *C* verbinden, so erhalten wir überraschenderweise eine abwärts verlaufende Kurve, die der Phillips-Kurve gleicht. In der neoklassischen Makroökonomie ergibt sich daher die abwärts verlaufende, *der kurzfristigen Phillips-Kurve gleichende scheinbare Phillips-Kurve* aus Fehlinterpretationen der Reallöhne oder des Lohn-Preisverhältnisses.

Erweiterungen der neoklassischen Position

Ein nah verwandter Ansatz, der ebenso auf klassischen Themen und der Theorie der rationalen Erwartungen beruht, jedoch andere Mechanismen betont, ist die **real business cycle theory (RBC)**. Sie erklärt Konjunkturzyklen ausschließlich als Verschiebungen des Gesamtangebotes ohne Beziehung zu monetären oder sonstigen nachfrageseitigen Wirkkräften.

Nach dem RBC-Ansatz verschieben technologische, Investitions- oder Arbeitsmarktschocks die vertikale *AS*-Kurve. Diese Schocks schlagen dann infolge der Schwankungen des Gesamtangebotes auf die reale Produktionsleistung durch und sind von *AD* vollkommen unabhängig. Ebenso sind Entwicklungen der Arbeitslosenrate das Ergebnis von Entwicklungen der natürlichen Arbeitslosigkeit infolge mikroökonomischer Kräfte wie der Intensität bestimmter Schocks in einzelnen Sektoren oder steuerpolitischer bzw. Regulierungsmaßnahmen.

Eine weitere wichtige Entwicklung der letzten Zeit, in der Elemente sowohl der klassischen als auch der keynesianischen Volkswirtschaft kombiniert sind, ist die sogenannte **Effizienzlohntheorie (efficiency wage theory)**. Sie wurde von Edmund Phelps, Joseph Stiglitz (Mitglied des Sachverständigenrates von Präsident Clinton), Janet Yellen (die für 1994 in das Board of Governors der Fed gewählt wurde) und anderen begründet. Diese Theorie erklärt die Rigidität der Reallöhne und das Bestehen unfreiwilliger Arbeitslosigkeit aus dem Bemühen der Unternehmen, die Löhne über dem Markträumungsniveau zu halten, um die Produktivität zu erhöhen. Nach dieser Theorie führen höhere Löhne zu einer höheren Produktivität, weil die Arbeiter gesünder sind (insbesondere in armen Ländern), weil sie eine bessere Arbeitsmoral haben und weniger trödeln, weil gute Arbeiter bei gutem Lohn eher nicht kündigen, um sich nach einem neuen Job umzusehen, oder auch, weil die höheren Löhne die besseren Arbeitnehmer anziehen.

Wenn die Unternehmen die Löhne anheben, um damit die Produktivität zu steigern, so bedeutet dies, daß Arbeitsuchende zwar vielleicht bereit sind, sich um diese Jobs anzustellen, daß sie durch die Wartezeit aber unfreiwillige Arbeitslosigkeit produzieren. Was an dieser Theorie überrascht, ist die Tatsache, daß ihr zufolge unfreiwillige Arbeitslosigkeit ein *Gleichgewichtsmerkmal* ist und deshalb auch nicht von selbst verschwindet.

Dieser Ansatz wurde in einer meisterhaft verfaßten Analyse von Edmund Phelps von der Columbia University darstellt. Phelps argumentiert, daß sich ein Großteil des Anstiegs der Arbeitslosigkeit durch eine Verschlechterung von Effizienzlohn-Elementen ergab, wodurch die natürliche Arbeitslosigkeit in die Höhe getrieben wurde. Er legt statistische Schätzungen vor, die zeigen, daß höhere Sozialversicherungssteuern, Erhöhungen der Realzinssätze und Energiepreisschocks die Auslöser der steigenden Arbeitslosigkeit der letzten beiden Jahrzehnte waren. Das Heilmittel für die Zukunft sei laut Phelps eine Umkehrung dieser Trends, vor allem durch Steuerkürzungen und einen Schwenk weg von einer Besteuerung der Arbeit hin zu Verbrauchs- und Mehrwertsteuern. Diese bahnbrechende Publikation werden sich die Ökonomen und Politiker der kommenden Jahre sicherlich sorgfältig zu Gemüte führen müssen.[9]

WIRTSCHAFTSPOLITISCHE IMPLIKATIONEN

Die Wirkungslosigkeit wirtschaftspolitischer Maßnahmen

Die neoklassische Makroökonomie führt zu wichtigen politischen Schlußfolgerungen. Besonders zu nennen ist hierbei die Wirkungslosigkeit systematischer fiskal- und geldpolitischer Maßnahmen zur Bekämpfung der Arbeitslosigkeit. Nehmen wir an, der Staat wollte das Wirtschaftswachstum immer dann stimulieren, wenn Wahlen vor der Tür stehen. Nach einigen politisch motivierten fiskalpolitischen Manövern müßten die Bürger die rationale Erwartung hegen, daß sich derlei wiederholen könnte. Sie würden sich sagen: „Ja, Wahlen stehen vor der Tür. Ich weiß aus meinen früheren Erfahrungen, daß die Staatsausgaben immer vor Wahlen erhöht werden. Nun, mich werden sie nicht drankriegen, ich arbeite deshalb jedenfalls kein bißchen mehr.“ Aus Perspektive der Phillips-Kurve in Abbildung 31-5 versucht der Staat die Wirtschaft zu stimulieren und sie von Punkt A zu Punkt B zu bewegen. Aber wenn die Leute die stimulierenden Eingriffe des Staates voraussehen, gelangt die Wirtschaft zu Punkt D, wo die Arbeitslosigkeit der natürlichen Arbeitslosigkeit entspricht, allerdings bei höherer Inflation.

Hier das **Theorem der Wirkungslosigkeit wirtschaftspolitischer Maßnahmen**:

Angesichts der rationalen Erwartungen der Menschen sowie der flexiblen Preise und Löhne können vorhersehbare wirtschaftspolitische Maßnahmen keine Auswirkungen auf die reale Produktionsleistung oder Beschäftigungssituation erzielen.

Das Theorem der Wirkungslosigkeit wirtschaftspolitischer Maßnahmen stützt sich einerseits auf die Theorie der rationalen Erwartungen, andererseits auf die Annahme flexibler Preise. Die Annahme flexibler Preise impliziert, daß die Politik nur unter einer Bedingung Einfluß auf die Produktionsleistung und die Beschäftigung nehmen kann, nämlich indem sie die Leute überrascht und zu Fehlinterpretationen verleitet. Es ist jedoch sehr schwierig, die Leute zu überraschen, wenn Politik vorhersehbar und transparent ist. Vorhersehbare politische Maßnahmen wirken sich demnach auch weder auf die Produktionsleistung noch auf die Arbeitslosigkeit aus.

Wie wünschenswert ist eine fixe Regelung?

Wir haben bereits auf die Forderung der Monetaristen nach fixen Regeln anstatt diskretionärer politischer Eingriffe hingewiesen. Die Neoklassiker stellen diese Forderung auf einen viel festeren Sockel. Wirtschaftspolitik zerfällt demnach in zwei Teile, einen vorhersehbaren Teil (die „Regel“) und einen unvorhersehbaren Teil („diskretionäre Politik – Ermessen“).

Die neoklassische Schule meint, diskretionäre Politik sei zu meiden wie die Pest. Erinnern Sie sich, Politiker können auch nicht besser in die Zukunft sehen als der private Sektor. Deshalb haben sich, bis die Politiker auf Neuigkeiten reagiert haben, die flexiblen Preise auf Märkten, die von gut informierten Käufern und Verkäufern bevölkert sind, bereits an die neue Situation ange-

[9] *Structural Slumps: The Modern Equilibrium Theory of Unemployment, Interest, and Assets* (Harvard University Press, Cambridge, Mass., 1994).

paßt und ihr effizientes Angebots- und Nachfragegleichgewicht erreicht. Es gibt keine weiteren *diskretionären* Maßnahmen, die der Staat treffen könnte, um die Wirtschaftsleistung zu verbessern oder die durch vorübergehende Fehlinterpretationen oder reale konjunkturelle Schocks hervorgerufene Arbeitslosigkeit zu verhindern.

Staatliche Politik kann die Situation nur verschlechtern. Sie kann unvorhersehbare diskretionäre Maßnahmen treffen, mit denen sie irreführende Signale aussenden, die Menschen verwirren, ihr wirtschaftliches Verhalten verzerren und Verschwendung bewirken. Anstatt nun diese verwirrenden „Störgeräusche", wie sich Neoklassiker ausdrücken, zu riskieren, sollte der Staat auf diskretionäre wirtschaftspolitische Maßnahmen lieber ganz verzichten.

Die monetaristische Regelung und der Lucas-Einwand

Indem die neoklassische Schule einige Fallen aufgezeigt hat, in die die Politik tappen könnte, hat sie zugleich ein vernichtendes Argument gegen eine der Hauptthesen der Monetaristen vorgebracht. Die Monetaristen glauben ja, die Umlaufgeschwindigkeit des Geldes habe sich als bemerkenswert stabil erwiesen. Daher, so schätzen sie, können wir $MV \equiv PQ \equiv$ nominales BIP stabilisieren, indem wir die Geldmenge fix regeln.

Aber der *Lucas-Einwand*, benannt nach Robert Lucas von der Universität Chicago, besagt, daß die Leute ihr Verhalten mit sich verändernder Politik ebenfalls ändern können. So wie sich die scheinbare kurzfristige Phillips-Kurve verschieben kann, wenn eine keynesianisch ausgerichtete Regierung sie zu manipulieren versucht, könnte sich auch die nur scheinbar konstante Umlaufgeschwindigkeit des Geldes ändern, wenn die Zentralbank das Geldmengenwachstum einer fixen Regelung unterwirft.

Diese Einsicht verdanken wir dem monetaristischen Experiment der Periode zwischen 1979 und 1982, als sich die USA, wie im vorigen Abschnitt beschrieben, einer monetaristischen Politik unterwarfen. Die Geld-Umlaufgeschwindigkeit wurde extrem instabil, und schließlich mußte die Fed auf die Heranziehung der Geldmengenaggregate als Maßstab verzichten.

Der Lucas-Einwand ist ein dringender Hinweis darauf, daß sich das Verhalten der Wirtschaftssubjekte ändern kann, wenn sich der Staat zu sehr auf frühere Regelmäßigkeiten verläßt.

DERZEITIGER STAND DER DEBATTE

Die neoklassische Makroökonomie wurde vom Mainstream nicht eben begeistert aufgenommen. Tatsächlich wärmte die gesamte Debatte viele Streitpunkte zwischen Keynes und den Klassikern wieder auf, weil auch sie von dem alten Zankapfel der Preis- und Lohnflexibilität ausging. Die Keynesianer bestehen darauf, daß es zahlreiche Hinweise auf eine nur schleppende Anpassung der Preise auf einen Schock gebe, und wenige Ökonomen können sich mit dem Gedanken anfreunden, daß sich der Arbeitsmarkt in einem konstanten Gleichgewicht zwischen Angebot und Nachfrage befinde. Rückt man jedoch von der Annahme absolut elastischer Löhne und Preise ab, erhält die Politik doch wieder ihren Stellenwert und ihre Fähigkeit, die Wirtschaft kurzfristig zu beeinflussen.

Außerdem stoßen sich viele Ökonomen an der Theorie der rationalen Erwartungen, wonach sich Menschen wie Supercomputer verhalten und selbst die neuesten Prognosen oder Daten in ihrem Verhalten berücksichtigen. Empirische Verhaltensstudien haben signifikante Elemente irrationaler Erwartungen ergeben, und zwar sogar unter den bestausgebildeten, professionellen Wirtschaftsforschern.

Schließlich weisen Kritiker auf die wenig plausiblen neoklassischen Schlußfolgerungen hin. Die Theorie besagt, daß hinter konjunkturellen Schwankungen Fehlinterpretationen stehen. Aber können Fehlinterpretationen der Lohn- und Preisentwicklung tatsächlich tiefe Rezessionen und anhaltende Beschäftigungskrisen erklären? Haben die Menschen wirklich ein ganzes Jahrzehnt gebraucht, um zu verstehen, wie hart die Weltwirtschaftskrise war? Und ist es vorstellbar, daß sich die Europäer der schlimmen Arbeitsmarktsituation in Regionen, in denen bereits seit 1990 die Arbeitsämter belagert werden, nicht bewußt sind? Ja, und wie können wir die rein theoretische Prognose, wonach konjunkturell bedingte Arbeitslosigkeit dadurch entstehe, daß Arbeitnehmer kündigen, um sich bessere Jobs zu suchen, mit der realen Tatsache vereinbaren, daß der Anteil der Kündigungen in Rezessionen stark ansteigt (siehe Tabelle 29-2, S. 656)? Da die meisten klassischen Theorien ähnliche, wenig plausible Implikationen aufweisen, bleiben viele Ökonomen des Mainstream skeptisch, was die Nützlichkeit der neoklassischen Ansätze zur Erklärung kurzfristiger Schwankungen der Produktion, des Arbeitsmarktes und der Güterpreise betrifft.

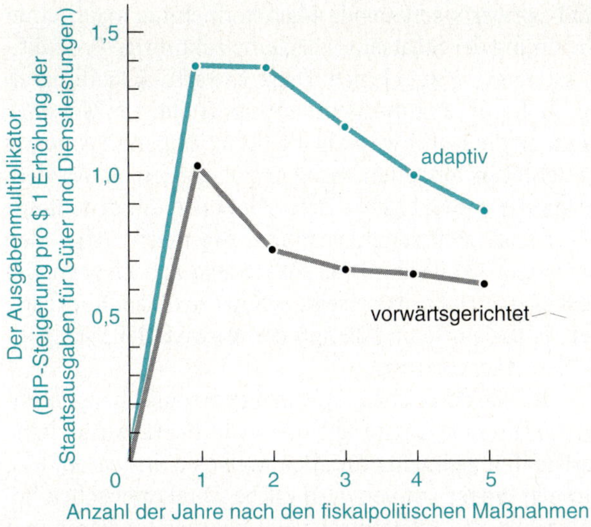

Abbildung 31-6: Vergleich der Multiplikatoren in vorwärtsgerichteten und adaptiven Modellen

Dieses Diagramm zeigt den Unterschied der Ausgabenmultiplikatoren adaptiver (oder rückwärtsgerichteter) Modelle und vorwärtsgerichteter (oder rationaler) Modelle.
Da die Zinssätze die heimischen Investitionen verdrängen und die Wechselkurse sich auf die Nettoexporte auswirken, erfolgen Anpassungen entsprechend den vorwärtsgerichteten Modellen rascher. Vorwärtsgerichtete Ausgabenmultiplikatoren sind wesentlich kleiner als jene der adaptiven Modelle. [Quelle: Ralph C. Bryant, Gerald Holtham und Peter Hooper, „Consensus and Diversity in the Model Simulations," in Ralph C. Bryant et al. eds., *Empirical Macroeconomics for Interdependent Economies* (Brookings, Washington, D.C., 1988), Abb. 3-33]

Kommt eine neue Synthese?

Nach den zwei Jahrzehnten, in denen wir den neoklassischen Ansatz verdauen konnten, tauchen langsam Elemente der alten und neuen Theorien auf, die eine Synthese erlauben könnten. Die Ökonomen stellen heute fest, daß sie die Erwartungshaltung der Wirtschaftssubjekte tatsächlich mit berücksichtigen müssen. Eine sinnvolle Unterscheidung ist zwischen dem adaptiven (oder rückwärts gewandten Anpassungs-)Ansatz und dem rationalen (oder vorwärts gewandten)Ansatz zu treffen. Der adaptive Ansatz geht davon aus, daß die Menschen ihre Erwartungen einfach und mechanisch anhand vergangener Informationen bilden; der rationale oder vorwärts gewandte Ansatz wurde bereits weiter oben beschrieben. Die Bedeutung vorwärts gerichteter Erwartungen ist ganz wesentlich, vor allem wenn man das Verhalten auf Auktionsmärkten wie auf dem Finanzsektor richtig verstehen möchte.

Manche Makroökonomen haben nun begonnen, die neue Sichtweise der Erwartungshaltungen mit der neokeynesianischen Ansicht über die Produkt- und Arbeitsmärkte zu verbinden.[10] Diese Synthese finden wir in makroökonomischen Modellen, die davon ausgehen, daß (1) Arbeits- und Gütermärkte durch unflexible Löhne und Preise gekennzeichnet sind, daß (2) die Preise und Mengen auf den Finanz-Auktionsmärkten auf wirtschaftliche Schocks und Erwartungshaltungen rasch reagieren und daß sich (3) die Erwartungen auf Auktionsmärkten auf Grund eines Blicks in die Zukunft bilden.

Eine Studie der letzten Zeit vergleicht das Abschneiden makroökonomischer Modelle, die verschiedene Ansichten bezüglich der Erwartungshaltung der Menschen widerspiegeln. Ein hervorstechendes Merkmal besteht darin, daß vorwärts gerichtete Erwartungsmodelle zu großen „Sprüngen" oder diskontinuierlichen Veränderungen der Zinssätze, Aktien- oder Wechselkurse neigen, wenn es zu größeren Änderungen in der Wirtschaftspolitik kommt oder externe Ereignisse auftreten. So könnte beispielsweise die Wahl eines expansionistisch eingestellten Präsidenten oder Premierministers bei den Bürgern Inflationserwartungen auslösen. Diese Erwartungshaltung wäre geeignet, drastische Erhöhungen der Zinssätze und einen Sturz der Aktien- und Wechselkurse auszulösen. Oder bei Änderungen der Zentralbankpolitik, wie in den USA im Februar 1994 geschehen, kann dies zu

[10] Ein interessantes Beispiel dafür ist die Analyse der „überlappenden Lohnverträge" von John Taylor (Stanford), einem Mitglied des Sachverständigenrates von Präsident Bush. Er berücksichtigt in seinem Ansatz, daß ein bedeutender Teil der Arbeitnehmerschaft unter langfristig abgeschlossenen Arbeitsverträgen tätig ist, die nicht in realen, sondern in *nominalen* Größen abgeschlossen werden. Typischerweise wird in einem solchen Arbeitsvertrag ein fixer Lohn vereinbart. Während der Dauer solcher Verträge können vorhersehbare wirtschaftspolitische Maßnahmen ihren Einfluß auf die Beschäftigungssituation entfalten. Wirtschaftspolitiker können auch Informationen in ihrer Stabilisierungspolitik nutzen, die ihnen *nach* dem Abschluß derartiger Verträge bekannt werden.

einer starken Nervosität auf den Märkten führen und die langfristigen Zinssätze als Vorwegnahme weiterer Zinssatzsteigerungen, die noch folgen können, in die Höhe treiben. Die Vorhersage von „Preissprüngen" ahmt ein bekanntes Merkmal von Auktionsmärkten nach und bietet uns Hinweise darauf, wo vorwärts gerichtete Erwartungen im wirklichen Leben von Bedeutung sein könnten.

Abbildung 31-6 stellt einen weiteren Vergleich an, nämlich jenen zwischen den Ausgabenmultiplikatoren von vier verschiedenen vorwärtsgerichteten Modellen und sieben adaptiven Modellen. Bitte beachten Sie, daß die Multiplikatoren der vorwärts gerichteten Modelle signifikant geringer sind als jene der adaptiven Modelle.

Die Multiplikatoren in den vorwärts gerichteten Modellen sind infolge der Unterschiede auf den Finanzmärkten kleiner. Ein Grund dafür besteht darin, daß die Zinssätze nach einer fiskalpolitischen Expansion im allgemeinen in vorwärts gerichteten Modellen rascher anziehen, weil vorwärts schauende Marktteilnehmer nach einer Erhöhung der Staatsausgaben eine zukünftige Produktionssteigerung annehmen. Diese Erwartungshaltung eines höheren zukünftigen Outputs treibt die Zinssätze *heute* in die Höhe, weshalb die Investitionen in vorwärts gerichteten Modellen rasch zurückgehen. Außerdem springt in vorwärts gerichteten Modellen mit den infolge einer fiskalpolitischen Stimulierung rasch steigenden Zinssätzen der flexible Dollar-Wechselkurs nach oben. Ein gestiegener Dollar-Wechselkurs führt zu einem Rückgang der Nettoexporte und dämpft das Ausmaß der fiskalpolitischen Stimulierung.

Die neoklassische Kritik am keynesianischen makroökonomischen Ansatz hat uns viele überaus nützliche Einsichten gebracht. Vor allem weist sie uns darauf hin, daß die Wirtschaft von vernunftbegabten Menschen bevölkert ist, die auf politische Maßnahmen reagieren und diese bisweilen sogar schon antizipieren. Diese Reaktion und Gegenreaktion kann auch das Verhalten der realen Wirtschaft beeinflussen.

D. ULTRAKLASSIZISMUS: SUPPLY-SIDE ECONOMICS

Zwischen dem Zweiten Weltkrieg und 1980 konzentrierte sich die Wirtschaftspolitik zumeist auf die Notwendigkeit, die Übel der Inflation und Arbeitslosigkeit zu bekämpfen. Sobald die Arbeitslosenquote stieg, riefen die Liberalen nach Steuerkürzungen oder einer Lockerung der Geldpolitik. Sobald eine Inflation drohte, verschrieben die Konservativen die bittere Medizin einer Geldmengenverknappung oder drastischer Ausgabenkürzungen.

Gegen Ende der siebziger Jahre begannen Kritiker des konventionellen makroökonomischen Ansatzes, wie bereits beschrieben, einzuwenden, daß die Wirtschaftspolitik zu sehr auf das Management der Gesamtnachfrage ausgerichtet sei. Die Monetaristen forderten eine fixe Regelung des Geldmengenwachstums, während Neoklassiker den Staat als destabilisierenden Faktor für die Wirtschaft betrachteten, sofern dieser versuchen sollte, eine diskretionäre Stabilisierungspolitik zu betreiben. Einige Kritiker, darunter auch orthodoxe konservative Ökonomen, drängten auf eine Rückkehr zu traditionelleren Maßnahmen in Richtung eines ausgeglichenen Budgets und der Ausrottung der Inflation aus der Wirtschaft.

Zu Beginn der achtziger Jahre trat jedoch noch eine Gruppe auf den Plan. Diese Schule, unter der Bezeichnung **Supply-side Economics** bekannt, betonte die wirtschaftlichen Anreize zu Arbeit und Sparen für die Menschen, und sie schlug weitreichende Steuerkürzungen vor, um das schleppende Wirtschaftswachstum und die zähen Produktivitätszuwächse in Schwung zu bringen. Zu den Proponenten dieses Ansatzes zählten die Ökonomen Arthur Laffer, Paul Craig Roberts und Norman Ture. Supply-side Economics wurden in den USA besonders von Präsident Reagan (1981–1989) und in Großbritannien von Premierministerin Margaret Thatcher (1979–1990) gefördert.

WIRTSCHAFTSPOLITIK

Obwohl die Supply-side-Ökonomen und -Politiker eine große Bandbreite verschiedener Positionen einnahmen, können wir doch zwei zentrale Merkmale der angebotsseitigen Volkswirtschaft feststellen: die Betonung der wirtschaftlichen Anreize und die Befürwortung drastischer Steuerkürzungen.

Die neue Betonung wirtschaftlicher Anreize

Ein wesentliches Thema der angebotsseitig orientierten Ökonomen ist die wichtige Rolle, die sie den *wirtschaftlichen Anreizen* zubilligen, worunter man eine adäquate Belohnung für Arbeit, Sparen und Unternehmertum versteht. Die Supply-siders weisen auf die Wunder hin, die der freie Markt zu leisten imstande ist, und sie wollen gegen die Verwischung dieser Anreize durch überhöhte Steuern antreten. Darüber hinaus argumentieren sie, daß die Keynesianer in ihrer übertriebenen Sorge um die Gesamtnachfrage die Auswirkungen der Steuersätze und wirtschaftlichen Anreize einfach ignorieren würden. Einer der Sprecher dieser Bewegung hat seine Vorstellungen wie folgt formuliert:

> *Die angebotsseitig orientierte Volkswirtschaft betont die Rolle der Fiskalpolitik in bezug auf Wirtschaftswachstum und Gesamtangebot. Unsere Analyse stützt sich auf die unverfälschte klassische Preistheorie. Nach der angebotsseitigen Theorie wirken sich Steueränderungen durch ihren Einfluß auf die Faktorerträge nach Steuern anstatt auf die Geldflüsse der Einkommen und Ausgaben aus. Die Steuersätze beeinflussen die Güterpreise und damit auch das Arbeits- und Kapitalangebot. Wir möchten die Erträge von wachstumsfördernden Aktivitäten wie Arbeit, Sparen und Investitionen nach Steuern im Gegensatz zu Nichtarbeit und Konsum fördern.*
> *Es kommt sehr viel mehr darauf an, sich auf die Wirkung einer Steueränderung auf die Erträge aus Arbeit, Ersparnis oder Investitionen zu konzentrieren, als die genaue Höhe der Steuerersparnis im verfügbaren Einkommen zu betrachten. Indem wir die Steuersätze auf Arbeit, Kapitalzinsen oder Dividenden senken, können wir die Spar- und Investitionsquote wie auch das Wirtschaftswachstum steigern.*[11]

Worin besteht nun die angebliche Beziehung zwischen Steuerpolitik und wirtschaftlichen Aktivitäten insgesamt? Im Kontext der Gesamtangebots- und -nachfrageanalyse müßte eine Senkung der Steuersätze die Kapital- und Arbeitserträge nach Steuern anheben; höhere Erträge nach Steuern würden zu Angebotssteigerungen in den Bereichen Arbeit und Kapital sowie zu mehr Innovationen und einem höheren Produktivitätswachstum führen; und der zusätzlich mögliche Faktoreinsatz und die zusätzlichen Innovationen würden das potentielle BIP steigern und so die Gesamtangebotskurve nach rechts verschieben.

Abbildung 31-7 illustriert die Auswirkungen eines hypothetischen angebotsseitig orientierten Programms. Nehmen wir an, dieses Programm würde per Saldo das Faktor-Gesamtangebot, also den Einsatz von Arbeit und Kapital, steigern. Dieser gestiegene Faktoreinsatz würde das potentielle BIP erhöhen und die *AS*-Kurve, wie in der Abbildung gezeigt ist, nach außen verschieben.

Die makroökonomischen Auswirkungen dieser angebotsseitigen Maßnahme hängen davon ab, wie die Gesamtangebotskurve verläuft. In einer keynesianischen Wirtschaft oder während einer Rezession mit einer relativ flachen *AS*-Kurve, wie in Punkt *B* in Abbildung 31-7 dargestellt, ist die Auswirkung der Angebotsverschiebung auf die reale Produktionsleistung relativ gering. In unserem hypothetischen Fall bewegt sich das Gleichgewicht von Punkt *B* zu Punkt *C* mit einer geringen Output-Erhöhung und einer winzigen Senkung des allgemeinen Preisniveaus.

Ganz anders sind die Auswirkungen, wenn sich die Wirtschaft entsprechend dem klassischen Modell verhält, wie in Punkt *D* auf der *AS*-Kurve in Abbildung 31-7 gezeigt. In diesem Fall führt die Erhöhung des potentiellen BIP von Q^p zu $Q^{p'}$ zu einer beträchtlichen Steigerung des realen BIP, wobei jeweils eine Erhöhung des potentiellen BIP um 1 Einheit zu einem prozentuellen Anstieg des realen BIP von beinahe ebenfalls 1 Einheit führt. Dieses Ergebnis zeigt die klassischen Wurzeln der angebotsseitig orientierten Volkswirtschaft und zeigt, daß die Supply-side Economics dann am effektivsten ist, wenn die Wirtschaft sich entsprechend dem klassischen Modell verhält.

Inwieweit wirkt sich eine angebotsseitige Wirtschaftspolitik jedoch in der Praxis aus? Zu Beginn der Reagan-Amtszeit sagten die enthusiastischen Verfechter der Supply-side Economics voraus, ihr Programm werde zu einer rapiden Erholung der Wirtschaft mit einem voraussichtlichen Real-BIP-Zuwachs von 20 Prozent innerhalb der kommenden 4 Jahre führen. Leider verfehlte die reale Zuwachsrate die Prognose um die Hälfte – es wurden im genannten Zeitraum 10 Prozent Zuwachs erzielt. Angesichts der Schwierigkeiten mit Steigerungen des potentiellen BIP dürfte es uns eigentlich nicht überraschen, daß die angebotsseitige Wirtschaftspolitik der achtziger Jahre nur geringe Auswirkungen auf das potentielle BIP hatte. Wir wissen heute: Die Mühlen der Supply-side Economics mahlen extrem langsam.

Steuerkürzungen

Das zweite Element der angebotsseitig orientierten Schule ist ihre Forderung nach drastischen Steuerkürzungen. Wir haben in unserer Analyse des Multiplikatormodells gesehen, wie sich Steuern auf Gesamtnachfrage

[11] Dieses Exzerpt stammt aus Stephen J. Entin, „Comments on the Critics“, *Treasury News* (Dezember 1985).

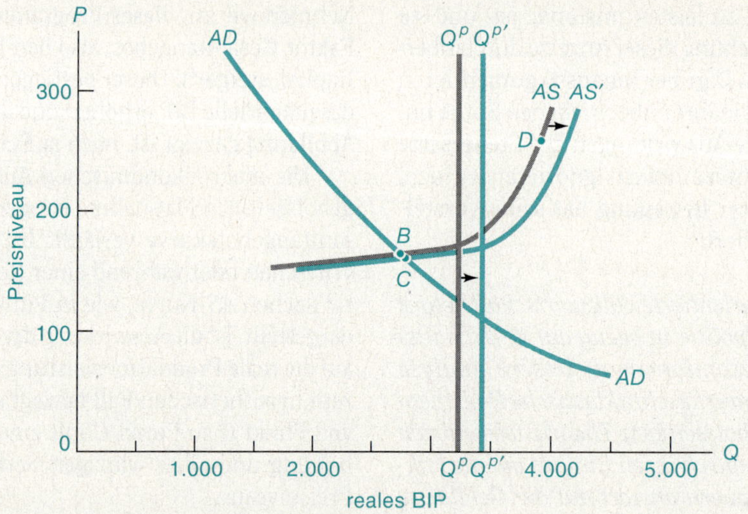

Abbildung 31-7: Auswirkungen einer rein angebotsseitigen Politik

Vor einer rein angebotsseitig orientierten Wirtschaftspolitik beträgt der potentielle Output $Q^p = 3.200$, wobei ein beträchtlicher Anstieg des Gesamtangebotes dieses Potential auf $Q^{p'} = 3.400$ erhöhen könnte.

Befindet sich die Wirtschaft im flachen Teil der *AS*-Kurve, sind die Auswirkungen des tatsächlichen BIP relativ bescheiden, wenn sich *AD* nicht verändert. Im dargestellten Fall findet eine Veränderung des tatsächlichen BIP von *B* auf *C* statt, wobei es zu einer Erhöhung des realen BIP von 2.700 auf 2.750 kommt.

Frage: Wie würde sich andererseits das tatsächliche BIP bei einem Schnittpunkt der *AD*- und der *AS*-Kurve in ihrem beinahe vertikal verlaufenden klassischen Abschnitt verhalten, beispielsweise in Punkt *D*? Antwort: Der Großteil der Erhöhung des potentiellen BIP würde auf das tatsächliche BIP durchschlagen.

und Produktionsleistung auswirken können. Die Supply-side-Ökonomen glauben, daß die Rolle der Steuern in ihrer Auswirkung auf die Gesamtnachfrage übertrieben worden sei. Sie meinen, der Staat habe zu häufig Steuern dazu eingesetzt, seine Einnahmen zu erhöhen oder die Nachfrage zu stimulieren, dabei aber die Folgen der steigenden Steuerlast für die wirtschaftlichen Anreize ignoriert. Die hohen Steuern veranlassen nach Meinung angebotsseitig orientierter Ökonomen die Menschen dazu, weniger zu arbeiten und das Kapitalangebot zu verknappen. Manche Exponenten der Schule, vor allem Arthur Laffer, meinen, daß hohe Steuersätze die Steuereinnahmen insgesamt sogar senken könnten. Diese theoretische „Laffer-Kurve" geht davon aus, daß hohe Steuersätze die Steuerbemessungsgrundlage verringern, weil sie die wirtschaftlichen Aktivitäten hemmen.[12] Der Mainstream, und zwar quer über das gesamte politische Spektrum, ja sogar manche Supply-siders, brach angesichts der Laffer-Aussage, wonach Steuerkürzungen zu einer Anhebung der Steuereinnahmen führen würden, in Hohngelächter aus.

Um das von ihnen als fehlerhaft empfundene Steuersystem in Ordnung zu bringen, schlagen angebotsseitig orientierte Ökonomen einen radikalen Umbau des gesamten Systems vor, wobei ihre diesbezüglichen Forderungen unter der Bezeichnung „angebotsseitige Steuerkürzungen" bekannt wurden. Die zugrundeliegende Philosophie besagt, daß die Reformen die wirtschaftlichen Anreize durch Senkung der Grenzsteuersätze verstärken sollten; daß das Steuersystem nicht so stark progressiv wirken solle (daß also die Steuerlast einkommensstarker Haushalte zu verringern sei); und daß das System so an-

[12] Wenn gilt: R = gesamte Steuereinnahmen, t = Steuersatz und B = Steuerbemessungsgrundlage, so sinkt nach Ansicht Laffers B an einem gewissen Punkt des Anstiegs von t in Richtung 100 Prozent so rasch, daß $R = tB$ insgesamt abnimmt.

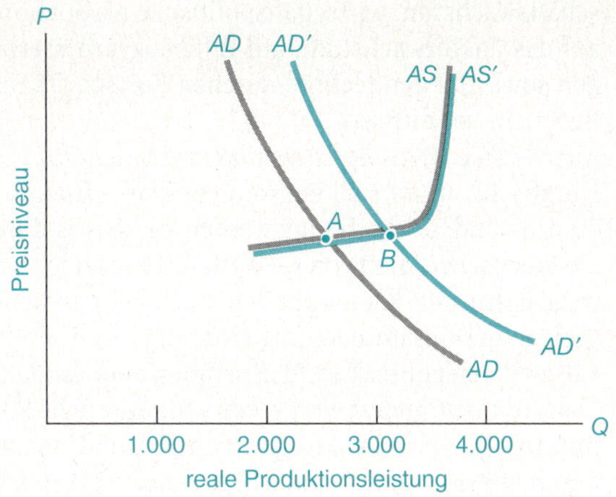

Abbildung 31-8: Makroökonomische Auswirkungen einer angebotsseitigen Steuerkürzung

Supply-side-Ökonomen empfehlen massive Steuersenkungen als Maßnahme zur Bekämpfung volkswirtschaftlicher Probleme. Steuerkürzungen haben zweierlei Effekt: Sie verschieben die *AD*-Kurve (von *AD* nach *AD′*) nach außen, was durch die Multiplikatoranalyse angezeigt wird. Und sie können auch die potentielle Produktionsleistung beeinflussen, wenn niedrigere Steuern zu einer Vermehrung der Produktionsfaktoren Arbeit oder Kapital führen – wodurch sich die *AS*-Kurve von *AS* zu *AS′* nach außen verschieben kann. Diese Steuersenkungen erhöhen nach Meinung der Supply-siders das reale BIP. Statistische Studien haben jedoch gezeigt, daß die Hauptfolge der Steuersenkungen für die tatsächliche Produktionsleistung bis zu zehn Jahre lang in den Auswirkungen auf die Gesamtnachfrage besteht.

gelegt werden müsse, daß anstelle einer Manipulation der Gesamtnachfrage Produktivität und Angebot gefördert werden.

In Abbildung 31-8 haben wir uns der *AS-AD*-Analyse bedient, um die Auswirkungen einer angebotsseitigen Steuerkürzung aus keynesianischer Sicht darzustellen. Wir wissen aus unserer Multplikatoranalyse, daß, ceteris paribus, Steuerkürzungen den Konsum ankurbeln und die Gesamtnachfrage steigern. Eine drastische und dauerhafte Steuerkürzung – wie etwa die 1981 beschlossene Senkung der Personensteuern um 25 Prozent – führt zu einer starken Verschiebung von *AD*, wie aus Abbildung 31-8 zu ersehen ist. Zusätzlich könnte eine solche Steuerkürzung das potentielle BIP steigern, käme es zu einer Erhöhung von Arbeits- oder Kapitalangebot. Entsprechende volkswirtschaftliche Studien sagen jedoch aus, daß das Ausmaß der Steigerung des potentiellen BIP kurzfristig bescheiden ausfallen muß. Wir haben daher die Steuerkürzung als nur geringfügige Verschiebung der *AS*-Kurve nach rechts dargestellt.

Genau wie es die Supply-siders vorhersagen, führen die massiven Steuerkürzungen per Saldo zu einer signifikanten Outputsteigerung. Diese Änderung wird in Abbildung 31-8 durch die Bewegung von Punkt *A* zu Punkt *B* dargestellt. Kurzfristig rührt das Wirtschaftswachstum durch angebotsseitige Steuerkürzungen hauptsächlich von deren Auswirkung auf die Gesamtnachfrage, nicht jedoch auf das potentielle BIP und das Gesamtangebot her. Manche Ökonomen haben dazu angemerkt, daß die Expansionspolitik unter Reagan Mitte der achtziger Jahre nichts anderes gewesen sei als eine nachfrageseitige Erholungsphase im angebotsseitigen Gewand.

RETROSPEKTIVE

Nachdem er während der achtziger Jahre so prominent vertreten war, verschwand der angebotsseitige Ansatz nach dem Ausscheiden Reagans aus dem Präsidentenamt nach und nach. Welches vorläufige Urteil können wir nun über dieses Experiment fällen? Obwohl natürlich zahlreiche Fragen offen bleiben, sind Ökonomen überwiegend zu dem Schluß gekommen, daß viele angebotsseitige Vorstellungen in der Realität der achtziger Jahre nicht standgehalten haben.[13] Und das sind die wichtigsten Ergebnisse:

- Die angebotsseitige Schule sagte voraus, die massiven Steuerkürzungen würden die wirtschaftlichen Aktivitäten und Einkommen so sehr stimulieren, daß die Steuereinnahmen kaum fallen und sogar steigen würden. Tatsächlich gingen die Steuereinnahmen nach den Kürzungen drastisch zurück, was zu einer Aufblähung des Budgetdefizits führte, die uns hartnäckig bis in die neunziger Jahre zu schaffen macht.
- Die Inflation konnte zu Beginn der achtziger Jahre stark gesenkt werden. Aber dieser Inflationsrückgang forderte, wie es die Keynesianer vorausgesagt hatten, einen hohen Preis in Form einer erhöhten Arbeitslosigkeit während der tiefen Rezession der Jahre 1981–1982.
- Die Supply-side Economics sagte voraus, die geringeren Steuersätze würden durch die stärkeren Spar-

13 Eine kritische Bewertung findet sich im *Wirtschaftsbericht des Präsidenten 1994*, geschrieben vom Sachverständigenrat Präsident Clintons.

und Investitionsanreize die nationale Sparquote anheben. Und doch hatte die gesamte Förderung des Sparens durch die angebotsseitige Wirtschaftspolitik offensichtlich keinerlei positiven Effekt auf die nationale Sparquote. Diese ging im Verlauf der achtziger Jahre sogar stark zurück und erreichte im Jahr 1987 ihren Nachkriegstiefpunkt.

- Das Hauptziel der angebotsseitigen Wirtschaftspolitik war es, die Wachstumsrate des potentiellen BIP zu erhöhen. Man schätzt, daß das durchschnittliche jährliche Wachstum des potentiellen BIP von 3,6 zwischen 1960 und 1970 auf 3,1 Prozent im Zeitraum 1970–1980 und schließlich auf 2,3 Prozent in der Periode 1980–1993 zurückgegangen ist. Obwohl das zunehmend schleppende Wachstum des potentiellen BIP während der achtziger Jahre nicht zur Gänze der damaligen Wirtschaftspolitik anzulasten ist, lassen die Daten doch darauf schließen, daß die Wirtschaftsleistung während der angebotsseitig orientierten Jahre nicht wesentlich verändert werden konnte.

ZWISCHENBILANZ

In diesem Kapitel haben wir die Streitthemen, die die Makroökonomen in den letzten Jahren entzweit haben, zusammenfassend erörtert. Wie würde wohl eine Jury unabhängiger und unparteiischer Ökonomen nach Anhörung des Sachverhaltes urteilen? Wenn wir die Möglichkeit ausschließen, daß diese Jury zu keinem Urteil kommt, lassen sich vielleicht einige vorsichtige und durchaus auch vorläufige Schlußfolgerungen ziehen:

1. *Langfristiges Wirtschaftswachstum.* Die Mehrzahl der Makroökonomen würde der Aussage zustimmen, daß es langfristig das potentielle BIP oder Kapazitätswachstum ist, das den Trend beim Lebensstandard, den Reallöhnen und Realeinkommen vorgibt. Außerdem hängt das potentielle BIP von Qualität und Quantität der Produktionsfaktoren wie Arbeit und Kapital sowie vom Stand der Technologie, dem Unternehmertum und den Managementfähigkeiten in einer Volkswirtschaft ab. Die daraus zu ziehende bedeutende wirtschaftspolitische Schlußfolgerung lautet, daß zur Einflußnahme auf das langfristige Wirtschaftswachstum wirtschaftspolitische Maßnahmen auf das Faktorwachstum, auf Effizienzverbesserungen sowie auf den technologischen Fortschritt Einfluß nehmen müssen.
2. *Kurzfristige Wirtschaftsleistung und Beschäftigung.* Kurzfristig ergibt sich ein weniger klares Bild. Produktion und Beschäftigung werden kurzfristig durch die Wechselwirkung von Gesamtangebot und -nachfrage bestimmt. Allem Anschein nach können Bewegungen der Gesamtnachfrage (ob auf Grund von fiskal- und geldpolitischen Maßnahmen oder exogener Faktoren) zumindest einige Jahre hindurch die konjunkturellen Schwankungen von Produktion und Beschäftigung doch beeinflussen. Das führt uns zu der Schlußfolgerung, daß eine gezielte Geld- und Fiskalpolitik immerhin das Potential zur Stabilisierung des Konjunkturzyklus hat, wiewohl die politische und praktische Sinnhaftigkeit eines aktiven Konjunkturmanagements heftig umstritten ist.
3. *Arbeitslosigkeit und Inflation.* Es scheint überwiegend so, als könnte die Inflation durch den Nachfragedruck auf den Arbeits- und Produktmärkten beeinflußt werden. Steigt die Arbeitslosenrate über das Niveau der natürlichen Arbeitslosigkeit hinaus, wird die Inflation abgemildert, während eine hohe Produktionsleistung und ein hoher Beschäftigungsstand die Inflation doch eher anzuheizen scheinen. Doch das Gefüge Inflation – Arbeitslosigkeit stellt sich uns zeitlich wie örtlich ziemlich instabil dar, so daß Inflationsmanagement eine überaus schwierige Aufgabe ist. Darüber hinaus scheint es keine permanente Wechselwirkung zu geben, weshalb sich ein Staat durch eine ungehindert hohe Inflationsrate keine permanent niedrige Arbeitslosigkeit erkaufen kann.

Abgesehen von diesen drei wichtigen Schlußfolgerungen, die wir aus unserer Analyse der konkurrierenden Schulen der Makroökonomie ziehen können, müssen wir natürlich viele Nuancen und weiterhin diskussionsbeherrschende Streitthemen hier ausklammern und detaillierteren Analysen überlassen. In den nächsten beiden Kapiteln werden wir uns die von uns gezogenen Schußfolgerungen in der Praxis besehen, um die heute wichtigen wirtschaftspolitischen Anliegen besser verstehen zu können.

ZUSAMMENFASSUNG

A. Klassische Bewegung und keynesianische Revolution

1. Die klassischen Ökonomen stützten sich auf das Saysche Theorem, wonach sich das „Angebot seine eigene Nachfrage schafft". Modern ausgedrückt bedeutet der klassische Ansatz, daß flexible Löhne und Preise jeden Angebots- oder Nachfrageüberhang sofort zum Verschwinden bringen und Vollbeschäftigung wie auch umfassende Kapazitätenauslastung rasch wieder herstellen. Wirtschaftspolitische Maßnahmen sind zur Stabilisierung nach *realen* Schocks sinnlos, können sich jedoch auf die Preisentwicklung auswirken.
2. Die keynesianische Revolution postulierte die geringe Flexibilität von Preisen und Löhnen, weshalb Produktionsleistung und Arbeitslosigkeit durch die Wechselwirkung von Angebot und Nachfrage bestimmt werden. Die keynesianische *AS*-Kurve verläuft zwar nach oben, jedoch nicht wie die klassische Kurve vertikal, und daher wirken sich monetäre oder Fiskalschocks der Gesamtnachfrage sowohl auf die Preise als auch auf das reale BIP aus. Es gibt keinen automatischen selbstregulierenden Preismechanismus, und die Wirtschaft kann daher durchaus auch längere Depressions- oder Inflationsperioden durchmachen.
3. Nach Ansicht moderner Keynesianer sind Geld- und Fiskalpolitik mögliche Substitute für flexible Löhne und Preise, indem sie die Wirtschaft in Zeiten der Rezession ankurbeln und in Boomzeiten die Gesamtnachfrage drosseln, um inflationären Tendenzen entgegenzuwirken.

B. Der monetaristische Ansatz

4. Nach Ansicht der Monetaristen ist die Geldmenge der primäre Bestimmungsfaktor kurzfristiger Schwankungen von realem und nominalem BIP sowie auch langfristiger BIP-Entwicklungen.
5. Der Monetarismus orientiert sich bei seinem Verständnis einer monetären Einflußnahme auf die Wirtschaft an der Trendanalyse der Umlaufgeschwindigkeit des Geldes. Die Einkommens-Kreislaufgeschwindigkeit des Geldes (V) wird als das Verhältnis des Geldflusses des nominalen BIP zur Geldmenge M definiert:

$$V \equiv \frac{\text{BIP}}{M} \equiv \frac{PQ}{M}$$

Obwohl V sicherlich keine Konstante darstellt, und wenn, dann nur insofern, als sie mit den Zinssätzen steigt, glauben die Monetaristen daran, daß sie sich regelmäßig und vorhersehbar entwickelt.
6. Aus der Definition der Umlaufgeschwindigkeit des Geldes ergibt sich die Quantitätstheorie des Geldes:

$$P \equiv kM, \qquad \text{wobei } k \equiv \frac{V}{Q}$$

Nach der Quantitätstheorie des Geldes ist P beinahe absolut proportional zu M. Diese Ansicht ist zum Verständnis von Hyperinflationen und bestimmten langfristigen Trends zwar nützlich, sollte jedoch nicht allzu wörtlich genommen werden.
7. Die monetaristische Schule geht von drei wichtigen Voraussetzungen aus: (a) Das Geldmengenwachstum ist der wichtigste systematische Bestimmungsfaktor des nominalen BIP-Wachstums; (b) Preise und Löhne sind relativ flexibel; und (c) die Privatwirtschaft verhält sich stabil. Diese Aussagen führen zu dem Schluß, daß makroökonomische Schwankungen primär auf Probleme beim Geldmengenwachstum zurückzuführen sind.
8. Der Monetarismus wird im allgemeinen mit einer politischen Philosophie gleichgesetzt, die für Laissez-faire und einen möglichst schlanken Staat eintritt. Aus dem Wunsch heraus, eine aktive Wirtschaftspolitik zu vermeiden und wegen des Glaubens an die inhärente Stabilität des privaten Sektors schlagen Monetaristen häufig vor, das Geldmengenwachstum mit einem bestimmten Prozentsatz von 3 oder 5 Prozent jährlich zu begrenzen. Manche Monetaristen meinen, dies würde zu einem kontinuierlichen Wachstum und langfristig stabilen Preisen führen.
9. Die Federal Reserve führte in den Jahren 1979 bis 1982 ein umfassendes monetaristisches Experiment durch. Die Erfahrungen dieser Periode ließen die meisten Beobachter in der Überzeugung zurück, daß Geld ein wichtiger Bestimmungsfaktor der Gesamtnachfrage ist, und daß der Großteil der kurzfristigen Auswirkungen einer Änderung der Geldmenge auf die Produktionsleistung, nicht jedoch auf die Preise durchschlägt. Dagegen besagt der Lucas-Einwand, die Umlaufgeschwindigkeit des Geldes könne bei Verfolgung eines monetaristischen Ansatzes durchaus auch sehr instabil geraten.

C. Die Neoklassiker

10. Die Neoklassiker unter den Makroökonomen berufen sich auf zwei grundlegende Hypothesen: (1) Die Erwartungshaltungen der Menschen sind effizient und rational, und (2) Preise wie Löhne sind flexibel.
11. Aus diesen Annahmen ergibt sich, daß die gesamte Arbeitslosigkeit freiwillig ist, außerdem, daß die Phillips-Kurve kurzfristig vertikal verläuft, selbst wenn sie anders erscheinen mag. Die realen Konjunkturmodelle ergeben Hinweise auf angebotsseitige Probleme bei Technologie und Produktionsfaktoren als Schlüssel zu konjunkturellen Schwankungen.

12. Das Theorem von der Wirkungslosigkeit wirtschaftspolitischer Maßnahmen besagt, daß der Staat durch vorhersehbare politische Maßnahmen weder das reale BIP noch die Arbeitslosigkeit beeinflussen kann. Die neoklassische Theorie geht davon aus, daß wir zwar eine kurzfristig abwärts verlaufende Phillips-Kurve *beobachten* können, daß wir jedoch deren Steigung für die Zwecke einer Verringerung der Arbeitslosigkeit nicht *nutzen* können. Wenn Wirtschaftspolitiker systematisch versuchen, die Produktion zu steigern und die Arbeitslosigkeit zu verringern, werden die Bürger dies bald erkennen und diesbezügliche politische Maßnahmen vorhersehen. Fixe Regelungen müssen daher zu besseren volkswirtschaftlichen Ergebnissen führen.
13. Kritiker der neoklassischen Schule wenden ein, daß Preise und Löhne kurzfristig sehr wohl unflexibel sind. Und die neoklassischen Behauptungen – insbesondere jene, wonach Konjunkturzyklen durch Fehlinterpretationen und die zyklische Arbeitslosigkeit verwirrter Arbeitnehmer, die ihren Job kündigen, entstehen, scheinen doch als Erklärung krisenhafter Rezessionen wie jener der dreißiger Jahre oder der frühen achtziger Jahre in den USA oder auch der Probleme im Europa der neunziger Jahre allzu weit hergeholt.

D. Ultraklassizismus: Supply-side Economics

14. In den achtziger Jahren traten die angebotsseitig orientierten Makroökonomen mit einem neuen wirtschaftspolitischen Konzept hervor: (a) mit einem nicht keynesianischen Ansatz in der Fiskalpolitik, der sich auf mittelfristige Ziele konzentrierte und auf eine Feinabstimmung der Wirtschaft verzichtete, wobei die Bedeutung von Änderungen der Gesamtnachfrage heruntergespielt wurde; (b) mit einer neuen Betonung der wirtschaftlichen Anreize – wobei besonderes Augenmerk auf die Steuerpolitik und ihre Auswirkungen auf die Arbeits- und Kapitalerträge nach Steuern gelegt wurde, von denen man sich einen entscheidenden Einfluß auf Spar- und Investitionsquote sowie auf das Arbeitsangebot erwartete; und (c) mit einer Befürwortung weitgehender Steuerkürzungen, von denen angenommen wurde, sie könnten durch höhere Steuereinnahmen zumindest kostenneutral ausfallen.
15. Eine historische Bewertung der achtziger Jahre ergibt, daß die sogenannte Supply-side Economics oder angebotsseitig orientierte Wirtschaft die Wirtschaftsleistung der USA nicht steigern konnte. Das Erbe dieser Zeit umfaßt ein hartnäckiges Bundesbudgetdefizit, ein zähes Wachstum des potentiellen BIP sowie eine zu niedrige nationale Sparquote.

BEGRIFFE ZUR WIEDERHOLUNG

Keynes versus Klassik

flexible oder unflexible Löhne und Preise
Saysches Theorem
verschiedene Sichtweisen des Gesamtangebotes

Geldumlaufgeschwindigkeit und Monetarismus

Umlaufgeschwindigkeit des Geldes:
$MV \equiv PQ$
Quantitätstheorie des Geldes:
$P \equiv kM$
Das monetaristische Experiment in den USA 1979–1982

Die neoklassische Schule

Theorie der rationalen (vorwärts gerichteten) und der adaptiven (rückwärts gerichteten) Erwartungen
Theorem der Wirkungslosigkeit wirtschaftspolitischer Maßnahmen
Grundannahmen: rationale Erwartungshaltung der Wirtschaftssubjekte und flexible Löhne und Preise
Der Lucas-Einwand

Supply-side Economics: angebotsseitig orientierte Wirtschaftspolitik

Dogma der angebotsseitig orientierten Wirtschaft
Auswirkungen wirtschaftspolitischer Maßnahmen auf die Wirtschaftsleistung

FRAGEN UND BEISPIELE

1. Die Monetaristen sagen: „Das einzige, was zählt, ist Geld." Die Keynesianer antworten: „Geld hat seine Bedeutung, aber auch andere Faktoren, beispielsweise fiskalpolitische Maßnahmen, zählen." Erklären und bewerten Sie jede dieser beiden Positionen. Könnten Sie den Monetaristen widersprechen und trotzdem glauben, daß sich geldpolitische Maßnahmen gegen Rezessionen einsetzen lassen? Erklären Sie Ihre Antwort.
2. Nehmen wir an, das nominale BIP betrage in Jahr 0 $ 1.000 Milliarden, während der BIP-Deflator im Jahr 0 bei 1,00 liegt. Die Geldmenge für die Jahre 0, 1, 2, 3 und 4 sei (in Milliarden) jeweils: $ 50, $ 52, $ 55, $ 58 und $ 60.
   a. Geben Sie die Höhe des nominalen BIP für die Jahre 1, 2, 3 und 4 genau nach der Quantitätstheorie des Geldes an.
   b. Wie müßte angesichts eines Nullwachstums des po-

tentiellen BIP und einer Geldmengenentwicklung entsprechend dem vorangekündigten Verlauf das Niveau des realen BIP nach der neoklassischen Lehre ausfallen?

3. Wie würde sich das Drucken neuer Dollarnoten in Höhe von $ 100 Milliarden zu Boom-Zeiten auf die Preisentwicklung auswirken? Hat die Quantitätstheorie hier vielleicht ihre Berechtigung? Wie würde sich die Preisentwicklung bei einer Erhöhung von *M* um 1 Prozent während einer Depression gestalten?
4. Ein angebotsseitig orientierter Ökonom könnte möglicherweise eine drastische Steuersenkung zur Belebung der Wirtschaft vorschlagen. Wie müßte sich eine solche Maßnahme auf die *AS*-Kurve auswirken? Auf die *AD*-Kurve? Auf das daraus resultierende Preisniveau und das reale BIP?
5. Definieren Sie die Einkommens-Kreislaufgeschwindigkeit des Geldes (*V*). Berechnen Sie für die folgenden Daten die jährliche Wachstumsrate der Geldmenge sowie das Niveau und die Änderungen der Geldumlaufgeschwindigkeit.

Jahr	Nominales BIP (Mia. $)	Geldmenge M_1 (in Mia. $ mit zwölfmonatiger Verzögerung)
1981	3.053	408,9
1982	3.166	436,5
1983	3.406	474,5
1984	3.772	521,2
1985	4.015	552,1
1986	4.232	620,1
1987	4.516	724,7
1988	4.874	750,4
1989	5.201	787,5
1990	5.463	794,8

6. Der *Wirtschaftsbericht des Präsidenten 1994* enthält folgende Analyse der Auswirkungen von Steuern auf die wirtschaftliche Entwicklung: „Die Nachkriegserfahrung führt uns zu der berechtigten Annahme, daß die Einkommensteuererträge mit höheren Grenzsteuersätzen steigen und durch die Senkung der Grenzsteuersätze zurückgehen" (S. 89). Wie verhält sich diese Schlußfolgerung zu den Annahmen der Supply-side-Ökonomen? Welche Implikationen ergeben sich für die Funktion der Steuern bei der Verringerung des Budgetdefizits und bei der Stabilisierung der Wirtschaft?
7. Welche Auswirkungen hätten nach Ansicht der Monetaristen, der Keynesianer, der Supply-sider und der Neoklassiker unter den Makroökonomen folgende Ereignisse auf die Entwicklung der Preise, der Produktion und der Beschäftigung (belassen Sie in jedem der Fälle Steuern und Geldmenge konstant, sofern nicht konkret etwas anderes angegeben ist):
   a. Eine massive Steuersenkung
   b. Eine drastische Geldmengenerhöhung
   c. Eine Innovationswelle, durch die die potentielle Produktionsleistung der Wirtschaft um 10 Prozent steigt
   d. Ein Exportboom
8. In der Erörterung der Geldnachfrage wie auch in der Geldnachfragefunktion in Abbildung 27-4 (Seite 600) konnten wir zeigen, daß die Geldnachfrage zinssensibel reagiert. Welche Folgen hätten höhere Zinssätze auf die Geldumlaufgeschwindigkeit angesichts eines gegebenen Niveaus des nominalen BIP? Welche Folgen hat eine zinssensible Geldnachfrage auf jene monetaristischen Argumente, die sich auf die Stabilität der Geldumlaufgeschwindigkeit stützen?
9. Formulieren und erklären Sie das Saysche Theorem. Beginnen Sie ausgehend von einem makroökonomischen Gleichgewicht, indem sie annehmen, daß das potentielle BIP steigt, während jedoch die Gesamtnachfrage unverändert bleibt. Zeigen Sie anhand eines graphischen Nachtrags zu Abbildung 31-1, wie das Angebot seine eigene Nachfrage schafft. Beschreiben Sie diesen Prozeß in Worten.
10. Erklären Sie folgende Aussage: „Höhere Staatsausgaben steigern die Produktionsleistung in noch höherem Maße; wenn sich der Staat ein Stück aus dem Kuchen nimmt, wird der ganze Kuchen größer!" Setzen Sie dieses Zitat in Beziehung zu der Debatte zwischen Keynesianern und Klassikern oder Neoklassikern unter den Makroökonomen.
11. **Problemstellung für Fortgeschrittene** (zur Theorie der rationalen Erwartungen): Überlegen Sie sich die Auswirkungen der Theorie der rationalen Erwartungen auf das Konsumverhalten. Nehmen wir an, daß der Staat eine vorübergehende Steuerkürzung von $ 20 Milliarden für ein Jahr beschließt. Die Konsumenten mit ihren adaptiven Erwartungen könnten nun annehmen, daß ihre verfügbaren Einkommen insgesamt alljährlich um $ 20 Milliarden steigen. Welche Auswirkungen hätte diese Erwartungshaltung auf die Verbraucherausgaben und das BIP nach dem einfachen Multiplikatormodell aus Kapitel 24?
    Nehmen wir als nächstes an, daß die Konsumenten rationale Erwartungen hegen. Sie prognostizieren rational, daß die Steuerkürzung nur ein Jahr lang andauern wird. Da sie sich als Konsumenten an ihrem Lebenseinkommen orientieren, erkennen sie, daß ihre durchschnittlichen Lebenszeit-Einkommen nur um (sagen wir) $ 2 Milliarden jährlich, nicht jedoch um $ 20 Milliarden ansteigen werden. Wie würden diese Konsumenten reagieren? Analysieren Sie anschließend die Auswirkungen der rationalen Erwartungen auf die Effektivität temporärer Steuerkürzungen.

KAPITEL 32

DIE VOLKSWIRTSCHAFTLICHEN KONSEQUENZEN DER STAATSVERSCHULDUNG

Wir leben recht gut, während wir ständig neue Schulden machen und unser Familiensilber verscherbeln. Amerika feiert eine gigantische Party und will die Rechnung später begleichen. Die Kosten ... werden sich in Form eines geringeren Lebensstandards für den einzelnen Bürger und eines geringeren amerikanischen Einflusses überall auf der Welt niederschlagen.

Benjamin M. Friedman, Day of Reckoning *(1988)*

Wie ein Seeungeheuer, das sein schreckliches Haupt erhebt, schien das Budgetdefizit in den achtziger und zu Beginn der neunziger Jahre all unsere finanziellen Ressourcen aufzufressen und die Menschen zu ängstigen. Immerhin war es von $ 40 Milliarden 1979 bis auf den Spitzenwert von $ 290 Milliarden 1992 enorm angestiegen. Obwohl sich seit dieser Zeit eine gewisse Beruhigung abzeichnet, steht das Defizitproblem nach wie vor an oberster Stelle unserer volkswirtschaftlichen Prioritätenliste. Schon routinemäßig nützen Politiker die Bühne in Senat oder Unterhaus zu überaus emotional vorgetragenen Jeremiaden, und kaum eine Zeitung läßt sich heute die Chance entgehen, bei jeder besseren Gelegenheit in den Chor der Forderungen nach weiteren Budgetkürzungen mit einzustimmen.

Wie konnte das US-Defizit jemals so anwachsen? Und warum löst es so überaus negative Reaktionen bei den Bürgern aus? In diesem Kapitel werden wir nachweisen, daß die Unlustgefühle, die sich angesichts des Defizits in der Bevölkerung regen, durchaus auch volkswirtschaftlich zu begründen sind. Defizite, die in Zeiten der Vollbeschäftigung gemacht werden, führen zu unerwünschten Folgen wie einem Rückgang der nationalen Spar- und Investitionsquote und einer Abschwächung des Wirtschaftswachstums. In Abbildung 32-1 sind die Themenbereiche abgesteckt, die wir zu diesem wichtigen Thema erörtern möchten.

A. BUDGETS UND FISKALPOLITIK

Seit dem Amerikanischen Freiheitskrieg, also seit rund zwei Jahrhunderten, war das Budget der amerikanischen Bundesregierung im allgemeinen ausgeglichen. Hohe Militärausgaben in Kriegszeiten wurden traditionellerweise durch Darlehensaufnahmen bestritten, so daß die Staatsverschuldung, das sind die Gesamtverbindlichkeiten des Staates, im Krieg immer in die Höhe schnellte. Zu Friedenszeiten allerdings tilgte der Staat einen Teil seiner Schulden wieder, und die Belastung ging wieder zurück.

Dieses staatliche Verhaltensmuster veränderte sich plötzlich während der achtziger Jahre, als die Reagan-Administration mit ihren angebotsseitig orientierten Maßnahmen drastische Steuersenkungen vornahm und die Ver-

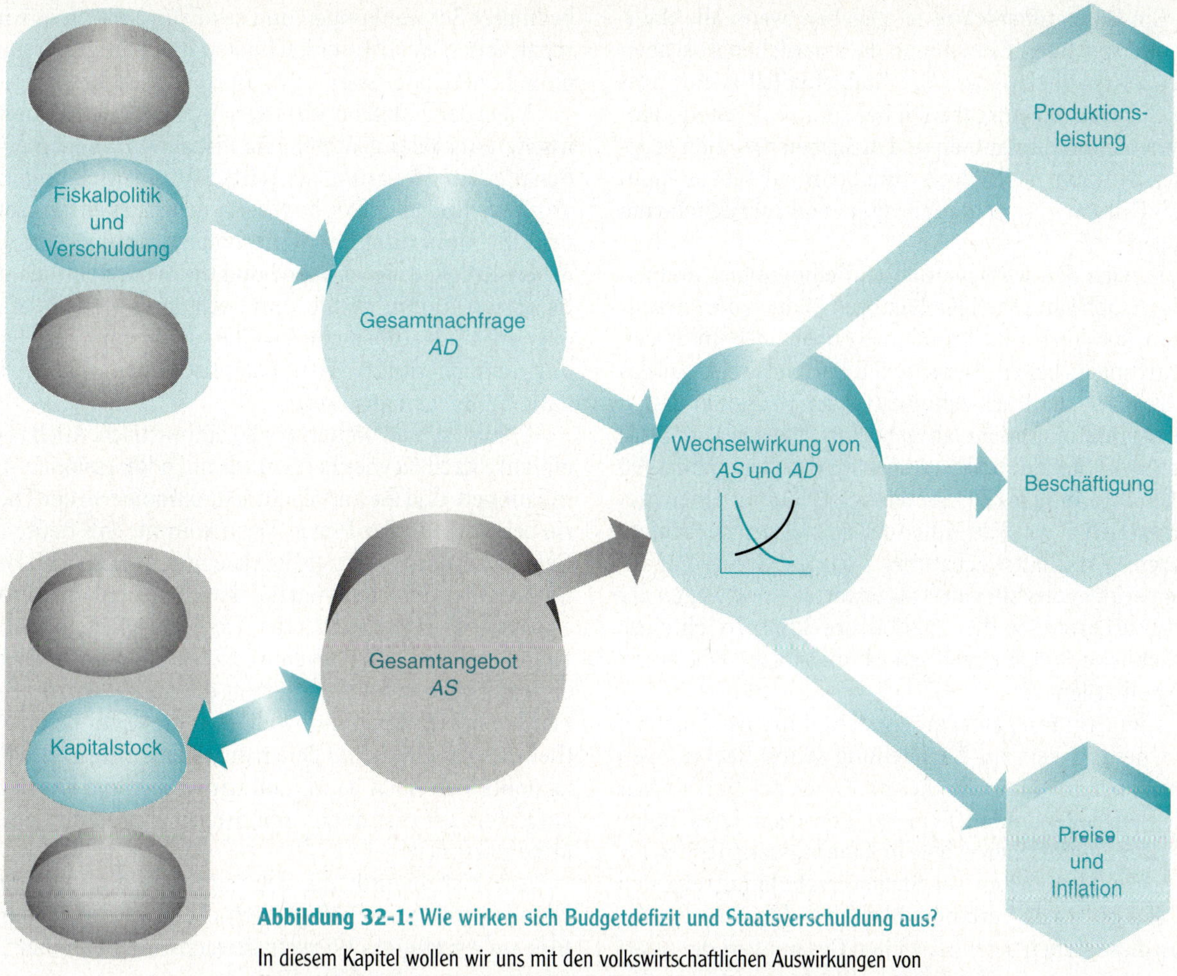

Abbildung 32-1: Wie wirken sich Budgetdefizit und Staatsverschuldung aus?

In diesem Kapitel wollen wir uns mit den volkswirtschaftlichen Auswirkungen von fiskalpolitischen Maßnahmen, Budgetdefiziten und Staatsverschuldung befassen. Bitte beachten Sie, daß die Kausalpfeile sowohl hin zum Kapitalstock als auch weg von ihm gerichtet sind, was uns daran erinnern soll, daß fiskalpolitische Maßnahmen deutliche Auswirkungen auf Investition, Kapital und Wirtschaftswachstum haben.

teidigungsausgaben ohne begleitende Kürzung der Zivilausgaben enorm erhöhte. Angesichts geringerer Einnahmen und höherer Ausgaben mußte der Staat Geld aufnehmen, um die entstehende Lücke zu schließen. Das Bundesbudgetdefizit stieg Mitte der achtziger Jahre auf über $ 200 Milliarden jährlich, und die Staatsverschuldung erhöhte sich unter den Regierungen Reagan und Bush von $ 660 Milliarden auf $ 3 Billionen. Das hartnäckige Defizit führte denn auch zu einer dramatischen Verschiebung der Grundbedingungen in der Fiskalpolitik.

Definitionen

Staaten bedienen sich ihrer Budgets, um ihre finanziellen Angelegenheiten voraus- und rückblickend kontrollieren zu können. Ein **Budget** weist die geplanten Ausgaben für staatliche Programme sowie die erwarteten Einnahmen aus Steuern und Abgaben aus. Im typischen Fall enthält es eine Liste konkreter Programme (Schulen, Sozialwesen, Verteidigung etc.) sowie staatlicher Steuereinnahmequellen (Einkommens- und Sozialversicherungssteuer etc.).

Ein **Budgetüberschuß** ist gegeben, wenn alle Steuern und sonstigen Einnahmen die staatlichen Ausgaben eines Jahres übersteigen. Ein **Budgetdefizit** tritt hingegen auf, wenn die Ausgaben höher sind als die Steuereinnahmen. Sind Einnahmen und Ausgaben für einen gegebenen Zeitraum gleich hoch – was auf Bundesebene kaum je der Fall war –, spricht man von einem **ausgeglichenen Budget**.

Je nach den wirtschaftlichen Bedingungen und abhängig auch von sonstigen Faktoren können die tatsächlichen Ausgaben und Einnahmen über oder unter den Erwartungen liegen. Denken Sie beispielsweise an das Budget 1990 der Bush-Administration. Bei seiner ersten Vorlage im Kongreß zu Jahresbeginn 1989 wies der Budgetentwurf Steuern und Ausgaben für das Steuerjahr 1990 (1. Oktober 1989 bis 30. September 1990) mit einem geplanten Defizit von $ 99 Milliarden aus. Wegen des schleppenden Wirtschaftswachstums – das die Steuereinnahmen geringer ausfallen ließ als erwartet – und wegen der Haftungskosten für den Sparkassensektor erreichte das tatsächliche Budgetdefizit jedoch die stolze Höhe von $ 220 Milliarden.

Wenn ein Budgetdefizit entsteht, muß der Staat bei der Öffentlichkeit zur Begleichung seiner Rechnungen Darlehen aufnehmen. Zu diesem Zweck begibt der Staat Anleihen, sogenannte IOUs (von: I owe you, ich schulde dir) oder Schuldscheine, die ein Zahlungsversprechen für die Zukunft beinhalten. Die **Staatsverschuldung** setzt sich aus den gesamten Verbindlichkeiten des Staates zusammen; diese stellen den finanziellen Gesamtwert der staatlichen Anleihen in öffentlichem Eigentum (d.h. im Eigentum der Haushalte, Banken, Unternehmen, Ausländer und sonstiger Nichtbundesstellen) dar.

STAATLICHE BUDGETPOLITIK

Das Bundesbudget hat drei wesentliche volkswirtschaftliche Funktionen. Erstens ist es ein Instrument zur Aufteilung des BIP zwischen privatem und öffentlichem Konsum sowie privaten und öffentlichen Investitionen. Zweitens wirkt sich das Staatsbudget auf dem Weg über Direktausgaben und indirekte steuerliche Anreize auf die Faktorangebotssituation etwa bei Arbeit und Kapital und auf die Produktionsleistung aller Sektoren von Automobilen bis Zündhölzern aus. Als Drittes ist schließlich die staatliche Fiskalpolitik oder die Rolle des Budgets bei der Anpeilung wichtiger makroökonomischer Ziele zu nennen. Konkret verstehen wir unter **Fiskalpolitik** die gezielte Einflußnahme auf Steuern und Staatsausgaben zum Ausgleich extremer konjunkturell bedingter Schwankungen und zur Erhaltung eines wirtschaftlichen Wachstums bei hohem Beschäftigungsstand ohne höhere oder stark schwankende Inflation.

Viele der ersten begeisterten Anhänger des keynesianischen Ansatzes glaubten, die Fiskalpolitik sei eine Art Schalter zur Steuerung der Wirtschaftsentwicklung. Ein größeres Budgetdefizit bedeutete demnach eine zusätzliche Stimulierung des Wirtschaftswachstums, das die Arbeitslosigkeit vermindern und die Wirtschaft aus der Rezession führen würde. Ein geringeres Budgetdefizit oder ein Budgetüberschuß sollten demnach in der Lage sein, eine überhitzte Wirtschaft abzukühlen und der Inflation entgegenzuwirken.

Heute ist man nicht mehr so optimistisch. Auch rund 60 Jahre nach Keynes kennen wir noch Rezessionen und Inflationen, und die Fiskalpolitik funktioniert in der Theorie besser als in der Praxis. Dazu kommt, daß heute die Geldpolitik das bevorzugte Werkzeug zum Ausgleich konjunktureller Schwankungen darstellt. Trotzdem kommt es nach wie vor bei steigender Arbeitslosigkeit, also etwa zu Beginn der neunziger Jahre, zu einem starken Druck der Öffentlichkeit auf den Staat, die Ausgaben zu erhöhen. In diesem Abschnitt wollen wir die wichtigsten Methoden beleuchten, mit denen der Staat eine gezielte Fiskalpolitik betreiben kann, und wir werden die Probleme aufzeigen, die erst in der praktischen Umsetzung offenkundig wurden.

Die Fiskalpolitik, die sich mit Steuern und öffentlichen Ausgaben beschäftigt, zielt ebenso wie die Geldpolitik auf ein zügiges Wirtschaftswachstum bei hoher Beschäftigung und stabilen Preisen ab.

Diskretionäre Fiskalpolitik

Heute erfolgt in den USA die kurzfristige Stabilisierung der Wirtschaft primär über die Geldpolitik. (Erinnern Sie sich an unsere Abhandlung über die Auswirkungen der Geldmenge auf die wirtschaftliche Situation in Kapitel 27.) Manchmal jedoch müssen sich Staaten auch einer diskretionären Fiskalpolitik bedienen, um das Auf und Ab der Konjunktur in den Griff zu bekommen. Unter *diskretionärer Fiskalpolitik* versteht man Maßnahmen zur gezielten Änderung der Steuersätze oder Ausgabenprogramme des Staates, und zwar im allgemeinen durch eine Abänderung oder Novellierung von Gesetzen. Die Hauptwaffen, über die eine diskretionale Fiskalpolitik verfügt, sind öffentliche Auftragsvergaben, sonstige kapitalintensive Programme, öffentliche Beschäftigungsprojekte und Änderungen der Steuersätze.

Schon seit den Tagen Franklin D. Roosevelts vergibt der Staat *öffentliche Aufträge* im großen Rahmen, um

Rezessionen entgegenzuwirken und Arbeitsplätze zu schaffen. 1935 gründete Roosevelt die Works Progress Administration (später in Works Project Administration oder WPA umbenannt), die 3 Millionen arbeitslose Amerikaner mit Arbeit versorgte – durch den Bau von Krankenhäusern, Schulen und Straßen, aber auch durch die Errichtung von Tennis- und Golfplätzen. Weitere öffentliche Investitionen, wie die Ausdehnung des Stromversorgungsnetzes in ländliche Gebiete, erwiesen sich für benachteiligte Regionen als überaus nützlich und sinnvoll. In letzter Zeit werden öffentliche Aufträge des Bundes vor allem für Autobahnen, Massentransit und andere langfristige Transportprojekte vergeben. Als George Bush 1991 ein Gesetz über Transportausgaben in Höhe von $ 151 Milliarden unterzeichnete, versprach er, damit würden „Jobs im Straßenbau, im Brückenbau und im Eisenbahnbau" geschaffen.

Sozusagen das Gegenteil der kapitalintensiven langfristigen öffentlichen Aufträge sind *öffentliche Beschäftigungsprojekte*. Die dahinterstehende Idee ist einfach: Wenn das Problem in der Arbeitslosigkeit besteht, warum nicht einfach direkt Arbeit schaffen? Öffentliche Beschäftigungsprogramme dienen der kurzfristigen Beschäftigung von Arbeitslosen in staatlichen Jobs, so daß diese Leute anschließend leichter Arbeit auf dem privaten Sektor finden können. Eines der umfangreichsten Programme dieser Art war in letzter Zeit der Comprehensive Employment and Training Act (CETA) der siebziger Jahre, der in seiner Blütezeit für über 700.000 Langzeitarbeitslose und Jugendliche Arbeit im öffentlichen Bereich schuf. Diese Arbeitskräfte erhielten unterschiedlichste Arbeiten angeboten, vom Harken und Laubrechen in Parks bis zur Arbeit in Museen und Theatern.

Ein dritter Ansatz der diskretionären Fiskalpolitik sind *vorübergehende Änderungen der Einkommensteuersätze*. Steuersenkungen können verhindern, daß die verfügbaren Einkommen zurückgehen und daß eine wirtschaftliche Abschwächung nach dem Schneeballprinzip zur tiefen Rezession ausartet. Anpassungen der Steuersätze lassen sich ebenso zur Stimulierung wie zur Dämpfung der Wirtschaft einsetzen.

Vielen Verfechtern einer diskretionären Stabilisierungspolitik erscheint die Anpassung der Steuersätze als die ideale fiskalpolitische Waffe. Auf Steueränderungen reagieren die Konsumenten rasch; Steuerkürzungen streuen weit über die Bevölkerung, stimulieren die Ausgaben für Konsumgüter und können einen Wirtschaftsaufschwung einleiten. Die Bush-Administration entschied sich für eine bestimmte Spielart dieser Strategie, die in einer Senkung der Steuervorauszahlungen bestand, um den Bürgern einen Zahlungsaufschub zu gewähren.

Die Grenzen der diskretionären Fiskalpolitik. So attraktiv die diskretionäre Fiskalpolitik erscheinen mag, sie hat doch auch erhebliche Nachteile. Nehmen wir beispielsweise die öffentliche Auftragsvergabe. Die Errichtung einer neuen Brücke oder eines neuen Postamtes schafft sicherlich Arbeitsplätze, aber es kommt hier zu bedeutenden zeitlichen Verzögerungen. So kann es Jahre dauern, bis der Großteil der Mittel tatsächlich ausgegeben ist und die Menschen Arbeit gefunden haben. Zuerst müssen Entwürfe vorgelegt und Pläne gezeichnet werden; dann sind Bestätigungen über die Einhaltung von Umweltschutzauflagen vorzulegen, die benötigten Flächen müssen angekauft oder gerichtlich enteignet werden, alte Gebäude müssen zerstört, neue errichtet werden. Angesichts der enormen Schwierigkeiten, konjunkturelle Prognosen abzugeben, die sich über mehr als ein oder zwei Jahre erstrecken, müßte man möglicherweise mit Bedauern feststellen, daß der öffentliche Auftrag vielleicht gerade dann in Schwung kommt, wenn sich die Wirtschaft von der Rezession erholt hat und bereits die nächste Inflation vor der Tür steht. Daher eignen sich öffentliche Aufträge in erster Linie zur Bekämpfung lang andauernder, tiefer Rezessionen.

Öffentliche Beschäftigungsprogramme kommen ohne die zeitliche Verzögerung der öffentlichen Aufträge aus, denn sie können schnell in Angriff genommen und auch rasch wieder gestoppt werden, doch hier treten andere Probleme auf. Der Hauptkritikpunkt lautet, bei derartigen Beschäftigungsprogrammen würden öffentliche Gelder für geringwertige Projekte verschwendet. Und in den dreißiger Jahren soll es ja tatsächlich vorgekommen sein, daß Arbeitskräfte abgefallene Blätter von einer Straßenseite zur anderen und dann wieder zurückkehrten. Außerdem ist der Übergang vom staatlichen Beschäftigungsprogramm in einen Beruf in der Privatwirtschaft für viele trotz allem hart und problematisch. Glaubt man den meisten Studien, verbessert die Tatsache, daß jemand in ein öffentliches Beschäftigungsprogramm aufgenommen wurde, seine Chancen auf einen regulären Job in der Privatwirtschaft nicht wesentlich.

Und sogar die Änderung des Steuersystems hat einen Haken. Es dauert zumeist sehr lang, bis im Kongreß Gesetzesvorschläge debattiert und beschlossen sind. Steuern sind überdies ein heiß umstrittenes Thema; Politiker, die sich für höhere Steuern aussprechen, bezahlen dafür häufig bei den nächsten Wahlen. Und temporäre Steueränderungen verfehlen zumeist ihr Ziel. Sobald die

Leute wissen, daß geänderte Steuersätze nur vorübergehend gelten, können sie ihr Konsumverhalten entsprechend anpassen, was die konjunkturausgleichende Wirkung der Maßnahme zunichte macht.

Vergleich mit geldpolitischen Maßnahmen. Die genannten Nachteile der Fiskalpolitik stehen in einem krassen Gegensatz zu den Möglichkeiten diskretionärer geldpolitischer Maßnahmen. Die Geldpolitik läßt sich rasch anpassen, weil die Zentralbank ein unabhängiges Institut ist und keine gesetzliche Grundlage benötigt, um Zinsen und Kreditbedingungen zu ändern. Außerdem hat sich die Geldpolitik sowohl als Maßnahme zur Ankurbelung als auch zur Dämpfung der Wirtschaft als nützlich erwiesen. Aus diesen Gründen bevorzugen heute die meisten Ökonomen geldpolitische Instrumente als vorrangiges Werkzeug zur kurzfristigen Stabilisierung der Wirtschaft. Ihrer Ansicht nach sollte die Fiskalpolitik zum Ausgleich des Investitions-und Spargleichgewichtes im Land und allenfalls zur Bekämpfung einer tiefen Rezession oder einer zu hohen Inflationsrate herangezogen werden, Situationen, die man nicht allein durch geldpolitische Maßnahmen in den Griff bekommt.

Automatische Stabilisatoren

Bisher haben wir uns mit der diskretionären Fiskalpolitik beschäftigt, die gezielte wirtschaftspolitische Maßnahmen der politischen Entscheidungsträger als Reaktion auf die sich verändernden wirtschaftlichen Bedingungen umfaßt. Zusätzlich verfügt ein modernes Fiskalsystem aber auch über *automatische Stabilisierungseigenschaften*. Tag und Nacht, ob der Kongreß tagt oder nicht, stabilisieren Steuern und Ausgaben die Wirtschaft. Das führt uns zu der Frage, was diese automatischen Stabilisatoren denn eigentlich sind. Nun, in erster Linie handelt es sich um automatische Anpassungen der Steuereinnahmen und Transferzahlungen.

Beginnen wir mit den *automatischen Anpassungen der Steuereinnahmen*. Unser Bundessteuersystem gründet sich auf progressiv wirkende Einkommens- und Körperschaftsteuern. (Progressiv wirkende Steuern steigen anteilsmäßig mit zunehmendem Einkommen.) Das bedeutet, daß bei sinkenden Einkommen auch die Steuereinnahmen des Staates zurückgehen, selbst wenn der Kongreß keine Änderung der Steuergesetzgebung beschließt. Heute wirkt sich ein Rückgang des BIP um $ 10 Milliarden mit einem Steuerrückgang von $ 3,5 Milliarden aus.

Bei nachlassender Wirtschaftsleistung fallen auch weniger Steuern an, so daß die Privateinkommen und -ausgaben entlastet werden. Dadurch wird der wirtschaftliche Abschwung ein wenig abgefedert. In Zeiten der Inflation verringert das höhere Steueraufkommen die Privateinkommen, drosselt die Konsumausgaben, verringert so die gesamtwirtschaftliche Nachfrage und wirkt sich insgesamt dämpfend auf die Lohn-Preisspirale aus.

Noch vor hundert Jahren glaubten die Ökonomen, anzustrebendes Ziel sei die Stabilität der Steuereinnahmen. Demnach sollte das Steueraufkommen in keiner Weise auf die jeweiligen wirtschaftlichen Bedingungen reagieren. Aus makroökonomischer Sicht ist jedoch genau das Gegenteil richtig. Unser Steuersystem, das in Inflationszeiten höhere Steuereinnahmen gewährleistet, während die Einnahmen zu Zeiten der Rezession geringer ausfallen, hat sich als wohltuend stabilisierend erwiesen. Mit ihm steht uns ein sehr wirksamer Stabilisierungsfaktor und ein Instrument zur Milderung des Konjunkturzyklus zur Verfügung.

Den zweiten wichtigen Stabilisierungsfaktor finden wir in den *Transferprogrammen* wie in Arbeitslosenversicherung, Sozialsystem und ähnlichen Einrichtungen. Der moderne Wohlfahrtsstaat verfügt über ein ausgeklügeltes System an Transferleistungen, die einkommenssichernd wirken und wirtschaftliche Härten mildern. Als wichtiges Beispiel sei hier die Arbeitslosenversicherung angeführt. Schon bald nach dem Verlust ihrer Arbeit erhalten Arbeitslose Arbeitslosengeld. Sobald sie wieder einen Job finden, werden diese Zahlungen eingestellt. So erhöht oder senkt die Arbeitslosenversicherung die Einkommen auf antizyklische, stabilisierende Weise. Eine ähnliche Wirkung wird übrigens auch durch andere einkommenssichernde Maßnahmen, etwa durch Lebensmittelmarken oder durch die finanzielle Unterstützung mittelloser Familien mit minderjährigen Kindern, erzielt.

Die Grenzen der automatischen Stabilisierungswirkung. Mit den automatischen Stabilisatoren lassen sich zwar einige Probleme der diskretionären Fiskalpolitik vermeiden, aber auch sie können das Auf und Ab des Konjunkturzyklus nicht völlig ausgleichen. Um zu verstehen, warum das so ist, betrachten wir das Beispiel Steuern. Sie erinnern sich sicher, daß sich nach dem Multiplikatormodell ein Ausgabenschock in vielerlei Hinsicht auf die Wirtschaftsleistung auswirkt. Die Automatik der Steuern, die von jedem Dollar des Einkommens einen gewissen Prozentsatz abzieht, verringert den Multiplikator. Dabei wirkt die konjunkturbedingte Anpassung der Steuern als Stoßdämpfer, der die Heftigkeit der Schockwellen abfängt und zur Stabilisierung der Wirtschaft beiträgt.[1]

Automatische Stabilisatoren verringern zum Teil konjunkturzyklisch bedingte Fluktuationen, aber sie beseitigen nicht jegliche störende Wirkung. Ob die restlichen Konjunkturschwankungen auch noch ausgeglichen werden sollen, und wie dabei vorzugehen ist, das fällt in den Ermessensbereich der diskretionären Geld- und Fiskalpolitik.

HAUSHALTSDEFIZITE: GRUNDSÄTZLICHES UND TRENDS

Zu Beginn 1994 lag das geschätzte Budgetdefizit für das Steuerjahr 1994 bei etwa $ 235 Milliarden. Ein derartiges Defizit wirkt sich volkswirtschaftlich aus, indem es kurzfristig die gesamtwirtschaftliche Nachfrage und langfristig das potentielle BIP beeinträchtigt. Um die Folgen staatlicher Budgetdefizite verstehen zu können, sind folgende Fragen zu bedenken:

- Inwieweit handelt es sich um ein konjunkturbedingtes, und inwieweit um ein strukturelles Budgetdefizit?
- Inwieweit „verdrängen" Defizite die Investitionstätigkeit, und wo wird diese Wirkung spürbar?
- Worin besteht die eigentliche wirtschaftliche Belastung durch die Staatsverschuldung, und wie wirkt sich die Verschuldung auf das Wirtschaftswachstum aus?

Das sind die wesentlichen Fragen, auf die wir uns in diesem Kapitel letztlich zu konzentrieren haben.

Strukturelle oder konjunkturbedingte Defizite

Die moderne Finanzwissenschaft unterscheidet zwischen strukturellen und konjunkturbedingten Defiziten.[2] Der Grundgedanke ist einfach. Der *strukturelle* Teil des Budgets ist aktiv bestimmt – durch diskretionäre wirtschaftspolitische Maßnahmen wie die Festsetzung der Steuersätze, der Sozialhilfezahlungen oder der Verteidigungsausgaben. Dagegen ergibt sich der *konjunkturbedingte* Teil des Budgets passiv durch die jeweilige Phase des Konjunkturzyklus, also dadurch, wie hoch oder gering das jeweilige Volkseinkommen bzw. das BIP ausfällt.

Ökonomen haben für strukturell und konjunkturell bedingte Budgets folgende quantitative Definition gefunden:

Das **tatsächliche Budget** weist die tatsächlichen Geldausgaben, Einnahmen und Defizite einer bestimmten Periode aus.

Das **strukturelle Budget** stellt die Berechnung der staatlichen Einnahmen, Ausgaben und Defizite unter der Annahme dar, daß sich die Wirtschaft auf ihrem potentiellen BIP-Niveau befindet.

Das **konjunkturbedingte Budget** stellt die Differenz zwischen tatsächlichem und strukturellem Budget dar. Es mißt die Auswirkungen des Konjunkturzyklus auf das Budget unter Berücksichtigung der konjunkturellen Einflüsse auf Einnahmen, Ausgaben und staatliches Defizit.

Die Unterscheidung zwischen strukturellem und konjunkturbedingtem Budget ist parallel zum Unterschied zwischen diskretionären und automatischen Stabilisatoren zu sehen. Strukturell bedingte Ausgaben und Einnahmen ergeben sich aus den gesetzlich beschlossenen diskretionären Programmen. Konjunkturell bedingte Ausgaben und Defizite ergeben sich aus der automatischen Anpassung von Steuern und Ausgaben je nach dem Zustand der Wirtschaft. Während des Wirtschaftsabschwungs zu Beginn der neunziger Jahre erhöhte jeder zusätzliche Prozentpunkt der Arbeitslosenrate das Defizit um etwa $ 60 Milliarden. Zu diesem konjunkturbedingt erhöhten Defizit kam es wegen der rückläufigen Steuereinnahmen bei gleichzeitig steigenden Ausgaben für Arbeitslosengeld und Sozialhilfezahlungen.

Als dagegen 1993 der Kongreß das wirtschaftspolitische Paket der Clinton-Administration beschloß, wurde damit der Weg für Steuererhöhungen und Kürzungen der Verteidigungsausgaben frei. Diese Maßnahmen sollten nach Aussagen des Budgetausschusses das struktu-

---

[1] Der teilweise stabilisierende Effekt läßt sich wie folgt verdeutlichen: Nehmen wir an, die MPC liege ohne Steuern, staatlichen Sektor, Ausland etc. bei $^9/_{10}$. Das impliziert einen Multiplikator von 10. Nun nehmen wir an, daß 33 $^1/_2$ Prozent jedes zusätzlichen Einkommens in die Steuer fließen, so daß für jeden einzelnen Dollar an zusätzlichem BIP $ $^1/_3$ in die Steuern und $ $^1/_3$ in das verfügbare Einkommen fließen. Von den $ $^1/_3$, die auf das verfügbare Einkommen entfallen, werden 90 Prozent (oder 60 Cent eines ursprünglichen Dollars) ausgegeben. Die Multiplikatorwirkung wird daher zwar auf 2 $^1/_2$ verringert, jedoch nicht ganz aufgehoben. So wirken sich Schocks nur in abgemilderter Form auf die Wirtschaftsleistung aus.

[2] Die folgende Erörterung soll das Thema Haushaltsdefizite im Lichte der in den USA vorherrschenden budgetären Unausgewogenheit der neunziger Jahre beleuchten. Die behandelten Prinzipien gelten jedoch ebenso für einen Budgetüberschuß, wobei nur das Vorzeichen zu ändern ist.

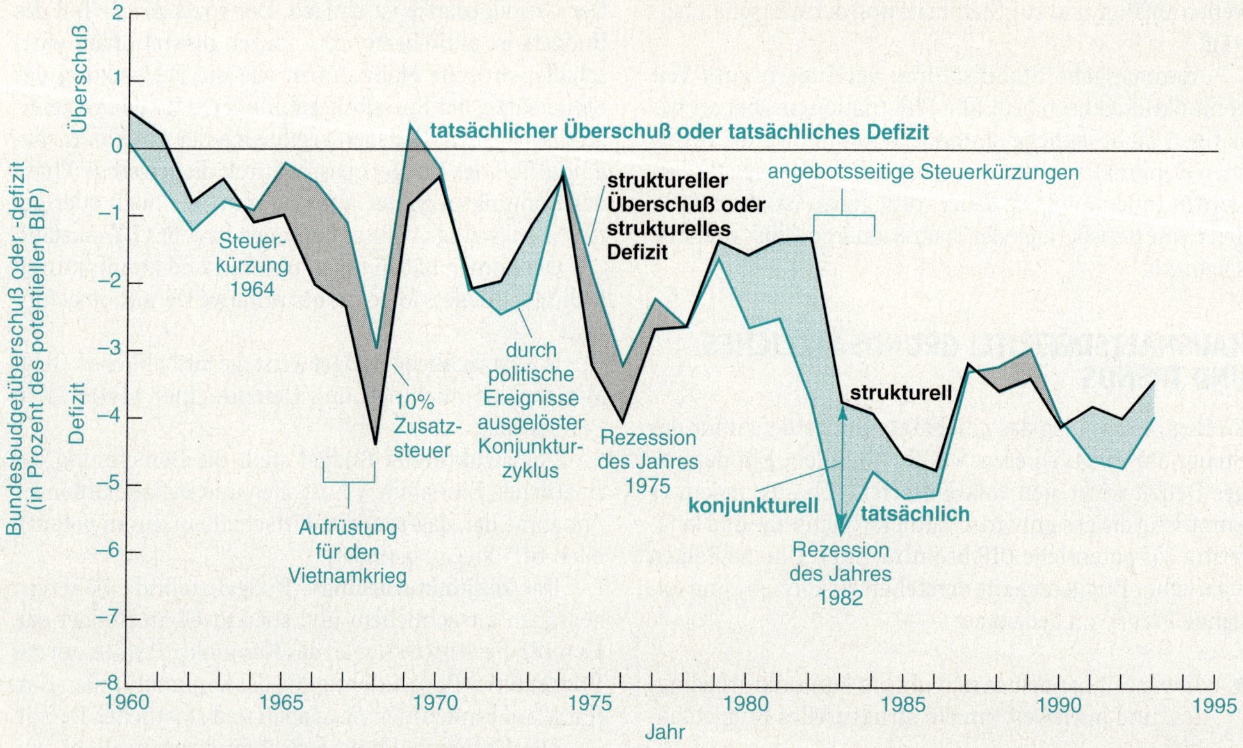

Abbildung 32-2: Strukturelles, tatsächliches und konjunkturelles Defizit

Die blaue Linie zeigt das tatsächliche Budgetdefizit oder den tatsächlichen Budgetüberschuß (als Prozentsatz des potentiellen BIP). Die schwarze Kurve stellt die strukturellen Komponenten dar. Die Differenz zwischen tatsächlichem und strukturellem Defizit oder Überschuß ist das konjunkturelle Defizit oder der konjunkturelle Überschuß. Wo die Lücke grau unterlegt ist, liegt die Produktionsleistung über dem Potential, und das konjunkturelle Budget weist einen Überschuß auf. (Quelle: US-Handelsministerium, modifiziert von den Autoren, um die im Text verwendete Definition der potentiellen Produktionsleistung zu veranschaulichen.)

relle Gesamtdefizit im Zeitraum 1994 bis 1998 um $ 443 Milliarden senken.[3]

Im allgemeinen wirken sich fiskalpolitische Maßnahmen ebenso auf das strukturelle wie auf das konjunkturbedingte Budget aus (zumindest kurzfristig). Käme es zu einem Beschluß, die Armee zu verkleinern und im Verteidigungsetat $ 30 Milliarden einzusparen, entspräche das einer Verringerung des strukturellen Budgetdefizits um $ 30 Milliarden. Unter der Annahme, daß nicht zugleich neue Ausgabenprogramme beschlossen werden, hätte dieser Entschluß auch einen gewissen Wirtschaftsabschwung zur Folge, was wiederum zu einer *Erhöhung* des konjunkturbedingten Budgetdefizits führen würde.

Konjunkturbedingte und strukturelle Budgetaspekte: Anwendungsmöglichkeiten

Die Unterscheidung zwischen konjunkturell und strukturell bedingtem Defizit ist für die Feststellung der tatsächlichen Wirkung fiskalpolitischer Maßnahmen entscheidend. Erhöht sich in einem bestimmten Jahr das

[3] Im Jahr 1974 rief der Kongreß den unparteiischen Budgetausschuß (Congressional Budget Office – CBO) ins Leben, dessen Aufgabe es ist, wirtschaftliche Analysen anzustellen und verschiedene Optionen einer Fiskalpolitik zu prüfen. Unter seiner ersten Direktorin, der Ökonomin Alice Rivlin, entwickelte sich der Budgetausschuß zu einer wertvollen Quelle wirklich unabhängiger wirtschaftspolitischer Kommentare und Analysen des Bundesbudgets.

Budgetkomponente	Prozentsatz des BIP 1979	1990	1997
Ausgaben	**20,7**	**21,9**	**22,0**
Sozialversicherung (Social Security)	4,3	4,6	4,8
Allgemeines Haushaltsbudget	16,4	17,3	17,2
Gesundheitswesen	1,7	2,7	4,4
Nettozinsen	1,8	3,4	3,2
Zwischensumme Gesundheit und Zinsen	3,4	6,1	7,6
Alle anderen	13,0	11,2	9,6
Verteidigung	4,8	5,5	3,6
Zivilausgaben	8,2	5,8	6,0
Einnahmen	**19,1**	**18,9**	**19,4**
Sozialversicherung (Social Security)	4,0	5,2	5,2
Allgemeines Haushaltsbudget	15,1	13,7	14,2
Überschuß oder Defizit (–)	**–1,7**	**–3,0**	**–2,6**

Tabelle 32-1: Bundesbudgettrends 1979–1997

Das Bundesbudgetdefizit entspricht der Differenz zwischen Ausgaben und Einnahmen. Im Zeitraum 1979 bis 1990 blieb die relative Einnahmenhöhe stabil, während Zinsen und Gesundheitskosten rapid anstiegen. Die Defizit-Abbaupakete der Jahre 1990 und 1993 wurden so gewählt, daß damit das Defizit anteilsmäßig verringert werden konnte, wobei allerdings die Kosten des Gesundheitswesens nach wie vor einen Unsicherheitsfaktor darstellen. (Quelle: Charles L. Schultze, „Paying the Bills," in Henry J. Aaron and Charles L. Schultze, eds., *Setting Domestic Priorities: What Can Government Do?* (Brookings, Washington, D.C., 1992), von den Autoren mit Daten aus dem Budgetausschuß des Kongresses aktualisiert)

tatsächliche Budgetdefizit, so könnte man versucht sein, voreilig zu schließen: „Das Defizit ist gestiegen, also muß der Staat die Wirtschaft stimulieren." Damit könnte man allerdings auch völlig falsch liegen. Das höhere Defizit kann ja ebenso aus niedrigeren Steuersätzen oder aus einem neuen teuren Gesundheitsprogramm herrühren. Das würde auf ein höheres strukturelles Budgetdefizit in Zeiten eines wirtschaftlichen Aufschwungs hindeuten. Andererseits kann das höhere Budgetdefizit auch das Ergebnis eines Wirtschaftsabschwungs sein, Hinweis auf eine Erhöhung des konjunkturell bedingten Teils des Defizites, nicht jedoch auf eine fiskalpolitische Expansion.

Abbildung 32-2 zeigt die Trends bei den strukturell und den konjunkturell bedingten Budgetelementen der letzten drei Jahrzehnte. Hauptfaktum ist dabei der beständige Abwärtstrend der Kurven, der auf den Anstieg des Defizits gemessen am BIP hinweist. Am größten war das Budgetdefizit zu Beginn der achtziger Jahre, danach trugen gezielte fiskalpolitische Korrekturmaßnahmen dazu bei, den roten Zahlenstrom ein wenig einzudämmen. Beachten Sie bitte außerdem, daß strukturelle und tatsächliche Defizite im Verlauf langfristiger Konjunkturzyklen gewissen Schwankungen unterworfen sind. Zwischen 1979 und 1982 glitt das konjunkturbedingte Budget dramatisch ins Defizit ab, während sich das strukturelle Budget kaum veränderte, als die Steuereinnahmen zurückgingen und die Wirtschaft in die Rezession schlitterte. Ab 1982 rutschte das strukturelle Budget massiv ins Defizit ab, aber der Wirtschaftsaufschwung konnte das konjunkturbedingte Defizit verringern.

Die „Roaring Eighties"

Seit Beginn der achtziger Jahre gehört das steigende Bundesbudgetdefizit in den USA zu den schwierigsten wirtschaftspolitischen Themen. Obwohl der Kongreß bemüht war, mit neuen Gesetzen der steigenden Flut roter Tinte Einhalt zu gebieten, stieg das Defizit in dieser Zeit laufend weiter an. Defizite sind für die amerikanische Wirtschaft nichts Neues, aber ein derart hohes Defizit in Friedenszeiten war etwas bisher Unbekanntes, Ungewohntes, etwas, das die Leute verstörte.

Wie konnte das Defizit derart ansteigen? Die Republikaner schoben die Schuld auf „50 Jahre demokratischer Steuer- und Ausgabenpolitik". Die Demokraten entgegneten, der republikanische Präsident sei dafür verantwortlich zu machen, und meinten in seiner angebotsseitig orientierten Wirtschaftspolitik den Schuldigen an der steigenden Staatsverschuldung gefunden zu haben.

Und die Fakten? Dieses komplexe Problem läßt sich mit einer einfachen Analyse natürlich nicht zufriedenstellend lösen, aber Tabelle 32-1 kann immerhin die wichtigsten Trends beleuchten. Hier finden Sie eine Auflistung der wichtigsten Budgetpositionen und ihres jeweiligen BIP-Anteils für 1979 und 1990, zwei Vollbeschäftigungsjahre, sowie eine neue Prognose des Budgetausschusses für 1997. Die Daten zeigen, daß sich das strukturelle Defizit in den achtziger Jahren von 1,7 auf 3,0 Prozentpunkte des BIP erhöht hat. Als wichtigste Merkmale hinter diesem Wandel sind zu nennen:

- Erstens: Der Anteil der Bundeseinnahmen am BIP ist in diesem Zeitraum zurückgegangen, und dies trotz prozentuell steigender Sozialversicherungsabgaben auf die Löhne. Die Daten zeigen deutlich, daß die Einkommensteuerkürzungen der frühen achtziger Jahre zwar den Trend zu immer höheren Steuern brechen konnten, daß sie jedoch auch zum wachsenden Defizit beitrugen.
- Zweitens: Die Staatsausgaben sind in diesem Zeitraum gestiegen, allerdings nur um 1,2 Prozent des BIP. Diese Ausgabensteigerung lag unter dem in den vorangegangenen 50 Jahren verzeichneten durchschnittlichen Dekadenanstieg.
- Drittens: Die größten nicht planmäßigen Ausgabensteigerungen beim Zinsendienst und im Gesundheitswesen schlugen mit einem Anstieg von zusammen 2,7 Prozent des BIP zu Buche. Diese beiden Positionen bereiten denn auch hartnäckige und langfristig spürbare politische Probleme: Zinszahlungen entziehen sich diskretionären politischen Maßnahmen und lassen sich nur mit sinkendem Zinssatz oder sinkender Staatsverschuldung reduzieren. Die Ausgaben für das Gesundheitswesen unterliegen nicht dem normalen Spiel von Angebot und Nachfrage auf dem Markt.
- Und schließlich zeigen Prognosen bis ins Jahr 1997 die Auswirkungen der wirtschaftspolitischen Pakete zum Abbau des Defizits der Administrationen Bush und Clinton. Diese Prognosen gehen von geringfügigen Einnahmensteigerungen und einer Eindämmung der Staatsausgaben aus. Aber das Bundesbudget ist eine Geisel möglicher zukünftiger Krisensituationen – Kriege, Rezessionen, überbordende Gesundheitsprogramme, Bankenzusammenbrüche und Anhebungen der Zinssätze ruinieren selbst die besten Budgetpläne.

B. DIE BELASTUNG DURCH BUDGETDEFIZITE UND STAATSVERSCHULDUNG

BEDEUTUNG UND GESCHICHTE DER STAATSVERSCHULDUNG

Den Präsidenten Bush und Clinton bereiteten die großen Budgetdefizite offensichtlich derartige Sorgen, daß sie bereit waren, Steuererhöhungen ins Auge zu fassen – wie wir alle wissen, eine politisch sehr unpopuläre Maßnahme. Doch welche volkswirtschaftlichen Probleme entstehen eigentlich durch hohe Budgetdefizite? Die Beantwortung dieser Frage gehört zu den wichtigen Aufgaben der Makroökonomie. Einerseits dürfen wir nicht, wie oft geschehen, in die Falle tappen, einfach anzunehmen, Budgetdefizite seien schlecht, weil durch sie private Schuldner benachteiligt werden. Andererseits müssen wir die tatsächlichen Probleme erkennen und benennen, die mit exzessiven Budgetdefiziten einhergehen.

Historische Trends

Der Gesamtbetrag dessen, was der Staat zur Finanzierung früherer Defizite an Darlehen aufnehmen muß, wird als *Staatsverschuldung* bezeichnet. Anfang 1994 lag die Verschuldung der öffentlichen Hand in den USA bei $ 3.200 Milliarden.[4] Diese Zahl erscheint auf den ersten Blick astronomisch hoch, aber wie verhält sie sich zu den Zahlen früherer Jahre und zur Situation in anderen Ländern?

	Verhältnis Verschuldung – BIP (in Prozent)			
Land	1974	1979	1989	1993
Italien	45	56	96	113
Kanada	5	12	40	60
USA	22	19	30	39
Großbritannien	60	48	30	42
Frankreich	8	14	25	36
Deutschland	–5	12	23	28
Japan	–5	15	15	6

Tabelle 32-2: Budgettrends in den wichtigsten Industriestaaten

Die USA stehen mit ihrem steigenden Verschuldungs-BIP-Verhältnis durchaus nicht allein da. Nur im Großbritannien unter Margaret Thatcher gelang es, die Schuldenbelastung in den achtziger Jahren zu verringern. [Quelle: *OECD Economic Outlook*, (Dezember 1993)]

Die langfristigen Daten für die USA finden Sie im Bucheinband#, wo die Entwicklung des Verschuldungs-BIP-Verhältnisses seit 1789 dargestellt ist. Beachten Sie bitte, wie Kriege den Verschuldungsanteil am BIP jeweils in die Höhe trieben, während unter normalen Umständen ein kräftiger BIP-Anstieg mit mehr oder weniger ausgeglichenen Budgets in Friedenszeiten den Schuldenanteil am BIP wieder senken konnte. Nach 1980 kam es jedoch zu einer Veränderung dieses eingespielten historischen Musters. Mit Einführung der sogenannten Supply-side Economics, also der angebotsseitig orientierten Wirtschaftspolitik, kletterten die Budgetdefizite in bisher (zu Friedenszeiten) ungekannte Höhen. Das Verschuldungs-BIP-Verhältnis stieg drastisch an, und so konstatieren wir in den neunziger Jahren für die USA einen enorm eingeschränkten politischen Handlungsspielraum, der bedingt, daß neue staatliche Ausgabenprogramme kaum noch ins Auge gefaßt werden können.

Trotzdem: die Situation in den meisten anderen Industriestaaten ist kaum anders. Tabelle 32-2 vergleicht die USA mit sechs anderen großen Industriestaaten. Von ihnen ist es nur Japan gelungen, sein Verschuldungs-BIP-Verhältnis relativ niedrig zu halten.

Wenn wir begreifen wollen, wie Staatsverschuldung und Budgetdefizit die Wirtschaft beeinflussen und beeinträchtigen, müssen wir kurzfristige und langfristige Folgen gesondert betrachten. Kurzfristig haben wir es nämlich mit einer vorgegebenen Verschuldungshöhe zu tun, wobei mit gewissen Schwankungen des Sozialproduktes rund um das potentielle BIP zu rechnen ist. Die kurzfristige Wirkung von Budgetdefiziten auf die Wirtschaft äußert sich als sogenanntes „Crowding out" oder als Verdrängungseffekt, und mit diesem Phänomen wollen wir uns zuerst befassen. Langfristig hingegen verändert sich die Staatsverschuldung entsprechend den fiskal- und geldpolitischen Entscheidungen eines Landes, und die Wirtschaftsleistung tendiert in Richtung potentielles BIP. Zu den langfristigen fiskalpolitischen Problemen gehören die Auswirkungen der Staatsverschuldung auf die Kapitalbildung und den Konsum nachfolgender Generationen, was unter dem Thema Schuldenbelastung abgehandelt wird. Damit wollen wir uns am Schluß dieses Kapitels befassen.

DER VERDRÄNGUNGSEFFEKT

Häufig wird von Politikern und Wirtschaftsleuten behauptet, Staatsausgaben unterminierten die Wirtschaft, wo-

[4] In der Berechnung der Staatsverschuldung sind die Schulden staatlicher Behörden (die sich im Besitz des Staates selbst befinden) und Verbindlichkeiten des Federal Reserve System (die primär zur Besicherung des Geldes dienen und für den Staat keine Zinsenschuld bedeuten, weil für Geld keine Zinsen auflaufen) nicht inkludiert. Die Verschuldung der staatlichen Behörden und der Federal Reserve trug zum Ende des Steuerjahres 1993 weitere $ 1.124 Milliarden zur Staatsverschuldung bei. Dieser höhere Betrag wird (US-spezifisch) im Gegensatz zur öffentlichen oder Staatsverschuldung als „Bruttostaatsverschuldung" bezeichnet.

mit sie etwa folgendes sagen wollen: „Staatsausgaben rauben dem Staat jegliche Vitalität. Wenn der Staat das Geld seiner Bürger in öffentliche Aufträge steckt oder Geld in Gesundheitsprogramme für Bedürftige und Alte fließen läßt, so führt dies zu einer Verdrängung privater Investitionen. Öffentliche Ausgaben verdrängen doch nur private Projekte mit höheren Erträgen und größerem sozialen Nutzen."

Diese Argumentation – daß staatliche Ausgaben zu einer Verringerung privater Investitionen führen – beruft sich auf die **Verdrängungshypothese**. In ihrer extremen Form besagt diese Hypothese, daß bei staatlichen Einkäufen um $ 100 an Gütern und Dienstleistungen die privaten Investitionen und andere zinssensible Ausgaben um $ 100 sinken.

Verdrängungseffekt und Geldmarkt

Wie funktioniert der Verdrängungsmechanismus? Nehmen wir an, der Staat plant ein Straßenbauprojekt, das die Staatsausgaben für Güter und Dienstleistungen erhöht. Unser Multiplikatormodell besagt, daß kurzfristig, wenn es zu keiner Veränderung auf den Finanzmärkten kommt, das BIP zwei- oder dreimal so stark wie G ansteigen wird. Dasselbe gilt für Steuerkürzungen.

Aber wir müssen eben auch die Reaktion der Finanzmärkte mit berücksichtigen. Mit höherem BIP steigt auch die Transaktionsnachfrage nach Geld. Ein höheres BIP führt wahrscheinlich zu einer Geldverknappung, vor allem, wenn die Zentralbank eine Inflation befürchtet. Steigende Zinssätze und eine restriktive Kreditpolitik würgen Investitionen und andere zinssensible Ausgaben ab oder „verdrängen" sie.[5]

Achten Sie darauf, daß nicht jedes, sondern nur ein strukturelles Defizit einen Verdrängungswettbewerb nach sich zieht. Steigt das Defizit infolge einer Rezession (konjunkturell bedingtes Defizit), tritt als Folge kein Verdrängungswettbewerb ein. Warum? Nun, eine Rezession führt zu einem *Rückgang* der Geldnachfrage und zu *niedrigeren* Zinssätzen. Die Tatsache, daß in Zeiten der Rezession kein Verdrängungseffekt eintritt, ist ein sehr nützlicher Hinweis darauf, daß keine automatische Beziehung zwischen Defiziten und Investitionen besteht.

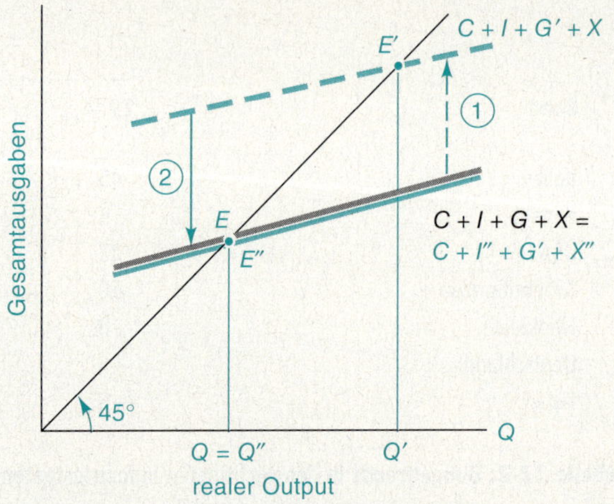

Abbildung 32-3: Die Reaktion der Finanzmärkte kann zu einer vollständigen Verdrängung führen

Zur Verdrängung kann es kommen, wenn die Federal Reserve die Auswirkungen einer expansiven Fiskalpolitik durch eine restriktivere Geldpolitik ausgleicht. In Schritt 1 verschiebt eine Erhöhung der Ausgaben für Güter und Dienstleistungen die $C+I+G+X$-Linie auf $C+I+G'+X$. Die Reaktion in Schritt 2 führt zu einer Anhebung der Zinssätze und einer Verringerung der zinssensiblen Komponenten und damit zu $C+I''+G'+X''$ und einem neuen Gleichgewicht in E'', das mit dem ursprünglichen Gleichgewicht in E identisch ist. In diesem Fall wurden Investitionen und Nettoexporte durch die Staatsausgaben zu 100 Prozent verdrängt.

Kurzfristig kommt es zu einem Verdrängungswettbewerb, wenn die Effektivität fiskalpolitischer Maßnahmen durch Reaktionen des Geldmarktes untergraben wird. Eine Erhöhung des *strukturellen* Defizits durch Steuersenkungen oder höhere Staatsausgaben bewirkt zumeist eine Erhöhung der Zinssätze und somit eine Verringerung oder Verdrängung der Investitionen.

Auswirkungen struktureller Defizite

Die meisten Makroökonomen würden der Aussage zustimmen, wonach der Verdrängungseffekt eine echte Nebenwirkung staatlicher Ausgaben ist. Strittig ist hingegen, *wie sehr* die Investitionstätigkeit verringert wird und *welche Sektoren* am stärksten davon betroffen sind.

Vollkommene Verdrängung. Der Extremfall einer vollkommenen Verdrängung stellt sich bei einer starken Reaktion der Finanzmärkte ein. Nehmen wir an, die Zen-

[5] Erinnern Sie sich, daß eine Geldverknappung zu geringeren Ausgaben in einer Reihe zinssensibler Sektoren führt, darunter bei Unternehmensinvestitionen, im Wohnungsbau, bei den Konsumausgaben für dauerhafte Konsumgüter, den Nettoexporten und der Kapitalausstattung der bundesstaatlichen und Kommunalbehörden. In der folgenden Erörterung werden wir uns mit Auswirkungen auf das Investitionsverhalten befassen, aber bitte bedenken Sie, daß die anderen Komponenten ebenso wichtig sind.

tralbank käme zu der Ansicht, daß jede BIP-Steigerung inflationär wirken müsse. Sie würde infolgedessen die Zinssätze so weit anheben, daß damit die *gesamte* belebende Wirkung der staatlichen Ausgabenprogramme aufgehoben wird. In einem solchen Fall würde die Federal Reserve, angenommen, der Staat gibt um $ 50 Milliarden mehr aus, die Zinssätze so weit anheben, daß die sonstigen Ausgaben um $ 50 Milliarden sinken müßten. Damit wäre ein hundertprozentiger Verdrängungseffekt gegeben.[6]

Dieser Fall ist in Abbildung 32-3 durch ein keynesianisches Kreuzdiagramm dargestellt. Die schwarze $C + I + G + X$-Linie zeigt die Situation vor einer Erhöhung der Staatsausgaben, wo das Gleichgewicht in E liegt. Nun führt der Staat ein Ausgabenprogramm ein, das die Staatsausgaben von G nach G' erhöht. In der Folge entsteht die neue $C + I + G' + X$-Linie. Käme es zu keinen Reaktionen des Finanzmarktes, würde das BIP von Q auf Q' ansteigen.

Da jedoch sehr wohl eine Reaktion der Finanzmärkte eintritt, steigen die Zinssätze und verringern damit Investitionsvolumen und Nettoexporte. Tatsächlich ist im Extremfall einer vollständigen Verdrängung diese Reaktion so stark, daß die neue Ausgabenlinie wieder auf $C + I'' + G' + X''$ zurückfällt, wobei das neue BIP-Gleichgewicht in E'' liegt, was genau dem alten Gleichgewicht E entspricht.

Mit anderen Worten, die Geldverknappung kompensiert genau die fiskalpolitische Ausgabenerhöhung. Die Staatsausgaben haben die Gesamtnachfrage erhöht, aber die höheren Zinssätze haben eine Verringerung der Investitionsprojekte, einen höheren Wechselkurs des Dollars und ein geringeres Exportvolumen sowie eine Steigerung der Importe bewirkt. Schließlich sind die Zinssätze so sehr angestiegen, daß Investitionen und Nettoexporte im selben Ausmaß zurückgingen, in dem G gestiegen war. Das bedeutet, daß *im Extremfall, wenn es zu einer heftigen geldpolitischen Reaktion kommt, durch eine Erhöhung der Staatsausgaben die Investitionen im selben Ausmaß verdrängt werden.*

Das Paradoxon der „investitionsfördernden Wirkung". Ein weiterer extremer Fall im Zusammenhang mit dem Sparparadoxon tritt auf, wenn höhere Defizite in der Praxis eine „investitionsfördernde Wirkung" (das Gegenteil einer Verdrängungswirkung) haben. Die Logik dahinter ist wie folgt: Hohe Zinssätze wirken investitionshemmend. Eine Steigerung der Wirtschaftsleistung stimuliert hingegen entsprechend dem *Akzeleratoreffekt* die Investitionstätigkeit, weil die Unternehmen kapitalintensiver arbeiten, wenn ihre bestehenden Anlagen stärker genutzt werden. Daher kann auf fiskalpolitischem Wege die Investitionstätigkeit stimuliert werden, wenn es ungenutzte Produktionskapazitäten gibt.

Dieser Fall ist in Abbildung 32-4 dargestellt. Das Diagramm unterscheidet sich von unseren früheren Darstellungen, weil die Investitionskurve eine *positive Steigung* aufweist und nicht horizontal verläuft. Die positive Steigung weist darauf hin, daß die Investitionen mit höherem BIP auf Grund des *Akzeleratoreffektes* zunehmen. Gehen wir außerdem davon aus, daß es keine Zinsauswirkungen der Art, wie in Abbildung 32-3 gezeigt, gibt. Das Gleichgewicht stellt sich daher ein, wenn die Gesamt-

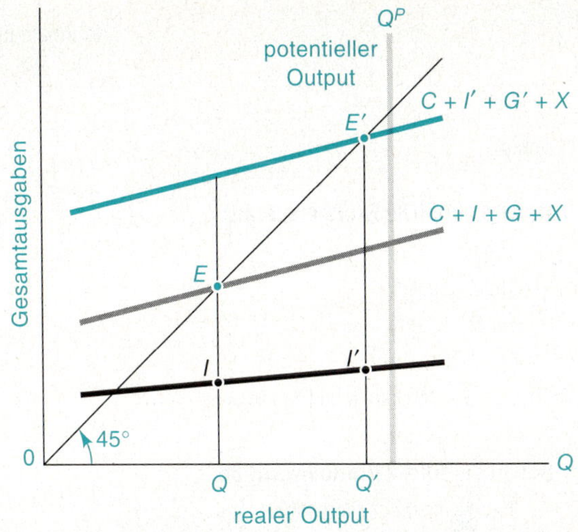

Abbildung 32-4: Bei ungenutzten Ressourcen kann es zu einer Ankurbelung der Investitionen kommen

Die Investitionen können durch höhere Defizite angekurbelt werden, wenn es ungenutzte Ressourcen gibt und wenn die Investitionen auf den höheren Output reagieren. Eine Steigerung von G verschiebt die $C + I + G + X$-Kurve nach oben. Die Gleichgewichtsproduktion steigt von Q auf Q'. Da jedoch die Investitionen auf das höhere Produktionsniveau positiv reagieren, erhöht sich I als Folge der höheren Staatsausgaben. Vergleichen Sie diese Situation mit dem Sparparadoxon.

[6] In Kapitel 31 haben wir gesehen, daß dieser Fall auch für das rein monetaristische Modell gilt, in dem die Geldnachfrage hinsichtlich der Zinssätze absolut unelastisch ist.

Nationale Ersparnis und Investition (in Prozent des BIP)			
Sektor	Regierung Carter (1977–1980)	Regierung Reagan (1981–1988)	Regierung Bush (1989–1992)
Durchschnittliche Bruttoersparnis:			
Privat	5,0	4,9	3,4
Unternehmen	13,4	13,3	12,4
Staat:			
Bund	–1,6	–3,9	–3,4
Bundesstaaten und Kommunen	1,2	1,1	0,4
Durchschnittliche Bruttoinvestition:			
Private, heimische Investition (inklusive Wohnungsbau und Unternehmen)	18,5	17,1	14,1
Nettoauslandsinvestition	–0,1	–1,9	–1,0

Tabelle 32-3: Das höhere Budgetdefizit führte zu überraschenden Ergebnissen

Die höheren Defizite der achtziger Jahre können als Labor für die verschiedenen makroökonomischen Theorien dienen. Während der Jahre der Reagan-Administration kam es zu einer Erhöhung des Budgetdefizits (Entsparen) von mehr als 50 Prozent gemessen am BIP. Überraschenderweise wurde der Trend zum Entsparen durch die geringere Sparquote der Haushalte und Unternehmen zusätzlich verstärkt. (Quelle: US-Handelsministerium. Beachten Sie bitte, daß die Bruttoinvestitionen wegen statistischer Abweichungen nicht zugleich die Bruttoersparnis ergeben.)

ausgabenlinie (die $C + I + G + X$-Linie) die 45°-Linie schneidet.

Da die Fiskalpolitik die Staatsausgaben von G nach G' anhebt, verschiebt sich die Ausgabenlinie nach oben hin zur neuen blauen Gesamtausgabenlinie, und das Produktionsgleichgewicht erhöht sich von Q nach Q'. Aber das höhere Produktionsniveau stimuliert vermehrte Investitionen, und die Investitionen steigen in Abbildung 32-4 von I auf I', weshalb das endgültige Gleichgewicht bei $C + I' + G' + X$ liegt. *Das bedeutet, die Investitionen werden gefördert und das Investitionsniveau liegt daher höher als vor der fiskalpolitischen Ausweitung.*

Es besteht eine exakte Parallele zwischen dem Paradoxon der Investitionsförderung und jenem des in Kapitel 24 erörterten Sparverhaltens. Wir haben bereits gesehen, daß der bei nicht eingesetzten Ressourcen stärkere Spar*wille* zu einer geringeren Produktionsleistung und einem Investitionsrückgang führen kann. Hier sehen wir, daß höhere Staatsausgaben, die ja nichts anderes darstellen als eine höhere negative Sparquote, zu Steigerungen der Produktions- und Investitionsleistung führen können. Derartige paradoxe Situationen können sich ergeben, wenn Ressourcen brachliegen und die Produktionsmenge durch Ausgaben anstatt durch das Angebot bestimmt wird.

Empirischer Nachweis

Soweit die Theorie. Aber welcher der beschriebenen Extremfälle kommt der Realität am nächsten? Das hängt davon ab, welchen Zeitraum wir betrachten wollen. Während der sechziger Jahre scheinen Erhöhungen der Staatsausgaben die Investitionsbereitschaft gefördert zu haben, einerseits, weil viele Ressourcen brach lagen und andererseits, weil die Zentralbankpolitik es der Wirtschaft gestattete, zu wachsen, ohne mit einer Anhebung der Zinssätze zu reagieren.

Dagegen scheinen in den achtziger Jahren höhere Budgetdefizite die Investitionsbereitschaft gedämpft zu haben, weil die Zentralbank eine Hochzinspolitik betrieb. Die tatsächlichen Spar- und Investitionsmuster der Carter-, Reagan- und Bush-Regierungszeiten entnehmen Sie bitte Tabelle 32-3. Die verfügbaren historischen Daten lassen drei wichtige Schlußfolgerungen zu. Erstens: Die Sparquote der Haushalte und Unternehmen gemessen am BIP ist in den achtziger und frühen neunziger Jahren trotz gesenkter Steuersätze und höherer Sparerträge nach

Steuern gesunken. Die Sparquote der Haushalte fiel im Jahr 1989 bis auf 2,9 Prozent des BIP und lag damit 50 Prozent unter der Sparquote des Jahres 1969.

Zweitens: Auch die privaten Investitionen der Haushalte im Wohnbau und private Investitionen in Betriebsanlagen und maschinelle Ausstattung gingen Ende der achtziger und Anfang der neunziger Jahre anteilsmäßig zurück. Diese Entwicklung war teilweise auf eine Übersättigung des Immobilienmarktes durch den vorangegangenen Bauboom zurückzuführen. Aber es wird ebenso deutlich, daß durch die höheren staatlichen Defizite auch Unternehmensinvestitionen verdrängt wurden.

Drittens: Die USA vollzogen in den achtziger Jahren die Entwicklung zu einem der weltgrößten Schuldner, wie sich aus den Zahlen der Netto-Auslandsinvestitionen ergibt (die im wesentlichen jenen der Nettoexporte entsprechen). Wie konnte das geschehen? Teilweise hielten die wachsenden Budgetdefizite das US-Zinsniveau hoch, wodurch es für ausländische Unternehmen und Haushalte gewinnträchtig wurde, in amerikanische Anleihen, Aktien und Immobilien zu investieren. Tatsächlich finanzierten ausländische Gelder teilweise die Budgetdefizite der achtziger Jahre und kompensierten so zum Teil – wenn auch sicher nicht zur Gänze – die niedrigere Sparquote der Amerikaner. Ohne diesen Zufluß ausländischen Kapitals hätten sich die Budgetdefizite noch nachteiliger auf das private Investitionsverhalten ausgewirkt.

Doch dieser Kapitalzufluß spiegelte ein wachsendes Außenhandelsdefizit wider. Der Zufluß ausländischen Kapitals wurde durch die höheren Dollar-Zinssätze stimuliert, aber gerade diese fuhrten auch zu einer massiven Dollaraufwertung zu Beginn der achtziger Jahre. Mit steigendem Dollarkurs wurden US-Exporte immer teurer, und Importe in die USA wurden viel billiger. In der Folge stieg das Handelsbilanzdefizit von $ 28 Milliarden 1979 auf $ 122 Milliarden 1985 und kletterte schließlich bis auf $ 160 Milliarden im Jahr 1987, womit es ganz wesentlich zum Verlust von etwa 2 Millionen Arbeitsplätzen in der Produktion beitrug, der in diesem Zeitraum zu verzeichnen war.

Die Entwicklungen des letzten Jahrzehnts – vor allem der Rückgang der Investitionen – untermauerten die These, wonach staatliche Budgetdefizite zur Verdrängung der privaten Investitionen führen. Trotzdem ist dieser Zusammenhang nicht als absolutes Gesetz zu sehen, das in jeder Situation gilt. Der Zusammenhang zwischen Deficit-spending und Investitionsverhalten hängt von einer Vielzahl von Faktoren ab – etwa vom Sparverhalten, von der allgemeinen Erwartungslage, von den Devisen-Wechselkursen und der Außenhandelsbilanz, den Finanzmärkten und der Geldpolitik – so daß die exakten Auswirkungen fiskalpolitischer Änderungen nur mit Vorbehalt zu prognostizieren sind.

STAATSVERSCHULDUNG UND WIRTSCHAFTSWACHSTUM

Von den kurzfristigen Auswirkungen staatlicher Defizite wollen wir uns nun der Frage zuwenden, wie sich die Staatsverschuldung langfristig auf den Lebensstandard des Durchschnittsamerikaners auswirkt. Um diese Frage beantworten zu können, müssen wir uns mit den Problemen des Schuldendienstes bei hoher Außenverschuldung, mit den Ineffizienzen, die durch die Erhebung von Steuern zur Bedienung dieses Schuldendienstes entstehen, und mit den Folgen der rückläufigen Kapitalakkumulation auseinandersetzen.

Externe und interne Verschuldung

Eine erste Unterscheidung ist zwischen interner und externer Verschuldung zu treffen. Eine *interne Verschuldung* besteht den eigenen Staatsbürgern gegenüber. Hierbei wird oft das Argument vorgebracht, daß eine interne Verschuldung ohnehin keinerlei Belastung darstelle, weil „wir ja alles uns selbst schulden". Und obwohl diese Ansicht eine unzulässige Vereinfachung darstellt, liegt ihr doch ein Körnchen Wahrheit zugrunde. Besäße jeder Staatsbürger staatliche Anleihen über $ 10.000 und hätte er Steuerverbindlichkeiten in genau derselben Höhe, wäre die Vorstellung, wonach die Staatsverschuldung eine schwere Bürde für jeden Staatsbürger darstellt, absurd. In diesem Fall schuldeten sich die Bürger wirklich alles selbst.

Die *externe Verschuldung* besteht gegenüber dem Ausland. Und diese Schuld stellt per Saldo eine Verringerung der Ressourcen dar, die den Bürgern des Schuldnerlandes zur Verfügung stehen. In den achtziger Jahren hatten viele Staaten mit ernsthaften wirtschaftlichen Problemen zu kämpfen, nachdem sie sich extern hoch verschuldet hatten. Sie waren damit gezwungen, mehr zu exportieren, als sie importierten – also einen Außenhandelsüberschuß zu erzielen, um für den externen Schuldendienst aufkommen, um Zinsen und Kapital für früher aufgenommene Darlehen zurückzahlen zu können. Gegen Ende der achtziger Jahre mußten Länder wie Brasilien und Mexiko ein Viertel bis ein Drittel ihrer gesamten Exporteinkünfte für die Rückzahlung ihrer externen Verschuldung aufwenden. Die Belastung durch die Rückzahlung externer Staatsschulden bedeutet geringere Konsummöglichkeiten für das Schuldnerland.

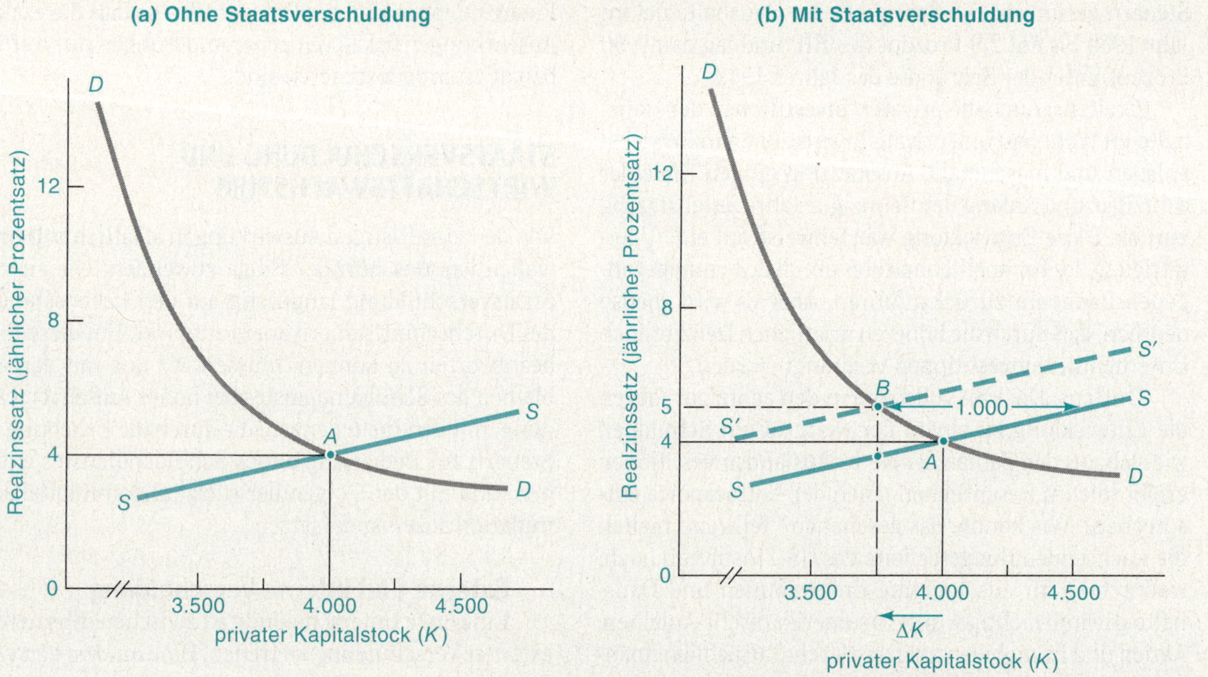

Abbildung 32-5: Die Staatsverschuldung hat einen Verschiebungseffekt auf das private Kapital

Die Unternehmen fragen Kapital nach, während die Haushalte Kapital anbieten, indem sie private und öffentliche Vermögenswerte sparen. Die Nachfragekurve entspricht der abwärts verlaufenden Unternehmensnachfrage nach K, während die Angebotskurve der aufwärts gerichteten Haushalts-Angebotskurve von K entspricht.

Die Situation in **(a)** vor Eintreten der Verschuldung zeigt das Gleichgewicht ohne Staatsverschuldung: K liegt bei 4.000, der Realzinssatz bei 4 Prozent. In der Situation nach Eintreten der Verschuldung in **(b)** sehen wir die Auswirkungen von 1.000 Einheiten Staatsverschuldung. Die Verschuldung verschiebt das Nettoangebot von K um die 1.000 Einheiten der Staatsverschuldung nach links. Das neue Gleichgewicht stellt sich weiter links oben entlang der K-Nachfragekurve ein und beschreibt eine Entwicklung von A nach B. Der Zinssatz ist höher, die Unternehmen fragen weniger K nach, und der Kapitalstock schrumpft. Langfristig führen die 1.000 Einheiten Staatsverschuldung zu einer Verschiebung von 250 Einheiten privaten Kapitals, weshalb auch das Produktionsniveau sinkt. (Diese Zahlen sind übrigens hypothetisch, weil wir nicht genau wissen, inwieweit die Staatsverschuldung tatsächlich zu einer Verschiebung privaten Kapitals führt.)

Ende der achtziger Jahre, als hohe externe Defizite das Land vom Gläubigerland zum Schuldnerland machten, stießen auch die USA zu dieser Gruppe. 1992 schuldeten die Vereinigten Staaten ausländischen Gläubigern über $ 500 Milliarden. Nun, so hoch dieser Betrag auch erscheinen mag, er relativiert sich doch angesichts eines jährlichen BIP von $ 6.500 Milliarden. Trotzdem werden die USA jedoch Flugzeuge, Nahrungsmittel und andere Güter und Dienstleistungen im Wert von vielen Milliarden Dollar mehr exportieren als importieren müssen, um sich den Zinsendienst für ihre Auslandsdarlehen leisten zu können. Die damit einhergehenden Schwierigkeiten werden wir im letzten Kapitel erörtern.

Effizienzverluste durch Steuern

Eine interne Verschuldung erfordert Zinszahlungen an die Inhaber staatlicher Anleihen, und zu diesem Zweck müssen Steuern eingehoben werden. Aber selbst für den fiktiven Fall, daß dieselben Leute genau in der Höhe ihrer Zinserträge aus den Anleihen besteuert würden, käme es als unweigerliche Folge der Besteuerung zu einer *Verzerrung der wirtschaftlichen Anreize*. Die Besteuerung der Zinseinnahmen oder des Lohnes von Paula, nur damit der Staat an Paula Zinsen bezahlen kann, muß einfach zu mikroökonomischen Verzerrungen führen. Paula würde in diesem Fall vielleicht weniger arbeiten oder auch weniger sparen, und wie immer sie sich entscheiden würde, das Ergebnis wäre jedenfalls eine Verzerrung wirtschaftlicher Effizienz und eine Schmälerung wirtschaftlichen Wohlergehens.

Kapitalverschiebung

Die schlimmste Folge einer hohen Staatsverschuldung ist wahrscheinlich eine Kapitalverschiebung aus den Privatvermögen eines Landes. Infolge eines solchen Kapitalabflusses kommt es zu einer Verlangsamung des Wirtschaftswachstums mit nachfolgend niedrigerem Lebensstandard.

Aber über welchen Mechanismus wirkt sich die Staatsverschuldung auf das Kapital aus? Wir erinnern uns aus den Ausführungen weiter oben in diesem Buch, daß Menschen aus einer Vielzahl von Gründen Vermögen akkumulieren, so etwa für ihre Pension, Ausbildung oder ein Haus. Menschen sparen, indem sie verschiedene Vermögenswerte kaufen, darunter Häuser, Unternehmensaktien und Industrieschuldverschreibungen, Sparguthaben und staatliche Anleihen. Wir können diese Vermögenswerte in zwei große Gruppen gliedern: (1) in die Staatsverschuldung und (2) in die Vermögenswerte, die das Eigentum an privaten Kapitalbeständen und anderen dauerhaften Gütern darstellt.

Die Staatsverschuldung hat folgenden Effekt: Mit steigendem Verschuldungsstand akkumulieren die Bürger staatliche Schulden anstelle privaten Kapitals, und der private Kapitalstock des Landes wird durch öffentliche Schulden ersetzt.

Um diese Ausführungen zu illustrieren, nehmen wir einmal an, die Menschen möchten genau 1.000 Vermögenseinheiten für ihre Pensionierung und für andere Zwecke besitzen. Bei steigender staatlicher Verschuldung sinkt der Besitzstand dieser Menschen an anderen Vermögenswerten Dollar um Dollar. Dies deshalb, weil infolge des Verkaufs der staatlichen Anleihen andere Vermögenswerte zurückgedrängt werden, nimmt man das erwünschte Gesamtvermögen der Bürger fix an. Doch diese anderen Vermögenswerte stellen letztlich nichts anderes als den privaten Kapitalstock dar; Aktien, Anleihen und Darlehen sind das Gegenstück zu Fabriken, maschineller Ausstattung und Häusern. Anhand dieses Beispiels würden wir sehen, daß bei einer Erhöhung der Staatsverschuldung auf 100 Einheiten der Besitz an Kapital und anderen privaten Vermögenswerten um 100 Einheiten fiele. Damit haben wir den Fall einer hundertprozentigen Verschiebung (also den langfristigen Analogfall einer hundertprozentigen Verdrängung).

Eine vollkommene Kapitalverschiebung wird in der Praxis aller Wahrscheinlichkeit nach nicht eintreten. Die höhere Verschuldung kann zu einer Erhöhung der Zinssätze und einer Stimulierung des Sparverhaltens der Haushalte führen. Ein ernstzunehmender Vorbehalt lautet, daß ein Land eher im Ausland Darlehen aufnehmen wird, als seinen inländischen Kapitalstock zu verringern (was im Amerika der achtziger Jahre der Fall war). Das exakte Ausmaß der Kapitalverschiebung hängt von den Produktionsbedingungen und vom Sparverhalten der heimischen Haushalte und Ausländer ab.

Geometrische Analyse. Der Prozeß, in dessen Verlauf der Kapitalstock langfristig verschoben wird, ist in Abbildung 32-5 dargestellt. In der linken Abbildung zeigen wir Kapitalangebot und -nachfrage als Funktion des Realzinssatzes oder der Kapitalrendite. Mit steigenden Zinssätzen fragen die Unternehmen weniger Kapital nach, während die Haushalte mehr anbieten. Das Gleichgewicht ist für einen Kapitalstock von 4.000 Einheiten bei einem Realzinssatz von 4 Prozent dargestellt.

Nehmen wir nun an, die Staatsverschuldung stiege von 0 auf 1.000 – beispielsweise durch Krieg, Rezession, eine angebotsseitige Fiskalpolitik oder aus welchen Gründen auch immer. Die Auswirkungen der erhöhten Verschuldung lassen sich aus dem rechten Diagramm in Abildung 32-5 ersehen. Diese Graphik zeigt uns die Mehrverschuldung um 1.000 Einheiten als Verschiebung der Kapitalangebots-(oder der *SS*-)Kurve. Wie hier dargestellt ist, verschiebt sich das Kapitalangebot der Haushalte um 1.000 Einheiten nach links zu *S'S'*.

Wir stellen eine Erhöhung der Staatsverschuldung als Linksverschiebung der Kapitalangebotsfunktion der Haushalte dar. Wenn Sie wissen wollen, warum, bedenken Sie bitte, daß deshalb, weil die *SS*-Kurve jene Höhe an privatem Kapital darstellt, das die Menschen bei den jeweiligen Zinssätzen freiwillig besitzen, der Kapitalstock dem Gesamtvermögen abzüglich der Anteile an der Staatsverschuldung entspricht. Da die Höhe der Staatsverschuldung (oder der Gesamtvermögen mit Ausnahme des Kapitals) um 1.000 ansteigt, und die Staatsverschuldung in Form von Staatspapieren verkauft werden muß, beträgt das private Kapital, das die Menschen kaufen können, wenn sie 1.000 Einheiten an Staatsschulden besitzen, um 1.000 weniger als das Gesamtvermögen beim jeweiligen Zinssatz. Wenn daher das Kapitalangebot *SS* das von den Bürgern besessene Gesamtvermögen darstellt, stellt *S'S'* (entsprechend *SS* abzüglich 1.000) die Gesamtkapitalhöhe im Besitz dieser Bürger dar. Kurz – nach dem Verkauf von 1.000 Einheiten Staatsverschuldung liegt die neue Kapitalangebotsfunktion in *S'S'*.[7]

Wie wirkt sich nun eine Erhöhung der Staatsverschuldung um 1.000 Einheiten per Saldo aus? Mit dem Versiegen des Kapitalangebots – wobei die nationale Ersparnis in Staatsanleihen anstatt in den Wohnungsbau oder in Unternehmensaktien und Industriepapiere fließt – bewegt sich das Marktgleichgewicht entlang der *K*-Nachfragekurve nach links oben. Die Zinssätze steigen, und die Unternehmen kaufen weniger neue Fabriken, LKWs und Computer.

Im anschaulichen neuen langfristigen Gleichgewicht fällt der Kapitalstock von 4.000 auf 3.750. So haben in diesem Beispiel 1.000 Einheiten Staatsverschuldung 250 Einheiten Privatkapital ersetzt. Ein solcher Rückgang wirkt sich volkswirtschaftlich natürlich entsprechend mit geringeren Kapitalbeständen, einem niedrigeren potentiellen BIP, niedrigeren Löhnen und einem niedrigeren Volkseinkommen aus, als ohne die Verschuldung zu erzielen wären.

Aber die Darstellungen in Abbildung 32-5 sind rein hypothetisch zu verstehen. Wie stark ist der Verschiebungseffekt in der Realität? Führt die Staatsverschuldung von $ 3.400 Milliarden zu Beginn des Steuerjahres 1994 vielleicht zu einer Verschiebung von $ 3.400 Milliarden an Kapital? Vielleicht von $ 340 Milliarden? Oder überhaupt nichts? Und welcher Anteil der Neuverschuldung entfällt auf ausländische Darlehensgeber?

[7] Robert Barro von der Universität Harvard hat die These aufgestellt, daß in Anbetracht der zukünftigen Steuern staatliche Anleihen für einen Staat eigentlich kein Nettovermögen darstellen. Für jeden Dollar staatlicher Anleihen ist ein ebenso hoher Zeitwert an Steuern zu veranschlagen, für die der Steuerzahler jetzt oder in Zukunft aufkommen muß. Wären die Menschen sehr weitblickend in ihren Handlungen und würden sie auch an das Erbe, das sie hinterlassen, denken, müßten sie ihren Konsum genau um den Zeitwert der Steuern reduzieren – was den Vermögenseffekt der Anleihen vollständig neutralisieren würde. In einem solchen Fall käme es zu keiner Verschiebung der Angebotskurve in Abbildung 32-5 (*b*).

Es gibt de facto keine genauen Schätzungen des Verschiebungseffektes. Betrachten wir die historischen Trends, und hier insbesondere die USA seit dem Zweiten Weltkrieg, so läßt alles darauf schließen, daß es zu einer teilweisen Verschiebung von Kapital durch die Staatsverschuldung kommt. Wie auch immer, die Möglichkeit des Eintretens einer Kapitalverschiebung ist für die USA von größter Bedeutung, weil die US-Staatsverschuldung auch in den nächsten Jahren noch steigen wird.

Verschuldung und Wirtschaftswachstum

Betrachten wir alle Auswirkungen der Staatsverschuldung auf die Volkswirtschaft, so kann sich ein hoher öffentlicher Schuldenstand auf das langfristige Wirtschaftswachstum deutlich negativ auswirken. Abbildung 32-6 zeigt diesen Zusammenhang. Nehmen wir an, eine Wirtschaft würde über eine gewisse Periode schuldenfrei arbeiten. Nach den in Kapitel 28 dargelegten Prinzipien des Wirtschaftswachstums müßten Kapitalstock und potentielles BIP eine hypothetische Entwicklung aufweisen, die durch die durchgehenden schwarzen Linien in Abbildung 32-6 dargestellt ist.

Betrachten wir als nächstes eine Politik, die zu einem hohen Budgetdefizit und einer hohen Staatsverschuldung führt. Während sich die Schulden im Laufe der Zeit akkumulieren, wird immer mehr und mehr Kapital durch die Schuldenlast verschoben, wie durch die gestrichelte blaue Kapitallinie unten in Abbildung 32-6 dargestellt ist. Müssen Steuern erhoben werden, um die Zinsen für die Staatsschulden aufbringen zu können, verringern die dadurch entstehenden Ineffizienzen die Wirtschaftsleistung zusätzlich. Auch eine Erhöhung der Auslandsschulden verringert das Volkseinkommen und steigert jenen Anteil des BIP, der in den Zinsendienst für diese externe Verschuldung fließt. Alle Auswirkungen zusammengenommen läßt sich aussagen, daß Wirtschaftsleistung und Konsum langsamer wachsen werden, als dies ohne große Staatsverschuldung und Defizit der Fall gewesen wäre, wie Sie aus dem Vergleich der oberen Linien in Abbildung 32-6 ersehen können.

Und damit sind wir beim entscheidenden Punkt, was die langfristigen Auswirkungen einer hohen Staatsverschuldung auf das Wirtschaftswachstum betrifft: Eine hohe Staatsverschuldung verringert in der Regel das Wachstum der potentiellen Wirtschaftsleistung eines Landes, weil es zu einer Verschiebung privaten Kapitals

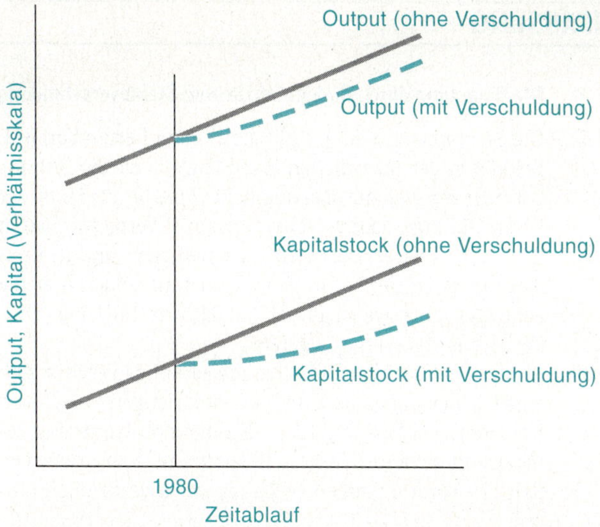

Abbildung 32-6: Auswirkungen der Staatsverschuldung auf das Wirtschaftswachstum

Die durchgängigen Linien zeigen die Kapital- und Produktionsentwicklung, wenn der Staat ausgeglichen bilanziert und keine Schulden anhäuft. Im Falle einer Staatsverschuldung kommt es zu einer Verschiebung privaten Kapitals. Der Kapitalstock des betroffenen Landes stagniert, und das Land muß für seine Auslandsschulden Zinsen bezahlen. Die gestrichelten Linien illustrieren die Auswirkungen der höheren Staatsverschuldung auf Kapital und Produktion.

kommt, weil die Ineffizienz durch die Besteuerung steigt, und weil ein Staat so gezwungen ist, auch den Auslandsanteil der Verschuldung zu bedienen.

Der Tag der Wahrheit?

Wenn wir nun in unserer Erörterung der Staatsverschuldung und ihrer Auswirkung auf das Wirtschaftswachstum zu einem Ende kommen, sollten wir ein wenig innehalten und die steuerlichen Schwierigkeiten bedenken, mit denen die USA heute zu kämpfen haben. Wer in den neunziger Jahren Volkswirtschaft studiert oder wirtschaftspolitische Maßnahmen zu treffen hat, sieht sich mit der Verpflichtung des Landes konfrontiert, einen wachsenden externen Schuldenberg zu bedienen, und er muß dabei zusätzlich die Möglichkeit eines flauen Wirtschaftswachstums in Betracht ziehen. Denkt man an das Defizit, wird die Volkswirtschaft tatsächlich zur düsteren Wissenschaft. Charles Schultze, volkswirtschaftlicher Berater dreier Präsidenten, weist auf die Grenzen amerikanischer Politik hin, die durch das Defizit gezogen werden:

> *Die hohen Budgetdefizite haben es [der Regierung] praktisch unmöglich gemacht, größere neue Programme ernsthaft ins Auge zu fassen oder bestehende Programme auszuweiten. Und was den toten Punkt in den Gesprächen zwischen dem Präsidenten und dem Kongreß in der Frage betrifft, wie die Defizite abzubauen seien, ist noch kein Ende abzusehen. Tatsächlich scheint eine Mehrheit der Wähler zwar das Defizit zu beklagen, gleichzeitig aber auch alle Politiker bestrafen zu wollen, die irgendeine der schmerzhaften Maßnahmen befürworten, die nötig wären, um das Defizit abzubauen.*[8]

Noch schwärzer malt Harvard-Professor Benjamin Friedman die Lage:

> *Der radikale Kurs, den die Wirtschaftspolitik der USA in den achtziger Jahren steuerte, hat ein grundlegendes moralisches Prinzip verletzt, durch das sich seit der Gründung der Republik jede Generation von Amerikanern an die nächste gebunden wußte: daß Männer und Frauen – privat und gemeinschaftlich – arbeiten und essen, verdienen und ausgeben sollen im Hinblick darauf, daß ihre Kinder und Kindeskinder eine bessere Welt vorfinden. Seit 1980 haben wir mit dieser Tradition gebrochen, indem wir eine Politik betrieben, die darauf hinausläuft, daß wir nicht nur in der, sondern für die Gegenwart leben ... Es ist daher nur gerecht zu sagen, daß das Defizit der entscheidende Faktor für das schlimmste Versagen unserer Wirtschaft war und ist.*[9]

Man findet allerdings heute in Amerika kaum einen namhaften Ökonomen, der sich zum hohen Budgetdefizit und zu der wachsenden Verschuldung positiv äußern würde.

---

8 Charles L. Schultze, „Paying the Bills," in Henry J. Aaron und Charles L. Schultze, Hrsg., *Setting Domestic Priorities: What Can Government Do?* (Brookings, Washington, D.C., 1992), S. 295.

9 Benjamin J. Friedman, *Day of Reckoning* (Random House, New York, 1988) S. 4f.

ZUSAMMENFASSUNG

A. Budgets und Fiskalpolitik

1. Budgets sind Instrumente, die von Staaten und Organisationen dazu benützt werden, ihre Ausgaben und Einnahmen zu planen und zu kontrollieren. Man spricht von einem Budgetüberschuß (bzw. einem Defizit), wenn die staatlichen Einnahmen höher (bzw. geringer) als die Ausgaben sind.
2. Der Begriff Fiskalpolitik bezieht sich auf die Steuer- und Ausgabenpolitik des Staates. Bisweilen wird eine antizyklische Fiskalpolitik bewußt in sogenannten diskretionären Programmen wie öffentlichen Auftragsvergaben, staatlichen Beschäftigungsprogrammen und bestimmten steuerlichen Maßnahmen eingesetzt. Öffentliche Auftragsvergaben eignen sich als Instrumentarium zur Bekämpfung kurzer Rezessionen nur bedingt, weil sie erst mit großer zeitlicher Verzögerung zur Wirkung kommen. Diskretionäre Änderungen der Steuersätze bieten größere kurzfristige Flexibilität, haben jedoch in den USA den Nachteil heftiger politischer Kontroversen. Die meisten Makroökonomen sind der Meinung, geldpolitische Instrumentarien seien zur Bekämpfung kurzfristiger Konjunkturschwankungen besser geeignet als fiskalpolitische Maßnahmen.
3. Neben der Möglichkeit einer diskretionären Fiskalpolitik verfügt die moderne Volkswirtschaft auch über wichtige automatische Stabilisatoren. Ohne bewußtes Eingreifen von seiten der Politik ändern sich die Steuereinnahmen automatisch mit geänderten Einkommen, was den Multiplikator verringert und alle externen Turbulenzen teilweise kompensiert. Derselbe Stabilisierungseffekt ergibt sich durch Arbeitslosengeld und andere Wohlfahrts-Transferleistungen, die automatisch mit sinkenden Einkommen steigen. Trotzdem können die automatischen Stabilisatoren die Instabilität der Wirtschaft nicht völlig ausgleichen. Sie verringern den Multiplikator, allerdings nicht auf Null.
4. Um Änderungen in der diskretionären Fiskalpolitik besser beurteilen zu können, gliedern Ökonomen das Budget in seine strukturellen und konjunkturbedingten Komponenten. Das strukturelle Budget gibt an, wieviel der Staat einnehmen und ausgeben würde, entspräche die Wirtschaftsleistung dem potentiellen BIP. Das konjunkturbedingte Budget berücksichtigt die Auswirkungen des Konjunkturzyklus auf Steuereinnahmen, Ausgaben und Defizit. Um die Auswirkungen der fiskalpolitischen Maßnahmen auf die Wirtschaft beurteilen zu können, sollten wir besonderes Augenmerk auf das strukturelle Defizit lenken; Änderungen im konjunkturbedingten Defizit sind das *Ergebnis*, nicht die Ursache volkswirtschaftlicher Veränderungen.

B. Die Belastung durch Budgetdefizite und Staatsverschuldung

5. Die Staatsverschuldung stellt die akkumulierten Verbindlichkeiten der öffentlichen Hand dar. Sie ist die Summe der früheren Defizite. Ein nützliches Maß für die Höhe der Verschuldung ist das Verschuldungs-BIP-Verhältnis, das in den USA in Kriegszeiten zumeist gestiegen und in Friedenszeiten gesunken ist. Eine Ausnahme bilden hier die achtziger Jahre, weil in dieser Zeit das Verschuldungs-BIP-Verhältnis stark angestiegen ist.
6. Bei der Analyse fiskalpolitischer Auswirkungen erweist sich eine Gliederung in die kurz- und langfristigen Folgen von Defiziten und Verschuldung als nützlich. Kurzfristig sehen Ökonomen mit Sorge, daß strukturelle staatliche Defizite zu Verdrängungen zu Lasten der Investitionen führen.
7. Inwieweit eine aktive Fiskalpolitik Investitionen verdrängt, hängt von den Finanzmärkten und internationalen Wirtschaftsbeziehungen, also den Bestimmungsfaktoren des Investitionsverhaltens, ab, und davon, wie die Defizite finanziert werden. Investitionen fallen wahrscheinlich dann in hohem Maße dem Verdrängungswettbewerb zum Opfer, wenn Zentralbank und Finanzmärkte auf die erhöhte Produktionsleistung mit einer Verknappung der Geldmenge reagieren. In diesem Fall können Investitionen und andere zinssensible Sektoren bis zum Ausmaß der gesamten Ausgabenerhöhung betroffen sein.
8. Eine aktive Fiskalpolitik kann hingegen, wenn sie in Zeiten tiefer Rezession bei gleichzeitiger Anpassung der Geldpolitik betrieben wird, paradoxerweise das Investitionsverhalten fördern. Zu einer vermehrten Investitionstätigkeit kommt es bei steigender Produktionsleistung, wenn die Unternehmen gezwungen sind, in Anlagen und maschinelle Ausstattung zu investieren, weil die Kapazitätsauslastung steigt. Dieser stimulierende Effekt kann die Verdrängungseffekte ausgleichen, bis sich das System wieder einem hohen Beschäftigungsstand nähert.
9. Die Daten aus der hoch defizitären Periode der achtziger Jahre weisen auf ein komplexes System von Reaktionen auf Budgetdefizite hin, darunter auf den Rückgang heimischer und ausländischer Investitionen. Aller Wahrscheinlichkeit nach darf man heute behaupten, daß – abgesehen von Zeiten tiefer Rezession – Investitionen durch Staatsausgaben in beträchtlichem Ausmaß verdrängt werden.
10. In dem Ausmaß, in dem wir vom Ausland für unseren Konsum Darlehen aufnehmen und die Nachwelt mit der Rückzahlung von Zinsen und Kapital dieser externen Verschuldung belasten, werden unsere Nachkommen auf einen Teil ihres Konsums verzichten müssen, um unsere Schulden zu tilgen.

11. Hinterlassen wir zukünftigen Generationen eine interne Verschuldung ohne Änderung des Kapitalstocks, kommt es zu verschiedenartigen internen Auswirkungen. Besteuern wir Peter, um Paula bezahlen zu können, oder besteuen wir Paula selbst, um Paula bezahlen zu können, so kann dies zu diversen Verzerrungen in Produktion und Effizienz führen. Verwechseln Sie jedoch keinesfalls eine interne Verschuldung mit einer Verschuldung bei Drittländern.
12. Das Wirtschaftswachstum kann sich außerdem verlangsamen, wenn die öffentliche Verschuldung zu einer Kapitalverschiebung führt. Das Verschiebungssyndrom tritt auf, weil das durch Industrieschuldverschreibungen und Aktien finanzierte Unternehmenskapital einen guten Ersatz für staatliche Anleihen darstellt. Daher kann eine Erhöhung der Staatsverschuldung den privaten Kapitalstock in einer Volkswirtschaft verringern.
13. Langfristig kann eine höhere Staatsverschuldung auf Grund der Kosten des externen Schuldendienstes, der Ineffizienzen durch die Besteuerung zur Bedienung der Zinsen und der verringerten Kapitalakkumulation infolge von Kapitalverschiebung das Wachstum des potentiellen BIP und der Konsummöglichkeiten beeinträchtigen.

BEGRIFFE ZUR WIEDERHOLUNG

Budgets und Fiskalpolitik

Das Bundesbudget
Budgetdefizit, Budgetüberschuß und ausgeglichenes Budget
diskretionäre politische Maßnahmen versus automatische Stabilisatoren
Instrumentarien einer diskretionären Politik
Budget: tatsächliches, strukturelles und zyklisches Budget

Volkswirtschaftliche Aspekte von Verschuldung und Budgetdefizit

Verhältnis zwischen Verschuldung und früheren Defiziten
kurzfristige Auswirkung: Verdrängung oder Förderung des Investitionsklimas
Verschuldungs-BIP-Verhältnis
langfristige Auswirkungen auf das Wirtschaftswachstum:
interne oder externe Verschuldung
Verzerrungen durch Besteuerung
Kapitalverschiebung

FRAGEN UND BEISPIELE

1. Wiederholen Sie die Definitionen des strukturellen und des zyklischen Defizits. Analysieren Sie die Auswirkungen jedes der folgenden Ereignisse auf das tatsächliche, das strukturelle und das zyklische Budgetdefizit:
   a. Eine permanente Steuersenkung
   b. Ein starker Rückgang der privaten Investitionen
   c. Eine Geldmengenverknappung
   d. Eine Erhöhung der Exporte
   e. Eine Anhebung der Sozialleistungen
2. Im Jahr 0 beträgt das BIP 1.000, die Steuern 200 und die staatlichen Ausgaben 250. Die Wirtschaftsleistung entspricht dem potentiellen BIP. Im Jahr 1 erhöht der Staat G auf 250. Wenn die Einnahmen aus pauschalierten Steuern stammen, die von Einkommensänderungen unbeeinflußt bleiben, und wenn der Ausgabenmultiplikator 2 beträgt – welche Auswirkungen hat die fiskalpolitische Expansion auf das strukturelle und auf das zyklische Budget? Inwieweit müßte sich Ihre Antwort ändern, würden die Steuereinnahmen durch jeden Dollar, um den das BIP steigt, um 20 Cents anziehen?
3. **Problemstellung für Fortgeschrittene:** Abbildung 32-7 zeigt eine neuere Schätzung der Vermögensakkumulation des Social Security Trust Fund (die eigentlich das Gegenstück zur Staatsverschuldung darstellt) für die nächsten siebzig Jahre, gemessen als BIP-Anteil. Welche Folgen hätte eine Fondsaufstockung für den Kapitalstock und die nationale Produktionsleistung insgesamt, sollte das Budget nach 1995 ansonsten ausgeglichen sein:
   a. Unter der Annahme, daß der Trust Fund die Staatsverschuldung zurückzahlt?
   b. Unter der Annahme, daß die Barro-Hypothese (siehe Fußnote 7, Seite 734) richtig ist?
   c. Unter der Annahme, daß die Menschen ihre privaten Pensionsbeiträge anpassen, um ihre Social-Security-Zahlungen Dollar für Dollar auszugleichen?
4. J. M. Keynes schrieb: „Würde das Finanzministerium alte Flaschen mit Banknoten füllen, diese in aufgelassenen Kohlebergwerken vergraben und es der Privatwirtschaft gestatten, sie wieder auszugraben, bräuchte es keine Arbeitslosigkeit mehr zu geben, und die Realeinkommen würden gegenüber dem derzeitigen Stand wahrscheinlich stark ansteigen.“ (*The General Theory*, S. 129). Erklären Sie, warum die keynesianische Analyse der Nützlichkeit eines diskretionären Programms der öffentlichen Auftragsvergabe

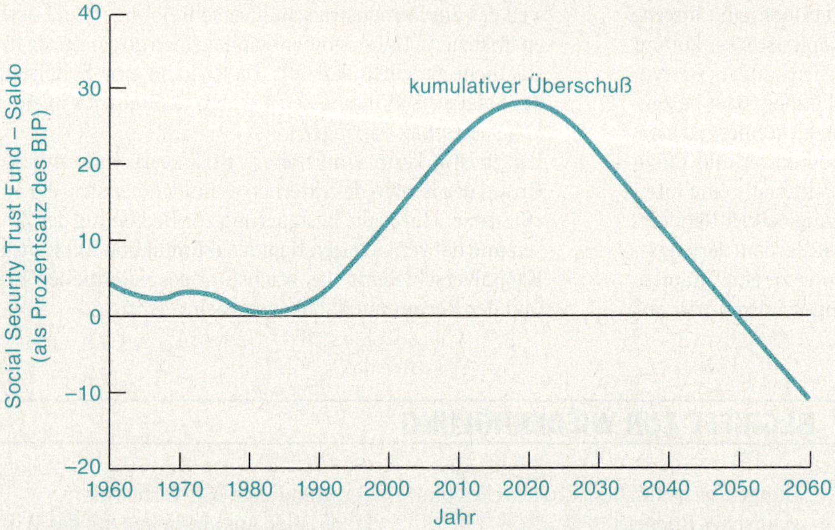

Abbildung 32-7: Geschätzte Vermögensakkumulation im Social Security Trust Funds

Schätzungen zeigen, inwieweit die kumulativen Sozialversicherungssteuern zuzüglich Zinsen per Saldo die gesamten Beihilfen übersteigen oder unterschreiten. Welche Auswirkungen ergeben sich auf den Kapitalstock und die nationale Produktionsleistung?
[Quelle: Henry Aaron, Barry Bosworth und Gary Burtless, *OASDI Trust Fund Policy, National Saving, and the Economy* (Brookings, Washington, D.C., 1988)]

in Zeiten einer Depression richtig sein könnte. Wie könnte eine gut konzipierte Fiskal- oder Geldpolitik dieselben makroökonomischen Resultate erzielen und dabei noch eine Menge nützlicher Güter und Dienstleistungen hervorbringen?

5. Wäre es möglich, daß staatliche *Versprechungen* einen Kapitalverschiebungseffekt im Zuge der Staatsverschuldung haben? Würden sich also die Arbeitnehmer reicher fühlen, wenn der Staat ihnen für die Zukunft hohe Sozialleistungen verspräche? Würden sie in der Folge vielleicht weniger sparen? Käme es zu negativen Auswirkungen auf den Kapitalstock? Orientieren Sie sich bei Ihren Ausführungen an Abbildung 32-5.
6. Erklären Sie die Folgen eines staatlichen Programmes für die Staatsverschuldung, den Kapitalstock und das reale BIP, wenn für dieses Programm Darlehen im Ausland aufgenommen und die Gelder für folgendes aufgewendet werden:
   a. Kapital für Ölbohrungen, wobei das Öl anschließend exportiert wird (siehe Mexiko in den siebziger Jahren).
   b. Weizen zur Ernährung der eigenen Bevölkerung (siehe Sowjetunion in den achtziger Jahren).
7. Professor Robert Eisner von der Northwestern University schrieb: „Eine signifikante Verringerung unseres Budgetdefizits, egal ob sie durch Ausgabenkürzungen oder Steuererhöhungen erreicht wird, birgt auch eine ernsthafte Gefahr in sich. Der Konsum wird gedrosselt, aber im Zusammenhang damit kommt es wahrscheinlich auch zu einem Investitionsrückgang und einem Rückgang des BIP, des Beschäftigungsstandes und der Gewinne." Analysieren Sie die Überlegungen hinter dieser Aussage im Licht der Debatte um den Verdrängungseffekt. Was können wir zu Eisners Behauptung aus der Geschichte lernen?
8. Zeichnen Sie ein Diagramm wie jenes in Abbildung 32-6 und tragen Sie den Verlauf von Konsum- und Nettoexportentwicklung mit und ohne hohe Staatsverschuldung ein.
9. **Problemstellung für Fortgeschrittene:** Viele Ökonomen verwenden zur Erklärung, warum es in Ländern, in denen der Großteil der Staatsverschuldung aus Geldschulden besteht, zu einer Inflation der Budgetdefizite kommt, die Quantitätstheorie des Geldes und der Preise: Nehmen wir an, daß M = Geldangebot = Staatsverschuldung, D = Staatsdefizit = δPQ, wobei δ konstant ist, P = das Preisniveau und Q = nominales BIP; nehmen wir außerdem an, daß die Geldumlaufgeschwindigkeit konstant bei V liegt. Zeigen Sie, daß die Inflationsrate $\delta V - g$ sein muß, wobei g die Zunahme des realen BIP bezeichnet. Bei welcher Höhe des Defizits käme es zu einer Preisstabilisierung? (Hinweis: Wenn das Defizit durch Geld finanziert wird, $\delta M = \Delta PQ$).

KAPITEL 33

WIRTSCHAFTSPOLITISCHE WACHSTUMS- UND STABILISIERUNGSMASSNAHMEN

Die Aufgabe, die Wirtschaft zu stabilisieren, besteht darin, sie in keiner Richtung zu weit vom Pfad der Vollbeschäftigung abweichen zu lassen. Auf der einen Seite droht die Inflation, auf der anderen die Rezession. Nur eine flexible und zugleich wachsame Fiskal- und Geldpolitik ermöglicht die Beibehaltung des goldenen Mittelweges.

Präsident John F. Kennedy (1962)

Produktivität ist nicht alles, langfristig jedoch fast alles.

Paul Krugman (1990)

Die US-Wirtschaft hat sich in den vergangenen 50 Jahren grundlegend gewandelt. Heute arbeitet vergleichsweise ein viel geringerer Prozentsatz der Menschen dieses Landes in Fabriken, während hinter Schreibtischen, in Geschäften und Krankenhäusern sehr viel mehr Leute Beschäftigung finden. US-Bürger bezahlen selbst in Friedenszeiten viel höhere Steuern, und ein mächtiger staatlicher Überbau ist seit einiger Zeit fixer Bestandteil der wirtschaftlichen Landschaft. Die Technologie hat unser tägliches Leben verändert: Vielseitige Telekommunikationssysteme ermöglichen geschäftliche Beziehungen weit über die Landesgrenzen hinweg in alle Winkel und Ecken der Welt, und immer leistungsfähigere Computer haben einen Großteil der Routinetätigkeiten abgeschafft, die einmal so vielen Menschen Beschäftigung gaben. Waren und Geld passieren heute die Staatsgrenzen beinahe mühelos, und nachdem die USA in der Nachkriegszeit lange Zeit hindurch unbestritten wirtschaftliche Führungsmacht waren, sind sie nun plötzlich mit wachsendem internationalen Wettbewerb aus großen wie kleinen Ländern konfrontiert.

Aber auch nach einem halben Jahrhundert des Wandels erscheinen uns die Hauptziele einer guten makroökonomischen Politik unverändert: niedrige Arbeitslosigkeit, steigende Produktivität und Realeinkommen sowie eine niedrige und stabile Inflationsrate. Die Schwierigkeit besteht nun darin, genau die richtigen politischen Maßnahmen zu treffen, um die genannten Ziele auch unter den wirtschaftlichen Bedingungen der neunziger Jahre erreichen zu können.

In diesem Kapitel bedienen wir uns der makroökonomischen Werkzeuge, die wir bereits kennengelernt haben, um einige der wichtigsten politischen Themen unserer Zeit zu beleuchten. Wir werden die jeweiligen Vorzüge geld- und fiskalpolitischer Maßnahmen zur kurzfristigen Stabilisierung der Wirtschaft untersuchen. Danach wollen wir uns mit der schwierigen Frage beschäftigen, ob der Staat seine Versuche, die Konjunkturzyklen möglichst auszugleichen, nicht besser aufgeben sollte, womit wir uns in die Debatte „Steuerung versus Regelung" einschalten. Anschließend soll noch besprochen werden, inwiefern die rückläufigen Produktivitäts- und Reallohnsteigerungen der letzten beiden Jahrzehnte Anlaß zur Besorgnis geben, und wir werden ein wenig in die Möglichkeiten hineinschnuppern, die Amerika langfristig zur Ankurbelung von Produktivität und Wirtschaftswachstum offenstehen.

A. EINFLUSSNAHME AUF DEN KONJUNKTURZYKLUS

Die Ereignisse der letzten Jahre zeigen, daß kein einziges Land, so gut es auch regiert wird, vor Rezessionen gefeit ist. Zu Beginn der neunziger Jahre drifteten die USA, Deutschland und Japan – und das sind immerhin die drei wirtschaftlichen Führungsmächte weltweit – in eine schleichende Abschwungphase, in deren Verlauf es zu einem Nullwachstum und schwindenden Gewinnen kam. Und obwohl heute in den meisten Ländern die Inflation unter Kontrolle ist, hat noch kaum jemand die galoppierenden Preiserhöhungen der siebziger und frühen achtziger Jahre vergessen.

Wir schließen daraus, daß es nach wie vor wichtig, ja entscheidend ist, eine Art der Wirtschaftspolitik zu finden, die eine Balance zwischen Wachstum und Inflation herstellen kann. Wir haben gesehen, daß die Entwicklung des BIP und der Preise durch das Zusammenspiel von Gesamtangebot und Gesamtnachfrage bestimmt wird. Mit anderen Worten, die vorrangige Methode, die einem Staat zur Bekämpfung einer Rezession oder zur Dämpfung einer Inflation zur Verfügung steht, ist nach wie vor die Anwendung geld- und fiskalpolitischer Hebel, um die Gesamtnachfrage zu dämpfen oder anzukurbeln. So kann ein Staat beispielsweise Schritte zur Steigerung der Gesamtnachfrage unternehmen. Eine schnellere Gesamtnachfragesteigerung führt in der Folge zu einem höheren realen BIP. Zusätzlich wird damit aber auch der Druck auf Löhne und Preise erhöht und tendenziell die Inflationsrate in die Höhe getrieben.

Alle diese Beobachtungen lassen jedoch zwei entscheidende Fragen offen: Wie hat die beste Aufteilung zwischen geld- und fiskalpolitischen Maßnahmen im Sinne einer wirtschaftlichen Stabilisierung auszusehen? Und, wenn wir diese Frage beantwortet haben: Könnten nicht möglicherweise die politischen Entscheidungsträger mit ihrer aktiven Geld- und Fiskalpolitik der Wirtschaft sogar mehr Schaden als Nutzen zufügen?

WECHSELWIRKUNG ZWISCHEN GELD- UND FISKALPOLITIK

Wie die beste Kombination aus Geld- und Fiskalpolitik im einzelnen beschaffen sein sollte, hängt von zwei Faktoren ab: einmal von der Notwendigkeit einer Nachfragesteuerung und dann von der erwünschten Mischung aus fiskal- und geldpolitischen Maßnahmen.

Steuerung der Gesamtnachfrage

Die wichtigste Überlegung jedes Politikers – ob es sich um den Präsidenten der Vereinigten Staaten oder den Zentralbankpräsidenten handelt – gilt dem allgemeinen Zustand der Wirtschaft und der Notwendigkeit, die Gesamtnachfrage situationsgerecht anzupassen. Bei stagnierender Wirtschaft kann eine gezielte Geld- und Fiskalpolitik dazu eingesetzt werden, um die Wirtschaft zu stimulieren und einen Aufschwung einzuleiten. Bei drohender Inflation können Geld- und Fiskalpolitik hilfreiche Instrumente darstellen, um das Wachstum zu drosseln und der inflationären Entwicklung Einhalt zu gebieten. Das wären zwei Beispiele einer *Nachfragesteuerung*, worunter wir den Einsatz einer bewußten Geld- und Fiskalpolitik zur Einstellung der gesamtwirtschaftlichen Nachfrage auf dem erwünschten Niveau verstehen.

Nehmen wir an, ein Staat befände sich im Übergang zu einer schweren Rezession. Die Gesamtnachfrage ist gemessen am potentiellen BIP gedämpft. Was kann dieser Staat in seiner Situation tun, um die dahinsiechende Wirtschaft neu zu beleben? Er kann auf die Gesamtnachfrage einwirken, indem er die Geldmenge oder das strukturelle Budgetdefizit erhöht, oder indem er eine Kombination beider Maßnahmen wählt. Reagiert die Wirtschaft auf diese geld- und fiskalpolitische Stimulierung, kommt es zu einem Anstieg der Produktionsleistung und der Beschäftigung, die Arbeitslosigkeit geht zurück. (Frage: Welche Maßnahmen könnte ein Staat in Zeiten der Inflation ergreifen?)

Wiederholen wir noch einmal kurz die Stärken und Schwächen der Geld- und Fiskalpolitik.

Kann Fiskalpolitik überhaupt etwas bewirken? In den vergangenen drei Jahrzehnten hat die Anwendung fiskalpolitischer Maßnahmen zur Stabilisierung der Wirtschaft für Politiker wie auch für Makroökonomen viel von ihrer Attraktivität eingebüßt. In den frühen Phasen der keynesianischen Revolution betrachteten Ökonomen die Fiskalpolitik als das wirksamste und ausgeglichenste Instrument zur Nachfragesteuerung. Aber nach und nach zeigten sich die Schwächen dieser Politik im Zusammenhang mit der zeitlichen Abfolge, den politischen Entscheidungen, der makroökonomischen Theorie und mit dem Budgetdefizit.

Eine Befürchtung betrifft die zu lange Zeitspanne, die zwischen einem Konjunkturschock und der Reaktion der Politik verstreicht. So dauert es schon geraume Zeit, bis die Ökonomen einen Wendepunkt im Konjunkturzyklus überhaupt erkennen können. Zusätzlich zu dieser unerwünschten „Nachdenkpause" kommt es zu einer weiteren Reaktionsverzögerung, bis die Politiker beschlossen haben, was zu tun sei, und bis entsprechende Maßnahmen den Kongreß passiert haben. Wenn es schließlich tatsächlich zu fiskalpolitischen Anpassungsmaßnahmen kommt, dauert es wieder sehr lang, bis die Wirtschaft darauf reagiert.

Zwar gelten diese Verzögerungen bis zum richtigen Erkennen der Situation und schließlich bis zum Einsetzen der Wirkung sowohl für die Geld- als auch die Fiskalpolitik, aber gerade im Fall fiskalpolitischer Maßnahmen kann sich die Reaktionszeit so lange hinziehen, bis die stabilisierenden Auswirkungen schließlich irrelevant geworden sind. Die Trägheit fiskalpolitischer Maßnahmen hat in den letzten Jahren übrigens noch zugenommen, weil die Budgetbeschlußfassung zunehmend komplizierter wird, und weil etwa in den USA beinahe ein Jahr zwischen den Empfehlungen des Präsidenten und der Beschlußfassung durch den Kongreß verstreicht.

Eine weitere Schwierigkeit besteht darin, daß Steuern viel leichter gesenkt als erhöht werden können, während es sich bei den Staatsausgaben umgekehrt verhält. In den sechziger Jahren war der Kongreß begeistert, als er die Steuersenkungen der Kennedy-Administration beschließen durfte. Zwei Jahre danach, als die durch den Vietnamkrieg überhitzte Wirtschaft dämpfende Maßnahmen erfordert hätte, verschoben Präsident Johnson und der damalige Kongreß alle schmerzhaften Eingriffe so lange, bis bereits eine massive Inflation eingesetzt hatte. Und auch Präsident Bush hatte ordentlich zu kämpfen, um im Zuge seines Pakets zur Senkung des Budgetdefizits eine relativ geringfügige Steuererhöhung im Kongreß durchzubringen, und diese ohnehin bescheidene Maßnahme kratzte auch erheblich an seiner Position innerhalb der republikanischen Partei, was wohl unter anderem zu seiner Niederlage im Jahr 1992 beigetragen hat.

Doch selbst wenn sie rasch umgesetzt werden, wirken sich fiskalpolitische Maßnahmen möglicherweise nicht so aus, wie dies die Makroökonomen früher annahmen. So sprachen sich viele bei einer Überhitzung der Wirtschaft und drohender Inflation für vorübergehende Steuererhöhungen aus. Studien belegen jedoch, daß die Konsumenten sehr genau wissen, wann steuerliche Maßnahmen nur vorübergehenden Charakter haben, und daß sie daher ihr Ausgabenverhalten nicht eigens anpassen, weil die zeitweilige Steueränderung ohnehin kaum Auswirkungen auf ihr Dauer- oder Lebenseinkommen hat. Zusätzlich wurde die Kritik an einer diskretionären Fiskalpolitik noch durch den sogenannten „Barro-Effekt", wonach Steuererhöhungen auf weitblickende Konsumenten *keine Auswirkungen* haben, verschärft.

Was heute jedoch vor allem gegen fiskalpolitische Maßnahmen spricht, das ist das Ausmaß des US-Haushaltsdefizits. Angesichts eines derart großen strukturellen Defizits zögert der Gesetzgeber, ausgabensteigernde Entscheidungen zu treffen und die Steuern zu senken, selbst wenn die Arbeitslosenrate hoch ist. Und die verständliche Aversion gegen eine weitere Erhöhung des Defizits wird durch die Budgetbeschränkungen des Kongresses, die wir später behandeln wollen, noch weiter verstärkt.

Die Fiskalpolitik gehört heute in der US-Wirtschaft nicht mehr zu den wichtigen Stabilisierungswerkzeugen. In absehbarer Zukunft wird wohl gelten, daß stabilisierende Maßnahmen weitgehend über die Geldpolitik der Zentralbank zu erfolgen haben.

Die Wirksamkeit geldpolitischer Maßnahmen. Im Vergleich zur Fiskalpolitik entfaltet die Geldpolitik ihre Wirkung sehr viel indirekter. Während eine expansive Fiskalpolitik den Konsumenten und Unternehmen direkt mehr Geld in die Hände spielt, beeinflußt die Geldpolitik das Ausgabenverhalten über die Zinssätze, die Kredite, Wechselkurse sowie über die Finanzanlagen. In der Nachkriegszeit reagierten manche Keynesianer lange Zeit hindurch bezüglich der Wirksamkeit der Geldpolitik ebenso skeptisch, wie sie sich für das neu gefundene Instrument der Fiskalpolitik begeistern konnten. Doch in den letzten zwanzig Jahren übernimmt die Zentralbank eine neue, aktivere Rolle, und sie hat sich dabei als durchaus fähig erwiesen, dämpfend oder stimulierend auf die Wirtschaft einzuwirken.

Zentralbanken sind übrigens in einer viel besseren Position, eine wirksame Stabilisierungspolitik zu betreiben, als fiskalpolitische Entscheidungsträger. Die in der Federal Reserve tätigen Wirtschaftsfachleute erkennen konjunkturzyklische Entwicklungen frühzeitig, und sie können bei Bedarf rasch handeln. So verkündete etwa das US-Handelsministerium am 28. Januar 1994, die Konjunktur habe zum Jahresende 1993 überraschend schnell angezogen; und schon eine Woche später folgte

Geld, Produktionsleistung und Preise

Betroffene Variable	Reaktion der betroffenen Variablen auf eine vierprozentige Änderung der Geldmenge (als prozentuelle Abweichung der betroffenen Variablen von der Vergleichsbasis)				
	Jahr 1	Jahr 2	Jahr 3	Jahr 4	Jahr 5
reales BIP	0,9	1,1	1,2	1,1	0,8
Verbraucherpreise	0,2	0,7	1,1	1,5	1,8
nominales BIP	1,1	1,8	2,3	2,5	2,7

Tabelle 33-1: Geschätzte Auswirkungen der Geldpolitik auf Produktionsleistung und Preise

Eine Studie befaßte sich mit der Frage, wie sich eine Änderung der Geldpolitik nach acht verschiedenen ökonometrischen Modellen auswirken müßte. In jedem Fall wurde ein „Schock“ durch eine Erhöhung der Geldmenge um 4 Prozent in Jahr 1 und durch eine kontinuierlich um 4 Prozent über der Vergleichsbasis liegende Geldmenge in den Jahren danach zugrundegelegt. Die Schätzungen in der Tabelle zeigen die durchschnittliche errechnete Reaktion nach den einzelnen Modellen.

Beachten Sie bitte eine starke erste Reaktion des realen BIP auf die geldpolitische Verschiebung, wobei der Höhepunkt in Jahr 3 eintritt. Die Auswirkungen auf die Preise steigen graduell an, was auf die Reaktionsträgheit von Preisen und Löhnen zurückzuführen ist. Sehen Sie, daß die Auswirkungen auf das nominale BIP auch noch nach 5 Jahren geringer ausfallen, als es dem Geldmengenwachstum entsprechen würde?

[Quelle: Ralph C. Bryant, Peter Hooper und Gerald Holtham, „Consensus and Diversity in the Model Simulations," in Ralph Bryant et al. Hrsg., *Empirical Macroeconomics for Interdependent Economies* (Brookings, Washington, D.C., 1988)]

die Reaktion der Fed, indem sie erstmals nach einem halben Jahrzehnt die Zinssätze wieder anhob. Hier zeigt ein Vergleich sehr deutlich die langsamere Wirkweise fiskalpolitischer Maßnahmen, wenn man bedenkt, daß es über ein Jahr lang dauerte, zur Zeit des Vietnamkrieges eine restriktivere Fiskalpolitik durchzusetzen. Zur Zentralbankpolitik gehört ganz wesentlich ihre Unabhängigkeit, und es hat sich erwiesen, daß beispielsweise die amerikanische Federal Reserve gegen eine beginnende Inflation durchaus auch unpopuläre Maßnahmen durchzusetzen in der Lage ist. Das gewichtigste Argument pro Geldpolitik ist jedoch, wie erwähnt, daß es im Zusammenhang mit der gewünschten Nachfragesteuerung kein Anliegen gibt, das mit geldpolitischen Maßnahmen nicht ebenso gut zu bewältigen wäre wie mit fiskalpolitischen Eingriffen.

Um eine Stabilisierung der Wirtschaft zu erreichen, muß die Zentralbank natürlich ein ausgewogenes Mittelmaß zwischen Stimulierung und restriktiver Politik finden. Dazu kann sie beispielsweise statistische Techniken einsetzen, um die quantitativen Auswirkungen ihrer Geldpolitik zu schätzen. Die Ergebnisse einer jüngeren Studie, die sich mit einer Reihe makroökonomischer Modelle beschäftigt, sind in Tabelle 33-1 dargestellt. Diese Studie untersucht die Auswirkungen einer gegenüber der prognostizierten Entwicklung um 4 Prozent erhöhten Geldmenge auf die US-Wirtschaft, und dies unter der Annahme, daß die Geldmenge auch in Zukunft 4 Prozent über der Vergleichsbasis liegen wird.

Die Ergebnisse zeigen eine starke anfängliche Reaktion des realen BIP auf die Geldmengenexpansion. Dagegen darf die Erhöhung des Preisniveaus als sehr langsam bezeichnet werden, wenn man bedenkt, daß diese im ersten Jahr weniger als ein Fünftel der Steigerung des nominellen BIP ausmacht. Nach den Modellsimulationen zeigt sich erst mit fünfjähriger Verzögerung ein Großteil der Nominal-BIP-Steigerung im Preisniveau anstatt im realen BIP. Die Modelle bestätigen also die keynesianische Theorie einer verzögerten Reaktion der Löhne und Preise auf Änderungen der Geldmenge.

Wie aber können sich die Herren über die Geldmenge diese Erkenntnisse zunutze machen? Nehmen wir beispielsweise an, die Zentralbank prognostiziere für das kommende Jahr ein Wachstum des realen BIP um 5 Prozent; die Zentralbank glaube darüber hinaus, daß eine Wachstumsrate von 4 Prozent das Maximum dessen darstellt, was die Wirtschaftslage ohne Anheizung der Inflation verträgt. Welche Geldmengenänderungen wären in diesem Fall erforderlich, um die Wachstumsrate des realen BIP um einen Prozentpunkt zu drosseln? Die Antwort: Die Geldmengensteigerung muß um etwas mehr als 4 Prozent gedrosselt werden, soll das reale BIP um einen Prozentpunkt zurückgehen.

Wie nützlich derartige Berechnungen sind, hängt natürlich davon ab, inwiefern statistische Korrelationen der Vergangenheit in die Zukunft projizierbar sind. Ökonomen, die sich vornehmlich mit monetären Effekten beschäftigen, betonen, daß die Auswirkungen geldpolitischer Maßnahmen nicht immer vorhersehbar sind, ja daß sie sich im Verlauf der wirtschaftlichen Entwicklung sogar verändern können. So werden mit zunehmender Globalisierung die geldpolitischen Einflüsse auf die Nettoexporte immer wichtiger, während zugleich deren unerwünschte Auswirkungen auf den Wohnungsbau und sonstige heimische Wirtschaftssektoren durch eine Deregulierung des Finanzsystems gemildert werden.

Was die stabilisierende Wirkung betrifft, so ist heute eigentlich nur noch die Geldpolitik im Spiel. Es besteht auch kaum ein Zweifel an der Effektivität geldpolitischer Maßnahmen bei der Steuerung der Gesamtnachfrage, doch erfolgen die Reaktionen mit – unterschiedlich – großer Verzögerung.

Die richtige Mischung aus Fiskal- und Geldpolitik

Der zweite in der Fiskal- und Geldpolitik wesentliche Faktor ist die richtige **fiskal- und geldpolitische Mischung**, womit die jeweilige Bedeutung jeder der beiden Komponenten und ihre Auswirkung auf die unterschiedlichen BIP-Positionen gemeint ist. Der Grundidee nach sind Fiskalpolitik und Geldpolitik in der Nachfragesteuerung Substitute. Und obwohl natürlich prinzipiell die Wahl auf verschiedene Kombinationen aus geld- und fiskalpolitischen Maßnahmen zur Stabilisierung der Wirtschaft fallen kann, sind die jeweiligen Auswirkungen auf die *Zusammensetzung* des BIP doch sehr unterschiedlich. Durch das Variieren steuerlicher, ausgabenpolitischer und geldpolitischer Maßnahmen kann ein Staat die jeweils gewünschte Aufteilung des BIP zwischen Investitionen, Konsum, Exporten und dem staatlichen Ankauf von Gütern und Dienstleistungen beeinflussen. Das läßt sich anhand der folgenden Beispiele leicht erkennen:

- *Beispiel 1*: Nehmen wir an, der Präsident hätte entschieden, daß eine kräftige Erhöhung der Verteidigungsausgaben dringend nötig ist, und daß diese Erhöhung zu Lasten der heimischen Investitionen und Exporte gehen sollte. Wie könnte er dazu vorgehen? Vielleicht sollte das Land seine Verteidigungsausgaben erhöhen, die Steuern unverändert belassen oder sogar senken, die Geldmenge verknappen und so die Zinssätze genügend anheben, um Investitionen und Exporte zu drücken und Spielraum für zusätzliche Käufe des Staates zu gewinnen. Diese Politik würde zu einer Erhöhung des strukturellen Budgetdefizits und höheren Realzinssätzen führen. Die USA haben unter der Präsidentschaft Reagans zu Beginn der achtziger Jahre diesen Weg beschritten.
- *Beispiel 2*: Nehmen wir an, in einem Land regt sich eine gewisse Besorgnis angesichts der zu niedrigen nationalen Sparquote und in der Folge der Wunsch, die Investitionen anzukurbeln, um den Kapitalstock erhöhen und das Wachstum des potentiellen BIP stimulieren zu können. Als weitere Vorgabe dürfte dieser Schritt das allgemeine BIP-Niveau nicht verändern, sondern die höheren Investitionen sollten auf Kosten des privaten Konsums getätigt werden. Um dieses Ziel zu erreichen, könnte der Staat die Verbrauchsteuern erhöhen und Transferzahlungen zurücknehmen, um die verfügbaren Einkommen zu senken und so den Konsum zu drosseln; des weiteren wäre es möglich, staatliche Einkäufe zurückzustellen und eine expansionistische Geldpolitik zu verfolgen, um die Zinssätze zu senken und die Investitionen anzukurbeln, die Wechselkurse zu senken und die Exporte zu fördern. Mit diesem Kurs würden private Investitionen durch ein vermehrtes privates Sparaufkommen gefördert. Das war übrigens die Wirtschaftsphilosophie der Regierung Clinton, die sich im Budgetgesetz des Jahres 1993 niederschlug.

Achtung: Politiker sind auch nur Menschen. *Häufig lassen sich die hochfliegenden Wachstums- und Stabilitätsziele in den Worten und Taten der in der Praxis für die Fiskalpolitik verantwortlichen Politiker kaum unterscheiden. Budgetdebatten sind häufig eine Aneinanderreihung von Beschuldigungen, wonach eine Gruppe nur „besteuern und ausgeben" wolle, während die andere eine „Sparflammenpolitik" verfolge. Die parteipolitischen Debatten haben zu einer politischen Pattstellung geführt, in der alle jene, die Steuererhö-*

hungen oder Kürzungen der staatlichen Unterstützung für die Mittelklasse befürworten, in die politische Wüste geschickt werden, auch wenn ihre fiskalpolitischen Maßnahmen edlen Zwecken dienen. Das Erbe der angebotsseitigen Wirtschaft und des weitmaschigen sozialen Netzes hat sich zu einem massiven Spar- und Investitions-Mangelsyndrom, gekoppelt mit hohen Budgetdefiziten und einer drückenden externen Staatsverschuldung, ausgewachsen. Das sind die unvermeidlichen Konsequenzen der ganz speziellen geld- fiskalpolitischen Mischung der letzten Jahre.

Veränderungen der geld- und fiskalpolitischen Mischung. Sehen wir uns einmal näher an, wie sich eine mögliche Änderung des fiskal- und geldpolitischen Mix auswirken könnte: eine Verringerung des Budgetdefizits um $ 100 Milliarden, kombiniert mit einer Geldmengenexpansion, die genau ausreicht, die möglicherweise steigende Arbeitslosigkeit zu kompensieren. Mit anderen Worten, diese Kombination würde den Strategiemix verändern, ohne die gesamtwirtschaftliche Nachfrage zu beeinflussen. Hier stellen wir eine Ähnlichkeit zum Defizit-Senkungspaket der Clinton-Regierung 1993 fest, und zwar unter der zusätzlichen Annahme, daß die Federal Reserve die Wirtschaft ausreichend stimulieren werde, um den Abgang durch höhere Steuern und geringere Staatsausgaben ausgleichen zu können.

Versuchen wir nun mit Hilfe eines quantitativen Modells wie des langfristig angelegten DRI-Modells der USA die Wirkung der vorgenommenen Änderung zu schätzen.[1] Tabelle 33-2 zeigt die Ergebnisse des Experimentes. Wir stellen dabei zwei interessante Entwicklungen fest: Erstens zeigt die Simulation an, daß eine Änderung des fiskal- und geldpolitischen Mix tatsächlich zu einer veränderten Zusammensetzung des realen BIP führen würde. Und während das Defizit um $ 100 Milliarden zurückgeht, steigen die Unternehmensinvestitionen um $ 30 Milliarden. Auch die Investitionen in den Wohnungsbau steigen mit sinkenden Zinssätzen. Zugleich geht der private Konsum zurück und macht Ressourcen für Investitionszwecke frei. Diese Simulierung belegt übrigens die Ansicht, daß sich eine Verringerung des Budgetdefizits auf die Investitionen durchaus auch günstig auswirken kann.

Sektor		Änderung der Produktionsleistung (in Mia. $, Preise zum Stand 1989)
Investitionssektoren		**$ 132**
heimische Brutto-Privatinvestitionen	$ 48	
Wohnungsbau	18	
Anlageninvestitionen	30	
Nettoexporte	83	
		−106
Konsumsektoren		
Staatsausgaben für Güter und Dienstleistungen	−68	
Private Konsumausgaben	−38	
Anmerkungen:		
Änderung des realen BIP		26
Änderung des Budgetdefizits		−100

Tabelle 33-2: Änderung des fiskal- und geldpolitischen Mix

Welche Auswirkungen wären durch eine Änderung des fiskal- und geldpolitischen Mix auf die USA zu erwarten?
In der obigen Simulation sind wir von einer Verringerung des Budgetdefizits um $ 100 Milliarden durch höhere Personensteuern und geringere Zivilausgaben des Staates bei gleichzeitigem Einsatz der Geldpolitik zur Stabilisierung der Beschäftigung ausgegangen. Es wurden die Durchschnittswerte der Veränderung gegenüber der Vergleichsbasis im Zeitraum 1990–1999 herangezogen. (Quelle: Simulation mit Hilfe des DRI-Modells der US-Wirtschaft)

Aber unser Experiment ergibt noch ein zweites überraschendes Ergebnis: Die Nettoexporte steigen um einiges stärker an als die Investitionen in den Wohnungsbau oder in die Unternehmensanlagen. Dies deshalb, weil es bei sinkenden Zinssätzen zu einer signifikanten Dollarabwertung kommt, die sich für die amerikanischen Exporte günstig erweist, für Importe jedoch eine Barriere darstellt. Während dieses Ergebnis die offensichtlichen Reaktionen der Finanzmärkte und Wechselkurse auf das Defizit-Abbaupaket zeigt, ist doch anzunehmen, daß ei-

[1] Dieses Modell wurde von dem anerkannten Harvard-Makroökonomen Otto Eckstein entworfen. Es enthält eine keynesianische Standardkonstellation zur Ermittlung der Gesamtnachfrage, und es berücksichtigt sowohl Geld- als auch Fiskalpolitik. Das Gesamtangebot weist eine endogene potentielle Produktionsleistung (bestimmt durch Kapital, Arbeit, F&E und Energie) und langsam reagierende Preise und Löhne auf.

nige der üblichen Analysen der Folgen eines solchen Wirtschaftspaktes durchaus irreführend sein können. So wurde häufig argumentiert, daß eine Verringerung des Budgetdefizits signifikante Auswirkungen auf Investitionsverhalten und Produktivität haben müßte. Aber weil das verringerte Defizit vorrangig Exporten und dem Wohnungsbau zugute kommt, ist nur ein relativ geringer Anstieg der Produktivität zu erwarten.

Wir schließen daraus, daß eine Verringerung des Budgetdefizits, und zwar auch in Kombination mit niedrigen Zinsen, im Verlauf der nächsten Jahre nur zu geringfügigen Verbesserungen der Wirtschaftsleistung führen wird. Nach dem DRI-Modell erhöht eine Senkung des Budgetdefizits um $ 100 Milliarden die Wachstumsrate des potentiellen BIP im Zehnjahreszeitraum von 2,3 Prozent auf bescheidene 2,6 Prozent jährlich. Daß sich der Defizitabbau unmittelbar so wenig zu lohnen scheint, erklärt wohl zumindest teilweise, warum es so schwierig ist, den politischen Willen zu diesem Schritt aufzubringen.

STEUERUNG VERSUS REGELUNG

Wir haben erkannt, daß fiskal- und geldpolitische Maßnahmen die Wirtschaft *prinzipiell* stabilisieren können. Viele Ökonomen, und unter ihnen vor allem die Keynesianer, meinen, daß die Staaten *praktische* Maßnahmen ergreifen sollten, um dem Konjunkturzyklus seine extremen Höhen und Tiefen zu nehmen. Andere Ökonomen sind bezüglich unserer Möglichkeiten, Wirtschaftszyklen vorherzusagen und die richtigen Maßnahmen zur richtigen Zeit aus den richtigen Gründen zu treffen, eher skeptisch. Diese zweite Gruppe vertritt die Ansicht, man könne sich keinesfalls darauf verlassen, daß der Staat eine gute Wirtschaftspolitik betreiben werde, weshalb sein wirtschaftspolitischer Handlungsspielraum auch strikt eingeschränkt werden sollte.

Vertreter einer konservativen Fiskalpolitik sind beispielsweise besorgt, es könnte für den Kongreß einfacher sein, die Staatsausgaben zu erhöhen und die Steuern zu senken, als sich zu gegenteiligen Maßnahmen durchzuringen. Das heißt, es ist natürlich einfach, in Rezessionsphasen das Budgetdefizit zu erhöhen, aber sehr viel schwieriger, die Wende zu schaffen und das Defizit in der Hochkonjunktur wieder abzubauen, wie es eine antizyklische Fiskalpolitik eigentlich erfordern würde. Daher haben Konservative mehrere Versuche unternommen, den Kongreß in seinen Möglichkeiten zur Bereitstellung neuer finanzieller Mittel oder zur Erhöhung des Defizits zu beschneiden.

Ebenso würden es geldpolitisch konservativ Denkende gerne sehen, könnte man der Zentralbank durch eine vorgegebene Geldmenge oder vorgeschriebene Ziele die Hände binden. Anstatt beispielsweise die Zentralbank die Geldmenge als Reaktion auf wirtschaftliche Bedingungen erhöhen oder senken zu lassen, schlagen Monetaristen vor, die Fed solle einer kontinuierlichen Geldmengen-Erhöhungspolitik folgen. Das hätte den Vorteil, daß die Unsicherheit auf den Finanzmärkten beseitigt wäre, und zusätzlich würde die Glaubwürdigkeit der Zentralbank als inflationsbekämpfende Institution gestärkt.

Im weitesten Sinne reduziert sich die Debatte „Steuerung versus Regelung" darauf, ob die Vorteile flexibler Entscheidungsprozesse durch die Unsicherheiten und den potentiellen Mißbrauch einer diskretionären Politik nicht wieder zunichte gemacht werden. Wer glaubt, daß die Wirtschaft inhärent instabil und komplex ist, und daß Regierungen im allgemeinen kluge Entscheidungen treffen, der fühlt sich angesichts des großen Ermessensspielraums der politischen Entscheidungsträger, die auf drohende Instabilität energisch reagieren, wohl. Wer jedoch meint, der Staat stelle einen der besonders destabilisierenden Faktoren für die Wirtschaft dar, und politische Entscheidungsträger seien anfällig für Fehlurteile oder Korruption, wird sich eher dafür aussprechen, den fiskal- und geldpolitischen Entscheidungsträgern Zügel anzulegen.

Sind Budgetbeschränkungen sinnvoll?

Als die Defizite in den achtziger Jahren anzuwachsen begannen, meinten viele, insbesondere aber konservative Beobachter, es fehle dem Kongreß an der nötigen Selbstbeherrschung, um der exzessiven Ausgabenpolitik und der steigenden Staatsverschuldung ein Ende zu setzen. Als Reaktion auf diese Ansicht verabschiedete der Kongreß 1985 den *Gramm-Rudman Act*, der vorschrieb, daß das Budgetdefizit alljährlich um einen absoluten Geldbetrag verringert und bis zum Jahr 1991 ausgeglichen sein müsse. Sollte der Kongreß nicht in der Lage sein, die Gramm-Rudman-Zielvorgaben zu erreichen, würden die Ausgaben generell gekürzt.

Die Ergebnisse verfehlten den Auftrag des Kongresses klar. Der Gramm-Rudman-Gesetzesvorschlag trat zwar Ende 1985 in Kraft, aber die ehrgeizigen Ziele konnten nie erreicht werden. Das Gesetz mußte daher 1987 novelliert werden, und 1990 ersetzte man die ursprünglichen Ziele durch eine Reihe von Ausgabenrestriktionen, weil sich die Defizitkontrolle als ungangbarer und ineffektiver Weg erwiesen hatte. Diese Restriktionen wurden in den Budget Act 1993 aufgenommen und stellen eine

Volkswirtschaftliche Variable	Variabilität (prozentuelle jährliche Änderung) im Zeitraum: 1960–1969	1970–1979	1980–1993
Nominales BIP	0,89	1,08	0,98
Umlaufgeschwindigkeit M_1	0,88	1,00	1,55
Umlaufgeschwindigkeit M_2	0,95	1,20	1,20

Tabelle 33-3: Die Umlaufgeschwindigkeit des Geldes macht in den letzten Jahren eine instabile Entwicklung durch

Die Befürwortung einer fixen Geldmengenregelung durch die Monetaristen bedingt eine stabile Geldumlaufgeschwindigkeit. Bitte beachten Sie, daß BIP $\equiv PQ \equiv VM$ kontinuierlich wächst, wenn M eine stabile Wachstumsrate aufweist und V stabil ist. Die Tabelle zeigt die durchschnittliche prozentuelle Änderung der Variablen von einem zum nächsten Quartal. In den letzten Jahren hat sich die Umlaufgeschwindigkeit des Geldes in ihrem Verhältnis zur nominalen Produktionsleistung zunehmend instabil verhalten. (Quelle: Federal Reserve Board und US-Handelsministerium)

verbindliche Beschränkung neuer staatlicher Programme (darunter Verteidigungsprojekte und Zivilprogramme wie Schulen, Wissenschaftsförderung und staatliche Verwaltung) dar. Der Budget Act 1993 verlangt für die Periode 1993–1998 einen realen Rückgang der staatlichen Programme um beinahe 25 Prozent.

Die andere wichtige Änderung, die in den Novellen der neunziger Jahre angebracht wurde und sich im Budget Act 1993 widerspiegelt, ist die sogenannte „Pay-as-you-go"-Bestimmung. Sie verlangt, daß der Kongreß selbst die Einnahmen zur Zahlung aller neuen Ausgabenprogramme auftreiben muß. Andernfalls kommt es zu automatischen Ausgabenkürzungen, um eine weitere Erhöhung des Defizits zu verhindern.

Die „Pay-as-you-go"-Bestimmung stellt für den Kongreß eine Budgetbeschränkung dar, und sie verlangt ausdrücklich, daß die Kosten für neue Programme entweder durch höhere Steuern oder geringere Ausgaben in anderen Bereichen aufgebracht werden.

Welche Wirkung haben die genannten Budgetbeschränkungen gezeigt? Es kam zu einem Rückgang des strukturellen Defizits im Verhältnis zum BIP. Aber alle vom Kongreß verabschiedeten Gesetze können von diesem natürlich auch wieder geändert werden, und deshalb liegt die Zukunft dieser selbstauferlegten Disziplin im Dunklen. Aus diesem Grund verlangen die Konservativen seit zehn Jahren eine Verfassungsänderung, die ein ausgeglichenes Budget vorschreibt. Eine solche Ergänzung der US-Bundesverfassung, sollte sie im Kongreß beschlossen und von einer ausreichenden Anzahl von Staaten bestätigt werden, könnte ein eminentes Hindernis für die gezielte Rezessionsbekämpfung mittels fiskalpolitischer Maßnahmen darstellen.[2] Die seit dem Jahr 1980 unternommenen drei Versuche zur Einführung verfassungsmäßig verankerter Defizitrestriktionen sind übrigens alle fehlgeschlagen.

Monetäre Regelung für die Zentralbank?

In unserer Erörterung des Monetarismus haben wir auch den Fall einer fixen Geldmengenregelung skizziert. Das traditionelle Argument zugunsten einer solchen fixen Regelung besagt, daß sich die Privatwirtschaft ohnehin relativ stabil verhält und daß es durch ein bewußtes politisches Eingreifen wahrscheinlich eher zu einer Destabilisierung denn zu einer Stabilisierung der Wirtschaft käme. Ja mehr noch, sollte die Zentralbank versucht sein, vor Wahlen in Richtung Expansion zu arbeiten und sozusagen einen „politischen" Konjunkturzyklus auszulösen, könnte die fixe Regelung einer solchen Zentralbank die Hände binden. Zusätzlich weisen moderne Makroökonomen darauf hin, wie nützlich es wäre, bereits im voraus aktiv tätig werden zu können. Würde sich die Zentralbank Regelungen zur Inflationsbekämpfung unterwerfen, müßte sich dies auf die Erwartungen der Menschen auswirken, und Inflationserwartungen könnten gedämpft werden.

[2] Die meisten Textvorschläge für einen diesbezüglichen Verfassungszusatz bieten „Schlupflöcher", die dem Staat weiterhin Budgetdefizite erlauben würden, sofern die wirtschaftlichen Bedingungen entsprechend schlecht wären oder eine qualifizierte Mehrheit sich dafür ausspräche. Doch die Restriktionen wären immerhin hart genug, um das Land an den Rand einer Wirtschaftskrise zu bringen, bevor fiskalpolitische Maßnahmen möglich werden.

Bis vor kurzem empfahlen Verfechter einer fixen Geldmengenregelung (vor allem Verfechter des Monetarismus) eine fixes nominales Geldmengenwachstum von beispielsweise 4 Prozent jährlich. Bei konstanter Geldumlaufgeschwindigkeit und einem jährlichen Geldmengenwachstum von 3 Prozent käme man auf eine beständige jährliche Inflationsrate von 1 Prozent. Aus den statistischen Daten in Tabelle 33-3 ergibt sich jedoch klar, daß die Umlaufgeschwindigkeit des Geldes niemals konstant war. Im letzten Jahrzehnt unterlag sie sogar *größeren* Schwankungen als das nominale Produktionsvolumen, und die Monetaristen hätten daher Mühe, zu behaupten, daß eine fixe monetaristische Regelung in diesem Zeitraum tatsächlich zu einer Stabilisierung der gesamtwirtschaftlichen Produktion hätte führen können.

Konkrete nominale Produktionsziele. Angesichts der steigenden Instabilität der Geldumlaufgeschwindigkeit hat sich eine Reihe prominenter Makroökonomen für konkrete Zielsetzungen das nominale Produktionsvolumen betreffend anstelle geldpolitischer Maßnahmen ausgesprochen. Als Argument wird angeführt, daß der Zentralbank die Sicherstellung der Preisstabilität anvertraut ist. Da das reale potentielle Produktionsvolumen ohne größere Turbulenzen wächst, soll ein bestimmtes nominales Produktionsziel langfristig eine Inflationsrate gewährleisten, die dem Wachstum des nominalen Produktionsvolumens abzüglich des Wachstums des realen potentiellen Produktionsvolumens entspricht. Diese Vorgangsweise hat den doppelten Vorteil, es der Zentralbank einerseits zu gestatten, sich auf übergeordnete volkswirtschaftliche Variable zu konzentrieren, während sich andererseits die operativen Konditionen der Bank an veränderte Bedingungen anpassen können.

Kritiker einer rigiden Regelung stellen in Frage, ob sich fixe Regeln tatsächlich positiv auf die Wirtschaftsleistung auswirken können. Sie weisen auf das monetaristische Experiment der Jahre 1979–1982 hin, jener Periode, in der die USA einer fixen Regelungspolitik am nächsten kamen. Dieses Experiment löste die tiefste Rezession seit der Großen Depression aus, und nach 1983 ging man von den rigiden Verfahren wieder ab. Skeptiker meinen, die Wirtschaft sei zu komplex, um durch fixe Regelungen beherrschbar zu sein. Und sie ziehen den Analogieschluß und fragen, ob man denn auch eine fixe Geschwindigkeitsbegrenzung für Autos oder einen Autopiloten für Flugzeuge unter allen Wetter- und Gefahrenbedingungen befürworten könnte.

Die Diskussion Steuerung versus Regelung, fixe Vorgaben oder diskretionäre wirtschaftspolitische Maßnahmen, gehört zu den ältesten Debatten der Wirtschaftspolitik. Es gibt einfach keinen Ansatz, der unter allen Bedingungen und zu jeder Zeit der beste ist. Das Dilemma spiegelt die Schwierigkeit demokratischer Gesellschaften mit ihren Entscheidungen zwischen kurzfristig wirkenden Maßnahmen, die ihnen Wählerstimmen bringen, und einer langfristigen Politik, die das Wohlergehen aller heben soll, wider. Was wir brauchen, ist nicht die strikte Einhaltung von Regeln, sondern ein weitblickendes Engagement für das öffentliche Wohl. Ironischerweise war einer der meistgelobten Wirtschaftspolitiker der Nachkriegszeit der Zentralbankvorsitzende Paul Volcker, dessen Amtsperiode (1979–1987) durch drastische diskretionäre Änderungen der Wirtschaftspolitik zur Eindämmung der Inflation und zum Schutz des US-Finanzsystems geprägt war. Sein Erfolg auf beiden Gebieten belegt, welche Macht kluge und nicht irgendwelchen Interessensgruppen gehorchende diskretionäre Maßnahmen haben können.

B. DIE FÖRDERUNG DES LANGFRISTIGEN WIRTSCHAFTSWACHSTUMS

Die Bedeutung von Produktivität und Wirtschaftswachstum für das langfristige Wohlergehen der Staaten wird von Paul Krugman von der Stanford University wie folgt beschrieben:

> *Produktivität ist nicht alles, aber langfristig doch beinahe alles. Die Fähigkeit eines Landes, seinen Lebensstandard im Laufe der Zeit zu erhöhen, hängt beinahe zur Gänze von seiner Fähigkeit ab, die Produktionsleistung pro Arbeitnehmer zu erhöhen.*[3]

Diese Aussage spiegelt die Aussagen aus Kapitel 28 wider, wonach der Anstieg der Reallöhne und Pro-Kopf-Einkommen unmittelbar auf Produktivitätssteigerungen der Arbeit folgt. Die Entwicklung dieser Variablen in unserem Jahrhundert entnehmen Sie bitte Abbildung 28-5.

---

[3] Paul Krugman, *The Age of Diminished Expectations* (MIT Press, Cambridge, Mass., 1990), S. 9.

Produktivitätsabschwächung

Angesichts der Bedeutung der Produktivität für den Lebensstandard sahen Ökonomen den starken Rückgang der US-Produktivitätszuwächse um 1973 mit großer Sorge. Diese Trendumkehr, die als **Produktivitätsabschwächung** bezeichnet wird, läßt sich aus Abbildung 33-1 ersehen. Dieses Diagramm stellt das tendenzielle Wachstum der **Arbeitsproduktivität** (*Q/L*) sowohl in der Gesamtwirtschaft als auch in der Industrie dar, das sich auf die gesamte Produktionsleistung auf einem Sektor, dividiert durch die Anzahl der Mannstunden in diesem Sektor, bezieht. Ganz offensichtlich kam es zu Beginn der siebziger Jahre zu einer Produktivitätsabschwächung. Ein aufmerksamer Blick auf die Daten zeigt uns, daß die Arbeitsproduktivität tatsächlich in allen Wirtschaftssektoren rückläufig war. Zu den von den Produktivitätsrückgängen am schlimmsten betroffenen Branchen gehörten der Bergbau, das Bauwesen und die Dienstleistungsbranche. Ähnliche Muster, also eine Produktivitätsabschwächung nach 1973 in der Gesamtwirtschaft wie auch in den meisten einzelnen Sektoren, sind für alle großen Industriestaaten charakteristisch.

Tabelle 3-4 zeigt uns die Auswirkungen der Produktivitätsabschwächung auf die Reallöhne. Wer nach dem Zweiten Weltkrieg in den Arbeitsprozeß eingetreten war, erlebte eine zügige Steigerung der Reallöhne, während der Durchschnitts-Arbeitnehmer in den letzten zwanzig Jahren nur eine sehr bescheidene Anhebung seines Lebensstandards verzeichnen konnte.

Produktivität und Reallöhne		
	Durchschnittliches prozentuelles Wachstum pro Jahr	
Periode	Produktivität	Reallöhne
1948–1973	3,0	3,1
1973–1993	1,0	0,7

Tabelle 33-4: Die Reallöhne spiegeln das Produktivitätswachstum wider

Langfristig entwickeln sich die Reallöhne entsprechend den Trends der Arbeitsproduktivität. Nach einem Produktivitätsrückgang im Jahr 1973 kam es zu einer Stagnation der Reallöhne. (Quelle: US-Arbeitsministerium; Produktivität für den US-Unternehmenssektor; die Nominallöhne werden durch den Preisindex für private Konsumausgaben inflationsbereinigt.)

Wie läßt sich die Produktivitätsabschwächung erklären? Produktivitätsstudien weisen auf eine ganze Reihe ungünstiger Faktoren hin, die etwa gleichzeitig auf die amerikanische Wirtschaft einwirkten, darunter folgende:

- Seit Beginn der siebziger Jahre zwangen Umweltschutzauflagen die Unternehmen, Geld in ihre Anlagen und Produktionsverfahren zu investieren, um für einen besseren Schutz der Gesundheit und mehr Sicherheit zu sorgen, aber diese Maßnahmen erschienen nirgends als meßbare Produktionssteigerung. Einer der drastischsten Fälle betraf den Kohleabbau unter Tag, wo die Produktivität enorm zurückging.
- Die Erhöhung der Energiepreise zu Beginn der siebziger Jahre bewog die Unternehmen dazu, Energie durch andere Produktionsfaktoren zu substituieren (Arbeit und Kapital). In der Folge ging die Produktivität von Arbeit und Kapital im Vergleich zu früheren Wachstumsraten zurück.
- Die siebziger und achtziger Jahre zeichneten sich in vielen Bereichen außerhalb der Industrie, und zwar vor allem in Dienstleistungsbranchen wie Fast-Food-Restaurants, durch den regen Zustrom einer Generation unerfahrener, schlecht bezahlter Arbeitskräfte aus. Diese rapiden Zuwächse erhöhten den Beschäftigungsanteil in den weniger produktiven Branchen und senkten so das allgemeine Produktivitätswachstum.

Weitere, in Studien über die Produktivitätsabschwächung angeführte Faktoren waren das geringere Ausgabenniveau im zivilen F&E-Bereich, geringere Investitionen in Anlagen und maschinelle Ausstattung, geringere Ausgaben für die öffentliche Infrastruktur und eine höhere Inflation. Alle diese Faktoren können jedoch das Ausmaß der Produktivitätsabschwächung nur teilweise erklären.

WORUM GEHT ES?

Die Förderung eines hohen und weiterhin steigenden Lebensstandards für die Bewohner eines Landes ist eines der grundlegenden Ziele jeder Wirtschaftspolitik. Weil das gegenwärtige *Niveau* der Realeinkommen die frühere Entwicklung des Produktivitäts*wachstums* widerspiegelt, können wir den relativen Erfolg des früheren Wachstums messen, indem wir die Pro-Kopf-Produktionsleistungen verschiedener Länder untersuchen. Eine kurze Liste dieser Daten finden Sie in Tabelle 33-5. Darin werden Einkommensvergleiche mit Hilfe der Kaufkraft entsprechender Wechselkurse angestellt, um die Kaufkraft der verschiedenen nationalen Währungen zu messen (oder die Menge der jeweils für sie erhältlichen Güter und Dienstleistungen). Offensichtlich waren die USA in punkto Produktivität früher sehr erfolgreich. Doch die gegenwärtigen Trends stimmen uns besorgt, weil die USA eine niedrige Wachstumsrate verzeichnen und der Lebensstandard vieler Amerikaner in den letzten Jahren sogar zurückgegangen ist.

Spricht man von Wachstumsraten, so erscheinen die genannten Zahlen oft unerheblich klein. Selbst eine sehr ehrgeizige investitions- und innovationsfördernde Politik könnte die Wachstumsrate eines Landes vielleicht um 1 Prozentpunkt pro Jahr anheben (also etwa von 1 Prozent auf 2 Prozent jährlich). Langfristig betrachtet aber macht das viel aus. Tabelle 33-6 zeigt, wie durch die Akkumulation geringer Unterschiede in den Wachstumsraten kleine Eicheln zu großen Eichen heranwachsen. Ein Wachstumsunterschied von 4 Prozent jährlich bewirkt im Verlauf eines Jahrhunderts eine Verfünfzigfachung der Einkommensniveaudifferenz.

Wie kann das Wirtschaftswachstum durch staatliche Politik angekurbelt werden? Unsere Analyse in Kapitel 28 hat ergeben, daß die wichtigsten Zutaten Kapitalvertiefung und technologischer Wandel sind. Kapitalvertiefung bedeutet einen vermehrten Kapitaleinsatz pro Arbeitskraft; sie sollte aus Sicht der Politik möglichst umfassend be-

Abbildung 33-1: Das gesamtwirtschaftliche Produktivitätswachstum hat sich seit den siebziger Jahren verlangsamt

Die in der obigen Abbildung dargestellte Produktivität wird als Produktionsleistung pro Arbeitsstunde gemessen. Beginnend etwa im Jahr 1970, ist das Produktivitätswachstum auf dem Unternehmenssektor von rund 3 Prozent auf 1 Prozent jährlich zurückgegangen. Wegen der enormen Zugewinne im Bereich Elektronik konnte die Produktivität in der verarbeitenden Industrie wieder an den früheren Wachstumstrend anschließen. (Quelle: US-Handelsministerium; die Zahlen beziehen sich auf zehnjährige Durchschnittswerte.)

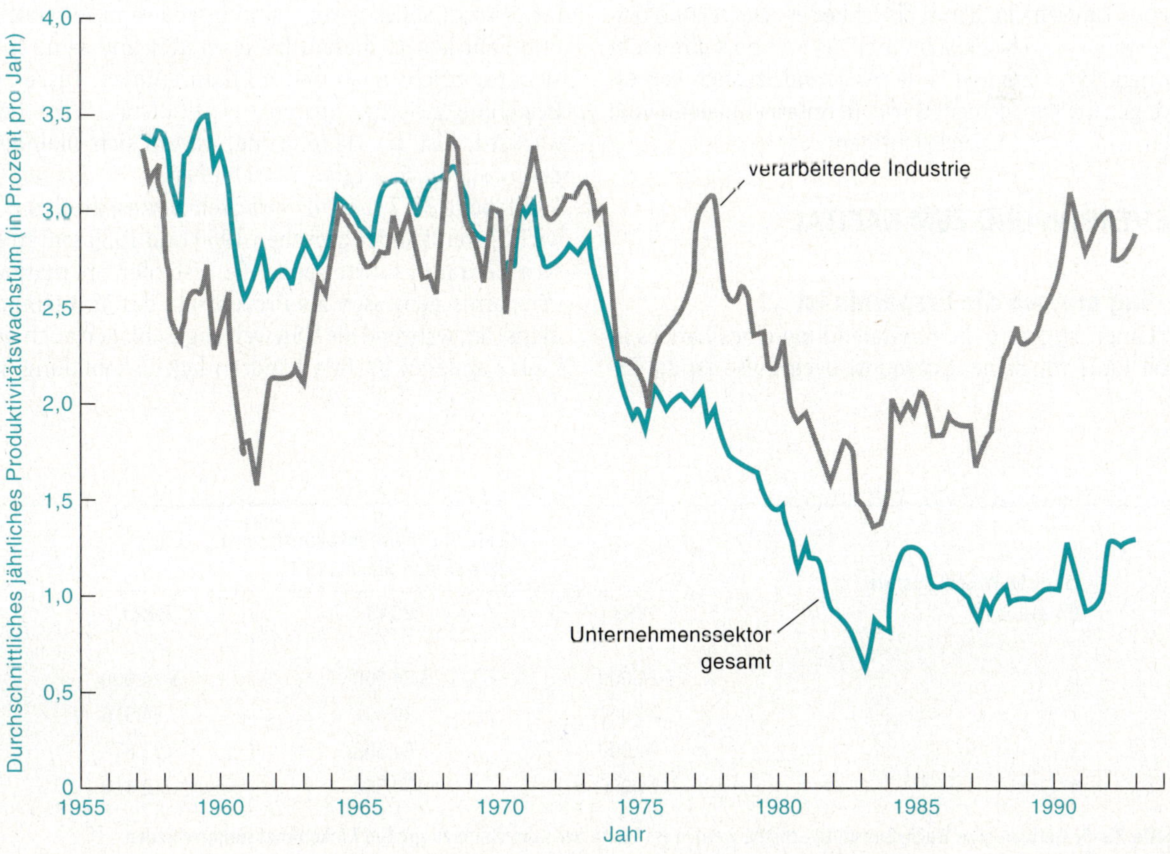

Land	Pro-Kopf-BIP 1993
USA	$ 24.000
Schweiz	21.500
Deutschland (West)	18.600
Japan	17.300
Frankreich	17.200
Rußland	5.200
Indien	3.800
China	2.700

Tabelle 33-5: Die laufenden Einkommen sind jeweils eine Folge früheren Wachstums

Jene Länder, die in der Vergangenheit das rascheste Wachstum aufweisen konnten, verzeichnen auch die höchsten Pro-Kopf-BIPs. (Quelle: Weltbank und Organisation für Wirtschaftliche Zusammenarbeit und Entwicklung OECD; die Daten wurden entsprechend der Kaufkraftparität adaptiert.)

Land	Private Sparquote 1960–1989 (private Nettoersparnis als Prozentsatz des BIP)
Japan	20,7
Westdeutschland	14,0
Frankreich	13,6
Kanada	9,9
Großbritannien	7,4
USA	7,2

Tabelle 33-7: Die US-Sparquote hinkt hinter jener der anderen großen Industriestaaten hinterher

Die Tabelle zeigt die private Nettoersparnis (entsprechend der Nettoersparnis der Haushalte und Unternehmen im In- und Ausland), dividiert durch das BIP. (Quelle: OECD, *National Accounts, 1960–1989*, Paris, 1991; US-Handelsministerium)

trachtet werden und auch quantitative und qualitative Verbesserungen bei Anlagen und maschineller Ausstattung, Schul- und Berufsausbildung sowie natürliche Ressourcen und Umweltkapital mit einschließen. Der technologische Wandel ist ebenfalls breit zu sehen und sollte nicht nur neue Produkte und Verfahren, sondern auch Verbesserungen im Management sowie im Unternehmertum und Unternehmergeist berücksichtigen.

DIE VERBINDUNG ZUM KAPITAL

Sag mir, wo die Ersparnis ist ...

Langfristig wird die Kapitalbildung eines Landes in erster Linie von seiner Sparquote beeinflußt. Ist die Ersparnis in einem Staat hoch, wächst dessen Kapitalbestand rapide an und er erzielt ein gesundes Wachstum seines potentiellen Produktionsvolumens. Ist die Sparrate eines Landes gering, sind irgendwann Ausstattung und Fabriken in diesem Land veraltet und seine Infrastruktur bricht nach und nach zusammen. Diese enge Beziehung zwischen Sparen, Investition und Wirtschaftswachstum ist der Hauptgrund, warum sich Ökonomen derart auf die Sparquote einschießen.

Tabelle 33-7 listet die privaten Nettosparquoten der wichtigsten Länder zwischen 1960 und 1989 auf. In diesem Zeitraum führte Japan die Liste der Sparnationen (Ersparnis gemessen als Prozentsatz des Volkseinkommens) an, während die USA weit abgeschlagen auch noch hinter anderen großen Ländern lagen. Abbildung 33-2

jährliche Wachstumsrate (% pro Jahr)	Reale Pro-Kopf-Einkommen (Preise zum Stand 1993)		
	1993	2043	2093
0	$ 24.000	$ 24.000	$ 24.000
1	24.000	39.471	64.916
2	24.000	64.598	173.872
4	24.000	170.560	1.212.118

Tabelle 33-6: Geringfügige Wachstumsunterschiede werden im Laufe der Jahrzehnte zu großen Einkommensunterschieden

zeigt die Trends sowohl der nationalen Sparquote als auch ihrer privaten Komponente (wozu die Sparquoten der Haushalte und Unternehmen zählen). Die **nationale Sparquote** entspricht den gesamten privaten und öffentlichen Sparguthaben, dividiert durch das Nettoinlandsprodukt (NIP). Die Gesamtsparquote setzt sich aus der Summe der persönlichen, staatlichen und Unternehmenskomponenten zusammen. Wie sich aus der Abbildung ersehen läßt, resultiert ein Großteil des Rückgangs der nationalen Sparguthaben aus Entwicklungen abseits des persönlichen Sektors, vor allem aus geringeren staatlichen Sparguthaben, verursacht durch das wachsende Budgetdefizit.

Unter dem Strich ergibt sich, daß die nationale Sparquote im Zeitraum 1948–1979 von rund 8 Prozent auf 4 Prozent in den achtziger Jahren zurückgegangen ist und schließlich zu Beginn der neunziger Jahre einen weiteren Fall unter die 2-Prozent-Marke verzeichnete.

Welche Gründe gibt es für den so drastischen Rückgang der nationalen Sparquote? Dieses Thema ist heftig umstritten, aber Ökonomen nennen unter anderem folgende Faktoren:

- *Bundesbudgetdefizite*. Der Staat, der in Friedenszeiten im allgemeinen relativ ausgeglichen bilanziert, begann zu Beginn der achtziger Jahre ein massives Defizit anzuhäufen. Bis Anfang der neunziger Jahre ergab sich im gesamten staatlichen Sektor ein Defizit von rund 4 Prozent des BIP. (Erinnern Sie sich an unsere Erörterung der Ursachen des massiven Budgetdefizits in Kapitel 32.) Es scheint auch keine Zunahme der privaten Spartätigkeit gegeben zu haben, die das negative Sparen durch den Staat hätte ausgleichen können, und daher war die Auswirkung des Budgetdefizits letztlich ein Rückgang der Sparquote.
- *Spartätigkeit der Unternehmen*. Weniger bekannt ist der Rückgang der Spartätigkeit in den Unternehmen, der jedoch nur für ein Fünftel des Rückgangs der nationalen Sparquote verantwortlich ist. Die Unterneh-

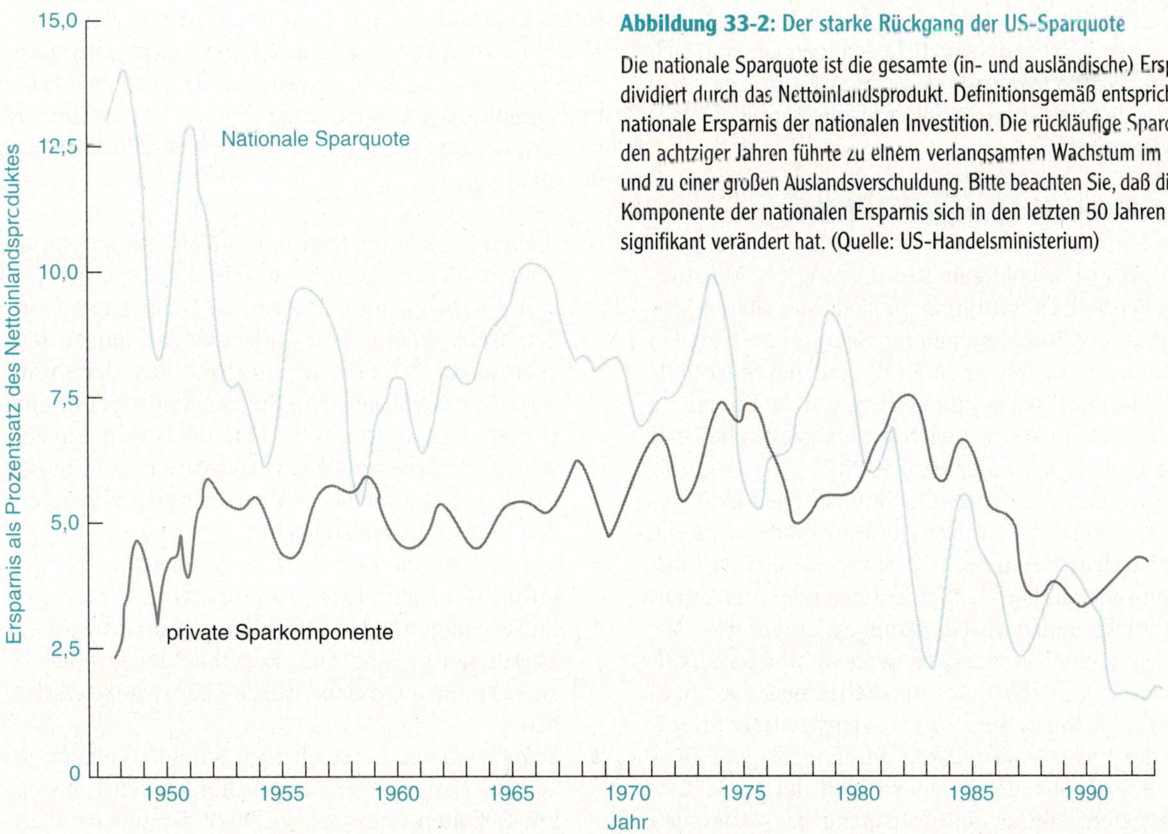

Abbildung 33-2: Der starke Rückgang der US-Sparquote

Die nationale Sparquote ist die gesamte (in- und ausländische) Ersparnis, dividiert durch das Nettoinlandsprodukt. Definitionsgemäß entspricht die nationale Ersparnis der nationalen Investition. Die rückläufige Sparquote in den achtziger Jahren führte zu einem verlangsamten Wachstum im Inland und zu einer großen Auslandsverschuldung. Bitte beachten Sie, daß die private Komponente der nationalen Ersparnis sich in den letzten 50 Jahren nicht signifikant verändert hat. (Quelle: US-Handelsministerium)

menssparquote ist vor allem deshalb zurückgegangen, weil der Anteil der Unternehmensgewinne an der Gesamtwirtschaft geschrumpft ist.

- *Private Spartätigkeit.* Und letztlich hat auch die geringere Sparneigung der privaten Haushalte die nationale Sparquote gesenkt. Wir haben uns zuvor in Kapitel 23 mit den Gründen für die geringere Sparneigung privater Haushalte beschäftigt. Dabei haben wir auf Faktoren wie die zunehmende Großzügigkeit staatlicher Transferprogramme, insbesondere im Bereich Social Security, hingewiesen, die für die Haushalte die Notwendigkeit, für den Ruhestand zu sparen, geringer erscheinen läßt. Weitere Ursachen sind der bessere Zugang zu den Kapitalmärkten, über die die Menschen leichter Darlehen aufnehmen können, und die geringeren Einkommenszuwächse, die zu einem Rückgang der nachhaltigen Sparquote bei einem gegebenen Verhältnis Vermögen-Einkommen führen.

Obwohl wir hier vielleicht einige wichtige Hinweise herauslesen können, bleibt die sinkende nationale Sparquote wie auch der Rückgang der Produktivität weitgehend ein Rätsel, das Makroökonomen auf eine harte Probe stellt. Obwohl niemand schlüssig nachweisen konnte, warum die nationale Sparquote in den USA während der letzten Jahre so drastisch zurückgegangen ist, sind sich alle einig, daß sie jedenfalls zu gering ist, um eine vitale und gesunde Investitionstätigkeit für die neunziger Jahre zu gewährleisten.

Die nationale Sparquote anheben

Was kann ein Land tun, um seine Sparquote anzuheben? Dazu ist sowohl eine Reduzierung des Konsumniveaus bei Vollbeschäftigung als auch die sichere Zuführung der erwünschten höheren Sparguthaben zu den Investitionen nötig. Mit anderen Worten, ein Staat muß seine Geld- und Fiskalpolitik ändern, um die Sparquote anzuheben, während er zugleich sicherzustellen hat, daß die Gesamtnachfrage nicht zurückgeht.

Zwar stellen nur wenige die Sinnhaftigkeit einer gehobenen nationalen Spargesinnung in Frage, doch die Ökonomen debattieren heute darüber, ob sich zu ihrer Förderung eher einkommensorientierte oder preisorientierte Ansätze eignen. Ein *einkommensorientierter* Ansatz bedeutet eine Veränderung des geld- und fiskalpolitischen Mix durch Abbau des staatlichen negativen Sparens und des privaten Konsums bei gleichzeitiger Stimulierung der Investitionstätigkeit durch niedrigere Zinssätze. Jene Makroökonomen, die meinen, das große Budgetdefizit stehe hinter dem Rückgang der nationalen Sparquote in den achtziger Jahren, betrachten einen Abbau des Defizits als das Heilmittel der neunziger Jahre.

Andere Ökonomen betonen dagegen *preisorientierte Maßnahmen* oder wirtschaftliche Anreize zur Anhebung der Spar- und Investitionsgesinnung. Zu diesen Maßnahmen gehört eine höhere Rentabilität von Investitionen und Sparen durch Senkung der Steuern auf Kapitaleinkommen oder Kapitalgewinne ebenso wie Investitionsanreize in Form von Steuerfreibeträgen oder besseren Abschreibungsmöglichkeiten. Die achtziger Jahre erscheinen uns heute, weil damals die Realzinssätze nach Steuern drastisch in die Höhe gingen, wie ein Labor zur Erforschung preisorientierter Maßnahmen. Die Tatsache, daß die private Sparquote zurückging, läßt etwa den Schluß zu, daß preisorientierte Maßnahmen allein zur Anhebung der nationalen Sparquote unzureichend sind.

Das Clinton-Paket

Bei seinem Amtsantritt versprach Präsident Clinton, sich wie ein Laserstrahl auf die Wirtschaft konzentrieren zu wollen, und er legte einen umfassenden wirtschaftspolitischen Plan vor, der vom Kongreß als Budget Act 1993 verabschiedet wurde. Diese Maßnahme sollte das Bundesbudgetdefizit vor allem durch einen einkommensorientierten Ansatz höherer Steuern und geringerer Staatsausgaben senken; es waren im wesentlichen keine preisorientierten Anreize enthalten. Die Hauptelemente des Clinton-Paketes, wie es schließlich beschlossen wurde, sind folgende:

- *Steuererhöhungen.* Die Clinton-Maßnahmen enthalten eine Reihe von Steuererhöhungen, die sich primär auf die einkommensstarken Haushalte auswirken. Dazu gehören eine Anhebung des Spitzensteuersatzes auf 39,6 Prozent, eine Erhöhung der Sozialversicherungsabgaben für Spitzenverdiener und eine geringfügige Anhebung der Mineralölsteuer. Ein Vorschlag zur Erhebung einer „Ökosteuer" auf Energie wurde von den Senatoren der energieproduzierenden Bundesstaaten abgelehnt.
- *Ausgabenkürzungen.* Das Clinton-Paket nutzte weiterhin den kalten Krieg zu größeren Einsparungen im Verteidigungsetat. Es sind auch andere Ausgabenkürzungen geplant, aber Entscheidungen über die zu kürzenden Bereiche wurden auf später verschoben.
- *Schuldendienst.* Bei steigenden Schulden entsteht ein Teufelskreis aus Schulden, Schuldendienst, größeren Defiziten und noch weiteren Schuldenaufnah-

	Wert (Mia. $)	Prozentsatz des Ganzen
Private Unternehmen:		
Ausstattung	$ 1.726	17,2
Gebäude	1.841	18,3
Einwohner:		
Gebäude	3.161	31,4
dauerhafte Konsumgüter	1.320	13,1
Staat:		
militärisch	287	2,9
zivil	1.720	17,1
Gesamt	$ 10.055	100,0

Tabelle 33-8: Kapitalstock der USA 1993

Nur ein Bruchteil des Bestandes an Gebäude und Ausstattung eines Landes entfällt auf den Unternehmenssektor.
(Quelle: US-Handelsministerium)

men. Programme zur Reduzierung des Defizits hingegen bringen einen sehr nützlichen Kreislauf in Gang: Durch die Verringerung des Defizits wird der jährliche Zinsendienst voraussichtlich bis 1998 um $ 21 Milliarden sinken.

- *Verringerung des Defizits*. Letztlich sollen sich all diese Maßnahmen in einer projektierten Verringerung des Budgetdefizits um $ 144 Milliarden bis 1998 auswirken, wobei der Defizitabbau zu gleichen Teilen durch Steuererhöhungen und Ausgabenkürzungen erzielt werden soll. Das bedeutet für 1998 einen Rückgang um 1,8 Prozent des BIP.

Das Clinton-Paket war ein ganz wesentlicher Schritt auf dem Weg zur Wiederherstellung einer ausgeglichenen Haushaltsbilanz in den USA. Aber nach wie vor lauern auf diesem Weg Gefahren und verborgene Hindernisse. Sogar wenn alles wie geplant abläuft, wird das Bundesbudgetdefizit noch im Jahr 1998 2 ½ Prozent des BIP ausmachen. Sollte die Wirtschaft in eine Rezession schlittern, würde diese das Defizit und die Verschuldung noch weiter erhöhen und auch die Belastung durch den Schuldendienst steigern. Zusätzlich deuten Prognosen darauf hin, daß die Zinssätze gemessen an der langfristigen Entwicklung niedrig bleiben werden. Und schließlich drohen auch die Unsicherheiten im Zusammenhang mit der Ausweitung und Reform des Gesundheitssystems ein neuerliches Ansteigen der Defizite auszulösen.

Investitionen außerhalb der Unternehmen

Was gehört zum Kapitalbestand eines Landes? Tabelle 33-8 zeigt die wichtigsten Komponenten. Geht es um die Notwendigkeit, das Investitionsklima zu verbessern, wird häufig auf jenen kleinen Teil des Kapitals eines Staates hingewiesen, der aus Anlagen und maschineller Ausstattung der Unternehmen besteht. Viele Ökonomen sorgen sich insbesondere um die maschinelle Ausstattung der Unternehmen, weil technologischer Wandel (beispielsweise durch die elektronische Revolution im Bereich Computer-Hard- und -Software und Kommunikation) sich in einer neuen maschinellen Ausstattung niederschlägt, weshalb eine Erhöhung der Investitionen auf diesem Gebiet einen raschen Produktivitätszuwachs fördert. Aber der Begriff „Volksvermögen" ist sehr viel breiter zu verstehen, und wir dürfen unseren Blickwinkel nicht ausschließlich auf die Unternehmensinvestitionen einengen.

Das Volksvermögen. *Wir dürfen nicht außer acht lassen, daß ein Großteil des Vermögens eines Volkes außerhalb der Unternehmen zu finden ist. Das Volksvermögen beinhaltet das Humankapital der Ausbildung und persönlichen Fähigkeiten, verkörpert durch die Arbeitskräfte des Landes, dazu das Gesundheitskapital, das die Produktivität der Arbeitskräfte erst ermöglicht, das technologische Know-how, das in den Labors und Werkshallen entwickelt wird, das Informationskapital, das in Bibliotheken gespeichert ist, sowie auch Boden, Bodenschätze und Umweltressourcen. Eine umfassende Liste des Volksvermögens sähe daher etwa wie folgt aus:*

Gesamtvolksvermögen

Reproduzierbares Produktionsvermögen:
- *Privatwirtschaftliche Unternehmen*
- *Wohnungsbau*
- *Staat*

Humankapital:
- *Ausbildung*
- *Fähigkeiten und Weiterbildung*
- *Gesundheit*

Technologisches Kapital:
- *Management*
- *wissenschaftlicher und technischer Grundstock*
- *Colleges, Universitäten, Bibliotheken*

Natürliche Ressourcen:
- *Grund und Boden*
- *Bodenschätze*
- *ökologische Ressourcen*

Berücksichtigt man, wie breit der Begriff Kapital zu fassen ist, versteht man auch, warum Länder wie Deutschland und Japan, deren sichtbares Kapital nach dem Zweiten Weltkrieg weitgehend zerstört war, so rasch aufholen konnten: Die Bomben hatten einem Großteil ihres Humankapitals und technologischen Kapitals nichts anhaben können.

Was kann der Staat tun, um eine Kapitalvertiefung abseits der Unternehmensinvestitionen zu fördern? Hier ist besonders darauf hinzuweisen, daß eine Veränderung des wirtschaftspolitischen Mix in Richtung einer straffen Steuer- und einer expansiven Geldpolitik automatisch die privaten Investitionen in allen Bereichen fördert, weil so die Zinsen gesenkt und zukünftige Einkommensflüsse attraktiver werden. Unabhängig davon, ob Investitionen in maschinelle Ausstattung, Medizintechnik, eine Collegeausbildung oder die Wiederaufforstung eines Gebietes fließen, steht fest, daß bei niedrigeren Realzinssätzen die Investitionstätigkeit angeregt wird.

In manchen Investitionsbereichen, vor allem im Bereich Schulen und Gesundheit, trägt der Staat eine große Verantwortung. Die Schulbildung mit Ausnahme jener auf den Hochschulen wird in den USA zum überwiegenden Teil von Ländern und Kommunen finanziert und betrieben. Verbesserungen im Humankapitalbereich stellen sich in erster Linie über eine Effizienzverbesserung der öffentlichen Schulen, weniger jedoch durch großzügigere Mittelzuteilung ein. Ein interessanter Fall ist die universitäre Ausbildung. Studien belegen, daß Humankapitalinvestitionen in Form einer Collegeausbildung eine Rentabilität von rund 10 Prozent jährlich aufweisen. Die Stimulierung privater Investitionen oder die Verwendung öffentlicher Mittel zur Förderung der Collegeausbildungen ist ein indirekter Weg zur Verbesserung der Produktivität und Ankurbelung des Wirtschaftswachstums, und sie nützt direkt dem einzelnen Bürger.

Manche Ökonomen haben darauf hingewiesen, daß dem Staat auch auf anderen Gebieten der Wirtschaft eine besondere Rolle zukommt, und zwar etwa bei Ausgaben für die öffentliche Infrastruktur. In den letzten 10 Jahren entspann sich ein heftiger Streit darüber, ob die amerikanische Produktivität durch zusätzliche Ausgaben auf traditionellen Gebieten, etwa bei Autobahnen, Brücken, Flughäfen und in anderen Bereichen öffentlicher Infrastruktur, sowie auf neuen Gebieten, etwa beim Info-Superhighway, verbessert werden könnte. Derzeit scheint sich als Ergebnis abzuzeichnen, daß unter gewissen Bedingungen zusätzliche Gelder für infrastrukturelle Maßnahmen doch beträchtliche Auswirkungen auf die Produktivität haben können.

Vermehrte Bemühungen zur Steigerung der Investitionstätigkeit, um auf diesem Wege das Wirtschaftswachstum anzukurbeln, dürfen sich nicht auf Unternehmensinvestitionen beschränken, sondern müssen zusätzlich Humankapital, technologische Innovationen und andere Formen materiellen und nicht materiellen Vermögens mit einbeziehen.

UNTERNEHMERGEIST

Das führt uns zum zweiten entscheidenden Einflußfaktor auf die langfristige Wirtschaftsleistung eines Landes, nämlich zum technologischen Fortschritt. Der Index des technologischen Fortschritts ist die **Gesamtfaktorproduktivität**, die die gesamte Produktionsleistung pro Einheit aller Produktionsfaktoren mißt. Technologischer Fortschritt versteht sich komplementär zur Kapitalvertiefung, ist jedoch wahrscheinlich noch wichtiger. Könnten wir Arbeitskräfte aus dem Jahr 1895 mit doppeltem oder dreifachem Kapital an Pferden, Kuhweiden und Rechentafeln ausstatten, käme ihre Produktivität an jene der heutigen Arbeitskräfte mit ihren riesigen Traktoren, Megaautobahnen und Supercomputern trotzdem bei weitem nicht heran.

Den technologischen Fortschritt fördern

Sosehr die positive Wirkung des technologischen Fortschritts auf Produktivität und Lebensstandard ersichtlich ist, so wenig kann ein Staat seinen Bürgern einfach längeres und besseres Nachdenken verordnen. In der Zentralplanungswirtschaft wurde zur Förderung von Wissenschaft, Technologie und Innovation die „Peitsche“ eingesetzt, was jedoch fehlschlagen mußte, weil es weder Institutionen noch „Zuckerbrot“ gab, um Innovationen und die Einführung neuer Technologien zu fördern. Paradoxerweise schnitten gerade jene Länder am besten ab, die am wenigsten dazu beitrugen. *Als fruchtbarster Boden für den technologischen Wandel haben sich freie Märkte für Arbeit, Kapital, Güter und Ideen erwiesen.*

Im Rahmen freier Märkte kann der Staat einen raschen technologischen Wandel sowohl durch die Förderung neuer Ideen als auch durch die Garantie herbeiführen, daß neue Technologien effektiv eingesetzt werden. Wirtschaftspolitische Maßnahmen können sich sowohl auf die Angebots- als auch auf die Nachfrageseite konzentrieren.

Nachfrageförderung im Sinne besserer Technologien. Die Welt ist voll von ausgezeichneten Technologien, die niemals angewandt wurden. Wie könnten wir uns sonst die ungeheureen technologischen Unterschiede in Tabelle 33-5 erklären? Bevor ein Staat überlegt, woher neue Technologien kommen sollen, muß er erst gewährleisten, daß Unternehmen und Industriezweige sich auf ihrer *technologischen Möglichkeitskurve* befinden, und das ist in allen Bereichen der neueste Stand der Technik.

Die wichtigste Lehre in diesem Zusammenhang besagt: „Die Not ist die Mutter der Erfindung." Mit anderen Worten, ein lebhafter Wettbewerb zwischen Unternehmen und Branchen ist am besten in der Lage, Innovationen zu sichern. So wie Läufer schneller laufen, wenn sie versuchen, ihre Mitbewerber zu überholen, werden Unternehmen zur Verbesserung ihrer Produkte und Verfahren angespornt, wenn dem Sieger Ruhm und Glück winken, während den Letzten die Hunde beißen.

Lebhafter Wettbewerb, das bedeutet sowohl heimische als auch ausländische Mitbewerber. Für große Länder, die ihre technologischen Möglichkeiten ausreizen, ist der heimische Wettbewerb zur Förderung von Innovationen erforderlich. Die Deregulierungsbewegung während der letzten beiden Jahrzehnte hat den frischen Wind des Wettbewerbs auch in Fluglinien, Energiewirtschaft, Telekommunikation und Finanzwesen hineingetragen, und die positiven Auswirkungen auf die Innovationstätigkeit sind gewaltig. In kleinen oder technologisch rückständigen Ländern ist es für die Einführung fortgeschrittener Technologien und die Gewährleistung eines Warenmarktwettbewerbs unumgänglich, den Wettbewerb zu importieren.

Das Angebot an neuen Technologien fördern. Für ein rasches Wirtschaftswachstum muß die technologische Möglichkeitskurve durch ein erweitertes Angebot an Erfindungen und durch die Gewährleistung einer entsprechenden Nachfrage nach fortschrittlichen Technologien nach rechts außen verschoben werden. Es gibt drei Möglichkeiten, wie Staaten das Angebot an neuen Technologien fördern können.

Als erstes können Staaten sicherstellen, daß Grundlagenforschung, Technik und Technologie entsprechend unterstützt werden. In dieser Hinsicht waren während der letzten fünfzig Jahre die USA führend, wo die Unterstützung der angewandten Forschung durch die Unternehmen mit einer großzügig vom Staat geförderten universitären Spitzenforschung kombiniert wird. Besonders hervorzuheben sind hierbei die beeindruckenden Verbesserungen in der biomedizinischen Technologie in Form neuer Medikamente und medizinischer Geräte, die den Konsumenten in ihrem täglichen Leben direkt zugute kommen. Heute stellen japanische und europäische Unternehmen eine zunehmende Herausforderung für die kommerzielle, gewinnorientierte amerikanische Forschung und Entwicklung dar. Die Rolle des Staates bei der Unterstützung gewinnorientierter Forschung besteht in der Aufrechterhaltung eines starken Patentsystems, in einer vorhersehbaren und wenig belastenden staatlichen Regulierung sowie in steuerlichen Anreizen wie den derzeitigen steuerlichen Abschreibungsmöglichkeiten für Forschung und Entwicklung.

Zweitens kann der Staat die heimische Technologie vorantreiben, indem er ausländische Investoren anzieht. Wenn andere Länder heute zunehmend die amerikanische Technologie-Möglichkeitskurve erreichen und überschreiten, können sie auch zunehmend zum amerikanischen Know-how beitragen, indem sie Niederlassungen in den USA errichten. In den achtziger Jahren ließ sich eine ganze Reihe japanischer Autohersteller in den USA nieder, und Unternehmen in japanischem Eigentum haben neue Technologien und Managementtechniken zum Nutzen der japanischen Aktionäre wie auch der amerikanischen Produktivität ins Land gebracht.

Drittens kann der Staat neue Technologien fördern, indem er eine vernünftige Wirtschaftspolitik betreibt. Dazu gehören niedrige und stabile Steuern auf Kapitaleinkommen und geringe Finanzierungskosten für die Unternehmen. Und mit dieser Erwähnung der Finanzierungskosten ist der Kreis zum Anfang dieses Kapitels wieder geschlossen. Man hört häufig, amerikanische Unternehmen seien kurzsichtig, während japanische Unternehmer eher weitsichtig agierten. Dieser Unterschied hängt zumindest teilweise mit Unterschieden in den Realzinssätzen zusammen: Die hohen amerikanischen Zinssätze *zwingen* rational handelnde amerikanische Unternehmen, sich bei ihren Investitionen um eine rasche Amortisierung zu bemühen, während die niedrigen japanischen Zinssätze es den Japanern *erlauben*, langfristig wirksame Investitionen vorzunehmen. Daher würde eine andere Wirtschaftspolitik mit einer Senkung der Realzinssätze zugleich die „Brille der Wirtschaftlichkeit" verändern, durch die Unternehmen sehen, wenn sie ihre technologischen Strategien planen. Bei niedrigeren Realzinssätzen würden die Unternehmen langfristige riskante Projekte wie Innovationen positiver bewerten, und die steigende Investitionstätigkeit in Know-how würde zu rascheren technologischen Verbesserungen und höherer Produktivität führen.

Ein Wort zum Abschluß

Nach der keynesianischen Revolution glaubten die kapitalistischen Demokratien, eine Abschwächung der bestehenden Extreme bei Arbeitslosigkeit und Inflation, Armut und Vermögen, Privilegien und Diskriminierung könnte die Wirtschaft zum Blühen und zu einer wünschenswerten Entwicklung bringen. Viele der angepeilten Ziele konnten erreicht werden, als die Marktwirtschaften eine bisher unbekannte Periode steigender Produktionsleistung und wachsender Arbeitsmärkte durchlebten. Die Marxisten unkten dabei immer, der Kapitalismus werde eines Tages in einer katastrophalen Depression untergehen; die Ökologen prophezeiten düster, die Marktwirtschaften würden in ihren eigenen Abgasen und Abfällen ersticken; und Anhänger eines radikalen Wirtschaftsliberalismus äußerten die Sorge, die staatlich finanzierte Medizin sei schlimmer als die Krankheit, zu deren Heilung sie verordnet werde. Aber all diese Pessimisten übersahen den Unternehmergeist, den der Markt freisetzt und der uns einen anhaltenden Zustrom technologischer Verbesserungen beschert hat.

Ein Abschiedswort von John Maynard Keynes, das bis heute nichts von seiner Gültigkeit eingebüßt hat, soll einen passenden Abschluß unserer Abhandlung über die Makroökonomie darstellen:

Es ist das Unternehmertum, das die Besitztümer auf dieser Welt hervorbringt und verbessert. Ist der Unternehmensgeist rege und wach, wird unabhängig von der Spartätigkeit Vermögen akkumuliert; schläft der Unternehmensgeist, bröckeln die Vermögen ab, gleichgültig, wie eifrig wir auch sparen mögen.

ZUSAMMENFASSUNG

A. Einflußnahme auf den Konjunkturzyklus

1. Die Staaten sind bei der Festlegung ihrer Fiskal- und Geldpolitik mit zwei Fragen konfrontiert: mit jener nach dem passenden Niveau der gesamtwirtschaftlichen Nachfrage und jener nach der besten Mischung aus Geld- und Fiskalpolitik. Der geld- und fiskalpolitische Mix wirkt sich auf die Zusammensetzung des BIP aus. Eine auf Investitionen abzielende Strategie verlangt einen Budgetüberschuß sowie eine expansionistische Geldpolitik. Die Praxis in den USA hat sich in Richtung einer sehr lockeren Fiskal- und einer restriktiven Geldpolitik entwickelt – ein sicheres Rezept für einen geringen Investitionsanteil am BIP und für ein langsames Wachstum der potentiellen Wirtschaftsleistung.
2. Die Fiskalpolitik erscheint heute als Werkzeug staatlicher Stabilisierungspolitik immer weniger tauglich. Konsequenterweise konzentrieren sich die USA daher gegenwärtig in ihren Versuchen, die Wirtschaft zu stabilisieren, stärker auf die Geldpolitik. Ökonometrische Modelle, die sich statistischer Techniken bedienen, um die Auswirkungen einer veränderten Geldpolitik auf die Makroökonomie zu messen, ergeben zumeist, daß sich Änderungen der Geldmenge kurzfristig vorrangig auf die Produktionsleistung auswirken, wobei sich die Auswirkungen auf das nominale BIP im Laufe der Zeit zunehmend in Form träger Preise und Löhne abzeichnen.
3. Sollte staatliche Wirtschaftspolitik eher fixen Regeln oder einer diskretionären Politik folgen? Bei der Beantwortung dieser Frage spielen sowohl positive volkswirtschaftliche Überlegungen als auch politische Werte eine Rolle. Die Konservativen sprechen sich häufig für fixe Regeln aus, während Liberale eher eine aktive Feinabstimmung der Geldpolitik befürworten, um die gesteckten wirtschaftspolitischen Ziele zu erreichen. Wichtiger allerdings ist die Frage, ob eine aktive und diskretionäre Politik die Wirtschaft stabilisiert oder eher destabilisiert. Ökonomen betonen zunehmend die Notwendigkeit einer *glaubwürdigen* Politik, gleichgültig, ob Glaubwürdigkeit durch rigide Regeln oder durch umsichtige politische Steuerung erreicht wird.

B. Die Förderung des langfristigen Wirtschaftswachstums

4. Denken Sie an die einprägsame Aussage: „Produktivität ist nicht alles, aber langfristig doch beinahe alles." Die Fähigkeit eines Landes, im Laufe der Zeit seinen Lebensstandard zu heben, hängt beinahe ausschließlich davon ab, wie es ihm gelingt, Technologien und Kapitalausstattung, die den Arbeitskräften zur Verfügung stehen, zu verbessern.
5. Die nationale Sparquote ist im letzten Jahrzehnt stark zurückgegangen. Studien weisen die Hauptschuld an dieser Entwicklung dem wachsenden Budgetdefizit der Bundesregierung zu.
6. Die meisten Ökonomen vertreten die Ansicht, ein geringeres Budgetdefizit sei der beste Weg zur Anhebung der Sparquote. Dazu sind sowohl eine Verringerung des Vollbeschäftigungs-Konsumniveaus als auch eine auf ihrer Möglichkeitskurve befindliche Wirtschaftsleistung erforderlich, damit die erwünschte höhere Sparquote nicht nur zu geringeren Ausgaben und einer schwächeren Wirtschaftsleistung führt. Das

wirtschaftspolitische Paket der Clinton-Regierung 1993 setzt mit Steuererhöhungen und einer Kürzung der Verteidigungsausgaben einen Schritt in Richtung Defizitsenkung.

7. Wirtschaftspolitische Maßnahmen zur Aktivierung der Investitionstätigkeit sollten die Tatsache berücksichtigen, daß das Volksvermögen mehr ist als nur die Unternehmensinvestitionen, sondern daß es auch andere Formen materiellen und immateriellen Vermögens gibt, vor allem das Humankapital eines Landes.

8. Zur Förderung des Wirtschaftswachstums gehört unter anderem auch eine verbesserte Entwicklung der Gesamtfaktorproduktivität, die die Gesamtproduktionsleistung pro Einheit aller Inputs mißt. Die Hauptrolle, die der Staat dabei spielt, besteht darin, freie Märkte zu sichern, einen lebhaften Wettbewerb zu fördern und Grundlagenforschung und Technologie aktiv zu unterstützen.

BEGRIFFE ZUR WIEDERHOLUNG

Stabilisierung

Nachfragesteuerung
Fiskal- und geldpolitischer Mix
Steuerung versus Regelung

Langfristiges Wirtschaftswachstum und Produktivität

Die rückläufige nationale Sparquote: Gründe
gegensteuernde politische Maßnahmen
mehrere Komponenten des Volksvermögens
Erreichen der Technologie-Möglichkeitskurve versus Verschiebung der Kurve nach außen

FRAGEN UND BEISPIELE

1. Ein marxistisches Diktum lautete: „Der Krieg ist unabdingbare Voraussetzung der Vollbeschäftigung." Wie könnten verstärkte Militärausgaben gegen eine konjunkturelle Depression wirken? Gibt es andere fiskal- oder geldpolitische Möglichkeiten, die sich ebenso eignen würden, um die Arbeitslosigkeit zu verringern und die Wirtschaftsleistung zu steigern?
2. Erklären Sie, wie ein geänderter geld- und fiskalpolitischer Mix eine Verringerung des Budgetdefizits, ein höheres heimisches Investitionsaufkommen und zugleich die Erhaltung der bestehenden BIP- und Inflationswerte bewirken könnte.
3. In welcher Konjunkturphase befinden sich die USA derzeit? Wie sieht der gegenwärtige geld- und fiskalpolitische Mix aus? Welche steuer- und ausgabenpolitischen Maßnahmen scheinen in der derzeitigen Situation angebracht? Wie würden Sie die bestehende Kombination aus Geld- und Fiskalpolitik ändern (Ausgaben, Steuern und Geldmenge), um eine überhöhte Arbeitslosigkeit oder Inflation zu bekämpfen?
4. Untersuchen Sie die ökonometrischen Schätzwerte in Tabelle 33-1. Vergleichen Sie sie mit den Prognosen der Quantitätstheorie des Geldes aus Kapitel 31. Können Sie sich eine Möglichkeit vorstellen, beides zu verbinden?
5. Welche Argumente lassen sich für und gegen eine Politik der fix geregelten Geldmengen anführen? Beachten Sie insbesondere Faktoren wie die der Privatwirtschaft inhärente Stabilität, die Möglichkeiten, wirtschaftliche Entwicklungen vorherzusagen, die Stabilität der Geldnachfragefunktion und die Erwartungshaltung hinsichtlich wirtschaftspolitischer Maßnahmen. Wäre eine fixe Regelung zur gezielten Anpeilung eines nominalen BIP-Zieles die bessere Lösung?
6. Kandidaten für politische Funktionen haben die unten angeführten Maßnahmen zur Ankurbelung des Wirtschaftswachstums in den neunziger Jahren vorgeschlagen. Erklären Sie die qualitativen Auswirkungen auf die Steigerung der potentiellen Wirtschaftsleistung und der potentiellen Pro-Kopf-Leistung durch jeden dieser Vorschläge. Nehmen Sie, wenn möglich, eine quantitative Schätzung der Steigerungsraten der potentiellen Wirtschaftsleistung und der potentiellen Pro-Kopf-Leistung für die kommenden zehn Jahre vor.
   a. Eine Kürzung des Bundesbudgets um 2 Prozent des BIP, Erhöhung der Investitionsrate gemessen am BIP in derselben Größenordnung.
   b. Erhöhung der staatlichen F&E-Subventionen um ¼ Prozentpunkt des BIP, unter der Annahme, daß diese Subventionen auch die privatwirtschaftlichen F&E-Bemühungen in derselben Höhe steigern werden, und daß die soziale Rentabilität dieser Maßnahmen viermal so hoch ist wie jene der privaten Investitionen.
   c. Senkung der Verteidigungsausgaben um 1 Prozent des BIP bei einem Multiplikator von 2.
   d. Steigerung der Frauenquote im Arbeitsprozeß mit der Auswirkung, daß der Faktor Arbeit insgesamt um 1 Prozent steigt.
   e. Erhöhung der Investitionen ins Humankapital (Schul- und Ausbildungswesen) um einen Prozentpunkt des BIP.

TEIL SIEBEN

INTERNATIONALER HANDEL UND WELTWIRTSCHAFT

KAPITEL 34

INTERNATIONALER HANDEL UND WECHSELKURSE

Der Vorteil internationaler Handelsbeziehungen – ein effizienterer Einsatz der Produktionskräfte der Welt.

John Stuart Mill

Wir sollten den früheren Generationen von Amerikanern ihr Desinteresse an wirtschaftlichen Vorkommnissen jenseits ihrer Grenzen nachsehen. Vor gar nicht allzu langer Zeit produzierten die Amerikaner beinahe alles, was im Land konsumiert wurde, selbst, und sie konsumierten auch beinahe alles, was sie produzierten. Aus dem Ausland importiert wurden nur seltene Gewürze, exotische Reisen und Bananen, doch die ausländischen Märkte waren für die amerikanischen Unternehmen oder Konsumenten weitgehend von untergeordneter Bedeutung.

Doch wie hat sich die Welt seitdem verändert! Das Außenhandelsvolumen hat sich vervielfacht, die Nationen hängen durch einen ununterbrochenen Waren- und Dienstleistungsfluß immer stärker voneinander ab. Auch die USA bilden da keine Ausnahme. Wir schikken enorme Mengen an Gütern wie Nahrung, Flugzeuge, Computer und Baumaschinen in andere Länder, und wir beziehen Öl, Videorekorder, Autos, Kiwis und andere Güter und Dienstleistungen im Wert von Hunderten Milliarden Dollar aus dem Ausland. Ja, in den letzten Jahren war der Export einer der am raschesten wachsenden Sektoren der gesamten US-Wirtschaft.

Welche wirtschaftlichen Kräfte liegen hinter diesem erstaunlichen Aufschwung des internationalen Handels? Einfach ausgedrückt fördert der Handel die Spezialisierung, und die zunehmende Spezialisierung erhöht die Produktivität. Langfristig steigern vermehrter Handel und zunehmende Produktivität den Lebensstandard aller. Nach und nach sind daher die Länder zu der Erkenntnis gelangt, daß der Außenhandel einer der sichersten Wege zu wirtschaftlichem Wohlergehen ist.

Aber auch der Handel hat natürlich nicht ausschließlich Vorteile. Mit dem Überhandnehmen internationaler Handelsaktivitäten verdrängen Importe die inländischen Produkte, und Arbeitnehmer verlieren ihre Jobs, wie Millionen von Amerikanern in Branchen wie der Stahl-, Auto- und Apparateindustrie feststellen mußten. Und ein Jahrzehnt enormer Handelsbilanzdefizite hat die USA – einmal größte Gläubigernation der Welt – zum weltgrößten Schuldner gemacht. Diese neuen Entwicklungen machen das Gebiet des *internationalen Handels und Finanzwesens* heute so überaus bedeutsam. Im vorliegenden Kapitel wollen wir untersuchen, warum die Länder Handel mit Gütern und Dienstleistungen betreiben, wie sich Wechselkurse bilden und wie die Handelsflüsse zwischen den Staaten gemessen werden.

Internationaler Handel versus Binnenhandel

Inwieweit unterscheidet sich eine Analyse des internationalen Handels von jener auf heimischen Märkten? Es sind drei Unterschiede zu nennen:

1. *Erweiterte Handelsmöglichkeiten*. Der Hauptvorteil des internationalen Handels besteht darin, daß der Handelshorizont erweitert wird. Würde man die Menschen zwingen, nur das zu konsumieren, was im eigenen Land erzeugt wird, wäre die Welt in materieller ebenso wie in spiritueller Hinsicht viel ärmer. Kanadier könnten niemals Wein trinken, Amerikaner keinen Kaffee, und der Großteil der Welt müßte ohne Coca Cola und Hollywoodfilme auskommen.
2. *Souveräne Nationen*. Der Handel über Grenzen hinweg findet zwischen Menschen und Unternehmen statt, die unterschiedlichen Nationen angehören. Jeder Staat ist ein souveränes Gebilde, das den Migrationsfluß der Menschen, den Warenfluß und Vermögensfluß über seine Grenzen regelt. Hier besteht ein Unterschied zum Binnenhandel, bei dem es nur eine Währung gibt, wo Handel und Geld innerhalb der Staatsgrenzen frei fließen, und wo die Arbeitskräfte sich frei bewegen und der Arbeit folgen können. Bisweilen werden politische Handelsbarrieren errichtet, wenn betroffene Gruppen Einwände gegen den Außenhandel erheben und die Staaten Zölle oder Importmengenbeschränkungen verhängen. Auf diese Vorgehensweise, die als Protektionismus bezeichnet wird, wollen wir im nächsten Kapitel ein Auge werfen.
3. *Wechselkurse*. Die meisten Staaten verfügen über eine eigene Währung. Ein Amerikaner möchte ein japanisches Auto in Dollar bezahlen, doch Nissan will in japanischen Yen bezahlt werden. Das internationale Finanzsystem hat den problemlosen Devisenfluß zwischen Dollars, Yen und anderen Währungen zu gewährleisten – oder ein Zusammenbruch des internationalen Handels wäre die Folge.

A. DIE VOLKSWIRTSCHAFTLICHE GRUNDLAGE DES INTERNATIONALEN HANDELS

TRENDS IM AUSSENHANDEL

Wir beginnen mit einer Untersuchung der internationalen Handelsmuster. Abbildung 34-1 ist eine Weltkarte des Handels, die zeigt, wie die Welt aussähe, würde sich die geographische Größe der Länder nach ihrem Anteil am Welthandel richten. Beachten Sie bitte, wie groß die USA, Westeuropa und Japan erscheinen, und daß das winzige Hongkong auf dieser Karte größer ist als ganz Indien.

Eine Volkswirtschaft mit einem hohen Außenhandelsanteil wird als **offene Volkswirtschaft** bezeichnet. Als Maß für den Grad der Offenheit einer Volkswirtschaft hat sich das Verhältnis zwischen Exporten oder Importen eines Landes und seinem BIP bewährt. Abbildung 34-2 zeigt, daß die USA durch eine relativ selbstgenügsame Volkswirtschaft gekennzeichnet sind. Viele Länder, vor allem in Westeuropa und Ostasien, sind dagegen sehr offene Volkswirtschaften, und Exporte und Importe machen über 50 Prozent ihres BIP aus.

Das Maß der Offenheit liegt in manchen Sektoren der amerikanischen Wirtschaft, etwa in der Stahl-, der Textil-, der Unterhaltungselektronik- und in der Autoindustrie weit über dem gesamtwirtschaftlichen Durchschnitt. Tabelle 34-1 zeigt die Warenzusammensetzung des US-Außenhandels für 1993. Diese Daten zeigen, daß die USA, obwohl es sich um eine reife Industriewirtschaft handelt, überraschend große Mengen an un- oder halbverarbeiteten Rohstoffen (wie Nahrung) exportieren und große Mengen komplexer, kapitalintensiver Produktionsgüter importieren (wie Autos oder Telekommunikations-Equipment). Außerdem konstatieren wir einen hohen Anteil an brancheninternen Handelsflüssen. Das bedeutet, daß die USA auch innerhalb eines bestimmten Wirtschaftszweiges (wie bei den Computern) zugleich exportieren und importieren.

DIE QUELLEN DES INTERNATIONALEN GÜTER- UND DIENSTLEISTUNGSHANDELS

Welche volkswirtschaftlichen Faktoren liegen den Welthandelsmustern zugrunde? Die Staaten erachten es aus mehreren Gründen als vorteilhaft, sich am internationalen Handel zu beteiligen: Hier sind vor allem unterschiedliche Produktionsbedingungen, geringere Produktionskosten bei großen Mengen und eine unterschiedliche Präferenzlage in den einzelnen Ländern zu nennen.

Unterschiedliche Produktionsbedingungen

Internationaler Handel kann auf Grund der unterschiedlichen Produktionsmöglichkeiten in den einzelnen Ländern stattfinden. Teilweise spiegeln diese Unterschiede die jeweilige Ausstattung mit natürlichen Ressourcen wider. Ein Land kann über reiche Erdölvorkommen verfügen, während in einem anderen größere Flächen fruchtbaren Ackerlandes zur Verfügung stehen. Oder ein gebirgiges Land besitzt vielleicht viel nutzbare Wasserkraft und kann den erzeugten Strom in ein Nachbarland liefern, während ein anderes Land mit guten Hochsee-Hafenanlagen zu einem Zentrum der Schiffahrt wird.

Sinkende Produktionskosten

Ein zweiter Grund für den internationalen Handel liegt darin, daß viele Produktionsprozesse von den Größenvorteilen (economics of scale) profitieren. Das bedeutet, daß ihre durchschnittlichen Produktionskosten mit zunehmender Produktionsmenge sinken. Wenn daher in einem bestimmten Land mit der Produktion eines Wirtschaftsgutes begonnen wird, kann dieses Land zu einem bedeutenden Produzenten dieses Gutes werden und dabei von den bei geringen Kosten erzeugten großen Mengen profitieren. Durch die economics of scale verfügt dieses Land über einen signifikanten Kosten- und Technologievorteil gegenüber anderen Ländern, für die es somit billiger ist, vom führenden Produzenten zu kaufen, anstatt die Produkte selbst herzustellen.

Nehmen wir die Unterhaltungselektronik als Beispiel. Zweifellos könnte ein Unternehmen wie GE oder IBM einen Videorekorder (VCR) in den USA herstellen, wenn es das wollte. Aber es könnte diesen Rekorder nicht billig genug erzeugen, um mit japanischen Herstellern wie Sony zu konkurrieren, die den Vorteil enormer Produktionsmengen und langjähriger Erfahrung auf dem Gebiet der Unterhaltungselektronik haben. Daher importieren die USA beinahe alle im Land benötigten Videorekorder.

Anders sieht die Situation aus, wenn man an Zivilflugzeuge denkt, wo die USA den Weltmarkt beherrschen. Boeing, der führende Exporteur der USA, kann sich über zwei wesentliche Vorteile freuen. Erstens

Abbildung 34-1: Die Staaten der Welt im Maßstab ihrer Bedeutung im internationalen Handel

In der untenstehenden Weltkarte ist das Staatsgebiet jedes Landes in der Größe seines Anteils am gesamten Welthandel zum Stand 1991 eingezeichnet. Vergleichen Sie die Größe der Industriestaaten mit jener der afrikanischen und asiatischen Länder. (Adaptiert von Michael Kidron und Ronald Segal, *The New State of the World Atlas* (Simon and Schuster, New York, 1991))

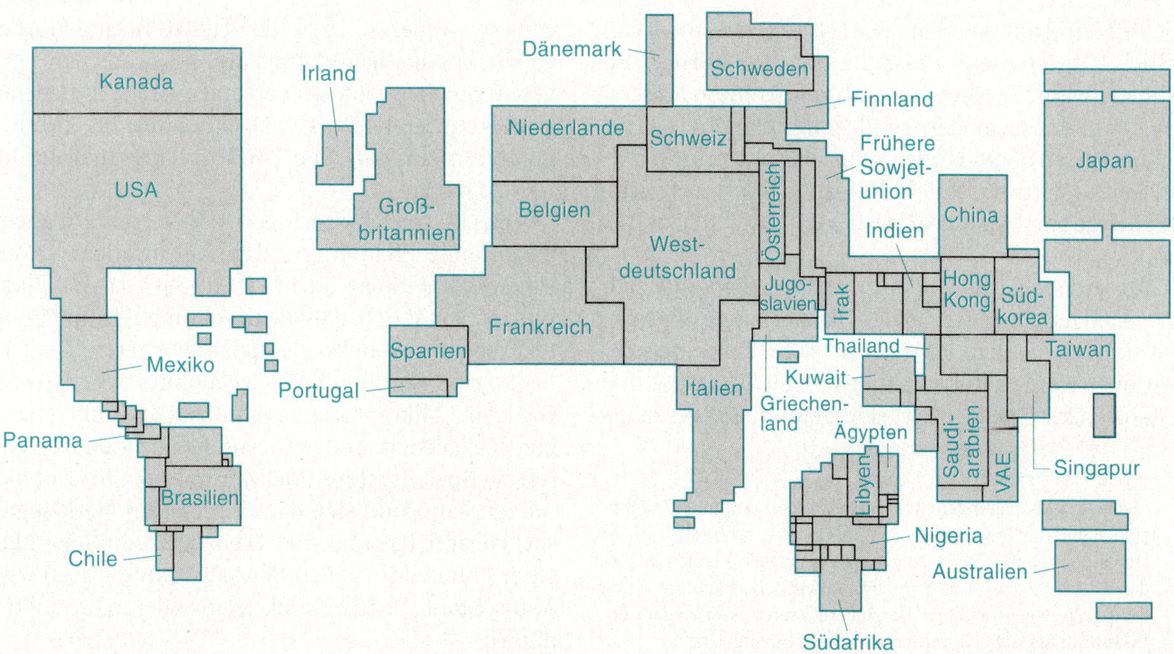

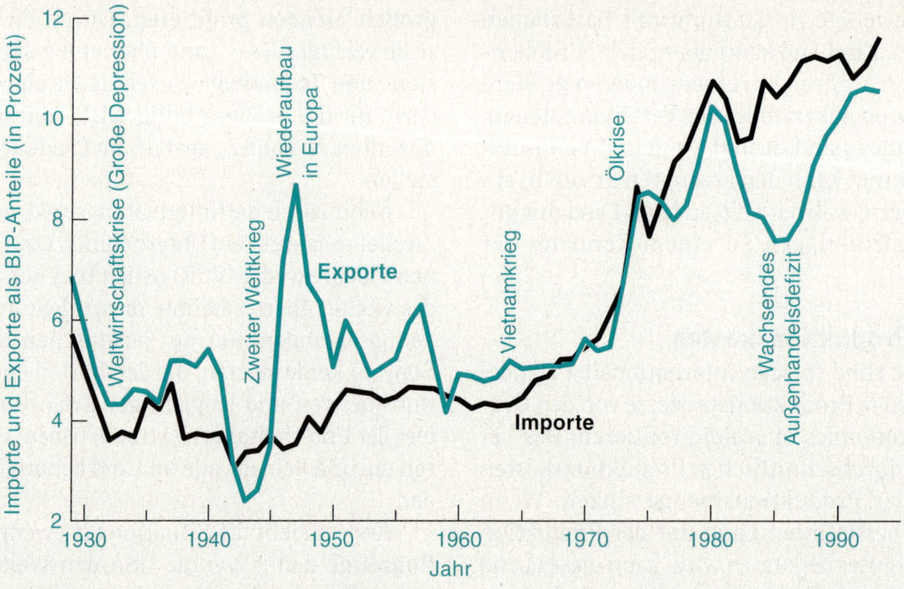

Abbildung 34-2: Die zunehmende Offenheit der US-Volkswirtschaft

Wie alle großen Marktwirtschaften haben auch die USA während der letzten 50 Jahre ihre Grenzen dem Außenhandel zunehmend geöffnet und sind heute vermehrt dem rauhen Wind des internationalen Wettbewerbs ausgesetzt. Die wertmäßig größte Importsteigerung trat mit den höheren Ölpreisen und mit dem Dollar-Kursanstieg ein. Ende der achtziger Jahre überwogen die Importe gegenüber den Exporten sehr deutlich, wodurch die USA zum weltgrößten Schuldnerland wurden. (Quelle: US-Handelsministerium)

blickt Boeing auf eine lange Geschichte des Baus verläßlicher und sicherer Passagierjets zurück. Hier aufzuholen, wäre für jeden neuen Konkurrenten äußerst schwierig. Und da moderne Flugzeuge kompliziert und technologisch überaus anspruchsvoll sind, erfordert es viel Zeit und Praxis, bis ein Unternehmen verläßliche Flugzeuge zu einem vertretbaren Preis herstellen kann.[1]

Außerdem hat Boeing einen zusätzlichen finanziellen Vorteil durch die steigenden Skalenerträge. Als weltweit führender Flugzeughersteller kann das Unternehmen die enormen Konstruktions-, Entwicklungs- und Testkosten für einen neuen Jet auf ein großes Verkaufsvolumen umlegen. Das bedeutet, daß Boeing Flugzeuge zu einem günstigeren Preis als Mitbewerber mit geringerem Auftragsvolumen verkaufen kann. Es überrascht also kaum, daß Boeings einziger Konkurrent, Airbus, von mehreren europäischen Ländern stark subventioniert werden muß.

Das Beispiel der geringeren Kosten erklärt auch das bedeutende Phänomen extensiver, brancheninterner Handelsaktivitäten, die in Tabelle 34-1 dargestellt sind. Wie ist es möglich, daß die USA Computer und Computerzubehör sowohl ex- als auch importieren? Der Grund liegt darin, daß die USA die economics of scale auf dem Gebiet der Mikroprozessoren nutzen und auf diesem Gebiet spezialisiert sind, während Japan einen Kostenvorteil bei Speicherchips und Bildschirmen für Notebooks nutzen kann und sich daher in diesem Marktsegment spezialisiert hat und hier exportiert. Ähnliche Muster einer brancheninternen Spezialisierung finden wir bei Autos, Stahl, Textilien und vielen anderen Produktionsgütern.

[1] Sicherheitsüberlegungen stellen ein weiteres Argument zugunsten etablierter Produzenten dar. Wer möchte schließlich im ersten Flugzeug, das ein Flugzeughersteller jemals erbaut hat, über den Atlantik fliegen, und welche amerikanische Fluglinie würde Fluggeräte von russischen Herstellern kaufen, selbst wenn der Preis nur halb so hoch wäre wie der eines Boeing-Jets?

US-Handel 1993		
	Anteil jeder Ware als Prozentsatz des gesamten Handelsvolumens	
Wareneinteilung	Exporte	Importe
Hilfs- und Betriebsstoffe:		
Öl, Kohle, sonstige Brennstoffe	3	11
Nahrung	10	5
Sonstige	23	16
Industriegüter:		
Kapitalgüter		
Computer und Zubehör	13	11
Flugzeuge	9	3
Sonstige	19	12
Kraftfahrzeuge	11	18
Konsumgüter	12	24
Gesamt	100	100

Tabelle 34-1: Die USA exportieren überraschend große Mengen an Rohstoffen und Halbfertigwaren, importieren jedoch in hohem Ausmaß High-Tech-Produkte

Die Zusammensetzung der US-Exporte und -Importe der letzten Jahre birgt viele Überraschungen. So exportiert das Land große Mengen an Rohstoffen und Halbfertigwaren, vor allem Nahrungsmittel und Kohle, was insbesondere auf die reichlich vorhandenen Ressourcen zurückzuführen ist. Zugleich importieren die USA zahlreiche Produktionsgüter wie Autos und Kameras, deren Produktion sehr kapitalintensiv ist. (Quelle: US-Bureau of the Census)

Unterschiedliche Präferenzen

Ein dritter Grund für den Welthandel liegt in den unterschiedlichen Präferenzen der Menschen. Sogar wenn in allen Regionen die Produktionsbedingungen gleich wären, würden Länder untereinander Handel betreiben, wenn ihre Güterpräferenzen verschieden sind.

Nehmen wir an, Norwegen und Schweden produzieren Fisch aus dem Meer und Fleisch an Land in etwa denselben Mengen, aber die Schweden essen lieber Fleisch, während die Norweger eine Vorliebe für Fisch haben. So würde ein für beide Seiten vorteilhafter Export von Fisch aus Schweden und von Fleisch aus Norwegen stattfinden. Durch diesen Handel würden beide Länder profitieren; die Summe menschlichen Glücks erhöht sich ebenso, als würde Jack Sprotte sein fettes Stück Fleisch gegen den mageren Hering seiner Frau eintauschen.

Im nächsten Kapitel werden wir die verschiedenen Gründe für den Welthandel in der Theorie des komparativen Vorteils zusammenfassen.

B. DIE BILDUNG DER WECHSELKURSE

WECHSELKURSE

Uns allen ist der Binnenhandel vertraut. Wenn ein Amerikaner Orangen aus Florida oder Hemden aus Kalifornien kauft, will er natürlich in Dollar bezahlen. Zum Glück wollen auch der Orangenfarmer und der Hemdenhersteller in amerikanischen Dollars bezahlt werden, und so kann der gesamte Handel in US-Dollars stattfinden. Wirtschaftliche Transaktionen innerhalb eines Landes sind einfach.

Wenn ich jedoch Inhaber eines Ladens bin, der britische Fahrräder auf Lager hält, wird die Transaktion gleich um einiges komplizierter. Der Fahrradhersteller muß in britischen Pfund, nicht in US-Dollars, bezahlt werden. Um daher das britische Fahrrad zu kaufen, muß ich erst britische Pfund kaufen und damit den britischen Hersteller bezahlen. Aber auch wenn Briten amerikanische Waren kaufen wollen, müssen sie erst amerikanische Dollars erwerben. Menschen, die ausländische Währungen kaufen möchten, können dies auf dem Devisenmarkt tun. Auf diesem Markt wird der Preis für eine Einheit einer ausländischen Währung gemessen in heimischer Währung gebildet, und der so gebildete Preis wird als der **Wechselkurs** bezeichnet.

Wäre beispielsweise der Preis für britische Pfund in US-Dollar $ 1,50, bräuchte man, um einen US-Dollar mit britischen Pfund zu bezahlen, £ 1/$ 1,50 = £ 0,67. Es gibt übrigens einen Wechselkurs zwischen US-Dollars und der Währung jedes Landes. Im Jahr 1994 betrug der Wechselkurs 59 Cent für 1 DM, 17 Cent für einen französischen Franc, 73 Cent für einen kanadischen Dollar und 0,95 Cent für einen japanischen Yen. Wollten Ausländer US-Dollars erwerben, so mußten sie 1,69 DM, 5,88 französische Francs, 1,37 kanadische Dollars oder 105 japanische Yen für jeden Dollar bezahlen.

Durch den Wechselkurs ist es mir möglich, ein englisches Fahrrad zu kaufen. Nehmen wir an, der Preis für dieses Fahrrad betrüge £ 100. Ich kann in der Zeitung den Wechselkurs für Pfund nachlesen. Bei einem Wechselkurs von $ 1,50 kann ich daher mit $ 150 in eine Bank gehen und mir dort die $ 150 in £ 100 wechseln lassen. Mit meinem britischen Geld bezahle ich dann den Exporteur in der von ihm benötigten britischen Währung.

Können Sie erklären, was ein britischer Importeur amerikanischer Lastwagen tun müßte, wenn er etwa eine Lieferung über $ 36.000 von einem amerikanischen Exporteur beziehen möchte? Hier müssen Pfund in US-Dollar gewechselt werden. Sie werden sehen, daß bei einem Wechselkurs von $ 1,50 pro Pfund diese LKW-Lieferung £ 24.000 kostet.

Unternehmen und Touristen brauchen nichts weiter über ihre Import- oder Exporttransaktionen zu wissen. Aber wir könnten die volkswirtschaftlichen Aspekte der Wechselkurse nicht verstehen, würden wir nicht die Kräfte untersuchen, die Angebot und Nachfrage nach ausländischen Währungen sowie den Funktionsweisen des Devisenmarktes zugrundeliegen.

DER DEVISENMARKT

Wechselkurse bleiben im Laufe der Zeit großteils nicht fix, sondern sie variieren wie jeder andere Preis von Woche zu Woche und von Monat zu Monat entsprechend den Kräften von Angebot und Nachfrage. Der **Devisenmarkt** ist jener Markt, auf dem Währungen verschiedener Länder gehandelt werden; hier werden die Wechselkurse gebildet. Devisen werden in vielen Banken und Unternehmen, die sich auf dieses Geschäft spezialisiert haben, gehandelt. Organisierte Märkte im großen Stil finden wir in New York, Tokio, London und Zürich, wo tagtäglich Devisen im Wert von Hunderten Milliarden Dollar den Besitzer wechseln.

Wir können unsere liebgewonnenen Angebots- und Nachfragekurven verwenden, um zu zeigen, wie die Märkte den Preis für ausländische Währungen bilden. Abbildung 34-3 zeigt die Angebots- und Nachfragekurve für britische Pfund in den USA.[2] Nachgefragt werden die britischen Pfund von Leuten in den USA, die Pfund benötigen, um britische Waren, Dienstleistungen oder Wertpapiere zu kaufen; angeboten werden Pfund von Leuten in Großbritannien, die amerikanische Güter, Dienstleistungen oder Investitionen kaufen und die entsprechend für diese Güter in Pfund bezahlen. Der Preis für den Erwerb der gewünschten Devisen – der Wechselkurs – stellt sich auf jenem Niveau ein, bei dem Angebot und Nachfrage ausgeglichen sind.

Betrachten wir als erstes die Nachfrageseite. Die Nachfrage nach britischen Pfund entsteht, wenn Amerikaner Pfund benötigen, um britische Fahrräder und andere Waren zu kaufen, um Urlaub in London zu machen, um britische Versicherungsdienste in Anspruch zu nehmen usw. Außerdem sind Devisen erforderlich, wenn Amerikaner Grundstücke in Großbritannien erwerben oder Anteile an britischen Unternehmen kaufen wollen. Kurz gesagt, *wir fragen Devisen nach, wenn wir ausländische Güter, Dienstleistungen und Vermögenswerte kaufen.*

In Abbildung 34-3 ist die Nachfrage nach britischen Pfund durch die abwärts verlaufende *DD*-Kurve dargestellt, wobei auf der vertikalen Achse der Preis des britischen Pfund in Dollar aufgetragen ist. Beachten Sie bitte, daß der Dollar-Preis für britische Güter fällt, wenn der Wechselkurs des britischen Pfund im Vergleich zum Dollar fällt. Wenn daher der Dollarpreis für britische

[2] Es handelt sich selbstverständlich um ein vereinfachtes Beispiel, in dem nur der bilaterale Handel zwischen Großbritannien und den USA berücksichtigt wurde.

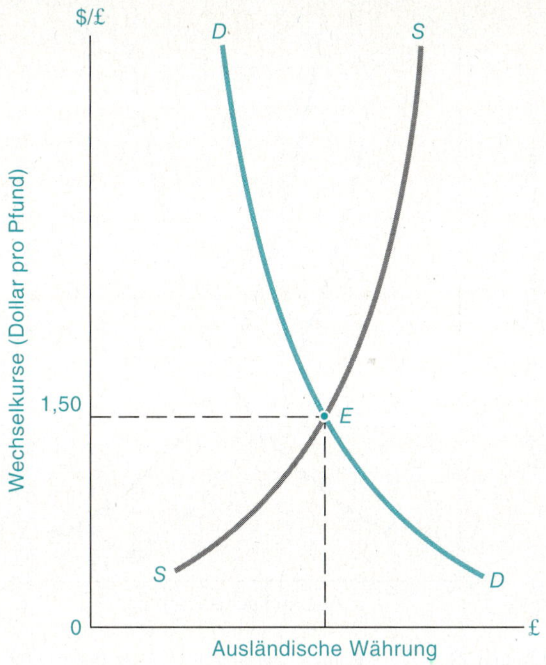

Abbildung 34-3: Wechselkursbildung

Der Wechselkursmarkt sorgt für einen Ausgleich von Angebot und Nachfrage. Hinter der Pfundnachfrage steht der Kauf von Gütern, Dienstleistungen und Finanzflüssen. Hinter dem Pfundangebot gegen Dollar steht der britische Wunsch nach amerikanischen Gütern und Investitionen. Läge der Wechselkurs über E, käme es zu einem Angebotsüberschuß der ausländischen Währung. Würde der Staat dieses überschüssige Angebot nicht aufkaufen und den offiziellen Reserven zuführen, würden die Marktkräfte den Wechselkurs so lange drücken, bis Angebot und Nachfrage in E wieder ausgeglichen wären.

Güter im Vergleich zu amerikanischen Gütern fällt, kaufen die Amerikaner mehr britische Güter. Das zeigt, warum die Nachfragekurve abwärts gerichtet ist. Würde beispielsweise das Pfund von $ 1,50/£ auf $ 1,20/£ fallen, so würden die Amerikaner, ceteris paribus, mehr britische Fahrräder kaufen und mehr Zeit mit Urlauben in Großbritannien verbringen wollen.

Was steckt hinter dem Devisenangebot (in Abbildung 34-3 durch die *SS*-Angebotskurve britischer Pfund dargestellt)? Die Briten bieten ihre Währung an, wenn sie Güter, Dienstleistungen und Vermögenswerte importieren. Wenn beispielsweise eine britische Studentin ein amerikanisches Volkswirtschafts-Lehrbuch kauft oder eine Reise in die USA unternimmt, bietet sie britische Pfund in Höhe der entstehenden Ausgaben an. Oder wenn die britische Regierung einen amerikanischen Supercomputer für meteorologische Vorhersagen kauft, erhöht diese Transaktion das Angebot an britischen Pfund. Kurz gesagt, Großbritannien bietet Pfund an, um für seine Einkäufe ausländischer Güter, Dienstleistungen und Finanzanlagen zu bezahlen. Die Angebotskurve in Abbildung 34-3 ist aufwärts gerichtet, was anzeigt, daß die Bewohner Großbritanniens mit steigendem Wert des britischen Pfunds (und somit billigerem US-Dollar) mehr ausländische Güter, Dienstleistungen und Investitionen kaufen möchten und daß sie daher im allgemeinen mehr von ihrer Währung auf dem Devisenmarkt anbieten.

Es besteht eine Wechselwirkung zwischen Angebot und Nachfrage nach britischen Pfund auf dem Devisenmarkt. Die Marktkräfte verschieben den Wechselkurs nach oben oder nach unten, um den Ab- oder Zufluß britischer Pfund auszugleichen. Der Preis stellt sich beim Gleichgewichts-Wechselkurs ein, bei dem ebensoviel Pfund freiwillig gekauft wie freiwillig verkauft werden.

Der Ausgleich zwischen Angebot und Nachfrage auf dem Devisenmarkt bestimmt den Wechselkurs einer Währung. Bei einem Wechselkurs von $ 1,50 pro £ 1, wie in Punkt E in Abbildung 34-3 dargestellt, befindet sich der Wechselkurs im Gleichgewicht und tendiert weder nach oben noch nach unten.

Wir haben bereits gesehen, daß der Wechselkurs ein gegenseitiges Verhältnis ausdrückt. Ebenso, wie wir ein britisches Pfund für $ 1,50 verkaufen, kaufen wir einen Dollar für £ 0,67. Wir könnten auch die wechselseitige Nachfrage- und Angebotsbeziehung feststellen, indem wir Nachfrage und Angebot an US-Dollars analysieren. In unserer grob vereinfachten bilateralen Handelswelt ließe sich das britische Angebot an Pfund in die Dollarnachfrage übersetzen, während die amerikanische Nachfrage nach Pfund zugleich das Dollarangebot darstellen würde. Wir könnten daraus Angebot und Nachfrage nach Dollars ableiten, und dann läge das Gleichgewicht eben bei £ 0,67/$ anstatt bei $ 1,50/£.

Wir können Angebot und Nachfrage für jede Währung bestimmen. In einer Welt vieler verschiedener Staaten kommt es zu multilateralen Devisengeschäften, Nachfrage und Angebot kommen aus allen Richtungen, und dies erklärt die große Bandbreite an Wechselkursen.

Die Terminologie der Devisenmärkte. Devisenmärkte verwenden eine spezielle Terminologie. Definitionsgemäß wird ein sinkender Preis einer Währung gemessen an einer oder allen anderen als *Kursverlust*, ein Preisanstieg einer Währung gemessen an einer anderen Währung hingegen als *Kursgewinn* bezeichnet. In unserem obigen Beispiel hätte es sich, als der Pfundpreis von $ 1,80 auf $ 1,20 fiel, um einen Kursverlust des Pfund und einen Kursgewinn des Dollars gehandelt.

Häufig kommt es zu einer Verwechslung der Begriffe „Kursverlust" und „Abwertung". Der Terminus *Abwertung* bezieht sich auf Situationen, in denen ein Land seinen Wechselkurs gegenüber einer anderen Währung oder gegenüber Gold offiziell festsetzt oder ihn an diese bindet und der solcherart gebundene Wechselkurs oder die sogenannte *Wechselkursparität* verändert wird, indem der Preis für die andere Währung erhöht wird.

Die USA veränderten beispielsweise 1971 den offiziellen Goldpreis von $ 35 auf $ 38 pro Unze, daher sagen wir, der Dollar wurde abgewertet. Als jedoch der Dollar auf dem Markt von Yen 150 auf Yen 100 pro Dollar fiel, sprach man von einem Kursverlust.

Sinkt der Wechselkurs einer Währung gegenüber einer anderen, so heißt das, daß die heimische Währung einen **Kursverlust** erlitten hat, während die ausländische Währung einen **Kursgewinn** verbuchen konnte.

Wird der offizielle Wechselkurs einer Währung (gegenüber Gold oder anderen Währungen) gesenkt, sagen wir, daß diese Währung **abgewertet** wurde. Eine Erhöhung des offiziellen Wechselkurses wird als **Aufwertung** bezeichnet.

Die Auswirkung von Handelsschwankungen. Was geschähe, käme es zu Schwankungen im internationalen Handelsvolumen? Würden beispielsweise die USA beschließen, ihre Importe aus Großbritannien zu beschränken, oder sollten die Amerikaner plötzlich weniger reisen – welche Folgen dieser Entwicklungen müßten wir erwarten?

In jedem der genannten Fälle würde die amerikanische Devisennachfrage zurückgehen. Das Ergebnis ersehen Sie aus Abbildung 34-4, wobei angenommen wurde, daß die Verschiebung Großbritannien betrifft. Der Rückgang der Käufe von Gütern, Dienstleistungen und Investitionen verringert die Nachfrage nach ausländischen Währungen. Diese Veränderung wird durch eine Verschiebung der Nachfragekurve nach links dargestellt. Das Ergebnis ist ein niedrigerer Preis der ausländischen Währungen; dies bedeutet, daß das Pfund im Kurs fällt, während der Dollar steigt. Inwieweit werden sich nun die Wechselkurse verändern? Gerade soviel, daß die britischen Exporte und Kapitalflüsse nach Amerika erhöht werden, und daß die Importe und Kapitalflüsse von Amerika nach Großbritannien verringert werden, bis Angebot und Nachfrage wieder im Gleichgewicht sind. In dem

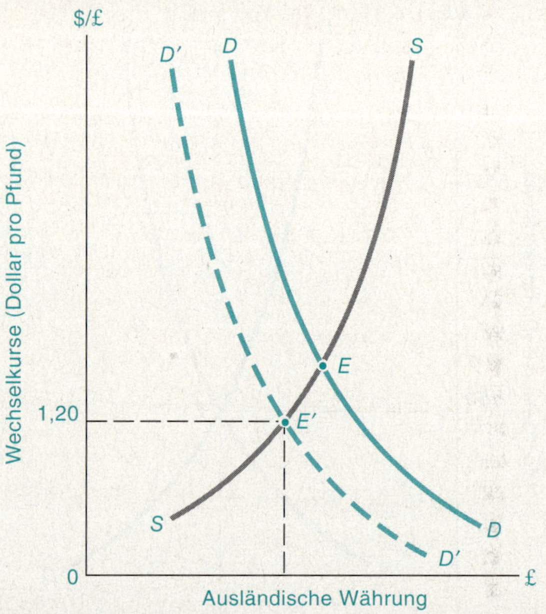

Abbildung 34-4: Ein Rückgang der amerikanischen Importe führt zu einem Kursgewinn des Dollars

Würden die Amerikaner weniger reisen oder beschließen, ihre Truppen aus Europa abzuziehen, so hätte dies einen Rückgang der Importe aus Großbritannien und damit auch der Nachfrage nach britischen Pfund zur Folge, wodurch sich die Pfundnachfrage *DD* nach links nach *D′D′* verschieben müßte. Der Pfundwechselkurs würde nachgeben, während der Dollarkurs stiege. Warum würde der neue Wechselkurs den Kauf britischer Güter durch die USA stimulieren und US-Exporte nach Großbritannien erschweren?

in Abbildung 34-4 gezeigten Beispiel kam es zu einem Kursverlust des £ von $ 1,50 auf $ 1,20 pro Pfund.

Kaufkraftparität und Wechselkurse

Kurzfristig fluktuieren die auf dem Markt gebildeten Wechselkurse mit Änderungen der Zinssätze, politischen Ereignissen und veränderten Erwartungen sehr stark. Langfristig hingegen, meinen die Ökonomen, werden Wechselkurse primär durch die jeweiligen Warenpreise in den einzelnen Ländern bestimmt. Ein spezieller Fall ist das sogenannte *Einheitspreisgesetz*, das besagt, daß (unter Außerachtlassung von Transportkosten und Handelsbarrieren) ein identisches Gut auf allen Märkten zum selben Preis verkauft werden muß. Das bedeutet, daß auf freien Märkten der Wechselkurs eines Landes in Richtung Gleichsetzung der Kosten für den Kauf im Inland gehandelter Güter mit den Kosten für den Kauf dersel-

	BIP anhand der Marktwechselkurse (in Mia. $)	BIP anhand der PPP-Wechselkurse (in Mia. $)
USA	6.378	6.398
China	520	2.596
Japan	4.260	2.536
Deutschland	1.869	1.412
Frankreich	1.257	1.092
Indien	255	1.045
Großbritannien	941	994
Mexiko	391	633
Indonesien	139	616
Nigerien	30	178
Malaysien	63	171
Philippinen	55	151

Tabelle 34-2: PPP-Berechnungen ergeben eine andere relative Stärke der Volkswirtschaften, Stand 1993

Bei Zugrundelegung von PPP-Wechselkursen verändert sich die wirtschaftliche Rangordnung der Nationen. Indien erweist sich nach dieser Berechnung als ebenso stark wie Frankreich, während China von einem mittelstarken Land zur wirtschaftlichen Supermacht avanciert. (Quelle: DRI/McGraw-Hill)

ben im Ausland gehandelten Güter wirkt. Diese Beobachtung führt zur *Kaufkraftparitätstheorie (PPP – Purchasing Power Parity) der Wechselkurse.*

Die PPP-Theorie läßt sich anhand eines einfachen Beispiels illustrieren. Nehmen wir an, der Preis für einen bestimmten Warenkorb (Autos, Schmuck, Öl, Nahrung etc.) beträgt in den USA $ 1.000 und in Mexiko 10.000 Pesos. Bei einem Wechselkurs von 100 Pesos pro Dollar kostet dieser Warenkorb in Mexiko $ 100. Angesichts der jeweiligen Preise und des Freihandels zwischen den beiden Ländern müßte man eigentlich erwarten, daß amerikanische Unternehmen und Konsumenten in Scharen über die Grenze strömen, um zu den niedrigeren mexikanischen Preisen einzukaufen. Das Ergebnis wären höhere Importe aus Mexiko und eine größere Nachfrage nach mexikanischen Pesos. Dadurch käme es zu einer Kurssteigerung des Pesos gegenüber dem Dollar, so daß plötzlich mehr Dollars benötigt werden, um dieselbe Anzahl von Pesos zu kaufen. In der Folge würden die *Dollar*-Preise für die mexikanischen Waren steigen, obwohl sich die Pesopreise nicht geändert hätten.

Wo aber würde dieser Prozeß enden? Erst wenn der Wechselkurs auf 10 Pesos pro Dollar gestiegen wäre, träfe die internationale Kaufkraftparität wieder zu; erst bei diesem Wechselkurs wäre der Preis für den Warenkorb auf den beiden Märkten gleich hoch. Bei 10 Pesos pro Dollar sagen wir, daß die Währungen in bezug auf die gehandelten Güter dieselbe Kaufkraft haben.

Die PPP-Doktrin besagt auch, daß Länder mit hohen Inflationsraten mit sinkenden Wechselkursen rechnen müssen. Genauer ausgedrückt, wenn die Inflation in Land A 10 Prozent jährlich beträgt, während die Inflation in Land B jährlich 2 Prozent ausmacht, wird die Währung von Land A einen Kursverlust gegenüber jener von Land B im Ausmaß von 8 Prozent jährlich hinnehmen müssen, also in Höhe des Inflationsunterschiedes. Nehmen wir als Beispiel an, daß eine galoppierende Inflation in Argentinien innerhalb eines Jahres zu einer Verdoppelung der Preise geführt hat, während die Preise in den USA und der Wechselkurs zwischen den Währungen unverändert geblieben sind. Die Preise für argentinische Waren sind dann doppelt so hoch wie jene vergleichbarer importierter amerikanischer Waren. In der Folge wird die Nachfrage nach argentinischen Pesos zurückgehen, während die Nachfrage nach amerikanischen Dollars steigen wird, weil die US-Exporte nach Argentinien stimuliert würden. Nach der PPP-Theorie sollte der argentinische Peso um 50 Prozent im Kurs fallen, bis die Preise US-amerikanischer und argentinischer Waren wieder ausgeglichen sind.

Wir sollten jedoch beachten, daß die PPP-Theorie zwar eine Tendenz beschreibt, nicht jedoch als unbedingte Gleichschaltungsdoktrin der untersuchten Preise gelten kann. Der Spielraum, den die PPP-Theorie einräumt, läßt sich anhand des Verhältnisses zwischen dem US-Dollar und dem japanischen Yen im letzten Jahrzehnt darstellen; der Wechselkurs lag schon bei 240 Yen pro Dollar, aber auch bei 100 Yen pro Dollar, während die meisten Ökonomen das PPP-Niveau bei etwa 150 Yen pro Dollar ansetzen. Handelsbeschränkungen und Transportkosten führen zu signifikanten Preisdivergenzen zwischen den Ländern. Zusätzlich können die Finanzflüsse kurzfristig gegenüber den Handelsflüssen überwiegen. Während daher die PPP-Theorie langfristig eine durchaus nützliche Wechselkurs-Richtlinie darstellt, weichen die Wechselkurse de facto oft jahrelang von ihrem PPP-Niveau ab.

Volkswirtschaft in der Praxis: Kaufkraftparitätstheorie PPP und wirtschaftliche Rangfolge der Staaten. *Unabhängig vom angelegten Maßstab stellen die USA weltweit die größte Volkswirtschaft dar. Aber welches Land kommt an zweiter Stelle? Handelt es sich um Japan, Deutschland, Rußland oder um irgendein anderes Land? Sie denken vielleicht, daß diese Frage einfach zu beantworten sein müßte, so als wäre eine Größe oder ein Gewicht zu messen. Das Problem besteht jedoch darin, daß die Japaner ihr BIP in Yen messen, während die Deutschen DM und die US-Amerikaner Dollar zugrundelegen. Für einen vernünftigen BIP-Vergleich muß man zuerst eine Umrechnung in dieselbe Währung vornehmen.*

Hier bietet sich natürlich der marktgängige Wechselkurs zur Umrechnung an, und nach diesem Maßstab kommt Japan nach den USA als Wirtschaftsmacht weltweit an zweiter Stelle. Aber dieser auf dem Markt gebildete Wechselkurs ist nicht unproblematisch. Erstens können Wechselkurse stark fallen und steigen, so als würde das Land in seiner Größe schrumpfen oder sich ausdehnen. Außerdem scheinen bei dieser Heranziehung der auf dem Devisenmarkt gebildeten Wechselkurse viele arme Länder nur über ein sehr geringes BIP zu verfügen. Legen wir beispielsweise den marktgängigen Wechselkurs für den russischen Rubel zugrunde, betrüge das gesamte russische BIP für 1991 weniger als jenes Hongkongs.

Ökonomen bevorzugen daher PPP-Wechselkurse, wenn sie die BIPs verschiedener Länder vergleichen. Der Unterschied kann gewaltig sein, wie Tabelle 34-2 zeigt. Bei Zugrundelegung der auf dem Devisenmarkt gebildeten Wechselkurse wird die Wirtschaftsleistung einkommensschwacher Länder wie jene von China oder Indiens zu gering bewertet. Dies deshalb, weil ein großer Teil der Wirtschaftsleistung aus nicht auf dem Markt gehandelten, arbeitsintensiven Dienstleistungen herrührt, die in einkommensschwachen (und daher Niedriglohn-)Ländern zumeist extrem billig sind. Wenn wir also die PPP-Wechselkurse unter Einbeziehung der Preise für nicht auf dem Markt gehandelte Güter berechnen, fallen die BIPs der einkommensschwachen Länder beträchtlich höher aus. Bei Verwendung der PPP-Wechselkurse ist beispielsweise Chinas BIP fünfmal so hoch wie bei einer Berechnung anhand des Devisenkurses. Übrigens rangiert China nach dieser Berechnungsmethode weltweit noch vor Japan und Deutschland an zweiter Stelle, unmittelbar hinter den USA.

C. DIE ZAHLUNGSBILANZ

WIE SIEHT DIE ZAHLUNGSBILANZ AUS?

Die meisten Länder achten genau auf ihre Handelsflüsse und ihre Auslandsverschuldung. So sind die US-Medien voll von Geschichten über das Handelsbilanzdefizit und die wachsende Verschuldung der USA oder über die Notwendigkeit eines Zahlungsbilanzausgleichs in lateinamerikanischen Ländern. Um den internationalen Handel verstehen zu können, ist ein allgemeines Wissen über die Erstellung einer Zahlungsbilanz erforderlich und wesentlich. Wie der Binnenhandel findet auch der Außenhandel mit Hilfe von Geld statt, und die Geldflüsse in ein und aus einem Land werden anhand der Zahlungsbilanz dieses Landes gemessen.

Die **Zahlungsbilanz** eines Landes stellt eine systematische Aufstellung aller wirtschaftlichen Transaktionen zwischen diesem Land und dem Rest der Welt dar. Ihre wesentlichen Bestandteile sind die Leistungsbilanz und die Kapitalverkehrsbilanz. Den Grundaufbau der Zahlungsbilanz entnehmen Sie bitte Tabelle 34-3, deren einzelne Positionen wir im folgenden erörtern.

Zahlungseingänge und Zahlungsausgänge

Wie in anderen Bilanzen auch, wird in der Zahlungsbilanz jede Transaktion entweder auf der Soll- oder auf der Habenseite verbucht. Die allgemeine Regel bei der Erstellung einer Zahlungsbilanz lautet:

Erbringt eine Transaktion Devisen für das betreffende Land, wird sie unter *Zahlungseingängen* verbucht. Bewirkt eine Transaktion, daß Devisen ausgegeben werden, wird sie als *Zahlungsausgang* verbucht. Im allgemeinen sind Exporte Zahlungseingänge, Importe jedoch Zahlungsausgänge.

Exporte erbringen Devisen und gelten daher als Zahlungseingänge. Importe erfordern die Ausgabe von Devisen und gelten daher als Zahlungsausgänge. Wie wird der amerikanische Import einer japanischen Kamera verbucht? Da die Kamera letzlich in japanischen Yen zu bezahlen ist, handelt es sich offensichtlich um einen Zahlungsausgang. Wie sind Zins- und Dividendeneinkommen für Investitionen zu behandeln, die Amerikaner aus dem Ausland beziehen? Nun, hier handelt es sich klarerweise um Zahlungseingänge wie im Fall der Exporte, weil sie uns Devisen einbringen.

Der Aufbau der Zahlungsbilanz

Leistungsbilanz. Die Gesamtheit der Positionen unter Abschnitt I in Tabelle 34-3 wird im allgemeinen als **Leistungsbilanz** bezeichnet. Es handelt sich dabei um eine Gegenüberstellung der gesamten Exporte und der gesamten Importe von Gütern und Dienstleistungen eines Landes. Der Saldo entspricht fast genau den Nettoexporten des BIP.

In der Vergangenheit hat man sich in vielen Publikationen vorrangig auf die **Handelsbilanz** konzentriert, die sich auf Importe und Exporte von Waren bezieht. Eine Aufstellung der Warenimporte und -exporte finden Sie in Tabelle 34-1; es handelt sich hierbei insbesondere um halbverarbeitete Rohstoffe (wie Nahrungsmittel und Treibstoffe) und um industriell gefertigte Waren. Die Merkantilisten früherer Zeiten waren um einen Außenhandelsüberschuß bemüht (einen Überschuß der Exporte gegenüber den Importen) und bezeichneten diesen Zustand als aktive oder „wünschenswerte Handelsbilanz". Sie wollten eine „unerwünschte Handelsbilanz" vermeiden, worunter sie ein Außenhandelsdefizit verstanden (einen Überhang der Importe gegenüber den Exporten). Diese Wahl der Begriffe wirkt bis heute fort, und noch heute streben viele Staaten nach Außenhandelsüberschüssen. Die Volkswirtschaft lehrt uns hingegen, daß Außenhandelsdefizite unter gewissen Umständen durchaus auch vorteilhaft sein können, wenn sie eine Situation widerspiegeln, in der ein Land Kapitalausstattung oder andere Investitionsgüter importiert, die anschließend dazu verwendet werden können, um Produktivität und Produktionsleistung zu steigern.

Aber neben der Handelsbilanz dürfen wir auch die zunehmend wichtigere Rolle nicht vergessen, die die sogenannten *unsichtbaren Ein- und Ausfuhren* spielen, zu denen Dienstleistungen und Kapitalerträge zählen. Zu den Dienstleistungen gehören Positionen wie Transport, Finanzdienstleistungen und Auslandsreisen. Kapitalerträge umfassen die Nettoeinkünfte aus Auslandsinvestitionen (also Einkünfte für US-Vermögen im Ausland abzüglich der Zahlungen für ausländisches Vermögen in den USA). Eine der wichtigsten Entwicklungen des letzten Jahrzehntes war der Anstieg des Dienstleistungsanteils in der amerikanischen Leistungsbilanz.

Tabelle 34-4 bietet eine Zusammenfassung der US-Zahlungsbilanz für 1993. Beachten Sie bitte die Gliederung in vier Hauptkomponenten: Leistungsbilanz, Kapitalverkehrsbilanz, statistisch nicht aufgliederbare Transaktionen und offizielle Zahlungsbilanzausgleichsmaßnahmen. (Jede Reihe ist zwecks Übersichtlichkeit numeriert.) Jede Positionsbezeichnung ist in Spalte (a) angeführt. Die Habenbuchungen (Zahlungseingänge) sind in Spalte (b) angegeben, während Spalte (c) die Sollbeträge (Zahlungsausgänge) ausweist. Spalte (d) weist schließlich den Haben- oder Sollsaldo aus; sie zeigt einen Habensaldo, wenn die Position in der Bilanz unseren Devisenbestand vergrößert, oder einen Sollsaldo, wenn der Devisenbestand verringert wird.

Im Jahr 1993 ergaben unsere Warenexporte einen Betrag von $ 457 Milliarden an Zahlungseingängen. Aber unsere Warenimporte führten zu einer Sollbuchung von

I. Leistungsbilanz
- Privatwirtschaft:
  - Handelsbilanz
  - unsichtbare Ein- und Ausfuhren (Dienstleistungen und Nettoinvestitionsertrag)
- Staatliche Exporte oder Importe und Kredite

II. Kapitalverkehrsbilanz
- Privatwirtschaft
- Staat

III. Statistisch nicht aufgliederbare Transaktionen

IV. Offizielle Zahlungsbilanz-Ausgleichsmaßnahmen

Tabelle 34-3: Grundelemente der Zahlungsbilanz

US-Zahlungsbilanz 1993
(in Mia. $)

Abschnitt	(a) Positionen	(b) Zahlungseingänge (+)	(c) Zahlungsausgänge (–)	(d) Saldo Eingänge (+) oder Ausgänge (–)
I.	**Leistungsbilanz**			
	1. Handelsbilanz	457	–589	–133
	2. unsichtbare Ein- und Ausfuhren (Dienstleistungen, Kapitalerträge, sonstige)			30
	3. Leistungsbilanzsaldo			–103
II.	**Kapitalverkehrsbilanz** [Kapitalexporte (–) oder Kapitalimporte (+)]			
	4. Kapitalflüsse	231	–148	
	5. Kapitalverkehrs-Bilanzsaldo			83
III.	**Statistisch nicht aufgliederbare Transaktionen**			21
	6. Gesamtausgleichserfordernis Zeilen 3 + 5 + statistisch nicht aufgliederbare Transaktionen			
IV.	**Offizielle Zahlungsbilanz-Ausgleichsmaßnahmen**			
	7. Saldo der offiziellen Zahlungsbilanz – Ausgleichsmaßnahmen			–1
	8. Formaler Zahlungsbilanzausgleich			0

Tabelle 34-4: Die Leistungsbilanz plus die Kapitalverkehrsbilanz plus die statistisch nicht aufgliederbaren Transaktionen müssen per definitionem durch offizielle Zahlungsbilanz-Ausgleichsmaßnahmen ausgeglichen werden

(Quelle: Adaptiert vom Original des US-Handelsministeriums)

$ 589 Milliarden an Zahlungsausgängen. Die *Nettodifferenz* zwischen Haben- und Sollpositionen ergab einen Sollsaldo von $ 133 Milliarden. Dieses Handelsbilanzdefizit ist in Spalte (d) der ersten Reihe ausgewiesen. (Überprüfen Sie Ihr Wissen: Warum steht hier ein negatives und kein positives Vorzeichen?) Aus der Tabelle ersehen wir, daß Dienstleistungen und andere unsichtbare Handelspositionen zuzüglich der Transfers einen signifikanten Überschuß aufweisen. Unser Leistungsbilanzdefizit betrug daher im Jahr 1993 $ 103 Milliarden.

Kapitalverkehrsbilanz. Wir haben nun unsere Analyse der Leistungsbilanz beendet. Aber wie konnten die USA ihre $ 103 Milliarden Leistungsbilanzdefizit des Jahres 1993 finanzieren? Entweder muß das Land Darlehen aufgenommen oder es muß seine Auslandsvermögen verringert haben, denn definitionsgemäß muß das, was gekauft wird, entweder bezahlt oder geschuldet werden. Das bedeutet, *daß per definitionem die Zahlungsbilanz insgesamt letztlich immer Null ergeben muß.*

Kapitalbewegungen sind Darlehen, die die privaten Haushalte oder Staaten entweder an ausländische Haushalte oder andere Staaten vergeben oder von diesen aufnehmen. Kapitalbewegungen erfolgen beispielsweise, wenn ein japanischer Pensionsfonds US-Staatspapiere kauft, oder wenn ein Amerikaner Aktien eines britischen Unternehmens erwirbt.

Es ist einfach zu erkennen, welche Transaktionen in der Kapitalverkehrsbilanz Haben- und welche Sollpositionen darstellen, wenn man sich folgende Regel merkt: Betrachten Sie die USA immer als ein Land, das Aktien, Anleihen oder andere Finanzanlagen exportiert oder importiert – oder kürzer, als Exporteur oder Importeur von IOU-Staatsanleihen als Gegenleistung für Devisen. Dann können Sie diese Exporte und Importe wie alle anderen behandeln. Wenn wir im Ausland Darlehen aufnehmen, um unser Leistungsbilanzdefizit zu finanzieren, exportieren wir IOUs (in Form von Schatzscheinen) ins Ausland und erhalten dafür Devisen. Ist das nun eine Haben- oder eine Sollposition? Offensichtlich wird die Transaktion als Haben verbucht, weil dadurch Devisen in die USA gelangen.

Dasselbe gilt, wenn US-Banken an das Ausland Darlehen vergeben, etwa um eine Computer-Assemblinganlage in Mexiko zu finanzieren, und wenn sie dazu IOUs von den Mexikanern importieren und Devisen abgeben: offensichtlich eine Sollposition.

Zeile 5 zeigt uns, daß im Jahr 1993 die USA Netto*schuldner* waren: Wir haben im Ausland mehr Darlehen aufgenommen, als wir Darlehen an Ausländer vergeben haben. Die USA waren daher Nettoexporteur von IOUs (Nettoschuldner) in Höhe von $ 83 Milliarden.

Abschnitt III führt uns vor Augen, daß zahlreiche Transaktionen trotz allem durch das Netz von Prüfung und statistischer Erfassung fallen. Hier sehen wir, daß es diverse *statistisch nicht aufgliederbare Transaktionen* (insgesamt handelt es sich um den Nettobetrag aller nicht berücksichtigten Transaktionen) in Höhe von $ 21 Milliarden gab; das zeigt uns, daß $ 21 Milliarden nicht spezifisch in der Zahlungsbilanz ausgewiesener Mittel die USA verlassen haben.

Durch Addition aller Leistungs- und Kapitalverkehrs-Bilanzpositionen zu den statistisch nicht aufgliederbaren Transaktionen erhalten wir einen Nettoüberschuß von $ 1 Milliarde.

Offizielle Zahlungsbilanz-Ausgleichsmaßnahmen. Hätten die USA eine strikte „Hands-off“, also nicht interventionistische Politik in ihren Außenhandelstransaktionen verfolgt, müßte in Zeile 6 der Tabelle 34-4 eine Null stehen. Länder, die auf den Devisenmärkten „intervenieren“, stellen den Ausgleich in ihrer Zahlungsbilanz durch staatliche Devisenzahlungen oder -einnahmen her. Diese Ausgleichstransaktionen des Staates werden als *offizielle Zahlungsbilanz-Ausgleichsmaßnahmen oder induzierte Transaktionen* bezeichnet. Die am häufigsten angewandte Form besteht für die anderen Länder heute darin, US-Staatspapiere zu kaufen. Beachten Sie bitte, daß in Zeile 7 eine kleine Änderung (minus $ 1 Milliarden, die von den offiziellen US-Währungsreserven des Jahres 1993 in Abzug zu bringen sind) stattgefunden hat. Beim Vergleich dieser geringfügigen Änderung mit anderen Einträgen werden Sie sehen, daß es die privatwirtschaftlichen Flüsse sind, die in der Zahlungsbilanz von Marktwirtschaften wie jener der USA dominieren.

Wechselkurse und Zahlungsbilanz

Wir erkennen nun den Zusammenhang zwischen Wechselkursen und dem herzustellenden Zahlungsbilanzausgleich. Im einfachsten Fall nehmen wir an, daß die Wechselkurse durch Angebot und Nachfrage gebildet werden. Sagen wir, Deutschland beginnt mit einem Gleichgewicht und erleidet dann einen Schock in seiner Zahlungsbilanz. So hätte beispielsweise nach der deutschen Einigung die Zentralbank in Frankfurt die Zinssätze anheben können, um die Inflation niedrig zu halten und so die ausländische Nachfrage nach DM ankurbeln können. Oder eine wirtschaftliche Aufschwungphase in Amerika könnte zu einer größeren DM-Nachfrage führen, weil Amerikaner mehr deutsches Geld benötigten, um deutsche Waren kaufen zu können.

In jedem Fall hätte es eine erhöhte DM-Nachfrage zum alten Wechselkurs gegeben. Zu diesem alten Wechselkurs müßte daher Deutschland sowohl in seiner Leistungs- als auch in seiner Kapitalverkehrsbilanz einen Überschuß ausweisen, weil mehr DM Amerika verlassen und nach Deutschland fließen würden.

Und da sehen wir, daß der Wechselkurs auch als Gleichgewichtsfaktor eine bedeutende Rolle spielt. Mit steigender DM-Nachfrage kommt es zu einem Kursgewinn der DM und einem Kursverlust des US-Dollars. Diese Wechselkursverschiebung hält so lange an, bis Kapital- und Leistungsbilanz wieder im Gleichgewicht sind. Am leichtesten verständlich ist der Vorgang bei der Leistungsbilanz. Hier verteuert der Kursgewinn der DM deutsche Waren und führt zu einem Rückgang der deutschen Exporte und einer Zunahme der deutschen Importe, was den deutschen Leistungsbilanzüberschuß verringert.

Wechselkursschwankungen dienen als Gleichgewichtsfaktor zur Beseitigung von Zahlungsbilanzüberschüssen und -defiziten.

WIRTSCHAFTSGESCHICHTE ANHAND DER ZAHLUNGSBILANZ

Ein Überblick über die Wirtschaftsgeschichte reifer Industrienationen zeigt, daß sie auf ihrem Weg vom jungen Schuldner- zum reifen Gläubigerland vier Stadien der Zahlungsbilanz durchlaufen. Diese spezielle Abfolge findet sich – mit gewissen Variationen infolge spezifischer

Charakteristika – in den reifen Volkswirtschaften Nordamerikas ebenso wie in jenen Europas und Südostasiens. Wir können diese Stadien durch eine kurze Nacherzählung der Geschichte der Zahlungsbilanz der USA illustrieren:

1. *Junge, aufstrebende Schuldnernation*. Seit den Freiheitskämpfen nach dem Bürgerkrieg importierten die USA ihrer Leistungsbilanz zufolge mehr, als sie exportierten. Für die Differenz kam Europa auf, was es dem Land gestattete, seinen Kapitalstock aufzubauen. Die USA waren eine typische junge und wachsende Schuldnernation.
2. *Reife Schuldnernation*. Ab etwa 1873 und bis 1914 bewegte sich die amerikanische Handelsbilanz ins Plus. Aber steigende Dividenden und Zinszahlungen, die die USA dem Ausland für frühere Darlehen schuldeten, hielten die Leistungsbilanz mehr oder minder ausgeglichen. Auch die Kapitalbewegungen waren nahezu ausgeglichen, weil Kapitalexporte und -importe sich die Waage hielten.
3. *Junge Gläubigernation*. Während des Ersten Weltkrieges erweiterten die USA ihre Exporttätigkeit enorm. Amerikanische Bürger und der Staat gewährten den Alliierten England und Frankreich Darlehen für ihre Rüstung und zum Wiederaufbau nach dem Krieg. Die Vereinigten Staaten gingen aus dem Ersten Weltkrieg als Gläubigernation hervor.
4. *Reife Gläubigernation*. Im vierten Stadium sorgen Einnahmen aus Kapitalexporten und Investitionen im Ausland für einen großen Überschuß bei den unsichtbaren Ein- und Ausfuhren, der durch ein Defizit im Warenhandel ausgeglichen wird. Diese Situation traf auf die USA bis zum Beginn der achtziger Jahre zu. Heute spielen Länder wie Japan die Rolle der reifen Gläubigernation und genießen hohe Leistungsbilanzüberschüsse, die sie im Ausland investieren.

Überraschenderweise sind die USA aus dem Stadium der reifen Gläubigernation herausgetreten, wie die Zahlungsbilanzdaten in Tabelle 34-4 zeigen. Die USA sind heute wieder eine Schuldnernation und importieren von Ländern, die sich in Stadium vier befinden, Kapital in großem Umfang. Der Unterschied zwischen dieser neuen Situation und Stadium 1 besteht allerdings darin, daß die neuen Kapitalimporte für Konsumausgaben und nicht für Investitionen getätigt werden.

Manche Ökonomen rätseln, ob die USA wohl in ein fünftes Stadium eingetreten sind, nämlich jenes der *„senilen Schuldnernation"*. Sie merken an, daß der makroökonomische Mix der achtziger Jahre aus restriktiver Geldpolitik und hohen staatlichen Defiziten die nationale Sparquote gesenkt hat. Die USA sind heute nicht in der Lage, ein ausreichendes Sparvolumen aufzubringen, um den eigenen Kapitalerfordernissen gerecht zu werden, und sie müssen sich daher an sparsamere Länder wenden, die die Rolle des Sparers für sie übernehmen. Das Gegenstück zum negativen Sparen der USA sind ausländische, insbesondere japanische Investoren, die im großen Maßstab amerikanische Finanzanlagen für ihre Portfolios aufkaufen.

Ist diese neue Situation in der amerikanischen Zahlungsbilanz nur ein Übergangsstadium? Oder kennzeichnet sie bereits den Beginn einer langen Periode „struktureller" Handelsbilanzdefizite, die uns noch in den kommenden Jahrzehnten zu schaffen machen werden? Niemand kann diese Frage heute mit Sicherheit beantworten. Korrekturmaßnahmen der frühen neunziger Jahre lassen die US-Leistungsbilanz wieder ein wenig ausgeglichener erscheinen, allerdings bei nach wie vor hohen Kosten für die externe Staatsverschuldung. Sollte der Zahlungsbilanzausgleich wieder erreicht werden, treten die USA wieder in Stadium 2 als reife Schuldnernation ein.

ZUSAMMENFASSUNG

A. Die volkswirtschaftliche Grundlage des internationalen Handels

1. Sobald in einem Land unterschiedliche Grade an Produktivität erzielt werden, lohnen sich Spezialisierung und Tausch. Diese Regel gilt pauschal für alle Länder. Der internationale Austausch ermöglicht ein effizientes Maß an Spezialisierung und Arbeitsteilung – was eine höhere Effizienz gewährleistet, als müßte man sich ausschließlich mit der heimischen Produktion behelfen.
2. Ihre Verschiedenheit ist daher der Hauptgrund, warum sich Staaten im Außenhandel engagieren. Nach diesem allgemeinen Prinzip erkennen wir, daß es einen internationalen Handel gibt, weil (a) Unterschiede in den Produktionsbedingungen bestehen, (b) die Kosten gesenkt werden können (economics of scale), und (c) weil die Präferenzen der Menschen unterschiedlich sind.

B. Die Bildung der Wechselkurse

3. Zum internationalen Handel gehört die Verwendung verschiedener nationaler Währungen. Diese sind durch ihre jeweiligen Preise, die Wechselkurse, untereinander verbunden. Wenn Amerikaner britische Waren importieren, müssen sie diese letztlich in britischen Pfund bezahlen. Auf dem Devisenmarkt könnten Pfund beispielsweise für $ 1,50 pro £ (oder im gegenteiligen Fall, $ 1 für £ 0,67) gehandelt werden.
4. Auf einem Devisenmarkt mit nur zwei Ländern, USA und Großbritannien, und zwei Währungen (US-$ und £) geht die gesamte Nachfrage nach britischen Pfund auf Amerikaner zurück, die Güter, Dienstleistungen und Investitionen aus Großbritannien kaufen möchten. Angeboten werden die britischen Pfund von den Briten, die amerikanische Waren oder Finanzanlagen kaufen möchten. Das Zusammenspiel dieses Angebotes und dieser Nachfrage bestimmt den Wechselkurs. Umfassender ausgedrückt werden Wechselkurse durch das komplexe Wechselspiel vieler Länder gebildet, die alle untereinander Käufe und Verkäufe tätigen. Bei sich verändernden Handels- und Kapitalflüssen verschieben sich Angebot und Nachfrage, und der Gleichgewichts-Wechselkurs verändert sich.
5. Ein Abfall des Marktpreises einer Währung wird als Kursverlust, ein Anstieg als Kursgewinn bezeichnet. In einem System, in dem Staaten offizielle Wechselkurse festlegen, wird eine Senkung des offiziellen Wechselkurses als Abwertung und eine Anhebung als Aufwertung bezeichnet.
6. Entsprechend der Kaufkraftparitäts- oder PPP-Theorie der Wechselkurse entwickeln sich die Wechselkurse langfristig mit Veränderungen der jeweiligen Preise der Länder. Bedienen wir uns dieser Theorie, um die Wirtschaftsleistung verschiedener Länder zu messen, so erhöht sich durch sie die Wirtschaftsleistung pro Kopf in einkommensschwachen Ländern.

C. Die Zahlungsbilanz

7. Die Zahlungsbilanz eines Landes besteht aus mehreren Einzelbilanzen, die jeweils die wirtschaftlichen Transaktionen zwischen einem Land und der restlichen Welt messen. Sie umfaßt Exporte und Importe von Gütern, Dienstleistungen und Finanzkapital. Exporte werden als Zahlungseingänge, Importe als Zahlungsausgänge verbucht. Allgemeiner ausgedrückt sind die Zahlungseingänge eines Landes Transaktionen, die ihm Devisen einbringen. Zahlungsausgänge hingegen sind jene Transaktionen, die seine Devisenbestände schmälern.
8. Die Hauptbestandteile einer Zahlungsbilanz sind:
   I. Leistungsbilanz (Handelsbilanz und unsichtbare Ein- und Ausfuhren)
   II. Kapitalverkehrsbilanz (privatwirtschaftliche und staatliche Ein- und Verkäufe von Finanzanlagen)
   III. statistisch nicht aufgliederbare Transaktionen
   IV. sowie offizielle Zahlungsbilanz-Ausgleichsmaßnahmen oder induzierte Transaktionen

   Die Regel der Zahlungsbilanzbuchhaltung lautet, daß die Summe aller Positionen immer Null ergeben muß: I + II + III + IV = 0.
9. Historisch gesehen gehen Staaten im Hinblick auf ihre Zahlungsbilanz durch vier verschiedene Stadien: Sie entwickeln sich vom jungen Schuldnerstaat, der Kapital für seine wirtschaftliche Entwicklung aufnimmt, über den reifen Schuldnerstaat und den jungen Gläubigerstaat hin zum reifen Gläubigerstaat, der von den Einkünften aus früheren Investitionen lebt. In den achtziger Jahren sind die USA in ein neues Stadium eingetreten, in dem die geringe heimische Sparquote das Land wieder zu einer intensiven Kapitalaufnahme im Ausland bewogen und somit neuerlich zu einem Schuldnerstaat gemacht hat.

BEGRIFFE ZUR WIEDERHOLUNG

Prinzipien des internationalen Handels

offene Volkswirtschaft
Gründe für den internationalen Handel: Kostenunterschiede, economics of scale, unterschiedliche Präferenzen der Menschen

Wechselkurse

Wechselkurs, Devisenmarkt
Devisenangebot und -nachfrage
Währung: Kursgewinne und Kursverluste, Aufwertung und Abwertung

Zahlungsbilanz

Zahlungsbilanz (Leistungsbilanz, Kapitalverkehrsbilanz, statistisch nicht aufgliederbare Transaktionen, offizielle Zahlungsbilanz-Ausgleichsmaßnahmen oder induzierte Transaktionen)
Komponenten der Zahlungsbilanz: I + II + III + IV = 0
Zahlungsausgänge und Zahlungseingänge
4 Stadien der Zahlungsbilanz

FRAGEN UND BEISPIELE

1. Die folgende Tabelle zeigt einige Wechselkurse (in Dollar pro Einheit ausländischer Währung) von Anfang 1994:

	Preis	
Währung	**Dollars pro Einheit der ausländischen Währung**	**Ausländische Währung pro $1**
Zloty (Polen)	0,000045	——— (Zloty/$)
Cruzeiro (Brasilien)	0,0014	——— (———)
Yuan (China)	0,1152	——— (———)
Peso (Mexiko)	0,307	——— (———)
Drachmen (Griechenland)	0,004	——— (———)

Bitte setzen Sie die Werte für den Dollarpreis in der jeweiligen Fremdwährung in der letzten Spalte der Tabelle ein und achten Sie besonders darauf, die jeweiligen Einheiten in Klammer dazuzuschreiben.

2. Abbildung 34-3 zeigt Nachfrage und Angebot für britische Pfund anhand eines Beispiels, wo eine Handelstätigkeit nur zwischen Großbritannien und den USA stattfindet.
   a. Beschreiben Sie die wechselseitigen Angebots- und Nachfragefunktionen für US-Dollars. Erklären Sie, warum das Pfundangebot der Dollarnachfrage entspricht. Erklären Sie bitte auch die Funktion, die der Pfundnachfrage entspricht. Ermitteln Sie den Gleichgewichtskurs für Dollar in diesem neuen Diagramm und stellen Sie die Beziehung zum Gleichgewicht in Abbildung 34-3 her.
   b. Nehmen Sie an, die Amerikaner hätten plötzlich eine Präferenz für britische Waren entwickelt. Zeigen Sie, welche Auswirkungen das auf Angebot und Nachfrage nach US-Dollars hätte. Würde der Dollarkurs im Vergleich zum Pfund steigen oder sinken? Erklären Sie Ihre Antwort.
3. Erstellen Sie eine Liste der Positionen, die unter den Eingängen der Zahlungsbilanz ausgewiesen werden, sowie eine Liste jener Positionen, die unter den Zahlungsausgängen verbucht werden. Was bedeutet ein Handelsbilanzüberschuß? Was eine ausgeglichene Leistungsbilanz?
4. Konstruieren Sie eine hypothetische Zahlungsbilanz für ein junges Schuldnerland, ein reifes Schuldnerland, ein junges Gläubigerland und ein reifes Gläubigerland.
5. Überlegen Sie die auf Seite 773 beschriebene Situation für Deutschland. Erklären Sie anhand einer Abbildung wie jener in 34-3, wie DM-Angebot und -Nachfrage vor und nach dem Schock aussehen würden. Ermitteln Sie in Ihrer Abbildung den DM-Nachfrageüberhang *vor* dem Kursgewinn der Mark. Zeigen Sie dann, wie ein Kursgewinn der Mark den Nachfrageüberhang wieder beseitigen würde.
6. Ein Land im Mittleren Osten entdeckt plötzlich riesige Ölvorkommen. Zeigen Sie, wie seine Handels- und Leistungsbilanz plötzlich Überschüsse aufweisen. Erklären Sie, warum dieser Staat nun Finanzanlagen in New York zum Ausgleich seiner Kapitalverkehrsbilanz erwerben kann. Zeigen Sie, wie später, wenn er diese Finanzanlagen für die landesinterne Entwicklung einsetzt, Leistungs- und Kapitalverkehrsbilanz ihre Rollen tauschen.
7. Überlegen Sie sich folgendes Zitat aus dem *Wirtschaftsbericht des Präsidenten* 1984:

   Langfristig folgt der Wechselkurs dem Gefälle zwischen heimischem und ausländischem Preisniveau. Gerät das Preisniveau eines Landes gemessen an den Preisen eines anderen Landes zu weit aus der Bahn, muß es schließlich zu einem Nachfragerückgang nach seinen Gütern kommen, was einen Kursverlust seiner Währung zur Folge hat.

Erklären Sie, welcher Zusammenhang zwischen dem ersten Satz obiger Aussage und der Kaufkraftparitätstheorie (PPP) der Wechselkurse besteht. Erklären Sie die Überlegung hinter der PPP-Theorie. Erklären Sie außerdem anhand eines Angebots- und Nachfragediagramms wie jenem in Abbildung 34-3 die Abfolge der Ereignisse, die im zweiten Satz des Zitates beschrieben ist, wonach ein Land, dessen Preisniveau überhöht erscheint, Kursverluste seiner Währung hinnehmen muß.

8. Ein Land erwirtschaftet für 1994 folgende Ergebnisse: Exporte von Autos ($ 100) und Getreide ($ 150); Importe von Erdöl ($ 150) und Stahl ($ 75); Auslandsausgaben von Touristen ($ 25); Kapitalexporte ins Ausland ($ 50); Kapitalimporte aus dem Ausland ($ 40); offizielle Zahlungsbilanz-Ausgleichsmaßnahmen ($ 30 Devisenakkumulation durch die heimische Zentralbank). Berechnen Sie die statistisch nicht aufgliederbaren Transaktionen und erstellen Sie eine Zahlungsbilanztabelle wie jene in Tabelle 34-4.

KAPITEL 35

KOMPARATIVER VORTEIL UND PROTEKTIONISMUS

Rein philosophisch betrachtet ist die [NAFTA] ein wunderbarer Gedanke, praktisch jedoch wird sie unserem Land schaden. Wir hier in den USA werden nur ein sehr lautes, saugendes Geräusch hören, und das zu einer Zeit, in der wir selbst Jobs brauchen und sicherlich keine abzugeben haben. Der Stundenlohn in Mexiko wird auf \$ 7 1/2 steigen, bei uns wird er auf \$ 7 1/2 sinken.

H. Ross Perot, in einer polemischen Rede gegen das Nordamerikanische Freihandelsabkommen NAFTA im Jahr 1993

Viele Amerikaner betrachten ebenso wie Ross Perot internationale Handelsbeziehungen mit Argwohn. Jeder von uns hat noch die Werbekampagnen im Ohr, die uns auffordern „Kauft amerikanische Waren". Wir bemerken mit Mißfallen, daß unsere Nachbaren ein ausländisches Auto fahren, obwohl doch die amerikanischen Monteure keinen Job finden. Oder wir lesen in der Zeitung, daß schon wieder ein großes Unternehmen seine Betriebsstätten nach Mexiko, Malaysien oder Irland verlegt hat.

Doch die Wahrnehmung der Ökonomen praktisch aller Länder und jeder politischen Überzeugung unterscheidet sich in diesem Punkt seit hundert Jahren gänzlich von dieser Einstellung. Die Ökonomie lehrt nämlich, daß der internationale Handel den einzelnen Ländern Vorteile bringt. Außenhandel fördert die Spezialisierung und erweitert die Konsummöglichkeiten eines Landes. So verkauft Japan Kameras nach Nordamerika; Amerika verkauft Computer nach Australien; Australien schließt den Kreislauf, indem es Kohle nach Japan verkauft. Wenn sich jedes Land auf jenen Bereich spezialisiert, in dem es besonders produktiv ist, kann es mehr konsumieren, als es allein zu produzieren in der Lage wäre. Kurz, es handelt sich hierbei um das einfache, aber doch immer wieder mißverstandene Wesen des Außenhandels, mit dem wir uns in diesem Kapitel beschäftigen wollen.

A. DER KOMPARATIVE VORTEIL DER STAATEN

DAS PRINZIP DES KOMPARATIVEN VORTEILS

Schon der gesunde Hausverstand sagt uns, daß Länder jene Güter produzieren und exportieren sollten, für die sie besondere Qualifikationen mitbringen. Aber dahinter steht ein tieferreichendes Prinzip, das für *jeglichen* Handel – in der Familie, innerhalb eines Landes und zwischen den Ländern – gilt und das weiter reicht, als der gesunde Menschenverstand vermuten lassen würde. Dieses sogenannte *Prinzip des komparativen Vorteils* besagt, daß ein

Land durch Handel selbst dann profitieren kann, wenn es bei der Produktion aller Güter absolut effizienter (oder weniger effizient) als andere Länder ist.

Mehr als gesunder Menschenverstand

Nehmen wir an, die USA erzielen in der Produktion von Computern und Stahl eine höhere Produktionsleistung pro Kopf (oder pro Inputeinheit) als der Rest der Welt. Nehmen wir zusätzlich an, die USA seien in der Produktion von Computern relativ effizienter als in der Stahlproduktion. So könnte die amerikanische Produktivität bei Computern um 50 Prozent über jener anderer Länder, bei Stahl jedoch nur 10 Prozent darüber liegen. In diesem Fall wären die USA gut beraten, jenes Produkt zu verkaufen, bei dem sie relativ effizienter sind (also Computer), und jenes Gut, bei dem sie relativ weniger effizient sind (Stahl) nach Möglichkeit zu importieren.

Oder nehmen wir ein armes Land wie Indien. Wie sollte das einkommensschwache Indien, wo die Produktivität eines durchschnittlichen Arbeitnehmers nur einen Bruchteil der Pro-Kopf-Produktivität in den industrialisierten Ländern ausmacht, hoffen können, seine Textilien oder seinen Weizen zu exportieren? Überraschenderweise kann Indien entsprechend dem Prinzip des komparativen Vorteils trotzdem Außenhandel betreiben, indem es Güter exportiert, die es *relativ* effizienter herstellt (also beispielsweise Textilien und Weizen), und andere Güter importiert, bei deren Herstellung es *relativ* weniger effizient ist (etwa bei Turbinen und Supercomputern).

Das Prinzip des **komparativen Vorteils** besagt, daß jedes Land davon profitiert, wenn es sich auf Produktion und Export jener Güter spezialisiert, die es zu relativ geringen Kosten produzieren kann (bei denen es relativ effizienter ist als andere Länder); und ebenso profitiert auch jedes Land davon, wenn es die Güter importiert, die es zu relativ hohen Kosten produzieren müßte (bei denen es relativ weniger effizient ist als andere Länder).

Dieses einfache Prinzip bildet die unerschütterliche Grundlage des internationalen Handels.

Die Logik hinter dem Prinzip des komparativen Vorteils

Erläutern wollen wir das Prinzips des komparativen Vorteils anhand eines einfachen Beispiels der Spezialisierung zwischen Menschen, um anschließend auf den allgemeineren Fall der Spezialisierung und des komparativen Vorteils zwischen Ländern überzugehen.

Stellen Sie sich die beste Anwältin einer Stadt vor, die zusätzlich auch am schnellsten tippen kann. Womit sollte diese Frau ihre Zeit verbringen? Sollte sie ihre eigenen Texte schreiben und tippen? Oder sollte sie diese Aufgabe einer Sekretärin übertragen? Nun, ganz offensichtlich sollte sich die Anwältin auf ihre rechtlichen Agenden konzentrieren, wo ihre *relativen* oder *komparativen* Fähigkeiten am effektivsten eingesetzt sind, obwohl sie beim Tippen *und* als Juristin *absolut* besser ist.

In diesem Szenario ist die Effizienz am größten, wenn sich die Anwältin auf ihre juristische Arbeit konzentriert, während die Sekretärin das Tippen übernimmt. Das effizienteste und produktivste Spezialisierungsmuster besteht darin, daß Menschen oder Länder sich auf jene Aktivitäten konzentrieren, in denen sie relativ oder komparativ effizienter sind als andere; das impliziert, daß manche Menschen oder Länder sich auch auf Gebieten spezialisieren können, auf denen sie absolut weniger effizient sind als andere. Aber obwohl einzelne Menschen oder Länder absolut effizienter oder weniger effizient sein können als andere Menschen und Länder, hat jeder Mensch und jedes Land einen unbedingten komparativen Vorteil in einigen Bereichen und einen unbedingten komparativen Nachteil in anderen.

Die Analyse des komparativen Vorteils nach Ricardo

Veranschaulichen wir nun die grundlegenden Prinzipien des internationalen Handels, indem wir auf das Amerika und Europa des vorigen Jahrhunderts zurückblicken. Wenn Arbeit (oder allgemeiner: Ressourceneinsatz) in Amerika absolut produktiver ist als in Europa, kann das bedeuten, daß Amerika nichts importiert? Und wäre es wirtschaftlich klug für Europa, seine Märkte durch Zölle oder Einfuhrquoten zu schützen?

Diese Fragen hat sich im Jahr 1817 erstmals der englische Ökonom David Ricardo gestellt, der nachwies, daß die internationale Spezialisierung für die Staaten von Nutzen ist. Das Ergebnis seiner Forschungstätigkeit bezeichnete Ricardo als das Gesetz des komparativen Vorteils.

Der Einfachheit halber arbeitete Ricardo nur mit zwei Regionen und zwei Gütern, und er entschied sich, alle Produktionskosten in Arbeitsstunden zu messen. Wir werden hier seiner Vorgangsweise folgen und die Produktion von Nahrung und Bekleidung für Europa und Amerika analysieren.[1]

---

1 Eine Analyse des komparativen Vorteils mit zahlreichen verschiedenen Ländern und Gütern werden wir später in diesem Kapitel vornehmen.

Produktions-Arbeitseinsatz in Amerika und in Europa		
	Erforderlicher Arbeitseinsatz (Arbeitsstunden)	
Produkt	In Amerika	In Europa
1 Nahrungsmitteleinheit	1	3
1 Bekleidungseinheit	2	4

Tabelle 35-1: Der komparative Vorteil hängt ausschließlich von den relativen Kosten ab

Unserem hypothetischen Beispiel zufolge kann sowohl Nahrung als auch Bekleidung in den USA zu billigeren Arbeitskosten hergestellt werden. Die Arbeitsproduktivität ist zwei- bis dreimal größer als jene Europas (bei Bekleidung zweimal, bei Nahrung dreimal größer). Trotzdem kommt der Außenhandel beiden Regionen zugute.

Tabelle 35-1 stellt das Prinzip des komparativen Vorteils dar. In Amerika nimmt die Produktion einer Einheit Nahrung eine Arbeitsstunde, die Produktion einer Einheit Bekleidung zwei Arbeitsstunden in Anspruch. In Europa liegt der Aufwand bei 3 Arbeitsstunden für Nahrung und 4 Arbeitsstunden für Bekleidung. Wir sehen, daß Amerika in der Produktion beider Güter einen *absoluten Vorteil* aufweist, weil es sie mit größerer absoluter Effizienz herstellen kann als Europa. Trotzdem verfügt Amerika über einen *komparativen Vorteil* bei Nahrung, während Europas komparativer Vorteil in der Bekleidung liegt, weil Nahrung in Amerika relativ kostengünstig ist, während in Europa Bekleidung relativ weniger teuer ist.

Aus diesen Fakten konnte Ricardo nachweisen, daß beide Regionen einen Vorteil daraus ziehen, wenn sie sich auf ihren jeweiligen komparativen Vorteil spezialisieren – das heißt, Amerika widmet sich der Produktion von Nahrungsmitteln, während sich Europa auf die Produktion von Bekleidung spezialisiert. In dieser Situation exportiert Amerika Nahrung, um für europäische Bekleidung zu bezahlen, während Europa Bekleidung exportiert, um für amerikanische Nahrung zu bezahlen.

Will man die Auswirkungen des Handels und die Vorteile der Spezialisierung auf Gebiete eines komparativen Vorteils analysieren, muß man die Mengen an Nahrung und Bekleidung messen, die in jeder Region produziert und konsumiert werden können, (1) wenn es keinen internationalen Handel gibt, und (2), wenn es einen Freihandel gibt und sich jede Region auf das Gebiet ihres komparativen Vorteils spezialisiert.

Vor Einführung des Außenhandels. Beginnen wir mit der Frage, was ohne jeglichen internationalen Handel geschieht, etwa weil Außenhandel verboten ist oder wegen eines prohibitiv hohen Zolls. Tabelle 35-1 zeigt den Reallohn der amerikanischen Arbeitnehmer für eine Arbeitsstunde als 1 Einheit Nahrung oder $\frac{1}{2}$ Einheit Bekleidung. Der europäische Arbeitnehmer ist in der Situation ohne Handel offensichtlich schlechter dran, weil er nur $\frac{1}{3}$ Einheit Nahrung oder $\frac{1}{4}$ Einheit Bekleidung pro Arbeitsstunde als Reallohn erhält.

Natürlich sind die Preise für Nahrung und Bekleidung in den beiden isolierten Regionen bei vollständigem Wettbewerb wegen der unterschiedlich hohen Produktionskosten verschieden hoch. In Amerika ist Bekleidung doppelt so teuer wie Nahrung, weil auch zweimal soviel Arbeit nötig ist, um eine Einheit Bekleidung herzustellen. In Europa beträgt der Preis für Bekleidung nur $\frac{4}{3}$ des Nahrungsmittelpreises.

Nach Einführung des Außenhandels. Nun nehmen wir an, daß alle Zölle abgeschafft werden und ein freier Handel erlaubt ist. Der Einfachheit halber nehmen wir weiters an, daß keinerlei Transportkosten anfallen. In diesem Fall werden die Güter von der jeweiligen Niedrigpreisregion in die Hochpreisregion fließen. Ohne Transportkosten müssen sich alle Preise in den beiden Regionen angleichen, wie das Wasser in kommunizierenden Gefäßen dasselbe Niveau erreicht, sobald man die Barriere zwischen ihnen entfernt. Daher wird Nahrung überall zum selben Preis verkauft, und Bekleidung ebenso.

Wie sieht der Güterfluß aus, wenn der Handel freigegeben wird? Bekleidung ist in Amerika, Nahrung in Europa relativ teurer. Angesichts der relativen Preise, und läßt man alle Transportkosten oder Zölle außer acht, wird schon bald Nahrung von Amerika nach Europa und Bekleidung von Europa nach Amerika verkauft werden.

Wenn europäische Bekleidung auf den amerikanischen Markt drängt, erleben die amerikanischen Kleiderhersteller, daß ihre Preise fallen und ihre Gewinne schrumpfen, und sie werden beginnen, die Fabriken zu schließen. In Europa tritt das Gegenteil ein. Europäische Farmer müssen feststellen, daß die Preise für Nahrung fallen, wenn amerikanische Produkte auf den europäischen Markt drängen; sie werden Verluste erleiden, manche werden wohl auch aufgeben müssen, und es werden Ressourcen aus der europäischen Landwirtschaft abgezogen.

Wenn alle Anpassungen an den internationalen Handel stattgefunden haben, werden wir sehen, daß sich die Preise für Bekleidung und Nahrung in Amerika und in

Europa angeglichen haben. Ohne weiteres Wissen über die genaue Angebots- und Nachfrageentwicklung können wir das exakte Preisniveau nicht im voraus bestimmen. Aber wir wissen doch, daß die relativen Nahrungs- und Bekleidungspreise irgendwo zwischen dem europäischen Preisverhältnis (Nahrung/Bekleidung = $^3/_4$) und jenem in Amerika ($^1/_2$) liegen müssen. Wir nehmen nun an, das endgültige Preisverhältnis liege bei $^2/_3$, was bedeutet, daß 2 Einheiten Bekleidung gegen 3 Einheiten Nahrung gehandelt werden können. Der Einfachheit halber messen wir die Preise in US-Dollars und nehmen an, der Freihandelspreis betrage für Nahrung \$ 2 pro Einheit, woraus abzuleiten ist, daß der Freihandelspreis für Bekleidung bei \$ 3 pro Einheit liegt.

Aber es hat sich auch die Produktionstätigkeit in den beiden Regionen verlagert; Amerika hat Ressourcen aus der Bekleidungsindustrie abgezogen und in die Nahrungsmittelindustrie investiert, während Europa seine Agrarwirtschaft zurückgenommen und die Bekleidungsindustrie ausgebaut hat. Im Freihandel verlagern die Länder ihre Produktion auf die Gebiete ihres jeweiligen komparativen Vorteils.

Der volkswirtschaftliche Gewinn durch den Außenhandel

Welche volkswirtschaftlichen Auswirkungen ergeben sich durch die Öffnung der beiden Regionen aus unserem Beispiel für den internationalen Handel? Amerika als ganzes profitiert von der Tatsache, daß importierte Bekleidung weniger als die im Inland produzierte kostet. Ebenso profitiert Europa von seiner Spezialisierung im Bereich Bekleidung und davon, daß es Nahrung nun billiger durch Importe als aus der eigenen Produktion beziehen kann.

Die Vorteile des Außenhandels werden deutlich, wenn wir seine Auswirkungen auf die Reallöhne der Arbeitnehmer berechnen. Reallöhne werden anhand der Güter- und Dienstleistungsmengen gemessen, die eine Arbeitskraft mit ihrem Stundenlohn kaufen kann. Aus Tabelle 35-1 ersehen wir, daß die Reallöhne in beiden Regionen nach Einführung des Außenhandels höher ausfallen, als sie vor der Öffnung der Grenzen waren. Nehmen wir aus Gründen der Einfachheit an, jeder Arbeiter kaufe eine Einheit Bekleidung und eine Einheit Nahrung. Vor der Aufnahme internationaler Handelsbeziehungen kostete dieser Warenkorb einen amerikanischen Arbeitnehmer 3 Arbeitsstunden, einen europäischen Arbeitnehmer dagegen 7.

Nach Einführung des Außenhandels liegt, wie wir bereits erklärt haben, der Preis für Bekleidung bei \$ 3 pro Einheit, während der Nahrungsmittelpreis \$ 2 pro Einheit beträgt. Ein amerikanischer Arbeitnehmer muß immer noch 1 Stunde arbeiten, um eine Einheit Nahrung zu kaufen, aber bei einem Preisverhältnis von 2 zu 3 braucht er nur noch 1 $^1/_2$ Stunden aufzuwenden, um 1 Einheit europäischer Bekleidung zu erstehen. Sein Warenkorb kostet daher nach Einführung des Außenhandels 2 $^1/_2$ Stunden Arbeitszeit – was eine Erhöhung seines Reallohnes um 16 $^2/_3$ Prozentpunkte bedeutet.

Für europäische Arbeitnehmer kostet bei funktionierendem Außenhandel eine Bekleidungseinheit nach wie vor 4 Stunden Arbeit, weil Bekleidung ja in Europa produziert wird. Um jedoch eine Nahrungsmitteleinheit zu erwerben, braucht der europäische Arbeiter nur noch $^2/_3$ einer Bekleidungseinheit zu produzieren (wozu $^2/_3$ x 4 Arbeitsstunden erforderlich sind), und kann dann diese $^2/_3$-Einheit gegen 1 Einheit amerikanischer Nahrung eintauschen. Die gesamte Arbeitszeit, die in Europa für den Erwerb des genannten Warenkorbs erforderlich ist, beträgt daher 4 + 2 $^2/_3$ = 6 $^2/_3$, was eine Reallohnsteigerung von etwa 5 Prozent gegenüber der reinen Binnenhandelssituation darstellt.

Bei Öffnung für den Außenhandel und Konzentration auf den jeweiligen komparativen Vorteil des eigenen Landes stellen sich alle besser. Die Arbeitnehmer jeder betroffenen Region können eine größere Menge an Verbrauchsgütern für dieselbe Arbeitszeit erwerben, wenn sich die Leute auf die Gebiete ihres komparativen Vorteils konzentrieren und ihre eigene Produktion gegen Güter aus anderen Bereichen eintauschen, auf denen sie einen relativen Nachteil zu verzeichnen haben. Bei Öffnung der Grenzen für den internationalen Handel steigt das Volkseinkommen aller Länder, die sich daran beteiligen.

DIE GRAPHISCHE ANALYSE DES KOMPARATIVEN VORTEILS

Wir können unsere Produktionsmöglichkeitskurve dazu verwenden, um die Analyse des komparativen Vorteils zu vertiefen. Dazu verwenden wir weiterhin unser numerisches Beispiel mit den Arbeitskosten, aber das Prinzip wäre auch in einer Welt des Wettbewerbs mit vielen verschiedenen Produktionsfaktoren gültig.

Amerika ohne Außenhandel

In Kapitel 1 haben wir uns mit der Produktionsmöglichkeits- oder Transformationskurve zur Darstellung der verschiedenen Güterkombinationen beschäftigt, die sich mit den gegebenen Ressourcen und Technologien einer

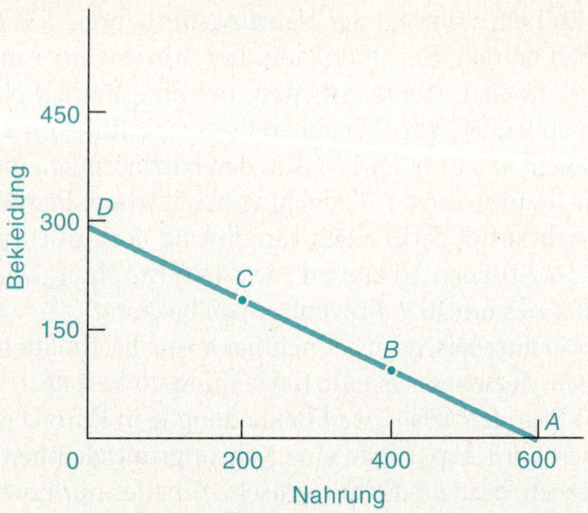

Die Produktions-Möglichkeitskurve der USA
(Konstantes Kostenverhältnis 1:2)

Möglichkeiten	Nahrung (Einheiten)	Bekleidung (Einheiten)
A	600	0
B	400	100
C	200	200
D	0	300

Abbildung 35-1: Produktionsdaten der USA

Die Fixkostenlinie *DA* stellt die US-Produktionsmöglichkeitskurve bei reinem Binnenhandel dar. Die USA werden ohne Außenhandel ihre Produktion und ihren Konsum bei *B* einpendeln.

Gesellschaft produzieren lassen. Anhand der einfachen Produktionsdaten aus Tabelle 35-1 und unter der Annahme, daß sowohl Europa als auch Amerika über 600 Arbeitseinheiten verfügen, können wir problemlos die PMK jeder der beiden Regionen ableiten. Die zu Abbildung 35-1 gehörige Tabelle zeigt, wieviel Nahrung und Bekleidung Amerika mit seinen Produktionsfaktoren und amerikanischer Technologie herstellen kann. In Abbildung 35-1 sind die Produktionsmöglichkeiten graphisch dargestellt, die blaue Linie *DA* zeigt die amerikanische PMK. Die PMK hat eine Steigung von $-1/2$, weil sie die Bedingungen darstellt, zu denen sich Nahrung und Bekleidung in der Produktion substituieren lassen; auf Wettbewerbsmärkten ohne internationalen Handel beträgt das Nahrungs-Bekleidungsverhältnis demnach 1/2.

Bisher haben wir uns auf die Produktion konzentriert und dabei den Konsum aus den Augen gelassen. Wenn jedoch Amerika von jeglichem Außenhandel isoliert ist, entspricht unsere Produktions- zugleich auch der Konsummenge. Nehmen wir an, daß Punkt *B* in Abbildung 35-1 für die Markteinkommen und -nachfrage Produktion und Konsum in einem Amerika ohne Außenhandel darstellt. Ohne Außenhandel erreichen die USA eine Produktion und einen Konsum von 400 Einheiten Nahrung und 100 Einheiten Bekleidung.

Genau dieselbe Überlegung können wir auch für Europa anstellen. Aber die europäische PMK sieht anders aus als die amerikanische, weil die europäische Effizienz in der Produktion von Nahrung und Bekleidung von der amerikanischen abweicht. Das europäische Preisverhältnis beträgt $3/4$, was die relative europäische Produktivität bei Nahrung und Bekleidung darstellt.

Öffnung für den Außenhandel

Nun lassen wir die Möglichkeit eines Handels zwischen den beiden Regionen zu. Nahrung kann zu einem gewissen Preisverhältnis oder zu bestimmten „**Terms of Trade**", die das Verhältnis der Export- zu den Importpreisen angeben, gegen Bekleidung getauscht werden. Um die Handelsmöglichkeiten zu ermitteln, kombinieren wir die beiden PMKs in Abbildung 35-2. Die blaue amerikanische Kurve zeigt die heimischen Produktionsmöglichkeiten, während die schwarze europäische PMK die Bedingungen angibt, zu denen europaintern Nahrung und Bekleidung ausgetauscht werden können. Beachten Sie bitte, daß die europäische PMK näher am Ursprung liegt als die amerikanische. Warum? Weil die europäische Produktivität auf beiden Gebieten geringer ist, hat Europa einen absoluten Nachteil bei der Produktion von Nahrung wie auch von Bekleidung.

Trotzdem braucht sich Europa durch seinen absoluten Nachteil nicht entmutigen zu lassen, denn es ist der *relative* Produktivitätsunterschied oder *komparative* Vorteil, der den Außenhandel so vorteilhaft macht. Die Handelsgewinne werden durch die äußeren Linien in Abildung 35-2 dargestellt. Könnte Amerika zu den europäischen relativen Preisen Handel treiben, könnte es 600 Einheiten Nahrung produzieren und entlang der äußeren schwarzen Linien in Abbildung 35-2 (*a*) nach links oben wandern – wo die schwarze Linie das Austauschverhältnis oder die Terms of Trade darstellt, die durch die europäische PMK geschaffen werden. Ebenso könnte sich Europa beim Handel mit Amerika, wenn es zu keiner Beeinflussung der relativen amerikanischen Preise käme, auf Bekleidung spezialisieren und sich entlang der blauen Linie in Abbildung 35-2 (*b*) nach rechts unten bewegen – wo die blaue Linie dem ameri-

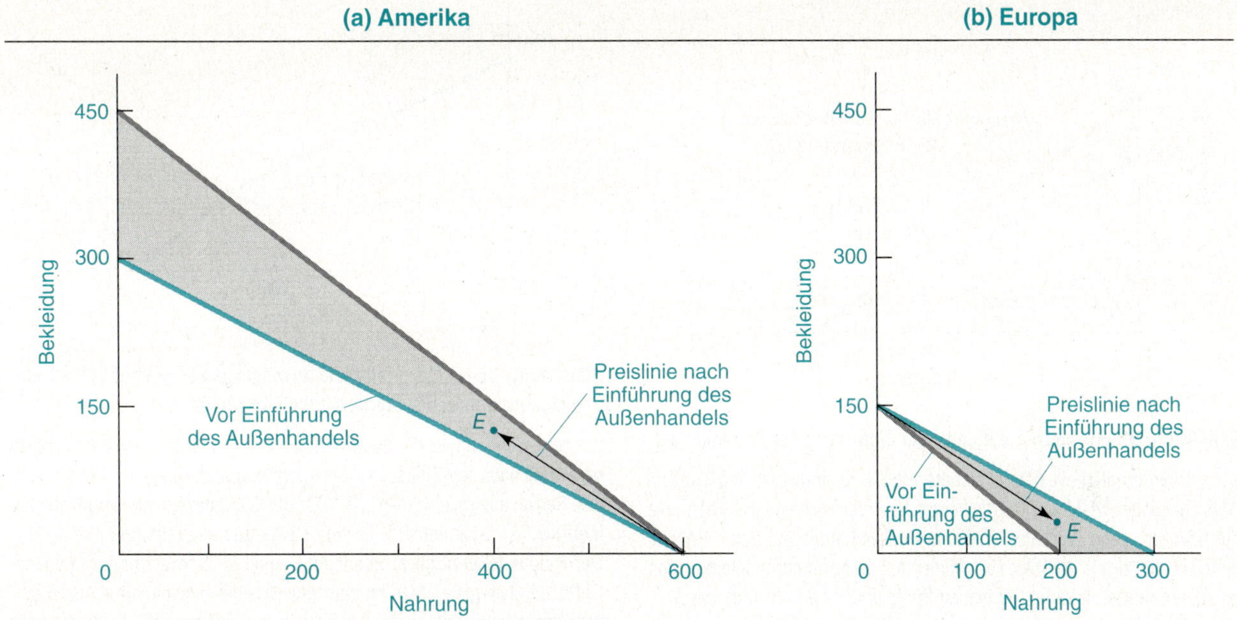

Abbildung 35-2: Graphische Darstellung des komparativen Vorteils

Mit Hilfe des Außenhandels können Europa und die USA ihren jeweils möglichen Konsum steigern. Wird kein Außenhandel zugelassen, muß sich jede Region mit ihrer eigenen Produktion zufriedengeben. Sie ist daher auf ihre eigene Produktionsmöglichkeitskurve beschränkt, die für jede Region als die mit „Vor Einführung des Außenhandels" bezeichnete Linie dargestellt ist. Für die Situation nach Öffnung der Grenzen und nach Ausgleich der relativen Güterpreise durch den Wettbewerb ist die relative Preislinie durch den Pfeil dargestellt. Können Sie erkennen, warum sich die Produktionsmöglichkeiten verbessern müssen, wenn jede Region mit den durch die Pfeile gekennzeichneten Preisen kontrontiert ist?

kanischen Preisverhältnis vor Öffnung für den Außenhandel entspricht.[2]

Preisverhältnis im Gleichgewicht. Sobald ein Außenhandel möglich wird, muß sich auf dem Weltmarkt ein gewisses Preisgefüge einstellen. Aber auf welchem Niveau? Um diese Frage auf den Punkt zu bringen, nehmen wir einmal an, ein Auktionator stünde mitten im Atlantik und versuche, jene Preise zu ermitteln, die Angebot und Nachfrage der Handelsregionen ausgleichen. Das heißt, er möchte jene Nahrungs- und Bekleidungspreise ermitteln, zu denen die Angebote an Nahrung und Bekleidung genau gleich hoch sind. Dazu geht er so vor, daß er die Preise ausruft und sie anpaßt, sobald es zu einem Ungleichgewicht kommt. Sobald der Auktionator das Gleichgewichts-Preisniveau erreicht hat, gibt er den Zuschlag: „Zum Ersten, zum Zweiten, zum Dritten, Zuschlag."

Aber wo lägen hier die Endpreise? Ohne weitere Informationen können wir das genaue Gleichgewichts-Preisverhältnis nicht feststellen, sondern nur ermitteln, welche Preispalette möglich wäre. Die Preise müssen irgendwo zwischen den Preisen der beiden Handelsregionen liegen. Das heißt, wir wissen, daß der jeweilige Nahrungs- und Bekleidungspreis irgendwo zwischen $^1/_2$ und $^3/_4$ liegen muß.

Das Preisverhältnis, das sich letztlich einstellt, hängt von den jeweiligen Nachfragen nach Nahrung und Bekleidung ab. Wird sehr viel Nahrung nachgefragt, liegt der Nahrungspreis relativ hoch. Wäre die Nahrungsnachfrage so hoch, daß Europa Nahrung produzieren

[2] Dabei zeigt sich ein Paradoxon: Kleine Länder ziehen den größten Gewinn aus dem internationalen Handel. Sie beeinflussen die Weltmarktpreise am wenigsten und können daher zu Preisen Handel treiben, die weit über ihren heimischen Preisen liegen. Warum profitieren wohl große Länder am wenigsten vom internationalen Handel?

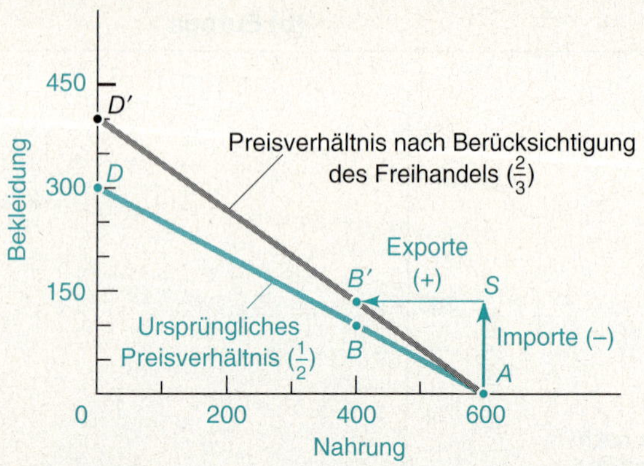

Abbildung 35-3: Die USA vor und nach Einführung des Außenhandels

Der freie internationale Handel erweitert die Konsummöglichkeiten der USA. Die blaue *DA*-Linie stellt die heimische Produktionsmöglichkeitskurve der USA dar, wenn das Land bei einem Preisverhältnis 2:3 freien Handel betreiben und sich in der Folge vollkommen auf die Nahrungsmittelproduktion (in *A*) spezialisieren kann. Die blauen Pfeile von *S* nach *B′* und von *A* nach *S* zeigen das Exportvolumen (+) und das Importvolumen (–) der USA. Als Folge des Freihandels gelangen die USA zu Punkt *B′*, wo mehr Güter zur Verfügung stehen, als das Land produzieren könnte, würde es sich entlang *DA* bewegen.

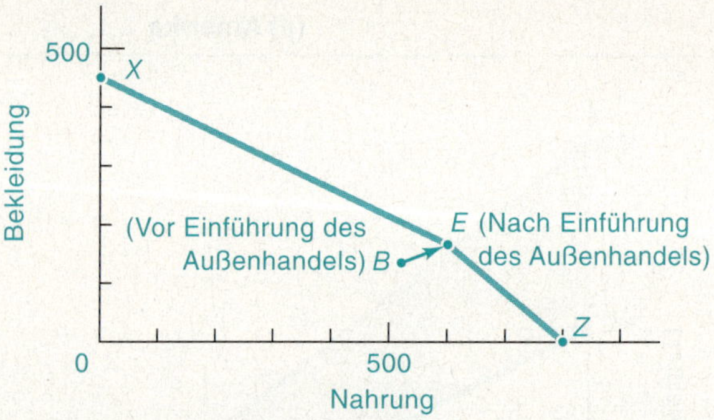

Abbildung 35-4: Der Freihandel ermöglicht der gesamten Welt eine Verschiebung ihrer Produktionsmöglichkeitskurve

Wir zeigen Ihnen hier die Auswirkungen des Freihandels aus der Sicht der gesamten Welt. Vor Zulassung des internationalen Handels befindet sich jede Region auf ihrer eigenen *PMK*. Da das Gleichgewicht ohne Außenhandel ineffizient ist, befindet sich die Welt als ganze innerhalb ihrer *PMK*. Der Freihandel ermöglicht nun jeder Region die Spezialisierung auf jene Güter, bei denen sie einen komparativen Vorteil erzielen kann. Als Folge der effizienten Spezialisierung verschiebt die Welt ihre Effizienzgrenze nach außen.

würde, läge das Preisverhältnis in Höhe der relativen europäischen Preise, also bei $^3/_4$. Wäre andererseits die Bekleidungsnachfrage relativ hoch, würde der relative Bekleidungspreis ansteigen; wäre die Bekleidungsnachfrage sogar so hoch, daß Amerika selbst Bekleidung herstellte, so würden die Terms of Trade dem amerikanischen Preisverhältnis von $^1/_2$ entsprechen. Im Fall einer Spezialisierung beider Regionen auf das Gebiet ihres jeweiligen komparativen Vorteils, wobei Europa nur Bekleidung und Amerika nur Nahrung herstellt, müßte das Preisverhältnis irgendwo zwischen $^1/_2$ und $^3/_4$ liegen. Das genaue Verhältnis hängt davon ab, wie stark die Nachfrage ist.

Für unser Beispiel wollen wir einmal annehmen, daß soviel nachgefragt wird, daß das Preisverhältnis letztlich $^2/_3$ beträgt, wobei 3 Nahrungseinheiten für 2 Bekleidungseinheiten eingetauscht werden können. Bei diesem Preisverhältnis kann sich jede Region spezialisieren – Amerika auf Nahrung, Europa auf Bekleidung – und einen Teil der eigenen Produktion exportieren, um für die eigenen Importe entsprechend dem Weltpreisverhältnis von $^2/_3$ zu bezahlen.

Abbildung 35-2 zeigt, wie der Handel stattfindet. Jede Region ist mit ihrer eigenen *Konsummöglichkeitskurve* entsprechend ihren Produktions-, Handels- und Konsummöglichkeiten konfrontiert. Diese Konsummöglichkeitskurve beginnt am optimalen Spezialisierungspunkt der Region und läuft beim *Welt*preisverhältnis von $^2/_3$ aus. Abbildung 35-2 (*a*) zeigt die amerikanischen Konsummöglichkeiten als dünnen schwarzen Pfeil mit einer Steigung von $-^2/_3$, der vom optimalen Produktionspunkt bei 600 Einheiten Nahrung und 0 Einheiten Bekleidung ausgeht. Ebenso sind die europäischen Konsummöglichkeiten nach Einführung des Außenhandels in Abbildung 35-2 (*b*) durch den schwarzen Pfeil dargestellt, der rechts unterhalb ihres optimalen Spezialisierungspunktes bei einer Steigung von $-^2/_3$ verläuft.

Das Endergebnis wird durch die jeweiligen Punkte *E* in Abbildung 35-2 dargestellt. Bei diesem Freihandelsgleichgewicht spezialisiert sich Europa auf die Herstellung von Bekleidung und Amerika auf die Produktion von Nahrung. Europa exportiert 133 $^1/_3$ Einheiten Bekleidung gegen 200 Einheiten amerikanischer Nahrung. Beide Regionen können mehr konsumieren, als sie allein produzieren könnten. Beide Regionen haben also vom internationalen Handel profitiert.

Abbildung 35-3 illustriert die Handelsvorteile für Amerika. Die innere blaue Linie stellt die PMK, die äußere schwarze Linie die Konsummöglichkeiten zum Weltpreisverhältnis von $^2/_3$ dar. Die blauen Pfeile zeigen die exportierten und importierten Mengen. Amerika gelangt schließlich zu Punkt *B'*. Mit Hilfe des Außenhandels bewegt es sich entlang der schwarzen Linie *D'A*, gerade so, als hätte eine nützliche neue Erfindung die PMK nach außen verschoben.

Was wir aus dieser Analyse lernen können, ist in Abbildung 35-4 zusammengefaßt. Diese Abbildung zeigt die *Welt*-Produktionsmöglichkeitskurve. Wie ermitteln wir die Welt-PMK? Sie stellt den maximalen Output dar, der sich aus den weltweiten Ressourcen erzielen läßt, wenn möglichst effizient produziert wird, also bei möglichst effizienter Arbeitsteilung und regionaler Spezialisierung.

Die Welt-PMK ergibt sich aus den beiden regionalen PMKs in Abbildung 35-2 durch Ermittlung der maximalen weltweiten Produktionsleistung, die sich aus den individuellen Regional-PMKs ergibt. So läßt sich beispielsweise die maximale Nahrungsmenge, die (ohne Bekleidungsproduktion) erzeugt werden kann, aus Abbildung 35-2 mit 600 Einheiten in Amerika und 200 Einheiten in Europa ermitteln, was ein Weltmaximum von 800 Einheiten ergibt. Dieser maximale Nahrungsmittel-Produktionspunkt (800 Nahrung, 0 Bekleidung) wird anschließend in die Welt-PMK in Abbildung 35-4 eingetragen. Zusätzlich können wir den maximalen Bekleidungs-Produktionspunkt (0 Nahrung, 450 Bekleidung) in die Welt-PMK eintragen, indem wir die Regional-PMKs ermitteln. Alle Punkte dazwischen lassen sich durch sorgfältige Berechnung der maximalen weltweiten Produktionsleistungen ermitteln, die sich bei effizienter Spezialisierung der beiden Regionen erzielen lassen.

Vor der Öffnung der Regionen für den Außenhandel befindet sich die Welt in Punkt *B*. Es handelt sich dabei um einen ineffizienten Punkt – innerhalb der weltweiten PMK –, weil die Regionen ein unterschiedliches Niveau *relativer* Effizienz bei den verschiedenen Gütern aufweisen.

Nach Öffnung der Regionen für den Außenhandel bewegt sich die Welt auswärts hin zu Punkt *E*, dem Freihandelsgleichgewicht. In *E* spezialisieren sich die Länder auf die Gebiete ihres jeweiligen komparativen Vorteils.

Unter Freihandelsbedingungen auf Wettbewerbsmärkten befindet sich die Welt auf ihrer Produktionsmöglichkeitskurve.

ERWEITERUNG DES GRUNDKONZEPTES AUF VIELE GÜTER UND LÄNDER

Die Welt des internationalen Handels besteht aus sehr viel mehr als zwei Regionen und zwei Gütern. Trotzdem bleiben die Prinzipien, die wir oben erklärt haben, im wesentlichen auch in realistischen Szenarien unverändert.

Viele Güter

Wenn zwei Regionen oder Länder bei konstanten Kosten viele Güter erzeugen, kann diese Produktion entsprechend dem jeweiligen komparativen Kostenvorteil arrangiert werden. Bei den Gütern könnte es sich um Weizen, Flugzeuge, Computer, Autos, Wein und Schuhe handeln – die alle in der Abfolge ihres komparativen Vorteils gemäß Abbildung 35-5 gereiht werden. Wie Sie aus der Abbildung erkennen, ist von allen Gütern Weizen in Amerika gemessen an den europäischen Kosten am billigsten. Europa hingegen verfügt bei Schuhen, gefolgt von Wein, über den größten komparativen Vorteil.

Wir können sicher davon ausgehen, daß die Öffnung gegenüber dem Außenhandel dazu führen wird, daß Amerika Weizen produzieren und exportieren wird, während sich Europa auf Produktion und Export von Schuhen konzentriert. Wo aber liegt die Trennlinie? Zwischen Autos und Computern? Oder zwischen Wein und Schuhen? Oder liegt die Trennlinie bei einem der genannten Güter, nicht zwischen ihnen – so daß beispielsweise Autos in beiden Regionen produziert werden könnten?

Es wird Sie nicht überraschen, daß die Antwort von der komparativen Höhe der internationalen Nachfrage nach den verschiedenen Gütern abhängt. Wir können uns die einzelnen Güter als Perlen vorstellen, die entsprechend ihrem komparativen Vorteil auf einer Kette aufge-

Abbildung 35-5: Bei einer Vielzahl von Gütern gibt es eine ganze Palette komparativer Vorteile

fädelt sind; die Höhe von Angebot und Nachfrage bestimmt, wo die Trennlinie zwischen amerikanischer und europäischer Produktion liegt. Eine erhöhte Nachfrage nach Flugzeugen und Weizen muß die Preise beispielsweise eher in Richtung amerikanischer Güter verschieben. Diese Verschiebung könnte dazu führen, daß Amerika sich so sehr auf die Gebiete seines komparativen Vorteils spezialisiert, daß es nicht mehr profitabel wäre, auf Gebieten komparativen Nachteils, etwa bei Wein, die Produktion aufrecht zu erhalten.

Viele Länder

Wie aber sieht die Situation aus, bezieht man eine Vielzahl von Ländern in die Analyse mit ein? Nun, dadurch braucht sich nichts zu ändern. Für jedes Land lassen sich alle anderen Länder, mit denen es Handel treibt, zu einer Gesamtgruppe „restliche Welt" zusammenfassen. Handelsvorteile kennen keine nationalen Grenzen. Die bereits dargelegten Prinzipien gelten ebenso zwischen Gruppen von Ländern wie zwischen verschiedenen Regionen desselben Landes. Wir können sie auf die Handelsbeziehungen zwischen den amerikanischen Nord- und Südstaaten genauso anwenden wie für den Handel zwischen USA und Kanada.

Dreieckshandel und multilaterale Handelsbeziehungen

Kommen viele Länder ins Spiel, so wirkt sich die Aufnahme von *Dreiecks-* oder *multilateralen Handelsbeziehungen* für alle vorteilhaft aus. Ein *bilateraler* Handel zwischen Ländern ist im allgemeinen nicht ausgeglichen.

In Abbildung 35-6 ist ein einfaches Beispiel einer Dreiecks-Handelsbeziehung dargestellt, wobei die Pfeile die jeweilige Exportrichtung angeben. Amerika kauft Verbrauchsgüter aus Japan, Japan kauft Öl und Rohstoffe aus Entwicklungsländern und die Entwicklungsländer kaufen Maschinen und Computer aus Amerika. In der Realität sind die Handelsmuster natürlich sehr viel komplexer als in diesem Dreiecksbeispiel.

Abbildung 35-6: Der Dreieckshandel kommt allen zugute

Die Vorteile des multilateralen Handels wären sehr viel geringer, müßte jeweils ein bilaterales Gleichgewicht erzielt werden.

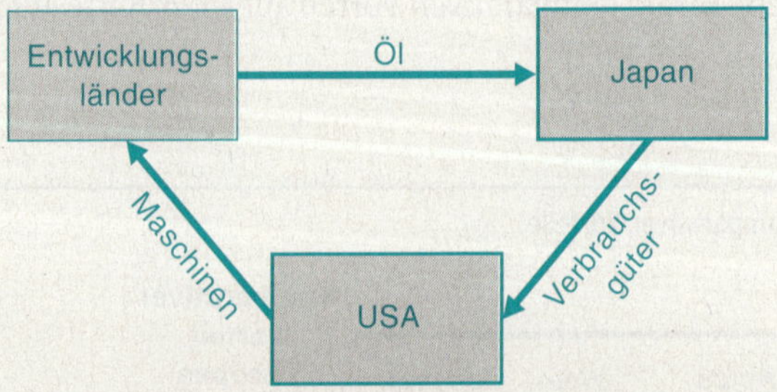

Die multilaterale Natur des internationalen Handels läßt das Streben nach einem bilateral ausgeglichenen Handel zwischen bestimmten Ländern sinnlos erscheinen. So hat beispielsweise das große bilaterale Ungleichgewicht zwischen den USA und Japan zu protektionistischen Bestrebungen in Amerika geführt und die Clinton-Administration zu Drohungen veranlaßt, gegenüber Japan Wirtschaftssanktionen einführen zu wollen. Doch ein bilateraler Ausgleich hat – isoliert betrachtet – keinerlei volkswirtschaftliche Relevanz. Sogar Länder mit einer Leistungsbilanz von Null weisen gegenüber gewissen Ländern einen Überschuß und gegenüber anderen ein Defizit auf. Was geschähe, würden alle Länder bilaterale Handelsabkommen zum Ausgleich der Handelsbilanz zwischen jedem einzelnen Länderpaar unterzeichnen? Damit würde der internationale Handel drastisch eingeschränkt. Die Importe müßten in ihrer Höhe den Exporten entsprechen, allerdings auf dem jeweils niedrigeren Niveau. Die Handelsgewinne würden demnach drastisch zurückgehen.

EINSCHRÄNKUNGEN UND SCHLUSSFOLGERUNGEN

Wir haben nun unsere Erörterung der sehr eleganten Theorie des komparativen Vorteils beendet. Die daraus abzuleitenden Schlußfolgerungen gelten für jede beliebige Anzahl von Ländern und Gütern. Außerdem läßt sich die Theorie auch verallgemeinern und auf eine Vielzahl von Produktionsfaktoren, auf veränderte Faktorverhältnisse und sinkende Ertragszuwächse anwenden.

Aber selbst der komparative Vorteil hat seine Grenzen. Das Hauptmanko der Theorie liegt in den klassischen Annahmen, denn hier wird von einer problemlos funktionierenden Wettbewerbswirtschaft mit flexiblen Preisen und Löhnen ohne unfreiwillige Arbeitslosigkeit ausgegangen. Würde denn die Theorie auch dann gelten, wenn die Arbeiter aus der Automobilindustrie, die infolge des gestiegenen Anteils japanischer Fahrzeuge entlassen wurden, nicht gleich wieder einen neuen Job finden? Was wäre sie wert, würde ein zu hoch bewerteter Wechselkurs die Nachfrage nach Arbeitskräften in der Produktion senken, und könnten diese Arbeitskräfte keine vergleichbaren Jobs in anderen Sektoren finden? In diesen Fällen wäre es durchaus auch möglich, daß der internationale Handel ein Land hinter seine PMK zurückwirft, wenn die Arbeitslosigkeit steigt und die nationale Produktionsleistung zurückgeht. Befindet sich eine Wirtschaft in einer Phase der Depression oder funktioniert sie schlecht, können wir nicht mit Sicherheit davon ausgehen, daß betroffene Länder durch den Außenhandel profitieren, oder daß die Theorie des komparativen Vorteils in jedem Fall zutrifft.

Angesichts dieser Einschränkungen verwundert es nicht, daß die Theorie des komparativen Vorteils in Phasen größerer makroökonomischer Umschichtungen weniger Anhänger findet. Während der Weltwirtschaftskrise der dreißiger Jahre mit ihren enormen Arbeitslosenzahlen und der sinkenden realen Produktionsleistung errichteten die Länder hohe Zollschranken, und das Außenhandelsvolumen ging drastisch zurück. Der komparative Vorteil gewann erst wieder in der Zeit nach dem Zweiten Weltkrieg an Prestige, als die wirtschaftliche Integration der Industriestaaten der Welt zu einem bisher ungekannten Wirtschaftswachstum führte. Doch in jeder Rezession kommt es wegen der nicht eingesetzten Arbeits- und Kapitalressourcen zu Bestrebungen, die Märkte gegen den Wettbewerb von außen abzuschotten. Die entsprechenden historischen Epochen erinnern uns daran, daß die klassische Theorie des komparativen Vorteils nur dann wirklich hält, wenn sich Wechselkurse, Preise und Löhne auf einem entsprechenden Niveau befinden und wenn die Wirtschaftspolitik des Staates große Konjunkturschwankungen oder Handelsverzerrungen verhindern kann.

Trotz dieser genannten Einschränkungen enthüllt die Theorie des komparativen Vorteils eine der tiefsten Wahrheiten der gesamten Volkswirtschaft. Länder, die auf ihren komparativen Vorteil verzichten, zahlen dafür einen hohen Preis in Form eines zu niedrigen Lebensstandards und suboptimalen Wirtschaftswachstums.

B. PROTEKTIONISMUS

Die Theorie des komparativen Vorteils zeigt uns, wie Länder durch Spezialisierung und internationale Arbeitsteilung profitieren können. Trotz dieser anerkannten volkswirtschaftlichen Erkenntnisse werden die gesetzgebenden Organe der Staaten laufend von Interessensgruppen belagert, die „Schutzmaßnahmen" in Form von Zöllen oder restriktiven Importkontingenten fordern. In den USA haben Kongreß und Präsident alljährlich einen Kampf darüber auszufechten, ob sie Schutzmaßnahmen für die heimische Wirtschaft gegen Billigimporte beschließen sollten oder nicht.

Kann ein Protektionismus aus volkswirtschaftlicher Sicht überhaupt sinnvoll sein? Ökonomen sind sich im allgemeinen einig, daß Protektionismus eben keine vernünftige Maßnahme darstellt. Sie meinen, der Freihandel fördere eine wechselseitig vorteilhafte Arbeitsteilung unter den Ländern, und ein freier und offener Handel gestatte es *jedem* Land, seine Produktions- und Konsummöglichkeiten zu erweitern, wodurch der weltweite Lebensstandard gehoben wird.

Viele Menschen stimmen dieser volkswirtschaftlichen Bewertung jedoch nicht zu. So wie Alexander Hamilton im Jahr 1789 Zollschranken rund um unsere Industrie erreichten wollte, argumentieren auch heute noch viele, daß wir unsere Wirtschaft vor dem Wettbewerb von außen zu schützen hätten.

ANGEBOTS- UND NACHFRAGEANALYSE DES HANDELS UND DER ZÖLLE

Freihandel versus Verzicht auf Außenhandel

Die Theorie vom komparativen Vorteil läßt sich mit Hilfe von Angebot und Nachfrage nach Gütern im Außenhandel näher beleuchten. Betrachten wir nur den Bekleidungsmarkt in den USA. Nehmen wir der Einfachheit halber an, Amerika sei ein kleiner Teil des Gesamtmarktes, und es könne daher den Weltmarktpreis für Bekleidung nicht beeinflussen. (Diese Annahme ermöglicht uns eine einfache Angebots- und Nachfrageanalyse; mit dem realistischeren Szenario, wonach ein Land sehr wohl Einfluß auf den Weltmarktpreis nehmen kann, wollen wir uns später in diesem Kapitel beschäftigen.)

Abbildung 35-7 zeigt uns die Angebots- und Nachfragekurven für Bekleidung in Amerika. Die Nachfragekurve der amerikanischen Konsumenten ist die *DD*-Kurve, die heimische Angebotskurve der amerikanischen Unternehmen die *SS*-Kurve. Wir gehen davon aus, daß der Bekleidungspreis auf dem Weltmarkt gebildet wird (der als viel größer als der amerikanische Markt angenommen wird) und daß er $ 4 pro Einheit entspricht. Obwohl internationale Handelstransaktionen natürlich in verschiedenen Währungen abgewickelt werden, können wir nun fürs erste vereinfachen, indem wir die ausländische Angebotsfunktion in eine Dollar-Angebotskurve umwandeln, der wir die derzeitigen Wechselkurse zugrundelegen.

Gleichgewicht ohne Außenhandel. Nehmen wir an, Transportkosten oder Zölle für Bekleidung seien prohibitiv hoch (beispielsweise $ 100 pro Einheit Bekleidung). Wo läge wohl das Gleichgewicht ohne Außenhandel? In diesem Fall befände sich der amerikanische Bekleidungsmarkt im Schnittpunkt zwischen *heimischem* Angebot und *heimischer* Nachfrage, dargestellt als Punkt *N* in Abbildung 35-7. An diesem Punkt, der voraussetzt, daß kein Außenhandel stattfindet, wären die Preise bei $ 8 pro Einheit relativ hoch, und die heimischen Produzenten könnten die gesamte Nachfrage abdecken.

Freihandel. Nun tritt eine Öffnung des Bekleidungsmarktes ein. Ohne Transportkosten, Zölle und Importquoten muß der amerikanische Preis dem Weltmarktpreis entsprechen. Warum? Nun, läge der amerikanische über dem europäischen Preis, würden umsichtige Unternehmer dort einkaufen, wo Bekleidung billig ist (Europa) und verkaufen, wo sie höhere Preise erzielt (Amerika) – Europa würde also Kleidung nach Amerika exportieren. Sobald sich die Handelsflüsse vollständig an die jeweiligen Angebote und Nachfragen angepaßt hätten, müßte der amerikanische Preis dem Weltmarktpreis entsprechen. (In einer Welt, in der jedoch *sehr wohl* Transport- und Zollkosten anfallen, würde der amerikanische Preis dem um diese Kosten bereinigten Weltmarktpreis entsprechen.)

Abbildung 35-7 zeigt anhand unseres Bekleidungsbeispiels, wie Preise, Mengen und Handelsflüsse im Freihandel gebildet werden. Die horizontale Linie bei $ 4 stellt die Angebotskurve für Importe dar; sie ist deshalb horizontal oder absolut preiselastisch, weil die amerikanische Nachfrage als zu gering angenommen wird, um den Weltmarktpreis zu beeinflussen.

Sobald die Handelsschranken fallen, fließen Importe nach Amerika und senken den Bekleidungspreis auf den Weltmarktpreis von $ 4 pro Einheit. Auf diesem Niveau bieten heimische Produzenten die Menge *ME* oder 100 Einheiten an, während zu diesem Preis die Konsumenten 300 Einheiten kaufen wollen. Die Differenz, die durch die dicke blaue Linie *EF* dargestellt wird, entspricht der Menge der Importe. Wer hat entschieden, daß wir gerade diese Menge an Bekleidung importieren und daß die heimischen Produzenten nur 100 Einheiten anbie-

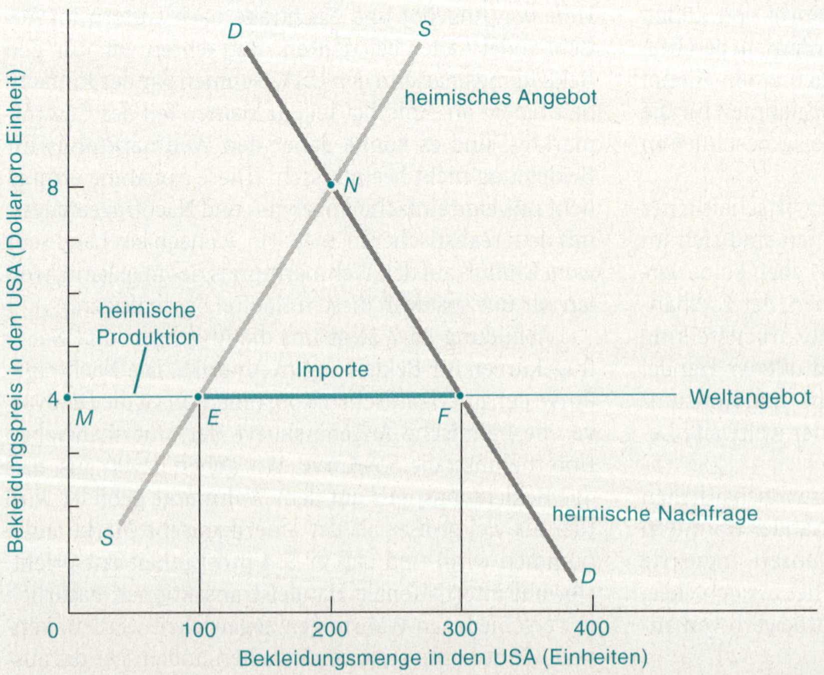

Abbildung 35-7: Produktion, Importe und Konsum der USA in einer Freihandelssituation

Nebenstehend sehen wir das Freihandelsgleichgewicht auf dem Bekleidungsmarkt. Die USA verfügen über einen komparativen Nachteil bei Bekleidung. Aus diesem Grund läge das US-Gleichgewicht ohne Außenhandel bei *N* und einem Preis von $ 8, während der Weltmarktpreis nur $ 4 beträgt.

Unter der Annahme, daß die US-Nachfrage keinen Einfluß auf den Weltmarktpreis von $ 4 pro Einheit hat, stellt sich das Freihandelsgleichgewicht ein, wenn die USA *ME* (100 Einheiten) produzieren und die Differenz zwischen Nachfrage und heimischem Angebot, die als *EF* (oder 200 Einheiten) dargestellt ist, importieren.

ten sollten? Vielleicht eine europäische Wirtschaftsplanungsagentur? Ein Kartell der Textilunternehmen? Nein, die Handelsmenge wurde durch Angebot und Nachfrage bestimmt.

Darüber hinaus können wir aussagen, daß das Preisniveau im außenhandelsfreien Gleichgewicht die Richtung der Handelsflüsse bestimmt hat. Die amerikanischen Preise ohne Außenhandel waren höher als die europäischen, und deshalb kam es zu einem Güterfluß nach Amerika. Erinnern Sie sich an diese paradoxe Regel: *Unter Bedingungen des Freihandels fließen die Güter von Niedrigpreisregionen in Hochpreisregionen.* Bekleidung fließt also vom niedrigpreisigen europäischen Markt hin zum US-Hochpreismarkt, sobald die Märkte für den Freihandel geöffnet werden.

Handelsbarrieren

Jahrhundertelang haben Staaten Zölle und Importbeschränkungen dazu benutzt, um ihre Erträge und ihren Einfluß auf die Entwicklung einzelner Branchen zu stärken. Schon seit dem achtzehnten Jahrhundert – als das britische Parlament versuchte, Zölle auf Tee, Zucker und andere Güter, die für die amerikanischen Kolonien bestimmt waren, einzuführen – hat sich die Zollpolitik als ein Nährboden für Revolutionen und politische Grabenkämpfe erwiesen.

Wir können uns mit Hilfe der Angebots- und Nachfrageanalyse ein besseres Verständnis der volkswirtschaftlichen Auswirkungen von Zöllen und Importbeschränkungen aneignen. Beachten Sie bitte vorab, daß ein **Zoll** eine Steuer ist, die auf Importe erhoben wird. Tabelle 35-2 listet einige wichtige Zölle für die USA und Japan auf, die während der achtziger Jahre galten. Nur ein Beispiel: Die USA verhängen heute einen Zoll von 2,5 Prozent auf Autos. Wenn daher ein ausländisches Auto $ 10.000 kostet, beträgt der amerikanische Preis inklusive Zoll $ 10.250. **Importbeschränkungen, -quoten oder -kontingente** bedeuten hingegen eine Mengenbeschränkung der Importe. Die USA verhängen Importbeschränkungen auf zahlreiche Produkte, darunter auf Erdnüsse, Textilien und Rindfleisch.

Güterkategorie	Durchschnittliche Höhe des Zolls (1987, in Prozent) USA	Japan
Landwirtschaftliche Produkte	1,8	18,4
Nahrungsmittel	4,7	25,4
Bekleidung	22,7	13,8
Druckprodukte	0,7	0,1
Eisen und Stahl	3,6	2,8
Transporte	2,5	1,5
Durchschnittlicher Zoll auf Industriegüter	4,4	2,8

Tabelle 35-2: Die durchschnittliche Höhe der Zölle in den USA und in Japan

Die Zölle in Industriestaaten wie den USA und Japan bewegen sich heute im allgemeinen auf einem niedrigen Niveau. Hohe Zölle oder Importbeschränkungen finden wir nur in politisch sensiblen Bereichen wie der japanischen Landwirtschaft oder in der US-Bekleidungsindustrie. [Quelle: Budgetausschuß des Kongresses, *The GATT Negotiations and U.S. Trade Policy* (US Government Printing Office, Washington, Juni 1987)]

Prohibitivzölle. Am einfachsten läßt sich ein *Prohibitivzoll* – ein Zoll, der so hoch ist, daß dadurch indirekt jeglicher Import verhindert wird – analysieren. Sehen wir uns Abbildung 35-7 noch einmal an und überlegen wir uns, was geschähe, läge der Zoll für Bekleidung über $ 4 pro Einheit (also über der Differenz zwischen dem amerikanischen Preis ohne Außenhandel von $ 8 und dem Weltmarktpreis von $ 4). Dieser Zoll wäre prohibitiv hoch und würde jeglichen internationalen Bekleidungshandel verhindern. Jeder Importeur, der Bekleidung zum Weltmarktpreis von $ 4 kauft, müßte für diese Bekleidung in Amerika zum Binnenhandelspreis $ 8 ausgeben. Doch der Zoll für Importe würde mehr als die Differenz zwischen dem amerikanischen und dem Weltmarktpreis ausmachen. Prohibitivzölle verhindern daher jeglichen Import.

Nicht probitive Zölle. Geringere Zölle (in unserem Fall unter $ 4 pro Einheit Bekleidung) könnten den Außenhandel zwar beeinträchtigen, jedoch nicht verhindern. Abbildung 35-8 zeigt das Gleichgewicht auf dem Bekleidungsmarkt bei einem Zoll von $ 2. Sehen wir auch in diesem Fall von Transportkosten ab, bedeutet ein Zoll von $ 2, daß ausländische Bekleidung in Amerika für $ 6 pro Einheit verkauft wird (entsprechend $ 4 des Weltmarktpreises zuzüglich der $ 2 Zoll).

Das Gleichgewichtsergebnis bei einem Zoll von $ 2 besteht darin, daß der heimische Konsum (oder die nachgefragte Menge) von 300 Einheiten im Freihandelsgleichgewicht auf 250 Einheiten nach Verhängung des Zolls gesenkt wird, daß die heimische Produktionsmenge um 50 Einheiten steigt und daß die Importmenge um 100

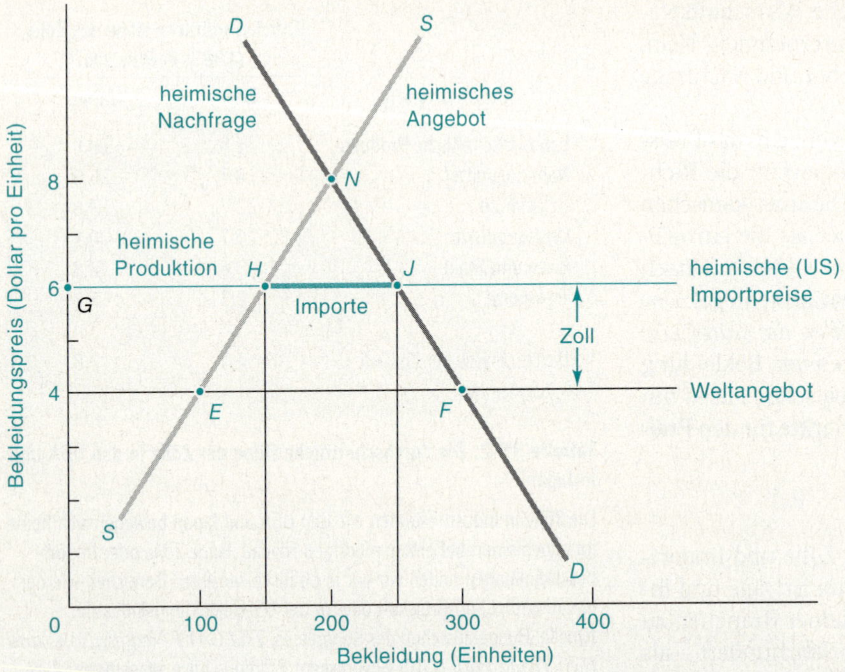

Abbildung 35-8: Auswirkungen eines Zolls

Die Verhängung eines Zolls verringert die Importe und den Konsum, steigert die heimische Produktion und führt zu Preiserhöhungen. Ausgehend vom Freihandelsgleichgewicht in Abbildung 35-7 unterstellen wir nun die Verhängung eines Zolls von $ 2 auf Bekleidungsimporte durch die USA. Der Preis für europäische Bekleidungsimporte steigt damit auf $ 6 (inklusive Zoll).
Der Marktpreis klettert damit von $ 4 auf $ 6 pro Einheit, und die gesamte nachgefragte Menge geht zurück. Die Importe sinken von 200 Einheiten auf 100 Einheiten, während die heimische Produktion von 100 auf 150 Einheiten ansteigt.

Einheiten gesenkt wird. Dieses Beispiel faßt die volkswirtschaftlichen Auswirkungen von Zöllen zusammen:

Ein Zoll erhöht den Preis, senkt die konsumierte und importierte Menge, und er steigert die heimische Produktion.

Importbeschränkungen. Importbeschränkungen haben denselben qualitativen Effekt wie Zölle. Ein prohibitiv niedriges Importkontingent (das alle Importe verhindert) erzielt dasselbe Ergebnis wie ein Prohibitivzoll. Preis und Menge in Abbildung 35-8 würden sich zurück zum Gleichgewichtspunkt ohne Außenhandel *N* bewegen. Eine großzügigere Kontingentierung könnte die Importe auf beispielsweise 100 Bekleidungseinheiten beschränken; dieses Kontingent entspräche somit der dicken blauen Linie *HJ* in Abbildung 35-8. Ein Kontingent von 100 Einheiten hätte denselben Gleichgewichtspreis und dieselbe Gleichgewichtsmenge zur Folge wie ein Zoll von $ 2.

Obwohl es keinen essentiellen Unterschied zwischen Zöllen und Importbeschränkungen gibt, lassen sich doch einige feine Verschiedenheiten konstatieren. Ein Zoll bringt dem Staat Einnahmen, was möglicherweise die Senkung anderer Steuern ermöglicht und so einen Teil des Schadens an den Konsumenten im Importland wieder gutmacht. Ein Importkontingent verschiebt den Gewinn aus der Preisdifferenz in die Tasche jener Importeure, die das Glück haben, eine der nur beschränkt verfügbaren Importgenehmigungen oder -lizenzen erhalten zu haben. Sie können es sich leisten, Behördenvertreter, die befugt sind, Importlizenzen zu vergeben, zu umhegen und zu umsorgen, ja vielleicht sogar zu bestechen.

Wegen dieser genannten Unterschiede betrachten Ökonomen Zölle im allgemeinen als das geringere Übel. Wenn ein Staat jedoch trotzdem entschlossen ist, Importbeschränkungen zu verhängen, sollte er die knappen Importlizenzen im Wege einer Auktion vergeben. Nur eine Auktion kann sicherstellen, daß der Staat und nicht der Importeur oder Exporteur den Ertrag aus den knappen Importlizenzen lukriert; außerdem kommt im Falle einer Versteigerung auch die Bürokratie nicht in Versuchung, Kontingente auf Grund von Erpressung, Freundschaft oder Nepotismus zu vergeben.

Transportkosten. Was können wir über die Transportkosten aussagen? Die Kosten für den Transport sperriger und verderblicher Güter haben dieselbe Wirkung wie Zölle und verringern das Ausmaß einer vorteilhaften regionalen Spezialisierung. Fallen beispielsweise $ 2 an Transportkosten für den Export einer Einheit Bekleidung von

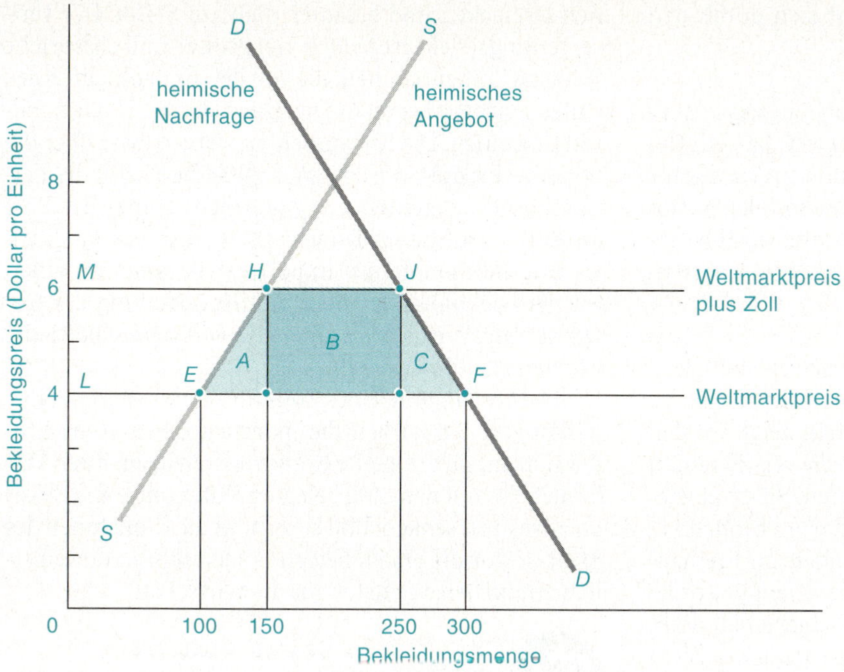

Abbildung 35-9: Die volkswirtschaftlichen Kosten eines Zolls

Die Verhängung eines Zolls erhöht die Einnahmen des Staates und führt zu Ineffizienzen. Wir sehen die Auswirkungen des Zolls in Form von drei Effekten. Rechteck *B* entspricht den Zolleinnahmen des Staates. Dreieck *A* entspricht den Kosten durch die ineffiziente Produktion infolge eines höheren heimischen Preises. Dreieck *C* ist der Nettoverlust an Konsumentenrente durch den ineffizient hohen Preis nach Abzug sowohl der Zolleinnahmen als auch der Unternehmensgewinne durch die entgangene Konsumentenrente. Die Bereiche *A* und *C* entsprechen den durch den Zoll verursachten, unvermeidlichen Ineffizienzen.

Europa in die USA an, sieht das Angebots- und Nachfragegleichgewicht genauso aus wie in Abbildung 35-8, wo der amerikanische Preis $ 2 über dem europäischen liegt.

Aber trotzdem besteht ein Unterschied zwischen Protektionismus und Transportkosten: Transportkosten sind natürlich anfallende Kosten – zurückzuführen auf die Entfernung und Hindernisse wie Berge und Flüsse –, während restriktive Zölle dem Verantwortungsbereich der Staaten unterliegen. Ein Ökonom bezeichnete Zölle sogar einmal als „Bahnlinien mit negativem Vorzeichen". Die Verhängung eines Zolls hat dieselbe volkswirtschaftliche Wirkung, als würde man Sand ins Getriebe jener Schiffe streuen, die Güter aus anderen Ländern in unsere Häfen transportieren.

Die volkswirtschaftlichen Kosten der Zölle

Was geschieht, wenn Amerika einen Zoll auf Bekleidung verhängt, wie die $ 2 Zoll, die in Abbildung 35-8 dargestellt sind? Es sind drei Folgewirkungen festzustellen: (1) Die heimischen Produzenten, die mit Hilfe der Zölle unter einer Art Preisschirm agieren, können nun ihre Produktion ausweiten; (2) die Konsumenten sind mit höheren Preisen konfrontiert und senken daher ihren Konsum; und (3) der Staat kann sich über Zolleinnahmen freuen.

Zölle führen zu volkswirtschaftlicher Ineffizienz. Genauer gesagt, übertrifft, wenn Zölle verhängt werden, der volkswirtschaftliche Verlust für die Konsumenten die Einnahmen, die dem Staat erwachsen, zuzüglich der Zugewinne der Produzenten.

Analyse im Diagramm. Abbildung 35-9 zeigt die volkswirtschaftlichen Kosten eines Zolls. Die Angebots- und Nachfragekurven gleichen jenen in Abbildung 35-8, aber drei Bereiche sind besonders hervorgehoben.

- Bereich *B* ist der Zollertrag, den der Staat einzieht. Er entspricht der Höhe des Zolls multipliziert mit den importierten Einheiten und beträgt insgesamt $ 200.

- Die Einführung des Zolls erhöht den Preis auf den heimischen Märkten von $ 4 auf $ 6, und die Produzenten steigern ihre Produktionsmenge auf 150. Die Gesamtgewinne steigen daher um $ 250, was durch das Viereck *LEHM* dargestellt ist, und sie entsprechen $ 200 an alten Einheiten und zusätzlichen $ 50 für die neuen 50 Einheiten.

- Beachten Sie bitte schließlich, daß die Konsumenten einen hohen Preis bezahlen. Der gesamte Verlust an Konsumentenrente ergibt sich durch den Bereich *LMJF*; er entspricht $ 550.

Die sozialen Auswirkungen sind daher insgesamt ein Gewinn für die Produzenten in Höhe von $ 250, ein Gewinn für den Staat in Höhe von $ 200 und ein Verlust für die Konsumenten in Höhe von $ 550. Die sozialen Nettokosten (wobei jeder Dollar gleich gewichtet wird) betragen in diesem Fall $ 100. Sie entsprechen in unserem Beispiel den Bereichen *A* und *C*.

- Bereich *A* ist der Nettoverlust, der sich einstellt, weil die heimische Produktion kostenintensiver ist als die ausländische. Wenn der Inlandspreis steigt, werden die Unternehmen dazu veranlaßt, die relativ teuren Inlandskapazitäten stärker zu nutzen. Sie produzieren so lange, bis die Grenzkosten $ 6 pro Einheit betragen (anstatt bis zu $ 4 pro Einheit im Freihandel). Die Unternehmen sperren ineffizient gewordene alte Fabriken wieder auf oder schieben zusätzliche Schichten ein. Aus volkswirtschaftlicher Sicht ist die Verwendung dieser teuren Anlagen ineffizient, weil die neue Bekleidung in diesen Fabriken zu Durchschnittsgrenzkosten von $ 5 erzeugt wird, im Ausland jedoch für $ 4 zu haben wäre. Die neuen Sozialkosten dieser relativ teuren Produktion entsprechen Bereich *A* und betragen $ 50.
- Außerdem kommt es zu einem Nettoverlust für das Land in Höhe der Preissteigerung, dargestellt durch Bereich *C*. Es handelt sich um jenen Verlust an Konsumentenrente, der durch Unternehmensgewinne oder Zolleinnahmen nicht kompensiert wird. Es läßt sich leicht ersehen, daß dieser Bereich ebenfalls $ 50 ausmacht.

Die gesamten Sozialkosten infolge der Verhängung des Zolls betragen daher $ 100, egal, wie man sie errechnet.

Abbildung 35-9 zeigt ein Merkmal, das für das Verständnis der politischen und geschichtlichen Aspekte von Zöllen wichtig ist. Wird ein Zoll verhängt, wirkt sich das einesteils auf die volkswirtschaftliche Effizienz, andererseits jedoch und oftmals in beträchtlichem Ausmaß auch umverteilend aus. In dem in Abbildung 35-9 gezeigten Beispiel stellen die Bereiche *A* und *C* jeweils Effizienzverluste aus einer ineffizient hohen heimischen Produktion und einem ineffizient geringen Konsum dar. Unter den vereinfachenden, oben dargelegten Annahmen entsprechen die Effizienzverluste den beiden kleinen Dreiecken und belaufen sich auf $ 100. Der Umverteilungseffekt ist jedoch viel größer und entspricht $ 200 an Zolleinnahmen, die von den Konsumenten des Gutes einzogen werden, zuzüglich der $ 250 an höheren Gewinnen. Die Konsumenten werden zwar über die höheren Produktionskosten unglücklich sein, die heimischen Produzenten und die Arbeitnehmer der Produzenten profitieren jedoch. Es ist also verständlich, warum die Kämpfe um Importrestriktionen im allgemeinen viel wütender über die Umverteilung der Gewinne und Verluste als über die volkswirtschaftliche Effizienz geführt werden.

Die Verhängung eines Zolls führt zu dreierlei Folgewirkungen: Sie kurbelt die ineffiziente heimische Produktion an; sie bringt die Konsumenten dazu, ihren Verbrauch des mit dem Zoll belegten Gutes unter das Effizienzniveau zu senken; und sie erhöht die Einnahmen des Staates. Nur die ersten beiden Folgen führen unweigerlich zu Effizienzverlusten für die Wirtschaft.

Beispiel: Zölle und Textilien. *Beleuchten wir doch dieses Thema näher, indem wir die Auswirkungen eines bestimmten Zolls, beispielsweise des Zolls auf Textilien, untersuchen. Heute gehören Zölle auf importierte Textilien und Bekleidung zu den höchsten in den USA verhängten Zöllen (siehe Tabelle 35-2). Inwieweit sind Konsumenten und Produzenten davon betroffen?*

Erst einmal erhöht der Zoll die heimischen Bekleidungspreise. Es kostet einfach mehr, einen Anzug oder ein Kleid zu kaufen, als das unter Freihandelsbedingungen der Fall wäre. Wegen der höheren Preise bleiben viele Fabriken, die andernfalls wegen des sinkenden komparativen Vorteils bei Textilien zusperren müßten, in Betrieb. Sie sind nur knapp in der Gewinnzone, aber irgendwie schaffen sie es, doch genügend Umsatz zu erzielen, um die Produktion aufrecht zu erhalten. Es werden auch einige Arbeitsplätze mehr im Textilbereich erhalten, als ohne Zoll benötigt würden, obwohl – wegen des Drucks durch den ausländischen Wettbewerb – die Textillöhne zu den niedrigsten Industrielöhnen zählen.

Aus der nationalen Perspektive betrachtet verschwenden wir bei den Textilien Ressourcen. Diese Arbeiter, Materialien und dieses Kapital könnten in anderen Sektoren produktiver eingesetzt werden – vielleicht in der Produktion von Computern, Mais oder Flugzeugen. Das Produktivkapital des Landes ist geringer, weil Produktionsfaktoren in einer Industrie be-

lassen werden, in der das Land seinen komparativen Vorteil verloren hat.

Natürlich bezahlen die Konsumenten für diesen Schutz der Textilindustrie mit höheren Preise. Die Bedürfnisbefriedigung, die sie mit ihrem Einkommen erzielen, ist geringer, als könnten sie Textilien aus Hongkong, Korea oder China zu Preisen ohne Aufschlag hoher Zölle kaufen. Die Konsumenten werden so dazu veranlaßt, weniger Bekleidung zu kaufen und ihre Mittel in Nahrungsmittel, Transporte oder Freizeitbeschäftigungen zu investieren, deren relative Preise durch den Zoll gesenkt werden.

Dagegen erhält der Staat einige Millionen Dollar an zusätzlichen Einnahmen aus den Textilzöllen. Diese Einnahmen können dazu verwendet werden, öffentliche Güter zu erwerben oder andere Steuern zu senken, weshalb (anders als die geringere Konsumentenrente oder die Produktionsineffizienz) diese Wirkung keine wirkliche soziale Belastung darstellt.

Da wir hiermit unsere Untersuchung darüber abgeschlossen haben, wie sich Zölle auf den Preis und die Produktionsmenge von Gütern auswirken, wenden wir uns nun den Argumenten pro und kontra Schutz der heimischen Wirtschaft eines Landes vor dem internationalen Wettbewerb zu.

DIE VOLKSWIRTSCHAFTLICHEN ASPEKTE DES PROTEKTIONISMUS

Die Argumente für Zölle oder Importbeschränkungen und gegen den Wettbewerb durch Importe treten in vielerlei Gewand auf. Hier die wichtigsten:

- Nicht wirtschaftlich begründete Argumente, die davon ausgehen, daß es wünschenswert wäre, das wirtschaftliche Wohlergehen zugunsten anderer nationaler Ziele zu opfern.
- Argumente, die von einem logischen Mißverständnis eines volkswirtschaftlichen Prinzips, wie etwa des Prinzips des komparativen Vorteils, ausgehen.
- Analysen, die zwar in einer vollkommenen Wettbewerbs- und Vollbeschäftigungswelt nicht gelten, jedoch im Falle von Ländern, die groß genug sind, um ihre Import- und Exportpreise zu beeinflussen, oder von Ländern, die unter Arbeitslosigkeit leiden, doch ein Körnchen Wahrheit enthalten.

Viele dieser Argumente sind seit hundert Jahren bekannt, andere wurden von einer volkswirtschaftlichen Schule namens „New International Economics“ entwikkelt.[3]

Nicht-wirtschaftliche Ziele

Sollten Sie jemals mit dem Auftrag, den Freihandel zu verteidigen, in eine Diskussionsrunde entsandt werden, können Sie vielleicht zu Beginn ihre Position stärken, indem Sie erklären, daß das wirtschaftliche Wohlergehen keineswegs das einzige Ziel im Leben ist. Ein Land sollte seine Freiheit und nationale Sicherheit nicht für ein paar Dollar zusätzlichen Einkommens, die im Außenhandel zu verdienen sind, aufs Spiel setzen.

Die amerikanische Halbleiterindustrie bietet hier ein anschauliches Beispiel. In den achtziger Jahren behauptete das Verteidigungsministerium, die US-Armee werde ohne eigenständige Halbleiterindustrie allzusehr von Japan und anderen ausländischen Chiperzeugern, also von Zulieferern für High-Tech-Waffen, abhängig. Das führte zu einem Abkommen über einen speziellen Schutz dieser Branche. Ökonomen bezweifelten den Wert dieses Versuches. In ihrer Argumentation stellten sie gar nicht das Ziel der nationalen Sicherheit in Frage, sondern sie konzentrierten sich auf die Effizenz der Mittel, mit denen das erwünschte Ergebnis zu erreichen sei. Sie meinten, daß protektionistische Maßnahmen teurer seien als eine Politik einer zielgerichteten Branchenförderung, etwa in Form von Subventionen oder eines Programms zum Ankauf einer Mindestzahl qualitativ hochwertiger Chips.

Doch die nationale Sicherheit ist keineswegs das einzige Ziel, das wir abgesehen von volkswirtschaftlichen Aspekten in unserer Außenhandelspolitik anpeilen können. Länder haben bisweilen das Bedürfnis, ihre speziellen Kulturtraditionen oder Umweltbedingungen zu bewahren und zu erhalten. In Frankreich gibt es eine Diskussion, wonach die nationale Kultur vor amerikanischen Filmen wie *Terminator 2* zu schützen sei. Frankreich befürchtet, die französische Filmindustrie könnte von

[3] Ein offizielles Statement zur Außenhandelspolitik ist dem *Wirtschaftsbericht des Präsidenten 1991* zu entnehmen (U.S. Government Printing Office, Washington, 1991). Eine nicht ganz so technische Bilanz der Quellen des US-Handelsdefizits und eine Bilanz der neuen globalisierten Wirtschaft eines der führenden Praktiker finden Sie in: Paul Krugman, *The Age of Diminished Expectations: U.S. Economic Policy in the 1990s.*

einer Welle von Hollywoodprodukten überrollt werden. Daher gelten in Frankreich strikte Einfuhrquoten für US-Filme und -Shows, wobei diese Position sogar angesichts des starken Drucks aus den USA, der in der letzten Runde der Außenhandelsgespräche zwischen den beiden Ländern spürbar war, aufrechterhalten wurde. Ein anderes Beispiel liefert uns die Schweizer Regierung, die den Beschluß gefaßt hat, die Durchfahrt ausländischer LKWs durch die Schweiz zu verbieten, um die Stille und reine Luft ihrer Bergtäler zu bewahren.

Fragwürdige Gründe für die Einführung von Zöllen

Merkantilismus. Abraham Lincoln wird folgender Ausspruch zugeschrieben: „Ich weiß nicht viel über Zölle. Was ich jedoch schon weiß: wenn ich einen englischen Mantel kaufe, bekomme ich den Mantel und England das Geld. Kaufe ich einen amerikanischen Mantel, bekomme auch ich den Mantel, aber Amerika bekommt das Geld."

Diese Denkweise zeigt einen uralten Irrtum auf, der typisch für den sogenannten Merkantilismus des siebzehnten und achtzehnten Jahrhunderts war. Vertreter dieser Richtung betrachteten jene Länder als glücklich, die mehr Güter verkaufen konnten, als sie einkauften, weil eine solche „wünschenswerte" Handelsbilanz bedeutete, daß Gold als Bezahlung des Exportüberschusses ins Land floß.

Die merkantilistische Argumentation verwechselt Mittel und Zweck. Die Anhäufung von Gold oder sonstigen Zahlungsmitteln allein verbessert den Lebensstandard eines Landes nicht. Geld ist kein Selbstzweck, sondern soll verwendet werden, um von anderen Ländern kaufen zu können. Aus diesem Grund verwerfen heute die meisten Ökonomen den Gedanken, die Erhebung von Zöllen zur Erzielung eines Außenhandelsüberschusses könne dem wirtschaftlichen Wohlergehen eines Landes nützen.

Zölle für spezielle Interessensgruppen. Besonders starker politischer Druck zugunsten von Schutzzöllen wird von mächtigen Interessensgruppen ausgeübt. Unternehmen wie Arbeitskräfte wissen natürlich sehr gut, daß die Erhebung eines Zolls auf Produkte ihrer Branche *ihnen* zugute kommt, gleichgültig, welche Wirkung sie auf edlere Ziele wie das wirtschaftliche Wohlergehen des gesamten Landes hat. Adam Smith wußte dies genau, als er schrieb:

> *Handelsfreiheit zu erwarten ist ebenso absurd, als würde man Utopia erwarten. Dagegen stehen nicht nur die Vorurteile der Öffentlichkeit, sondern, ein noch schwieriger zu überwindendes Hindernis, die Eigeninteressen zahlreicher Einzelpersonen, die sich ihr entschlossen entgegenstellen.*

Wenn sich der Freihandel aber für das gesamte Land als so nützlich erweist, warum können dann die Verfechter des Protektionismus im Kongreß einen derart überproportionalen Einfluß ausüben? Nun, die wenigen, die Vorteile durch den staatlichen Protektionismus haben, stecken viel Geld in Lobbying und die Überredung von Politikern. Die Konsumenten sind durch den Zoll auf ein Produkt im einzelnen ohnehin nur geringfügig betroffen, so daß die – breit gestreuten – Verluste gering bleiben und der einzelne nur wenig Anreiz verspürt, mit viel Aufwand seine Meinung zu jedem einzelnen Zollfall kundzutun. Vor einem Jahrhundert bediente man sich noch des direkten Wegs der Bestechung, um die nötigen Stimmen zugunsten der Einführung von Schutzzöllen zu erhalten. Heute bilden sich mächtige „politische Action Committees", sogenannte PACs, die mit ihren Anwälten für die Einführung von Zöllen oder Einfuhrbeschränkungen bei Textilien, Schnittholz, Autos, Stahl, Zucker und anderen Gütern kämpfen.

Würde die politische Entscheidungsfindung dem volkswirtschaftlichen Nutzen folgen, müßte jedes Land den Großteil aller seiner Zollbestimmungen außer Kraft setzen. Aber wirtschaftliche Interessen sind nicht immer proportional vertreten. Es ist bedeutend schwieriger, die Massen der Konsumenten und Produzenten zu organisieren, damit sie sich für die Vorteile des Freihandels stark machen, als einige wenige Unternehmen oder Gewerkschaften einen Kreuzzug gegen die „billigen mexikanischen Arbeitskräfte" oder die „unfaire japanische Exportpolitik" führen zu lassen. In allen Ländern agieren die durch Importbarrieren geschützten Unternehmen und Arbeitnehmer mit ihren Eigeninteressen als unermüdliche Feinde des Freihandels.

Einen bemerkenswerten Fall in diesem Zusammenhang stellt die amerikanische Einfuhrbeschränkung für Zucker dar, die nur einer kleinen Zahl von Produzenten zugute kommt, während sie die amerikanischen Konsumenten mit mehr als $ 1 Milliarden jährlich teuer zu stehen kommt. Der durchschnittliche Konsument weiß wahrscheinlich gar nicht, daß die Kontingentierung der Zuckerimporte jeden Amerikaner 1 ½ Cents täglich kostet, und deshalb besteht für die Konsumenten praktisch kein Anreiz, sich für den Freihandel stark zu machen.

Wettbewerb durch billige ausländische Arbeitskräfte. Das häufigste Argument zugunsten protektionistischer Maßnahmen lautet, der Freihandel setze die amerikanischen Arbeitskräfte einem Wettbewerb durch weitaus billigere ausländische Arbeitskräfte aus. Die einzige Möglichkeit, das hohe amerikanische Lohnniveau aufrecht zu erhalten, bestehe im Schutz der heimischen Arbeitskräfte, indem Güter, die in Niedriglohnländern erzeugt werden, nicht ins Land gelassen oder mit hohen Zöllen belegt werden. Eine Extremform dieser Ansicht ist die Befürchtung, daß unter Freihandelsbedingungen die US-Löhne auf das viel niedrigere ausländische Niveau absinken könnten. So malte Präsidentschaftskandidat Ross Perot während der Diskussion über das Nordamerikanische Freihandelsabkommen NAFTA den Teufel an die Wand – siehe Zitat am Beginn dieses Kapitels.

Oberflächlich besehen erscheint uns dieses Argument durchaus stichhaltig, aber es hat einen großen Fehler: Hier wird das Grundprinzip des komparativen Vorteils ignoriert. Der Grund, warum US-Arbeitnehmer höhere Löhne erhalten, liegt darin, daß sie im Durchschnitt produktiver sind. Wenn unser Gleichgewichtslohn dreimal so hoch ist wie jener in Mexiko, so deshalb, weil wir in der Herstellung der marktgängigen Güter durchschnittlich dreimal so produktiv sind. Die Handelsflüsse entwickeln sich gemäß dem komparativen Vorteil, nicht nach dem Lohnniveau oder einem absoluten Vorteil.

Nachdem wir belegen konnten, daß die Länder durch den Import von Waren, die von „billigen ausländischen Arbeitskräften" hergestellt werden und bei denen das betreffende Land über einen komparativen Nachteil verfügt, profitieren, sollten wir nun erwähnen, welche Kosten diese Strategie vorübergehend für die betroffenen Arbeitskräfte und Unternehmen mit sich bringen kann. Wenn Produktionsstätten an einem bestimmten Ort unerwartet geschlossen werden, weil die Produktion nach Übersee verlagert wird, kann der lokale Arbeitsmarkt von all den Arbeitsuchenden überschwemmt werden. Ältere Arbeitskräfte mit veralteten Berufen werden nur schwerlich einen neuen attraktiven Job finden und müssen deshalb einen Rückgang ihres Realeinkommens hinnehmen. Die Probleme der freigesetzten Arbeitskräfte verstärken sich in Zeiten einer allgemeinen wirtschaftlichen Depression oder bei hoher Arbeitslosigkeit auf den lokalen Arbeitsmärkten noch zusätzlich. Langfristig erfolgt zwar eine Reallokation der Arbeitnehmer von rückläufigen hin zu boomenden Branchen, aber der Übergang kann doch für viele sehr schmerzlich sein.

Die volkswirtschaftliche Antwort auf das Argument von den billigen ausländischen Arbeitskräften stützt sich auf die Analyse des komparativen Vorteils. Diese weist uns darauf hin, daß ein Land durch den Außenhandel selbst dann profitiert, wenn seine Löhne weit über jenen seiner Handelspartner liegen. Hohe Löhne ergeben sich nämlich aus hoher Effizienz, nicht durch protektionistische Zölle.

Die Einführung von Zöllen als Vergeltungsmaßnahme. Zwar würden viele der Aussage zustimmen, daß eine Welt des Freihandels die beste aller möglichen Welten wäre, aber sie würden zugleich anmerken, daß diese Welt sicherlich nicht die ist, in der wir leben. Das würde etwa folgendermaßen klingen: „Solange andere Länder Importbeschränkungen verhängen oder unsere Produkte anderwärtig diskriminieren, haben wir keine Wahl. Wir müssen dieses Spiel der Selbstverteidigung mitspielen. Freihandel ist für uns nur solange akzeptabel, als es ein fairer Handel ist. Aber die Spielregeln müssen natürlich für alle gelten."

So vernünftig dieser Einwand klingen mag – er läßt sich weder in der volkswirtschaftlichen Analyse noch historisch wirklich begründen. Wie wir bereits gesehen haben, bewirkt ein Land, das seine Zölle erhöht, damit eigentlich eine Erhöhung seiner Transportkosten. Nehmen wir an, Frankreich würde seine Häfen verminen, um die Importe zu drosseln – sollten wir vielleicht denselben Weg beschreiten und auch unsere Häfen verminen? Einem solch drastischen Vorschlag würden sicherlich nur wenige zustimmen. Wenn jedoch ein anderes Land beschließt, seiner volkswirtschaftlichen Vitalität Schaden zuzufügen, indem es Zölle auf seine Importe verhängt, wäre es ebenfalls nicht ratsam, dem ersten einen weiteren Schaden hinzuzufügen, indem auch wir Zölle verhängen.

Der einzige Sinn, der sich in der Argumentationsweise erkennen läßt, wonach wir auf die Verhängung von Zöllen durch andere Länder mit Vergeltung reagieren sollten, lautet, daß unsere Drohung mit Vergeltung dieses Land davon abhalten könnte, die Zölle tatsächlich zu verhängen. Diese Ansicht wurde übrigens auch von der US-Regierung in einer Analyse des Protektionismus aus dem Jahr 1982 vertreten (in: *Economic Report of the President*):

Eingriffe in die internationalen Handelsbeziehungen ..., so teuer sie für die amerikanische Wirtschaft kurzfristig sein mögen, lassen sich jedoch rechtfertigen, wenn sie dem strategischen Zweck dienen, die Kosten einer interventionistischen Politik für andere Staaten zu erhöhen. So können sich überlegte, zielgerichtete Maßnahmen durchaus positiv auswirken ..., wenn sie darauf abzielen, andere Länder davon zu überzeugen, daß sie auf Handelsverzerrungen lieber verzichten sollten.

Aber selbst dieses Argument kann man nur mit Einschränkungen befürworten. Genauso wie der Bau von Raketen genauso zu einem Rüstungswettlauf wie zu Abrüstungsbestrebungen führen kann, wirkt sich ein protektionistischer Bluff unter Umständen für den Bluffer ebenso schädlich aus wie für seinen Gegner. Historische Studien zeigen, daß die Verhängung von Zöllen als Vergeltungsmaßnahmen zumeist andere Staaten dazu veranlaßt, ihre Zölle noch weiter zu erhöhen, und daß sie im Feilschen um einen bilateralen Zollabbau eigentlich kaum je eine gute Karte darstellen.

Importbeschränkungen zugunsten von Unternehmen und Arbeitskräften. In den USA wie in anderen Ländern auch versuchen Unternehmen und Arbeitskräfte, die sich durch den Wettbewerb von außen benachteiligt fühlen, Schutz in Form von Zöllen oder Einfuhrbeschränkungen zu erwirken. Heute werden diese Geschäfte jedoch kaum noch direkt auf dem Boden des Kongresses abgewickelt. Der Kongreß hat erkannt, daß die Zollpolitik ein allzu heißes Eisen ist, und daher spezielle Behörden mit der Aufgabe betraut, etwaige Klagen und Anträge zu beantworten. Im allgemeinen wird heute in den USA ein Ansuchen um Schutz vor Importen vom US-Handelsministerium und der US International Trade Commission geprüft. Folgende Abhilfemaßnahmen können beschlossen werden:

- Die *Schutzklausel* war früher sehr populär. Sie ermöglicht eine vorübergehende Importbeschränkung (mit anderen Ländern ausgehandelte Zölle, Kontingente oder Exportquoten), wenn eine Branche durch Importe „geschädigt“ wurde. Man konnte sich auf sie berufen, wenn Produktion, Beschäftigungsstand und Gewinne der heimischen Industrie bei steigenden Importen zurückgegangen waren.
- *Antidumpingzölle* werden erhoben, wenn ein anderes Land zu Preisen in die USA verkauft, die unter seinen Durchschnittskosten liegen oder niedriger sind als die Preise auf dem heimischen Markt. Wird ein Dumpingfall aufgezeigt, kommt es zur Erhebung einer „Dumpinggebühr“ auf die importierten Waren.
- *Ausgleichszölle* werden verhängt, wenn andere Länder ihre Exporte in die USA subventionieren. Dieser Schritt wurde zur populärsten Schutzmaßnahme gegen Importe und kam in Hunderten von Fällen zur Anwendung.

Welche Rechtfertigung für die Durchführung derartiger Vergeltungs- oder protektionistischer Maßnahmen zugunsten einer vom Import bedrohten Branche läßt sich eigentlich geltend machen? Schutz vor Importen mag vernünftig erscheinen, er widerspricht jedoch vollkommen der volkswirtschaftlichen Theorie des komparativen Vorteils. Diese Theorie besagt, daß eine Branche, die nicht mit ausländischen Konkurrenten Schritt halten kann, durch Importe geschädigt werden *muß*. In einem gewissen Sinn werden die weniger produktiven Branchen vom Wettbewerb durch produktivere *heimische* Wirtschaftszweige verdrängt.

Das mag wirklich hart und rücksichtslos klingen. Kein Wirtschaftszweig verschwindet freiwillig von der Bühne. Keine Region unterzieht sich freiwillig einem Wandel hin zu neuen Branchen. Häufig geht der Wechsel von alten zu neuen Berufen und Wirtschaftszweigen mit einer schmerzhaften Arbeitslosigkeit und anderen Problemen einher. Die geschwächte Branche bzw. Region bekommt das Gefühl, sie sei isoliert und müsse nun die gesamte Bürde des Fortschritts allein tragen.

Potentiell stichhaltige Argumente für protektionistische Maßnahmen

Nun wollen wir zum Schluß noch drei Argumente zugunsten des Protektionismus beleuchten, die tatsächlich volkswirtschaftlich sinnvoll sein könnten:

- Zölle können die Terms of Trade zugunsten eines Landes einseitig verändern.
- Vorübergehende Schutzzölle für eine „neue Branche“ mit Wachstumspotential können sich als langfristig effizient erweisen.
- Ein Zoll kann unter bestimmten Bedingungen dazu beitragen, die Arbeitslosigkeit zu verringern.

Das Terms-of-Trade- oder Optimalzoll-Argument. Ein vernünftiges Argument für die Verhängung von Zöllen richtet sich gegen die Verschiebung der Terms of Trade zugunsten eines Landes und zu Ungunsten anderer Länder. (Erinnern Sie sich: Die *Terms of Trade* stellen das

Verhältnis von Export- zu Importpreisen dar). Dahinter steckt der Gedanke, daß ein Zoll, den ein großes Land auf seine Importe erhebt, im Effekt den Weltmarktpreis seiner Importe drücken wird, während seine Exportpreise steigen. Nachdem die Terms of Trade etwa zu ihren Gunsten verschoben wurden, brauchen die USA nur noch weniger Weizen und weniger Flugzeuge zu exportieren, um für ihre Öl- und Autoimporte zu bezahlen. Eine Zollkombination, die die heimischen Realeinkommen maximiert, wird als *Optimalzoll* bezeichnet.

Das Terms-of-Trade-Argument läßt sich 150 Jahre, bis hin zu John Stuart Mill, einem Verfechter des Freihandels, zurückverfolgen und es wurde erst jüngst von Außenhandelstheoretikern wieder entstaubt. Es ist das einzige Argument pro Verhängung von Zöllen, das unter Bedingungen der Vollbeschäftigung und des vollständigen Wettbewerbs Gültigkeit hätte. Wir können es verstehen, indem wir den einfachen Fall eines Optimalzolls auf Öl betrachten. Der Öl-Optimalzoll hebt den Inlandspreis über den Auslandspreis hinaus an. Aber weil unsere Nachfrage infolge des Zolls zurückgeht, und weil die USA einen wesentlichen Teil der Weltnachfrage für Öl ausmachen, wird auch der Weltmarktpreise für Öl sinken. So fällt ein Teil des Zolls eigentlich auf den Ölproduzenten zurück. (Wir können in diesem Zusammenhang auch erkennen, daß ein sehr kleines Land diese Möglichkeit nicht nutzen kann, weil es keinen Einfluß auf den Weltmarktpreis nehmen kann.)

Haben wir also nun doch theoretisch stichhaltige Argumente für die Verhängung von Zöllen gefunden? Die Antwort wäre ja, könnten wir einfach ignorieren, daß es sich dabei um eine „Beggar-Thy-Neighbor"-Politik handelt, die andere Länder benachteiligt und deren Reaktionen außer acht läßt. Doch diese anderen Länder werden wahrscheinlich reagieren. Schließlich ist nicht einzusehen, warum die Europäische Union, Japan und Brasilien, sollten die USA einen Optimalzoll von 30 Prozent auf ihre Importe erheben, nicht ebenfalls ihre Importe mit einem 30- oder vielleicht sogar 40prozentigen Zoll belegen sollten. Und letztlich könnte das allgemeine Zollniveau, wenn jedes Land seinen eigenen heimischen Optimalzoll berechnet und auch verhängt, auf 30 oder sogar 50 Prozent klettern.

Im Endeffekt würde eine solche Situation absolut keine Verbesserung des weltweiten oder individuellen Wohlstandes bedeuten. Wenn *alle* Länder Optimalzölle verhängen, ist abzusehen, daß das wirtschaftliche Wohlergehen *aller* sinkt, wenn die Behinderungen des Freihandels überhand nehmen. Von einer Abschaffung der Handelsbarrieren profitieren hingegen alle.

Erhebung von Zöllen auf Produkte junger Branchen. In seinem berühmten *Report on Manufactures* (1791) schlug Alexander Hamilton vor, man solle doch das Wachstum der Produktionsbranchen stimulieren, indem junge Branchen vor ausländischem Wettbewerb geschützt werden. Nach seiner Meinung, die übrigens auch von Freihandelsverfechtern unter den Ökonomen, etwa von John Stuart Mill und Alfred Marshall, vorsichtig unterstützt wurde, gibt es Produktionsbereiche, in denen ein Land nur dann einen komparativen Vorteil erringen kann, wenn der Start optimal gelingt.

Diese „jungen Branchen" könnten von sich aus die Start- und Experimentierphase nicht überstehen, müßten sie sich sofort und ungeschützt dem internationalen Wettbewerb ausliefern. Bei vorübergehendem Schutz könnten sie jedoch eine Massenproduktion entwickeln, einen Pool ausgebildeter Arbeitskräfte aufbauen, neue Produktentwicklungen hervorbringen, die gut an die lokale Wirtschaft angepaßt sind, und sie könnten die technologische Effizienz erreichen, die für viele reife Branchen typisch ist. Zwar würden protektionistische Maßnahmen zu Beginn die Verbraucherpreise in diesem Bereich erhöhen, aber die Branche könnte dadurch eine solche Effizienz erreichen, daß nach ihrer gelungenen Etablierung Kosten und Preise wieder sinken würden. Ein Zoll wäre demnach gerechtfertigt, wenn das Wohl der Verbraucher zu diesem späteren Zeitpunkt die höheren Preise während der Phase protektionistischer Maßnahmen überwiegt.

Dieses Argument ist mit Vorsicht zu genießen. Historische Studien haben zwar tatsächlich einige echte Fälle geschützter „junger Branchen" zutage gefördert, die schließlich heranwuchsen und auf eigenen Füßen stehen konnten. Und Studien über erfolgreiche, erst jüngst industrialisierte Länder (wie Singapur und Korea) zeigen, daß diese Länder ihre Produktionsbranchen in den ersten Phasen der Industrialisierung tatsächlich schützten. Aber die Geschichte der Zölle kennt noch viel mehr gegenteilige Fälle, in denen die ständig geschützten „jungen Branchen" auch nach vielen Jahren die Windeln noch nicht ablegen wollten.

Protektionistische Fehlschläge – die brasilianische Computerindustrie. *Brasilien bietet ein anschauliches Beispiel dafür, wie Protektionismus scheitern kann. Im Jahr 1984 wurde in Brasilien ein Gesetz beschlossen, das ausländische Computer aus dem Land verbannte. Man wollte damit eine geschützte Umgebung schaffen, in der die brasilianische Computerin-*

dustrie, die noch in den Kinderschuhen steckte, gedeihen und sich entwickeln sollte. Dieses Gesetz wurde auch tatsächlich rigoros vollstreckt: Eine spezielle „Computer-Polizei" veranstaltete Razzien in Unternehmensbüros und Klassenzimmern, immer auf der Suche nach importierten Computern, die trotz Importsperre ins Land gekommen waren.

Die Folgen hätte man eigentlich vorhersehen können. Technologisch gesehen hinkten die brasilianischen Computer um Jahre dem sich rasch entwickelnden Weltmarkt hinterher, und die Konsumenten mußten den zwei- oder dreifachen Weltmarktpreis aufwenden, um ein brasilianisches Gerät zu bekommen. Einer Schätzung zufolge kostete dieses Gesetz die brasilianischen Konsumenten etwa $ 900 Millionen – jährlich. Zugleich waren brasilianische Computer so teuer, daß sie auf dem Weltmarkt nicht konkurrieren konnten und es den brasilianischen Computerfirmen auch nicht möglich war, durch Verkauf in andere Länder Skalenerträge zu erreichen. Die hohen Computerpreise schadeten zusätzlich der Wettbewerbsfähigkeit der restlichen Wirtschaft. „Wir sind heute wegen dieses sinnlosen Nationalismus wirtschaftlich weit abgeschlagen," konstatierte die brasilianische Wirtschaftsministerin, Zelia Cardoso de Mello, 1990. „Das Computerproblem hat verhindert, daß in der brasilianischen Industrie die nötigen Modernisierungen durchgeführt wurden."

Eine Kombination aus Druck von seiten der brasilianischen Konsumenten und Unternehmen und der Forderung der USA nach offenen Märkten zwang schließlich Brasilien, das Importverbot für ausländische Computer im Oktober 1992 aufzuheben. Bis zum August 1993 hatten sich die Elektronikläden in Sao Paulo und Rio de Janeiro bereits mit importierten Laptops, Laserdruckern und Handys eingedeckt, und die brasilianischen Unternehmen konnten sich endlich daran machen, die Computerrevolution für ihre Zwecke zu nutzen. Das große protektionistische Experiment war vorbei, weil gescheitert.

Zölle und Arbeitslosigkeit. Historisch gesehen war der Wunsch, in Zeiten einer Rezession oder wirtschaftlicher Stagnation die Beschäftigungssituation zu verbessern, immer ein starkes Motiv zugunsten protektionistischer Maßnahmen. Protektionismus schafft Arbeitsplätze, indem er die Preise für Importe erhöht und die Nachfrage hin zu den heimischen Produkten umlenkt. Abbildung 35-8 zeigt diesen Effekt. Mit zunehmender Inlandsnachfrage stellen die Unternehmen mehr Arbeitskräfte ein, die Arbeitslosigkeit geht zurück.[4] Es handelt sich hierbei ebenfalls um eine "Beggar-Thy-Neighbor"-Politik, weil sie die heimische Nachfrage auf Kosten von Produktion und Beschäftigung in anderen Ländern steigert.

Aber obwohl protektionistische Maßnahmen den Beschäftigungsstand anheben können, stellen sie kein wirksames Programm für eine aktive und erfolgreiche Arbeitsmarktpolitik, für mehr Effizienz und Preisstabilität dar. Die makroökonomische Analyse zeigt, daß es bessere Methoden gibt, um die Arbeitslosigkeit zu bekämpfen, als durch die Errichtung von Importbarrieren. Durch den richtigen Einsatz von geld- und fiskalpolitischen Maßnahmen kann ein Land seine Produktionsleistung steigern und die Arbeitslosigkeit senken. Außerdem erlaubt es die kluge Umsetzung wirtschaftspolitischer Strategien den Arbeitnehmern, aus Branchen, die ihren komparativen Vorteil verloren haben, in neue hochproduktive Jobs in Branchen mit einem komparativen Vorteil zu wechseln.

Den Nachweis dafür liefern die achtziger Jahre. Von 1982 bis 1987 gelang es in den USA, unter dem Strich 15 Millionen neue Arbeitsplätze zu schaffen, wobei die Märkte geöffnet, nur niedrige Zölle verhängt wurden und die Außenhandelsdefizite drastisch stiegen. Im Gegensatz dazu konnten in den europäischen Ländern praktisch keine neuen Jobs geschaffen werden, obwohl die europäischen Länder in dieser Periode einen Außenhandelsüberschuß erzielten.

Eine weitere Methode zur Analyse der Auswirkungen von Handelsbarrieren auf die Beschäftigung besteht in der Messung der „Arbeitsplatzschaffungskosten von Jobs, die durch Importbeschränkungen ermöglicht wurden". Zahlreiche volkswirtschaftliche Studien beschäftigen sich mit den volkswirtschaftlichen Kosten durch die Verhängung von Zöllen oder Importbeschränkungen auf eine Branche. Als Beispiel könnte man die freiwilligen Importkontingente für japanische Autos in den achtziger Jahren heranziehen. Nach staatlichen Studien erhöhten die damaligen Kontingentierungen den Beschäfti-

[4] Wer die Makroökonomie-Kapitel gelesen hat, versteht den Mechanismus, der dazu führt, daß Zölle den Beschäftigtenstand anheben. Erinnern Sie sich, daß höhere Investitionen oder Staatsausgaben die Gesamtnachfrage, die Gesamtproduktion und auch die Beschäftigtenzahl steigern. Nach ähnlichen Überlegungen senken protektionistische Maßnahmen oder höhere Zölle die Importe und erhöhen zugleich die Nettoexporte und somit auch die Gesamtnachfrage. Die gestiegenen Nettoexporte haben einen Multiplikatoreffekt ganz ähnlich jenem der Investitionen oder Staatsausgaben für Güter und Dienstleistungen.

gungsstand in der Automobilindustrie um etwa 30.000 Arbeiter in den Jahren 1983 und 1984. Für die 7 Millionen Autos, die in diesem Zeitraum jährlich gekauft wurden, bezahlten die Konsumenten schätzungsweise um durchschnittlich $ 500 mehr pro Wagen, als sie ohne Einfuhrbeschränkungen bezahlt hätten. Die Verbraucherkosten beliefen sich damals auf durchschnittlich rund $ 3,5 Milliarden / 30.000, das ergibt Arbeitsplatzbeschaffungskosten von etwas über $ 100.000 pro Job.[5] Berechnungen wie diese zeigen, daß Protektionismus eine überaus ineffiziente Methode zur Hebung der Beschäftigtenzahl ist.

Zusammenfassend:

Zölle und Importbeschränkungen sind eine ineffiziente Methode zur Schaffung von Arbeitsplätzen oder zur Verringerung der Arbeitslosigkeit. Effizienter lassen sich produktive Arbeitsplätze durch eine gezielte heimische Geld- und Fiskalpolitik schaffen.

Sonstige Handelsbarrieren

Obwohl wir uns in diesem Kapitel hauptsächlich mit Zöllen befaßt haben, gelten die meisten hier getätigten Aussagen ebenso für alle anderen Handelsbarrieren. Kontingentierungen haben weitgehend dieselben Auswirkungen wie Zölle, weil sie verhindern, daß der komparative Vorteil verschiedener Länder die Preise und Mengen auf dem Markt bestimmt. In den letzten Jahren kam es zur Aushandlung von Import- und Exportkontingenten zwischen den Ländern. So zwangen beispielsweise die USA Japan, sich selbst „freiwillig" Exportkontingente bei Autos und in ähnlicher Weise bei Fernsehgeräten, Schuhen und Stahl aufzuerlegen.

Nicht unerwähnt dürfen auch die sogenannten nichttarifären Handelshemmnisse oder NTBs bleiben. Diese bedeuten informelle Beschränkungen oder Regulierungen, die es für die Länder schwierig machen, ihre Güter auf ausländischen Märkten zu plazieren. So beklagten sich beispielsweise amerikanische Unternehmen, daß japanische Regulierungsmaßnahmen sie praktisch vom Handel in den Branchen Telekommunikation, Tabak und Bauindustrie ausschlossen.

MULTILATERALE HANDELSBEZIEHUNGEN

Können wir angesichts des Tauziehens zwischen den wirtschaftlichen Vorteilen des Freihandels und dem politischen Anspruch des Protektionismus heute sagen, in welche Richtung das Pendel ausschlagen wird? Die Geschichte der US-Zölle, die Sie in Abbildung 35-10 nachverfolgen können, war voller Höhen und Tiefen. Zumeist waren die USA ein Hochzolland. Der Höhepunkt des Protektionismus wurde mit dem berüchtigten Smoot-Hawley-Zoll der dreißiger Jahre erreicht, gegen den sich praktisch *jeder* Ökonom in diesem Land aussprach, der jedoch trotzdem im Kongreß beschlossen wurde.

Die Handelsbarrieren, die während der Weltwirtschaftskrise errichtet wurden, trugen in Wirklichkeit dazu bei, die Preise zu erhöhen und die volkswirtschaftlichen Probleme zusätzlich zu verschärfen. Wir erlebten in den dreißiger Jahren Handelskriege, in denen die Länder versuchten, ihren Beschäftigungsstand und ihre Produktion durch die Errichtung von Handelsbarrieren auf Kosten ihrer Nachbarn anzuheben. Doch die Länder lernten ihre Lektion, als sie feststellen mußten, daß sie am Ende des Zoll-Vergeltungsspiels alle als Verlierer dastanden.

Freihandelsabkommen

Nach dem Zweiten Weltkrieg rief die internationale Staatengemeinschaft eine Reihe von Institutionen zur Förderung des Friedens und wirtschaftlichen Wohlstandes durch eine kooperative Politik ins Leben. Zu den erfolgreichsten Bemühungen auf diesem Gebiet gehört wohl das GATT (General Agreement on Tariffs and Trade), dessen Satzung das Ziel vorgibt, den Lebensstandard durch „eine erhebliche Senkung der Zölle und anderer Handelsbarrieren sowie durch die Abschaffung einer diskriminierenden Behandlung im internationalen Handel" zu heben. Das GATT hat derzeit beinahe 100 Mitglieder, die für 85 Prozent des Welthandels stehen.

Zu den Prinzipien des GATT gehören folgende Forderungen: (1) die Länder müssen daran arbeiten, die wechselseitigen Handelsbarrieren abzubauen; (2) alle Handelsbarrieren unter den Nationen sollten ohne diskriminatorische Tendenzen auskommen (d. h., alle Länder sollten den Höchstbegünstigungsstatus genießen); (3) wenn ein Land seine Zölle über das vereinbarte Niveau anhebt, so hat es seine Handelspartner für den wirtschaftlichen Schaden zu entschädigen; und (4) Handelskonflikte sind durch Konsultationen und schiedsrichterliche Entscheide zu regeln.

Die Geschichte der Freihandelsabkommen gehört zu den erfolgreichsten Gebieten internationaler Kooperationen in wirtschaftlichen Belangen. Alle paar Jahre treffen sich Vertreter der wichtigsten Industrienationen zu GATT-Verhandlungen, um die bedeutendsten Handelsbarrieren

---

[5] Diese Zahlen sind der Studie *Has Trade Protection Revitalized Domestic Industries?* (U.S. Government Printing Office, Washington, 1986), Kap. V des Congressional Budget Office entnommen.

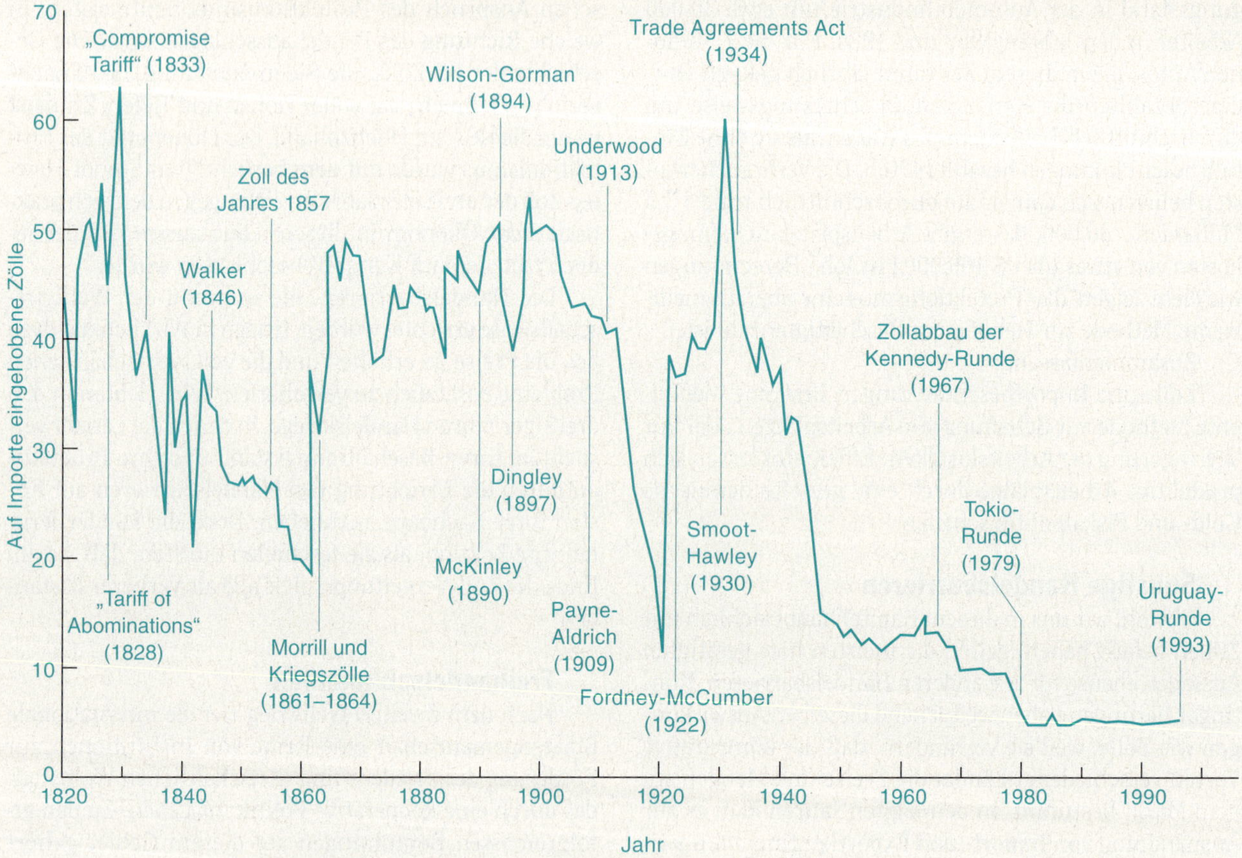

Abbildung 35-10: Historisch betrachtet sind die USA ein Hochzolland

In der Geschichte der USA waren die Zölle zumeist hoch, doch internationale Handelsabkommen seit den dreißiger Jahren haben mittlerweile zu einem weitgehenden Zollabbau geführt.

auszumachen und über deren Beseitigung zu verhandeln. 1993 wurde die „Uruguay-Runde“ abgeschlossen. Zusätzlich zum traditionellen Ziel eines Zollabbaus und der Zurücknahme von Kontingentierungen setzte sich diese Runde das ambitionierte Ziel, die Handelsbarrieren und Subventionen im Bereich der Landwirtschaft zu senken, die Textilkontingente abzuschaffen und den Freihandel auch auf Dienstleistungen und geistiges Eigentum auszudehnen. Außerdem soll das GATT ab 1995 in World Trade Organisation (WTO) umbenannt werden; diese WTO wird über wesentlich mehr Befugnisse zur Durchsetzung internationaler Handelsabkommen verfügen und die Aufgabe haben, die noch unerledigten Punkte der Uruguay-Runde zu einem erfolgreichen Abschluß zu bringen.

Welche Bedeutung haben eigentlich nicht tarifäre Handelshemmnisse im Vergleich zu den Zöllen? Abbildung 35-11 zeigt Schätzungen der Zolläquivalente der wichtigsten nicht tarifären Handelshemmnisse für die USA zwischen 1955 bis 1985. Wir stellen fest, daß sie in den sechziger Jahren sogar eine größere Bedeutung als die Zölle hatten, was auf die Öl-Importkontingente zurückzuführen ist. In den letzten Jahren trugen sie jedoch nur marginal zu den volkswirtschaftlichen Zollkosten bei.

Maßnahmen der letzten Zeit. In den letzten Jahren unternahmen die Staaten eine ganze Reihe von Maßnahmen zur Förderung des Freihandels oder zur Erweiterung der Märkte. Darunter sind besonders folgende zu nennen:

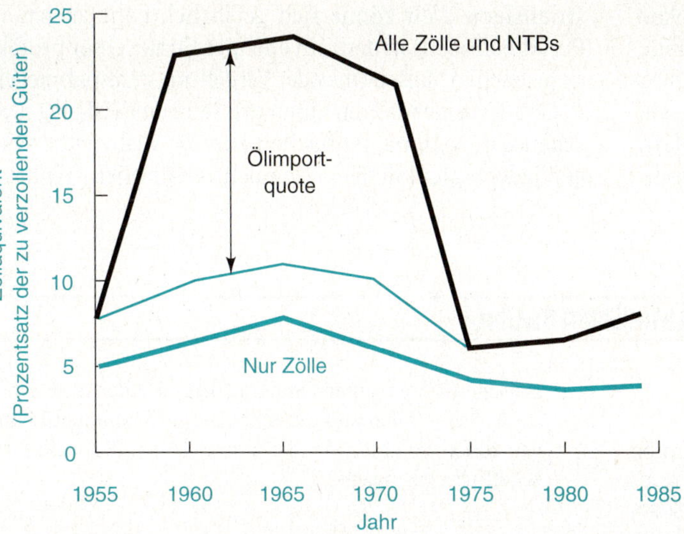

Abbildung 35-11: Die Bedeutung von NTBs bzw. nichttarifären Handelshemmnissen nimmt seit den sechziger Jahren sukzessive ab

In den sechziger Jahren spielten NTBs im US-Außenhandel eine gewichtige Rolle, und zwar insbesondere wegen der Ölimportquote. Seit dieser Zeit haben sie sich erheblich in den volkswirtschaftlichen Zollkosten niedergeschlagen. Doch auch unter Einbeziehung der NTBs sind die Handelsschranken heute weit geringer als in der Zeit davor.

- Im Jahr 1987 verhandelten die USA und Kanada eine Reihe von bilateralen Freihandelsprinzipen aus. Dieses Abkommen war vor allem deshalb so bemerkenswert, weil Kanada mit einem Außenhandelsvolumen von $ 176 Milliarden für 1990 der größte Handelspartner der USA ist. Die Zollsätze Kanadas gehören zu den höchsten der großen Industrienationen, und Kanada unterzieht auch ausländische Investitionen auf seinem Staatsgebiet rigorosen Beschränkungen. Ökonomen schätzen, daß ein Freihandelsabkommen im Verlauf der kommenden 20 Jahre die kanadischen Realeinkommen um 5 Prozent und jene in den USA um 1 Prozent anheben könnte.
- Die 12 EU-Staaten gehen nun in ihrem Stufenplan zur Schaffung eines gemeinsamen Marktes mit nur noch unbedeutenden oder überhaupt ohne Handelsbarrieren in Europa noch einen Schritt weiter. In einer ersten Phase sollen alle Binnenzölle und regulatorischen Handelshemmnisse fallen. Diese Phase soll bis 1992 abgeschlossen sein; das gesteckte Ziel hat sich allerdings mittlerweile als allzu ambitiös erwiesen, und die Entwicklung verläuft nun doch ein wenig langsamer als geplant. In einem zweiten Schritt soll die EU (und der zugehörige Freihandelsraum) erweitert werden, wobei derzeit mit Norwegen, Österreich, Schweden und Finnland über die Bedingungen für einen Beitritt verhandelt wird. Diese erweiterte EU hätte einen Markt, der groß genug wäre, um eine ernsthafte Konkurrenz für den nordamerikanischen Markt darzustellen.
- Der ehrgeizigste und umstrittenste Vorschlag zum Abbau von Handelsbarrieren bezieht sich auf die NAFTA, das nordamerikanische Freihandelsabkommen, über das heiße Debatten geführt wurden und das 1993 mit knappem Abstimmungsausgang durchgesetzt werden konnte. Mexiko ist der drittgrößte Handelspartner der USA, und der Großteil des Handels zwischen den USA und Mexiko betrifft Produktionsgüter. Die NAFTA soll nicht nur den zollfreien Handel von Gütern über die Grenzen hinweg ermöglichen, sondern auch Investitionshemmnisse für die USA und Kanada lockern. Verfechter dieses Plans argumentieren, er würde eine effizientere Arbeitsteilung ermöglichen und es den US-Unternehmen erlauben, effektiv mit Unternehmen in den Nachbarländern zu konkurrieren, während die Gegner, insbesondere Arbeitnehmergruppierungen, meinen, daß die NAFTA das von schlecht ausgebildeten Arbeitern erzeugte Warenangebot vergrößern und damit die Löhne der Arbeitnehmer in den betroffenen Branchen senken werde.

Abschließende Bewertung

Nach dem Zweiten Weltkrieg meinten Politiker überall auf der Welt, der Freihandel stelle eine Voraussetzung für weltweiten Wohlstand dar. Diese Überzeugung führte zu mehreren Abkommen zum Abbau von Zollschranken, wie Sie aus Abbildung 35-10 ersehen können. Aber angesichts der hohen Arbeitslosenzahlen des letzten Jahrzehnts konzentrierten sich die Länder zunehmend wieder auf den Schutz von Arbeitsplätzen, anstatt die Märkte zu öffnen. Es herrscht die ständige Angst, die industrialisierte Welt könne sich gefährlich nahe an jenem Punkt befinden, an dem ein einziger Funke einer protektionistischen Maßnahme oder Vergeltungsmaßnahme wie in den dreißiger Jahren einen großen Handelskrieg zwischen den Nationen entfachen könnte. Bisher überwiegen jedoch glücklicherweise noch versöhnliche Kräfte.

ZUSAMMENFASSUNG

A. Komparative Vorteile zwischen den Ländern

1. Denken Sie daran, daß der internationale Handel auf Grund der unterschiedlichen Produktionsbedingungen oder unterschiedlicher Präferenzen stattfindet. Die Grundlage des internationalen Handels ist das Prinzip Ricardos vom komparativen Vorteil. Nach diesem Prinzip stellt der Handel zwischen zwei Regionen selbst dann einen Vorteil dar, wenn eine Region auf allen Gebieten absolut produktiver oder absolut weniger produktiv als die andere ist. Solange es zwischen den Ländern Unterschiede in der *relativen* oder *komparativen* Effizienz gibt, muß jedes Land einen komparativen Vorteil oder komparativen Nachteil bei den diversen Gütern aufweisen. Erhebliche Vorteile bringt es mit sich, wenn sich Länder auf die Produktion von Gütern im Bereich ihres komparativen Vorteils konzentrieren, die sie dann exportieren und gegen andere Güter eintauschen können, bei denen andere Länder einen komparativen Vorteil genießen.
2. Das Gesetz des komparativen Vorteils sagt mehr aus als nur das geographische Muster der Spezialisierung oder die Richtung der Handelsflüsse. Es zeigt auch, daß es für die Länder besser ist und daß die Reallöhne (oder allgemeiner ausgedrückt, die Kapitalerträge insgesamt) erhöht werden, wenn Handel betrieben und somit die gesamte Weltproduktion erhöht wird. Prohibitiv hohe Einfuhrbarrieren oder Zölle, die die Arbeitnehmer oder einzelne Branchen „schützen“ sollen, verringern das Gesamteinkommen eines Landes und seine Konsummöglichkeiten.
3. Die Prinzipien des komparativen Vorteils gelten auch bei Einbeziehung vieler Güter und vieler Länder. Die Güter lassen sich entlang eines Kontinuums komparativer Vorteile von relativ effizient bis relativ ineffizient anordnen. Im Fall vieler Länder können sich trilaterale oder multilaterale Handelsbeziehungen entwickeln, wobei die einzelnen Länder in ihrer Beziehung zu einem anderen Land bilaterale (oder beidseitige) Überschüsse oder Defizite aufweisen. Beim Dreieckshandel ist ein Ungleichgewicht im bilateralen Handel möglich, aber die Handelsbilanz eines Landes muß auch nur multilateral ausgeglichen sein – zwischen diesem einen Land und dem Rest der Welt. Wollte man eine bilateral ausgeglichene Außenhandelsbilanz verordnen, so geschähe dies zum Schaden der volkswirtschaftlichen Effizienz.

B. Protektionismus

4. Der absolute Freihandel führt zu einer Angleichung der heimischen Preise an die Weltmarktpreise. Unter Freihandelsbedingungen fließen Güter von Niedrigpreis- zu Hochpreismärkten „stromaufwärts“.
5. Die Verhängung eines Zolls erhöht die heimischen Preise für importierte Waren, was zu einem Konsumrückgang und einem Rückgang der Importe bei gleichzeitigem Anstieg der heimischen Produktion führt. Importbeschränkungen haben ganz ähnliche Auswirkungen und können zusätzlich zu einer Verringerung der Staatseinnahmen führen.
6. Zölle bewirken volkswirtschaftliche Verschwendung. Die Wirtschaft erleidet durch den rückläufigen heimischen Konsum und durch die Verschwendung von Ressourcen auf Güter, die keinen komparativen Vorteil bieten, Verluste. Diese Verluste sind im allgemeinen größer als die staatlichen Einnahmen durch den Zoll.
7. Argumente zugunsten der Verhängung von Zöllen stellen zumeist auf konkrete Vorteile für spezielle Interessensgruppen ab und halten keiner volkswirtschaftlichen Analyse stand. Hier drei Argumente, die allenfalls auch kritischen Überlegungen standhalten können:
    a. Die Terms of Trade oder ein Optimalzoll können prinzipiell die Realeinkommen eines großen Landes auf Kosten seiner Handelspartner anheben.
    b. In einer Situation der Arbeitslosigkeit könnten Zölle eine Wirtschaft in Richtung eines höheren Beschäftigungsstandes bringen, aber eine gezielte Geld- oder Fiskalpolitik könnte dasselbe Beschäftigungsziel mit geringeren Effizienzverlusten als diese sogenannte „Beggar-Thy-Neighbor“-Politik erreichen.
    c. Bisweilen benötigen „junge Branchen“ vorübergehend Schutz, damit sie einen langfristigen komparativen Vorteil entwickeln können.

BEGRIFFE ZUR WIEDERHOLUNG

Die Prinzipien internationaler Handelsbeziehungen

absoluter und komparativer Vorteil (oder Nachteil)
Prinzip des komparativen Vorteils
Vorteile internationaler Handelsbeziehungen
trilateraler und multilateraler Handel
Konsum- oder Produktionsmöglichkeiten im Freihandel
weltweite oder nationale PMK

Volkswirtschaftliche Aspekte des Protektionismus

Preisgleichgewicht mit und ohne Außenhandel
Zölle, Importbeschränkungen
Auswirkungen von Zöllen auf die Preise, Importe und auf die heimische Produktion
merkantilistische Argumente, Argumente gegen billige ausländische Arbeitskräfte, Vergeltungsmaßnahmen
Verschiebungen der Terms of Trade und Optimalzölle
Arbeitslosigkeit und Zölle
Zölle zugunsten „junger Branchen"
GATT und internationale Handelsabkommen

FRAGEN UND BEISPIELE

1. Erklären Sie, ob die folgenden Aussagen richtig sind, und begründen Sie Ihre Antwort. Sollte eine Aussage falsch sein, stellen Sie sie bitte richtig.
   a. „Wir Mexikaner werden mit diesem Koloß im Norden nie gewinnträchtig konkurrieren können. Die Fabriken dort sind zu effizient, es gibt zu viele Computer und Maschinen, und die Ausbildung der Leute ist einfach zu gut. Wir brauchen Zölle, oder wir werden nichts mehr exportieren können."
   b. „Sollten amerikanische Arbeitnehmer dem Wettbewerb durch billige mexikanische Arbeitskräfte ungeschützt ausgesetzt werden, so ist mit einer drastischen Senkung unserer Reallöhne zu rechnen."
   c. „Durch den internationalen Handel ist es möglich, daß ein Land seinen Konsum über seine Produktionsmöglichkeitskurve hinaus anhebt."
   d. „Die Leistungsbilanz eines Landes muß bilateral (also im Verhältnis zu jedem einzelnen Land) nicht ausgeglichen sein, multilateral (also dem Rest der Welt gegenüber) jedoch schon."
   e. „Das Prinzip des komparativen Vorteils gilt ebenso für Haushalte, Städte und Staaten wie für Nationen und Kontinente."
   f. Das Perot-Zitat vom Beginn dieses Kapitels.
2. Zeichnen Sie Abbildung 35-1 und die zugehörige Tabelle noch einmal für die Produktionsdaten Europas; nehmen Sie an, Europa hätte 600 Einheiten Arbeit und die Arbeitsproduktivität entspräche jener in Tabelle 35-1.
3. Was geschähe im Fall einer Änderung der Daten in Tabelle 35-1 von (1,2; 3,4) zu (1,2; 2,4)? Weisen Sie nach, daß dadurch jeder Außenhandel verhindert würde. Erklären Sie danach den Ausspruch „Vive la différence" – Es lebe der Unterschied.
4. *Ein Nachstoß zu Frage 3:* Nehmen Sie an, die Daten in Tabelle 35-1 bezögen sich auf Südkorea und die USA. Welche Handelsgewinne wären zwischen den beiden Ländern zu erwarten? Nehmen Sie nun an, daß Südkorea amerikanische Technologien übernähme, rasch wachse und über eine Technologie verfüge, die jener in der US-Spalte in Tabelle 35-1 entspräche. Welche Auswirkungen ergäben sich für den internationalen Handel? Was geschähe im Hinblick auf den südkoreanischen Lebensstandard und die dortigen Reallöhne? Konnen wir daraus etwas bezüglich der Auswirkungen konvergierender Volkswirtschaften auf Handel und Wohlstand lernen?
5. Warum fließen die größten Außenhandelsgewinne in kleine Länder, deren Binnenpreise sich ohne Außenhandel von den Weltmarktpreisen stark unterscheiden?
6. Ein US-Senator schrieb folgende Worte: „Der internationale Handel soll die Einkommen aller beteiligten Nationen anheben – das jedenfalls haben uns Adam Smith und David Ricardo gelehrt. Wenn nun unser wirtschaftlicher Niedergang durch das Wirtschaftswachstum unserer Konkurrenten verursacht wurde, haben uns offensichtlich diese Philosophen – und die gesamte Disziplin der Volkswirtschaft, die sie begründet haben – 200 Jahre lang zum Narren gehalten."
   Erklären Sie, warum der erste Satz richtig ist. Und erklären Sie auch, warum der zweite keine logische Schlußfolgerung aus dem ersten ist. Können Sie ein Beispiel dafür anführen, wie das Wirtschaftswachstum in Land J den Lebensstandard in Land A senken könnte? (*Hinweis*: Die Antwort auf Frage 4 ist für die Aufdeckung des Fehlers im obigen Zitat sehr hilfreich.)
7. Analysieren Sie das Argument der „jungen Branchen" anhand des Beispiels Zölle. Welche Beziehung ergibt sich zum

komparativen Vorteil? Welche Branchen sind heute „jung"?

8. Die sogenannten „New International Economics" haben Theorien zur Untermauerung folgender Argumente zugunsten eines Schutzes der heimischen Wirtschaft vor dem ausländischen Wettbewerb entwickelt:
   a. In gewissen Situationen könnte ein Land seinen Lebensstandard durch protektionistische Maßnahmen anheben, sofern kein anderes Land mit Vergeltung reagieren würde.
   b. Bei schlecht funktionierendem Markt und hoher Arbeitslosigkeit könnten Zölle die Arbeitslosenrate senken.
   c. Es könnte für ein Land durchaus akzeptabel erscheinen, einen gewissen Rückgang seines Lebensstandards in Kauf zu nehmen, um einige spezielle Branchen zu schützen, die es für die nationale Sicherheit als wesentlich betrachtet, beispielsweise Supercomputer oder Erdöl, indem es sie vor dem ausländischen Wettbewerb schützt.
   d. Die Löhne in Korea betragen nur ein Zehntel der US-amerikanischen Löhne. Wenn wir die Importe koreanischer Hersteller nicht drosseln, müssen wir damit rechnen, in Zukunft durch den hereindrängenden Wettbewerb ostasiatischer Niedriglohnarbeiter wachsende Handelsdefizite einzufahren.

   Stellen Sie in jedem Fall eine Beziehung zwischen dem Argument und einem der traditionellen Argumente zugunsten des Protektionismus her. Nennen Sie die Bedingungen, unter denen es gilt, und überlegen Sie, wie Sie persönlich dazu stehen.

9. In den USA gelten Importbeschränkungen bei Stahl, Transporten, Autos, Textilien und vielen anderen Produkten. Ökonomen schätzen, daß der Finanzminister durch eine Versteigerung dieser Importkontingente mindestens $ 10 Milliarden jährlich einnehmen könnte. Analysieren Sie anhand von Abbildung 35-9 die volkswirtschaftlichen Aspekte einer Kontingentierung wie folgt: Nehmen Sie an, daß der Staat eine Importbeschränkung von 100 Einheiten verhängt und die zugehörigen Kontingente auf der Grundlage der letztjährigen Importe unter den Ländern verteilt. Wo läge demnach der Gleichgewichtspreis und die Gleichgewichtsmenge für Bekleidung? Wie hoch wären die Effizienzverluste durch die Kontingentierungen? Wem käme das Ertragsdreieck *C* zugute? Welche Wirkung hätte eine Versteigerung der Importkontingente?

KAPITEL 36

STRATEGIEN ZUR WIRTSCHAFTLICHEN ENTWICKLUNG

Ich glaube an den Materialismus. Ich glaube an all die Segnungen des gesunden Materialismus – gute Küche, trockene Wohnungen, trockene Füße, Kanalisation, Abflußrohre, heißes Wasser, Bäder, elektrisches Licht, Autos, gute Straßen, beleuchtete Straßen, lange Urlaube, weit weg vom Dorfbrunnen, neue Ideen, schnelle Pferde, anregende Gespräche, Theater, Opern, Orchester, Bands – ich glaube daran, daß alle Menschen diese Errungenschaften genießen können sollten. Ein Mensch, der stirbt, ohne diese Annehmlichkeiten gekannt zu haben, war vielleicht herausragend wie ein Heiliger oder phantasievoll wie ein Dichter; er war es jedoch trotz und nicht wegen seiner Ahnungslosigkeit.

Francis Hackett

Von den vielleicht fünf Milliarden Menschen auf diesem Planeten lebt rund 1 Milliarde in absoluter Armut – einer Armut, die das Überleben von Tag zu Tag fraglich erscheinen läßt. Woher kommen diese enormen Unterschiede im Reichtum der Nationen? Kann die Welt bei soviel Armut inmitten des Reichtums, bei landwirtschaftlichen Überschüssen in Amerika neben dem Hunger in Afrika überhaupt friedlich überleben? Welche Möglichkeiten stehen den ärmeren Staaten offen, um ihren Lebensstandard zu heben?

Dieses Kapitel beschäftigt sich mit einigen der Hindernisse, mit denen die Entwicklungs- und Schwellenländer zu kämpfen haben. Wir beginnen mit einer Charakterisierung der Entwicklungsländer und wollen einige der unabdingbaren Zutaten zur wirtschaftlichen Entwicklung unter die Lupe nehmen. Der zweite Teil dieses Kapitels befaßt sich mit alternativen Ansätze, insbesondere mit den erfolgreichen Modellen in Asien sowie mit dem gescheiterten kommunistischen Experiment in der früheren Sowjetunion.

A. DER KAMPF UM DIE WIRTSCHAFTLICHE ENTWICKLUNG

WAS IST EIN ENTWICKLUNGSLAND?

Was bezeichnen wir eigentlich mit dem Begriff Entwicklungsland oder Dritte-Welt-Land? Ein **Entwicklungsland** ist ein Land, dessen Pro-Kopf-Realeinkommen im Vergleich zu jenem der Industriestaaten wie den USA, Japan oder den Ländern Westeuropas gering ist. Was die Bevölkerung angeht, so bedeutet der Begriff, daß die Bewohner dieser Länder unter schlechten gesundheitlichen Bedingungen, mit einem hohen Grad an Analphabetentum, in notdürftigen Behausungen und mit unzureichender Ernährung leben müssen.

In Tabelle 36-1 finden Sie die wichtigsten Daten darüber, wer die Protagonisten der Weltwirtschaft sind und welche Indikatoren für eine unzureichende wirtschaftliche Entwicklung wir kennen. Die Staaten werden entsprechend ihrer Wirtschaftslage in die Kategorien Volkswirtschaften mit niedrigem Einkommen, an der unteren Grenze des mittleren Einkommensniveaus, an der oberen Grenze des mittleren Einkommensniveaus und Länder mit hohem Einkommen eingeteilt.

Eine ganze Reihe interessanter Merkmale lassen sich aus dieser Tabelle ableiten. Selbstverständlich sind Länder mit niedrigen Einkommen viel ärmer als reife Volkswirtschaften wie die USA. Ihr errechnetes Pro-Kopf-Einkommen beträgt etwa ein Fünfzigstel des Einkommens in den einkommensstarken Ländern. Aber erinnern Sie sich bitte aus Kapitel 34 daran, daß diese Standardvergleiche durch die Anwendung der offiziellen Wechselkurse beim Vergleich des Lebensstandards verzerrt sind. Berechnet man die Einkommen nach Kaufkraftparität, mißt man also, wieviel sich mit dem Nationaleinkommen einkaufen läßt, stellt man fest, daß die Einkommen der Entwicklungsländer wahrscheinlich zu gering eingeschätzt werden, obwohl natürlich auch mit dieser anderen Meßmethode eine tiefe Kluft zwischen Reich und Arm bestehen bleibt (siehe Tabelle 34-2).

Aber auch zahlreiche soziale und Gesundheitsindikatoren zeigen die Auswirkungen der Armut in den einkommensschwachen Ländern. Die Lebenserwartung ist gering, und es sind deutliche Rückstände in Ausbildungsniveau und Alphabetisierung festzustellen, ein Hinweis auf die unterdurchschnittlichen Humankapitalinvestitionen.

Tabelle 36-1 zeigt außerdem, daß zwischen den Entwicklungsländern große Unterschiede bestehen. In manchen von ihnen vegetieren die Menschen am Rande des Hungertodes dahin – man denke an die allerärmsten Staaten wie Tschad, Bangladesh oder Somalia. Andere Länder, die noch vor zwanzig oder dreißig Jahren zu dieser Kategorie gehörten, haben bereits die nächsthöhere Stufe erklommen. Die erfolgreicheren unter diesen – Hongkong, Südkorea und Taiwan – werden als *Schwellenländer* oder NICs (newly industrializing countries) bezeichnet. Die besten jedoch haben heute bereits ein Pro-Kopf-Einkommen erreicht, das durchaus den obersten Kate-

		Bruttoinlandsprodukt				
Kategorie	Bevölkerungsstand 1990 (in Mio.)	BIP gesamt 1990 (in Mia. $)	Pro-Kopf-Niveau 1990 ($)	Pro-Kopf-Wachstumsrate 1965–1990 (als jährlicher Prozentsatz)	Analphabetentum unter den Erwachsenen (%)	Lebenserwartung zum Zeitpunkt der Geburt (in Jahren)
Staaten mit niedrigem Einkommen						
China und Indien	1.983	619	360	3,7	37	65
Sonstige	1.075	307	320	1,7	45	55
Staaten an der unteren Grenze des mittleren Einkommensniveaus (z.B. Chile, Philippinen, Malaysien)	629	930	1.530	1,5	25	65
Staaten an der oberen Grenze des mittleren Einkommensniveaus (z.B. Brasilien, Südkorea, Mexiko)	458	1.520	3.410	2,8	16	68
Staaten mit hohem Einkommen (z.B. USA, Japan, Frankreich)	816	16.316	19.590	2,4	4	77

Tabelle 36-1: Die für den Entwicklungsstand von Staaten wesentlichen Indikatoren

Die Staaten werden von der Weltbank nach ihrem jeweiligen Pro-Kopf-Einkommen in vier Hauptkategorien eingeteilt. Dabei wird jeweils eine Reihe wichtiger Indikatoren wirtschaftlicher Entwicklung ausgewiesen. Beachten Sie bitte, daß Staaten mit niedrigem Einkommen zumeist auch eine niedrige Alphabetisierungsrate und eine geringe Lebenserwartung aufweisen. [Quelle: Weltbank, *World Development Report, 1992*, (Weltbank, Washington, 1992)]

gorien in den Ländern mit hohem Einkommen entspricht. Die erfolgreichen Entwicklungsländer von gestern werden also die reifen Volkswirtschaften von morgen.

Das Leben in den einkommensschwachen Ländern

Um die Unterschiede zwischen den Industrie- und Entwicklungsstaaten herauszuarbeiten, stellen Sie sich bitte vor, Sie wären ein typischer Einundzwanzigjähriger in einem Land der niedrigsten Einkommenskategorie wie Mali, Indien oder Bangladesh. Sie sind arm. Auch bei großzügiger Schätzung der Güter, die Sie produzieren und konsumieren, erreicht Ihr Jahreseinkommen im Durchschnitt kaum $ 500. Ein Altersgenosse in Nordamerika würde vielleicht mehr als $ 20.000 an durchschnittlichen Einkünften erreichen. Vielleicht tröstet Sie der Gedanke, daß nur einer von vier Menschen auf der Welt im Durchschnitt mehr als $ 3.000 jährlich einnimmt.

Auf jeden Ihrer Mitbürger, der lesen kann, kommt ein weiterer, der diese Fähigkeit nicht beherrscht. Ihre Lebenserwartung liegt bei vier Fünftel der Durchschnittslebenserwartung in einem Industriestaat. Zwei Ihrer Geschwister sind bereits als Kinder oder Jugendliche verstorben. Die Geburtenrate in Ihrem Land ist hoch, insbesondere in Familien, wo Frauen keine Ausbildung erhalten, aber die Sterblichkeitsrate ist hier ebenfalls viel höher als in Ländern mit fortschrittlichem Gesundheitswesen.

Der Großteil der Menschen in Ihrem Land arbeitet in der Landwirtschaft. Man kann auch nur wenige Arbeitskräfte entbehren, die dann in den Fabriken arbeiten. Ihnen steht zur Arbeit nur ein Sechzigstel der Energie zur Verfügung, die ein reicher nordamerikanischer Arbeiter nutzen kann. Sie kennen sich in der Wissenschaft schlecht, dafür aber viel besser mit den Traditionen in Ihrem Dorf aus.

Sie und die anderen Bewohner der ärmsten 40 Nationen der Welt machen 55 Prozent der Weltbevölkerung aus, müssen sich jedoch mit nur 4 Prozent des Welteinkommens zufriedengeben. Sie sind oft hungrig, und Sie essen vor allem unverarbeitete Lebensmittel oder Reis. Zwar konnten Sie eine kurze Zeit hindurch die Grundschule besuchen, aber wie den meisten Ihrer Freunde war auch Ihnen der Zugang zu weiterführenden Schulen verwehrt, und nur die Reichsten konnten es bis zur Universität schaffen. Sie verbringen viel Zeit mit Feldarbeit, und Ihnen stehen keine Maschinen zur Verfügung. Nachts schlafen Sie auf einer Matte. Hausrat haben Sie nicht viel, vielleicht einen Tisch und ein Radio. Ihr einziges Transportmittel sind Ihre alten Stiefel.

So können wir uns das Leben in den ärmsten Ländern der Welt vorstellen.

DIE VIER ZUTATEN ZUR WIRTSCHAFTLICHEN ENTWICKLUNG

Nachdem wir gesehen haben, was es bedeutet, in einem Entwicklungsland zu leben, wollen wir nun den wirtschaftlichen Entwicklungsprozeß gründlicher analysieren.

Bei unserer Erörterung des Wirtschaftswachstums in Kapitel 28 haben wir uns damit beschäftigt, wie ein Staat sein Produktionspotential im Laufe der Zeit erweitert. Wirtschaftswachstum in Entwicklungsländern folgt denselben Gesetzmäßigkeiten; der Motor des wirtschaftlichen Fortschritts muß sich auf denselben vier Rädern fortbewegen, ganz egal, wie reich oder arm ein Land ist. Gehen wir sie noch einmal durch: (1) Humanressourcen, (2) natürliche Ressourcen, (3) Kapitalbildung und (4) Technologie. Sehen wir uns doch einmal an, wie jedes dieser vier Räder zum Vorwärtskommen des Wirtschaftswachstums beiträgt und wie staatliche Politik den Wachstumsprozeß in die gewünschte Richtung lenken kann.

Humanressourcen

Bevölkerungsexplosion: Malthus' Erbe. Viele arme Länder haben ständig zu kämpfen, nur um ihren – ohnehin schlechten – Platz zu halten. Selbst wenn das BIP eines armen Staates einmal ansteigt, wächst zugleich auch die Bevölkerung. Daher ist ein Großteil der Länder der südlichen Hemisphäre, vor allem Afrika, nach wie vor in der malthusianischen Falle der hohen Geburtenraten und stagnierenden Einkommen gefangen. Dabei ist das Bevölkerungswachstum noch immer nicht zum Stillstand gekommen – Demographen gehen davon aus, daß die einkommensschwachen Länder in den nächsten 25 Jahren einen Bevölkerungszuwachs von rund 1,5 Milliarden Menschen aufweisen werden, während die einkommensstarken Länder wahrscheinlich nur 50 Millionen zusätzliche Weltbürger hervorbringen werden.

Bei derart hohen Geburtenraten ist es für arme Länder sehr schwierig, die Armut zu überwinden. Doch es gibt diverse Auswege aus der malthusianischen Falle. Eine Strategie unter anderen besteht darin, daß der Staat eine aktive Rolle bei der Eindämmung des Bevölkerungswachstums einnimmt, auch wenn er damit gegen die herrschende religiöse Überzeugung verstößt. Viele Länder haben diesbezügliche Erziehungsprogramme eingeführt, und der Staat finanziert die Geburtenkontrolle. Insbesondere China wirkt mit Nachdruck einer weiteren Zunahme seiner bereits mehr als 1 Milliarde Einwohner entgegen, indem strikte Geburtenquoten vorgegeben und wirtschaftliche Sanktionen sowie Zwangssterilisationen gegen jene verhängt werden, die gegen die „Babyquote" verstoßen.

Länder, denen es tatsächlich gelingt, ihr Pro-Kopf-Einkommen stark zu erhöhen, haben die Aussicht, den *demographischen Übergang* zu einer stabilen Bevölkerungszahl mit geringen Geburtenraten und hoher Lebenserwartung zu schaffen. Sobald ein Land reich genug ist und die Kindersterblichkeit zurückgeht, verzichten die Menschen dieses Landes freiwillig auf allzu reichen Kindersegen. Sie benötigen auch nicht mehr so viele Kinder, die ihnen in der Landwirtschaft zur Hand gehen. Es wird statt dessen immer wichtiger, die vorhandenen Ressourcen darauf zu konzentrieren, weniger Kindern eine gute Ausbildung zu bieten. Bei den Geburtenraten von Mexiko, Korea und Spanien war mit steigenden Einkommen ein drastischer Rückgang zu verzeichnen, und die Bevölkerung erhält in diesen Ländern heute eine bessere Ausbildung.

Nach und nach werden die Ergebnisse der Bemühungen um wirtschaftliche Entwicklung und Geburtenkontrolle spürbar. Immerhin verzeichnen wir einen Rückgang der Geburtenrate in einkommensschwachen Ländern von 42 pro 1.000 im Jahr 1965 auf 30 pro 1.000 im Jahr 1990. Allerdings liegt sie damit immer noch viel höher als jene von 13 zu 1.000 in einkommensstarken Ländern. Der Kampf gegen eine durch exzessives Bevölkerungswachstum hervorgerufene Armut ist auch heute noch nicht ausgefochten.

Humankapital. Abgesehen von ihren Problemen mit einem exzessiven Bevölkerungswachstum sind Entwicklungsländer auch mit der unbefriedigenden Qualität ihrer Humanressourcen konfrontiert. Wirtschaftsplaner in Entwicklungsländern fordern folgende konkrete Programme:

- *Eindämmung von Krankheiten und Verbesserungen bei Gesundheit und Ernährung.* Eine Anhebung des Gesundheitsstandards der Bevölkerung macht die Menschen nicht nur glücklicher, sondern auch zu produktiveren Arbeitskräften. Gesundheitszentren und Abwasseranlagen stellen ein wichtiges und nützliches soziales Kapital dar.
- *Verbesserung der Schulbildung, Alphabetisierung und Berufsausbildung.* Gut ausgebildete Menschen werden produktivere Arbeitskräfte, die Kapital effektiver nutzen, neue Technologien annehmen und aus ihren Fehlern lernen können. Im Sinne bestmöglichen Lernens in den Bereichen Wissenschaft, Technik, Medizin und Management profitieren die Länder davon, wenn sie ihre klügsten Köpfe ins Ausland schicken, damit diese anschließend den neuesten Fortschritt zurück ins Land bringen. (Doch sie müssen sich zugleich des Problems des sogenannten *brain drain* bewußt sein und mit der Sogwirkung rechnen, die einkommensstarke Länder auf ihre geistige Elite ausüben.)
- *Vor allem darf die Bedeutung der Humanressourcen nicht unterschätzt werden.* Andere Produktionsfaktoren können auf dem Markt zugekauft werden, doch der Faktor Arbeit gedeiht nur zu Hause. Die entscheidende Rolle ausgebildeter Arbeitskräfte hat sich immer und immer wieder erwiesen, wenn die aus dem Ausland importierten komplizierten Maschinen und Werkzeuge, die beim Abbau von Bodenschätzen, in der Rüstung oder in anderen Projekten eingesetzt werden, nicht mehr funktionstauglich waren, weil die heimischen Arbeitskräfte die nötigen Wartungsarbeiten nicht selbst durchführen konnten.

Natürliche Ressourcen

Manche der armen Länder Afrikas und Asiens verfügen nur über unzureichende natürliche Ressourcen, und diese müssen unter den zahlreichen Bewohnern aufgeteilt werden. Die wahrscheinlich wertvollste natürliche Ressource der Entwicklungsländer ist Ackerboden. Der überwiegende Teil der Arbeitskräfte in den Entwicklungsländern ist in der Landwirtschaft beschäftigt. Daher kann hier die produktive Nutzung des Bodens – mit den geeigneten Kultivierungs-, Dünge- und Anbaumethoden – viel zur Steigerung der Produktionsleistung beitragen. Außerdem kommt es durch die Vergabe des landwirtschaftlich nutzbaren Bodens an private Bauern zu starken Investitionsanreizen in Kapital und Technologien, die eine Steigerung des Bodenertrages bewirken. Wenn Bauern das Land, das sie bebauen, auch besitzen, sind sie eher bereit, Investitionen zu tätigen, also beispielsweise Bewässerungssysteme zu errichten und die entsprechenden Kultivierungsmaßnahmen zu ergreifen.

Kapitalbildung

Eine moderne Wirtschaft erfordert eine breite Palette an Kapitalgütern. Dazu müssen die Länder auf sofortigen Konsum verzichten, um eine ertragreiche Umwegproduktion aufzubauen. Aber gerade darin besteht die Schwierigkeit, weil sich die ärmsten Länder immer nahe am Existenzminimum bewegen. Für die, die immer schon arm waren, erscheint eine Zurücknahme des laufenden zugunsten eines zukünftigen Konsums praktisch unmöglich.

Dabei investieren jene Länder, die im Wachstumswettlauf die vordersten Ränge belegen, zumindest 20 Prozent ihrer Produktion in die Kapitalbildung. Im Gegensatz dazu sind die ärmsten Agrarstaaten häufig nicht einmal in der Lage, auch nur 5 Prozent des Volkseinkommens auf die Seite zu legen. Dazu kommt, daß ein Großteil der ohnehin niedrigen Sparquote in die Versorgung der Bevölkerung mit Wohnungen und einfachen Werkzeugen fließt. In dieser Situation bleibt für die Wirtschaftsentwicklung nur wenig übrig.

Aber nehmen wir einmal an, ein Land hätte es geschafft, seine Sparquote zu erhöhen. Selbst dann dauert es noch viele Jahrzehnte, bis es die Autobahnen, Telekommunikationssysteme, Computer, Elektrizitätswerke und anderen Kapitalgüter akkumuliert hat, die erst die Grundlage einer produktiven Volkswirtschaft bilden.

Bevor noch die schnellsten und größten Computer angeschafft werden, müssen die Entwicklungsländer ihre *Infrastruktur* oder ihr soziales Overheadkapital aufbauen – Großprojekte, von denen eine Marktwirtschaft nun einmal abhängt. So helfen vor Ort eingesetzte Landwirtschaftsberater den Bauern einer Region, etwas über neue Anbaumöglichkeiten zu erfahren; ein Straßensystem verbindet die verschiedenen Märkte; ein staatliches Gesundheitsprogramm, das für eine Impfung der Menschen gegen Typhus oder Diphtherie sorgt, schützt nicht nur die Geimpften. Aus keiner dieser Maßnahmen können privatwirtschaftliche Unternehmen Nutzen ziehen, weil sie dazu von Tausenden oder Millionen von Begünstigten Gebühren einfordern müßten. Wegen der Unteilbarkeit und der enormen externen Effekte durch die Errichtung einer Infrastruktur ist hier der Staat zum Einschreiten aufgerufen, der die nötigen Investitionen entweder selbst zu tätigen oder jedenfalls sicherzustellen hat.

Das größte Problem in zahlreichen Entwicklungsländern ist die zu geringe Sparquote. Insbesondere in den ärmsten Regionen konkurriert der dringend nötige tägliche Konsum mit ebenfalls nötigen Investitionen um die knappen Ressourcen. Dabei bleiben Investitionen in das für einen raschen wirtschaftlichen Aufschwung unabdingbare Produktivkapital auf der Strecke.

Auslandskredite und Schuldenkrise. Wenn so viele Probleme eine für die Kapitalbildung erforderliche, entsprechend hohe Sparquote verhindern – sollte man da nicht einfach auf ausländische Ressourcen zurückgreifen? Sagt uns nicht die volkswirtschaftliche Theorie, daß ein reiches Land, das seine eigenen ertragreichen Investitionsprojekte bereits erfolgreich durchgeführt hat, von Investitionen in ertragreiche Auslandsprojekte ebenso profitieren kann wie das Empfängerland?

Genauso jedenfalls lief die Wirtschaftsentwicklung vor 1914 ab. Großbritannien erzielte im vorigen Jahrhundert eine Ersparnis von rund 15 Prozent seines BIP und investierte stolze 50 Prozent davon im Ausland. Aber auch während eines Großteils der Nachkriegszeit nach 1945 gewährten die USA und andere reife Volkswirtschaften den Entwicklungsländern hohe Kredite. Die Daten der Auslandsinvestitionen in Ländern mit niedrigem und mittlerem Einkommensniveau ergeben eine beeindruckende Bilanz des erfolgten Kapitaltransfers: Die Auslandskredite erreichten im Zeitraum 1980–1982 eine jährliche Durchschnittshöhe von $ 112 Milliarden. Die Investoren in den reichen Ländern verlagerten ihre Finanzmittel auf der Suche nach höheren als den heimischen Erträgen ins Ausland. Die armen Länder, die begierig auf Mittel warteten, die sie in Investitionsprojekte oder auch in den unmittelbaren Konsum fließen lassen konnten, freuten sich über diesen Zustrom ausländischen Kapitals.

Doch zu Beginn der achtziger Jahre hatten die Auslandskredite der Entwicklungsländer eine unerschwingliche Höhe erreicht. Die ausstehenden Kredite wuchsen insgesamt um beinahe 20 Prozent jährlich, und sie stiegen im Zeitraum von 1973 bis 1982 auf beinahe $ 500 Milliarden. Manche Kredite waren sinnvollerweise in Ölbohrungen, Textilfabriken und Bergbauausrüstung investiert worden, andere waren jedoch nur in den Konsum geflossen.

Solange die Exporte dieser Länder ebenso rasch stiegen wie ihre Kredite, ging alles gut. Aber mit der weltweiten Anhebung der Zinssätze und dem Beginn einer schleppenden Weltwirtschaftsentwicklung nach 1980 mußten viele Länder feststellen, daß ihre Darlehens- und Investitionsstrategie sie an den Rand des finanziellen Ruins geführt hatte. Einige Staaten (wie Bolivien und Peru) benötigten ihre gesamten Exporteinnahmen zur Bedienung ihrer Auslandskredite. Andere sahen sich außerstande, die Rückzahlungen zeitgerecht durchzuführen. Beinahe alle verschuldeten Entwicklungsländer stöhnten unter der Schuldenlast (d.h. angesichts der Notwendigkeit, Zinsen und Kapital für die aufgenommenen Kredite zurückzahlen zu müssen). In der Folge schafften es immer mehr Länder, vor allem in Lateinamerika, einfach nicht mehr, die Kredite zurückzuzahlen, und sie ließen ihre Schulden „stunden" oder die Zahlungen aufschieben.

Zur Mitte der neunziger Jahre hatte die Welt dann bereits gelernt, mit den großen unbeglichenen Schulden vieler Entwicklungsstaaten zu leben. Und obwohl selbst die allerärmsten unter diesen Ländern für die Kreditrückzahlungen nicht dem Hungertod preisgegeben wurden, war doch verglichen mit früheren Perioden ein deutlicher Rückgang der Kreditfreudigkeit reicher an arme Länder festzustellen.

Technologischer Wandel und Innovationen

Das letzte der vier „Wachstumsräder" ist der technologische Fortschritt. Hier verfügen die Entwicklungsländer über einen potentiellen Vorteil: Sie dürfen hoffen, von der Nutzung technologischer Neuerungen der technisch fortgeschritteneren Staaten zu profitieren.

Die Nachahmung von Technologien. Arme Länder brauchen nicht erst moderne Newtons hervorzubringen, um das Gesetz der Schwerkraft neu zu entdecken; sie können darüber in einem Physiklehrbuch nachlesen. Sie müssen die mühevollen Windungen und Schwierigkeiten der industriellen Revolution nicht noch einmal durchmachen, sondern können Traktoren, Computer und elektrisch betriebene Webstühle kaufen, von denen die großen Kaufleute der Vergangenheit nicht einmal geträumt hätten.

Die historische Entwicklung Japans und der USA zeigt dies ganz deutlich. Japan trat erst spät in den industriellen Wettlauf ein und entsandte Ende des neunzehnten Jahrhunderts erstmals Studenten ins Ausland, die die westlichen Technologien studieren sollten. Die japanische Regierung spielte damals eine aktive Rolle bei der Förderung der technologischen Entwicklung sowie durch die Errichtung von Eisenbahnen und Versorgungsbetrieben. Durch Spezialisierung auf die Adaptierung ausländischer Technologien erreichte Japan schließlich seine heutige Position als zweitgrößte Industrienation der Welt.

Der technologische Aufschwung der USA stellt für die ganze Welt ein Beispiel dar, das zu Hoffnungen Anlaß gibt. Beinahe alle wichtigen Erfindungen, die schließlich zum Bau von Autos führten, waren im Ausland gemacht worden. Doch es waren Ford und General Motors, die ausländische Erfindungen erfolgreich anwendeten und schon bald die Weltführung in Sachen Autoindustrie übernahmen. Diese beiden Beispiele, USA und Japan, zeigen, wie vorteilhaft sich die Anpassung ausländischer wissenschaftlicher und technologischer Erkenntnisse auf die lokalen Marktbedingungen eines Landes auswirken kann.

Unternehmertum und Innovation. Aus der Geschichte Japans und der USA ließe sich nun der Schluß ziehen, die Adaption ausländischer Technologien sei ein einfaches Rezept für wirtschaftliche Entwicklung. Man könnte es folgendermaßen formulieren: „Du gehst ins Ausland, kopierst dort die effizientesten Methoden, setzt sie zu Hause um, lehnst Dich zurück und – brauchst nur noch auf den sicheren Produktionserfolg zu warten."

In der Realität vollzieht sich technologischer Wandel nicht ganz so problemlos. Wir können zwar ein Lehrbuch über technische Chemie in ein armes Land schikken, aber ohne ausgebildete Wissenschaftler, Techniker und Unternehmer sowie auch ohne entsprechendes Kapital kann dieses Land nicht einmal im Traum daran denken, eine funktionierende Raffinerie zu errichten. Überlegen Sie, fortschrittliche Technologien werden ja speziell für die Bedingungen in entwickelten Ländern geschaffen – mit hohen Löhnen, einer zufriedenstellenden Kapitalintensität, gut ausgebildeten Technikern, schnell verfügbaren Ersatzteilen und Reparaturdiensten. Diese Bedingungen findet man in Entwicklungsländern jedoch kaum vor.

Eine der wesentlichen Aufgaben der wirtschaftlichen Entwicklungshilfe besteht in der Förderung des Unternehmergeistes. Ein Land kann ohne eine Gruppe von Unternehmern oder Managern, die bereit sind, Risiken auf sich zu nehmen, neue Werke zu eröffnen, neue Technologien zu übernehmen, sich einem Konflikt zu stellen und neue Geschäftsmethoden zu übernehmen, nicht gedeihen. Der Staat fördert das Unternehmertum, indem er den Bauern mit erweiterten Dienstleistungen unter die Arme greift, für die Schul- und Berufsausbildung der Arbeitskräfte sorgt, Managementschulen errichtet und sicherstellt, daß Gewinne und die Rolle der Privatinitiative vom Staat selbst respektiert werden.

Den Teufelskreis durchbrechen

Wir haben darauf hingewiesen, daß sich arme Länder gewaltigen Hindernissen gegenübersehen, wenn es darum geht, die vier „Wagenräder" des Fortschritts – Arbeit, Kapital, Ressourcen und Unternehmertum – zu kombinieren. Außerdem müssen einkommensschwache Länder konstatieren, daß die auftretenden Schwierigkeiten einander in einem *Teufelskreis der Armut* verstärken.

Abbildung 36-1 zeigt, wie eine Hürde ihrerseits wieder eine neue Hürde errichtet. Niedrige Einkommen führen zu einer geringen Sparquote; eine geringe Sparquote hemmt die Kapitalakkumulation; ohne ausreichenden Kapitalstock keine neue maschinelle Ausstattung und somit auch kein rasches Produktivitätswachstum; unterdurchschnittliche Produktivität bedeutet unterdurchschnittliche Einkommen. Doch auch noch andere Elemente der Armut verstärken einander wechselseitig. So treten im Gefolge der Armut zumeist auch ein niedriges Bildungsniveau, Analphabetentum und mangelndes berufliches Know-how auf. Dieser Umstand verhindert seinerseits die Übernahme neuer und verbesserter Technologien und führt andererseits zu einem rapiden Bevölkerungswachstum, so daß etwaige Verbesserungen der Wirtschaftsleistung und Nahrungsmittelproduktion auf den einzelnen Bürger nicht durchschlagen können.

Die Überwindung der Armutsbarrieren erfordert häufig eine konzertierte Aktion an vielen Fronten, und manche Entwicklungsforscher empfehlen einen „kräftigen Anstoß“ zur Überwindung des beschriebenen Teufelskreises. Hat ein Land Glück, können Simultanmaßnahmen in Richtung mehr Investitionen, Ausbau des Gesundheits- und Bildungswesens, qualitativ bessere Berufsausbildung und Eindämmung des Bevölkerungswachstums den Teufelskreis der Armut durchbrechen und einen sehr wünschenswerten Kreislauf rascher wirtschaftlicher Entwicklungen auslösen.

Abbildung 36-1: Der Teufelskreis der Armut

Entwicklungshemmnisse verstärken einander häufig gegenseitig. Das niedrige Einkommensniveau verhindert eine entsprechende Ersparnis, verlangsamt das Kapitalwachstum, behindert das Produktivitätswachstum und hält die Einkommen niedrig. Eine erfolgreiche Entwicklung erfordert hier wahrscheinlich Maßnahmen zur gleichzeitigen Durchbrechung des Teufelskreises an mehreren Stellen.

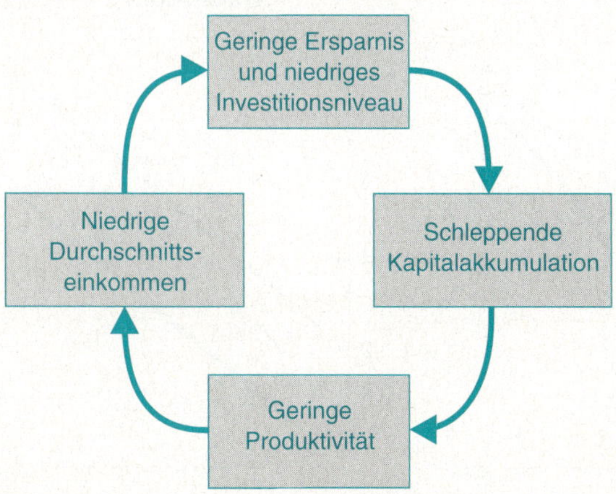

STRATEGIEN ZUR WIRTSCHAFTLICHEN ENTWICKLUNG

Wir erkennen, daß die Länder eine Kombination aus Arbeit, Ressourcen, Kapital und Technologie einsetzen müssen, um ein gesundes Wirtschaftswachstum zu erzielen. Doch das ist noch keine Erfolgsformel, sondern es bedeutet eigentlich nichts anderes, als würde man einem olympischen Kurzstreckenläufer sagen, er solle laufen wie der Wind. Warum gelingt es einigen Ländern, schneller zu laufen als andere? Wie können es arme Länder jemals schaffen, einen respektablen Start auf der Strecke der wirtschaftlichen Entwicklung hinzulegen?

Ganzheitliche Theorien

Historiker und Sozialwissenschaftler sind seit langem von den unterschiedlich schnellen Entwicklungen im Wirtschaftswachstum der Staaten fasziniert. In frühen Theorien wurde auf die unterschiedlichen klimatischen Einflüsse hingewiesen, wobei man konstatierte, daß alle reifen Volkswirtschaften in der gemäßigten Zone liegen. Andere dachten eher in Richtung Gebräuche, Kultur oder Religion als entwicklungsökonomisch wesentliche Faktoren. Max Weber meinte, in der „protestantischen Ethik“ eine Triebkraft hinter dem Kapitalismus erkennen zu können. In letzter Zeit meldete sich Mancur Olson mit einem Beitrag zu Wort, dem zufolge der Abstieg eines Staates beginne, wenn seine Entscheidungsstrukturen allzu rigide werden und wenn Interessensgruppen oder Oligarchien den nötigen sozialen und wirtschaftlichen Wandel verhindern.

Zweifellos hat jede dieser Theorien für eine bestimmte Zeit und eine bestimmte Region ihre Gültigkeit. Doch als universelle Erklärung wirtschaftlicher Entwicklungsvorgänge eignen sie sich nicht. Die Webersche Theorie erklärt beispielsweise nicht, warum die Wiege der Zivilisation im Nahen Osten und in Griechenland liegt und warum damals die später dominanten Europäer noch in Höhlen lebten, Trolle verehrten und sich in Bärenfelle kleideten. Und wo, bitte, finden wir in einer typischen japanischen Fabrik, in der sich die Arbeiter versammeln, um Buddha die Ehre zu geben, die protestantische Ethik? Wie können wir erklären, daß ein Land wie Japan, mit seiner wahrlich rigiden Sozialstruktur und den mächtigen Lobbys, zu einem der weltweit produktivsten Wirtschaftssysteme geworden ist?

Um die ganze Bandbreite volkswirtschaftlicher Erfahrungen verstehen zu können, müssen wir uns daher einer umfassenderen Erklärung zuwenden.

Neuere entwicklungstheoretische Ansätze

Seit Jahrzehnten hegen die Ökonomen ein großes Interesse am Thema Wirtschaftsentwicklung. Die folgende Bilanz ist sozusagen eine Collage der wichtigsten Ideen, die in den letzten Jahren diesbezüglich entwickelt wurden. Jede dieser Theorien versucht zu beschreiben, wie Länder aus dem Teufelskreis der Armut ausbrechen und beginnen können, die vier Räder der Wirtschaftsentwicklung in Bewegung zu setzen.

Abheben: die Takeoff-Theorie. Die menschliche Geschichte reicht weit zurück, die Phase der Wirtschaftsentwicklung hat jedoch vergleichsweise erst kürzlich begonnen. Während des Großteils unserer Geschichte war das menschliche Leben unangenehm, gefährlich und kurz. Aber an einigen Orten wurden schließlich innerhalb kurzer Zeit überlegene Produktionstechniken eingeführt. Große Einkommensungleichheiten ermöglichten es den wenigen Reichen, ihre Ersparnis in die Kapitalbildung zu investieren. Nun erst konnte wirtschaftliche Entwicklung stattfinden.

Der Sprung zwischen den früheren Perioden und der Industriellen Revolution war so gewaltig, daß Gelehrte wie W. W. Rostow eine Theorie zu den Phasen des Wirtschaftswachstums entwickelten. Eine der von Rostow beschriebenen Phasen wird als *Takeoff oder Abheben* bezeichnet, wobei hier die Analogie zu einem Flugzeug hergestellt wird, das erst nach Erreichen einer kritischen Geschwindigkeit vom Boden wegkommt. Die einzelnen Länder haben zu ganz unterschiedlichen Zeiten abgehoben: England Anfang des achtzehnten Jahrhunderts, die USA um 1850, Japan 1919 und Mexiko nach 1940.

Dieses Abheben wird durch bestimmte „führende Sektoren" wie einen schnell wachsenden Exportmarkt oder eine bestimmte Branche, die sich die economics of scale besonders gut zunutze machen kann, eingeleitet. Sobald dieser eine führende Sektor floriert, kommt es

Abbildung 36-2: Drei Vorstellungen des wirtschaftlichen Entwicklungsprozesses

Sehen Sie sich die Situation in Industriestaat A, in Schwellenland B und in Entwicklungsland C entsprechend den verschiedenen Entwicklungstheorien an. Nach Theorie **(a)** fördern die stärksten Sektoren wie der Export den (durch die Pfeile angezeigten) erwünschten „Takeoff" zu einem raschen und dauerhaften Wachstum. Nach Theorie **(b)** können die rückständigen Länder auf Technologien zurückgreifen, die in den reicheren Ländern entwickelt wurden. Sie wachsen daher rasch und holen gegenüber den Industriestaaten nach und nach auf. Der letzten Theorie, **(c)**, entsprechend erfolgt das Wachstum parallel, wobei die Kluft zwischen den Staaten mehr oder weniger konstant bleibt.
Bitte beachten Sie, daß die Produktionsleistung auf einer Verhältnisskala ausgewiesen ist. Demnach zeigt eine konstante Steigung wie in Teil **(c)** eine konstante jährliche BIP-Wachstumsrate an, während eine zunehmende Steigung wie in Teil **(a)** auf eine steigende Wachstumsrate hinweist. Und wie steht es mit **(b)**? [Adaptiert aus: Bruce Herrick and Charles P. Kindleberger, *Economic Development* (McGraw-Hill, New York, 1983)]

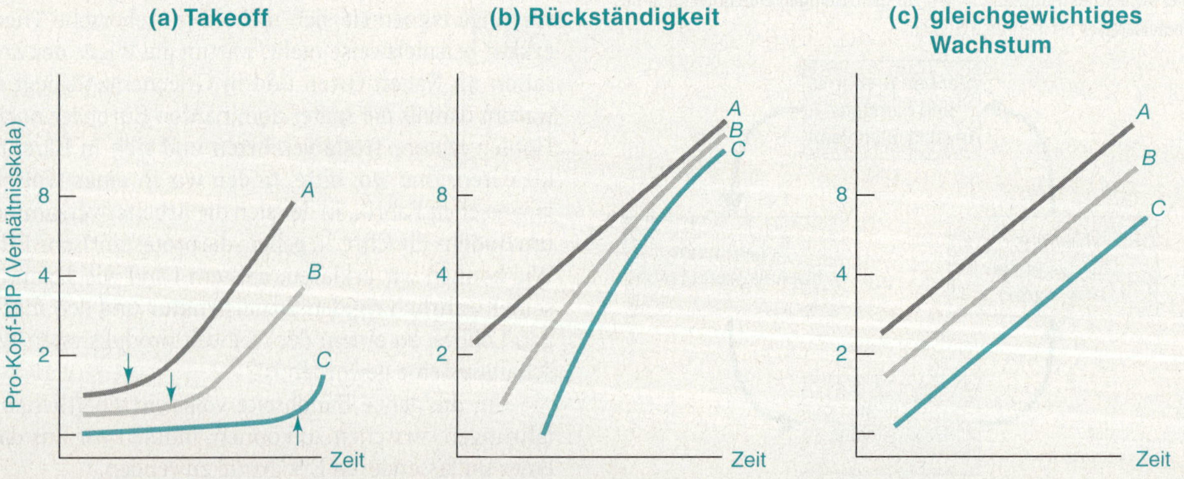

zu einem Prozeß des *selbsttragenden Wachstums* (zum Abheben). Dieses Wachstum bewirkt Gewinne, die Gewinne werden reinvestiert, Kapital, Produktivität und Pro-Kopf-Einkommen kommen in Schwung. Der so wünschenswerte Kreislauf wirtschaftlicher Entwicklung ist eingeleitet.

Die Rückständigkeits- und Konvergenzhypothese. Eine andere Theorie konzentriert sich stärker auf den internationalen Kontext wirtschaftlicher Entwicklung. Wir haben zuvor erörtert, daß einkommensschwache Länder auch bedeutende Vorteile haben, auf die die ersten Pioniere der Industrialisierung noch nicht zurückgreifen konnten. Eine von Alexander Gerschenkron von der Universität Harvard vorgebrachte Hypothese besagt, daß die *relative Rückständigkeit* sogar eine Entwicklungshilfe darstellen kann. Die einkommensschwachen Länder können heute moderne Webereien, gut funktionierende Pumpen, ertragreiches Saatgut, chemische Düngemittel und medizinische Errungenschaften kaufen. Weil sie auf die Technologien fortgeschrittener Länder zurückgreifen können, ist es auch möglich, daß die heutigen Entwicklungsländer rascher wachsen als Großbritannien oder Westeuropa im Zeitraum von 1780 bis 1850. Weil die Länder mit den niedrigsten Einkommen von den produktiveren Technologien der führenden Industrienationen profitieren, könnten wir eine *Konvergenz* der einkommensschwachen Länder in Richtung technologischer Führungsposition erwarten.

Die Theorie vom gleichgewichtigen Wachstum. Die Takeoff- und die Rückständigkeitshypothese haben sehr viel Aufmerksamkeit der Wissenschaftler und Experten auf sich gezogen. Doch wir sollten einen Schritt zurücktreten und die Geschichte ein wenig genauer analysieren, um zu erkennen, ob diese Thesen der Realität standhalten. Manche Publikationen besagen, daß Wachstum ein *gleichgewichtiger Prozeß* sei, den die Länder stetig durchlaufen. Dieser Ansicht zufolge gleicht wirtschaftliche Entwicklung eher einer Schildkröte mit ihren langsamen, gleichmäßigen Bewegungen und nicht einem Hasen, der kurze Spurts zurücklegt, Haken schlägt und dann erschöpft Rast machen muß.

Diese drei alternativen Ansätze sind graphisch in Abbildung 36-2 aufbereitet. Hier sehen wir, was die genannten Theorien des Takeoff, der Rückständigkeit und des Gleichgewichtswachstums über einen gewissen Zeitraum für drei Länder – das einkommensstarke Land A, B mit seinem mittleren Einkommensniveau und das einkommensschwache C – bedeuten.

Welche der genannten Theorien kommt der realen geschichtlichen Entwicklung am nächsten? In einer herausragenden Studie untersuchte Nobelpreisträger Simon Kuznets die Geschichte dreier reifer Industriestaaten und ging dabei bis 1800 zurück.[1] Er kam in seiner Arbeit zu dem Schluß, daß das Modell des gleichgewichtigen Wachstums am ehesten der realen Entwicklung der von ihm studierten Länder entsprach. Kuznets konnte mit fortschreitender Entwicklung keine signifikanten Sprünge nach oben oder unten feststellen.

Beachten Sie bitte einen weiteren wichtigen Unterschied zwischen den drei Theorien. Die Takeoff-Theorie behauptet, daß es zu einer wachsenden *Divergenz* zwischen den Ländern kommt (manche fliegen schnell davon, während andere nie abheben). Die Rückständigkeitshypothese geht dagegen von einer *Konvergenz* aus, während Kuznets zu der Ansicht gelangt, daß die Unterschiede zwischen den Ländern weitgehend *konstant* bleiben. Die empirischen Daten in Tabelle 36-2 weisen darauf hin, daß es in den letzten 25 Jahren wenig Konvergenz zwischen reifen Industriestaaten und Entwicklungsländern gegeben hat (obwohl die Leistung einzelner Staaten vom Durchschnitt weit abweicht) – was ein Wachstumsratenmuster ergibt, auf das am ehesten die Theorie des gleichgewichtigen Wachstums zutrifft.

Einzelne Problemstellungen der Wirtschaftsentwicklung

Die Aussage, die Länder sollten ein kräftiges Kapital- und Technologiewachstum fördern, beantwortet keinesfalls die Frage, *wie* sie diese wesentlichen Zutaten zum Wirtschaftswachstum denn aufbringen können. Aus der breiten Palette an Fragen, die sich im Zusammenhang mit der Planung wirtschaftlicher Entwicklung ergeben, wollen wir uns hier auf drei immer wiederkehrende Themen konzentrieren: auf das Verhältnis zwischen Industrie und Landwirtschaft, auf die Rolle der Außenorientierung einer Wirtschaft und auf die Rolle des Marktes.

Industrialisierung versus Landwirtschaft. In den meisten Ländern sind die städtischen Einkommen beinahe doppelt so hoch wie die landwirtschaftlichen Einkommen. Und in reichen Ländern entfällt zusätzlich der Löwenanteil der Wirtschaft auf die Sektoren Industrie und Dienst-

[1] Simon Kuznets, *Economic Growth of Nations* (Harvard University Press, Cambridge, Mass., 1971).

Kategorie	Wachstumsrate des realen BIP (als jährlicher Prozentsatz) 1965–1980	1980–1990
Länder mit niedrigem Einkommen:		
China und Indien	4,9	7,6
Sonstige	4,8	3,9
Länder im mittleren Einkommensbereich:		
an der unteren Grenze des mittleren Einkommensniveaus	5,5	2,6
An der oberen Grenze des mittleren Einkommensniveaus	7,0	2,4
Marktwirtschaftlich organisierte Industriestaaten	3,7	3,1

Tabelle 36-2: Die ärmeren Länder schließen langsam die Einkommenskluft

Die Wachstumsdaten zeigen, daß die sehr armen Länder im Zeitraum 1965-1980 die zwischen ihnen und den marktwirtschaftlich organisierten Industriestaaten bestehende Kluft kaum verringern konnten, während jedoch die in den mittleren Kategorien positionierten Länder oder die jungen Industriestaaten ein kräftiges Wachstum aufwiesen. Die Stagnation in den einkommensstarken Marktwirtschaften während der achtziger Jahre ermöglichte das Schließen der BIP-Lücken um 10 Prozent bis 25 Prozent. (Quelle: Weltbank, *World Development Report, 1992*)

leistungen. Daraus ziehen viele Länder den Schluß, daß die Industrialisierung der Grund und nicht die Folge des Reichtums sei.

Mit derartigen Schlüssen sollte man jedoch vorsichtig sein, weil hier ein Nebeneinander zweier Charakteristika mit einem Kausalzusammenhang verwechselt wird. Man könnte auch sagen: „Reiche Leute fahren einen BMW, aber der BMW allein macht sie noch nicht reich." Und genauso läßt sich volkswirtschaftlich kaum argumentieren, daß ein armes Land unbedingt auf einer eigenen Fluglinie und einem großen Stahlwerk bestehen muß. Das sind keine unabdingbaren Voraussetzungen für wirtschaftliches Wachstum.

Aus jahrzehntelangen Versuchen, die Industrialisierung auf Kosten der Landwirtschaft voranzutreiben, haben wir doch etwas gelernt, und viele Entwicklungstheoretiker sehen heute die Rolle der Landwirtschaft in einem völlig neuen Licht. Industrialisierung ist kapitalintensiv, zieht Arbeitskräfte vom Land ab und in die überfüllten Städte und bewirkt häufig eine hohe Arbeitslosigkeit. Die Erhöhung der landwirtschaftlichen Produktivität ist dagegen weniger kapitalintensiv, sorgt aber für eine produktive Beschäftigung der ohnehin im Überfluß vorhandenen Arbeitskräfte.

Gelänge es Bangladesh, die Produktivität seiner Landwirtschaft um 20 Prozent anzuheben, könnte dieser Fortschritt mehr dazu beitragen, Ressourcen für die Produktion von Konsumgütern freizusetzen, als ein Versuch zum Aufbau einer eigenen Stahlindustrie, der eine Fehlallokation wichtiger Metalle zur Folge hätte.

Orientierung nach innen oder nach außen? Eine sehr wichtige Frage im Zusammenhang mit dem wirtschaftlichen Entwicklungsprozeß bezieht sich auf die Haltung eines Landes zum internationalen Handel. Sollten sich die Entwicklungsländer um wirtschaftliche Autarkie bemühen, indem sie den Großteil aller Exporte durch heimische Produkte ersetzen? (Diese Strategie wird als *Importsubstitution* bezeichnet.) Oder sollte ein einkommensschwaches Land danach trachten, für die benötigten Importe mit Hilfe verbesserter Effizienz und Wettbewerbsfähigkeit, der Entwicklung der Außenmärkte und mit Exportanreizen zu bezahlen? (Diese Strategie wird als *außenwirtschaftliche Orientierung* bezeichnet.)

Die Politik der Importsubstitution erfreute sich bis in die achtziger Jahre in Lateinamerika immer wieder einer gewissen Popularität. Die konkreten Maßnahmen, mit denen sie häufig verfolgt wurde, bestanden in der Errichtung hoher Zollbarrieren rund um heimische Produktionszweige, damit lokale Unternehmen Güter produzieren und verkaufen konnten, die man andernfalls hätte importieren müssen. So verhängte beispielsweise Brasilien hohe Zölle auf Autoimporte, um die Unternehmen zu einer heimischen Automobilproduktion anzuregen, anstatt einfach billigere Autos aus Nordamerika oder Japan zu importieren.

Kritiker stellen dazu fest, daß diese subventionierten Importsubstitutionen im allgemeinen den Wettbewerb behindern, Innovationen und Wirtschaftswachstum hemmen und die Realeinkommen im Land niedrig halten. Dieser Ansatz ignoriert die Vorteile der Spezialisierung und des komparativen Vorteils. Konsumenten und die gesamte Wirtschaft könnten besser dastehen, würde man die Forcierung der Importsubstitution durch eine außenwirtschaftliche Orientierung ersetzen. Durch die Expansion nach außen kann ein System wirtschaftlicher Anreize geschaffen werden, die die Exporttätigkeit stimulieren. Wesentliche Merkmale dieses Ansatzes sind die Aufrechterhaltung einer konvertierbaren Währung (vielleicht sogar eine Unterbewertung), außenhandelspolitische Maßnahmen, die die Unternehmen zur Produktion für den Export ermutigen, und der Abbau unnötiger staatlicher Regulierungen der Betriebe, und hier vor allem der Kleinbetriebe, bis zum unabdingbaren Mindestmaß.

Den Erfolg einer außenwirtschaftlichen Expansion belegen am besten die ostasiatischen Schwellenstaaten. Noch vor dreißig Jahren verfügten Länder wie Taiwan, Südkorea und Singapur über Pro-Kopf-Einkommen, die nur ein Viertel bis ein Drittel jener der reichsten lateinamerikanischen Staaten ausmachten. Doch durch die Ersparnis eines hohen Prozentsatzes ihrer Volkseinkommen und durch die Kanalisierung dieser Mittel in ertragreiche Exportbranchen hatten die ostasiatischen Staaten bis zum Ende der achtziger Jahre alle lateinamerikanischen Staaten überholt. Das Geheimnis ihres Erfolges war nicht eine doktrinäre Laissez-faire-Politik, denn in diesen Staaten gab es sehr wohl ein gewisses Maß an Wirtschaftsplanung und staatlichen Interventionen. Nein, die außenwirtschaftliche Orientierung ermöglichte es diesen Ländern, economics of scale zu nutzen und sich die Vorteile der internationalen Spezialisierung zunutze zu machen, was zu einer höheren Beschäftigungszahl, einer effektiven Nutzung der heimischen Ressourcen, einem raschen Produktivitätswachstum und zu beeindruckenden Zugewinnen beim Lebensstandard führte.

Eine neuere Arbeit über die volkswirtschaftlichen Prognosen für Lateinamerika schließt mit folgender Bewertung der Auswirkungen einer außenwirtschaftlichen Orientierung:

> *Die außenwirtschaftliche Orientierung ist der Eckpfeiler praktisch aller [wirtschaftlichen] „Erfolgsgeschichten" – in Ost- und Südostasien, zu gewissen Zeiten auch in Lateinamerika, in der Türkei und anderswo auf der Welt. Auch dort, wo sich ein Erfolg nur begrenzt einstellte, wie in Afrika, haben stärker außenwirtschaftlich orientierte Länder um vieles besser abgeschnitten als die anderen.*[2]

[2] Bela Belassa et al., *Toward Renewed Growth in Latin America* (Institute for International Economics, Washington, D.C., 1986), S. 24. Diese Studie weist darauf hin, daß mikroökonomische staatliche Regulierungen ebenso wichtig sein können wie makroökonomische Maßnahmen. Dafür wird folgendes Beispiel angeführt: „Der Staat als Regulierungsinstanz hat überall [in Lateinamerika] die unternehmerische Initiative weitgehend gelähmt. In einigen Ländern sind zahlreiche Genehmigungen einzuholen, will man etwas exportieren – nicht sehr vielversprechende Rahmenbedingungen zur Förderung einer außenwirtschaftlichen Expansion. In Peru dauerte es bis vor kurzem noch 289 Tage lang, ein neues Unternehmen eintragen zu lassen – verglichen mit vier Stunden in Miami." (S. 30)

Staat oder Markt? In vielen Entwicklungsländern steht die herrschende Kultur dem Wirken der Marktkräfte eher feindlich gegenüber. Der Wettbewerb zwischen den Unternehmen oder ein gewinnorientiertes Verhalten widerspricht den traditionellen Vorstellungen, den religiösen Überzeugungen oder irgendwelchen wohlerworbenen Rechten. Doch die jahrzehntelange Erfahrung führt uns zu dem Schluß, daß ein starkes Vertrauen in die Marktkräfte die effektivste Methode des Wirtschaftsmanagements und den sichersten Weg zu einem raschen wirtschaftlichen Wachstum darstellt.

Wir haben einige der Elemente einer marktorientierten Politik bereits beschrieben. Zu den wichtigen Bausteinen einer solchen Politik gehören sicherlich die außenwirtschaftliche Orientierung der Handelspolitik, ein Abbau der Zollschranken und Importkontingentierungen, ein einfacher Marktzugang und -austritt, die Förderung der Kleinunternehmen und des Wettbewerbs. Außerdem ist zu beachten, daß Märkte in einer stabilen makroökonomischen Umgebung am besten funktionieren – in einer Umgebung, in der die Steuern vorhersehbar, die Preise stabil und die Staatsbudgets ausgeglichen sind.

Jahrzehntelange Erfahrungen in Dutzenden von Ländern haben viele Entwicklungstheoretiker zu der folgenden zusammenfassenden Ansicht darüber geführt, wie der Staat eine zügige Wirtschaftsentwicklung am besten fördern kann:

> *Dem Staat kommt bei der Errichtung und Erhaltung eines gesunden wirtschaftlichen Umfeldes eine bedeutende Rolle zu. Er muß Recht und Gesetz zum Durchbruch verhelfen, vertragliche Vereinbarungen durchsetzen können und seine Regulierungstätigkeit so ausrichten, daß Wettbewerb und Innovation gefördert werden. Der Staat spielt bei den Investitionen in das Humankapital des Landes durch sein Schul-, Gesundheits- und Transportwesen eine führende Rolle, aber er sollte interventionistische Maßnahmen und Kontrolle in Bereichen, in denen er keinen komparativen Vorteil aufweist, auf ein Minimum beschränken. Der Staat sollte seine Bemühungen auf jene Bereiche konzentrieren, in denen es klare Anzeichen eines Marktversagens gibt, und er sollte regulatorische Hindernisse für den privaten Sektor auf jenen Gebieten beseitigen, auf denen der Staat einen komparativen Nachteil aufweist.*

B. ALTERNATIVE ENTWICKLUNGSMODELLE

Es ist der Menschheit bisher nicht gelungen, etwas Effizienteres als die Marktwirtschaft hervorzubringen ... Ihre Flexibilität und Fähigkeit zur Selbstregelung sind darauf gerichtet, die bestmögliche Koordinierung wirtschaftlicher Aktivitäten sowie den vernünftigen Einsatz von Arbeit, Material und Geldmitteln zu gewährleisten und die nationale Wirtschaft im Gleichgewicht zu halten.

Der 500-Tage-Plan: Übergang zur Marktwirtschaft
Bericht einer Gruppe russischer Ökonomen
an die Präsidenten M. Gorbatschow und B. Jelzin

Staaten sind ständig auf der Suche nach besseren Methoden des wirtschaftlichen Managements. Besonders für die einkommensschwachen Länder ist ein wirtschaftlicher Aufschwung erstrebenswert, wenn sie einen Weg zu den Reichtümern, die sie rund um sich in den Industriestaaten sehen, suchen. In diesem Lehrbuch beschäftigen wir uns mit der gemischten Marktwirtschaft, wie sie in den USA herrscht, in der grundsätzlich freie Märkte mit einem bedeutenden staatlichen Sektor zusammenwirken. Doch welche Alternativen gibt es anderswo auf der Welt?

DIE DIVERSEN „ISMEN“

Eine Extremposition bildet der *marktwirtschaftliche Absolutismus*, der postuliert, daß die kleinstmögliche Regierung auch die beste ist. Am anderen Ende des Spektrums sehen wir die Verfechter des *Kommunismus*, in dem der Staat eine totalitäre, kollektivierte Wirtschaftsordnung aufrecht erhält, die die erste Person Einzahl praktisch nicht kennt. Zwischen diesen beiden Extremen eines vollständigen Laissez-faire und eines doktrinären Kommunismus stehen gemischter Kapitalismus, gelenkte Marktwirtschaft, Sozialismus und all die zahlreichen Kombinationen aus diesen Modellen. Im vorliegenden Abschnitt wollen wir einige der einflußreicheren alternativen Entwicklungsstrategien kurz beschreiben:

1. *Der asiatische Ansatz der gelenkten Marktwirtschaft.* Südkorea, Taiwan und andere südostasiatische Länder haben sich ihren eigenen Cocktail aus volkswirtschaftlichen Modellen gemixt, in dem eine starke staatliche Kontrolle mit ausgeprägten Marktkräften kombiniert ist.
2. *Sozialismus.* Die sozialistische Denkschule umfaßt eine große Bandbreite unterschiedlicher Ansätze. Im Westeuropa der Nachkriegszeit bauten sozialistische Regierungen, die in einem demokratischen Rahmen agierten, den Wohlfahrtsstaat aus, sie verstaatlichten weite Bereiche der Wirtschaft und betrieben eine Art von Planwirtschaft. In letzter Zeit ist jedoch eine Entwicklung zurück in Richtung eines Freihandelsmodells mit extensiver Deregulierung und Privatisierungsmaßnahmen festzustellen.
3. *Kommunismus nach Sowjetart.* Viele Jahre hindurch stellte die Sowjetunion die eindeutigste Gegenposition zur Marktwirtschaft dar. Nach dem sowjetischen Modell besitzt der Staat den gesamten Grund und Boden sowie den Großteil des Produktionskapitals, er setzt die Löhne und den Großteil der Preise fest und dirigiert die mikroökonomischen Funktionen der Wirtschaft.

Das zentrale Dilemma: Markt- oder Kommandowirtschaft?

Eine Zusammenfassung der verschiedenen Wirtschaftssysteme kann wie ein verwirrendes Gewimmel aus verschiedenen ökonomischen „Ismen“ erscheinen. Und Staaten organisieren auch tatsächlich ihre Wirtschaft auf sehr unterschiedliche Art und Weise. Doch ein zentrales Thema zieht sich durch die gesamte Systemdiskussion: Soll sich die Wirtschaft in erster Linie auf den privaten Markt oder auf staatliche Lenkung stützen, wenn es darum geht, die Fragen des *Wie*, *Was* und *Für wen* zu beantworten?

Am einen Ende des Spektrums steht die *Marktwirtschaft.* In einem Marktsystem agieren die Menschen auf freiwilliger Basis und in erster Linie zu ihrem eigenen finanziellen Vorteil oder zu ihrer persönlichen Befriedigung. Die Unternehmen kaufen Produktionsfaktoren und produzieren Güter, sie wählen Inputs und Outputs im Hinblick auf ihre Gewinnmaximierung. Die Konsumenten stellen Produktionsfaktoren zur Verfügung und kaufen Verbrauchsgüter, und sie tun dies im Hinblick auf die Maximierung ihrer Bedürfnisbefriedigung. Abkommen über Produktion und Konsum werden auf freiwilliger Basis und unter Zuhilfenahme von Geld auf der Grundlage von Arrangements zwischen Käufern und Verkäufern zu Preisen getroffen, die auf freien Märkten gebildet werden. Obwohl sich die einzelnen Wirtschaftssubjekte hinsichtlich ihrer Wirtschaftskraft stark voneinander unterscheiden, sind die Beziehungen zwischen ihnen ihrer Natur nach horizontal, essentiell freiwillig und nicht hierarchisch.

Am anderen Ende des Spektrums steht die *Kommando- oder Zentralverwaltungswirtschaft*, in der Entscheidungen von der staatlichen Bürokratie getroffen werden. Nach diesem Modell sind die Wirtschaftssubjekte durch vertikale Beziehungen untereinander verbunden, und die Kontrolle wird von einer vielschichtigen Hierarchie ausgeübt. Die Planungsbürokratie bestimmt, welche Güter, also *was* produziert wird, *wie* die Güter produziert werden und *für wen* die Wirtschaftsleistung erbracht wird. Die wichtigsten Entscheidungen werden auf höchster Ebene dieser Pyramide getroffen, und hier werden auch die Bausteine des wirtschaftlichen Plans entwickelt. Der Plan wird danach in seine Komponenten zerlegt und von oben nach unten übermittelt, wobei die unteren Etagen der Hierarchie den Plan mit zunehmender Detailgenauigkeit ausführen. Der einzelne wird durch Zwang und rechtliche Sanktionen motiviert; die Organisationen zwingen den einzelnen, Anweisungen von oben entgegenzunehmen. Transaktionen können mit oder ohne Geld getätigt werden. Die Preise können staatlich festgelegt sein oder auch nicht.

Zwischen diesen beiden Extrempositionen liegen die sozialistische und die gelenkte Marktwirtschaft. In beiden Fällen spielt der Staat eine wichtige Rolle bei der Führung und Lenkung der Wirtschaft, obwohl er natürlich viel weniger dominierend ist als in der Kommandowirtschaft. Die Streitfrage zwischen Markt und staatlicher Lenkung verläuft quer durch alle Diskussionen über die verschiedenen Wirtschaftssysteme. Aber betrachten wir einige der Alternativen zur gemischten Marktwirtschaft ein wenig genauer.

DAS ASIATISCHE MODELL

Tiger und Nachzügler

Die beeindruckendste Wachstumsleistung der letzten 50 Jahre haben zweifellos die ostasiatischen Staaten erbracht. Jeder kennt das japanische Wirtschaftswunder, doch Südkorea, Singapur, Hongkong und Thailand zeigen ebenfalls ganz bemerkenswerte wirtschaftliche Fortschritte. Tabelle 36-3 vergleicht die Leistung der asiatischen Tigerstaaten mit jener der lateinmerikanischen Nachzügler und den stagnierenden Wirtschaftssystemen südlich der Sahara.

Eine relativ neue Weltbankstudie führt eine Analyse der Wirtschaftspolitik verschiedener Wirtschaftsregionen durch und soll feststellen, ob sich Muster und Regelmäßigkeiten abzeichnen.[3] Die Ergebnisse bestätigen das ohnehin Erwartete, bringen aber auch einige Überraschungen. Hier die wichtigsten Resultate im Überblick:

- *Investitionsraten.* Die ostasiatischen Tigerstaaten sind dem klassischen Rezept hoher Investitionsraten gefolgt, womit sie sicherstellen, daß ihre Wirtschaft von den neuesten Technologien profitiert, und es ist ihnen auch gelungen, die erforderliche Infrastruktur zu errichten. Wie aus Tabelle 36-3 ersichtlich ist, lagen die Investitionsraten der Tigerstaaten um beinahe 20 Prozent über jenen der anderen Regionen.
- *Wirtschaftspolitische Grundlagen.* Wirtschaftlich erfolgreiche Länder betreiben eine bewußte Wirtschaftspolitik, halten die Inflationsrate niedrig und die Investitionen hoch. Sie investieren stark in Human- und Sachkapital und achten mehr als alle anderen Entwicklungsregionen auf Schul- und Berufsbildung. Ihre Finanzsysteme zielen auf Währungsstabilität und eine harte Währung ab.
- *Außenwirtschaftliche Orientierung.* Die asiatischen Tigerstaaten sind stark außenwirtschaftlich orientiert und setzen ihre Wechselkurse aus Exportgründen eher zu niedrig an, sie fördern Exporte auch mit steuerlichen Anreizen und streben technologische Fortschritte an, indem sie versuchen, gegenüber dem neuesten Stand der Technik in den einkommensstarken Ländern aufzuholen.
- *Staatlich geförderter Wettbewerb.* In einer – kontroversen – Abweichung von orthodoxen marktorientierten Ansätzen bedienten sich wirtschaftlich erfolgreiche Länder zur Ressourcenallokation häufig eines staatlich verordneten Wettbewerbs. Sie legten strategische Gebiete fest und gaben dann das Startzeichen zu einem internen Wettlauf zwischen den heimischen Unternehmen, womit sie den Wettbewerb zusätzlich anheizten. Der Bericht schließt:

Staatlich organisierte Wettbewerbe sind eine kompliziertere Methode des Wirtschaftens als ein reines

[3] Weltbank, *The East Asia Miracle: Economic Growth and Government Policies* (World Bank, Washington, D.C., 1993).

Laissez-faire, wie es auch komplizierter ist, mit Kindern Partyspiele zu veranstalten, als ihnen nur einen Spielplatz zur Verfügung zu stellen und sie dann sich selbst zu überlassen. Ein gut organisierter Wettbewerb kann sogar noch bessere Ergebnisse erbringen [als der unregulierte Markt], indem er einen Brennpunkt des Wettbewerbs schafft und die Teilnehmer im Zuge des Wettbewerbs zur Kooperation führt.

Diese Strategie stützt sich jedoch auf Stärke und Integrität des Beamtenapparates und kann daher in Ländern, in denen die Beamtenschaft korrupt und inkompetent ist, nicht funktionieren.

Die genannte Studie ist ein weiterer nützlicher Hinweis auf die Bedeutung einfacher Tugenden wie Sparsamkeit und Ehrlichkeit, die in eloquenteren Wirtschaftstheorien häufig keinen Platz mehr haben. Trotzdem erscheint unklar, ob sich die ostasiatische Wachstumsformel auch auf andere Regionen der Welt übertragen läßt.

Der chinesische Riese: Marktleninismus

Eine der größten Überraschungen, was die wirtschaftlichen Entwicklungen des letzten Jahrzehnts betraf, war das rasche Wachstum der chinesischen Wirtschaft. Nach der Revolution im Jahr 1949 wandte sich China ursprünglich einem Zentralplanungssystem sowjetischer Machart zu. Ihren Höhepunkt erreichte die Zentralplanungswirtschaft mit der Kulturrevolution der Jahre 1966–1969, die zu einer Verzögerung der Wirtschaftsentwicklung Chinas führte. Nach dem Tod von Revolutionsführer Mao Tse Tung kam eine neue Generation zu dem Schluß, daß Wirtschaftsreformen dringend nötig seien, sollte die kommunistische Partei überleben. Unter Teng Hsiao Ping begann in China ein gradueller Prozeß zur Dezentralisierung der Wirtschaftsmacht ohne die begleitende Durchführung politischer Reformen. Die chinesische Demokratiebewegung wurde 1989 auf dem Platz des Himmlischen Friedens in Peking rücksichtslos niedergeschlagen, und die kommunistische Partei monopolisierte auch weiterhin den politischen Prozeß.

Um das Wirtschaftswachstum anzukurbeln, unternahm die chinesische Führung hingegen drastische Schritte wie die Einrichtung sogenannter „Sonderwirtschaftszonen" und die Zulassung nicht kommunistischer Eigentumsverhältnisse. Am schnellsten wuchs dabei die südchinesische Region rund um Hongkong. Dieses Gebiet erreichte eine enge Anbindung an andere Länder außerhalb Chinas und konnte beträchtliche ausländische Investitionen anziehen. Zusätzlich ließ China Kollektive, Privatbetriebe und ausländische Unternehmen ohne jede Zentralplanung oder Kontrolle zu, die Seite an Seite mit staatlichen Unternehmen agieren. Diese innovative Veränderung der Eigentumsverhältnisse ist in einem rapiden Ansteigen begriffen, und die neuen Unternehmen erwirtschafteten Anfang der neunziger Jahre bereits mehr als 50 Prozent des chinesischen BIP. Die starke Leistung der chinesischen Wirtschaft überraschte Beobachter beinahe ebensosehr wie der Zusammenbruch der Sowjetwirtschaft. In den letzten zehn Jahren erreichte das chinesische BIP ein durchschnittliches Jahreswachstum von rund 10 Prozent. Das Exportvolumen konnte im Zeitraum 1980–1992 beinahe vervierfacht werden. 1991 konnte China bereits auf einen Außenhandelsüberschuß gegenüber den USA von mehr als $ 10 Milliarden und auf Devisenreserven in Höhe von fast $ 50 Milliarden verweisen, all das zu einer Zeit, als Rußland im großen und ganzen bankrott war. Viele Länder beobachten China nun sehr

Regionen	Durchschnittliches Wachstum des Pro-Kopf-BIP, 1965–1990	Investitionen als Prozentsatz des BIP, 1990
prosperierende asiatische Volkswirtschaften*	5,6	35
Südasien	1,9	19
Lateinamerika	1,8	17
Afrika südlich der Sahara	0,2	9

* Japan, Südkorea, Singapur, Hongkong, Indonesien, Malaysien, Singapur und Thailand

Tabelle 36-3: Das erstaunliche Wirtschaftswachstum der asiatischen Tigerstaaten

[Quelle: Weltbank, *The East Asia Miracle: Economic Growth and Government Policies* (Weltbank, Washington, D.C., 1993)]

genau, um zu sehen, ob das Land sein schnelles Wachstum auch weiterhin beibehalten kann.

SOZIALISMUS

Der Sozialismus als Doktrin hat sich aus den Ideen von Marx und anderen radikalen Denkern des neunzehnten Jahrhunderts heraus entwickelt. Sozialismus bezieht eine Mittelposition zwischen Laissez-faire-Kapitalismus und dem Zentralplanungsmodell, das wir im nächsten Unterabschnitt behandeln wollen. Es gibt einige Elemente, die den meisten sozialistischen Philosophien gemeinsam sind:

- *Staatliches Eigentum an Produktionsmitteln.* Die Sozialisten glauben seit jeher, daß die Rolle des Privateigentums beschnitten werden müsse. Wichtige Industriezweige wie Eisenbahn, Kohle- und Stahlindustrie sollten demnach verstaatlicht werden (also in den Besitz des Staates gebracht und von diesem betrieben werden). In den letzten Jahren allerdings ebbte die Begeisterung für Verstaatlichungen wegen des schlechten Abschneidens vieler verstaatlichter Betriebe in den meisten reifen Demokratien doch etwas ab.
- *Planung.* Sozialisten hegen ein tiefes Mißtrauen gegen das „Chaos" des Marktes und stellen die Allokationseffizienz der unsichtbaren Hand in Frage. Sie meinen, ein Planungsmechanismus sei nötig, um die verschiedenen Sektoren zu koordinieren. In letzter Zeit konzentrieren sich Wirtschaftsplaner insbesondere auf staatliche Subventionen zur Förderung einer raschen Entwicklung von High-Tech-Branchen wie der Mikroelektronik und Biotechnologie; derartige Ansätze begegnen uns häufig unter der Bezeichnung „Industriepolitik".
- *Einkommens-Umverteilung.* Ererbte Vermögen und Spitzeneinkommen sollen durch eine militante Anwendung staatlicher Steuermacht beschnitten werden; in manchen westeuropäischen Staaten konnte man Grenzsteuersätze von bis zu 98 Prozent verzeichnen. Sozialleistungen, freie medizinische Betreuung und ein Sozialstaat, der den Bürger von der Wiege bis zur Bahre begleitet, Dienstleistungen, die kollektiv aus den progressiven Steuern bestritten werden, erhöhen den Wohlstand der weniger Privilegierten und garantieren jedem einen Mindestlebensstandard.
- *Friedliche, demokratische Entwicklung.* Sozialisten sprechen sich häufig für die friedliche und stufenweise Ausweitung des staatlichen Einflusses auf die Wirtschaft aus – eine Entwicklung, die über die Wahlurne, nicht über kriegerische Revolutionen stattfinden soll.

In den letzten Jahrzehnten geriet der Sozialismus durch den Zusammenbruch des Kommunismus und den Triumph des Marktes aus dem Tritt. Die sozialistische Denkschule durchkämmt nun die Trümmer, vor denen sie steht, um die zukünftige Rolle sozialistischer Wirtschaftspolitik zu sichern.[4]

DAS GESCHEITERTE MODELL: DER SOWJETISCHE KOMMUNISMUS

Jahrelang betrachteten Entwicklungsländer die Sowjetunion und andere kommunistische Staaten als Vorbild für ihre eigene Industrialisierung. Der Kommunismus bot ihnen sowohl eine zufriedenstellende theoretische Kapitalismuskritik als auch eine scheinbar funktionierende Strategie wirtschaftlicher Entwicklung. Beginnen wir mit der Untersuchung der theoretischen Grundlage des Kommunismus und sehen wir dann, wie die Kommandowirtschaft sowjetischer Prägung in der Praxis funktionierte. Anschließend wollen wir uns noch mit den Problemen beschäftigen, mit denen die ehemals kommunistischen Staaten heute im Übergang hin zu einer marktorientierten Wirtschaft zu kämpfen haben.

Marxismus: die Wurzeln des Kommunismus

Der Gründungsheilige, die Ikone des Kommunismus, ist natürlich Karl Marx (1818–1883). Seine Philosophie kreist um eine tiefgreifende Analyse der Stärken und Schwächen des Kapitalismus. Marx argumentierte, erst die Arbeitskraft schaffe den Wert der Produktion – sowohl mittels der direkten Arbeit als auch der indirekten Arbeit, die sich hinter der Kapitalausstattung verbirgt. So erhält etwa ein Auto seinen Wert durch die Mühe der Arbeiter, die es gebaut haben, sowie durch die Arbeit jener, die die Maschinen der Fertigungsstraßen gebaut haben.[5] Indem er den gesamten Produktionswert der Arbeit zuschrieb, hoffte Marx nachweisen zu können, daß Profite – jener Teil der Produktionsleistung,

---

[4] Siehe beispielsweise: John E. Roemer, *A Future for Socialism* (Harvard University Press, Cambridge, Mass., 1994).

[5] Dieser Ansatz wird als *Arbeitswertlehre* bezeichnet. Marx war der Ansicht, daß unter kapitalistischen Wettbewerbsbedingungen die Marktpreise nicht unbedingt dem Arbeitswert Rechnung tragen, weil Kapitalisten einen Mehrwert zusätzlich zu den Arbeitskosten erhalten. Marx nannte dieses Phänomen „Mehrwert" und meinte damit die Differenz zwischen Ertrag und Gesamtkosten der Arbeit.

der zwar von den Arbeitern produziert wird, jedoch den Kapitalisten zugute kommt – „arbeitslose Einkommen" seien. Nach Marx' Ansicht rechtfertigt die Ungerechtigkeit, daß Kapitalisten ein arbeitsloses Einkommen beziehen, die Enteignung der Kapitalisten und die Übertragung der Fabriken und sonstigen Produktionsmittel an die Arbeiter.

Prophezeiungen. Marx war der festen Überzeugung, der Kapitalismus müsse unweigerlich in einen Sozialismus münden. In seinem Szenario ermöglicht es der technologische Fortschritt den Kapitalisten, Arbeiter durch Maschinen zu ersetzen, was ihnen noch größere Profite sichert. Aber diese zunehmende Kapitalakkumulation führt zu zwei gegensätzlichen Konsequenzen. Mit zunehmendem Kapitalangebot sinkt der Profit aus diesem Kapital. Zugleich steigt wegen der geringeren Zahl an Arbeitsplätzen die Arbeitslosigkeit, und die Löhne sinken. In der marxistischen Terminologie würde demnach das „Reserveheer der Arbeitslosen" wachsen, und die Arbeiterklasse müßte zunehmend „verelenden" – womit Marx meinte, daß sich die Arbeitsbedingungen verschlechtern und Arbeiter ihrer Arbeit immer mehr entfremdet würden.

Mit sinkenden Profiten und mit der Ausschöpfung der Investitionsmöglichkeiten im Inland würde die herrschende kapitalistische Klasse Zuflucht zum Imperialismus nehmen. Das Kapital strebt nach höheren Profiten im Ausland. Und nach seiner Theorie (vor allem in ihrer späteren Erweiterung durch Lenin) würde die Außenpolitik der imperialistischen Staaten zunehmend versuchen, Kolonien zu gewinnen und anschließend gnadenlos den gewünschten Mehrwert aus ihnen herauspressen.

Marx glaubte, daß das kapitalistische System dieses einseitige Wachstum nicht ewig durchhalten könne. Er sagte deshalb eine zunehmende Ungleichheit innerhalb des Kapitalismus und das langsame Entstehen eines Klassenbewußtseins unter dem ausgebeuteten Proletariat voraus. Zyklische Schwankungen der Wirtschaft müßten zunehmend heftiger ausfallen, wenn die Massenarmut makroökonomisch gesehen einen zu geringen Konsum bewirken würde. Schließlich werde, so meinte Marx, eine katastrophale Depression dem Kapitalismus die Totenglocke läuten. Wie schon zuvor der Feudalismus trage der Kapitalismus die Saat des eigenen Untergangs schon in sich.

Die *wirtschaftliche Geschichtsinterpretation* ist einer der bleibenden Beiträge marxistischer Philosophie zum westlichen Gedankengut. Marx meinte, wirtschaftliche Interessen stünden hinter unseren Werten und bestimmten diese. Warum wählen die Vertreter der Unternehmen konservative Kandidaten, während Arbeiterführer jene Politiker unterstützen, die sich für eine Anhebung der Mindestlöhne oder eine Erhöhung der Arbeitslosenzahlungen aussprechen? Der Grund liegt nach Marx' Ansicht darin, daß die Ansichten und Ideologien der Menschen die materiellen Interessen ihrer sozialen und wirtschaftlichen Klasse widerspiegeln. Damit ist Marx gar nicht weit von der herrschenden volkswirtschaftlichen Lehrmeinung entfernt. Er verallgemeinert eigentlich die Analyse des Eigennutzes durch Adam Smith von der Kaufkraft über den Markt und die politische Abstimmung bis zur Abstimmung mit dem Gewehr auf den Barrikaden.

Vom Lehrbuch zur politischen Taktik: die Kommandowirtschaft sowjetischer Prägung

Marx beschäftigte sich zwar ausführlich mit den Mängeln des Kapitalismus, aber er hinterließ keine Anleitung für die Errichtung des Landes der Verheißung. Aus seiner Argumentationsweise läßt sich ableiten, daß der Kommunismus in den am weitesten entwickelten Industrienationen entstehen müsse. Statt dessen war es das rückständige, feudale Rußland, das die marxistische Vision übernahm. Untersuchen wir kurz dieses faszinierende und erschreckende Kapitel der Wirtschaftsgeschichte.

Die historischen Wurzeln. Eine Analyse der russischen Revolution und dessen, was danach geschah, ist volkswirtschaftlich gesehen von größter Bedeutung, weil die Sowjetunion als Labor für Theorien über das Funktionieren einer Kommandowirtschaft dienen kann. Manche Ökonomen hatten behauptet, der Sozialismus könne überhaupt nicht funktionieren. Das sowjetische Experiment strafte sie Lügen.

Zwar konnte das zaristische Rußland zwischen 1880 und 1914 ein rapides Wirtschaftswachstum verzeichnen, aber das Land war doch sehr viel weniger entwickelt als die damaligen Industrienationen USA oder Großbritannien. Der Erste Weltkrieg war für Rußland überaus hart, und er ermöglichte den Kommunisten die Machtübernahme. Zwischen 1917 und 1933 experimentierte die Sowjetunion mit verschiedenen sozialistischen Modellen, bevor man sich für die Zentralplanungswirtschaft entschied. Aber die Unzufriedenheit mit der Geschwindigkeit, in der sich die Industrialisierung vollzog, ließ Stalin etwa um 1928 ein radikales neues Unterfangen beginnen – er kollektivierte die Landwirtschaft und zwang das Land in die Industrialisierung.[6]

Im Verlauf der Kollektivierung der sowjetischen Landwirtschaft zwischen 1929 und 1935 wurden 94 Prozent der sowjetischen Bauern gezwungen, Kolchosen und Sowchosen beizutreten. Dabei wurden viele reiche Bauern deportiert, und die Bedingungen verschlechterten sich so weit, daß Millionen starben. Der andere Teil des sowjetischen „großen Sprungs nach vorn" stellte sich durch die Einführung der Wirtschaftsplanung im Sinne einer raschen Industrialisierung ein. Die Wirtschaftsplaner erstellten einen ersten Fünfjahresplan für die Periode 1928–1933. Dieser erste Plan legte die Prioritäten der sowjetischen Planung fest. Dabei wurde der Schwerindustrie der Vorzug vor der Leichtindustrie gegeben, und Verbrauchsgüter sollten erst dann berücksichtigt werden, wenn alle anderen Prioritäten erfüllt waren. Obwohl es zahlreiche Reformen und Änderungen in der Schwerpunktsetzung gab, kam das stalinistische Modell einer Kommandowirtschaft in der Sowjetunion und nach dem Zweiten Weltkrieg bis zum Niedergang des Sowjetkommunismus Ende der achtziger Jahre sogar in ganz Osteuropa zur Anwendung.

Wie die Kommandowirtschaft funktionierte. In der Kommandowirtschaft sowjetischer Prägung wurden die übergeordneten Produktionsziele auf dem Wege politischer Entscheidungsmechanismen festgelegt. In der Sowjetunion floß immer ein großer Teil der Produktion und der wissenschaftlichen Ressourcen in Militärausgaben, während die zweite Hauptpriorität „Investitionen" lautete. Auf den Konsum entfiel lediglich der Rest der Produktion, nachdem die Planziele der höherwertig betrachteten Sektoren erfüllt waren.

Entscheidungen darüber, *wie* Güter produziert werden sollten, wurden weitgehend von den Planungsbehörden getroffen. Die Planer entschieden zuerst über die Mengen des gewünschten Endproduktes (das *Was*). Anschließend arbeiteten sie sich rückwärts von der Produktion zu den erforderlichen Produktionsfaktoren und zu den Transaktionen zwischen den verschiedenen Betrieben durch. Investitionsentscheidungen wurden bis ins letzte Detail von den Planern getroffen, während den Betrieben größtmögliche Freiheit bei der Zusammensetzung des Arbeitsinputs gewährt wurde.

Was motivierte eigentlich die Betriebsleiter, die Planziele zu erfüllen? Natürlich konnte kein Planungssystem alle Aktivitäten der einzelnen Betriebe berücksichtigen – dazu wären alljährlich Billionen von Anweisungen erforderlich gewesen. So blieben den Leitern der einzelnen Betriebe doch noch beträchtliche Entscheidungsfreiheiten, und *unerwünschte Managementanreize* waren für diese Kommandowirtschaft ein ständiges Problem.

Das System der Anreize für das Management führte zu signifikanten Verzerrungen innerhalb des Systems. Da dem Erreichen der Produktions- oder Verkaufsziele derart hohe Priorität eingeräumt wurde, horteten die Betriebsleiter häufig Produktionsfaktoren wie Stahl, deren Fehlen bei Knappheit oder Transportschwierigkeiten zu Produktionsengpässen hätte führen können. Da außerdem die Produktionsziele keine Qualitätsvorgaben enthielten, bestand sogar ein Anreiz, geringwertige Güter herzustellen. Wenn das Ziel 10.000 Hemden lautete, so wurden eben 10.000 Hemden, möglicherweise aus minderwertigem Material und in mangelhafter Verarbeitung, hergestellt.

Wirtschaftlicher Leistungsvergleich. Ab dem Zweiten Weltkrieg bis in die Mitte der achtziger Jahre begaben sich die USA und die Sowjetunion in einen Wettkampf der Supermächte um militarische Überlegenheit und wirtschaftliche Dominanz. Wie gut schnitt die Kommandowirtschaft im wirtschaftlichen Wachstumswettkampf ab? Die Beantwortung dieser Frage ist angesichts des Fehlens verläßlicher statistischer Daten unmöglich. Der Großteil der Ökonomen meinte bis vor kurzem, daß die Sowjetunion zwischen 1928 und der Mitte der sechziger Jahre ein rapides Wirtschaftswachstum zu verzeichnen hatte, wobei die Wachstumsraten jene in Nordamerika und Westeuropa sogar übertroffen haben dürfen. Nach der Mitte der sechziger Jahre stagnierte das Wachstum jedoch und die Produktionsleistung ging sogar real zurück. Zuverlässige Schätzungen des Lebensstandards heute sind sicher nicht möglich, aber das Pro-Kopf-Einkommen in Rußland liegt zu Beginn der neunziger Jahre bei weniger als einem Viertel der US-amerikanischen Einkommen.

Ein genauerer Vergleich der Leistungen von Markt- und Kommandowirtschaft läßt sich durch die Gegenüberstellung der Erfahrungen in Ost- und Westdeutschland anstellen. Die beiden Länder hatten nach dem Ende des Zweiten Weltkrieges eine ganz ähnliche Ausgangs-

---

[6] Einen sehr lesenswerten Bericht über die sowjetische Wirtschaftsgeschichte finden Sie in Alec Nove, *An Economic History of the U.S.S.R.*, 3. Ausg. (Penguin, Baltimore, 1986). Eine gründliche Studie des sowjetischen Wirtschaftssystems bieten außerdem Paul R. Gregory und Robert C. Stuart, *Soviet Economic Structure and Performance*, 4. Ausg. (Harper & Row, New York, 1990).

position, was Produktivität und Industriestruktur betrifft. Nach vier Jahrzehnten Kapitalismus in Westdeutschland und Sowjetkommunismus in Ostdeutschland war die ostdeutsche Produktivität so weit gesunken, daß sie nur noch geschätzte 25 bis 50 Prozent der westdeutschen Produktivität erreichte. Dazu kommt, daß unabhängig vom erzielten Wirtschaftswachstum besonders die Produktion von Halbfertigwaren vorangetrieben wurde, die für die Konsumenten nur geringen Wert hatten. Ziel war dabei stets die Quantität, nicht die Qualität.

Und wie steht es schließlich um die Geißeln des Kapitalismus – Arbeitslosigkeit und Inflation? Im sowjetischen Wirtschaftsmodell war die Arbeitslosigkeit immer sehr gering, weil Arbeit infolge der ehrgeizigen Wirtschaftspläne fast immer knapp war. Die staatlich verordneten Preise verhielten sich auch ziemlich stabil, so daß keine meßbare Inflation auftrat. Ende der achtziger und Anfang der neunziger Jahre brach jedoch eine offene Inflation aus. Außerdem lag das Preisniveau weit unter Markträumungsniveau, und in der sogenannten *zurückgestauten Inflation* kam es zu einer akuten Knappheit.

Läßt sich heute über das sowjetische Experiment eine endgültige Bilanz ziehen? Das sowjetische Modell hat gezeigt, daß eine Kommandowirtschaft sehr wohl in der Lage ist, Ressourcen für ein schnelles Wirtschaftswachstum zu mobilisieren. Diese Mobilisierung vollzog sich jedoch im Gefolge großer menschlicher Opfer, zahlreicher Todesfälle und politischer Repression. Außerdem erwies sich, daß in der modernen Welt offener Grenzen und qualitativ hochwertiger Wirtschaftsgüter die wenig einfühlsamen Kontrollmechanismen der Kommandowirtschaft den fein abgestimmten Anreizen und Innovationen einer Marktwirtschaft nicht gewachsen waren. Aber welche volkswirtschaftlichen Vorzüge eine Kommandowirtschaft auch immer haben mag, das repressive politische System war in jedem Fall für die Menschen in den Ländern der ehemaligen Sowjetunion und in den anderen Ländern Osteuropas unerträglich und wurde Anfang des Jahres 1989 allgemein abgelehnt.

Von Marx zum Markt

Ein Witz, den man sich in Osteuropa heute erzählt: „Frage: Was ist Kommunismus? Antwort: Der längste Weg vom Kapitalismus zum Kapitalismus.“ Nach der Entscheidung, den Rückweg hin zur Marktwirtschaft einzuschlagen, müssen Kommandowirtschaften erst alle Hindernisse beiseite räumen, die das Wachstum des Marktes behindern. Dabei sind die wichtigsten Hürden auf dem Weg zur Reform die folgenden:

- *Preisreform und Preisbildung auf dem freien Markt.* Güter- wie Faktorpreise weichen häufig weit von jenem Wert ab, den sie bei Bildung auf dem Markt erreichen würden. Nahrungsmittel, Wohnungsbau und Energie werden stark subventioniert, während Autos und dauerhafte Konsumgüter weit über dem Weltmarktpreis verkauft werden. Früher oder später muß für eine freie Preisbildung durch Angebot und Nachfrage gesorgt werden.
- *Harte Budgetrestriktionen.* Die sowjetischen Betriebe arbeiteten häufig unter „weichen Budgetrestriktionen“, was bedeutet, daß betriebliche Verluste durch Subventionen abgedeckt wurden und nicht in den Konkurs führen. In der Marktwirtschaft tragen die Unternehmen selbst die Verantwortung für ihre Budgetierung. Es muß ihnen daher bewußt sein, daß ein unrentables Wirtschaften letztlich den Konkurs des Unternehmens und den wirtschaftlichen Ruin für dessen Manager bedeutet;
- *Privatisierung.* In einer Marktwirtschaft erfolgt der Großteil der Produktion in privatwirtschaftlich organisierten Unternehmen. So erbringt beispielsweise in den USA der Staat nur 3 Prozent der Produktionsleistung des BIP. In den kommunistischen Ländern nach sowjetischem Muster wurden hingegen zwischen 80 und 90 Prozent der gesamten Produktionsleistung vom Staat erbracht. Die Hinentwicklung zum Markt macht es erforderlich, daß die eigentlichen Entscheidungen über Einkäufe, Verkäufe, Preisgestaltung, Produktion sowie Kreditaufnahmen und -vergaben durch die Privatwirtschaft erfolgen müssen.

Weitere wichtige Aufgaben in diesem Übergang betreffen die Errichtung eines gesetzlichen Rahmenwerkes für den Markt, die Errichtung eines modernen Bankensystems, das Aufbrechen der verbreiteten Monopole, eine restriktivere Geld- und Fiskalpolitik, um eine galoppierende Inflation zu verhindern, die Öffnung der Wirtschaft gegenüber dem internationalen Wettbewerb und Maßnahmen, die die Währung dieser Länder konvertierbar machen. Es liegt also wohl auf der Hand, daß die Reformer in den ehemals kommunistischen Ländern ein hartes Stück Arbeit vor sich haben.

Eine weitere wesentliche Frage bezieht sich auf die *Abfolge der einzelnen Schritte des Übergangs*. Wo sollen die Reformer denn beginnen? Gegenwärtig unterscheidet man in der Reformdebatte zwei Lager: den radikalen Ansatz (oder die Schocktherapie) und den langsamen (stufenweisen) Ansatz. Die ersten Reformer in den ehemals kommunistischen Ländern sprachen sich für eine vorsichtige Vorgehensweise, für eine *schrittweise Reform* aus, wobei mehrere aufeinanderfolgende Phasen des Übergangs vorgesehen sind. Verfechter dieses Ansatzes würden etwa damit beginnen, die gesetzlichen Rahmenbedingungen für die Marktwirtschaft zu schaffen (Eigentumsrecht, Konkursordnung etc.). In einer nächsten Phase könnten sie sich Maßnahmen wie der Reduzierung des Budgetdefizits, einer Preisreform und der Schließung unrentabler Betriebe widmen. Als Abschluß würde sich die Freigabe der Preise und die Einführung des Wettbewerbs von außen sowie die Konvertibilität der Währung anbieten.

Diesen schrittweisen Ansatz wählten die Sowjetunion und die meisten anderen osteuropäischen Länder. In den ersten Jahren der *Perestroika* (Umgestaltung) unter Präsident Gorbatschow, es handelt sich dabei um den Zeitraum 1985–1990, waren die sowjetischen Reformen eher Stückwerk, und man erreichte auch nur sehr wenig. Manche der Reformmaßnahmen verschlimmerten sogar die bestehende Situation, weil die Anwendung des Marktes auf einzelnen Gebieten Gewinnmöglichkeiten schuf und zugleich die übrige Kommandowirtschaft unterminierte.

Viele westliche Ökonomen sprachen sich angesichts der Schwierigkeiten mit diesem schrittweisen Ansatz für einen möglichst raschen Übergang zur Marktwirtschaft aus. Einer der einflußreichen Ökonomen in dieser Sache war Jeffrey Sachs aus Harvard, der die Regierungen in Bolivien, Polen und Rußland beriet. Er überredete im Januar 1990 die polnische Regierung zum sogenannten *Schocktherapieansatz*, und die polnische Regierung gab weitgehend alle Preiskontrollen auf und öffnete die Wirtschaft für den Außenhandel. Zwar ist es heute noch zu früh, über den Erfolg des polnischen Experiments zu urteilen, aber die ersten Resultate lassen doch den Schluß zu, daß sich ein Erfolg einstellte, was den Abbau der Zentralplanungsbürokratie und die Belebung des privaten Sektors betraf. Zugleich aber vereitelten die hohe Inflation, die rückläufigen Reallöhne und die hohe Arbeitslosenrate die nötige politische Unterstützung für eine radikale Wirtschaftsreform.

Die Wirtschaftsreform in Rußland hat sich als noch schwieriger erwiesen als im restlichen Osteuropa. Das sollte uns allerdings auch nicht überraschen, bedenkt man die lange Zeitspanne, in der der Kommunismus das Land beherrschte, und die Tatsache, daß man in Rußland die Schuld an den bestehenden Zuständen auf keine ausländische Macht schieben konnte. Nach dem verhinderten *Putsch* im August 1991 installierte Präsident Boris Jelzin eine Regierung mit vielen jungen Radikalreformern, angeführt vom Ökonomen Igor Gaidar. Sie übernahmen den polnischen Schocktherapieansatz für eine Radikalreform, indem sie die Preise großteils freigaben und Anfang 1992 die Grenzen für den internationalen Handel öffneten. Leider war diese Regierung politisch schwach und in sich gespalten, und die Zentralbank vergab weiterhin weiche Kredite an Unternehmen, mit dem Erfolg, daß Geldmenge und Darlehensvolumen rapid anwuchsen und die Preise bis an die Grenze der Hyperinflation (rund 1.000 Prozent jährlich) davongaloppierten. Auch in der Entwicklung von Institutionen des Marktes zeichneten sich in Rußland nur langsam Fortschritte ab, was wohl auf die tiefliegenden Wurzeln der Kommandowirtschaft und die mangelnde Bereitschaft, den Unternehmen harte Budgetrestriktionen aufzuerlegen, zurückzuführen ist. Die Gaidar-Regierung wurde bald des Amtes enthoben und durch ein „gemäßigtes" Kabinett ersetzt, das einen langsameren, schrittweisen Weg zur Reform einschlagen wollte. „Zwei Schritte vorwärts und einer zurück" wäre die zutreffende Beschreibung für die Reformbemühungen in Rußland und vielen vormals kommunistischen Staaten.

Aussicht der Reformen. Die Reformbestrebungen in den ehemals kommunistischen Ländern stecken noch in den Kinderschuhen, und es wird noch viele Jahre dauern, bis wir über die Ergebnisse urteilen können. Eine nüchterne Einschätzung der Erfolgschancen muß wohl viele Fehlschläge auf dem Weg hin zum Markt einkalkulieren. Erstens tritt anfangs immer eine Verschlimmerung der Situation ein, bevor sich etwas bessert. Eine Kommandowirtschaft bedeutet ein heikles Gleichgewicht vernetzter Interessen und Klassen. Eine durchgreifende Reform unterbricht die normalen Handelskanäle und hemmt so eine Zeitlang sogar das Wirtschaftswachstum. Die fest verwurzelte Bürokratie setzt natürlich aus ihrem Wunsch heraus, die wirtschaftliche Macht zu behalten, allen Reformbestrebungen heftigen Widerstand entgegen.

Außerdem führt die Reise von Marx zum Markt in unbekannte Gewässer. Es gibt in der Wirtschaftsgeschichte keine Vorbilder oder Beispiele für den Übergang von einer Zentralplanungswirtschaft zu einer Marktwirtschaft. Wir erkennen zwar, daß der Übergang schwierig ist und daß bisher kein einziges der betroffenen Länder von Problemen wie einer hohen Arbeitslosigkeit, galoppierender Inflation, wirtschaftlichem Abschwung und politischem Aufruhr – wenn auch in unterschiedlicher Zusammensetzung – verschont geblieben ist. Dabei geht es sowohl für die ehemals kommunistischen Länder als auch für ihre früheren Feinde und neuen Freunde im Westen um enorm viel, weil ein fehlgeschlagener Übergang zur Marktwirtschaft die Gefahr politischer Turbulenzen in sich birgt.

DIE VERANTWORTUNG DER REICHEN

Dieses Kapitel hat sich mit den Problemen einkommensschwacher Länder beschäftigt. Trotzdem aber sind diese Regionen Teil eines größeren Netzes aus Märkten und politischen Systemen. Welche Verantwortung kommt dabei der entwickelten Welt zu? Ein bedeutender Entwicklungstheoretiker, der Wissenschaftler T. N. Srinivasan, findet dafür folgende Worte:

> Ohne liberale Rahmenbedingungen für internationale Handelsbeziehungen und Finanzsysteme ... müssen die Bemühungen der Entwicklungsländer fehlschlagen. Ein Wiedererstarken des Protektionismus in der industrialisierten Welt ... wäre extrem schädlich. Der erfolgreiche Abschluß von [Handelsabkommen], die zur Abschaffung eines Großteils der Zölle und anderer Handelsbarrieren führen würden, die derzeit die Exporte aus den Entwicklungsländern behindern, sowie die Akzeptanz der vollinhaltlichen Rechte und Verpflichtungen des GATT-Systems durch die Entwicklungsländer ... ist unabdingbar. Vor allem aber sollten sich die internationalen Kreditgeber mit aufgestockten Ressourcen ihrer vorrangigen Rolle als Bereitsteller finanzieller Mittel neu besinnen, um sie Ländern mit dem glaubhaften Bemühen, eine realistische und aller Voraussicht nach auch umsetzbare Entwicklungsstrategie zu verfolgen, für ihre wirtschaftliche Entwicklung zu angemessenen Bedingungen zur Verfügung zu stellen, und sie werden dazu ihre derzeitige Funktion als „Schuldeneintreiber" für wenig umsichtige Kreditgeber sorgloser Kreditnehmer wieder aufgeben müssen.[7]

ZUSAMMENFASSUNG

A. Der Kampf um die wirtschaftliche Entwicklung

1. Der Großteil der Welt besteht aus Entwicklungsländern mit relativ niedrigen Pro-Kopf-Einkommen. Diese Länder verzeichnen häufig ein hohes Bevölkerungswachstum, Analphabetentum und einen hohen Beschäftigungsanteil in der Landwirtschaft. Von den Entwicklungsstaaten sind einige Schwellenländer oder sogenannte NICs. Dieser Gruppe ist es gelungen, den Teufelskreis der Unterentwicklung zu durchbrechen.
2. Der Schlüssel zur wirtschaftlichen Entwicklung liegt in vier grundlegenden Faktoren: Humanressourcen, natürlichen Ressourcen, Kapitalbildung (im Inland oder importiert) und Technologie. Das explosive Bevölkerungswachstum und die malthusianische Vorhersage abnehmender Erträge trifft die weniger entwickelten Länder. Bei konstruktiver Betrachtung haben die Verbesserung der Volksgesundheit, der Volksbildung und der technischen Ausbildung der Bevölkerung oberste Priorität.
3. Die Kapitalbildung schreitet in einkommensschwachen Ländern sehr langsam voran, weil hier die Einkommen so gering sind, daß nur wenig für die Zukunft beiseite gelegt werden kann. Die Wachstumsfinanzierung in armen Ländern war seit jeher ein schwaches Glied in der Kette des Produktionsmechanismus. Zur letzten Krise kam es, als in den siebziger Jahren viele Länder mit mittlerem Einkommensniveau hohe Kredite aufnahmen, um ehrgeizige Entwicklungsprogramme zu finanzieren. Die Abschwächung des Wirtschaftswachstums zu Beginn der achtziger Jahre führte zu einer Aufblähung der Schuldenstände, was es den betroffenen Ländern unmöglich machte, genügend zu exportieren, um ihre Auslandsschulden zu bedienen und die benötigten Importe zu begleichen.
4. Technologischer Wandel wird häufig mit Investitionen und neuer maschineller Ausstattung in Zusammenhang gebracht. Und damit zeichnet sich mehr als ein Hoffnungsschimmer für die Entwicklungsländer ab, weil auch sie die produktiveren Techniken der reifen Industrienationen übernehmen können. Dazu allerdings ist ein funktionierendes Unternehmertum nötig. Eine Aufgabe der Entwicklungspolitik ist es daher, in diesen Ländern den nur spärlich vorhandenen Unternehmergeist zu wecken.
5. Es gibt zahlreiche Entwicklungstheorien zur Erklärung des Umstandes, warum in einer bestimmten Situation die vier Grundfaktoren vorhanden sind oder fehlen. Geographische und klimatische Einflüsse, Gebräuche, religiöse und geschäftliche Gepflogenheiten, Klassenkonflikte und politisches System – alle diese Faktoren wirken sich auf die wirtschaftliche Entwicklung aus, wenn

[7] T. N. Srinivasan, „Development Thought, Strategy and Policy: Then and Now," Hintergrundpapier für den *World Development Report 1991*, Oktober 1990. Der *World Development Report 1991* enthält eine detaillierte, nicht allzu technische Abhandlung über Theorie und Praxis wirtschaftlicher Entwicklung.

auch nie auf ganz direkte oder unveränderliche Weise. Eher überzeugen können hier: die sogenannte Takeoff-Theorie (wonach eine Kombination aus steigenden Erträgen und Infrastruktur ein kräftiges und rasches Wachstum ermöglichen), die Rückständigkeitshypothese (die davon ausgeht, daß die weniger fortgeschrittenen Länder den Aufschluß zu den fortgeschritteneren rasch schaffen können, wenn sie von letzteren Technologie und Techniker übernehmen) und schließlich die gleichgewichtige Wachstums-Theorie (wonach die Länder, egal ob fortgeschritten oder rückständig, etwa in der gleichen Geschwindigkeit wachsen).

B. Alternative Entwicklungsmodelle

6. Die gemischte Marktwirtschaft der USA stellt nicht das einzige Modell einer wirtschaftlichen Entwicklung dar. Es gibt auch andere Strategien wie den Ansatz der gelenkten Marktwirtschaft in den ostasiatischen Ländern, den Sozialismus und die Kommandowirtschaft sowjetischer Prägung.
7. Die gelenkte Marktwirtschaft Japans und der Tigerstaaten Südkorea, Hongkong, Taiwan, Thailand und Singapur etc. hat sich in den letzten 25 Jahren als bemerkenswert erfolgreich erwiesen. Zu den wichtigsten Zutaten dieser Politik gehören makroökonomische Stabilität, hohe Investitionsraten, ein vernünftiges Finanzsystem, rasche Fortschritte im Ausbildungsstand der Bevölkerung und eine ausgeprägte Exportorientierung.
8. Der Sozialismus bezieht eine Mittelstellung zwischen Kapitalismus und Kommunismus, wobei hier das staatliche Eigentum an Produktionsmitteln, staatliche Planung, Einkommens-Umverteilung und ein friedlicher Übergang in eine neue Welt im Vordergrund stehen.
9. Historisch gesehen konnte der Marxismus im halbfeudalen Rußland am besten Wurzeln schlagen. Eine Studie über das *Was, Wie* und *Für wen* der Kommandowirtschaft sowjetischen Stils zeigt eine umfassende Zentralplanung weiter Bereiche der Ressourcenallokation (mit einer besonderen Betonung der Verteidigung, einer hohen Investitionsrate und rascher Industrialisierung). Die sowjetische Wirtschaft wuchs während der ersten Jahrzehnte ihres Bestehens sehr schnell, aber Stagnation und schließlich der Zusammenbruch haben in Rußland und den früheren kommunistischen Ländern zu einem Einkommensniveau geführt, das weit unter jenem Nordamerikas, Japans und Westeuropas liegt.
10. Angesichts des verlangsamten Wirtschaftswachstums und in ihrem Wunsch nach einer Wirtschaftsreform überlegten Rußland und die anderen ehemals kommunistischen Staaten, ob sie sich nicht doch für den Markt entscheiden sollten. Der Übergang ist ein dorniger Weg, weil unter anderem weiche Budgetrestriktionen, rigide und verzerrte Preisstrukturen sowie unzureichende gesetzliche Rahmenbedingungen einen raschen Fortschritt verhindern. Die zwei wichtigsten Strategien für diesen Übergang sind der Schocktherapieansatz zahlreicher gleichzeitig gesetzter radikaler Maßnahmen und der vorsichtigere schrittweise Ansatz, der eine bestimmte Abfolge der Reformen vorsieht, um den wirtschaftlichen Kollaps zu verhindern. Politischer Widerstand und immer drückendere Versorgungsengpässe werden diesen Staaten den Luxus einer umsichtigen Planung des Übergangs vielleicht gar nicht gestatten.

BEGRIFFE ZUR WIEDERHOLUNG

Wirtschaftliche Entwicklung

Entwicklungsländer
Entwicklungsindikatoren
Takeoff-, Rückständigkeits- und gleichgewichtige Wachstums-Hypothese
Binnenwirtschaft oder außenwirtschaftliche Orientierung

Alternative Entwicklungsmodelle

Sozialismus, Kommunismus
Kommandowirtschaft sowjetischer Prägung

FRAGEN UND BEISPIELE

1. Stimmen Sie mit der Lobrede auf das materielle Wohlergehen überein, die im Eingangszitat dieses Kapitels gehalten wird?
2. Skizzieren Sie jeden der vier wichtigen Antriebsfaktoren wirtschaftlicher Entwicklung. Wie sind – unter Bezugnahme auf diese vier Faktoren – die einkommensstarken erdölexportierenden Staaten reich geworden? Welche Hoffnung gibt es für ein Land wie Bangladesh mit seinen sehr geringen Pro-Kopf-Ressourcen an Kapital, Land und Technologie?
3. Von Zeit zu Zeit wird der „Teufelskreis der Unterentwicklung“ beschworen. Das rasche Bevölkerungswachstum in

einkommensschwachen Ländern macht sofort jegliche Verbesserung in der Technoogie zunichte und führt zu einer weiteren Minderung des Lebensstandards. Bei einem zu geringen Pro-Kopf-Einkommen kann das Land nicht sparen und investieren und betreibt daher in erster Linie Landwirtschaft für den Eigenbedarf. Solange aber der Großteil der Bevölkerung auf Farmen lebt und arbeitet, besteht wenig Hoffnung auf Bildungsfortschritte, eine geringere Geburtenrate oder auf Industrialisierung. Müßten Sie ein solches Land beraten, wie könnte es Ihrer Meinung nach den Teufelskreis durchbrechen?

4. Vergleichen Sie die Situation, in der sich ein Entwicklungsland heute befindet, mit jener, in der es sich (bei vergleichbarem Pro-Kopf-Einkommen) vor 200 Jahren befunden hätte. Erklären Sie anhand der vier Räder des Karrens der Wirtschaftsentwicklung die Vor- und Nachteile, denen sich ein Entwicklungsland heute gegenübersieht.
5. Analysieren Sie, wie das *Was, Wie* und *Für wen* in einer Kommandowirtschaft nach Art der Sowjetunion gelöst werden, und vergleichen Sie Ihre Analyse mit der Lösung der drei zentralen Fragen in einer Marktwirtschaft.
6. **Problemstellung für Fortgeschrittene:** (für jene, die auch die Theorie des Wirtschaftswachstums in Kapitel 28 studiert haben): Wir können unsere Wachstumsbilanzgleichung erweitern, so daß sie drei Faktoren enthält, und folgende Gleichung aufschreiben:

$$g_Q = s_L g_L + s_K g_K + s_R g_R + \textbf{T.C.}$$

wobei g_Q = Output-Wachstumsrate, g_i = Input-Wachstumsrate (i= Inputs in die Produktion = L für Arbeit, K für Kapital und R für Boden und andere natürliche Ressourcen), und s_i = der Beitrag jedes Inputs zum Outputwachstum, gemessen an seinem Anteil am Volkseinkommen ($0 \leq s_i \leq 1$ und $s_L + s_K + s_R = 1$). T.C. mißt den technologischen Wandel.

a. In den ärmsten Entwicklungsländern nähert sich der Kapitalanteil Null, die Hauptressource ist landwirtschaftlich genutzter Ackerboden (eine Konstante), und es gibt nur wenig technologischen Wandel. Können Sie erklären, warum der Pro-Kopf-Output wahrscheinlich stagniert oder sogar zurückgeht (d.h. $g_Q < g_L$)? Erklären Sie die Hypothese von Malthus anhand dieses Modells.
b. In reifen Industriestaaten fällt der Anteil der Bodenressourcen praktisch auf Null. Warum gleicht sich in diesem Fall die verallgemeinerte Wachstumsbilanzgleichung an jene an, die in Kapitel 28 ausgeführt ist? Können Sie den Fehler der malthusianischen Hypothese anhand dieser Gleichung erklären?
c. Glaubt man Pessimisten unter den Wirtschaftsprognostikern (darunter auch einer Gruppe sogenannter *Neomalthusianer*), so ist der technische Fortschritt nahe Null, das verfügbare Angebot an natürlichen Ressourcen nimmt ab, während der Einsatz der Ressourcen groß ist und weiter zunimmt. Deutet das auf eine düstere Zukunft der Industriestaaten hin? Welche Annahmen der Neomalthusianer würden Sie in Frage stellen?

7. Eine der überraschenden Schlußfolgerungen rückblickender Studien ist die große Bedeutung der außenwirtschaftlichen Orientierung von Staaten in Form einer gezielten Förderung des internationalen Handels. Erklären Sie die Gründe, die hinter einer solchen Strategie stehen könnten.

KAPITEL 37

MIT DER GLOBALEN WIRTSCHAFT LEBEN LERNEN

Before I built a wall I'd ask to know
What I was walling in or walling out ...

Bevor ich eine Mauer baue, will ich wissen,
was ich mit ihr ein- oder ausgrenzen würde.

Robert Frost

Wie die anderen Industrienationen sind auch die USA Teil eines globalen Marktes. Ereignisse selbst in weit entfernten Kontinenten wirken sich drastisch auf die US-Wirtschaft aus. Politische Unruhen im Mittleren Osten können die Ölpreise in höchste Höhen treiben und dramatische Rezessionen auslösen. Der Zusammenbruch der Sowjetunion und die deutsche Wiedervereinigung haben in Deutschland hohe Zinssätze und europaweit eine tiefe Rezession hervorgerufen, was die Wachstumsraten weltweit dämpft. Positiv ist zu vermerken, daß die rasche wirtschaftliche Expansion von Entwicklungsländern in Ostasien riesige neue Märkte für amerikanische Güter und Dienstleistungen erschließen kann. Schlägt einem Land die Stunde, schlägt sie allen.

Wie aber sind die Wirtschaftsverbindungen zwischen den Staaten beschaffen? In den letzten drei Kapiteln haben wir uns mit den wichtigsten außenwirtschaftlichen Mechanismen befaßt. Wir haben gesehen, daß der internationale Handel nicht durch Bartergeschäfte nach dem Muster amerikanische Computer gegen japanische Autos, sondern über das Medium Geld abgewickelt wird. Der Handel erfolgt durch den An- und Verkauf von Waren für Dollar oder Yen oder andere Währungen. Außerdem haben wir erkannt, daß es der internationale Handel den Ländern ermöglicht, ihren Lebensstandard durch Spezialisierung auf Gebieten ihres jeweiligen komparativen Vorteils zu erhöhen, indem sie Güter exportieren, die sie relativ effizient herstellen können, und andere importieren, bei denen sie vergleichsweise ineffizient sind.

Wie jedoch Kapitel 36 gezeigt hat, kommt es nicht nur auf die Kräfte des komparativen Vorteils an. Manche Länder haben ihre Wirtschaft gut im Griff, sie verwenden die neuen Technologien und nutzen die weltweiten Märkte, und sie wachsen und gedeihen. Andere sind zurückgefallen, entweder weil sie im Teufelskreis der Armut gefangen sind, oder weil Krieg, Korruption oder die allzu schwere Last staatlicher Regulierungsmaßnahmen den flammenden Geist des Unternehmertums erstickt und die besten Pläne verdorben haben.

Der Handel zwischen den Nationen ist bisweilen frei nach Darwin ein brutaler Kampf ums Überleben, genauer um Marktanteile, Gewinne und lebenswichtige Ressourcen. Doch die Menschen haben sich über den Kampf jeder gegen jeden erhoben und Institutionen entwickelt, die der gemeinsamen Sache des Wachstums und der Fairness auf der internationalen Bühne dienen. Zu diesen Institutionen gehören Systeme zur Steuerung der internationalen Finanzmechanismen sowie zur Koordinierung der Wirtschaftspolitik und Abkommen zur Verringerung der internationalen Umweltprobleme. In diesem letzten Kapitel wollen wir die drängendsten internationalen Wirtschaftsprobleme und einige jener Kooperationsinstitutionen untersuchen, die entstanden sind, damit die internationalen Märkte besser funktionieren.

A. DAS INTERNATIONALE FINANZSYSTEM

Wir beginnen mit einer Analyse des **Wechselkurssystems**, wobei dieser Begriff ein komplexes Gefüge aus Regeln, Arrangements und Einrichtungen bezeichnet, mit denen Zahlungen für grenzüberschreitende Transaktionen getätigt und entgegengenommen werden können. Insbesondere bestimmt das Wechselkurssystem über die Bildung der Wechselkurse, wie viele Yen man etwa für jeden Dollar erhält etc.

Zur Erinnerung: das Wesen von Geldwechselgeschäften. *Wie wir bereits in Kapitel 34 gesehen haben, gehört zum internationalen Handel die Verwendung verschiedener nationaler Währungen, die durch ihre jeweiligen Preise, genannt* Wechselkurse, *untereinander verbunden sind. Auf dem Devisenmarkt ergibt sich eine Nachfrage nach amerikanischen Dollars durch Ausländer, die Güter, Dienstleistungen und Investitionen aus Amerika kaufen möchten; das Angebot an amerikanischen Dollars rührt von Amerikanern her, die ausländische Waren und Finanzanlagen erwerben möchten. Die Wechselwirkung dieser Angebote und Nachfragen bestimmt den Wechselkurs.*

Ein sinkender Marktpreis einer Währung wird als Kursverlust bezeichnet, ein steigender Wert einer Währung als Kursgewinn. In einem System, in dem die Staaten Wechselkurse offiziell festsetzen, wird eine Senkung des offiziellen Wechselkurses als Abwertung, eine Erhöhung als Aufwertung bezeichnet.

Die Bedeutung des internationalen Währungssystems wurde vom Wirtschaftswissenschaftler Robert Solomon gut beschrieben:

> *Genauso wie die Ampeln einer Stadt nehmen wir auch das internationale Währungssystem fraglos hin, bis es plötzlich nicht mehr richtig funktioniert und das Leben der Menschen empfindlich stört ... Ein gut funktionierendes Währungssystem erleichtert den internationalen Handel und Investitionen und ermöglicht eine flexiblere Anpassung an geänderte wirtschaftliche Umstände. Ein schlecht funktionierendes Währungssystem bringt vielleicht Handel und Investitionen zwischen den Ländern nicht zum Stillstand, aber es setzt die betroffenen Volkswirtschaften schädlichen Schocks aus, wenn fällige Anpassungen an geänderte Situationen verhindert oder verzögert werden.*[1]

In den letzten Jahren unterscheiden wir im wesentlichen drei Wechselkurssysteme, unter denen die Staaten wählen:

- Ein System flexibler oder frei schwankender Wechselkurse, in dem die Wechselkurse ausschließlich durch die Marktkräfte bestimmt werden.
- Ein System fester Wechselkurse.
- Ein Mischsystem aus „administrierten" Wechselkursen, das einige frei schwankende Währungen, Währungen, deren Wert sich aus einer Kombination staatlicher Eingriffe und der Wirkung der Marktkräfte ergibt, sowie feste Währungen umfaßt, die an eine Währung oder eine Gruppe von Währungen gebunden sind.

FLEXIBLE ODER FREI SCHWANKENDE WECHSELKURSE

Am einen Ende des Spektrums steht ein internationales Finanzsystem, in dem die Wechselkurse absolut flexibel sind und sich ausschließlich unter dem Einfluß von Angebot und Nachfrage bilden. Dieses System der **frei schwankenden** oder **flexiblen Wechselkurse** impliziert, daß der jeweilige Staat weder einen offiziellen Wechselkurs bekanntgibt, noch Schritte unternimmt, um einen bestimmten erwünschten Wechselkurs durchzusetzen. Demnach werden in einem frei schwankenden Wechselkurssystem die relativen Preise der Währungen durch Ein- und Verkauf zwischen Haushalten und Unternehmen gebildet.

Überlegen wir doch einmal, wie sich freie Wechselkurse bilden. Nehmen wir an, die USA beschließen bei einem Wechselkurs $ 1,50 zu £ 1, mehr britische Waren zu importieren. Das bedeutet, daß die Amerikaner eine größere Menge an britischen Pfund nachfragen, um bri-

[1] Robert Solomon, *The International Monetary System, 1945–1976: An Insider's View* (Harper & Row, New York, 1977), S. 1, 7.

tische Waren kaufen zu können, während die Briten weniger britische Pfund anbieten.

Und was geschieht dann? Der Pfund-Nachfrageüberhang zieht den Pfundpreis nach oben (bzw. den Dollarpreis nach unten). Wie sehr werden sich die Wechselkurse dadurch verändern? Gerade so weit, daß – zum neuen höheren Kurs von beispielsweise $ 2 pro Pfund – die angebotenen und nachgefragten Mengen einander entsprechen. Der Pfundpreis muß so weit angehoben werden, bis die verringerte Menge an nachgefragten dem höheren Angebot an britischen Pfund entspricht.

Was genau steckt hinter diesem Angebot und dieser Nachfrage? Wir unterscheiden zwei wichtige Schritte: (1) Bei höherem Pfundkurs verteuern sich die Importe an britischen Gütern, Dienstleistungen und Investitionen, wodurch unsere Importnachfrage wie üblich sinkt. (2) Angesichts des nunmehr günstigeren Dollarkurses kosten US-Güter für Ausländer weniger. Diese fragen daher größere Mengen an amerikanischen Exportgütern nach.

Und wo in diesem Mechanismus finden wir den Staat? In einem frei schwankenden Währungssystem hat der Staat nichts zu sagen. Er läßt es zu, daß der Devisenmarkt den Wert der Währung bestimmt, wie er es auch den Märkten gestattet, den Wert von Salat, Maschinen, Aktien oder Kupfer zu bestimmen. Deshalb sind in diesem System enorme Schwankungen innerhalb kürzester Zeit möglich.

FESTE WECHSELKURSE: DER KLASSISCHE GOLDSTANDARD

Am anderen Ende des Spektrums finden wir hingegen das System der **festen Wechselkurse**, in dem die Staaten exakt das Verhältnis festlegen, zu dem Dollars in Pfund, Yen, Mark etc. umgetauscht werden können. Historisch gesehen ist das wichtigste Beispiel für ein System fester Wechselkurse der **Goldstandard** oder die **Goldwährung**. In diesem System definierte jedes Land den Wert seiner Währung anhand einer festgelegten Goldmenge, wodurch sich ausgehend vom Goldstandard feste Wechselkurse zwischen den Ländern ergaben.[2]

Wie der Goldstandard funktionierte, läßt sich leicht an einem vereinfachten Beispiel demonstrieren. Nehmen wir an, überall auf der Welt würden die Leute darauf bestehen, sich mit kleinen Goldnuggets bezahlen zu lassen. So wäre für den Kauf eines Fahrrades in Großbritannien nur eine Zahlung in Gold zu einem Kurs erforderlich, der sich in Goldunzen ausdrücken ließe. Es gäbe per definitionem kein Wechselkursproblem. Gold wäre die gemeinsame Weltwährung.

Mit diesem Beispiel treffen wir sehr genau das Wesen des Goldstandards. Wird Gold zum Tausch- oder Geldmittel, unterscheidet sich der Außenhandel in keiner Weise vom Binnenhandel; man kann für alles mit Gold bezahlen. Der einzige Unterschied von Land zu Land besteht darin, daß verschiedene *Maßeinheiten* für die jeweiligen Goldmünzen gewählt werden. So beschloß etwa Königin Victoria in England, britische Münzen zu rund einer Viertel Unze Gold prägen zu lassen (das britische Pfund), während Präsident McKinley die amerikanische Einheit mit 1/20 Unze Gold festlegte (den Dollar). In diesem Fall betrug der Wechselkurs des britischen Pfund, das fünfmal so schwer war wie der Dollar, zum Dollar $ 5 zu £ 1.

So funktionierte der vor 1914 herrschende Goldstandard. In der Praxis verwendeten die Länder dann doch lieber ihre eigenen Münzen. Aber es stand jedem frei, Münzen einzuschmelzen und sie zum gängigen Goldpreis zu verkaufen. Damit wurden die Wechselkurse aller Länder anhand des Goldstandards fixiert. *Die Wechselkurse* (auch als *amtliche Wechselkurse* oder *Paritäten* bezeichnet) für verschiedene Währungen wurden durch den Goldgehalt der Geldeinheiten bestimmt.

Humes Goldfluß-Ausgleichsmechanismus

Der spezielle Vorteil des Goldstandards wie auch jedes anderen Systems fester Wechselkurse ist seine Vorhersagbarkeit. Die Händler können in anderen Ländern Handel treiben und investieren, ohne sich Sorgen machen zu müssen, daß sich die Wechselkurse plötzlich ändern und ihre Geschäfte unprofitabel machen könnten.

Die Schwierigkeit bei allen festen Wechselkurssystemen besteht darin, daß sie volkswirtschaftliche Anpas-

---

[2] Warum wurde Gold anstatt irgendeines anderen Zahlungsmittels als standardmäßiges Wechsel- und Zahlungsmittel gewählt? Man hätte natürlich auch ein anderes Material verwenden können, doch Gold hatte den Vorteil, knapp und relativ verschleiß-unempfindlich zu sein und kaum für industrielle Anwendungen zu taugen. Können Sie erklären, warum Wein, Weizen und Rinder keine sinnvollen Zahlungsmittel zwischen den Ländern gewesen wären?

sungen verhindern können, wenn Preise und Handelsaktivitäten zwischen einzelnen Ländern weit nach oben oder unten ausscheren. Was geschieht beispielsweise, wenn das Lohn- und Preisniveau eines Landes so stark ansteigt, daß seine Güter auf dem Weltmarkt nicht mehr konkurrenzfähig sind? Bei freien oder flexiblen Wechselkursen würde in dieser Situation ein Kursverlust eintreten, der die heimische Inflation ausgleicht; bei festen Wechselkursen muß hingegen das Gleichgewicht durch Deflation im Inland oder Inflation im Ausland wieder hergestellt werden.

Nehmen wir an, die US-Amerikaner würden ihre Importe britischer Waren so sehr steigern, daß den USA dadurch ein Außenhandelsdefizit mit Großbritannien entsteht. Um dieses Defizit bezahlen zu können, müßten die USA Gold nach Großbritannien transferieren. Schließlich – gäbe es keine Anpassungen in den USA oder in Großbritannien – würde irgendwann den USA das Gold ausgehen.

Tatsächlich existiert jedoch ein automatischer Anpassungsmechanismus, wie vom britischen Philosophen David Hume 1752 nachgewiesen werden konnte. Hume zeigte auf, daß der Goldabfluß nur Teil eines Mechanismus ist, der auf eine ausgeglichene Zahlungsbilanz hinwirkt. Seine Argumentationsweise, obwohl vor fast 250 Jahren entwickelt, bietet wichtige Einsichten in den Ablauf dessen, was die Handelsflüsse auch in der heutigen Wirtschaft ausgleicht.

Die Erklärung Humes beruhte teilweise auf der Quantitätstheorie, einer Schlüsseltheorie zum Thema allgemeines Preisniveau, mit dem sich die Makroökonomie beschäftigt. Nach dieser Lehre entspricht das allgemeine Preisniveau in einer Wirtschaft der jeweiligen Geldmenge. Im Goldstandard-System war Gold ein wichtiger Teil des Geldangebotes – sei es direkt, in Form von Goldmünzen, oder indirekt, wenn die Staaten Gold zur Deckung ihres Papiergeldes verwendeten.

Wie würde sich ein Goldverlust eines Landes auswirken? Erstens wäre dadurch ein Rückgang der Geldmenge dieses Landes zu verzeichnen, und zwar entweder durch den Export von Goldmünzen oder durch den Abfluß eines Teils des Goldes zur Deckung der Währung. Wenn wir diese beiden Folgen kombiniert betrachten, so führt ein Verlust an Gold offensichtlich zu einem Rückgang der Geldmenge. Als nächster Schritt kommt es nach der Mengentheorie zu einer Verschiebung der Preise und Kosten proportional zur Änderung der Geldmenge. Verlieren also die USA 10 Prozent ihres Goldes, weil sie damit für ein Handelsdefizit aufzukommen haben, so prognostiziert die Quantitätstheorie, daß die amerikanischen Preise, Kosten und Einkommen um 10 Prozent fallen werden. Mit anderen Worten, die Wirtschaft schlittert in eine Deflation. Würden plötzlich entdeckte Goldvorkommen in Kalifornien das amerikanische Goldangebot drastisch erhöhen, dürften wir erwarten, daß auch das Preisniveau in den USA proportional ansteigen würde.

Der Vierphasenmechanismus. Betrachten wir nun Humes Theorie des Zahlungsbilanzausgleichs. Nehmen wir an, Amerika hätte ein großes Außenhandelsdefizit und begänne daher Gold zu verlieren. Nach der Quantitätstheorie würde dieser Goldverlust die amerikanische Geldmenge vermindern und so Preise und Kosten in den USA senken. In der Folge müßten (1) die amerikanischen Importe britischer und anderer ausländischer Güter zurückgehen, die sich relativ verteuert haben; und müßten (2) die amerikanischen Exporte, weil die heimischen Güter auf den Weltmärkten relativ billig geworden sind, Zuwächse verzeichnen.

Der gegenteilige Effekt tritt in Großbritannien und anderen Ländern ein. Bei einem rapiden Anstieg der britischen Exporte erhält das Land im Gegenzug Gold. Die britische Geldmenge steigt an und die britischen Preise und Kosten werden entsprechend der Quantitätstheorie angehoben. Und hier kommen zwei weitere „Phasen“ des Humeschen Mechanismus ins Spiel: (3) die britischen und sonstigen ausländischen Exporte haben sich verteuert, daher nimmt das Volumen der in die USA exportierten Güter ab; und (4) die britischen Bürger importieren nun, angesichts eines höheren heimischen Preisniveaus, größere Mengen an billigen amerikanischen Gütern.

Das Ergebnis des „vierphasigen“ Humeschen Goldflußmechanismus ist eine Verbesserung der Zahlungsbilanz jenes Landes, das Gold verliert, und eine Verschlechterung der Zahlungsbilanz des Landes, das Gold gewinnt. Schließlich tritt bei einem neuen relativen Preisniveau wieder ein Außenhandels- und Finanzgleichgewicht ein, bei dem die Handelsflüsse und Kreditvergaben – per Saldo ohne Goldfluß – im Gleichgewicht bleiben. Dieses neue Gleichgewicht ist stabil und erfordert zu seiner Aufrechterhaltung keine Zölle oder sonstigen staatlichen Interventionen.

Das Verständnis des Goldstandards ist nicht nur wegen seiner historischen Bedeutung unerläßlich, sondern hier haben wir es auch mit einem reinen Beispiel eines feste Wechselkurssystems zu tun. Tatsächlich tauchen alle paar Jahre Befürworter der Goldwährung auf und empfehlen die neuerliche Einführung des Goldstandards als Patentrezept gegen Inflation oder Währungsinstabilität.

Doch gleichgültig, wie man heute zum Goldstandard steht, läßt sich immerhin eine allgemeine Aussage treffen, die sich auf alle festen Wechselkurssysteme bezieht: Wenn Wechselkurse nicht frei schwanken können, sobald Niveauunterschiede bei Preisen oder Einkommen zwischen den Ländern auftreten, müssen sich die *heimischen* Preise und Einkommen anpassen. Nach dem Humeschen Mechanismus sind es die Goldflüsse, die Preise und Löhne verändern und das Gleichgewicht sicherstellen; nach moderner makroökonomischer Denkweise sind Produktion und Beschäftigung ein notwendiger Teil jenes Mechanismus, der Löhne und Preise bewegt. Wir werden später in diesem Kapitel noch erörtern, daß hinter der tiefen Rezession im Europa der beginnenden neunziger Jahre die Notwendigkeit *realer* Produktions- und Beschäftigungsanpassungen zur Herstellung eines *relativen Preisgleichgewichts* zwischen Ländern mit festen Wechselkursen stand.

ADMINISTRIERTES WECHSELKURSSYSTEM

Heute entscheiden sich nur wenige Staaten für eines der Extreme, also für absolut feste oder absolut frei schwankende Wechselkurse. Die Norm ist die Mittelposition eines **administrierten Wechselkurssystems**, in dem die Wechselkurse zwar grundsätzlich durch die Marktkräfte bestimmt werden, doch in dem die Staaten auch Devisen kaufen oder verkaufen oder ihre Geldpolitik gezielt so verändern, daß sie dadurch die Wechselkurse beeinflussen.

Staatliche Interventionen

Ein Wechselkursmanagement erfordert staatliche Eingriffe auf ausländischen Devisenmärkten. Von staatlichen Wechselkurs-**Interventionen** spricht man, wenn der Staat seine eigenen oder fremde Währungen kauft oder verkauft, um Einfluß auf die Wechselkurse zu nehmen. So könnte beispielsweise die japanische Regierung an einem bestimmten Tag $ 1 Milliarde japanische Yen mit US-Dollars kaufen. Damit würde sie einen Wert- oder Kursanstieg des Yen bewirken. Im allgemeinen intervenieren Staaten heftig, wenn sie meinen, der Wechselkurs ihres Landes sei höher oder niedriger als gewünscht.

Abbildung 37-1 zeigt die Funktionsweise eines festen Wechselkurssystems. Nehmen wir an, Frankreich und Deutschland seien übereingekommen, einen festen Wechselkurs von 4 französischen Francs pro deutscher Mark beizubehalten. Das ursprüngliche Gleichgewicht ist als Punkt *A* in Abbildung 37-1 zu sehen. Bei einem Wechselkurs von 4 Francs pro Mark sind Angebot und Nachfrage nach DM gleich hoch.

Unter der Annahme, daß plötzlich die DM-Nachfrage zurückgeht, vielleicht weil Frankreich eine konjunkturschwache Phase durchmacht oder weil die deutschen Zinsen sinken, kommt es zu einer Verschiebung der Nachfrage von *DD* nach *D'D'*. Würde es sich um einen frei schwankenden Wechselkurs handeln, müßte dieser nun auf ein neues Gleichgewicht zurückfallen, das in Abbildung 37-1 als Punkt *B* dargestellt ist und das einen Kursverlust der Mark und einen Kursgewinn des Francs bedeuten würde.

Und genau hier spießt es sich: Wie Sie wissen, haben sich Deutschland und Frankreich verpflichtet, eine Wechselkursparität von 4 Francs pro Mark beizubehalten. Was also können sie tun?

- Ein möglicher Ansatz wäre eine gezielte Intervention durch *Aufkäufe der im Kurs gefallenen Währung* (Mark) und *Verkäufe der im Kurs gestiegenen Währung* (Francs). In unserem Beispiel erhöht der An-

Abbildung 37-1: Die Staaten intervenieren, um die fixen Wechselkurse beibehalten zu können

Die Staaten verkünden eine Francs-DM-Parität von 4 zu 1 bei einem ursprünglichen Gleichgewicht in *A*. Durch einen Schock sinkt die DM-Nachfrage und das System scheint zu kippen, weil sich das Verhältnis auf 3 Francs pro DM ändert. Die Staaten können nun die offizielle Parität wieder herstellen, indem sie DM im Ausmaß von *CA* kaufen, wodurch sie die Nachfrage wieder auf *D* erhöhen. Die Staaten können aber auch durch Anhebung der deutschen Zinssätze die privaten Investoren dazu bringen, ihre Nachfrage nach DM um *CA* zu erhöhen.

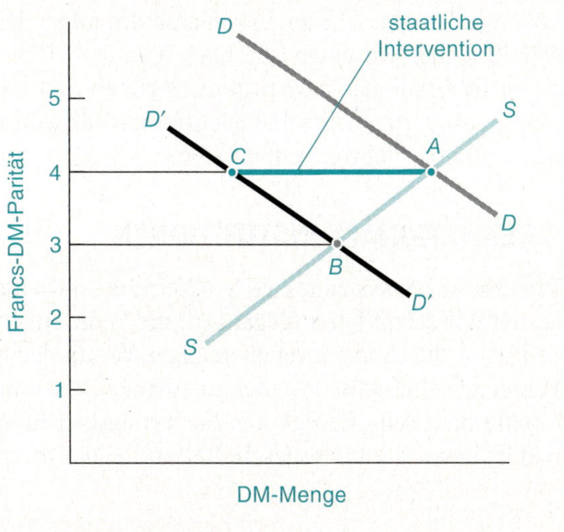

kauf der durch den Bereich *CA* dargestellten DM-Menge durch die Zentralbanken die DM-Nachfrage und ermöglicht die Beibehaltung der offiziellen Parität.

- Als Alternative könnte man sich geldpolitischer Maßnahmen bedienen. Die Zentralbanken könnten *den privaten Sektor veranlassen, seine DM-Nachfrage zu erhöhen,* indem sie die deutschen Zinssätze erhöhen oder die französischen Zinssätze senken. Sinken die französischen gegenüber den deutschen Zinssätzen, so veranlaßt diese Maßnahme die Investoren zu einer Verlagerung von Mitteln weg aus Frankreich und nach Deutschland sowie zu einer Erhöhung der privatwirtschaftlichen DM-Nachfrage mit dem Effekt, daß sich die private Nachfragekurve wieder in Richtung ursprünglicher *DD* bewegt.

Diese beiden Vorgänge unterscheiden sich nicht so sehr, wie man auf den ersten Blick meinen könnte. Beide umfassen eine Geldmengenausweitung auf verschiedenen Märkten. Tatsächlich besteht, wie wir gleich sehen werden, eines der Probleme einer offenen Wirtschaft darin, daß die Notwendigkeit, sich im Rahmen des Wechselkursmanagements geldpolitischer Maßnahmen zu bedienen, mit der Notwendigkeit eines Einsatzes geldpolitischer Instrumentarien zur Stabilisierung des heimischen Konjunkturzyklus kollidieren kann.

Zusammenfassend:

Ein *frei schwankender Wechselkurs* wird ohne staatliche Intervention ausschließlich durch Angebot und Nachfrage gebildet. Ein *festes Wechselkurssystem* bedeutet hingegen, daß die Staaten Ziele oder Paritäten festlegen, die sie durch Interventionen und geldpolitische Maßnahmen, möglicherweise auch durch einen Goldstandard, verteidigen. Ein System *administrierter Wechselkurse* stellt eine Mischform aus festen und freien Wechselkursen dar, wobei die Staaten manchmal intervenieren, manchmal genaue Zielvorgaben oder angepeilte Bandbreiten haben und manchmal einfach zulassen, daß die Devisenmärkte den Wechselkurs beeinflussen.

B. INTERNATIONALE KOOPERATIONEN

Zu Beginn des zwanzigsten Jahrhunderts beteiligten sich selbst Staaten, die politisch betrachtet im Frieden lebten, an zermürbenden Handelskriegen und sinnlosen Abwertungswettläufen. Nach dem Zweiten Weltkrieg wurden angesichts dieser Erfahrung internationale Institutionen geschaffen, um die wirtschaftliche Zusammenarbeit zwischen den Staaten zu fördern. Über diese Institutionen koordinieren die Staaten ihre Politik und suchen Lösungen für gemeinsame Probleme. Im folgenden Abschnitt wollen wir einen Überblick über die wichtigsten dieser internationalen Institutionen bieten und uns mit der Koordinierung wirtschaftspolitischer Maßnahmen in den neunziger Jahren beschäftigen.

INTERNATIONALE INSTITUTIONEN

Die USA waren aus dem Zweiten Weltkrieg mit einer intakten Wirtschaft hervorgegangen und konnten so dazu beitragen, die Länder ihrer ehemaligen Verbündeten und Feinde gleichermaßen wieder aufzubauen. Das internationale politische Gefüge der Nachkriegszeit kam den Bedürfnissen der kriegsgeschüttelten Länder durch die Errichtung dauerhafter Institutionen entgegen, die eine rasche Erholung der internationalen Wirtschaft ermöglichten. Die vier wichtigsten wirtschaftspolitischen Institutionen der Nachkriegszeit – das Internationale Freihandelsabkommen GATT (General Agreement on Tariffs and Trade), das Bretton-Woods-Wechselkurssystem, der Internationale Währungsfonds und die Weltbank – sind heute wahre Monumente einer klugen und umsichtigen Politik.

Das Bretton-Woods-System

Die bedeutendsten Ökonomen der vierziger Jahre, insbesondere John Maynard Keynes, fühlten sich durch das wirtschaftliche Chaos der Vorkriegsperiode tief betroffen. Sie waren daher auch fest entschlossen, die chaotischen Zustände und Abwertungswettläufe des Goldstandards während der Großen Depression in Zukunft zu verhindern.

Unter der geistigen Führung von Keynes kamen die Staaten 1944 in Bretton Woods im amerikanischen Bundesstaat New Hampshire zusammen und stampften ein Abkommen aus dem Boden, das zur Errichtung des Internationalen Währungsfonds (IMF – International Monetary Funds), der Weltbank und des GATT (General Agreement on Tariffs and Trade) führte. Erstmals konnten sich die Staaten auf ein System zur Regelung internationaler Finanztransaktionen einigen. Und obwohl sich natürlich manche dieser Regeln seit 1944 geändert haben, spielen die in Bretton Woods ins Leben gerufenen Institutionen auch heute noch eine entscheidende Rolle.

Die Teilnehmer an der Bretton-Woods-Konferenz erinnerten sich noch bestens an die mangelnde Flexibilität des alten Goldstandards, der die Weltwirtschaftskrise zusätzlich verschärft hatte. Als Ersatz für diesen Goldstandard führte das **Bretton-Woods-System** für jede Währung eine Parität sowohl zum US-Dollar als auch zum Gold ein. Die Währungen wurden in bezug auf Gold und auf den Dollar definiert, und die Wechselkurse zwischen den Währungen wurden ganz ähnlich gebildet wie unter dem Goldstandard. So wurde beispielsweise die Parität des britischen Pfund mit $ 12,5 pro Unze Gold festgesetzt. Da der Goldpreis des Dollars bei $ 35 pro Unze lag, implizierte dies einen offiziellen Wechselkurs zwischen Dollar und Pfund von $ 35 / £ 12,5 = $ 2,80 pro Pfund, und dieser Wert wurde hiermit als offizielle Parität für das Pfund festgesetzt.

Die revolutionäre Neuerung des Bretton-Woods-Systems bestand darin, daß die Wechselkurse zwar *fest*, trotzdem aber *justierbar* waren. Sobald eine Währung von ihrem angestammten oder „fundamentalen“ Wert zu sehr abwich, ließ sich die Parität anpassen. Die Möglichkeit zur Anpassung der Wechselkurse im Falle eines fundamentalen Ungleichgewichts war der wesentliche Unterschied zwischen dem Bretton-Woods-System und dem Goldstandard. Idealerweise sollten die Wechselkursjustierungen im Zuge einer Kooperation zwischen den Ländern erarbeitet werden. Durch die Schaffung eines festen, zugleich jedoch justierbaren Wechselkurssystems hofften die geistigen Väter von Bretton Woods, sich die Rosinen aus beiden Systemen herausgepickt zu haben. Sie konnten die *Stabilität* des Goldstandard aufrechterhalten – eine Welt, in der die Wechselkurse von einem Monat zum nächsten vorhersagbar waren, und so einen Anreiz für Handels- und Kapitalflüsse schaffen. Zugleich aber wollten sie die *Anpassungsfähigkeit* freier Wechselkurse simulieren, die es ermöglicht, auftretenden relativen Preisdifferenzen zwischen den Ländern durch Änderungen des Wechselkurses anstatt durch eine schmerzhafte Deflation und hohe Arbeitslosigkeit zu begegnen, wie es der Goldstandard erfordert hatte.

Der Internationale Währungsfonds (IMF – International Monetary Fund)

Eine weitere wesentliche Errungenschaft der Konferenz in Bretton Woods war die Schaffung des Internationalen Währungsfonds (IMF), der noch heute das internationale Währungssystem administriert und als Zentralbank der Zentralbanken fungiert. Die Mitgliedsstaaten beteiligen sich durch Zurverfügungstellung von Zahlungsmitteln, die der IMF weitergibt, um Ländern in Zahlungsbilanzschwierigkeiten zu helfen. In letzter Zeit kommt dem IMF eine wichtige Rolle bei der gemeinschaftlichen Lösung der internationalen Schuldenkrise und bei der Unterstützung der ehemals kommunistischen Länder in ihrem Übergang zur Marktwirtschaft zu.

Wie kann der IMF diese hochgesteckten Ziele erreichen? Nehmen wir etwa an, das russische Programm zur Einführung der Marktwirtschaft sei wegen hoher Inflationsraten und der Unmöglichkeit, Gelder auf privaten Märkten aufzunehmen, gefährdet. Rußland hat Probleme mit der Rückzahlung von Zinsen und Kapital für ausländische Kredite. Der IMF könnte in dieser Situation ein Team von Spezialisten nach Rußland entsenden, die die Finanzsituation des Landes genau studieren. Daraus könnte sich ein Sparplan des IMF für Rußland entwikkeln, der wahrscheinlich eine Verringerung des Budgetdefizits und eine Kreditverknappung umfassen würde; diese Maßnahmen könnten inflationsdämpfend wirken und das Vertrauen in den russischen Rubel wieder herstellen. Sollten Rußland und der IMF sich über den Plan einigen können, würde der IMF einen „Überbrückungskredit“ an Rußland vergeben, sagen wir über $ 1 Milliarde, bis sich die russische Zahlungsbilanz verbessert hat. Außerdem würde wahrscheinlich eine Umschuldung beschlossen, so daß die Banken bereit wären, wieder höhere Kredite zu gewähren und die Rückzahlung ausstehender Darlehen zu stunden.

Bei entsprechendem Erfolg des IMF-Programms wäre mit einer Verbesserung der russischen Zahlungsbilanz und einer Ankurbelung des Wirtschaftswachstums zu rechnen.

Die Weltbank

Eine weitere internationale Finanzinstitution, die nach dem Zweiten Weltkrieg ins Leben gerufen wurde, ist die Weltbank. Die Kapitalausstattung der Weltbank erfolgt über kreditgebende Länder, die sich je nach ihrer wirtschaftlichen Bedeutung, ihrem Sozialprodukt und ähnlichem mehr oder weniger beteiligen. Die Weltbank vergibt für wirtschaftlich vernünftige, jedoch privatwirtschaftlich nicht zu finanzierende Projekte zinsengünstige Kredite an einzelne Staaten. Im Gefolge dieser Langzeitkredite fließen Güter und Dienstleistungen von den reichen Industrienationen in die einkommensschwachen Entwicklungsländer. In den letzten Jahren beliefen sich die jährlich neu vergebenen Kredite der Weltbank auf durchschnittlich $ 25 Milliarden.

Bei richtiger Projektauswahl steigt letztlich die Produktionsleistung in den Schuldnerländern um mehr als das an, was benötigt wird, um die Kreditzinsen zu bezahlen. Löhne und Lebensstandard steigen im allgemeinen, weil das ausländische Kapital das BIP des Schuldnerlandes erhöht hat. Außerdem werden die Darlehen ja zurückgezahlt, und die reifen Industrienationen profitieren durch die etwas gestiegenen Importe an Gebrauchsgütern.

Die Abschaffung des Bretton-Woods-Systems

Während der ersten dreißig Jahre nach dem Zweiten Weltkrieg galt weltweit der Dollarstandard. Entsprechend dem Bretton-Woods-Abkommen war der US-Dollar die Leitwährung: Ein Großteil der internationalen Handels- und Finanztransaktionen wurde in Dollars abgewickelt, und Zahlungen erfolgten überwiegend ebenfalls in Dollar. Die Wechselkursparitäten orientierten sich am Dollar, und viele private wie öffentliche Sparguthaben lauteten ebenfalls auf Dollars. Diese Periode war durch ein nie zuvor gekanntes Wachstum und einen beeindruckenden wirtschaftlichen Aufschwung gekennzeichnet. Die Industrienationen begannen ihre Handelsbarrieren abzubauen und machten ihre Währungen frei konvertierbar. Die Volkwirtschaften in Europa und Ostasien erholten sich von den Kriegsschäden und konnten spektakuläre Wachstumsraten erreichen.

Doch dieser Aufschwung trug schon den Keim des eigenen Niedergangs in sich. Im Ausland stapelten sich die Dollarscheine, weil Deutschland und Japan Außenhandelsüberschüsse erzielten. Zugleich wurden die US-amerikanischen Handelsdefizite durch einen überbewerteten Dollar, wachsende Budgetdefizite und zunehmende Investitionsaktivitäten amerikanischer Unternehmen in Übersee angeheizt. Die Dollarbestände im Ausland stiegen quasi vom Nullpunkt im Jahr 1945 auf $ 50 Milliarden zu Beginn der siebziger Jahre.

Bis zum Jahr 1971 waren die umlaufenden Dollarbestände derart angewachsen, daß die Staaten Schwierigkeiten hatten, die offiziellen Paritäten aufrecht zu erhalten. Die Menschen verloren das Vertrauen in den „allmächtigen Dollar“. Und der weitgehende Abbau von Kapitalflußbarrieren bewirkte, daß Milliarden von Dollars in Minutenschnelle den Atlantik überqueren konnten und oftmals drohten, die bestehenden Paritäten über den Haufen zu werfen. Im August 1971 löste Präsident Nixon formell die Bindung des Dollars an Gold und beendete damit die Bretton-Woods-Ära. Die USA waren nun nicht mehr verpflichtet, Dollars automatisch in andere Währungen oder in Gold zu $ 35 pro Unze zu wechseln. Sie setzten auch keine offizielle Dollarparität mehr fest, um diesen Wechselkurs dann, koste es, was es wolle, zu verteidigen. Erst mit der Abschaffung des Bretton-Woods-Systems trat die Welt in das moderne Zeitalter ein.

Das heutige Mischsystem

Anders als das frühere einheitliche System unter dem Goldstandard oder nach den Bretton-Woods-Regeln paßt das heutige Wechselkurssystem in kein vorgegebenes Schema. Ohne daß irgendjemand das geplant hätte, hat sich die Welt auf ein Wechselkurs-Mischsystem eingelassen. Seine wichtigsten Merkmale sind folgende:

- Einige wenige Länder lassen ihre Währungen *frei schwanken*, darunter in bestimmten Perioden während der letzten beiden Jahrzehnte auch die USA. Diese Vorgangsweise erlaubt es dem Markt, den Wert der Währung eines Landes zu bestimmen, auf staatliche Interventionen wird weitgehend verzichtet.
- Manche große Länder haben sich für ein *administriertes, jedoch freies Wechselkurssystem* entschieden. Zu diesen Ländern gehören heute Kanada, Japan und in letzter Zeit auch Großbritannien. Nach diesem System kauft oder verkauft ein Land seine eigene Währung, um die täglichen Währungsschwankungen aufzufangen. Zusätzlich nimmt der Staat von Zeit zu Zeit systematische Interventionen vor, um die Währung auf das von ihm für richtig gehaltene Niveau zu bringen.
- Viele Länder, vor allem die kleineren, *binden* ihre Währung an die Währung eines großen Landes oder an einen „Währungskorb“. In manchen Fällen ist die Bindung eher locker, und geringfügige Schwankungen nach oben und unten sind möglich. Dieses System ist unter der Bezeichnung *limitierte Wechselkursflexibilität* oder *gleitende Bandbreite* bekannt (siehe Frage 4 am Ende dieses Kapitels).
- Manche Länder schließen sich zu einem *Währungsblock* zusammen, um die Wechselkurse untereinander zu stabilisieren, während gegenüber allen ande-

ren Währungen ein freies Schwanken zugelassen wird. Das wichtigste Beispiel für dieses Modell ist das Europäische Währungssystem (EWS), das später näher behandelt werden soll.

- Zusätzlich intervenieren beinahe alle Staaten, wenn entweder die Märkte „außer Tritt geraten" oder wenn die Wechselkurse zu sehr von den „Hintergrunddaten", also von den Wechselkursen, die bei bestehendem Preisniveau und bestehenden Handelsflüssen angemessen wären, abweichen.

DIE INTERNATIONALE KOORDINIERUNG WIRTSCHAFTSPOLITISCHER MASSNAHMEN

In den turbulenten achtziger Jahren kamen die USA als reifer Partner der internationalen Wirtschaft in die Jahre. Man verzeichnete einen Spillovereffekt der heimischen Geld- und Fiskalpolitik auf Wechselkurse und Handelsflüsse, und Arbeitslosigkeit wie Inflation wurden deutlich durch die Höhen und Tiefen des Außenhandels beeinflußt. Die wichtigste Lehre, die man aus dem letzten Jahrzehnt ziehen konnte, liegt klar auf der Hand: In einer Welt, in der die Wirtschaftssysteme zunehmend durch Handels- und Kapitalflüsse vernetzt werden, ergibt sich unweigerlich eine starke wechselseitige Abhängigkeit. Keine Mauer ist stark genug, um ein Land von den globalen Wirtschaftskräften abzuschirmen. Nationale Stärken können auf einem globalen Markt noch besser zur Geltung kommen, während nationale Schwächen das Land zum Opfer seiner ausländischen Mitbewerber machen. Der Isolationismus ist in wirtschaftlichen Belangen heute ebensowenig eine gangbare Alternative wie in politischen oder militärischen Angelegenheiten. Wir wollen daher den restlichen Teil dieses Abschnitts dem wichtigen Thema der Zusammenarbeit auf der internationalen Wirtschaftsbühne widmen.

Schnittstellen der internationalen Wirtschaft

In einer eng verwobenen globalen Wirtschaft hängt das wirtschaftliche Wohlergehen der einzelnen Länder von der Gesundheit des gesamten Systems ab. Diese Tatsache wird durch den alten Spruch „wenn Amerika niest, bekommt Europa Schnupfen" bestätigt. Eine aktualisierte Fassung könnte lauten: „Ist in der globalen Wirtschaft etwas faul, leiden alle Länder". Um dahinterzukommen, warum das so ist, wenden wir uns zunächst den wichtigsten Schnittstellen zwischen den wirtschaftspolitischen Maßnahmen der einzelnen Länder zu.

Schnittstelle 1: Leistungsbilanz und Multiplikatoreffekte. Die erste Verbindung ergibt sich mit den Spillovereffekten des Wirtschaftswachstums der verschiedenen Regionen. Sinken Einkommen und Produktion in Land A (etwa Amerika), so mag das darauf zurückzuführen sein, daß Land A beschlossen hat, der Wirtschaft niedrige Inflationsraten zu verordnen oder vielleicht einfach darauf, daß die Nachfrage auf dem privaten Sektor zu schwach ist. Wir wissen jedoch, daß geringere Einkommen in A eine Verringerung der Importe aus anderen Ländern zur Folge haben. Die Importe von A sind zugleich die Exporte anderer Länder, und deshalb muß vielleicht Land E feststellen, daß sich sein Exportvolumen verringert, was seine Gesamtnachfrage senkt, – und somit Wirtschaftsleistung und Beschäftigungslage in E. Wir sehen also, daß jeder Faktor, der dazu führt, daß das Volkseinkommen von A zurückgeht, Produktionsleistung und Beschäftigungsstand auch im Ausland beeinträchtigt. Diese Kausalkette läßt sich wie folgt zusammenfassen:

$$Y_A \downarrow \rightarrow M_A \downarrow \rightarrow X_E \downarrow \rightarrow Y_E \downarrow$$

Hierbei bezeichnet Y die Produktionsleistung, M die Importe und X die Exporte.

An diesen Mechanismus denken die Staaten, wenn sie versuchen, ihre Handelspartner zu einer expansiven Wirtschaftspolitik zu bewegen. So wies beispielsweise im Jahr 1993 der amerikanische Unterstaatssekretär für Finanzen, Lawrence Summers, zuständig für internationale Wirtschaftsbeziehungen und beurlaubter Ökonomieprofessor aus Harvard, gegenüber Führungskräften der japanischen Wirtschaft darauf hin, daß auch im Ausland Arbeitsplätze geschaffen werden könnten, wenn die japanische Regierung bereit wäre, eine großzügigere Fiskalpolitik zu betreiben und das japanische Volkseinkommen wie auch die Importe steigen zu lassen:

Die zusätzlich geschaffene Nachfrage durch Rückführung des gegenwärtigen japanischen Leistungsbilanzüberschusses auf sein historisches Durchschnittsniveau von eineinhalb Prozentpunkten des BIP würde ausreichen, um mehr als $ 60 Milliarden an zusätzlichen Exporten aus der restlichen Welt zu ermöglichen, was auf Arbeitsplätze umgelegt ein bis zwei Millionen Jobs bedeuten könnte.[3]

---

[3] *Treasury News*, 25. Juni 1993, S. 4.

Eine fiskalpolitische Expansion in Japan hätte stimulierende Wirkung auf die Produktion (und den Beschäftigtenstand) in anderen Staaten; Summers gibt uns hier ein Beispiel für unsere Schnittstelle 1.

Schnittstelle 2: Kapitalverkehrsbilanz und Auswirkung der Zinssätze. Während Schnittstelle 1 über die Leistungsbilanz wirkt, kommt das zweite Bindeglied im internationalen Wirtschaftsgefüge über die Kapitalflüsse zur Wirkung. Wenn Zentralbanken mit Hilfe geldpolitischer Maßnahmen die Zinssätze verändern, so beeinflussen diese neuen Zinssätze die Attraktivität der diversen Finanzanlagen in den verschiedenen Ländern; bei einem Kapitalabfluß in Länder mit höheren Zinssätzen bewirkt der dortige Kapitalzufluß Kursgewinne der Währung, eine Verringerung der Nettoexporte, eine Dämpfung der Inflation sowie einen Rückgang der Produktionsleistung. Empirische Studien über die USA haben ergeben, daß der internationale Übertragungsmechanismus geldpolitischer Maßnahmen (wobei die Zinssätze Wechselkurse und Nettoexporte beeinflussen) ebenso wirkungsvoll ist wie der entsprechende Mechanismus im eigenen Land (in dem höhere Zinssätze zu einer Drosselung der heimischen Investitionen führen).

Aber auch hier stellen wir wieder fest, daß die Politik eines Landes Auswirkungen auf andere Länder hat. Überlegen Sie doch, was in Europa (E) geschieht, wenn Amerika (A) zur Bekämpfung der Inflation eine Hochzinspolitik betreibt. Mit steigenden Zinssätzen in A (i_A) verkaufen die Investoren ihre Finanzanlagen in Europa und engagieren sich statt dessen in den USA. Das erhöht die Zinssätze in Europa und führt zu einem Kursgewinn des Dollars und einem Kursverlust der europäischen Währungen.

Es ergeben sich zahlreiche Auswirkungen auf den Partner von A. Die höheren Zinssätze dämpfen die heimischen Investitionen in E und verringern so Produktionsleistung und Beschäftigungsstand in E. Allerdings können die durch Kursverlust geschwächten Währungen von E die Wirtschaft in E stimulieren, weil die Exportzuwächse nach A auch die Nettoexporte von E erhöhen. Im Endeffekt ergeben sich für E ein Rückgang der heimischen Investitionen sowie eine Erhöhung des Exportvolumens, wobei die Auswirkungen auf die gesamte Wirtschaftsleistung und auf die Beschäftigungslage nicht eindeutig geklärt sind. Und so sieht Schnittstelle 2 zwischen den Staaten aus:

$$i_A \uparrow \rightarrow \begin{cases} e \downarrow \rightarrow X_E \uparrow \rightarrow Y_E \uparrow \\ i_E \uparrow \rightarrow I_E \downarrow \rightarrow Y_E \downarrow \end{cases}$$

Beachten Sie bitte außerdem, daß Schnittstelle 1 hier ebenfalls ins Spiel kommt, weil die volkswirtschaftliche Kontraktion in A über ihre direkte Wirkung auf die Ex-

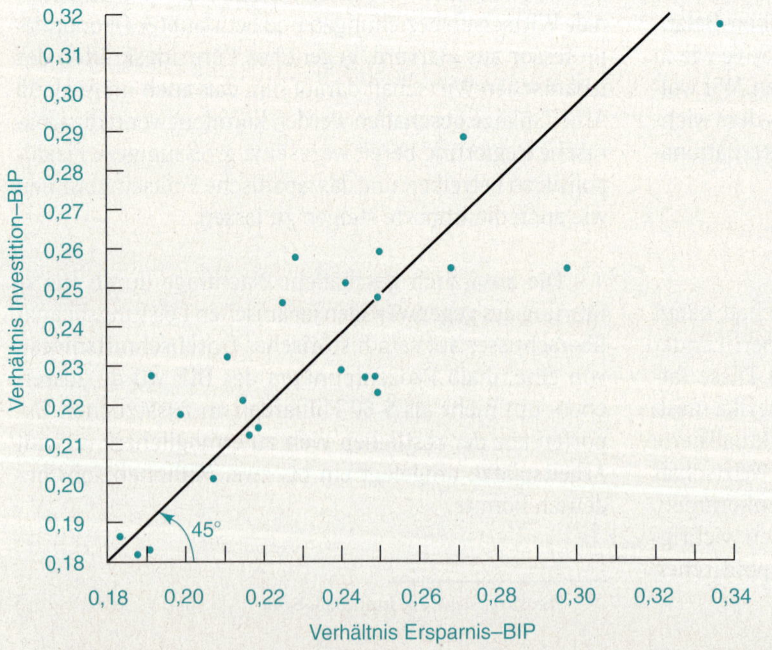

Abbildung 37-2: Die nationalen Spar- und Investitionsquoten 1960–1986

Jeder Punkt stellt die durchschnittliche Spar- oder Investitionsquote eines von 23 Industriestaaten dar. Langfristig führt die höhere Ersparnis primär zu höheren heimischen Investitionen. [Quelle: Adaptiert von Rudiger Dornbusch, „Comment", in B. Douglas Bernheim und John B. Shoven, *National Saving and Economic Performance* (University of Chicago Press, 1991)]

portvolumina von E auch das Sozialprodukt in E beeinträchtigt.

Diese zweite Schnittstelle zeigt, daß Ereignisse, die die Zinssätze eines Landes betreffen, einen Spillovereffekt auf andere Länder haben, weil sich die Kapitalflüsse durch die enge Verbindung der Finanzmärkte auf Zinssätze und Wechselkurse auswirken.

Schnittstelle 3: Ersparnis und Investition. Die ersten beiden Schnittstellen zeigen, wie sich konjunkturbedingte Schockwellen durch die gesamte Weltwirtschaft fortpflanzen. Uns interessiert jedoch auch die Auswirkung von Veränderungen des heimischen Spar- und Investitionsverhaltens auf andere Länder. So fiel beispielsweise in den achtziger Jahren die nationale Sparquote der USA (gemessen als Nettoersparnis dividiert durch Netto-BIP) von 8 Prozent auf unter 3 Prozent. Welchen Einfluß hatte diese Entwicklung auf die amerikanischen *Investitionen*? Gingen die Investitionen in maschinelle Ausstattung und Gebäude in den USA in derselben Höhe zurück? Oder traten ausländische Sparer an die Stelle amerikanischer Investoren? Lassen sich in diesem Bereich überhaupt allgemeingültige Trends und Muster erkennen? Sollte es dem Wirtschaftsprogramm der Clinton-Regierung gelingen, die US-Sparquote wieder anzuheben, dürfen wir erwarten, daß sich diese Erhöhung in den heimischen Investitionen widerspiegelt oder eher wegen des geringeren Leistungsbilanzdefizits in einem Rückgang der Darlehensaufnahmen im Ausland auswirken wird?

Eine gründliche Sichtung der amerikanischen Daten der achtziger Jahre zeigt, daß kurzfristig Änderungen des heimischen Sparverhaltens weitgehend durch Änderungen im ausländischen Investitionsverhalten ausgeglichen wurden; daher gingen die Investitionen in den USA um sehr viel weniger zurück als die Sparquote. Langfristig gesehen jedoch stellt sich die Situation anders dar, wie Martin Feldstein und Charles Horioka überraschenderweise festgestellt haben. Sie konnten nachweisen, daß die Sparquote eines Landes langfristig mit seiner Investitionsquote korreliert. Eine Erhöhung der Sparquote um einen Prozentpunkt führt daher zu einer Erhöhung der Investitionsquote um ebenfalls beinahe einen Prozentpunkt. Abbildung 37-2 stellt diese Korrelation am Fall von 23 Industriestaaten im Zeitraum 1960–1986 dar.

Der *Feldstein-Horioka-Effekt* stellt die Ökonomen allerdings vor ein Rätsel. Normalerweise würden wir doch annehmen, daß das in hohem Maße mobile Kapital jeweils in das Land mit der höchsten Produktivität fließen müßte. Angesichts der hohen Kapitalmobilität müßte die Investitionsquote in den USA weitgehend von der Produktivität des Kapitals in den USA bestimmt sein, und die ausländische Sparquote müßte jede Kluft überbrükken, die nach Ausschöpfung der heimischen Sparguthaben noch klafft. Unter diesen normalen Annahmen müßte das Streudiagramm in Abbildung 37-2 bei einem Anstieg von Null flach ausfallen.

Und doch erkennen wir im Streudiagramm in Abbildung 37-2 eine Steigung, die näher bei 1 als bei Null liegt, was anzeigt, daß es offensichtlich Barrieren gibt, die den freien Kapitalfluß behindern. Die Ökonomen beginnen eben erst, diese Barrieren zu verstehen. Ein möglicher Faktor wäre die Tatsache, daß Länder mit hohen Defiziten Schwierigkeiten bei Aufnahme von Geldern auf internationalen Märkten haben, weil ausländische Investoren um ihre Investionen fürchten. Ein weiterer Faktor ist wohl die Risikoaversion, die bei Investitionen im Ausland sicherlich eine Rolle spielt und bewirkt, daß Gelder nach Möglichkeit im eigenen Land investiert werden. Außerdem finanzieren die Unternehmen ihre Investitionen häufig aus einbehaltenen Gewinnen anstatt über den Weltkapitalmarkt, so daß ein direkter Zusammenhang zwischen nationaler Sparquote und Investitionen besteht. Alle diese Faktoren werden jedoch allem Anschein nach mit zunehmender Integration der Weltwirtschaft abgeschwächt, und es gibt Hinweise darauf, daß die Korrelation zwischen heimischer Ersparnis und Investition im letzten Jahrzehnt geringer geworden ist.

Der Feldstein-Horioka-Effekt hat weitreichende wirtschaftspolitische Implikationen, wie Feldstein und Bacchetta schreiben:

> Steigerungen der heimischen Sparquote erhöhen den Kapitalbestand eines Landes und damit die Produktivität seiner Arbeitskräfte. Es ist aber auch unwahrscheinlich, daß eine Besteuerung von Kapitaleinkommen auf die Faktoren Arbeit und Boden durchschlägt, weil so viel heimisches Kapital abfließen würde, daß die reale Kapitalrendite schließlich unverändert bleibt.[4]

Zusammenfassend:

Kurzfristig sind die Staaten durch die Auswirkungen von Handelsflüssen und Zinssätzen auf die Produktionsleistung untereinander verbunden; langfristig ergibt sich eine Verbindung durch die nationalen Sparquoten und Investitionstrends.

---

[4] Martin Feldstein und Phillipe Bacchetta, „National Saving and International Investment" in B. Douglas Bernheim und John B. Shoven, *National Saving and Economic Performance* (University of Chicago Press, 1991).

Die Notwendigkeit wirtschaftspolitischer Zusammenarbeit

Daß Staaten wirtschaftliche Probleme haben, bedeutet noch nicht unbedingt, daß eine Vereinigung der Staaten zur Koordinierung ihrer Politik hier Abhilfe schaffen könnte. Manche Probleme sind in hohem Ausmaß hausgemacht und müssen auch im Inland behoben werden. Andere Probleme ergeben sich durch die wirtschaftliche Interaktion zwischen Staaten, beispielsweise durch einen Zusammenbruch des Wechselkurssystems, und für ihre Lösung bedarf es einer aktiven oder stillschweigenden Zusammenarbeit. Eine koordinierte Vorgangsweise erscheint sinnvoll, wenn es um Probleme wie Marktversagen, externe Einschränkungen oder inkompatible Zielsetzungen geht, die zu kontraproduktiven wirtschaftspolitischen Maßnahmen führen würden. Hier einige konkrete Beispiele:

- *Marktversagen.* Ein weitgehendes Marktversagen ergibt sich durch mangelnde Preis- und Lohnflexibilität, wie sie von den Konjunkturzyklen und alternierenden Perioden der Arbeitslosigkeit und Inflation hervorgerufen wird. Die Wirtschaft eines einzelnen Staates kann keine Vollbeschäftigung mit Preisstabilität erreichen, nicht einmal alle Staaten zusammen können das. Die Staaten sind daher zur Zusammenarbeit gezwungen, um in ihrem Bestreben nach makroökonomischer Stabilität nicht ihre Arbeitslosigkeit oder Inflation zu exportieren.
- *Externe Einschränkungen.* Hier ergeben sich Probleme, wenn ein Staat auf den Finanzmärkten seine Glaubwürdigkeit verliert. Private Investoren befürchten vielleicht, ein Staat könnte seine Schulden nicht zurückzahlen (wie das in den achtziger Jahren bei vielen lateinamerikanischen Staaten der Fall war), oder ein Land könnte versuchen, einen unrealistischen Wechselkurs beizubehalten (was zu Beginn der neunziger Jahre in beinahe allen Ländern Europas passierte). In diesen Fällen stellt ein solches Land bisweilen fest, daß seine Währung unter Spekulationsdruck gerät oder manchmal auch, daß die Kapitalmärkte vollständig versiegen. Tatsächlich sind die Zinssätze himmelhoch und spiegeln längst nicht mehr die wahren Kreditkosten oder die tatsächliche Kapitalproduktivität wider. In diesen Fällen können liquidere Staaten einspringen und vorübergehend Darlehen gewähren, bis sich die Kapitalmärkte für das betroffene Land wieder öffnen.
- *Inkompatible Zielsetzungen.* Schließlich agieren einzelne Länder bisweilen in selbstsüchtigem Eigeninteresse und ergreifen politische Maßnahmen, die die heimischen Einkommen und die heimische Produktionsleistung auf Kosten anderer Länder heben sollen. Wir haben bereits in früheren Kapiteln gesehen, daß Staaten bisweilen versuchen, Optimalzölle einzuheben, um die Terms of Trade zugunsten des eigenen Landes zu verändern. Manchmal entsorgen Länder auch buchstäblich ihren Müll auf eine Weise, daß andere Staaten flußabwärts oder in Windrichtung den Schaden davontragen. Eine letzte Facette internationaler Koordinierungsmaßnahmen betrifft daher die Zusammenkunft von Staaten zur Vereinbarung von Regeln und Standards, um gegen gesellschaftlich unerwünschte Wirtschaftsaktivitäten aufzutreten.

Damit haben wir erst drei der Probleme angesprochen, die zu einem Zusammenbruch des effizienten Funktionierens des internationalen Handels- und Finanzsystems führen können. Die Herausforderung für die Staaten besteht in diesen Fällen darin, *gemeinsam wirtschaftspolitische Maßnahmen* zu beschließen, mit denen sich die genannten Probleme überwinden lassen. Bisweilen kann es notwendig werden, daß Staaten ihre Geld- oder Fiskalpolitik ändern, um auch die Position ihrer Handelspartner zu berücksichtigen. Es kann nötig sein, schwindende private Mittel durch staatliche Finanzierung zu ersetzen, entweder zur kurzfristigen Stützung der Zahlungsbilanz oder im Sinne längerfristiger Investitionserfordernisse. Häufig müssen sich Staaten auch einfach nur über Regeln und Methoden einigen, die zur Minimierung unnötiger Abfälle führen.

Die Vorteile einer Kooperation lassen sich aus Abbildung 37-3 ersehen. Nehmen wir an, daß sich infolge politischer Maßnahmen oder eines exogenen Schocks Europa und Amerika in Punkt U befinden, der hohe Arbeitslosigkeit und geringe Einkommen auf Grund hoher Zinssätze, hartnäckiger staatlicher Defizite und starker Lobbies für die heimische Wirtschaft bedeutet. Amerika denkt daran, eine *unkooperative Politik* zu betreiben, also etwa Handelsbarrieren zu errichten und die Zinssätze anzuheben, um die Inflation zu dämpfen, wodurch es sich auf sein unkooperatives Optimum in Punkt N^A bewegt. Europa erwägt vielleicht dieselbe unkooperative Politikt, führt Handelsbeschränkungen ein, erhöht die Subventionen für seine Landwirtschaft und kauft verstärkt in der eigenen Region, wodurch es sich schließlich zu seinem unkooperativen Punkt N^E bewegt. Eine Kombination dieser jeweils unkooperativen Vorgehensweisen entlang der blauen Linie N^AN^E würde nicht nur eine Politik auf Kosten des jeweils anderen, sondern eigentlich auch eine Politik zum eigenen Schaden bedeuten.

Die Alternative ist ein kooperativer Ansatz, der positive anstatt negativer Spillovereffekte hätte. Dazu könnte ein Abbau der Handelsschranken gehören, eine gemeinsame Politik der Geldmengenexpansion und eine restriktivere Fiskalpolitik zur Erhöhung der Spar- und Investitionsquote. Bei erfolgreicher Planung und gelungener Umsetzung könnte eine solche Politik Amerika und Europa an den Punkt *C* bringen, der in Abbildung 37-3 auf der Einkommensmöglichkeitskurve liegt.

Internationale Kooperation ist gut geeignet, volkswirtschaftliche Probleme zu überwinden, die eine vollständige Nutzung von Ressourcen wie auch den freien und effizienten Kapitalfluß zwischen den Staaten behindern.

Abbildung 37-3: Wirtschaftspolitische Kooperation kann an die Stelle einer unkooperativen Politik auf Kosten der anderen Staaten (Beggar-My-Neighbor-Politik) treten

Die Staaten können beschließen, ihre jeweils eigenen Pro-Kopf-Einkommen durch Handelsbeschränkungen oder wirtschaftspolitische Maßnahmen zu verbessern, mit denen sie Inflation oder Arbeitslosigkeit exportieren. Durch eine solche unkooperative Politik würden sich die USA von *U* nach N^A und Europa von *U* nach N^E bewegen. Internationale Kooperation bedeutet hingegen die Suche nach „Win-Win"-Lösungen, die beispielsweise beiden Staaten eine Entwicklung von *U* nach *C* ermöglicht, so daß beide Seiten einen Vorteil davon haben.

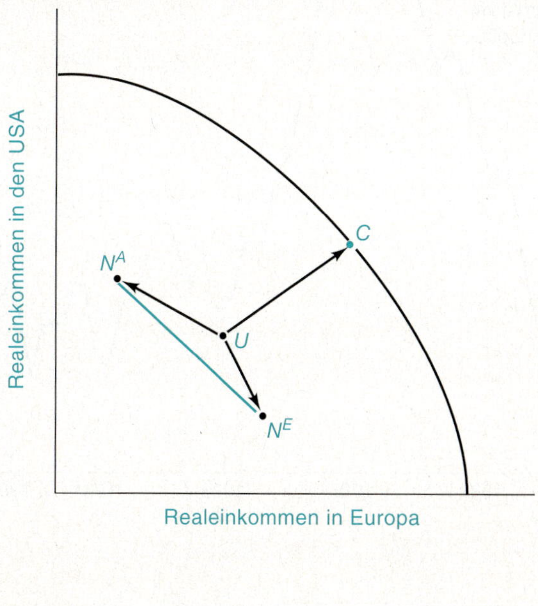

WIRTSCHAFTSPOLITISCHE ZUSAMMENARBEIT IN DER PRAXIS

Wir haben weiter oben über die Notwendigkeit von Koordinierungsmaßnahmen gesprochen. Aber wie gut haben die Staaten bisher tatsächlich zusammengearbeitet, um ihre Probleme kooperativ zu lösen? Um diese Frage zu beantworten, untersuchen wir drei konkrete Fälle: den überbewerteten Dollar der achtziger Jahre, die Suche nach einer koordinierten Wachstumspolitik und den Zusammenbruch des Europäischen Währungssystems EWS zu Beginn der neunziger Jahre.

Aufstieg und Fall des Dollars

Wir haben die rasche Entwicklung des internationalen Finanzsystems besprochen, das in den letzten 50 Jahren die Wechselkurse bestimmt hat. Abbildung 37-4 zeigt den durchschnittlichen Wechselkurs des Dollars gegenüber den wichtigsten Währungen. Bitte beachten Sie, wie stabil der Dollar-Wechselkurs war, bis das Bretton-Woods-System 1971 zusammenbrach; untersuchen Sie auch den Kursverlust des Dollars von 1971 bis 1980.

Die achtziger Jahre brachten einen gewaltigen Aufstieg und Fall des Dollars – Kursgewinn und Kursverlust. Der Aufstieg begann 1980 infolge einer restriktiven Geld- und einer lockeren Fiskalpolitik in den USA, die zu einem rapiden Anstieg der Zinssatze führte. Die hohen Dollarzinssätze, eine konservative Regierung, Steuerkürzungen im Land, wirtschaftliche Schwierigkeiten in Kontinentaleuropa, Sozialismus in Frankreich, politische Unruhen und eine Schuldenkrise in zahlreichen lateinamerikanischen Ländern – alle diese Faktoren gemeinsam zogen mobiles Kapital aus anderen Währungen ab und hin zum US-Dollar.

Abbildung 37-4 zeigt, wie sich die Sache entwickelte: Von 1979 bis Anfang 1985 stieg der Dollarwechselkurs um 80 Prozent dramatisch an. Zahlreiche Ökonomen und politische Entscheidungsträger gelangten schließlich 1985 zu der Überzeugung, der Dollar sei stark überbewertet, und schon bald folgte der rasche Fall. In den darauffolgenden 6 Jahren fiel der Dollar sogar noch stärker, als er Anfang der achtziger Jahre gestiegen war. Kommentiert wurde diese Entwicklung häufig als „Spekulationsblase".

Auswirkungen der Dollar-Überbewertung. Viele Ökonomen glaubten Mitte der achtziger Jahre, der Dollar sei „überbewertet". Eine *überbewertete Währung* hat einen im Verhältnis zu ihrem langfristigen oder dauerhaften Niveau hohen Wert. Welche Auswirkungen hatten die amerikanische Finanzpolitik und die Überbewertung des Dollars zu Beginn der achtziger Jahre? Die Folgen, nicht nur für die USA, sondern praktisch für die gesamte Weltwirtschaft, waren äußerst weitreichend.

Wir haben untersucht, wie sich eine restriktive Geldpolitik über die nationalen Grenzen hinaus auswirkt, als wir Schnittstelle 2 weiter oben im Text ausführten. Wie sah das konkret im vorliegenden Fall aus? Die ersten Auswirkungen zeigten sich, als die hohen amerikanischen Zinssätze zu einem Rückggang der Investitionen im Unternehmens- und Baubereich führten, was die Gesamtausgaben verringerte, die wirtschaftlichen Aktivitäten dämpfte und zudem die Arbeitslosigkeit in die Höhe trieb.

Dann zogen die hohen US-Zinssätze die Zinsen anderer großer Länder nach. Das verringerte die Investitionen auch in anderen Industriestaaten und löste einen deutlich spürbaren Wirtschaftsabschwung in der gesamten industrialisierten Welt aus. Die rückläufige Entwicklung begann 1981 und dauerte während eines Großteils der achtziger Jahre an. Außerdem erhöhten die hohen Zinssätze die Zinsenbelastung der Entwicklungs- und Schwellenländer.

Die nächste Reaktion stellte sich auf den Devisenmärkten ein. Mit steigendem Dollar stiegen die amerikanischen Exportpreise, und die Preise für in die USA importierte Waren sanken. In der Folge gingen die US-Exporte zurück, während die Importe gehörig zulegten. Zwischen 1980 und 1985 fielen die Preise für importierte Waren und Dienstleistungen um 9 Prozent, während die Preise für US-Exporte in andere Länder um mehr als 80 Prozent anzogen. Als Reaktion darauf stieg das Import-

Abbildung 37-4: Der Dollarwechselkurs

Vor dem Zusammenbruch des Bretton-Woods-Systems war der Wechselkurs des Dollars auf den Devisenmärkten stabil. Dann, als die USA zu Beginn der achtziger Jahre ihre restriktive Geldpolitik betrieben, führten die hohen Zinssätze zu einem Kursgewinn des Dollars, zu einem Rückgang der Exporte und zu einer hohen Auslandsverschuldung. (Quelle: Federal Reserve System)

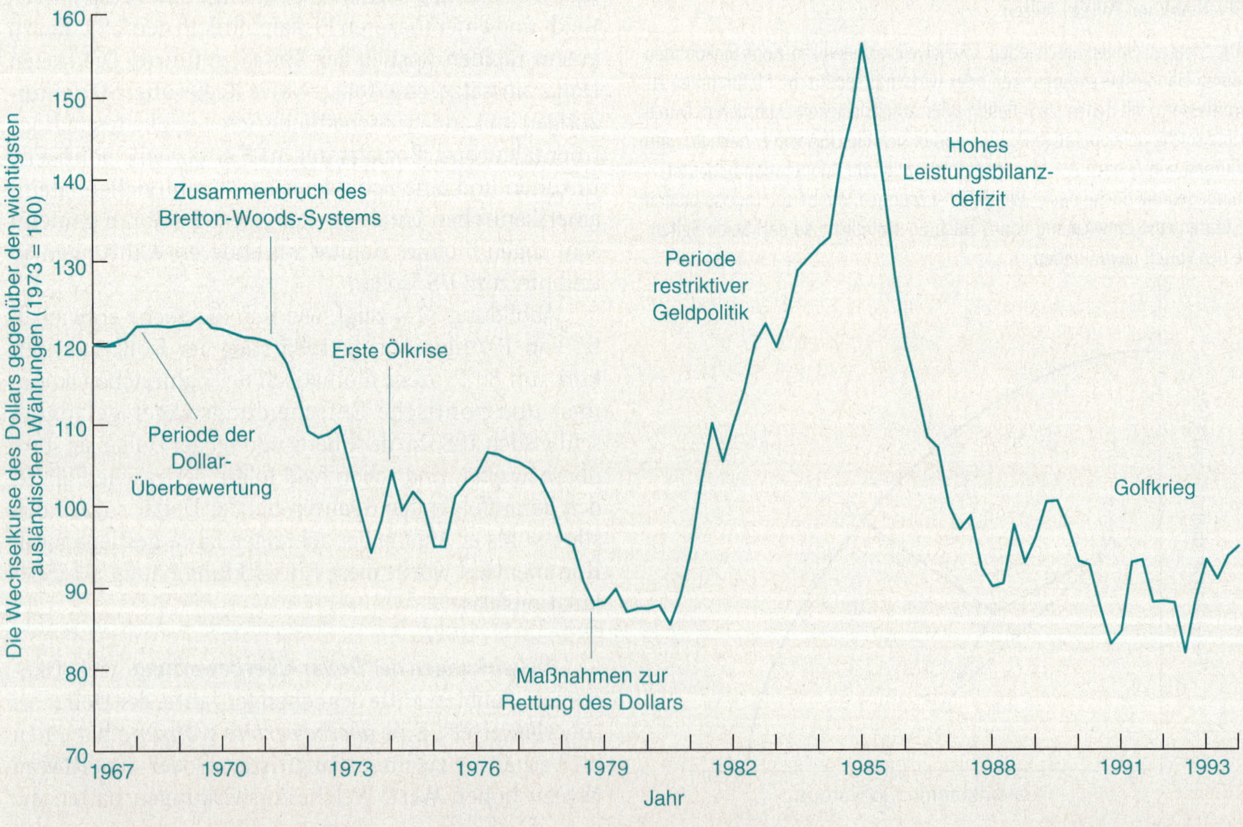

volumen um 57 Prozent, während das Exportvolumen um 4 Prozent zurückging.

Die Auswirkungen auf die Gesamtwirtschaft lassen sich anhand der Veränderung der *realen Nettoexporte* messen, deren quantitative Messung die Außenhandelsbilanz ergibt. Reale Nettoexporte werden definiert als die Menge der Exporte abzüglich der Menge der Importe, wobei beide Werte in konstanten Geldeinheiten gemessen werden.

Abbildung 37-5 illustriert den dramatischen Effekt des steigenden Dollar-Wechselkurses auf die realen Nettoexporte. Vom Höchststand 1980 bis zum Tiefststand 1986 nahmen sie um $ 186 Milliarden oder 3 Prozent des 1986er BIP ab (alle diese Zahlen sind zum Preisniveau von 1987 angegeben).

Und wie wirkte sich der Rückgang der realen Nettoexporte auf die amerikanische Wirtschaft aus? Ein Abfall der realen Nettoexporte hat einen kontrahierenden Multiplikatoreffekt auf die heimische Produktion und Beschäftigung. Wenn Ausländer weniger in den USA ausgeben und Amerikaner im Ausland mehr ausgeben, geht die Nachfrage nach amerikanischen Gütern und Dienst-

Abbildung 37-5: Außenhandel und Wechselkurse

Die realen Nettoexporte reagieren auf Schwankungen der Wechselkurse mit zeitlicher Verzögerung. Der steigende reale Dollarwechselkurs zu Beginn der achtziger Jahre erhöhte die US-Exportpreise und verbilligte Importe in die USA. In der Folge gingen die realen Nettoexporte (also Exporte abzüglich der Importe, beide gemessen in konstanten Preisen) drastisch zurück. Als der Dollarkurs 1985 wieder fiel, reagierten die Nettoexporte erst mit beträchtlicher Verzögerung. (Quelle: Der reale Wechselkurs entspricht dem gewichteten und um die Differenzen der nationalen Preisniveaus bereinigten Wechselkurs nach Angaben des Federal Reserve Board; die realen Nettoexporte entsprechen den Daten des US-Handelsministeriums.)

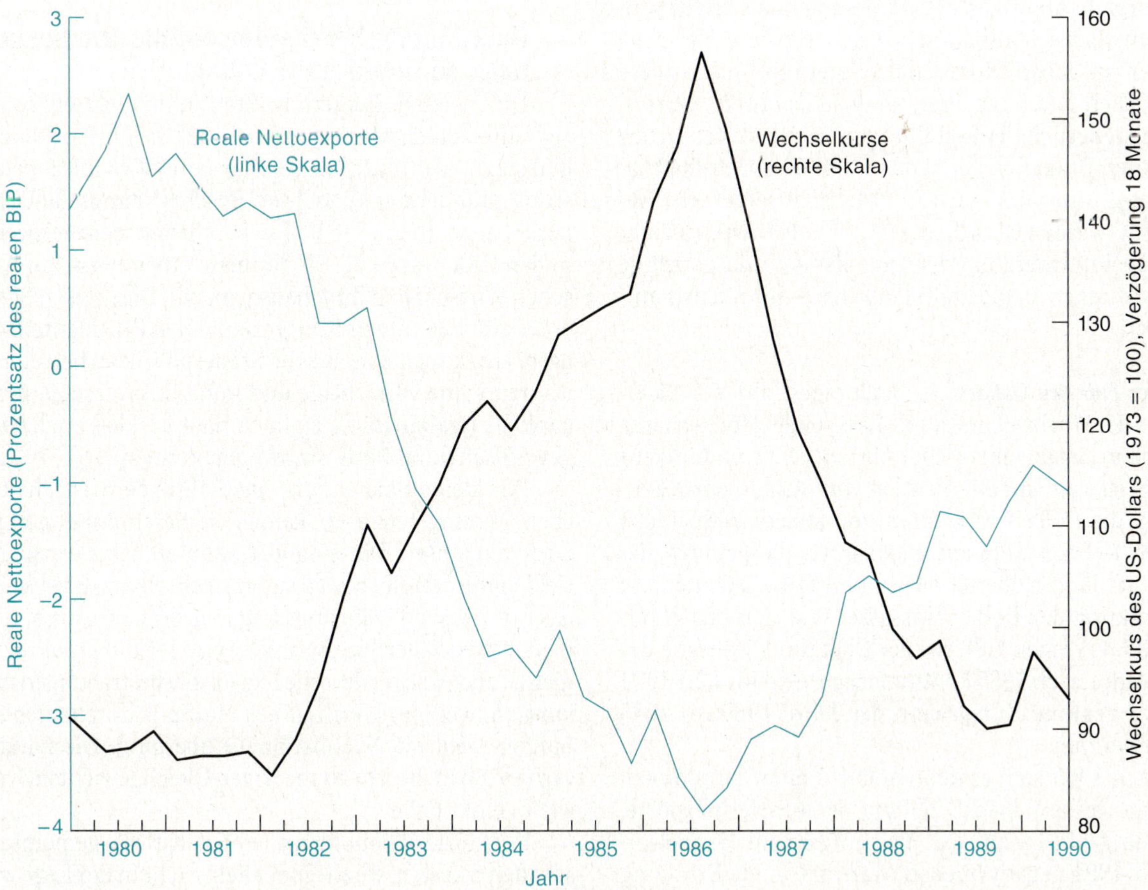

leistungen zurück, die reale Produktionsleistung fällt ab, und die Arbeitslosigkeit nimmt zu. Aus volkswirtschaftlichen Studien geht hervor, daß der Abfall der realen Nettoexporte wesentlich zur tiefen Rezession der frühen achtziger Jahre beigetragen hat und das Wachstum des realen BIP in der ersten Hälfte des Jahrzehnts zumeist verlangsamte.

Die Deindustrialisierung der USA. Der überbewertete Dollar bewirkte schwere wirtschaftliche Probleme in vielen US-Sektoren, die dem internationalen Wettbewerb ausgesetzt waren. Branchen wie die Automobil-, Stahl-, Textilindustrie und die Landwirtschaft waren mit einem Nachfrageschwund nach ihren Produkten konfrontiert, weil ihre Preise im Verhältnis zu den Preisen ausländischer Konkurrenten stiegen. Die Arbeitslosenzahlen in der Kernregion der Industrie schnellten in die Höhe, weil viele Fabriken dicht machten, und der mittlere Westen der USA wurde als „Rostgürtel“ bekannt.

Viele Nicht-Ökonomen interpretierten die Handelsprobleme der USA damals als einen Hinweis für den „Niedergang Amerikas“. Manche sprachen sich für protektionistische Maßnahmen gegen stärkere Handelspartner wie Japan, Korea und Westeuropa aus. Andere riefen nach einer gezielten „Industriepolitik“, worunter sie steuerliche Hilfestellungen für die unter Druck geratenen Branchen verstanden, um der „Deindustrialisierung Amerikas“ etwas entgegenzusetzen. In Abschnitt C werden wir sehen, warum Volkswirte zu einer anderen Interpretation der Lage kamen und derartige Empfehlungen an die Politik durchaus mit Skepsis aufnahmen.

Der Fall des Dollars. Zu Beginn des Jahres 1985 erreichte der Wechselkurs des Dollars seinen Höchststand, doch dann begann ein rascher Abstieg. Die Trendumkehr ist teilweise auf die Intervention von Staaten zurückzuführen, die Dollars verkauften und andere Währungen kauften, teilweise auch auf Spekulanten, die glaubten, der Dollar sei längst überbewertet, und teilweise auch auf die Senkung der Dollar-Zinssätze. Wie sich aus Abbildung 37-4 ersehen läßt, fiel der Dollarkurs während der sechs Jahre nach 1985 kontinuierlich, und im Jahr 1991 war der gesamte Kursgewinn der Jahre 1980 bis 1985 wieder verloren.

Nach 1985 kam es denn auch zu einer langsamen, aber kontinuierlichen Erholung der US-Nettoexporte. Abbildung 37-5 zeigt, daß Leistungs- und Handelsbilanz bis 1991 negativ blieben. Warum trat die Erholung nach den massiven Kursverlusten des Dollars so langsam ein? Handelsflüsse reagieren auf Wechselkursschwankungen erst mit beträchtlicher Verspätung, weil Preise und Mengen sich in Reaktion auf Wechselkursschwankungen auch nur langsam verändern. Die Preise reagieren deshalb langsam, weil die Importeure in die USA ihre Dollarpreise vorerst beibehalten und lieber die Gewinnspanne schrumpfen sehen, als Marktanteile aufzugeben. Wenn die Importeure schließlich doch die Preise anheben, bewirkt das erst dann eine Substitution importierter Ware durch heimische Güter, wenn die Leute neue Produkte erprobt und sich für diese entschieden haben. Die Markentreue wirkt recht nachhaltig, so daß Toyotas und Canons noch jahrelang einen großen Marktanteil behalten, auch wenn sich ihre Preise mittlerweile im oberen Segment bewegen. Alle diese Kräfte implizieren, daß die gesamte Reaktion auf den Wechselkursverlust der Jahre 1985–1991 erst in den neunziger Jahren so richtig spürbar wurde. Deshalb wiesen Leistungs- und Handelsbilanz der USA sowie auch die realen Nettoexporte noch lange nach der Dollarblase der achtziger Jahre ein Defizit auf.

Koordinierte Wachstumspolitik: Die Suche nach der verlorenen Lokomotive

Die meisten Staaten mußten in den letzten zwanzig Jahren die Erfahrung machen, daß sie hinter, manchmal sogar weit hinter der erwünschten Produktionsleistung und dem erwünschten Beschäftigungsstand zurückblieben. In großen Volkswirtschaften, beispielsweise in den USA, waren die Hemmnisse einer expansionistischen Wirtschaftspolitik hausgemacht. Die großen Steuerdefizite ließen den Kongreß und den Präsidenten zögern, eine expansionistische Steuerpolitik zu betreiben, während eine vorsichtige und inflationsaverse Zentralbank die Realzinssätze zu hoch hielt, als daß ein kräftiger Aufschwung hätte stattfinden können.

Für kleine Staaten, die eine Politik der wirtschaftlichen Öffnung betrieben, kamen die Beschränkungen jedoch von außen. Diese Länder konnten keine expansive Geldpolitik betreiben, weil sie an Wechselkurssysteme wie das Europäische Währungssystem gebunden waren, und in manchen Fällen, wie beispielsweise 1981 in Frankreich, hielten auch fiskalpolitische Expansionsbestrebungen nur kurz an, weil ein Großteil des Multiplikatoreffektes als Spillover auf die Nachbarländer überging. Die Länder verharrten in diesem zu niedrigen Gleichgewichtsniveau wie in einer Falle.

Viele Makroökonomen glaubten, daß alle gemeinsam schaffen müßten, wozu einer allein nicht in der Lage war

– sie sprachen sich für eine *koordinierte Wachstumspolitik* aus und meinten, diese würde die Hemmnisse beseitigen, die die einzelnen Länder daran hinderten, die erwünschten Expansionsmaßnahmen zu treffen. Manche Volkswirte sprachen sich für eine „Lokomotivenstrategie“ aus; sie meinten, die wirtschaftlich starken Länder sollten die schwächeren mitziehen, wozu vor allem Schnittstelle 1, die Verbindung über Produktions-Spilloverеffekt und Multiplikator, dienen sollte. Zumeist warfen die Ökonomen dabei ein Auge auf Deutschland und Japan, zwei starke Volkswirtschaften mit einer heimischen Flaute und entsprechenden Finanzressourcen, die sie für geeignete Lokomotiven hielten. Würden diese beiden erst richtig Dampf machen, so würden sie die Importe aus den USA und anderen Staaten schon in Schwung bringen können, dabei die Leistungsbilanzdefizite verringern und es den defizitären Staaten ermöglichen, selbst expansionistische Schritte zu setzen.

Und wie sollte diese koordinierte Expansion funktionieren? Eine großzügige Fiskalpolitik in einem einzigen Land hebt Produktion und Importe dieses Landes an. Andere Staaten erleben in der Folge eine Steigerung der Exporte sowie die durch den Multiplikatoreffekt (über Schnittstelle 1) verstärkte Erhöhung ihres BIP. Das bedeutet, daß die Handelsbilanz des ersten Landes ins Minus abrutscht, während die Handelsbilanzen der Handelspartner Überschüsse aufweisen. Dieses höhere Außenhandelsdefizit kann jedoch so unangenehm empfunden werden, daß sich ein solcher Staat möglicherweise gegen eine Expansion entscheidet.

Genau an diesem Punkt soll die koordinierte Expansion einsetzen. Wenn eine Wachstumspolitik in vielen Ländern zugleich ansetzt, werden die höheren Importe infolge der wirtschaftlichen Expansion zumindest teilweise durch höhere Exporte in ebenfalls expandierende Länder kompensiert. Die „Lokomotiven“, die am stärksten Dampf machen, werden am schnellsten wachsen und bewegen sich so am weitesten in Richtung Handelsbilanzdefizit. Die Position der „Passagierwagenländer“ oder „Trittbrettfahrer“, die nur wenig oder gar nichts unternehmen, wird durch die Erhöhung der Nettoexporte, durch eine höhere Produktionsleistung und einen höheren Beschäftigungsstand gestärkt. *Eine koordinierte Wachstumspolitik würde die Weltproduktionsleistung und den internationalen Beschäftigungsstand anheben, während sich gleichzeitig Leistungsbilanz-Ungleichgewichte verringern müßten, wenn jeweils die Länder mit einem Leistungsbilanzüberschuß die weitestgehenden Expansionsmaßnahmen treffen.*

Und wo liegt der Haken an diesem Vorschlag? Das Hauptproblem besteht darin, daß einzelne Länder es häufig ablehnen, als Lokomotive zu fungieren. Jedes Land hat eigene Gründe, warum es nicht an vorderster Front kämpfen möchte. Manche Staaten fürchten die drohende Inflation; andere meinen vielleicht, ihre Wirtschaft könnte höhere fiskalpolitische Defizite nicht ertragen; wieder andere stehen der keynesianischen Politik einer Nachfrageexpansion skeptisch gegenüber und halten sich lieber an einen angebotsseitigen Ansatz. Aber trotz allem gibt die Lokomotiventheorie in einer Welt, in der die Staaten wirtschaftlich eng untereinander verbunden und in einem Gleichgewicht mit hoher Arbeitslosigkeit gefangen sind, zu gewissen Hoffnungen Anlaß.

Das verlorene Paradies: die vergebliche Suche nach stabilen Wechselkursen

Der ehrgeizigste Versuch, allzu heftigen Devisenmarktschwankungen zu begegnen, fand in Europa statt, wo 1978 ein Währungsblock mit der Bezeichnung Europäisches Währungssystem (EWS – European Monetary System) gegründet wurde. Eine Gruppe westeuropäischer Staaten, nämlich Westdeutschland, Frankreich und Italien, hatten dieses Systeem nach den Richtlinien des Bretton-Woods-Systems erfunden. Als Mitglieder des EWS verpflichten sich die Länder, ihre Wechselkurse innerhalb einer vorgeschriebenen, nicht allzu großzügigen Bandbreite konstant zu halten. Diese Bandbreite läßt sich in periodischen Abständen neu anpassen, aber abgesehen davon muß jedes Land dafür sorgen, daß die Wechselkurse gegenüber den anderen Mitgliedsländern innerhalb des vereinbarten Spektrums bleiben.

Leider funktionieren Wechselkurssysteme nicht isoliert von anderen makroökonomischen Maßnahmen. Wie wir in Abschnitt A erläutert haben, erfordert die Beibehaltung eines Wechselkurses geldpolitische Maßnahmen über staatliche Interventionen oder eine gezielte Zinspolitik.

Die meisten Länder haben jedoch festgestellt, daß es *das Operieren in einem System fester Wechselkurse erforderlich macht, die Kontrolle über die heimischen Zinssätze aufzugeben.* Wenn der französische Franc eng an die DM gebunden ist, dürfen die französischen Zinssätze auf dem freien Markt nicht signifikant von jenen in Deutschland abweichen. Größere Abweichungen würden zu einer Lawine an Kapitalflüssen führen und entweder das Wechselkurssystem zunichte machen oder eine Gleichsetzung der Zinssätze bewirken. (Um diesen Mechanismus besser zu verstehen, fragen Sie sich doch einmal, ob in dem innerhalb der USA geltenden System fester Wechselkurse Zinsunterschiede zwischen Connecticut und Kalifornien bestehen können!).

Der Kontrollverlust über die eigene Geldpolitik ist zu normalen Zeiten kein fürchterliches Unglück, wenn die externen Zinssätze ohnehin nahe den erwünschten Sätzen liegen. Doch in Krisenzeiten können tatsächliche und erwünschte geldpolitische Maßnahmen allzu sehr voneinander abweichen. Genau das mußten wir in der Periode 1989–1993 feststellen, und diese Divergenz hat das EWS praktisch zerstört.

Der erste wesentliche Auslöser für den Zusammenbruch des EWS war die deutsche Wiedervereinigung 1989. Nach diesem Zeitpunkt nahm die deutsche Fiskalpolitik stark expansionistische Züge an, weil die ostdeutsche Wirtschaft subventioniert werden mußte. Auch wurde die alte Ostmark im Verhältnis eins zu eins in Westmark umgetauscht, was das Gesamtangebot an DM stark erhöhte. Die westdeutsche Expansion führte zu einem Anschwellen der deutschen Inflationsrate. Die Bundesbank in Frankfurt reagierte durch eine Anhebung der deutschen Zinssätze, um die heimische Nachfrage zu dämpfen. Hier wurden geldpolitische Maßnahmen für das heimische wirtschaftspolitische Management eingesetzt, und die Auswirkungen der Maßnahmen auf die Handelspartner Deutschlands wurden den heimischen wirtschaftlichen Anliegen untergeordnet.

Konfrontiert mit den steigenden deutschen Zinssätzen mußten andere Länder innerhalb des EWS ebenfalls ihre Zinsen anheben, um einen Kursverlust ihrer Währung gegenüber der DM zu verhindern und sich so außerhalb der vorgeschriebenen Bandbreite zu bewegen. Diese Zinserhöhungen führten zusammen mit einer weltweiten Rezession und einem starken Produktionsrückgang im zusammenbrechenden Ostblock Europa – mit Ausnahme von Deutschland – in eine immer tiefere Rezession.

Schließlich wurde das EWS von den Spekulanten ruiniert, die meinten, daß die Länder die unrealistisch hohen Wechselkurse und Zinssätze nicht ewig stützen würden. Nach und nach gerieten die Währungen unter Beschuß – die Finnmark, die Schwedenkrone, die italienische Lira, das britische Pfund, die spanische Peseta. Schließlich widerstand nur der innerste Kern, nämlich Frankreich und Deutschland, den Spekulationsattacken. Das EWS war so sorgfältig geplant gewesen, und mit ihm lag nun auch der Traum von einer europäischen Einheitswährung in Trümmern.

Heute durchkämmen die europäischen Staaten die Trümmer des EWS und hoffen so, auf ihrem Weg zu einer koordinierten Geldpolitik und Einheitswährung doch noch vorwärts zu kommen. Der erste Versuch ist jedenfalls gescheitert, weil die europäischen Staaten nicht bereit waren, ihre heimische Geldpolitik dem gemeinsamen Wechselkurssystem zu unterwerfen, als die allgemeinen wirtschaftlichen Bedingungen zu sehr in Richtung Depression abglitten.

Bewertung

Dieser Überblick über internationale wirtschaftspolitische Koordinierungsversuche ergibt ein gemischtes Bild teils erfolgreicher und teils fehlgeschlagener Projekte. Wenn wir jedoch ein wenig hinter die Einzelfälle zurücktreten, um einen Blick aufs Ganze zu erhaschen, so müßte das unparteiische Urteil von Historikern die letzten fünfzig Jahre zweifellos als einen bisher nie gekannten Erfolg für die Länder Nordamerikas, Westeuropas und Ostasiens werten. Eine fiktive Jury könnte sich dabei auf folgende Errungenschaften stützen:

- *Stabile Wirtschaftsleistung.* Nie, seit Geschichte geschrieben wird, konnte man ein schnelleres und nachhaltigeres Wirtschaftswachstum verzeichnen als im fraglichen Zeitraum. Es handelt sich überdies um den einzigen Zeitraum von 50 Jahren seit der Industriellen Revolution, der ohne tiefe Depression verlief, und kein einziger der wichtigen Industriestaaten erkrankte am Krebsgeschwür der Hyperinflation.
- *Zuwächse der Exportwirtschaft.* Nachdem die Staaten in den dreißiger Jahren die Gefahren des Protektionismus hautnah erleben mußten, zogen sie die Gemeinsamkeit in Form multilateraler Handelsabkommen und Vereinbarungen, sich einer Verhängung von Importrestriktionen zu enthalten, vor. Als letzte Entwicklung ist hier die Uruguay-Runde zu nennen, die Ende 1993 abgeschlossen wurde und die die Prinzipien des freien und offenen Handels auch auf neue Sektoren und Staaten ausweitete. Ein Erfolg läßt sich dadurch nachweisen, daß der Außenhandel anteilsmäßig rascher gewachsen ist als die einzelne Wirtschaftsleistung jedes großen Staates.
- *Sieg des Marktes.* Man hört immer wieder, Nachahmung sei die ehrlichste Form der Schmeichelei. Im wirtschaftlichen Bereich finden wir Nachahmung, wo ein Staat das Organisationssystem eines anderen übernimmt, in der Hoffnung, damit Wachstum und Stabilität zu erreichen. In den achtziger und neunziger Jahren warf ein Staat um den anderen die Fesseln des Kommunismus und der lähmenden Zentralplanung ab – nicht weil es so in den Lehr-

büchern steht, sondern weil man mit eigenen Augen gesehen hatte, wie gut es den marktorientierten Ländern des Westens wirtschaftlich erging, während die Kommandowirtschaft im Osten abbröckelte und zusammenbrach. Noch nie zuvor war ein ganzes Reich nur deshalb untergegangen, weil es neben seinen Kanonen nicht genügend Butter herstellen konnte.

C. AMERIKA – EIN LAND IM NIEDERGANG ODER WELTMACHT MIT MISSION?

Die Jahrtausendwende vor Augen äußern sich immer mehr Beobachter besorgt, die USA könnten vor einem wirtschaftlichen und politischen Desaster stehen. Sie weisen auf eine ganze Reihe von Symptomen hin: die geringe nationale Sparquote, das hartnäckige Budgetdefizit, das langsame Produktivitätswachstum und die weltweit höchste Außenverschuldung. Zwar wurden bereits einige Schritte gesetzt, die eine Trendumkehr bewirken sollen, doch es werden immer wieder Befürchtungen geäußert, die getroffenen Maßnahmen könnten nicht ausreichen.

DIE HYPOTHESE VOM AMERIKANISCHEN NIEDERGANG

Vor diesem Hintergrund hat der Yale-Historiker Paul Kennedy eine umfangreiche Studie des wirtschaftlichen Wandels und der politischen Konflikte, *The Rise and Fall of the Great Powers,*[5] herausgebracht. Nach Kennedys Meinung müssen die USA in den kommenden Jahrzehnten infolge eines langfristigen wirtschaftlichen Trends mit einem signifikanten Ruckgang ihrer politischen und militärischen Macht rechnen.

Professor Kennedy, der fünf Jahrhunderte der Wirtschafts-, Politik- und Militärgeschichte bearbeitet hat, entwickelt folgende Thesen:

1. „Die historische Auswertung läßt auf einen deutlichen langfristigen Zusammenhang zwischen dem wirtschaftlichen Aufstieg einer Großmacht und deren Niedergang sowie ihrem Wachstum und Niedergang als wichtige Militärmacht (oder Weltmacht) schließen ... Reichtum und Macht sind immer relativ.“ Dieses Argument untermauerte Kennedy durch eine gründliche historische Studie Spaniens, Frankreichs, des britischen Empire, der Sowjetunion und der USA.
2. „Die relativen Stärken der weltweit führenden Nationen bleiben niemals konstant, vor allem wegen der ungleichmäßigen Wachstumsraten verschiedener Gesellschaften und wegen des Durchbruchs neuer Technologien und Organisationsformen, die manchen Staaten einen größeren Vorteil bringen als anderen.“ Wirtschaftlicher und technologischer Fortschritt von der Entwicklung der Dampfmaschine bis zu jener der Nuklearwaffen illustriert, wie die Technologie das wirtschaftliche und politische Geschick der Staaten unterschiedlich und auf nicht vorhersagbare Weise verändert.

Kennedy wendet dann diese geschichtlichen Erfahrungen auf die gegenwärtige wirtschaftliche und politische Situation an. Er stellt fest, daß der US-Anteil an der Weltproduktion seit dem Höhepunkt im Jahr 1945 signifikant zurückgegangen ist; daß viele für die USA wesentliche Wirtschaftszweige und Fertigkeiten im Abbau begriffen sind und von jenen anderer Länder ersetzt werden; daß der politische Konsens für ein wirtschaftliches Wachstum ungünstiger geworden ist; und daß hohe Verteidigungsausgaben den zivilen Wirtschaftssektor des Landes untergraben haben. Zugleich weisen andere Regionen – vor allem Japan und die Europäische Union – ein rasches Wachstum auf, produzieren einen zunehmenden Anteil des weltweiten Sozialproduktes und der Weltproduktion und besitzen das Potential, die Supermächte von morgen zu werden. Aus diesen und anderen Fakten schließt Kennedy folgendes:

> *Die einzige Antwort auf die Frage ... ob die USA ihre derzeitige [militärische und politische] Position halten können, lautet „Nein“ – weil es keiner Gesellschaft gegeben ist, permanent alle anderen zu übertreffen, denn das würde ein Einfrieren der differenzierten Muster der Wachstumsraten, des technologischen Fortschritts und der militärischen Entwicklungen bedeuten, wie sie seit urdenklichen Zeiten existieren ... Man ist versucht, Shaws todernsten*

[5] Paul Kennedy, *The Rise and Fall of the Great Powers: Economic Change and Military Conflict from 1500 to 2000* (Random House, New York, 1987). Siehe vor allem die Einleitung, Kapitel 1 und Kapitel 8.

Ausspruch umzudichten und zu sagen: „Rom ist gefallen, Babylon ist gefallen, Scarsdale wird auch noch drankommen.“[6]

WETTBEWERBSFÄHIGKEIT VERSUS PRODUKTIVITÄT

Wie sehen die Ökonomen die Aussichten der USA für die kommenden Jahrzehnte? Beim Vergleich der Wirtschaftsleistung müssen wir die Wettbewerbsfähigkeit eines Landes von seiner Produktivität unterscheiden. *Wettbewerbsfähigkeit* bezieht sich darauf, wie gut die Produktion eines Landes auf dem Markt bestehen kann; sie hängt primär von der relativen Höhe der Güterpreise ab. Doch die Wettbewerbsfähigkeit unterscheidet sich von der *Produktivität* eines Landes, die die Produktionsleistung am Faktoreinsatz mißt, also etwa Produktionsmenge pro Arbeitsstunde.

Wie wir bereits weiter oben in diesem Buch festgestellt haben, hat die US-amerikanische Wettbewerbsfähigkeit in den achtziger Jahren drastisch nachgelassen. Der Grund dafür liegt nicht im schwindenden Produktivitätswachstum – das Gegenteil ist der Fall, denn die Produktivität der USA ist in den achtziger Jahren stärker angestiegen als im Jahrzehnt davor. Nein, zur Verschlechterung der Wettbewerbsfähigkeit im fraglichen Zeitraum kam es, weil der Kursanstieg des Dollars die US-Preise im Vergleich zu jenen der US-Handelspartner in die Höhe trieb.

Das führt uns zu dem für Fragen der Wettbewerbsfähigkeit wesentlichen Punkt: Die Staaten sind nicht a priori im Wettbewerb unterlegen, sondern sie werden konkurrenzunfähig, wenn ihre Preise infolge einer überbewerteten Währung aus dem Rahmen geraten. Damit bestätigen wir noch einmal das Gesetz des komparativen Vorteils, das uns gezeigt hat, daß alle Staaten entsprechend ihrem komparativen Vorteil nutzbringend Außenhandel treiben können.

Produktivitätstrends

Die eigentliche Geschichte der Einkommenssituation der USA ist nicht die Geschichte der amerikanischen Wettbewerbsfähigkeit – hier geht es um die Produktivität. Denken Sie daran, Produktivität ist das Maß für die Produktionsleistung pro Arbeiter oder pro Bündel an Produktionsfaktoren. Wenn die amerikanischen Einkommen während der letzten beiden Jahrzehnte stagniert haben, so deshalb, weil sich das Produktivitätswachstum verlangsamt hat, nicht weil die USA konkurrenzunfähig geworden wären.

Wettbewerbsfähigkeit ist im Handel wichtig, hat jedoch keine unmittelbare Beziehung zur Wachstumsrate der Realeinkommen. China durfte sich in den letzten Jahren über einen massiven Handelsbilanzüberschuß freuen, während die USA ein großes Handelsbilanzdefizit zu verzeichnen hatten. Doch das bedeutet natürlich nicht, daß die Amerikaner in puncto Lebensstandard mit den Chinesen tauschen würden. Der Verlust der Wettbewerbsfähigkeit auf internationalen Märkten entsteht, weil die *Preise* eines Landes nicht mehr jenen seiner Handelspartner entsprechen, er steht jedoch in keinem zwingenden Zusammenhang damit, wie die *Produktivität* eines Landes im Vergleich zu der eines anderen Landes abschneidet.

Wie sehen die jüngsten Produktivitätstrends aus? Im Gegensatz zu dem, was man immer wieder hört, steigen Produktion, Produktivität und Konsum in den USA tendenziell nach wie vor an. Ja, das US-Pro-Kopf-BIP und die Produktionsleistung pro Arbeitsstunde übersteigen bei weitem jene der wichtigsten US-Handelspartner, Deutschland und Japan. Eine sehr aufschlußreiche Studie des McKinsey Global Institute stellte fest, daß im Jahr 1990 die Industrieproduktivität Japans um 17 und die Deutschlands um 21 Prozentpunkte *unter* jener der USA lag.[7] Bei den untersuchten Industriezweigen blieb die Produktivität der USA in folgenden Bereichen führend: Computer, Seifen und Waschmittel, Bier und Nahrungsmittel. Die japanischen Arbeiter übertrafen ihre amerikanischen Kollegen in den Bereichen Autos, Autoteile, Metallbearbeitung, Stahl und Unterhaltungselektronik. Deutsche Arbeiter waren in keinem untersuchten Bereich am produktivsten, und tatsächlich hat die deutsche Produktivität in den achtziger Jahren gegenüber der amerikanischen sogar nachgelassen.

Die McKinsey-Studie fragte auch nach den Gründen für die Produktivitätsunterschiede zwischen den wichtigsten Ländern in den neun untersuchten Branchen. Das Ergebnis war überraschend:

- Economics of scale und Produktionstechnik spielten in manchen Bereichen nur eine untergeordnete Rolle.
- Überraschenderweise hatten auch Schul- und Berufsausbildung der Arbeiter nur geringe Bedeutung; sie

[6] Das Zitat stammt aus Kennedy, ebenda, SS xxii, xv und 533.

[7] McKinsey Global Institute, *Manufacturing Productivity* (Washington, D.C., 1993).

waren übrigens in allen drei Ländern etwa auf gleichem Niveau.

- Es gibt große Produktivitätsunterschiede zwischen den Betrieben einer Branche. Das Management könnte die Produktivität in *allen* Branchen signifikant erhöhen, würden modernste, effiziente Technologien angewandt.

Eines der verblüffendsten Ergebnisse der McKinsey-Studie bezog sich auf die Bedeutung der *Globalisierung*, also auf den Wettbewerb mit dem weltweit Führenden in einem bestimmten Wirtschaftszweig. Die Studie ergab, daß ausländische Direktinvestitionen des produktivsten Landes (wie die japanischen Auto-Satelliten auf amerikanischem Boden) zu den dramatischen Produktivitätssteigerungen geführt haben, indem einerseits Spitzentechnologie übernommen und andererseits der Wettbewerb gefördert wurde. Abbildung 37-6 zeigt, daß die relative Produktivitätsleistung in den einzelnen Branchen einen engen Zusammenhang mit dem Grad der Globalisierung aufwies. Das ergibt einen weiteren Nachweis, daß der sicherste Weg zu hoher Produktivität und somit zu einem hohen Lebensstandard über die Öffnung der Märkte für Handel, Kapital und Ideen aus den wirtschaftlich fortgeschrittensten Staaten führt und es nötig macht, einen lebhaften Wettbewerb mit jenen Unternehmen zuzulassen, die die fortschrittlichsten Technologien bereits anwenden.

EPILOG: REICHTUM – WOZU EIGENTLICH?

Es läßt sich heute nicht vorhersagen, ob sich die USA im Niedergang befinden oder zur wirtschaftlichen und politischen Supermacht des kommenden Jahrhunderts aufsteigen werden. Aber was auch immer die Zukunft bringt, die anstehenden Fragen sollen uns wohl auf die bleibende Bedeutung der Produktionseffizienz und des Wirtschaftswachstums hinweisen.

Auf einer anderen Ebene führt diese Debatte zu dem uralten Entscheidungsdilemma, das sich reichen Gesellschaften in neuer Weise stellt: *Reichtum – wozu eigentlich*? Wie sollen wir die Ressourcen einsetzen, die durch den technologischen Fortschritt so produktiv geworden sind? Amerika hat in den letzten fünfzig Jahren sehr viel Energie und Wissen in die Bekämpfung des Kommunismus und in den Wettbewerb mit seinen Rivalen hinter dem Eisernen Vorhang investiert. Diese Investition in Kanonen hat mit dem Sieg der marktwirtschaftlich organisierten Demokratien geendet, doch der Abgang des

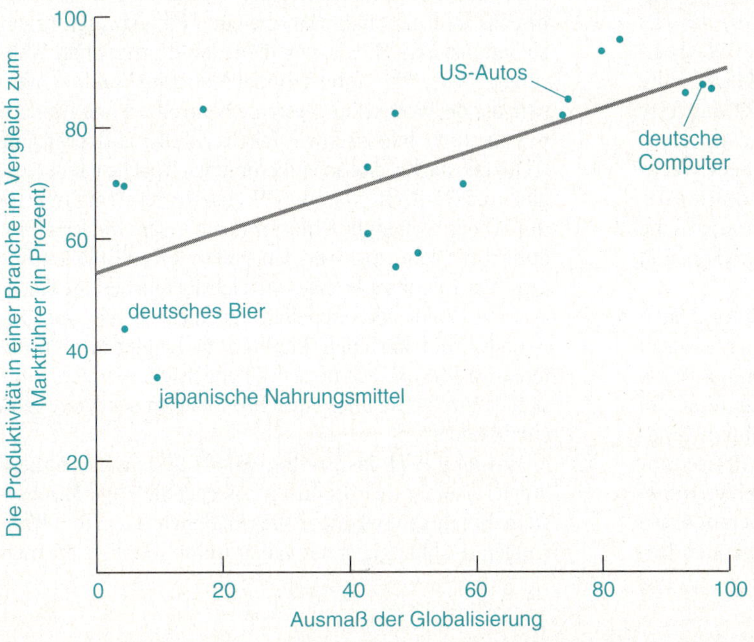

Abbildung 37-6: Der Kontakt mit den führenden technologischen Entwicklungen verbessert die relative Produktivität

Der Globalisierungsindex mißt, inwieweit eine Branche mit dem weltweit führenden Anbieter der Branche entweder auf dem Wege des ungeschützten Freihandels oder durch Niederlassungen des Marktführers im eigenen Land konfrontiert ist. Wenn Branchen dem rauhen Wind des internationalen Wettbewerbs ausgesetzt sind, man denke nur an die US-Autoindustrie oder die deutsche Computerindustrie, so müssen sie, um zu überleben, in eine heftige Konkurrenz eintreten, so daß sie die Kluft zum Marktführer verkleinern und überbrücken. Wird die heimische Industrie geschützt, was bei deutschem Bier und japanischen Nahrungsmitteln der Fall war, bleibt der Wettbewerb schwach, und die relative Produktivität fällt gering aus.

[Quelle: McKinsey Global Institute, *Manufacturing Productivity* (Washington, D.C., 1993)]

Sowjetkommunismus hat uns nur eine ganze Reihe neuer Probleme beschert.

Wie sollen wir heute die Ressourcen einsetzen, die bisher in Kanonen geflossen sind? Sollen wir sie für Butter und andere Konsumgüter verwenden und die Früchte unserer früheren Investitionen mit einem hohen Konsumniveau genießen, sollen zukünftige Generationen ihren eigenen Kampf ausfechten? Oder wäre es besser, vermehrt in Kapital, Ausbildung und unsere Umwelt zu investieren, damit wir den Lebensstandard jener heben, die uns nachfolgen werden? Oder wird sich Amerika dazu entschließen, als Weltpolizist gegen Hunger, Bürgerkriege und Despotismus überall auf dem Globus zu kämpfen?

Auf diese fundamentalen Fragen kann es keine richtigen oder falschen Antworten geben. Jeder Mensch muß sich seiner eigenen Wertvorstellungen klar werden und versuchen, das jeweils höher zu bewertende Gut zu erreichen. Uns gefällt besonders die Aussage J. F. Kennedys, der in wirtschaftlichen Belangen große Umsicht bewies: „Jetzt erschallt die Posaune erneut – nicht als Ruf zu den Waffen [sondern als Aufruf zum] Kampf gegen die wahren Feinde des Menschen: Tyrannei, Armut, Krankheit und den Krieg selbst."

Auch angehende Ökonomen sollten sich diesem Aufruf nicht verschließen. Die Marktwirtschaften sind heute um ein Vielfaches reicher als zu Zeiten Adam Smiths, die Vitalität der Wirtschaft kennt kein Gesetz der abnehmenden Ertragszuwächse. Doch die Liste der quälenden, ungelösten wirtschaftlichen Fragen bleibt lang. Wir sind fest davon überzeugt, daß Ihr Studium der Volkswirtschaft nicht nur unserem Bruttoinlandsprodukt, sondern all jenen wirklich wichtigen Dingen im Leben zugute kommen wird, die jenseits des Marktes zu finden sind – der Freiheit, Kritik zu äußern, der Freiheit, etwas zu verändern und der Freiheit, den eigenen Traum zu leben.

ZUSAMMENFASSUNG

A. Das internationale Finanzsystem

1. Im internationalen Handel kommen verschiedene nationale Währungen zur Anwendung, die durch ihre relativen Preise, die sogenannten Wechselkurse, untereinander verbunden sind. Eine gut funktionierende internationale Wirtschaft erfordert ein gut funktionierendes Währungssystem, Regeln und Institutionen, die die Transaktionen zwischen den Ländern regeln. Die drei wichtigsten Arten von Wechselkurssystemen sind: (*a*) das frei schwankende Wechselkurssystem, bei dem der Wechselkurs eines Landes ausschließlich durch die Marktkräfte von Angebot und Nachfrage gebildet wird; (*b*) das feste Wechselkurssystem (wie Goldstandard und Bretton-Woods-System), bei dem die Länder eine gegebene Wechselkursstruktur festlegen und beibehalten; und (*c*) das administrierte Wechselkurssystem, bei dem staatliche Interventionen und Marktkräfte zusammenwirken und gemeinsam die Wechselkurse bilden.
2. Klassiker unter den Ökonomen wie David Hume haben Justierungen an Außenhandels-Ungleichgewichte durch den Goldflußmechanismus erklärt. Dabei verändern die Goldbewegungen die Geldmenge und das Preisniveau. So würde beispielsweise ein Handelsdefizit zu einem Goldabfluß und einem Rückgang der heimischen Preise führen, was (*a*) einen Anstieg der Exporte und (*b*) einen Rückgang der Importe jener Länder, die Gold verlieren, sowie (*c*) einen Rückgang der Exporte und (*d*) steigenden Importen in jenen Ländern, in die das Gold fließt, zur Folge hätte. Dieser Mechanismus zeigt, daß die Länder bei festen Wechselkursen Anpassungen über eine Änderung des heimischen Preis- und Lohnniveaus vornehmen müssen.

B. Internationale Kooperationen

3. Nach dem Zweiten Weltkrieg gründete die Staatengemeinschaft eine Reihe internationaler Wirtschaftsinstitutionen, um das internationale Handels- und Finanzwesen besser zu organisieren. Hier ist vor allem der Internationale Währungsfonds (IMF – International Monetary Fund) zu nennen, der die Wechselkurssysteme kontrolliert und Ländern mit Zahlungsbilanzschwierigkeiten hilft; außerdem die Weltbank, die Kredite an einkommensschwache Länder vergibt; und das Bretton-Woods-Wechselkurssystem. Im Bretton-Woods-System beschlossen die Länder eine feste Bindung ihrer Währungen an den Dollar und an Gold, und sie erreichten damit zwar feste, zugleich aber justierbare Wechselkurse. Wenn die offiziellen Paritäten zu sehr von den Grundwerten abwichen, konnten die Länder ihre Paritäten anpassen und ein neues Gleichgewicht erzielen, ohne sich dadurch eine unerwünschte Inflation oder Rezession einzuhandeln.
4. Als im Jahr 1971 das Bretton-Woods-System zusammenbrach, ersetzte man es durch das gegenwärtige Mischsystem. Einige große Länder oder Regionen lassen ihre Währungen unabhängig voneinander frei schwanken; die mei-

sten kleineren Länder binden ihre Währungen an den Dollar oder an andere Währungen; und bis vor kurzem beteiligten sich die meisten westeuropäischen Länder am Europäischen Währungssystem (EWS), das große Ähnlichkeit mit dem Bretton-Woods-System aufwies. Staaten intervenieren zumeist, wenn ihre Währung zu weit von den Hintergrunddaten abweicht oder wenn der Devisenmarkt in Unordnung gerät.

5. Zwischen der Wirtschaftsleistung der einzelnen Staaten ist einerseits ein kurzfristiger Zusammenhang über die Auswirkungen von Handelsflüssen und Zinssätzen auf die Produktion festzustellen, während zusätzlich auch ein langfristiger Zusammenhang über die nationalen Spar- und Investitionsquoten auftritt. Bisweilen führen allerdings die unkoordinierten Aktivitäten einzelner Staaten zu ineffizienten Ergebnissen – wirtschaftspolitischen Situationen, die von hoher Arbeitslosigkeit, Handelskriegen oder vermindertem Vertrauen in die Finanzmärkte gekennzeichnet sind. Mit Hilfe internationaler Kooperationen sollen diese Probleme gelöst werden, die einer erschöpfenden Nutzung der vorhandenen Ressourcen und dem freien und effizienten Kapitalfluß zwischen den Staaten entgegenstehen.
6. Auf Grund der zunehmenden wechselseitigen Abhängigkeiten der nationalen Volkswirtschaften unternehmen die Staaten immer wieder Versuche, ihre Wirtschaftspolitik zu koordinieren. Wichtige wirtschaftspolitische Themen sind unter anderem:
   a. Die Handelspolitik der einzelnen Länder wirkt sich auch auf Produktion und Beschäftigungsstand in anderen Ländern aus. Eine protektionistische Politik der Handelsschranken bedeutet eine Politik auf Kosten der Nachbarn, weil sie im wesentlichen den Export von Arbeitslosigkeit und Handelsbilanzdefiziten bewirkt.
   b. Die Wechselkurse haben Auswirkungen auf die relativen Preise und die Nettoexporte. Ein überhöhter Wechselkurs eines Landes führt zu einem Rückgang der Nettoexporte und der Produktion, während ein zu niedriger Wechselkurs Nettoexporte und Produktion anhebt. Wegen der signifikanten Auswirkung der Wechselkurse auf die einzelnen Volkswirtschaften treffen die Staaten internationale geldpolitische Abkommen.
   c. In den letzten Jahren haben die einzelnen Staaten ihre wirtschaftspolitischen Maßnahmen zunehmend koordiniert und auf diesem Wege versucht, ihre Produktionsleistung anzuheben oder die Inflationsrate zu senken. Durch die Zusammenarbeit im fiskal- oder geldpolitischen Bereich kommen die Staaten in den Genuß der gewünschten expansiven oder kontraktiven Auswirkungen, die bei einer Änderung des BIP in jedem Fall immer auch einen Spillovereffekt über die Grenzen hinweg aufweisen.

C. Amerika – ein Land im Niedergang oder Weltmacht mit Mission?

7. Kritiker weisen darauf hin, daß zwei Jahrzehnte schleppender Produktivitätszuwächse und unzureichender Sparquoten zu einem Niedergang der Macht und des wirtschaftlichen Einflusses der USA führen müssen. In populärwissenschaftlichen Diskussionen wird hierbei häufig der Unterschied zwischen Produktivität und Wettbewerbsfähigkeit übersehen. Die Wettbewerbsfähigkeit eines Landes bezieht sich darauf, wie gut seine Produktion auf dem globalen Markt bestehen kann; die Produktivität bezeichnet die Produktionsmenge pro eingesetzter Faktoreinheit, beispielsweise Produktionsmenge pro Arbeitsstunde. Die Realeinkommen und der Lebensstandard in einem Land hängen primär von dessen Produktivität ab, während Handels- und Leistungsbilanz mit der Wettbewerbsfähigkeit in Zusammenhang stehen.
8. Die USA haben auf Grund des in den achtziger Jahren überbewerteten Dollars an Wettbewerbsfähigkeit eingebüßt, doch das Produktivitätswachstum ist im selben Zeitraum leicht angestiegen. Neuere Studien weisen darauf hin, daß die fortgeschrittensten Volkswirtschaften ähnliche Produktivitätsraten aufweisen, daß jedoch die absolute Produktivitätsrate der USA in Produktion und Dienstleistungen weiterhin jene der anderen großen Wirtschaftsnationen übertrifft.

BEGRIFFE ZUR WIEDERHOLUNG

Das internationale Finanzsystem

Wechselkurssysteme: frei schwankend, fest, administriert
Humes vierphasiger Goldflußmechanismus

Weltweite Koordination

Weltbank und Internationaler Währungsfonds
Bretton-Woods-System, Europäisches Währungssystem
Notwendigkeit einer internationalen wirtschaftlichen Zusammenarbeit
Amerika im Niedergang?
Wettbewerbsfähigkeit versus Produktivität

FRAGEN UND BEISPIELE

1. Von James Tobin stammt folgender Satz: „Einer meiner wunderbaren Lehrer, Joseph Schumpeter, fand es immer seltsam und belustigend, daß liberal denkende Verfechter des freien Marktes nicht bereit sind, den Markt die Wechselkurse bestimmen zu lassen." [*National Economic Policy* (Yale University Press, New Haven, Conn., 1966), S 161]. Warum sollten Ökonomen mit einer erklärten Vorliebe für den freien Markt ausgerechnet den Devisenmarkt zur Ausnahme erklären?
2. Im Louvre-Abkommen des Jahres 1987 kamen die wichtigsten Länder überein, ihre Währungen innerhalb einer bestimmten Bandbreite zu halten. Nehmen wir an, die USA und Deutschland würden beschließen, den DM-Dollar-Wechselkurs zwischen 1,60 und 1,80 DM pro Dollar zu halten. Zeigen Sie anhand des Angebots- und Nachfragediagramms, wie die beiden Staaten diesen politischen Entschluß umsetzen könnten.
3. Stellen Sie sich zwei Situationen vor:
   a. Die Realeinkommen in Amerika und Japan steigen jährlich um 1 Prozent.
   b. Die Realeinkommen in Amerika steigen um 2 Prozent, jene in Japan um 4 Prozent.

   Müßte Ihnen als Amerikaner **a** oder **b** lieber sein? Erläutern Sie Ihre Antwort. Stellen Sie einen Bezug zum Unterschied zwischen absoluten und relativen Einkommen her.
4. Abbildung 37-7 zeigt einen Vorschlag für eine limitierte Wechselkursflexibilität zwischen Dollar und DM. In einem solchen System kann der Wechselkurs um einige Prozentpunkte jährlich schwanken. Was spricht für und was gegen feste bzw. frei schwankende Wechselkurse?
5. Denken Sie an folgende drei Wechselkurssysteme: klassischer Goldstandard, frei schwankende Wechselkurse und Bretton-Woods-System. Vergleichen Sie die drei Systeme im Hinblick auf folgende Charakteristika und arbeiten Sie die Unterschiede heraus:
   a. Rolle des Staates versus Rolle des Marktes bei der Bildung der Wechselkurse
   b. Ausmaß der Wechselkursschwankungen
   c. Preisjustierungsmethoden in den einzelnen Ländern
   d. Notwendigkeit internationaler Zusammenarbeit und Konsultationen zur Bildung der Wechselkurse
   e. Möglichkeit der Entstehung und des hartnäckigen Fortbestehens einer schweren Wechselkurs-Fehlanpassung.
6. Nehmen wir an, die japanischen Autohersteller würden eine neue Roboter-Technologie erfinden, mit der sie Autos viel billiger herstellen und die japanischen Autopreise um die Hälfte senken könnten. Welche Auswirkungen hätte das auf die Produktionsleistung und auf die Realeinkommen in Japan und in den USA? Wäre diese Robotertechnologie für die amerikanischen Arbeiter und Konsumenten gut oder schlecht?
7. Nehmen wir an, die USA hätten ein Handelsbilanzdefizit zu verzeichnen, wobei die Produktionsleistung das gewünschte Niveau erreicht hätte, während Europa bei hoher Arbeitslosigkeit einen Handelsbilanzüberschuß erzielen könnte. Welche Kombination aus koordinierten Änderungen der Wechselkurse und fiskalpolitischen Maßnahmen könnte die Handelspositionen ausgleichen und die Produktionsleistung auf das gewünschte Niveau bringen?
8. Was versteht man unter dem Feldstein-Horioka-Effekt? Welche Auswirkung hätte unter Berücksichtigung dieses Effekts ein Paket zum Abbau des Budgetdefizits auf die heimischen Investitionen und auf das Leistungsbilanzdefizit? Erklären Sie Ihre Antwort.

Abbildung 37-7: Eine limitierte Wechselkursflexibilität ermöglicht die nötige Anpassung der Wechselkurse

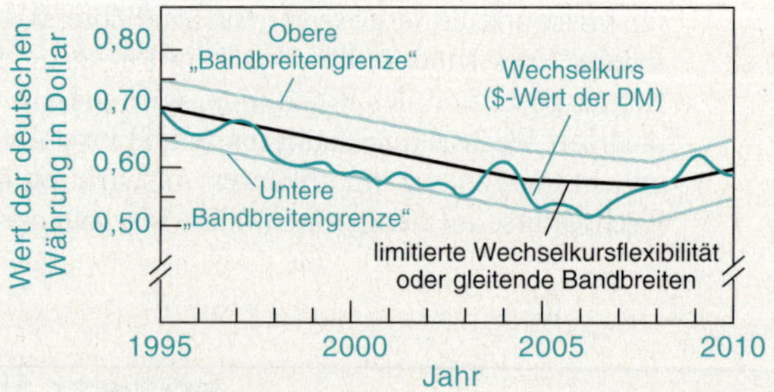

GLOSSAR

A

Abgeleitete oder derivative Nachfrage (derived demand): Bezeichnung der Ökonomen für die Faktornachfrage. Damit soll ausgedrückt werden, daß ein Unternehmen, wenn es einen Produktionsfaktor nachfragt, dies tut, um ein Gut zu produzieren, das die Verbraucher jetzt oder später nachfragen/werden.

Abnehmende Grenzerträge, Gesetz oder Ertragsgesetz (law of diminishing returns): Bei zunehmender Erhöhung eines Inputs und unveränderten sonstigen Faktoreinsätzen werden immer geringere Grenzerträge erzielt. Mit anderen Worten, das Grenzprodukt jeder Inputeinheit sinkt, wenn sich die Menge des betreffenden Inputs erhöht, während alle anderen Faktoreinsätze konstant bleiben.

Abnehmende Skalenerträge (decreasing returns to scale): Fälle, in denen eine gleichmäßige Erhöhung aller Inputs zu einer unterproportionalen Erhöhung des Gesamtoutputs führt.

Abnehmender Grenznutzen, Gesetz (law of diminishing marginal utility): Dieses Gesetz besagt, daß der zusätzliche oder Grenznutzen immer mehr abnimmt, je mehr ein Mensch von einem Gut konsumiert.

Abschreibung (depreciation): Methode zur Messung der jährlichen Aufwendungen für ein Kapitalgut, das im Eigentum des Unternehmens selbst steht.

Abstimmungsmodalitäten: Einstimmigkeitsprinzip (unanimity rule): Das Prinzip der Einstimmigkeit erfordert, daß jedermann den kollektiven Entscheidungen zustimmt. Wahlsysteme, die auf dem Einstimmigkeitsprinzip beruhen, garantieren, daß alle Entscheidungen Pareto-Verbesserungen mit sich bringen, weil keine Entscheidung irgendjemanden schlechter stellt, Entscheidungen kommen jedoch nur mit Mühe zustande.

Abstimmungsmodalitäten: Mehrheitsprinzip (majority rule): In diesem System kann ein Gesetz oder eine Regel beschlossen werden, wenn sich mehr als die Hälfte der Abstimmenden dafür ausspricht.

Abstimmungsmodalitäten: Qualifizierte Mehrheit (Supermajority): Qualifizierte Mehrheit bedeutet, daß sich mehr als die einfache Stimmenmehrheit für die Annahme eines Antrags aussprechen muß, beispielsweise zwei Drittel der Stimmberechtigten, damit dieser beschlossen werden kann. (Etwa bei Abänderung der Verfassung).

Abstimmungsparadoxon (voting paradox): Situation, in der kein einziges der angestrebten Programme gegen die anderen eine Mehrheit erringen kann.

Abwertung einer Währung (devaluation): Senkung des offiziellen Wechselkurses.

Acht-Unternehmens-Konzentrationsrate (eight-firm concentration ratio): Prozentsatz der von den acht größten Unternehmen einer Branche erzeugten Produktionsmenge.

Administrierte Wechselkurse (managed exchange rates): Mittelposition, nach der die Wechselkurse zwar grundsätzlich durch die Marktkräfte bestimmt werden, wobei jedoch die Staaten auch Devisen kaufen oder verkaufen oder ihre Geldpolitik gezielt so verändern, daß sie dadurch die Wechselkurse beeinflussen.

Aktienmarkt (stock market): Ort, an dem Anteile an Publikumsgesellschaften bzw. Rechtstitel an Unternehmen gekauft und verkauft werden.

Aktienmarktindizes (stock-price indexes): gewichteter Durchschnittswert der Kurse eines bestimmten Aktienbündels.

Akzeleratorprinzip (accelerator principle): besagt, daß die Investitionsquote hauptsächlich durch das Ausmaß der Veränderung der Produktionmengen bestimmt wird.

Allgemeines Gleichgewicht der Märkte (general market equilibrium): Gleichgewicht, bei dem Preise und Produktionsmengen so beschaffen sind, daß der Grenznutzen jedes Gutes für die Konsumenten genau den Grenzkosten jedes Gutes für die Gesellschaft entspricht.

Allgemeines (oder totales) Gleichgewicht, Theorie (general-equilibrium analysis): untersucht, wie (und wie erfolgreich) das gleichzeitige Wechselspiel aller Haushalte, Unternehmen und Märkte die Fragen des *Wie, Was und Für wen* zu lösen imstande ist.

Allokationseffizienz, Paretoeffizienz, Pareto-Optimum oder Effizienz (allocative efficiency oder efficiency): Situation, in der niemand durch eine anders geartete Organisation der Produktion besser gestellt werden kann, ohne daß dadurch zugleich ein anderer schlechter gestellt wird. Unter idealen Bedingungen erreicht eine Wettbewerbswirtschaft Allokationseffizienz. Diese Bedingungen lauten: (*a*) Wenn die Konsumenten ihre Bedürfnisbefriedigung maximieren, entspricht der Grenznutzen jeweils dem Preis. (*b*) Wenn konkurrierende Produzenten Güter anbieten, wählen sie die Produktionsmenge so, daß die Grenzkosten genau dem Preis entsprechen. (*c*) Da der Grenznutzen dem Preis entspricht und auch die Grenzkosten dem Preis entsprechen, folgt daraus, daß der Grenznutzen den Grenzkosten entspricht. Somit entsprechen die sozialen Grenzkosten für die Produktion eines Gutes unter Bedingungen des vollständigen Wettbewerbs genau der Bewertung ihres Grenznutzens.

Angebot, Preiselastizität (price-elasticity of supply): mißt die prozentuale oder relative Änderung der angebotenen Menge dividiert durch die prozentuale oder relative Preisänderung.

Angebotsfunktion (supply schedule): Beziehung zwischen dem Marktpreis und jener Menge eines Gutes, die die Produzenten - ceteris paribus - zu produzieren und zu verkaufen gewillt sind.

Angebotskurve (supply curve): graphische Darstellung der Beziehung zwischen dem Marktpreis und jener Menge eines Gutes, die die Produzenten - ceteris paribus - zu produzieren und zu verkaufen gewillt sind.

Angebotsschock (supply shock): plötzliche Änderung der Kosten- oder Produktivititätsbedingungen, durch die das Gesamtangebot drastisch verschoben wird.

Angebotsseitige Wirtschaftspolitik oder Supply Side Economics (supply-side economics): Betonung mikroökonomischer Maßnahmen zur Verbesserung von Produktion und volkswirtschaftlicher Effizienz. Nach diesem angebotsorientierten Ansatz (USA unter Reagan, GB unter Thatcher) sollten makroökonomische Maßnahmen wie die Geldmengensteuerung oder die Festlegung der Höhe staatlicher Ausgaben nicht im Versuch, den Konjunkturzyklus zu beeinflussen, „fein abgestimmt werden", sondern sie sollten sich nach den langfristigen Zielen des Wirtschaftswachstums und der Effizienz richten.

Anreize, wirtschaftliche (incentives): adäquate Belohnung für Arbeit, Sparen und Unternehmertum.

Äquivalenzprinzip oder Nutzenprinzip (benefit principle): Besteuerung des einzelnen je nach der Höhe des Nutzens, den er aus staatlichen Programmen zieht.

Arbeitsangebot (labor supply): bezieht sich auf die Stundenanzahl, die die Bevölkerung mit Erwerbstätigkeit in Fabriken, auf Bauernhöfen, in Unternehmen, im öffentlichen Sektor oder in gemeinnützigen Organisationen zubringen möchte. Bei gegebener Bevölkerungszahl hängt das Arbeitsangebot von drei wesentlichen Faktoren ab: von der durchschnittlichen Arbeitszeit, von der Teilnahme am Arbeitsmarkt und von der Einwanderungsrate.

Arbeitslose (unemployed): Personen, die keine Arbeit haben, jedoch aktiv nach Arbeit suchen oder auf ihre Wiederbeschäftigung warten.

Arbeitslosenrate (unemployment rate): stellt den Prozentsatz der Arbeitslosen an der Erwerbsbevölkerung dar. Anzahl der Arbeitslosen dividiert durch die gesamte Erwerbsbevölkerung.

Arbeitslosenrate, natürliche (natural rate of unemployment): Arbeitslosenrate, bei der die auf die Preis- und Lohninflation einwirkenden treibenden und bremsenden Kräfte ausgeglichen sind.

Arbeitslosigkeit, konjunkturelle (cyclical unemployment): durch zu geringe allgemeine Arbeitsnachfrage bedingt.

Arbeitslosigkeit, friktionelle (frictional unemployment): durch die unaufhörliche Wanderungsbewegung der Menschen zwischen den Regionen und Jobfluktuationen oder durch die verschiedenen Stadien des Lebenszyklus bedingt.

Arbeitslosigkeit, strukturelle (structural unemployment): Arbeitslosigkeit infolge einer mangelnden Abstimmung zwischen Arbeitsangebot und Arbeitsnachfrage.

Arbitrage (arbitrage): risikofreie Form der Spekulation, bei der Händler unter Ausnutzung eines regionalen Preisgefälles gleichzeitig auf einem Markt kaufen und auf einem anderen Markt verkaufen.

Arrow-Theorem (Arrow's Theorem): zentrales Theorem der Theorie der öffentlichen Entscheidungen. Sagt aus, daß es kein Verfahren gibt, mit dem ein einzelnes Programm die Mehrheit über alle anderen Programme erreicht.

Aufkommensneutrale Steuerreform (revenue-neutral tax reform): Steuerreform, die die Gesamteinnahmen des Staates weder erhöht noch senkt.

Aufwertung einer Währung (revaluation): Erhöhung des offiziellen Wechselkurses.

Auktionsmarkt (auction market): ein durchgehend organisierter und dem Wettbewerb unterworfener Markt, auf dem die Preise durch ihre Auf- und Abbewegungen auf einen Ausgleich von Angebot und Nachfrage hinwirken.

Ausgeglichenes Budget (balanced budget): Budget mit Einnahmen und Ausgaben in gleicher Höhe - ist auf Bundesebene kaum je der Fall.

Außenbeitrags- oder Nettoexportindex (net exports): numerische Differenz zwischen der Höhe der Exporte und der Importe.

Auszahlung oder Payoff (payoff): Gewinn, den der Spieltheorie zufolge die Teilnehmer an einem Spiel erzielen.

B

Beschäftigte (employed): Personen, die bezahlte Arbeit verrichten, sowie alle jene, die zwar einen Job haben, jedoch aus Krankheits-, Streik- oder Urlaubsgründen zum Zeitpunkt der Befragung nicht gearbeitet haben.

Betriebsminimum oder Betriebseinstellungsschwelle (shut-down point): kritische Marktpreisuntergrenze, bei der die Erlöse genau den variablen Kosten entsprechen bzw. bei der die Verluste genau den Fixkosten entsprechen.

Betriebsschließungsregel (shutdown rule): Wenn der Preis so weit fällt, daß die Gesamterlöse unter den variablen Kosten liegen und der Preis geringer ist als die durchschnittlichen variablen Kosten, kann das Unternehmen seine Verluste durch Betriebseinstellung minimieren.

Bilanz (balance sheet): Die Bilanz vermittelt ein Bild von der jeweiligen finanziellen Situation eines Unternehmens zu einem bestimmten Zeitpunkt. Auf der einen Seite stehen die **Aktiva (assets)** (Vermögenswerte und Rechte des Unternehmens). Auf der anderen die **Passiva** aufgegliedert in zwei Positionen, nämlich in die **Verbindlichkeiten (liabilities)** (Schulden und sonstige Verpflichtungen des Unternehmens) und in das **Eigenkapital (net worth)** (der Nettowert, der den Gesamtvermögenswerten abzüglich der gesamten Verbindlichkeiten entspricht).

Bilaterales Monopol (bilateral monopoly): Verhandlungssituation wie bei den meisten Kollektivvertragsverhandlungen, in der die volkswirtschaftliche Theorie die Ergebnisse nicht verläßlich vorhersagen kann.

BIP oder Bruttoinlandsprodukt (gross domestic product oder GDP): Die umfassendste Meßweise der Gesamtleistung einer Volkswirtschaft. Das BIP ist das Maß für den Marktwert aller Endprodukte und Dienstleistungen, die ein Land innerhalb eines Jahres produziert.

BIP, potentielles (potential GDP): langfristiger Trend des realen BIP. Es zeigt die langfristigen Produktionsmöglichkeiten der Wirtschaft oder die größtmögliche gesamtwirtschaftliche Produktionsmenge bei Erhaltung stabiler Preise. Die potentielle Produktionsleistung wird bisweilen auch als *Vollbeschäftigungs-Produktionsniveau (high employment level of output)* bezeichnet.

BIP, nominales (nominal GDP): BIP, gemessen anhand der tatsächlichen Marktpreise.

BIP, reales (real GDP): BIP, gemessen anhand der konstanten oder nicht variablen Preise für ein Jahr.

BIP-Lücke (GDP gap): Differenz zwischen potentiellem und tatsächlichem BIP.

Break-Even-Punkt (shutdown oder break-even point): Punkt, in dem der Preis den Durchschnittskosten entspricht, während das Produktionsniveau für die Betriebseinstellung dann erreicht wird, wenn der Preis den durchschnittlichen variablen Kosten entspricht.

Bretton-Woods-System (Bretton Woods System): Ersatz für den Goldstandard, führte für jede Währung eine Parität sowohl zum US-Dollar als auch zum Gold ein. Die Währungen wurden in bezug auf Gold und auf den Dollar definiert, und die Wechselkurse zwischen den Währungen wurden ganz ähnlich gebildet wie unter dem Goldstandard. Die revolutionäre Neuerung des Bretton-Woods-Systems bestand darin, daß die Wechselkurse zwar *fest*, trotzdem aber *justierbar* waren. Sobald eine Währung von ihrem angestammten oder „fundamentalen" Wert zu sehr abwich, ließ sich die Parität anpassen.

Bruttoinlandsprodukt (gross domestic product): Das BIP stellt den nominellen Wert aller im Inland erzeugten Endprodukte und Dienstleistungen während eines Jahres dar. Umfassendste Meßweise der Gesamtleistung einer Volkswirtschaft.

Bruttosozialprodukt BSP (GNP, gross national product): Bis vor kurzem häufig verwendeter Maßstab für die gesamtwirtschaftliche Produktion. Das BSP ist die Summe aller Endprodukte, die mit Hilfe all jener Produktionsmittel (Arbeit und Kapital) erwirtschaftet werden, die im *Eigentum von Inländern* stehen, während sich das BIP aus Endprodukten errechnet, die mit den *innerhalb der Grenzen* eines Staates befindlichen Produktionsmitteln erzeugt werden.

Budget, tatsächliches (actual budget): weist die tatsächlichen Geldausgaben, Einnahmen und Defizite einer bestimmten Periode aus.

Budget eines Staates (budget): weist die für ein Jahr geplanten Ausgaben für staatliche Programme sowie die erwarteten Einnahmen aus Steuern und Abgaben aus. Im typischen Fall enthält es eine Liste konkreter Programme (Schulen, Sozialwesen, Verteidigung etc.) sowie staatlicher Steuereinnahmequellen (Einkommens- und Sozialversicherungssteuer etc.).

Budget, strukturelles (structural budget): aktiv durch diskretionäre wirtschaftspolitische Maßnahmen wie die Festsetzung der Steuersätze, der Sozialhilfezahlungen oder der Verteidigungsausgaben bestimmter Teil des Budgets.

Budget, konjunkturelles (cyclical budget): passiv durch die jeweilige Phase des Konjunkturzyklus, also dadurch, wie hoch oder gering das jeweilige Volkseinkommen bzw. das BIP ausfällt, bedingter Teil des Budgets.

Budget, ausgeglichenes (balanced budget): Budget mit Einnahmen und Ausgaben in gleicher Höhe - ist auf Bundesebene kaum je der Fall.

Budgetbeschränkung oder Budgetgerade (budget constraint oder budget line): Zusammenhang zwischen den Güterpreisen und -mengen sowie dem für Konsumausgaben vorgesehenen Teil des Einkommens eines Haushaltes. Budgetbeschränkung, weil die Summe aus den mit Preisen multiplizierten Gütermengen der Konsumsumme entspricht.

Budgetdefizit (budget deficit): tritt auf, wenn die Ausgaben des Staates höher sind als die Steuereinnahmen.

Budgetüberschuß (budget surplus): ist gegeben, wenn alle Steuern und sonstigen Einnahmen die staatlichen Ausgaben eines Jahres übersteigen.

C

Ceteris-paribus-Klausel (other things equal): die Analyse der jeweils untersuchten Variablen erfolgt unter der Annahme, daß alle anderen Variablen gleich belassen werden.

Chancengleichheit, wirtschaftliche (economic opportunity): Liberale philosophische Forderung der sechziger Jahre, wonach alle denselben Zugang zu den besten Schulen, zur besten Ausbildung und zu den besten Jobs erhalten sollten. Man war der Ansicht, die Diskriminierung auf Grund von Hautfarbe, Geschlecht oder Religion würde daraufhin von allein verschwinden.

Coase Theorem (Coase Theorem): Theorie, wonach bei Umweltschutzproblemen freiwillige Verhandlungen zwischen den betroffenen Parteien unter gewissen Umständen ebenfalls zu einem effizienten Ergebnis führen können.

D

Deflation (deflation): sinkende Preisen oder negative Inflationsrate.

Depression (depression): Perioden wirtschaftlichen Abschwungs mit großer BIP-Lücke.

Deregulierung (deregulation): Abbau staatlicher Regulierungsmaßnahmen

Derivative oder abgeleitete Nachfrage (derived demand): Bezeichnung der Ökonomen für die Faktornachfrage. Damit soll ausgedrückt werden, daß ein Unternehmen, wenn es einen Produktionsfaktor nachfragt, dies tut, um ein Gut zu produzieren, das die Verbraucher jetzt oder später nachfragen/werden.

Devisenmarkt (foreign exchange market): Markt, auf dem Währungen verschiedener Länder gehandelt werden; hier werden die Wechselkurse gebildet.

Direkte Steuern (direkt taxes): Steuern, die direkt von Einzelpersonen oder Unternehmen eingehoben werden. Beispiele für direkte Steuern sind die Einkommensteuer, die Sozialversicherungsbeiträge oder andere auf den Arbeitslohn eingehobene Steuern sowie die Erbschafts- und Schenkungssteuer. Körperschaftsteuern werden ebenfalls als direkte Steuern behandelt, weil ja letztlich Menschen die Einkommen der Unternehmen erhalten.

Diskretionäre Fiskalpolitik (discretionary fiscal policy): Maßnahmen zur gezielten Änderung der Steuersätze oder Ausgabenprogramme des Staates, und zwar im allgemeinen durch eine Abänderung oder Novellierung von Gesetzen.

Diskriminierung (discrimination): ist gegeben, wenn ein Einkommensunterschied einzig und allein auf ein für den Beruf irrelevantes Persönlichkeitsmerkmal wie Rasse, Geschlecht oder Religion zurückzuführen ist. Es gibt viele Ursachen für Diskriminierung, aber die wichtigste ist wohl die Entstehung und das Fortbestehen untereinander nicht konkurrierender Gruppen. Durch die Segmentierung des Arbeitsmarktes, auf dem leitende Positionen männlichen Weißen vorbehalten bleiben, während Frauen und Minderheiten auf niedrige Dienste, die karrieremäßig in eine Sackgasse führen, zurückverwiesen werden, können Einkommensungleichheiten in einer Wirtschaft jahrzehntelang bestehen bleiben.

Dominante Strategie in der Spieltheorie (dominant strategy): eine Situation, in der einer der Spieler eine in jedem Fall beste Strategie besitzt, gleichgültig, wie sich der Konkurrent verhält.

Dominantes Gleichgewicht in der Spieltheorie (dominant equilibrium): Ergebnis einer Situation, in der beide (oder alle) Spieler über eine dominante Strategie verfügen.

Duopolistischer Preiskrieg (duopoly price war): Aufteilung des Marktes zwischen zwei Unternehmen, die einen ruinösen Preiskampf führen.

Durchschnittliche variable Kosten (AVC average variable cost): variable Kosten dividiert durch Produktionsmenge.

Durchschnittliche Fixkosten (AFC average fixed cost): Fixkosten dividiert durch Produktionsmenge.

Durchschnittskosten (AC average cost): Gesamtkosten dividiert durch die Gesamtanzahl der produzierten Einheiten

Durchschnittsprodukt (average product): Gesamtoutput dividiert durch die Gesamtheit der Inputeinheiten.

E

Effektiver oder Durchschnittsteuersatz (effective oder average tax rate): Steuersatz, der den gesamten Steuern dividiert durch das gesamte Einkommen entspricht.

Effizienter Markt (efficient market): Markt, auf dem alle neuen Informationen von den Marktteilnehmern rasch verstanden werden und unverzüglich in die Marktpreise einfließen.

Effizienz, ökologische (environmental efficiency): Situation, in der der soziale Grenznutzen durch ökologische Maßnahmen den sozialen Grenzkosten für diese Maßnahmen entspricht.

Effizienz oder Allokationseffizienz (allocative efficiency oder efficiency): Völlige Vermeidung von Verschwendung oder größtmögliche Effektivität beim Ressourceneinsatz zur Befriedigung der Bedürfnisse und Wünsche der Menschen. Situation, in der niemand durch eine anders geartete Organisation der Produktion besser gestellt werden kann, ohne daß dadurch zugleich ein anderer schlechter gestellt wird. Unter idealen Bedingungen erreicht eine Wettbewerbswirtschaft Allokationseffizienz. Diese Bedingungen lauten: (*a*) Wenn die Konsumenten ihre Bedürfnisbefriedigung maximieren, entspricht der Grenznutzen jeweils dem Preis. (*b*) Wenn konkurrierende Produzenten Güter anbieten, wählen sie die Produktionsmenge so, daß die Grenzkosten genau dem Preis entsprechen. (*c*) Da der Grenznutzen dem Preis eintspricht, und auch die Grenzkosten dem Preis entsprechen, folgt daraus, daß der Grenznutzen den Grenzkosten entspricht. Somit entsprechen die sozialen Grenzkosten für die Produktion eines Gutes unter Bedingungen des vollständigen Wettbewerbs genau der Bewertung ihres Grenznutzens.

Effizienzlohntheorie (efficiency wage theory): erklärt die Rigidität der Reallöhne und das Bestehen unfreiwilliger Arbeitslosigkeit aus dem Bemühen der Unternehmen, die Löhne über dem Markträumungsniveau zu halten, um die Produktivität zu erhöhen. Nach dieser Theorie führen höhere Löhne zu einer höheren Produktivität, weil die Arbeiter gesünder sind (insbesondere in armen Ländern), weil sie eine bessere Arbeitsmoral haben und weniger trödeln, weil gute Arbeiter bei gutem Lohn eher nicht kündigen, um sich nach einem neuen Job umzusehen, oder auch, weil höhere Löhne bessere Arbeitnehmer anziehen.

Eigenkapital oder Reinvermögen (net worth): Differenz zwischen Gesamtvermögenswerten und Gesamtverbindlichkeiten. Restwert der Bilanz, der sich aus der Subtraktion der Verbindlichkeiten von den Aktiva ergibt, weshalb eine Bilanz immer ausgeglichen sein muß.

Einkommen (income): Flußgröße, die die gesamten baren und unbaren Einkünfte einer Person oder eines Haushalts während einer bestimmten Zeit (üblicherweise während eines Jahres) umfaßt.

Einkommen, persönliches (personal income): Gesamteinnahmen oder Geldbeträge, die ein Mensch oder ein Haushalt in einer bestimmten Periode (normalerweise in einem Jahr) einnimmt.

Einkommen, verfügbares persönliches (disposable personal income): setzt sich aus dem persönlichen Einkommen abzüglich aller abzuführenden Steuern zusammen.

Einkommens-Kreislaufgeschwindigkeit des Geldes (income velociy of money): Verhältnis zwischen nominalem BIP und Geldmenge.

Einkommenseffekt (income effect): Auswirkungen einer Preisänderung auf die nachgefragte Menge, die infolge der Realeinkommensveränderung der Konsumenten eintreten. Da ein geringeres Realeinkommen im allgemeinen zu geringerem Konsum führt, verstärkt der Einkommenseffekt zumeist den Substitutionseffekt in seiner Auswirkung, nämlich der Abwärtsneigung der Nachfragekurve.

Einkommenselastizität eines Gutes (income elasticity): relative, also prozentuale Änderung der nachgefragten Menge dividiert durch prozentuale Einkommensänderung, wobei alle anderen Faktoren, beispielsweise die Preise, unverändert bleiben.

Einkommenssichernde Politik oder Lohn-Preiskontrollen (income policies): Politische Maßnahmen zur Kontrolle von Löhnen und Preisen als drittes makroökonomisches Instrument neben Fiskal- und Geldpolitik.

Einkommensteuer (income tax): eine direkte Steuer auf die erzielten Einkommen, in der unter allen Steuern das Prinzip der steuerlichen Leistungsfähigkeit am deutlichsten zur Anwendung kommt.

Einkommensverteilung (income distribution): informiert uns über die Streuung der Haushaltseinkommen.

Einkommensverteilung, Theorie der (theory of income distribution): Theorie zur Analyse der Einkommens- und Vermögensverteilung in einer Gesellschaft.

Einpreisgesetz (law of one price): besagt, daß (unter Außerachtlassung von Transportkosten und Handelsbarrieren) ein identes Gut auf allen Märkten zum selben Preis verkauft werden muß.

Einsteuer- oder Alleinsteuerbewegung (single-tax movement): Idee einer ausschließlichen Besteuerung von Grund und Boden. (Henry George). Die gesamte Grundsteuer wird wegen des unelastischen Angebots auf den Eigentümer rückgewälzt und führt daher zu keinerlei Verzerrungen oder volkswirtschaftlichen Ineffizienzen.

Einstimmigkeitsprinzip (unanimity rule): Das Prinzip der Einstimmigkeit erfordert, daß jedermann den kollektiven Entscheidungen zustimmt. Wahlsysteme, die auf dem Einstimmigkeitsprinzip beruhen, garantieren, daß alle Entscheidungen Pareto-Verbesserungen mit sich bringen, weil keine Entscheidung irgendjemanden schlechter stellt, Entscheidungen kommen jedoch nur mit Mühe zustande.

Einzelfirma (individual proprietorship): klassischer Kleinbetrieb mit Alleininhaber.

Elastizität, Einkommenselastizität eines Gutes (income elasticity): relative, also prozentuale Änderung der nachgefragten Menge dividiert durch prozentuale Einkommensänderung, wobei alle anderen Faktoren, beispielsweise die Preise, unverändert bleiben.

Emissionsgebühren (emission fees): Gebühren, die Unternehmen für die von ihnen verursachte Umweltverschmutzung zu entrichten haben, die ebenso hoch sein müßten wie der durch den externen Effekt verursachte Schaden.

Endogene Konjunkturtheorien (internal theories): basieren auf Mechanismen innerhalb des Wirtschaftssystems selbst, aus denen sich selbstauslösende Konjunkturzyklen entwickeln. Nach diesem Ansatz führt jede Expansion zu einer Rezession und Kontraktion, und jede Kontraktion bewirkt eine Belebung und Expansion - wie relativ regelmäßige, immer wiederkehrende Wellen.

Entitlement Programs oder spezielle US-Sozialprogramme (entitlement programs): staatliche Sozialprogramme, die jedem, der bestimmte gesetzlich festgelegte Berechtigungskriterien erfüllt, einen Anspruch auf Sozialleistungen oder bestimmte Zahlungen zusichern.

Entwicklungsland (developing country): Land, dessen Prokopf-Realeinkommen im Vergleich zu jenem der Industriestaaten wie den USA, Japan oder den Ländern Westeuropas gering ist.

Erhaltung der Preisstabilität innerhalb freier Märkte (stable prices within free markets): wichtiges wirtschaftspolitisches Ziel.

Erneuerbare Ressourcen (renewable resources): können regelmäßig wiederhergestellt werden und, wenn sie richtig bewirtschaftet werden, uneingeschränkt nützliche Dienste leisten.

Essentielle Ressourcen (essential resources): können, wie beispielsweise Sauerstoff, durch nichts ersetzt werden.

Ersparnis (saving): der nicht konsumierte Teil des verfügbaren Einkommens.

Ertragsgesetz oder Gesetz der abnehmenden Grenzerträge (law of diminishing returns): Bei zunehmender Erhöhung eines Inputs und unveränderten sonstigen Faktoreinsätzen werden immer geringere Grenzerträge erzielt. Mit anderen Worten, das Grenzprodukt jeder Inputeinheit sinkt, wenn sich die Menge des betreffenden Inputs erhöht, während alle anderen Faktoreinsätze konstant bleiben.

Erweiterte Geldmenge M2, Quasigeld oder Geldsurrogat (broad money): beinhaltet M_1 ebenso wie die Sparguthaben bei Banken und ähnliche Finanzanlagen, die Surrogate oder Substitute für Transaktionsgeld darstellen können.

Erwerbsbevölkerung (labor force): alle Personen im Arbeitsprozeß sowie alle Arbeitsuchenden. Nicht inbegriffen sind Arbeitslose, die keine Arbeit anstreben.

Exogene Konjunkturtheorien (external theories): gehen von Schwankungen außerhalb des Wirtschaftssystems aus - beispielsweise von Kriegen, Revolutionen oder Wahlen.

Externalitäten, externe Effekte oder Spillovereffekte (externalities): treten auf, wenn die wirtschaftliche Aktivität von Unternehmen oder einzelnen Personen zu Kosten oder Nutzen bei anderen Wirtschaftssubjekten führt, die sich außerhalb des Marktes befinden.

Externe Staatsverschuldung (external debt): Verschuldung gegenüber dem Ausland. Diese Schuld stellt per Saldo eine Verringerung der Ressourcen dar, die den Bürgern des Schuldnerlandes zur Verfügung stehen.

F

Fachgewerkschaften (craft unions): Gewerkschaften, in denen die Arbeitnehmer nach ihren speziellen Fertigkeiten, beispielsweise Tischlerei oder Maurerarbeit, organisiert sind.

Feste Wechselkurse (fixed exchange rates): System, in dem die Staaten exakt das Verhältnis festlegen, zu dem ihre Währung in eine andere umgetauscht werden kann. Historisch gesehen ist das wichtigste Beispiel für ein System fester Wechselkurse der **Goldstandard** oder die **Goldwährung**.

Finanzmittler (financial intermediaries): Instutitionen wie die Geschäftsbanken, die Einlagen oder Gelder von einer Gruppe nehmen und diese an andere Gruppen verleihen.

Fiskalföderalismus (fiscal federalism): Aufteilung der Steuerverantwortung auf die unterschiedlichen Ebenen der öffentlichen Verwaltung.

Fiskalinzidenz (fiscal incidence): Inzidenz des gesamten staatlichen Steuer- und Transferleistungssystems. Die Fiskalinzidenz untersucht die Auswirkungen von Steuern und staatlichen Ausgabenprogrammen auf die Einkommen der Bevölkerung. Sie fragt ganz allgemein nach der progressiven oder regressiven Wirkung staatlicher Programme. Die Schätzung der Fiskalinzidenz erfolgt durch Zuordnung aller Steuern und Transferzahlungen zu verschiedenen Gruppen.

Ermittlung: 1) Messung der Einkommen ohne Steuern und Transferleistungen. 2) Messung der Einkommen unter Berücksichtigung der Steuern und Transferleistungen. 3) Und schließlich Messung der Inzidenz als Differenz zwischen diesen beiden Situationen.

Fiskalpolitik (fiscal policy): gezielte Einflußnahme auf Steuern und Staatsausgaben zum Ausgleich extremer konjunkturell bedingter Schwankungen und zur Erhaltung eines wirtschaftlichen Wachstums bei hohem Beschäftigungsstand ohne höhere oder stark schwankende Inflation.

Fixkosten, Overheadkosten oder versunkene Kosten (FC fixed cost, overhead oder sunk costs): Kosten, die selbst dann anfallen, wenn ein Unternehmen nichts produziert, und die sich auch mit steigender Produktionsmenge nicht verändern, beispielsweise Mietkosten und Zinsendienst für Verbindlichkeiten des Unternehmens, fix vereinbarte Gehälter etc.

Flexible oder frei schwankende Wechselkurse (floating exchange rates): implizieren, daß der jeweilige Staat weder einen offiziellen Wechselkurs bekanntgibt noch Schritte unternimmt, um einen bestimmten erwünschten Wechselkurs durchzusetzen. Demnach werden in einem frei schwankenden Wechselkurssystem die relativen Preise der Währungen durch Ein- und Verkauf zwischen Haushalten und Unternehmen gebildet.

Friktionelle Arbeitslosigkeit (frictional unemployment): durch die unaufhörliche Wanderungsbewegung der Menschen zwischen den Regionen und Jobfluktuationen oder durch die verschiedenen Stadien des Lebenszyklus bedingt.

G

Galoppierende Inflation (galloping inflation): Inflationsrate im zwei- bis dreistelligen Bereich von jährlich 20, 100 oder 200 Prozent.

Gegenwartswert oder Zeitwert (present value of assets): der heutige Geldwert des gesamten im Zeitablauf zu erzielenden Ertragsstroms. Wesentlich dabei ist die Erkenntnis, daß zukünftige Zahlungen weniger wert sind als gegenwärtige, und daß man sie daher *diskontieren (abzinsen)* muß. Zukünftige Zahlungen sind ebenso weniger wert als gegenwärtige Zahlungen wie entfernte Gegenstände immer kleiner aussehen als nahe. Der Zinssatz bewirkt eine ähnliche Schrumpfung durch die zeitliche Perspektive.

Geld (money): Zahlungsmittel und „Schmiermittel" zur Erleichterung des Gütertausches.

Geldmengenaggregat M_1 oder Transaktionsgeld (transactions money): Geldmengenaggregat, das folgende Komponenten umfaßt: Münzen, Papiergeld, Sichteinlagen.

Geldmengenaggregat M2, Quasigeld oder Geldsurrogat (broad money): beinhaltet M_1 ebenso wie die Sparguthaben bei Banken und ähnliche Finanzanlagen, die Surrogate oder Substitute für Transaktionsgeld darstellen können.

Geldpolitik (monetary policy): Wirtschaftspolitik durch staatliches Management des Geld-, Kredit- und Bankensystems.

Geldpolitik, Instrumente (major instruments of monetary policy): 1) Offenmarktoperationen (Kauf oder Verkauf von Staatsanleihen), 2) Diskontpolitik (Festsetzung des als *Diskontsatz* bezeichneten Zinssatzes, zu dem Mitgliedsbanken Darlehen bei der Zentralbank aufnehmen können) und 3) Mindestreservenpolitik (Änderungen des gesetzlichen Mindestreservenerfordernisses für Geschäftsbanken und andere Finanzinstitute).

Geldschöpfungsmultiplikator (money-supply multiplier): Verhältnis der Veränderung der Einlagenhöhe zur Reservenerhöhung.

Geldwirtschaft (monetary economy): Gegenstück zum Naturaltausch, hier findet Handel mittels eines allgemein anerkannten Zahlungsmittels statt.

Gelenkte Marktwirtschaft (managed-market approach): südostasiatischer Ansatz, eigene Mischung aus volkswirtschaftlichen Modellen, in der eine starke staatliche Kontrolle mit ausgeprägten Marktkräften kombiniert ist.

Gemäßigte oder niedrige Inflation (moderate inflation): gekennzeichnet durch einen langsamen und vorhersagbaren Preisanstieg. Inflation mit einstelligen jährlichen Inflationsraten.

Geringe Arbeitslosigkeit oder hoher Beschäftigungsstand (high employment oder low unemployment): Ein Hauptziel der Wirtschaftspolitik.

Gesamtangebot oder gesamtwirtschaftliches Angebot (AS aggregate supply): Gesamtmenge an Gütern und Dienstleistungen, die die Unternehmen des Landes in einem bestimmten Zeitraum zu produzieren und zu verkaufen gewillt sind.

Gesamtertrag (TR oder total revenue): Preis mal Menge.

Gesamtfaktorproduktivität (total factor productivity): mißt die gesamte Produktionsleistung pro Einheit aller Produktionsfaktoren.

Gesamtkosten (TC total cost): geringstmögliche, in Geld ausgedrückte Gesamtausgaben, die benötigt werden, um eine bestimmte Produktionsmenge zu erzielen.

Gesamtnachfrage oder gesamtwirtschaftliche Nachfrage (AD aggregate demand): Summe der Ausgaben der Konsumenten, Unternehmen und Verwaltungsbehörden; hängt vom Preisniveau sowie von der Geldpolitik, der Fiskalpolitik und anderen Faktoren ab.

Gesamtprodukt (total product): gesamte physische Produktionsmenge, weist die Gesamtanzahl der produzierten Outputs in physischen Einheiten wie Bushels (Weizen) oder Tuben (Zahnpaste) aus.

Gesamtwirtschaftliches Angebot oder Gesamtangebot (AS aggregate supply): Gesamtmenge an Gütern und Dienstleistungen, die die Unternehmen des Landes in einem bestimmten Zeitraum zu produzieren und zu verkaufen gewillt sind.

Gesamtwirtschaftliche Nachfrage oder Gesamtnachfrage (AD aggregate demand): Summe der Ausgaben der

Konsumenten, Unternehmen und Verwaltungsbehörden; hängt vom Preisniveau sowie von der Geldpolitik, der Fiskalpolitik und anderen Faktoren ab.

Gesetz des abnehmenden Grenznutzens (law of diminishing marginal utility): Dieses Gesetz besagt, daß der zusätzliche oder Grenznutzen immer mehr abnimmt, je mehr ein Mensch von einem Gut konsumiert.

Gesetz der abnehmenden Grenzerträge oder Ertragsgesetz (law of diminishing returns): Bei zunehmender Erhöhung eines Inputs und unveränderten sonstigen Faktoreinsätzen werden immer geringere Grenzerträge erzielt. Mit anderen Worten, das Grenzprodukt jeder Inputeinheit sinkt, wenn sich die Menge des betreffenden Inputs erhöht, während alle anderen Faktoreinsätze konstant bleiben.

Gewerkschaften (unions): Organisationen, in denen sich Arbeitnehmer zusammenschließen, um bestimmte, in ihrem Interesse liegende Ziele zu erreichen.

Gewinn, betriebswirtschaftliche Definition (profit): Differenz zwischen den gesamten Erlösen und den gesamten Aufwendungen. Bei der Berechnung des Gewinns beginnen wir mit den Gesamterlösen aus Lieferungen und Leistungen. Nun ziehen wir alle Aufwendungen (Löhne, Gehälter, Mieten, Material, Zinsen, Verbrauchsteuern und alle übrigen) ab. Was verbleibt, ist der Saldo oder Gewinn.

Gewinn- und Verlustrechnung oder G&V-Rechnung (income statement oder statement of profit and loss): Die Gewinn- und Verlustrechnung zeigt den Fluß der Verkäufe, Aufwendungen und Erträge während des Jahres oder der Buchhaltungsperiode. Sie mißt den Geldfluß in das und aus dem Unternehmen - den Fortschritt des Unternehmens während des Geschäftsjahres. Ermittelt wird der Nettoertrag (oder Gewinn) = Gesamtertrag - Gesamtaufwendungen.

Gewinne als kalkulatorische Faktorerträge (profits as implicit returns): Bezeichnung für die Opportunitätskosten von Produktionsfaktoren, die im Eigentum des Unternehmens selbst stehen.

Gewinne in der G&V (profits): stellen ein Residualeinkommen dar und entsprechen Gesamterlösen abzüglich Gesamtaufwendungen.

Gewinnmaximale Produktionsmenge (maximum-profit output): Produktionsmenge, bei der die Grenzkosten dem Preis entsprechen.

Gewinnmaximum (maximum profit): wird bei einer Produktionsmenge erreicht, bei der der Grenzerlös des Unternehmens seinen Grenzkosten entspricht.

Gini-Koeffizienzt (Gini coefficient): Ein häufig verwendetes quantitatives Maß der Ungleichheit.

Gleichgewichts-Konjunkturtheorien (equilibrium-business-cycle theories): gehen davon aus, daß Fehlinterpretationen von Preis- und Lohnentwicklungen die Menschen veranlassen, zu viel oder zu wenig Arbeit anzubieten, was immer wieder Produktions- und Beschäftigungszyklen auslöst.

Gleichgewichtspreis eines Produktionsfaktors (equilibrium price of an input): stellt sich auf einem vollkommenen Markt bei jenem Niveau ein, auf dem die angebotenen den nachgefragten Mengen entsprechen.

Gleichheit, drei Arten (equality): a) Gleichheit der politischen Rechte, beispielsweise im Wahlrecht; (b) Chancengleichheit mit gleichem Zugang zu Berufen, Ausbildung und anderen Sozialsystemen, und (c) wirtschaftliche Gleichstellung, was bedeutet, daß allen Menschen ein gleiches Einkommen oder Konsumniveau garantiert wird.

Gleichwertigkeitsprinzip (comparable worth principle): Prinzip der Vergleichbarkeit verschiedener Arbeiten. Diese Idee geht über die Vorstellung des „gleichen Lohns für die gleiche Arbeit" hinaus und verlangt „gleichen Lohn für gleichwertige Arbeit".

Grenzerlös (MR marginal revenue): Erhöhung des Gesamterlöses durch Steigerung des Umsatzes um eine Einheit. Der Grenzerlös kann positiv oder negativ sein.

Grenzproduktivität des Kapitals (marginal product of capital): stellt den zusätzlichen Output dar, der durch zusätzliches Kapital geschaffen wird.

Grenzkosten (MC marginal cost): alle zusätzlichen oder Extrakosten, die bei Erzeugung einer zusätzlichen Produktionseinheit anfallen.

Grenzneigung zum Konsum oder marginale Konsumquote (MPC marginal propensity to consume): jener zusätzliche Konsum, der pro zusätzlich verdienter Geldeinheit getätigt wird.

Grenzneigung zum Sparen oder marginale Sparquote (MPS - Marginal Propensity to Save): jener Teil jeder zusätzlich verdienten Geldeinheit, der nicht konsumiert, sondern gespart wird.

Grenznutzen (MU, marginal utility): Nutzenzuwachs durch eine zusätzliche Einheit eines Gutes.

Grenzprodukt oder Grenzproduktivität eines Produktionsfaktors (marginal product): jene zusätzliche Menge oder jener zusätzliche Output, der - ceteris paribus - durch eine zusätzlich eingesetzte Inputeinheit erzeugt werden kann.

Grenzprodukt, physisches (marginal physical product): Grenzprodukt in physischen Einheiten.

Grenzprodukt oder Grenzproduktivität eines Produktionsfaktors (marginal product of an input): jene zusätzliche Menge oder jener zusätzliche Output, die/der - ceteris paribus - durch eine zusätzlich eingesetzte Einheit dieses Produktionsfaktors erzeugt werden kann.

Grenzprodukt oder Grenzproduktivität des Bodens (marginal product of land): jene zusätzliche Produktmenge, die aus einer zusätzlichen Bodeneinheit entsteht, wenn der Arbeitsinput konstant bleibt.

Grenzrate der Transformation (marginal rate of transformation of goods):

Preis/Verhältnis, zu dem die Gesellschaft ein Gut in ein anderes umwandeln kann.

Grenzrate der Substitution oder Substitutionsrate (substitution ratio oder marginal rate of substitution): Steigung der Indifferenzkurve, deren Verlauf in der Regel als fallend angenommen wird, bzw. subjektive Wertschätzung eines Wirtschaftsgutes in Form von Mengeneinheiten eines anderen Gutes.

Steigung der Indifferenzkurve (slope of indifference curve): Maß für den relativen Grenznutzen der Güter oder für die Substitutionsbedingungen, zu denen der Konsument - bei sehr kleinen Veränderungen - bereit wäre, ein bißchen weniger von einem Gut für ein bißchen mehr von einem anderen Gut zu tauschen.

Grenzsteuersatz (marginal tax rate): jene zusätzliche Steuer, die pro Geldeinheit zusätzlichen Einkommens zu bezahlen ist.

Güter, öffentliche (public goods): Güter, bei denen die Ausweitung der Leistung auf eine weitere Person nichts kostet, und von deren Nutzung man niemanden ausschließen kann.

Güter, private (private goods): Güter, bei denen weder externe Kosten noch ein externer Nutzen anfällt.

H

Handelsbilanz (trade balance): früher in vielen Publikationen verwendet, bezieht sich auf Importe und Exporte von Waren.

Handelsgewinne (gains from trade): Gesamtnutzen oder Gesamt-Bedürfnisbefriedigung, der bzw. die von einer Wirtschaft über die Produktionskosten hinaus erwirtschaftet wird.

Handelspolitik (trade policies): bezieht sich auf Zölle, Importquoten und andere staatliche Regulierungsmaßnahmen zur Einschränkung oder Förderung von Importen und Exporten. Die meisten handelspolitischen Maßnahmen haben nur geringe Auswirkungen auf die Leistung einer Volkswirtschaft, können in Krisenzeiten jedoch so restriktiv wirken, daß sie zu enormen volkswirtschaftlichen Verzerrungen, zum Ausbruch einer Inflation oder zu Rezessionen führen.

Hauptbestandteile der Zahlungsbilanz (basic elements of the balance of payments): 1) Leistungsbilanz (Handelsbilanz und unsichtbare Ein- und Ausfuhren), 2) Kapitalverkehrsbilanz (privatwirtschaftliche und staatliche Ein- und Verkäufe von Finanzanlagen), 3) statistisch nicht aufgliederbare Transaktionen und 4) offizielle Zahlungsbilanz-Ausgleichsmaßnahmen oder induzierte Transaktionen.

Hedging (hedging): sogenannte Kurssicherungsgeschäfte, die Risiko zu vermeiden helfen, indem gegenläufige Geschäfte abgeschlossen werden.

Hoher Beschäftigungsstand oder geringe Arbeitslosigkeit (high employment oder low unemployment): Ein Hauptziel der Wirtschaftspolitik.

Horizontale Steuergerechtigkeit (horizontal equity): Steuerprinzip, das besagt, daß weitgehend gleichgestellte Bürger auch gleich besteuert werden sollten.

Humankapital (human capital): das in ausgebildeten und hochqualifizierten Arbeitskräften repräsentierte Leistungspotential der Bevölkerung.

Hyperinflation (hyperinflation): extreme Inflation, Preisanstieg um tausend oder vielleicht sogar eine Million Prozent jährlich, führt zu extremer Ungleichheit und Verzerrungen.

I

Importquote (quota): Mengenbeschränkung für Importe.

Indexierung (indexing): Mechanismus, durch den Auswirkungen von Veränderungen des allgemeinen Preisniveaus auf Löhne, Preise und Verträge ganz oder teilweise ausgeglichen werden.

Indifferenzkurve (indifference curve): Kurve, auf der alle Punkte Güterkombinationen darstellen, denen der Konsument indifferent gegenübersteht, die für ihn gleichwertig sind.

Indifferenzkurve, Steigung (slope of indifference curve): Maß für den relativen Grenznutzen der Güter oder für die Substitutionsbedingungen, zu denen der Konsument - bei sehr kleinen Veränderungen - bereit wäre, ein bißchen weniger von einem Gut für ein bißchen mehr von einem anderen Gut zu tauschen.

Indirekte Steuern (indirect taxes): Steuern, die auf Güter und Dienstleistungen erhoben werden und sich daher auf den einzelnen nur „indirekt" auswirken.

Industriegewerkschaften (industrial unions): Gewerkschaften, in denen die Arbeitnehmer einer ganzen Branche organisiert sind und in denen ein ganzer Wirtschaftszweig, etwa Stahl oder Kohle, zusammengefaßt ist.

Ineffizienz des Marktes, Gründe (reasons for inefficient markets): 1) Spillovereffekte oder Externalitäten, wobei ein Unternehmen soziale Kosten verursacht (oder einen sozialen Nutzen bewirkt), ohne dafür bezahlen zu müssen (oder entschädigt zu werden); 2) unvollständiger Wettbewerb, in dem einzelne Produzenten Einfluß auf die Preisbildung nehmen können; 3) Informations- oder sonstige Probleme, die dazu führen, daß sich die Märkte vom vollständigen Wettbewerb entfernen.

Inflation (inflation): definiert als Anstieg des allgemeinen Preisniveaus.

Inflation, nachfrageinduzierte (demand-pull inflation): wird auch Nachfrage- bzw. Nachfragesoginflation genannt und tritt - aus welchen Gründen auch immer - auf, wenn die Gesamtnachfrage schneller steigt als das produktive Potential der Volkswirtschaft. Dabei werden die Preise nach oben korrigiert, um das Gesamtangebot und die Gesamtnachfrage wieder ins Gleichgewicht zu bringen.

Inflation, kosteninduzierte (cost-push inflation): Inflation, die auf Grund steigender Kosten bei zugleich hoher Arbeitslosigkeit und mangelnder Auslastung der Produktionskapazitäten entsteht. Wird auch als Kostendruckinflation bezeichnet.

Inflationsrate (rate of inflation): Änderungen des Preisniveaus. Begriff, der den Anstieg oder die Senkung des Preisniveaus von einem Jahr zum nächsten ausdrückt.

Input oder Produktionfaktoren (input): Güter oder Dienstleistungen, die von den Unternehmen in ihren Produktionsprozessen genutzt werden.

Inputbedingungen für die Produzenten (input condition for producers): Unternehmen mit ihrem Bedürfnis nach Gewinnmaximierung wählen die Menge jedes Inputfaktors so, daß der Wert seines Grenzproduktes seinem Preis entspricht.

Instrumente der Geldpolitik (major instruments of monetary policy): 1) Offenmarktoperationen (Kauf oder Verkauf von Staatsanleihen), 2) Diskontpolitik (Festsetzung des als *Diskontsatz* bezeichneten Zinssatzes, zu dem Mitgliedsbanken Darlehen bei der Zentralbank aufnehmen können) und 3) Mindestreservenpolitik (Änderungen des gesetzlichen Mindestreservenerfordernisses für Geschäftsbanken und andere Finanzinstitute).

Instrumente der Wirtschaftspolitik (policy instruments): volkswirtschaftliche Variable, auf die der Staat Einfluß nehmen kann, und die Auswirkungen auf eines oder mehrere wirtschaftspolitische Ziele haben.

Interaktion, strategische (strategic interaction): Abhängigkeit der Geschäftsstrategie eines Unternehmens vom Verhalten seiner Konkurrenten.

Internalisierbare Wirtschaftsgüter (appropriable goods): Güter, deren gesamter volkswirtschaftlicher Wert dem Urheber/Eigentümer zugute kommt, bzw. deren gesamte volkswirtschaftliche Kosten von diesem getragen werden.

Interne Staatsverschuldung (internal debt): Verschuldung bei den eigenen Staatsbürgern.

Investitionen (investment): jährliche Erhöhung des gesamtwirtschaftlichen Kapitalstocks an Gebäuden, Maschinen und Vorräten. Damit soll der zukünftige Konsum erhöht werden.

Investitionsfunktion oder Investitionsnachfragefunktion (investment demand curve): wird von Ökonomen verwendet, um die Beziehung zwischen Zinssätzen und Investitionen aufzuzeigen.

Inzidenz von Steuern (incidence): die tatsächlichen wirtschaftlichen Auswirkungen oder Belastungen durch eine Steuer.

Isokostenlinien (equal-cost lines): Linien gleich hoher Kosten, einfache Methode, um die kostenoptimale Produktions-Inputkombination zu ermitteln.

Isoquante oder Kurve gleicher Produktionsmenge (equal product curve oder isoquant): sie stellt die alternativen Inputkombinationen dar, mit denen jeweils dieselbe Produktionsmenge erzeugt werden kann. Die Steigung oder die Substitutionsrate entlang einer solchen Isoquante entspricht den relativen Grenzprodukten.

K

Kalkulatorische Zinsen, kalkulatorische Renten und kalkulatorische Löhne (implicit rentals, implicit rent und implicit wages): Bezeichnung der Volkswirte für jene Einkünfte, die ein Unternehmen aus seinen eigenen Produktionsfaktoren bezieht.

Kapital (capital): Produktionsfaktor, der seinerseits ebenfalls produziert wurde, dauerhafter Input der Wirtschaft, zugleich auch ihr Output.

Kapitalgesellschaft (corporation): Unternehmensform mit eigener Satzung und eigenem Sitz, die einer gewissen Zahl von Aktionären gehört. Sie hat eine eigene Rechtspersönlichkeit und kann als solche im eigenen Namen ein- und verkaufen, Darlehen aufnehmen, Güter und Dienstleistungen produzieren und Verträge abschließen. Außerdem bietet die Kapitalgesellschaft den Vorteil der *beschränkten Haftung (limited liability)*, so daß das Investment der Eigentümer in die Gesellschaft strikt auf einen bestimmten Betrag beschränkt bleibt.

Kapitalgüter (capital goods): dauerhafte, produzierte Güter, die für die zukünftige Produktion eingesetzt werden.

Kapitalismus (capitalism): Wirtschaftssystem, in dem sich Kapital, Boden und Vermögenswerte weitgehend in privater Hand befinden.

Kapitalmarkteffizienz (efficient-market theory): Theorie, die man zusammenfassen könnte: *„Der Markt läßt sich nicht austricksen."*

Kapitalrendite (rate of return on capital): Maß für den aus dem Kapitaleinsatz zu erzielenden Ertrag oder Rückfluß, gibt uns den jährlichen Nettoertrag jeder in Kapitalgüter investierten Geldeinheit an.

Kapitalverkehrsbilanz (capital account): privatwirtschaftliche und staatliche Ein- und Verkäufe von Finanzanlagen (Bestandteil der Zahlungsbilanz).

Kapitalvertiefung (capital deepening): Prozeß, in dessen Verlauf die Kapitalmenge pro Arbeitskraft im Laufe der Zeit erhöht wird.

Kartell (cartel): Organisation unabhängiger Unternehmen, die ähnliche Produkte erzeugen, und die zusammenwirken, um die Preise hoch und die Produktionsmengen gering zu halten.

Keynesianische Schule der Volkswirtschaft (Keynesian approach): Der keynesianische Ansatz mit der *General Theory* brachte bei seiner Einführung eine revolutionäre makroökonomische Sichtweise der Auswirkungen wirtschaftspolitischer Maßnahmen ebenso wie exogener Schocks. Zwei Hauptelemente: gesamtwirtschaftliche Nachfrage und gesamtwirtschaftliches Angebot.

Keynesianische Makroökonomie (Keynesian macroeconomics): geht davon aus, daß unterschiedliche staatliche Instrumente der Wirtschaftspolitik und exogene Einflußfaktoren in den Konjunkturzyklen auf die Volkswirtschaft einwirken.

Klassische Schule der Volkswirtschaft (classical approach): Ansätze, die die starken selbstregulierenden Kräfte, die in einer Volkswirtschaft am Werk sind, betonen; das klassische makroökonomische Denken hat seine Wurzeln in den Schriften von Adam Smith (1776), J.B. Say (1803) und John Stuart Mill (1848). Dem klassischen Ansatz zufolge sind Preise und Löhne flexibel, weshalb sich die Wirtschaft rasch in Richtung ihres langfristigen Gleichgewichts bewegt.

Klassische Arbeitslosigkeit (classical unemployment): Arbeitslosigkeit, die durch ein Überangebot an Arbeitskräften hervorgerufen wird, etwa weil die Gewerkschaften ein künstlich hohes Lohnniveau ausverhandelt haben.

Knappheit (scarcity): Die zur vollständigen Befriedigung menschlicher Bedürfnisse notwendige Menge an Wirtschaftsgütern übersteigt deren Bestand bzw. die Produktionsmöglichkeiten, Grund wirtschaftlichen Handelns der Menschen.

Kollektivverträge (collective bargaining): Verträge zwischen Arbeitgebern und Arbeitnehmern zum Zweck beidseitig vorteilhafter Arbeitsbedingungen.

Kollusion (collusion): Situation, in der Unternehmen in einem Oligopol aktiv zusammenarbeiten.

Kollusionsoligopol-Gleichgewicht (collusive oligopoly equilibrium): Preisgestaltung, bei der die jeweiligen Gewinne der Beteiligten gemeinsam maximiert werden.

Kommunismus (communism): System, in dem der Staat eine totalitäre, kollektivierte Wirtschaftsordnung aufrecht erhält, in der das Individuum praktisch keine Rolle spielt.

Kommunismus nach Sowjetart (soviet-style communism): Viele Jahre hindurch stellte die Sowjetunion die eindeutigste Gegenposition zur Marktwirtschaft dar. Nach dem sowjetischen Modell besitzt der Staat den gesamten Grund und Boden sowie die Mehrzahl des Produktionskapitals, er setzt die Löhne und den Großteil der Preise fest und dirigiert die mikroökonomischen Funktionen der Wirtschaft.

Komparativer Vorteil, Prinzip (comparative advantage): besagt, daß ein Land durch Handel selbst dann profitieren kann, wenn es bei der Produktion aller Güter absolut effizienter (oder weniger effizient) als andere Länder ist.

Kompensatorische Lohnunterschiede (compensating differentials) Unterschiede in der Entlohnung, die dazu dienen, die jeweilige Attraktivität oder nicht monetäre Unterschiede zwischen verschiedenen Jobs auszugleichen.

Komplementärgüter (complements): Wirtschaftsgüter, die einander ergänzen.

Konjunkturelle Arbeitslosigkeit (cyclical unemployment): durch zu geringe allgemeine Arbeitsnachfrage bedingt.

Konjunkturelles Budget (cyclical budget): durch die jeweilige Phase des Konjunkturzyklus, also dadurch, wie hoch oder gering das jeweilige Volkseinkommen bzw. das BIP ausfällt, bedingter Teil des Budgets.

Konjunkturtheorien, exogene (external theories): gehen von Schwankungen außerhalb des Wirtschaftssystems aus - beispielsweise von Kriegen, Revolutionen oder Wahlen.

Konjunkturtheorien, endogene (internal theories): basieren auf Mechanismen innerhalb des Wirtschaftssystems selbst, aus denen sich selbstauslösende Konjunkturzyklen entwickeln. Nach diesem Ansatz führt jede Expansion zu einer Rezession und Kontraktion, und jede Kontraktion bewirkt eine Belebung und Expansion - wie relativ regelmäßige, immer wiederkehrende Wellen.

Konjunkturtheorien, monetaristische (monetary theories): führen den Konjunkturzyklus auf zyklische Geldmengen- und Kreditexpansionen und -kontraktionen zurück. So wurde dieser Theorie zufolge die Rezession von 1981/82 dadurch ausgelöst, daß die Zentralbank in ihren Bestrebungen zur Bekämpfung der Inflation die Nominalzinssätze stark anhob.

Konjunkturtheorien, politische (political theories): führen wirtschaftliche Schwankungen auf das Agieren von Politikern zurück, die fiskal- und geldpolitische Maßnahmen so treffen, daß sie danach möglichst wiedergewählt werden.

Konjunkturzyklus (business cycle): Expansions- und Schrumpfungsmuster, die alle Marktwirtschaften aufweisen. Trendumkehr der gesamtwirtschaftlichen Produktionsleistung, des Volkseinkommens und der Beschäftigungslage, die zumeist über Perioden zwischen zwei und zehn Jahren anhält und durch eine in den meisten Wirtschaftssektoren anzutreffende Expansion oder Kontraktion gekennzeichnet ist.

Konstante Skalenerträge (constant returns to scale): Fälle, in denen eine Änderung aller Inputs zu einer Veränderung des Outputs im selben Verhältnis führt. Wenn beispielsweise Boden, Kapital und die anderen Faktoreinsätze verdoppelt werden, würde sich bei konstanten Skalenerträgen auch die Produktionsmenge verdoppeln.

Konsumentenrente (consumer surplus): Kluft zwischen dem Gesamtnutzen eines Gutes und seinem gesamten Marktwert. Dieser „Gewinn" entsteht, weil man als Ergebnis des Gesetzes des abnehmenden Grenznutzens „mehr bekommt als man bezahlt". Da Konsumenten für alle konsumierten Einheiten nur den Preis der letzten Einheit bezahlen, genießen sie einen Nutzengewinn gegenüber den Kosten.

Konsumfunktion (consumption function): Verhältnis zwischen Konsum und Einkommen.

Konsumgleichgewicht (consumer equilibrium): Tangentialpunkt zwischen Budgetgerade und höchster Indifferenzkurve. An diesem Punkt entspricht das Verbraucher-Substitutionsverhältnis genau der Steigung der Budgetgeraden.

Konzentrationsrate, Vier-Unternehmens-Konzentrationsrate (four-firm concentration ratio): Prozentsatz der gesamten Produktionsmenge der vier größten Unternehmen einer Branche.

Kooperatives Gleichgewicht in der Spieltheorie (cooperative equilibrium): bildet sich, wenn die Parteien gemeinsam nach Strategien suchen, die ihre gemeinsame Auszahlungsfunktion verbessern.

Kopfsteuer oder Poll Tax (poll tax): ein fixer Steuerbetrag pro Person, erhoben beispielsweise in Großbritannien unter Margaret Thatcher. Dahinter steht die Überlegung, daß Kopfsteuern ebenso wie Grundsteuern keinerlei Ineffizienzen oder volkswirtschaftliche Verzerrungen nach sich ziehen. Ruft wegen ihrer regressiven Wirkung heftigen Widerstand in der Bevölkerung hervor.

Körperschaftsteuern (corporation income tax): Steuer, die ein Unternehmen nach Berücksichtigung all seiner Ausgaben und Ermittlung des Jahresgewinnes als Teil dieses Gewinnes an den Fiskus abführen muß.

Kosten, variable (VC variable cost): Kosten, die sich mit der Produktionsmenge verändern. Dazu gehören Rohmaterialen, variable Löhne und Treibstoffe, kurz alle Kosten, die keine Fixkosten sind.

Kosten, versunkene, Overheadkosten oder Fixkosten (FC fixed cost, overhead oder sunk costs): Kosten, die selbst dann anfallen, wenn ein Unternehmen nichts produziert, und die sich auch mit steigender Produktionsmenge nicht verändern, beispielsweise Mietkosten und Zinsendienst für Verbindlichkeiten des Unternehmens, fix vereinbarte Gehälter etc.

Kosten, gesamte (TC total cost): geringstmögliche, in Geld ausgedrückte Gesamtausgaben, die benötigt werden, um eine bestimmte Produktionsmenge zu erzielen.

Kosten, Grenzkosten (MC marginal cost): alle zusätzlichen oder Extrakosten, die bei Erzeugung einer zusätzlichen Produktionseinheit anfallen.

Kosten, durchschnittliche variable (AVC average variable cost): variable Kosten dividiert durch Produktionsmenge.

Kosten, Durchschnittskosten (AC average cost): Gesamtkosten dividiert durch die Gesamtanzahl der produzierten Einheiten

Kosten, Opportunitätskosten (opportunity cost): Wert des entgangenen Gutes oder der entgangenen Dienstleistung. Auf gut funktionierenden Märkten entsprechen die Preise den Opportunitätskosten. Opportunitätskosten sind daher ein Maß für das, was aufgegeben wird, wenn wir eine Entscheidung treffen.

Kosten, durchschnittliche Fixkosten (AFC average fixed cost): Fixkosten dividiert durch Produktionsmenge.

Kosteninduzierte Inflation (cost-push inflation): Inflation, die auf Grund steigender Kosten bei zugleich hoher Arbeitslosigkeit und mangelnder Auslastung der Produktionskapazitäten entsteht. Wird auch als Kostendruckinflation bezeichnet.

Kursgewinn einer Währung (appreciation): Preisanstieg einer Währung gemessen an einer oder allen anderen Währungen.

Kursverlust einer Währung (depreciation): sinkender Preis einer Währung gemessen an einer oder allen anderen Währungen.

Kurve gleicher Produktionsmenge oder Isoquante (equal product curve oder isoquant): sie stellt die alternativen Inputkombinationen dar, mit denen jeweils dieselbe Produktionsmenge erzeugt werden kann. Die Steigung oder die Substitutionsrate entlang einer solchen Isoquante entspricht den relativen Grenzprodukten.

Kurzfristigkeit (short run): Zeitraum, in dem die Unternehmen ihre Produktion durch eine Änderung variabler Faktoren anpassen können, während sie fixe Faktoren, wie beispielsweise das Kapital, nicht verändern können.

L

Laffer-Kurve (Laffer curve): fiktive Kurve der Staatseinnahmen infolge einer drastischen Senkung der Steuersätze. Dieser Kurve zufolge müßten die Staatseinnahmen trotz sinkender Steuersätze höher ausfallen können. In der Praxis nicht bestätigt (Reagan-Administration).

Laissez-faire-Wirtschaft (laissez faire economy): Extremfall einer Marktwirtschaft, in der der Staat praktisch keine wirtschaftliche Rolle spielt.

Langfristigkeit (long run): Zeitraum, der lang genug ist, um alle Faktoren einschließlich des Kapitals anpassen zu können.

Lebenszyklushypothese (life-cycle model of consumption): geht davon aus, daß Personen sparen, um ihr Konsumniveau über die Lebenszeit möglichst ausgeglichen halten zu können. Ein wichtiges Ziel ist dabei die angemessene Höhe des Pensionseinkommens.

Leistungsbilanz (current account): Gegenüberstellung der gesamten Exporte und der gesamten Importe an Gütern und Dienstleistungen eines Landes. Der Saldo entspricht fast genau den Nettoexporten des BIP. Bestandteil der Zahlungsbilanz.

Leistungsfähigkeitsprinzip (ability-to-pay principle): Steuerprinzip, wonach sich die Höhe der Besteuerung nach dem Einkommen oder dem Vermögen des einzelnen richten sollte. Je größer das Vermögen oder das Einkommen, desto höher auch die Steuern.

Lohn-Preiskontrollen oder einkommenssichernde Politik (income policies): Politische Maßnahmen zur Kontrolle von Löhnen und Preisen als drittes makroökonomisches Instrument neben Fiskal- und Geldpolitik.

Lohnunterschiede, kompensatorische (compensating differentials) Unterschiede in der Entlohnung, die dazu dienen, die jeweilige Attraktivität oder nicht monetäre Unterschiede zwischen verschiedenen Jobs auszugleichen.

Lorenz-Kurve (Lorenz curve): Kurve, die unter anderem als Ermittlungshilfe zur Analyse von Einkommens- und Vermögensungleichheiten dient.

Lucas-Einwand (Lucas critique): besagt, daß die Leute ihr Verhalten auf die sich verändernde Politik abstimmen können.

M

Makroökonomie (macroeconomy): Lehre von der Wirtschaft als ganzer. Sie untersucht das allgemeine Niveau der Wirtschaftsleistung, die Situation auf dem Arbeitsmarkt und die Preissituation eines Landes.

Makroökonomisches Gleichgewicht (macroeconomic equilibrium): jene Kombination aus Gesamtpreis und menge, bei der weder Käufer noch Verkäufer eine Änderung von Einkaufs-, Verkaufsmengen oder Preisen anstreben.

Marginale Konsumquote oder Grenzneigung zum Konsum (MPC marginal propensity to consume): jener zusätzliche Konsum, der pro zusätzlich verdienter Geldeinheit getätigt wird.

Marginale Sparquote oder Grenzneigung zum Sparen (MPS - Marginal Propensity to Save): jener Teil jeder zusätzlich verdienten Geldeinheit, der nicht konsumiert, sondern gespart wird.

Marginalprinzip (marginal principle): besagt, daß jedermann seine Gewinne oder seine Bedürfnisbefriedigung maximiert, indem er nur Grenzkosten und Grenznutzen einer Entscheidung berücksichtigt. „Was vorbei ist, ist vorbei" oder „die Vergangenheit ist allen Alternativen gleich."

Markt (market): Mechanismus, mit dessen Hilfe Käufer und Verkäufer miteinander in Beziehung treten, um Preis und Menge einer Ware oder Dienstleistung zu ermitteln.

Marktgleichgewicht (market equilibrium): stellt sich bei jenem Preis und jener Menge ein, bei denen die Kräfte von Angebot und Nachfrage ebenfalls im Gleichgewicht sind.

Marktineffizienz, Gründe (reasons for inefficient markets): 1) Spillovereffekte oder Externalitäten, wobei ein Unternehmen soziale Kosten verursacht (oder einen sozialen Nutzen bewirkt), ohne dafür entschädigt zu werden (oder bezahlen zu müssen); 2) unvollständiger Wettbewerb, in dem einzelne Produzenten Einfluß auf die Preisbildung nehmen können; 3) Informations- oder sonstige Probleme, die dazu führen, daß sich die Märkte vom vollständigen Wettbewerb entfernen.

Marktmacht (market power): Ausmaß an Kontrolle, die ein einzelnes Unternehmen oder eine kleine Anzahl von Unternehmen auf die Preis- und Produktionsentscheidungen eines Wirtschaftszweiges ausüben kann.

Marktnachfrage (market demand): Summe aller individuellen Nachfragefunktionen.

Marktnachfrage nach Produktionsfaktoren (market demand for inputs): wird durch Addition aller Nachfragekurven der einzelnen Unternehmen ermittelt.

Marktsozialismus (market socialism): In diesem hypothetischen System wären die Produktionsmittel im Besitz des Staates, der jedoch sein Kapital an staatliche Unternehmen verleihen würde, die sich verhalten müßten, „als ob" sie Mitspieler im vollständigen Wettbewerb wären.

Marktstruktur (market structure): Struktur des Marktes, insbesondere im Hinblick auf Anzahl und Größe der Anbieter und darauf, welchen Prozentsatz des jeweiligen Marktes der größte Anbieter kontrolliert.

Marktversagen (market failures): Wir unterschieden drei Ausformungen des Marktversagens: den unvollständigen Wettbewerb, Externalitäten und unzureichende Information.

Marktwirtschaft (market economy): Wirtschaftssystem, in dem Haushalte und private Unternehmen die wichtigsten Entscheidungen über Produktion und Konsum treffen.

Marktwirtschaftlicher Absolutismus (free-market absolutism): Extremposition, wonach die kleinstmögliche Regierung auch die beste ist.

Marktzutrittsbarrieren (barriers to entry): Faktoren, die es neuen Unternehmen schwer machen, in einem Wirtschaftszweig Fuß zu fassen.

Mehrheitsprinzip (majority rule): Nach diesem System kann ein Gesetz oder eine Regel beschlossen werden, wenn sich mehr als die Hälfte der Abstimmenden dafür ausspricht.

Mehrwertsteuer (value-added tax): Steuere die auf allen Produktionsstufen eingehoben wird.

Mengenangebotsregel für ein Unternehmen im vollständigen Wettbewerb (supply of a firm): Ein Unternehmen, das nach Gewinnmaximierung strebt, wählt eine Produktionsmenge, bei der die Grenzkosten dem Preis entsprechen.

Mikroökonomie (microeconomics): Zweig der Volkswirtschaft, der sich mit dem Verhalten der einzelnen Wirtschaftseinheiten, also mit Märkten, Unternehmen und Haushalten beschäftigt.

Mindestreserven (reserves): Reserven der Banken in Form von Kassenbeständen oder Geldern, die die Bank bei der Zentralbank hinterlegt. Teilweise werden die Mindestreserven für die täglichen Geschäftserfordernisse gehalten, zum größten Teil jedoch dienen sie der Erfüllung diesbezüglicher gesetzlicher Vorschriften.

Minimalkostenregel (least-cost rule): besagt, daß die Kosten minimiert werden, wenn das Grenzprodukt pro Geldeinheit Input für alle Produktionsfaktoren gleich hoch ist. Diese Regel gilt für Unternehmen auf Produkt- oder

Gütermärkten mit vollständigem Wettbewerb ebenso wie auf Produktmärkten mit unvollständigem Wettbewerb.

Mischwirtschaft (mixed economies): enthält Elemente aus Markt- und Planwirtschaft.

Monetaristische Konjunkturtheorien (monetary theories): führen den Konjunkturzyklus auf zyklische Geldmengen- und Kreditexpansionen und -kontraktionen zurück. So wurde dieser Theorie zufolge die Rezession von 1981/82 dadurch ausgelöst, daß die Zentralbank in ihren Bestrebungen zur Bekämpfung der Inflation die Nominalzinssätze stark anhob.

Monetaristische Regelung (monetary rule): dieser Forderung der Monetaristen zufolge setzt eine optimale Geldpolitik das Geldmengenwachstum mit einem fixen Satz fest und hält unter allen wirtschaftlichen Bedingungen an diesem Satz fest (Voraussetzung: stabile Umlaufgeschwindigkeit des Geldes).

Monetaristische Schule der Volkswirtschaft (monetary approach): besagt, daß das Geldangebot der wichtigste Bestimmungsfaktor kurzfristiger Schwankungen des nominalen BIP und langfristiger Preisschwankungen ist.

Monopol (monopoly): Branche mit einem einzigen Anbieter, der die umfassende Kontrolle über die Branche ausübt.

Monopolistischer Wettbewerb (monopolistic competition): Branche im unvollständigen Wettbewerb, in der eine große Anzahl von Anbietern differenzierte Produkte herstellt und anbietet.

Moralisches Risiko oder Risiko unehrlichen oder fahrlässigen Verhaltens (moral hazard): Anreiz eines Versicherten, weniger Sorgfalt bei der Schadensvermeidung walten zu lassen bzw. Trittbrettfahrerverhalten durch exzessive Inanspruchnahme medizinischer Leistungen.

Multiple Giralgeldschöpfung (multiple expansion of bank deposits): Indem das Bankensystem die Mindestreserven als Input behandelt, kann es sie in eine viel größere Menge Buchgeld umwandeln. Die Barbestände und das so geschaffene Buchgeld bilden dann gemeinsam das Geldmengenaggregat M_1.

Multiplikator (multiplier): jene Zahl, mit der man die Veränderung der Nettoinvestitionen multiplizieren muß, um die daraus resultierende Änderung des Gesamteinkommens bzw. der Gesamtproduktion zu erhalten.

Multiplikator-Akzeleratormodell (multiplier-accelerator model): geht davon aus, daß externe Schocks durch den Multiplikator und ein Element aus der Investitionstheorie, das unter der Bezeichnung Akzelerator bekannt ist, verbreitet werden, wodurch sich regelmäßige, zyklische Schwankungen der Produktionsleistung ergeben.

Multiplikatormodell (multiplier model): makroökonomische Theorie, die zu erklären versucht, wie bzw. wodurch die Produktionsleistung kurzfristig bestimmt wird. Der Begriff Multiplikator wurde deshalb gewählt, weil man erkannte, daß jede Verringerung bzw. Erhöhung der Ausgaben um eine Geldeinheit (etwa durch eine Investition) zu einer Änderung des BIP um mehr als eine Geldeinheit (bzw. um ein Vielfaches) führt. Das Multiplikatormodell erklärt, wie große Schwankungen bei Investitionen, im Außenhandel sowie bei öffentlichen Steuern und Ausgaben das Produktionsniveau und die Beschäftigungslage in einer Volkswirtschaft mit ungenützten Ressourcen beeinflussen.

N

Nachfrage, preiselastische (price-elastic demand): Situation, in der die prozentuale Preissteigerung zu einem prozentual höheren Nachfragerückgang führt.

Nachfrage, preisunelastische (price-inelastic demand): Situation, in der die prozentuale Preisänderung zu einem prozentual geringeren Nachfragerückgang führt.

Nachfrageelastizität von 1 (unit-elastic demand): Sonderfall, bei dem die prozentuale Mengenänderung ebenso groß ist wie die prozentuale Preisänderung. In diesem Fall führt ein einprozentiger Preisanstieg zu einem ebenfalls einprozentigen Nachfragerückgang.

Nachfragefunktion (demand schedule): Beziehung zwischen Preis und gekaufter Menge

Nachfrageinduzierte Inflation (demand-pull inflation): wird auch Nachfrage- bzw. Nachfragesoginflation genannt und tritt - aus welchen Gründen auch immer - auf, wenn die Gesamtnachfrage schneller steigt als das produktive Potential der Volkswirtschaft. Dabei werden die Preise nach oben korrigiert, um das Gesamtangebot und Gesamtnachfrage wieder ins Gleichgewicht zu bringen.

Nachfragekurve (demand curve): Kurve zur Darstellung der Beziehung zwischen Preis und gekaufter Menge.

Gesetz des negativen Nachfrageverlaufs (law of downward-sloping demand): Bei Anhebung des Preises für eine Ware (und wenn alles andere gleich bleibt) neigen die Käufer dazu, weniger von dieser Ware zu kaufen. Ebenso erhöht sich, wenn der Preis gesenkt wird und alle anderen Einflußfaktoren unverändert bleiben, die Nachfrage nach der betroffenen Ware.

Nachfragesteuerung (demand management): Einsatz einer bewußten Geld- und Fiskalpolitik zur Einstellung der gesamtwirtschaftlichen Nachfrage auf dem erwünschten Niveau.

Nash-Gleichgewicht oder nichtkooperatives Gleichgewicht in der Spieltheorie (Nash equilibrium): tritt ein, wenn kein Spieler bei einer gegebenen Strategie der anderen Spieler seine Auszahlungsfunktion verbessern kann, wobei jede Partei die eigene Strategie ohne Absprache oder Kooperation mit den anderen wählt.

Nationale Sparquote (national savings rate): entspricht den gesamten privaten und öffentlichen Sparguthaben dividiert durch das Nettoinlandsprodukt (NIP). Die Gesamtsparquote setzt sich aus der Summe der persönlichen, staatlichen und Unternehmenskomponenten zusammen.

Naturaltausch (barter): Tausch Güter gegen Güter.

Natürliche Arbeitslosenrate (natural rate of unemployment): Arbeitslosenrate, bei der die auf die Preis- und Lohninflation einwirkenden treibenden und bremsenden Kräfte ausgeglichen sind.

Negative Auslese (adverse selection): Problem von Versicherungen, wenn nur oder insbesondere risikobehaftete Subjekte eine Versicherung abschließen wollen.

Negativer Nachfrageverlauf, Gesetz (law of downward-sloping demand): Bei Anhebung des Preises für eine Ware (und wenn alles andere gleich bleibt) neigen die Käufer dazu, weniger von dieser Ware zu kaufen. Ebenso erhöht sich, wenn der Preis gesenkt wird und alle anderen Einflußfaktoren unverändert bleiben, die Nachfrage nach der betroffenen Ware.

Neoklassische Makroökonomie (new classical macroeconomis): steht geistig dem klassischen Ansatz nahe, weil die Flexibilität von Löhnen und Preisen betont wird, fügt jedoch etwas Neues, nämlich die Theorie der rationalen Erwartungen, hinzu, um Beobachtungen, wie sie sich etwa aus der Phillips-Kurve ergeben, erklären zu können.

Nettoexport- oder Außenbeitragsindex (net exports): numerische Differenz zwischen der Höhe der Exporte und der Importe.

Nettoexporte (net exports): Differenz zwischen Exporten und Importen von Gütern und Dienstleistungen.

Nettoinlandsprodukt NIP (net domestic product): BIP abzüglich Abschreibungen.

Nettoinlandsprodukt, wohlfahrtsorientiertes NIP_W (NEW net economic welfare): einer der ersten Ansätze, anhand dessen die Entwicklung eines sinnvolleren Maßstabes für die gesamtwirtschaftliche Produktion versucht wurde.

Nettowohlfahrtsverluste (deadweight loss): Maßstab der Ökonomen für einen wirtschaftlichen Schaden durch Ineffizienz; der Begriff bezeichnet den Verlust an Realeinkommen (oder an dem, was wir als Handelsgewinne bezeichnet haben), der durch Monopole, Zölle und Handelsbeschränkungen, Steuern oder andere Verzerrungen entsteht.

New York Stock Exchange, NYSE: der bedeutendste US-Aktienmarkt

Nicht zur Erwerbsbevölkerung Gehörige (not in the labor force): Personen, die entweder zur Schule gehen, den Haushalt führen, in Rente sind, zu krank sind um zu arbeiten, oder die sich einfach um keine Arbeit bemühen.

Nicht erneuerbare Ressourcen (nonrenewable resources): sind im wesentlichen durch ein fixes Angebot gekennzeichnet und regenerieren sich in volkswirtschaftlich relevanten Mengen nicht rasch genug.

Nicht internalisierbare Güter oder Ressourcen (inappropriable goods/resources): Güter oder Ressourcen, die für den einzelnen gratis, für die Gesellschaft jedoch recht kostspielig sind. Mit anderen Worten: Nicht internalisierbare Ressourcen weisen Externalitäten auf.

Nichtinternalisierbarkeit (inappropriability): Situation, in der Unternehmen nicht den vollen finanziellen Wert ihrer Aktivitäten, insbesondere ihrer Erfindungen einbringen können.

Nichtkonkurrierende Gruppen auf dem Arbeitsmarkt (non competing groups): wichtiger Grund für große Lohndisparitäten, weil die Arbeitsmärkte dieser Gruppen getrennt bleiben und untereinander nicht konkurrieren.

Nichtkooperatives oder Nash-Gleichgewicht in der Spieltheorie (Nash equilibrium): tritt ein, wenn kein Spieler bei einer gegebenen Strategie der anderen Spieler seine Auszahlungsfunktion verbessern kann, wobei jede Partei die eigene Strategie ohne Absprache oder Kooperation mit den anderen wählt.

Niedrigstmögliche Durchschnitts-Produktionskosten (MAC minimum average cost): Produktionsmenge, bei der die Grenzkosten den Durchschnittskosten entsprechen.

Niveauerträge oder Skalenerträge (returns to scale): Änderung des Outputs (Produktionsertrags) durch Variieren aller Faktoreinsatzmengen im gleichen Verhältnis, wobei die Produktionstechnik als gegeben angenommen wird.

Nominales BIP (nominal GDP): BIP, gemessen anhand der tatsächlichen Marktpreise.

Nominalzins(satz) (nominal interest rate): Rendite aus dem investierten Geldbetrag, ausdrückt in Geldeinheiten.

Normative Ökonomie (normative economics): befaßt sich mit ethischen Konzepten und Werturteilen bezüglich der wesentlichen Fragen des Was, Wie und Für wen einer Wirtschaft.

Nutzen (utility): Bedürfnisbefriedigung. Genauer gesagt bezieht sich dieser Nutzen darauf, wie sehr Güter und Dienstleistungen von einem Konsumenten bevorzugt werden.

Nutzenmöglichkeitskurve (UPF utility possibility frontier): Diese Kurve zeigt die Außengrenze des Nutzens oder der Bedürfnisbefriedigung, die eine Gesellschaft erreichen kann.

Nutzenprinzip oder Äquivalenzprinzip (benefit principle): Besteuerung des einzelnen je nach der Höhe des Nutzens , den er aus staatlichen Programmen zieht.

O

Offene Volkswirtschaft (open economy): Volkswirtschaft mit hohem Außenhandelsanteil. Als Maß für den Grad der Offenheit einer Volkswirtschaft hat sich das Verhältnis zwischen Exporten oder Importen eines Landes und seinem BIP bewährt.

Öffentliche Ausgaben (public expenditures): Ausgaben der öffentlichen Hand zur Verwirklichung der öffentlichen Aufgaben.

Öffentliche Güter (public goods): Güter, deren Nutzen unteilbar der gesamten Gemeinschaft zugute kommt, ob der einzelne das öffentliche Gut nun in Anspruch nimmt oder nicht.

Öffentliche Entscheidung, Theorie (PCT public choice theory): Zweig der Volkswirtschaft, der erforscht, wie die Entscheidungsstrukturen in Staaten beschaffen sind. Die Theorie der öffentlichen Entscheidung beschreibt, wie die Entscheidungsprozesse von staatlichen Organen über Steuern, Ausgaben, staatliche Regulierungsmaßnahmen und andere politische Maßnahmen ablaufen. Wie im Spiel der Märkte muß auch im Spiel der Politik die Nachfrage der Menschen nach Kollektivgütern mit den gegebenen wirtschaftlichen Möglichkeiten, diese anzubieten, befriedigt werden. Der Hauptunterschied liegt dabei in der Tatsache, daß die entscheidenden Mitspieler in der Politik - also die Politiker - in erster Linie darauf bedacht sind, Wahlen zu gewinnen, während die Hauptspieler auf den Märkten - die Unternehmen - Gewinne maximieren möchten.

Ökologische Effizienz (environmental efficiency): Situation, in der der soziale Grenznutzen durch ökologische Maßnahmen den sozialen Grenzkosten für diese Maßnahmen entspricht.

Ökonomie, normative (normative economics): befaßt sich mit ethischen Konzepten und Werturteilen bezüglich der wesentlichen Fragen des Was, Wie und Für wen einer Wirtschaft.

Ökonomie, positive oder beschreibende (positive economics): beschreibt die Fakten einer Wirtschaft - das Was, Wie und Für wen - und ihr Verhalten der Wirtschaftssubjekte.

Ökosteuern (green taxes): Besteuerung von Umweltverschmutzung und anderen unerwünschten Externalitäten, wird unter dem Begriff Ökosteuer zusammengefaßt, weil sie der Umwelt ebenso zugute kommen soll wie sie zur Beschaffung von Einnahmen für den Staat dient.

Okuns löchriger Eimer (Okun's leaky bucket): Bildhafte Darstellung der Kosten des staatlichen Umverteilungssystems. Mögliche Löcher könnten administrative Kosten, geringere Arbeitszeit oder eine niedrige Sparquote sein.

Okunsches Gesetz (Okun's law): bezieht sich auf den Zusammenhang zwischen Arbeitslosigkeit und relativer Auslastung des Produktionspotentials. Besagt, daß die Arbeitslosenrate pro 2 Prozentpunkte, die das BIP hinter seinem Potential zurückbleibt, um 1 Prozentpunkt ansteigt.

Oligopol (oligopoly): Branche mit „wenigen Anbietern", wobei es sich um eine Zahl zwischen 2 und etwa 10 bis 15 Unternehmen handeln kann.

Opportunitätskosten (opportunity cost): Wert des entgangenen Gutes oder der entgangenen Dienstleistung. Auf gut funktionierenden Märkten entsprechen die Preise den Opportunitätskosten. Opportunitätskosten sind daher ein Maß für das, was aufgegeben wird, wenn wir eine Entscheidung treffen.

Output oder Produktionsgüter (output): alle nützlichen Güter und Dienstleistungen, die aus der Produktion hervorgehen und die entweder konsumiert oder im weiteren Produktionsprozeß verwendet werden.

Outputbedingung der Produzenten (output condition for producers): besagt, daß die Produktionsmenge so gewählt wird, daß der Preis jedes Gutes den Grenzkosten dieses Gutes entspricht.

Overheadkosten, Fixkosten oder versunkene Kosten (FC fixed cost, overhead oder sunk costs): Kosten, die selbst dann anfallen, wenn ein Unternehmen nichts produziert, und die sich auch mit steigender Produktionsmenge nicht verändern, beispielsweise Mietkosten und Zinsendienst für Verbindlichkeiten des Unternehmens, fix vereinbarte Gehälter etc.

P

Partielles Gleichgewicht, Theorie (partial-equilibrium analysis): beschäftigt sich mit dem Verhalten eines einzelnen Marktes, Haushaltes oder Unternehmens, während das Verhalten aller anderen Märkte und der restlichen Wirtschaft als gegeben angenommen wird.

Permanentes Einkommen (permanent income): Einkommensniveau, der Haushalte, wenn man vorübergehende Einflüssen (wie etwa Wetter, einen kurzfristigen Konjunkturzyklus oder Zufallsgewinne bzw. -verluste) ausklammert.

Personengesellschaft (partnership): Zwei oder mehr Geschäftspartner kommen überein, jeweils einen bestimmten Anteil an Arbeit und Kapital in das Unternehmen einzubringen, einen gewissen Prozentsatz des Gewinns für sich zu beanspruchen und Verluste oder Schulden gemeinsam zu tragen.

Persönliches Einkommen (personal income): Gesamteinnahmen oder Geldbeträge, die ein Mensch oder ein Haushalt in einer bestimmten Periode (normalerweise in einem Jahr).

Phillips-Kurve (Phillips-curve): veranschaulicht die inverse Beziehung zwischen Inflation und Arbeitslosigkeit. Auf kurze Sicht bedeutet die Senkung einer Rate die Erhöhung der jeweils anderen. Da sich im Zeitablauf die erwartete Inflation und andere Faktoren verändern, tendiert auch die kurzfristige Phillips-Kurve dazu, sich zu verschieben. Wenn die politischen Entscheidungsträger die Arbeitslosigkeit unter der natürlichen Rate halten wollen, bewirken sie damit zumeist einen Anstieg der Inflation.

Physisches Grenzprodukt (marginal physical product): Grenzprodukt in physischen Einheiten.

Planwirtschaft oder Zentralverwaltungswirtschaft (command economy): System, in dem der Staat alle Entscheidungen über Produktion und Verteilung trifft.

Politische Rechte (political rights): Rechte, die demokratische Gesellschaften ihren Bürgern gewähren, die das Gleichheitsprinzip betonen. So garantieren die USA ihren Bürgern das Wahlrecht, faire Gerichtsverfahren, Rede- und Religionsfreiheit sowie andere verfassungsrechtlich festgehaltene Freiheiten.

Politische Konjunkturtheorien (political theories): führen wirtschaftliche Schwankungen auf das Agieren von Politikern zurück, die fiskal- und geldpolitische Maßnahmen so treffen, daß sie danach möglichst wiedergewählt werden.

Portfoliotheorie (portfolio theory): beschreibt, wie rational denkende Investoren ihre Vermögen in ein „Portfolio" (oder ein Bündel von Anlageformen) einbringen.

Positive oder beschreibende Ökonomie (positive economics): beschreibt die Fakten einer Wirtschaft - das Was, Wie und Für wen - und das Verhalten der Wirtschaftssubjekte.

Potentielles BIP (potential GDP): langfristiger Trend des realen BIP. Es zeigt die langfristigen Produktionsmöglichkeiten der Wirtschaft oder die größtmögliche gesamtwirtschaftliche Produktionsmenge bei Erhaltung stabiler Preise. Die potentielle Produktionsleistung wird bisweilen auch als *Vollbeschäftigungs-Produktionsniveau (high employment level of output)* bezeichnet.

Preis (price): Wert eines Wirtschaftsgutes, ausgedrückt in Geld.

Preise als Knappheitsindikatoren (prices als indicators of scarcity): Preise senden Signale über die Knappheit des jeweiligen Produktionsfaktors an die Produzenten und helfen diesen so, die für den Faktoreinsatz einer Gesellschaft am besten geeigneten Inputkombinationen auszuwählen.

Preiselastizität des Angebots (price-elasticity of supply): mißt die prozentuale oder relative Änderung der angebotenen Menge dividiert durch die prozentuale oder relative Preisänderung.

Preiselastizität oder Preiselastizität der Nachfrage (price elasticity of demand oder price-elasticity): mißt, inwieweit sich die nachgefragte Menge eines Gutes infolge von Preisänderungen verändert. Die genaue Definition der Preiselastizität lautet: prozentuale Änderung der nachgefragten Menge dividiert durch prozentuale Änderung des Preises.

Preiselastische Nachfrage (price-elastic demand): Situation, in der die prozentuale Preissteigerung zu einem prozentual höheren Nachfragerückgang führt.

Preisindex für die Lebenshaltung IL oder Verbraucherpreisindex (consumer price index oder CPI): Das häufigste Maß des gesamtwirtschaftlichen Preisniveaus. Der Verbraucherpreisindex ermittelt laufend die Kosten eines bestimmten Warenkorbes (der eine repräsentative Güterauswahl bestehend aus Lebensmitteln, Wohnung, Bekleidung und medizinischen Dienstleistungen enthält), wie er vom typischen städtischen Verbraucher erworben wird.

Preisindizes (price indexes): Durchschnittswerte der Konsumenten- bzw. Produzentenpreise.

Preisniveau (price level): gewichteter Durchschnittswert aller Güter und Dienstleistungen einer Volkswirtschaft. In der Praxis wird das allgemeine Preisniveau mit Hilfe von *Preisindizes* ermittelt.

Preisstabilität innerhalb freier Märkte (stable prices within free markets): wichtiges wirtschaftspolitisches Ziel.

Preisunelastische Nachfrage (price-inelastic demand): Situation, in der die prozentuale Preisänderung zu einem prozentual geringeren Nachfragerückgang führt.

Prinzip des komparativen Vorteils (comparative advantage): besagt, daß ein Land durch Handel selbst dann profitieren kann, wenn es bei der Produktion aller Güter absolut effizienter (oder weniger effizient) als andere Länder ist.

Prinzip der „unsichtbaren Hand" (invisible hand principle). Dieses von Adam Smith dargelegte Prinzip besagt, daß jedes Individuum durch die egoistische Verfolgung seines eigenen, persönlichen Vorteils wie durch eine unsichtbare Hand so gelenkt wird, daß es zum Wohle aller tätig wird.

Private Güter (private goods): Güter, bei denen weder externe Kosten noch ein externer Nutzen anfällt.

Produktinnovation (product innovation): Das Erscheinen neuer oder verbesserter Produkte auf dem Markt.

Produktionsfaktoren oder Input (input): Güter oder Dienstleistungen, die von den Unternehmen in ihren Produktionsprozessen genutzt werden.

Produktionsfunktion (production function): gibt die maximale Produktionsmenge an, die bei einem bestimmten Stand technologischen Know-hows mit jeder Kombination von Produktionsfaktoren erzeugt werden kann.

Produktionsgüter oder Output (output): alle nützlichen Güter und Dienstleistungen, die aus der Produktion hervorgehen und die entweder konsumiert oder im weiteren Produktionsprozeß verwendet werden.

Produktionsmöglichkeitskurve (PMK) oder Transformationskurve (production possibility frontier): zeigt die maximalen Produktionsmengen, die eine Wirtschaft angesichts ihres technologischen Know-hows und der verfügbaren Menge an Produktionsfaktoren erzielen kann.

Produktivität (productivity): Verhältnis der gesamten Produktionsmenge zum gewichteten Durchschnitt der Faktoreinsätze.

Produktivitätssteigerung (productivity growth): Wachstumsrate der Produktivität.

Progressiv wirkende Steuern (progressive tax): Erhebung eines höheren Einkommensprozentsatzes von den Reichen als von den Armen.

Proportionale Besteuerung (proportional tax): Steuern, nach denen alle Steuerzahler genau denselben Prozentsatz ihres Einkommens abzuliefern haben.

Prozeßinnovation (process innovation): Verbesserung der Produktionstechnik durch neues technisches Know-how.

Q

Qualifizierte Mehrheit (Supermajority): Qualifizierte Mehrheit bedeutet, daß sich mehr als die einfache Stimmenmehrheit für die Annahme eines Antrags aussprechen muß, beispielsweise zwei Drittel der Stimmberechtigten, damit dieser beschlossen werden kann. (Etwa bei Abänderung der Verfassung).

Quasigeld, erweiterte Geldmenge M2 oder Geldsurrogat (broad money): beinhaltet M_1 ebenso wie die Sparguthaben bei Banken und ähnliche Finanzanlagen, die Surrogate oder Substitute für Transaktionsgeld darstellen können.

R

Ramsey-Steuern (Ramsey taxes): Nach der Ramsey'schen Besteuerungsregel sollte der Staat die höchsten Steuern auf jene Produktionsfaktoren und Produkte einheben, die in Angebot oder Nachfrage besonders preisunelastisch sind.

Rationale Erwartungen, Theorie (rational expectations): neoklassische Position, wonach Prognosen unvoreingenommen und basierend auf allen verfügbaren Informationen erstellt werden.

Real-Business-Cycle-Modelle RBC: erklären Konjunkturzyklen ausschließlich als Verschiebungen des Gesamtangebotes ohne Beziehung zu monetären oder sonstigen nachfrageseitigen Wirkkräften.

Reale Geldmenge (real money supply): nominelle Geldmenge dividiert durch das Preisniveau.

Reales BIP (real GDP): BIP, gemessen anhand der konstanten oder nicht variablen Preise für ein Jahr.

Reallohn (real wage): Lohntarif dividiert durch Verbraucherpreise

Realzinssatz (real interest rate): inflationsbereinigter Ertrag einer Veranlagung, als jährlicher Prozentsatz angegeben.

Regressiv wirkende Steuern (regressive tax): Erhebung eines höheren Einkommensprozensatzes von den Armen als von den Reichen.

Regulierungs- oder staatliche Aufsichtsmaßnahmen (regulations oder controls): staatliche Vorschriften, bestimmte wirtschaftliche Aktivitäten auszuüben oder zu unterlassen, darunter Festlegung von Preisen, Marktzutritts- und -abgangsbedingungen sowie von Sicherheitsstandards.

Reinvermögen oder Vermögen (wealth oder net worth): besteht aus dem gesamten Geldvermögen oder den gesamten finanziellen und materiellen Vermögenswerten abzüglich der Schulden gegenüber Banken oder anderen Gläubigern.

Reinvermögen oder Eigenkapital (net worth): Differenz zwischen Gesamtvermögenswerten und Gesamtverbindlichkeiten.

Rente, reine volkswirtschaftliche (pure economic rent): Preis für einen Produktionsfaktor mit fixem Angebot (Boden).

Rezession (recession): Wirtschaftsabschwung, häufig als eine Periode definiert, in der das reale BIP zumindest zwei Quartale in Folge zurückgeht. Die Rezession beginnt an einem Höhepunkt und endet an einem Tiefpunkt.

Risiko unehrlichen oder fahrlässigen Verhaltens oder moralisches Risiko (moral hazard): Anreiz eines Versicherten, weniger Sorgfalt bei der Schadensvermeidung walten zu lassen oder Trittbrettfahrerverhalten durch exzessive Inanspruchnahme medizinischer Leistungen.

Risikoaversion (risk-aversion): Verhalten, das sich dadurch erklärt, daß die Verringerung des Nutzens, die dadurch entsteht, daß man eine gegebene Menge an Einkommen verliert, größer ist als der Nutzen, der entsteht, wenn man dieselbe Menge an Einkommen hinzugewinnt. Menschen sind im allgemeinen risikoavers. Sie ziehen die Sicherheit einem höheren, jedoch unsicheren Konsumniveau vor - das heißt, Menschen bevorzugen Ergebnisse mit geringer Unsicherheit und gleichbleibenden Durchschnittswerten. Deshalb führt eine Vorgangsweise, die geeignet ist, Unsicherheit oder Risiko in bezug auf den Konsum von Wirtschaftssubjekten zu reduzieren, zu höherem ökonomischem Wohlstand.

Risikostreuung (risk spreading): Risikobewältigung durch die Märkte, indem ein Risiko, das für den einzelnen sehr hoch ist, so verteilt wird, daß es zu einem kleinen Risiko für eine große Anzahl von Menschen wird. Risikostreuung wird hauptsächlich mit Hilfe von Versicherungen betrieben.

S

Saysches Theorem (Say's Law of markets): Diese 1803 in Frankreich vom Ökonomen Jean Baptiste Say erstmals entwickelte Theorie besagt, daß es unmöglich zu einer Überproduktion kommen kann. Diese Ansicht würden wir heute umschreiben mit „das Angebot schafft seine eigene Nachfrage“.

Schleichende Inflation (inertial inflation): erwartete Inflationsrate, die somit in Verträgen und informellen Übereinkünften mit berücksichtigt wird. Führt zu einer *beständigen Inflationsrate*.

Schwellenland (newly industrializing country NIC): Land im Übergang vom Entwicklungsland zur Industriegesellschaft.

Skalenerträge oder Niveauerträge (returns to scale): Änderung des Outputs (Produktionsertrags) durch

Variieren aller Faktoreinsatzmengen im gleichen Verhältnis, wobei die Produktionstechnik als gegeben angenommen wird.

Skalenerträge, abnehmende (decreasing returns to scale): Fälle, in denen eine gleichmäßige Erhöhung aller Inputs zu einer unterproportionalen Erhöhung des Gesamtoutputs führt.

Skalenerträge, zunehmende (increasing returns to scale): Fälle, in denen eine Erhöhung aller Inputs zu einem überproportionalen Anstieg des Outputs führt.

Skalenerträge, konstante (constant returns to scale): Fälle, in denen eine Änderung aller Inputs zu einer Veränderung des Outputs im selben Verhältnis führt. Wenn beispielsweise Boden, Kapital und die anderen Faktoreinsätze verdoppelt werden, würde sich bei konstanten Skalenerträgen auch die Produktionsmenge verdoppeln.

Sozialismus (socialism): große Bandbreite unterschiedlicher Ansätze. Im Westeuropa der Nachkriegszeit bauten sozialistische Regierungen, die in einem demokratischen Rahmen agierten, den Wohlfahrtsstaat aus, sie verstaatlichten weite Bereiche der Wirtschaft und betrieben eine Art von Planwirtschaft. In letzter Zeit ist jedoch auch in diesen Ländern eine Entwicklung zurück in Richtung eines Freihandelsmodells mit extensiver Deregulierung und Privatisierungsmaßnahmen festzustellen.

Sozialprogramme der USA, sog. Entitlement Programs (entitlement programs): staatliche Sozialprogramme, die jedem, der bestimmte gesetzlich festgelegte Berechtigungskriterien erfüllt, einen Anspruch auf Sozialleistungen oder bestimmte Zahlungen zusichern.

Sozialversicherungsbeiträge (payroll tax oder social insurance tax): Arbeitgeber und Arbeitnehmer müssen von den Lohnzahlungen Sozialversicherungsbeiträge abführen, damit diese Sozialleistungen bezahlt werden können.

Sparfunktion (savings function): Verhältnis zwischen Ersparnis und Einkommen.

Sparparadoxon (paradox of thrift): Wenn die Allgemeinheit mehr zu sparen wünscht, kann dies in der Realität zu einer Verringerung nicht nur der Einkommen und der Produktion führen, sondern auch Ersparnis und Investitionen senken. Tatsächlich sinkt das Produktionsniveau mit Multiplikatorwirkung so lange, bis das Einkommen niedrig genug ist, um die Ersparnis wieder mit den Investitionen in Einklang zu bringen.

Sparquote der privaten Haushalte (personal savings rate): entspricht der persönlichen Ersparnis als Prozentsatz des verfügbaren Einkommens.

Spekulation (speculation): Handel mit Gütern, die mit dem Ziel der Erwirtschaftung von Gewinnen heute gekauft und später wieder verkauft (bisweilen auch heute verkauft und später gekauft) werden. Das ideale Spekulationsverhalten erfüllt die sehr wichtige Funktion einer Verringerung der Konsumschwankungen und (in einer Welt, in der der einzelne mit einem sinkenden Grenznutzen konfrontiert ist,) einer Mehrung des Gesamtnutzens und der Allokationseffizienz.

Spieltheorie (game theory): Analyse von Situationen mit zwei oder mehr Entscheidungträgern, die entgegengesetzte Ziele verfolgen.

Spieltheorie: Nash-Gleichgewicht oder nichtkooperatives Gleichgewicht (Nash equilibrium): tritt ein, wenn kein Spieler bei einer gegebenen Strategie der anderen Spieler seine Auszahlungsfunktion verbessern kann, wobei jede Partei die eigene Strategie ohne Absprache oder Kooperation mit den anderen wählt.

Spieltheorie: dominantes Gleichgewicht (dominant equilibrium): Ergebnis einer Situation, in der beide (oder alle) Spieler über eine dominante Strategie verfügen.

Spieltheorie: dominante Strategie (dominant strategy): eine Situation, in der einer der Spieler eine in jedem Fall beste Strategie besitzt, gleichgültig, wie sich der Konkurrent verhält.

Spieltheorie: kooperatives Gleichgewicht (cooperative equilibrium): bildet sich, wenn die Parteien gemeinsam nach Strategien suchen, die ihre gemeinsame Auszahlungsfunktion verbessern.

Spillovereffekte, Externalitäten oder externe Effekte (externalities): treten auf, wenn die wirtschaftliche Aktivität von Unternehmen oder einzelnen Personen zu Kosten oder Nutzen bei anderen Wirtschaftssubjekten führt, die sich außerhalb des Marktes befinden.

Staat, Versagen des Staates (government failure): In manchen Fällen kommt es wegen der Notwendigkeit, Entscheidungen nicht einstimmig treffen zu können, zu ineffizienten oder ungerechten Ergebnissen. Wichtige Beispiele dafür sind die Vereinnahmung gesetzgebender Körperschaften durch finanziell potente Minderheiten oder Lobbies, die Tendenz des Staates, Programme zu lange Zeit hindurch zu hoch zu finanzieren, und der kurzfristige Entscheidungshorizont, der sich aus der Notwendigkeit, zu Wahlen anzutreten, ergibt.

Staatliche Transferzahlungen (government transfer payments): Leistungen des Staates an Individuen, die nicht im Austausch gegen Güter und Dienstleistungen erfolgen.

Staatliche Regulierung, vier Funktionen (government regulation): 1. Verbesserung der volkswirtschaftlichen Effizienz, 2. Herstellung einer gerechteren Einkommensverteilung, 3. Stabilisierung der Wirtschaft durch wirtschaftspolitische Maßnahmen und 4. internationale Vertretung des Staates.

Staatliche Wechselkurs-Interventionen (intervention): Situation, in der der Staat seine eigenen oder fremde Währungen kauft oder verkauft, um Einfluß auf die Wechselkurse zu nehmen.

Staatsverschuldung (government debt): gesamte Verbindlichkeiten des Staates; diese stellen den finanziellen Gesamtwert der staatlichen Anleihen in öffentlichem Eigentum (d.h. im Eigentum der Haushalte, Banken, Unternehmen, Ausländer und sonstiger Nichtbundesstellen) dar.

Staatsverschuldung: externe (external debt): Verschuldung gegenüber dem Ausland. Diese Schuld stellt per Saldo eine Verringerung der Ressourcen dar, die den Bürgern des Schuldnerlandes zur Verfügung stehen.

Staatsverschuldung: interne (internal debt): Verschuldung bei den eigenen Staatsbürgern.

Steuergerechtigkeit, vertikale (vertical equity): teilweise umstrittenes Steuerprinzip, das sich mit der Besteuerung von Menschen mit unterschiedlicher Einkommenshöhe beschäftigt.

Steuergerechtigkeit, horizontale (horizontal equity): Steuerprinzip, das besagt, daß weitgehend gleichgestellte Bürger auch gleich besteuert werden sollten.

Steuern (taxes): Öffentliche Abgaben, die ein Gemeinwesen mit Zwangsgewalt in einseitig festgesetzter Höhe und ohne Gewährung einer Gegenleistung von natürlichen und juristischen Personen seines Gebietsbereichs erhebt. Steuern senken die Privateinkommen und dadurch auch die Privatausgaben, erschließen jedoch Ressourcen für öffentliche Ausgaben.

Steuern: Inzidenz von (incidence): die tatsächlichen wirtschaftlichen Auswirkungen oder Belastungen durch eine Steuer.

Steuern: regressiv wirkende (regressive tax): Erhebung eines höheren Einkommensprozensatzes von den Armen als von den Reichen.

Steuern, direkte (direkt taxes): Steuern, die direkt von Einzelpersonen oder Unternehmen eingehoben werden. Beispiele für direkte Steuern sind die Einkommensteuer, die Sozialversicherungsbeiträge oder andere auf den Arbeitslohn eingehobene Steuern sowie die Erbschafts- und Schenkungssteuer. Körperschaftssteuern werden ebenfalls als direkte Steuern behandelt, weil ja letztlich Menschen die Einkommen der Unternehmen erhalten.

Steuern, indirekte (indirect taxes): Steuern, die auf Güter und Dienstleistungen erhoben werden und sich daher auf den einzelnen nur „indirekt" auswirken.

Steuern, proportionale (proportional tax): Steuern, nach denen alle Steuerzahler genau denselben Prozentsatz ihres Einkommens abzuliefern haben.

Steuern, progressiv wirkende (progressive tax): Erhebung eines höheren Einkommensprozentsatzes von den Reichen als von den Armen.

Steuerprinzip: Äquivalenzprinzip oder Nutzenprinzip (benefit principle): Besteuerung des einzelnen je nach der Höhe des Nutzens , den er aus staatlichen Programmen zieht.

Steuerprinzip: Leistungsfähigkeitsprinzip (ability-to-pay principle): Steuerprinzip, wonach sich die Höhe der Besteuerung nach dem Einkommen oder dem Vermögen des einzelnen richten sollte. Je größer das Vermögen oder das Einkommen, desto höher auch die Steuern.

Steuerreform, aufkommensneutrale (revenue-neutral tax reform): Steuerreform, die die Gesamteinnahmen des Staates weder erhöht noch senkt.

Strategische Interaktion (strategic interaction): Abhängigkeit der Geschäftsstrategie eines Unternehmens vom Verhalten seiner Konkurrenten.

Strukturelle Arbeitslosigkeit (structural unemployment): Arbeitslosigkeit infolge einer mangelnden Abstimmung zwischen Arbeitsangebot und Arbeitsnachfrage.

Strukturelles Budget (structural budget): aktiv durch diskretionäre wirtschaftspolitische Maßnahmen wie die Festsetzung der Steuersätze, der Sozialhilfezahlungen oder der Verteidigungsausgaben bestimmter Teil des Budgets.

Substitution, Grenzrate der (marginal rate of substitution): Verhältnis der Grenznutzen zweier Güter.

Substitutionseffekt (substitution effect): Neigung, ein Gut durch ein anderes zu ersetzen, sobald sein Preis steigt.

Substitutionsgesetz (law of substition): Je knapper ein Gut ist, desto größer ist sein relativer Substitutionswert; sein Grenznutzen steigt im Verhältnis zum Grenznutzen jenes Gutes, das in großen Mengen vorhanden ist.

Substitutionsgüter (substitutes): Wirtschaftsgüter, die einander ersetzen können.

Substitutionsrate oder Grenzrate der Substitution (substitution ratio oder marginal rate of substitution): Steigung der Indifferenzkurve, deren Verlauf in der Regel als fallend angenommen wird, bzw. subjektive Wertschätzung eines Wirtschaftsgutes in Form von Mengeneinheiten eines anderen Gutes.

Substitutionsregel (substitution rule): Wenn der Preis für einen Produktionsfaktor sinkt, während alle anderen Faktorpreise gleich bleiben, profitieren die Unternehmen davon, den nun billigeren Faktor anstelle aller anderen einzusetzen.

Supply-Side Economics oder angebotsseitige Wirtschaftspolitik: Betonung mikroökonomischer Maßnahmen zur Verbesserung von Produktion und volkswirtschaftlicher Effizienz. Nach diesem angebotsorientierten Ansatz (USA unter Reagan, GB unter Thatcher) sollten makroökonomische Maßnahmen wie die Geldemengensteuerung oder die Festlegung der Höhe staatlicher Ausgaben nicht im Versuch, den Konjunkturzyklus zu beeinflussen, „fein abgestimmt werden", sondern sie sollten sich nach den langfristigen Zielen des Wirtschaftswachstums und der Effizienz richten.

T

Tatsächliches Budget (actual budget): weist die tatsächlichen Geldausgaben, Einnahmen und Defizite einer bestimmten Periode aus.

Technologischer Fortschritt oder technologischer Wandel (technological change): bezeichnet Verbesserungen in den Produktionsprozessen von Gütern und Dienstleistungen, Veränderungen bestehender Produkte oder die Einführung neuer Produkte.

Terms of Trade: Verhältnis von Export- zu Importpreisen.

Theorem der Wirkungslosigkeit wirtschaftspolitischer Maßnahmen (policy ineffectiveness theorem): Sagt aus, daß angesichts der rationalen Erwartungen der Menschen sowie der flexiblen Preise und Löhne vorhersehbare wirtschaftspolitische Maßnahmen keine Auswirkungen auf die reale Produktionsleistung oder Beschäftigungssituation erzielen können.

Theorie der öffentlichen Entscheidung (PCT public choice theory): Zweig der Volkswirtschaft, der erforscht, wie die Entscheidungsstrukturen in Staaten beschaffen sind. Die Theorie der öffentlichen Entscheidung beschreibt, wie die Entscheidungsprozesse von staatlichen Organen über Steuern, Ausgaben, staatliche Regulierungsmaßnahmen und andere politische Maßnahmen ablaufen. Wie im Spiel der Märkte muß auch im Spiel der Politik die Nachfrage der Menschen nach Kollektivgütern mit den gegebenen wirtschaftlichen Möglichkeiten, diese anzubieten, befriedigt werden. Der Hauptunterschied liegt dabei in der Tatsache, daß die entscheidenden Mitspieler in der Politik - also die Politiker - in erster Linie darauf bedacht sind, Wahlen zu gewinnen, während die Hauptspieler auf den Märkten - die Unternehmen - Gewinne maximieren möchten.

Theorie der Einkommensverteilung (theory of income distribution): Theorie zur Analyse der Einkommens- und Vermögensverteilung in einer Gesellschaft.

Theorie des allgemeinen (oder totalen) Gleichgewichts (general-equilibrium analysis): untersucht, wie (und wie erfolgreich) das gleichzeitige Wechselspiel aller Haushalte, Unternehmen und Märkte die Fragen des *Wie, Was und Für wen* zu lösen imstande ist.

Theorie des partiellen Gleichgewichts (partial-equilibrium analysis): beschäftigt sich mit dem Verhalten eines einzelnen Marktes, Haushaltes oder Unternehmens, während das Verhalten aller anderen Märkte und der restlichen Wirtschaft als gegeben angenommen wird.

Theorie der rationalen Erwartungen (rational expectations): neoklassische Position, wonach Prognosen unvoreingenommen und basierend auf allen verfügbaren Informationen erstellt werden.

Transaktionsgeld oder Geldmengenaggregat M_1 (transactions money): Geldmengenaggregat, das folgende Komponenten umfaßt: Münzen, Papiergeld, Sichteinlagen.

Transferzahlungen (transfer payments): Zahlungen der öffentlichen Hand an private Haushalte ohne marktliche Gegenleistung; sie erhöhen das verfügbare Einkommen der privaten Haushalte und dienen damit der Einkommensumverteilung.

Transformationskurve oder Produktionsmöglichkeitskurve (PMK) (production possibility frontier): zeigt die maximalen Produktionsmengen, die eine Wirtschaft angesichts ihres technologischen Know-hows und der verfügbaren Menge an Produktionsfaktoren erzielen kann.

U

Umlaufgeschwindigkeit des Geldes (velocity of money): mißt den Geldumlauf im Verhältnis zum gesamten Volkseinkommen oder der gesamten Produktionsleistung eines Landes. Wurde lange Zeit hindurch als relativ stabil und vorhersehbar betrachtet.

Umsatz- und Verbrauchsteuern (sales and excise taxes): wirken normalerweise regressiv, weil der Konsum im allgemeinen und der Kauf der genannten Güter im besonderen in armen Familien einen höheren Einkommensprozentsatz ausmacht.

Umsatzsteuern (sales tax): Die amerikanischen Bundesstaaten beziehen den Großteil ihrer Einnahmen aus den allgemeinen Umsatzsteuern auf Güter und Dienstleistungen.

Unabhängige Güter (independent goods): Wirtschaftsgüter, die einander weder ersetzen noch ergänzen.

Unsichtbare Hand (invisible hand principle). Dieses von Adam Smith dargelegte Prinzip besagt, daß jedes Individuum durch die egoistische Verfolgung seines eigenen, persönlichen Vorteils wie durch eine unsichtbare Hand so gelenkt wird, daß es zum Wohle aller tätig wird.

Unvollständiger Wettbewerb (imperfect competition): Wettbewerbssituation, in der ein Käufer oder Verkäufer in der Lage ist, auf den Preis einer Ware Einfluß zu nehmen.

V

Variable Kosten (VC variable cost): Kosten, die sich mit der Produktionsmenge verändern. Dazu gehören Rohmaterialen, variable Löhne und Treibstoffe, kurz alle Kosten, die keine Fixkosten sind.

Verbraucherpreisindex oder Preisindex für die Lebenshaltung IL (consumer price index oder CPI): Das häufigste Maß des gesamtwirtschaftlichen Preisniveaus. Der Verbraucherpreisindex ermittelt laufend die Kosten eines bestimmten Warenkorbes (der eine repräsentative Güterauswahl bestehend aus

Lebensmitteln, Wohnung, Bekleidung und medizinischen Dienstleistungen enthält), wie er vom typischen städtischen Verbraucher erworben wird.

Verdrängungshypothese (crowding out): Hypothese, wonach staatliche Ausgaben private Investitionen und andere zinssensible Ausgaben zurückdrängen.

Verfügbares persönliches Einkommen (disposable personal income): setzt sich aus dem persönlichen Einkommen abzüglich aller abzuführenden Steuern zusammen.

Vermögen (wealth): Bestandsgröße, die den Nettogeldwert der Vermögenswerte umfaßt, die jemand zu einem bestimmten Zeitpunkt besitzt.

Vermögenseffekt (wealth effect): Tatsache, daß ein höheres Vermögen zu einem höheren Konsumniveau führt.

Vermögenssteuer (property tax): Besteuerung des Gesamtvermögens unter Berücksichtigung von Ausnahmen und Freibeträgen.

Versagen des Staates (government failure): In manchen Fällen kommt es wegen der Notwendigkeit, Entscheidungen nicht einstimmig treffen zu können, zu ineffizienten oder ungerechten Ergebnissen. Wichtige Beispiele dafür sind die Vereinnahmung gesetzgebender Körperschaften durch finanziell potente Minderheiten oder Lobbies, die Tendenz des Staates, Programme zu lange Zeit hindurch zu hoch zu finanzieren, und der kurzfristige Entscheidungshorizont, der sich aus der Notwendigkeit, zu Wahlen anzutreten, ergibt.

Verschuldung des Staates (government debt): gesamte Verbindlichkeiten des Staates; diese stellen den finanziellen Gesamtwert der staatlichen Anleihen in öffentlichem Eigentum (d.h. im Eigentum der Haushalte, Banken, Unternehmen, Ausländer und sonstiger Nichtbundesstellen) dar.

Versicherung (insurance): Übernahme hoher individueller Risiken und ausreichend breite Streuung derselben, so daß diese für eine große Anzahl von Menschen akzeptabel werden. Versicherungen sind nützlich, weil sie das Konsumniveau über diverse unsichere natürliche Zustände hinweg auszugleichen in der Lage sind und so das erwartete Nutzenniveau erhöhen.

Verteilungstheorie (distribution theory): befaßt sich mit der grundlegenden Frage, *für wen* die Wirtschaftsgüter erzeugt werden.

Vertikale Steuergerechtigkeit (vertical equity): teilweise umstrittenes Steuerprinzip, das sich mit der Besteuerung von Menschen mit unterschiedlicher Einkommenshöhe beschäftigt.

Vier volkswirtschaftliche Funktionen des modernen Wohlfahrtsstaates (functions of the modern welfare state): (*a*) Korrektur von Marktversagen; (*b*) Verantwortung für die Umverteilung von Einkommen und Ressourcen; (*c*) makroökonomische Stabilisierungspolitik, um Höhen und Tiefen auf dem Arbeitsmarkt auszugleichen, die Inflation einzudämmen und für ein langfristiges Wirtschaftswachstum zu sorgen; und (*d*) Aushandlung von Abkommen mit anderen Staaten im beiderseitigen Interesse.

Vier Wachstumsfaktoren einer Wirtschaft (growth factors of an economy): 1) Humanressourcen (Arbeitsangebot, Ausbildung, Arbeitsdisziplin, Motivation), 2) natürliche Ressourcen (Boden, Bodenschätze, Brennstoffe, Umweltqualität), 4) Kapitalbildung (Maschinen, Fabriken, Straßen) und 4) Technologie (Wissenschaft, Technik, Management, Unternehmertum).

Vier-Unternehmens-Konzentrationsrate (four-firm concentration ratio): Prozentsatz der gesamten Produktionsmenge der vier größten Unternehmen einer Branche.

Volkseinkommen (national income): auch Nettosozialprodukt zu Faktorkosten genannt, umfaßt alle Faktoreinkommen der Haushalte aus Arbeit, Kapital und Boden. Es errechnet sich aus dem BIP minus Abschreibungen und indirekten Steuern.

Volkswirtschaftliche Gesamtrechnung VGR (national accounting): quantitative Darstellung des wirtschaftlichen Geschehens einer gesamten Volkswirtschaft für eine bereits abgelaufene Periode.

Volkswirtschaftslehre (economics): Wissenschaft vom Einsatz knapper Ressourcen durch die Gesellschaft zur Produktion wertvoller Wirtschaftsgüter und von der Verteilung dieser Güter unter den Mitgliedern der Gesellschaft.

Vollständiger Wettbewerb (perfect competition): Wettbewerbssituation, in der alle Güter und Dienstleistungen einen Preis haben und auf Märkten gehandelt werden und in der kein Unternehmen oder kein Konsument so mächtig ist, den Marktpreis zu beeinflussen.

W

Wachstumsfaktoren einer Wirtschaft (growth factors of an economy): 1) Humanressourcen (Arbeitsangebot, Ausbildung, Arbeitsdisziplin, Motivation), 2) natürliche Ressourcen (Boden, Bodenschätze, Brennstoffe, Umweltqualität), 3)Kapitalbildung (Maschinen, Fabriken, Straßen) und 4) Technologie (Wissenschaft, Technik, Management, Unternehmertum).

Wachstumsrate des Prokopfeinkommens (growth rate of output per person): bezieht sich auf die Geschwindigkeit, mit der der Lebensstandard in einem Land angehoben werden kann.

Wandel, technologischer oder technologischer Fortschritt (technological change): bezeichnet Verbesserungen in den Produktionsprozessen von Gütern und Dienstleistungen, Veränderungen bestehender Produkte oder die Einführung neuer Produkte.

Wechselkurs (exchange rate): Preis für eine Einheit einer ausländischen Währung gemessen in heimischer Währung.

Wechselkurspolitik (exchange-market management): Unterschiedliche Herangehensweise an die Bildung der Wechselkurse. Manche Systeme ermöglichen die Bildung des Wechselkurses ausschließlich über Angebot und Nachfrage; andere setzen einen fixen Wechselkurs gegenüber Fremdwährungen fest. Die USA gehören heute zur ersten Kategorie und lassen es im allgemeinen zu, daß sich der Dollar-Wechselkurs durch die Marktkräfte bildet.

Wechselkurssystem (exchange rate system): komplexes Gefüge aus Regeln, Arrangements und Einrichtungen, mit denen Zahlungen für grenzüberschreitende Transaktionen getätigt und entgegengenommen werden können. Insbesondere bestimmt das Wechselkurssystem über die Bildung der Wechselkurse, etwa wieviele Yen man für jeden Dollar erhält, etc.

Wertgrenzprodukt (marginal revenue product): Geldwert jener zusätzlichen Produktionsmenge, die durch eine zusätzliche Faktoreinheit erzeugt wird.

Wertschöpfung (value added): Differenz zwischen dem Umsatz eines Unternehmens und den Ankaufkosten für Materialien und Dienstleistungen von Dritten.

Wettbewerb, vollständiger (perfect competition): Wettbewerbssituation, in der alle Güter und Dienstleistungen einen Preis haben und auf Märkten gehandelt werden und in der kein Unternehmen oder kein Konsument so mächtig ist, den Marktpreis zu beeinflussen.

Wettbewerb, unvollständiger (imperfect competition): Wettbewerbssituation, in der ein Käufer oder Verkäufer in der Lage ist, auf den Preis einer Ware Einfluß zu nehmen.

Wettbewerbsfähigkeit (competitiveness): bezieht sich darauf, wie gut die Produktion eines Landes auf dem Markt bestehen kann; hängt primär von der relativen Höhe der Güterpreise ab.

Wirkungslosigkeit wirtschaftspolitischer Maßnahmen, Theorem (policy ineffectiveness theorem): Sagt aus, daß angesichts der rationalen Erwartungen der Menschen sowie der flexiblen Preise und Löhne vorhersehbare wirtschaftspolitische Maßnahmen keine Auswirkungen auf die reale Produktionsleistung oder Beschäftigungssituation erzielen können.

Wirtschaftliche Anreize (incentives): adäquate Belohnung für Arbeit, Sparen und Unternehmertum.

Wirtschaftliche Chancengleichheit (economic opportunity): Liberale philosophische Forderung der sechziger Jahre, wonach alle denselben Zugang zu den besten Schulen, zur besten Ausbildung und zu den besten Jobs erhalten sollten. Man war der Ansicht, die Diskriminierung auf Grund von Hautfarbe, Geschlecht oder Religion würde daraufhin von allein verschwinden.

Wirtschaftsgüter (economic goods): knappe, also keine freien Güter, weshalb die Gesellschaft ihre Entscheidungen zwischen den beschränkt verfügbaren Gütern treffen muß, die sie mit den vorhandenen Ressourcen produzieren kann.

Wirtschaftskreislauf (circular flow): Gesamtheit aller volkswirtschaftlichen Transaktionen, bei denen Wirtschaftsobjekte mit und ohne Gegenleistung von einem Wirtschaftsubjekt auf ein anderes übergehen.

Wirtschaftspolitische Instrumente (policy instruments): volkswirtschaftliche Variable, auf die der Staat Einfluß nehmen kann, und die Auswirkungen auf eines oder mehrere wirtschaftspolitische Ziele haben.

Wirtschaftspolitische Ziele (goals of macroeconomic policy): 1. Eine hohe und steigende Wirtschaftsleistung (d.h. eine Steigerung des realen BIP); 2. ein hoher Beschäftigungsstand (mit geringer Arbeitslosigkeit); 3. ein stabiles oder leicht steigendes Preisniveau, wobei Preise und Löhne durch Angebot und Nachfrage auf freien Märkten gebildet werden.

Wirtschaftswachstum (economic growth): Steigerung des potentiellen BIP oder der potentiellen Produktionsleistung eines Landes bzw. Verschiebung der Produktionsmöglichkeits- oder Transformationskurve eines Landes nach außen.

Wohlfahrtsorientiertes Nettoinlandsprodukt NIP_W (NEW net economic welfare): einer der ersten Ansätze, anhand dessen die Entwicklung eines sinnvolleren Maßstabes für die gesamtwirtschaftliche Produktion versucht wurde.

Wohlfahrtsstaat, seine vier volkswirtschaftlichen Funktionen (functions of the modern welfare state): (*a*) Korrektur von Marktversagen; (*b*) Verantwortung für die Umverteilung von Einkommen und Ressourcen; (*c*) makroökonomische Stabilisierungspolitik, um Höhen und Tiefen auf dem Arbeitsmarkt auszugleichen, die Inflation einzudämmen und für ein langfristiges Wirtschaftswachstum zu sorgen; und (*d*) Aushandlung von Abkommen mit anderen Staaten im beiderseitigen Interesse.

Wohlfahrtsstaat (welfare state): Staat, in dem die Marktkräfte so zu modifizieren sind, daß der einzelne gegen konkrete Unwägbarkeiten geschützt ist und daß ein Mindestlebensstandard für alle gesichert wird.

Z

Zahlungsbilanz (balance of international payments): systematische Aufstellung aller wirtschaftlichen Transaktionen zwischen einem Land und dem Rest der Welt. Wesentliche Bestandteile sind die Leistungsbilanz und die Kapitalverkehrsbilanz.

Zeitwert oder Gegenwartswert (present value of assets): der heutige Geldwert des gesamten im Zeitablauf zu erzielenden Ertragsstroms. Wesentlich dabei ist die Erkenntnis, daß zukünftige Zahlungen weniger wert sind als gegenwärtige, und daß man sie daher *diskontieren (abzinsen)* muß. Zukünftige Zahlungen sind ebenso weniger wert als gegenwärtige Zahlungen wie entfernte Gegenstände immer kleiner aussehen als nahe. Der Zinssatz bewirkt eine ähnliche Schrumpfung durch die zeitliche Perspektive.

Zentralbank, in den USA Federal Reserve: Bank der Banken, kontrolliert die Höhe der Bankreserven (Mindestreserven) und damit die Höhe der kurzfristigen Zinssätze. Jedes moderne Land verfügt heute über eine Zentralbank, die für das Management der heimischen Geldangelegenheiten verantwortlich ist.

Zentralverwaltungswirtschaft oder Planwirtschaft (command economy): System, in dem der Staat alle Entscheidungen über Produktion und Verteilung trifft.

Ziele der Wirtschaftspolitik (goals of macroeconomic policy): 1. Eine hohe und steigende Wirtschaftsleistung (d.h. eine Steigerung des realen BIP); 2. ein hoher Beschäftigungsstand (mit geringer Arbeitslosigkeit); 3. ein stabiles oder leicht steigendes Preisniveau, wobei Preise und Löhne durch Angebot und Nachfrage auf freien Märkten gebildet werden.

Zins (interest): jährliche Kapitalerträge in Geldeinheiten.

Zinssatz (rate of interest): Ertrag einer Veranlagung, ausgedrückt als jährlicher Prozentsatz.

Zoll (tarif): Besteuerung von Importen.

Zufalls- oder Randomweg (random walk): Verlauf von Preisentwicklungen, die im Zeitablauf absolut nicht vorhersehbar sind.

Zunehmende Skalenerträge (increasing returns to scale): Fälle, in denen eine Erhöhung aller Inputs zu einem überproportionalen Anstieg des Outputs führt.

INDEX

C

D

E

J

K

L

M

S

V

W

X

Y

Z

WÖRTERBUCH

DEUTSCH – ENGLISCH

der in VOLKSWIRTSCHAFTSLEHRE/ECONOMICS, (15. Auflage) verwendeten Begriffe

A

Abgeleitete oder derivative Faktornachfrage derived factor demand
Ableitung der Nachfragekurve deriving the demand curve
Abnehmende Grenzerträge diminishing returns
Abnehmende Skalenerträge decreasing returns to scale
Abnehmendes Grenzprodukt declining marginal product
Abschreibung depreciation
Abschreibungsmöglichkeiten für F&E R&D tax credit
Absoluter Vorteil absolute advantage
Absolutismus, marktwirtschaftlicher free-market absolutism
Abwärtsneigung der Gesamtnachfragekurve downward-sloping aggregate demand
Abwärtsneigung der Nachfragekurven downward-sloping of demand curves
Abwertung devaluation
Adaptive Erwartungsmodelle adaptive-expectations models
Administrierte Preise administered prices
Administrierte Wechselkurse managed exchange rates
Aggregierte Produktionsfunktion der USA aggregate production function for the USA
AIDS AIDS
Aktienbörse stock exchange
Aktienmarkt stock market
Aktienmarktindizes stock-price indexes
Aktienportfolio stock portfolio
Aktiva assets
Akzeleratoreffekt accelerator effect
Akzeleratorprinzip accelerator principle
Allokation allocation
Allokation von Marktressourcen allocation of market resources
Allokationseffizienz oder Effizienz allocative efficiency
Alternative Wirtschaftssysteme alternative economic systems
Alternativstrategien alternative strategies
Anbaubeschränkungen crop restrictions
Angebot supply
Angebotsfunktion supply schedule
Angebotskurve supply curve
Angebotsorientierte Wirtschaftspolitik supply-side economics
Angebotsschock supply shock
Angebotsschock, positiver favorable supply shock
Angebotsseitige Steuerkürzungen supply-side tax cuts
Angebotsüberhang surplus
Angebotsverhalten des Unternehmens supply behavior of the competitive firm
Angebotsverschiebungen shifts in supply
Anonymität von Einlagen anonymity of deposits
Anpassung an die Lebenshaltungskosten cost-of-living adjustments (COLAs)
Anpassungsmechanismen gegen Arbeitslosigkeit adjustment mechanisms against unemployment
Anschaffungskosten (historische Kosten) historical cost
Anti-Inflationspolitik, Probleme dilemmas of anti-inflation policy
Antifusionsverfahren antimerger proceedings
Antitrustpolitik (Kartellrecht) antitrust policy
Anwendung der Angebots- und Nachfragefunktion applying supply and demand schedules
Apokalyptische Volkswirtschaft doomsday economics
Äquivalenzprinzip in der Besteuerung benefit principle
Arbeit (als Produktionsfaktor) labor (input)
Arbeiterbewegung labor movement
Arbeitsangebot supply of labor
Arbeitseinheiten units of labor
Arbeitslose unemployed
Arbeitslosenrate unemployment rate
Arbeitslosenrate, inflationssichere inflation-safe unemployment rate
Arbeitslosenrate, natürliche natural rate of unemployment
Arbeitslosenversicherung unemployment insurance (UI)
Arbeitslosigkeit unemployment
Arbeitsmarkt, freier free labor market
Arbeitsmarktthemen labor market issues
Arbeitsnachfrage demand for labor
Arbeitsparende Erfindungen labor-saving inventions
Arbeitsproduktivität labor productivity
Arbeitsteilung division of labor
Arbeitswertlehre labor theory of value
Arbitrage arbitrage
Arbitrageur arbitrager
Armut poverty
Aufschwung ohne Erholung des Arbeitsmarktes jobless recovery
Aufträge, öffentliche public-works projects
Aufwertung revaluation
Auktionsmarkt auction market
Ausgaben des Bundes federal expenditure
Ausgabenkurve spending line
Ausgabenkürzungen expenditure cuts
Ausgabenmultiplikator expenditure multiplier
Ausgabenstruktur privater Haushalte expenditure patterns of households
Ausgeglichenes Budget balanced budget

Aushöhlung der Steuerbemessungsgrundlage erosion of the tax base
Auslandskredite und Schuldenkrise foreign borrowing and debt crisis
Außenbeitrag (Nettoexporte) net exports
Außenhandelsmultiplikator foreign trade multiplier
Außenhandelstrends trends in foreign trade
Außenwirtschaftliche Orientierung outward orientation
Auswahlverhalten choice
Auswirkungen von Steuern auf Preis und Menge impact of a tax on price and quantity
Auszahlungen oder Payoffs payoffs
Auszahlungsmatrix payoff table
Automatische Stabilisatoren automatic stabilizers

B

Bankbilanz bank balance sheet
Bankencrash bank panics
Bankomaten, Geldausgabeautomaten automated teller machines
Bankwesen banking
Barro-Effekt Barro effect
Basisjahr base year
Bearmarkt (Aktien) bear market
Bedürfnisbefriedigung satisfaction
Bedürfniskoinzidenz coincidence of wants
Benzinsteuer gas tax
Berichtigtes Bruttoeinkommen adjusted gross income
Beschäftigte employed
Beschäftigungsprogramme, öffentliche public-employment projects
Beschäftigungsstand employment
Beschränkte Haftung limited liability
Bessere Handelsmöglichkeiten durch internationalen Handel expanded trading opportunities
Beständige Inflationsrate inertial rate of inflation
Betriebliches Rechnungswesen und volkswirtschaftliche Kosten business accounting and economic costs
Betriebseinstellungsbedingung shutdown condition
Betriebsminimum (Betriebseinstellungsschwelle) shutdown point
Betriebsschließungsregel shutdown rule
Bevölkerungsexplosion population explosion
Bevölkerungswachstum growth of population
Bewegung entlang von Kurven movement along curves
Beziehung zwischen Gesamt- und Grenznutzen relationship of total and marginal utility
Bilanz balance sheet
Bilanzierungsgrundsätze accounting conventions
Bilateraler Handel bilateral trade
Bilaterales Monopol bilateral monopoly
Bildung der Wechselkurse determination of foreign exchange rates
Binnenhandel domestic trade
BIP und Außenhandel GDP and foreign trade
BIP-Bereinigung durch Preisindex GDP deflating by a price index
BIP-Deflator GDP deflator
BIP-Gleichgewichtsniveau GDP equilibrium
BIP-Lücke GDP gap
Blasenkonzept bubbles
Boden land
Boden als Produktionsfaktor land input
Boden und Bodenrente land and rent
Börsenkrach, großer great stock market crash
Bottom line oder Endergebnis an Gewinnen bottom line
Break-even-Punkt (Gewinn- oder Sparschwelle) break-even point
Bruttoinlandsprodukt (BIP) gross domestic product (GDP)
Bruttoinvestitionen gross investment
Bruttosozialprodukt, BSP gross national product, GNP
Buchgeld bank money
Budget budget
Budget, ausgeglichenes balanced budget
Budgetbeschränkung budget constraint
Budgetdefizit budget deficit
Budgetgerade budget line
Budgetpolitik, staatliche government budget policy
Budgetrestriktionen, harte hard budget constraints
Budgetüberschuß budget surplus
Bullmarkt (Aktien) bull market
Bundes-Einlagenversicherung national deposit insurance
Bundesausgaben federal expenditure
Bundesbudgetdefizite federal budget deficits
Bürgerkrieg (USA) Civil War
Bürokratischer Imperativ bureaucratic imperative

C

Ceteris-Paribus-Klausel other things equal
Coase-Theorem Coase theorem
Core-Inflation oder schleichende Inflation core inflation
Crowding out (Verdrängungseffekt) crowding out

D

Defizitabbau deficit-reduction
Defizitkontrolle deficit control
Deflation deflation
Depression depression
Depressionsphasen im Konjunkturzyklus business-cycle depressions
Deregulierung deregulation
Deregulierung des Finanzwesens financial deregulation
Devisen foreign currencies
Devisenmarkt foreign exchange market
Devisenmarktmanagement exchange market management
Diagramm graph
Direkte Steuern direct taxes
Diskontkredite borrowed reserves
Diskontpolitik discount-rate policy
Diskretionäre Fiskalpolitik descretionary fiscal policy
Diskretionäre Maßnahmen discretionary measures
Diskriminierung discrimination
Dividenden dividends
Dominante Strategie dominant strategy
Dominantes Gleichgewicht dominant equilibrium
Doppelzählungen (bei BIP-Berechnung) double counting
Dow-Jones Index Dow-Jones Industrial Average (DJIA)
Dreieckshandel und mulitlaterale Handelsbeziehungen triangular and multilateral trade
Duopolisten duopolists
Duopolistischer Preiskrieg duopoly price war
Durchschnittliche Fixkosten, AFC average fixed cost (AFC)
Durchschnittliche variable Kosten, AVC average variable cost (AVC)
Durchschnittseinkommen der Konsumenten average income of consumers
Durchschnittskosten (Stückkosten), AC average cost (AC)
Durchschnittsmenge average quantity
Durchschnittspreis average price
Durchschnittspreisbildung average cost pricing
Durchschnittspreisniveau average price level
Durchschnittsprodukt average product

Durchschnittsteuersatz average tax rate
Dynamische Effizienz dynamic efficiency

E

Effektivsteuersatz effective tax rate
Effizienter Markt efficient market
Effizienz efficiency
Effizienz versus Verteilungsgerechtigkeit efficiency versus equity
Effizienzkonzept concept of efficiency
Effizienzlohntheorie efficiency wage theory
Effizienzverluste durch Steuern efficiency losses from taxation
Eigeninteressen der Spekulanten personal interests of speculators
Eigenkapital (Reinvermögen) net worth
Eigentumsrecht property rights
Einfaches Multiplikatormodell basic multiplier model
Eingeschränktes Reservenerfordernis in modernen Banken fractional-reserve banking
Einkommen income
Einkommens- oder Kostenstromansatz (Verteilungsrechnung) zur Berechnung des BIP earnings or cost approach
Einkommens-Kreislaufgeschwindigkeit des Geldes income velocity of money
Einkommensänderung income change
Einkommenseffekt income effect
Einkommenselastizität income elasticity
Einkommensklassen income classes
Einkommensorientierter Ansatz income-oriented approach
Einkommenspolitik, steuerorientierte, TIP tax-based incomes policies, TIP
Einkommensteuer income tax
Einkommenstransfers income transfers
Einkommensumverteilung redistribution of income
Einkommensverteilung distribution of income
Einpreisgesetz law of one price
Einschränkung der Marktmacht restriction of market power
Einstimmigkeitsprinzip und PCT unanimity and public choice theory
Einzelfirma individual proprietorship
Elastizität und Ertrag elasticity and revenue
Elastizität von Nachfrage und Angebot elasticity of demand and supply
Endogene Konjunkturtheorien internal business cycle theories
Endprodukte final products
Energiepreis-Obergrenzen energy price ceilings
Engelkurve Engel curve
Entsparen (negatives Sparen) dissaving
Entwicklungsland developing country
Entwicklungsmodelle, alternative alternative models for development
Erdölschock oil supply shock
Erneuerbare Ressourcen renewable resources
Ersparnis saving
Erträge revenues
Ertragsgesetz (Gesetz der abnehmenden Grenzerträge) law of diminishing returns
Erwartete Inflation anticipated inflation
Erwartungen expectations
Erwartungsmodelle, adaptive adaptive expectations (backward-looking) models
Erwartungswert des Nutzens expected value
Erweiterte Geldmenge, M2, Quasigeld oder Geldsurrogat broad money
Erwerbsbevölkerung labor force
Essentielle Ressourcen essential resources
Eventualbewertung contingent valuation
EWS, Europäisches Währungssystem European Monetary System
Existenzminimum nach Malthus minimum level of subsistence
Exogene bzw. externe Variable wirtschaftlicher Aktivitäten exogenous (external) variables
Exogene Konjunkturtheorien external business cycle theories
Expansionsphasen expansion phases
Expansive Fiskalpolitik fiscal expansion
Experiment, monetaristisches monetarist experiment
Exponentielles Wachstum exponential growth
Externalitäten (externe Effekte) externalities
Externe Verschuldung external debt

F

Fachgewerkschaften craft unions
Faires Spiel oder faire Wette fair bet
Faktor- oder Inputkosten input costs
Faktor-Gleichgewichtspreis equilibrium price of an input
Faktoreinkommen und persönliches Einkommen factor income und personal income
Faktormärkte factor markets
Faktormengen amounts of factors
Faktornachfrage demand for inputs, factor demand
Faktorpreisbildung durch Angebot und Nachfrage Determination of factor prices by supply and demand
Faktorpreise factor prices
Faktorproduktivität, gesamte total factor productivity
Farbmonitore color monitors
Faxgeräte fax machines
Fehlmenge shortage
Feinabstimmung der Wirtschaft fine-tuning of economy
Feldstein-Horioka-Effekt Feldstein-Horioka effect
Feste Wechselkurse fixed exchange rates
Finanzanlagen und Zinssätze financial assets and interest rates
Finanzinstitute financial institutions
Finanzmittler financial intermediary
Finanzstrategien financial strategies
Finanzsystem, internationales international financial system
Fiskal-geldpolitischer Mix fiscal-monetary mix
Fiskalföderalismus fiscal federalism
Fiskalinzidenz fiscal incidence
Fiskalpolitik fiscal policy
Fixe Geldmengenregelung fixed monetary rules
Fixkosten (Overheadkosten oder versunkene Kosten), FC fixed cost (FC)
Flexible Löhne und Preise flexible prices and wages
Flexible oder frei schwankende Wechselkurse floating exchange rates
Fluglinien airlines
Fluß der realen Ressourcen flow of real resources
Föderalismus federalism
Förderung des technologischen Fortschritts fostering of technological advance
Förderung des Wettbewerbs encouraging competition
Forschung und Entwicklung, F&E research and development, R&D
Frei schwankende oder flexible Wechselkurse floating exchange rates
Freiwillige Arbeitslosigkeit voluntary unemployment
Freiwillige Lohn- und Preisrichtlinien voluntary wage-price guidelines
Freizeit leisure time
Freizeit und Zeitmanagement leisure and allocation of time
Friktionelle Arbeitslosigkeit frictional unemployment
Füllhorntheorie, Vertreter der cornucopians
Fusion merger

G

Galoppierende Inflation galloping inflation
GATT (Allgemeines Zoll- und Handelsabkommen) General Agreement on Tariffs and Trade, GATT
Gebühren für öffentliche Dienstleistungen user fees
Gefahr der negativen Auslese adverse selection
Geld money
Geld als Schmiermittel im Gütertausch money as lubricant of exchange
Geld ohne Edelmetalldeckung fiat money
Geld- und fiskalpolitisches Spiel monetary-fiscal game
Geldabfluß in den Barumlauf leakage into hand-to-hand circulation
Geldangebot supply of money
Geldausgabeautomaten ATM, automated teller machines
Gelddienstleistungen money services
Geldfluß flow of money
Geldmarkt money market
Geldmechanismus monetary mechanism
Geldmenge money supply
Geldmengenaggregate monetary aggregates
Geldmengeneffekt money-supply effect
Geldmengenexpansion monetary expansion
Geldmengenregelung, fixe fixed monetary rules
Geldmengenverknappung tight monetary policy
Geldmengenwachstum growth of money-supply
Geldmengenwachstum und nominales BIP-Wachstum money-supply growth and nominal GDP growth
Geldnachfrage demand for money
Geldpolitik monetary policy
Geldpolitik, diskretionäre discretionary monetary policy
Geldschöpfungsmultiplikator money-supply multiplier
Geldsurrogat, erweiterte Geldmenge M2 oder Quasigeld broad money
Geldwirtschaft monetary economy
Gelenkte Marktwirtschaft managed-market approach
Gemäßigte Inflation moderate inflation
Gemischtwirtschaftliches System mixed economy
Gerechtigkeit equity, fairness
Gesamtangebotskurve aggregate supply curve
Gesamtaufwendungen total expenses
Gesamterlös, Gesamtertrag total revenue
Gesamtfaktorproduktivität total factor productivity
Gesamtkosten, TC total cost (TC)
Gesamtnachfrage, Steuerung demand management
Gesamtnachfragekurve: Abwärtsneigung downward-sloping aggregate demand
Gesamtprodukt total product
Gesamtproduktionsmenge total output
Gesamtproduktivität total productivity
Gesamtwirtschaftliche Bruttoinvestition total gross national investment
Gesamtwirtschaftliche Konsumfunktion national consumption function
Gesamtwirtschaftliche Nachfrage (Gesamtnachfrage) aggregate demand
Gesamtwirtschaftliche Produktionsfunktion, AFP aggregate production function
Gesamtwirtschaftliches Angebot (Gesamtangebot) aggregate supply
Gesamtwirtschaftliches Konsumverhalten national consumption behavior
Geschäftsbanken commercial banks
Geschichte der Nutzentheorie history of utility theory
Geschmack, Präferenzen taste, preferences
Gesetz der abnehmenden Grenzerträge (Ertragsgesetz) law of diminishing returns
Gesetz der abnehmenden Grenzproduktivität law of diminishing marginal product
Gesetz der rationalen Entscheidung law of rational choice
Gesetz des abnehmenden Grenznutzens law of diminishing marginal utility
Gesetz des negativen (fallenden) Nachfrageverlaufs) law of downward-sloping demand
Gesetzliche Preisfestsetzung prices fixed by law
Gesetzliches Zahlungsmittel legal tender
Gesetzliches Mindestreserven-erfordernis für Banken legal reserve requirements
Gesetzwidriges Verhalten illegal conduct
Gesundheitsausgaben health-care expenditures
Gesundheitswesen public health care
Gewerkschaften labor unions
Gewichtung von Preisen weighting of prices
Gewinn profit
Gewinn- und Verlustrechnung income statement oder statement of profit and loss
Gewinne als Kapitalrenditen profits as return on capital
Gewinnmaximaler Output maximum-profit output
Gewinnmaximierung maximizing of profits
Gewinnmaximum maximum profit
Gewinnrate rate of profit
Gewinnschwelle (Break-even Punkt) break-even point
Gini-Koeffizient Gini coefficient
Giralgeldschöpfung deposit creation
Gleichgewicht equilibrium
Gleichgewicht zwischen Angebot und Nachfrage equilibrium of supply and demand
Gleichgewichts-Konjunkturtheorien equilibrium-business-cycle theories
Gleichgewichts-Wachstumstheorie (Entwicklungstheorie) balanced growth theory
Gleichgewichtsbedingung: gleicher Grenznutzen pro Geldeinheit für sämtliche Güter equilibrium condition
Gleichgewichtsposition im Tangentialpunkt equilibrium position of tangency
Gleichgewichtspreis equilibrium price
Gleichgewichtstheorien (Konjunkturzyklus) equilibrium-business-cycle theories
Gleichheit, Kosten cost of equality
Gleichwertigkeitsprinzip in Lohnfragen comparable worth principle
Gleitende Bandbreite oder limitierte Wechselkursflexiblität crawling (gliding) peg
Globaler Markt global market
Goldstandard oder Goldwährung gold standard
Golfkrieg Persian Golf war
Grenzerlös und Monopol marginal revenue and monopoly
Grenzkosten, MC marginal cost (MC)
Grenzkostenpreisbildung marginal cost pricing
Grenzneigung zum Import (marginale Importquote), MPm marginal propensity to import
Grenzneigung zum Konsum (marginale Konsumquote), MPC marginal propensity to consume
Grenzneigung zum Sparen (marginale Sparquote), MPS marginal propensity to save
Grenznutzen marginal utility
Grenzprinzip marginal principle
Grenzprodukt marginal product
Grenzproduktivität und Faktorpreise marginal productivity und price of inputs
Grenzproduktivität und Kostenoptimierungsregel (Least-cost-Regel) marginal productivity and least-cost rule
Grenzrate der Substitution marginal rate of substitution

Grenzrate der Transformation MRT marginal rate of transformation of goods (MRT)
Grenzsteuersatz marginal tax rate
Große Depression (Weltwirtschaftskrise) Great Depression
Grund und Boden land
Grünes BIP (ökologische Gesamtrechnung) green accounting
Güter, verbundene related goods
Gütermarkt, freier free product market
Gütermärkte product markets
Güterstromansatz (Verwendungsrechnung) zur Berechnung des BIP flow-of-product approach
Gutscheinbewirtschaftung coupon rationing

H

Haben credit
Haftungsfragen liability rules
Halbfabrikate intermediate goods
Hand, unsichtbare invisible hand
Handel trade
Handelsbilanz trade balance
Handelsdefizit trade deficit
Handelsgewinne gains from trade
Handelsnetz network of trade
Handelspolitik trade policies
Harte Budgetrestriktionen hard budget constraints
Haushalte, Ersparnis der household saving
Haushaltsdefizite fiscal deficits
Hedging hedging
Historische Kosten (Anschaffungskosten) historical cost
Hochkonjunkturphase boom cycle
Höchstzinssätze interest-rate ceilings
Hoher Beschäftigungsstand high employment
Horizontale Achse im Diagramm horizontal axis of a graph
Horizontale Nachfragekurve horizontal demand curve
Horizontale Steuergerechtigkeit horizontal equity (taxation)
Horizontale Unternehmensfusionen horizontal mergers
Humankapital human capital
Humanressourcen human resources
Humes Goldfluß-Ausgleichsmechanismus Hume's Gold-flow equilibrating mechanism
Hyperinflation hyperinflation
Hypothekardarlehen mortgages
Hypothekardarlehen, flexibel verzinste floating rate mortgages

I

Ideale Preisregulierung ideal regulated pricing
Ideales Spekulationsverhalten ideal speculation
Ideenmarkt, freier free market of ideas
Importbeschränkungen import restrictions
Importquoten quotas
Importsubstitution import substitution
Index der Konjunktur-Vorlaufindikatoren index of leading indicators
Index für die Lebenshaltung IL oder Verbraucherpreisindex, VPI consumer price index (CPI)
Index-Fonds index fund
Indexierung indexing
Indifferenzkarte indifference map
Indifferenzkurve indifference curve
Indirekte Steuern indirect taxes
Industrialisierung industrialization
Industriegewerkschaften industrial unions
Industrielle Revolution Industrial Revolution
Induzierte oder endogene Variable induced (endogenous) variables
Ineffiziente Märkte inefficient markets
Ineffizienz inefficiency
Inflation, nachfrageinduzierte demand-pull inflation
Inflation, schleichende inertial inflation
Inflationsbekämpfung, Probleme dilemmas of anti-inflation policy
Inflationseindämmung disinflation
Inflationsrate rate of inflation oder inflation rate
Inflationssichere Arbeitslosenrate inflation-safe unemployment rate
Infrastruktur social overhead capital
Inlandsausgaben domestic expenditure
Input, Produktionsfaktor input
Input- oder Faktorkosten input costs
Instrumente staatlicher Politik tools of government policy
Interessensgruppen interest-groups
Internationale Reservenentwicklung international reserve movements
Internationaler Handel international trade
Internationaler Handel und Finanzwesen international trade and finance
Internationaler Währungsfonds, IWF International Monetary Fund, IMF
Internationales Finanzsystem international financial system
Internationales Währungssystem IWS international monetary system IMS
Interne Verschuldung internal debt
Investition investment
Investitionen und Kapitalbildung investment and capital formation
Investitionsfunktion (Investitionsnachfragefunktion) investment demand schedule (demand-for-investment schedule)
Investitionsraten investment rates
Investitionsrückgang decline in investment
Investitionsschwankungen volatile investment
Investmentfonds mutual funds
Investoren investors
Inzidenz einer Steuer incidence
Irrationale Erwartungen non-rational expectations
Isokostenlinien equal-cost lines
Isoquanten (Kurven gleicher Produktionsmenge) equal-product curves

J

Jährlicher Nettogewinn annual net profit

K

Kalkulatorische Faktorerträge implicit returns
Kalte Progression bracket creep
Kalter Krieg cold war
Kapital capital
Kapital als Produktionsfaktor capital input
Kapital und Privateigentum capital and private property
Kapital-Arbeitsverhältnis capital-labor ratio
Kapitalakkumulation capital accumulation
Kapitalbesitz capital property
Kapitalbildung capital formation
Kapitalerträge capital returns
Kapitalgesellschaft corporation
Kapitalgüter pro Person capital per person
Kapitalismus capitalism
Kapitalmarkt, freier free capital market
Kapitalmärkte und Risikoverteilung capital markets and risk sharing
Kapitalmarkteffizienz efficient markets
Kapitalmarkteffizienztheorie efficient-market theory
Kapitalrendite (rate of) return on capital
Kapitalsparende Erfindungen capital-saving inventions
Kapitalstock capital stock
Kapitalverkehrsbilanz capital account
Kapitalverschiebung capital displacement
Kapitalvertiefung capital deepening
Kapitalzufluß influx of capital
Kartell cartel
Kartellrecht und Antitrustpolitik antitrust policy

Kaufkraftparität purchasing-power parity
Kaufkraftparitätstheorie purchasing-power parity theory of exchange rates, PPP
Keynesianische, aufwärts verlaufende Gesamtangebotskurve Keynesian, upward-sloping aggregate supply curve
Keynesianische Revolution Keynesian revolution
Keynesianische Schule Keynesian school
Klassischer makroökonomischer Ansatz classical macroeconomic approach
Klimawandel climate change
Knappe Geldmenge tight money
Knappheit scarcity
Kollektivverträge collective bargaining
Kollusion, stillschweigende tacit collusion
Kollusionsoligopol collusive oligopoly
Kommando- oder Zentralverwaltungswirtschaft command economy
Kommunismus communism
Kommunistische Partei communist party
Komparativer Vorteil comparative advantage
Kompensatorische Lohndifferentiale compensating wage differentials
Konglomerater Zusammenschluß conglomerate merger
Konjunkturbedingtes Budgetdefizit cyclical budget
Konjunkturelle Arbeitslosigkeit cyclical unemployment
Konjunktursensible Aktien cyclical stocks
Konjunkturstabilisierende Wirtschaftspolitik policies to stabilize the business cycle
Konjunkturtheorien business-cycle theories
Konjunkturzyklus business cycle
Konjunkturzyklus, politischer political business cycle
Konstante Kosten constant cost
Konstante Skalenerträge constant returns to scale
Konsum consumption
Konsumenten consumers
Konsumentenentscheidungen decisions of consumers
Konsumentengleichgewicht consumer equilibrium
Konsumentenrente (Differenz zwischen Gesamtnutzen eines Gutes und seinem Marktwert) consumer surplus
Konsumentenverhalten consumer behavior
Konsumfunktion consumption function
Konsumgüter consumer goods
Konsumgüterbündel bundle of consumption goods
Konsummöglichkeitskurve consumption-possibility curve
Konsumverzicht sacrifice of (current) consumption
Kontrolle der Geldmenge durch die Zentralbank control of money supply
Kontrolle über den Markt market control
Konzentrationsrate concentration ratio
Koordinierung internationaler Finanzen coordination of international finances
Kopfsteuer poll tax
Körperschaftsteuern corporation income taxes
Kosten costs
Kosten, soziale social cost
Kosten-Nutzenanalyse cost-benefit analysis
Kostenanalyse, volkswirtschaftliche analysis of costs, cost analysis
Kostengünstigste Produktionsmethode least-cost method of production
Kosteninduzierte Inflation cost-push inflation
Kostenoptimale Faktorkombination least-cost factor combination
Kostenoptimierungsregel least-cost rule
Kostenplan cost schedule
Kostenstrom- oder Einkommensansatz (Verteilungsrechnung) zur Berechnung des BIP earnings or cost approach
Kredite und Handelswechsel loans and acceptances
Kreditkarten credit cards
Kreditrisiko risk
Kriegsboom wartime boom
Kulturrevolution Cultural Revolution
Kursgewinn appreciation
Kursverlust depreciation
Kurzfristig short run
Kurzfristige Angebotskurve short-run supply curve
Kurzfristige Gesamtangebotsfunktion short-run aggregate supply schedule
Kurzfristige Wertpapiere short-term securities
Kurzfristiges Gleichgewicht short-run equilibrium

L

Laffer-Kurve Laffer-curve
Laissez-faire-Wirtschaftssystem laissez-faire economy
Landwirtschaft agriculture
Langfristige Angebotskurve long-run supply curve
Langfristige Gesamtangebotsfunktion long-run aggregate supply schedule
Langfristige Wertpapiere long-term securities
Langfristiges Gleichgewicht long-run equilibrium
Laufzeit oder Fälligkeit von Krediten term or maturity
Least-cost Regel least-cost rule
Lebenseinkommen lifetime income
Lebensstandard standard of living
Lebensverdienststeuern lifetime taxes
Lebenszyklushypothese life-cycle hypothesis
Leistungsbilanz balance on current account
Leistungsfähigkeitsprinzip in der Besteuerung ability-to-pay principle
Leistungsvergleich der Systeme comparative economic performance
Limitierte Wechselkursflexiblität oder gleitende Bandbreite gliding (crawling) peg
Liquidität liquidity
Lizenzmonopol franchise monopoly
Lohn für Risikobereitschaft und Innovation reward for risk bearing and innovation
Lohn-Preisarithmetik wage-price arithmetic
Lohn-Preisflexibilität wage-price flexibility
Lohn-Preiskontrollen in Friedenszeiten peacetime wage-price controls
Lohnbildung bei vollständigem Wettbewerb wage determination under perfect competition
Löhne wages
Löhne, flexible flexible wages
Lohnniveau, allgemeines general wage level
Lokale öffentliche Güter local public goods
Lorenzkurve Lorenz curve
Lucas-Einwand Lucas critique
Luftfahrt, zivile civil aviation

M

Makroökonomie macroeconomics
Makroökonomische Revolution macroeconomic revolution
Makroökonomisches Gleichgewicht macroeconomic equilibrium
Managementanreize managerial incentives
Manipulationskosten (Kredite) administrative costs
Marginale Importquote (Grenzneigung zum Import) marginal propensity to import
Marginale Konsumqote (Grenzneigung zum Konsum) marginal propensity to consume
Marginale Sparquote (Grenzneigung zum Sparen) marginal propensity to save
Marginalprinzip oder Grenzbetrachtung marginal principle
Markt market
Marktgleichgewicht market equilibrium
Marktgröße size of the market

Marktkräfte market forces
Marktleninismus market leninism
Marktmacht market power
Marktmechanismus market mechanism
Marktnachfrage market demand
Marktplatz marketplace
Marktpreise market prices
Marktstrategie gegen Inflation market strategy to combat inflation
Marktstrukturen market structures
Marktversagen market failure
Marktversagen durch unvollkommene Information market failures in information
Marktwirtschaft market economy
Marktwirtschaft, gelenkte managed-market approach
Marktwirtschaft, marktwirtschaftliches System market economy
Marktwirtschaftlicher Absolutismus free-market absolutism
Marktzinssätze market interest rates
Marktzutrittsbarrieren barriers to entry
Marktzutrittsbeschränkungen entry restrictions
Massenproduktion mass production
Medicaid Medicaid
Medicare Medicare
Mehrheitsprinzip und PCT majority rule and public choice theory
Mehrwert surplus value
Mehrwertsteuer value added tax, VAT
Mengenanpasser price-taker
Mengenanstieg increase in quantity
Mengenrückgang decrease in quantity
Merkantilismus mercantilism
Mikroökonomie microeconomy
Mikroökonomische Verschwendung microeconomic waste
Mikroprozessoren microprocessors
Mindestlöhne minimum wage rates
Mindestreserven bank reserves
Mindestreservenpolitik reserve-requirements policy
Mindestreservesätze, verpflichtende legal reserve requirements
Minimalkostenbedingung (Least-cost Bedingung) least-cost conditions
Minimalkostenregel oder Least-cost Regel least-cost rule
Mischwirtschaft mixed economy
Mittlerer Osten Middle East
Monetäre Regelung für Zentralbank monetary rules for the Fed
Monetärer (Transmissions-) Mechanismus monetary transmission mechanism
Monetaristen monetarists
Monetaristische Konjunkturtheorien monetary business cycle theories
Monetaristische Regelung monetary rule
Monetaristisches Experiment monetarist experiment
Monetaristisches Experiment monetarist experiment
Monopol monopoly
Monopol, natürliches natural monopoly
Monopolist monopolist
Monopolrenditen als Gewinn monopoly returns
Multikurvendiagramme multiple curves
Multilateraler Handel multilateral trade
Multiple Giralgeldschöpfung multiple expansion of bank deposits
Multiplikator multiplier
Multiplikator der offenen Volkswirtschaft open-economy multiplier
Multiplikator-Akzeleratormodell multiplier-accelerator model
Multiplikatormechanismus multiplier mechanism
Multiplikatormodell, einfaches basic multiplier model

N

Nachfrage demand
Nachfragefunktion demand schedule
Nachfrageinduzierte Inflation demand-pull inflation
Nachfragekurve demand curve
Nachfragesteigerung increase in demand
Nachfragetheorie theory of demand
Nachfrageveränderung change in demand
Nachfrageverschiebungen demand shifts
Nachhaltiges Wirtschaftswachstum sustainable economic growth
Nash-Gleichgewicht Nash equilibrium
Nationale öffentliche Güter national public goods
Nationale Sparquote national savings rate
Nationale Verteidigung national defense
Naturaltausch barter
Naturaltransaktion barter transaction
Natürliche Arbeitslosenrate natural rate of unemployment
Natürliche Ressourcen natural resources
Natürliches Monopol natural monopoly
Negative Einkommensteuer negative income tax
Negatives Sparen (Entsparen) dissaving
Negativsteuern negative taxes
Neoklassische Schule new classical macroeconomics
Neoklassisches Wachstumsmodell neoclassical model
Nettoauslandsinvestition net foreign investment
Nettoersparnis der Unternehmen net corporate saving
Nettoertrag (oder Gewinn) net income (or profit)
Nettoexporte (Außenbeitrag) net exports
Nettoinlandsprodukt, NIP net domestic product, NDP
Nettoinvestitionen net investment
Nettosozialwohlfahrt net economic welfare (NEW)
Nettowohlfahrtsverluste deadweight loss
Neunzig-Tage-Schatzschein T-bill (90 day treasury-bill)
Neutrale Erfindungen (nicht arbeit- und nicht kapitalsparend) neutral inventions
Neutralisierung von Geldern sterilization (insulation of domestic money supply from international reserve flows)
New Yorker Börse (New York Stock Exchange) NYSE, New York Stock Exchange
Nicht erneuerbare Ressourcen non renewable resources
Nicht prohibitive Zölle nonprohibitive tariffs
Nicht representative Regierungsform nonrepresentative government
Nicht versicherbares Investitionsrisiko uninsurable risk of investments
Nicht zur Erwerbsbevölkerung Gehörige not in the labor force
Nicht-inflationstreibende Arbeitslosenrate non-accelerating inflation rate of unemployment, NAIRU
Nichtinternalisierbarkeit inappropriability
Nichtkooperatives Gleichgewicht noncooperative equilibrium
Nichttransaktionskonto non-transaction account
Niedergang des Monetarismus decline of monetarism
Niveauerträge (Skalenerträge) returns to scale
Nominal- oder Geldzinssatz nominal or money interest rate
Nominale Kreditrückzahlung nominal mortage payment
Nominale Produktionsziele nominal output targets
Nominales BIP nominal GDP
Nominalzinssätze nominal interest rates
Nomineller Aktienindex nominal stock-price average
Normative Fragen normative issues
Normative Ökonomie normative economics
Nullemissionspolitik zero discharge policy
Nullpunkt im Diagramm origin of a graph
Nutzen utility
Nutzen (Nutzeneinheit) util

Nutzenmöglichkeitskurve UPF utility possibility curve (UPF)
Nutzentheorie utility theory

O

Offene Volkswirtschaft open economy
Offenmarktausschuß der USA FOMC, Federal Open Market Committee
Offenmarktoperationen open-market operations
Öffentliche Aufträge public-works projects
Öffentliche Beschäftigungsprogramme public-employment projects
Öffentliche Güter public goods
Öffentliche Sparquote public saving
Öffentliche Versorgungsunternehmen public utility
Offizielle Zahlungsbilanz-Ausgleichsmaßnahmen official settlements
Ökologische Gesamtrechnung (Grünes BIP) green accounting
Ökonometrische Konjunkturmodelle und Prognosen econometric modeling and forecasting
Ökonometrische Modelle econometric models
Ökonomie, positive positive economics
Ökonomie, normative normative economics
Ökonomische Wohlfahrt (Gesamtnutzen) economic welfare (total utility)
Ökosteuern green taxes
Okunsches Gesetz Okun's law
Oligopol oligopoly
Opportunitätskosten opportunity costs
Optimale Inflationsrate optimal rate of inflation
Output, Produktionsleistung output
Overheadkosten overhead
Ozonloch ozone depletion

P

Papiergeld paper money
Paradoxon des Wertes paradox of value
Patent patent
Patientengenossenschaften (US) regional health alliances
Pauschalsteuern lump-sum taxes
Pay-as-you-go-Bestimmung pay-as-you-go provision
Pensionsfonds pension funds
Personengesellschaft partnership
Persönliches Einkommen personal income
Phillips-Kurve Phillips curve
Phillips-Kurve, neoklassische new classical Phillips curve
Physisches Grenzprodukt marginal physical product
Planwirtschaft command economy
Politik zu Lasten der Nachbarn beggar-thy-neighbor policy
Politikspiel political game
Politische Konjunkturtheorien political theories
Politische Rechte political rights
Portfoliotheorie portfolio theory
Positive Fragen positive issues
Positive Ökonomie positive economics
Positiver Angebotsschock favorable supply shock
Potentielle Produktionsleistung potential output
Potentielles BIP potential GDP
Präferenzen preferences
Preis price
Preis-Grenzkostenidentität marginal-cost pricing
Preisänderung bei einem Gut single price change
Preisbildung auf dem freien Markt free market pricing
Preisbildung beim Durchschnittspreis average cost pricing
Preisbildung in Höhe der Grenzkosten marginal cost pricing
Preise, flexible flexible prices
Preiselastische Nachfrage price-elastic demand
Preiselastizität price elasticity
Preiselastizität der Nachfrage price elasticity of demand
Preiselastizität des Angebots price elasticity of supply
Preiselastizität von 1 unit-elastic demand
Preisgestaltung pricing
Preisgleichgewicht, relatives relative price equilibrium
Preisindex price index
Preiskampf price war
Preiskontrollen price controls
Preisniveau price level
Preisobergrenzen maximum ceilings
Preisorientierte Maßnahmen price-oriented measures
Preisreform und Preisbildung auf dem freien Markt price reform and free market pricing
Preisstabilität price stability
Preisstabilität innerhalb freier Märkte stable prices within free markets
Preisunelastische Nachfrage price-inelastic demand
Preisuntergrenzen minimum floors
Preisverhältnis oder Terms of Trade terms of trade
Primärer Produktionsfaktor primary factor of production
Prinzipien der Besteuerung principles of taxation
Private Spartätigkeit personal saving
Privateigentum private property
Privater Grenznutzen private marginal utility
Privatisierung privatization
Problem der Indexnummer (bei Preisindizes) index-number problem (price indexes)
Probleme der Anti-Inflationspolitik dilemmas of anti-inflation policy
Produktdifferenzierung product differentiation
Produktinnovation product innovation
Produktion production
Produktionsfaktoren factors of production, inputs
Produktionsfaktoren, Auswahl choice of inputs by the firm
Produktionsfunktion production function
Produktionsindifferenzkurve (Isoquante) indifference curve oder isoquant
Produktionskosten production cost
Produktionsmethode, kostengünstigste least-cost method of production
Produktionsmöglichkeitskurve (PMK oder Transformationskurve) production possibility frontier, PPF
Produktionstheorie und Grenzproduktivität theory of production and marginal products
Produktivität productivity
Produktivitätsabschwächung productivity slowdown
Produktivitätssteigerungen productivity growth
Produktivitätswachstum growth of productivity
Produzentenpreisindex PPI producer price index, PPI
Progressiv wirkende Steuern progressive tax
Progressive Besteuerung progressive taxation
Prohibitive Zölle prohibitive tariffs
Prokopf-Produktionsleistung per capita productivity
Proportionale Steuern proportional tax
Protektionismus protectionism
Protestantische Ethik protestant ethics
Prozeßinnovation process innovation
Publikumsgesellschaften publicly owned corporations

Q

Qualifizierte Mehrheiten supermajorities
Quantitätstheorie quantity theory of prices
Quantitätstheorie des Geldes und der Preise quantity theory of money
Quasigeld, erweiterte Geldmenge M2 oder Geldsurrogat broad money
Quintil quintile

R

Random- oder Zufallsweg random walk
Rationale Erwartungen rational expectations
Rationale Erwartungen, Theorie rational-expectations hypothesis
Rationierung rationing
Rationierung über den Preis price rationing, rationing by prices
Rationierungsmechanismus abseits des Preises non-price rationing mechanism
Real Business Cycle Theorie, RBC-Theorie real business cycle theory, RBC
Reale Geldmenge real money supply
Realeinkommen real income
Realeinkommensverluste loss in real income
Realer Aktienindex real price of stocks
Reales BIP real GDP
Realinvestitionen real investment
Realkasseneffekt oder Pigou-Effekt real-balance effect oder Pigou-effect
Reallöhne real wages
Realoutput, durchschnittlicher pro Arbeitskraft average real output per worker
Realzinssatz real interest rate
Recheneinheit Geld money as unit of account
Rechtspersönlichkeit legal "person"
Refinanzierungsinstitut letzter Instanz (Zentralbank) lender of last resort
Regelung versus Steuerung rules versus discretion
Regressiv wirkende Steuern regressive tax
Regulierung von Bank- und Versicherungseinlagen regulation of banks and insuring deposits
Regulierungsmaßnahmen regulation
Reine volkswirtschaftliche Rente pure economic rent
Relatives Preisgleichgewicht relative price equilibrium
Rente als Ertrag eines vollkommen unelastischen (fixen) Produktionsfaktors rent as return to fixed factors
Reproduzierbares Produktionsvermögen reproducible capital
Ressourcen, natürliche natural resources
Ressourcen-Preistrends resource price trends
Ressourcenbeschaffung raising resources
Rezession recession
Rezessionsphasen recession phases
Risiko unehrlichen oder fahrlässigen Verhaltens (moral hazard) moral hazard
Risikoarme Anlageformen low-risk assets
Risikoaversion risk aversion
Risikostreuung durch Hedging spreading of risks through hedging
Risikovermeidung no-risk policy
Riskante Anlageformen high-risk assets
Rückgang des Sparens decline in thrift
Rückständigkeits- und Konvergenzhypothese (Entwicklungstheorie) backwardness hypothesis and convergence
Rückwärts gekrümmte Angebotskurve backward-bending supply curve

S

Sachkapital capital
Saysches Theorem oder Saysches Gesetz der Märkte Say's law of markets
Schattenwirtschaft underground economy
Schein-Phillipskurve apparent Phillips curve
Schleichende Inflation inertial inflation
Schlupflöcher (Steuern) escape hatches
Schnittpunkt zwischen Angebots- und Nachfragekurve intersection of the supply and demand curves
Schocktherapieansatz shock-therapy approach
Schuldenkrise debt crisis
Schuldenkrise und Auslandskredite debt crisis and foreign borrowing
Schuldenlast debt burden
Schumpeters Hypothese Schumpeterian Hypthesis
Schwarzer Montag (19.10.1987) black monday
Schwarzer Oktober 1929 (Aktienmarkt) black october
Schwarzmarkt black market
Schwellenländer newly industrializing countries, NICs
Seifenblase (Aktienmarkt) speculative bubble
Sichtbare Hand, Theorem visible-hand theorem
Sichteinlagen oder Buchgeld checking accounts
Sichteinlagen und sonstige Kontokorrenteinlagen (inländischer Nichtbanken bei den Kreditinstituten) demand deposits and other checkable deposits
Sickerverluste leakage
Siebzigerregel rule of 70
Sieg des Marktes victory of the markets
Sinkender Grenznutzen des Einkommens diminishing utility of income
Skalenerträge (Niveauerträge) returns to scale
Soll debit
Souveräne Nationen sovereign nations
Sowjetkommunismus Soviet communism
Soziale Gerechtigkeit equity
Soziale Grenzkosten marginal social cost
Soziale Kosten der Arbeitslosigkeit social cost of unemployment
Soziale Regulierung social regulation
Sozialer Grenznutzen marginal social benefit (marginal social utility)
Sozialismus socialism
Sozialistische Planwirtschaft socialist central planning
Sozialprogramme (USA) entitlement programs
Sozialversicherung social insurance
Sozialversicherungsabgaben social security taxes
Sozialversicherungsbeiträge payroll tax, social insurance taxes
Sparflammenpolitik trickle-down policy
Sparfunktion savings function
Sparparadoxon paradox of thrift
Sparprogrammzyklen austerity cycles
Sparquote der privaten Haushalte personal savings rate
Sparquote, nationale national savings rate
Sparquote, öffentliche public saving
Spartätigkeit der privaten Haushalte personal saving
Spartätigkeit der Unternehmen business saving
Spekulation speculation
Spekulationsmanie speculative mania
Spekulationsmärkte speculative markets
Spezialisierung specialization
Spieltheorie game theory
Spillovereffekte spillover effects
Staat und Wirtschaft government and economy
Staatlich geförderter Wettbewerb government-sponsored competition
Staatliche Budgetpolitik government budget policy
Staatliche Regulierung government regulation
Staatliche Wechselkursinterventionen intervention in foreign exchange markets
Staatliche Wirtschaftslenkung economic regulation
Staatlicher Ausgabenmultiplikator government expenditure multiplier
Staatlicher Gesundheitsdienst nationalized health service

Staatliches Eigentum an Monopolen government ownership of monopolies
Staatliches Eigentum an Produktionsmitteln (im Sozialismus) government ownership of productive resources
Staatsausgaben government expenditure
Staatsausgabenmultiplikator government purchases multiplier
Staatsverschuldung government debt
Stabile Wirtschaftsleistung robust economic performance
Stabiler privater Sektor stable private sector
Stagflation stagflation
Stammaktien common stock
Statistische Differenz statistical discrepancy
Steigende Kosten und abnehmende Erträge increasing costs and diminishing returns
Steigende natürliche Arbeitslosenrate rising natural rate of unemployment
Steigung (von Kurven) slope
Steuerbehörde der USA IRS, Internal Revenue Service
Steuergutschrift auf Erwerbseinkommen earned-income tax credit
Steuerinzidenz incidence of a tax, tax incidence
Steuerkürzungen tax cuts
Steuermultiplikator tax multiplier
Steuern taxes
Steuerorientierte Lohn- und Einkommenspolitik (TIP) tax-based incomes policies, TIP
Steuerschlupflöcher loopholes
Steuerung der Gesamtnachfrage demand management
Steuerung versus Regelung discretion versus rules
Steuerwesen tax system
Stichprobenverfahren random sampling
Stoffwert des Geldes intrinsic value
Strategische Interaktion strategic interaction
Streudiagramme scatter diagrams
Strukturelle Arbeitslosigkeit structural unemployment
Strukturelles Budgetdefizit structural budget
Studentenkredite student loans
Studium der Volkswirtschaftslehre study of economics
Sturm auf die Banken run on the banks
Substitutionseffekt substition effect
Substitutionsgüter substitutes
Substitutionsrate (Grenzrate der Substitution) substition ratio
Substitutionsregel substitution rule

T

Takeoff-Entwicklungstheorie takeoff theory
Tangentialpunkt tangency point
Tatsächliche Ersparnis actual saving
Tatsächliches Budget actual budget
Tauschmittel Geld money as medium of exchange
Technologie technology
Technologie-Nachfrageförderung promotion of technology demand
Technologische „Anstöße" technological disturbances
Technologische Möglichkeiten der Gesellschaft technological possibilities of society
Technologische Möglichkeitskurve technological frontier
Technologischer Fortschritt technological change
Technologischer Wandel technological change
Technologisches Kapital technological capital
Teufelskreis der Armut vicious cycle of poverty
Theorem der Wirkungslosigkeit wirtschaftspolitischer Maßnahmen policy ineffectiveness theorem
Theorie der Absatzmärkte (Say) Say's law of markets
Theorie der gesamtwirtschaftlichen Nachfrage theory of aggregate demand
Theorie der Kapitalmarkteffizienz efficient-market theory
Theorie der öffentlichen Entscheidung public-choice theory
Theorie der rationalen Erwartungen rational-expectations hypothesis
Theorie der Unsicherheit theory of uncertainty
Theorie des allgemeinen (oder totalen) Gleichgewichts general-equilibrium analysis
Theorie des partiellen Gleichgewichts partial-equilibrium analysis
Theorie des permanenten Einkommens permanent-income theory
Theorie des Risikos und der Unsicherheit economics of risk and uncertainty
Theorie von Angebot und Nachfrage theory of supply and demand
Tigerstaaten dragon states
Transaktionsgeld, M1 transactions money
Transaktionskonto transactions account
Transaktionsnachfrage nach Geld transactions demand for money
Transferleistungen, Transferzahlungen transfer payments
Transferprogramme transfer programs
Transformationskurve (Produktionsmöglichkeitskurve, PMK) production possibility frontier, PPF
Trugschluß der Verallgemeinerung fallacy of composition

U

Überlappende Lohnverträge overlapping wage contracts
Überschußreserven der Banken excess reserves
Ultraklassizismus: Supply-side Economics Ultra-classicism
Umgelegte Durchschnittskosten fully distributed average cost
Umlaufgeschwindigkeit des Geldes velocity of money
Umsatz- und Verbrauchsteuern sales and excise taxes
Umsatzaufwendungen cost of goods sold
Umweltkonten green accounts
Umweltökonomie environmental economics
Umweltschäden environmental damage
Umweltverschmutzung und soziale Kosten pollution and social cost
Umweltverschmutzungsspiel pollution game
Unabhängige Güter independent goods
Unbeschränkte Haftung unlimited liability
Unerwartete Inflation unanticipated inflation
Unfreiwillige Arbeitslosigkeit involuntary unemployment
Ungenutzte Ressourcen unemployed resources
Ungleichheit inequality
Ungleichheit der Einkommen aus Erwerbsarbeit inequality in labor income
Unsicherheit und Erwartungen uncertainty and expectations
Unsichtbare Ein- und Ausfuhren (Zahlungsbilanz) invisibles
Unsichtbare Hand invisible hand
Unteilbarkeit politischer Entscheidungen indivisibility of political choices
Unternehmensbilanzen business accounts
Unternehmensorganisation business organizations
Unternehmensverhalten business conduct
Unternehmergeist spirit of enterprise, entrepreneurship
Unterschiedliche Präferenzen differences in taste
Unvollkommenheit des Marktes market imperfections
Unvollständiger Wettbewerb imperfect competition
Ursprung (eines Diagramms) origin

US-Steuerbehörde IRS, Internal Revenue Service
Utilitaristische Prinzipien utilitarian principles

V

Variable variable
Variable Kosten, VC variable cost (VC)
Veränderungen der Nachfrage changes in demand
Veranlagungsgeldnachfrage asset demand for money
Verbindlichkeiten liabilities
Verbrauch- und Umsatzsteuern sales and excise taxes
Verbraucherpreisindex (VPI) oder Preisindex für die Lebenshaltung (IL) consumer price index, CPI
Verbraucherpreisindex, VPI oder Index für die Lebenshaltung, IL consumer price index CPI
Verbundene Güter related goods
Verdienstentgang lost income
Verdrängungseffekt crowding out
Verdrängungshypothese crowding-out hypothesis
Verfügbares Einkommen disposable income
Verfügbares Einkommen nach Steuern disposable income after taxes
Verfügbares persönliches Einkommen disposable personal income
Vermeidbarkeit konjunktureller Schwankungen avoidability of business cycles
Vermögen wealth
Vermögen (Reinvermögen) wealth, net worth
Vermögensteuer property tax
Vermögensverteilung distribution of wealth
Vermögenswerte assets
Verpflichtende Mindestreservesätze required reserve ratios
Verschiebung von Kurven shift of curves
Verschiebungen des Angebots shifts in supply
Verschmutzungsspiel pollution game
Versicherung und Risikostreuung insurance and risk spreading
Versunkene Kosten sunk cost
Verteilung distribution
Verteilung des Volkseinkommens distribution of national income
Vertikale Achse im Diagramm vertical axis of a graph
Vertikale Nachfragekurve vertical demand curve
Vertikale Steuergerechtigkeit vertical equity (taxation)
Vertikale Unternehmensfusionen vertical mergers
Verwendungsrechnung (Güterstromansatz) zur Berechnung des BIP flow-of-product approach
Verzerrung wirtschaftlicher Anreize distorting effect on incentives
Verzerrungen distortions
Videorekorder VCR
Vier-Unternehmens-Konzentrationsrate four-firm concentration ratio
Volkseinkommen national income
Volksgesundheit public health
Volkswirtschaft als düstere Wissenschaft dismal science
Volkswirtschaft, offene open economy
Volkswirtschaftliche Gesamtrechnung national accounts
Volkswirtschaftliche Kosten und betriebliches Rechnungswesen economic costs and business accounting
Volkswirtschaftliche Kostenanalyse economic analysis of costs
Volkswirtschaftslehre economics
Vollbeschäftigung full employment
Vollbeschäftigungs-Produktionsniveau high-employment level of output
Vollkommen elastische Nachfrage perfectly elastic demand
Vollkommen unelastische Nachfrage perfectly inelastic demand
Vollkommen unelastisches oder fixes Angebot und volkswirtschaftliche Rente completely inelastic or fixed supply and economic rent
Vollkommener Markt perfect market
Vollständiger Wettbewerb perfect competition
Vorteil, komparativer comparative advantage
Vorteilhaftigkeit von Handelsbeziehungen gains from trade

W

Wachstum und Stabilität in der Wirtschaft macroeconomic growth and stability
Wachstumslokomotiven locomotive for growth
Wachstumsmuster growth patterns
Wachstumstheorien theories of economic growth
Währungsblock currency bloc
Währungsfonds, internationaler, IWF International Monetary Fund, IMF
Währungssystem, internationales international monetary system
Warengeld commodity money
Warenknappheit shortage
Warenkorb basket of goods and services
Wechselkurs foreign exchange rate
Wechselkursbildung determination of foreign exchange rates
Wechselkursinterventionen, staatliche intervention in foreign exchange markets
Wechselkursparität exchange rate parity
Wechselkurspolitik exchange-market management
Wechselkurssystem exchange rate system
Weltbank World Bank
Weltpreisverhältnis world price ratio
Weltwirtschaftskrise (Große Depression) great depression
Wertaufbewahrungsmittel Geld money as store of value
Wertgrenzprodukt, MRP marginal revenue product (MRP)
Wertpapiere securities
Wertparadoxon paradox of value
Wertschöpfung value added
Wettbewerb, vollständiger perfect competition
Wettbewerbsfähigkeit (versus Produktivität) competitiveness (versus productivity)
Wirtschaftliche Anreize incentives
Wirtschaftliche Organisationslehre economics of organizations
Wirtschaftliche Regulierung economic regulation
Wirtschaftliche Rolle des Staates economic role of government
Wirtschaftsgüter economic goods
Wirtschaftskreislauf circular flow
Wirtschaftspolitik macroeconomic policy
Wirtschaftspolitik, angebotsorientierte supply-side economics
Wirtschaftswachstum economic growth
Wirtschaftswachstum durch Konsumverzicht growth from the sacrifice of current consumption
Wohlfahrtsstaat welfare state
Wucher usury

X

X-Achse horizontal axis

Y

Y-Achse vertical axis

Z

Zahlungsbilanz balance of international payments
Zahlungsbilanz-Ausgleichsmaßnahmen, offizielle official settlements
Zeitreihen time series
Zentralbank central bank
Zentralverwaltungs- oder Kommandowirtschaft command economy
Zielkonflikttheorie (Tradeoff-Theorie) der Inflation tradeoff theory of inflation
Zinsbildung und Kapitalrendite determination of interest and return on capital
Zinsen, Preis des Geldes interest, price of money
Zinseszins compound interest
Zinssatz interest rate
Zinssensible Ausgaben interest-sensitive spending
Zoll tariff
Zufalls- oder Randomweg random walk
Zunehmende Skalenerträge increasing returns to scale
Zusammengesetzte Preise oder Gebühren two-part tariffs
Zusammensetzung des Kapitalbestandes composition of assets
Zuwächse der Exportwirtschaft growth of trade
Zweiter Weltkrieg Second World War
Zwischenziele der Zentralbank intermediate targets of central banks

WÖRTERBUCH

ENGLISCH – DEUTSCH

der in ECONOMICS/VOLKSWIRTSCHAFTSLEHRE, (15. Auflage) verwendeten Begriffe

A

ability-to-pay principle Leistungsfähigkeitsprinzip in der Besteuerung
absolute advantage Absoluter Vorteil
accelerator effect Akzeleratoreffekt
accelerator principle Akzeleratorprinzip
accounting conventions Bilanzierungsgrundsätze
actual budget Tatsächliches Budget
actual saving Tatsächliche Ersparnis
adaptive-expectations (backward looking) models Adaptive Erwartungsmodelle
adjusted gross income Berichtigtes Bruttoeinkommen
adjustment mechanisms Anpassungsmechanismen gegen Arbeitslosigkeit
administered prices Administrierte Preise
administrative costs Manipulationskosten (Kredite)
adverse selection Gefahr der negativen Auslese
aggregate demand Gesamtwirtschaftliche Nachfrage (Gesamtnachfrage)
aggregate production function Gesamtwirtschaftliche Produktionsfunktion, AFP
aggregate production function for the USA Aggregierte Produktionsfunktion der USA
aggregate supply Gesamtwirtschaftliches Angebot (Gesamtangebot)
aggregate supply curve Gesamtangebotskurve
agriculture Landwirtschaft
AIDS AIDS
airlines Fluglinien
allocation Allokation
allocation of market resources Allokation von Marktressourcen
allocative efficiency Allokationseffizienz oder Effizienz
alternative economic systems Alternative Wirtschaftssysteme
alternative models for development Entwicklungsmodelle, alternative
alternative strategies Alternativstrategien
amounts of factors Faktormengen
analysis of costs, cost analysis Kostenanalyse, volkswirtschaftliche
annual net profit Jährlicher Nettogewinn
anonymity of deposits Anonymität von Einlagen
anticipated inflation Erwartete Inflation
antimerger proceedings Antifusionsverfahren
antitrust policy Antitrustpolitik (Kartellrecht)
apparent Phillips curve Schein-Phillipskurve
applying supply and demand Anwendung der Angebots- und Nachfragefunktion
appreciation Kursgewinn
arbitrage Arbitrage
arbitrager Arbitrageur
asset demand for money Veranlagungsgeldnachfrage
assets Aktiva, Vermögenswerte
ATM, automated teller machines Geldausgabeautomaten
auction market Auktionsmarkt
austerity cycles Sparprogrammzyklen
automatic stabilizers Automatische Stabilisatoren
average cost (AC) Durchschnittskosten (Stückkosten), AC
average cost pricing Preisbildung beim Durchschnittspreis
average fixed cost (AFC) Durchschnittliche Fixkosten, AFC
average income of consumers Durchschnittseinkommen der Konsumenten
average price Durchschnittspreis
average price level Durchschnittspreisniveau
average product Durchschnittsprodukt
average quantity Durchschnittsmenge
average real output per worker Realoutput, durchschnittlicher pro Arbeitskraft
average tax rate Durchschnittsteuersatz
average variable cost (AVC) Durchschnittliche variable Kosten, AVC
avoidability of business cycles Vermeidbarkeit konjunktureller Schwankungen

B

backward-bending supply curve Rückwärts gekrümmte Angebotskurve
backwardness hypothesis and convergence Rückständigkeits- und Konvergenzhypothese (Entwicklungstheorie)
balance of international payments Zahlungsbilanz
balance on current account Leistungsbilanz
balance sheet Bilanz
balanced budget Ausgeglichenes Budget
balanced growth theory Gleichgewichts-Wachstumstheorie (Entwicklungstheorie)
bank balance sheet Bankbilanz
bank money Buchgeld
bank panics Bankencrash
bank reserves Mindestreserven
banking Bankwesen
barriers to entry Marktzutrittsbarrieren

Barro effect Barro-Effekt
barter Naturaltausch
barter transaction Naturaltransaktion
base year Basisjahr
basic multiplier model Einfaches Multiplikatormodell
basket of goods and services Warenkorb
bear market Bearmarkt (Aktien)
beggar-thy-neighbor policy Politik zu Lasten der Nachbarn
benefit principle Äquivalenzprinzip in der Besteuerung
bilateral monopoly Bilaterales Monopol
bilateral trade Bilateraler Handel
black market Schwarzmarkt
black monday Schwarzer Montag (19.10.1987)
black october Schwarzer Oktober 1929 (Aktienmarkt)
boom cycle Hochkonjunkturphase
borrowed reserves Diskontkredite
bottom line Bottom line oder Endergebnis an Gewinnen
bracket creep Kalte Progression
break-even point Break-even-Punkt (Gewinn- oder Sparschwelle)
broad money Erweiterte Geldmenge, M2, Quasigeld oder Geldsurrogat
bubbles Blasenkonzept
budget Budget
budget constraints Budgetbeschränkungen
budget deficit Budgetdefizit
budget line Budgetgerade
budget surplus Budgetüberschuß
bull market Bullmarkt (Aktien)
bundle of consumption goods Konsumgüterbündel
bureaucratic imperative Bürokratischer Imperativ
business accounting and economic costs Betriebliches Rechnungswesen und volkswirtschaftliche Kosten
business accounts Unternehmensbilanzen
business conduct Unternehmensverhalten
business cycle Konjunkturzyklus
business organizations Unternehmensorganisation
business saving Spartätigkeit der Unternehmen
business-cycle depressions Depressionsphasen im Konjunkturzyklus
business-cycle theories Konjunkturtheorien

C

capital Kapital, Sachkapital
capital account Kapitalverkehrsbilanz
capital accumulation Kapitalakkumulation
capital and private property Kapital und Privateigentum
capital deepening Kapitalvertiefung
capital displacement Kapitalverschiebung
capital formation Kapitalbildung
capital input Kapital als Produktionsfaktor
capital markets Kapitalmärkte
capital markets and risk sharing Kapitalmärkte und Risikoverteilung
capital per person Kapitalgüter pro Person
capital property Kapitalbesitz
capital returns Kapitalerträge
capital stock Kapitalstock
capital-labor ratio Kapital-Arbeitsverhältnis
capital-saving inventions Kapitalsparende Erfindungen
capitalism Kapitalismus
cartel Kartell
central bank Zentralbank
change in demand Nachfrageveränderung
checking accounts Sichteinlagen oder Buchgeld
choice Auswahlverhalten
choice of inputs by the firm Produktionsfaktoren, Auswahl
circular flow Wirtschaftskreislauf
civil aviation Luftfahrt, zivile
Civil War Bürgerkrieg (USA)
classical macroeconomic approach Klassischer makroökonomischer Ansatz
climate change Klimawandel
Coase theorem Coase-Theorem
coincidence of wants Bedürfniskoinzidenz
cold war Kalter Krieg
collective bargaining Kollektivverträge
collusive oligopoly Kollusionsoligopol
color monitors Farbmonitore
command economy Kommando- oder Zentralverwaltungswirtschaft
commercial banks Geschäftsbanken
commodity money Warengeld
common stock Stammaktien
communism Kommunismus
communist party Kommunistische Partei
comparable worth principle Gleichwertigkeitsprinzip in Lohnfragen
comparative advantage Komparativer Vorteil
comparative economic performance Leistungsvergleich der Systeme
compensating wage differentials Kompensatorische Lohndifferentiale
competitiveness (versus productivity) Wettbewerbsfähigkeit (versus Produktivität)
completely inelastic or fixed supply and economic rent Vollkommen unelastisches oder fixes Angebot und volkswirtschaftliche Rente
composition of assets Zusammensetzung des Kapitalbestandes
compound interest Zinseszins
concentration ratio Konzentrationsrate
concept of efficiency Effizienzkonzept
conglomerate merger Konglomerater Zusammenschluß
constant cost Konstante Kosten
constant returns to scale Konstante Skalenerträge
consumer behavior Konsumentenverhalten
consumer equilibrium Konsumentengleichgewicht
consumer goods Konsumgüter
consumer price index (CPI) Index für die Lebenshaltung IL oder Verbraucherpreisindex, VPI
consumer surplus Konsumentenrente (Differenz zwischen Gesamtnutzen eines Gutes und seinem Marktwert)
consumers Konsumenten
consumption Konsum
consumption function Konsumfunktion
consumption-possibility curve Konsummöglichkeitskurve
contingent valuation Eventualbewertung
control of money supply Kontrolle der Geldmenge durch die Zentralbank
coordination of international finances Koordinierung internationaler Finanzen
core inflation Core-Inflation oder schleichende Inflation
cornucopians Vertreter der Füllhorntheorie
corporation Kapitalgesellschaft
corporation income taxes Körperschaftsteuern
cost of equality Gleichheit, Kosten
cost of goods sold Umsatzaufwendungen
cost schedule Kostenplan
cost-benefit analysis Kosten-Nutzenanalyse
cost-of-living adjustments (COLAs) Anpassung an die Lebenshaltungskosten
cost-push inflation Kosteninduzierte Inflation
costs Kosten
coupon rationing Gutscheinbewirtschaftung
craft unions Fachgewerkschaften
crawling (gliding) peg Gleitende Bandbreite oder limitierte Wechselkursflexiblität
credit Haben
credit cards Kreditkarten
crop restrictions Anbaubeschränkungen
crowding out Verdrängungseffekt (Crowding out)
crowding-out hypothesis Verdrängungshypothese
Cultural Revolution Kulturrevolution
currency bloc Währungsblock
cyclical budget Konjunkturbedingtes Budgetdefizit

cyclical stocks Konjunktursensible Aktien
cyclical unemployment Konjunkturelle Arbeitslosigkeit

D

deadweight loss Nettowohlfahrtsverluste
debit Soll
debt burden Schuldenlast
debt crisis Schuldenkrise
debt crisis and foreign borrowing Schuldenkrise und Auslandskredite
decisions of consumers Konsumentenentscheidungen
decline in investment Investitionsrückgang
decline in thrift Rückgang des Sparens
decline of monetarism Niedergang des Monetarismus
declining marginal product Abnehmendes Grenzprodukt
decrease in quantity Mengenrückgang
decreasing returns to scale Abnehmende Skalenerträge
deficit control Defizitkontrolle
deficit-reduction Defizitabbau
deflation Deflation
demand Nachfrage
demand curve Nachfragekurve
demand deposits and other checkable deposits Sichteinlagen und sonstige Kontokorrenteinlagen (inländischer Nichtbanken bei den Kreditinstituten)
demand for inputs, factor demand Faktornachfrage
demand for labor Arbeitsnachfrage
demand for money Geldnachfrage
demand management Steuerung der Gesamtnachfrage
demand schedule Nachfragefunktion
demand shifts Nachfrageverschiebungen
demand-pull inflation Nachfrageinduzierte Inflation
deposit creation Giralgeldschöpfung
depreciation Abschreibung, Kursverlust
depression Depression
deregulation Deregulierung
derived factor demand Abgeleitete oder derivative Faktornachfrage
deriving the demand curve Ableitung der Nachfragekurve
descretionary fiscal policy Diskretionäre Fiskalpolitik
determination of factor prices by supply and demand Faktorpreisbildung durch Angebot und Nachfrage
determination of foreign exchange rates Wechselkursbildung
determination of interest and return on capital Zinsbildung und Kapitalrendite
devaluation Abwertung
developing country Entwicklungsland
differences in taste Unterschiedliche Präferenzen
dilemmas of anti-inflation policy Probleme der Anti-Inflationspolitik
diminishing returns Abnehmende Grenzerträge
diminishing utility of income Sinkender Grenznutzen des Einkommens
direct taxes Direkte Steuern
discount-rate policy Diskontpolitik
discretion versus rules Steuerung versus Regelung
discretionary measures Diskretionäre Maßnahmen
discretionary monetary policy Geldpolitik, diskretionäre
discrimination Diskriminierung
disinflation Inflationseindämmung
dismal science Volkswirtschaft als düstere Wissenschaft
disposable income Verfügbares Einkommen
disposable income after taxes Verfügbares Einkommen nach Steuern
disposable personal income Verfügbares persönliches Einkommen
dissaving Entsparen (negatives Sparen)
distorting effect on incentives Verzerrung wirtschaftlicher Anreize
distortions Verzerrungen
distribution Verteilung
distribution of income Einkommensverteilung
distribution of national income Verteilung des Volkseinkommens
distribution of wealth Vermögensverteilung
dividends Dividenden
division of labor Arbeitsteilung
domestic expenditure Inlandsausgaben
domestic trade Binnenhandel
dominant equilibrium Dominantes Gleichgewicht
dominant strategy Dominante Strategie
doomsday economics Apokalyptische Volkswirtschaft
double counting Doppelzählungen (bei BIP-Berechnung)
Dow-Jones Industrial Average (DJIA) Dow-Jones Index
downward sloping of demand curves Abwärtsneigung der Nachfragekurve
downward-sloping aggregate demand Abwärtsneigung der Gesamtnachfragekurve
dragon states Tigerstaaten
duopolists Duopolisten
duopoly price war Duopolistischer Preiskrieg
dynamic efficiency Dynamische Effizienz

E

earned-income tax credit Steuergutschrift auf Erwerbseinkommen
earnings or cost approach Einkommens- oder Kostenstromansatz (Verteilungsrechnung) zur Berechnung des BIP
econometric modeling and forecasting Ökonometrische Konjunkturmodelle und Prognosen
econometric models Ökonometrische Modelle
economic analysis of costs Volkswirtschaftliche Kostenanalyse
economic costs and business accounting Volkswirtschaftliche Kosten und betriebliches Rechnungswesen
economic goods Wirtschaftsgüter
economic growth Wirtschaftswachstum
economic regulation Staatliche Wirtschaftslenkung, Regulierung
economic role of government Wirtschaftliche Rolle des Staates
economic welfare (total utility) Ökonomische Wohlfahrt (Gesamtnutzen)
economics Volkswirtschaftslehre
economics of organizations Wirtschaftliche Organisationslehre
economics of risk and uncertainty Theorie des Risikos und der Unsicherheit
effective tax rate Effektivsteuersatz
efficiency Effizienz
efficiency losses from taxation Effizienzverluste durch Steuern
efficiency versus equity Effizienz versus Verteilungsgerechtigkeit
efficiency wage theory Effizienzlohntheorie
efficient market Effizienter Markt
efficient markets Kapitalmarkteffizienz
efficient-market theory Theorie der Kapitalmarkteffizienz
elasticity and revenue Elastizität und Ertrag
elasticity of demand and supply Elastizität von Nachfrage und Angebot
employed Beschäftigte
employment Beschäftigungsstand
encouraging competition Förderung des Wettbewerbs
energy price ceilings Energiepreis-Obergrenzen
Engel curve Engelkurve
entitlement programs Sozialprogramme (USA)
entry restrictions Marktzutrittsbeschränkungen
environmental damage Umweltschäden
environmental economics Umweltökonomie
equal-cost lines Isokostenlinien

equal-product curves Isoquanten (Kurven gleicher Produktionsmenge)
equilibrium Gleichgewicht
equilibrium condition Gleichgewichtsbedingung: gleicher Grenznutzen pro Geldeinheit für sämtliche Güter
equilibrium of supply and demand Gleichgewicht zwischen Angebot und Nachfrage
equilibrium position of tangency Gleichgewichtsposition im Tangentialpunkt
equilibrium price Gleichgewichtspreis
equilibrium price of an input Faktor-Gleichgewichtspreis
equilibrium-business-cycle theories Gleichgewichts-Konjunkturtheorien
equity, fairness Soziale Gerechtigkeit
erosion of the tax base Aushöhlung der Steuerbemessungsgrundlage
escape hatches Schlupflöcher (Steuern)
essential resources Essentielle Ressourcen
European Monetary System EWS, Europäisches Währungssystem
excess reserves Überschußreserven der Banken
exchange market management Devisenmarktmanagement
exchange rate parity Wechselkursparität
exchange rate system Wechselkurssystem
exchange-market management Wechselkurspolitik
exogenous (external) variables Exogene bzw. externe Variable wirtschaftlicher Aktivitäten
expanded trading opportunities Bessere Handelsmöglichkeiten durch internationalen Handel
expansion phases Expansionsphasen
expectations Erwartungen
expected value Erwartungswert des Nutzens
expenditure cuts Ausgabenkürzungen
expenditure multiplier Ausgabenmultiplikator
expenditure patterns of households Ausgabenstruktur privater Haushalte
exponential growth Exponentielles Wachstum
external business cycle theories Exogene Konjunkturtheorien
external debt Externe Verschuldung
externalities Externalitäten (externe Effekte)

F

factor income und personal income Faktoreinkommen und persönliches Einkommen
factor markets Faktormärkte
factor prices Faktorpreise
factors of production, inputs Produktionsfaktoren
fair bet Faires Spiel oder faire Wette
fallacy of composition Trugschluß der Verallgemeinerung
favorable supply shock Positiver Angebotsschock
fax machines Faxgeräte
federal budget deficits Bundesbudgetdefizite
federal expenditure Ausgaben des Bundes
federal expenditure Bundesausgaben
federalism Föderalismus
Feldstein-Horioka effect Feldstein-Horioka-Effekt
fiat money Geld ohne Edelmetalldeckung
final products Endprodukte
financial assets and interest rates Finanzanlagen und Zinssätze
financial deregulation Deregulierung des Finanzwesens
financial institutions Finanzinstitute
financial intermediary Finanzmittler
financial strategies Finanzstrategien
fine-tuning of economy Feinabstimmung der Wirtschaft
fiscal deficits Haushaltsdefizite
fiscal expansion Expansive Fiskalpolitik
fiscal federalism Fiskalföderalismus
fiscal incidence Fiskalinzidenz
fiscal policy Fiskalpolitik
fiscal-monetary mix Fiskal-geldpolitischer Mix
fixed cost (FC) Fixkosten (Overheadkosten oder versunkene Kosten), FC
fixed exchange rates Feste Wechselkurse
fixed monetary rules Fixe Geldmengenregelung
flexible prices Preise, flexible
flexible prices and wages Flexible Löhne und Preise
flexible wages Löhne, flexible
floating exchange rates Frei schwankende oder flexible Wechselkurse
floating rate mortgages Hypothekardarlehen, flexibel verzinste
flow of money Geldfluß
flow of real resources Fluß der realen Ressourcen
flow-of-product approach Güterstromansatz (Verwendungsrechnung) zur Berechnung des BIP
FOMC, Federal Open Market Committee Offenmarktausschuß der USA
foreign borrowing and debt crisis Auslandskredite und Schuldenkrise
foreign currencies Devisen
foreign exchange market Devisenmarkt
foreign exchange rate Wechselkurs
foreign trade Außenhandel
foreign trade multiplier Außenhandelsmultiplikator
fostering of technological advance Förderung des technologischen Fortschritts
four-firm concentration ratio Vier-Unternehmens-Konzentrationsrate
fractional-reserve banking Eingeschränktes Reservenerfordernis in modernen Banken
franchise monopoly Lizenzmonopol
free capital market Kapitalmarkt, freier
free labor market Arbeitsmarkt, freier
free market of ideas Ideenmarkt, freier
free market pricing Preisbildung auf dem freien Markt
free product market Gütermarkt, freier
free-market absolutism Marktwirtschaftlicher Absolutismus
frictional unemployment Friktionelle Arbeitslosigkeit
full employment Vollbeschäftigung
fully distributed average cost Umgelegte Durchschnittskosten

G

gains from trade Handelsgewinne, Vorteilhaftigkeit von Handelsbeziehungen
galloping inflation Galoppierende Inflation
game theory Spieltheorie
gas tax Benzinsteuer
GDP deflating by a price index BIP-Bereinigung durch Preisindex
GDP deflator BIP-Deflator
GDP equilibrium BIP-Gleichgewichtsniveau
GDP gap BIP-Lücke
General Agreement on Tariffs and Trade, GATT GATT (Allgemeines Zoll- und Handelsabkommen)
general wage level Lohnniveau, allgemeines
general-equilibrium analysis Theorie des allgemeinen (oder totalen) Gleichgewichts
Gini coefficient Gini-Koeffizient
gliding (crawling) peg Limitierte Wechselkursflexiblität oder gleitende Bandbreite
global market Globaler Markt
gold standard Goldstandard oder Goldwährung
government and economy Staat und Wirtschaft
government budget policy Budgetpolitik, staatliche
government budget policy Staatliche Budgetpolitik
government debt Staatsverschuldung
government expenditure Staatsausgaben

government expenditure multiplier Staatlicher Ausgabenmultiplikator
government ownership of monopolies Staatliches Eigentum an Monopolen
government ownership of productive resources Staatliches Eigentum an Produktionsmitteln (im Sozialismus)
government purchases multiplier Staatsausgabenmultiplikator
government regulation Staatliche Regulierung
government-sponsored competition Staatlich geförderter Wettbewerb
graph Diagramm
Great Depression Große Depression (Weltwirtschaftskrise)
great stock market crash Börsenkrach, großer
green accounting Ökologische Gesamtrechnung (Grünes BIP)
green accounts Umweltkonten
green taxes Ökosteuern
gross domestic product (GDP) Bruttoinlandsprodukt (BIP)
gross investment Bruttoinvestitionen
gross national product, GNP Bruttosozialprodukt, BSP
growth from the sacrifice of current consumption Wirtschaftswachstum durch Konsumverzicht
growth of money-supply Geldmengenwachstum
growth of population Bevölkerungswachstum
growth of productivity Produktivitätswachstum
growth of trade Zuwächse der Exportwirtschaft
growth patterns Wachstumsmuster

H

hard budget constraints Harte Budgetrestriktionen
health-care expenditures Gesundheitsausgaben
hedging Hedging
high employment Hoher Beschäftigungsstand
high-employment level of output Vollbeschäftigungs-Produktionsniveau
high-risk assets Riskante Anlageformen
historical cost Anschaffungskosten (historische Kosten)
history of utility theory Geschichte der Nutzentheorie
horizontal axis of a graph X-Achse, horizontale Achse im Diagramm
horizontal demand curve Horizontale Nachfragekurve
horizontal equity (taxation) Horizontale Steuergerechtigkeit
horizontal mergers Horizontale Unternehmensfusionen
household saving Haushalte, Ersparnis der
human capital Humankapital
human resources Humanressourcen
Hume's Gold-flow equilibrating mechanism Humes Goldfluß-Ausgleichsmechanismus
hyperinflation Hyperinflation

I

ideal regulated pricing Ideale Preisregulierung
ideal speculation Ideales Spekulationsverhalten
illegal conduct Gesetzwidriges Verhalten
IMF, International Monetary Fund Internationaler Währungsfonds, IWF
impact of a tax on price and quantity Auswirkungen von Steuern auf Preis und Menge
imperfect competition Unvollständiger Wettbewerb
implicit returns Kalkulatorische Faktorerträge
import restrictions Importbeschränkungen
import substitution Importsubstitution
inappropriability Nichtinternalisierbarkeit
incentives Wirtschaftliche Anreize
incidence of a tax Steuerinzidenz
income Einkommen
income change Einkommensänderung
income classes Einkommensklassen
income effect Einkommenseffekt
income elasticity Einkommenselastizität
income statement oder statement of profit and loss Gewinn- und Verlustrechnung
income tax Einkommensteuer
income transfers Einkommenstransfers
income velocity of money Einkommens-Kreislaufgeschwindigkeit des Geldes
income-oriented approach Einkommensorientierter Ansatz
increase in demand Nachfragesteigerung
increase in quantity Mengenanstieg
increasing costs and diminishing returns Steigende Kosten und abnehmende Erträge
increasing returns to scale Zunehmende Skalenerträge
independent goods Unabhängige Güter
index fund Index-Fonds
index of leading indicators Index der Konjunktur-Vorlaufindikatoren
index-number problem (price indexes) Problem der Indexnummer (bei Preisindizes)
indexing Indexierung
indifference curve oder isoquant Produktionsindifferenzkurve (Isoquante)
indifference map Indifferenzkarte
indirect taxes Indirekte Steuern
individual proprietorship Einzelfirma
indivisibility of political choices Unteilbarkeit politischer Entscheidungen
induced (endogenous) variables Induzierte oder endogene Variable
Industrial Revolution Industrielle Revolution
industrial unions Industriegewerkschaften
industrialization Industrialisierung
inefficiency Ineffizienz
inefficient markets Ineffiziente Märkte
inequality Ungleichheit
inequality in labor income Ungleichheit der Einkommen aus Erwerbsarbeit
inertial inflation Schleichende Inflation
inertial rate of inflation Beständige Inflationsrate
inflation Inflation, Ursachen
inflation rate Inflationsrate
inflation-safe unemployment rate Inflationssichere Arbeitslosenrate
influx of capital Kapitalzufluß
input Input, Produktionsfaktor
input costs Faktor- oder Inputkosten
insurance and risk spreading Versicherung und Risikostreuung
interest groups Interessensgruppen
interest rate Zinssatz
interest, price of money Zinsen, Preis des Geldes
interest-rate ceilings Höchstzinssätze
interest-sensitive spending Zinssensible Ausgaben
intermediate goods Halbfabrikate
intermediate targets of central banks Zwischenziele der Zentralbank
internal business cycle theories Endogene Konjunkturtheorien
internal debt Interne Verschuldung
international financial system Internationales Finanzsystem
International Monetary Fund, IMF Internationaler Währungsfonds, IWF
international monetary system IMS Internationales Währungssystem IWS
international reserve movements Internationale Reservenentwicklung
international trade and finance Internationaler Handel und Finanzwesen
intersection of the supply and demand curves Schnittpunkt zwischen Angebots- und Nachfragekurve

intervention in foreign exchange markets Staatliche Wechselkursinterventionen
intrinsic value Stoffwert des Geldes
investment Investition
investment and capital formation Investitionen und Kapitalbildung
investment demand schedule (demand-for-investment schedule) Investitionsfunktion (Investitionsnachfragefunktion)
investment rates Investitionsraten
investors Investoren
invisible hand Unsichtbare Hand
invisibles Unsichtbare Ein- und Ausfuhren (Zahlungsbilanz)
involuntary unemployment Unfreiwillige Arbeitslosigkeit
IRS, Internal Revenue Service US-Steuerbehörde

J

jobless recovery Aufschwung ohne Erholung des Arbeitsmarktes

K

Keynesian revolution Keynesianische Revolution
Keynesian school Keynesianische Schule
Keynesian, upward-sloping aggregate supply curve Keynesianische aufwärts verlaufende Gesamtangebotskurve

L

labor (input) Arbeit (als Produktionsfaktor)
labor force Erwerbsbevölkerung
labor market issues Arbeitsmarktthemen
labor movement Arbeiterbewegung
labor productivity Arbeitsproduktivität
labor theory of value Arbeitswertlehre
labor unions Gewerkschaften
labor-saving inventions Arbeitsparende Erfindungen
Laffer-curve Laffer-Kurve
laissez-faire economy Laissez-faire-Wirtschaftssystem
land Grund und Boden
land and rent Boden und Bodenrente
land input Boden als Produktionsfaktor
law of diminishing marginal product Gesetz der abnehmenden Grenzproduktivität
law of diminishing marginal utility Gesetz des abnehmenden Grenznutzens
law of diminishing returns Ertragsgesetz (Gesetz der abnehmenden Grenzerträge)
law of downward-sloping demand Gesetz des negativen (fallenden) Nachfrageverlaufs)
law of one price Einpreisgesetz
law of rational choice Gesetz der rationalen Entscheidung
leakage Sickerverluste
leakage into hand-to-hand circulation Geldabfluß in den Barumlauf
least-cost conditions Minimalkostenbedingung (Least-cost Bedingung)
least-cost factor combination Kostenoptimale Faktorkombination
least-cost method of production Kostengünstigste Produktionsmethode
least-cost rule Kostenoptimierungsregel, Least-cost-Regel, Minimalkostenregel
legal „person“ Rechtspersönlichkeit
legal reserve requirements Gesetzliches Mindestreservenerfordernis für Banken
legal reserve requirements Mindestreservesätze, verpflichtende
legal tender Gesetzliches Zahlungsmittel
leisure and allocation of time Freizeit und Zeitmanagement
leisure time Freizeit
lender of last resort Refinanzierungsinstitut letzter Instanz (Zentralbank)
liabilities Verbindlichkeiten
liability rules Haftungsfragen
life-cycle hypothesis Lebenszyklushypothese
lifetime income Lebenseinkommen
lifetime taxes Lebensverdienststeuern
limited liability Beschränkte Haftung
liquidity Liquidität
loans and acceptances Kredite und Handelswechsel
local public goods Lokale öffentliche Güter
locomotive for growth Wachstumslokomotiven
long-run aggregate supply schedule Langfristige Gesamtangebotsfunktion
long-run equilibrium Langfristiges Gleichgewicht
long-run supply curve Langfristige Angebotskurve
long-term securities Langfristige Wertpapiere
loopholes Steuerschlupflöcher
Lorenz curve Lorenzkurve
loss in real income Realeinkommensverluste
lost income Verdienstentgang
low-risk assets Risikoarme Anlageformen
Lucas critique Lucas-Einwand
lump-sum taxes Pauschalsteuern

M

macroeconomic equilibrium Makroökonomisches Gleichgewicht
macroeconomic growth and stability Wachstum und Stabilität in der Wirtschaft
macroeconomic policy Wirtschaftspolitik
macroeconomic revolution Makroökonomische Revolution
macroeconomics Makroökonomie
majority rule and public choice theory Mehrheitsprinzip und PCT
managed exchange rates Administrierte Wechselkurse
managed-market approach Gelenkte Marktwirtschaft
managerial incentives Managementanreize
marginal cost (MC) Grenzkosten, MC
marginal cost of production Grenzkosten (MC) der Produktion
marginal cost pricing Preisbildung in Höhe der Grenzkosten
marginal physical product Physisches Grenzprodukt
marginal principle Marginalprinzip oder Grenzbetrachtung
marginal product Grenzprodukt
marginal productivity und price of inputs Grenzproduktivität und Faktorpreise
marginal products and least-cost rule Grenzproduktivität und Kostenoptimierungsregel (Least-cost Regel)
marginal propensity to consume Grenzneigung zum Konsum (marginale Konsumquote), MPC
marginal propensity to import Grenzneigung zum Import (marginale Importquote), MPI
marginal propensity to save Grenzneigung zum Sparen (marginale Sparquote), MPS
marginal rate of substitution Grenzrate der Substitution
marginal rate of transformation of goods (MRT) Grenzrate der Transformation MRT
marginal revenue and monopoly Grenzerlös und Monopol
marginal revenue product (MRP) Wertgrenzprodukt, MRP
marginal social benefit (marginal social utility) Sozialer Grenznutzen
marginal social cost Soziale Grenzkosten
marginal tax rate Grenzsteuersatz
marginal utility Grenznutzen
marginal-cost pricing Preis-Grenzkostenidentität
market Markt
market control Kontrolle über den Markt
market demand Marktnachfrage

market economy Marktwirtschaft, marktwirtschaftliches System
market equilibrium Marktgleichgewicht
market failure Marktversagen
market failures in information Marktversagen durch unvollkommene Information
market forces Marktkräfte
market imperfections Unvollkommenheit des Marktes
market interest rates Marktzinssätze
market leninism Marktleninismus
market mechanism Marktmechanismus
market power Marktmacht
market prices Marktpreise
market strategy to combat inflation Marktstrategie gegen Inflation
market structures Marktstrukturen
marketplace Marktplatz
mass production Massenproduktion
maximizing of profits Gewinnmaximierung
maximum ceilings Preisobergrenzen
maximum profit Gewinnmaximum
maximum-profit output Gewinnmaximaler Output
Medicaid Medicaid
Medicare Medicare
mercantilism Merkantilismus
merger Fusion
microeconomic waste Mikroökonomische Verschwendung
microeconomy Mikroökonomie
microprocessors Mikroprozessoren
Middle East Mittlerer Osten
minimum floors Preisuntergrenzen
minimum level of subsistence Existenzminimum nach Malthus
minimum wage rates Mindestlöhne
mixed economy Gemischtwirtschaftliches System, Mischwirtschaft
moderate inflation Gemäßigte Inflation
monetarist experiment Monetaristisches Experiment
monetarists Monetaristen
monetary aggregates Geldmengenaggregate
monetary business cycle theories Monetaristische Konjunkturtheorien
monetary economy Geldwirtschaft
monetary expansion Geldmengenexpansion
monetary mechanism Geldmechanismus
monetary policy Geldpolitik
monetary rule Monetaristische Regelung
monetary rules for the Fed Monetäre Regelung für Zentralbank
monetary transmission mechanism Monetärer (Transmissions-) Mechanismus
monetary-fiscal game Geld- und fiskalpolitisches Spiel
money Geld
money as lubricant of exchange Geld als Schmiermittel im Gütertausch
money as medium of exchange Tauschmittel Geld
money as store of value Wertaufbewahrungsmittel Geld
money as unit of account Recheneinheit Geld
money market Geldmarkt
money services Gelddienstleistungen
money supply Geldmenge
money-supply effect Geldmengeneffekt
money-supply growth and nominal GDP growth Geldmengenwachstum und nominales BIP-Wachstum
money-supply multiplier Geldschöpfungsmultiplikator
monopolist Monopolist
monopoly Monopol
monopoly returns Monopolrenditen als Gewinn
moral hazard Risiko unehrlichen oder fahrlässigen Verhaltens (moral hazard)
mortgages Hypothekardarlehen
movement along curves Bewegung entlang von Kurven
multilateral trade Multilateraler Handel
multiple curves Multikurvendiagramme
multiple expansion of bank deposits Multiple Giralgeldschöpfung
multiplier Multiplikator
multiplier mechanism Multiplikatormechanismus
multiplier-accelerator model Multiplikator-Akzeleratormodell
mutual funds Investmentfonds

N

Nash equilibrium Nash-Gleichgewicht
national accounts Volkswirtschaftliche Gesamtrechnung
national consumption behavior Gesamtwirtschaftliches Konsumverhalten
national consumption function Gesamtwirtschaftliche Konsumfunktion
national defense Nationale Verteidigung
national deposit insurance Bundes-Einlagenversicherung
national income Volkseinkommen
national public goods Nationale öffentliche Güter
national savings rate Nationale Sparquote
nationalized health service Staatlicher Gesundheitsdienst
natural monopoly Natürliches Monopol
natural rate of unemployment Natürliche Arbeitslosenrate
natural resources Natürliche Ressourcen
negative income tax Negative Einkommensteuer
negative taxes Negativsteuern
neoclassical model Neoklassisches Wachstumsmodell
net corporate saving Nettoersparnis der Unternehmen
net domestic product, NDP Nettoinlandsprodukt, NIP
net economic welfare (NEW) Nettosozialwohlfahrt
net exports Außenbeitrag (Nettoexporte)
net foreign investment Nettoauslandsinvestition
net income (or profit) Nettoertrag (oder Gewinn)
net investment Nettoinvestitionen
net worth Eigenkapital (Reinvermögen)
network of trade Handelsnetz
neutral inventions Neutrale Erfindungen (nicht arbeit- und nicht kapitalsparend)
new classical macroeconomics Neoklassische Schule
new classical Phillips curve Phillips-Kurve, neoklassische
newly industrializing countries, NICs Schwellenländer
NICs, newly industrialized countries Schwellenländer
no-risk policy Risikovermeidung
nominal GDP Nominales BIP
nominal interest rates Nominalzinssätze
nominal mortage payment Nominale Kreditrückzahlung
nominal or money interest rate Nominal- oder Geldzinssatz
nominal output targets Nominale Produktionsziele
nominal stock-price average Nomineller Aktienindex
non renewable resources Nicht erneuerbare Ressourcen
non-accelerating inflation rate of unemployment, NAIRU Nicht-inflationstreibende Arbeitslosenrate
non-price rationing mechanism Rationierungsmechanismus abseits des Preises
non-rational expectations Irrationale Erwartungen
non-transaction account Nichttransaktionskonto
noncooperative equilibrium Nichtkooperatives Gleichgewicht
nonprohibitive tariffs Nicht prohibitive Zölle

nonrepresentative government Nicht representative Regierungsform
normative economics Normative Ökonomie
normative issues Normative Fragen
not in the labor force Nicht zur Erwerbsbevölkerung Gehörige
NYSE, New York Stock Exchange New Yorker Börse (New York Stock Exchange)

O

official settlements Offizielle Zahlungsbilanz-Ausgleichsmaßnahmen
oil supply shock Erdölschock
Okun's law Okunsches Gesetz
oligopoly Oligopol
open economy Offene Volkswirtschaft
open-economy multiplier Multiplikator der offenen Volkswirtschaft
open-market operations Offenmarktoperationen
opportunity costs Opportunitätskosten
optimal rate of inflation Optimale Inflationsrate
origin of a graph Nullpunkt, Ursprung im Diagramm
other things equal Ceteris-Paribus-Klausel
output Output, Produktionsleistung
outward orientation Außenwirtschaftliche Orientierung
overhead Overheadkosten
overlapping wage contracts Überlappende Lohnverträge
ozone depletion Ozonloch

P

paper money Papiergeld
paradox of thrift Sparparadoxon
paradox of value Wertparadoxon
partial-equilibrium analysis Theorie des partiellen Gleichgewichts
partnership Personengesellschaft
patent Patent
pay-as-you-go provision Pay-as-you-go-Bestimmung
payoff table Auszahlungsmatrix
payoffs Auszahlungen oder Payoffs
payroll tax, social insurance taxes Sozialversicherungsbeiträge
peacetime wage-price controls Lohn-Preiskontrollen in Friedenszeiten
pension funds Pensionsfonds
per capita productivity Prokopf-Produktionsleistung
perfect competition Vollständiger Wettbewerb
perfect market Vollkommener Markt
perfectly elastic demand Vollkommen elastische Nachfrage
perfectly inelastic demand Vollkommen unelastische Nachfrage
permanent-income theory Theorie des permanenten Einkommens
Persian Golf war Golfkrieg
personal income Persönliches Einkommen
personal interests of speculators Eigeninteressen der Spekulanten
personal saving Spartätigkeit der privaten Haushalte
personal savings rate Sparquote der privaten Haushalte
Phillips curve Phillips-Kurve
policies to stabilize the business cycle Konjunkturstabilisierende Wirtschaftspolitik
policy ineffectiveness theorem Theorem der Wirkungslosigkeit wirtschaftspolitischer Maßnahmen
political business cycle Konjunkturzyklus, politischer
political game Politikspiel
political rights Politische Rechte
political theories Politische Konjunkturtheorien
poll tax Kopfsteuer
pollution and social cost Umweltverschmutzung und soziale Kosten
pollution game Umweltverschmutzungsspiel
population explosion Bevölkerungsexplosion
portfolio theory Portfoliotheorie
positive economics Positive Ökonomie
positive issues Positive Fragen
potential GDP Potentielles BIP
potential output Potentielle Produktionsleistung
poverty Armut
preferences Präferenzen
price Preis
price controls Preiskontrollen
price elasticity Preiselastizität
price elasticity of demand Preiselastizität der Nachfrage
price elasticity of supply Preiselastizität des Angebots
price index Preisindex
price level Preisniveau
price rationing, rationing by prices Rationierung über den Preis
price reform and free market pricing Preisreform und Preisbildung auf dem freien Markt
price stability Preisstabilität
price war Preiskampf
price-elastic demand Preiselastische Nachfrage
price-inelastic demand Preisunelastische Nachfrage
price-oriented measures Preisorientierte Maßnahmen
price-taker Mengenanpasser
prices fixed by law Gesetzliche Preisfestsetzung
pricing Preisgestaltung
primary factor of production Primärer Produktionsfaktor
principles of taxation Prinzipien der Besteuerung
private marginal utility Privater Grenznutzen
private property Privateigentum
privatization Privatisierung
process innovation Prozeßinnovation
producer price index, PPI Produzentenpreisindex PPI
product differentiation Produktdifferenzierung
product innovation Produktinnovation
product markets Gütermärkte
production Produktion
production cost Produktionskosten
production function Produktionsfunktion
production possibility frontier, PPF Produktionsmöglichkeitskurve (PMK oder Transformationskurve)
production possibility frontier, PPF Transformationskurve (Produktionsmöglichkeitskurve, PMK)
productivity Produktivität
productivity growth Produktivitätssteigerungen
productivity slowdown Produktivitätsabschwächung
profit Gewinn
profits as return on capital Gewinne als Kapitalrenditen
progressive tax Progressiv wirkende Steuern
progressive taxation Progressive Besteuerung
prohibitive tariffs Prohibitive Zölle
promotion of technology demand Technologie-Nachfrageförderung
property rights Eigentumsrecht
property tax Vermögensteuer
proportional tax Proportionale Steuern
protectionism Protektionismus
protestant ethics Protestantische Ethik
public goods Öffentliche Güter
public health Volksgesundheit
public health care Gesundheitswesen

public saving Öffentliche Sparquote
public utility Öffentliche Versorgungsunternehmen
public-choice theory Theorie der öffentlichen Entscheidung
public-employment projects Öffentliche Beschäftigungsprogramme
public-works projects Öffentliche Aufträge
publicly owned corporations Publikumsgesellschaften
purchasing-power parity Kaufkraftparität
purchasing-power parity theory of exchange rates, PPP Kaufkraftparitätstheorie
pure economic rent Reine volkswirtschaftliche Rente

Q

quantity theory of money Quantitätstheorie des Geldes und der Preise
quantity theory of prices Quantitätstheorie
quintile Quintil
quotas Importbeschränkungen

R

R&D tax credit Abschreibungsmöglichkeiten für F&E
raising resources Ressourcenbeschaffung
random sampling Stichprobenverfahren
random walk Random- oder Zufallsweg
rate of inflation Inflationsrate
rate of profit Gewinnrate
rate of return on capital Kapitalrendite
rational expectations Rationale Erwartungen
rational-expectations hypothesis Theorie der rationalen Erwartungen
rationing Rationierung
real business cycle theory, RBC Real Business Cycle Theorie, RBC-Theorie
real GDP Reales BIP
real income Realeinkommen
real interest rate Realzinssatz
real investment Realinvestitionen
real money supply Reale Geldmenge
real price of stocks Realer Aktienindex
real wages Reallöhne
real-balance effect oder Pigou-effect Realkasseneffekt oder Pigou-Effekt
recession Rezession
recession phases Rezessionsphasen
redistribution of income Einkommensumverteilung
regional health alliances Patientengenossenschaften (US)
regressive tax Regressiv wirkende Steuern
regulation Regulierungsmaßnahmen
regulation of banks and insuring deposits Regulierung von Bank- und Versicherungseinlagen
related goods Verbundene Güter
relationship of total and marginal utility Beziehung zwischen Gesamt- und Grenznutzen
relative price equilibrium Relatives Preisgleichgewicht
renewable resources Erneuerbare Ressourcen
rent as return to fixed factors Rente als Ertrag eines vollkommen unelastischen (fixen) Produktionsfaktors
reproducible capital Reproduzierbares Produktionsvermögen
required reserve ratios Verpflichtende Mindestreservesätze
research and development, R&D Forschung und Entwicklung, F&E
reserve-requirements policy Mindestreservenpolitik
resource price trends Ressourcen-Preistrends
restriction of market power Einschränkung der Marktmacht
return on capital Kapitalrendite
returns to scale Skalenerträge (Niveauerträge)
revaluation Aufwertung
revenues Erträge
reward for risk bearing and innovation Lohn für Risikobereitschaft und Innovation
rising natural rate of unemployment Steigende natürliche Arbeitslosenrate
risk (Kredit-)risiko
risk aversion Risikoaversion
robust economic performance Stabile Wirtschaftsleistung
rule of 70 Siebzigerregel
rules versus discretion Regelung versus Steuerung
run on the banks Sturm auf die Banken

S

sacrifice of (current) consumption Konsumverzicht
sales and excise taxes Umsatz- und Verbrauchsteuern
satisfaction Bedürfnisbefriedigung
saving Ersparnis
savings function Sparfunktion
Say's law of markets Saysches Theorem oder Saysches Gesetz der Märkte
scarcity Knappheit
scatter diagrams Streudiagramme
Schumpeterian Hypthesis Schumpeters Hypothese
Second World War Zweiter Weltkrieg
securities Wertpapiere
shift of curves Verschiebung von Kurven
shifts in supply Angebotsverschiebungen
shifts in supply Verschiebungen des Angebots
shock-therapy approach Schocktherapieansatz
short run Kurzfristig
short-run aggregate supply schedule Kurzfristige Gesamtangebotsfunktion
short-run equilibrium Kurzfristiges Gleichgewicht
short-run supply curve Kurzfristige Angebotskurve
short-term securities Kurzfristige Wertpapiere
shortage Fehlmenge, Warenknappheit
shutdown condition Betriebseinstellungsbedingung
shutdown point Betriebsminimum (Betriebseinstellungsschwelle)
shutdown rule Betriebsschließungsregel
single price change Preisänderung bei einem Gut
size of the market Marktgröße
slope Steigung (von Kurven)
social cost Kosten, soziale
social cost of unemployment Soziale Kosten der Arbeitslosigkeit
social insurance Sozialversicherung
social overhead capital Infrastruktur
social regulation Soziale Regulierung
social security taxes Sozialversicherungsabgaben
socialism Sozialismus
socialist central planning Sozialistische Planwirtschaft
sovereign nations Souveräne Nationen
Soviet communism Sowjetkommunismus
specialization Spezialisierung
speculation Spekulation
speculative bubble Seifenblase (Aktienmarkt)
speculative mania Spekulationsmanie
speculative markets Spekulationsmärkte
spending line Ausgabenkurve
spillover effects Spillovereffekte
spirit of enterprise, entrepreneurship Unternehmergeist
spreading of risks through hedging Risikostreuung durch Hedging
stable prices within free markets Preisstabilität innerhalb freier Märkte
stable private sector Stabiler privater Sektor
stagflation Stagflation

standard of living Lebensstandard
statistical discrepancy Statistische Differenz
sterilization (insulation of domestic money supply from international reserve flows) Neutralisierung von Geldern
stock exchange Aktienbörse
stock market Aktienmarkt
stock portfolio Aktienportfolio
stock-price indexes Aktienmarktindizes
strategic interaction Strategische Interaktion
structural budget Strukturelles Budgetdefizit
structural unemployment Strukturelle Arbeitslosigkeit
student loans Studentenkredite
study of economics Studium der Volkswirtschaftslehre
substition effect Substitutionseffekt
substition ratio Substitutionsrate (Grenzrate der Substitution)
substitutes Substitutionsgüter
substitution rule Substitutionsregel
sunk cost Versunkene Kosten
supermajorities Qualifizierte Mehrheiten
supply Angebot
supply behavior of the competitive firm Angebotsverhalten des Unternehmens
supply curve Angebotskurve
supply of labor Arbeitsangebot
supply of money Geldangebot
supply schedule Angebotsfunktion
supply shock Angebotsschock
supply side economics Angebotsorientierte Wirtschaftspolitik
supply-side tax cuts Angebotsseitige Steuerkürzungen
surplus Angebotsüberhang
surplus value Mehrwert
sustainable economic growth Nachhaltiges Wirtschaftswachstum

T

T-bill (90 day treasury-bill) Neunzig-Tage-Schatzschein
tacit collusion Kollusion, stillschweigende
takeoff theory Takeoff-Entwicklungstheorie
tangency point Tangentialpunkt
tariff Zoll
taste, preferences Geschmack, Präferenzen
tax cuts Steuerkürzungen
tax incidence Steuerinzidenz
tax multiplier Steuermultiplikator
tax system Steuerwesen
tax-based incomes policies, TIP Steuerorientierte Lohn- und Einkommenspolitik (TIP)
taxes Steuern
technological capital Technologisches Kapital
technological change Technologischer Fortschritt, Wandel
technological disturbances Technologische „Anstöße“
technological frontier Technologische Möglichkeitskurve
technological possibilities of society Technologische Möglichkeiten der Gesellschaft
technology Technologie
term or maturity Laufzeit oder Fälligkeit von Krediten
terms of trade Preisverhältnis oder Terms of Trade
theories of economic growth Wachstumstheorien
theory of aggregate demand Theorie der gesamtwirtschaftlichen Nachfrage
theory of demand Nachfragetheorie
theory of production and marginal products Produktionstheorie und Grenzproduktivität
theory of supply and demand Theorie von Angebot und Nachfrage
theory of uncertainty Theorie der Unsicherheit
tight monetary policy Geldmengenverknappung
tight money Knappe Geldmenge
time series Zeitreihen
tools of government policy Instrumente staatlicher Politik
total cost (TC) Gesamtkosten, TC
total expenses Gesamtaufwendungen
total factor productivity Gesamtfaktorproduktivität
total gross national investment Gesamtwirtschaftliche Bruttoinvestition
total output Gesamtproduktionsmenge
total product Gesamtprodukt
total productivity Gesamtproduktivität
total revenue Gesamterlös, Gesamtertrag
trade Handel
trade balance Handelsbilanz
trade deficit Handelsdefizit
trade policies Handelspolitik
tradeoff theory of inflation Zielkonflikttheorie (Tradeofftheorie) der Inflation
transactions account Transaktionskonto
transactions demand for money Transaktionsnachfrage nach Geld
transactions money Transaktionsgeld, M1
transfer payments Transferleistungen, Transferzahlungen
transfer programs Transferprogramme
trends in foreign trade Außenhandelstrends
triangular and multilateral trade Dreieckshandel und mulitlaterale Handelsbeziehungen
trickle-down policy Sparflammenpolitik
two-part tariffs Zusammengesetzte Preise oder Gebühren

U

Ultra-classicism Ultraklassizismus: Supply-side Economics
unanimity and public choice theory Einstimmigkeitsprinzip und PCT
unanticipated inflation Unerwartete Inflation
uncertainty and expectations Unsicherheit und Erwartungen
underground economy Schattenwirtschaft
unemployed Arbeitslose
unemployed resources Ungenutzte Ressourcen
unemployment Arbeitslosigkeit
unemployment insurance (UI) Arbeitslosenversicherung
unemployment rate Arbeitslosenrate
uninsurable risk of investments Nicht versicherbares Investitionsrisiko
unit-elastic demand Preiselastizität von 1
units of labor Arbeitseinheiten
unlimited liability Unbeschränkte Haftung
user fees Gebühren für öffentliche Dienstleistungen
usury Wucher
util Nutzen (Nutzeneinheit)
utilitarian principles Utilitaristische Prinzipien
utility Nutzen
utility possibility curve (UPF) Nutzenmöglichkeitskurve UPF
utility theory Nutzentheorie

V

value added Wertschöpfung
value added tax, VAT Mehrwertsteuer
variable Variable
variable cost (VC) Variable Kosten, VC
VCR Videorekorder
velocity of money Umlaufgeschwindigkeit des Geldes
vertical axis Y-Achse
vertical axis of a graph Vertikale Achse im Diagramm
vertical demand curve Vertikale Nachfragekurve

vertical equity (taxation) Vertikale Steuergerechtigkeit
vertical mergers Vertikale Unternehmensfusionen
vicious cycle of poverty Teufelskreis der Armut
victory of the markets Sieg des Marktes
visible-hand theorem Sichtbare Hand, Theorem
volatile investment Investitionsschwankungen
voluntary unemployment Freiwillige Arbeitslosigkeit
voluntary wage-price guidelines Freiwillige Lohn- und Preisrichtlinien

W

wage determination under perfect competition Lohnbildung bei vollständigem Wettbewerb
wage-price arithmetic Lohn-Preisarithmetik
wage-price flexibility Lohn-Preisflexibilität
wages Löhne
wartime boom Kriegsboom
wealth Vermögen
wealth, net worth Vermögen (Reinvermögen)
weighting of prices Gewichtung von Preisen
welfare state Wohlfahrtsstaat
World Bank Weltbank
world price ratio Weltpreisverhältnis

Z

zero discharge policy Nullemissionspolitik

GRAPHIKANHANG

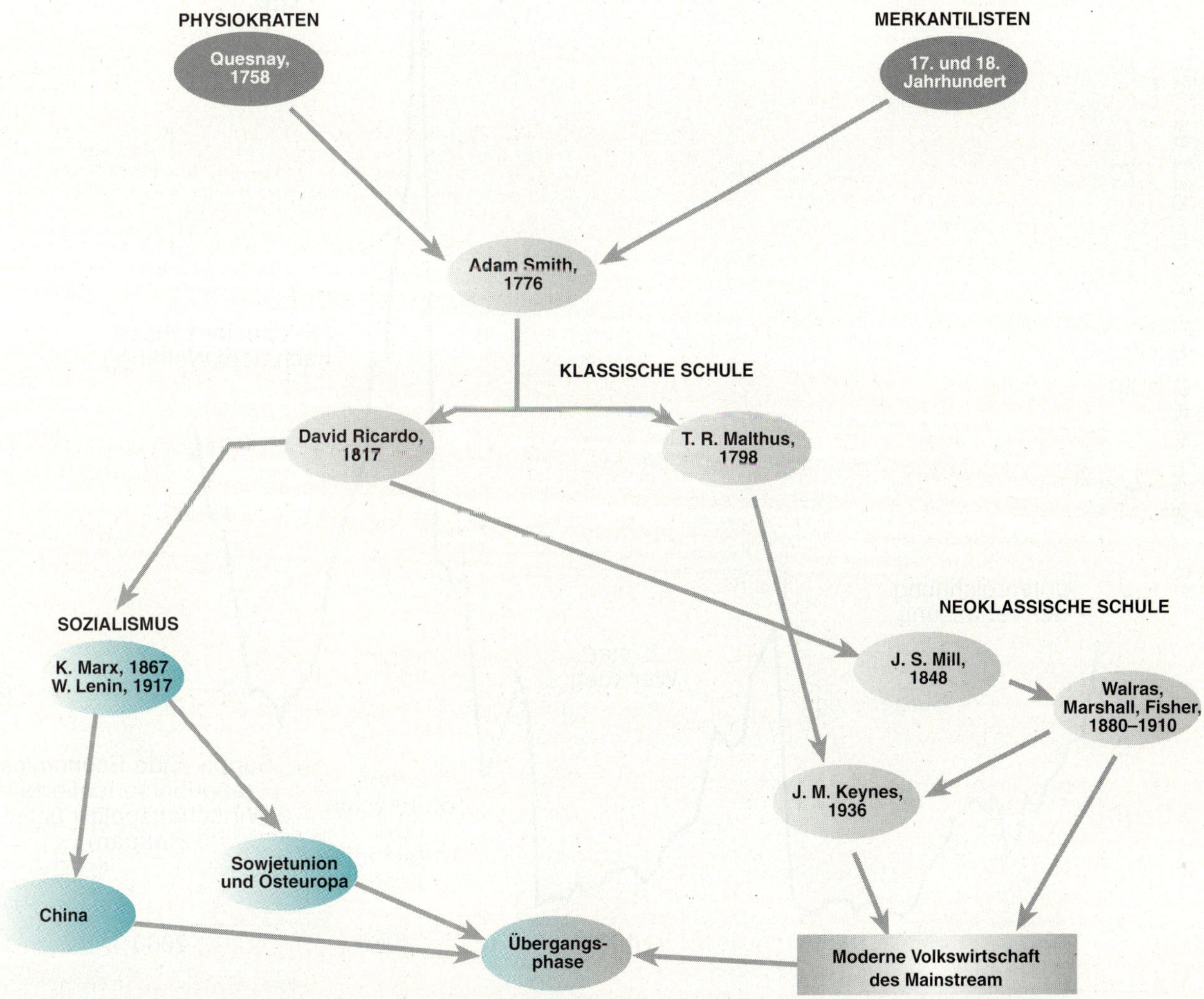

Stammbaum der Volkswirtschaft

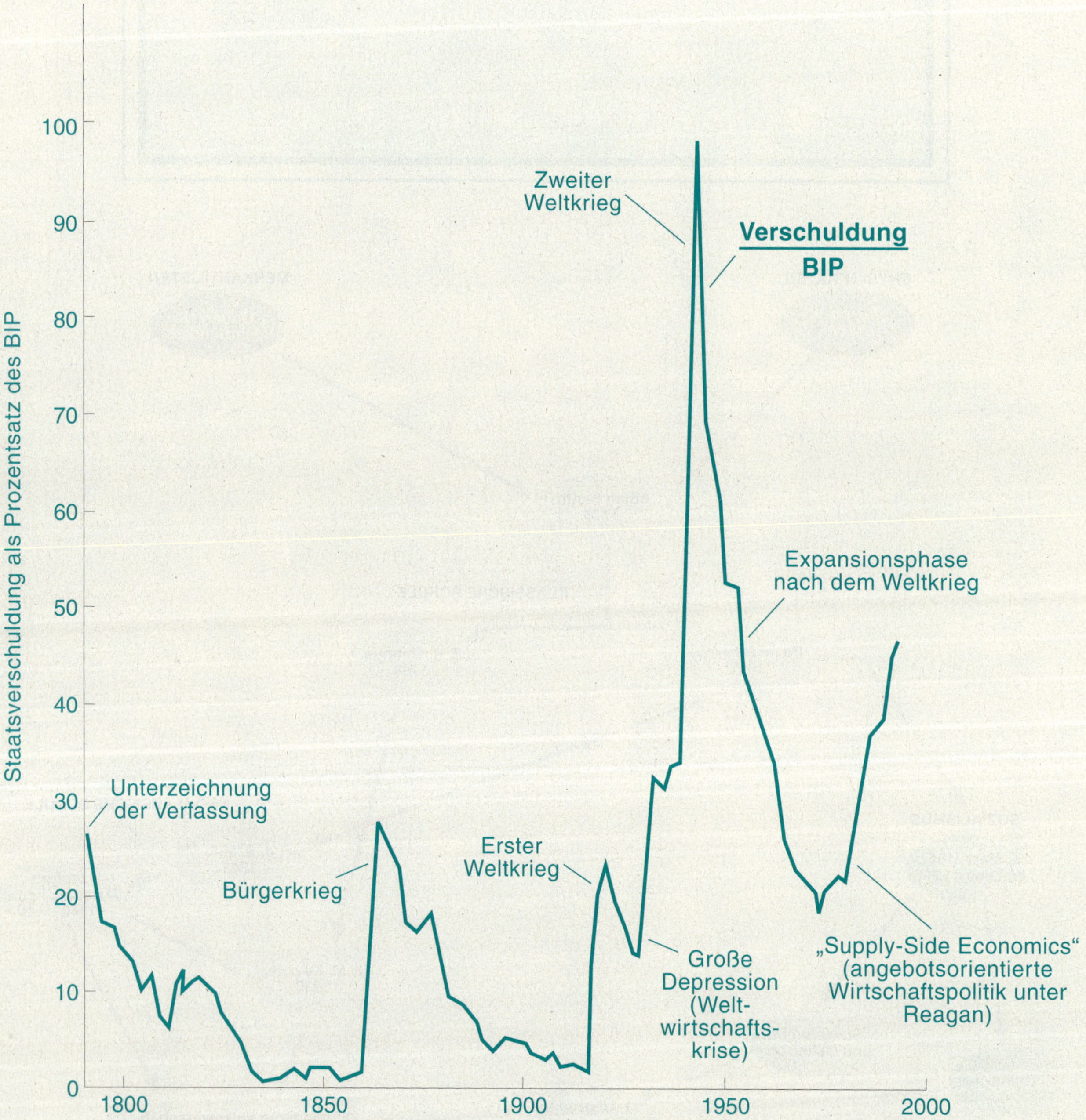

US-Staatsverschuldung seit dem Unabhängigkeitskrieg

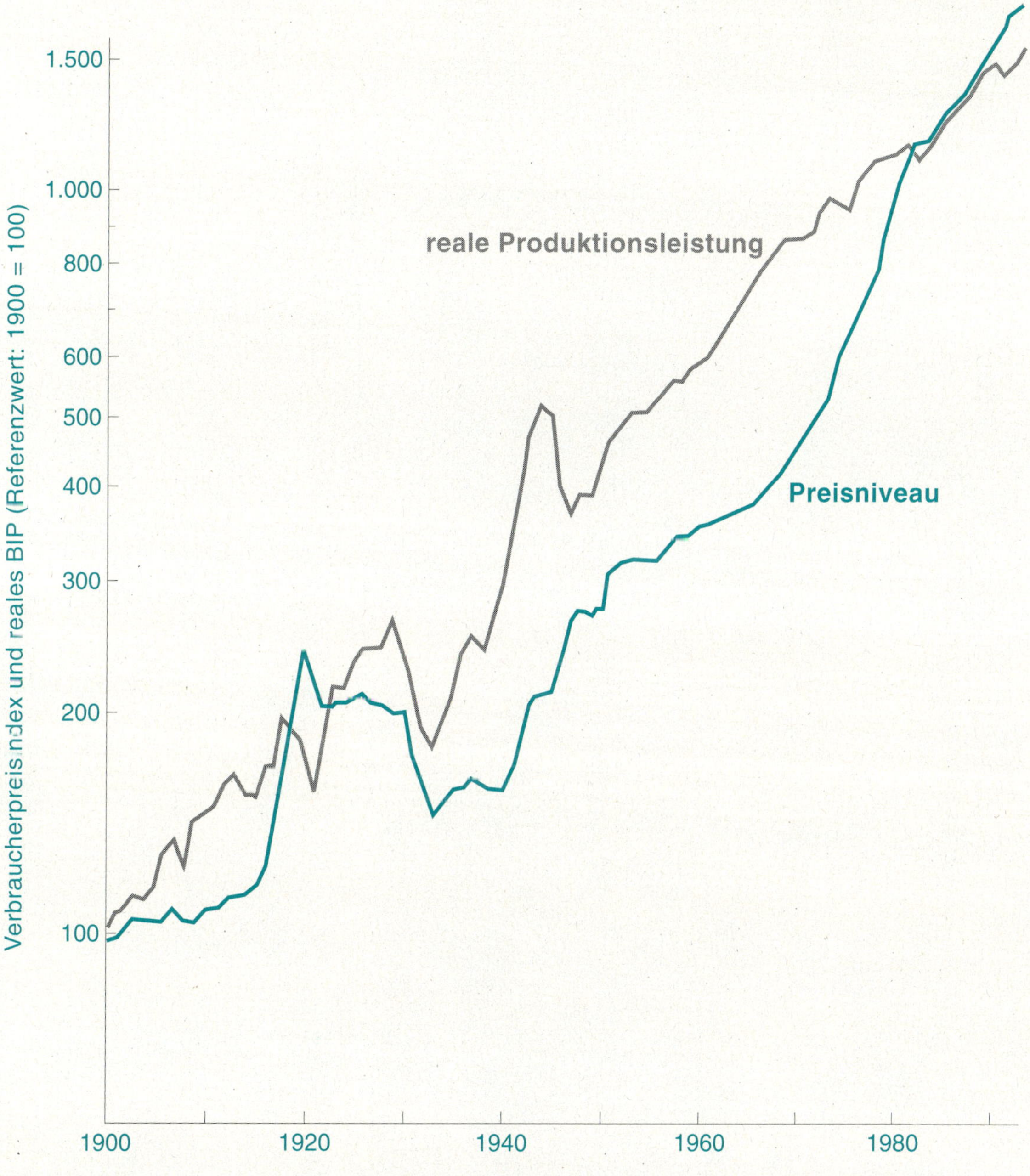

US-Produktionsleistung und Preisniveau im Verlauf des zwanzigsten Jahrhunderts

VERZEICHNIS DER ABKÜRZUNGEN

A Produktionsfaktor Boden (area)
AC Durchschnittskosten (average cost)
AD Gesamtnachfragekurve (aggregate demand curve)
AFC durchschnittliche Fixkosten (average fixed cost)
AP Durchschnittsprodukt (average product)
AR Durchschnittsertrag (average revenue)
AS Gesamtangebotskurve (aggregate supply curve)
AVC durchschnittliche variable Kosten (average variable cost)
BIP (GDP) Bruttoinlandsprodukt (gross domestic product)
BSP Bruttosozialprodukt
C + I + G + X Konsum + Investition + Staatsausgaben + Nettoexporte
CC Konsumfunktion für gesamte Volkswirtschaft
dd Nachfragekurve, einzelne (demand curve)
DD Marktnachfragekurve (market demand curve)
D_I Investitionsnachfrage (demand for investment)
DI verfügbares Einkommen (disposable income)
E Gleichgewicht (equilibrium)
FC Fixkosten (fixed cost)
IL Index für die Lebenshaltung, Verbraucherpreisindex (CPI = consumer price index)
K Produktionsfaktor Kapital (capital)
L Produktionsfaktor Arbeit (labor)
M_1 Geldmengenaggregat M_1 (Transaktionsgeld)
M_2 Geldmengenaggregat M_2 (erweiterte Geldmenge)
MC Grenzkosten (marginal cost)
MIT Massachusetts Institute of Technology
MP Grenzprodukt (marginal product)
MPB privater Grenznutzen (marginal private benefit)
MPC Grenzneigung zum Konsum (marginal propensity to consume)
MPI Grenzneigung zur Investition (marginal propensity to invest)
MPS Grenzneigung zum Sparen (marginal propensity to save)
MR Grenzertrag (marginal revenue)
MRP Grenzertragsprodukt (marginal revenue product)
MRS Grenzrate der Substitution (marginal rate of substitution)
MSB sozialer Grenznutzen (marginal social benefit)
MU Grenznutzen (marginal utility)
NI Volkseinkommen (national income)
NIC Schwellenland (newly industrializing country)
NIP Nettoinlandsprodukt (net domestic product NDP)
NX Nettoexporte (net exports)
P Preis (price)
PCT Theorie der öffentlichen Entscheidung (public choice theory)
PMK Produktionsmöglichkeitskurve oder Transformationskurve (PPF)
PPP Kaufkraftparitätstheorie (purchasing-power parity)
q Menge, einzelne (quantity)
Q Menge, Markt (quantity)
R Rente (Bodenrente) (rent)
RBC Real Business Cycles
ss Angebotskurve, einzelne (supply curve)
SS Marktangebotskurve (market supply curve)
T Steuer (tax)
TC Gesamtkosten (total cost)
TP Gesamtgewinn (total profit)
TP Gesamtprodukt (total product)
TR Gesamtertrag (total revenue)
U Nutzen (utility)
UPF Nutzenmöglichkeitskurve (utility possibility frontier)
V Zeitwert (present value)
VC variable Kosten (variable cost)
VPI Verbraucherpreisindex oder IL (consumer price index, CPI)
W Lohn (wage)